The Oxford Dictionary of Word Histories

オックスフォード
英単語由来大辞典

グリニス・チャントレル［編］
澤田治美［監訳］

柊風舎

オックスフォード
英単語由来大辞典

The Oxford Dictionary of Word Histories

グリニス・チャントレル［編］

澤田治美［監訳］

柊風舎

'Oxford' is the trade mark of Oxford University Press

© Oxford University Press 2002, 2004
The Oxford Dictionary of Word Histories was originally published in English in 2004.
This translation is published by arrangement with Oxford University Press.

序　文

　本書の各ページを通して私が読者にお伝えしたいのは、英単語の魅力と英単語がどのように発達してきたのかということです。英語の単語には様々な相互関係が含まれています。そのいくつかを挙げてみましょう。

　第1に、語根の共通性があります (例：stare「見つめる」と starve「餓死する」はともに「固い」という語根を持っている)。第2に、祖先の共通性があります (mongrel「雑種」は mingle「混ざる」、among「…に囲まれた」と同系である)。第3に、びっくりするような共通の根っこが見られます (wage「賃金」と wed「結婚する」は「誓約」という点で共通している)。第4に、擬音に基づく語形成が挙げられます (blab「つまらないおしゃべりをする」、bleat「メエーと鳴く」、chatter「ぺちゃくちゃしゃべる」、gibber「わけのわからないことを早口でしゃべる」はすべて擬音語である)。第5に、連想に基づく影響が見られます (cloudscape「雲のある景色」は landscape「景色」に影響されている)。第6に、合成語の要素の共通性が挙げられます (hyperspace「超空間」、hypersonic「極超音速の」、hyperlink「ハイパーリンク：電子文書の中に埋め込まれた情報リンク」はすべて hyper-「超」の合成語である)。

　また、posh「豪華な、上品ぶった」、snob「俗物」のような語については、一般の人々が抱いている感情についてしるしました。成句については、それがいつどのようにして使われはじめたのかについて明らかにしています (happy as a sandboy「とても陽気だ」、say it with flowers「その心を花で表してください」〈花屋の宣伝文句〉など)。

　私たちの言葉の背後には社会の歴史があります。このことは、例えば、古代ローマの兵士の心の中では salary「給料」は salt「塩」とつながっていたこと、あるいは、*public school の意味は、当初設立された時からいかに大きく変貌を遂げたかということからもわかります。どの語にも豊かな歴史があり、それは私たちに新たなことを伝えてくれるのです。

訳注
*public school (アメリカ・オーストラリア・スコットランド) 公立学校、(イングランド・ウェールズ) パブリックスクール (財団法人組織による寄宿生の私立中高一貫校)。13歳から18歳までの上中流階級の子弟を対象にした人格教育重視の教育を行う学校である。

はじめに

単語の由来

　本書は、何千もの英語の基礎語の由来と、その意味発達について紹介したものです。本書では、現在判明している初例の時期が示してあります。これら基礎語以外の語の由来に関しては、特に興味深いと思われるものに絞って述べました。語と語の相互関係が明瞭な場合には、それについても触れてあります。よく知られた成句も、初例の時期を挙げてありますので、生き生きとした姿がわかることでしょう。

単語の歴史

　ふだん日常で用いられている英単語の源はとても広い範囲にわたっています。そのほとんどは*インド＝ヨーロッパ語族から来ています。最も初期のものは、5世紀から続いているアングロ・サクソンのグレートブリテン由来の*ゲルマン語が基になっています（例：eat「食べる」、drink「飲む」、house「家」、husband「夫」、wife「妻」など）。次に、9世紀から10世紀にかけて侵入してきたスカンジナビア人の古ノルド語に由来する語もあります（例：call「呼ぶ」、law「法律」、leg「足」、root「根」、window「窓」など）。さらに、11世紀における*ノルマン征服の時期からの*ロマンス語に由来する語もあります（liberty「自由」、clergy「聖職者」、conflict「対立」、marvel「驚異」、nuptial「婚礼の」など）。ラテン語もまた、芸術や学問の発展の様々な時期を通して、断続的に影響を及ぼしてきました。それは、ローマ帝国との初期の接触からはじまり、西暦597年の*聖アウグスティヌスによる伝道、15世紀から17世紀にかけてのルネサンス、18世紀から今日にかけての科学技術の発展の時期です。大きな政治的・社会的混乱が言語変化に拍車をかけました。今日では旅行やコミュニケーションの拡大が挙げられます。その結果、世界中の語彙が英語に入ってきたのです。

　綴りは、古英語から中英語の時代にかけて、地域ごとに大きく違っていました。しかし、15世紀に印刷術が発達し、綴りはしだいに統一されはじめました。英国最初の活版印刷業者ウィリアム・カクストン（1422〜91年）は数々の実践的な工夫を施して、綴りに変更を加えました。例えば、語末に-eを加えて印刷の行を整えることが一般的になりました。また、カクストンがghost「幽霊」に-hを加えた結果、ghastly「ぞっとする」のような語にも-hが加わったのです。さらに、ミドランド中東部方言の方がより優勢であったにもかかわらず、カクストンはイングランド南東部の方言を採用しました。この結果、この方言が英語で重要な位置を占めるようになりました。首都としてのロンドンの影響力がしだいに強まったこともこの方言の広がりを後押しました。この傾向は今日まで続いています。印刷によって英語は語彙集や辞書に記録されるようになりましたが（最初に出版されたのは1604年）、このことも綴りが統一化されることにつながっていきました。

　発音もまた、14世紀までは、地域ごとに大きく違っていました。しかし、この時期に、とりわけ母音に大きな変化が起こりました。いわゆる「大母音推移」です。詩人*チョーサーが活躍していた時代（1340年頃〜1400年）に起きたもので、母音組織の一大変化のこと

です。長母音が二重母音化した結果、長母音の数は7から5に減少しました。他の母音も影響を受けたのですが、綴りのほうは、多くの場合、元のままでした。このため、語末の「黙音の」母音が存在することになったのです（例えば、name「名前」。この語は今は［neim］と発音されるが、かつては［na:mə］と発音され、farmer「農夫」と韻を踏んでいた。eは今では発音されない）。このように、綴りと発音の食い違いが始まりました。

今日、英語の種類が世界中にたくさん存在します。アクセント、語彙、語法は互いに異なっていますが、それは、イギリス諸島の各地域の方言が異なっているのと大差ありません。世界規模の急速なコミュニケーションの結果、英語はより豊かでより強い繁栄した言語になってきたのです。

2001年、オックスフォードにて

グリニス・チャントレル

訳注：
* ＊インド＝ヨーロッパ語族：印欧語族とも呼ばれる。インド・西アジア・欧州で用いられる言語の大部分を含む語族。
* ＊ゲルマン語：インド＝ヨーロッパ語族の分派の1つ。西、北、東ゲルマン語に分裂した。英語は、ドイツ語、オランダ語などと同じく西ゲルマン語に属する。
* ＊ノルマン征服：1066年ウィリアム征服王が率いたノルマン人によるイングランド征服。
* ＊ロマンス語：ラテン語から文化したフランス語・イタリア語・スペイン語・ルーマニア語など。
* ＊聖アウグスティヌス（？～604年）：ローマの修道士。597年に英国に上陸し、伝道師団の長として英国人のキリスト教化に尽くした。カンタベリーの初代大司教。
* ＊チョーサー：英詩の父と称される。『カンタベリー物語』の著者。

謝辞

とりわけ以下の方々と部局に心から感謝いたします。意味と歴史への洞察の持ち主であり、アドバイスをくださったエリザベス・ノウルズに、文献学の専門知識を持ったフィリップ・ダーキンに、プログラミングに関する鋭い眼識を有し、援助してくださったケン・ムーアに、そして、多くの研究資料を参照させてくださったオックスフォード辞書部に。

日本語版『オックスフォード英単語由来大辞典』の読み方・使い方

1. 意味と語源

　原著に従って、使われはじめた時期が、[後期古英語] のように最初に記されています。また、[16世紀半ば] とか [1960年代] のように具体的に年代が明記されている場合もあります。原著には書かれてはいませんが、読者の便宜のために、基本的な訳語を挙げてあります。これによって、意味の変化が明瞭にわかります。

　　例：
　　castle［後期古英語］名城：
　　　アングロノルマンフランス語および北部古フランス語 *castel* に由来し、ラテン語 *castellum*「小さな砦」(*castrum* の指小辞語) に遡る。…

2. 綴り

　原著に従って、綴りが現代英語と違う場合には、使われはじめた時の綴り、あるいは英語に入って来た時の綴りが挙げられています。これによって、綴りの変化が見て取れます。古英語、中英語など、現代英語と違う場合や、オランダ語、ドイツ語、フランス語、ラテン語、ギリシア語などの場合はイタリック体で書かれています。

　　例：
　　church［古英語］名教会：
　　　古英語 *cir(i)ce* はオランダ語 *kerk* およびドイツ語 *Kirche*「教会」と同系である。…

3. 用例

　原書の用例は原則としてすべて和訳を掲げました。また、シェイクスピアの作品の場合には、原著にはなかったものの、引用箇所を挙げました。書名はすべてイタリック体にしてあります。また、説明文の中に出てくる見出し語の場合にもイタリック体にしてあります。

　　例：
　　clear［中英語］形はっきりしている、明瞭な、…：
　　　古フランス語 *cler* に由来し、ラテン語 *clarus*「明らかな、明るい」に遡る。*clear* には様々な語義があるが、その一部は古英語 *clean* に影響を受けている。例えば「汚点のない」はシェイクスピア『マクベス』*Macbeth*, I. vii. 18：に見られる。Duncan ... hath been So *clear* in his great office「ダンカンは…国王として非のうちどころがない」。…

4. 語形成

共通の接頭辞を持つ語を表の形にしてまとめ、当該の接頭辞はどのような意味を付け加えるのか、その接頭辞が付いた語にはどのようなものがあるかが示されています。

これによって、意味のつながる語をまとめて体系的に覚えることが容易になります。

例：
接頭辞 pro- (ラテン語 *pro*「…の前に、…に代わって、…の理由で」) がつくと次のような意味が加わる。
- ■「好都合な」[pro-choice]「中絶賛成」
- ■「代理を務める」[proconsul]「地方総督」
- ■「前に進む、立ち退く、立ち去る」[proceed]「前進する」、[propel]「駆り立てる」、[prostrate]「ひれ伏す」
- …

5. 場面・文体・分野の指示

その語が形式ばった語なのかそれとも砕けた語なのか、あるいは、日常の話し言葉なのか文学的な響きを持つ語なのか、あるいは、今日では一般に用いられることがきわめて稀な語なのかといった区別や、その語が特定の専門分野 (例えば、医学、工学、スポーツ、音楽など) で用いられる専門用語なのかを指示するために、角括弧 ([　]) や隅付き括弧 (【　】) を用いて表記しました。

例：
[略語]
[口語]
[文語]
【医学】

6. 関係語

説明文の中に、見出し語と関係の深い語が示されています。これによって、当該の見出し語と関係の深い語の理解が一段と進みます。

例：
propose [中英語]動提案する、企てる、推薦する、(結婚を) 申し込む：ラテン語 *proponere*「(考えを) 出す」から生じた古フランス語 *proposer* に由来するが、ラテン語 *propositus*「(考えを) 出す、あるいは説明する」と古フランス語 *poser*「置く」の影響を受けている。ラテン語 *proponere* は、*proposition* [中英語]名「提案、命題」(ラテン語 *propositio*(n-) から生じた古フランス語より) の基になっている。…

7．品詞の表示

　原著には書かれてはいませんが、読者の便宜のために、品詞を表示しました。表示は以下のような略号によっています。複数の品詞がある場合には、セミコロンを用いて区別しました。

名
動
代
副
前
助
接
間
冠
助

◆

目　次

　序文　3

　はじめに　4

　謝辞　5

　日本語版『オックスフォード英単語由来大辞典』の読み方・使い方　6

　『オックスフォード英単語由来大辞典』　9

　監訳者あとがき　1039

A a

a [中英語][冠]1つ・1人の、ある、(総称的)…というものは(すべて)、(固有名詞に付けて)…という人、…につき、同一の:

名詞に付ける決定詞として使用され(例:*a* book)、母音の前では*an*(例:*an* understanding)となる。「1つ」を意味する古英語*ān*の弱形である。15世紀の段階では*w*と*y*の前では*an*が多用されており(例:*an* wood, *an* yere)、*h*の前では17世紀まで通常*an*が用いられていた(例:*an* house, *an* hundred)。

語形成
接頭辞 a-
1 (ギリシア語から)次の意の語を作る。
■「無」[atheistic]「無神論の」
■「…のない」[acephalous]「指導者のいない」
注:母音の前では an- になることがある。[anaemia]「貧血」
2 (古英語 *on* の弱形から)次の意の語を作る。
■「…へ、…の方へ」[aback]「後方に」
■「…中で」[a-hunting]「狩りをして」
■「ある状態で」[aflutter]「(旗などが)ひらひらして、(人が)そわそわして」
■「…の上に、…で」[afoot]「徒歩で」
■「…の中に」[nowadays]「この頃は」

語形成
接頭辞 ab- (ラテン語から)次の意の語を作る。
■「…から(離れて)」[abduct]「誘拐する」、[abort]「流産する」

---

abacus [後期中英語][名]そろばん、計算盤、【建築】頂板(ちょう)(柱の最上部の板状の部分):

当初は数字や幾何学的図形を書くための砂をまいた板を指した。ラテン語から英語に入った語で、元はギリシア語 *abax, abak*-「厚板、画板」である。*abacus* はセム系言語に起源を持ち、ヘブライ語 *'ābāq*「ちり、ほこり」と同系である。*abacus* が「そろばん」を意味するようになったのは、17世紀後半になってから。

abandon [後期中英語][動]断念する、見捨てる、遺棄する、委ねる、明け渡す、【法律】(財産・権利などを)放棄する:

古フランス語 *abandoner* に由来し、当初の意味は「支配する、服従させる」であった。*abandoner* の基になったのは古フランス語の成句 a bandon「(人の)自由にできて、(人の)支配下に」である。後に *abandon* は「委ねる、明け渡す」という意味で用いられるようになった。16世紀半ばから17世紀半ばにかけては「追放する」という意味もあった(シェイクスピア『じゃじゃ馬ならし』*Taming of the Shrew*, 序.ii.117:*Abandon'd* from your bed「一人寝のさびしさをかこちまして」)。
→ BAN

abase [後期中英語][動](人の)品位・地位などを落とす、《古語》(頭・目などを)下げる:

a-(ラテン語 *ad*「…へ、…で」から)と *baissier*「下げる」からなる古フランス語 *abaissier* に由来する。*baissier* の基になっているのは後期ラテン語 *bassus*「背が低い」である。*abase* という綴りは base「身分の低い」の影響によるものである。現代の一般的な用法は再帰動詞としての用法(例:He would not *abase* himself by such behaviour「彼がそのように振る舞ってへりくだることはないだろう」)で、意味は「へりくだる」である。これは元の意味「下げる」が拡張したものである(シェイクスピア『リチャード三世』*Richard Ⅲ*, I.ii.248:Will she yet abase her eyes on me「それなのにあの女は、まだおれに目を向けるのか」）。

abash［中英語］動 恥じ入らせる、赤面させる、当惑させる、まごつかせる：

アングロノルマンフランス語 abaiss- に由来する。古フランス語で abaiss- に相当する形が esbaiss- である。esbaiss- は esbair の延長語幹で、es-「完全に」と bair「びっくり仰天させる」から構成されている。bair は驚いた時に自然に発する言葉 bah! から来ていると考えられている。当初は英語 abash にも「驚きで口もきけずにいる」という意味があった。
→ ABEYANCE

abate［中英語］動 和らぐ、減少する、弱まる、和らげる、減らす、弱める、【法律】無効・停止になる、（不法妨害を）排除する、無効にする、停止させる：

当初の意味は「（不法妨害を）排除する」で、法律用語であった。古フランス語の動詞 abatre「打ち倒す」に由来し、ラテン語 ad「…へ、…で」と batt(u)ere「打ちつける」からなる。この「乱打する」という意味が「くじける」に発展し、そこから現在の意味「和らぐ」が生じた（例：The noise abated gradually「騒音は徐々に弱まった」）。**abatement**名「減少、減額、軽減、緩和、【法律】排除・停止」は abate と同時期にアングロノルマンフランス語から中英語に入ってきた。

abattoir［19世紀初頭］食肉処理場、ボクシング場、リング、闘牛場：

フランス語からの借入語で、abattre「打ち倒す」から派生した語である。同義語の slaughterhouse「食肉処理場」は、中英語期から長きに渡って使用されてきた語である。
→ SLAUGHTER

abbot［古英語］名（男子）大修道院長、僧院長：

古英語 abbod はアラム語 'abbā「父」に由来する。abbod はギリシア語 abbas「父」から来ており、教会ラテン語を経て英語に入った。信心深い書き手は、三位一体の第一位格に呼びかける際に Abba father という組み合せを使用している（『マルコによる福音書』14章36節『欽定訳聖書』: And he said, Abba, father, all things are possible unto thee「こう言われた。『アッバ、父よ、あなたは何でもおできになります』」）。中英語期に入った同系語に、**abbey**名「大修道院」（中世ラテン語 abbatia「大修道院長の職」から古フランス語を経て入った）と **abbess**名「女子大修道院長」（古フランス語 abbesse より。元々は教会ラテン語 abbatissa）がある。**abbacy**［後期中英語］名「大修道院長の職」は教会ラテン語 abbacia に由来する。

abbreviate［後期中英語］動（語・句などを）短縮する、省略する、（話・文章を）短くする、要約する：

基になっているのはラテン語の形容詞 brevis「短い」である。abbreviate の直接の源は、後期ラテン語の動詞 abbreviare「短くする」の過去分詞の語幹 abbreviat- である。当初は、文章の趣旨は保ちつつ詳細を省くことで、物語を短縮したり要約したりするような文脈に用いられた。
→ BRIEF

abdicate［16世紀半ば］（王位・権利などを）（正式に）放棄する、捨てる、退位・辞任する：

ラテン語の動詞 abdicare「放棄する」の変化形 abdicat- に由来する。ラテン語 abdicare は ab-「…から（離れて）」と dicare「宣言する」からなる。この「宣言」という意味は、abdicate の当初の意味である「（子供から）相続権を奪う」や「縁を切る」に見出すことができる。abdicate が「（王位や司教の座から）退位する」という意味で使われはじめたのは18世紀初頭からである。

abduct［17世紀初頭］動 誘拐する、かどわかす、【生理学】動（手・足などを）外転させる：

ラテン語の ab-「…から（離れて）」と du-cere「導く」からなる。この語の語形は、「連れ去られた」を意味するラテン語の過去分詞の語幹 abduct- に由来する。後期ラテン語 abductio(n-) に由来する **ab-duction**（名）「誘拐、【生理学】（筋肉の）外転」が使われはじめたのも 17 世紀初頭である。

aberrant [16世紀半ば]（形）正道をはずれた、常軌を逸した、異常な、【生物学】異常型の：

ラテン語 aberrant- に由来する。この語は動詞 aberrare「常軌を逸する」から派生している。ab-「…から」と errare「さまよう」からなる。**aberration**（名）「常軌逸脱、【生物学】異常型、【光学】収差、【天文学】光行差」が使われはじめたのは aberrant よりもやや遅い時期で、16 世紀後半であった。当初の意味は「常軌逸脱」で、この語はラテン語 aberratio(n-) に由来する。

abet [後期中英語]（動）【法律】（人を）教唆する、（犯罪を）幇助する、けしかける、扇動する：

犯罪行為を連想させるが、当初は「せきたてる」という行為に焦点があり、悪いことばかりでなかった。この語は a-（ラテン語 ad「…の方へ、…で」から）と beter「追いたてる、せきたてる」からなる古フランス語 abeter に由来する。18 世紀後半から法律用語として使用されている成句 aid and abet「（犯行を）現場幇助する」は、相互に補強し合う 2 つの動詞を並べることで「積極的に支援する」という意味を伝えている。
→ BAIT

abeyance [16世紀後半]（名）一時的な停止、休止、【法律】帰属者未定状態：

当初の意味は「帰属者未定状態」で、法律用語として使用され、一貫して形式ばった語であった。語源となった古フランス語（abeance「権利の切望」）は abeer「切望する」から派生した語である。切望という意味は古フランス語 beer「ぽかんと

口を開ける、開けて見とれる」に由来する。

abhor [後期中英語]（動）嫌悪する、忌み嫌う、…することを拒否する：

ラテン語 abhorrere「立ちすくむ」に由来する。かつては「ぞっとさせる」という意味もあった。シェイクスピア『オセロ』*Othello*, IV.ii.167: I cannot say Whore, It does *abhor* me now I speak the word「『淫売』などとは口にできない、いまそのことばを口にしただけでぞっとする」。**abhorrent**（形）「嫌悪を催させる、…と相容れない」はラテン語の動詞 abhorrere の現在分詞に由来する。この語が使われはじめたのは 16 世紀後半である。

abide [古英語]（動）とどまる、残る、《古語》住む、甘受する、我慢する：

古英語 ābīdan「待つ」は ā-「上に」と bīdan「とどまる」からなる。「我慢する」という意味は、後期中英語の文献に登場する「待ち続ける」と「持ちこたえる」の両方の意味に見出すことができる。can't abide「我慢できない」のような否定表現が現れたのは 15 世紀後半である。この語は、「買う」や「償う」という意味の古い動詞 aby と時々混同されることがある（シェイクスピア『ジュリアス・シーザー』*Julius Caesar*, III.ii.119-120: some will dear *abide* it「誰かがその報いを受けるわけだ」）。

abject [後期中英語]（形）みじめな、悲惨な、卑屈な、卑劣な：

現在の意味は「みじめな」（F・トロロープ: The most *abject* poverty is preferable to domestic service「貧乏のどん底でも女中奉公よりはましだ」）、「卑屈な」、「卑劣な」である。当初の意味は「見捨てられた」であった。ラテン語 abicere「捨てる」の過去分詞 abjectus に由来し、ab-「…から（離れて）」と jacere「投げる」からなっている。当初は、語源となったラテン語と同様に第 2 音節にアクセントを置いて発音されていた。

able [後期中英語]（形）能力がある、有能な、りっぱな、巧みな：

当初は「…する技能や手段がある」という一般的な意味の他に、「使いやすい」や「適した」という意味もあった。古フランス語 *hable* に由来する。元はラテン語 *habilis*「扱いやすい」で、その基になっているのはラテン語の動詞 *habere*「持つ」である。同じく中英語期に入って来た **ability**[名]「能力、手腕、力量、才能」の基になっているのもラテン語 *habere* である。この語は古フランス語 *ablete* に由来する。元はラテン語 *habilitas*（*habilis* から）である。

abled ［1980年代］[形]身体能力を持った：
disabled から派生した語である。

ablution ［後期中英語］[名]身体・手を洗う・清めること、【教会】洗浄式、（兵舎・宿舎などで）洗面・入浴設備のある建物：
当初の意味は「洗浄」で、錬金術用語や化学用語として使用されていた。16世紀半ばに宗教用語として使われはじめ「身体を洗って清めること」へと発展した。元はラテン語 *ablutio*(n-)「洗い落とすこと」で、*ab-*「離れて」と *luere*「洗う」からなる動詞 *abluere* から派生した語である。20世紀半ばから軍事用語として使用されている。

abnormal ［19世紀半ば］[形]異常な、異例の、変則の、変態の：
abnormal という綴りは、ラテン語 *ab-normis*「異常な」との連想から、英単語 *anormal*（16世紀）を変形させたものである。*anormal* はフランス語 *anomal* の異形が入って来たものであり、ラテン語 *norma*「規則、規範」の影響を受けている。*anormal* は「基準から外れた」という意味で元はギリシア語 *anōmalos*「変則的な」である。

abode ［中英語］[名]家、住居、【法律】居所・住所：
動詞 *abide* から派生し、当初の意味は「待つこと」であった。
→ **ABIDE**

abolish ［後期中英語］[動]（法律・制度・慣習などを）廃止する、撤廃する：
当初の意味は「終わらせる」であった。この語は、古フランス語 *abolir*（ラテン語 *abolere*「破壊する、滅ぼす」から）の延長語幹 *aboliss-* に由来する。**abolition**[名]「（法律・制度・慣習などの）廃止、撤廃、【米国史】奴隷制度廃止」の基になっているのもラテン語 *abolere* である。*abolition* は16世紀初頭から使われはじめた。元はラテン語 *abolitio*(n-) である。

abominable ［中英語］[形]嫌悪感・憎悪を引き起こす、忌まわしい、《略式》ひどい：
ab-「…から（離れて）」とラテン語 *homo*「人間」の奪格 *homine* に由来すると広く信じられていた時期があり、「非人間的な、獣のような」という意味で使用されていた。この語は17世紀まではしばしば *abhominable* と綴られていた。2つ折り版からなるシェイクスピアの初版全集で使用されている綴りは実際にその *abhominable* のみで、計18回登場している。*abominable* は元は *abominari*「（悪い前兆として）忌避する」から派生したラテン語 *abominabilis* であり、古フランス語を経て英語に入った。**abomination** ［中英語］[名]「嫌悪、憎悪、忌まわしいもの・こと」（ラテン語 *abominatio*(n-) から）と **abominate** ［17世紀半ば］[動]「忌み嫌う、嫌悪・憎悪する」もラテン語の動詞 *abominari* に由来する。*abominari* は *ab-*「…から（離れて）」と *omen, omin-*「前兆」からなる。

aborigine ［19世紀半ば］[名]原住民、先住民、土着民、アボリジニ（オーストラリア先住民族）、（ある地域の）土着動植物：
複数形 *aborigines*（16世紀）「原住民」を短縮したもので、古代ギリシア・ローマ時代の *aborigines* はイタリアやギリシアの原住民を指す語であった。*aborigines* はラテン語の成句 *ab origine*「最初から」に由来する。現在 *Aborigines* と *Aboriginals* は、どちらもオーストラリア先住民族を表す標準的な複数形の語として使用されている。この用法が始まったのは1820年代からである。

abortive ［中英語］形（計画などが）失敗に終わった、実を結ばない、不成功の、【医学】流産の、早産を起こす、【生物学】発育不全の：

当初の意味は「死産した子供・動物」で、名詞として使用されていた。この語はラテン語 aboriri「流産する」から派生した abortivus に由来し、古フランス語を経て英語に入った。現在 abortive は、abortive attempts「失敗に終わった試み」のような成句で、比喩的な意味でよく用いられる。16世紀半ばから使用されている **abort** 動「流産・早産する、【生物学】発育不全となる、中絶する、中止する、中止になる」は、元はラテン語の動詞 aboriri で、ab-「…から（離れて）」と oriri「生まれる」からなる。同じく16世紀半ばから使用されている **abortion** 名「妊娠中絶、堕胎、流産、中止、失敗、【生物学】発育不全」はラテン語 abortio(n-) に由来する。

abound ［中英語］形たくさんある・いる、富む、豊富にある：

基になっているのは unda「波」で、この語が「成長や動きを激しくする」という中核的な意味をもたらしている。当初の意味は「あふれる、満ちあふれる」であった。この語は古フランス語 abunder に由来する。元は ab-「…から（離れて）」と undare「波打つ」からなるラテン語 abundare「あふれる」である。abound が誤ってラテン語 habere「持つ」と結びつけられて、英語とフランス語では語頭に h を付けて綴られた時期があった。

about ［古英語］前…の周りに、…について、…に関して、…に従事して；副およそ、あちこちに；形ちょうど…しようとして：

古英語 onbūtan は on「…の上に、…の中に」と būtan「…の外側に」からなる。→ BUT²

above ［古英語］前…より上に、…以上で、（能力・理解などを）超えて、（非難などを）受けない；副上に、…の方に；形前述の：

古英語 abufan は、当初は副詞として使用されていた。接頭辞 a は「…の上に」を意味し、bufan は bi「…の近くに」と ufan「上方に」からなる。

abracadabra ［17世紀後半］名アブラカダブラ（魔除けの呪文）、呪文、わけのわからない言葉：

当初は病気を防ぐお守りとして書かれた呪文であった。元はラテン語で、グノーシス主義の内科医セレヌス・サンモニクスが書いた2世紀の詩に最初の記録がある。元はギリシア語である。この呪文がお守りとして使用された時は、通常は1行目に 'A'、2行目に 'AB'、3行目に 'ABR' と続けていって、3角形の形で書かれていた。その紙をお守り袋に入れて、首にかけて使用していた。

abrasion ［17世紀半ば］名（皮膚の）すりむけ、すり傷、摩滅、摩耗（箇所）、侵食：

ラテン語の動詞 abradere「そぎ落とす」から派生した abrasio(n-) に由来する。**abrade** 動「（皮膚を）すりむく、すり減らす、侵食する、摩滅させる」が使われはじめたのは17世紀後半からである。abradere は ab-「…から（離れて）」と radere「削る」からなる。ラテン語 abras-「すり減った」に由来する **abrasive** ［19世紀半ば］形名「研磨用の、いらいらさせる、研磨剤」の基になっているのも abradere である。

abridge ［中英語］動（本・物語などを）要約・簡約化する、（時間・規模などを）短縮・縮小する、（権利・権限などを）削減する：

当初は「奪う」という意味であった。この語は古フランス語 abregier に由来し、**abridgement** ［後期中英語］名「短縮、縮小、要約、簡約版、抄録」はその派生形である。この語は古フランス語 abregement に由来する。abregier は、元は後期ラテン語の動詞 abbreviare「短くする」である。まれに「（規模を）縮小する」や「（時間を）短縮する」という意味でも用いられている（シェイクスピア『ヴェ

ローナの二紳士』*Two Gentlemen of Verona*, Ⅲ.ⅰ.246：Besides,thy staying will *abridge* thy life「それに、ここにとどまると、命を縮めることになるぞ」）。
→ **ABBREVIATE**

abroad［中英語］副外国で・へ、海外で・へ、広く、広範に、あちこちに、（噂などが）流布して、《古語》戸外へ：

at large「つかまらないで、一般の」という成句と類似している。接頭辞 a-「…の上で、…で」と broad「広い」からなる。当初の意味の１つが「戸外へ」で、この意味が後期中英語期に「外国で・へ」へと拡大した。19世紀初頭には、「混乱して、呆然として」という新たな意味がこの語に加わった（サッカレー『虚栄の市』*Vanity Fair*：At the twelfth round the … champion was all *abroad*「12ラウンドまでくると、その戦士は俗に言うグロッキーになってしまった」）。

abrupt［16世紀後半］形不意の、（言葉・態度などが）ぶっきらぼうな、（文章などが）つながりのよくない、飛躍の多い、（絶壁などが）険しい：

ラテン語 *abruptus*（*abrumpere* の過去分詞）「唐突な、険しい」に由来する。文学作品の中では、*abrupt* は「深淵」という意味で名詞として使用されている（ミルトン『失楽園』*Paradise Lost*：Upborn with indefatigable wings Over the vast *abrupt*「空々漠々たる深淵を超えて強靭にして疲れることを知らぬ翼をかって」）。

abscess［16世紀半ば］名【医学】膿瘍
のうよう：

ラテン語 *abscessus*「退去」に由来する。*ab*-「…から離れて」と *cedere*「行く」からなる動詞 *abscedere* の変化形である。つまり身体の組織内の腫れた部位から膿汁
のうじゅうによって菌が排出されることを表している。

abscond［16世紀半ば］動姿をくらます、逃亡する、脱走する、失踪する、（金などを）持ち逃げする：

ab-「…から（離れて）」と *condere*「しまい込む」からなるラテン語 *abscondere*「隠す」に由来し、当初の意味は「隠す、隠れる」であった。後に動作の意味が加わって、「急いでこっそりと逃げる」という意味になった。

abseil［1930年代］名【登山】アプザイレン（懸垂下降）：

ab「下へ」と *Seil*「綱、ロープ」からなるドイツ語の動詞 *abseilen* に由来する。登山技術の１つであるアプザイレンとは、より高い支点に固定した二重のロープを懸垂下降する人の身体に巻きつけて、ほぼ垂直な面を降りていく登山技術のことである。

absent［中英語］形不在の、欠席・欠勤の、（物・事が…に）欠けている、放心状態の；動遠ざける；前…がなければ、…なしに：

ラテン語の動詞 *abesse* の現在分詞 *absens, absent*-「不在である、離れている」に由来する。この語はアメリカの形式ばった英語では、「…がなければ、…なしに」という意味で前置詞としても使用されている（例：*Absent* a willingness to negotiate, you can't have collective bargaining「積極的に交渉しようという気持ちがなければ、労使交渉はできません」）。**absence**［後期中英語］名「不在、欠席、欠勤、欠如、放心」は元はラテン語 *absentia* で、古フランス語を経て英語に入った。

absolute［後期中英語］形完全な、絶対的な、無制限の、無条件の、専制・独裁的な、《文法》（句・構文などが）独立の：

absolute、**absolution**名「免除、【キリスト教】罪の赦ゆるし・赦免しゃめん」、そして **absolve**動「免除する、【キリスト教】（罪の）赦しを与える・赦免する」は、*ab*-「…から」と *solvere*「ゆるめる」からなるラテン語の動詞 *absolvere*「自由にする、釈放する」に由来する。ラテン語 *absolutus* の意味を受け継いで、「束縛のない、自由な」という意味で過去分詞として使用

されていたが、*absolute* truth「絶対的な真理」や *absolute* nightmare「まさに悪夢」のように形容詞的に使われるようになって、その意味が「絶対的な」へと変化した。

absorb [後期中英語][動]吸収する、吸い込む、緩和する、(知識などを)取り入れる、同化する、(国・会社などを)吸収(合併)する、夢中にさせる：

ab-「…から」と *sorbere*「吸い込む」からなるラテン語 *absorbere* に由来する。18世紀後半に「(人の注意を)奪う、夢中にさせる」という意味が生じ、19世紀には「(知識・学問などを)吸収する、取り入れる」という意味も持つようになった。ラテン語 *absorptio(n-)* に由来する **absorption** [16世紀後半][名]「吸収、併合、同化、没頭」の当初の意味は「飲み込むこと」であった。この語はラテン語の動詞 *absorbere* に由来する。同じラテン語の動詞が基になっている語に **absorbent** [18世紀初頭][形][名]「吸収性・力のある、吸収剤」がある。この語はラテン語の現在分詞 *absorbent-*「飲み込んでいる」に由来する。

abstain [後期中英語][動]控える、慎む、自制する、断つ、(投票を)棄権する：

一般に選挙や、断食に関連した宗教的な場面、あるいは *abstain* from alcohol「禁酒する」のような成句で使用される。この語は *ab-*「…から」と *tenere*「保持する」からなるラテン語の動詞 *abstinere*「遠ざける」に由来し、古フランス語を経て英語に入った。同じラテン語の動詞が基になっている語に **abstinence**[中英語][名]「節制、禁欲、自制、禁酒」と **abstinent** [後期中英語][形]「節制した、禁欲的な」がある。abstinence は元はラテン語 *abstinentia* で、古フランス語を経て英語に入った。abstinent は元はラテン語 *abstinent-*「控えている」で、古フランス語を経て英語に入った。**abstention** [16世紀初頭][名]「慎む・控えること、節制、(投票の)棄権」の当初の意味は「制止、抑制」であった。この語は後期ラテン語 *abstentio(n-)* に由来する。

abstract [中英語][形]抽象的な、観念・空論的な；[動]抽象化する、取り出す、分離する、要約する、抜粋する：

元のラテン語 *abstractus* は、*ab-*「…から」と *trahere*「引く」からなる動詞 *abstrahere* の過去分詞で、文字通りの意味は「引き離された」である。芸術的な意味で使用されるようになったのは19世紀半ばからである。芸術用語としての *abstract* は「目に見える現実を表現してはいない」という意味で、姿、形、色、構造について用いられる。**abstraction** [後期中英語][名]「抽象概念、抽象・抽出すること、抽象化、放心(状態)、【美術】抽象主義(の作品)」はラテン語 *abstractio(n-)* に由来する。

abstruse [16世紀後半][形]難解な、とらえがたい、深遠な：

中核的な意味は「(人の理解から)離れたところへ押す」である。この語は *abstrusus*「しまわれた、隠された」に由来する、ラテン語 *abstrudere*「隠す」からなる *abstrudere* は動詞 *trudere*「押す」から来ている。

absurd [16世紀半ば][名]不合理な、不条理な、常識に反した、理屈に合わない、ばかげた、【演劇・文芸】不条理主義の、不合理・不条理なもの・こと：

ラテン語 *absurdus*「調子はずれで」に由来し、「不合理な」という意味に変化した。*absurdus* はラテン語 *surdus*「耳が聞こえない、鈍い」から派生した語である。**Theatre of the Absurd** [20世紀]「不条理演劇」は人生の「不条理性」を描こうとする演劇のことである。この種の演劇の主唱者はサミュエル・ベケット、ウジェーヌ・イヨネスコ、ハロルド・ピンターで、彼らは伝統的な演劇の手法を捨てて、無意味な世界における人間の努力のむなしさを描いた。

abundance [中英語][名]豊富、多数、多量、余分、富裕、裕福、【トランプ】アバ

ンダンス：

abundance、**abundand**形「たくさんある・いる、豊富にある、富む」、**abundant**形「豊富な、あり余るほどの、富んだ」はラテン語 *abundare*「あふれ出る」に由来する。これらの語の中核的意味は「大量」であり、その意味は（トランプの）ソロホイストの用語 *abundance*「9トリック以上取るという宣言」にも見出される。
→ ABOUND

abuse ［後期中英語］動悪用する、乱用する、虐待する、罵じる、侮辱する；名悪用、乱用、虐待、罵り、悪口：

ラテン語の要素 *ab-*「…から（離れて）」（=「間違った方向へ、誤って」）と *uti*「使う」からなる。*abuse* という綴りはラテン語 *abus-*「誤用された」に由来する。
→ USAGE

abut ［後期中英語］動（国・地所・建物などが）境を接する、隣接する、（建物などが）寄りかかるように（すれすれに）建っている、寄りかかる：

a-（ラテン語 *ad*「…へ、…で」より）と古フランス語 *but*「標的」からなる中世ラテン語 *abuttare* に由来する。16世紀後半に生じた意味「寄りかかる」は古フランス語 *abouter* に由来する。*abouter* の文字通りの意味は「打つ」で、古フランス語 *but*「標的」と同系である。*abouter* はゲルマン祖語に起源を持つ。**abutment** ［17世紀半ば］名「隣接、隣接・接合部、【建築】（アーチを支える）迫台」はフランス語 *aboutement*「端と端の接合」に対応する。

abysmal ［17世紀半ば］形底知れない、測り知れない、《略式》実にひどい：

当初は「ひじょうに深い」という意味であった。現在は詩語となっている *abysm*（中英語）から派生した語である。この語は中世ラテン語 *abysmus* に由来する。*abysmus* は後期ラテン語 *abyssus*「地獄」に由来し、その語尾変化はギリシア語の語尾 *-ismos* との同化による。*abysmal* が現在のように「実にひどい」という意味で使われるようになったのは19世紀初頭である。

abyss ［後期中英語］名底知れぬ深み、深淵、地獄、奈落、深海：

当初の意味は「地獄」であった。この語は元は *a-*「…のない」と *bussos*「底」からなるギリシア語 *abussos*「底なしの」で、後期ラテン語を経て英語に入った。

academy ［後期中英語］名（特殊な教育・訓練のための）（専門）学校、学士院、学術院、（プラトンの）アカデメイア学派：

当初はプラトンが教えを施していた庭園を意味した。この語は元はギリシア語 *akadēmeia* で、ラテン語、フランス語を経て英語に入った。*akadēmeia* の基になっているのは英雄 *Akadēmos* で、プラトンの庭園はその英雄にちなんで名づけられた。**academic**形名「学問的な、学究的な、非実用的な、大学の、高等教育期間の、大学生、大学教師」が使われはじめたのは16世紀半ばからで、わずかに遅れて、**academe** が *academy* と同じ意味で使用されるようになった。この *academe* の意味は「学界」へと変化した（かつてはホラティウスの詩に出てくる *silvas Academi* を翻訳した groves of academe「学問の世界」という詩句でのみ使用されていた）。academe の語源はラテン語 *academia* であるが、ギリシア語 *Akadēmos* からも転用された。近代ラテン語 **academia**名「学究的な世界」（例：He spent his working life in *academia*「彼は学問の世界で身を立てた」）は1950年代に英語に入った。

acceleration ［15世紀後半］名加速（力）、促進、【物理学】加速度：

acceleration（ラテン語 *acceleratio(n-)* から）も **accelerate** ［16世紀初頭］動「加速する、促進・増進する」もラテン語 *celer*「速い」に由来する。accelerate（ラテン語の動詞 *accelerare*「急がせる」から）の当初の意味は「時期を早める」であった。

accent ［後期中英語］**名**強勢、訛り口調、強調；**動**(語・音節に)アクセントを置く、強調する：

当初の意味は「口調」であった。この語はギリシア語 *prosōidia* を翻訳したラテン語 *accentus*「音調、信号、強さ」に由来する。ラテン語 *accentus* は *ad-*「…へ」と *cantus*「歌」からなる語で、文字通りの意味は「音楽に合わせて歌う歌」である。「口調」という意味は、音楽的な抑揚をつけて言葉を話すという意味から生じた。

accept ［後期中英語］**動**受け入れる、受諾する、(人を)迎え入れる、(責任・職務などを)引き受ける：

「受け取る」を意味するラテン語 *accipere* の反復動詞（動作の繰り返しを表す動詞）*acceptare* に由来する。*accipere* は *ad-*「…へ」と *capere*「取る」からなる。**acceptable形**「受け入れられる、受諾・容認できる、(一応)満足のいく、無難な、喜ばれる」と **acceptance**［16世紀半ば］**名**「受け入れ、受諾、承諾、容認、好評」は、どちらも古フランス語を経て後期中英語に入った。

access ［中英語］**名**接近方法、通路、入口、入手・出入・面会・利用の権利・方法、【コンピュータ】アクセス、(感情の)激発；**動**入手・利用する、【コンピュータ】アクセスする：

初めて英語で使用されたのは17世紀初頭のことで、当初の意味は「突然の発病」であった。ラテン語 *accessus*「接近方法」（ラテン語の動詞 *accedere*「近づく」から）に由来する。ラテン語の要素 *ad-*「…の方へ」と *cedere*「行く、退く、譲る」からなる。後期中英語期に入った **accessible形**「接近できる、入手・入場・面会・利用可能な、【コンピュータ】アクセスできる、接しやすい、影響を受けやすい」はラテン語 *accessibilis* に由来する。**accede動**「応じる、同意する、就任する、即位・継承する、加盟・加入する」も同じく後期中英語期に入った語で、当初は「接近する」という一般的な意味で使用されていた。形式ばった語として使用されている **accession**［16世紀後半］**名**「接近、到達、即位、継承、就任、相続、加盟、加入、同意、増加(物)」は、ラテン語 *accessio(n-)* に由来し、当初は「増加(物)」という一般的な意味で使用されていた。

accident ［後期中英語］**名**事故、災難、不測の出来事、故障、偶然、《略式》予想しない妊娠、(突然の)排尿・便、粗相：

当初の意味は「出来事」であった。この語はラテン語 *accident-*「起こっている」に由来し、古フランス語を経て英語に入った。*ad-*「…へ、…の方へ」と *cadere*「落ちる」からなる。この語は災難を連想させることが多いが、「偶然の出来事」という意味も happy *accident*「幸運な出来事」のような成句に見出すことができる。**accidental形**「偶然・不慮の、偶発的な、付則の、付随的な、【哲学】偶有的な」の後期中英語期の意味は「付随的な」で、「(ある事物にとって本質的な属性ではなく)偶有的な」という意味の哲学用語（アリストテレス思想）としても使用されていた。後期ラテン語 *accidentalis* に由来する。

acclaim ［17世紀初頭］**動**喝采・歓呼して迎える、喝采して…と認める、ほめたたえる、絶賛する、喝采、歓呼、絶賛：

当初の意味は「賛意を表する」であった。この語は *ad-*「…へ」と *clamare*「叫ぶ」からなるラテン語 *acclamare*「呼びかける、叫ぶ」に由来する。語尾が *-am* から *-aim* へと変化したのは、claim との連想による。現在のように熱烈な賞賛を含んだ意味で使われるようになったのは17世紀から。

accolade ［17世紀初頭］**名**栄誉、賞賛、賛辞、ナイトの爵位授与(式)：

プロヴァンス語 *acolada* に由来する。文字通りの意味は「首の周りに腕を回しての抱擁」で、爵位を授ける時のしぐさを指す。*acolada* はラテン語の *ad-*「…で、…へ」と *collum*「首」からなる。

accommodate ［16世紀半ば］動宿泊させる、（ホテル・建物などが特定の人数を）収容できる、順応・適合させる、便宜をはかる、融通・調達する：

ラテン語 accommodare「適合させる」の過去分詞の語幹 accommodat- に由来する。accommodare の基になっているのはラテン語の形容詞 commodus「適切な」である。17世紀の始めから使われはじめた accommodation 名「便宜、宿泊設備、収容能力、《英》住居、適応、順応、和解、融資」はラテン語 accommodatio(n-) に由来する。当初の意味は「宿泊設備」であった。

accompany ［後期中英語］動同行する、付き添う、（物・事が）付随して起こる、伴う、添える、【音楽】伴奏をする：

古フランス語 accompagner に由来する。綴りの変化は company との連想による。accompagner の基になっているのは、古フランス語 compaignon「仲間」から派生した compagne である。18世紀初頭から使用されている accompaniment 名「伴うもの、付き物、付属物、【音楽】伴奏」の基になっているのも compaignon である。この語はフランス語 accompagnement に由来する。

accomplice ［16世紀半ば］名共犯者、共謀者、ぐる：

中英語 complice「仲間」を変形させた語である。この語は後期ラテン語 complex, complic-「緊密に結びついた」に由来し、古フランス語を経て英語に入った。complex は「一緒に」を意味する com- と plicare「折り重ねる」からなり、「共犯者」が築くような緊密な絆を表現している。悪事をはたらくことを暗示しており、accomplice は法律文で使用されている。接頭辞 ac- は、ラテン語とフランス語のどのような類例をもってしても説明することができないが、おそらく a complice の不定冠詞から生じたか、あるいは accomplish の ac- の影響によるものと考えられる。

accomplish ［後期中英語］動（仕事・目的などを）成し遂げる、果たす、達成する：

古フランス語 acompliss- に由来する。acompliss- は、ラテン語の ad-「…へ」と complere「完了する、満たす」からなる古フランス語 acomplir の延長語幹である。

accord ［古英語］動一致・調和する、（許可・地位などを）与える、授ける、一致・調和させる；名一致、調和、（他国などとの）協定、【音楽】和音：

ラテン語の ad-「…へ」と cor, cord-「心」からなる古フランス語 acorder「和解する、意見が一致する」に由来する。この語と同語源で、中英語期に入った語が2つある。古フランス語 acordance に由来する accordance 名「一致、調和、授与」と古フランス語 acordant「同意している」に由来する accordant 形「一致・調和した」である。

accordion ［19世紀半ば］名アコーディオン；形（ドアなどが）アコーディオン式の：

ドイツ語 Akkordion に由来する。元はイタリア語の動詞 accordare「調律する」である。

accost ［16世紀後半］動近寄って声をかける、（売春婦が）誘いの声をかける、金をせびる：

当初の意味は「脇にいる、脇を進む」であった。この語はフランス語 accoster に由来する。元はイタリア語 accostare で、その基になっているのはラテン語 costa「あばら骨、脇」である。accost には「沿岸を進む」という意味（現在は廃用）があったことから、一時期 coast との連想が働いたため、英語では accoast と綴られることもあった。結局は「近寄って声をかける」という意味が優勢になり、現在の綴りと発音が定着した。

account ［中英語］名計算（書）、勘定

（書）、請求（書）、預金口座、顧客、得意先、報告（書）、記事、説明、弁明、考慮、；[動]原因となる、責任がある：

当初の意味は「計算」で、動詞 accoun の当初の意味は「計算する」であった。古フランス語 acont と aconter（conter「計算する」から）に由来する。**accountant**［中英語］[名]「会計係、会計士、経理士」は法律用フランス語で、古フランス語 aconter の現在分詞に由来する。この語は、当初は「説明する義務がある」という意味の形容詞であった。そこから説明する義務がある人を表すようになった。

accoutrement［16世紀半ば］[名]（職業などがひと目でわかる）装身具、（旅行などの）装備、【軍事】（武器・軍服以外の）装具（ベルト・背嚢(はいのう)など）：

古フランス語 acoustrer「服を着せる、備えつける」に由来するフランス語 accoutrer から来ている。acoustrer の基になっているのは古フランス語の名詞 cousture「縫いもの」である。この語は、the accoutrements of religious ritual「宗教儀式用の装い」のように、特別な活動をする際に身につける装身具を指す。

accrue［後期中英語］[動]（権力・利益などが）生じる、（利子が）つく、（資本などが）増える、（利子・利益などを）蓄積する：

古フランス語 acreistre「増える」の過去分詞 acreue に由来する。元はラテン語 accrescere「成長する」である。古フランス語の名詞 acreue の当初の意味は「地面や森の中で育ってその土地の所有者の利益となるものすべて」であった。

accumulate［15世紀後半］[動]ためる、たまる、集める、集まる、積もる：

ラテン語 cumulus「積み重なったもの」（動詞 accumulare の基になった語）に由来する。

accurate［16世紀後半］[形]正確な、精密な、周到な：

ラテン語 accuratus は「入念な」という意味で、その基になっているのは名詞 cura「注意、配慮」である。accurate はラテン語 accuratus に由来するが、ラテン語の方は物事に対してのみ適用され、人に対して適用されることはないが、英語の方は「（人・物事が）間違いのない」という意味で使用されている。

accuse［中英語］[動]告発・告訴する、非難する、責める：

古フランス語 acuser に由来する。元はラテン語 accusare「非難する」で、その基になっているのは causa「理由、動機、訴訟」である。英語で文法用語の **accusative**［後期中英語］[名][形]「対格、対格の語、対格の」が使われはじめたのは accuse よりもやや遅い時期である。ラテン語の成句（casus）accusativus に由来する accusative の文字通りの意味は「告発の、訴訟の」で、この成句はギリシア語（ptōsis）aitiatikē「動作の対象を表す（格）」を誤訳したものである。同じく後期中英語期から使用されている **accusation**[名]「告発、告訴、罪（状）、非難、言いがかり」は元はラテン語 accusatio(n-) で、古フランス語を経て英語に入った。

ace［中英語］[名]トランプ・さいころの1の目、最高・最良のもの、【スポーツ】（サービス）エース、【ゴルフ】ホールインワン、達人；[形]優秀な；[動]【スポーツ】サービスエースで得点する、【ゴルフ】ホールインワンをする：

中英語の意味はさいころの「1の目」であった。この語は、元はラテン語 as「統一、単位」で、古フランス語を経て中英語に入った。ace はトランプでは同じ組札の中で最も強いカードと位置づけられることが多く、そこから連想される価値や「卓越」という概念から次の例のように多くの用法や表現に転用されている。He served an ace「彼はサービスエースを決めた」、a motorcycle ace「オートバイの名手」、Ace! You've done it!「最高！よくやったね！」、It wasn't our intention to ace Phil out of a job「私たちは仕事でフィリップを出し抜くつもりはな

かった」(アメリカでは「打ち負かす、出し抜く」の意味で使用される)。

acerbic [19世紀半ば]形(言葉・態度などが)辛辣な、厳しい、鋭い：

ラテン語 *acerbus*「酸っぱい」に由来する。現在は *acerbic* wit「辛辣なウィット」や *acerbic* comment「厳しいコメント」のように比喩的な意味で使用されている。

ache [古英語]動痛む、うずく、心が痛む、(…したくて)うずうずする、熱望・切望する；名(鈍く継続的な)痛み、うずき、心の痛み、熱望、切望：

古英語では、名詞は *æce*、動詞は *acan* と綴られていた。中英語および初期近代英語では、かつてこの名詞は *atche* と綴られ、アルファベットの文字 'h' (='aitch') と押韻していたが、動詞の綴りと発音は現在と同じであった。これら2つの品詞は1700年頃に同じ発音となった。綴りが現在のようになったのは、ジョンソン博士の影響によるところが大きい。彼は、この語はギリシア語 *akhos*「痛み、苦痛」が語源であると誤解し、動詞を名詞と同じように綴ったのである。

achieve [中英語]動成し遂げる、達成する、果たす、(名声・地位などを)獲得する、勝ち取る、(功績を)立てる：

当初の意味は「成し遂げる」であった。この語は古フランス語の成句 *a chief*「頭へ」から作られた *achever*「頂点に達する、成し遂げる」に由来する。中英語では *chieve* という綴りも一般的であったが、現在は廃用となっている。

acid [17世紀初頭]形酸っぱい、酸味のある、【化学】酸(性)の、辛辣な、厳しい、気難しい；名酸っぱいもの、【化学】酸、辛辣な言葉・批評など、《俗語》LSD：

当初の意味は「酸っぱい」であった。この語はラテン語の動詞 *acere*「酸っぱい」から派生した形容詞 *acidus* に由来する。「酸っぱいもの」という一般的な意味だけではなく、化学用語としても使用されている。1960年代からは、アメリカで麻薬のLSDを表す俗語としても使われはじめた。一般に「(物の価値や出来具合の)厳密な検査」という比喩的な意味で用いられている acid test は、金の亜硝酸検査という *acid* の本来の使い方に由来している。

acknowledge [15世紀後半]動認める、承認する、【法律】法的に有効と認める、(手紙・贈り物などを)受け取ったことを知らせる、(好意・会釈などに)答える、礼を言う：

廃語となった中英語の動詞 *knowledge*「認める、白状する」と、同じく廃語となった動詞 *acknow*「認める、白状する」との混成によって作られた語。

acme [16世紀後半]名絶頂、頂点、極致、全盛期：

ギリシア語 *akmē*「頂点」に由来する。18世紀までは、ギリシア語とされることが多く、しばしばギリシア文字で書かれていた。

acne [19世紀半ば]名座瘡、にきび：

ギリシア語 *aknas* に由来し、近代ラテン語を経て英語に入った。*aknas* は、*akmē*「頂点、先端、にきび」の複数対格 *akmas* の誤記から生まれた。

acolyte [中英語]名【カトリック】(ミサ・聖祭に奉仕する)侍祭、侍者、助手、見習い、初心者：

古フランス語 *acolyt* あるいは教会ラテン語 *acolytus* に由来する。元はギリシア語 *akolouthos*「従者」である。1973年1月1日まで、*acolyte* はローマ・カトリック教会の4つの下級聖職位(＝助祭の位に続く公式の聖書者の階級)の中の1つであった。

acorn [古英語]名どんぐり：

古英語 *æcern* はゲルマン祖語にに由来し、英語 acre、オランダ語 *aker* と同系である。元の意味は「野原の果実」であった。後に英語、低地ドイツ語、およびスカン

ジナビア語では、森で取れる最も重要な果実であるどんぐりを意味するようになった。oak との連想によって綴りが書き換えられ、16世紀には corn がその名前の一部であるという考えが広まった。15世紀から16世紀の間に書き換えられた綴りは ake-corn, oke-corn, ake-horn, oke-horn などである。
→ ACRE

acoustic [17世紀半ば]形聴覚の、音響(学)の、(建築材などが)防音・吸音の、(ギターが)アンプを用いない、アコースティックの；名音響学・音響効果：
ギリシア語 akouein「聞く」から派生した akoustikos に由来する。複数形 acoustics は、17世紀後半から「音響学」の意味で、19世紀後半からは「(建物の)音響効果」の意味で使用されている。

acquaint [中英語]動知らせる、熟知させる、精通させる、知り合いにさせる：
ad-「…の方へ」と cognoscere「知るようになる」からなるラテン語 accognoscere に由来し、後期ラテン語、古フランス語 acointier「知らせる」を経て英語に入った。同じラテン語の動詞が基になっている語に acquaintance [中英語]名「知人、知り合い、面識、交友関係、知識、心得」がある。当初の意味は「面識、知り合いであること」であった。この語は古フランス語 acointance (acointier から) に由来する。

acquiesce [17世紀初頭]動黙認する、黙って従う、不本意ながら同意する：
ad-「…で」と quiescere「休息する」からなるラテン語 acquiescere「休息する、同意する」に由来する。同時期に使われはじめた acquiescent 形「従順な」はラテン語 acquiescent-「休息している」に由来する。このラテン語の「休息する」という意味は、動詞 acquiesce の当初の用例に見出される。

acquire [後期中英語]動(財産・権利などを)獲得・取得する、(知識などを)得る、習得する、(習慣・癖などを)身につける：
後期中英語の綴り acquere は古フランス語 aquerre に由来する。元は、ad-「…へ」と quaerere「捜し求める」からなるラテン語 acquirere「獲得する」である。1600年頃に現在の英語の綴りに修正されたが、それは、このラテン語との連想が働いたためである。同じく後期中英語期に入った acquisition 名「獲得、取得、習得、(企業)買収、取得物、獲得した人、(意義のある)追加物」の当初の意味は「獲得」であった。この語はラテン語の動詞 acquirere から派生した acquisitio(n-) に由来する。同じラテン語に由来する acquisitive「獲得、欲張りな」が使われはじめたのは19世紀半ば頃からである。

acquit [中英語]動無罪にする、釈放する、(義務などから)放免する、解放する：
当初の意味は「借金を支払う、責務を果たす」であった。この語は古フランス語 acquiter に由来する。元は中世ラテン語 acquitare「借金を支払う」で、その基になっているのは動詞 quitare「解放する」である。16世紀までは、acquit の i の音は (requite「報いる」と同様に) 長母音であった。

acre [古英語]名エーカー (面積の単位；約4,047m²)、私有地・地所、田畑、《略式》多量・多数：
古英語 æcer とは、軛(くびき)でつながれた2頭の雄牛が1日で耕すことのできる面積のことであった。この語は、ゲルマン祖語に由来し、オランダ語 akker やドイツ語 Acker「畑」と同系である。この語の起源はインド＝ヨーロッパ祖語にあり、サンスクリット語 ajra やラテン語 ager、ギリシア語 agros と同系である。これらの語はすべて「畑」という意味であるが、元は借り手のいない土地や広々とした土地、森を指していた。農業が発達するにつれて、「囲い地」の意味に変化し、最後には土地の面積を表す単位として使用されるようになった。

acrid [18世紀初頭]形(味が)からい、苦

い、(においが) 刺激的な、つんとする、(言葉・態度などが) 辛辣な:

ラテン語 acer, acri-「鋭い、激しい」と接尾辞 -id からなる。この語の綴りは、おそらく acid の影響による。

acrobat [19世紀初頭] 名 曲芸・軽業師、大胆な人、意見・立場をころころ変える人、ご都合主義者:

ギリシア語 akrobatēs に由来し、フランス語 acrobate を経て英語に入った。akrobatēs は akron「つま先」と bainein「歩く」からなる。ギリシア語の形容詞 akrobatos「つま先で歩いている」も同様である。

across [中英語] 前 …を横切って、…を越えて、…の至る所に、…の向こう側・反対側に、…と交差して; 副 横切って、向こう側・反対側に、交差して:

当初の意味は「交差して」で、副詞として使用されていた。この語は古フランス語 a croix, en croix「十文字に交わって」に由来する。後に cross に接頭辞 a- が付いてできた語であると解されるようになった。

act [後期中英語] 名 行為、行い、(劇の)幕、法令、《略式》見せかけ、ふり、(ショー・ラジオ番組などの)出し物; 動 行動する、ふるまう、演じる、ふりをする、(薬などが)効く:

ラテン語の動詞 agere の変化形 actus「出来事、行為」、act-「行われた」に由来するが、フランス語の名詞 acte も入った。act の動詞用法はおそらく名詞 act の影響によるが、動詞用法は当初はスコットランドに限定されていた。動詞 act がスコットランドの詩人ロバート・ヘンリソン (1430年頃〜1506年頃) の作品の中で使用された時期と、初めて英語の文献に登場した時期との間には1世紀以上もの開きがある。**active** 形「活動的な、積極的な、現役の、活動中の、(法律などが)有効な、《文法》能動の」は中英語期から使われはじめたが、当初の意味は「活動的な」であった。この語は、act-「行われた」から派生したラテン語 activus に由来すると考えられるが、神学上のラテン語の成句 vita activa「活動的生活」に由来する可能性もある。なぜなら、フランス語でも英語でも、初出例がこの表現だからである。**action** [後期中英語] 名「行動、活動、動作、作用、機能、戦闘、訴訟、(劇・物語などの)筋、《俗語》面白いこと」はラテン語 actio(n-) に由来し、古フランス語を経て英語に入った。**activity** 名「活動性、活躍、活気、活発さ、活動」はフランス語 activité あるいは後期ラテン語 activitas に由来する語である。

actor [後期中英語] 名 (一般に)俳優、(特に)男優、行為者、(歴史的事件などの)関係者:

当初の意味は代行者や管理者であった。この語形は、ラテン語 agere「行う、演じる」から派生した「行為者、男優」という意味のラテン語がそのまま入ったものである。現在のように演劇に関する意味で使われるようになったのは16世紀からである。

actual [中英語] 形 現実の、現実に存在する、実際の:

古フランス語 actuel「活動的な、実際的な」に由来する。元はラテン語 actus「行為」である。**actuality** [後期中英語] 名「現実(性)、実在、実情、実況記録・録音・放送、ドキュメンタリー」の当初の意味は「活動」であった。この語は古フランス語 actualite あるいは中世ラテン語 actualitas に由来する。基になっているのは後期ラテン語 actualis「活動的な、実際的な」である。英語では、現代フランス語 actualité (通常は「ニュース」の意) が「真実」という意味で用いられることがあるが、フランス語にはその意味はない (『インディペンデント』紙 1992年11月10日: When asked why the company had not been advised to include the potential military use, he [= Alan Clark] said it was 'our old friend economical ... with the actualité'「その会社が軍事利用の可能性も含めて考える

ように忠告されなかった理由を尋ねられた時、それは私たちの旧友が真実を述べなかったからだと彼(=アラン・クラーク)は言った」)。

actuary [16世紀半ば]图保険計理士、アクチュアリー:

当初の意味は裁判所の書記や記録係であった。元は*actus*「出来事」から派生したラテン語*actuarius*「簿記係」である。現在のように「保険計理士」という意味で使われるようになったのは19世紀半ばからである。

acumen [16世紀後半]图鋭さ、鋭敏、眼識、(鋭い)洞察力:

business *acumen*「商才」は、的確な決断を下すために必要な鋭い頭脳を連想させる表現である。この語は、*acuere*「鋭くする」から派生した「鋭さ、先端」という意味のラテン語がそのまま入ったものである。

acute [後期中英語]形(感覚などが)鋭い、先のとがった、【数学】鋭角の、(痛みなどが)激しい、(病気が)急性の、(音が)甲高い、(事態などが)深刻な:

当初は病気や病気の症状の特徴を指した。この語はラテン語*acutus*「鋭い、激しい、明敏な」に由来する。*acutus*は*acus*「針」から派生した動詞*acuere*「鋭くする」の過去分詞である。

語形成
接頭辞 **ad-**(ラテン語*ad*「…へ」から)は次の意の語を作る。
■「動き、方向」[advance]「前進(する)」、[adduce]「証拠として挙げる、引用する」
■「減少、変化」[adapt]「適合させる」、[adulterate]「(混ぜ物で)品質を落とす、(混ぜ物で)品質を下げた、不純な」
■「付加」[adjunct]「付属物、添加物、助手」

16世紀に*ad-*とその異形の使用が拡大し、*ad-*以外の語(ラテン語*ab-*など)を起源とする接頭辞*a-*に取って代わるようになった(例:advanceはフランス語*avancer*に由来し、その基になっているのは後期ラテン語*abante*「前方に」である)。

---

adage [16世紀半ば]图ことわざ、格言、金言:

aio「私は言う」の初期の語形から派生したラテン語*adagium*「ことわざ」に由来し、フランス語を経て英語に入った。

adamant [古英語]形(決意などが)固い、強固な、断固とした、揺るがない、不屈の;图きわめて堅いもの、強固な物質、《古語》ダイヤモンド:

ギリシア語*adamas, adamant-*「なつかない、征服できない」に由来し、ラテン語、古フランス語*adamaunt-*を経て英語に入った。この語は想像上の鉱石の名前で、本質的な特徴はその硬さであった。後にその時代の最も硬い金属や石を表す語として使用されるようになり、天然の物質の中で最も硬い「ダイヤモンド」を指すようになった。この語は*a-*「非…」と*daman*「飼いならす」からなる。中世ラテン語期の初期の作家たちがこの語は*adamare*「愛する」に由来する語であると説明し、天然磁石と結びつけため、現代英語期に入ってもこの語の意味は混乱していた。確固たる信念を表す be *adamant* という表現が使われはじめたのは1930年代のことであるが、形容詞的な使い方は16世紀から始まっており、an *adamant* heart「揺るがない気持ち」のような用法があった。

adapt [後期中英語]動適合させる、適応・順応させる、改造する、改作・脚色・翻案する:

中核的な意味はラテン語*aptus*「適合した」から生じたものである。この語はフランス語*adapter*に由来する。元はラテン語の動詞*adaptare*(*ad-*「…へ」と*aptare*から)である。同じラテン語の動詞に由来する語に **adaptation** [17世紀初

頭]图「適合、適応、順応、改造、改作、脚色、翻案」がある。この語は後期ラテン語 adaptatio(n-) が基で、フランス語を経て後期中英語に入った。

add［後期中英語］動加える、加算する、合計する、言い足す、書き足す、足し算をする：

特に算数について使われはじめたのは15世紀後半からであるが、この語の中核的意味は「加える」である。この語はラテン語 addere に由来する。addere は ad-「…へ」と dare「置く」の語幹からなる語で、同じく後期中英語期から使用されている **addition**图「付加、追加（分）、加わったもの・人、加算、足し算」の基になっているのもこれらの要素である。この語はラテン語 additio(n-) に由来する。

adder［古英語］图クサリヘビ（欧州産の毒ヘビ）、アダー（北米産の無毒のヘビ）：

古英語期の語形は nædre「ヘビ、クサリヘビ」であった。nædre はゲルマン祖語に由来し、オランダ語 adder やドイツ語 Natter「クサリヘビ」と同系である。イングランド北部の方言には nedder という語が今でも残っている。語頭の n の文字は中英語で消失したが、それは、a naddre が an addre と異分析されたためである。adder と同様の過程を経て現在の語形になった語に apron「エプロン」、auger「（螺旋ネジ形の）木工用きり」、umpire「審判員」などがある。

addicted［16世紀半ば］形依存症の、常習的な、中毒の、熱中した：

廃語となった形容詞 addict「束縛された、（人に）献身的な」から派生した。元はラテン語 addict-「（判決によって）割り当てられた、身を委ねた」で、addict- は ad-「…へ」と dicere「言う」からなる動詞 addicere から派生している。**addiction**图「常用、中毒、依存症、熱中」が使われはじめたのは addicted よりもやや遅れて、16世紀後半である。addiction の当初の意味は「性癖、性向」で、この語はラテン語 addictio(n-) に由来する。**addict**图「常用

者、中毒患者、（ある習慣に）耽る人、（熱狂的）愛好者」がアルコールや麻薬などに関連した意味で英語に登場したのは20世紀初頭のことである。この名詞の基になっているのは廃語となった **addict**動「常習にさせる、耽らせる」で、この語は addicted から（接尾辞を取り除くことによって）派生した逆成語である。

additive［17世紀後半］图（食品）添加物、（ガソリンなどへの）添加剤；形付加的な、追加の、【数学】加法の：

当初は形容詞として使用されていた。この語は後期ラテン語 additivus に由来する。元はラテン語の動詞 addere「加える」である。この語が名詞として使われはじめたのは1940年代のことである。

addle［中英語］動（卵を）腐らせる、《略式》（頭を）混乱させる、（卵が）腐る、（頭が）混乱する；形（卵が）腐った、（頭が）混乱した：

当初の意味は「腐った」で、卵について使用されていた。addle egg という成句がしばしば無精卵という意味で使用されていたため、その実を結ばないという概念から、addle と idle「怠けた」を使った言葉遊びがよく用いられるようになった。この語の基になったのは古英語 adela「汚水、くさい尿」である。adela はゲルマン祖語に由来し、オランダ語 aal や中低地ドイツ語 Adel「ぬかるみ、水たまり」と同系である。17世紀半ばから使われはじめた **addled**形「（頭が）混乱した、（卵が）腐った」は、形容詞 addle から作られた語である。この語は addle が動詞として使用される前から存在していた。addled Parliament「混乱議会」という表現は、4月5日に召集され、法令が1つも可決されないまま6月7日に解散した1614年の議会につけられた呼び名である。

address［中英語］图住所、宛先、（式典などでの）挨拶（の言葉）；動演説、講演、【コンピュータ】アドレス、宛先を書く、演説・講演する、話しかける、（敬称を

使って）呼びかける、（問題などに）取り組む：

当初の意味は「まっすぐに立てる」、「導く、向ける」で、動詞として使用されていた。後に「宛先を書く」や「話しかける」へと発展した。この語は古フランス語 adresser に由来する。この語はラテン語の ad-「…の方へ」と direcctus「まっすぐな」からなる。address が名詞として使われはじめたのは16世紀半ばからで、当初の意味は「人に近づくこと、話しかけること」であった。

adept ［17世紀半ば］形熟達した、熟練した、精通した；名熟達者、達人、名人：

ラテン語 adeptus「達成された」(adipisci「達する」の過去分詞）に由来する。

adequate ［17世紀初頭］形（ある目的のために）十分な、適格な、適任の、まずまずの：

ラテン語 adaequatus「大きさや広さが等しくなった」に由来する。adaequatus は、ラテン語 aequus「等しい」から派生した動詞 adaeqare「等しくする」の過去分詞である。

adhere ［15世紀後半］動（しっかりと）くっつく、付着・粘着・固着する、固執する、忠実に支持・信奉する：

ラテン語の動詞 adhaerere「くっつく」に由来する。このラテン語の動詞が基になっている語に adherent ［後期中英語］形名「付着・粘着性の、付着した、関係した、支持者、信奉者」、adhesion ［15世紀後半］名「付着、粘着(性)、【医学】癒着ゆちゃ、固守、執着」、adhesive ［17世紀後半］形名「粘着性の、べとべとする、粘着物、接着剤」がある。

adieu ［後期中英語］間さようなら、ご機嫌よう；名いとまごい、告別：

a「…へ」と Dieu「神」からなる古フランス語 adieu に由来する。スペイン語 adios「さようなら」も同じ意味である。farewell「さようなら、ご機嫌よう、さらば」が旅立つ人の無事を祈る挨拶として使われていたのに対し、「私は神にあなたの無事を委ねます」という意味の adieu は、後に残る人に対する返答として使用されていた。

adjacent ［後期中英語］形隣接した、接した、近隣・近辺の：

ラテン語 adjacent-「近くにいる・ある」に由来する。adjacent- は、ad-「…へ」と jacere「横たわる」からなる adjacere から派生している。

adjective ［後期中英語］名《文法》形容詞；形《文法》形容詞の、形容詞的な、付随的な、従属した、【法律】訴訟手続きの：

古フランス語 adjectif, -ive に由来する。元は動詞 adicere から派生したラテン語 adject「付加された」（文字通りの意味は「投げつけられた」）である。当初は noun adjective「付加語つきの名詞」という成句で使用されていた。noun adjective はラテン語 nomen adjectivum を翻訳したもので、そのラテン語はギリシア語 onoma epitheton を翻訳したものである。

adjourn ［中英語］動（会議などを）中断する、（一時）休止する、延期する、休会になる、延期になる、（他の場所に）移る：

当初の意味は「召集する日を定める」であった。この語は、古フランス語の成句 a jorn (nome)「（約束の）日まで」から作られた動詞 ajorner に由来する。

adjust ［17世紀初頭］動調整・調節する、適合させる、（衣服などを）整える、（争いなどを）解決・調停する、【保険】（支払額を）決定する、順応・適応する、慣れる：

当初の意味は「相違点を調整する」や「（損失や損害を）査定する」であった。この語は廃語となったフランス語の動詞 adjuster に由来する。元は古フランス語 ajoster「近づける」で、その基になっているのはラテン語の ad-「…へ」と juxta「近くに」である。

adjutant［17世紀初頭］名【軍事】（部隊付きの）副官、助手、補助者；形助手の、手伝いの：

当初の意味は「助手、補佐」であった。この語はラテン語 *adjutant-*「助けている」に由来し、*adjutant-* は *adjuvare*「助ける」の反復動詞（動作の繰り返しを表す動詞）*adjutare* から派生している。現在では軍事用語として使われることが多く、行政面で上級仕官を補佐する「副官」という意味で使用されている。

admiral［中英語］名海軍将官、提督、（艦隊の）司令長官、海軍大将、商船・漁船隊長、【昆虫】タテハチョウ：

当初の意味は「（イスラム教国の）首長」や「サラセン軍指揮者」であった。この語は古フランス語 *amiral, admirail* に由来し、その語形はアラビア語 *'amīr*「指揮者」（*amara*「指揮する」より）が中世ラテン語を経て古フランス語に入ったものである。ラテン語化によって、この語の接頭辞は *ad-* になった。語尾 *-al* は、称号の中で使用されるアラビア語 *-al-*「…の（中の）」に由来する（例：*'amīr-al-'umarā*「王の中の王」）。この *-al-* が、後にラテン語の接尾辞 *-al* になぞらえて付与されたのである。現代の海事関係の用法は、スペインやシチリア島にいたアラビア人によって作られた官職 'Ameer of the Sea'「海の長」に由来する。この官職名はシチリアのキリスト教徒の君主たちによって継承され、後にジェノヴァ人やフランス人にも採用され、その後、エドワード3世の統治下で 'Amyrel of the Se' や 'admyrall of the navy' という呼称でイングランド人にも採用された。この語の当初の意味は1500年頃に廃用となり、*admiral* だけで海軍用語として使用されるようになった。**admiralty**名「海軍本部、海軍大将の職・地位、海事法、海事裁判所」が使われはじめたのは後期中英語期からで、古フランス語 *admiralte* に由来する。

admiration［後期中英語］名感嘆、賞賛、敬服、（人の）賞賛の対象：

ラテン語 *admirari*「感嘆・賞賛する、驚く」が基になって、この語（当初の意味は「驚き、驚嘆」）と **admirable**［後期中英語］形「賞賛に値する、見事な、りっぱな」が生じた。この語はラテン語 *admirabilis*「驚くべき」に由来し、古フランス語を経て後期中英語に入った。**admire**動「感嘆・賞賛する、敬服・感心する」が使われはじめたのは16世紀後半からである。ラテン語 *admirari* は *ad-*「…で」と *mirari*「驚く」からなる語である。

admit［後期中英語］動認める、自白する、入場・入学・入会を認める・許す、（ある特定の人数を）収容できる、余地を残す：

ad「…へ」と *mittere*「送る」からなるラテン語 *admittere* に由来する。意味が「送る」から「受け入れることを認める」へと拡大したのである。同じラテン語に由来する語に **admission**名「入場・入学・入会の許可、承認、自白、入場料」と **admissible**形「入場・入学・入会の資格がある、認められる、許される、適格な」がある。この語と同じく後期中英語期に入った admission はラテン語 *admissio(n-)* に由来し、17世紀初頭に入った admissible は中世ラテン語 *admissibilis* に由来する。

admonish［中英語］動訓戒する、説諭する、警告する、注意する、忠告する、勧告する：

中英語期の語形は *amonest* で、当初の意味は「促す、勧告する」であった。*amonest* は古フランス語 *amonester* に由来する。元はラテン語 *admonere*「忠告する」である。後に *amonest* の語尾 *-t* が過去時制を表す語尾であると誤解されるようになり、abolish のような動詞にならって現在時制の形が変化した。そして、ラテン語の語形との連想から、16世紀に接頭辞が現在の *ad-* になった。

ado［後期中英語］名空騒ぎ、騒動、骨折り、面倒：

当初の意味は「行動、仕事」であった。元

は中英語北部方言の *at do*「すること」で、*at do* は古ノルド語 *at*（不定詞標識として使用されていた）と *do* を組み合わせたものである。*at do* がこのように to do に相当していることは、without more *ado*「これ以上大騒ぎをせずに」と What a to do!「何という騒ぎだ！」という表現で、どちらも「騒ぎ」という意味で使用されていることからも分かる。

adolescence ［後期中英語］名 青年期、青春期、思春期、(言語・文化などの) 発展期：

動詞 *adolescere*「成長する」から派生したラテン語 *adolescentia* に由来し、フランス語を経て後期中英語に入った。adolescent 名「青年・青春期の人、10代の若者、未熟な若者」も同時期に入った語である。この語はラテン語 *adolescent*-「成長している」が語源で、フランス語を経て英語に入った。ラテン語の動詞 *adolescere* は *ad*-「…へ」と *alescere*「育つ、成長する」からなり、*alescere* の基になっているのは *alere*「養う」である。この語が形容詞（「青年・青春期の、若々しい、未熟な」）として使われはじめたのは18世紀後半からである。

adopt ［15世紀後半］動 採用する、取り入れる、(外国語などを) 借用する、(態度などを) とる、採択・可決する、養子にする：

元は *ad*-「…へ」と *optare*「選ぶ」からなるラテン語 *adoptare* で、フランス語を経て英語に入った。adoption 名「採用、採択、(外国語の) 借用、養子縁組」は中英語期に入った語で、ラテン語 *adoptio(n-)* に由来する。adoptive 形「採用の、採択の、借用の、養子関係の」が入ったのは後期中英語期である。この語は *adoptare*「採用する」から派生したラテン語 *adoptivus* に由来し、古フランス語を経て英語に入った。
→ OPTION

adore ［後期中英語］動 崇拝する、礼拝する：

元はラテン語 *adorare*「崇拝する」(*ad*-「…へ」と *orare*「話す、祈る」からなる) で、古フランス語を経て後期中英語に入った。adorable 形「崇拝・敬慕に値する、《略式》愛らしい、魅力的な」が使われはじめたのは17世紀初頭からで、当初の意味は「崇拝に値する」であった。元はラテン語 *adorabilis* に由来し、フランス語を経て英語に入った。現在のように「愛らしい、魅力的な」という意味で使われるようになったのは18世紀初頭からである。

adorn ［後期中英語］動 飾る、装飾する、魅力的にする、(美しさを) 引き立てる：

ラテン語 *adornare* に由来し、古フランス語を経て後期中英語に入った。この語の形成には、ラテン語 *ornare*「飾る、装飾する」が関与している。

adroit ［17世紀半ば］形 (手先が) 器用な、(頭脳の働きの) 機敏な、機転のきく、巧妙な：

フランス語から入った語で、*à droit*「正しく、適切に」という成句に由来する。

adulation ［後期中英語］名 お世辞、へつらい、追従：

adulari「へつらう」から派生したラテン語 *adulatio(n-)* に由来する。同じラテン語の動詞に由来する adulate 動「過度に賞賛する、お世辞を言う、へつらう」が使われはじめたのは18世紀半ばからである。

adult ［16世紀半ば］形 成人の、大人の、大人らしい、成熟した、(動・植物が) 成長した、成人向きの；名 成人、大人、(動・植物の) 成体：

ラテン語の動詞 *adolescere*「成長する」の過去分詞 *adultus* に由来する。
→ ADOLESCENCE

adulterate ［16世紀初頭］動 混ぜる、不純にする、(混ぜ物で) 品質を落とす；形 (混ぜ物で) 品質を下げた、不純な、にせの、不義の：

当初は形容詞として使用されていた（例：*adulterate* remedies「不良医薬品」）。この語は、ラテン語の動詞 *adulterare*「変造する、改悪する」の過去分詞の語幹 *adulterat-* に由来する。

adultery [15世紀後半]名 姦通、不義、不倫、不貞（行為）：
　この語は（**adulterous** 形「姦通の、不義の」と同じく）廃語 **adulter** 名「姦通」に由来する。**adulter** 名はラテン語 *adulter*「姦夫」がそのまま英語に入ったものである。*adultery* の初期の綴りは *avoutrie* であった。*avoutrie* は古フランス語 *avouterie* に由来する。**adulterer** 名「姦通者、姦夫」が使われはじめたのは16世紀初頭からである。この語の基になったのは廃語となった動詞 *adulter*「不義を犯す」で、*adulter* はラテン語 *adulterare*「堕落させる、変造する」に由来する。中英語期の語形は *avouterer* であったが、*adulterer* に代わった。*avouterer* の基になったのは古フランス語 *avoutrer*「不義を犯す」である。

advance [中英語]動 前進する、（値段・価値などが）上がる、前進させる、前払いする、前貸しする；名 前進、（値段・価値などの）上昇、前払い、前貸し：
　動詞の advance は古フランス語 *avancer* に由来し、名詞の advance は古フランス語 *avance* に由来する。これらの古フランス語の基になっているのは後期ラテン語 *abante*「前方に」である。16世紀に、先頭の文字 *a-* がラテン語の接頭辞 *ad-* が変化したものであると誤解され、*d* が挿入されて *ad-* となった。この誤解は、フランス語 *aventure* から変化した adventure のような語の影響による。フランス語でも、時折この種の *d* が人為的に加えられることがあったが、*d* は黙字のままであった。しかし、英語では、その綴りが定着した。

advantage [中英語]名 利点、有利（な点）、強み、長所、優位（性）、【テニス】アドバンテージ：
　古フランス語 *avantage* に由来する。*avantage* は *avant*「前方に」から派生した語で、元は後期ラテン語 *abante* である。
→ ADVANCE

advent [古英語]名（重要人物・事件・時代などの）出現、到来、開始、キリストの降臨、降臨節：
　advenire（文字通りの意味は「…へ来る」）から派生したラテン語 *adventus*「到着」に由来する。当初の意味は【キリスト教】降臨節（キリスト降誕祭を待ち望む期間の名称）である。現在では、この期間には降誕祭前の日曜日が4回含まれている。**adventitious** 形「偶然・偶発の、付随的な、【生物学】異常な位置に生じた、不定の」が使われはじめたのは17世紀初頭からで、ラテン語 *adventicius*「外来の」（*advenire*「到着する」より）に由来する。

adventure [中英語]名 冒険（心）、予期せぬ出来事・事件、珍しい経験、【商業】（損失覚悟の）投機；動 危険を冒す、《古語》危険にさらす、賭ける：
　ラテン語 *adventurus*（*advenire*「到着する」より）「起こりそうな」に由来する。*adventurus* が古フランス語に名詞 *aventure* と動詞 *aventurer* をもたらし、それらが英語に入ってこの語となった。**adventurer** [15世紀後半]名「冒険家、投機家、詐欺師、（報酬や冒険手当ての）傭兵」の当初の意味は「ばくち打ち」であった。この語はフランス語 *aventurier* に由来する。

adverb [後期中英語]名《文法》副詞：
　ad-「…へ」と *verbum*「言葉、動詞」からなるラテン語 *adverbium* に由来する。

adversary [中英語]名 敵、敵対者、（競技などの）（競争）相手、対抗者；形 敵対する、敵の、【法律】当事者主義の：
　古フランス語 *adversarie* に由来する。元はラテン語 *adversarius*「反対する、敵対者」である。*adversarius* は *adversus*「…に向かって、…に対して」から派生

した語で、adverse [後期中英語]形「反対の、敵意のある、不利・不都合・有害な、逆方向の」の基になっているのも adversus である。「…の方へ」と「向けること」という 2 つの中核的な意味要素はラテン語 advertere に由来するもので、adversity [中英語]名「逆境、不運、不幸、不幸な出来事・災難」の基になっているのも advertere である。
→ AVERSE

advertise [後期中英語]動広告する、宣伝する、公示する、(魂胆・意図などを) 表に出す、公表する:

この語と advert 動「言及する、触れる」と advertisement 名「公告 (すること)、宣伝、告示、公示、好例」が使われはじめた時期は後期中英語期である。これらの語の基になっているのはラテン語の動詞 advertere「…の方へ向ける」である。advert の当初の意味が「何かに注目する」であったのに対して、advertise の方は、現在は「人に注目させる」という意味で使用されている。advertisement の当初の意味は「通知」であった。この語は動詞 advertir から派生した古フランス語 advertissement に由来する。この語が advert 名「公告、好例」と略されるようになったのは19世紀半ばからである。
→ ADVERSARY

advice [中英語]動忠告、助言、アドバイス、勧告、(専門家の) 診断、鑑定、(商取引上の) 通知 (書)、(遠隔地からの) 報告:

古フランス語 avis に由来する。その基になっているのは、ラテン語の ad「…へ」と videre「見る」の過去分詞 visum である。この語の当初の意味は「物の見方、判断」で、それが後に「意見」という意味に変わった。14世紀から 16世紀までの間、フランス人の写字生たちは時折この語を advis と綴っていた。その綴りがキャクストン (イングランド初の印刷業者) によって英語に採り入れられ、この綴りが定着した。advise [中英語]動「忠告・助言する、勧める、通知する、《主に米》相談する」は古フランス語 aviser に由来する。aviser の基になっているのは、ラテン語の ad「…へ」と videre「見る」の反復動詞 visere である。この語の当初の意味は「見る、熟考する」で、「(他者と) 相談する」という意味はそこから生じた。

advocaat [1930年代]名アドヴォカート (ブランデー・卵・砂糖をミックスしたオランダのリキュール):

「弁護士」という意味のオランダ語を借入したものである。このリキュールは、当初は「弁護士の飲物」であると考えられていた。オランダ語の完全な語形 advocatenborrel の意味が「弁護士の飲物」であったからである。

advocate [中英語]名 (主義などの) 支持者、主張者、(特に法廷で弁護に当たる) 弁護士;動支持・主張する、弁護する:

スコットランドでは barrister「法廷弁護士」と同じ意味で用いられ、その中核的な概念は「助けに呼ぶこと」で、この概念は、ラテン語の動詞 advocare「(助けに) 呼ぶ」を構成している要素 ad-「…へ」と vocare「呼ぶ」に由来する。直接の語源は古フランス語 avocat である。後期中英語期から使われはじめた advocacy 名「弁護、支持、擁護、唱道」は、元は中世ラテン語 advocatia で、古フランス語を経て英語に入った。

aegis [17世紀初頭]名【ギリシア神話】(ゼウスがアテナに授けた) 神の盾、【軍事】(海軍の) イージス艦、《文語》保護・後援:

当初の意味は「(特に神の) 鎧、盾」であった。ギリシア語 aigis「ゼウスの盾」が語源で、ラテン語を経て英語に入った。現在は under the aegis of「…の保護を受けて」という成句でしばしば使用されている。

aeon [17世紀半ば]名計り知れない長い年月、永劫、【地学】イーオン (10億年)、累代 (年代区分の最大単位):

現在この語は、aeons ago「大昔に」と

いった成句に見られるように、しばしば複数形で使用されている。

aerial [16世紀後半]形空気の、空中の、高架の、《植物》気生の；名アンテナ：

当初の意味は「空気のように希薄な、想像上の」であった。aēr「空気」から派生したギリシア語aeriosが語源で、ラテン語を経て英語に入った。

aerobic [19世紀後半]形エアロビクスの、有酸素の、【生物学】(細菌が)好気性の；名エアロビクス：

この語は、接頭辞aero-(ギリシア語aēr「空気」から)とギリシア語bios「生命」からなる。この語は、生物学の分野(例：simple aerobic bacetria「単細胞の好気性細菌」のaerobicは「遊離酸素を必要とする、好気性の」の意)や、スポーツの分野(例：aerobics「エアロビクス」、aerobic exercise「有酸素運動」)で使用されている。スポーツの分野では、aerobicは、酸素を吸い込んで体内に送り込むことで循環器系を活性化させる有酸素運動に関連した意味で使用されている。

aeroplane [19世紀後半]名飛行機：

本来「空中をさまよう」ものを意味し、フランス語aéroplaneに由来する。基になっているのはaéro-「空気」とギリシア語-planos「さまよっている」である。

aesthetic [18世紀後半]形美的な、美学の、審美的な、美的感覚・審美眼のある；名美学、美学的原理・思想：

本来の意味は「知覚に関する」である。ギリシア語aisthētikosに由来し、基になっているのはaisthesthai「感受する」から派生したaisthēta「感受できるもの」である。18世紀半ばに入って、ドイツ語で「美的な」という意味で使われるようになり、19世紀初頭には英語にもその意味が入ってきたが、すんなりと受け入れられたわけではなかった。**aesthete**名「唯美主義者、(えせ)審美家、(自称)美術愛好家」は、athleteとathleticのような組合せにならってaestheticから作られた語である。

afar [中英語]《文語》副遠くに・で；名遠方：

中英語期の語形はof feor「遠くから」であった。

affable [後期中英語]形気軽に話せる、愛想のよい、思いやりのある、優しい：

中核的な意味は「話すこと」であり、それが「気軽に話せる、愛想のよい」という意味に結びついている。この語は動詞affari「話しかける」(ad-「…の方へ」とfari「話す」からなる語)から派生したラテン語affabilisに由来し、古フランス語を経て英語に入った。

affair [中英語]名(日常の)業務、仕事、(社会的)事情・事態、問題、事件、(個人的な)関心事、《略式》(漠然と)もの・こと・代物、浮気、情事：

à faire「すること」という表現が基になっている古フランス語afaireに由来する。当初は、フランス語の綴りを反映して、英語でもしばしば語尾に-eを付けて綴られていた。語尾に-eが付かない綴りを用いた例はすべて北部方言のもので、その綴りがキャクストン(英国の印刷業者・翻訳家)の出版活動によって広く普及していった。英語adoの歴史が、フランス語のà faireという表現の歴史と類似している。19世紀初頭には、affairに加えてフランス語affaire「(世間の関心を呼ぶ)事件、情事」も英語に入って来たが、この語が多様な意味を持つことはなかった。affaireの文字通りの意味は「(恋愛)事件」である。
→ ADO

affect¹ [後期中英語]動影響を及ぼす、作用する、(病気などが)冒す、襲う、感染させる、感動させる：

当初の意味は「(病気などが)冒す」であった。この語はフランス語affecter、あるいはラテン語affect-「影響を受けた、冒された」に由来する。ラテン語affect-は動詞afficere「働きかける」の変化形で

ある。

affect[2] ［後期中英語］動ふりをする、装う、気取る、好んで用いる・着る、(動植物が) 生息する、(物が) 自然に…（の形）になる：

フランス語 *affecter*、あるいはラテン語 *affectare*「得ようと努める」に由来する。ラテン語 *affectare* は *afficere*「働きかける、影響する」の反復動詞（動作の繰り返しを表す動詞）で、その *afficere* を構成している要素は *ad*-「…で、…へ」と *facere*「する」である。当初の意味は「好意を示す、愛する」で、それが「（好んで）用いる、ふりをする」という意味に変化した。**affectation**名「ふりをすること、見せかけ、気取った態度・言動」が使われはじめたのは16世紀半ばからで、この語は動詞 *afficere* から派生したラテン語 *affectatio(n-)* に由来する。同じ動詞が基になっている語に、**affection**［中英語］名「愛情、好意、(異性への) 恋愛感情、感情、性向」(ラテン語 *affectio(n-)* に由来し、古フランス語を経て入った）と **affectionate**形「愛情のこもった、情愛の深い、優しい」がある。affectionate が使われはじめたのは15世紀後半からで、当初の意味は「気が向いた、心が傾いた」であった。この語は、フランス語 *affectionné*「最愛の」あるいは中世ラテン語 *affectionatus*「献身的な」に由来する。

affect[3] ［19世紀後半］名【心理学】情動：
ドイツ語から入った語で、元は *afficere*「影響する」から派生したラテン語 *affectus*「気分」である。

affidavit ［16世紀半ば］名【法律】宣誓供述書：
中世ラテン語に由来し、文字通りの意味は「彼は誓いを立てた」である。中世ラテン語 *affidavit* は、動詞 *affidare*「信頼する」から派生している。

affiliate ［18世紀半ば］名支部、支社、系列・関連会社、加入者、会員；動加入・提携させる、加入・提携する：

この語の意味は「家族」を連想させるが、それは、この語の語源が中世ラテン語 *affiliare*「養子にする」(*ad*-「…の方へ」と *filius*「息子」からなる）であるからである。**affiliation**［18世紀後半］名「加入、所属、提携、(特に政治的な) 友好・親善・協力関係」は動詞 *affiliare* から派生した中世ラテン語 *affiliatio(n-)* に由来し、フランス語を経て英語に入った。

affinity ［中英語］名密接な関係、類似性・点、親近感、共感、好感、姻戚関係、【生物学】類縁、【化学】親和力：

中核的な概念は「接触、隣接」で、この概念は「類似性・点」や「密接な関係」といった現在の意味に受け継がれている。当初の意味は「姻戚関係」であった。この語はラテン語 *affinitas* に由来し、古フランス語を経て英語に入った。*affinitas* は、*ad*-「…へ」と *finis*「境界」からなる *affinis*「関係のある」(文字通りの意味は「隣接した」) から派生した語である。

affirm ［中英語］動断言する、肯定する、主張する、【法律】(上級裁判所が下級審の判決を) 支持・確認する：

当初の意味は「強固にする」であった。*affirm* は *ad*-「…へ」と *firmus*「強固な」からなるラテン語 *affirmare*「断言する」に由来し、古フランス語を経て英語に入った。**affirmative**［後期中英語］形「肯定的な、賛成の、積極的な、断定的な」の当初の意味は「断定的な、積極的な」であった。この語は後期ラテン語 *affirmativus*「肯定的な」に由来し、古フランス語を経て英語に入った。

afflict ［後期中英語］動苦しめる、悩ませる：

当初の意味は「落胆させる、屈辱を与える」であり、ラテン語 *afflictare*「打ちまくる、苦しめる」あるいは *afflict*-「打ちのめされた、弱った」に由来する。そのどちらの語も動詞「打ちつける」から派生している。**affliction**［中英語］の当初の意味は「苦痛や屈辱を与えること」で、特に「宗教において自ら進んで苦行する

こと」という意味で用いられていた。この語はラテン語 afflictio(n-)「苦しめること、苦痛」に由来し、古フランス語を経て英語に入った。その afflictio(n-) はラテン語 fligere「打つ、激しく打つ」から派生した語である。

affluent［後期中英語］形裕福な、豊富な、（川が）豊かに流れる、（泉などが）こんこんと湧く；名裕福な人たち、支流：

この語が「裕福な」という意味で使われるようになったのは18世紀半ば以降のことで、当初は水が豊富に流れる様子を表す語として使用されていた。この語はラテン語 affluent-「流れ込んでいる、よどみなく流れている」に由来し、古フランス語を経て英語に入った。その affluent- は動詞 affluere「流れ込む」(ad-「…へ」と fluere「流れる」からなる) から派生している。**afflux**名「(水や空気の)流入、(人などの)殺到」の基になっているのもその affluere である。17世紀初頭から使用されている afflux は、中世ラテン語 affluxus に由来する。

afford［後期古英語］動（経済的・時間的に）…する余裕がある、…する立場にある、与える、もたらす、供給する：

古英語期の語形 geforthian は、ge-（完了を表す接頭辞）と forthian「前に進める」(forth より) からなる語である。当初の意味は「促進する、実行する、成し遂げる」で、後に「…できる、…する立場にある」という意味で用いられるようになった。経済力に関連した意味で使われるようになったのは後期中英語期からである。
→ FORTH

affranchise［15世紀後半］動（隷属・従属の状態、責務から）解放する、釈放する：

この語の基になっているのは古フランス語 franc「自由な」である。この語の綴りは、古フランス語 afranchir の延長語幹 afranchiss- に由来する。

affray［中英語］名【法律】乱闘罪、(公共の場での) 乱闘・騒動、騒々しい口論：

当初は「騒動、口論」という一般的な意味で使用されていた。アングロノルマンフランス語 afrayer「乱す、びっくりさせる」に由来する。afrayer はゲルマン祖語に起源を持つ要素が基になっている語で、その要素は古英語 frithu「平和、安全」と同系である。

affront［中英語］動（公然と・故意に）侮辱する、傷つける、(死・危険などに) 敢然と立ち向かう；名（公然・故意の）侮辱、無礼な言動：

古フランス語 afronter「顔を叩く、侮辱する」に由来し、元はラテン語 ad frontem「顔へ」である。

aficionado［19世紀半ば］名熱烈な愛好家、ファン、こり屋、マニア：

当初は熱狂的な闘牛愛好家を指す語として使用されていた。この語は「愛好家」という意味のスペイン語である。スペイン語 aficionado は、aficioner「好きになる」の過去分詞を名詞として使用したもので、その aficioner の基になっているのはラテン語 affectio(n-)「好意」である。aficionado は、現在は趣味などにとどまらずあらゆる分野の熱烈な愛好家を指すが、このような使い方が始まったのは1880年代以降である。
→ AFFECT[2]

afraid［中英語］形恐れて、怖がって、心配して：

廃語となった動詞 affray の過去分詞である。affray はアングロノルマンフランス語 afrayer に由来する。
→ AFFRAY

after［古英語］前…の後に、…の次に、…を追って、…にちなんで；接…した後で；副後で、後に、その後：

古英語 æfter はゲルマン祖語に起源を持つ語で、オランダ語 achter と同系である。**afterwards**副「後で、後に、その後」は、after の影響を受けて現在のように綴ら

れるようになった。この語の古英語期の語形は æftewearde で、æftan「後ろに」と接尾辞 -wards からなる語であった。

aftermath [15世紀後半]⑧(災害・大事件・戦争などの)余波、結果、(災害などの)直後の時期、(牧草の)2番刈り：

この語の当初の意味は「2番刈り」(1回目の収穫や刈り取りの後で再び生えてくる新しい牧草)であった。この語は、after(形容詞として使用)と「刈り取り」を意味する方言 math「刈り入れ」からなる語である。その math はゲルマン祖語に起源を持つ語で、ドイツ語 Mahd「刈り取り」も同系である。現在の「(不快な出来事の)余波、結果」という意味が文献に見られるようになったのは17世紀半ばからである(ウィンストン・チャーチル『勝利』Victory：The life and strength of Britain ... will be tested to the full, not only in the war but in the aftermath of war「戦時中のみならず戦後においても、英国の活力と強さが存分に試されるだろう」)。

again [古英語]⑨もう一度、再び、また、元の場所・状態へ、その上に、さらに加えて、その一方で：

古英語期の語形は ongēan や ongægn などであった。ゲルマン祖語に起源を持つ語で、ドイツ語 entgegen「…に反して」も同系である。この語の語根 gegn の主な意味は「真っすぐな」である。そして、接頭辞 on が付いたことで「向かい合った、向かい側に」という意味になり、出会いや対立、逆戻り、繰り返しという概念へと変化していった。1130年頃には南部で異形が出現した。その異形が転化して **against**⑩「…に反して、」になったのは1400年以前のことである。

age [中英語]⑧年齢、寿命、一生、高齢、老齢、世代、(歴史上の)時代、時期、《略式》長い間；⑪年をとる、古くなる、熟成する、老けさせる、古びさせる：

ラテン語 aevum「年齢、時代」から派生した aetas, aetat- に由来し、古フランス語を経て英語に入った。古フランス語 ege は3音節で発音されていたが、英語では、当初から2音節で発音されていた。

agenda [17世紀初頭]⑧協議事項、議事(日程)、議題、(業務の)予定表：

当初の意味は「予定」であった。この語は、ラテン語 agere「行う」の動詞的中性名詞 agendum の複数形である。

agent [後期中英語]⑧代理人、代理店、仲介者、(公的機関の)職員、(国家・警察などの)情報員、スパイ、動因、作用物質、薬剤、行為の主体、《文法》動作主：

当初の意味は「ある結果を引き起こす人・もの」であった。この語はラテン語 agent-「行っている」に由来し、その agent- は動詞 agere から派生している。**agency**⑧「代理店、取次店、《米》(省よりも規模が小さい)政府機関、媒介、仲介、作用」が使われはじめたのは17世紀半ばからで、この語は中世ラテン語 agentia に由来する。

agglomerate [17世紀後半]⑪塊にする・なる；⑫塊になった、集まった；⑧塊、集まり、【地学】集塊岩：

ラテン語の動詞 agglomerare「加える、塊にする」に由来する。その基になっているのはラテン語 glomus「糸玉」である。

agglutinate [16世紀半ば]⑪接着・膠着させる・する、【言語学】膠着によって形成させる・する、【生理学】凝集させる・する；⑫膠着した、膠着した、(言語が)膠着性の：

基になっているのはラテン語 gluten「膠」である。この語の語形はラテン語 agglutinat- に由来する。agglutinat- は動詞 agglutinare「膠づけする」の変化形である。

aggravate [16世紀半ば]⑪(病気などを)さらに悪化させる、(負担などを)さらに重くする、《略式》いらいらさせる、

怒らせる：

当初の綴りは *aggrege* であったが、後に *aggravate* になった。この語は、ラテン語の動詞 *aggravare*「重くする」に由来する。*aggravare* は *ad-*（増加を表す接頭辞）と *gravis*「重い」からなる。*aggravate* が「怒らせる、いらいらさせる」という意味で使われはじめたのは17世紀以降である。

aggregate ［後期中英語］動集める、総合する、集まる、総計…となる；形集合した、総計の；名総計、集合（体）：

中核的な意味は「群れ」である。この語は、*ad-*「…の方へ」と *grex, greg-*「群れ」からなるラテン語の動詞 *aggregare*「（群れに）加える」に由来する。

aggression ［17世紀初頭］名(不当な)攻撃、(他国への)侵略、(権利の)侵害、【心理学】攻撃(性)・敵対(心)：

当初の意味は「攻撃」であった。この語は、*aggredi*「攻撃する」から派生したラテン語 *aggressio(n-)*「攻撃」に由来する。*aggredi* は *ad-*「…の方へ」と *gradi*「進む、歩く」からなる。

aggressive ［19世紀初頭］形「攻撃的な、侵略的な、積極的な、活動的な、(色・香りなどが)強烈な」：

この語はラテン語 *aggress-*「攻撃された」（動詞 *aggredi* から）に由来する。

aggrieved ［中英語］形虐(しいた)げられた、(不当な扱いなどに)感情を害した、憤慨した、【法律】権利を侵害された：

今ではまれにしか使われない動詞 *aggrieve*「苦しめる」の過去分詞で、中英語期の意味は「苦しんだ」であった。この語は、古フランス語 *agrever*「悪化させる、より厳しくする」に由来する。元はラテン語 *aggravare*「重くする、悪化させる、苦しめる」である。そのラテン語の綴りの影響を受けてフランス語でも接頭辞が変化し、*agrever* から *aggraver* となった。
→ AGGRAVATE

aggro ［1960年代］《英略式》名(若者の)乱暴(な行為)、けんか、乱闘、もめごと、面倒、難題：

aggravation および *aggression* の略語である。

aghast ［後期中英語］形(恐怖・驚愕のあまり)仰天して、肝をつぶして：

廃語となった動詞 *agast, gast*「怖がらせる」の過去分詞で、古英語期の語形は *gæsten* であった。*h* が挿入された *-gh-* という綴りは、元はスコットランド語であったが、*ghost* などの影響で1700年頃には一般化していた。
→ GHASTLY

agile ［後期中英語］形(動作が)素早い、機敏な、身軽な、頭の切れる、頭の回転が早い：

この語は *agere*「行う」から派生したラテン語 *agilis*「動かし・動きやすい、機敏な、活発な」に由来し、フランス語を経て英語に入った。

agitate ［後期中英語］動動揺させる、興奮させる、(人の心を)かき乱す、(液体を)激しく(揺り)動かす、かきまわす、世論をかきたてる、扇動する：

当初の意味は「追い払う」であった。この語は、ラテン語 *agere*「行う、駆り立てる」の反復動詞（動作の繰り返しを表す動詞）*agitare*「激しく動かす、追いたてる」に由来する。16世紀半ばから使われはじめた **agitation** 名「動揺、興奮、不安、扇動、社会・政治運動、かき混ぜること」は当初「行動、活動」を意味した。この語はラテン語 *agitatio(n-)* に由来する。ラテン語の語形がそのまま入った **agitator** ［17世紀半ば］名「扇動者、(政治上の)活動家、攪拌(かくはん)器(洗濯機など)」は、当初はイングランド内戦時における議会軍兵士の代表者を意味した。主に政治問題のことで大衆をあおって反抗するように促す「扇動者」という意味で使われるようになったのは18世紀半ば頃からである。

agnostic ［19世紀半ば］形【哲学】不可知論者、懐疑的な人、【哲学】不可知論(者)の、独断的な意見にとらわれない：

「不可知論者」とは、神の存在や神性を認識することは不可能であると唱える人のことである。この語は、否定を意味する接頭辞 *a-* と *gnostic*「知識に関する」からなる語で、*gnostic* の基になっているのはギリシア語 *gnōstos*「既知の」である。

ago ［中英語］形(今から)…前に：

中英語 *ago, agone* は、廃語となった動詞 *ago*「過ぎる」の過去分詞形で、時間の経過を表す語として使用されていた。成句 long *ago* の本来の意味は「長い時間が過ぎ去って」である。*agone* という綴りも普及していたが、方言によっては、その語形を短縮して使用する地域があった。しかし、いくつかの方言では、今でも *agone* という綴りが残っている。キャクストン(イングランド初の印刷業者)以降は、*ago* が散文における通常の綴りとなった。

agog ［16世紀半ば］形副わくわくして、興奮して、熱狂して、(…したくて)うずうずして：

この語が表す感情は、元々娯楽や歓楽によって引き起こされたものであった。この語は、*en*「…の中で」と *gogue*「楽しみ」の複数形とからなる古フランス語 *en gogues* に由来する。「たくさんの、豊富な」という意味の1960年代の成句 a *gogo*(例：interactive games software a *gogo*「大量の双方向ゲームソフト」)の基になっているのも *gogue* である。この成句はフランス語 *à gogo* に由来する。基になっているのが古フランス語 *gogue*「楽しみ」である。

agony ［後期中英語］名(肉体的・精神的な)激しい苦痛、苦悶くも、死に際の苦しみ、断末魔、(感情の)激発：

当初は精神的な苦痛のみを表す語であった。この語は、ギリシア語 *agōn*「競争」(**agonize**動「ひどく苦しむ、必死に努力する、ひどく苦しめる」の基になったのもこの語)から派生した *agōnia* に由来し、古フランス語および後期ラテン語を経て英語に入った。ギリシア語 *agōnia* の意味は、競技における優勝争いからあらゆる苦闘へと発展し、(例えばゲッセマネの園でのキリストの苦悶のように)とりわけ精神的な苦悶を表すようになった。英語において、この語の意味が肉体的な苦痛へと拡張したのは17世紀初頭のことである。

agree ［後期中英語］動同意・合意する、賛成する、意見が一致する、(物事が)一致・符合する、(気候・食べ物などが人に)合う：

中核的意味は喜ばせることである。この語は古フランス語 *agreer*「好意的に受け入れる」に由来する。その基になっているのはラテン語 *ad-*「…へ」と *gratus*「喜ばしい」である。同語源の語に **agreeable** ［後期中英語］形「感じのよい、心地よい、賛成の、同意している、合致した」がある。この語は *agreer*「好意的に受け入れる」から派生した古フランス語 *agreable* に由来する。**agreement**名「一致、同意、調和、協定、契約、協定・契約書」も古フランス語に由来し、後期中英語期から使われはじめた。

agriculture ［後期中英語］名農業、農耕、農芸、農学：

ager, agr-「耕地」と *cultura*「養成、耕作」からなるラテン語 *agricultura*「農耕」に由来する。

ague ［中英語］名【医学】マラリア熱、悪寒おか：

ラテン語 *acuta* (*febris*)「激しい(熱)」に由来し、古フランス語を経て英語に入った。そのラテン語の意味が、英語 *ague* の当初の意味であった。やがて、この語はマラリア熱を指すようになり、最初のうちは激しい高熱に襲われる段階を指していたが、16世紀後半から、寒気がして震える段階を指すようになった。

aid ［後期中英語］名援助、助力、援助者、

補助器具、助成金；[動]援助する、助力する、助成する、促進する：

　名詞 aid は古フランス語 aide に由来し、動詞 aid は古フランス語 aidier に由来する。それらの語の基になっているのは、ad-「…の方へ」と juvare「助ける」からなるラテン語 adjuvare「援助する」である。

ail ［古英語］[動]苦しめる、悩ます、(病気を)患う、病む；[名]苦しみ、悩み、病気：

　この語の古英語期の語形 eglian, eglan は、egle「面倒な」から派生した語である。egle はゲルマン祖語に起源を持つ語で、ゴート語 agls「不名誉な」も同系である。

aim ［中英語］[動]向ける、狙う、目指す、(…しようと)努力する；[名]狙い、目標、目的：

　古フランス語 amer に由来する。amer は古フランス語 esmer の異形である。これらの古フランス語に「ある方向に進む前に評価する」という概念があるのは、その語源が「査定する、評価する」という意味のラテン語の動詞 aestimare だからである。aim は古フランス語 aemer, aesmer からも入った。これらの古フランス語は後期ラテン語 adaestimare に由来する。adaestimare は aestimare の強調形である。

aisle ［後期中英語］[名](教会・教室・劇場・列車などの座席間の) 通路、(スーパー・デパートなどの陳列棚の間の) 通路、【建築】(教会堂の) 側廊：

　初期の綴り ele, ile は古フランス語 ele に由来する。元はラテン語 ala「翼」である。17世紀に起こった綴りの変化は isle「小島、島」との混同によるもので、側廊が教会の独立した部分であると考えられたことから混同が生じた。さらには、フランス語 aile「翼」からも影響を受けて、aisle は現在のような綴りになった。

ajar ［17世紀後半］[形](ドアなどが) 少し開いて、半開きで：

　廃語となった char に接頭辞 a-「…の上に」を付加した語である。char の古英語期の綴りは cerr で、当初の意味は「回転、戻ること」であった。

akimbo ［後期中英語］[形](人が)(挑戦的に) 両手を腰に当てて肘を張って：

　中英語の成句 in kenebowe に由来する。この成句はおそらく古ノルド語から入ったものである。アイスランド語 kengboginn（文字通りの意味は「蹄鉄状に曲げられて」）と比較されてきたが、まだはっきりしていない。

alacrity ［後期中英語］[名]敏速、機敏、積極性、乗り気：

　alacer「活発な」から派生したラテン語 alacritas「活発」に由来する。

alarm ［後期中英語］[名]警報、警報器・装置、(激しい) 驚き、恐怖、懸念；[動]警報を発する、危急を告げる、怖がらせる、不安にさせる：

　この語は「戦闘準備！」という意味の間投詞として使用されていた。イタリア語の成句 all' arme!「武器に向かえ！戦闘準備！」が語源で、古フランス語 alarme を経て英語に入った。この語を発音する際に -r- の音を巻き舌で発音していたことから、英語には、初期の段階から alarum という異形が存在していた。しかし、この異形の使用は、特に「警報、目覚まし時計の音」という意味に限定されるようになった。「戦闘準備！」という間投詞としての用法は、シェイクスピアの『ヘンリー六世』Henry VI や『リチャード三世』Richard III でもト書きとして使われている成句 alarums and excursions「戦乱のざわめきと兵士たちのあわただしい行き交い」に見られる。このことから、最近ではより多くの作家がその成句を小競り合いや混戦という意味でおどけて使うようになった（ウォルター・ローリー『シェイクスピア』Shakespeare：The whole First Act of Coriolanus is … full of alarums and excursions and hand-to-hand fighting「『コリオレーナス』の第1幕は全編に渡って…小競り合いや格

闘であふれている」）。

alas [中英語][間]《古語・文語》ああ、悲しいかな：
　落胆を表すこの語は、a「ああ」と las(se)（ラテン語 lassus「くたびれた」より）からなる古フランス語 a las, a lasse に由来する。**alack** [後期中英語][間]《古語》ああ、悲しいかな」は alas と類似した語で、こちらは a「ああ」と lak「欠乏、欠点」からなる語である。この語は、当初は不満を表す語として使用され、「事実に対する遺憾の念」という概念を表していたため、alack-a-day「ああ、悲しいかな」のように、悲嘆や驚きを表すようになった。

albatross [17世紀後半][名]アホウドリ、絶えず心に重くのしかかるもの、悩みの種、立ちふさがる障害、【ゴルフ】アルバトロス：
　16世紀の alcatras が（ラテン語 albus「白い」の影響を受けて）変化したものである。alcatras は、グンカンドリやペリカンを含む様々な海鳥に対して用いられていた語で、スペイン語およびポルトガル語の alcatraz「ペリカン」に由来する。元はアラビア語 al-gattās「水に潜る鳥」である。albatross は逆境や重くのしかかる罪の意識という概念を伴うことがあるが、その用法はコールリッジの『老水夫行』Ancient Mariner からの引喩である。『老水夫行』では、老水夫に射落とされた1羽のアホウドリが、航行困難に陥った船の乗組員に降りかかる災難に対する罪悪感の重荷の象徴として老水夫の首に掛けられるのである（1798年：Instead of the Cross the *Albatross* About my neck was hung「十字架の代わりにアホウドリの死骸がわしの首に吊り下げられた」）。

albeit [後期中英語][接]…にもかかわらず、たとえ…でも：
　この語の基になっているのは、「たとえ…（が事実）でも」という意味の成句 all be it である。

albino [18世紀初頭][名]白化個体、白子、アルビノ：
　先天的に色素が欠乏しているために皮膚や毛髪が白い人や動物を指す語である。スペイン語あるいはポルトガル語から入った語で、ポルトガル人が、アフリカで見た白い肌の黒人を指す語として用いた。この語の基になっているのはラテン語 albus「白い」である。

Albion [古英語][名]《詩語》アルビオン（グレートブリテン島の古名）：
　ラテン語から入った語で、おそらくケルト語に起源を持っており、暗にドーヴァーの白亜質の絶壁を指している。ラテン語 albus「白い」と同系である。19世紀半ばから使用されている成句 perfidious *Albion*「不実なイングランド」は、フランス語 la perfide Albion を翻訳したもので、イングランドが行ったとされる他国に対する裏切り行為をほのめかした表現である。

album [17世紀初頭][名]（写真・切手などの）アルバム、（CD・レコードなどの）全集、（文学・芸術・音楽などの）名作集：
　ラテン語 albus「白い」の中性形が名詞化したもので、公の通知を書くための「白い（＝空白の）書き板」が原義である。ラテン語の成句 album amicorum「友人たちのアルバム」がドイツ語で使用されて、そこから英語に入った。当初はラテン語の語尾変化を伴って、意識的にラテン語として使用されていた（例：in albo「アルバムの中に」）。この語は、当初は署名や書画などの記念品を挟んでおくための冊子を指す語であった。

albumen [16世紀後半][名]卵白、【植物学】胚乳、【生化学】アルブミン：
　「卵白」という意味のラテン語で、albus「白い」から派生した語である。

Alcatraz [名]アルカトラズ：
　サンフランシスコ湾にあって、有名な連邦刑務所と関連があったこの岩だらけの島の名前は、スペイン語 alcatraz「ペリ

カン」に由来する。かつて、その島ではペリカンの姿がどこでも見られた。有罪判決を受けた殺人犯であり、アルカトラズ連邦刑務所で17年間服役（うち6年間は独居房生活）をしたロバート・ストラウドは、鳥の生態の専門家として世界的な権威となった。ストラウドの生涯に関しては、映画『アルカトラズのバードマン』（彼がまだ生きていた1962年に製作された映画で、邦題は『終身犯』）に詳しく描かれている。

alchemy [後期中英語] 名 錬金術、（平凡なものを価値あるものに変える）魔術：

アラビア語 alkīmiyā' が語源で、古フランス語および中世ラテン語を経て英語に入った。alkīmiyā' は定冠詞 al (= the) と kīmiyā' からなり、kīmiyā' はギリシア語 khēmia, khēmeia「金属を変性させる技術」に由来する。当初、alchemy は中世および16世紀の化学を指す語であった。卑金属から金を精錬する方法の探究、アルカヘスト（万物融化剤）の探求、そしてパナセア（万能薬）の探求が、当時の化学の実質的な目的であった。

alcohol [16世紀半ば] 名 アルコール、酒精、アルコール飲料、酒、【化学】アルコール類：

フランス語 alcool の当初の語形、あるいは中世ラテン語から入った語である。元はアラビア語 al-kuḥl「コール墨」である。当初は、alcohol は、まぶたに塗るために用いるコール墨のような粉末を、特に昇華によって得られる粉末を指していた。その後、17世紀半ばから、蒸留や精留によって得られるあらゆる種類のエキスを表すようになった。この精留によって得られるエキスの中で最もなじみのあるものが alcohol of wine「ワインの酒精分」だったのである。

alcove [16世紀後半] 名（部屋の壁の一部を引っ込ませて作った）小部屋、床の間、アルコーブ：

アラビア語 al-kubba「丸天井」に由来し、スペイン語 alcoba、フランス語 alcôve を経て英語に入った。

alder [古英語] 名【植物】ハンノキ：

この語の基になった古英語 alor, aler はゲルマン祖語に起源を持つ語で、ドイツ語 Erle「ハンノキ」と同系である。綴りに -d- を加えた語形が使われるようになったのは14世紀からである。

alderman [古英語] 名《米・カナダ・オーストラリア》市会議員、《英》参事会員（州〈county〉または市〈borough〉の長老議員より選出；1974年に廃止）：

この語の基になった古英語 aldormann は、当初は「位の高い人」という一般的な意味で使用されていた。aldormann は、aldor、ealdor「族長、家長」（文字通りの意味は「年をとった人」）と man からなる語である。aldor は一族の長の名称で、自然に決まる位を表していたが、接尾辞 -man が付け加えられたことで、公的・政治的な意味で用いられるようになった。後に「ギルドの組合長」という意味が生じ、その後でギルドが市政運営を行う団体と同一視されるようになったため、「市会議員」という意味を持つようになった。

ale [古英語] 名 エール：

古英語期の語形は alu, ealu で、特にホップを入れないタイプのビールや、色の淡いタイプのビールを意味した。その語形の起源はゲルマン祖語にあり、古ノルド語 ǫl も同系である。ale と beer は当初は同義語であった。1524年頃から、beer にしばしばホップが入れられるようになり、今では beer が麦芽醸造酒の総称になっている。16世紀後半のことわざ Turkey, heresy, hops, and beer came into England all in one year「七面鳥と、異教信仰と、ホップとビールは、皆同じ年にイングランドに入ってきた」が、ホップと beer の結びつきを示している。しかし、ale も、炒らない麦芽を用いた色の淡いタイプのビールを指す語として今なお使用されている。地域によっては、今でも beer と ale は同義である。
→ BEE; BRIDAL

alert ［16世紀後半］形用心深い、機敏な、抜け目のない；名空襲・警戒警報、警戒態勢、警告；動警戒態勢を取らせる、警報を出す：

当初は軍事用語として使用され、フランス語 *alerte* に由来する。元はイタリア語 *all' erta*「見張り塔へ」である。

alexandrine ［16世紀後半］名形《韻律》アレクサンドル格の詩行 (の)：

フランス語 *alexandrin* に由来する。このフランス語の基になっているのは *Alexandre* という語である。この語がどの人物を指すのかは、議論の的になっている。アレクサンドル格と呼ばれている韻律（弱強6歩格）で書かれた古フランス語の詩の主題となっていた人物がアレクサンドロス大王であったことから、アレクサンドロス大王を指していると言う者もいれば、この詩形を使って詩を書いた（そして実際に自身の詩の中の一作でアレクサンドロス大王について書いた）フランスの詩人に由来すると言う者もいる。

alfresco ［18世紀半ば］副形戸外・野外で、【絵画】フレスコ画法の；名(野外で行われる) 社交の会：

「新鮮な空気の中で」という意味のイタリア語の成句 *al fresco* に由来する。

algebra ［後期中英語］名代数学：

イタリア語、スペイン語および中世ラテン語から入った。元は *jabara*「再結合する、復元する」から派生したアラビア語 *al-jabr*「ばらばらになっている要素の再結合、接骨」であり、当初の意味は「接骨」であった。その意味はおそらくスペイン語からもたらされており、スペイン語では、現在でもその意味が残っている。「代数学」という意味は、アル・フワーリズミーの著書の題名 *'ilm al-jabr wa'l-mukābala*『約分と消約との学』に由来する。
→ ALGORITHM

algorithm ［17世紀後半］名【数学・コンピュータ】(一連の) 算法・アルゴリズム (プログラムの解法手順)：

当初の意味は「アラビア式・十進記数法」であった。この語は、中英語 *algorism* の異形で、ギリシア語 *arithmos*「数」の影響を受けて *algorithm* と綴られるようになった。*algorism* は中世ラテン語 *aigorismus* に由来し、古フランス語を経て英語に入った。*aigorismus* の基になったアラビア語 *al-Kwārizmī*「フワーリズム（現在のヒーバ）の人」は、9世紀のイスラム教徒数学者アブー・ジャファル・ムハンマド・イブン・ムーサの呼び名である。この数学者の代数や算術に関する著作は多くの言語に翻訳されている。

alias ［後期中英語］名別名…、通称…、仮名、別名、通称、偽名：

ラテン語 *alias* の文字通りの意味は「他の時に、他の方法で」である。英語では、この語は「仮名、偽名」という意味で使用されている。*aliasing*「エイリアシング」という用語が、コンピュータの分野（＝ファイル、コマンド、アドレスなどに別名を付けて、そこにアクセスするためにその別名を使用すること）や、電気通信の分野（＝信号周波数の誤認によりひずみや雑音が生じること）といった専門的な分野で利用されている。

alibi ［17世紀後半］名【法律】現場不在 (証明)・アリバイ、言い訳、口実；動言い訳をする、弁解する：

当初の意味は「他の場所で」で、副詞として使用されていた。ラテン語 *alibi* の意味が「他の場所で」だったのである。この語が名詞として使われるようになったのは18世紀後半から。

alien ［中英語］形外国 (人) の、異国の、なじみのない、異質の；名外国人、在留外国人、宇宙人、エイリアン；動【法律】(財産・権利などを) 譲渡する：

外国人や異質でなじみのないものを指す語として頻繁に使用されており、1950年代以降、SFの世界では、異星生物を指す語として多用されている。*alius*「他の」から派生したラテン語 *alienus*「他に属

する」に由来し、古フランス語を経て英語に入った。同じラテン語が基になっている語に、alienate［16世紀初頭］動「遠ざける、疎外する、（感情などを）よそに向ける、【法律】譲渡する」（「疎遠になった」という意味のラテン語 alienat- から）と alienation［後期中英語］名「疎遠、疎外（感）、【法律】譲渡、【精神医学】精神異常・疎外」（ラテン語 alienatio(n-) から）がある。1940年代から使われている成句 alienation effect「異化効果」はドイツ語 Verfremdungseffekt を翻訳したものである。演劇用語であるこの「異化効果」とは、観客に役者との一体感が全くない状態で客観的に見ることを促す効果のことである。

alight[1] ［古英語］動（馬・乗物などから）降りる、降り立つ、（鳥などが）降りて止まる、《文語》偶然出くわす：

この語の基になった古英語 ālīhtan「降りる」は、ā-（強意を表す）と līhtan「降りる」からなる語である。
→ LIGHT[3]

alight[2] ［後期中英語］形燃えて、火・明かりがともって、（表情などが）いきいきと輝いて：

成句 on a light (= lighted) fire「火がついた状態で」に由来する。alight の当初の用法は限定用法であったが、現代英語期に入ってこの語の文中での使い方に変化が見られるようになった。現在 alight は、例えば keep the candles alight「蠟燭を燃やし続ける」や all alight「（星などが）満面に輝いて」のように、叙述用法でのみ使用されている。この用法の変化は、ablaze「燃えている」や afire「火がついて」といった語形との連想によって生じたものである。

align ［17世紀後半］動一直線に並べる、整列させる、提携・連合させる、調整する、一列に並ぶ、提携・連合する：

フランス語の成句 à ligne「一列に」から aligner「一列に並べる」という動詞形が派生し、aligner がこの語の語源となった。

alignment ［18世紀後半］名「（一列の）整列、一直線にすること、提携、連合、調整」は aligner から派生したフランス語 alignement に由来する。

alike ［古英語］形似ている、同様な；副同様に、同等に：

古英語 gelīc はゲルマン祖語に起源を持つ語で、オランダ語 gelijk やドイツ語 gleich「同じ」と同系である。gelīc が、中英語期に古ノルド語の形容詞 álíkr と副詞 álíka の影響を受けて、現在のように綴られるようになった。

aliment ［15世紀後半］名栄養物、食物、（心の）糧、支え；動支持する、扶養する：

ラテン語 alimentum「栄養（物）」(alere「養う」から）に由来する。同じラテン語が基になっている語に、alimentary ［16世紀後半］形「栄養の、食物に関する、消化の、扶養する」と、同じく16世紀後半から使用されている alimentation 名「栄養、滋養、栄養供給・摂取、吸収（作用）、扶養」とがある。alimentation は、当初は「扶養、援助」という意味で使用されていた。

alimony ［17世紀初頭］名《主に米》【法律】離婚扶養料、離婚後扶養：

当初の意味は「養育、生活手段」であった。この語は alere「養う」から派生したラテン語 alimonia「栄養分」に由来する。略式語である palimony はこの alimony という語を利用してできた語で、離婚した相手に支払う賠償金という意味で使用されている。接頭辞 pal「仲間」を付加することで、そのような平和的解決を意味する語になっているのである。

alive ［古英語］形生きて、生きたままで、いきいきして、存続して、敏感で、気づいている、現存の：

古英語 on līfe の文字通りの意味は「生存して」であった。17世紀の段階では、on live という綴りがまだ広く使用されていた。

alkali［後期中英語］名【化学】アルカリ、【土壌】アルカリ塩類：

元はアッケシソウを含む様々な植物の灰から得られる塩基性物質を指す語であった。この語は kalā「揚げる、焼く」から派生したアラビア語 al-kalī「（アッケシソウなどの）焼成灰」に由来し、中世ラテン語を経て英語に入った。**alkaloid**［19世紀初頭］名【化学】アルカロイド（窒素を含む塩基性有機化合物の総称。モルヒネ、キニーネ、ストリキーネなど）」は、alkali を基にしたドイツ語の造語である。

all［古英語］形全部の、あらゆる；代すべての物・事、全部、全員；副全く、すっかり；名全財産：

ゲルマン祖語に起源を持つ語で、オランダ語 al やドイツ語 all「すべて」と同系である。

allay［古英語］動（恐怖・不安・怒り・苦痛などを）鎮める、和らげる、軽くする：

古英語 ālecgan の当初の意味は「下に置く、わきに置く」であった。この語は、「軽くする」という意味の廃語となった動詞 allege（古フランス語から）と混同して使用され、しばしば allege と共通の意味で用いられるようになった。「下に置く、わきに置く」という意味は、時には「（法律や習慣を）廃止する」という意味に、時には「（行動方針や主義を）抑える」という意味になり、そして「（暴力行為や激情を）鎮める」という意味にもなった。この「鎮める」という概念が、allege「軽減する」との混同を助長した。

allege［中英語］動（十分な証拠を出さずに）断言する、主張する、申し立てる、（理由・口実として）持ち出す：

当初の意味は「宣誓した上で断言する」であった。この語は古フランス語 esligier「法に従って罪を晴らす」に由来し、その基になっているのはラテン語 lis, lit-「訴訟」である。しかし、意味の面ではラテン語 allegare「申し立てる、主張する」との混同が生じた。後期中英語期から使われはじめた **allegation**名「（十分な証拠のない）主張、申し立て、陳述」は、allegare「申し立てる、主張する」から派生したラテン語 allegatio(n-) に由来する。

allegiance［後期中英語］名（君主・団体・主義などに対する）忠誠（の義務）、忠実さ、献身：

lige, liege から派生した古フランス語 ligeance「主君に対する忠誠」のアングロノルマンフランス語の異形に由来する。現在の綴りは、中世ラテン語 alligantia「同盟」との連想による。

allegory［後期中英語］名諷喩ふう、寓喩ぐゆ、寓話、たとえ話：

この語は、ギリシア語 allegoria を構成している要素 allos「他の」と -agoria「話すこと」からなる。この語の直接の語源は古フランス語 allegorie である。

allergy［20世紀初頭］名【医学】アレルギー、異常過敏症、《略式》反感・嫌悪・毛嫌い・拒否反応：

この語には何か「異質な」ものという概念が含まれている。それは、この語がギリシア語 allos「他の、異なった」が基になっているドイツ語 Allergie「アレルギー」に由来するからである。Allergie はドイツ語 Energie「エネルギー、活力」にならって作られた造語である。

alleviate［後期中英語］動（問題・苦痛などを一時的に）軽減する、緩和する、楽にする、和らげる：

後期ラテン語 alleviare「軽くする」に由来する。元はラテン語 allevare で、その基になっているのは levis「軽い」の影響を受けたラテン語 levare「持ち上げる」である。

alley［中期古英語］名（庭園・公園などの）小道、狭い裏道、裏通り、路地、【ボウリング】レーン、ボウリング場：

古フランス語 alee「歩行、通路」に由来する。alee は古フランス語 aler「行く」から派生した語で、元はラテン語 ambulare

「散歩する」である。

alligator ［16世紀後半］名アリゲーター（米国南東部・中国東部産のワニ）：

スペイン語 *el lagarto*「トカゲ」(*el* はスペイン語の定冠詞) に由来する。*lagarto* の基になっているのは、おそらくラテン語 *lacerta*「トカゲ」である。

alliteration ［17世紀初頭］名【修辞学】頭韻 (法)：

中世ラテン語 *alitteratio(n-)* に由来する。*alitteratio(n-)* を構成している要素は、ラテン語 *ad-*（この場合は付加を表す）と *littera*「文字」である。**alliterate** 動「頭韻を踏む・用いる、(ある音を) 頭韻に用いる」が使われはじめたのは18世紀後半からで、この語は *alliteration* から (接尾辞を取り除くことによって) 派生した逆成語である。

allocation ［後期中英語］名割り当て、分配、配置、割り当て量・額、【会計】配分 (法)：

中世ラテン語 *allocatio(n-)* に由来し、**allocate** ［17世紀半ば］動「割り当てる、配分する、配置する」はその中世ラテン語の語幹 *allocat-* に由来する。そのどちらの中世ラテン語も動詞 *allocare*「割り当てる」から派生した語である。*allocare* の基になっているのは動詞 *locare*「置く」である。

→ **LOCATE**

allot ［15世紀後半］動割り当てる、分配する、割り振る、充てる、充当する：

a-（ラテン語 *ad*「…の方へ」から）と *loter*「分割する」からなる古フランス語 *aloter* に由来する。

allow ［中英語］動許す、可能にする、(金・時間などを) 与える、(時間・費用などを) 見越しておく、値引きする、認める：

当初は「賞賛する、是認する」や「権利として与える」を意味した。そのどちらの意味も、1300年頃に古フランス語 *alouer* から入ったものである。*alouer* は、ラテン語 *allaudare*「賞賛する」に由来するが、中世ラテン語 *allocare*「置く、割り当てる」からも影響を受けている。その2つの意味要素が絡み合って、「承認して与える」という意味を表すようになった。

allowance ［後期中英語］名「(一定の) 手当、割り当て、支給額・量、値引き、控除、許容、余裕部分」は、*alouer* から派生した古フランス語 *alouance* に由来する。

→ **ALLOCATION**

alloy ［16世紀後半］名合金、(貴金属に混ぜる) 混ぜ物、(純度を落とす) 不純物、(金・銀の) 純度；動合金にする、純度を落とす：

名詞 alloy は古フランス語 *aloi* に由来し、動詞 alloy はフランス語 *aloyer* に由来する。それらの語の基になっているのは古フランス語 *aloier*, *aleier*「結合する」で、元はラテン語 *alligare*「結びつける」である。当初は「(金・銀の) 純度」を意味した。「合金」という意味が生じたのは17世紀半ばのことである。

allude ［15世紀後半］動ほのめかす、それとなく言う：

ad-「…へ」と *ludere*「遊ぶ」からなるラテン語 *alludere*「からかう」に由来する。**allusion** 名「ほのめかし、間接的な言及、【修辞学】引喩」が使われはじめたのは16世紀半ばからで、当初の意味は「だじゃれ、隠喩、たとえ話」であった。この語は、動詞 *alludere* から派生した後期ラテン語 *allusio(n-)* に由来し、フランス語を経て英語に入った。

allure ［後期中英語］動誘惑・魅惑する、誘い込む、魅惑、魅力：

古フランス語の鷹詞 *luere*「おとり」に由来する。当初の意味は「おびき寄せる」であった。この語は古フランス語 *aleurier*「引き寄せる」が語源で、その接頭辞 *a-* はラテン語 *ad*「…の方へ」に由来する。

alluvion ［16世紀半ば］名【法律】増地 (長年月の水流で生じる新しい土地)、波の

打ち寄せ、洪水、氾濫：

当初は、後に堆積することになる懸濁物質を運ぶ「洪水」という意味で用いられていた。この語は ad-「…の方へ」と luere「洗う」からなるラテン語 alluvio(n-) が語源で、フランス語を経て英語に入った。17世紀半ばから使用されている **alluvium**名「【地学】沖積土・層」は、河川の氾濫などで土砂が堆積してできた土壌を指す語である。この語は、ad-「…の方へ」と luere「洗う」からなるラテン語 alluvius「打ち寄せられた」の中性形がそのまま入ったものである。**alluvial**形名「【地学】沖積層の、沖積土」が使われはじめたのは19世紀初頭からである。

ally [中英語]動同盟・縁組させる・する、関連させる；名同盟国、支持者、同類：

当初は動詞として使用されていたが、古フランス語 alier に由来する。元は ligare「結ぶ」から派生したラテン語 alligare「結びつける」である。名詞用法は古フランス語 alie「同盟した」から入った。**alliance**名「同盟、提携、同盟国・者、類似」も中英語期から使われはじめた語で、この語は alier「同盟させる」から派生した古フランス語 aliance に由来する。
→ ALLOY

alma mater [17世紀半ば]名校、出身校、《米》母校の校歌：

当初は「養ってくれる人、栄養を与えてくれるもの」という一般的な意味で使用されていた。ラテン語 alma mater の文字通りの意味は「恵み深い母」である。この語は、古代ローマ人たちが数人の女神に、特に「養母の理想像」の象徴であるケレスとキュベレーの2人に与えた名称であった。
→ ALUMNUS

almanac [後期中英語]名(天文・気象などの情報が記されている) 暦、年鑑：

ギリシア語 almenikhiaka に由来し、中世ラテン語を経て入った。ロジャー・ベーコン (1214年頃〜94年) やチョーサーの時代の almanac とは、太陽と月の見かけの動きや位置を記録した天文表のことで、その表からどの年の天文学データも算出することができた。15世紀には、ある一定の期間 (10年、30年など) に対応した almanac が準備されるようになり、翌16世紀には、その年毎の almanac が準備されるようになった。星占いや天気予報が特徴の1つとして現れたのは17世紀のことで、暦に関連した統計が加わるようになったのは近代に入ってからである。

almost [古英語]副ほとんど、たいてい、ほぼ、もう少しで：

古英語 æl mæst の意味は「大部分は」であった。
→ ALL; MOST

alms [古英語]名(貧民救済の) 施し物、義捐金、寄付：

古英語 ælmysse, ælmesse は教会ラテン語 eleemosyna に由来する。元は eleos「慈悲」から派生したギリシア語 eleēmosunē「哀れみ」である。**almoner** [中英語]名「(中世の修道院・王家などの) 施し物分配係、医療ソーシャルワーカー」は古フランス語 aumonier に由来する。その基になっているのは中世ラテン語 eleemosynarius「慈善の」である。

aloe [古英語]名【植物】アロエ、ロカイ、ロカイ汁・沈香：

古英語 alewe, alwe は、東洋で取れる樹木の香りが高い樹液や心材を指した。ギリシア語 aloē に由来し、ラテン語を経て英語に入った。後期中英語期に古フランス語 aloes「アロエ」の影響を受け、その結果、英語では複数形で用いられることが多くなった。皮膚軟化剤として知られている **aloe vera**名「【植物】アロエベラ」は20世紀初頭から使用されている用語で、文字通りの意味が「本当のアロエ」という意味の近代ラテン語である。その名が付いたのは、おそらくアロエベラとよく似ているリュウゼツランと区別するためである。どちらの植物も、かつては同じユリ科に分類されていた。

aloft [中英語]副形空中に、高く、【海事】

マストの上部に：
á「…の中に、…の上に、…へ」と *lopt*「空気」からなる古ノルド語 *á lopt, á lopti* に由来する。

alone［中英語］形副ただ1人の、孤独な、匹敵するもののない、ただ…だけ、1人で、独力で：
all「全く」と *one*「1人」からなる語である。まれに「無類の、匹敵するもののない」という意味で用いられることがあり、シェイクスピアの『ヴェローナの二紳士』*Two Gentlemen of Verona* にもその例がある：All I can is nothing To her, whose worth makes other worthies nothing; She is *alone*「いくらほめあげてもあの人の前には無価値なのだ、いかに価値あるものもあの人とくらべたら無価値なのだから。だれ1人あの人の足もとにも近づけまい」。

aloof［16世紀半ば］副形遠く離れて、遠ざかって、【海事】風上の方に、よそよそしい、冷淡な：
接頭辞 *a-* が方向を、*luff* が「船首を風上に向ける（こと）」を表している。当初は「風上の方に」という意味の副詞で、航海用語として使用されていた。つまり、この語は船首を風上に向けて、船が漂っていってしまう恐れのある風下側の岸から離れていくことを意味する語であった。そこから「遠く離れて」という意味が生じた。

alphabet［16世紀初頭］名アルファベット、（手話・暗号などの）一記号体系の全記号、初歩、いろは：
ギリシア語アルファベットの最初の2文字 *alpha* と *bēta* からなっている。この語は後期ラテン語 *alphabetum* に由来する。

already［中英語］副《肯定文》すでに、もう、《疑問文・否定文》もう、そんなに早く（驚き・意外を表す）、《略式》今すぐ（いらだちを表す）：

all（副詞で「全く」の意）と ready からなる。したがって、文字通りの意味は「完全に準備ができて」である。

also［古英語］副…もまた、同様に、その上、さらに：
古英語 *alswā* の意味は「全くそのように、そのように、同様に」であった。

altar［古英語］名祭壇、供物台、【教会】聖餐台：
古英語期の語形 *altar, alter* は後期ラテン語 *altar, altarium* に由来する。基になっているのはラテン語 *altus*「高い」である。当初は神に供物を捧げるための供物台を指していた。聖餐台という意味で用いられるようになったのは中英語期から。

alter［後期中英語］動改める、変更する、改造する、去勢する、卵巣を除去する、変わる：
古フランス語 *alterer* に由来する。元は後期ラテン語 *alterare*「変える」で、基になっているのはラテン語 *alter*「他方の」である。**alteration**名「変更、修正、手直し、改造、変化」が使われはじめたのも後期中英語期からで、この語は古フランス語 *alteration* あるいは後期ラテン語 *alteratio*(n-) に由来する。

altercation［後期中英語］名（激しい）口論、激論、論争：
動詞 *altercari*「口論する」から派生したラテン語 *altercatio*(n-) に由来する。**altercate**動「口論・激論する」が使われはじめたのは16世紀半ばからで、この語は「議論された」という意味のラテン語 *altercat-*（動詞 *altercari* から）に由来する。

alternate［16世紀初頭］形交替の、交互に起きる、互い違いの、代わりの；名代理人、代替物；動交互に行う、交互に変える、交互に起こる：
「交互に行われた」という意味のラテン語 *alternat-* に由来する。*alternat-* は、ラテン語 *alternus*「1つおきの」から派生

した動詞 alternare「交互にする」の変化形である。alternative 形名「二者択一の、代替の、二者択一、選択枝、代案」が使われはじめたのは alternate よりもやや遅い時期で、16世紀半ばであった。当初の意味は「交互の、交替の」であった。語源はフランス語 alternatif, -ive、あるいは中世ラテン語 alternativus で、基になっているのはラテン語 alter「他方の」である。

altitude [後期中英語]名(山・天体などの) 高さ、高度、海抜、標高、高い地位・身分、高所・高地：

altus「高い」から派生したラテン語 altitudo「高さ、高所」に由来する。

alto [16世紀後半]名【音楽】アルト(女性の最低音域、または男性の最高音域を指す)、アルト歌手、アルト楽器、アルトの：
イタリア語の成句 alto (canto)「高い(歌)」に由来する。

altruism [19世紀半ば]名利他・愛他主義、【動物学】利他現象：

直接の語源はフランス語 altruisme である。altruisme はイタリア語 altrui「他人」に由来する。元はラテン語 alteri huic「こちらの人に」である。

alumnus [17世紀半ば]名《主に米》男子の卒業生、同窓生、旧社員・会員：

元は「養い子、生徒」という意味のラテン語であり、alere「養う」から派生した語である。女性形 alumna 名《主に米》女子の卒業生、同窓生、女性の旧社員・会員」がラテン語から入ってきて使用されるようになったのは19世紀後半から。

always [中英語]副常に、いつも、ずっと、永遠に、(しばしば進行形とともに)しょっちゅう：

all way の属格形であった。おそらくその屈折が「絶え間なく、ずっと」に対立するものとして「どんな時も」という意味をもたらしたのだが、その2つの意味に

はもはや明確な違いはない。

amalgam [15世紀後半]名【化学】アマルガム (水銀と他の金属との合金の総称)、合成物、混合物：

フランス語 amalgame あるいは中世ラテン語 amalgama (通常は錬金術用語として使用) に由来する。元はギリシア語 malagma「軟化剤」である。17世紀初頭から使われはじめた語で、同じくギリシア語の malagma が基になっている語が他に2つある。中世ラテン語 amalgamare「軟化させる」に由来する amalgamate 動【冶金】アマルガムにする、混合する、合併する」と amalgamation 名【冶金】アマルガム製錬 (法)、合併、融合」である。

amass [15世紀後半]動(財産・情報などを) 蓄積する、貯める、集める、《詩語》集まる：

フランス語 amasser あるいは中世ラテン語 amassare に由来する。基になっているのはラテン語 massa「塊<small>かたまり</small>」である。
→ MASS

amateur [18世紀後半]名しろうと、アマチュア、愛好家、未熟者、アマチュアの、未熟な：

元はイタリア語 amatore で、基になっているのは動詞 amare「愛する」から派生したラテン語 amator「愛する人」である。フランス語から入ってきた。

amaze [古英語]動驚嘆させる、びっくり仰天させる：

古英語 āmasian の起源は不詳。おそらく無意味な行動を意味する北ゲルマン語の2つの動詞と同系で、「やきもきする」や「夢を見はじめる」という意味のノルウェー語と「のんびり歩く」という意味のスウェーデン語とも同系である。

Amazon [後期中英語]名【ギリシア神話】アマゾン族 (の女)、(背が高くたくましい) 男まさりの女、アマゾン川：

この語は、様々な使われ方をする語である。まず第1に、ギリシア人がスキタイに住んでいると信じていた女性戦士からなる伝説的部族の一員を指す語として使用されている。この語はギリシア語 *Amazōn* が語源で、ラテン語を経て英語に入った。ギリシア人は、*Amazōn* は *a*-「無…、…のない」と *mazos*「乳房」からなる語であると想定して、この語は「乳房のない」という意味であると説明していた。アマゾン族は弓を引くのに邪魔にならないように右の乳房を切り取っていたという伝説があるが、おそらくこれは未知の外国語の語源を誤って解釈した通俗語源説である。2番目の用法として、*Amazon* は川の名前として使用されている。その川は、伝説の女性戦士たちが流域に住んでいると信じられていたことからそのように呼ばれるようになった。その川は、1500年に発見されて以降、様々な名前で呼ばれてきたが、最終的には「アマゾン川」という名称が選ばれることになった。3番目の用法は動詞としての用法で、1990年代以降、*Amazon* は「廃業に追い込む」という意味で使用されるようになった。Amazon.com.Inc「アマゾン・ドット・コム・インク」という名のインターネット書店が成功を収めたことから、Businesses are being '*Amazoned*', or reshaped by the Internet「インターネットによって、様々な事業が廃業に追い込まれたり、新形態を取るようになってきている」というような表現が生まれた。

ambassador ［後期中英語］名 大使、使節、特使、代表：

フランス語 *ambassadeur* に由来する。元はイタリア語 *ambasciator* で、基になっているのはラテン語 *ambactus*「臣下」である。当初は、この語には数多くの異形が存在した。17世紀から18世紀にかけては、embassador という綴りの方が ambassador よりもはるかに普及していた。そして、実際に19世紀のアメリカでは、embassador が一般的な綴りであった。

amber ［後期中英語］名 琥珀、琥珀色、（交通信号の）黄色信号、琥珀の（ような）、琥珀色の：

当初は「竜涎香」（マッコウクジラから取れるロウ状の物質で香料として使用される）を指していた。その理由は、これら2つの物質が混同されていたからである。この語は古フランス語 *ambre* に由来する。元はアラビア語 *'anbar* である。*'anbar* の当初の意味は「竜涎香」であったが、後に「琥珀」を意味するようになった。

ambidextrous ［17世紀半ば］形 両手利きの、ひじょうに器用な、二心・裏表のある、二枚舌を使う：

この語はラテン語 *ambi*-「両方の」と *dexter*「右手の」からなっている。この2つの要素からなる後期ラテン語 *ambidexter* が、*ambidextrous* の語源である。ラテン語では「両方が右手である」と「右」に重点を置いていることから、「右」手は「強い」手であり「正しい」手であると考える傾向があったことが分かる。教育界では、かなり長期にわたってそのような考え方が存続した。

ambient ［16世紀後半］形 周囲の、周りの

ambient temperature「周囲温度」や *ambient* music「環境音楽」といった成句に見られるこの語の意味は「周囲の、周りの」である。この語は、フランス語 *ambiant*、あるいはラテン語の動詞 *ambire* から派生した *ambient*-「周りを回っている」に由来する。ambience 名「環境、雰囲気」が使用されるようになったのは19世紀後半からである。この語は、*ambient* と接尾辞 -ence を組み合わせてできた語であるか、あるいはフランス語 *ambiance* に由来する語である。英語の異形 ambiance 名 の語源となったのがそのフランス語で、この語の意味も「環境、雰囲気」である。

ambiguity ［後期中英語］名 あいまいさ、両義性、多義性、不明確さ：

古フランス語 ambiguite、あるいは am-biguus「疑わしい」から派生したラテン語 ambiguitas「あいまいさ、両義性」に由来する。同語源の語に、16世紀初頭から使われはじめた ambiguous 形「あいまいな、多義的な、不明瞭な」がある。この語は ambigere「ためらう、歩き回る」から派生したラテン語 ambiguus「疑わしい」に由来する。ambiguus は ambi-「両方に」と agere「導く」からなっている。

ambition ［中英語］名 大望、野心、野望、功名心、名誉欲、野心の対象、野望の的：

ambire「（票集めをするために）遊説してまわる」から派生したラテン語 ambitio(n-) が語源で、古フランス語を経て英語に入った。関連語である ambitious 形 大望・野心のある、熱望して、（作品・計画などが）野心的な、大がかりな」は、古フランス語 ambitieux、あるいは ambitio(n-) から派生したラテン語 ambitiosus に由来する。ラテン語 ambitio(n-) の意味は、「（一般的な意味で）歩き回ること」から、「票集めのための遊説」、「名誉の追及」、「誇示」、そして最終的に「切なる願い」へと発展していった。最初に現代語に借入された意味は「名誉欲」であった。

amble ［中英語］動 （人が）のんびり・ぶらぶら歩く、（馬が）アンブル・側対歩で歩く；名 （人の）ゆったりした歩き方、【馬術】アンブル、側対歩：

中英語期の意味は「馬の足並み」であった。この語は古フランス語 ambler に由来する。元はラテン語 ambulare「歩く」である。

ambrosia ［16世紀半ば］名 【ギリシア・ローマ神話】アンブロシア（食べると不老不死になるという神々の食物）、《文語》美味・芳香のもの：

ambrotos「不死の」から派生した「不老不死の霊薬」という意味のギリシア語が語源で、ラテン語を経て英語に入った。ギリシア・ローマ神話では、ambrosia は神々の食物のことを指していた。その意味が「美味・芳香のもの」という意味へと拡大したのである。

ambulance ［19世紀初頭］名 救急車、傷病者輸送機、病院船、（軍とともに移動する）野戦病院：

護衛がついた馬車である「移動野戦病院」という意味の成句 hôpital ambulant から生まれたフランス語で、基になっているのはラテン語 ambulant-「歩いている」である。この語が一般に使われはじめたのはクリミア戦争（1853～56年）の最中のことのようである。19世紀半ばに意味が拡大して、この語は病院全体というよりもむしろ乗物を指すようになった。19世紀の終わり頃には、一部の弁護士が、事故現場に出向いては被害者に賠償訴訟を起こすように持ちかけるビジネスをしたことから、**ambulance chaser** 名《米略式》交通事故・人の不幸を商売の種にする悪徳弁護士」という成句が用いられるようになった。

ambush ［中英語］動 待ち伏せする、待ち伏せして襲う；名 待ち伏せ、待ち伏せ場所、奇襲、伏兵：

当初の意味は「敵に奇襲をかけるために伏兵を置く」であった。名詞用法は古フランス語 embusche に由来し、動詞用法は古フランス語 embuschier に由来する。embuschier の基になっているのは、「森に隠れる」という意味の後期ラテン語である。
→ BUSH

ameliorate ［18世紀半ば］動 改良・改善する、よくなる：

この語は、meilleur「より良い」から派生したフランス語 améliorer の影響を受けて、meliorate「《文語》改良する、よくなる」を変形させたものである。

amen ［古英語］間 アーメン（キリスト教で祈りの終わりに唱える語）、《略式》よし！、アーメンと唱えること、同意・賛成の意思表示：

ギリシア語 *amēn* に由来し、教会ラテン語を経て英語に入った。そのギリシア語の基になったのが、同意を表す副詞として用いられていたヘブライ語 *'āmēn*「真実、確かさ」で、それが信仰や肯定を表す厳粛な言葉として七十人訳聖書の中で採用されたのである。

amenable [16世紀後半]形(忠告・提案などに) 進んで従う、従順な、影響を受けやすい、(法律などに)従う義務のある:
当初の意味は「(法律や裁判所に) 従う義務のある」であった。この語はアングロノルマンフランス語の法律用語で、動詞 *mener*「導く」から派生した古フランス語 *amener*「…に導く」に由来する。元は後期ラテン語 *minare*「(動物を)追う」で、その基になった語がラテン語 *minari*「脅す」である。

amend [中英語]動(憲法・法律などを) 修正・改正する、校訂する、改善・改良する、改まる、改心する:
古フランス語 *amender* に由来する。元はラテン語 *emendare*「修正する、償う」である。英語の複数形 *amends*「償い、埋め合わせ」(例:make *amends*「償い・埋め合わせをする」) の当初の意味は「損害賠償金」であった。*amends* は古フランス語 *amendes*「罰金、違約金」に由来する。*amendes* は、*amender* から派生した *amende*「補償」の複数形である。
amendment [中英語]名「修正 (案)、修正条項、改正 (案)、改善、改心、(健康の)回復、土壌改良剤」の当初の意味は「改善、修正」であった。この語は、古フランス語 *amender* から派生した *amendement* に由来する。
→ EMEND

amenity [後期中英語]名心地よさ、快適さ、(態度・人柄などの) 感じのよさ、生活を快適にするもの・設備、施設:
基になっているのはラテン語 *amoenus*「愉快な、楽しい」で、古フランス語 *amenite* あるいはラテン語 *amoenitas*「楽しさ、心地よさ」に由来する。

amethyst [中英語]名紫水晶、アメシスト (2月の誕生石)、紫色、すみれ色:
この宝石には酔いを防ぐ力があると信じられていた。この語はギリシア語 *amethustos*「酔わない」に由来し、ラテン語 *amethystus*、古フランス語 *ametiste* を経て英語に入った。

amiable [後期中英語]形愛想・人当たり・気だてのよい、好意的な:
当初の意味は「親切な」、「愛らしい、愛すべき」であった。この語は後期ラテン語 *amicabilis*「友好的な」に由来し、古フランス語を経て英語に入った。現代フランス語 *aimable*「愛想のよい」の影響を受けて、現在の意味で使われるようになったのは18世紀半ばからである。

amicable [後期中英語]形友好的な、平和的な:
当初の意味は「心地よい、温和な」で、人ではなく物事の様子を表していた。この語は後期ラテン語 *amicabilis*「友好的な」に由来する。基になっているのはラテン語 *amicus*「友人」である。

amiss [中英語]形誤った、具合の悪い、不都合・不適当な;副間違って、不都合・不適当に:
á「…の上に」と *mis* (*miss*「失敗」と同系) からなる古ノルド語 *á mis*「外れるように」に由来する。
→ MISS

ammunition [16世紀後半]名弾薬、核・生物・化学兵器、攻撃手段・材料、防衛手段、《俗語》トイレットペーパー、酒:
廃語となったフランス語 *amunition* に由来する。*amunition* は、*la munition*「軍需品」(*la* はフランス語の定冠詞) を (異分析により) 変形させたものである。当初はあらゆる種類の軍需品を指していた。

amnesty [16世紀後半]名(特に政治犯に対する) 恩赦、大赦、特赦、(過去の罪を) 大目に見ること;動恩赦を与える:

ギリシア語 *amnēstia*「忘却」に由来し、ラテン語を経て英語に入った。当初は「忘却」という意味で使用されていた。その意味が拡大して、当局がある特定の罪に対して恩赦措置を講ずることを約束する際にも使用されるようになった（例：a month-long weapon *amnesty*「1ヶ月間の武器恩赦」）。特殊な使い方ではあるが、oblivion「忘却」も「恩赦、大赦」という意味で用いられることがあった。例えば、Act of Oblivion「大赦令」によって恩赦が認められたので、武器を取ってチャールズ2世（1660年制定の条例）やウィリアム3世（1690年制定の条例）と戦った者たちが、それまでの行動に対する責任を免除されたのである。Amnesty International「アムネスティ・インターナショナル」という団体の名称にも *amnesty* という語が登場している。「国際アムネスティ」は、良心の囚人を支援している民間人権擁護団体である。この団体は、1977年にノーベル平和賞を受賞した。

amok ［17世紀半ば］名 アモク（急に興奮して殺人を犯す精神障害）；副形 殺気立って、怒り狂って：

「狂ったように襲う」という意味のマレー語 *amok* に由来し、ポルトガル語を経て英語に入った。当初の品詞は名詞で、アヘンを吸って殺人狂と化したマレー人のことを指す語として使用されていた。run *amok*「怒り狂って暴れまわる」のように副詞として使われるようになったのは17世紀後半からである。

among ［古英語］前（通例3つ以上のものについて）…の間に、…の中に：

古英語 *ongemang* は *on*「…の中に」と *gemang*「群衆、混合」からなる語である。*amongst*（=among）前の *-st* は、*against*「…に反対して、…に対抗して」のような語との連想によって付与された。

amorous ［中英語］形 好色な、多情な、恋愛の、恋をしている、なまめかしい、色気がある：

中世ラテン語 *amorosus* に由来し、古フランス語を経て英語に入った。*amorosus* の基になっているのはラテン語 *amor*「愛する」である。

amount ［中英語］動 総計…に達する、実質上…に等しい、結局…になる；名 総計、総額、量、帰するところ、【会計】元利合計：

当初の意味は「上がる、登る」で、動詞として使用されていた。この語は、古フランス語 *amont*「上の方へ」（文字通りの意味は「丘の上へ」）から派生した *amunter*「登る」に由来する。元はラテン語 *ad montem*「山へ」である。数量が増加するという意味になったのは16世紀後半のことである。名詞として使われるようになったのは18世紀初頭から。

amphibian ［17世紀半ば］名 両生類、両生動物・植物、水陸両用飛行機・戦車、水陸両用車、（動植物が）両生類の、（乗物が）水陸両用の：

当初の意味は「二面性の」であった。この語は、近代ラテン語 *amphibium*「両生網・類」に由来する。元はギリシア語 *amphibion* (*amphibios*「水陸両生の」の名詞形) である。**amphibious** 形「水陸両性・両用の、二重の性格・性質・生活・地位を持つ、【軍事】上陸（作戦）の」が使われはじめたのも17世紀半ばからである。amphibious は *amphi*「両側に」と *bios*「生命」からなる。

amphitheatre ［後期中英語］名（古代ギリシア・ローマの）円形劇場・競技場、（劇場の）半円形の雛壇式観客席、半円形の階段教室、（半）円形の盆地：

amphi「両側に、周りに」と *theatron*「劇場」からなるギリシア語 *amphitheatron*「円形劇場・競技場」に由来し、ラテン語を経て英語に入った。

ample ［後期中英語］形 十分な、豊富な、広々とした、広大な、十二分の、体格のいい、ふくよかな：

フランス語から入った語で、ラテン語

amplus「広い、収容力の大きい、豊富な」に由来する。同じラテン語が基になっている語に、**amplify**［後期中英語］動「拡大・拡充する、【電気】増幅する、大げさに言う、詳述する」と**amplitude**［16世紀半ば］名「広さ、大きさ、豊富さ、十分なこと、【電気】振幅、【天文学】出没方位角」がある。

amputate ［16世紀半ば］動（手足などを）切断する、（文章内容の一部などを）切り離す：

putare「（木を）刈り込む」から派生したラテン語の動詞*amputare*「切り離す」に由来する。

amtrac ［第2次世界大戦］名【米軍事】（第2次世界大戦で初めて使用された）水陸両用車・トラクター：

amphibious「水陸両性・両用の」と*tractor*「トラクター」との混成語である。この語は、攻撃部隊を海岸に上陸させるための水陸両用輸送車を指す語として使用されている。

amuse ［15世紀後半］動楽しませる、面白がらせる、笑わせる、楽しく時間を過ごさせる：

「欺く」から「楽しませる」へと焦点が変化していった語である。当初の意味は「欺く、だます」であった。この語は、*a-*（使役化を表す）と*muser*「間抜け面で見つめる」からなる古フランス語*amuser*「楽しませる」に由来する。現在のように娯楽に関連した意味で用いられるようになったのは17世紀から。**amusement**名「楽しさ、愉快、面白み、楽しむ・楽しませること、娯楽」（フランス語から）が使われはじめたのは17世紀からで、当初の意味は「黙想、注意をそらすこと」であった。

anachronism ［17世紀半ば］名時代錯誤、アナクロニズム、時代錯誤・遅れのもの・人：

ana-「後ろへ」と*khronos*「時」からなるギリシア語*anakhronismos*に由来する。19世紀初頭には、*synchronism* と *synchronic* のような組合せにならって、*anachronism* から**anachronic**形「時代錯誤の、時代遅れの」という語が作られた。

anagram ［16世紀後半］名綴り換え、アナグラム（ある語句の文字を並べ替えて別の語句を作ること）、綴り換えた語句、綴り換えゲーム・遊び：

フランス語*anagramme*あるいは近代ラテン語*anagramma*に由来する。それらの語の基になっているのは、ギリシア語の*ana-*「後ろへ、再び」と*gramma*「文字」である。

analogy ［後期中英語］名類似、類似性・点、【生物学】相似、【論理学・言語学】類推：

当初の意味は「適応性、一致」であった。この語は*analogos*「比例した」から派生したギリシア語*analogia*に由来し、ラテン語、フランス語*analogie*を経て英語に入った。同じギリシア語の*analogos*が基になっている語に、**analogous**［17世紀半ば］形「類似した、【生物学】相似の」と、フランス語から借入された**analogue**［19世紀初頭］名「類似物、【生物学】類似器官、類似物の、アナログ方式の」がある。

analysis ［16世紀後半］名分析、分解、検討、分析結果、分析表、【数学】解析（学）、《米》精神分析：

ana-「上に」と*luein*「解く」からなる*analuein*「分解する」から派生したギリシア語*analusis*「分解」に由来し、中世ラテン語を経て英語に入った。同じく16世紀後半から使用されている**analyse**動「分析・分解する、検討する、【数学】解析する」は、フランス語*analyser*の影響を受けて*analysis*から派生した逆成語である。**analytic**［17世紀初頭］形「分析・分解の、分析的な、【数学】解析的な」はギリシア語*analutikos*に由来し、ラテン語を経て英語に入った。この語は16世

紀後半に名詞として借入されており、当初は論理学の中の分析を扱う部門を指す語として、特にアリストテレスが書いた論理学に関する専門書『分析論』(ギリシア語では analutika) を指す語として使用されていた。

anarchy ［16世紀半ば］【名】無政府状態、無統制、(一般に) 無秩序、混乱：

an-「…のない」と arkhos「長、支配者」からなる。この語は、ギリシア語 anarkhos から派生した anarkhia に由来し、中世ラテン語を経て英語に入った。

anathema ［16世紀初頭］【名】呪い、呪文、呪われたもの・人、ひどく嫌われているもの・人、【カトリック】破門 (された人)：

「破門された人、破門」を意味する教会ラテン語 anathema は、「奉納物」という意味のギリシア語に由来する。後に「悪に捧げられたもの、呪われたもの」という意味で用いられるようになった。そのギリシア語は、anatithenai「捧げる」から派生した語である。

anatomy ［後期中英語］【名】解剖 (術)、解剖学、詳細な分析・調査、解剖学的構造・組織・形態、《古語》骸骨、《略式》人体：

古フランス語 anatomie あるいは後期ラテン語 anatomia に由来する。元は ana-「上に」と tomia「切ること」(temnein「切る」より) からなるギリシア語が語源である。

ancestor ［中英語］【名】先祖、祖先、(生物の) 原種、(機械・構造などの) 原型、先駆者、【法律】被相続人：

文字通りの意味は「先に行く人」である。この語は古フランス語 ancestre に由来する。元は ante「以前に」と cedere「行く」からなるラテン語 antecessor「前任者」である。

anchor ［古英語］【名】錨、固定・定着装置、支え・頼りになる人・もの、(リレーの) 最終走者・泳者、(綱引きで) 最後尾の人、(ニュース番組などの) 総合司会者；【動】錨で止める、しっかり固定する、最終走者・泳者を務める、総合司会をする、停泊する：

古英語 ancor (ancra とも) はギリシア語 ankura「錨」に由来し、ラテン語を経て英語に入った。中英語期の綴り ancre は、古フランス語 ancre「錨」の影響によるもの。現在の語形は、ラテン語の誤った綴り anchora を模倣したものである。動詞としての用法 (古フランス語 ancrer「錨で止める」より) が始まったのは中英語期から。

ancient ［後期中英語］【形】古代の、大昔の、古来の、旧式の、老齢の；【名】古代人、古代文明人、古代作家・芸術家、老人、旗、旗手：

古フランス語 ancien に由来する。基になっているのはラテン語 ante「以前に」である。16世紀半ばになると、「旗」や「旗手」を意味する語としても使用されるようになった (シェイクスピア『ヘンリー四世 第2部』Henry IV part ii, II. iv. 118：Welcome, Ancient Pistoll「よくきたな、旗手のピストルよ」)。この語の綴りは、形容詞 ancient の初期の語形 ancien との連想から、ensign「旗、旗手」を変形させたもの。

ancillary ［17世紀半ば］【形】補助の、従属する；【名】従属・補助的なもの・人、付属部品、助手：

ancilla「女中」から派生したラテン語 ancillaris「女中の」に由来する。気取った表現ではあるが、その「女中の」という意味で用いられることも時折あった (サッカレー『ヘンリー・エズモンド』Henry Esmond：The ancillary beauty was (therefore?) the one whom the Prince had selected「王子の選んだ女は美人の下婢であった」)。

and ［古英語］【接】…と…、そして、(それに) また、それから、(一体となったものを表

して）…付きの、そうすれば、それなのに：

古英語 and, ond はゲルマン祖語に起源を持つ語で、オランダ語 en やドイツ語 und「…と…」も同系である。

anecdote ［17世紀後半］名逸話、秘話、隠れた史実、秘史：

an-「非…」と ekdotos (ekdidōnai「公表する」より）からなるギリシア語 anekdota「公表されていないこと」に由来し、フランス語あるいは近代ラテン語を経て英語に入った。後に短くて興味深い話という意味で用いられるようになった。この意味変化は、ビザンティンの歴史家でギリシア人のプロコピウス（500年頃〜562年頃）が、宮廷内の私生活に関する話を書き連ねたユスティニアヌス帝の伝記を、公表を避けて Anekdota と題したことによる。

angel ［古英語］名天使、守護神、天使像、天使のような人、優しい・美しい人、エンジェル金貨、（演劇などの）経済的後援者、パトロン；動（演劇などに）経済的援助をする

古英語 engel はギリシア語 angelos「使者」に由来し、教会ラテン語を経て英語に入った語であるが、中英語期に入って、古フランス語 angele から派生した語形に取って代わられた。ギリシア語の意味は英語にも受け継がれ、神学作家たちが使用したことでその意味が拡大し、牧師や司祭といった「神の使者と見なされる人」を指すようになった。この語は、イングランドの古い金貨の名前にも転用された。その金貨の省略しない呼び名は angel-noble で、図案には天使長ミカエルが竜を踏みつけて槍を突き刺している姿が描かれていた。チャールズ１世の時代に鋳造が打ち切られたこの金貨は、瘰癧（the King's evil「王の病」として知られている）を患った人の病を払いのけるために使用され、そのことから touched by an angel「天使の触れた」という表現が使われるようになった。an-gelic形「天使の（ような）」が使われはじめたのは後期中英語期からである。この語はギリシア語 angelikos (angelos から）に由来し、後期ラテン語 angelicus、フランス語 angélique を経て英語に入った。

angelica ［16世紀初頭］名【植物】アンゼリカ（薬用・料理用）、アンゼリカの茎の砂糖漬け、米国カリフォルニア州産の甘い白ワイン：

中世ラテン語 (herba) angelica の意味は「天使の（ハーブ）」であった。この植物が中毒や病に対して効果があると信じられていたことからその名がついた。

anger ［中英語］名怒り、立腹、（傷・腫れ物の）炎症；動怒らせる、炎症を起こさせる、怒る

古ノルド語 angr「悲しみ」、angra「悩ませる」に由来する。当初の意味は、古ノルド語の意味と同じであった。現在の意味で使われるようになったのは後期中英語期からである。「怒り」はキリスト教の戒律である７つの大罪の１つで、その他の６つは「傲慢」、「強欲」、「邪淫」、「暴食」、「嫉妬」、「怠惰」である。

angina ［16世紀半ば］名【医学】アンギナ（口峡炎・扁桃炎・狭心症など、絞扼感を伴う疾患の総称）：

「扁桃炎」という意味のラテン語で、英語に入った当初は、ラテン語と同じ意味で使用されていた。この語はギリシア語 ankhonē「窒息させること」に由来し、angina pectoris「狭心症」の窒息するような感じの症状を伴う疾患の総称として用いられる。狭心症は、胸の左下部の激しい痛みが特徴の病気である。

angle[1] ［後期中英語］名角、隅、【数学】角(度)、観点、見方、（問題などの）面；動ある角度に曲げる・向ける・動かす、ゆがめて伝える、曲がって進む、斜めに動く：

ラテン語 angulus「角、隅」が古フランス語に angle をもたらし、そのまま英語に入った。angular ［後期中英語］形「角のある、角張った、（人が）骨ばった、ぎこ

ちない」(ラテン語 angularis から) の当初の意味は「十二宮内で東西南北のいずれかに位置する」で、占星術用語として使用されていた。

angle² [古英語][動]魚釣りをする、欲しいとほのめかす、(小細工をして)得ようとする；[名]《古語》釣り針：

当初の綴りは angul であった。古英語期の意味は「釣り針」で、名詞として使用されていた。この語が動詞として使われるようになったのは後期中英語期からである。

Anglican [17世紀初頭][形]イングランド国教会(派)の、聖公会の、《米》イングランド(国民)の；[名]イングランド国教会信徒・派の人：

中世ラテン語 Anglicanus に由来する。マグナカルタの中にある Anglicana ecclesia「イングランド教会」という表現が契機となって、この語が入ることになった。Angle[名]「アングル人、アングル族」はラテン語 Anglus とその複数形 Angli「Angul (アングル) に住む人々」に由来する。Angul はシュレスヴィヒ (現在のドイツ北部) の一地方名で、そのような地名になったのは、そこが釣り針状の形をしていたからである。Angle はゲルマン祖語に起源を持つ語で、古英語 angul「釣り針」と同系である。
→ ANGLE²; ENGLISH

angst [1920年代][名]不安、恐怖、苦悩：
ドイツ語 Angst「恐怖」が入ったものである。

anguish [中英語][名](心身の)激しい苦痛、苦悶ᵍᵘ；[動]苦悩、苦悶させる・する：

ラテン語 angustia「窮屈」に由来し、古フランス語を経て英語に入った。angustia の複数形の意味は「苦境、苦悩」で、その基になっている語は angustus「狭い」である。17世紀初頭から使用されている anguished[形]「苦悩に満ちた、苦痛・苦渋の」は、今ではまれにしか使われない。anguish[動]「苦悶させる・する」の過去分詞である。anguish は古フランス語 anguissier に由来する。元は教会ラテン語 angustiare「苦しめる、悩ます」(ラテン語 angustia から) である。

animal [中英語][名]動物、けだもの、四足獣、哺乳動物、(人間の)獣性、けだもののような人間；[形]動物の、肉体的な：

名詞用法はラテン語 animal「生き物」に由来する。その基になっているのは、anima「息」から派生したラテン語 animalis「息をしている」である。形容詞用法はラテン語 animalis が語源で、古フランス語を経て英語に入った。当初は、vital (心臓や肺に関して用いられる) や natural (栄養摂取や同化作用といった機能) に対立するものとして、脳神経系の機能としての感覚や意志との関連を表す語として (時には「霊魂の」という意味で) 用いられていた。

animate [後期中英語][動]生命を与える、活気づける、励ます、鼓舞する、動画化する、アニメーションにする；[形]生命のある、活発な、《文法》有性の：

anima「生命、魂」から派生したラテン語 animare「生命を与える」に由来する。animation[名]「活気(づけること)、アニメーション(映画)、アニメーション・動画の制作」(animare から派生したラテン語 animatio(n-) より) が使われはじめたのは16世紀半ばからで、当初の意味は「激励」であった。この語が「活気」という意味で使われるようになったのは19世紀初頭から。

animatic [1970年代][名][形]【広告】パイロット版 (動画で構成されたテスト版コマーシャル)、パイロット版の：

animat(ed)「アニメーション・動画の」と接尾辞 -ic からなる語であるか、あるいは animated と schematic「概要の、略図の」との混成語である。

animatronics [1970年代][名]アニマトロニクス (動物や人間の動きをするロ

ボットを電子工学で制御する技術）：animated「生きているような」とelectronics「電子工学」との混成語である。

animosity［後期中英語］图悪意、敵意、憎悪、恨み、反感：

当初の意味は「元気、勇気」であった。この語は、古フランス語 *animosite* あるいは後期ラテン語 *animositas* に由来する。基になっているのはラテン語 *animus*「精神、心」である。現在の意味にも精神の強さという概念は残っているが、他人に対する嫌悪感を含んだ意味で使用されている。この語が現在の意味で使われるようになったのは17世紀初頭から。

ankle［古英語］图足首、足関節、くるぶし、《俗語》歩く、職場を去る：

古英語 *ancleow* はゲルマン祖語に起源を持つ語である。それが中英語期に入って、古ノルド語から派生した語形に取って代られた。オランダ語 *enkel* やドイツ語 *Enkel*「孫」も同系である。この語の起源はインド＝ヨーロッパ祖語にあり、angle「角、隅」も同系である。
→ ANGLE¹

annals［16世紀半ば］图年代記、編年史的な記録、編年資料、(学会などの)会誌、紀要、年報：

基になっているのはラテン語 *annus*「年」である。直接の語源はラテン語 *annales (libri)*「1年の(本)」で、*annales (libri)* とは年中行事を記録した編年史のことである。(シェイクスピア『コリオレーナス』*Coriolanus*, V. v. 114：If you have writ your *annales* true, 'tis there「正しく記を書いたならばそこにあるはずだ」)。
→ ANNUAL

anneal［古英語］動(金属・ガラスなどを)焼きなます・戻す、【遺伝学】(核酸を)アニールする、強固にする、鍛える：

古英語 *onǣlan* は、*on* と *ǣlan*「燃やす、焼く」(*āl*「火、燃焼」より)からなる語である。当初の意味は「火をつける」で、中英語期に入って「焼く、加熱加工する」を意味するようになった。「(金属やガラスの内部のひずみを取り除くために)焼きなます・戻す」という意味で使われるようになったのは17世紀半ばから。

annex［後期中英語］動(領土などを)併合する、付加する、添付する；图付加物、付属書類・文書、付録、補遺、別館、離れ：

古フランス語 *annexer* あるいはラテン語 *annectere*「つなぐ」に由来する。ラテン語 *annectere* は *ad-*「…の方へ」と *nectere*「結ぶ、縛る」からなる。一般に動詞用法は、「(領土などを)併合する」という意味で政治の分野で用いられたり(例：Zululand was *annexed* to Natal in 1897「ズールーランドは1897年にナタールに併合された」)、あるいは法律の分野で用いられたりすることが多い(例：The first ten amendments were *annexed* to the Constitution in 1791「1791年に最初の10項目の修正条項が憲法に付け加えられた」)。

annihilate［後期中英語］動全滅・絶滅させる、大敗させる、圧勝する、無効にする、【物理学】対消滅させる・する：

当初の意味は「絶滅した、無効になった」で、形容詞として使用されていた。この語は後期ラテン語 *annihilatus*「絶滅させられた」に由来する。*annihilatus* は、*ad-*「…へ」と *nihil*「無」からなる動詞 *annihilare*「絶滅させる」から派生している。この語が「全滅・絶滅させる」という意味で使われるようになったのは16世紀半ばに入ってからのことで、annihilation图「全滅、絶滅、【物理学】対消滅」(後期ラテン語 *annihilatio(n-)* から)が使われはじめたのも同じ頃である。

anniversary［中英語］图…周年記念日、記念祭；形…周年祭の、記念日・祭の、例年の：

ラテン語 *anniversarius*「毎年巡ってくる」に由来し、*annus*「年」と *versus*「転回」からなる。

annotation［後期中英語］图注釈をつ

けること、注釈、注解：

フランス語か、あるいは動詞 annotare「注釈をつける」から派生したラテン語 annotatio(n-) に由来する。**annotate**［16世紀後半］動「注釈・注解をつける」の基になっているのもラテン語の動詞 annotare である。annotare は、ラテン語 nota「印」から派生した語。

announce［15世紀後半］動公表する、告知・発表する、知らせる、（来客などの）到着を告げる、（食事の）用意ができたことを知らせる、暗示する、アナウンサーを務める、（出演者などを）紹介する、（公職に）立候補の宣言をする：

基になっているのはラテン語 nuntius「使者」（「ローマ教皇大使」を意味する nuncio の基にもなった語）である。この語はフランス語 annoncer に由来する。元は ad-「…へ」と nuntiare「宣言する、知らせる」からなるラテン語 annuntiare である。

annoy［中英語］動いらいらさせる、悩ませる、むっとさせる：

当初の意味は「憎らしい」であった。この語は古フランス語 anoier に由来する。基になっているのは、ラテン語の成句 mihi in odio est「私には憎らしい」の中で使われている in odio「憎んで」である。

annual［後期中英語］形年1回の、例年の、毎年の、1年（間）の、【植物学】1年生の；名年報、年鑑、【植物学】1年生植物：

古フランス語 annuel に由来する。元は後期ラテン語 annualis「1年（間）の、毎年の」で、基になっているのはラテン語 annus「年」である。過去1年の出来事を記録した「年報、年鑑」という概念が生じたのは17世紀後半のことである。
→ ANNALS

annuity［後期中英語］名年金、年金受領権・支払い義務、年金支払い契約：

フランス語 annuité に由来する。元は中世ラテン語 annuitas で、基になっているのは、annus「年」から派生したラテン語 annuus「1年（間）の、毎年の」である。

annul［後期中英語］動（法的に）無効にする、取り消す、破棄・廃止する：

後期ラテン語 annullare「無効にする」に由来し、古フランス語を経て英語に入った。annullare の基になっているのはラテン語の ad-「…へ」と nullum「無」である。

annunciation［中英語］名告知、布告、受胎告知（天使ガブリエルが聖母マリアにキリストの受胎を告げたこと）、お告げの祝日（3月25日）：

古フランス語 annonciation で、元は動詞 annuntiare「告知する」から派生した後期ラテン語 annuntiatio(n-) である。当初は、この語は宗教用語として使用されていたが、後に意味が一般化して「告知、布告」という意味でも使用されるようになった。**annunciate**動「告知・発表する、公表する」は後期中英語期から使われはじめた語で、当初は過去分詞として使用されていた。中世ラテン語 annunciat- に由来する。annunciat- は、ラテン語の動詞 annuntiare「告知する」から派生した annuntiat- の異形である。

anode［19世紀半ば］名【電気】（電子管・電解槽の）陽極、アノード、（電池の）負極：

電流が流れ出す方の電極を意味し、ana「上に」と hodos「道」からなるギリシア語 anodos「上への道」に由来する。

anodyne［16世紀半ば］形痛み止めの、鎮痛の、気持ちを和らげる、（話などが）当たりさわりのない；名鎮痛剤、気持ちを和らげるもの：

ギリシア語 anōdunos「痛みのない」に由来し、ラテン語を経て入った。anōdunos は an-「…のない」と odunē「痛み」からなる。

anoint ［中英語］［動］聖油を塗る、油を塗って聖別する、聖職者に任命する、油・軟膏を塗る、塗る、(要職者として)選定する、指名する：

古フランス語 *enoindre* の過去分詞 *enoint*「聖油を塗られた」に由来する。元はラテン語 *inungere* で、基になっているのは *ungere*「聖油を塗る、油を塗る」である。

anomaly ［16世紀後半］［名］変則(的なもの・こと)、例外(的なもの・こと)、異常、【生物学】異形、【天文学】近点離角：

anōmalos「変則的な」から派生したギリシア語 *anōmalia* に由来し、ラテン語を経て英語に入った。**anomalous** ［17世紀半ば］［形］「変則的な、異常な、異例の」の基になっているのもギリシア語 *anōmalos* である。その *anōmalos* は、*an-*「非…」と *homalos*「均一の」からなる語である。

anon ［古英語］［副］そのうち、別の折に、ほどなく、やがて、直ちに：

古英語期の語形は *on ān*「1つの中に」、*on āne*「1つになって」で、当初の意味は「同じ状態・方向などに」であった。その意味が「直ちに」へと発展し、時を表す語として用いられるようになった。

anonymous ［16世紀後半］［形］無名の、匿名の、作者・製作者など不明の、個性・特色のない：

ギリシア語 *anōnumos*「名のない」に由来し、後期ラテン語を経て英語に入った。*anōnumos* の基になっているのは *an-*「…のない」と *onoma*「名前」である。

anorak ［1920年代］［名］アノラック(防寒用のフード付きジャケット)、《英略式》退屈な奴、(つまらぬ)趣味に夢中になっている奴、オタク：

グリーンランドのエスキモー語 *anoraq* に由来する。イギリス英語において軽蔑的な意味合いを持つ略式語として使用するようになったのは1980年代以降のことである。そのような使い方をするようになったのは、社会性に欠け、流行遅れのこと、しかも1つのことにしか興味を示さない人物の典型と見なされている鉄道マニアの服装にアノラックが多かったからである。

anorexia ［16世紀後半］［名］【医学】食欲不振、無食欲(症)、拒食症：

基になっているのはギリシア語の *an-*「…のない」と *orexis*「食欲」である。後期ラテン語を経て英語に入った。

another ［中英語］［形］もう1つ・1人の、別の、異なった、よく似た；［名］もう1つ・1人、別のもの・人、似たもの・人：

16世紀までは *an other* と2語で書かれていた。

answer ［古英語］［名］答え、返事、解答、反応、応答、【法律】答弁・回答(書)；［動］答える、返事をする、解答する、応ずる、(目的・要求などに)かなう、答弁・応酬する：

古英語 *andswaru*(名詞)、*andswarian*(動詞)はゲルマン祖語に起源を持つ語で、*swear*「誓う、宣誓する」も同系である。
→ SWEAR

ant ［古英語］［名］アリ、そわそわ・いらいら・うずうずした状態：

「アリ」を意味する方言 *emmet* は、この語と同様に古英語 *æmete* から変化した語である。*æmete* は西ゲルマン語に起源を持つ語で、他にはドイツ語 *Ameise*「アリ」が同系である。*ant* の派生語［形］*antsy* が使われはじめたのは19世紀半ばからである。この語は、「いらいらした、落ち着かない」という意味で用いられていることから、have *ants* in one's pants「そわそわ・いらいら・うずうずしている」という成句から生じた語であると考えられる。

antagonist ［16世紀後半］［名］敵対者、競争相手、(劇・物語などの)敵(かた)役、【解剖学】拮抗(きっこう)筋、【薬学】拮抗剤、【歯科

学】対合歯:

フランス語 antagoniste、あるいは後期ラテン語 antagonista に由来する。元はギリシア語 antagōnistēs「対戦相手」で、基になっているのがギリシア語の動詞 antagōnizesthai「…と戦う」である。antagōnizesthai は antagonize 動「中和する、敵意・反感をいだかせる、敵にまわす」の語源となった語で、18世紀半ばに入った当初の antagonize は、「…と戦う」という文字通りの意味で使用されていた。ギリシア語 antagōnizesthai の基になっているのは agōn「競争」である。
antagonism [19世紀初頭]名「敵対(関係)、対立、敵意、【解剖学・薬学】拮抗(作用)」はフランス語 antagonisme に由来する。

antecedent [後期中英語]形先行するもの・事件、先行者、前例、経歴、祖先、《文法》先行詞、【論理学】前件:

ラテン語 antecedent-「先行する」に由来する。antecedent- は、ante「前に」と cedere「行く」からなる動詞 antecedere から派生している。

antelope [後期中英語]名【動物】レイヨウ(羚羊)、アンテロープ(主にアフリカ・アジア産)、レイヨウの皮:

当初は、ユーフラテス川流域に住んでいたと言われている長くてのこぎりのような角を持った伝説の猛獣の名前として用いられていた。この猛獣とよく似た動物が紋章にも描かれている。この語は後期ギリシア語 antholops に由来し、古フランス語および中世ラテン語を経て英語に入った。ただし、antholops の起源や原義は不詳。現在のように動物学上の用語として使われるようになったのは17世紀初頭から。

antenna [17世紀半ば]名アンテナ、空中線、【動物】(昆虫などの)触角、人の感度、(比喩的に)アンテナ:

ラテン語 antemna「(船の)帆桁」を変形させたものである。この語の複数形が、アリストテレスの用語でギリシア語の keraioi「(昆虫の)触角」の翻訳語として用いられたが、それは大三角帆の長い斜めの帆桁が昆虫の触角を連想させたからである。

anterior [16世紀半ば]形(時間・順序などが)前の、以前の、(場所・位置などが)前方の、【解剖学】前部の、【植物】主軸の、前側の:

フランス語 antérieur あるいはラテン語 anterior (ante「前に」の比較級)に由来する。

anthem [古英語]名聖歌、賛美歌、交唱聖歌、(一般に)祝歌、賛歌、(特定の世代・時代などを)代表する曲;動賛歌で祝う:

古英語 antefn, antifne の意味は「交唱聖歌」であった。後期ラテン語 antiphona に由来する。現在の -th- という綴りは、Antony と Anthony のような同種の語の例にならったもので、このような綴りの変化が始まったのは16世紀以降のことである。
→ ANTIPHON

anther [18世紀初頭]名【植物】(雄しべの)葯:

フランス語 anthère あるいは近代ラテン語 anthera に由来する。この語の語源は、anthos「花」から派生したギリシア語 anthēra「花盛りの」である。

anthology [17世紀半ば]名アンソロジー、詩選集、詞華集、作品集、名曲集、名画集:

元になったギリシア語は、「花」を集めたかのような「詞華集」、つまり様々な作家による短い詩や警句を選りすぐって集めたものを指す語であった。フランスを代表するモラリストで随筆家のモンテーニュ(1533〜92年)も、著書『随想録』Essais の中で「花」という語を同じように象徴的な意味で使用している:J'ai seulement fait ici un amas de fleurs étrangères (= I have only made up a bunch of other men's flowers)「私はこ

の著作の中に他人の花を積み重ねているだけだ」。anthology はギリシア語 anthologia「花を集めたもの、詞華集」(anthos「花」と legein「集める」からなる語) に由来し、フランス語あるいは中世ラテン語を経て英語に入った。

anthracite [16世紀後半] 名 無煙炭:

当初はプリニウスがその特徴を記述した宝石の一種を指す語であった。その宝石は石炭に似ていたと言われており、おそらく透蛋白石（とうたんぱくせき）のことであったと推定されている。anthrax, anthrak-「石炭」から派生したギリシア語 anthrakitēs「石炭のような」に由来する。

anthrax [後期中英語] 名 炭疽（たんそ）、炭疽菌:

「【医学】癰（よう）(悪性の吹き出物)」という意味のラテン語で、英語に入った当初は、ラテン語と同じ意味で使用されていた。ギリシア語 anthrax, anthrak-「石炭、癰」に由来し、人間の皮膚に出来る潰瘍（かいよう）を意味していたことから、皮膚潰瘍を伴う「炭疽（病）」を指すようになった。

antibiotic [19世紀半ば] 形 細菌・微生物・生物に対抗する、抗生（作用）の、抗生物質の; 名 抗生物質:

当初の意味は「特定の環境における生命存在の可能性を疑っている」であったが、その意味で使われることはまれであった。antibiotic は、anti-「反…、抗…」とギリシア語 biōtikos「生物に適した」(bios「生命」から派生した語) からなる語である。この語は、当初からフランス語 antibiotique「生物に対抗する、(特に) 微生物に対抗する」の翻訳語として科学の分野で使用されており、19世紀後半にその意味で使用された最初の記録が残っている。antibiotic「抗生物質」として知られている薬は、20世紀半ば以降ずっとその名称で呼ばれ続けている。

anticipation [後期中英語] 名 予想、予期、期待、予感、【法律】(信託財産などの) 期限前処分、【音楽】先取・先行音:

この語 (ラテン語 anticipatio(n-)から) も

anticipate 動 「予想する、予期・期待する、先手を打つ、先取りする」

も、基になっているのは ante-「前に」と capere「取る」からなるラテン語の動詞 anticipare「先取りする」である。この語が使われはじめたのは16世紀半ばからで、当初の意味は「考慮に入れる」や「前もって述べる」であった。

antics [16世紀初頭] 名 おどけたしぐさ、ばかげた行動、ふざけた行為、異様なふるまい:

antic の複数形である。antic はイタリア語 antico「古風な」に由来し、「怪奇な」や「滑稽（こっけい）な」という意味で使用されている (マーロウ『エドワード二世』Edward II: My men, like satyrs, ... Shall with their goat-feet dance the antic hay「家来たちを…牧神 (セイター) の姿に仕立てあげ、彼らの山羊の足で風変わりな田舎踊りをさせてやろう」)。

antidote [後期中英語] 名 解毒剤、防御・対抗・矯正手段; 動 解毒剤で中和する、解毒剤を投与する:

anti-「対抗して」と didonai「与える」からなるギリシア語 antidotos「対抗して与えられた」の中性形 antidoton に由来し、ラテン語を経て英語に入った。

antiphon [後期中英語] 名 交唱 (聖歌)、(2つの合唱隊が交互に歌う) 応答歌、応答、反応:

ギリシア語 antiphōnos「すぐに反応する」(anti「お返しに」と phōne「音」から) の中性複数形 antiphōna「調和」に由来し、教会ラテン語を経て英語に入った。聖務日課用の単旋聖歌を収めた「交唱聖歌集」を意味する antiphonary 名 という語が使われはじめたのは17世紀初頭からで、この語の基になっているのもギリシア語 antiphōna である。

antipodes [後期中英語] 名 対蹠（たいせき）地 (地球上で正反対の側にある地点)、正反対のもの・こと:

anti「反対の、逆の」と *pous, pod-*「足」からなるギリシア語 *antipodes*「両足が逆さ向きの」に由来し、フランス語あるいは後期ラテン語を経て英語に入った。現在では、北半球の住民は、この語の意味を「対蹠地」からさらに限定して、オーストラリアとニュージーランドを指す語として使用している。

antiquity [中英語]名古代、中世以前の時代（特に古代ギリシア・ローマ時代）、大昔、太古、古さ、古代人、古代の遺物・遺跡・風習・文化：

基になっているのは *ante*「前に」である。古フランス語 *antiquite* に由来する。元は *antiquus*「古い、以前の」から派生したラテン語 *antiquitas* である。次に挙げる4語の基になっているのもラテン語 *antiquus* である。antique [15世紀後半]名形動「骨董品、古い家具・美術品など、古代様式、骨董の、古代の、古風な、古めかしく仕上げる」は、当初はもっぱら形容詞として使用されていた。antiquated [16世紀後半]形「時代遅れの、古風な、旧式の」の最初の意味は「古い、古くから続いている」であった。antiquary [16世紀半ば]名「古物研究・収集家、骨董商」と antiquarian [17世紀初頭]名形「古物研究・収集家、骨董商、古物研究・収集の、骨董商の」は同義語で、どちらもラテン語 *antiquarius*「古代の、古物の」に由来する。

antler [後期中英語]名（雄ジカなどの）枝角ぇだ、（枝角の）枝：

当初の意味は「一番根元の（前方に伸びた）枝角」に限定されていた。アングロノルマンフランス語 *auntiler* に由来する。*auntiler* は古フランス語 *antoillier* の異形であるが、*antoillier* の起源は明らかになっていない。現在の意味で使われるようになったのは19世紀初頭からである。

anvil [古英語]名鉄床かな（熱した鉄を打つための台）、【解剖学】（中耳の）きぬた骨、（測定器の）アンビル；動鉄床で鍛える：

古英語期の綴りは *anfilte* であった。*anfilte* は、*on* と「打つ」を意味する動詞の語幹とからなるゲルマン祖語に由来する。

anxiety [16世紀初頭]名心配、不安、懸念、心配事、心配・悩み・不安の種、切望、熱望、【精神医学】不安、苦悶：

フランス語 *anxiété* あるいはラテン語 *anxietas* に由来する。ラテン語 *anxietas* の基になっているのは、*angere*「窒息させる」から派生したラテン語 *anxius*「心配な、不安な」である。17世紀初頭から使われはじめた anxious 形「心配な、不安な、切望して」の基になっているのも *anxius* である。

any [古英語]形《否定文》少しも…ない、《疑問文・条件文》いくらかの、何らかの、《肯定文》どんな…でも；代《疑問文》何か、どれか、誰か、《否定文》何も、どれも、誰も、《肯定文》どれでも、誰でも；副《疑問文・条件文》いくらか、少しは、《否定文・疑問文・条件文》少しも…でない：

古英語 *ænig* はゲルマン祖語に起源を持つ語で、オランダ語 *eenig* やドイツ語 *einig*「結合した」と同系である。
→ ONE

aorta [16世紀半ば]名【解剖学】大動脈：

ギリシア語 *aortē* に由来する。*aortē* は、ヒポクラテスが複数形にして「気管支」という意味で使用し、後にアリストテレスが複数形で「大動脈」という意味で使用した語である。*aortē* は動詞 *aeirein*「上げる」から派生した語である。
→ ARTERY

apart [後期中英語]副離れて、隔たって、ばらばらに、わきへ、別れて、無関係で；形別個の、独特な：

ラテン語 *a parte*「わきに」に由来し、古フランス語を経て英語に入った。

apartment [17世紀半ば]名《米》アパート、共同住宅、（保養地などの短期間滞在用の）貸室、（宮殿などの）豪華な部屋：

この語には「分離」や「離れていること」といった概念がある。当初は、特定の人物や集団が使用するための一続きの部屋を指す語であった。フランス語 *appartement* に由来する。元は *appartare*「分離する」から派生したイタリア語 *appartamento* で、*appartare* の基になっているのは *a parte*「離れて」である。

apathy [17世紀初頭]名無感動、無感情、無関心、冷淡、無気力：

apathēs「感覚がない」から派生したギリシア語 *apatheia* に由来し、フランス語を経て英語に入った (*a-* は「無、非」を表す)。**apathetic** [18世紀半ば]形「無感動の、無感情な、無関心な、冷淡な、無気力な」は、pathetic「哀れな、感傷的な」にならって作られた造語である。

ape [古英語]名類人猿、猿まねをする人、がさつ者；動猿まねをする：

古英語 *apa* はゲルマン祖語に起源を持つ語で、同系語にオランダ語 *aap* やドイツ語 *Affe*「猿」がある。16世紀に monkey「(一般に小型で尾のある) 猿」が英語に採り入れられるまでは、この語が総称として用いられていた。この語は、人間のまねをすることに主眼がある時には、現在でもしばしば「猿」という意味で用いられている。この用法は、ape が人間のしぐさをまねるという意味で動詞として使われるようになったことを受けて生じたものである。

aperture [後期中英語]名(光・空気などが通る) 穴、すき間、開口部、(カメラなどの) 絞り、(レンズ・反射鏡の) (有効) 口径：

ラテン語 *apertura*「開ける・開くこと、開口部」に由来する。*apertura* は、*apert-*「開かれた」、さらに動詞 *aperire*「開く」に遡る。

apex [17世紀初頭]名頂上、頂点、先端、絶頂、極地、最高潮、【天文学】向点：

「頂点、先端」という意味のラテン語である。

aphrodisiac [18世紀初頭]名催淫剤、媚薬；形情欲・性欲を起こさせる、催淫(性)の：

美と豊穣と性愛を司るギリシア神話の女神の名前である *Aphrodite*「アプロディテ」が、この語の一部になっている。ギリシア語 *aphrodisiakos*「性欲を促す」に由来する。

aplomb [18世紀後半]名自信、冷静、沈着、鉛直：

当初は「垂直、着実」を意味した。この語は、成句 *à plomb*「測鉛線に沿って、垂直に」から派生したフランス語に由来する。現在の「自信」という意味は、初期の文字通りの意味 (「垂直」) がもたらした「着実」という意味から発展したものである。

apocalypse [古英語]名黙示録、『ヨハネの黙示録』、黙示、啓示、天啓、世の終末、(社会的) 大事件、大惨事：

ギリシア語 *apokalupsis* に由来し、古フランス語および教会ラテン語を経て英語に入った。*apokalupsis* の基になっているのは動詞 *apokaluptein*「覆いを取る、明らかにする」である。**apocalyptic** 形「黙示(録)の、予言的な、この世の終わりの、終末論的な、大混乱の」は、新約聖書の『ヨハネの黙示録』が the Apocalypse と呼ばれていたことから、17世紀初頭に入ってきた当初は聖ヨハネを指す語として用いられていた。

apology [16世紀半ば]名謝罪、弁護、弁解、間に合わせのもの、代用品：

当初の意味は「告訴に対する正式な弁明」で、法律用語として使用されていた。フランス語 *apologie* に由来するか、あるいはギリシア語 *apologia*「自己弁護の言葉」が後期ラテン語を経て英語に入ったものである。**apologetic** 形「謝罪の、弁解の、(正式の) 弁明、謝罪」は、正式の弁明を意味する名詞として後期中英語期から使用されていた語である。この語はフランス語 *apologétique* あるいは後期ラテン語 *apologeticus* に由来す

る。元は *apologeisthei*「自己弁護する」（*apologia* より）から派生したギリシア語 *apologētikos* である。現在のように「謝罪の」という意味で使われるようになったのは19世紀半ばからである。16世紀後半から使用されている **apologize**動「詫びる、謝罪する、弁解する」の基になっているのもギリシア語 *apologeisthei* である。この語の当初の意味は「弁明する」であった。英語では、この動詞は、まるで *apology* から直接派生した語であるかのように使われ続けている。

apoplexy ［後期中英語］名【医学】（脳）卒中・（脳）溢血、激怒：

apoplēssein「脳卒中で障害を負わせる」から派生したギリシア語 *apoplēxia* に由来し、後期ラテン語 *apoplēxia*、古フランス語 *apoplexie* を経て英語に入った。**apoplectic**形名「卒中（性）の、ひじょうに興奮した、卒中になった・なりやすい人」が使われはじめたのは17世紀初頭からである。この語はギリシア語 *apoplēktikos* に由来し、フランス語 *apoplectique* あるいは後期ラテン語 *apoplecticus* を経て英語に入った。

apostle ［古英語］名使徒（キリストの12人の弟子の1人）、（ある国・地方の）最初のキリスト教伝道者、初期のキリスト教伝道者（パウロなど）、（主義・政治思想などの）主唱者、唱導者：

古英語 *apostol* は *apostellein*「派遣する」から派生したギリシア語 *apostolos*「使者」に由来し、教会ラテン語を経て英語に入った。**apostlebird**名「鳥類学】オーストラリアマルハシ・ハイイロツチスドリ」として知られている鳥にその名がついたのは、これらの鳥には12羽の群れで行動する習性があると考えられていたことから、キリストが特に選んだ12人の弟子との連想が働いたためである。

apostrophe ［16世紀半ば］名アポストロフィ、省略符号：

当初の意味は「（1つあるいは複数の）文字の省略」であった。*apostrephein*「そらす」から派生したギリシア語 *apostrophos*「省音、省略記号」に由来し、後期ラテン語を経て英語に入った。

apothecary ［後期中英語］名《古語》薬剤師、薬店、薬局：

ギリシア語 *apothēkē*「倉庫」がこの語の基になった語である。*apothecary* は、ラテン語 *apotheca*「倉庫」に由来する後期ラテン語 *apothecarius*「倉庫管理人」が語源で、古フランス語を経て英語に入った。

apotheosis ［16世紀後半］名極地、頂点、絶頂期、理想的・究極的な姿・形、典型、神格化、神聖視：

apotheoun「神格化する」から派生したギリシア語 *apotheōsis* に由来し、教会ラテン語を経て英語に入った。*apotheoun* は *apo-*「…から」と *theos*「神」からなる。

appal ［中英語］動ぞっとさせる、ぎょっとさせる：

palir「青ざめる」から派生した古フランス語 *apalir*「青ざめる」に由来する。当初の意味は、古フランス語の意味を受け継いでいた。その意味が後に「青ざめさせる」になり、後期中英語期に入って「ぞっとさせる、ぎょっとさせる」へと発展した。

apparatus ［17世紀初頭］名器具・器械、装置、【解剖学】（一連の）器官、（政党などの）機構、組織、（政党などの）機関：

ad-「…へ」と *parare*「準備する」からなる *apparare*「…の準備をする」から派生したラテン語である。

apparel ［中英語］名（特別な場で着る）衣服、服装、衣料品、（特に）既製服、《古語》船の装備（マスト・帆など）；動衣服を着せる、きらびやかに装う、飾る：

当初の用法では、動詞の意味は「準備する、合わせる」で、名詞の意味は「調度品、装具」であった。この語は古フランス語 *apareillier* に由来し、基になっているの

はラテン語 ad-「…へ」と par「等しい」である。「等しくすること」、ひいては「ふさわしくすること、合わせること」がこの語の中心的な意味である。

apparent [後期中英語]形明らかな、明白な、外見上の、見かけ（だけ）の、【法律】（相続などで）強い推定力を持つ：

この語と apparition 名「幽霊、幻影、突然現れた人・物、（突然の）出現」の基になっているのはラテン語 apparere「現れる」である。apparent は古フランス語 aparant に由来する。元はラテン語 apparent-「見えている」である。apparition の当初の意味は「出現」であった。この語はラテン語 apparitio(n-)「仕えること」に由来する。当初の「出現」という意味を反映して、「幽霊」や「幻影」の意味を持っている。
→ APPEAR

appeal [中英語]名懇願、要請、（世論・武力などへの）訴え、魅力、【スポーツ】（審判への）抗議、【法律】上告；動懇願する、要請する、（世論・武力などに）訴える、（人の）心に訴える、【スポーツ】（審判に）抗議する、【法律】上告する：

当初は法律用語として使用されていた。古フランス語の名詞 apel に由来する。動詞用法は古フランス語 apeler に由来する。元はラテン語 appellare「呼びかける、近寄って話しかける、求める」である。appellare の基になっているのはラテン語 pellere「追いたてる」で、「…の方に追いたてる」という概念が「…に向かう」となり、そこから「近寄って話しかける」へと変化した。**appellant** [後期中英語]はフランス語 apelant（文字通りの意味は「訴えている」）に由来する。英語では、この語は【法律】上訴人、上訴の」という意味で使用されている。

appear [中英語]動現れる、出現する、出演・出場する、（作品などが）世に出る、出版される、（記事などが）載る、【法律】出廷・出頭する、…らしい、…のように見える：

古フランス語 apareir に由来する。元はad-「…の方へ」と parere「見えてくる」からなるラテン語 apparere「現れる」である。**appearance** [後期中英語]名「出現、出演、出場、出廷、出頭、出版、外見、様子、状況、【哲学】現象」は古フランス語 aparance, aparence に由来する。元は後期ラテン語 apparentia で、その基になっているのはラテン語の動詞 apparere である。

appease [中英語]動（人を）なだめる、（怒り・悲しみなどを）和らげる、（争いなどを）鎮める、譲歩する、（空腹・要求などを）満たす：

接頭辞 a-（ラテン語 ad-「…へ、…で」より）と pais「平和」からなる古フランス語 apaisier に由来する。

append [後期中英語]動（注釈・付録・補遺などを）追加する、（署名などを）書き添える、（印を）押す、つるす、ぶら下げる：

ad-「…へ」と pendere「掛ける」からなるラテン語 appendere「ぶら下げる」に由来する。**appendix** 名「（本などの）付録、補遺、追加、付属物、【解剖学】虫垂」の基になっているのも appendere である。appendix は16世紀半ばに英語に入ったが、当初の意味は「（本や文書の巻末につける）付録」であった。この語が解剖学用語として使われるようになったのは17世紀初頭からである。

appetite [中英語]名（生理的・物理的）欲望、（特に）食欲、（精神的）欲求、（欲求としての）好み：

古フランス語 apetit に由来する。元は appetere「追い求める」から派生したラテン語 appetitus「熱望」である。

applause [後期中英語]名拍手（喝采）、賞賛、（拍手による）承認：

applause と **applaud**[15世紀後半]動「拍手する、賞賛する」は、ラテン語の動詞

applaudere を構成している要素である *ad-*「…の方へ」と *plaudere*「拍手する」からなっている。applaud という綴りは、フランス語 *applaudir* にも影響されている。

apple ［古英語］名 リンゴ、リンゴの木、リンゴに似た果実、（形・色などが）リンゴに似たもの、大都市、ニューヨーク市（= the Big Apple）、《俗語》奴・人：

古英語 *æppel* はゲルマン祖語に起源を持つ語で、オランダ語 *appel* やドイツ語 *Apfel*「リンゴ」と同系である。*apple* は数多くの表現に登場する語である。a rotten *apple*「腐りきった奴」は、腐ったリンゴは周りの果実も腐らせてしまうという考えから、集団の中で周囲に悪影響を及ぼす可能性のある人物を指す表現として使用されている。the *apple* of one's eye とは、「目の中に入れて痛くないほどかわいがっている人」のことである。この表現の当初の意味は、球状の固体であると考えられていた「瞳」であった。その意味が拡大して、瞳を大切なものの象徴として用いるようになった。「万事順調である」という意味のオーストラリア英語 She's *apples* は、nice「よい、すてきな」の代用として用いられる押韻俗語 *apples* and spice や *apples* and rice から生まれた表現である。

applet ［1990年代］名【コンピュータ】アプレット（小規模なプログラム）、小アプリ：

application「【コンピュータ】アプリケーション（ソフト）」(実務処理プログラム)と接尾辞 *-let*「小さな…」との混成語である。

apply ［後期中英語］動 適用する、申請する、(知識・技術などを) 応用する、(ブレーキなどを) かける、申し込む：

基になっているのは、ラテン語 *ad-*「…へ」と *plicare*「折りたたむ」(ラテン語 *applicare*「折り重ねる、結びつける」を構成している要素) である。この語は古フランス語 *aplier* に由来する。applica-

tion ［中英語］名「適用、応用、申請、出願」はラテン語 *applicatio(n-)*「結びつけること」が語源で、古フランス語を経て英語に入った。applicable ［16世紀半ば］形「適用・応用できる、当てはまる、適切な、効力がある」の当初の意味は「従順な」であった。この語は古フランス語、あるいは中世ラテン語 *applicabilis* に由来する。applicator［17世紀半ば］名「(薬・化粧品・塗料などを) 塗布する器具、(耳鼻科医の) 塗布器、屋根ふき職人」は、「結びつけられた」という意味のラテン語 *applicat-* に由来する。applicant ［19世紀初頭］名「志願・出願者、応募者、申込者」の基になっているのは application で、この語はそれに接尾辞 *-ant*「…する人」を付加した語である。

appointment ［中英語］名 (面会の) 約束、(医者・美容院などの) 予約、(役職・地位への) 任命、指名、(任命された) 役職、地位、(建物・船などの) 設備、備品：

apointer から派生した古フランス語 *apointement* に由来する。中英語に appoint 動「任命・指名する、(日時・場所を) 決める、指定する、(部屋などに) 必要な備品・設備を備えつける」という語をもたらしたのも *apointer* である。*apointer* の基になっているのは古フランス語の成句 *a point*「一点に向かって」で、appointment は面会の日時や場所を決定することを意味する場合もあれば、ある役職や地位への適任者を決定することを意味する場合もあるが、その原義は「焦点を絞ること」である。

appraise ［後期中英語］動 (価値・質などを) 評価する、鑑定する、(公式に) 査定する、見積もる、値踏みする：

当初の意味は「値段をつける」であった。この語は、同じ意味を持っていた古語動詞 *apprize* を (*praise*「賞賛する」との連想から) 変形させたものである。「(価値・質などを) 評価する」という意味で使われるようになったのは19世紀半ばから。

appreciate ［16世紀半ば］動 正当に評

価する、正しく理解・認識する、感謝する、鑑賞する、価値・価格を上げる、価値・価格が上がる：

ad-「…へ」と pretium「値段」からなる後期ラテン語の動詞 appretiare「評価する、値段をつける」に由来する。18世紀後半以降、アメリカでは「価値・価格を上げる」や「価値・価格が上がる」という意味でも使用されている。

apprehend ［後期中英語］動(犯罪者などを)捕える、逮捕する、理解する、感知する、心配する、懸念する、恐れる：

当初の意味は「(物理的な意味で)つかむ、(精神的な意味で)把握する」であった。フランス語 appréhender あるいはラテン語 apprehendere に由来し、ラテン語 apprehendere は ad-「…の方へ」と prehendere「つかむ」からなる。**apprehension** ［後期中英語］名「懸念、心配、恐れ、逮捕、理解(力)」の当初の意味は「学習、知識の習得」であった。この語は後期ラテン語 apprehensio(n-) に由来する。**apprehensive** 形「懸念・心配して、恐れて、理解の早い、明敏な、知覚して、気づいて」が使われはじめたのも後期中英語期からで、当初の意味は「知覚・理解にかかわりのある」であった。この語はフランス語 appréhensif あるいは中世ラテン語 apprehensivus に由来する。これら一連の語が「恐れ、懸念」という意味を帯びるようになったのは17世紀になってからである。

apprentice ［中英語］名見習い(工)、実習生、初心者、新米、見習い騎手、【歴史】従弟、年季奉公人；動見習い・年季奉公に出す：

apprendre「学ぶ」から派生した古フランス語 aprentis に由来する。元はラテン語 apprehendere「捕える」である。古フランス語 aprentis の綴りは、語尾が -tis, -tif (ラテン語 -tivus から) で終わっている語にならったもの。

apprise ［17世紀後半］動知らせる、通告する：

フランス語 apprendre「学ぶ、教える」の過去分詞 appris, apprise に由来する。元はラテン語 apprehendere「捕える」である。
→ APPREHEND

approach ［中英語］動近づく、接近する、(問題などに)取り組む、【ゴルフ】アプローチをする；名接近、(問題などへの)取り組み方、【ゴルフ】アプローチ：

古フランス語 aprochier, aprocher に由来する。元は ad-「…へ」と propius (prope「近くに」の比較級) からなる教会ラテン語 appropiare「近づく」である。

approbation ［後期中英語］名認可、是認、承認、賛同、賞賛、称揚：

動詞 approbare「是認・認可する」から派生したラテン語 approbatio(n-) に由来し、古フランス語を経て英語に入った。approbare を構成している要素は ad-「…へ」と probare「試す、検査する」(probus「良い」から) である。

appropriate ［後期中英語］形適切な、ふさわしい、妥当な；動(金などを特定の目的に)当てる、充当する、専有する、(不法に)私物化する、着服する：

この語と名詞 appropriation「充当(金)、支出金、専有、私用、着服」はどちらも後期中英語期から使われはじめた語で、基になっているのは、ラテン語の動詞 appropriare「自身のものとする」を構成している要素である ad-「…へ」と proprius「自分の、独自の」である。これらの語は、どちらも後期ラテン語を経て英語に入ったもの。

approve ［中英語］動是認する、賛成する、認可・承認する：

古フランス語 aprover に由来する。元はラテン語 approbare「是認・認可する」である。当初の意味は「証明する、立証する」であった。それが後に「確証する、確認する」となり、そこから「是認する」

という意味が生じた。
→ APPROBATION

approximate［後期中英語］形おおよその、近似の、(位置などが) 近い、隣接の、類似の；動近づける、概算する、見積もる、似せる：

当初の意味は「近い、類似の」で、形容詞として使用されていた。この語は後期ラテン語 approximatus に由来する。approximatus は、ad-「…へ」と proximus「ひじょうに近い」からなる動詞 approximare「近づく」の過去分詞である。現在のように「おおよその」という意味の形容詞として使われるようになったのは19世紀初頭からである。動詞として使われはじめたのはそれよりも早く、17世紀半ばからである。動詞 approximate の当初の意味は「近づける」であった。

apricot［16世紀半ば］名【植物】アンズ、アンズの実、アンズ色 (穏やかな橙だい色)、アンズ色の：

ポルトガル語 albricoque あるいはスペイン語 albaricoque に由来する。元はムーア人支配化のスペインで使用されていたアラビア語の al-barkūk である。al-barkūk は定冠詞 al (= the) と barkūk からなる語で、barkūk は、ラテン語 praecox「早熟の」の異形 praecoquum が語源で、後期ギリシア語を経て英語に入った。現在の apricot という綴りは、ラテン語 apricus「熟した」とフランス語 abricot「アンズ」の影響による。

apron［中英語］名前掛け、【航空】エプロン (空港ビル・格納庫の前などの舗装された区域)、(劇場の) 張り出し舞台：

中英語 naperon は、古フランス語 nape, nappe「テーブル掛け」の指小辞語が英語に入ったもので、元はラテン語 mappa「ナプキン」である。語頭の n が消失したのは、a napron が an apron と異分析されたためである。これと同様のことが起こって現在の語形となった語に adder がある。
→ ADDER

apt［後期中英語］動…する傾向がある、…しがちである、…しそうである；形適切な、ふさわしい、覚えの早い、頭のよい：

当初の意味は「適切な、ふさわしい」で、ラテン語 apere「結びつける」の過去分詞 aptus「適合した」に由来する。現代英語では、この語は、例えば an *apt* pupil「頭のよい生徒」のように、「覚えの早い、頭のよい」という意味で用いられることもある。**aptitude**［後期中英語］名「適性、才能、素質、物覚えの早さ、理解力、性向、傾向」の当初の意味は「性向、傾向」であった。この語はラテン語 aptus に由来する後期ラテン語 aptitudo が語源で、古フランス語を経て英語に入った。「技術習得の才能」という概念が生じたのは16世紀半ばのことである。

aquarelle［19世紀半ば］名 (透明) 水彩画法、(透明) 水彩画：

フランス語から入った語である。イタリア語 acqua「水」の指小辞 acquarella「水彩画」に由来し、acqua の基になっているのはラテン語 aqua「水」である。

aquarium［19世紀半ば］名 (魚類などを飼育する) 水槽、アクアリウム、養魚池、水族館：

ラテン語 aquarius「水の、水に関する」の中性形である。英語では、それを vivarium「(自然の生息状態を模造した) 動物の飼育場」にならって名詞として使用している。古典ラテン語では、aquarium は「家畜の水飲み場」を指した。

aquatic［15世紀後半］形水生の、水中・水上で行う、水の；名水生植物・動物、水中・水上スポーツ：

当初の意味は「水の、雨の」であった。この語は、古フランス語 aquatique あるいはラテン語 aquaticus に由来する。ラテン語 aquaticus は aqua「水」から派生した語で、aqua は多くの英単語で用いられている。例として、1950年代の aqualung「アクアラング」、aquanaut「潜水技術者」(ギリシア語 nautēs「船員」が基に

なっている語)、aquaplane「アクアプレーン(モーターボートが引く波乗り板)」(元はアメリカ英語)、1980年代の aquarobics「アクアロビクス(水中のエアロビクス)」、18世紀後半の aquatint「アクアチント(腐食銅版画の一種)、アクアチント版画」(イタリア語 acqua tinta「色づけされた水」が基になっている語)、16世紀半ばの aqueduct「送水路、水道(橋)、導水橋」(ラテン語 ducere「導く」が基になっている語)、20世紀初頭の aquifer「【地学】帯水層」(ラテン語 ferre「運ぶ」が基になっている語) などがある。

aquiline [17世紀半ば]形ワシの(ような)、ワシのくちばしのような:

aquila「ワシ」から派生したラテン語 aquilinus「ワシの(ような)」に由来する。

arable [後期中英語]形耕作に適した、耕作可能な、耕作に適した土地、耕地:

この語の基になっているのはラテン語 arare「耕す」である。古フランス語あるいはラテン語 arabilis「耕作できる」に由来する。

arbitrary [後期中英語]形任意の、自由裁量による、勝手な、気まぐれの、恣意的な、専制的な、独断的な、(活字が)特殊な:

arbiter「審判者、最高主権者」から派生したラテン語 arbitrarius に由来する。フランス語 arbitraire からも影響を受けている。**arbitrate** [16世紀半ば]動「仲裁・調停する」と **arbitration** [後期中英語]名「仲裁、調停」(ラテン語 arbitratio(n-)から) の基になっているのもラテン語 arbiter である。

arbour [中英語]名(つたなどをはわせた格子作りの) あずまや、木陰:

当初は「芝生、花壇」という意味もあった。erbe「草、ハーブ」から派生した古フランス語 erbier に由来する。元はラテン語 herba「草」である。ar-への音変化(子音の前が er-となっている語では一般的な変化)は、ラテン語 arbor「樹木」との連想によって促進された。

arc [後期中英語]【数学】名円弧、弧、弓形、【天文学】(天体の描く外見上の) 弧、【電気】電弧、アーク;動弧形を描く、電弧を発生する

当初は天体の、特に太陽の地平線から地平線までの軌道を指す語であった。ラテン語 arcus「弓、曲線」に由来し、古フランス語を経て英語に入った。

arcade [17世紀後半]名【建築】拱廊(きょうろう)(アーチを連ねた通路)、アーケード、丸屋根付き街路・商店街、ゲームセンター:

プロヴァンス語 arcada あるいはイタリア語 arcata に由来し、フランス語を経て英語に入った。それらの語の基になっているのはラテン語 arcus「弓」である。

arcane [16世紀半ば]形秘密の、不可解な、神秘的な:

arcere「閉じ込める」から派生したラテン語 arcanus に由来する。arcere は arca「箱」から派生した語で、arca が神秘という概念をもたらした。

arch [中英語]名【建築】アーチ、迫持(せりもち)、アーチ形の門、アーチ道、弓形(のもの)、(足の)土踏まず;動アーチ形に曲げる・曲がる、アーチをつける:

古フランス語 arche に由来する。基になっているのはラテン語 arcus「弓」である。

archaeology [17世紀初頭]名考古学:

当初の意味は「古代史」であった。近代ラテン語 archaeologia に由来する。元は arkhaios「古代の」から派生したギリシア語 arkhaiologia「古代史」である。現在のように遺跡の発掘や遺物の分析による歴史研究という意味で使われるようになったのは19世紀半ばから。

archer [中英語]名弓の射手、弓術家、アーチェリー選手、射手(いて)座:

古フランス語 *archier* に由来する。*archier* の基になっているのはラテン語 *arcus*「弓」である。**archery**[後期中英語]名「弓術、アーチェリー、弓矢類、アーチェリー道具」は、*archier* から派生した古フランス語 *archerie* に由来する。

archetype [16世紀半ば]名原型、典型、【心理学】元型：

arkhe-「原始の」と *tupos*「型」からなるギリシア語 *arkhetupon*「原型」に由来し、ラテン語を経て英語に入った。

archipelago [16世紀初頭]名群群島、列島、多島海、エーゲ海：

イタリア語 *arcipelago* に由来する。基になっている要素はギリシア語 *arkhi-*「主要な」と *pelagos*「海」である。当初は固有名詞 (the *Archipelago*「エーゲ海」) として使用されていた。「群島、列島」という一般的意味が生じたのは、エーゲ海が島が多いことで有名だからである。

architect [16世紀半ば]名建築家、建築技師、設計者、立案者、製作者；動設計する：

ギリシア語 *arkhi-*「主要な」と *tektōn*「建築者」からなる。この語は、ギリシア語 *arkhitektōn* に由来し、ラテン語 *architectus*、イタリア語 *architetto*、フランス語 *architecte* を経て英語に入った。**architecture**名「建築、建築学・術、建築様式、建築物、構造」が使われはじめたのも16世紀半ばからである。この語はラテン語 *architectura*「建築術」に由来する。

archive [17世紀初頭]名公文書、古文書、記録、公文書・記録保管所、【コンピュータ】アーカイブ（大量のファイルをまとめて保管する場所）；動（ファイルを）アーカイブに入れる：

当初の意味は「記録保管所」であった。この語はフランス語 *archives*（複数形）に由来する。元はラテン語 *archiva, archia* で、基になっているのは *arkhē*「支配」から派生したギリシア語 *arkheia*「公文書」である。*archive* が動詞として使われるようになったのは19世紀後半からである。

ardent [中英語]形熱心な、熱狂的な、情熱的な、熱烈な、燃えている、燃えるように輝く：

古フランス語 *ardant* に由来する。元はラテン語 *ardere*「燃える」から派生した *ardens, ardent-* である。**ardour**[後期中英語]名「熱情、熱意、情熱」の基になっているのも同じラテン語の動詞 *ardere* である。*ardour* はラテン語 *ardor*「火、炎、輝き、激情」に由来し、古フランス語を経て英語に入った。英語では、どちらの語の意味にも熱意や情熱という概念が含まれているが、*ardent* の方は、詩や文学作品の中では「燃えている」という文字通りの意味で使用されることもある (例：the *ardent* flames「燃えている炎」)。

arduous [16世紀半ば]形困難な、骨の折れる、(山道などが) 登りにくい、険しい：

ラテン語 *arduus*「険しい、困難な」に由来する。

area [16世紀半ば]名地域、地方、面積、(特定の用途にあてた) 区域、場所、(活動・研究などの) 領域、分野：

当初の意味は「特定の目的のための区域・場所」であった。ラテン語 *area* に由来し、文字通りの意味は「平坦な空き地」である。昔の測量単位 **are** [18世紀後半]名「アール（面積の単位＝100m^2）」もラテン語 *area* に由来し、フランス語を経て英語に入った。

arena [17世紀初頭]名(周囲に観覧席のある) 競技場、闘技場、演技場、(古代ローマの円形競技場の中央にある) 円形闘技場、(競争・活動の) 場、活躍の舞台、…界：

「砂、砂を敷いた闘技場」という意味のラテン語 *arena* に由来する。*arena* は円形競技場の中央部を指した。その中央部で

は、見応えのある見世物や格闘が行われていた。そこに砂を敷いた本来の目的は、闘士が流した血を吸い取るためであった。この語は徐々に円形競技場全体を表す語へと変化していった。1940年代以降、この語は、劇場の舞台の周囲を客席がぐるりと取り囲む舞台形式を指すようになった（例：arena theatre「円形劇場」、arena stage「円形舞台」）。この舞台形式は1932年にワシントン大学演劇学部学部長グレン・ヒューズによって導入されたもので、最初の劇が上演された場所にちなんで、この形式は当初は Penthouse「ペントハウス」（文字通りには「屋上家屋」）と呼ばれていた。

argue ［中英語］動論証する、議論する、論争する、口論する、説得する、証明する：

古フランス語 arguer に由来する。元はラテン語 arguere「明らかにする、証明する、告発する、非難する」の反復動詞（動作の繰り返しを表す動詞）algutari「むだ話をする」である。**argument** ［中英語］名「議論、論争、口論、主張」には「推論」という意味があった。この語は、ラテン語 argumentum に由来し、古フランス語を経て英語に入った。**argumentative** ［後期中英語］形「論争的な、議論好きな、理屈っぽい」は古フランス語 argumentatif, -ive あるいは後期ラテン語 argumentativus に由来する。元はラテン語 argumentari「証明・立証する」である。

argy-bargy ［19世紀後半］名動やかましい議論・口論（をする）：

この韻を踏んだジングル語は、元はスコットランド語で、argue が基になって生まれた語である。

arid ［17世紀半ば］形（土地・気候が）（異常に）乾燥した、不毛の、（話題などが）退屈な、無味乾燥な：

フランス語 aride あるいはラテン語 aridus に由来する。ラテン語 aridus は arere「乾いている、干上がっている」か

ら派生した語である。

arise ［古英語］動（疑問・問題・困難などが）生じる、起こる、現れる、起きる、立ち上がる、（煙などが）立ちのぼる：

古英語 ārīsan は、ā-「離れて」（強意を表す）と動詞 rise（古英語期の語形は rīsan）からなる語である。日常言語では、この語はそのほとんどの意味で rise に取って代られた。

aristocracy ［15世紀後半］名貴族（社会）、貴族・上流階級、貴族政治（の国）：

当初の意味は「最上の市民による政治」であった。それが後に「貴族政治」という意味になり、17世紀半ばには、「貴族（階級）」という政治形態とは無関係の意味でも用いられるようになった。この語は古フランス語 aristocratie に由来し、基になっているのは、aristos「最上の」と -kratia「権力」からなるギリシア語 aristakratia である。**aristocrat** ［18世紀後半］名「貴族（階級の人）、貴族的な人、貴族政治主義者、最高級のもの」は、フランス革命期に使用されたフランス語 aristocrate に由来する。

arithmetic ［中英語］名算数、算術、計算（能力）、勘定、算数の本、算術書；形算数・算術の：

ギリシア語 arithmos「数」が基になっている。この語は古フランス語 arismetique に由来する。元はラテン語 arithmetica で、基になっているのがギリシア語 arithmētikē (tekhnē)「計算（術）」である。

ark ［古英語］【聖書】名契約の箱、約櫃、ノアの箱舟、大型の船、避難所、安全な場所：

古英語 ærc はラテン語 arca「大箱」に由来する。Holy Ark「聖櫃」とは、ユダヤ教の礼拝堂内にあるトーラー（ユダヤ教の律法）の巻物を保管するための箱のことである。ark には「大型の船」、特に「ノアの箱舟」という意味もあり、そこから (come) out with the Ark「（ノアの箱

舟から出てきたように）古めかしい」という表現が生まれた。

arm¹ ［古英語］图腕、上肢、（動物の）前肢、腕上の物、腕木、（椅子の）ひじ掛け、（服の）そで、権力、（組織の）部門：

「腕、上肢」を意味する古英語 *arm, earm* はゲルマン祖語に起源を持つ語で、オランダ語 *arm* やドイツ語 *Arm* 「腕」も同系である。

arm² ［中英語］動武装させる、武装する、（必要なものを）備えさせる：

動詞は古フランス語 *armer* に由来する。arms［中英語］图「武器、兵器、戦争、戦闘、武力、紋章」（ラテン語 *arma* が基になっている語）と army［後期中英語］图「軍隊、（一国の）陸軍、兵役、（ある目的のために組織された）団体、大群」（ラテン語 *armare*「武装させる」の過去分詞女性形 *arma* が基になっている）も古フランス語を経由して英語に入った。同じラテン語の動詞 *armare* が基になっている語に、スペイン語から入った armada ［16世紀半ば］图「艦隊、（軍用機・車両などの）大編成部隊、（スペインの）無敵艦隊」と、スペイン語 *armado*「武装した」に由来する armadillo ［16世紀後半］图「アルマジロ」（身体が甲冑に似た骨質の外皮で覆われているところから）がある。

armistice ［18世紀初頭］图休戦、停戦、停戦協定：

語源はフランス語あるいは近代ラテン語の *armistitium* である。*armistitium* は *arma*「武器」と *-stitium*「停止」からなる。

armour ［中英語］图鎧兜、甲冑、（戦車・軍艦などの）装甲、装甲部隊、（動・植物の）防護器官、紋章；動鎧を着せる、装甲する：

古フランス語 *armure* に由来する。元は *armare*「武装させる」から派生したラテン語 *armatura*（**armature** 图「電気」電機子・接極子、【美術】骨組み、〈動植物の〉防護器官、武具」の基にもなっている）である。armoury 图「兵器庫、兵器工場、（貯蔵された）兵器、（州兵・予備役兵の）部隊本部、（一般に）蓄え」も中英語期から使われはじめた語で、当初は「鎧兜、甲冑」という意味で使用されていた。この語は *armoier*「紋章を描く」から派生した古フランス語 *armoirie, armoierie* に由来する。*armoier* は *arme*「武器」から派生した語である。17世紀に第 2 音節が変化したのは、*armour* との連想が働いたため。

aroma ［中英語］图芳香、香り、（食品などの）香気、（芸術品などの持つ）気品、風格、独特の雰囲気：

当初の意味は「芳香植物、香辛料」で、通常は複数形で使用されていた。この語は、ギリシア語「香辛料」に由来し、ラテン語を経て英語に入った。**aromatic** 形「芳香（性）の、香りのよい、【化学】芳香族の」が英語に現れたのは後期中英語期のことである。この語は、ギリシア語 *arōmatikos* に由来し、後期ラテン語を経て英語に入った。*aromatic* は香辛料の香りや味と結びつけて使用されているが、*aroma* を（香辛料とは切り離して）単に「香り」という意味で使用するようになったのはごく最近のことである。**aromatize** ［後期中英語］動「芳香をつける、【化学】芳香族化する」はギリシア語 *arōmatizein*「香辛料を加える」に由来し、後期ラテン語 *aromatizare*、古フランス語 *aromatiser* を経て英語に入った。

arouse ［16世紀後半］動目覚めさせる、刺激する、喚起する、奮起させる、目覚める：

rise と arise のような組み合せにならって rouse「目覚めさせる、刺激する、喚起する、奮起させる、目覚める」から作られた語である。

arrange ［後期中英語］動整える、整頓する、配列する、取り決める、手配・準備・計画する、調停する、編曲する：

a-（ラテン語 *ad*「…へ、…で」より）と *rangier*「整える」からなる古フランス語 *arangier* に由来する。

→ RANGE

arrant ［中英語］形途方もない、名うての、(悪い意味で) 全くの:
errant「(冒険を求めて) 遍歴する、巡回の、道に迷った、誤った、不貞の」の異形で、当初は arrant thief「無法者で、各地に出没する泥棒」のような成句で使用されていた。arrant nonsense「愚の骨頂」のような成句で使用されている arrant の意味は「全くの」である。

array ［中英語］名整列、配列、配置、勢ぞろい、衣装、美装；動整列させる、配置・配列する、装う、着飾らせる:
名詞用法 (古フランス語 arei から) の当初の意味は「準備」で、動詞用法 (古フランス語 areer から) の当初の意味は「準備させる」であった。この語は、ラテン語 ad-「…の方へ」とゲルマン祖語に起源を持つ「準備させる」という意味の語である。array は列を整えることに関連した意味で使用されており、in battle array「戦闘隊形で」に見られるように「軍隊の隊列 (を整える)」という意味で用いられることも多い。

arrears ［中英語］名(未返済の) 借金、滞納金、(仕事・支払いの) 遅れ、滞り、未処理の仕事:
当初は in arrear「遅れて」という成句で使用されていた。元は「後ろに、遅れて」という意味の副詞であり、古フランス語 arere「後ろに」に由来する。その基になっているのは、ad-「…へ」と retro「後方に」からなる中世ラテン語 adretro である。

arrest ［後期中英語］動逮捕する、検挙する、(進行などを) 止める、阻止する、(注意・人目などを) 引く、逮捕、検挙、抑制、阻止、停止:
古フランス語 arester に由来する。基になっているのはラテン語 ad-「…へ」と restare「残る、とどまる」である。

arrive ［中英語］動着く、到着する、(結論・合意・年齢・時期・価格などに) 達する、(手紙などが) 届く、(新製品などが) 現れる、(赤ん坊が) 生まれる:
当初の意味は「水路で岸に着く」で、航海用語として使用されていた。古フランス語 ariver に由来する。基になっているのはラテン語 ad-「…の方へ」と ripa「岸」である。arrival 名「到着、到達、出現、出生、到着者・物、新生児」が使われはじめたのは後期中英語期からで、アングロノルマンフランス語 arrivaille に由来する。

arrogant ［後期中英語］形横柄な、傲慢な、尊大な、無礼な:
ラテン語の動詞 arrogare から派生した arrogant-「不当に主張している」に由来し、古フランス語を経て英語に入った。

arrow ［古英語］名矢、矢印、矢に似たもの；動矢印で示す、矢のように進む・飛ぶ:
古英語 arewe, arwe は古ノルド語に由来する。

arrowroot ［17世紀後半］名【植物】クズウコン、矢根粉（クズウコンの根から採ったデンプン）、(一般に) 葛粉:
西インド諸島原産の植物「クズウコン」を指し、毒矢による傷口から毒を吸い取るために使用されていた。この語は、arrow と root との連想から、アラワク語 aru-aru (文字通りの意味は「食べ物の中の食べもの〈最高の食べもの〉」) を変形させたもの。

arsenal ［16世紀初頭］名兵器・軍需工場、兵器庫、兵器の蓄え、兵器保有量、(一般に) 蓄え、集積、在庫:
当初の意味は「ドック (船の建造・修理に用いる築造物)」であった。この語はフランス語に由来するか、あるいは廃語となったイタリア語 arzanale に由来する。元は dār「家」と定冠詞 al- と sinā'a「技術、工業」からなるアラビア語 dār-as-sinā'a である。

arsenic［後期中英語］**名**【化学】ヒ素；**形**ヒ素の、ヒ素を含む：
　当初の意味は「石黄_{せき}、硫化ヒ素」であった。この語は、ギリシア語 *arsenikon*「石黄」に由来し、ラテン語 *arsenicum*、古フランス語 *arsenic* を経て英語に入った。*arsenikon* はギリシア語 *arsenikos*「雄の」と同一語であると見なされているが、実際はアラビア語 *al-zarnīk*「石黄」に由来する語で、基になっているのはペルシア語 *zar*「金」である。

arson［17世紀後半］**名**【法律】放火（罪）：
　アングロノルマンフランス語の法律用語であった。中世ラテン語 *arsio*(n-) に由来する。基になっているのはラテン語 *ardere*「燃える」である。

art［中英語］**名**芸術、美術、芸術作品、美術品、(新聞・雑誌などの) 挿絵、カット、技術、こつ、技巧、人工、人為、狡猾_{こうかつ}さ、ずるさ、(自然科学に対する) 人文科学、(大学の) 教養科目：
　ラテン語 *ars, art-* に由来し、古フランス語を経て英語に入った。ラテン語の基になっているのは「まとめる、結合する、合わせる」という意味のインド＝ヨーロッパ語の語根である。当初の意味は「技術」であった。この語は、大学の学問分野としての the *Arts*「人文科学」のように、人文系の学科という意味で用いられることもある。「芸術、美術 (絵画・彫刻・建築など)」という意味で使われるようになったのは17世紀初頭からである。芸術のある特定の様式を表す **art deco**「アール・デコ」は、フランス語 *art décoratif*「装飾美術」(華やかな色彩と幾何学的模様が特徴) を短縮したもので、1925年にパリで開催された博覧会の標題 *Exposition des Arts décoratifs*「装飾美術博覧会」に由来する表現である。関連語である **artist** **名**「芸術家、美術家、(特に) 画家、彫刻家、芸能人、名人、達人」が使われはじめたのは16世紀初頭からで、この語の当初の意味は自由七科 (中世の大学の 3 学科〈文法・論理学・修辞学〉と 4 学科〈算術・幾何学・音楽・天文学〉) を修めた人であった。この語はフランス語 *artiste* に由来する。元は *arte*「芸術」(ラテン語 *ars, art-* から) から派生したイタリア語 *artista* である。

artefact［19世紀初頭］**名**(特に文化的に価値のある) 人工物、加工品、【考古学】(先史時代の) 人工遺物、【生物学】(細胞・組織内の) 人為構造、人工産物：
　ラテン語 *arte*「技術で」と *factum*「作られたもの」(*facere*「作る」の過去分詞中性形) からなる語で、文字通りの意味は「技術を用いて作られたもの」である。

artery［後期中英語］**名**【解剖学】動脈、(鉄道・道路・川などの) 幹線：
　ラテン語 *arteria* に由来する。元はギリシア語 *artēria*「気管、動脈」で、*artēria* は *airein*「上げる」から派生した語である。死後は *arteries*「動脈」には血液が入っていないために、古代人 (この語はギリシア語 *aēr*「空気」に由来すると考えていた) の間では、動脈は空気を運ぶ器官であると信じられていた。中世の作家たちは、動脈には静脈とは異なる霊妙な液体が流れていると考えていた。その液体は spiritual blood「霊的な血液」あるいは vital spirits「生気」と呼ばれていた。
→ AORTA

artesian［19世紀半ば］**形**(井戸が) アルトワ式の、掘抜きの、掘抜き・被圧井戸の：
　フランス語 *artésien*「アルトワからの」に由来する。アルトワはフランス北西部の旧州名で、18世紀にこの種の井戸が初めて作られた場所がアルトワだった。アルトワ式井戸とは、向斜構造や盆地構造の地層に垂直に穴をあけて、地下水を絶えず地表に自噴させる井戸のことである。

article［中英語］**名**品物、物品、商品、(同種の物の) 1 個、(新聞・雑誌などの) 記事、論説、論文、(法律・条約・契約などの) 条項、項目、規約、定款_{てい}、《文法》冠詞；**動**告発する：

当初は「使徒信条の個々の条項」という意味であった。この語はラテン語 artus「関節」の指小辞語 articulus「小さなつなぎ目」に由来し、古フランス語を経て英語に入った。artus の基になっているのはラテン語 ar-「つなぐ」で、現在では廃用となっているが、英語 article には「関節」という意味もあった。この語は時を表す成句で「(重大な) 時点、時期、転機」という意味でも使用されていた (例：just in the *article* of time「ちょうどその時に」、just in the *article* of falling「ちょうど倒れる瞬間に」)。「つなぐこと」と「分離すること」が意味的に密接に関連していることから、この語はすぐに個々の部分に対して用いられるようになり (例：*articles* of agreement「契約書の条項」、*articles* of association「会社の定款」)、同様に個々の話題 (例：*articles* of a magazine「雑誌の記事」) や個々の物品 (例：*articles* of trade「商品」) に対しても用いられるようになった。この語が文法用語として使用されるようになったのは、ラテン語 articulus がギリシア語の数多く屈折する「定冠詞」を指していたからである。indefinite *article*「不定冠詞」という用語もある。

articulation [後期中英語] 名 明瞭な発音、(考えなどの) 明確な表現、【動物】関節、【植物】節、【歯科学】咬合こうごう：

当初の意味は「関節」や「接合」であった。この語はラテン語の動詞 articulare から派生した articulatio(n-) に由来する。**articulate** 形 動 「(発音などが) 明瞭な、(考えなどが) 明確な、明瞭に発音する、(考えなどを) 明確に述べる」が使われはじめたのは16世紀半ばからで、この語はラテン語 articulatus に由来する。articulatus は、articulus「小さなつなぎ目」から派生した articulare「部分に分ける、明瞭に発音する」の過去分詞である。
→ ARTICLE

artifice [後期中英語] 名 ずるい手段、巧みな策略、計略、巧妙さ、器用さ、ごまかし、ペテン：

当初は「技量」という意味で使用されていた。この語は ars, art-「技術」と facere「作る」からなるラテン語 artificium「技巧」に由来し、古フランス語を経て英語に入った。**artificial** [後期中英語] 形 「人工の、人造の、人為的な、不自然な、わざとらしい、うわべだけの」は、古フランス語 artificiel あるいはラテン語 artificialis に由来する。ラテン語 artificialis は artificium「技巧」から派生した語である。

artillery [後期中英語] 名 大砲、砲兵隊・科、砲術、射撃術：

この語には配列や順序という概念が含まれている。この語は古フランス語 artillerie に由来する。artillerie は atillier「備えつける、武装させる」の変形 artiller から派生した語で、atillier は a- (ラテン語 ad「…へ、…で」) と tire「列、順序」からなる atirier の異形である。

artisan [16世紀半ば] 名 職人、熟練工：

イタリア語 artigiano に由来する。基になっているのは、ラテン語 artire「技を教える」(ars, art-「技術、芸術」から) の過去分詞 artitus「技にすぐれた」である。
→ ART

Aryan [15世紀後半] 名 アーリア人 (インド＝ヨーロッパ祖語を用いた先史時代の民族)；形 アーリア人・語族の：

サンスクリット語 ārya「高貴な」に由来する。Aryan は、語族を表す用語 Indo-European「インド＝ヨーロッパ語族」の同義語として用いられることもある。19世紀に入ると、Aryan「アーリア人」という人種と一定のインド＝ヨーロッパ語族の言語には関連があるという考えが広まり、民族主義の歴史作家たちやロマン派作家たちに受け入れられた。その中の1人に人類学者ド・ゴビノー (1816〜82年) がいた。彼はそのような考えを人種の劣等性という概念と結びつけた人物である。後にがナチスドイツ (1933〜45年) で Aryan race「アーリア人種」という用語が復活し宣伝された。

as [中英語] 副 同程度に；接 …と同じくら

い、…と同様に、…しながら、…につれて、…なので、…のとおりに、…ではあるが、…する限りでは；[代]…するような；[前]…として(の)、…であると(して)、…の時：

古英語 alswā「同様に」の短縮形である。この語は、例えば forasmuch, inasmuch, whereas のように、複合語の形で用いられることが多かった。
→ ALSO

asbestos [17世紀初頭][名]石綿、アスベスト、石綿布：

a-「非…」と sbestos「消すことのできる」(sbennumi「消す」より)からなるギリシア語 asbestos「消すことのできない」(ディオスコリデスが生石灰を指して用いた用語)に由来し、ラテン語を経て英語に入った。

ascend [後期中英語][動]登る、上がる、さかのぼる、(煙などが)立ち昇る、(道などが)上りになる、(音・地位などが)高くなる、(物価が)上昇する、(王位などに)就く：

ad-「…へ」と scandere「登る」からなるラテン語 ascendere に由来する。同じラテン語が基になっている語で、同時期に英語にもたらされた語に次の2語がある。**ascendant**[形][名]「優勢な、支配的な、上昇する、優勢、支配力、【占星】星位」と **ascension**[名]「上昇、登る・上がること、キリストの昇天」である。この語はラテン語 ascendent-「登っている」に由来し、古フランス語を経て英語に入った。ascension はラテン語 ascensio(n-) に由来し、古フランス語を経て英語に入った。16世紀後半から使われはじめた **ascent**[名]「上昇、登る・上がること、昇進、向上、上り坂」は、descend と descent の組み合せにならって、ascend から作られた語である。

ascertain [後期中英語][動]確かめる、突き止める、確認する：

中心的な意味は「確実にする」である。

当初の意味は「保証する、確信させる」であった。この語は古フランス語 acertener に由来する。基になっているのはラテン語 certus「確定された、確実な」である。

ascetic [17世紀半ば][形]苦行の、禁欲的な、禁欲主義の；[名]苦行者、禁欲主義者、修道士：

中世ラテン語 asceticus あるいはギリシア語 askētikos に由来する。基になっているのは askein「訓練する」から派生したギリシア語 askētēs「修道士」である。

ascribe [中英語][動](原因・動機・起源などを…に)帰する、(結果などを…の)せいにする、(作品などを…の)作・発明とする：

ad-「…へ」と scribere「書く」からなるラテン語 ascribere に由来する。

ash¹ [古英語][名]灰、燃えがら、火山灰、廃墟・焼け跡・遺灰・遺骨：

古英語期の語形は æsce, æxe であった。この語はゲルマン祖語に起源を持つ語で、オランダ語 as やドイツ語 Asche「灰」と同系である。**Ash Wednesday**[名]「【キリスト教】灰の水曜日・聖灰水曜日」という典礼の名前は、水曜日(＝四旬節の初日)に懺悔者の額に灰で十字の印をつける風習に由来する。

ash² [古英語][名]【植物】トネリコ、トネリコ材：

古英語期の語形は æsc であった。この語はゲルマン祖語に起源を持つ語で、オランダ語 es やドイツ語 Esche「トネリコ」も同系である。翼を持った独特のトネリコの種子は **ash-keys**[名]「トネリコの翼果」と呼ばれている。

ashamed [古英語][形]恥じて(いる)、恥ずかしがって(いる)：

古英語 āscamod は、ā-(強意を表す)と動詞 shame(古英語期の語形は scamian)からなる āscamian「恥じる」の過去

分詞である。
→ SHAME

aside［中英語］副わきに・へ、かたわらに、別にして、取っておいて、考えないで、…はさておき；名ひそひそ話、余談、【演劇】傍白ぼう、わきぜりふ：
当初の語形は on side であった。

ask［古英語］動尋ねる、聞く、質問する、問う、頼む、求める、必要とする、要求する、招待する、誘う：
古英語 āscian, āhsian, āxian は西ゲルマン語に起源を持つ語である。

aspect［後期中英語］名外観、様相、側面、局面、顔つき、表情、容貌ぼう、見地、見方、(家などの) 向き、方位、《文法》相、アスペクト：
当初の意味は「見ること、見方」であった。この語は、aspicere「見る、注視する」から派生したラテン語 aspectus に由来する。

aspic［18世紀後半］【料理】名アスピック (肉や魚のだし汁で作る料理用ゼリー)：
文字通りの意味が「アスプクサリヘビ (南ヨーロッパ産の小型の毒ヘビ)」という意味のフランス語 aspic が英語に入ったものである。フランス語には froid comme un aspic「毒ヘビのように冷たい」ということわざ風の表現があり、この表現が基になって連想が働いたと言われている。

aspire［後期中英語］動熱望・切望する、求める、大志を抱く、《詩語・古語》立ちのぼる、高くそびえる：
フランス語 aspirer あるいはラテン語 aspirare に由来する。ラテン語 aspirare は ad-「…へ」と spirare「呼吸する」とからなる語である。同時期に借入された **aspiration**名「熱望、切望、大志、呼吸、【医学】吸引、【音声学】帯気 (音)、気息音発声」の当初の意味は「気息音発声」で

あった。この語はラテン語 aspiratio(n-) に由来する。

aspirin［19世紀後半］名【薬学】アスピリン、アスピリン錠 (鎮痛・解熱剤)：
ドイツ語の造語で、基になった表現は acetylierte Spirsäure「アセチルサリチル酸」である。Spir- という要素は、植物の属名 Spiraea「シモツケ属」に由来する。

ass［古英語］名【動物】ロバ、ばか者、間抜け、がんこ者：
古英語 assa は、ウェールズ語 asyn やブルトン語 azen と同系のケルト語に由来する。基になっているのはラテン語 asinus「ロバ、ばか、のろま」である。この語は博物学、聖書、ことわざ、寓話などの中で用いられており、アイルランドでも頻繁に使用されている。しかしながら、「ロバ」を表す用語としては、donkey の方が一般的である。

assail［中英語］動(激しく) 攻撃する、襲う、襲撃する、(言葉・議論などで) 攻め立てる、決然として取り組む・着手する、強い影響を与える：
ラテン語の ad-「…へ」と salire「跳ぶ」からなる。assail という綴りは、古フランス語 asalir の強形語幹 asaill- に由来する。元は中世ラテン語 assalire で、基になっているのはラテン語 assilire「跳びかかる、襲いかかる」である。
→ ASSAULT

assassin［16世紀半ば］名暗殺者、刺客、【歴史】アサシン派 (イスラム教の分派)：
フランス語、あるいは中世ラテン語 assassinus に由来する。元はアラビア語 hašīšī「ハシッシュ (大麻から作る麻薬) を食べる者」である。以前は十字軍時代 (11、12、13世紀) の一部のイスラム教狂信者たちを指す語であった。彼らの教主は、キリスト教徒の指導者たちを殺害するために団員を派遣した。このことから、あらゆる公人の謀殺ぼうとの連想が起こった。**assassinate**［17世紀初頭］動「暗殺する、(名誉・人格などを) 傷つける」

は中世ラテン語の動詞 *assassinare*「殺す」(*assassinus* から) に由来する。

assault ［中英語］**名**猛攻撃、【法律】婦女暴行；**動**猛攻撃する、(性的) 暴力を加える：
名詞用法は古フランス語 *asaut* に由来し、動詞用法は *assauter* に由来する。それらの語の基になっているのは、ラテン語の *ad-*「…へ」と、*salire*「跳ぶ」の反復動詞 (動作の繰り返しを表す動詞) *saltare* である。
→ ASSAIL

assay ［中英語］**名**(鉱石・金属などの) 試金、(薬物などの) 評価分析；**動**(鉱石・金属などを) 試金する、(薬物などを) 評価分析する：
当初は「人や物の価値の試験」という一般的な意味で使用されていた。名詞用法は古フランス語 *essai*「試み」の異形 *assai* に由来し、動詞用法は *essayer*「試みる」の異形 *assaier* に由来する。基になっているのはラテン語 *exagium*「計量」で、この語が後に「検査、試み」というより広い意味で用いられるようになった。
→ ESSAY

assemble ［中英語］**動**集める、集まる、(機械などを) 組み立てる、【コンピュータ】(プログラムを) 機械語に変換する：
古フランス語 *asembler* に由来する。基になっているのはラテン語 *ad-*「…へ」と *simul*「一緒に」である。同じく中英語期から使用されている **assembly** **名**「集会、会合、議会、集まった人々、組み立て (作業)、組み立て (部) 品、【コンピュータ】アセンブリ」は、古フランス語 *asembler* の過去分詞女性形 *asemblee* に由来する。

assent ［中英語］**動**同意・賛成・協賛する；**名**同意、賛同、承諾：
動詞用法は古フランス語 *as(s)enter* に由来し、名詞用法は *as(s)ente* に由来する。基になっているのは、*ad-*「…の方へ」と *sentire*「感じる、考える」からなるラテン語の動詞 *assentire*「賛同・同意する」である。

assertion ［後期中英語］**名**主張、断言、断定、所説：
この語を構成しているラテン語の要素 *ad-*「…へ」と *serere*「結合する」がこの語に「一体化」という概念をもたらしており、発言をする際の自信というものが加わっている。この語は、動詞 *asserere*「要求する、主張する」から派生したラテン語 *assertio(n-)* に由来する。**assert** [17世紀初頭]**動**「断言する、言い張る、(権利などを) 主張する、擁護する、(権力などを) 行使する」の語源もその *asserere* である。

assess ［後期中英語］**動**(税金などを) 査定する、(価値・能力・性能などを) 評価する、(状況などを) 判断する、(税金・料金などを) 課す：
古フランス語 *assesser* に由来する。基になっているのはラテン語 *assidere*「そばに座る」(*ad-*「…へ、…で」と *sedere*「座る」から) である。中世ラテン語では、この動詞は「税金を課する」という意味で使用されていた。同時期に借入された **assessor****名**「(税額・財産などの) 査定者、評価者、【保険】損害査定人、【法律】裁判所補佐人」は古フランス語 *assessour* に由来する。元はラテン語 *assessor*「判事補佐官」で、中世ラテン語におけるこの語の意味は「課税額査定者」であった。
→ ASSIZE

asset ［16世紀半ば］**名**価値ある人・物、資産：
当初の意味は「遺言を遂行するのに十分な財産」で、複数形で使用されていた。アングロノルマンフランス語の法律用語に由来する。元は古フランス語 *asez*「十分に」で、基になっているのはラテン語 *ad*「…へ」と *satis*「十分 (に)」である。

assiduity ［後期中英語］**名**勤勉、精励、配慮、心遣い：

ラテン語 *assiduitas* に由来する。基になっているのはラテン語 *assiduus*「専念して」で、*assiduus* は **assiduous**［16世紀半ば］形「勤勉な、根気強い、配慮が行き届いた」の形成にも関与している。ラテン語 *assiduus* は動詞 *assidere*「従事している」から派生した語である。
→ ASSESS

assign［中英語］動割り当てる、任命する、配属する、(日時・限界などを) 指定する、(原因・動機などを…に)帰する、【法律】譲渡する：

古フランス語 *asigner, assiner* に由来する。元は *ad-*「…へ」と *signare*「印をつける」からなるラテン語 *assignare*「割り当てる」である。**assignation**［後期中英語］名「密会（の約束）、割り当て、指定、【法律】譲渡」の当初の意味は「命令」や「任命」、「分け前」であった。この語は、ラテン語の動詞 *assignare* から派生した *assignatio(n-)* に由来し、古フランス語を経て英語に入った。**assignment**名「割り当て、割り当てられた仕事・任務、任命、宿題、研究課題、指示、指定、【法律】譲渡」が使われはじめたのも後期中英語期からで、この語は同じラテン語の動詞が基になっている古フランス語 *assignement* に由来する。

assimilate［後期中英語］動 (民族・文化などを) 同化させる、(知識・考えなどを) 理解・吸収する、順応する、(食物が) 消化・吸収される：

ad-「…へ」と *similis*「似ている」からなるラテン語の動詞 *assimilare*「吸収する、組み込む」に由来する。

assist［後期中英語］動助ける、手伝う、援助する、(物・事が…の)助けとなる、【スポーツ】アシストする；名援助、助力、【スポーツ】アシスト：

古フランス語 *assister* に由来する。元は *ad-*「…へ、…で」と *sistere*「立つ」からなるラテン語 *assistere*「そばに立つ」である。同時期に英語に入った語に次の 2 語がある。**assistance**名「手助け、助力、援助、補助」(古フランス語か、あるいは中世ラテン語 *assistentia* から) と **assistant**名「助手、補佐、助けとなるもの、店員、補助・補佐の、副…」(古フランス語か、あるいは中世ラテン語 *assistent-*「そばに立っている」から) である。

assize［中英語］名 (1971年までイングランド・ウェールズの各州で定期的に開かれた) 巡回裁判、巡回裁判開廷期・地、条例、法令、【英国史】統制価格：

古フランス語 *assise* (*asseeir*「座る、解決する、査定する」の過去分詞女性形) に由来する。基になっているのはラテン語の動詞 *assidere*「そばに座る」である。
→ ASSESS

associate［後期中英語］動連想する、結びつける、関わる、提携する；名 (仕事・事業などの) 提携者、仲間、共犯者；形連合した、仲間の、同僚の：

当初は「連合させる」という意味の動詞として、あるいは「連合した」という意味の形容詞として使用されていた。*ad-*「…へ」と *socius*「共有の」からなるラテン語の動詞 *associare*「結びつける」に由来する。**association**名「協会、組合、団体、交際、共同、連合、提携、連想 (されるもの)」が使われはじめたのは16世紀半ばからで、当初の意味は「連合、提携」であった。この語は中世ラテン語 *associatio(n-)* に由来する。基になっているのはラテン語 *associare*「結合させる」である。

assuage［中英語］動 (苦痛・怒り・不安・悲しみなどを) 和らげる、緩和する、(食欲・欲望などを) 満たす、満足させる：

古フランス語 *assouagier, asouagier* に由来する。基になっているのはラテン語の *ad-*「…へ」(変化を表す) と *suavis*「甘い」である。この語は、例えば *assuaged their fears*「彼らの不安を和らげた」のような使われ方をする。

assumption［中英語］名想定、(責任な

どを）引き受けること、ある態度を取ること、見せかけ、【カトリック】聖母マリアの被昇天（祭）：

当初は聖母マリアの被昇天を指す語として使用されていた。古フランス語 asompsion あるいはラテン語 assumptio(n) に由来する。ラテン語 assumptio(n) は ad-「…へ」と sumere「取る」からなる動詞 assumere (assume [後期中英語]動「想定する、（責任などを）引き受ける、（ある態度を）取る、見せかける」の語源でもある）から派生した語。

assure [後期中英語]名保証する、請け合う、断言する、確信・安心・納得させる、（物・事を）確実・安全にする、（人に）保険をかける：

古フランス語 assurer に由来する。基になっているのはラテン語の ad-「…へ」（変化を表す）と securus「安全な」である。同時期に英語に入った assurance名「保証、請け合い、断言、確信、自信、ずうずうしさ、（生命）保険」の当初の意味は「自信」であった。この語は同じ古フランス語の動詞に由来する。この語が insurance「保険」の同義語として使われるようになったのは16世紀後半からで、現在は life assurance「生命保険」に限定して使用される傾向にある。
→ SECURITY

asterisk [後期中英語]名星印、アステリスク（*）（注釈・省略・非文法性などを示す）；動星印をつける：

ギリシア語 astēr「星」の指小辞語 asteriskos「小星」に由来し、後期ラテン語を経て英語に入った。

asteroid [19世紀初頭]名【天文学】小惑星（主に火星と木星の軌道間に散在する）、【動物】ヒトデ、星状の、ヒトデの（ような）：

astēr「星」から派生したギリシア語 asteroeidēs「星のような」に由来する。

astonish [16世紀初頭]動驚愕させる、びっくりさせる：

当初の語形は astonished で、「気絶した、当惑した、落胆した」という意味で使用されていた。この語は廃語となった astone「気絶させる、呆然とさせる」から派生した語である。元は古フランス語 estoner で、その基になっているのはラテン語の ex-「外へ」と tonare「雷が鳴る」である。

astound [中英語]動びっくり仰天させる、胆をつぶさせる；形《古語》びっくり仰天した：

当初の意味は「気絶した」で、形容詞として使用されていた。廃語となった astone の過去分詞 astoned から派生した語。
→ STUN

astray [中英語]副形道に迷って、道を踏みはずして、堕落して：

当初の意味は「道に迷って」であった。古フランス語 estraie のアングロノルマンフランス語の異形に由来する。estraie は estraier の過去分詞で、estraier の基になっているのはラテン語の extra「範囲外に」と vagari「さまよう」である。

astringe [16世紀半ば]形【医学】収斂性の、（批評・態度などが）厳しい；名【医学】収斂剤（止血・鎮痛・消炎などの作用を持つ）：

ラテン語 astringent-「きつく締めている」に由来し、フランス語を経て英語に入った。astringent- は、ad-「…の方へ」と stringere「縛る、きつく締める」からなる動詞 astringere の変化形である。

astronomy [中英語]名天文学、天文学の論文・書物：

当初は占星術を指す語としても使用されていた。この語はギリシア語の形容詞 astronomos「星を分類している」から派生した astronomia に由来し、ラテン語、古フランス語 astronomie を経て英語に入った。ギリシア語およびラテン語の astronomia は、astrologia よりも後に使

用されたより科学的な語で、星座図の作成を指す語であった。英語において astrology「占星術」と astronomy の区別がある程度明確になったのは17世紀以降のことで、その過程は alchemy「錬金術（中世の学問で近代化学の基礎となった）」と chemistry「化学」という用語が経た過程と類似している。

astute ［17世紀初頭］形機敏な、目先がきく、洞察力のある、抜け目のない、ずるい：

廃語となったフランス語 astut、あるいは astus「狡猾、策略」から派生したラテン語 astutus に由来する。

asunder ［古英語］副形（1つのものが）ばらばらに、粉々に、（2つ以上のものが）離れ離れに・で、別々に：

古英語 on sundran の意味は「離れ離れに」であった。

asylum ［後期中英語］名（かつて犯罪者などが逃げ込んだ治外法権の）避難所、【法律】（政治犯・亡命者などの）一時的避難（所）、（身体障害者・精神薄弱者・老人・生活困窮者などの）保護施設、《古語》精神病院：

当初の意味は「（特に犯罪者の）避難所」であった。この語はギリシア語 asulon「避難所」が語源で、ラテン語を経て英語に入った。asulon は、a-「…のない」と sulon「逮捕する権利」からなる asulos「不可侵の」から派生した語である。現在のように亡命や精神病院を指す語として使われるようになったのは18世紀からである。

at ［古英語］前…に、…で、…から、…を通って、…に向かって、…の点で、…の時に、…を見て・聞いて、…に応じて、…に関して、…の状態で、…によって：

古英語 æt はゲルマン祖語に起源を持つ語で、古フリジア語 et や古ノルド語 at と同系である。元の起源はインド＝ヨーロッパ祖語にまで遡り、ラテン語 ad「…へ」も同系である。

athlete ［後期中英語］名運動選手、運動競技者、アスリート、《主に英》陸上競技選手、スポーツマン：

ギリシア語 athlētēs「競技者」に由来し、ラテン語を経て英語に入った。athlētēs は、athlon「賞品」から派生した athlein「賞品を得るために競う」の動作主を表す語である。athletic［17世紀半ば］形「運動競技の、体育の、運動・競技用の、運動選手らしい」はギリシア語 athlētikos（athlētēs より）に由来し、フランス語 athlétique あるいはラテン語 athleticus を経て英語に入った。古代ギリシア・ローマでは、athlete とは徒競走、跳躍、ボクシング、レスリングなどの公開試合に参加する者のことであった。現在では、この語はもっと広い意味で使用されている。

atlas ［16世紀後半］名地図帳、図表集、図解書、【ギリシア神話】アトラス、重荷を担う人、大黒柱、【解剖学】環椎、第1頸椎：

当初は重荷を担う人を指す語として使用されていた。この語はギリシア語 Atlas に由来し、ラテン語を経て英語に入った。ギリシア語 Atlas は、ゼウスに対する反乱に参加した罰として天空を支えるように命じられたティタン神族の一員の名前である。Atlantic［後期中英語］名形「大西洋、大西洋（上）の、大西洋岸の、大西洋諸国の、アトラス山脈の」という語の基になっているのもこの名前である。当初はリビアのアトラス山を指す語として使用されていたことから、この語は西アフリカ沿岸付近の海を指すようになり、後にその意味が拡大して海洋全体を指すようになった。

atmosphere ［17世紀半ば］名（地球を取り巻く）大気、（天体を取り巻く）ガス体、（特定の場所の）空気、【物理学】気圧、雰囲気、ムード、（芸術作品などのが醸し

出す)趣:

ギリシア語 atmos「蒸気」と sphaira「球」からなる近代ラテン語 atmosphaera に由来し、文字通りの意味は「蒸気の球」である。

atom [15世紀後半] 名【物理学・化学】原子、原子力、原子エネルギー、【哲学】アトム、微粒子、微塵、少量:

文字通りの意味は「これ以上分割できないもの」であった。この語は、a-「非…」と「切る」からなるギリシア語 atomos「分割できない」が語源で、ラテン語 atomus、古フランス語 atome を経て英語に借入された。atom は中世の時間の最小単位でもあり、1時間が22,560アトム(ラテン語 atomus「まばたき」)に相当していた。この語が近代科学の用語として使われるようになったのは19世紀からであるが、古代ギリシア・ローマ時代の作家レウキッポスやデモクリトスは、すでに自らの哲学書の中で、concourse of atoms「アトムの集まり」という表現を用いて万物は極微粒子で構成されていると述べていた。

atone [中英語] 動 (罪・過ちなどを)償う、あがなう、罪滅ぼしをする:

当初の意味は「一体になる・する、和解させる・する」で、16世紀に入るまではまれにしか使用されない語であった。この語は at one「1つに」という成句から作られた語である。後に atonement [16世紀初頭] 名「(罪・過ちなどの) 償い、あがない、キリストの贖罪」からも逆成(接尾辞の除去)によって派生した。atonement の当初の意味は「(特に神と人間との) 統一、和解」であった。この語は at one と接尾辞 -ment からなる語で、中世ラテン語 adunamentum「統一」と、先に存在していた英単語 onement (廃語となった動詞 one「一体にする」から) の両方の語から影響を受けて生まれた語である。

atrocious [17世紀半ば] 形 残虐な、非道な、極悪な、恐るべき《略式》全くひ

どい、大変悪い、不愉快な:

ラテン語 atrox, atroc-「残酷な」に由来し、16世紀半ばから使われはじめた atrocity 名「残虐、非道、極悪、残虐行為、《略式》全くひどいこと・もの、不快な・悪趣味なもの」も同様である。atrocity の当初の意味は「残虐」であった。この語はフランス語 atrocité あるいはラテン語 atrocitas に由来する。

attach [中英語] 動 結びつける、取りつける、添付する、付属させる:

当初の意味は「【法律】差し押さえる、逮捕する」であった。古フランス語の atachier あるいは estachier「締める」に由来する。基になっているのはゲルマン祖語に起源を持つ要素で、stake「杭、杭につなぐ、杭で支える・囲む」も同系である。英語およびアングロノルマンフランス語の「逮捕する」という意味は、attach by some tie to the jurisdiction of the court「裁判所の管轄化に拘束する」の省略表現から生じたものである。

attack [17世紀初頭] 動 攻撃する、非難する、着手する、(病気などが人・作物などを) 冒す; 名 攻撃、非難、着手、発病:

動詞用法は attaquer (イタリア語 attaccare「参戦する」から) に、名詞用法はフランス語 attaque (イタリア語 attacco「攻撃」から) に由来する。それらの語の基になっているのはゲルマン祖語に起源を持つ要素で、attach「結びつける、取りつける」も同系である。「参加すること」がこの語の中核的な意味要素である。

attain [中英語] 動 (目標・望みなどを努力の末に) 達成する、成し遂げる、(地位などを) 獲得する、(場所・年齢・身長などに) 到達する、達する:

当初の意味は「裁判にかける」や「(ある状態に) 達する」であった。この語は古フランス語 ateindre に由来する。元は ad-「…の方へ」と tangere「触れる」からなるラテン語 attingere「触れる、攻撃する、達する」である。同じラテン語が(そして裁判にかけるという概念を持った古

フランス語が）基になっている語に **attainder**［後期中英語］名「私権剝奪、《廃止》汚辱」がある。この語はアングロノルマンフランス語から入った語である。この語の意味は「(反逆罪に対する死刑宣告に基づく) 私権剝奪」で、歴史学の用語として使用されている。**attaint** 動「【歴史・法律】私権を剝奪する、《古語》(名誉を) 汚す、(病気が) 冒す、感染させる、腐敗させる」は、*tiant*「汚す、腐敗・感染・堕落させる」の影響を受け続けてきた語であるが、基になったラテン語 *tangere* の「触れる」という意味は、この語の中核的な意味の 1 つとしてそのまま残っている。

attempt

［後期中英語］動試みる、企てる、《古語》(場所を) 襲う、(人の命を) 狙う、誘惑する；名試み、企て、努力、(人の命を) 狙うこと、襲撃、【法律】未遂 (罪)：

古フランス語 *attempter* に由来する。元々は *ad-*「…へ」と *temptare*「誘惑する」からなるラテン語 *attemptare* である。この語の中核的な意味は「試みること」、「試すこと」、そして「手を伸ばすこと」である。

attend

［中英語］動出席する、(学校などに) 通う、(病人などの) 世話をする、(物事が) 付随する：

当初の意味は「専心する」であった。古フランス語 *atendre*「注意を払う」に由来する。元はラテン語 *attendere*「差し伸べる、向ける、気をつける」である。*attendere* は *ad-*「…へ」と *tendere*「伸ばす」からなり、その意味が拡大して物事に集中して取り組むように努力するという概念を表すようになった。後期中英語期に入った **attendance** 名「出席、参列者、付き添い、世話、看護」、**attentive** 形「注意深い、思いやりのある」および **attendant** 形名「出席の、付き添いの、案内係、付き添い、参列者」(当初は形容詞として使用されていた) は古フランス語に由来する。**attention** 名「注意、世話、【軍事】気をつけの姿勢」はラテン語 *attentio(n-)* に由来する。

attenuate

［16世紀半ば］動 (効果などを) 弱める、細くなる：

この語 (ラテン語 *attenuare*「細くする」から) の基になっているのは、*tenuis*「細い」から派生した *tenuare*「細くする」である。

attest

［16世紀初頭］動 (真実性などを) 証明する、証言する、立証する、証拠となる、(人に) 誓わせる：

フランス語 *attester* に由来する。元は *ad-*「…の方へ」と *testati*「証言する」(*testis*「証人」より) からなるラテン語 *attestari*「証明する、立証する」である。

attic

［17世紀後半］名屋根裏、屋根裏部屋、【建築】アティク (軒蛇腹の上の中二階または装飾的な壁)：

当初の意味は「大きな列柱の上の細長い横壁 (柱と壁面)」で、建築用語として使用されていた。フランス語 *attique* に由来する。元はラテン語 *Atticus*「アッティカ・アテネ (風) の」で、この種の建築様式との文化的関連性を示す語であった。18世紀半ばから使われはじめた *attic storey* という成句が、建物正面の高い壁の上にある低い空間を指していたことから、「建物の最上階 (にある部屋)」という意味を持つようになった。

attire

［中英語］動装わせる、(特に) 盛装させる；名 (豪華な・特別の) 服装、衣装：

a tire「整然とした」から派生した古フランス語 *atitier, atirer*「備えつける」に由来するが、起源は不詳。

attitude

［17世紀後半］名態度、心構え、気持ち (の持ち方)、意見、考え方、判断、姿勢、身構え、(飛行機・ロケットなどの) 飛行姿勢：

当初は人物像の配置や姿勢を表す美術の専門用語として使用されていた。イタリア語 *attitudine*「適性、姿勢」に由来し、フランス語を経て英語に入った。元は後

期ラテン語 *aptitudo* で、基になっているのはラテン語の形容詞 *aptus*「適合した」である。「心的態度」という概念が生じたのは 19 世紀以降のことである。
→ APT

attorney ［中英語］图【法律・商業】代理人、《英》(昔の) 事務弁護士、《米》弁護士:

古フランス語 *atorne* に由来する。*atorne* は、*a-*「…へ」(ラテン語 *ad-*「…の方へ」から) と *torner*「回す」からなる *atorner*「任命する」の過去分詞である。1873 年の裁判所法によって、イングランドでは *attorney*「(昔の) 事務弁護士」という肩書 (スコットランドでは 1 度も使われることがなかった) が廃止され、その役割は最高裁判所の solicitor「事務弁護士」が担うことになった。*attorney* は、アメリカでは現在も使われている。

attract ［後期中英語］動(注意・興味などを) 引く、(人・生物を) 引きつける、引き寄せる、魅了する、(支持・評判などを) 得る、(磁力などで物を) 引きつける:

ラテン語 *attract-*「引き寄せられた」に由来する。*attract-* は、*ad-*「…へ」と *trahere*「引く」からなる動詞 *attrahere*「引き寄せる」の変化形である。同時期に入った **attraction** 图「魅力、引きつけるもの・人・場所、呼び物、引きつけること、誘引、【物理学】引力、《文法》牽引」の当初の意味は「湿布を使って病因を体内組織から引き出すこと」であった。この語はラテン語 *attractio(n-)* に由来する。基になっているのは、ラテン語の動詞 *attrahere* である。同じく後期中英語期に入った **attractive** 形「魅力的な、(人・生物を) 引きつける、【物理学】引力のある」の当初の意味は「吸収性の」であった。この語はフランス語 *attractif, -ive* に由来する。元は後期ラテン語 *attractivus* である。

attribute ［15 世紀後半］動(…を) (…の) せいにする；图属性、付属物、象徴、《文法》限定詞:

動詞用法はラテン語 *attribut-*「割り当てられた」に、名詞用法は古フランス語 *attribut* に由来する。どちらの語も基になっているのは、*ad-*「…へ」と *tribuere*「割り当てる」からなるラテン語の動詞 *attribuere*「分配する、割り当てる」である。

attrition ［後期中英語］图摩擦、磨耗、摩滅、摩損、消耗、(人員などの) 自然減、漸減ぜん、【神学】不完全な痛悔つう:

当初の意味は「不完全な痛悔」で、スコラ神学の用語として使用されていた。この語は、*atterere*「こする」から派生した後期ラテン語 *atterere* に由来する。*attrition* と *contrition*「悔恨、【神学】痛悔」は、罪に対する悔恨の程度の差を表すために使用された用語で、痛悔とは徹底的に苦しみ悔い改めることでもたらされるものであった。

auburn ［後期中英語］形(毛髪などが) 赤褐色 (の)、とび色 (の):

古フランス語 *auborne, alborne* に由来する。元は *albus*「白い」から派生したラテン語 *alburnus*「やや白い」である。当初の意味は「黄色がかった白の」であったが、16 世紀から 17 世紀にかけてしばしば *abrune* や *abroun* と綴られたことから、brown との連想が働くようになった。albatross「アホウドリ」、albino「白子」、album「アルバム」、albumen「卵白」そして daub「しっくり」も、ラテン語 *albus*「白い」が基になっている。

auction ［16 世紀後半］图競売、せり売り、オークション；動競売にかける、競売で売る:

動詞 *augere*「増やす」から派生したラテン語 *auctio(-)*「増加」に由来する。競売価格がせり上がるという概念はラテン語の段階ですでに獲得されていた。

audacity ［後期中英語］图大胆、勇敢、無謀、不敵さ、ずうずうしさ、大胆な行為・発言:

この語と **audacious**［16 世紀半ば］形「大

胆不敵な、無謀な、勇敢な、ずうずうしい、無礼な」はラテン語 audax, audac-「大胆な」(audere「思い切って・あえて…する」から) に由来する。

audience ［後期中英語］图聴衆、観衆、観客、(ラジオの) リスナー、(テレビの) 視聴者、(本などの) 読者、意見聴取、聴聞、意見を述べる機会、公式会見、謁見(えっけん)、聞くこと、傾聴：

audire「聞く」から派生したラテン語 audientia「傾聴、聴衆」に由来し、古フランス語を経て英語に入った。**audible** ［15世紀後半］形图「(音・声が) 聞こえる、聞き取れる、【アメリカンフットボール】オーディブル、《俗語》突然の命令変更」の基になっているのも audire である。audible は後期ラテン語 audibilis に由来する。

audit ［後期中英語］图会計検査、監査、決算・監査報告書、(一般に) 徹底的な検査；動(会計を) 検査・監査する、《米》(大学の講義を) 聴講する：

audire「聞く」から派生したラテン語 auditus「聞くこと」に由来する。中世ラテン語では、auditus (compoti)は「(会計)検査」という意味であった。当初は口頭による説明を聞く形式で行われていたからである。

audition ［16世紀後半］图(音楽家・俳優などを採用する際の) 審査、オーディション、聴力、聴覚、聴取；動オーディションをする、オーディションを受ける：

当初の意味は「聴力、聞くこと」であった。audire「聞く」から派生したラテン語 auditio(n-)「聞くこと」に由来する。「(音楽家・俳優などを採用する際の) 審査」という意味で使われるようになったのは19世紀後半から。

auditorium ［17世紀初頭］图(劇場・講堂などの) 観客席、公会堂、音楽堂、《米》講堂、公会堂、ホール：

当初は「聞くための場所」を意味する一般語であった。ラテン語 auditorius「聞くことの」の中性形に由来する。

augment ［後期中英語］图増大させる、増大する：

古フランス語の動詞 augmenter あるいは後期ラテン語 augmentare に由来する。元はラテン語 augere「増やす」である。

augur ［後期中英語］图【歴史】卜占(ぼくせん)官(古代ローマの占い師)、(一般に)占い師、易者、予言者；動占う、予言する、前兆を示す：

当初は名詞として使用されていた。この語は「卜占官、予言者」という意味のラテン語に由来し、基になっているのはラテン語の avis「鳥」と -gar (「しゃべる」という意味の語から) である。augur の当初の意味は、鳥が飛んだり餌を採ったりするところなどを見て未来の出来事を占う「卜占官」であった。同時期に入った **augury**图「占い(術)、予言、前兆、兆し」の当初の意味は「占い(術)」であった。この語は古フランス語 augurie あるいはラテン語 augurium「前兆の解釈」に由来する。ラテン語 augurium は augur から派生した語である。

aunt ［中英語］图おば、(よその) おばさん：

古フランス語 ante に由来する。元々はラテン語 amita である。13世紀から17世紀にかけて、my naunt「私のおば」という表現が (mine aunt の異分析によって) 文献に登場した。この表現は、方言にはまだ残っている。

aura ［後期中英語］图独特の雰囲気、オーラ、霊気：

当初の意味は「そよ風」であった。この語は、「そよ風、息」という意味のギリシア語に由来し、ラテン語を経て英語に入った。現在の「独特の雰囲気」という意味で使われるようになったのは18世紀以降である。

aura [中英語]图【カトリック】栄冠、(聖像の)後光、光輪、光背、【気象】光環・コロナ、【地学】接触変成帯:
古フランス語 *aureole* に由来する。元はラテン語 *aurum*「金」から派生した *aureolus* の女性形 *aureola* (*corona*)「金色の(冠)」である。

auspice [16世紀半ば]图鳥占い、前兆、(特に)吉兆、保護・援助・賛助・後援・主催:
当初の意味は「(鳥の飛行観察による)鳥占い」であった。フランス語、あるいはラテン語 *auspicium*「鳥占い」に由来する。*auspicium* は、*avis*「鳥」と *specere*「見る」からなる *auspex*「鳥の観察者」から派生した語である。**auspicious** [16世紀後半]形「吉兆の、幸先のよい、順調な」はこの語から作られた語である。
→ AVGUR

austere [中英語]形(人・態度などが)厳しい、厳格な、(人・生活などが)禁欲的な、質素な、(様式などが)簡素な:
ギリシア語 *austēros*「厳しい」に由来し、ラテン語 *austerus*、古フランス語を経て英語に入った。

authentic [後期中英語]形本物の、真正の、信頼できる、典拠のある、(復元などが)原物に忠実な、《略式》心からの、【法律】(真正であると)認証された【音楽】(教会旋法で)正格の:
ギリシア語 *authentikos*「主要な、本物の」に由来し、後期ラテン語 *authenticus*、古フランス語を経て英語に入った。17世紀初頭から使われはじめた **authenticate** 動「本物である・信用できることを証明する、出所を明らかにする」は中世ラテン語 *authenticare*「正当性を確立する」に由来する。基になっているのは後期ラテン語 *authenticus*「本物の」である。

author [中英語]图著者、作者、創造者；動著述する、創始する:
当初この語には「著者、作家」という意味に加えて、「創始者」という一般的な意味もあった。古フランス語 *autor* に由来する。元は *augere*「増やす、創造する、促進する」から派生したラテン語 *auctor* である。15世紀に *-th-* という綴りが出現し、*authentic* の影響を受けてその綴りが定着することになった。

authority [中英語]图権威、権力、影響力、権限、職権、許可(証)、典拠、根拠、よりどころ、(…の)権威(者)、大家、当局・官憲・官庁・その筋:
古フランス語 *autorite* に由来する。元は *auctor*「創始者」から派生したラテン語 *auctoritas* である。**authorize** [後期中英語]動「権限・権威を与える、認可・認定する、正当と認める」は古フランス語 *autoriser* に由来する。元は中世ラテン語 *auctorizare* で、基になっているのはラテン語の名詞 *auctor* である。
→ AUTHOR

autoclave [19世紀後半]图圧力鍋、【機械】オートクレーブ・耐圧釜、【医学】高圧・蒸気滅菌器；動オートクレーブで殺菌・料理する:
auto-「自身」とラテン語の *clavus*「釘」あるいは *clavis*「鍵」からなるフランス語 *autoclave* に由来する。高温高圧下での化学反応を求めて利用されるこの種の容器は自動固定式である。

autograph [17世紀初頭]图自筆の署名・サイン；形自筆の；動(書類・本などに)自署・サインする:
フランス語 *autographe* あるいは後期ラテン語 *autographum* に由来する。元はギリシア語 *autographos*「自筆の」の中性形 *autographon* である。ギリシア語 *autographos* は *autos*「自身」と *graphos*「書かれた」からなる。

autopsy [17世紀半ば]图検死、検死解剖、(事後の)批判的分析；動検死(解剖)を行う:

当初の意味は「実地観察」であった。この語はフランス語 autopsie あるいは近代ラテン語 autopsia に由来し、さらにギリシア語に遡る。そのギリシア語は、autos「自身」と optos「見られた」からなる autoptēs「目撃者」から派生した語である。

avail［中英語］動役立つ、益する、用が足りる、効力がある；名利益、効力、効用：

廃語となった動詞 vail「役立つ、価値がある」から派生した語で、amount と mount のような組合せにならって avail と綴られたようである。vail は古フランス語 valoir に由来する。元はラテン語 valere「強い、価値がある」である。
available［後期中英語］形「利用できる、役に立つ、入手できる、手が空いている」の当初の意味は「効果的な、役に立つ」、「【法律】有効な」であった。現在の「利用できる」という意味で使われるようになったのは19世紀初頭以降である。

avalanche［18世紀後半］名なだれ、(不幸・手紙・仕事などの) 殺到、【物理学】電子なだれ；動殺到する、押し寄せる：

動詞 avaler「下る」の影響を受けたフランス語 avalanche に由来する。フランス語 avalanche はアルプス地方の方言 lavanche を変形させたものであるが、lavanche の語源は不詳である。

avant-garde［後期中英語］名前衛的芸術家、前衛派・アバンギャルド；形(芸術などが) 前衛的な、前衛派の、アバンギャルドの：

当初は、語源となったフランス語の意味を反映して、軍の前衛部隊という意味で用いられていた。現在のように、特に芸術上の新しい発想や、独特のあるいは実験的な発想に関連した意味で用いられるようになったのは20世紀初頭から。

avarice［中英語］名(金銭・物質などに対する) 強欲、貪欲：

avarus「貪欲な」から派生したラテン語 avaritia に由来し、古フランス語を経て英語に入った。avaricious［後期中英語］形「強欲な、貪欲な」の基になっているのも avarus である。この語は古フランス語 avaricieux に由来する。

avast［17世紀初頭］間【海事】やめ、待て：

オランダ語 hou'vast, houd vast「しっかりつかむ」に由来する。

avenge［後期中英語］動復讐をする、仕返しをする、報復をする、敵(かたき)・仇(あだ)を討つ：

a-（ラテン語 ad「…へ」から）と vengier からなる古フランス語 avengier に由来する。元はラテン語 vindicare「権利を主張する」である。

avenue［17世紀初頭］名大通り、本通り、(街路名として)…街、並木道、(目的を達成するための) 手段、方法、道：

当初の意味は「手段」であった。フランス語 avenue は avenir「到着する、近づく」の過去分詞女性形に由来する。avenir の基になっているのは、ad-「…の方へ」と venire「来る」からなるラテン語 advenire「到着する、近づく、起こる」である。

average［15世紀後半］名平均 (値)、標準、並、【商業】海損、平均の、並の、普通の；動平均する、平均をとる、平均が…となる：

フランス語 avarie「(船・積荷の) 損害」(最初の意味は「関税」) に由来する。元はイタリア語 avaria で、基になっているのはアラビア語 'awār「商品の損害」である。接尾辞 -age は damage にならって付加されたもの。当初は船荷の所有者が支払う税金という意味で用いられていた。それが航海中に紛失した商品や損害を受けた商品の金銭的債務という意味になり、(16世紀後半に) 特に船主と船荷の所有者とでそのような債務を公平に分担することを意味するようになった。そこから (18世紀半ばに)「平均」という一般的な意味が生じた。

averse［16世紀後半］形 嫌って、反対で、(葉・花が) 茎から外の方を向いた：

ラテン語 *avertere* の過去分詞 *aversus*「背を向けた」に由来する。同じラテン語が基になっていて、同時期に使われはじめた語に **aversion** 名「嫌悪、反感、嫌悪を引き起こす人・もの」がある。この語の当初の意味は「顔を背けること、目をそらすこと」であった。この語はラテン語 *aversio(n-)* に由来する。

avert［後期中英語］動 (目・考えなどを) そらす、背ける、(事故・危険などを) 避ける、防ぐ、回避する：

当初の意味は「(人を…から) 追い払う、(人に…するのを) やめさせる」であった。この語は *ab-*「…から」と *vertere*「回す」からなるラテン語 *avertere* に由来するが、古フランス語 *avertir* からも入った。

aviary［16世紀後半］名 (動物園などの大きな) 鳥の檻、鳥小屋、鳥類舎：

avis「鳥」から派生したラテン語 *aviarium*「鳥小屋、鳥飼育場」に由来する。

aviation［19世紀半ば］名 飛行・航空(術)、航空学、航空機産業、軍用機：

ラテン語 *avis*「鳥」を基に変則的に形成されたフランス語から入った。**aviate** 動「飛行する、(特に) 航空機を操縦する」は名詞 *aviation* から (接尾辞を取り除くことによって) 派生した逆成語である。**aviator**［19世紀後半］名「飛行家・士、航空機操縦士」はフランス語 *aviateur* に由来する。

avid［18世紀半ば］形 熱心な、熱烈な、渇望している、しきりに欲しがる：

フランス語 *avide* あるいはラテン語 *avidus* に由来する。ラテン語 *avidus* は *avere*「渇望する」から派生した語。

avoid［後期中英語］動 (望ましくない人・物・事を) 避ける、よける、回避する、…に近寄らない、【法律】無効にする：

vuide「空 (から) の」から派生した古フランス語 *evuider*「空にする、取り除く」に由来する。「空にする」や「放っておく」という概念が「立ち去る」、「退く」という意味に結びつき、そこから「避ける」という意味に結びついた。
→ VOID

avoirdupois［中英語］名 常衡(じょうこう) (宝石・貴金属・薬品以外に用いる重さの単位。16オンスを1ポンドとする)、《米略式》重さ、体重、肥満：

当初の意味は「重量で販売される商品」であった。古フランス語 *aveir de peis*「重量の商品」に由来する。この成句中の *aveir* は、名詞的用法の不定詞 (「持つこと」) である。
→ POISE

avow［中英語］動 公言する、明言する、(欠点・罪などを) 率直に認める、白状する：

当初の意味は「(自分のものと) 認める、是認する」、「保証する」であった。この語は古フランス語 *avouer*「認める」に由来する。元はラテン語 *advocare*「弁護のために呼び出す」である。

await［中英語］動 待つ、待ち受ける、待望する、(物事が人を) 待ち構えている：

a- (ラテン語 *ad*「…へ、…で」から) と *waitier*「待つ」からなるアングロノルマンフランス語 *awaitier* に由来する。

awake［古英語］動 目が覚める、起きる、気づく、意識する、(感情・記憶などが) 呼び起こされる、起こす、眠りから覚ます、気づかせる、自覚させる、(感情・記憶などを) 呼び起こす、目が覚めて、油断のない、気づいて：

古英語 *āwæcnan* と *āwacian* は、どちらも「目が覚める」という意味で使用されていた。**awaken** 動「目覚めさせる、気づかせる、自覚させる、呼び起こす、目覚める」の古英語期の語形は、*on*「…の上に」と *waken* (古英語期の語形は *wæcnan*) からなる *onwæcnan* であった。

award [後期中英語]動(賞などを)与える、授与する、(賠償金などを)裁定する、裁定して与える；名賞、賞品、賞金、審判、裁定、(損害賠償などの)裁定額、《英》奨学金：

当初の意味は「判決を下す」で、判決そのものも意味していた。この語はアングロノルマンフランス語 awarder に由来する。awarder は、es-(ラテン語 ex「完全に」から)と guarder「(…を)見張る」からなる古フランス語 esguarder「熟慮する、定める」の異形である。guarder の基になっているのはゲルマン祖語に起源を持つ語で、ward も同系語である。
→ GUARD

aware [古英語]形知って、気づいて、承知して、(…に)意識が高い、(…の)知識のある、事情通の：

古英語 gewær は西ゲルマン語に起源を持つ語で、ドイツ語 gewahr と同系である。当初の用法では、この語には「知って」の他に「絶えず警戒して、用心深い」という意味もあった。

away [古英語]副離れて、弱まって、せっせと、ずっと、(試合が)敵地での：

古英語 onweg, aweg の意味は「途上で」で on weg の短縮形であった。

awe [古英語]名畏敬いけ、畏怖；形畏怖の念を起こさせる：

古英語 ege の意味は「恐ろしさ、恐怖」であった。この ege が、中英語期に同系語である古ノルド語 agi に由来する語形に取って代わられた。**awful** [古英語]形「恐ろしい、ひどい、《略式》ひどく」と **awesome** [16世紀後半]形「畏敬の念を起こさせる、恐ろしい、《米略式》すばらしい」(最初の意味は「畏敬の念に満ちた」)はともに awe から派生した語である。

awkward [後期中英語]形不器用な、ぎこちない、ぶざまな、扱いにくい、(問題などが)やっかいな、(時期などが)都合が悪い：

当初の意味は「反対に、逆さまに」であった。廃語となった awk「逆に、ひねくれた、使い・扱いにくい」(古ノルド語 afugr「逆向きの」より)から派生した語である。

awning [17世紀初頭]名(窓・入口などの)日よけ、雨おおい、(甲板上の)天幕：

当初の意味は「(甲板上の)天幕」で、海事用語として使用されていた。語源は不詳である。

axe [古英語]名斧、《略式》解雇、(人員・経費の)削減；動斧で切る、《略式》解雇する、(経費を)削減する、(計画などを)中止する：

古英語 æx はゲルマン祖語に起源を持つ語で、オランダ語 aaks やドイツ語 Axt と同系である。語尾に -e を伴った綴りが一般化したのは19世紀のことで、それ以前は ax が一般的であった。

axis [後期中英語]名軸、軸線、回転軸、中心線、(国家間の)枢軸すう、同盟、枢軸国(第2次世界大戦時の日本・ドイツ・イタリアの3国)：

「車軸、旋回軸」という意味のラテン語である。この語は、例えば南北両極を結ぶ the *axis* of the earth「地軸」のように、同系語である axle「車軸」の比喩的意味やそこから転じた意味を表す語として使用される傾向にある。

axle [中英語]名(車輪の)心棒、車軸、回転軸：

当初の語形は axletree「馬車の車輪の心棒」であった。この語は古ノルド語 ǫxultré に由来する。

azure [中英語]名空色、淡青色たんせい、【紋章】紺こん、《詩語・文語》青空；形空色の、青空の、【紋章】紺の：

当初は青色色素と宝石「ラピスラズリ(青金石)」を指す語であった。群青(青色の顔料)は青金石の粉末を原料としていたのである。古フランス語 asur, azur に由来する。元は中世ラテン語 azzurum, azolum で、基になっているのはアラビア語の定冠詞 al と lāzaward（ペルシア語 lāžward「ラピスラズリ〈青金石〉」から）である。

B b

babble［中英語］動ぺちゃくちゃ言う、むだ口をきく、つぶやく、ぶつぶつ言う；名くだらないおしゃべり、がやがや、雑音：

中低地ドイツ語 *babbelen* が基であり、または英語独自の反復動詞（動作の反復を表す動詞）として生まれた語である。赤ん坊や子供が言葉を話しはじめる頃に発する ba-ba-ba という音の繰り返しに由来する。同じ経緯から生じた語に mama「かあちゃん」や papa「とうちゃん」がある。このような言語的特徴は他言語にも見られる。例えばフランス語 *babiller*「ぺちゃくちゃしゃべる」(*ba* が基になっている) や *maman*「かあちゃん」(*ma* が基になっている) がそうである。*babble* は、音が本位の擬音語であるため、後に *babbling* brook「さらさら流れる小川、《俗語》おしゃべり女」など、水にまつわる表現に使われるようになった。

babe/baby［後期中英語］名赤ん坊、無邪気な人、世間知らず、うぶな人、（男女を問わず）若くて格好いい人、（呼びかけ）あなた、おまえ：

ba 音を繰り返す幼児特有の話し方に由来する擬音語である。方言に **babby** の形も見られる。*babe* の語意と語法は大きな変化を遂げてきた。すなわち、以前は聖書（*babe* は「幼児」の意であった）に見られるように詩的な文語であったが、今では非公式な口語としても使われている。20世紀初頭のアメリカで、*babe* や *baby* は、男性から女性への愛情と親しみを込めた呼びかけとして使われはじめる。その後、20世紀後半から現在にかけて、男女を問わず、性的な魅力を表す語として使われるようになった。He's a real *babe*「彼はどうしようもない世間知らずだ」；What a *babe!*「なんて子だ！」

babel［中英語］名バベルの塔、がやがやいう話し声、混乱、騒々しい光景、摩天楼、空論的な計画：

『創世記』11章にバベルの塔の話がある。塔を建てれば天国に届くと考えた人間たちの傲慢さに立腹した神が、互いの意思疎通を阻むべく、人間同士の言葉を混乱させた。*babel* は元来「バビロン」(gate of God「神の門」を意味するアッカド語に由来する) を表すヘブライ語で、聖書との類推から「音声や言語の混乱」という一般的な意味で英語に借入された。17世紀初頭に *babel* はより広義になり、喧騒などの騒々しい場面一般を表すようになった。また、様々な聖書の物語の影響による、「ひじょうに高い」（ディケンズ『ドンビー父子』*Domby and Son*: *Babel* towers of chimneys「高くそびえる煙突の群れ」）や「非現実的なもの」（ミルトン『失楽園』*Paradise Lost*：And still with vain designe New *Babels*, had they wherewithal, would build「それでもなお何故に、愚かにも新しい摩天楼を建てようというのか」）など、比喩的な語法も見られる。

baboon［中英語］名ヒヒ、野卑な人：

当初の意味は、建築物に取りつけられた「怪奇な像」の彫刻であった。すなわち、ガーゴイルの名で知られる、ぽっかりと口をあけた像のことで、古代建造物に見られる。古フランス語 *babuin*、または中世ラテン語 *babewynus* からの借用語で、原義はおそらく古フランス語 *baboue*「鼻づら」、「しかめつら」である。動物のヒヒを指すようになったのは、ガーゴイル特有の顔の表情が猿の生態を連想させるためであろう。

baccalaureate［17世紀半ば］名バカロレア（フランスの大学入学資格試験）、学士の称号・身分、《米》大学の卒業式説教、卒業礼拝：

「大学の学士号」として始まった称号で、フランス語 baccalauréat か、中世ラテン語 baccalaureatus からの借入語である。語源は中世ラテン語 baccalarius「学士」で、後に bacca lauri「月桂樹の果実」との地口によって、baccalaureus に変異した。いにしえより、月桂樹は、勝者の功績を賛える古代ギリシアの風習との類推から、栄誉の証として学識者に授けられていた。大学入学試験やその資格を表す現用の baccalaureate は1970年に遡る。今では、ヨーロッパ・バカロレア（EUの制度）と国際バカロレアに分化されている。

bacchanal ［16世紀半ば］形 バッコス神の、バッコス祭の；動 飲み狂う；名 バッコス神の祭司・信徒、乱飲の酒宴、バッコス：

酒の神、Bacchus（ギリシア語で Bakkhos）に関連した語で、名詞でも形容詞でも使われる。よどみなく流れるワインと不品行で有名なバッコス神を称えるローマの祝祭 Bacchanalia 名「バッコス祭」の連想から、「飲めや歌えのどんちゃん騒ぎ」という類義が生じた。「バッコス神の祭司」および「飲み騒ぐ人」を意味する bacchant 名 もまた、Bacchanalia との類推より派生した語である。

bachelor ［中英語］名 若い騎士、若者、未婚男性、学士（号）：

古フランス語 bacher からの借入語である。bacher には、先任の騎士に仕え、その人の経験から学び修業する「騎士を志す若者」という意味があった。英語 bachelor はこの bacher の意味を受け継ぐとともに、現在の「未婚男性」の意味を併せ持つようになった。学士号の意味も、中英語に残されている。
→ BACCALAUREATE

back ［古英語］名 背、後ろ；形 後ろの；副 後ろに；動 後退する：

古英語の名詞 bæc はゲルマン語から発達した語で、中オランダ語および古ノルド語の bak は同系語である。rolled back などの成句に見られる副詞用法は、中英語の後半に遡る語法で、aback 副「後方に」が短縮されたものである。形容詞は、名詞の限定用法（例：back pain「背中の痛み」）、または副詞の省略的用法（例：back rent「延滞家賃」）として使われていた。動詞用法は名詞用法の転用で、同じく中英語の後半に遡る。

bacon ［中英語］名 ベーコン（豚肉を塩漬けにして燻製にしたもの）：

「ハム、豚の脇腹肉のベーコン」を表すゲルマン語から発達した古フランス語からの借入語で、back と同系語である。当初は、豚肉の塩漬けのほかに、「新鮮な豚肉」の意味があり、また、18世紀までは豚の死骸の意味もあった。珍しい用例がシェイクスピア作品に見出される。ここでは「田舎者」という意味で用いられているが、この用法は一時的なものであった。これは、chaw-bacon「田舎者」の縮約で、豚肉が主に農村の人々の食べ物であったことに由来する。

bacterium ［19世紀中頃］名 バクテリア、細菌：

近代ラテン語の（借用語である）bacterium に由来し、ギリシア語 backteria「棒、または、杖」の指小辞語 backterion「小さな棒」から来ている。最初に発見されたバクテリアは、棒状であった。病原性のバクテリアを表す bacillus 名「細菌」も「小さな棒」を意味する後期ラテン語である。

bad ［中英語］形 悪い、悪質な、不快な、病気の、有害の、下手な：

語源は不詳だが、一説によれば古英語 baddel「両性具有者」、または「めめしい男」であることから、bad の基本的概念は、同性愛嫌悪感に起因すると考えられる。この概念は、廃語 badling（古英語）「めめしい男」または「役立たず」に表れている。

badge ［後期中英語］名 バッジ、記章、名札、印：

語源は不詳である。同類語の *bage*（古フランス語）および *bagia*（英国中世ラテン語）は、おそらく英語からの借入語である。当初は、標章を意味する紋章学用語として用いられ、この標章によって、ナイト爵をはじめ、貴族の屋敷に所属するあらゆる使用人を識別していた。
→ BADGER

badger ［16世紀初頭］名アナグマ；動(人を)(質問などで)困らせる：

おそらく *badge* から派生しており、アナグマ特有の斑点に関連する。*badge* には、顔に2つの黒い縞模様がある種（ユーラシアの *Meles meles*「ニホンアナグマ」）と、2つの白い縞模様がある種（北アメリカの *Taxidea taxus*「アメリカアナグマ」）がある。18世紀後半に現れた動詞用法は、当時のアナグマいじめの人気ぶりを物語っている。アナグマいじめとは、当時、気晴らしに行われていた見世物で、穴の中のアナグマを犬に引っ張り出させ、かみ殺させるというものであった（イギリスでは1830年以来違法）。おとぎ話によく登場するこの愛すべき動物の *Brock* という名は、*badger* を表す古英語 *broc* が転用されたものである。
→ BAIT

badminton ［19世紀半ば］名バドミントン：

イングランド南西部のボーフォート公爵の領地名 *Badminton*「バドミントン」に因む。普通名詞としての最初の語意は、クラレットに砂糖とソーダ水とを加えた夏の飲み物であった。この飲み物は、バドミントン邸のグラウンドで行われたバドミントンの試合の観客の元気回復に一役買ったことであろう。

baffle ［16世紀後半］動まごつかせる、欺く、騙す、狼狽させる、挫折させる、もがく；名(水流などの)防止材：

動詞的用法の当初の意味は、誰かを「だます、または、欺く」であった。この語は、おそらくフランス語 *bafouer*「嘲笑する」、または、古フランス語 *beffer*「あざける、

だます」と同系である。ダニエル・デフォーが『悪魔の政治史』*Political History of the Devil* の中で He had not had a Mind to cheat or *baffle* the poor Man「彼には貧しい人を欺いたり、だましたりする気はなかった」と記しているように、*baffle* には元来「目隠しする、目をくらます、騙す」というきわめて能動的な意味があった。後に受動的な意味が一般となり、「騙される」という意味になった。

bag ［中英語］名袋；動袋に詰める、ふくらませる：

語源は不詳だが、古ノルド語 *baggi* に由来するとの説がある。他のゲルマン諸語には、*bag* に相当する語が見られないが、古フランス語 *bague* はおそらく同類語である。
→ BAGGAGE

bagatelle ［17世紀半ば］名つまらないもの、些細なこと、バガテル、船上で行う一種の玉突き：

玉突きゲームの名称であり、英語から発達した語で、19世紀初頭に遡る。これより以前の a mere *bagatelle*「ほんのつまらないもの」という意味は、イタリア語 *bagatella* が基であるフランス語 *bagatelle*（「取るに足らない無価値なもの」）の借用による。語源はイタリア語 *baga*「手荷物」と見られる。また、当初の基本的意味は、ラテン語 *baca*「小果実」の指小辞語に由来する「小さな実」であるという説もある。

baggage ［後期中英語］名(旅行の)手荷物、過去を引きずる重荷、生意気な小娘：

古フランス語 *bagage*「荷造りして運ぶ準備のできた所有物」に由来する。この語は、動詞 *baguer*「包装する」、*bagues*「束、包み」から派生した語である。また、*bag*「袋」との関係も考えられる。*baggage* の侮蔑的な語法は、おそらくフランス語 *bagasse*「売春婦」の影響である。
→ BAG

bail¹ [中英語] [名] 保釈、保釈金、保釈保証人；[動] 保釈してもらう：

ラテン語の動詞 *bajulare*「重荷を負う」に由来する。古フランス語 *bail* が、「保護、後見」、「管轄権」という文字通りの意味で英語に借入されたものである。古フランス語 *bail* は *bailler*「預かる、担任する」に由来する。この語には「受け渡し」という法律用語もあった。すなわち、行政官の行為である「管理」から、保証人による保護につながる「釈放」へと意味が変化したものである。同系語に bai-lie [名]「《方言》行政長官」および bai-liff [名]「行政長官」（元は、交換可能であった）がある。ともにラテン語 *bajulus*「運搬人」または「支配人」に由来する語で、つまりは責任という重荷を運ぶ人である。

bail² [中英語] [名] （中世の城館の）外壁（に囲まれた庭）、ベイル（三柱門を形作る横木）、仕切りの横木：

この語は、クリケットに関係しており、（三柱門の）柱の上に渡した横木の1つを指す。広義には、印刷機の紙押え棒、馬屋の仕切りの横木、登山用のアイゼンの枠棒など、あらゆる「棒、横木」を指す。語源としては、ラテン語 *baculum*「棒」が有力である。中英語 *bail* は、とがり杭の柵で作られた城の外壁（現在の bai-ley [名]「外壁」）のことで、おそらく古フランス語 *baile*「柵」、「囲い」に由来する。

bail³ [17世紀初頭] [名] 《古語》船のあか汲み（船底にたまった水を汲み出す器具）；[動] 船から水をかい出す：

bail out の *bail* は、文字通り「水をすくい出すこと」を意味する。フランス語 *baille*「バケツ」から借入された、廃語の名詞 *bail*「バケツ」に由来する。語源はラテン語 *bajulus*「運搬人」で、この意から、重荷を運ぶ人の意に転用された。ここに、法律用語の *bail*「保釈保証人」との関係が見られる。
→ BAIL¹

bairn [古英語] [名] 子供：

スコットランドとイングランド北部で「子供」を表す。ゲルマン語から発達した語で、元来の綴りは *bearn* であった。
→ BEAR¹

bait [中英語] [動] しつこくいじめる、犬をけしかける、（旅行中馬などに）餌を与える、（鉤・わなに）餌をつける；[名] （魚つりなどの）餌、おとり：

古ノルド語に由来し、名詞用法が *beir*「牧草、食料」、動詞用法が本質的に「かみつかせる」を表す *baita*「狩りをする」、または「追う」であった。動詞用法が最初に使われたのは、鎖につながれたり閉じ込められたりした動物に犬をけしかけていじめるという場面であった。食料や狩猟に関する意味は、漁師のいう *bait* に融合されていき、一方いやがらせの概念は、人に何らかの反応を起こさせるべく「餌づけする」という比喩的な語法に反映されている。俗語で「不機嫌」という意味で使われることがある（R・キプリング『ストーキーとその一党』 *Stalky & Co.* : 'What a *bait* you're in,' said Stalkiy「おまえはなんて機嫌が悪いんだとストーキーは言った」）。
→ ABET; BITE

baize [16世紀後半] [名] ベーズ（緑や赤の粗い紡毛織物）：

ビリヤード台やトランプ用テーブル用に張るフェルト状の覆いである。今では緑色が一般だが、*baize* 自体はフランス語 *bai*「栗色の」の女性形複数 *baies* からの借入語である。この語はおそらく、この布地の元の色に由来する名称であるが、*baize* の色（緑や赤）のベーズも相当数存在していた。
→ BAY⁴

bake [古英語] [動] （パン・菓子などを）（オーブンで）焼く：

ゲルマン語由来の語で当初の語形は *bacon* であった。同系語にオランダ語 *bakken* およびドイツ語 *backen*「焼く」がある。baker [名]「パン屋」も同時代に遡る。「女性のパン屋」という意味の baxter [名] は、イングランド北部では16

世紀になるまで使われず、一方南部では1400年以降使われていない。やがて男性・女性を問わずパン屋の意で使われるようになり、今でもスコットランド方言に見られるほか、Baxter という姓としてもよく見られる。16世紀後半に初出した **baker's dozen**「パン屋の1ダース (13個)」は、行商人に対して、パン1ダースにつき13個を卸して1個分を儲けさせるというパン屋のならわしに由来する。また in-bread という成句は、パン屋が斤量不足の罰則に備え、かまどにパンを1、2斤余分に投げ込んで焼いていたことに由来する。数の13を意味する *baker's dozen* という粋な表現は、抱卵中の雌鳥の下にある一かえりの卵の数、すなわち13を表す19世紀の sitting of eggs という表現に勝るとも劣らない。
→ BATCH

balaclava ［19世紀後半］名 バラクラバ帽 (野戦または登山・スキー用の羊毛製の大型帽)：

当初は、クリミア戦争 (1854年) に従軍した兵士らが身につけていた、顔と首をすっぽり覆うウールの帽子を指した。*balaclave* という名称は、クリミアの *Balaclava*「バラクラヴァ」という村の名に由来する。元は防寒目的で着用されたが、今やテロ行為などの変装を連想させる。

balance ［中英語］名 秤、天秤、均衡、つい合い、残高、大勢；動 釣り合う、バランスよく…する、中和する、収支の均衡をとる：

この語は文字通り、計量用の装置である。古フランス語 *balance* からの借入語で、後期ラテン語 *bi-*「2倍」、「2つある」と *lanx*「天秤皿」からなる (*libra*)*bilanx*「2つの天秤皿をもった (天秤)」に由来する。

balcony ［17世紀初頭］名 バルコニー、露台、天井桟敷：

語源は、おそらくゲルマン語である。すなわち、イタリア語 *balcone* が基で、*balcone* は、「梁」を表すゲルマン語に由来する *balco*「足場」の派生語である。英語 *balcony* は1825年頃まで、イタリア語 *balcone* にならい第2音節に強勢を置いて発音されていた。

bald ［中英語］形 禿げた、毛のない、(動物の顔に) 白い斑点がある、内容・力・飾りのない：

おそらく「白い斑点」に由来し、さらに遡ると「白で印や筋をつけられた」という古英語の意味に辿り着く。また、顔に白い斑点のある馬を表すウェールズ語 *ceffyl bal* に由来するとの説も有力である。インド＝ヨーロッパ諸語における *bald* の類義語には、「毛のない、禿げた」ではなく、「すべすべした」、「明るい」、「輝く」といった意味とのつながりが窺える。

balderdash ［16世紀後半］名 戯言、でたらめ：

元は、泡状の液体のことで、後にまずそうな混合飲料を指すようになった。この否定的な含意は、現用の「戯言を言う」という意味に反映されている。語源は不詳である。

bale¹ ［中英語］名 梱、俵；動 梱包する：

干し草や紙が圧縮されたり、詰められたりした束を表す。おそらく古フランス語に由来する中オランダ語の借用語である。*bale* の語源はゲルマン語で、ball と同系である。
→ BALL¹

bale² ［古英語］名 害悪、災い、悲しみ：

baleful 動「危害を加える」の語根 *bale* はゲルマン語から発達した語である。古英語の形は *balu, bealu* で、「害悪」という意味であった。

ball¹ ［中英語］名 球、ボール：

ゲルマン語から発達した語で、古ノルド語 *bollr* からの借入語である。

ball² ［17世紀初頭］名 舞踏会：

フランス語 *bal* の借入語で、後期ラテン語 *ballare*「ダンスをする」に由来する。ギリシア語の動詞 *ballizein*「ダンスをす

る」、*ballein*「投げる」と同系である。

ballad ［15世紀後半］名バラッド（民間伝承の物語詩）、歌謡：

元は、内容の軽い単純な歌のことで、古フランス語と同様の発音であった。プロヴァンス語 *balada*（後期ラテン語 *ballare*「踊る」から発達）は、「踊り」と「踊るための歌」の両方を意味するが、フランス語および英語においては意味が変化し *balada* に見られる「踊り」の概念はない。当初の中核的な意味は、同系語の *ballet* にも表れている。17世紀には、接尾辞 *-ad* を *-at(e)* や *-et* へ変化させるという規則のため、*ballad* と *ballet* の2つの綴りが混同されていた。英語 *ballad* が、「物語詩」を表すようになるのは18世紀半ばである。
→ BALL²

ballast ［16世紀半ば］名バラスト、底荷（船の安定、気球の高度の調節などのために積む石・砂袋・水など）；動バラストを積む：

語源は不詳だが、おそらく低地ドイツ語、またはスカンジナビア語から発達した語である。*ballast* は、ほとんどのヨーロッパ言語に存在し、商業取引のための積荷ではなく、単に重しとして積み込まれる荷物を指す。この語の由来がスカンジナビア語であれば、原義は古スウェーデン語および古デンマーク語 *barlast* の意「単なる」または「ただの荷物」である。一方、低地ドイツ語が基であるならば、原義はおそらく「粗悪な荷物」（*bal*「悪い」から派生）である。

ballet ［17世紀半ば］名バレエ（音楽を伴う舞踏）：

イタリア語 *balletto*「小さなダンス」（*ballo*「ダンス」の指小辞語）が基であり、フランス語 *ballet* から入った。語源は後期ラテン語 *ballare*「ダンスをする」である。18世紀後半に初出した *ballerina* 名「バレリーナ」も同語源であるが、こちらはイタリア語の女性名詞 *ballerino*「ダンスの名人」から入った。

→ BALL²

ballistic ［18世紀後半］形弾道（学）の：

語根である *ballista* 名「弩砲（どほう）」（ギリシア語 *ballein*「投げる」に由来するラテン語の借入）から派生した形容詞である。この語は、2種類の武器に言及される。1つは太古の戦で使われた、敵に大きな石を投げつけるための石弓。もう1つは、槍を放つための大きな石弓である。1970年代に生じた成句 go *ballistic* という表現は「怒り狂う」または「発狂する」の意で、元はアメリカ英語の慣用句であった。おそらく、惰性で飛行した後に落下する *ballistic* missile「弾道ミサイル」との類推から生まれた表現である。

balloon ［16世紀後半］名気球、風船：

元は、大きく膨らませた革のボールを使ったゲームであった。フランス語 *ballon*、または、イタリア語 *ballone*「大きなボール」からの借入語である。when the balloon goes up「予想されていた問題が起きた時」はおそらく、風船を飛ばして催事のスタートをきるパフォーマンスとの類推より生まれた成句である。

ballot ［16世紀半ば］名投票用紙、無記名投票（古くはボールを箱の中に落として行った）；動投票する：

イタリア語 *balla*「ボール」の指小辞語 *ballotta* からの借入語である。元は、投票用の容器に備えつけられた、小さな色つきのボールを指した。
→ BALL¹

balm ［中英語］名芳香性樹脂、香油、鎮痛剤；動鎮静する：

原義は「芳香性樹脂」、「防腐保蔵処置」である。これは、ラテン語 *balsamum*「バルサムの木」から発達した、古フランス語 *basme* からの借入によってもたらされた意味である。*balm* および *balsam* 名「薬用芳香油」は、ギリシア語 *balsamon*「甘い香りの樹脂」に由来する。*balsamon* は、様々な木や灌木から分泌される含油樹脂の名であった。「鎮静作用」という比喩的な意味は、16世紀半ばに初

出している。Balm of Gilead［名］「ギレアド・バルサムノキ」は、防腐剤として効果の高い含油樹脂である。これは現在の名称だが、聖書の中で、英語の訳語 balm に相当するギレアドで見つかったとされる物質が、Balm of Gilead だと考えられている（『エレミヤ書』8 章 22 節：Is there no balm in Gilead; is there no physician there?「ギレアドに乳香がないというのか／そこには医者がいないのか」）。しかしウルガタ聖書では、ヘブライ語 balm である tsori は、ギリシア語 balsamon ではなく、ラテン語 resina「樹脂」に相当する。

balsa ［17世紀初頭］［名］（特に南米で見られるバルサ材の）いかだ、バルサ材：

「いかだ」の意のスペイン語からの借入語で、元は南米に見られるいかだや釣舟の類を指していた。balsa wood［名］「バルサ材」としても知られるこの軽量の木材は、アメリカの熱帯地域原産の、成長の早い樹木を原料とし、主に模型作りやいかだ作りに使われる。

baluster ［17世紀初頭］［名］手すり子（手すりや欄干を支える子柱）：

この種の短い装飾的な支柱の一部が、曲線状の花の萼の筒状部に似ていることに由来する。フランス語 balustre からの借入語で、イタリア語 balaust(r)a「野生のザクロの花」の派生語 balaustro に由来する（ギリシア語 balaustion が、ラテン語を経由し、イタリア語に balaust(r)a として借入された）。balusters が支える balustrade［名］「手すり・欄干」（フランス語 balustrade の借用語である）もまた、同系のフランス語に由来する。

bamboozle ［18世紀初頭］［動］《口語》ごまかす、一杯食わせる：

語源は不詳だが、初出は1700年頃である。『タトラー』紙 Tatler 230号の「ヨーロッパ大陸における英語の荒廃」を論じた記事の中で、この語は、当時流行していた俗語の1つとして、banter, sham, bubble（「へまをやらかす」）, bully, mob とともに挙げられている。スコットランド人作家らは1725年頃から、bombaze や bumbaze を「困惑させる」の意で使っていた。

ban ［古英語］［名］禁止、禁制；［動］禁止する、締め出す：

古英語 bannan「公的な布告によって召集する」は、ゲルマン語から発達した語で、古ノルド語 banna「呪う」、「禁ずる」の影響からより広義になった。ban の名詞用法は、動詞用法、および同系の古フランス語 ban「布告、召集、追放」に由来する。ban はかつて、教会からの正式な破門宣告のことであったが、後に、以下の引用に示されるように、より広義の「呪い」になった。バイロン『ドイツ生まれ』Werner: A prodigal son, beneath his father's ban「父親の呪いを受けた放蕩息子」。シェイクスピア『ハムレット』Hamlet, Ⅲ. ii 273: With Hecate's ban thrice blasted, thrice infected「魔女の呪いも三度受け、三度毒気を吹き込まれ」。
→ BANNS

banal ［18世紀半ば］［形］ありふれた、ありきたりの：

元は、封建時代の賦役に関する言葉で、「強制的な」の意であった。賦役がすべての人に課せられたことから「誰でも共通の」という概念が生まれ、「ありふれた」の意が生じた。フランス語 ban「布告、兵役の召集」からの借入語だが、語源はゲルマン語である。
→ BAN

banana ［16世紀後半］［名］バナナ；［形］気が狂った：

原住民のニジェール＝コンゴ族の言葉が、ポルトガル語またはスペイン語を経由して英語に入った。ポルトガルとスペインは、ヨーロッパで最初にバナナを発見した国である。「いかれた」の意味の bananas は20世紀の語法で、1960年代以降に頻繁に見られる。この用法について A・J・ポロック『地下は語る』Under world Speaks（1935年）の中で、He's bananas とは「彼は性的に異常である」を意味するとされている。しかし、この意味の由

来は不詳である。興味深いことに、P・G・ウッドハウスは『ジーヴズの帰還』 *Jeeves in the offing* の中で、banana oil という成句を「戯言」の意で使っている： The sort of *banana* oil that passes between statesmen at conferences... before they tear their whiskers off and get down to cases「会議で政治家たちの間で取り交わされるたわごとの類よ…そのうちやつらは頬髭をむしりとって本題に入るってわけさ」。

band¹ ［後期古英語］名ひも、帯、すじ：

後期古英語では「縛るもの」を指した。古ノルド語からの借入語で、後期中英語に、ゲルマン語から発達した古フランス語 *bande* の影響により意味が拡大した。異形 *bend* は、紋章に関する用語 bend sinister に見られる。この語は、盾の紋地の左上部から右下部に引いた斜帯（非嫡出子の印）を表す。関連語に以下の語がある。bandage名「包帯」。フランス語 *bande* の派生語 *bandage* の借用。bandbox名「バンドボックス」。帽子をしまうための円筒形の箱。元来は台襟（細幅の帯状）をしまっていた。
→ BIND; BOND

band² ［後期中英語］名一隊、群、楽隊：

古フランス語 *bande* からの借入語で、語源はゲルマン語である。この語は *banner*「旗、のぼり」に関連する。軍隊では、一団の兵士が同色の帯を身につけたり、同じ旗の下に集められたりしていた。このことから、軍隊を表す *band* と、フランス語 *bande*「軍隊」、後期ラテン語 *bandum*「旗」、イタリア語 *banda*「帯」、「リボン」との関連が指摘されてきた。確かに、楽隊を意味する *band* は軍隊用語に始まっており（17世紀半ば）、ここから深刻な事態が差し迫っていることを表す成句 when the *band* begins to play が生まれている。
→ BANNER

bandit ［16世紀後半］名山賊、追いはぎ、強盗：

イタリア語 *bandire* の過去分詞 *bandito* からの借入語で、文字通り「追放された（人）」を意味する。
→ BAN; BANISH

bandy¹ ［17世紀後半］形（脚が）曲がった、鰐足の：

bandy legs としてよく使われるが、「外側に曲がっている」の意である。この語法は、「湾曲したホッケーのクラブ」から派生したものと見られる。

bandy² ［16世紀後半］動言いふらす、（言葉などを）激しくやり取りする：

現在は、成句 *bandy* words with「口論する」で知られるが、元は、前後に動いてボールを手渡すことを表していた。一説によれば、語源はフランス語 *bande*「一団、群衆」で、ここから派生した *bander*「テニスで団結する」に由来するものと見られる。
→ BAND²

bane ［古英語］名悩みの種、昔しみの原因：

元の形は *bana*「死の原因となるもの」、「毒」で、ゲルマン語から発達した語である。*bane* of one's life「命取り」の成句で知られる一方、複合語として植物の名によく見られる。例えば、baneberry ［18世紀半ば］名「ルイヨウショウマ」は文字通り「毒性の小果実」である。背の高いキンポウゲ科の植物 bugbane名「サラシナショウマ」は、升麻の一種で、元はトコジラミの駆除に使われていた。cowbane名（または water hemlock）「ドクゼリ」は、牧草を常食とする蓄牛に有害であったことからこの名がついた。山に生えるトリカブト属の植物 wolfbane名「トリカブト」は、現代ラテン語 *lycoctonum*「オオカミ殺し」から派生した語で、「オオカミ殺し」を表す語源のギリシア語が転用されたものである。*bane* の毒性については、キーツの『憂鬱のオード』*Ode on Melancholy* にも記されている：Go not to Lethe, neither twist Wolf's-*bane* tight-rooted, for its poisonous wine「忘却の川へ行ってはならぬ。根を張ったトリカブトから毒の汁

を搾ってもならぬ」。

bang ［16世紀半ば］動どんと打つ；名強打；副どしん：
おそらくスカンジナビア語に由来し、古ノルド語 *bang*「ハンマーで打つこと、その音」と同一語と見られる。

banish ［後期中英語］動追放する、流刑に処する、(心配などを) 払いのける：
古フランス語 *banir* の延長語幹 *baniss-* からの借入語である。動詞用法としての *banish* は、ゲルマン語から発達した語で、同系語として *ban* がある。
→ BAN

banister ［17世紀半ば］名手すり(子)：
初めは *barrister* とも綴られていた。*baluster* の変形である。
→ BALUSTER

banjo ［18世紀半ば］名【音楽】バンジョー：
元は、*bandore* の黒人アメリカ人の発音による変形。*bandore* は、*bandora* の異形である。*bandora* は、胴部に金属弦を張った、ホタテガイ形のバスリュートの一種で、16世紀後半から17世紀にかけて、主にコンソート(同系統の楽器編成)で演奏されていた。語源は不詳であるが、オランダ語 *bandoor* およびスペイン語 *bandurria* に相当、おそらくギリシア語 *pandoura*「三弦のリュート」に由来する。この他、*bandora* に類する楽器に、ウクライナの弦楽器 *bandura* 名「バンドゥーラ」がある。

bank¹ ［中英語］名土手、堤、堤防、岸、川岸、海岸、(境界の) 斜面；動土手を築く：
古ノルド語 *bakki* からの借入語である。ゲルマン語から発達した語で、同系語として *bench* がある。成句 *banks of speakers*「並んだ演説者たち」や *banks of oars*「並べられたオール」などは、同語源のフランス語 *banc* の意味に由来する。
→ BENCH

bank² ［15世紀後半］名銀行、貯蔵所、貯金箱；動銀行に預ける：
元は、「両替商の勘定台」で、フランス語 *banque* またはイタリア語 *banca* からの借入語である。これらの語は、ゲルマン語起源の中世ラテン語 *banca, bancus* に由来する。*banker* 名「銀行家」は、16世紀半ばの語で、フランス語 *banquier* からの借入語である。
→ BANK¹；BENCH

bankrupt ［16世紀半ば］名破産者、支払不能者；形破産した；動破産させる：
文字通り「壊れたベンチ」を表すイタリア語 *banca rotta* からの借入語である。*rotta* は *rompere*「壊す」の過去分詞である。語尾の違いは、「壊れた」を意味するラテン語 *rupt-* の影響による。
→ BANK²

banner ［中英語］名旗、のぼり、旗じるし；形優れた：
古フランス語 *baniere* からの借入語でゲルマン語に由来する。
→ BAND²

banns ［中英語］名【教会】結婚予告 (挙式前に教会で3回日曜日に公告し、異議の有無を問う)：
banns of marriage の成句で知られ、*ban*「宣言」の複数形である。15世紀から17世紀にかけては、*a* が長母音で発音されていた。
→ BAN

banquet ［15世紀後半］名宴会、ごちそう；動宴会でもてなす、宴会に出る：
フランス語 *banc*「ベンチ」の指小辞語からの借入語で、文字通り「小さなベンチ」の意である。英語 table「食事の席」や board「食卓」が料理を表すことがあるように、*banquet* も料理そのものを表すことがある。チョーサーの錬金術師の徒弟の話『カンタベリー物語』*Canon's Yeoman's Prologue and Tale*: Sche wolde suffre him no thing for to pay For bord ne colothing「彼女は食事や衣類の支払いで彼を悩ませることは断じてな

かった」)。この語は、古くは食事と食事の間の軽食、または時にワイン付きの砂糖菓子や果物の一品料理を表していた。
→ BANK¹

banshee [17世紀後半]名バンシー：

アイルランドの伝説に登場し、間もなく家族に死者が出ることを泣いて知らせる女の幽霊である。この語は、古アイルランド語 ben side「女の妖精」に由来する。

banyan [16世紀後半]名【植物】ベンガルボダイジュ：

インドのイチジクの木であり、ポルトガル語からの借入語で、「商人階級の人」を表すサンスクリット語から発達したグジャラート語に由来する。元はヒンドゥー教の商人を指していたが、17世紀半ばにヨーロッパ人によって、ある特定の木——その下に商人たちが塔を建てたとされる——の名称として使われるようになった。この木の枝の広がりは、時に何ヘクタールにも及ぶほどである。木の枝から空中に気根を出す。気根は伸びて地面に達すると、そのまま幹状に発達する。ガジュマルでは気根が自らの樹皮の表面を這い、幹と融合して奇妙な外観を呈するようになる。幹から離れた枝の部分から出た気根が地上に達すれば、複数の幹を持った樹木になってしまうこともある。

baptism [中英語]名洗礼(式)：

語源はギリシア語の動詞 baptizein「水に浸す、洗礼を施す」である。baptism は、古フランス語 baptesme が基である。baptesme は、教会ギリシア語 baptismos「儀式的に洗うこと」が教会ラテン語経由で借入された語である。**baptist**名「洗礼を授ける人」は、古フランス語 baptiste からで、元来「洗礼を授ける人」の意であった。**baptistery**名「洗礼所」(当初は教会堂とは別の場所で洗礼が行われていた)は、古フランス語 baptistere「洗礼場」から入った。**baptize**動「洗礼を施す、命名する」は、教会ラテン語 baptizare に由来する古フランス語 baptiser からの借入語である。

bar¹ [中英語]名棒、横木、柵、障害(物)、被告席、法廷、酒場：

後期ラテン語 barra から発達した古フランス語 barre の借入語だが、語源不詳である。英語に借入される頃にはすでに、棒および障害物としての意味への発達を遂げていた。法律用語としての意味の「法廷」は、かなり古くからあるが、16世紀後半に意味が特殊化されている。be called to the bar「弁護士になる」という表現は、法曹学院で、bar「柵」が法学講師と場内の人員を隔てるための仕切りとして使われていたことに由来する成句である。所定の資格を取得した学生は、学院の本部に招集され、模擬裁判の法廷で弁論する際に重要な役を務めていた。**barrister**名「法廷弁護士」もまた bar より派生した語で、後期中英語に初出した。

bar² [20世紀初頭]名バール：

圧力の単位を表す専門用語で、ギリシア語 baros「重さ」に由来する。

barb¹ [中英語]名(やじりなどの)あご、かえし、辛辣な言葉：

通例、刺さったものが抜けないように本体の先端に角度をたがえてつけられた、(矢じり、釣り針などの)鋭い突起部を表す。初期には広義に用いられ、「付属物」(「あごひげ」、「タカのくちばしの下にある羽枝ｽ」、「雄鶏の肉垂」など)を表していた。時に、修道女がまとう、あご全体またはあごの下まで覆う白い布を指すこともあった。barb は、ラテン語 barba「あごひげ」から発達した、古フランス語 barbe からの借入語である。魚や動物の名前には、このラテン語 barba に由来するものがある。barb「バルブス」は、口のまわりに触鬚ｼｮを持つ淡水魚である。後期中英語の **barbel**名「コイ科バルブス属の各種の淡水魚」(後期ラテン語 barbus の指小辞語 barbellus「小さなバーベル」に由来する古フランス語の借入語)もラテン語 barba に由来するが、後に触鬚そのものを表すようになった。また、**barbet**名「ゴシキドリ」(五色鳥：くちばしの付け根にひげのような羽毛が生えている)、「バーベット」は、19世紀初頭まで、

プードル犬の呼称であった。

barb² ［17世紀半ば］名 バーバリ馬、バルブ種：
　持久力のある小型の馬のことで、フランス語 *barbe* からの借入語である。*barbe* は、イタリア語 *barbero*「バーバリ産の」が基である。北アフリカでバーバリとは、アフリカ北部と北西部のサラセン人が住んでいた国々、およびムーア人の住んでいたスペインの地域の旧称である。バーバリはエジプトを除く北アフリカ（エジプト西部から大西洋におよぶ旧バーバリ諸国を含むアフリカ北部の海岸沿いの地域）の旧称である。

barbarian ［中英語］名 野蛮人、未開人；形 野蛮な、未開の、粗野な：
　古フランス語 *barbarien*、またはラテン語 *barbarus* が基で、当初は、言語や習慣の異なる異邦人を侮蔑的に表す形容詞であった。この語およびその他の同系語は、語源のギリシア語 *barbaros*「外国の」（通例は言葉についていう）から派生したものである。後期中英語に、以下の4語が使われるようになった。**barbaric** 形「野蛮な」は、古フランス語 *barique* から、または語源のギリシア語 *barbarikos* がラテン語経由で借入された語である。**barbarism** 名「野蛮」は、ギリシア語 *barbarizein*「外国人のように話す」から派生した *barbarismos* に由来する古フランス語 *barbarisme* から入った。**barbarize** 動「野蛮にする」は、当初「野蛮な言葉で話す」の意で用いられていた言葉で、ギリシア語 *barbarizein* に由来する後期ラテン語 *barbarizare* からの借入語である。**barbarous** 形「野蛮な」もまたラテン語 *barbarus* に由来する。後に同系語（同語源語）に加わった類義語に16世紀半ばの **barbarity** 名「残忍」がある。

barbecue ［17世紀半ば］名 バーベキュー、バーベキューパーティ；動 バーベキューにする：
　この語の意味は、「肉や魚を乾燥させる目的で、ねかせたり貯蔵したりするための木製架」であった。スペイン語 *barbacoa* からの借入語で、語源は「支柱にのった木の枠」を指すアラワク語（西インド諸島）*barbacoa* と見られる。*barbecue* は、今では、太陽熱を四方八方に分散させるための宇宙船の回転を示す *barbecue* mode や *barbecue* manoeuvre など、航空宇宙技術の分野における専門用語としても使われている。

barber ［中英語］名 理髪師：
　古フランス語 *barbe*「あごひげ」が、アングロノルマンフランス語を経由して借入されたもの。
　→ BARB¹

bard¹ ［中英語］名（古代ケルト族の）楽人、詩人、吟遊詩人：
　ケルト語に由来し、16世紀のスコットランドにおいては、地方巡業の音楽家を表す軽蔑的な語であったが、後にサー・ウォルター・スコットによって、ロマン主義的語義に昇格する（『最後の吟遊詩人の歌』*Lay of the Last Minstrel*: The last of all the *bards* was he Who sung of Border chivalry「国境地帯の騎士道をうたったのはあらゆる吟遊詩人たちの生き残りだった」）。かのシェイクスピアは、the *Bard*、または、the *Bard* of Avon「エイヴォンの詩人」と称されることがある。

bard² ［18世紀初頭］名（中世の）馬の鎧よろ、【料理】（脂肪分を補うために巻く）豚の脂身；動 馬鎧を着ける、肉などをベーコンで巻く：
　肉を焼く時に、脂肪分を補う目的で薄切りのベーコンが *barded*「巻かれた」ことから、「鎧兜よろいかぶと」との類推が生じた。この語は、フランス語 *barde* からの借入語である。*barde* にはすでに、原義から発達した「軍馬の胸部と脇腹を保護する防護具」という意味があった。語源は、「鞍の下敷」、「詰め物をした鞍」を表すアラビア語である。

bare ［古英語］形 裸の、ありのままの；名 毛のない皮膚、（身体の）露出

部；[動]裸にする、暴露する：

ゲルマン語から発達した古い言葉で、オランダ語 baar およびドイツ語の古語 bar「裸の」と同系語である。元は短母音であったが、オランダ語、ドイツ語、および近代英語において長音化された。リトアニア語 basas「はだしの」とも同系である。

bargain ［中英語］[名]企て、売買契約、取引、割安・割高な取引、割安な買物；[動]値切る、売買契約をする：

名詞用法は古フランス語 bargaine、動詞用法は bargaignier「値切る」からの借入語である。ラテン語 barca「はしけ」、および、品物を行ったり来たりして運ぶという意味との関連も指摘されているが、語形や意味の発達が想定されにくく、両者の関連性については不明である。おそらくゲルマン語から派生したドイツ語 borgen「借りる」に由来する。

barge ［中英語］[名]はしけ、司令官艇、小型の帆船、川船、伝馬船：

当初は、小さな遠洋航路用の船を指した。古フランス語からの借入語で、語源はギリシア語 baris「エジプトの小船」と見られる。

bargeboard ［19世紀半ば］[名]【建築】破風板：

この語の前半部は、16世紀半ばの建築用語、すなわち建造物の破風に関連した接頭辞 barge- に由来する。語源は、中世ラテン語 bargus「絞首台」と見られる。

baritone ［17世紀初頭］[名]バリトン、バリトン歌手：

この語の意味的構成は「重いこと」と「伸ばすこと」からなる。イタリア語 baritono からの借入語で、barus「重い」と tonos「調子、緊張」からなる複合語である。ギリシア語 barutonos に由来する。

bark[1] ［古英語］[動]（犬などが）吠える；[名]吠え声：

犬の鋭い鳴き声を表し、barking（古英語では、名詞が beorc、動詞が beorcan であった）は、ゲルマン語から発達した語で、おそらく break「壊す」と同系語である。
→ BREAK[1]

bark[2] ［中英語］[名]木の皮、樹皮；[動]（皮を）なめす、（木を枯らすために）樹皮を剝ぐ、（樹皮のように）覆う：

古ノルド語からの借入語で、birch「カバノキ」と同系語と見られる。
→ BIRCH

barley ［古英語］[名]大麦：

初期の形の1つに bere がある。baerlic「大麦」の形は、Baerlice-croft「大麦の小作農地」という名の中に、形容詞または限定形容詞として初出した。インド＝ヨーロッパ諸語における同義語のいくつかは、「鋭く」、「とげのある」大麦の特徴を捉えた言葉から生まれている。
→ BARN[1]

barmy ［15世紀後半］[形]（ビールなどが）泡のよく出る、頭の変な、狂った：

当初の意味は「泡だらけの」で、後に「興奮した」の意が派生した。barm[名]「麹」、酵母、パン種」は、発酵麦芽酒の表面の泡の意である。古英語の形は beorma で、西ゲルマン語から発達した。19世紀後半に barmy が「気が狂った」の意で使われている記録があるが、これは綴り字違いの別の言葉、すなわち、「ひ弱な」、「低能の」を意味する俗語 balmy の変形である。

barn[1] ［古英語］[名]納屋：

農場の物置を指し、文字通り「大麦置き場」の意である。古英語の形は bern, berern で、これらは bere「大麦」と ern「置き場」からなる。
→ BARLEY

barn[2] ［1940年代］[名]バーン（素粒子などの衝突過程の断面積の単位）：

素粒子物理学の専門用語であり、（衝突過程の断）面積の単位である。おそらく

as big as a *barn* door「ばかでかい」という成句に由来する。高さと幅を比較する尺度として定着している。

barnacle ［16世紀後半］名 フジツボ・カメノテ・エボシガイなど海産甲殻動物の総称：

中世ラテン語 *bernaca* に由来する語で、語源不詳。中英語 *barnacle* は、カオジロガン（*barnacle* goose）を指していた。カオジロガンの繁殖地は長らく不明で、エボシガイから孵化すると考えられていたため、この名がついた。

baron ［中英語］名 男爵、財界人：

イギリスの貴族階級の中で最も爵位の低い貴族である。古フランス語からの借用語で、中世ラテン語 *baro, baron-*「男」、「武士」に由来する。おそらくゲルマン語から発達した語である。**baronet**［後期中英語］名「准男爵」は、ラテン語 *baro* から派生した英国中世ラテン語 *baronettus* に由来する。*baronet* は紳士階級で、元は貴族に含まれず、貴族院への召集は王によってなされていた。現在の「男爵」という意味は、17世紀初頭に制定されたものである。

baroque ［18世紀半ば］形【建築】（誇張した装飾、曲線を使用した）バロック様式の、奇異な、怪奇な、（真珠が）不ぞろいな形の：

今では装飾様式の概念を集約する語であるが、元はいびつな真珠を指した。この語は、ポルトガル語 *barroco*、スペイン語 *barrueco*、イタリア語 *barocco* のフランス語経由の借用語で、語源不詳。

barque ［中英語］名《詩語》舟、帆船：

bark とも綴られ、古フランス語から入った。この古フランス語自体は、おそらく、後期ラテン語 *barca*「救命用ボート」に由来するプロヴァンス語からの借用語である。**embark**動「乗船する」は、「船に乗り込む」を表すフランス語 *embarquer*（接頭語 *em-* は「…の中に」の意）が基である。

barracks ［17世紀後半］名 兵営、兵舎、仮小屋：

フランス語 *baraque* からの借入語で、「兵士の住居」を意味するイタリア語 *baracca* またはスペイン語 *barraca* に由来する。それ以前の経緯は不詳である。一方、**barrack**動「やじる」は、19世紀後半より使われている語で、おそらく北アイルランド方言に由来する。

barrel ［中英語］名 樽、円筒形のもの、樽状のもの：

古フランス語 *baril* からの借入語で、中世ラテン語 *barrillus*「小さな樽」に由来する。ウェールズ語 *baril* などのケルト諸語に由来するとの説もあるが、実際はその逆で、これらは英語から借入された語である。アメリカで「安酒場」を指す **barrelhouse** 名は、壁沿いに積まれた酒樽の列からこう呼ばれるようになった。
→ BAR¹

barricade ［16世紀後半］名 バリケード、防柵；動 バリケードを築く：

フランス語 *barrique*「樽」の派生語 *barricade* からの借入語で、スペイン語 *barrica* に由来する。ユグノー戦争中の1588年5月12日、パリの「バリケードの日」は、樽でバリケードを作って道を塞いだことで知られ、*barricade* の現在の意味の由来となった。
→ BARREL

barrier ［後期中英語］名 障壁、防御柵：

当初は、出入や通行を阻む柵や防壁を指していた。古フランス語 *barriere*「横木で作ったもの」からの借入語だが、詳細は不明。

barrow¹ ［古英語］名（1輪あるいは2輪の）手押し車：

wheel*barrow*「手押し車」、hand-*barrow*「担架式箱型運搬器」などで用いられる。この語の古英語の形は *bearwe*「かご、バスケット」である。ゲルマン語から発達した語で、動詞 *bear* と同系語である。
→ BEAR¹; BIER

barrow² ［古英語］名塚、古墳：

古英語で「山、丘」を指す *beorg* から来ており、オランダ語 *berg* およびドイツ語 *Berg*「山」と同系語で、後に小さい山や塚を表すようになった。*barrow* は、1400年にはすでに一般の文語から消滅していたが、南西部方言に存続し、ドーセット州の Bull *Barrow*、コーンウォール州の Cadon *Barrow*、北デヴォン州の Trentishoe *Barrow* など、地名の一部になっている。古英語における「古墳」という考古学的な意味は、例えば「ソールズベリー平原古墳群」(the barrows of Salisbury Plain)という表現に残っている。

barter ［後期中英語］動物々交換する、交易する：

当初は、おそらく「欺くこと」を意味していた。同義語に古フランス語 *barater*「騙す」がある。「物々交換」にはたいてい、想定した価値との不均衡がつきもので、欺かれたかのような失望感が伴うものである。1980年代に発達した、現在の放送業界用語 *barter* もまた、一種の「交換」を意味する。すなわち、テレビやラジオ番組の放送中に一定のコマーシャル時間を確保する権利と引き替えに取引される放送番組をいう。

bascule ［19世紀後半］名【土木】跳ね上げ構造：

釣り合い重りによって橋桁を吊り上げたり降ろしたりする回転軸を備えた橋の一種で、かつてはレバーや滑車装置の意であった。この語は、「シーソー」を意味するフランス語 *bascule*（古くは *bacule* の綴り）の借用語である。フランス語 *bascule* は、*buttre*「ぶつける」と *cul*「尻」の複合語である。

base¹ ［中英語］名土台、基礎、【野球】ベース；動基礎となる、基礎を作る：

物事の土台や基礎を表し、古フランス語 *base* が基である。この古フランス語自体は、ギリシア語に由来するラテン語 *basis*「基礎、台座」からの借入語である。16世紀後半の英語 *basis* 名「基礎、原理」は、ラテン語の影響から、土台、および、台座を表していた。基になったギリシア語の意味が文字通り「段、踏み板」であったため、「その上を踏んだりその上に立ったりするもの」という概念が生まれた。*base* はまた **basic** 形「本質的な基礎をなす」の語幹でもある。

base² ［後期中英語］形身分の低い、卑しい、下劣な：

古フランス語 *bas* からの借入語で、中世ラテン語 *bassus*「短い」に由来する。*bassus* は、古典ラテン語に第三名として存在していた。第三名とは、Gaius Julius Caesar の Caesar のように古代ローマ市民の個人名に追加された一種のあだ名のことで、通例、父から息子へと受け継がれた。*base* の当初の意味には「低い、短い」および「質の悪い」などがあり、こうした質の低さの概念から「社会的身分が低い」の意が生じた。16世紀半ばには、その否定的類推から「卑怯な」、「利己的な」、「卑劣な」の意が生まれている。

basement ［18世紀半ば］名地階、地下室：

おそらくオランダ語 *basement*「基礎」からの借入語で、イタリア語 *basamento*「円柱の土台」に由来する。

bash ［17世紀半ば］動強く打つ；名強打、(盛大な)パーティー：

動詞として初出した語で、動作そのものに由来する擬音語という点で、*bang* などの擬音語と同類である。この語は、*bang*「バンと打つ」と *smash*「打ち砕く」の混成語と見られる。20世紀になると、*bash* は俗語で「パーティー」を意味するようになる。

basilica ［16世紀半ば］名【建築】バシリカ(古代ローマで、裁判や公の集会に用いた大建造物)、(初期キリスト教の)バシリカ風の教会堂：

文字通り「王宮」を表すラテン語が基で、ギリシア語 *basileus*「王」に由来する。

basileus から派生した語に以下の語がある。文字通り「王の」を意味する芳香植物の basil 名「バジル、メボウキ」は、王室用の内服薬や軟膏として使われたことに由来するものと見られる。basilisk 名「【ギリシア・ローマ伝説】バシリスク（アフリカの砂漠に住み、猛毒を持つという伝説上の爬虫動物）、蛇砲」は、「小さな王」、「(王冠に似たまだら模様の)ヘビ」、「(金の冠に似たとさかを持つ)ミソサザイ」の意を合わせ持つギリシア語 *basiliskos* がラテン語に借入され、そこから英語に借入された語である。英語 *basilisk* は、雄鶏の産んだ卵を蛇が孵化して生まれるとされる伝説の爬虫類を表すほか、動物学用語として、中央アメリカ産の鮮やかな緑色のトカゲ科の爬虫類を表す。

basin [中英語] 名 水盤、たらい、洗面器、窪地、水たまり：

中世ラテン語 *bacinus*「水ばち」に由来する古フランス語 *bacin* からの借入語である。語源はガリア語に遡ると見られる。古フランス語の指小辞語 *bacinet*「小さなたらい」から、その形状との類推により、軍事用語の basinet 名「バシネット」が生まれた。この bashinet は、中世に身につけられていた、面頬のついた鉄兜のことで、初出は中英語である。似て非なる語に19世紀半ばにフランス語から借用された bassinet 名「幌つきのゆりかご、乳母車」がある。bassinet はフランス語 *bassin*「たらい」の指小辞語で、枝編み細工のゆりかごの形との類推から適用されたもの。

bask [後期中英語] 動 (日光・熱などに) 当たる、日なたぼっこをする、(恩恵などに) 浴する：

この語は、日光浴を表すが、元は「湯などの温かい液体に浸す」の意味であった。古ノルド語 *batha*「入浴する」と同系と見られる。

bass¹ [後期中英語] 名 形【音楽】バス(の)、低音 (の)、バス楽器 (ある楽器属で最も低い音域を持つ楽器)：

音楽用語であり、形容詞 base の変形である。原語の発音をとどめる一方、綴りはイタリア語 *basso*「低い声」の影響を受けた。初出の語意は文字通り「低い」であった。その他のイタリア語から発達した音楽用語に、bassoon 名「ファゴット (低音木管楽器)」などがある。
→ BASE²

bass² [後期中英語] 名 バス (スズキ科の魚)：

ヨーロピアン・パーチ、またはこれに似た (ハタやスズキ、ブラックバスなど) ひれに硬いとげのある淡水魚および鹹水魚の総称で、英語方言の *barse* の変形である。ゲルマン語から発達した語で、同系語にオランダ語 *baars* およびドイツ語 *Barsch* がある。

basterd [中英語] 名 (いやな) やつ、野郎、やっかいなもの、庶子、私生児、非摘出子、甘いスペインのワイン；形 純正でない、劣った：

中世ラテン語 *bastardus* から発達した古フランス語からの借入語で、様々な意味を持つ。語源は *bastum*「(馬などの) 荷鞍」と見られ、類義の表現に古フランス語 *fils de bast* がある。これは文字通り「荷鞍の息子」の意で、荷鞍を枕代わりに眠り、日の出とともに立ち去ったという、好色な旅のラバ追いが産ませた子を表す。

bat¹ [後期古英語] 名 (野球・クリケットの) バット、棍棒、(レンガなどの) 塊；動 (棒などで) 打つ：

「打つための道具」を表し、古英語の綴りは *batt*「こん棒、棒切れ、杖」で、古フランス語 *battre*「打つ」から派生した *batte* からの借入語とする説もある。この古フランス語 *battre* という動詞は、ラテン語 *battuere*「打つ」に由来する。英語 batter 動「連打する」、およびパンケーキの種の batter (古フランス語 *bateure*「打つ動作」から) は、*battre* に由来する。
→ BATTLE

bat² [16世紀後半] 名 コウモリ:

この語 (1575年頃以降に見られる綴り) は、中世ラテン語 batta, blacta「光を避ける虫」との類推に端を発し、スカンジナビア語起源の中英語 bakke に発展し、その綴りが変異したものと見られる。今なお、スコットランド語や北部英語に backie-bird「裏庭鳥」として残存する。複数形 bats は、正気を欠いた人を表す口語表現である。この用法は、20世紀初頭の成句 have bats in the belfry「頭がおかしい」に始まっている。同時期に遡る語に batty 形「頭の変な」がある。

bat³ [19世紀後半] 動 まばたきする:

この語は、bat one's eyelashes「まばたきする」で用いられるが、元はアメリカの言葉であった。廃語 bate「羽ばたきする」の異形の方言 bat「ウインクする、まばたきする」に由来する。

batch [後期中英語] 名 (手紙などの) 一束、(パン・陶器などの) 一焼き分、一かま分:

当初の意味は「パン焼き製法」、「一回に焼ける分量」であった。この語は、bacan「焼く」から派生した古英語から発達した語である。現在の「一束」および「一回の生産量」の意味は、18世紀初頭に遡る。
→ BAKE

bathos [17世紀半ば] 名 《修辞》漸降 ぜんこう 法、急落法:

「深さ」を意味するギリシア語 (の借用語) で、同義で英語に初出している。文学作品における現用の bathos は、荘重な調子から軽薄な調子への滑稽な急転換による竜頭蛇尾の表現法のことで、18世紀初頭のアレキサンダー・ポープに始まる。ポープは、1728年出版の『詞華集』Miscellanies (第三巻) で、「ペイソス」を発表している。これは、イニシャルから特定可能な三文文士らを痛烈に風刺したエッセイである。

batman [18世紀半ば] 名 従卒、当番兵:

当初は、将校の荷物を運ぶ bat horse「荷馬」を担当する当番兵を指した。今では、将校付の従兵を指す。第1要素の bat- は、中世ラテン語 bastum「荷鞍」に由来する古フランス語 bat「荷鞍」からの借入である。対する女性名詞の batwoman「女性当番兵、雑役婦人兵」は、第2次世界大戦中に使われるようになった。
→ BASTARD

battery [中英語] 名 電池、器具一式、砲台:

元は「ハンマーで猛打することによって作られた金属製品」(ラテン語 battuere に由来する古フランス語 battre「打つ」の派生語 baterie から生じた意) を指した。後に「一揃い」という概念が有力となり、「(敵を「打つ」ために) 揃いで使われる砲列」を意味するようになった。18世紀半ばに「いっせいに放電するために接続されたライデン瓶 (昔の蓄電器)」の意が派生し、ここから、電池の意味が生じた。「一式」という一般的な意味は19世紀後半に遡る。英語の料理用語 batterie de cuisine は、「台所用品一式」の意で、かつての軍隊用語に由来する。

battle [中英語] 名 戦闘、戦争; 動 戦う:

この語の名詞用法は、古フランス語 bat から入った。この語は、ラテン語 battuere「負かす」より派生した後期ラテン語 battualia「戦争またはフェンシングの訓練」から発達した語である。16世紀後半に生じた battalion 名「歩兵大隊、大部隊」は、フランス語 bataillon (ラテン語に由来するイタリア語 battaglia「戦闘」の派生語 battaglione より) からの借入語である。

battlement [後期中英語] 名 銃眼付き胸壁:

「移動式砲塔で防備を強化する」を意味する古フランス語 bataillier から派生した語で、battle の関連語と見られる。

battleship [18世紀後半] 名 戦艦:

line-of-battle ship「戦列艦」の短縮形で、元は最大規模の木製軍艦を指していた。

bauble［中英語］名安ぴか物、安物の装飾品、（クリスマスツリーにつける）球状の飾り：

クリスマスツリーに飾る小球だが、古くは道化師を連想させる語であった。かつて道化師らは、道化職の標章代わり（標章もどき）に bauble（先端にロバの耳をした顔のついた杖）を使っていた。オリヴァー・クロムウェルが1653年4月20日に残部議会を解散した時、この紛い物の標章を見てこう言った。Take away that fool's *bauble*, the mace「あのばか者の安ぴか物の職杖を取りあげろ」。*bauble* は、古フランス語 *baubel*「子供のおもちゃ」からの借入語で、ここからキラキラしたカラフルな装飾類「子供が喜びそうなもの」の意味になった。語源不詳である。

baulk［後期古英語］名妨害、障害、【野球】ボーク；動しりごみする、（馬などが）魚に止まって動かない、【野球】（投手が）ボークする：

動詞用法（アメリカでは *balk* の綴り）には、baulk at an *idea*「考えにたじろぐ」や *baulk* at doing something「何かをするのをしぶる」のように、「拒否」の概念が込められている。これは、後期中英語の動詞用法の意味「躊躇する」、「妨げる」、および、名詞用法の意味「障害」を吸収しながら発達したためである。当初の名詞用法は、「分割」を意味する古ノルド語からの借入語で、*balc* という綴りであった。英語における当初の意味は「鋤で耕されていない畝」で、後に「誤ってすき残した畝」の意になり、ここからさらに「失敗」、「遺漏」の意味が派生した。*baulk* a chance「チャンスを逃す」は、意味の変遷を例証する当初の用例の1つである。

bawdy［16世紀初頭］形みだらな：

bawdy jokes「下品な冗談」や *bawdy* house「売春宿」に見られるように、性的な意味が内包されているが、これは、**bawd**［後期中英語］名「女郎屋の女将」に由来する。*bawd* は廃語 *bawdstrot* の短縮形で、古フランス語 *baudestroyt*「売春幹旋人」（*baude*「恥知らずの、破廉恥な」から派生）に由来する。

bawl［後期中英語］動どなる、わめく：

動物の声の擬音語であったおそらく中世ラテン語 *baulare*「吠える」、およびアイスランド語 *baula*「モーと鳴く」と同系である。

bay¹［後期中英語］名湾、入り江：

この語は、地名（*Bay* of Biscay「ビスケー湾」、Cardigan *Bay*「カーディガン湾」）によく使われ、古スペイン語 *bahia* からの借入語で、それ以前の経緯は不詳である。*bay* という語からは「凹所、引っ込んだ部分」や「突起・突起部」が連想される。

bay²［後期中英語］名月桂樹、月桂冠：

元は、月桂樹の実を意味していた。古フランス語 *baie* からの借入語で、語源はラテン語 *baca*「小果実」である。

bay³［後期中英語］名【建築】柱間、格間（壁の支柱と支柱で区切られた四角な区画）、（構造物の）区画、張り出し窓：

bay と名のつく凹所には、*bay* window「張り出し窓」や loading *bay*「店の裏の商品積み降ろし場」など様々なものがある。これらは、古フランス語 *baie* に由来する。*baie* は、（中世ラテン語 *batare* から発達した）動詞 *baer*「大口を開ける」から派生した語である。語源不詳である。

bay⁴［中英語］形鹿毛の；名鹿毛の馬：

ラテン語 *badius*「栗色」から発達した古フランス語 *bai*「赤茶色」に由来する。*badius* は、古代ローマの学者ウァロが、色を表す形容詞の中から、馬にふさわしい色と言及した語である。

bay⁵［中英語］名（獲物が）追い詰められた状態、（追跡中の猟犬の）吠え声、うなり声；動吠える、吠えながら獲物を追いかける：

獲物を追跡する猟犬の遠吠えを表す名詞

として初出した擬音語で、古フランス語 (a)baiier「吠える」から派生した (a)bai「吠え声」からの借入語である。動詞用法の bay「吠える」は、後の用法において、at bay「追い詰められて」の影響を受けた。at bay は、追い詰められて逃げ場を失った動物、およびその時の猟犬の反応を表す成句である。

bayonet ［17世紀後半］名銃剣；動銃剣で刺す：

フランス語 baionnette からの借入語で、当初は一種の短剣を指していた。このフランス語 baionnette は、短剣の最初の製作地である、フランス南西部の Bayonne「バヨンヌ」という港市名に由来する。

bazaar ［16世紀後半］名（東洋の）市場、慈善市：

語源は「市場」を表すペルシア語で、トルコ語を経由したイタリア語 bazarro から英語に借入された。当初は、小売店や露店が立ち並ぶ東洋の市場を指していた。

be ［古英語］動ある：

古英語 beon は不規則欠如動詞である。その全活用形は、元は別個のいくつかの動詞に由来し、それぞれ異なるインド＝ヨーロッパ語の語源を持つ。am と is は、ラテン語の sum や est と同語源である。was と were の語源は「残る」である。一方、be と been は、ラテン語の fui「私は…だった」、fio「私は…になる」、およびギリシア語 phuein「生む、育てる」と同語源である。are の語源は不詳である。

語形成

接頭辞 be-（古英語の bi「…のそばに」の弱形）によって付加される意味。
■「至る所に」[bespatter]「はねかける」
■「すっかり」[bewilder]「当惑させる」
■「覆われた」[bejewelled]「宝石で飾った」

接頭辞 be- によって生じる動詞。
■他動詞 [bemoan]「悲しむ」（[moan]「嘆く」より）

■形容詞や名詞から生まれる動詞：
[befool]「馬鹿にする」、[befriend]「友として助ける」

beach ［16世紀半ば］名浜、磯、なぎさ；動（船などを）浜に引き上げる：

当初は、海岸の小石を指していた。古英語 bece「小川」の同系語と見られ、Wisbech「ウィズビーチ」や Sandbach「サンドバック」などの地名の一部に残されていることから、かつては「砂浜、小石で覆われた川の流域」の意味もあったものと見られる。

beacon ［古英語］名のろし、灯台：

西ゲルマン語系統の古英語 beacn は「標識」、「兆し」を指していた。中英語 beacon は、旗ざおや丘などの高台に灯された信号灯を指していた。これらの意味から高台（Brecon Beacons「ブレコン＝ビーコン高地〈英国の国立公園〉」）、灯り（灯台など）、警告（無線送信機など）に関する語であることがわかる。
→ BECKON

bead ［古英語］名数珠、玉、ビーズ：

古英語の綴りは gebed や bedu「祈り」であった。同系のゲルマン語に、同じ意味を持つオランダ語 bede およびドイツ語 Gebet「祈り」がある。bead の現在の意味は、ロザリオに由来する。すなわち、ロザリオのビーズの一粒一粒は、祈りを表していた。祈りとビーズとの関係は、**beadsman** ［中英語］名「他人の魂に祈りを捧げる人」に見られる。
→ BID

beadle ［古英語］名（大学の）式典補佐官：

古英語 bydel は、「声明を出す人」を指していた。中英語において、bydel はしだいに古フランス語 bedel から借入された語形に取って代わられていく。この bedel はゲルマン語に由来し、ドイツ語 Buttel「廷吏、教区の吏員」と同系である。bedel という綴りは、職杖捧持者の職務にある大学総長を表す語として英語に残されている。現在の beadle は、一般に、

教会や大学の職員を指す。*beadle* の廃語の意味に該当する現在の英語は bumble である。これは、ディケンズ『オリバー・ツイスト』*Oliver Twist* に登場する、尊大な教区吏 Bumble の名に由来する。
→ BID

beagle ［15世紀後半］名ビーグル犬：
小型の猟犬を表すこの語は、古フランス語の *beer*「広く開いた」と *gueule*「のど」から派生した *beegueule*「口を開いた、騒々しい」からの借入語と見られる。

beak ［中英語］名(特に肉食鳥の)くちばし、(昔の戦艦の)衝角(しょうかく)：
古フランス語 *bec* からの借入語である。*bec* は、ケルト語に由来するラテン語 *beccus*「くちばし」から発達した語である。口語で、治安判事を beak と呼ぶが、この用法は18世紀後半まで記録がなく、おそらくは犯罪者同士の俗語に端を発する。また、学童間では「(学校の)教師、(特に)校長」を指す俗語として使われている(J・ベチェマン『ベルに呼ばれて』*Summoned by Bells*：Comparing bruises, other boys could show far worse ones that the *beaks* and prefects made「傷という傷を比べれば、他の少年たちは先生や監督生にやられたもっとひどい傷を見せることだってできるだろう」)。

beaker ［中英語］名広口の大コップ、(化学用)ビーカー：
元は、「大きな飲み物用の容器」を指していた。古ノルド語 *bikarr* からの借入語で、ギリシア語 *bikos*「飲み物用の鉢」に由来すると見られる。考古学用語の *Beaker* folk「ビーカー族」とは、青銅器時代初期の西ヨーロッパに特徴的な、取っ手のない広口のコップ状の陶器を作っていた種族を言う。

beam ［古英語］名梁(はり)、光線：
カバノキ科の樹木 hornbeam「シデ」に示されるように、当初の意味は「木」であった。この語は西ゲルマン語系統の語で、同系語に同じく「木」を表すオランダ語 *boom* およびドイツ語 *Baum*「木」が

ある。

bean ［古英語］名豆、金、ほんの少し：
ゲルマン語から発達した語で、同系語にオランダ語 *boon* およびドイツ語 *Bohne*「豆」がある。今では beano (元は印刷工らの俗語)と短縮されることもある beanfeast 名「お祝い、お祭り」は、慶事に関連した語で、19世紀初頭に記録されている。これは、年に一度、雇い主が使用人に振舞う料理のことで、豆とベーコンがこのメニューの主役であった。「頭」を表す俗語の *bean* は、20世紀初頭のアメリカに端を発し、ここから1940年代の **beanie**「ビーニー帽」という語が生じたものと見られる。*beanie* とは、後頭部にかけてぴったりと被る帽子のことで、アメリカの商標 Beanie Baby「ビーニー・ベイビー」の名前の一部にもなっている。Beanie Baby は、豆粒状の合成樹脂を詰めた動物のぬいぐるみで、広く人気を博している。別の分野では、1970年代のアメリカに、会計係を指す **bean-counter** という複合語が生まれている。否定的な類推から、今では計算高い人 (数字にとりつかれた人、数字ばかり気にする人)について用いられる傾向にある：(『シカゴ・トリビューン』1922年12月22日：Bill Clinton ... angrily derided as 'bean counters' leaders of national women's groups who complained that he has nominated too few women to his administration「ビル・クリントンは…彼がクリントン政権に任命した女性の数があまりにも少ないとの不満を訴えたアメリカの婦人団体のリーダーらに憤慨し、「数字屋」と愚弄した」)。

bear¹ ［古英語］動支える、運ぶ、になう、耐える、産む：
古英語の形は *beran* で、ゲルマン語から発達し、「運ぶ」を意味した。同じく「運ぶ」を意味するサンスクリット語 *bharari*、ギリシア語 *pherein*、およびラテン語 *ferre* は共通のインド＝ヨーロッパ祖語を語源とする。

bear² ［古英語］名クマ：

古英語の形は bera で、西ゲルマン語系統の語である。同系語にオランダ語 beer およびドイツ語 Bär「クマ」がある。16世紀後半以降に、**bear garden** 名「熊園、熊囲い、騒々しい場所」という表現が記録されている。当初は「クマいじめの見世物小屋」を指していたが、このような見世物小屋ではたびたびクマいじめ以外の激しいスポーツも行われていたため、「騒々しい場所」という比喩的な意味が生じた。

beard ［古英語］名 あごひげ；動 ひげを生やす、（羊の毛などを）刈り込む、公然と反抗する：

西ゲルマン語系統の語で、同系語にオランダ語 baard およびドイツ語 Bart「ひげ」がある。
→ BARB[1]

beast ［中英語］名 動物、獣、野獣：

ラテン語 bestia「動物」から発達した語の1つで、古フランス語 beste から入った。bestial ［後期中英語］形 名「獣の（ような）、家畜」は、後期ラテン語 bestialis の、古フランス語経由の借入語である。古くは、家畜一般を表す名詞として使われており、スコットランド語に農業分野の法律用語や専門用語として現存する。bestiality ［後期中英語］名「獣性」は、古フランス語 bestialite が基である。1980年代に、beast は、囚人同士の間で性犯罪者を表す俗語として使われ出した。

beat ［古英語］動（繰り返し）打つ、（心臓が）鼓動する、勝つ、（船が）間切る；名 打つこと、脈拍、（ジャズなどの）強烈なリズム、（警官の）巡回区域：

ゲルマン語から発達した語で、古英語の形は beatan である。「打つ」の意が拡張し、「打ち勝つ」、「征服する」の意味が生じた。beat about the bush「遠回しに言う、探りを入れる」という成句は、藪の回りをたたいて獲物の鳥を駆り立てるために備えることを表すが、この準備という概念から「試験的準備」の意味が生まれた。

beatitude ［後期中英語］名 至福：

beatitude とは、「山上の垂訓」（『マタイによる福音書』5章3~11節）に説かれている八福を指す。語源は、ラテン語 beatus「恵まれた」である。その他の同系語に以下がある。beatification ［16世紀初頭］名 は、「至福にあずかること、受福」の意味で初出。beatify ［16世紀半ば］動 は「至福にあずからせる」の意で初出。このほか、beatific ［17世紀半ば］形「至福を与える力のある」がある。

beatnik ［1950年代］名 ビート族：

beat (beat generation「ビート世代」より）に接尾辞 -nik が付加された語で、sputnik「スプートニク」にならったものである。イディッシュ語の語尾 -nik をつけて、独特の振る舞いをする人やものを表す、というアメリカ英語の語法の影響を受けたものと見られる。beat generation とは、1950年代から1960年代初期にかけて、自己表現を重んじ、モダンジャズを好んだ若者世代をいう。
→ BEAT

beauty ［中英語］名 美、美しさ：

語源はラテン語 bellus「美しい」、「立派な」で、古フランス語 beaute からの借入語である。

beaver ［古英語］名 ビーバー；動 根をつめて働く：

半陸半水生の齧歯類動物の名である古英語 beofor, befor は、ゲルマン語から発達した語である。同系語にオランダ語 bever およびドイツ語 Biber「ビーバー」がある。意味は「褐色」を表すインド＝ヨーロッパ祖語に由来する。動詞熟語の beaver away「ビーバーようにせっせと働く」という意味は、ビーバーの猛烈な働きぶりに由来する。

because ［中英語］接 …だから、…のために：

by cause から派生した語で、古フランス語 par cause de「…の理由で」の影響を受けた。当初の用法では、たびたび that や why、および従属節がこの後に続いた。

チョーサーの『郷士の話』*Franklin's Tale* にその用例がある: By cause that he was hire Neighebour「彼は雇われた隣人だったから」。

beck¹ [中英語][名]小川:
この語は、デーン人やノルウェー人らに占拠されていた頃のイングランド北部において、「小川」を表す一般的な語として使われていた。文学作品における *beck* の語法には、川底が石で覆われている小川や、起伏の多い水路を流れる小川を指すものが多いが、こうした小川はこの地域特有のものである。*beck* は、古ノルド語 *bekkr*「流れ」からの借入語で、ゲルマン語から発達した語である。同系語にオランダ語 *beek* およびドイツ語 *Bach*「小川」がある。

beck² [中英語][名]うなずき、(意思表示の) 身振り、お辞儀；[動]うなずく、合図する:
beck and call「言いなり」の *beck* は、*beckon*「手招きする」の古英語の形の省略形が受け継がれたものである。

beckon [古英語][動](身振りなどで) 合図する、差し招く:
西ゲルマン語系統の語である。「無言の合図」の概念を持つ点では *beacon* の同類語である。*beckon* が言及する無言の合図とは、手招き・うなずき・身振りなどによるものである。
→ BEACON

become [古英語][動]…になる、似合う、ふさわしい:
ゲルマン語から発達した古英語 *becuman* は、「ある場所に来る」の意であった。同系語に「得る、受ける」の意のオランダ語 *bekomen* およびドイツ語 *bekommen*「得る」がある。
→ COME

bed [古英語][名]寝台、寝床；[動]寝床を用意する、寝かせる、寝る:
オランダ語 *bed* およびドイツ語 *Bett*「ベッド」(ゲルマン語から発達) と同系である。語源のインド=ヨーロッパ祖語には「掘る」(ここから「掘ることによって作られた場所、ねぐらのために掘った穴」の意味が生じた) の意味があったとされるが、このような基本的概念はゲルマン語にはない。

bedlam [後期中英語][名]大混乱:
Bethlehem「ベツレヘム」の初期の語形で、精神障害者らを収容する施設として使われていたロンドンの聖マリアベツレヘム病院を指していた。後に、精神病院一般を指す語として使われるようになり、17世紀半ばには、大混乱を表す語となった。

bee [古英語][名]ハチ、ミツバチ、(仕事などを一緒にする) 集まり:
ゲルマン語から発達した古英語 *beo* は、オランダ語 *bij* およびドイツ語方言 *Beie* と同系である。ハチは群れをなして組織的労働をすることから共同作業のための集まりを表す a sewing *bee*「裁縫会」のような表現が生まれている。**bee-line**[名]「一直線」は19世紀初頭より、make a *beeline* for something「何かに直行する」の語法で使われている。これはハチが巣に戻る時に、おそらく本能的に一直線になって飛んでいく様子から来ている。the *bee's* knees という表現は、元来、些細な、取るに足らないものを表していたが、アメリカの俗語において意味が逆転し、最高に優れた人・ものを表すようになった。

beech [古英語][名]ブナ:
古英語 *bece* はゲルマン語から発達した語で、ラテン語 *fagus*「ブナ」、ギリシア語 *phagos*「食用に適する実がなる樫の木」と同系である。*Fagus*「ブナ属」はブナ属を表す語で、ヨーロッパブナ (common *beech*) を含む。

beef [中英語][名]牛肉、肉牛:
ラテン語 *bos, bov-*「牛」から発達した古フランス語 *boef* からの借入語である。

beefeater [17世紀初頭]图牛肉を食べる人、太った下郎、国王の衛兵、ロンドン塔の守衛：

国王の衛兵を指す語として有名な *beafeater* は、元は太った使用人を表す軽蔑的な言葉であった。現在の意味は17世紀後半に遡る。buffet「ビュッフェ」と *beefeater* の発音を関連づける語として *beaufet* を挙げる向きもあるが、これは単なる綴りの誤りである。

beer [古英語]图ビール：

西ゲルマン語系統の語で、修道僧らが用いたラテン語 *biber*「飲み物」に由来する。この *biber* はラテン語 *bibere*「飲む」から派生した言葉である。オランダ語 *bier* およびドイツ語 *Bier*「ビール」と同系である。19世紀初頭に遡る **beer money**图「(雇い人に与える) 酒手」は、当時の雇い人らがビール代として手当てを支給されていたことに由来する。

beetle[1] [古英語]图甲虫；動せかせか動く：

昆虫の *beetle* (古英語では *bitula, bitela*) は、元は「噛みつくもの」を意味し、*bitan*「噛む」に由来する。「急ぐ」を表す動詞の用例は、この虫があわてて走る様子から生じた。例えばノエル・カワード『相対価値』*Relative Values*: There was ... a terrible scene ... and Freda *beetled* off to America「そこにはおぞましい光景が…そしてフリーダはアメリカへ飛んだ」。

beetle[2] [古英語]图大槌：

一種の槌を指す *beetle* は、ゲルマン語から発達した語で、*beat*「打つ」と同系である。
→ BEAT

beetle[3] [16世紀半ば]形 (眉、崖など) 突き出た；動突き出る、差し掛かる：

形容詞用法の *beetle* は、*beetle*-browed「げじげじ眉の」の逆成語で、人の容姿をけなす表現であった。中英語で *brow* は総じて、額ではなく眉を表していた。一説によれば、英語およびフランス語ならば「眉」と呼ぶにふさわしい、ふさ状の触覚を持つ甲虫の一種に似ていたためとされる。「出っ張る、垂れ下がる」(例：great *beetling* brows「太く垂れ下がった眉」) を意味する動詞 *beetle* は、おそらくシェイクスピアが臨時語 (その場限りの言葉) として使った語で、後の作家らによって踏襲された。

befall [古英語]動倒れる、生じる：

文字通りの意で使われていた *feallan* とは異なり、古英語 *befeallan*「落ちる」は、かなり以前から専ら比喩的な意味で使われていた。ドイツ語 *befallen*「振りかかる」と同系である。
→ FALL

before [古英語]副前に、先に、以前に：

文字通り「前に」を表す古英語 *beforan* は、ゲルマン語から発達した語で、ドイツ語 *bevor*「前に」と同系である。**beforehand**副「あらかじめ」は、中英語では *bifore*(n) と *hond* の2語で示されていた。これはおそらく古フランス語 *avant main* の影響で、すなわち beforehand は *avant main* の直訳である。

beg [中英語]動請う：

おそらく古英語 *bedecian* から派生した語で、ゲルマン語に由来する。この動詞から派生した **beggar**图「こじき」も、同時代に遡る語である。

begin [古英語]動始める、始まる：

古英語 *beginnan* はゲルマン語から発達した語で、オランダ語およびドイツ語の *beginnen*「始める、始まる」と同系である。おそらく原義は「開く」で、ここから「始まる」の意へ転化した。

beguile [中英語]動騙す、欺く、(苦痛などから) 気をまぎらわす：

この語は「騙す、欺瞞によって奪う」の意で使われた。be-「完全に」と廃語の *guile*「騙す」からなる。
→ GUILE

behalf [中英語]图大義、大目的、味方、

支持、利益：
on *behalf* of「…のために、…の代理として、…の代表として、…に代わって」や on his/her, etc. *behalf*「…のために、…の代理として、…の代表として、…に代わって」の成句で知られる。この語は、「彼の味方」を意味する on his *halve* および bi*halve* him の混成語である。

behave [中英語]動ふるまう、行儀よくふるまう：
be-「完全に」と *have*「（自分自身を）ある特定のやり方で持つ」からなる。これは、現代ドイツ語 *sich behaben* に相当する。同時代に遡る **behaviour**名「ふるまい」は、*demeanour*「ふるまい、態度」の語形成にならい *behave* から派生した語で、廃語の名詞 *haviour*「所有」の影響を受けている。
→ HAVE

behind [古英語]副後ろに、遅れて：
古英語 *bihindan* は、*bi*「そばに」と *hindan*「後ろから」からなる。**behindhand** [16世紀半ば]副「遅れて」は、*beforehand*「事前に」にならった造語である。

behold [古英語]動見る、眺める：
古英語 *bihaldan* は、*bi-*「完全に」と *haldan*「保つ」からなる。類似のゲルマン語は、「維持する、保持する」の意味を持つが、「見る」の意味を持つのは英語のみである。後期中英語に遡る **beholden**形 は、*behold*「見る」の過去分詞形だが、(beholden が表す)「(人に) お陰を被って」という意味は、原形動詞 *behold* には含まれていない。

beige [19世紀半ば]形(毛織物の一種である) ベージュの、ベージュ色の：
当初は、一般に無染色・無漂白の毛織物を表していた (が、やがて色そのものを表すようになった)。フランス語からの借入語で、語源不詳である。

belated [17世紀初頭]形手遅れの、遅くなった：

「行き暮れた」の意で初出した (ミルトン『失楽園』*Paradise Lost*: Faerie Elves Whose midnight Revels ... some *belated* Peasant sees「妖精エルフたちの真夜中のお祭り騒ぎを…とある行き暮れた百姓は目にする」)。この語は廃語の *belate*「遅れる」の過去分詞である。

belch [古英語]動吐き出す、げっぷをする：
古英語の形は *belcettan* で、おそらく擬音語である。

beleaguer [16世紀後半]動包囲する：
オランダ語 *belegeren*「野営してまわる」は、*be-*「そこら (中)」と *leger*「野営」から派生した語である。英語 *beleguer* は、この *belegeren* からの借入語で、文字通り「軍隊で包囲する」を表す。意味の転化により、今では「敵対心」や「不快感」の概念が語意に反映されている (『ガーディアン』1992年5月30日：It was the Tories, though initially *beleaguered* by the new spirit, who learnt how to master it in its macro-societal form「当初は新たな精神に悩まされたものの、マクロ社会的な形でそれを克服する方法を知ったのは、トーリー党であった」)。

belfry [中英語]名鐘楼しょうろう：
古フランス語 *berfrei* および後の *belfrei* からの借入語である。初期の綴りは *berfrey* で、西ゲルマン語系統の語である。第1音節の変化は、*bell*「鐘」との類推による。当初の *belfry* は鐘とは無関係で、要塞の役目を果たす包囲攻撃用の移動塔を指していた。語意は「見張り番を守るための塔」に始まり、「見張り用の塔」、「信号用の塔」、「鐘楼」、「鐘を吊るしてある木枠」と変遷した。
→ BELL¹

belie [古英語]動偽る：
古英語 *beleogan*「嘘を言って騙す」は、*be-*「について」と *leogan*「嘘を言う」からなる。現用の「誤った印象を与える」および「(期待を) 裏切る」の意は、17世紀に遡る。

believe [後期古英語][動]信じる：
　古英語 belyfan, belefan は、ゲルマン語から発達した gelefan の変形である。オランダ語 geloven およびドイツ語 glauben「信じる」は同系語である。同様に、belief [中英語][名]「信じること」、「信念」は、古英語 geleafa の変形である。

bell[1] [古英語][名]鐘；[動]鈴をつける：
　ゲルマン語から発達した語で、オランダ語 bel や牡鹿につけられる bell「鈴」と同系の可能性がある。bell に関する多くの興味深い慣用句がある。例えば、bell the cat「危険を冒して難事を引き受ける」は、ネズミたちが、ネコが来たらそれとわかるようにネコの首に鈴をつけることを提案した、という寓話を連想させる。be saved by the bell「土壇場で難を逃れる」は、ボクシングなどで試合の終了を告げるゴングにまつわる成句である。bells and whistles「(製品の) 魅力的な付属品やおまけ」は、昔のフェアグラウンドオルガン (様々な楽器が組み込まれた野外演奏用のオルガン) のベルと笛を連想させる。

bell[2] [古英語][動]吠える：
　発情期の雄ジカの鳴き声を表すこの語の古英語の形は bellan で、「大声で鳴く」の意であった。ドイツ語 bellen「吠える、いななく」と同系である。
→ BELL[1]

belligerent [16世紀後半][形]交戦中の：
　ラテン語 bellum「戦争」が基であり、この語から動詞 belligerare「抗戦する」が派生し、さらに belligerant-「好戦的な」が生まれた。bellum からは、それ以前に、bellicose [後期中英語][形]「好戦的な」が作られていた (この語は、ラテン語 bellicus「戦争の」が基であり、bellicosus に由来する)。

bellow [中英語][動]大声で鳴く、大声を出す：
　語源不詳である。後期古英語 bylgan に由来する可能性がある。

bellows [中英語][名]ふいご：
　火に空気を吹き込むために使われる bellows は、おそらく古英語 belig「袋」(現用の belly [名]「蛇腹」) の複数形 belga から発達した語で、古英語 blaestbelig「送風袋」の短縮形である。原義は「膨張する、膨れあがる」である。

belong [中英語][動]属する、ふさわしい：
　当初「適切に割り当てられている」の意であった。強意語の be- (強調として使われる) と古語の動詞 long「属する」からなる。古英語 gelang「手近に」、「…とともに」に由来するため、「近接」や「統一」を含意する。

beloved [後期中英語][形]愛用の、愛しい：
　廃語の動詞 belove の過去分詞形である。この語は「喜ぶ」、「喜ばせる」の意であったが、後に「愛しい」を表すようになった。

below [後期中英語][副]下に：
　below (be-「…のそばに」と形容詞 low「低い」から) が前置詞として16世紀になると前置詞として一般に使われるようになり、シェイクスピアの作品に頻繁に現れている (『尺には尺を』Measure for Measure, IV. iii. 106-107: At the consecrated Fount, a League below the Citie「聖なる泉、都市の1リーグ低いところ」)。

belt [古英語][名]ベルト、帯、バンド；[動]ベルトでしめる：
　ゲルマン語から発達した語で、ラテン語 balteus「腰帯」からの借入語である。belt up「黙る、静かにする」という表現は、1930年代以降の英国空軍の俗語である。belt along「疾走する」は、1890年代以降の方言、およびアメリカの一部で使われていた慣用句である。

belvedere [16世紀後半][名]見晴らし台：
　周囲を展望するための小塔を表す belvedere の原義は文字通り「よい眺め」であるイタリア語 bel「美しい」と vedere「眺める」から派生した語 (が英語に借用

bemoan [古英語]動嘆く:
古英語では *bemaenan*「不平を言う、悲しむ」と綴られていた。16世紀中における第2音節の変化は、この語と同系の *moan* との類推による。

bench [古英語]名ベンチ、長いす、裁判官の席、議員席;動【スポーツ】《米》選手をベンチに引っ込める:
古英語 *benc* はゲルマン語から発達した語で、オランダ語 *bank* およびドイツ語 *Bank*「ベンチ」と同系である。当初は、背もたれのない長いすを指したが、法律の分野で、判事らが座る *bench*「判事席」の意で使われるようになり、後に be raised to the *bench*「判事に昇進する」に示される通り、法廷そのものを指すようになった。
→ BANK¹

bend [古英語]動かがむ、曲がる、曲げる、方向が変わる;名おじぎ、曲げること、一瞥、湾曲部:
古英語 *bendan*（ゲルマン語から発達）は、「就縛する」や「弓のつるをピンと張る」を意味した。また、動詞 *bend* は、*bend up*「上に曲げる」の熟語としても使われ、ここから弓の湾曲との類推が生じた。
→ BAND¹

beneath [古英語]副下に:
古英語の形は *binithan, bineothan*（ゲルマン語）で、文字通り「…のそばの下に」の意であった。*before*「前に」を参照。
→ NETHER

benefit [後期中英語]名利益、恩恵、手当;動…のためになる:
元は、親切な行為や恩恵を意味した。古フランス語 *bienfet* が基で、ラテン語 *benefactum*「善行」（ラテン語 *bene facere*「(…に)よいことをする」から派生）

に由来する。このラテン語 *benefactum* の構成素（*bene-*）に由来する言葉は他にもある。**benifice** [中英語]名は、ラテン語 *beneficium*「好意、支え」の、古フランス語経由が基である。**beneficial** [後期中英語]形「有利な、恩恵を施す」は、後期ラテン語 *beneficium* より派生した *beneficialis* が基である。**beneficent**[17世紀初頭]形「善行を行う、親切な」は、ラテン語 *beneficent-*（*beneficentior* の語幹で、*beneficus*「好意的な」、「寛大な」の比較級）から入った。**beneficiary** [17世紀初頭]名「聖職禄受領者」は、ラテン語 *beneficium*「支え」から派生した *beneficiarius* からの借入語である。

benevolent [後期中英語]形善意の、情け深い:
古フランス語 *benivolent* からの借入語で、ラテン語 *bene volent-*「よく望むところの」に由来する。*bene volent-* の意味は、*bene*「よく」と *velle*「願う」から来ている。

benign [中英語]形優しい、寛容な、（病気が）良性の:
穏やかさを感じさせる *benign* は、古フランス語 *benigne* からの借入語で、ラテン語 *benignus* に由来する。おそらく *bene*「よく」と *-genus*「…生まれの」からなる。
→ GENTLE

benumb [15世紀後半]動無感覚になる、麻痺させる:
中英語 *benumb* は、「奪う」という概念が認められる。すなわち、この語は、*benim*「奪う」（除去を意味する接頭辞 *be-* と、古英語 *niman*「獲得する」からなる）の過去分詞形の廃語 *benome* から派生した語である。

bequeath [古英語]動遺言で譲る、後に残す:
古英語 *becwethan* は、*be-*「について」（自動詞につけて他動詞を作る接頭辞）と *cwethan*「言う」からなる。**bequest** [中英語]名「遺贈、遺産、遺言」（*be-*「について」と古英語 *cwis*「発言」からなる）は

bequeath の影響を受けた語である。
→ QUOTH

berate ［16世紀半ば］**動**激しく叱る：
be-「全く」と後期中英語の動詞 *rate*「叱る」からなる。

bereave ［古英語］**動**失う、奪う：
古英語 *bereafian* の原義は「奪う」であった。16世紀後半より記録されている be-reft **形**「欠けている」は、*bereave* の古語の過去分詞形である。

beret ［19世紀初頭］**名**ベレー帽：
フランス語 *beret*「バスク人の帽子」の借入語である。*beret* は後期ラテン語 *birrus*「フード付きの肩マント」より派生した古プロヴァンス語 *berret* が基である。また、ラテン語 *birrus* に由来する語に、ローマ・カトリックの聖職者が身につけた帽子の一種 *biretta*「法冠、ビレッタ (聖職者の四角い法帽)」がある。

berry ［古英語］**名**液果、漿果（しょうか）、（核のない果肉の柔らかな）食用小果実（すぐり、いちごなど）：
古英語 *berie* はゲルマン語から発達した語で、オランダ語 *bes* およびドイツ語 *Beere*「ベリー」と同系である。由来は不詳だが、複数の説において、「むき出しの」（すなわち「被覆物のない果物」）という原義と、「食べる」を意味するサンスクリット語 *bhas*- という語形に言及している。

berserk ［19世紀初頭］**名**狂戦士；**形**凶暴な、たけり狂った：
名詞 *berserk* は、古ノルド語の名詞 *berserkr* からの借入語で、元来は狂暴で野蛮な戦い方をするノルマン人兵士を指していた。*berserkr* は、*birn*-, *bijorn*「クマ」と *serkr*「上着」からなる。また、*berr*「裸の」（すなわち、甲冑（かっちゅう）を身につけない）に由来するとの説もある。

berth ［17世紀初頭］**名**（船・列車などの）1人用の寝台、停船位置、船室：

当初の意味は、「手ごろな船室」であった。すなわち「海岸から遠ざかっている間の部屋」(bear off「遠ざかる」＝ push away「突き進む」）をあてがうことを意味しており、おそらく、海事用語の動詞 bear「（ある方向に）位置する」に由来する。現在のよく知られた用法に、「…を避ける」を表す比喩的な成句 give a wide berth to something がある。

beseech ［中英語］**動**嘆願する、求める：
古英語 *sēcan*「捜す」、「求める」に、強意の接頭辞 *be*-（強調に使われる）が付加されて形成された語である。seek に関しては、北部の語形 (beseek) が標準化されているが、複合語の beseech に関しては、南部で使われていた seech が標準となった。
→ SEEK

beside ［古英語］**前**…のそばに、…を除いて、…と比べると：
古英語 *be sidan* は「そばに」を意味し、2語で書かれていた。1200年までには、副詞および前置詞としての語法が定着していた。「…の他にも、…に加えて」の意味が頻出していたことを裏づける著作にゴールドスミス『ウェイクフィールドの牧師』*Vicar of Wakefield* がある：We can readily marry her to another and what is more, she may keep her lover beside「我々が彼女を嫁がせるのは簡単なことだし、おまけに彼女は恋人と別れやすい」。

besiege ［中英語］**動**包囲する、取り囲む、（要求などを）どんどんする：
原義は「…の前に座る」である。*besiege* 以前の（古フランス語 *asegier* からの借入語の）*assiege* の接頭辞が *be*- に代わったもので、ラテン語 *sedium*「座ること」に由来する。文字通りの意味は、痛烈な修辞法へと発展した。例えばポープ『ホラティウスの書簡』*Epistle of Horace*: Fools with Compliments besiege ye「お世辞を並べ立てる愚か者があなたを取り囲んでいる」。

besotted ［16世紀後半］形 夢中になった：
be-「…にする」と廃語の sot「思慮がない」からなる besot「夢中にさせる」の過去分詞形である。

best ［古英語］形 最もよい、最も多い；副 最もよく：
古英語 betest（形容詞），betost, betst（副詞）はゲルマン語から発達した語で、オランダ語およびドイツ語の best「最もよい」と同系である。現代のゲルマン諸語すべてがそうであるように、s の前の t は消滅されてきた。
→ BETTER

bestow ［中英語］動 授ける、与える：
当初の意は「置く」、「適用する」であった。be-「強調するために用いられる」と古英語 stōw「場所」からなる。

bet ［16世紀後半］名 賭、賭金；動 賭ける：
何らかの行為への奨励を意味する廃語の名詞 abet「扇動」の省略形と見られる。語源不詳、および、名詞と動詞のどちらが先に現れたのか不明である。

betray ［中英語］動 裏切る、騙す、うっかり漏らす：
be-「完全に」と、廃語の動詞 tray「裏切る」からなる。tray は、古フランス語 trair からの借入語である。trair は、「手渡す」を意味するラテン語の動詞 tradere から発達した語である。

betroth ［中英語］動 婚約させる：
betroth（中英語では betreuthe）の構成素の1つは truth である。この第2音節の変化は、同義の「真実」から「信頼」の意に転化した troth との類推による。

better ［古英語］形 副 より良い、快方に向かって：
ゲルマン語から発達した語で、古英語の綴りは betera であった。オランダ語 beter およびドイツ語 besser「より良い」と同系である。

→ BEST

between ［古英語］前 …の間に、合い間：
古英語 betwēonum の接頭辞 be- は、文字通り「…間に」の意であった。2番目の要素は two「2」に関連したゲルマン語である。同じことが、同時代に遡る betwēox=between (**betwixt**) 前 副 にも当てはまる。

bevel ［16世紀後半］形 斜角の、斜めの；名 斜角、斜面、傾斜：
大工仕事や石造建築の分野で使われていた語で、「斜めの」を表す形容詞として初出した。古フランス語 baif「口を開いた」(baer「大口を開ける」から派生）の指小辞語からの借入語である。
→ BAY⁵

beverage ［中英語］名 (水以外の) 飲み物、飲料：
語源は、ラテン語の動詞 bibere「飲む」である。通例、水以外の飲み物全般を指すが、イングランドのデヴォン州では small (=weak) cider「アルコール度数の低いりんご酒」を指すこともある。古フランス語 bevrage からの借入語である。**bevvy** 名「飲み物、酒」は beverage の省略形で、19世紀後半に使われるようになった。その他、beverage の短縮形と思われる語にアメリカの **Bevo** 形「質の悪い」がある。これは、禁酒法時代に製造されたノン・アルコールのシリアル飲料の、当時の商標名に由来する。

beware ［中英語］動 …に気をつける、用心する：
文字通り「用心深い」を表す be ware という動詞句が1語の形になったものである。ware は1500年頃までは、特に ware thee !「気をつけろ！」という警告として一般的であった。また、古英語には waer「用心深い」という語があり、to be ware「用心している」という成句で用いられるのが一般的であった。その命令形は ware thee と同義で、この語が紆余曲折を経て beware になった。このような成句としての語法から、必然的に

1語として扱われるようになり、早くも1300年には1語形として書かれている。1500年以前の成句には次のような例がある：*Beware* thee, *be ware* to thee, *beware* thyself, *ware* to thee, to *be ware*, to *ware* oneself「気をつけろ」、「用心せよ」など。

bewilder［17世紀後半］動途方に暮れさせる、当惑させる：

文字通りの意味は「完全に道に迷う（迷わせる）」で、*be-*「完全に」と廃語の動詞 *wilder*「導く、道に迷う、惑う」からなる。*wilder* の語源は不詳だが、おそらく、*wander*「さまよう」との類推による *wilderness*「未開地」からの逆成である。

beyond［古英語］前副（…の）向こうに、彼方に：

当初の綴りは *begeondan* で、*be*「…のそばに」と *geondan* からなる。*geondan* は、ゲルマン語から発達した語で、*yon* および *yonder*「向こうに」と同系である。

bias［16世紀半ば］名偏見、偏り；動一方に偏らせる、偏見をもたせる：

当初の意味は「斜線」および形容詞の「斜めの」であった。やがて、球技をはじめ、いろいろな専門分野における用語として、広く使われるようになった。この語は、プロヴァンス語から入ったフランス語 *biais* が英語に借入された語で、ギリシア語 *epikarsios*「斜めの」と見られる。ラテン語 *bifax*「両方向を見る」に由来するとの説もあるが、これは音声学上、受け容れ難い。

bib［16世紀後半］名よだれ掛け、（服の）胸当て；動（酒を常習的に）飲む：

おそらく古語 *bib*「（酒類を）飲む」に由来する。語源は、ラテン語 *libere*「飲む」とされるが、唇を繰り返して動かす音から独自に派生した擬音語とする説も有力である。*bib* の動詞的用法は、wine-*bibber*「酒豪」などの合成語に見られる。
→ IMBIBE

Bible［中英語］名【キリスト教】聖書、バ

イブル、（聖書のように権威のある）本：

ギリシア語 *biblion* の複数形 (*ta*) *biblia*「（特定の）複数の本」に由来する教会ラテン語 *biblia* が、古フランス語を経由して借入された語である。*biblion* は元来、*biblos*「パピルス、巻物」の指小辞語で、セム語に由来する。

biceps［17世紀半ば］名力こぶ、（上腕などの）二頭筋：

文字通り two-headed を表すラテン語で、*bi-*「2」と *-ceps* (*caput*「頭」より)からなる。1970年代以降 *bicep* の例が見られるが、これらは *biceps* が複数と誤解したことによる。

bicycle［19世紀半ば］名自転車：

当初の形は *velocipede*（文字通り「俊足」）であった。この語は、*bi-*「2」とギリシア語 *kuklos*「車輪」からなる。省略形の bike 名「自転車」は、早くも19世紀後半に現れている。かつてパリの輸送手段であった2頭立ての3輪馬車を表す tricycle 名「3輪車」は1820年代に遡り、省略形の trike は1880年代に初出している。unicycle 名「1輪車」は、1860年代のアメリカに競技種目として初出した。

bid［古英語］動（オークションで）値をつける、入札する、（地位などを）競う；名値をつけること、入札、努力、招待：

当初の動詞はゲルマン語から発達した *beodan*「提供する、命令する」で、オランダ語 *bieden* とドイツ語 *bieten*「提供する」、「約束する」は同系である。依頼、挨拶、勧誘を表す *bid* に関しては、ゲルマン語から発達した古英語 *biddan*「尋ねる、頼む」が当初の形で、同系語にドイツ語 *bitten*「尋ねる、頼む」がある。

biddy［17世紀初頭］名女、特に口うるさいおばさん：

old *biddy* とは侮蔑的な表現で、口うるさくお節介な初老の女性を連想するが、この語の元の意味は「鶏」で、語源不詳である。この語はおそらく、アメリカでアイ

ルランド人のお手伝いを biddy と呼んでいたことに由来する。biddy(Biddy) はアイルランド人に多い女子名 Bridget の愛称で、これが「女」を指す軽蔑的な俗語として一般に広まった。(C・P・スノー『情事』Affair: I believe she's the bloodiest awful specimen of a party biddy「彼女はこれ以上はないってくらい典型的な社交かぶれ女に違いない」)。

bier [古英語]名棺台、棺架:
ゲルマン語から発達した語である。古英語の形は ber で、同系語にドイツ語 Bahre「担架、棺台」がある。現在の綴り bier は1600年に遡り、フランス語 biere の影響と見られる。
→ BARROW¹; BEAR¹

big [中英語]形(人などが) 力の強い、(事物が) 強力な、大きい、腹が大きい、溢れんばかりの:
当初の意味は「強い、強大な」で、13世紀後半のノーサンブリアとリンカンシャー北部において著述家らによって使われていた。そのため語源は古ノルウェー語と見られるが、派生の経緯については不明である。ほどなくこの語から「猛烈な、力強い」という概念が生まれ、今なお方言に残存する。やがて大きさを表すようになり、ここから16世紀半ば以降の用例に見られる「成長する、背が伸びる、大きくなる」という意味的特徴が備わる。後に加わった「年上の」という意味は、19世紀半ば以降の big brother「兄貴」などの熟語に窺える。一方、Big Brother is watching you「偉大な兄弟があなたを見守っている」とは、ジョージ・オーウェルの小説『1984年』Nineteen Eighty-four (1949年)に登場する国家の統治者の名にまつわる特殊表現である。ここでいう Big Brother とは、非情で強大な国家権力のことである。

bigamy [中英語]名重婚 (罪):
古フランス語 bigamie からの借入語である。bigamie は、形容詞 bigame「重婚の」から派生した語で後期ラテン語 bigamus に由来する。bigamus は、bi-「2 度」と ギリシア語 -bamos「既婚の」からなる。

big cheese [1920年代]名重要人物、大物:
cheese はおそらく、ペルシア語 ciz「もの」のウルドゥー語経由の借入語である。以前、the cheese という表現は「第一級の」、すなわち「第一級のもの」という意味で使われていた。

bigot [16世紀後半]名頑固者、偏狭な信者:
当初は、迷信深く敬虔な偽善者を指していた。フランス語からの借入語で、それ以前の由来については不明である。この語から派生した **bigotry**名「偏狭」は、17世紀後半に現れた語で、フランス語 bigoterie の影響により意味が拡張された。

bigwig [18世紀初頭]名お偉方、大立者:
社会的に重要な地位にある男性らが大きなかつらを被っていたことに由来する。
→ WIG

bikini [1940年代]名ビキニ:
1946年に原子爆弾の実験が行われた Bikini Atoll「ビキニ環礁」に由来する。bikini という名称は、この水着が流行り出した際の、想定通りの「爆発的な」人気ぶりにふさわしく思われた。1960年代には、本来は地名の一部である第1音節 bi- を、「2」を意味する接頭辞の bi- とひっかけた **monokini**名「モノキニ」という造語が現れた。これはビキニの上下が「1つ」につながったものをいう。

bill¹ [中英語]名(法律) 訴状、(議会の)法案、広告、ビラ、請求書、勘定書:
アングロノルマンフランス語からの借入語である。おそらく中世ラテン語 bulla「封印、押印した文書」から派生した語である。
→ BULL²

bill² [古英語]名くちばし、くちばしのように先のとがった突起、(地名で)細長い岬、錨爪;動くちばしでついばむ、(2羽

の鳩が）くちばしでつつき合う：

古英語は *bile*「くちばし」であるが、語源不詳である。17世紀初頭に、恋人同士が情を交わす行為を表す *bill and coo*「いちゃつく」が現れた。これはハトの *billing*、すなわち、つがいのハトがくちばしをすり合う行為との類推から生まれた表現である。中英語の動詞 *bill* の原義は「つつく」であった。

bill³ ［古英語］图（広刃の）刀、剣、（中世歩兵の）長柄の矛、鉈鎌：

かぎ型の刃物を指す西ゲルマン語系統の語で、ドイツ語 *Bille*「斧」と同系語である。*bill* は、古英語の韻文に、一種の広刃の刀として記されている。木の枝などを払う用具の billhook 图「鉈鎌」は、*bill* の複合語の一例である。

billet¹ ［後期中英語］图軍人宿舎；動（軍人を）(民間人宅に) 宿泊させる：

billet（アングロノルマンフランス語 *bille* の指小辞語 *billette* から借入）は、かつては短い文書を指していた。17世紀半ばになると、「この文書の持参者に宿舎を提供するよう求める、家主に対する命令書」を表すようになる。*billet* の持参者がたいてい兵士であったことから、現用の「兵士の一時的な宿舎」を表す軍隊用語になった。動詞用法は16世紀後半に遡る。
→ BILL¹

billet² ［後期中英語］图太い薪、銅片、ビレット、（武器としての）棍棒：
→ BILLIARD

billiard ［16世紀後半］形玉突きの、ビリヤードの：

当初の形は複数形 *billiards* であったが、やがて単数形で使われるようになる。この語は、ビリヤード・ゲームに使われる突き棒の名称で、フランス語 *bille*「木の幹」の指小辞語 *billard*（文字通り「小さな木の幹」を意味する）に由来する。後に、ゲームそのものを指すようになった。フランス語 *billard* から派生したその他の英語に、*billet*「ビレット」がある。*billet* は、

繰形に交互に配列された短い円筒形の飾りを表す建築用語で、古フランス語の *billette* および *billot* からの借入語である。中世ラテン語 *billa, billus*「枝、幹」に由来し、語源はおそらくケルト語である。

billow ［16世紀半ば］图大波；動大波が立つ、うねる：

古ノルド語 *bylgia* からの借入語である。初出は1550年以降だが、これ以前に一部の方言に現れていた可能性がある。原義は「膨張、隆起」である。

bimbo ［20世紀初頭］图頭のよくない美女、ふしだらな女：

元来「奴、あいつ」の意の軽蔑的な語で、文字通り「小児」を意味するイタリア語の男性名詞に由来する。1920年代後半には女性に対して用いられるようになり、「美人だが軽薄な女」を指すようになった。1980年代には、若い「頭がからっぽの女の子、軽薄少女」を表す bimbette という語が現れた。

bin ［古英語］图ごみ箱、ごみ容器：

原義は、「容器」だが、厳密には「畜舎の飼葉桶」や「穀物やパンなど食糧を入れる容器」を指していた。breadbin 图「パン容器」などは、用途を明確に示す語である。*bin* はケルト語から借入された語であるが、その同じケルト語に由来するものに、ウェールズ語 *ben*「運搬車」がある。「ゴミ容器」という意味は、19世紀半ばに遡る。

bind ［古英語］動縛る、巻きつける、義務を負わせる、束縛する、装丁する；图拘束、苦境：

古英語 *bindan*「締める」はゲルマン語から発達した語で、オランダ語およびドイツ語の *binden*「結ぶ」と同系である。これらはインド＝ヨーロッパ祖語を持つサンスクリット語 *bandh*「縛る」と共通である。*bind* の母音は元は短音であったが、*-nd* を伴う他の語と同様に、イングランドの中部および南部にて長音化した。植物の名称の woodbine 图「スイカズラ」

に見られる bine「蔓」は、植物に巻きつく蔓のことで、bind の方言である。
→ BOND

binnacle [15世紀後半]名 羅針儀架台：
当初の綴りは *bittacle* で、スペイン語 *bitacula, bitacora* またはポルトガル語 *bitacola* からの借入語である。元の形は、ラテン語 *habitare*「住む」から派生した *habitaculum*「住居」で、綴りが *binnacle* に変化したのは、18世紀半ばである。

語形成
接頭辞 bio-（ギリシア語 *bios*「人生〈行路〉」の省略形）によって、付加される意味。
■「生命、生」[biosynthesis]「生合成」
■「生物学(の)」[biohazard]「バイオハザード、生物災害」、[biocircuit]「バイオ回路」
■「生き物」[biogenesis]「生物発生(説)」

---

birch [古英語]名 カバ（樺）：
古英語の形は *bierce, birce* であった。ゲルマン語から発達した語で、ドイツ語 *Birke*「シラカバ」は同系である。北部に *birk* の綴りが見られるが、これは *church* と *kirk* と綴るのと同様の互換性による。カバの白い樹皮との類推から *bright* に関連すると見られる。

bird [古英語]名 鳥、人、奴、（小鳥に見立てて）可愛い女、スケ：
現在の綴りは、古英語 *brid*「ひよこ、ひな鳥」が音位転換（字位転換）したものである。語源不詳で、他のゲルマン語に該当する語が見られない。*fawl* は、*bird* より古くから使われていた鳥一般を指す語であるが（チョーサー『カンタベリー物語』*Canterbury Tales*「総序」: And smale foweles maken melodye That slepen a the nyght with open ye (= And small birds make melody that sleep all night with open eyes「そして小鳥たちが調べを奏で、夜通し目を開いたまま眠る」)、後に特定の家禽のみを指すようになった。*bird* は早くも1300年には「女の子」の意で使われているが、この語法の軽蔑的な含意については20世紀になるまで一般的ではなかった。*bird* を使ったその他の用法に、give someone the *bird*「やじをとばす」という演劇用語がある。当初は big *bird* という語法も見られた。big *bird* とは、観客のワーッという声やシーッという声のことで、芝居に対する非難の現れであった。また、18世紀後半には、ゴルフの分野で指小辞語の *birdie*名「1つのホールでパーより1打少ないスコア」という用語が使われるようになった。これはアメリカの俗語で *bird* が第一級品を表していたことに由来する。

biretta [16世紀後半]名 （カトリックの聖職者用の）ビレタ（帽）:
→ BERET

birth [中英語]名 誕生、出産、素性、家柄：
古ノルド語 *byrth* からの借入語である。当初の文字通りの意味「出産」からやがて「始め、始まり」という比喩的な意味がシェイクスピアによって生み出された。シェイクスピア『冬物語』*Winter's Tale*, IV. iii. 80: Not yet on summer's death, nor on the *birth* Of trembling winter「まだ夏は去ってしまったわけではなく、冬も来てはいませんわ」。
→ BEAR[1]

biscuit [中英語]名 ビスケット、薄茶色：
元々2つの工程で作られていた。まず一度焼き、それからスロー・オーブンで乾燥させて保存していた。古フランス語 *bescuit* の借用語で、ラテン語の *bis*「2度」と *coquere*「焼く」の過去分詞形 *coctus* に由来する。

bishop [古英語]名 主教、司教：
古英語 *biscop, bisceop* は、文字通り「監督者」を意味していた。語源はギリシア語 *episkopos* で *epi*「…の上を」と *-skopos*「見つめる」からなる。**bishopric**名「監督(管)区」、(古英語では *bisceoprice*) の末尾の *rice* は、「範囲」を

意味する。

bit¹ ［古英語］名 ひと口、ひとかじり、ひとくち分、少量の食べ物、小片：
「小片」という概念は、古英語 *bita* の「ひとくち分」に由来する。*bita* はゲルマン語から発達した語で、ドイツ語 *Bissen*「ひと口の食物」と同系である。基本的な意味は「噛むこと」で、馬勒(ばろく)の轡(くつわ)部分を表す馬術用語の **bit**名「(馬の轡の)はみ」と共通する。こちらの *bit* の古英語の形は *bite* で、オランダ語 *beet* およびドイツ語 *Biss*「噛みつき」と同系である。
→ BITE

bit² ［1940年代］名【コンピュータ】ビット：
情報の基本単位を表すコンピューター用語 *bit* は、binary「2進法の」と digit「数字」の混成語である。

bitch ［古英語］名 あばずれ、やっかいな物・事、雌犬：
古英語 *bicce* はゲルマン語から発達した語である。スコットランド語に *bick* の形も見られる。英語 *bitch* とフランス語 *biche*「雌」と「子鹿」との関係は不明である。女性に対する「ふしだらな女」という軽蔑的な語法は、後期中英語以降に現れた。

bite ［古英語］名 噛むこと、ひと口の食べ物；動 噛む、噛みつく、しみる：
古英語 *bitan* はゲルマン語から発達した語で、オランダ語 *bijten* およびドイツ語 *beissen*「噛む」と同系語である。原義は「裂く」、「割る」である。動詞は元は、*write* と同様の活用形であった。その元々の過去形 *bote*（今では *bit*）は、ランカシャー方言に残存する。

bitter ［古英語］形 苦い、苦しい、(寒さ・風などが)身を切るような、(言葉などが)辛辣な；名 苦味：
オランダ語、ドイツ語、英語の *bitter* は同じゲルマン語から発達した語である。英語 *bitter* は、動詞「噛む」とおそらく同語源語であり、原義は「身を切るような、鋭い」であった。成句 to the *bitter* end「最後まで、とことん、死ぬまで」の *bitter* は、この形容詞「苦い」の *bitter* に関連すると見られるが、海事用語の *bitter*「係柱(bitt)に巻いた綱」を表す *bitter* と見る説もある。W・H・スマイス『船乗りの用語集』*Sailor's Word-book* (1867年)にはこう記されている：When a chain or rope is paid out to the *bitter*-end, no more remains to be let go「鎖やロープが末端まで繰り出されたら、放すべきものは何も残ってはいない」。
→ BITE

bivouac ［18世紀初頭］名 露営、野営；動 露営する：
原義は、「武装した部隊による夜警」である。フランス語からの借入語で、おそらくスイス人が話すドイツ語 *Biwacht*「補助的な夜警」に由来する。これは、正規の町役人による警備を助けるための、市民によるパトロールであろう。*bivouac* は、三十年戦争(1618～48年)の間に英語に持ち込まれたと言われる。省略形の **bivvy**名動「小さなテント・避難所、露営する」は、20世紀初頭以降に見られる。

bizarre ［17世紀半ば］形 異様な：
フランス語からの借入語で、イタリア語 *bizzarro*「怒った」に由来する。語源不詳である。

black ［古英語］名 黒、黒色、黒人；形 黒い、黒人の、黒く汚れた；動 黒くなる、黒くする：
古英語 *blaec* はゲルマン語から発達した語で、同時代の語に *sweart*「黒ずんだ」がある。ドイツ語 *schwarz*「黒い」やスウェーデン語 *svart* など、*sweart* の同系語がヨーロッパ中で広く使われているが、英語では *black* の方が一般化し、*swart* は専ら詩語として使われている（キース・ダグラス『忘れ名草』*Vergissmeinnicht* (1943年)：But she would weep to see today how on his skin the *swart* flies move「だが、今日彼女は嘆き悲しんで、彼の皮膚にどす黒いハエが群がる様を目

にするだろう」）。black には多くの複合語がある。以下はその例である：

■ **blackball**［18世紀後半］**名**「反対票」、「投票箱に反対投票の黒球を投ずる」。反対投票の黒球は、投票箱に黒球を投じることによって反対投票をした慣例に由来する語である。

■ **Black Death 名**「黒死病、ペスト」は、現代になって作られた複合語である（〈大〉疫病、流行病、疫病などと呼ばれていた）。この語は、1823年にマーカム夫人（ペンローズ夫人の筆名）によって英語史に導入され、ドイツ語の『黒死』Der Schwartz Tod（1833年）の英訳から医学書に採用されはじめたと言われる。Black という形容辞の由来はいまだ不詳であるが、これに当たる語の最古の用例が、スウェーデンとオランダの年代記に見られる。

■ **Black Maria 名**は、口語で「囚人護送車」を指す。19世紀半ばのアメリカに初出した語で、ボストンで下宿を経営していた黒人女性マリア・リーに因んでこの名がつけられたとされる。彼女は、警察が酔って手に負えなくなった客を留置所に護送するのを手助けしていた。

■ **black sheep 名**「厄介者、異端者」は18世紀後半に現れた表現で、There is a black sheep in every flock「どの群れにも黒羊の1頭は入る（どこの家にも困り者はいるものだ）」ということわざに由来する。

blackguard［16世紀初頭］**名**ならず者：
元は black guard と 2 語で綴られ、死人の付添人や、主に台所の管理を任されている使用人を指していた。「黒い」という形容辞の意味するところは不詳である。「ならず者、悪党」の意は18世紀半ばに遡る。かつては限りなく侮辱的な言葉と見なされていた。

blackmail［16世紀半ば］**名**恐喝・ゆすりで得た金、ゆすり；**動**ゆする：
元々、スコットランドの国境地帯の盗賊の長が略奪の免除という名目で小作人に要求していた略奪宥恕金のことであった。-mail は、廃語の mail「貢物、地代」で、古ノルド語 mal「言語、合意」からの借入である。

bladder［古英語］**名**（膀胱など）袋状組織：
古英語 blaedre はゲルマン語から発達した語である。同系語にオランダ語 blaar およびドイツ語 Blatter「あばた」がある。
→ BLOW¹

blade［古英語］**名**刃、葉、（オールなど道具類の）平たい部分：
古英語 blaed の一般的な意味は、「植物の葉」および「平たい部分（オールや刀などの）」であった。ゲルマン語から発達した語で、同系語にオランダ語 blad およびドイツ語 Blatt「葉」がある。「刃の部分」の意味は1330年頃に現れている。

blame［中英語］**動**非難する、責任を問う；**名**告発、非難：
動詞 blame は、古フランス語 blamer, blasmer からの借入語である。blamer, blasmer は、教会ラテン語 blasphemare「非難する、罵る、冒瀆する」の変形である俗ラテン語から発達した語である。教会ラテン語 blasphemare は、新約聖書に用いられたギリシア語 blasphemein からの借入語である。
→ BLASPHEME

blanch［中英語］**動**白くする、漂白する、（恐怖・寒さ・空腹などで）青白くなる、湯がく：
野菜の湯通しを意味する料理用語として一般に使われている blanch は、「（色を抜いて）白くする」の意味で初出したが、やがて、アーモンドを湯がいて皮を剝くなどの、料理の工程を表すようになった。この語は古フランス語 blanc「白」から派生した blanchir「白くする」の借入語で、ゲルマン語に由来する。
→ BLANK

blancmange［後期中英語］**名**ブラマンジュ（牛乳をゼラチンなどで固めた甘いデザート）：

当初の綴りは*blancmanger*で、古フランス語の*blanc*「白い」と*mangier*「食べる」（「食べ物」を表す名詞として使われていた）からなる*blanc mangier*からの借入語である。-*er*のない短縮形は、18世紀に現れた。この料理は当初、鶏肉などの細切れ肉にクリーム、砂糖、米、玉子、アーモンドなどを加えて作る食べ物であったが、後に白濁のゼリー菓子を指すようになった。

bland ［後期中英語］形 あっさりした、平凡な、快い：

ラテン語*blandus*「柔らかい、滑らかな」からの借入語で、当初の意味は「物腰が柔らかな」であった。ラテン語*blandus*に由来する語にはこの他、**blandishment**［中英語］名「甘言、おだて」がある。blandishmentの基になった*blandish*は、ラテン語*blandiri*から発達した古フランス語*blandir*の延長語幹*blandiss-*からの借入語である。

blank ［中英語］形（文書が）未記入の、白紙（の）、空白（の）、ぽかんとした、ぼんやりした；名 空白、空欄；動 見えなくする、抹消する、無視する：

当初の意味は「白い、無色の」であった。この語は、古フランス語*blanc*「白い」からの借入語で、ゲルマン語に由来する。to *blank* somebody「…を故意に無視する」という表現は、1970年代に遡る表現、*blanked* out the memory「記憶を消し去った」の *blank* out「忘れる」は1950年代から使われている。
→ BLANCH

blanket ［中英語］名 毛布；動 毛布で覆う：

中英語では、白い（染められていない）毛織物を*blanket*と呼んでいた。この語は、古フランス語*blanc*「白い」から派生した語が、古フランス北部方言を経由して借入されたもので、ゲルマン語に由来する。

blare ［後期中英語］動（らっぱなどが）鳴り響く、大きな声・音で言う・鳴る：

擬音語*blare*は「吠える」、「大声で鳴く」の意味で初出した。中オランダ語*blaren, bleren*、または低地ドイツ語*blaren*からの借入語である。現在の意味は、18世紀後半に遡る。

blaspheme ［中英語］動 不敬の言葉を吐く、冒瀆する：

ギリシア語*blasphemos*「悪口」に由来する。すなわち、ギリシア語の動詞*blasphemein*から借入された教会ラテン語*blasphemare*「非難する、悪口を言う、冒瀆する」が、古フランス語を経由して英語に借入されたものである。同時代の**blasphemy**名「冒瀆、悪口」は、ギリシア語*blasphemia*「悪口、冒瀆」が、教会ラテン語を経由して古フランス語に借入され、そこから英語に借入されたものである。
→ BLAME

blatant ［16世紀後半］形 ずうずうしい、（嘘などが）見えすいた、露骨な、（無知など）甚だしい：

スコットランド語*blatand*「（羊・ヤギなどが）鳴いている」の変形と見られる。スペンサーの造語*blatant* beastとして初出した。スペンサーは、神話のケルベロス（地獄の門を守る番犬）とキマイラ（頭はライオン、胴はヤギ、尾はヘビの怪獣）から生まれた、千の舌を持つ怪物を、誹謗・中傷の象徴として*blatant* beastと称した。その後「騒々しい」、「耳障りな」の意で使われるようになるが、前者は人に対する表現（17世紀半ば）、後者は物に対する表現（18世紀後半）である。「ずうずうしい」の意は19世紀後半に現れている。

blaze¹ ［古英語］名 たいまつ、炎、輝き；動 炎を上げて燃える、輝く：

古英語*blaese*は「たいまつ」、「炎」の意で、ゲルマン語から発達した語である。複数形の*blazes*は、地獄および地獄の火を表し、What the *blazes*!「いったい全体！」やGo to *blazes*!「くたばっちまえ！」などの憤激を表現する様々な成句に用いられている。

→ BLAZE²

blaze² ［17世紀半ば］名(樹皮を削ってつけた)目印；動(樹皮を削って)目印をつける：

動物の顔につけられた白い斑点や縞を表す blaze は、ゲルマン語に由来する語で、同系語にドイツ語 Blasse「星、縞」および blass「青白い」がある。blaze はおそらく blemish「きず」と同系である。blaze a trail「道しるべをつける」という表現は、足跡を残すための「しるすこと」を意味する。
→ BLAZE¹

blaze³ ［後期中英語］動触れまわる、布告する：

当初の意味は「らっぱを吹く」であった。中低地ドイツ語または中オランダ語 blazen「吹く」からの借入語で、英語の blast 名「突風」と同系である。
→ BLOW¹

blazer ［19世紀後半］名ブレザー(コート)：

鮮やかな色合いのスポーツ用ジャケットを指す。17世紀半ばの当初の意味は、単に「輝くもの」であった。

bleach ［古英語］動漂白する、青白くなる；名青白さ、漂白(剤)：

古英語の名詞 blaeco は、形容詞 blaec「青白い」より派生した語で、ゲルマン語から発達した。動詞 blaecan (の同系語)は、いずれのゲルマン語諸語にも存在する。
→ BLEAK

bleak ［古英語］形《方言》荒涼とした、吹きさらしの、(風が)冷たい、(天気が)寒々しい：

古英語 blac は「輝く、白い」の意であった。後の語(中英語 bleik, bleke)は、ゲルマン語から発達した、同義の古ノルド語 bleikr からの借入語である。「青ざめた」、「青白い」、「病弱な」の意は、今では使われていない。近代英語の綴りが現用のものになったのは、16世紀になってからである。後から派生した語意に「草木のない」、「侘しい」がある。
→ BLEACH

blear ［中英語］形(目が)かすんだ；動(目などが)かすむ、曇らせる：

blear「かすんだ、おぼろげな」と、中高地ドイツ語 blerre「ぼやけた視界」、および低地ドイツ語 blarroged「目がかすんだ」との間には、おそらくつながりがある。

bleed ［古英語］動血を流す、(外科的に)血を採る、放血する、心を痛める：

古英語 bledan はゲルマン語から発達した語である。この語からは多くの比喩的な意味が派生している。例えば、植物が樹液を滴らせる bleed もあれば、印刷の分野における仕上げ裁ち(仕上げ寸法より大きめに印刷された紙面の一部を断裁包丁で切り落とす方法)を意味する bleeding もある。成句の the heart bleeds「心が痛む」は、「悲しみのあまり心が痛む」の意である。bleed someone (with leeches)「(ヒルに吸いつかせて)瀉血(しゃけつ)する」などの他動詞の用法は15世紀初頭に遡る。
→ BLOOD

bleep ［1950年代］動(電子装置が)ピーッと鳴る；名ピーッという信号音：

この語は擬音語である。bleeping 形「(好ましくない語の代用として用いて)いまいましい」は、同じく1950年代より俗語の bleeding「いまいましい、ひどく、すごく」に代わる婉曲語として使われてきた。これは、放送の文言における卑俗な間投詞的表現を吹き替えるために用いられる「(好ましくない語を省略したことを示す婉曲語法として用いる)ピーッという電子音」からの類推による。

blemish ［後期中英語］動(名声、美しさなどを)損なう、傷つける；名きず、汚点：

当初は動詞として使われていた。古フランス語 ble(s)mir「青ざめさせる」、「傷つける」の延長語幹 ble(s)miss- からの借入

語である。おそらくゲルマン語から発達した。

blend [中英語][動]混ぜ合わせる、混ざる：
この語はおそらく、古ノルド語 *blanda*「混ぜる」と関連のあるスカンジナビア語に由来する。

bless [古英語][動]清める、祝福する、あがめる、神の恵みを祈る：
古英語 *bledsian, bletsian* は、*blod*「血」から派生した語で、原義の中核はおそらく「(生贄の血で)しるす」、「血で清める」である。この語義は、この語が「讃える」、「崇拝する」を意味するラテン語 *benedicere* と、「よく言う、褒める」を本義とするギリシア語 *eulogein* の訳語として使われていたことから生じた。このラテン語とギリシア語は、ヘブライ語 *brk*「曲げる」、すなわち「ひざまずいて礼拝する」の訳語であった。よって、英語の *bless*「祝福する」や *blessing*「祝福」は、深い関り合いを持つユダヤ教とキリスト教が融合された語である。また、後には、*bliss*「至福」との類推による意味も生まれている。*bless* に相当する動詞は他のゲルマン語にはない。

blight [16世期半ば][名](植物の)胴枯れ病、(希望などを)くじくもの；[動](植物を)枯らす、(希望などを)くじく：
当初は皮膚の炎症を指す語として使われていたが、今では植物の病気を指すほか、比喩的に「痛む」、「傷つく」の意でも使われている。農民の話し言葉から書き言葉に入ったものと見られるが、語源不詳である。アイスランド語 *blettr*「よごれ」や、*black, bleach, bleak* との関連説が唱えられてきたほか、擬音語という説もある。*blight* の否定的な含意は、19世紀初頭より軽蔑的な意で使われている *blighter* [名]「害を与えるもの」にも窺える。

Blighty [20世紀初頭][名]母国、英本国、(第1次大戦で)本国送還となるほどの負傷、帰国休暇：
由来は blight ではなく、インド駐留の英軍兵士らが英本国に言及したのが始まりである。「外国の、欧州の」を意味するウルドゥー語 *bilayati, wilayati* の、インド英語における変形で、語源はアラビア語 *wilayat, wilaya*「領土、地区」である。

blimey [19世紀後半][間]《俗語》しまった、ちくしょう：
これは軽い罵り言葉で、*blind me!* や *blame me!* の変形である。**Gorblimey** [間]「しまった、なんてこった」は、God blind me! の変形である。

blind [古英語][形]盲目の、目に見えない、理解力のない、無計画の、出口のない：
オランダ語、ドイツ語、英語の *blind* は、ゲルマン語から発達した同系語である。複合語に以下がある：
■ **blindfold** [動]「目隠しをする」は、16世紀半ばに遡る語で、*fold* との類推から生まれた *blindfeld* の変形である。*blindfeld* は、古英語 *geblindfellian* から発達した廃語の *blindfell*「打って視力を失わせる」の過去分詞形である。
■ **blind man's buff** [17世紀初頭][名]「目隠し遊び」(目隠しをした鬼が自分を押したり突いたりする仲間をすばやくつかまえて名を当てる遊び)という遊びでは、目隠しをした鬼が相手を追いかける際に、大概人やものにぶつかるものである。この場合の *buff*「打撃」は、古フランス語 *bufe* の借入語である。

blink [中英語][動]またたきする、ぴかぴか光る；[名]またたき、明滅：
スコットランド語 *blench*「たじろぐ」の変形 *blenk* から派生した語で、中オランダ語 *blinken*「輝く」の影響により語意が拡張した。初期には「騙す」、「たじろぐ」のほか、「目覚める」の意があった。現用の「またたきする」という意味は、この「目覚める」から派生したもので、16世紀半ばに始まっている。*blinking* という形容詞は、「半開きのまぶたの」、「目くばせする」の意で、この文字通りの意味を受け継いだ一節に、シェイクスピア『ベニスの商人』*Merchant of Venice*, II. ix. 54 がある：The portrait of a *blinking*

idiot「しょぼしょぼ目をしている阿呆」。この語法は、20世紀の *blinking* idiot「大ばか者」とは別物で、こちらの *blinking* は罵り言葉で、*bloody*「どえらい」の婉曲語である。

blip [19世紀後半][名]ポン、カチッという音、ブリップ（レーダーのスクリーンに映った光点）、（数値などの）一時的な急上昇・急下降、一時的な変化、（グラフなどの）急な変化、電子掲示板のニュース：
当初は、不意に軽く打つ音を表す擬音語であった。1940年代になると、レーダーのスクリーンに映る小さい縦長の光点の名称となる。現在の「事態の急停止や急変化」という意味が一般化するのは1970年代以降である。

bliss [古英語][名]喜び、無上の喜び、至福：
ゲルマン語から発達した *bliss* は、*blithe*「幸福な」と同系語である（古英語 *blithe* はオランダ語 *blijde* と同系である）。古来より *bless* と *bliss* は相互に影響しながら混用されてきた。このことは、心の浮き立つさまを表す世俗的な *blitheness*、および「恵まれた」を表す神聖な *bliss* への意味の分化が、長きに渡る時間の中でゆるやかに進行していったことを意味する。

blithe [古英語][形]軽率な、陽気な、快活な：
→ BLISS

blizzard [19世紀初頭][名]猛吹雪、大量：
元来は、「殴打」を意味するアメリカ英語で、語源不詳である。おそらく擬音語で、*blow*「強打」、*blast*「突風」、*blister*「水・火ぶくれ」、*bluster*「大騒ぎ」などの影響が想定されるが不詳である。この語は、アメリカの報道機関による1880〜81年の厳冬に関する報道の中で、暴風雪を表す用語として採用されたものであるが、西部地方ではかなり以前から実際に口語で使われていた。

bloat¹ [17世紀後半][形]ぶよぶよの、膨れた、慢心した；[動]膨れる、膨れあがらせる：
当初は「膨らませる」の意であった。この基になった語は、古ノルド語 *blautr*「柔らかい、たるんだ」からの借入語と見られる廃語の形容詞 *bloat*「膨れた、柔らかい」である。アメリカの俗語では、軽蔑に値する人を指すが、この語法は19世紀後半に遡る。このような否定的な含意は、*bloated* capitalists「傲慢な資本家」などの表現にも窺える。

bloat² [16世紀後半][名]燻製ニシン：
16世紀後半から17世紀半ばにかけて *bloat* herring「燻製ニシン、サバ」として使われていた *bloat* は、形容詞 *bloat*「柔らかい」と同系と見られる。語源不詳である。しばらく塩水に浸してから燻製していたこの種の燻製ニシンは、通常10日間ほど塩漬けにしてから燻製にするタイプの赤ニシンまたは乾燥ニシンとは別物である。

blob [中英語][名]（ペンキ・はちみつなどの）どろっとした物のひとかたまり、一滴：
最初、液体のしずくの象徴と考えられていたであろう泡を指していた。「泡」の意は、今でも北部の方言に残存する。*blow*「吹く」との類推が想定されるが、これは、泡を形作る時の唇の動きによる。
→ BLUBBER

block [中英語][名]（木、石、金属などの）大きな塊、断頭台、帽子型、妨害物、一区画；[動]閉鎖する、妨害する、凍結する：
当初は丸太や切り株を指した。中オランダ語 *blok* が、古フランス語を経て借入された語で、語源不詳である。動詞の最初の意味は、「障害物として木片を道に置く」であった。17世紀後半に遡る block-ade[名]「封鎖」は、*block* から派生した語で、おそらく ambuscade「待ち伏せ」の語形成にならったものである。20世紀までに現れた語に、1940年代初出の blockbuster[名]「《略式》大ヒット作品、超大型爆弾」がある。当初は大型空中爆

弾を表していたが、後に、強い影響力のある超大作映画や超ベストセラーの本を指すようになった。

blood ［古英語］⃞名 血、血統、流血、感情：
古英語 blod はゲルマン語から発達した語で、ドイツ語 Blut「血」およびオランダ語 bloed と同系である。17世紀半ば以降、表現を強調する語として使われている bloody⃞形「血の、ひどい、忌まわしい、全くの」は語源不詳であるが、17世紀後半から18世紀初頭にかけての「血気盛んな人々」(貴族的な荒くれ者) に関連すると考えられる。bloody drunk(= as drunk as a blood) と言えば「へべれけ」を指していた。18世紀半ばよりごく最近までの間、罵り言葉としての bloody は印刷に不適切と見なされていた。その理由はおそらく、この語がキリストの血を暗に冒瀆するもの、あるいは「聖母マリアによる」の変形、などと誤解されたことによる。よって、bloody の語法に関しては、文字通り流血を表す bloody battle「血なまぐさい戦闘」のような表現でさえも、慎重な取り扱いが常識化している。

bloom ［中英語］⃞名 花、開花 (期)、最盛期；⃞動 栄える、花が咲く：
「花」を意味する初期の英語は blossom であった。英語 bloom は、古ノルド語の blom「花」、blomi「繁栄」、blomar「花々」からの借入語である。また、bloom は、動詞 blow「いっせいに開花する」と同系である。後期中英語になると、bloody「ひどい、どえらい、いまいましい」の婉曲語として blooming⃞形「花盛りの、いまいましい」が使われるようになった。

bloomer ［19世紀後半］⃞名 花を咲かせる植物、大失策、どじ、上部に割れ目を入れた中型の食パン：
blooming error「ばかげた大失敗」と同義で、オーストラリアの監獄で使われていた俗語と想定される。1930年代には、別の意の bloomer⃞名「上部に割れ目を入れた中型の食パン」が現れる。これは、一種のパンのことであるが、由来は不明である。

bloomers ［19世紀後半］⃞名 ブルマー：
この語は、短いスカートの下にはく、足首にギャザーを寄せたズボンのことであった。この名称は、この種の衣類の着用を推進したアメリカの社会改革者アメリア・J・ブルーマー (1818～94年) の名 (Bloomer) に因んでつけられたものである。19世紀後半には、bloomers はサイクリングなどの運動にふさわしい服装と見なされるようになった。20世紀初頭になると、ゆったりとした膝丈のニッカーズを bloomers と呼ぶようになり、やがて口語であらゆるニッカーズを指すようになる。

blossom ［古英語］⃞名 (果樹の) 花、開花期、花盛り；⃞動 花が咲く、栄える：
古英語の名詞 blostm, blostma、および動詞 blostmian はゲルマン語から発達した語で、オランダ語 bloesem は同系語である。花を表す2つの言葉 blossome と bloom は、それぞれ意味を特殊化させてきた。かつて blossom は、「花」を表す包括的な語であったが、今では専ら、果実をつける花を指す。一方、bloom は主に観賞用植物の花、およびその花盛りを言う。
→ BLOOM; BLOW²

blouse ［19世紀初頭］⃞名 (スモック風の) 仕事着、労働服、(婦人用の) ブラウス：
かつて、労働者用の、腰部をベルトでしめるタイプのゆったりした長い上着を表していた。フランス語からの借入語であるが、それ以前の詳細は不明である。現在のように、シャツ型の婦人用衣服を指すようになったのは、19世紀後半である。

blow¹ ［古英語］⃞動 吹く、(息などを) 吐く、爆破する：
古英語 blawan「空気を送る」および同系ドイツ語 blahen「吹きはじめる」、「ふくれる」はゲルマン語から発達した語で、ラテン語 flare「吹く」と共通のインド＝ヨーロッパ祖語を持つ。

blow² ［古英語］⃞動 花が咲く、花を咲かせ

る：
ゲルマン語から発達した古英語 blowan「花が咲く」、「花を開く」は、オランダ語 bloeien およびドイツ語 blühen「咲いている」と同系である。
→ BLOOM; BLOSSOM

blowsy［17世紀初頭］形（女性が）下品な、だらしない：
廃語の blowze「乞食のつれあいの女性」から派生した語で、語源不詳である。

blubber［後期中英語］名（鯨などの）脂肪、脂身；動おいおい泣く：
当初は海の泡立ちや水面に浮かぶ泡を指していた。この語は、blob「しずく、しみ」や blotch「できもの」と互換性を持つと見られ、沸々と浮かんでは消える沸騰中の泡を象徴している。動詞用法は、名詞用法を比喩的に模した語法で、同時代に遡る。一方、省略形の blub 動「おいおい泣く」は、blubber よりはるかに遅く、19世紀初頭に現れている。

blue［中英語］形青い、血の気を失った、憂鬱な：
古フランス語 bleu からの借入語である。ゲルマン語から発達した語で、古英語 blaewen「青い」、および古ノルド語 blar「濃い青」と同系である。blae-berry は、スコットランドおよび北イングランドで「ビルベリー」を指す。第 1 音節の blae「暗い青の」(blue と同系）は、「黒味がかった青」を意味する方言に由来する。「憂鬱」を意味する blues は、「delirium tremens（アルコール中毒による）振顫譫妄（しんせんせんもう）」による震えの発作を表す blue devils の省略形として、18世紀半ばに現れた語である。以下に興味深い由来を持つ複合語をあげる。

■ blue-chip［20世紀初頭］名「（会社・投資が）優良な、堅実な」は、元はアメリカの言葉で、賭博で使われる高得点用の blue chip「青色のポーカーチップ」に由来する。

■ blue-plate［1940年代］名「定食の」は、アメリカ用法で、飲食店のメインコース全体を一皿のメニューとして注文することのできる食事を表す。当時の青い皿に由来する語で、一定価格で提供される定食がのせられていたこの皿には、数種類の料理を盛りつけられるように仕切りがついていた。

■ blueprint［19世紀後半］名「青写真、詳細な計画」は、a blueprint for success「成功のための詳細な計画」のように、今では企画、雛型、模型に対してごく一般的に使われる語である。この名称は、青地に白線、または白地に青線で作成される印刷の一工程に由来する。

■ bluestocking［17世紀後半］名「文学趣味の女、インテリ女性、青鞜（せいとう）」は、元は、正装の絹の黒いストッキングの代わりに、梳毛（そもう）糸の長靴下をはいた男性を指していたが、やがて広義に「普段着の着用」を意味するようになった。その後、bluestocking は、1750年頃に 3 人のロンドン社交界の女性によって開催されていた、文芸サロンのメンバーを表すようになる。男性参加者の中には、あえて普段着で現れる者がいた。女性の参加者は、blue-stocking ladies または blue-stockingers の名で知られるようになった。

bluff[1]［17世紀後半］動はったりをかける；名はったり：
19世紀半ばのアメリカに現れた意味で、当時この語は、ポーカーの bluffing「はったりをかけること」を指していた。bluff の当初の意味は「目隠しをする」、「目をくらます」であった。オランダ語 bluffen「自慢する」、または bluf「自慢」からの借入語である。

bluff[2]［17世紀初頭］形（海岸などが）切り立った；名絶壁、（カナダ）草原の木立：
元は海事用語で、船首部が「広い」ことを表す形容詞として記録されている。語源不詳である。カナダに見られる「木立、雑木林」の意は、18世紀半ばに遡る。

bluff[3]［18世紀初頭］形（人・態度が）粗野な、無作法な、率直な：
当初は「不機嫌な、態度がぶっきらぼう

な」を意味し、bluff「絶壁」の比喩的用法であった。「率直な」という現在の肯定的な意味は、19世紀初頭に遡る。

blunder ［中英語］動 まごつく、へまをする；名 面倒、へま：

おそらくスカンジナビア語に由来し、blind「盲目の」と同系語である。blunderに関する複合語に、blunderbuss 名「らっぱ銃」がある。これは、17世紀半ばのオランダ語 donderbus の変形で、文字通り「雷鳴の銃」である。

blunt ［中英語］形 (刃などが) 鈍い、粗野な、ぞんざいな：

語源不詳だが、一説によれば、スカンジナビア語に由来し、古ノルド語 blunda「目を閉じる」と同系語と見られる。また、blunt を blind の同系語と見る説もある。当初の意味は「鈍い、鈍感な」で、使われなくなった意味に「無益な」、「洗練されていない」がある。

blur ［16世紀半ば］動 (輪郭などを) ぼんやりさせる、ぼやけさせる；名 ぼんやりした姿：

当初の意味は、「あるものを部分的に覆い隠すしみ」であった。この語を blear「くもり、ぼやけ」の変形とする説もある。
→ BLEAR

blurb ［20世紀初頭］名 (本のカバーについている) 誇大広告：

1951年に没したアメリカのユーモア作家ジェレット・バージェスの造語である。『バージェス大辞典7』の Blurb にて、彼はこの語を次のように定義している。1. 派手な広告──内輪の推薦状。2. 大袈裟な賞賛──出版社ならではの言い回し…「『最新作』の『カバー』にこんな誇大広告が目につく。生き生きとした形容詞と副詞にあふれたこの本は『今年の最高傑作』間違いなし」。バージェスの著作の漫画本 (1907年) のカバーには、若い女性が描かれていたが、その名も Miss Blinda Blurb、すなわち、blurb の由来である。

blush ［古英語］動 赤面する；名 赤面、恥じらい：

古英語 blyscan「赤くなる」は、現代のオランダ語 blozen と同系である。動詞 blush を遡れば原義はおそらく「燃える」、「輝く」であるが、その発達過程は依然として不詳である。

board ［古英語］名 板、食卓、食事、会議、委員会、ボール紙；動 乗り込む、搭乗する：

古英語 bord (ゲルマン語から発達) は由来の複雑な語で、大別すると「板」と「境界、縁」の2つの意味を持っていた。意味の異なる2つの語が存在したとも言えるが、古英語 bord はこの2つを包括する語であった。同系語に、オランダ語 boord およびドイツ語 Bort がある。board は中英語において、古フランス語 bort「縁、舷側」および古ノルド語 borth「板、食卓」の影響により意味が拡張した。

boat ［古英語］名 小船、ボート、船：

古英語 bat の由来、および同系語については不明である。低地ドイツ語 bot、およびオランダ語 boot は、この古英語か、もしくは相当する古ノルド語からの借入語と考えられる。すなわち、古ノルド語と古英語にのみ受け継がれたゲルマン語 *baito- との関連が考えられる。

bob ［後期中英語］名 ショートカット、シリング、鐘の順を変えること、ひょいと動くこと；動 上下に動く、人がひょいと現れる：

この語は不可解な語である。上下運動を表す bob (擬音語との説がある) にしても、ショートヘアを表す bob にしても語源不詳で、どちらも中英語に遡る。この語はまた、17世紀後半より、教会の転調鳴鐘法 (bob minor なら6つの鐘で鳴らされる、bob triple なら7つの鐘で鳴らされる、等) の撞き手によって用いられている。これは、名詞 bob の「すばやい上下運動」という意味に由来すると見られる。硬貨の bob「シリング」は、18世紀後半よりこの呼称で、同様に語源不詳である。

bobby［19世紀半ば］名巡査：
イギリスの内務大臣（1828～30年）サー・ロバート・ピールがロンドン警視庁（首都警察）を設立し、以来、警官たちは *bobbies*「警官」や *peelers*「警官」と呼ばれるようになった。*Bobby* は、*Robert* の愛称である。

bobsleigh［19世紀半ば］名動2連ぞり、ボブスレー（に乗る）：
元は、丸太を引くための2連の短いそりを指すアメリカ英語で、構成素の *bob* は「短い」を意味する。同じ意味が組み込まれている語に、尾の短い **bobcat**名「ボブキャット」、**bobtail**名「切り尾（の馬、犬）」などがある。

bode［古英語］動前兆となる：
boda「通信伝達者」から派生した古英語 *bodian* は、「公表する」、「予告する」の意味であった。この語はゲルマン語から発達しており、ドイツ語 *Bote*「使者」と同系である。
→ BID

bodice［16世紀半ば］名ボディス（飾りのあるベスト）、婦人服の肌着、コルセット：
元の綴りは *body* の複数形 *bodies* で、この綴り通りの発音が確立した。*bodies* はおそらく、元は1枚の下着を指していたが、後に a pair of *bodice* が一般となる。この用例での最古の記録は、17世紀初頭である。

bodkin［中英語］名千枚通し、ヘアピン、ひも通し針：
語源は、「短剣」の意味のアイルランド語 *bod*、ウェールズ語 *bidog*、スコットランド＝ゲール語 *biodag* に関連のあるケルト語と見られる。「短剣」が最古の意味で、シェイクスピアの『ハムレット』*Hamlet*, III. i. 75-76 にその用例がある：When he himself might his quietus make With a bare *bodkin*?「短剣のひとつきでこれらすべてから解放されるというのに？」初期の意味にはこの他、「目打ち」（布地に刺し通すための鋭利な道具）がある。現在の針仕事用の *bodkin*「ひも通し」は、目打ちのような鋭利なものではなく、テープや太い糸を布地に通すための、大きな通し穴がついている。

body［古英語］名身体、本体、死体、団体：
古英語の綴りは *bodig* で、語源不詳である。

bog［中英語］名沼地、湿地；動沼地に沈める：
アイルランド語、またはスコットランド・ゲール語 *bogach* からの借入語である。*bogach* は、*bog*「柔らかい」から派生した語である。

bogey[1]［19世紀後半］名【ゴルフ】ボギー：
「基準打数より1打多いスコア」を表すこのゴルフ用語は、old *Bogey* という悪魔に由来すると見られる。*Bogey* は、共に競技に参加している想像上のプレーヤーとされている。

bogey[2]［19世紀半ば］名悪鬼、お化け、恐ろしい人・もの：
いたずら好きの悪鬼を指すこの語は、悪魔の固有名詞として初出した。この悪魔は Colonel *Bogey*「ボギー大佐」とも言われる。語源不詳だが、おそらく16世紀初頭の *bogle*「小鬼、幽霊」と同系である。*bogle* および *bogey* に関連した語に **boggle**動「ぎょっとする」がある。これは16世紀後半に初出した語で、おそらく方言から派生した。

bogus［18世紀後半］形にせの：
にせ金作りの装置を指す語としてアメリカに初出した。今では「にせの」の意の形容詞として使われている。語源は不詳である。

boil[1]［中英語］動沸騰する、煮え返る；名沸騰：
古フランス語 *boillir*「沸かす」からの借入語である。*boillire* は、*bulla*「泡」から派生したラテン語 *bullire*「泡立てる」から発達した語である。

boil² [古英語]㊅はれもの、おでき、腫張(しゅちょう):

古英語の形は byle, byl で、西ゲルマン語系統である。同系語にオランダ語 buil およびドイツ語 Beule「こぶ」がある。

boisterous [後期中英語]㊒荒れ狂う、活発な、騒々しい:

boistuous「田舎の、粗雑な、荒々しい」の変形である。元は「粗い、堅い」という意味であった。語源不詳である。

bold [古英語]㊒大胆な、厚かましい、太字の:

同系語に「早く」の意のオランダ語 boud およびドイツ語 bald がある。古英語の形は bald で、ゲルマン語から発達した。

bollard [中英語]㊅【海事】係柱、船柱、進入止め:

当初の bollard は、船の甲板や波止場地帯にある短い柱を指していた。古ノルド語 bolr「木の幹」に由来すると見られ、おそらく baulk「角材」と同系語である。

bolster [古英語]㊅長枕、(車両の)受け台、【海事】当て木;㊔支持する:

当初の意味は「長く厚みのある枕」であった。ゲルマン語から発達した語で、オランダ語 bolster およびドイツ語 Polster「クッション」と同系である。

bolt [古英語]㊅ボルト、締め釘、(布などの)ひと巻、電光;㊔かんぬきをかける、ボルトで締める、急に走り出す:

「矢」が原義である。同系語に「矢、ドアのかんぬき・差し錠」を意味するオランダ語 bout およびドイツ語 Bolzen「ボルト」があるが、語源不詳である。別の場面では、a bolt of cloth「一反の布」のように名詞における意味の転化が見られる。動詞用法の bolt は「矢のように飛ぶ」を意味し、放たれた矢が飛ぶスピードを表している。この語法は中英語に遡る。後(18世紀後半)の速度に関連した口語表現に、bolting food「食べ物を鵜呑みにする」がある。これは拙速を表している。

bomb [17世紀後半]㊅爆弾、大失敗、大金、突発事件;㊔爆撃する:

イタリア語 bomba から借入されたフランス語 bombe からの借入語である。イタリア語 bomba はおそらく、ギリシア語の擬音語 bombos から借入されたラテン語 bomgus「ブーンと鳴る、ブンブンいう」から派生した語である。

bombard [後期中英語]㊅射石砲;㊔砲撃する、爆撃する、(質問などで)攻めたてる:

カノン砲を表す古い語で、古フランス語 bombarde からの借入語である。おそらく語源は(bomb と同じく)ラテン語 bombus「ブーンと鳴る、ブンブンいう」である。動詞用法としては、16世紀後半にフランス語 bombarder から借入され、現在の形になった。16世紀半ばに遡る bombardier㊅「砲兵」は、bombard の担当兵を指していた。

bombast [16世紀半ば]㊅大言壮語、誇張:

スイスの医師パラケルスス(本名 P. A. T. Bombast von Hohenheim)に因んだ語だと誤解されていたが、実際は、「詰め物に使われる綿毛」を意味する廃語の比喩的用法である。bombast は、古フランス語 bombace から派生した語である。古フランス語 bombace は、ラテン語 bombyx「絹」の変形の中世ラテン語 bombax、bombac- からの借入語である。

bonanza [19世紀初頭]㊅富鉱帯、大当たり、大もうけ:

アメリカにおける bonanza の当初の意味は、鉱山業で大当たりすることであった。この語は、「晴天、繁栄」を意味するスペイン語で、ラテン語 bonus「良い」に由来する。

bonce [19世紀半ば]㊅大きなはじき玉・ビー玉、《俗語》頭:

「頭」も意味する俗語は、元々大きなビー

玉のことであった。語源不詳である。

bond ［中英語］名きずな、証書、束縛：
band の変形である。
→ BAND¹

bondage ［中英語］名束縛、農奴の境遇：
英国中世ラテン語 bondagium からの借入語である。bondagium は「農奴」、また古くは「農民、家屋所有者」の意の中英語 bond の派生語であった。(bond は、bua「居住する」に由来する古ノルド語 bondi「その土地の耕作者」から古英語の後半に bonda として借入されている）。意味の上で、bond「束縛」の影響を受けている。

bone ［古英語］名骨、遺骨：
オランダ語 been およびドイツ語 Bein「足」は、古英語 ban と同系で、いずれもゲルマン語から発達した語である。19世紀初頭に現れた **bone idle** という成句は、idle through to the bone「骨の髄まで怠惰な」の意である。

bonfire ［後期中英語］名大かがり火、たき火：
第1音節は bone「骨」に由来する。bonfire は元は、野外で焚く大かがり火のことで、この火で骨が焼かれていた。bonfire が儀式の一環として焚かれることもあれば、異端者の火あぶりや、法律で禁止された文献の焼却のために焚かれることもあった。ジョンソン博士は、bonfire がフランス語 bon「良い」に由来するとの説を誤認していた。

bonnet ［後期中英語］名ボンネット（帽子）、（車の）ボンネット：
かつて、男性用の柔らかい縁なし帽を指していた。古フランス語 bonet からの借入語で、中世ラテン語 abonnis「被り物」に由来する。婦人用または子供用の縁付きの帽子を指すようになるのは、15世紀後半である。これは、顔を縁取るように後頭部にかけて被り、紐をあごの下で結ぶタイプの帽子である。

bonny ［15世紀後半］形（赤ん坊が）まるまるとした、すてきな、陽気な、健康な：
bonny child の bonny は、古フランス語 bon「良い」から派生した語と見られる。

bonus ［18世紀後半］名ボーナス、特別賞与、特別配当金：
この語はおそらく、元々株式取引所の専門用語で、ラテン語 bonus「良い」からの借用語である。bonus は、ラテン語 bonum（中性）「良い」、「良いもの」に代わる、戯言的に使われた男性名詞の形容詞形である。

boo ［19世紀初頭］名客席から舞台などに発する非難の声；動やじる：
bo「ワッ」は、人を驚かせたり衝撃を与えたりする声として、中英語より使われていた語で、boo はこの bo の変形と見られる。不満・非難の表明としての boo は、牛の鳴き声の擬音語であった。hiss「シッシッという音」や hoot「フーとやじる声」と同様に、boo は嘲笑的な音声と考えられていた。

boob¹ ［1950年代］乳房：
元は、「乳房」を表すアメリカ英語で、1930年代の方言 bubby の変形 booby「乳房」の省略形である。ドイツ語の方言 Bübbi「乳首」に関連があると見られる。

boob² ［20世紀初頭］名ばか、へま、大きなまちがい：
booby「間抜け、または子供っぽい人」の省略形である。この booby の用例は、boob に遡ること200年ほどで、おそらくラテン語 balbus「吃音」に由来するスペイン語 bobo「ばか」より派生している。
boo-boo 名「失敗」は、1950年代にアメリカ英語に初出した語で、boob の重複形である。

book ［古英語］名本、聖書、巻、帳面、歌詞、台本：
ゲルマン語から発達した古英語 boc は、「記録、勅許状」の意であった。boc は元は、書物や書字板の1枚1枚を表していた

が、後に複数の枚数（文字が書かれた紙や板などの複数枚、すなわち本）を表すようになり、その結果、本自体の概念が、複数から単数へと変わった。動詞 *bocian* は「勅許状によって授ける」の意であった。この「勅許状」との関係は、同じく古英語に遡る *bookland* 名「勅許保有地」に見られる。かつて *bookland* は、勅許によって私有を認められていた土地を指していたが、後に *folcland*（公的諸負担を負う慣習保有地）を除くすべての土地を表すようになった。Buckland という地名は、この *bookland* から来ている。オランダ語 *boek*、ドイツ語 *Buch*「本」、そしておそらく英語 *beech*（ルーン文字は最初、ブナ板やブナの樹皮に刻み付けられたとされている）は *book* の同系語である。

boom¹ [後期中英語] 動 ぶんぶんうなる、とどろく、急に景気づく；名 うなり声、とどろき、にわか景気：

重く鳴り響く音を思わせる点で本質的に擬音語である。オランダ語 *bommen*「ブンブンいう、低くうなり声を立てる」からの借入語と見られ、英語での初出は動詞用法であった。ここからおそらく、19世紀後半の Bushiness is *booming*「景気がよい」などに見られる「にわかに景気づく」という意味へと発展した。この語意は、最初にアメリカ英語に現れ、突然性や速さという意味的要素を吸収していく。

boom² [16世紀半ば] 名 流木止、防材、【海事】ブーム、張出し支柱、マイク・カメラの操作用可動アーム：

海事で使われる *boom*「船の帆の基部を守る円材・帆を張るために帆柱の上に横に渡した材」は、オランダ語 *boom*「木、柱」からの借用語で、最初は「梁、柱」という一般的な意味で記録されている。18世紀半ばには、*boom* は、水路内の海峡を表示するために立てられる柱の意味でも使われるようになっていた。その他、「船舶の運行を遮断するために川に張り出された防材」、およびアメリカで用いられる「流木を特定方向に流すため川に浮かべた防材」の意がある。1930年代になると、*boom* は放送業界にて、マイク・カメラを支える可動式アームを指すようになった。
→ BEAM

boon [中英語] 名 願い事、恩恵、利益：

古ノルド語 *bon* が基である。元は「恩典を求めること」の意であった。*boon* はしだいに「贈りもの」や「心づけ」を表すようになり、また家主が小作人に対し当然の義務として課していた無報酬の奉公を表すようになった。このように、暗に期待しながら請う、という根本的な意味が弱まりつつあり、今では、贈りものや利益の受け手の価値観が焦点化されている。こうした積極的な含意と語義を違えるのが、*boon* companion の *boon* である。これは、16世紀半ばに遡る独特の表現で「陽気な遊び仲間」を意味する（例：テニスン『ベケット』*Becket*: My comrade, *boon* companion, my co-reveller「我が友、気心の知れた同輩、酩酊者」）。後期中英語の形容詞 *boon*「慈悲深い」は、基本的に「良い」を意味する語で、フランス語 *bon* からの借入語である。

boor [16世紀半ば] 名 無作法者：

今では、無作法者を指すが、当初は「小百姓」の意で、低地ドイツ語 *bur*、またはオランダ語 *boer*「百姓」からの借入語である。オランダ語では、次の3つの意味に対応する3つの語が現存する。*boer*「小百姓」、*buur*「隣人」、*bouwer*「建築者」。一方、ドイツ語では、*bauen*「耕作する、建てる」の影響により、*Bauer* に以下の3つの意味が集約されている。「百姓」、「田舎者」、「建築者」。

boost [19世紀初頭] 動 押し上げる、後援する、推進する；名 援助者、自信を与えるもの、昇圧機：

語源不詳だが、アメリカにおける *boost* の当初の意味は「下から押す」であった。

boot¹ [中英語] 名 長靴、ステップ、荷物入れ、トランク、起動；動 キックする、追

い出す、（コンピュータを）起動する、車止めをかける：

長靴を表す boot は、古ノルド語 boti、または古フランス語 bote からの借入語である。語源不詳だが、古語の bot「鈍い、ずんぐりした」に関連があると見られる。1755年のジョンソン博士の辞書では、boot の意味が1つに限定されている。… a covering for the leg, used by horsemen「馬の世話をする人が用いる足用の覆い」。17世紀初頭より、複数形 boots は、bossyboots「いばりちらす人」や slyboots「ずるい奴」のように、複合語で「人」の意を持ちはじめる。18世紀後半には、boots の形で靴磨きなどの雑用をするホテルの使用人を指すようになる。一方、車の boot「トランク」は、この語が以前、4頭立て4輪大型馬車の客車の前方または後方にある、御者が座る場所の仕切りを指していたことに由来すると想定される。コンピュータの分野で使われる動詞の boot「起動する」や reboot「再起動する」は、20世紀後半以降の用例である。boot と reboot は **bootstrap** 名「ブートストラップ」の省略で、「（コンピュータの起動を）助ける」という意味から「（コンピュータで操作の実行管理などをする基本プログラムを）補助記憶装置から主記憶装置に入れる」という意味へと発達した。

boot² ［古英語］名救済、利益；動救済する、（不足を）補う、役立つ：

成句 to boot（「おまけに、功を奏して」）で知られる boot の古英語の形は bot「利益、救済策」であった。ゲルマン語から発達した語で、同系語に「ざんげ、罪滅ぼし、罰金」を意味するオランダ語 boete およびドイツ語 Busse「罪の償い」、また、英語 better, best がある。

booth ［中英語］名ブース、売店、屋台店、投票用紙記入所、電話ボックス：

語源の bua「居住する」に由来する古ノルド語 buth からの借入語である。当初は「一時的な住まい、また、避難所」の意で使われていた。「小屋」、「労働者の一部屋の住まい」を表す bothy という語は、同系と考えられる。booth をスラヴ語から入ったとする説もあり、それによれば、チェコ語 bouda とポーランド語 buda は同系語である。

bootleg ［19世紀後半］形密造された、密輸入された；名密造酒、密造；動密造する、密売する：

この語は、密輸業者らの習慣に由来する。彼らは、長靴のすねの部分に密造酒を隠して運んでいた。

booty ［後期中英語］名略奪品、戦利品、もうけ、賞金：

当初は、共同して盗んだ後に山分けする略奪品を指していた。中低地ドイツ語 bute, buite「交換、分配」からの借入語で、それ以前の由来は不詳である。分配するという概念は、しだいに弱まっていった。

booze ［中英語］動大酒を飲む；名（安物の）アルコール飲料、酒宴：

当初の綴りは bouse で、中オランダ語 busen「飲み過ぎる」からの借入語である。現在の発音綴り booze は18世紀に遡り、中英語の発音を示している。この語形は方言特有のものと見られる。

border ［後期中英語］名へり、縁、縁取り、国境、境界；動境をなす、縁をつける、接する：

古フランス語 bordeure からの借入語である border（この変形の **bordure** 名「盾の縁取り」は、今なお紋章学の用語として存在する）は、ゲルマン語から発達した語で、board と同系である。英語におけるその他の言葉にも見られる通り、語尾の -ure は -ur を経て -er へと衰退し、そのため語源がわかりにくくなっている。

bore¹ ［古英語］動（錐などで穴を）あける、堀る；名穴：

「刺し通す、穴をあける」を意味する bore（古英語では borian）は、ゲルマン語から発達した語で、ドイツ語 bohren「（穴を）あける」と同系である。

bore²［18世紀半ば］名退屈病（にかかっている人）、うんざりさせる人・こと、退屈な仕事；動うんざりさせる、退屈させる：

語源不詳である。名詞、動詞ともに1750年以降に現れており、なにがしかの逸話の引喩とされるが、その逸話については不詳である。この語の用例に、フランス語 *ennui*「倦怠」と思しき症状に煩わされる人を意味する French *bore* という表現がある。これは *bore* の語源がフランス語である可能性を示唆している。*ennui* を英語 spleen「脾臓」の疾患になぞらえることがあるが、かつて脾臓は憂鬱の宿る所と考えられていた。

bore³［17世紀初頭］名高潮、潮津波：

bore は、2つの潮流がぶつかり合うことによってその前面が垂直の壁の様相を呈する波、また、幅の狭い河口に押し寄せる高潮を指す。この語は古ノルド語 *bara*「波」からの借入語と見られる。中英語では、「大波、波」という一般的な意味で使われていた。

borough［古英語］名《米》町、村、ニューヨーク市の行政区、《英》（イギリスの）自治都市：

当初の *burg* および *burh* は、「要塞、城、とりで」を指していたが、やがて「要塞化された町」を指すようになり、今では「町」、「行政区」を指している。ゲルマン語派の同系語に、オランダ語 *burg* およびドイツ語 *Burg*「城」がある。中英語には、*borough* に関連したいろいろな綴りの語が存在していた。*burgh* 名「自治都市」は、スコットランド語である。その派生語 *burgher* 名「公民、市民」、「地区の住民」は、*burg*「城」に由来するオランダ語 *burger* から意味が拡張された語である。フランス語からの借用語 *bourgeois* 名「中産階級の市民」（後期ラテン語 *burgus*「城」が語源）もまた、同系である。

borrow［古英語］動借りる、借用する、保護する、（他の言語から）借用・借入する：

ゲルマン語から発達した古英語 *borgian* は、「…を担保に借りる」の意で、オランダ語およびドイツ語の *borgen*「貸す、借りる」と同系である。担保は、無事な返却を保証するもので、返却が履行されなければ担保物件は没収された。今では、主として一時的な貸付の意味で使われている。

bosom［古英語］名胸、懐、奥深い所：

古英語 *bosm* は、西ゲルマン語系統の語である。同系語にオランダ語 *boezem* およびドイツ語 *Busen*「胸」がある。

boss¹［19世紀初頭］名長、上司、親方、かしら、社長、学長、主任；動《口語》ボスとなる、牛耳る、こき使う：

移住者らによるアメリカへの持ち込みに端を発する。オランダ語 *baas*「支配権を持つ人」からの借入語である。やがて、*boss* about「あれこれ命令する」のような動詞用法が現れた。

boss²［中英語］名（せむしの）こぶ、突起、飾り鋲、（盾の）心：

boss「丸い突起物」は多くの場面で使われる。例えば、植物や動物にできるこぶを指すこともあれば、盾の中央部の丸い金属性の飾り鋲や装飾的な突起を表すこともある。また、建築学や地質学の分野でも使われている。古フランス語 *boce* からの借入語で、語源不詳である。

boss-eyed［19世紀半ば］形《俗語・方言》片目の、やぶにらみの、斜視の、一方に片寄った：

方言の *boss*「失敗する、しくじる」に関連すると考えられるが、語源不詳である。**boss shot** 名「射ち損じ、見当違い」、「やり損ない」の *boss* の関連語と見られる。

botany［17世紀後半］名植物学、（一地方の）植物（全体）、一植物の生態：

botanic という語から派生した言葉である。*botanic* は、ギリシア語 *botanikos* に由来するフランス語 *botanique* からの借

用語で、語源はギリシア語 *botane*「植物」である。イギリスの探検家ジェームズ・キャプテン・クックは、1770年に（オーストラリアで最初に）上陸した場所を、*botany* に因んで *Botany Bay*「ボタニー湾」と名づけた。この入り江で多くの新種の植物が、同行者の（イギリスの博物学者・植物学者）サー・ジョゼフ・バンクスによって収集されたためである。

botch ［後期中英語］動台なしにする；名不手際な仕事：
当初の意味は「修繕」で、やがて、「継ぎはぎ」という概念が付加され、その結果、概して「へたくそ」な縫い物を表すようになった。語源不詳である。*botch* の変形 **bodge** は16世紀半ばから記録されている。

both ［中英語］名形両方（の）：
語源は古ノルド語 *bathir* である。

bother ［17世紀後半］動煩わせる、心配をかける、悩ます、思い悩む；名悩みの種、厄介、いざこざ：
当初は、「騒音、おしゃべり」という方言的な意味での名詞用法であった。アイルランドで使用されていた英語に由来し、おそらくアイルランド語の *bodhaire*「騒音」、*bodhraim*「聾する」、「悩ます」と同系である。動詞用法は、元来は18世紀初頭の「騒音によって困惑させる」の意味する方言であった。今日の *bovver boots*「ボバーブーツ」（底に大きな鋲を打ちつま先に鉄を付けたけんか用の蹴り靴）の **bovver** ［1960年代］名「けんか、乱闘」は、*bother* をロンドンなまりで発音した語である。

bottle ［後期中英語］名瓶；動瓶に詰める、(瓶に詰めて) 保存する：
最古の記録は、（酒類・油などを入れた）革袋古フランス語 *boteille* からの借入語で、後期ラテン語 *buttis*「ワインを入れる皮袋」の指小辞である中世ラテン語 *butticula*「小さな樽」である。現在の口語表現 have lots of *bottle*「度胸がある」

や *bottle* out「ひるむ」は、勇気に関連した慣用句で、最古の用例は、1970年代以降の犯罪者同士の俗語である。
→ BUTT[4]

bottom ［古英語］名底、基底、低地、尻：
古英語 *botm* は、ゲルマン語から発達した語で、同系語にオランダ語 *bodem*「底、地面」およびドイツ語 *Boden*「地面、大地」がある。「臀部、尻」の意は、18世紀後半に遡る。

boudoir ［18世紀後半］名（上流）婦人の居間、私室、寝室：
フランス語からの借用語 *boudoir* は、文字通り「すねる場所」の意で、*bouder*「口をとがらす、すねる」から派生した語である。

bough ［古英語］名大枝：
「大枝」や「肩」を意味する古英語 *bog, boh* は、ゲルマン語から発達した語である。オランダ語 *boeg*「両肩」、「船首」、およびドイツ語 *Bug*「船首」、「馬の飛節や肩」は同系である。おそらく「木」に関する意味を持つものは英語だけで、英語以外の同系語における中核的な意味は「肩」または「前肢」である。
→ BOW[3]

boulder ［後期中英語］名（丸い）巨石、巨岩：
boulderstone の短縮形で、スカンジナビア語に由来する。原義は、舗装（工事）に使われる「水の作用で摩滅し丸くなった石」である。

boulevard ［18世紀半ば］名大通り、広い並木街路、遊歩道：
フランス語からの借用語で「城壁の上の平らな部分」の意味であった。後に「城壁の上の平らな部分に設けられた遊歩道」を指すようになった。フランス語 *boulevard* は、ドイツ語 *Bollwerk*「とりで」に由来する。

bounce ［中英語］動弾む、バウンドする、弾ませる：

中英語 *bunsen* の当初の意味は「たたく、強く打つ」で、「はね返る」の意味はなかった。*bunsen* を擬音語と見る説もあるが、おそらく低地ドイツ語 *bunsen*「打つ」、もしくはオランダ語 *bons*「ゴツン」からの借入語である。*bounce* に含まれている「弾む」という意味は16世紀初頭から一般に広まった。意味の発達過程は *bang* と同様である。

bound¹ [16世紀初頭] 名 跳ね上がり、跳ね返り；動 跳ねる、(ボールなどが) バウンドする：

当初は名詞用法のみであった (フランス語 *bond* の借入語)。動詞用法は、フランス語 *bondir* からである。*bondir* は元来「こだまする」を意味し、後に「跳ね返る」を意味するようになった語で、語源のラテン語 *bombus*「ブンブン」から派生した後期ラテン語 *bombitare* に由来する。社会規範にそぐわない振舞いをする人を、非難を込めて **bounder** 名「騒々しい野卑な男、無作法者」と表現することがある。この bounder は、4 輪の馬車を指す俗語の bounder (19世紀半ば) と関連する。この馬車は、でこぼこ道をはずみながら (bounded) 通っていたため、乗り心地の悪い乗り物であった。

bound² [中英語] 名 境界標、境界 (線)、境界領域：

当初は「(土地の) 境界標」や「国境地方」を意味したが、今ではむしろ out of bounds「領域外に」や beat the bounds「教区の境界を検分する、慎重に調査して調べる」(教区の境界を検分するため、所々を小枝で打って歩いていた) などの成句で知られる。古フランス語 *bodne* からの借入語で、中世ラテン語 *bodina* に由来し、さらに遡れば *butina* だが、語源不詳である。**boundary** [17世紀初頭] 名「境界 (線)、限界」は、方言 bounder「境界線、境界標」の変形で、語尾の -ary は limitary「制限的な、有限の」にならったものと見られる。その他の「境界 (線)」(特に地面の) を意味する語に **bourn** 名「境界、目的地」がある。この語も古フランス語 *bodne* からの借入語で、16世紀初頭に遡る。

bound³ [中英語] 形 (人・列車・飛行機などが) …行きの：

当初の綴りは *boun* で、「準備ができている、(装いの) 仕上げをした」の意であった。*boun* は、古ノルド語 *bua*「準備をする」の過去分詞形 *buinn* からの借入語である。語尾の -d は、発音しやすく変異したものか、もしくは「義務を負っている」を意味する *bound* の影響により付加されたものである。

bound⁴ [15世紀後半] 形 縛られた、拘束された、義務がある、きっと…する：

duty bound「義務のある」に示されるように、当初の意味は「…する義務がある」であった。この語は、bind「縛る」の過去分詞である。

bounty [中英語] 名 賜物、美徳、恵み深さ、報奨金：

元は、「美徳」や「寛大」の意で、古フランス語 *bonte*「美徳」からの借入語である。語源はラテン語 *bonus*「良い」である。「報奨金」の意味は、18世紀初頭に遡る。**bountiful** [16世紀初頭] 形「恵み深い」は、*bounty* から派生した語で、ジョージ・ファーカーの喜劇『だて男の計略』*Beaux' Stratagem* (1707年) の登場人物 *Lady Bountiful* は「恩着せがましく慈善を施す女性」として知られている。

bouquet [18世紀初頭] 名 花束、(ワインなどの独特な) 香り、芳香：

bouquet「木立」は、「森」を意味する古フランス語 (*bosc, bos, bois*) のうち *bos* から派生したフランス語である。この語が、「花束」の意で英語に借用された。ワインの芳香の意は、19世紀半ばに遡る。
→ BUSH

bourgeois [16世紀半ば] 名 ブルジョア、中産階級の市民、資本家；形 中産階級の、資本主義の：
→ BOROUGH

bout [16世紀半ば]🅰(ボクシングなどの) 試合、(活動などの) 一続き (の間)、一仕事、一区切り、発病期間：

継続中の活動や事象に対して使われる語で、その用例は、boxing bout「ボクシングの一勝負」や bout of flu「ひとしきり続くインフルエンザ」など、様々である。この語は、元は「曲線」、「迂回路」の意味で、方言の bought「湾曲、輪」に由来する。語源はおそらく低地ドイツ語である。

boutique [18世紀半ば]🅰ブティック：

「小売店」を意味するフランス語からの借用語である。ギリシア語 apotheke「倉庫」がラテン語を経由し、フランス語に入った。同系語に、「ワインの販売店」を意味するスペイン語 bodega がある。

bow¹ [古英語]🅰弓、弓状のもの；🅱弓で弾く：

弓の射手や音楽家が用いる bow は、ゲルマン語から発達した語で、古英語では boga「湾曲、弓、アーチ形」であった。同系語に、オランダ語 boog「弓」およびドイツ語 Bogen「弧」、また動詞の bow「かがむ」、「身体を曲げる」がある。古英語 bow の独立語としての用例はなく、rainbow や elbow などの合成語の一部として存在していた。

bow² [古英語]🅱おじぎをする、かがむ、曲げる、屈服する、(謝意・同意などを) お辞儀をして示す；🅰お辞儀、会釈：

古英語 bugan「かがむ」は、ゲルマン語から発達した語である。同系語にドイツ語 biegen「曲げる」、また、名詞の bow「弧、弓形」がある。

bow³ [17世紀初頭]🅰船首、へさき：

「へさき」を意味する bow (この意味での bow の記録は1600年以降と遅い) は、「肩」、「船のへさき」を意味する低地ドイツ語 boog およびオランダ語 boeg からの借入語である。
→ BOUGH

bowel [中英語]🅰腸、はらわた、内部：

古フランス語からの借入語で、ラテン語 botellus「小さなソーセージ」、すなわち、botulus「ソーセージ」の指小辞に由来する。食中毒の一種である **botulism**🅰「ボツリヌス中毒」は、このラテン語 botulus に由来する語で、「ソーセージ中毒」が原義のドイツ語の Botulismus からの借入語である。

bower [古英語]🅰すみか、あずまや、木陰、隠れ家、婦人の私室：

婦人がひっそりと過ごす居室前にあるとして、詩によく登場する bower は、ドイツ語 Bauer「鳥かご」と同系である。古英語 bur「住みか、奥まった部屋」は、ゲルマン語から発達した語で、おそらく古英語 byre「牛舎」、「牛小屋」と同系である。戸外の bower には、依然として「隠れ場所」や「避難所」といった意味合いがあるが、これは、アーチ状に生い茂った枝葉が天蓋を成すためである。

bowl¹ [古英語]🅰鉢、どんぶり、碗、(ボール状に) 丸く窪んだ部分、(鉢、碗の) 一杯：

歴史的に見ると、bowl は basin と区別されていた。bowl は球をまっぷたつにしたような半球体のもの、basin はこれより直径が長く浅いものを指していたが、地域によってはこうした使い分けがなくなってきている。ゲルマン語から発達した古英語 bolle, bolla は、オランダ語 bol「丸い物体」および英語 boll🅰「半球形のもの」(今では、綿花や亜麻などの植物の「まるみのある萌（さく）」の意) と同系である。

bowl² [16世紀半ば]🅰(ボウリング用の) ボール、ボウリング；🅱ボウリングをする：

スポーツで言うところの bowl は、古くは「球」一般を指す語であった。古フランス語 boule (この語は、現代のフランス語でも一般に使われている。the game of boules「ブールゲーム。鉄球を用いてするフランスの球ころがし遊び」) などからの借入語であり、ラテン語 bulla「泡」に由来する。

bowser [1920年代] 名 (航空機などへの) 給油庫：

この種のタンカーは、航空機や船舶などの給油に使われる。この語は、オイルの貯蔵システムを製造するS. F. Bowser社の名に因んだ名称である。

box¹ [後期古英語] 名 箱、一箱、ボックス席、御者席、テレビ；動 箱に入れる：

おそらくは後期ラテン語 *buxis* からの借入語である。*buxis* は、ラテン語 *pyxis*「ツゲで作った箱」に相当する語である。*pyxis* は、箱の材料となる木材を産出する木の名であるギリシア語 *puxis* からの借入語である。キリスト教の教会で使われる pyx「聖体容器」という語は、このギリシア語 *puxis* に由来し、聖餐用の聖別されたパンをしまっておく聖体容器を指す。*box* に関する複合語に以下がある：

■ Christmas box は、イギリスで、郵便配達員や使用人などに贈られるプレゼントや心付けのことで、Boxing Day「クリスマスの贈り物の日」の基になった語である。Boxing Day は、19世紀初頭以降の慣習に因んだ日で、由来として誤解されがちな、スポーツのボクシングとは無関係である。
→ BOX³

box² [後期中英語] 名 殴打、一撃、張り手；動 殴る、たたく：

ボクシングの *box* の初出は、(a *box* on the ear「耳の上の張り手」に見られるように) 名詞用法で、一般に「一撃」を意味していた。語源不詳である。

box³ [古英語] 名 ツゲ：

よく生け垣作りに使われる、成長の遅い常緑の灌木を意味する *box* は、ギリシア語 *puxos*「ツゲの木」の、ラテン語経由の借入語である。
→ BOX¹

boy [中英語] 名 少年、(男の) 召使い、奴隷、若者；間 まあ、おや：

この語は元々「男性の召使い」を指していた。語源不詳であるが、フリジア諸島東部のフリジア語 *boy*「青年紳士」と同一語と考えられる。また、オランダ語 *boef*「男性使用人」と同一視する説も有力である。That's the *boy*「よくやった」や one of the *boys*「同好の士」などの成句を見る限り、*boy* の用例は、肯定的かつ好意的である。一方、この語に残存する軽蔑的な (人を見下すような) 含意は、奴隷や使用人を呼びつけたり命令したりする際の呼びかけの *boy* に明らかである。こうした否定的な含意は、慣用句 good ole *boy* にも窺える。これは、享楽主義で、社会や人種に対し根深い偏見を持った、アメリカ南部の白人を指す表現である (S・B・フレクスナー編、『米語語源辞典』*Listening to America*：A loyal southerner, with all the charm and prejudice the term conveys, has been widely called a good ole *boy* since the mid-1960s「1960年代の半ばから、この語に含まれる魅力と偏見を込めて、南部人を指す a good ole *boy* という呼び方が広まっている」)。

boycott [19世紀後半] 名 動 ボイコット (する)、同盟排斥 (する)、不買同盟 (を結ぶ)：

アイルランドのイギリス人土地差配人をつとめたチャールズ・ボイコット大尉 (1832～97年) の名に因んだ語である。彼は1880年に、借地代の引き下げと、農民の生活向上のための改革を求めて運動していたアイルランド土地同盟によって排斥された。

brace [中英語] 名 かすがい、締め金、装具、支え、ズボンつり、つがい；動 支える、補強する、引き締める：

当初の動詞 *brace* は、「締める、しっかり固定する」を意味し、古フランス語 *bracc*「2本の腕」の派生語 *bracier*「抱きしめる」からの借入語である。*brace* は、ギリシア語 *brakhion*「腕、上腕」から派生したラテン語 *bracchia*「両腕」に由来する。この「2本の腕」という中核的な意味から発達した、*brace* の意味的要素は以下の通りである。a *brace* of pheasant「つ

がいのキジ」に見られる「一対」の意、歯列矯正器などの「固定装具、締めるもの」の意、舞台の背景に使われる枠張り物（背景を構成する押出し・せり出しなど）を支える突っ張り・支柱などの「支えとなるもの」の意、「長さの単位（約1.62 m）」（元は両腕をいっぱいに伸ばした状態での指先から指先までの距離）。

bracelet [後期中英語]名腕輪、ブレスレット：

bras「腕」から派生した古フランス語の借用語で、語源はラテン語 *bracchium*「腕」である。鎧の腕甲を意味する語として使われてきた。また、俗語で手錠を意味する。

bracket [16世紀後半]名階層区分、種類、支え、腕木、角括弧：

石、木、金属から作られるこの支柱は、おそらく、スペイン語に由来するフランス語 *braguette*「股袋」、「（けた・はりの）受け材」からの借入語である。由来は、ラテン語 *bracae*「（乗馬用・宮廷儀式用の）ズボン、半ズボン」の単数形 *braca* である。一説によれば、建築用語としての *bracket* は、その形がズボンの股袋に類似していたためこの名がついたとされる。「支え」という概念から、ラテン語 *bracchium*「腕」に関するとの誤解が、意味の発達に少なからぬ影響を与えたと見られる。

brae [中英語]名(丘の)中腹、斜面、土手：

川谷や丘の急斜面を意味するスコットランド語および北部英語で、古ノルド語 *bra*「まつ毛」から、形状と色彩との類推により、借入された語である。意味の発達過程は、*brow*「眉、丘のてっぺん」においても同様である。
→ BROW

brag [中英語]動自慢する：

「自慢する」を意味する形容詞、および「自慢」を意味する名詞として初出した。語源不詳である。同系語のフランス語 *braguer*「ひけらかす」は、ずっと後になって現れており、英語 **braggart** [16世紀後半]名「自慢家、ほら吹き」は、このフランス語の動詞 *braguer* に由来するとの説があるが、*brag* は早くも1300年に現れている。語源については、ノルウェー語ともケルト語とも言われている。また、おそらくこのフランス語 *braguer* は、古ノルド語 *brak*「きしる音」に由来するとか、古ノルド語 *bragr*「最もよいもの」が関与した可能性があるなど、様々な説がある。動詞 *brag* の当初の意味「やかましく鳴る」は、トランペットの音に言及していた。

braid [古英語]動(髪の毛を)編む、組みひもで飾る、；名おさげ髪、編まれたもの、ひも、組みひも：

糸を複雑に編み込んで作られる組みひもは、ゲルマン語から発達した古英語の動詞 *bregdan*「すばやく動く、ねじる、編む」の意味そのものである。動詞 *braid* の当初の意味は、「急に動く」、「急変する」、「織り合わせ・編み合わせ」の3つである。オランダ語の動詞 *breien*「編む」は、同系語である。当初の名詞 *braid* には、上記の動詞に関連した意味の他、「たくらみ」の意があった。

brain [古英語]名脳、頭脳、知脳：

古英語 *braegen*「脳」は、西ゲルマン語系統の語で、同系語にオランダ語 *brein*「脳」がある。

braise [18世紀半ば]動弱火で煮込む：

密閉した鍋で煮込む調理法を表すフランス語の動詞 *braiser* からの借入語である。この *braiser* は、フランス語 *braise*「燃えている石炭」の派生語である。かつては燃え盛る石炭の中に鍋を置いて調理していた。
→ BRAZIER[1]

brake[1] [18世紀後半] ブレーキ、制動機；動ブレーキをかける：

語源不詳である。後期中英語の *brake*「石弓の曲がり柄」、「ポンプの取っ手」（フランス語 *braquer*「銃を向ける」と同系と見られる）に関連するとの説や、後期中英語 *brake*「馬勒（馬の頭部につける、

おもがい、くつわ、手綱の総称）」（おそらく古オランダ語からの借入語である）の転用と見る説がある。

brake[2] ［古英語］名 やぶ、茂み：

当初の単語 *bracu*「やぶ」は、*fearnbraca*「シダのやぶ」の中に複数形で初出している。中低地ドイツ語 *brake*「枝、切り株」と同系語である。この *brake*[2] は、brake［中英語］名「シダ」とは別の語である。中英語 *brake* は、*bracken* の省略形と見られ、語尾の -n は複数形の活用（屈折）語尾である。

branch ［中英語］名 枝、分岐、部門：

後期ラテン語 *branca*「かぎつめのある足」から発達した古フランス語 *branche* からの借入語である。

brand ［古英語］名 焼印、商標、銘柄；動 烙印を押す：

ゲルマン語から発達した語で、元は「燃焼」、「くすぶっている木片」の意味であった。ドイツ語 *Brand*「火事」は同系語である。*brand* の動詞用法の意味「烙印を押す」は、後期中英語に遡り、ここから17世紀半ばの名詞用法の意味「焼印を押すことによって示される所有権」が派生した。約200年後、商業の分野において、特定の銘柄品という現在最もよく知られている意味が生まれた。詩語の *brand* の当初の用法に、「剣」という特殊な意味があるが、これは *brandish*「剣を振りかざす」との関連を物語っている。
→ BURN[1]

brandish ［中英語］動（刃剣、棍棒、鞭などを）打ち振る、振り回す、（槍を）ふるう：

古フランス語 *brandiss-* からの借入語で、ゲルマン語から発達している。*brandiss-* は、*brandir*「振り回す」の延長語幹である。同系語に *brand* がある。

brandy ［17世紀半ば］名 ブランデー；動 ブランデーを与える：

当初は *brandwine* や *brandewine* という形であった。これらはオランダ語 *brandewijn*、すなわち *branden*「燃やす、蒸留する」と *wijn*「ワイン」からなる合成語の借入語である。省略形 *brandy* は早くも1657年に一般に使われている。一方、*brandwine* や *brandewine* は、17世紀終わりまで公式に（関税や議会の議事録など）使われており、その後しだいに *brandy* と wine からなる合成語と見なされるようになった。

brash ［19世紀初頭］形 厚かましい、生意気な、軽率な：

元は方言であった。*rash*「性急な、むこうみずの」の一形態と見られる。
→ RASH[1]

brass ［古英語］名 真鍮、堅固さ、厚ましさ：

古英語 *braes* の語源は不詳である。古フリジア語および中低地ドイツ語における同系語には、「金属」の意味しかなかった。後期中英語になると、金属から連想される硬さの概念から、無神経であることを示す「厚かましさ」の意味が生じた。*brass* から派生した、ゴルフ用語の2番ウッドを意味する **brassis** 名「ブラッシー」は、19世紀後半に遡る語で、元々ウッドに真鍮の金具がついていたことに由来する。*brass* の複合語には興味深いものがある：

■ **brass hat** 名 は、軍の高級将校を意味する19世紀後半の熟語で、帽子についている金モールからこの名がついた。同義語に、俗語の **top brass** 名「高級将校」（元はアメリカ英語）がある。

■ **brass monkey** 名「真鍮製のサル」は、19世紀後半に遡る熟語である。砲弾を収納するための真鍮製の「サル」の台に由来し、厳寒の折に、縮んで砲弾がはじき出されていたことから、cold enough to freeze the balls off a *brass monkey*《英卑・豪卑》「きんたまが縮みあがるほど寒い」という表現が生まれた。

brassiere ［20世紀初頭］名（下着・水着などの）ブラジャー：

元は、17世紀に遡るフランス語で、「婦

人用の胴着、子供用のチョッキ」の意であった。*brassiere* の英語の省略形 bra[名]「胸部を支える女性用の下着」(当初は *bras* と省略) は、1930年代に現れた。

brat [16世紀半ば][名]ちび、小僧、がき：
古フランス語 *brachet*「猟犬、雌犬」から借入された、同義のスコットランド語 *bratchet* に関連すると見られる。一方、古アイルランド語 *bratt*「(袖なしの) 外套」に由来する方言 *brat*「粗末な衣類」、「ぼろ」からの借入語とする説もある。

brave [15世紀後半][形]勇敢な、華やかな、すばらしい：
イタリア語 *bravo*「大胆な」、もしくはスペイン語 *bravo*「勇敢な、野性の、野蛮な」に由来するフランス語から入った。語源は、ラテン語 *barbarus*「野蛮な」である。スコットランド語 braw [16世紀後半][形]「立派な」は、brave の変形である。これらと同系の語に、**bravado**[名]「虚勢」がある。同じく16世紀後半の語で、スペイン語 *bravo*「大胆な」の派生語 *bravada* が基である。これにやや先んじて、16世紀半ばに記録されている **bravery**[名]「虚勢」は、フランス語 *braverie* またはイタリア語 *braveria*「大胆さ」からで、語源はラテン語 *barbarus* である。
→ BARBARIAN

bravo [18世紀半ば][名]ブラボー、うまいぞ、でかした：
賞賛を表明する感嘆の言葉で、文字通り「すばらしい」を意味するイタリア語が、フランス語経由で借用されたものである。同一のイタリア語形容詞から *bravura*[名]「ブラブーラ」(高度な技巧を必要とする華麗な曲)、「熟練」が派生しており、こちらも時を同じくして英語に借用されている。
→ BRAVE

brawn [中英語][名]味つけした豚肉、腕力、筋力：
古フランス語 *braon*「脚の肉付きの良い部分」からの借入語で、ゲルマン語から発達した。同系語にドイツ語 *Braten*「ローストした肉」がある。

bray [中英語][名](ロバなどの) 叫び声、鳴き声；[動]耳障りな音をたてる、(ロバなどが) 鳴く：
古フランス語 *brait*「悲鳴」からの借入語である。動詞用法は、古フランス語 *braire*「泣く、鳴く」から入った。名詞、動詞ともに、古フランス語の原義が直接英語に採用されている。語源はケルト語と見られる。

brazen [古英語][形]厚かましい、真鍮製の：
古英語 *braesen* は、*braes*「真鍮」に由来する語で、詩語や文語に残されている (テニスン『シャーロットの乙女』*Lady of Shalott*: The sun came dazzling through the leaves, And flamed upon the *brazen* greaves Of bold Sir Lancelot「太陽は燦々と木の葉越しに輝き勇敢なランスロット卿の真鍮の脛当てに燃えたつ光を放つ」)。語源不詳である。brass と同様、「厚かましさ」への意味の転用は、*brazen* hussy「恥知らずな女」などの表現に顕著である。

brazier¹ [17世紀後半][名]ブレージャー (戸外で使う円筒形の炭・石炭をたく暖房・調理器具)、火鉢：
フランス語 *braise*「熱い石炭」から派生した *brasier* からの借入語である。料理用語の *braise*「蒸し煮にする」と関連がある。

brazier² [中英語][名]真鍮細工師：
おそらく glass →glazier にならい、brass から派生した語である。
→ BRASS

breach [中英語][名]違反、不履行、突破口、破損；[動]破る：
基本的な意味は「破ること」で、具体的には、「破れ目」を作ることから、契約破棄にまで及ぶ。後者に包括される約束の不履行や規則違反 (*breach* of the peace「治安妨害〈罪〉」) は、いわば契約を「断つ」

ことである。古フランス語 *breche* の借入語で、ゲルマン語から発達している。
→ BREAK¹

bread [古英語][名]パン、(日常の)食べ物・糧：

オランダ語 *brood*、ドイツ語 *Brot*「パン」、古英語 *bread* は、ゲルマン語から発達した同系語で、「一口分の食物」を意味し、原義が「分裂」であることを示唆する。*bread* が主食の代表格であることは、家族のために食料を供給する役割を担う人を **breadwinner**[名]「一家の稼ぎ手・大黒柱」という複合語で表すことから明らかである。また、take the *bread* out of someone's mouth「(商売などで競り合って)人を路頭に迷わす」という慣用句は、パンが「生活の手段」であることを示している。比較的豊かになった近年では、パンが「(最低限の)必需品」であることに重きを置いた表現も見られる。例えば on the breadline「(政府の)救済を受けて、最低生活水準で暮らして」というは、最低生活水準にあって援助を必要としている貧困層を表すアメリカの表現として記録されている。
→ LOAF

breadth [16世紀初頭][名]幅、広さ、(心の)大きさ：

length「長さ」の語形成にならい、廃語で同義の *brede* の語尾に -th を付加してできた語である。同系語に broad がある。

break¹ [古英語][動]壊す、割る、折る、破く、切り開く、中断する、突然現れる；[名]破壊、中断、休想、休み、急変、突進：

古英語の形は *brecan* である。ゲルマン語から発達した語で、オランダ語 *breken* およびドイツ語 *brechen*「壊す」と同系である。語源はインド=ヨーロッパ語で、ラテン語 *frangere*「壊す」と同根である。*frangere* から派生した英語に fracture がある。

break² [19世紀半ば][名]幼馬調教車、4輪の大型遊覧馬車：

break、および変異形 brake ── この brake は、現在のエステートカー(ステーションワゴン)にあたる shooting *brake* という古い表現で知られる ── は、「かご」およびその後発生した「枠組」の意を持つ16世紀の *brake* が転用されたものと見られる。語源不詳である。

breakfast [後期中英語][名]朝食：

break (中断する) +fast (断食) で、夜中の断食を朝食で破ることから。
→ BREAK¹; FAST²

breast [古英語][名]乳房、胸；[動]胸を突き出す、立ち向かう：

ゲルマン語から発達した古英語 *breost*、オランダ語 *borst*、ドイツ語 *Brust*「乳房」は同系語である。当初は「胸部」全体を指すこともあり、感情や情緒の中枢と考えられていた。*breast* はゲルマン語にしかない語で、これにあたるインド=ヨーロッパ語は存在しない。古サクソン語 *brustian*「芽を出す」との関連説がある。一方、英語 berstan「爆発する」との関連説は容認しがたい。

breath [古英語][名]息、呼吸、生命、発声：

「呼吸」を意味するオランダ語 *adem* とドイツ語 *Athem* は現在使われている語であるが、これらと同系語で同じく西ゲルマン語に由来する英語 *ethem* は、「匂い、香り」の原意を持つ古英語 *braeth* に取って代わられている。*braeth* もまたゲルマン語から発達した語で、*brood* と同系である。意味の発達においては、早くも中英語で「熱せられた物体から発する蒸気」の意が生じ、またほぼ同時期に、ヒトや動物の呼吸の意も生じている。
breathe [中英語][動]は、*breath* から派生した語で、「息を吐く」および「蒸気を出す」の意を持つ。
→ BROOD

breathalyser [1960年代][名]ブレサライザー(酒気探知器)：

breath「息」と analyse「分析する」の混成語である。

breech ［古英語］名半ズボン、（鉄砲の）鉄尾：

breech birth「逆子出産」で知られるこの語の「尻、臀部」という特殊な意味は、「腰部と大腿部（腰と尻）を覆う衣服」が原義を持つ古英語 *brec* との類推から生じたものである。この語は、ゲルマン語から発達した *broc* の複数形で、オランダ語 *broek* と同系である。語形の上では複数形であるにもかかわらず、単数形と誤解された。後に、ライフル銃の砲尾など、あらゆる物体の「後部」を意味するようになる。**breeches** ［中英語］名「（膝下で締めた乗馬用・宮廷礼服の）半ズボン」は、元来の複数形にさらに複数語尾を付加した語である。

breed ［古英語］動（子を）産む、（卵からひなを）かえす、飼育する、養殖する、引き起こす；名品種、種族、種類：

ゲルマン語から発達した古英語 *bredan*「育てる」は、「（子を）産む、（子を）もうける」の意で、ドイツ語 *brüten*「卵を抱く」と同系であった。原義は「暖かさ」、「養育」、「孵化」であった。*bood/breed* の関係は、food/feed および blood/bleed と同様である。
→ BROOD

breeze¹ ［16世紀半ば］名北東風、（とくに）北東貿易風、微風、容易なこと；動すいすいと動く：

おそらく、古スペイン語とポルトガル語の *briza*「北東の風」からの借入語である。この「北東の風」が英語における原義で、16世紀のイギリス人航海士が、西インド諸島とスペイン系アメリカ本土の大西洋海岸地帯で吹く貿易風を示す語として *briza* を採用した。語義が拡張され、現在は、もっぱら「そよ風」を意味する。

breeze² ［16世紀後半］名石炭クズ、燃え殻：

breeze blocks「石炭殻ブロック」の *breeze* は、フランス語 *braise*「燃えている石炭」からの借入語である（シンダーブロックとも呼ばれる）。この種のブロックは、小粒の石炭の燃え殻に砂とセメントを混ぜ合わせて造られる。

breve ［中英語］名単音記号、2全音符：

brief の変形で、当初は君主や教皇からの小勅書を指していた。音楽用語としては1460年代に遡り、当初は、*breve* より長い音符や休符が long、というように相対的に使われていた。19世紀後半以降の印刷業界における *breve* は、短母音や弱音節母音を示す単音記号として使われている。

brevity ［15世紀後半］名短さ、簡潔：
→ BRIEF

brew ［古英語］動（ビールなどを）醸造する、たくらむ；名醸造酒：

古英語の動詞 *breowan*、オランダ語 *brouwen*、ドイツ語 *brauen*「醸造する」は、ゲルマン語から発達した語で同系語である。語源のゲルマン語（*broth* と同語源）には、「煎じる」、「煮出す」の意があり、英語より広義であった。煮詰めた新種のワインを意味するラテン語 *defrutum* も、同語源語と見られる。17世紀半ば初出の **brewery** 名「（ビールなどの）醸造所」は、*brew* から派生した語で、おそらくオランダ語 *brouwerij* にならって語尾に -ery を付加して造られた語である。
→ BROTH

bribe ［後期中英語］動買収する、賄賂を使う；名賄賂：

名詞用法・動詞用法ともにチョーサー（1342年頃〜1400年）および同時代人の作品に見られるが、それ以前の経緯は不詳である。意味の発達においては（古フランス語 *bribe* の意を原義と想定した場合）以下のような段階を経たものと考えられる。「一切れのパン」、「施し物」、「施しに依存した生活」、「くろうと並みの物乞い」。英語の動詞 *bribe*（古フランス語 *briber, brimber*「施しを請う、乞食をする」からの借入語）の原義は「盗みを働く、強奪する」で、ここから名詞の「盗品」や「賄賂」という意味が派生した。16世紀初頭には、動詞 *bribe* は「賄賂を使う」を

意味するようになる。

bric-a-bra [19世紀半ば]名古物、がらくた：

フランス語からの借入語で、今では使われなくなった a bric et a brac「無作為に」という表現に由来する。

brick [後期中英語]名レンガ、レンガ状の塊：

初出は15世紀半ばと遅い。おそらく、フラマン人労働者によって持ち込まれた語で、すなわち、古フランス語 brique「かたまり」が、低地ドイツ語からの借用を後押ししたものと考えられる。ブルゴーニュとエノーの方言には、今でも brique de pain「一切れのパン」という表現がある。brick は語源不詳で、古くはレンガそのものを指していたが、後に、レンガ状に形作られたものも指すようになった。

bridal [後期中英語]形婚礼の、結婚の、花嫁の：

「結婚披露宴」を意味する古英語 brydealu は、bryd「花嫁」（ゲルマン語から発達）と、ealu「エールを飲むこと」からなる。16世紀後半より、bridal は -al に終わる形容詞との類推から形容詞として使われ始めた。bride名「花嫁」の原義は不詳だが、おそらく、古来の嫁の務め、すなわち「料理する、（茶・コーヒーなどを）入れる、だしをとる」である。この「嫁」という意は、発達過程で生じた唯一の意味で、中世ラテン語 bruta や古フランス語 bru に相当する。bride の複合語に、古英語の bryd「花嫁」と guma「男、夫」からなる brydguma がある。この第2音節 guma が groom に取って代わられ bridegroom名「花婿」となった理由は、groom「男、若僧」との類推による。また、18世紀後半に現れた bridesmaid名「花嫁の付き添い」という複合語は、元の bridemaid の変異形で、所有格の -s が挿入されたものである。

bridge [古英語]名橋、【トランプ】ブリッジ；動橋を架ける、橋渡しをする：

古英語の形は brycg であった。ゲルマン語から発達した語で、オランダ語 brug、およびドイツ語 Brucke「橋」と同系語である。トランプのブリッジは19世紀後半から使われはじめたが、語源不詳である。

bridle [古英語] 馬勒（馬の頭部につけるおもがい、くつわ、手綱の総称）；動馬勒をつける、抑制する、つんとする、そり返る：

当初、名詞形は bridel、動詞形は bridlian であった。「引く、ぐいと引く」を意味するゲルマン語から発達した語で、同系語にオランダ語の名詞 breidel がある。She bridled at his remarks「彼女は彼に言われたことへの不満を露にした」に見られるような、「つんとする」という意味は、馬の手綱を引いて止めるときの馬の様子との類推から生じたものである。

brief [中英語]形短時間の、手短な；名要約、指示：

中英語 bref は、古フランス語 bre(i)f からで同じ綴り、語源はラテン語 brevis「短い」である。名詞 brief は、後期ラテン語 breve「要旨、発送」を経由した古フランス語から入り、「公文書」の意を持つようになった。brevity[15世紀後半]名「短さ」は、古フランス語 brievete からの借入語で、ラテン語 brevitas「短時間」（brevis「短い」から派生）に由来する。

brigade [17世紀半ば]名【軍事】旅団、団体：

brigade はフランス語 brigade から、brigade はイタリア語 brigata「一団、軍隊」からの借入語、brigata は、brigare「戦う」から派生した語である。brigade の語源は名詞 briga「争い」で、同語源語に brigand [後期中英語]名「軽装備歩兵」、「山賊」、「略奪者の一味」がある。brigand の中核的な意味は、イタリア語 brigante「争う人」である。brigadier [17世紀後半]名「准将、旅団長」もフランス語 brigadier からの借入語である。

bright［古英語］形明るい、輝く、鮮やかな、美しい、元気な：
古英語 *beorht* はゲルマン語から発達した語であるが、今では、英語を除くすべてのゲルマン語で廃語となっている。同時期に遡る言葉に、現在の **brighten**動「輝く、輝かせる」にあたる (*ge*)-*beorhtnian* がある。

brilliant［17世紀後半］形知的な、優秀な、優れた、すてきな、光輝く、きらめく：
フランス語 *briller*「輝く」の現在分詞 *brillant*「輝く」からの借入語である。*briller* は、イタリア語 *brillare* が基で、おそらく語源はラテン語 *beryllus*「緑柱石」である。省略形の **brill**形「すごい、すばらしい」は、1980年代に使われるようになった。

brim［中英語］名(カップなどの) 縁、水辺、(帽子の) つば：
元は、海辺をはじめあらゆる水際を指していた。おそらくドイツ語 *Brame*「飾り」と同系である。

brimstone［後期古英語］名硫黄：
おそらく古英語 *bryne*「燃えている」と *stan*「石」から派生した語である。

brine［古英語］名塩水、《詩語》海：
古英語 *brine* の語源は不詳である。形の似た語にオランダ語 *brijn* がある。

bring［古英語］動持ってくる、連れてくる、もたらす：
古英語 *bringan*「ともに来させる」はゲルマン語から発達した語である。同系語にオランダ語 *brengen* とドイツ語 *bringen*「持ってくる」がある。この語幹はゲルマン諸語以外には知られていない。

brink［中英語］名(崖や川などの) 縁、きわ、瀬戸際：
スカンジナビア語に由来する。

brisk［16世紀後半］形きびきびした、しゃれた、風味のよい、ぴりっとした：
おそらく、フランス語 *brusque* の派生語もしくは変形である。
→ BRUSQUE

brisket［中英語］名(動物の) 胸部、胸肉：
古ノルド語 *brjosk*「軟骨、すじ」に由来すると見られる。

bristle［中英語］名(豚などの) 剛毛、(ブラシの) 荒毛；動逆立つ、怒る：
古英語 *byrst* の指小辞語にあたる。ゲルマン語から発達した語で、同系語にドイツ語 *Borste*「剛毛」がある。スコットランド語 *birse* には「剛毛」という意味が残っている。

brittle［後期中英語］形壊れやすい：
古英語 *breotan*「分割する」と同系の *brittle* は、ゲルマン語から発達した語である。

broach［中英語］名先のとがった棒、ブローチ、焼き串；動穴をブローチで広げる、(不快な) 話題を出す：
古フランス語 *brochier* からの借入語で、ラテン語 *brocchus, broccus*「突き出た」に由来する。当初の意味は「鋭くとがったもので刺す」、すなわち通例、「鋭利なもので穴を開ける」で、ここから後期中英語の「(樽に) 酒類を注ぎ出すための穴を開ける」や「飲み口を開けて(ボトルの) 中身を出す」の意味が派生した。「話題を出す」という比喩的な意味は、16世紀後半に遡る。「船が風・波を横から受ける」という場合の *broach* は語源不詳の別の語で18世紀初頭に遡る。

broad［古英語］形幅の広い、広大な、寛大な、明白な、なまりが強い；名(身体の) 幅の広い部分、《米俗》女：
古英語 *brad*、オランダ語 *breed*、ドイツ語 *breit*「広い」はゲルマン語から発達した同系語である。女性を *broad*「売春婦」呼ばわりする、アメリカの口語的な名詞用法は、20世紀初頭に始まる。**broadcloth**［後期中英語］名「広幅生地 (織物)、広幅の高級黒ラシャ」は、元々72インチ

幅の布地を指して言った言葉で、これに対するものは36インチ幅の「狭い」布地である。現在 broadcloth は、布地の幅よりもその質に言及する言葉である。

broadcast［18世紀半ば］動放送する、言いふらす；名放送；形放送された、(噂が)広められた：
broad「広く」と cast「投げる」の過去分詞からなる。「放送する」という意味は、20世紀初頭以降である。

brocade［16世紀後半］名錦、紋織り：
イタリア語 brocco「ねじれた糸」に由来し、スペイン語およびポルトガル語の brocado から借入された。(綴りにおいては) フランス語 brocart の影響を受けている。

brochure［18世紀半ば］名パンフレット：
「縫い綴じたもの」を意味するフランス語 brochure の借用語である。brochure 自体は、brocher「縫う」の派生語である。
→ BROACH

brock［古英語］名アナグマ：
古英語 brocc, broc「アナグマ」は、ケルト語から発生した語である。同系語にウェールズ語とコーンウォール語の broch、アイルランド語とスコットランド・ゲール語 broc、ブルトン語 broc'h がある。

brogue［16世紀後半］名粗皮製の編み上げ短靴：
スコットランド・ゲール語およびアイルランド語の brog からの借入語で、語源は、古ノルド brok である。元来は、アイルランドやスコットランド高地地方の住民が履いていた、「粗皮製の(なめしていない獣皮で作られた)頑丈な靴」を指していた。英語を話す際の地方訛り(特にアイルランド訛り、時にスコットランド訛り)を意味する brogue［18世紀初頭］名「丸出しの訛り」は、靴のブローグとの類推による転用(ブローグを履いて

いる民族の言葉)と見られる。
→ BREECH

broil［後期中英語］動(肉などを直火で)焼く、あぶる：
アメリカで料理用語として一般に使われている語で、当初は「やけど、木炭」を指した。古フランス語 bruler「燃える」からの借入語だが、それ以前の由来については不詳である。

broker［中英語］名ブローカー、中立人、斡旋屋、質屋、古物商、差押物件の販売人：
元は小売商人や行商人を指した。アングロノルマンフランス語 brocour「ワインの小売人」からの借入語で、語源不詳である。

bronze［17世紀半ば］青銅、ブロンズ、青銅色にする；形青銅色の：
当初は動詞用法で、フランス語から入った。このフランス語自体は、イタリア語 bronzo からの借入語で、語源はおそらくペルシア語 birinj「真鍮、黄銅」である。青銅貨は、1860年に銅貨に代わる硬貨としてイギリスに導入されたが、慣習からいまだに通称「銅貨」である。

brooch［中英語］名ブローチ、飾り留針：
broach と同一語 (broach の綴り字上の変形) である。元々「串、大針」を意味する名詞で、古フランス語 broche「焼き串」からの借入語である。ラテン語 brocchus, broccus「突き出ている」に由来する。
→ BROACH

brood［古英語］名ひとかえりのひな、ひと腹の仔；動(卵を)抱く、巣につく、くよくよ考え込む：
古英語 brod「家族」、「孵化したばかりの鳥、魚、カメなど」は、ゲルマン語から発達した語である。同系語に、オランダ語 broed およびドイツ語 Brut「抱卵」がある。「くよくよ考え込む」とは、羽の下でひよこを抱く雌鶏との類推に他ならな

brook¹ [古英語]图小川：
古英語 broc の語源は不詳である。同系語にオランダ語 broek およびドイツ語 Bruch「湿地」がある。

brook² [古英語]動耐える、許容する：
古英語 brucan は「用いる」、「所有する」を意味した。ゲルマン語から発達した語で、同系語にオランダ語 bruiken およびドイツ語 brauchen「必要とする」がある。現在の (brook no dissent「異議を許容しかねる」のような)「許容する」の意味は、15世紀半ばに遡る。これは、「消化する」、「腹に入れる」という当初の意味の比喩的用法である。

broom [古英語]图ほうき、エニシダ：
古英語 brom は、灌木の名称であった。ゲルマン語から発達した語で、同系語にオランダ語 braam および英語 bramble「野バラ (の茂み)、イバラ、キイチゴ」がある。この語は中英語の時代には、ほうきを指すようになる。当時のほうきは、エニシダやヘザーなどの小枝で作られていた。

broth [古英語]图(肉などを水から煮た) だし汁、スープ：
→ BREW

brothel [16世紀半ば]图売春宿：
元は brothel-house「売春宿」であった。初頭の brothel- は、後期中英語の brothel「ろくでなし、売春婦」に由来する。brothel は、古英語 breothan「堕落する、悪化する」と同系である。

brother [古英語]图兄または弟、兄弟、仲間、相棒：
古英語 brothor、オランダ語 broeder、ドイツ語 Bruder「兄弟」は、ゲルマン語から発達した同系語で、ラテン語 frater と共通のインド＝ヨーロッパ語の語源を持つ。**brotherhood** [中英語]图「兄弟の間柄、友愛、同業者組合」は、おそらく廃語の brotherred (古英語 -raeden「状態」より発達) から派生した語で、類似語に kindred「血縁」がある。接尾辞の変化は、-hood や -head の語尾を持つ語に準じたものである。

brow [古英語]图まゆ、まつ毛、まぶた、眉下、額、崖の端：
ゲルマン語から発達した古英語 bru は、「まつ毛、眉毛」の意であった。現在の brow of a hill「山の端」などの意味は、中英語の時代に派生した。
→ BRAF

brown [古英語]形茶色の、褐色の、日焼けした；图茶色、褐色；動褐色にする：
古英語 brun は、「暗い」、「薄暗い、黒ずんだ」を意味した。「闇」からの類推から、「物思いにふけって」を意味する in a brown study という成句が生まれている。brown はゲルマン語から発達した語で、同系語にオランダ語 bruin とドイツ語 braun「茶色の」がある。中英語の時代になると、「(鋼鉄が) 光沢のある」や「茶色」を表すようになった。**brunette** [16世紀半ば]图「ブルネット」という語は、フランス語 brun「茶色」の指小辞語で女性名詞の brunet から借入された語である。

browse [後期中英語]動拾い読みする、【インターネット】(サイトを) 閲覧する、情報を検索する；图拾い読み：
当初の意味は、「葉を常食とする」で、古フランス語 broster からの借入語である。broster は、brost「新芽、若葉、若枝」から派生した語で、おそらくゲルマン語から発達した。「拾い読みする」という意味は、19世紀後半に現れた。

bruise [古英語]動傷つける、あざをつける、傷める；图打撲傷、打ち身、傷：
古英語 brysan「押しつぶす」、「鈍器で殴打して傷つける」は、中英語の時代に、古フランス語 bruisier「こわす」の影響により意味が拡張した。

brunch [19世紀後半]图ブランチ (昼食

兼用の遅い朝食）：
breakfastとlunchの混成語である。

brunt ［後期中英語］名被害：
語源不詳だが、当初は「一撃」、「攻撃」、「衝撃」などを意味していた。おそらく擬音語として形成された語で、初出は14世紀である。

brush¹ ［中英語］名はけ、ブラシ、摩擦、いざこざ；動ブラシをかける、払い落とす：
名詞用法は古フランス語 *broisse* からの借入語である。フランスの語源学者の多くが、この *brush¹* を、「やぶ、しば、低木の茂み」を意味する *brush²* と同一語と認めている。すなわち、*brush* は、掃除用具として使われていた小枝の束である。動詞用法は、古フランス語 *brosser*「掃く」の影響がうかがえる。

brush² ［中英語］名切り枝、そだ、やぶ：
古フランス語 *broce* からの借入語である。この語は、カエデの木にできる突出物（こぶ）を表すラテン語 *bruscum* に由来すると見られる。

brusque ［17世紀半ば］形ぶっきらぼうな、無愛想な：
「活発な、荒々しい」を意味するフランス語 *brusque* からの借用語である。この語は、イタリア語 *brusco*「すっぱい」からの借入語である。
→ BRISK

brute ［後期中英語］名野獣のような人、人でなし、獣性；形動物的な、下等動物の、残忍な：
名詞用法は17世紀初頭に遡る。元々、古フランス語 *brut(e)* から借入された形容詞で、ラテン語 *brutus*「愚鈍な、愚かな」に由来する。この同じラテン語から生まれた語に、**brutal** ［15世紀後半］形「獣の、残忍な」がある。この語は、古フランス語もしくは中世ラテン語 *brutalis* から入った語で、当初は「下等動物に関する」を意味した。

bubble ［中英語］名泡、あぶく；動泡立つ：
burble「泡立つような音をたてる」の変形とも擬音語とも考えられる。18世紀後半の bubble and squeak は、「キャベツとジャガイモの炒めもの」を指し、調理中の音に由来する。

buccaneer ［17世紀半ば］名（持に17世紀後半に米国沿岸のスペイン植民地を荒らし回った）海賊、出世欲のかたまり：
カリブ海のヨーロッパ人狩猟民を指した。フランス語 *boucan*「肉を焼いたりいぶしたりするための木製架」から派生した *boucanier* からの借入語で、（アマゾン川流域に住むトゥピ族の）トゥピ語 *mukem* に由来する。

buck¹ ［古英語］名雄鹿、雄のヤギ、だて男、粋なしゃれ者；動振り落とす、気合いを入れる、元気が出る：
buc「雄ジカ」（ゲルマン語から発達した語で、同系統にオランダ語 *bok* およびドイツ語 *Bock*「雄ジカ」がある）、および *buc* と語源を同じくする古英語 *bucca*「雄ヤギ」の混成語である（語源は、動物の雄を意味するインド＝ヨーロッパ語）。*buck someone up*「元気づける」や *buck up one's ideas*「仕事に気合いを入れる」という成句は、*buck* が頭を下げて突進し、鋭い頭突きをくらわせる様を思わせる。この語は、名詞として「男」を意味しているが、18世紀には、「勇み肌の男、しゃれ者」を意味していた。当時は、威勢のよさを連想させたが、19世紀になると、むしろ品のよさを強調する語となった。

buck² ［19世紀半ば］名《米・豪俗語》1ドル：
語源不詳である。

buck³ ［19世紀半ば］名ポーカーで親の順番を示す印の札：
ポーカーで次のディーラーを示すために置く目印を指す。この語から、The buck stops here「最終的な責任はすべて私が

とる」という成句が生まれた。語源不詳である。

bucket［中英語］名バケツ；動激しい雨が降る：
アングロノルマンフランス語 *buquet*「桶、手桶」からの借入語で、古英語 *buc*「腹、水差し」に由来すると見られる。

buckle［中英語］名（ベルトなどの）バックル、飾り鋲；動バックルで締める、（圧力で）曲げる：
ラテン語 *buccula*「あごにかかる兜の緒」に由来する古フランス語 *bocle* からの借入語である。語源はラテン語 *bucca*「頬」である。重力や圧力で曲がるという意味を持つ動詞 *buckle* は、フランス語 *boucler*「膨らむ、突き出る」が基である。**buckler**［中英語］名「丸盾」は、古フランス語 (*escu*)*bocler* から入った。(*escu*)*bocler* は、文字通り「装飾突起のある（盾）」の意で、*bolce*「留め金、装飾突起」から派生した語である。

bud［後期中英語］名芽、つぼみ：
語源不詳である。

buddy［19世紀半ば］名《口語》仲間、(呼びかけに用いて) おい、君：
元々アメリカの言葉で、*brother* の変形と見られる。また、呼びかけに使われる略式形 *bud* 名「兄弟、おい、君」は、*buddy* の省略形で、同時期に生じた。

budge［16世紀後半］動ちょっと動かす：
フランス語 *bouger*「(かすかに) 動く」からの借入語で、語源はラテン語 *bullire*「泡立つ、沸き立つ」である。

budgerigar［19世紀半ば］名セキセイインコ：
アボリジニ（オーストラリア先住民）の言語に由来する。カミラロイ語（オーストラリア、ニューサウスウェールズ州の中部・北西部付近で使用されていた先住民の言語）*gijirrigaa* の変形と見られる。

budget［後期中英語］名予算、経費；動予算を立てる：
古フランス語 *bouge*「革袋」の指小辞語 *bougette*「財布」から英語 *bulge* がもたらされた。ガリア語起源のラテン語 *bulga*「革袋、ナップザック、背嚢」に由来する。*budget* は元々、小物入れや財布を指していたが、後にその中身を指すようになった。18世紀半ばには、大蔵大臣が年次の予算案を下院に提出することを open the *budget*「予算案を議会に提出する」と表現していた。19世紀後半になると、*budget* は、政府予算のほかに、個人や商業上の予算に対しても使われるようになった。
→ BULGE

buff［16世紀半ば］名（野牛・牛などの）黄褐色のもみ革、素肌、黄褐色；動もみ革で磨く：
おそらくフランス語 *buffle* からの借入語である。*buffle* は、イタリア語 *bufalo* が基で、後期ラテン語 *bufalus*「水牛、野牛、バイソン、バッファロー」に由来する。英語における原義は「水牛、バイソン、バッファロー」で、後に「牛皮（革）」や「牛皮の色、黄褐色」を意味するようになった。20世紀初頭になると、かつてニューヨークの民間消防団員が黄褐色のもみ皮の制服を着用していたことから *buff* は、「火事場マニア」を指すようになる。そしてここから a computer *buff*「コンピュータ通」のような「…通の人」を指す用法が派生した。

buffer[1]［19世紀半ば］名衝撃を和らげる物・人、緩衝器、緩衝装置；動衝撃を和らげる：
おそらく廃語の動詞 *buff* から派生した語で、柔らかな物体に対する打撃音の擬音語である。

buffer[2]［18世紀半ば］名《俗語》老いぼれ、奴：
old *buffer*「おいぼれ」の *buffer* は、いかにも昔かたぎで現実認識に欠ける初老の男性を指す。おそらく廃語の *buff* か、も

しくは方言の動詞 buff「どもる、咳き込んで話す」(これらは同一語とも考えられる)の派生語である。後期中英語の bufferは「どもる人、口ごもる人」を意味していた。

buffet[1] [18世紀初頭]⟨名⟩食器棚、食器台、食堂車、軽食堂：

元は、食堂に置く家具の一種であった。フランス語 buffet からの借用語で、古フランス語 bufet「(背のない)腰掛け」に由来するが、それ以前の経緯は不詳である。

buffet[2] [中英語]⟨動⟩(風・波などが)(船を)激しく揺さぶる、(運命が)(人を)もてあそぶ；⟨名⟩打撃、殴打：

動詞用法は古フランス語 buffeter からの借入語であり、名詞用法は古フランス語 bufe「一撃」の指小辞語 buffet からである。

buffoon [16世紀半ば]⟨名⟩道化、ばかもの：

フランス語 bouffon からの借入語である。bouffon はイタリア語 buffone (中世ラテン語 buffo「道化」に由来する)が基である。buffone は、イタリア語 buffare「プッと吹く、ふくれる」の派生語で、一説によれば、この buffare は、頬をふくらませておどけたしぐさをする様を表す。当初はパントマイム(無言劇)中の舞踏を意味するスコットランド語であった。16世紀後半に、buffoon は王侯・貴族お抱えの道化師を表すようになった。

bug [17世紀初頭]⟨名⟩昆虫、病やま、熱中、盗聴器；⟨動⟩盗聴器を取りつける、悩ます、困らせる：

語源不詳である。「悩ます、困らせる」や「盗聴器を取りつける」などは、20世紀初頭からである。

bugbear [16世紀後半]⟨名⟩(いわれのない)恐怖の原因、悩みの種：

おそらく、廃語の bug「お化け、幽霊」(語源不詳)と bear「クマ」の複合語である。かつては、いたずらっ子を食べるとされたクマと思しき妖怪を指していたが、後に、(想像の産物であるがゆえに)いわれのない恐怖の原因を指すようになった。

bugger [中英語]⟨名⟩下等な男、奴、いやなこと、男色者：

元は、異端者、特に異端アルビ派(12〜13世紀にフランス南部アルビの町を中心に栄えたカタリ派のマニ教一派)を指していた。中オランダ語からの借入語で、古フランス語 bougre「異端者、異教徒」に由来する。この bougre は、中世ラテン語 Bulgarus「ブルガリア人」から発達した語で、特に、ギリシア正教会に属していたがためにカトリック教会から異端者呼ばわりされたブルガリア人に由来する。16世紀に「男色者」という意味が派生するが、これは、禁断の性的行為が異端的行為と見なされていたことによる。侮蔑語として一般に使われるようになるのは、18世紀初頭であった。

bugle [中英語]⟨名⟩軍隊のらっぱ、ヘラジカの鳴声；⟨動⟩らっぱを吹く：

当初の意味は「野生の雄牛」で、ここから、元々狩猟の最中に合図を送る目的で使われていた雄牛の角笛を指す bugle-horn という複合語が生じた。bugle は、ラテン語 bos「雄牛」の指小辞語 buculus が、古フランス語を経由して英語に借入されたものである。

build [古英語]⟨動⟩建てる、形成する、築き上げる、増す：

古英語 byldan「建てる」は、bold, botl「住居、家」の派生語で、ゲルマン語から発達した語である。
→ BOWER

bulb [後期中英語]⟨名⟩(ユリ、タマネギなどの)球根、電球：

ギリシア語 bolbos「タマネギ、球根」の、ラテン語経由の借入語である。16世紀末に遡る bulbous⟨形⟩「球根のある、球根状の」は、bulb からの派生語である。

bulge [中英語]⟨名⟩(樽などの)胴、膨ら

み；**動**（おなかなどが）出る：

古フランス語 *boulge* からの借入語で、ラテン語 *bulga*「革の袋」に由来する。原義は「札入れ」で、その他の「膨張」に関した語意は、満杯になった袋の形との類推から生じたものであろう。17世紀初頭に、「船底の湾曲部」を指すようになったが、しだいに bilge **名**「湾曲部」に取って代わられていった。この語は、すでに15世紀後半から使われていた語で、おそらく *bulge* の変形である。
→ BUDGET

bulk ［中英語］**名**（船の）積荷、積み重ね、大きさ、かさ、大きい物、巨大な身体、腹；**動**かさばる：

当初の意味（「貨物全般」および「積み重なり、堆積、大量」）は、おそらく古ノルド語 *bulki*「積荷」に由来する。その他の意味は、廃語 *bouk*「腹、身体」が *bulk* の変形と見なされたためにもたらされた意味と考えられる。15世紀後半に遡る複合語 bulkhead **名**「（船・航空機内などの）隔壁」は、*bulk* とは異なり、古ノルド語 *balkr*「仕切り」に由来する。

bull[1] ［後期古英語］**名**（去勢しない）雄牛、（株の）強気の買い方、無茶な賭けをする人；**動**荒々しく運転する、押しのけて進む：

古英語の形 *bula* は、地名にのみ残っている語で、古ノルド語 *boli* に由来する。同系の英語 bullock **名**「（4歳以下の）雄牛、去勢牛」（後期古英語 *bulluc*）は、*bula* の指小辞語である。古英語において、後に、雄牛・去勢牛を意味するようになった。証券取引所の用語としては、後から高値で売れば利益がでるよう低価格で買う株を指し、18世紀初頭に現れている。

bull[2] ［中英語］）**名**（ローマ教皇の）勅書：

papal *bull*「ローマ教皇の大勅書（の封印）」の *bull* は、古フランス語 *bulle* からの借入語である。*bulle* は、ラテン語 *bulla*「泡、丸いもの」が基である。*bulla* は、中世ラテン語において「封印または封印された文書」を指した。

bull[3] ［17世紀初頭］**名**戯言、とんちんかんな話：

20世紀初頭に遡る bullshit **名**「戯言、ナンセンス」とほぼ同義である。古くは「滑稽な矛盾を含んだ表現」の意で、Irish *bull*「本人は気づかないが滑稽な矛盾話」としても知られていた。語源不詳である。

bulldoze ［19世紀後半］**動**おどしつける、ブルドーザーでならす、押し通る：

元は、「おどす」を意味するアメリカ英語で、*bull*（雄牛との類推によって強さを示している）と *-doze*（名詞 *dose*「量」の変形と見られる）からなる。古くは、命令に従わない黒人奴隷に対する鞭打ちの刑罰を指していたが、後により広い意味での威圧や強制に対して使われるようになった。1870年代のアメリカ英語 bulldozer **名**「ブルドーザー」は、奴隷に対する *bulldozing*「威嚇」に加担した者や連発ピストルを意味していた。この語が「大型の牽引車（トラクター）」の意で使われるようになるのは、1930年代である。

bullet ［16世紀初頭］**名**砲丸、銃弾、小球：

元は、「大砲の砲丸」を指した。フランス語 *boule* の指小辞語 *boulet, boulette*「小さな球」からの借入語で、ラテン語 *bulla*「泡」に由来する。英語の複数形 *bullets* は、俗語で「エンドウ」や「豆」を意味する。

bulletin ［17世紀半ば］**名**告示、報告、会報、紀要：

フランス語の借用語 *bulletin* は、ヨーロッパ諸国で、公式な証明書の意で初出している。語源はイタリア語 *bulla*「印章」で、その指小辞語 *bulletta*「許可証」から指小辞語として *bullettino*「布告」が派生し、*bulletin* としてフランス語に借入された。

bullion ［中英語］**名**金・銀の延べ棒：

「貨幣鋳造所」を意味するアングロノルマンフランス語 *bullion* が英語に借用されたものである。*bullion* は、古フランス語 *bouillon* の変形で、ラテン語 *bullire*「沸

騰する」に由来する。「沸騰する」→「溶ける」→「溶解した金属」と意味が変化した。

bully¹ ［16世紀半ば］图いじめっ子；動いじめる：

おそらく中オランダ語 *boele*「愛人」から派生した語で、肯定的な意味から否定的な意味へと変化した。元来は、男女の別なく愛情表現として使われていたが、後に男性同士の親しみをこめた呼びかけとして使われるようになった。シェイクスピア『真夏の夜の夢』*Midsummer Night's Dream*, Ⅲ. i. 8 には、「賞賛に値する、立派な、すてきな」を意味する限定形容詞の用例がある：What sayest thou, *bully* Botton「何を言うの、すてきなボトム」。「いじめっ子」という現在の意味は、17世紀後半に遡る。20世紀初頭より使われている bully pulpit 图「公職の権威、自己宣伝の機会」は、自分の主義主張を広めるために利用する権力の座を意味する。これは、セオドア・ルーズベルト米大統領が、大統領の地位について個人的見解を述べる際に用いた表現である（『アウトルック』誌〈ニューヨーク発売〉1909年2月27日号：I have got such a bully pulpit!「私はかくも高い公的権力の座にある」）。

bully² ［19世紀後半］图【ホッケー】ブリー、試合開始：

ホッケー用語の *bully* は、元々、イートン校のサッカーの試合にて、選手らがボールに殺到して激しく奪い合う様を表していた。語源不詳である。

bully³ ［18世紀半ば］图缶詰牛肉：

bully beef「缶詰・塩漬け牛肉」の *bully* は、フランス語 *bouilli*「ゆでた」の変形である。

bulrush ［後期中英語］图（水辺に生える）ガマ、イグサ、(聖書で) パピルス：

おそらく *bull*「雄牛」に由来する。*bull*「大きい、粗野な」を持つ語に *bullfrog*「ウシガエル」がある。

bum¹ ［後期中英語］《俗語》尻：

語源不詳である。この語が基になった興味深い複合語に以下がある：
■ **bum bailiff** 图「執達吏」。17世紀初頭の用語で、負債取立てや債務者逮捕の法的権限を与えられた執行吏を指していた。背後から接近して驚かせるといった意味合いがある。
■ **bumboat** 图「テムズ川のごみ集め用の船、物売り船」。17世紀後半の語で、停泊中の船に食糧を調達する小船を指す。一見して *bum*「木」に由来するとわかる。元は、ごみ集め用の船を指していた。この船は、テムズ川に停泊中の船をまわってごみなどを集めるほか、時に農産物などを調達していた。

bum² ［19世紀半ば］動のらくら暮らす、たかる；图怠け者、浮浪者；形安っぽい、粗悪な：

おそらく、同時代の *bummer*「怠け者、浮浪者」からの逆成語である。*bummer* は、ドイツ語 *bummeln*「放浪する、のらくらする」から派生した *Bummler* に由来すると見られる。アメリカの複合的表現に以下がある：
■ **bum steer**「お粗末な助言」は1920年代に現れた表現で、*steer* は「助言、指針」を意味する。
→ STEER

bumble ［後期中英語］動口の中でもぐもぐ言う、(蜂などが) ブンブンいう、うろつく：

当初の意味は (bumble bee「マルハナバチ」など)「ブンブンいう、ブーンとなる」であった。擬音語 *boom*「ブーン」の反復動詞で、後に「うろつく」の意味が生じた。
→ BOOM¹

bumf ［19世紀後半］图《俗語》トイレットペーパー、(退屈な) 書類：

同義の俗語 *bum-fodder*「トイレットペーパー・紙くず」の省略形である。

bump ［16世紀半ば］動ぶつける、追突す

る、ぶつかる；[名]衝突、どすん：
この擬音語は元々は動詞用法であり、スカンジナビア語（北方ゲルマン語）に由来すると見られる。bumpから生まれた語に、**bumptious**[形]「いばった」がある。これは、19世紀初頭の語で、fractious「気難しい」にならって造られた。

bumpkin [16世紀後半][名]野暮な田舎者：
オランダ語 boomken「低木」、または中オランダ語 bommekijn「小さな樽」からの借入語と見られる。これらは、ずんぐりとした人を指していた。

bun [後期中英語][名]（ふつう干しぶどう・レモンなどが入った）小型のロールパン：
語源不詳である。元は、干しブドウ入りの甘くやわらかな小型の丸パンやケーキを指した。スコットランドやジャマイカでは、濃厚な味のフルーツケーキやブドウパンを指す。

bunch [後期中英語][名]房、束：
当初の意味は「こぶ」、「甲状腺腫」であった。語源不詳である。

bundle [中英語][名]束、包み；[動]束にする：
古英語 byndelle「縛ること」に由来すると見られ、低地ドイツ語およびオランダ語 bundel の影響により意味が拡張した。byndelle と bundel は、同系語である。

bungalow [17世紀後半][名]バンガロー：
ヒンディー語 bangla「ベンガル風の住宅」に由来する。

bungee [1930年代][名]バンジージャンプ：
bungee-jumping の bungee は、グライダーを滑空させる際に用いる、ゴムを織り込んで伸縮性を持たせたひもを指す語として初出した。語源不詳である。

bunion [18世紀初頭][名]腱膜瘤（けんまくりゅう）：
古フランス語 buigne「打撃によってできた頭のこぶ」から派生した buignon に由来する。

bunker [16世紀半ば][名]（石炭などを入れる）大容器、【ゴルフ】バンカー、燃料庫；[動]（ゴルフボールが）バンカーに打ち込まれる、困難に陥る、（船に）燃料を満たす：
腰掛けやベンチを意味するスコットランド語に由来する。作り付けの狭い寝台を意味する18世紀半ばの bunk と同系であると見られる。

bunkum [19世紀半ば][名]戯言：
元の綴りは buncombe であった。これは、米国ノースカロライナ州のバンコム(Buncombe)郡に因んだもので、1820年頃にこの地方選出の代議士が選挙区民の人気取りのために無用の演説をしたことに由来する。省略形の bunk[名]「戯言」は、20世紀初頭から使われるようになった。

bunny [17世紀初頭][名]《幼児語》、うさちゃん、（呼びかけに用いて）かわいこちゃん、バニーガール：
元は、愛情表現として使われていた語で、後にウサギの愛称となった。方言 bun「リス、ウサギ」に由来し、愛情表現としても使われていた。語源不詳である。「えじき、だまされやすい人」を意味するオーストラリア英語の用例は、20世紀初頭からである。

buoy [中英語][名]【海事】浮標、ブイ；[動]浮かす、…に浮標をつける、支える、元気づける：
おそらく、中オランダ語 boye, boiei からの借入語で、「信号」を意味するゲルマン語に由来する。動詞用法は、スペイン語 boya「浮標」から派生した boyar「浮く」に由来する。**buoyant** [16世紀後半][形]「浮揚性の、軽快な、上昇傾向にある」は、フランス語 bouyant から、またはスペイン語 boyar「浮く」の現在分詞 boyante「浮かんでいる」からの借入語である。

burden [古英語]**名**重荷；**動**重荷を負わせる：

西ゲルマン語系統の古英語 *byrthen* は、動詞 *bear*「運ぶ」と同系である。英語の綴りにおける -*th*- から -*d*- への交替は、早くも12世紀に現れており、*murther* から *murder* や、方言の *further* から *furder* にも見られる。
→ BEAR¹

bureau [17世紀後半]**名**（行政組織の）局、事務所、整理ダンス：

フランス語の借用語 *bureau* の原義は、「（布の）ベーズ」で、ベーズの布が書き物机にかけられていたことに由来する。*bureau* にまつわる色は一様ではない。この語は、おそらく古フランス語 *bure*「こげ茶色」から派生した *burel* より発達した語であるが、ギリシア語 *purros*「赤」に由来する19世紀に現れた *bureau* の派生語 **bureaucracy** **名**「官僚政治、官僚的形式主義、官僚」、および **bureaucrat** **名**「官僚、官僚主義の人」は、ともにフランス語からの借入語である。

burgeon [中英語]**動**芽を出す、芽ぐむ：

動詞 *burgeon* は、*bourgeonner*「芽を出す」からの借入語である。*bourgeonner* は、後期ラテン語 *burra*「羊毛」に由来する古フランス語 *borjon*「芽」から派生した動詞である。

burglary [16世紀初頭]**名**空き巣、住居侵入者、押し込み強盗：

フランス語 *burgler* の法律用語 *burglarie* からの借入語である。*burglarie* は、*burgler* から派生した。英語 *burglar* は、このフランス語 *burgler* または英国中世ラテン語 *burglator* からで、古フランス語 *burgier*「略奪する」と同系である。**burgle** **動**「住居侵入（強盗）を働く」は、元々 *burglar* から逆成された、くだけた口語、19世紀後半に初出している。

burlesque [17世紀半ば] バーレスク（真面目な事件や作品を戯画化した滑稽な作品）；**動**パロディ化する、茶化す：

フランス語から入り、語源不詳である。フランス語 *burlesque* 自体は、イタリア語 *burla*「あざけり」から派生した *burlesco*「あざけりの」からの借入語である。

burly [中英語]**形**身体の大きな、頑丈な、たくましい、単刀直入の、ぶっきらぼうな：

当初の意味は、「威厳のある、堂々とした」であった。この意味はおそらく、「（中世の城の）女性の私室」に似つかわしい「威厳のある、荘重な」を意味する古英語に因んだものである。
→ BOWER

burn¹ [古英語]**動**燃える、燃やす、焼く、（激情に）かっとなる、焦げる；**名**やけど：

古英語 *birnan*「燃えている」および *baernan*「焼失する」は、同一のゲルマン語から発達した語で、ドイツ語 *brennen*「燃える」と同系である。

burn² [古英語] 小川：

古英語 *burna* と *burn(e)* は、ゲルマン語から派生した語で、オランダ語 *bron* およびドイツ語 *Brunnen*「泉、井戸」と同系である。**bourn** [中英語]**名**「小川」は、英南部における *burn* の変形である。

burnish [中英語]**動**磨く、研ぐ、光沢を出す；**名**光沢：

古フランス語 *burniss*- からの借入語である。この *burniss*- は、*brun*「茶色」の派生語 *brunir*「茶色にする」の変形 *burnir* の延長語幹である。

burr [中英語]**名**いが、いがのある実をつける植物：

当初の意味は、「実の入ったとげだらけの外被」であった。語源はおそらくスカンジナビア語（北方ゲルマン語）で、デンマーク語 *burre*「いが、ゴボウ」およびスウェーデン語 *kard-borre*「ゴボウ」と同系である。*burr* という語に内包される粗雑感は、ノーサンバーランドの発音に見られる口蓋垂顫動音（こうがいすいせんどうおん）のような

r の発音に起因すると見られる。また、*burr* という語は、ギーギー、ブンブンなどの耳障りな振動音を指すこともある。

burrow [中英語]名(ウサギ、キツネなどの)穴、隠れ場:

borough「城塞」の変形である。
→ BOROUGH

bursar [後期中英語]名(大学などの)会計係、出納係、(スコットランドの大学の)給費生:

ラテン語 *bursa*「袋、財布」の派生語である中世ラテン語 *bursarius* が基である。ギリシア語 *bursa* は「皮革」の意であった。*bursary* 名「(大学などの)会計課、(英国の大学などの)給費基金」の初出は 17 世紀後半で、大学の会計課の部屋を指していた。これは、ラテン語 *bursa* より派生した中世ラテン語 *bursaria* からの借入語である。
→ PURSE

burst [古英語]動破裂する、爆発する、突然…する:

古英語 *berstan* は、ゲルマン語から発達した語である。オランダ語 *bersten* と同系である。

burton [第 2 次世界大戦]名【海事】軽滑車、テークル:

成句 gone for a burton「災難に会う、死ぬ、壊れる」は、「行方不明の、死んだ」、「二度と戻らない」の意で、元は英国空軍での俗語であった。この婉曲語は、行方不明かと思われた人が、実はバートン=アポン=トレント(イングランド、スタッフォードシャー州東部の町)産の「バートン・エール」を飲みに行っていたという逸話に由来するとの説がある。

bury [古英語]動埋葬する、埋める、埋蔵する、葬り去る、隠す:

古英語の動詞 *byrgan* は、西ゲルマン語系統の語で、動詞 *borrow* および名詞 *borough* と同系である。*bury* と同時代の同系語に、*byrgels* (burial)名「埋葬、墓」がある。中英語において *byrgels* が複数と誤解されたため、語尾の -s が消滅した。
→ BOROUGH; BORROW

busby [18世紀半ば]名(英陸軍の軽騎兵のかぶる)バズビー帽、毛皮帽:

元は、毛のふさふさした大きなかつらを指していた。語源不詳である。

bush [中英語]名低木、灌木、茂み、(アフリカ・オーストラリア・カナダなどの)未開墾地、森林地帯:

古フランス語 *bos, bosc* からの借入語である。これらは *bois*「木材」の変形で、古ノルド語 *buski* の影響により意味が拡張した。*bush* はゲルマン語に由来し、オランダ語 *bos* およびドイツ語 *Busch*「低木」と同系である。オーストラリア、ニュージーランド、アフリカにおける「未墾の土地」という意は、おそらくオランダ語 *bos* から直接受け継がれたものである。オーストラリアには、住み慣れた環境を離れて田舎に引きこもることを意味する go *bush* という成句があるが、これは、未開の奥地へと逃げ込む囚人の連想から生まれた表現である。

business [古英語]名職業、業務、仕事、用事、かかわりのある事、事件、会社、商取引、商売、本分:

古英語 *busignis* は、「懸念」を意味した。「忙しい状態」という意味は、中英語から 18 世紀にかけてのもので、今では busy-ness「忙しさ」に取って代わられている。後期中英語に「課せられた仕事」という意味が生じ、現在の意味のすべてがこの意味から発達した。biz 名 = business [19世紀半ば] という省略形は、アメリカ発祥である。

busk [17世紀半ば]動大道芸をする:

フランス語の廃語 *busquer*「求める」からの借入語である。この *busquer* は、イタリア語 *buscare* またはスペイン語 *buscar* が基で、ゲルマン語に由来する。元は、「巡航する、間切ってしばしば針路

を変える」を意味する海事用語であったが、後に「商いをしながら歩き回る」という意味が派生し、ここから現在の意味が生まれた（19世紀半ば）。

bust[1]［17世紀半ば］名胸像、（特に女性の）胸部：
当初は大きな彫刻の上半身、すなわちトルソー（胴部だけの彫像）を指した。イタリア語 *busto* から借入されたフランス語 *buste* からの借入語だが、語源のロマンス語については不詳である。

bust[2]［18世紀半ば］動破裂させる、折る、壊す、壊れる；名破裂、爆発、失敗、破産、逮捕：
burst の変形である。元々「破裂させたり裂いたりする行為」を意味する名詞としてアメリカで使われていた。

bustard［15世紀後半］名【鳥類】ノガン：
古フランス語 *bistarde* と *oustarde* の混成によって派生したアングロノルマンフランス語と見られる。*bistarde* と *oustarde* はいずれもラテン語 *avis tarda*「ゆっくり飛ぶ鳥」に由来するが、ノガン類は足の速い鳥ゆえ、この名は不可解である。ヨーロッパ最大の鳥として知られる *Otis tarda*「野雁、ノガン」（英名 great bustard）は、以前イングランドに生息していたが、今や絶滅した。

bustle［後期中英語］動せきたてる、せわしく動く：
この語から連想される、せわしく慌しい動きは、bustle の変形の廃語 *buskle* によってもたらされた意味と見られる。*buskle* は、古ノルド語から借入された *busk*「準備する」の反復動詞である。bustle［18世紀後半］名「バスル」は、スカートの後腰部を張り出させるために用いられる一種の服飾品を指す語で、語源不詳である。

busy［古英語］形（人が）忙しい、手がふさがっている、活気に満ちた、にぎやかな、おせっかいな；動忙しくする；名刑事：
古英語の動詞形は *bisgian*、形容詞形は *bisig* であった。オランダ語 *bezig* は同系語で、語源不詳である。「刑事」を指す俗語用法は20世紀初頭に現れた。

but[1]［古英語］接しかし、…でなければ；前…除いて；代…ないところの；副ほんの、たった、ただ…するだけ；名異議：
古英語におけるこの接続詞は *be-utan, butan, buta* で、「外で、…なしで、…を除いて」の意味であった。

but[2]［18世紀初頭］名表側の部屋、表の間、台所：
スコットランド語（*but and ben*「2部屋の家」の）*but* は、2部屋からなる田舎屋の表側の部屋を指す。この *but*[2] は、接続詞 *but*[1] の「外へ」、特に「家の外側へ」という当初の意味に由来する。

butch［1940年代］名（男性の）短い髪型、（レズビアンで）男役、乱暴な男；形男っぽい：
butcher「肉屋、残忍な殺し屋」の省略形と見られる。

butcher［中英語］肉屋、虐殺者、売り子；動食肉用に畜殺する：
古フランス語 *bochier* の変形のアングロノルマンフランス語 *bo(u)cher* からの借入語である。*boc* はおそらく *buck*「雄のヤギ」と同語源である。*boc*「雄ヤギ」から派生した語で、当初は、肉を売るというより畜殺するという意味合いが強かった。**butchery**［中英語］名「畜殺、解体」は古フランス語 *bouchier*「肉屋」から派生した *boucherie* からの借入語である。

butler［中英語］名執事、使用人頭：
古フランス語 *bouteille*「瓶」から派生した *bouteillier*「（宮廷などの）酌取り、献酌官、酌人、酒の給仕係」からの借入語である。**buttle** 動「執事として仕える」は、19世紀半ばから *butler* の逆成語として

butt¹ [中英語][動](頭・角などで)強く突く:
古フランス語 boter からの借入語で、ゲルマン語から発達した。

butt² [中英語] 目標、(嘲笑・軽蔑などの)的、標的、射的場:
「射的場の的をかける盛土」を意味する弓術用語として初出した。語源不詳の古フランス語 but「照準、目標」からの借入語で、フランス語 butte「塚、盛土」の影響を受けたものと見られる。「的」という比喩的な意味は、シェイクスピア『ヘンリー五世』Henry V, I. ii. 186 に見られる。: To which is fixed as an aim or butt Obedience「その目的とするところ、狙いとするところのものは、服従である」。

butt³ [後期中英語][名](武器・道具などの)太い方の端、台尻、《米俗》尻、残片、残り、樹木・葉柄の根元、(蠟燭の)使いさし、(紙巻きたばこの)吸いがら;[動]接合する:
cigarette butt「タバコの吸いさし」の butt は、おそらくオランダ語 bot「太くて短い」と同系語である。方言 butt は後期中英語に現れた語で、butte of porke「豚の尻肉」のように「尻」の意で使われていた。後にアメリカの用法において、より広義に「尻」を指すようになった。gutter butted against the wall「壁に取り付けられた樋」に見られるような動詞用法は、butt「的」に abut「接する」の意が加わってできた語とも言われる。
→ BUTT²; BUTTOCK

butt⁴ [後期中英語][名](ぶどう酒・ビールなどの)大樽、樽:
古フランス語 bot が基である。この bot は後期ラテン語 buttis からの借入語である。

butter [古英語][名]バター、バターに似たもの、へつらい;[動]バターを塗る、《略式》おべっかを言う:

古英語 butere は、西ゲルマン語系統の語である。オランダ語 boter およびドイツ語 Butter「バター」は同系語である。これらはギリシア語 bouturon に由来するラテン語 butyrum から借入された語である。複合語に以下がある:
■ **butterfly**[名]「チョウ」。古英語で形成された語で、butter とつく理由は、チョウの多くが淡黄色や黄色であること、または、チョウがバターを盗むという俗信によるものと見られる。
■ **butterfly effect**「【数学】バタフライ効果」。1980年代のカオス理論の隠喩で、複雑な体系の中に生じるささいな局部的変化が、いたるところに大規模な影響を及ぼす可能性があることを言う。この言い回しは、リオデジャネイロで羽ばたくチョウが、シカゴの天気に影響を与え得るとの概念に基づくものである。
■ **butterwort**「ムシトリスミレ」。この植物によって、乳牛の搾乳量が安定し、バターの供給を維持することができると考えられたことから、この名がついた。

buttery [中英語][名]食料貯蔵室、(オックスフォード大学、ケンブリッジ大学など)ビール・パンなどの売店:
イギリス英語で buttery と言えば、大学構内で食品や飲料を学生に販売するための部屋を指すのが一般である。この語は、アングロノルマンフランス語 boterie「大酒樽の店」からの借入語で、古フランス語 bot「樽」に由来する。
→ BUTT⁴

buttock [古英語][名]尻、臀部:
古英語 buttuc にあたる。buttuc の原義は、「こんもりとした土地の隆起部」で、おそらく butt「短い突起部」、「後方の末端部」から派生した語である。
→ BUTT³

button [中英語][名]ボタン、押しボタン、《米・豪》円形バッジ、芽、つぼみ;[動]ボタンをつける、ボタンを掛ける、芽が出る:
英語 butt「突く」と同系の button は、古

フランス語 bouton「芽」、「ふし、丸い握り」、「ボタン」からの借入語で、ゲルマン語に由来する。この語は、形状の類似性を基に意味が発達してきたが、意味の適用範囲が広がるにつれ、それぞれの形状より用途の方が重要視されるようになった。
→ BUTT¹

buttress ［中英語］名【建築】控え壁、扶壁、支持者、支えとなるもの；動【建築】(建物を) 控え壁で支える、補強する、支持する：

古フランス語 boter「打つまたは突く」から派生した (ars) bouterez「(アーチを) 押しつける」からの借入語である。
→ BUTT¹

buxom ［中英語］形(女性が) 健康美の、丸ぽちゃの、ぴちぴちした：

原義は「従順な、協力的な」で、後に、「元気で温和な」という意味が生まれた。これは、性格的な鷹揚さを、ふくよかな健康美に結びつけがちな、慣習的連想による。この語は、古英語 bugan「曲がる」の語幹と接尾辞 -some「…の傾向がある」からなる。
→ BOW²

buy ［古英語］動買う、獲得する、おごる、値する、受け入れる、買収する：

古英語 bycgan「買う」は、ゲルマン語から発達した。「買収する」という意味は17世紀半ばからである。俗語的な用例も、19世紀初頭以降の成句 He bought it「彼は死んだ」などに見られる。この表現は、20世紀初頭になると「彼はそれを信じた」の意でも使われるようになった。

buzzard ［後期中英語］名【鳥類】ノスリ、ハゲタカの類、《口語》愉快な奴：

古フランス語 busard からの借入語で、ラテン語 buteo「タカ、ハヤブサ」に由来する。buzzard は、鷹狩りに向かない劣等なタカであると考えられていた。そのため、無知な人間や愚かな人間を指す軽蔑語として使われるようになったと考えられる。時代とともに原意は薄れ、old buzzard という慣用表現の意味は、ほとんどの場合、単なる「老いぼれ」にすぎない。方言で buzzard「(コガネムシのように) ブンブン飛び回る夜行性昆虫の総称」と言えば、「蛾」や「コフキコガネ」を指すこともある。これは擬音語の動詞 buzz に由来する。

by ［古英語］前そばに、…の間に、…に従って、…によって、…のために：

古英語 bī, bi, be はゲルマン語から発達した語で、同系語にオランダ語 bij およびドイツ語 bei「…の近くで」がある。

bye-bye ［18世紀初頭］間《幼児語・口語》さよなら、バイバイ：

goodbye を意味する幼児語 bye-bye は、19世紀半ばより複数形 bye-byes としても使われている。この bye-byes は、長きにわたり、子守唄の折り返し句に用いられてきた bye-bye「ねんね」というリフレインに由来する。

by-law ［中英語］名(地方自治体の) 条例、慣習法、(会社・協会などの) 内規、準則、付則：

おそらく、古ノルド語 byjar「町の」から派生した、廃語 byrlaw「地方の条例や慣習法」の変形である。第1音節が by に統合された結果、現在の形になった。記録によれば、地方条例としての最古の例は13世紀のケント州のもので、隣人同士の境界線にまつわる論争が、暫定的仲裁人による示談で解決した、とある。

byre ［古英語］名《英方言》牛小屋、牛舎：
→ BOWER

byte ［1960年代］名バイト (記憶容量の単位で8ビット)：

「一単位をなす2進数字 bit の集まり」を表すコンピュータ用語 byte は、bit「情報の基本単位、2進法における0または1」と bite「一部分」からなる「人工語」である。
→ BIT²

C c

cab［19世紀初頭］名タクシー、運転手：
現代の用法ではタクシーを指すか、またはトラック・バス・列車といった乗り物の運転席を指す。アメリカ英語では、運転席がトラックのエンジンの直上にある場合、a cabover と言う。20世紀後半に cab over engine「エンジンの上の運転席」と言っていたのを短縮した単語である。cab は cabriolet を短縮した派生語であり18世紀半ばのフランス語で、1頭立ての幌つき2輪軽馬車を指していた。この軽馬車の動きが、cabrioler「空中高く跳躍する」に由来するフランス語 cabriole「山羊の跳躍」や、この名称 cabriolet で呼ばれる基になった。cab はその後も cabriolet の改訂版であるハンサム（御者台が後方の一段高い位置にある）を指すのに使われつづけ、さらには2輪または4輪で1頭立ての2人または4人乗りの公共の馬車ならどんなものでも指すようになった。cabbie は cab の運転手を指し、19世紀半ばから。
→ CABRIOLE；CAPER

cabal［16世紀後半］名陰謀団、徒党：
歴史的にはチャールズ2世治下の5人の大臣からなる政治顧問団のことで、大臣らの姓の頭文字 C、A、B、A、L（クリフォード、アーリントン、バーミンガム、アシュリー〈シャフツベリー〉、ローダーデール）を取っている。しかし、当初のカバラの用例（フランス語 cabale に由来）は Cabbala「カバラ」を指すものだった。カバラとは、聖書に神秘主義的な解釈をほどこす古代ユダヤの伝統であり、その解釈ははじめ暗号のような秘教的方法を用いて口頭で伝承されていた。カバラは中世後期に絶頂期をむかえ、その後もハシディズム（ラビによるユダヤ主義の厳格な伝統主義への反発から創始された運動）において影響力を保った。中世ラテン語 cabala から、Cabbala にいくつかの異形が生じている。例えば Kabbalah（現代で好まれる綴り）、Kabbala, Cabala, Qabalah がそれで、「伝統」を意味するラビのヘブライ語が基になっている。

cabaret［17世紀半ば］名キャバレー：
当初は、フランスの宿屋を指していた（S・ピープスの『日記 9月23日』Diary 23 Sept.：In most cabaretts in France they have writ upon the walls 'Dieu te regarde'「フランスの宿ではたいてい壁に「神がみているぞ」と書かれている」）。この基になったのは古フランス語の単語で、字義通りには「木造」という意味だった。さらにこれを遡ると、中オランダ語を経て、ピカール方言 camberet「小部屋」に行き着く。ナイトクラブの余興またはナイトクラブそのものを指す現在の意味は20世紀初頭にはじまる。

cabbage［後期中英語］名キャベツ、ぐうたら：
この語が基になって、都市部の荒廃した地域を表す荒廃したカナダ英語の複合語 Cabbagetown「スラム街」がうまれた。この複合語の起源はトロントの荒れた地域のあだ名にある。その地域では住民はキャベツを食べてようやく生きながらえていると言われていた。cabbage は古フランス語（ピカール方言）caboche「頭」に由来する。caboche は古フランス語 caboce の異形で、語源は不詳である。チャネル諸島のフランス語では caboche が「キャベツ」の意味で使われている。
cabochon名「カボション（半球形に研磨された宝石）」は同じ古フランス語の起源を持つ。そのはじまりは16世紀半ばに遡り、字義通りには「小さな頭」を意味し、研磨されただけでカットされていない宝石を表す。

caber［16世紀初頭］名丸太棒：
荒く切った丸太のことで、スコットランドの高地で丸太投げ遊びに使われる。こ

の遊びは、丸太を空中に放り投げ、上下さかさまに着地させるものである。スコットランド・ゲール語 cabar「柱、棒」に由来する。

cabin [中英語]**名**小屋、船室：

古フランス語 cabane、さらにプロヴァンス語 cabana、後期ラテン語 capanna, cavanna に遡る。**cabinet** [16世紀半ば]**名****形**「飾り棚、内閣、内閣の」は cabin に接尾辞 -et を加えて成り立っている。その廃れた語義の1つに「小さな平屋」がある。しかし、他の用法はフランス語 cabinet に影響を受けており、例えば boudoir「婦人の私室（寝室）」を意味する古い意味や、現在の「飾り簞笥」などがそうである。cabin に関連するイタリア方言 gabinetto「クローゼット、ドロワーズのチェスト」とのつながりが、この派生にあたって連想されている。政治的な文脈では、通常、the Cabinet は一堂に会して政府の政策を論じる内閣を指す。これは元々 the Cabinet Council と言い、the Privy（= private「私的な」）Council と区別してそう呼ばれていた。

cable [中英語]**名**ケーブル、太綱、鉄索；**動**電報を打つ：

アングロノルマンフランス語の異形 chable に由来し、さらにこれは後期ラテン語 capulum「端綱をかける（牛を捕まえるために）」に由来する。当初は、cable とは麻などを素材とする丈夫で太いロープのことだった。現在は、素材が繊維の場合には rope を用い、cable は素材がワイヤーの場合に用いられる。この語は聖書の引用句：It is easier for a camel to go through the eye of a needle than for a rich man to enter the kingdom of God「富んでいる者が神の国に入るよりも、らくだが針の穴を通る方がもっとやさしい」で一部の著者によって camel のかわりに使用されてきた。これは『マタイによる福音書』19章24節のギリシア語 Kamēlon になされている別解釈である（J・チェケ『マタイによる福音書』：It is easier for a cable to passe thorough a nedels eie「ケーブルが針を通るほうが簡単である」）。

caboodle [19世紀半ば]**名**群れ、集まり、束：

the whole caboodle および the whole kit and caboodle は「一切合切、すべてあわせた数」を意味する。caboodle は元々アメリカ語法で、同じ意味の句 kit and boodle に由来する。kit は「機材」を指すことが多く、また boodle（「所有物」を表すオランダ語に由来）はお金を意味するくだけた言葉である。

cabriole [18世紀後半]**名**曲がり脚、（バレエの）跳躍：

フランス語からの借用である。字義的意味は「軽やかな跳躍」であり、元々イタリア語 capridlare「空中高く跳ぶ」から cabrioler（当初は caprioler）を経てこの語になった。18世紀後半、チッペンデールやアン女王様式の家具に特徴的な湾曲のある **cabriole leg** は、跳躍の得意な動物の前脚に似ていることからその名がついた。

→ CAB

cachet [17世紀初頭]**名**（公文書などに押した）印、公印、品質保証の印、高い地位、名声：

「敬意」や「威信」を示すものを言う。例：No other shipping company had quite the cachet of Cunard「カナール社に並ぶほどの威信をもつ輸送会社はなかった」。基本的に「品質保証の印」を表す。「押す」を意味するフランス語 cacher から借用された。この語はラテン語 coactare「強いる、押しつける」が基になっている。この押しつけの概念が基になって、（密封された）「不快な味のする薬をつつむ紙」（カシェ剤）の用法が新たに加えられた。

cack [古英語]**動**排便する；**名**排泄物、くだらないこと、ふざけたこと：

古英語の接頭辞 cac- は cashūs「便所」の一部だった。「排便する」を意味する動詞用法は後期中英語にはじまり、ラテン

語 cacare「排便する」に基づく中オランダ語 cacken と同系である。19世紀半ば、cack-handed 形 は「左利き」または「不器用な」の意味で使われていた。このくだけた句では、左利きに対する軽蔑を表すために cack が用いられている。

cackle ［中英語］動 (めんどりが) クワックワッと鳴く、(甲高い声で) 笑う；名 笑い声、おしゃべり：

おそらくは中低地ドイツ語 kākelen に由来する。部分的にはその音声を模倣したものであり、これが kāke「顎、頬」により一般に広まった。これが一方から他方の言語に借用されたのか (オランダ語 kakelen、スウェーデン語 kackla、デンマーク語 kagle 参照)、それとも動物の声を真似てそれぞれ独立に生じたのかに関して、明らかでない。

cacophony ［17世紀半ば］名 不快な音、不協和音：

フランス語 cacophonie、さらにはギリシア語 kakophōnia に遡る。基の要素は kakos「悪い」と phōnē「音」。

cad ［18世紀後半］名 (女性に対して) 無礼な男、礼儀知らず：

女性に対して無礼なふるまいをする男性をおどけて表すのにときおり使われていた名詞に由来する。「男性の卑しい下品な作法」を口語的に侮蔑する表現としてオックスフォード大学で発生したとされる。「巷の人々と大学人」の間で巷の人々を侮辱するのにオックスフォードで使われはじめたのかもしれない。cad はかつて乗合馬車の御者が自分の私的な利益のために乗せる客を指していた。caddie または cadet の省略形。
→ CADDIE

cadaver ［後期中英語］名 (特に解剖用の) 死体：

「死体」を表す医学用語。また、文学的な文脈でも使用される。ラテン語の動詞 cadere「落ちる」に由来する。

caddie ［17世紀半ば］名 (ゴルフの) キャディー：

元々はスコットランド語で、フランス語 cadet「より若い」に由来する。「古くからの同盟」(Auld Alliance) による密接な関係の結果として多くのフランス語がスコットランド語にもたらされた。古くからの同盟は、スコットランド王ジョン・ベイリャルとフランス王フィリップ4世の間で1295年に結ばれた条約にはじまるスコットランドとフランスの同盟を指す。当初の用法では、caddie は軍隊での経験を積もうと意図して権限もなく従軍する郷紳 (ジェントルマン) を指して用いられた。後に、これが「便利屋」を意味するようになる。現在のゴルフ用語の「ゴルファーのクラブを運んで手伝う人物 (キャディー)」という意味は18世紀後半から。

cadence ［後期中英語］名 (言葉の) 律動的な流れ、音の流れ、リズム、抑揚：

当初は「リズムまたは調子」を意味した。この語はラテン語 cadere「落ちる」にもとづくイタリア語 cadenza が古フランス語を経由して英語に入ったものである。Cadenza ［18世紀半ば］名「カデンツァ」は音楽用語で、コンチェルトそのほかで楽章の終わり近くに通常おかれる妙手によるソロ演奏部分を指していた。南アフリカ英語では have a cadenza というフレーズが「きわめて興奮している」という意味でくだけた言い回しに使われた。これは1940年代に録音されたダニー・ケイのユーモラスな The Little Fiddle に由来していると言われる。

cadet ［17世紀初頭］名 士官候補生：

当初は「年少の息子または娘」を指した。これはフランス語ガスコーニュ方言 capdet を取り入れたもので、ラテン語 caput「頭」に基づく指小辞語である。「小さな頭」または「より劣る頭」という概念から、「年少の、幼い」という概念が派生した。現在、cadet は軍事的な文脈で定着している。

cadge ［17世紀初頭］動 ねだる、たかる：

当初は「持ち運ぶ」という意味だった。イギリス北部とスコットランドで「行商人」を意味する名詞 cadger（15世紀後半）からの逆成語。ここから、動詞で「行商する」という意味が生じ、これがさらに現代の意味にまで拡張した。

cahoots ［19世紀初頭］名共謀、結託：
元々はアメリカ英語で、in cahoots with「…と共謀して」という成句で用いられた。おそらく、フランス語 cahute「あばら屋、小屋」に由来している。ここから、密談という意味が生じたようである。

cairn ［後期中英語］名ケルン、記念碑、道標：
スコットランド・ゲール語 carn に由来する。この語はすべてのケルト諸語に見られる。例えば古アイルランド語 carn、ウェールズ語 carn「積み重ね、山」（英語 heap）。ウェールズ語には、carn「蹄（ひづめ）、（ナイフの）柄」もある。これはさらに古い意味「角」を表している。一次的な意味は「山頂の塚（＝頭の角）」だった可能性がある。この語はウェールズとスコットランドにあるいくつかの山の名前に含まれている。例えば Cairngorms（スコットランド北部）の名前は、スコットランド・ゲール語 carn gorm「青い塚」に由来する。Cairn terrier「ケアンテリア（イギリスにおけるテリアのいちばん小さい犬種）」は、かつて塚の間で狩りをするのに用いられたことからそう名づけられたとされる。

cake ［中英語］名ケーキ：
スカンジナビア語に起源があり、スウェーデン語 kaka やデンマーク語 kage と同系である。この語源の全貌は定かでないものの、かつて考えられていたようにこの語幹がラテン語 coquere「調理する」と同系であることはありえない。cake が最初に表していたのは、焼きの過程で裏返して両面を固く平らに焼いたロールパンだった。こうして丸く平らにした形状を指す用法は、fish cake「フィッシュケーキ」や potato cake「ポテトケーキ」といった表現に影響してい

る。スコットランド、ウェールズの一部およびイギリス北部では、cake は薄くて堅焼きのもろいオート麦のパンを指すことがある。ここから、スコットランドやスコットランド低地地方を冷やかして Land of Cakes「ケーキの地」という呼び名が使われることになった（R・バーンズ『グロス船長の遍歴』On Captain Grose's Peregrinage: Hear. land o' Cakes, and blither Scots「聞け、ケーキの地、陽気なスコットランド人たちよ」）。

calamity ［後期中英語］名不幸な出来事、惨事：
古フランス語 calamite、さらにラテン語 calamitas「損害」、「災害」、「不運」に遡る。ラテン語研究者たちはこれを calamus「わら、麦の茎」に関連づけ、あられやべと病その他による作物への害を指すとした。だが、これは疑わしい。人によっては、失われた語形（*calamis）「傷を負った」に由来すると述べている。Calamity Jane ［1930年代］と言えば不運が予想される人物を指す言葉で、開拓民女性にして女性射撃手のマーサ・ジェーン・バーク（1852年頃～1903年）の渾名だった。

calculate ［後期中英語］動計算する、予測する：
後期ラテン語 calculare「数える」に由来する。語基はラテン語 calculus「小石」（abacus に同じ）。数学の一分野である calculus「微積法」の語源でもある。

calendar ［中英語］名カレンダー、暦：
古フランス語 calendier、さらにラテン語 kalendarium「会計簿」に遡る。基になったラテン語 kalendae は「月の最初の日」（ローマ暦）を指す。古英語 calends名は「約束した日時」を指した。ラテン語の語源 kalendae は支払期日や日取りのことを指した。同系語にはラテン語 calare とギリシア語 kalein「呼ぶ」がある。ユリウス暦はユリウス・カエサルにより紀元前46年に導入された。1年は365日になり、4年ごとに366日ある閏年（うるうどし）がもうけられた。後にこれに替わってグレゴリオ暦が採用されたが、

一部の正教会の国ではいまもユリウス暦が用いられている。グレゴリオ暦はユリウス暦を改良したもので、1582年に教皇グレゴリウス13世により導入された。暦を再び太陽年に合わせるため、10日短縮され、400で割り切れる年は閏年になった。スコットランドはこの「新スタイル」を1600年に採用したが、イングランドとウェールズがこれを採用したのは1752年になってのことで、このときには11日短縮されねばならなかった。

calf¹ [古英語]名子牛：
古英語 *cælf*「若いウシ属の動物」はゲルマン語起源で、オランダ語 *kalf* やドイツ語 *Kalb*「子牛」と同系。転移用法により、この語はときに「より大きなものから生まれたようにみえるもの」を指すことがある。例えば、沿岸の氷河から分離した氷山、(古ノルド語 *kálfr* から) 大きな島の近くに浮かぶ小島、例えばマン島近くの *Calf* of Man「カフ・オブ・マン」などである。

calf² [中英語]名こむら、ふくらはぎ：
古ノルド語 *kálfi* に由来する。語源不詳。

calibre [16世紀半ば]名(鉄砲の)口径、力量：
当初の意味は「社会的な地位、または、重要性」だった。フランス語を経由してイタリア語 *calibro* に由来する。おそらくアラビア語 *kālib*「(金属を鋳る)鋳型」に基づいており、さらにこのアラビア語はギリシア語 *kalapous*「靴型」に基づいている。*calibre*「口径」には重さの特性がある。例えば、大砲の口径によって、それが発射できる物体の重量が決まる。ここから、ある人物の「力量」という意味が生まれた。

calliper [16世紀後半]名カリパス、パス、測径両脚器：
明らかに *calibre* の変形である。*calliper*「カリパス」とは外径や内径を計測する道具であり、*calliper* compass は弾丸の口径を測るのに使われる。16世紀の著述者の中には、*calliper* と *calibre* が同じ語源だとする者たちもいた。彼らの引いている語源は *caliver* で、これはあるタイプの火縄銃の名称だった (二股の銃座から発砲する携行式の銃)。この *caliver* は16世紀から17世紀にかけて *calibre* の意味で使用されることが多かった。

call [後期古英語]動呼ぶ、招待する、電話をかける、(人を)起こす、判定する；名呼び声、電話をかけること、短い訪問：
古英語 *ceallian* は古ノルド語 *kalla*「大声で呼び出す」に由来する。中英語 *callen* は元々北方の言葉だった。

calligraphy [17世紀初頭]名能筆、能書、習字、カリグラフィー：
語源はギリシア語 *kalligraphia* で、これは *kalligraphos*「美しい文章の書き手」に由来する。*kallos*「美」と *graphein*「書く」からなる。

callous [後期中英語]形冷淡な、無情な、(皮膚が)硬くなった：
英語における当初の意味には、語源であるラテン語 *callosus*「皮膚が硬化した」が反映されている。この語義から「冷淡な」への転移は、thick-skinned「皮膚の厚い、鈍感な」の転移と並行している。

callow [古英語]形羽毛のまだ生えそろわない、未熟な：
古英語 *calu*「はげた」は西ゲルマン語起源であり、さらにはラテン語 *calvus*「はげた」に遡る。この意味は後に拡張され「羽毛のまだ生えそろわない」を意味するようになった。また、羽毛の生えそろっていない鳥の綿毛を指すのにも使われ、ここから幼児の産毛につながり、比喩的に現在の意味「未熟な、経験不足の」が生じるに至った (C・ブロンテ『シャーリー』*Shirley*：In all the voluptuous ease of a yet *callow* pacha「いまだ未熟な司令官のあらゆる官能的な悦楽の中で」)。

calm [後期中英語]形穏やかな、平穏な、

落ち着いた；[名]静けさ；[動]静める、落ちつく：

ギリシア語 kauma「熱」を語源とし、ロマンス諸語の1つを経由してもたらされた。ポルトガル語と古スペイン語 calma も「昼間の熱」を意味するが、イタリア語 calma には熱という意味はなく平穏で静かな天候という意味しかない。

calque ［1930年代］[名]翻訳借用、なぞり：

フランス語から取り入れられ、文字通りには「コピー、痕跡」を意味する。フランス語 calquer「(痕跡を) 辿る」からもたらされ、さらにイタリア語とラテン語の calcare「(道などを) 踏む、進む、踏みいる」に遡る。

cam ［18世紀後半］[名](機械の) カム：

オランダ語 kamrad「歯車」などに見られる kam「櫛」に由来する。

cambar ［後期中英語］[名](路面などの) 反り、矢高、梁矢：

古フランス語 cambre に由来する (chambre「アーチ状の」の方言の異形)。元はラテン語 camurus「内側に湾曲した」である。

camera ［17世紀後半］[名]カメラ：

当初の意味は、イタリアまたはスペインの「議会、立法議会」であった。元はラテン語で「円筒形天井の建物 (ヴォールト)、会議室」を意味する単語で、ギリシア語 kamara「アーチ状の覆いのある物体」に由来する。オックスフォード大学図書館の Radcliffe Camera「ラドクリフ・カメラ」は、その丸天井の設計から名づけられている。このラドクリフの建物は、1856年のラテン語の法令の中で camera「カメラ」と記述されている。現在は、Camera Bodleiana と称されるボドリアン図書館の一部をなす閲覧室として使用されている。ラテン語 in camera という句は司法の文脈では公開の法廷と区別される「判事の私室において」という意味で用いられる。19世紀に、ラテン語 camera「会議室」は英語で写真の形で視覚イメージを記録する装置を指すのに用

いられるようになった。文字通りには「暗い部屋」を指す camera obscura［18世紀初頭］はそれ以前からあった。また「明るい部屋」を指す camera lucida［18世紀半ば］も存在していた。camera obscura とは、暗い箱に凸面レンズを内蔵してスクリーンに外部の物体の映像を投影するものを指す。camera lucida「明箱」は光線がプリズムに反射して印画紙にイメージを作り出す装置をいう。

camouflage ［第1次世界大戦］[名]偽装、迷彩、カモフラージュ；[動]カモフラージュする、ごまかす：

フランス語で元々は泥棒のスラングだった camoufler「偽装する」から取り込まれた。イタリア語 camuffare「偽装する、あざむく」に遡り、おそらくフランス語 camouflet「顔にかかるタバコの煙」との連想による。

camp[1] ［16世紀初頭］[名]キャンプ、野営地；[動]キャンプする：

仮住まいの野営地を指す。イタリア語 campo に由来し、フランス語 camp, champ から英語に入った。元はラテン語 campus「平地」であり、とくにローマの競技場・軍事訓練場 Campus Martius「カンプス・マルティウス」を指して用いられた。camporee［20世紀後半］[名]「キャンポリー」は camp と jamboree の合成語で、主にアメリカ英語で地域のボーイスカウトの行う野営 (スカウト技能を競う) を指して用いられた。

camp[2] ［20世紀初頭］[形]なよなよとした、わざとらしい；[名]わざとらしいふるまいをする人：

「きざったらしい」という意味の形容詞。語源不詳。

campaign ［17世紀初頭］[名]組織的な運動、キャンペーン、軍事行動：

当初は平原という意味だった。フランス語 campagne「開けた土地」に由来し、イタリア語を経由して後期ラテン語 campania に遡る。これは campus「平地」に

基づく。意味が「軍事行動」へと転じたのは、初夏に軍隊が「平野に展開する」、すなわち要塞や町から平野に移動する行動からきている。

can[1] ［古英語］囲…できる、…してもよい、能力がある、権力・権利がある、…しなさい：

古英語 *cunnan*「知っている」（中英語「やり方を知っている」）はオランダ語 *kunnen* やドイツ語 *können*「…できる」と同系である。ラテン語 *gnoscere*「知っている」およびギリシア語 *gignōskein*「知っている」と共通のインド＝ヨーロッパ語の語源に由来する。現在の「できる」という意味は知識の概念を経て生じた。
→ CUNNING

can[2] ［古英語］名缶、コップ、缶詰；動缶詰にする：

古英語 *canne* は液体を入れる容器を指した。材質・形状・大きさは決まっておらず、ときに飲料用のカップと記述された。オランダ語 *kan* やドイツ語 *Kanne*「水差し」と同系である。ゲルマン系起源または後期ラテン語 *canna* に由来する。スラングの in the can は「牢屋にいる」を意味する（元はアメリカ英語）。この成句は、映画制作の文脈で「完成している」という意味で使われることがある。映画の撮影が終了し仕上がっている状態を指す。成句の carry the can「全責任を負う」は、軍務のスラングで、1人の兵士が他の仲間たちの分まで運ぶビール缶を指したと言われている。ここから「責任を負う」の意味に拡張された。だが、この語源説は立証されていない。

canal ［後期中英語］名運河、導管：

古フランス語 *chanel*「溝、水路」に由来し、ラテン語 *canalis*「パイプ、溝、水路」に遡る。元はラテン語 *canna*「茎」。

cancel ［後期中英語］動取り消す、打ち消す、（切手などに）消印を押す、無効にする：

当初は「打ち消し線を引いたり判を押して書き物を抹消する」ことを意味した。法律の文脈では文書を無効にする意味になった。古フランス語 *canceller*、さらにラテン語 *cancellare* に遡る。*cancelli*「横木、横条」から派生した。このラテン語の語基と「横木」の概念から、19世紀に解剖用語 cancellous 形「(骨が) 網状組織の」が生じた。「抹消、取り消し」の概念はコンピュータ関連の文脈で取り入れられ、1990年代に cancelbot 名 という用語が登場した。インターネットのニュースグループで指定されたメッセージを追跡・削除するプログラムを指す。動詞 cancel に robot の音節 bot を合わせた造語。

cancer ［古英語］名癌：

ラテン語で「カニ」、「広がる潰瘍」を指す語。ギリシア語 *karkinos* の訳語である。腫瘍の周囲で膨張した血管がカニの脚に似ていることにちなむと言われる。*canker* という綴りが17世紀まで一般的に使われたが、しだいに専門用語としての *cancer* に置き換わっていった。このラテン語は占星術でいう *cancer*「蟹座」として中英語に再び取り入れられた。
→ CANKER

candid ［17世紀半ば］形率直な、気さくな、遠慮・忌憚のない、(写真が) ポーズを取らない：

当初の意味は、ラテン語 *candidus*「白い」を反映して、「純粋な、無垢な」、「偏りのない」、「悪意のない」などがあった。17世紀後半になって「率直な」が生じた。この「率直さ、包み隠しのなさ」の概念から、candid camera 名「どっきりカメラ」という句につながる。これは、しばしば被写体には内緒で写真を撮り、むりやり実生活を暴くものをいう。
→ CANDOUR

candidate ［17世紀初頭］名候補者：

ラテン語 *candidus*「白」に基づく。これはラテン語の形容詞 *candidatus*「白い衣服をまとった」から来ている。伝統的に白いトーガをまとった公職の候補者を指す名詞としてよく使われた。

candle [古英語]名蠟燭:

古英語 candel はラテン語 candere「白くなる、きらめく」から派生した candela に由来する。古英語 Candelmæsse「聖燭節」は、2月2日に行われていたキリスト教の祭典で伝統的に蠟燭が灯されることから、その名がつけられている。また、これは処女マリアの斎戒とキリストの神殿に立ったことを記念する祭りである。蠟燭を灯すことに関連した名称には、他に動物学の用語で candlefish [19世紀後半]名「ロウソクウオ」がある。かつてチヌーク・インディアンがこの魚の脂ののった身を焼いて蠟燭として灯していたことに由来する。

candour [後期中英語]名率直、虚心坦懐:

当初の語義は、ラテン語 candor「白さ」と同じであった。現在の意味「正直、表現の率直さ」は18世紀半ばから登場する。この語義の発展は candid のそれと並行している。

candy [17世紀半ば]名飴、キャンディ:

当初は動詞として用いられた（「砂糖で表面を覆ったり砂糖をしみこませる」）。名詞用法は中英語 sugar-candy からはじまる。これはフランス語 sucre candi「結晶化した砂糖」に由来する。語源はアラビア語 sukkar「砂糖」および kandī「砂糖漬けの」で、これはサンスクリット語 khaṇḍa「かけら」に基づいている。複合語には以下がある:
■candyman名「麻薬の売人」は、違法薬物を売る人物を指す。当初の用例（19世紀半ば）では、クズと引き替えにタフィー（砂糖やバターを固めた菓子）を渡す ragman「クズ屋、ボロ屋」を指した。
■candy-striper名はアメリカ英語の略式用法で「病院でボランティアをする女性看護師」を表す。この名前は、そうした看護師が着用する縞模様の制服からつけられた。

canine [後期中英語]形犬らしい、犬科の:

ラテン語 canis「犬」に由来する。意味は「犬に特徴的な」である。例えば canine teeth「犬歯」など。また、これは天文学の文脈で星座を表すこともある。Canis Major「大犬座」、Canis Minor「小犬座」。この2つの星座はオリオン（ギリシア神話の猟師）に従う猟犬を表すとされる。

canister [15世紀後半]名(茶・たばこ・コーヒーを入れる) 小さな缶、容器:

当初は籠を表した。ラテン語 canistrum「パン・果物・花をいれる籠」に由来し、ギリシア語 kanastron「枝編みの籠」に遡る（kanna「茎、アシの茎」から派生）。

canker [中英語]名潰瘍、口内炎、病根、害毒:

当初は腫瘍・腫れ物を表した。古フランス語 chancre に由来する。ラテン語 cancer「カニ」に遡る。文学の用法では、「病根、害毒」にまで拡張されている（ベーコン『名誉と名声について』Of Honour and Reputation : Enuie which is the canker of Honour「嫉妬は名誉の害となる」）。
→ CANCER

cannibal [16世紀半ば]名人食い種族:

スペイン語の複数形名詞 Canibales に由来する。これは（コロンブスが記録した）人肉食をするとされた西インド諸島の住民を指す Caribes の異形。

cannon [後期中英語]名大砲:

フランス語 canon に由来し、さらにイタリア語 cannone「大きな管」に遡る（canna「茎、アシの茎」から派生）。綴りの cannon と canon は1800年頃まで併存していたが、1660年以降に現在の綴り cannon が優勢となった。

canny [16世紀後半]形先見の明ある、賢い、利口な:

元はスコットランド語である。比較的新しい語で、今は廃れた語義「知っている」に基づいている。現在の意味は「先見の明のある」「賢さを示す」「慎重で用心深

い」(R・バーンズ『老農夫の新年のあいさつ』*Auld Farmers New-year Salutation*: Hamely, tawie, quiet and cannie「素朴で、物静かで、おとなしくて物わかりのよい」)。イギリス北部では、この語は *Canny* Newcastle のように称賛を表すのに用いられる。

canon¹ [古英語] 图 規範、基準、教会法:

canon「規範」はラテン語、さらにギリシア語 *kanōn*「規則」に遡る。中英語で古フランス語 *canon* により一般に広まった。語義の発展は不詳。また *canon* は音楽用語(「カノン、典則曲、追復曲」)でもあり、同じ旋律がいくつもたてつづけにはじまり模倣を繰り返してゆく楽曲を指す。音楽との関連は、**canon cancrizans** [19世紀後半] にも見られる。この句には中世ラテン語 *cancrizans*「後ろ向きに歩くような」(*cancer*「カニ」にちなむ) が含まれており、カノンの主題が後半で逆向きに反復される。

canon² [中英語] 图 聖堂参事会員、律修司祭、立誓共住司祭:

当初は「律修司祭」という意味があった。「律修司祭」とは修道僧(monk)と同じように教会の規則にしたがって共同生活を営む聖職者のことを指す。古フランス語 *canonie* に由来し、さらにラテン語 *canonicus*「規則にしたがった」に遡る。聖堂に勤務する聖職者を指す用法は16世紀半ばからはじまる。

canopy [中英語] 图 天蓋、(飛行機などの)キャノピー:

中世ラテン語 *canopeum*「儀式用の天蓋」に由来する。*canopeum* はラテン語 *conopeum*「ベッドにかけた蚊帳」の変形。語源はギリシア語 *kōnōpeion* で、これは「蚊帳つきの寝椅子」を指す。*kōnōps*「蚊」から。

cant [16世紀初頭] 图 うわべだけの言葉、仲間言葉、隠語:

おそらくラテン語 *cantare*「歌う」に由来する。当初は「音楽の音色、歌声」を意味し、17世紀半ばに「哀れっぽい声」、「機械的に繰り返された言葉」(*canting crew* と呼ばれるミスビゴット・ブリッジに住んでいた乞食集団の言う口上) などを意味した。ここから「隠語」という意味が生じた (ディケンズ『ニコラス・ニクルビー』*Nicholas Nickleby*: All love–bah! That I should use the cant of boys and girls–is fleeting enough「愛なんて、みな、男の子や女の子の隠語を使えばくそくらえだが、はかないものだ」)。

cantankerous [18世紀半ば] 形 つむじ曲がりの、意地悪な:

語源不詳。おそらくアイルランド英語 *cant*「オークション」と *rancorous*「苦々しく憤慨した」の融合した語であろう。
→ RANCOUR

canteen [18世紀半ば] 图 酒保、社員食堂、水筒、(ふつう6人または1〜2人用の) ナイフ・フォーク・スプーンのセット:

元々は兵舎や駐屯都市で食料や酒を売る酒保を指した。語形はフランス語 *cantine* に由来し、さらにイタリア語 *cantina*「(ワインの) 貯蔵室」に遡る。フランス語 *cantine* はワイン瓶を運ぶ仕切りの入った小さいケースを指した。ここから「食器の容器」の語義が生じた。当初の用法から見られる「ある集団のために用意された糧食・貯蔵品」という概念が拡張され、「ある集団にはぐくまれた精神・信念」につながる。これは、例えば1980年代に登場した **canteen cultur** 图「保守的な考え方・態度」のような表現にみられる。このような考え方は警察の内部に存在するとされ、酒保での集まりの場での議論で醸成されると言われる。

canter [18世紀初頭] 图 キャンター (馬の緩い駆け足); 動 (馬を) 軽く走らせる:

当初は動詞として用いられた。Canterbury pace または Canterbury gallop を短縮したもの。中世における (聖公会系諸教会の中心地である) カンタベリーへの巡礼者のゆったりした歩みを示唆した。トーマス・ベケット (カンタベリーの聖トマス) の墓は宗教改革以前の時代には

盛んに参詣された巡礼地だった。チョーサーの『カンタベリー物語』Canterbury Talesにおける巡礼者たちの目的地でもある。

canticle [中英語] 名 賛美歌、聖歌：

ラテン語 canticulum「小さな歌」に由来する。canticum の指小辞語であり、canere「歌」から派生。

canton [16世紀初頭] 名 (スイスの) 州、(フランスの) 小郡；動 宿営させる、州に分割する：

スイス連邦の州 (state) など国の下位区分を指す（「州、県、小郡」）か、あるいは、盾の紋章の左上にある四角い部分を指す。文字通りに「隅」を指す古フランス語に由来する。中世ラテン語 cantus「側面、隅」に関連するロマンス語に基づくプロヴァンス語に遡る。動詞用法はフランス語 cantonner「分割する」により一般に広まった。

canvas [後期中英語] 名 キャンバス、帆布：

ギリシア語由来のラテン語 cannabis「麻」に基づく北部の古フランス語 canevas に由来する。

canvass [16世紀初頭] 動 慎重に審議する、討論する、支持を訴える：

当初の意味は「キャンバスシートにくるんで放り投げる」であった。競技の一環や罰として行われた。canvas に由来する。後に拡張された語義では「批判する、議論する」などがある。これは canvass for votes「選挙運動をする」といった表現に見られるような「支持を訴える」の語義につながった。

canyon [19世紀半ば] 名 峡谷：

スペイン語 cañón「管」に由来する。cañón はラテン語 canna「茎、アシの茎」に基づく。ラテン語 canna に基づく語は他に can, canal, cannon, cannula, canvas, channel がある。

cap [古英語] 名 帽子、ふた、上限；動 帽子

をかぶせる：

古英語 cæppe「フード（頭を覆うずきん）」は後期ラテン語 cappa、さらにラテン語 caput「頭」に遡る。

capable [16世紀半ば] 形 力量のある、…できる：

当初は「身体的・精神的に受容できる」を意味した。綴りはフランス語、さらに後期ラテン語 capabilis、さらにラテン語 capere「受け取る、抱える」に遡る。

capacity [後期中英語] 名 収容能力、容量、能力：

フランス語 capacité、さらにラテン語 capacitas に遡る。capacity はラテン語で capere「受け取る、抱える」から派生した capax, capac-「収容できる」に基づく。この「抱えるもの」は物理的に容器を指すこともあれば、精神的にある人物が情報を受け入れる能力を指すこともある。

cape[1] [16世紀半ば] 名 ケープ：

フランス語に由来し、プロヴァンス語 capa、さらに後期ラテン語 cappa「頭を覆うもの」に遡る。
→ CAP

cape[2] [後期中英語] 名 岬：

Cape of Good Hope「喜望峰」などの「岬」を指す。この語は古フランス語 cap に由来、プロヴァンス語、さらにラテン語 caput「頭」に遡る。

caper [16世紀後半] 動 (陽気にふざけて) 飛び回る；名 犯罪、悪ふざけ：

capriole の省略形で、フランス語、さらにイタリア語 capriola「跳躍」に遡る (capriolo「ノロジカ」から)。ここから、「戯れ」に意味の連想が及ぶ。語基はラテン語 capreolus (caper, capr-「ヤギ」の指小辞語)。
→ CABRIOLE

capillary [17世紀半ば] 形 毛細管の；名 毛細血管：

ラテン語 *capillaris* に由来し、*capillus*「髪の毛」に遡る。古フランス語 *capillaire* の影響がある。

capital¹ ［中英語］图首都、資本、大文字；形資本の、生命にかかわる、重大な:

当初は形容詞として「頭または頂上に関連する」という語義で用いられた。これが後に「頭の、初めの」の意味につながった。綴りは古フランス語、さらにラテン語 *capitalis* に遡る（*capus*「頭」から派生）。

capital² ［中英語］图柱頭:

建築用語で柱頭を指す *capital* は、古フランス語 *capitel*、さらに後期ラテン語 *capitellum*「小さい頭」（ラテン語 *caput*「頭」の指小辞語）に遡る。

capitulate ［16世紀半ば］動（特に条件付で）降伏する、折れる、妥協する:

フランス語 *capituler*、さらに中世ラテン語 *capitulare*「条件付きで降伏する」に遡る。ラテン語 *capitulum* に由来（*caput*「頭」の指小辞語）する。

caprice ［17世紀半ば］图気まぐれ、移り気:

フランス語、さらにイタリア語 *capriccio* に遡る。*capriccio* は文字通りには「髪の毛の逆立った頭部」を意味する。ここから「恐怖」につながり、やがては「予測できない急変」になる。これにはイタリア語 *capra*「ヤギ」の影響がある（ヤギは気まぐれな動きを連想させる）。*capo*「頭」と *riccio*「ハリネズミ」からなる。**capricious** ［17世紀前半］形「予測不可能な」はフランス語 *capricieux* に由来し、さらにイタリア語の同じ語基に遡る。

capsize ［18世紀後半］動（船などを）転覆させる・する:

おそらくスペイン語 *capuzar*「（船を）船首の方へ沈める」に基づいている。*capuzar* は *cabo*「頭」と *chapuzar*「前のめりになる」からなる。

capstan ［後期中英語］图（海事）車地、

絞盤、キャプスタン:

おそらくプロヴァンス語 *cabestan* に由来する（*cabestre*「端綱」から）。ラテン語語源は *capistrum* で、*capere*「つかむ」から派生。英語でこの単語が登場したのは14世紀のことで、おそらくは十字軍の時代にマルセイユやバルセロナの船員から学んだものと思われる。

captain ［後期中英語］图船長、機長、陸軍大尉:

当初は、「指導者」一般を指すのに使われた。古フランス語 *capitain* に由来（より早くからあった *cheveteigne*「首長、親分」にとってかわった）し、これは後期ラテン語 *capitaneus*「親分」に遡る。語基はラテン語 *caput, capit-*「頭」。

caption ［後期中英語］图キャプション、字幕、見出し:

当初の意味は「つかむこと、とらえること」であった。ラテン語 *capere*「取る、つかむ」から派生した *coptio(n-)* に由来する。当初の語義「逮捕」、「逮捕状」から、17世紀後半に「令状・許可証がいつ・どこで・誰の権限により出されたかを示す声明」という意味で使われるようになった。そうした声明は法的文書に添付された。ここから、18世紀後半以降に「見出し、説明文」という語義が生じた。

captive ［後期中英語］形捕虜になった、とらわれの；图捕虜、囚人:

ラテン語 *captivus* に由来する（*capere*「つかむ、取る」から派生）。*captivus* は16世紀半ばにフランス語経由で登場した **capture**图「逮捕する」の語基でもある。16世紀初頭から登場する **captivate**動「とりこにする」は、後期ラテン語の動詞 *captivare*「捕虜にとる」に由来する（*captivus* から）。

Capuchin ［16世紀後半］图カプチン修道会修道士:

「フランシスコ会の一派で1529年に作られた厳格な規則を遵守するカプチン修道会の修道士」を指す。廃語となったフラ

ンス語で *capucin* のもっと早い時期の形式に由来し、イタリア語 *cappuccio* に遡る。基は *cappuctio*「フード、カウル（頭巾付き外衣）」で、これは *cappa*「ケープ」に由来する。カプチン修道会の修道士はとがった頭巾を着用した。また、この名前は南米に生息する猿（オマキザル）にも付けられている。この猿は毛髪がこの頭巾に似ている。また、クビと頭部の羽毛がカウルに似ているハトもこの名称が付いている。

car［後期中英語］图車、鉄道車両、路面電車：

当初の意味は、「車輪のついた乗り物」であり、これが指すものには、carriage「4輪馬車」、chariot「4輪軽装馬車、（古代の）戦車」、cart「荷車」、wagon「4輪大型荷馬車」などが含まれていた。北部古フランス語 *carre*、さらにラテン語 *carrum, carrus*「車輪つきの乗り物」に基づく。語源はケルト語である。16世紀から19世紀にかけて、この語は主に詩に使われ、壮麗さ・荘厳さを伝えるものだった。テニスン『ウェリントンの頌歌』*Ode to Wellington*: And a reverent people behold The towering car, the sable steeds「そして、崇敬する民は見る、そびえ立つ車、黒い馬」。アメリカでは *car* は鉄道車両を指す場合が多い。例えば passenger-*car*「客車」、freight-*car*「貨車」。

carafe［18世紀後半］图カラフ、水差し：

フランス語からの借用である。イタリア語 *caraffa* に遡る。おそらくアラビア語 *garafa*「水を引く」に由来する。現在はワインを供することと関連する。長らくスコットランドで使用されてきたが、後にイギリスで使われるようになってからは、フランス語であるかのように見なされることが多い。

carat［後期中英語］图カラット（宝石の重さの単位）：

純金含有度を示す単位（英語における当初の用法）であると同時に、宝石の重さの単位でもある。フランス語、さらにイタリア語 *carato*、そしてアラビア語におけ

る重さの単位 *kīrāt* に遡る。語基はギリシア語 *karation*「イナゴマメの実」（重さの単位も表す）で、これは *keras*「角」の指小辞語。角はイナゴマメの細長い豆果と形状が似ている。

caravan［15世紀後半］图キャラバン、隊商、移動住宅、幌馬車：

当初は、貿易商や巡礼者などアジアや北アフリカの砂漠を横断する人々の集団を指した。フランス語 *caravane*、さらにペルシア語 *kārwān* に遡る。幌馬車の語義は19世紀初頭から見られる。この時期には、鉄道の3等客車も同じく *caravan* といった。**caravanserai**［16世紀後半］图「隊商宿、キャラバンサライ」はペルシア語 *kārwānsarāy* に由来。字義的には「キャラバンの宮殿」を意味する。この語は *caravan* の当初の語義と同義か、あるいは旅行者向けの中庭付き宿屋を指す。

carbine［17世紀初頭］图カービン銃：

フランス語 *carabine* に由来する（*carabin*「マスケット銃を装備した騎兵」から派生、語源不詳）。**carabineer**图はカービン銃を主要武装とする騎銃兵を指す。この語は17世紀半ばから登場し、フランス語 *carabinier*（*carabine* から派生）に由来する。

carboy［18世紀半ば］图カルボイ（酸や腐食剤入りの瓶）：

細い首の丸いガラス容器で、酸や腐食剤の貯蔵に使われる。ペルシア語 *karāba*「ワインやバラ水などを入れるための大きなガラスの細口瓶（フラゴン）」に由来する。

carbuncle［中英語］图吹き出物、深紅色の宝石、ざくろ石：

古フランス語 *charbuncle*、さらにラテン語 *carbunculus*「小さい石炭」に遡る（*carbo*「石炭、木炭」から派生）。赤い色を表すのは火のついた石炭との連想による。

carcass［中英語］图（獣の）死骸：

アングロノルマンフランス語 *carcois* に

由来する（古フランス語 *charcois* の異形）。後の用法は、フランス語 *carcasse* に由来する。語源は不詳。1750年頃からは侮蔑的に使う場合をのぞいて日常言語では人の死体を指さなくなった。元々は人と動物の両方に使われていたが、このころから動物の死体に限定されるようになった。

carcinoma [18世紀初頭]名癌、癌腫：
ギリシア語 *karkinōma* (*karkinos*「カニ」から派生) に由来し、ラテン語経由でもたらされた。
→ CANCER

card¹ [後期中英語]名カード、札、切り札的手段、名刺；動カードに記入する：
当初の語義は「遊技のカード」。古フランス語 *carte*、ラテン語 *carta, charta*、さらにギリシア語 *khartēs*「パピルスの葉」に遡る。

card² [後期中英語]名梳きぐし、梳綿機、カード機；動梳く：
動詞で「(羊毛などを) 梳く」ことを意味する。古フランス語 *carde*、さらにプロヴァンス語 *carda* に遡る (*cardar*「梳く、〈櫛で〉とかす」から派生)。これはラテン語 *carere*「梳く」に基づく。

cardigan [19世紀半ば]名カーディガン：
クリミア戦争中に生まれる。第7代カーディガン伯ジェイムズ・トーマス・ブルデネルにちなむ。ブルデネルはロシア軍への「軽騎兵旅団突撃」を指揮した人物で、彼の部隊がはじめてこの服を着用したと考えられている。

cardinal [古英語]形主要な、重要な、深紅色の；名枢機卿：
この教会用語はラテン語 *cardinalis* に由来する (*cardo, cardin-*「ちょうつがい」から派生)。この語義は、聖職者は教会生活の要（かなめ）としての役割を果たしていると考えられていたことから生じた。*cardinal red*「深紅、カーディナル・レッド」は枢機卿の司祭平服 (キャソック) が深紅色だったことからそう名づけられた。

care [古英語]名注意、世話、苦労、心痛；動気にする、世話をする、かまう、関心がある：
古英語の名詞 *caru* と動詞 *carian* はゲルマン語起源。いずれも古高地ドイツ語 *chara*「嘆き、悲嘆」、*charon*「悲嘆する」、および古ノルド語 *kǫr*「病床」と同系。*careless*形 (古英語 *carlēas*) は「嘆きのない、悩みのない、のんきな」という意味だった。

career [16世紀半ば]名職業、経歴、職歴：
当初は「車の走る道」を指した。また、馬の「疾走」でもあり、馬上試合や戦闘での表現によく見られる (ミルトン『失楽園』 *Paradise Lost*：Mortal combat or career with Lance「ランスとの死にものぐるいの戦い」)。この語はフランス語 *carrière*、さらにイタリア語 *carriera* からさらにラテン語 *carrus*「車輪付きの乗り物」に遡る。「職歴」の語義は経路を進むことから拡張したもの。

caress [17世紀半ば]名愛撫、抱擁；動なでる、愛撫する、(風などが) 心地よくあたる：
ラテン語 *carus*「親愛なる」に基づく。イタリア語 *carezza* を語源とするフランス語の動詞 *caresser*、名詞 *caresse* に由来。

cargo [17世紀半ば]名(船・飛行機などの) 積み荷、カーゴ：
スペイン語 *cargo, carga*、後期ラテン語 *carricare, carcare*「荷を載せる」、さらにはラテン語 *carrus*「車輪つきの乗り物」に遡る。
→ CHARGE

caricature [18世紀半ば]名カリカチュア、戯画；動漫画化する：
フランス語から入った。イタリア語 *caricatura, caricature* に由来する。誇張して劇的な効果または滑稽味を出すという語義は、イタリア語 *caricare*「負わせる、

誇張する」、さらにラテン語 carricare「荷を載せる」に遡る。

carnage [17世紀初頭]名殺戮、虐殺：

ラテン語 caro, carn-「肉」を語基とする。英語の綴りはフランス語に由来し、イタリア語 carnaggio、さらにラテン語 carnaticum に遡る。

carnival [16世紀半ば]名謝肉祭、カーニバル：

イタリア語 carnevale、さらに中世ラテン語 carnelevamen「懺悔季節」に遡る。ラテン語の要素は、caro, carn-「肉」と levare「しまう」からなる。これらは大斎節 (Lent) で断食に入る前の饗宴と結びついている。

carol [中英語]名キャロル、祝い歌；動楽しく歌う：

古フランス語 carole に由来する「輪になって踊ること」、「お祭り騒ぎ」(これは踊りを主体とする)、「歌い手の一団」のことだという記録が残っている。またストーンヘンジを指して「輪を作って立ち並ぶ石の群れ」という意味でも使われた。古フランス語 carole から遡る最古の語源は不詳。最初の音節は元は co- だった。このことは、語基がギリシア語 chorus だったことを示唆する。これ以外にも考えられ、「輪」がこの名詞の原義で、ラテン語 carolla「小さな冠」を語源としているという説もある。

carouse [16世紀半ば]動大酒を飲む、痛飲する：

かつては house と韻を踏んでいた。元は副詞で「すっかり、完全に」という意味だった。例えばドイツ語 gar aus trinken に由来する drink carouse「大いに飲む」にこれが見られる。ここから、現在の語義が生じた。

carp [中英語]動ケチをつける、あら探しをする：

当初の語義は「話す、おしゃべりをする」だった。古ノルド語 karpa「自慢する」に由来する。後にラテン語 carpere「つかもうとする、中傷する」の影響を受けた。

carpenter [中英語]名大工、建築師、指物師：

アングロノルマンフランス語に由来し、古フランス語 carpentier, chapentier、さらに後期ラテン語 carpentarius (artifex)「馬車 (の職人)」に遡る。語基はゲール語起源の後期ラテン語 carpentum「荷馬車」。

→ CAR

carpet [中英語]名カーペット、絨毯：

元はテーブルやベッドを覆う分厚い織物を指した。ここから on the carpet「審議中」という表現が生まれる (公務の書類を広げる会議室のテーブルの覆いに使われていたことによる)。この語は古フランス語 carpite または中世ラテン語 carpita、さらに廃語のイタリア語 carpita「毛糸の寝具カバー」に遡る。ラテン語 carpere「ぐいと引く、つつく」を語基とする。ラテン語 carpita は元々ほどいた衣服から作った織物や布きれを縫い合わせた衣服を表すのに使われていた可能性がある。複合語に以下がある：

■ **carpet-bagger**「カーペットバッガー」。アメリカ英語で、立候補した選挙区に地盤・コネのない代議士候補を指す。これはアメリカ南北戦争 (1861〜65年) の後に北部から南部諸州への移住者たちを指して使われた。こうした人々はカーペットバッグ (絨毯地でつくったボストンバッグ) 1つにおさまる財産しか持ち合わせていなかった。

■ **carpet knight** 16世紀後半に登場。いまでは廃れた語で、仕事をせずに娯楽や異性交遊にふける男を指す。戦場ではなく上流婦人の私室でもっぱら手柄をあげる騎士から。

carriage [後期中英語]名(自家用の) 4輪馬車、乳母車、運搬車、車両、客車、運送：

→ CARRY

carrion ［中英語］名（動物の）死肉：
アングロノルマンフランス語および北部古フランス語 caroine、さらに古フランス語 charoigne, carrion に遡る。後者は「死んだ動物の腐乱した肉」を表し、ラテン語 caro「肉」に由来する。

carry ［後期中英語］動運ぶ、持ち歩く、輸送する、押し進める；名射程：
動詞 carry の語根には2通りの意味の系列がある。1つは「除去する、運ぶ」であり、もう1つは「支える」である。アングロノルマンフランス語および北部古フランス語 carier、さらにラテン語 carrus「車輪のある乗り物」に遡る。また、これは同じ時期に最初の記録が見られる carriage の語基でもある。複合語に以下がある：
■ **carriage dog**「馬車犬」。19世紀初頭から記録が見られる。ダルメシアンはかつて番犬として馬車の後ろを走るよう訓練されていたことから。

cart ［中英語］名荷車、2輪の運搬車、手押し車：
当初はあらゆる種類の「馬車」を指していた、古ノルド語 kartr に由来し、おそらくはアングロノルマンフランス語および北部古フランス語 carete (carre の指小辞）に影響されている。
→ CAR

cartel ［19世紀後半］名カルテル、企業連合：
ドイツ語 Kartell「挑戦、連合」に由来する。フランス語とイタリア語 cartello (carta の指小辞）、さらにラテン語 carta「紙」に遡る。元はドイツ帝国の保守派と国民自由党の連合（1887年）を指して使われ、その後、政治的な連携全般に使われるようになった。さらに、後に企業カルテルにまで拡張された（20世紀前半）。企業カルテルでは、競争を制限し価格を高く維持するように仕組む。
→ CARD[1]

cartoon ［16世紀後半］名風刺漫画：
当初は、絵画その他の美術作品の準備段階で書かれる実寸大の下書き・設計図を指した。イタリア語 cartone (carta から派生）、さらにラテン語 carta, charta「パピルスの葉」に遡る。風刺画、政治漫画を指す語義は、19世紀半ばから。
→ CARD[1]

cartridge ［16世紀後半］名カートリッジ、弾薬筒：
基本的に「包装」のことで、包装されるのはなんらかの爆発物であったりフィルムのリールであったりする。フランス語 cartouche からイタリア語 cartoccio に遡り、さらにラテン語 carta「パピルスの葉」に遡る。17世紀の言葉 cartridge paper「カートリッジ紙」は元々薬莢（やっきょう）を作るのに使われた。

carve ［古英語］動刻む、彫る、彫刻する：
古英語 ceorfan「切る、曲げる」は西ゲルマン語を起源とし、オランダ語 kerven「刻み目をつける」と同系。動詞 cut と carve はかつて同義語だった。頭韻を踏んだ句 cut and carve は14世紀から見られ、2つが同義だったことを反映している。

cascade ［17世紀半ば］名滝、滝状に流れる物；動大量に流れる：
ラテン語 casus「落下」を語源とし、イタリア語 cascata (cascare「落ちる」から派生）を経て、フランス語から取り入れられた。
→ CASE[1]

case[1] ［中英語］名事例、事件、症例、主張、患者、場合、訴訟、格：
古フランス語 cas、さらにラテン語 casus「落下」に遡る。cadere「落ちる」に関連する。文法的な「格」を意味しドイツ語のような屈折変化を指す用法は、ラテン語から直接に取られた。これはギリシア語 ptōsis（字義的には「落ちる」）を訳したもの。

case[2] ［後期中英語］名ケース、容器；動箱

に入れる：

古フランス語 casse, chasse に由来する。現代フランス語の形式は caisse「トランク、たんす」および châsse「聖骨箱、フレーム」。これらはラテン語 capsa（関連語 capere「保持する」）に基づいている。ラテン語 capsa は、**capsule** [後期中英語] 名「（薬の）カプセル」（当初は「小さな容器」を指す一般的な名称だった）の語基にもなっている。同じ語基から、**casement** [後期中英語] 名「観音開き窓」（英国中世ラテン語 cassmentum から派生）も生じている。これは、最初はくぼんだモールディングを指す建築用語だったのが、今あはあるタイプの窓（観音開き窓）を指すようになっている。

cash [16世紀後半] 名 現金、現金に換える：

当初はお金を入れる箱を指した。古フランス語 casse またはイタリア語 cassa「箱」、さらに、ラテン語 capsa に遡る。今はコインや紙幣の「お金」そのものを意味する。**cashier** [16世紀後半] 名「現金出納係、レジ係」はオランダ語 cassier またはフランス語 caissier に由来し、caisse「お金」から派生している。動詞 cassier はこれと語源が異なる。こちらは最初の語義が「部隊を解散させる」というものだった。フラマン語 kasseren「（部隊を）解散させる」、「（遺言を）取り消す」が直接の語源で、フランス語 casser「取り消す、解散させる」からさらにラテン語 quassare「取り消す、破棄する」に遡る。

casino [18世紀半ば] 名 カジノ：

イタリア語に由来する。文字通りの意味は「小さな家」であり、casa「家」からラテン語 casa「コテージ」に遡る。

cask [16世紀初頭] 名 樽：

語源はフランス語 casque またはスペイン語 casco「ヘルメット」。現在の語義「樽」および「樽の容量」は英語にしか見られない。16世紀後半から18世紀後半にかけて、この語は「ヘルメット」も意味していた。

casket [後期中英語] 名（宝石・手紙などを入れる）小箱、手箱、《米》棺：

おそらく古フランス語 cassette「小さい箱」のアングロノルマンフランス語の形である（したがって英語でも cassette という）。casse の指小辞語。
→ CASE²

casserole [18世紀初頭] 名 キャセロール（ふた付きの蒸し焼き鍋）：

フランス語の日常語に由来し、「シチュー」または「シチュー鍋」を意味する。casse「スプーン状の容器」の指小辞語で、古プロヴァンス語 casa、さらに後期ラテン語 cattia「ひしゃく、平鍋」に遡る。語基はギリシア語 kuathion「小さなカップ」(kuathos の指小辞語)。

cassock [16世紀半ば] 名 カソック（聖職者などが着る黒色の法衣）：

キリスト教会の聖職者が着用する足まで達する長い法衣を指す。フランス語 casaque「ロングコート」、さらにイタリア語 casacca「乗馬服」に遡る。おそらくはトルコ語 kazak「放浪者」に基づく。かつて16世紀から17世紀にかけては兵士が着用するロングコートを指していた。聖職者の衣服を指す用法は英語で17世紀に生じた。

cast [中英語] 動 投げる、投げかける、(劇・映画の役を) 割り当てる、(票を) 投じる、捨てる、鋳造する；名 配役、ギプス、投げること、タイプ：

古ノルド語 kasta「投げる」に由来する。この単純な語義は日常の言葉遣いでは throw「投げる」におおよそ引き継がれたが、cast は古語または文学的な語感を与える。例外は釣り用語の cast a line「釣り糸を垂らす」のような特別な文脈での用法に限られる。また、cast は比喩的にも使われる。このタイプの cast「配役」(17世紀半ば) は演劇、映画その他の制作に関わり、「決まった形式・スタイルに配置する」という語義の動詞の特別な用法に由来する。

castanet [17世紀初頭] 名 カスタネット：

楽器のカスタネット（通例、くぼみのある小さな木片をペアにして結びつけ、スペイン舞踊に表せてリズムをとって鳴らす）は、スペイン語 *castañeta*（*castaña* の指小辞語）に由来し、ラテン語 *castanea*「栗」に遡る。

caste [16世紀半ば] 名 カースト、社会階級：

当初の一般的な語義は「人種、血統」だった。スペイン語とポルトガル語の *casta*「血筋、血統、人種」（*casto*「純粋な」の女性形）、さらにラテン語 *castus*「純粋な、貞潔な」に遡る。現在広く見られる用法では、ヒンドゥー社会に現在も残る身分制度（いわゆる「カースト」）を指す。主に 4 つの階級がある：ブラフマン（司祭）、クシャトリヤ（王族・武士）、ヴァイシャ（庶民）、スードラ（隷民）。*caste* の綴りは1800年以前にはほとんどみられない。かつては *cast* と綴られ、*cast* の特定の用法だと想定されていたらしい。

castigate [17世紀初頭] 動 折檻する、懲戒する：

ラテン語 *castigare*「叱責する」に由来（*castus*「純粋な、貞節な」から派生）。

castle [後期古英語] 名 城：

アングロノルマンフランス語および北部古フランス語 *castel* に由来し、ラテン語 *castellum*「小さな砦」（*castrum* の指小辞語）に遡る。ラテン語の複数形 *castra* から、イギリスの城郭都市の名称に見られる Chester が使われた（チェシャー州の州都チェスターは現存する城郭都市の 1 つ）。こうした都市は元々ローマ人の野営地だった。ランカスター Lancaster などに見られる語末 -caster はこの異形。熟語の build *castles* in Spain「夢想にふける」（直訳は「スペインに城を建てる」）は現代の著者たちによるフランス語風の言い回しである。フランス語の句では、地名はスペイン以外の場合もある（アジア、アルバニアなど）。このことから、この表現は基本的に縁もゆかりもない外国に城を建てることを指していることがうかがえる。build *castles* in the air「空中楼閣を建てる」もこれと同義。

castor[1] [17世紀後半] 名 （家具などの）足輪、ふりかけ容器、薬味入れ、薬味瓶：

当初の語義は、砂糖や香辛料を振りかけるために「上の部分に穴のたくさんあいている容器」だった。元々は *caster* の異形で、一般的には「投げかけるもの」を指した。caster sugar [19世紀半ば] 名 「粉末白砂糖」は、これが *castor* での使用に適していることに由来する。

castor[2] [後期中英語] 名 海狸香（かいりこう）：

当初の語義は「ビーバー」であった。古フランス語またはラテン語、さらにギリシア語 *kastōr* に遡る。現在は、「海狸香（ビーバーが股から分泌する赤茶色の油っぽい物質）」を指すのに使われる方が一般的である。海狸香は香水や製薬に使われる。castor oil 名「ひまし油」は薄黄色の油で、トウゴマから抽出され、下剤に用いられる。おそらく、この名称はこの医薬品を海狸香から受けついだことに由来する。

casual [後期中英語] 形 無頓着な、のんきな、思いつきの、打ち解けた：

当初の語義は「規則的・永続的でない」および「偶然に起こる」だった。この語形は古フランス語 *casuel* およびラテン語 *casualis* に由来する（*casus*「落ちる」から派生）。
→ CASE[1]

casualty [後期中英語] 名 死傷者：

当初の語義は「偶然、偶然に起きること」。中世ラテン語 *casualitas*（*casualis* から派生）に由来する。penalty などと同様の語形成である。

cat [古英語] 名 猫：

古英語 *catt(e)* はゲルマン語起源で、オランダ語 *kat* およびドイツ語 *Katze*「猫」と同系である。この綴りは中英語の時代に後期ラテン語 *cattus* により広まった。

語源は不詳。歴史を辿れば、家畜化された猫はエジプトを発祥地とすることがわかる。この名称のはじまりも一般的にこの地域に求められる。複合語に以下がある：

■ **catcall**［17世紀半ば］名「猫の鳴き声、劇場などでヤジを飛ばす下品な叫び声・口笛」。元々劇場で不満を表現するための口笛や擬音器を指した。

■ **catgut**［16世紀後半］名「腸線、ガット」。catが含まれているが、理由は今なお不明。弦楽器の弦や外科手術の縫合などに用いられる。羊や馬の腸を乾燥させて材料にするが、猫の腸は用いない。

■ **caterwaul**［後期中英語］動「(猫が)(発情期に)ぎゃーぎゃー鳴く、いがみ合う」。catと擬音語waulの複合語。

cataclysm ［17世紀初頭］名大災害、大洪水：

元は『創世記』で描かれている大洪水を指した。フランス語cataclysmeに由来し、ラテン語からさらにギリシア語kataklusmos「洪水、大雨」に遡る(kata-「下へ」とkluzein「洗う」から派生)。

catacomb ［古英語］名地下埋葬所、カタコンベ：

後期ラテン語catacumbasに由来する。アッピア街道沿いのローマ近くにある聖セバスティアンの地下墓地の名称だった。この墓地には使徒のペテロとパウロが埋葬されていると言われる。この名称が墓地そのものに由来するのか地域に由来するのかを明らかにする証拠はない。この語が一般化して他の地下墓地も表すようになったのは、17世紀になってからのことである。最初は長らく埋没し1578年に偶然見つかるまで忘れ去られていたローマ周辺の地下墓地に用いられるようになり、次にナポリ、エジプト、シラクサその他にも使われるようになった。しだいに適用される範囲が広まり、パリの掘り尽くされた採掘場も含まれるようになる。綴りのcatacombは後期中英語の時代にフランス語catacombesにより定まった。

catalogue ［後期中英語］名カタログ、目録：

古フランス語および後期ラテン語、さらにギリシア語katalogosに遡る(katalegein「選び出す、登録する」から派生)。

catamaran ［17世紀初頭］名カタマラン、双胴船：

双胴のヨットや小舟を指す。語源はタミル語kaṭṭumaramで、字義的には「結んだ木材」を意味する。

catapult ［16世紀後半］名カタパルト、飛行機射出台：

フランス語catapulteまたはラテン語catapulta、さらにギリシア語katapeltēsに遡る。語基要素はkata-「下へ」とpallein「強く投げる」。

cataract ［後期中英語］名大滝、大雨、白内障：

ラテン語cataracta「滝、水門」に由来する。「落とし格子門」も意味する。おそらくここから、医学用語の「白内障」の語義が生じた。語源はギリシア語kataraktēs「急激に下ること」で、語基要素はkata-「下へ」とarassein「打ちつける、粉砕する」。

catastrophe ［16世紀半ば］名大惨事、破局、災難：

当初の語義は「(劇や小説などの)大団円」。ラテン語、さらにギリシア語katastrophē「転覆、急展開」に遡る。語基要素はkata-「下へ」とstrophē「転回」。

catch ［中英語］動捕まえる、わかる、引っかける、正確に再現する、会える、襲う；動捕まえること、捕獲、落とし穴：

当初は「追いかける」という意味もあったが、しだいに「捕まえる」という結果の部分が意味的に優勢となった。アングロノルマンフランス語および北部古フランス語cashierに由来する(古フランス語chacierの異形)。ラテン語captare「捕まえようとする」(capere「つかむ」から

派生）に基づく。1970年代に、ジョーゼフ・ヘラーの同名小説（1961年）に由来する catch-22『キャッチ＝22』が「逃げ場のないディレンマ」を指す用法で広まった。小説では、主人公が危険な爆撃任務から逃れるために狂人をよそおうが、まさにそうしようという欲求がみずからが正気であることを証明してしまう。

category ［後期中英語］名部門、範疇、カテゴリ：

当初は哲学用語として用いられた。フランス語、後期ラテン語、さらにギリシア語 *katēgoria*「言明、告訴」に遡る（*katēgoros*「告訴人」から派生）。

cater ［16世紀後半］動(施設・テレビなどが) 欲求を満たす、(料理などを) 調達する、(イベントなどの) 仕出しサービスをする：

廃語 *cater*「仕出し業者」に由来し、古フランス語 *acateor*「買い手」(*acater*「買う」から派生) に由来する。

caterpillar ［後期中英語］名芋虫、キャタピラ：

おそらく古フランス語 *chatepelose* の異形に由来する。*chatepelose* は字義的には「毛のふさふさした猫」を意味し、廃語 *piller*「強欲者、略奪者」に影響されている (芋虫が植物に与える害との連想から)。cat との関連は他の言語にも見られる。例えばスイスドイツ語 *Teufelskatz* (字義的には「悪魔の猫」)、ロンバルド語 *gatta* (字義的には「猫」) など。また、フランス語 *chaton* は「尾状花序」(細い円筒状の花の集まり) を意味する。毛のふさふさした芋虫と類似していることからそう呼ばれる。

catharsis ［19世紀初頭］名カタルシス、浄化、鬱積の解放：

当初は医学用語として「（下剤による）便通」を意味した。ギリシア語 *katharsis* に由来する (*kathairein*「清掃」から派生)。語基は *katharos*「汚れのない」。「鬱積した感情・強い感情が悲劇を通して解放されること」という概念はアリストテレスの『詩学』からもたらされた。

cathoric ［後期中英語］形人類全般にかかわる、万人に及ぶ、おおらかな：

当初は「カトリック教会」または「普遍的教会」を意味した。この語義は、個別の信者の集まりから信者総体に適用された。古フランス語 *catholique* または後期ラテン語 *catholicus* に由来し、ギリシア語 *katholikos*「普遍的」に遡る。*katholikos* は *kata*「…に関して」と *holos*「全体」からなる。一般的な語義は「すべてを包括する、人類全般に関わる」である。

catkin ［16世紀後半］名尾状花序(びじょうかじょ)：

オランダ語の廃語 *katteken*「猫」に由来する。
→ CATERPILLER

cattle ［中英語］名牛、畜牛：

当初は人的財産や富を表すのにも使われた。封建制では、「動産」は人的財産とされた。直接の語源はアングロノルマンフランス語 *catel* (古フランス語 *chatel* の異形)。綴りの *cattle* は1700年頃から存在していた。
→ CHATTEL

cauldron ［中英語］名大がま、大鍋：

アングロノルマンフランス語 *caudron* に由来。これはラテン語 *cal(i)darium*「調理鍋」(*calidus*「熱い」から派生) に基づく。シェイクスピア『マクベス』*Macbeth*, IV i. 11: Double, double, toil and trouble, Fire burn, and *Cauldron* bubble「苦労も苦悩も火にくべろ。火よ燃えろ、大がまが煮えたぎれ」)。この他に caldron の綴りもあり、ジョンソン博士の辞書以降の辞書ではこちらの方が好まれた。綴りに *l* が挿入されたのはルネサンス期にラテン語を模倣したため。この綴りの中の *l* がやがて実際に発音されるようになる。スコットランド語では今も *caudron* が残っている。

cauliflower ［16世紀後半］名カリフラワー：

フランス語の廃語 *chou fleuri*「花のついたキャベツ」(白い部分が花に見立てられる)。おそらくイタリア語 *cavolfiore* または近代ラテン語 *cauliflora* に遡る。最初の英語の形式は *colieflorie* または *cole-flory* で、後の要素は17世紀に *flower* の影響を受けて変化した。

cause [中英語]動引き起こす；名原因、理由：

古フランス語に由来し、ラテン語 *causa*（名詞）および *causare*（動詞）に遡る。当初は、ラテン語 *causa* はフランス語 *chose*「もの」、「物質」としてもたらされると同時に、スペイン語およびイタリア語 *cosa*（同義）としてももたらされた。後の時代には、哲学および法学の文脈で用いられた中世ラテン語 *causa* が英語の *cause* に影響した。

causeway [後期中英語]名堤道、土手道：

当初の要素は、これと同義の *causey* に由来する（こちらは現在は廃語または方言）。アングロノルマンフランス語 *causee* に由来し、これはラテン語 *calx*「石灰、石灰岩」に基づく。石灰は道路の舗装に使われていた。記録にある *causey* の最初の語義は「土手堤、堤防、土手、堰」。causeway は土手堤を横切る道または馬車道の脇にある歩行者用の小道を指した（こうした道は雨天に水浸しになることがあった）。この causeway が短縮されて causeway となった。

caustic [後期中英語]形腐食性の、痛烈な、辛辣な；名腐食剤：

ラテン語、さらにギリシア語 *kaustikos* に由来する。*kaiein*「燃やす」からの派生語 *kaustos*「燃焼可能な」から *kaustikos* が派生した。*kaiein* は **cauterize** 動 [後期中英語]「(傷口などを)焼灼器で焼く」の語基でもある。古フランス語からもたらされた。

caution [中英語]名用心、注意、警告：

当初は保釈または保証を指した。現在、この語義は主にスコットランド語およびアメリカ英語に見られる。ラテン語 *cautio(n-)* に由来する（*cavere*「注意する、警戒する」から派生）。

cavalry [16世紀半ば]名騎兵隊、機動部隊、騎兵、騎士道：

フランス語 *cavallerie* に由来し、イタリア語 *cavalleria* に遡る（*cavallo*「馬」から派生）。語義はラテン語 *caballus* で、これは **cavalier** 名「騎士道精神の持ち主」の語源でもある（こちらは同時期にイタリア語経由でフランス語からもたらされた）。また、*caballus* は **cavalcade** [16世紀後半]名「騎馬行列、馬車行列」の語源でもある。こちらは当初は「馬の背にまたがっての移動」を意味した。後者はフランス語由来で、イタリア語 *cavalcata*、さらに *cavalcare*「馬に乗る」に遡る。

cave [中英語]名洞窟、洞穴；動洞穴を掘る：

古フランス語、さらにラテン語 *cava* に遡る（*cavus*「くぼんだ、洞の」から派生）。*cave* in「陥没する、(屋根などが)落下する」の語法は、廃語 *cave*「穴を掘る」に影響を受けつつ、これと同義の方言 *calve* in「圧力に屈する」に由来するのかもしれない。印刷物に見られる *cave* in の当初の用例はすべてアメリカ英語のもの。ただし、この句はイングランド東部地方に起源を持つと考えられる。

cavern [後期中英語]名(地下の)大洞窟：

古フランス語 *caverne* またはラテン語 *caverna*（*cavus*「くぼんだ、洞の」）に由来する。とくに広く大きな洞窟を意味する英語 *cavern* は *cave* よりもあいまいかつ修辞的である。*cave* の方がフランス語 *caverne* と正確に対応する。

cavity [16世紀半ば]名へこみ、くぼみ、空洞：

フランス語 *cavité* または後期ラテン語 *cavitas*（*cavus*「くぼんだ、洞の」から派生）に由来する。

cease [中英語]動やむ、やめる、止める：

古フランス語 *cesser* に由来し、ラテン

cessare「やめる」に遡る（*cedere*「もたらす」から派生）。

cede［16世紀初頭］動譲る、譲渡する、割譲する：

フランス語 *céder* またはラテン語 *cedere*「もたらす」に由来する。

ceiling［中英語］名天井、上限：

当初は後期中英語の動詞 *ceil*「（部屋の内部を）プラスター・漆喰やパネルで裏打ち・内張りする」の行為を表す名詞だった。おそらく、ラテン語 *celare*、フランス語 *céler*「隠す」に由来する。部屋の「天井」を表す語義は16世紀半ばから登場する。

celebrate［後期中英語］動祝う、称賛する：

当初の語義は「（宗教的儀礼を）公開的に実施する」であった。ラテン語 *celebrat-* に由来する。これは動詞 *celebrare*「祝福する」の一形式で、*celeber, celebr-*（形容詞）「頻繁に出入りされる、尊敬された」から派生している。

celebrity［後期中英語］名著名人、名士：

当初の語義は「厳粛な儀式」である。古フランス語 *celebrite*、さらにラテン語 *celebritas* に遡る（*celeber, celebr-*「頻繁に出入りされる、尊敬された」から派生）。

celestial［後期中英語］形天体の、天上の、神聖な：

ラテン語 *caelestis*（*caelum*「天」から派生）から中世ラテン語 *caelestialis* を経て古フランス語から入ってきた。

cell［古英語］名細胞、独房、電池：

古フランス語 *celle*、さらにラテン語 *cella*「貯蔵室、会議室」に遡る。後期ラテン語では *cella* は「修道僧または隠者の庵」も意味した。ラテン語の語義のなかには（例：ラテン語 *cella* は蜂の巣の「巣穴」にも使われた）英語では比較的遅く登場したものもある。英語での当初の語義は「修道院、尼僧院」だったようだ。これは中世ラテン語に頻出する。

cellar［中英語］名地下貯蔵室、穴蔵、（ワインの）貯蔵室：

当初の語義は「貯蔵室」で、古フランス語 *celier*、さらに後期ラテン語 *cellarium*「貯蔵室」に遡る（*cella*「貯蔵室、会議室」から派生）。「貯蔵室」の概念が「地下室、穴蔵」にとってかわられた時期は不明。

cement［中英語］名セメント、コンクリート、接合剤；動固める：

名詞用法は古フランス語 *ciment* に由来し、動詞用法は *cimenter* に由来する。さらにラテン語 *caementum*「石切り場の石」に遡る。語基はラテン語 *caedere*「切り刻む、叩き切る」。英語では、「セメント」は粉々にした石・タイルを石灰と混ぜてモルタルに用いるものを指して使われるようになった。やがて、この名称はモルタルそのものを指して使われるようになり、製法によらず強固なモルタルを意味する現代の語義が生じた。

cemetery［後期中英語］名（大きな）墓地、共同墓地：

後期ラテン語、さらにギリシア語 *koimētērion*「寄宿舎」（*koiman*「寝かせる」から派生）に遡る。「墓地」への語義の転移はキリスト教著述者の文書に見られる。

cenotaph［17世紀初頭］名（死体を埋めていない）空の墓、（死者の）記念碑：

フランス語 *cénotaphe*、さらに後期ラテン語 *cenotaphium* に遡る。語基要素はギリシア語 *kenos*「空の」と *taphos*「墓」。

censor［16世紀半ば］名検閲官；動検閲する：

当初の語義は、「住民調査・風紀の取り締まりをした監察官」だった。ラテン語に由来（*censere*「評価する」から派生）。この語は大学で様々な役職の名称として用いられた。例えば、オックスフォードとケンブリッジでは、大学に属さない学生（無所属の学生）の正式の代表を指して用いられた。本や戯曲を公開前に監査する公式の義務を負う人物を表す用法は、

17世紀半ばから始まる。

censure ［後期中英語］動非難する、とがめる；名非難、不信任：
当初の語義は「判決」である。綴りは古フランス語の動詞 censurer、名詞 censure、さらにラテン語 censura（判断、査定）に遡る。語基となっているラテン語の動詞は censere「評価する」。

census ［17世紀初頭］名人口調査、国勢調査：
当初は人頭税を意味した。ラテン語に由来し、古代ローマにおける（徴税のための）財産や市民の登録を表した。censere「評価する」から派生。現在の「人口調査」という語義は18世紀半ばから。

cent ［後期中英語］名単位としての100、通貨単位のセント、またはその硬貨：
当初の語義は「百」。フランス語 cent に由来し、イタリア cento、さらにラテン語 centum「百」に遡る。貨幣単位に cent を使う着想は、1783年に書かれたロバート・モリスから合州国議会に宛てた手紙にはじめて登場する。彼の提案そのものは採用されなかったが、名称に示唆を与えたかもしれない。アメリカで「セント」が登場する以前、会計はドルと「90分の1」を単位につけられていた（植民者たちが「ドル」と呼んでいたスペイン銀貨 (Spanish piaster) はメリーランドとペンシルヴェニアの貨幣換算で90ペンスの価値があったため。

centigrade ［19世紀初頭］名百分度、百度目盛の：
フランス語から入った。ラテン語 centum「百」および gradus「度」に遡る。

centre ［後期中英語］名中心、中心地；動集中する：
古フランス語またはラテン語 centrum、さらにギリシア語 kentron「鋭い先端、コンパスの静止した方の先端」に遡る。kentein「ちくりと刺す」に関連がある。16世紀から18世紀にかけて広まっていた綴りは center で、シェイクスピア、ミルトン、ポープらの文章に見られる。こちらの綴りはアメリカで優勢となっている。イギリス英語で一般に centre と綴るのは、ジョンソン博士の辞書の英語辞典で（専門的な文脈から）この綴りが取り入れられたことによる。

century ［後期中英語］名世紀：
当初は古代ローマ軍の「百人隊」を表すものだった。ラテン語 centum「百」から派生した centuria に由来。時間の語義「100年」は17世紀初頭から登場する。

cereal ［19世紀初頭］形穀物の、穀物でつくった；名シリアル食品：
当初は形容詞で、例えば cereal seeds, cereal grounds, cereal grasses などのように使った。ラテン語 cerealis に由来。これは、ローマの農耕の女神セレス (Ceres) から来ている。

ceremony ［後期中英語］名儀式、礼式、儀礼：
古フランス語 ceremonie またはラテン語 caerimonia に由来する。これらは「宗教的な崇拝」または複数形で「儀礼的な遵守・慣習」を意味した。

certain ［中英語］形確かな、特定の：
古フランス語に由来する。基になったのはラテン語 certus「安定した、確かな」だった。certainer や certainest といった単語は18世紀半ばまでよく使われていたがいまでは稀である。ラテン語 certus「確かな」が基になっている他の単語には、ascertain, certificate, certify, certitude がある。

cesspool ［17世紀後半］名（地下の）汚水溜め、不浄物のたまり場：
当初は排水管で固形物をとらえるための罠を指した。これはおそらく pool に影響されて廃語の suspiral「管、水道管、沈殿槽」が変化したものだったと思われる。この suspiral は古フランス語 souspirail「空気穴」に由来する。これはラテン語 sub-「…の下から」と spirare「呼吸する」

に基づいている。cesspit［19世紀半ば］名「汚水溜」は、この cesspool の語基が pool だと考え、その接頭辞と見られた cess を pit につけて形成されている。

chafe ［後期中英語］動すりむく、すり減らす、(人を) 苛立たせる：

当初の語義は「あたためる」であった。古フランス語 chaufer「あつくする」、さらにラテン語 calefacere に遡る (動詞 calere「あつくなる」および facere…にする」から派生)。「こする」という語義は摩擦で熱をおこすという概念から発達した。これは「擦りむき」と関連づけられて、そこから「いらだち」の連想を呼ぶに至った (ディケンズ『骨董屋』Old Curiosity Shop: To chafe and vex me is part of her nature「私をいらいらさせ、悩ませるのは彼女の性質の一部だ」)。

chaff ［古英語］名籾殻もみがら、まぐさ：

古英語 ceaf「種の殻・さや」の基になった語は、おそらく「かじる」を意味するゲルマン語 (オランダ語 kaf と同系である) chafer 名「飛行する大きな昆虫 (穀物を害する)」だと考えられる。鳥を表す chaffinch 名 (古英語 ceaffinch、「籾殻の小鳥」) がそう呼ばれるのは、小屋のまわりで籾殻から種をついばむため。

chagrin ［17世紀半ば］名 (失敗による) 無念、悔しさ；動悔しがらせる：

当初は shagreen とも言った。これは粗い表面の皮の一種を指した。当初の比喩的語義は「憂鬱」だった。1700年頃はフランス化された語と言われることが多かった。名詞はフランス語 chagrin に由来する。これは動詞 chagriner から派生したもの。ただし、もっと遡った語源に関しては不詳。

chain ［中英語］名鎖、連鎖；動鎖でつなぐ：

古フランス語 chaine, chaeine に由来し、ラテン語 catena「鎖」に遡る。

chair ［中英語］名イス、講座、議長；動座長となる：

古フランス語 chaiere に由来。ラテン語、さらにギリシア語 kathedra「座席」に遡る。現代フランス語には chaire「司教の高座、教授の座」と並んで、異形 chaise「イス」がある。中英語 cathedral はこれに関連がある (司教の高座のある場所を意味する)。

chalet ［18世紀後半］名シャレー (スイス地方の農家)、小家屋：

スイスフランス語から取り入れられた。古フランス語 chasel「農場」の指小辞語。ラテン語 casa「小屋、コテージ」に基づく。

chalice ［中英語］名杯、聖杯：

古フランス語に由来し、ラテン語 calix, calic-「カップ」に遡る。

chalk ［古英語］名白亜、白墨、チョーク：

古英語 cealc は「石灰」という意味もあった。オランダ語 kalk やドイツ語 Kalk「石灰」と同系で、ラテン語 calx「石灰」に由来する。英語で語義が「石灰石」に変化したのは、イギリス東南部では chalk「石灰」が主な石灰石だったことによる。「ちっとも…でない」という意味の by a long chalk はいろんな遊びで得点になるラインを引くのに石灰を使うことを踏まえている。

challenge ［中英語］名難題、問題、挑戦；動挑む、(事実などを) 争う、刺激する：

当初の用例のうち、名詞は「非難、起訴」という語義 (古フランス語 chalenge から)、動詞は「非難する、起訴する」という語義 (古フランス語 chalenger から) だった。ラテン語の語基は calumnia「間違った非難・起訴」で、ここから calumny ［後期中英語］名「誹謗、中傷」が生まれた。

chamber ［中英語］名部屋、議院、会議所：

当初の用法では、「私室」を指した。古フランス語 chambre に由来し、ラテン語 camera「地下室、アーチのある地下室」、

さらにギリシア語 kamara「アーチ状の覆いのついた物体」に遡る。

chamberlain [中英語]名 侍従、家令、執事：

かつては寝室に控える召使いを指した。語源になった古フランス語の単語は古サクソン語 kamera に基づき、さらにラテン語 camera「地下室」に遡る。名詞を形成する接尾辞 -lain は hireling「雇われ人」、sapling「若者、青二才」などの -ling と同じで「…に属する人」を意味する。

chameleon [中英語]名 カメレオン、無節操な人：

ラテン語、さらにギリシア語 khamaileon に遡る。これは khamai「地上の」と leōn「ライオン」から来ている。すでに古代ギリシアでもこの語は様々な植物の名前に用いられていた。カメレオンが体色を様々に変化させる能力にちなむ。

champion [中英語]名 チャンピオン、優勝者、擁護者：

当初は「戦士」という意味だった。古フランス語を、さらに中世ラテン語 campio(n-)「闘士」に遡る。これはラテン語 campus「闘士が戦うアリーナ」からの派生。花の campion 名「ナデシコ科センノウ属の総称」はおそらく同系語。この花のラテン名 (Lychris coronaria) とギリシア名 (lukhris stephanōmatikē) は、「栄冠にふさわしい」という意味だった。古典時代には、この花は勝者の花冠に使われていた。

chance [中英語]名 偶然、運、機会、見込み；動 偶然…する：

古フランス語 cheoir「落ちる」から派生した cheance に由来する。英語 chance はラテン語 cadere に基づいている。

chancellor [後期古英語]名《英》大法官、判事、総長：

古フランス語 cancelier に由来し、これはラテン語 cancellarius「ポーター、秘書」に遡る。元は法廷で公衆と裁判官をへだてる格子に陣取る役人を指した。語基はラテン語 cancelli「横木」であり、ここから古フランス語を経由して chancel [中英語]名「(教会堂の) 内陣」が生じた。内陣とは、教会で聖職者と聖歌隊用の祭壇近くの部分をいう。

chandelier [18世紀半ば]名 シャンデリア：

語基はラテン語 candere「白い、きらめく」である。古フランス語 chandelier に由来。この chandelier から、chandler 名「蝋燭職人、蝋燭屋」が生じた。

change [中英語]動 変える、両替する；名 変化、小銭、つり銭：

名詞用法は古フランス語 change に、動詞用法は changer に由来し、後期ラテン語 cambiare に遡る。これはラテン語 cambire「物々交換する」から派生した。語源はおそらくケルト語である。

channel [中英語]名 水管、水路、通信路、経路、チャンネル；動 (水などを) 水路を通じて運ぶ：

古フランス語 chanel に由来し、ラテン語 canalis「パイプ、溝、水路」に遡る。後者は canna「茎」から派生。
→ CANAL

chant [後期中英語]名 叫び声、歌、詠唱；動 詠唱する：

当初の語義は「歌う」であった。語源は古フランス語 chanter「歌う」で、ラテン語 cantare に遡る。この cantare は動詞 canere「歌う」の反復動詞。chant は、特におとぎ話に登場する家畜の雄鶏の名 Chanticleer の一部となっている。これは、おとぎ話「狐物語」Reynard the Fox に登場する古フランス語 Chantecler に由来する (chanter「歌う、〈鶏が〉鳴く」と cler「明るい」からなる)。

chaos [15世紀後半]名 混沌、無秩序：

当初は、chaos は「ぱっくりと開いた割れ目、深い淵」という意味だったが、後に「無形の原初の物質」を意味するように

なった。ギリシア語 *khaos*「大きな我真、裂け目」からラテン語、フランス語を経て英語に入った。

chap [16世紀後半]名男、奴：

昔は買い手や購買客を指していた。これは chapman（古英語 *cēapman*）を短縮したもの。chapman は *cēap*「売買する、交易する」と *man* からなっている。現在の語義は、18世紀初頭から登場している。「荒々しくする、すさむ」を意味する動詞 *chap*（後期中英語）と「下あご」を意味する名詞 *chap*（16世紀半ば）の語源は、どちらも不詳。この名詞の複数形は、chubby chops などに見られる同義語の chops によって多くが置き換えられている。

chapel [中英語]名チャペル、礼拝堂：

古フランス語を経てラテン語 *cappella* に遡る。*capplla* は *cappa*「帽子またはケープ」の指小辞語。当初は聖マルティヌスの外套を保存しておく神聖な場所だった。（フランク族の王たちはこれを聖遺物として保存していた）。戦いで獲得され、宣誓を神聖なものにするために使われた。これを手入れして保存していたのが *chappellani*「チャプレン、司祭」だった。後に *chapel* は一般に聖遺物を保存する聖なる場所を指すのに用いられるようになり、さらには、あらゆる聖なる場所、最終的に礼拝の場所を意味するにいたった。
→ CHAPLAIN

chaperone [後期中英語]名（若い女性が社交の場に出る際の）介添役の女性：

当初は、頭を保護する「フードまたは帽子」という意味だった。これはフランス語の女性名詞 *chaperon*「フード」に由来する。現在の意味は18世紀初頭から登場している。

chaplain [中英語]名（学校・軍事施設・刑務所・病院などの教会に奉職する）牧師・司祭：

古フランス語 *chapelain* に由来し、中世ラテン語 *cappellanus* に遡る。元々聖マルティヌスの外套の守護者だった。語基は中世ラテン語 *cappella* で、元は「小さな外套」という意味だった。
→ CHAPEL

chapter [中英語]名章、重要な一区切り：

ラテン語 *capitulum* に由来する。これは「小さな頭」、「植物の頂上部」、「柱の頂上部」を意味し、後には「本の章」、「法律の章・節」を意味していた。直接の語源は古フランス語 *chapitre*。*chapiter* の綴りは17世紀半ばまで残っていた。今でも「柱の頂上部」を意味する場合にこの綴りが使われることがある。

char¹ [17世紀後半]動焼け焦がす、黒焦げにする：

明らかに charcoal[後期中英語]名「炭、木炭」からの逆成。

char² [16世紀後半]名《英俗》紅茶：

「紅茶」を意味するくだけた言葉。当初の綴りは *cha* だったが、20世紀初頭まではめったに用いられなかった。これは中国語（北京官話）の *chá* に由来する。

character [中英語]名特徴、気質、性格、(物語などの) 登場人物、文字：

古フランス語 *caractere* に由来し、ラテン語、さらにギリシア語 *kharaktēr*「採集道具」に遡る。当初の語義である「区別用の印」から、16世紀初頭に「印、特徴、性質」の意味に変わり、後に「性格」、さらに「個性」の意味が生まれた。

charade [18世紀後半]名シャレード、謎言葉、おかしな動作：

おそらく元は擬声だった。フランス語、さらに近代プロヴァンス語 *charrado*「会話」に遡る。これは *charra*「おしゃべり」からの派生。

charge [中英語]動（料金などを）請求する、告訴する、装填する、満たす；名料金、責任、告発、非難、充電：

当初の一般的な語義は動詞用法で「載せる、積む」（古フランス語 *charger* から）、名詞用法で「積み荷」（古フランス語

*charge*から）であった。後期ラテン語 *carricare, carcare*「載せる、積む」に由来し、ラテン語 *carrus*「車輪付きの乗り物」に遡る。
→ CAR; CARGO

charger [中英語][名]（バッテリーの）充電器：

アングロノルマンフランス語 *chargeour* に由来する。これは *chargier*「乗せる、積む」から派生。後期ラテン語 *car(ri)care*「車輪付きの乗り物」から。

chariot [後期中英語][名]（古代ギリシア・ローマの）戦車、チャリオット：

古フランス語に由来する。ラテン語 *carrus*「車輪付きの乗り物」に基づく。

charisma [17世紀半ば][名]カリスマ、非凡な統率力：

当初の語義は「神によって与えられた才能」であった。教会ラテン語、さらに、ギリシア語 *kharisma* に遡る。これは *kharis*「恩寵(おんちょう)、恩恵」からの派生。*charismatic*[形]「カリスマ性のある」は、1930年代以来、宗教的な文脈で charismatic movement「神から授けられた特別な才能を信じる運動」のような句で使われてきた。信者たちは *charismata* すなわち霊的な贈り物（例えば異言を話すこと）を教会の生活の中心部に復活させようと志した。

charity [後期古英語][名]博愛、慈善、寛大、寛容：

ラテン語 *carus*「大事な」が語基で、英語の直接の語源は古フランス語 *charite*。*charity* の当初の語義は「キリスト教的な隣人愛」である。聖書の翻訳において、*charity* と love はしばしば原語にあてる訳語として交換可能な形で用いられた。だが、1881年の改訂版では、その訳語が love に統一された。そこで、*charity* には「寛大さ」や「自発的な良心」という概念が結びつくようになった。

charlatan [17世紀初頭][名]ペテン師、

くわせ者：

「薬と称するものの行商人」を指した。フランス語に由来し、イタリア語 *ciarlatano* に遡る。語基はイタリア語の動詞 *ciarlare*「他愛ないことをぺらぺらと喋る」。早口でまくし立てるのは、こうしたタイプの行商人にとって必須の技能だったことにちなむ。

charm [中英語][名]魅力、美貌、お守り；[動]魅了する、魔法をかける、魅力がある：

当初は「まじない、呪文」を意味した。また、動詞用法では「呪文を使う」という意味だった（シェイクスピア『夏の夜の夢』*Midsummer Night's Dream*, II. ii. 19：Never harm, nor spell, nor charm, Come our lovely lady nigh. So good night, with lullaby「わざわいもまじないも魔力も女王様には近づくな、子守歌でお休みなさい」）。古フランス語の名詞 *charme*、動詞 *charmer* に由来し、ラテン語 *carmen*「歌、韻文、まじない」に遡る。17世紀には語義を比喩的に拡張して「美貌、器量」などの意味が登場した。

chart [16世紀後半][名]図、チャート、海図、グラフ、ヒットチャート：

フランス語 *charte* に由来し、ラテン語 *charta*「紙、パピルス」に遡る。

charter [中英語][名]宣言書、憲章、チャーター；[動]借り切る、特権を与える：

chart と card と関連する。直接の語源は古フランス語 *chartre* で、ラテン語 *chartula* に由来する（*charta*「紙」の指小辞語）。*Magna Charta* または *Magna Carta* は、ジョン王が署名したイギリス市民の基本的自由を保障する *Great Charter*「大憲章」を指す。**charter party** [後期中英語][名]「用船契約書」は古フランス語 *charte partie* に由来。船舶所有者と商人が船舶の借用と積み荷の搬送について交わす証書を指す。中世ラテン語 *charta partita*「割り符」とは1枚の紙に控えを書いてこれを分割し、後に照合して本物

の証明に使えるようにしたもの。

charwoman [16世紀後半] 名 雑役婦、家政婦：

2つの部分からなる。前半は廃語 char または chare（「雑用、面倒な仕事」の意）。もしかすると、chore「雑用」と関連がある（シェイクスピア『アントニーとクレオパトラ』 *Antony and Cleopatra*, IV. xv. 75: The Maid that Milkes, And doe's the meanest chares「乳をしぼったり卑しい雑役をしたりする婦人」）。
→ CHORE

chary [古英語] 形 細心な、用心深い、遠慮がちな、つつましい：

古英語 cearig「悲しい、不安な」は西ゲルマン語に起源があり、care と同系である。現在の語義は16世紀半ばに生じた。

chase¹ [中英語] 動 追跡する、追いかける；名 追跡、狩猟：

古フランス語の動詞 charcier と名詞 chace から生じた。語基はラテン語 captare「続けて取る」（capere「取る」から派生）。

chase² [後期中英語] 動 彫物をする、打ち出しにする：

enchase に由来している。基は古フランス語 enchasser である。

chasm [16世紀後半] 名 裂け目、深淵：

元々は海や陸地に地震などで生じる割れ目・裂け目を指した。ラテン語 chasma に由来し、ギリシア語 khasma「ぱっくりと開いた裂け目」に遡る。

chasten [16世紀初頭] 動 罰する：

ラテン語 castus「道徳的に潔白な、純潔な」に由来する。chasten の語基は、今は廃語となっている英語の動詞 chaste から形成された。さらにこれは古フランス語 chastier に由来し、ラテン語 castigare「折檻する、懲罰する」に遡る。

chastise [中英語] 動 叱責する、折檻する：

廃語の動詞 chaste「しつけによって正す、改める」から不規則に形成された。これは chasten の形成にも関与している。

chastity [中英語] 名 純潔、貞節：

古フランス語 chastete に由来し、ラテン語 castitas に遡る（castus「道徳的に純粋な」から）。chaste [中英語] 形「純潔な」も同じく castus を語基とする。

chat [中英語] 動 談笑する、おしゃべりする；名 おしゃべり、チャット：

chatter 動「ぺらぺらしゃべる」の短縮形。これは短い音の繰り返しの擬声語だった。

chattel [中英語] 名 動産、個人所有物：

現在は「人的財産、動産」といった句でよく使われる。語源は古フランス語 chatel で、これは中世ラテン語 capitale に由来し、ラテン語 capitalis「頭の」、さらに caput「頭」に遡る。

chauffeur [19世紀後半] 名 運転手：

元々は「自動車運転手」という一般的な意味だった。フランス語から取り入れられた。その字義的な意味は「罐たき、火をおこす者」で、（蒸気機関との連想で）chauffer「熱する」から生じた。

chauvinism [19世紀後半] 名 （狂信的な）愛国主義、偏見主義：

ナポレオン時代の兵卒ニコラ・ショーヴァンが極端な愛国主義だったことにちなむ。彼はコニャル兄弟による *La Cocarde Tricolore*（1831年）で人気を博した。ナポレオン凋落以後、chauvin という言葉は皇帝ナポレオンとその事績を相変わらず賞賛していた古参兵をからかうのに使われた。

cheap [15世紀後半] 形 安い、安物の、けちな、低俗な；副 安く：

元々は廃語 good cheap「よい買い物」から来ている。これの反対の句として dear cheap「高値」、「希少」が存在した。古英語で cēap は「買い物、取引」という

意味の名詞で、ラテン語 *caupo*「小売商、宿屋の主人」に基づく。地名の *Cheapside* や *Eastcheap* などに見受けられる *cheap* は「市場」を意味する。*cheap* を含む複合語には以下がある：

■ **cheapjack** [19世紀半ば]。「取引」の概念を含む。意味は「安く質の悪い商品の行商人」。アメリカの用法では、これは「質の悪い」という意味の形容詞としても用いられる。

■ **cheapskate** [19世紀後半] 名「けち」。元々アメリカ英語。*skate* は「おいぼれ馬」または「卑劣な、浅ましい、不実な人物」を意味する。語源は不詳。

cheat [後期中英語] 動 騙す、いかさまをする；名 不正行為、詐欺、詐欺師：

escheat「国家への私有財産の復帰」の短縮形で、元はその意味だった。

check¹ [中英語] 名 検査、点検、阻止、小切手；動 確認する、検査する、阻止する、預ける：

元々はチェスの用語。名詞および間投詞の用法は古フランス語 *eschec* に由来。さらに中世ラテン語 *scaccus* からアラビア語、さらにペルシア語 *šāh*「王」に遡る。動詞用法は古フランス語 *eschequier*「チェスをする、王手をかける」に由来。「止める、制止する、制御する」という語義はチェスでの用法に由来し、17世紀後半になってここから「確認する、検査する」の語義が生じた。**checkmate** [中英語] 名「王手」は古フランス語 *eschec mat* に由来し、アラビア語 *šāh māta* を経てペルシア語 *šāh mät*「王は死んだ」に遡る。

check² [後期中英語] 名 チェック、模様、市松模様：

おそらく *chequer* に由来する。

cheek [古英語] 名 頬、厚かましさ：

古英語 *ce(a)ce, ceoce*「頬、顎」は西ゲルマン語が語源で、オランダ語 *kaak* と同系である。熟語 *cheek by jowl*「ぴったり密接して、緊密に」は類義語を2つ用いている。この熟語は元々 *cheek by cheek* といった。「厚かましさ、図々しさ」という意味は、相手に向き合ったときのあけすけな自信を示唆する。have the *cheek*（無礼にも・小癪にも）は have the face と並行した表現（ディケンズ『荒涼館』*Bleak House*：On account of his having so much *cheek*「彼があまりに厚かましいので」）。

cheer [中英語] 動 喝采する、声援する；名 喝采、声援、歓呼：

古フランス語 *chiere*「顔」に由来し、ラテン語 *cara*、さらにギリシア語 *kara*「頭」に遡る。原義は「顔」で、そこから「表情、雰囲気」が生じ、後にもっと具体的に「陽気、快活（よい雰囲気）」が生まれた。

chemist [後期中英語] 名 化学者、薬剤師：

当初は、錬金術師を指した。フランス語から近代ラテン語 *chimista*、さらに *alchimista*「錬金術師」、*alchimia*「錬金術」に遡る。
→ ALCHEMY

chenille [18世紀半ば] 名 ショニール糸、毛虫糸：

フランス語で「毛虫」を意味する語を使ったもので、ラテン語 *canicula*「小さな犬」に由来する。このラテン語は *canis*「犬」の指小辞語。

cheque [18世紀初頭] 名 小切手：

元々は「原符、控え」または「控えのついた書式」を指した。これは「物品の量を調べる道具」という語義の check の異形だった。

chequer [中英語] 名 碁盤縞、市松模様：

exchequer に由来する。元々「チェス盤」という意味だった。この語義が *chequer* に転移された。ここから、*cheuerred*「チェス盤模様の」の意味が生じ、さらに16世紀初頭に「市松模様」の意味が生じた。

cherish [中英語] 動 大事にする、心に抱

く、慈しむ：

当初の語義は「いとしく思う、大事にする」だった。語源は古フランス語 cher-iss- で、これは cherir「いとしく思う」の延長語幹である。語基はラテン語 carus「いとしい、親愛な」。

cherub ［古英語］名ケルビム、天使：

古英語 cherubin は、ラテン語、ギリシア語、さらにヘブライ語 kěrūb に遡る（複数形 kěrūbīm）。ラビの民間語源学では、ヘブライ語の単数形をアラム語 kě-babyā「子供のように」を表すのだと説明することから、cherub を子供として表象することになった。

chess ［中英語］名チェス：

古フランス語 esches に由来（eschec「チェック模様」の複数形）。
→ CHECK¹

chest ［古英語］名胸、大箱、戸棚：

古英語 cest, cyst はオランダ語 kist やドイツ語 Kiste「箱」と同系であり、ギリシア語 kistē「箱」に基づく。解剖学的に心臓と肺を入れた「容器」としての chest（胸）は16世紀初頭から登場した。

chicane ［17世紀後半］名（自動車レースの）シケイン（減速させるための障害）、S字カーブ；動言いくるめてだます：

自動車競走の車道に障害物としておかれるとがった二重のベンドを指す。これは古くは chicanery「策略」にあたる語でもあった。語源はフランス語の名詞 chicane および動詞 chicaner「こじつける」だが、これ以前に遡る詳細は不明。

chief ［中英語］名集団の責任者、長；形長の、最高位の、主な：

古フランス語 chief, chef に由来。英語 chief はラテン語 caput「頭」に基づく。

chieftain ［中英語］名指導者、首長：

元々の綴りは古フランス語 chevetaine と同じである。これは後期ラテン語 capitaneus「かしら、長」に由来する。綴りは chief との連想で変化した。
→ CAPTAIN

chiffon ［18世紀半ば］名シフォン（絹・ナイロンなどの薄い織物）：

元々は複数形で用いられ、女性のドレスにつける飾り・装飾を指した。フランス語 chiffe「布きれ」に由来。

child ［古英語］名子供、幼児：

古英語 cild はゲルマン語起源。中英語の複数形 childer または childre が chil-deren または children になった。これは brethren など語末が -en の複数形との連想によるもの。child はときにバラードで「良家の若者」という意味の敬称で使われることがある（シェイクスピア『リア王』King Lear, III. iv . 182：Child Rowland, to the dark tower came「騎士ローランはやってきた、暗い塔に」）。また、呼びかけのかたちで愛情を込めて使われることもある (come, child!「ねえ、いらっしゃい」)。**childhood** ［古英語］名「幼年時代」は cildhād といった。この接尾辞は元々独立した名詞で「人物、状態、品質」を意味した。

chill ［古英語］動冷やす、冷却する、ぞくぞくさせる；名冷たさ、悪寒、興ざめ：

古英語 c(i)ele「寒い、寒さ」はゲルマン語起源で cold と関連している。

chime ［中英語］動（鐘を）鳴らす、（鐘が）鳴る；名鐘、チャイム：

当初は名詞用法で「シンバル」、動詞用法で「鐘・ベルを鳴らす」を意味した。おそらく古英語 cimbal に由来。後に chime bell「チャイムのベル」となった。
→ CYMBAL

chimney ［中英語］名煙突：

当初の語義は「暖炉、かまど」。古フランス語 cheminee「煙突、暖炉」に由来する。語源は後期ラテン語 caminata で、これはおそらく camera caminata「暖炉のある部屋」から来ている。ラテン語 cami-nus「炉、暖炉」が基になっており、これはギリシア語 kaminos「オーブン」に由

来する。

chin［古英語］［名］あご：
　古英語 *cin(n)* はゲルマン語に由来し、オランダ語 *kin* と同系である。インド＝ヨーロッパ語の語根が語源で、これはラテン語 *gena*「頬」とギリシア語 *genus*「あご」と共通の語源である。

chine［中英語］［名］背骨：
　食肉業の文脈で、動物の背骨を指して用いられた。古フランス語 *eschine* に由来。ラテン語 *spina*「背骨」と「狭い部品」を意味するゲルマン語との混成語。
　→ SHIN

chink［16世紀半ば］［名］割れ目、裂け目；［動］（すき間を）ふさぐ：
　「峡谷」を意味する chine（古英語で *cinu*「分裂、裂け目」を意味しゲルマン語起源）と同系である。chine は様々な地名に含まれている。例えばワイト島の Blackgang Chine「ブラックガン・チャイン」。

chintz［17世紀初頭］［名］インド更紗、チンツ：
　当初の綴りは *chints*。これは着色もしくは染色されたインド更紗の衣服を指す。ヒンディー語 *chīnṭ*「泥のはねている、汚れた」に由来する。

chip［中英語］［名］切れ端、小片、ポテトチップ；［動］切る、削る：
　古英語 *forcippian*「切断する」に関連。

chipper［19世紀半ば］［形］快活な：
　「活発な」を意味する略式語。おそらくはイギリス北部の方言 kipper に対応している。これも「活発な」を意味する。

chirrup［16世紀後半］［動］（鳥などが）チュンチュンと鳴く；［名］チュンチュン：
　chirp（鋭く高い音の擬声語）が -r- を震え音にして chirrup が形成された。

chisel［後期中英語］［名］のみ、たがね；［動］切る、削る：
　古北部フランス語に由来する。基になっているのはラテン語 *cis-*（後期ラテン語 *cisorium*「物を切る道具」に見られる）。これは *caes-* の異形で、*caedere*「切る」の語幹。
　→ SCISSORS

chit¹［後期中英語］［名］子供、（特に）生意気な小娘：
　chit of a girl といった表現で用いられる。元々「子犬、子猫、肉食獣の子」という意味だった。この語義から「未熟な」という軽蔑的な含みが生じた。おそらく、方言の単語 chit「芽、若い枝」と関連がある。これは、「涼しく明るい場所に置くことで（ジャガイモに）芽を出させる」ことを意味する *chit* が17世紀初頭に登場したときの語源ともなっている。

chit²［18世紀後半］［名］短信、書き付け、借用証書：
　ヒンディー語 *citṭhi*「書き付け、許可証」に由来するインド英語。chitty は chit の略式的な単語。

chivalry［中英語］［名］騎士道：
　本来理想的な騎士に関連し、宗教的・道徳的・社会的な価値体系をともなう中世の騎士道を教育された騎士らしさを意味していた。また、歴史的に騎士・貴族・騎手をまとめて表すものでもあった。中世ラテン語 *caballerius* に由来する。**chivalrous**［後期中英語］［形］「騎士道の」には「中世の騎士に特徴的な」という語義があった。その直接の語源は古フランス語 *chevalerous* で、*chevalier* に由来する。

chivvy［18世紀後半］［動］せきたてる、追い立てる、狩りたてる：
　おそらく、*Chevy Chase* と題されたバラードに由来する。同曲は武力による小競り合い（おそらくはスコットランド国境での1388年のオッターバーンの戦い）を称えたもの。元々の用法は名詞で狩りの叫び声を指した。後に「追跡」を意味

するようになる。ここから、19世紀半ばに動詞の語義「追い立てる」が生じた。

chock [中英語]名枕くさび、輪止め：
おそらく古フランス語の異形である古北部フランス語 *couche, coche*「ブロック、丸太」に由来する。語源は不詳。**chock-a-block**形「(…で) いっぱいである」という語句は19世紀半ばに生じた。これは、2本の丸太を並行して走らせることを指していた。*chock* の部分は **chock-full**形「たっぷり詰まった」から来ている。海軍の俗語である **chocker** は、**chock-a-block** の省略形として第2次世界大戦中に使われた。これには「何かをして疲れていること、何かにウンザリしていること」という特別な意味があったが、「満載の、たっぷりの」という普通の意味でも使われていた。**chock-full** は後期中英語に遡るが、語源は不詳。

chocolate [17世紀初頭]名チョコレート；形チョコレート製の：
当初はチョコレートで作られた飲み物を指した。フランス語 *chocolat* またはスペイン語 *chocolate* 由来で、ナワトル語 *chocolatl*「カカオの実からつくられた食べ物」に遡る。これは無関係の単語 *cacaua-atl*「カカオからつくられた飲み物」に影響を受けた。

choir [中英語]名聖歌隊、合唱隊：
当初の綴りは *quer, quere* であった。古フランス語 *quer* に由来し、ラテン語 *chorus* に遡る。17世紀に起きた綴りの変化はラテン語 *chorus* と近代フランス語 *choeur* との連想によるもの。綴りの異形 *quire* は英語の祈禱書ではずっと変化しなかった (In Quires and Places where they sing, here followeth the Anthem「彼らが歌う聖歌隊や教会ではここで聖歌が続く」)。

choke [中英語]動首を絞める、息を詰まらせる、窒息する；名窒息：
古英語の動詞 *ācēocian* に由来する。*cēoce*「あご」に遡る。アーティチョーク (チョウセンアザミ属の多年草) 中央部にある絹状の食べられない繊維を指す名詞 *choke* [17世紀後半] はおそらく *artichoke* の最後の音節と *choke*「窒息する」とを混同した結果生じたものと思われる。**artichoke**名「チョウセンアザミ」は北イタリア語由来 (アラビア語からスペイン語を経由)。
→ CHEEK

chokey [17世紀初頭]名《英俗》留置所、刑務所：
ヒンディー語の語義「料金所、警察署」が英語における当初の語義だった。ヒンディー語 *caukī* に由来する。*choke* の影響がある。

choose [古英語]動選ぶ、選択する：
古英語 *cēosan* はゲルマン語を起源とし、オランダ語 *kiezen* と同系。*choose* の関連語に **choice** [中英語]名「選択」がある。こちらは古フランス語 *chois* に由来し、*choisir*「選ぶ」から派生している。

chop[1] [後期中英語]動たたき切る、ぶった切る；名たたき切り、死活問題：
chap「ひび割れる、あかぎれになる」の異形。形容詞は **choppy** で、今では海のことを「さざ波が立っている」と形容するのによく使われる。これを17世紀初頭では full of *chaps* or *clefts* と表現した。

chop[2] [後期中英語]動(風が) 急変する、気が変わる：
chop and *change* という句でよく使われる。当初は「物々交換、交換」を意味した。おそらく古英語 *cēap*「取引、交易」に関連がある。*chapman* の *chap-* がこれに当たる。

chop-chop [19世紀半ば]間はやくはやく：
ピジン英語。中国語方言 *kuai-kuai* に基づいている。また、ピジン英語でこれに相当するものに **chopstick** がある。こちらは17世紀後半から見られる。*chopstick* の第1要素は *chop*「すぐさま」に由来し、全体として中国語方言で *kuaizi*

に翻訳される。文字通りの意味は「巧妙なもの」。

chops［後期中英語］
→ CHAP

chord¹［中英語］图和音、コード：
当初の綴りは *cord* だった。これは *accord* から来ている。18世紀にこの綴りが変化したのは、*chord*「（ハープなどの）弦」との混乱が生じたことによる。原義は「合致、調和」だった。現在の語義は18世紀半ばから。

chord²［16世紀半ば］图弦：
当初の用法は spinal *chord*「脊髄」などに見られる解剖に関する語義だった。後にこれが数学などの他の文脈にも適用されるようになった。数学では弧の両端を結ぶ直線（弦）を意味する。これは後に *cord* と綴られるようになった（ラテン語 *chorda*「ロープ」の影響により）。成句の strike a *chord*「人の琴線に触れる」は心を楽器として視覚化してその「弦」を比喩的に指している。

chore［18世紀半ば］图面倒な仕事、雑用：
元々は方言でアメリカ英語だった。charwoman に見られる今や廃れた *char* または *chare* の異形。

chortle［1872年］動得意げに歌う、声高らかに笑う：
ルイス・キャロル『鏡の国のアリス』*Through the Looking Glass* で使われた造語。おそらく chuckle と snort の混成語。

chorus［16世紀半ば］图コーラス、合唱、合唱団：
ラテン語を経由してギリシア語 *khoros* に遡る。英語における a *chorus* は、当初、演劇で冒頭と終幕に語る人物を指していた。この「コーラス」の役割は劇中の出来事を解説することだった。

Christ［古英語］图キリスト；間これは、何てこった：
古英語 *Crīst* はラテン語、さらにギリシア語 *Khristos*「油を塗った、聖別された」に遡る。これはヘブライ語 *māšīah*「メシア」の翻訳語。また、ラテン語 *Christus*「キリスト」に由来するものは他に次の通り。*Christmas* 图「クリスマス」は古英語では *Cristes mæsse*=*Christ's Mass*。**christen** 動は古英語で *crīstnian*「キリスト教徒にする」で、*crīsten*「キリスト教徒」から派生している。**christendom** 图「キリスト教徒」は古英語で *crīstendōm*。**Christian**［後期中英語］形「キリストの、キリスト教の」；图「キリスト教徒」（ラテン語 *Christianus*）および **Christianity**［中英語］图「キリスト教」は古フランス語 *crestiente* に由来。これは *crestien*「クリスチャン」から来ている。後期ラテン語 *christianitas* の影響を受けている。

chrome［19世紀初頭］图クロム（染料）：
フランス語に由来し、ギリシア語 *khrōma*「色」に遡る。クロミウム化合物の鮮明な色彩から。

chronic［後期中英語］形長期にわたる、慢性の、持病持ちの、いやな：
フランス語 *chronique* に由来。ラテン語、さらにギリシア語 *khronikos*「時の」に遡る。これは *khronos*「時」から派生している。ここから、病気について「慢性の」という語義が生じた。古代の医学書での用法から来ている。イギリス英語では、俗語で「いやな」という意味で用いられる。この用法は20世紀前半に遡る（例：The film was *chronic*「その映画はひどいものだった」）。これは「絶え間ない、終わりの来ない」退屈とのつながりがある。

chronicle［中英語］图年代記：
アングロノルマンフランス語 *cronicle* から来ている。古フランス語 *cronique* の異形。ラテン語、さらにギリシア語 *khronika*「年代記」に遡る。

chubby［17世紀初頭］形ずんぐりした、まるまると太った：
当初の意味は「*chub*（コイ科の淡水魚

のようにずんぐりした」。chubはずんぐりしたヨーロッパの川魚。chubは後期中英語に遡る。語源は不詳。

chuck [17世紀後半][動]ぽいっと投げる、(勤めなどを)やめる、(友人・恋人を)捨てる;[名]軽くたたくこと、解雇:
17世紀初頭のchuck「ふざけて(誰かの)顎にさわる」から来ている。おそらく古フランス語chuquerに由来する。これは後にchoquer「打つ、ぶつかる」となっている。語源は不詳。解雇の意味(例: give somebody the chuck「人を解雇する」)は19世紀後半から登場する。

chuck [17世紀後半][名](牛の)チャック(首から肩の肉)、つかみ:
旋盤・錐などの工具のつかむ部分を指す。chock「くさび」の異形。
→ CHUNK

chuckle [16世紀後半][動]くすくす笑う:
当初の語義は「発作的に笑う」であった。後期中英語で「くっくっと笑う」を意味するchuckから来ている。**chucklehead** [18世紀半ば][名]「馬鹿者」は18世紀初頭のchuckle「大きく不器用な」から派生している。これはおそらく精肉業の用語chuck「(典型的にシチューの材料として)牛肉を切る」に関連している。

chuffed [1950年代][形]喜んで、満足して:
方言のchuff「まるまると太った、満足した」から来ている。

chum [17世紀後半][名]仲良し、親友、同僚、同室者:
元々オックスフォード大学のスラングで「ルームメイト」という意味だった。おそらくはchamber-fellowの短縮形。
→ COMRADE; CRONY

chump [18世紀初頭][名]馬鹿、うすのろ:
当初の語義は「分厚い木のかたまり」であった。おそらくchunkとlumpまたはstumpの混成語。今ではchumpは「愚か者」またはラム肉の切片を指す。

chunder [1950年代][動]嘔吐する:
おそらく押韻俗語Chunder Loo「吐く」に由来する。まんがの登場人物ChunderLoo of Akim Fooの名前から。この登場人物はノーマン・キンゼイ(1879～1969年)の創作。

chunk [17世紀後半][名]大きいかたまり:
明らかにchuck「肉の切片」、「工具のつかむ部分」の変形。

church [古英語][名]教会:
古英語cir(i)ceはオランダ語kerkおよびドイツ語Kirche「教会」と同系である。スコットランド語および北部英語kirkは同じ古英語の単語に由来。語基は中世ギリシア語kurikonで、ギリシア語kuriakon (dōma)「主の(家)」から来ている。kuriakonはkurios「主人、主」から派生した。

churl [古英語][名]粗野な男:
古英語ceorlは西ゲルマン語を起源とする。オランダ語karelおよびドイツ語Kerl「仲間」と同系である。また、carl(古ノルド語karl「〈自由な〉人」に由来)はスコットランドで「仲間」の意味で使われたが、英語では古風な用法である。これは「低い身分の生まれの人」を意味し、農民の出自を指していた。

chute [19世紀初頭][名]落としどい、荷滑らし、シュート:
元はアメリカ語法。フランス語で元々は「(水や岩の)落下」を意味していた。これは古フランス語cheoiteに由来。「落ちる」を意味するcheoirの過去分詞形の女性名詞。語基はラテン語cadere「落ちる」。英語でのこの語はshootに影響されている。

cigar [18世紀初頭][名]葉巻、シガー:
フランス語cigareまたはスペイン語cigarroに由来。おそらくマヤ語sik'ar「喫煙」から来ている。**cigarette**[19世紀半ば][名]「巻きタバコ」はフランス語から持

ちこまれた。これは *cigare* の指小辞語。省略形 **ciggy** は1960年代から登場している。

cinch ［19世紀初頭］名造作ないこと、確実なこと、本命；動 (衣服を) ベルトで締める：

It's a *cinch* という表現は「簡単なことだ (たしかなことだ)」を意味する。だが、当初の語義は「(乗馬に使う) 腹帯」だった (主にメキシコおよびアメリカ西部で使われた)。スペイン語 *cincha*「腹帯」に由来。

cinder ［古英語］名燃え殻、燃えかす：

古英語 *sinder* で当初の語義は「くず、石炭くず」であった。ゲルマン語起源。ドイツ語 *Sinter*「鉱泉沈殿物」と同系である。似ていながら関連のないフランス語に *cendre* がある (ラテン語 *cinis*「灰」から)。これは語義の変化と綴りの両面で影響を及ぼしている。*cinder* は今でも専門用語で「くず」の語義をもっている。例えば、forge-*cinder*「鍛冶で生じる鉄くず」や mill-*cinder*「圧延工場から出るくず」など。おとぎ話の登場人物 **Cinderella** は指小辞語の接尾辞 *-ella* を *cinder* につけて派生した名称。これはシンデレラのフランス名 *Cendrillon* のパターンを踏襲している。

cipher ［後期中英語］名暗号、符号：

当初はゼロを表す記号またはアラビア語の数詞だった。古フランス語 *cifre* に由来。これはアラビア語 *ṣifr*「ゼロ」に基づいている。「無、ゼロ」の概念は「どうでもいい人物」を指す比喩的な用法に活かされている (サッカレー『ヘンリー・エズモンド』*Henry Esmond*：To the lady and lord rather-his lordship being little more than a *cypher* in the house「主人や女主人にとって彼の貴族としての身分はその家では無いに等しいものであった」)。「暗号」という意味は16世紀初頭から登場する。

circle ［古英語］名円、仲間、範囲、循環、さじき；動周りを回る：

古フランス語 *cercle* に由来。ラテン語 *circus*「輪」の指小辞語 *circulus*「小さな輪」に遡る。綴りの *cercle* は中英語でよく使われた。これはフランス語の綴りを反映しているが、ラテン語の語形の影響で16世紀から *circle* に変化していった。ギャラリーや劇場の分野で使われている (dress *circle*「特別さじき」、upper *circle*「上さじき」)「さじき」という意味は、circus ring「円形ステージ」を指す *circle* からの拡張。

circuit ［後期中英語］名回路、周行、巡回；動巡回する：

ラテン語 *circum*「周りの」および *ire*「行く」に由来する。古フランス語、さらにラテン語 *circuitus* に遡る。これは *circumire*「めぐる」の異形 *circuire* から派生。**circuitous** 形「回り道の」は17世紀半ばから登場する。これは中世ラテン語 *circuitosus* に由来 (*circuitus*「回り道」から)。

circulate ［15世紀後半］動流布する・させる、流通する・させる、配布する、循環する・させる：

当初は錬金術の用語で、「密閉した容器に何かを詰めて圧縮された蒸気が元の液体に戻るようにする」という意味だった。ラテン語の動詞 *circulare*「円形の経路を動く」(*circulus*「小さな輪」) から。現在の主な語義は17世紀半ばから登場する。

circumcise ［中英語］動割礼を行う：

語源は古フランス語 *circonciser* またはラテン語 *circumcis-*「輪切にする」(*circum*「周りを」と *caedere*「切る」から)。接頭辞 *circum* がついた語例を次に示す。**circumnavigate** ［17世紀前半］動「周航する」、「…の周囲に境界線をひく」、**circumscribe** ［後期中英語］動「…の周囲に境界線をひく」(最後の音節はラテン語 *scribere*「書く」から)、**circumspect** ［後期中英語］形「用心深い」(最後の音節はラテン語 *specere*「見る」に基づく)。

circumstance ［中英語］名状況、環境、境遇、事情：

古フランス語 *circonstance* またはラテン語 *circumstantia* に由来する。後者は *circumstare*「周囲を囲む、包囲する」からの派生。ラテン語 *circum*「周囲」と *stare*「立つ」からなる。*assistance* と同じく、元々は複数形にできない行為（＝周囲に立つという行為）または状態（＝周囲に立っている）を記述するだけの名詞だった。今では数量が表されることも頻繁にある（ディズレーリ『ヴィヴィアン・グレイ』*Vivian Grey*：Man is not the creature of *circumstances. circumstances* are the creatures of men「人間は環境の産物などではない。環境こそ人間の産物に他ならない」）。単数形はときに詩的・修辞的に使われる場合もある（シェイクスピア『ハムレット』*Hamlet*, I. iii. 102：you speak like a green girl Unsifted in such perilous *circumstance*「情事について何も知らないうぶな娘のようにしゃべるな」）。

circus [後期中英語] 图 サーカス、円形劇場：

当初はローマ遺跡のアリーナを指していた。これは「リングまたは円形競技場」を意味するラテン語の用法。「サーカス」という語義は18世紀後半から登場する。bread and *circuses*「パンとサーカス」という句はユウェナーリス（ローマの風刺詩人）の風刺詩にでてくる一節の英訳で、「食べ物と娯楽」を比喩的に表している。これは政府が市民の機嫌を維持するために提供するものを指す。

cistern [中英語] 图 貯水タンク：

古フランス語 *cisterne* を経由してラテン語 *cisterna* に遡る。これは *cista*「箱」からの派生語。

citadel [16世紀半ば] 图 城砦、砦、拠り所：

フランス語 *citadelle* またはイタリア語 *cittadella* に由来する。ラテン語 *civitas*「都市」に基づく。*civitas* は要塞化した小都市の内側を指していた。この周辺にやがて都市が広まっていった。

city [中英語] 图 都市：

古フランス語 *cite*、さらにラテン語 *civitas* に遡る。これは *civis*「市民」からの派生語。元々は町を指す言葉で、しばしば古英語 *burh*「城」に相当するラテン語として用いられた。これは後に外国または古代の都市、さらには重要なイギリスの自治都市に用いられるようになった。ノルマン朝の王たちのもとで大聖堂と都市とのつながりは深まっていった。これは、主教の座（多くは村々に置かれていた）が教区の主要な自立都市に移転していったのに伴っている。**citizen** 图「市民」は city と同時期に登場している。これはアングロノルマンフランス語 *citezein* に由来する。*citezein* は、ラテン語 *civitas*「都市」に基づく古フランス語 *citeain* の交替（おそらく *deinzein*「住民」の影響がある）。

civic [16世紀半ば] 形 都市の、市民の：

フランス語 *civique* またはラテン語 *civicus* に由来する。後者は *civis*「市民」からの派生。元々の用法は *civic* garland, *civic* crown などに見られる。これはラテン語 *corona civica* の訳語で、オークの葉と実で作った冠を指した。この冠は古代ローマで同胞市民の命を救った人物に与えられていた。

civilian [後期中英語] 图 一般市民、文民、公務員、文官；形 一般市民の、文民の：

当初は市民法・民法の弁護士を指していた。これは *droit civilien*「民法」に見られる古フランス語 *civilien* に由来する。現在の語義では、軍務についていない人を意味する。この語義は19世紀前半に生じた。**civvy** は19世紀後半に *civilian* の省略形として登場した。**civil service** [18世紀後半] は元々イギリス東インド会社で陸軍・海軍に属さないスタッフが従事していた業務のことを表していた。後期中英語の civil は古フランス語からラテン語 *civilis*「市民に関連する」に遡る。これは *civis*「市民」からの派生語。同時期に **civility** 图 も古フランス語 *civilite* から入っている。これはラテン語 *civilitas*（*civilis* からの派生）に遡る。当初

は、*civility* は市民である状態を表していた。ここから「よき市民であること」または従順かつ規律正しい行動の意味ができてきた。「丁重さ」の語義は16世紀半ばから登場している。

claim ［中英語］動要求する、主張する、必要とする；名要求、主張、要求する権利：
ラテン語 *clamare*「呼ぶ、呼び出す」に由来する。直接の語源は、名詞の方は古フランス語 *claime* で、動詞の方は古フランス語 *clamer*。

clairevoyant ［17世紀後半］形千里眼の；名千里眼の持ち主：
当初の語義は「目のよく見える、知覚のするどい」だった。フランス語から入った。*clair*「明らかな」と *voyant*「見ること」(*voir*「見る」から派生) からなる。千里眼の意味は19世紀半ばから登場している。

clam ［16世紀初頭］名二枚貝：
「締め具」(clamp) を意味する *clam* がこれより先にあり、ここから来ているらしい。clamp の方は古英語 *clam(m)*「縛るもの」、「縛り」から。語源はゲルマン語。同系語にオランダ語 *klemme*、ドイツ語 *Klemme*「クリップ」および英語 clamp がある。

clamber ［中英語］動よじ登る、はい降りる：
おそらく climb の過去分詞（廃語）だった *clamb* に由来する。これに相当する動詞 *climber* が16世紀から17世紀にかけて使われていた。

clammy ［後期中英語］形じとじとする、じっとりした：
方言の clam「べとつく、粘着する」に由来。これはゲルマン語起源で、clay に関連がある。当初は claymy と綴られていた。

clamour ［後期中英語］名(不平・抗議などの) 叫び、騒ぎ；動やかましく要求する：

古フランス語、さらにラテン語 *clamor* に遡る。これは *clamare*「叫び声を上げる」からの派生。

clamp ［中英語］名クランプ、締め具：
おそらくオランダ語または低地ドイツ語に起源があり、clam「締め具」と関連している。

clan ［後期中英語］名一族、氏族、仲間：
スコットランド高地ゲール語 *clann*「子孫、家族」に由来。古アイルランド語 *cland*、さらにラテン語 *planta*「新芽」に遡る。

clandestine ［16世紀半ば］形内密の、隠密の：
フランス語 *clandestin* またはラテン語 *clandestinus* に由来する。後者は clam「秘密裏に」からの派生。

clap ［古英語］名拍手、一撃、（雷などの）音；動拍手する、手で叩く：
古英語 *clappan*「動悸を打つ、打つ」は元々擬声語だった。「拍手する」という語義は後期中英語から登場する。**claptrap** ［18世紀半ば］名「はったり」は clap に基づいており、賞賛を引き出すように狙った行為を表していた。

claret ［後期中英語］名クラレット（フランスのボルドー産の赤ワイン）：
元々は明るい赤色や黄色みのあるワイン（赤ワインとも白ワインとも区別されるもの）を表していた。こうした区別は1600年頃になくなり、以後は赤ワイン全般を指すようになった。今はボルドー産の赤ワインを表す。古フランス語 (*vin*) *claret* および中世ラテン語 *claratum* (*vinum*)「清澄な（ワイン）」に由来。ラテン語 *clarus*「明るい」から。

clarify ［中英語］動明らかにする、（空気などを）浄化する：
当初は「明らかに説明する」、「明快にする」という語義だった。語源は古フランス語 *clarifier* で、後期ラテン語 *clarifi-*

care、さらにラテン語 *clarus*「明るい」に遡る。

clarinet ［18世紀半ば］名クラリネット：
フランス語 *clarinette* に由来する。これはある種のベルを指す *clarine* の指小辞語。**clarion**［中英語］名「甲高い音を出す軍用の細長いトランペット」に関連がある。こちらは中世ラテン語 *clario(n)-* に由来。ラテン語 *clarus*「明らかな」に遡る。

clarity ［中英語］名(空気などの) 清澄、明るさ、明晰さ：
当初は、「栄光、神の威光」という語義があった。ラテン語 *claritas* に由来し、*clarus*「明らかな」からの派生語。「明るさ」という現在の語義は17世紀初頭から登場した。

class ［16世紀半ば］名授業、(社会) 階級、集合：
当初の語義は「ともに教わった仲間」であり、ラテン語 *classis*「ローマ人の階層、学年、生徒の学級」に由来する。

classic ［17世紀初頭］形第一級の、古典的な；名古典：
フランス語 *classique* またはラテン語 *classicus*「ある階級または階層に属す」に由来する。後に「最高級の」の意味になった。ラテン語 *classis*「階層、学年」からの派生。学校・大学の「クラス」と結びつくようになったのは、おそらく学生が学んだ古代の著述者 (the classics) とのつながりに影響されている。これがさらにギリシア語・ラテン語を表す用法（「古典語」）への拡張につながった。**classical**形「古典の」は、16世紀後半にはじめて記録に登場する。この時の語義は「同類の中で抜きんでている」であり、ラテン語 *classicus*「ある階層に属している」に基づく。

clause ［中英語］名条項、節：
古フランス語 *clause* から英語に入った。ラテン語に遡る。ラテン語 *claus-* が基になっており、動詞 *claudere*「閉じる、締めくくる」からの派生。ラテン語の語源では「法文書の締めくくり」および「法律の節」という語義も含まれていた。英語における当初の用法では、「文の一部分」および「法律文書の個別の事項、または、但し書き」の両方を表していた。

clay ［古英語］名粘土ねん：
古英語 *clæg* は西ゲルマン語を語源とする。英語 cleave および climb と同じく、オランダ語 *klei* と同系。

clean ［古英語］形きれいな、汚れのない、フェアな、安全な：
古英語 *clæne*「明らかな、純粋な」は西ゲルマン語起源で、オランダ語およびドイツ語 *klein*「小さな」と同系。古高地ドイツ語には、「明らかな」、「純粋な」、「きれいな」、「整った」、「繊細な」、「精妙な」、「小さな」の語義があった。**cleanse**動「清める」は古英語では *clænsian* と言った。これは *clæne* からの派生。中英語では通常の語形は *clense* だったことから、現代英語での綴りは clean に同化して作った人工的なものと思われる。当初、cleanse は日常用法にあったが、後に clean「掃除する」よりも高級な表現となり、また、比喩的な用法も持つようになった（ドライデン訳オウィディウス『寓話』*Fables* の「キニュラスとミュラ」：Not all her od'rous tears can cleanse her crime「彼女の香気に満ちた涙が彼女の罪を清めることができるとは限らない」）。1990年代に、cleanse は「民族浄化する」の転義で用いられるようになった。これはある地域から民族的・宗教的な少数派を一掃することを指す。

clear ［中英語］形はっきりしている、明瞭な、確立した、広々とした；動片づける、きれいにする、はっきりさせる、晴れる：
古フランス語 *cler* に由来し、ラテン語 *clarus*「明らかな、明るい」に遡る。*clear* には様々な語義があるが、その一部は古英語 *clean* に影響を受けている。例えば「汚点のない」はシェイクスピア『マクベ

ス』*Macbeth*, I.vii.18 に見られる。Duncan ... hath been So *clear* in his great office「ダンカンは…国王として非のうちどころがない」。これ以外の副詞的な語義には「完全に (逃れた)」がある。これはスウィフト『サー・ウィリアム・テンプルへのオード (叙情詩)』*Ode to Sir W. Temple* に見られる。She soars *clear* out of sight「彼女は舞い上がり完全に見えなくなった」。現代の用法では、*clear* には clean に見られない語義で「邪魔のない」、「自由な」、「…のない」がある。

cleave¹ [古英語][動]突き進む、割る、二分する：
古英語 *cleōfan*「裂く、切り裂く」はゲルマン語起源で、オランダ語 *klieven* およびドイツ語 *klieben* と同系。

cleave² [古英語][動](主義主張などを) 固守する：
古英語 *cleofian, clifian, clīfan*「しがみつく」は西ゲルマン語起源。同系の語に、オランダ語 *kleven*、ドイツ語 *kleben*「くっつける」および英語 clay, climb がある。

clef [16世紀後半][名]音符記号：
フランス語に由来し、ラテン語 *clavis*「カギ」に遡る。

cleft [中英語][名]裂け目、割れ目：
当初の綴りは *clift* でゲルマン語起源。オランダ語 *kluft*、ドイツ語 *Kluft*「裂け目」および英語 cleave と同系。語形は16世紀に *cleft*「裂けた、分裂した」(cleave の過去分詞) との連想で変化した。16世紀から18世紀にかけて、cliff (古英語 *clif*) と完全に混同されていた時期がある。

clench [古英語][動](こぶしなどを) 固く締める：
当初は clinch「固く締める」の語義があった。ゲルマン語起源で、cling と同系。

cleric [17世紀初頭][名]牧師、聖職者：
教会ラテン語 *clericus*「聖職者」に由来する (これは clergy [中英語][名]「聖職者」の語基でもある)。ギリシア語 *klērikos*「キリスト教の聖職者の一員である」に由来し、*klēros*「くじ、遺産」から派生した (『使徒言行録』1章26節)。

clerk [古英語][名]事務員、店員、書記官：
cleric, clerc には「叙品された人物、宗教的な秩序に属する人物」の語義があった。語源は教会ラテン語 *clericus*「聖職者」で、綴りは同語源の古フランス語 *clerc* によって一般に広まった。中世では学術といえば文書・書記のすべてを理解する聖職者に限られていた。このことから、「学者」の概念につながり、そこからさらに公証人・記録者・会計士といった職業を表す語義との関連が生まれ、最後には「筆記を生業とする者」全般を指すようになった。「事務員 (記録をとり行政の業務を行うオフィス業務員)」を表す用法は16世紀初頭から登場する。発音については、bark と韻を踏むことが15世紀イギリス南部の証拠からわかっている。

clever [中英語][形]ずる賢い、利発な：
当初の語義は「すばやくつかまえる」だった。おそらくオランダ語または低地ドイツ語起源で、cleave と同系である。16世紀後半に、おそらくは地域的・口語的な用法を通じて「器用な、手仕事に優れた」を意味するようになる。「頭の回転が速い」という意味は18世紀初頭から登場する。この語義の発達は nimble, adroit, handy, neat と共通している。

client [後期中英語][名]依頼人：
ラテン語 *cliens, client-* に由来し、*cluens*「跪く」の異形で、*cluere*「聞く」、「従う」の派生語。ここからパトロンなどの「意向をうかがう」という意味が生じた。元々は誰かの庇護・支援を受けている人物を指していた。ここから、「法律その他による後見人に保護されている」人物を指すようになった。**clientele** [16世紀半ば][名]には「顧客であること、支援」の語義があった。フランス語、さらにラテン語 *clientela*「顧客であること」に遡る (*cliens, client-* から)。

climate [後期中英語][名]気象、風土、風

潮：

古フランス語 *climat* または後期ラテン語 *clima, climat-* に由来し、ギリシア語 *klima*「斜面、一画」に遡る。元々は 2 本の緯線にはさまれた一帯を表していたが、後に土地の一画を指すようになり、さらに風土を表すに至った。clime 图 は後期ラテン語 *clima*「一画」に由来し、「気候」を意味する。これも後期中英語期から登場する。

climax [16世紀後半] 图 最高潮、クライマックス：

当初は修辞学の用語だった。一連の命題を連ねていき、しだいに表現の強さ・効果を高めて展開する論法（「漸層法」）を指していた。後期ラテン語由来で、ギリシア語 *klimax*「階梯、漸層法」に遡る。「最高潮」の語義は18世紀後半に登場。これは「漸層法」からの誤用による。

climb [古英語] 動 (よじ) 登る、潜り込む：

古英語 *climban* は西ゲルマン語起源で、オランダ語およびドイツ語の *klimmen*「よじ登る」、英語の clay や cleave と同系である。語根の意義は「固執する」で、ここから「よじ登る」の語義につながった。綴り字の i はいくつかの方言では（二重母音ではなく）短母音として発音されるのが大半だった。二重母音（eye と韻を踏む発音）を示す明白な証拠は16世紀以前には見つからない。英語以外の現代語では、これに対応する単語の綴りから b が失われているのが大半で、発音ではすべて b を失っている。

clinch [16世紀後半] 图 (ボクシングの) クリンチ；動 クリンチする、(ねじなどで) 固定する：

当初の語義は「握るもの」で、動詞としては「しっかりとくっつく」という意味だった。clinch は clench の異形。

cling [古英語] 動 くっつく、まとわりつく：

古英語 *clingan*「くっつく」はゲルマン語起源で、中オランダ語 *klingen*「固執する」、中高地ドイツ語 *klingen*「登る」および英語 clench と同系。

clinic [19世紀半ば] 图 診療所、病院：

当初は、「臨床で薬学を教える」という意味だった。フランス語 *clinique* に由来し、ギリシア語 *klinkē (tekhnē)*「臨床の (医術)」に遡る。*klinē*「ベッド」から派生。

clique [18世紀初頭] 图 小集団、派閥、徒党：

フランス語からの借用で、共通利害を持ちながら他人の加入を許容する集団を指す。語源は古フランス語 *cliquer*「音を立てる」。現代の語義は claque 图 に関連がある。これは劇場などでかけ声などをかけるのに雇われる「さくら」を指す。このさくらを雇う行為がはじめて行われたのは19世紀初頭のパリのオペラ劇場でのことである。claque はフランス語 *claquer*「拍手する」に由来。

cloak [中英語] 图 マント・外套、口実；動 コートなどをはおる：

cloche「ベル」あるいは、(「ベル」の形をした)「マント」の方言である古フランス語 *cloke* に由来する。語源は中世ラテン語 *clocca*「ベル」で、*cloak and dagger*「陰謀の、諜報の」はフランス語 *de cape et d'épée* の翻訳。「覆い隠す」という概念は、外套がすっぽり覆い隠すものであることから、自然な連想で生じた。

clock [後期中英語] 图 掛け時計・置き時計、顔；動 計測する、見る、気づく：

中低地ドイツ語および中オランダ語 *knocke* に由来する。基になっているのは中世ラテン語 *clocca*「ベル」で、当初の語義は「鐘の音」だった。俗語の *clock something*「何かを見る」は20世紀半ばから登場する。*clock* は20世紀初頭にはすでに「人の顔」を意味するようになっていた (ここから、「直面する、観察する」という語義につながる)。

clod [後期中英語] 图 土のかたまり、まぬけ：

→ CLOT

clog ［中英語］图障害物、木靴；動動きを妨げる：
当初は、「動物の動きを邪魔する木材」だった。木靴を表す用法は後期中英語で生じた。語源不詳。動詞で「邪魔する」という意味は「木材で動物の邪魔をする」という当初の用法から派生した。

cloister ［中英語］图修道院、回廊：
当初は「宗教的な隠遁の場所」を指していた。古フランス語 *cloister* に由来し、ラテン語 *claustrum, clostrum*「カギ、閉ざされた場所」に遡る。動詞 *claudere*「閉める」からの派生。

clone ［20世紀初頭］图クローン、複製品：
ギリシア語 *klōn*「小枝、枝脈」に由来し、英語 *clone* は通常、たがいにうり二つと見られた人物やものを指して使われる（「クローン」）。この意味は無性生殖により作られ同一の遺伝子を持つ一群の細胞を指す生物学の用語からの拡張である。

close[1] ［中英語］形近い、親密な、ぴったりした、互角の、密な：
古フランス語 *clos* に由来する。ラテン語の名詞 *clausum*「囲い地」および形容詞 *clausus*「閉じた」に遡る（形容詞は動詞 *claudere* の過去分詞）。古フランス語 *clos* の指小辞語から、後期中英語の「私的な部屋、小部屋」を指す **closet**图が生じた。

close[2] ［中英語］動閉じる、ふさぐ、終える、休業する：
古フランス語 *clos-* に由来する。これは *clore* の語幹。*clore* はラテン語 *claudere*「閉じる」から派生した。この同じ動詞が後期中英語の **closure**動图「終結させる・する、閉店」の語基でもある（古フランス語に由来し、後期ラテン語 *clausura* に遡る）。

clot ［古英語］图（血・牛乳などの）かたまり、まぬけ；動かたまる：

clot(t) はゲルマン語起源で、ドイツ語 *Klotz*「丸太」と同系。人物を指して言う *clot* は元々「不器用な人物」(17世紀半ば) のことだったが、ここから愚かさとの連想が生じた。

cloth ［古英語］图布地、服地：
古英語 *clāth*「覆ったり包んだりするのに使う織物」はオランダ語 *kleed* およびドイツ語 *Kleid*「ワンピース」と同系。語源不詳。**clothe**動「…に衣服を着せる」は古英語における過去分詞 *geclāded* でしか記録に残っていない。これは名詞 *clāth* からの派生。同じ時期に複数形の **clothes**图「衣服」は *clāthas*（= *cloths*）だった。後に **clothier** ［中英語］图「毛織物製造業者、洋服屋」に変化した。当初は *clother* と綴られた。語末の変化は職業を表す一般的な接尾辞 *-ier* との連想による。

cloud ［古英語］图雲、大群：
古英語 *clūd* は「岩塊、大地」を意味していた。おそらく *clot* に関連がある。「雲」を指す用法は中英語から登場する。**cloud cuckoo land** ［19世紀後半］「夢想の国、理想郷」はギリシア語 *Nephelokokkugia* の翻訳（これを形成する要素は *nephelē*「雲」および *kokkux*「カッコー」）。これはアリストファネスの喜劇『鳥』に登場する、鳥たちによって建設された都市の名称。
→ CLOT

clout ［古英語］图殴打；動殴る、強打する：
古英語 *clūt* には「つぎあて、金属板」の語義があった。古英語 *clot* と並んで、オランダ語 *kluit*「塊」と同系。語義が変化して「殴打」になったのは、後期中英語から。この変化は最初に動詞で起きたのかもしれない（「つぎあてをあてる」から「強く打ちつける」への変化）。
→ CLOT

clown ［16世紀半ば］图道化師、おどけ者：
語源はおそらく低地ドイツ語。当初の語義は「洗練されていない田舎者」だった。

これが拡張されて「育ちの悪い」を意味するようになった (テニスン『イン・メモリアム』*In Memoriam*：The churl in spirit ... By blood a king, at heart a *clown*「人のすべての階級の上下を問わず…王侯の血をひきながら、いやしい心を持つものは」)。サーカスなどの道化や諧謔家を表す用法は短期間に発達した。シェイクスピアでは、*clown* は宮廷に召し抱えられた諧謔家を指すことが多い (『お気に召すまま』*As You Like It*, II.ii.8：the roynish *clown*, at whom so oft Your Grace was wont to laugh「つね日ごろお笑いの種になさっていたあの卑しい道化め」)。

cloy ［後期中英語］動飽きる：
廃語となった動詞 *accloy*「息を詰まらせる」の短縮形。別の語義は「妨害する、止める」で、こちらは古フランス語 *enloyer*「釘を打ち込む」に由来する。中世ラテン語 *inclavare* に遡る (語基は *clavus*「釘」)。

club ［中英語］名クラブ、会員制クラブ；動棍棒で殴る：
古ノルド語 *clubba* に由来。*klumba* の異形。*clump* と同系。同好会を指す用法は17世紀初頭から登場する。詳細は不明だが、*club*「棍棒で殴る」から形成された。当初は動詞で「かたまりにする」という意味だった。

clue ［後期中英語］名手がかり、鍵；動手がかりを与える：
古語 *clew* の異形で、原義は「糸玉」。ここから糸をたどって迷宮から抜け出るてがかりを表すようになった。これはギリシアの伝説上の英雄テセウスの物語にちなむ。テセウスは、クレタ島のミノタウロスを討ち果たしたあと、あらかじめ迷宮の入り口から垂らしておいたアリアドネの糸をたどって脱出を果たした。「何かを発見するのに使う情報」に関連した語義は17世紀初頭から登場する。

clump ［中英語］名茂み、木立、群れ：
当初は「塊、山」を指した。中低地ドイツ語 *klumpe* および中オランダ語 *klompe* により一般に広まった。英語 *club* と同系。

clumsy ［16世紀後半］形不器用な、ぎこちない：
廃語 *clumse*「凍えしびれさせる、かじかむ」に由来する。おそらくスカンジナビア語。スウェーデン語 *klumsig* と同系。

cluster ［古英語］名房、群れ：
古英語 *clyster* はおそらく *clot*「塊」と同系 (*clot* は同時期にゲルマン語に発する語)。
→ CLOT

clutch¹ ［中英語］名つかむこと、クラッチ；動つかむ：
当初は「折る、曲げる」という意味だった。廃語の動詞 *clitch*「手を握りしめる」の異形。古英語 *clyccan*「曲げる、(手を)固く握る」に由来。ゲルマン語起源。

clutch² ［18世紀初頭］名一群の卵、多数：
おそらくイギリス北部方言 *cletch*「塊になる」の南部での異形。中英語 *cleck*「卵から孵る」に関連がある (古ノルド語 *klekja* に由来)。

clutter ［後期中英語］名散乱したもの、乱雑な様子；動ごった返す：
当初は動詞として使われていた。方言 *clotter*「塊になる」の異形。*cluster* および古英語における擬声語 *clatter* に影響されている。
→ CLOT

coach¹ ［16世紀半ば］名コーチ、指導員、客車；動コーチする、指導する：
当初は馬車を表した。16世紀から17世紀にかけて、この馬車は王族の地位に限定された乗り物だった。フランス語 *coche* に由来。ハンガリー語 *kocsi* (*szekér*)「馬車」に遡る (ハンガリーの街の名称 *Kocs* からの派生)。この「輸送」の概念により、「鉄道客車」および「1階建てバス」に拡張して使われるようになった。「訓練する、コーチする」という

意味 (18世紀初頭)、および「訓練する人物、コーチ」という意味は「前進する、道を進む、進歩する」という概念から生じた。

coagulate ［後期中英語］動固まる、凝固する：

ラテン語 *coagulat-* であり、*coagulum*「レンネット、凝結乳」から派生した動詞 *coagulare*「凝結する」からさらに派生した。

coal ［古英語］名石炭：

古英語 *col* は「燃えて白熱する石炭、燠（おき）」および「炭化した燃えかす」を意味していた。ゲルマン語起源で、オランダ語 *kool* およびドイツ語 *Kohle*「石炭」と同系。「石炭」の語義は中英語から登場する。collie ［17世紀半ば］名「コリー犬」の名称は *coal* に基づいている。この犬種が元々黒かったことにちなむ。collier 名「坑夫」は元々「木炭製造者」を指した。この語義はアメリカ語法で今も残っている。たいてい木炭の製造者は木炭を市場に持っていったので、「木炭を売る者」という語義が生じた。さらに後には、「石炭を売る者」に変化し、ここから現在の語義が生じた。

coalition ［17世紀初頭］名（一時的な政治的）連立、提携、連合：

当初の語義は「融合」だった。中世ラテン語 *coalitio(n)* に由来する。これは動詞 *coalescere*「ともに育つ」からの派生。政治的な意味で用いられる「連立」という意味は18世紀初頭から登場する。

coarse ［後期中英語］形（きめなどが）粗い、（品質が）粗悪な：

当初は「日常の、ふだんの (衣服)」および「劣った」だった。語源は不詳。17世紀まで綴りは *course* だった。おそらくはこの *course* から派生したものと考えられる（「習慣的な、日常の振る舞い方」）。*coarse* も *course* も、ともに元々は /kurs/ と発音された。綴りの *coarse* は *course* の発音が /kors/ に変化した時期に現れたらしい。「質の劣る」という概念から「きめの粗い」に変化した時期は不詳。この「き めの粗さ」から言葉遣いやふるまいの粗雑さに比喩的なつながりが生まれた。

coast ［中英語］名沿岸、海辺；動滑走する：

当初は、「体側」を表していた。古フランス語 *coste* に由来する。ラテン語 *costa*「肋骨、脇腹、体側」に遡る。海とのつながりは、「海側」を意味する *coast* of the sea から生じた。動詞用法で「海岸に沿って航行する」、「縁に沿って進む」を意味するのに使われていた。「滑走する」という意味は19世紀初頭にアメリカ語法の「雪の積もった斜面をソリでくだる」、「坂道を自転車でこがずに下る」を経て生じた。これはフランス語 *côte*「丘の斜面」から派生したもの。小さな敷物を意味する coaster ［19世紀後半］名は、はじめ、デカンター用の背の低い丸いトレイを指す名詞だった。これはディナーのあとにテーブルを「一回りする」ことから派生した。

coax ［16世紀後半］動（…するように）おだてる：

「ばか、阿呆」を意味する廃語 *cokes* に由来する（*cokes* の語源は不詳）。原義は「かわいがる、愛玩する」。ここから、「なだめすかす」という語義につながった。底流にある語義は「だまして利用する」であり、これと並行した語義の「ばかにする」、「かわいがる」の概念は fond にも見られる（「たぶらかされた」と「やさしい」をともに意味する）。
→ FOND

cob ［後期中英語］名トウモロコシの穂軸：

一般的には「でっぷりした、丸っこい、たくましい」ものを指していると考えられる。例を挙げると「パンのかたまり」、「ハシバミの茂み」、「オスの白鳥」、「石炭・鉱石などの丸い塊」、「たくましく育った短足の馬」、「トウモロコシの穂軸」などがある。当初は、強い男あるいは指導者を表していた。語源不詳。

cobalt ［17世紀後半］名コバルト、濃い青色：

ドイツ語 *Kobalt*「(鉱山の) 小鬼、悪魔」に由来する。これは、いっしょに取れる鉱石にコバルトが有害だと考えられていたことによる。また、ハルツ山地やエルツゲビルゲ (ドイツにある山) の鉱夫たちの健康不良にも結びつけて考えられていた。この語はドイツ語からヨーロッパの諸言語に広がった。

cobweb [中英語] 图クモの巣：
当初の綴りは *cop(pe)web* だった。第1要素は廃語となった *coppe*「クモ」から。

coccyx [16世紀後半] 图尾骨：
ラテン語、さらにギリシア語 *kokkux*「カッコー」に遡る。この骨の形状がカッコーのくちばしに似ていることから。

cock¹ [古英語] 图おんどり、栓、コック：
古英語 *cocc* は中世ラテン語 *coccus* に由来し、中英語の時代に古フランス語 *coq* により一般に広まった。おそらくはおんどりの鳴き声の擬声語であろう。早朝におんどりが鳴き声を上げることから、first, second, third *cock*, etc.の表現が生まれた (チョーサー『粉ひき屋の話』*Miller's Tale*：Whan that the firstte *cok* hath crowe「一番鶏が鳴くと」。また、『マルコによる福音書』14章30節：Before the *cock* crow twice, thou shalt denyme thrice「鶏が二度鳴く前に、三度わたしを知らないと言うであろう」)。さらには、液体の流れをせきとめる「コック、栓」を指すのにも使われる。**cock-a-hoop** [17世紀半ば]「きわめて喜んでいる」は set *cock* a hoop という表現に由来する。この表現は、水を飲むのに先だって栓を開いて液体を流し出す動作を表していたらしい。「形状」がこの単語の中核的な特性かもしれない。すなわち、栓はおんどりのトサカのついた頭部に似ている。フリントロック、打楽器、火縄銃のレバーを表すのに *cock* を用いるのは元々こうした機構の形状にちなむ。

cock² [後期中英語] 图円錐形の山：
おそらくスカンジナビア語に起源があり、ノルウェー語 *kok*「積み上げた山」、「塊」、デンマーク語 *kok*「ワラの山」およびスウェーデン語 *koka*「塊」と同系。

cockney [後期中英語] 图ロンドン子、ロンドン英語：
元々は「甘やかされた子供」のことだった。語源不詳。一説によれば、「おんどりの卵」を意味する cokeney がすでにこの時期に用いられており、形のおかしい小さな卵を意味していたという (おそらく *cock* と ey から。ey は廃語で「卵」を意味する)。「小ささ」の概念と汚名・不評の含みは、後に cockney で「薄弱または病気を患っている街の住人」を表すようになったことからもわかる。この用法から、現行の「ロンドンの下町の住人」の意味が生じた。これは元々蔑んだ呼び方だった。

cockpit [16世紀後半] 图(飛行機の) 操縦室、コックピット、(ヨットの) 操舵席：
当初は、闘鶏のためのくぼんだ場所を指していた。怪我と流血からの連想で、18世紀初頭に、航海用語の文脈で「帆船式軍艦の最下甲板の後部」を指すようになった。傷ついた水夫たちはここで戦闘中に手当を受けた。この用法からさらに拡張されて、ヨットの操舵席を指すのに用いられるようになった。

cockroach [17世紀初頭] 图ゴキブリ：
当初の綴りは *cacaroch* だった。これは語源であるスペイン語 *cucaracha* によく似ている。綴りの変化はイギリス人の耳になじみ深い単語 cock と roach との連想による。

cocksure [16世紀初頭] 形確かな、自信満々の：
「自信満々の」という意味は、実際の語源よりも cock「若いおんどり」の胸を反り返らせ自信に満ちたイメージによる。語源は廃語となった *cock* で、こちらは婉曲的に「神」を表す言葉だった。

cocktail [17世紀初頭] 图カクテル：
当初は形容詞として用いられた。おんどりなどのように尾を持った生き物、とくに切り尾の馬を形容した。猟馬や馬車馬

は切り尾だったので、そこから19世紀に競走馬に当てはめた場合に「純血種でない」という語義が生まれた。これは、血統に切り尾の馬がいたことを示唆するものだった。このアメリカ語法で「不純」という概念から、現在の「カクテル」の語義が生まれた。「混ぜ合わせた」酒という着想による。

coco ［16世紀半ば］名ココヤシ：

coco palm, *coco* matting のように組み合わせて用いられた。元々は「ココナッツ」を指す言葉だった。スペイン語およびポルトガル語で「にんまりする表情」を意味する語に由来する。ココナッツにある3つの穴からの連想による。ポルトガル人がインドで発見した後にはじめてイギリス市場に持ち込まれた時、**coconut** 名「ココナッツ」は nut of India あるいは Indian nut としか呼ばれていなかった。cocoa「ココア」との混同が起きたため、ロンドン港では coker の綴りがもっぱら使われていた。

cocoa ［18世紀初頭］名ココア：

スペイン語 *cacao* の異形。スペイン語の綴り自体は「カカオ豆」を意味するようになる前まで2世紀近くにわたって英語でも用いられた。
→ CHOCOLATE

cocoon ［17世紀後半］名繭；動すっぽり包んで保護する：

フランス語 *cocon* が *coccoon* の語源。*coccoon* の方は中世プロヴァンス語 *coucoun*「卵の殻」に由来する。これは *coca*「殻」の指小辞語で。動詞は19世紀半ばから登場する。

coddle ［16世紀後半］動大事に育てる、甘やかす：

元々は果物の調理との関連で「ゆっくりゆでる」という意味で用いられていた。語源不詳。現代の語義「あまやかして育てる」は、おそらく廃語 *caudle*「病弱な者に粥を与える」の方言の異形。ラテン語 *caldum*「あたたかい飲み物」に由来する。

code ［中英語］名法典、規約体系、慣例、暗号：

ラテン語 *codex* に由来し、古フランス語を経て英語に持ち込まれた。元々は後代のローマ皇帝によって体系的に編纂された制定法（「法典」）のことで、特にユスティニアヌス1世に関して用いられた。現代の語義のうち、最初のものは、18世紀半ばに刑法との関連で登場した。ラテン語 *codex* 名 は「制定法の一覧」として英語に持ち込まれた。ラテン語では、当初の単純な語義である「木片」から「ページやタブレットに分けられたかたまり」、さらに「本」へと意味が変化していた。関連語の **codicil** 名「遺言補足書」はラテン語 *codicillus* に由来。これは *codex* の指小辞語で、法文書の「小さな」部分を指して用いられた。

codger ［18世紀半ば］名《口語》（年寄りの）偏屈者：

年をとった人物を指す口語的で侮蔑的な語。おそらくは *cadger* の異形。

codpiece 名男性が着用する股袋、コッドピース：

古英語 *codd* に由来する。*codd* の当初の意味は「袋」だった。後に *cod* と綴られ、「陰嚢」を意味するようになった。英語で **cod** 名 と呼ばれる魚のタラも、その形状にちなんで同じ単語からその名称がついている（bag fish「袋の魚」）。ただし、その語源は定かでない。**cuttlefish** 名「イカ」（当初は *cuttle* とだけ呼ばれていた）は古英語 *codd* に関連がある。イカスミの入った袋からその名がついている。

codswallop ［1960年代］名戯言：

load of *condswallop* は「大量の戯言」を表す略式の言い方。語頭要素の語源は、コッド (Hiram Codd) の名前にちなむとされることがある。コッドは1878年に発泡性の飲み物を入れる瓶を発明した人物。この説はいまなお確証されていない。wallop の方は1930年代から「ビール」またはアルコール飲料を指す口語的な言葉

として使われたことに由来するかもしれない。
→ WALLOP

coerce ［後期中英語］動（権力によって）強制する、無理強いする：

当初は、服従や応諾を強いることに制約されていた。ラテン語の要素 co-「ともに、併せて」と arcere「引き留める」からなる。ここから、ラテン語の動詞 coercere「阻む」ができた。**coercion**名「強制」も同時期に登場しており、同じラテン語に発する。**coercive**形「強制的な」は16世紀後半まで記録に見られない。接尾辞 -ive を英語動詞に加えて形成されている。

coffee ［16世紀後半］名コーヒー：

おそらくはオランダ語 koffie から英語に入った。語源はトルコ語 kahveh で、アラビア語に遡る。アラビア語の辞書編纂者たちは原義は「ワイン」だったと考えている。

coffer ［中英語］名（貴重品を入れるための）箱、金庫：

古フランス語 coffre「櫃」に由来する。ラテン語を経てギリシア語 kophinos「カゴ」に遡る。「収納された貴重品」との関連から、coffers には「容器」ではなく「金銭の蓄え」という語義も生じることとなった。**coffret**名は指小辞語で「小さな櫃」を意味する。

coffin ［中英語］名ひつぎ、棺：

coffer と語源は共通。中英語では「櫃、小箱」という意味だった。語源は古フランス語 cofin「小さなカゴ」。その形状から、調理用語で「パイの型」を表す名称にもなった。ただし、この用法は現在廃れている。

cog ［中英語］名歯車：

おそらくスカンジナビア語に由来する。スウェーデン語 kugge およびノルウェー語 kug と同系。

cogent ［17世紀半ば］形説得力ある：

ラテン語 cogent-「説得的な」に由来（動詞 cogere からの派生語で、co-「ともに」と agere「うながす、駆動する」からなる）。

cogitate ［16世紀後半］動深く考える：

格式的。ラテン語の動詞 cogitare「考える」に由来する。co-「ともに」と agitare「熟考する、考える」からなる。ラテン語動詞の1人称単数形は英語の哲学用語 cogito になっている。文字通りには「我思う」で、デカルトの命題（1641年）cogito, ergo sum「我思う、ゆえに我あり」から。

coherent ［16世紀半ば］形密着した、つじつまのあった：

当初は「論理的に…に関連している」という意味であった。ラテン語 cohaerent-「くっつきあう」に由来する。動詞 cohaerere からの派生語。このラテン語動詞の過去分詞が cohaes-「ぴったりくっついている、忠実な」で、ここから17世紀に **cohesion**名「結束」が生じた。adhesion と同じ語形成である。

cohort ［後期中英語］名軍団、グループ、仲間：

古フランス語 cohorte またはラテン語 cohors, cohort-「庭、従者、随行員」に由来する。hort- の音節（ラテン語 hortus「庭」に見られる）は英語 garden に関連がある。これは「囲う」を意味する語根から来ている。
→ COURT

coil ［16世紀初頭］名コイル、線輪、とぐろ巻き；動ぐるぐる巻く：

当初の用法では動詞だった。古フランス語 coillir に由来し、ラテン語 colligere「一緒に集まる」に遡る。「混乱、騒動」を意味する coil はシェイクスピア『ハムレット』Hamlet, III.i.67 で shuffle off this mortal coil「この世のわずらいからかろうじてのがれ」という表現で用いられている。語源はいまだ不詳だが、おそらくは文書の証拠が登場する以前に航海用語の文脈で話されていたものと考えられる。
→ COLLECT

coin [中英語]名硬貨、コイン：
古フランス語 *coin*「くさび、角、さいころ」、*coigner*「(貨幣を) 鋳造する」を経て、ラテン語 *cuneus*「くさび」に遡る。原義は「隅石」で、後に「角または隅石」(今は *quoin* で表される意義) を意味するようになった。後期中英語で、貨幣を刻印する金型や、そうした金型で鋳造される貨幣を表すようになった。**coign** [17世紀初頭]名は後期中英語における *coin* の異形で、「出っぱった角、または、隅石」の語義で用いられた。coign of vantage「見晴らしたり行動するのに好ましい位置、有利な立場」は、シェイクスピアがはじめて用いた (『マクベス』*Macbeth*, I. vi. 7)。これを後にサー・ウォルター・スコットが広めた。

coincide [18世紀初頭]動同時に起こる、合致する：
当初は「同じ空間を占める」を意味した。中世ラテン語 *coincidere* に由来し、*co-*「ともに」と *incidere*「…に落ちる」からなる。

colander [中英語]名濾過器(ろか)、水濾(みずこ)し：
ラテン語 *colare*「(液体を) 漉す」に基づく。

collaboration [19世紀半ば]名共同制作、協力：
ラテン語 *colaboratio(n-)* に由来。動詞 *collaborare*「いっしょに働く」からの派生語。*col-*「ともに」と *laborare*「働く」からなる。

collapse [17世紀初頭]動崩れる、崩壊する、意識を失う、(いすなどが) 折り畳める；名崩壊：
当初の綴りは *collapsed* で、中世ラテン語 *collapsus* に由来する。動詞 *collabi* の過去分詞 (動詞は *col-*「ともに」と *labi*「すべる」からなる)。

collar [中英語]名カラー、襟：
古フランス語 *colier*、さらにラテン語 *collare*「首に巻き付ける帯、カラー」に遡る。*collum*「首」から派生。中英語の綴りは *coler*。

collateral [後期中英語]形側面にある、追加の、二次的な、付随的な；名担保物権：
当初の用法では形容詞だった。中世ラテン語 *collateralis* に由来し、*col-*「ともに」と *lateralis* からなる (後者は *latus, later-*「側」から)。「担保物権」という語義はアメリカ語法に発する。*collateral* security に由来。1970年代以降になると、*collateral* damage という表現が軍事用語の文脈で登場した。これは攻撃側によって予想または意図をこえて生じる付帯的損害を意味する。

collation [中英語]名照合、校合、軽食：
古フランス語、さらにラテン語 *collatio(n-)* に遡る。*conferre*「一緒に持っていく」から派生。英語では元々複数形で用いられていた。ヨハネス・カッシアヌスの *Collationes Patrum in Scetica Eremo Commoratium*「エジプトの隠者の会談」(415〜20年)。ベネディクト会の軽食では最初にこの一節が読み上げられた。

colleague [16世紀半ば]名同僚、仲間：
フランス語 *collègue*、さらにラテン語 *collega*「職場の仲間」に遡る。*col-*「ともに」と *legare*「委任する」からなる。

collect [後期中英語]動集める、収集する、徴収する、集まる；形(電話で) 代金受取人支払いの：
古フランス語 *collecter* または中世ラテン語 *collectare* に由来し、ラテン語 *collect-*「一緒に集まった」に遡る。ラテン語の語基動詞 *colligere* は *col-*「ともに」と *legere*「選ぶ、集める」からなる。「祈り、集禱(しゅうとう)」を意味する *collect* (中英語) は古フランス語 *collecte* に由来し、ラテン語 *collecta*「ともに集まること」に遡る。*collect* には廃れた用法で「(礼拝のために) 集まる」という語義もあった。

college [後期中英語]名大学、専門学校：

古フランス語に由来し、ラテン語 collegium「提携」に遡る。collega「職場の仲間」から派生。当初の用法には、一般的な語義で「集まること」、「仲間の親睦」もあった。
→ COLLEAGUE

collision ［後期中英語］名衝突、対立、不一致：

後期ラテン語 collisio(n-) に由来し、ラテン語 collidere「ぶつかりあう」に遡る。これは collide ［17世紀初頭］動「衝突する」の語基でもある。当初の語義には、「衝突させる」という意味もあった。col-「ともに」と laedere「打つ、傷つける」からなる。自動詞用法は1860～70年に船舶や列車の衝突の文脈ではじめて使われたときにはアメリカ語法だとして反対が多かった。

collusion ［後期中英語］名結託、共謀：

ラテン語 collusio(n-) に由来し、動詞 colludere「密約を結ぶ」から派生した。この動詞の語基は collude ［16世紀初頭］と共通している。col-「ともに」と ludere「遊ぶ」からなる。

colonel ［16世紀半ば］名大佐：

廃語となったフランス語 coronel に由来する。これは後に colonel となった。語源はイタリア語 colonnello「兵士の縦隊」で、これは colonna「縦の列」から来ており、さらにラテン語 columna に遡る。現代的な発音の語源となっている coronel の語形は、17世紀半ばまで通例だった。

colony ［後期中英語］名植民地、居留地、植民団：

当初は「退役した兵士たちを主体にして形成された植民、居留地」。これはローマ帝国で新規に征服された領地の駐屯地として機能していた（イギリスではロンドン、バース、チェスターがこれにあたる）。ラテン語 colonia「居留地、農園」に由来。派生の元をたどると、まず colonus「移住者、農民」があり、さらに colere「耕す」にいきつく。近現代では colony は宗主国に従属する移住者たちの新共同体を表す。この用法は16世紀から登場している。

colossus ［後期中英語］名巨像、巨人：

ラテン語、さらにギリシア語 kolossos に遡る。kolossos はヘロドトスがエジプトの寺院に見られた像を言い表すのに使った語。このギリシア語の語形は、Colosseum「コロセウム（ローマの広大な円形競技場。紀元75年にはじまる）」の語基にもなっている。colossal ［18世紀初頭］形「巨大な」はフランス語由来で、colosse からの派生語。ラテン語 colossus に遡る。

colour ［中英語］名色、肌の色、外見、生彩：

古フランス語 colour に由来（ラテン語 color に遡る）する。古フランス語の動詞 colourer からの派生語（これはラテン語 colorare に遡る）。14世紀以来、英語では colour が通常の綴りだったが、color の綴りもラテン語の影響下で15世紀から時折用いられている。アメリカ英語では color の方が主流の綴り。軍隊の階級を表す colour sergeant は、軍曹が儀礼兵の連隊旗を掲げる任務を持つことから生じた名称。

colt ［古英語］名子馬、若駒：

おそらくスウェーデン語 kult と同系。kult は少年やまだ若い動物を表す。

column ［後期中英語］名円柱、（ページの）縦の欄、欄、（読み物の）コラム：

部分的には古フランス語 columpne に由来する。語源であるラテン語 columna「柱」により強化された。

語形成

接頭辞 com- (ラテン語 cum「ともに」に由来) が加える語義は次の通り。
■「…とともに」[combine]「結合させる」
■「まとめて」[compact]「密集した」
■「全く」[commemorate]「祝う」
接頭辞 com- には次の異形がある。co- (とくに母音の前で)、col- (t の前で)、con- (大半は b, m, p 以外の子音の前で)。

coma [17世紀半ば]图昏睡：
現代ラテン語で、ギリシア語 kōma「深い眠り」に由来する。koma の関連語には koitē「ベッド」と keisthai「横たわる」がある。

comb [古英語]图くし；動(髪を)くしですく：
古英語 camb はゲルマン語起源で、オランダ語 kam およびドイツ語 Kamm「くし」と同系。意味を遡ると「歯」に行きつくかもしれない。

combat [16世紀半ば]图戦闘；動戦う：
フランス語 combattre に由来し、後期ラテン語 combattere に遡る。combattere は com-「ともに」と battere（ラテン語 batuere「戦う」の異形）からなる。**combatant**形「好戦的な」は後期中英語から使われはじめている。文字通りは「戦闘態勢にある」を意味する仰々しい語だった。これは古フランス語の動詞 combatre「戦う」の現在分詞の流用だった。

combe [古英語]图険しい谷、谷間：
古英語 cumb「小さな谷、窪地」はイギリス南部の地名の一部として証文に見つかる。そうした地名の多くは今も残っている。ケルト語起源で、ウェールズの山にある円形の窪地を指す cwm と同系。丘の斜面・沿岸部（とくにイギリス南部）にある短い谷間や窪地を指す現在の一般的な用途は、16世紀後半から登場している。

combine [後期中英語]動結びつける、同時に行う：
古フランス語 combiner または後期ラテン語 combinare「2つずつ組になる」に由来する。com-「ともに」とラテン語 bini「2つ（くびきで）つながった」からなる。同時期に **combination**图「結合」が後期ラテン語 combinatio(n-) に基づいて登場している（動詞 combinare からの派生）。

combustion [後期中英語]图燃焼：
後期ラテン語 combustio(n-) に由来し、ラテン語 comburere「燃焼する」に遡る。**combust** [15世紀後半]形「(惑星が)太陽に近づいて光の薄れた」は廃語 combust「燃えた、燃焼した」に由来し、ラテン語 combustus（comburere の過去分詞）に遡る。

come [古英語]動来る、至る、達する、起こる、(考えが)浮かぶ、…になる：
古英語 cuman はゲルマン語起源で、オランダ語 komen およびドイツ語 kommen「来る」と同系。

comedy [後期中英語]图喜劇、コメディ：
当初は戯曲のジャンル（「喜劇」）以外に幸せな終幕を迎える叙事詩も指していた（例えばダンテの『神曲』Divine Comedy）。古フランス語 comedie に由来、ラテン語、さらにギリシア語 kōmōidia に遡る。kōmōidia は kōmōidos「喜劇詩人」からの派生で、kōmos「騒ぎ楽しむ」と aoidos「歌い手」からなる。**comedian** [16世紀後半]图は喜劇の戯曲家を意味した。フランス語 comédien に由来し、古フランス語 comedie に遡る。滑稽なことをして人々を楽しませるお笑い芸人という意味の用法は、19世紀後半から登場する。

comely [中英語]形(女性が)魅力的な：
おそらく becomely「ぴったり合う、似合う」の短縮形。becomely は become からの派生語。
→ BECOME

comet [後期古英語]图彗星、ほうき星：
ラテン語 cometa、さらにギリシア語 komētēs「髪の長い(星)」に遡る。komē「髪」からの派生語。古フランス語 comete により一般に広まった。

comfort [中英語]動慰める；图安楽、慰安：
当初の用法では、名詞（古フランス語 confort 由来）は「強化、支持、慰め」を意味し、動詞（古フランス語 conforter 由来）は「強化する、支持する、慰める」を

意味した。語源は後期ラテン語 confora-re「強化する」。com-（強調）とラテン語 fortis「強い」からなる。「物理的な安らぎをもたらすもの」という語義は17世紀半ばから登場する。**comfortable**［中英語］形は「心地よい」以外にも「強化する、励ます」を意味した。アングロノルマンフランス語 confortable に由来し、conforter からの派生語。

comic ［16世紀後半］形 喜劇の、滑稽な；名 喜劇：

ラテン語を経てギリシア語 kōmikos に遡る。kōmos「騒ぎ」からの派生語。これに先だって後期中英語から存在しているのが、「喜劇に関連する、または喜劇のスタイルをとった」を意味する **comical** 形 で、ラテン語 comicus に基づいている。

command ［中英語］動 命ずる、指揮する、（同情などを）集める、見晴らす；名 命令、指揮：

古フランス語 comander「命令する」に由来し、後期ラテン語 commandare に遡る。この動詞は com-（強調）と mandare「拘束する、命令する」からなる。中英語では、これと並んで **commandment** 名「命令」（古フランス語 comandement に由来）と **commander** 名「指揮者」（古フランス語 comandeor に由来）も登場している。commandment「戒律」は元々語末の -ment の前に e が挿入されていた。スコットランドから西サマーセットにまたがる地域の19世紀の方言とならんで、16世紀から17世紀の著作者の文章にはなおも 4 音節が見受けられた。他方で、3 音節の綴りは13世紀の文献に登場しており、17世紀から18世紀には書き言葉で主流になった。当初には、第 1 音節に強勢が置かれることが多かった。

commandeer ［19世紀初頭］動（軍務に）徴集する：

アフリカーンス語 kommandeer に由来し、オランダ語 commanderen、さらにフランス語 commander「命令する」に遡る。

commando ［18世紀後半］名 奇襲部隊（員）、コマンド隊（員）：

当初は、民兵を指し、元々は南アフリカのボーア人からなる民兵のことだった。ポルトガル語に由来（comando より前の形式）。commandar「命令する」からの派生語で、これはさらに後期ラテン語 commandare に遡る。
→ COMMAND

commemoration ［後期中英語］名 記念、祝賀：

ラテン語 commemoratio(n-) に由来し、動詞 commemorare「思い出させる」からの派生語。**commemorate** 動「祝う、記念する」は16世紀から登場しており、ラテン語 commemorat- に由来する。これは動詞 commemorare からの派生語。ラテン語 com-「完全に」と memorare「関連づける」からなる。memor「心にとめてある」からの派生語。

commence ［中英語］動 開始する、始まる：

古フランス語 commencier, comencier に由来し、ラテン語 com-（強調）と initiare「始める」からなる。

commend ［中英語］動 ほめる、推賞する：

ラテン語 commendare に由来し、com-（強調）と mandare「コミットする、信頼する」からなる。同時期に **commendation** 名「推賞」も古フランス語から入ってきている。こちらはラテン語 commendatio(n-)「ゆだねる」に由来する。

commensurate ［17世紀半ば］形 同一基準の、釣り合った：

後期ラテン語 commensuratus に由来し、com-「ともに」と動詞 mesurare「はかる」の過去分詞 mesuratus からなる。

comment ［後期中英語］名 評言、所見、コメント；動 解説する、批評する：

当初は、「注釈の文書」および「説明書き」という意味だった。ラテン語 commen-

tum「考案」に由来。*commentum* は後期ラテン語で「解釈」も意味するようになった。**commentary**图「論評、解説」も同時期に登場しており、ラテン語 *commentarius, commentarium*（形容詞の名使用法）に由来する。これは *comminisci* が基になっている。19世紀半ばに **commentate**動「論評する」が *commentator*图「注釈者」からの逆成（接尾辞の除去）で登場した。

commerce ［16世紀半ば］图商業、貿易：

当初は、「世間との交渉、交際」を意味した。語源はフランス語で、ラテン語 *commercium*「商売、交易」に遡る。*com-*「ともに」と *merx, merc*「商品」からなる。

commiserate ［16世紀後半］動不憫に思う、同情する：

ラテン語 *miser*「不運な」に由来し、語源はラテン語 *commiserat-*（動詞 *commiserari*「…とともに嘆く」の過去分詞語幹）である。

commission ［中英語］图委任、任務委員会：

古フランス語を経てラテン語 *commissio(n-)* に遡る。*committere*「任せる」からの派生語。**commissioner**［後期中英語］图「委員・理事」は中世ラテン語 *commissionarius* に由来し、ラテン語 *commissio* に遡る。
→ COMMIT

commissionaire ［17世紀半ば］图守衛、ドアマン：

フランス語に由来し、中世ラテン語 *commissarius*「義務についている人物」に遡る。ラテン語 *committere*「任せる」からの派生語。

commit ［後期中英語］動（罪などを）犯す、義務づける、委ねる、預ける：

ラテン語 *committere*「加わる、任せる」に由来し、中世ラテン語で「…の保護にあてる」を意味するようになった。*com-*「ともに」と *mittere*「置く、送る」からなる。

committee ［15世紀後半］图委員会、委員：

当初は、「何かを委任された人物」を指し、動詞 commit が基になっている。

commode ［18世紀半ば］图引き出しつきの小型テーブル：

当初は、18世紀に人気のあったタイプの引き出しつき戸棚を指した。フランス語に由来し、字義通りには「便利な、適切な」を意味する。ラテン語 *commodus* が基になっている。寝室用の溲瓶を隠す家具を指す用法は19世紀初頭から登場している。

commodity ［後期中英語］图商品：

古フランス語 *commodite* またはラテン語 *commoditas* に由来し、ラテン語 *commodus*「便利な」が基になっている。

common ［中英語］形よくある、共通の：

語源は古フランス語 *comun* である。関連する名詞に **commonality**「共通性」があるが、これは1950年代までめったに使われることがなかったものの、16世紀半ばから「特徴が共通すること」という意味で登場している。当初は後期中英語に見受けられ、「特別な階級・地位の人々」という語義で用いられた。これと同時期に登場した *commonalty* の異形。語源は古フランス語 *communlte* で、中世ラテン語 *communalitas* を経てラテン語 *communis*「普通の、一般的な」に遡る。**commoner**［中英語］图「一般の人々」（当初の語義は「市民、小市民、自由民」）も含めてラテン語 *communis* が基になっている。

commonplace ［16世紀半ば］形平凡な、ありふれた；图陳腐な文句、ありふれた事（物）：

元々は common place と分かち書きされた。ラテン語 *locus communis* の直訳で、このラテン語自体もギリシア語 *koinos topos*「一般的な主題」をなぞった語句。

commonwealth［後期中英語］名国家、連邦：

当初は公共の富を意味した。元々は2語で分かち書きされていた。古語 the commonweal「公共の福祉」に相当する。

commotion［後期中英語］名激動、騒動：

語源はラテン語の名詞 commotio(n-)で、com-「完全に」と motio「動き」からなる。ここから英語 commotion が生じた。
→ MOTION

commune¹［17世紀後半］名共同生活集団、共同体、コミューン、市町村の自治体：

当初はフランスの最小行政区（「コミューン」）を指した。中世ラテン語 communia に由来する。これはラテン語 communis「普通の、一般的な」の中性複数形。**communal**［19世紀初頭］形「共同社会の」は、当初は commune に関連する文脈で使われている。特に、フランス革命で自治政府を掌握し恐怖政治を1794年まで主導した「パリ・コミューン（パリ革命政府）」に関連して用いられていた。フランス語由来で、後期ラテン語 communalis に遡る。これは communis「普通の、一般的な」からの派生語。

commune²［中英語］動親しく交わる：

古フランス語 comuner「共有する」に由来し、comun「共通の」からの派生語。

communication［後期中英語］名意思疎通、伝達、通信：

古フランス語 comunicacion に由来し、ラテン語 communicatio に遡る。動詞 communicare「共有する」からの派生語。このラテン語の動詞から **communicate** 動「知らせる」（16世紀初頭から）が派生した。
→ COMMON

communion［後期中英語］名親しい交わり、宗派：

ラテン語 communio(n)に由来し、communis「共通の」からの派生語。

communism［後期中英語］名共産主義：

フランス語 communisme に由来し、commun「共通の」からの派生語。

community［後期中英語］名共同体、地域社会：

古フランス語 comunete に由来し、この語源であるラテン語 communitas により強化された。communitas は communis「共通の」からの派生語。

commute［後期中英語］動（重い刑罰・支払いなどを）取り替える、軽い物に代える、振り替える、通勤・通学する：

当初の意味は「（2つのものを）交換する」だった。語源はラテン語 commutare で、com-「完全に」と mutare「代える」からなる。「通勤・通学する」という意味の commute は元々 commutation ticket（アメリカ英語「定期券」）を買って使用するという意味。この語法は、毎日の乗車料金を1回の支払いに commute「振り替える」ことから来ている。

compact［後期中英語］形ぎっしり詰まった、小型の；動ぎっしり詰める；名コンパクト：

ラテン語 comapct- に由来する。動詞 compingere「一緒になる、隣接する」からの派生語で、com-「一緒に」と pangere「締めつける、打ちつける」からなる。

companion［中英語］名仲間、相手、道連れ、付き添い：

古フランス語 compaignon に由来。字義通りには「人とパンを分かちあう人」を意味する。ラテン語 com-「ともに」と panis「パン」からなる。

company［中英語］名交わり、交際、仲間、一団、会社：

古フランス語 compainie に由来。compaignon「仲間、同行者」と関係がある。

comparison ［中英語］图比較、たとえ：
古フランス語 *comparesoun* に由来し、ラテン語 *comparatio(n-)* に遡る。これは *comparare*「対にする、合わせる」からの派生語。後期中英語に記録に登場する **compare** 動「比較する」もこのラテン語動詞を語基にしている（古フランス語 *comparer* に由来）。*com-*「ともに」と *par*「等しい」からなる。

compartment ［16世紀半ば］图列車の車室、仕切客室：
後期ラテン語 *compartiri*「分割する」がイタリア語 *compartimento* の基になっており、ここからフランス語 *compartiment* が生じた。これを語源として英語で *compartment* は使われるに至った。

compass ［中英語］图コンパス、羅針盤、両脚規(りょうきゃくき)：
名詞は古フランス語 *compas* に、動詞は古フランス語 *compasser* に由来する。ラテン語 *com-*「ともに」と *passus*「歩み、歩調」からなる。中英語で見受けられるいくつかの語義（「はかり」、「術策」、「囲まれた場所」、「コンパス（両脚規）」）は古フランス語にも見られる。ただし、こうした語義の発展と起源は定かでない。語義が転移して磁石のコンパス（羅針盤）になったのは、これと関連するイタリア語 *compasso* でのことだとされる。この転移は、羅針盤を入れる箱が円形だったことにちなむ。

compassion ［中英語］图哀れみ、同情：
古フランス語、さらに教会ラテン語 *compassio(n-)* に遡る。これは *compati*「ともに苦しむ」からの派生。**compassionate** 形「あわれみ深い」は *compassion* に基づいて16世紀後半から登場している。これは古語のフランス語の形容詞 *compassioné*「哀れみを覚えている」に影響を受けている。

compatible ［後期中英語］形両立する、互換の：
フランス語から取り入れられた。中世ラテン語 *compatibilis* に由来し、*compti*「ともに苦しむ」からの派生語。

compatriot ［16世紀後半］图同胞、同国人；形同胞の：
フランス語 *compatriote* に由来し、後期ラテン語 *compatriota*（ギリシア語 *sump-atriōtēs* の翻訳語）に遡る。*com-*「ともに」と *patriota*「愛国者」からなる。
→ PATRIOT

compel ［後期中英語］動強いて…させる、強要する：
派生元であるラテン語 *compellere* の語基要素は *com-*「ともに」と *pellere*「駆り立てる」。

compedium ［16世紀後半］图一覧表：
元々はラテン語で、「利益、蓄え」を意味した（字義どおりには「ともに秤にかけられるもの」である）。英語では、「概要」または「一覧表、明細目録」などを意味する。ラテン語 *com-*「ともに」と *pendere*「秤(はかり)にかける」からなる。

compensation ［後期中英語］图保証金、賠償、《米》報酬：
古フランス語、さらにラテン語 *compensatio(n-)* に遡る。ラテン語の語基動詞は *compensare*「重さを…と比べる」。これは **compensate** ［17世紀半ば］動「賠償する」の語源でもある。当初は「釣合いおもり」。ラテン語は *com-*「ともに」と *pendere*「はかる」からなる。

compete ［17世紀初頭］動競争する、対抗する：
ラテン語 *competere* の後の語義「(…を求めて)懸命になる、競う」に由来する。*com-*「ともに」と *petere*「狙う、求める」からなる。**competition** 图「競争」は後期ラテン語 *competitio(n-)*「競争」に由来し、同時期に登場している。**competitor** ［16世紀初頭］图「競争相手」はフランス語 *compétiteur* またはラテン語 *competitor* に由来する。

competent ［後期中英語］形有能な、十

分な、正当な：

当初は、「ぴったりと合う、妥当な」という意味だった。ラテン語 competent- に由来し、動詞 competere（当初の語義は「ぴったりと合う、ふさわしい」）からの派生語。

compile ［中英語］動編纂する、（プログラムを）コンパイルする：

古フランス語 compiler またはその語源と思われるラテン語 compilare「略奪する」、「剽窃する」に由来する。**compilation** ［後期中英語］名「編集」は古フランス語、さらにラテン語 compilatio(n-) に遡る。これは compilare からの派生語。

complacent ［17世紀半ば］形自己満足の：

当初の意味は「喜んでいる」だった。ラテン語 complacent-「喜ばしい」に由来し、動詞 complacere からの派生語。**complacency** 名「自己満足」も同時期に登場している。これは中世ラテン語 complacentia、さらにラテン語 complacere「喜ばす」に遡る。

complain ［後期中英語］動不平を言う、訴える：

古フランス語 complaindre、さらに中世ラテン語 complangere「嘆き悲しむ」に遡る。後者は com-（強調）と plangere「嘆く」からなる。**complaint** 名「不満」も同時期に登場しており、古フランス語 complainte に由来する。これは動詞 complaindre「嘆く」の過去分詞女性形。

complement ［後期中英語］名補足・完成させるもの、余角、補集合、補語：

当初は「成就、達成」。語源はラテン語 complementum で、動詞 complere「いっぱいに満たす」からの派生語。
→ COMPLETE; COMPLIMENT

complete ［後期中英語］形完全な、完成した；動完全なものにする：

古フランス語 complet またはラテン語 complētus に由来する。後者は動詞 com-plere「いっぱいに満たす、やりとげる、成就する」の過去分詞。com- は「満たす」を強調している。

complex ［17世紀半ば］形複雑な、複合の；名複合体、コンプレックス：

当初は、「関連する要素の集まり」のことだった。語源はラテン語 complexus で、動詞 complectere「包含する、含む」からの派生語（名詞として用いられていた）。後に complexus「編まれた」と結びつけられ、ここから複雑さの意味が加わった。形容詞は部分的にフランス語 complexe に由来する。

complexion ［中英語］名形勢、様子、肌の色、顔色：

古フランス語、さらにラテン語 complexio(n-)「組み合わせ」、さらには complectere「包含する、含む」に遡る。元々は人体の物理的な組成（後期ラテン語での語義）、または 4 つの体液（blood「血液」、phlegm「粘液」、yellow bile「黄胆汁」、black bile「黒胆汁」）の組み合わせによって決まるとかつて信じられていた性格・気質を指す語だった。ここから、16世紀後半にそうした気質を目に見えて示す「肌の色」という意味が生じた。
→ HUMOUR

complication ［後期中英語］名複雑化、合併症：

後期ラテン語 complicatio(n-)、さらにラテン語 complicare「折り重ねる」に遡る。**complicate** 動「複雑にする」は17世紀初頭から登場しており、当時の意味は「結合する、もつれさせる、よりあわせる」だった。これはラテン語 complicat- に由来する。com-「ともに」と plicare「折る、たたむ」からなる。

complicity ［17世紀半ば］名共犯、連座：

中英語 complice「仲間、僚友」が基になっており、古フランス語、さらに後期ラテン語 complex, complic-「同盟している、味方の」、さらにはラテン語 complicare「折り重ねる」に遡る。1940年代にいたってはじめて、**complicit** 形「共謀した」の

使用が記録に登場する。これは *complicity* からの逆成（接尾辞の除去）。
→ ACCOMPLICE

compliment [17世紀半ば]图お世辞、あいさつ：

名詞はフランス語 *compliment* に由来する一方、動詞はフランス語 *complimenter* に由来する。どちらも語幹はイタリア語 *complimento*「礼儀作法の要求を満たすこと」に由来している。元はラテン語 *complimentum*「成就、達成」で、当初の英語の綴り *complement* にその反映が見られる。この綴りは1655年から1715年にかけてしだいにフランス語の語形に置き換わっていった。

comply [16世紀後半]動(要求などに)応じる、承諾する：

イタリア語 *complire*、カタロニア語 *complir*、スペイン語 *cumplir*、さらにラテン語 *complere*「満たす、達成する」に遡る。元々の語義は「満たす、達成する」で、後に「礼儀作法の要求を満たす」になり、ここから「好ましくふるまう、愛想よくする」、「好意を示す」、「従う」の意味が生じた。

component [17世紀半ば]图構成要素、成分：

語源はラテン語 *component-* で、これは「まとめる」を意味した。*com-*「ともに」と *ponere*「置く」からなる。
→ COMPOUND¹

compose [後期中英語]動構成する、整理する、創作する、(活字を)組む、作曲する：

当初は「まとめる、構築する」という一般的な意味だった。古フランス語 *composer* (ラテン語 *componere*「まとめる」に由来)から来ている。これにラテン語 *compositus*「構成された」と古フランス語 *poser*「置く」の影響が加わった。同時期に登場した語に **composition**图「構成」がある。古フランス語、さらにラテン語 *compositio(n-)* (*componere*

から派生)に遡る。**compositor**图「植字工」もこの時期に登場した。現在は「植字工、組版工」を意味する印刷用語だが、元々はスコットランド語で「裁定人」や「仲裁人」という意味だった（アングロノルマンフランス語 *compositour* に由来）。**composure**图「落ち着き、平静」はこれより後の16世紀に登場している。当時の意味は「構成すること、構成」だった。これは *compose* に接尾辞 *-ure* を加えてできている。

compost [後期中英語]图堆肥、有機肥料：

古フランス語 *composte*、さらにラテン語 *composta, compositum*「集められたもの」に遡る（動詞 *componere*「まとめる」から）。

compound¹ [後期中英語]形合成の、多機能の、複合の；图複合、合成；動複合する、混合する、示談にする、折り合う：

後期中英語では *compoune* だった。古フランス語 *compoun-* に由来し、*compondre* の現在時制語幹 (ラテン語 *componere*「まとめる」に由来) である。語末の *-d* が加えられたのは16世紀のことで、*expound* や *propound* と同様の語形成である。「(問題などを)悪化させる」という語義（例：this *compounded* their problem）は *compound* a felony という成句を誤解して生じた。この句は厳密には「金と引き換えに重罪を見逃す」という意味だった。この誤解から、法律での用法と一般的な用法が変化し、しだいに標準的な英語として受け入れられていった。

compound² [17世紀後半]图囲いを巡らした屋敷内、構内：

元々東南アジアに見られる、フェンスで囲まれた家屋や工場などを指していた。ポルトガル語 *campon* またはオランダ語 *kampoeng* が語源で、マレー語 *kampong*「囲い、小村落」から来ている。

comprehend ［中英語］動理解する、把握する、内包する：
古フランス語 *comprehender* またはラテン語 *comprehendere* に由来し、*com-*「ともに」と *prehendere*「つかむ」からなる。**comprehension**［後期中英語］名「理解」はフランス語 *compréhension* またはラテン語 *comprehensio(n-)* に由来する。後者は動詞 *comprehendere*「つかむ、包含する」からの派生語。関連語に **comprehensive** 形「理解力のある」がある。これは17世紀初頭から登場しており、フランス語 *compréhensif, -ve*、さらに後期ラテン語 *comprehensivus* に遡る（後者は動詞 *comprehendere* からの派生語）。

compress ［後期中英語］動圧縮する：
古フランス語 *compresser* または後期ラテン語 *compressare* に由来し、*com-*「ともに」と *premere*「押す」からなるか、あるいは、*compress-*「まとめて押された」から直接できている。後者は動詞 *comprimere* からの派生。**compression** 名「圧縮」も後期中英語から登場しており、古フランス語を経てラテン語 *compressio(n-)* に遡る。後者は *comprimere*「まとめて押す」からの派生。

comprise ［後期中英語］動包含する、からなる：
元々はフランス語で「包含された」という意味だった。これは動詞 *comprendre* の過去分詞女性形で、古フランス語 *comprehender* に遡る。
→ COMPREHEND

compromise ［後期中英語］名妥協；動妥協する：
当初は、仲裁への相互合意を意味していた。古フランス語 *compromis*、さらに後期ラテン語 *compromissum*「仲裁への合意」に遡る（動詞 *compromittere* の一形式）。*com-*「ともに」と *promittere*「約束する」からなる。
→ PROMISE

compulsion ［後期中英語］名強迫、強制、衝動強迫：
ラテン語 *compellere*「駆り立てる、強制する」を基にしてできている語がいくつかある。*compulsion* は古フランス語、さらに後期ラテン語 *compulsio(n-)* に遡る。**compulsory** 形「強制的な」は16世紀初頭から登場しており、名詞として「従うべき法的な義務」を意味していた。中世ラテン語 *compulsorius* に由来。これは *compuls-*「駆り立てられた、強制された」から来ている。**compulsive** 形「強制力のある」は16世紀後半から登場しており、「強制的な」という語義だった。中世ラテン語 *complusivus* に由来する。*compulsive* と *compulsion* を「ある行動をとろうとする抗いがたい衝動」に関連させて心理学で用いられるようになったのは20世紀初頭から。

compunction ［中英語］名良心の呵責（かしゃく）：
語源は古フランス語 *componction* で、教会ラテン語 *compunctio(n-)* に遡る。これはラテン語の動詞 *compungere*「（針などで）ちくりと鋭く刺す」から来ている。

compute ［17世紀初頭］動計算する：
フランス語 *computer* またはラテン語 *computare* に由来。*com-*「ともに」と *putare*「勘定を支払う」からなる。**computation** 名は後期中英語から登場している。当初の意味は「計算」および「推計」を中心とするものだった。占星術や暦に関連する意味で用いられることが多かった。

comrade ［16世紀半ば］名僚友、（労組・共産党の）組合員、党員、同志：
当初は、*comrade* の綴りと並んで *camerade* も存在していた。これはフランス語 *camerade, camarade* を経てスペイン語 *camarada*「同宿者、ルームメイト」に遡る。ラテン語 *camera*「私室、寝室」から来ている。*comrade* は元々同じ部屋やテントを共有する相手のことで、特に戦友という意味で使われることがよくあった。
→ CHUM

con¹ [19世紀後半][動]だます：

元々はアメリカ英語で、例えば confidence trick「信用詐欺」などと言うときの confidence の省略形。

con² [16世紀後半][名]反対意見；[副]反対して：

pros and cons という表現でよく使われる。「欠点」という意味の con はラテン語 contra「…に反する」に由来する。

con³ [17世紀初頭][名]操舵；[動]操舵する：

conning tower「(軍艦などの) 司令塔」の最初の音節をなす con は明らかに廃語の cond「導き、案内」の弱形で、これは古フランス語 conduire、さらにラテン語 conducere「導く」に遡る。航海の文脈で con は「(船の) 針路指揮をする」という意味で用いられる。

concave [後期中英語][形]凹面の、くぼんだ：

ラテン語 concavus に由来し、con-「ともに」と cavus「うつろ、くぼみ」からなる。

conceal [中英語][動]隠す、隠蔽する：

直接の語源は古フランス語 coneler で、ラテン語 concelare に遡る。後者は con-「完全に」と celare「隠す」からなる。

conceive [中英語][動](考え・意見などを) 抱く、構想する、(否定文・疑問文で) 想像する：

古フランス語 concevoir に由来し、ラテン語 concipere に遡る。com-「ともに」と capere「取る」からなる。conceit[後期中英語][名]は「考えまたは概念」を意味すると同時に、「巧みで修飾的と考えられた文章」を指すのにも使われた。今でも、conceit には技巧的で機知に富んだ言語表現を表すのに用いられている(例：The idea of the wind's singing is a prime romantic conceit「風が歌うという着想は最初の空想的な考えである」)。この語は conceive を基にしており、deceive と deceit などと同様のパターンで作られている。ラテン語の動詞 concipere「(意見などを) 考えつく」は、このグループに属す他のいくつかの語にも関連がある。conception [中英語][名]「概念、想像力」(古フランス語由来でラテン語 conceptio(n-) に遡る)。concept[名]「概念、想念」(16世紀半ば、ラテン語 conceptum「考えついたこと」) の当初の意味は「思考」、「気持ち」、「想像」だった。さらに conceptual[形]「概念の」(17世紀半ば、中世ラテン語 conceptualis 由来) も同系。

concentrate [17世紀半ば][動]集中させる、集中する：

当初は、「中心に持ってくる」という意味だった。これは、フランス語 concentrer「集中する」に由来するか、あるいは、concentre「(あるものを) 小さな範囲に集中させる」(ラテン語 con-「ともに」と centrum「中心」からなる) のラテン語化した形式。「注意を集中する」という意味は20世紀初頭から登場する。

concern [後期中英語][動]関わる、関係する、心配する；[名]関心、懸念：

フランス語 concerner または後期ラテン語 concernere (中世ラテン語で「関連がある」) に由来する。con-「強調」と cernere「選別する、精査する」、「識別する」からなり、「こまやかに何かをじっくりと調べる」を意味する。

concert [16世紀後半][名]コンサート、調和；[動]協定する：

当初の語義は「団結する、合意に至らしめる」。語源はフランス語 concerter、さらにイタリア語 concertare「調和させる」に遡る。名詞用法は17世紀初頭に登場 (「声または音声をそろえること」)。フランス語 concert を経てイタリア語 concerto に遡る (concertare からの派生)。

concession [後期中英語][名]譲歩、譲与物：

ラテン語の動詞 concedere の派生語 concessio(n-) に由来する。concedere は concede [15世紀後半] の基になって

いる。語源はフランス語 *concéder* またはラテン語 *concedere* で、*con-*「完全に」と *cedere*「譲る」からなる。

conciliate [16世紀半ば][動]なだめる、調停する：

当初の意味は「(好意を)得る」だった。ラテン語の動詞 *conciliare*「得る」から派生した *conciliat-* に由来。*concilium*「評議会」に遡る。
→ COUNCIL

concise [16世紀後半][形]簡潔な：

基本的な意味は「小さな大きさに切りつめる」。フランス語 *concis* またはラテン語 *concisus* に由来する。後者は動詞 *concidere*「切り詰める、切り落とす」の過去分詞 (*con-*「完全に」と *caedere*「切る」からなる)。

conclude [中英語][動]結論づける、締めくくる：

当初の語義は「説得する」だった。ラテン語 *concludere* に由来。*con-*「完全に」と *claudere*「閉じる、締める」からなる。**conclusion**[名]「結論」は後期中英語から登場しており、ラテン語 *conclusion(n-)* に由来する。動詞 *concludere* からの派生で、この動詞は後期ラテン語 *conclusivus* に由来する **conclusive**[形]「決定的な」の語基でもある (16世紀後半に「まとめの、締めくくりの」の語義で登場)。

concoct [16世紀半ば][動]調合する、でっちあげる：

語源であるラテン語 *concont-* の文字通りの意味は「一緒に調理された」で、動詞 *concoquere* からの派生語。原義は「熱することで金属または鉱物を精製する、不純物を取り除く」で、これが後に「調合する、こしらえる」、「でっちあげる」につながった。

concourse [後期中英語][名]中央広場、コンコース：

当初の語義は「群衆」だった。古フランス語 *concours*、さらにラテン語 *concur-*

sus に遡る。動詞 *concurrere*「ともに走る」からの派生語。現在の意味は元々アメリカ英語の用法で、19世紀半ばから登場する。
→ CONCUR

concrete [後期中英語][形]具象的な；[名]コンクリート：

当初の語義は「結束により強制された」、「凝固した」だった。フランス語 *concret* またはラテン語 *concretus* に由来。後者は *concrescere*「ともに育つ」の過去分詞。当初の用法では、ある性質そのもの (whiteness「白さ」のような抽象名詞で表される性質) ではなくて、ある物質に備わる性質 (通例は white paper の white のような形容詞で表現される性質) を表す文法用語でもあった。後に *concrete* は属性そのものを表す名詞 (例：foolishness, heroism) ではなく、属性を体現するものを表す名詞 (例：fool, hero) を指して用いられるようになる。これが土台となって、abstract「抽象的」の反対語 (「具象的」) としての現代の用法がはじまった。名詞の「(建築材の)コンクリート」という意味は19世紀半ばから登場している。

concubine [中英語][名]内縁の妻：

古フランス語、さらにラテン語 *concubina* に遡る。*con-*「ともに」と *cubare*「寝る」からなる。

concur [後期中英語][動]同意する、同一歩調をとる：

当初の語義には「激しくぶつかる」と「同調して行動する」がともに含まれていた。語源はラテン語 *concurrere*「ともに走る、集まって群衆をなす」。**concurrent** [後期中英語][動]「同時に起こる」はラテン語 *concurrent-*「ともに走っている、会っている」に由来し、動詞 *concurrere* からの派生。

concussion [後期中英語][名]脳しんとう、激しい振動：

ラテン語 *concussio(n-)* に由来。動詞 *concutere*「ぶつかりあう、揺れる」からの派

生。

condemn [中英語][動]非難する、罵倒する、刑罰を与える：
当初の語義は「特定の罰を（人に）くだす」。語源は古フランス語 *condemnarer* で、ラテン語 *condemnare*「損失を押しつける」に遡る。接頭辞 *con-* は動詞に強調を加える。
→ DAMN

condense [後期中英語][動]濃縮する：
古フランス語 *condenser* またはラテン語 *condensare* に由来する。後者は *condensus*「ひじょうに濃い」からの派生で、*con-*「完全に」と *densus*「濃い」からなる。**condensation**[名]「凝縮」が記録に登場するのは17世紀初頭になってからのことで、後期ラテン語 *condensatio(n-)* に由来する。*condensare*「押しつぶす」からの派生。

condescend [中英語][動]腰を低くする、恩着せがましくふるまう、見下す：
当初の意味は「崩れる、屈服する」と「敬意を払う」。古フランス語、さらに教会ラテン語 *condescendere* に遡る。*con-*「ともに」と *descendere*「下がる」からなる。

condiment [後期中英語][名]香辛料：
ラテン語 *condimentum* に由来。*condire*「(野菜などを) 漬ける」からの派生語。

condition [中英語][名]条件、状態、状況：
名詞は古フランス語 *condicion* に由来し、動詞は古フランス語 *condicionner* に由来する。ラテン語 *condicio(n-)*「合意」に遡る。語源はラテン語の動詞 *condicere*「合意する」で、*con-*「ともに」と *dicere*「言う」からなる。

condom [18世紀初頭][名]コンドーム、避妊具：
考案した内科医の名前をとって命名されたと言われるが、そのような人物は特定されていない。

condone [19世紀半ば][動]大目に見る、容赦する：
ラテン語 *condonare*「罰することを思いとどまる」に由来する (*con-*「ともに」と *donare*「与える」からなる)。

conducive [17世紀半ば][動]資する、貢献する：
中英語の動詞 *conduce* に由来する（ラテン語 *conducere*「ともにもたらす」から）。かつては、「導く、もたらす」という意味で用いられていた。conductive「伝導性のある」と同じ語形成である。

conduct [中英語][動](業務などを) 行う、(熱や電気などを) 伝導する、案内する、指揮する；[名]行い、品行、経営：
古フランス語、さらにラテン語 *conduct-*「ともにもたらされた」に遡る。動詞 *conducere* からの派生。元々は、安全な通行の条項（例えば護衛や通行許可）を指すのに用いられた。この語義は safe conduct「安全通行権」となって残っている。後に動詞の語義「導く、案内する」が生じ、ここから「うまくやりとげる」や「うまく切り盛りすること」の語義が後期中英語で生じた。これがさらに16世紀半ばに「自己管理」、「行い、品行」の意味につながった。元々の語形は *conduit* だった。この語形は「導管、水道」の語義でのみ残っている。他のすべての語義では、綴りはラテン語に影響されて変化した。ラテン語の動詞 *conducere*「ともにもたらす」は conductor [後期中英語][名]「指揮者」の語基にもなっている。当初は軍事的な指導者を指した。古フランス語、さらにラテン語 *conductor* に遡る。
→ CONDUIT

conduit [中英語][名]導管：
古フランス語、さらに中世ラテン語 *conductus* に遡る。ラテン語 *conducere*「まとめる」からの派生。

cone [後期中英語][名]錐体、円錐：
当初は、「頂点」(apex または vertex) を意味した。フランス語 *cône*、さらにラテ

ン語からギリシア語 *kōnos* に遡る。

confection [中英語][名]砂糖菓子、糖剤、調合：

当初は「混ぜ合わせてできたもの」、とくに薬品の調合を意味した。古フランス語、さらにラテン語 *confection*(n-) に遡る。*conficere*「合わせる」からの派生。

confederacy [後期中英語][名]同盟：

古フランス語 *confederacie* に由来する。**confederate**[形]「同盟の」(教会ラテン語 *confoederatus* から)、**confederation**[名]「同盟、連合」(古フランス語 *confederacion* または後期ラテン語 *confederatio*(n-) から) と同じく、後期中英語期から登場する。ラテン語 *confoederare*「ともに同盟に加わる」と *foedus*「同盟、盟約」からなる。

confer [後期中英語][動]協議する、授与する、比較する：

当初は「まとめる」および「議論する」を意味した。ラテン語 *conferre* に由来。*con-*「ともに」と *ferre*「持っていく」からなる。「持っていくこと」と「共有すること」の概念から、ふさわしい人物に学位・称号・恩恵を与えるという意味の *confer a degree, title, favour on* が生じた。**conference**[名]「会議」は16世紀初頭から登場する。フランス語 *conference* または中世ラテン語 *conferentia* に由来。

confessor [古英語][名]告白者、聴罪司祭：

当初は「反対派の前で自らの宗教的信仰を宣誓する人物」を指していた。ラテン語 *confess-*「認めた」に由来する。この語基は **confess** [後期中英語][動]「白状する」とも共通している。同時期に登場した語に **confession**[名]「告白、自白」がある。古フランス語、さらにラテン語 *confessio*(n-) に遡る。動詞 *confiteri*「認める」からの派生。*con-*(強調の接頭辞) と *fateri*「宣言する、宣誓する」からなる。

confetti [19世紀初頭][名](婚礼などでまく)紙吹雪、キャンディ：

元々はイタリアのカーニバルでまかれた本物または模造の飴・お菓子を指した。イタリア語の「飴・お菓子」を指す単語に由来。ラテン語 *confectum*「準備されたもの」からの派生。*conficere*「合わせる」の中性過去分詞。
→ CONFECTION

confidant [17世紀半ば][名]腹心の友：

女性ならば *confidante*。confident「確信している」の変形。confident は17世紀初頭、名詞として *confidant* と同じ語義で用いられていた。綴りの変化はおそらくフランス語 *confidente*「全幅の信頼を置いている」の発音に合わせて起きた。

confide [後期中英語][動]信用する、信任する：

当初は「信頼を (…に) 置く」を意味した。ラテン語 *confidere*「全幅の信頼を置く」に由来。「秘密を打ち明ける」の語義は18世紀半ばから登場している。

confidence [後期中英語][名]信用、信任、自信：

ラテン語 *confidentia* が語源で、ラテン語の語基動詞は *confidere*「全幅の信頼を置く」。**confident**[形]「確信して、自信のある」は16世紀後半から登場している。フランス語 *confident*(e)、さらにイタリア語 *confidente* からラテン語 *confident-*「全幅の信頼を置くこと」に遡る。*con-* (強調) と *fidere*「信頼する」からなる。

confine [後期中英語][動]制限する、限定する、閉じ込める：

当初は名詞用法だった。フランス語 *confins* (複数形) に由来する。ラテン語 *confinia* に遡る。*confinis*「境界を接する」からの派生。*con-*「ともに」と *finis*「端っこ、限界」からなる (あるいは *fines*「領土」から)。動詞の語義はフランス語 *confiner* に由来し、ラテン語 *confinis* に基づく。

confirm [中英語][動]確認する、確証する：

古フランス語 confermer、さらにラテン語 confirmare「固くする、確立させる」に遡る。これは同時期に登場した confirmation名「確認」の語基でもある。ラテン語の要素は con-「ともに」と firmus「固い」で、これらはどちらの派生にも関わっている。

confiscate［16世紀半ば］動没収する、差し押さえる：

ラテン語 confiscat-（動詞 confiscare「収納箱に貯蔵する、国庫に保管する」から）が語源。con-「ともに」と fiscus「収納箱、国庫」からなる。

conflagration［15世紀後半］名大火災、大災害：

当初は「焼失」を意味した。ラテン語 conflagratio(n-) に由来。con-（強調）と flagrare「燃やす」からなる。

conflate［後期中英語］動溶合する、合成する：

当初の意味は「金属を溶かす、溶融させる」であった。ラテン語 conflat- に由来。ラテン語の動詞 conflare「点火する、溶かす」から派生した conflat-, con-「ともに」と flare「吹く」からなる。

conflict［後期中英語］名衝突、紛争、葛藤：

ラテン語 conflict-「打ちあった、戦った」に由来する。これは動詞 confligere からの派生。con-「ともに」と fligere「打つ」からなる。名詞はラテン語 conflictus「争い」から。

conform［中英語］動従う、順応する、合致する：

当初は「（あるものを）他のものに似せる」という語義だった。古フランス語 conformer、さらにラテン語 conformare に遡る。con-「ともに」と formare「形成する」からなる。**conformity**［後期中英語］名「順応」は古フランス語 conformite または後期ラテン語 conformitas に由来する。また、**conformation**名「形態、配置」は16世紀初頭から「順応すること、適応すること」の語義で登場している。語源はラテン語 conformatio(n-) で、conformare「形成する、こしらえる」からの派生。

confound［中英語］動当惑させる、狼狽させる：

古フランス語 confondre に由来し、ラテン語 confundere「一緒に注ぎ込む、混ぜ合わせる」に遡る。
→ CONFUSE

confront［16世紀半ば］動直面する：

中世ラテン語 confrontare からフランス語 confronter を経て入った。con-「ともに」と frons, front-「顔」からなる。

confuse［中英語］動混同する、混乱させる：

当初の意味は「掘る」、「破滅させる」だった。古フランス語 confus、さらにラテン語 confusus に遡る。confusus は動詞 confundere「混ぜ合わせる」の過去分詞。元々この動詞のすべての語義は受動態で、そのため過去分詞 confused の形でしか現れていなかった。能動態の生起例は19世紀になるまで少なく、19世紀から confound「当惑させる」に取って代わって登場する。**confusion**名「混乱」は中英語から登場。ラテン語 confusio(n-) に由来し、動詞 confundere からの派生である。
→ CONFOUND

congeal［後期中英語］動凍る、凍らせる：

「凝結する」という意味はラテン語 gelu「霜」に基づく。古フランス語 congeler を経由してラテン語 congelare に遡る。con-「ともに」と gelare「凍りつく」からなる。

congested［19世紀半ば］形混雑した、密集した：

後期中英語で「積み上げる、堆積させる」の語義で用いられていた congest の過去

分詞。ラテン語 congest- 「積み上がった」に由来し、con-「ともに」と gerere「持ってくる」からなる。congestion 名「密集」は古フランス語、さらにラテン語 congestio(n-) に遡る。これも後期中英語から登場している。

conglomerate ［後期中英語］名複合企業（コングロマリット）、集塊、礫岩(れき)(がん)：

当初は、丸いかたまりにまとめられたものを描写する形容詞だった。ラテン語 conglomeratus に由来。これは conglomerare の過去分詞で、con-「ともに」と glomus, glomer-「球」からなる。地質学での用法（「礫岩」）は19世紀初頭から登場する。これ以外の名詞での語義（「複合企業」や「集塊、集成体」）はこれよりさらに遅れて登場する。

congratulate ［16世紀半ば］動祝う、喜ぶ：

ラテン語 congratulat- に由来し、con-「ともに」と gratulari「喜びを見せる」(gratus「喜び」から派生）からなる。congratulation 名「祝賀」は後期中英語ですでに現れている。ラテン語 congratulatio(n-) に由来。動詞 congratulari からの派生。

congregate ［後期中英語］動集まる、集める：

congregate と congregation 名「集合」はともにラテン語 grex, greg-「生き物の群れ」を語基とする。両者は同時期に記録に登場している。congregate はラテン語 congregat- に由来。動詞 congregare「（群れに）集まる、一丸となる」から派生している。congregation は当初「集合」、「審議会」、「共通の宗教的規則に従う集団」を意味した。こちらはラテン語 congregare から派生した congregatio(n-) に由来する。

congress ［後期中英語］名会議、国会・議会、学会、大会：

かつては戦闘中の敵を表していた。ラテン語 congressus に由来し、congredi「会う」（文字通りには「ともに歩く」を意味する）からの派生語。英語において「集合、交わり」を意味する用法は、今は廃れた古風な言い方の social congress「親交」、sexual congress「性交」などに反映されていた。今は主に「正式な集会」を指す。

conifer ［19世紀半ば］名針葉樹：

ラテン語由来で、文字通りの意味は「円錐軸受け」を意味する。

conjecture ［後期中英語］名推測；動推測する：

当初の語義は「占う」および「占い」だった。古フランス語またはラテン語 conjectura に由来。後者は conicere「思考にまとめる」からの派生。con-「ともに」と jacere「投げる」からなる。現在の意味には不完全な情報に基づく意見の形成が関わっている。

conjugal ［16世紀初頭］形結婚の、婚姻の、夫婦の：

結婚に関連し、ラテン語 jugum「くびき」に基づいている。ラテン語 conjugalis に由来し、conjux, conjug-「配偶者」からの派生。接頭辞 con- は「ともに」を意味する。

conjure ［中英語］動魔法をかける、（手品で）出す、思い起こさせる：

かつては「宣誓により義務を負った」という意味にも使われていた。語源は古フランス語 conjurer「たくらむ」、「追い払う」で、ラテン語 conjurare「制約により結束する」に由来する。この語義は中世ラテン語で「喚起する」に転じた。con-「ともに」と jurare「誓う」からなる。conjuror 名「手品師」も中英語にまで遡る。これは conjure に由来する部分もあれば、古フランス語 conjureor, conjurere に由来する部分もある。後者は中世ラテン語 conjurtor に由来する（ラテン語 conjurare「たくらむ」から）。

conk ［19世紀初頭］名《俗語》頭、鼻；動止まる、死ぬ、くたばる：

くだけた語。「鼻」を意味するのに使わ

れていた頃は、おそらくconch「貝殻」の変化したものだった。貝殻の形状から意味の影響を受けている。conk out「故障する」に見られる動詞conkの語源は不詳。出現したのは第1次世界大戦中のことだった。

conker [19世紀半ば]名トチの実、カタツムリの殻、トチの実遊び：
元はカタツムリの殻を表す方言だった。「トチの実遊び」は元々カタツムリの殻（や類似のもの）を使っていた。語源はおそらく英語conch「貝殻」だが、この語は19〜20世紀初頭にconquerとの連想を呼び、そのように綴られることが頻繁にあった。トチの実遊びの別名はconquerorsである。

connect [後期中英語]動結ぶ、つなぐ、接続する、つながる：
「物理的に一体化している」という語義で後期中英語に記録が見られるものの、connectの使用は18世紀まであまり見られない。由来はラテン語connectereで、con-「ともに」とnectere「たばねる」からなる。connection[後期中英語]名「つながり」はラテン語connexio(n-)に由来する。これはconnectereから派生したもの。綴りの-ct（18世紀）はconnectに由来し、collect, collectionのような組み合わせにならって形成されたものである。

connivance [16世紀後半]名黙認、見逃し：
当初は、ラテン語と同じく「目配せをする」という意味もあった。フランス語connivenceまたはラテン語conniventiに由来する。後者はconnivere「（…に）目をつむる」に由来している。動詞 conniveは17世紀初頭に登場しており、フランス語conniveまたはラテン語connivereに由来する。後者はcon-「ともに」とnictare「目配せする」からなる。

connotation [16世紀半ば]名言外の意味、含蓄、含み、暗示：
中世ラテン語connotatio(n-)に由来し、connotare「追加でしるす」から派生したもの。con-「ともに」とnotare「しるす」（nota「しるし」より）からなる。

conquer [中英語]動征服する、克服する：
当初は「獲得する、手に入れる」という一般的な語義であった。由来は古フランス語conquerreで、ラテン語conquirere「得る、勝ち取る」が基になっている。con-（完成を表す）とquaerere「手に入れようと求める」からなる。

conquest [中英語]名征服：
古フランス語conquest(e)に由来し、ラテン語conquirere「手に入れる」に基づく。

conscience [中英語]名良心：
当初は、「内なる思考または知識」という意味もあった。古フランス語、さらにラテン語conscientiaに遡る。これはconscient-「…に内々に関与している」から派生したもの。語基動詞はconscireで、con-「ともに」とscire「知る」からなる。conscientious形「良心的な」は17世紀初頭にはじまる。これはフランス語conscieuxに由来し、中世ラテン語conscientiosusに遡る（ラテン語conscientiaから派生）。省略形conchieは第1次世界大戦中に、平和主義を理由に兵役を良心的に拒否した人たちを指して用いられたことにはじまる。

conscious [16世紀後半]形意識している、自覚的な、正気の：
一貫して「意識している」という意味があったが、かつてはこれに加えて「過ちを意識している」という意味もあった。ラテン語conscius「他人と知っている」、「自ら知っている」に由来する（conscire「内々に関与している」から派生）。

conscript [18世紀後半]動徴兵する；名徴募兵_{ちょうへい}：
当初は名詞用法であった。フランス語conscritに由来し、ラテン語conscriptusに遡る。これは動詞conscribere「兵籍に入る」の過去分詞。動詞用法はcon-

scription 名「徴兵」からの逆成（接尾辞を取り去って派生）。これは19世紀にフランス語を経由して英語に入ってきた。徴集兵がフランスに導入されたのは1798年のことである。後期ラテン語 conscriptio(n-)「徴兵」に由来し、ラテン語の動詞 conscribere「一緒に記入する、兵籍に入る」からの派生。

consecrate [後期中英語]動神聖にする、聖別する、聖職に任命する:

ラテン語 sacer「神聖な」に基づく。ラテン語の動詞 consecrare「捧げる、聖なるものとして奉献する」からの派生。

consecutive [17世紀初頭]形連続的な、一貫した:

フランス語 consécutif, -ive に由来し、中世ラテン語 consecutivus に遡る。ラテン語 consecut-「すぐに後続する」に由来し、動詞 consequi からの派生語。

consensus [17世紀半ば]名意見の一致、合意:

ラテン語で「合意」を意味する。ラテン語 consens-「合意した」に由来し、動詞 consentire からの派生語。

consent [中英語]動同意する；名承諾、同意:

古フランス語 consente に由来し、動詞 consentir からの派生。これはラテン語 consentire に遡る。con-「ともに」と sentire「感じる」からなる。

consequence [後期中英語]名結果、帰結、重要性:

古フランス語、さらにラテン語 consequentia に遡る。consequent-「すぐに後続する」からの派生。これは consequent 形「結果として起こる」の語源でもある。同時期に登場。

conservative [後期中英語]形保守的な、控えめな:

当初の語義は「永続させることを狙った」であった。ラテン語 conservativus に由来。動詞 conservare「保存する」からの派生語。現在の用法でもっとも多く見られるのは Conservative「保守党の」で、イギリスの主要政党を指す。この語義の最初の用法はクローカーによる1830年1月1日の記事（Attached to what is called the Tory, and which might with more propriety be called the Conservative party「現在のトーリー党に所属するが、より適切には保守党と呼ばれるかもしれない」）。保守党を指す語では Tory が約150年にわたって用いられていたが、まもなくこちらの新語に取って代わられた。

conservatory [16世紀半ば]名（家屋に隣接した）温室、音楽学校:

当初は、「保存の利くもの」という意味だった。後期ラテン語 conservatorium に由来し、conservare「保存が利く」からの派生語。「植物用の温室または展示室」を指す用法は17世紀半ばから登場する。アメリカ英語では音楽学校を指す。他方で、イギリス英語ではフランス語由来の conservatoire の方がより一般的に用いられている。こちらはイタリア語 conservatorio の翻訳語で、元々は捨て子・拾い子を育てる病院・施設を指す語だった。そうした拾い子たちに音楽教育が施されたことによる。

conserve [後期中英語]動保存する、節約する:

古フランス語 conserve に由来する。古フランス語の動詞 conserver からの派生語。これはさらにラテン語 conservare「保存が利く」に遡る。con-「ともに」と servare「保つ」からなる。中英語から初期の近代英語では conserve の方が preserve よりも広く使われる語だった。18世紀初頭にこれがいったん逆転する。19世紀になると、conservative や conservation などの影響を受けて conserve が再び多く用いられるようになった。conservation 名「保護」は後期中英語から登場する。当時は、「保存すること、貯蔵」という一般的な語義だった。ラテン語 conservatio(n-) に由来し、これは動詞

conservare の派生語。

consider ［後期中英語］囲熟考する、考察する、検討する：

古フランス語 *considerer*、さらにラテン語 *considerare*「吟味する」に遡る。おそらく *sidus, sider-*「星」が基になっており、元々は占星術や占いの文脈で用いられていたと考えられる。**consideration** 名「考慮、思いやり」も同時期に登場しており、古フランス語、さらにラテン語 *consideratio(n-)* に遡る。

considerable ［後期中英語］形かなりの、相当な：

当初は、「考慮されうる」という意味だった。中世ラテン語 *considerabilis*「考慮に値する」に由来し、さらにラテン語 *considerare*「吟味する」に遡る。「大きさや利益が相当ある、かなりの」を意味する現代の意義は17世紀半ばから登場する。

considerate ［16世紀半ば］形思いやりのある：

当初は、「注意深い考えを示す」という意味だった。ラテン語 *consideratus* に由来する。動詞 *considerare*「吟味する」の過去分詞。

consign ［後期中英語］動しまい込む、処分する、引き渡す、委ねる：

洗礼や堅信式で神への献身のあかしとして「十字架の印をつける」のが当初の意味だった。フランス語 *consigner* またはラテン語 *consignare*「封蠟で封印をつける」に由来する。

consist ［後期中英語］動…からなる、…にある：

これを含む一群の語はラテン語 *consistere*「ゆるぎなく立つ、存在する」を語源としている（*con-*「ともに」と *sistere*「（ゆるがずに）立つ」からなる）。**consistency** ［16世紀後半］名「一貫性」は当初、形の永続を表していた。後期ラテン語 *consistentia* に由来する。また、**consistent** 形「一致している」も「…から成り立つ」の語義で16世紀後半に登場している。ラテン語 *consistent-*「ゆるぎなく立っている、存在している」に由来。

consolation ［後期中英語］名慰め；形敗者復活の：

古フランス語、さらにラテン語 *consolatio(n-)* に遡る。動詞 *consolari* からの派生。**console** 動「慰める」（フランス語 *consoler* から）は17世紀半ばから登場し、それ以前のラテン語由来の *consolate* に取って代わった。*consolate* はそれまで15世紀半ばから使われていた。ラテン語の語基要素は *con-*「ともに」と *solari*「なだめる」。

console ［17世紀半ば］名制御卓、コンソール、制御装置：

フランス語に由来し（おそらくは *consolider*)、ラテン語 *consolidare*「堅くする」が語源。

consolidate ［16世紀初頭］動固める、合併する、強化する：

当初の意味は「組み合わせて一体化する」であった。ラテン語 *consolidare* に由来し、*con-*「ともに」と *solidare*「堅くする」（*solidus*「堅い」から派生）からなる。

consort ［後期中英語］名（特に王族の）配偶者、調和；動付き合う、一致する：

当初の語義は「仲間」および「同僚」であった。フランス語、さらにラテン語 *consors*「共有すること、パートナー」に遡る。*con-*「ともに」と *sors, sort*「クジ、運命」からなる。現在は「配偶者、婚姻のパートナー」を表し、例えばヴィクトリア女王の夫であるアルバート公に与えられた称号 prince *consort* のように使われる。動詞の語義はおそらく動詞 sortに見られた（現在は廃れている）同様の語義に影響されている。

consortium ［19世紀初頭］名コンソーシアム、合弁企業：

当初の語義は「提携、協力」であった。ラ

テン語で、*consors*「共有すること、パートナー」に由来する。

conspicuous ［16世紀半ば］形人目につく、著しい：
ラテン語 *conspicuus* に基づく。*conspicere*「注意深く見る」から。

conspire ［後期中英語］動共謀する、(不利な) 結果を招く：
古フランス語 *conspirer*、さらにラテン語 *conspirare*「協定する、企てる」に遡る (*con-*「ともに」と *spirare*「呼吸する」から)。**conspirator** ［後期中英語］名「共謀者」は古フランス語 *conspirateur*、さらにラテン語 *conspirator* に遡る (動詞 *conspirare*「協定する、陰謀を企てる、徒党を組む」に基づく)。**conspiracy**名「陰謀、共謀」も同じく後期中英語で、アングロノルマンフランス語 *conspiracie* に由来する。これは古フランス語 *conspiration* の異形で、ラテン語 *conspirare* に基づく。

constable ［中英語］名《米》保安官、城守、《英》警官：
イングランドにおける、ある種の王家の城を管理する者を指す。「城守」という称号が当初の記録である。古フランス語 *conestable* に由来し、語源は後期ラテン語 *comes stabuli*「警察の高官」である。「警官」の意味は19世紀半ばから。**constabulary**名「警察隊」は15世紀後半から記録がある。当時は城守の支配下にある地域を指していた。中世ラテン語 *constabularia* (*dignitas*)「城守の地位」に由来し、語源はラテン語 *comes stabuli* から形成された *constabulus* である。

constant ［後期中英語］形不変の、不断の；名不変のもの、定数：
当初の意味は「決心が固い、誠実な」であった。古フランス語に由来し、語源はラテン語 *constant-*「ぐらつかずに立っている」である。接頭辞 *con-*「ともに」と *stare*「立つ」から構成される。名詞の意味は19世紀半ばから。**constancy**［15

世紀後半］名「誠実さ」は、ラテン語 *constantia* に由来する。

constellation ［中英語］名星座：
ラテン語 *stella*「星」を語幹とする。最初の記録は天文用語であり、「星」(=惑星) の相関的位置を指していた。星位は出来事に影響を及ぼすと考えられていた。my *constellation* という表現は、my stars「自らの運勢」を意味し、星によって性格が決められることを示している。シェイクスピア『十二夜』*Twelfth Nigth*, I.iv.35 に、I know thy *constellation* is right apt For this affair「おまえはきっとこの使いをはたすべくこの世に生まれたのだ」という用例がある。この語の綴りは、後期ラテン語の *constellatio*(*n*-) が古フランス語を経由して英語に入ったもの。

consternation ［17世紀初頭］名仰天、恐怖：
ラテン語の動詞 *consternare*「屈服させる、恐れさせる」から派生した *consternatio*(*n*-) に由来する。

constipation ［後期中英語］名便秘：
当初は「体組織の収縮」という意味で使われた。語源は後期ラテン語 *constipatio*(*n*-) で、接頭辞 *con-*「ともに」と *stipare*「押しつける、詰め込む」からなる。

constitution ［中英語］名憲法、構成、体質、気質、定款：
かつては、法律や関税の本文に加えて、法律そのものを指した。ラテン語の動詞 *constituere*「設立する、定める」から派生した *constitutio*(-*n*) に由来する。接頭辞 *con-*「ともに」と *statuere*「立てる」からなる。「何かが構成される方法」という概念 (16世紀半ば) から、「体質」という意味が生まれた。

constrain ［中英語］動強いる：
古フランス語 *constraindre* に由来し、語源はラテン語の動詞 *constringere*「しっかりと縛る」である。**constraint**名は、「強制力」という意味で後期中英語に記録がある。古フランス語 *constraindre* の

女性形過去分詞 *constreinte* に由来する。

constriction ［18世紀初頭］图締め付け、緊縮：

ラテン語の動詞 *constringere* から派生した *constrict-*「きつく縛られた」を語幹とする。この語幹から、18世紀半ばの **constrict**動「引き締める」も生まれている。
→ CONSTRAIN

construct ［後期中英語］動建設する、構築する、組み立てる：

ラテン語の動詞 *construere* から派生した *construct-*「積み上げられた、建てられた」に由来する。接頭辞 *con-*「ともに」と *struere*「積み上げる、建てる」からなる。**construction**图「構造、建設、解釈」も後期中英語から登場し、ラテン語 *constructio(n-)* が古フランス語を経由して英語に入ったもの。**constructive**形「建設的な」は17世紀半ばから記録があり、当時は「推測によって引き出された」(例：*constructive* liability「推定責任」) という意味であった。これは後期ラテン語 *constructivus* が起源である。

construe ［後期中英語］動解釈する、説明する：

ラテン語の動詞 *construere*「積み上げる」、「文法的に結びつける」に由来する。後期ラテン語になると、「文の構造を分析する」という意味も生じた。当初、第1音節に強勢を置いて発音され、最終音節は *-stre* と *-ster* のように短縮されていた。*conster* は書き言葉として消失した後も、19世紀まで発音形として残っていた。

consult ［16世紀初頭］動相談する：

当初は「協議しあう」という意味であった。フランス語 *consulter* に由来する。語源はラテン語 *consultare* で、*consulere*「相談する」の反復動詞である。**consultation**图「相談、協議」は、*consult* より早い時期に記録が残っており、後期中英語に遡る。語源は *consultare* から派生した *consultatio(n-)* である。

consume ［後期中英語］動消費する、食べ尽くす：

語源はラテン語 *consumere* (接頭辞 *con-*「完全に」と *sumere*「使い果たす」からなる) である。フランス語 *consumer* によって一般に広まった。同じ時期に英語に入り、同じラテン語の動詞を基にしているのが、**consumption**图「消費、《古語》肺結核」(元のラテン語は *consumptio(n-)*) である。当初は、結核を表す医学用語として使用された。なぜなら、結核は体力を消耗させるからである。関連する語として、**consumptive** ［17世紀半ば］形「消耗的な」が挙げられる。ラテン語の *consumpt-*「消耗した」から派生した中世ラテン語の *consumptivus* に由来する。

consummate ［後期中英語］形完全な；動(結婚を) 完全なものにする、完成する：

当初は形容詞として使用され、with *consummate* elegance「この上なく優美に」、with *consummate* ease「まったく難なく」に見られるように、「完全に、達成された」を意味した。ラテン語の動詞 *consummare*「完成させる」から派生した *consummat-* に由来する。接頭辞 *con-*「完全に」と *summa*「合計」(*summus*「最高の」の女性形) からなる。

contact ［17世紀初頭］图接触；動接触させる、連絡する：

ラテン語 *contactus* に由来する。語源はラテン語の動詞 *contingere* から派生した *contact-*「接触した、つかまれた、(土地などが) 接した」である。接頭辞 *con-*「ともに」と *tangere*「触れる」からなる。

contagion ［後期中英語］图感染、伝染病：

ラテン語 *contagio(n-)* に由来する。接頭辞 *con-*「ともに」と *tangere*「接触する」の語幹からなる。**contagious**形「伝染性の」は同時期から使われており、*contagio* から派生した後期ラテン語 *contagiosus* に由来する。

contain ［中英語］動含む、収容している：
古フランス語 *contenir* に由来する。語源はラテン語 *continere* で、*con-*「ともに」と *tenere*「保つ」からなる。

contaminate ［後期中英語］動汚染する、汚す：
ラテン語 *contaminat-* に由来する。語源はラテン語の名詞 *contamen*「接触、汚染」から派生した動詞 *contaminare*「汚す」である。語幹はラテン語の動詞 *tangere*「接触する」である。

contemplation ［中英語］名熟考、意図、瞑想：
ラテン語 *contemplatio(-n)* が古フランス語を経由して英語に入った。語源はラテン語の動詞 *contemplari* である。このラテン語は、16世紀後半の **contemplate**動「熟考する、瞑想する」の語形成にも関わっている。由来はラテン語の動詞 *contemplari*「調べる、観察する」で、語幹はラテン語 *contemplum*「観察の場所」である。中英語の **contemplative**形「瞑想的な」は、古フランス語 *contemplatif, -ive*、あるいはラテン語 *contemplativus* に由来する。英語では名詞として使われ、*contemplative* order「修道士」のような宗教的瞑想に専念する人を指す。

contemporary ［17世紀半ば］形現代の、同時代の：
中世ラテン語 *contemporarius* に由来し、*con-*「ともに」と、*tempus, tempor-*「時間」からなる。

contempt ［後期中英語］名軽蔑：
ラテン語の動詞 *contemnere*「蔑んで見る」から派生した *contemptus* に由来する。**contemn**動《文語》軽蔑する」も同じ意味である。**contemptible**形「侮蔑に値する」も後期中英語からの登場で、古フランス語、あるいは後期ラテン語の *contemptibilis* に由来する。**contemptuous**形「軽蔑的な」は16世紀半ばに遡り、当初は「法と秩序を見下す」といっ
う意味であった。ラテン語 *contemptus*「軽蔑」から派生した中世ラテン語 *contemptuosus* に由来する。

contend ［後期中英語］動争う、対処する：
古フランス語 *contendre*、あるいはラテン語 *contendere* に由来する。元のラテン語は、接頭辞 *con-*「ともに」と *tendere*「広げる、努力する」からなる。**contention**名「争い」も同時期からで、ラテン語の動詞 *contendere*「戦う」から派生した *contentio(n-)* に由来する。このラテン語の動詞は **contentious**形「論争好きな、議論を呼びそうな」の語幹でもある。古フランス語 *contentieux* に由来し、語源はラテン語 *contentiosus* である。

content¹ ［後期中英語］形満足して；動甘んじる：
ラテン語の動詞 *continere*「保つ」の過去分詞形 *contentus*「満たされて」が古フランス語を経由して英語に入ったもの。**contentment**名「満足、心の安らぎ」も後期中英語からの登場で、当初は「賠償請求金の支払い」（その結果、義務を「満たした」）を意味した。フランス語 *contentement* に由来し、語源はラテン語 *contentus* である。

content² ［後期中英語］名内容、中身、目次：
中世ラテン語の動詞 *continere* の中性過去分詞形 *contentum* に由来する。複数形 *contenta* は「含まれているもの」を意味した。
→ CONTAIN

contest ［16世紀後半］名競争；動競争する：
当初は「証言する、立証する」という意味の動詞として用いられた。ラテン語 *contestari*「証人を求める、訴訟を起こす」に由来する。「論争する、努力する、…を求めて争う」という意味は17世紀初頭から。そこから現在の名詞と動詞の意味が生まれた。

context ［後期中英語］图文脈、背景、状況：
当初は「文章の構成」を指した。ラテン語 contextus に由来する。接頭辞 con-「ともに」と texere「織る」からなる。

continent¹ ［16世紀半ば］图大陸：
地理用語でラテン語の成句 terra continens「途切れのない陸地」に由来する。

continent² ［後期中英語］形禁欲的な、自制的な：
ラテン語の動詞 continere から派生した continent-「一緒にしておく、抑制する」に由来する。当初は「自らの感情を抑える」という意味で現代諸語に広まった。

contingent ［後期中英語］形偶発的な；图分担、分遣隊：
当初は、「偶発的な」という意味で使われていた。ラテン語の動詞 contingere「偶然起こる」に由来する。接頭辞 con-「ともに」と tangere「触る」からなる。名詞としての意味は、当初「偶然に起こったこと」であったが、18世紀初頭からは現在の意味である「分担」へと変わった。**contingency**图「不確実な状態、偶発」は16世紀半ばからで、当初は「必然性がないがそうであるという事実」を意味する哲学の専門用語であった。ラテン語の動詞 contingere「偶然起こる」から派生した後期ラテン語 contingentia に由来する。中世ラテン語における意味は「出来事、状況」であった。

continue ［中英語］動続く、続ける、延長する：
古フランス語 continuer に由来する。語源はラテン語 continuus から派生した continuare「途切れさせない」である。中英語時代、continue と contain (contene と綴られたため) は混同されることが多かった。**continuous**形「一連の、連続的な」は17世紀半ばに登場した。語源はラテン語の動詞 continere「固まる」から派生した continuus「絶え間ない」である。

contort ［後期中英語］動ねじ曲げる：
ラテン語の動詞 contorquere「ねじる」から派生した contort-「ねじって丸められた、振り回された」に由来する。

contour ［17世紀半ば］图外郭、輪郭：
フランス語からの借用語。イタリア語 contorno に由来する。語源はイタリア語の動詞 contornare「輪郭を描く」で、接頭辞 con-「ともに」と tornare「回す」からなる。

contraband ［16世紀後半］图輸出入禁止品、不法取引：
スペイン語 contrabanda「密輸入している」を経てイタリア語 contrabando「不法取引」に由来する。後者は contra-「反する」と、bando「宣誓、布告、禁止」からなる。contraband という語は、アメリカ南北戦争の時代、捕らえられた奴隷を指すのに使われた。なぜなら、1861年、バトラー将軍によって違法な奴隷の取引と使用を禁止する法が定められたからである。

contract ［中英語］图契約；動契約を結ぶ、引き締める、短縮する、(重病に) かかる：
ラテン語の動詞 contrahere から派生した contract-「結ばれた」、contractus が古フランス語を経由して英語に入ったもの。元のラテン語は、con-「ともに」と trahere「引く」からなる。そこから恐らく「小さくなる (小さくなるよう引っ張って束ねる)」という概念を伝え、名詞用法として「契約 (法規制のもとで束ねること)」が発生した。**contraction**图「縮小」は後期中英語からの登場で、ラテン語動詞の contrahere「束ねて引っ張る」から派生した contractio(n-) が古フランス語を経由して英語に入ったもの。

contradiction ［後期中英語］图反駁はんばく、反対、矛盾：
ラテン語の動詞 contradicere から派生した contradictio(n-) が古フランス語を経由して英語に入ったもの。元のラテン語は、

後期中英語から使われている **contradictory**形「矛盾する、相反する」の語幹にもなっている。論理学において、互いに矛盾する命題や原理を指す用語として用いられた。ラテン語 contradict-「…に反論して」から派生した後期ラテン語 contradictorius に由来する。**contradict**動「矛盾する、反対する」は16世紀後半からの登場で、ラテン語の動詞 contradicere に由来する。その動詞は contra dicere「反論する」が1語になったもの。

contraption [19世紀初頭]名工夫、からくり:

この語の形成には、trap「わな、策略」との関連性が想像されるが、実は、conceive「心に抱く」と conception「概念、考え」という対にならって、contrive「考案する、工夫する」という動詞から形成されたものと考えられる。

contrary [中英語]形反対の;名対立物;副反対に:

アングロノルマンフランス語 contrarie に由来する。語源はラテン語 contra「反して」から派生した contrarius である。語強勢は、元はフランス語とラテン語に従って第2音節に置かれたが、チョーサーから、スペンサー、シェイクスピアに至る詩人は、'contrary と con'trary の両方を使っている。後者は方言において顕著で、「逆らう、強情な」という意味を伝えるのによく使われる。例えば、伝承童謡の一節に、Mary, Mary, quite contrary「つむじ曲がりのメアリーちゃん」がある。

contrast [17世紀後半]名対照;動対比する、対照する:

芸術分野の用語で、当初は「形と色の違いを引き出すために並置する」という意味で使われた。フランス語の contraste（名詞）と contraster（動詞）に由来する。それらは中世ラテン語の動詞 contrastare がイタリア語を経由して入ったものである。元のラテン語は contra-「反して」と stare「立つ」からなる。

contravention [16世紀半ば]名違反

（行為）:

ラテン語の構成要素である contra-「…に逆らって」と venire「来る」が根底にあり、中世ラテン語 contraventio(n-) からフランス語経由で入ってきた語である。**contravene**動「違反する」も同時期に生じ、後期ラテン語 contravenire に由来する。

contribution [後期中英語]名貢献、寄付、出資、提案:

当初は、特に税金や課税を指して用いられていた。ラテン語 contribuere「まとめる、加える」から生じた後期ラテン語 contributio(n-) に由来する。その contribuere は、同じ後期中英語に生じた **contribute**動「貢献する」の語源でもある。語基はラテン語の tribuere「授ける」である。

contrite [中英語]形深く悔い改めた:

古フランス語 contrit に由来する。contrit は、ラテン語の構成要素 con-「ともに」と terere「こする、すりつぶす」が基になった、ラテン語 contritus から派生した。これは、後期ラテン語 contritio(n-) から古フランス語経由で入ってきた、**contrition**名[中英語]の「悔恨」の語根にもなっている。その contritio(n-) は、動詞 conterere から生じた contrit-「すり減らされる」に由来する。

contrive [中英語]動工夫する、考案する、たくらむ:

controver「想像する、発明する」の強勢語幹である、古フランス語 contreuve- に由来する。controver は、中世ラテン語 contropare「匹敵する」が基になっている。当初は、ネガティブな意味とポジティブな意味の両方を含んでいた。というのも、発明は技からも悪意からも生じるためである。

control [後期中英語]名支配、制御、規制;動制御する、規制する、支配する:

当初は「計算書を確認する、あるいは、照合する」の意味で使われていた。これは

複数の登録簿に対して言及されることが多かった。アングロノルマンフランス語 *contreroller*「計算書の控えを 1 部取っておく」に由来する。*contreroller* は、「1 巻の複製」から生じた中世ラテン語 *contrarotulare* が基になっている。名詞はフランス語 *controle* を経由して入ってきたと思われる。中英語で生じた **controller**［名］「管理者」は、複数の通帳を管理する人だった。アングロノルマン語 *contrerollour* に由来する。

controversy［後期中英語］［名］（社会・政治上の）論争：

controversus「敵対される、真偽を問われている」から生じた、ラテン語 *controversia* に由来する。接頭辞 *contro-* は *contra-*「…に逆らって」の異形で、*versus* は動詞 *vertere*「方向を変える」から生じた。

conundrum［16世紀後半］［名］なぞなぞ、難しい問題：

語源不詳。当初の記録が、イギリスのパンフレット作者、トーマス・ナッシュ（1567〜1601年）の作品に残されている。当初は、変人や学者ぶる人を罵る言葉として用いられ、後に、気まぐれ、思いつき、あるいは駄じゃれを意味するようになった。現在の意味が生じたのは、17世紀後半のことである。

conurbation［20世紀初頭］［名］大都市圏：

ラテン語の名詞 *urbs, urb-*「都市」が基になっている（接頭辞の *con-* から、「ともに」の概念が加わっている）。

convalesce［15世紀後半］［動］（体調が）快方に向かう：

con-「すっかり」と *valescere*「強くなる」（*valere*「元気である」より）から生じた、ラテン語 *convalescere* に由来する。

convene［後期中英語］［動］（会議などが）招集される、開催する：

con-「ともに」と *venire*「来る」から生じた、ラテン語 *convenire*「集合する、一致する、適合する」に由来する。
→ CONVENTION

convenience［後期中英語］［名］便利、好都合：

convenient-「集合している、一致している」から生じた、ラテン語 *convenientia* に由来する。*convenient-* は、動詞 *convenire* から生じた。同じく後期中英語で生じた **convenient**［形］「便利な」は当初、「なりつつある」や「ふさわしい、適した」といった意味を持っており、ラテン語 *convenient-*「集合している、一致している、適している」に由来する。現在の主な意味は、「人が必要とするものと適合している」というものである。さらに、「努力をほとんど必要としない」という概念も持ち合わせている。口語の方言では、「便利な」の意味も表し、サッカレーの『虚栄の市』*Vanity Fair* では、次のように用いられている。Heretics used to be brought thither *convenient* for burning hard by「異教徒たちは、激しく燃やすのに都合のよいようにあちらへ連れて行かれたものだった」。

convent［中英語］［名］女子修道会、女子修道院：

ラテン語 *conventus*「会合、仲間」から生じた、古フランス語に由来する。*conventus* は動詞 *convenir* から派生した。当初は *covent* と綴られた（*Covent Garden*〈ロンドン中央部の地区の名称〉という名前に残っている）。現在の綴りになったのは16世紀になってからである。
→ CONVENE

convention［後期中英語］［名］代表者会議、集会、協定、慣行、しきたり：

当初は「大きな会合や会議」を意味していた。ラテン語の *conventio(n-)*「会合、合意」が、古フランス語経由で入ってきたもの。*conventio(n-)* は、動詞 *convenire* に由来する。「慣行」の意味が生じたのは18世紀後半である。

converge［17世紀後半］［動］集中する：

con-「ともに」とラテン語 verger「傾斜する」から生じた、後期ラテン語 convergere が語源である。

conversant ［中英語］形 精通している、通じている：

converser の古フランス語の現在分詞に由来する。元々「習慣的に、特定の場所で、あるいは特定の人と時間を過ごす」を意味していた。
→ CONVERSE¹

conversation ［中英語］名 会話、話し合い、対談：

当初は「囲まれて生活する」や「親しみ、親密さ」を意味していた。ラテン語 conversatio(n-) が古フランス語経由で入ってきた。conversatio(n-) は、動詞 conversārī「…と付き合う」から生じた。

converse¹ ［後期中英語］動 談話をする、意見を交わす：

17世紀初頭以降、「談話をする」の意味で用いられてきた（シェイクスピア『間違いの喜劇』Comedy of Errors, II. ii. 160）：Did you converse, sir, with this gentlewoman? ... I never spake with her in all my life「やい、おまえ、このご婦人とそんな話をしていたのか？ …あたしはこのかたと口をきいたこともありませんよ」)。しかし、当初は「囲まれて生活する、慣れ親しんでいる」の意味で用いられていた（ボエティウス〈チョーサー訳〉：In whos houses I hadde conuersed and haunted「その家に私はよく出入りしていたものだ」）。これは、ラテン語 concersari「…と付き合う」から生じた、古フランス語 converser に由来する。concersari は、con-「ともに」とラテン語の動詞の語基 vertere「方向を変える」からなる。

converse² ［後期中英語］名 逆、反対；形 逆の、反対の：

ラテン語 conversus「逆向きの」に由来し、convertere の過去分詞。

convert ［中英語］名 改宗者；動 変形する、変更する、転向させる、変わる：

「向きを変える」、「違う方向に送る」が当初の意味である。語源は古フランス語 convertir である。convertir は、con-「ともに」と vertere「回転する」から生じたラテン語 convertere「向きを変える」が基になっている。conversion 名「転換」も中英語で生じ、「神に対して罪人となる」を意味していた。これは、convers-「向きを変えられた」（動詞 convertere より）から生じたラテン語 conversio(n-) が、古フランス語経由で入ってきたものである。convertible 形 はすこし後になって、「取り換え可能な」の意味で、ラテン語 convertibilis から派生した古フランス語から生じた。折り畳み式のボンネットがついた車の意味でアメリカで用いられるようになったのは、20世紀初頭である。

convex ［16世紀後半］名 凸面；形 凸状の；動 凸状にする：

ラテン語 convexus「アーチ型天井の、弓なりの」に由来する。

convey ［中英語］動 運ぶ、伝達する、伝える、譲渡する：

古フランス語、さらに中世ラテン語 conviare に遡る。conviare は、con-「ともに」とラテン語 via「道」からなる。ルネサンス期の綴り conveigh と convehith からは、ラテン語 convehere「持ち歩く」から派生しているという誤解があったことがうかがえるが、これと convey は関連がない。
→ CONVOY

convict ［中英語］動 有罪を宣告する；名 囚人、服役囚：

動詞用法は英語 convince と同様にラテン語 convincere「打ち勝つ」から派生した convict-「論証された、証明された」が基になっている。基本的な意味は「打ち勝つ」である。名詞用法は convict の廃用になった意味の「有罪になった」から派生したもの。conviction 名「確信、信念、有罪判決」は後期中英語の時代に生まれたものでラテン語の動詞 convincere か

ら派生したconvictio(n-)「罪の証拠」に由来する。

convince [16世紀半ば] 動 納得させる、有罪と証明する：
当初は「打ち勝つ、論駁する」の意味で用いられており、ラテン語のcon-「ともに」とvincere「征服する」からなるconvincere「打ち勝つ」が基になっている。

convivial [17世紀半ば] 形 宴会好きな、陽気な：
当初の意味は「祝宴にふさわしい、祭の、酒宴の」だった。「ともに」を意味するラテン語のcon-と「生きる」を意味するvivereからなるconvivium「ごちそう」から派生したconvivialis「食事仲間、客」に由来する。

convocation [後期中英語] 名 （会議・議会の）招集、集会、会議、教区会：
「ともに」を意味するラテン語のcon-と「呼ぶ」を意味するvocareからなる動詞convocareから派生したconvocatio(n-)が起源。このラテン語の動詞は16世紀後半に生まれたconvoke 動「呼び集める」の基にもなっている。

convoluted [18世紀後半] 形 渦巻状の、回旋状の、複雑な、入り組んだ：
convolute「巻き込む」の過去分詞であり、ラテン語の動詞convolvereから派生したconvolutus「一緒に巻かれた、絡み合わさった」が基になっている。

convoy [後期中英語] 動 護送する；名 護送、護衛、護衛隊、護衛艦：
元はスコットランド語であり、「運ぶ」、「振る舞う」、そして「護衛としての役割を果たす」を意味する動詞として使われた。中世ラテン語conviare「送る、運ぶ」からなるフランス語convoyer「護送する」に由来する。
→ CONVEY

convulsion [16世紀半ば] 名 激動、震動、動揺、痙攣、ひきつけ：
元は「痙攣」、「ひきつけ」の意味であり、ラテン語の動詞convellere「砕く」から派生したconvulsio(n-)に由来する。収縮と弛緩を繰り返す、本人の意思とは無関係に起こる痙攣のようなひきつけの状態を表す医学的な意味はラテン語の時期からすでに存在しており、プリニウスや他の医学書作家の著作でも見られる。**convulsive** 形 「痙攣性の、発作的な」という語も100年後に記録されているが、これはラテン語convuls-「激しく引く、ねじる」に由来するもので、con-「ともに」とvellere「引くこと」からなる。

cooee [18世紀後半] 間 クーイー、おーい（オーストラリア先住民族の叫び声）：
注意をひきつけるために使われるこの間投詞はオーストラリアの原住民に使われていた擬声の合図であり、後に植民者によってまねされていった。

cook [古英語] 名 料理人；動 料理する：
元々cōcは男性名詞であった。大屋敷、修道院、大学、船などで調理を担当する使用人、あるいは食料の調達と販売を担当した御用聞きを指した。ラテン語coquusから派生した俗ラテン語cocusに由来する。

cookie [18世紀初頭] 名 クッキー：
アメリカ英語であり、オランダ語koekje「小さなケーキ」に由来する。1980年代からはコンピュータの専門用語としても使われ、コンピュータ間で通信されるパケットデータやアクセスを許可もしくはある種の機能を起動させるプログラムを表す。またインターネットサーバーからブラウザに送られるパケットデータのことも表す。

cool [古英語] 形 涼しい、冷たい、落ち着いた、冷淡な、かっこいい：
ゲルマン語起源。古英語cōlは名詞であり、動詞はcōlianであった。これらはオランダ語koel「涼しい、冷たい、つれない」と同系である。**coolant** 名 「冷却液」という語はcoolに基づくものであり、1930年代から記録に登場している。lubricant「潤

滑油（滑らかにするもの）」と同じ語形成である。

coop [中英語] [名] かご、檻、刑務所、協同組合； [動] かごに入れる：

中英語 cowpe は同じく中英語 cupe「かご」とまったく同じである。オランダ語 kuip「大桶」やドイツ語 Kufe「貯蔵樽」と同系であり、ラテン語 cupa「おけ、かご」に基づいている。鶏が抱卵しているときや鶏を太らせるときに上に置くようなかごを指していたが、現在では鶏舎の囲いかごを表す語となった。俗語として「刑務所」を意味する場合もある。（P・G・ウッドハウス『がんばれジーヴス』*Stiff Upper Lip, Jeeves*: I accompanied Constable Oates to the village coop「私は村の刑務所までコンスタブル・オーツ巡査に付き添った」）。

cooper [中英語] [名] 桶屋、樽類製造者； [動] （桶・樽を）作る：

中英語期にはしばしば cowper と綴られ、現在でも Cooper と発音される名字にその名残がある。ラテン語 cupa「樽、桶」に基づく中オランダ語および中低地ドイツ語の kūpe「風呂桶、大桶」から派生した kūper「桶を作る人」に由来する。アルコールを入れる大樽や風呂桶のような木製の入れ物を作ったり修理したりする人を表す語であり、またワインの樽に詰めたり、小売する業者のことも指す。現在まで英語では「大樽」の意味を持ったことがないと思われる coop「かご、檻」の派生語ではない。

cooperation [後期中英語] [名] 協力、協同組合：

ラテン語の動詞 cooperari「ともに働く」から派生した cooperation(n-) に由来し、後にフランス語 coopération「協力、対外援助」によって一般に広まった。**cooperate** [動]「協力する」は16世紀後半に生まれた。教会ラテン語 cooperat- に由来し、co-「ともに」と operati「働く」からなる。**cooperative** [17世紀初頭] [形]「協同の、協力的な」は後期ラテン語 cooperativus に由来する。

co-opt [17世紀半ば] [動] （アイデアなどを）横取りする、勝手に使う：

ラテン語 cooptare「選ぶ、任命する、認める」に由来し、co-「ともに」と optare「選ぶ」からなる。

coordinate [17世紀半ば] [形] 同等の、同格の、対等の、等位の； [名] 座標：

当初は「同じ階級の」や「同じ階級につける」の意味で記録されている。（subordinate と同様の語形成で）接頭辞 co-「ともに」とラテン語幹 ordo「列、階級、順序」からなる。また **coordination** [名]「同格、同等」（フランス語もしくは後期ラテン語の coordinatfo(n-) に由来する）も同時期に起源を持ち「同じ階級につけること」という意味があった。

cop¹ [18世紀初頭] [動] 捕らえる、盗む； [名] 警官：

動詞はおそらく古フランス語 caper「捕らえる」（ラテン語 capere「捕らえる」に基づく）が語源で、現在では廃語 cap「逮捕する」という語に由来すると思われる。ほとんどすべてのイギリス北部の辞書には用例が残されているが、現在では一般的には俗語として用いられる。名詞は話し言葉で「警官」の意味で使われるが、これは copper「警官、巡査」の短縮形であり、おそらくは動詞 cop から派生したもので文字通り捕まえる人の意味であろう。俗語表現の not much cop は「楽じゃない、全く役に立たない」を意味しており、本質的には「収穫がない」という意味である。（ハロルド・ピンター『管理人』*The Caretaker*: At least they're comfortable. Not much *cop*, but I mean they don't hurt「なんとか落ち着いてきた。楽じゃないが、苦痛ってほどじゃない」）。

cop² [18世紀後半] [名] 頂、頂上：

Mowl *Cop*（チェシャー州）や Fin *Cop*（ダービーシャー州）のように、多くの丘の名前として使われている。古英語 cop「頂、頂上」に由来するかもしれない。

cope [中英語] [動] うまく対処する：

当初の意味は「戦いで相見える、殴り合いになる」だった。起源は古フランス語 *cop, colp*「こぶしによる一撃」から派生した *coper, colper*「打つ」であり、ギリシア語 *kolaphos*「こぶしによる一撃」からラテン語を経由して入ってきたものである。

coping ［16世紀半ば］图冠石かむり、笠石かさいし、笠木かさぎ、笠瓦かさがわら：

建築用語。動詞 cope「壁に笠石を載せる」から派生している。元々は「マントを羽織る」であり、cope は中世ラテン語 *capa* に由来する。*capa* はそれより前の *cappa* の異形。
→ CAPE¹

copious ［後期中英語］形多い、大量の、豊富な、多作の：

古フランス語 *copieux* またはラテン語 *copiosus* に由来する。後者は *copia*「豊富な」から派生。

copper¹ ［古英語］图銅；形銅の：

古英語 *copor, coper*（オランダ語 *koper* やドイツ語 *Kupfer*「銅」と同系）は後期ラテン語 *cuprum* に基づいている。これは「キプロスのメタル (Cyprus metal)」を表すラテン語 *cyprium aes* に由来する。当時、キプロスが銅の主要産地であった。

copper² ［19世紀半ば］
→ COP¹

coppice ［後期中英語］图雑木林：

古フランス語 *copelz* に由来する。*copelz* は「一撃」を表す中世ラテン語 *colpus* に基づいている。copse图は16世紀後半に遡り、coppice の短縮形。coppice と copse はともに、方言で複数形として扱われることがあった。
→ COPE

copulate ［後期中英語］動交尾する：

当初の意味は「加わる」であった。ラテン語 *copulat-* に由来する。これの派生元は動詞 *copulare*「しっかりつながった」で、さらに *copula*「つながり」に遡ることができる。

copy ［中英語］图コピー、複写；動写す、写しとる、コピーする、模倣する：

当初の語義は、「筆記または文書の写し」だった。古フランス語 *copie*、さらにラテン語 *copia*「多量」に遡る。ラテン語で、*copiam describendi facere*「筆記する許可を与える」といった言い方がされたことから、中世ラテン語 *copia*「筆記」につながり、この語義が英語で発展していった。

corbel ［後期中英語］图【建築】（レンガや石材の）持送り積み、コーベル、桁・梁の受け材：

壁面から突き出る石材や梁の下に置く短い材木を指しており、ともに重みを支える点が共通する。古フランス語 *corp*「カラス」の指小辞語、さらにラテン語 *corvus*「ワタリガラス」に遡る。元々斜めに切られていたコーベルの形状がカラスのくちばしに似ていたことに由来するものと思われる。ここから、当初にはなかった装飾の意味が発展した。この用法は、サー・ウォルター・スコットによる次の一節に見られる（『最後の吟遊詩人』*Lay of the Last Minstrel*：The *corbels* were carved grotesque and grim「コーベルはグロテスクにかつ厳格に彫られていた」）。この表現には、当時の一般的な想像力がよくとらえられている。

cord ［中英語］图ひも、コード：

古フランス語 *corde*「楽器の弦」、「ロープ」から、ラテン語 *chorda*、さらにギリシア語 *khordē*「弦」に遡る。chord は *cord* の綴りを変えたもの。
→ CHORD²

cordial ［中英語］形心から、思いやりのある：

当初は「心臓に関する」という意味があった。中世ラテン語 *cordialis* に由来する。ラテン語 *cor, cord-*「心臓」からの派生語。形容詞 cordial は強壮飲料や強心剤を表すのに使われていた（スペン

サー『妖精の女王』*Faerie Queene*：Costly *Cordialles* she did apply「彼女は高価な飲み物を使った」）．

cordon [後期中英語][名]非常線、警戒線、紋章；[動]非常線を張る：

かつては服の飾り紐を指していた。イタリア語 *cordone* とフランス語 *cordon* に由来する。これらはともにラテン語 *chorda*「ひも、ロープ」を語源とする。現代の名詞用法で最も早くから登場しているのは、建築用語の「壁頂冠石」を意味する用法で18世紀初頭から見られる。「細いリボン」や「何かを丸く囲むひも、バンド」の概念は、例えば「単茎仕立ての果樹」や「非常線」を表す用法にはっきりと認められる。**cordon bleu**[名]「青綬章」とは、ブルボン王朝時代に騎士に与えられた最高の勲章であった。この表現はさらに拡張されて、様々な一流の人間に対して使われるようになった。
→ CORD

core [中英語][名]中核、芯：

語源不詳。ラテン語 *cor*「心臓」に由来するという説もあるが、原義「果物の硬い芯の部分」は、*cor* の語義のどれとも合致しない。他に、フランス語 *corps*「身体」や *cor*「ツノ」を語源とする説もある。*core* の主要な語義は、かつて colk で表現されていた。colk は今でも方言に残っており、「リンゴや角の芯」、「木の芯」などを指して用いられる。colk の語源もやはり不詳であるが、coke「コークス」と同じかもしれない（coke の意味の本質は「主要な物質を取り除いたあとに残る固体」にある）。

cork [中英語][名]コルク栓、コルク；[動]コルク栓をする：

オランダ語および低地ドイツ語の *kork*、さらにスペイン語 *alcorque*「厚底がコルク製のサンダル」に遡る。アラビア語 *al-*（定冠詞）と（おそらくは）スペインアラビア語 *kurk*, *kork* からなる。後者はラテン語 *quercus*「オーク材、コルクガシ」が基になっている。

corn¹ [古英語][名]トウモロコシ：

ゲルマン語起源で、オランダ語 *koren* やドイツ語 *Korn*「穀物」と同系。**corny**[形]は1930年代に遡り、「素朴な」を意味し、それ以前の「粗野な、田舎者の気に入る」という意義に由来している。*corn* の複合語には以下がある：
■ **corn dolly**「トウモロコシ人形（藁で編んだ飾り人形）」は kirn dolly の大衆的な転訛。kirn は収穫を終えたときに催される宴を意味した。corn dolly は最後に刈り取ったトウモロコシで作られた。
■ **corn snake**「アカダイショウ」は、主な生息場所であるトウモロコシ畑との関連から命名された。
■ **corn snow**「ザラメ雪」は、溶けて凍っての繰り返しで表面がザラザラしている雪を指す。方言で「つぶつぶ、小粒」を意味する *corn* の用法に基づいている。

corn² [後期中英語][名]魚の目、タコ：

アングロノルマンフランス語、さらにラテン語 *cornu*「角」に遡る。

corner [中英語][名]かど、すみ、苦しい立場：

アングロノルマンフランス語で、ラテン語 *cornu*「角の、先端、角」に由来する。

cornet [後期中英語][名]コルネット：

音楽分野では、元々角でつくられた管楽器をこう呼んだ。ラテン語 *cornu*「角」の異形が古フランス語で指小辞語になったもの。楽器のコルネットの形状との連想から、アイスクリームの円錐形ウエハースを同じく *cornet* と呼ぶようになった。この用法は20世紀初頭に登場している。「小さな角」を意味するイタリア語 *cornetto* は、16〜17世紀の初期音楽で、カップ状のマウスピースがあって指穴のあいた木製管楽器を指して用いられた。

coronary [17世紀半ば][形]冠（状）の、冠状動脈の；[名]心臓発作、：

当初の語義は「冠状の」であった。ラテン語 *corona*「リース（花冠）、冠」から派生した *coronarius* に由来する。医学の分野は、人体のある部分を取り囲む血管

や神経、靭帯を指す。特に、心臓を取り囲み、酸素を豊富に含んだ血液を供給する冠状動脈を指すことが多い。

coronation ［後期中英語］名戴冠：

ラテン語 corona「花冠、冠」から派生した coronare「…にかぶせる、花冠で飾る」を経てできた中世ラテン語 coronatio(n-) に由来する。後に coronatio(n-) が古フランス語を経て英語に入った。料理用語の coronation chicken 名「コロネーション・チキン（調理済の冷たい鶏肉に杏子とカレー粉で味付けしたソースを和えた料理）」として使われる。この料理は 1953 年にエリザベス 2 世の戴冠式の宴席のために創作された。

coroner ［中英語］名検察医、検視官：

かつては王の私有財産を保護する役人を指した。corune「冠」から派生したアングロノルマンフランス語 coruner に由来する。この語にはラテン語の職名である custos pladtorum coronae「（刑事訴訟から王の私有財産を保護する）王の申立ての後見人」の意味が反映されている。現在、不審死や突然死を調査する役人、イギリスでは埋蔵物の調査をする役人を指す。

coronet ［後期中英語］名小冠、宝冠：

古フランス語 corone の指小辞語である coronete「小冠、花冠」に由来する。
→ CROWN

corporation ［後期中英語］名団体、自治体、法人：

ラテン語 corporare「一体化する」から派生した後期ラテン語 corporatio(n-) に由来する。corporate 形「集結した、法人の」は 15 世紀後半から記録されている。corporate はラテン語 corpus, corpor-「身体」に基づく corporatus「一体化した」に由来する。

corpse ［中英語］名死体：

当初は、人間や動物の生体を指していた。ラテン語 corpus「身体」との関連による古語 corse「身体」の異形である。このような変化はフランス語（古フランス語 cors は corps になる）でも起こった。フランス語同様、元々 p は発音されなかった。19 世紀以前、語末の e を書くのはまれであった。しかし、現在は主に軍事の文脈で使われる corps「部隊、軍団」と区別するため、語末の e が書かれる。

correct ［中英語］形正しい、正確な；動訂正する、正す：

当初は動詞として使用された。ラテン語の動詞 corrigere「真っ直ぐにする、修正する」の過去分詞語幹 correct- に由来する。corrigere の基本要素は cor-「ともに」と regere「…を導く」である。形容詞用法はフランス語に由来する。correction 名「訂正、訂正個所、矯正、罰、懲戒」も中英語である。ラテン語 corrigere「真っ直ぐにする、整える」から派生した correctio(n-) が古フランス語を経て英語に入った。corrigible 形「矯正・修正可能な、（人が誤りを）素直に改める」も同じラテン語の動詞に基づき、後期中英語では「罰に値する」という意味を持っていた。中世ラテン語 corrigibilis に由来し、フランス語を経て英語に入った。

correspond ［後期中英語］動一致する、対応する、連絡する、文通する：

cor-「ともに」とラテン語 respondere「答える、応答する」からなる中世ラテン語 corresponder からできた古フランス語 correspondre に由来する。同時期にまで遡る関連語は次の 2 語である。correspondence 名「一致、対応、文通、通信、手紙のやりとり」(中世ラテン語 correspondentia に由来し、古フランス語を経て英語に入った）。correspondent 名形「通信員、文通者、投書する人、一致する」（古フランス語 correspondant もしくは中世ラテン語 correspondent-「一致する、類似する」に由来する）。当初は形容詞として使われたが、18 世紀初頭から記者を指すようになった。元々の名詞的意味は定期刊行物に対する投書の寄稿者であった。
→ RESPONSE

corridor ［16世紀後半］名廊下、回廊：
当初は境界溝の外縁に沿って胸壁(きょうへき)で防護された細長い領土（回廊(かいろう)地帯）を指す軍事用語として使われた。イタリア語 *correre*「走る」から派生した *corridoio*「走路」の（*corridore*「走者」との関連による）異形 *corridore* からできたフランス語に由来する。語幹はラテン語 *currere*「走者」に基づく。現在の意義（廊下）は19世紀初頭に遡る。

corroborate ［16世紀半ば］動裏づける：
当初は「物理的・肉体的により強くする」という意味で記録されていた。ラテン語の動詞 *corroborare*「強くする」に由来する。基本要素はラテン語 *cor-*「ともに」と *robur*「強さ」から派生した *roborare* である。

corrode ［後期中英語］動浸食する、腐食する：
ラテン語 *cor-*（強調）と *rodere*「かじる」からなる *corroder* に由来する。同時期に遡る語は **corrosion** 名「腐食（作用）、浸食（作用）」で、ラテン語 *corrodere*「…中をかじる」から派生した古フランス語もしくは後期ラテン語 *corrosio(n-)* に由来する。**corrosive** 名 形「腐食剤、腐食物、腐食性薬品」、「腐食する、腐食性の」も後期中英語である。ラテン語 *corros-*「…中をかじられた」から派生した中世ラテン語 *corrosivus* からできた古フランス語 *corosif, -ive* に由来する。

corrugate ［後期中英語］動波形をつける、（額などに）しわを寄せる：
ラテン語の動詞 *corrugare*「しわが寄る、しわを寄せる」から派生した *corrugat-* に由来する。ラテン語 *corrugare* は *cor-*（強調）と *ruga*「しわ」からなる。

corrupt ［中英語］形堕落した；動堕落させる、腐敗させる：
cor-「完全に」と *rumpere*「壊す」からなるラテン語 *corrumpere*「（完全さを）損なう、（人）に賄賂を贈る、完全に駄目にする」の過去分詞形 *corruptus* に由来する。**corruption** ［中英語］名「（死体・有機物の）腐敗、堕落、贈賄、汚職、転訛」は、*corrumpere* から派生したラテン語 *corruptio(n-)* が古フランス語を経て英語に入ったもの。

corset ［中英語］名コルセット：
ラテン語 *corpus*「身体」が基である古フランス語 *cors*「身体」の指小辞語に由来する。「身体にぴったり合う下着」という意味は18世紀後半に遡る。

cortex ［後期中英語］名皮層、樹皮：
字義通りには「（木の）皮」という意味のラテン語に由来する。

cosmetic ［17世紀初頭］名化粧品：
当初は、身体を美しくする行為を指す名詞であった。ギリシア語 *kosmētikos*「良く整えられた」に由来する。この語はさらに、*kosmos*「整理、装飾」から派生した *kosmein*「整理する、装飾する」に基づいている。化粧を指すようになったのは、17世紀半ばに遡る。

cosmonaut ［1950年代］名宇宙飛行士：
cosmos「宇宙」から作られた語。*astronaut*「宇宙飛行士」やロシア語 *kosmonavt*「宇宙飛行士」と同じ語形成である。
→ COSMOS

cosmopolitan ［17世紀半ば］形世界主義の；名世界主義者：
17世紀初頭からの使用が記録されている **cosmopolite** 名「世界主義的な人間」に基づく。**cosmopolis** 名「多くの様々な国から来た人たちの住む都市」は19世紀半ばに遡る。ギリシア語 *kosmos*「世界」と *polis*「都市」からなる。

cosmos ［中英語］名宇宙：
秩序を持った全体としての宇宙を指す。ギリシア語 *kosmos*「秩序、世界」に由来する。

cosset ［16世紀半ば］動甘やかす：
手飼いの子羊を指す名詞であったが、後

に、甘やかされた子供を指すようになった。動詞用法は名詞から発達した。恐らく、アングロノルマンフランス語 coscet「田舎家に住む人」に由来するが、古英語 cotstǽta「農夫」、「家畜小屋に住む人」から来ている。

cost [中英語][名]費用、コスト；[動]費用がかかる、犠牲を負わせる：

名詞用法は古フランス語 coust「費用」に、動詞用法は古フランス語 couster「値段が…である」に由来する。ラテン語 constare「しっかり立つ、かなりの高値である」に基づいている。

costermonger [16世紀初頭][名](果物などの) 呼び売り商人：

前半部分は costard から来ており、大きなリンゴの一種 (卵形でうねがある) を指す。14世紀から17世紀の間にしばしば使用された。その後、一般的に使われることはなくなっていった。後半部分の -monger は「商人」の意味。当初はリンゴ商人を指したが、今は、2輪手押し車から果物、魚、野菜などを売る人を指す用法がロンドンで見られる。

costume [18世紀初頭][名]服装；[動]服を着せる：

フランス語から入ったイタリア語 costume「習慣、流行」、さらにラテン語 consuetudo「習慣」に遡る。この語は歴史上の芸術作品で用いられ、作品中の場面に設定された時代の流行や、その時代や場所に特徴的なものを指す。これが服装の身なりへと意味が変化し、後に衣服そのものを指すようになった。

cot[1] [17世紀半ば][名]小児用寝台、《米》軽い携帯用ベッド：

元は、軽いベッドの骨組みを指すインド由来の英語であった。起源はヒンディー語 khāṭ「ベッドの骨組み、ハンモック」である。

cot[2] [古英語][名]小さな・粗末な家：

かつては小さく質素な家を指し、今は家畜用の小さな小屋を指す。ゲルマン語由来で、古ノルド語 kytja「掘っ立て小屋」と類似している。cote「小屋」と同系。

cote [古英語][名](鳥などの) 小屋：

当初は「小さな家」の意味だったが、今は哺乳類や鳩のような鳥類の小屋を指す。ゲルマン語由来。cot[2]「小屋」と同系で、同じ意味。

cottage [後期中英語][名]小さな家：

アングロノルマンフランス語 cotage「小屋」および英国中世ラテン語 cotagium「小屋」に由来する。また、英語の cot「小屋」や cote「小屋」とも関係があり、いずれの語もかつては小さな家を指すのに使われていた。

couch [中英語][名]寝椅子；[動](考えを) 表す、身体を横たえる：

当初は、寝るための場所を指す名詞であった。動詞としては「何かを横たえる」という意味であった。古フランス語 couche「就寝」(名詞)、coucher「横にする、横になる」(動詞) 由来で、さらにはラテン語 collocare「ともに置く」に遡る。

cough [中英語][動]咳をする：

擬音語を起源とする。オランダ語 kuchen「咳をする」やドイツ語 keuchen「あえぐ」と同系である。

council [古英語][名]協議会、会議：

当初は「教会会議」を指した。アングロノルマンフランス語 cuncile「会議」に由来し、さらにはラテン語 concilium「教会会議、集会」に遡る。con-「ともに」と calare「説教」からなる。**councillor** [後期中英語][名]「顧問官」は counsellor「助言者」の異形で、council「会議」との連想による。

counsel [中英語][動]カウンセリングをする、相談にのる、助言する；[名]相談、助言、忠告：

名詞は古フランス語 counseil「助言」に由来し、動詞は古フランス語 conseiller「助言する」に由来する。ラテン語 con-

silium「相談、助言」からできた語で、*consulere*「相談する」と同系である。同時代に遡る語に **counsellor**〔名〕「助言者」がある。古フランス語*conseiller*「助言者」（ラテン語*consiliarius*「助言者」からきた）および*conseillour*「助言者」に由来し、ラテン語*consilium*「相談、助言」に基づいている。

count¹ ［中英語］〔動〕数える、勘定に入れる、値する、考える；〔名〕計算、総計：

数学の計算、番号付け、評価 (It *counts* for nothing「それは重要でない」) の際に使われる。古フランス語の名詞*counte*「数えること」、および古フランス語の動詞*counter*「計算する、話す」に由来する。さらに、ラテン語*computare*「計算する」に由来する。ちなみに、動詞 tell「話す」は、かつて「列挙する」、「数える」という意味でも用いられた。
→ COMPUTE

count² ［後期中英語］〔名〕（イギリス以外のヨーロッパ諸国で）伯爵：

古フランス語 *conte*、ラテン語 *comes, comit-*「仲間、監督、付添い人」に由来する。後期ラテン語においては、「国の事務所を持っている人」を指していた。*com-*「ともに」と*it-*「行ってしまった」（動詞 *ire*「行く」から来ている）からなる。中英語の **countess**〔名〕「伯爵夫人」は古フランス語 *contesse*、後期ラテン語 *comitissa* から来ており、後者は *comes*「連れ添い」の女性形である。

countenance ［中英語］〔名〕顔つき、見かけ、落ち着き：

古フランス語 *contenance*「態度、姿勢」、*contenir*「含める」から来ている。当初の意味は「態度、品行」および「顔の表現」、「顔」であった。
→ CONTAIN

counter¹ ［中英語］〔名〕カウンター、計算機、計算する人：

当初の意味は「場所をマークするもの、あるいはゲームの中でポイントを記録するために使われた小さな円盤」であった。その後会計において勘定を記録しておくために使われはじめ、様々な形、大きさをしていた。「勘定台」の意味で使われるようになったのは17世紀後半になってからである。それは古フランス語 *conteor*、中世ラテン語 *computatorium*、ラテン語 *computare*「計算する」から来ている。
→ COMPUTE

counter² ［後期中英語］〔名〕反対、【ボクシング】カウンターブロー；〔動〕反論する、対応する：

The second argument is difficult to *counter*「2つ目の論証は反論しがたい」といった例における *counter* は、「反論する」という意味を持っている。古フランス語 *contre*（ラテン語 *contra*「反対」）あるいは、*counter*-attack「反撃」、*couter-espionage*「対抗的スパイ活動」などの例で使われる接頭辞 *counter-*（アングロノルマンフランス語 *countre*、古フランス語 *contre* に由来する）から来ている。

counterfeit ［中英語］〔形〕にせの、見せかけの；〔動〕偽造する、…のふりをする：

ラテン語で *contra-*「反対」と *facere*「作る」からなる。直接的な語源はアングロノルマンフランス語 *countrefeter* で、古フランス語 *contrefaire* の過去分詞 *contrefait* に由来する。

counterpane ［17世紀初頭］〔名〕掛け布団：

counterpoint の異形。古フランス語 *contrepointe* から来ており、中世ラテン語 *culcitra puncta*「キルトのマットレス」に基づいている（*puncta* は「刺された」を意味し、動詞 *pungere* から来ている）。語尾の変化は、「服」という意味を持っていた pane の連想による。

country ［中英語］〔名〕国、田舎、故郷、地方：

古フランス語 *cuntree*、中世ラテン語 *contrata (terra)*「反対側にある（土地）」

から来た。その語根はラテン語の con-tra「反対して、逆らって」である。

county ［中英語］名州、郡：
語源は古フランス語 conte で、ラテン語 comitatus, comes, comit-「仲間、監督」から来ている。当初は、諸州のビジネスを行うために定期的に開かれる会議を指していた。
→ COUNT²

couple ［中英語］名一対、ひと組の男女；動連結する、結合する：
名詞は古フランス語 cople（ラテン語 copula）から、動詞は古フランス語 copler（ラテン語 copulare）から来ている。co-「ともに」と apere「締める」からなる。詩の中で連続した（しばしば韻を踏んでいる）行に対して使われる用語 couplet ［16世紀後半］名は、文字通りの意味として、「小さなペア」を意味している。それはフランス語 couple、古フランス語 cople の指小辞語である。
→ COPULATE

coupon ［19世紀初頭］名クーポン券、優待券、(鉄道・バスの) 回数券：
当初は、利子の支払いのお返しに渡される株の証明書の切り取られる部分であった。フランス語から来ており、文字通りの意味は「切り取られる部分」である。フランス語 couper「切る」、古フランス語 colper から来ている。
→ COPE

courage ［中英語］名勇気、度胸、勇敢：
かつて、感情の座としての心臓を指していた（シェイクスピア『ヘンリー六世 第3部』Henry VI part iii, II.ii.57：this soft *courage* makes your followers faint「そんなに弱気では臣下のものまで戦意を失いますよ」)。古フランス語 corage、ラテン語 cor「心臓」から来ている。**courageous** ［中英語］形「勇気のある」は古フランス語 corageus, corage から来ている。

courier ［後期中英語］名運送会社、宅配便、宅配人：
語幹はラテン語 currere「走る」である。英語においては、当初は伝言を持って走る人を指していた。初期には古フランス語 coreor から英語に入り、また後代にはイタリア語 corriere からフランス語 courier (現在の courrier) を経て英語に入った。

course ［中英語］名道順、進路、経過、方針、進行、授業科目；動走り抜ける：
古フランス語 cours、ラテン語の動詞 currere「走る」に基づく cursus から来ている。（古フランス語 corsier を経て）その同一のラテン語の語根から生じた **courser** ［中英語］名は文学や詩の文脈で「迅速な馬」を指すようになった。

court ［中英語］名裁判所、テニスなどのコート、宮廷、御前会議；動好意を得ようとする：
古フランス語 cort、ラテン語 cohors, cohort-「中庭あるいは一行」から来ている。動詞形は古イタリア語 corteare、古フランス語 courtoyer の影響を受けている。**courtier** ［中英語］名「宮廷に仕える人」はアングロノルマンフランス語、さらに古フランス語の cortoyer「法廷に現れる」(cort から派生) から来ている。**courteous** ［中英語］形は「宮廷に合ったマナーを持っている」を意味した。その語源は古フランス語 corteis（ラテン語 cohors に基づく）である。16世紀における語彙の変化は -eous で終わる単語との連想によるものである。同時期に、古フランス語 cortesie から来た **courtesy** 名「礼儀正しさ」が現れた。
→ COHORT

cousin ［中英語］名いとこ、またいとこ、親類、縁者：
古フランス語 cosin、さらにラテン語 consobrinus「母親の姉妹の子供」に遡る。con-「ともに」と sobrinus「2番目のいとこ」(soror「姉妹」に由来する) からなる。

cove ［古英語］名 小湾、入江、山の中のほら穴、(森・山中の狭い道)：

「小湾」という意味は16世紀後半に遡る。古英語においては cofa「会議室、ほら穴」を指した。ゲルマン語起源で、ドイツ語 Koben「豚小屋、檻」と同系。

covenant ［中英語］名 契約、盟約：

古フランス語に由来する。さらに遡れば、ラテン語 covenire から派生した covenir「同意する」の現在分詞形である。
→ CONVENE

cover ［中英語］動 覆う、含む、保護する、行く；名 覆い：

古フランス語 covrir、さらにラテン語 cooperire に遡る。後者は co-「強意」と -ver「覆う」からなる。名詞 cover は、部分的に、covert「覆い」の異形である。**coverlet** ［中英語］名「覆い」は、アングロノルマンフランス語 covrelet、さらに遡れば、古フランス語 covrir「覆う」と lit「ベッド」に由来する。

covert ［中英語］形 隠された、内密の、覆われた；名 隠れ場、口実、覆い：

当初は、「覆われた」や「覆い」といった一般的な意味で使われていた。古フランス語 covrir の過去分詞形（「覆われた」の意）に由来する。

covet ［中英語］動（他人の物を）欲しがる、熱望する：

ラテン語 cupiditas「熱望する」が基になっている古フランス語 cuveitier に由来する。**covetous** ［中英語］形「強欲な」ラテン語 cupiditas から来た古フランス語 coveitous に由来する。

cow¹ ［古英語］名 雌牛、乳牛：

古英語 cū はゲルマン語に由来する。オランダ語 koe やドイツ語 kuh と同系。ラテン語 bos、ギリシア語 bours「牛」と同じくインド＝ヨーロッパ語の語根に由来する。

cow² ［16世紀後半］動 脅す、脅かす：

古ノルウェー語 kúga「圧迫する、服従させる」に由来すると推定される。

coward ［中英語］名 臆病者：

ラテン語 cauda「しっぽ」から来た古フランス語 couard に由来する。おそらく、しっぽを両足の間に隠した動物が臆病者の意味につながったのであろう。**cowardice** ［中英語］名「臆病、小心」は、古フランス語 couardise に由来する。

cower ［中英語］動 縮こまる、すくむ、かがむ：

中低地ドイツ語 kūren「待ち伏せする」に由来するが、その最終的な語源は不詳。

cowl ［古英語］名（修道士の）頭巾、(ベネディクト会修道士が着る）マント：

古英語 cugele, cūle は、ラテン語 cucullus「マントの頭巾」から来た教会ラテン語 cucullus「外套のフード」に由来する。

cox ［19世紀半ば］名（ボートの）コックス、かじとり：

cock「小さなボート」と swain「若々しさ、青年」からなる coxswain 名「かじ取り」の省略形である。

coy ［中英語］形 内気な、恥ずかしそうな：

ラテン語 quietus から来た古フランス語 coi, quei に由来する。元々の意味は、「(特に行動が) 静かな、じっとした」であり、後に「控えめで内気な」、さらには、「遠慮がち（の女性）」といった意味を生んだ。
→ QUIET

crabbed ［中英語］形 つむじ曲りの、判読しにくい、(文体などが) 難解な：

crabby と同義。当初の意味は、「ひねくれた、わがままな」であり、crab「蟹」に由来する。蟹特有の横歩きとはさみ動作は、ひねくれた短気な性質を表すと考えられたからである。字が判読しにくいさまも表す。crab apple「野生リンゴ」は、crabbed の影響を受けている可能性もあるが、元来、両語は無関係である。

cradle ［古英語］名 ゆりかご、発祥地：

古英語 *cradol* は語源不詳である。おそらく、ドイツ語 *Kratte*「かご」と同系。

craft [古英語] 名 技能、工芸； 動 細かく念入りに作る：

古英語 *cræft* は、「力、技能」を意味した。ゲルマン語に由来し、オランダ語 *kracht*、ドイツ語 *kraft*「力」、スウェーデン語 *kraft*「力」と同系。「技能」への意味変化は、英語特有である。「ボート」の意味は、元は、「小さな貿易船」を指す small *craft* という表現で使われ、前半が省略されたものである。*craft* は、遠洋船と異なり、多少の運転技能を必要とする船を指した。

crafty [古英語] 形 悪賢い、ずるい、巧妙な、器用な：

古英語 *cræftig* は、「強い、力強い」という意味を表した。「熟練した、技巧的な」という意味が一般的な意味となり、ここから「巧妙な」、「悪賢い」といった否定的な含みを持つに至った（チョーサー『聖堂参事会員の助手』*Canon's Yeoman's Prologue and Tale*：Sin that he is so *crafty* and so sly「御主人は大変器用で抜け目なさそうだからな」）。

cram [古英語] 動 詰め込む、押し込む、がつがつ食う、むやみに食わせる：

古英語 *crammian* は、ゲルマン語に由来する。オランダ語 *krammen*「閉じ込める」、「留める」と同系。主要な意味は、「押す」、「圧迫する」である。

crane [中英語] 名 起重機、クレーン、鶴； 動 （よく景色を見ようと）首をのばす：

「起重機（クレーン）」は、「鶴」の比喩から生まれた意味である。ゲルマン語に由来する（ラテン語 *grus*、ギリシア語 *geranos* でも認められるインド＝ヨーロッパ語の語根に由来する）。「鶴」から「起重機（クレーン）」への意味の発達は、同系のドイツ語 *Kran*「鶴」、オランダ語 *kraan*、フランス語 *grue* でも認められる。「首をのばす」という動詞の意味は、16世紀後半に遡る。

crank¹ [古英語] 名 クランク； 動 （車のエンジンなどを）クランクを回して始動させる：

古英語 *cranc* の記録は、*crancstæf*「職工用具」という表現に見つかる。「曲がっている」が原義であり、*crincan*「曲げる」とも同系である。現在では、クランクを指し、動詞の意味として、「（車のエンジンなどを）クランクを回して始動させる」がある。

crank² [17世紀初頭] 名 変人、奇想、奇抜な言い回し：

「弱い、よろよろする」を意味する方言 *crank* に由来すると推定される。

cranky [18世紀後半] 形 気難しい、（考え方が）変わっている、（道路など）曲がりくねった：

当初は、「病弱な」を意味した。現在では廃れた「病気を装った物乞い」という意味の (counterfeit) *crank* に由来する。*crank* は、オランダ語、または、ドイツ語の *krank*「病んでいる」に由来する。

cranny [後期中英語] 名 割れ目、すき間：

古フランス語 *crane*「切れ目のある」から *cran*、さらに俗ラテン語 *crena*「切れ目」に遡る。語源不詳。

crap [中英語] 名 糞、くず、ナンセンス； 動 糞をする、戯言を言う：

krappen から来たオランダ語 *krappe*「むしり取る」と同系。また、おそらくは、古フランス語 *crappe*「ふるいを通ったように落ちたもの」や英国中世ラテン語 *crappa*「もみがら、かす」とも同系。元々の意味は、「ふるいを通ったように落ちたもの」であり、後に、「ビールの残り物」や「脂肪を抽出したものからの残り」を意味するようになった。「くず」、「ナンセンス」、「糞」といった現在の意味は、19世紀後半に遡る。これらに共通しているのは「廃棄されたもの」という概念である。

craps ［19世紀初頭］图クラップス（さいころ賭博の一種）:
賭博用語。おそらく、蟹、あるいは蟹の目に由来する。

crash ［後期中英語］動（大きな音をたてて）衝突する、砕ける、くずれる；图衝突、破滅、すさまじい音:
擬音的であり、部分的に craze「こなごなになる」と dash「こなごなにする」からの連想。

crass ［15世紀後半］形愚かな、鈍い、粗野な、下品な:
当初は「（構造や織物が）目の詰んだ、あるいは、きめの粗い」状態を表した。ラテン語 *crassus*「濃い、厚い」に由来する。

crate ［後期中英語］图木枠、竹かご、仕切り箱；動木枠に詰める:
おそらく、オランダ語 *krat*「荷馬車の尾板」と同系であり、より古くは「4輪馬車の客席」を意味するのに用いられた。語源不詳。

crater ［17世紀初頭］图噴火口、くぼみ、クレーター:
ギリシア語 *kratēr*「ワインと水の大きな混ぜ鉢」に由来し、ラテン語を経由して入って来た。*kratēr* は *krasis*「混合」から来ている。

cravat ［17世紀半ば］图ネクタイ:
フランス語 *cravate* に由来し、*Cravate*「クロアチア人」から来ている（語源はドイツ語 *Krabat* で、セルビア・クロアチア語 *Hrvat* に由来する）。フランスにいたクロアチア人の傭兵がリンネルのスカーフをつけていたことから転じて「スカーフ」の意味になった。スカーフは17世紀にフランスではやり出したが、入ってきた当初はレースやリンネル、あるいはレースで縁取られたモスリンからできたものを指した。それは両端をゆったりとさせた蝶結びでくくられた。また女性にも着用された。後になって、シャツのえりの上から首に1度（または2度）まかれて、前で蝶結びにされたリンネルや絹のハンカチのことも指した。さらに、着用者を寒さから守るために首のまわりにまかれたウールの長いスカーフも指した。

crave ［古英語］動切望する、懇願する:
古英語 *crafian* は「権利として要求・主張する」を意味した。ゲルマン語起源で、スウェーデン語 *kräva* とデンマーク語 *kræve*「要求する」と同系である。現在の「切望する」という意味は後期中英語に遡る。

craven ［中英語］形臆病な、卑怯な；臆病者:
中英語 *cravant* は「敗れた」を意味し、おそらく古フランス語 *cravante* に由来し、アングロノルマンフランス語を経由して入ってきた。*cravante* は *cravanter*「粉砕する、圧倒する」（ラテン語 *crepare*「爆発する」に基づく）の過去分詞形である。17世紀における語尾の変化は過去分詞が *-en* で終わることによる。

craw ［後期中英語］图餌袋、胃（袋）:
鳥や昆虫の嗉嚢を表す。「胃」を意味するようにもなった（バイロン『ドン・ジュアン』*Don Juan*: As tigers combat with an empty *craw*「トラが空腹と闘っていた際には」）。中世オランダ語 *crāghe* あるいは中低地ドイツ語 *krage*「首、のど」に由来、もしくはそれと同系である。

crawl ［中英語］動はう、ゆっくり進む、むずむずする；图はうこと、クロール:
語源不詳。おそらくスウェーデン語 *krafla*「手探りで進む」やデンマーク語 *kravle*「登る、上がる」と同系である。中英語では稀で、どうやら北部でのみ使用されたらしい。

crayon ［17世紀半ば］图クレヨン、クレヨン画；動（…を）クレヨンで描く、（計画の）概略を立てる:
フランス語 *craie*「チョーク」に由来し、

ラテン語 creta に遡る。

craze ［後期中英語］動発狂させる；名熱狂：
当初の意味は「壊す、粉砕する、ひびを入れる」であった。おそらく、スカンジナビア語起源で、スウェーデン語 krasa「かみ砕く」と同系である。acrase という完全な形が16世紀に記録されているが、もしこれがそれ以前に存在していたとしたら、crase はこの語の短縮形であったかもしれない（écraser「押しつぶす」の異形である、古フランス語 acraser に由来）。「熱狂」を意味するようになったのは19世紀初頭に遡る。これは健康の「傷」という、より古い意味から発達した。

crease ［16世紀後半］名しわ、折り目；動折り目をつける、しわにする：
おそらく crest「とさか」の異形。
→ CREST

create ［後期中英語］動創造する、創作する、創立する、(地位などに)任命する：
create、creation名「創造」、creator名「創造者」、creature名「創造物」はすべて中英語に遡る。当初の意味は「無から作り上げる」で、神聖な、あるいは超自然のものに関して用いられた。それはラテン語 creat- に由来し、動詞 creare「生み出す」から来ており、関係のある他の語の語幹となっている。creation はラテン語 creatio(n-) に由来し、古フランス語を経由して入ってきた。creator は古フランス語 creatour と creatur に由来し、ラテン語 creator から来ている。creature の当初の意味は「創造されたもの」で、後期ラテン語 creatura に由来し、古フランス語を経由して入ってきた。

credential ［後期中英語］名信用証明書、信任状：
中世ラテン語 credentialis に由来し、credentia に遡る。ここから英語に credence名「信用」が入った。ラテン語 credent- から派生。元々は「信じている、推薦している」という意の形容詞として使用され、頻繁に credential letters or papers「信任の手紙、文書」として用いられ、そこから credentials「信任状」（17世紀半ば）となった。

credible ［後期中英語］形信用できる、信頼できる：
ラテン語 credibilis に由来し、credere「信じる」に遡る。credibility名「信頼できること、信頼性」は16世紀半ばに登場。中世ラテン語 credibilitas（ラテン語 credibilis に由来）から来ている。

credit ［16世紀半ば］名信用貸し・取引、信頼、名声、誉れとなるもの、履修単位；動(…だと)信じる、名誉となる：
当初の意味は「信念」や「信用」であった。フランス語 crédit に由来し、おそらくラテン語 creditum（credere「信じる、信用する」に由来）から来ており、イタリア語 credito を経由して入ってきた。この「信念」や「信用」という意味は、商品の代金に対する顧客の支払い能力に信用が置かれる文脈に入っていった。creditor名「貸し主」という語が後期中英語からすでに記録されており、それは古フランス語 crediteur に由来し、ラテン語 creditor から来ている。

creed ［古英語］名信条、教義：
ラテン語 credo「私は信じる」に由来する。

creep ［古英語］動はう、忍び寄る、ゆっくり移動する、むずむずする；名はうこと：
古英語 crēopan「身体を地面に密着させて動く」はゲルマン語起源で、オランダ語 kruipen と同系である。「忍び寄る」という動詞の意味は中英語に遡る。

crescent ［後期中英語］名三日月、三日月形のもの；形三日月形の：
当初の綴りは cressant で、古フランス語 creissant に由来し、ラテン語 crescere「成長する」に遡る。17世紀における綴りの変化はラテン語の影響による。

crest ［中英語］名 とさか、（馬などの）首筋、（かぶとの）羽飾り、頂上、山頂；動（波が）盛り上がる、（山の）頂上に達する：

古フランス語 creste に由来し、ラテン語 crista「ふさ、羽」に遡る。**crestfallen** 形「がっかりした」という語は 16 世紀後半に遡り、比喩的な意味である。哺乳類や鳥がとさかや首を垂らしているのを指す当初の意味に由来する。

cretin ［18世紀後半］名 クレチン病患者、ばか、まぬけ：

現在は罵りに使われるが、かつては生まれつき甲状腺（こうじょうせん）の欠陥によって身体や精神に障害のある人を指す医学用語であった。フランス語 crétin に由来し、スイスフランス語の方言 crestin「キリスト教徒」（ラテン語 Christianus に由来）に遡る。当時は明らかに「人間」を意味しており、重度の奇形から連想されるような意味はなかった。

crevice ［中英語］名 狭い割れ目、裂け目：

古フランス語 crevace に由来し、crever「破裂する」から来ている。crever はラテン語 crepare「ガラガラ鳴る、パチリと裂ける」に由来する。同じく古フランス語 crevace に由来するものとして **crevasse** 名「クレバス」があるが、それは 19 世紀初頭に遡る。スイスにおけるアルプス山脈の登山者によって取り入れられ、またルイジアナのフランス人によってアメリカで取り入れられたが、crevice が意味する狭い割れ目に対して、深くて広い割れ目を指す。

crew ［後期中英語］名 乗組員、乗員、一団；動 乗組員となる：

古フランス語 creue「増強、増加」に由来する。それは croistre「成長する」の女性形過去分詞で、ラテン語 crescere から来ている。元々は援軍を務める兵士の一団のことを指し、それゆえ組織的な武装集団を、あるいはより一般的に、人の集まりを示すようになった（16 世紀後半）。成句に以下がある：

■ **crew cut**「クルーカット」。1940 年代に遡り、ハーバード大学やエール大学のボートのクルーが髪型として取り入れたのが始まりである。

crib ［古英語］名 ベビーベッド、小屋：

当初の語義は「飼葉桶（かいおけ）、まぐさ桶」だった。ゲルマン語起源で、オランダ語 krib, kribbe およびドイツ語 Krippe「飼葉桶」同系。

cricket¹ ［16世紀後半］名 クリケット：

語源不詳。1598 年付けの文書に見つかる。当時の資料からは、この競技がヘンリー 8 世の治世の終わりに遡るのがわかる。これと同じように見えるフランス語 croquet は実力本位の競技またはボウリング競技のピンの一種として記述されている。1567 年から 1725 年にかけて頻繁に言及されるスツールボールの発展形がクリケットだという説は疑わしい。17 世紀以来、クリケットにはたびたび変更が加えられてきた。17 世紀には、バットはホッケースティックだったし、三柱門（ウィケット）は 2 本の柱に長い横木を渡したものだった。ボールは地面を転がして運んだ。

cricket² ［中英語］名 コオロギ：

古フランス語 criquet に由来（元々は擬音語の criquer「パチパチと音を立てる」からの派生）。

crime ［中英語］名 犯罪、悪事：

当初の語義は「邪悪さ」および「罪」だった。古フランス語、さらにラテン語 crimen「判決、違反」に遡る。後者は cernere「判決を下す」が基になっている。**criminal** 形「犯罪の」は後期中英語に形容詞として登場。後期ラテン語 criminalis に由来する（ラテン語 crimen, crimin- から派生）。名詞用法は 17 世紀初頭に登場する。

cringe ［中英語］動 すくむ、畏縮する；名 しりごみ、恥じること：

中英語の綴りには crenge および crenche もあった。古英語 cringan, crincan「屈

服する、明け渡す、戦死する」と関連があり、ゲルマン語起源。オランダ語 krengen「ひざまずく」およびドイツ語 krank「病気の」と同系。
→ CRANK¹

cripple [古英語]名手足の不自由な人：
2つの古英語 crypel と crēopel に由来する。ともにゲルマン語起源で、creep と同系。語義は「這う（creep）ことしかできない者」または「手足の収縮した（不自由な）者」。
→ CREEP

crisis [後期中英語]名危機、転機：
かつては病気の峠を意味していた。中世ラテン語からギリシア語 krisis「決定」に遡る（krinein「決定する」から派生）。一般的な語義「危機」は17世紀初頭から。

crisp [古英語]形（食べ物などが）カリカリした、ぱりっとした、てきぱきした、さわやかな：
ラテン語 crispus「渦巻いた」に由来する。「縮れた」以外の語義はこの語の発音を象徴的に解釈した産物かもしれない。

criterion [17世紀初頭]名規準：
ギリシア語 kriterion「判断の手段」に由来する（krites「裁判官」からの派生）。

critic [16世紀後半]名批評家：
ラテン語 criticus、さらにギリシア語 kritikos に遡る。後者は kritēs「裁判官」に由来し、これはさらに krinein「判断する、決定する」から派生している。当初の用法では、critical形「批判的な、危機的な」は病気の峠に関連していた。後期ラテン語 criticus に由来。

crock [後期中英語]名老いぼれ馬、老いぼれ：
一般に old crock「老いぼれ」という成句で使われる。おそらくフラマン語に由来し、crack と同系と考えられる。元々は「老いた雌羊」を意味するスコットランド語で、19世紀後半に老いた馬やだめになった馬を指すようになった。

crockery [18世紀初頭]名瀬戸物、陶器：
廃語 crocker「陶工」に由来する。派生元の crock「土器、陶器」は古英語で croc, crocca と綴られた。ゲルマン語起源。古ノルド語 krukka、オランダ語 kruik、ドイツ語 Krug「壺」と同系。

crocodile [中英語]名ワニ、クロコダイル：
中英語での綴りには cocodrille および cokadrill もあった。これらは古フランス語 cocodrille に由来し、中世ラテン語、さらにラテン語 crocodilus に遡る。語基はギリシア語 krokodilos「石の虫」で、knokē「小石」および drilos「虫」からなる。16世紀に綴りが変わり、ラテン語およびギリシア語に準じたものになった。複合語に以下がある：
■ crocodile tears「そら涙」は16世紀半ばから登場している。クロコダイルは獲物をおびき寄せるために泣いてみせるという俗信に由来している。

crone [後期中英語]名老婆：
中オランダ語 croonje, caroonje「（獣の）死体」、「老いた雌羊」を経て、北部古フランス語 caroigne「腐肉」、「性根の曲がった女」に遡る。
→ CARRION

crony [17世紀半ば]名古なじみ、旧友：
元々はケンブリッジ大学のスラング。ギリシア語 khronios「長期にわたる」に由来する（khronos「時間」からの派生語）。
→ CHUM

crook [中英語]名鉤、ペテン師、泥棒：
当初は「鉤状の道具、または、武器」という意味だった。古ノルド語 krikr「鉤」に由来する。名詞の語義「欺瞞、狡猾、インチキ」は中英語の記録に見受けられるが、17世紀には廃れた。中英語 crooked は crook を基にしており、古ノルド語 krokottr「歪んだ、不正直な」になったものと思われる。

croon [15世紀後半]動つぶやく、小声で歌う：

元々はスコットランド語および北部英語。中低地ドイツ語および中オランダ語 *krōnen*「うめく、嘆く」に由来する。標準英語で *croon* が広く用いられるきっかけはおそらくロバート・バーンズによる。

crop [古英語] 名 作物、収穫物、群れ；動 切りつめる、植えつける：

ゲルマン語起源。ドイツ語 *Kropf*「作物」と同系。古英語の時代から18世紀後半まで、「頭状花」および「トウモロコシの穂」の語義があった。これが後に拡張されて、「商業的に大規模に栽培される植物」という語義につながった。また、「鞭の先端」のように何かの先端部分を指す語義もあった。ここから hunting *crop*, riding *crop*（ともに「乗馬鞭」）のように拡張して用いられた。

cross [後期中英語] 名 十字架、十字形；動 横切る、交差する；形 不機嫌な、交差した、斜めの：

当初の用法では「十字の形をした記念碑」を指していた。古ノルド語 *kross* に由来し、古アイルランド語 *cros* を経てラテン後 *crux* に遡る。形容詞 *cross* は「横切った、またがった」という意味だった。後に「不利益な」という意味ができ、そこから「不機嫌な」という意味につながった（17世紀半ば）。複合語には以下がある：
■ **crosspatch** [18世紀初頭]は、廃語の patch に基づく。これは「愚か者、道化師」という意味で、おそらくイタリア語 *pazzo*「狂人」に由来する。
■ **crossword** はアーサー・ウィンの造語と言われる。彼の考案したパズル（word-cross）は『ニューヨーク・ワールド』の1913年12月21日号に掲載された。

crotchety [19世紀初頭] 形（特に女性が）気まぐれな、(老人が)気むずかしい：

「ひねくれた、もしくは根も葉もない信念」という意味の crotchet 名 に基づいており、中英語では「フック」を意味した。crotchet は古フランス語 *crochet* に由来し、これは古ノルド語 *krōkr* から来た *croc*「フック」の指小辞語である。「フック」という意味はその表現される形式によって、音楽用語との関わりを持っている（crotchet には4分音符の意味がある）。

crouch [後期中英語] 動 うずくまる、しゃがむ；名 かがむこと、：

おそらく *croche*「司教や羊飼いの曲がった杖」から来た古フランス語 *crochir*「曲がった」に由来し、古ノルド語 *krōkr*「フック」に基づく英語 crotch [16世紀半ば] 名「先の分かれているもの」と同系であろう。

croupier [18世紀初頭] 名 クルピエ（カジノのチップ移動係）、（カジノの）元締め：

当初の用法では、賭けをする人の後ろに立ってアドバイスをする人間を表した。古フランス語 *cropier*「後部座席、動物の尻に乗る人」から来たフランス語に由来し、古フランス語 *croupe*「（動物の）尻」と同系である。

crowd [古英語] 名 群衆、集団、民衆；動 押し寄せる、群がる、混む：

古英語 *crúdan*「押す、急かす」はドイツ語に起源を持ち、オランダ語 *kruien*「荷車に押し込む」と同系である。中英語では「押されて動く」や「押しのけて進む」といった意味が現れ、それが「集まる」という意味へつながり、そこから16世紀半ばに名詞（「集団」）になった。

crown [中英語] 名 冠、王位、花冠、頂上；動 王冠をいだかせる、王位につかせる、名誉を授ける：

名詞はアングロノルマンフランス語 *corune*（古フランス語 *corone*）から、動詞はアングロノルマンフランス語 *coruner*（古フランス語 *coroner*）から来ており、ラテン語 *corona*「花冠、花飾り」に由来する。

crucial [18世紀初頭] 形 決定的な、重大な：

当初は「十字形の」という意味があった。これはラテン語 crux, cruc-「十字架」から来たフランス語に由来する。(crucial stage「正念場」のような)「決定的な」、「重大な」という意味はフランシス・ベーコンのラテン語の言い回し instantia crucis「重大事例」から発展したもので、ベーコンは curx か、もしくは十字路の分かれ道を示す道しるべからのメタファーであると説明している。物理学者のニュートン（1642〜1727年）やボイル（1627〜91年）がこれを取り入れ、どの仮説が正しいのかを示す決定的な実験を表すのに experimentum crucis「重要実験」という表現を使っている。

crucible［後期中英語］名るつぼ、試練：
中世ラテン語 crucibulum「夜のランプ、(溶かした金属などを入れる) るつぼ」に由来し、元々は十字架の前につるされたランプであった。これはラテン語 crux, cruc-「十字架」から来ている。

crucify［中英語］動十字架に磔(はりつけ)にする、迫害する：
ラテン語 crux, cruc-「十字架」と figere「固定する」から来た後期ラテン語 crucifigere に由来する、古フランス語 crucifier から来ている。比喩的な意味は17世紀初頭に現れた。**crucifix**［中英語］名「十字架像」も同様である（古フランス語と、ラテン語 cruci fixus「十字架に固定する」から来た教会ラテン語を経由している）。**crucifixion**名「磔にすること」は後期中英語から記録されており、動詞 crucifigere から来た教会ラテン語 crucifixio(n)- に由来する。

crud［後期中英語］名汚いもの、かす、嫌なやつ・もの：
curd の異形であり、元のままの意味を持つ。現在の意味「汚物」と「無意味なもの」（元はアメリカ英語）は1940年代に記録されている。

crude［後期中英語］形粗野な、無作法な、天然のままの、おおざっぱな：
ラテン語 crudus「生の、粗い」に由来す

る。

cruel［中英語］形残酷な、残虐な、厳しい、悲惨な：
crudus「手荒な、粗野な」と同系のラテン語 crudelis から来た古フランス語を経由している。**cruelty**名「残虐さ」も中英語であるが、これは crudelis から来たラテン語 crudelitas を基にした古フランス語 crualte に由来する。

cruise［17世紀半ば］名巡航；動巡航する、歩きまわる、(パトカーが) 巡回する：
ラテン語 crux から来た kruis「十字架」に由来するオランダ語 kruisen「交わる、横断する」から来たと思われる。**cruiser**［17世紀後半］名「巡洋艦」は、kruisen から来たオランダ語 kruiser に由来する。

crumb［古英語］名パンくず、かけら：
古英語 cruma はゲルマン語系であり、オランダ語 kruim やドイツ語 Krume「くず、かけら」と同系である。語尾の b は16世紀に加えられたもので、おそらく crumble から来たものと思われるが、dumb のような語の影響もあり、元々語尾の b は保持されていたが、今は発音されない。感嘆詞としての **crumbs**「『ひえっ』という驚き」は19世紀後半に使用が記録されており、これは Christ（キリストの意だが、こちらも驚きを表す間投詞の用法がある）の婉曲表現である。

crumble［後期中英語］動粉々に崩れる、倒壊する、砕く；名クランブル：
おそらく crumb と同系の古英語から来ている。

crummy［19世紀半ば］形低俗な、安っぽい、くだらない：
crumby とも綴る。当初の用法では文字通りに「もろい」や「パンくずのような、パンくずにまみれた」といった意味で使われた。

crumple［中英語］動くしゃくしゃになる、もみくちゃにする：

西ゲルマン起源の古英語 crump「湾曲した、曲がった」から来た、廃語 crump「曲げる、曲がる」に由来する。これはドイツ語 krumm「曲がった」と同系である。

crusade [16世紀後半] 图十字軍、聖戦、革命運動；動聖戦に加わる：

本来は croisade という綴りだったが、スペイン語 cruzado の影響を受けた初期の croisée の変形、フランス語 croisade に由来する。これは、字義的には「十字によって印された国や状態」を意味し、ラテン語 crux, cruc-「十字架」が基になっている。17世紀には、スペイン語 cruzado に由来する crusado という形が導入された。これら2つの形態が混ざり合ったことで現在の綴りとなった。18世紀初頭に最初の記録がある。

crush [中英語] 動潰れる、殺到する、押し潰す；图圧壊、押し合い、群衆：

古フランス語 cruissir「歯ぎしり」もしくは「ひび割れ」に由来する。語源は不詳。

crust [中英語] 图パンの皮、固くなった地面；動外皮で覆う：

ラテン語 crusta「外皮、殻、かさぶた」から来た古フランス語 crouste に由来する。

cry [中英語] 图叫び声、鳴き声；動泣く、叫ぶ、大声で言う：

当初は「熱心に要求する」、「声高に求める」という意味であった。動詞は古フランス語 crier に、名詞は古フランス語 cri に由来し、その起源はどちらもラテン語 quiritare「公に抗議の声をあげる」で、字義的には「Quirites (=ローマ市民) に救いを求める」である。当初の用例は「音声」に集中しており、これは時に悲しみや苦痛の声であった。声を出す場合、出さない場合のどちらでも、涙を流して泣くこととの関係は、16世紀半ば前後に記録されている。

crypt [後期中英語] 图穴蔵、遺体安置所：

当初は、「大洞窟」という意味で、kruptos「秘密の」によるギリシア語 kruptē「貴重品保管室、地下墓所」から来たラテン語 crypta に由来する。**cryptic** [17世紀初頭] 形「秘密の」の語基にもなっており、これはギリシア語 kruptikos から来た後期ラテン語 crypticus に由来する。

crystal [後期古英語] 图水晶、結晶：

当初は、氷や、氷に似た鉱物を示すものだった。ギリシア語 krustallos「氷、結晶」がラテン語を経由してきた古フランス語 cristal に由来する。「結晶」という意味は17世紀初頭に記録されている。

cubicle [後期中英語] 图小さな個室、区切られた場所：

当初の意味は「寝室」であり、cubare「横たわる」から来たラテン語 cubiculum に由来する。

cucking-stool [中英語] 图懲罰椅子 (川や湖などに人を縛りつけたまま沈めるための、中世の懲罰道具)：

中世の時代に治安を乱す女性が縛りつけられ、そのまま水中に沈めるための椅子として使われたもので、すでに廃れた cuck「排便する、排出する」から来ている。この道具はスカンジナビアに起源を持ち、その名前は溲瓶(しびん)のついた椅子の種類に由来する。この椅子はしばしばこの形式の懲罰に使われることがあった。

cuckold [後期古英語] 图寝取られ男、不義の妻を持った夫：

cucu「カッコウ」から来た古フランス語 cucuault に由来する。これは他の鳥の巣に自分の卵を産むというカッコウの習性に関連している。フランス語や他の言語における同義語は鳥にも人間にも適用されているが、英語では鳥を指すことはない。

cud [古英語] 图食い戻し、反芻(はんすう)動物が胃から口中に戻して噛む食物：

古英語 cwidu, cucu はゲルマン語に由来し、ドイツ語 Kitt「セメント、パテ」やスウェーデン語 kåda「樹脂」と同系である。

cue [16世紀半ば]图きっかけ、合図、ヒント、指示；動キューを出す：
　行動の合図を意味する cue は語源不詳。玉突きの突き棒を指す cue は18世紀半ばに現れ、当初はおさげ髪（弁髪）を意味した。後者の cue は queue の異形である。

culinary [17世紀半ば]形台所（用）の、調理（用）の：
　ラテン語 culinarius に由来する。culinarius は culina「台所」から来ている。

culminate [17世紀半ば]動最高点・極点に達する、（天体が）南中する、子午線上に達する：
　天文学や占星学の用語。後期ラテン語（「高められた、頂天に達した」の意）に由来する。culmiat- はラテン語 culmen「頂点」から来ている。

culpable [中英語]形非難に値する、過失のある、不埒な：
　当初の意味は「罪に値する」であった。古フランス語 coupable, culpable に由来するが、これらはラテン語 culpabilis から来ている。その culpabilis は calpare「非難する」が基になっており、calpare は culpa「落ち度、責任、非難」から派生した。

culprit [17世紀後半]图犯罪者、犯人、被告人：
　無罪を主張する被告人に対する告発側の決まり文句 Culprit, how will you be tried? の冒頭に置かれる。おそらくアングロノルマンフランス語 Culpable: prest d'averrer notre bille「お前は有罪だ。それを証明する準備はできている」が、法廷の記録では省略されて cul. prist と記され、この2語が被告を指す呼称 culprit と誤解され、裁判を受ける「被告人」を指すようになったものと見られる。後の用法はラテン語 culpa「落ち度、責任、非難」の影響を受けたものと見られる。

cult [17世紀初頭]图祭儀、狂信的教団、カルト、熱狂：
　元々神に対する敬意のことで、フランス語 culte またはラテン語 cultus「崇拝」から借入された。cultus は cult-「教養ある、崇拝された」から来ており、その cultus は動詞 colere「耕す」が基になっている。religious cults「宗教的なカルト」は、祭儀・儀式を重んじて、正統とは一線を画した集団のことを意味している。1960年代になると、英語 cult は、比較的少人数（特に若者）に訴える文化的現象（追随的支持者による傾倒ぶり）を意味するようになった（cult figures「崇拝の的、」や cult status「熱狂」など）。

cultivate [17世紀半ば]動耕す、栽培する、啓発する、育成する：
　中世ラテン語 cultivat- に由来する。その基になったのは動詞 cultivare「作物のために備える」で、cultiva (terra)「耕作に適した（土地）」から来ている。語源となった動詞は colere「耕す、住む」である。

culture [中英語]图文化、教養、修養、訓練、養殖、栽培；動栽培する、耕作する：
　名詞用法、動詞用法ともにラテン語 colere「手入れをする、栽培する」が基になっており、当初の culture は「耕作地」を指していた。フランス語 culture の借入という説と、ラテン語 cultura「成長、耕作」から来たという説がある。後期中英語では「土地の耕作」を意味し、これが16世紀初頭にかけて「（心身の）訓練」を意味するようになった。文化や教養を表す用例は19世紀初頭に遡る。
　→ CULTIVATE

cumbersome [後期中英語]形重荷となる、めんどうな、厄介な、扱いにくい：
　当初は「通り抜けが難しい」の意で使われていた。cumber- は「打倒する、破壊する」を意味する中英語の動詞で、おそらく encumber「邪魔する」に由来する。

cummerbund [17世紀初頭]图カマーバンド（タキシードの下に着用する幅広の飾り帯）：
　ウルドゥー語およびペルシア語の ka-

mar-band (kamar「腰」と -bandi「帯」からなる) に由来する。かつてインド亜大陸において、家庭内労働者や地位の低い事務員が用いた飾り帯に由来する。

cumulate [16世紀半ば] 動 積み重ねる、積み上げる：

当初は「山積みに集める」を意味した。ラテン語の動詞 cumulare「積み上げる」に由来し、cumulare は cumulus「積み重なり、堆積」から来ている。現在の「積み重ねる」という意味は20世紀初頭に遡る。

cunning [中英語] 形 狡猾な、ずるい；名 狡猾、悪知恵、手際：

古ノルド語 kunnandi「知識」に由来する。kunna「知っている」(動詞 can と同系) が基になっているという説と、中英語 cunne (can の異形で今では廃語) から来ているという説がある。当初は「知識(のある)、熟練(した)」という意味で用いられ、「欺く」といった含意はなかった。「狡猾、悪知恵」という意味は後期中英語に遡る。
→ CAN¹

cup [古英語] 名 (紅茶・コーヒー用の) カップ、茶わん、優勝杯：

俗ラテン語 cuppa に由来する。おそらくラテン語 cupa「樽」から来ている。cupboard 名「食器棚」は、後期中英語では、カップや皿などを陳列するための食器台を指していた。

cur [中英語] 名 雑種犬、野良犬、ろくでなし、臆病者：

概して野良犬が攻撃的でたちの悪い犬であることから cur は軽蔑的な語として使われ、人を侮蔑する語でもある。しかし、当初は「犬」全般を指していた。cur-dog「野良犬」に由来し、古ノルド語 kurr「ぶつぶつ言うこと」が語源と見られる。

curate [中英語] 名 副牧師、補助司祭、司祭助手：

中世ラテン語 curatus「霊魂の管理を任された人」に由来する。ラテン語 cura「世話」が基になっている。成句 curate's egg「玉石混淆、良いところも悪いところもあるもの」が現れるのは20世紀初頭で、イギリスの絵入り週刊風刺雑誌『パンチ』Punch (1895年) に載った漫画 (主教に招かれた食事で腐った卵を出された従順な副牧師が、苦しまぎれに「部分的にすばらしい」と言う) に由来する。**curate** [19世紀後半] 名「(博物館・美術館などの) 館長」は、curator「(博物館・図書館などの) 管理者、館長」の接尾辞が落ちた逆成語で、後期中英語で「聖職者」を指していた。curator には「未成年者の保護者」という意味もあった (スコットランド法では今なおこの意味で使われる)。古フランス語 curateur に由来するとの説のほか、後の用法においてラテン語 curator (curare が基になっている) から直接入ったとする説もある。現在の意味は17世紀半ばに遡る。上記の語すべてに共通する基本的な概念は「注意、心配、世話」である。
→ CURE

curb [15世紀後半] 名 縁石、へり石、制御、抑制；動 制御する、制限する：

当初の用法では、馬具の止めぐつわを指していた。古フランス語 courber「曲げる、折る」に由来。ラテン語 curvare に遡る。したがって、その意味の核心部分は形状に関連している (馬のくつわには、首を曲げられないようにする部分がある)。ここから、「拘束・抑制する」という意味がでてきた。
→ CURVE

curdle [16世紀後半] 動 (牛乳が) 固まって凝乳になる、凝結する：

廃語となった動詞 curd「凝固させる」の反復動詞。

cure [中英語] 名 治療；動 治療する、治す：

動詞は古フランス語 curer に由来する。名詞も同じく古フランス語 cure から来ている。ともに、ラテン語 curare「世話をする」に遡る (cura「世話」からの派生)。元々の名詞の語義は「世話、心配、責任」だった。特に精神的な世話の意味

があり、そこから「キリスト教の司祭としての責務」という意味が生じた。後期中英語では、「医療上の世話」および「平癒」の語義が生じた。さらにここから「治療」が生じている。

curfew ［中英語］名夜間外出禁止令：

当初は、夜間の決まった時間帯に火を消しておくよう住民に求める規制（「消灯令」）、または、その時間に鳴らされる鐘のことを指していた。語源は古フランス語 *cuevrefeu* で、動詞 *cuvrir*「覆う」および *feu*「火」から来ている。「外出禁止令」という意味は19世紀後半から登場している。

curious ［中英語］形好奇心の強い、珍しい：

古フランス語 *curios* に由来し、ラテン語 *curiosus*「注意深い」に遡る。これは *cura*「世話」からの派生語で、「細やかな、念入りな」という強調が加わっている。「珍しい」という意味は18世紀初頭に生じた。**curiosity**名「好奇心」は後期中英語で、古フランス語 *curiousetes*、さらにラテン語 *curiositas* に遡る。これは *curiosus*「注意深い」からの派生語。**curio**名「骨董品」は19世紀半ばから登場している。curiosityの省略形。

curl ［後期中英語］名巻き毛；動（毛を）カールする、（煙などが）渦巻き状になる：

廃語 *crulle*「巻き毛の」に由来する。中オランダ語 *krul* に遡る（チョーサー『序 Prologue』：A young Squier ... With lokkees *crulle* as they were leyd in presse「若い近習が付いていた…まるでこてでカールしたかのような美しい巻き毛をしていた」）。

currant ［中英語］名（種なしの）干しぶどう：

raisons of Corauntz という成句に由来している。この成句は語源であるアングロノルマンフランス語 *raisins de Corauntz*「コリントの葡萄」の翻訳。

current ［中英語］形現行の、現在の、当世風の；名潮流、電流、成り行き：

当初は「走っている、流れている」という意味だった。古フランス語 *corant*「走っている」に遡る。これは *courre*「走る」から派生しており、さらに遡ってラテン語 *currere*「走る」に行き着く。

cursor ［中英語］名（コンピュータの）カーソル：

当初は、走者または飛脚を指していた。「走者」を意味するラテン語に由来。これはラテン語 *curs-*「走り（走ること）」に遡る（動詞 *currere* からの派生語）。16世紀後半から、*cursor* は「（測量器などの）滑子」を指して用いられるようになった。目盛りの刻まれた物差しの上を動かし、しかるべき点でとめてそこを指し示すのに使う。ここから、コンピュータの文脈では、画面上を動かす矢印「カーソル」を指すようになった。**cursory**形「大まかな」には、ラテン語語基にあった「速さ」という当初の概念をとどめ、「拙速でこまやかさにかける」を意味する。これは17世紀初頭から登場しており、ラテン語 *cursorius*「走者に関連する」に由来（*cursor* から派生）。

curt ［後期中英語］形ぶっきらぼうな、そっけない：

当初は、「短い、短縮された」という意味であった。語源はラテン語 *curtus*「切り詰める、短縮された」。今は手短にすませることに含まれる「ぶっきらぼうな、そっけない」という語義が加わっている。

curtail ［15世紀後半］動切り詰める、短縮する：

廃語 *curtal*「尾の短い馬」に由来する。フランス語 *curtault* に遡る。これはさらにフランス語 *court*「短い」、さらにはラテン語 *curtus* に遡る。語末が変化したのは、tail「シッポ」との連想がはたらいたことと、おそらくフランス語 *tailler*「切る」とのつながりによる。

curtain ［中英語］名カーテン、緞帳_{どんちょう}：

古フランス語 *cortine* を経て後期ラテン

語 *cortina* に遡る。後者はギリシア語 *aulaia* (*aulē*「庭」から派生) の翻訳語。この派生に登場している後期ラテン語は、ラテン語訳聖書の『出エジプト記』に見られる。礼拝所 (タバナクル) を造るのに *decem cortinas*「10枚の緞帳」が登場する。出エジプトの際にイスラエル人により契約の箱を収める聖所として、神殿ができるまで用いられた。複合語に以下がある：

■ curtain-raiser [19世紀後半]。元々劇場で戯曲の前に演じられた短い開幕劇、前狂言を指した。

curtsey [16世紀初頭][名](膝を少し曲げて身をかがめる女性の) 会釈ぇしゃく、おじぎ：

curtesy の異形。どちらの形式も、身振りによって敬意や礼儀を示すことを意味した (特に、do *courtesy*, make *courtesy* といった成句参照)。ここから、16世紀後半から登場する現在の用法につながる。

curve [後期中英語][名]曲線；[動]曲がる、曲げる：

動詞はラテン語 *curvare*「折る」に由来 (*curvus*「湾曲」から派生) し、名詞用法は17世紀後半から登場する。

cushion [中英語][名]クッション、座布団：

古フランス語 *cuissin* に由来。これはラテン語で「腰をおろす座布団」を意味する語に基づいている (*coxa*「腰、太股」から派生)。ローマ人たちは、*cubital*「肘掛けクッション」という語も用いていた。これは *cubitus*「肘」からの派生語。

cushy [第1次世界大戦][形](仕事などが) 楽な：

元々インド英語であり、ウルドゥー語 *kushī*「愉快な」に由来する。*kushī* はペルシア語 *kuš* に由来する。

custard [後期中英語][名]カスタード：

当初の綴りには *crustarde* や *custarde* があった。*custard* は卵でとろみがかかりスパイスを利かしたまたは甘味のついたソースの肉やフルーツが入った口の開いているパイを表した。*custard* は古フランス語 *crouste*「パンの皮」から来ている。この食べ物の中身はどうやら1600年頃に変わったようである。今ではよく混ぜられた卵とミルクで作られるのが一般的であるが、時に、似たような作り方として、とろみのあるソースで出されることもある。
→ CRUST

custody [後期中英語][名]保護、保管、拘留、監禁、後見：

ラテン語 *custodia* に由来する。*custodia* は *custos*「保護者」に由来する。**custodian**[名]「管理人、保護者」は *custody* が基となっており、ずっと後の時代、18世紀後半に記録されている。綴りは guardian の形にならっている。

custom [中英語][名]風習、しきたり、顧客；[形]あつらえの：

古フランス語 *coustume* に由来し、*coustume* はラテン語 *consuetudo* が基となっている。核となる要素は *con-* (強調) と *suescere*「慣れる」である。**customary** [後期中英語][名]「(荘園・都市などの) 慣習法 (集)」は中世ラテン語 *custumarius* に由来する。*custumarius* は *custuma* に由来し、*custuma* はアングロノルマンフランス語 *custume* に由来する。

customs [後期中英語][名]関税、税関：

元々の例は単数形をとっていた。その際の *custom* は統治者に払われる関税であった。後に、市場に出るまでの商品に賦課される税を指すようになった。

cut [後期中英語][動]切断する、切る、彫る、交差する、短くする；[形]切られた、切り取った；[名]切ること、切り方、削除：

古英語にあったようであるが、記録されている例は見つかっていない。語源はおそらくゲルマン語であり、そのゲルマン語はノルウェー語 *kutte* そしてアイスランド語 *kuta*「小さなナイフで切る」、*kuti*「小さな切れの悪いナイフ」と同系であ

cute [18世紀初頭]形 かわいい、気どった：

当初の例には「利口な、賢い」という意味があった。*cute* は *acute* の短縮形である。「魅力的な、かわいい」という意味での *cute* は元々、アメリカ英語の口語であった（オルダス・ハックスリー『灰色の宰相』*Grey Eminence*：The Tiny boy… looking almost '*cute*' in his claret-coloured doublet and starehed ruff「このちびっこは…その濃い紫がかった赤色のダブレットそして糊のきいた襞襟に「かわいく」見えた」）。
→ ACUTE

cutlass [16世紀後半]名 カットラス、舶刀(はくとう)：

語源はフランス語 *coutelas* で、ラテン語 *cultellus*「短剣」が基となっている。

cutler [中英語]名 刃物師、刃物屋：

古フランス語 *coutelier* に由来し、*coutelier* は *coutel*「刃物」に由来する。語源はラテン語 *culter*「刃物、犂刃(すきば)」の指小辞語 *cultollus* である。cutler は英語の名 **coulter**「犂刃」も生み出した。これは垂直に切り込みの入った刃であり、犂に固定されている。**cutlery**名「刃物職、（家庭用の）刃物類」も中英語であり、古フランス語 *coutellerie*（*coutelier* から）に由来する。

cutlet [18世紀初頭]名（フライ用・あぶり焼き用の）薄い肉片：

文字通り「少量のばら肉」である。フランス語 *côtelette* から来ている。*côtelette* の当初の綴りは *costelette* で、*coste*「ばら肉」（ラテン語 *costa* に由来）の指小辞語であった。

cwm [19世紀半ば]名 険しく深い谷、山腹の谷：

ウェールズ語で、combe「険しい谷」と同系である。
→ COMBE

cycle [後期中英語]名 循環、周期、自転車；動 自転車に乗る：

ギリシア語 *kuklos*「円」に由来する後期ラテン語を経由して古フランス語から英語に入った。**cyclic**形「循環（期）の、周期的な、（同一の神話・伝説などを主題とする）物語群の」は18世紀後半になってはじめて記録されている。フランス語 *cyclique* またはラテン語 *cyclicus* に由来する。*cyclicus* はギリシア語 *kuklikos*（*kuklos*「円」に由来）から。

cyclone [19世紀半ば]名 サイクロン、暴風雨、大竜巻：

おそらくギリシア語 *kuklōma*「輪、蛇のとぐろ」が語源である。*kuklōma* は *kuklos*「円」に由来する。-m から -n へ綴りが変化した理由は解明されていない。

cylinder [16世紀後半]名 円柱、円筒：

シリンダーの形状と動きがこの語源に表されている。ラテン語を経由してギリシア語 *kulindros*「ローラー」から来ている。*kulindros* は *kulindein*「転がる」に由来する。

cymbal [16世紀半ば]名 シンバル：

ラテン語 *cymbalum* を経由してギリシア語 *kumbalon* から来ている。*kumbalon* は *kumbē*「カップ」に由来する。cymbal は中英語に古フランス語 *cymbale* から再度借用された。

cynic [16世紀半ば]名 皮肉屋、冷笑家、（富と悦楽を蔑視した古代ギリシアの）犬儒(じゅ)学派の人：

古代ギリシアの哲学者の学派であるキニク学派を指したのがはじまりであった。この学派は快楽を蔑視していた。この運動はアンティステネスにより起こされ、紀元前3世紀に盛んであった。そして紀元1年に再び流行った。ラテン語 *cynicus* に由来し、ギリシア語 *kunícos* に遡る。*cynic* はおそらく元々は、演武場の名称である *Kunosarges* に由来し、この演武場でアンティステネスが教えていた。しかし、*cynic* は一般には「犬のよう

な、野卑な」という意味に取られていた。kuōn, kun-「犬」はキニク学派のあだ名となった。

cyst [18世紀初頭] 名 囊胞(のうほう)、囊腫(のうしゅ)、包囊(ほうのう):

後期ラテン語 *cystis* に由来する。*cystis* はギリシア語 *kustis*「囊」に由来する。英語 *cyst* は液体を含んだ囊のようなもの、または保護小囊を表す。

D d

dab ［中英語］［動］軽く（パタパタ）たたく、（ペンキ、バター、薬などを）軽く塗る：

（ペンキ、膏薬などを塗りつけるという動作も表すため）高度な専門的技能を有する動作を意味することもある。**dabble**［16世紀半ば］［動］は、軽打が反復的になされることを表し（すなわち、反復動詞であり）、死語となったオランダ語 *dabbelen* に由来する。成句は以下の通りである：

■ **dab hand**「名人・名手」の使用は、1820年代から記録がある。この成句内の *dab* は、1700年以前においては「名人」や「熟練した人」を意味していた。ここでの *dab* は、軽打を意味する *dab* に由来する可能性、あるいは、adept「名人・達人」と dapper「小粋な身なりの、めかしこんだ」が転訛した可能性があるが、いずれも憶測の域を出ない。

dad ［16世紀半ば］［名］《略式・幼児語》おとうちゃん、父さん、パパ：

子供が習得する音節が da の反復を含むことから、幼児発話の模造と考えられる。**daddy**［名］「パパ」は、文献上の記録は *dad* よりも早いが、*dad* を基にした語である。

dado ［17世紀半ば］［名］【建築】台胴（円柱下部の方形台座の腰羽目の部分）、腰羽目（壁の下部を板材と桟で貼ったもの）：

当初は台胴を表していた。元々の文字通りの意味が「さいころ」、「立方体」を意味するイタリア語に由来し、さらに遡れば、「既知事項」、「始点」を意味するラテン語 *datum* に由来する。

daft ［古英語］［形］ばかな、愚かな、気のふれた、大好きな、目がない：

古英語 *gedæfte* は「やさしい、おとなしい」を意味し、ゲルマン語起源の語である。*gedæfte* は「似合う、合う」を意味するゴート語 *gabadan* と同系である。「知能を欠いた」や「愚かな」という意味は中英語で生じた。類似した意味の発達が類義語の silly でも認められる。silly の意味は、「無防備な、無邪気な」から「愚かな」へと変化した。*daft* は「気まま」といった意味を表すことがあり、その意味は、「不快感を与えない」という当初の中核的意味に由来する。また、「おふざけ」という意味も表す（バーンズ『二匹の犬』 *Two Dogs*: In a frolic *daft*「陽気にふざけて」）。くだけた言い方である **daffy**［19世紀後半］［形］「ばかな、気のふれた」は、*daft* の同系語である可能性があり、北部英語方言の「まぬけ」を意味する *daff* に由来する。
→ DEFT

dagger ［後期中英語］［名］短剣、短刀；［動］…を短剣・短刀で刺す：

おそらく動詞 *dag*（廃語）「刺す、突く」に由来しており、古フランス語 *dague*「長剣」の影響を受けている。

dainty ［中英語］［形］（小さく整って）優美な、上品な、（食べ物などに関して）好みのやかましい、おいしい；［名］おいしい物、ごちそう：

当初は「一口のうまい食べ物、味覚を喜ばせる物」を意味した。古フランス語 *daintie, deintie*「一口分を選ぶ、喜び」に由来し、元々はラテン語 *dignitas*「価値のあること、美しさ」である。ラテン語 *dignus* がその語基である。

dairy ［中英語］［名］（農場内の）搾乳場、バター・チーズ製造場、牛乳・乳製品販売所、乳製品：

中英語では *deierie* と綴られていた。*deie*「酪農婦」に由来する。*deie* は古英語では *dæge*「女の召使い」であった。元々はゲルマン語である。英語 dough

「練り粉、パン生地」、古英語 *hlæfdige*「敬意を示すべき女性」という語における *dige* だけでなく、古ノルウェー語 *deigja* とも同系である。
→ DOUGH; LADY

dais ［中英語］图（広間・食堂などの来賓用）高座、上段、（講堂などの）演壇：
元々は賓客用のテーブルを意味していた。古フランス語 *deis* に由来し、*deis* はラテン語 *discus* に由来する。ラテン語 *discus* は当初は「(平らな) 円盤 (状の物)、皿」を意味していたが、後に「テーブル」を意味するようになった。英語では、「テーブル」から「台に乗った背の高いテーブル」、「背の高いテーブルが置かれるホールの一段高い端」、「この上部を覆う天蓋」へと意味が変化していった。*dais* は、中英語以降ほとんど使われなくなったが、19世紀初頭の骨董収集家達が2音節で発音し、復活した。
→ DISH

daisy ［古英語］图ヒナギク：
古英語 *dæges ēage* は、「1日の目」を意味していた。というのは、花は朝咲き、黄色い花盤を隠して夜しぼむからである。push up *daisies* は、「棺桶に入っている、死んでいる」を意味する成句である (オーエン『詩集』*Poems*: 'Pushing up *daisies*' is their creed, you know「死にかけている」は信条ですよね)。

dale ［古英語］图谷間：
古英語 *dæl* はゲルマン語起源で、古ノルウェー語 *dalr*、オランダ語 *dal*、ドイツ語 *Tal*「谷」とも同系である。語源は「深い、低い場所」であると思われる。*dale* はノルウェー語でよく使われたためか、Clydesdale, Borrowdale, Dovedale のように、北部地域の地名の中によく現れる。
→ DELL

dally ［中英語］動ぼんやり考える、ぶらぶら時を過ごす、戯れる、いちゃつく：
古フランス語 *dalier*「おしゃべりする」に由来する (一般に、アングロノルマンフランス語の中で使われた)。語源不詳。

dalliance 图「戯れ、いちゃつき、のらくら過ごすこと」は、中英語では「会話、おしゃべり」を意味することから始まり、*dally* が語基である。**dilly-dally** 動「ぐずぐずする」は、17世紀初頭に生まれ、*dally* の反復形 (要素をわずかに変えて反復する形) である。

dam¹ ［中英語］图ダム、堰：
中低地ドイツ語、あるいは、中オランダ語に由来する。古英語の動詞 *fordemman*「締め上げる」だけでなく、オランダ語 *dam*、ドイツ語 *Damm*「ダム」も同系である。

dam² ［後期中英語］图（四足獣、特に馬の）雌親：
当初は「人間の母親」を意味していた。*dam* は *dame* の変形である。

damage ［中英語］图損害、被害、費用、支払い、対価：
古フランス語 *dam, damne*「損失、損害」、ラテン語 *damnum*「損失、損傷」に由来する。What's the *damage*?「費用はいくらだ？」の例におけるような「費用、対価」を意味する俗語用法は18世紀半ばまで遡る。
→ DAMN

dame ［中英語］图身分のある婦人 (の総称)：
当初は「女性支配者」を意味し、古フランス語を経由したラテン語 *domina*「女主人」に由来する。pantomime *dame*「パントマイムおばさん (パントマイムで男優の演じる滑稽な中年おばさん)」は20世紀初頭に遡る。ラテン語 *domina* からは中英語 *damsel*「高い身分のおとめ」も生まれた。**damsel** は古フランス語 *dameisele, damisele* に由来する。

damn ［中英語］動（人・物・事が）だめだと非難される、けなされる、呪う、罵る：
古フランス語 *dam(p)ner* に由来する。さらに遡れば、ラテン語 *dam(p)nare*「…に

損害を与える」、damnum「損失、損害」に由来する。Darn it!「ちくしょう！」のような表現における darn 名動 は、罵り語 damn の婉曲語である。darn は元々アメリカ英語の用法であり、18世紀半ばに遡る。damnation ［中英語］名「呪うこと、天罰」は、ラテン語 dam(p)natio(n-) に由来し、古フランス語を経由してもたらされた。

damp［中英語］形湿気のある、《古語》意気消沈した；名水気、湿気、坑内ガス、《古語》意気消沈；動湿らせる、静める、毒気をあてる、湿る：

西ゲルマン語起源で、「蒸気」を意味する中低地ドイツ語と同系である。
→ DANK

dance［中英語］動ダンスする、踊る；名ダンス：

動詞形は古フランス語 dancer に由来し、名詞形は同じく古フランス語 dance に由来する。この語形は、一般に、「（自分の方へ）引っぱる」、「伸ばす」を意味する古高地ドイツ語からの借用語と考えられる。

dandelion［後期中英語］名セイヨウタンポポ：

フランス語 dent-de-lion に由来する。中ラテン語 dens leonis「ライオンの歯」を翻訳した語である。タンポポの葉は（ライオンの歯のように）ギザギザした形状をしているからである。

dandruff［16世紀半ば］名（頭の）ふけ：

語頭 dan- の語源は不詳。語尾 -ruff はおそらく中英語 rove「ふけっぽい」と同系である。

dandy［18世紀後半］名ダンディ、しゃれ男、きざな男：

おそらく、17世紀の Jack-a-dandy「うぬぼれ屋」の短縮形である。dandy は Andrew の愛称である。1813年から1819年の間、ロンドンで流行し、その時代の流行を追うしゃれ者に対して使われた。

dandy のもう1つの意味に、fine and dandy の成句に見られるような「すばらしい」という意味がある。これはアメリカで生まれた意味である。

danger［中英語］名危険性、危険なもの：

ラテン語 dominus「君主」を語基とする古フランス語 dangier に由来する。元々は、「君主や主人による支配権や権力」、特に、「危害を加える力」を意味していた（シェイクスピア『ベニスの商人』 Merchant of Venice, IV. i. 180：You stand within his danger, doe you not「お前は生命を原告の手中に握られているわけだな」）。そこから、現在の「危害を引き起こす可能性（＝危険性）」という意味が生じた。dangerous 形 ［中英語］ は、当初は「横柄な」、「気難しい」、「喜ばせるのが難しい」といった意味を表していた。dangier を語基とする古フランス語 dangereus に由来する。

dank［中英語］形湿っぽい、じめじめした：

おそらくスカンジナビア語に由来し、スウェーデン語 dank「じめじめした場所」と同系である。dank と damp「湿っぽい、じめじめした」の間には、本来的なつながりはないが、近年、damp は dank と同じ意味を獲得し、damp の意味領域を侵食している。

dapper［後期中英語］形小粋な身なりの、こざっぱりした、小柄できびきびした：

おそらく「強い、頑丈な」を意味する中低地ドイツ語、あるいは、中オランダ語に由来する。当初の用法では、いい意味であったが、今ではユーモラスに用いられることがある。

Darby and Joan［18世紀後半］名（穏やかな家庭生活を送る）仲のよい老夫婦：

初出は、1735年 Gentleman's Magazine に掲載された詩の中である。そこでは、次の詩句が含まれている：Old Darby, with Joan by his side...They're never happy asunder「仲の良い老夫婦。2人は一緒にいると幸せだ」。

dare ［古英語］［副］あえて、思い切って、恐れずに、生意気にも…する：

古英語 *durran* はゲルマン語起源である。ゴート語 *gadaursan* と同系であり、ギリシア語 *tharsein*、サンスクリット語 *dhrs-*「大胆である」でも認められるインド＝ヨーロッパ語族の語根に由来する。3人称単数による he *dare* とその過去時制形の he *durst* は、現在でも残っている。北部の諸方言では、それらが保持されており、また、しばしば文学的な英語の中で好まれて使われる（テニスン『イン・メモリアム』*In Memoriam*: Nor *dare* she trust a larger lay「彼女は大げさな歌にはあえて信頼を置かず」）。複合語には以下がある：

■ **dare-devil**「向う見ずな、恐れを知らぬ」は、someone ready to *dare* the devil の縮約形であり、cutthroat「人殺し」、scarecrow「かかし」など、この種の語形成によって生じる句のうちの1つである。

dark ［古英語］［形］暗い、闇の：

古英語 *deorc* は、おそらくゲルマン語起源でドイツ語 *tarnen*「隠す」と同系である。他のゲルマン系の言語には対応する形容詞形はないが、西ゲルマン語の語形 *darknjan*「確認されていない」の対応形と考えられる古高地ドイツ語動詞 *tarchanjan* は同一の語幹を含んでいる。

darling ［古英語］［形］最愛の人、お気に入り、［名］《呼びかけ》あなた、おまえ：

古英語 *dēorling* は、中英語において *dereling* に変化し、dear「親愛な、いとしい」と同系である。子音が後接する *er* は、現在の綴りである *ar* へと規則正しく変化する。

darn ［17世紀初頭］［動］（布・編物のほころびなどに）糸を縦横に掛けわたして縫う：

方言形 *dern*「隠れた」に由来し、さらには、西ゲルマン語を起源とする古英語 *diernan* に由来する。類似語として、中オランダ語 *dernen*「（堤防の）穴をふさぐ」がある。英語動詞 *darn* は、1600年頃から現れ、以降、多くの用例が記録にある。裂け目や穴を縦横に掛けわたして縫うやり方は、この時期に始まった可能性がある。

dart ［中英語］［名］投げ槍、ダーツ：

古フランス語 *darz, dars* の対格語形に由来する。*darz, dars* は、西ゲルマン語の「槍」を意味する語に由来する。

dash ［中英語］［動］投げつける、ぶつける、打ち砕く、打ちこわす：

当初の意味は「力強く叩く」である。おそらく力強い運動のシンボルであり、スウェーデン語とデンマーク語 *daska*「平手で叩く」と同系である。bash, clash, crash のようなオノマトペ的な語と類似している。16世紀頃、*dash* は、一般的に「打ちこわす、打ち負かす、何もないようにする」といった意味で使われ、議会において法案を否決するといった意味でも使われた。この意味は、*dash* someone's hopes「（人の）希望をくじく」という成句の中で生き残っている。複合語に以下がある：

■ **dashboard** ［19世紀半ば］［名］「計器盤、はねよけ」は、乗り物の前部についた板製や皮製のはねよけであり、馬車の車輪がはねあげた泥が内部にかかるのを防ぐ機能を果たす。それは、馬車の可動面につけられたはねよけも意味する。dashboard は、20世紀初頭、自動車の計器盤にも転用された。

dastard ［後期中英語］［名］卑怯者、卑劣漢：

現在は「卑怯者」を意味するが（スコット『ロッキンヴァー』*Lochinvar*: A laggard in love and a *dastard* in war「恋愛ではのろま、戦では卑怯者」）、当初は「愚かな人」を意味した。*dastard* は dazed「ぼうっとした」に由来し、dotard「老いぼれ」や bastard「にせ物」といった語からの影響を受けている。**dastardly**［形］「卑劣な」は、「頭の鈍い、愚かな」といった意味で、16世紀半ばから記録がある。

dastardlyはdastardを語基とする。

data [17世紀半ば]名データ：
当初は「事実であると想定される事柄」を意味する哲学用語として使われていた。「情報」、字義通りには、「既知の事項」を意味するラテン語datum名の複数形である。datumはdare「与える」の中性過去分詞形である。dataは複数形ではあるが、「情報」を意味する質量名詞で使われると、単数扱いを受けることもある。現在では、コンピュータ関連の文脈の中で使われている。
→ DADO

date¹ [中英語]名日、日付：
dare「与える」の女性過去分詞形である中世ラテン語dataに由来する。古フランス語を経由して英語にもたらされた。特定の日時・場所の記録の際に使うラテン語の決まり文句 data (epistola) (送付された手紙の日付の前に書き添えられる) に由来する（例：*Data Romae prid. Kal. Apr.*「3月31日ローマにて」）。

date² [中英語]名ナツメヤシ、ナツメヤシの実：
古フランス語に由来する。さらに遡れば、ラテン語経由のギリシア語 daktulos「指」に由来する。ナツメヤシの葉の形が指に似ているからである。

daub [後期中フランス語]動塗る；名塗料：
古フランス語 dauber「白で覆う」、「覆う」、「漆喰を塗る」に由来し、さらに遡れば、ラテン語 dealbare「白くする、漆喰を塗る」に由来する。ラテン語の語基はalbus「白」である。英語 daub の意味はすべて「漆喰」の意味から発達している。

daughter [古英語]名娘、女の子孫：
古英語 dohtor はゲルマン語起源である。オランダ語 dochter とドイツ語 Tochter「娘」と同系である。古英語 dohtor の語根はギリシア語 thugatēr にも見られ、インド＝ヨーロッパ語族に由来する。daughter という綴りは、16世紀頃から見られる。その頃、クランマー聖書の中で、カヴァーディルやティンダルの doughter に代わり、daughter が用いられた。daughter という綴りは、シェイクスピアとそれ以後の作家によって使用された。この綴りは南部を起源とする。

daunt [中英語]動威圧する、ひるませる、たじろがせる：
古フランス語 danter に由来し、さらに遡れば、ラテン語 domare「服従させる、抑える」の反復動詞 domitare に由来する。「服従させる、抑える」の意味から「脅し」の意味が生まれた。

dawdle [17世紀半ば]動ぐずぐずする、だらだらする、ぶらぶらする：
方言 daddle, doddle「ぐずぐずする」と同系である。

dawn [15世紀後半]名夜明け、暁、日の出；動夜が明ける：
当初は動詞として使われており、中英語 dawning からの（接尾辞削除による）逆成語である。dawning名には、「夜明け」を表す文字通りの意味が残っている。この語は、それより早い dawing の変形である。dawing はゲルマン語起源の古英語 dagian「夜が明ける、現れる」に由来する。
→ DAY

day [古英語]名日、1日：
ゲルマン語起源の古英語 dæg は、オランダ語 dag やドイツ語 Tag「日」と同系である。**daily** [後期中英語]形「毎日の、日単位の」は、day を語基とする。ラテン語 dies との関係はない。意味的な語源は、夏の暑さと結びつく「燃焼」であると考えられる。

daze [中英語]動呆然とする、ぼうっとする、目をくらます；名呆然、当惑：
dazed からの（接尾辞削除による）逆成語であり、古ノルウェー語 dasathr「疲れている」に由来する。類似語にスウェーデン語 dasa「使われないでいる」がある。

英語 daze の「寒さでぼうっとなる」という意味は、当初からのものであろう。アイスランド語の動詞 dasa-sk には、「寒さなどで疲労する」という意味がある。

dazzle [15世紀後半][動]目をくらませる、目がくらむ：
当初の意味は「目がくらむ」である。daze「目をくらます」の反復的な行為を表す。
→ DAZE

語形成

接頭辞 **de-**（ラテン語 de「…から」に由来）は、以下の意味を加えている。
■「下に、離れて」[descend]「下りる」
■「完全に、すっかり」[denude]「裸にする、剥ぐ」
■「…由来の」[deverbal]「動詞由来の」
接頭辞 **de-**（古フランス語 des- 経由でラテン語 dis- に由来）も、「除去」、あるいは、「反転」の意味を表す [deaerate]「空気（ガス）を取り去る」、[de-ice]「防氷する」

---

deacon [古英語][名]助祭、執事：
古英語 diacon はギリシア語 diakonos「召使い、使い走り、給仕」に由来し、教会ラテン語を経由してもたらされた。ギリシア語 diakonos は、教会ギリシア語ではキリスト教の聖職者を意味していた。**deaconess**[名]「婦人執事」は後期中英語に遡る語である。

dead [古英語][形]死んだ：
古英語 dēad はゲルマン語起源で、オランダ語 dood やドイツ語 tot「死んだ」と同系である。**deadly**[形]「致命的な、命にかかわる」の当初の綴りは、「死ぬ運命にある、死の危険がある」を意味する dēadlīc（古英語）である。
→ DIE¹

deaf [古英語][形]耳が聞こえない、耳が遠い：
古英語 dēaf はゲルマン語起源である。オランダ語 doof やドイツ語 taub「耳が聞こえない」と同系であり、ギリシア語 tuphlos「目の見えない」の語根ともなっている。インド＝ヨーロッパ語族の語根に起源を持つ。意味の根源は、おそらく「知覚がはっきりしない」である。

deal¹ [古英語][動]【トランプ】札を配る、麻薬の取引をする、対処する、打撃を与える；[名]取引、密約、待遇：
古英語 dǣlan は「分ける」、「参加する」を意味し、ゲルマン語起源である。オランダ語 deel やドイツ語 Teil「一部分」と同系である。「分ける」という意味から、「分配する」という意味が生じた。また、「参加する」という意味からは、「…と関係を持つ」という意味が生じ、さらに「商取引に参加する」という意味（例：They were prohibited from dealing in the company's shares「彼らはその会社への出資を禁止されている」）や「対処する」（例：deal with the economic crisis「経済危機に対処する」）という意味が生じた。
→ DOLE

deal² [中英語][名]モミ、マツ：
中低地ドイツ語と中オランダ語 dele「厚板」に由来する。

dean [中英語][名](大学の)学部長、学科主任、学科長、主席司祭、地方司祭：
古フランス語 deien に由来する。さらに遡れば、後期ラテン語 decanus「修道士10人の長」、さらには、ラテン語 decem「10」に由来する。

dear [古英語][形]親愛な、いとしい、敬愛する、貴重な、高価な；[名]あなた、いい子；[間](驚きや同情などを表して)おや、まあ：
古英語 dēore はゲルマン語起源で、オランダ語 dier「最愛の」や duur、ドイツ語 teuer「高価な」と同系である。

dearth [中英語][名]欠乏、不足、飢饉、高価：
中英語における綴りは derthe（dear に接尾辞 -th がついた語）であり、当初の意

味は「食糧の不足とその大切さ」であった（ベーコン『反乱と騒動について』*Of Seditions and Troubles*: The Causes and Motives of Seditions are... *Dearths*: Disbanded Souldiers...「反乱の原因と動機は、…食料不足、除隊兵士、…」）。古英語には、この語の使用例はないが、「栄光、豪華さ」を意味する古ノルウェー語との同系性が認められる。「栄光、豪華さ」の意味は英語でも認められるが、この意味で使われることはあまりない。また、英語では「高価」の意味で使われる場合もあるが、その頻度は低い。より一般的に使われる「欠乏、不足」の意味は比喩的であり、転移した結果の意味である。
→ DEAR

death ［古英語］名死：
古英語 *dēath* はゲルマン語起源で、オランダ語 *dood* やドイツ語 *Tod*「死」と同系である。

debase ［16世紀半ば］動品性を落とす、品質を低下させる：
当初は「恥をかかせる」、「…の価値を下げる」を意味した。*abase*「…の地位・評価を下げる」に接頭辞 *de-* がついた語である。17世紀以来、貴重であった金属の含有率を減らし、硬貨の価値を下げるといった文脈の中で使われている。
→ ABASE

debate ［中英語］動討論する、議論する；名討論、議論：
ラテン語の接頭辞 *dis-*（「逆転」の意）と *battere*「戦う」に由来し、古フランス語を経由してもたらされた。**debatable** ［中英語］形「議論の余地のある」は、古フランス語 *debatre*「議論する」、または、*debate* と語源が同じ中世ラテン語 *debatabilis* に由来する。

debauch ［16世紀後半］動堕落させる、（女を）誘惑する：
「義務を果たさない」を意味するフランス語 *dēbaucher* に由来する。さらに遡れば、古フランス語 *desbaucher* に由来するが、最終的な語源は不詳である。フランス語の語源学者によれば、フランス語 *bauche*「仕事場」の派生語である（*desbaucher*「仕事場から離れる」）。また、*bauche*「建物における石の列」が語根であるとされている（*desbaucher*「配列する」）。しかし、フランス語では、英語におけるような「仕事から離れる」という意味での使用が最も早い時代に記録されている。

debenture ［後期中英語］名【経済】債務証書、債券：
当初は王室が発行した証拠書であり、その証拠書は、商品や業務に対しての報酬を求める権利を与えるものであった。おそらく、ラテン語 *debentur*「（金を）借りている」（*debere*「借りがある」から）に由来し、借金を記録した証書の中で使われた。17世紀、債務証書として知られる証拠書は、支払うべきものについて会計検査された量を証明するために、兵士や水兵に与えられた。議会軍は、1641年11月以降、イギリス大内乱（チャールズ1世の専制政治に対して清教徒を中心とする議会派と王党派の間に起きた〈1642〜49年〉）の間、これらを受け取ったことは明らかである。そのような証明書は保証され、没収された土地において弁済された。これは、特にアイルランドで一般的であった。現在の意味は19世紀半ばに遡る。

debilitate ［16世紀半ば］動衰弱させる、弱らせる：
ラテン語 *debilitat-* に由来する。さらに、*debilitat-* は、*debilitas* から作られた動詞 *debilitare*「弱らせる」に由来する。*debilitas* は、**debility** ［中英語］名「衰弱」の語源である。語根はラテン語 *debilis*「弱い」である。

debit ［後期中英語］名借方、借方欄の合計、不都合、欠点；動借方に記入する、（金を銀行口座から）引き落とす：
当初は「借金」を意味した。元はフランス語 *débit* であり、さらには、ラテン語 *debitum*「借りのある何か」に由来する。

「顧客の口座から引き落とす」という動詞用法は、17世紀に遡る。現在の名詞用法「借方」は18世紀後半に遡る。
→ DEBT

debonair ［中英語］形落ち着きのある、さっそうとした、屈託のない：

当初は「おとなしい」、「礼儀正しい」を意味しており、中英語で一般的となった。由来は、古英語 debonaire、成句 de bon aire「良い気質の」である。現代では「心の明るさ」の意味が加わっている。

debris ［18世紀初頭］名破片、がれき、残骸：

フランス語 débris からの借用であり、廃語 débriser「壊す」に由来する。

debt ［中英語］名借金、負債、支払義務、恩義、負い目、(宗教上の) 罪：

当初の綴りは dette であった。ラテン語 debitum「借りのある物」を語基とする古フランス語に由来する。debitum は、debere「借りている」の過去分詞形である。同系語の **debtor** 名「借り主、罪人」は、古フランス語 det(t)or に由来し、それはさらにラテン語 debitor に遡る。debt と debtor における綴りの変化は、ラテン語を模倣したことによる。

decade ［後期中英語］名10年間、10を単位とする1組：

当初は1つの文学作品の中の10でひとまとまりになった組のそれぞれの組を指していた。ギリシア語 deka「10」に由来し、後期ラテン語、古フランス語を経由して英語に入った。「10年間」の意味は17世紀初頭に遡る。

decadence ［16世紀半ば］名(道徳・文明・文芸などの) 衰微、堕落、衰退期、デカダンス：

フランス語 décadence、さらに遡れば、中世ラテン語 decadentia「傾く、衰退する」に由来する。英語では、しばしば、ラファエロやミケランジェロ以降の19世紀終わりにフランスを中心に興った退廃的な美を求める文芸の一傾向であるデカダンスを表す。
→ DECAY

decant ［17世紀半ば］動(ワイン・液体などの上澄みを容器から別の容器へ) 静かに移す、(液体を容器から別の容器へ) 注ぐ：

ラテン語の接頭辞 de-「…から離れる」と canthus「縁、へり」からなる中世ラテン語 decanthare に由来する。ビーカーの角張った口を示すために、錬金術師(れんきんじゅつし)によって使われた。ギリシア語 kanthos「目の縁」を語基とする。

decapitate ［17世紀初頭］動斬首する、(政治的理由で) 首にする、追放する：

ラテン語 caput, capit-「頭」が語基であり、後期ラテン語 decapitare「斬首する」に由来する。接頭辞 de- は除去を意味する。

decay ［後期中英語］動腐敗する、衰える；名腐敗、衰退、【物理】(放射性) 崩壊：

ラテン語 decidere「落ちる」を語基とする古フランス語 decair に由来し、de-「…から離れる」と cadere「落ちる」からなる。

decease ［中英語］名死亡、死去：

古フランス語 deces、さらに遡れば、decedere「死ぬ」の過去分詞形(「死」を意味する名詞として使われる) であるラテン語 decessus に由来する。ラテン語 decessus は mors「死」の婉曲語である。英語 decease も婉曲語である。decease は「死亡」を意味する一般的な法律用語、専門用語である。

deceit ［中英語］名偽り、詐欺、虚偽：

名詞として使われた古フランス語 deceveir「欺く」の過去分詞形に由来する。
deceive ［中英語］動「欺く、惑わす、裏切る」は、古フランス語 deceivre、さらに遡れば、ラテン語 decipere「捕まえる、わなにかける、騙(だま)す」に由来する。当初は「わなにかける、(人の) 不意を襲う」を意味した (ミルトン『失楽園』*Paradise Lost*: He it was whose guile ... deceived

The mother of mankind「術策を用いて人類の母を欺いた奴」）。同系語として、後期ラテン語 deceptio(n-) に由来する **deception**［後期中英語］名「騙すこと、詐欺」と、古フランス語 deceptif, -ive、または、後期ラテン語 deceptivus に由来する **deceptive**［17世紀初頭］形「虚偽の」がある。

decency ［16世紀半ば］名上品さ、品性、体面、体裁、世間体：

当初は「適応性、適合性」の意味を表していた。decent-「適合している」に由来するラテン語 decentia が語基である。decent- からは、「ふさわしい、きちんとした」を意味する **decent** 形が生まれた。decent も 16世紀半ばから。

decide ［後期中英語］動決定する、結論を下す：

当初は「解決する」を意味していた。フランス語 décider、さらに遡れば、de-「…から」と caedere「切る」からなるラテン語 decidere「決定する」に由来する。**decision** 名「決定」も後期中英語の語であり、ラテン語 decisio(n-) に由来する。**decisive** 形「決定的な」は 17世紀初頭から使われており、フランス語 décisif, -ive、さらに遡れば、中世ラテン語 decisivus に由来する。

deciduous ［17世紀後半］形脱落性の、落葉性の：

ラテン語 deciduus を語基とし、decidere「落ちる」に由来する。

decimal ［17世紀初頭］形小数の、十進法の；名小数：

中世ラテン語の形容詞 decimalis、ラテン語 decimus「第10番目」に由来する。ラテン語の語基と同じく、英語とフランス語においても「10分の1、わずか」を意味した。今日では、十進分類法における数概念を意味するのが一般的となっている（ブラッドフォード『記録』*Documentation*: In 1883, a *decimal* classification was introduced in the Bodleian Library … and … is still in use「ボドレイアン図書館に 1833年になって十進分類法が導入され、現在も使われている」）。また、「十進貨幣制」の場合、10になると新しい貨幣単位となる。

decimate ［後期中英語］動（特に古代ローマの処罰として）…の 10人ごとに 1人をくじで選んで殺す、…の10分の1を取る、…の大虐殺をする：

ラテン語 decimat-, decimare「10番目に取る」、decimus「10番目」に由来する。当初は、暴動を起こした軍団のうち、10人ごとに 1人の兵士を選んで処刑するローマの処罰法を表していた。中英語では、10分の1税の徴収をすること、そして後に、イギリスの軍人・政治家クロムウェルによって課された税を表した。

decipher ［16世紀初頭］動判読する、解読する：

→ CIPHER

deck ［後期中英語］名デッキ、甲板、（トランプなどの）一束；動飾る、着飾る、覆う

おそらくは中オランダ語の dec「覆い、屋根、マント」、dekken「覆う」に由来する。当初は、船を覆うために使われたカンバス素材を指していた。その後、覆うこと自体を意味するようになり、さらに、屋根または床の機能を果たす固い表面を意味するようになった。当初の遠洋航路の船舶では、船尾にはデッキしかなかったので、航海に関しては、16世紀の作家達は「船尾楼」を意味するために deck を用いることがあった。航海に関連した deck は、オランダ語よりも英語のほうが 160年ほど早いようである。複合語 **double-decker** 名「2階・2層のあるもの」は、元は、アメリカ英語であり、19世紀半ばには「二重甲板船」や「2階建てバス」を表した。一束のカードという意味は 16世紀後半に遡る。動詞用法も 16世紀に現れ、主に「飾る、覆う」を表した（シェイクスピア『ハムレット』*Hamlet*, V.i.267: I thought thy bride-bed to have *deckt* sweet maide, And not have strew'd thy grave「新床を花で飾ろうと思っていたが、その花を墓にまこうとは」）．

declare［中英語］動宣言する、布告する、断言する、言明する：

ラテン語 declarare に由来する。de- は「完全に」、clarare は「明らかにする」（clarus「明らかな」に由来する）を意味する。後期中英語に遡る同系語には、以下の語がある。ラテン語 declaratio(n-), declarare「明らかにする」に由来する **declaration**名「宣言、布告」、古フランス語 déclaratif, -ive またはラテン語 declarativus に由来する **declarative**形「陳述的、宣言的」など。

decline［後期中英語］動（招待・申し出などを）断る、傾ける、傾く、衰える；名衰え：

古フランス語 decliner、さらに遡れば、ラテン語 declinare「曲げる、わきへよける」に由来する。de-「下へ」と clinare「曲げる」からなる。当初は「真っ直ぐな進路から向きを変える」の意味として使われていた。この意味から「…からわきへよける、断る」という意味が新たに生まれた。同じ後期中英語に遡る **declension**名「下降」は、古フランス語 declinaison, decliner「傾く」に由来する。語尾の変化は、ascension「上昇」のような語との連想による。

decompose［18世紀半ば］動分解する、腐敗する、腐敗させる：

当初は「単純な要素に分類する」を意味していた。de-（反転を意味する接頭辞）と composer からなるフランス語 décomposer に由来する。

decoration［後期中英語］名装飾：

decoration（後期ラテン語 decoratio(n-) に由来する）と decorate「飾る」は、いずれも、ラテン語 decus, décor-「美、名誉、装飾」を語基としており、16世紀半ばに遡る。decorate 動は、元は「栄誉を授ける」を意味して、decorare の過去分詞形であるラテン語 decoratus「飾られた」に由来する。

decorum［16世紀半ば］名礼儀正しさ、上品さ：

当初は文体の適切さを意味する文学用語として使われた。ラテン語の形容詞 decorus「ふさわしい」の中性形に由来する。decorus は、**decorous**形「礼儀正しい、上品な」の語基であり、17世紀半ばからは「適切な、ふさわしい」という意味で使われた。

decoy［16世紀半ば］動おびき寄せる、誘惑する；名おとり：

当初は coy「アヒルをわなにかけるために作られた場所」という単純な語であった。オランダ語 de kooi「おとり」、さらに遡れば、中オランダ語 de kouw「鳥かご」に由来する。ラテン語 cavea「鳥かご」が語基である。鳥かごが表す閉じ込めの意味は、飼い慣らされたアヒルをおとりとして使って、野生のアヒルを水路を通してかごの中へとおびき寄せる慣習を反映している。

decrease［後期中英語］動減少する、現象させる；名減少：

古フランス語 decreis、さらには古フランス語 decreistre に由来する。de-「下に」と crescere「伸びる」からなるラテン語 decrescere を語基とする。

decree［中英語］名法令、判決、教令：

当初は教義や戒律の細目を決定するために、教会の会議で出された命令を意味した。古フランス語 decre, decret、さらにはラテン語 decretum「決定されたもの」、decernere「決定する」に由来する。「（離婚などの）仮判決」を意味する **decree nisi**［19世紀後半］名における nisi は、「…しない限り」を意味するラテン語である。この成句は、離婚を回避する良い理由が「ない限り」結婚生活に終止符を打つ判決を意味する。

decrepit［後期中英語］形老いぼれた、老朽化した、がたつく：

「年を取り、身体の弱った人」という意味から「老朽化した物が出す音」へと意味を拡大させた。語基は、de-「下へ」とcrepitusからなるラテン語decrepitusであり、decrepitusはcrepare「ガタガタ鳴る」の過去分詞形である。**decrepitude**名「老いぼれ」は17世紀初頭に遡る。

decry [17世紀初頭]動…を公然と非難する、(外貨・古銭などの)価値を下げる：
当初は「王室の公布によって通貨の価値を下げる」という意味を持っていた。語基は動詞cry「泣く」である。
→ CRY

dedicate [後期中英語]動捧げる、専念する、(著書・楽曲などを)献呈する：
当初の意味は「厳粛な儀式によって、神聖な使用に供する」であった。ラテン語dedicat-に由来し、dedicat-は、動詞dedicare「捧げる」を語基とする。著書・楽曲などを友人・支援者に献呈するという意味は、16世紀初頭に遡る。**dedicated**形「献身的な、ひたむきな、専用の」は20世紀半ばに現れた。dedicatedは、輸送などについて言う時には、dedicated route「専用道路」、dedicated service「専用便」のように使われ、その意味を拡げている。**dedication** [後期中英語]名「献身、献呈」はラテン語dedicatio(n-)に由来する。

deduce [後期中英語]動論理的に推理する、(結論を)導き出す、演繹(えんえき)する：
当初は「導く、運ぶ」という意味を表していた。de-「下へ」とducere「導く」からなるラテン語deducereに由来する。これと同系の後期中英語の語に**deduct**動「差し引く、演繹する」があり、ラテン語の動詞deducere「取り除く」に由来する。deductとdeduceは17世紀の半ばあたりまで意味の違いはなかった。ラテン語deductio(n-)に由来する**deduction**名「推理、推論、演繹法」も後期中英語である。

deed [古英語]名行為、行い、偉業、功績、(署名した)証書・権利書：

古英語dēd, dædはゲルマン語起源で、英語doも共有するインド＝ヨーロッパ語根からなる。オランダ語daadやドイツ語Tat「行為」と同系である。当初の意味は「行為」であった。中英語では、一般に財産の所有に関して署名して譲渡がなされる証書を示す法律用語となった。
→ DO

deem [古英語]動考える、思う：
古英語dēmanには「裁きを行う」という意味もあった。ゲルマン語起源で、オランダ語doemanと同系である。
→ DOOM

deep [古英語]形深い、難解な；副深く；名深み：
古英語の形容詞dēopであり、副詞としての綴りはdīopeやdēopeであった。ゲルマン語起源で、オランダ語diep、ドイツ語tief「深い」と同系である。**depth**名「深さ」は後期中英語であり、語形はdeepが基となっている。
→ DIP

deer [古英語]名シカ：
古英語dēorは本来四足獣を指す。「小さな生き物全般」を意味するsmall deerという今や廃用の表現が当初の用法を示している (シェイクスピア『リア王』*King Lear*, III. iv. 138-139：But mice and rats, and such small *deer*, Hath been Tom's food for seven long year「ネズミや小動物などが7年もの長い間トムの食べ物であった」)。ゲルマン語起源で、同系語には単に「動物」を意味するオランダ語dierやドイツ語Tier「動物」がある。

defame [中英語]動中傷する、そしる、侮辱する：
古フランス語diffamerに由来する。元はラテン語diffamare「悪評を広める」であり、dis-「除去」とfama「報告」からなる。

default [中英語]名(義務などの)不履行、(法廷への)欠席；動約束・義務を怠る、(法廷に)欠席する：

ラテン語 fallere「失望させる、欺く」を基にした defaillir「失敗させる」から来た古フランス語 defaut に由来する。当初の名詞用法には「欠如」や「欠点」などの意味があった。

defeat [後期中英語][動]負かす、打倒する；[名]敗北、失敗：

当初の意味は「取り消す、破壊する、無効にする」であり、中世ラテン語 disfacere「取り消す」から来た古フランス語 desfaire の過去分詞 disfait「未完成の」から来ている。**defeatist**[名]「敗北主義者」は第1次大戦時からで、défaite「打ち負かす」から来たフランス語 défaitiste に由来する。

defecate [後期中英語][動]排便する：

当初の用法は「不純物を取り除く、浄化する」という意味であった。ラテン語 defaecat- が語源であり、動詞 defaecare に由来する。de-「削除」と faex, faec-「かす」からなる。現在の意味は19世紀半ばから。

defect [後期中英語][名]欠陥、短所、不具合；[動]（国家・主義などから）離脱する：

古フランス語 defect「欠陥」の影響を受けている。de-「逆転」と facere「行う」からなるラテン語 deficere「不毛の、欠乏した」の過去分詞 defectus に由来する。「（国家・主義などから）離脱する」という動詞 defect（16世紀後半）もラテン語 deficere から来ている。**defection**[名]「脱会、背信」は当初の意味「不十分」を表したり、「脱走」と同じように「不完全」や「失敗」を意味した（ブロンテ『ヴィレット』Villette: I underwent ... miserable defections of hope, intolerable encroachments of despair「私は、悲惨な希望の欠落、耐え難い絶望の浸食を味わった」）。

defend [中英語][動]守る、弁護する：

ラテン語 defendere「防ぐ」、「守る」（de-「分離」と、-fendere「打つ」からなる）は中英語にできたいくつかの語の基になっている。defend は古フランス語 defendre に、defence[名]「防御、弁護」は古フランス語 defens に由来する。語源は後期ラテン語 defendere の過去分詞形である。defender[名]「防御者、弁護者」は古フランス語 defendeor に由来する。defensible[形]「（攻撃や危害から）防御できる」は、当初、武器や防備された場所を指して、「防御できる」という意味で使われた。直接の語源は後期ラテン語 defensibilis である。短縮形 fencible が自国における防衛軍を指すこともある。defensive[形]「防御的な」は古フランス語 défensif, -ive に由来し、語源は中世ラテン語 defensivus である。
→ OFFENCE

defer¹ [後期中英語][動]延期する：

当初の意味に「一方へ置く」があった。古フランス語 differer に由来するが、defer「延ばす」と differ「異なる」という2つの意味があった。語源はラテン語 differre であり、dis-「分離」と ferre「運ぶ」からなる。17世紀の英語では differ と綴られることが多かった。
→ DIFFER

defer² [後期中英語][動]（人・意見に）従う：

「敬意を表して従う」という意味で He deferred to Tim's superior knowledge「彼はティムのすぐれた見識に従った」のように使われる。古フランス語 deferer に由来する。語源はラテン語 deferre「運んで持ち去る、（物事を）任せる」で、de-「…から離れて」と ferre「運ぶ」からなる。

defiance [中英語][名]（権威などに対する）反抗、挑戦：

当初は忠義や友情の放棄を意味した。古フランス語 defier「反抗する」の派生語に由来する。権威に対するあからさまな反抗を表す意味は18世紀初頭に遡る。defiant[形]「反抗的な」は16世紀後半からで、フランス語 défiant に由来する。英語の名詞 defiance から直接派生したとも考えられる。

deficient [16世紀後半][形]不足してい

る、欠陥のある：

語源はラテン語の動詞 *deficere* から派生した *deficient-*「欠点」である。元は *deficient* cause「ある特別な結果をまねく失敗や欠陥」という神学上の表現の中で用いられた。この意味は、聖アウグスティヌスが悪の起源を論じた際に初めて使用したものである。彼の教義は、悪には肯定的なものが欠けており、それゆえ、*efficient*「有効な」ものを生み出さず、*deficient*「不完全な」原因と結果だけをもたらすというものであった。16世紀から17世紀に起こったカルヴァン派とアルミニウス派の論争中に英語で流行した。現在では、「欠けている」と「不足している」という一般的意味に限定されて使われている。
→ DEFECT

deficit ［18世紀後半］名 不足額、赤字：

フランス語 *deficit* に由来する。語源はラテン語の動詞 *deficere* から派生した *deficit*「欠けている」である。元のラテン語は、商品目録の中で不足しているものを意味した。
→ DEFECT

defile ［後期中英語］動 泥を塗る、汚す：

廃語 *defoul* の変形である。古フランス語 *defouler*「踏みつける」に由来する。語尾の綴りは廃語 *befile*「汚す」の影響を受けている。

define ［後期中英語］動 定義する：

当初の意味は「終わらせる」であった。古フランス語 *definer*「終結する、決定する」に由来する。そのフランス語はラテン語の動詞 *definire* の異形で、*de-*「完成」と *finis*「終わり」の派生語 *finire*「終わらせる」からなる。**definition** 名「定義」も同時期からで、ラテン語の動詞 *definire*「…に境界を設ける」から派生した *definitio(n-)* に由来する。

definite ［16世紀半ば］形 限定された、明確な、確信している：

ラテン語 *definire* の過去分詞形 *definitus*「限定された、制限された」に由来する。

definitive 形「決定的な」は後期中英語からで、古フランス語 *definitif, -ive* に由来する。語源はラテン語の動詞 *definire* から派生した *definitivus* である。時折、definitive と definite のあいだで混同が見られるが、前者には the *definitive* biography「信頼のおける伝記」に見られるように「権威ある証拠に基づいた」という付加的な意味がある。一方、後者には He is *definite* about his choice「彼は自分の選択に自信を持っている」に見られるように、「明確に結論を下した」という意味しかない。
→ DEFINE

deflation ［19世紀後半］名 空気を抜くこと、デフレ、物価下落：

当初は「膨張したものから空気を抜くこと」を意味した。同時期から使われている **deflate** 動「空気を抜く」の派生語である。*de-*「反意」と *inflate* にも見られる *-flate* からなる。
→ INFLATE

deflect ［16世紀半ば］動（批判などを）かわす、そらす：

ラテン語 *deflectere* に由来し、*de-*「…から離れて」と *flectere*「曲げる」からなる。**deflection** 名「ゆがみ、そり」は17世紀初頭から登場し、後期ラテン語 *deflectere*「曲げてそらす」の派生語 *deflexio(n-)* に由来する。

deform ［後期中英語］動 変形する、醜くする：

中世ラテン語を経て、古フランス語 *desformer* から入り、元はラテン語 *deformare* である。*de-*「逆転」と *forma*「形」からなる。**deformation** 名「奇形、デフォルメ」（ラテン語 *deformatio(n-)* に由来）も同時期に遡り、同じラテン語の動詞に由来する。**deformity** 名「不格好、奇形」は古フランス語に由来する。語源はラテン語 *deformitas* で、*deformis*「形の悪い」の派生形である。

defraud ［後期中英語］動 だまし取る：

古フランス語 *defrauder*、あるいはラテ

ン語 defraudare に由来する。de-「…から」と fraudare「だます」からなる。語幹はラテン語 fraus, fraud-「詐欺」の派生形である。

defray ［後期中英語］動（費用・経費などを）支払う、負担する：
dé-「排除」と廃語 frai「費用」からなるフランス語 défrayer に由来する。名詞の語幹 frai は中世ラテン語 fredum「秩序を乱したことに対する罰金」に由来する。当初の意味は「お金を使う」であった。

deft ［中英語］形器用な、巧みな、（行動などが）すばやい
当初の意味は「優しい、おとなしい」であった。daft「ばかな、愚かな」の異形である。当初の意味には「器用な、巧みな」もあった。その後、しだいに「行動がすばやい」という意味が生まれ、そこから「人がすばやい」も生まれた。「上品でかわいらしい」という意味が方言の中に残っている。
→ DAFT

defunct ［16世紀半ば］形死亡した、消滅した、現存しない：
当初の意味は「死亡した」であった。ラテン語 defunctus「死亡した」に由来する。defunctus は de-「逆転」と fungi「行う」からなる defungi「実行する、終える」の過去分詞形である。現在の意味「廃止された、現存しない」は18世紀半ばから。

defy ［中英語］動（権力・命令などに）反抗する、（危険などを）平然と無視する、（想像・理解を）超える、（できるなら…してみよと）挑む：
「忠誠を捨てる」、「敵意を示す」、「戦いを挑む」（ミルトン『失楽園』Paradise Lost: Th'infernal Serpent...Who durst defie th'Omnipotent to Arms「…大胆不敵にも武器を取って全能者に戦いを挑んできたあの地獄の蛇」）の順に意味が発展したと考えられる。ラテン語 dis-（反意を意味する）と fidus「忠実な」からなる古フランス語 desfier に由来する。

degenerate ［15世紀後半］動退歩・劣化する、堕落・退廃する、退歩・退化させる、形名退化した（もの）、堕落者：
形容詞用法は、ラテン語の動詞 degenerare に基づくラテン語の形容詞 degeneratus「退化した（＝誕生を抑える、種族を悪くする）」に由来する。語基は de-「…から外れて」と genus, gener-「種族」からなるラテン語の形容詞 degener「質・価値を落とした」である。当初は、「種族の変化」は必ずしも「質の低下」を意味していたわけではなく、性質・特徴の変化を意味するだけの場合もあった。同じ時期における **degeneration** 名「堕落」は、ラテン語の動詞 degenerare（16世紀半ばの）英語の動詞 degenerate の語源でもある）に基づくラテン語の名詞 degeneratio(n-) に由来する。

degrade ［後期中英語］動（人の）体面を傷つける、品位を落とす：
古フランス語 degrader に由来し、さらに遡れば、de-「下に、…から外れて」と gradus「歩を進める」からなる教会ラテン語 degradare に由来する。階級の格下げとは、不名誉なことにつながる。**degradation** ［16世紀半ば］名「格下げ」の当初の意味は「処罰による免職」であった。古フランス語、ないしは、教会ラテン語 degradatio(n-)（動詞 degradare から）に由来する。

degree ［中英語］名程度、度合、階級、学位：
当初の意味は「段」、「段階」、「階級」、あるいは、「度合い」であった。ラテン語 de-「下降」と gradus「段、段階」からなる古フランス語に由来する。貴族の儀式では、degree は現在でも「段」を表す。かつて、はしごの段を指す用法もあった（シェイクスピア『ジュリアス・シーザー』Julius Caesar, II.i.25-27: He then unto the ladder turns his back ... scorning the base degrees By which he did ascend「たちまち梯子には背を向け…いままで登ってきた足もとの階段には軽蔑の目を向けるという」）。「学位」の意味

は当初、修士号や博士号の予備段階（学士号など）に使われた。その意味は、元は見習い、従者について用いられた。彼らは一定期間修業した後に、自らの仕事に就くための技能証明書や就業許可証をもらった。

deify ［中英語］動（人・動物・山などを）神に祭り上げる、神格化する：

当初の意味は「性格が神のようになる」であった。語源は古フランス語 deifier で、deus「神」から来た教会ラテン語 deificare に由来する。

deign ［中英語］動わざわざ…して下さる（しぶしぶもったいをつけて）：

古フランス語 degnier、ラテン語 dignus「価値がある」から来た dignare, dignari「価値があると思う」に由来する。現在は廃用であるが、「丁重に受け入れる」という意味もあった。（シェイクスピア『アントニオとクレオパトラ』Antony and Cleopatra, I.iv.63-64: Thy pallat then did daige The roughest berry, on the rudest hedge「どんなきたない生垣になったどんなまずい木の実でもいとわず嚙みくだいた」）。

deject ［後期中英語］動気落ちさせる：

当初の意味は「倒す、（品位・評価を）下げる、体面を傷つける」であった。現在も使われている意味として「元気を失わせる」がある。ラテン語の動詞 deicere から来ている。de-「下へ」と jacere「投げる」からなる。**dejection**名「意気消沈、落胆」はこの時期から用いられ、dejectio(n-) に由来する。元はラテン語 deicere である。

delectable ［後期中英語］形楽しい、喜ばしい：

delectable（バニヤン『天路歴程』Pilgrim's Progress: The Shepherds there, who welcomed them … unto the delectable Mountains「そこの羊飼たちは、喜んで一同を愉快が岳に迎えた」）は古フランス語を経てラテン語 delectabilis から来ている（declectare「誘惑する」に由来）。皮肉的あるいはユーモアとして使う以外は、通常の話し言葉としてはまれである。シェイクスピアでの発音は、そのストレスは第2音節ではなく第1音節に置かれ、現代においても広まっている。**delectation**名「喜び、楽しみ」はラテン語 delectatio(n-) から古フランス語を経て入った。delectatio(n-) は delectare から来ている。
→ DELIGHT

delegate ［後期中英語］名代表者；動代表に任命する、（仕事・権限・任務などを）（下の地位の人に）任せる：

名詞用法も動詞用法もラテン語の動詞 delegare「委任状を送る」から来ている。de-「下へ」と legare「議論する」からなる。**delegation**名「代表団」は17世紀初頭にできた。「任命する行為またはプロセス」、「委任された権力」のどちらも意味した。ラテン語 delegatio(n-) (delegare に由来) から来ている。

delete ［後期中英語］動削除する、抹消する：

当初の意味は「破壊する」であった。ラテン語の動詞 delere「覆い隠す、こすり消す」の過去分詞 delet- から来ている。

deliberate ［後期中英語］形意図的な、慎重な、熟考された；動熟考する：

ラテン語 deliberare「熟考する」に由来し、その deliberare は de-「完全に」と librare「計る」からなる。基になった語は libra「天秤」である。ことわざ He who hesitates is lost「ためらう者は好機を逃す」が最初に現れたのはジョセフ・アディソンの悲劇『カトー』Cato（1713年）であるが、当初は次のような表現であった。In spite of all the virtue we can boast The woman that deliberates is lost「誇れる美徳をどれほど持ち合わせていようともためらう女は負ける」。**deliberation**名「熟慮」はラテン語 deliberatio(n-) が古フランス語を経て入ったもので、deliberatio(n-) の基になった動詞も同じく deliberare「熟考する」である。deliberative［15世紀後半］形「慎重な」の語源はフランス語 délibératif, -ive またはラテン語 deliberativus である。

delicacy［後期中英語］名ごちそう、(感情・色・容姿などの)繊細さ、優雅さ、傷つきやすさ：

今でこそ「繊細さ」や「敏感さ」を意味するが、当初は「贅沢」とか「官能的満足」という意味で使われていた。delicate 形「繊細な、精巧な、敏感な」が基になっており、当初は「…に喜びを与える」、「魅力的な」という意味で使われることがあった。中英語では「官能的な」、「わがままな」、「潔癖な」、「めめしい」といういう意味でも使われていたが、これらは今や廃義である。フランス語 délicat またはラテン語 delicatus から来ているが、語源不詳である。フランス語 délicat は「最高級の」を意味し、ドイツ語 Delikatessen「特選食品」とオランダ語 delicatessen の語源ともなっている。**delicatessen**［19世紀後半］名「調理済み高級食品(店)」はこれらに由来する。delicatessen は元はアメリカ英語で、調理済み食品を意味した。

delicious［中英語］形とてもおいしい、とても楽しい：

当初は「魅惑的な」という意味で使われた。後期ラテン語 deliciosus が古フランス語を経て入り、deliciosus はラテン語 deliciae「喜び、快楽」(複数形) が基になっている。

delight［中英語］名大喜び；動大喜びさせる：

動詞用法は古フランス語 delitier に由来し、名詞用法は古フランス語 delit に由来する。ラテン語 delectare「魅了する、おびき寄せる、喜ばす」に遡る。16世紀に -gh- が入ったが、それは light の影響である。当初は delite および delyte という綴りが一般的だった。

delineate［16世紀半ば］動(線で)描く、輪郭を描く、正確に記述する：

当初は「何かの輪郭をふちどる」という意味であった。ラテン語の動詞 delineare「輪郭を描く」に由来する。linea「線」が基になっている。ラテン語の接頭辞 de- は「離れて、完全に」を意味する。

delinquent［15世紀後半］形非行の、反社会的な；名犯罪者、非行少年・少女：

ラテン語の動詞 delinquere「違反する」から派生した delinquent- に由来する。de-「離れて」と linquere「去る」からなる。現在は、主として軽犯罪に関与した非行少年を指す。**delinquency** 名「(特に青少年の)犯罪、非行」は17世紀半ばから。教会ラテン語 delinquentia に由来し、ラテン語 delinquent- に遡る。

delirium［16世紀半ば］名一時的精神錯乱、ひどい興奮(状態)：

ラテン語の動詞 delirare「それる、錯乱している」に由来する。文字通りの意味は「畝からそれる」で、de-「離れて」と lira「畝」からなる。

deliver［中英語］動配達する、伝える、加える、投げる：

古フランス語 delivrer に由来し、ラテン語 de-「離れて」と liberare「釈放する」からなる。「(攻撃・打撃を)加える、(ボールを)投げる」は16世紀後半に生じた。**deliverance**［中英語］名「救出、公式見解」は古フランス語 delivrance に由来し、動詞 delivrer から来ている。**delivery**［後期中英語］名「配達」はアングロノルマンフランス語 delivree に由来し、delivrer の女性形過去分詞である。

dell［古英語］名小さな谷間：

ゲルマン語起源で、詩や文学において「小さい谷」を意味するのに用いられた。オランダ語 del やドイツ語方言 Telle と同系である。
→ DALE

delta［16世紀半ば］名デルタ(ギリシア語アルファベットの第4字)、三角州：

三角州を表すが、デルタという名称はギ

リシア文字の *delta*「デルタ」の形に由来する。本来は the *Delta* という成句で用いられ、ナイル川を指した。

delude ［後期中英語］動惑わす、思い違いする：

ラテン語 *deludere*「あざける」に由来し、*de-*（ここでは軽蔑的な意味）と *ludere*「もてあそぶ」からなる。同時代の **delusion** 名「妄想」には「惑わし、惑い」の意味があった。後期ラテン語 *delusio(n-)* に由来し、*deludere* から来ている。**delusory** ［15世紀後半］形「人を惑わす」は後期ラテン語 *delusorius* に由来し、*dulude* と同じ語源である。

deluge ［後期中英語］名大洪水、豪雨：

古フランス語 *diluve*「洪水」の異形に由来し、ラテン語 *diluvium* から来ている。元は *diluere*「押し流す」である。形容詞 antediluvi「ノアの洪水以前の」は文字通り「ノアの大洪水以前の（＝時代遅れの）」を意味し、同じくラテン語 *diluvium* に基づく。

delve ［古英語］動掘り下げる、徹底して調べる：

古英語 *delfan*「掘る」は西ゲルマン語起源でオランダ語 *delven* と同系である。後期中英語になって調査・研究に関して「丹念に調べる」を意味するようになった。

demagogue ［17世紀半ば］名扇動者、扇動政治家：

古代ギリシアやローマで、運動を引き受け、庶民を支持して演説する雄弁家を指した。ギリシア語 *dēmagōgos* に由来し、*dēmos*「人民」と *agōgos*「先導」（動詞 *agein*「先導する」に由来）からなる。

demand ［中英語］動要求する、必要とする；名要求、需要：

名詞用法は古フランス語 *demande* に、動詞用法は古フランス語 *demander* に由来する。ラテン語 *demandare* は「手渡す、任せる」を意味したが、「要求する」の意味は中世ラテン語において発達した。*de-*「正式に」と *mandare*「命じる」からなる。

demean ［17世紀初頭］動品位を落とす：

de-「離れて、下に」が形容詞 mean「平凡な」の接辞としてつけられている。debase「卑しくする」の型にならったもの。

demeanour ［15世紀後半］名振る舞い、態度、品行：

廃語となった中英語の動詞 *demean* に由来し、当初は「管理する、制御する」を意味した。そして、後に再帰代名詞的用法として使われ、「振る舞う」を意味した。例えば、No man *demeaned* himself so honourably「彼ほど上品に振る舞った者はいなかった」といった用法である。語源は「導く」を表す古フランス語 *demener* に由来し、*de-*「離れて」と *minare*「（動物）を追い立てる」に基づいている。*demeanour* は「行為」を指す。おそらく廃語の名詞 *havour*「振る舞い」の影響を受けている。

demented ［17世紀半ば］形発狂した、認知症になった：

「気が狂う」を意味する当初の動詞 *dement* の過去分詞である。古フランス語 *dementer* もしくは後期ラテン語 *dementare* に由来する。「気が狂って」を表すラテン語の形容詞 *demens* が語源で、**dementia** ［19世紀初頭］名「痴呆」に由来する。

demise ［後期中英語］名死亡、消滅、財産譲渡：

当初は法律用語として使われた。今でも、遺言もしくは賃貸借契約による財産の権利委譲を指す場合に使われる。語源はアングロノルマンフランス語で、「解雇する」を表す古フランス語 *desmettre* に由来する。再帰動詞では「退く」を意味した。人の死 (her tragic *demise*「彼女の悲惨な死」) であろうと、失敗 (*demise* of industry「産業の失敗」) であろうと、財産の譲渡であろうと、本質的には「終わ

り」を表す。
→ DISMISS

democracy ［16世紀後半］名民主主義：
後期ラテン語を経てフランス語 *démocratie* から入った。元はギリシア語 *dēmokratia* である。このギリシア語は「国民」を表す *dēmos* と「力、支配」を表す *-kratia* からなる。**democratic** 形「民主主義の」は17世紀初頭からあり、中世ラテン語を経てフランス語 *démocratique* から入った。元はギリシア語 *dēmokratikos* である。大本は *dēmokratia* である。**democrat** ［18世紀後半］名「民主主義者」は当初、1789年のフランス革命における貴族の敵を表した。フランス語 *démocrate* を語源とし、「貴族」を表す *aristocrate* の型に基づいている。

demolish ［16世紀半ば］動破壊する、取り壊す：
フランス語 *démoliss-* に由来する。*démolir* の延長語幹で、ラテン語 *demoliri* に由来する。*de-*「逆転」と *moliri*「建設する」(「かたまり」を表す *moles* に由来)からなる。**demolition** 名「破壊」は同時代に遡り、ラテン語 *demolitio(n-)* に由来するフランス語を経て入った。

demon ［中英語］名悪霊、悪魔、超人的精力家：
中世ラテン語から入った。ラテン語 *daemon* に由来し、元は「神、守護神」を表すギリシア語 *daimōn* である。英語の意味「悪霊」はラテン語 *daemonium*「下位精霊」に由来する。*daemon* という綴りは16世紀半ばから19世紀まで一般的であった。1980年代から、コンピュータ用語として使われ、印刷のスプーリングやファイル転送のようなサービスを取り扱うバックグラウンド過程を表している。おそらく d(isk) a(nd) e(xecution) mon(itor) か、もしくは、de(vice) mon(itor) に由来する。しかし、単に *demon* が転じて使用されたものかもしれない。このコンピュータの機能は必要でない時には休眠状態である。

demonstrate ［16世紀半ば］動デモをする、実演する、明示する、証明する：
ラテン語 *demonstrare*「指摘する」から生じ、当初はこの意味で用いられていた。本質的には「認識させること」の意味があり、これが19世紀半ばに民衆の抗議行動と結びついた。同じラテン語の動詞が基になり、後期中英語にいくつかの語が生じた。例えば、**demonstrable** 形「証明できる」(ラテン語 *demonstrabilis* から)、**demonstration** 名「デモ、論証」(ラテン語 *demonstratio(n-)* から)、**demonstrative** 形「あらわに示す、例証的な」(古フランス語 *demonstratif, -ive* に由来し、元はラテン語 *demonstrativus*) などである。

demur ［中英語］動異議を唱える、反対する；名異議、反対：
当初は「先延ばしにする」の意味で用いられた。語源は古フランス語 *demourer* で、ラテン語 *de-*「離れて、完全に」と *morari*「先延ばしにする」からなっている。

demure ［後期中英語］形慎み深い、控えめな、お上品ぶった：
当初は「酔っていない、真面目な、遠慮がちな」を意味した。語源は *demourer*「とどまる」の過去分詞である古フランス語 *demoure* だと思われる。古フランス語 *mur*「厳粛な」(ラテン語 *maturus*「熟した、円熟した」から)の影響を受けている。「慎み深い、控えめ」という意味は17世紀後半に現れた。
→ DEMUR

den ［古英語］名巣 (穴)、隠れ家、書斎：
古英語 *denn*「野生動物の巣」はゲルマン語起源で、ドイツ語 *Tenne*「脱穀場」と英語 *dene*「谷」と同系である。18世紀後半に「仕事のための個室」を意味するようになった。19世紀には「子供の隠れ家」を意味するようになった。

denigrate ［後期中英語］動中傷する、侮辱する、過小評価する：
当初は「黒く塗る、暗くする」の意味で用

いられた。de-「離れて、完全に」と *nigrare* (*niger*「黒い」より) からなるラテン語 *denigrare*「黒くする」に由来する。これが比喩的な「過小評価する」の意味に発展した。

denim [17世紀後半]名デニム生地、デニム・ズボン：

元は *serge denim*「サージデニム」と表記された。フランス語 *serge de Nîmes* に由来する。フランスのニーム (Nîmes) という町で作られていたサージの一種である。

denote [16世紀後半]動指示する、表示する：

フランス語 *dénoter*、もしくは *de-*「完全に」と *notare*「…に気づく、気がつく」からなるラテン語 *denotare* に由来する。語基はラテン語 *nota*「印」である。

denounce [中英語]動(公然と) 非難する、責める、…を訴える、告発する：

当初の意味は「宣言する、公表する」、「人を不道徳である、呪われている、反逆者などと告発する」であった。語源は古フランス語 *denoncier*「素直に意見を述べる」であり、*denoncier* は *nuntius*「使者」を基とするラテン語 *denuntiare*「公式の情報を与える」に由来する。

dent [中英語]名くぼみ、へこみ；動へこむ、へこませる：

当初は武器による一撃を意味する名詞であった。dint「くぼみ」の異形である。
→ DINT

dentist [18世紀半ば]名歯科医、歯医者：
denture [19世紀後半]名「総入れ歯」も dent「歯」に由来する。元はラテン語 *dens, dent-* である。dentition名「歯列」は16世紀後半に当初は歯の成長を意味する語として現れた。ラテン語 *dentitio(n-)* から来ており、元は自動詞 *dentire*「歯が生える」である。

denude [後期中英語]動裸にする、はぎ取る：

ラテン語 *denudare* に由来し、*de-*「完全に」と *nudare*「むき出しにする」(*nudus*「むき出しの」より) からなる。

deny [中英語]動否定する、与えない：

ラテン語 *de-*「公式に」と *negare*「否定する」からなる。語源は古フランス語 *denier* であり、*deneier* の強勢が置かれた語根である。*deneier* はラテン語 *denegare* に遡る。

depart [中英語]動出発する、亡くなる；名故人、死者：

古フランス語 *departir* から来ており、ラテン語 *dispertire*「分割する」が基となっている。元の意味は「分割する」または「お互い別れを告げる」であり、「立ち去る」という意味から生じた。**departure**名「出発」は後期中英語から見られる。古フランス語 *departeure* に由来し、元は動詞 *departir* である。

department [後期中英語]名部門、部、課、省、局、学部、学科：

departir「外れる、それる」の派生語である古フランス語 *departement* に由来する。元の意味は「分割」もしくは「分配」であった。後に「分離」という意味になった。ここから会社の部署、または課・局という国家の行政区画を表す「分離された部門」(18世紀半ば) という意味が生まれた。
→ DEPART

depend [後期中英語]動頼る、当てにする、しだいである：

当初の意味は「ぶら下がる」、「気をもんで待つ」であった。語源は古フランス語 *dependre* で、ラテン語 *dependere* に遡る。*de-*「下に」と *pendere*「つるす」からなる。**dependent**形名「頼っている、他人に頼って生活している人」は、後期中英語では属領を指した。古フランス語に由来し、「ぶら下がる」を意味する。16世紀まで、名詞も形容詞も語末は *-ant* であった。これはフランス語の動詞の分詞

形を反映している。現在の形容詞は一貫してdependentと綴られる。綴りの変化はラテン語の分詞形dependent-が関係している。一方、名詞のdependantに関しては現代のイギリス英語とアメリカ英語の綴りに違いが見られ、語末が-entの形が標準的になりつつある。同様の関連語としてdependency［16世紀後半］图「属領」もある。成句dependency culture「依存型文化」は1980年代から登場している。人々が国家に依存するという社会・政治的な風潮を指す。

depict［後期中英語］動描く、描写する、叙述する：

ラテン語depict-に由来し、元は動詞depingere「描く」である。de-「完全に」とpingere「描く」からなる。

depilatory［17世紀初頭］形脱毛用の；名脱毛剤：

ラテン語の形容詞depilatorius「脱毛効果のある」が語源である。語源はラテン語depilare「髪の毛が抜け落ちること」であり、de-「分離」とpilare「髪の毛」からなる。

deplete［19世紀初頭］動使い果たす、枯渇させる：

ラテン語の動詞deplere「使い果たす」に由来し、de-「逆転」とplere「満たす」(plenus「いっぱいの」に由来) からなる。当初は病理学において出血や下剤を使って肉体を空にするという意味で使われた。

deplore［16世紀半ば］動嫌悪する、遺憾に思う、嘆き悲しむ：

当初の意味は「…のために泣く」や「深く後悔する」であった。フランス語déplorerやイタリア語deplorareに由来し、語源はラテン語deplorareである。de-「完全に」とplorare「嘆き悲しむ」からなる。**deplorable**［17世紀初頭］形「嘆かわしい」はフランス語déplorableもしくは後期ラテン語deplorabilisに由来し、元は動詞deplorareである。

deploy［18世紀後半］動配置につかせる、展開させる：

軍隊用語である。フランス語déployerに由来し、元はラテン語displicare、後期ラテン語deplicare「開く、広がる」である。dis-, de-「逆転」とplicare「折り重ねる」からなる。
→ DISPLAY

deport［16世紀後半］動国外追放する、退去させる：

当初は「ある方法で行動する」という意味であった。フランス語déporterに由来し、元はラテン語deportareである。de-「遠くに」とportare「運ぶ」からなる。「国から追い出す」という意味での用法は17世紀半ばに遡る。**deportment**［17世紀初頭］名「立ち居ふるまい、行儀、マナー」はフランス語déportementに由来する。元は動詞déporterである。

depose［中英語］動(王・指導者を)退位させる：

古フランス語deposerに由来し、元はラテン語deponere「(物を)わきに置く」である。当初の意味は「解雇する」であった。現在は廃義であるが、「保管するためにとっておく」は16世紀後半に使われた**deposit**動名「置く、預金、担保、手付金」と同系であり、特に成句in depositあるいはon deposit「…への手付金、内金」で見られる。名詞はラテン語depositumに由来し、動詞は中世ラテン語depositareに由来する。元はどちらもラテン語deponereである。

depot［18世紀後半］名(貨物が集積される)倉庫、《米》(列車・電車の)駅：

当初は「下ろすという行為」であった。フランス語dépôtに由来し、元はラテン語depositum「下ろされた物」である。
→ DEPOSE

deprave［後期中英語］動悪化させる、腐敗させる：

当初の意味は「何かの意味や意図を誤る」であった。古フランス語depraverまたは、ラテン語depravare「堕落させる、

汚す」に由来し、de-「下へ、完全に」とpravus「曲がった、反する」からなる。「道徳的な人格または習慣において堕落する」が、英語の当初の意味であった。17世紀半ばに遡る depravity 名「堕落」は、廃語となった pravity の変形（deprave の影響）である。元は pravus を語基とするラテン語 pravitas である。

deprecate ［17世紀初頭］動反対する、軽視する：

当初の例において「…に対して懇願する」を意味した。ラテン語 deprecari「（悪であるとして）…に対して懇願する」に由来する。de-（反意を表す）と precari「祈る」からなる。

depreciate ［後期中英語］動（価値・価格などが）下がる、軽視する：

当初の意味は「…を軽んじる」であった。語源は後期ラテン語 depreciare「低く評価する」であり、de-「下げる」と pretium「価格」からなる。他動詞用法の「…の市場価格を下げる」は、17世紀半ばに現れた。

depress ［後期中英語］動意気消沈させる、憂鬱にさせる：

中心的な意味は「重さ」であり、古フランス語 depresser に由来する。元は後期ラテン語 depressare である。「押さえる」という意味の deprimere の反復動詞（繰り返し行われる行為の動詞）である。depression 名「不景気、意気消沈」もまた後期中英語でラテン語 depressio(n-) に由来する。元は depromere である。de-pressive 形「憂鬱な」は17世紀初頭から使われており、フランス語 dépressif, -ive または中世ラテン語 depressivus に由来する。元は deprimere である。

deprive ［中英語］動（人・物・地位・能力などを）奪う、取り上げる：

当初の意味は「職を退位させる」であった。古フランス語から入った。中世ラテン語 deprivare に由来する。de-「離れて、完全に」と privare「奪う」からなる。

deprivation 名「損失、貧困」（後期中英語の「職を剥奪する」という意味）は中世ラテン語 deprivatio(n-) に由来し、元は動詞 deprivare である。
→ PRIVATE

deputy ［後期中英語］名代理人、補佐（官）：

古フランス語 depute に由来し、元は後期ラテン語 deputatus である。語源はラテン語の動詞 deputare「考慮する、任命する」であり、de-「離れて」と putare「考える」からなる。このラテン語の動詞は **depute** ［後期中英語］動「代理に命ずる」や **deputation** ［後期中英語］名「代表使節団」の語幹でもある。deputation は元は「役職への任命」であった。

derange ［18世紀後半］動混乱させる、狂わせる、錯乱させる：

古フランス語 desrengier「混乱させる」から来たフランス語 déranger に由来する。その字義は「整然とした列からはみだす」である。「狂わせる」と「混乱させる、かき乱す」の意味は両方とも当初からある。

derelict ［17世紀半ば］形遺棄された、見捨てられた；名社会の落伍者：

ラテン語 derelinquere「見捨てる」（de-「完全に」と relinquere「見捨てる」からなる）の過去分詞 derelictus に由来する。

deride ［16世紀半ば］動あざ笑う、ばかにする：

ラテン語 deridere「あざ笑う」が、より初期の derision 名「あざけり、嘲笑」（後期中英語に記録）と同様に、deride を生じさせた。derision は後期ラテン語 derisio(n-)「嘲笑」から古フランス語を経由して入った。derisory 形は、17世紀初頭に「あざけりの」を意味し、後期ラテン語 derisorius「あざけりの」に由来する。derisive 形「ばかげた」は derision に接尾辞 -ive を付加し、17世紀半ばに形成された。

derive ［後期中英語］動に由来する、伝え

る、(流れを) 水源から引く、引き出す：

当初は「流れを水源から引き出す、排水路に水を引き出す」を意味した。古フランス語 *deriver* またはラテン語 *derivare*「水を引く、ある語からある語を引き出す」(*de-*「下へ、離れて」と *rivus*「小川」からなる) に由来する。**derivation**名「由来、語源、派生」は同じ時期からの語で、特にうみや血を引き出すことを意味した。さらに「1つの語からもう1つの語を派生させること」という意味もあった。語源はラテン語の動詞 *derivare* から派生した *derivatio(n-)* である。**derivative**形名は、「取り除く力を持つ」という意味と、「派生語」を意味する名詞として当初は使われていた。ラテン語 *derivativus* から派生したフランス語 *dérivatif, -ive* に由来する。

derogatory ［16世紀初頭］形 (名誉・人格などを) 傷つけるような, 軽蔑的な：

当初の意味は「力や影響力を弱める」であった。後期ラテン語 *derogatorius*「軽蔑的な」は動詞 *derogare*「(法律・慣習などを) 廃止する、取り消す」を基にしていて、英語の形の語源である。*de-*「わきに、離れて」と *rogare*「尋ねる」からなる。

derrick ［17世紀初頭］名起重機、油井やぐら：

当初は絞首台と同様に絞首刑執行人を意味した。ロンドンの絞首刑執行人の名字に由来する。

descend ［中英語］動降りる、下りる、(祖先から子孫に) 伝わる：

ラテン語 *descendere*「沈む」(*de-*「下へ」と *scandere*「上る、登る」からなる) から派生した古フランス語 *descendre*「沈む」に由来する。同時期に使われはじめた **descent**名「降下、血統」は古フランス語 *descendre* から派生した *descente* に由来する。

describe ［後期中英語］動 (文字・言葉で) 述べる、記述する、描写する：

ラテン語 *describere* (*de-*「下へ」と *scribere*「書く」からなる) は、**description**名「記述、説明」(ラテン語 *descriptio(n-)* から古フランス語を経由) と **descriptive**形「記述的な、巧みに描写した」(18世紀半ば、後期ラテン語 *descriptivus* から) の語根でもある。

desert¹ ［後期中英語］動見捨てる：

ラテン語 *desertus*「見捨てられた不毛の土地」から派生した後期ラテン語 *desertare*「見捨てる」から来た古フランス語 *deserter* に由来する。

desert² ［中英語］名砂漠、不毛の土地：

後期ラテン語 *desertum*「不毛として見捨てられたもの」(*deserere*「放って置く、見捨てる」の中性形過去分詞) から派生し、古フランス語を経由して入った。

desert³ ［中英語］名応分の賞罰：

成句 just *deserts*「当然の賞罰」の中の *desert* は、*deservir*「役立つ」から古フランス語を経由して入った。
→ DESERVE

deserve ［中英語］動 (賞罰を受けるに) 値する、する価値がある：

ラテン語 *deservire*「十分に仕える、熱心に仕える」から来た古フランス語 *deservir* に由来する。

design ［後期中英語］動示す、図案を作る、計画する；名図案、計画：

当初は「示す」を意味した。ラテン語 *designare*「(明確に) 示す」がフランス語 *désigner*「示す」に強化され、英語の語源になっている。名詞は当初「計画」の意味で用いられ、イタリア語からフランス語を経由している。「何かの外見や機能を示すための図画、線描、素描すること」という意味の用法は17世紀半ばに始まる。

designate ［17世紀半ば］動示す、明示する、指名する：

signum「印」に基づくラテン語 *designare*「目立たせる」に由来する。動詞用法は18世紀後半に始まる。**designa-**

tion名は「印をつける行為」の意味で後期中英語から見られる。ラテン語 designare から派生した designatio(n-) に由来する。

desire ［中英語］名願望、欲求；動強く望む：

名詞は古フランス語 desir「欲求」に由来する。動詞はラテン語 desiderare「望む」から派生した古フランス語 desirer に由来する。desirable ［後期中英語］形「望ましい」は古フランス語に由来し、ラテン語 desiderare から来た desiderabilis に影響を受けている。

desist ［後期中英語］動《文語》やめる、思いとどまる：

ラテン語 desistere「やめる」(de-「から下へ」と sistere「やめる」からなる) に由来し、古フランス語を経由している。

desk ［後期中英語］名机：

語源は中世ラテン語 desca である。おそらくプロヴァンス語 desca「かご」またはイタリア語 desco「台、肉屋のまな板」に由来する。両方ともにラテン語 discus「投擲用円盤」に基づいている。受付場所やカウンターの意味は20世紀半ばに始まる。
→ DISK

desolate ［後期中英語］形荒廃した、孤独な：

ラテン語 desolare「見捨てる」(de-「完全に」と solus「孤独な」からなる) の過去分詞 desolatus に由来する。desolation名「寂しさ、荒廃」も後期中英語であり、ラテン語 desolare から派生した後期ラテン語 desolatio(n-) に由来する。

despair ［中英語］名絶望；動絶望する：

名詞は古フランス語 desespeir「絶望」から派生したアングロノルマンフランス語を経由している。動詞はラテン語 desperare (de-「から下へ」と sperare「望む」からなる) から派生した古フランス語 desperer「絶望する」に由来する。desperation ［後期中英語］名「自暴自棄」は、ラテン語 desperatio(n-) から派生した古フランス語を経由して入った。desperate形は、元々後期中英語で「絶望して」を意味し、ラテン語 desperatus「希望を奪われた」に由来する。desperado名「(向こう見ずの) 無法者、《古語》通例アメリカ開拓時代のならず者」は、17世紀初頭に始まり、廃語の名詞 desperate のスペイン語まがいの変形である。desperate と desperado は両方とも、絶望した人や絶望的な状況にある人を元々意味した。したがって、絶望から向こう見ずになった人を意味した。

despise ［中英語］動軽蔑する：

ラテン語 despicere「軽蔑する」(de-「下へ」と specere「見る」からなる) から派生した古フランス語 despire に由来する。despicable ［16世紀半ば］形「軽蔑されるに値する」は、後期ラテン語 despicari「軽蔑する」から派生した despicabilis に由来する。

despite ［中英語］前にもかかわらず：

in despite of「にもかかわらず」という成句の中で、「軽蔑、あざけり」を意味する名詞として元々使われていた。ラテン語 despectus (despicere から)「軽蔑すること」から派生した古フランス語 despit に由来する。
→ DESPISE

despond ［17世紀半ば］動失望する、落胆する：

語源はラテン語 despondere「失望する、見捨てる」(de-「離れて」と spondere「約束する」からなる) である。元々バニヤン『天路歴程』The Pilgrim's Progress の中で Slough of Despond「失望の泥沼」として使われた名詞である。そこは the City of Destruction「破滅の町」(『天路歴程』の中の世俗的で不敬な町の名) と英雄の主人公クリスチャンの旅の初めの門との間に位置している。

despot ［16世紀半ば］名専制君主、独裁者：

ギリシア語 despotēs「(軽蔑的な意味で)

主人、君主、絶対的支配者」から中世ラテン語を経由し、フランス語 despote に由来する（現代ギリシアにおける社会一般の主教の呼称である）。トルコのコンスタンチノープル征服後（ビザンチン帝国の滅亡・コンスタンチノープルの陥落）、その語は元々トルコ帝国下の狭量なキリスト教支配者を意味した。現在の意味は18世紀後半に始まる。

dessert [16世紀半ば]名デザート：
フランス語 desservir「食卓をかたづける」(des-「除去」と servir「料理を出す」からなる）の過去分詞に由来する。

destiny [中英語]名運命、宿命：
ラテン語 destinata から派生し、古フランス語を経由して入った。destinata は destinare「しっかり固定する、設立する」の女性形過去分詞である。中英語 destined形は、destine「前もって決定する、命ずる」の過去分詞であり、（ラテン語 destinare から派生した）古フランス語 destiner に由来している。destination名「目的地」は、ラテン語 destinatio(n-) から派生した後期中英語であり、元々の意味は「何かを特定の目的に向けること」であった。後に「その場所に行くことになっている」の意味が生まれ、（19世紀初頭から）その場所自体を意味するようになった。

destitute [後期中英語]形貧窮している、貧困な：
当初の意味は「捨てられた、見捨てられた、人影のない」だった。ラテン語 destituere「見捨てる」(de-「から離れる」と statuere「置く」からなる）の過去分詞 destitutus に由来する。

destroy [中英語]動破壊する、滅ぼす：
古フランス語 destruire「破壊する」に由来する。ラテン語 destruere「破壊する」(de-「逆」と struere「建築する」からなる）が基になっている。「財政的に、あるいは職業で破滅する」を意味する用法は、18世紀後半に始まる。destruction名「破壊、破滅」も中英語で、ラテン語の動詞 destruere から派生した destructio(n-) に由来する。destructive形「破壊的な」は15世紀後半に始まり、動詞 destruere から派生した後期ラテン語 destructivus「破壊的な」が古フランス語を経由して入った。

desultory [16世紀後半]形漫然とした、取り留めのない、気まぐれな：
当初は「ぴょんぴょん跳ね回る」という字義通りの意味もあった。語源はラテン語 desilire「跳ぶ」から派生した desultor「棒高跳び選手」、desultorius「うわべだけの」（字義は「棒または手を支えにして一飛びに飛ぶ人、棒高跳び選手に関係している」）である。

detach [16世紀後半]動引き離す、取り外す、分離する：
当初の意味は「銃を撃つ」であった。フランス語 détacher「取り外す」と、より初期のフランス語 déstacher (des-「逆」と attacher「付ける」からなる）に由来する。detachment [17世紀半ば]名「分離、派遣、無関心」は、フランス語 détacher から派生した détachement に由来する。軍隊の一部派遣に使われる用法は当初からある。

detail [17世紀初頭]名細かな部分；動詳しく述べる、少数部隊を派遣する：
当初は「集合的に見なされている小さな項目や出来事」を意味した。名詞の起源はフランス語 détail である。動詞はフランス語 détailler「粉々に切る」(dé-「分離」と tailler「切る」からなる）に由来する。ラテン語 talea「小枝・切ること」が語根である。「特別な任務を与える」を意味する英語の動詞用法は、18世紀初頭に始まる (The ships were detailed to keep watch「船隊は警戒をするように命令を受けた」)。

detain [後期中英語]動引き留める、（生徒を放課後）留めて置く、留置する：
当初は「病気や虚弱で（精神的、肉体的に）苦しんでいる」の意味であった。ラ

テン語 detinere (de-「離れて、わきに」と tenere「保つ」からなる) の異形から派生した古フランス語 detenir に由来する。
detention [後期中英語] 名 「拘留、引き止め、遅延」は、「主張や支払いなどを保留すること」を意味した。語源はラテン語 detinere「引き止める、取っておく」から派生した後期ラテン語 detentio(n-) である。学校背景での、生徒が罰として居残りをさせられるという意味は、19世紀後半に始まる。

detect [後期中英語] 動 (悪事、犯罪などを) 見つけ出す:

ラテン語の動詞 detegere「暴露する」(de-「逆」と tegere「覆いをする」からなる) から派生した detect- に由来する。元々の意味は「暴露する、(悪事などを) 見つけ出す」と「人を裏切る」であった。その後「物事や人の本当の性質や隠された性質を暴露する」になった。現在の意味は detect の形に基づく19世紀半ばの **detective** 形 名 「探偵の、探偵」に影響を受けてきている。**detection** 名 「見破ること、暴露、露見」は15世紀後半に始まり、当初はラテン語 detegere から派生した後期ラテン語 detectio(n-) の「隠されたものの暴露」を意味した。

deter [16世紀半ば] 動 (恐怖や不安などで行動を) 思いとどまらせる:

語源はラテン語 deterrere (de-「離れて」と terrere「ぎょっとさせる」からなる) である。**deterrent** 動 「思いとどまらせる、抑止する、抑止物」は、19世紀初頭から記録されている。ラテン語の動詞 deterrere「おもいとどまらせる」から派生した deterrent- に由来する。19世紀後半に、攻撃の脅威を撃退するために、国家によって所有されている武器 (戦争抑止物) を意味するようになった。

detergent [17世紀初頭] 形 洗浄力のある; 名 洗剤:

当初は形容詞として用いられた。語源はラテン語の動詞 detergere (de-「から離れて」と tergere「ふく」からなる) から来た detergent-「ふき取ること」である。

名詞用法は17世紀終わりに生じた。

deteriorate [16世紀後半] 動 悪化させる、低下させる:

当初は「より悪くする」という意味の他動詞で使われた。ラテン語 deterior「より悪い」から派生した後期ラテン語 deteriorare「より悪くする」に由来する。

determine [後期中英語] 動 決着をつける、決定する:

ラテン語 determinare「制限する、固定する」(de-「完全に」と terminare「終結させる、境をなす」からなる) から派生した古フランス語 determiner に由来する。**determination** [後期中英語] 名 「決心、決定」は、「裁判官や理由づけによる論争の決着」そして「権力者の意見」の両方を意味した。語源はラテン語 determinatio(n-) に由来する後期フランス語である。後期ラテン語 determinabilis「限定された」から、後期フランス語を経由して英語に入って来た **determinable** 形 「決定できる、確定できる」も同時期から始まる。

detest [15世紀後半] 動 憎悪を抱く、ひどく嫌う:

ラテン語 detestari「神を証人にして罵る」(de-「下へ」と testari「目撃する、証言を求める」⟨testis「有利な証言、証人⟩ からなる) に由来する。

detonation [17世紀後半] 名 爆発、爆発音:

ラテン語 detenare「大きな音を立てて爆発する」に基づくフランス語の動詞 détoner から派生した détonation に由来する。**detonate** [18世紀初頭] 動 「爆発する、破裂する」は、同じラテン語の動詞に由来する。de-「下へ」と tonare「大きな音が鳴る」からなる。

detriment [後期中英語] 名 損害、損失、損害原因:

当初の意味は「損害によって被った損失」だった。ラテン語 detrimentum「損害」から派生した古フランス語を経由し

て来ている。最初の要素 *detri-* は、ラテン語 *deterere*「擦り減らす」の語幹である。

deuce¹ [15世紀後半] 名 (トランプの) 2の札、(サイコロの) 2の目、(バレーボール・テニスなどの) ジュース：

ラテン語 *duos*「2」から派生した古フランス語 *deus*「2」に由来する。

deuce² [17世紀半ば] 名 悪魔、悪運：

what the *deuce!*「いったい全体」のように、devil「悪魔」の婉曲語として使われた。低地ドイツ語 *duus* に由来する。ゲームに使われる deuce と同じ語源を持つ。(2個で振る) サイコロにおける2つのエースは最悪の目 (最も低いサイコロの目、勝負での呪いの言葉) である。

devastate [17世紀半ば] 動 荒らす、荒廃させる：

ラテン語の動詞 *devastare*「荒廃する、破壊する」(*de-*「完全に」と *vastare*「荒廃させる、破壊する」からなる) に由来する。

develop [17世紀半ば] 動 発展させる、開発する、現像する：

当初の意味は「広げる、開く、展開する」だった。フランス語 *développer*「広げる」に由来する。否定を表すラテン語 *dis-* と、envelop「包む」にも見られる語源不詳の2番目の要素 (*velopper*「包む」) を基にしている。写真用語としての動詞用法は19世紀半ばに始まる。

deviation [後期中英語] 名 道から外れること、逸脱、脱線：

ラテン語 *deviare*「道から出て行く」から派生した中世ラテン語 *deviatio(n-)* がフランス語を経由して来た。基になる要素は、*de-*「から離れて」と *via*「道」である。deviate 動「(道から) 逸れる、逸脱させる」は、「遠い」を意味する形容詞として16世紀半ばに始まる。この語形は後期ラテン語 *deviare* に由来する。動詞用法は17世紀半ばに始まる。

device [中英語] 名 装置、工夫、たくらみ：

当初の意味は「望み、意志」であった。現在は leave a person to his or her own devices「人に思いどおりにやらせる」のみに残っている。その後、「計画、策略 (狡猾な策略におけるように)」の意味を連想するようになった。語形の源は古フランス語 *devis* である。ラテン語の動詞 *dividere*「分ける」から派生した *divis-*「分けられた」に基づいている。

devil [古英語] 名 悪魔、魔王：

古英語 *dēofol* (オランダ語 *duivel* とドイツ語 *Teufel*「悪魔」と同系) は、ギリシア語 *diabolos*「告発者、悪口を言う人」から後期ラテン語を経由して入った。*diabolos* はギリシア語七十人訳聖書の中で、ヘブライ語 *śāṭān*「悪魔、魔王」を訳すために使われた語である。語源はギリシア語の動詞 *diaballein*「中傷する」(*dia*「横切って」と *ballein*「投げる」からなる) である。

devious [16世紀後半] 形 遠い、遠回りの、よこしまな：

ラテン語 *devius* (*de-*「から離れて」と *via*「道」からなる) に基づく。元々の意味は「離れた、隔離された」だった。後の意味「道からそれている」は、比喩的意味「正道から外れる」を生じさせ、それから「よこしま」を生じさせた。

devise [中英語] 動 工夫する、考案する、(不動産などを) 遺贈する；名 遺贈財産、遺言条項：

ラテン語の動詞 *dividere*「分ける」から派生した古フランス語 *deviser* に由来する。「分ける」は、この動詞の当初の英語の意味であった。もう1つの当初の意味は「注意深く見る、深く考える」だった。名詞は device の異形である。

devoid [後期中英語] 形 持っていない、欠けている：

古フランス語 *devoidier*「空にする」から来た廃語 *devoid*「投げ出す」の過去分詞である。

devolve [後期中英語] 動 譲り渡す、ゆだ

ねる：
当初の意味は「転がり落ちる」だった。ラテン語 devolvere (de-「下へ」と volvere「転がる」からなる) に由来する。devolution名は、「債務不履行による移譲」の意味で15世紀後半に始まる。語源はラテン語 devolvere から派生した後期ラテン語 devolutio(n-) である。「地方行政への権力移行」としての政治的用法は18世紀半ばに始まる。

devotion [中英語]名 深い愛情、忠誠、献身、帰依：
ラテン語 devovere「捧げる」から派生した devotio(n-) に由来する。神への崇拝と個人への崇拝は、両方ともに英語の当初の意味であった。devote動は同じラテン語の動詞に由来し、「正式に神に捧げる、捧げる」の意味で16世紀後半に生じた。ラテン語の要素は de-「正式に」と vovere「誓う」である。

devour [中英語]動 むさぼり食う、がつがつ食う：
ラテン語 devorare (de-「下へ」と vorare「飲み込む」からなる) から派生した古フランス語 devorer「飲み込む」に由来する。

devout [中英語]形 信心深い、献身的な：
古フランス語 devot「信心深い」に由来する。語源はラテン語 devotus「捧げる」(devovere の過去分詞) である。
→ DEVOTION

dew [古英語]名 露、雫（しずく）：
古英語 dēaw はゲルマン語起源である。オランダ語 dauw やドイツ語 Tau「雫」と同系である。

dexterity [16世紀初頭]名 器用さ、巧妙さ、(知的な) 機敏さ：
当初は「知的な利口さ」を意味した。ラテン語 dexter「右側の」から派生した dexteritas に基づくフランス語 dextérité「器用、巧妙さ」に由来する。形容詞 dexter は、17世紀初頭に「知的に機敏な、利口な」の意味から始まった dexter-

ous形の語根である。

> **語形成**
> 接頭辞 di- (ギリシア語 dis「2倍」から) は以下の意味を付加する。
> ■「2倍、2、2重」[dichromatic]「2色性の」
> ■「2個の原子を持つ」[dioxide]「2酸化物」
> 接頭辞 di- (ラテン語から) は dis- の異形である。

> **語形成**
> 接頭辞 dia- (ギリシア語 dia「通って」から来る) は以下の意味を付加する。
> ■「通って」[diaphanous]「透き通って軽量な」
> ■「横切って」[diameter]「直径」
> ■「離れて」[dialysis]「透析 (コロイド溶液の結晶質とコロイドを半透膜を通して分離すること)」

diabolic [後期中英語]形 悪魔のような：
diabolus「悪魔」から派生した古フランス語 diabolique、または教会ラテン語 diabolicus に由来する。

diadem [中英語]名 王冠、王冠型髪飾り：
ギリシア語 diadema (diadein「丸く結ぶ」から) に由来する。その語は「帯、髪を結ぶリボン」を意味した。特にマケドニアのアレクサンドロス大王とその後継者に採用されたペルシアの王の豪華な威厳のある髪を結ぶ飾りリボンを指すのに使われた。その帯は、飾りがないものや、宝石で飾られていたものもあるが名誉の象徴として身につけられていた。

diagnose [19世紀半ば]動 (病状を) 診断する、(原因などを) 明らかにする：
17世紀後半に記録された近代ラテン語 diagnosis名「診断」からの (接尾辞除去による) 逆成語である。語源はギリシア語 diagignōskein「認識する、分かる」(dia「離れて」と gignōskein「区別する、見分ける」からなる) である。

diagonal [16世紀半ば]形 対角線の、斜

め模様の：

ギリシア語 *diagōnios*「角から角へ」(*dia*「通して」と *gōnia*「角」からなる) から派生し、ラテン語 *diagonalis*「対角の」に由来する。

diagram [17世紀初頭] 图 図、図式、図形：

ギリシア語 *dia*「通して」と *graphein*「書く」は、動詞 *diagraphein*「線によって明確にする」の要素であり、ラテン語とギリシア語の名詞 *diagramma*「線によって明確にされたもの」の語源である。英語 *diagram* はこれに由来する。ギリシア語は、時折幾何学的図形、書かれた表や記録を意味した。「一覧表」の意味は17世紀の英語に反映されたが、現在は廃義である。

dial [中英語] 图 羅針盤、(時計・日時計の) 文字盤、ダイヤル；動 ダイヤルを回す：

当初は太陽の影の長さで時を知る道具と同様に、水夫の羅針盤を指していた。中世ラテン語 *diale*「日時計の文字盤」に由来し、ラテン語 *dies*「日」に基づいている。英語では19世紀初頭から「顔」を意味する俗語にもなっている (『パンチ』*Punch*1933年4月5日号〈1841年に創刊されたイギリスの週刊風刺漫画雑誌〉):The major hesitated, and then a grin lamped up his *dial*「陸軍少佐がためらった。それからにやっと歯を出して笑顔を浮かべた」)。

dialect [16世紀半ば] 图 方言、訛り：

フランス語 *dialecte*「方言」に由来するか、またはギリシア語 *dialegesthai*「会話する」から派生した *dialektos*「会話、話し方」がラテン語を経由して入った。古フランス語 *dialectique*、またはギリシア語 *dialektikē* (*tekhnē*)「討論の技術」から来たラテン語が、哲学における **dialectic** 图 形「弁証法、弁証法的な、対話が巧みな」の英語形を生じさせた。dialecticは、意見の真実を調査する技術として、後期中英語に記録されている。当初は、正式な修辞学的推論に適用される「論理」と同意語であった。

→ DIALOGUE

dialogue [中英語] 图 対話、会談：

ギリシア語 *dialegesthai*「会話する、交代で話す」から派生した *dialogos*「対話」からラテン語を経由した古フランス語 *dialoge*「対話」に由来する。構成要素は *dia*「通じて」と *legein*「話す」である。英語においては、その意味を2人の会話に限定する傾向がある。おそらく、接頭辞 *dia-* を *di-* に連想させているからであろう。成句 *dialogue of the deaf*「耳の遠い人の会話」は、1970年代にフランス語 *dialogue de sourds* の訳として現れた。それはどちら側も反対側の見解を理解しようとしない議論を意味している (キッシンジャー『キッシンジャー秘録1977』*The White House Years 1977*: The Nixon-Gandhi conversation that turned into a classic *dialogue of the deaf*「互いに耳を傾けようとしない歴史的に名高い対談となったニクソンとガンジーの会話」)。

diameter [後期中英語] 图 直径、端から端までの距離：

ギリシア語 *diametros*(*grammē*)「端から端までを測る (線)」(*dia-*「端から端まで」と *metron*「測る」より) からラテン語を経て、古フランス語 *diametre* に由来する。**diametric** 形「直径の、正反対の」は、16世紀半ばから「直径の、直径に沿った」の意味で記録されている。ギリシア語 *diametrikos* (*diametros*「直径を測ること」から) に由来する。

diamond [中英語] 图 ダイヤモンド、菱形：

中世ラテン語 *diamas, diamant-* (ラテン語 *adamans*「ダイヤモンド」の異形) を経た古フランス語 *diamant* に由来する。綴字は接頭辞 *dia-* で始まる多くの専門用語に影響を受けた。**diamantine** [16世紀半ば] 形は、元々「ダイヤモンドのように硬い」を意味した。現在の意味は「ダイヤモンドからできている、ダイヤモンドを思い出させる」である。語源はフランス語 *diamant*「ダイヤモンド」から派

生した *diamantin* である。
→ ADAMANT

diaper ［中英語］名オムツ:

元々は高価なシルクの織物を意味した。15世紀以来小さな簡単な模様で織られた亜麻織物に使われてきている。ギリシア語の *dia*「横切って」と *aspros*「白い」を基にしている中世ラテン語 *diasprum* から来た古フランス語 *diapre* に由来する（合成語 *diasprum* の意味は「一定間隔を置いた白」または「純白」である）。赤ん坊のオムツは元々綿布、麻布から作られていた。この語はアメリカ英語で使われるようになった。

diaphanous ［17世紀初頭］形透き通った、(布)が薄手の、かすかな:

ギリシア語 *diaphanēs* (*dia*「通って」と *phainein*「見せる」からなる) から派生した中世ラテン語 *diaphanus*「透明な」に由来する。

diaphragm ［後期中英語］名隔膜、隔壁:

ギリシア語 (*dia*「通って、離れて」と *phragma*「壁」からなる) から来た後期ラテン語 *diaphragma* に由来する。ギリシア語の名詞は「防壁、柵、横隔膜」を意味した。

diary ［16世紀後半］名日記:

ラテン語 *diarium*「日々の割り当て」が語源である。語根はラテン語 *dies*「日」である。

diaspora ［19世紀後半］名バビロン幽囚終了後のユダヤ人の離散、民族、集団の離散:

イスラエル以外で生活しているユダヤ人、または本国から離れて生活している大きな集団を指すために使われたギリシア語 (*diaspeirein*「分散する、離散する」から) である。構成要素は、*dia*「至る所に」と *speirein*「撒き散らす、四散させる」である。セプトゥアギンタ（七十人訳ギリシア語聖書)(『申命記』28章25節) の次の句に由来する: *esē diaspora en pasais basileias tēs gēs* (thou shalt be a dispersion in all kingdoms of the earth)「汝は地上のあらゆる王国でディアスポラとなるであろう」。

diatribe ［16世紀後半］名痛烈な批判、酷評:

語源はフランス語で、ギリシア語 *diatribē*「時間を過ごすこと、会話」(*dia*「通って」と *tribein*「すり減らす」からなる) から、ラテン語を経由し、フランス語に入って来た。英語の古い用法は、問題のある学術論文を指した。

dice 名さいころ、さいころ遊び；動(野菜・肉などを) さいの目に切る:
→ DIE²

dicky ［18世紀後半］形弱い、今にも壊れそうな:

口語の *dicky* (=dickey) は、元々は「ほとんど終わりかけて」を意味した。古いことわざ as queer as *Dick*'s hatband「ひどく気分が悪い、めまいがする（文字通りには「ディックの帽子のリボンのように風変わりな」)」で使われた人名の Dick に由来する。

dictate ［16世紀後半］動書き取らせる、(頭ごなしに) 命令する:

ラテン語の動詞 *dictare*「書き取らせる、指令する」から生じた。同様に、**dictator**名「独裁者、権威者」(ラテン語から借用した後期中英語)、**dictation** ［17世紀半ば］名「口述、書取り、指令すること」(後期ラテン語 *dictatio*(n-) から)、そして **dictatorial** ［18世紀初頭］形「独裁者の、独裁政権の」(ラテン語 *dictatorius*「独裁者の」を基にする) が生じた。

diction ［16世紀半ば］名用語選択、語法、発声法:

当初は「句、語」を意味していた。ラテン語の動詞 *dicere*「話す」から派生した *dictio*(n-) に由来する。この語はジョンソン以前の英語辞書には見出せない。

dictionary ［16世紀初頭］名辞書、辞典:

中世ラテン語 *dictionarium* (*manuale*)、あるいは *dictionarius* (*liber*)「語の手引書や語の本」に由来する。
→ DICTION

didactic ［17世紀半ば］形教訓的な：
語源はギリシア語 *didaskein*「教える」から派生した *didaktikos* である。

diddle ［19世紀初頭］動だます、だまして金を取る、時間を浪費する：
俗語 *diddle* は Jeremy Diddler の名前におそらく由来する。イギリスのケニーの笑劇『金の工面』*Raising the Wind* (1803年) の中のずるがしこく、しょっちゅう少額のお金を借りては返さない登場人物である。その名前は、動詞 *diddle*「ふらついて歩く、片側にそれる」を基にしていたのであろう。*diddle* は dither「おろおろする、うろたえる」と同系である。

diddy ［18世紀後半］形《話語》ちっぽけな：
おそらく little の子供訛りであろう。

didicoi ［19世紀半ば］名《俗語・方言》ジプシー、地方を巡回する鋳掛け屋：
おそらくロマニー語 (ジプシー語) *dik akei*「ここを見る」の変化したものであろう。

die¹ ［中英語］動死ぬ、枯れる、消滅する
ゲルマン語起源で、dead「死んでいる」と同系である。古英語文献には見当たらない。「死ぬ」という意味は、*steorfan*「飢える」や *sweltan*「蒸し暑さで苦しむ」、すなわち、be dead「死んでいる」に同義の遠まわしの言い方によって表現された。*die* は古英語初期になくなり、古ノルド語 *deyja*「死ぬ」から、後期古英語か初期中英語に再借入されたと一般的に信じられている。「…が欲しくてたまらない」を意味する口語表現 to *die* for は、1898年には記録されているがほとんどの例は1980年代以降のものである。複合語に以下がある：
■ diehard 名は、19世紀半ばに始まり、「変化に強く抵抗する人」の意味である。「ゆっくり消えたり、変化する」を意味する話し言葉の *die* hard に由来する。

die² ［中英語］名サイコロ、ダイス、(貨幣・メダルなどの) 金型：
ラテン語 *datum*「何か与えられたもの」(*dare*「与える」の中性形過去分詞) から派生した古フランス語の *de* に由来する。後期ラテン語から推論できることは、*datum* は「くじや運勢によって与えられたもの」を意味し、それゆえに、これを決定するサイコロに使われたということであった。単数形 *die* は現代標準英語ではあまり使われない。dice は単数形、複数形の両方に使われる傾向がある。

diet¹ ［中英語］名食事、(栄養面からみた日常の) 飲食物、規定食：
食物について用いる名詞 *diet* は、ギリシア語 *diaita*「生き方」からラテン語を経て、古フランス語 *dieter* から派生した古フランス語の動詞 *diete*「制御する、生活を送る」に由来する。**dietary** ［後期中英語］形「食物の、規定食の、食餌療法の」は、ラテン語 *diaeta*「生活の方法」から派生した中世ラテン語 *dietarium* に由来する。

diet² ［後期中英語］名国会、議会：
中世ラテン語 *dieta* に由来する。それは「1日の仕事、賃金など」と「州会議員の議会」の両方を意味した。有名な例は、1521年の the *Diet* of Worms「ヴォルムス議会」(西ドイツ、ラインラント＝プファルツ州のライン河畔の都市) である。神聖古代ローマ帝王、チャールズ5世の帝国議会であった。マルティン・ルターがヴォルムスに召喚され、そこで彼はプロテスタントの改革を先導していることを明らかにした (ルターはこの議会で異端者と宣言された)。後に、彼の教えはヴォルムスの勅令の中で正式に非難された。

differ ［後期中英語］形異なる、意見を異にする：
当初の意味は「延期する、従う、譲る」だった。語源はラテン語 *differre*「違っている、延期する」(*dis-*「から、離れて」

と ferre「運ぶ」からなる）に由来する古フランス語 differer「違っている、延期する」である。フランス語のその2つの意味は、14世紀から現在まで続いている。しかし英語の2つの形 differ「異なる」と defer「延期する」は、異なるものになってしまった。different ［後期中英語］形「違っている、異なった」は、ラテン語 different-「運び去る、違っている」から古フランス語を経由している。differentiate ［19世紀初頭］動「区別する、識別する」は、ラテン語 differentia「違い」から派生した中世ラテン語 differetiare「から運び去る」に由来する。
→ DEFER¹

difficult ［後期中英語］形難しい、困難な：
同時期に始まる **difficulty** 名「困難、難しさ、難事」からの逆成語（接尾辞の除去による）である。ラテン語 difficultas (dis-「逆」と facultas「能力、機会」からなる）から、おそらく直接形成された。

diffident ［後期中英語］形自信のない、内気な、遠慮がちな：
現在の「内気な、控えめな」という意味は、当初の意味「自信や信頼のない」に由来する。語源はラテン語の動詞 diffidere「信頼を失う」(dis-「逆」と fidere「信頼する」からなる）からできた diffident- である。

diffract ［19世紀初頭］動分散させる、分解する：
ラテン語 diffringere「粉々に壊す」(dis-「離れて、から」と frangere「壊す」からなる）に由来する。

diffuse ［後期中英語］動放散させる、発散させる、（知識などを）普及させる；形広がった、拡散した：
動詞はラテン語 diffundere「放散させる」(dis-「離れて」と fundere「注ぐ」からなる）に由来する。形容詞は diffundere から派生したフランス語 diffus やラテン語 diffusus「広範囲にわたる」を経由している。**diffusion** ［後期中英語］名は、「放散、流失」を意味した。ラテン語 diffundere から派生した diffusio(n-) に由来する。

dig ［中英語］動掘る：
おそらく古英語 dīc「溝を掘る」に由来する。

digest ［後期中英語］動消化する、（知識などを）会得する、整理する；名要約、まとめ：
ラテン語 digerere「分配する、溶かす、消化する、理解して自分のものにする」(di-「分かれて」と gerere「運ぶ」からなる）に由来する。このラテン語の動詞は「要約」を意味する名詞 digest の基になっている。ラテン語 digestus「分配された」から派生した digesta「整然と並べられた事柄」に由来する。**digestible** 形「消化できる」（ラテン語 digestibilis から古フランス語を経由）と **digestion** 名「消化、理解、吸収」（ラテン語 digestio(n-) から古フランス語を経由）は、同時期（後期中英語）に始まる。

digit ［後期中英語］名指、アラビア数字の0から9まで：
ラテン語 digitus「手や足の指」に由来する。「数字（0から9まで）」を意味する用法は、指で数を数える習慣から生まれた。**digital** 形「指の、デジタルの」は15世紀後半から始まり、ラテン語 digitus「手や足の指」から派生した digitalis「0から9の数の、指の」に由来する。通信手段における専門用語としては20世紀半ばに始まった。

dignity ［中英語］名威厳、品位：
ラテン語 dignus「価値のある、尊敬に値する」から dignitas「価値、威厳」を経由した古フランス語 dignete に由来する。ラテン語の形容詞 dignus は、**dignify** ［後期中英語］動「威厳をつける」の基になっている。dignify は、後期ラテン語 dignificare から派生した古フランス語 dignefier に由来する。

dilapidate ［16世紀初頭］動荒廃させる、破損させる：

当初の意味は「浪費する、散財する」である。語源はラテン語の動詞 dilapidare「浪費する」(di-「分かれて、あちこちに」と lapis, lapid-「石」からなる) である。その字義通りの意味は、「石を撒き散らしたようにばら撒く」である。**dilapidation**名「荒廃」の例は、後期中英語以降に見出せる。ラテン語 dilapidare から派生した後期ラテン語 dilapidatio(n-) に由来する。

dilate [後期中英語]動大きく広げる、膨張させる：

ラテン語 dilatare「広がる、広げる」(di-「離れて」と latus「広い」からなる) から派生した古フランス語 dilater「広げる、広がる」に由来する。

dilatory [後期中英語]形遅れがちな、のろい、時間かせぎの：

ラテン語 dilator「遅らせること」(differre「延期する」の過去分詞の語幹の dilat-) から派生した後期ラテン語 dilatorius「遅らせる、時間かせぎの」に由来する。

dilemma [16世紀初頭]名ジレンマ、両刀論法、板ばさみ：

当初の意味は、論理学における「どちらをとっても同じように不利な二者択一の選択にかかわる論法」であった。二重苦の概念は on the horns of a dilemma「ジレンマの角 (板ばさみになって、一方を立てれば他方が立たない相矛盾する状態に陥って)」の中にうまく表現されている。ギリシア語 dilēmma (di-「2倍」と lēmma「前提」からなる) からラテン語を経由して英語に入った。

diligent [中英語]形勤勉な、精励な：

ラテン語 diligere「愛する、大好きである」から派生した diligens, diligent-「勤勉な」が、古フランス語を経由して入った。中英語名 diligence は「注意、用心」の意味があった。ラテン語 diligent- から派生した diligentia「細心の注意」に由来し、古フランス語を経由している。この語は、17世紀後半 (特にフランスで) 乗合馬車を意味するために使われた。フランス語 carrosse de diligence「スピードの遅い馬車 (「のろい」速度を皮肉って名づけられた)」からの借用である (「速さ」の意味は、ある時期の英語にも使われていた diligence の特殊用法であり、今は廃義である)。

dilute [16世紀半ば]動薄める、希釈する：

ラテン語 diluere「洗い落とす、溶かす」が語源である。それは17世紀半ばの diluvial 形「洪水に関係している」(後期ラテン語 diluvium「薄める」から派生した diluvialis に由来) の語根でもある。
→ DELUGE

dimension [後期中英語]名長さ、寸法、容積、次元、局面：

当初の意味は「長さや幅のような測定できる範囲、程度」であった。ラテン語 dimetiri「分量を量る」から派生した dimensio(n-) から、古フランス語を経由して来ている。「状況の局面や特徴」を意味する用法は1920年代から始まる (例：A water feature can add a new dimension to your garden「庭に作られた小さな池や川が、あなたの庭に新しい特徴を付け加えるでしょう」)。

diminish [後期中英語]動減らす、小さくする、(名声・信用) を傷つける：

古語 minish「小さくする」と廃語の diminue「けなして話す」との混成語である。(古語 minish はラテン語 minutia「小ささ」に基がある)、(廃語 diminute は、後期ラテン語で diminuere になったラテン語 deminuere「少なくする、小さくする」に基がある)。語根は minuere「小さくする」である。**diminution** [中英語]名「減少、縮小」は、ラテン語の動詞 deminuere から派生した deminutio(n-) から古フランス語を経由して入った。**diminutive**名「指小辞」(古フランス語 diminutif, -ive に由来する後期中英語) は、当初文法用語として使われた (指小辞とは、Tommy, Dolly, booklet, birdie, duckling などの指小接尾辞を指す)。

din [古英語]名ひっきりなしの大きなや

かましい音、騒音：

古英語 *dyne, dynn*「大きな騒音」(名詞) と *dynian* (動詞) は、ゲルマン語起源である。古高地ドイツ語 *tuni* (名詞) と、古ノルド語 *dynr* (名詞)、*dynja*「ガラガラ音を立てながら来る」と同系である。

dine [中英語]動正餐を食べる、食事を取る：

desjëuner「断食をやめる」(*des-*「逆」と *jëun*「断食」(ラテン語 *jejunus*「断食の、空腹の」からなる) から派生した古フランス語 *disner* に由来する。*dinner* [中英語]名「食事、正餐、ごちそう、晩餐会」もまた古フランス語 *disner* に由来する。*disner* は不定詞の名詞的用法である。

dingy [18世紀半ば]形薄黒い、汚い：

古英語 *dynge*「牛、馬などの糞、肥やし」がおそらく基になっている。当初の方言用法は「糞便をもらした、汚された」の意味であった。
→ DUNG

dinky [18世紀後半]形《英略式》小さくてかわいい、《米略式》取るに足らない：

スコットランド語と英国北部方言 *dink*「きちんとした、こぎれいな」に由来する。最終的な語源は不詳。1980年代から、子供のいない裕福な共働き夫婦の一方を意味するのに使われている。この用法では *dinky* は、yuppy にならって作られた頭辞語であり、double income, no kids「子供がいなくて収入が2人分(共働き)」の最初の1文字の組み合わせからなっている。

dinosaur [19世紀半ば]名恐竜：

ギリシア語 *deinos*「怖い」と *sauros*「トカゲ」から派生した近代ラテン語 *dinosaurus* に由来する。1841年に造られた。「時代おくれの物」という比喩的用法は1950年代から始まる。

dint [古英語]名くぼみ、へこみ、きず；動へこます：

古英語 *dynt* は「武器での一撃」を意味した。同系の古ノルド語 *dyntr* によって、中英語でその意味は一般に広まった。最終的な語源は不詳。by *dint* of は、字義通りに「の力で」である。表面に残された痕跡について述べる dent「くぼみ、へこみ」に関連する意味は、16世紀後半から始まる。さらに dent は、「もたらされた影響」を比喩的に意味するために使われている。
→ DENT

diocese [中英語]名教区：

ラテン語 *dioecesis*「支配者、管理者の権力の範囲、管轄区、司教区」から派生した後期ラテン語 *diocesis* に基づく古フランス語 *diocise* に由来する。ギリシア語 *dioikēsis* は「行政、管理、司教区」を意味し、*dioikein*「所帯を持つ、治める、支配する」から派生した。

dip [古英語]動つける、浸す；名浸すこと、一浴び：

ゲルマン語を起源とする古英語 *dyppan* は、deep「深い」と同系である。「短い一節を読む、軽く触れる、言及する」を意味する *dip* into は17世紀後半に始まる。「すり」の意味の俗語用法は19世紀初頭に見られる。
→ DEEP

diploma [17世紀半ば]名卒業証書、免許状、公文書：

元々「正式書類」の一般的な語であった。ギリシア語 *diplous*「二重の」から派生した *diploun*「折る」から来た *diplōma*「折られた書類」に由来し、ラテン語を経由して入った。

diplomatic [18世紀初頭]形外交上の、外交に関する：

diploma の派生語。当初は「原本の書類、公式の書類に関する」の意味だった。ラテン語 *diploma* から派生し、近代ラテン語 *diplomaticus* とフランス語 *diplomatique* に由来する。*diplomacy* 名「外交、外交術」は18世紀の終わりに生じた。そして、フランス語 *aristocratie*「貴族」のように、*diplomatique*「外交の」から来た

フランス語 *diplomatie* に由来する。**diplomat**名「外交官」は19世紀初頭に始まり、フランス語 *diplomatique*（接尾辞除去による）からの逆成語 *diplomate* に由来する。

direct [後期中英語]動導く、方向づける、指示する、監督する；形真っ直ぐな、直接に：

ラテン語 *dirigere*「案内する、導く」(*di-*「明確に」または *de-*「下に」と *regere*「真っ直ぐにする」からなる) は、英語の同時期に見られる一連の語の語源である。*direct* は、ラテン語 *dirigere* の過去分詞 *directus* に由来する。ラテン語 *directio*(*n*-) に由来する **direction**名「方向、指導、管理、指示」は、当初は「人や物の管理」を意味していた。**directive**形「指導的な」は、中世ラテン語 *directivus* に由来する。**director**名「指導者、指揮者、管理者、重役、（映画の）監督」は、後期ラテン語 *director*「支配者、長官」から派生したアングロノルマンフランス語 *directour* に由来する。**directory**名「住所氏名録、指令書」は、現在「細かな情報や使用法を一覧表にした本」を意味しているが、「案内する物」という一般的な意味を持っていた。後期ラテン語 *director*「支配者、長官」から派生した *directorium* に由来する。

dirt [中英語]名汚れ、泥、ほこり、土：

古ノルド語 *drit*「排泄物、糞便」に由来し、それが英語の当初の意味だった。

語形成

接頭辞 **dis-**（ラテン語から、またはフランス語 *des-* を経由して）には以下の意味がある。

「否定」を意味する [disadvantage]「不利」

「逆またはないこと」を意味する [disaffirm]「否定する、取り消す」

「取り除くこと」を意味する [disafforest]「森林を切り払う」

「分離・離脱」を意味する [discarnate]「肉体のない、実体のない」

「排除・追放・除籍」を意味する [disbar]「弁護士資格を剝奪する」

「強化すること」を意味する [disgruntled]「不機嫌な」

---

disadvantage [後期中英語]名不利な状態、不利な立場：

古フランス語 *desavantage* (*des-*「逆」と *avantage*「有利な点」からなる) に由来する。

disagree [15世紀後半]形一致しない、意見が異なる：

当初の意味は「一致していない、調和していない、一致しそこなう」と「同意するのを断る」を含んでいた。語源は古フランス語 *desagreer*「一致していない」である。**disagreeable**形は「不和の、不一致の、不調和な」の意味で後期中英語から始まり、古フランス語 *agreer*「一致する」に基づく *desagreable*「不愉快な」に由来する。

disappoint [後期中英語]動失望させる、落胆させる、期待にそむく：

当初は「官職や任務を奪う」だった。古フランス語 *desappointer*「免職する」が語源である。そこから、期待されていることを実現しそこなうという意味に発展した。

disaster [16世紀後半]名天災、災害、大惨事：

イタリア語 *disastro*「悪い星の出来事」(*dis-*「否定」とラテン語 *astrum* から来た *astro*「星」からなる) に由来する。同時期の **disastrous**形は、「不幸、災難をもたらす」の意味を持っていた。イタリア語 *disastroso* (*disastro*「天災・災害・大惨事」から) を経由したフランス語 *désastreux*「不幸な、災難な」に由来する。

disc [17世紀半ば]名平らな円盤状のもの、コンピュータディスク：

元々、太陽や月の見た目に平らで丸い形を意味した。フランス語 *disque*「円盤、太陽・月の丸い表面」またはラテン語 *discus*「輪投げの輪」に由来する。

discard ［16世紀後半］動捨てる、不要な手札を捨てる：

当初の意味は「トランプ札を捨てる」であった。接頭辞 dis-「離れて」と card「トランプ札」からなる。
→ CARD¹

discern ［後期中英語］動はっきり見る、識別する：

ラテン語 discernere「厳密に調べる、知覚する」(dis-「離れて」と cernere「分ける、〈物事を〉区別する」からなる）から派生した古フランス語を経由して入った。当初の文献では、「別々のもの、または全く異なったものとして印をする」という意味で使用された。

discharge ［中英語］動荷を下ろす、解放する、発射する：

当初の意味は「（義務を）取り除く」であった。後期ラテン語 discarricare「荷を下ろす、（弾丸を）抜く、取り除く」から派生した古フランス語 descharger に由来する。dis-「逆」と carricare「載せる、詰め込む」からなる。「拘留から解放する」は16世紀半ばから始まる。
→ CHARGE

disciple ［古英語］名門弟、弟子、信奉者、キリスト十二使徒の1人：

ラテン語 discere「学ぶ」から派生した discipulus「学習者、弟子」に由来する。古フランス語 deciple によって強化された。ラテン語の動詞 discere は、**discipline** ［中英語］名動「規則、しつけ、訓練、教会規則、訓練する」の語源でもある。その意味は、「自分自身に鞭打つことにより（禁欲や苦行を）克服すること」であった。ラテン語 disciplina「教訓、知識」から派生した古フランス語を経由して入った。**disciplinary**［15世紀後半］形「訓練上の、規律の」は、元々教会や聖職者の規律に言及するのに使われた。語源はラテン語 disciplina から派生した中世ラテン語 disciplinarius「訓練上の、規律上の」である。

discomfit ［中英語］動完全に負かす、計画をくじく、当惑させる：

動詞句 be discomfited「当惑する」に通例見られる discomfit は、当初の意味「戦いで敗走させる、打ち負かす」を持っていた。古フランス語 desconfire「打ち負かす」の過去分詞 desconfit に由来する。desconfire はラテン語 dis-「逆」と conficere「一緒にする」からなる。
→ CONFECTION

discomfort ［中英語］動不快・不安にする、困らせる；名不快感、不満、不愉快：

当初は、古フランス語 desconforter から派生した「人の勇気を失わせる、苦しませる」という意味の動詞として使われた。名詞は古フランス語 desconfort (des-「逆」と conforter「慰める、元気づける」からなる）に由来する。
→ COMFORT

disconcert ［17世紀後半］動落ち着きを失わせる、当惑させる：

当初の意味は「…の進歩をだめにする」だった。廃語のフランス語 desconcerter「調子を狂わせる、心を乱す」(des-「逆」と concerter「一緒にする、うまくとりしきる」からなる）に由来する。英語では、その意味が「くしゃくしゃにする、動揺させる」や「混乱させる、狼狽させる」に発展した。そして disconcerting の形で、19世紀初頭に「当惑させるような」を意味するようになった。

discord ［中英語］名不一致、不和、一致しない：

名詞は古フランス語 descord、動詞は古フランス語 descorder に由来する。ともにラテン語 discordare「異なる」から派生している。語根はラテン語 discors「調和しない、不和である（心が合わない）」(dis-「否定、逆」と cor, cord-「心」からなる）である。

discotheque ［1950年代］名ディスコ：

フランス語 discothèque に由来する。元々は、bibliothèque「図書館」(biblio-「書物、

書籍」と*theque*「箱、戸棚」からなる)のように、「レコード棚」であった。省略形discoは1960年代に始まり、元々はアメリカ用法であった。

discount [17世紀初頭]名割引、値引き、;動割り引く:

当初は物の量や価値を減少、割り引くことを意味した。名詞は廃語となったフランス語や、(商業的文脈での)イタリア語(*di*)*scontare*「考慮しない」に由来する。中世ラテン語*discomputare*「計算に入れない、数に入れない」が語源である(ラテン語*dis-*「逆」と*computare*「数える」からなる)。
→ COMPUTE

discourse [後期中英語]名談話、論説;動語る:

*discourse*は、*discourse* of reason「理性の能力」で使われたように、以前は「推論の過程」であった。ラテン語*discursus*「あちこち走り回ること」から派生した古フランス語*discours*に由来する(*discursus*は中世ラテン語では「議論」の意味になった)。ラテン語の動詞*discurrere*「あちこち走り回る、談話する」(*dis-*「離れて」と*currere*「走る」からなる)が語根になっている。この英語の動詞はフランス語*discourir*「あちこち走り回る、談話する」に影響を受けた。**discursive** [16世紀後半]形(題目が)広範囲にわたる、(話が)あちこちに飛ぶ、推論的な」は、ラテン語*discurrere*から派生した中世ラテン語*discursivus*に由来する。

discover [中英語]動発見する、知る、《古語》暴露する:

当初の意味は「明らかにする」であった。ラテン語*dis-*「逆」と*cooperire*「完全に覆う」からなる、後期ラテン語*discooperire*に基づく古フランス語*descovrir*に由来する。
→ COVER

discreet [中英語]形思慮分別のある:

ラテン語*discernere*「差異を識別する」の過去分詞*discretus*から派生した古フランス語*discret*に由来する。その意味は、後期ラテン語*discretio*「識別、洞察力」から生じた。*discretio*は、discretion[中英語]名「思慮不別、行動判断の自由、自由裁量」の語源である。古典ラテン語*discretio*は「見事な判断」の概念につながる「分離、選別」を意味した。

discrete [後期中英語]形分離した、別個の、不連続の:

ラテン語*discretus*「別個の」に由来する。
→ DISCREET; DISCERN

discriminate [17世紀初頭]動区別する、差別する:

ラテン語の動詞*discernere*「差異を識別する」から派生した*discrimen*「区別」を経て*discriminare*「相違を見分ける」に由来する。人種、性などの理由で異なる集団の人々を差別をするという意味は19世紀後半に生じた。
→ DISCERN

discuss [後期中英語]動話し合う、議論する:

中心的意味の1つが「振ることと分けること」である。ラテン語*quatere*「振る」が語根である。当初の意味には「追い散らす、散乱させる」と「議論によって詳しく調査する」があった。語源は「粉々に打ち砕く」、後に「詳細に調査する」を意味するようになったラテン語*discutere*から生まれた*discuss-*である。**discussion**名「論議、討議、話し合い」は、司法の審理を意味した中英語から始まる。後期ラテン語*discutere*から派生した*discussio(n-)*が古フランス語を経由して入った。

disdain [中英語]動蔑視、軽蔑する;名軽蔑:

名詞はラテン語*dedignari*「価値のないものを捨てる」から派生した古フランス語*desdeign*に由来する。動詞は同じように、ラテン語*dedignari*から派生した古フランス語*desdeignier*「軽蔑する」に由来する。ラテン語の動詞*dedignari*の

接頭辞 de- は「逆」を表し、dignari は「価値があると見なす」を意味する。

disease [中英語] 名 病気、疾患：

当初の意味は「安楽の不足、心配、困難、不便」であった。語源は古フランス語 desaise「安楽の不足」(des-「逆」と aise「安楽」からなる) である。「安楽の不足」はすぐに病気を連想するようになった。diseased 形「病気にかかった」は、後期中英語から記録されている。disease (古フランス語 desaisien から派生した desaisier から)「安楽を奪う、病気を引き起こす」の過去分詞である。

disembark [16世紀後半] 動 上陸する、陸揚げさせる：

フランス語 désembarquer、スペイン語 desembarcar、またはイタリア語 disimbarcare に由来する。ラテン語 barca「搭載救命ボート」が基になっている。

disfigure [後期中英語] 動 外観を損なう、醜くする：

語源は古フランス語 desfigurer「形状を損する、醜くする」で、ラテン語 figura「形を示す」を基にしている。

disgorge [15世紀後半] 動 吐き出す、吐く：

古フランス語 desgorger (des-「除去」と gorge「のど」からなる) に由来する。

disgrace [16世紀半ば] 名 不名誉、恥；動 恥となる、名を汚す：

当初の用法は動詞であった。イタリア語 disgrazia (名詞)、disgraziare (動詞) (dis-「逆」とラテン語 gratia「優美、上品」からなる) から派生し、フランス語を経由して入った。「何かの面目を台無しにする」は、英語の当初の意味であったが、今は廃義である。

disgruntle [17世紀半ば] 動 不機嫌にする、不満を抱かせる：

dis-（強意語として使われている）と方言動詞 gruntle「ブウブウ不満の声・音を

出す」からなる。音声の不快さは「不機嫌である」を表している。
→ GRUNT

disguise [中英語] 動 変装させる；名 偽装：

当初の意味は「ある人のいつもの服装を変える」だけで、本人であることを隠す意図はなかった。古フランス語 desguisier「変装する」に由来する。この語はすぐに、「隠す」という概念に発展した。「醜くする、自然の状態から外見を変える」の意味でも使われたが、今は使われない (シェイクスピア『ルクレチアの強姦』The Rape of Lucrece：Her cheeks with chaps and wrinkles were disguised; Of what she was no semblance did remain「彼女の頬は、あかぎれと皺で醜くされていた。彼女の本当の外見は全く残っていなかった」)。

disgust [16世紀後半] 名 むかつくほどのいやけ、嫌悪；動 むかつかせる：

ラテン語 dis-「逆」と gustus「味、好み」からなる語から派生した初期近代フランス語 desgoust か、あるいはイタリア語 disgusto に由来する。この語とその同じ語源を持つ語は1600年以降に現れている。シェイクスピアの作品には見られない。

dish [古英語] 名 皿、食器類、料理、性的魅力のある人：

古英語 disc「皿、鉢」(オランダ語 dis、ドイツ語 Tisch「テーブル」と同系である) は、ラテン語 discus「薄い円盤、皿」を基にしている。かわいい (特に) 女の子 (what a dish!「なんてかわいい子」) を指す俗語用法は20世紀初頭から始まる。人の性的魅力を述べるためにくだけて使われる形容詞 delicious「おいしい」と類似している。
→ DISC

dishevel [後期中英語] 動 髪を乱す：

おそらく古フランス語の動詞 descheveler に由来する。語源はラテン語 capillus から派生した chevel「髪」である。原義

は「髪留めをはずす」であった。後に「ほどけた状態」の髪自体を指すようになり、「乱れ、だらしない」へと拡張した。
→ UNKEMPT

dishonest ［後期中英語］形不名誉な：
当初の意味は「不名誉な、不貞な」であった。古フランス語 *deshoneste* に由来する。語源はラテン語 *dehonestus* である。**dishonesty**名「不名誉、不貞」も同時期からで、古フランス語 *deshoneste* に由来する。

disinherit ［後期中英語］動相続権を奪う：
この綴りが当初の *disherit* に取って代わった。接頭辞 *dis*-「取り除くこと」と *inherit*（廃れた意味で「…を相続人にする」）からなる。

disinter ［17世紀初頭］動発掘する：
フランス語 *désenterrer* に由来する。接頭辞 *dis*-「反転、逆転」と *enterrer*「…を埋める」からなる。

dislocate ［16世紀後半］動位置を変える：
おそらく **dislocation**名「転移」（古フランス語、あるいは中世ラテン語の *dislocatio(n-)* に由来）からの逆成語である。中世ラテン語の動詞 *dislocare* から派生した *dislocatus*「以前の場所から動かされた」に由来するという説もある。語幹はラテン語 *locare*「置く」である。

dislodge ［後期中英語］動移動させる：
古フランス語 *deslogier* に由来する。接頭辞 *des*-「反転、逆転」と *logier*「…を埋める」からなる。*logier* の語源は *loge*「粗末な小屋、狩猟小屋」である。当初は軍事用語（「敵を駆逐する」）であった。
→ LODGE

dismal ［後期中英語］形陰気な、惨めな：
当初は名詞として使用された。アングロノルマンフランス語 *dis mal* に由来する。語源は中世ラテン語 *dies mali*「厄日、悪日」である。中世では、月に2日、良く

ないことが起こると信じられていた。また、その日はエジプト人の占星術師によって占われたことから、「エジプト人の日」としても知られている。以下の月日が該当する。1月1、25日、2月4、26日、3月1、28日、4月10、20日、5月3、25日、6月10、16日、7月13、22日、8月1、30日、9月3、21日、10月3、22日、11月5、28日、12月7、22日。実際、以上の日付けと古代エジプトで発生した疫病を結び付けた中世学者もいる。

dismantle ［16世紀後半］動取り外す、取り壊す：
当初は「（要塞の）防御施設を破壊する」を意味した。古フランス語 *desmanteler*（文字通りの意味は「背中からマントを取る」）に由来する。接頭辞 *des*-「反転、逆転」と *manteler*「…の防備を強化する」からなる。語幹はラテン語 *mantellum*「マント、外套」である。
→ MANTLE

dismay ［中英語］動狼狽させる：
古フランス語に由来。ラテン語の接頭辞 *dis*-「否定」とゲルマン語の語幹 *may* からなる。中心的意味は「力、あるいは能力を奪う」と考えられる。

dismiss ［後期中英語］動退出を許す、解雇する：
当初は *dismissed* という形で登場した。キャクストンによって、フランス語 *desmis* を翻訳するために使われたと考えられる。おそらく、そのような経緯で、この語がラテン語 *dimittere*「追い払う」に該当する英語として容認された。以前は英語の同意語 *dismit* が使われ、接頭辞 *dis* に影響を及ぼした。16、17世紀には、dimit, dimiss, demit を含めて様々な綴りが使用された。

disobey ［後期中英語］動背く：
古フランス語 *desobeir* に由来する。語源はラテン語 *oboedire*「従う」である。**disobedient** ［後期中英語］形「服従しない」は古フランス語 *desobedient* に由来し、語源はラテン語 *oboedient*-「従うこ

と」である。**disobedience**图「不従順」も同時期からで、古フランス語 *desobedience* に由来する。語源は教会ラテン語 *inoboedientia* が変化した形である。
→ OBEY

disoblige [16世紀後半]動義務から解放する、意に逆らう：

当初は「義務から解放する」という意味で使われた。フランス語 *désobliger*「人に不愉快な思いをさせる」に由来し、語源はラテン語 *obligare*「強制的にさせる」である。

disorder [15世紀後半]動秩序を乱す；图混乱：

当初は「秩序を乱す」という意味の動詞であった。この綴りは、それより以前に使われていた動詞 *disordain* の変形である。古フランス語 *desordener* に由来し、究極的な語源はラテン語 *ordinare*「激動、暴動」である。「無秩序、暴動」という意味の名詞用法は16世紀初頭に遡る。

disorganize [18世紀後半]動組織を破壊する：

フランス革命に遡る。フランス語 *désorganiser*「組織を破壊する、混乱させる」に由来する。

disorient [17世紀半ば]動戸惑わせる：

主にアメリカで使用される語で、*disorientate* の異形。フランス語 *désorienter*「東から向きを変える」に由来する。

disparage [後期中英語]動けなす、非難する：

当初は「身分の異なる者と結婚する」と「不名誉を与える」という 2 つの意味があった（チョーサー『荘園管理人の話』*Reeve's Tale*：Who dorste be so boold to *disparge* my doghter that is come of swich lynage「こんない家柄出身の我が娘をずうずうしくも台なしにした男」）。古フランス語 *desparagier*「身分の異なる者と結婚する」に由来する。語源はラテン語 *par*「等しい」である。「けなす、

軽蔑的に言う」という意味は16世紀半ばから。

disparate [後期中英語]形全く異なる、共通性がない：

ラテン語の動詞 *disparare* から派生した *disparatus*「引き離された」に由来する。接頭辞 *dis-*「離れた」と *parare*「作る、備える」からなる。「種類が全く異なる」という意味はラテン語 *dispar*「等しくない」から影響を受けた。

disparity [16世紀半ば]图不同、不均衡：

フランス語 *disparité* に由来する。語源は後期ラテン語 *disparitas*「強制的にさせる」で、その語幹は *paritas*「同等、等価」である。

dispatch [16世紀初頭]動派遣する；图公文書、派遣：

イタリア語 *dispacciare*「急ぐ」、あるいはスペイン語 *despachar*「発送する、急送する」に由来する。接頭辞 *dis-*, *des-*「反転、逆転」と、イタリア語 *impacciare*「もつれさせる、妨げる」、あるいはスペイン語 *empachar*「妨げる」の語幹からなる。中心的意味には「速度」が関わっており、「公文書」という意味の中に伝えられている（例：mentioned in *dispatches*「軍人の名がその功績によって公文書で言及される」）。「速度」が関わっている理由は、この種の伝達事項は特使によって迅速に伝えられることが多かったからである。英語の綴りは19世紀初頭まで *dispatch* に統一されていた。ところが、ジョンソン博士の辞書において *des-* の項に記載されたため（ただし、ジョンソン博士自身はつねに *dispatch* と綴っていた）、1820年頃からは異形として *despatch* の綴りも認められている。

dispel [後期中英語]動追い払う、晴らす：

ラテン語の動詞 *dispellere* に由来する。接頭辞 *dis-*「離れた」と *pellere*「動かす」からなる。

dispense [後期中英語]動分配する、法を施行する、(薬を) 調合する：

ラテン語の動詞 dispendere から派生した dispensare「計量しつづける、支払う」が古フランス語を経由して英語に入った。語幹は pendere「量る」である。句動詞の dispense with「…なしで済ます」は、刑罰の軽減、免除という法の適用に関する用法で発展した。「薬を調合する」という意味は16世紀初頭に遡る。dispensary名「薬局、調剤室」(17世紀後半から。中世ラテン語 dispensarium に由来する) と意味のつながりがある。両者とも薬の処方箋に関する専門書と、薬の調剤を行う場所を示している。関連語として、dispensation名(ラテン語 dispensatio(n-) に由来する)「分配」と、dispensable形「必要でない」が挙げられる。形容詞は16世紀初頭に遡り、「ある特別な状況で許される」を意味した。「重要でない、必要でない」という意味は17世紀半ばから。

disperse［後期中英語］動分散させる、散らす：

ラテン語の動詞 dispergere「まき散らす」の前半部分 dispers- に由来する。元のラテン語は接頭辞 dis-「広範囲に」と spargere「ばらまく」からなる **dispersion**名「散布、散乱」も後期中英語からの語で、ラテン語 dispergere から派生した後期ラテン語 dispersio(n-) に由来する。

display［中英語］動広げる：

当初の意味は「旗を掲げる、帆を広げる」であった。古フランス語 despleier に由来する。語源はラテン語 displicare「ばらまく、散らす」で、中世ラテン語時代に「開く」を意味するように拡張した。英語では「帆を広げる」という意味から「人目にさらす」という意味が生じた。この意味は時折「見せびらかし」を含意することになった (シェイクスピア『リア王』King Lear, II.iv.41：The very fellow that ... Display'd so sawcily against your Highnes「そいつこそ、ついさきごろ、陛下にたいして無礼を働いたあの野郎だったものですから」)。

→ DEPLOY

dispose［後期中英語］動配列する、処分する：

古フランス語 disposer に由来する。語源はラテン語 disponere「取り決める」である。綴りはラテン語 dispositus「取りきめられた」と、古フランス語 poser「置く」の影響を受けた。「適切な場所に配置する」(例：disposed in a circle 円状に置かれた)、あるいは「手筈を整える」(例：prolactin disposes you towards sleep プロラクチン〈ホルモンの一種〉は眠りを誘う) という意味でも使われている。また、Man proposes, but God disposes「ことを図るは人、成敗を決めるは天」ということわざの中の dispose は、「事態の成り行きを決定する」という意味である。句動詞 dispose of の「…を処分する」という意味は17世紀初頭に生じた。**disposition**［後期中英語］名「気質、支配」は、ラテン語 disponere から派生した dispositio(n-) が古フランス語を経由して英語に入ったもの。この語は、disposition of troops in the field「戦場における軍隊の位置」に見られるように、「場所、順序」という意味と、あるいは、「気質、気性、傾向の1つの型」という意味を持つ (スウィフト『ガリバー旅行記』Gulliver：I rose up with as melancholy a Disposition as ever I had in my Life「かつて経験したことのないような憂鬱な気持ちで立ちあがった」)。後者の意味はおそらく占星術に由来する。例えば、saturnine (土星)「陰気な」、jovial (木星)「陽気な」、martial (火星)「勇敢な、好戦的な」、mercurial (水星)「活発な」、venereal (金星)「性欲が旺盛な」など。

dispute［中英語］動反論する、討論する：

ラテン語の動詞 disputare「見積もる」が古フランス語を経由して英語に入った。このラテン語は、後期ラテン語になると「討論する」に拡張した。元のラテン語は、接頭辞 dis-「離れて」と putare「数える、憶測する」からなる。**disputable**形「議論の余地のある」は15世紀後半に遡り、ラテン語の動詞 disputare から派生した disputabilis に由来する。

disrupt ［後期中英語］動混乱させる、分裂させる：
ラテン語の動詞 *disrumpere*「ばらばらにする」の過去分詞語幹 *disrupt-* に由来する。

dissect ［16世紀後半］動切り裂く：
ラテン語の接頭辞 *dis-*「離れて」と *secare*「切る」からなる。

disseminate ［後期中英語］動まき散らす、普及させる、広める：
ラテン語 *disseminare*「まき散らす」に由来する。接頭辞 *dis-*「外へ」と *semen, semin-*「種をまく」からなる。

dissent ［後期中英語］動反抗する、反対する：
語源はラテン語 *dissentire*「意見が異なる」である。

dissertation ［17世紀初頭］名討論、学位論文：
当初は「討論、議論」の意味で使われた。ラテン語 *dissertatio(n-)* に由来する。基となるラテン語は、動詞 *disserere*「調べる、議論する」から派生した *dissertare*「議論を続ける」である。「学位論文」を指す用法は19世紀後半から。

dissident ［16世紀半ば］形異論を持つ；名反体制活動家、造反者：
現在は「政策に反対して」という意味であるが、当初は「意見、性格が合わない」という一般的な意味であった。ラテン語 *dissident-*「離れて座って、意見が対立して」に由来する。接頭辞 *dis-*「離れて」と *sedere*「座る」からなる。**dissidence**［17世紀半ば］名「反体制者」はラテン語 *dissidentia* に由来する。

dissipate ［後期中英語］動気を散らす、追い散らす：
ラテン語の動詞 *dissipare*「まき散らす」に由来する。接頭辞 *dis-*「離れて、広範囲に」と（まだ確証されていないが）*supare*「投げる」からなる。**dissipation**名「消散、散逸」も同じ語源である。当初の意味は「完全なる崩壊、分裂」であった。

dissolute ［後期中英語］形自堕落な、身持ちの悪い：
ラテン語の動詞 *dissolvere*「ゆるめる」から派生した *dissolutus*「つながれていない、ゆるんだ」に由来する。
→ DISSOLVE

dissolve ［後期中英語］動溶かす、分解させる、取り消す：
当初は「ばらばらに分解する」という意味であった。ラテン語の動詞 *dissolvere* に由来する。接頭辞 *dis-*「離れて」と *solvere*「ゆるめる、解く」からなる。**dissolution**名「溶解、解消」も同時期の語で、ラテン語の動詞 *dissolvere* から派生した *dissolutio(n-)* に由来する。16世紀半ばになると、政党や政策団体の「解散」を意味するように拡張した。

dissonant ［後期中英語］形不協和音の：
当初の意味は「衝突して」であった。古フランス語、あるいはラテン語の動詞 *dissonare*「不調和である」から派生した *dissonant-* に由来する。接頭辞 *dis-*「離れて」と *sonare*「響く」からなる。**dissonance**名「不協和音」も後期中英語からで、古フランス語に由来する。語源は後期ラテン語 *dissonatia* である。

dissuade ［15世紀半ば］動思いとどまらせる：
ラテン語の動詞 *dissuadere* に由来する。接頭辞 *dis-*「反転、逆転」と *suadere*「忠告する、説得する」からなる。

distaff ［古英語］名糸巻き棒、女性の仕事：
古英語の形は *distæf* で、「糸を紡ぐ道具」を意味した。前半部分は、おそらく中低地ドイツ語 *dise, disene*「糸巻き棒、亜麻の束」と同系である。後半部分は英語 *staff*「棒」である。紡績が伝統的に女性の

仕事であったことから、「女性に関すること」という一般的意味に拡張された。例えば、Marriage is still the passport to *distaff* power「結婚は今なお女性の権利を得るための手立てである」の中では、「女性」という意味で使われている。名詞句 *distaff* side は19世紀後半からの登場で、「母方、母系」を指した。St *Distaff's* Day「母方の日」〈公現日の翌日、つまり1月7日〉とは、祝日が明けて、女性が紡績と日常の仕事を再開する日であった。

distance [中英語] 名 距離、隔たり：

当初の意味には「不一致、論争」があった。古フランス語、あるいはラテン語の動詞 *distare*「離れて立つ」から派生した *distantia*「離れて立っていること」、「疎遠」に由来する。後期中英語になると、この動詞が語幹となって **distant** 形「遠い」が生じた。接頭辞 *dis-*「離れて」と *stare*「立つ」からなる。その後、人と人、物と物との間隔、隔たりを表すように拡張した。

distend [後期中英語] 動 広げる、膨張させる：

ラテン語 *distendere* に由来する。接頭辞 *dis-*「離れて」と *tendere*「伸ばす」からなる。

distil [後期中英語] 動 蒸留する、洗練する：

ラテン語 *destillare*「したたり落ちる、ぽたぽた落ちる」の異形である *distillare*「しずくとなって落ちる」に由来する。接頭辞 *de-*「下へ、離れて」と *stillare* (*stilla*「一滴」の派生語) からなる。このラテン語の動詞は、19世紀半ばに登場した **distillation** 名「蒸留、点滴」の語幹でもある。

distinction [中英語] 名 区分、区別：

当初は「下位区分」、「範疇」を意味した。ラテン語の動詞 *distinguere*「離して置く」から派生した *distinctio*(n-) が古フランス語を経由して英語に入った。接頭辞 *dis-*「離れて」と *stinguere*「外に出す」(語幹の意味は「刺す、印をつけて選ぶ」) からなる。関連語としては以下の語がある。**distinct** [後期中英語] 形「はっきりした」は、ラテン語 *distinctus*「分離された、区別された」に由来し、当初は「区別された」を意味した。**distinctive** 形「特色のある」も同時期からで、後期ラテン語 *distinctivus* に由来する。意味は「区別するのに役に立つ」であった。**distinguish** 動「識別する」は16世紀後半から使われはじめ、フランス語の動詞 *distinguer*「はっきりと分かる、区別する」、あるいはラテン語の動詞 *distinguere* から変則的に形成されたものである。

distort [15世紀後半] 動 ゆがめる：

当初の意味は「片方へねじる」であった。ラテン語の動詞 *distorquere*「ねじってはずす」に由来する。

distract [後期中英語] 動 そらす、混乱させる：

当初は「異なる方向に引っ張る」という意味でもあった。ラテン語の動詞 *distrahere*「引き離す」から派生した *distract-* に由来する。このラテン語は、**distraction** [後期中英語] 名「注意散漫、気晴らし」(ラテン語 *distractio*(n-) に由来する) の語幹にもなっている。

distraught [後期中英語] 形 心が乱れた、気も狂わんばかりの：

廃語となった形容詞 *distract* (ラテン語 *distractus*「引き離された」に由来) の異形である。この綴りは、*stretch*「広げる」の古い過去分詞 *straught* の影響を受けている。

distress [中英語] 名 苦悩、貧苦；動 悩ませる：

名詞は古フランス語 *destresce* に由来する。動詞は古フランス語 *destrecier* に由来する。語源はラテン語の動詞 *distringere*「引き離す」である。
→ DISTRICT

distribute [後期中英語] 動 分配する：

ラテン語の動詞 *distribuere*「分割する」

に由来する。そのラテン語は distribution名「分配」(元のラテン語は*distributio(n-)*)の語幹でもある。接頭辞 *dis*-「離れて」と *tribuere*「付与する」からなる。

district [17世紀初頭]名地区、管区：
当初は領主の支配権が及ぶ領土を指した。フランス語 *district*「地区、地方」に由来し、語源は中世ラテン語 *districtus*「違反者に制限を設け、制約を課すこと（つまり、法の執行）」と「支配権（が及ぶ領域）」である。元のラテン語は、*distringere*「引き離す、分ける」という意味の古典ラテン語の動詞である。

disturb [中英語]動妨げる、不安にする：
古フランス語 *destourber* に由来する。語源はラテン語 *disturbare*「騒ぎの中に投げ込む」である。接頭辞 *dis*-「完全に」と *turbare*「妨げる」(*turba*「騒動」より) からなる。**disturbance** [中英語]名「心配、政情不安」は、古フランス語 *destourber* から派生した *destourbance* に由来する。当初は「公共の平和を乱すもの」を意味した。

ditch [古英語]名溝、堰堤ぇんてい；動見捨てる、（飛行機を）水上へ不時着させる：
古英語の形は *dīc* で、ゲルマン語起源。オランダ語 *dijk*「溝、土手」、ドイツ語 *Teich*「池、貯水池」と同系である。「人が困っているのを見捨てる」という意味の動詞 ditch は口語表現で、20世紀初頭からの登場。航空用語の「緊急時に（飛行機を）水上に不時着させる」という意味は20世紀半ばから使われはじめた。
→ DYKE

ditto [17世紀初頭]名同上；形同様の：
原義は「前の月に」であった。イタリア語 *detto*「言った」に対応するトスカナ方言に由来する。語源はラテン語 *dictus*「言った」である。

divan [16世紀後半]名トルコ・ペルシア・イランの国政会議室、謁見室、法廷、ディバン（壁際に置く背もたれのない長椅子）：
当初は中東における国会を指した。トルコ語 *dīvān*、ペルシア語 *dīwān*「詩選集、記録簿、法廷、長椅子」がフランス語、あるいはイタリア語を経由して英語に入った。家具を指す用法は18世紀から始まる。それは、背の低い長椅子、あるいは中東諸国で一般的に見られる、壁際に長椅子として使う床上に盛り上がった部分を意味する。ヨーロッパで、この形状の椅子を模倣したことから、19世紀後半に「背の低いソファー、もしくはベッド」という意味が生まれた。

dive [古英語]動潜水する、飛び込む、駆け込む、急降下する：
古英語の形は *dūfan*「潜る、沈める」、あるいは *dȳfan*「浸す」で、ゲルマン語起源。名詞 dive は「いかがわしい場所」という意味で、アメリカ生まれの用法である。違法の隠れ家的酒場を指すことが多かった。
→ DEEP；DIP

divers [中英語]形別種の、邪悪な：
当初は「様々なタイプの」を意味した。ラテン語 *diversus*「異なった、別種の」が古フランス語を経由して英語に入った。語源はラテン語の動詞 *diveretere*「別々の方向に向ける」である。**diverse**形は「多種多様な」という意味で、*divers* の中英語における異形である。**diversity**名「相違、多様性」も中英語からで、ラテン語 *diversitas* が古フランス語を経由して英語に入ったもの。語源はラテン語 *diversus*「別種の」（動詞 *divertere* の過去分詞）である。
→ DIVERT

divert [後期中英語]動わきへそらす、楽しませる：
ラテン語の動詞 *divertere* がフランス語を経由して英語に入ったもの。接頭辞 *di*-「わきへ」と *vertere*「回す」からなる。16世紀半ばになると「娯楽と気晴らし」という意味で使われた（デフォー『ロビンソン・クルーソー』*Robinson Crusoe*：I used frequently to visit my Boat... sometimes I went out in her to *divert*

my self「かつてはよくボートまで行ったものでした。気晴らしのため、時折それに乗って出かけたのです」)。**diversion**名「転換、娯楽」も同時期からで、ラテン語の動詞 *divertere*「わきへ向ける」から派生した後期ラテン語 *diversio(n-)* に由来する。1950年代から「迂回路」としても使われている。

divest [17世紀初頭]動売却する、手放す、脱がす、奪う：

devest の異形。古フランス語 *desvestir* に由来する。接頭辞 *des-*「除去、廃止」とラテン語 *vestire* (*vestis*「衣服」の派生語) からなる。

divide [中英語]動分ける、配分する、割る；名分割：

ラテン語の動詞 *dividere*「強制的に取り外す、除去する」に由来する。名詞用法は17世紀半ばから。名 division「分配」は後期中英語からで、古フランス語 *devisium* に由来する。語源はラテン語の動詞 *dividere* の派生語 *divisio(n-)* である。

dividend [15世紀後半]名分け前、配当金：

当初は「分け前、取り分」という一般的な意味であった。アングロノルマンフランス語 *dividende* に由来する。語源はラテン語の動詞 *dividere* から派生した *dividendum*「分けられるべきもの」である。当初は、誤って *dividente*、あるいは *divident* と綴られることも多かった。*-end* という語尾が珍しかったからである。17世紀になると、ラテン語タイプの語尾 *-end* に統一された。
→ DIVIDE

divine¹ [後期中英語]形神の、神聖な、素晴らしい：

ラテン語の形容詞 *divus*「神のような」(*deus*「神」とも関連する) から派生した *divinus* が古フランス語を経由して英語に入った。the *divine* right of kings「王の神権」という表現は、正統な王だけが神から権力を授かっていることを述べたもので、17世紀になって特別に使われるようになった。それは、スチュワート王家によって特に主張された説であった。**divinity**名「神、神性」は *divine* よりも少し早い時期の語であるが、古フランス語 *devinite* に由来する。語源はラテン語 *divinus*「神に属している」から派生した *divinitas* である。

divine² [後期中英語]動占う、予言する、心を見抜く：

古フランス語 *deviner*「予言する」に由来する。語源はラテン語 *divinus*「神に属している」から派生した *divinare* である。**divination**名「占い、予言」は後期中英語からで、ラテン語の動詞 *divinare*「予言する」から派生した *divinatio(n-)* に由来する。
→ DIVINE 1

divorce [後期中英語]名分離、離婚；動離婚する：

名詞は古フランス語 *divorce* に由来する。語源はラテン語 *divortium* で、語幹は *divertere*「別々の方向に曲がる」である。動詞は古フランス語 *divorcer* に由来する。語源は *divortium* から派生した後期ラテン語 *divoritare* である。**divorcee**名「離婚した女性・人」は19世紀初頭から登場する。古フランス語 *divorcé(e)*「離婚した男性・女性」に由来する。
→ DIVERT

divulge [後期中英語]動(秘密を) 漏らす、暴露する：

当初の意味は「公表する」である。ラテン語の動詞 *divulgare* からの派生語。接頭辞 *di-*「広範囲に」と *vulgare*「発表する」(*vulgus*「一般の人々」より) からなる。

dizzy [古英語]形目が回る、頭がくらくらする、愚かな：

古英語の形は *dysig* で、意味は「愚かな」であった。西ゲルマン語起源。低地ドイツ語 *dusig, dösig*「目が回る」と、古高地ドイツ語 *tusic*「愚かな、軟弱な」と同系である。

do [古英語]⬛する、行う:
　古英語の形は *dōn* で、ゲルマン語起源。オランダ語 *doen* と、ドイツ語 *tun*「行う、する」と同系である。起源はインド＝ヨーロッパ祖語の語根である。その語根は、ギリシア語 *tithēmi*「私は置く」と、ラテン語 *facere*「作る、行う」とも共通する。

dock¹ [後期中英語]⬛ドック、波止場:
　中オランダ語、中低地ドイツ語 *docke*「船をドックに入れる」に由来する。語源不詳。

dock² [16世紀後半]⬛被告人席:
　おそらく元は俗語で、フラマン語 *dok*「鶏の囲い、ウサギ小屋」と同系である。語源不詳。

dock³ [後期中英語]⬛切り詰める、短く切る:
　基となる名詞の意味は「動物の尾の濃密で頑丈な部分」であった。そこから、「(動物の尾を)短く切る」という動詞が生まれた。後に「減らす、差し引く」という一般的な意味に拡張した。おそらく、フリジア語 *dok*「(糸などの)固まり、玉」とドイツ語 *Docke*「人形」と同系である。**docket**⬛は15世紀後半から登場し、おそらく *dock* の派生語である。この語の原義は「略述、概要」であった。そこから、18世紀初頭に「委託貨物につける内容概要、荷札」という意味が生じた。

doctor [中英語]⬛医者、博士:
　当初の意味は「学識ある人」と「教会博士」であった。ラテン語 *doctor*「教師(*docere*「教える」から)」が古フランス語を経由して英語に入ったもの。**doctorate**⬛「博士号」は17世紀半ばからの登場で、中世ラテン語 *doctoratus*「博士になった」に由来する。

doctrine [後期中英語]⬛教義、主義:
　古フランス語に由来する。語源はラテン語 *doctrina*「教えること、学ぶこと」である。そのラテン語は、動詞 *docere*「教える」から派生した *doctor*「教師」の派生語である。

document [後期中英語]⬛書類、文書、教訓、証拠；⬛記録にとどめる:
　古フランス語に由来する。語源はラテン語 *documentum*「教訓、証明」で、中世ラテン語になると「文書、公文書」を意味した。語幹はラテン語の動詞 *docere*「教える」である。**documentary**⬛「ドキュメンタリー」は19世紀初頭からの登場で、*document* の派生語である。*document* は **docudrama** [1960年代]⬛「ドキュドラマ」という混成語の前半部分をなす。同様に、**docutainment** [1970年代]⬛は、*documentary* と *entertainment* の混成語である。この語はアメリカで使用され、情報と娯楽を兼ね備えたドキュメンタリータッチの映画を指す。

doff [後期中英語]⬛脱ぐ:
　句動詞 do off「取り除く」の短縮形。
　→ DON²

dogma [16世紀半ば]⬛教義、教理、独断:
　ギリシア語の動詞 *dokein*「良く見える、考える」から派生した *dogma*「意見」がラテン語を経由して英語に入ったもの。この語は **dogmatic**⬛「教義上の」の語幹である。**dogmatic** は17世紀初頭から登場し、当初は(演繹的仮説に基づく一学派に属する)哲学者、あるいは内科医を指す名詞であった。直接の由来は後期ラテン語であるが、語源はギリシア語 *dogmatikos* である。*dogma* は **dogmatism**⬛「教条主義、独断主義」の語幹にもなっている。フランス語 *dogmatisme*「教条主義、独断論」に由来し、語源は中世ラテン語 *dogmatismus* である。

doily [17世紀後半]⬛装飾用の小型ナプキン、または卓上用の敷物:
　17世紀のロンドンに実在した服地屋の名前、*Doiley*「ドイリー」、あるいは *Doyley* に由来する。元は夏服用のウール素材を指したが、一説によると、その素材をこの服地屋が製造したことから命名された。現在の意味は *doily* napkin の省略で、18世紀初頭に遡る。

doldrums ［18世紀後半］图憂鬱、赤道無風帯：
当初は単数形 *doldrum* で使われ、「退屈で、怠惰な人」を意味した。おそらく形容詞 *dull*「にぶい」に由来する。現在は、tantrums「立腹」の形にならって、the *doldrums*「沈滞、停滞状態」のように複数形で使われる。

dole ［古英語］图失業手当、施し、分け前、運命：
古英語の形は *dāl* で、ゲルマン語起源。意味は「分割、分け前、取り分」であった。
→ DEAL¹

doll ［16世紀半ば］图人形：
当初は「主婦、女主人」を指した。女性の名前 *Dorothy*「ドロシー」の愛称。「人形」という意味では17世紀後半から。それ以前は人形を指す語として poppet と puppet「かわい子ちゃん」が使われていた。
■ **dolly tub**「洗濯だらい」。19世紀後半からの登場で、*dolly* という方言の形に基づく。人形に類似した様々な考案品を指す用語として使われた。dolly tub における dolly は洗濯機をかき回す短い木製の棒を指した。

dollar ［16世紀半ば］图ドル：
初期フラマン語、あるいは低地ドイツ語の *daler* に由来する。この語はドイツ語 *T(h)aler* に起源がある。*T(h)aler* は *Joachimsthaler*「ヨアヒムスタール」の（前半部分を省略した）短縮形である。その名は、チェコ共和国で現在 *Jáchymov*「ヤヒモフ」と呼ばれる *Joachimsthal*「ヨアキムの谷」で製造された銀貨を指す。後に、アメリカのスペイン植民地で使用された硬貨を指すのに使われ、さらには独立戦争時のイギリス植民地で使用されていた硬貨にまで拡大された。18世紀後半にアメリカの通貨単位の名称として正式に採用された。

dollop ［16世紀後半］图（ペンキ、アイスクリームなどの形の整っていない）固まり、ひとさじ分：
当初は「畑の雑草、ひと塊の草」を意味する語として使われた。おそらくスカンジナビア語起源で、ノルウェー語方言 *dolp*「かたまり」と同系である。

dolphin ［後期中英語］图イルカ：
古フランス語 *dauphin*、プロヴァンス語 *dalfin* に由来する。ギリシア語 *delphin* がラテン語を経由して英語に入ったもの。フランス語 *dauphin*「王太子」はフランス王の長男を指す称号としても使われた。「イルカ」を意味する愛称であったが、当初は14世紀の *Dauphiné*「ドフィネ」（フランス南東部地域で、かつては州であった）の領主を示す特別な称号として用いられた。

domain ［後期中英語］图分野、領域、所有地：
かつては「遺産として残された土地、不動産」を意味した。フランス語 *domaine*「所有地、領地」に由来する。ラテン語 *dominus*「所有者、王」からの連想で、古フランス語 *demeine*「王に属している」が変化したものである。

dome ［16世紀初頭］图家、館、ドーム、丸天井：
当初は「威厳のある建築物」を指した。この意味は、ラテン語 *domus*「家」に直接由来する。他の意味は、フランス語 *dôme*「円天井、ドーム」に由来する。語源はイタリア語 *duomo*「大聖堂、ドーム」であり、元はラテン語 *domus*「家」である。この語が連想させる独特な形状から、The *Dome* という名称の建物が造られた。それは西暦2000年の祝祭記念として建築され、今ではロンドンの観光名所となっている。

Domesday ［中英語］图中世英国の土地台帳、最後の審判の日：
12世紀における *Domesday* Book（ウィリアム1世の命令によって1086年に作られた、イングランドにおける土地の広さと所有権を記した台帳）を指す一般的

な呼び名。命名の理由は、この台帳が最終的な証明書と見なされたことによる。*doomsday*「最後の審判の日」に対する引喩がある。

domestic ［後期中英語］形家庭の、国内の、飼いならされた：

フランス語 *domestique*「家庭の、飼いならされた」に由来する。語源はラテン語 *domus*「家」から派生した *domesticus* である。**domesticate**動「飼いならす、家庭的にする」は17世紀半ばからの登場で、中世ラテン語 *domesticare*「飼いならす」に由来する。語源はラテン語 *domesticus*「家に属している」である。

domicile ［後期中英語］名定住所、居住地：

ラテン語 *domicilium*「住んでいる」が古フランス語を経由して英語に入った。語源はラテン語 *domus*「家」である。

dominant ［後期中英語］形支配的な、優位を占める：

ラテン語の現在分詞 *dominant-*「支配している、統治している」が古フランス語を経由して英語に入ったもの。語源はラテン語の動詞 *dominari* で、**domination** ［後期中英語］名「支配」の語幹にもなっている。ラテン語 *dominatio(n-)* が古フランス語を経由して英語に入ったものである。**dominate**動「支配する」は17世紀初頭の登場で、やはりラテン語 *dominari* に由来する。語幹はラテン語 *dominus*「王、主人」で、**dominion**名「支配権」の基になっている。dominion は、中世ラテン語 *dominio(n-)*「住んでいる」が古フランス語を経由して英語に入ったもので、中英語の時代にはすでに使用されていた。

domineer ［16世紀後半］動威張り散らす、支配する：

オランダ語 *dominieren*、フランス語 *dominer*「支配する、圧倒する」に由来する。語源はラテン語 *dominari* である。
→ DOMINANT

don¹ ［16世紀初頭］名殿、大学教師、（マフィアの）首領：

現在は一般に「大学教師」を意味する。当初はスペイン人男性のファーストネームにつけられる称号であった。スペイン語に由来し、語源はラテン語 *dominus*「王、主人」である。

don² ［後期中英語］動着用する：

句動詞 do on「着る」の短縮語。
→ DOFF

donor ［中英語］名寄付者、ドナー：

古フランス語 *doneur* に由来する。語源はラテン語の動詞 *donare*「与える」から派生した *donator* である。**donation**名「誓い、質問」は後期中英語からで、ラテン語の動詞 *donare* から派生した *donatio(n-)* が古フランス語を経由して英語に入ったもの。究極の語源はラテン語 *donum*「贈り物」である。**donate**動「寄付する」は18世紀後半からの登場で、donation からの逆成語（接尾辞の消去）である。

doodle ［17世紀初頭］動（考えごとをしながら）いたずら書きをする、のらくらする：

元は名詞で「愚か者」を意味し、後に「人を馬鹿にする、騙す」という意味の動詞用法が生まれた。語源は低地ドイツ語 *dudeltopf, dudeldopp*「馬鹿者、間抜け」である。現在の意味は1930年代から。

doom ［古英語］名法令、宿命、運命、最後の審判：

古英語の形は *dōm* で、「法令、判決」を意味した。ゲルマン語起源で、原義は「適切な場所に置く」であった。「宿命」という意味は後期中英語から。**doomsday**名「最後の審判の日」の古英語の形は *dōmesdæg* であった。
→ DO

door ［古英語］名戸：

古英語の形は *duru, dor* で、ゲルマン語起源。オランダ語 *deur*「戸」、ドイツ語 *Tür*「戸」、*Tor*「門」と同系である。それらの語はすべてインド＝ヨーロッパ祖語

の語根を持ち、ラテン語 foris「門、ドアの1枚」とギリシア語 thura「戸」とも共通する。

dormant［後期中英語］形睡眠状態の、休止状態の、不活発な：

当初の例では「ある位置に固定された」、「隠れた」を意味した。古フランス語の「眠っている」という意味の語に由来する。語源はラテン語 dormire「眠る」から派生した dormir という動詞である。このラテン語の動詞から、**dormitory**［後期中英語］名「修道院の寝室」が生まれた。語源はラテン語 dormitorius の中性名詞 dormitorium である。

dose［後期中英語］名一服、一定量：

フランス語 dose「1回分の服用量」に由来し、語源はギリシア語の動詞 didonai「与える」から派生した dosis「与えること、贈り物」が後期ラテン語を経由したものである。慣用句 like a dose of salts「迅速に、かつ効率良く」は、緩下剤としてエプサム塩を使用したことにちなむ。

do-si-do［1920年代］名ドシド（スクウェアダンスで背中合わせに回りながら踊ること）：

アメリカ発祥の語。フランス語 dos-à-dos（ドサド）「背中を合わせて」を英語風に変えたもの。

dossier［19世紀後半］名調書：

フランス語 dossier「背表紙にラベルを貼った書類の束」に由来する。語源はラテン語 dorsum から派生した dos「背」である。

dot［古英語］名点、しみ；動点を打つ：

古英語の形は dott で、「おできの頭」を意味した。古英語では1度しか記録がない。その後、16世紀後半になって「小さいこぶ、かたまり」という意味で使用された。おそらく、オランダ語 dot「結び目、節」から影響を受けている。「点、しみ」という意味は17世紀半ばから。

dote［中英語］動溺愛する、もうろくする、

ぼける、：

当初は「愚かな振る舞いや、話し方をする」という意味であった。語源不詳。中オランダ語 doten「愚かである」と同系である。**dotage**名「年老いて、弱々しい時期」は、後期中英語から記録があり、dote を基にしている。

double［中英語］形副2倍の・に；名2倍；動2倍にする、折りたたむ：

ラテン語 duplus「2倍の」（du「2」と plus「倍にする」からなる）が古フランス語を経由して英語に入ったもの。動詞用法は古フランス語 dobler に由来する。語源は duplus から派生した後期ラテン語 duplare である。

doublet［中英語］名ダブレット（16、17世紀の男性の胴衣）、姉妹語（同一語源から分かれた1組の語の1つ）：

「折りたたまれたもの」という意味の古フランス語に由来する。また、毛皮の裏地がついた（=double）上着を指すこともあった。これは double「2重の」からの派生である。この種の上着は、14世紀から18世紀にかけて男性が身に着けたもので、身体にぴったりと合い、袖があるタイプとないタイプがあった。この語が女性用の同様の上着に用いられることはめったにない。

doubt［中英語］名疑い；動疑う：

名詞用法は古フランス語 douter に由来する。動詞用法は古フランス語 doute に由来する。語源はラテン語 dubius「疑わしい」から派生した dubitare「ためらう」である：

■ **doubting Thomas**「懐疑論者」。17世紀初頭からの登場で、使徒トマスを指す聖書の引喩である（『ヨハネによる福音書』20章24〜29節）。トマスは、キリストの復活を自分の目で確かめ、傷に触れるまでは信じようとしなかったことから、この渾名で呼ばれた。
→ DUBIOUS

dough［古英語］名練り粉、パン生地：

古英語の形は *dāg* で、ゲルマン語起源。オランダ語 *deeg*、ドイツ語 *Teig*「パンやケーキの生地」と同系である。語根は、「塗りつける、(練粉などを)こねる」という意味のインド＝ヨーロッパ祖語である。**duff**［19世紀半ば］名「ダフ（小麦粉で作られた固いプディング）」は、plum *duff*「プラムダフ」の中で使われる語で、*dough* の北イングランドにおける語形である。

dour［後期中英語］形厳しい、頑固な：
スコットランド語が起源で、おそらくスコットランド・ゲール語 *dúr*「鈍い、頑固な、愚かな」に由来する。語源はラテン語 *durus*「厳しい」と考えられる。

down¹［古英語］副下へ、下方へ；前…の下、…を下りて；形下への；名下、下方：
古英語の形は *dūn, dūne* で、「より低い方へ」を意味した。*adūne*「下方へ」、*of dūne*「丘を下る」の短縮形である。**downward**副「下の方へ、下向きに」は中英語からの登場で、古英語 *adūnweard* の短縮形である。

down²［中英語］名羽毛：
古ノルウェー語 *dúnn* が起源である。

down³［古英語］名丘陵地：
穏やかな丘陵地を指し、一般的に南イングランドで the *Downs* として使われている。古英語の形は *dūn*「丘」(オランダ語 *duin*「砂丘」と同系である)。おそらく究極的な起源はケルト語で、古アイルランド語 *dún*、廃語となったウェールズ語 *din*「とりで、要塞」と同系である。それらの語は、town と共有されるインド＝ヨーロッパ祖語の語根に由来している。
→ TOWN

dowry［中英語］名新婦の持参金：
アングロノルマンフランス語 *dowarie* に由来する。語源は中世ラテン語 *dotarium* である。語幹はラテン語の動詞 *dotare*「財産を贈る」で、*dos, dot-*「新婦の持参金」から派生された。ラテン語 *dare*「与える」と同系である。

doze［17世紀半ば］動うたたねをする：
当初は「ぼうっとさせる、当惑させる、眠くさせる」という意味で使われていた。おそらく、デンマーク語 *døse*「眠たくする」と同系である。

dozen［中英語］名1 ダース：
古フランス語 *dozeine* に由来する。語源はラテン語 *duodecim*「12」である (*duo*「2」と *decim*「10」に分かれる)。

drab［16世紀半ば］形さえない茶色の、つまらない：
当初は「染色していない布地」という意味の名詞として使われた。おそらく、古フランス語 *drap*「布地」に由来する。
→ DRAPERY

draconian［19世紀後半］形(きわめて)厳しい、過酷な：
ギリシアの法律家ドラコン (*Drakōn*) に由来する。ドラコ (*Draco*) はアテネの法律制定者で、アテネの法典はその厳格さで世に知られていた。例えば、死刑がささいな罪で執行された。

drag［中英語］動引きずる、引っ張る；名じゃまもの、退屈な人、うんざりするもの、通り：
動詞用法は古英語 *dragan*、あるいは古ノルウェー語 *draga*「引っ張る」に由来する。名詞用法は中低地ドイツ語 *dragge*「錨」に由来する。「うんざりすること」(what a *drag!*「なんてうんざりすることよ」) という意味は19世紀初頭から。main *drag*「本通り」は俗語であり、19世紀半ばに登場した。また、in *drag*「女装して」は19世紀終わりから使われはじめた。

dragon［中英語］名竜、ドラゴン：
古フランス語に由来する。語源はギリシア語 *drakōn*「ヘビ」がラテン語を経由して入ってきたもの。英語 *dragon* の当初の意味は「ヘビ」であった。

drama［16世紀初頭］名戯曲：

ギリシア語 *dran*「行う、行動する」から派生した *drama* が後期ラテン語を経由して英語に入ったもの。**dramatis personae**［18世紀半ば］图「配役表」は、文字通り「劇の配役」を意味する。劇中の登場人物のリストを挙げるために使われたラテン語の借用である。

drapery［中英語］图優美なひだのある掛け布（垂れ幕）：
当初の意味は「生地、布地」であった。古フランス語 *drap*「布」から派生した *draperie*「ひだのある幕」に由来する。**drape**動「優美に飾る」は *drapery* の逆成語で、19世紀半ばから記録がある。**draper**图「衣料品商」は、後期中英語に遡り、当初は「羊毛生地屋」を指した。古フランス語 *drap*「布」から派生した *drapier*「ラシャ製造業者」に由来する。語源は後期ラテン語 *drappus* である。

drastic［17世紀後半］形（行動などが）思い切った、（治療、変化などが）激烈な：
元来、薬の効能に関して使われた。語源はギリシア語 *dran*「行う」から派生した *drastikos* である。

drat［19世紀初頭］間ちぇ！ いまいましい；動呪う：
God rot「神に呪われる」の婉曲表現 od rat を短縮した形。

draught［中英語］图引くこと、牽引：
当初は「引くこと、引っ張ること」と「引かれたもの、積荷」という2つの意味で使用された。古ノルウェー語 *dráttr* に由来する。ゲルマン語起源で、ドイツ語 *Tracht*「ひと担ぎ、一荷」と同系である。draft は *draught* の音声綴りである。
→ DRAW

draw［古英語］動引く；图引っ張り：
古英語の形は *dragan* で、ゲルマン語起源。オランダ語 *dragan*、ドイツ語 *tragen*「運ぶ」と同系である。主な意味の拡張には次のようなものがある。「力を利用して動かす」（*drawn* by horses「馬に引かれる」）、「来る、行く」（*drew* near

「近づいた」）、「受け入れる、魅惑する」（felt *drawn* to her「彼女に引きつけられた」）、「取り除く」（*drew* the cork「コルクを抜いた」）、「延長する」（*drew* out the meeting「会議を延長した」）、「描く」（*drew* a picture「絵を描いた」）。

drawl［16世紀後半］動ゆっくりしゃべる：
おそらく当初は俗語表現であった。低地ドイツ語、あるいはオランダ語 *dralen*「延ばす、長引く」に由来する。

dray［後期中英語］图（重い荷を運ぶ台の低い）荷（馬）車：
かつては「そり」を指した。おそらく古英語 *dræge*「地引網」が起源であり、*dragan*「引く」と同系である。
→ DRAW

dread［古英語］動怖がる、恐れる：
古英語の形は *ādrædan, ondrædan* で、西ゲルマン語起源。古高地ドイツ語 *intrātan*（接頭辞 *in* は「反する」という意味を持つ）と同系である。

dream［中英語］图夢、夢想；動夢を見る、あこがれる、想像する：
ゲルマン語起源で、オランダ語 *droom*、ドイツ語 *Traum*「夢」と同系である。おそらく古英語 *drēam*「喜び、音楽」とも同系である。

dreary［古英語］形わびしい、荒涼とした：
古英語の形は *drēorig* であった。「憂鬱な」という意味に加えて、*drēor*「血のかたまり」から拡張した「血だらけの、残忍な」という意味があった。ゲルマン語起源で、ドイツ語 *traurig*「悲嘆にくれている」と同系である。
→ DROWSY；DRIZZLE

dredge[1]［15世紀後半］動浚渫(しゅんせつ)する、水底の泥や砂利をすくう：
元は *dredge*-boat「浚渫船」の中で名詞として使われていた。おそらく、中オラン

ダ語 *dregghe*「ひっかけ錨」と同系である。

dredge² [16世紀後半][名]エンバク・オオムギなどの穀類を混ぜ合わせたもの；[動]粉をまぶす：

廃語となった *dredge*「砂糖菓子、香辛料を混ぜたもの」に由来する。古フランス語 *dragie* に由来し、ギリシア語 *tragēmata*「香辛料」がラテン語を経由したものと考えられる。

drench [古英語][名]一飲み、びしょ濡れ(にするもの)；[動](無理に)飲ませる、水に浸す、ずぶ濡れにする：

古英語の *drencan*「無理に飲ませる」、*drenc*「飲み物、一飲み」はゲルマン語起源である。ドイツ語の動詞 *tränken*「水を飲ませる」、名詞 *Trank*「飲み物」と同系である。
→ DRINK

dress [中英語][名]衣服、婦人服；[動]衣服を着せる、飾る、隊列を整える：

当初は「まっすぐにする」という意味であった。古フランス語 *dresser*「整頓する、用意する」に由来する。ラテン語 *directus*「まっすぐな、一直線の」から派生した。

dresser [後期中英語][名]食器戸棚、《米》化粧だんす：

元来は、台所用の食器棚、または食事の準備をするためのテーブルを意味した。古フランス語 *dresser*「準備をする」から派生した *dresseur*「調教師」に由来する。
→ DRESS

dribble [16世紀半ば][動]したたる、したたらせる、(球などを)ドリブルする：

drip の異形。廃語となった *drib* の反復動詞(繰り返される動作を表す動詞〈接尾辞 -le が「反復」を表す〉)である。原義は「的の手前に矢を落とす、的から遠く外して矢を射る」で、*drib* も同じ意味であった。*dribble* は、かつて「ゆっくりとしたたり落ちる」を意味し、*drivel*「よだ

れを垂らす」に影響を受けた可能性もある。*driblet* [名]「液体の小さなしずくや流れ」は16世紀後半からの登場で、当時は「少額の金」を指した。廃語となった *drib* に由来する。*dribs* and *drabs*「ほんの少し」という成句は、重複(わずかな違いがある要素の繰り返し)によって形成されている。

drift [中英語][名]漂流、傾向、潮流、降雨、降雪、雪などのふきよせ、方針、意図、目的、成り行き、流れ；[動]延期する、漂流する：

当初は「雪、葉などのかたまり」を意味した。古ノルウェー語 *drift*「雪のふきよせ」が起源である。その後、中オランダ語 *drift*「進路、流れ」に由来する意味が使われるようになった。「あてもなくさまよう」という動詞用法は19世紀半ばに発展した。
→ DRIVE

drill [17世紀初頭][動]穴をあける：

中オランダ語 *drillen*「穴をあける、円状に回す」が起源である。「すきで耕す」、「小さな畝をつくる機械」という意味は18世紀初頭からで、おそらく同じ中オランダ語 *drillen* が語源である。

drink [古英語][動]飲む、吸収する、乾杯する、酒を飲む；[名]飲み物、飲酒、深酒：

古英語の形は *drincan, drinc* であり、ゲルマン語起源。オランダ語 *drinken* とドイツ語 *trinken*「飲む」と同系である。the *drink* は口語で「海」を指し、19世紀半ばの登場である。

drip [古英語][動]したたる；[名]したたり、しずく：

ゲルマン語起源。古英語の形は *dryppan, drȳpen* で、デンマーク語 *dryppe* と関連する。「意志の弱い、鈍い人」を指す俗語用法は20世紀半ばから。
→ DROP

drive [古英語][動](馬車、機関車などを)駆る、運転する、無理に…する、ある状態

に追い込む；图駆り立てること、ドライブ、車道：

古英語の形は drīfan で、ゲルマン語起源。オランダ語 drijven、ドイツ語 treiben「駆り立てる」と同系である。名詞 drive は動詞からの派生であり、車両が走る道路、あるいは個人の家までの私道に適用され、19世紀初頭から使われている。

drizzle [16世紀半ば]動霧雨が降る；图しとしと雨：

おそらく古英語 drēosan「降る」に基づく。ゲルマン語起源で、形容詞 dreary「わびしい」と同系である可能性がある。
→ DREARY

droll [17世紀初頭]形おどけた、ひょうきんな：

フランス語 drôle「滑稽な、奇妙な」に由来する。語源はおそらく中オランダ語 drolle「悪魔の子、子鬼」である。

drone [古英語]图雄（ミツ）バチ、単調な低音を出すもの、怠け者：

古英語の形は drān, drǣn で「雄のハチ」を意味した。西ゲルマン語の「反響する、ブーンという音がする」という意味の動詞が起源である。オランダ語 dreunen「ブーンという低い連続音を出す」、ドイツ語 dröhnen「うなる」、スウェーデン語 dröna「うとうとする」と同系である。

drool [19世紀初頭]動よだれを垂らす、たわいのないことを言う：

drivel 動「よだれを垂らす」の短縮形。当初の意味は「口からつばを吐く、鼻から鼻汁を出す」であった。語源不詳。

droop [中英語]動垂れる：

古ノルウェー語 drúpa「頭をうなだれる」が起源。動詞 drip「したたり落ちる」と drop「落ちる」と同系である。
→ DRIP

drop [古英語]图しずく、落下；動したたる、落ちる、（視界から）消える：

古英語の形は dropa（名詞）、droppian（動詞）で、ゲルマン語起源。ドイツ語 Tropfen「しずく」、tropfen「ぽたぽた落ちる」と同系である。「しずく」の意味は様々に分解されて強調されることになる。例えば、「小さなサイズ」という概念は a drop in the ocean「大海の中のひとしずく」の中で示される。この場合の drop はきわめて小さい部分、重要でない部分を表している。また、この成句には a drop in the bucket「手桶の中のひとしずく」という異形があり、前者よりも早い時期に登場したと考えられる。ディケンズ『クリスマスキャロル』Christmas Carol の中に初例が見受けられる（The dealings of my trade were but a drop of water in the ... ocean of my business「わしの商売なぞ、わしの仕事という大海の中では、一滴の水にすぎなかった」）。もう1つの意味は「落下」であり、これは俗語用法の中に見られる。例えば、the drop は「絞首台に吊るされること」を意味する。drop「しずく」の形状は、宝石のペンダント、あるいは、シャンデリアの一部として使われる（吊るされた）ガラスの飾りに使われている。
→ DRIP；DROOP

drought [後期古英語]图日照り、干魃：

当初の形は drūgath で、「乾燥状態」を意味した。ゲルマン語起源で、形容詞 dry「乾いた」と同系である。同じ発展過程を辿った語に、droog「乾燥した」から派生したオランダ語 droogte がある。気象用語として使われる absolute drought「絶対乾燥状態」は、降雨量が0.2mm 以下の日が15日以上連続する期間を指す。a partial drought「部分乾燥状態」は、1日の平均降雨量が0.2mm 以下の日が少なくとも29日連続する期間を指す。

drown [中英語]動溺死する：

元はイングランド北部の語。古ノルウェー語 drukkna「溺れ死ぬ」と同系の可能性もあるが、語源は不詳。
→ DRINK

drowsy [15世紀後半]形眠気をさそう、

のんびりとした、無気力な：
おそらく古英語の動詞 *drūsian*「けだるい、ゆっくりとした状態である」の語幹に由来する。この古英語の動詞はゲルマン語起源で、形容詞 dreary「ものさびしい」と同系である。**drowse**[動]「うとうとする」は、*drowsy* からの逆成語（接頭辞の削除）である。

drudge [中英語][名]苦しい仕事をする人；[動]苦しい仕事をする：
名詞は1500年頃から使われ、動詞はその50年後から使われはじめた。語源不詳であるが、おそらく名詞 drag「引っ張ること」と同系である（ジョンソン博士『英語辞典』*Dictionary of the English Language: Lexicographer*, a writer of dictionaries; a harmless *drudge*, that busies himself in tracing the original, and detailing the significance of words「レキシコグラファー（辞書編集者）；語源を辿り、語の詳細な意味を調べるなど、害のない骨の折れる仕事をする人」）。
→ DRAG

drum [中英語][名]太鼓：
おそらく中オランダ語、低地ドイツ語の *tromme* に由来する。擬音語から生まれた語。1575年までは一般的ではなく、*drumslade*（低地ドイツ語 *trommelslag*「太鼓の音」の異形）の短縮形の可能性がある。16世紀には *drumslade* の方が一般的であった。すべてのヨーロッパ大陸の言語は、一致して *tr-* の頭文字を持つが、英語は最初から *dr-* であったと考えられる。

drunken [古英語][形]酔った、酔った上での：
動詞 drink の古い過去分詞形である。
→ DRINK

dry [古英語][形]乾いた、干上がった、のどが渇いた、心が冷たい、（ワインなど）辛口の；[動]乾かす、乾く：
古英語の形は *drȳge*（形容詞）、*drȳgan*（動詞）で、ゲルマン語起源。中低地ドイツ語 *dröge*、オランダ語 *droog*、ドイツ語 *trocken*「乾いた」と同系である。「感情あるいは思いやりに欠けている」という意味に使われる場合、比喩的であり、中英語から見られる。*dry* humour「さりげないユーモア」という概念は16世紀半ばに遡る。中英語に登場した **dryer**（*dry* の派生語）[名]「乾燥機」の当初の意味は文字通り「乾燥させる人」であった。

dual [後期中英語][形]2つの部分からなる、2重の：
当初は名詞として使われ（16世紀後半まで）、顎にある2つの中央の切歯のことを指した。語源はラテン語 *duo*「2つ」から派生した *dualis* である。

dub¹ [後期古英語][動]あだ名をつける、（剣で軽く肩をたたいて）ナイトの位を授ける、装う、整える、革などに油をぬって仕上げる：
当初の意味は「ナイトにする」であった。古フランス語 *adober*「甲冑を装備する」に由来すると推測されるが、語源不詳である。ゲルマン語起源を主張する研究者もいるが、*dubban*「叩く」というゲルマン語の動詞は存在しない。釣り用語の *dub* は「人工の毛バリをつける」という意味で、「装う、飾る」という廃れた意味の名残である。

dub² [1920年代][動]（映画に）サウンドトラックを追加録音する、ダビングする：
動詞 double「2重にする」の短縮形。

dubious [16世紀半ば][形]疑わしい：
当初の意味は「道徳的に疑わしい」であった。語源はラテン語の名詞 *dubium*「疑い」から派生した *dubiosus* である。*dubium* は *dubius*「疑わしい」の中性形名詞である。

duck¹ [古英語][名]カモ、アヒル：
古英語の形は *duce* で、アヒルのような水鳥を指す。ゲルマン語起源で、動詞 duck「下にもぐる」から生まれた語。時に愛称語として使われる（シェイクスピ

ア『夏の夜の夢』*Midsummer Night's Dream*, V.i.288 : O dainty *duck*, o dear!「かわいい鴨よ、わが鴨よ」。ディケンズ『骨董屋』*Old Curiosity Shop*: How is he now, my *duck* of diamonds「やつは今どうしているのだ、わたしの可愛いダイアモンドよ」)。クリケット用語で *duck* は「零点」を意味する。*duck's egg* の短縮語で、その理由は卵の形と零の形が似ていたからである：

■ ducks and drakes「水切り遊び」。16世紀後半に登場。平たい石を投げて水面をかすめて飛ばすゲームを指す。石の動きと水鳥の動きがよく似ていたからである。

duck² [中英語][動]水にもぐる、もぐらせる、ひょいと頭を下げる：

ゲルマン語起源の動詞。オランダ語 *duiken* とドイツ語 *tauchen*「もぐる、浸す、突っ込む」と同系である。口語の意味「避ける、言い逃れる」はアメリカ生まれの用法。

duct [17世紀半ば][名]進路、導管：

当初は「進路」あるいは「方向」を意味した。語源はラテン語の動詞 *ducere*「導く」から派生した *ductus*「先導、送水路」である。当初はラテン語の綴り *ductus* が英語の文献でも使用されていた。**ductile**[形]は、中英語に記録があり、「可鍛(かたん)性の、順応性のある」という意味で使われた。語源はラテン語 *ductilis* (*ducere* の派生語) である。

dud [中英語][名]だめな人・物、《俗語・戯言》服、ぼろ、役に立たないもの、不満足なもの：

語源不詳。当初は「衣料品」を指していた。

dude [19世紀後半][名]気どり屋、《米口語》（西部観光にやってくる）東部の都会っ子、気どり屋、奴、男：

服装に気難しく、「おしゃれな格好」を見せびらかす男性を指す俗語（おそらくドイツ語の方言 *Dude*「愚かな」が起源）で、1883年初頭、ニューヨークで使われはじめた。その後、「しゃれ男」全般を指すように拡張した。同時に、アメリカ西部の牧場で休日を過ごす西部出身でない人、あるいは都会っ子を指すのに使われた。20世紀の黒人英語では、自分たちの仲間を自慢げに指すのに使われている（例：cool *dude*「いかした奴」）。この場合の *dude* は「奴、男」という意味にすぎない。

due [中英語][形]当然そうあるべき、支払われるべき、正当な；[名]当然支払われるべきもの：

当初の意味は「支払うべき」であった。古フランス語 *deu*「借金がある、義務を負った」に由来する。語源はラテン語の動詞 *debere*「（金、代金を）借りている」から派生した形容詞 *debitus*「借金がある」である。

duel [15世紀後半][名]決闘：

ラテン語 *duellum* が語源。このラテン語は *bellum*「争い」の古語で文語形である。*bellum* は中世ラテン語において「2者の間の争い」という意味で使われていた。部分的に *dualis*「2つの」から影響を受けている。原義は「裁判の論議を解決するための一騎打ち」であった。「名誉を賭けた争い」という意味で使われはじめたのは17世紀初頭から。

duet [18世紀半ば][名]二重奏：

イタリア語 *duetto* に由来する。語源はラテン語 *duo*「2」から派生した *duo*「二重奏」の指小辞語である。

duffer [19世紀半ば][名]へまな人、偽物：

スコットランド語 *douf*「熱意のない」から派生した *dowfart*「馬鹿な人」に由来する。

duke [中英語][名]（ヨーロッパ大陸で公国の）君主、公爵：

元は小公国の君主を指した。フランス語 *duc* に由来し、語源はラテン語 *dux, duc-*「指導者」である。そのラテン語は *ducere*「率いる」と同系である。英語では軍隊用語の「指導者」という意味で使わ

れたが、現在、その意味は廃れている。19世紀後半から、複数形 dukes で「握りこぶし、手」を意味する俗語として使われている。これは、同韻語の俗語 Duke of Yorks「熊手（指の形をしたもの）」に由来する。duchy名「公国」は、中英語から使われはじめ、ラテン語 dux から派生した中世ラテン語 ducatus が古フランス語を経由して英語に入ったものである。dux は duchess［後期中英語］名「公爵夫人」（中世ラテン語 ducissa が古フランス語を経由したもの）の語幹にもなっている。英語では、dutchess という（t の入った）綴りが1810年頃まで一般的であった。

dulcet ［後期中英語］形 快い、甘美な：
 dulcet tones「甘美な調べ」の中で使われる dulcet は、より早い時期には doucet と綴られていた。古フランス語の指小辞語 doux に由来し、語源はラテン語 dulcis「甘美な」である。ラテン語の形が現代の英語の綴りに影響を及ぼした。

dull［古英語］形 鈍い、退屈な；動 鈍くする、弱くする：
 古英語の形は dol で、「愚かな」を意味した。ゲルマン語起源で、オランダ語 dol「気が狂った」、ドイツ語 toll「気が狂った、風変わりな、素晴らしい」と同系である。「憂鬱な気分を引き起こす」、「退屈な」という意味は17世紀から。この概念は天候表現へと拡張され、「薄暗い」、「陰気な」を表すようになった。dolt名「薄のろ」は16世紀半ばからの記録がある。「愚かな人」という意味は現在では廃れている。dolt は、おそらく dull の過去分詞形 dulled の異形と考えられる。dullard名「のろま」は中英語から登場し、中オランダ語 dul「鈍い」から派生した dullaert に由来する。

dumb［古英語］形 頭の悪い、まぬけな、（悲しみなどで）ものが言えない、口のきけない：
 ゲルマン語起源。古ノルウェー語 dumbr、ゴート語 dumbs「口のきけない」、さらには、オランダ語 dom「愚かな」、ドイツ語 dumm「愚かな」と同系である。原義は「理解していない」であったと考えられる。dumbo名「馬鹿な人」はアメリカ生まれの俗語で、1960年代から：
■ **dumb-bell**名「ダンベル」。18世紀初頭からの登場。元は教会の鐘を鳴らす練習用具を指した。ベルがついていないので音が出ないことから「口のきけない（dumb）」ベルと呼ばれた。
■ **dumbfound**動「あきれてものが言えないほど驚かせる」。17世紀半ばから使われはじめた。dumb と confound「困惑させる」の後半部からなる。
■ **dumbsize**動「人員を削減する」。ビジネス用語の1つで、仕事の生産性が上がらなくなった会社で、従業員を削減して規模を小さくすることを指す。1990年代からの登場。ユーモラスに使われ、downsize「リストラをする」を模したものである。

dummy ［16世紀後半］名（型）見本、ダミー、模造品、手先、マネキン人形、（トランプゲームにおける）仮想のパートナー：
 dumb の派生語。原義は「口のきけない人」であった。その後（18世紀半ば）、「ホイスト（トランプの4人用ゲーム）における仮想の4人目のプレーヤー」となった。ここから「本物に替わる代用品」（例：おしゃぶり、擬製弾）と「マネキン人形」（19世紀半ば）という意味に拡張された。

dump ［中英語］動 どさっと落ちる・落とす；名（捨てられた）ごみの山、ごみ集積場：
 古ノルウェー語に由来する。その古ノルウェー語は、おそらく、デンマーク語 dumpe、ノルウェー語 dumpa「突然落ちる」と同系である。ノルウェー語 dumpa の意味が英語の原義となった。その後、thump「ドンと叩く」と同様に、一部擬音的（ドシン）に使用された。

dumps ［16世紀初頭］名 うわの空状態、とまどい、憂鬱：
 元は単数形で使われ、「ぼうっとした、困惑した状態」を意味した。おそらく中

dumpy [18世紀半ば]形ずんぐりした：
dumpling [17世紀初頭]名「（肉入り）ゆでだんご」に由来する。dumpyは、あまり使われない形容詞 dump「こね粉の粘度に関して」の派生語と考えられる。ただし、dumplingの方が早くから使われている。

dun [古英語]形こげ茶の；名河原毛または月毛の馬、褐色：
古英語の形は dun, dunnで、「鈍い灰色がかった茶色」を意味する。ゲルマン語起源で、おそらく名詞 dusk「夕暮れ時」と同系である。

dunce [16世紀初頭]名《ユーモア》劣等生、ばか者：
現存している意味は「学習能力を持たない人」である。元はヨハネス・ドゥンス（Duns）・スコトゥスの弟子に対する悪口であった。スコトゥスは、スコラ哲学の神学者であり、彼の神学、哲学、論理学の著作は大学の教科書として使われていた。彼の弟子はスコラ学派を形成し、16世紀までは学界を席巻していた。その後、人文主義者や後の改革派が、彼らの考えを無益であるとして攻撃し、馬鹿にした。Dunsmen、あるいはDunses（人文主義者がスコラ学派を嘲って呼んだ名）は、逆に「新しい学問」に異議を唱えたことから、Dunsという名称は「小さい事柄にこだわる人」と同意語になってしまった。その後、「学ぶことに鈍感な人」という解釈から「強情」という概念が生まれた。

dunderhead [17世紀初頭]名とんま：
語源不詳であるが、おそらく廃語となったスコットランド語 dunder, dunner「反響する」と同系の可能性がある。オランダ語 donderbuss から blunderbuss への変化は、英語の dunder と blunder の関係と類似している。blunder も「愚かさ」を意味している。
→ **DIN**

dung [古英語]名牛、馬などの糞、こやし：
ゲルマン語起源。ドイツ語 Dung「堆肥」、スウェーデン語 dynga、アイスランド語 dyngja「こやし、糞やこやしの山」、そしてデンマーク語 dynge「積み重ねた山」と同系である。原義は不詳。18世紀中に「仕立て屋」俗語となり、「出来高払いの日雇い労働者」を指すようになった。Dungが働くと、Flint（「強情な人」の意）に不利益をもたらした。なぜなら、Flintも日雇いであったが、Dungと異なり、雇い主からの仕事の催促には屈しなかったからである。**dunny**名「トイレ」は、おそらく dung の派生語で、19世紀初頭から使われている。当初は「糞」を意味した。おそらく方言の dunnekin「便所」に由来する。dunnekinは、dungと古い俗語の ken「家」からなる複合語。「地下道」や「地下室」を表すスコットランド語 dunnyは、形は似ているが、おそらく語源の異なる語である。

dungeon [中英語]名地下牢獄：
かつては「監禁のための暗い地下室」に加えて、「天守閣」という意味もあった。古フランス語に由来し、おそらく原義は「主人の塔」、「女主人の塔」であった。ラテン語 dominus「領主、主人」の派生語。名詞 dominion「支配権」の二重語（語源が同じで発展過程も同じだが意味が異なる一組の語）と考えられる。
→ **DOMINANT**

dunk [20世紀初頭]動浸す：
口語表現で、ペンシルヴェニアドイツ語 dunke「ちょっと浸す」に由来する。語源はドイツ語 tunken「ちょっと浸す、突っ込む」である。

dupe [17世紀後半]名だまされやすい人：
フランス語の方言 dupe「ヤツガシラ」に由来する。その鳥の間抜けな姿から生まれた比喩表現。

duplex [16世紀半ば]形2倍の、2重の；名（2世帯が入る）複式家屋、（上下2階で1世帯分をなす）重層型アパート：
形容詞の方が最初に記録されており、ラ

テン語 duplex, duplic- に由来する。duo「2」と plicare「折る」からなる。名詞用法は1920年代から。

duplicate ［後期中英語］形 2 重の、対をなす；動 2 重にする；名 副本、写し、そっくりのもの：

当初の意味は「2 つの対応する部分があること」であった。語形はラテン語 duplicat- に由来する。duplic-「2 倍の」から派生した動詞 duplicare「2 倍にする」に基づいている。duplication 名 も同じ頃に登場し、数学用語で「2 倍にすること」を意味した。古フランス語に由来するか、あるいはラテン語 duplicare から派生した duplicatio(n-) に直接由来する。

duplicity ［後期中英語］名 不誠実、欺瞞、二心、二面性：

古フランス語 duplicite か、あるいはラテン語 duplic- から派生した後期ラテン語 duplicitas に由来する。
→ DUPLEX

durable ［中英語］形 長続きする、長持ちする：

当初の意味は「しっかりとした」である。ラテン語の動詞 durare「続く」から派生した durabilis が古フランス語を経由して英語に入った語。このラテン語の動詞は、**duration** ［後期中英語］名「継続、存続期間」の語幹にもなっている。duration は、中世ラテン語 duratio(n-) が古フランス語を経由して英語に入ったもの。語幹はラテン語 durus「固い」である。1914〜18年の戦争中、for four years or the duration of the war という成句が「兵籍期間」を表す用語として使われた。そこから for the duration に短縮された。当初は「戦争が継続する期間」を意味したが、その後「ある過程が継続する不確定な期間」という一般的意味に拡張した。

duress ［中英語］名 暴力的脅迫、監禁、拘束：

当初の意味は「厳しさ」、「過酷さ」、「残酷な扱い」であった。ラテン語 durus「固

い」から派生した duritia が古フランス語を経由して英語に入った。

dusk ［古英語］形 うす暗い、うす黒い；動 暗くなる；名 夕暮れ、たそがれ：

古英語の形は dox「暗い、黒ずんだ」と doxian「色が黒ずむ」で、ゲルマン語起源。古高地ドイツ語 tusin「うす黒い」と同系である。近代英語 dusk と古英語 dox との関係は定かでない。-sk で終わる語のほとんどは古英語に起源はない。中英語になると、deosc, dosc の綴りが見られる。語尾の子音群 -sc は、ash, dish, fish に見られるように、後になって -sh へと変化した。
→ DUN

dust ［古英語］名 ほこり、ちり、粉末；動 ほこりを払う：

ゲルマン語起源。古英語 dūst は、オランダ語 duist「もみ殻、あら粉、ぬか」と同系である。中核的な意味は「煙のように、雲状に立ちのぼるもの」である。当初の語形である dunst から多くのゲルマン語が生まれており、その中にはドイツ語 Dunst「蒸気」も含まれる。shake the dust off one's feet「憤然と立ち上がる」という慣用表現は、聖書の『マタイによる福音書』10章14節に由来する。

duty ［後期中英語］名 ［道徳的、法律的］義務、本分、目上に対する尊敬、税、関税：

アングロノルマンフランス語 duete に由来する。語源は古フランス語 deu である。duty は、より地位が高く立派な団体に対して「負わされているもの」と結びついている。時に、敬意を表す表現であったり（シェイクスピア『ハムレット』Hamlet, I.ii.252: Our duties to your honor「万事ご命令どおりに」）、「道徳的な義務」を表したり（ワーズワース『義務にささげる頌歌』Ode to Duty: Stern Daughter of the Voice of God! O Duty!「神の御声の厳しい愛娘よ、おお義務よ」）、あるいは、「より高い権威に対して金銭的に負わされているもの」という意味 (customs duty「関税」) で使われる。
→ DUE

dwarf [古英語] 名小人；動小さく見せる：
古英語の形は *dweorg, dweorh* で、ゲルマン語起源。オランダ語 *dwerg* とドイツ語 *Zwerg*「小人」と同系である。しばしば、ゲルマン民族、特にスカンジナビアの民間伝承や神話の中に出てくる小人を指す。小人たちは、金属を細工する特別な技術を持っていると考えられている。1980年代に出現した俗語 *dweeb* 名「つまらない人」は、おそらく *dwarf* と *feeble*「弱い」の混成語である。

dwell [古英語] 動住む、熟考する：
古英語 *dwellan* は「道を迷わせる」と「遅らせる、延期する」を意味した。後者の2つの意味は現在廃れている。後に、中英語において「留まる」と「ある場所に滞在する」という意味になった。ゲルマン語起源で、中オランダ語 *dwellen*「動転する、当惑させる」と古ノルウェー語 *dvelja*「遅らせる、留まる、滞在する」と同系である。

dwindle [16世紀後半] 動だんだん小さくなる：
スコットランド語と、方言の動詞 *dwine*「消えていく、やせ衰える」の反復動詞（繰り返される行為を表す動詞）である。*dwine* は古英語 *dwīnan* に由来する。ゲルマン語起源で、中オランダ語 *dwīnen* と古ノルウェー語 *dvína* と同系である。この動詞はシェイクスピア作品に用いられているが、1650年以前にはほとんど使われていない（シェイクスピア『ヘンリー四世 第1部』*Henry IV* part 1, III.iii.1-2：Bardolph, am I not fall'n away vilely...do I not bate? Do I not *dwindle?*「バードルフ、こないだの一件以来、おれはべらぼうに肉が落ちたようじゃないか？…やせちまい、ちぢこまったようじゃないか？」）。

dye [古英語] 動染める；名染め色、染料：
古英語の名詞の綴りは *dēag* で、動詞は *dēagian* であった。古英語から16世紀後半までは名詞の記録が残っていない。16世紀後半になって、動詞から再び名詞が派生された。die と *dye* の綴りが区別されたのは比較的最近になってからである。両方ともジョンソン博士の辞書では die と綴られていた。*dyed* in the wool「生染めの」という表現は、最終段階ではなく、素材の状態でより完全に染色する工程を指す。

dyke [中英語] 名溝、堀；動堀をめぐらす、堤防を築く：
当初は「溝、水路」を示す一般的な語であった。古ノルウェー語 *dík* に由来する。「洪水防止のための長い壁、または堤防」という意味で使われており、中低地ドイツ語 *dīk*「ダム」と中オランダ語 *dijc*「水路、ダム」の影響を受けている。
→ DITCH

dynamic [19世紀初頭] 形力動説の、活動的な：
元来は物理学用語。フランス語 *dynamique* に由来する。語源はギリシア語 *dunamikos* である。「力」を意味するギリシア語の形容詞 *dunamis* が、この語と **dynamism** 名「力動説、力強さ」の語根となっている。dynamism の登場は *dynamic* よりもわずかに後である。

dynasty [後期中英語] 名（歴代の）王朝：
フランス語 *dynastie* に由来する。あるいは、ギリシア語 *dunasteia*「君主の地位、権力」が後期ラテン語を経由して英語に入ったもの。語幹はギリシア語の動詞 *dunasthai*「…する能力がある」から派生した *dunastēs* である。

語形成
接頭辞 dys-（ギリシア語 *dus-* に由来する。ドイツ語 *zer-*、古英語 *to-* も同系である）は次のような意味を付加する。
■「悪い」　[dysentery]「赤痢」
■「困難な」[dyspepsia]「消化不良」

---

dysentery [後期中英語] 名赤痢：
古フランス語 *dissenterie* に由来する。ギリシア語 *dusenteria* がラテン語を経由して英語に入ったとも考えられる。ギリシア語 *dusenteria* は、*dusenteros*「腸

の不調に苦しんだ」の派生語である。*dusenteria* は *dus-*「悪い」と *entera*「腸」からなる。

dyspepsia ［18世紀初頭］⑧消化不良：ギリシア語 *duspeptos*「消化しにくい」から派生した *duspepsia* がラテン語を経由して英語に入ったもの。

E e

each［古英語］形 副 それぞれ、めいめい：
古英語の形は*ælc*である。オランダ語*elk*とドイツ語*jeglich*「おのおのの」と同系であり、「いつも同じ」を意味する西ゲルマン語に基づく。当初の用法は現代の every（文字通りは 'ever each' を意味する複合語）に相当する。しかし、every と異なり、each は当初から 3 つ以上のものではなく、2 つのものだけに使用された。

eager［中英語］形（…を）熱望している、熱心な：
当初は「味覚、嗅覚を強く刺激する、つんとする、酸っぱい」を意味した。古フランス語 *aiger*「鋭い」に由来し、語源はラテン語 *acer, acr-*「鋭い、つんとする」である。「熱心な」という意味は英語において発展したと考えられる。廃れた意味は以下の通り。「身を切るような」（例：シェイクスピア『ヘンリー六世 第 3 部』*Henry VI* part iii, II. vi. 67-68：vex him with *eager* words「本当にそう思うのなら切れるような言葉で奴をきれさせろ」）、「（金属が）壊れやすい、もろい」（例：*eager* gold「もろい金」）、「（表情が）激しい、怒りに満ちた」（例：マロリー『アーサー王の死』*Morte d'Arther*〈1485 年〉：With an *egyr* countenaunce「怒りに満ちた顔つきで」）。

ear¹［古英語］名耳：
古英語の形は *ēare* である。ゲルマン語起源で、オランダ語 *oor* とドイツ語 *Ohr*「耳」と同系である。ラテン語 *auris* とギリシア語 *ous* に共通するインド＝ヨーロッパ語の語幹を持つ。英語における意味は「聞く」という行為から様々な局面に関連する。聴覚（の比喩）を用いたことわざ Walls have *ears*「壁に耳あり」、聞き手の態度 a sympathetic *ear*「思いやりのある聞き方」、ある種の音楽に対する差別表現 *ear* candy「軽い音楽」（アメリカで1970年代から使われた、耳に心地よいだけで深い意味などない音楽を指す）、within *earshot*「聞こえる範囲で」、17世紀初頭からの表現で、bowshot「矢の届く距離」のイメージに影響されたもの。

ear²［古英語］名穂：
ゲルマン語起源。古英語 *ēar* は、とうもろこしのような穀物の穂先を指す。オランダ語 *aar* やドイツ語 *Ähre*「穂」と同系である。

earl［古英語］名伯爵：
ゲルマン語起源で、古英語の形は *eorl* である。元は、農民と一般自由人に対する高位の身分の人を指した。*earl* は封建領主（王に土地を与えられた直臣）のすぐ上の位で、世襲の貴族であった。後にノルウェー、もしくはオランダの長官を指す *jarl* に相当した。カヌートとその後継者の下では、ウェセックスとマーシアのようなイングランドの地区統治者の称号として用いられた。後期古英語の時代、サクソンの宮廷がノルマンの影響をしだいに受けはじめるにつれて、この語は大陸において伯爵 (count) の称号を持つすべての貴族を指すようになった。
→ COUNT²

early［古英語］形早い、古い；副早く、昔に：
古英語の形は *ǣrlīce* である。ゲルマン語起源の *ǣr*「前」に基づく。オランダ語 *eer* とドイツ語 *eher*「より早く」と同系である。*early* は古ノルド語 *árliga* の影響を受けた。形容詞用法は中英語からである。ある時間帯の最初の部分を指し、19世紀になると、早めに切り上げる小夜会を指す small and *early* という表現の中で使われた（例：ディケンズ『我らが共通の友』*Our Mutual Friend*：Mrs Podsnap added a small and *early* eve-

ning to the dinner「ポズナップ夫人は夕食に早めに切り上げる小夜会をつけ加えた」。また1960年代からスポーツで使用された early retirement「早い引退」や take an early bath「早めの入浴をする」などの表現に見られるように、「普通より早い、時期尚早な」という意味もある。

earn ［古英語］⬛もうける、稼ぐ、（名声・信用などを）得る、（学位などを）取得する：

古英語の形は earnian である。西ゲルマン語起源で、古英語 esne「肉体労働者」と同じ語幹を持つ。主たる意味は「（金を）稼ぐ」である。「名声を得る」または「（学位などを）取得する」という意味は16世紀後半から。前者の例は、スペンサー『神仙女王』 Faerie Queene：The which shall nought to you but foul dishonor earn「ひどい不名誉以外に何も得るものはない」であり、後者の例は、earned him a nickname「彼にあだ名をつけた」である。

earnest ［古英語］⬛まじめな、真剣な：

古英語の形には eornoste「まじめな」と eornost「まじめさ」（例：in earnest「真剣に」）の2つがあった。ゲルマン語起源で、ドイツ語の名詞 Ernst「まじめ」と同系である。形容詞用法は古英語時代にいったん廃れたが、後に復活した。中英語における例は見当たらない。当初は、ひじょうに激しい感情を伝えるのに使用されたが、現代ではその意味は省かれることが多い。

earth ［古英語］⬛地球、全世界の人々、大地、土：

古英語の形は eorthe である。ゲルマン語起源で、オランダ語 aarde とドイツ語 Erde「地球」と同系である。当初は「世界」に加えて、居住地としての「土地」や「大地」も指した。動物が掘る穴という意味は16世紀後半から。最近の比喩の例として、to feel the earth move「衝撃的な歓喜を感じる」がある。初例はヘミングウェイ『誰がために鐘は鳴る』For Whom the Bell Tolls：'Did thee feel the earth move?' 'Yes. As I died. Put thy arm around me, please'「大地が動くのを感じたかい？」「ええ。死んだみたいに。あなたの腕で抱いて下さい」earthling⬛「地球人、人間」は、現在SF関連の語であるが、実は16世紀後半から「地球の住人」という意味で使われていた。

earwig ［古英語］⬛ハサミムシ；⬛《略式》盗み聞きする：

かつて人間の耳に入り込むと信じられていたことから、earwig と名づけられた。同様の発想が他の言語にも見られる。例えば、フランス語 perceoreilles（文字通りの意味は「耳に穴をあけるもの」）とドイツ語 Ohrwurm（文字通りの意味は「耳の虫」）が挙げられる。古英語の綴りは éarwicga であった。この語は éare「耳」と wicga「ハサミムシ」からなるが、後者は英語 wiggle「ちょこちょこ動く」と同系である。

ease ［中英語］⬛容易さ、気楽さ；⬛休ませる、楽にする、和らぐ、軽くなる：

古フランス語 aise に由来する。語源はラテン語の動詞 adjacere の現在分詞 adjacens「近くで寝ている」である。フランス語の当初の意味は「肘を動かせるだけの十分な空間」と「機会」であった。後者は英語に入ったが、現在は廃れている。「苦痛や問題がないこと」は英語 ease の意味として早くから存在した。little ease「狭い監房」は狭すぎて囚人が落ち着かないような独房の名称として時折使われた。「困難」に対する「容易さ」の意味は17世紀初頭以前には見当たらない（例：テニスン『ルクレティウス』Lucretius：Seeing with how great ease Nature can smile「自然の微笑みをいとも簡単に見ること」）。「楽な位置や態度」という意味は19世紀初頭に始まり、軍隊用語の stand by ease「休め」に見られる。この表現の語源は a aise「楽にして」が1語になった古フランス語 aiser である。

easel ［16世紀後半］⬛画架：

中心的意味は「荷物を運ぶこと」である。

語源はオランダ語 *ezel*「ろば」。支える枠を指すのに英語では horse「馬」が使われる（例：clothes horse「衣桁」）。

east ［古英語］图東; 形東の、東方の; 副東へ:
古英語の形は *ēast-* である。ゲルマン語に由来し、オランダ語 *oost* とドイツ語 *Ost*「東」と同系である。語源は、「夜明け」を意味するラテン語 *aurora* とギリシア語 *auós* に共通するインド＝ヨーロッパ語族の語幹である。**eastern** 形「東の」の古英語綴りは *ēasterne* で、east の派生語である。

Easter ［古英語］图復活祭、イースター:
古英語の形は *ēastre* である。ゲルマン語に由来し、ドイツ語 *Ostern*「復活祭」、英語 east と同系である。中世イギリスの聖職者ベータによれば、この語は、春と結びつく女神 *Eastre* に由来する。

easy ［中英語］形容易な、楽な、快適な; 副容易に、楽に、のんきに:
当初は「快適な、静かな、平穏な」という意味が含まれていた。古フランス語の動詞 *aisier*「くつろぐ、容易にする」の過去分詞 *aisie* に由来する。英語で発展した意味は ease に影響されたもの。口語表現の *easy* listening「イージーリスニング」は1960年代からで、やかましくなく、邪魔にならず、注意力も要求しない、大衆音楽を指す:
■口語表現の **easy-peasy** は1970年代に生まれた語で、easy の繰り返し語。「子供でも出来るくらい簡単な」を意味し、簡単さを強調する幼児語である。
→ EASE

eat ［古英語］動食べる、（虫・酸などが）食い荒らす、腐食する、浸食する:
古英語の形は *etan* である。ゲルマン語に由来し、オランダ語 *eten* とドイツ語 *essen*「食べる」と同系である。語源は、ラテン語 *edere* とギリシア語 *edein* に共通するインド＝ヨーロッパ語族の語幹である。**edible** ［16世紀後半］形「食べられる」は、ラテン語 *edere*「食べる」から派生した後期ラテン語 *edibilis* に由来する。**eatery** 图「レストラン、軽食堂」は比較的最近の語で、20世紀初頭にアメリカで生まれた。

eaves ［古英語］图軒、ひさし:
古英語の形は *efes* で、「屋根の張り出した部分」を指す単数名詞であった。ゲルマン語に由来し、ドイツ語方言の *Obsen* や、恐らく over と同系である。語尾の -s は複数形と誤解されたため、単数形として eave がたびたび用いられるようになった。**eavesdrop** 動「軒から雨だれが落ちる」は、17世紀初頭からで、後期中英語 *eavesdropper*「軒下で会話を盗み聞きする人」からの逆成による。この語は廃語となった名詞 *eavesdrop*「軒から水が落ちた地面」から派生したものである。恐らく古ノルド語 *upsardropi* に由来し、*ups*「軒」と *dropi*「一滴」からなる。
→ OVER

ebb ［古英語］图引き潮、衰退; 動（湖・水が）引く、衰退する:
古英語の名詞 *ebba* と動詞 *ebbian*「潮が引く」は西ゲルマン語起源である。オランダ語の *ebbe*（名詞）と *ebben*（動詞）と同系である。究極的には、「…から離れて」を主要な意味とした前置詞 of とつながっている。
→ OF

ebullient ［16世紀後半］形ほとばしる、熱狂的な:
当初は「沸騰している」を意味した。ラテン語の動詞 *ebullire*「沸騰する」の現在分詞語幹 *ebullient* に由来する。元のラテン語は、(*ex-* の異形である) *e-*「外に」と *bullire*「沸く」からなる。「熱狂して沸き立つ」という比喩的意味は17世紀半ばから。

eccentric ［中英語］形中心を外れた、逸脱した、風変わりな:
当初は名詞で、離心円や離心圏を指した。ギリシア語 *ekkentros* が後期ラテン語を経由して英語に入った。元のギリシア語は *ek*「外に」と *kentron*「中心」からなる。

「風変わりな、奇抜な」という意味は17世紀後半から。

ecclesiastic ［後期中英語］🅐聖職者、牧師；🅑キリスト教会の：

しばしばecclesiastical「キリスト教会の」の同義語として使われるが、キリスト教の教会（当初の意味は secular「俗人」に対するものとして用いられた）や、その聖職者（16世紀後半になって生まれた意味）に関連する。フランス語 ecclésiastique に由来するか、あるいはギリシア語 ekklēsiastēs「集会のメンバー」の派生語 ekklēsiastikos が後期ラテン語を経由して英語に入った。元のギリシア語は ekklēsia「集会、教会」に基づき、ekkalein「出頭を命じる」の派生語である。

echelon ［18世紀後半］🅐階層、地位、（軍隊などの）階段形隊形：

当初は「軍隊の隊形」を意味した。フランス語 échelle「はしご」から派生した échelon に由来する。語源はラテン語 scala「階梯」である。「はしごの段」という意味は、会社の階級や社会階層における比喩的使用に反映されている。

echo ［中英語］🅐エコー、こだま；🅑反響する：

古フランス語、あるいはラテン語に由来する。語源はギリシア語 ēkhō で、ékhé「音」の関連語である。ギリシア神話では、Echo は山の精霊 Oread「オレイアス」と見なされていた。神話によると、Echo は Zeus「ゼウス」の妻 Hera「ヘラ」によって、おしゃべりができないように話す力を奪われた。その結果、他人の言葉を繰り返すことしかできなくなった。

eclipse ［中英語］🅐日食、月食；🅑（天体が）（他の天体を）食する：

ギリシア語 ekleipsis がラテン語経由で古フランス語に入り、そこから英語に入った。元のギリシア語の語幹となる動詞は ekleipein「出現しそこなう、慣れた場所を捨てる」で、ek「外に」と leipein「去る」からなる。

ecology ［19世紀後半］🅐生態学：

元の綴りは oecology である。語源はギリシア語 oikos「家」で、人を取り巻く環境や住居地と関連する。

economic ［後期中英語］🅑経済の、実用上の：

ギリシア語 oikonomia「経済」の派生語である oikonomikos が古フランス語とラテン語を経由して英語に入った。当初は名詞で、家計の切り盛り、それを専門に扱う人を指した。(16世紀後半の) 形容詞としての当初の意味は「家事の切り盛りに関して」であった。現在の意味は19世紀半ばから。economy ［15世紀後半］🅐「経済」は、当初「資源の管理」を意味した。フランス語 économie に由来するか、あるいは、ギリシア語 oikonomia「家事の切り盛り」がラテン語経由で英語に入った。元のギリシア語は oikos「家」と nemein「管理する」からなる。現在の意味は17世紀から。(1950年代に生じた) economy size「徳用サイズ」は低価格で大量のものを購入するという購買者の経済的選択と関係している。16世紀後半に登場した economics🅐は「家政学」を意味していた。複数形を示す接辞の -s は、アリストテレスの書いたギリシア語の本のタイトル ta oikonomika（この語自体が複数形であった）にならったもの。現在の「経済学」という意味は18世紀後半から。

ecstasy ［後期中英語］🅐恍惚、エクスタシー：

当初は「感情的・宗教的熱狂」を意味した。古フランス語 extasie が直接の語源であるが、その語はギリシア語 ekstasis「1人で外に立っている」が後期ラテン語を経由したものであった。元のギリシア語は ek-「外に」と histanai「置く」からなる。原義の中に「狂喜」と「混乱」が含まれていた。ここから「身体から精神を切り離す」という意味が生じた。後に医学書で「トランス状態」の意味で使われはじめた。現代では以上の意味が融合して使用されている。16世紀後半に生じた ecstatic🅑「熱狂した」は、フラン

ス語 *extatique* に由来し、語源はギリシア語 *ekstatikos* である。

ecumenical ［16世紀後半］形 全般の、全体の、全キリスト教会の:

この語は多くの異なるキリスト教会と関連しているが、元は「一般的な教会に属して」という意味で使われた。ギリシア語 *oikoumenē*「(住まわれた) 世界」から派生した *oikoumenikos* が後期ラテン語を経由して英語に入った。

eddy ［後期中英語］名 小さな渦巻き、よどみ:

ゲルマン語起源で、古英語の接頭辞 *ed-*「再び、戻って」に基づいている。

edge ［古英語］名 端、へり、際、(屋根の) 棟:

古英語の形は *ecg* で、「刃の研がれた側」を指した。ゲルマン語起源で、オランダ語 *egge*、ドイツ語 *Ecke*「角」、古ノルド語 *eggja* と同系である (すべてラテン語 *acies*「端」とギリシア語 *akis*「先」に共通するインド＝ヨーロッパ語族の語幹を持つ)。オランダ語とドイツ語に見られる「角」の意味は英語 *edge* には見当たらない:
■複合語 **edge city**「外縁地区」は1991年から。都会の郊外を指すアメリカ英語で、通常、主要道路沿いにある。元はジョエル・ガロウが作った造語で、彼の著作のタイトルであった。「(麻薬常用者が味わう) 緊張」という意味もある。
→ EAR²;EGG²

edict ［中英語］名 布告、勅令、命令:

語源のラテン語 *edictum* は「宣言されたもの」を意味した。元のラテン語は動詞 *edicere* の中性形過去分詞で、(*ex-* の異形である) *e-*「外に」と *dicere*「言う、告げる」からなる。英語における「公布」という意味は *Edict* of *Nantes*「ナントの勅令」という表現で歴史上、特に有名である。それはフランスのアンリ4世によって1598年に調印されたもので、フランスがプロテスタントを黙認し、宗教戦争を終わらせるものであった。後に1685年、ルイ14世によって廃止され、その結果、イングランドにユグノー (フランスのカルヴァン主義者) が移住することになった。

edifice ［後期中英語］名 建物、大建造物、組織:

ラテン語 *aedificium* が古フランス語を経由して英語に入った。元のラテン語は *aedis*「住むところ」と *facere*「作る」からなる。現在この語は、英語における「建物」の正式用語となっている。

edify ［中英語］動 (特性を) 養う、啓発する:

古フランス語 *edifier* に由来する。語源はラテン語 *aedificare*「建築する」で、*aedis*「住むところ」と *facere*「作る」からなる。原義は「建物を建築する」と「強化する」であった。そこから道徳上、精神面において「強める」へと拡張した。
edification ［後期中英語］名 「徳育」は、教育を指す正式用語であり、ラテン語 *aedificare* から派生した *aedificatio(n-)* が語源である。
→ EDIFICE

edition ［後期中英語］名 版:

フランス語 *édition* に由来する。語源はラテン語 *edere*「作り出す」から派生した *editio(n-)* で、(*ex-* の異形である) *e-*「外に」と *dare*「与える」からなる。当初の、現在廃れた意味は「公にすること」であった。**edit** 動「刊行する、編集する」は18世紀後半から。部分的には17世紀半ばに英語に入った **editor** 名「編集者」からの逆成による。フランス語 *éditer*「出版する」によって一般に広まった。*editor* はラテン語で、「(ゲームの) 創作者、出版社」を指し、動詞 *edere* の派生語である。

educate ［後期中英語］動 教育する:

ラテン語の動詞 *educare*「(子供を) 育てる」に由来し、*educere*「外まで導く」と同系である (*educare* から正式な語である **educe** 動「能力を引き出す」が生まれた)。**education** 名「教育」は16世紀半ば

から。語源はラテン語 educatio(n-) である。

eerie ［中英語］形奇妙な、ぞっとするような：

元はイングランド北部とスコットランドで「ひどい」という意味で使われた。つまり、恐怖という感情から、その原因となるものに焦点が移行したのである。恐らく古英語 earg「臆病に」が語源である。ゲルマン語起源で、ドイツ語 arg「悪い」と同系である。

efface ［15世紀後半］動消す、拭い去る、目立たないようにする：

当初は「許す、違反を免除される」を意味した。現在の意味の中に「(文字や印を) こすって消す」と比喩的意味の「(記憶を) 消し去る」が含まれる。フランス語の動詞 effacer に由来し、(ラテン語 ex- の異形である) e-「外に」と face「顔」からなる。気づかれ見過ごされる限界まで「目立たないようにする」という意味は19世紀後半から。

effect ［後期中英語］名結果、効果、発効：

古フランス語、あるいはラテン語 efficere「やり遂げる」から派生した effectus に由来する。元のラテン語は ex-「外に、徹底的に」と facere「行う」からなる。「個人の所得品、資産」は「ある行為の結果、得られたもの」という廃れた意味に由来する。**effective**形「ある結果をもたらすような」も後期中英語からで、語源はラテン語 efficere から派生した effectivus である。

effeminate ［後期中英語］形めめしい：

ラテン語の動詞 effeminare「女性らしくする」の過去分詞 effeminatus に由来する。元のラテン語は、(状態の変化を表す) ex- と femina「女性」からなる。

effervesce ［18世紀初頭］動泡立つ、熱狂する：

ラテン語 effervescere (ex-「外へ、上へ」と fervescere「沸きはじめる」からなる) に由来する。元のラテン語は effervesce よりも少し早く英語に入った ef-

fervescent 形「発泡性の」の語源でもある。両者ともラテン語 fervere「熱い、沸く」に基づく。英語では、当初「熱い」の意味が伝えられたが、その後「泡立つ」の意味に変わった。

effete ［17世紀初頭］形活力のない、消耗した、めめしい：

元は「繁殖力が欠ける、子を産む盛りを過ぎた」を意味した。語源はラテン語 effetus「子を産むことで疲れ果てた」で、ex-「外に」と fetus「繁殖すること」からなる。英語における現在の意味は「精力を使い果たす」を連想させ、そこから時折「めめしい」に拡張される。

efficacy ［16世紀初頭］名効き目、効果：

ラテン語 efficax, efficac-「効果的な」から派生した efficacia に由来する。**efficacious**形「有効な」も同時期の語で、ラテン語 efficere「成し遂げる」から派生した efficax に由来する。
→ EFFECT

efficient ［後期中英語］形有効な、有能な、能率的な：

当初は「作ること」と「引き起こすこと」という意味があった。通常、efficient cause「動力因」、つまり「何かを存在たらしめる力」という意味の哲学用語の中で使用される。語源はラテン語 efficere「成し遂げる」である。「効率的な」という現在の意味は18世紀後半から。**efficiency**名「効率」は、16世紀後半に「動力因であるという事実」を意味した。ラテン語 efficere の派生語 efficientia に由来する。
→ EFFECT

effigy ［16世紀半ば］名(貨幣面などの) 肖像、彫像：

語源はラテン語 effigies で、ラテン語の動詞 effingere「(技巧を凝らして) 作り上げる」の派生語に由来する。元の動詞は ex-「外に」と fingere「形成する」からなる。当初は「肖像画」と「像」という意味があった。

effloresce ［18世紀後半］動《文語》開

花する、白華ができる、塩分が吹き出る：
ラテン語 flos, flor-「花」に由来する。この語は「空気にさらされた結果、細かい粉になる」を意味する。綴りの直接の語源はラテン語 efflorescere で、(ex- の異形である) e-「外に」と (florere「咲く」の派生語である) florescere「咲きはじめる」からなる。当初は「花のようなものがどっと生じる」という意味があった。

effluent [後期中英語]動流出する、放出する；名工場などの廃水、流出物：
当初は「流れ出るような」を意味する形容詞であった。ラテン語の動詞 effluere「流れ出す」の現在分詞語幹 effluent- に由来する (元のラテン語は、ex-「外に」と fluere「流れる」からなる)。名詞用法は19世紀半ばから。**effluence**名「流出、廃水」も後期中英語に登場した。中世ラテン語 effluentia に由来し、語源はラテン語 effluere である。このグループの語は、水、あるいは液体中の流出物に関する科学文献の中で主に使用される。

effort [15世紀後半]名努力、骨折り、成果、業績：
古フランス語 esforcier に由来し、ラテン語 ex-「外に」と fortis「強い」からなる。英語では「何かを成し遂げようとする、目に見えるほど精力的な取り組み」を意味し、時折、成果を指す場合もある。

effrontery [17世紀後半]名厚かましさ、厚かましい行為：
フランス語 effronterie に由来する。語源は後期ラテン語 effrons, effront-「恥知らずの、厚かましい、赤面しない」で、ex-「外に」と名詞 frons からなる。frons は「額」と「恥じ入る能力」の両方を意味した。

effusion [後期中英語]名流出、吐露、流出物：
ラテン語 effundere「溢れ出る」の派生語 effusio(n-) に由来する。元のラテン語は、ex-「外に」と fundere「注ぐ」からなる。**effuse**動「放出する」も同時期の語。

egalitarian [19世紀後半]形平等主義の；名平等主義者：
フランス語 égalitaire に由来する。語源はラテン語 aequalis から派生した égal-「平等」である。
→ EQUAL

egg¹ [中期英語]名卵、卵子：
古ノルド語に由来する egg が、古英語 æg に基づく初期の綴り ey に取って代わった。1490年、キャクストンが次のように述べている。What sholde a man in thyse dayes now wryte, egges or eyren, certaynli it is harde to playse every man「近頃の作家は何を書くべきか、卵 (eyren は egg の廃れた複数形) のことでも書くべきか、いずれにせよすべての人を満足させるのは至難の業である。」「知識豊かな、学際的な人」を表す **egghead**名『《軽蔑的》知識人』は、はげ頭と年齢、知恵の組み合わせによる類推から生まれた：
■複合語 **egg plant** はナスの別名で、当初は白い実をつける植物の一種を指した。後にその実の形と色が egg と結びついた。

egg² [中英語]動けしかける：
古ノルド語 eggja「刺激する」に由来する。口語の **eggy**形「いらいらする」は1930年代から始まり、「怒るように仕向けられた、駆り立てられた」という意味に由来する。

egoism [18世紀後半]名エゴイズム、利己主義：
フランス語 égoïsme と近代ラテン語 egoismus に由来する。語源はラテン語の ego「私」。19世紀初頭に「自尊心の意識」という意味で英語に入った。**egotism**名「自己中心癖、利己主義」は18世紀初頭から使われた。時折 egoism の異形として用いられるが、こちらはフランス語 égoïste に由来する。綴りの -t- は音便 (音調を整えること) により加えられた。**egocentric**形「自己中心の」は20世紀初頭に生まれた語であるが、geocentric「地球中心の」のような語にならったものである。

egregious [16世紀半ば] [形] 実にひどい、はなはだしい：

当初は「とても素晴らしい」を意味した。語源はラテン語 *egregius*「輝かしい」で、文字通りには「群れの中で際立っている」を意味した（元のラテン語は、*ex-*「外へ」と *grex, greg-*「群れ」からなる）。（16世紀後半からの）「実にひどい」という軽蔑的な意味は皮肉として生じたものである。

either [古英語] [形] どちらか一方の；[代] どちらか一方：

古英語の形は *ægther* で、「2つの中で各々」を意味した。ゲルマン語起源の *æg(e)hwæther* を縮約したもの。
→ WHETHER

ejaculate [16世紀後半] [動] 射精する：

ラテン語の動詞 *ejaculari*「矢のように飛び出す」に由来し、(*ex-* の異形である) *e-*「外に」と *jaculari*「矢を射る」からなる。語幹はラテン語 *jacere*「投げる」から派生した *jaculum*「ダーツ、やり投げ」である。

eject [後期中英語] [動] 追い出す、押し出す、発射する：

ラテン語の動詞 *eicere*「投げ出す」で、(*ex-* の異形である) *e-*「外に」と *jacere*「投げる」からなる。

eke [古英語] [動] 食いつなぐ、かろうじてやっていく：

古英語 *ēacian, ēcan* は「増やす」を意味した。ゲルマン語起源で、古ノルド語 *auka* と同系である。現在は「倹約して長持ちさせる」という意味で使われる（例：*eke out the stew to provide an extra portion*「あと1人分を確保するために、なんとかシチューを持たせる」）。

elaborate [16世紀後半] [形] 念入りな、精巧な；[動] 練る、詳しく述べる、【生物学】(物質を) 作り出す、念入りに仕上げる：

当初は、形容詞は「努力して仕上げられた」を意味した。動詞は、生物学の用語で「より単純な構造から（物質を）作り出す」を意味する。これが英語における最も初期の意味だと思われるが、錬金術や医学書に見られるラテン語の影響を受けたものである。語源はラテン語の動詞 *elaborare*「取り組む」で、(*ex-* の異形である) *e-*「外に」と *labor*「働く」からなる。「何かについて詳しく述べる」という動詞の意味は1930年代から。

elapse [16世紀後半] [動] 時がたつ：

当初は「消え去る」を意味した。ラテン語の動詞 *elabi*「消え去る」の過去分詞語幹 *elaps-* に由来する。元のラテン語は、*e-*「外に」と *labi*「滑るように動く、滑る」からなる。流れすぎる時間との関連はこの語の歴史上早くから生じた。
→ LAPSE

elastic [17世紀半ば] [形] 弾性のある、融通のきく；[名] ゴム紐：

形容詞としては、「自然に充満して空間を満たす」という意味で気体を描写した（当時は、空気の分子が巻かれたバネのように動くと考えられていた）。近代ラテン語 *elasticus* に由来し、語源はギリシア語 *elaunein*「駆る」から派生した *elastikos*「推進する」である。ゴム紐を指す名詞用法は19世紀半ばから。

elate [後期中英語] [動] 喜ばせる、元気づける：

当初は形容詞として用いられた。ラテン語の動詞 *efferre*「持ち上げる」の過去分詞語幹 *elat-* に由来する。元のラテン語は、*e-*「外に」と *ferre*「産む」からなる。動詞は16世紀後半から。**elation** [後期中英語] [名]「意気揚々」(古フランス語 *elacion* に由来) は、当初「持ち上げること」という動詞的意味を持っていたが、18世紀半ばには「意気揚々」を意味するようになった。

elbow [古英語] [名] 肘；[動] 肘で突く・押す：

古英語の形は *elboga, elnboga* で、文字通りには「腕を曲げた」を意味した。ゲ

ルマン語起源で、オランダ語 *elleboog* とドイツ語 *Ellenbogen*「肘」と同系である。最初の要素 *ell*（古英語 *eln*）は、かつての尺度で、（織物の長さを測定するのに使われる単位）六手幅尺（＝約4インチ）に相当した。
→ BOW¹

elder［古英語］形（通例、きょうだいが2人の場合の）年上の、年長の；名年長者、年配者：

古英語の形は *ieldra, eldra* で「年齢で勝っている」を意味した。ゲルマン語起源で、ドイツ語 *älter*「年上の」と同系である。*old* の比較級であり、元は現代の *older* に相当した（例：シェイクスピア『ベニスの商人』*The Merchant of Venice*, IV. i. 251：How much more *elder* art thou then thy looks「あなたはみかけよりも遥かに分別をお持ちですね」）。現在は、*older* よりも使用が制限されている。
→ OLD

elect［後期中英語］動選出する、選挙で選ぶ；動（方針などを）決定する；名神によって選ばれた者：

ラテン語の動詞 *eligere*「取り出す」の過去分詞語幹 *elect-* に由来する。元のラテン語は、（*ex-* の異形である）*e-*「外に」と *legere*「つまむ」からなる。当初は名詞に後続することが多く、president *elect*「大統領当選者」のような表現に今でも残る。「神に選ばれた者」を意味する the *elect* は、16世紀初頭に宗教関係の文献で使われた。**election**［中英語］名「選挙、選択」は、ラテン語 *electio(n-)* が古フランス語を経由して英語に入った。大衆による投票によって選ばれることという意味は17世紀半ばから。後期中英語の **elective**形「選挙の、選択の」は、古フランス語 *electif, -ive* に由来し、語源は後期ラテン語 *electivus* である。同じ時期に英語に入った **eligible**形「適している」は、後期ラテン語 *eligibilis* がフランス語を経て英語に入った。

electric［17世紀半ば］形電気の、わくわくさせる：

近代ラテン語 *electricus* に由来する。語源はギリシア語 *ēlektron*、ラテン語 *electrum*「琥珀」である。琥珀と電気の連想は琥珀を擦ると静電気が発生することに由来する。「わくわくさせる」という比喩的意味は18世紀後半から。

elegant［15世紀後半］形優美な、エレガントな：

当初の意味は、しゃれた服装と結びついており、時折「（男性が）きざな」という好ましくない意味で使われた。フランス語、あるいはラテン語の *eleganse, elegant-* に由来する。この語はラテン語 *eligere*「選ぶ、選択する」と同系である。
→ ELECT

elegy［16世紀初頭］名哀歌、エレジー：

フランス語 *élégie* に由来する。あるいは、ギリシア語 *elegos*「死を悼む詩」から派生した *elegeia* がラテン語経由で英語に入ったとも考えられる。

element［中英語］名成分、要素、元素：

当初は基本的構成要素を意味した。ギリシア語 *stoikheion*「段階、構成部分」を翻訳借用したラテン語 *elementum*「原理、初歩」が古フランス語を経由して英語に入った。古代、および中世哲学では、土、水、空気、火がすべての物質を構成すると考えられていた。近代化学では、この語は、単純な物質で、かつ物質の主要構成要素であると仮定された100以上の物質を指すのに使われた。後期中英語の **elementary**形「初歩の、基本的な」（ラテン語 *elementarius* に由来する）は、「土、水、空気、火の4要素から構成されている」を意味した。「初歩の」という現代の意味は16世紀半ばから。ドイルの推理小説の中で見られるシャーロック・ホームズの 'elementary my dear Watson' という引用は、次のようなやり取りに由来する。…'Excellent,' I cried. 'Elementary', said he（「すばらしい」と私が叫ぶと、「初歩的なことだよ」と彼は言った）。

elevate［後期中英語］動高める、向上さ

せる、昇進させる、持ち上げる：

語源は、ラテン語 levis「軽い」に基づく elevare「持ち上げる」である。(ラテン語 elevatio(n-) に由来する) elevation 名「高さ、高地、高尚、上昇」も同時期の語である。elevator 名「エレベーター」は17世紀半ばから。当初は筋肉の一種を指す用語であった。この語は近代ラテン語に由来し、語源はラテン語 elevare である。後にアメリカで建物内の「エレベーター」として使われた。elevator は動詞 elevate から直接作られたものである。

elf [古英語] 名 小妖精：

ゲルマン語起源で、ドイツ語 Alp「悪夢」と同系である。昔、小妖精のような超自然的存在物は大きな魔力を持っており、悪夢を引き起こしたり、さらわれた子供に取り替えっ子を残したり、災害をもたらすと信じられていた。小妖精に対するゲルマン人の信仰が、中世の妖精に関する迷信の主要源だと思われる。当初は elf が男性名詞で、elven が女性名詞であったが、13世紀と14世紀の間に両者は男女を問わず交換可能となった。elf-in 形「小妖精のような、小さい」は、16世紀後半にスペンサーが『神仙女王』Faerie Queene の中で最初に用いた。elf の派生語であるが、恐らく中英語 elvene land「小妖精の国」と、アーサー王伝説のロマンスに登場する人物名 Elphin に触発された語である。

elicit [17世紀半ば] 動 聞き出す、引き出す：

ラテン語の動詞 elicere「ごまかし、または魔法で引き出す」に由来し、(ex- の異形である) e-「外に」と lacere「誘惑する、騙す」からなる。

elide [16世紀半ば] 動 (言葉の音を) 省く：

当初は「(証拠の効力を) 取り消す、無効にする、隠滅する」を意味し、主にスコットランドの法律用語として使われた。語源はラテン語の動詞 elidere「たたきつぶす」で、(ex- の異形である) e-「外に」と laedere「打ちつける」からなる。同じラテン語の動詞から elision 名「音省略」が16世紀後半に生まれた。直接の語源は後期ラテン語 elisio(n-) である。

eliminate [16世紀半ば] 動 除外する、除去する、(政敵などを) 抹殺する：

当初は「追い出す、除名する」を意味した。語源はラテン語 eliminare「ドアの外へ向かわせる、ドアの外へ突然押し出す」で、limen-, limin-「敷居、戸口」に基づく。「抹殺する」という意味は18世紀初頭から。

elite [18世紀後半] 名 エリート：

フランス語 élire「選ぶ」から派生した élite「選択、選抜」に由来する。語源はラテン語 eligere「選び出す」の異形である。
→ ELECT

elixir [後期中英語] 名 不老長寿の霊薬、真髄：

アラビア語 al'iksīr が中世ラテン語を経由して英語に入った。元のアラビア語は、定冠詞の al と、(xēros「乾燥した」の派生語である) ギリシア語 xērion「傷を乾かすための粉」に由来する 'iksīr からなる。最初は金属を金に変えることのできる薬品調合の迷信を示す語として錬金術において使用された。また、elixir of life「不老長寿の霊薬」という句では、生命を永遠に引きのばすことができるという迷信を意味した。後に、病気に対する特効薬として使われるようになり、17世紀初頭からは偽薬を指すようになった。時折、合成チンキ剤を指すこともあった。さらに比喩的に、問題解決のための「特効薬」を意味することもある。

elk [15世紀後半] 名 ヘラジカ：

古英語 elh, eolf が語源である。綴りの h が k に変更された。この種の綴り字変化は、方言の selk (古英語 seolh「あざらし」と fark (古英語 færh「豚の分娩、一腹の子」) にも見受けられる。

elocution [後期中英語] 名 演説法、雄弁術：

演説調、または文語調の文体を指す。(ラ

テン語 *eloqui*「演説する」から派生した) *elocutio*(n-) に由来する。ローマの修辞学者が同じ意味でこの語を使用している。17世紀以後、「話し方」、「演説法」を意味する。
→ ELOQUENCE

elongate [後期中英語]動長くする、引き伸ばす、長くなる：

当初は「引き離す、離れた所に置く」を意味した。語源は後期ラテン語 *elongare*「離れた所に置く」である。(*ex*-の異形である) *e*-「離れて」と *longe*「ずっと遠くに」、*longus*「長い」からなる。**elongation**名「延長」は後期ラテン語 *elongatio*(n-) に由来し、やはり後期中英語から使われはじめた。

elope [16世紀後半]動(男女が)駆け落ちする：

当初は「逃亡する、脱走する」という一般的な意味であった。後に、通常、妻が不倫相手と一緒に夫から逃亡するという文脈で使われるようになった。アングロノルマンフランス語 *aloper* に由来し、恐らく leap「飛ぶ」と関係がある。結婚するために駆け落ちするという意味は、すぐにこの動詞と結びついた。
→ LEAP

eloquence [後期中英語]名雄弁、能弁：
古フランス語に由来し、語源はラテン語 *eloquentia* (*eloqui*「演説する」の派生語)である。**eloquent**形「雄弁な」もラテン語が古フランス語を経由して入ったもので、後期中英語時代の語である。
→ ELOCUTION

else [古英語]形その他の；副その他：
古英語の形は *elles*。ゲルマン語起源で、中オランダ語 *els* とスウェーデン語 *eljest* と同系である。この語は other の同義語で、something else に見られるように、「追加されたもの」あるいは「異なるもの」として解釈できる。脅しや警告として付け加えられる口語表現の or else は、「さもないと恐ろしい結果になる、当然の報いを受けることになる」という

意味を持つ。中英語から使われはじめた表現である。

elucidate [16世紀半ば]動解明する、明らかにする：

語源は後期ラテン語 *elucidare*「明らかにする」で、(*ex*-の異形である) *e*-「外に」と *lucidus*「明らかな」からなる。

elude [16世紀半ば]動うまく逃れる、かわす、捕えにくい：

当初は「欺く」(部分的には *illude*「だます、ばかにする」との混乱から生じた)と「当惑させる、失望させる」という意味があった。ラテン語 *eludere* に由来し、(*ex*-の異形である) *e*-「外に、…から離れて」と *lucidus*「遊ぶ」からなる。**elusive**形「捕え所のない、捕えにくい」も同じラテン語動詞に基づき、登場したのは18世紀初頭から。

elver [17世紀半ば]名クロコ（ウナギの稚魚）：

方言である *eel-fare* の異形である。意味は「川の上流へと向かうウナギの稚魚の通り道」と「一腹のウナギの稚魚」である。*fare* の原義は「旅」である。

emaciate [17世紀初頭]動痩せ衰えさせる：

ラテン語 *emaciare*「細くする」に由来し、(*ex*-の異形で、状態の変化を表す) *e*-と *macies*「痩せていること」からなる。

emanate [18世紀半ば]動出る、発する：
ラテン語の動詞 *emanare*「流れ出す」に由来し、(*ex*-の異形である) *e*-「外に」と *manare*「流れる」からなる。当初は、考え、原則、行動様式が人や物を源として生み出されることを意味した。後に、物理的な意味で使われるようになった時、原義は光や気体など、手に触れることのできない物に結びついて残った。

emancipate [17世紀初頭]動解放する、自由にする：

ラテン語 *emancipare*「財産として譲渡

する」に由来し、(ex-の異形である) e-「外に」と manicipum「奴隷」からなる。ローマ法では、この語は pater famililias「家の首長」が有する権利から子供や妻を解放し、自由を与えることを意味した。現在は、比喩的に拡張され奴隷解放にまで及んでいる。

emasculate［17世紀初頭］動去勢する、無気力にする：

ラテン語 emasculare「去勢する」に由来し、(ex-の異形である) e-「状態変化」と masculus「男性」からなる。比喩的に体力や活力の消耗を強調する。

embargo［17世紀初頭］名出入港禁止、通商禁止：

embargar「逮捕する」から派生したスペイン語に由来する。元の語はラテン語の in-「中に、内部に」と barra「禁止」からなる。

embark［16世紀半ば］動乗船させる、積み込む、乗船する：

フランス語 embarquer に由来する。ラテン語の em-「中に」と barque「バーク船（小帆船）」からなる。

embarrass［17世紀初頭］動当惑させる、混乱させる、妨げる：

当初は「邪魔する、阻止する」を意味した。フランス語 embarrasser「障害物」、スペイン語 embarazar、ポルトガル語 embaraçar (baraçar「はづな（馬の口につけて引く綱）」に基づく) に由来する。この動詞に含意される「困難」という意味は、しばしば借金をする状況下で、受動態で使用される。19世紀初頭からは、「きまりの悪さ、困惑」の意味にまで拡張された。

embassy［16世紀後半］名大使館、大使、大使館員：

元は ambassy とも綴られた。大使館に加えて、大使という地位や、大使の派遣も意味した。古フランス語 ambasse に由来し、語源はラテン語 ambactus「使用人」である。
→ AMBASSADOR

embellish［後期中英語］動飾って美しくする：

英語の綴りは古フランス語 embelliss- に由来する。embellir の延長語幹で、ラテン語 bellus から派生した bel「美しい」に基づく。当初は「美しくする」を意味したが、しだいに「なにかを付け加えることで効果を高める」という意味を帯びていった。

ember［古英語］名燃えさし、残り火：

古英語の形は ǣmyrge である。ゲルマン語起源で、古高地ドイツ語 eimuria「まきの山」、オランダ語 emmer、スウェーデン語 mörja「燃えさし」と同系である。英語の綴り -b- は発音を容易にするために加えられたもの。

embezzle［後期中英語］動（金を）使い込む：

語源不詳。当初は「盗む」を意味し、アングロノルマンフランス語 embesiler から直接英語に入った。この語は同義語動詞の besiler に由来する。古フランス語では、besillier は「虐待する、荒らす」を意味した。現在の「金を使い込む」という意味は16世紀後半から。

emblem［後期中英語］名象徴、印、エンブレム：

ラテン語 emblema「はめ込んだ作品、浮き上がった飾り」に由来する。語源はギリシア語 emballein「投げ入れる、挿入する」から派生した emblēma「挿入」である。英語における emblem は象眼細工の飾りを指すのに使われた（例：ミルトン『失楽園』Paradise Lost：The ground more colou'd then with stone Of costliest Emblem「最高に高価な飾りのついた石を敷き詰めるよりも、さらに地面は輝いていた」。後に（17世紀初頭には）象徴的な印を指すようになった。

emboss［後期中英語］動（図案などを）浮き上がらせる：

廃語となったフランス語 *embosser* の基となった古フランス語に由来する。この語は *em-*「中に」と *boce*「突起物」からなる。

embrace ［中英語］動抱きしめる、採用する、帰依する：

当初の意味の中に「取り囲む、取り巻く、囲む」があり、かつては *imbrace* とも綴られた。古フランス語 *embracer* に由来し、ラテン語 *in-*「中へ」と *bracchium*「腕」からなる。*embracing* a faith or political belief「信仰や政治的信条に帰依する」の中に見られる「帰依する」という意味は16世紀半ばから。

embrocation ［後期中英語］動（薬用）塗布液：

中世ラテン語の動詞 *embrocare* から派生した *embrocatio(n-)* に由来する。元のラテン語の動詞はギリシア語 *embrokhē*「ローション」に基づく。

embroider ［後期中英語］動刺繍する、(物語などを) 脚色する：

アングロノルマンフランス語 *enbrouder* (*en-*「中に」と古フランス語 *brouder, broisder*「刺繍で飾る」からなる) に由来する。**embroidery**名「刺繍」も同時代の語である。

embroil ［17世紀初頭］動反目させる、(争いなどに) 巻き込む：

フランス語 *embrouiller*「ごちゃごちゃにする」に由来する。現在は、通常、人が困難な状況に陥ったときに使われる。She became *embroiled* in a dispute「彼女は論争に巻き込まれてしまった」

embryo ［後期中英語］名胎児、胎芽、(発達の) 初期段階：

ギリシア語 *embruon*「胎児」(*em-*「…の中に」と *bruein*「膨らむ、育つ」からなる) が後期ラテン語を経由して英語に入った。**embryonic**形「胎児の」はもっと後で、19世紀半ばに登場する。後期ラテン語 *embryo, embryon-*「胎児」に基づく。「初期段階」という比喩的意味も同時期に見受けられる。

emend ［後期中英語］動校正する：

原義は「過ちから (人を) 解放する」で、語源はラテン語 *emendare* で、(*ex-* の異形である) *e-*「外に」と *menda*「過ち」からなる。校正という意味での使用は18世紀後半から。
→ AMEND

emerge ［16世紀後半］動現れる、明らかになる：

当初は「知られる」と「明るみに出る」という意味があった。語源となる動詞はラテン語 *emergere* で、(*ex-* の異形である) *e-*「外に、前に」と *mergere*「浸す」からなる。**emergency**名「非常事態」(ラテン語 *emergere* に基づく中世ラテン語 *emergentia* に由来) は、17世紀半ばに登場し、「予期できぬ出来事」と「隠されていたものから出現すること」を意味した。state of *emergency*「非常事態、緊急事態」という政治用語は、しばしば「戦争」と同義で使われ、19世紀後半に生じた。

emery ［15世紀後半］名やすり：

emery board「爪やすり」、*emery* paper「紙やすり」における *emery* は、古フランス語 *esmerl* を起源に持つフランス語 *émeri* と、イタリア語 *smeriglio* に由来する。ギリシア語 *smuris, smiris*「磨き粉」に基づいている。

emetic ［17世紀半ば］名催吐剤：

ギリシア語 *emein*「吐く」から派生した *emetikos* に由来する。

emigrant ［18世紀半ば］名移民：

ラテン語の動詞 *emigrare*「移住する」の現在分詞語幹 *emigrant-* に由来する。18世紀後半に登場した **emigrate**動「移住する」も同系である。元のラテン語は、(*ex-* の異形である) *e-*「外に」と *migrare*「移動する」からなる。

eminence ［中英語］名名声、卓越、人格者：

「卓越」という意味は、ラテン語 eminere「張り出す、突き出す」から派生した eminentia に由来する。17世紀半ばからは称号として使用されてきたが、現在は枢機卿（ローマ教皇の最高顧問）を指す場合にのみ使われる。eminent 形「著名な、卓越した」は後期中英語からで、同じラテン語動詞が語源である。

emissary ［17世紀初頭］名 使者、特使、密使：

ラテン語 emittere「派遣する」から派生した emissarius「偵察兵、スパイ」に由来する。
→ EMISSION

emission ［後期中英語］名 放出、放射：

当初は「発散」を意味した。ラテン語 emittere「派遣する」から派生した emissio(n-) に由来する。emit 動「放出する、放射する」もラテン語 emittere を語源とし、17世紀初頭から。

emollient ［17世紀半ば］動 軟化させる、和らげる；名 皮膚軟化剤：

ラテン語の動詞 emollire「柔らかくする」の現在分詞語幹 emollient- に由来する。その語幹は形容詞 mollis「柔らかい」である。この語は通常、emollient cream「軟化クリーム」や emollient words「緩和させる言葉」のような表現において、柔らかくする特性を表すのに使用される。

emolument ［後期中英語］名（役員の）給与、報酬：

ラテン語 emolumentum に由来する。元来は粉ひき屋に支払われる報酬を指した。元のラテン語名詞はラテン語の動詞 emolere「粉をひく」（接頭辞 e-は「完全に」を意味する）の派生語である。類義語の salary は「（古代ローマの兵士に支給された）塩を買うための金の支給」が始まりであった。
→ MEAL²; MILL; SALARY

emotion ［16世紀半ば］名 感情、情緒、感動：

当初は民衆の不安や動揺を表していた。フランス語 émotion に由来する。基本的な意味は「動き」で、その意味はラテン語の動詞 movere「動く」と、e-「外に」から発達した。その後、「興奮」を意味するようになり、17世紀半ばには「精神的動揺」になった。現在の（より一般化された）同情、怒り、愛のような本能的な感情は1800年代から。それから1世紀経つと、emote 動「大袈裟に振る舞う」が emotion からの逆成により生まれた。この語は、役者の舞台上での感情表現のしかたを指す用語としてアメリカで使われはじめた。

emoticon ［1990年代］名【コンピュータ】（感情を表す）顔文字：

emotion「感情」と icon「図像」の混成語。この造語は、科学技術の分野で大量に作られる新語の1つとして登場した。電子メールの最後に、キーボードの文字で作り出した表情（スマイルやしかめ面など）を指す。

empathy ［20世紀初頭］名 感情移入、共感：

ギリシア語 empatheia に由来し、em-「中 in」と pathos「感情」からなる。20世紀初頭に心理学の用語として最初に使われた。心理学者リップス、グロース等が使用したドイツ語 Einfühlung「感情移入」の翻訳である。pathos を語源に持つ語には次のようなものがある。sympathy「同情」、antipathy「嫌悪」、protopathic「皮膚感覚が原始性の」。

emphasis ［16世紀後半］名 強調、強勢：

ギリシア語からラテン語を経由して英語に入った。元は「出現」と「見せること」を意味したが、後に、実際に言われたこと以上のものが含意されているという比喩を指すようになった。英語で最初に使われたのは比喩的意味の方であった。語源はギリシア語の動詞 emphainein「展示する」で、em-「中に、内に」と phainein「見せる」からなる。ギリシア語 phainein に基づき、「見せること」を含む語には次のようなものがある。diaphanous

「透明な」、fantastic「空想的な」、hierophant「秘儀の神官、説明者」、phantasm「幻影」、phase「位相」。このギリシア語は接頭辞の pheno- も生み出した。

empire [中英語]**名**帝国：
ラテン語の動詞 imperare「命じる」と関連する imperium が古フランス語を経由して英語に入った。この動詞の原義は、構成要素の in-「…の方へ」と parare「準備する、企てる」が示すように、あることに対して「準備をしておく」であった。ラテン語の語頭部分 imp- は関連語の中で英語に保たれている。imperial「帝国の」、imperative「命令的な」、imperious「傲慢な」。（ラテン語 imperator「最高司令官」に由来する）emperor**名**「皇帝、（日本の）天皇」も中英語からの語で、ローマ帝国の長に与えられた称号であった。後に、より一般的な君主も指すようになり、王国以外の広大な領主にまで拡張された。ヴィクトリア女王は1876年にインドの Empress「女帝」に就任した。

employ [中英語]**動**雇う、費やす、利用する：
古フランス語 employer に由来する。当初は、特別な目的のために何かを適用したり、利用する行為を指した。かつては、別綴りとして imploy があったが、それは語源であるラテン語の動詞 implicari「巻き込まれている、付けられている」の綴りを反映している。16世紀と17世紀の間に、古典ラテン語の意味を反映して、「抱く、もつれさせる」、「ほのめかす」という意味が広がった。シェイクスピアの employ と employment の使い方には様々な微妙な意味の違いが見られる。例えば、『ベニスの商人』*The Merchant of Venice*, Ⅱ. ⅷ.43 では次のような忠告が与えられる。*Employ* your chiefest thoughts to courtship「求愛には君の最大の思いを駆使するのだ」。そして『ジョン王』*King John*, Ⅰ. ⅰ.198 には次のような申し出がある。At your employment, at your service, sir！「ご用命のままに、お仕えいたします、閣下」。この例には現在の意味がすでに見受けられる。

→ IMPLICATE ; IMPLY

emporium [16世紀後半]**名**大商店、デパート：
元は商業中心地を指したが、今では大規模な小売専門店街の名称となっている。多種多様な商品が目玉である。ギリシア語 emporos「商人」から派生した emporion がラテン語を経由して英語に入った。意味上の語幹は「旅」であり、過去の貿易ルートを様々な形で連想させる。

empty [古英語]**形**からの、からっぽの、あいている、中味のない；**動**からにする、からになる：
古英語の形は æmtig, æmetig で、「からの」に加えて「暇で、占められていない」も意味した。語源は æmetta「暇で」で、恐らく ā「ない」と mōt「満たすこと」からなる。口語体では「空腹な」を意味する場合に使用される（例：デフォー『ロビンソン・クルーソー』*Robinson Crusoe*：I found my self *empty*「気がついてみたら腹ペコだった」。

→ MOOT

emulate [16世紀後半]**動**…に匹敵する、しのぐ：
ラテン語 aemulus「ライバル」から派生した動詞 aemulari「競争する、匹敵する」に由来する。コンピュータ用語では、「（異なるコンピュータやソフトシステムの）機能を再生し、可動させる」という意味で使われている。

emulsion [17世紀初頭]**名**乳液、乳濁液：
元は水中でアーモンドを砕いて作った乳のような液体を指した。ラテン語の動詞 emulgere「搾り出す」から派生した近代ラテン語 emulsio(n-) に由来する。元のラテン語の動詞は、(ex- の異形である) e-「外に」と mulgere「乳搾りをする」からなる。emulsion paint「エマルジョンペイント」（塗料の一種で乳状のもの）は1940年代から。

語形成

接頭辞 en-（フランス語に由来し、語源はラテン語 in-）は、以下の意味を付け加える。
- ■「中に入れる」[embed]「埋め込む」
- ■「ある状態にする」[encrust]「覆う」
- ■「中に、中へ」[ensnare]「罠にかける」

動詞を強調する [entangle]「もつれさせる」

接尾辞 -en を伴って動詞を形成する [enliven]「明るくする」（注：in- は en- の一般的な副次形式である）。

接頭辞 en-（語源はギリシア語）は、以下の意味を付け加える。
- ■「内部に」[empathy]「感情」、[enthusiasm]「熱狂」

接頭辞 em- は en- の異形。
- -b- の前で同化 [emblazon]「紋章で飾る」
- -p- の前で同化 [emplacement]「砲床」

enable [後期中英語][動]できるようにする、可能にする：

かつては inable とも綴られた。主に「力を与える」を意味した。当初は、人に法的に上位の立場を与えること、法的な力を付与することであった。後に「可能にする」という、より一般的な意味を帯びるようになった。1960年代からは、コンピュータの分野で、たんに「スイッチを入れる、作動可能にする」という意味で使われている。
→ ABLE

enact [後期中英語][動]制定する、上演する：

かつては inact とも綴られた。中世ラテン語 inactare, inactitare の中に示されるように、act に基づいている。
→ ACT

enamel [後期中英語][名]エナメル；[動]エナメル引きにする：

元は動詞であった。かつては inamel とも時折綴られた。語源はアングロノルマンフランス語の動詞 enamailler で、en-「中に、上に」と amail「エナメル」からなる。ゲルマン語起源である。この物質は半透明のガラス状のもので、装飾用に、あるいは保護用のコーティングとして硬い表面に付けられた。19世紀には料理用鍋の内側に塗られた。歯の光沢のある硬いコーティングを指す、歯科医の専門用語としての用法はフランス語 émail に由来する。18世紀初頭から。

enamour [中英語][動]夢中にさせる：

古フランス語 enamourer に由来する。en-「中に」と amour「愛」からなる。英語では、かつて inamour とも綴られた。通常、受動態で使われる（例：シェイクスピア『夏の夜の夢』Midsummer Night's Dream, IV. i.77：Me thought I was enamoured of an Ass「どうやらロバに恋していたらしい」）。

enchant [後期中英語][動]うっとりさせる、魔法をかける：

当初は「呪いにかける」と「惑わせる」という意味があった。かつては inchant とも綴られた。フランス語 enchanter に由来する。語源はラテン語 incantare で、in-「中に」と cantare「歌う」からなる。現在の「うっとりさせる」という意味は16世紀後半からで、近代フランス語 enchanter の用法を反映している。enchantress [名]「魔女、魅惑的な女性」は後期中英語からで、古フランス語 enchanteresse に由来する：

■森林地帯の植物で、enchanter's nightshade（ナス科の有毒植物）は16世紀後半から。初期の植物学者によって、ギリシア神話の魔女キルケが使用したハーブだと考えられていた。キルケはオデュッセウスの仲間に魔法をかけ豚に変えたが、オデュッセウスは神話上のハーブモリュ（魔法の草）で自衛していたので免れた。

enclave [19世紀半ば][名]飛び領土、孤立した集団：

古フランス語 enclaver「囲む、適合させる」に由来し、語源はラテン語 clavis「鍵」である。英語における現在の意味は、文化的・民族的に異なる民族によって包囲された領土を指す。時折、社会的に孤

立した集団を指す場合もある。

enclose ［中英語］（動）囲む、同封する：
当初は「閉じ込められた、囚われた」を意味した。古フランス語 *enclore* の過去分詞 *enclos* に由来し、語源はラテン語 *includere*「閉じ込める」である。**enclosure**（名）「包囲同封物」は後期中英語から。法律用語のアングロノルマンフランス語と古フランス語に由来し、語源は *enclos*「閉じ込められた」である。同封物を指す用法は16世紀後半から。

encounter ［中英語］（動）出会う、遭う；（名）出会い、遭遇：
当初は「敵として会う」を意味した。かつては *incounter* とも綴られた。動詞は古フランス語 *encontrer* に由来し、名詞は古フランス語 *encontre* に由来する。どちらもラテン語 *in-*「中に」と *contra*「…に対して」からなる。「会う」という中心的意味は、場合によっては「偶然に」という意味を含むようになった。当初の意味である「論争中の問題に直面する」は、*encountered* hostilities「強い抵抗にあった」や、*encountered* fierce opposition「激しい反対にあった」のような組み合わせの中で今なお見受けられる。*encounter* therapy「出会い療法」は1960年代に生まれたアメリカ発祥の語である。これはボディコンタクトや感情表現を通して行う集団セラピーの一種を指す。

encourage ［中英語］（動）勇気づける、促す：
かつては *incourage* とも綴られた。フランス語 *encourager* に由来し、*en-*「中に」と *corage*「勇気」からなる。当初は「勇気を出して奮起する」を意味した。17世紀後半には「報酬や賞賛によって人に行動を起こさせるように刺激する」という意味が加わった。

encroach ［後期中英語］（動）侵略する、侵害する、浸食する：
当初は「違法に所有する、奪い取る」を意味した。かつては *incroach* と綴られることも多かった。古フランス語 *encro-*

chier「奪う、固定する」に由来し、*en-*「中に、上に」と *crochier* からなる。語幹は *croc*「留め金」で、古ノルド語 *krókr* が語源である。この語は、「何か（通常、他人の領地）を得るためにこっそり近寄る」という意味になった。

encrypt ［1950年代］（動）暗号化する：
アメリカ発祥の語。接頭辞 *en-*「中に」とギリシア語 *kruptos*「隠された」からなる。データを不正アクセスから保護するための暗号化、記号化を指す。コンピュータの分野で一般的に使われ、public-key *encryption*「公開かぎ番号」のような表現に見られる。これは、メッセージを暗号化するかぎコードが取得され、受け手のみに知らされる秘密かぎで解読するシステムである。インターネットによる支払い、署名、データの安全な送信のために時折使用される。

encumber ［中英語］（動）妨げる、ふさぐ、課する：
当初は「トラブルを引き起こす」と「もつれさせる」という意味があった。かつては *incumber* とも綴られた。古フランス語 *encombrer*「阻止する」に由来し、*en-*「中に、上に」と *combre*「川を塞ぐこと」からなる。英語では「妨害」に加えて、しばしば「負担」も含意する。中英語からの（名）**encumbrance** は「邪魔された状態」を意味する。古フランス語 *encombrance* に由来する。

encyclopedia ［16世紀半ば］（名）百科事典：
近代ラテン語 *encyclopedia* に由来し、語源は擬似ギリシア語 *enkuklopaidela* である。この語は *enkukilios paideria*「一般教育」を一語にしたもの（ギリシア人は芸術と科学の「輪」が一般教養の本質であると考えていた）。英語では、*encyclopaedia* に見られるように *-ae-* という綴りもある。これは *Encyclopaedia Britannica*『ブリタニカ百科事典』のようなラテン語書名からの影響である。当初、この語は一般教育課程を指した。百科事典の名称となったのは17世紀である。

end［古英語］［名］終わり、目的；［動］終える、終わる：

古英語 ende（名詞）と古英語 endian（動詞）はゲルマン語起源である。名詞はオランダ語 einde とドイツ語 Ende「終わり」、動詞はオランダ語 einden「終える」とドイツ語 enden とそれぞれ同系である。ending［名］「結末」の古英語の綴りは endung で、当初は「終末、完成」を意味した。

endeavour［後期中英語］［動］努力する；［名］努力：

当初は「尽力する」を意味し、put oneself in devoir「全力を尽くす。（何かをするのに）自らの責任を全うする」という定句から誕生した（つまり in devoir が一語になった）。devoir は古フランス語に由来し、現在、英語では「義務」を意味する古語となっている。

endemic［17世紀半ば］［形］民族・地方に特有の：

フランス語 endémique、あるいは近代ラテン語 endemicus に由来する。語源はギリシア語 endēmios「生まれながらの」（dēmos「人々」に基づく）である。動植物の場合、反意語は exotic「外来種の」となる。

endorse［15世紀後半］［動］裏書きする、承諾する：

当初の文字通りの意味は「…の裏に書く」であった。特に法律文書では時折 indorse と綴られたこともあり、現在でも法律、法廷関係ではその綴りが使われている。アメリカの辞書は indorse を認めているが、イギリスの商業界では endorse の方が優勢である。語源は中世ラテン語 indorsare で、in-「中に、上に」と dorsum「裏」からなる。

endow［後期中英語］［動］寄付する、授ける：

かつては indow とも綴られた。当初は「寡婦産、または新婦の持参金を与える」を意味した。法律に関するアングロノルマンフランス語 endouer に由来し、en-「中に」と古フランス語 douer「贈り物として与える」からなる。douer はラテン語 dotare「寄付する」が語源である。祈禱書（1569年）からの一節 The vow With all my worldly goods I thee endow「私があなたに捧げるこの世のすべてのものにかけての誓い」は、結婚式で伝統的に引用される部分であり、今日まで当初の意味を伝えている。endowment［名］「寄付、遺産」も後期中英語から。遺産相続における使用は19世紀後半から。
→ DOWRY

endure［中英語］［動］耐える、我慢する、持続する：

古フランス語 endurer に由来する。語源はラテン語 indurare「固くする」で、in-「中に」と durus「固い」からなる。廃れた英語の意味は「固くなる」で、スペンサー『神仙女王』Faerie Queene の中にその用法が見られる：And manly limbs endur'd with little care Against all hard mishaps and fortuneless misfire「勇敢な人々はあらゆる災難と不運などもろともせず耐えた」。endurance［名］（「継続した存在、耐久力」という意味で15世紀後半に登場）は古フランス語に由来し、語源は endurer「固くする」である。かつては indurance とも綴られた。

enema［後期中英語］［名］浣腸：

ギリシア語 enienai「中に送る、中に置く」が後期ラテン語を経由して英語に入った。元のギリシア語は、en-「中に」と hienai「送る」からなる。

enemy［中英語］［名］敵、敵軍：

古フランス語 enemi に由来する。語源はラテン語 inimicus で、in-「…でない」と amicus「友」からなる。the great enemy は時折「死」を意味する。これは『コリントの信徒への手紙一』15章26節をほのめかしている。enemy of the people「一般大衆の敵」という表現は、人気の高いリーダーが敵対者に対して行う告発という形で政治的文脈の中で一般に用いられる（例：コンラッド『ノストロー

モ』*Nostromo* (1904年): Comrade Fidanza... you have refused all aid from that doctor. Is he really a dangerous *enemy* of the people?「同志フィダンザよ、君はあの医者の援助をすべて拒否した。彼は本当に民衆の敵なのか?」。**enemity**名「敵意」も中英語からで、古フランス語 *enemi(s)tie* に由来する。語源はラテン語 *inimicus* である。

energy [16世紀半ば]名活力、エネルギー:

当初は「表現する力、活力」を意味した。この意味は、アリストテレスが使用した *energeia* という語を不十分に理解したことに由来する。彼は何かを「動いている」ように思い描く比喩の一種にこの語を使っていた。英語の直接の語源はフランス語 *énergie*、あるいは後期ラテン語であるが、元はギリシア語 *energeia* である。元のギリシア語は *en*-「中に」と *ergon*「仕事」からなる。**energetic**形「精力的な」は17世紀半ばからで、当初は「強力に効き目がある」を意味した。語源はギリシア語 *energein*「作動する、効く」(*ergon* に基づく) から派生した *energētikos* である。

enervate [17世紀初頭]動力を弱める:

ラテン語の動詞 *enervare*「(体力の消耗によって) 弱る」が、英語では「活力を消耗したと感じさせる」になった。(*ex*- の異形である) *e*-「外に」と *nervus*「体力」からなる。

enforce [中英語]動施行する、強制する:

当初は「骨を折る、励む」と「強いる」を意味した。かつては *inforce* とも綴られた。軍事力を「再強化する」、あるいは要塞を「強化する」という意味もあった。「法律を施行するという意味は17世紀初頭から。古フランス語の *enforcir* と *enforcier* に由来し、ラテン語の *in*-「中に」と *fortis*「強い」からなる。

enfranchise [後期中英語]動選挙権を与える:

かつては *infranchise* とも綴られた。古フランス語 *enfranchir* の延長語幹 *enfranchiss*- に由来し、*en*-「状態変化」と *franc, franche*「自由」からなる。基本的に「自由にする」を意味するが、現在ではしばしば投票権と結びついている。政治的なつながりは17世紀後半から。

engage [後期中英語]動従事させる、(注意などを) 引きつける、約束する:

かつては *ingage* とも綴られた。フランス語 *engager* に由来するが、究極の語源は英語 *gage*「質草、抵当」の基になっている語である。原義は「何かを質に入れる、抵当に入れる、(土地を) 抵当に入れる」であった。その後、「(何かをするために) 固く約束する」という意味が生まれ、16世紀半ばには「契約を結ぶ」になった。1世紀後に「活動に従事する」、「論争に参戦する」という意味が生まれた。ここから「誰かを、あるいは何かを巻き込む」という意味に発展した。婚約との関連は18世紀初頭から。**engagement**名「婚約、約束」は、フランス語 *engager* の派生語を借用したもので、「法律上、道徳上の義務」という一般的な意味で17世紀初頭から使われている。ビジネスや会議で人と会う「約束」という意味は19世紀初頭から。
→ WAGE

engender [中英語]動引き起こす、発生させる:

かつては *ingender* とも綴られた。古フランス語 *engendrer* に由来する。語源はラテン語 *ingenerare* で、*in*-「中に」と *generare*「…の父親になる」からなる。語幹はラテン語 *genus*「品種、種」である。比喩的意味の「生み出す」は早い時期から生じた。
→ GENERATION

engine [中英語]名機関、エンジン、機関車:

古フランス語 *engin* に由来する。語源はラテン語 *ingenium*「才能、装置」で、*in*-「中に」と *gignere*「…の父親になる」からなる。原義は「器用さ、巧妙さ」であり、

スコットランドにおいて*ingine*という語の中に残っている。*ingine*は英語における*engine*の別綴りであった。その後、意味は「創意工夫の産物、策、わな」に発展した。さらに「道具、武器」にまで拡張された（例：ミルトン『失楽園』*Paradise Lost*：That two-handed *engine*... stands ready to smite「あの両手で扱う武器は攻撃する準備ができている」。後に、特に巨大な機械製の武器を指すようになり、17世紀半ばに「機械」の意味が加わった。通常、steam *engine*「蒸気機関」や、internal combustion *engine*「内燃機関」のような組み合わせで使われた。**engineer**名「技師」は中英語からで、要塞と武器の設計者兼組立職人を指した。当初の意味は、（ラテン語*ingenium*に由来する）中世ラテン語*ingeniare*「工夫する、考案する」から派生した*ingeniator*が、後期フランス語を経由して英語に入ったものである。後から生まれた意味はフランス語*ingénieur*、あるいはイタリア語*ingegnere*に由来するが、どちらもラテン語*ingenium*に基づいている。語尾の形は*-eer*で終わる他の語の影響を受けている。

→ INGENIOUS

English [古英語]名英語；形イングランドの、イングランド人の、英国の、英語の：

古英語時代にはすでに形容詞*Englisc*の「アングル族に属する」という語源的意味は失われていた。その代わりに、5世紀に始まったブリトン島への初期のゲルマン民族の移住者（Angles「アングル族」、Saxsons「サクソン族」、Jutes「ジュート族」）もしくは現在、古英語と呼ばれる彼らの言語を指した。11世紀には、*English*はCeltic「ケルト人」とスカンジナビア地方に住む民族を含むイングランド全域の住人を指すようになった。しかし、ノルマン征服（1066年ウィリアム征服王の率いるノルマン人のイングランド征服）以降、支配者の子孫はフランス人と見なされたので、*English*はノルマン征服以前にイングランドに住んでいた人々に限定された。

→ ANGLICAN

engorge [15世紀後半]動充血する：

当初は「貪り食う、過度に食べる、詰め込む」を意味した。英語では鷹との関連で最初に使われた。古フランス語*engorgier*「過度に食べる」に由来し、*en-*「中に」と*gorge*「のど」からなる。現在の「血で充満する、充血する」という意味は19世紀初頭から。

engross [後期中英語]動（時間・注意を）奪う、正式な書体で書く：

かつては*ingross*とも綴られた。後期ラテン語*grossus*「大きい」に由来する。現在の「人の注意をすべて奪う」という意味は18世紀初頭から使われている。現在、法律用語では「（公式文書を）正式な書体で書くこと」を意味する。この意味はアングロノルマンフランス語*engrosser*に由来し、中世ラテン語*grossa*「大部の書物」に基づく。廃れた意味の中に「卸売商品を買い占める」がある。つまり、独占価格で小売りするために商品を買い占めるという意味である。この意味は中世ラテン語*in gross*「卸売り」が古フランス語を経由して英語に入った（要するに*in gross*が一語になったもの）。

enhance [中英語]動（価値を）高める：

アングロノルマンフランス語*enhauncer*に由来し、ラテン語の*in-*（強意を表す）と*altus*「高い」からなる。かつては*inhance*とも綴られた。原義は「持ち上げる」で、文字通りにも比喩的にも使われた。後に「価値や値段を上げる」に加えて「誇張する、大袈裟に見せる」を意味するようになった。現在の意味は16世紀初頭から。

enigma [16世紀半ば]名謎：

ギリシア語*ainos*「寓話」から*ainissesthat*「ほのめかして、あるいは不鮮明に言う」が生まれ、そこから*ainigma*「謎」ができた。それがラテン語を経由して英語に入った。英語*enigma*は、意図的に不鮮明な比喩で述べられている短い散文、もしくは韻文を指す場合もある。あるい

は、たんに紛らわしいものを指すこともある。第2次世界大戦中、ブレッチリーにおいて解読された暗号の1つが*Enigma*として知られている。この解読は世界初の電子プログラムコンピュータ、Colossus（コロッサス＝アポロ神の巨像の名前）によって成し遂げられた。

enigmatic ［17世紀初頭］形「謎の」は、フランス語*énigmatique*、あるいは後期ラテン語*aenigmaticus*に由来し、語源はギリシア語*ainigma*である。この語は神秘さを伝え、しばしばレオナルド・ダ・ビンチ作の「モナリザ」を描写する際に使われる。絵のモデルはフランチェスコ・デル・ジョコンドの妻で、彼女の*enigmatic* smile「神秘的な微笑み」は、西洋芸術の中で最も有名な肖像画の1つになっている。

enjoy ［後期中英語］動楽しむ、恵まれている：

古フランス語の*enjoier*「喜びを与える」、あるいは*enjoir*「楽しむ」に由来する。両者とも語源はラテン語*gaudere*「大いに喜ぶ」である。通常は「恩恵を享受する」を意味するが、*enjoy* poor health「身体が弱い」のような表現で使われることもある。この表現では、名詞が望ましい意味を持つのに対し、形容詞が望ましくない意味を持つという特徴が見られる。

enlarge ［中英語］動大きくする、引き伸ばす、広がる：

かつては*inlarge*とも綴られた。古フランス語*enlarger*に由来し、*en-*「状態変化」と*large*「大きい」からなる。

enlighten ［中英語］動啓発する、教化する、教える：

当初は「輝かせる」を意味した。語源は古英語*inlihtan*「輝く」である。後に、(強意語としての)接頭辞*en-*、あるいは*in-*と、動詞lightenか、名詞lightからなるように再解釈された。「教える」という意味は17世紀後半から(例：ミルトン『失楽園』*Paradise Lost*：Reveal to Adam what shall come... As I shall thee *enlighten*「何が起こるかアダムに知らせよ、

今からお前に教えるように」)。

enliven ［17世紀半ば］動明るくする、活気づける：

当初は「復活させる」と「命を与える」を意味した。かつては*inliven*とも綴られた。16世紀に同じ意味で使われていた動詞のenliveとinliveに由来する。接頭辞*en-*, *in-*は強意語である。語幹となる名詞はlifeである。
→ LIFE

enormity ［後期中英語］名膨大なこと、極悪：

ラテン語*enormis*から派生した*enomitas*に由来し、それが古フランス語を経由して英語に入った。(*ex-*の異形である)*e-*「外に」とnorma「型、標準」からなる。元は「（法律や道義的正しさのような）基準からの逸脱」と「違反、罪」を意味した。現在の意味は、**enormous**形「（大きさなどが）異常な、驚くほど不規則な」の影響を受けている。この語は16世紀半ばから使われ、ラテン語*enormis*「普通でない、巨大な」に基づいている。

enough ［古英語］形十分な；名十分な量；副十分に：

古英語の形は*genōg*である。ゲルマン語起源で、オランダ語*genoeg*とドイツ語*genug*「十分に」と同系である。近代英語では、通常、形容詞と副詞に後続するが (例：happy *enough*, soon *enough*)、古英語と中英語ではしばしば形容詞と副詞の前に置かれた。

enquire ［中英語］動尋ねる、問う：

中英語の形は*enquere*で、古フランス語*enquerre*に由来する。語源はラテン語*inquirere* (*quaerere*「探す」が語幹動詞)である。この語はinquireの別綴りであるが、inquireの方が標準形として辞書に記載されることが多い。enquireは「質問する」という意味でよく使われる。
→ INQUIRE

enrage ［15世紀後半］動怒らせる、立腹する：

かつては *inrage* とも綴られた。フランス語 *enrager* に由来し、*en-*「中に」と *rage*「激怒、怒り」からなる。この語は時折「(飢えやのどの渇きに) 苦しむ」、「腹が立つ」を意味した。「立腹する」という意味は16世紀後半から。

enrich ［後期中英語］動 豊かにする、向上させる：

古フランス語 *enrichir* に由来し、*en-*「中に」と *riche*「豊かな」からなる。当初は文字通り「裕福にする」を意味した。

enrol ［後期中英語］動《主に英》登録する、申し込む、入学する、入隊する：

古フランス語 *enroller* に由来し、*en-*「中に」と *rolle*「巻物」からなる。名前が元々、羊皮紙の巻物に書かれたことに由来する。かつては *inroll* と綴られることもあった。「登録する」や、「軍隊に入隊する」という意味は16世紀後半から。

ensconce ［16世紀後半］動 安置する、身を隠す：

当初は「要塞化する」と「要塞内に、または要塞の裏側に避難する」を意味した。かつては *insconce* とも綴られた。接頭辞 *en-*, *in-*「中に」が、今では古語になった名詞 *sconce*「小さな要塞」に付けられたものである。語源はオランダ語 *schans*「やぶ」である。19世紀初頭には「快適で安全な場所に身を隠す」へと意味が発展した (例：ディケンズ『骨董屋』 *The Old Curiosity Shop*：*Ensconcing themselves... in the warm chimney-corner*「彼らは身を潜めていた …温かい炉すみに」)。

ensign ［後期中英語］名 旗、旗手、(地位を示す) 記章：

「旗」と軍内部での身分の両方を意味する。古フランス語 *enseigne* に由来し、語源はラテン語 *insignia*「地位のしるし」である。「標準」もしくは「旗」を表す *ancient* は、現在では古語であるが、*ensign* の異形である。
→ INSIGNA

ensue ［後期中英語］動 続いて起こる：

古フランス語 *ensivre* に由来する。語源はラテン語 *insequi* で、*sequi*「…の次に起こる」に基づいている。かつては *insue* とも綴られた。「続いて起こる」が主要な意味である。当初は「(足跡を) 追う」、「案内に従う」、「追跡する」を意味することもあった。その後、焦点が「順序と結果」に移行した (例：テニスン『イン・メモリアム』*In Memoriam*：That out of distance might *ensue* Desire of nearness doubly sweet「あれほど遠く離されると、近づいたときの喜びが倍増するだろう」)。

ensure ［後期中英語］動 保証する、確実にする：

当初は「納得させる」と「安全にする」を意味した。古フランス語 *aseurer* の異形であるアングロノルマンフランス語 *enseurer* に由来する。古フランス語 *aseurer* はその後、*assurer* になった。かつては insure と同様にビジネスで使われていた。現在は insure がビジネスの専門用語として用いられている。
→ ASSURE ; INSURANCE

entail ［後期中英語］動 伴う、含意する、相続を限定する：

当初は財産の授与、譲渡を指した。かつては *intail* とも綴られた。語幹名詞は古フランス語 *taille*「切り込み、税」である。「必然的な帰結として生じる」という一般的意味は19世紀初頭から。

entangle ［16世紀半ば］動 もつれさせる：

tangle「もつれ」の派生語である。当初は、主として海藻に「からまった」オールを指した。
→ TANGLE

enter ［中英語］動 入る、浮かぶ、登録する、登場する：

古フランス語 *entrer* に由来する。語源はラテン語 *intra*「…の内部に」から派生した *intrare* である。当初から、元のラ

テン語に従い、舞台上での方向指示として用いられてきた。「(あるイベントで)競争相手として立つ」という意味は17世紀後半からで、参加者リストに名前を載せることに由来する。entry**名**「入場、登場、記載、参加者、入り口、玄関」も中英語の語で、古フランス語 entree に由来する。語源はラテン語 intrare の女性形過去分詞 intrata である。当初は接近しようとする行動と、ドア、通路、門などの実際の出入り口とを指した。entrance**名**「入り口、入場、入社、入会」は15世紀からの登場で、「入学の権利、あるいは機会」を意味した。古フランス語に由来し、entrer「入る」の派生語である。

enterprise [後期中英語]**名**事業、企業、冒険心:

名詞として使われた古フランス語の動詞 entreprendre「引き受けられたもの」の女性形過去分詞に由来する。語源はラテン語 pre(he)ndere「取る」である。その後、「大胆な、あるいは重大な事業」という意味が加わった。enterprise culture「起業重視精神」という表現は、1980年代に典型的な資本主義社会を支持する言葉として生まれ、特に起業活動と財政上の独立を奨励した。

entertain [後期中英語]**動**もてなす、楽しませる、(考えを)心に抱く:

フランス語 entretenir に由来する。語源はラテン語の inter「…の間で」と tenere「保つ」からなる。原義は「保持する、持続する」で、古風な表現 entertain a correspondence with someone「…と文通を続ける」の中に見受けられる。この意味が後に(15世紀後半)、「ある方法で扱う」に発展した(例:シェイクスピア『ヘンリー六世 第1部』Henry VI part i, III . iii .72:I am sorry, that with reverence I did not entertain thee as thou art「申し訳ございません。あなたにふさわしい尊敬を込めて接しませんでした」)。「もてなす」という意味は同時期からすでにあった。この動詞が entertain an idea「(ある考えを)心に抱く」という意味で使われはじめたのは17世紀初頭である。entertainment**名**「娯楽、もてなし」は16世紀初頭から。観客を楽しませるための催しを指す用法は18世紀初頭から。

enthrall [後期中英語]**動**魅了する、夢中にさせる:

当初は「奴隷にする」を意味したが、現在は通常「魅了する」という意味で使われる。接頭辞 en-, in- は強意語で、「奴隷、あるいは奴隷の身分」と解釈できる thrall に付けられている。かつては inthrall とも綴られた。
→ THRALL

enthrone [16世紀初頭]**動**王位につかせる、祭り上げる:

throne「王位」に由来し、しだいに後期中英語 enthronize に取って代わった。
→ THRONE

enthusiasm [17世紀初頭]**名**熱狂、熱中、狂信:

かつては「宗教的な熱狂」を意味した。フランス語 enthousiasme に由来するか、もしくはギリシア語 enthousiasmos が古フランス語を経由したものである。語源はギリシア語 enthous「神によって所有された、影響を受けた」である(thous は theos「神」に由来する)。同系語の enthusiast**名**「熱狂者」と enthusiastic**形**「熱狂的な」も同時期の語である。enthusiast は自分が神に導かれたと信じている人を指す。この語はギリシア語 enthousiastēs「神に希望を与えられた人」の意味を反映している。英語の直接の語源はフランス語 enthousiaste、あるいは教会ラテン語 enthousiastes「異教徒宗派のメンバー」である。enthusiastic の語源はギリシア語 enthous から派生した enthousiastikos である。enthuse**動**「熱狂する」は19世紀初頭からで、アメリカの口語表現としてユーモラスに使われることが多い。enthusiasm からの逆成による。

entice [中英語]**動**誘惑する;**名**誘惑(するもの):

当初は「活気づける」と「(怒るように)駆り立てる」という意味があった。古フランス語 enticier に由来する。語幹の意味は恐らく「火にかける」で、ラテン語 titio「たいまつ、燃え木」の異形に基づいている。かつては intice と綴られたこともある。

entire [後期中英語][形]全体の、完全な：

かつては intire とも綴られた。古フランス語 entier に由来し、語源はラテン語 integer「触られていない、無傷の」である。元のラテン語は、in-「無、非」と、語幹の tangere「触る」からなる。ラテン語 integer の文字通りの意味である「無傷の、壊されていない」は初期のフランス語と中英語に残ったが、比喩的意味の「汚されていない、正当な」は消失する傾向にあった。中英語時代の entirely[副]「まったく」は、古フランス語 entierete に由来し、語源はラテン語 integer から派生した integritas である。
→ INTEGER

entitle [後期中英語][動]資格を与える、表題をつける：

後期ラテン語 intitulare が古フランス語を経由して英語に入った。元のラテン語は in-「中に」と titulus「肩書き」からなる。かつては intitle と綴られたこともある。

entity [15世紀後半][名]実体、実在(物)：

当初はある物の存在を意味した。フランス語 entité、あるいは中世ラテン語 entitas に由来する。語源は後期ラテン語 ens, ent-「存在」(esse「存在する」の派生語) である。

entomb [後期中英語][動]墓に入れる、埋める、閉じ込める：

当初は intomb とも綴られた。古フランス語 entomber に由来し、en-「中に」と tombe「墓」からなる。

entrails [中英語][名]内臓：

古フランス語 entrailles に由来する。語源は中世ラテン語 intralia で、ラテン語 interanea「内部のもの」の異形である。そのラテン語は inter「…の間で」に基づいている。

entrap [16世紀半ば][動]罠にかける、陥れる：

古フランス語 entraper に由来し、en-「中に」と trappe「罠」からなる。

entreat [後期中英語][動]懇願する：

当初は「扱う、ある種の態度で(人に)接する」を意味した。古フランス語 traitier「扱う」の派生語 entraiter に由来する。語源はラテン語 tractare「手で触れる」である。かつては intreat と綴られたこともある。同じく後期中英語の[名]entreaty は、「(ある議題の)取り扱い」、「(人々の)待遇」、「(家畜の)管理」を意味した。entreat の派生語であり、treaty「条約」と同じ派生経路をたどっている。現在の「懇願、嘆願」という意味は16世紀後半から。

entrench [16世紀半ば][動]塹壕ごうで囲む、確固としたものにする、根をおろさせる：

trench「塹壕」の派生語である。当初は文字通り「塹壕の中に置く」を意味した。16世紀後半に、「(誰かの、あるいは、あるグループの)立場を守る」という政治的な場面で使われるようになった。
→ TRENCH

entrepreneur [19世紀初頭][名]起業家、事業家：

事業の創始者に加えて、かつては音楽団体の責任者の称号でもあった。フランス語に由来し、語源は entreprendre「着手する」である。
→ ENTERPRISE

enumerate [17世紀初頭][動]列挙する：

語源はラテン語 enumerare「数え上げる」で、(ex- の異形である) e-「外に」と numerus「数」からなる。

enunciate [16世紀半ば][動]明確に発音

する、述べる、公布する：
語源はラテン語 enuntiare「はっきり知らせる」で、(ex- の異形である) e-「外に」と nuntiare「知らせる」からなる。語幹名詞は nuntius「使者」である。

envelop ［後期中英語］動包む、くるむ：
古フランス語 envoluper に由来し、en-「中に」と語源不詳の第2要素（develop の中にも見られる）からなる。**envelope**名「封筒、包むもの」は16世紀半ばからで、「包むもの、包んでいる層」を意味した。フランス語 envelopper「包む」から派生した enveloppe に由来する。「封筒」という意味は18世紀初頭から。

environs ［17世紀半ば］名近郊、郊外：
フランス語の名詞 environ「周辺地域」の複数形が英語に入った。古フランス語の en-「中に」と viron「周囲」(virer「曲がる、向きを変える」の派生語）からなる。中英語からの environ 動「取り巻く」は正式語として現在に残る。古フランス語 environer「取り囲む」に由来し、その意味が英語に継承された。

envisage ［19世紀初頭］動心に描く、予測する：
フランス語 envisager に由来し、en-「中に」と visage「顔」からなる。

envoy ［17世紀半ば］名公使、使節：
文字通りには「（人を）送る」を意味する。フランス語 envoyer「送る」の過去分詞 envoyé に由来する。定句 en voy「途中で」が一語になったもので、ラテン語 via「道」に基づいている。

envy ［中英語］名妬み；動羨む：
キリスト教神学において、地獄に落ちるとされる伝統的な7つの大罪の1つ。当初は「敵意、憎しみ」という意味があった。名詞 envy は古フランス語 envie に由来し、動詞 envy は古フランス語 envier に由来する。語源はラテン語 invidere「悪意を持って見る、憎む」で、ラテン語 in-「中に」と videre「見る」からなる。
envious ［中英語］形「妬み深い」は、古

フランス語 envie「妬み」から派生した envieus に由来する。ラテン語 invidiosus「しゃくにさわる」と同じ派生経路を辿っている。

ephemera ［16世紀後半］名短命なもの：
「短い間だけ存在しているもの、あるいは使用されるもの」を意味するが、収集の対象となるような遺品を指すこともある。この語はギリシア語の名詞 ephēmeros「1日しかもたないこと」の中性形 ephemeron の複数形である。単数形は、古代の人に1日しかもたないと言われた植物、あるいは短命の昆虫を指した。それゆえ、(18世紀後半には) 短期間の関心しか持たれなかった人や物にも適用された。現在の用法は trivia「ささいなこと」や memorabilia「記憶すべき事件」のような複数形に影響されている。**ephemeral**形「短命の」も16世紀後半からで、ギリシア語 ephēmeros に由来する。

語形成
接頭辞 epi-（ギリシア語 epi「上に、近くに、加えて」が語源）は、次のような意味を加える。
■「上に」[epigraph]「碑銘」
■「上方に」[epicontinental]「大陸上に」
■「加えて」[epiphenomenon]「偶発、随伴現象」

---

epic ［16世紀後半］名叙事詩；形叙事詩の：
当初は形容詞として用いられた。ギリシア語 epikos がラテン語を経由して英語に入った。epikos の語源は epos「言葉、歌」で、eipein「言う」と関係がある。代表的な叙事詩として、ホメロスの詩（『イーリアス』Iliad と『オデュッセイア』Odyssey）が挙げられる。これらの作品は、ギリシアの歴史を最も記憶に留めておく価値がある形として表現している。national epic「英雄物語」という語を使う作家もいるが、この表現は映画にも適用される（例：a Hollywood biblical epic「ハリウッド映画の聖書英雄物語」）。

epicenter ［19世紀後半］图震央、発生地：
語源はギリシア語 *epikentros*「中心に位置している」で、*epi*「上に」と *kentron*「中心」からなる。

epicure ［後期中英語］图快楽主義者、美食家：
当初はギリシアの哲学者エピクロス（紀元前341〜270年）の弟子を指していた。エピクロスは快楽主義を主張するエピクロス派の祖である。この語はギリシア語 *Epikouros*「エピクロス」が中世ラテン語を経由して英語に入ったものである。現在、*epicture* は「美食家」を意味する語として使われている。

epidemic ［19世紀後半］图伝染病；形伝染性の、流行性の：
当初は形容詞として用いられた。フランス語 *épidémie* から派生した *épidémique* に由来する。元のフランス語は、ギリシア語 *epidēmia*「病気の蔓延」が後期ラテン語を経由して入ったものである。ギリシア語の語幹 *epidēmios*「流行している」は、*epi*「上に」と *dēmos*「民衆」からなる。

epilation ［19世紀後半］图（毛根の破壊による）脱毛：
フランス語 *épiler* に由来し、*é*-(脱落を意味する) とラテン語 *pilus*「編んだ髪」からなる。depilation「脱毛」と同じ派生経路を辿っている。

epilepsy ［16世紀半ば］图てんかん（の発作）：
フランス語 *épilepsie* に由来するか、あるいはギリシア語 *epilambanein*「捕える、襲う」から派生した *epilēpsia* が後期ラテン語を経由して英語に入ったものである。元のギリシア語は、*epi*「上に」と *lambanein*「捕まえる」からなる。**epiletic** ［17世紀初頭］形「てんかんの」は、フランス語 *épileptique* に由来する。*épileptique* は、ギリシア語 *epilēpsia* から派生した *epilēptikos* が後期ラテン語を経由したものである。

epilogue ［後期中英語］图本・劇・曲の結び、エピローグ：
フランス語 *épilogue* に由来する。*epilogos* は、ギリシア語 *epilogos* がラテン語を経由したものである。*epi*「付け加えて」と *logos*「話」からなる。

epiphany ［中英語］图公現祭（キリスト教の祭日）：
東方の三博士 (the Magi) によって示されたキリストの誕生を祝する祭日。語源はギリシア語 *epilphainein*「明らかにする」である。キリスト教の祭日に関する意味は、古フランス語 *epilphanie* と教会ラテン語 *epilphania* を経由して英語に入った。

episcopal ［後期中英語］形主教の、司教の：
フランス語の *épiscopal*、あるいは *episcopus*「司教」から派生した教会ラテン語 *episcopalis* に由来する。語源はギリシア語 *episkopos*「監督者」である。英語では「司教の、司教によって統治された」を意味し、Methodist *Episcopal*「メソジスト監督派」と Reformed *Episcopal*「改革派」のような組み合わせの中で用いられる。それらは司教制度の原則に基づいて組織化された宗派の名前である。
→ BISHOP

episode ［17世紀後半］图挿話、エピソード：
当初はギリシア悲劇の中で2つの合唱曲の間に行われる一部門を指した。ギリシア語 *epeisodios*「付け加えて起こるもの」の中性形 *epeisodion* に由来する。元のギリシア語は *epi*「付け加えて」と *eisodos*「加入」からなる（さらに *eisodos* は *eis*「中に」と *hodos*「道」からなる）。ラジオやテレビドラマの1回分という意味は20世紀初頭から。

epistle ［古英語］图使途書簡、(長い重要な) 書簡、(儀礼的な) 手紙：
ギリシア語 *epistellein*「知らせを送る」から派生した *epistolē* がラテン語を経由

して英語に入ったもの。元のギリシア語は epi「加えて」と stellein「送る」からなる。この語は、中英語時代に古フランス語から入った。現在、日常の手紙を指す場合はユーモアを込めて使われる。通常は古代の書簡、あるいは手紙の形式で書かれた詩を指す用語として使われる。新約聖書の epistles は使途書簡を指し、聖書聖典の一部を成す。

epitaph [後期中英語]〖名〗墓碑銘、碑文：
古フランス語 epitaphe に由来する。ギリシア語 epitaphios「墓の上に、墓で」の中性形 epiltaphion「弔辞」がラテン語を経由して入ったものである。元のギリシア語は epi「上に」と taphos「墓」からなる。

epithet [16世紀後半]〖名〗形容辞、通称、あだ名：
フランス語 épithète に由来するか、あるいはギリシア語 epithenai「加える」から派生した epithethos「限定された」の中性形 epitheton がラテン語を経由して入ったもの。元のギリシア語は、epi「上に」と tithenai「置く」からなる。

epitome [16世紀初頭]〖名〗典型、権化、雛形(ひながた)：
ギリシア語 epitemnein「縮める」から派生した epitomē がラテン語を経由して英語に入った。元のギリシア語は、epi「加えて」と temnein「切る」からなる。

epoch [17世紀初頭]〖名〗時代、新時代、画期的な出来事：
当初はラテン語綴りの epocha も見られた。原義は、年代が数えられる始まりとなる日付という一般的な意味であった（例えば、キリスト生誕の日）。近代ラテン語 epocha に由来する。語源はギリシア語 epekhein「止まる、ある場所を占める」から派生した epiokhē「中止すること、止められた時」である。元のギリシア語は、epi「上に」と ekhein「留まる、ある状態にいる」からなる。

equable [17世紀半ば]〖形〗穏やかな、落ち着いた、安定した：
当初は「公正な、公平な」を意味した。ラテン語 aequare「平等にする」から派生した aequabilis に由来する。
→ EQUATE

equal [後期中英語]〖形〗等しい、平等な；〖名〗同等な人；〖動〗等しい、匹敵する：
ラテン語 aequus「同等な、平らな、平等な」から派生した aequalis に由来する。社会的・能力的に同等の人を指す名詞用法は16世紀後半から。**equality** [後期中英語]〖名〗「平等」は、ラテン語 aequalis から派生した aequalitas が古フランス語を経由して英語に入ったもの。

equanimity [17世紀初頭]〖名〗平静、落ち着き：
当初は「公正、中立」という意味があった。語源はラテン語 aequanimitas で、aequus「同等な」と animus「精神」からなる。

equate [中英語]〖動〗同等と見なす、一致する：
当初は「平等にする、均衡をとる」を意味した。ラテン語 aequus から派生した aequare「平等にする、同等にする」に由来する。現在の意味は19世紀半ばから。**equation**〖名〗「等式、方程式、均一化」は後期中英語から使われはじめ、語源はラテン語 aequare から派生した aequatio(n-) である。数学での使用（方程式）は16世紀後半に起こった。**equator**〖名〗「赤道」も同じラテン語の動詞に基づく。後期中英語からで、中世ラテン語 aequator に由来する。aequator は circulus aequator diei et noctis「昼夜平分線」という表現の中に残っている。
→ EQUAL

equerry [16世紀初頭]〖名〗（王侯の）御馬番：
かつては esquiry と綴られたこともあった。古フランス語 esquire「殿、様」から派生した esquierie「従者の付き添い、王子の所有馬」に由来する。恐らくラテン語 equus「馬」と同系である。馬の管理

をする、王家の従者という古い意味は、明らかに古フランス語 esquier d'esquierie「馬の付き添い人」に基づいている。

equestrian [17世紀半ば]图乗馬者;形馬術の:

語源はラテン語 equester「騎手に属する」で、equus「馬」から派生した eques「騎手、騎士」に基づいている。

equilibrium [17世紀初頭]图釣り合い、平衡:

当初は「安定した精神状態」を意味した。語源はラテン語 aequilibrium に由来し、aequi-「等しい」と libra「天秤」からなる。

equine [18世紀後半]形馬の:

ラテン語 equus「馬」から派生した equinus に由来する。

equinox [後期中英語]图昼夜平分時、春・秋分:

太陽が天の赤道を通過し、昼と夜の長さが等しくなる、1年に2回起こる日を指す。古フランス語 equinoxe、あるいはラテン語 aequinoctium に由来する。元のラテン語は aequi-「等しい」と nox, nocht-「夜」からなる。

equip [16世紀初頭]動装備する、備える:

フランス語 équiper「装備する」に由来する。語源は古ノルド語 skip「船」から派生した skipa「(船に)人を配置する」である。equipment 图「装備」は18世紀初頭から。フランス語 équiper から派生した équipement に由来する。

equity [中英語]图公平、公正、衡平法:

古フランス語 equité に由来する。語源はラテン語 aequus「平等な」から派生した aequitas である。この語は、20世紀初頭からイギリス、アメリカ等の諸国で、俳優組合の名称として用いられている。この組合にはすべてのプロの俳優が加盟しなければならない。equitable 形「公平な、公正な」は16世紀半ばから使われ、フランス語 équité から派生した équitable に由来する。

equivalent [後期中英語]形同等の、同値の:

かつては権力や地位が同等の人を指すのに使われた。古フランス語に由来する。語源は後期ラテン語 aequivalere「同じ価値を持つ」で、aequi-「平等に」と valere「価値がある」からなる。equivalence 图「等価」も同時期からで、aequivalere から派生した中世ラテン語 aequivalentia が古フランス語を経由して英語に入ったもの。

equivocate [後期中英語]動ごまかす、あいまいなことを言う:

当初は「多義語を使う」を意味した。aequivocus から派生した後期ラテン語 aequivocare「同じ名前で呼ぶ」に由来する。equivocal 形は「両義に取れる」を意味し、16世紀半ばから登場する。語源は後期ラテン語 aequivocus で、ラテン語の aequus「平等に」と vocare「呼ぶ」からなる。

era [17世紀半ば]图(重要な)時代:

語源は後期ラテン語 aera で、物を数える際の基本として使用された数字、始まりとなる時代を指した。aera は aes, aer-「お金、計算機」の複数形である。

eradicate [後期中英語]動根絶する:

当初は「根こそぎ引き抜く」を意味した。語源はラテン語 eradicar「根を持ってもぎ取る」で、(ex-の異形である) e-「外に」と radix, radic-「根」からなる。現在の「完全に除去する」という意味は17世紀半ばから。

erase [16世紀後半]動消す:

当初は紋章用語で、「動物のぎざぎざした先端を持つ頭か足を表す」を意味した。ラテン語の動詞 eradere「こすって消す」の過去分詞語幹 eras- に由来する。元のラテン語は (ex-の異形である) e-「外に」と radere「こする」からなる。

erect [後期中英語]動立てる;形直立した:

動詞 erect と erection名「建設、勃起」は同時期の語である。ラテン語の動詞 erigere「立ち上げる」に由来し、(ex- の異形である) e-「外に」と regere「向ける」からなる。erectile形「直立性の」は19世紀半ばに生じ、フランス語 érectile に由来する。語源はラテン語 erigere である。

ergonomics [1950年代]名 人間工学：
人の作業効率に関する研究を指す。語源はギリシア語 ergon「仕事」で、派生経路は economics と等しい。

ermine [中英語]名 エゾイタチ：
古フランス語 hermine に由来する。語源は中世ラテン語 (mus) Armenius「アルメニア (ネズミ)」である。14世紀にはアルメニア (東南ヨーロッパカフカス地方) に由来するという説が一般的であった。

erosion [16世紀半ば]名 浸食、衰え：
ラテン語 erodere「すり減らす、かじりとる」から派生した erosio(n-) がフランス語を経由して英語に入った。erode動「浸食される」も同語源で、17世紀初頭から。e-「外に」と、rodere「かじる」からなる。以上の語は18世紀後半から地質学の分野で使用されている。

erotic [17世紀半ば]形 官能的な、エロチックな：
フランス語 érotique に由来する。語源はギリシア語 erōs, erōt-「性的愛」から派生した erōtikos である。このギリシア語から Eros「エロス (ギリシア神話における愛の神)」が生まれ、erogenous形「性感の」の基となった。19世紀後半から使われている。

err [中英語]動 間違いをする：
当初は「さまよう、道に迷う」を意味した。古フランス語 errer に由来する。語源はラテン語 errare「さまよう」である。

errand [古英語]名 使い走り：
古英語の形は ærende で、「伝言、任務」を意味した。ゲルマン語起源で、古高地ドイツ語 ārunti、(不確かではあるが) スウェーデン語 ärende、そしてデンマーク語 ærinde と同系である。伝言や買い物のような近場のお使いを指す現在の用法は17世紀半ばから。

errant [中英語]形 誤った、正道から外れた：
当初は、knight errant「武者修行の騎士」に見られるように、「冒険を求めて旅をする」を意味した。古フランス語 errer の現在分詞である errant「旅をしている」に由来する。語源は後期ラテン語 iterare「旅に出る」で、語幹はラテン語 iter「旅」である。「基準から外れた」という意味は、ラテン語 errare「さまよう」の現在分詞語幹 errant- に由来する。arrant形「この上ない」は中英語における errant の異形で、元来、arrant thief「名うての大泥棒」のような表現で使われた。現在は、一般に arrant nonsense「愚の骨頂」という決まり文句で使用される。

erratic [後期中英語]形 不規則な、一定しない、気まぐれな；名 変人：
古フランス語 erratique に由来する。語源はラテン語 errare「さまよう、間違う」から派生した erraticus である。当初は erratic stars「不規則な星」のように惑星との関連で使われた。つまり、「さまよう傾向のある」という意味であった。「不規則な」という意味は19世紀半ばから。

error [中英語]名 過ち、エラー、間違い：
ラテン語 errare「さまよう、間違う」から派生した error が古フランス語を経由して英語に入った。18世紀後半までは errour と綴られることも多かった。この綴りはジョンソン博士による。ベイリーの辞書 (1753年) で error と綴られ、それ以後定着した。しかし、「さすらい、放浪」という意味では、error の方が最初からラテン語を意識した模倣として用いられた。この意味は現在では詩においてのみ見られる (例：テニスン『ガレスとリネット』 Gareth and Lynette：The damsel's headlong error thro' the wood「少女が森の中を向こう見ずにさすらい歩くこ

と」）。ラテン語 errare「さまよう」は、erroneous［後期中英語］形「誤った、間違った」を生んだ。後期ラテン語 erro(n-)「放浪者」から派生した erroneus に基づいている。英語 erroneous も、当初の例では「さまよう、放浪する」を意味することもあった。

erudite［後期中英語］形博学な、学問的な：
ラテン語の動詞 erudire「指導する、訓練する（しつけられていない状態から才能を引き出す）」の過去分詞 eruditus に由来する。語幹は rudis「無礼な、未熟な」である。

eruption［後期中英語］名爆発、噴出：
古フランス語、あるいはラテン語の動詞 erumpere「爆発する」から派生した eruptio(n-) に由来する。元のラテン語は、(ex- の異形である) e-「外に」と rumpere「爆発する、壊れる」からなる。地質学用語として18世紀半ばから使われた。erupt 動「噴火する、爆発する」は17世紀半ばから登場し、語源はラテン語の動詞 erumpere の過去分詞語幹 erupt- である。

escalator［20世紀初頭］名エスカレーター：
元はアメリカの商標名であった。elevator にならって、動詞 escalade「梯子(はしご)で壁を登る」から派生した。動 escalate は、1920年代に「エスカレーターで移動する」という意味で生まれた。escalator からの逆成による。現在の意味の中に、通常、物価に対して用いる「急激に上昇する」と「より深刻になる、深刻にする」が含まれる（例：It was feared it could escalate the war「そのことが戦争をさらに拡大するのではないかと懸念された」）。後者の意味は1960年代後半と70年代初頭のベトナム戦争時に広まった。

escape［中英語］動脱出する、逃れる；名逃亡、脱出：
古フランス語 eschaper に由来し、中世ラテン語の ex-「外に」と cappa「外套（ケープ）」からなる。読書のような活動を通して「精神的気晴らし」をするという意味は19世紀半ばから。中世ラテン語 cappa は、escapade 名「乱暴ないたずら、脱出」の語源でもある。最初に残る記録は17世紀半ばで、やはり「脱出」を意味した。フランス語、プロヴァンス語、あるいはスペイン語に由来し、語源は escapar「脱出する」である。

escarpment［19世紀初頭］名（長く続く）急斜面、崖：
地質学の用語。フランス語 escarpement, escarpe「急斜面」に由来し、語源はイタリア語 scapa「斜面」である。

eschew［後期中英語］動避ける、回避する：
古フランス語 eschiver に由来する。究極的にはゲルマン語起源で、ドイツ語 scheuen「避ける、恐れる」と同系である。→ SHY

escort［16世紀後半］名付き添い、エスコート；動（男性が女性にパーティなどで）付き添う：
元は旅人に付き添う武装した男の集団を指した。イタリア語の動詞 scorgere「導く、案内する」の女性形過去分詞 scorta がフランス語を経由して英語に入った。元のイタリア語はラテン語の ex-「外に」と corrigere「整頓する」からなる。女性に「付き添う、同行する」という意味はアメリカ英語の用法で、19世紀後半から。→ CORRECT

escutcheon［15世紀後半］名紋章を描いた盾：
成句 a blot on one's escutcheon「名声を汚すしみ」の中で使われる。アングロノルマンフランス語 escuchon に由来し、語源はラテン語 scutum「盾」である。

esoteric［17世紀半ば］形難解な、内輪の、秘密の：
「少人数の人たちによってのみ理解される」という意味で、語源はギリシア語 esōterikos である。この語は es, eis「中に」

からできた *esō*「内部に」の比較級 *esōterō* の派生語である。元のギリシア語は、アリストテレスの著作に関してルキアノスが最初に使った。彼はアリストテレスの著作を *esoteric* と exoteric「平凡な」ものに分類した。後世の作家は、*esoteric* を、ピタゴラスが少数の特別な弟子に教えたとされる秘密の理論を指すものとして使った。

especial [後期中英語]形 特別の、格別の、きわだった：

ラテン語 *species* から派生した *specialis*「特定の種に属している、特別である」が、古フランス語を経由して英語に入った。古フランス語では、第2の意味として「卓越した」が生まれた。英語では、かつて *especial* は special の同義語として使われたが、後に *especial* は「重要な」という意味に制限され、両者は異なる意味を持つ語として共存するようになった。
→ SPECIAL

esplanade [16世紀後半]名 遊歩道：

かつては城壁の上の平らな場所を指した。フランス語から入った語で、イタリア語 *spianata* に由来する。語源はラテン語 *explanatus*「平らな、水平にされた」で、語幹動詞は *explanare*「平らにする」である。
→ EXPLAIN

espouse [後期中英語]動 (主義などを)信奉する、支持する、採用する：

当初は「配偶者として受け入れる」を意味した。古フランス語 *espouser* に由来する。語源はラテン語 *sponsus*「婚約者」から派生した *sponsare*「採用する、婚約させる」である。この動詞が、主義、生き方などについて「採用する」を意味するように拡張して使われはじめたのは17世紀初頭からである (例：ワーズワス『白鹿』White Doe : Espouse thy doom at once, and cleave To fortitude without reprieve「汝の運命をただちに我が物にせよ。そして延期することなしに毅然とした精神に従うのだ」)。*espousal* 名「支持、結婚」も後期中英語からで、古フランス語 *espousaille* に由来する。語源はラテン語 *sponsare* から派生した *sponsalia*「婚約」である。

espy [中英語]動 ふと見つける、気づく：

古フランス語 *espier* に由来する。究極的にはゲルマン語起源で、オランダ語 *spieden* とドイツ語 *spähen*「のぞき見る」と同系である。当初は「…のスパイとして振る舞う」と「監視を続ける」の意味があった。その後、知覚と発見の意味が強調されるようになった (例：S・T・コールリッジ『みこの葉』Sibylline Leaves : Can she the bodiless dead *espy*「彼女は身体のない死体を見つけられるだろうか」)。
→ SPY

esquire [後期中英語]名 …殿、…様：

古フランス語 *esquier* に由来する。語源はラテン語 *sctum*「盾」から派生した *scutarius*「盾持ち」である。当初は騎士になるための修行中の若い貴族を指した。その後も、イギリス紳士階級の中で、騎士のすぐ下の高い階級に属する男性を指した。紳士階級内で *esquires* が属するクラスが厳密に定義されたこともあったが、*esquire* と gentleman の区別が混然としているので、階級間の境界も問題となっている。男性の名前に付け添えられる敬称としての使用は、この語が若い高貴な身分の男性に付けられる名誉称号として使われたことに由来する。アメリカでは、この敬称は弁護士と官公庁職員に付けられる。イギリス英語では、現在は祭典行事、あるいは手紙の宛名に限定されている。
→ SQUIRE

essay [15世紀後半]名 論文、作文、エッセイ；動 試みる：

動詞としての当初の意味は「品質を試す」であった。assay「分析・検査する」の異形で、古フランス語 *essayer* と関係がある。語源は後期ラテン語 *exagium*「重さをはかること」で、*exigere*「確かめる、重さをはかる」の派生語である。名詞 *essay* は16世紀後半からで、古フラン

ス語 essai「試練」に由来する。かつては「試み、努力」を意味した（例：C・ブロンテ『ヴィレット』Villette：Is this your first essay at teaching?「これが初めての教職ですか」）。執筆の場合、当初は「草稿」を指したが、後に「作文」を意味するようになった（例：ディケンズ『互いの友』Our Mutual Friend：She could write a little essay on any subject「彼女ならどんな話題にも少々のことは書けるだろう」）。この特殊な用法は明らかにフランスの哲学者で、随筆家のモンテーニュ（1533〜92年）から始まった。彼の『エセー』Essais が出版された年は1580年であった。
→ ASSAY

essence［後期中英語］图本質、エッセンス：

ラテン語 esse「存在する」から派生した essentia が、古フランス語を経由して英語に入った。当初は「あること、存在」を意味した。中世の錬金術では fifth essence という表現の中で使われた。それは、火、空気、地、水というすでに認められていた四要素とは異なる、仮定上の物質を指した。錬金術師はすべての物体にこの物質が含まれており、蒸留によって取り出すことができると信じていた。このような事実から、この語は「治療的効果を持つ植物から抽出されたエキス」を意味するようになったと推測される。後に、その意味は「不可欠な品質、構成要素」という意味によって補強された。**essential**［中英語］形は「最高レベルの」を意味した。語源はラテン語 essentia から派生した後期ラテン語 essentialis である。
→ QUINTESSENCE

establish［後期中英語］動設立する、確立する：

stablish としての方が歴史は古い。古フランス語 establir の延長語幹である establiss- に由来する。語源はラテン語 stabilire「固定する」で、ラテン語の形容詞 stabilis「安定した」に基づく。

estate［中英語］图土地、財産、状態、身分：

当初は「状態、条件」を意味した。その意味は、the (holy) estate of matrimony「（神聖なる）婚姻状態」という表現の中に残っている。「条件」の意味は、country estate「土地の財産」と wind up an estate「財産を整理する」のような例において、現世の財産や所有物に関する場合に時折認められる。古フランス語 estat に由来する。語源はラテン語 status「状態、条件」で、語幹となる動詞はラテン語 stare「立つ」である。英語で estate と言えば、聖職者、男爵と騎士、庶民という政治における3つの基本的階級を指す。それらは後に、聖職者の上院議員、貴族の上院議員、下院議員にそれぞれなった。下院議員は third estate「第三身分」と称されることが多いが、残りの2つがそのように序数で呼ばれることは通常ない。このような初期の階級区分は、王侯貴族、上院議員、下院議員を指す the estates of the realm「王国の階級」に見られるように、estate の厳密でない使い方を生んだ。forth estate「第四身分」とは、マスコミをユーモラスに指す表現となっている。

esteem［中英語］動尊重する、思う；图尊重、評価：

当初は名詞として使われ、「価値、名声、評価」を意味した。ラテン語 aestimare「尊重する」が古フランス語を経由して英語に入ったものである。動詞は「評価する」に加えて、元のラテン語の意味でも使われた。その後、比喩的に「長所を見きわめる」という意味で使用された。現在の意味は16世紀から。**estimable**形は、15世紀後半に「尊重すべき」という意味で使われはじめた。ラテン語 aestimare から派生した aestimabilis が古フランス語を経由して英語に入ったものである。英語では inestimable「計り知れない」という語の中で estimable 単独より早くから使われた。
→ ESTIMATE

estimate［後期中英語］图見積もり、評

価；**動**見積もる、評価する：

語源はラテン語 aestimare「固定する」である。名詞の原義は「知的能力、理解力」であったが、後期中英語以降は廃れた。後に、「評価（すること）」という意味を発展させた。動詞の原義（15世紀後半）は「人、もしくは物を好意的に、あるいは否定的に考える」であった。これが後に、「あるがままに捉える、見なす」へと一般化された。estimation**名**は「理解、直観」と「見積もり、評価」という意味で後期中英語から。語源はラテン語 aestimare から派生した aestimatio(n-) である。
→ ESTEEM

estrange ［15世紀後半］**動**仲たがいさせる、離れさせる：

estranged wife「別居中の妻」のような表現の中で使われた。古フランス語 estranger に由来し、語源はラテン語 extraneare「見知らぬ人として扱う」である。元のラテン語は extraneus「家族に属していない」に基づき、「見知らぬ人」という名詞として使われていた。
→ STRANGE

estuary ［16世紀半ば］**名**河口、入江：

元は、大小を問わず、入江を指した。ラテン語 aestus「潮の干満」から派生した aestuarium「海岸の干満のある地域」に由来する。

etch ［17世紀半ば］刻む、エッチングする：

オランダ語 esten、ドイツ語 ätzen「腐食する」に由来し、「浸食をもたらす」という意味の語幹からなる。このタイプの彫刻は、金属、ガラス、石の表面を酸により「浸食する」ことで行われる。
→ EAT

eternity ［後期中英語］**名**永遠、永久、不滅：

古フランス語 eternite に由来する。語源はラテン語 aeternus「始まりも終わりもなく」から派生した aeternitas である。元のラテン語は aevum「年齢」に基づく。

eternal**形**「永遠の」も後期中英語からで、ラテン語 aeternus から派生した後期ラテン語 aeternalis が古フランス語を経由したものである。この語は一般に宗教的文脈で用いられ、the Eternal「永遠なるもの」は時折「神」の意味として使われる（例：ミルトン『失楽園』*Paradise Lost*：His trust was with *th'Eternal* to be deem'd Equal in strength「彼の希望は神と共にあった。神に匹敵する力を持つと思われたかったのだ」）。

ether ［後期中英語］**名**エーテル、麻酔剤、天空：

古フランス語に由来するか、あるいはギリシア語 aithēr「上方の大気」がラテン語を経由して英語に入ったものである。元のギリシア語は aithein「燃える、輝く」に基づく。元々この語は月の向こう側の宇宙を占めると考えられていた物質を指した。かつて全宇宙に浸透していると信じられていた空気が希薄な物質を指す名称としての用法は、17世紀半ばに生まれた。麻酔剤として使用される揮発性の液体を指す用法は、18世紀半ばから医学分野で用いられはじめた。ethereal ［16世紀初頭］**形**「微妙な、きわめて軽い」の語源は、(aithēr から派生した) ギリシア語 aitherios である。

Ethernet ［1970年代］**名**イーサネット（LANの標準規格の1つ）：

ether「エーテル」と network「ネットワーク」の混成語。

ethic ［後期中英語］**名**道徳、倫理：

当初は倫理学、道徳哲学を指した。古フランス語 éthique に由来する。語源はラテン語 ethice であるが、その元はギリシア語 (he) ēthikē (teknē)「道徳（の科学）」である。語幹となる要素はギリシア語 ēthos「特質、性質」である。
→ ETHOS

ethnic ［後期中英語］**形**民族の：

gentile「異教徒の」と同様に、当初はキリスト教徒、あるいはユダヤ教徒以外の人を指すのに使われた。ギリシア語 ethnos「国」から派生した ethnikos「異教徒」が教会ラテン語を経由して英語に入った。現在の意味は19世紀半ばから。ethnic minority「少数民族」という表現は1940年代から。ethnic cleansing「民族浄化」といった表現は1990年代から用いられている。

ethos [19世紀半ば] 名 文化の特性、エトス：

近代ラテン語で、語源はギリシア語 ētos「性質、傾向」である。元のギリシア語は複数形で、「習慣、風習」を意味する。

etiquette [18世紀半ば] 名 エチケット、礼儀作法：

フランス語 étiquette「宮廷における儀礼上の遵守すべきことの目録」に由来する。元のフランス語は「札、レッテル」も意味していたが、その意味は古フランス語 estiquette に由来する。英語 ticket は古フランス語の意味を踏襲している。英語 etiquette は、宮廷における儀礼と上流社会における類似の儀式を指した。
→ TICKET

Eucharist [後期中英語] 名 正餐式（キリスト教の最後の晩餐を記念する儀式）：

古フランス語 eucariste に由来する。語源はギリシア語 eukharistos「偉大な」から派生した教会ギリシア語 eukharistia「感謝の祈り」である。元のギリシア語は eu「十分に」と kharizesthai「慈悲を与える」からなる。語幹はギリシア語 kharis「神の愛、美徳」である。

eulogy [後期中英語] 名 賛辞、称賛：

当初は「大絶賛」を意味した。中世ラテン語の eulogium と eulogia（ギリシア語 eulogia「称賛」から）に由来する。この語は明らかにラテン語 elogium「墓碑銘」（ギリシア語 elegia「エレジー」に由来）の影響を受けている。現在の「賛辞」という意味は16世紀後半から。

eunuch [古英語] 名 去勢された男、無能な男：

ギリシア語 eunoukhos（文字通りの意味は「寝室の護衛」）がラテン語を経由して英語に入った。元のギリシア語は eunē「寝床」と ekhein「保持する」からなる。

euphemism [16世紀後半] 名 婉曲語法：

ギリシア語 euphēmizein「前途有望な言葉を使う」から派生した euphēmismos に由来する。元のギリシア語は eu「適切に」と phēmē「話すこと」からなる。

euphoria [17世紀後半] 名 幸福感、陶酔：

原義は病人が薬の効用でよくなった状態のことを指す。近代ラテン語に由来する。語源はギリシア語で、euphoros「丈夫に、健康に生まれて」の派生語である。元のギリシア語は eu「十分に」と pherein「持つ」からなる。

eureka [17世紀初頭] 間 わかった、見つけた、ユリーカ；名 （電球などのフィラメントや抵抗線に使用される）銅とニッケルの合金：

語源はギリシア語 heurēka「わかった、見つけた」（heuriskein「見つける」の完了形）である。この語はアルキメデスが金の純度を測定する方法を思いついた時に発したと言われている。名詞用法は20世紀初頭から。

euthanasia [17世紀初頭] 名 安楽死：

当初は「楽な死」という文字通りの意味で使われた。語源はギリシア語で、eu「満足な」と thanatos「死」からなる。

evacuate [後期中英語] 動 避難させる、立ちのく、排泄する：

当初は「…の中身を空にする」を意味した。語源はラテン語の動詞 evacuare「（内臓を）空にする」で、（ex- の異形である）e-「外に」と vacuus「空の」からなる。evacuation 名「避難、排出」も後期中英語からで、evacuare から派生した後期ラテン語 evacuatio(n-) に由来する。evacuee 名「避難者」は20世紀初頭から。当初はフランス語 évacué がそのままの形で使用された。そのフランス語は

évacuer（ラテン語 evacuare を語源に持つ）の過去分詞である。

evade ［15世紀後半］動逃れる、避ける：
フランス語 évader に由来する。語源はラテン語 evadere で、(ex- の異形である) e-「外に」と vadere「行く」からなる。evasion名 が「言葉を濁すこと」を意味する場合は後期中英語からで、ラテン語 evadere から派生した evasio(n)- が古フランス語を経由して英語に入った。evasive形「責任逃れの」は同じラテン語動詞を語源に持ち、18世紀初頭から。

evaluate ［19世紀半ば］動評価する：
evaluation からの逆成による。フランス語 évaluer に由来し、(ラテン語 ex- に由来する) es-「外に」と古フランス語 value「価値」からなる。

evangelist ［中英語］名福音伝道者：
当初は、4つの福音書のそれぞれの作者であるマタイ、マルコ、ルカ、ヨハネを指す語として使われた。古フランス語 évangéliste に由来する。その語は、ギリシア語 euangelizesthai「福音を説く」から派生した教会ギリシア語 euangelistēs が教会ラテン語を経由して入ったものである。evangelical形「福音書の」は16世紀半ばから。ギリシア語 euangelos「よい知らせをもたらすこと」に由来する教会ギリシア語 euangelikos が教会ラテン語を経由して英語に入った。元のギリシア語は eu「適切に」と angelein「知らせる」からなる。

evaporate ［後期中英語］動気化する、蒸発する：
語源はラテン語 evaporare「蒸気に変わる」である。元のラテン語は vapor「水蒸気、蒸気」に基づいている。

even ［古英語］副さえ、すら；形平らな、水平の、対等の；動平らにする：
古英語の形は、形容詞 efen「滑らかな」と副詞 efne である。ゲルマン語起源で、オランダ語 even, effen とドイツ語 eben「ちょっと前に」と同系である。

■ **even-steven** は19世紀半ばに生まれた語で、「平等な」を意味する語呂のいい表現であり、強調語として使われる。

evening ［古英語］名夕暮れ時、晩：
古英語の形は æfnung で、æfen から派生した æfnian「夕方に近づく」に由来する。ゲルマン語起源で、オランダ語 avont とドイツ語 Abend「晩」と同系である。even の短縮形である eve は後期中英語からで、「昼間の終わり」を意味する：
■ **evensong**「夕べの祈り」の古英語の形は æfensang で、当初は宗教改革以前に行われた晩課の礼拝を指すのに使われた。

event ［16世紀後半］名出来事、催し、事件：
ラテン語 evenire「結果として生じる、起こる」から派生した eventus に由来する。元のラテン語は (ex- の異形である) e-「外に」と venire「来る」からなる。eventual形 は17世紀初頭に「結果に関係するような」という意味で使われはじめる。語源はやはりラテン語 eventus で、派生過程は actual と同じ。eventing名「馬術競技会」は1960年代から馬術関係の用語として使われた。three-day event「3日間連続で行われる馬術競技」という表現にその意味が示されている。

ever ［古英語］副いつも、《疑問文で》かつて、《否定文で》これまでに（一度も…しない）：
古英語の形は æfre で、語源不詳。

every ［古英語］形あらゆる、ことごとく、どの…も：
古英語の形は æfre ælc で、文字通りの意味は「つねに各自で」である。複合語の **everywhere**「いたるところで」は中英語から使われはじめ、かつては2語で表記された：
■ **everyman** は「普通の人、凡人」を意味し、この意味では20世紀初頭から。この語は15世紀の（イギリスの）教訓劇に登場する主人公の名前であった。

→ EACH

evict［後期中英語］動立ち退かせる、追い立てる：

当初は「財産、または財産権を法的手段によって取り戻す」を意味した。語源は、ラテン語 *evincere*「打ち勝つ、負かす」である（このラテン語からは **evince** 動「…の存在を明らかにする」という正式用語も生まれた）。元のラテン語は、(*ex*-の異形である) *e*-「外に」と *vincere*「征服する」からなる。

evidence［中英語］名証拠、形跡；動明示する：

ラテン語 *evident*-「目で見て、あるいは理性的に考えて明らかな」から派生した *evidentia* が古フランス語を経由して英語に入った。このラテン語からは **evident**［後期中英語］形「明らかな」も生まれた。元のラテン語は、(*ex*-の異形である) *e*-「外に」と *videre*「見える」からなる。

evil［古英語］形邪悪な；名悪：

古英語の形は *yfel* である。ゲルマン語起源で、オランダ語 *euvel* とドイツ語 *Übel*「害悪」と同系である。

evoke［17世紀初頭］動喚起する、引き起こす：

原義は「（神霊に）呼びかける」。語源はラテン語 *evocare* で、(*ex*-の異形である) *e*-「外に」と *vocare*「呼ぶ」からなる。「精神を活性化する」という意味は19世紀半ばから。**evocative** 形「強い感情を心に抱かせる」の語源は、ラテン語の動詞 *evocare* から派生した *evocativus* である。

evolve［17世紀初頭］動発展する、進化する、発展させる、進化させる：

当初は「より複雑になる、発展する」という一般的な意味で使われた。語源はラテン語 *evolvere* で、(*ex*-の異形である) *e*-「外に」と *volvere*「巻く」からなる。**evolution** 名「進化、発展」も同時期の語で、ラテン語の動詞 *evolvere* から派生した *evolutio(n-)*「巻いたものを解くこと」に由来する。当初の意義は物理的な動きに関係しており、軍隊や艦隊の再編成における戦略的な「旋回」演習の際に使われた。現在の意味は「開くこと」と「広げること」に由来し、そこから「発展」という一般的な意味が生まれた。

ewer［後期中英語］名広口の水差し：

アングロノルマンフランス語 *ewer* に由来する。古フランス語 *aiguiere* の異形である。その語はラテン語 *aqua*「水」から派生した *aquarius*「水の」に基づく。

語形成
接頭に辞 **ex-**（ラテン語の *ex*-「外に」に由来）は、次の意味を付加する。
■「外に」[exclude]「除外する」
■「上方に」[extol]「激賞する」
■「徹底的に」[excruciate]「苦しめる」
■「除去または解放」[excommunicate]「破門する」
■「ある状態への誘発」[exasperate]「怒らせる」
■「以前の状態」[ex-husband]「元夫」
接頭辞 **ex-**（ギリシア語 *ex*-「外に」に由来) は次の意味を付加する。
■「外に」[exodud]「出て行くこと、大移動」

---

exacerbate［17世紀半ば］動悪化させる：

ラテン語 *exacerbare*「不快にする」に由来し、（ある状態への誘発を表す）*ex*- と *acerbus*「不快な、苦い」からなる。**exacerbation** 名「悪化」は後期中英語にはすでに使用されていた。原義は「怒るように挑発すること」であった。

exact［後期中英語］動強要する、取り立てる；形厳密な、正確な：

当初は動詞として使われた。ラテン語の動詞 *exigere*「完成させる、確かめる、強化する」の過去分詞語幹 *exact*- に由来する。元のラテン語は *ex*-「徹底的に」と *agere*「行う」からなる。形容詞用法は16世紀半ばからで、ラテン語 *exactus*「正確な」の意味を反映している。

exaggerate [16世紀半ば]**動**誇張する：
ラテン語 *exaggerare*「積み上げる」に由来し、*ex-*「徹底的に」と *aggerare*「積み上げる」(*agger*「山」の派生語) からなる。原義は「積み重ねる、集める」で、後に「称賛、あるいは非難を強める」、「美徳、あるいは欠点を強調する」になった。そこから現在の「実際よりも大きく、または大げさに表現する」が生まれた。

exalt [後期中英語]**動**昇進させる、賛美する：
ラテン語 *exaltare*「高く上げる」に由来し、*ex-*「外に、上方に」と *altus*「高い」からなる。**exaltation 名**「昇進、賛美」は、後期中英語において「高く上げる行為」を意味した。ラテン語 *exaltare* から派生した後期ラテン語 *exaltatio(n-)* に由来する。

examine [中英語]**動**調べる、調査する、診察する、試験する：
古フランス語 *examiner* に由来する。語源はラテン語 *examen* (文字通りの意味は「天秤の指針」) から派生した *examinare* で、その意味は「重さをはかる、試す」である。**examination 名**「試験、検査、診察」は後期中英語からの語で、「標準的なもので (人の良心、本心を) 試すこと」を意味した。この語はラテン語 *examinare* から派生した *examinatio(n-)* が古フランス語を経由して英語に入ったものである。「知識の検査」という意味は、早い時期から記録に残っている。

example [後期中英語]**名**例：
古フランス語に由来する。語源はラテン語 *eximere*「取り出す」から派生した *exemplum*「サンプル、模造品」である。元のラテン語は *ex-*「外に」と *emere*「取る」からなる。関連語の **exemplary 形**「典型的な」は16世紀からで、ラテン語 *exemplum* から派生した後期ラテン語 *exemplaris* に由来する。
→ SAMPLE

exasperate [16世紀半ば]**動**怒らせる：
語源はラテン語 *exasperare*「怒るようにいらいらさせる」で、*asper*「荒々しい」に基づく。

excavate [16世紀後半]**動**発掘する：
ラテン語 *excavare*「えぐり抜く」に由来し、*ex-*「外に」と *cavare*「空洞にする」(*carvus*「空洞の」の派生語) からなる。この動詞は **exacerbation** [17世紀初頭]**名**「穴掘り」の語幹でもあり、フランス語、あるいはラテン語の *excavatio(n-)* に由来する。

exceed [後期中英語]**動**超える、まさる：
当初は「(境界線、または特別な地点を) 超えて行く」を意味した。古フランス語 *exceder* に由来する。語源はラテン語 *excedere*「出て行く、超える」で、*ex-*「外に」と *cedere*「行く」からなる。**excess 名**「超過」も同時期の語で、ラテン語 *excedere* から派生した *excessus* が古フランス語を経由して英語に入ったもの。**excessive 形**「度を越した」は古フランス語 *excessif, -ive* に由来する。この語は中世ラテン語 *excessivus* に由来し、語源はラテン語 *excedere* である。

excel [後期中英語]**動**…より優れている、しのぐ：
ラテン語 *excellere*「…をしのぐ」に由来し、*ex-*「外に、越えて」と *celsus*「ひじょうに高い」からなる。同じ語幹を持つものとして、**excellence 名**「卓越」があるが、語源はラテン語 *excellentia* である。**excellency 名** (ラテン語 *excellentia* に由来する) の方が、「卓越」という意味では少し早く英語に入った。称号 (閣下) としての使用は16世紀半ばから。**excellent 形**「優れた、素晴らしい」は後期中英語からで、良くも悪くも「卓越した、顕著な」という一般的意味で使われた。古フランス語に由来し、語源はラテン語 *excellere* から派生した *excellent-*「抜きん出た」である。現在の意味は17世紀初頭から。

except [後期中英語]**前**…を除いて；**接**…ということを除いて；**動**除く、除外する：

ラテン語の動詞 excipere「取り出される」の過去分詞語幹 except- に由来する。元のラテン語は、ex-「外に」と capere「取る」からなる。後期中英語 exception 名「例外」も同じ語幹を持つ（この語は、ラテン語 exceptio(n-) が古フランス語を経由して英語に入ったものである）。

excerpt ［16世紀半ば］名(本からの) 引用、抜粋：

当初は動詞として使われた。ラテン語の動詞 excerpere「引き抜く」の過去分詞語幹 excerpt- に由来する。元のラテン語は ex-「外に」と carpere「引っ張る」からなる。

exchange ［後期中英語］名交換；動交換する：

名詞は古フランス語 eschange に由来し、動詞は古フランス語 eschangier に由来する。両者とも changer「変わる」に基づく。綴り（es から ex の変化）は、ラテン語の ex-「外に、完全に」の影響を受けている。
→ CHANGE

exchequer ［中英語］名財力、《英》財務省、国庫：

古フランス語 eschequier に由来し、語源はラテン語 scaccus から派生した中世ラテン語 scaccarium「チェス盤」である。英語の原義も「チェス盤」であった。現在の意味は、ノルマン王朝によって、王室の歳入を扱うために設立された財務省から生まれた。財務省が Exchequer と名付けられたのは、勘定台にチェック柄のテーブルクロスがかけられていたことに由来する。綴りの ex は、exchange のような語にならって、ラテン語 ex-「外に」から（誤って）影響を受けた結果である。
→ CHECK¹; CHEQUER

excise¹ ［15世紀後半］名税金：

当初は「税金、または通行料」という一般的な意味であった。中オランダ語 excijs, accijs に由来し、語源は恐らくラテン語 accensare「課税する」である。元のラテン語は ad-「…に」と census「税金」からなる。
→ CENSUS

excise² ［16世紀後半］動削除する、手術で切り取る：

原義は「V字型の刻み目をつける、えぐり抜く」であった。ラテン語の動詞 excidere「切り取る」の過去分詞語幹 excis- に由来する。元のラテン語は ex-「外に」と caedere「切る」からなる。

excite ［中英語］動興奮させる、かきたてる：

当初は「駆り立てる、何かをさせようと扇動する」を意味した。古フランス語 exciter、あるいはラテン語 exciere「呼びかける」の反復動詞 excitare に由来する。「興奮させる」という意味は19世紀半ばから。

exclaim ［16世紀後半］叫ぶ：

フランス語 exclamer、あるいはラテン語 exclamare「叫び声をあげる」に由来する。元のラテン語は ex-「外に」と clamare「叫ぶ」からなる。exclamation［後期中英語］名「叫び、感嘆」は、ラテン語 exclamare から派生した exclamatio(n-) に由来する。

exclude ［後期中英語］動除外する、締め出す、排除する：

語源はラテン語 excludere「締め出された」で、ex-「外に」と claudere「閉じる」からなる。このラテン語の動詞から exclusio(n-) が派生され、後期中英語の exclusion 名「除外」となった。exclusive 形名「独占的な、唯一の」は他を除外するものを指す名詞として15世紀後半から使われた（現在は独占記事、スクープを指す）。ラテン語 excludere から派生した中世ラテン語 exclusivus に由来する。

excommunicate ［後期中英語］動(教会が人を) 破門する：

教会ラテン語 excommunicare「信仰を伝えることから締め出す」に由来し、ex-

「外に」と comminis「すべての人に通じる」からなる。ラテン語 communicare と同じ派生過程である。
→ COMMUNICATION

excrement [16世紀半ば]名 排泄物、大便：

フランス語 excrément、あるいはラテン語 excernere「ふるい分ける」から派生した excrementum に由来する。元のラテン語は ex-「外に」と cernere「ふるいにかける」からなる。この語幹動詞は17世紀初頭に excrete 動「排泄する」も生み出した。

excruciate [16世紀後半]動 苦しめる：

ラテン語の動詞 excruciare「苦痛を与える」の過去分詞語幹 excruciat- に由来する。元の語はラテン語 crux, cruc-「十字架」に基づいている。

excursion [16世紀後半]名 遠足、団体旅行、脇道へそれること：

当初は「外を走る行為」と、alarums and excursion「非常警報と出撃、混戦乱闘」に見られるような「出撃」を意味した。ラテン語の動詞 excurrere「追放する」から派生した excursio(n-) に由来する。元のラテン語は ex-「外に」と currere「走る」からなる。
→ ALARM

excuse [中英語]動 言い訳する、許す、免除する；名 言い訳、口実、許し、詫び：

古フランス語の動詞 escuser に由来する。語源はラテン語 excusare「責めから解放する」で、ex-「外に」と causa「非難、原因」からなる。

execrate [16世紀半ば]動 嫌悪する、けなす：

ラテン語の動詞 exsecrari「呪う」に由来し、ラテン語 sacrare「捧げる」(sacer「神聖な」の派生語) に基づく。exercrable 形「呪いがかかった、忌わしい」は中英語にはすでに存在していた。ラテン語 exsecrari から派生した exsecrabilis が古フランス語を経由して英語に入ったもの。

execute [後期中英語]動 果たす、実行する、死刑を執行する、法律を施行する：

古フランス語 executer に由来する。語源はラテン語 exsequi「続いて起こる」から派生した中世ラテン語 executare である。元のラテン語は ex-「外に」と sequi「続く」からなる。やはり後期中英語時代の語で、同じラテン語を語源に持つのが execution 名「死刑執行」で、ラテン語 executio(n-) が古フランス語を経由して英語に入った。同時期に生じたもう1つの語は executive 名 形「重役、管理職、遂行的な、重役の」で、語源は中世ラテン語 executivus である。「重役」という意味は20世紀初頭から。executor 名「遺言執行人」は、通常、法律用語であるが、関連する語の中では最も古く、アングロノルマンフランス語を経由して英語に入った。

exempt [後期中英語]動 免除する；形 免除された：

ラテン語の動詞 eximere「取り出す、自由にする」の過去分詞 exemptus に由来する。同時期に生じた語に exemption 名「免除」がある。古フランス語、あるいはラテン語の eximere から派生した exemptio(n-) に由来する。

exercise [中英語]名 運動、練習、実践；動 練習させる、動かす、執行する：

当初は「才能、権利、または方法の適用」を意味した。しかし、「健康維持と促進のために行われる運動」という意味も見受けられた。ラテン語 exercere「忙しくする、練習する」から派生した exercitium が古フランス語を経由して英語に入ったものである。元のラテン語は ex-「徹底的に」と arcere「閉じ込める、寄せ付けない」からなる。

exert [17世紀半ば]動 (能力などを) 発揮する：

当初は「行う、実践する」を意味した。語源はラテン語の動詞 exserere「力を出

す」で、*ex-*「外に」と *serere*「縛る」からなる。

exhale ［後期中英語］動吐き出す、発散する：

当初は「蒸気として発せられる」を意味した。古フランス語 *exhaler* に由来する。語源はラテン語 *exhalare*「息を吐き出す」で、*ex-*「外に」と *halare*「息をする」からなる。**exhalation**名「蒸気、発散」も後期中英語からで、ラテン語 *exhalare* から派生した *exhalatio(n-)* に由来する。

exhaust ［16世紀半ば］動疲れさせる、使い果たす、枯渇させる：

当初は「水を抜き取る、引き出す」という一般的意味で使われた。ラテン語の動詞 *exhaurire*「水がはける」の過去分詞語幹 *exhaust-* に由来する。元のラテン語は *ex-*「外に」と *haurire*「閉じ込める、寄せつけない」からなる。**exhaustion**名「極度の疲労、消耗」は少し後になってから入った語で、ラテン語 *exhaurire* から派生した後期ラテン語 *exhaustio(n-)* に由来する。当初は文字通りの意味で使われたが、すぐに「活力を使い果たした」という比喩的意味で使われはじめた。

exhibit ［後期中英語］動(態度、感情などを) 表に出す、展示する；名表示、展覧、展示：

当初は「考察のために書類を提出する」と、特に「法廷での証拠として文書を提示する」という意味があった。ラテン語の動詞 *exhibere*「持ちこたえる」の過去分詞語幹 *exhibit-* に由来する。元のラテン語は *ex-*「外に」と *habere*「保つ」からなる。**exhibition**名「表示、展覧会、展示物」も後期中英語からで、「維持、保持」という意味であった。17世紀半ばには「財政援助の形で学生に与えられる奨学金」を指すように拡張された。ラテン語 *exhibere* から派生した後期ラテン語 *exhibitio(n-)* が古フランス語を経由して英語に入ったもの。

exhilarate ［16世紀半ば］動うきうきさ

せる、活気づける：

ラテン語 *hilaris*「元気な」に基づく。直接の語源はラテン語 *exhilarare*「元気にする」で、*ex-* は、ある状態への誘導を表す。

exhort ［後期中英語］動促す、忠告する：

古フランス語 *exhorter*、あるいはラテン語 *exhortari*「勇気づける」に由来する。元のラテン語は *ex-*「徹底的に」と *hortari*「勇気づける」からなる。**exhortation**名「奨励」はラテン語 *exhoritatio(n-)* に由来し、動詞より少し早く英語に入った。

exhume ［後期中英語］動死体を墓から掘り出す：

中世ラテン語 *exhumare*「勇気づける」に由来し、*ex-*「外に」と *humus*「土」からなる。

exile ［中英語］名追放 (者)；動追放する：

名詞は部分的に古フランス語 *exil*「追放」と古フランス語 *exile*「追放者」に由来する。動詞は古フランス語 *exiler* に由来する。名詞と動詞に共通する語幹はラテン語 *exul*「追放者」から派生した *exilium*「追放」である。

existence ［後期中英語］名存在、生存、出現：

古フランス語、あるいはラテン語の *ex-sistere*「存在するに至る」から派生した後期ラテン語 *existentia* に由来する。元のラテン語は *ex-*「外に」と *sistere*「立つ」からなる。**exist**動「存在する」は17世紀初頭からで、*existence* からの逆成 (接尾辞の削除) による。

exit ［16世紀半ば］名出口、退場；動退去する、退場する：

当初は exeat (現在は大学・高校などの「一時的休学許可」を指す) とともに舞台上での一方向を示すのに使われた。ラテン語 *exit*「人が出て行く」が英語に入ったものである。*exit* は *exire* の三人称単数現在形であり、*ex-*「外に」と *ire*「立つ」

からなる。（16世紀後半からの）名詞用法は、ラテン語の動詞 exire から派生した existus「出て行くこと」に由来する。exit が「戸口」の意味を持った例は17世紀後半に見受けられる。この意味と関連する最近の語に、1980年代にアメリカで生まれた exit poll「出口調査」がある。これは選挙結果を予測する方法として、投票所の出口で投票者に行う調査を指す。

exonerate ［後期中英語］動赦免する、罪を晴らす：

ラテン語 exonerare「負担から解放する」に由来し、ex-「…から」と onus, oner-「負担、重荷」からなる。

exorbitant ［後期中英語］形（値段などが）法外な、途方もない：

元は法律の範囲外の事件を指す法律用語であった。ラテン語の動詞 exorbitare「軌道を外れる」の現在分詞語幹 exorbitant- に由来する。元のラテン語は ex-「…から」と orbita「コース、道」からなる。

exorcize ［後期中英語］動悪霊を追い払う：

フランス語 exorciser、あるいは教会ラテン語 exorcizare に由来する。語源はギリシア語 exorkizein「追い払う」で、ex-「外に」と horkos「呪い」からなる。原義は「悪霊を魔法で呼び出す、あるいは（悪霊）に命じる」である。「悪霊を追い払う」という特別な意味は16世紀半ばから。**exorcism** 名「悪魔払い」も後期中英語からで、exorkizein から派生した教会ギリシア語 exorkismos が、教会ラテン語を経由して英語に入ったもの。

exotic ［16世紀後半］形外来の、異国風（情緒）のエキゾチックな：

ギリシア語 exō「外部」から派生した exōtikos「外国の」がラテン語を経由して英語に入ったもの。かつては「別の国に属している」という意味で一般的に使われた。現在は、植物に関して、(endemic「その土地（風土）特有の」に対する)「外来の、原産でない」を意味する形容詞

として使われる。「外国産」という意義から、なじみの薄いものや神秘的なものから生まれる魅力という、意味の広がりが出てきた。同じ意義が、exotic dancer「ストリッパー」という表現の中で部分的にストリップショーに結びついている。この語はアメリカで最初に使われた。

expand ［後期中英語］動広げる、広がる、発展させる、発展する：

ラテン語 expandere「広げる」に由来し、ex-「…から」と pandere「伸ばす」からなる。同じラテン語の動詞が **expansion** ［17世紀初頭の］名「拡張」の元になっている。語源は後期ラテン語 expansio(n)- である。**expanse** 名「広がり、広々とした場所」は17世紀半ばからで、expandere の中性形過去分詞である近代ラテン語 expandsum「広げられたもの」に由来する。

expatiate ［16世紀半ば］動詳細に話す、書く：

当初は「歩き回る、ぶらつく」を意味した。語源はラテン語 expatiari「いつもの範囲を超えて移動する」で、ex-「外に」と、spatiari「歩く」(spatium「空間」の派生語）からなる。

expatriate ［18世紀半ば］動国外追放する；名国外追放の人：

当初は動詞として用いられた。中世ラテン語 expatriare「自分の国から追い出された」に由来し、ex-「外に」と patria「祖国」からなる。

expect ［16世紀半ば］動予期する、要求する、思う、妊娠している：

当初は「行動を延ばす、待つ」を意味した。ラテン語 expectare「…を探す」に由来し、ex-「外に」と spectare (specere「見える」の反復動詞）からなる。現在の一般的意味である「当然支払われるべきものとして、あるいは未払いがあるものとして何かを求める」は、トラファルガー海戦におけるネルソン提督の有名な言葉に残されている。England expects that every man will do his duty「イングランドはすべての国民が自らの義務を果たすことを求める」。妊娠に関しては、「出産予定である」の意味が20世紀初頭から見受けられる。しかし、「期待」という意味は、I suppose「…と思う」の代わりに口語で用いられる I expect の中では失われている。この表現はアメリカ語法であるとよく言われるが、イギリス英語でもきわめて一般的である。expectation 名「予期、期待、可能性」は16世紀半ばから使われはじめた。ラテン語の動詞 expectare から派生した expectatio(n-) に由来する。

expectorant ［18世紀半ば］名 去痰薬
<ruby>きたん<rt>きたん</rt></ruby>;形 排痰の:

痰の排出を促す薬の名前。ラテン語の動詞 expectorare「肺から吐き出す」の現在分詞語幹 expectorant- に由来する。元のラテン語は ex-「外に」と pectus, pector-「胸」からなる。

expedient ［後期中英語］形 役立つ、ご都合主義の:

語源はラテン語 expedire「解放する、整理する」である。原義は中立的であった。道徳的配慮の軽視を含意する否定的な意味合いは18世紀後半から（例：Either side could break the agreement if it were expedient to do so「そうすることがご都合主義になってしまったら、どちらかがその協定を破るかもしれない」)。
→ EXPEDITE

expedite ［15世紀後半］動 迅速に遂行する、はかどらせる:

当初は「素早く行う」を意味した。ラテン語 expedire に由来し、意味は「(足を自由にすることで) 解放する」、「困難を取り除くことで万全にする」である。元のラテン語は ex-「外に」と pes, ped-「足」からなる。

expedition ［後期中英語］名 遠征、探検、調査旅行、(処理の) 迅速さ:

ラテン語 expedire「解放する」から派生した expeditio(n-) が古フランス語を経由して英語に入った。当初は「迅速な供給」と「侵略的意図を持って出発すること」という意味があった。現在の意味の中に「速さ」と「目的」が保持されている。「調査旅行」という意味は16世紀後半から。
→ EXPEDITE

expel ［後期中英語］動 強制退去させる、除名する、排出する:

当初の一般的意味は「追い出す、強制的に出て行かせる」であった。語源はラテン語 expellere で、ex-「外に」と pellere「追いやる」からなる。expulsion 名「追放、除籍」も後期中英語からで、ラテン語 expellere「追い出す」から派生した expulsio(n-) に由来する。

expend ［後期中英語］動 使い果たす、消費する:

ラテン語 expendere「支払う」(ex-「外に」と pendere「重さをはかる、支払う」からなる) に由来する。当初の意味は「使い果たす」であった。expense ［後期中英語］名「費用」は、古フランス語のアングロノルマンフランス語における語形に由来する。語源は後期ラテン語 expensa (pecunia)「使われた (お金)」である。expensive 形「高価な」も17世紀半ばから使われはじめ、「贅沢な、金遣いの荒い」のように人物描写に用いられた。expenditure 名「経費、出費」は18世紀半ばに動詞 expend から派生した。この語の意味は、廃語となった (中世ラテン語の) expenditor 名「支払いの担当役人」に示されている。
→ SPEND

experience ［後期中英語］名 経験、体験、知識;動 経験する、体験する:

ラテン語 experiri「試す」から派生した experientia が古フランス語を経由して英語に入った。当初は「実験、試み」を意味した。これが後に「観察によって知識を増やす」になり、「知識」そのものへと発展した。
→ EXPERIMENT; EXPERT

experiment ［中英語］名 実験、試

み；動実験する、体験する：

古フランス語、あるいはラテン語の *experiri*「試す」から派生した *experimentum* に由来する。**experimental**形「実験の、実験的な、経験上の」が「経験豊かな、観察された」に加えて、「個人的な体験をした」という意味を帯びたのは15世紀後半であった。ラテン語 *experimentum* から派生した中世ラテン語 *experiementalis* に由来する。
→ EXPERIENCE ; EXPERT

expert ［中英語］形熟練した、専門的な；名専門家、熟練者：

当初は形容詞として使われた。フランス語から入った語で、ラテン語 *experiri*「試す」の過去分詞 *expertus* に由来する。名詞としては19世紀初頭から。**expertise**名「専門的知識」は19世紀半ばにフランス語から入った語で、*expert* の派生語である。
→ EXPERIENCE ; EXPERIMENT

expiate ［後期中英語］動償う：

当初は「(怒り、悲しみなどに) 十分苦しむことで終わらせる」を意味した。ラテン語 *expiare*「犠牲を払ってなだめる」に由来し、*ex-*「外に」と *piare* (*pius*「信心深い、偽善的な」の派生語) からなる。この語は宗教でよく使われる。

expire ［後期中英語］動満期になる、切れる、息を吐く、死ぬ：

古フランス語 *expirer* に由来する。語源はラテン語 *expirare*「息を吐く」で、*ex-*「外に」と *spirare*「呼吸する」からなる。英語には2つの主要な意味がある。「息を吐き出す」と「最後の息をする(息を引き取る)、死ぬ」である。**expiration**名「満期、満了、息を吐くこと」も後期中英語からで、当初は蒸発、または発散を意味した。ラテン語の動詞 *expirare* から派生した *expiration(n-)* に由来する。

explain ［後期中英語］動説明する、解説する：

この動詞と **explanation**名「説明、解説」

(ラテン語 *explanatio(n-)* に由来) はどちらも後期中英語から。語源はラテン語 *explanare* で、*planus*「平らにする」に基づく。当初は「滑らかにする」と「広げて平らにする」という意味があった。16世紀初頭には「(事件の) 詳細を述べる」を意味するようになり、その後、「明確にすることでわかりやすくする」に至った。

expletive ［後期中英語］形付け足しの；名感嘆詞、虚辞：

当初は形容詞として使われた。*explere*「完全なものにする」から派生した後期ラテン語 *expletivus* に由来する。元のラテン語は *ex-*「外に」と *plere*「満たす」からなる。「文を完成するためだけに使われる語」という (17世紀初頭の) 一般的意味は、19世紀初頭になって、とくに祈りや罵り言葉に適用された。*expletive deleted*「汚い言葉削除」という表現が1970年代に注目を浴びた。それは、ニクソン大統領と下院内の司法委員会のやりとり (1974年4月30日) を録音したテープを証拠として提出する際に使われた表現である。

explicate ［16世紀半ば］動解説する、(アイデアを) 詳細に展開する：

ラテン語 *explicare*「ひろげる」の過去分詞語幹 *explicat-* に由来する (元のラテン語は *ex-*「外に」と *plicare*「折る」からなる)。**explicable**形「説明可能な」も16世紀半ばから使われはじめ、フランス語、あるいはラテン語の *explicare* から派生した *explicabilis* に由来する。

explicit ［17世紀初頭］形明白な、率直な：

フランス語 *explicite*、あるいはラテン語 *explicare*「ひろげる」の過去分詞 *explicitus* に由来する。当初は「複雑なものからの解放」を意味した (例: ミルトン『闘士サムソン』*Samson Agonistes*: That commonly called the plot, whether intricate or *explicit*「複雑であろうが、明白であろうが、あれは一般に陰謀と呼ばれるものである」)。「ほのめかしただけにしないで」という意味は17世紀初頭か

ら。雑誌や映画などの内容を指して「性的描写が露骨な」という意味で用いるのは1970年代からである。
→ EXPLICATE

explode [16世紀半ば]動爆発する：
当初は「軽蔑して断る、捨てる」を意味した。語源はラテン語 *explodere*「手をたたいて追い払う、野次って舞台の上から引っ込ませる」で、*ex-*「外に」と *plaudere*「手をたたく」からなる。The new findings *exploded* his theory「新しい発見が彼の理論を論破した」に見られるような「事実無根のものとしてさらす」という意味は、この語の原義から生まれた。「(嵐が)起こる、爆発する」は18世紀後半に生じ、「暴力と突然の騒音で追い出す」という古い意味を経て発展した。廃語となった動詞 *displode*「大きな音を出して爆発する」の影響を受けている。**explosion**名「爆発」は17世紀初頭から。ラテン語の動詞 *explodere* から派生した *explosio(n-)*「軽蔑を込めた拒否」に由来する。

exploit [中英語]名偉業、手柄；動…につけこむ、活用する、搾取する：
名詞用法は古フランス語 *esploit* に由来する。語源はラテン語 *explicare*「開く」である。「成功、進歩」という当初の意味が「捕まえようとする行為」と「軍事遠征」を生み出し、現在の名詞の意味に至る。現在の動詞の意味は19世紀半ばからで、近代フランス語 *exploiter* から入ったものである。
→ EXPLICATE

explore [16世紀半ば]動探検する、調査する：
当初は「(理由を)調べる」を意味した。フランス語 *explorer*、あるいはラテン語 *explorare*「探索する」に由来する。元のラテン語は *ex-*「外に」と *plorare*「叫び声をあげる」からなる。**exploration**名「探索」は、当初「調査」を意味し、*explore* と同時期に生じた。フランス語、あるいはラテン語の *explorare* から派生した *exploratio(n-)* に由来する。現在の

意味は19世紀初頭から。

exponent [16世紀後半]形説明的な；名解説者、擁護者、模範：
当初は形容詞として用いられ、「詳しく述べている」を意味した。ラテン語の動詞 *exponere*「外に出す」に由来する。an early *exponent* of the teaching of Thomas Aquinas「トマス・アクィナスの初期の解説者」のような例が「ある理論や習慣の恩恵を信じ、それを広めようとする人」という意味を示している。この用法は19世紀初頭から。
→ EXPOUND

export [15世紀後半]動輸出する；名輸出品、輸出：
当初は「持ち去る」を意味した。ラテン語 *exportare* に由来し、*ex-*「外に」と *portare*「運ぶ」からなる。現在の意味は17世紀から。

expose [後期中英語]動さらす、暴露する：
古フランス語 *exposer* に由来する。語源はラテン語 *exponere*「公表する、説明する」であるが、ラテン語 *expositus*「外に出す、並べる」と古フランス語 *poser*「置く」に影響を受けている。**exposition**名「展覧会、説明、露出」は動詞よりも少し早く英語に入り、ラテン語 *exponere* から派生した *expositio(n-)* に由来する。しかし、**exposure**名「さらすこと、暴露」は17世紀初頭までは記録にない。この名詞は動詞 *expose* の派生語で、派生過程は enclosure にならっている。19世紀初頭に登場する **exposé**名「暴露記事」はフランス語 *exposer* の過去分詞から入った。文字通りの意味は「見せられた、公表された」である。

expound [中英語]動詳しく述べる、説明する、解説する：
当初の綴りには *expound(e)* とともに *expoune* もあり、「(難解なことを)説明する」を意味した。古フランス語 *espondre* の現在分詞語幹 *espon-* に由来する。語

源はラテン語 exponere「暴露する、公表する、説明する」で、ex-「外に」と ponere「置く」からなる。中英語から記録に残る最後の -d は語源不詳。頻繁に使われていた過去分詞 expound の影響を受けたと考えられる。
→ COMPOUND¹

express¹ [後期中英語][動]表現する、表示する、表す:

当初は「言葉で伝える」と「搾り出す、つぶしたりねじることで手に入れる」という意味があった。後者は比喩的に「無理強いする」の意味で使われた。古フランス語 expresser に由来し、ラテン語の ex-「外に」と pressare「押す」からなる。expression[名]「表現」も後期中英語からで、「搾り出す、圧力をかけて（1つの）像を作り出す」と「表現する」を意味するラテン語の動詞 exprimere から派生した expressio(n-) に由来する。元のラテン語は同時期に生じた expressive[形]「…を表現するような」の語源でもある。英語の直接の語源はフランス語 expressif, -ive、あるいは中世ラテン語 expressivus である。

express² [18世紀初頭][名]急行、速達便:

当初は、「特別な使者により送る」を意味する動詞であった。express airmail service「速達エアメール便」に見られるような「急ぎの」という意味は、express train「急行列車」から生まれた。この名称は、列車が途中の駅に止まらず、ある特別な届け先に送達することに由来する。これは express の当初の意味「ある特別な目的のためになされる」を反映している。その後、express は直行便からの連想で「速い」という意味で解釈されるようになった。express delivery「速達便」は1891年に郵便制度の誕生とともに生まれた。
→ EXPRESS³

express³ [後期中英語][形]はっきりした、明白な、特別の、正確な:

古フランス語 expres に由来し、It was his express wish「それが彼の偽らざる心境であった」のような表現の中で使われる。ラテン語 exprimere「搾り出す、表現する」の過去分詞語幹 expressus「はっきりと提示された」に由来する。元のラテン語は ex-「外に」と primere「押す」からなる。

expropriate [16世紀後半][動]没収する、徴収する:

中世ラテン語 expropriare「所有者から奪う」に由来し、ex-「外に」と、proprius「所有する」の中性形単数名詞 proprium「財産」からなる。

expunge [17世紀初頭][動]抹消する:

ラテン語 expungere「点によって削除の印をつける」に由来し、ex-「外に」と pungere「刺す」からなる。

expurgate [17世紀初頭][動]文中の不適切な箇所を削除する:

原義は「排泄物を清める」であった。ラテン語の動詞 expungere「徹底的に浄化する」に由来し、ex-「外に」と pungere「浄化する」からなる。

exquisite [後期中英語][形]立派な、精巧な、申し分ない、激しい:

かつては「慎重に確かめられた、正確な」を意味した。時に「やりすぎの」という否定的含意を伴っていた。ラテン語 exquisit- に由来し、この語は exquirere「探し出す」(ex-「外に」と quaerere「探す」からなる) の過去分詞語幹である。(技術などが)「精巧な」という意味は16世紀半ばから。

extant [16世紀半ば][形]現存の:

当初は「近づくことができる、公然と見たり触れたりすることができる」を意味した。ラテン語の動詞 exstare から派生した extant-「見ることができる、目立つ、あるいは存在している」に由来する。元のラテン語は ex-「外に」と stare「立っている」からなる。現在では、(文書などが)「現存している」という意味でよく使われる。

extempore [16世紀半ば]形副即座の、即興の:

extempore public speaking「即興の演説」や He recited the poem extempore「彼は詩を即興で朗読した」のような表現の中で使われる。語源はラテン語 *ex tempore*「衝動的に、突然に」である（このラテン語は、文字通りには「制限時間外に」を意味する）。

extend [後期中英語]動広げる、伸ばす、差し伸べる:

ラテン語 *extendere*「伸ばして広げる」に由来する（*ex-*「外に」と *tendere*「伸ばす」からなる）。元のラテン語は、**extension**名「拡張、伸張、範囲」（後期ラテン語 *extensio(n-)* に由来）と、**extensive**形「広大な、広範囲の」（フランス語 *extensif, -ive*、あるいは後期ラテン語 *extensivus* に由来）の語源でもある。**extent** [中英語]名「範囲、程度」は、当初「（通常、税金のための）財産の評価、査定」を意味した。アングロノルマンフランス語 *extent* に由来し、語源はラテン語 *extendere* の女性形過去分詞である中世ラテン語 *extenta* である。何かが拡張される空間や程度に関して extend を用いるのは17世紀初頭から。

extenuate [後期中英語]動罪を軽くする:

当初は「薄くする、やせ衰えさせる」を意味した。ラテン語の動詞 *extenuare*「薄くする」に由来し、*tenuis*「薄い」に基づく。法律用語 *extenuating* circumstances「酌量すべき情状」に見られるような「深刻さを減らす」という意味は16世紀後半から。

exterior [16世紀初頭]形外部の:

ラテン語から英語に直接入った。ラテン語 *exter*「外部の」の比較級である。

exterminate [後期中英語]動根絶する:

当初は「追い出す、追放する」を意味した。ラテン語の動詞 *exterminare*「追い出す、追放する」の過去分詞語幹 *extermina-* に由来する。元のラテン語は *ex-*「外に」と *terminus*「境界線」からなる。(16世紀半ばからの)「破壊する」という意味はウルガタ聖書のラテン語訳に由来する。

extern [16世紀半ば]名通学生、（病院の）通勤医師:

当初の用法は「外部の」を意味する形容詞であった。フランス語 *externe*、あるいはラテン語 *exter*「外部の」から派生した *externus* に由来する。シェイクスピアは「外見」という意味で使用した。現在の「寄宿生でない」という意味は17世紀初頭から。

external [後期中英語]形外部の、外界の:

中世ラテン語に由来し、ラテン語 *exter*「外部の」に基づく。

extinct [後期中英語]形絶滅した、廃れた:

当初は「もはや燃えていない、輝いていない」を意味した。ラテン語の動詞 *extinguere*「消す」の過去分詞語幹 *extinct-* に由来する。17世紀後半から絶滅種との関連で使用されている。**extinction**名「絶滅」も後期中英語からの登場で、ラテン語 *extinguere* から派生した *extinctio(n-)* に由来する。

extinguish [16世紀半ば]動消す、圧倒する:

ラテン語 *exstinguere* に由来、*ex-*「外に」と *stinguere*「火を消す」からなる。当初の医学用語では「（炎症を）鎮める」を意味したが、一般には「（火、明かり、その他輝くもの全般を）消す」ことを意味する。ここから「希望、情熱などを消す」が生まれた。
→ DISTINCTION

extol [後期中英語]動激賞する:

ラテン語 *extollere* に由来し、*ex-*「外に、上方へ」と *tollere*「上げる」からなる。英語における当初の意味は「上げる」であ

り、そこから16世紀初頭に（現在の意味である）「褒めることで相手を持ち上げる」が生まれた。

extortion ［中英語］图（金などの）強要、強奪：

法律文書での記録は17世紀初頭から残っている。後期ラテン語 *extortio(n)-* に由来し、語源はラテン語 *extorquere*「もぎ取る」である。元のラテン語は、16世紀初頭に登場した extort 動「強奪する」の語源でもあり、*ex-*「外に」と *torquere*「ねじる」からなる。

extra ［17世紀半ば］形特別な、余分の；图余分なもの、割り増し料金：

フランス語とドイツ語の同系語に示されるように、恐らく extraordinary「並はずれた、臨時の」の短縮形である。

extraction ［後期中英語］图抽出、取り出すこと：

ラテン語の動詞 *extrahere*「引き抜く」から派生した後期ラテン語 *extractio(n)-* が古フランス語を経由して英語に入った。このラテン語の動詞は extract［後期中英語］動「抜き取る、抽出する、引き出す」の語源でもある。元のラテン語は *ex-*「外に」と *trahere*「引く」からなる。(17世紀初頭に生じた)「力ずくで、または努力して取り除く」という意味は、歯科医の外科手術のような場面で使われたことに影響を受けた。

extradition ［19世紀半ば］图本国送還：

フランス語から英語に入った。元の語は接頭辞 *ex-*「外に」と *tradition*「送ること」からなる。*extradition*「本国送還」になると、被告人、あるいは有罪確定者が外国から祖国の当局に引き渡される。同時期に生じた extradite 動「国外逃亡犯人を引き渡す」は、*extradition* からの逆成による。

extramural ［19世紀半ば］形学外の：

当初は「町、あるいは市を囲む壁の外側」を意味した。部分的な語源はラテン語 *extra muros*「壁の外」である。元のラテン語から「ある集団の境界を越えて」を意味するように拡張され、学外で行われたり、学外向けの活動・講座などを指すようになった。

extraordinary ［後期中英語］形並はずれた、異常な：

直接の語源はラテン語の形容詞 *extraordinarius* で、ラテン語 *extra ordinem*「想定外の」という表現に由来する。envoy extraordinary「特命全権大使」とは、かつては特別な外交目的で派遣された大臣を指したが、現在は大使の次位である外交公使を指すにすぎない。「並はずれた」という意味は16世紀後半からである。この場合、称賛を伴うが、何かが奇妙であると考えられれば非難の意味になる。称賛の例は such *extraordinary* talent !「なんと並はずれた才能であろうか」であり、非難の例は what *extraordinary* behavior !「なんと異常な行動であろうか」である。

extrapolate ［19世紀後半］動（数学などで）外挿する、推定する：

「同じことが起こると仮定して、（ある方法を）未知の状況に応用すること」を意味する。*extra*「外側の」と *interpolate*「書き入れる」の短縮形 (*polate* の部分) からなる。

extravagant ［後期中英語］形浪費する、ぜいたくな、途方もない：

当初の意味の中に「普通でない、異常な」と「不適切な」が含まれていた。ラテン語の動詞 *extravagari*「ひじょうに異なる」の現在分詞語幹である中世ラテン語 *extravagant-* に由来する。元のラテン語は *extra-*「外側に」と *vagari*「さまよう」からなる。シェイクスピアはこの語を「さまよいながら、歩き回りながら」という意味で使用している（例：シェイクスピア『オセロー』*Othello*, I.i.137：An extravagant, and wheeling stranger, Of here, and every where「あちらこちらとどこへでも、さまよい歩くよそ者」)。「浪費する」という意味は18世紀初頭から。extravagance 图「浪費、無節制」は

形容詞よりもずっと後で、17世紀半ばから。フランス語から入った語で、語源は同じく中世ラテン語 extravagant- である。

extravaganza［18世紀半ば］图狂想曲、金のかかる豪華なショー：

現在の意味は「入念に作り上げた、絢爛豪華なショー、あるいは作品」であるが、当初は「言葉使いや行動が仰々しいこと」を意味した。語源はイタリア語 estravaganza「浪費」である。英語の綴りが (es から ex に) 変化したのは、extra- で始まる他の語の影響を受けたため。

extreme［後期中英語］形極端な、過激な：

ラテン語 extremus がフランス語を経由して英語に入った。元のラテン語は exterus「外側の」の最上級なので、文字通りの意味は「最も外側の」で、一般的意味は「最大の、一番端の、一番遠くの、最後の」であった。**extremity**图「先端、極端」も後期中英語からで、古フランス語 extremite、あるいはラテン語 extremus から派生した extremitas に由来する。

extricate［17世紀半ば］動救い出す、解放する：

ラテン語の ex-「外に」と tricae「当惑」からなる。当初は「ほぐす、ほどく」を意味した。語源はラテン語の動詞 extricare「ほどく」である。

extrinsic［16世紀半ば］形外部の、本質的でない：

当初は「外へ現れた、外へ向かって」を意味した。後期ラテン語 extrinsecus「外へ向かって」に由来し、語源はラテン語 exter「外側の」の派生語 extrinsecus「外見上は」である。

extrovert［20世紀初頭］图外向性の人：

extro- (extra の異形で、intro- にならった形) とラテン語 vertere「回す」からなる。

extrude［16世紀半ば］動押し出す、追い出す、成型する：

語源はラテン語 extrudere で、ex-「外に」と trudere「押し出す」からなる。当初は「追い出す」という概念が人に対しても適用された (例：B・ジョンソン『三文詩人』Poetaster：Say he should extrude me his house today「仮に彼が今日私を家から追い出すとしてみましょう」)。

exuberant［後期中英語］形元気にあふれた、元気はつらつの：

当初は「あふれるような、豊富な」を意味した。フランス語 extubérant に由来する。語源はラテン語の動詞 exuberare「ひじょうに豊富にある」の現在分詞語幹で、語幹はラテン語 uber「肥えた」である。現在は、「元気はつらつの」という意味を持ち、初例は16世紀初頭である。

exude［16世紀後半］動染み出る、発散する：

語源はラテン語 exsudare で、ex-「外に」と sudare「汗をかく」からなる。

exult［16世紀後半］動歓喜する：

語源はラテン語 exsultare で、exsilire「跳び上がる」の反復動詞である。元のラテン語は ex-「外に、上に」と salire「跳ぶ」からなる。

eye［古英語］目、視線、まなざし：

古英語の形は ēage で、ゲルマン語起源である。オランダ語 oog、ドイツ語 Auge「目」と同系である。詩では eye of heaven のような表現の中で太陽を意味する (例：スペンサー『神仙女王』Faerie Queene：Her angels face, As the great eye of heaven, shyned bright「彼女の天使のような顔は、あの天の大きな目 (つまり太陽) のように明るく輝いた」)。また eyes of heaven は星を意味した。turn a blind eye「…から目を離す」という表現は、トラファルガー海戦 (1805年) でスペイン・フランス連合艦隊を破ったネルソン提督の言葉を思い起こさせる。彼は見えない目を望遠鏡に当てて「合図が全く見えない」と言ったと

される。eyelet㊅「靴の紐穴」は後期中英語からで、当時は*oilet*と綴られた。古フランス語*oil*「目」の指小辞語*oillete*に由来する。語源はラテン語*oculus*である。第1音節における綴り字の変化（*oi*から*eye*）は17世紀に起こり、*eye*に影響を受けている。

eyrie ［15世紀後半］㊅高巣、高所の家：中世ラテン語*aeria, aerea, eyria*と、恐らく古フランス語*aire*に由来する。語源はラテン語*area*「平らな土地」だと考えられる。元のラテン語は後期ラテン語において「猛禽類の巣」になった。

F f

fable［中英語］名 作り話、（超自然的または驚異的な物語の）伝説、神話、説話、（動物を主人公にした）寓話：

古フランス語 *fable* に由来し、語源はラテン語 *fari*「話す」から派生した *fabula*「物語」である。当初は、一般的な架空の物語に適用されると同時に、現在の意味でも既に使われていた。このタイプの動物の教訓物語と言えば、やや伝説的なギリシアの物語作家イソップ（紀元前6世紀）が思い出される。

fabric［15世紀後半］名 構造物、建造、構造、骨組、製造所、織物、織地：

フランス語 *fabrique* に由来する。語源はラテン語 *faber*「金属や石のような素材を使う職人」から派生した *fabrica*「巧みに作られたもの」である。fabricの原義は「建物」で、後に「機械や道具」となった。その意味の中心は、ラテン語 *fabrica* と同様に、「作られたもの」であり、現在の第一義の「布、織物」を導き出した。18世紀半ばには、すべての製造されたものになった。*fabric* はまた、建物の屋根、床、壁に用いられた。この用法は17世紀半ばから。関連する **fabricate** 動「偽造する」は後期中英語に現れた。ラテン語 *fabrica* から派生した *fabricare*「製造」に由来する。それは否定的な意味「（嘘を）つく、でっちあげる」で、18世紀後半に使われはじめた。

fabulous［後期中英語］形 寓話・伝説の、嘘のような、すばらしい：

「伝説によって知られている」、「史実ではない」というのが、当初の意味であった。フランス語 *fabuleux*、あるいはラテン語 *fabula*「物語」から派生した *fabulosus*「伝説の中で称えられた」に由来する。「驚くほどの」という意味は「信じられない」と結びついた。そして「信じられないほど」（16世紀半ば）と「素晴らしい、

不思議な」（20世紀半ば）の両方の意味に解釈された。話し言葉の省略形 **fab** 形「有りそうもない」は1960年代に遡る。当時人気絶頂だったビートルズを指す the *fab* four「素晴らしい4人」という表現によって一般的になった。
→ FABLE

facade［17世紀半ば］名（建物の）正面、（事物の）前面、見かけ：

フランス語 *face*「顔」から派生した *façade* が英語に入った。イタリア語 *facciata* と同じ派生過程である。元は建物に用いられ、19世紀半ばから比喩的に使われはじめた（例：Her flawless public *façade* masked private despair「彼女の欠点のない表向きの顔は、個人的な絶望を覆い隠した」）。

face［中英語］名 顔、顔つき、表情、表面、うわべ、外観；動 面する：

古フランス語に由来し、語源はラテン語 *facies*「形、外観、顔」である。現在 **facial** 名 という語は一般的に「顔の手入れ」を意味するが、17世紀初頭には「直接向いあった、開かれた」という意味の神学用語として形容詞的に使われていた。*facies* から派生した中世ラテン語 *facialis* に由来する。現在の形容詞の意味「顔用の、顔の」は、19世紀初頭から使われはじめた。fly in the *face* of という成句は、文字通りには誰かを襲っている犬という意味に由来する。比喩的には「対立する」という意味である。最近の口語表現である in your *face*「まともに、公然と」は、1970年代にアメリカで使われはじめた。それは軽蔑を表す態度で、かつ「露骨な」を意味する成句である。

facet［17世紀初頭］名（多面体の）面、相：

フランス語 *facette* に由来する。face「顔、側面」の指小辞語で、文字通りには「小さい顔」を意味する。「何かの特定の局面」

という比喩的用法は19世紀初頭から見られる。

facetious［16世紀後半］形上品な、優雅な、洗練された、滑稽な、ひょうきんな：

当初の意味は一般的な意味の「機知のある、人を面白くさせる」であった。facétieから派生したフランス語facétieuxに由来する。それはラテン語facetus「機知のある」から派生したfacetia「冗談」が語幹となる名詞である。

facile［15世紀後半］形たやすい、従順な、容易な：

当初の意味は「容易に成し遂げられる」であった。現在、しばしば軽蔑の意味を込めて使われる。フランス語、あるいはラテン語のfacere「する、作る」から派生したfacilis「たやすい」に由来する。

facilitate［17世紀初頭］動容易にする、軽減する、助ける、促進する：

フランス語faciliterに由来する。元はイタリア語facilitareで、ラテン語facile「たやすい」(facilisの派生語) に基づく。意味は、「容易にする」と「促進する」を組み合わせたものである。

facility［16世紀初頭］名便宜、設備、容易さ、熟練、手際良さ、(文などの) なめらかさ：

元々の意味は「何かをするための方法、妨げられていない機会」であった。フランス語facilité、あるいはラテン語facilis「たやすい」から派生したfacilitasに由来する。複数形facilitiesは、何かがなされるのを可能にする「設備施設」を意味する。19世紀初頭からの用法である。

facsimile［16世紀後半］名コピー、複写、生き写し：

当初はfac simileと綴られており、正確な複写、普通は文書の複写をすることを意味した。ラテン語fac!(facere「作る」) の命令形と、simile (smilis「…のように」の中性形) から構成される近代ラテン語である。省略形のfax名は1940年代から使われている。

fact［15世紀後半］名偉業、行為、悪事、犯行、真相、現実、事実、(証拠に基づいて認定される) 事実：

ラテン語facere「する」の中性形過去分詞形factumに由来する。原義は「行為、行い」で、これが「悪事、犯罪」に発展し、今も法律用語のbefore (or after) the fact「犯行前・後」に残っている。現在の意味(「真実、事実」)の初例は16世紀後半に見られる。factual形「事実の」は19世紀半ばから。factの派生語で、派生過程はactualと同じ。
→ FEAT

faction［15世紀後半］名党派、集団、派閥争い：

元は、何かを行う、あるいは作る行為を表した。現在は、しばしば政界のような大きなグループ内の、意見を異にする小さいグループを指す。ラテン語facere「する、作る」から派生したfactio(n-)がフランス語を経由して入ってきた。factious形「党派心の強い」は、16世紀半ばから見られ、フランス語factieux、あるいはラテン語factiosus (factioの派生語) に由来する。

factor［後期中英語］名仲買人、代理人、因数、因子、東インド会社の事務員、要因、要素：

当初は「悪事を働く人、犯罪者」を意味し、スコットランド語では「代理人」であった。スコットランド語では、今なお「土地周旋業者」として使われている。フランス語facteur、あるいはラテン語factor (動詞facere「行う」の派生語) に由来する。数学ではthe two factors z and y「zとyの最大公約数」、生理学ではfactor VIII「血液凝固因子VIII」などの用語で使われる。一般的には、ある結果を導くために行い、貢献するもの、あるいは、ある過程に導く要素を指す。

factory［16世紀後半］名問屋業、代理業、

在外商館、工場、製造所：

元々、他国と交易をする商人のための制度を指す。ポルトガル語 *feitoria* を経由して英語に入った。現在の「機械によって製品が作られ、集められる場所」という意味は、後期ラテン語 *factorium*（文字通りの意味は「油圧搾機」）に基づく。*factory* farm「工場方式の大農場」は、19世紀後半にアメリカで生まれた。

factotum [16世紀半ば]名(主人の) 一切の雑用をする人、雑用係：

あらゆる種類の仕事を請け負う雇い人を表し、*dominum* (or *magister*) *factotum*（大まかな意味は「あらゆることの達人」）と *Johannes factotem*「なんでも屋のジョン（ジャック）」という成句の中で使われた。中世ラテン語に由来し、ラテン語 *fac*!「しなさい！」(*facere* の命令形)と *totum*「あらゆること」(*totus*「すべて」の中性形)からなる。

faculty [後期中英語]名学部、能力、才能、(身体器官の)機能：

古フランス語 *faculte* に由来し、ラテン語 *facilis*「たやすい」から派生した *facultas* に基づく。基本的に「何かをする力」を意味する。元のラテン語の語源となる動詞は *facere*「作る、行う」である。心理学では、意志、記憶、理性のような様々な精神的「能力」を指すのに用いられてきた。骨相学者は、以上のような心理学での意味と、頭蓋のこぶと生まれつきの才能を結びつけた。このような応用は一般的な言葉遣いにも影響を与えている。

fad [19世紀半ば]名もの好き、気まぐれ、一時的な・気まぐれな流行：

「長続きしない熱狂」を意味し、元々方言であった。おそらく *fidfad* (*fiddle-faddle*「下らない話し」の短縮形)の第2要素である。**faddy**形「一時的に熱中する」は19世紀初頭から使われ、*fad* と語源は同じである。

fade [中英語]動色あせる、薄れる、しおれる、しおれさせる：

当初の意味は「弱る、衰弱する」であった。古フランス語 *fade*「退屈な、面白みのない」から派生した *fader* に由来する。おそらくラテン語 *fatuus*「愚かな、面白みのない」と *vapidus*「気の抜けた」が混合したもの。(*faded* colours「あせた色」に見られるような)「新鮮さを失う」という意味は、当初の英語の「力を失う」という意味とともに発展した。

faff [18世紀後半]動やきもきする、ぶるぶる震える：

元は「フッと吹く、一陣の風が吹く」という意味の方言で、風の音を描写する擬音語であった。現在の意味は、方言である *faffle* の影響を受けた可能性がある。*faffle* は当初は「口ごもる」であったが、後に「風にはためく」になり、19世紀後半には *faff* と同時期に「やきもきする、またはぶるぶる震える」という意味になった。

faggot [中英語]名薪束（まきたば）、草の束、(加工用の)鉄棒の束：

当初の意味は「燃料のための薪の束」であった。古フランス語 *fagot* に由来し、起源はイタリア語 *fagotto* である。元のイタリア語はギリシア語 *phakelos*「束」に基づく。16世紀終わり頃、女性に対する口汚い言葉として方言で使われるようになった。後に20世紀初頭、男性のホモセクシュアルに対する不快な俗語としてアメリカ英語で使われた。後者の意味の場合、短縮形 **fag** が1920年代から見られる。

fail [中英語]動失敗する、しくじる、(供給などが)十分でない、尽きる、期待に背く、不足・欠乏する、(試験などに)落ちる；名不履行、不足、衰弱、失敗：

動詞は古フランス語 *faillir* に由来する。名詞は古フランス語 *faille* に由来し、ラテン語 *fallere*「騙す」に基づく。名詞の当初の意味は、「行い・義務の遂行をしないこと」であり、without *fail*「必ず」という表現に残る。**failure**名「不履行、失敗、不足、破産」は、17世紀半ばに *failer* と綴られ、「発生しない」と「供給停止」の両

方を意味した。古フランス語 *faillir* に対応するアングロノルマンフランス語 *failer* に由来する。

faint [中英語]形弱々しい、目眩がしそうな、かすかな；名失神；動気絶する：

当初は「病弱な、憂鬱な」と「勇気のない」を意味した。後者の意味は *faint* heart「臆病な」に残る。「気絶する」という動詞の意味は当初から存在した。綴りの起源は古フランス語 *faint* で、*faindre*「ふりをする」の過去分詞である（「まねた、似せた」という意味は *faint* の廃用となった英語の意味である）。「かすかな、淡い」という形容詞の意味は17世紀半ばに遡る。
→ FEIGN; FEINT[1]

fair[1] [古英語]形美しい、公正な：

古英語 *fæger* は「喜びを与える、魅力的な」を意味した。ゲルマン語起源である。古高地ドイツ語 *fagar* と同系である。より古い意味では、以前は foul「汚い、悪い」と対比的に用いられた。それは、まだ by *fair* means or foul「どんな手段を使っても」という表現に残っている。肌の色、髪と結び付く用例は16世紀半ばまで見られない。「公正な」という意味は中英語から。

fair[2] [中英語]名市、縁日、見本市、博覧会、慈善市、バザー：

中英語では「商品販売のための定期市」を表していた。古フランス語 *feire* に由来する。語源は後期ラテン語 *feria* で、ラテン語 *feriae*「（宗教上の）祝祭日」の単数形である（当時、この種の市がしばしば開かれていた）。

fairy [中英語]名妖精：

当初は妖精たちに対する集合的な語、あるいは妖精の国を意味した。古フランス語 *fae*「妖精」から派生した *faerie* に由来し、語源はラテン語 *fata*「運命の三女神」(*fatum* の複数形）である。古い綴りの異形である **faerie** の初出は、スペンサーの著作の表題 Faerie Queene『妖精の女王』に見られる。おそらく中英語にはすでに存在していた。後期フランス語 *fae, faie*（ラテン語 *fata* に基づく）に由来する後期中英語 **fay** は、*fairy* の詩的、文学的用語である。
→ FATE

faith [中英語]名信仰、信頼：

古フランス語 *feid* に由来し、語源はラテン語 *fides* である。このラテン語には次のような意味がある。「信じること、信用」、「誓約、信頼を抱かせる証拠」、「忠実」。英語における主な意味は「信じること、信頼」(例：belief in God「神への信仰」)、「信仰へ誘うもの」(例：make *faith*「肯定する、保証する」という廃れた意味)、「信用した結果、生まれる義務」である (例：ミルトン『闘士サムソン』 *Samson Agonistes* : Who to save Her countery from a fierce destroyer, chose Above the *faith* of wedlock-bands「猛烈な破壊者から彼女の国を守るべき者が、婚姻の絆の義務を超越して選んだ」)。
faithfully副「忠実に、誠実に」は後期中英語で、手紙の最後に添えられる丁寧な決まり文句 Yours *faithfully*「あなたに対する変わらない献身とともに」の中での使用が当初の用法であった。

fake [18世紀後半]動捏造する、見せかける；名にせ物、いんちき、ペテン師；形にせの、まやかしの：

元は俗語であった。語源不詳。ドイツ語 *fegen*「きれいに掃く、叩く」と同系である。動詞は盗賊の隠語で、「（何かを）だます目的で勝手に書き換える」という意味があり、19世紀初頭から使われた。「捏造する」という意味は20世紀初頭から。

fall [古英語]動落ちる、倒れる；名落下、降ること、倒れること、滝、下落、《米》秋：

古英語 *f(e)allan* はゲルマン語起源。オランダ語 *vallen* やドイツ語 *fallen*「落ちる」と同系である。名詞は部分的に動詞に由来し、また部分的に古ノルド語 *fall*「転落、罪」に由来する。動詞には多くの比喩的な使い方があり、His face *fell*「彼は失望した」のような慣用表現も含む。これは、『創生記』4章5節の中で使われたヘブライ語の翻訳である。And Cain was very wroth, and his countenance *fell*「カインはひじょうにいきどおり、顔をふせた」。このことから「(人の) 貞節を失う」(シェイクスピア『オセロー』*Othello*, IV. iii. 87：It is their Husbands faults if Wives do *fall* and 'become pregnant'「妻が誤ちを犯すとすれば、それは夫の誤りなのです」) と「妊娠する」という意味に発展した。比較的最近になって、*fall about*「笑う」のような俗語的な使い方が見られる。最初の記録は1960年代である。アメリカ英語では名詞 *fall* は「秋」という意味で用いられる。これは、当初の表現 *fall of the leaf*「葉が落ちること」に由来し、16世紀半ばから使用された。

fallacy ［15世紀後半］图誤謬ごびゅう、虚偽、ごまかし、誤った考え、欺瞞性、たよりなさ：

しだいに中英語 *fallace* に取って代わった。当初の用例は「騙し、策略」という意味であった。ラテン語 *fallacia* に由来し、*fallere*「騙す」から派生した *fallax, fallac-*「詐欺の」に基づく。16世紀後半の論理学用語であり、人を騙すような、誤解をまねきやすい議論を指すのに用いられた。17世紀初頭には「誤った論法に基づいた紛らわしい考え」として一般的に用いられるようになった。

fallible ［後期中英語］形信頼できない、誤りやすい、誤りのありうる：

ラテン語 *fallere*「騙す」から派生した中世ラテン語 *fallibilis* に由来する。ラテン語の形容詞の意味は「人を騙すような」であったが、後期中世ラテン語では「騙されやすい」に変わった。

fallow¹ ［古英語］图耕した土地、休閑地；形休閑中の、才能などが眠っている：

古英語では「種をまくために土地を開拓する」を意味した。ゲルマン語起源で、低地ドイツ語 *falgen* と同系である。

fallow² ［古英語］形淡黄褐色の：

ゲルマン語起源で、古英語の形は *falu*, *fealu* であった。オランダ語 *vaal* やドイツ語 *fahl, falb* と同系である。薄茶、赤みがかった黄色を表し、現在、最も一般的には *fallow deer*「ダマジカ」という夏毛が赤茶色のユーラシアのシカを指す語の中で使われる。

false ［古英語］形誤った、嘘の；副不正に：

古英語 *fals*「詐欺、偽り」は、ラテン語 *fallere*「騙す」の中性形過去分詞 *falsum*「詐欺、虚言」に由来する。中英語において、古フランス語 *fals, faus*「誤り」によって補強されたか、あるいは再借用された。「誤った、事実と反対の」という概念と同様に、ある文脈では、「偽の」という意味を含む。**falsify** ［後期中英語］動は「(記述が) 偽りだと立証する」を意味する。フランス語 *falsifier*、あるいは中世ラテン語 *falsificare* に由来し、語源はラテン語 *falsificus*「偽る」(*falsus*「誤り」の派生語) である。

falter ［後期中英語］图つまずく、どもる、たじろぐ：

当初の意味は「どもる」と「よろめく」であった。語源はあいまいであるが、おそらく足がふらつく、舌がもつれることを表現するのによく使われる動詞 *fold* に由来する。接尾辞 *-ter* は totter にならったもの。fault「誤り」との関連が、この語の最近の用法に影響を及ぼしている可能性がある。

fame ［中英語］图名声、評判：

当初は「評判」を意味し、house of ill *fame*「売春宿」という表現に残っている。ラテン語 *fama*「噂、評判」が古フランス語を経由して英語に入ったものである。*famed*形「有名な」も中英語で、古語となった動詞 *fame* の過去分詞形である。古フランス語 *famer* に由来し、語源はラテン語 *fama* である。*famous*形「有名な」は後期中英語からで、古フランス語 *fameus* に由来する。語源はラテン語 *fama* から派生した *famosus*「有名な」である。アメリカの画家、グラフィックアーティスト、映画制作者であるアン

ディ・ウォーホール（1928頃～87年）の次の言葉が引用される。In the future everybody will be world famous for fifteen minutes「将来、誰もが15分間は世界的に有名になるだろう」。ここから fifteen minutes of fame「15分間の名声」という表現が生まれた。

familiar［中英語］形家庭の、親しい、心安い、くだけた、よく知られている、飼いならした、…に通じている：

当初の意味は「親密な」と「家族関係にある」であった。古フランス語 familier に由来しており、ラテン語 familia「使用人、家族」から派生した familiaris「親密な」に基づく。時に「親密すぎる、（誰かと）なれなれしくする」を意味する。親密な関係の概念は魔術や精神主義の文脈の中に見られ、familiar spirit「動物などの姿で魔女などに仕える使い魔」という表現に表れている。魔術の世界では悪魔が特殊な人と協力し、あるいはその影響下で行動するとされている。familiarity名は、中英語からの記録があり、「親しい関係」と「性的な親密さ」を意味した。ラテン語 familiaris から派生した familiaritas が古フランス語を経由して入ったものである。
→ FAMILY

family［後期中英語］名家僕、一族、家族、所帯：

当初の意味は「家僕、高貴な人の従者」に加えて「共通の祖先を持つすべての子孫」であった。ラテン語 famulus「召使い」から派生した familia「家僕、家族」に由来する。現在、同属の人々、あるいはものという「分類」の概念がある文脈で使われる。一例として、family「属」は、類似したもののグループであるという現代科学における分類が挙げられる。この語はまた、主にアメリカでマフィアの地元の一家のメンバーという俗語で使われる。1972年のフランシス・フォード・コッポラの映画、『ゴッドファーザー』The Godfather で有名になった。in the family way「妊娠して」という表現は、18世紀後半から見られ、それ以前は「家族の

やり方で、家庭内の環境で」という意味で使われた。

famine［後期中英語］名飢饉、空腹、飢餓、大欠乏：

古フランス語に由来し、ラテン語 fames から派生した faim「空腹」に基づく。

famish［後期中英語］動飢えさせる、餓死させる、餓死する、飢える：

古フランス語 afamer から派生した、廃語 fame「餓死する、餓死させる」に由来する。語源は（famine と同様に）ラテン語 fames「空腹」である。

fan［古英語］名（穀物を吹き分ける）箕、うちわ、扇、送風機、扇風機：

古英語 fann は穀物を吹き分ける道具を指す。古英語の動詞の綴りは fannian であった。ラテン語 vannus「ふるい分ける扇」が語源である。「うちわ」を指す用法は16世紀半ばから。
→ VANE

fanatic［16世紀半ば］形狂気じみた、熱狂的な、狂信的な；名狂人、狂信者、熱狂者：

当初は形容詞として使われ、フランス語 fanatique、またはラテン語 fanaticus「寺院の、神によって霊感を与えられた」(fanum「寺院」の派生語) に由来する。元は神や悪魔にとり憑かれたことによる振る舞いや話し方を表現した。そこから名詞の当初の意味である「宗教狂い」(17世紀半ば）が生まれた。fan名「熱狂的な支持者」は fanatic の短縮形で、19世紀後半からアメリカで使われている。fanzine名「ファン向けの雑誌」も元はアメリカ英語で、1940年代に特殊な娯楽に夢中な人向けに、素人が出版した雑誌を意味する造語である。fan と magazine の複合語。

fancy［後期中英語］名気まぐれ、空想；動空想する；形装飾的な、風変わりな：

fantasy の短縮形。当初は imagination「想

像力」の同義語として使われた。この語は様々な意味合いを生んだ。例えば、「精神的イメージ」、「創造的デザイン」、「気紛れ」である（例:F・ナイチンゲール『看護覚え書』 Notes on Nursing : Such cravings are usually called the 'fancies' of patients「このような切望は、たいてい患者の「気紛れ」と呼ばれる」）。また、美しさや優れた特徴を発展させるために動物を繁殖させる用語としても使われる（例：pigeon-fancying「ハトの品種改良」）。

■ fancy man「情夫」は19世紀初頭から見られ、主な意味は「好かれた男性」、換言すれば「愛人」であった。また軽蔑的に使われ、売春婦の稼ぎで生計を立てている男という俗語からの影響もある。
→ FANTASY

fanfare ［18世紀半ば］名（華やかな）誇示、虚勢、ファンファーレ：

フランス語に由来し、擬音語起源である。管楽器による華やかな吹奏を描写した語。また、16世紀にパリで発達した製本装飾のスタイルを指す専門用語（ファンファール様式）でもある。この装飾技術では、連続した紋章図形が織り交ぜられたリボンが、本の裏表の表面を様々な色と形からなる左右対称の紋章の台座によって分割する。

fang ［後期古英語］名獲物、戦利品、略奪品、捕獲、牙：

当初は戦利品・略奪品を意味した。古ノルド語 fang「捕まえる、つかむ」に由来する。「わな、策略」という意味は16世紀半ばから使われた。これは原義とともにスコットランド語に残っている。現在の「大きな鋭い牙」(16世紀半ば) という意味は「捕まえて保持するもの」という原義と同じ意味を反映している。

fantastic ［後期中英語］形空想的な、気まぐれな、突飛な、風変りな、奇異な、すばらしい：

当初の意味は「空想の中だけに存在すること、非現実」であった。古フランス語 fantastique に由来する。ギリシア語 phantastikos が中世ラテン語を経由して入ったものである。基となるギリシア語の動詞は、phantazein「目に見えるようにする」と phantazesthai「空想する、想像力を持つ」であり、phantos「目に見える」(phainein「見せる」の関連語）に由来する。16世紀から19世紀に、ラテン語風の綴り phantastic も使われた。現代の「すばらしい」という意味は1930年代から。

fantasy ［後期中英語］名幻覚、幻想、幻影、亡霊、気まぐれ、空想、夢想、【音楽】幻想曲、ファンタジー、幻想文学（作品）：

古フランス語 fantasie に由来する。ラテン語 phantasia に由来し、語源はギリシア語 phantazein「目に見えるようになる」の派生語で「想像力、現われること」、後に「亡霊」を意味するギリシア語である。16世紀から19世紀にラテン語風の綴り phantasy も使われた。最近の表現である fantasy football「空想フットボール」は1980年代に生まれたもので、元はアメリカ英語であった。それは参加者が実際に存在するリーグの選手から想像上のチームを選び、現実のプレーで得点を争う競技を指す。
→ FANTASTIC

far ［古英語］副形遠く、はるかに遠い：

古英語 feorr はゲルマン語起源で、オランダ語 ver と同系である。語源はサンスクリット語 para とギリシア語 pera「さらに遠い」に共通するインド＝ヨーロッパ語の語幹である。
→ FURTHER

farce ［16世紀初頭］名笑劇、茶番劇、おかしさ、ばかげた行為：

文字通りの意味が「詰める」というフランス語が英語に入った。語源はラテン語 farcir「詰めること」(farcire の派生語）である。当初の意味「詰め物用に細く切った味付け肉」は、隠喩的に、宗教劇の中に「詰め込まれた」合間の喜劇として使われた。これから、現代の「笑劇、茶番劇」という用法が生じた。

fare [古英語]图旅、情勢、状態、飲食物、運賃、乗客；動食べる、暮らしていく、成り行く：

古英語 fær, faru の意味は「旅行、旅、遠征」であった。動詞 faran には「旅をする」と「暮らし向きが良い、または悪い」の2つの意味があった。ゲルマン語起源で、古ノルド語 ferja「フェリーボート」に加えて、オランダ語 varen やドイツ語 fahren「旅をする」と同系である。「運賃」という意味は、当初の意味の「(代価が支払われる) 旅行」に由来する。「食品」に関する用語としては、元々、出された食べ物の質と量を指すのに使われた。おそらく faring「事が運ぶ」という意味に由来している (例：ミルトン『失楽園』 Paradise Lost：After such delicious Fare「こんなに美味しいご馳走のあと」)。 farewell間「さらば」という表現は、fare の命令形と副詞 well から構成される後期中英語であり、「安全な旅」の願いが込められている。
→ FORD

farm [中英語]图上納金、地代、(元来は賃貸された、現在は一般的に) 農地、農場、農場の家屋、農家；動耕作する、畜産をする：

古フランス語 ferme に由来する。起源はラテン語 firmare「固定する、置く」から派生した中世ラテン語 firma「固定した (お金やその種のものの) 支払」で、ラテン語 firmus「一定の、しっかり固定した」に基づく。名詞は元来、使用料、税金のような固定された毎年支払うことができる金額を指した。これは、古い動詞の意味である「料金を支払う際、(誰かに) 税金から収入分を確保することを認める」に反映している (例：シェイクスピア『リチャード二世』Richard II, I. iv 45：We are enforced to farm our royal Realm「王領の土地を一時貸与することはやむをえない」)。後に、「下請けさせる」という意味が派生した。名詞は、賃貸契約の用語になり、16世紀初頭には農作業のために賃貸された土地という意味になった。「耕作する、畜産をする」という動詞の意味は19世紀初頭から。後期中英語の farmer图「農場主、農民」は、税金を集める人であった。古フランス語 fermier に由来し、中世ラテン語 firma から派生した firmarius, firmator に基づく。farmer の現代の意味「農家」は、地主に代わって土地を耕す土地管理人、または執事を表す初期の意味から生まれた。
→ FIRM^2

farrier [16世紀半ば]图蹄鉄工、馬医者、(騎兵隊の) 軍馬係下士官：

古フランス語 ferrier に由来し、ラテン語 ferrum「鉄、蹄鉄」から派生した ferrarius に基づく。

farrow [古英語]图一腹の豚の子；動(豚が) 一腹の子を生む：

古英語 fearh, færh は「若い豚」を意味した。西ゲルマン語起源であり、ギリシア語 porkos とラテン語 porcus「豚」に共通するインド＝ヨーロッパ語の語幹に由来する。

fascinate [16世紀後半]動魔術にかける、魅了する：

当初の意味は「魔術にかける、呪文で縛る」であった。ラテン語 fascinum「魔術」から派生した fascinare「魔術にかける」が起源。比喩的な意味「魅了する」は初期の段階で生まれた。

fascism [20世紀初頭]图ファシズム、独裁的国家主義：

イタリア語 fascio「束、政治的グループ」から派生した fascismo に由来する。起源はラテン語 fascis「束」である。初出は、イタリアの右翼国家主義ムッソリーニ政権 (1922～43年) であった。ドイツのナチスやスペインのフランコ政権もまた fascist「極右主義」である。1つの国家、民族グループの絶対的権力への信奉心、民主主義に対する軽蔑を含む傾向があると見られる。古代ローマでは、fasces「束桿 (オノに縛り付けた棒の束)」として知られる、突き出た斧の刃が付いた棒の束が、リクトル (執政官を先導したローマ

の下級官吏）によって執政官の権力のシンボルとして身に付けられた。これらは、イタリアのファシスト党員が権力の象徴として持っていたものである。

fashion [中英語]**名**作り、型、様子、方法、流行、はやり、種類；**動**形作る、合わせる、適合させる：

元は「特別な作り、スタイル」に加えて「作り、形、外観」の意味であった。古フランス語 façon に由来する。語源はラテン語 facere「行う、作る」から派生した factio(n-) である。out of fashion「流行遅れの」という表現は、かつて「形がくずれて」という意味であった。16世紀半ばになって服飾の流行を示すようになった。in fashion と out of fashion は、シェイクスピアによって、「流行して」、「流行遅れで」の意味でそれぞれ使われている（例：『ジュリアス・シーザー』Julius Caesar, V. v .5：Slaying is the word; It is a deed in fashion「殺すことが大事なのだ。今おおはやりだぞ」）。

fast¹ [古英語]**形**固定した、しっかりした、速い、放蕩な；**副**速く、しっかりと、固く、近くにぴったりと、：

古英語の形容詞 fæst は「しっかりと固定された」、「忠実な」(fast friend「盟友」) という意味であり、副詞 fæste は「しっかりと、堅く」という意味であった。ゲルマン語起源で、オランダ語 vast やドイツ語 fest「しっかりした、固い」、fast「ほとんど」と同系である。中英語では、副詞は「力強く、精力的に」と「ぴったりと、直接の」という意味を発展させた（前者は run hard「懸命に走る」に使われている hard と類似している。後者は hard by「すぐ近くに」と類似しており、古語や詩語の fast by「ぴったりくっついた」の中に残っている）。ここから「ぴったりと、すぐ近くに」と「素早く」がそれぞれ生まれた。この素早い動きの観念は、後に形容詞的な使い方に反映される複合語に以下がある：
■ **fast food**「ファストフード」は1950年代からで、ハンバーガーやフライドチキンのように温かいままか、すぐに出せるように半分調理した状態で保存されている食物を指す。

fast² [古英語]**動**断食する、絶食する；**名**断食、絶食、断食日、断食期間：

古英語 fæstan「食べ物を控える、なしですます」は、ゲルマン語起源。名詞の語源である古ノルド語 fasta に加えて、オランダ語 vasten とドイツ語 fasten「速い」と同系である。

fasten [古英語]**動**確証する、しっかりと定着させる、固定する、締まる、つかまる：

古英語 fæstnian は「確かめる、確認する」と「動けなくする」を意味した。西ゲルマン語起源で、fast「決まった場所に固定された」と関連している。
→ FAST¹

fastidious [後期中英語]**形**口うるさい、気むずかしい、好みの難しい：

ラテン語 fastidium「強い嫌悪」から派生した fastidiosus に由来する。元々、「嫌な、不快な」の意味であったが、後に「うんざりする」になった。現在の意味（「口うるさい」、「気むずかしい」）は17世紀に遡る。

fat [古英語]**形**脂肪の多い、太った、実の多い、たんまりある、（太った動物を思わせるような）鈍い、（空気が）湿気を含んだ；**名**脂肪、脂、肥満：

古英語 fætt の意味は「十分に食べ物を与えられた、丸々と太った」と「ひどく太った、脂っこい」であり、両者とも好ましい意味とそうでない意味を含意する。西ゲルマン語起源で、オランダ語 vet やドイツ語 feist「太った」と同系である。

fatal [後期中英語]**形**運命づけられた、宿命的な、運の尽きた、運命の、運命を決する、致命的な、ゆゆしい：

当初は「運命づけられた」と「不吉な」という意味で使われた。古フランス語、あるいは、ラテン語 fatum「語られたもの」

から派生したfatalis「運命によって定められた」に由来する。**fatality**名「不慮の死、致死、災害、運命」(フランス語fatalité、または後期ラテン語fatalitasに由来)は15世紀後半からで、死や災難を引き起こす性質を示していた。現代の主な意味「事故、戦争、病気による死」は19世紀半ばから。
→ FATE

fate [後期中英語]名運命、宿命、悲運、破滅、運命の女神；動取り返しのつかないほどに破滅させる、運命づける：

イタリア語fatoか、あるいは(後になって)その語源であるラテン語fatum「語られたこと」に由来する。元はラテン語fari「語る」である。ラテン語fatumの主な意味は「神の審判、あるいは宣告」であった。これが「人の運命」へと変化した。複数形the Fatesはギリシア・ローマ神話における3人の女神を指す。その女神は人間の行く末を決定すると考えられた。

father [古英語]名父、父祖、祖先、神、創始者、始祖；動父となる、父らしくふるまう：

古英語fæderはゲルマン語起源であり、オランダ語vaderやドイツ語Vater「父」と同系である。ラテン語paterとギリシア語patērに共通するインド＝ヨーロッパ語の語幹に由来する：
■ Father Christmas「サンタクロース」の語源は不詳。その伝統的なイメージは比較的最近のことである。後期中世ヨーロッパにおいて、聖ニコラスと同一視されるようになった。イングランドではFather Christmasはクリスマスが擬人化されたもので、16世紀の仮面劇や無言劇の多くに登場する、温和な赤い衣装の老人であった。19世紀にクリスマスの祝典が復活し、Father Christmasが(聖ニコラスのイメージから)プレゼントを持ってやってくると連想された。

fathom [古英語]名腕尺、尋(主に水深の単位)、木材の積層、理解；動両腕にかかえる、(人を)抱く、測る、測深する、理解する：

古英語fæthmはゲルマン語起源であり、オランダ語vadem, vaamやドイツ語Faden「6フィート」と同系である。単数形の元々の意味は「抱くもの」であり、複数形は「広げた両腕」という意味であった。このことから、両腕を広げた長さに基づく測量の単位として使われるようになり、後に6フィートに規格化された。動詞の「理解する」という意味は「抱く」という意味に由来する。

fatigue [17世紀半ば]名労働、労苦、疲労、(労務)作業：

当初は「疲れを引き起こす仕事、職務」という意味に使われた。これは軍事用語(複数形fatiguesで使われる)に見られ、時に懲罰として割り当てられた労務という意味であった。ラテン語ad fatim, affatim「飽き飽きすること、食べ過ぎ、身体を害するほどに」から派生したfatigare「疲れさせる」がフランス語を経由して入ってきた。

fatuous [17世紀初頭]形味気のない、間抜けの、実体のない：

ラテン語fatuus「愚かな」に基づく。

faucet [後期中英語]名(樽の)飲み口、栓、水道の蛇口：

当初は、樽の飲み口の栓、あるいは容器から液体を抜きだすための蛇口であった。古フランス語faussetに由来する。語源はfalsetから派生したプロヴァンス語falsar「穴をあける」である。アメリカで使われている現在の意味「蛇口」は19世紀半ばから見られる。

fault [中英語]名不足、欠乏、道徳的欠陥、短所、悪事、罪、欠点、(悪事の)責任、誤り、臭跡のとだえ、不幸、不運、フォールト(サーブの失敗)；動断層を起こす、他人のあら捜しをする：

中英語の綴りはfaut(e)「欠点」であった。古フランス語に由来し、ラテン語fallere

「騙す」に基づく。綴りの-l-は、15世紀にラテン語に従って（フランス語と英語に）加えられたが、17世紀になるまでは標準とならず、18世紀に入ってかなりたっても発音されないままであった。この語は「誤り」を意味し、非難の意味を伴ったり、伴わなかったりする。(16世紀後半に) 間違ったショットや動きによる失点というスポーツの場面で使われるようになった。

fauna [18世紀後半] 名 (一地域、一時代に特有な) 動物相・群、(ある地域、時代の) 動物誌：

一般的に flora and fauna「動植物」という表現中に見られる。「特定の生息地、地質年代に生息した動物」という意味で、近代ラテン語 Fauna (田園の女神) に由来する。この女神は Faunus「ファウヌス」の姉妹として知られている。Faunus は古代イタリアの森林の神であり、農産物・家畜の保護神として崇められた。

favour [中英語] 名 恩恵、頼みごと、好意、贈り物、優位；動 好意を示す、ひいきにする、支持する：

名詞の当初の意味は「好み」であった。ラテン語 favere「…に親切心を示す」(fovere「大切にする」の関連語) から派生した favor が古フランス語を経由して入ってきた。16世紀後半には、好意のしるしとしての贈り物であった。例えば、中世の騎士たちが身につけて人目を引いたものがある。その他、婚礼や戴冠式のような式典で身につけられていたリボンや花形の黒皮帽章も知られていた。**favourable** 形「好意的な、有利な」は中英語で、ラテン語 favor から派生した favorabilis が古フランス語を経由して入ってきた。

favourite [16世紀後半] 名 お気に入り、人気者、好きなもの、(宮廷の) 寵臣、短い巻き毛、人気馬；形 お気に入りの、大好きな：

当初の用例は名詞である。廃語となったフランス語 favorit に由来する。イタリア語 favorire「好意を示す」の過去分詞 favorito に基づく。語源はラテン語 favor「親切、親切な好意」である。favourite son という表現はアメリカ英語で、「特定の国や州で慕われた人」を示す。特にジョージ・ワシントンを紹介する時の肩書きとして使われた。
→ FAVOUR

fawn¹ [後期中英語] 名 子鹿、淡黄褐色：
動物学の用語で、ラテン語 fetus「子孫」に基づく。古フランス語 faon に由来する。色との連想は19世紀初頭から見られる。

fawn² [古英語] 動 じゃれつく、へつらう：
古英語 fagnian は「嬉しくなる、嬉しく思う」である。しばしば、尻尾を振って喜びを示す犬のような動物に使われた。ゲルマン語起源で、The traveller was fain to proceed「旅人は旅を続けることをいとわなかった」の中に使われている、古語の fain 形 (would fain do「…したい」) と関係がある。古英語では fægen「幸せな、存分に喜んだ」であり、基本的な意味の「嬉しく思う」に由来する。

faze [19世紀半ば] 動 驚かせる、困らせる：
口語で、(She was not fazed by his show of anger「彼女は彼の見せかけの怒りに驚かなかった」に見られるように)「驚かせる、当惑させる」を意味する。アメリカ英語で、方言 feeze「追い払う、脅して追い払う」の異形である。古英語 fésian に由来するが、語源不詳である。

fear [古英語] 名 災難、危険、心配、恐れ、恐怖；動 恐れさせる、恐れる：
古英語 fær は「大災害、危険」を意味し、動詞 færan は「おびえる」と「崇める」を意味する。ゲルマン語起源で、オランダ語 gevaar やドイツ語 Gefahr「危険」と同系である。名詞の fear は fear of God「神への畏敬の念」に見られるように、「恐怖」と「尊敬」の概念を併せ持っている。

feasible [後期中英語] 形 実行できる、可能な、ありそうな、もっともらしい：
古フランス語 faisible に由来する。faire「行う、作る」の語幹 fais- の派生語で、起

源はラテン語 *facere* である。口語体で使われる場合は、「ありそうな」という意味の影響を受けている。

feast [中英語][名]祝祭、祭日、饗宴、祝宴、会、喜ばすもの、喜び、悦楽；[動]祝宴に列する、ご馳走になる、ご馳走する、楽しませる：

名詞は古フランス語 *feste* に由来する。動詞は古フランス語 *fester* に由来する。語源はラテン語 *festus*「楽しませる」の中性複数形 *festa* である。主な意味上の要素は「祝祭」と「祝宴」である。祭り (festival) と同様に、*feast* は、お祭り騒ぎ (fast「断食」と対立する) に伴う宗教的な記念祭を指した。また毎年行われる村祭り、元は教区の教会が奉った聖人の祭りの日を指すこともあった。movable *feasts*「移動祝祭日」は復活祭のように年ごとに変わる日付を示す。一方 immovable *feasts* はクリスマスのように固定された祝日を指す。

feat [後期中英語][名]偉業、功績、際立った行い：

当初は一般的な意味「行動、あるいは行い」を意味した。古フランス語 *fait* に由来し、起源はラテン語 *factum* である。
→ FACT

feather [古英語][名]羽、羽毛、鳥、矢羽；[動]羽をつける：

古英語 *fether* はゲルマン語起源である。オランダ語 *veer* やドイツ語 *Feder*「羽」と同系であり、サンスクリット語 *patra*「翼」、ラテン語 *penna*「羽」、ギリシア語 *pteron*, *pterux*「翼」に共有するインド＝ヨーロッパ語の語根が起源。慣用表現 a *feather* in one's cap「名誉のしるし」は favour「好意、えこひいき」と関連づけられる。それは、かつて特定の貴婦人に敬意を表して、馬上槍試合をする騎士によって特別な好意のしるしとして身につけられたものである。
→ FAVOUR

feature [後期中英語][名]特長、顔立ち；[動]特色をなす、呼び物にする、想像する：

元は「身体的な特長」あるいは「体型」の意味である。ラテン語 *factura* に由来する古フランス語 *faiture*「形」が語源。この語は17世紀後半に「何かの独特な部分」という意味に変化した。新聞の feature「特集記事」は19世紀半ばに発達した。映画 (film) という語をつないで使う例 (*feature* films「本編」(上演される映画の中の主要なもの) は20世紀初頭から現れる。

feckless [16世紀後半][形]無能な、無価値な：

スコットランドと北イングランドの方言 *effeck* の短縮形 *feck* に接尾辞 *-less* の付いたもの。*effeck* は effect「効力」の異形である。

federal [17世紀半ば][形]契約の、盟約の、連邦の、連邦主義者の；[名](南北戦争当時の) 北部連盟支持者、連邦主義者：

語源はラテン語 *foedus, foeder-*「連盟、盟約」である。「条約、盟約に関係している」という意味に使われた。そして *federal* union「盟約によって調印された同盟」のような組み合わせから、「2カ国あるいはそれ以上の国の政治的な同盟と関係している」を意味するようになった。短縮形 fed は、18世紀後半に使われ、独立戦争後のアメリカの植民地の同盟を支持する連邦党のメンバーを示す。20世紀初頭から、この短縮形は「連邦捜査官」(通常は FBI) を意味するのに使われる。**federation** [18世紀初頭][名]「連邦」は、フランス語 *fédération* から入ってきた。起源は後期ラテン語動詞 *foederare*「同盟する」(*foedus* に由来) から派生した *foederatio*(*n*-) である。

fee [中英語][名]土地財産の保有、領地、封土、報酬、料金：

中世ラテン語 *feodum, feudum* から派生した、古フランス語 *feu, fief* のアングロノルマンフランス語の異形に由来する。起源はゲルマン語である。歴史的に fee

は、通常封建制における奉公の見返りとして与えられた土地の財産である（ただし、所有権は主人にある）。法律の文脈では、この概念は土地における相続不動産を意味するin fee「相続財産として所有する」のような表現に残っている。理論上は、イングランド法では、すべての土地の財産は封建的に国王に属する。hold in fee「報償地として所有する」は比喩的に「絶対的な所有物として保持すること」という意味に使われる（テニスン『インメモリアム』*In Memoriam*: I know thee of what force thou art, To hold the constliest love in *fee*「この上もない、ゆたかな愛をしっかり抱く、あなたの気性は解っていますが」）。現在、*fee*は様々な文脈で「支払い」を意味する。

feeble ［中英語］形弱い、かすかな：
古フランス語*fieble*が起源で、以前は*fleible*と綴られた。ラテン語*flere*「泣く」から派生した*flebilis*「悲しむべき」に由来する。当初から「体力の欠如」に加えて、「知的、道徳的力の欠如」を意味した。

feed ［古英語］動食べ物を与える、供給する、飼う；名えさ、飼料、食事、供給：
古英語の動詞*fēdan*は、ゲルマン語起源で、オランダ語*voeden*と同系である。*feed* a slot-machine with coins「スロットマシンにコインを入れる」、*feed* chords to a jazz soloist「ジャズのソリストにコードを教える」、*feed* a pond with water from a stream「川から池に水を引く」、*feed* a spindle with thread「スピンドルに糸を巻き取る」のような用法が発達している。
→ FOOD

feel ［古英語］動触れる、感じる、気づく、考える、思う、影響を受ける；名感触、感じ：
古英語*fēlan*は西ゲルマン語起源であり、オランダ語*voelen*やドイツ語*fühlen*「感じる」と同系である。「思う」という意味は17世紀初頭から見られる。トロロープ『バーチェスターの塔』*Barchester Towers*: She *felt* that she might yet recover her lost ground「彼女はやがて失った立場を回復するかもしれないと思った」。

feign ［中期英語］動ふりをする：
古フランス語*feign-*に由来する。ラテン語*fingere*「作る、考案する」から派生した*feindre*の語幹である。元の古フランス語は「偽りの見せかけによって責務を回避する、責任逃れをする」という意味である。この意味は、時々英語の中に見られた（例：チョーサー『公爵夫人の書』*Boke of the Duchesse*: Noon of hem ... *feyned* To singe「歌うふりをするものは誰もいなかった」）。中英語においてラテン語から借用された意味に「何かを作る」と「話し、言い訳、主張を考える」があり、そこから「偽りの感情や反応を示す」が生じた（例：She *feigned* nervousness「彼女はイライラしたふりをした」）。
→ FICTION; FIGMENT

feint¹ ［17世紀後半］名【フェンシング・ボクシング・軍事】フェイント、（敵を欺く）牽制運動、陽動作戦、見せかけ、ふり、装い；動偽る、装う：
フェンシング用語で、フランス語*feindre*「装う」の過去分詞（名詞として使われた）*feinte*に由来する。

feint² ［19世紀半ば］形 副（帳簿や帳面の淡青色や灰色の）薄い罫線の・罫線で：
手書きしやすいように薄い罫線が印刷された紙を指す*feint* paperの中に使われている。faint「かすかな」の異形。
→ FAINT

feisty ［19世紀後半］形《米俗》元気の良い、血気盛んな、攻撃的な：
名詞*feist, fist*「小型犬」から派生した方言で使われた。さらにこの語は、fisting cur「においのする小型犬」という蔑称として使われる。中英語*fist*「おならをする」（西ゲルマン語起源）に由来する。
→ FIZZLE

feline ［17世紀後半］形猫の、猫のような：
ラテン語*feles*「猫」から派生した*felinus*

fell¹ [古英語][動]切り倒す、殺す、(縫い目の縁を)折り伏せ縫いにする：
古英語 *fellan*「切り倒す」はゲルマン語起源で、オランダ語 *vellen* やドイツ語 *fällen*「切り倒す」と同系である。
→ FALL

fell² [中英語][名]《スコットランド・北イングランド》山、丘、高原地帯、丘陵：
古ノルド語 *fjall, fell* が起源で、おそらくドイツ語 *Fels*「岩」と同系である。

fell³ [中英語][形]残忍な、卑劣な、偽りの、(すさまじく)怒った、致命的な、恐ろしい：
古フランス語 *felon*「邪悪な(人)」の主格 *fel* に由来する。in one *fell* swoop「一挙に」は元来、猛禽類が攻撃目標に向って命がけの追跡をするときの急降下を意味した。これが「一発で、一挙に」という意味に変わった。
→ FELON

fell⁴ [古英語][名]獣皮、毛皮、(人間の)皮膚、(もじゃもじゃの)毛房、毛髪、(もつれた)羊毛：
ゲルマン語起源で、オランダ語 *vel* やドイツ語 *Fell*「毛皮」と同系である。ラテン語 *pellis* とギリシア語 *pella*「皮膚」に共通するインド＝ヨーロッパ語の語根に由来する。同根から派生した語に film「薄膜」がある。
→ FILM

fellow [後期古英語][名]仲間、同僚、奴、(一対のものの)片方、特別研究員：
後期古英語 *fēolaga* は「パートナー、または同僚」を意味した。文字通りには「他者との共同事業に金を投ずるもの」であった。古ノルド語 *félagi* に由来する。古ノルド語 *fé*「家畜、財産、お金」とゲルマン語起源の *lay*「置く」からなる。現在一般的に「人、男性」を意味すると同時に、大学の専門課程の組織のメンバー、研究のために奨学金を受け取っている大学院生などを指す。
→ LAY¹

felon [中英語][名]重要犯人、悪党；[形]凶悪な、残忍な：
文字通りには「邪悪な、邪悪な人」という意味の古フランス語に由来する。起源は中世ラテン語 *fello, fellon-* であるが、元のラテン語の語源は不詳である。ラテン語の歴史から推測すると、*fel*「胆汁(たんじゅう)」に由来し、それが原義の「悪意に満ちた人、もの」を生んだと考えられる。英語 *felon* は、名詞と同様に形容詞「凶悪な、残忍な」としても使われた。法律用語 felony[名]「重罪」も中英語からで、古フランス語 *felon* から派生した *felonie* に由来する。

felt [古英語][名]フェルト、フェルトの布地、フェルト製品；[動]フェルトで作る、フェルト状にする、フェルト地になる、フェルトで覆う：
西ゲルマン語起源で、オランダ語 *vilt* や *filter* と同系である。
→ FILTER

female [中英語][名]女性、(動物の)雌；[形]女の、雌の、(宝石が)薄色の、女みたいな、めめしい：
古フランス語 *femelle* に由来する。起源はラテン語 *femina*「女性」の指小辞語 *femella* である。語尾の変化は male との連想に帰すべきであるが、male と female の語源的なつながりはない。

feminine [後期中英語][形]女の、女性特有の、めめしい：
ラテン語 *femina*「女性」から派生した *femininus* に由来する。このラテン語は feminism[名]「女性解放論」と feminist[名]「女性解放論者」の基にもなっている。両者とも19世紀後半からで、それぞれフランス語 *féminisme* と *féministe* に由来する。

fen [古英語][名]沼地、沢地；[形]沼沢性の、沼沢の多い、沼地に住む：

古英語 fen(n) は「じめじめした土地、浅い水に覆われた低い土地」という意味であった。ゲルマン語起源で、オランダ語 veen やドイツ語 Fenn と同系である。The Fens はイングランド東部の、主にリンカーンシャー、ケンブリッジシャー、ノーフォークの低平原地域で、かつては沼地であったが、17世紀以降、農業用地として広く干拓された地域を指す。

fence [中英語][名]防壁、囲い、垣根；[動]囲いをする、フェンシングをする：

当初の意味は「守ること、防御」で、defence「防御」の短縮形である。「柵」という使い方は早くから生まれた。フェンシングとの関連は16世紀後半に生じた。
→ FEND

fend [中英語][動]防ぐ、追い払う、受け流す、《方言・口語》養う：

当初は「防ぐ」という意味であった。動詞 defend「守る」の短縮形である。
→ FENCE

feral [17世紀前半][形]野性化した、野蛮な：

ラテン語 ferus「野性の」から派生した fera「野性動物」に由来する。

ferment [後期中英語][名]酵母、発酵、大騒ぎ、騒動；[動]発酵する・させる：

名詞は古フランス語 ferment、動詞は古フランス語 fermenter に由来する。両者ともラテン語 fervere「沸かす」から派生した fermentum「パン酵母」が基になっている。**fermentation**[名]「発酵作用」(後期ラテン語 fermentatio(n-)「発酵作用」に由来) も後期中英語である。

ferocity [16世紀半ば][名]獰猛、乱暴な行為：

フランス語、またはラテン語の ferox, feroc-「獰猛な」から派生した ferocitas に由来する。その語は17世紀半ばから記録がある **ferocious**[形]「獰猛な」の基になっている。

ferret [後期中英語][名]フェレット、クロアシイタチ；[動]フェレットを使って(ウサギ、ネズミなどを)追い出す、(犯人を)捜し出す：

古フランス語 fuiron の異形である fuiret に由来する。起源はラテン語 fur「泥棒」から派生した後期ラテン語 furo「泥棒、フェレット」である。動詞としても早くから使われた。比喩的用法の ferret about「捜し回る」は16世紀後半に生じた。

ferry [中英語][動]運ぶ、船で渡す・渡る、フェリーで輸送する、空輸する；[名]渡し場、渡し船、フェリーボート、定期空輸、宇宙船：

古ノルド語 ferja「フェリーボート」に由来する。ゲルマン語起源で、fare「旅、運賃」と同系である。
→ FARE

fertile [後期中英語][形]肥沃な、多産な、豊かに実のなる、想像力に富んだ、豊富な：

ラテン語 fertilis がフランス語を経由して英語に入った。元のラテン語は ferre「運ぶ」の派生語である。当初は、土地、まれに動物にも適用された。

fervour [中英語][名](感情・情熱の)熱烈、熱情、熱、白熱(状態)：

ラテン語 fervor が古フランス語を経由して入ってきた。元のラテン語は fervere「沸く」の派生語である。**fervent**[中英語][形]「熱心な」は、ラテン語 fervent- が古フランス語を経由して入ってきた。そのラテン語は fervere「沸く」の現在分詞語幹である。

fester [後期中英語][名]潰瘍、膿む；[動](傷口などが)膿む、膿ませる、腐る、うずく、腐らせる、(心身を)悩ませる、胸にわだかまる：

「瘻」、のちに「化膿して痛いところ」という意味になった。現在では稀な語の

festerか、または古フランス語の動詞festrirに由来する。語源はラテン語fistula「管状のもの、茎、瘻」である。「心身を悩ませる」という意味に転移したのは17世紀初頭から。

festival ［中英語］形祝祭の、陽気な、楽しい；名祭り、祝祭、宴楽、バザー：

当初は形容詞として使われた。中世ラテン語festivalisが古フランス語を経由して入ってきた。元のラテン語はfestivusの派生語である。そのfestivusはラテン語festum (festa「祝祭」の複数形) の派生語となる。**festivity**［後期中英語］名「お祭り気分」は、古フランス語festiviteあるいはラテン語festivusから派生したfestivitasに由来する。**festive**形「祝祭の」は17世紀半ばから見られ、ラテン語festivusが起源である。

festoon［17世紀半ば］名花綱(はなづな)、懸華(けんか)装飾；動花綱状に垂れる、花綱で飾る：

フランス語festonに由来する。起源はイタリア語festone「祝祭の飾り」で、festa「祝祭」から派生したと考えられる。ゆえにこの語の意味の中心は「祝祭の飾り」になる。

fetch［古英語］動行って取ってくる、《口語》(一撃を)食わす、(ある値で)売れる：

古英語fecc(e)anはfetianの異形で、おそらくfatian「つかむ」と同系である。ゲルマン語起源で、ドイツ語fassen「つかむ」と同系である。口語体のfetching「魅力的な」は19世紀後半から見られる。

fetid［後期中英語］形悪臭のある：

ラテン語fetere「悪臭を放つ」から派生したfetidus (しばしば誤ってfoetidusと綴られる) に由来している。

fetish［17世紀初頭］名呪物、物神、迷信の対象、盲目的崇拝物、フェティッシュ：

元は西アフリカの民族がお守りや魔除けとして使ったものを指す語であった。フランス語féticheに由来する。起源はポルトガル語feitiço「魔術、妖術」(元は「巧みに作られた」という形容詞) で、ラテン語factitius「巧みに作られた」が基になっている。心理学では、20世紀初頭から、性的な興奮をもたらす異常な対象 (異性の身体の一部や衣服など) や行為を指す。

fetlock［中英語］名けづめ毛：

ゲルマン語起源で、ドイツ語Fessel「けづめ毛」と同系であり、英語footとも関係している。この語は「足のふさ毛」と容易に解することができる。この概念が初期の綴りに影響を与えた。
→ FOOT

fetter［古英語］名足枷、束縛：

古英語feterはゲルマン語起源である。オランダ語veter「ひも (靴、コルセットなどを締める)」と同系であり、footと共通するインド＝ヨーロッパ語の語根に由来する。
→ FOOT

fettle［後期中英語］動準備する、(重大な事態に備えて)身構える、正装する；名(心身の)状態、調子：

一般的な意味は「備える、準備する」であるが、その中でも特に「戦いの覚悟をする、身構える」が当初の用法に見られる。ゲルマン語起源で古英語fetelから派生した方言fettle「道具を取り除く、ベルトをはずす」に由来する。同系語にドイツ語Fessel「鎖、ひも」がある。英語fettleは一般的にin fine fettle「快調で」という表現の中に見られる。

feud［中英語］名(永続的な)敵意、敵対状態、反目、不和：

中英語の綴りはfedeで、「敵意、悪意」を意味した。古フランス語feideに由来するが、語源はゲルマン語起源の中オランダ語と中低地ドイツ語vēdeである。
→ FOE

feudal［17世紀初頭］形封土の、封建制度の：

中世ラテン語feudumから派生したfeu-

dalis に由来する。
→ FEE

fever ［古英語］名発熱（状態）、（病気の）熱、熱病、フィーバー、熱狂；動発熱させる、興奮させる、発熱する、熱狂的に行動する：
古英語 *fēfor* はラテン語 *febris* が起源である。綴りが中英語の時代に、古フランス語 *fievre*（この語もまた *febris* が起源）によって補強された。この語が「落ち着かない」を意味する語根と考える人もいる：
■ feverfew「マドリカリア」は薬草として用いられ、古英語では *feferfuge* であった。ラテン語 *febrifuga* に由来するが、そのラテン語は *febris*「熱」と *fugare*「追い払う」の複合語である。

few ［古英語］形少数の、ほとんどない；代名少数、多少：
古英語 *fēawe, fēawa* はゲルマン語起源。ラテン語 *paucus* とギリシア語 *pauros*「小さい」に共通するインド＝ヨーロッパ語の語根に基づく古高地ドイツ語と同系である。the Few「精鋭のパイロット」という表現は、「バトル・オブ・ブリテン」に参加した RAF (Royal Air Force「英国空軍」) のパイロットたちへの敬意を示す。サー・ウィンストン・チャーチルが1940年の演説の中で次のように述べている (Never in the field of human conflict was so much owed by so many to so few「人類の争いの中で、これほどわずかな人たちに、これほど多くの人が助けられたことはなかった」)。

fiasco ［19世紀半ば］名大失敗、ぶどう酒の瓶：
文字通り「瓶、フラスコ」を意味するイタリア語が英語に入った。比喩的に「大失敗」を意味するが、その由来は不明。

fib ［16世紀半ば］名（他愛ない）嘘をつく人、ささいな嘘：
「嘘」のくだけた言い方で、おそらく廃語となった複合語 *fible-fable*「無意味な」の短縮形である。元の複合語は fable「作り話」の重複形である。

fibre ［後期中英語］名肝葉、内臓、繊維、食物繊維：
ラテン語 *fibra*「肝葉、繊維、内臓」からフランス語を経由して入った。元々、ラテン語の語法にしたがい、「肝葉」を表す語として使われた。「繊維」という意味は17世紀初頭から。20世紀初頭になって、繊維質食品を指すようになる。

fickle ［古英語］形気が変わりやすい、気まぐれな：
古英語 *ficol* は「偽りの」を意味する。ゲルマン語起源である。「気が変わりやすい」という意味は中英語から。

fiction ［後期中英語］名想像、虚構、擬制、仮説、創作、作りだすこと：
当初の意味は「作りだされた言葉」であった。ラテン語 *fingere*「形作る、考案する」から派生した *fictio(n-)* がフランス語を経由して入った。文学への適用は16世紀後半から見られる。**fictitious**形「虚構の、小説的な」は17世紀初頭から記録があり、ラテン語 *ficticius*（*fingere* が起源）が基になっている。
→ FEIGN; FIGMENT

fiddle ［古英語］名バイオリン、詐欺；動もてあそぶ、バイオリンで弾く、（時間などを）浪費する、騙す：
古英語 *fithele* は、バイオリンあるいはそれに類する楽器を指す。元は略式、あるいは軽蔑的な用語ではなかった。オランダ語 *vedel* やドイツ語 *Fiedel*「バイオリン」と同系である。起源はラテン語 *vitulari*「祝祭を祝う、嬉しい」であり、その由来はおそらく、歓喜と勝利のローマの女神 *Vitula* である。動詞 fiddle「もてあそぶ」は、16世紀半ばから見られ、「騙す」という意味は17世紀初頭から俗語として使われている。

fidelity ［後期中英語］名（約束、義務などの）厳守、忠実、忠誠、誓い、（写しなどが

原物に)真に迫っていること、(夫婦間の)貞節、忠実度:

古フランス語 fidelite、あるいはラテン語 fidelis「忠実な」から派生した fidelitas に由来する。元のラテン語は fides「信頼」に基づく。

fidget [17世紀後半] 名 落ち着かない気持ち、そわそわする人；動 そわそわする、そわそわさせる、気をもむ:

廃語、あるいは方言の fidge「ぴくぴく動く」に由来する。おそらく古ノルド語 fikja「きびきびと動く、落ち着かない、熱心な」と同系である。

field [古英語] 名 野原、田畑、戦場、(活動・研究の)領域、用地、競技場；動 (球など を)さばく、守備につける・つく:

古英語 feld も (現在の意味と同様に) 広野の大きな広がりを指していた (veld の類似語)。西ゲルマン語起源で、オランダ語 veld やドイツ語 Feld「野原」と同系である。

fiend [古英語] 名 敵、悪霊、悪魔:

古英語 fēond は「敵、悪魔、悪霊」の意味であった。ゲルマン語起源で、オランダ語 vijand やドイツ語 Feind「敵」と同系である。

fierce [中英語] 形 荒々しい、猛烈な、激しい、誇り高い、勇敢な:

古フランス語 fiers「獰猛な、勇敢な、誇り高い」に由来し、起源はラテン語 ferus「飼いならされていない」である。

fight [古英語] 動 戦う、争う；名 戦い、盾、防護幕、戦闘力、闘志:

古英語の動詞 feohtan と名詞 feoht(e)、gefeoht は西ゲルマン語起源である。オランダ語動詞 vechten やドイツ語動詞 fechten「戦う」、オランダ語の名詞 gevecht やドイツ語の名詞 Gefecht「戦い」とそれぞれ同系である。good fight「よい戦い」は聖書の表現である (例:『テモテへの手紙 一』6章12節: Fight the good fight of faith, lay hold on eternal life「信仰のよい戦いを戦え。永遠の生命をとらえよ」)。この一節は、アイルランド生まれの聖職者 J・S・B・モンセルが作った賛美歌『信仰のための戦い』The Fight for Faith (1863年) の中で引用されている (Fight the good fight with all thy might「全力を尽くしてよい戦いを戦え」)。

figment [後期中英語] 名 想像の産物、虚構:

当初は創作された記述や物語のことを指した。ラテン語 figmentum が起源で、fingere「形作る、考案する」に由来する。現在の意味は、しばしば figment of the imagination「想像の産物」という表現の中で、17世紀初頭から使われている。
→ FEIGN; FICTION

figure [中英語] 名 数字、姿、容姿、彫像、形、形態；動 形象に表わす、想像する、数字で表わす:

当初は「人や物の特有の形」、「物質、たは非物質のものの表現」、「数のシンボル」である。古フランス語 figure (名詞)、figurer (動詞) に由来する。起源はラテン語 figura「形、姿、形状」(fingere「形作る、考案する」の関連語) である。19世紀半ばに使われた **figurine** 名「小立像」は、イタリア語 figurina (figura の指小辞語) がフランス語を経由して英語に入ってきたものである。

filament [16世紀後半] 名 細糸、(電球・真空管の) フィラメント:

フランス語の借用語か、あるいは後期ラテン語 filare「紡ぐ」から派生した近代ラテン語 filamentum に由来する。元のラテン語は filum「縫い糸」に基づいている。「フィラメント」という意味は19世紀後半から。

file¹ [後期中英語] 名 綴じひも、目録、綴じ込み、ファイル；動 (公文書などを) ファイルに綴じ込む:

当初は「文書を順序よく整理しておくた

めに糸やワイヤーで結ぶ」という意味で用いられた。フランス語 filer「ひもで結ぶ」と fil「糸」に由来する。両者ともラテン語 filum「ひも」に基づく。
→ FILE²

file² [16世紀後半][名](前後に)整列した人・もの；[動]一列となって行進する：

in single file「一列に並んで」に示されるように、前後に並んだ人や物の列を示す。フランス語 filer「糸に通す」から派生した file に由来する。

file³ [古英語][名]やすり；[動]やすりをかける：

古英語 fil は「固いもの、あるいはきめの粗いものを滑らかにする道具」という意味で、西ゲルマン語起源である。同系語にオランダ語 vijl とドイツ語 Feile がある。

filibuster [18世紀後半][名]略奪者、不法戦士、議事妨害(演説)者；[動]審議引き延ばしをする：

フランス語 flibustier に由来し、当初は西インド諸島でスペインの植民地を略奪した海賊たちを指した。19世紀半ばには(スペイン語 filibustero を経由して)、ラテンアメリカのいくつかの国々で、革命を扇動したアメリカ人の冒険家を示す語となった。これは、歴史的な意味の「外国に対して不法に戦争をしかける人」の起源となった。動詞として使われた当初は、アメリカの議事進行を妨害するための戦法を表していた。ここから、(特にfilibustering が示すように)長引く演説や、立法議会の進行を遅らせる妨害行為を指すように拡張した。

filigree [17世紀後半][名](金銀などの)線条細工：

当初の綴りは filigreen, filigrane であり、通常は金銀のすぐれた飾り細工を表していた。フランス語 filigrane に由来し、起源はイタリア語 filigrana である。ラテン語 filum「糸」と granum「種」からなる。

fill [古英語][動]満たす、満ちる、遂行する、果たす；[名]いっぱい、たくさん、十分、容器の一杯の量：

古英語 fyllan (動詞) と fyllu (名詞) はゲルマン語起源である。動詞はオランダ語の動詞 vullen とドイツ語の動詞 füllen に、名詞はドイツ語の名詞 Fülle とそれぞれ同系である。drink, eat one's fill「思う存分飲む・食べる」のような表現はすでに古英語で使用されていた。
→ FULL¹

fillet [中英語][名]髪ひも、リボン、ヒレ肉、魚の切り身；[動](頭髪をリボンで)くくる、(魚を)骨なしの切り身にする、(肉を)切り分けてヒレ肉を取る：

当初は頭の周りに巻く帯を指すのに使用された。ラテン語 filum「糸」に基づく古フランス語 filet「糸」に由来する。現在の意味はすべて、「薄い切れ」(例：fillet of beef「牛のヒレ肉」、fillet impressed on a book cover「本の表紙に印刷された装飾用の線」、など) という概念を含む。

fillip [後期中英語][動]指ではじく；[名]指はじき、つまらないもの、刺激剤：

名詞としては「刺激剤」を意味する。古い意味は「指でピシッとはじくこと」で、「指ではじく」という動詞用法から生じた。これは当該行為を象徴する語である。
→ FLICK; FLIP

filly [後期中英語][名]雌の若馬、おてんば娘：

ゲルマン語起源で、古ノルド語 fylja に由来する。foal「仔馬」と同系である。
→ FOAL

film [古英語][名]膜、薄皮、薄膜、フィルム、映画；[動]薄皮で覆う、撮影する：

古英語 filmen は「膜」を意味した。西ゲルマン語起源である。19世紀半ばから写真撮影の用語として使われている。「薄膜で覆う」という動詞の意味は17世紀初頭から見られる。フィルムを指す用法は、19〜20世紀に一般的になった。

→ FELL⁴

Filofax ［1930年代］名 ファイロファックス（システム手帳）:
file of *facts*「真実のとじ込み」の口語体の発音を（一語で）表現したもの。

filter ［後期中英語］名 フェルト、水こし、濾紙、濾過装置；動 濾過する、（水などが）しみでる:
当初の用例は「1枚のフェルト」であった。フランス語 *filtre* に由来し、中世ラテン語 *filtrum*「フィルターとして使われたフェルト」に基づく。西ゲルマン語起源である。名詞の比喩的用法は17世紀初頭から見られる。**filtrate**動「濾過する」も同じ時期から見られ、近代ラテン語 *filtrare*「濾過する」に由来する。語源は中世ラテン語 *filtrum* である。
→ FELT

filth ［古英語］名 汚れ、汚物、腐敗物、汚らわしさ:
ゲルマン語起源で、古英語 *fȳlth* は「腐ったもの、腐敗」と「堕落、卑猥さ」の両方の意味を持っていた。オランダ語 *vuilte* と同系である。複合語に以下がある:
■ **filthy lucre**［16世紀初頭］「不浄の金」は、聖書の引喩『テトスへの手紙』1章11節：For there are many unruly and vain talkers... teaching things which they ought not, for *filthy* lucre's sake「服従せず空しいことばを語るものが多い。彼らはけがれた利のために教えてはならないことを教え」。
→ FOUL

fin ［古英語］名（魚などの）ひれ:
古期英語 *finn, fin* はゲルマン語起源で、オランダ語 *vin* と、最終的にはラテン語 *pinna*「羽、翼」と同系である。

final ［中英語］形 最終の；名 決勝戦、最終試験:
古フランス語、またはラテン語 *finis*「終わり」から派生した *finalis* に由来する。名詞の意味「決勝戦」は、19世紀後半から使われ、「最終試験」（オックスフォード大学での口語表現に由来）としても使われる。18世紀半ばに、イタリア語から入った **finale**名「最後の演奏曲目、最後の幕、終局」が、主にミュージカルや舞台で使われはじめた。この語もラテン語 *finalis* に由来している。
→ FINISH

finance ［後期中英語］名 代償、罰、賠償金、終結、財政学:
古フランス語に由来し、*fin*「終える」から派生した *finer*「終える、借金を弁済する」に基づいている。元々の意味は「借金の支払い、賠償金、身代金」であった。後に「課税、収入」へと発展した。現在の意味は18世紀から見られ、フランス語の意味変化に影響を受けている。**fiancier**［17世紀初頭］名「財政家」はフランス語に由来し、*finance* の派生語である。
→ FINE²

find ［古英語］動 見つける、発見する、わかる、考案する、支給する；名 発見、掘り出し物:
古英語 *findan* はゲルマン語起源で、オランダ語 *vinden* やドイツ語 *finden*「見つける」と同系である。「支給する」は (all) found「衣食住の一切が支給されて」という表現中に見られる。ディケンズ『ニコラス・ニックルビー』*Nicholas Nickleby*: An annual salary of five pounds... and 'found' in food and lodging「年給5ポンド…そして住み込み食事つき」。

fine¹ ［中英語］形 優良な、純良な、きめの細かい、優美な、健康な；副 立派に、良く、細かく；動 細かくする、小さくして品質を良くする:
古フランス語 *fin* に由来し、ラテン語 *finire*「終えること」が起源である。**finery**［17世紀後半］名「過度な装飾」は、*fine* に基づいており、bravery のような名詞と同じ派生経路を辿る。*fine* と対応している **finesse**［後期中英語］名 は、初期の用例として「純度、繊細さ」という意味を持っていた。これはフランス語から入っ

た語である。
→ FINISH

fine² [中英語]图死、最後、結末、罰金：
古フランス語 *fin*「最後、支払」に由来し、起源はラテン語 *finis*「最後」である。中世ラテン語において、訴訟に支払う合計金額を指していた。英語における原義は「結末」(in *fine*「要するに」という表現に残っている) であった。また、中世ラテン語において、ある種の罰、特に罰金を示すようになった。

finger [古英語]图手の指 (親指を除く)；動指で触れる、指で弾く：
ゲルマン語起源で、オランダ語 *vinger* やドイツ語 *Finger* と同系である。次のような慣用表現に多く使われる。point the *finger* (of scorn)「名指しで非難する」(19世紀初頭)、lay a *finger* on somebody「人に害を及ぼす」(19世紀半ば)、*fingers* crossed「幸運を祈る」(1920年代)、pull one's *finger*(s) out「すぐ本気で仕事にとりかかる」(1940年代)。

finish [中英語]動終了する、済ます、終る、死ぬ；图終り、終結、仕上げ、ゴール：
古フランス語 *feniss-* (*fenir* の延長語幹) に由来する。起源はラテン語 *finis*「終わる」から派生した *finire* である。この語は「何かの完成された状態」を表すのに使用され、18世紀後半から見られる。スポーツにおける「ゴール」という意味は19世紀後半から見られる。ラテン語 *finitus* は「完成された」(*finire* の過去分詞形) の意味で、**finite** [後期中英語]形「限度のある」の基になった。

fire [古英語]图火、炎、火事、火のような輝き、砲火、熱血；動発砲する、解雇する、非難を浴びせる：
古英語の名詞 *fȳr* と動詞 *fȳrian*「火を燃やすための材料を供給する」は、西ゲルマン語を起源とするオランダ語 *vuur* やドイツ語 *Feuer* と同系である。初期の段階で情熱と感情が結び付いた。

firm¹ [中英語]形(物を) 確保した、堅固な、しっかりした；副しっかりと；图堅くする：
古フランス語 *ferme* に由来し、ラテン語 *firmus* が起源である。

firm² [16世紀後半]图署名、商会、会社：
スペイン語とイタリア語の *firma* に由来し、中世ラテン語を経由して入った。その起源はラテン語 *firmare*「固定する、落ち着かせる」で、「署名により承認する」という意味になった。形容詞 *firmus*「堅い」に基づいている。元々英語では、署名を意味していた。後に18世紀半ばに、その名の下で業務が行われる企業の名前になり、そこから会社という意味に発展した (18世紀半ば)。
→ FARM

firmament [中英語]图天空、蒼穹そうきゅう、支え、土台：
天を表す詩語で、ラテン語 *firmamentum* が古フランス語を経由して英語に入った。そのラテン語は *firmare*「固定する、落ち着かせる」に基づいている。ヘブライ語を翻訳した『ウガルタ聖書』に使われており、おそらく「広々とした場所」を意味し、不動の建造物としての「蒼穹」を指すのに使われた。

first [古英語]形副第1の・第1に：
古英語 *fyr*(*e*)*st* はゲルマン語起源で、古ノルド語 *fyrstr* やドイツ語 *Fürst*「王子」と同系である。サンスクリット語 *prathama*、ラテン語 *primus*、ギリシア語 *prōtos* に共通するインド＝ヨーロッパ語の語根が起源である。

fiscal [16世紀半ば]形国庫 (収入) の、財政上の、会計の；图(イタリア・スペインなどで) 検事、財務官：
金融関係の用語で、フランス語、あるいはラテン語 *fiscus*「財布、宝庫、イグサのかご」から派生した *fiscalis* に由来する。

fish [古英語]图魚、魚肉；動魚を釣る、探す：
古英語 *fisc* はもっぱら水中で生活する動

物の名前を表す名詞であった。動詞は *fiscian* と綴られた。ゲルマン語起源で、オランダ語 *vis* やドイツ語 *Fisch* と同系である。「風変わりな人」を表す queer fish は18世紀半ばから見受けられた。古英語 *fiscere*「漁夫」は、オランダ語 *visser* やドイツ語 *Fischer* と同系である。

fissure ［後期中英語］图裂傷、亀裂、ひび、(脳・脊髄などの) 裂；動裂け目を作る：

古フランス語、またはラテン語 *findere*「割る」から派生した *fissura* に由来する。このラテン語の動詞は、ラテン語 *fissio(n-)* から生じた **fission** ［17世紀初頭］图「割れること」の語源でもある。

fist ［古英語］图握りこぶし、手、筆跡、げんこつ：

古英語 *fȳst* は西ゲルマン語起源であり、オランダ語 *vuist* やドイツ語 *Faust* と同系である。略式語の **fisticuffs**動「こぶしで戦う」は17世紀初頭から見られ、おそらく廃語 *fisty*「握りこぶしの、殴り合いの」と、動詞 cuff「平手でなぐる」が起源である。

fit¹ ［古英語］图戦い、発作、(感情の) 激発、狂気、精神錯乱：

古英語 *fitt* は「争い」という意味で、中英語では「短期間」という意味に加えて「危険、または興奮状態」という意味もあった。現在の「発作」という意味は16世紀半ばから使われている。

fit² ［後期中英語］形適当な、相応の、似つかわしい、(形・大きさなどが) 合っている、色っぽい、魅力的な；動合う、適合する、合わせる：

語源不詳であるが、究極の語根は、オランダ語とフラマン語の *vitten* と共通すると推測される。その語は16世紀から17世紀に「適する、順応する」という意味で使われた。survival of the *fittest*「適者生存」という表現は19世紀半ばから見られる。「色っぽい、魅力的な」はイギリス英語で1980年代に俗語として使われる

ようになった。

fix ［後期中英語］動修理する、整える、用意する、固定する、決める；图訂正、修理、解決：

一部が古フランス語 *fix*「固定化された」に由来し、また一部は中世ラテン語 *fixare*「固定する」に由来する。両者ともラテン語 *figere*「固定する、しっかりと固定する」の過去分詞 *fixus* が起源である。名詞用法は19世紀初頭から。**fixation** ［後期中英語］图「凝固」は、元々錬金術の用語であり、揮発性の蒸留酒アルコールを減らし、一定の形にする過程を表すのに使われた。その起源は中世ラテン語 *fixare* から派生した *fixatio(n-)* である。fixation は心理学用語として「固着」の意味で20世紀初頭から使われている。**fixture** 图「取り付け家具、居座った人・物 (16世紀後半には「固定すること、固定されること」を意味した) は、シェイクスピアの中で最初に、廃語 *fixure* (ラテン語 *figere*「固定する」から派生した、後期ラテン語 *fixura* に由来する) の代わりに用いられた語である。綴りの *t* は mixture にならって挿入された。

fizzle ［後期中英語］動シューという音を出す：

当初の意味は「音を出さずにおならをする」であった。おそらく擬音語 (17世紀半ばの fizz图「シューという音」と同様に) であるが、中英語 *fist* と関連している可能性がある。現在の意味は19世紀から見られる。
→ FEISTY

flab ［1950年代］图贅肉、脂肪：

17世紀後半の flabby形「筋肉がゆるんだ」からの逆成 (接尾辞の消去) による。flabby は (aghast「仰天して」と結合して)、**flabbergast**動「びっくり仰天させる」を生んだ可能性がある。この語は新しい流行の俗語として、そしておそらく恣意的な新語として1772年に初めて使われた。

flaccid ［17世紀初頭］形(筋肉などの) 軟

弱な、たるんだ、(精神などの) ゆるんだ：

フランス語 flaccide、あるいはラテン語 flaccus「ゆるんだ」から派生した flaccidus に由来する。

flag¹ ［16世紀半ば］名(鷹などの) 脚部の長い羽毛、旗；動旗で示す、旗を振って止める：

国の象徴 (アメリカの国旗のように) として使われ、おそらく、何かが風にはためいていることを描写する擬音語である。または、廃語 flag「垂れ下がっている」に由来する。語源不詳であるが、すべての近代ゲルマン語に見られる。最初に登場したのは英語である。

flag² ［後期中英語］名(敷石用) 板石、(燃料用の) ピート、泥炭、芝土、板石舗道：

当初は「芝生」という意味を含んでいた。おそらくスカンジナビア語が起源で、アイスランド語 flag「芝生が刈られた場所」や古ノルド語 flaga「平石」と同系である。

flag³ ［16世紀半ば］動垂れ下がる、だらりと垂れる、(翼・鳥が) 力なくはばたく、しなだれる、しおれる、弱る：

当初は「だらりと垂れる、垂れ下がる」を意味した。廃語 flag「垂れ下がっている」に関連する。おそらく擬音語であり、ぱたぱた揺れるがあまり激しくない、というイメージを伝えている。
→ FLAG¹

flagon ［後期中英語］名フラゴン (柄・ふた・口付きの細口の瓶)、フラゴン一杯分 (の容量)：

古フランス語 flacon に由来し、後期ラテン語 flasco, flascon- (語源不詳) に基づく。
→ FLASK

flagrant ［15世紀後半］形芳しい、燃え盛る、極悪の、悪名高い：

当初の意味は「まばゆい、きらきら輝く」であった。フランス語、あるいはラテン語の動詞 flagrare「赤々と燃える」の現在分詞語幹 flagrant- に由来する。「(不正などが) 紛れもない、恥ずべき」という使い方は、罪や犯罪 (例：flagrant violation of the law「目にあまる法律違反」) と関連があり、18世紀初頭から見られる。

flail ［古英語］名(穀物を打つ) 殻竿、殻竿状の武器、；動鞭打つ、殻竿 (のようなもの) で打つ、殻竿で穀物を打つ、(殻竿を打って進むように) 不規則に進む：

西ゲルマン語起源で、ラテン語 flagellum「鞭打つ」に基づく。おそらく中英語時代に古フランス語 flaiel、あるいはオランダ語 vlegel から影響を受けたと推測される。この語は、歴史的に武器の用語として使われ、「カトリック陰謀事件」(1678-81年) の間、Protestant flail「プロテスタントが使う殻竿状の武器」は、教皇制主唱者たちによる攻撃を恐れた人々が手にしていたと言われている。この武器は、鉛を含んだ短い棒で、手首にしっかりと固定されていた。カトリック陰謀事件は、タイタス・オーツによってでっち上げられた架空の企てを指し、イエズス会がチャールズ2世を殺害し、プロテスタントを虐殺するという架空の計画に関与していると考えた。この企ての発覚でパニックが広がり、多くの裁判や処刑へとつながった。

flair ［19世紀後半］名におい、才能、うまさ：

フランス語に由来し、ラテン語 fragrare「芳しいにおいがする」から派生した flairer「においをかぐ」に基づく。その意味は、何かの「におい、本質」に気づく能力を持つこと、それに応じた対処方法を知っていることである。
→ FRAGRANT

flake¹ ［中英語］名(雪の) 断片、雪ひら、(糸、毛などの) 束、(束ねた) 髪の房、(肉・魚肉の) 一片；動薄片にする：

語源不詳である。様々な語からの由来が推測されているが、おそらくゲルマン語起源である。flaky 形「薄片の、気が狂った」は flake の派生語で、16世紀後半から使われている。1960年代に、アメリカで

「気が狂った」(おそらく心理学的に「ばらばらである」という概念に由来する) という意味の俗語として使われはじめた。
→ FLAG²; FLAW

flake² [15世紀後半][動]疲れ果てる:
口語体で *flake* out through exhaustion「極度の疲労で眠り込む」という表現に使われる。1940年代から使われているが、「無気力になる」という意味は、それ以前から存在しており、時に「ひだ飾りが消える」という意味で衣服を意味した。廃語となった *flack* の異形である。
→ FLAG³

flamboyant [19世紀半ば][形]フランボワイヤン様式の、火炎式の:
フランス語 *flamboyer* の現在分詞が英語に入った。文字通りの意味は「燃えている、赤々と燃えている」であるが、比喩的に「人目をひく、生き生きとした」という意味に使われている。フランス語 *flambe*「炎」に由来する。

flame [中英語][名]火、炎、情火;[動](炎のように) 輝く、火災を発する、燃え立つ、燃やす:
古フランス語 *flame* (名詞)、*flamer* (動詞) から派生しており、元はラテン語 *flamma*「炎」に由来している。時に「恋愛の対象となる人」(old *flame*「昔の恋人」に使われているように) という意味で使われる。この語と情熱の結びつきは初期の用例に既に見られる。最近ではコンピュータ用語の中で、*flame* mail という表現で使われる。それは「かっかした」、つまり、面倒を起こしそうなメールを指す。**flammable**[形]「可燃性の」は19世紀初頭から記録され、ラテン語 *flamma* から派生した *flammare* が起源である。

flan [19世紀半ば][名]フラン (チーズ・カスタード・果物などをリング状の底のないフラン型に詰めたタルトの一種):
フランス語から入った語であり、元は丸いケーキを意味した。古フランス語 *flaon* に由来し、語源は中世ラテン語 *flado, fladon-* である。西ゲルマン語起源でもあり、オランダ語 *vlade*「カスダード」と同系である。

flank [後期古英語][名]脇腹、脇腹肉、側面、隊の翼;[動]…の側面に立つ、側面をかためる:
古フランス語 *flanc* に由来するが、ゲルマン語起源でもある。最終的な語源は論争中である。古高地ドイツ語 *hlancha*、中オランダ語 *lanke*、初期中英語 *lonke* (英語 lank「しおれた」と同系) の中に現われるゲルマン語からの借用語であると考えられている。

flannel [中英語][形]フランネルの、フラノの;[名]フランネル製品:
おそらくウェールズ語 *gwlân*「羊毛」から派生した *gwlanen*「羊毛製品」が起源である。顔や手を洗うための柔らかい布を意味するようになったのは19世紀初頭からである。「ばかげたこと、ごますり」という意味の俗語として使われるようになったのは1920年代からである。

flap [中英語][動]はためく、はためかす、(鳥が翼を) ばたつかせる、ぴしゃりと打つ;[名](武器などの) 一撃、たたくための平たい道具、ハエ叩き:
おそらく擬音語である。形と意味が同じ語としては、オランダ語 *flappen*「打つ、叩く」、ドイツ語 *flappen*「手を叩く、拍手をする」がある。「何かに対して動揺する、パニックになる」という意味の俗語 *flap* about something は20世紀初頭から見られる。

flare [16世紀半ば][動](髪などを) 広げる・(髪などが) 広がる、(風に) なびく、ゆらめく、きらめく:
当初の意味は「(人の髪が) 広がる」であった。語源不詳。現代の意味は17世紀からで、突然広がる炎や光と結び付いている。怒りを表す *flaring* up「かっとなる」は19世紀半ばから見られる。

flash [中英語][動](火・光などが) きらめ

く、ぴかっと光る、(機知・考えなどが)ひらめく、(合図などを)さっと送る；名閃光、ひらめき；形瞬間の、《英略式》かっこいい：

「水が飛び散る」が当初の意味であり、おそらく擬音語である。火、または光と関連づける使い方が現在最も一般的である。これは16世紀後半までは見られない。これは、flameとの語頭音の類似によって偶然生じたものであろう。*flash in the pan*「(成功・人気などが)一発屋の人」という表現は、銃の起爆剤、発射装置の中の火薬の爆発から生じた炎という引喩から生じた。
→ FLUSH¹

flask [中英語]名酒を入れる木・皮製の容器、樽、火薬入れ、首の細長い酒瓶、(実験用の)フラスコ：

当初の意味は「ワインなどの貯蔵樽、酒を入れる皮の容器」であった。起源は中世ラテン語 *flasca* である。16世紀半ばから、火薬を運ぶための角、皮、金属の入れ物を指すようになる。「ガラスの容器」(17世紀後半)は、イタリア語 *fiasco* に影響されたもので、起源は中世ラテン語 *flasco* である。
→ FLAGON

flat¹ [中英語]形平らにのびた、平状した、平らな、無条件の；副平らに、平たく：

古ノルド語 *flatr* が起源。複合語に以下がある：
■ flatline は1980年代に生まれ、「死亡」を意味する。心電図に表れた平らな線が死を示すことに由来する。

flat² [19世紀初頭]名フラット(アパート)：

元は床や階のことであった。廃語 *flet*「床、住居」の異形である。ゲルマン語起源で、「なめらかな、平らな」という意味の flat と同系である。

flattery [中英語]名へつらい、お世辞：

古フランス語 *flater*「なでる、ほめる」から派生した *flaterie* に由来する。ゲルマン語起源と推測される。形容詞 flat「なめらかな、平らな」に関連する可能性がある。flatter [中英語]動「へつらう」は、おそらく flattery からの逆成(接尾辞の消去)による。

flatulent [16世紀後半]形(胃腸内に)ガスを生じやすい、空虚な、うぬぼれた：

近代ラテン語 *flatulentus* がフランス語を経由して入ってきたものである。ラテン語 *flare*「吹く」から派生した *flatus*「吹いている」に由来する。

flavour [後期中英語]名におい、芳香、(独特の)味、風味、薬味、香辛料；動味をつける、風味を添える：

当初の意味は「よい香り、芳香」であった。古フランス語 *flaor* に由来し、おそらくラテン語 *flatus*「吹いている」と *foetor*「悪臭」の組み合わせに基づく。綴りの -v- は、savour「風味」との連想によって中英語に導入されたと見られる。「味」と関連した意味は17世紀後半から。

flaw [中英語]名雪片、花火、かけら、きず、欠点；動ひびを入らせる、損う：

おそらく古ノルド語 *flaga*「平板」が起源。原義は「雪片」であり、後に「断片、かけら」という意味になった。ここから15世紀後半に「きず、欠点」という意味が生まれた。

flax [古英語]名亜麻の繊維、亜麻布：

古英語 *flæx* は西ゲルマン語起源。オランダ語 *vlas* やドイツ語 *Flachs* と同系である。ラテン語 *plectere* とギリシア語 *plekein*「髪・麦わらなどを編む」に共通するインド＝ヨーロッパ語の語根に由来している。

flay [古英語]動皮を剥ぐ、(金銭、物品)剥ぎとる：

古英語 *flēan* はゲルマン語起源。中オランダ語 *vlaen* と同系である。

flea [古英語]名ノミ：

古英語 *fléa*, *fléah* はゲルマン語起源。オランダ語 *vlo*、ドイツ語 *Floh* と同系である。

fleck ［後期中英語］图斑点、そばかす、微片；動斑点をつける、まだらにする：

当初は動詞として使用されていた。おそらく古ノルド語 *flekkr*（名詞）、*flekka*（動詞）に由来するか、あるいは中低地ドイツ語、中オランダ語 *vlecke*「一撃、一撃による跡」に由来する。名詞は16世紀以前には見られない。

fledge ［16世紀半ば］形羽毛が生えそろった、一人前になった；動羽毛で覆う、羽毛が生えそろうまでヒナを育てる：

古英語を語源とする、廃れた形容詞 *fledge*「飛ぶ準備ができている」に由来する。ゲルマン語起源。オランダ語 *vlug*「早い、素早い」と同系である。**fledgling**图「青二才」は、19世紀半ばから見られ、nestling「雛鳥」と同じ派生経路を辿った。
→ FLY¹

flee ［古英語］動逃げる、去る：

古英語 *fléon* はゲルマン語起源。オランダ語 *vlieden* やドイツ語 *fliehen* と同系である。2つの動詞 *flee* と *fly* はすでに古英語時代から混同されていた。現在、*flee* は古語になっており、通常は詩や誇張表現に限られる。

fleece ［古英語］图羊毛、羊毛状のもの；動毛を刈る、(お金などを)だまし取る：

古英語 *fléos*, *flés* は西ゲルマン語起源である。オランダ語 *vlies* とドイツ語 *Vlies* と同系である。1990年代から、フリースのような素材で作られたジャケットという意味でファッション用語として用いられた。「お金をだまし取る」という意味の動詞用法は16世紀後半から。

fleet¹ ［古英語］图艦隊：

航海用語（古英語では *fléot*）で、最初の記録は「船、船舶」である。*fléotan*「浮く、泳ぐ」の派生語である。
→ FLEET³

fleet² ［16世紀初頭］形速い、つかの間の：

古ノルド語 *fljótr* に由来し、ゲルマン語起源である。16世紀以前の用例が見られないが、おそらくそれ以前から使われていた。
→ FLEET³

fleet³ ［古英語］動浮かぶ、流れ去る：

古英語 *fléotan* の意味は「浮く、泳ぐ」で、現在は a look of horror *fleeted* across his face「彼の顔に浮かんだ恐怖の表情」という表現に使われている。ゲルマン語起源で、オランダ語 *vlieten* やドイツ語 *fliessen* と同系である。**fleeting**形(for a *fleeting* moment「ほんのちょっとの間」)も古英語時代から使われ、「浮いている、泳いでいる」を意味する。
→ FLIT; FLOAT

flesh ［古英語］图肉、食肉；動肉に突き刺す、太らせる：

古英語 *flǽsc* はゲルマン語起源であり、オランダ語 *vlees* やドイツ語 *Fleisch* と同系である。「子孫」という意味の *flesh* は、*flesh* and blood「肉親」に見られるように主に聖書が起源である。複合語に以下がある：

■ **fleshpots** ［16世紀初頭］图「肉なべ」は、*fleshpots* of Egypt「エジプトの肉鍋」(『出エジプト記』16章3節: Would to God that we had died by the hand of the Lord in the land of Egypt, when we sat by the *flesh* pots, and when we did eat bread to the full「私たちが肉なべのそばにすわって、あくほどパンを食べていたとき、エジプトの国で、神の手によって死んだほうがよかった」) という聖書の引喩から。

flex ［16世紀初頭］動関節を曲げる、曲がる；图屈曲、コード：

ラテン語 *flex-* (*flectere*「曲げる」の現在分詞語幹) に由来する。「コード」という意味は flexible の短縮形で、20世紀初頭

から見られる。flexible形「柔軟な」は古フランス語由来の後期中英語か、あるいはラテン語 flectere から派生した flexibilis が起源である。これは複合語 flexi-time「自由勤務時間割」の基になっており、1970年代からビジネスの場面で使われ、働き手が日々の始業と終業時間を自由に変えることができるシステムを指す。

flick [後期中英語]名(鞭などの)軽打；動軽くピシッと打つ、ぐいと動かす：

音表象語である。fl- は、突然の動きを示す語の語頭にしばしば見られる。

flicker [古英語]動(鳥などが)羽ばたきをする、(旗などが)翻る、愛撫する、(灯火などが)ゆらめく、明滅する；名明滅する炎・光、(木の葉などの)そよぎ、映画：

古英語 flicorian, flycerian は「飛ぶ」という意味。おそらくゲルマン語起源であり、低地ドイツ語 flickern やオランダ語 flikkeren と同系である。

flight [古英語]名飛行、飛翔、定期便：

古英語 flyht は「飛ぶ行為、飛び方」を意味した。ゲルマン語起源で、オランダ語 vlucht と同系である。この語は、おそらく記録に残っていない古英語と中英語において融合された。その古英語はドイツ語 Flucht と同系で、英語 flee「逃げる」に関係がある（「逃亡」を意味する flight に反映されている）。flighty形「気紛れな、無責任な」は、16世紀半ばから見られ、flight の派生語である。
→ FLY¹

flimsy [18世紀初頭]形(紙・布などが)薄っぺらな、弱い、もろい、取るに足らない：

おそらく16世紀半ばから見られる flim-flam名「ばかげた話」に由来する。この種のおしゃべりの音表象を重ねたもの。

flinch [16世紀半ば]動こっそりと去る・逃げる、身を引く、しり込みをする、(苦痛に)ひるむ：

当初の意味は「こそこそ逃げる、密かに立ち去る」である。古フランス語 flenchir「わきへよける」に由来する。西ゲルマン語起源で、ドイツ語 lenken「案内する、導く」と同系である。

fling [中英語]動突進する、蹴り飛ばす、(馬などが)あばれる、投げ飛ばす、投げつける；名投げ飛ばし、やりたいほうだい、勝手きまま：

当初は「乱暴に進む」を意味した。おそらく古ノルド語 flengja「鞭打つ」と同系である。現在の主な意味である「投げつける」は、当初の意味「向こう見ずな身体の動き」を基にしており、19世紀初頭から見られる。同時代に「やりたいほうだい」という意味が生まれた。

flip [16世紀半ば]名はじくこと、フリップ(混合酒の一種)；動はじく、ぐいと引く、夢中になる：

「指ではじく(はじく動き)」という意味が当初のものである。おそらく fillip「指ではじくこと」の短縮形である。egg flip という表現 (17世紀後半) は、ある種の飲み物に使われ、おそらく「泡立てる」という意味の flip に由来する。略式の flipping形「いまいましい」は、軽い苛立ちの表現で、flip から派生した20世紀初頭の用法である。
→ FILLIP

flippant [17世紀初頭]形多弁な、すばしっこい、軽薄な：

flip に基づいており、おそらく couchant「獣が頭をもたげてうずくまった」、rampant「獅子が左後脚で立ち上がって」のような紋章用語と同じ派生経路を辿る。当初の意味には「素早い」と「多弁な」があり、そこから「ふざけた」となり、現在の「真面目さに欠けた」が生じた。

flirt [16世紀半ば]動戯れに恋をする、(考えなどを)もてあそぶ；名浮気者：

明らかに音表象語である。fl- と -irt の要

素は両者とも突然の動きを表している。flick「ぴっしと指ではじく」と spurt「ほとばしり出る」が類似語である。動詞の原義は「誰かに鋭い一撃を与える」と「あざわらう」である。最も初期の名詞の意味は「冗談、嘲笑」と「気紛れな女」（ジョンソン博士によって「若い生意気な娘」と定義された）であった。この語は、生意気な態度、ふざけた恋愛の振る舞いという意味も獲得した。

flit [中英語]動移転・移動させる・する、位置を変える：
当初の用法が現在も「家を移動させる」という意味のスコットランド語と北イングランド語の中に見られる。古ノルド語 *flytja* が起源である。

flitch [古英語]名豚の脇腹肉のベーコン：
元来、古英語 *flicce* は、ある肉の脇腹を塩漬け保存したものを指した。一方、現在は肉屋用語で「脇腹肉のベーコン」を指している。ゲルマン語起源で、中低地ドイツ語 *vlicke* と同系である。

float [古英語]動浮く、浮かぶ、(人が) 流浪する、さすらう、浮かべる、浮かせる；名浮流、浮揚、浮き、波、海：
古英語の動詞 *flotian* はゲルマン語起源である。fleet「素早く通り過ぎる」と同系である。古フランス語 *floter*（この語もまたゲルマン語起源である）によって中英語において意味が補強されている。(1950年代に生じた) 比較的最近の **floatel** 名「沖合の油田で働く人の休憩用娯楽施設を備えた大型船・海底掘削施設」は、*float* と hotel を組み合わせたものである。
→ FLEET³

flock¹ [古英語]名人の群れ、(キリストを「よき羊飼い」と見なして) キリスト教会、会衆；動群れを作る、群れになる：
古英語 *flocc* は語源不詳。元々の意味は「人の群れ、人の集まり」である。この意味は廃れたが、「一緒に飼育されている多くの動物」という意味に転移した。

flock² [中英語]名一房の羊毛 (毛髪など)：
クッション、キルトに詰めるための柔らかい素材を指す。古フランス語 *floc* に由来し、語源はラテン語 *floccus*「羊毛の房」である。

floe [19世紀初頭]名(海上の) 氷原、浮氷：
「破片、平らな断片」という意味において flake「断片」に取って変わった。おそらくノルウェー語 *flo* に由来し、語源は古ノルド語 *fló*「層」である。

flog [17世紀後半]動(鞭・杖などで) 激しく打つ：
元々は俗語であった。擬音語、あるいはラテン語 *flagellum*「鞭」から派生した *flagellare*「鞭打つ」に由来する。

flood [古英語]名上げ潮、満潮、洪水、大水、氾濫、(陸に対して) 水、海、川、湖水；動氾濫させる、押し寄せる、(川が) 氾濫する：
古英語 *flōd* はゲルマン語起源である。オランダ語 *vloed* とドイツ語 *Flut* と同系である。時折、詩的に使われて「水」を表し、fire「火」または field「土地」のような語と対比的に用いられる。例えば、シェイクスピア『オセロー』*Othello*, I. iii.134-5: I spake... Of moving accidents by *flood* and field「語りました…海に陸に遭遇した身の毛もよだつ出来事」。
→ FLOW

floor [古英語]名床、(家の) 階、議場、(価格・賃金の) 最低；動床を張る、床・地上に打ち倒す、悩ませる、びっくりさせる：
古英語 *flōr* はゲルマン語起源であり、オランダ語 *vloer* とドイツ語 *Flur* と同系である。「議場」を示す用法は18世紀後半から見られる。「行為の最中」という概念は、映画、テレビの場面で、on the *floor*「制作、上演中」という表現に表れている。動詞 *floor* は、しばしばボクシングや競馬 (17世紀半ばから) のようなスポーツと結び付く。比喩的な使われ方（「びっく

りさせる」)は19世紀初頭から。

floozie [20世紀初頭]名尻軽女、売春婦：
おそらく、flossy「けばけばしい」、または「ふわふわした」という意味の方言 floosy と関連する。

flop [17世紀初頭]動ばったりと倒れる、失敗する；名ばったりと倒れること、失敗（作）：
flap「はためく」の異形である。
→ FLAP

floral [18世紀半ば]形花の女神フローラの、花の、植物群の：
ラテン語 flos, flor-「花」に基づく。元のラテン語は、(17世紀後半の) floret名「小花」、(ラテン語由来、17世紀半ばの) florid形「はなやかな」、(近代ラテン語由来、18世紀後半の) florescence名「開花」の語源でもある。17世紀初頭の florist名「花屋」も同じラテン語に基づき、フランス語 fleuriste、またはイタリア語 florista と同じ派生過程を辿る。

floss [18世紀半ば]名(繭まの) けば、繭綿：
フランス語 (soie) floche「絹」に由来する。元は古フランス語 flosche「鳥の綿毛、ベルベットのけば」であるが、語源不詳。

flotsam [17世紀初頭]名(遭難船の) 浮荷、漂流貨物：
アングロノルマンフランス語 floteson に由来する。語源は floter「浮く」である。

flounce¹ [16世紀半ば]動飛びだす、躍り出る、身もだえする：
おそらくスカンジナビア語起源で、ノルウェー語 flunsa「急ぐ」と同系である。あるいは、bounce「跳びあがる」や pounce「急に襲いかかる」と同様に、擬音語の可能性もある。

flounce² [18世紀初頭]名フラウンス、(スカートの) ひだ飾り,；動カールさせる、切り取る、フラウンスをつける：

廃語となった frounce「折り目、ひだ」の異形に由来する。古フランス語 fronce の派生語である。究極の語源はゲルマン語。
→ RUCK²

flounder [16世紀後半]動(水路などを) つかえさせる、よろめく、もがく、へまをする；名もがき、あがき：
おそらく founder「よろめく」と blunder「誤り」の混成語か、あるいは、擬音語である。綴りの fl- はしばしば、素早い、または突然の動きを表す語の語頭に見受けられる。

flour [中英語]名小麦粉、おしろい、粉末：
flour は flower の特別な使い方で、「上質な部分」という意味である。元々は「小麦粉の最も上質なもの」という意味で使われた。この2つの綴りは19世紀初頭まで共存した。

flourish [中英語]動栄える、(武器などを) 振り回す；名ファンファーレ、虚飾、(武器などを) 振り回すこと：
古フランス語 florir の延長語幹 floriss- に由来し、ラテン語 flos, flor-「花」から派生した florere に基づく。名詞の意味「装飾曲線」と「美辞麗句」は、動詞の廃れた意味「…で飾る」に由来する。この意味は「花」から影響を受けている。

flout [16世紀半ば]動ばかにする；名ばかにした言葉、軽蔑：
おそらくオランダ語 fluiten「笛を吹く、フルートを演奏する、シューと音を出す (ばかにして)」に由来する。ドイツ語方言 pfeifen auf も文字通りには「笛を吹く」を意味するが、同じように軽蔑的意味を持つ。

flow [古英語]動流れる、流れ出る、ほとばしり出る、(潮が) 上がる、あふれる、たくさんある；名流れ：
古英語 flōwan はゲルマン語起源である。オランダ語 vloeien と同系である。go with the flow「リラックスして、自然の

流れにまかせる」は1970年代から見られる。
→ FLOOD

flower［中英語］名花、(装飾用の)花模様、よりすぐり、精華、月経；動開花する、栄える、花で飾る：
中英語の形は *flour* であり、古フランス語 *flour, flor* に由来する。語源はラテン語 *flos, flor-* である。元の綴り(*flour*)は「穀物の粉」という特殊な意味を除いて17世紀後半までに使われなくなった。
→ FLOUR

flu［19世紀半ば］名インフルエンザ：
→ INFLUENZA

fluctuate［17世紀半ば］動動揺する・させる、波動する、(音・程度・考えなどが)変動する：
ラテン語 *fluctuare*「波のように動く」(*fluere*「流れる」から派生した *fluctus*「流れ、波」に由来する)が英語に入った。比喩的用法の「揺れる、優柔不断に(考えがころころ)変わる」は17世紀初頭から。

flue［16世紀後半］名小煙突、(煙突の)煙道、パイプオルガンの唇管：
語源不詳。主に、16世紀の家に見られた煙突の両側を広げることを指した。

fluent［16世紀後半］形流暢な、よどみない：
当初は、文字通りの意味「大量に、豊富に流れている」である。ラテン語の動詞 *fluere*「流れる」から派生した *fluent-* に由来する。**fluency**［17世紀初頭］名「豊富、(弁舌の)流暢」は、ラテン語 *fluere* から派生した *fluentia* に由来する。

fluff［18世紀後半］名綿毛、けば、うぶ毛、綿毛のようなもの、ふわふわした固まり、若い娘；動ふわりと動く、ふわりと膨らませる、間違える、へまをやる：
おそらく16世紀の *flue*「鳥の羽毛、けば、綿毛」の方言形で、フラマン語 *vlume* に由来する。英語 *fluff* には、軽いものがふわふわ動く様子をまねた擬音語の可能性がある。演劇と *fluffing* lines「台詞のとちり」との結び付きは19世紀後半から見られる。「(軽薄な)若い女性」を指す口語表現の bit of *fluff* は20世紀初頭から。

fluid［後期中英語］形流体の、流動性の；名流(動)体、体液：
当初は形容詞として使われていた。フランス語 *fluide*、またはラテン語 *fluere*「流れる」から派生した *fluidus* に由来する。名詞用法は物理学の用語として17世紀半ばから見られる。医学用語の「体液」としては18世紀初頭から。

fluke［19世紀半ば］名まぐれ当たり、幸運；動まぐれで当たる：
元はビリヤードのようなゲームでのまぐれ当たりを示す語であった。おそらく方言である。

flume［中英語］名流れ、用水路、(遊園地の)ウォーターシュート：
当初は川あるいは流れを指した。古フランス語 *flum* に由来し、ラテン語 *fluere*「流れる」から派生した *flumen*「川」に基づく。「用水路」という意味は18世紀半ばから。「(遊園地の)ウォーターシュート(滑り台)」は20世紀後半の用法である。

flummox［19世紀半ば］動まごつかせる、面くらわせる、失敗する、だめになる；名失敗、当惑：
おそらく起源は方言である。「まごつかせる、混乱させる」を意味する flummock がイングランドの西部地方と中部地方北部で用いられている。

flunk［19世紀初頭］動断念する、試験に失敗する；名落第：
当初の意味は「放棄する、完全に失敗する」であった。アメリカ生まれの語である。おそらく funk「非常に恐ろしい状態」、またはアメリカ英語の flink「臆病である」(おそらく flinch「しりごみする」の

flunkey [18世紀半ば]❲名❳制服を着た使用人、おべっか使い：

元はスコットランド語であった。おそらく flank「脇腹」に由来し、「いつも側にいて用をする人」を意味した。

flurry [17世紀後半]❲名❳疾風、突風、騒動、混乱、狼狽、(疾風をともなった) にわか雨、風雪；❲動❳あわてさせる：

廃語となった *flurr*「飛びあがる、パタパタ飛ぶ、ビューと飛ぶ」(擬音語) に由来し、おそらく hurry「大急ぎ」に影響を受けている。

flush¹ [中英語]❲名❳(顔・頬の) 紅潮、(人生の) 時期、感情、水洗トイレを流すこと；❲動❳(頬を) 紅潮させる、(頬が) 紅潮する、興奮する、水洗トイレを流す：

flushed cheeks「紅潮した頬」、*flushed* out the catheter「カテーテルを水で流して洗った」という表現の中で使われる。当初の意味は「素早く動く、急に起こる」であり、特に鳥が「突然飛び立つ」という文脈に見られる。擬音語で、*fl*-はしばしば突然の動きと結び付く接頭辞である。おそらく、動きに関しては flash「ぴかっと光る」、色に関しては blush「赤くする」の影響を受けている。
→ FLASH

flush² [16世紀半ば]❲形❳ぱっと赤くなった、元気にあふれた、同一平面の、平らな、(とくにお金を) 十分持っている、豊富な、満ちた、あふれるばかりの：

おそらく動詞 flush と同系である。当初の意味は「十分豊富な、溢れんばかりの」であった。それが「平らな、同一平面の」という意味に発展した。おそらく、水を一杯にたたえて流れる川、川岸と同じ高さまで一杯の川というイメージに由来する。
→ FLUSH¹

flush³ [16世紀初頭]❲名❳(トランプの) フラッシュ：

カードの持ち札を意味し、同じ組の持ち札をすべて集めた手のこと。おそらくフランス語 *flux* (以前は *flus* と綴られた) に由来し、ラテン語 *fluxus*「満潮」が語源である。この特殊な用法は、英語 run「(トランプ) 続けざまにトリック (trick) を取る」に類似する可能性がある。

fluster [17世紀初頭]❲動❳興奮させる・する、酔わせる・酔う、混乱させる・する、面くらわせる：

当初の意味は「軽く酔わせる」であった。おそらくスカンジナビア語が起源で、アイスランド語 *flaustra*「急ぐ、せかせか動く」と同系である。

flute [中英語]❲名❳フルート、(柱の) 縦溝；❲動❳フルートを吹く：

古フランス語 *flahute* に由来し、おそらくプロヴァンス語 *flaujol*「フラジオット」と *laüt*「リュート」の混成語 *flaüt* が起源である。初期のフルートは先端にあるマウスピースを使って吹いた。この笛は 18 世紀半ば頃、側面にあるマウスピースから吹く German *flute*、つまり transverse *flute*「横笛」に取って替わられた。時に、シャンパン用のグラスを意味した。これは 17 世紀半ばに生じたものである。「側溝、溝」という意味は 18 世紀初頭から。

flutter [古英語]❲動❳漂う、羽ばたく、はためく、ひらひら震える、どきどきする；❲名❳羽ばたき、はためき、翻ること：

古英語 *floterian, flotorian* は、基本的に「あちこち浮かぶ」という意味の反復動詞 (繰り返す動作を表す動詞) である。all of a *flutter*「はらはらして」が示すように「震えるような興奮」を指す用法は 18 世紀半ばから見られる。医学用語としての意味は 20 世紀初頭からで、心臓の細動を指す。

flux [後期中英語]❲名❳(血液・体液などの) 病的・異常流出、赤痢、流れ、流動、上げ潮、絶え間ない変化、融剤：

ラテン語 *fluere*「流れる」から派生した *fluxus* に由来する。「絶え間のない変化」という意味は in a state of *flux*「流動的な」という表現の中に見られ、17世紀初頭から。

fly¹ [古英語] 動 飛ぶ、逃げる、急ぐ:
古英語 *flēogan*「大気の中を移動する、逃げる」はゲルマン語起源である。オランダ語 *vliegen* やドイツ語 *fliegen* と同系である。
→ FLEE; FLY²

fly² [古英語] 名 飛ぶ昆虫、ハエ:
古英語 *flȳge, flēoge* は、羽根の生えた昆虫を指した。西ゲルマン語起源で、オランダ語 *vlieg* やドイツ語 *Fliege* と同系である。
→ FLY¹

foal [古英語] 名 馬(ロバ・ラバなど)の子:
この語は filly「雌の子ウマ(ロバ・ラバ)」と関連がある。古英語の形は *fola* であった。ゲルマン語起源で、オランダ語 *veulen* やドイツ語 *Fohlen* と同系である。
→ FILLY

foam [古英語] 名 泡;動 泡立つ、泡立たせる:
西ゲルマン語起源で、古英語の綴りは名詞が *fām*、動詞が *fæman* であった。古高地ドイツ語の *feim*(名詞)、*feimen*(動詞)とそれぞれ同系である。時に、詩の言葉として「海」を表すのに使われた。(foam rubber「気泡ゴム」が示すように)多孔性物質の中のゴム、またはプラスチックを指す用語としては、1930年代から使われている。

fob¹ [17世紀半ば] 名 (ズボンの上部につけた)時計入れ小ポケット;動 ポケットの中に入れる:
当初は時計につないだ鎖を指し、後にベルトの時計入れポケットになった。これは、時計やその他の貴重品を入れるための小さいポケットのことである。語源不詳。おそらくドイツ語方言 *Fuppe*「ポケット」と同系である。この語が元来隠しポケットを意味しているならば、動詞 fob「騙す」と結びつく可能性がある。

fob² [16世紀後半] 動 欺く、だまし取る;名 詐欺師、詐欺:
当初の意味は口語体で「だまし取る」であった。語源不詳であるが、おそらくドイツ語 *foppen*「騙す、ひやかす」か、または英語 fop「ばか、のろま」と同系である。
→ FOP

focus [17世紀半ば] 名 焦点、(活動・嵐・噴火などの)中心(点);動 (焦点を)合わせる、向ける、焦点化する:
幾何学と物理学の分野で使われはじめた。天文学者のケプラーが、1604年に書いた著作の中で、幾何学用語として初めて用いた。ラテン語が起源で、文字通りの意味は「家庭の炉」である。光学の分野で、「レンズの発火点(光が反射、屈折して集まる点)」という意味はすでに存在していたと考えられる。ケプラーは放物面鏡の「発火点」、その湾曲面の幾何学的焦点という意味で使った。活動の中心という比喩的意味は19世紀初頭から。市場調査や政治の文脈中の *focus* group「フォーカスグループ」という表現は1980年代から見られる。この語は、消費者調査の一部として意見を求められる、集団の代表として選ばれた人々を指す。**focal** 形「焦点の」は17世紀後半から記録があり、近代ラテン語 *focalis*(ラテン語 *focus* の派生語)か、または直接 *focus* に由来する。

fodder [古英語] 名 食物、(家畜の)飼葉、まぐさ:
古英語 *fōdor* は、オランダ語 *voeder* やドイツ語 *Futter* と同系であり、ゲルマン語起源である。元々は「食べ物」を表す一般的な語であったが、現在は家畜を飼育するための干し草や麦藁のように、乾燥した食糧に限定された。若い歩兵たちを指す cannon *fodder*「大砲のえじきとなる兵士たち」という表現は第1次世界大戦から。
→ FOOD

foe [古英語] 名 敵:

古英語 *fāh* は「敵意を持った人」、*gefā* は「敵」を意味した。西ゲルマン語起源である。the arch *foe*「大敵」という表現は時に悪魔を意味する（例：ミルトン『失楽園』*Paradise Lost*: The arch *foe* subdu'd Or Captive drag'd in Chains「この敵の巨魁を一挙に滅ぼすもよし、或は捕虜として鎖につなぐもよし」）。
→ FEUD

fogey ［18世紀後半］图時代遅れの人：
より以前の俗語 *fogram* と関連している。語源不詳だが、最初にスコットランド語で使用された。「たるんだ、太った」、または「苔の生えた」という意味の foggy と関係している可能性がある。

foggy ［15世紀後半］形（筋肉などが）たるんだ、霧の多い、たちこめた、ぼんやりした；图きめの粗い草：
おそらく「きめの粗い草」という意味の fog の派生語である。気象用語の fog［16世紀半ば］图「霧」は、おそらく foggy からの逆成（接尾辞の消去）による。20世紀の変わり目に、fog はロンドンを連想させる語になった（例えば J・アッシュビー・ステリー『レイジー・ミンストレル』*Lazy Minstrel*: 'Tis sometimes yellow, sometimes brown, A London *Fog*!「時に黄色だったり、茶色だったり、ロンドンの霧！」）。

foible ［16世紀後半］图（性格・行儀の）ささいな弱点・欠点：
当初は「（体力が）弱い」という意味の形容詞として使われていた。（古フランス語 *fieble* のような）すでに廃語となったフランス語に由来する。現在の名詞の2つの意味（「ささいな変なくせ」と、フェンシング用語の「中央から先端までの刃の部分」）は、かつて feeble「弱い」という語の意味として生じたものであった。両者とも17世紀から。
→ FEEBLE

foil¹ ［中英語］動踏みつける・つぶす、汚す、(相手またはその計略などを）くじく、(臭跡を）くらます：
当初の意味は「踏みつける」であった。おそらく古フランス語 *fouler*「布を縮絨する、踏みつける」に由来する。語源はラテン語 *fullo*「毛織物などの縮絨工」である。
→ FULL²

foil² ［中英語］图金属の薄葉、箔、葉、宝石の台座、引き立て役（となる人・もの）下敷き箔（宝石の光沢をよく見せるために敷く金属箔）：
silver *foil*「銀箔」、a perfect *foil* for his activities「彼の活動の最高の引き立て役」のような表現の中で使われ、ラテン語 *folium*「葉」が古フランス語を経由して英語に入ってきた。

foil³ ［16世紀後半］图フルーレ（円形のつばのついた柔軟な剣）、フルーレ競技：
フェンシング用語で、軽量で先の丸いフェンシングの剣を指した。語源不詳。

foist ［16世紀半ば］動(誤ったさいころを）手の平に隠す、(偽物などを）つかませる：
当初の意味は「偽のさいころを適切な時にとり出すために手のひらに隠す」であった。*vuist*「握りこぶし」から派生したオランダ語方言 *vuisten*「手に握る」に由来する。オランダ語では現在、1人のプレーヤーが片手にたくさんのコインを持ち、他のプレーヤーがその枚数を当てるというゲームを指す語として使われている。
→ FIST

fold¹ ［古英語］動折り重ねる、(両手・両腕・両足を）組み合わせる、(両腕に）抱く・包む；图樹皮の割れ目、(布の）折り目、ひだ：
古英語 *falden, fealden*「身体を2つ折にする、かがむ」は、ゲルマン語起源で、オランダ語 *vouwen* やドイツ語 *falten* と同系である。料理用語 *fold* in「卵などを練り粉などにヘラで切るようにして混ぜ込む」としての使い方は、20世紀初頭から

見られる。この語は長い間「失敗する、くじける」という意味であった。1920年代から、援助金がないために次のショーが上演中止になる (fold up) という用例が見られる。これがしだいに、財政的な失敗でつぶれる会社を指すように変化した。

fold² [古英語]图羊の囲い・檻；動囲いの中に閉じこめる：

古英語 fald「家畜などを入れる小さな檻、囲い」はゲルマン語起源である。オランダ語 vaalt と同系である。

foliage [後期中英語]图(ゴシック装飾・図案などの) 葉・花・枝飾り、(1本の草木の) 葉 (全部)、群衆：

当初の綴りは foilage で、「葉を模したデザイン」を指すのに使われた。古フランス語 feuille「葉」から派生した feuillage に由来し、語源はラテン語 folium である。第1音節の変化 (foi から fo) は、ラテン語 folium の影響による。
→ FOIL

folio [後期中英語]图表面だけに番号付のある写本や刊本の1丁・葉、二折本 (の大きさ)：

ラテン語を英語風に借用した語で、folium「葉」の奪格形である。中世ラテン語において「葉っぱの上に」という意味の表現に使われた。in folio (イタリア語 in foglio に由来) の原義は「最大の判の紙、一度折られた紙」であった。これは最も大きな本のサイズを示した。

folk [古英語]图国民、民族、人々、家族：

古英語 folc はゲルマン語起源である。オランダ語 volk やドイツ語 Volk と同系である。folk の古い使用には、「国民、国」と「一般庶民 (しばしば、上流階級の人々に対して)」がある。folk music「民族音楽」への言及は19世紀後半から見られ、一般大衆から生まれた音楽を指す。

follicle [後期中英語]图膿瘍の周辺の袋、小嚢、袋果：

ラテン語 follis「ふいご」の指小辞語である folliculus「小さい袋」に由来する。

follow [古英語]動(人・動いているものの) あとについて行く、従う、(先例・規則などに) ならう、…の結果として起こる、理解する：

古英語 folgian はゲルマン語起源で、オランダ語 volgen やドイツ語 folgen と同系である。「従者として、誰かの後について行く」という意味がおそらく動詞の原義に最も近い。follow an argument or reasoning「議論や推論を理解する」という意味は19世紀半ばから見られる (例：ルイス・キャロル『不思議の国のアリス』*Alice in Wonderland*: I think I should understand that better... if I had it written down: but can't quite *follow* it as you say it「そのことを書き留めていたら、もっとよく理解できるはずだと思う。あなたが言うと、全く理解できない」)。

folly [中英語]图愚、愚行、罪悪、金のかかる事業、途方もない大建築：

古フランス語 fol「愚人、愚かな」から派生した folie「狂気」に由来する。近代フランス語では「好ましい、お気に入りの住居」という意味で使われ、高額な装飾を施した非実用的な建物を指す英語の使用と類似している。

foment [後期中英語]動(患部に) 温湿布をする、(不和・反乱などを) 醸成する、挑発する、そそのかす：

フランス語 fomenter に由来し、ラテン語 fomentum「湿布、外用水薬」から派生した後期ラテン語 fomentare に基づく。語源はラテン語 fovere「温める、大事にする」である。当初は、温かいローションか、もしくは治療用のローションを身体の一部に付けることを意味した。現代の一般的な意味は「挑発する、そそのかす」である。

fond [後期中英語]形愚かな、あさはかな、望んで、情け深い、…が好きな、他愛ない；動溺愛する：

当初の意味は「まどわされて、愚かな」であった。廃語となった fon「愚者、愚かである」に由来するが、語源不詳である。be fond of「…が好きな」という表現は、以前は be fond on であった（例：シェイクスピア『夏の夜の夢』A Midsummer Night's Dream, II.i.266: He may prove More fond on her, than she upon her love「娘が男に惚れている以上に男が娘に夢中になって惚れこんでしまうように」）。
→ FUN

fondle [17世紀後半][動]甘やかす、かわいがる、愛撫する：
当初の意味は「甘やかす」であった。fond の派生語で、廃語となった名詞 fondling「溺愛された、かわいがられた人」からの逆成語（接尾辞の消去）による。

font[1] [後期古英語][名]【教会】洗礼盤、泉：
洗礼水を入れるための、教会にある容器を指す。ラテン語 fons, font-「泉」が起源で、聖書ラテン語 fons or fontes baptismi「洗礼水」という表現の中で使われている。

font[2] [16世紀後半][名]【コンピュータ】フォント（文字の書体の大きさ）：
印刷用語で、元々は鋳造の行為、あるいはその過程を指すのに使われた。現在は、ある特定の形と大きさからなる1組の字体を示している。フランス語 fondre「融ける」から派生した fonte に由来する。異なる綴りの fount の方が、コンピュータの活字が導入されるまではイギリス英語では通例の形であった。

fontanelle [16世紀半ば][名]筋肉の間のくぼみ、（胎児、乳児の頭の）ひよめき、泉門：
以前は筋肉と筋肉の間にある皮膚のくぼみを指す語であった。フランス語から入った語で、古フランス語 fontaine「泉」の指小辞語から派生した近代ラテン語 fontanella に由来する。fontanelle と fountain との意味上のつながりは、筋肉の間のくぼみが排液線を挿入するのに適した場所であると見なされていたという事実と関係がある（排液線とは、皮膚の下に挿入された吸収性のある物質で、廃液を容易にするために、皮膚の上に突き出たもの）。なぜなら fontanelle はかつて体中の分泌物の排出口を指していたからである。しかし、この語は、小さい泉と首のくぼみの両者を意味するイタリア語 fontanella と類似すると見られる。現在は、乳児の頭骸骨の特定の部分を指すが、この用法は18世紀半ばから。

food [後期中英語][名]食べ物、食料：
古英語 fōda はゲルマン語起源である。food for thought「思考の糧」という表現が最初に記録されたのは19世紀初頭であった。1990年代に生じた複合語には次のものがある。food miles は食べ物が産地から消費者に届くまでの距離を示し、food desert「食糧砂漠」は小売業者が町の郊外に移転したために見捨てられてしまった都市の中心部を示している。
→ FODDER

fool [中英語][名]（王侯貴族にかかえられた）道化、愚者；[形]罪深い、みだらな、愚かな；[動]愚かになる、ばかなまねをする、（人を）馬鹿にする：
古フランス語 fol「愚者、愚かな」に由来する。語源はラテン語 follis「ふいご、空気袋」である。ここから転じて「頭の空っぽの人」を意味するようになった。近代英語では、初期の時代よりもはるかに強い意味を持つ語として使われた：
■ **foolhardy** [中英語][形]「無鉄砲な」は、古フランス語 folhardi に由来し、fol「愚かな」と hardi「大胆な」からなる。

foolscap [17世紀後半][名]長手二折版、フールスカップ版：
紙の大きさを表す用語で、道化の帽子を表していた透かし模様からその名がついたと言われている。

foot [古英語][名]足、フィート（長さの単位）、足どり、詩脚、足に似たもの、（物

の)最下部;動支払う、(船が)進む:

古英語 fōt はゲルマン語起源で、オランダ語 voet やドイツ語 Fuss と同系である。サンスクリット語 pad, páda、ギリシア語 pous, pod-、ラテン語 pes, ped-「足」に共通するインド＝ヨーロッパ語の語根に由来する。口語の感嘆表現である my foot「そんなばかな」は20世紀の初頭に登場した。韻文の単位 foot「詩脚」は、韻文中の区分として使われ、ラテン語とギリシア語からの翻訳借用である。一般的には、拍子を取るときの足の動きを示すと考えられた。12インチに相当する長さの単位は人の足の長さが基本となっている。
→ FETTER

footle [19世紀後半]動ばかげたことをする・言う、ぶらぶら過ごす:

方言 footer「怠けて過ごす、ぶらつく」に由来し、16世紀の foutre「価値のないこと」に基づく。古フランス語に由来するが、文字通りの意味は「性的な関係を持つ」である。

fop [後期中英語]名ばか、しゃれ者:

現在の意味は「自分の外見に過度にこだわる男性」であるが、原義は「愚者」であった。動詞 fob「騙す」と関連する可能性がある。
→ FOB²

for [古英語]前(時間・空間)…の前に、…の代わりに、のために、の故に、…の間、…に関して、…を得るために:

ゲルマン語起源の(場所、時間の)「前」を意味する前置詞の短縮語である。ドイツ語 für と同系である。古英語では、for と fore「前の、前面」が前置詞として区別なく使われた。両者は中英語時代にしだいに区別されるようになった。古語の **for-asmuch**接「…であるから」は、中英語では for as much と分けて書かれ、古フランス語 por tant que「…であるから」を翻訳借用したものである。
→ FORE

語形成
接頭辞 for-(古英語)は次のような意味を加える。
- ■「禁止」[forbid]「禁ずる」
- ■「控えること」[forgive]「許す」
- ■「無視」[forget]「忘れる」
- ■「断念」[forgo]「やめる」
- ■「強調」[forlorn]「憐れな」

forage [中英語]名(牛馬の)飼料、(とくに軍馬の)馬糧、飼料集め、徴発、強奪、猛威;動糧食を探す、あさる、強奪する:

名詞は古フランス語 fourrage に由来し、動詞は fourrager に由来する。両者とも fuerre「麦わら」に基づき、ゲルマン語起源である。
→ FODDER

foray [中英語]名(略奪を目的とする)侵略;動侵入する、略奪する:

forayer「侵入者」からの逆成(接尾辞の消去)による。古フランス語 fuerre「麦わら」から派生した forrier「略奪者」に由来する。
→ FORAGE

forbear [古英語]動耐える、我慢する、慎む、控える:

古英語の綴りは forberan であった。原義は「耐える」、「我慢する」であった。ここから、「へこたれない、自制する」加えて「何かが不足しているのを我慢する、なしですませる」が生まれた。さらに中英語になると、「慎む」という意味が形成された。
→ BEAR¹

forbid [古英語]動禁じる、妨げる:

forbēodan という綴りは古英語の形である。オランダ語 verbieden やドイツ語 verbieten と同系である。中心となる意味は「禁じる」である。God forbid...!「そんなことがあってたまるか！」という表現は当初から使われている。

force ［中英語］图暴力、（肉体の）力、武力、軍隊、（感情・行動などに影響する）力；動（敵に）突進する、強める、増強する、強調する、強いる：

古フランス語の *force*（名詞）、*forcer*（動詞）に由来し、語源はラテン語 *fortis*「強い」である。物理学の専門用語としては17世紀半ばから使われはじめた。軍事用語の「軍隊」は当初から見られる。集団としての警察を指す the *force*「警察隊」という表現は19世紀半ばから見られる。

ford ［古英語］图（川・湖水などの歩いて渡れる）浅瀬：

流れや川の浅い場所を表す。西ゲルマン語起源で、オランダ語 *voorde* と同系である。
→ FARE

fore ［古英語］形前の；副船首に；图前部、前面：

当初は前置詞として使われた。オランダ語 *voor* やドイツ語 *vor* と同系である。形容詞（例：*fore* wings「順風」）と名詞（例：to the *fore*「準備できている」、the *fore* of the ship「船首」）は、接頭辞 *fore-* が独立して使われた例で、15世紀後半から見られる。(17世紀初頭に登場する) 航海用語の *fore* and aft「船首から船尾まで」は、低地ドイツ語に由来する表現を翻訳借用したものである。近代オランダ語に類似表現として *van voren en van achteren* がある。

語形成
接頭辞 fore-（古英語）は次の意味を加える。
■「前方に」[foreshorten]「…を短縮する」
■「前に」[forebode]「…の前兆となる」
■「前に位置する」[forecourt]「前庭」
■「前の部分」[forebrain]「前脳部」
■「船首近く」[forecastle]「船首楼」
■「先立つ」[forefathers]「祖先」

---

forebear ［15世紀後半］图先祖：

この語の 2 番目の要素 *bear* は「先祖」を意味する。廃語となった *beer*「存在する人」（動詞 *be* と接尾辞 *-er* からなる）の異形である。したがって、*forebear* の文字通りの意味は「以前に存在していた人」となる。

foreclose ［中英語］動閉じ込める、（出口・道などを）封鎖する、除外する、妨げる、（抵当権設定者を）排除する：

古フランス語 *forclore* の過去分詞 *forclos* に由来する。*for-*「外へ」（ラテン語 *foras*「外部に」に由来）と *clore*「閉じる」からなる。原義は「逃亡を妨げる」で、後期中期英語には「閉め出す」と「何かをすることを妨げる」となった。(18世紀初頭には) 特に「誰かが抵当権を買い戻すのを妨げる」という意味が生まれた。

foreign ［中英語］形外国の、屋外の、自分のものでない、よその：

中英語の綴りは *foren, forein* であり、古フランス語 *forein, forain* に由来する。ラテン語 *fores*「扉」から派生した *foras, foris*「外部に」に基づく。現在の綴りは16世紀に現れ、*sovereign*「主権者」のような語から影響を受けている。医学用語 *foreign* body「体内異物」の中での使用は18世紀半ばから。

foremost ［古英語］形一番先の、まっ先の、第 1 位の；副まっ先に：

古英語 *formest, fyrmest* は、*forma*「最初の」に基づく。究極的な語源はゲルマン語起源の *fore* の最上級である。現在の綴りは、*fore*「前に」と *most* という 2 つの要素が結合することによって生じた。
→ FIRST; FORMER

forensic ［17世紀半ば］形法廷（弁論）の；图弁論演習：

ラテン語 *forum* から派生した *forensis*「公開の法廷で、人前で」に基づいている。*forensic* medicine「法医学」とは、法律の分野や犯罪捜査において医学的知識を応用することを指す。

→ FORUM

forest［中英語］名森林：
当初は「狩猟のために保護された森林区域」を指していた。また未開墾の土地を指すこともあった。ラテン語 foris「外」から派生した後期ラテン語 forestis (silva)「屋外の(森)」が古フランス語を経由して英語に入った。法的な境界線として、かつては通常は国王所有の狩猟用森林地帯を指していた。特別な法律が制定され、役人が管理するために任命された。ハンプシャー州南部の New Forest は王立狩猟場として、1079年にウィリアム1世により、国王の所有地として保護された。
forester［中英語］名「森林監督官」は、forest の派生語で、古フランス語 forestier に由来する。
→ FOREIGN

forestall［古英語］動買い占める、通行を妨げる、待ち伏せる、奪い取る、妨げる、…に先んじる：
古英語 foresteall は「待ち伏せ」を意味した。(中英語における) 動詞としての当初の意味は、「値をつり上げるために、(商品が) 市場に到着する前に横取りしたり、買い占めたりする」で、かつては犯罪行為であった。
→ STALL

forfeit［中英語］名犯罪、罪、処罰、罰金；動罰として失う、没収される：
元は、罪または犯罪を指し、そこからそれに対する罰金、あるいは罰の概念が生まれた。古フランス語 forfaire「法律を犯す」の過去分詞 forfet, forfait に由来する。for-「外へ」(ラテン語 foris「外」に由来) と faire「行う」(ラテン語 facere に由来) からなる。ゲームでの不真面目なやり方、規則のささいな違反という使い方は17世紀初頭から (シェイクスピア『尺には尺を』Measure for Measure, V. i 318-20: The strong Statues Stand like the forfeits in a Barber's shop, As much in mock, as mark「きびしい国法もまるで床屋がかかげる罰則同然、注意を呼ぶより嘲笑を招くにすぎぬと見受けました」)。

forge¹［中英語］名鍛冶場、(鍛冶場の) 炉；動偽造する、模造する、捏造する：
当初は「鍛冶場」、「(金属のものの) 鋳型を作る」を意味したが、一般的な「作る、組み立てる」という意味でも使われた。古フランス語 forger に由来し、語源はラテン語 fabricare「捏造する」である。元のラテン語は fabrica「製造されたもの、作業場」の派生語である。模造品と関連した用法はすでに初期に生じた。名詞はラテン語 fabrica が古フランス語を経由して入ってきたものである。
→ FABRIC

forge²［18世紀半ば］動(船が惰力または潮流に推されて) 進む、(船・走者・馬などが) 急にスピードを増して進出する：
forge ahead「一歩先んじる」のような表現の中で用いられる。元々は船と関連して使われていた。おそらく force の発音が変形したものであろう。
→ FORCE

forget［古英語］動忘れる：
古英語 forgietan は西ゲルマン語起源で、オランダ語 vergeten やドイツ語 vergessen と同系である。語源的な意味は「(心に) 保持しそこなう」であるが、物理的な意味での保持は、どのゲルマン語にも記録がない。複合語に以下がある：
■ **forget-me-not**「ワスレナグサ」は16世紀半ばから使われ、古フランス語の名称 ne m'oubliez mye を翻訳借用したものである。この花を身につけた者は、恋人から決して忘れ去られないという謂れがある。

forgive［古英語］名許す、免除する、軽減する：
古英語 forgiefan はゲルマン語起源で、オランダ語 vergeven やドイツ語 vergeben と同系である。当初は、借金の送金、あるいは罪の許しと関連していた。
→ GIVE

fork［古英語］名農業用フォーク、またぐわ、熊手、枝分かれ (したもの)、食卓用

フォーク：
古英語 forca, force は、農作業道具であった。ラテン語 furca「熊手、農業用フォーク」に基づいており、中英語時代にアングロノルマンフランス語 furke（この語もラテン語 furca に基づく）によって（意味が）補強された。食事の時に使う fork の用法は後期中英語から。時に、比喩的に（二者択一の）ジレンマと結び付くことがある。Morton's Fork「モートンの二叉論法」は、どちらの選択肢も信用できないというジレンマの一例である。カンタベリーの大司教であり、ヘンリー7世の大臣であったジョン・モートン（1420年頃〜1500年）は、金持ちは支払う余裕があり、質素に暮らしている者たちもお金を貯めているので支払うことができると主張して、強制的に税金を徴収しようとした。fork が fork in the road「分かれ道」のような表現の中で使われるようになったのは19世紀半ば頃である。

forlorn［古英語］形 退廃した、邪悪な、ため込む、破滅した、戦いに負けた、（希望などに）見放された、寄る辺もない、あわれな、みじめな：
古英語 forloren は「堕落した、道徳的に見捨てられた」という意味で、forlēosan「失う」の過去分詞である。ゲルマン語起源で、オランダ語 verliezen やドイツ語 verlieren と同系である。「憐れなほど惨めな」という現代の主な意味は16世紀から使われている。

form［中英語］名 似姿、形、外観、（人の）姿、野ウサギの巣、（あることを行うのに決まり切った）方式・礼式、【哲学】形相けいそう、美しさ、組版、（学校の）年級、正しい形、整然とした配列；動 形成する；形 形成の：
名詞は古フランス語 forme に由来し、動詞は古フランス語 fo(u)rmer に由来する。動詞の語源はラテン語 formare「形づくる」で、名詞と動詞の両者ともラテン語 forma「鋳型または型」に基づいている。

起源が同じものに、formation［後期中英語］名「形成」（ラテン語 formatio(n-) が起源）と formative 形「形成の」（古フランス語 formatif, -ive あるいは中世ラテン語 formativus に由来し、15世紀後半から）がある。formative period「発達期」のような使い方は19世紀半ばから。

formal［後期中英語］形【哲学】形相けいそうの、正式の、慣習に則った、礼儀にかなった、儀式ばった、威厳のある、形の、形式の：
ラテン語 forma「形、鋳型」から派生した formalis に由来する。「型にはまった、堅い」という用法は16世紀初頭から。やや後の用例では、「公に認可された」という意味で使われている。formality 名「形式的なこと、形式的儀式」は16世紀半ばから記録があり、「法的規則、または慣習との合致」を意味した。フランス語 formalité、または中世ラテン語 formalitas に由来し、語源はラテン語 formalis である。
→ FORM

format［19世紀半ば］名 判型、【コンピュータ】（ディスクなどを）初期化する：
ラテン語 formare「作りあげる」の過去分詞 formatus (liber)「組版になった（本）」が、フランス語とドイツ語を経由して入ってきた。

former［中英語］形 以前の、（位置的に）前の、前方の、（二者のうち）前者（の）：
古英語 forma と比較級を形成する接尾辞 -er からなる語で、「より以前の」という意味を持つ。

formidable［後期中英語］形 恐れを起こさせる、威厳のある、堂々とした：
フランス語、またはラテン語 formidare「恐れる」から派生した formidabilis に由来する。現代では、(formidable talent「畏敬の念を起こさせる才能」が示すように）単に尊敬を集めるくらい印象的な大きさを表すのに加えて、(formidable adversary「強敵」が示すように）「克服し難い」という意味も生まれた。

formula ［17世紀初頭］图（儀式などに用いる）決まった文句、調理法、処方、【数学・科学】公式：
当初の意味は（儀式や、社会的儀式時に使われる）「決まり文句」であった。ラテン語 *forma*「形、鋳型」の指小辞語が起源である。科学用語としては19世紀半ばから。

fornicate ［16世紀半ば］形アーチ形の、弓形の：
聖書ラテン語 *fornicari*「弓型に曲げる」に由来する。語源はラテン語 *fornix, fornic-*「アーチ型の部屋」である。このラテン語は後に「売春宿」を指す語として使われた。

forsake ［古英語］動辞する、拒否する、捨てる、放棄する、身捨てる：
古英語 *forsacan*「放棄する、拒否する」は西ゲルマン語起源で、オランダ語 *verzaken* と同系である。現代では正式語として用いられるが、伝統的なキリスト式結婚の礼拝の一部として知られている（例：『聖公会祈禱書』: And *forsaking* all other keep thee only unto her「他のものはすべて捨て、彼女のみに身を捧げよ」）。

fort ［後期中英語］图砦とり、交易所：
古フランス語 *fort*、あるいはイタリア語 *forte* に由来する。語源はラテン語 *fortis*「強い」である。**fortress** ［中英語］图「要塞」は、古フランス語 *forteresse*「強固な場所」に由来し、ラテン語 *fortis* に基づく。

forth ［古英語］副前へ、…以後、外へ、見えるところへ、遠くへ、国外へ：
ゲルマン語起源で、オランダ語 *voort* やドイツ語 *fort* と同系である。語源は *fore-* によって共有されるインド=ヨーロッパ語の語根である。**forthright**副は、古英語では *forthriht* と綴られ、「まっすぐ前に、まっすぐに」という意味であった。

fortify ［後期中英語］動（肉体的、精神的、道徳的に）強くする、要塞強固にする、（食品の）栄養価を高める：
ラテン語 *fortis*「強い」に基づく後期ラテン語 *fortificare* が、*fortify* と **fortification**图「強化」を生んだ（両方ともフランス語を経由して英語に入った）。

fortnight ［古英語］图2週間（日でなく、夜で数えるゲルマン民族の習慣）：
古英語 *féowertiene niht*「14の夜」の短縮形である。夜で1日を数えるという古代ゲルマン民族の方式を反映している。

fortuitous ［17世紀半ば］形偶然発生の：
ラテン語 *fortuitus* に由来する。元のラテン語は *fors*「運、幸運」から派生した *forte*「偶然に」に基づいている。

fortune ［中英語］图運命の女神、運命、偶然、幸運、富、財産：
ラテン語 *Fortuna*（運命を擬人化した女神の名）が古フランス語を経由して入ってきた。**fortunate** ［後期中英語］形「幸運な」はラテン語 *fortuna* から派生した *fortunatus* に由来する。

forum ［後期中英語］图フォーラム、討論会、古代ローマの公共広場：
語源は文字通り「屋外のもの」という意味のラテン語である。英語では元々、家の周囲を囲む塀を意味した。*fores*「扉（の外）」と関連している。「意見交換ができる場所」という用法は18世紀半ばから。

forward ［古英語］副（時間的に）将来に向って今後、前方へ、先に：
古英語 *forweard* は「将来に向って」という意味で、from this day *forward*「この日からずっと」という表現の中に見られる。古英語 *forthweard* の異形であった。→ FORTH

fossil ［16世紀半ば］图地下の水中に住んでいると考えられる魚、地中からの発掘物、化石、時代遅れの人・物：
当初は地下の水中に生息していたと信じ

られていた化石化した魚を指した。フランス語 fossile に由来し、ラテン語 fodere「掘る」から派生した fossilis「掘り出された」に基づく。19世紀半ばになると、人に対する軽蔑語として使われた。

foster［古英語］動食べ物を与える、養う、育てる、(里子を)養育する、心に抱く、促進する:

古英語 fóstrian「食べ物を与える、養う」は、fóster「食べ物、滋養」の派生語で、ゲルマン語起源である。「他人の子供を育てる」という意味は中英語から見られる。かつては「自分の子供を育てる」という使われ方もあった。複合語の foster-father、foster-mother、foster-child、foster-brother はすべて、古英語から見られる。foster-mother「養母」は乳母の意味でもあり、その夫は、乳をやった子供にとって foster-father「養父」となる。同じ母乳で育てられた子供達は foster-brother「乳兄弟」、foster-sister「乳姉妹」となった。
→ FOOD

foul［古英語］形不潔な、汚い、邪悪な、《方言》醜い、(天候が)悪い；動汚れる、汚れる、汚す:

古英語 fūl はゲルマン語起源で、古ノルド語 fúll「不潔な」、オランダ語 vuil「汚い」、ドイツ語 faul「腐った、怠惰な」と同系である。これらは、ラテン語 pus、ギリシア語 puos「膿」、ラテン語 putere「悪臭を放つこと」に共通するインド=ヨーロッパの語根に基づく。

found[1]［中英語］動土台を据える、創設する；名創建、創設、土台:

古フランス語 fonder に由来し、ラテン語 fundus「底、基礎」から派生した fundare「基礎を築くこと」に基づく。founda-tion名「基礎」は、古フランス語 fonda-tion に由来する後期中英語で、ラテン語 fundare から派生した fundatio (n-) に基づく。

found[2]［16世紀初頭］動溶かす、混ぜる、鋳造する、(ガラス原料を)溶かす:

フランス語 fondre に由来し、起源はラテン語 fundere「溶かす、注ぐ」である。foundry名「鋳造業」は17世紀初頭から。当初の綴りは foundery であった。おそらくフランス語 fonderie から影響を受けている。

founder［中英語］動打ちのめす、(海底などに)沈める、(馬が)よろめく、倒れる、(船が)浸水して沈没する:

原義は「地面にぶつかる」であった。古フランス語 fondrer, esfondrer「沈める、崩壊する」に由来し、語源はラテン語 fundus「底、基礎」である。

fountain［中英語］名泉、源、源水、噴水；動流れ出る:

当初の意味は「自然の泉」であった。古フランス語 fontaine に由来する。ラテン語 fontanus (fons, font-「泉」由来の形容詞) の女性形名詞である後期ラテン語 fontana に基づく。fount名「源」は16世紀後半から記録があり、fountain からの逆成 (接尾辞の消去) による。mountain と mount の組合わせと同じ関係である。

fowl［古英語］名鳥、家禽:

古英語 fugol は、元々鳥を表す一般語であった。ゲルマン語起源で、オランダ語 vogel、ドイツ語 Vogel と同系である。
→ FLY[1]

fox［古英語］名キツネ；動だます:

ゲルマン語起源で、オランダ語 vos やドイツ語 Fuchs と同系である。この語は、巧妙さと狡猾さという特徴と結びついた。foxy形は16世紀初頭から「キツネのような」という意味で使われるが、20世紀初頭からは、アメリカの俗語で (foxy lady が示すように)「魅力的な、セクシーな」という意味で使われている。

foyer［18世紀後半］名(劇場・図書館・ホテルなどの)休憩室、ロビー、(マンションなどの)入口の間:

当初は「注意の、または行動の中心」を意

味した。「炉辺、家庭」という意味のフランス語に由来し、ラテン語 focus「家庭の炉辺」が起源である。
→ FOCUS

fraction［後期中英語］图【数学】分数、端数、【キリスト教】聖体分割、分割、破砕、不和、小部分、断片：

聖書ラテン語 fractio(n-)「聖体分割」が古フランス語を経由して入ってきた語である。元のラテン語は frangere「こわす」の派生語で、このラテン語は同時代に生じた fracture 图「骨折」の語基でもある（fracture 自体はフランス語、あるいはラテン語 fractura に由来する）。fractious 形「手に負えない」は、fraction の派生語で、おそらく faction と factious の関係にならったものである。現代の一般的な意味は「手に負えない」、「気難しい」である（両者とも18世紀初頭から）。

fragile［15世紀後半］形（道徳的・精神的に）もろい、犯罪を犯しやすい、壊れやすい、もろい、（体質的に）弱い：

当初の意味は「道徳的に弱い」であった。ラテン語 frangere「壊れる」から派生した fragilis に基づく。「こわれやすい」という意味は16世紀半ばから。

fragment［後期中英語］图破片、断片、未完成の部分；動ばらばらになる・する：

フランス語か、またはラテン語 frangere「こわれる」から派生した fragmentum に由来する。

fragrant［後期中英語］形においの良い：

フランス語か、またはラテン語の動詞 fragrare「芳しい匂いがする」の現在分詞語幹 fragrant- に由来する。fragrance 图「香水」の記録は17世紀半ばからあり、フランス語か、またはラテン語 fragrare から派生した fragrantia に由来する。

frail［中英語］形（道徳的・精神的に）もろい、（物が）もろい、（体質が）弱い、は

かない：

ラテン語 fragilis に由来する古フランス語 fraile から入った。frailty 图「もろさ」（古フランス語 frailete に由来）は、「道徳的弱さ」という意味で、同じく中英語から使われている。
→ FRAGILE

frame［古英語］图利益、構造、組織、たくらみ、額縁、枠；動役に立つ、益する、組み立てる、仕組む、足を向ける、（罪などを）でっち上げる：

ゲルマン語起源で、古英語の動詞 framian は「便利である、役に立つ」を意味した。中英語時代の一般的な意味は「使う準備をする」であった。そこから「（計画、考え）を練る」という意味が生まれた（例：The management group framed the proposals「その経営グループはその計画を練った」）。また、「建築用の材木を準備する」という特殊な意味も生まれた。後に「建物の木製の部品（要するに、枠組み）を作る」となり、後期中英語において「構造」という意味へと発展した。「でっち上げる」という俗語は、元は、アメリカ英語で1920年代から使われた。
→ FROM

franchise［中英語］图（拘禁・隷属・精神的圧迫からの）自由、特許、特別免除、市民権；動自由（民）にする、特権を与える、免れさせる：

当初の意味は法的免除の授与であった。古フランス語に由来し、franc, franche「自由」に基づいている。「公の選挙における投票権」という意味は18世紀後半から使われ、「商業活動を行うための許可」という使い方は20世紀に生じた。
→ FRANK[1]

frank[1]［中英語］形自由な、おおまかな、寛大な、（植物などが）良質の、支払義務のない、率直な：

当初は「自由な」という意味であった。古フランス語 franc に由来し、語源は Francus「フランク族」から派生した中

世ラテン語 *francus*「自由な」である。フランク族だけが、6世紀に征服したガリア地方で唯一の自由民であったことに由来する。中英語時代のもう1つの意味は「寛大な」で、現在も使われている。

frank² [18世紀初頭][動](手紙に)無料配達のスタンプを押す；[名]無料郵便物：

動詞は、(郵便料金を示すため)「スタンプを押す」という意味で、形容詞 *frank* の派生語である。当初の意味は「支払義務を免れる」であった。

frankincense [後期中英語][名]乳香：

古フランス語 *franc encens* に由来する。文字通りの意味は「上質の香」であった。廃れてしまった意味「上級の、上質の」(英語にもかつて存在した意味である)で使われる *franc* と *encens*「香」からなる。
→ FRANK¹

frantic [後期中英語][形]狂乱の、激しく狂った：

当初の綴りは *frentik* であり、「狂った、激しく狂った」という意味であった。古フランス語 *frenetique*「逆上した」に由来する。
→ FRENETIC

fraternity [中英語][名](宗教的または慈善的目的を持った)信徒団体、協同(友愛)団体、兄弟愛、友愛、兄弟関係：

古フランス語 *fraternite* に由来し、語源はラテン語 *fraternitas* である。そのラテン語は *frater*「兄弟」から派生した *fraternus* に基づく。*fraternal*[形]「兄弟の」は後期中英語から使われ、ラテン語 *fraternus* から派生した中世ラテン語 *fraternalis* に由来する。

fraud [中英語][名]詐欺(的)行為、不誠実、裏切り：

古フランス語 *fraude* に由来し、語源はラテン語 *fraus, fraud-*「詐欺、損害」である。*fraudulent*[形]「詐欺的な」は後期中英語から使われ、古フランス語か、またはラテン語 *fraus, fraud-* から派生した *fraud-* *ulentus* に由来する。

fraught [後期中英語][形](荷物を)積んだ、…を伴った、…に満ちている：

当初の意味は「荷を積んだ」と「備えられた、装備された」であった。廃語となった *fraught*「積み荷」の過去分詞であり、*vracht*「船荷」から派生した中オランダ語 *vrachten* に由来している。
→ FREIGHT

fray¹ [後期中英語][動]打ち傷をつける、(武器などが)激しくぶつかる、(シカが新しく生えた角を)樹木にこすりつける、(布のへりなどを)すり切らす、ほぐれる：

古フランス語 *freiier* に由来し、語源はラテン語 *fricare*「こする」である。

fray² [後期中英語][動]恐れさせる、攻撃する、けんかをする、さわぐ；[名]攻撃、恐怖、大騒ぎ、争い：

affray「びっくりさせる」から派生した古語の動詞 *fray*「口論する」に由来する。起源はアングロノルマンフランス語 *afrayer* である。
→ AFFRAY

frazzle [19世紀初頭][動](ぼろぼろに)擦り切らす、擦り切れる；[名]ずたずたの状態：

おそらく *fray*「ほぐす」とゲルマン語起源の廃語 *fazle*「解ける」の混成語である。元は東アングル語方言であった。アメリカ英語を経由してイギリス英語の標準語に入ってきた。

freckle [後期中英語][名]そばかす；[動]そばかすをつける：

方言の *frecken* が変化したもので、古ノルド語 *freknur* (この語は複数形)が起源。

free [古英語][形]自由な、(義務・税・支払などから)免れている、高貴な(生まれの)、度量の大きい、(罪から)免れてい

る、無罪の；**動**自由にする、免れさせる、（罪などから）解放する、無罪にする：

古英語の形容詞 *frēo* と動詞 *frēon* は、ゲルマン語起源である。同系語はオランダ語 *vrij* とドイツ語 *frei* で、friend「友」とも共通する「愛する」という意味のインド＝ヨーロッパ語の語幹に由来する。freedom **名**「自由」も古英語時代の語である。freeble **名**「無料で与えられるもの」は、アメリカで1940年代に生まれた。*free* からの造語である。
→ FRIEND

freebooter ［16世紀後半］**名**略奪者、海賊：

「無法の冒険家」を意味し、オランダ語 *vrijbuiter* に由来する。元のオランダ語は、*vrij*「自由な」、*buit*「戦利品」、そして名詞を形成する接尾辞 *-er* からなる。
→ FILIBUSTER

freelance ［19世紀初頭］**形**（作家、俳優などが）自由契約の・自由契約で；**動**自由契約で働く：

現在は、ビジネスの場で終身契約ではなく、複数の会社で働く人を指すが、かつては傭兵を意味した。元は (free lance のように) 2語で書かれていた。

freeze ［古英語］**動**凍る、凍りつく、冷え込む、凍える、凍らせる：

古英語 *frēosan* は、当初 hit *frēoseth*「底冷えしている、水が凍るほど寒い」という表現の中で使われた。ゲルマン語起源で、オランダ語 *vriezen* やドイツ語 *frieren* と同系である。語源はラテン語 *pruina*「白霜をかぶった」と、古英語 *frost* に共通するインド＝ヨーロッパ語の語根である。

freight ［後期中英語］**名**貨物運送、運送料、運賃、船荷、運送荷物：

当初の意味は「船荷の運送料」であった。起源は中オランダ語、中低地ドイツ語 *vrecht* であり、*vracht*「船荷」の異形である。
→ FRAUGHT

French ［古英語］**形**フランス（人）の、フランス風の、フランス語の；**名**フランス人、フランス語：

古英語 *Frencisc* はゲルマン語起源で、6世紀にガリア地方を征服したゲルマン民族の1つ Frank「フランク族」に由来する。*Frank* は、古英語では *Franca* であった。おそらく、武器の名から生じたもので、古英語 *franca*「槍」と同系である。慣用表現に以下がある：

■ French leave ［18世紀半ば］「あいさつなしの退出」は、主催者に別れの挨拶をしないで晩餐会や舞踏会を退席するというフランス人の習慣に由来すると言われている。この表現は、フランスとイギリスが国外の覇権争いをした「七年戦争」(1756〜63年) の直後に最初の記録がある。これに対応するフランス語の表現は、*filer à l'Anglaise* であり、文字通りの意味は「イングランド人式に逃げる」である。

frenetic ［後期中英語］**形**狂乱の：

当初の意味は「狂気の」であった。起源は古フランス語 *frenetique* で、ギリシア語 *phrenitis*「一時的精神錯乱」から派生した *phrenitikos* がラテン語を経由して入ってきた。ギリシア語 *phrēn*「精神」が基になっている。
→ FRANTIC

frenzy ［中英語］**名**逆上、狂乱：

古フランス語 *frenesie* に由来する。ラテン語 *phrenesis* に由来する中世ラテン語 *phrenesia* に基づいている。語源はギリシア語 *phrēn*「心」である。

frequent ［後期中英語］**形**おびただしい、（場所が）混み合っている、（集団が）多人数からなる、頻繁な、たびたびの：

当初の意味は「豊富な、広々した」であった。フランス語か、またはラテン語 *frequens, frequent-*「混み合っている、頻繁な」に由来する。究極の語源は不詳である。frequency **名**「頻繁」は16世紀半ばから。しだいに後期中英語 *frequence* に取って代わった。元々は群衆を指した。

frequens から派生したラテン語 *frequentia* が語源である。

fresco ［16世紀後半］名フレスコ画法：
イタリア語 *fresco* に由来する。フレスコとは、壁、または天井の塗りたての漆喰に、水彩絵の具で素早く描いた絵を指す。元のイタリア語の文字通りの意味は「涼しい、新鮮な」であった。当初は in *fresco* という表現の中で使われた。それは、イタリア語 *affresco, al fresco*「(漆喰の)塗りたて」を表したものである。

fresh ［古英語］形(水、バターなどが)塩分のない、新しい、新鮮な、熱心な、(空気などが)さわやかな：
古英語 *fersc* の意味は「塩分のない、飲料水に適している」であった。中英語において、古フランス語 *freis, fresche* に由来する形に取って変わられた。両者とも最終的な起源はゲルマン語で、オランダ語 *vers* とドイツ語 *frisch* と同系である。「生意気な、厚かましい」という意味の使い方は、おそらくドイツ語 *frech*「ずうずうしい、生意気な」に影響されている。英語では19世紀半ばから。

fret¹ ［古英語］動むさぼる、すり減らす、じらす、悩ます、じれる、悩む：
古英語 *fretan* の意味は「むさぼり食う、使い果たす」であった。ゲルマン語起源で、同系語にオランダ語 *vreten* とドイツ語 *fressen* がある。
→ EAT

fret² ［後期中英語］動(金・銀・宝石などで)装飾する、雷文で飾る、格子模様にする、(天井などを)浮彫り模様で飾る；名(網状の)装飾、髪飾り：
連続した装飾的な模様を指し、古フランス語 *frete*「格子模様」に由来する。語源不詳。この語と音楽との関連(弦楽器のフレット)は16世紀初頭から見られるが、その由来も不明。

friar ［中英語］名【カトリック】(托鉢修道会の)修道士：
古フランス語 *frere* に由来し、語源はラテン語 *frater*「修道士」である。

friction ［16世紀半ば］名(皮膚を刺激するための体の)摩擦、(物体と物体との)摩擦、(意見の)衝突：
身体や手足を擦って温める、または擦るという行為を指した。以前は医学的治療の場面でよく使われた。ラテン語 *fricare*「擦る」から派生した *frictio(n-)* がフランス語を経由して入った語である。

fridge ［1920年代］名冷蔵庫：
refrigerator「冷蔵庫」の短縮形。おそらく、商標名の *Frigidaire* から影響を受けている。

friend ［古英語］名友、味方、支持者、親族、情人、恋人：
古英語 *frēond* はゲルマン語起源で、オランダ語 *vriend* やドイツ語 *Freund* と同系である。*free*「自由」と共通する、「愛する」という意味を持つインド＝ヨーロッパ語の語根に基づく。
→ FREE

frieze ［16世紀半ば］名フリーズ、小壁(建築の柱の上部の蛇腹と台輪の中間の部分)：
フランス語 *frise* に由来する。語源は中世ラテン語 *frisium* で、*frigium* の異形である。*frigium* はラテン語 *Phrygium (opus)*「フリジアの(作品)」に基づく。フリジアは中央小アジア西部の古代の地域で、8世紀に小アジアの権力が頂点に達した場所であった。

frigate ［16世紀後半］名フリゲート艦(快速帆船)：
当初はオール、または帆で走る軽量の速い船を指した。イタリア語 *fregata* に由来するフランス語 *frégate* に基づくが、語源は不詳。現在は、様々な軍備を備えた軍艦の名前として使われる。元は護衛艦として導入されたものであった。

fright ［古英語］名恐怖、驚き；動おびえ

る、びっくりさせる：

古英語 fryhto, fyrhto はゲルマン語起源で、オランダ語 furcht、ドイツ語 furcht と同系である。

frigid［後期中英語］形（体質が）冷たい、厳寒の：

ラテン語 frigidus に由来する。語源は名詞 frigus「冷たさ」から派生した frigere「冷たい」である。

fringe［中英語］名（布・帯・裾などの）フリンジ、房の縁飾り、（問題などの）二次的な物事、へり、縁：

古フランス語 frenge に由来し、後期ラテン語 fimbria に基づく。元のラテン語は「繊維、切れ端」という意味の複数名詞であった。

frippery［16世紀半ば］名古着、古着店、（服装のけばけばしい）装飾品、安ぴか物：

当初は古着を表す集合名詞として使われていた。フランス語 friperie に由来し、古フランス語 frepe「古着」から派生した freperie に基づく。最終的な語源は不詳。

frisk［16世紀初頭］動（ふざけて）軽快に跳ねまわる、はしゃぐ：

当初は「ふざけてスキップすること、跳ぶこと」の意味に使われた。現在の意味は、廃義となった意味の「快活な、活発な」に由来する。古フランス語 frisque「機敏な、快活な、陽気な」に基づくが、おそらくゲルマン語起源であろう。frisk someone for offensive weapons「攻撃用の武器を持っているか身体検査をする」のような使い方は、元は俗語であった。これは18世紀後半から見られる。

fritter¹［18世紀初頭］名小片；動無駄に使う、こなごなに砕く：

廃語となった動詞 fitter「壊れて粉々になる」に基づいている。おそらくドイツ語 Fetzen「小片、断片」と同系である。

fritter²［後期中英語］名（果物・野菜・魚介類などに）衣をつけて揚げたもの：

料理用語として使われる。古フランス語 friture に由来し、語源はラテン語 frigere「揚げる」である。
→ FRY¹

frivolous［後期中英語］形取るに足らない：

語源はラテン語 frivolus「ばかな、くだらない」である。

frizz［後期中英語］動毛髪を縮れ毛にする、縮れて逆立つ；名縮れ毛：

当初は「軽石でこすった服（もみ革）」という意味に使われた。フランス語 friser に由来する。「太い巻き毛を作る」という意味は16世紀後半から。frizzle 動「しっかりとした巻き毛を作る」は frizz に由来し、16世紀半ばから使われはじめた。

frizzle［18世紀半ば］動ジュージュー音をたてていためる：

動詞 fry の派生語で、おそらく sizzle（ジュージューという擬音語）の影響を受けている。
→ FRY¹

frock［後期中英語］名丈の長い広袖のゆるやかな聖職服、（婦人・子供用の）ドレス：

古フランス語 froc に由来し、ゲルマン語起源である。「修道士、僧侶のガウン」という意味が、defrock「…の聖職を剥奪する」の中に残っている。

frog［古英語］名カエル：

古英語 frogga はゲルマン語起源で、オランダ語 vors やドイツ語 Frosch と同系である。中英語では一般的に侮辱語として使われ、特に17世紀のオランダ人に対して使われた。フランス人への適用（18世紀後半）は、おそらく一部は頭韻（fr）によるもので、一部はフランス人がカエルの足を食べると言う評判に由来する。

frolic［16世紀初頭］形陽気な、ふざけ喜

ぶ：
オランダ語 vrolijk「陽気な、快活な」に由来する。

from ［古英語］前 …から：
古英語 fram, from は、ゲルマン語起源である。古ノルド語 frá と同系であり、そこから中英語 fro 副「向こうへ」が生まれた。

frond ［18世紀後半］名 シダ・シュロなどの葉：
ラテン語 frons, frond-「葉」に由来する。

front ［中英語］名 額、前、前面、（時期などの）はじめ；動 …に相対する、…の方に向かう、…の前面に立つ：
当初は額を指していた。古フランス語 front に由来し、語源はラテン語 frons, front-「額、前」であった。frontal 形「正面の、前面の」は、17世紀半ばには「額に関係している」という意味であった。近代ラテン語 frontalis に由来し、語源はラテン語 frons である。

frontier ［後期中英語］名 祭壇覆い、国境地方、（学問などの）最前線、（国境地方の）要塞：
古フランス語 frontiere に由来し、語源はラテン語 frons, front-「前」である。

frontispiece ［16世紀後半］名（建物の）正面、（戸・窓上の）装飾壁、（本の）扉、（本の）口絵：
当初は「建物の正面」を指す建築用語として使われた。フランス語 frontispice、または後期ラテン語 frontispicium「建物の正面」に由来する。元のラテン語は、frons, front-「前」と specere「見ること」からなる。初期に生じた屈折語尾の変化（spice、または spicium から spiece）は piece の影響を受けている。

frost ［古英語］名 結霜、霜：
古英語 frost, forst は、ゲルマン語起源で、オランダ語 vorst やドイツ語 Frost と同系である。
→ FREEZE

froth ［後期中英語］名 泡、あぶく、空疎なもの、空言；動 泡を出す：
古ノルド語 frotha, frauth に由来する。

frown ［後期中英語］；動 まゆをひそめる；名 まゆをひそめること、しかめ面：
古フランス語 froigne「不機嫌な顔」から派生した froignier に由来する。ケルト語起源である。

frugal ［16世紀半ば］形 つつましい、倹約して、質素な：
ラテン語 frugi「倹約して、質素な」から派生した frugalis に由来する。元のラテン語は frux, frug-「果物」である。

fruit ［中英語］名 果実、果物、デザート、産物、報い、成果、（人間・動物の）子供・子孫；動 実を結ぶ：
古フランス語に由来する。語源はラテン語 frui「享受する」から派生した fructus「産物、収穫の享受」である。これは、frux, frug-「果物」の複数形（ほぼ一般的な形）である fruges「土地からの恵み」と同系である。fruition ［後期中英語］名「成就、実現」は「享受」を意味した。後期ラテン語 frui から派生した fruitio (n-) が古フランス語を経由して入ってきた語である。現在の意味「実現」（19世紀後半から見られる）は fruit との関連によって生じた。

frump ［16世紀半ば］名 あざけり、不機嫌、やぼったい女：
おそらく後期中英語 frumple「しわ」の短縮形で、中オランダ語 verrompelen に由来する。元は、ばかにする話し方、行為を指した。後に frumps という形で「むっつりすること」を意味した。これが機嫌が悪いという使い方に発展し、最終的にみすぼらしい身なりの女（19世紀初頭）になった。

frustrate ［後期中英語］動 失望させる、

（計画・努力・希望などを）くじく、挫折させる：

ラテン語 frustra「無駄に」から派生した frustrare「失望させる」に由来する。frustration ［16世紀半ば］图「挫折、失敗」は frustrare から派生した frustratio(n-) に由来する。

fry¹ ［中英語］動油で揚げる；图フライ、揚げたもの：

古フランス語 frire に由来し、語源はラテン語 frigere である。

fry² ［中英語］图幼期の魚、一度に生まれた子供たち、子孫、（軽蔑的に）人々、（特に）子供たち：

古ノルド語 frjó に由来する。

fudge ［17世紀初頭］動（風説などを）でっち上げる、ばかなことを言う；間（軽蔑的に）ばかな；图ばかげたこと、作り話、ファッジ（砂糖・バター・牛乳にチョコレートやバニラなどを加えて作った柔らかなキャンディー）：

おそらく廃語となった fadge「適合する」の異形である。当初は「期待どおりになる」、「溶け込む」という動詞として使われた。そこから菓子類の意味が生じたと見られる。17世紀後半に動詞が「不正なやり方でまとまる」の意味になった。これには、表面的に納得させられる方法で、でっち上げられた事実、または数字という意味が含まれた。これが fudge!「ばかな！」という感嘆文と、「新聞紙面において差し替えられた最新ニュース」という意味に発展した。

fuel ［中英語］图燃料、情熱をあおるもの；動燃料を供給する、燃料を得る：

古フランス語 fouaille に由来する。語源はラテン語 focus「炉辺」で、後期ラテン語で「火」という意味になった。イングランドとフランスにおける中世ラテン語では、複数形 focalia（単数形は focale、または focalium）は、しばしば燃料を供給する義務と、燃料の供給を要求する権利に関する特権の中で使われていた。fuel poverty は、1970年代から使われ、「家庭の暖房、照明、エネルギーにかける十分な費用がない」という意味である。

fugitive ［後期中英語］形逃走中の、はかない、つかの間の；图逃亡者：

古フランス語 fugitif, -ive に由来する。語源はラテン語 fugere「逃げる」から派生した fugitivus である。

fulcrum ［17世紀後半］图てこの支点、支柱：

元来、一般的な意味は「支柱、支え」であった。文字通りの意味が「長椅子の支柱」というラテン語が英語に入ったものである。元のラテン語は fulcire「支える」に基づく。

fulfil ［後期古英語］動満たす、（義務・命令などを）果たす、（予言などを）実現する、（願望を）とげる：

後期古英語 fullfyllan の意味は「満たす、一杯にする」であった。fulfilling a prophecy「予言の実現」という概念はヘブライ語法に由来する。再帰用法 fulfil oneself「自分の能力を十分に発揮する」は、1842年のテニスンの用法を発展させたものである（例：『庭師の娘』Gardener's Daughter : My desire...By its own energy fulfill'd itself「私の願いは…自らの力で成就した」）。
→ FILL；FULL¹

full¹ ［古英語］形いっぱいの、十分な、満ちた、完全な；副十分に、全く、（位置・方角などが）きっかり：

「空間がない」という意味で、ゲルマン語起源である。オランダ語 vol やドイツ語 voll と同系である。帆船を「風で帆が膨らんだ」と表現する使い方は17世紀初頭から見られる。

full² ［中英語］動踏みつける、破壊する、（毛織物を）洗ったり蒸したりして生地を密にする、縮充（しゅくじゅう）する：

布を熱・圧力・加湿によって洗濯、縮充、フェルト状にするという織物に関する動詞で、おそらく fuller 名「縮充工」の逆成語（接尾辞の削除による）であろう。古フランス語 fouler「きつく押し付ける」、またはラテン語 fullo「縮充工」から派生した中世ラテン語 fullare から影響を受けている。

fulsome ［中英語］形（ほめ言葉などが）鼻につく、しつこい、貪欲な、好色な、淫らな：
当初の意味は「豊富な」であった。語源は full である。
→ FULL¹

fumble ［後期中英語］動手探りする、（ぎこちなく）いじる、口ごもる、（不器用に）包む、抱く：
低地ドイツ語 fommeln、またはオランダ語 fommelen に由来している。

fume ［後期中英語］名（感情・夢・怠惰などを生じさせる体内の）発散気、（酒を飲むと胃から頭へ上ると思われた）毒気、（燃焼によるか、揮発性物質から出る）ガス煙、怒気；動怒り狂う：
古フランス語の動詞 fumer に由来し、語源はラテン語 fumare「煙を出す」である。動詞用法は16世紀初頭から見られる。

fumigate ［16世紀半ば］動香をにおわせる、（煙で）いぶす、燻蒸(くんじょう)（消毒）する：
当初の意味は「香りをにおわせる」であった。ラテン語 fumus「煙」から派生した fumigare「燻蒸する」に由来する。消毒という意味は18世紀後半からこの動詞と結びついている。

fun ［17世紀後半］動だます、かつぐ、戯れる、ふざける；名人をかつぐこと、戯れ、慰め；形楽しい：
当初の意味は「悪ふざけ、人をかつぐこと」であった。語源は廃語となった動詞 fun「だます、かつぐ」である。後期中英語 fon「笑いものにする、ばかなふりをする」という方言の異形であり、fon「愚か者」と関連している。最終的な語源は不祥。funny 形「おかしい」は18世紀半ばから見られる。複合語に以下がある：
■ funny ha-ha「おかしい」と funny peculiar「奇妙な」は、小説『舎監』House-master（1936年）において著者イアン・ヘイ自身が作った造語。
■ funny money はアメリカ英語で1930年代から見られる。偽造された、または役に立たないお金を意味している。
→ FOND

function［16世紀半ば］名職務、機能、（肉体的・精神的）活動、実行、行為、儀式、祭典、関数、文法機能；動作動する：
フランス語 fonction に由来し、語源はラテン語 fungi「行う」から派生した functio(n-) である。

fund ［17世紀半ば］名底、基礎、資金、基金、財源、（知識・才能などの）貯え；動資金を供給する、積み立てる：
ラテン語 fundus「底、土地の財産」が語源である。当初の意味は「底、最も低い部分」であり、後に「基礎、基本」となった。お金との関連は、おそらく土地の財産が財源となるという考えに由来する。

fundamental ［後期中英語］形基礎的な、重要な；名基本：
フランス語 fondamental、または後期ラテン語 fundamentalis に由来する。ラテン語 fundare「設立する」から派生した fundamentum に基づく。名詞はしばしば複数形 fundamentals として使われ、17世紀半ばから見られる。

funeral ［後期中英語］形葬式の、悲しい；名葬式、弔い、葬式費用、死、墓、葬列：
古フランス語 funeraille に由来し、後期ラテン語 funeralis の中性複数形である中世ラテン語 funeralia に基づく。語源はラテン語 funus, funer-「葬式、死、屍

骸」である。

fungus [後期中英語][名]菌類、(菌のように)急に生ずるもの、一時的現象：

ラテン語から入った語である。おそらく語源はギリシア語 *spongos* である。時に、20世紀初頭から「顎髭」の意味で使われる (例：P・G・ウッドハウス『サムは突然』*Sam the Sudden*: Where did you get the *fungus*?「どこでその顎鬚をはやしたの」)。おそらく face *fungus*「顎髭」の短縮 (face の省略) である。
→ SPONGE

funk[1] [18世紀半ば][動]おじけづく、こわがらせる、おどす；[名]おじけ、臆病、臆病もの：

オックスフォード大学内で、in a blue *funk*「おののいている」という俗語の中で用いられていた。おそらく「煙草の煙」という意味の俗語 *funk*、あるいは廃語となったフランドル語 *fonck*「不安、動揺」に由来する。
→ FUNK[2]

funk[2] [17世紀初頭][名]【ジャズ】ファンキーミュージック (黒人感覚にみちた楽しいリズムのジャズ)：

1950年代から音楽用語 (アメリカの黒人から生まれたポピュラーダンスミュージックのスタイル) として使われているが、それ以前は「古臭い匂い」という意味で使われた。これは、現代のアメリカ英語に残っている。おそらくフランス語方言 *funkier*「煙草の煙を吹きかける」に由来し、ラテン語 *fumus*「煙」に基づいている。

funnel [後期中英語][名]漏斗、(漏斗状の) 通気筒、(機関車・汽船などの) 煙突・煙筒；[動]漏斗 (のような狭い場所) を通す：

プロヴァンス語 *fonilh* が古フランス語を経由して英語に入った。語源はラテン語 *infundibulum* に由来する後期ラテン語 *fundibulum* である。元のラテン語は *in-*

「中に」と *fundere*「注ぐこと」からなる *infundere* に基づいている。

fur [中英語][名]毛皮、毛皮製品、(集合的に) 柔毛をもった獣；[動]湯・水あかで覆う、詰まらせる：

動詞用法が最初である。古フランス語 *forre*「包み込む」から派生した *forrer*「裏打ちをする」に由来する。起源はゲルマン語である。**furrier** [中英語][名]「毛皮商人」は、古フランス語 *forrer* から派生した *forreor* に由来する。16世紀に起きた語尾変化 (*eor* から *ier*) は、clothier「衣服商」の語尾 *-ier* の影響を受けている。

furbish [後期中英語][動]磨く、研ぐ：

forbir の延長語幹である古フランス語 *forbiss-* に由来する。*forbir* はゲルマン語起源である。

furious [後期中英語][形]たけり狂う、猛烈な：

古フランス語 *furieus* に由来する。語源はラテン語 *furia*「激しい怒り」から派生した *furiosus* である。

furl [16世紀後半][動](旗・帆などを) 巻く、巻いて納める、巻きあがる：

フランス語 *ferler* に由来する。古フランス語 *fer, ferm*「堅い」と *lier*「縛る」(ラテン語 *ligare* に基づく) からなる。

furlong [古英語][名]ファーロング (長さの単位)：

古英語 *furlang* は *furth*「うね」と *lang*「長い」からなる。元々は、公共の土地 (正式に10エーカー四方と考えられていた) のうねの長さを示していた。また、ローマの *stadium*、つまりローマ式マイルの1/8に相当する語としても使われ、現在の意味の基になっている。
→ STADIUM

furnace [中英語][名]焦熱地獄、試練 (の場所)、(火を使う) 炉、かま、暖房炉、ボイラー：

古フランス語 *fornais(e)* に由来する。語源はラテン語 *fornus*「オーブン」から派生した *fornax, fornac-* である。

furnish [後期中英語][動]供給する、成し遂げる、飾る、(家具などを) 備え付ける：

当初の一般的な意味は「必要なもの、欲しいものを供給する、または授ける」であった。古フランス語 *furnir* の延長語幹 *furniss-* に由来する。起源は西ゲルマン語である。

furniture [16世紀初頭][名](場所などの) 占有、占有者の定員、装備すること、馬具、家具、備品：

当初の意味は「必要なものを備える」という行為を指すものであった。フランス語 *fournir* から派生した *fourniture* に由来し、起源は古フランス語 *furnir*「備える」である。テーブルや椅子のように「大型の移動可能なもの」という現代の意味は16世紀後半から。「ドアノブやドア叩き」のような取り外し可能な部品を指す専門用語としての使用は18世紀初頭に生じた。

furrow [古英語][名](畝と畝との間の) 筋、あぜ溝、耕地、わだち、航跡、(顔面・額の) 深いしわ：

古英語 *furh* はゲルマン語起源で、オランダ語 *voor* やドイツ語 *Furche* と同系である。これらはラテン語 *porca*「あぜ溝の間のうね」とインド=ヨーロッパ語の語根を共有している。

further [古英語][副]さらに遠く、もっと先に、なおその上に、；[形](空間的に) 前の、(地位などが) 上の、もっと先に進んだ、もっと先の、もっと後の：

古英語の *furthor*（副詞）、*furthra*（形容詞）、*fyrthrian*（動詞）はゲルマン語起源であり、forth「前へ」と同系である。主要な意味は「さらに前へ、さらに前方へ」である。標準英語では、意図された意味が「もっと遠くへ」、すなわち far の比較級である場合、farther が通常使われる。一方、further は、(nothing further to say「さらに言うべきことはない」に見られるように) far の概念がない場合に使われる傾向がある。**furthest**[副]「最も遠くへ」は中英語の語で、further の最上級として作られた。
→ FORTH

furtive [17世紀初頭][形]ひそかな、そっと人目をしのんだ、盗んだ、ずるい、いい加減な：

フランス語 *furtif, -ive*、あるいはラテン語 *furtum*「盗み」から派生した *furtivus* に由来する。

fury [後期中英語][名]復讐の神、激情、激怒、激しさ、猛威：

ラテン語 *furiosos*「怒り狂った」から派生した *furia* が古フランス語を経由して英語に入った。語幹動詞はラテン語 *furere*「狂っている、激怒している」である。

fuse[1] [16世紀後半][動](熱で) 溶かす、溶ける、(比喩的に) 融合する・させる：

ラテン語 *fundere*「注ぐ、溶ける」に由来する。**fusion**[名]「融解、融合」は、動詞より少し前に記録があり、ラテン語 *fundere* から派生した *fusio(n-)* に由来する。

fuse[2] [17世紀半ば][名]ヒューズ、ヒューズが飛ぶこと、導火線、起爆装置：

fuse of a bomb「爆弾の起爆装置」のような表現の中で使われ、イタリア語 *fuso* に由来する。語源はラテン語 *fusus* である。

fuselage [20世紀初頭][動]紡錘(ぼうすい)形になる：

フランス語から入った語である。起源は *fuseau*「紡錘」から派生した *fuseler*「紡錘形になる」である。

fuss [18世紀初頭][名]無用の大騒ぎ、から騒ぎ、(つまらないことで) やきもきすること：

おそらくアングロアイリッシュ語である。

泡立つ音の擬音語か、あるいは「ぱっと吹くこと、息を吐くこと」という行為を表現したものであろう。fussy形「念の入りすぎた」は19世紀初頭から。19世紀半ばに「凝りすぎた」という意味の服飾用語に使われた。

fusty ［15世紀後半］形（ワインの樽などが）カビ臭い、（パン・肉などが）カビ臭い、（場所などが）むっとする、息がつまるような、古臭い、陳腐な：

古フランス語 *fuste*「樽の匂いがする」に由来する。起源はラテン語 *fustis*「根棒」から派生した *fust*「樽、木の幹」である。

futile ［16世紀半ば］形（行為などが）無益な、役に立たない：

ラテン語 *fundere*「注ぐ」の派生語で、*futilis*「秘密などが漏れやすい」に由来する。

future ［後期中英語］名未来、将来、未来の出来事、これから先に起こること・もの、将来性、行く末、《文法》未来時制；形未来の、死後の、来世の：

ラテン語 *esse*「…である」の未来分詞 *futurus* が古フランス語を経由して英語に入った。起源は *fu*- という語幹で、究極的には「育つ、なる」という意味の語に基づく。

fuzz ［16世紀後半］名【植物】ホコリタケ、けば、綿毛：

毛髪または繊維のふわふわしたかたまりを指し、起源はおそらく低地ドイツ語かオランダ語である。オランダ語 *voos* や低地ドイツ語 *fussig*「スポンジのように柔らかい」と同系である。警察を指す俗語の fuzz 名「サツ、デカ」は1920年代から。アメリカ発祥の語であるが、語源は不詳である。

G g

gab [18世紀初頭][動]おしゃべりする：
くだけた語で、*gob*「口」の異形。この語から派生した **gabby**[形]「おしゃべりの、口達者な」は同時代に記録され、元はスコットランド語であった。
→ GOB¹

gabble [16世紀後半][動](よくわからないほど) 早口にしゃべる：
オランダ語 *gabbelen* に由来する。元は擬音語であり、早口で理解しにくい話し方を表す。ガチョウの鳴き声を表す際に用いられることもある（バイロン『マリーノ・ファリエロ』*Marino Faliero*：The geese in the Capitol ... gabbled Till Rome awoke「カピトリヌス丘のガチョウがガーガー鳴き、ローマが目ざめた」）。

gaberdine [16世紀初頭][名]ゆるやかな丈の長い上衣、ギャバジン：
古フランス語 *gauvardine* に由来する。この語の初期の綴りは *gallevardine* で、中高地ドイツ語 *wallevart*「巡礼」に由来すると思われる。元の意味は、「巡礼者が身につける衣服」であり、これは、きめの粗い素材で作られたスモックの一種であった（シェイクスピア『ベニスの商人』*Merchant of Venice*, I. iii. 112：You call me misbeliever ... And spit upon my Jewish *gaberdine*「あんたはおれのことを、邪教徒の、…とののしり、私のユダヤ人の着物に唾を吐きかけた」）。きめの細かいウーステッドの布を指す意味が最初に記録されたのは、20世紀初頭である。

gable [中英語][名]破風：
古ノルド語 *gafl* から古フランス語を経てできた語で、ゲルマン語由来である。同系語に、オランダ語 *gaffel* やドイツ語 *Gabel*「熊手」がある。破風の先端は、元は2本の交差した材木でできたフォーク状のものであり、これで棟木の端を支えた。

gad [後期中英語][動]忙しく動き回る、ほっつき歩く：
gad about「…を求めてほっつき歩く」のように用いられるが、廃語 *gadling*「仲間」から (接尾辞を取って) できた逆成語であろう。この廃語は、当初は「仲間」の意味であったが、後に「さまよい歩く人、放浪者」という意味になった。ゲルマン語由来だが、「ハエ (*gad*-flies) にたかられて逃げ回る動物のように走り回る」という意味の廃語 *gad* に由来する、という別の見方もある。この意味は、由来に関する1つの可能性であるが、この見方を支持しない引用例が多い。

gadget [19世紀後半][名]簡単な機械類、小道具、付属品：
元は海事で用いられた。フランス語 *gâchette*「留め金」、あるいはフランス語の方言 *gagée*「道具」に由来する語であろう。

gag¹ [中英語][名]物が言えないように口の中に詰め込む物：
古ノルド語 *gaghåls*「首をのけぞらせる」と同系であると考えられる。あるいは、人間が窒息した時の声を模倣した語との説もある。

gag² [19世紀半ば][名]冗談、ギャグ：
元々は演劇で用いられる俗語であったが、起源は不明である。話を真に受けやすい聴衆の喉に、何かをぐいと押し通すイメージと関連があると思われる。別の説として、元は「意味のないおしゃべり」を意味する擬音語とも考えられる。

gaga [20世紀初頭][形]気の変な：
フランス語 *gaga*「老齢の、老齢の人」に由来する。この語は、*gâteux* (病院で用いられる俗語 *gâteur*「失禁した人」の異

形）の語頭を反復させてできた語である。

gaggle［中英語］图ガチョウの鳴き声、おしゃべり、ガチョウの群れ；動（ガチョウなどが）ガーガー鳴く：

gaggle of geese「ガチョウの鳴き声」や gaggle of reporters「レポーターのおしゃべり」などのように用いられ、元々はガチョウの鳴き声を模倣した語である。同系語にオランダ語 gaggelen やドイツ語 gackern「ガーガー鳴く」がある。15世紀には人間や動物の集まりを指す集合名詞として作られた造語が多くあった。しかし、他の多くの造語と違い、実際に用いられた。

gain［15世紀後半］動得る、獲得する、利益：

当初は名詞として用いられ（古フランス語 gaigne に由来）、「戦利品」の意味であった。動詞としては、古フランス語 gaignier から作られ、ゲルマン語由来である。gain ground「敵陣を取る」という句は、元は軍隊で、敵の軍隊から陣地を勝ち取った時に用いられた。1990年代から no gain without pain「苦は楽の種」という表現が広まったが、これは、何かに成功したければ努力が必要だ、という意味である。

gainsay［中英語］動否定する、反駁する：

今は廃れた接頭辞 gain-「…に反対して」と、動詞 say「言う」からできた。現代は文語となっている。

gait［後期中英語］图歩き方：

元々スコットランド語で、中英語 gate「道」の異形である。古ノルド語 gata「通り」に由来し、ドイツ語 Gasse「狭い路地」と同系である。gait という綴りが用いられるのは、17世紀までは稀であった。

gaiter［18世紀初頭］图ゲートル：

足首と下の脚部を覆って防御する物を指し、フランス語 guêtre からできた。この語は、恐らくゲルマン語由来で、wrist「手首」と同系である。

gala［17世紀初頭］图晴れ着、祭礼、競技会：

当初は、「派手な、お祝い向けの衣装」という意味を持っていた。古フランス語 gale「歓喜」からイタリア語とスペイン語を経てできた。現代は、娯楽の伴う社交的な集まりや、水泳の競技会、あるいそれに類した競技会を指す。

galaxy［後期中英語］图天の川、銀河、銀河系：

元々、天の川のみを指した。中世ラテン語 galaxia から古フランス語を経てできた。ギリシア語 galaxias (kuklos)「乳白色の（丸天井）」(gala, galakt-「牛乳」からできた）に由来する。比喩的な用法は16世紀後半に遡る。**galactic**形「銀河の」は19世紀半ばから記録され、ギリシア語 galaktias「銀河」(galaxias の異形）が基である。

gale［16世紀半ば］图強風：

古ノルド語 galinn「狂った」と同系であると思われるが、はっきりしない。

gall¹［古英語］图胆汁、不機嫌：

古英語 gealla は「胆汁」を意味する語であった。ゲルマン語由来で、オランダ語 gal やドイツ語 Galle「胆汁、不機嫌」とも同系である。ギリシア語 kholē やラテン語 fel「胆汁、不機嫌」も共有するインド＝ヨーロッパ語の語根に由来する。現代で用いられている比喩的な意味は、「厚かましい振る舞い」である（He had the gall to demand a huge fee「彼は厚かましくも高額な料金の支払いを求めた」）。

gall²［古英語］图すり傷、すりむけ、いらだち：

古英語 gealle は「馬の身体にできた傷」の意味であった。gall「胆汁、不機嫌」と同系であると思われる。綴りは、中英語期に、中低地ドイツ語あるいは中オランダ語からできた語のものに取って代わられた。

gallant［中英語］形堂々とした、（騎士ら

しく）勇敢な、女性に親切な：

当初の意味は、「めかしている」であった。起源は、古フランス語 galant で、この語は、gale「楽しみ、喜び」からできた galer「楽しむ、見せびらかす」に由来する。「女性に親切な」という意味は、17世紀にフランス語から英語に入った。**gallantry**名「豪華、装飾」は16世紀後半から用いられるようになり、「（女性に対する）親切、丁寧」を意味する。これは、フランス語 galenterie からできた語で、galant に由来する。

gallery ［後期中英語］名ギャラリー、柱廊、天井桟敷：

元々は、コロネード（列柱廊）を造るために側面を一部開放した長い路地を指す語であった。イタリア語 galleria「ギャラリー」から古フランス語を経てできた。galleria は初め、「教会の玄関」の意味も持ち、中世ラテン語 galeria から来ている。galeria は、galilea（＝教会入口の玄関あるいはチャペルを指し、聖地から離れたところにあるガリラヤにちなんだものと思われる）の変形である。この語が劇場の中にある観客席の最上部で、最も安価な座席のある場所を指すようになったのは、17世紀後半から。

gallivant ［19世紀初頭］動ほっつき歩く、いちゃつく：

恐らく gallant のおどけた変形と思われる。

gallon ［中英語］名ガロン：

液体量の単位を指し、アングロノルマンフランス語 galon からできた語である。これは、中世ラテン語 galleta, galletum「手桶、液体計量器具」からできた。ケルト語由来と考えられる。

gallop ［16世紀初頭］動ギャロップで走る：

古フランス語 galoper に由来する。galoper は、古フランス語北部方言の waloper の変形である。ただし、これらの語の語源はわかっていない。ゲルマン語 hlaupen「跳ぶ、走る」と混合した語という説もあるが、証明されているわけではない。
→ WALLOP

gallows ［古英語］名絞首刑用木枠：

古英語の galga, gealga「絞首台」はゲルマン語由来であり、オランダ語 galg やドイツ語 Galgen「絞首台」とも同系である。この古英語は、中英語期に古ノルド語 gálgi が入ったことで定着した。かつては単数形も複数形も用いられ、複数形の方は、（絞首台の）骨組みの2本の柱を指した。複数形が主に用いられるようになったのは、13世紀以後のことである。

galore ［17世紀初頭］副たくさん、豊富に：

アイルランド語 go leor から入ったもの。字義通りの意味は「十分に」である。

galosh ［中英語］名半長オーバーシューズ：

元々は一種の木靴を指した。後期ラテン語 gallicula（ラテン語 gallica (solea)「ガリア族の〈靴〉」の指小辞語）から、古フランス語を経てできた。現代語は、防水加工の施されたオーバーシューズを指すが、この意味で用いられるようになったのは、19世紀半ばからである。

galumph ［1872年］動意気揚々と歩く、重々しげに歩く：

元々の意味は「勝利して意気揚々と歩く」であった。ルイス・キャロルの『鏡の中のアリス』Through the Looking Glass で用いられた語で、gallop と triumph の混成語と思われる。

galvanize ［19世紀初頭］動刺激を与える：

当初は「電気で刺激を与える」という意味であった。起源は、イタリアの解剖学者ガルヴァーニ（1737〜98年。カエルの脚が電界でけいれん反応を起こすことの発見で有名）という人物名からできたフランス語 galvaniser である。galva-

nize の比喩的な意味（「行動に駆り立てる」）は19世紀半ばに遡る（シャーロット・ブロンテ『ビレット』*Villette*：Her approach always *galvanized* him to new and spasmodic life「彼女が近づくと、彼はいつも急にはつらつとし元気づいた」）。

gambit ［17世紀半ば］名（チェスの）序盤の手：

この語がチェスで初めて用いられたのは、スペイン語 *gambito*（後にイタリア語に入り、*gambitto* となった）による。本来の綴りである *gambetto*（字義通りの意味は「軽快な足取りで歩く」。*gamba*「脚」に由来）は、後に取り入れられた。英語における初期の綴りは *gambett* で、イタリア語 *gambetto* に由来する。後の英語の綴りである *gambit* はスペイン語に由来する。元々は、ビショップのポーンを差し出すこと（＝キングズ・ギャンビット、またはクイーンズ・ギャンビット）を意味した。

gamble ［18世紀初頭］動賭ける：

廃語である *gamel*「ゲームをする」、あるいは動詞 *game* に由来する。

gambol ［16世紀初頭］名はねまわること；動はねまわる：

廃語 *gambade* の変形である。この廃語は、イタリア語 *gambata*「軽快な足取りで歩く」（*gamba*「脚」からできた）からフランス語を経て作られた。初期の綴りに含まれていた接尾辞 -*ade* は、程なくして、当時よく用いられていた接尾辞 -*aud* や -*auld* と混同されるようになり、その後、-*d* が脱落した。

game¹ ［古英語］名遊び、競技：

古英語の *gamen*「娯楽、楽しみ」と *gamenian*「遊ぶ、楽しむ」は、ゲルマン語由来である。to be *game*「勇敢で、冒険なことをする用意がある」という表現（18世紀初頭）は、*game* を「闘鶏」を指す語として用いたことからできた。

game² ［18世紀後半］形傷を負った、脚

が不自由な：

イングランド中部地方の北部で用いられていた方言（*gam*「脚」）に由来すると見られる。ただし、この方言の起源は不詳。*game* が変異してできた方言である **gammy**形「脚が不自由な」は、19世紀半ばに「悪い、偽の」という意味で用いられていた。

gammon ［15世紀後半］名豚のもも肉：

当初の用法では、豚の腰部を指した。古フランス語北部方言の *gambon* に由来し、この語は *gambe*「脚」からできた。

gamut ［中期古英語］名全範囲、全音域：

元々は中世ラテン語 *gamma ut* である。この語は、元々、中世に用いられた音階の最低音の名前であった（低音トは、中央ハの1オクターブ半低い音である）。その後、中世音楽で用いられる全音域を指すようになった。ギリシア文字のΓ（ガンマ）は、低音トを指すのに用いられ、それに、六声音階の最低音域にある最初の音を指す *ut* がついた。六声音階に含まれる各々の音名は、洗礼者ヨハネの生涯を歌ったラテン語の賛歌の音節を用いて名づけられた。この賛歌は、各々の行が六声音階内で後続する音で始まった：*Ut* queant laxis *re*sonare fibris *Mi*ra gestorum *fa*muli tuorum, *Sol*ve pollute *la*bii reatum, Sancte Iohannes「私たちの声がこよなく偉大な奇跡を清らかに響かせますように。そして、私たちの言葉が心ゆくまであなたをほめたたえますように。洗礼をさずけてくださるかた、聖ヨハネ様」）。7番目の音 *si* は後に加わり、Sancte Iohannes の頭文字に由来する。この音階体系は19世紀に改変され、トニックソルファ法などのソルミゼーション（階名で歌う唱法）が作られた。

gang ［古英語］名遊び仲間、暴力団、ギャング団：

古フランス語 *gangr, ganga*「歩み、道、出発」から来た語で、ゲルマン語由来である。スコットランド語 *gang*「行く」も同語源である。元々の意味は「出発、旅」であったが、後に中英語で、具体的に「道、

路地」の意味で用いられるようになった。同時期に、「共存するものの集まり」を指すのにも用いられた。17世紀の初頭に、「船員」を指す航海用語としても用いられた。また、別の分野では「労働者の集まり」を指し、後に、しばしば蔑んだ感じで集団全般を指すようになった。**gangster**名「暴力団員」は *gang* からできた語で、19世紀後半に遡る。この gangster から、1980年代に、アメリカの黒人英語の俗語の **gangsta**名「暴力団員、ギャングスターラップ」という語が生まれた。これはラップ音楽の一種を指すが、字義通りの意味でも用いられる。

gannet [古英語]名シロカツオドリ、欲張り：

古英語 *ganot* はゲルマン語由来で、オランダ語 *gent*「雁」と同系である。*ganot* は強欲な人間を指す時もある。1920年代の俗語として、当初は強欲な船員を指した。

gantry [後期中英語]名樽台：

中英語で、樽を立てるのに用いられた4本足の木の台を指した。方言 *gawn*（gallon を縮めた形）と tree から作られたものであろう。

gaol 名刑務所：
→ JAIL

gap [中英語]名割れ目、隙間、ずれ：

古ノルド語から入った。この古ノルド語は「深い裂け目」、「口を大きく開けて出す叫び声」を意味し、*Ginnunga-gap* という（北欧の）神話の名前に含まれている。地理的な文脈での *gap* は、アメリカ英語で峡谷を指す。「割れ目」、「隙間」という概念は、この語の中心に位置付けられるもので、1980年代からよく用いられる複合語 *gap* year「ギャップイヤー」（学校を卒業し更に教育を受けるまでの間、正規教育から離れる1年間）の意味に反映されている。
→ GAPE

gape [中英語]動口を大きく開ける、ぽかんと口を開けて見とれる：

古ノルド語 *gapa*「口を開ける」に由来する。初期の英語で用いられていた意味は、「物を嚙んだり飲み込んだりするために、口を大きく開ける」であった。17世紀後半から記録されている **gawp**動「ぽかんとして見つめる」は、*gape* の変形と思われる。
→ GAP

garage [20世紀初頭]名ガレージ、車庫：
これはフランス語からの借用で、*garer*「保護する」に由来する。

garb [16世紀後半]名服装、外観：

イタリア語 *garbo*「優美さ」からフランス語を経て入ったもの。起源はゲルマン語。英語で廃れた意味に、「上品さ、優美さ」、「外見上の振る舞い、身のこなし」がある。「ファッション」とのつながりを持った意味は、17世紀初頭に起こった。
→ GEAR

garbage [後期中英語]名ごみ：

当初は、「臓物」の意味で用いられていた。アングロノルマンフランス語に由来するものだが、元々の起源は不明。「ごみ」を指すようになったのは16世紀後半からとされる。この語は、1960年代以降、コンピュータの分野でも用いられている。例えば、*garbage* in, *garbage* out（GIGO と略記）「ごみからはごみしか出てこない」という表現があるが、これは、プログラムへの入力データが間違っていたら、当然結果も間違ったものになる、という考えを表したものである。

garble [後期中英語]動事実を曲げる、歪曲する：

「ふるいにかける、きれいにする」が、当初の意味である。英国中世ラテン語やイタリア語の *garbellare* に由来し、この語はアラビア語 *garbala*「ふるいにかける」からできた。起源は恐らく後期ラテン語 *cribellare*「ふるいにかける」で、ラテン語 *cribrum*「ふるい」からできたと思われる。

garden ［中英語］图庭：
　古フランス語北部方言の*gardin*に由来する。これは、古フランス語*jardin*の変形で、ゲルマン語由来である。to cultivate one's *garden*「自分のことに精を出す」という慣用表現は、ヴォルテール『カンディード』*Candide*（1759年）の次の箇所を（フランス語から英語に）翻訳したところから用いられるようになった：All that is very well, answered Candide, but let us take care of our *garden*「『お説ごもっともです』とカンディードは答えた。『しかし、ぼくたちの庭を耕さなければなりません』」）。**gardener**［中英語］图「庭師」は、古フランス語*gardinier*に由来し、*gardin*からできた。
　→ YARD²

gargantuan［16世紀後半］形巨大な：
　フランスの風刺作家ラブレーの『ガルガンチュア物語』*Gargantua*（1534年）に登場する食欲旺盛な巨人*Gargantua*の名に由来する。

gargle［16世紀初頭］動うがいをする：
　フランス語*gargouiller*「ごぼごぼ音を立てる、ぶくぶく音を立てる」からできた語で、*gargouille*「のど」に由来する。
　→ GARGOYLE

gargoyle［中英語］图ガーゴイル、樋嘴（ひはし）：
　古フランス語*gargouille*に由来する。この2つの意味が結びついたのは、水がガーゴイルののどと口を通ることによる。ギリシア語*gargarizein*「ごぼごぼ音を立てる」とも同系で、のどで水が立てる音を模倣したものである。

garment［中英語］图衣服：
　古フランス語*garnement*「装飾」からできた語で、*garnir*に由来する。
　→ GARNISH

garner［中英語］動貯蔵する：
　元は「穀倉」を意味する名詞であった。古フランス語*gernier*「穀倉、穀物倉」から来た語で、ラテン語*granarium*「穀倉」（*granum*からできた）に由来する。

garnish［中英語］動美しく飾る：
　当初の意味は、「装飾する、武装する」であった。起源は、「強くする、防御する」と「備える、準備する」の両方の意味を持つ古フランス語*garnir*である。ゲルマン語由来で、*warn*とも同系と考えられる。今日主に用いられる意味は「美しく飾る」で、17世紀後半に遡る。

garret［中英語］图屋根裏部屋：
　当初の意味は「見張り塔」であり、古フランス語*garite*に由来する。*garret*は（*garrison*と同様に）*garir*「防御する、備える」から来ている。天井の上や屋根の中にある部屋の意味で用いるようになったのは、その語の歴史上早い時期（15世紀後半）からである。

garrison［中英語］图駐屯部隊、要塞：
　中英語での意味は「安全、防御策」であった。語源は古フランス語*garison*。*garir*「防御する、備える」から来た語で、ゲルマン語由来である。「補給品」、「防御策」両方を意味するフランス語*garnison*（*garnir*「装飾する」からできた）と*garrison*が混同して用いられたことで、*garrison*が「要塞」の意味を持つようになったと見られる。

garrulous［17世紀初頭］形くどくどしゃべる、多弁な：
　ラテン語*garrilus*「おしゃべりな」に基づく語で、*garrirre*「おしゃべりする、片言を言う」に由来する。

garter［中英語］图ガーター、靴下留め：
　古フランス語*gartier*に由来する。*garet*「膝の湾曲部、ふくらはぎ」を基にしてできた語で、ケルト語由来と考えられる。イングランドの最高位の騎士は、勲章としてガーターをつける。これは、左足の膝下につける濃い青のビロードのリボンである。*Honi soit qui mal y pense*「悪意に解する者に恥あれ」という言葉が金糸で縫い取りされている。この言葉はエドワード3世の発した言葉で、ソールズ

ベリー伯爵夫人が彼と舞踏中に自分のガーターを落としてしまい、それを彼が拾って自分の脚につけた時に言ったものとされる。

gas [17世紀半ば]名 ガス、気体：
この語は、フランドルの化学者J・B・ファン・ヘルモント（1577～1644年）が作ったもので、あらゆる物体に存在すると彼が信じていた神秘的な原理を指した。ギリシア語 *khaos*「混沌」にちなみ、ギリシア語 *kh* を表すオランダ語 *g* が代わりについた。ポルトガル語とフランス語では *gaz* となり、しばらくの間、英語でもこの綴りが用いられていた。光や熱を作るのに適した物体を指すようになったのは、18世紀後半に遡る。石炭ガスを用いて光を作る実験を最初に行ったのは、クロフトンの聖職者であるクレイトン博士であり、1688年頃であると言われている。ガスを用いた照明の実用化に至ったのは、ウィリアム・マードック（1792～1808年）による。

gash [中英語]名 (長く深い) 切り傷：
初期の綴りは *garse* であった。古フランス語 *garcer*「ひびを切らす、ひびを入れる」からできた語で、ギリシア語 *kharassein*「とがらせる、ひっかく、刻む」に由来すると思われる。現代の綴りは、16世紀半ば頃から記録されている。

gasket [17世紀初頭]名 ガスケット：
当初は、折りたたんだ帆を帆船の帆桁に固定するためのひもを指した。フランス語 *garcette*「細いロープ」に由来すると思われる。内燃機関の中にあるような、ガスや液体の漏出を防ぐために用いるシール材を指すようになったのは、20世紀初頭のことである。

gasp [後期中英語]動 あえぐ；名 息切れ：
古ノルド語 *geispa*「あくびをする」に由来する。

gastronomy [19世紀初頭]名 美食学、料理法：
直接の起源はフランス語 *gastronomie*「美食学、料理法」で、ギリシア語 *gastronomia* に由来する。この語は *gastrologia* の変形で、ギリシア語 *gastēr, gastr-*「胃」に基づく。

gate [古英語]名 門、入口：
古英語 *gæt, geat*（複数形は *gatu*）はゲルマン語由来である。語源が同じ語に、オランダ語 *gat*「隙間、穴、断絶」がある。

gather [古英語]動 集まる、集める、(布地に) ひだをとる：
古英語 *gaderian* は西ゲルマン語由来で、オランダ語 *gaderen* と同系である。「理解する、推測する」の意味は、16世紀初頭から記録されている。衣服を縫う場面で用いられるようになったのは、16世紀後半からである。
→ TOGETHER

gaudy [15世紀後半]形 けばけばしい：
わなや見せかけを表す中英語 *gaud* に由来するものであろう。これは、古フランス語 *gaudir*「歓喜する」に由来するアングロノルマンフランス語から来た語で、ラテン語 *gaudere*「喜ぶ」からできたと思われる。*gaud* 名 は英語で今も用いられ、「けばけばしいもの」を意味する。「ロザリオの大き目の飾り珠」を意味する廃語 *gaud* に影響を受けてできた意味と思われる。

gauge [中英語]名 計器；動 正確に測る：
元は標準寸法を表した。古フランス語の名詞 *gauge*、動詞 *gauger* に由来する。これらの語は、古フランス語北部方言のある語の異形であるが、それがどの語かは不明。*gage* という綴りは、近年アメリカの辞書で採用されている。一方、イギリスの辞書では *gauge* という綴りが広まっている。

gaunt [後期中英語]形 やせ細った：
由来は不明。ノルウェー語 *gand*「先の尖った細い棒」やスウェーデン語の方言 *gank*「やせた馬」と同系である。古フランス語 *gent*「優雅な」に由来すると思われる。英語で用いられなくなった意味に

gauntlet¹ [後期中英語] 名 (手から腕まで覆う) 大手袋:

古フランス語 *gantelet* (*gant*「手袋」の指小辞語) が基である。ゲルマン語由来であると見られるが、同系と思われる語は、スカンジナビア語にしか発見されていない。throw down the *gauntlet*「挑戦する」や take up the *gauntlet*「挑戦に応じる」という表現は、フランス語にある表現を翻訳したものである。敵に挑戦を呼び掛けるために手袋を投げつけ、相手がそれを拾って、その挑戦を受け入れることを表すという中世の慣習に由来する。

gauntlet² [17世紀半ば] 名 むちうちの刑:

run the *gauntlet*「むちうちの刑を受ける」という成句に見られ、*gantlope*「むちうちの刑」(スウェーデン語 *gatlopp* に由来し、*gata*「路地」や *lopp*「道」からできた) の変形。*gantlope* が *gauntlet*「手袋」と同化してできた。

gauze [16世紀半ば] 名 薄織、ガーゼ:

フランス語 *gaze* に由来する。パレスチナにある *Gaza* という町の名前から来たものと思われる。

gawk [17世紀後半] 動 ぽかんと見とれる:

当初は名詞として用いられていた。廃語 *gaw* と同系で、古ノルド語 *gá*「注意する」からできたと思われる。

gay [中英語] 形 同性愛の、陽気な、派手な; 名 同性愛者:

当初は、「気楽な、のんきな」という意味であった。古フランス語 *gai* から来たが、この語の由来は不明。*gay* は「社交的な娯楽にふける」という意味を持つようになり、ふしだらさと結びつくことがしばしばあった。これは、*gay dog*「遊び人」や *gay Lothario*「女たらし」(Lothario は、ロウの1703年の戯曲『心からの悔悟者』*Fair Pentiment* の登場人物) などの表現に見られる。俗語用法において、「売春で生計を立てる女性」へと意味が拡張した。「同性愛の」を意味する用法は、1930年代からの用例で (形容詞として) 発見された。この用法の引用例で、これまでのところ最初のものは、刑務所内での俗語である。名詞用法は1970年代から用いられている。**gaiety** 名 「陽気さ」は17世紀半ばに遡り、フランス語 *gaieté* (*gai* からできた語) に由来する。

gaze [後期中英語] 動 凝視・熟視する:

17世紀後半にできた **gawk** 動「ぽかんと見とれる」と同様、廃語 *gaw*「見つめる」と同系で、古ノルド語 *gá*「注意する」からできたと思われる。18世紀半ばの **gazebo** (小さなあずま家で、そこから庭を「見つめる」(*gaze*) ことができる) とつながりがあると思われる。接尾辞 *-ebo* はラテン語の未来時制辞を真似たもので、*gazebo* は「私は見つめるつもりだ」という意味を持つ戯言的造語である。

gazette [17世紀初頭] 名 新聞:

イタリア語 *gazzetta* からフランス語を経てできた。ヴェネツィア地方のイタリア語で用いられた *gazeta de la novitá*「価値のない知らせ」(価値がごく少ないヴェネツィアの硬貨 *gazeta* で売られた1枚ものの新聞) に由来する。動詞句 to be *gazetted* は、「新聞で発表される内容の主題となる」や「軍事命令に従うものとして、新聞で公表される」という意味で用いられた。**gazetteer** 名 は17世紀初頭に生まれ、「新聞記者」の意味で用いられた。イタリア語 *gazzettiere* (*gazzetta* に由来) からフランス語を経て入ってきた。現代では地理辞典も指すが、これは、*The Gazetteer's: or, Newsman's Interpreter: Being a Geographical Index* という17世紀後半の新聞の名前に由来する。

gazump [1920年代] 動 売家などの値段をつり上げる:

当初は「搾取する」の意味で用いられた。イディッシュ語 *gezumph*「法外な代金を徴収する」からできた。現代の用法では、家の売買での入札に関連した意味を

持つが、これは1970年代に遡る。1980年代後半には、**gazunder**動「家の価格を値切る」という反意語が作られた。これはおどけた意味合いを持つ混成語で、*gazump* と under「下に」からなる。この当時、不動産市場が停滞し、不動産の値段と同様、入札額も下がりつづけた。

gear ［中英語］名ギア、伝達装置：
スカンジナビア語由来で、古ノルド語 *gervi* と同化した。当初は「用具、器具」全般を意味し、後に「機械部品」を意味するようになった。それから19世紀初頭に、主に自動車関係の文脈で用いられる現代の用法が生まれた。最近、「麻薬」を指す俗語としても用いられている。

geek ［19世紀後半］名変わり者、マニア、おたく：
この口語は、アメリカの俗語である。これは、語源を共有する英語の方言 *geck*「ばか者」から来たもので、ゲルマン語由来である。オランダ語 *gek*「狂った、愚かな」と同系である。『ウェブスター新国際英語辞典』(1954年) によると、*geek* の定義は次の通り。「カーニバルで、生きた鶏やへびの頭を噛みちぎる蛮人」。

geezer ［19世紀後半］名変人、じいさん (ほとんどの場合は、男性について言う)：
「仮装する人」を意味する初期の語 *guiser* の方言発音である。最近の用法では、時にいかがわしい取引を暗示する。

geld ［中英語］動去勢する：
古ノルド語 *gelda* (*geldr*「不毛な」からできた) に由来する。当初の用法では、動物だけでなく人間にも使われたが、現代では動物のみに使う。「弱める、衰弱させる」という比喩的意味の用例は16世紀から。**gelding**名「去勢獣、去勢馬」は、かつては「去勢された男」の意味であったが、今は、去勢された雄馬を指すのが普通である。この語は後期中英語で、古ノルド語 *geldingr* (*geldr* の派生語) に由来する。

gem ［古英語］名宝石：
古英語は *gim* である。ラテン語 *gemma*「つぼみ、宝石」に由来する。現代の綴りは、古フランス語 *gemme* の影響を中英語期に受けたことによる。

gen ［第2次世界大戦］名情報：
軍隊で用いられたのが最初である。general information「一般情報」(for the general information of all ranks「すべての階級の一般情報として」といった決まり文句に見られる) の第1音節から取ったものと思われる。他に、genuine「真実の」の短縮形という説や、intelligence「知能」から取られたという説もある。

gender ［後期中英語］名性：
古フランス語 *gendre* (今は *genre* と綴る) に由来し、ラテン語 *genus* が基である。男性名詞、女性名詞におけるような「名詞の種類」を意味する文法用語としての用法は、ラテン語 *genus* の意味を反映したものである。当初用いられた別の意味に「種類、種」があるが、今は用いられなくなった the general *gender*「一般的な種類 (の人々)」という表現に見られる (シェイクスピア『ハムレット』*Hamlet*, IV. iii. 18：The great love the general *gender* bear him「あれは民衆に愛されているのだ」)。*gender* も sex「性」も「男性または女性であること」を指すが、sex は生物的な相違を指し、*gender* は社会的あるいは文化的な相違を指すなど、微妙に意味が異なる。

gene ［20世紀初頭］名遺伝子：
ドイツ語 *Gen*「遺伝子」に由来する。この語は、遺伝において根源的とされる構成単位 *Pangen*「パンゲン」(ギリシア語の *pan-*「すべての」と、*genos*「人種、種類、子孫」からできた) から取られた。20世紀後半に遺伝子研究が急速に発達したことで、*gene* therapy「遺伝子療法」、*gene* family「遺伝子ファミリー」、*gene* superfamily「遺伝子スーパーファミリー」、*gene* mapping「遺伝子地図作成」など多くの新語が作られた。**genetic** ［19世紀半ば］形「遺伝子の、発生の」は「共通の起

源から起きた」という意味で用いられはじめた。これはgenesis名「起源」が基で、antithesisとantitheticに見られるような組み合わせからの連想によってできた語である。

genealogy ［中英語］名家系、系統：
ギリシア語 genealogia から、古フランス語と後期ラテン語を経てできた。これは、genea「人種、世代」と -logia「話すこと、談話」からなる。

general ［中英語］形一般的な、全般的な、将軍：
ラテン語 generalis「（あらゆる）種に関係する」(genus, gener-「種、人種、種類」からできた) から古フランス語を経てきた。この語は、specialis と対比して用いられるようになった。この2語を対比させた用法は、あらゆるヨーロッパ言語に見られる。名詞としては、主に「全般的な権限を持つ人間」を指す。軍隊での用法では、「軍隊全体に命令する人間」を指す語として用いられはじめた。これはフランス語 capitaine général「総司令官」からできた captain general の省略形だが、後に、ある特定の軍隊階級を指す称号として用いられるようになった。generality ［後期中英語］名「一般性」という語は、古フランス語 generalite が基で、後期ラテン語 generalitas (generalis から派生) に由来する。

generation ［中英語］名世代：
ラテン語 generatio(n-) から古フランス語を経てできた。このラテン語は genus, gener-「種族、人種」(17世紀後半に遡る generic 形「一般的な、包括的な」の基でもある) からできた generare「創造する」に由来する。generate 動「生み出す」は16世紀初頭に遡り、「生じる、子孫をもうける」を意味した。ラテン語の動詞 generare からできた。

generosity ［後期中英語］名気前の良さ、寛大さ：
当初は、高貴な生まれを意味した。ラテン語 generositas に由来する。この語は generosus「度量の大きい」に由来し、genus, gene-「種族、人種」からできた。現代のような意味を表すようになったのは、17世紀に遡る。generous 形「気前の良い、寛大な」は16世紀後半に遡り、ラテン語 generosus から古フランス語を経てできた語である。元々の意味は「高貴な生まれの」で、それから「高貴な生まれの人に特徴的な、勇敢な、度量の大きい、卑怯でない」という意味を持つようになった (この意味はすでにラテン語にあった)。

genial ［16世紀半ば］形親切な：
ラテン語 genialis「婚姻の、生殖の」に由来し、genius からできた語である。そのラテン語の意味が英語にも取り入れられ、そこから「温暖で、成長に適した」という意味ができた。この用法 (genial climate「温暖な気候」のように用いられる) は17世紀半ばに遡る。18世紀半ば、「明るい、親切な、陽気な」という意味が発達した。
→ GENIUS

genie ［17世紀半ば］名精霊：
当初は、守護者や守り神を指した。フランス語 génie から来た語で、ラテン語 genius に由来する。génie が現代用いられている意味で英語に取り入れられたのは、『千夜一夜物語』を翻訳した18世紀のフランスの翻訳者による。これは、génie がアラビア語 jinnī「精霊」と意味や形が似ていたためである。
→ GENIUS

genius ［後期中英語］名天才：
これは、「生まれつき持った精神」、そしてそこから拡張した「内在する能力、性向」という意味を持つラテン語からの借用である。gignere「子孫をもうける」の語根から作られた。英語での元々の意味「人間に宿る守護神」は16世紀後半に表れた。後に「人間に特有の気質」という概念を指すようになり、そこから、「人間の天賦の才能」の意味を持つに至った。最終的に、「例外的な天賦の才能」を意味するが、これは17世紀半ばに遡る。

genteel ［16世紀後半］形上品な、上品ぶった：

当初の用法は、「しゃれた、粋な」という意味であった。これは、フランス語 gentil「家柄の良い」を再借入したものである（13世紀にも借入され、gentle「優しい」ができた）。17世紀から19世紀の間、この語は「社会的に良い地位の」、「家柄の良い人間の作法を持った」、「育ちの良い」などの意味で用いられた。19世紀の半ばに、意味が低下し、皮肉めいて蔑む意味合いで用いられはじめた。これはこの語が、「庶民」であると見られることを恐れた人々や、社会的に優位にいることを過剰に重んじた人々を連想させるようになったためである。
→ GENTLE

gentile [後期中英語]形異教徒の、非ユダヤ人の：
ラテン語 gentilis「同一家族の、同一氏族の」からできた語で、ウルガタ聖書で非ユダヤ人を指すのに用いられた。起源はラテン語 gens, gent-「家族、人種」で、gignere「子孫をもうける」の語根からできた。

gentle [中英語]形温和な、優しい、穏やかな：
古フランス語 gentil「高貴な生まれの」からできた語で、ラテン語 gentilis「同じ氏族の」に由来する。元々の意味は「高貴な生まれの」であり、そこから「礼儀正しい、寛大な」の意味が生まれ、さらに（16世紀半ばに）「行動や気質が穏やかで控え目な」という意味を持つようになった。**gentility** [中英語]名「上品、優雅」（gentil からできた古フランス語 gentilite に由来）は、当初は「高貴な生まれ」を意味した。**gentleman**名「紳士、生まれのよい人」（中英語で、gentle からできた）という複合語は、「高貴な生まれの人間」という意味で用いられたのが始まりで、古フランス語 gentilz hom を翻訳したものである。後の用例では、高貴な生まれではないまでも良い家柄（特に、紋章を与えられた家柄）で生まれた人間を指した。**gentlemen's agreement**「紳士協定」という表現は、初めアメリカで用いられ、名誉に訴えるが法的強制力はない束縛を指す。**gent**名「紳士」は元々 gentleman を短縮して書くのに通常用いられていた語（16世紀半ばから用いられていた）である。口語で用いられるようになったのは、19世紀初頭から。
→ GENTEEL; GENTILE

gentry [後期中英語]名紳士階級：
当初の意味は、「生まれや階級の良さ」であった。廃語 gentrice「生まれの良さ」の変形で、語末の音が複数形のものと誤解されたと見られる。この語は古フランス語 genterise に由来し、gentil からできた。近代英語の用法では、貴族のすぐ下の階級を指す。
→ GENTLE

genuine [16世紀後半]形本物の、真正の：
当初の意味は「生まれつきの」、「本来の」であった。ラテン語 genuinus に由来し、genu「膝」から来た語である。生まれたばかりの赤ん坊を父親の膝の上に置くことで、その赤ん坊の父親であることを認知するというローマの習慣に由来する。後に genuinus は、genus「誕生、人種、部族」と結びついた。「にせものではない」という意味は17世紀半ばに遡る。「誠実な」という意味は、19世紀後半に遡る。1970年代からは、馬やグレーハウンドのレースという特定の文脈で用いられるようになり、「（レースで）間違いなく勝ちそうな」馬や犬を指す。

geography [15世紀後半]名地理（学）：
フランス語 géographie またはラテン語 geographia に由来し、ギリシア語 geographia からできた語である。基となる要素は gē「地面」と -graphia「書物」である。

geology [18世紀後半]名地質学：
近代ラテン語 geologia からできた語で、ギリシア語の gē「地面」と -logia「学問」に由来する。英語で初めて見られた用法は、自然科学の一個別分野を指す語としてのものである。当初の用法では、地球の科学全般を指した。

geometry［中英語］名幾何学：

ラテン語 *geometria* から古フランス語を経てできた。このラテン語はギリシア語由来で、*gē*「地面」と *metria*「測定」からなる。geometric形「幾何学の」は17世紀半ばに遡り、ラテン語 *geometricus* からフランス語を経てできた。このラテン語は、ギリシア語 *geōmetrikos* からできた語で、*geōmetrēs* に由来する。

geriatric［1920年代］形老年医学の：

ギリシア語の *gēras*「老年」と *iatros*「医者」からなる語で、paediatric と同様の方法で作られた。

germ［後期中英語］名細菌、微生物：

当初は、新しい組織またはその一部に成長することのできる組織の一部を指した。ラテン語 *germen*「種、芽」から古フランス語を経てできた。「微生物」の意味は19世紀後半に遡り、当時は漠然と、病気の「もと、種」を指すのに用いられていた。同様にラテン語 *germen* からできた語に、germinate［16世紀後半］動「発芽する」。（ラテン語 *germinate*「芽を吹く、つぼみが出る」に由来）と germinal［19世紀初頭］形「幼芽の、胚種の」がある。

German［16世紀半ば］名形ドイツ人（の）、ドイツ語（の）：

ラテン語 *Germanus* に由来する。これは、中央ヨーロッパと北ヨーロッパの同系の民族を指す語で、恐らくはケルト人が近隣の民族を指す語として用いたと思われる。古アイルランド語 *gair*「近所」からできた。この呼称は、ケルト人の近隣の人々が自らを指すのには用いられなかったと見られる。

germane［17世紀初頭］形適切な、密接な関係がある：

中英語 *german* の変形である。古フランスの *germain* からできた語で、ラテン語 *germanus*「本物の、同じ両親を持つ」に由来する。現代用いられている「適切な」の意味は、シェイクスピア『ハムレット』*Hamlet*, V . ii . 165 の次の一節で用いられたのが始まりである（The word had been more cousin *german* to the phrase, if he could have carried the canon by his side「大砲を脇にかかえて歩くことが可能であったらそのような物々しい言葉も適当だったが」）。cousin *german* という表現は、cousin「いとこ」を指す古い表現として現存している。

gerrymander［19世紀初頭］動名（選挙区を）自党に有利になるように勝手に改変する（こと）：

マサチューセッツ州知事の Elbridge Gerry「エルブリッジ・ゲリー」の名と *salamander*「火トカゲ」を合わせて作られた。ゲリー知事が在職時（1812年）に改変した選挙区の地形が、火トカゲに似ていたことによる。この改変は、彼の政党にとって有利になると思われた。改変選挙区が掲載された地図（爪、翼、牙が加えられた）は、ボストンの『週刊メッセンジャー』に、*The Gerry-Mander* というタイトル付きで掲載された。

gestation［16世紀半ば］名妊娠、創案：

中心的意味は「運ぶこと」である。「馬の背、あるいは馬車に乗っての小旅行」(これはある種の鍛錬と見なされていた）を指すのに用いられたのが始まりである。*gestatio(n-)* に由来し、これはラテン語 *gestare*「運ぶ、子宮に持つ」からできた語である。

gesticulate［17世紀初頭］動しきりに身振りを使う：

ラテン語 *gesticulari*「身振りで表す」に由来する。これは、*gestus*「動作」の指小辞語 *gesticulus* からできた。

gesture［後期中英語］名身振り：

中世ラテン語 *gestura* からできた語で、ラテン語 *gerere*「運ぶ、支配する、実行する」に由来する。元の意味は「態度、振る舞い」（例：*gesture* of the body「身のこなし」）で、そこから「雄弁術上の効果を狙って、姿勢や身体の動きを用いること」の意味ができた（ジェイムズ・ボズウェル『サミュエル・ジョンソン伝』*Life of Johnson*：His unqualified ridicule of rhetorical *gesture*, or action「仰々しい身ぶりや行為に対する彼の容赦ない嘲笑」)。比喩的意味「好意的な反応を引き出すために用いられる友好的な行動」は、20世紀初頭に用いられた。

get [中英語]動得る、手に入れる：
古ノルド語 *geta*「得る、獲得する、推測する」に由来し、古英語 *gietan* (*begietan*「獲得する」、*forgietan*「忘れる」にも見られる) と同系である。ラテン語の *praeda*「戦利品、餌食」や *praehendere*「つかむ」、およびギリシア語 *khandanein*「持つ、含む、有能な」とも共有するインド＝ヨーロッパ語の語根からできた語である。
giddy-up動「進め」という表現は、1920年代に遡り、馬を激励する際に用いられる。アメリカ英語では当初 *giddap* と書かれていた。この表現は *get* up「起きろ」の発音を模写したものである。

geyser [18世紀後半]名間欠泉：
アイスランド語 *Geysir* (字義通りには「間欠泉」の意味で、アイスランド語ある特定の泉を指した) に由来する。アイスランド語 *geysa*「噴出する」と同系。非アイスランド人はこの語を用いて、アイスランドにある間欠泉全般を指したが、後に意味が広がり、世界中の他の泉も指すようになった。

ghastly [中英語]形恐ろしい、死人のような、ひどい：
廃語 *gast*「怖がらせる」からできた。古英語 *gæstan* が基である。ゲルマン語由来で、ghost「幽霊」とも同系である。*gh* という綴りは ghost との連想による。「好ましくない」という意味は19世紀半ばに遡る。
→ GHOST

ghetto [17世紀初頭]名ゲットー、少数民族居住区域：
由来として2つの説がある。1つは、イタリア語 *getto*「鋳造所」に由来するという説 (最初にできた強制居住区域が、1516年に、ヴェネツィアの鋳造所のそばに作られたことによる)。もう1つは、イタリア語 *borghetto* (*borgo*「城塞」の指小辞語) に由来するという説である。イタリアでは、ユダヤ人しか入れなかった都市の一画を指したが、後にイタリア以外の至るところのゲットーも指した (例：the Warsaw *Ghetto*「ワルシャワの強制居住区域」)。

ghost [古英語]名幽霊：
古英語の *gāst* は「霊、魂」の意味であった。この語は西ゲルマン語族にしか見つかっていない。同系として、オランダ語 *geest* やドイツ語 *Geist*「精神、幽霊」がある。しかし、ゲルマン語以前にも用いられ、「怒り」という意味を持つ語からできたとも見られる。ゲルマン語以外での派生語は、主に「傷をつける、裂く、粉々に引き裂く」という意味を持つと思われる。*gh-* という綴りは、カクストンが初めて用いたが、フラマン語 *gheest* の影響であろう。**ghostly**形「幽霊の」は、古英語では *gāstlic* と綴られ、*gāst* からできた。

ghoul [18世紀後半]名食屍鬼：
アラビア語 *gūl* からできた語で、墓をあばいて死体を貪ると言われる砂漠の鬼を指す。

GI [1930年代]形名官給の、兵士 (の)：
government (または general) issue「官給 (品)」の略語で、元々はアメリカ軍への支給品を指した。今は、アメリカの兵卒を指すのに用いられる。

giant [中英語]名巨人、大男：
初期の綴りは *geant* である。第1音節は、後にラテン語 *gigant-* の影響を受けた。古フランス語に由来する語で、ギリシア語 *gigas, gigant-* からできたラテン語 *gigant-* を経て入った。そのギリシア語と、それをラテン語へ音訳した語は、古くは、とても大きく力のある人間を指す架空の人種、ガイア (大地) とウラノス (天) またはタルタロス (地獄) の息子たちを指した。彼らは後に神々との争いの後に全滅した。ウルガタ聖書で *giant* は、大きな身体と力を持った男を指すのに用いられた。ここから、現代のロマンス諸語お

よび英語で用いられるより広い意味が生まれた。**gigantic**形は、17世紀初頭に用いられるようになり、「巨人のような」を意味する。ラテン語*gigas*に由来する。

gibberish ［16世紀初頭］名早口でわけのわからないおしゃべり：

gibber動「早口でわけのわからないことをしゃべる」からできた。接尾辞*-ish*は「言語」を指す（例：Spanish「スペイン語」、Swedish「スウェーデン語」）。当初は書き言葉で用いられた。

gibbet ［中英語］名絞首台：

古フランス語*gibet*「杖、棍棒、絞首台」（*gibe*「棍棒、杖」の指小辞語）に由来する。ゲルマン語に由来。後の用法で、「突き出た腕を持ち、死刑執行後の犯罪者を鎧あるいは鎖で吊るすための直立の台」を指すようになった。

giddy ［古英語］形目のくらむような：

古英語*gidig*は「正気でない」の意味で、字義通りの意味の「神の霊が乗り移った」に由来する。由来は*God*「神」と同じである。現代の用法は後期中英語に遡る。

gift ［中英語］名贈物、天賦の才：

古ノルド語*gipt*に由来する。
→ GIVE

gig¹ ［18世紀後半］名ギグ馬車（一頭立て二輪軽馬車）、長いオールで漕ぐレース用の軽艇、回転する物：

廃語としての*gig*の意味から転移したものと見られる。この廃語の元の意味は「気まぐれな娘」だが、ぐるぐる回る様々な物体や用具も指した。

gig² ［1920年代］名（ジャズ演奏会の）一夜興行：
語源は不詳。

giggle ［16世紀初頭］動くすくす笑う：

この語はcackle「こっこっと鳴く、きゃーきゃー笑う」と同様、擬音語である。オランダ語*giggelen*やドイツ語*gichern*「くすくす笑う」は同系である。

gigolo ［1920年代］名ジゴロ、男性の職業ダンサー：

元々の意味は「踊りの相手」である。フランス語とともに流入し、*gigole*「ダンスホールの女性、背が高く細い女性」の男性形として作られた語である。この語は口語*gigue*「脚」に由来する。

gild ［古英語］動金箔をほどこす、美しく飾る、体裁良く見せる：

古英語*gyldan*（過去分詞*gegyld*「金箔をほどこした」に見られる）はゲルマン語由来で、gold「金」と同系である。「偽の輝きを与える」という比喩的意味は16世紀後半に遡る。**gilt**[中英語]形「金めっきした」は*gild*の過去分詞の古い形である。*gild* the lily「すでに美しいものをさらに改良する」という表現は、シェイクスピア『ジョン王』*King John*, IV. ii .11 からの誤った引用による：To *gild* refined gold, to paint the lily; to throw perfume on the violet, ... is wasteful, and ridiculous excess.「純金に金メッキをし、百合の花に絵の具を塗り、スミレの花に香水をふりかけ…するなんて、いかにもむだで、滑稽なやりすぎというもの」。

gimmick ［1920年代］名《米俗》いかさまの仕掛け、新案物：

アメリカ英語で起源は不明だが、恐らくは、magic「魔法・手品」の綴り換えと思われる。元の意味は「手品師の道具」である。

gingerly ［16世紀初頭］副形用心深く、用心深い：

当初の意味は「優美に」で、踊りや歩きを描写する際に用いられていた。初めは「小さく優雅な歩調で」の意味だったが、後に、蔑んだ意味合いで、「小股に」という意味を持つようになった。17世紀以降、この語は身体の動き一般に言及し、注意や軽い嫌悪の意味合いを持つようになった。古フランス語*gensor*「繊細な」から

できた語と思われる。この語は gent の比較級で、ラテン語 genitus「(良い) 生まれの」からできた。

gird [古英語][動](帯などで) 巻く、締める：
　古英語 gyrdan はゲルマン語由来である。オランダ語 gorden やドイツ語 gürten「帯で締める」と同系である。gird (up) one's loins「気を引き締めて待ち構える」という慣用表現は、聖書で見られる表現を用いたものである。**girder** [17世紀初頭][名]「大梁」は、「固定する、強化する」という (今は廃れた) 意味の gird からできた。
→ GIRDLE; GIRTH

girdle [古英語][名] ガードル、ベルト：
　古英語 gyrdel はゲルマン語由来で、オランダ語 gordel やドイツ語 Gürtel「ベルト、バンド」と同系である。
→ GIRD; GIRTH

girl [中英語][名] 少女、女の子：
　当初は、男女を区別せずに子供や若者を指した。低地ゲルマン語 gör「子」と同系。18世紀後半になって、**gal**[名]「女(の子)」が時々用いられるようになり、girl とは違う独特の発音を持った。the girl next door「隣のおねえさん」という表現は、普通で親しみやすい若い女性を指すが、1950年代に映画の場面で用いられたのが始まりである。複合語に以下がある：
■ **girl Friday** [1940年代][名]「重宝なお手伝い(女性アシスタント)」。man Friday「服従する人、忠実なしもべ」にちなんで作られた。Friday は、ダニエル・デフォーの『ロビンソン・クルーソー』Robinson Crusoe (1719年) に登場し、難破したクルーソーを助けた人物の名前である。

giro [19世紀後半][名] 振替制度：
　ヨーロッパや日本で用いられる電子ファイル転送システムを指す。「(お金の) 流通」を意味するイタリア語からドイツ語を経て入った。

girth [中英語][名] 腹帯、胴回り、周り：
　当初は、馬の鞍に付ける紐を指すのに用いられた。古ノルド語 gjorth に由来する。物の周囲の寸法を指す意味は、17世紀半ばに遡る。

gist [18世紀初頭][名] 要点、骨子：
　古フランス語に由来。gesir「横たわっている」(ラテン語 jacere に由来) の 3 人称単数現在形であった。アングロフランス語の法律の表現 cest action gist「この行為がある」は、訴訟をするのに十分な根拠があることを述べたものである。この語は法律の英語に借入され、証拠そのもの (すなわち、行為の本当の要点) を指した。この語がより一般的な意味で用いられはじめたのは、19世紀初頭からである。

give [古英語][動] 与える：
　古英語 giefan, gefan はゲルマン語由来である。オランダ語 geven やドイツ語 geben「与える」と同系である。give and take「譲り合う」という慣用表現は16世紀初頭から見られる。

gizzard [後期中英語][名] (鳥などの) 砂肝、レバー：
　当初の綴りは giser で、古フランス語に由来。ラテン語 gigeria「調理された鶏の内臓」に基づく。語末の -d は16世紀に付加された。

glacial [17世紀半ば][形] 氷河の：
　フランス語、あるいはラテン語の glacialis「氷の」に由来し、glacies「氷」からできた。この glacies は **glacier** [18世紀半ば][名]「氷河」の語源でもある。glace「氷」に由来するフランスのサヴォア地方の語と見られる。

glad [古英語][形] うれしい：
　古英語 glæd は、元は「明るい、輝いている」を意味した。ゲルマン語由来で、古ノルド語 glathr「明るい、楽しそうな」やドイツ語 glatt「滑らかな」、およびラテン語 glaber「滑らかな、毛のない」とも同系である。近代英語では「ひじょうに喜んだ」から「気に入った」へと意味が弱まった。glad rags という表現は、20世

紀初頭にアメリカ英語で最初に用いられ、「晴れ着」という意味である。*glad* eye「異性を惹きつけるための目つき」は、同時期にイギリス英語で用いられるようになった。

glade ［後期中英語］名林間の空地：
語源は不詳。glad「うれしい」や gleam「かすかな光」と同系であり、空地が比較的明るい様子を指したと思われる。今では廃れた意味に、「小さな光のきらめき」や「雲間の明るい空間」がある。17世紀の終わりまでには文語となったと思われるが、当時多くの作者がこの語を、日光ではなく影と結びつけて用いていた。

glamour ［18世紀初頭］名魅惑的な美しさ：
元々スコットランド語で、「魅惑されること、魔法」の意味であった。grammar「文法」の変形である。grammar 自体は「魅惑されること、魔法」の意味で用いられたわけではないが、語源となったラテン語 *grammatica* が中世に用いられた際、しばしば「奨学金、学問」および学問に広く結びつく神秘的な慣習を指した。「神秘的な美しさ」という概念がこの話と結びついたのは、19世紀半ばである。1930年代のアメリカ英語では、「魅力、女性の美しさ」を指すようになった。

glance ［後期中英語］動ちらっと見る：
当初は武器による一撃を指し、「斜めに跳ね返る」を意味した。同じ意味を持つ廃語 *glace* が鼻音化した語で、古フランス語 *glacier*「滑る」からできた語であろう。*glace*「氷」に由来し、これはラテン語 *glacies* に基づく。現代の用法は16世紀後半から。

glare ［中英語］動ぎらぎら輝く、にらみつける：
当初は「燦然(さん)と輝く、まばゆく輝く」を意味した。この語は、中オランダ語および中低地ドイツ語の *glaren*「かすかに光る、まぶしく光る」に由来するもので、恐らく glass「ガラス」と同系である。「じっと見る」という意味は、後期中英語の形

容詞 *glaring* で初めて用いられた。「にらみつける」という意味は、17世紀初頭に遡る。
→ GLASS

glass ［古英語］名ガラス：
古英語 *glæs* はゲルマン語由来である。同系語に、オランダ語 *glas* やドイツ語 *Glas*「ガラス」がある。この語はしばしば、hour-*glass*「砂時計」、looking-*glass*「鏡」、magnifying-*glass*「拡大鏡」、weather-*glass*「晴雨計」、field-*glass*「小型望遠鏡」など様々な道具や物体の名前の短縮形として用いられる。
→ GLARE

glaze ［後期中英語］動ガラスをはめる：
当初の綴りは *glase* で、語源は glass「ガラス」である。目と結びつく比喩的用法が初めて見つかったのは、シェイクスピア『リチャード二世』*Richard II*, II. ii. 16である：For Sorrowes eyes *glazed* with blinding tears, Divides one thing entire to many objects「というのは、涙は物を見えにくくしますが、そのような涙でかすんだ悲しみの目は一つの物をたくさんの物に分けてしまうのです」。

gleam ［古英語］名かすかな光：
古英語 *glæm* はゲルマン語由来で、「閃光」を意味したが、「和らいだ、あるいは、一時輝く光」へと意味が変化した。

glean ［後期中英語］動かき集める、収集する：
古フランス語 *glener* に由来する。これはラテン語 *glennare* からできた語で、ケルト語由来であろう。字義通りの意味は「刈り残された落穂を拾い集める」であった。まもなく、一般に少量のもの、特に、断片的な情報を集めるという意味に拡張した。

glee ［古英語］名歓喜、グリー合唱曲(通常は伴奏なしで、3つまたはそれ以上のパートからなる男声合唱)：
古英語 *glēo* はゲルマン語由来で、「娯楽、音楽、楽しみ」を意味した。中英語では

主に詩的な語として用いていた。15世紀以降からは稀に用いられる程度となり、17世紀の文学においてはほぼ全く用いられなくなった。ジョンソンはこの語を戯言としか見なかった。18世紀終わり頃に再び用いられるようになったが、復活の理由は依然として謎である。グリー合唱曲という意味は、17世紀半ばに遡る。

glib [16世紀後半] 形 口の達者な、表面的な：
当初は「滑らかな、障害のない」を意味した。ゲルマン語由来で、オランダ語 *glibberig*「滑りやすい」およびドイツ語 *glibberig*「粘液性の」と同系である。話しや書き物と関連づけた、蔑んだ意味合いの伴う用法は、この語が生まれてから早いうちにできたものである。

glide [古英語] 動 滑るように進む：
古英語 *glīdan* はゲルマン語由来で、オランダ語 *glijden* やドイツ語 *gleiten*「滑る」と同系である。同系語は、ゲルマン語族以外では見つかっていない。

glimpse [中英語] 動 名 ちらっと見る（こと）：
当初は、「かすかに輝く」を意味した。ゲルマン語由来であろう。中高地ドイツ語 *glimsen*、および後期中英語の **glimmer** 動「明るく輝く」と同系である。glimmer は恐らくスカンジナビア語由来で、スウェーデン語 *glimra* やデンマーク語 *glimre* と同系である。*glimpse* は「見る」を意味し、後に（18世紀後半の間に）「気づく」を意味するようになった。

glint [中英語] 動 ぴかっと光る：
当初は「素早く、あるいは斜めに動く」を意味した。方言 *glent* の変形で、スカンジナビア語由来であろう。同系語に、スウェーデン語方言の *glänta, glinta*「滑る、ほのかに光る」がある。15世紀では稀に使用される程度で、再び用いられるようになったのは、18世紀のスコットランドの作家による（ロバート・バーンズ『この夜のなんと長くもの寂しいことか』

How Long and Dreary is Night：How slow ye move, ye heavy hours! … It was na sae ye *glinted* by, When I was wi' my dearie「なんと歩みの遅いことか、重々しい時間たちよ…こんなではなかった、おまえたちはきらきらと過ぎ去った、私のいとしい人とともにいるときには」)。

glisten [古英語] 動 きらきら光る：
古英語 *glisnian* はゲルマン語由来で、中低地ドイツ語 *glisen* と同系である。名詞としての用法は19世紀半ばに遡る。**glister** [後期中英語] 動「きらきら光る」は、中低地ドイツ語 *glistern* か、中オランダ語 *glisteren* に由来する。

glitch [1960年代] 名 偶発的小事故：
glitch は元々アメリカで用いられていた語だが、起源は不明。元の意味は「電流の動揺」で、そこから、宇宙飛行士の俗語で「誤作動、障害」を意味するようになった。

glitter [後期中英語] 動 きらきら輝く：
古ノルド語 *glitra* に由来する。ショービジネスなど華やかな活動に従事する、流行を追う人々の集まりを指す **glitterati** 名「社交界の花形」は、1950年代のアメリカで用いられるようになった。*glitter* と *literati*（「文学を熟知する人々」を意味するラテン語から）の混合語である。**glitzy** 動「きらきら輝く」は元々アメリカで1960年代に用いられ、この語からできた。ritzy「豪華な」からの暗示によるもので、ドイツ語 *glitzerig*「きらきら光る」からの暗示でもある。

gloaming [古英語] 名 薄暮：
古英語 *glōmung* は *glōm*「薄暮」から来た語で、ゲルマン語由来である。中心的な意味は、夕焼けの「あざやかな光」である。
→ GLOW

gloat [16世紀後半] 動 満足そうにながめる、意地悪そうにながめる：
語源は不詳。古ノルド語 *glotta*「にやっと笑う」や中高地ドイツ語 *glotzen*「じっ

と見つめる」と同系であると思われる。元々の意味は「横目で見る、こっそり見る」で、そこから「ほれぼれと見る、あるいは、賛嘆の眼差しを送る」という意味が生まれた。現代の意味は、18世紀半ばに遡る。

globe ［後期中英語］名球、地球、天体：
当初は、「球状の物体」一般を指す語であった。古フランス語あるいはラテン語の *globus* に由来する。「地球」を意味する the *globe* という表現は16世紀半ばに遡る。この時代に、the *globes* が、地球の外形を模した地球儀や、星座の配置を模した天球儀が描写された球体を指すようになった（ギャスケル夫人『妻たちと娘たち』*Wives and Daughters*：I suppose you've been taught music, and the use of the *globes*, and French, and all the usual accomplishments「音楽や、天球儀や地球儀の使い方や、フランス語や役に立つ習い事はすべて教えてもらったのね」）。

gloom ［後期中英語］名暗闇、憂鬱；動暗くなる、陰気になる：
当初は動詞として用いられていた。語源不詳の **gloomy**形「暗い」から（接尾辞を取って）できた逆成語と思われる。スコットランド語での用法において、その名詞は初め「むっつりした表情」を意味した。「暗闇、暗い影」という意味は、ミルトンの作品から新たに用いられたものと思われる。この意味の語が、彼の詩の中に9回登場する（ミルトン『キリスト降誕の朝に寄せる頌歌』*On Christ's Nativity*：Though the shade *gloom* Had given day her room, The Sun himself withheld his wonted speed「うすら暗くなった、夜陰は、昼に、席をゆずったけれど、太陽さえ、いつもの速さをさしひかえた」）。*gloom* は、後の用例で「憂鬱になるような暗さ」と結びつくようになったが、これは、18世紀半ばの用例で発見された「憂鬱な状態」という比喩的意味の影響である。doom and *gloom*「暗い見通し」という表現は1940年代に遡り、アメリカで初めて用いられた。

→ GLUM

glory ［中英語］名栄光、名誉：
古フランス語 *glorie* に由来する。*glorie* はラテン語 *gloria*「栄光」からできた語である。*glorie* は中英語 **glorious**形「光栄ある」（古フランス語 *glorieus* からできた語で、ラテン語 *gloriosus* に由来）と **glorify**動「栄光を讃える」（古フランス語 *glorifier* に由来。これは、教会ラテン語 *glorificare* からできた語で、後期ラテン語 *glorificus* に由来）の語源でもある。

glossary ［後期中英語］名小辞典：
アルファベット順に並んだ用語小辞典を指す。ラテン語 *glossarium* に由来し、*glossa*「難解語の説明」からできた。*glossa* はギリシア語 *glōssa*「説明を要する語」に由来する。これは、16世紀にできた **gloss**名「説明」の基でもあり、*gloze*「注釈」（古フランス語 *glose*「注釈」に由来）の変形である。この変形は、ラテン語の綴りの影響によってできた。

glove ［古英語］名手袋、グローブ、グラブ：
古英語 *glōf* はゲルマン語由来である。この語を含む慣用表現は、fit like a *glove*「ぴったり合う」と hand in *glove*「親密で、ぐるになって」などがある。いずれも18世紀後半に遡るが、後者は hand and *glove*「親密で、ぐるになって」としてもっと早くから存在した。to take the *gloves* off「容赦しないでやっつける」という表現は1920年代に遡る。

glow ［古英語］動熱と光を出して輝く、紅潮する：
古英語 *glōwan* はゲルマン語由来で、オランダ語 *gloeien* やドイツ語 *glühen*「熱と光を発する」と同系である。熱情との結び付きは17世紀初頭に遡る。

glower ［15世紀後半］動顔をしかめる、じっと見つめる：
類義の方言 *glore* のスコットランド語の異形か、廃語 *glow*「じっと見つめる」からできた語と思われる。いずれの語も、

スカンジナビア語に由来するものと考えられる。

glue ［中英語］名膠にか、のり；動膠で接着する：
名詞は古フランス語 *glu* から、動詞は古フランス語 *gluer* からできた。いずれも後期ラテン語 *glus, glut-* に由来し、ラテン語 *gluten* に由来する。このラテン語は、**glutinous** ［後期中英語］形「膠質の」の語源でもある。これは古フランス語 *glutineux*、あるいはラテン語 *glutinosus* からできた。

glum ［16世紀半ば］形むっつりした、陰気な：
方言 *glum*「まゆをひそめる」と同系で、*gloom*「暗闇、憂鬱、暗くなる、陰気になる」の異形である。
→ GLOOM

glut ［中英語］動満腹させる：
ラテン語 *gluttire*「飲み込む」に由来し、古フランス語を経て入った語であろう。
→ GLUTTON

glutton ［中英語］名大食家：
古フランス語 *gluton*「大食家」に由来する。*gluton* はラテン語 *glutto(n-)* からできた語で、*gluttire*「飲み込む、がぶ飲みする」、*gluttus*「強欲な」、*gula*「喉」と同系。**gluttony** ［中英語］名「大食い、暴飲暴食」は古フランス語 *glutonie* からできた語で、*gluton* に由来する。

gnarled ［17世紀初頭］形（木が）節・こぶだらけの：
knarled の異形で、*knar*「木の節・こぶ」からできた。**gnarl** 名「木の節・こぶ」は19世紀初頭に遡り、*gnarled* から（接尾辞を取って）できた逆成語である。

gnash ［後期中英語］動歯ぎしりする：
古ノルド語 *gnastan*「歯ぎしり」と同系であると思われる。この語は15世紀終わりに初めて記録された。より古くから存在した *gnast* という綴りの動詞の異形と見られる。

gnaw ［古英語］動かじる：
古英語 *gnagen* はゲルマン語由来である。ドイツ語 *nagen*「かじる」と同系で、元は擬音語である。

gnome ［17世紀半ば］名小鬼、小人の形をした精：
フランス語からの借用で、近代ラテン語 *gnomus* からできた。スイスの医師パラケルスス（1493年頃～1541年）が、ギリシア神話に登場するピュグマイオイ（エチオピアとインドの一部に住んでいると想像された矮人族）の類義語として用いた語である。
→ PYGMY

go ［古英語］動行く：
古英語 *gān* は元々ゲルマン語である。オランダ語 *gaan* とドイツ語 *gehen*「行く」と同系である。*went*「行った」という語は、元は *wend* の過去形である。複合語に以下がある：
■ **go-cart**「（小児用の）歩行器」という語が最初に記録されたのは17世紀後半である。第1要素の *go* は、今は廃れた「歩く」の意味から付いたものである。この複合語の異形に、レース用の小さな車を指す **go-kart** 名「ゴーカート」があり、1950年代から用いられるようになった。kart は cart を故意に変形させたものである。

goad ［古英語］名（家畜を駆るための）突き棒：
古英語 *gād* は、ゲルマン語由来である。

goal ［中英語］名ゴール、目標：
当初の意味は「限界、境界」であった。起源は不詳。16世紀初頭からは、競走の終点を指すのに用いられた。その後間もなく、野望や奮闘に焦点を当てる比喩的な意味が生まれた。

gob¹ ［16世紀半ば］名口：
俗語であるが、恐らく、スコットランド・ゲール語 *gob*「くちばし、口」から来たものと思われる。複合語に以下がある：
■ **gobsmack** は1980年代から用いられ

ている語で、「びっくり仰天させる」の意味。口に向かってピシャリと叩かれた時の衝撃、あるいは驚いて口を両手で押さえる動作を指す。

gob² [中英語]名塊：

古フランス語 gobe「一口分の量、塊」からできた語で、gober「飲み込む、がぶ飲みする」に由来する。ケルト語起源と思われる。gobble [17世紀初頭]動「がつがつ食べる」はこの語に基づいてできた語であろう。この語の影響で、七面鳥の鳴き声を模倣した gobble「七面鳥のような鳴き声を立てる」(17世紀後半) ができたと思われる。

goblet [後期中英語]名ゴブレット：

古フランス語 gobelet からできた。gobelet は gobel「コップ」の指小辞語で、語源は不詳。

goblin [中英語]名悪鬼：

古フランス語 gobelin に由来する。ドイツ語 Kobold「コボルト」(ドイツ神話に登場する妖精で、家に出没したり、洞窟や鉱山の地下に住む) と同系と思われる。あるいは、ギリシア語 kobalos「いたずら好きな悪鬼」とも同系と思われる。中世ラテン語では、いたずら好きな妖精の名前として Gobelinus の名前が登場する。この妖精は、12世紀に、北部フランスのエヴルーに住んでいたと言われている。1940年代から用いられた gremlin 名「グレムリン、いたずらな小悪魔」という語は、goblin にならったものと思われる。

God [古英語]名神：

God「神」はゲルマン語由来で、オランダ語 god とドイツ語 Gott「神」と同系である。感嘆表現の gosh [18世紀半ば]間「おや、まあ」は、golly [18世紀後半]間「おや、まあ」と同様に、God の婉曲表現である。
■ God's Acre は「教会墓地」を指す表現で、17世紀初頭に遡る。ドイツ語 Gottesacker「教会墓地」、オランダ語 Godsakker からできた。
■ God Save the Queen というイギリス国歌は、17世紀に作られ、その当時に歌詞と曲全体の起源があると思われる

が、元々の起源は不詳。God save the King「神よ国王を護り給え」という表現は、旧約聖書の至るところに見られる。一方で、1545年という早い時期に、海軍の標語として long to reign over us「御世の長からむことを」とともに用いられていた。
■ godsend [19世紀初頭]「天の賜物」は、God's send、すなわち what God has sent「神の賜物」からできた。

gofer [1960年代]名使い走り：

この俗語は、go for (= go and fetch「行って取ってくる」) からできた。

goggle [中英語]動目玉をぎょろつかせる：

当初の意味は「かたわらに目を向ける、目を細めて見る」であった。上下運動を表す語が基であろう。

goitre [17世紀初頭]名甲状腺腫：

フランス語からの借用。goitreux「甲状腺腫にかかっている」から (接尾辞を取って) できた逆成語であるという説と、古フランス語 goitron「食道、喉」からできたという説がある。いずれの語も、ラテン語 guttur「喉」に基づく。

gold [古英語]名金、黄金：

ゲルマン語由来で、オランダ語 goud やドイツ語 Gold「金、黄金」と同系である。yellow「黄色」と共通するインド＝ヨーロッパ語の語根に由来する。golden形「黄金の」は中英語で、より古くから用いられていた gilden に取って代わった。golden age「黄金時代」という表現は16世紀半ばに遡り、過去ののどかで美しい時期を指す。これは、ギリシアとローマの詩人が歴史の最初の時期 (その時期の人間は理想的な状態にあると信じられていた) を指す名前を翻訳したものである。
→ YELLOW

golf [後期中英語]名ゴルフ：

元はスコットランド語であった。いくつかのオランダの競技で用いられたオラン

ダ語 *kolf*「クラブ、バット」と同系である と思われる。しかし記録によると、その 競技が行われていた以前から用いられて いた。

goo [20世紀初頭]名 ねばつく物：
元はアメリカで用いられていた。海事の 俗語で、船乗りの食べるオートミールを 指す *burgoo* からできたと思われる。こ れはペルシア語 *bulgūr*「傷んだ穀物」 (bulgar wheat「ブルガー小麦」に見られ る) に基づいている。

good [古英語]形 良い、善良な、幸福な：
古英語 *gōd*「良い、善良な、幸福な」はゲ ルマン語由来である。オランダ語 *goed* やドイツ語 *gut*「よい」と同系である。 the great and the *good*「著名で立派な 人々」という、しばしば皮肉を込めて用 いられる表現は、19世紀半ばに遡る。 **goodness**名「善良」(古英語では *gōdnes* と綴られた) は、神の寛容を指す感嘆表 現で用いられることがある（例：for *goodness*' sake「お願いだから」、surely to *goodness*「神に誓って確かに」)。複 合語に以下がある。
■ Good Friday「聖金曜日」という語に おいて、*good* は「神聖な、神聖な日と見 なされる」という意味で用いられている。

goodbye [16世紀後半]間 さようなら：
God be with you!「神とともにあらんこ とを！」を短くしたものである。good は、 good morning「おはようございます」の ような表現にならって、God の代用語と して取り入れられた。

goon [19世紀半ば]名 ばか、とんま：
方言 *gooney*「間抜け」からできたものと 思われる。アメリカの漫画家 E・C・シー ガー (1894〜1938年) が創作した Alice the Goon「まぬけのアリス」という人間 に近い登場人物の名の影響による。

gopher [18世紀後半]名 ホリネズミ：
カナダフランス語 *gaufre*「ミツバチの 巣」に由来すると思われる。ホリネズミ は、地下にもぐって「蜂の巣状の穴だら けにする」という習性がある。

gore¹ [古英語]名(傷から流れ出た) 血、 (特に) 血の固まり：
現代の意味は、16世紀半ばに遡る。古英 語 *gor* は「牛馬などの糞、汚物」の意味で、 ゲルマン語由来である。オランダ語 *goor* やスウェーデン語 *gorr*「糞、汚物」 と同系である。

gore² [後期中英語]動(角で) 突き刺す：
当初は「突き刺す、突き通す」の意味を 持っていた。語源は不詳。

gore³ [古英語]名 三角形の生地：
古英語で *gāra* と綴られ、「三角形の土地」 を指した。ゲルマン語由来で、オランダ 語 *geer* やドイツ語 *Gehre*「三角布」と同 系である。また、古英語 *gār*「槍」とも同 系であろう。槍の穂先は三角形であった ことによる。

gorge [中英語]名 峡谷；動 むさぼり食 う：
峡谷という意味は18世紀半ばに起こっ た。しかしこれは、古くは「喉」を指す語 であった (古フランス語 *gorge*「喉」に由 来)。むさぼり食うという意味は古フラ ンス語 *gorger* からできた。これは *gorge* に由来し、ラテン語 *gurges*「渦巻 き」から来た。紋章学で、**gorged**形「(動 物の) 首に (宝冠、環などを) はめてある」 (これもフランス語 *gorge* に由来) は首 がコロネットや首章に囲まれている様子 を指す。

gorgeous [15世紀後半]形 豪華な：
当初は豪華な衣服を指した。古フランス 語 *gorgias*「洗練された、優雅な」から派 生した語だが、その語源は不詳である。

gorilla [19世紀半ば]名 ゴリラ：
野性的で毛深い人間を指すアフリカの語 と思しきものからできた語で、紀元前5、 6世紀にカルタゴの航海者ハンノによ る航海記録 (ギリシア語による) にて発 見された。1847年に、猿の一種を指すよ うになった。

gormless [18世紀半ば]形 愚かな、間抜

けな：
元の綴りは *gaumless*。方言 *gaum*「理解」（古ノルド語 *gaumr*「注意、用心」に由来）と接尾辞 *-less*「…の無い」からなる。

gospel ［古英語］名福音書：

古英語 *gōdspel* は *gōd*「良い」と *spel*「知らせ、話」からできた語である。教会ラテン語 *bona annuntiatio*、あるいは *bonus nuntius* を翻訳したものである。これらは、教会ラテン語 *evangelium*（ギリシア語 *euangelion*「良い知らせ」に由来）に注釈をつける際に用いられた。古英語で母音が短縮された後、第1音節が *god* と間違われた。

gossamer ［中英語］名小グモの糸：

goose「ガチョウ」と *summer*「夏」からできたと見られる。ガチョウが食べられる、11月初めの小春日和 (St Martin's summer) の頃を指す名前に由来すると思われる。その時期には、小グモの糸がよく見られた。

gossip ［後期古英語］名むだ話：

後期古英語の *godsibb*「代父、代母、名付け親」は、字義通り「神の親類」を指した。*god*「神」と *sibb*「親類」からなる。中英語での意味は、「親友、おしゃべり相手」であり、そこから「おしゃべりする人」を指すようになった。後に19世紀初頭に「むだ話」という意味を持つに至った (17世紀初頭に遡る動詞に由来)。

gouge ［後期中英語］名まるのみ、穴がたがね：

古フランス語に由来する。後期ラテン語 *gubia, gulbia* からできた語で、恐らくはケルト語由来と思われる。同系語として、古アイルランド語 *gulba*「くちばし」やウェールズ語 *gylf*「くちばし、とがった道具」がある。

gout ［中英語］名痛風：

古フランス語 *goute* からできた語で、字義通りの意味が「しずく」である中世ラテン語 *gutta* に由来する。痛風は、病気を持った物質が血液中から関節にしずく

となって入ったことでかかると信じられていた。

govern ［中英語］動統治する：

古フランス語 *governer* (*government* ［中英語］名「政治」の語源でもある）からできた。ラテン語 *gubernare*「舵を取る、統制する」に由来する。元の動詞はギリシア語 *kubernan*「舵を取る」である。中英語の **governess** 名は、元は *governeress* と綴り、「女性統治者、女性知事」を意味した。古フランス語 *governeresse*（これは、同時期に英語に入った **governor** 名「知事、統治者」の基でもある *governeour*「知事、統治者」の女性形）からできた。これはラテン語 *gubernator* に由来し、*gubernare* からできた。

gown ［中英語］名ガウン：

古フランス語 *goune* に由来し、後期ラテン語 *gunna*「毛の衣類」から来た。ビザンティン帝国時代のギリシア語である *gouna*「毛、裏地に毛が貼ってある衣類」と同系であろう。

grab ［16世紀後半］動つかむ、ひったくる：

中低地ドイツ語と中オランダ語の *grabben* と同系である。grip, gripe, grope とも同系と思われる。*grab* は1970年代以降、コンピュータに関連する場面で用いられている。コンピュータのメモリにデジタル化して保存する際に、ビデオやテレビの1フィートあたりの長さのコマを取り込むことを指す。

grace ［中英語］名優雅、好意、感謝：

古フランス語を経てできた。ラテン語 *gratia*「親切、好意、感謝」から来た語で、*gratus*「好ましい、ありがたい」に由来する。かつては「態度」、「振舞い方」を表し、今も airs and *graces*「気取った態度」という表現に見られる（サッカリー『虚栄の市』*Vanity Fair*：Old Sir Pitt ... chuckled at her airs and *graces*, and would laugh by the hour together at her assumptions of dignity and imitations of genteel life「ピット卿は、彼女が気取っ

てみせたり、上品めいた口を利いたりするのを見ると、クックッとしのび笑いを漏らした。老准男爵は、ミス・ホロックスが上流夫人を真似て威厳あるふうを装ったりすると、何時間もぶっ続けに大笑いした」)。他の意味としては、「優美さ」、「好意」(divine *grace*「神の恵み」に見られる)、そして「感謝」がある。最後の意味は、say *grace*「食前・食後のお祈りをする」という表現 (用いられはじめた頃から16世紀までは、say *graces* というのがほとんどであった) に見られる。

gracious [中英語][形]「親切な、優雅な」は、ラテン語 *gratiosus*「人気・好意を享受している、魅力のある」(*gratia* に由来) から古フランス語を経てできた。18世紀半ば以降、oh *gracious!*, *gracious* sake!, good *gracious!*「おや、まあ」などの感嘆表現で、God「神」の代わりに用いられた。優雅な生活を指す *gracious* living という表現は、1930年代にできた。

grade [16世紀初頭][名]階級、学年、度合、成績点:

ラテン語 *gradus*「歩み、一歩」に由来する語は、英語にいくつかある。*grade* (直接の由来はフランス語) は、元は角度 (弧の度) を測る単位として用いられたが、19世紀初頭に利点や質の度合いを指すようになった。make the *grade*「要求された水準に達する」という表現は、20世紀初めにアメリカ英語で起こった。**gradual**[形]「段階的な」は後期中英語にてすでに発見されており、中世ラテン語 *gradualis* に由来する。この形容詞の元の意味は「度合いに応じて配置される」である。この意味が、17世紀後半に、「徐々に起こる」という意味に発達した。名詞としては、教会にある祭壇の階段を指し、この階段から応答歌が歌われていた。**graduate**[動]「卒業する」も後期中英語で、中世ラテン語 *graduare*「学位を取る」に由来する。**gradation**[名]「連続的な変化の段階」は16世紀半ばに遡り、ラテン語 *gradatio(n-)* に由来する。**gradient**[名]「勾配」は19世紀半ばから記録があり、*grade* に基づく。

graffiti [19世紀半ば][名]壁の落書き:

イタリア語 *graffito* の複数形を借用したもので、*graffio*「ひっかき傷」からできた。

graft¹ [後期中英語][名]接ぎ穂、移植:

当初の綴りは *graff* で、古フランス語の *grafe* からできた。この古フランス語は、ギリシア語 *graphion*「鉄筆、書くための道具」(接ぎ穂の細くとがった先端に関連する) からラテン語を経てできた。なお、*graphion* は、*graphein*「書く」に由来する。この語末の -*t* は、-*f* と -*ft* の音が混乱する際にしばしば生じる (tuft「小さな房」も同様にしてできた)。この語を手術の場面で用いるようになったのは (例: skin *graft*「皮膚移植」) のは、19世紀後半からである。

graft² [19世紀半ば][名]収賄、骨の折れる仕事:

「仕事」という意味の *graft* は、恐らく、spade's *graft*「鋤を一振りして掘り起こす土の量」という表現と関係があり、古ノルド語 *groftr*「掘ること」に基づくと思われる。

grain [中英語][名]穀粒、穀物:

元々は「種、穀物の粒」の意味で用いられた。古フランス語 *grain* に由来し、ラテン語 *granum* からできた。「種」を意味したり、小さな粒状の物 (例: *grain* of sand「砂粒」) を指したりする他に、粒のような感触 (写真や彫刻で用いられる) を指すのにも用いられる。この意味から拡張して、粒子や繊維の配列を述べるようになった (例: *grain* of the wood「木目」)。そこから、go against the *grain*「意に反する」(17世紀半ば) などの慣用表現が生まれた。

gram [18世紀後半][名]グラム:

メートル法の質量の単位を表し、フランス語 *gramme* に由来する。この *gramme* はラテン語 *gramma*「微量」に由来し、ギリシア語から来た。

grammar [後期中英語][名]文法:

語源は、古フランス語 *gramaire* で、これ

はギリシア語 *grammatikē* (*tekhnē*)「文学の（技能・技術）」からラテン語を経てできた。このギリシア語は *gramma*, *grammat*-「アルファベットの文字、書かれた物」に由来する。初期の英語における *grammar*「文法」は、ラテン語文法のみを指した。これは、当時文法に則って教えられていたのがラテン語のみだったためである。この語が文法一般を指すようになり、どの言語の文法を指すのか特定する必要が出てきたのは、17世紀である（例：Latin *grammar*「ラテン語文法」、French *grammar*「フランス語文法」）。**grammatical**[形]「文法の」が発見されたのは16世紀初頭に入ってからである。これは後期ラテン語 *grammaticalis* に由来する。この後期ラテン語は、ギリシア語 *grammatikos*（*gramma* に由来）からラテン語を経てできた。
→ GLAMOUR

granary ［16世紀後半］[名]穀倉：
ラテン語 *granarium* に由来する語で、*granum* からできた。

grand ［中英語］[形]壮麗な、堂々たる：
古フランス語 *grant*, *grand* に由来し、ラテン語 *grandis*「成長した、大きい、立派な」からできた。元の用法としては、家族関係を指すのに用いたり（例えば、古フランス語の用法に従って、*grand*-niece「おい・めいの娘」というように用いた）、敬称に用いたりした（古フランス語 *le Grand* を翻訳した the *Grand*「大王」がある）。ここから、「最高位の」、「ひじょうに重要な」という意味が生まれた。**grandeur**[名]「壮大」（フランス語からの借入語で、*grand* に由来する）は、16世紀後半から使用が記録されており、背が高いことを指す。

grandiose ［19世紀半ば］[形]大げさな、壮大な：
フランス語からの借用。イタリア語 *grandioso* に由来し、*grande*「偉大な」からできた。

grange ［中英語］[名]農場、農場付属住宅：

当初の意味は「穀倉、納屋」で、古フランス語からできた。中世ラテン語 *granica* (*villa*)「穀物倉庫、穀物農場」に由来し、ラテン語 *granum*「穀粒」が基である。

granite ［17世紀半ば］[名]花崗岩：
字義通りには「木目のある」を意味するイタリア語 *granito* に由来する。この語の基は *grano*「穀粒」で、ラテン語 *granum* からできた。

granny ［17世紀半ば］[名]おばあちゃん：
grandum（「祖母」を指す古語）の口語的発音を表す *grannam* に基づく。

grant ［中英語］[動]認める、授ける：
古フランス語 *granter*「支持することに同意する」に由来する。これは *creanter*「保障する」の異形で、ラテン語 *credere*「任せる」からできた。

granule ［17世紀半ば］[名]細粒：
ラテン語 *granum*「穀粒」の指小辞語である後期ラテン語 *granulum* に由来する。**granular**[形]「粒状の」は18世紀後半に遡り、後期ラテン語 *granulum* に基づく。

grape ［中英語］[名]ぶどう：
「ぶどうの房」を意味する古フランス語に由来し、この意味が英語に借入された。*graper*「（ぶどうを）集める」に由来し、これは *grap*（ぶどうの収穫時に用いられる）「鎌」からできた語であろう。起源はゲルマン語である。

graphic ［17世紀半ば］[形]生き生きと表現された、線画で描かれた：
ギリシア語 *graphikos* からラテン語を経てできた。このギリシア語は、*graphē*「書くこと、描くこと」からできた。この名詞はしばしば複数形 *graphics*「製図法、グラフィックアート」で用いられる。19世紀後半の時点では、数学の計算をしやすくするものとしての「図形、図表」を指したが、1960年代からは、コンピュータ用語の１つとなった。**graph**[名]「グラフ」は19世紀後半に遡る。これは数学でよく用いる用語で、*graphic* formula「構造

grapple ［中英語］動引っ掛けかぎ、取っ組み合いをする：
　当初は引っ掛けかぎを指す名詞として用いられた。古フランス語 *grapil* に由来する。これはプロヴァンス語に由来する語で、*grapa*「かぎ針」の指小辞語である。ゲルマン語由来で、grape「ぶどう」と同系である。動詞としての用法は16世紀半ばに遡る。
　→ GRAPE

grasp ［後期中英語］動つかむ、理解する：
　gropeと同系と思われる。この意味から発達した「把握する、理解する」という意味が、17世紀後半からの用例に見られる。*grasp the nettle*「恐れずに困難と戦う」という表現は、19世紀後半に記録されている。

grass ［古英語］名草：
　古英語 *græs* はゲルマン語由来である。オランダ語 *gras* とドイツ語 *Gras*「草」と同系で、元をたどると、green「緑」やgrow「成長する」とも同系である。複合語に以下がある：
　■ **grass widow**「夫が留守がちの妻」という語は、子供のいる未婚の女性を指す表現として、16世紀初頭に用いられるようになった。恐らく、ベッドの中ではなく草の上で横になっていた夫婦をイメージしてできたものと思われる。現代の用法では、夫がしばしば長い間不在となる妻を指すが、これは19世紀半ばに遡る。オランダ語 *grasweduwe* とドイツ語 *Strohwitwe*「一時やもめ」(字義通りの意味は「藁の未亡人」)と同系である。

grate¹ ［後期中英語］動する、（おろし金で）おろす：
　古フランス語 *grater* からできた語で、ゲルマン語由来である。ドイツ語 *kratzen*「ひっかく」と同系である。動詞句 *grate upon*「いらだたせる」は17世紀初頭に遡る。

grate² ［中英語］名火格子：
　元々は「鉄格子」を指すのに一般的に用いられた語であった。古フランス語からできた語で、ラテン語 *craris*「骨組み」に由来する。

gratis ［後期中英語］形無料で：
　gratis「無料で」は元はラテン語である。*gratiis*「好意から」を短くした語で、この語は *gratia*「好意、親切」からできた。

gratitude ［後期中英語］名感謝：
　古フランス語、あるいは中世ラテン語 *gratitudo* から英語に入った。ラテン語 *gratus*「好ましい、ありがたく思う」に由来する。このラテン語の形容詞は、元々「好ましくさせる」という意味であった **gratify** ［後期中英語］動「喜ばせる」（フランス語 *gratifier*、あるいはラテン語 *gratificari*「与える、好意で行う」に由来）や、**grateful** ［16世紀半ば］形「感謝している」（廃語 grate「好ましい、愛想のよい、ありがたく思う」に由来）の語源でもある。

gratuitous ［17世紀半ば］形無料の、いわれのない：
　ラテン語 *gratuitus*「無料で与えられる、自発的な」と接尾辞 -ous からできた語である。

gratuity ［15世紀後半］名心付け、祝儀、チップ：
　当初は親切さや好意を表した。語源は古フランス語 *gratuité*、あるいは中世ラテン語 *gratuitas*「贈り物」である。ラテン語 *gratus*「好ましい、ありがたく思う」からできた。

grave¹ ［古英語］名墓穴、墓所、埋葬所：
　古英語 *græf*「埋葬所」はゲルマン語由来で、オランダ語 *graf* とドイツ語 *Grab*「墓」と同系である。

grave² ［15世紀後半］形重大な：
　元々は傷が「重い、深刻である」を意味した。古フランス語 *grave*、またはラテン語 *gravis*「重い、深刻な」に由来する。

gravel［中英語］名砂利：
古フランス語 *grave* の指小辞語に由来する。これは、古フランス語 *greve*「岸」の異形である。

gravity［15世紀後半］名重力、引力、重大性：
当初は「まじめさ」の意味で用いられた。古フランス語から、あるいはラテン語 *gravitas*「重さ、まじめさ」から来た語で、*gravis*「重い」に由来する。この語が自然科学で用いられるようになったのは、17世紀に遡る。ラテン語 *gravitas* は、**gravitate**［17世紀半ば］動「重力に引かれる」の語源でもあり、これは近代ラテン語 *gravitare* からできた。

gravy［中英語］名肉汁、グレービー：
香辛料の入ったソースを指した。古フランス語 *grané* を (*gravé* と) 誤読したことからできたと思われる。この *grané* は grain「香辛料」に由来し、ラテン語 *granum*「穀粒」からできた語であろう。

graze［古英語］動草を食はむ、(皮膚などを) すりむく：
古英語 *grasian*「草を食む」は、*græs*「草」からできた。ここから、特定の用法として（表面をすくい取る、という概念から）「皮膚をすりむく」という意味が派生したと思われる。これは16世紀後半に遡る。**graze**「草を食む、(皮膚などを) すりむく」が現代で発達させた意味の中に、小食でしばしば (食事の時間ではなく) 不定期的に食べるという意味 (1970年代) や、テレビ番組のチャンネルをあちこち変えるという意味 (1980年代) がある。

grease［中英語］名グリース；動グリースを塗る：
古フランス語 *graisse* からできた語で、ラテン語 *crassus*「厚い、太った」に由来する。賄賂を暗示する *grease* somebody's palms「人に (金を) つかませる」という表現は、16世紀初頭に遡る。また、「物事を円滑に運ぶ」という意味の *grease* the wheels は19世紀初頭から見つかっている。

great［古英語］形大きい、偉大な：
古英語 *grēat*「大きい、粗い、厚い、頑丈な」は西ゲルマン語由来である。オランダ語 *groot* やドイツ語 *gross*「大きい、偉大な」と同系である。*great* を「すばらしく、本当にうまく」という意味の副詞で用いる口語的用法 (例：doing *great*「うまくやっている」) は、元々、1940年代から用いられているアメリカ英語の一部であった。

greedy［古英語］形強欲な：
古英語 *grǣdig* はゲルマン語由来である。**greed** 名「強欲」は16世紀後半から記録されている。*greedy* から (接尾辞を取って) できた逆成語である。

Greek［古英語］名形ギリシア人 (の)、ギリシア語 (の)：
古英語 *Grēcas*「ギリシア人」は、ラテン語 *Graeci* に由来する。このラテン語は、自分たちを *Hellenes*「ヘレネス」と呼ぶ人々にローマ人がつけた名前である。語源はギリシアのグライコイ「グライア (ボイオティアの一地方) の住民」。これは、アリストテレスによると、古代ギリシア人を指す有史以前の名前であった。

green［古英語］名形緑色 (の)：
古英語 *grēne* は、動詞 *grēnian* の形容詞形にあたる綴りであった。この語はゲルマン語由来で、オランダ語 *groen* やドイツ語 *grün*「緑色の」、さらには grass「草」や grow「成長する」とも同系である。顔色が青ざめている様子も指し、*green* and wan「顔色が青い」や *green* and pale「顔色が青い」などの表現でしばしば用いられる。この表現は、恐怖、嫉妬、不機嫌、あるいは病気を示すものである。複合語に以下がある：

■ **green-eyed monster**「緑色の目の怪物」という語は「嫉妬」を表す。これはシェイクスピアの『オセロ』*Othello*, III. iii. 166から来た (O beware jealousy. It is the *green eyed* monster「嫉妬

greet ［古英語］動挨拶する：
古英語 *grētan*「近づく、攻撃する、挨拶する」は西ゲルマン語由来である。オランダ語 *groeten* やドイツ語 *grüssen*「挨拶する」と同系である。send *greeting*「よろしくお伝えする」は古英語に遡る表現である。複合語 *greetings* card「挨拶状」は 19 世紀後半に遡る。

gregarious ［17 世紀半ば］形群生の、社交好きな：
ラテン語 *gregarius* に由来し、*grex*, *greg-*「群れ」からできた。

gremlin ［1940 年代］名グレムリン（飛行機などのエンジンに故障を起こさせるという目に見えない小さな魔物）：
→ GOBLIN

grenade ［16 世紀半ば］名手榴弾：
当初は「ざくろの実」を指した。古フランス語 (*pome*) *grenate* が変形してできたフランス語に由来する。これはスペイン語 *granada* にならってできた。爆弾がこのように名づけられたのは、恐らくその形がざくろの実に似ていたためと思われる。**grenadier**名「擲弾(てきだん)兵」という語（フランス語から借入）は 17 世紀後半に遡り、フランス語 *grenade* からできた。

grey ［古英語］名形灰色(の)：
古英語の *græg* はゲルマン語由来で、オランダ語 *grauw* やドイツ語 *grau*「灰色の」と同系である。「憂鬱な、寂しい」を意味する比喩的用法は、18 世紀初頭から見つかる。「特徴のない、無名の」を意味する用法があるが、これは 1960 年代に遡り、初めは政治家について用いられた。

grid ［19 世紀半ば］名(鉄)格子：
gridiron ［中英語］名「焼き網」から（接尾辞を取って）できた逆成語で、元々は *gredire* と綴った。(*gridile*「円形鉄板」の変形。この語と iron「鉄」を結んで *grediron* ができた)。

griddle ［中英語］名グリドル、焼き網：
当初は焼き網を指すのに用いられていた。古フランス語 *gredil* に由来する。これはラテン語 *craticula* からできた語で、*cratis*「骨組み」の指小辞語である。
→ CRATE; GRATE²; GRILL

grieve ［中英語］動深く悲しむ、深く悲しませる：
当初の意味は「危害を与える、抑圧する」であった。古フランス語 *grever*「負担をかける、妨げる」に由来する。これはラテン語 *gravare* に由来し、*gravis*「重い、重大な」からできた。**grief**［中英語］名「困難、苦痛、悲しみ」は古フランス語 *grief* (*grever* からできた) に由来する。come to *grief*「不幸におちいる」という表現は、19 世紀半ばに遡る。**grievance**名「不平、不満」(これも中英語で、この時「感情を害すること」の意味を持つようになった) は古フランス語 *grevance* (*grever* に由来) からできた。
→ GRAVE²

grievous ［中英語］形とても重大な、悲しませる：
この格式語 (*grievous* bodily harm「重度の肉体的危害」などのような法律に関連する表現で見られる) は、古フランス語 *greveus* に由来し、*grever*「負担をかける、妨げる」からできた。
→ GRIEVE

grill ［17 世紀半ば］名焼き網；動焼き網で焼く：
名詞はフランス語 *gril* に由来し、動詞はフランス語 *griller* からできた。いずれも古フランス語 *graille*「(鉄)格子」に由来する。

grille ［17 世紀半ば］名(鉄)格子：
フランス語から借用した語である。中世ラテン語 *craticula* に由来する。これは *cratis*「骨組み」の指小辞語である。
→ CRATE; GRATE²; GRIDDLE

grim ［古英語］形重苦しい、不吉な、不愉

快な：

オランダ語 *grim* やドイツ語 *grimm*「重苦しい」と同系である。19世紀初頭からは、ある状況を述べる際に「厳しい、魅力のない」ことを意味するのに用いられる。hang（または cling）on like *grim* death「必死でしがみつく」という慣用表現は、19世紀半ばに遡る。

grimace ［17世紀半ば］動名しかめつらをする、しかめつら：

フランス語からの借用で、スペイン語 *grimazo*「風刺画」（*grima*「いらだち」からできた）に由来する。

grime ［中英語］動名汚す、汚れ：

中低地ドイツ語と中オランダ語から入って来た語である。

grin ［古英語］動歯を見せて笑う：

古英語 *grennian* はゲルマン語由来で、「苦痛や怒りで、歯を剝き出す」という意味であった。groan と同系であろう。**gurn**動「不愉快な表情を見せる」は20世紀初頭に用いられるようになったが、これは grin の方言の異形である。

grind ［古英語］動ひいて粉にする、ぎしぎし音を立てる、歯ぎしりする：

古英語 *grindan* はゲルマン語由来であろう。これと同じ語源を持つ語の存在は知られていないが、ラテン語 *frendere*「こすりとる、歯ぎしりする」が、離れてはいるが同系ではないかと思われる。

grip ［古英語］動しっかりつかむ、把握する；名しっかりつかむこと、把握：

古英語で用いられた語としては、動詞 *grippa*、名詞 *gripe*「つかむこと、把握」、名詞 *gripa*「一握りの量、（刀剣）の）鞘」がある。come to *grips* with「…と取り組み合いをする」という表現は、つかみ合いの戦いをイメージしてできたもので、17世紀半ばに遡る。lose one's *grip*「統制力を失う」のような比喩的用法は、19世紀後半から見つかっている。
→ GRIPE

gripe ［古英語］動腹痛を起こさせる、苦しめる、不平を言う：

古英語 *grīpan* は、「つかむ、握りしめる」を意味した。ゲルマン語由来で、オランダ語 *grijpen* やドイツ語 *greifen*「つかむ」と同系である。「腸の傷みを起こさせる」という意味は17世紀に遡る。「不平を言う」という意味はアメリカで使われはじめ、1930年代に遡る。
→ GRIP; GROPE

grisly ［古英語］形ぞっとするような：

古英語 *grislic* はゲルマン語由来で、「恐ろしい」の意味であった。オランダ語 *griezelig* と同系である。

grit ［古英語］名小砂、根性：

古英語 *grēot*「砂、砂利」はゲルマン語由来で、ドイツ語 *Griess* や英語 *groats*「皮を剝いた、あるいは砕かれた穀粒」（後期古英語 *grotan* に由来）などと同系である。性格の頑丈さを指す用法は、アメリカの俗語に由来するもので、19世紀初頭から見つかっている。

grizzle ［18世紀半ば］動しくしく泣く：

当初は「歯を見せる、にやっと笑う」という意味があった。語源は不詳。

grizzled ［後期中英語］形白髪の交じった：

中英語 *grizzle* という形容詞（*grizzle-haired* のように用いられる）に基づく。これは古フランス語 *grisel* に由来し、*gris*「灰色の」からできた。**grizzly** ［19世紀初頭］形「白髪交じりの」もこの語からできた。

groan ［古英語］動唸る、呻く：

古英語 *grānian* はゲルマン語由来である。ドイツ語の *greinen*「めそめそ泣く」や *grinsen*「にやにやする」と同系であり、恐らく grin「にやっと笑う」とも同系であろう。

grocer ［中英語］名食料雑貨商：

元々は「物をグロス単位で（すなわち大量に）売る人」を意味した。古フランス

語 *grossier* からできた。この古フランス語は、中世ラテン語 *grossarius* に由来し、後期ラテン語 *grossus*「総体」からできた。

grog [18世紀半ば]〓グロッグ（ラム酒の水割り）：

エドワード・ヴァーノン提督（1684～1757年）に（グログラムの外套を着ていたことから）与えられた有名なあだ名 Old *Grog* に由来すると言われている。1740年に、彼が初めて、当時伝統的であったストレートのラム酒ではなく、水割りのラム酒を、水兵たちのために注文した。

groin [後期中英語]〓鼠径部：

当初の綴りは *grynde* で、古英語 *grynde* に由来すると思われる。

grommet [17世紀初頭]〓索輪、鳩目金、外科手術用の管：

海事での用法として初めて記録された際の意味は「留め具として用いる縄の輪」であった。廃語のフランス語 *grommette* に由来する。これは *gourmer*「（馬に）轡鎖をかける」からできた。元々の語源は不詳。現代の意味は20世紀半ばに遡る。

groom [中英語]〓花婿：

当初の意味は「少年」で、後に「男性、従僕」を意味するようになった。語源は不詳。bridegroom「花婿」の意味は17世紀初頭から。

groove [中英語]〓溝、名演奏のジャズ：

当初は炭鉱あるいは立坑を指した。オランダ語 *groeve*「溝、立坑」に由来する語である。蓄音器で再生するレコードに刻まれている *groove*「溝」（20世紀初頭）から、in the *groove*「好調で、ジャズが調子よく演奏されていて」という表現が生まれた。これは、音楽、当初の文脈では特にジャズが、調子よく演奏されていることの楽しさを表現したものである。
→ GRAVE¹

grope [古英語]〓手探りする：

古英語 *grāpian* は西ゲルマン語由来で、gripe「不平を言う」と同系である。
→ GRIPE

gross [中英語]〓〓粗い、大きい、ひどい：

当初の意味は「厚い、巨大な、かさばった」であった。起源は古フランス語 *gros, grosse*「大きい、厚い、粗い」で、この語は後期ラテン語 *grossus* に由来する。*gross* に近年見られる口語的用法は「とんでもない、ひどい」の意味を持ち、この用法は1950年代にアメリカで起こった。

grotesque [16世紀半ば]〓〓グロテスクな、グロテスクなもの：

フランス語 *crotesque* に由来する語で、この綴りは英語で最も早い時期に見られた。イタリア語 *grottesca* に由来する。この語は、*opera grottesca*「洞窟で見られる作品に似たもの」や *pittura grottesca*「洞窟で見られる絵に似たもの」という表現の一部を成した。ここでの *grotto*「洞窟風の部屋」は、古代ローマの建築物にある部屋を指した語であろう。この部屋は発掘されたもので、奇抜な方法で書かれた人間と動物の絵（花と葉を用いて、人間や動物の形を織り込んで描いた）があった。1960年代の口語 *grotty*〓「ひどい」は *grotesque* に基づく。

grotto [17世紀初頭]〓小洞窟：

イタリア語 *grotto* に由来。ギリシア語 *kruptē* からラテン語を経てできた。
→ CRYPT

grouch [19世紀後半]〓ぶつぶつ不平を言う：

廃語 *grutch* の異形。古フランス語 *grouchier*「ぶつぶつ不満を言う、つぶやく」に由来する語で、語源は不詳。**grouse** [19世紀初頭]〓「不平を言う」と同系であろう。
→ GRUDGE

ground [古英語]〓地面、土、底、根拠：

古英語 *grund* はゲルマン語由来で、オランダ語 *grond* やドイツ語 *Grund*「地面、

土、底、根拠」と同系である。次のような使い方がある。「底」(break *ground*「錨を巻き上げる」)、「根拠」(*grounds* for divorce「離婚の根拠」)、「地面」(above *ground*「地上で」)、「土」(till the *ground*「土地を耕す」)である。

group [17世紀後半][名]集団、集まり：

フランス語 *groupe* が語源。イタリア語 *gruppo* からできた語で、ゲルマン語由来である。crop「作物、群」と同系である。当初の意味は、特に芸術と結びついたものであった(例：a group depicted in a design「設計図に書かれた集まり」、a group musical notes「音符の集まり」、a group of colums in architecture「建築物にある柱の集まり」)。これらの意味から、さらに広い意味へと拡張した。
→ CROP

grout [17世紀半ば][名]かす、グラウト；[動]グラウトでつなぐ：

恐らく廃語 grout「堆積物」(複数形で)(底に沈んだ)かす」からできた語と思われる。あるいは、フランス語の方言 *grouter*「壁をグラウトでつなぐ」と同系の可能性もある。

grove [古英語][名]小森、木立：

古英語 *grāf* はゲルマン語由来である。*groves* of Academe「学問の世界」という表現は、学問の世界を指すのに用いられ、ホラティウスの *silvas Academi* を翻訳したものである。

grovel [中英語][動]這う、ひれ伏す：

廃語の副詞 *grovelling* から(接尾辞を取って)できた逆成語である。この副詞は、廃語 *groof, grufe*「顔、表」に由来する。*grufe* は、on *grufe*「うつ伏せに」という表現に見られる。この表現は、古ノルド語 *á grúfu*「顔を下に向ける」に由来する。

grow [古英語][動]成長する、育てる：

古英語 *grōwan* は元々、主に植物について用いられた。起源はゲルマン語で、オランダ語 *groeien* と同系である。
→ GRASS; GREEN

grub [中英語][動]掘る、掘り出す；[名]幼虫：

オランダ語 *grobbelen*「根こそぎ抜き取る」や英語 grave「掘る、彫る」と同系であろう。複合語に以下がある：
■ Grub Street「三文文士連」という語は、貧乏な記者や作家の集まりを指す。これは、そのような作家たちが17世紀に住んでいた、ロンドンのムーアゲートにある通り(後に「ミルトンストリート」と名前が変わった)の名前であった。

grudge [後期中英語][動]ぶつぶつ文句を言う；[名]恨み：

廃語 *grutch*「不満を言う、ぶつぶつ不平を言う」の異形である。古フランス語 *grouchier* からできた語で、語源は不詳。bear a *grudge*「恨みを抱く」という表現は、17世紀半ばから使われはじめた。
→ GROUCH

gruel [中英語][名]薄い粥(オートミール)：

古フランス語から来た語で、ゲルマン語由来である。*gruelling*[形]「へとへとになるほどの」は19世紀半ばに遡り、動詞 *gruel*「疲れさせる、罰する」に由来する。この動詞は、get one's *gruel*「厳しい罰を受ける」という古い表現から生まれた。

gruesome [16世紀後半][形]ぞっとするような：

スコットランド語 *grue*「恐怖を感じる」(スカンジナビア語由来)が基である。18世紀後半までは稀に用いられる程度であったが、サー・ウォルター・スコットによって広まった(『宿家主の物語』*Tales of my Landlord*：He's as grave and *grewsome* an auld Dutchman as e'er I saw「彼は、今まで見た中でもとりわけ威厳があって恐ろしいオランダ人だ」)。

gruff [15世紀後半][形]木目の粗い、つっけんどんな：

当初の意味は「木目の粗い」であった。フラマン語およびオランダ語 *grof*「粗い、粗雑な」から来た語で、西ゲルマン語

由来である。「つっけんどんな」という意味は18世紀初頭に遡る。

grumble ［16世紀後半］動ぶつぶつ言う、不平を言う：

廃語 grumme に基づく。ゲルマン語由来で、オランダ語 grommen と同系であろう。同意語として、18世紀初頭に遡る **grump** 動「不平を言う」があるが、これは、不満を表す不明瞭な音を模倣した語である。

grunge ［1960年代］名汚いもの、グランジロック：

grungy から（接尾辞を取って）できた逆成語である。grubby「汚い」と dingy「薄汚れた」からの暗示によると思われる。この語が音楽と結びついた意味を持ったのは、1970年代に遡る。しかしこの語は、1990年代からアメリカの（特にシアトル出身の）バンドが国際的な成功を収めたことで、一ジャンルを総称して指す語として流行したのみである。

grunt ［古英語］動（豚などが）ぶうぶう鳴く、ぶうぶう不平を言う：

古英語 grunnettan はゲルマン語由来で、ドイツ語 grunzen と同系である。元々は擬音語としてできた語であろう。

guarantee ［17世紀後半］動保証する；名保証、保証人：

当初は、ある人を「保証人」と指した。この語を「保証として与えられるもの、あるいは保証として機能するもの」を指すようになったのは19世紀初頭に遡る。語源はスペイン語 garante であると思われる。この語は、フランス語 garant に相当し、後にフランス語 garantie「保証」の影響を受けた。
→ WARRANT

guard ［後期中英語］名警備員、見張り；動警備する、見張る：

当初は「世話、後見」を意味した。古フランス語 garde からできた語で、西ゲルマン語由来である。guard against「…から保護する」という表現は18世紀初頭に遡る。**guardian**［後期中英語］名「保護者」は、古フランス語 garden から来た語で、ゲルマン語由来である。
→ WARD; WARDEN

gubbins ［16世紀半ば］名がらくた、装置：

当初は、「断片、かけら」を指す語であった。廃語 gobbon「かけら、薄切り、かたまり」に由来し、古フランス語から入った。現代用いられる意味は、「雑多なもの」や「装置」などがあり、20世紀初頭に遡る。

guerrilla ［19世紀初頭］名ゲリラ兵：

スペイン語 guerra「戦争」の指小辞語から来ている。半島戦争（ナポレオン戦争の間の1808年から1814年に、イベリア半島で、フランス軍が、スペイン軍とポルトガル軍の援軍を受けたイギリス軍と会戦した）中に借入された。

guess ［中英語］動推測する：

語源は不詳。オランダ語 gissen と同系と見られ、get「手に入れる」とも同系であろう。14世紀の時点では、通常、ラテン語 aestimare を guess と翻訳したが、このことから影響を受けたであろう意味がいくつかある。「確信している」という意味の I guess は、17世紀後半に、アメリカ北部で起こった。

guest ［古英語］名客：

古ノルド語 gestr から来た語で、ゲルマン語由来である。オランダ語 gast やドイツ語 Gast「客」と同系で、ラテン語 hostis「敵」（元々は「見知らぬ人」の意味）と共有するインド＝ヨーロッパ語の語根に由来する。guest appearnce「ゲスト出演」は、通常は登場せず、臨時で舞台に立つ演者を指し、20世紀初めから見つかっている。be my guest「どうぞご自由に」という表現は1950年代に遡る。複合語に以下がある：

■ **guest house**（大学などの敷地内にある）来客用の宿泊施設で、当初は家や部屋だけでなく宿屋をも指した。下宿人に対し営利上の目的で経営する宿も指し、

1920年代に遡る。

guide ［後期中英語］名案内書、案内人：
名詞は古フランス語 *guide* から、動詞は古フランス語 *guider* からできた。いずれもゲルマン語由来である。大文字で書き出される *Guide*（元々は Girl *Guide*「ガールガイド」と表記）は、20世紀初頭から、ガールガイド（ガールスカウトに相当）の団員を指す。この団体の活動は1910年に、ベーデン＝パウエル卿が妻と妹とともに始めたものである。

guild ［後期古英語］名同業組合、ギルド：
中低地ドイツ語および中オランダ語の *gilde* から来た語で、ゲルマン語由来であろう。ノルマン征服以前の同業組合は、今の死亡保険組合や共済組合と同じ目的を果たしていたが、死者の魂を慰めるためのミサをささげるということも行っていた。規約内には、常に宗教的な要素が色濃く見られた。例えば、彼らの会合は宴会のようなものであったと見られる。時が経って組織が発展するにつれて、純粋な宗教的奉仕団体になった組織や、地方自治体が運営する企業に鞍替えした組織も出た。ノルマン征服後、*guild* of merchants「商人ギルド」は、組合員に、町の中で貿易を行う権利を全面的に与える法人組織となった（この慣習は、ヨーロッパ大陸上ですでに一般的であった）。trade *guilds*「職業ギルド、同業ギルド」は14世紀に、組合員全員の利益を増やすべく同じ仕事を行う人々が組織した。

guile ［中英語］名狡猾、ずるさ：
古フランス語から入った。この古フランス語は、古ノルド語由来であろう。
→ WILE

guillotine ［18世紀後半］名ギロチン：
フランス語に由来。フランスの外科医ジョゼフ＝イニャス・ギヨタン（1738～1814年）の名前にちなんで名づけられた道具を指す。彼は1789年フランス革命時、この道具を処刑に用いるよう提唱した。19世紀半ばのアメリカでは政治の場面で用いられるようになった。特に、下院の議会を終えなければならない日を固定することで、議題を議論する時間を短くする、という手段を指した。

guilt ［古英語］名違法行為、犯罪：
古英語 *gylt*「義務を果たせないこと」、「（誰かの）過失」の語源は不詳。これの同系語は、他のゲルマン語では見つかっていない。法律用語としての用例は、早くに記録されている。*guilt* by association「連座」という表現は現代に見られ、1940年代に遡る。**guilty** 形「有罪の、罪悪感のある」は古英語で *gyltig* と綴られていた。この語が良心や罪悪感と結びつくようになったのは、16世紀に遡る（シェイクスピア『ヘンリー六世 第3部』*Henry VI* part iii, V. iv. 11: Suspicion always haunts a *guilty* mind「やましい心にはつねに疑念がつきまとうもの」）。

guise ［中英語］名姿、仮装：
古フランス語から来た語で、ゲルマン語由来である。当初の意味は「方法」や「独自の方法、慣習」などで、後者の意味は、16世紀および17世紀前半にひじょうに一般的なものとなった（ポープ訳ホメロス『オデュッセイア』*Odyssey*: It never was our *guise* To slight the poor, or ought humane despise「貧しい者、みすぼらしい者を軽んじるなど、私たちの流儀ではなかった」）。

gulf ［後期中英語］名湾、大差：
古フランス語 *golfe* に由来する。この語はイタリア語 *golfo* からできた語で、ギリシア語 *kolpos*「胸、湾」に由来する。現代用いられている「大差、大きな隔たり」という意味は『ルカによる福音書』16章26節で用いられていることによる（Between you and us there is a great gulf set「わたしたちとお前たちの間には大きな淵がおいてあって」）。この語は近くの土地から名前を取ることが度々ある。例えば、1991年に、イラクのクウェート侵攻の後に起きた the *Gulf* War「湾岸戦争」の場所である Persian *Gulf*「ペルシア湾」がある。*Gulf* War Syndrome「湾岸戦争症候群」という表現はこの時できたもので、湾岸戦争に参加した退役軍人

がかかる一連の症候群を指す。

gullet [後期中英語]名食道：
古フランス語 *goulet* に由来。*goule*「喉」の指小辞語で、ラテン語 *gula* に由来する。

gullible [19世紀初頭]形騙されやすい：
gull [16世紀後半]動「騙す、欺く」に基づく。この動詞の語源は不詳。

gully [16世紀半ば]名雨溝、溝：
当初の意味は「食道」で、語源はフランス語 *goulet* である。
→ GULLET

gulp [中英語]動がぶがぶ飲む：
中オランダ語 *gulpen* からできた語で、元々は擬音語であろう。

gum¹ [中英語]名粘性のもの、ゴム、ガム：
古フランス語 *gomme* からできた語である。エジプト語 *kemai* からギリシア語を経てできたラテン語 *gummi* に由来する。19世紀初頭は、菓子製造業において甘い錠剤の一種を指した。chewing *gum*「チューインガム」を指す用法は、19世紀半ば以降にアメリカで見つかった。複合語に以下がある：
■ gumshoe「ゴム底の靴、スニーカー、ゴム製オーバーシューズ」という語は、探偵を指すアメリカの俗語用法で、20世紀初頭に起こった。「スニーカー」を指す gumshoes から取られた語で、内密であることを示唆する。

gum² [古英語]名歯茎、歯肉：
古英語 *gōma* は「口や喉の内部」を指した。ゲルマン語由来で、ドイツ語 *Gaumen*「口蓋」と同系である。

gun [中英語]名銃、大砲：
当初は *gunne* や *gonne* などと綴った。スカンジナビア語 *Gunnhildr* という名前の愛称からできたと思われる。この語は *gunnr* と *hildr*（いずれも「戦争」の意味）からなる。兵器の名前に女性の人名が付けられることがあった。

gunge [1960年代]名べとつくもの：
この語は goo「ねとねとしたもの」と gunk「気持悪くねばねばしたもの」から暗示された語と思われる。

gung-ho [第2次世界大戦]形熱心な：
「（通常は戦いに）加わるのに熱心な」という意味のこの表現は、中国語 *gōnghé*（工和）に由来する。この表現は、「一緒に働く」という意味で用いられ、E・カールソン将軍（1896～1947年）下のアメリカ海軍が1942年スローガンとして採用した。彼は会議を開き、協力しあうことを確認した。

gunk [1930年代]名気持ち悪くべとべとしたもの：
元々アメリカで用いられていたもので、洗剤の商標名からできた。

gurgle [後期中英語]動うがいをする：
擬音語という説がある。または、オランダ語 *gorgelen*、ドイツ語 *gurgeln*「うがいをする」、中世ラテン語 *gurgulare* から直接入ったという説もある。共通の語源は、ラテン語 *gurgulio*「食道」である。

guru [17世紀初頭]名年長者、指導者：
ヒンディー語およびパンジャブ語から来た語で、サンスクリット語 *guru*「影響力のある、威厳のある、堂々とした」に由来する（ラテン語 *gravis* と同系である）。ここから「年長者、指導者」の意味が生まれた。

gust [16世紀後半]名突風；動突風となって吹く：
古ノルド語 *gustr* に由来する語で、*gjósa*「噴出する」と同系である。英語で後に表れたのは、海事での用法として残ったということか、方言を通して残ったということを示すものと思われる。動詞としての用法は、19世紀初頭から見つかっている（S・T・コールリッジ『手紙』*Letters*：The Pride, like the bottom-swell of our lake, *gusts* up again「誇りが、湖の底がうねるように再び膨らんでくる」）。

gusto [17世紀初頭]❷好み、心からの楽しさ：

イタリア語からの借用で、ラテン語 *gustus*「好み」に由来する。当初から、「(何かに対する) 特別な好み」や「大きな喜び」を意味した。後者のような強調的な意味は、19世紀初頭からひじょうに一般的になった。

gut [古英語]❷消化管、内臓、《口語》気力、根性、狭い水路、《英》本質、❷本能的な、直感的な；❸内臓を取り出す、略奪する：

古英語 *gēotan*「注ぐ」と同系であろう。*guts* という語は一般的に「胃、腸」を指した。19世紀後半から「気力」を意味するようになった。*gut* reaction「直感的反応」という表現に見られるような「直感的な」という意味は、1960年代に起こった。

gutter [中英語]❷溝、雨樋、水路、貧民街、下層；❸ちょろちょろ流れる、(蠟燭が) 溶けて流れる、(蠟燭の火などが) 弱まる：

当初は天然か人工かにかかわらず「水路」を指した。後に「小川、海峡」を指すようになった。貧しさと結びつく比喩的用法 (例：only moneyed privilege had kept him out of the *gutter*「金持ちの特権があったというだけで、彼は貧民街に行かずに済んでいた」) は、19世紀半ばに遡る。この語は古フランス語 *gotiere* から来た語で、ラテン語 *gutta*「しずく」に由来する。動詞としての用法は、後期中英語に遡る。元々は「溝を掘る」という意味で、その後18世紀初頭に、蠟燭が、片側に溝ができた時に急速に溶ける様子を指すようになった。

guttural [16世紀後半]❷喉の、喉音の：

フランス語から来たか、あるいは、中世ラテン語 *gutturalis* に由来する。ラテン語 *guttur*「喉」からできた。

guy¹ [19世紀初頭]❷男、奴：

元はガイ・フォークス (1605年11月5日の火薬陰謀事件の陰謀者の1人。当時、カトリックの過激派が、ジェームズ1世と彼の国会議員団を爆死させようとした) のような人間を指した。陰謀事件を記念して、その事件が起きた日に、*guy effigy*「ガイ・フォークスの像」を毎年燃やすのが伝統となっている。

guy² [後期中英語]❷張り綱、維持索：

低地ドイツ語由来であろう。オランダ語 *gei*「絞り綱」やドイツ語 *Geitaue*「絞り綱」と同系である。これは、縦帆を一時的に折りたたむのに用いる小ぶりのロープである。

guzzle [16世紀後半]❸がぶがぶ飲む：

古フランス語 *gosillier*「おしゃべりをする、吐く」に由来する語と思われる。*gosier*「喉」からできた語で、後期ラテン語 *geusiae*「頬」に由来する。記録によると、英語の方言では「喉」という意味 (17世紀半ば) で、動詞としては「喉を締める、窒息させる」という意味であった (19世紀後半)。

gymkhana [19世紀半ば]❷ジムカーナ、共同競技場：

ウルドゥー語 *gendkānah*「ラケットコート」(ヒンディー語 *gemt*「ボール」とペルシア語 *kānah*「家」からできた) に由来する。綴りが変わったのは、*gymnastic*「体操の」との結びつきによる。

gymnasium [16世紀後半]❷体育館：

ギリシア語 *gumnasion* からラテン語を経てできた。このギリシア語は、*gumnazein*「裸で練習する」からできた語で、*gumnos*「裸の」に由来する。短縮語の **gym**❷「体育館」は19世紀後半にできた。*gymnasium*「体育館」と同時期に遡る語は、他に、**gymnast**❷「体操選手」(フランス語 *gymnaste* あるいはギリシア語 *gumnastēs*「体操選手のコーチ」に由来する。*gymnazein* からできた語) や、**gymnastic**❷「体操の」(ギリシア語 *gumnastikos* からラテン語を経てできた。このギリシア語は *gumnazein* に由来) が

ある。

gypsy [16世紀半ば]名ジプシー：
元々は*gipcyan*と綴った。*Egyptian*「エジプト人」を短縮した語である。ジプシーはエジプトから来たというのが一般的な説である。近年は*gipsy*という綴りが広まっている（ただし、ジプシーは自らをロマニー〈Romany〉と呼んでいた）。この語はジプシーが使っていた言語（ヨーロッパの様々な言語から多くの語を借り入れた、ヒンディー語の極度に訛った方言）の名前でもある。**gypsy-wort** [18世紀後半]名「欧州・西アジアのシロネの一種」という植物はミント科の一種で、この名前が付いたのは、ジプシーが肌を褐色に染めるために用いたという言い伝えによる。

gyrate [19世紀初頭]動旋回する：
ギリシア語*guros*「環」に由来する。直接の語源はラテン語*gyrat-*で、これは*gyrare*「取り除く」の過去分詞形の語根である。

H h

haberdasher ［中英語］**名**男性（紳士）用服飾品商：

おそらくはアングロノルマンフランス語 *hapertas* に基づく語であろう。*hapertas* は織物の名称であったと思われる。この語の語源に関するこれ以上の詳細は不詳である。当初は様々な家庭用品を扱う商人を表していたが、16世紀になって特に帽子屋を表すようになった。服飾商もしくはアメリカにおいて紳士服を扱う商人を表す現在の用法は17世紀初頭に始まったもの。

habit ［中英語］**名**癖、習慣、習癖、（特に麻薬の）常用癖、しきたり、傾向、性質、衣服：

古フランス語 (h)*abit*「状態、服装」に由来する。元はラテン語 *habere*「持つ」の派生語 *habitus*「状態、服装」で、元々儀式を行うある特定の専門職特有の「服装、衣装」を示していた（例：*a monk's habit*「修道士の衣服」）。後に「肉体や精神の状態」を意味するようになった。常習癖という意味を表すようになったのは16世紀後半になってからのことである。**habitual形**「習慣的な、常用の」は中英語の後期から「ある人物の個性の一部」の意味で使われはじめた。この語は中世ラテン語 *habitualis*「服装、状態、習慣に関わる」の派生語 *habitus* に由来する。

habitation ［後期中英語］**名**住まい、住みか、居住（権）：

ラテン語 *habitation*(*n*-)「住居地」に由来し、古フランス語を経て現在の形に至る。元はラテン語 *habitare*「住む」であり、**habitable形**「住める」も同時期に生まれた（ラテン語 *habitbilis* に由来し、古フランス語を経ている）。現在では環境用語として一般的になっている **habitat 名**「生息地」は18世紀後半にラテン語で動植物について書かれた本におけるこの語の用法から借用されたものである。元の意味は「住んでいる」で、*habitare* による。

hack¹ ［古英語］**動**たたき切る、刈り込む、台無しにする、（ボールを）めちゃくちゃにける、（コンピュータシステムに）不正浸入する：

古英語 *haccian* は「ばらばらに切り刻む」を意味していた。この語は西部ゲルマン語源であり、オランダ語 *hakken* やドイツ語 *hacken*「耕す、たたき切る」と同系である。「私には対処できない」を意味する I can't *hack* it のような俗語の用法もあり、1950年代にアメリカ英語において生まれた用法である。1980年代からはこの語と **hacker名**「たたき切る人、ハッカー」はコンピュータのコードに「侵入する」ことでデータを不正に入手するというコンピュータ用語として使われている。

hack² ［中英語］**名**売文家、二流の芸術家、タクシー運転手、おいぼれ馬、やせ馬：

通俗的に新聞記者を示すか、あるいは乗馬関連の用語として使われる。当初は「乗用馬」を意味していた。ジャーナリズムの用語としての適用は19世紀初頭に始まる。この語は **hackney** ［中英語］**名**「乗用馬」の略語であり、馬が放牧されていたロンドン北東部の区の地名に由来する。そもそも hackney「ハクニ種の乗用馬」は（軍用馬や荷馬車用の馬に対して）とりわけ貸し借りでの利用ができる馬のことを示していた。このことが hackney carriage「貸し馬車」という言葉を生んだ。またこれにより「一般的な目的で（馬を）使う」という hackney の動詞の用法が生み出されることなった。後にこの用法は「なんども使うことでつまらなくする」という意味へと派生していった（例：hackneyed old sayings「使い古されたことわざ」）。

hackle［後期中英語］[名]頸羽：雄鶏などの首周りの細長い羽毛、逆毛、怒り、興奮：

当初は人間に飼育された雄鶏の首もしくは背にある長く狭い羽を表した。この語は西部ゲルマン語源の類義語 *hatchel*「すき櫛ですく、悩ませる」(中英語においては *hechele*) の異形である。その起源はおそらくゲルマン語 *hak-*「突く、刺す」である。慣用表現の his/her *hackles* rose「頭にくる」は人の怒りの態度を示すもので (雄鶏の首周りの毛が攻撃的に逆立っている様子から) 19世紀後半から始まった。
→ HOOK

haemorrhage［17世紀後半］[名]出血、資産損失、流出、喪失；[動]出血する：

現在では廃用となった *haemorrhagy* の変形である。元々はギリシア語の *haima*「血」と *rhēgnunai*「噴出する」の語幹からなる *haimorrhagia* に由来するもので、ラテン語を経由して入ってきた。

haft［古英語］[名](特に小刀・短剣・剣の) 柄、つか：

古英語 *hæft*「小刀もしくは短剣の柄」はゲルマン語源であり、オランダ語 *heft, hecht* やドイツ語 *Heft*「柄、握り」と同系である。語義の根幹は「つかめるもしくは握れるもの」である。
→ HEAVE

hag［中英語］[名]醜い老女、鬼婆、魔女：

古英語 *hægtesse, hegteos*「魔女」に由来しているかもしれない。オランダ語 *heks* やドイツ語 *Hexe*「魔女」と同系である。語源不詳。

haggard［16世紀半ば］[形]目のおちくぼんだ、やつれた、憔悴した：

当初はタカ狩りにおいて「野生の、飼いならされていない、羽のはえそろった」の意味で使われていた。フランス語 *hagard*「凶暴な、逆上した」に由来し、英語 *hedge*「低木」と同系である。後にこの語は *hag*「醜い老女」の影響を受けた。17世紀にこの語は人間にも使われるようになり、当初は「狂気じみた」眼差しを意味していた。

haggis［後期中英語］[名]ハギス (羊または子牛の心臓や肝臓などを脂肪、オートミールと一緒に胃袋に詰めて煮込んだ伝統的なスコットランド料理)：

おそらく古ノルド語 *hǫggva*「切り刻む」に由来する。元々は既にあった中英語 *hag*「たたき切る、切り刻む」であると思われる。

haggle［16世紀後半］[動]値切る交渉をする、論争する：

当初は「たたき切る、ずたずたに切る、切断する」というような意味もあった。語源は古ノルド語 *hǫggva*「切り刻む」である。

hail[1]［古英語］[名]あられ、ひょう；[動]あられが降る：

古英語における名詞形は *hagol* もしくは *hægl*「小粒の凍った雨」で、動詞形は *hagalian* であった。これらの語はゲルマン語がその起源であり、オランダ語 *hagel* やドイツ語 *Hagel*「あられ」と同系である。あられのように降ってくるものを表す比喩的な用法は16世紀後半に始まる (シェイクスピア『恋人の嘆き』*A Lover's Complaint*, 310：That not a heart which in his level came Could'scape the *hail* of his of his all-hurting aim「彼が狙いをつけた心が1つでも彼の危険を含む言葉の霰にあたるように」)。

hail[2]［中英語］[動]あいさつをする、歓迎する、大声で呼び止める、合図する；[名]あいさつ、歓迎：

廃語の形容詞 *hail*「健康な」に由来している。この語は中英語 *wæs hæil* (現在の wassail)「健康であれ」や古ノルド語 *ves heill* のように、あいさつや乾杯の時に見られる。この決まり文句とその返事である drinkhail「健康を祝して乾杯」はおそらくイングランド王国内におけるデンマーク語を話す定住者によって伝えら

れたものであろう。この習慣が一般に普及したということは12世紀までにこの慣例がノルマン民族によってイングランド人の特徴的なものだと見なされていたということでもある。
→ HALE; WHOLE

hair [古英語][名](集合的) 毛、髪、頭髪、体毛：

古英語 *hær*「剛毛、荒毛」はゲルマン語源であり、オランダ語 *haar* やドイツ語 *Haar*「毛」と同系である。複数形の *hairs* は初期にはフランス語 *cheveux*（*cheveu*「毛」の複数形）と似た用いられ方をしていた。慣用的な表現の not to turn a *hair*「平然としている、疲れたそぶりを見せない」は（19世紀初頭に）汗をかく素振りを見せない馬に対して使われていた。すなわち馬の毛は暑さで縮れることも荒くなることもなかったということである。（ジェーン・オースティン『ノーザンガー寺院』*Northanger Abbey*: Hot! He [sc a horse] had not turned a *hair* till we came to Walcot Church「暑かった。しかし、私たちがウォルコット教会に着くまで馬は疲れたふうを見せなかった」。let one's *hair* down started という慣用句は、let down the back *hair* という表現で（19世紀半ばに）使われはじめたもので、くつろぐとかざっくばらんにするという意味を持っている。1990年代に生まれた bad *hair* day という表現は個人的に見て何もかもうまくいかない日という意味を表す語句として一般的になったもので、アメリカ語法である。

halcyon [後期中英語][形]穏やかな、平和な、静かな；[名]ハルシオン（ギリシアの神話上の鳥）：

当初は古代の詩人によって語られた神話上の鳥の名前であった。その鳥は冬至の頃に海上の浮き巣で卵を孵し、その間14日間風波を鎮めると言われている。この語はギリシア語の *alkuōn*「カワセミ」（*halkuōn* と綴られることもある）に由来し、ラテン語を経由してきた語であり、*hals*「海」と *kuōn*「心に抱くこと」の2つの語が合わさったものである。

hale [古英語][形](老人が) 強健な、《スコットランド・北イングランド》健康な：

北部方言 *hāl*「完全な」の異形である。当初の意味は「怪我のない」や「病気のない」であった。*hale* and healthy「かくしゃくとした、健康そのものの」という成句は19世紀半ばに始まった。

half [古英語][名]半分、半時間、30分、2分の1、半分の数量、試合の前半・後半、片方；[形]半分の、不完全な：

元はゲルマン語源であり、同系語にはオランダ語 *half* やドイツ語の形容詞 *halb*「半分の」がある。ゲルマン語に基づく当初の意味は「面、片側」であり、古英語では名詞の意味を持っていた。halve [中英語][動]「半分にする」はこの *half* に基づく。

hall [古英語][名]玄関、廊下、大広間、集会場、講堂、ホール、公共の建物、会館、娯楽場、寄宿舎、学生寮：

元は部族の長とその部族の人々が共同で使用するために共同体の中心部に設置され、それにより定着した場所であった。ゲルマン語源であり、ドイツ語 *Halle*、オランダ語 *hall*、ノルウェー語とスエーデン語の *hall*「会館」と同系である。語源は「隠れる」と関係している。この語は人々に道を空けるように求める今では廃用となった *hall a hall!*「どいて、場所をあけて」の呼び声に例示されるように、空間を想起させる。例えばダンスのための場所を準備するという文脈で用いられた（シェイクスピア『ロミオとジュリエット』*Romeo and Juliet*, I. v. 26; A hall, a *hall*, give room, and foot it girls「さ、ずうっと広く場所をあけて、あけて、さあ踊ったり、お嬢様方！」）。ロビーまたは家の玄関を指す用法は17世紀半ばに始まった。

hallmark [18世紀初頭][名]ホールマーク、貴金属品位証明極印ごく、品質証明、太鼓判、折り紙、特質、特徴：

ロンドンにある Goldsmiths' Hall「金細

工職組合本部」に由来する。貴金属製品はそこでその純分を検査され、極印が押されていた。

hallow ［古英語］動聖別する、清める、聖なるものと見なす、尊ぶ、尊敬する、神聖な目的にささげる：

古英語の動詞 hālgian と名詞 hālga「神聖な人」はゲルマン語源であり、オランダ語とドイツ語の heiligen「神聖にする」と同系である。Halloween 名「ハロウィーン（10月31日）」という祭りを表す語は18世紀後半に始まった。この語は All Hallow Even「万聖節の前夜」という言葉を短縮したものである。この名詞形は「聖人」を意味していたが、1500年頃を境にほとんど使われなくなった。
→ HOLY

hallucination ［17世紀初頭］名幻覚、幻影、幻：

ラテン語の動詞 hallucinari「道に迷う」の派生語 hallucinatio(n-) に由来する。元はギリシア語 alussein「不安もしくは困惑した」である。17世紀半ばから記録された hallucinate 名の当初の意味は「だまされる、思い違いをする」であり、その語源はラテン語 hallucinari「心がさまよう」の過去分詞の語幹 hallucinate- である。

halo ［16世紀半ば］名円光、光輪、光背、後光、神々しさ、栄光、威厳、（太陽・月の周りに現れる）暈^{かさ}、ハロー現象：

元は太陽の周りにあるような光の輪の意味であり、「太陽もしくは月の平らな表面」を意味するギリシア語 halōs に由来する。ラテン語 halos「（太陽・月の周りの）暈」にあたる中世ラテン語の単語を経由してできた。17世紀の半ば頃からキリストもしくは聖人の頭の上に描かれる円光を表す語として使われはじめた。写真撮影時の効果を表す用法は1940年代から。

halt ［16世紀後半］動止まる、停止する、終わる；名中止、休止、無人駅：

元はドイツ語 halten「持っている」の派生語 haltmachen に相当する make halt「停止する」という句において見られる。この語は (company, halt!「中隊、止まれ！」という命令のように) 軍隊用語であり、それが後に狩り、旅行の場面で使われ、徐々に一般的に使われるようになった。古風な形容詞の「足の不自由な」を意味する halt は語源が別であり、古英語に初めて halt そして healt「骨折した足で歩く」として記録されており、ゲルマン語源である。（テニソン『グイネヴィア』 Guinevere: If a man were halt or hunch'd「もしある人が片足をひいているか猫背だったら」）。

halter ［古英語］名（馬・牛などの頭につける）端綱^{はづな}、ホールター（背や腕をあらわにしたイブニングドレス）：

古英語の形は hælfre であり、ゲルマン語源で「ものをつかむ何か」を意味していた。ドイツ語の Halfter「端綱」と同系である。f の音は中英語の時代に失われ、同様の変化は中オランダ語、および中高地ドイツ語でも起こった。

ham¹ ［古英語］名豚のもも肉、ハム、膝の後ろのくぼみ：

古英語 ham, hom は元は膝の後ろを表す語で、「曲がっている」を意味するゲルマン語が基になっている。15世紀後半にこの語はももの後ろのことを示すようになる。こうして動物のもも、もしくは後脚のくるぶし関節を示すようになった。複合語に以下がある：
■ hamstring は16世紀半ばから膝の後ろの5つの腱、もしくは動物においては後脚節の後腱を表す名詞として使われ、動詞としては17世紀から足を不自由にするために「…の膝腱を切る」の意味で使われている。比喩的な用法では「（誰かもしくは何か）の有能さ、有効性を無力、無効にする」を意味する。

ham² ［19世紀後半］名大根役者、アマチュア無線家：

アメリカ語法に由来し、amateur「素人」の第1音節を利用したものではないか

と思われる。アメリカ英語の俗語 hamfatter「大げさな大根役者」も amateur の転訛であろう。「アマチュア無線家」の意味は20世紀初頭から始まった。

hamlet［中英語］⑧小村、村落：
古フランス語 hamel「小さい村」の指小辞語 hamelet に由来する。古英語では hām「村落、家」の形だった home と同系である。

hammer［古英語］⑧金槌、ハンマー、槌、ハンマーに似たもの、撃鉄、打ち金；⑩槌で打つ、強打する：
古英語 hamor, hamer「石の器具」はゲルマン語源であり、同系語にオランダ語 hamer、ドイツ語 Hammer「槌」、古ノルド語 hamarr「岩、ごつごつした岩角」がある。元々の意味はおそらく「石の器具、石の武器」であろう。慣用表現の hammer and tongs は「力強さと速さで」(18世紀初頭) を意味しており、鍛冶屋が火の中から物を挟む道具を使ってとった鉄に強い一撃を浴びせかけているところから連想されたものである。

hammock［16世紀半ば］⑧ハンモック、つり床：
当初はスペイン語の語形の hamaca「漁網」であった。この語はタイノ語 (現在では失われたカリブ海の言語) の hamaka から、スペイン語を経由して入った。最後の音節は16世紀に、英語の語尾である -ock と同じものに合わせられた。

hamper¹［中英語］⑧大型バスケット、洗濯かご、食物入りの詰めかご：
現在では食物を運ぶ大型のケースやピクニック用具を表す語として使われている。当初はあらゆる種類の入れ物や箱を意味していたが、1500年頃から一般的に枝網みのものを意味するようになった。語源はアングロノルマンフランス語 hanaper「酒杯用の入れ物」であり、古フランス語 hanap「酒杯」に由来する。元はゲルマン語である。

hamper²［後期中英語］⑩阻止する、妨げる、妨害する：
元は「かせを掛ける、もつれさせる、つかまえる」を意味していた。当初は北部方言を用いた著作家の作品に見られたものであり、ドイツ語 hemmen「抑える」と同系の可能性がある。

hand［古英語］⑧手、(時計・計器の) 針、働き手、技量、所有、支配；⑩手渡す：
古英語 hand, hond「つかむもの」はゲルマン語源であり、同系語にオランダ語 hand、ドイツ語 Hand「手」がある。この語は handicraft［中英語］⑧「手工芸」の構成要素であり、handcraft の語形変化は handwork⑧「手仕事」のような語を作り出した。古英語では後者の語は handgeweorc と綴られ、geweorc は「作られたもの」を意味した。この語は16世紀には handy「手近にある」という意味で解釈され、そして work は文字通り「手で作られたもの」を意味していた。handy⑱は17世紀後半には「便利な」を意味するようになった。handle［古英語］⑧「柄、取っ手」もまた hand に基づいている。この語は19世紀初頭には口語で「称号、肩書き」の意味があり (例：a handle to one's name「ある人の名前の称号」)、19世紀後半にはそれらの意味の1つに「あだ名」も含まれるようになった。

handicap［17世紀半ば］⑧ハンディキャップ、ハンディキャップ付きの競技、不利な条件、障害；⑩不利な立場に立たせる、苦しめる：
hand in cap「帽子の中の手」という句に由来するようである。これは元々ある人が別の人の所有しているものを要求し、交換に別のものを差し出し、その価値の差を審判員が決定するという遊びであった。この3人は全員帽子の中に罰金を入れ、審判員以外の2人は価値の評価に対する合意・不合意を開いた手か握った手を出すことで示し、もし双方が同じ場合には審判員が罰金を取り、そうでない場合には罰金は価値の評価を受け入れた人のものとなる。handicap race という用語は18世紀後半か審判員がそれぞれの

馬が背負うおもりの量を決めた競馬のレースに対して使われるようになった。馬の所有者は同意・不同意を同様の方法で示していた。この語は19世紀後半までに優れた馬に課せられる特別なおもりを意味するようになっていった。

handle［古英語］图取っ手、つまみ、にぎり、ハンドル、機会、手がかり、切っかけ、口実、名前、称号、肩書、賭け金の総額；動手を触れる、処理する、担当する、操縦する：
→ HAND

handsome［中英語］形顔立ちがよい、均整のとれた、十分な、寛大な：
handに基づいている。元の意味は「扱いやすい、使いやすい」であり、それが16世紀半ばにはある種の場面で「ふさわしい」や「適した、器用な」を意味する語として使われるようになった。現在の用法はその後すぐに起こった。

hang［古英語］動掛ける、つるす、垂らす、下げる、垂れる、つるしておく、取りつける、留める、絞首刑にする、首をつって死ぬ：
古英語hangian「掛かる」は西部ゲルマン語源の自動詞であり、オランダ語とドイツ語のhangen「掛かっている」と同系である。古ノルド語の他動詞hangaによって意味が拡充された。現在過去形はある時はhung、またある時はhangedの形で見られる。これは弱変化動詞および強変化動詞の語尾変化の発達による。北部強変化の過去分詞の語尾変化のhungは16世紀に一般的な英語として広まり、それが新しい過去形hungになっていった。hangedの形は概して古めかしく、法廷で使われ続けることで残ってきた。この形は死刑というきわめて特別な状況下の用法として現在も残っている。

hangar［17世紀後半］图（飛行機の）格納庫：
元は「納屋」を意味した。フランス語源であり、おそらくは「小村」や「囲い込むもの」を意味するゲルマン語の語幹に由来するものと思われる。

hank［中英語］图（糸・紡績糸の）かせ、結び、束、輪、帆環はん：
14世紀の文献に見られる語で、古ノルド語honk「かせ、輪、留め金」に由来するようである。スウェーデン語hank「輪」やデンマーク語hank「（かごの）取っ手、（なべの）取っ手」と同系である。

hanker［17世紀初頭］動しきりにあこがれる、渇望する：
おそらくhangと同系である。オランダ語hunkeren「hangen（掛かる）の反復形」もこの仲間である。原義は何かにぶらさがっていたいというあこがれである。

hanky-panky［19世紀半ば］图いんちき、ぺてん、不倫：
hokey-pokey「手品、ごまかし」の変形であろう。当初は「手品」や「秘密の取引」を示す言葉として出てきた。不倫という意味を含むようになったのは1930年代以降である。

haphazard［16世紀後半］形でたらめの、計画性のない：
中英語のhap「運、偶然」（古ノルド語happ「幸運」による）とhazard「運、偶然」が結合した形である。

hapless［後期中英語］形不幸な、不運な：
中英語hap「運、偶然」に基づいており、当初の意味は「幸運」だった。
→ HAPHAZARD

happen［後期中英語］動（偶然）起こる、生じる、発生する、偶発する、偶然…する、たまたま…である：
この綴りは動詞hap「偶然起こる」に取って代わったものであり、現在では古めかしい形の名詞hap「運、偶然」に基づいている。当初は「偶然に起こる」を意味した。慣用表現のIt's all happening「万事うまくいっている」は1960年代から使

harem 459

われはじめた。
→ HAPHAZARD

happy ［中英語］形 満足な、うれしい、幸福そうな、幸運な、都合のよい、うまい：
名詞 hap「運、偶然」に由来し、当初の意味は「幸運な」であった。
→ HAPHAZARD

harangue ［後期中英語］名 大演説、熱弁、長話；動 長々と演説する、熱弁をふるう：
スコットランドの作家の著作の中で見つかった語で、古フランス語 arenge「大勢、群集」に由来する。元は中世ラテン語 harenga である。ゲルマン語源の可能性もある。この語の綴りは後に現代フランス語 harangue の形に合わせるために改められた。

harass ［17世紀初頭］しつこく悩ます、苦しめる、困らせる、侵略する：
フランス語 harasser「侵略する、悩ませる」で、harer「犬をけしかける」に由来するかもしれない。これは犬をけしかけるときに使われた間投詞であるゲルマン語 hare から来ている。当初の意味は「疲れさせる」であり、「人を苦しめる」という意味は19世紀に生まれたものである。一般的に1970年代に望まない上に執拗で不快な性的嫌がらせを示す sexual harassment という語句がその代表的な例である。

harbinger ［中英語］名 先触れをする人、先駆者、前兆、前触れ：
古フランス語 herberge「宿泊施設」に基づく herbergier「宿泊施設を提供する」の派生語 herbergere「主人役」に由来する。これらの語の語源は古サクソン語 heriberga「軍隊のための施設、宿泊施設」である (heri「軍隊」と「要塞化された場所」を意味するゲルマン語幹の合成による)。元は宿泊施設を提供する人を指したが、後に軍隊や貴族とその従者のような集団の逗留できる場所を探すために先行する人を指すようになった。この

ことから「先駆者」の意味が生じ、16世紀半ばにその用例がある。
→ HARBOUUR

harbour ［後期古英語］名 港湾、港、避難所、隠れ場所、潜伏場所；動 かくまう、避難所を提供する、心に持つ、抱く：
ゲルマン語源であり、古英語 hereborg「避難所、逃げ場」による。動詞形は herebeorgian「避難所を占領する」である。これらの語形はオランダ語 herberge とドイツ語 Herberge「宿泊所」と同系であり、フランス語 auberge「宿屋」も同様である。比喩的な動詞の用法「心に抱く」は当初からある用法で、よい考えにも悪い考えのどちらにも使われていた。しかし徐々に一般的に不平や怒りを表す場合に使われるようになっていった。
→ HARBINGER

hard ［古英語］形 硬い、堅固な、きつい、困難な、骨の折れる、苦しい、熱心な、ひどい、辛辣な、まじめな；副 懸命に：
古英語 h(e)ard「はげしく、猛烈に」はゲルマン語源であり、オランダ語 hard とドイツ語 hart「硬い」と同系である。中心的な意味は「抵抗力もしくは反作用」(hard substance「硬い物質」)、「厳しい、耐え難い、扱いにくい」(hard life, hard case「つらい人生、難しい問題」)、そして「激しい、骨の折れる」(hard labour「重労働」) である。

hardy ［中英語］形 頑丈な、強い、たくましい、(作物が) 耐寒性の：
当初の意味は「勇敢な、大胆な」であり、語形は古フランス語 hardir「勇敢にする」の過去分詞形 hardi に由来し、ゲルマン語源である。この語は17世紀半ばから園芸学の用語としても使われてきた。
→ HARD

harem ［17世紀半ば］名 ハーレム (イスラム教の婦人部屋)、ハーレムの女たち：
アラビア語 haram, harīm に由来し、字義通りの意味は「禁じられた」もしくは「禁じられた場所」である。そこから「聖

域、女性の部屋」そしてその意味がさらに拡張し、「女性」を示すようになる。語幹となる動詞はアラビア語 *harama*「禁じられる」である。

harlequin ［16世紀後半］名 ハーレキン、アルレッキーノ（イタリアの即興喜劇や英国の無言劇の道化役）、道化師、ひょうきん者：

語頭が大文字化された場合は仮面をかぶり、菱形の模様の衣装を着た **harlequinade** 名「ハーレキンが主役を演じる無言劇」の主役である無言の人物の名前を表す。harlequinadeは伝統的な無言劇である。劇が序幕から中盤へと進み、いよいよ大詰めを迎えると主人公と彼の恋人Columbine（コロンビーナ）が踊りを踊る場面がある。この語は廃用となったフランス語に由来し、初期の語形は *Herlequin*（もしくは *Hellequin*）であり、その意味は伝説上の悪魔の騎手の軍団の指導者である。この語は元を辿れば古英語 *Herla cyning*「ヘルラ王」と同系であり、その神話上の姿は Woden「ウォドン、アングロサクソンの異教の主神（北欧神話のオーディンに相当）」と同じである場合が多い。

harlot ［中英語］名 売春婦、ふしだらな女；形 みだらな、下品な：

「流れ者、物乞い」がこの語の当初の意味であったが、後に「好色な男性もしくは女性」を示すようになり、最後には「ふしだらな女性」に特化された。この語は古フランス語 *harlot, herlot*「若い男、ごろつき、流れ者」に由来するが、この語の語源に関しそれ以上前のことは不詳である。

harm ［古英語］名 害、損害、傷害、危害、不都合、差し支え；動 害する、危害を加える：

古英語の名詞 *hearm*「傷害、負傷、悲しみ」、動詞 *hearrnian* はゲルマン語源であり、同系語にドイツ語 *Harm*「悲嘆、深い苦悩」、古ノルド語 *harmr*「悲嘆、悲しみ」がある。

harmony ［後期中英語］名 一致、調和、和合、協和、音の同時結合、和声：

ラテン語 *harmonia*「結合」に由来し、古フランス語を経て現在に至る。元はギリシア語 *harmos*「接合」である。**harmonic** 形「和声の、調和の」は「音楽に関連する」そして「音楽の」の意味で16世紀後半から記録されている。語形はギリシア語 *harmonia* の派生語の *harmonikos*「音楽的な」により、ラテン語を経て現在の形になった。

harness ［中英語］名 引き具、馬具、馬具に似たもの；動 引き具をつける

古ノルド語 *herr*「軍隊」と *nest*「食料支給」の要素が合わさってできた古フランス語 *harneis*「軍の装備」に由来する。英語においては当初、軍の持ち運び可能な装備を表していたが、それは中英語期だけのことであった。この語はまた乗馬用もしくは御者用の馬の馬具を示すが、徐々に特に革ひもと留め具を示すようになった。

harpoon ［17世紀初頭］名（鯨などをとる）銛；動 銛を打ち込む：

元はかかりをつけた投げ矢もしくは槍であった。フランス語 *harpe*「犬のつめ、留め金」の派生語である *harpoon* に由来する。ギリシア語 *harpē*「鎌」であり、ラテン語を経由してきた。

harpy ［後期中英語］名 ハルピュイア、強欲な人、小うるさい女：

貪欲で節操のない女を指して使われる。ギリシア・ローマ神話において女性の顔を持った肉食の鳥として描かれる強欲な怪物の名前ハルピュイアと結びついて生まれた語である。ラテン語 *harpyia* に由来し、その起源は「ひったくる人たち」を意味するギリシア語の複数形 *harpuiai* である。

harridan ［17世紀後半］名 口やかましい意地悪ばばあ、鬼婆；形 口やかましい：

そもそも俗語であり、フランス語 *haridelle*「年老いた馬」に由来すると考え

られる。

harrow［中英語］名ハロー（スパイク状の歯または円板をつけた農具）；動ハローでならす、心をかき乱す：

古ノルド語 *herfi* に由来し、オランダ語 *hark*「馬鍬」と同系である。「心を悩ませる」という意味の動詞の用法は16世紀初頭に始まった。

harsh［中英語］形厳しい、過酷な、無慈悲な、耳障りな、粗い、目障りな：

中低地ドイツ語 *harsch*「ざらざらした」に由来し、字義通りの意味は「毛で覆われた」で、*haer*「髪」による。

harum-scarum［17世紀後半］形 副無分別な、向こう見ずの、無責任な、無分別に：

hare「悩ます」と scare「おびえさせる」の合成語であり、当初は副詞として使われていた。

harvest［古英語］名収穫、取り入れ、収穫期、刈り入れ時、収穫物、結果、報い；動取り入れる、収穫する：

古英語 *hærfest*「秋」はゲルマン語源であり、同系語にはオランダ語 *herfst* とドイツ語 *Herbst*「秋」が含まれる。ラテン語 *carpere*「引く」、ギリシア語 *karpos*「果物」と同じインド＝ヨーロッパ語の語根を持っている。

hassle［19世紀後半］名けんか、口論、いざこざ、厄介な問題；動口論する、苦しめる：

元は「斧で切る、もしくはのこぎりで切る」を意味する方言だった。語源は不詳だが haggle「値切る」と tussle「激しく格闘する」の混合語であろう。

hassock［古英語］名厚く硬いクッション、膝布団：

古英語 *hassuc* の初期の用法は湿地に根付いた草むらを表していた。語源は不詳である。足や膝を休める厚く硬いクッ

ションを指すようになったのは16世紀初頭のことである。

haste［中英語］名急ぐこと、慌てること；動急ぐ、急がす：

名詞 *haste* は古フランス語 *haste*「急ぎ」に由来し、動詞は古フランス語 *haster* に由来する。ゲルマン語源である。この名詞に基づいているのは同時代の**hasty**形「急な」で、古フランス語 *hasti, hastif* による。同系の語に **hasten**動「急ぐ」があり、16世紀の半ばからその用例が見つかっている。この語は *haste* の派生した語形で、他の動詞のように *-en* の語尾で終わる形になっている。

hat［古英語］名（縁のある）帽子、役職、仕事：

古英語 *hætt*「頭巾」はゲルマン語源であり、古ノルド語 *hǫttr*「頭巾」と同系である。複合語に以下がある：
■ **hat-trick** は、元は19世紀後半に3人の打者を連続でアウトにしたクリケット投手に新しい帽子（もしくはそれと同等なもの）をクラブチームが贈るという風習を示していた。
→ HOOD

hatch[1]［古英語］名（船の甲板にある）昇降口、ハッチ、飛行機の出入り口、くぐり戸、水門の扉：

古英語 *hæcc* は中央で上下に隔てられた扉の下側を意味していた。ゲルマン語源であり、オランダ語 *hek*「柵、仕切り」と同系である。

hatch[2]［中英語］動（雛を）卵からかえす、孵化する、（計画などを）作り出す・企画する；名孵化：

中英語期には *hacche* と綴られていた。スウェーデン語 *häcka* やデンマーク語 *hække* と同系である。

hatch[3]［15世紀後半］動ハッチングする、線影をつける、綾目引きにする；名陰影線、船影、けば：

「平行線で影をつける」という意味で「金属の細片をはめ込む」という状況で初めて使われた。古フランス語 hache「斧」の派生語 hacher「切り刻む」に由来する。

hatchet [中英語][名]手斧、まさかり、戦斧：

古フランス語 hache「斧」の指小辞語 hachette に由来する。元は中世ラテン語の hapla であり、ゲルマン語源である。
■ hatchet man という語句は19世紀後半のアメリカで始まったもので、柄の部分がない手斧を持った「雇われた中国人の殺し屋」を意味する初期の用法の語句に由来する。一般に広がった（1940年代から）意味は「ある人物の評判を中傷するために雇われた批評家」である。

hate [古英語][動]憎む、嫌悪する、嫌う；[名]憎しみ、憎悪：

古英語の動詞 hatian「憎む」と名詞 hete「憎しみ」はゲルマン語源であり、オランダ語の動詞 haten、ドイツ語の動詞 hassen「憎む」と名詞 haten「憎しみ」と同系である。中英語の hatred[名]は hate に基づいており、接尾辞の -red は古英語 ræden「状態」による。

haughty [16世紀半ば][形]高慢な、横柄な、傲慢な：

廃語となった haught「気高い」（以前は haut と綴られていた）から派生した形であり、古フランス語に由来する。元はラテン語 altus「高い」である。

haul [16世紀半ば][動]引っ張る、引きずる、車で運ぶ、輸送する；[名]牽引、運搬、輸送：

元は海事の用語で「風向きに合わせて帆を調整する」の意味で使われていた。古語の動詞 hale「力強く引く」（古フランス語 haler「引く」による）の異形である。

haunch [中英語][名](人の) 臀部、尻、腰、(食用としての動物の身体の) 脚と腰部：

ゲルマン語源であり、古フランス語 hanche「腰、尻」に由来する。英語における初期の綴りは hanch であり、18世紀になって初めて現在の綴りになった。

haunt [中英語][動](幽霊・霊魂などが) よく現れる、出没する、(考え・思い出・感情などが心の中に) 絶えず浮かぶ、付きまとう、入り浸りになる、苦しめる、悩ます；[名]根城、行きつけの場所：

当初の意味は「(ある場所に) よく行く」であった。ゲルマン語源であり、古フランス語 hanter「しばしば行く」がその基である。大元を辿れば英語の home と同系である。「考えにつきまとわれる」を意味する比喩的な用法は当初からあった。

have [古英語][動]持つ、持っている、所有する、備えている、抱く、経験する、得る、受ける、催す、食べる、行う：

古英語 habban「持つ、手に入れる」はゲルマン語源であり、オランダ語 hebben とドイツ語 haben「持つ」と同系である。英語 heave「持ち上げる」ともつながりがあると見られる。
→ HEAVE

haven [後期古英語][名]港、避難所、隠れ場、安息の地；[動]避難させる：

古英語 hæfen は古ノルド語 hǫfn「船を停泊させる場所」に由来し、オランダ語 haven とドイツ語 Hafen「港」と同系である。英語における文字通りの意味は「港」であるが、比喩的な「安全な場所」という意味は初期に生まれた。

haversack [18世紀半ば][名]ショルダーバッグ、雑嚢：

フランス語 haversac「オート麦を運ぶための袋」に由来する。元は馬の飼料を運ぶために兵士によって使われた袋を表す廃語のドイツ語 Habersack「オート麦を運ぶための袋」である。方言の Harber「オート麦」と Sack「ずた袋、袋」からなる。

havoc [後期中英語][名]大破壊、大混乱、大騒ぎ、無秩序；[動]破壊する、台無しにする、荒廃させる：

アングロノルマンフランス語 havok に由来する。古フランス語 havot「略奪」の変形であるが、その語源は不詳である。この語は元々 cry havoc (古フランス語では crier havot) の成句で使われ、その意味は「軍隊に略奪命令を下す、略奪の開始の合図」であった。

hawk [15世紀後半]**動**売り歩く、行商する、押し売りする:
hawker**名**「行商人」からの逆成語である。この語は16世紀の初頭に文書でその用例が見つかっている。おそらくは低地ドイツ語かオランダ語に由来し、huckster**名**「行商人」(この語も低地ドイツ語源で中英語において屋台の売り子を表す用語であった) と同系である。

hay [古英語]**名**干し草、まぐさ、乾草:
古英語 hēg, hīeg, hig「刈られた草」はゲルマン語源であり、オランダ語 hooi とドイツ語 Heu「干し草」と同系である:
■ haywire「干し草を束ねる針金」という語は20世紀初頭にアメリカで使われはじめた語である。「気が狂った、故障した」を意味する慣用句的用法 go haywire はその場しのぎの修理に使われる干し草を束ねる針金と結び付けられて生まれたものであろう。

hazard [中英語]**名**危険、危険性、(ゴルフの) ハザード;**動**(危険なことを) 思い切ってする
元は2個のサイコロを用いた賭博のことであった。古フランス語とスペイン語を経由して入った語であるが、元はアラビア語 az-zahr「機会、運」であり、ペルシア語 zār かトルコ語 zar「サイコロ」に由来する。hazardous**形**「危険な」は16世紀半ばから記録が残っているが、この形容詞はフランス語 hasardeux「危険を伴う」に由来する。元は hasard「機会」である。

haze [18世紀初頭]**名**もや、かすみ、(意識の) もうろうとした状態:
元は霧もしくは霜を表す語であった。お そらくは17世紀初頭に海事用語で「霧の多い」を意味していた hazy**形**「かすんだ」の逆成であろう。語源不詳。

he [古英語]**代**彼、あの人;**名**男、男性:
古英語 he, hē はゲルマン語源であり、オランダ語 hij と同系である。古英語 his は he, hē「現在の he」と hit「現在の it」の属格単数形である。古英語 him は同様の与格単数形である。10世紀に him はイングランド北中部方言において対格にも同様に用いられるようになり、これが広まり続けた結果1400年までには一般的となった。

head [古英語]**名**頭、頭脳、理解力、才能、分別、冷静さ、指導力、かしら、先頭;**動**指導する、先頭に立つ、進む、向かう:
ゲルマン語源であり、古英語 hēafod「鉢の形をした」はオランダ語 hoofd とドイツ語 Haupt「頭」と同系である。語義の要素は字義通りのものと派生した頭の形に似ているもの (例: flower heads「頭状花」、nail heads「くぎの頭」)、そして比喩的な用法 (例: head of the corporation「企業の社長」) がある。慣用句的な head to head「向かい合って」と head over heels「まっさかさまに、完全に」は18世紀に生まれた表現である。**headlong**副「頭から、ぐすぐずせずに」は中英語に端を発する。副詞の接尾辞である -ling は中英語期の後期に -long という語尾の連想により変えられた。

heal [古英語]**動**治す、治る、癒す、解決する、和解させる:
古英語 hǣlan は「健康な状態に戻す」という意味だった。ゲルマン語源でありオランダ語 heelen とドイツ語 heilen「治す」と同系である。health**名**「健康」(古英語では hǣlth) も同系である。

heap [古英語]**名**(積み重ねた) 山、堆積、塊、(人の) 群れ、たくさん、多数、多量、ぽんこつ車;**動**積み上げる、蓄積する:
古英語の名詞 hēap「一隊、一群、多数」と動詞 hēapian はゲルマン語源である。こ

れらの語はオランダ語 hoop とドイツ語 Haufen「（積み重ねた）山」と同系である。これらはどちらも名詞である。この語は多数・多量を表すときに使われることがある（heaps of time「たっぷりな時間」）が、この用法は17世紀半ばに始まる。また口語では「ぽんこつ車」を意味するが、これは1920年代にアメリカで始まった用法である。

hear ［古英語］聞く、聞こえてくる、聞こえる、話に聞く、傾聴する、聴取する：

古英語 hīeran「注意を払う、見守る」はゲルマン語源であり、オランダ語 hooren とドイツ語 hören「聞こえる」と同系である。現在では承認を表す Hear! Hear!「賛成、賛成」という表現はそもそも（17世紀後半）下院などで話者の注意を引くために叫ばれていた Hear him! Hear him!（イントネーションにより様々な意味を表していた）に由来する。

hearken ［古英語］動耳を傾ける、傾聴する：

古英語 heorcnian「耳を傾ける」はおそらくゲルマン語源の中英語 hark とドイツ語 horchen「耳を傾ける」と同系である。綴りの ea の部分は16世紀に hear との連想により変化したもの。

hearse ［中英語］名霊柩車；動霊柩車で運ぶ：

アングロノルマンフランス語 herce「馬鍬、骨組み」に由来する。元はラテン語 hirpex「大きな熊手の一種」であるが、このラテン語はオスク語の「狼」（動物の歯に対する言及を伴う）に由来する。当初は「（教会内にある間の）著名人の棺の上を覆った格子造りの天蓋」を表していた。これはおそらく中英語期の意味である「特別な儀式のために蠟燭を運ぶための（古代の馬鍬のような形の）三角形の枠組み」から生まれたものであろう。現在の意味は17世紀半ばに始まった。

heart ［古英語］名心臓、心、胸の内、本心、核心、気持ち、愛情、元気：

古英語 heorte「心臓、心、愛情」はゲルマン語源であり、オランダ語 hart とドイツ語 Herz「心臓」と同系である。元はラテン語 cor, cord- やギリシア語の kēr, kardia「心」と同じインド＝ヨーロッパ語の語根に由来する。

hearth ［古英語］名炉床、暖炉の床の部分、炉辺、家庭：

西部ゲルマン語源であり、古英語 heorth「燃やす」はオランダ語 heorth とドイツ語 Herd「床、地面、暖炉」と同系である。hearth and home「家庭」という表現は19世紀半ばから見られる。

heat ［古英語］名熱、熱さ、暑さ、熱意、(試合の) 1 回、発情、盛り；動熱する、興奮させる：

古英語の名詞 hǣtu と動詞 hǣtan はゲルマン語源である。これらの語はオランダ語 hitte とドイツ語 heizen「暖める」と同系である。有名な引用句 If you can't stand the heat, get out of the kitchen「批判に耐える気力がなければ難しい仕事には手を出すな」はアメリカの33代大統領ハリー・トルーマンの言った言葉だと思われがちだが、彼自身が1952年にハリー・ボーガン（当時の大統領の相談役）の言った言葉であると認めた。

heath ［古英語］名ヒース（荒野に自生する常緑低木の総称）、荒野、低木の茂った荒地、：

古英語 hǣth「森、原野」はゲルマン語源であり、オランダ語 heide とドイツ語 Heide「原野、荒野」と同系である。中英語期にはこの語はしばしば holt or wood「雑木林もしくは森林」地帯と区別して用いられていた。

heathen ［古英語］名（キリスト教・ユダヤ教・イスラム教にとっての）異教徒、異邦人、無宗教の人、未開人；形異教の、異教徒の：

古英語 hǣthen「原野に住んでいる、未開人」は元はゲルマン語であり、同系語に

オランダ語 heiden とドイツ語 Heide「異教徒」がある。この語は一般的に「原野に住んでいる」を意味する、とりわけキリスト教徒的な用法のゲルマン語の形容詞と見なされていた。語幹は heath から。
→ HEATH

heave［古英語］動持ち上げる、投げる、(船などをある方向に) 動かす、(うなり声を) (苦しそうに) 出す、(ため息を) つく、うねらせる、波打つ、あえぐ；名持ち上げること：
古英語 hebban「重いものを持ち上げる」はゲルマン語であり、オランダ語 heffen とドイツ語 heben「持ち上げる」と同系である。慣用句に以下がある：
■ heave-ho [後期中英語] は命令形の heave と間投詞 ho の組み合わさった形である。これは元々海事用語でロープを引っ張る時の掛け声であった。

heaven［古英語］名天国、天界、極楽、神、神意；間《驚きを示して》とんでもない、まあ、ばかな：
オランダ語 hemel とドイツ語 Himmel「空、天」と同系であり、古英語 heofon「天、天空」はゲルマン語源である。間投詞用法の Heavens! や Heavens Above!「どんでもないなどの驚きを表す言葉」は16世紀後半に始まった。

heavy［古英語］形重い、がっしりした、大量の、強烈な、荒れた、しけた、重大な、困難な、面倒な、太い、鈍重な、消化の悪い；名悪役、高級新聞、重砲：
古英語では hefig「(重いものを) 持ち上げる」と綴られた。この語はゲルマン語源である。オランダ語 hevig「すさまじい」と同系である。この語の「たくましく体格のよい人」を意味する名詞としての用法は1930年代に始まった。複数形を用いた句 the heavies は高級新聞を表し、1950年代に使われはじめた。
→ HEAVE

heckle［中英語］動ぶしつけな質問で困らせる、野次り倒す、(麻・亜麻) を梳く：
当初の意味は「繊維を引き裂き、しわを伸ばすことで紡績の準備ができた服 (亜麻ぁ)」だった。北部および東部表現の語形 heckle「亜麻をすく」に由来する。「(公衆の面前で演説している人の) 議論の証拠不十分であることを明らかにする攻撃的な質問で困らせる」の意味は17世紀に生まれた。英語 tease「しつこく悩ます」という語とは意味の発展において共通するところがある。
→ HACKLE

hectic［後期中英語］形てんてこ舞いの、大騒ぎの：
当初の綴りはラテン語 hectitus から、古フランス語を経由した etik という形だった。元はギリシア語 hektikos「習慣的な」である。語幹はギリシア語 hexis「習慣、精神もしくは肉体の状態」である。元々の意味は「肉体の状態の徴候となる」であり、特に肺結核 (消耗熱) と結びつけて考えられていた。この意味が20世紀初頭に「大騒ぎの」という意味になっていった。

hedge［古英語］名生け垣、垣根、境界、障壁、障害、両賭け、(言質を取られないための) あいまい表現；動束縛する、両賭けをする、生け垣で囲む：
古英語 hegg はゲルマン語源であり、オランダ語 heg とドイツ語 Hecke「生け垣」と同系である。この語に基づいた語に **hedgerow**名「生け垣 (の列)」があるが、つけ加えられた要素は row「列」と同化して廃語となった rew「自然なままの生け垣」である。

heed［古英語］動気をつける、注意する、留意する；名注意、用心、留意：
古英語 hēdan「気をつける」は元は自動詞だった。西部ゲルマン語源であり、オランダ語 hoeden とドイツ語 hüten「見張る、保護する」と同系である。

heel¹［古英語］名かかと、後足、後ひづめ、かかとの部分、ハイヒールのかかと、卑

劣漢：

古英語 *hēla, hǣla*「足の後ろの部分」はゲルマン語源であり、オランダ語 *hiel* と同系である。「卑劣漢」を意味するこの語の用法は連想によるものであろうが、その語源は定かではない。その用例は20世紀初頭から見つかっている。

heel² ［古英語］名（繁殖用の）(挿し木・塊茎の) 下端 (根の出る部分)：

古英語では *heilan*「覆う、隠す」だった。ゲルマン語源であり、ラテン語 *celare*「隠す」と同じインド＝ヨーロッパ語の語幹に由来する。

hefty ［19世紀半ば］形重い、重量がある、大きくて頑丈な、力のある、強い、（金額が）豊富な：

元はアメリカの方言で、後期中英語 *heft*「重さ」から作られた。*heave*「持ち上げる」の後期の派生語であり、あるいは *weave*「織る」と *weft*「横糸」、*thieve*「物を盗む」と *theft*「窃盗」のような派生の型に基づいて起こった可能性がある。

height ［古英語］名高さ、高度、標高、伸長、高地、高台、絶頂、極み：

古英語 *hēhthu* は「頂上」を意味していた。ゲルマン語源であり、オランダ語 *hoogte*「高さ」と同系である。
→ HIGH

heinous ［後期中英語］形憎むべき、忌まわしい、不埒千万な、極悪な：

古フランス語 *haineus*「憎しみにあふれた」に由来する。元は *hair*「憎む」であり、ゲルマン語源である。

heir ［中英語］名相続人、受取人、跡継ぎ、後継者：

ラテン語 *heres*「残された物を手に入れる人」に由来し、古フランス語を経て現在の形に至っている。この語に基づいた複合語に以下がある。
■ **heirloom** ［後期中英語］。*loom* は以前は「道具、世襲財産」の意味を持っていた。

heist ［19世紀半ば］強盗；動強盗する：

hoist「…を高く揚げる」のある特定地域での発音による。最初はアメリカの俗語として使われた。
→ HOIST

helicopter ［19世紀後半］名ヘリコプター：

フランス語 *hélicoptèr* に由来する。元はギリシア語 *helix*「らせん (状のもの)」と *pteron*「翼」の合わさった形である。

hell ［古英語］名地獄、奈落、いったい (全体)：

古英語 *hel(l)*「隠れる」はゲルマン語源であり、オランダ語 *hel* とドイツ語 *Hölle*「地獄」と同系である。元は「覆う、もしくは隠す」を意味するインド＝ヨーロッパ語の語根に由来する。古ノルド語 *Hel* は冥界の女神の名前そのものである。英語 **heck**間「ちぇっ」(*hell* の婉曲的な変形) は19世紀後半に生まれたが、元は北部英語方言の一部だった。

hello ［19世紀後半］間やあ、こんにちは、もしもし、おい、ちょっと；名挨拶：

それ以前にあった *hollo* という語の異形 (*hallo*「おい」のように) であり、*holla*「おい」と同系である。

helm ［古英語］名かじ、舵柄、操舵装置、支配、指揮 (権)：

古英語では *helma*「握っている、握る」であった。おそらく **helve**名「武器の柄」(古英語では *helfe*) と同系であり、**helve**名は *halter*「端綱」と同系である。
→ HALTER

helmet ［後期中英語］名ヘルメット、兜：

古フランス語 *helme* の指小辞語に由来し、ゲルマン語源である。この語はオランダ語 *helm* やドイツ語 *Helm*「兜」と同様、古英語による古体の同意語 **helm**名「兜」と同系である。これらの語は「覆う、もしくは隠す」を意味するインド＝ヨーロッパ語の語幹を共有している。

help［古英語］動手伝う、役立つ、助ける、治す、和らげる；名助け、助力、救済、役立つもの・人、雇い人、家政婦：

古英語の動詞 *helpan* と名詞 *help* はゲルマン語源である。オランダ語 *helpen* とドイツ語 *helfen* は同系である。複合語に以下がある：
■ **helpmate**名「援助者、配偶者」(17世紀後半には *helpmeet* と綴られていた) は『創世記』2 章18節および20節でアダムの未来の妻が「彼に合う助けるもの」(すなわちアダムにとってのふさわしい伴侶) として描かれる場面の誤読によるものである。この異形の *helpmate* は18世紀初頭から使われはじめた。

helter-skelter［16世紀後半］副あわてふためいて、でたらめに、乱雑に；形あわてふためいた、うろたえた；名あわてふためき、狼狽：

韻を踏み同じ音を繰り返した形のこの語源不詳の語は当初副詞として使われていた。これは走る足の象徴、あるいは中英語の「急ぐ」に基づいている可能性がある。

hem［古英語］動へりを折り返して縫う、縁取りをする、囲む、取り巻く、閉じ込める；名すそのへり、縁：

当初は「服の縁」を意味した。西部ゲルマン語源であり、動詞の意味は16世紀半ばから始まった。

henchman［中英語］名ごろつきの手下、子分、三下ざん、取り巻き、信頼されている部下、腹心、右腕：

古英語 *hengest*「種馬」と *man*「男、人間」からできている語で、元の意味は「馬丁ばてい」であった。18世紀半ばにスコットランドの詩人サー・ウォルター・スコットによって「ハイランド (スコットランド北部の県) の長官の従者頭」の意味が普及した。これにより「犯罪の片棒を担ぐことで、忠義を示そうとする手下」を意味する現在の (元はアメリカの) 用法が生じた。

her［古英語］代彼女を・に・へ、彼女の：

古英語 *hire* は *hīo, hēo*「現在の she」の属格および与格の形だった。

herald［中英語］名使者、軍使、布告者、先触れ、紋章官；動布告する、先触れをする：

名詞用法は古フランス語 *herault* に、動詞用法は古フランス語 *herauder* に由来する。元はゲルマン語源である。

herb［中英語］名草、草本、薬用植物、薬草、香草、ハーブ：

ラテン語 *herba*「草、青物野菜、ハーブ」に由来し、古フランス語を経て現在の形に至る。この語の綴りには常に *h* があったのが、19世紀までは *h* を発音しないのが一般的であり、現在でもアメリカでは発音しないのが普通である。**herbal**形名「草の、草本誌」という語は16世紀初頭に初めて名詞としての記録が残っている。この語は中世ラテン語に由来する。

herd［古英語］名(特に牛豚の) 群れ、家畜の群れ、群集、民衆、大衆、庶民、大量：

古英語 *heord*「列、群れ」はゲルマン語源であり、ドイツ語 *Herde*「群れ」と同系である。17世紀初頭からこの語は時として「一般の人々」、「庶民」を表すようになってきた (シェイクスピア『ジュリアス・シーザー』*Julius Caesar*, I. ii. 264: When he perceiv'd the common *Herd* was glad he refus'd the Crown「奴〈シーザー〉は王冠を拒んだのが人々の気に入ったと見ると」)。

here［古英語］副ここに・ここへ、ここで・ここまで、こちらへ、この点で、ほらここに、ここにいる；名こちら、ここ、この世、現在：

古英語 *hēr*「これ」はゲルマン語源であり、オランダ語やドイツ語 *hicr*「ここに・ここで」と同系である。ゲルマン語の語幹「これ」に関係していると見られるが、肝心なことははっきりとしない。この語

を用いた慣用表現は数多くあり、例を挙げると、*here's to...*「…に幸いあれ」は人の健康を祝して乾杯する時に用いられ、16世紀後半からその用例がある（シェイクスピア『ロミオとジュリエット』*Romeo and Juliet*, V. iii. 119: *Here's* to my love「我がいとしの人のために」）。*Here, there, and every where*「いたるところに」も同じ時期に始まった（マーロウ『ファウスト博士』*Doctor Faustus*: That I may be *here* and there and everywhere「私は森羅万象に存在するであろう」）。*Here* today and gone tomorrow「今日は生き、明日は死ぬ」という慣用句は17世紀後半に始まった。英語 hither副形「ここへ・ここの」(古英語では *hider*) は *here* と同系である。
→ HE

hereditary [後期中英語]形 遺伝性の、世襲の、親譲りの、代々の：

ラテン語 *hereditas*「相続権、遺伝」の派生語 *hereditarius*「相続に関する」に由来する。元は *heres, hered-*「相続人」である。heredity名「遺伝形質、祖先」という語は18世紀後半から使われはじめた。生物学用語としての用法は19世紀後半から見られる。この語はラテン語 *hereditas* に由来し、古フランス語を経て現在の形に至っている。

heresy [中英語]名 (正統派の教義に対する)異端、異論、反論、異端信仰：

古フランス語 *heresie* に由来する。ラテン語 *haeresis*「思想の流派」に基づいており、元はギリシア語 *hairesis*「選択」である。同じギリシア語はキリスト教会の用語で「異端派」を意味していた。語幹の動詞は *haireomai*「選ぶ、自身のために取る」である。heretic名「異端者」は中英語であり、古フランス語 *heretique* に由来する。元はギリシア語 *haeretikos*「選択可能な」(キリスト教会のギリシア語では「異端の」)であり、キリスト教会用語のラテン語を経由して現在に至っている。

heritage [中英語]名 遺産 (特に環境保護運動の中では、後世に伝えるべき自然環境・古代遺跡などを指す)、伝承、伝統：

古フランス語 *heritage*「相続する」に由来する。元はラテン語 *heres, hered-*「相続人」の派生語 *heriter*「相続する」である。1970年代からは文化遺産を守る場所である *heritage* centre「郷土展示館」、*heritage* coast「自然保護海岸」、*heritage* trail「歴史・自然観察コース」といった複合語としての用法が一般的になった。

hermetic [17世紀半ば]形 密閉・密封した、気密の、外部から閉ざされた：

この語は錬金術や占星術、神智がく学を含む古代の神秘的な伝統と関連がある。現代ラテン語 *hermeticus* に由来している。このラテン語は *Hermes Trismegistus*「ヘルメス・トリスメギストス」から不規則な形成過程を経て作られている。これは新プラントン主義者などにより占星術や魔術、錬金術に関するいろいろな書物の著書とされていた伝説上の人物 (エジプトの神 Thoth に与えた名) である。

hermit [中英語]名 (宗教的) 隠遁者、隠者、世捨て人：

後期ラテン語 *eremita* による古英語 *hermite* に由来する。元はギリシア語 *erēmos*「住む人のない」の派生語 *erēmitēs*「砂漠に住んでいる人」である。

hero [中英語]名 英雄、勇士、(男性の) 主人公、ヒーロー、神人、半神：

当初は神に寵愛された人知を超えた力や才能を持つ人間という神話的な意味を伴っていた。例えば、ホメロスの作品に描かれる人物がそうである。この語はギリシア語 *hērōs*「神格化された人」に由来し、ラテン語を経て現在の形に至った。17世紀後半には物語や劇の主要な人物として文学の登場人物に対して使われるようになった。heroine名「英雄的女性、女主人公」はこの語よりわずかに早く記録されている。この語は *hērōs* の女性形であるギリシア語 *hēroinē* に由来し、フランス語もしくはラテン語を経由してきている。heroic形「英雄の、あっぱれな」は古フランス語 *heroique* もしくはラテ

ン語 heroicus に由来する後期中英語である。元はギリシア語 herōikos「神格化された人に関する」(hērōs「神格化された人」の派生語) である。

hesitate [17世紀初頭][動]ためらう、躊躇ちゅうちょする、二の足を踏む、…する気になれない、気が進まない、嫌がる、ちょっと休む、口ごもる：
ラテン語 haerere「置く、いる」の派生語 haesitare「しっかり固定する、未決定のままにする」に由来する。

het [19世紀半ば][形]怒った、興奮した、困った：
スコットランド語および北部英語に残っていた方言 het「興奮した、怒った」に由来する。up とともに使われる。

heuristic [17世紀初頭][形]発見を助ける、(生徒に) 自分で発見させる；[名]発見的方法：
ギリシア語 heuriskein「見つける」から形成された語である。

hew [古英語][動]切る、切り刻む、たたき切る、(大まかな計画などを) 作る：
古英語 hēawan「切る、打つ」はゲルマン語源であり、オランダ語 houwen とドイツ語 hauen「打つ、殴る」と同系である。

heyday [16世紀後半][名]盛り、絶頂、全盛期：
当初の用法ではこの語は「上機嫌」や「熱情」を表していた。喜びや驚きを表す古体の間投詞 heyday!「やあやあ」に由来する。

hiatus [16世紀半ば][名]中断、とぎれ、欠落部分、落ち、すき間、割れ目：
元来「身体の割れ目もしくは開いているところ」を指した。文字通り「大きく開いた」を意味するラテン語に由来し、元は hiare「大きく開いている」による。

hibernate [19世紀初頭][動]冬眠する、冬ごもりする、一定期間活動を休止する、引きこもる、避寒ひかんする：
ラテン語 hibernare「越冬する」に由来する。元は hibernus「冬の」の派生語 hiberna「冬の四半期」である。

hide¹ [古英語][動](…から) 隠す、人目につかなくする、覆い隠す、隠れる、潜む；[名](野生生物観察用の) 隠れ場：
古英語の動詞 hȳdan「視界から離れる」は西部ゲルマン語源である。子供の遊びである hide-and-seek「かくれんぼ」(17世紀半ば) は元々 all hid!「もういいよ」という掛け声とともに始まった。そしてその掛け声はしばらくの間この遊びの名称だった (シェイクスピア『恋の骨折り損』Love's Labour's Lost, IV. iii. 76: All hid, all hid, an olde infant play「かくれんぼ、かくれんぼ。昔からある子供のあそび」)。

hide² [古英語][名](牛・馬・水牛など大型獣の) 皮革、獣皮、(人間の) 皮膚、生命：
古英語 hȳd「動物の皮」はゲルマン語起源である。同系語にオランダ語 huid とドイツ語 Haut「皮膚、肌」がある。慣用句 neither hide nor hair「痕跡がまったくない」は19世紀半ばに始まった。

hideous [中英語][形]恐ろしい、ぞっとする、ひどく醜い、忌まわしい：
古フランス語の hidos, hideus に由来する。元は hi(s)de「恐怖」によるが、語源に関してそれ以上のことは不詳である。中英語におけるこの語の綴りは hidous だったが、16世紀の間に語尾が -eous に変わった。

hierarchy [後期中英語][名]ヒエラルキー、階層性、中枢部、重要度：
ギリシア語 hierarkhēs「神聖なる支配者」の派生語 hierarkhia「高僧の職」に由来し、古フランス語および中世ラテン語を経由して現在の形に至っている。元は天使など天界の存在の序列体系を示していた。地位や同様の格付けによる組織体系に関する他の意味は17世紀に始まっ

higgledy-piggledy［16世紀後半］副形雑然と、乱雑に・な、めちゃくちゃに・な：
この韻を踏み同じ音を繰り返した形の語はおそらく無秩序に混乱した状態で集まった大量の豚の群れを示しているものであろう。

high［古英語］形高い、高さが…ある、強烈な、鮮やかな、過激な、高額な、高貴な、高級の、かん高い、重要な、傲慢な、陽気な：
古英語 *hēah*「高い」はゲルマン語源であり、オランダ語 *hoog* とドイツ語 *hoch*「高い」と同系である。歓喜しているという心情を表す意味は18世紀初頭に始まった。薬物で高揚した状態を表す用例は1930年代から見られる。この語を含んだ慣用表現の中に *high* and mighty「ひどく高慢な」があるが、この表現は中英語では気高さを含んでいた。「高慢な」の意味で相手をけなした言外の意味を暗示するようになったのは19世紀になってからことである。慣用句の *high* and dry「岸に打ち上げられて、見捨てられて」は19世紀初頭に海事の用語として生じたもの。

hilarity［後期中英語］名愉快、陽気、浮かれ騒ぎ、大はしゃぎ：
元は「愉快」という意味であった。フランス語 *hilarité*「大笑い」に由来している。元を辿るとラテン語 *hilaris*「機嫌のいい」の派生語である *hilaritas*「愉快」である。hilarious 形は「とても愉快な」を意味し、19世紀後半からその記録が残る。この語はラテン語 *hilaris* に基づいている。元はギリシア語 *hilaros* である。「とても愉快な」の意味は1920年代から始まった。

hill［古英語］名小山、丘、丘陵、傾斜、坂、塚、盛り土：
古英語 *hyll*「川の中の島」はゲルマン語源である。ラテン語 *collis* とギリシア語 *kolōnos*「丘」と同じインド＝ヨーロッパ語の語幹に由来する。over the *hill*「丘を越えて、最盛期を過ぎて、危機を脱して」という表現は1950年代からのアメリカ語法であった。

hind¹［中英語］形後ろの、後方の、後部の：
hind leg「後脚」に見られるように、古英語 *behindan*「…の後ろに」の短縮形と考えられる。
→ BEHIND

hind²［古英語］名（特に3歳以上の、主にアカシカの）雌ジカ
ゲルマン語源である。この語はギリシア語 *kemas*「若いシカ」と同じ「角のない」を意味するインド＝ヨーロッパ語の語幹に由来する。

hinder［古英語］動遅らせる、邪魔・妨害する、妨げる：
ゲルマン語源であり、古英語 *hindrian* は「傷つける、損なう」を意味していた。ドイツ語 *hindern*「妨げる」と同系である。「防止する、妨げる、遅らせる、妨害する」といった意味は後期中英語から。
→ BEHIND

hinge［中英語］名ちょうつがい、ちょうつがい状のもの：
中英語期には *henge* と綴られており、hang「掛ける」と同系である。
→ HANG

hint［17世紀初頭］名暗示、ヒント、示唆、手がかり、切っかけ、気配、気味；動暗示する、ほのめかす：
当初の意味は「機会、好機」であった。この語は廃語となった *hent*「つかむ、捕まえる」に由来する。元は古英語 *hentan*「つかむ」であり、ゲルマン語源である。原義は「利用されうるもの」である。
→ HUNT

hippy［1950年代］名ヒッピー（1960年代から70年代にかけて髪を長くし幻覚剤を常用した若者）：
元は *hip* という「最新の流行を追う」を意味するアメリカ英語に基づいている。

hire [古英語]動雇う、賃借する；名借用：
古英語の *hȳrian*「賃金を払って (誰かを) 使う」と *hȳr*「何かの使用に関する契約の下の支払い」は西部ゲルマン語源である。これらの語はオランダ語の動詞 *huren*「賃借する」と名詞 *huur*「賃貸」と同系である。

hiss [後期中英語]動(蒸気・ヘビ・やかんなどが) シューと音を出す、(非難・不賛成を示して) シーッと言う、シーッと言って…させる、シッシッと言って追い払う；名シーッという音：
当初は動詞であった。擬音語であるが14世紀まではその記録がない。ゲルマン語系の言語のどれにおいてもそれ以前のこの語の形成過程は不詳である。

history [後期中英語]名歴史、史実、歴史学、年代記、沿革、履歴、経歴、過去のこと：
ギリシア語 *historia*「調査によって学んだり知ったりすること、物語、歴史」に由来し、ラテン語を経由してもたらされた。元は *histōr*「知っている、賢人」である。ギリシア語の *historia* に基づく他の語に **historian**名「歴史家」(古フランス語 *historien* による。元は *historia* である) がある。また17世紀初頭に「歴史に関連もしくは合致する」の意味で始まった **historic**形「歴史上重要な」も同じ語に基づいている (元はギリシア語 *historia* で *historikos* となり、ラテン語を経た)。

histrionic [17世紀半ば]形俳優の、役者の、演技の、演劇の、芝居がかった：
当初の意味は「劇的に誇張された、見せかけの」だった。後期ラテン語 *histonicus*「俳優の」に由来する。元はラテン語 *histrrio(n-)*「俳優」である。

hit [後期古英語]動打つ、たたく、殴る、ぶつかる、衝突する、当たる、命中する、出会う、見つける；名打撃、衝突：
古英語の綴りは *hittan* であり、その意味は「偶然出会う、見つける」であった。元は古ノルド語 *hitta*「偶然出会う、出くわす」であるが、その起源は不詳である。英語における主要な意味は「打つ、打撃を当てる」(シェイクスピア『十二夜』 *Twelfth Night*, II. v. 46: O for a stonebow to *hit* him in the eye「ええい、石弓を持ってこい、眼の玉に撃ち込んでやりてぇ」)、*hit* the trail「旅に出る、出かける」(古ノルド語の意味を反映したもので、主に16世紀初頭から) に見られるような「偶然出会う」の意味、そして「目指して進む、進路をとる」(トマス・ハーディ『日陰者ジュード』 *Jude the Obscure*: I've seen her *hit* in and steer down the long slide on yonder pond.「彼女が向こうの池に向かって滑って行くのを見たことがあったね」) である。

hitch [中英語]動つなぐ、引っ掛ける、絡める、ぐいと上げる、つながる；名引っかけ結び、(突然の) 延期・中止：
当初の意味は「ぐいと上げる」であった。語源は不詳である。いわゆる「ヒッチハイク」の意味は1930年代から始まる。

hive [古英語]名ミツバチの巣箱、ミツバチの群れ、群集；動分離独立する：
古英語の *hȳf* はハチの群れの入る場所の意味で、ゲルマン語源である。この語はおそらく古ノルド語 *húf*「船の船体」とラテン語 *cupa*「風呂桶、大樽」と同系であろう。初期の *hives*「ミツバチの巣箱」は円錐型であり、わらでできていた。

hoard [古英語]名貯蔵、秘蔵、蓄積；動貯蔵する、蓄える：
ゲルマン語起源であり、ドイツ語の名詞 *Hort*「宝、財宝」と動詞 *horten*「蓄える」と同系である。英語の *hoard* と *horde*「大集団、大群」は意味が類似しており、発音も同じである。それゆえこれらの語は混同されることがある。前者は a *hoard* of treasure「秘蔵の宝」のように「秘密の蓄え、何かの蓄え」であり、後者は *Hordes* of fans descended on the stage「大人数のファンがステージへと降りて行った」のように「人々の大集団」を指す。*hoard*

がhordeの代わりに使われている例は珍しいものではない。ブリティッシュ・ナショナル・コーパスにおけるhoardの用例のおよそ10パーセントが誤った用法である。

hoarding ［17世紀初頭］名一時的板囲い、広告掲示板：
廃語となったhoardの同じ意味の用法に基づいている（おそらくは古フランス語hourd「障害物で作られた柵」に基づく）。

hoarse ［古英語］形しわがれた、かすれた、ハスキーな、しわがれ声の：
古英語hāsはゲルマン語源であり、オランダ語hees「かすれた声で」と同系である。綴りにrが加えられたのは中英語期における古ノルド語の同語族の影響である。

hoax ［18世紀後半］名人をかつぐためのもの、でっち上げ；動かつぐ、だます、たぶらかす：
当初は動詞として使われていた。おそらくはhocus「だます、かつぐ」の縮約形だが、証拠はない。

hob ［16世紀後半］名（なべ・やかんなどを載せる）暖炉内部の横棚、料理用レンジの最上部：
hub「（暖炉内の鍋・やかんを載せる）台」の変形である。17世紀後半、hobは「暖炉のそばにある金属製の棚」だった。それ以前のものは火の後ろにある粘土のかたまりであった。

hobble ［中英語］動片足を引く、（矢が）（飛びながら）ぐらつく、足を引きずらせる、（短いロープで）（馬・ラバなどの）両脚を縛る；名足を引きずること：
おそらくオランダ語もしくは低地ドイツ語にその起源を持つ。またオランダ語hobbelen「左右に揺れる」と同系であろう。これはhobben「波に打たれたボートのように揺れる」の指小辞語と考えられる。この語の特別な用法である「歩き回らないように馬の両脚を縛る」という意味は19世紀に始まる（かつてはhopple と綴られていた）。

hobby ［後期中英語］名趣味、道楽、好きな道：
初期の綴りにはhobynやhobyもあった。ペットの名前に使われたRobinによるものである。元は（dobbin「馬、駄馬、農耕馬」のように）小馬を表す語だったが、おもちゃの馬や回転木馬を示すようになっていった。このことが19世紀初頭には「趣味や楽しみのためにすること」の意味へとつながった。

hobnob ［19世紀初頭］動（偉い人などと）親しく付き合う：
当初の意味は「一緒に酒を飲む」であった。これはお互いの健康を祝して酒を飲むときの古風な言い回しのhob or nob, hob and nobに由来する。その意味はおそらく「互いに譲歩する」（方言のhab nab「持つあるいは持たない」による）である。

hock ［19世紀半ば］名質、質入れ、担保、借金、負債：
オランダ語hok「檻、監獄、借金」に由来する。

hocus ［17世紀後半］動だます、かつぐ、麻酔剤を入れた飲み物で麻痺させる、麻酔剤を入れる：
「ごまかし」を意味する廃語になった名詞に由来する。元はhucus-pocus［17世紀初頭］名「意味のない文句、奇術、ごまかし」である。これは魔術師に魔法の呪文として唱えられたラテン語まがいのhax pax max Deusを表したものである。

hod ［16世紀後半］名ホッド、れんが箱、石炭入れ：
北部英語方言のhot「土を運ぶためのかご」の異形である。古フランス語hotte「荷かご」に由来しており、おそらくはゲルマン語源である。

hoe [中英語]❲名❳鍬（くわ）；❲動❳鍬で耕す：
古フランス語 houe「鍬」に由来し、ゲルマン語源である。ドイツ語 Haue「鍬」と同系である。
→ HEW

hoist [15世紀後半]❲動❳(重い物をロープなどで) 持ち上げる、引き揚げる、巻き上げる、つり上げる、（酒などを）よく飲む；❲名❳巻き上げ装置：
方言 hoise「持ち上げる」の変形である。オランダ語 hijisen やドイツ語 hieven「引き揚げる」と同系と考えられる。機械によって巻き上げるという意味は16世紀に始まった。

hoity-toity [17世紀半ば]❲形❳気取った、うぬぼれた、高慢な、浮ついた、怒りっぽい；❲名❳気取り、高慢ちき：
当初は名詞だった。元の意味は「騒々しいもしくはおろかな振る舞い」であった。この語は廃語となった hoit「放埓（ほうらつ）な浮かれ騒ぎにふける」による。この語の当初の用例は「高慢な」を意味するために使われており、その用例はキーツの詩「鈴付き帽子」Cap and Bells（1820年）に見られる：See what hoity-toity airs she took「彼女（王妃）がいかに高慢な態度をとられたかを見よ」。

hold[1] [古英語]❲動❳持つ、つかむ、取っておく、保持する、行う、開催する、保つ、留置する、抑える、制する、所有する、抱く、思う、持ちこたえる；❲名❳把握、つまみ、支配(力)、留め置き：
古英語 haldan, healdan「つかむ、しっかり保つ、指揮下におく」はゲルマン語源であり、オランダ語 houden とドイツ語 halten「保持する」と同系である。この語の名詞用法は古ノルド語の「持つところ、支持、管理」に影響している。元々のゲルマン語の意味は「見張る」であったが、この語の動詞形は古英語期にはすでに多様な意味の発展を遂げていた。

hold[2] [16世紀後半]❲名❳船倉、貨物室：
廃語となった holl に由来する。元は古英語 hol「穴、洞穴」である。語尾に -d が付加されたのは動詞 hold「つかむ、保つ」とのつながりによる。

hole [古英語]❲名❳穴、くぼみ、巣穴、むさ苦しい・汚い場所、苦境、欠点；❲動❳穴をあける、穴を掘る、穴に追い込む：
古英語の hol「穴、洞穴」と holitan (動詞) はゲルマン語源である。オランダ語 hol「洞穴」もしくは (形容詞で)「中が空の」とドイツ語 hohl「中が空の」と同系である。元は「覆う、隠す」を意味するインド＝ヨーロッパ語の語幹による。15世紀後半から転移された意味として「社会、共同体」の意味が加えられた。ただしそれはかつて無認可の印刷のような不法行為が行われている場所を指していた (17世紀後半)。また「土牢」の意味には「薄汚い」の概念が伴うようになった (16世紀初頭)。これは一般化された意味の「薄汚い宿」、「陰気な場所」にも見られるものである。

holyday[古英語]❲名❳(特に日曜日以外の) 聖日、(宗教上の) 祝祭日：
古英語における綴りは hāligdæg であり、字義通りの意味は「聖なる日」である。
→ HOLY

hollow [古英語]❲形❳中空の、うつろの、中身の詰まっていない、くぼんだ、(ほお・目が) 落ち込んだ、うつろな、価値のない、不誠実な；❲名❳穴、うつろ；❲動❳うつろにする、くりぬく：
古英語 holh「洞穴」は、hole「穴」と同根であると考えられる。形容詞用法は中英語期に solid「中身が詰まっている」の反意語として使われるようになった。言葉や人間に対して「不誠実な」の意味で用いられる用法 (例：hollow promises「不誠実な約束」) は16世紀初頭から見られる。
→ HOLE

holster [17世紀半ば]❲名❳ホルスター（ベルト・肩・鞍につるした鞘状の銃携帯ケー

ス）：
オランダ語 holster と同じであるが語源は不詳。

holt ［後期中英語］名（動物、特にカワウソの）巣穴
元は「取っ手や隠れ場」を意味する方言だった。hold の異形である。
→ HOLD¹

holy ［古英語］形神聖な、神に身を捧げた、聖者のような、敬虔な：
古英語 hālig「神聖な」はゲルマン語源であり、オランダ語とドイツ語の heilig「神聖な」と同系である。
→ WHOLE

homage ［中英語］名尊敬、敬意、臣従の礼：
古フランス語に由来する。元は中世ラテン語 homo, homin-「人間」による hominaticum である。元々は家臣がその主君に臣従の誓いを宣言する儀式用の言葉であった。

home ［古英語］名我が家、収容施設、生息地、故郷；形我が家の、家庭の、故郷の、主要な；副我が家へ、故郷へ：
古英語 hām「村落、家」はゲルマン語源であり、オランダ語 heem とドイツ語 Heim「家、住居」と同系である。当初の用法には宿泊所としての住居の集まりを示すものもあった。類語の複合語に以下がある。
■ **homestead**名「家族の住む土地と建物」。古英語の語形は hāmstede であり「村落」を意味していた。

homily ［後期中英語］名説教、法話、訓戒：
キリスト教会のラテン語 homilia「集会、説教」に由来し、古フランス語を経て入った。元は「談話、改心」(キリスト教会の用法では「説教」)を意味するギリシア語であり、homilos「群集」による。

honcho ［1940年代］名《口語》責任者、リーダー、ボス：

日本語 hanchō「班長」に由来する。この用語は第2次世界大戦の終戦に伴う占領期に日本駐留したアメリカの軍人によってアメリカ本国に持ち帰られた。

hone ［中英語］名砥石とぃ、ホーン；動砥石で研ぐ：
古英語 hān「石」(元々はしばしば陸標として役立てられた石に対して使われた) に由来する。1300年代に刃物を切る道具の刃を鋭くするための「砥石」の意味で記録されている。ゲルマン語源であり古ノルド語 hein と同系である。「研ぐ」という意味は19世紀初頭から見られる。

honesty ［中英語］名誠実、実直、高潔、公正、公平、ギンゼン草：
古フランス語 honeste に由来する。元はラテン語 honestas「正直な」である。このラテン語は honos「名誉」から派生した honestus「名誉に値する」による。元々の意味は「名誉、尊敬すべきこと」であり、後に「礼儀正しい行動、美徳」となった。「ギンゼン草」という植物はその透き通った莢さゃにちなんで名づけられた。その透明さが欺瞞のなさを象徴している。**honest**形「正直な、率直な」も同時期に生じ、元々は「名誉あるもしくは名誉に値する」の意味で使われていた。この語はラテン語 honestus「名誉に値する」に由来し、古フランス語を経由してきたものである。複合語に以下がある：
■ **honest broker**名は公平な仲裁者を示し、19世紀後半に生じた。ドイツ語 ehrlicher Makler を英語に訳したもので、プロイセンの首相でありドイツの政治家であったビスマルクのあだ名である。彼はドイツの統一を主導した人物であり、統一を達成するためにデンマーク (1864年)、オーストリア (1866年)、そしてフランス (1870〜01年) との統一戦争を指揮し、勝利へと導いた。
→ HONOUR

honey ［古英語］名ハチミツ、花の蜜、糖蜜とぅ、恋人、お前、あなた (愛する人・子供に対する呼びかけ)；形甘い；動甘く

する:
古英語 *hunig*「ハチミツ」はゲルマン語源であり、オランダ語 *honig* とドイツ語 *Honig*「ハチミツ」と同系である。複合語に以下がある:
■ honeycomb 图「ミツバチの巣」は古英語では *hunigcamb* だった。
■ honeymoon 图「新婚旅行、最初の仲むつまじい時期」は元々16世紀半ばでは結婚式の後に続く期間であった。元来この語は満月の後すぐに欠けはじめる月のように変わりゆく「感傷的な」愛情を意味していた。後にその意味は結婚後の1ヶ月間を特に示すようになった。

honour [中英語] 图名誉、栄誉、人望、名声、信用、誉れ、敬意、光栄、儀礼、(大学などの) 優等、閣下、殿; 動大いに尊敬する、尊ぶ、礼遇する、尊重する
古フランス語の名詞 *onor* と動詞 *onorer* に由来する。元はラテン語 *honor*「評判、美」である。この語はまた中英語 honourable 形「尊敬すべき」(ラテン語 *honorabilis* により、古フランス語を経由) や honorific 形「名誉を与える」(ラテン語 *honorificus* により、17世紀半ばに初めて用いられた) の語幹でもある。

hood [古英語] 图フード、頭巾、頭巾状のもの、
古英語 *hōd* は西部ゲルマン語源である。同系語にオランダ語 *hoed* とドイツ語 *Hut*「帽子」がある。この語に基づいた動詞に以下がある:
■ hoodwink [16世紀半ば] 動「ごまかす」。元は「目隠しをする」の意味で使われていた。この語に含まれている wink の意味は「目を閉じる」であるが、この意味は今は使われてはいない。
→ HAT

hoof [古英語] 图ひづめ、(馬・ロバなどひづめを持つ動物の) 足; 動歩いていく、踊る:
古英語 *hōf*「ひづめ」はゲルマン語源であり、オランダ語 *hoef* とドイツ語 *Huf*「ひづめ」と同系である。慣用句の *hoof* it

「歩く」(「馬で行く」に対して) を意味し、17世紀半ばに始まった。この用法が「踊る」を意味するようになったのは1920年代からである。

hook [古英語] 图鉤、フック、留め金、釣り針、ホック、ひじ金、鉤状の物、引用符、鉤形の斧、湾曲部、引きつけるもの; 動引っ掛ける、つるす、くすねる、捕まえる、逮捕する:
ゲルマン語源であり、古英語 *hōk*「鉤、釣り針」はオランダ語 *hoef*「隅・角・土地の突き出した部分」とドイツ語 *Haken*「鉤、釣り針」と同系である。慣用句の by *hook* or by crook「どんな手段を講じてでも」は当初から使われている。

hoop [後期古英語] 图輪、金輪、装飾用の輪、フラフープ; 動金輪で締める:
後期古英語 *hōp*「輪、たが」は西部ゲルマン語源であり、オランダ語 *hoep* と同系である。スカートにゆとりをもたせるために広げるという女性の服装との結びつきは16世紀半ばに始まった。当初はファージンゲールという鯨の骨製の輪を用い (16〜17世紀)、後にクリノリンという馬毛・綿でなどで作った芯地を用いるようになった (19世紀)。競馬用の *hooped* caps「輪形の帽子」にあるような色の帯とのつながりは19世紀後半から。

hoot [中英語] 動(不賛成・不満・軽蔑などで) わめく、叫ぶ、やじる、(フクロウが) ホーホー鳴く、警笛を鳴らす:
当初の意味は「あざけりの音を出す」であった。擬音語に由来すると考えられる。

hop [古英語] 動ぴょんと跳ぶ、跳ねる、ジャンプする、飛行機で飛ぶ、ひょいと飛び越える; 图跳ぶこと:
ゲルマン語源である。古英語 *hoppian*「跳ぶ」はドイツ語の方言 *hopfen* とドイツ語 *hopsen*「跳びはねる」と同系である。慣用句の on the *hop*「不意に、せわしなく」という表現は19世紀半ばから。

horde [16世紀半ば]名大集団、大群、大勢、アジアの遊牧民族、動物の移動する群れ：

テントや荷馬車で暮らし、新しい牧草地を探し、略奪や用兵業を目当てに転々とするタタール族などの遊牧民の部族・一団を指していた。語形はポーランド語 *horda* に由来する。元はトルコ語 *ordu*「（国王の）野営地」である。Golden Horde「黄金軍団」という言葉は13世紀から1480年にわたり、東部ロシア、西アジアそして中央アジアにまたがる強大な帝国を保持し、キプチャク大草原を支配したタタール族やモンゴル族の軍隊の名称であった。その軍団の長の野営テントが金色だったことがその理由だと考えられている。

horizon [後期中英語]名地平線、水平線、限界、範囲：

後期ラテン語 *horizon* に由来し、古フランス語を経由して入った。元はギリシア語 *horizōn* (*kuklos*)「境界線」である。**horizontal**形「水平の、平らな」は16世紀半ばから用いられている。フランス語かあるいは近代ラテン語 *horizontalis* に由来する。この近代ラテン語は後期ラテン語 *horizon* による。

horn [古英語]名角、シカの枝角、角状に発達したもの、角質物、角笛、電話；動角で突く：

ゲルマン語源で、オランダ語 *hoorn* とドイツ語 *Horn*「角」と同系である。ラテン語 *cornu*「角」とギリシア語 *keras* と同じインド＝ヨーロッパ語の語幹に由来する。スコットランド法においては法の無視の宣言に対する手続きの意味で後期中英語期から使われていた。動詞としても法律用語として使われ、「ある人物が反逆者であると宣言する」という意味で16世紀後半からその用例が記録されている。

horoscope [古英語]名十二宮図、天宮図、ホロスコープ、星占い、星位：

ギリシア語 *hōroskopos* に由来しラテン語を経由して入ってきた。ギリシア語の *hōra*「時間」と *skopos*「番人」による。

horror [中英語]名恐怖、戦慄、恐ろしい人・もの・事件、強い反感、嫌悪、ホラー映画；形恐怖の：

ラテン語 *horror* に由来し、古フランス語を経由して入った。元はラテン語 *horrere*「震える、身震いする、（髪の毛を）逆立たせる」である。このラテン語の動詞は英語の多くの語の語幹となっている。中英語の **horrible**形「恐ろしい」はラテン語 *horribilis*「恐怖すべき」に由来し、古フランス語を経由してきた。16世紀後半に端を発する **horrid**形「恐ろしい」は「毛むくじゃらの、毛深い」の意味を持っており、ラテン語 *horridus*「毛が逆立てている、毛深い」に基づく。**horrendous** [17世紀半ば]形「恐ろしい」はラテン語 *horrendus*「恐ろしい、恐れられる、毛を逆立てた」に基づく。このラテン語は *horrere* の受動分詞である。**horrific** [17世紀半ば]形「身震いさせる、恐ろしい」はラテン語 *horrificus* に基づく。またこのラテン語は18世紀後半には（ラテン語 *horrificare*「恐怖を引き起こす」を経て）**horrify**動「ぞっとさせる」という語も生み出している。

hose [古英語]名ホース、注水管、長靴下、ストッキング、ソックス、半ズボン：

古英語の *hosa*「長靴下」はゲルマン語源であり、オランダ語 *hoos*「ストッキング、注水管」とドイツ語 *Hosen*「ズボン」と同系である。元は単数扱いであり、足を覆うものを意味していた。それはくるぶしから下を含むこともあったが、くるぶしまでだけを含む場合もあった。

hospice [19世紀初頭]名ホスピス（がんなどの末期症状の患者が人間らしい生活を送るための施設）、終末医療、巡礼者、参拝者などのための宿泊所：

フランス語に由来する。元はラテン語 *hospes, hospit-*「客をもてなす人」の派生語 *hospotoum* である。
→ HOST[1]

hospital［中英語］名病院、慈善施設：
ラテン語 *hospitalis*「もてなしのよい」の中性系名詞用法の中世ラテン語 *hospitale*「客をもてなす所」に由来し、古フランス語を経由して英語に入った。元はラテン語 *hospes, hospit-*「客をもてなす人」である。当初は巡礼者や旅行者の宿泊所を指した。さらには貧困者への住居供給のための慈善施設を指すようになった。例えば Greenwich Hospital は元々引退した船員のための施設だった。また16世紀初頭からは子供の教育のための慈善施設を表すようにもなった。スコットランド法にはこの意味の用法が残っており、またエディンバラの Heriot's Hospital「ヘリオット救貧院」(1625年にジョージ・ヘリオットによって創設され、現在は父のない貧困家庭の少年を収容し教育する学校となっている）のような昔からある施設の名前にもその名残がある。この語が現在のように病院を指すようになったのは16世紀半ばからである。
→ HOST¹

hospitality［後期中英語］名厚遇、歓待、心のこもったサービス、温かく親切にもてなす心：
古フランス語 *hospitalite* に由来する。元はラテン語 *hospitalis*「もてなしのよい」の派生語 *hospitalitas* である。
→ HOSPITAL

host¹［中英語］名主人（役）、進行係、運営者、司会役、（旅館の）主人；動主人役・司会を務める、（留学生などを家庭に）受け入れる：
古フランス語 *hoste* に由来する。元はラテン語 *hospes, hospit-*「客をもてなす人、来客」である。

host²［中英語］名大勢、群集、軍、軍勢：
古フランス語 *ost, host* に由来する。元はラテン語 *hostis*「見知らぬ人、敵」であり、後に中世ラテン語期に「軍」を意味するようになった。

hot［古英語］形熱い、暑い、ほてる、ひりひりする、辛い、ぴりっとする、高ぶった、激しい、熱心な：
古英語 *hāt*「熱い」はゲルマン語にその起源があり、オランダ語 *heet* とドイツ語 *heiss*「熱い」と同系である。

hotchpotch［後期中英語］名ホッチポッチ、野菜や肉の入ったスープ・シチュー：
hotchpot 名「財産の統合」の異形である。元はアングロノルマンフランス語であり、*hocher*「揺れる」（おそらく低地ゲルマン語源）と *pot*「鍋」の組み合わさった語である。

hotel［18世紀半ば］名ホテル、旅館、（中国の）大飯店：
フランス語 *hôtel*（このフランス語は hostel［中英語］名「宿泊所」の語源でもある）に由来する。*hotelier* 名「ホテル経営者」は20世紀初頭から使われはじめたが、フランス語 *hôtelier*「ホテル経営者」に基づく。元は古フランス語の *hostelier*「宿屋の主人」である。

hour［中英語］名1時間、時刻、時、短い時間、時期、時代：
アングロノルマンフランス語 *ure* に由来する。元はギリシア語の *hōra*「季節、時」であり、ラテン語を経由して入ってきた。

house［古英語］名家、家屋、住宅、家庭、家系、劇場、観衆、議会、下院；動泊める、収容する、避難所を与える、貯蔵する：
古英語の名詞 *hūs* と動詞 *hūsian* はゲルマン語源である。これらの語はオランダ語 *huis*、ドイツ語の名詞 *Haus*「家」、そしてオランダ語の動詞 *huizen*、ドイツ語の動詞 *hausen*「住む」と同系である。語源は hide「隠す」にあると考えられる。この語が演劇に関する文脈で使われると「劇場・観衆」を意味するが（例：full house「満員、大入り」、well-received by the house「観衆に受けがよい」）、その用法は17世紀半ばに始まる。

how［古英語］副どうやって、どれほど、

いかに、いくらで、どんなふうで、どういうわけで、なんと；**名**方法、仕方：
古英語 *hū*「疑問詞の副詞形」は西部ゲルマン語源であり、オランダ語 *hoe*「いきさつ」と同系である。
→ WHO；WHAT

hub [16世紀初頭]**名**(車輪の) ハブ、轂(こしき)、(スポークが差し込まれている中央部)、(活動・権威・商業などの) 中心、中核：
当初は「鍋を温めるために使われた暖炉の側面の棚」を指していた。語源は不詳である。方言だったと考えられるが、19世紀に1828年版のアメリカの『ウェブスター英語辞典』に初めて記載されるまでは記録に残っていなかった。
→ HOB

huddle [16世紀後半]**動**群れ集まる、丸くなる、縮こまる、(集まって) 相談する、ごちゃごちゃに積み上げる；**名**ごちゃまぜ、寄せ集め、相談：
当初の意味は「隠す」であった。おそらくは低地ゲルマン語源であり、本来的には語幹の *hud-*「覆う」に由来する可能性がある。

hue [古英語]**名**色合い、色調、色相、傾向：
古英語 *hīw, hēow* には「外形、外見」の意味もあった。ゲルマン語源であり、スウェーデン語 *hy*「肌、顔色」と同系である。「色、色合い」の意味は19世紀半ばから。慣用句に以下がある：
■ **hue and cry 名**「抗議の叫び」は後期中英語であり、アングロノルマンフランス語の法律に関する語句 *hu et cri* に由来する。これは字義通りの意味は「抗議と叫び」であり、*hu* (*huer*「叫ぶ」による) は古フランス語で「抗議」である。

hug [16世紀半ば]**動**抱きしめる、抱擁する、(信念などを) 抱く、固執する、沿って行く；**名**抱擁：
スカンジナビア語起源で、ノルウェー語 *hugga*「なだめる、慰める」と同系である。

huge [中英語]**形**巨大な、大人気の、著名な：
古フランス語の類義語 *ahuge*「並外れた、巨大な」の頭音消失によるものである。語源は不詳である。

hulk [古英語]**名**老朽船の船体、倉庫船、巨大な人・物：
古英語 *hulc* は「軽く速い船」を意味していた。この語は中英語期に中低地ドイツ語および中オランダ語の *hulk* によって意味が補充された。地中海地方に起源があり、ギリシア語 *holkas*「交易船」と同系と見られる。一般化した「巨大な人・物」の意味は後期中英語期に始まる。

hull¹ [中英語]**名**船体；**動**(ミサイルなどで船体を攻撃する)：
同音異義語の *hull*「外皮」の転用と考えられる。*hold* と関連している可能性もある。
→ HOLD²

hull² [古英語]**名**外皮、へた；**動**外皮を取る：
古英語では *hulu*「殻、莢」であった。オランダ語 *huls*、ドイツ語 *Hülse*「殻、莢」、*Hülle*「覆い」と同系である。

human [後期中英語]**形**人間の、人間の姿をした、人間らしい、人情のある；**名**人間：
初期の綴りは *humaine* であり、これは古フランス語 *humain(e)* による。元はラテン語 *homo*「人間」の派生語 *humanus*「人間の」である。現在の綴りが優勢になったのは18世紀のことである。**humanity 名**「人間性、人類」は中英語期から使われはじめた。この語はラテン語 *humanus* による *humanitas* に由来し、古フランス語を経由して入ってきた。
→ HUMANE

humane [後期中英語]**形**人間味のある、慈悲深い、思いやりのある：
human「人間の」の初期の語形である。

18世紀には「思いやりのある」、「苦痛を与えない」、「人文学の」という意味を持っていた。

humble [後期中英語]形謙虚な、偉ぶらない、(身分などが) 卑しい、低い、(場所が) 質素な；動下げる、(敵を) 負かす：

古フランス語に由来する。元はラテン語 *humus*「地面の上の」の派生語 *humilis*「卑しい、重要ではない」である。**humility** [中英語]名「謙虚、謙遜」(古フランス語経由) もラテン語 *humilis* に基づいている。**humiliate**動「誇りを傷つける、恥をかかせる」も同じ語に基づく (後期ラテン語 *humilare*「卑しめる」による)。

humid [後期中英語]形湿った、湿気の多い：

フランス語 *humide*「湿った」、もしくはラテン語 *humidus*「湿った」に由来する。元はラテン語 *humere*「湿気のある」である。**humidity**名「湿気、湿度」(古フランス語による) も同時期に使われはじめた。

humour [中英語]名ユーモア、ユーモアを解する力、気分、気質；動機嫌を取る、調子を合わせる：

ラテン語 *humor*「液体、水分」に由来し、古フランス語を経由して入ってきた。元はラテン語 *humere*「湿気のある」である。元々の意味は「体液」で、現在でも眼球水晶体の aqueous *humour*「水様液」あるいは vitreous *humour*「硝子体液」という表現にその名残をとどめている。この語は身体の主な4つの体液 (血液、粘液、黄胆汁、黒胆汁) について使われた。このことから「気質」という意味が生まれた。16世紀になっても意味の拡充は続き、「精神状態」や「気まぐれ、思いつき」という意味が加わった。例えば、to *humour* someone は「人の機嫌を取る」を意味する。おもしろさや、楽しみと結びつけられるようになったのは17世紀の後半からである。

hump [18世紀初頭]名こぶ、背中のこぶ、不機嫌：

低地ドイツ語 *humpe*「こぶ」、オランダ語 *homp*、低地ドイツ語 *humpe*「(パンの) かたまり、厚切り」と同系であると考えられる。

hundred [後期古英語]名100、100を表す記号 (ローマ数字のCなど)、100人・個、3桁の数字、百戸村：

hund「100」(ラテン語 *centum* とギリシア語 *hekaton*「100」と同じインド=ヨーロッパ語の語幹による) と「数」を意味する *-red* からなる。ゲルマン語源であり、オランダ語 *hondred* とドイツ語 *hundert*「100」と同系である。「国の下位区分」(*Chiltern Hundreds*「チルタン百戸村：国王の直轄領」のような) 用法の語源は不詳である。これは元々100ハイドの土地に相当していたと考えられる。ハイドは古い土地の面積の単位で慣例によって60エーカーから100エーカーと等しい。これは農民が一家族とその雇い人などを養うに足る面積である。*Chiltern Hundreds* の領地権は王、女王にあり、その全域はチルタン丘陵とオックスフォードシャーの5つの郡 (厳密には4つ半)、そしてバッキンガムシャーの3つの郡を含んでいる。

hunger [古英語]名空腹、ひもじさ、飢え、渇望；動切望する、飢える：

古英語の名詞 *hungor* と動詞 *hyngran* は元はゲルマン語源である。オランダ語 *honger* とドイツ語 *Hunger*「空腹」と同系である。**hungry**形「空腹な、切望して」(古英語では *hungrig*) は西部ゲルマン語源であり、オランダ語 *hongerig* とドイツ語 *hungrig* と同系である。

hunk [19世紀初頭] (パン・肉などの) 大きな塊、厚切り、筋骨隆々とたくましい男：

おそらくオランダ語か低地ドイツ語に由来する。

hunky-dory [19世紀初頭]形申し分のない、素晴らしい：

元はアメリカ英語である。*hunky* はオランダ語で「本部、基地」であり、ゲームの用語である。*dory* の語源は不詳である。

hunt ［古英語］動狩る、狩猟をする、追跡して捕らえる、捜し求める、組鐘（くみがね）の順序を変えて鳴らす；名狩り、探索、狩猟隊：

古英語 *huntian*「狩りをする」はゲルマン語源である。単純な動作の連続において鐘の位置を変えることを示す転調の鳴鐘法の意味は17世紀後半に始まる。おそらくこれは鐘の音が次々と追いかけていくように響く様子に基づいていると考えられる。

hutch ［中英語］名（小動物用の）檻（おり）、囲い、（貯蔵用の）箱、足つき食器棚：

古フランス語 *huche* に由来する。元は語源不詳の中世ラテン語 *hutica* である。元々の意味は「貯蔵用の箱」であり、アメリカの用法に残っている。

hybrid ［17世紀初頭］名異種、交配種、合成物、混合物；形雑種の：

当初は名詞として使われた。ラテン語 *hybrida*「家畜の雌豚とイノシシの子孫、自由市民と奴隷の子など」に由来する。比喩的な用法は19世紀半ばに始まった（チャールズ・ダーウィン『生涯と書簡集』*Life and Letters* : I will tell you what you are, a *hybrid*, a complex cross of lawyer, poet, naturalist, and theologian「私が君がいったい何者なのかを教えてあげよう、法律家、詩人、博物学者そして神学者の要素が複雑に交じり合ったもの、その混成したものが君なのだよ！」）。

hydrant ［19世紀初頭］名給水栓、消火栓：

ギリシア語 *hudōr*「水」を基にフランス語の新語として作り出された。英語 *hydrate*「水和物」は同じギリシア語の語幹により、同時期に始まった。

hydraulic ［17世紀初頭］形水力の、水圧の、流水の、水力の、水硬性の；名液圧を利用した装置（油圧ブレーキ、水圧オルガン）：

ギリシア語 *hudraulikos*「水道管に関する」に由来し、ラテン語を経由して入ってきた。ギリシア語の *hudro-*「水」と *aulos*「パイプ」に基づく。このギリシア語の形容詞は名詞としては水を使って音を奏でる楽器を表す。その他の水を利用した装置を示す拡張用法はラテン語の著作物に見られる。

hygiene ［16世紀後半］名衛生学、衛生状態：

ラテン語 *hygieina* に由来し、フランス語を経由して入った。元は「健康によい（技術）」を意味するギリシア語の *hugieinē* (*tekhnē*) である。これはギリシア語 *hugies*「健康な」による。

hymn ［古英語］名賛美歌、聖歌、賛歌；動（賛美歌を歌って神を）たたえる、賛美歌を歌う：

ギリシア語 *humnos*「神または英雄をたたえる叙情詩もしくは歌」に由来し、ラテン語を経由して入った。これはセプトゥアギンタ（ギリシア語版の旧約聖書）を製作する際に多くのヘブライ語を翻訳するのに利用され、これにより新約聖書や他のキリスト教関係の著作の場合にも利用された。語尾の -n が発音されなくなったのは16世紀初頭になってからのことである。

語形成
接頭辞の **hyper-**（ギリシア語の *huper*「…の上に、…を越えて」による）は以下のような意味を加える。
- ■「…の上に、…を越えて」[hyperspace]「超空間」
- ■「ひじょうな、過度の」[hypersonic]「極超音速の」
- ■「ハイパーテキストに関連する」[hyperlink]「ハイパーリンク」

---

hyphen ［17世紀初頭］名ハイフン：

ギリシア語の「一緒に」に由来し、後期ラ

テン語を経て入った。ギリシア語の *hupo*「…の下に」と *hen*「1つ」による。

hypnotic ［17世紀初頭］形催眠状態の、催眠術の、催眠状態にする、催眠の；名催眠薬、鎮静剤：

フランス語 *hypnotique*「催眠術の、催眠薬」に由来する。元はギリシア語 *hupnōtikos*「催眠性の、睡眠を誘発する」であり、後期ラテン語を経由してフランス語になった。このギリシア語は *hupnoun*「眠らせる」による。語幹は *hupnos*「眠り」であり、これは19世紀後半の語である **hypnosis**名「催眠状態」の語幹でもある。

hysteric ［17世紀半ば］名ヒステリー発作、ヒステリーを起こしやすい人、ヒステリー患者：

ギリシア語 *husterikos*「子宮の」に由来し、ラテン語を経て入った。元はギリシア語 *hustera*「子宮」である。ヒステリーは女性特有のものであり、子宮と関連があると思われていたことが反映されている。**hystery**名「ヒステリー（発作）」は19世紀初頭から使われはじめたが、ラテン語 *hystericus* に基づく語である。

I i

I ［古英語］代 私は、私が：
ゲルマン語起源の人称代名詞 I は、オランダ語 ik やドイツ語 ich と同系語で、語根はラテン語 ego やギリシア語 egō と同じくインド＝ヨーロッパ語に遡る。
→ EGOISM

ice ［古英語］名 氷、氷菓子、糖衣；動 氷で冷やす、氷で覆う、菓子に砂糖衣をかける：
古英語 īs はオランダ語 ijs やドイツ語 Eis「氷」と同系である。ゲルマン諸語以外に同系語は見られない。break the ice は、16世紀後半に遡る表現で、当初は「（氷を砕いて）船のために航路を作る」という意味であったが、やがて「最初に取り組む」「（パーティーなどで）話の口火を切る、座を打ち解けさせる」という意味になった。ice が氷菓の意味で使われ出すのは18世紀である。サッカレーの『虚栄の市』Vanity Fair：He went out and ate ices at a pastry-cook's shop「彼は外へ出て菓子職人の店に行き、冷菓子を食べた」。ice から派生した語に、
icicle ［中英語］名「つらら」があり、第2要素の -cle は同じく「つらら」を意味する方言の ickle（古英語 gicel に由来する）から来ている。中英語の綴りには ysse-ikkle や yse-yckel も見られる。17世紀になると、icicle は2語からなる複合語のように発音されていたものと見られる。この他、ice で始まる複合語に以下の語がある：
■ **iceberg** ［18世紀後半］名「氷山」は、オランダ語 ijsberg (ijs「氷」と berg「山」からなる）から入った語である。
■ **ice cream** ［18世紀半ば］名「アイスクリーム」は、当初の iced cream「氷で冷やしたクリーム」が変化したものである。
■ **ice house** ［17世紀後半］名「製氷所、氷室、氷貯蔵庫」は、一部、もしくは全体が地下になっている。

icon ［16世紀半ば］名 類似記号、肖像、聖像、崇拝の的、【コンピュータ】アイコン：
原義は「似ているもの、似ていること」で、ギリシア語 eikōn「似ていること、肖像画」がラテン語を経由して英語に入った。このギリシア語は17世紀初頭の著書『国王の肖像』Eikon Basilike の題名に見られる。『国王の肖像』は、チャールズ1世の瞑想録として、彼の処刑の数日後に出回った文書で、題名は文字通り「国王の肖像」を意味する。この文書は広く国民感情に訴え、47版が発行された。一般大衆への影響を懸念した議会に反論を委ねられたミルトンは、著書『偶像破壊』（原題の Eikonoklastes は文字通り「偶像破壊者」を意味する）の中で、『国王の肖像』の各章ごとに論駁していった。「類似記号」という現在の意味は19世紀半ばに遡り、「崇拝や憧憬の的」を指す用例は1950年代以降に見られる。

idea ［後期中英語］名 考え、着想、思想、知識、漠然とした感じ、イデア（原型、範型、見られたもの・姿・形）：
プラトンの哲学用語として初出。感性と理性、霊魂と肉体とを区別する二元論的認識論を提唱したプラトンは、霊魂の不滅を主張し肉体的感覚器官によってとらえられる個物は真の実在ではなく、霊魂の目によってとらえられる個物の原型（イデア）が真の実在である、と説いた。英語 idea はギリシア語 idein「見る」から派生した idea がラテン語を経て入ったものである。同じく後期中英語に遡る **ideal** 名 形「理想（的な人・もの・こと）、理想的な」もまた、「理想的な、観念を表した、原型の」を意味するプラトン哲学用語で、ラテン語 idea から派生した後期ラテン語 idealis から英語に入ったものである。**idealism** 名「理想主義、【哲学】観念論」もまた哲学用語として18世紀後半に初出した語で、realism「現実主義、【哲学】実在論」に対置される概念とし

て知られる。後期ラテン語 *idealis* がフランス語 *idéalisme* またはドイツ語 *Idealismus*「観念論」を経て英語に入ったものである。

identical [16世紀後半]形 同一の、全く同じ、等しい、一致する、同根の：

当初は「同一であることを表す」という意味の論理学用語および数学用語であった。後期ラテン語 *identitas* が中世ラテン語 *identicus* を経て英語に入った。
→ IDENTITY

identity [16世紀後半]名 同一であること、一致、主体性、個性、身元：

「同一性」が当初の意味で、ラテン語 *idem*「同じ」が後期ラテン語 *identitas* を経て英語に入ったもの。成句 *identity crisis*「自己認識の危機」は1950年代に初出。*identity theft*「詐欺目的の個人情報窃盗、また、盗んだ個人情報の詐欺的使用」は1980年代アメリカの造語である。**identify** 動「身元を確認する、同一視する」は17世紀半ばに遡り、「同一のものと見なす」という意味で初出した。後期ラテン語 *identitas* とラテン語 *-ficare* (*facere*「作る」から派生) に由来する中世ラテン語 *identificare* が英語に入ったもの。

idiom [16世紀後半]名 イディオム、慣用語句、成句：

ギリシア語 *idiousthai*「自分自身のものにする」から派生した *idiōma*「その人独自の話し方」が、後期ラテン語を経由、もしくはフランス語 *idiome* を経て英語に入ったもので、語源はギリシア語 *idios*「独特な、個人的な」である。**idiomatic** 形「慣用的な、ある言語の特徴を示す」は18世紀初頭に遡る語で、ギリシア語 *idiōma* から派生した *idiōmatikos*「特徴的な」が英語に入ったものである。

idiosyncrasy [17世紀初頭]名 特異性、性癖、特異体質：

「特異な体質」が当初の意味で、ギリシア語 *idiosunkrasia* (*idios*「個人の」、*sun*「…ともに」、*krasis*「混合」からなる) が英

に入ったものである。

idiot [中英語]名 ばか、まぬけ；形 愚かな：

当初は「知的障害者」を指した。ギリシア語 *idiōtēs*「平民、俗人、無知な人」がラテン語 *idiota*「無知な人」を経て古フランス語に入り、そこから英語に入ったものである。語源は *idios*「独特な、個人的な」である。

idle [古英語]形 怠けた、怠惰な；動 怠けて過ごす、名 活動休止状態：

古英語 *īdel* には「空の、無価値な」という意味があり、*idle yelp*「自慢すること」という表現も見られる。西ゲルマン語起源で、オランダ語 *ijdel*「無益な、取るに足らない」やドイツ語 *eitel*「むき出しの、価値のない」と同系である。

idol [中英語]名 偶像、像、崇拝される人・物、神：

ギリシア語 *eidos*「姿、形」から派生した *eidōlon* が、ラテン語 *idolum*「像、形」(教会ラテン語では「偶像」という意味で用いられた)、古フランス語 *idole* を経て英語に入ったもの。偶像視または崇拝の的とされる人や物を指す比喩的な用例は16世紀半ば以降に見られる。**idolater** [後期中英語]名「偶像崇拝者、異教徒、(盲目的な)崇拝者、心酔者」は、ギリシア語 *eidōlolatrēs* (*eidōlon* と *-latrēs*「崇拝者」からなる) が古フランス語 *idolatre* を経て英語に入ったものである。

idyll [16世紀後半]名 田園詩、牧歌、田園風景、(音楽) 牧歌、田園詩曲：

ギリシア語 *eidos*「形、絵」の指小辞語 *eidullion*「小さな絵」がラテン語 *idyllium* (当初の英語はこの綴りであった) を経て英語に入った。

if [古英語]接 もしも…ならば；名 条件：

ゲルマン語起源の古英語 *gif* は、オランダ語 *of* やドイツ語 *ob*「かどうか」と同系である。**iffy** 形「*if* の多い、不確かな、疑わしい」は1930年代以降のアメリカ英語に見られる。

ignition ［17世紀初頭］名発火、点火、燃焼、点火装置：

当初は「物質を、それが燃焼しはじめる地点、または化学変化を起こす地点まで熱すること」を意味した。中世ラテン語の動詞 *ignire*「火をつける」より派生した *ignitio*(n-) から英語に入った。**ignite**［17世紀半ば］動「高度に熱する、燃やす」も同じラテン語の動詞 *ignire* に由来する語で、両者の語源はラテン語 *ignis*「火」である。

ignoble［後期中英語］形卑劣な、浅ましい：

「生まれの卑しい」が当初の意味で、フランス語、またはラテン語の *ignobilis*（否定を表す *in-* と *nobilis*「高貴な」の古体 *gnobilis* からなる）に由来する。侮蔑的な意味での用例は16世紀後半に遡る。

ignominious［後期中英語］形不名誉な、軽蔑すべき、恥ずべき：

ラテン語 *ignominia*（否定を表す *in-* と *nomen*「名前」の変異形からなる）から派生した *ignominiosus* が英語に入ったもの、もしくはフランス語 *ignominieux* を経て入ったものである。**ignominy** 名「不名誉、屈辱」は、16世紀半ばに遡る語で、フランス語 *ignominie*、またはラテン語 *ignominia* から英語に入ったものである。

ignoramus［16世紀後半］名無知な人、無学な人：

元は「問題とせず」という意味で用いられた法律用語。証拠不十分として不起訴の評決をした時に大陪審が起訴状に書いた裏書の言葉がこの *ignoramus* であった。ラテン語 *ignorare*「知らない」から派生した語で、文字通り「我々は知らない」を意味する。現在、これに相当する法廷用語は not a true bill, not found, no bill「証拠不十分による不起訴」などである。「無知な人」という現在の意味は、ラッグルのラテン語による風刺劇『イグノラマス』*Ignoramus* (1615年) に登場する、揶揄の対象となる弁護士の名前に由来する。

ignorance［中英語］名無知、無学：

ラテン語 *ignorantia* が、古フランス語を経て入ったもの。*ignorantia* は、「知らない」を意味する *ignorare* の現在分詞の語幹 *ignorant-* から派生した語。否定を表す *in-* と「知る」を意味する *gno-* からなる。**ignorant**［後期中英語］形「無知の、無学の、気づかない」はラテン語 *ignorant-* が古フランス語を経て入ったもので、**ignore** 動「無視する」は15世紀後半に「…を知らない」という意味で初出した。フランス語 *ignorer* またはラテン語 *ignorare* から入った語で、「無視する」という現在の意味は19世紀初頭に遡る。

ilk［古英語］名家族、同類：

古英語 *ilca* は「同じ」という意味であった。ゲルマン語起源の *ilk* は alike「似ている」と同系語である。スコットランド方言に、人の姓とその所有地との名が同じであることを示す成句 of that *ilk* があり、Wemyss of that *ilk*「ウィームズ（地名）のウィームズ一族」のように用いられる。この句の俗解により、「同種類の」を意味する that *ilk* の用法が生まれた（例：people of that *ilk*「そのような連中」）。

→ ALIKE

ill［中英語］形病気で、気分が悪い、邪悪な；名難儀、悪；副悪く：

当初は「悪意のある、（道徳的に）悪い、苦痛や災いをもたらす、気難しい」などの意味があった。古ノルド語 *illr*「悪い、難しい」に由来するが、語源は不詳である。12世紀以降、evil「邪悪な」の同義語として用いられることも多いが、両者は同系ではない。

illegitimate［16世紀半ば］形非合法の、違法の、非嫡出の：

後期ラテン語 *illegitimus*（否定を表す *in-* と *legitimus*「合法の、適法の」からなる）から入った語で、語尾は legitimate「合法の」に同化したもの。「正当な結婚から出生したのでない」が英語における当

初の意味であった。

illicit ［16世紀初頭］形違法な、不倫の、(社会一般に) 認められていない:

フランス語、またはラテン語 *illicitus* (否定を表す *in-* と *licere*「許す、認める」の過去分詞 *licitus* からなる) から英語に入った語。

illuminate ［後期中英語］動照らす、解明する、啓発する、光彩を施す:

「照らす、明るくする」を意味するラテン語の動詞 *illuminare* (*in-*「上に」と *lumen, lumin-*「光」からなる) の過去分詞の語幹 *illuminat-* が英語に入ったもの。「啓発する」という意味は16世紀半ばに遡る。*illuminare* に由来する語に **illumination** ［中英語］名「照明」(後期ラテン語 *illuminatio(n-)* が古フランス語を経て入った) や、同じく **illumine** ［中英語］動 (古フランス語 *illuminer* より)「照らす、啓発する」がある。「(写本などの) 彩飾 (文頭の文字や言葉を飾り文字にすること)」に言及した用例は17世紀後半に現れる。また、「(街を賑わす) 電光飾」という意味で複数形の illuminations が使われはじめるのも17世紀後半である。

illusion ［中英語］名錯覚、幻影、幻覚、幻想:

当初は「瞞着(まんちゃく)、だますこと」を意味した。ラテン語 *illudere*「嘲(あざけ)る、軽くあしらう、からかう」から派生した *illusio(n-)* が古フランス語を経て英語に入ったもので、*in-*「…に対して」と *ludere*「遊ぶ」からなる。現在の「錯覚」という意味は18世紀後半に遡るが、これは「幻覚」という意味が拡張したものである。シェイクスピアの『ハムレット』*Hamlet*, I. i. 108-113: Stay *illusion*, If there be any good thing to be done ... Speak to me「待てまぼろし、ためになるようなことがあるというなら、話してくれ。」ラテン語の動詞 *illudere* に由来する語に以下がある。**illude** ［後期中英語］動《文語》欺く、惑わす」、16世紀後半に教会ラテン語 *illusorius* から入った **illusory** 形「錯覚の、架空の」、17世紀初頭に中世ラテン語 *illusivus* から入った **illusive** 形「錯覚の、架空の」。

illustration ［後期中英語］名例、実例、説明、例証、挿絵:

原義は「光」で、当初は「輝き、啓発」を意味し、当時の illumination と同義であった。「明るくする」を意味するラテン語 *illustrare* (*in-*「上に」と *lustrare*「照らす」からなる) から派生した *illustratio(n-)* が古フランス語を経て英語に入ったもの。**illustrate** ［16世紀初頭］動「例証する、図解する、挿絵を入れる」も同じラテン語 *illustrare* に由来する語である。当初は「光らせる、輝かせる」を意味したが、ほどなく「明らかにする、説明する」という比喩的な意味で使われるようになった。「図解する」という意味は17世紀半ばに遡る。

illustrious ［16世紀半ば］形(人が) 著名な、秀抜な、(行為や業績が) 輝かしい:

ラテン語 *illustris*「明るく照らされた」から入った語。「著名な、傑出した」という意味は16世紀後半に遡り、時に an *illustrious* judge「秀抜な裁判官」のように礼儀称号として用いられることもある。

image ［中英語］名像、象徴、印象；動心に描く、…の像を造る、創造する:

ラテン語 *imago*「模倣、画像、観念」が古フランス語を経て英語に入ったもの。**imagery** 名「心像、比喩的表現」も同じく中英語で、当初は彫像や画像を集合的に指していた。古フランス語 *imagerie* (*imager*「像を造る」から派生) から入った語で、語源は *image* である。
→ IMITATION

imagine ［中英語］動想像する、推測する、思う:

ラテン語 *imago, imagin-*「像、観念」に由来する語がいくつかある。*imagine* はラテン語 *imaginare*「…の像を形作る、思い描く」と *imaginari*「心に描く」の混合体が古フランス語を経て入ったもの。同じく **imagination** ［中英語］名「想像、想

像力」は、ラテン語の動詞 *imaginari* から派生した *imaginatio(n-)* が古フランス語を経て入ったもの。**imaginative**［後期中英語］形「想像の、創造的な」は中世ラテン語 *imaginativus* が古フランス語を経て入ったもの。**imaginary**［後期中英語］形「想像上の、架空の」はラテン語 *imaginarius* から英語に入ったものである。

imbecile［16世紀半ば］名低能者、ばか：
「虚弱な」が当初の形容詞用法の意味であった。「弱い、弱々しい」を意味するラテン語 *imbecillus* がフランス語を経て入ったもの。*imbecillus* は文字通り「支えの棒なしで」を意味する語で、ラテン語 *baculum*「棒、杖」から来ている。愚かさにまつわる現在の意味は19世紀初頭に遡る。

imbibe［後期中英語］動吸収する、(酒などを)飲む：
「水分を吸収する、(思想などを)吸収する」が当初の意味で、ラテン語 *imbibere* (*in-* と *bibere*「飲む」からなる) から入ったもの。

imbue［後期中英語］動吹き込む、鼓吹する：
「染み込ませる」が当初の意味で、ラテン語 *imbuere*「湿らせる」の過去分詞 *imbutus* がフランス語 *imbu*「湿った」を経て英語に入ったもの。「(思想・感情を)吹き込む」という現在の意味は16世紀半ばの用例に見られる。ミルトン『失楽園』 *Paradise Lost*：Thy words with Grace Divine *Imbu'd*「神々しい優雅さに溢れたあなたのお言葉」。

imitation［後期中英語］名模倣、模造(品)、偽造品、偽物、模倣作：
ラテン語の動詞 *imitari*「写す、まねる」より派生した *imitatio(n-)* から英語に入ったもの。同じく *imitari* に由来する語に **imitate**［16世紀半ば］動「見習う、まねる」があり、ラテン語 *imago*「模倣、画像」と同系である。

immaculate［後期中英語］形汚点のない、無傷の、完璧な、清い：
「倫理的に汚れていない、心や行為が清い」が当初の意味で、ラテン語 *immaculatus* から英語に入ったもの。否定を表す *in-* と *maculatus*「汚れた」(*macula*「汚れ」から派生) からなる。Immaculate Conception「無原罪の宿り (聖母マリアはこの世に生を受けた瞬間から原罪を免れていたとする説)」は17世紀後半に初出し、1854年にローマ・カトリック教会の信仰箇条として正式に宣言された。immaculate が「汚点のない」という意味で用いられはじめたのは18世紀初頭である。

immature［16世紀半ば］形未熟な、未完成の、大人気ない：
当初は「時期尚早の」という意味で、不慮の死を指す場合が多かった。ラテン語 *immaturus*「機の熟していない、時期尚早の」(否定を表す *in-* と *maturus*「熟した」からなる) から英語に入ったもの。

immediate［後期中英語］形即時の、当面の、直接の、隣接した：
「媒体や仲介を擁しない、空間・順序が直近の」が当初の意味であった。古フランス語 *immediat* または後期ラテン語 *immediatus* から英語に入った語。否定を表す *in-* と *mediatus*「介在する」(*mediare* の過去分詞) からなる。「即時の」という意味は16世紀半ばに遡る。

immense［後期中英語］形巨大な、莫大な、計り知れない、限りない、《口語》すごくいい：
ラテン語 *immensus*「計れない」がフランス語を経て英語に入ったもの。否定を表す *in-* と *mensus*「計った」(*metiri* の過去分詞) からなる。「計れないほど大きい」が当初の意味で、「すごくいい」を意味する俗語的用例は18世紀半ばに遡る。

immersion［15世紀後期］名浸すこと、浸礼 (全身を水に浸す洗礼)、没頭、熱中：
ラテン語 *immergere*「…の中に浸す」(*in-*

「中へ」とmergere「浸す」からなる）から派生した後期ラテン語immersio(n-)から英語に入ったもの。immerse［17世紀初頭］動「液体に浸す」も同じくim-mergereに由来する。immersion course「没入法」など、「語学学習における集中訓練法」という意味での用例は1960年代のアメリカで初出。

immigrate ［17世紀初頭］動(他国から)移住する・させる：

ラテン語immigrare (in-「中へ」とmigrare「移住する」からなる）から英語に入ったもの。immigrant［18世紀後半］名「（外国からの）移民」も同じラテン語immigrareに由来する。語形成においては、対義語にあたるemigrant「（自国から他国への）移民」(e-「外へ」、migr-「移住する」、-ant「…する人」からなる）と同様、im-「中へ」、migr「移住する」、-ant「…する人」からなる。

imminent ［後期中英語］形（事が）まさに起りそうな、差し迫った：

ラテン語の動詞imminere「上に突き出る」の現在分詞語幹imminent-から英語に入ったもの。in-「上に」とminere「突き出る」からなる。minereと同じ語源を持つ古典ラテン語（minereと同系の古典ラテン語）にmentum「顎」、minae「脅威」、mons「山」があり、原義はいずれも「突出する」、「脅かす」である。

immune ［後期中英語］形免疫のある、免疫性の、免れた、影響を受けない；名免疫のある人：

ラテン語immunis「社会奉仕を免除された」(否定を表すin-とmunis「奉仕の準備ができている」からなる）から英語に入ったもの。immunity名「免疫、免除」はimmunisの派生語immunitasから英語に入った。15～17世紀にかけてのimmuneは「（責任を）免れた」という意味であったが、17世紀後半にいったん廃れ、19世紀後半に医学用語としてフランス語またはドイツ語から再借入された。ここでのimmuneは「（伝染病などに）免疫になった」という意味で用いられ、伝染病と予防接種に関する研究の中に現れている。

imp ［古英語］名小悪魔、鬼の子、腕白小僧：

古英語impa, impeは「若枝、苗木」を指した。動詞impianは「接ぎ木する」という意味で、ギリシア語emphuein「植えつける」に由来する。後期中英語になるとimpは「（特に貴族・名門の）子孫」を意味するようになり、やがて悪魔の子、またはそのような人を指すようになった。スコット『ケニルワース』Kenilworth：Either Flibbertigibbet ... or else an imp of the devil in good earnest「軽薄な人、それとも正真正銘悪魔の子」。ここからさらに17世紀初頭の「小悪魔」、「腕白小僧」という意味が生まれた。

impact ［17世紀初頭］動衝突する、影響を与える；名衝撃、衝突、影響力：

動詞用法の当初の意味は「詰め込む、しっかり固定する」で、ラテン語impingere「打ち込む」の過去分詞語幹impactから英語に入った。名詞用法の「影響力」という意味は19世紀初頭に遡る。
→ IMPINGE

impair ［中英語］動弱める、悪化させる、損なう：

中英語の綴りはenpeireである。ラテン語pejor「より悪い」から派生した後期ラテン語pejorareが古フランス語empeirie「悪化させる」を経て英語に入ったもの。現在の綴りはim-で始まるラテン語式綴りの影響による。

impale ［16世紀半ば］動突き刺す、串刺しの刑に処する、身動きできなくする、【紋章】合わせ紋にする（盾の中央に垂線を引いて2つの紋章を左右に描く）：

当初の意味は「柵や杭で囲う」で、フランス語empalerまたは中世ラテン語impalare（ラテン語in-「…の中に」とpalus「杭」からなる）から英語に入った。「杭を身体に突き刺す」という意味は17

世紀後半に遡る。

impart ［後期中英語］動分け与える、(情報などを) 知らせる、告げる：

「分け与える」が当初の意味で、ラテン語 *impartire* (*in-*「中に」と *pars, part-*「分ける」からなる) が古フランス語 *impartir* を経て入ったもの。*impart* knowledge「知識を伝授する」など「知らせる」という意味は16世紀半ばに遡る。**impartial**形「偏らない、公平な」は16世紀後半に遡る。シェイクスピアの『リチャード二世』*Richard II*, I. i. 115：*Impartial* are our eyes and ears「おれは目でも耳でも依怙贔屓ひはせぬ」

impatient ［後期中英語］形気短な、性急な、もどかしがる、切望する：

当初は「我慢できない」、「耐えられない」という意味であった。ラテン語 *impatient-*「我慢できない」(否定を表す *in-* と *pati*「苦しむ、耐え忍ぶ」からなる) が古フランス語を経て英語に入ったもの。「切望する」の用例は16世紀後半以降に見られる。

impeach ［後期中英語］動疑問視する、(国家に対して重大な罪があると) 告発する、弾劾する、非難する、叱責する；名告発、告訴：

当初は「妨害する」という意味で *empeche* と綴られた。後期ラテン語 *impedicare*「足枷あしかせをする」が古フランス語 *empecher*「妨げる」を経て英語に入ったもの。*im-*「中に」と *pedica*「足枷」(*pes, ped-*「足」より) からなる。「国家に対する反逆罪で告発する」という意味は16世紀後半から。
→ IMPEDE

impeccable ［16世紀半ば］形欠点のない、申し分のない、罪を犯すことのない：

「罪を犯すことのない」という宗教的な意味で初出。ラテン語 *impeccabilis* (否定を表す *in-* と *peccare*「罪を犯す」からなる) が英語に入ったもの。「欠点のない」という意味は17世紀初頭から。

impede ［16世紀後半］動…を遅らせる、邪魔する、妨げる：

ラテン語 *impedire*「足枷をする、妨げる」(*pes, ped-*「足」が基になっている) から英語に入ったもの。**impediment** ［後期中英語］名「障害、妨害 (物)」も *impedire* に由来し、こちらはラテン語 *impedimentum* から入っている。「障害」を意味する impediment は、結婚式でお馴染みの聖公会『祈禱書』*The Book of Common Prayer* の一節に見られる。If either of you do know of any *impediment*「汝らのいずれかにいかなる障害があろうと」。
→ IMPEACH

impel ［後期中英語］動強いる、駆り立てて…させる、押し進める、…を促す：

「駆り立てる」が当初の意味で、ラテン語 *impellere*「駆り立てる」から入ったもの。*in-*「…に向かって」と *pellere*「追い立てる、駆り立てる」からなる。

impend ［16世紀後半］動差し迫る、今にも起ころうとしている、《古語》垂れ下がる、覆いかかる

ラテン語 *impendere* (*in-*「…に向かって、上に」と *-pendere*「ぶら下がる」からなる) から入ったもの。当初よりもっぱら「今にも起ころうとしている」という比喩的な意味で用いられ、文字通りの意味での用例はまれである。

imperative ［後期中英語］形避けられない、必須の、緊急の、命令的な、強制的な、《文法》命令法の；名命令、命令法：

「命令法の」という意味の文法用語として初出。文字通り「命令された」を意味する後期ラテン語 *imperativus* から英語に入った。*in-*「…に向かって」と *parare*「準備をする」からなる *impertivus* は *imperare*「命令する」から派生した語で、「命令法」を意味するギリシア語 *prostatikē enklisis* の訳語として採用された。

imperfect ［中英語］形不完全な、不十

分な、未完成の、未完了の、法的効力のない；名《文法》未完了時制：

ラテン語 *imperfectus*（否定を表す *in-* と *perfectus*「完成した」からなる）が古フランス語を経て英語に入ったもので、当初は *imparfit, imperfet* の綴りも見られる。ラテン語式綴りへの移行は16世紀。**imperfection**［後期中英語］名「不完全さ、不備、欠陥、欠点」は後期ラテン語 *imperfectio(n-)* が古フランス語を経て入ったもので、ラテン語 *imperfectus* に由来する。

imperial［後期中英語］形帝国の、皇帝の、威厳のある；名皇帝：

ラテン語 *imperium*「命令、権力、帝国」から派生した *imperialis* が古フランス語を経て入ったもの。*imperial* は（ラテン語 *imperiosus* から英語に入った **imperious**［16世紀半ば］形「命令的な」と同様）*imperare*「命令する」と同系である。
→ EMPIRE

impersonal［後期中英語］形非個人的な、一般的な、人格を持たない、《文法》非人称の；名《文法》非人称（動詞・代名詞）：

文法用語として初出。後期ラテン語 *impersonalis*（否定を表す *in-* と *personalis*「個人的な」からなる）から英語に入ったもの。

impersonate［17世紀初頭］動扮する、まねる；形人格化された：

「人格化する」が当初の意味。接頭辞 *in-*「…中へ」とラテン語 *persona*「人」の複合語で、*incorporate*「一体化する」(*in-*「…に」と *corporate*「一体となった」からなる）との類推による造語。

impertinent［後期中英語］形無礼な、生意気な、見当違いの、無関係な、不適切な：

「見当違いの」という意味で初出。古フランス語または後期ラテン語 *impertinent-*「不適切な」から英語に入ったもので、否定を表す *in-* と *pertinere*「適切である」からなる。当初の「（人が）互いに関係のない」という意味はコールリッジ『友人』*Friend* に見られる。The more distant, disjointed and *impertinent* to each other and to any common purpose, will they appear「お互いにとって、そして共通の目的にとって、物事や出来事はますます遠く離れ離れに、そして無関係であるかにみえる」。「無礼な、生意気な」という現在の意味は17世紀後半以降のもの。
→ PERTAIN

impervious［17世紀半ば］形（水・空気を）通さない、不浸透性の、受けつけない、鈍感な：

ラテン語 *impervius*（否定を表す *in-* と *pervius*「通す」からなる）から入ったもの。比喩的な意味と文字通りの意味は並行して発達した。

impetuous［後期中英語］形性急な、衝動的な：

後期ラテン語 *impetuosus*（*impetere*「攻める、攻撃する」から派生）が古フランス語 *impetueux* を経て英語に入ったもの。当初は「（水・風が）猛烈な」という意味で用いられることもあった。

impetus［17世紀半ば］名（物を動かす）力、機動力、衝動、刺激：

「攻撃、力」を意味するラテン語 *impetus* がそのままの形で英語に入ったもの。ラテン語 *impetus* は *impetere* (*in-*「…に向かって」と *petere*「探す」からなる）「攻撃する」から派生。

impinge［16世紀半ば］動衝突する、突進する、侵害する、侵す：

ラテン語 *impingere*「追い込む、衝突する」(*in-*「中へ」と *pangere*「固定する、駆り立てる」からなる）から英語に入ったもの。原義の「力強く押す」から「無理に押しつける」という意味になり、18世紀半ばに「侵害する」を意味するようになった。スコット『ウェーバリー』*Wa-*

verley: Heaven forbid that I should do aught that might ... *impinge* upon the right of my kinsman「神は、私が親族の権利を侵害するいかなることをも禁ずる」。

implacable ［後期中英語］形なだめがたい、無慈悲な、執念深い、容赦ない：

文字通り「なだめがたい」を意味するラテン語 *implacabilis* から英語に入ったもの。基になったのはラテン語 *placare*「なだめる」である。

implant ［後期中英語］動植えつける、据えつける、【医学】移植する：

後期ラテン語 *implantare*「接ぎ木する」から英語に入った。ラテン語 *in-*「中へ」と *plantare*「植える」からなる。医学分野における意味は19世紀後半に遡る。

implement ［後期中英語］名道具、器具、方法；動実行する、履行する：

当初は「装備、用具、器具、装置」という意味で用いられた。中世ラテン語の複数形 *implementa* と後期ラテン語 *implementum* の双方に由来する。*implementa, implementum* もラテン語 *implere*「満たす」の派生語で、*implere* は後に「使用する」という意味を持つようになる。動詞用法は18世紀初頭から。

implicate ［後期中英語］動暗に示す、含意する、影響を与える、巻き添えにする：

ラテン語 *implicare*「織り込む」の過去分詞 *implicatus* から英語に入ったもの。「もつれさせる、絡み合わせる」が当初の意味で、「暗に示す、含意する」という現在の意味は17世紀初頭から。**implication** 名「含蓄、言外の意味、含意」は、ラテン語 *implicare* から派生した *implicatio(n-)* が英語に入ったもので、当初は「密接な関係、かかわり合い」という意味であった。
→ EMPLOY；IMPLY

implicit ［16世紀後半］形暗黙の、暗に含まれた、潜在的に含まれた、絶対の：

フランス語 *implicite* またはラテン語 *implicitus* から英語に入ったもの。*implicitus* は *implicatus*「絡み合わされた」(*implicare* の過去分詞) の変異形である。当初は「もつれた、絡んだ」という意味であった。ミルトン『失楽園』*Paradise Lost*: The humble Shrub, And bush with frizl'd hair *implicit*.「背の低い灌木の類、縮れ毛のように絡み合った葉や小枝をもった叢（くさむら）」。「暗黙の」という現在の意味は17世紀後半から。
→ IMPLY

implode ［19世紀後半］動内側に破裂する・させる、政治的・経済的破綻をきたす：

explode「爆発する（させる）」の語形成にならい、接頭辞の *in-*「中に」とラテン語 *plodere, plaudere*「手を叩く」からなる。

implore ［16世紀初頭］動(何かを) 請い求める、懇願する、嘆願する：

フランス語 *implorer* またはラテン語 *implorare*「涙ながらに懇願する」から英語に入ったもの。シェイクスピアの『尺には尺を』*Measure for Measure*, I. ii. 168-169 には「嘆願する」の用例がある。*Implore* her ... that she make friends To the strict deputie「厳格な侯爵代理のとりなしを、俺の代わりに妹に頼んでくれないか、是非当たってみるようにと」。

imply ［後期中英語］動暗に意味する、含意する、ほのめかす、暗示する：

「包む、巻き込む」を意味するラテン語 *implicare* (*in-*「中に」と *plicare*「包む」からなる) が古フランス語 *emplier* を経て英語に入ったもの。当初の意味は「絡み合わせる、絡ませる」だったが、16〜17世紀にかけて *employ* と同じく「使用する」という意味で使われていた。
→ EMPLOY；IMPLICATE

impolite ［17世紀初頭］形無作法な、無礼な、失礼な：

「磨かれていない」が当初の意味であった。ラテン語 impolitus（否定を表す in- と politus「磨かれた」からなる）が英語に入ったもの。作法において磨かれていないことを表す「失礼な」、「無作法な」という意味は18世紀初頭から。
→ POLITE

import ［後期中英語］⓿輸入する、持ち込む、導入する；⓶輸入（品）、趣旨、意味、重要（性）：

ラテン語 importare「運び入れる」(in-「中に」と portare「運ぶ」からなる）から英語に入ったもの。当初の意味は「示す」であった。importare は中世ラテン語で「暗示する、意味する、重要である」を意味するようになる。「輸入」に関する意味は16世紀半ばから。

important ［後期中英語］⓿重要な、大切な、有力な、偉い：

ラテン語の動詞 importare「重要である」から派生した中世ラテン語 important- が英語に入ったもの。importance ［16世紀初頭］⓶「重要（性）」も importare に由来する語で、中世ラテン語 importantia がフランス語を経て英語に入ったもの。

importune ［16世紀半ば］⓿しつこくせがむ、うるさく頼む、困らせる：

古代ローマの portus「港」、または porta「門」の守護神 Portunus「ポルトゥーヌス」に由来する。形容詞 inopportune「あいにくの」は、守護神から想像される平穏さを否定した語である。importune は、ラテン語 importunus「不都合な、時機を失した、タイミングの悪い」がフランス語 importuner、または中世ラテン語 importunari から英語に入ったもの。
→ OPPORTUNE

impose ［15世紀後半］⓿課す、負わす、つけこむ、でしゃばる：

当初の意味は「負わせる」である。「苦しめる、だます」を意味するラテン語 imponere (in-「中に、上に」と ponere「置く」からなる）がフランス語 imposer を経て英語に入ったもので、impositus「課せられた」と古フランス語 poser「置く」の影響を受けた。imposition ［後期中英語］⓶「課税、賦課金、不当な要求、詐欺」も imponere に由来する語で、ラテン語 impositio(n-) から英語に入ったものである。

impossible ［中英語］⓯不可能な、とんでもない、信じがたい：

古フランス語 impossible、またはラテン語 impossibilis（否定を表す in- と possibilis「可能である」からなる）から英語に入ったもの。physically impossible「物理的に不可能な」、mathematically impossible「数理的に不可能な」のように、特定の分野を表す副詞を伴うことがある。impossibility ［後期中英語］⓶「不可能（性）」は、impossibilis が古フランス語 impossibilite またはラテン語 impossibilitas を経て英語に入ったもの。
→ POSSIBLE

impostor ［16世紀後半］⓶詐欺師、山師、詐称者：

当初の綴りは imposture である。後期ラテン語 impostor（元の形は impositor で imponere「だます」から派生）がフランス語 imposteur を経て英語に入ったもの。
→ IMPOSE

impotent ［後期中英語］⓯無力な、虚弱な、体力がない、性的不能の；⓶虚弱者、性的不能者：

「力の無い」を意味するラテン語 impotent-（否定を表す in- と potent-「力のある」からなる）が古フランス語を経て英語に入ったもの。性的不能に言及した用例は17世紀初頭から。
→ POTENT

impoverish ［後期中英語］⓿貧乏にさせる、疲弊させる、不毛にする、貧弱にする：

当初は empoverish と綴られることもあった。古フランス語 empoveriss-

(*povre*「貧しい」から派生した *empoverir*「貧乏にさせる」の延長語幹) から英語に入ったもの。

impregnable [後期中英語] 形 難攻不落の、全く非難の余地がない：

古フランス語 *imprenable* から英語に入ったもの。否定を表す *in-* と *prendre*「獲得する」(ラテン語 *prehendere* に由来する) からなる。*-g-* を含む現在の綴りは16世紀以降のもので、古フランス語の変異形の影響とする説がある。

impregnate [17世紀初頭] 動 妊娠させる、受精させる、染み込ませる、飽和させる：

当初の意味は「飽和させる」である。後期ラテン語 *impregnare*「妊娠させる」の過去分詞語幹 *impregnat-* から英語に入った。

impress [後期中英語] 動 印象を与える、感銘を与える、押しつける；名 刻印、痕跡、印象：

「跡が残るように押しつける」が当初の意味であった。古フランス語 *empresser* (*em-*「中に」と *presser*「押しつける」からなる) から英語に入ったもので、ラテン語 *imprimere*「(内側に向かって)押す」に由来する。「印象や感銘を与える」という意味は18世紀半ばから。**impression** [中英語] 名「(よい) 印象、感銘、漠然とした感じ、効果」はラテン語 *imprimere* から派生した *impressio(n-)* が古フランス語を経て英語に入ったもので、16世紀半ばになると「印刷(物)」という意味が生じた。under the *impression that* …「…と思い込んで(いた)、…という気が(する)」という成句は19世紀半ばから見られる。絵画でいう **impressionism** 名「印象主義、印象派」はフランス語 *impressionniste* の派生語 *impressionnisme* が英語に入ったもので、フランスの画家モネ『印象・日の出』*Impression: Soleil levant* (1872年) と題する作品に対し批評家が否定的に評して用いたもの。
→ IMPRINT

imprint [後期中英語] 名 (物に残された) 印、跡、深い影響力；動 押す、刻印する、刻み込む、感銘づける：

当初は *emprint* と綴られた。ラテン語 *imprimere* (文字通り「押しつける」を意味する) が古フランス語 *empreinter* を経て英語に入ったものである。*imprimere* はラテン語 *premere*「押す」から派生した動詞である。

impromptu [17世紀半ば] 形 副 即座の・に、即興の・に、容易なしの・に；名 即興詩、即興曲、即興演奏：

副詞として初出した。ラテン語 *in promptu*「準備なしに」(*promptus*「準備万端整っている」から) がフランス語を経て英語に入ったもの。
→ PROMPT

improper [後期中英語] 形 ふさわしくない、無作法な、違法な、妥当でない、みだらな：

フランス語 *impropre* またはラテン語 *improprius* (否定を表す *in-* と *proprius*「本人の、適切な」からなる) から英語に入ったもの。「(礼儀などが) 無作法な」という意味の用例は18世紀半ばから。

improvement [後期中英語] 名 改善、改良、進歩、向上：

当初の綴りは *emprowement* で、「利益をもたらす経営、利用、利益」という意味で使われた。*emprower* (古フランス語 *prou*「利益」に基づく。さらに遡ればラテン語 *prodest*「有利な」に由来する) からできたアングロノルマンフランス語に由来する。**improve** 動「改善する、よくなる、進歩させる、価値を高める」は16世紀初頭にアングロノルマンフランス語 *emprowe* から英語に入った語で、当初は *emprowe* や *improwe* と綴られることもあった。*-owe* から *-ove* への語尾変化は、*-prove* という語尾を持つ複合語との類推による。原義は「利益を上げる、価値を高める」で、そこから「量や度合を増す」という意味が生まれ、17世紀初頭に「改

improvise [19世紀初頭]動即興で作る、即興で演奏する、歌う、即興でやる：

ラテン語 improvisus「予期しない」が、イタリア語 improvvisare (improvviso「用意なしでの、即座の」から派生) を経て英語に入ったとする説と、この improvvisare からさらにフランス語 improviser を経て英語に入ったとする説がある。ラテン語 improvisus は否定を表す im- と provisus (providere「予見する、…の用意をする」の過去分詞) からなる。

impudent [後期中英語]形ずうずうしい、厚かましい、恥知らずの、失敬な、生意気な：

当初の意味は「下品な、淫(みだ)らな」であった。ラテン語 impudent- から英語に入ったもので、否定を表す in- と pudent-「恥じている、謙虚な」(pudere「…であることを恥じている」より) からなる。「失敬な、生意気な」という意味は16世紀半ばから。

impulsive [後期中英語]形衝動的な、一時の感情に駆られた、推進的な、(音が)短時間の：

当初の意味は「駆り立てる傾向にある」で、ラテン語 impuls-「駆り立てられる」がフランス語 impulsif, -ive または後期ラテン語 impulsivus を経て英語に入ったもの。現在の「衝動的な」という意味は18世紀半ばから。**impulse**名動「推進すること、心を刺激すること、衝動」、「衝撃を与える」は17世紀初頭に遡る語で、初出は「衝撃を与える」を意味する動詞用法であった (ラテン語 impuls-「押しやられた」から)。名詞用法は impulsus「衝撃、外へ向かう圧力」から来ており、動詞用法ともにラテン語 impellere「推し進める」に由来する。

impunity [16世紀半ば]名刑罰を免れること、(刑事責任の) 免除、(刑事) 免責：

ラテン語 impunis「処罰を受けていない」から派生した impunitas「無罪」から英語に入ったもの。否定を表す in- と poena「刑罰」または punire「罰する」からなる。

impure [後期中英語]形汚い、汚れた、不潔な、純粋でない、混ざりもののある：

当初の意味は「不潔な、純粋でない」で、ラテン語 impurus (否定を表す in- と purus「純粋な」からなる) から英語に入ったもの。**impurity** [後期中英語]名「不純物、不潔、不道徳」もまた impurus に由来する語で、こちらはフランス語 impurite またはラテン語 impuritas を経て英語に入ったものである。

in [古英語]前…の中に、…の中で、…の中の；副中へ、中に；形中の：

古英語 in (前置詞)、inn(e) (副詞) はゲルマン語起源で、同系語にオランダ語およびドイツ語の in (前置詞)、ドイツ語 ein (副詞) がある。語源はインド＝ヨーロッパ語の語根に遡り、ラテン語 in やギリシア語 en は同系語である。**inner** [古英語]形「内側の、内部の、内面的な、中心的な」(当初は innerra や innra と綴られた) は、in の比較級。**inning** [古英語]名【クリケット・野球】イニング、回」も in から派生した語で、当初は「中に入れること」を意味し innun と綴られた。クリケット用語として使われるようになったのは19世紀半ばからである。その他 in で始まる複合語に以下の話がある：
■ **indeed** [中英語]副「確かに、本当に」は、当初は in deed と2つの語であった。
■ **indoor** [18世紀初頭]形「屋内の、室内の」は、当初は within-door であった。18世紀後半の **indoors** 副は indoor から派生した語で、元は within doors という2語であった。

> **語形成**
> 接頭辞 in-¹ (英語の in、ラテン語の前置詞 in) は以下の意味を付加する。
> ■「…の中に」[inborn]「備わっている、生来の」
> ■「…に向かう」[influx]「流入する、到来する」

inadvertent [17世紀半ば]形不注意な、

軽率な、怠慢な、不慮の：

否定を表す接頭辞 in- とラテン語 advertent- (advertere「心や考えを変える」の現在分詞語幹) からなる。後期中英語の名詞 inadvertence「不注意」からの逆成語。

inane [16世紀半ば][形]空虚な、うつろな、無意味な、ばかげた：

ラテン語 inanis「空の、空虚な」から英語に入った語で、「ばかげた、無意味な」という意味は19世紀初頭から。シェリー『チェンチ』Cenci: Some inane and vacant smile「愚かしくもうつろな微笑」。

inarticulate [17世紀初頭][形]発音の不明瞭な、はっきりしない、言葉にならない：

否定を表す接頭辞 in- と形容詞 articulate「明瞭な」からなる。後期ラテン語 inarticulatus「発音の不明瞭な」から英語に入った。
→ ARTICULATION

inaugural [17世紀後半][形]就任(式)の、就任(式)に行われる、開会の；[名]大統領の就任演説：

ラテン語 inaugurare「鳥の動きを見て前兆を考察する」から派生した inaugurer「就任する、就任式を行う」がフランス語 inaugural を経て英語に入ったもの。inaugurate [16世紀後半][動]「就任式を行う、就任する」も inaugurare に由来する。ラテン語 augurare から来ている。

incandescent [18世紀後半][形]白熱光の、まばゆいほどの、熱烈な：

ラテン語 incandescent- がフランス語 incandescent を経て英語に入ったもの。incandescent- は candescere「白くなる」(candidus「白」より) から派生した incandescere「白熱する」の現在分詞語幹である。接頭辞の in- は強意。

incantation [後期中英語][名]呪文、魔法、決まり文句：

後期ラテン語 incantatio(n-) が古フランス語 incantation を経て英語に入った。incantatio(n-) は incantare「繰り返し唱える、魔法をかける」(cantare「歌う」より) から派生したもの。接頭辞の in- は (incandescent と同様) 強意。

incapacity [17世紀初頭][名]できないこと、無能、不適格：

フランス語 incapacité またはラテン語 incapacitas から英語に入ったもの。否定を表す in- と capacitas「広がり、広いこと」(ラテン語 capere「持っている」より) からなる。
→ CAPACITY

incarcerate [16世紀半ば][動]監禁する、投獄する、閉じ込める；[形]投獄された、閉じ込められた：

ラテン語 carcer「監獄」から派生した中世ラテン語 incarcerare「投獄する」の過去分詞 incarceratus から英語に入ったもの。

incarnation [中英語][名]権化、化身、顕現、受肉 (神が人間の姿をとること)：

「キリストにおいて神が顕現するという思想」を表す語として初出。incarnare「肉体を与える」(in-「中へ」と caro, carn-「肉体」からなる) から派生した教会ラテン語 incarnatio(n-) が古フランス語を経て英語に入ったもの。incarnate [後期中英語][形]「肉体を備えた、具現化された」も incarnare に由来する語である。

incendiary [後期中英語][形]放火の、焼夷性の、扇情的な；[名]放火犯、(争いなどの) 火付役：

incendium「大火」から派生したラテン語 incendiarius「大火災を起こす」から英語に入ったもの。語源は incendere「…に火をつける」である。

incense¹ [中英語][名]香、香料、芳香、お世辞；[動]香をたく、焼香する：

教会ラテン語 incensum「燃えている物、香」(incendere「火をつける」の中性過去分詞)が古フランス語 encens を経て英語に入ったもので、当初の綴りは encense であった。incendere は in-「中に」と candere「輝く」からなる。

語形成

接頭辞 in-² (ラテン語に由来する) は以下の意味を加えるものである。
■「…でない」[infertile]（以下参照）
■「…がなく」[inappreciation]「真価を認めないこと、無理解」
否定を表す in- で始まる語、in- が組み込まれた語

◆ラテン語に由来するもの
中英語	innumerable	「数えきれない、無数の」
後期中英語	illiterate	「読み書きができない」
後期中英語	immortal	「不死の」
後期中英語	immutable	「不変の」
後期中英語	imprudent	「無分別な」
後期中英語	incomplete	「不完全な」
後期中英語	incredible	「信じられない」
後期中英語	inexcusable	「弁解のできない」
後期中英語	infinite	「無限の」
後期中英語	inflexible	「曲げられない」
後期中英語	inseparable	「分離できない」
後期中英語	insoluble	「不溶性の」
後期中英語	intolerable	「耐えられない」
後期中英語	inviolable	「犯してはならない、不可侵の」
後期中英語	irrational	「不合理な」
後期中英語	irreligious	「無宗教の」
後期中英語	irreverent	「不敬な、非礼な」
後期中英語	irrevocable	「取消しできない」
15世紀後半	indeterminable	「確定できない」
15世紀後半	indigestible	「不消化の、理解できない」
15世紀後半	inimitable	「無比の、まねのできない」
15世紀後半	intractable	「手に負えない」
16世紀半ば	indistinct	「はっきりしない、判然としない」
16世紀後半	immodest	「慎みのない」
16世紀後半	improbable	「ありそうもない」
16世紀後半	inconsolable	「慰めることのできない」
17世紀初頭	inaudible	「聞き取れない」
17世紀初頭	inclement	「無情な、冷酷な」
17世紀半ば	insalubrious	「不潔な、不健康な」
17世紀半ば	insincere	「不誠実な」
18世紀半ば	intolerant	「不寛容な、狭量な」

◆古フランス語に由来するもの
中英語	incorrigible	「救いがたい、手に負えない」
中英語	incorruptible	「腐敗しない」
中英語	incurable	「不治の、治療不能の」
後期中英語	inaccessible	「近づきにくい」
後期中英語	inequality	「不平等」
後期中英語	invariable	「不変の」

◆フランス語に由来するもの
16世紀後半	infertile	「不毛の」
16世紀後半	inhospitable	「もてなしの悪い、無愛想な」
17世紀半ば	irreproachable	「非の打ちどころのない」
17世紀後半	incontestable	「議論の余地のない」
18世紀半ば	indecision	「優柔不断」

◆古フランス語またはラテン語に由来するもの
後期中英語	indubitable	「疑う余地のない」
後期中英語	insatiable	「飽くことを知らない、貪欲な」
後期中英語	interminable	「果てしない」

◆ラテン語由来の古フランス語から入ったもの
中英語	invisible	「目に見えない」
後期中英語	impenetrable	「突き通せない」
後期中英語	inconstant	「変わりやすい」
後期中英語	inestimable	「計り知れない」
後期中英語	inexpert	「未熟な」
後期中英語	irreparable	「修繕できない」

◆フランス語またはラテン語に由来するもの
16世紀後半	indecent	「無作法な」

◆ラテン語由来のフランス語から入ったもの
16世紀初頭	inelegant	「優美でない」

◆中世ラテン語由来のフランス語から入ったもの
後期中英語	imperceptible	「気づかれない」

◆フランス語または中世ラテン語に由来するもの
16世紀初頭	impalpable	「さわることができない」
17世紀初頭	illegal	「不法な」

◆フランス語または後期ラテン語に由来するもの
17世紀半ば	inconvertible	「引き換え不能の」
17世紀後半	impermeable	「染み透らない」

◆後期ラテン語に由来するもの
後期中英語	imperturbable	「落ち着いた」
後期中英語	inanimate	「生命のない、活気のない」
後期中英語	indivisible	「不可分の」
16世紀初頭	inopportune	「時機を失した」
16世紀半ば	indisputable	「争う余地のない」
17世紀初頭	insubstantial	「実質のない」
17世紀初頭	irrefutable	「反駁できない」

◆中世ラテン語に由来するもの
後期中英語	incompatible	「相容れない」
後期中英語	indirect	「間接の」
15世紀後半	incombustible	「不燃性の」
16世紀後半	incapable	「…することができない」
16世紀後半	irresistible	「抵抗できない、抑えられない」
17世紀初頭	intangible	「触れることのできない」

incense² [後期中英語][動]…を激怒させる、…に激怒する:

当初の意味は「鼓舞する、感動させる、激昂させる」であった。ラテン語 *incendere*「…に火をつける」が古フランス語 *incenser* を経て英語に入ったもの。

incentive [後期中英語][名]刺激(となるもの)、動機、奨励金;[形]刺激的な、激励する、鼓舞する:

ラテン語 *incantare*「歌う、魅了する」から派生した *incentivum*「曲をつけるもの」から英語に入ったもの。「奨励金」という意味は1940年代から。

incessant [後期中英語][形]絶え間のない、ひっきりなしの:

後期ラテン語 *incessant-* が古フランス語を経て英語に入ったもの。否定を表す *in-* とラテン語 *cessant-*「止まる性質の」(「止まる」を意味する *cessare* より派生)からなる。

incest [中英語][名]近親相姦(罪)、乱倫:

ラテン語 *incestus*「純潔でない」およびその名詞形 *incestum*「不貞、近親相姦」から英語に入ったもの。*incestus, incestum* は否定を表す *in-* と *castus*「純潔な」からなる。**incestuous** [16世紀初頭][形]「近親相姦の、排他的な、同族占有の」は後期ラテン語 *incestuosus* (ラテン語 *incestus* より)から英語に入ったもの。

inch ［後期古英語］名 インチ (2.54 cm)；動 少しずつ動く：

古英語 ynce はラテン語 uncia「1/12 フィート」(unus「1」から派生) から英語に入ったもの。ゲルマン諸語に inch の同系語は見当たらない。
→ OUNCE

incident ［中英語］名 出来事、付随事件、紛争；形 起こりやすい、付随する：

ラテン語 incident- が古フランス語を経て英語に入ったもの。incident- は incidere「降りかかる，起こる」(cadere「降る」から派生) の現在分詞語幹である。同じく incidence ［中英語］名「(病気・犯罪などの) 発生 (率)」も incidere に由来する語で、中世ラテン語 incidentia が古フランス語を経て英語に入ったものである。当初は「付随的な事柄」という意味で使われていたが、19世紀初頭からは「病・犯罪など望ましくない事象の発生」を意味するようになった。incidental ［17世紀初頭］形 名「付随的して起こる、主要でない」、「付随的事柄」は中世ラテン語 incidentalis から英語に入ったもの。

incinerate ［15世紀後半］動 焼いて灰にする、焼却する、燃えて灰になる：

語源はラテン語 cinis, chiner-「灰」。中世ラテン語 incinerare「燃えて灰になる」が英語に入ったもの。

incision ［後期中英語］名 切り込み、切り口、切り傷：

ラテン語 incidere「切り込む」に由来する語がいくつかある。incision は後期ラテン語 incisio(n-) を経て入ったもの。incisive ［後期中英語］形「鋭利な、切れの良い、辛辣な」は中世ラテン語 incisivus を経て入った語で、当初の意味は「鋭利な、鋭い」であった。incise ［16世紀半ば］動「切り込む、刻む」はフランス語 inciser を経て入ったもの。incisor ［17世紀後半］名「切歯、門歯」は文字通り「切るもの」を意味する中世ラテン語の借用語である。

incite ［15世紀後半］動 扇動する、刺激する：

ラテン語 incitare (in-「…に向かって」と citare「起こす、起動させる」からなる) がフランス語 inciter を経て入ったもの。

incline ［中英語］動 …したい気にさせる、傾ける、(心・物が) 傾く、傾向がある；名 傾斜、坂：

当初の意味は「(頭、身体を…の方に) 曲げる、向ける、傾ける」であった。「傾倒する」という意味も早期に見られる。ラテン語 inclinare (in-「…の方へ」と clinare「曲げる」からなる) が古フランス語 encliner を経て英語に入ったもので、当初は encline と綴られることもあった。inclination ［後期中英語］名「傾向、好み」はラテン語 inclinare から派生した inclinatio(n-) から英語に入ったもの。

include ［後期中英語］動 含む、包括する、包含する：

ラテン語 includere (in-「中へ」と claudere「閉じる」からなる) から英語に入ったもので、「閉じ込める」が当初の意味。この他 includere に由来する語に、inclusive ［16世紀後半］形「包括的な、含めて」(中世ラテン語 inclusivus を経て英語に入った)、および、inclusion ［17世紀初頭］名「包含、包括」(ラテン語 inclusio(n-) を経て英語に入った) がある。

incognito ［17世紀半ば］形 (有名人が) 変名や変装で正体を隠して；副 お忍びで；名 変名 (者)、匿名 (者)：

文字通り「知られていない」を意味するイタリア語の借用で、同義のラテン語 incognitus (cognoscere「知っている」から) に由来する。

income ［中英語］名 (定期的な) 収入、所得：

当初の意味は「入口、到着」であったが、現在はスコットランド語にしか残っていない。「到着」を意味する古ノルド語 innkoma から英語に入った語で、16世

後半以降の「給与、または投資による定期的収入」という意味は in と come から来ている。

incommunicado [19世紀半ば]形副
外部との連絡を絶たれた・絶たれて、閉じこもって外部との接触を絶った・絶って：

スペイン語 *incomunicar*「連絡を取らせない、意思疎通を阻む」の過去分詞 *incomunicado* から英語に入ったもの。

incompetent [16世紀後半]形無力な、無能な；名不適格者、無資格者：

当初の意味は「法的に無能力の」であった。フランス語 *incompetent* または後期ラテン語 *incompetent-* から英語に入ったもの（否定を表す *in-* とラテン語 *competent-*「適している」からなる）。
→ COMPETENT

incomprehensible [後期中英語]形
理解できない、不可解な：

対義語の comprehensible「理解できる」以前に現れた語で、ラテン語 *incomprehensibilis*（否定を表す *in-* と *comprehensibilis*「〈人が〉理解できる、わかる」からなる）から英語に入ったもの。
→ COMPREHEND

incongruous [17世紀初頭]形不調和な、釣り合わない、矛盾する、（言葉や態度が）不適当な、ばかげた、つじつまの合わない（話）：

ラテン語 *incongruus* から英語に入ったもの。否定を表す *in-* と *congruus*「一致する、適した」（動詞の *congruere* より）からなる。「つじつまの合わない、ばかげた」という意味も広く定着している。デフォー『ロビンソン・クルーソー』*Robinson Crusoe*：I have since often observed, how *incongruous* and irrational the common Temper of Mankind is「その時以来、私はよく気づくようになった。一般的に言って人間の気質というものが

いかにつじつまの合わない、不合理なものであるかということに」。

inconsequent [16世紀後半]形論理的でない、矛盾した、見当違いの、関係のない、重要でない：

ラテン語 *inconsequent-*（否定を表す *in-* と *consequent-*「追い越す、抜く、すぐ後に続く」からなる）から英語に入ったもの。「重要でない」という意味は18世紀半ば以降のものである。
→ CONSEQUENCE

inconsiderable [16世紀後半]形取るに足らぬ、些細な、重要でない、小さい、わずかな：

ラテン語 *inconsiderabilis*（否定を表す *in-* と *considerabilis*「考慮に値する」からなる）から英語に入ったもの。
→ CONSIDERABLE

inconsiderate [後期中英語]形思いやりのない、配慮のない、分別のない、軽率な：

当初は「適切に考慮されていない」を意味した。ラテン語 *inconsideratus*（否定を表す *in-* と *consideratus*「考察された、考慮された」からなる）から英語に入った。「思いやりのない」という意味は17世紀初頭以降のものである。シェイクスピア『ジョン王』*King John*, II. i. 67：Rash, *inconsiderate*, fiery voluntaries「血気にはやる無分別、無鉄砲な志願兵ども」。
→ CONSIDERATE

inconspicuous [17世紀初頭]形目立たない、地味な、注意をひかない：

ラテン語 *inconspicuus*（否定を表す *in-* と *conspicuus*「はっきりと目に見える」からなる）から英語に入ったもの。当初は「目に見えない、識別できない」を意味した。

incontinent [後期中英語]形自制できない、抑制できない、【医学】失禁の：

当初は「自制に乏しい」を意味した。古フランス語 incontinent またはラテン語 incontinent- (否定を表す in- と continent-「結合させる」より) から英語に入ったもの。医学分野における用例は19世紀初頭に遡る。

inconvenience ［後期中英語］名 不便(なもの)、不快、迷惑：

当初は「不一致、不調和、首尾一貫していないこと」を意味した。後期ラテン語 inconvenientia「不調和、不一致」(否定を表す in- とラテン語 convenient-「一致する、調和する」からなる) が古フランス語 inconvenience を経て英語に入ったもの。inconvenient ［後期中英語］形「不便な、不自由な、迷惑な、不適当な」の当初の意味は「不調和な、不適当な」であった。ラテン語 inconvenient- が古フランス語を経て英語に入ったもの。現在の「不便な、不適当な」という意味は17世紀半ばから。
→ CONVENIENCE

incorporate ［後期中英語］動 合併させる・する、組み入れる、編入する、法人組織にする；形 一体化した、法人組織の：

後期ラテン語 incorporat- (incorporare「形体を与える、具体化する、組織化する」の過去分詞語幹) から英語に入ったもの。接頭辞 in-「中へ」とラテン語 corporare「身体の形にする、具体化する」(corpus, corpor-「身体」から派生) からなる。「法人組織にする」という意味は1950年代から。

incorrect ［後期中英語］形 不正確な、妥当でない、不適当な、不適格な、欠陥のある：

ラテン語 incorrectus (否定を表す in- と correctus「まっすぐにされた、修正された」からなる) に由来する。「修正されていない」が当初の一般的な意味であったが、後にはもっぱら、校正されずに印刷された誤記のある本に対して使われるようになり、そこから「不適当な」という意味に発展した。例：grammatically incorrect「文法的に不適格な」(17世紀後

半)。
→ CORRECT

increase ［中英語］動 増す、増える、増大する、繁殖する；名 増加、増大：

当初は encrease とも綴られた。ラテン語 increscere が古フランス語 encreistre を経て英語に入ったもの。in-「中へ」と crescere「大きくなる」からなる。

incredulous ［16世紀］形 (…を) 容易に信じない、疑い深い、(目つきなどが) 疑うような：

ラテン語 incredulus から英語に入った。否定を表す in- と、credere「信じる」という動詞から派生した credulus「信じている」からなる。

increment ［後期中英語］名 増加、増大、利益、利得：

ラテン語 incrementum (increscere「大きくなる、成長」する」の語幹) から英語に入ったもの。
→ INCREASE

incriminate ［18世紀半ば］動 …に罪を負わせる、罪に陥れる、有罪にする、告発する、(よくないことの) 原因と見なす：

後期ラテン語 incriminare (in-「中へ、…に対して」とラテン語 crimen「罪」からなる)「告発する、訴える」から英語に入ったもの。

incubation ［17世紀初頭］名 孵化ふ、抱卵：

ラテン語 incubatio(n-) から英語に入ったもの。incubation および incubate ［17世紀半ば］動「(卵を) 抱く、帰す」ともラテン語の動詞 incubare「…の上に置く」に由来する。in-「上に」と cubare「位置する」からなる。

inculcate ［16世紀半ば］動 (繰り返し) 教え込む、説き聞かせる、(知識・習慣などを) 植えつける：

ラテン語 inculcat- (inculcare「押し込む、

押し当てる、押しつける」の過去分詞語幹）から英語に入ったもの。in-「中へ」と calcare「踏む」(calx, calc-「かかと」から派生）からなる。

incumbent ［後期中英語］形 義務として課される、現職の、よりかかった、（岩などが）張り出ている、（会社が）大手の；名 現職者、聖書禄所有者、（英国国教会の）教会を持つ牧師、占有者、居住者：

ラテン語 incumbere「横たわる、もたれる」が英国中世ラテン語 incumbens, incumbent- を経て英語に入ったもの。incumbere は in-「…の上に」と cubare「横たわる」の同系語からなる。名詞の「…を有する者」という意味は英語特有のものである。

incur ［後期中英語］動（負債・損害など）を負う、被る、受ける、…に出くわす：

ラテン語 incurrere (in-「…に向かって」と currere「走る」からなる) から英語に入ったもの。

incursion ［後期中英語］名 侵入、侵略、侵害、妨害：

encursion と綴られることもあった。ラテン語 incursio(n-) から英語に入ったもの。incursio(n-) は、文字通り「…に向かって走る」を意味する incurrere から派生。
→ INCUR

indebted ［中英語］形 借金・負債がある、負うところがある、恩を受けている：

古フランス語 endetter の過去分詞 endette「借金のある」から英語に入ったもので、当初の綴りは endetted であった。中世ラテン語 indebitare（ラテン語 debitum「借り、借金」から派生）との類推から、綴りが indebted に変化するのは16世紀である。

indefatigable ［17世紀初頭］形 不屈の、根気強い、疲れを知らない、倦むことを知らない：

フランス語 indefatigable またはラテン語 indefatigabilis から英語に入ったもの。indefatigabilis は否定を表す in-、de-「…から離れて、完全に」と fatigare「疲れる」からなる。

indefinite ［16世紀半ば］名 孵化、抱卵：

ラテン語 indefinitus (否定を表す in- と definitus「明確な、限定された」からなる) から英語に入ったもの。
→ DEFINITE

indelible ［15世紀後半］形（汚れなどが）消えない、拭い去れない：

当初の綴りは indeleble で、フランス語 in delebile、またはラテン語 indelebilis から英語に入ったもの。否定を表す in- と delebilis「消すことができる」(delere「消す、削除する」から派生) からなる。現在の綴りは一般的な接尾辞 -ible の影響による。

indemnity ［後期中英語］名 賠償の保証、損害賠償、賠償金、（刑罰の）免責：

後期ラテン語 indemnitas (ラテン語 indemnis「損なわれていない、損失がない」から) がフランス語 indemnite を経て英語に入ったもの。**indemnify** ［17世紀初頭］動「償う、賠償する、保証する、免ずる」もまた indeminis に由来する語で、基になったのは damnum「損失、損害」である。

indent ［15世紀後半］動 字下がりにする、…をぎざぎざにする、刻み目をつける、正副2通作成する；名 インデント、正副2通、ぎざぎざの切り込み：

当初は「ぎざぎざの刻み目をつける、ぎざぎざに切り離す」を意味する動詞であった。アングロノルマンフランス語 endenter または中世ラテン語 indentare (en-, in-「…の中へ」とラテン語 dens, dent-「歯」より) から英語に入ったもの。同じく15世紀後半の **indenture** 名「（正副2通の）契約書、（ぎざぎざの切り取り線のある2枚続きの）捺印証書」は同系語。中世ラテン語 indentura (indentare「…にぎざぎざの刻み目をつける」から

派生) がアングロノルマンフランス語を経て英語に入ったもので、当初の綴りは*endenture*であった。本来の契約書は、同文2通が書かれた1枚の紙をジグザグの切り取り線に沿って切断し、契約者双方が切り取り線を合わせることによって真正性を確認できるように作成された。

independent [17世紀初頭]形独立した、自主の、自由の；名独立した人(もの)：

否定を表す*in-*と*dependent*「頼っている」からなる。語形成においてフランス語*indépendant*の影響を受けた。*independent*から派生した**independence** [17世紀半ば]名「独立、自立」も、語形成においてフランス語*indépendance*の影響を受けている。

indeterminate [17世紀初頭]形不確定の、不詳の、未解決の：

後期ラテン語*indeterminatus*(否定を表す*in-*とラテン語*determinatus*「限られた、確定した」からなる) から英語に入ったもの。
→ DETERMINE

index [後期中英語]名索引、目録、指標、指数；動索引を付ける：

ラテン語*index*「人差し指、情報提供者、しるし」(*in-*「…に向かって」と、*dicere*「言う」や*dicare*「知らせる」と同系の*dex*からなる) から英語に入ったもの。原義は「人差し指(指し示す指)」で、16世紀後半に「指し示すもの」という意味が生まれた。さらに比喩的な意味「事実や結論を指し示すためのもの」が生まれ、本の中の字句や事項の所在を示す「索引」という意味に発展した。
→ INDICATION

indication [後期中英語]名指示、暗示、指摘、徴候：

ラテン語の動詞*indicare*「指し示す」から派生した*indicatio(n-)*から英語に入ったもの。この*in-*「…に向かって」と*dicare*「知らせる」からなる*indicare*に由来する語に、**indicative** [後期中英語]形「指示する、暗示する、徴候がある」(後期ラテン語*indicativus*がフランス語*indicatif, -ive*を経て英語に入ったもの) や、**indicate** [17世紀初頭]動「指し示す、暗に示す」がある。

indict [中英語]動非難する：

ラテン語の*indicere*「宣言する、指示する」(*in-*「…に向かって」と*dicere*「言う、述べる」から) が、アングロノルマンフランス語*enditer*を経て英語に入ったもの。当初は*endite*や*indite*と綴られることもあった。**indictment** [中英語]名「起訴、告発」はアングロノルマンフランス語*enditement* (*enditer*から派生) から英語に入ったもので、当初の綴りは*enditement, inditement*であった。

indifferent [後期中英語]形無関心な、冷淡な、公平な、良くも悪くもない、重要でない；名無関心な人、中立的立場の人：

当初の意味は「偏しない、中立の」であった。ラテン語*indifferent-*「違いがないこと」(否定を表す*in-*と*different-*「違い」からなる) が古フランス語を経て英語に入ったもの。be *indifferent* to「…に無関心である」という成句は16世紀初頭から。ラテン語*indifferent-*の原義から拡大した「良くも悪くもない、かなり劣る」という意味は17世紀半ばから使用された。**indifference**名「無関心、冷淡さ、重要でないこと、中立」(ラテン語*indifferentia*から) は後期中英語の語で、当初は「偏らないこと、よくも悪くもないこと」という意味であった。
→ DIFFER

indigenous [17世紀半ば]形(ある土地・国に)固有の、原産の：

ラテン語*indigena*「ある土地・国に生まれ育った」に由来する。語源は*gignere*「…の父親となる、男親が子をもうける、生じさせる」である。

indigestion [後期中英語]名消化不良、

不消化：
後期ラテン語 *indigestio(n-)* (否定を表す *in-* と *digestio* より) から英語に入ったもの。
→ DIGEST

indignation [後期中英語]名憤慨、憤り：
ラテン語 *indignatio(n-)* から英語に入ったもので、当初の意味は「軽蔑」であった。基になったのはラテン語 *indignari*「価値がないと見なす」で、この動詞に由来する語に16世紀後半の **indignant**形「憤慨した」と **indignity**名「侮蔑、冷遇、無礼」(フランス語 *indignite* またはラテン語 *indignitas* から) がある。*indignari* は否定を表す *in-* と *dignus*「価値がある」からなる。

indigo [16世紀半ば]名藍 (染料)、藍色：
ギリシア語 *indikos*「インドの (染料)」から派生した *indikon* が、ラテン語を経てポルトガル語に入り (*indigo*)、そこから英語に入ったもの。

indiscreet [後期中英語]形無分別な、軽率な：
当初の意味は「識別力や判断力のない」で、*indiscrete* と綴られた。後期ラテン語 *indiscretus* (否定を表す *in-* と *discretus*「別の、区別できる」より) から英語に入ったもの。*indiscretus* は中世ラテン語で「不注意な、無分別な」を意味するようになった。語源はラテン語 *discernere*「引き離す、区別する」である。**indiscretion** [中英語]名「無分別、軽率」は、後期ラテン語 *indiscretio(n-)* (文字通り「思慮分別を欠いた」の意) から英語に入ったもの。
→ DISCREET

indiscriminate [16世紀後半]形無差別の、見境のない、乱雑な：
当初の意味は「見境のない、乱雑な」であった。ラテン語 *discriminatus* (*discriminare*「識別する」の過去分詞) に由来し、否定を表す *in-* が加わったもの。「無差別の」という現在の意味は18世紀後半から。

indispensable [後期中英語]形不可欠な、余儀ない：
当初の意味は「教会法適用の免除を受けない」であった。中世ラテン語 *indispensabilis* (否定を表す *in-* と *dispensabilis*「分配しうる、施しうる」より) から英語に入った。「不可欠な」という意味は17世紀後半から。

indisposed [後期中英語]形気分がよくない、(軽い) 病気の、…する気がない、気が向かない：
否定を表す *in-* と *disposed*「…に気が向いている、乗り気の」からなる。または、*indispose*「体調不良にする、…する気をなくさせる」の過去分詞。当初は「整然としていない、準備ができていない」という意味で用いられ、「病気の」という意味は16世紀後半から。

individual [後期中英語]形個々の、個人の、特有の；名個人：
中世ラテン語 *individualis* (ラテン語 *individuus*「分割できない」から派生) から英語に入ったもので、「分割できない」が当初の意味であった。語源はラテン語 *dividere*「分ける」である。「個人」を意味する名詞用法は17世紀初頭から。

indolent [17世紀半ば]形怠惰な、怠けた、【病理】無痛性の、(腫瘍などが) 不活性の：
後期ラテン語 *indolent-* (否定を表す *in-* と *dolere*「患う、痛む」からなる) から英語に入ったもの。「無痛性の」を意味する医学用語はラテン語の原義を反映したもの。「怠惰な」という意味は18世紀初頭から。

indomitable [17世紀半ば]形不屈の、負けん気の強い、断固とした：
後期ラテン語 *indomitabilis*「飼いならせない」(否定を表す *in-* とラテン語 *domitare*「飼いならす」より) から英語に入っ

たもので、当初は「飼いならしにくい」を意味した。

induce [後期中英語][動]誘導する、説いて…させる、誘発する：

ラテン語 inducere「口火を切る、取り入れる」(in-「中へ」と ducere「導く」より) から、またはフランス語 enduire から英語に入ったもの。同じく後期中英語 induction[名]「誘導、導入、伝授、手ほどき、就任、入団、入隊」はラテン語 inductio(n-) (inducere から派生) から英語に入ったもので、「伝授、手ほどき」という意味は16世紀初頭から。

indulgence [後期中英語][名]甘やかすこと、気まま、放縦、ふけること、寛大、免償：

ラテン語の動詞 indulgere「赴くままにする、したいようにさせる」から派生した indulgentia が古フランス語を経て英語に入ったもの。indulgere に由来する語に indulgent [16世紀初頭][形]「寛大な」や indulge [17世紀初頭][動]「気ままにさせる」がある。当初の意味は「甘やかす」であった。

industry [後期中英語][名]産業、工業、製造業、勤労、勤勉：

フランス語 industrie またはラテン語 industria「勤勉」から英語に入ったもので、当初の意味は「勤勉」であった。「商い、取引、製造業」という意味は16世紀半ばから。15世紀後半に「熟練した、器用な」という意味で初出した industrious [形]「勤勉な」はフランス語 industrieux または後期ラテン語 industriosus から英語に入ったもので、ラテン語 industria に由来する。

inebriate [後期中英語][動]…を酔わせる、…を有頂天にする；[形]酔っぱらいの、大酒のみの；[名]酔っぱらい、大酒のみ：

ラテン語 (ebrius「酔った」から) inebriare「酔わせる」の過去分詞 inebriatus から英語に入ったもので、当初は形容詞であった。

inept [16世紀半ば][形]不適当な、ばかげた、場違いの、不向きな、不器用な；

ラテン語 ineptus (否定を表す in- と aptus「適切な、ふさわしい」より) から英語に入ったもので当初の意味は「適性がない、不適当な」であった。

inert [17世紀半ば][形]自力で運動できない、不活性の：

ラテン語 iners, inert-「熟練していない、不活発な」(否定を表す in- と ars, art-「熟練、技術」より) から英語に入ったもの。18世紀初頭にラテン語から入った inertia[名]「不活発、怠惰、【物理】慣性、惰性」は、物理学用語として現れた語で、ラテン語 iners, iner- に由来する。

inevitable [後期中英語][形]避けられない、不可避の、必然の：[名]避けられないこと・もの：

ラテン語 inevitabilis から英語に入ったもの。否定を表す in- と evitare「避ける」から派生した evitabilis「避けられる」からなる。

infallible [15世紀後半][形]絶対に正しい、信頼のおける、確実な：

フランス語 infaillible または後期ラテン語 infallibilis (否定を表す in- とラテン語 fallere「だます」から) に由来する。infallibility [17世紀初頭][名]「絶対確実、(教会の教義の) 無謬(むびゅう)性」は廃語のフランス語 infallibilité または中世ラテン語 infallibilitas に由来する。

infamous [後期中英語][形]不名誉な、悪名の高い、破廉恥(はれんち)な：

ラテン語 infamis (fama「名声」から) が中世ラテン語 infamosus を経て英語に入ったもの。

infant [後期中英語][名]幼児、乳児；[形]幼児の：

ラテン語 infant-「話せない」(否定を表す in- と、fari「話す」から派生した fant- からなる) が古フランス語 enfant を経て英

語に入ったもの。同じく後期中英語の infancy と infantile も同じラテン語に由来する。**infancy** 图「幼少（であること）、幼児」はラテン語 infantia「幼児、話すことができないこと」から、**infantile** 形「幼稚な」はフランス語またはラテン語 infantilis から英語に入ったものである。

infantry ［16世紀後半］图歩兵、歩兵隊：

ラテン語 infant-「話せない」に由来する。イタリア語 infante「若者、歩兵」から派生した infanteria がフランス語 infanterie を経て英語に入ったもの。
→ INFANT

infatuate ［16世紀半ば］動分別をなくさせる、のぼせあがらせる：

ラテン語 infatuare「愚かにする」の過去分詞語幹 infatuat- から英語に入ったもの。in-「…にする」と fatuus「愚かな」からなる。

infect ［後期中英語］動伝染する、汚染する、波及する：

infect と同じく **infection**［後期中英語］图「伝染、感染、悪影響」（ラテン語 infectio(n-) から英語に入った）はラテン語 inficere「染める、…に浸す」に由来する。in-「…の中へ」と facere「置く、する」からなる。

infer ［15世紀後半］動推論する：

「生じさせる、誘発する」が当初の意味で、ラテン語 inferre「持ち込む、取り入れる」から英語に入った。in-「中へ」と ferre「もたらす」からなる inferre は、中世ラテン語で「推論により結論に達する、推論する」を意味するようになった。infer は imply と混同されがちであるが、前者 infer は聞き手（読み手）が話し手（書き手）の発話の含意を推論することであり、後者 imply は、話し手（書き手）の側がほのめかす（示唆する）ことである。**inference** ［16世紀後半］图「推論」もまたラテン語 inferre に由来する語で、中世ラテン語 inferentia から英語に入った。

inferior ［後期中英語］形下位の、劣った、粗悪な；图劣った人・もの：

ラテン語 inferus「低い」の比較級。当初の意味は「（位置が）低い」であった。**inferiority** ［16世紀後半］图「劣等」はラテン語 inferior が中世ラテン語 inferioritas を経て英語に入ったもの。

infernal ［後期中英語］形黄泉（よみ）の国の、地獄のような、悪魔のような、非道の、不愉快な：

ラテン語 infernus「…の下方の、地下の」から派生した教会ラテン語 infernalis が古フランス語を経て英語に入ったもの。infernus はその派生名詞 inferni「死の国」（男性名詞複数形）や inferna「冥土（めいど）」（中性名詞複数形）のように、元は死後の地下の世界を表し、キリスト教でいう「地獄」の意味に転用された。**inferno** ［19世紀半ば］图「地獄」は教会ラテン語としての infernus がイタリア語を経て英語に入ったもの。

infest ［後期中英語］動はびこる、横行する、群がる：

フランス語 infester またはラテン語 infestare「攻撃する」（infestus「敵意のある」より）から英語に入ったもので、当初の意味は「攻撃する、攻め立てる、痛めつける」であった。「横行する」という現在の意味は16世紀半ばから。

infidel ［15世紀後半］图異教徒；形異教（徒）の：

フランス語 infidèle、またはラテン語 infidelis（文字通り「信心深くない」を意味する）から英語に入ったもの。**infidelity** ［後期中英語］图「不信心」も infidelis に由来する。語源はラテン語 fidere「信じる」と同系の fides「信頼」である。当初は、キリスト教徒から見たイスラム教徒、イスラム教徒から見たキリスト教徒、ユダヤ教徒から見た異教徒（特にキリスト教徒）を指すことが多かった。

infinity ［後期中英語］图無限（性）、無限なもの：

古フランス語 *infinite* またはラテン語 *infinitas*（文字通り「終わっていない」を意味する *infinitus* より）から英語に入った。

infirm ［後期中英語］形 虚弱な、決断力のない、優柔不断な、不安定な、根拠のない：

ラテン語 *infirmus*（否定を表す *in-* と *firmus*「堅固な」より）から英語に入ったもので、「弱い」が当初の一般的な意味であった。**infirmary**［後期中英語］名「（特に修道院・学校・工場などの）診察所、小病院」も *infirmus* に由来し、こちらは中世ラテン語 *infirmaria* から英語に入った。

inflammation ［後期中英語］名 点火、着火、燃焼、（感情などの）燃え上がり、【医学】炎症：

ラテン語 *inflammatio(n-)* から英語に入った語で、ラテン語 *flamma*「炎」に由来する。*flamma* に由来する語に **inflame**［中英語］動「燃え上がる・らせる、激怒する・させる、興奮する・させる」があり、こちらはラテン語 *inflammare* から英語に入った。同系の **inflammable** 形 名「燃えやすい、可燃性の、興奮しやすい、可燃物」は17世紀初頭に遡り、フランス語を経て英語に入った。

inflate ［後期中英語］動 膨らませる、激増させる、得意にさせる、物価などを釣り上げる、誇張する、インフレになる：

ラテン語の動詞 *flare*「吹く」に由来する。「気体で膨らませた状態」が原義の **inflation**［中英語］名「膨張、慢心、インフレーション」は、ラテン語 *inflatio(n-)*（*inflare*「吹き込む」から派生）から英語に入ったもの。経済用語としては19世紀半ばから。

inflect ［後期中英語］動 曲げる、湾曲させる、《文法》屈折させる：

当初の意味は「…を内側に曲げる、そらす」で、ラテン語 *inflectere*（*in-*「中へ」と *flectere*「曲げる」より）から英語に入った。同じく後期中英語の **inflection** 名「屈折、湾曲」はラテン語 *inflexio(n-)*（*inflectere* から）から英語に入った。「屈折、語尾変化」を意味する文法用語としては17世紀半ばから。

inflict ［16世紀半ば］動（打撃、苦痛などを）加える、負わせる、（罰・重荷などを）科する、（人を）苦しめる：

ラテン語 *inflict-*（*infligere*「打ちつける」の過去分詞語幹）から英語に入ったもので、当初の意味は「悩ます、苦しめる」である。**infliction**［16世紀半ば］名「難儀、災難、刑罰」は後期ラテン語 *inflictio(n-)*（*infligere* から派生）から英語に入ったもの。

influence ［後期中英語］名 影響（力）、効果、感化；動 影響を及ぼす：

古フランス語、または中世ラテン語の *influentia*「流入」（ラテン語 *influere*「流れ込む」より）から英語に入ったもの。原義は「流入」、「流入物」で、当初はもっぱら「天体から霊液が流出して人間に作用を及ぼすこと」、「超自然的な力の作用」を指していた。「影響力、効果、隠然たる勢力」という意味は、ラテン語においては13世紀までにスコラ哲学者の間で定着したが、英語に現れるのは16世紀後半である。

influenza ［18世紀半ば］名 インフルエンザ、流行性感冒：

文字通り「影響」を意味するイタリア語。中世ラテン語 *influentia* に由来する。イタリア語 *influenza* には「流行病の突発」という意味もある。特に1743年にイタリアで大流行を見た流行病にあてられたのがきっかけとなり、その病気の名称として英語に入った。
→ INFLUENCE

influx ［16世紀後半］名 流入、（大量の人やものの）到来：

当初の意味は「水、空気、光の流入」であった。ラテン語 *influere*「流れ込む」に由来する後期ラテン語 *influxus* から英語に入った。
→ INFLUENCE

inform [中英語][動]知らせる、情報を提供する、知識を与える：

当初は enforme や informe と綴られることもあり、「形作る」、「考えを形作る、教える」を意味した。ラテン語 informare「形作る、造り出す、表す」(in-「中へ」と forma「形」から) が古フランス語 enfourmer を経て英語に入ったもの。**information** [後期中英語][名]「情報」はラテン語 informatio(n-) が古フランス語を経て英語に入ったもので、当初は「考えを形作ること、教えること」を意味した。

infrequent [16世紀半ば][形]まれな、まばらな、遠く離れた：

当初の意味は「ほとんど使われない」、「めったになされない」、「まれな」であった。ラテン語 infrequent-（否定を表す in- と frequent-「頻繁に起こる」より）から英語に入った。

infringe [16世紀半ば][動](法を)破る・犯す、(権利を)侵害する：

ラテン語 infringere (in-「中へ」と frangere「破る」から) から英語に入った。**infraction** [後期中英語][名]「違反、侵害、違反行為」はラテン語 infractio(n-) (infringere より) から英語に入った。

infuriate [17世紀半ば][動]激怒させる、憤慨させる：

中世ラテン語 infuriare「激怒させる」(in-「中へ」とラテン語 furia「激怒」より) から英語に入った。

infuse [後期中英語][動]注ぐ、注入する、吹き込む：

ラテン語 infus- (infundere「注入する」の過去分詞語幹) から英語に入ったもの。同じく **infusion** [後期中英語][名]「注入、鼓舞、吹き込み」はラテン語 infusio(n-) (infundere から派生) から入ったもので、「液体を注ぎ入れること」が原義。薬草などの「浸出液、煎汁」という意味は16世紀半ばから。

ingenious [後期中英語][形]工夫に富む、巧妙な、利口な、独創的な、器用な：

フランス語 ingénieux またはラテン語 ingeniosus (ingenium「知力、知性」から派生) から英語に入ったもの。**ingenuity** [16世紀後半][名]「発明の才、工夫力、巧妙さ」はラテン語 ingenuitas「率直さ」(ingenuus「生まれつきの」から) から入ったもので「高潔さ」、「率直さ」が原義。現在の意味「発明の才」は ingenuous「器用な」と ingenious「純真な」が混同された結果生じたもの。
→ ENGINE

ingenuous [16世紀後半][形]率直な、天真爛漫な、純真な、無邪気な：

文字通り「生まれつきの」を意味するラテン語 ingenuus (in-「中へ」と gignere「…の父親となる」の同系の構成素より) から入ったもの。原義の「高貴な」から「率直な、正直な」という意味が生まれ、17世紀後半に「無邪気な、心の高潔な」という意味になった。

ingest [17世紀初頭][動]摂取する、飲み込む、吸収する：

ラテン語 ingest- から入ったもの。ingest- は ingerere「持ち込む」(in-「中へ」と gerere「運ぶ」から) の過去分詞語幹である。

inglenook [18世紀後半][名]炉端、炉辺、炉辺の長いす：

ingle- は16世紀初頭に初出のスコットランド語 ingle から来ている。ingle はスコットランド・ゲール語 aingeal「光、火」、またはアイルランド語 aingeal「燃えさし」に由来する。

ingot [後期中英語][名]鋳塊、インゴット；[動](金属を)鋳塊にする：

当初は「金属の鋳型」を指した。in と古英語 goten (geotan「投げる、注ぐ」の過去分詞) からなる。

ingrain [後期中英語][動]浸透させる、植えつける：

当初の綴りは engrain で「鮮紅色または

落ちない色で染める」という意味であった。強意の en- または in- と動詞 grain「染める」からなる。形容詞は in grain「色落ちしないように染めた」から来ており、grain の古義「えんじ、鮮紅色」に由来する。

ingratiate ［17世紀初頭］動迎合する、(人に)取り入る：

ラテン語 in gratiam「気に入られる」から派生した、廃語のイタリア語の動詞 ingratiare (ingraziare の古語) から英語に入ったもの。

ingratitude ［中英語］名忘恩、恩知らず：

古フランス語または後期ラテン語 ingratitudo から英語に入ったもので、ラテン語 ingratus「恩知らずの」に由来する。ingratus は文語の **ingrate**名「恩知らず」の基になった語でもある。

ingredient ［後期中英語］名成分、材料、構成要素、要因：

ラテン語 ingredient- から英語に入った。ingredient- は ingredi「入る」の現在分詞語幹で、in-「中へ」と gradi「歩く」からなる。

inhabit ［後期中英語］動居住する、生息する：

古フランス語 enhabiter またはラテン語 inhabitare「…に住む」(habere「持つ」より) から入った語で、当初は inhabite, enhabite と綴られることもあった。同じく **inhabitant** ［後期中英語］名「住民」は古フランス語を経て入った語で、ラテン語 inhabitare に由来する。

inhalation ［17世紀初頭］名吸入、(麻酔などの)吸入剤：

ラテン語 halare「呼吸する」に由来し、中世ラテン語 inhalatio(n-) から英語に入った。**inhale** ［18世紀初頭］動「吸い込む、吸入する」も halare に由来する語で、こちらはラテン語 inhalare「吸い込む」から英語に入った。inhale の現在の用例は対義語の exhale「吐き出す」の影響による。**inhaler**名「吸入者、吸入器、空気清浄器」は18世紀後半から。

inherent ［16世紀後半］形本来備わっている、生まれつきの、生得の、固有の：

ラテン語 inhaerent- (haerere「くっつく」の現在分詞語幹) から英語に入った。in-「中に、…に向かって」と haerere「突く」からなる。当初は字義通りの「固着した」を意味したが、「固有の、生来の」という比喩的な意味も初期に見られる。

inherit ［中英語］動相続する、受け継ぐ：

古フランス語 enheriter から入った語で、当初は enherite と綴られ「(自分の取り分として)受け取る」を意味した。後期ラテン語 inhereditare「相続人として指名する」(ラテン語 in-「中に」と heres, hered-「相続人」からなる) に由来する。**inheritance** ［中英語］名「相続(権)、相続財産、遺産」は、当初 enheritance と綴られた。アングロノルマンフランス語 enheritaunce「相続人として指名されること」から入った語で、古フランス語 enheriter に由来する。

inhibit［後期中英語］動抑制する、妨げる、禁じる：

当初の意味は「(人が)何かをするのを妨げる」であった。ラテン語 inhibere「妨げる」(in-「中に」と habere「保つ」からなり、文字通り「制する」を意味する) から入った語。この inhibere に由来する語に **inhibition** ［後期中英語］名「抑制、禁止」(ラテン語 inhibitio(n-) から) がある。当初は「禁止」を意味した。「抑制」を意味する心理学的用法は19世紀後半から。

inhuman ［後期中英語］形不人情な、残酷な、無愛想な、超人的な：

当初の綴りは inhumane で、強勢は最終音節に置かれていた。ラテン語 inhumanus (否定を表す in- と humanus「人間に関する」からなる) に由来する。**inhumanity** ［15世紀後半］名「不人情、残酷、無愛想」も inhumanus に由来する語で、

古フランス語 *inhumanite* またはラテン語 *inhumanitas* から英語に入った。
→ HUMAN

inhumane ［後期中英語］形非人道的な、冷酷な、無慈悲な、薄情な：

当初の意味は「冷酷な」であった。元の *inhuman* の変異形としての用例は1700年以降にほぼ廃れ、現在の *inhumane* は否定を表す *in-* と *humane* の合成語である。現在の「無慈悲な」という意味は19世紀初頭から。

iniquity ［中英語］名不正、不法、非道、邪悪：

ラテン語 *iniquitas* が古フランス語 *iniquite* を経て英語に入ったもので、ラテン語の形容詞 *iniquus*（否定を表す *in-* と *aequus*「公平な」から）に由来する。*Iniquity* は中世の寓意劇で道化役として登場する擬人化された悪徳の名前（the Vice と呼ばれることもあった）である。シェイクスピアの『リチャード三世』*Richard* III, III. i. 83-84：Thus like the formal vice *inquity*, I moralize two meanings in one word「こうしておれは、昔の芝居のように、裏に別の意味をこめたことばをあやつるのだ」。

initial ［16世紀初頭］形最初の、初期の；名頭文字：

ラテン語 *initium*「始まり」から派生した *initialis* から英語に入ったもので、語源は *inire*「中に行く」である。「頭文字」を意味する名詞用法は17世紀初頭から。複数形 *initials* が固有名詞の頭文字（John Smith の略の J.S. など）を指すようになるのは18世紀初頭である。**initiate** ［16世紀半ば］動「（クラブなどに正式に）加入させる」、「新加入者」もラテン語 *inire* から入った語で、*intiare*「始める」に由来する。「新加入者」を意味する名詞用法は19世紀初頭から。**initiation** 名「開始、創始」はラテン語 *initiare* がフランス語を経て英語に入ったもので、18世紀後半から。

injection ［16世紀初頭］名注入、注射：

ラテン語 *inicere*「投げ入れる」（*in-*「中へ」と *jacere*「投げる」からなる）から派生した *injectio(n-)* から英語に入ったもの。**inject** ［16世紀後半］動「注入する、注射する」はラテン語 *inject-*（*inicere* の過去分詞語幹）に由来する語で、当初の意味は「投げ入れる」であった。

injunction ［後期中英語］名【法律】差し止め、命令：

ラテン語 *injungere*「課す、命じる」から派生した後期ラテン語 *injunctio(n-)* から英語に入ったもの。

injury ［後期中英語］名傷害、損害、無礼、侮辱、不正：

ラテン語 *injuria*「不当、不正」（否定を表す *in-* と *jus, jur-*「正しい、正義」からなる）がアングロノルマンフランス語 *injurie* を経て英語に入ったもの。同じく後期中英語の動 **injure**「傷つける、害する」は *injury* の接尾辞消滅による逆成語である（*injure* の当初の綴りは *injury* で1580～1640年に移行した）。**injurious** ［後期中英語］形「有害な、不正な」はフランス語 *injurieux* またはラテン語 *injuriosus* から英語に入ったものである。

injustice ［後期中英語］名不当、不法、不公平、不正行為：

ラテン語 *injustitia*（否定を表す *in-* と *justus*「公平な、正しい」からなる）が古フランス語を経て英語に入ったもの。

ink ［中英語］名インク、墨；動インクをつける、塗る、インクで書く：

当初は *enke, inke* とも綴られていた。元は古フランス語 *enque* である。ギリシア語 *enkauston*「紫色のインク」（*enkaiein*「焼きつける」から）が語源で後期ラテン語を経て *enque* となった。この語は歴代のローマ皇帝が署名に用いた紫色のインクを指した。

inkling ［後期中英語］名暗示、ほのめかし、薄々感づくこと；

当初の意味は「かすかに口に出すこと、

ぼんやりと伝える・伝わること」であった。hear an *inkling* of「ほのめかされる」という成句で使われることが多かった。語源不詳で稀な動詞 inkle「小声で言う」から派生した語。The *Inklings*「インクリングズ」とは1930年代から1960年代にかけてオックスフォード大学にて文芸についての討論を行っていたグループである。主なメンバーはC・S・ルイス、トールキン、ウィリアムズで、オックスフォード大学のルイスの部屋で、メンバーの未完成作品の読合わせと討論が行われていた。

inmate [16世紀後半]**名**(病院、刑務所などの) 収容者、入院者：

in-「中の」(当初は *inn*「住居、宿屋」とされた) と *mate*「仲間」からなる語で、原義は「下宿人、間借り人、転借(また借り)人」である。16〜17世紀に貧民を入所者として住まわせるにあたり厳しい規則があり、これにより地方の貧民は増加した。

inn [古英語]**名**宿屋、小さな旅館：

当初は「住居、一時的な宿」を指した。ゲルマン語起源で、in と同系である。中英語においてラテン語 *hospitium*「学生の寄宿寮」の訳語に充てられた。この古義は今でも Gray's *Inn*「グレイ法曹院」や Lincoln's *Inn*「リンカーン法曹院」(いずれも *Inns* of Court「法曹学院」) など、建物の名称に残っている。「宿屋」という意味は後期中英語から。
→ HOSPICE

innards [19世紀初頭]**名**内臓、内部、内部機構：

名詞の *inwards*「内臓」の発音綴り(発音が軟化したもの)。

innate [後期中英語]**形**生来の、先天的な、固有の、本質的な：

ラテン語 *innatus* から英語に入ったもの。*innatus* は *innasci* (*in*-「中に」と *nasci*「生まれる」からなる) の過去分詞。*innate* の対義語は acquired「獲得した、後天的の」である。

innocent [中英語]**形**無垢の、無邪気な、潔白の、無知の：

文字通り「害を与えない」を意味する。古フランス語またはラテン語の *innocent*-(否定を表す *in*- と *nocere*「傷つける」からなる) から英語に入ったもの。同じく *innocence* [中英語]**名**「無邪気、潔白、無知」はラテン語 *innocent*-「害を与えない」から派生した *innocentia* が古フランス語を経て英語に入ったもの。

innocuous [中英語]**形**一見すると無毒の、表面上は危害を加えない：

ラテン語 *innocuus* から英語に入ったもの。否定を表す *in*- と *nocuus*「有害な」(*nocere*「傷つける」から派生) からなる。
→ INNOCENT

innovation [後期中英語]**名**革新、刷新、新機軸、新制度：

ラテン語の動詞 *innovare*「一新する、改変する」から派生した *innovatio(n-)* から英語に入った。*in*-「中に」と *novare*「新しくする (*novus*「新しい」より)」からなる。*innovate* [16世紀半ば]**動**「刷新する」はラテン語 *innovare* から入った語で当初は「新しいものに変える」を意味した (今では廃義)。スコット『ロブ・ロイ』*Rob Roy*：The dictates of my father were ... not to be altered, *innovated*, or even discussed「私の父の命令は…変えられても、新しくなっても、議論されてもいなかった」。*innovative* [17世紀初頭]**形**「革新的な、刷新的な、進取の気概に富む」は1970年代以降、斬新性が強調されるようになった。

innuendo [16世紀半ば]**名**暗示、風刺、当てこすり；**動**暗示する、当てこすりをする：

当初は訴訟書類などにおいて前出の語句を説明するため「すなわち」を意味する副詞として用いられた。「頷きによって、指し示すことによって」を意味するラテン語 *innuere* (*in*-「…に向かって」と *nuere*「頷く」からなる) の奪格動名詞 (奪格動詞的中性名詞) である。「暗示、

当てこすり」を意味する名詞用法は17世紀後半から。

inoculate ［後期中英語］⑩予防接種をする、思想などを吹き込む：

当初の意味は「（植物の芽や接ぎ穂を）差し込む、芽接ぎする、接ぎ木する」である。ラテン語 *inoculare*「接ぐ、植えつける」(*in-*「中に」と *oculus*「芽」から) に由来する。「予防接種をする」という意味は18世紀初頭から。

inordinate ［後期中英語］㊀過度の、法外な、尋常でない、乱れた：

ラテン語 *inordinatus*（否定を表す *in-* と *ordinatus*「きちんと並べられた」からなる）から英語に入ったもの。当初の意味は「秩序のない、節度のない」である。

inquest ［中英語］㊁審問、陪審、検死陪審、評決、決定：

古フランス語 *enqueste*「調査する」から英語に入ったもので、ラテン語 *inquirere*「詳しく調べる」に由来する。ラテン語式の *in-* の形は17世紀以降に見られるが、確立したのは18世紀である。当初の審問は価格設定や財産評価といった国益的・公益的な事柄を調査するために開かれた。
→ ENQUIRE

inquire ［中英語］⑩尋ねる、問う、調査する：

ラテン語 *quaerere*「探す」から派生した *inquirere* の変異形が、古フランス語 *enquerre* を経て英語に入ったもので、当初の綴りは *enquere* であった。ラテン語化した *in-* の綴りは15世紀以降である。ラテン語の動詞 *quaerere* に由来する同系語に、後期中英語の **inquisitive**㊀「知識欲のある、好奇心の強い、詮索好きな」（古フランス語 *inquisitif, -ive* から英語に入った）、**inquisitor**㊁「調査官、好奇心の強い質問者」(ラテン語 *inquisitor* がフランス語 *inquisiteur* を経て入った) ならびに **inquisition**㊁「調査、探究、取り調べ」がある。inquisition はラテン語 *inquisi-*

tio(*n-*)「調査、検査」が古フランス語を経て英語に入ったもので、当初はあらゆる調査・探究に言及していた。16世紀の Spanish *Inquisition*「【カトリック】スペインの異端審問」は異端者に対する厳しい弾圧で知られる。こうした宗教裁判所の前身は、ローマ教皇インノケンティウス3世の下でローマ・カトリック教会によって13世紀に設立された、ローマの中心的行政組織である聖務省に見られる。
→ ENQUIRE

insane ［16世紀半ば］㊀狂気の、精神異常の、ばかげた：

ラテン語 *insanus*（否定を表す *in-* と *sanus*「健康な」からなる）から英語に入った語。廃義の「精神を錯乱させる」はシェイクスピア『マクベス』*Macbeth*, I. iii. 82-83 に見られる：Have we eaten on the *insane* Root, That takes the Reason prisoner?「もしかしたら2人とも狂気の根を食らい、理性が金縛りにあっておかしな夢でも見たのかな？」。人にも行為にも言及する現在の意味は19世紀半ば以降である。**insanity** ［16世紀後半］㊁「狂気、精神錯乱」はラテン語 *insanitas* (*insanus* から派生) から英語に入ったもの。

inscribe ［後期中英語］⑩記入する、刻む、銘記する：

ラテン語 *inscribere* (*in-*「中へ」と *scribere*「書く」より）から英語に入ったもの。これより100年ほど前に現れた **inscription**㊁「碑銘、碑文、刻むこと」は当初、書物の題字や献呈の辞を指した。ラテン語 *inscripti*(*n-*)(*inscribere* から派生) から英語に入ったもの。

inscrutable ［後期中英語］㊀不可解な、不思議な、計り知れない：

教会ラテン語 *inscrutabilis*（否定を表す *in-* と *scrutari*「捜す」より）から英語に入ったもの。
→ SCRUTINY

insect ［17世紀初頭］㊁昆虫：

ギリシア語 *zōion entomon* の訳語に充て

られたラテン語 (*animal*) *insectum*「身体に刻み目のある (動物)」から英語に入ったもので、当初は小無脊椎(むせきつい)動物全般を指した。*insectum* は *in*-「中に」と *secare*「切る」からなる。

insecure ［17世紀半ば］形不安定な、不安な、自信のない、不確かな：

中世ラテン語 *insecurus*「安全でない」（否定を表す *in*- とラテン語 *securus*「心配のない」からなる）から英語に入ったもの。否定を表す接頭辞 *in*- と *secure*「確実な」からなる意味もある。心理的意味は1930年代以降である。

inseminate ［17世紀初頭］動種をまく、受精する、植えつける：

ラテン語 *semen, semin*-「種、精液」が語源。ラテン語 *inseminare*「（種子を）まく」（字義通りには「植えつける」）から英語に入ったもの。「受精する」という意味の初出は19世紀半ばで、これは1920年代から artificial *insemination*「人工授精」について用いられるようになった。

insensible ［後期中英語］形感覚を失った、意識がない、無頓着な、無神経な：

当初は「知覚できない」、「感覚を失った」という意味で使われた。ラテン語 *insensibilis*（否定を表す *in*- と *sensus*「感覚」から派生した *sensibilis* からなる）が古フランス語 *insensible* を経て英語に入った意味もあれば、否定を表す接頭辞 *in*- と *sensible*「分別のある」からなる意味もある。

insert ［15世紀後半］動差し込む、挿入する、書き込む、掲載する；名挿入物、折り込み広告：

ラテン語 *insert*- (*inserere*「入れる」の過去分詞の語幹) から英語に入ったもので当初の意味は「文書に（文言を）含める」である。*inserere* は *in*-「中に」と *serere*「結合する」からなる。**insertion** ［16世紀半ば］名「挿入、挿入物」は後期ラテン語 *insertio*(*n*-) から英語に入ったもので、ラテン語 *inserere* に由来する。

insidious ［16世紀半ば］形狡猾(こうかつ)な、欺瞞(ぎまん)に満ちた、権謀術数(けんぼうじゅっすう)に長けた：

ラテン語 *insidiae*「待ち伏せ、策略」から派生した *insidiosus*「狡猾な」から英語に入ったもの。*insidere*「待ち伏せる」(*in*-「…の上に」と *sedere*「座る」からなる) に由来する。

insight ［中英語］名洞察 (力)、眼識、識見：

当初の意味は「心眼、判断力、理解力」である。語源はおそらくスカンジナビア語 (北方ゲルマン語) および低地ドイツ語で、同系語にスウェーデン語 *insikt*、デンマーク語 *indsigt*、オランダ語 *inzicht*、ドイツ語 *Einsicht*「洞察」がある。

insignia ［17世紀半ば］名（官職、所属などの）記章、勲章、バッジ、しるし；

ラテン語 *signum*「しるし」に由来する。*insignia* はラテン語 *insigne*「しるし、職場の記章」の複数形である。*insigne* は *insignis*「（目印によって）見分けのつく」の中性名詞形 (*in*- は「…に向かって」の意)。

insinuate ［16世紀初頭］動遠まわしに言う、あてこする、巧みに取り入る：

当初は「（文書を）公式記録に記入する」を意味する法律用語であった。ラテン語 *insinuare*「身体を曲げて入り込ませる」(*in*-「中で」と *sinuare*「曲る」より) から入ったもの。ほとんどの英語の意味はすでにラテン語に存在しており、比喩的な意味の方が先に使われた。**insinuation** ［16世紀半ば］名「記章、勲章、しるし」はラテン語 *insinuatio*(*n*-) から英語に入った。

insipid ［17世紀初頭］形風味のない、鮮度の落ちた、面白味のない、覇気のない：

フランス語 *insipide* または後期ラテン語 *insipidus* から英語に入った。否定を表す *in*- と *sapidus* (*sapere*「味わう」から派生) からなる。

insist ［16世紀後半］動主張する、要求する、言い張る：

当初の意味は「主張する、断固として継続する」であった。ラテン語 insistere「主張する」(in-「中に」と sistere「立つ」からなる) から英語に入った。

insolent [後期中英語][形]横柄な、傲慢な、生意気な；[名]横柄な（傲慢、生意気な）人：

当初の意味は「過度な、法外な」であった。ラテン語 insolent-「法外な、普通でない、横柄な」から英語に入ったもので、ラテン語動詞 solere「慣れている」に由来する。

insomnia [17世紀初頭][名]不眠症：

insomnis「眠れない」から派生したラテン語。否定を表す in- と somnus「眠る」からなる。

inspect [17世紀初頭][動]詳しく調べる、調査する、検査する：

ラテン語 inspect- (in-「中を」specere「見る」からなる inspicere「調査する」の過去分詞語幹) または反復動詞 inspectare「繰り返し見る、見つづける」から英語に入ったもの。同じく inspector [17世紀初頭][名]「調査する人」はラテン語からの借用である。

inspire [中英語][動]鼓舞する、激励する、鼓吹する：

ラテン語 inspirare「呼吸する、吹き込む」(in-「中に」と spirare「呼吸する」から) がフランス語 inspirer を経て英語に入ったもの。当初は enspire と綴られ、「心に吹き込む、霊感を与える、神の啓示によって導く」という意味で用いられた。inspiration [中英語][名]「霊感」は後期ラテン語 inspiratio(n-) (動詞の inspirare から) が古フランス語を経て入ったもので「神の導き」が原義である。

instability [後期中英語][名]不安定（な状態）：

フランス語 instabilité (ラテン語 instabilitas より) から英語に入った。基になった形容詞は instabilis で文字通り「立つ ことができない」を意味する。
→ STABILITY

install [後期中英語][動]設置する、取りつける、据えつける、【コンピュータ】(ソフトを) インストールする：

当初の意味は「官職に就任させる」であった。install および同じく後期中英語の installation[名]「取りつけ、就任」は中世ラテン語 installare (in-「中に」と stallum「置く、囲う」から) に由来する。現在最もよく使われる「設置する」という意味は19世紀半ばから。

instalment [18世紀半ば][名]分割払込金、割賦金；[形]分割払いの、割賦の：

当初の意味は「支払いの取り決め」であった。廃語の estalment の変異形 (おそらく installation「取りつけ」の影響による) で、アングロノルマンフランス語 estalement (古フランス語 estaler「取りつける」より) から英語に入った。

instance [中英語][名]例、例証、場合；[動]例に挙げる、例証する：

ラテン語 instantia「緊急」が古フランス語を経て英語に入ったもので、instare「存在する、押しつける、近くに立っている」(in-「…の上に」と stare「立つ」から) に由来する。原義は「切迫」、「緊急の要求」で at the instance of「…の要請に応じて」はこの意味の名残である（例：prosecution at the instance of the police「警察の要請に応じた起訴」）。16世紀後半に「反対や反証のために持ち出された実例」を指すようになるが、これは中世ラテン語 instantia「反例」(ギリシア語 enstasis「反対、異議」の訳語) から来たもので、ここから現在の「例」という意味が生じた（例：a serious instance of corruption「汚職の深刻な事例」）。ラテン語 instare に由来する同系語に、instant[後期中英語][名][形]「即時、瞬時、即時の」(古フランス語を経て英語に入った) と、instantaneous [17世紀半ば][形]「即座の、瞬間の、同時の」(中世ラテン語 instantaneus から英語に入った) がある。instantaneousは教会ラテン語momentaneusにならって作られた。

instead ［中英語］副その代わりに、そうではなくて：

元は in steadのように2語で書かれ、文字通り「場所の中に、適当な所に」を意味した。(1語の)insteadが定着しはじめるのは1620年頃。1640年以降には2語綴りは見られない。
→ STEAD

instep ［後期中英語］名足の甲、後足、甲の部分：

語源不詳。西フリジア語ynstap「足を差し込むための靴の隙間」と同系と見られる。

instigation ［後期中英語］名扇動、教唆きょう、誘因、刺激：

当初の意味は「扇動」であった。古フランス語またはラテン語instigatio(n-)（動詞instigare「駆り立てる」から派生）から英語に入ったもの。instigate［16世紀半ば］動「けしかける、唆そそのかして…させる、扇動する」はラテン語in-「…に向かって」とstigare「励ます、刺激する」からなる。

instil ［後期中英語］動（思想などを）染みこませる、植え付けていく：

当初の意味は「一滴ずつたらす」であった。ラテン語instillareから英語に入ったもの。instillareはin-「中へ」とstillare「滴る」(stilla「一滴」から派生）からなる。

instinct ［後期中英語］名本能、衝動、天性、直観：

当初の意味は「刺激、衝動」であった。ラテン語instinctus「衝動」（動詞instinguereから派生）から英語に入ったもの。語源はラテン語stinguere「チクリと刺す、突く」で、これは「駆り立てる」の中心的概念である。

institute ［中英語］動設ける、制定する；名組織、学会、協会、慣行、慣例：

当初の意味は「（特に法律学の）原論」であった。ラテン語instituere「制定する」(in-「中に、…に向かって」とstatuere「設立する」より)から英語に入ったもの。名詞用法はラテン語institutum「指針」(instituereの中性過去分詞）から来ており、「組織」という意味は19世紀初頭から。**institution** ［後期中英語］名設立、創立、慣習、慣行、制度、機構、組織、学会、協会」はラテン語institutio(n-)（動詞instituereから派生）が古フランス語を経て英語に入ったもの。「組織、協会」という意味は18世紀初頭から。

instruct ［後期中英語］動教える、指示する：

ラテン語instruere「築く、装備する、教える」(in-「…に、…に対して」とstruere「積み上げる」より）から英語に入った。**instruction** ［後期中英語］名「教えること、教えられること、指示、教育」は、後期ラテン語instructio(n-)（instruereから派生）が古フランス語を経て英語に入ったもの。

instrument ［中英語］名道具、楽器、手段：

古フランス語またはラテン語instrumentum「器具、道具」(instruere「築く、装備する」から派生）から英語に入ったもの。当初は「楽器」という意味であった。**instrumental** ［後期中英語］形「手段となる、助けになる、楽器の、器楽の」は中世ラテン語instrumentalis（ラテン語instrumentumから派生）がフランス語を経て英語に入ったもの。

insufferable ［後期中英語］形耐えられない、我慢できない、癪しゃくに障る：

現在のフランス語の方言insouffrableから英語に入ったもので、語源はラテン語sufferre「耐える」である。
→ SUFFER

insufficient ［後期中英語］形不十分な、不足な、力量不足の、不適格な：

後期ラテン語insufficient-が古フランス

語を経て英語に入ったもので、当初は「無能な」の意味であった。文字通りの意味は「十分でない」(否定を表す in- とラテン語 sufficere「十分である」から)である。
→ SUFFICE

insular [16世紀半ば][形]島のような、島国の、狭量な、切り離された：

初出は「島民」を意味する名詞用法。後期ラテン語 insularis から英語に入ったもので、insula「島」に由来する。同じく16世紀半ばの insulate[動]「隔離する、孤立させる」も insula に由来する。

insult [16世紀半ば][動]侮辱する、辱める；[名]侮辱、無礼：

当初の意味は「威張る、尊大に振る舞う」であった。ラテン語 insultare「攻撃する、飛びかかる」(ラテン語 salire「跳ぶ」から派生した saltare が基になっている) から英語に入ったもの。17世紀初頭にフランス語 insulte または教会ラテン語 insultus から入った名詞用法は、当初は「攻撃」という意味であった。現在の「侮辱、無礼」という意味は17世紀から、医学用語の「傷害 (の原因)、発作」という意味は20世紀初頭から。

insuperable [中英語][形]克服しがたい：

古フランス語またはラテン語の insuperabilis から英語に入ったもので、当初から「無敵の、克服しがたい」を意味した。否定を表す in- と superabilis (superare「打ち勝つ」から派生) からなる。

insupportable [16世紀半ば][形]耐えられない、我慢できない：

フランス語の借用。否定を表す in- と形容詞 supportable「耐えられる」(supporter「支える、耐える」から派生) からなる。

insurance [後期中英語][名]保険、保険金、保険業：

古フランス語 enseurance (enseurer から派生) から英語に入った語。当初の綴りは ensurance で、「確実にすること、

保証、請け合い」という意味で用いられた。「保険」という意味は17世紀半ばに遡る。同じく後期中英語の insure[動]「保証する、確保する、守る、保険をかける」は ensure「保証する」の変形で、当初は「(人に何かを) 確実にする、保証する、保険契約を結ぶ」という意味であった。イギリス英語・アメリカ英語において insure は「(人・物に) 保険をかける」を意味するが、ensure がこの意味で用いられることはない。しかし、概して (とりわけアメリカ英語では) insure と ensure は交換可能である。
→ ENSURE

insurrection [後期中英語][名]暴動、反乱、謀叛：

後期ラテン語 insurrectio(n-) が古フランス語を経て英語に入ったもの。insurrectio(n-) は insurgere「起き上がる」(in-「中に、…に向かって」と surgere「上がる」より) から派生した。18世紀半ばにフランス語から入った **insurgent**[名]「反乱者、暴徒」もまた insurgere に由来する。

intact [後期中英語][形]損なわれていない、無傷の、完全な、影響を受けていない：

ラテン語 intactus から英語に入ったもの。否定を表す in- と tactus (tangere「触れる」の過去分詞) からなる。

integer [16世紀初頭][名]【数学】整数、完全体、完全なもの：

当初の意味は「全体の」であった。元は「1人・1個・1軒」だけで立っている」が原義のラテン語。否定を表す in- と tangere「触れる」からなる。その他、integer を基にする語に以下がある。16世紀半ばの **integral**[形]「必須の、完全な」(後期ラテン語 integralis から入った)。17世紀の **integrate**[動]「統合する、一体化する」と **integration**[名]「完成、統合」(ラテン語 integrare「統合する、完全体にする」が基になっている)。後期中英語の **integrity**[名]「正直さ、誠実、高潔、完全、無傷、統合」(フランス語 intégrité ま

たはラテン語 *integritas* から入った語）。integrity の「誠実、高潔」という意味は16世紀半ばから。
→ ENTIRE

intellect ［後期中英語］名知性、理知、理解力：

ラテン語 *intellectus*「理解」から英語に入った語。*intellectus* は *intellegere*「理解する」(文字通り「…のうちから選ぶ」を意味する) から派生。後期中英語に遡るとはいえ16世紀になるまではほとんど使われなかった。同じく後期中英語の **intellectual** 形「知性の、知力の、理論的な、理知的な」はラテン語 *intellectualis* (*intellectus* から派生) から英語に入った。法律用語の *intellectual* property「知的財産権、知的所有権」(特許権や著作権など、知的創作活動の成果に対する財産権) は19世紀半ば以降のもので、近年はインターネット上に電子メールで流されるデータまでもがその対象となっている。その他、ラテン語 *intellegere* に由来し「選ぶ」、「区別する」を原義とする語に以下がある。後期中英語の **intelligence** 名「知能、聡明、理解力」(ラテン語 *intelligentia* が古フランス語を経て英語に入ったもの）、**intelligible** 形「理解できる」(ラテン語 *intelligibilis* から英語に入ったもの）、16世紀初頭の **intelligent** 形「知能の高い、理解力のある、聡明な」。

intend ［中英語］動意図する、つもりである：

当初の綴りは *entend*。古フランス語 *entendre* から英語に入った。*entend* は「注意を…に向ける」という意味で、この意味はラテン語 *intendere*「意図する、伸ばす、向ける」から来ている。*intendere* の文字通りの意味は「…に向かって手を伸ばす」である。**intent** ［中英語］名「意志、決意、含意」は古フランス語 *entent(e)* から入ったもので、ラテン語 *intendere* に由来する。intent の形容詞用法 (*intent* upon「…に熱心な」) はラテン語 *intentus* (*intendere* の過去分詞) に由来する。その他、*intendere* に由来する語に、後期

中英語の **intention** 名「意図、意志」(ラテン語 *intentio(n-)*「伸ばすこと、目的」が古フランス語 *entencion* を経て英語に入った）と、16世紀半ばの **intentional** 形「意志においてのみ存在する、故意の、意図的な」(フランス語 *intentionnel* または中世ラテン語 *intentionalis* から入った）がある。

intense ［後期中英語］形強烈な、激しい、猛烈な：

古フランス語、またはラテン語の *intensus*「いっぱいに伸ばされた、張り切った、緊張した」(*intendere*「伸ばす」の過去分詞）から英語に入った。同じく後期中英語の **intensive** 形「激しい、強い、集中的な」は「激しい、強度の」という意味で初出。フランス語 *intensif, -ive* または中世ラテン語 *intensivus* (*intendere* から派生) から英語に入ったもの。
→ INTEND

inter ［中英語］動埋葬する、葬る、…を埋める：

古フランス語 *enterrer*「埋める」から英語に入ったもので、ラテン語 *in-*「…の中に」と *terra*「土、地表」からなる。

intercede ［16世紀後半］動仲裁する、中に入る、取りなす：

フランス語 *intercéder* またはラテン語 *intercedere*「介入する」(*inter-*「…の間に」と *cedere*「行く」からなる) から英語に入ったもの。

intercept ［後期中英語］動横取りする、傍受する、取り押さえる；名妨害、阻止、傍受：

当初の意味は「2線、2点間に挟む」と「…をさえぎる」であった。ラテン語 *intercept-* から英語に入った。*intercept-* は *intercipere*「途中で捕まえる」(*inter-*「…の間に」と *capere*「つかむ」から) の過去分詞語幹。

intercourse ［後期中英語］名性交、交際、交渉、通商：

「交際、取引」が当初の意味。古フランス語 entrecours「交換、通商」から英語に入ったもので、ラテン語 intercursus (intercurrere「介入する」から派生。intercurrere は文字通り「…の間を走る」を意味する) に由来する。「性交」という意味は18世紀後半に現れた。

interest [後期中英語] 名 関心、興味、趣味、利益：

当初の綴りは interess で、ラテン語 interesse「異なる、重要である」(文字通りの意味は「…の間」) がアングロノルマンフランス語 interesse を経て英語に入ったもの。語尾に -t が付いた理由は古フランス語 interest「損傷、損失」の影響、すなわちラテン語 interest「重要である」に基づく。原義は「所有権などの権利」で、そこから「利害関係、株」という意味に発展した。「興味」という意味は18世紀から。「利子、利息」という意味は中世ラテン語 interesse「借金の踏み倒しに対する賠償」の影響を受けたもの。

interfere [後期中英語] 動 介入する、干渉する、仲裁する、妨げる：

フランス語 s'entreferir「なぐり合う」から英語に入った。entre-「…の間に」と ferir (ラテン語 ferire「打つ」より) からなる。**interference** [18世紀半ば] 名「干渉、介入、邪魔」は interfere から派生した語で、difference などの -ence にならった。

interim [16世紀半ば] 名 合間、しばらくの間、仮協定；形 中間の、当座の、暫定的な：

当初の意味は「暫定協約、暫定措置」であった。宗教改革当時ドイツのプロテスタントとカトリック間の紛争解決のための協定を指したのが始まりである。interim は「その間に」を意味するラテン語 (の借用) である。

interior [15世紀後半] 形 内部の、内側の、室内の、内面的な；名 内部、内側：

「内部の」を意味するラテン語で、形容詞 inter「中に」の比較級。

interjection [後期中英語] 名 不意の叫び・発生・言葉、言葉のさしはさみ、《文法》間投詞：

ラテン語 interjectio(n-) (文字通り「…の間に投げ込む」を意味するラテン語 interjicere から派生) が古フランス語を経て入ったもの。**interject** [16世紀後半] 動「不意に言葉をさしはさむ」もまた interjicere に由来する。

interlocutor [16世紀初頭] 名 対話者、対談者：

近代ラテン語で、ラテン語 interlocut- から派生したもの。interlocut- は「(言葉で) さえぎる」を意味する interloqui (文字通り「…の間に話す」の意) の過去分詞語幹である。

interloper [16世紀後半] 名 侵入者、でしゃばり：

当初は「もぐり商人」を指した。-loper は古語の landloper「放浪者、浮浪者」(中オランダ語 landlooper より) にならって作られた。

interlude [中英語] 名 合間、合間の出来事、幕間まく、間奏曲：

元は「(神秘劇、道徳劇の幕間などに演じられる) 短い喜劇」を指した。中世ラテン語 interludium (inter-「…の間に」と ludus「劇」からなる) から英語に入った。

intermediate [後期中英語] 形 中間の、中間にある、中級の；名 中間物、仲介者：

中世ラテン語 intermediatus から英語に入った。intermediatus はラテン語 intermedius (inter-「…の間に」と medius「真ん中」) からなる) の派生語。同じくラテン語 intermedius に由来する語に **intermediary** [18世紀後半] 名「仲介者、仲介物」がある。これはイタリア語 intermediario がフランス語 intermédiaire を経て英語に入ったもの。

intermittent [16世紀半ば] 形 断続的

な、時々の、間欠性（かんけつせい）の、周期的な：

ラテン語 *intermittent-* (*inter-*「…の間に」と *mittere*「放す、自由にする、放つ」からなる *intermittere*「中断する」の現在分詞語幹）から英語に入ったもの。intermission［後期中英語］名「休止、合間、中断、休憩（時間）、中休み」もまたラテン語の動詞 *intermittere* に由来する *intermissio*(n-) を経て英語に入った）。「（映画、テレビ番組、演劇、試合などの）休憩時間、幕間（まくあい）」という意味は1920年代の米国で初出。

intern［16世紀初頭］名（病院住み込みの）インターン、医学研修生、（企業などの）研修生、（教育）実習生：

「中の、内部の」という意味の形容詞として初出。ラテン語 *internus*「内部の、内側の」がフランス語 *interne* を経て英語に入ったもの。現在の意味は19世紀から。internal［16世紀初頭］形「内部の」も *internus* に由来する語。近代ラテン語 *internalis* から入ったもので、当初は「本来備わっている、固有の」という意味であった。

interpose［16世紀後半］動間に入る、挿入する、さしはさむ、干渉する：

ラテン語 *interponere*「…に入れる」（文字通りの意味は「…の間に入れる」）がフランス語 *interposer* を経て英語に入ったもの。ラテン語 *interpositus*「差し込んだ」と古フランス語 *poser*「置く」にも影響を受けた。

interpret［後期中英語］動解釈する、説明する、通訳する：

ラテン語 *interpretari*「説明する、訳す」（*interpres, interpret-*「代理人、訳者、説明者」から派生）に由来する語。同じく後期中英語の interpreter 名「通訳者、解説者」と interpretation 名「解釈、説明、通訳」も *interpretari* に由来する語で、これら3語とも古フランス語を経て英語に入った。

interrogation［後期中英語］名質問、尋問、疑問：

ラテン語 *interrogatio*(n-) から入った語。*interrogatio*(n-) は *interrogare*「問う」(*inter-*「…の間に」と *rogare*「尋ねる」からなる）から派生。文法や修辞法における用例は16世紀後半から。interrogate［15世紀後半］動「質問する、尋問する」も *interrogare* に由来する。

interrupt［後期中英語］動邪魔をする、さえぎる、中断する；名一時停止、中断：

ラテン語 *interrupt-* から入った語。*interrupt-* は *interrumpere*「破壊する、邪魔をする」(*inter-*「…の間に」と *rumpere*「破壊する」から）の過去分詞語幹。

intersect［17世紀初頭］動交わる、交差する、横切る、区切る：

ラテン語 *intersecare*「切る、横切る」(*inter-*「…の間に」と *secare*「切る」より）から英語に入ったもの。intersection［16世紀半ば］名「横切ること、交差、交差点」はラテン語 *intersectio*(n-) (*intersecare* より派生）から入ったもの。「交差点」を指す用例は19世紀半ばのアメリカで初出。

intersperse［16世紀半ば］動まき散らす、点在させる、散在させる、飾りとして散りばめる：

当初の意味は「間隔を置いて物を置くことによって変化をつける」であった。ラテン語 *interspers-* (*interspergere*「間にまき散らす」の過去分詞語幹）から英語に入った。*inter-*「…の間に」と *spargere*「まき散らす」からなる。

interval［中英語］名間隔、隔たり、合間、幕間（まくあい）、休憩時間：

ラテン語 *intervallum*「間隔、城壁間の距離」(*inter-*「…の間に」と *vallum*「城壁」からなる）が古フランス語 *entrevalle* を経て英語に入ったもの。

intervention［後期中英語］名介在、仲裁、調停、干渉、介入：

ラテン語 *intervenire*（文字通り「…の間

に入る」を意味する）から派生したintervention(n-)が英語に入ったもの。intervene［16世紀後半］動「間に起こる、間にある、介在する、邪魔をする、仲裁をする」もまたintervenireに由来する語で、「外的要因として入ってくる」が原義。

interview ［16世紀初頭］名面接、面談、（取材のための）インタビュー、インタビュー記事；動(人と)会見する、面接する：

フランス語entrevue (s'entrevoir「互いに見る」より派生) から英語に入った語で、当初はenterviewと綴られることもあった。「報道機関が取材のために行うインタビュー」という意味は19世紀半ばから。「就職に関する面接」という意味は20世紀初頭から。

intestate ［後期中英語］形【法律】遺言を残さない：

ラテン語intestatus（否定を表すin-とtestatus「証言された、立証された」からなる）から英語に入った法律用語。

intestine ［16世紀後半］名腸：

ラテン語intestinumから英語に入ったもの。intestinumはintus「内部に」から派生したintestinus「内部の」の中性形。

intimate¹ ［17世紀初頭］形親密な、懇意な、個人的な、詳細な；名親友：

後期ラテン語intimatusから英語に入ったもの。intimatusはラテン語intimus「心の奥の、深遠な」より派生したintimare「印象を与える、精通する、打ち解ける」の過去分詞。

intimate² ［16世紀初頭］動ほのめかす、暗示する、公示する：

後期ラテン語intimare「知らせる」から英語に入ったもの。intimation名「ほのめかすこと、暗示」は後期中英語。
→ INTIMATE¹

intimidate ［17世紀半ば］形脅迫する：

ラテン語timidus「臆病な」に由来する。intimidateは中世ラテン語intimidare「こわがらせる」から英語に入ったもの。

intone ［15世紀後半］動吟唱する、詠唱する：

当初はentoneと綴られた。古フランス語entonerまたは中世ラテン語intonare (in-「…の中に」とラテン語tonus「音」からなる) から英語に入ったもの。intonation ［17世紀初頭］名「詠唱、吟唱、イントネーション」は、中世ラテン語intonatio(n-) (intonareから派生) から英語に入ったもので、当初は「グレゴリオ聖歌の歌い出しの楽句（数音）」を指した。

intoxicate ［後期中英語］動酔わせる、熱狂させる、中毒にする：

ラテン語toxicum「毒」に由来。中世ラテン語intoxicare (in-「中へ」とtoxicare「毒する」からなる) から英語に入った語で、当初の意味は「…に毒を入れる、汚染する、毒する」であった。「（酒などが人を）酔わせる」という意味は16世紀後半から。
→ TOXIC

intransigent ［19世紀後半］形妥協しない、譲歩しない、頑固な、（考え方が）極端な；名非妥協的な人：

スペイン語los intransigentes (1873年～74年のスペインの立法議会における極左的な共和主義者の一派を指す) がフランス語intransigeantを経て英語に入ったもの。ラテン語のin- (否定を表す) とtransigere (理解するようになる) からなる。

intrepid ［17世紀後半］形大胆不敵な、恐れを知らない：

「驚かない」を意味するフランス語intrépideまたはラテン語intrepidusから英語に入ったもの。

intricate ［後期中英語］形入り組んだ、込み入った、錯綜した、複雑な：

ラテン語intricat- (intricare「もつれさせる」の過去分詞語幹) から英語に入っ

た語。in-「中に」と tricae「難問、当惑させるもの」からなる。

intrigue ［17世紀初頭］图陰謀、策略；動陰謀を企てる、策略を巡らす、興味をそそる：

当初の意味は「だます、当惑させる」であった。綴りはフランス語 intrigue「陰謀」と intriguer「もつれる、企む」から来ており、これらはラテン語 intricare がイタリア語を経てフランス語に入った。動詞用法の「興味をそそる」という意味は、フランス語で19世紀後半に生じた「当惑させる、興味をそそる」という意味の影響を受けたもの。
→ INTRICATE

intrinsic ［15世紀後半］形本来備わっている、固有の、本質的な、内在性の：

当初は「内部の」という意味があった。後期ラテン語 intrinsecus（ラテン語としての intrinsecus は副詞で「内部へ」という意味があった）がフランス語 intrinsèque を経て英語に入ったもの

introduce ［後期中英語］動紹介する、導入する：

当初の意味は「(人を)導く、案内する」であった。ラテン語 introducere（intro-「中に」と ducere「導く」より）から英語に入ったもの。introduction ［後期中英語］图「紹介、導入、前置き」はラテン語 introductio(n-)（動詞 introducere から派生）から英語に入ったもの。

introspection ［17世紀後半］图内省、内観、自己反省：

ラテン語 introspicere「中を覗く」または introspectare「中を覗きつづける」から英語に入ったもの。

introvert ［17世紀半ば］動…を内へ向ける、内省させる；图【心理】内向性の人、はにかみ屋、極度に自己中心的な人：

当初の意味は「心・考えを内界（感情や考え）へ向ける」であった。近代ラテン語 introvertere（intro-「内側へ」と vertere「向ける」からなる）から英語に入ったもの。心理学における意味は20世紀初頭から。

intrusion ［後期中英語］图押しつけ、押し入り、侵入（行為）、【法律】土地不法占有：

当初の意味は「侵入、不法占有」であった。ラテン語 intrudere「押し入る」（in-「中へ」と trudere「押す、突く」からなる）から派生した中世ラテン語 intrusio(n-)から英語に入った。intrude ［16世紀半ば］動「無理に押しつける、強いる、侵入する、押し入る」はラテン語 intrudere から入ったもの。当初は「不法占有する、権限なしに用いる」を意味し、entrude と綴られた。

intuition ［後期中英語］图直観（力）、洞察（力）：

当初の意味は「洞察、認識」であった。後期ラテン語 intuitio(n-)（in-「中を、…について」と tueri「見る」からなるラテン語 intueri「熟考する」から派生）から英語に入ったもの。「直観的知覚、直観的真理」という哲学における意味は16世紀後半である。intuitive ［15世紀後半］形「直観の、直観的な」の当初の意味は「(視力が)正確な、的確な」であった。中世ラテン語 intuitivus から入ったもので、ラテン語 intueri に由来する。

inundate ［16世紀後半］動…を水浸しにする、氾濫させる、充満させる：

ラテン語 unda「波」に由来する語で、ラテン語 inundat-（inundare「氾濫する」の過去分詞語幹）から英語に入ったもの。in-「中に、…に対して」と undare「流れる」からなる。

inure ［後期中英語］動慣れさせる、鍛える、(法的に)効力を発する、役立つ：

「適用される」を意味するアングロノルマンフランス語（en「中に」と、ラテン語 opera に由来する古フランス語 euvre「働き、作用」より）から英語に入ったもので、当初は enure と綴られることもあった。

現在は受動態（be *inured* to something「…ことに慣れる、鍛えられる」）でよく使われる。

invade ［後期中英語］動侵入する、侵略する、襲う：

ラテン語 *invadere* (*in-*「中に」と *vadere*「行く」より) から英語に入ったもので、当初の意味は「(人を) 襲う、襲撃する」であった。この *invade* の他、*invasion* と *invasive* も *invadere* に由来する。後期中英語の invasion名「(権利などの) 侵害、侵略」は、後期ラテン語 *invasio(n-)* から英語に入った。同じく後期中英語の in-vasive形「侵略的な」はフランス語の廃語 *invasif, -ive* または中世ラテン語 *invasivus* から英語に入った。

invalid ［16世紀半ば］形（論拠など）薄弱な、根拠のない、論理的に矛盾した、病弱な、ぽんこつの；動病弱にする、病気にかからせる：

反意語の valid「根拠の確かな」より先に現われた。ラテン語 *invalidus*（否定を表す *in-* と *validus*「強い」より）から英語に入ったもの。発音・強勢の異なる inval-id名「病弱者、傷病者、傷病兵、肢体不自由者」は形容詞 *invalid* の「病弱な」という意味から生まれた語である。
→ VALID

invalidate ［17世紀半ば］動無効にする、無価値にする、議論の説得力を弱める：

中世ラテン語 *invalidat-* (*invalidare*「…を無効にする」の過去分詞語幹) から英語に入ったもの。ラテン語 *validus*「強い」に由来する。

invective ［後期中英語］名毒舌、非難、罵倒、侮辱的言辞；形侮辱的な、罵倒の、毒舌の：

invective は、He let out a stream of *invective*「彼は罵詈雑言を並べ立てた」に見られるように質量名詞であるが、「無礼な」という意味の形容詞として初出した。後期ラテン語 *invectivus*「攻撃的な」(文字通り「運び込む」を意味する動詞 *invehere* から派生) が古フランス語 *invectif, -ive* を経て英語に入ったもの。名詞用法は後期ラテン語 *invectiva* (*oratio*)「口汚い、人を罵倒する」から来ている。
inveigh ［15世紀後半］動「痛烈に非難する、激しく責める」は「運び込む、導入する」という意味で初出。当初は *enveigh* と綴られることもあった。*invective* と同じくラテン語 *invehere*「運び込む」、および *invehi*「運び込まれる、襲う」に由来する。

inveigle ［15世紀後半］動人を巧みに誘い込む、釣り込む、唆(そそのか)して…させる：

当初の意味は「騙す」で、*enveigle* とも綴られた。アングロノルマンフランス語 *envegler* (*aveugle*「目の見えない」から派生した古フランス語 *aveugler*「見えなくする」の変形) から英語に入ったもの。

invention ［中英語］名発明、創案、発明品、捏造：

ラテン語 *inventio(n-)* (*in-*「中に」と *venire*「来る」からなる *invenire*「発見する」から派生) から英語に入ったもので「発見」が当初の意味。その他に *invenire* に由来する語に以下がある。15世紀後半の invent動「発明する、考案する、でっちあげる」は、当初「発見する」という意味であった。後期中英語の inven-tive形「発明の、創意に富む」はフランス語 *inventif, -ive* または中世ラテン語 *inventivus* から英語に入った語である。同じく後期中英語の inventory名「(財産・商品などの) 目録、一覧表」は中世ラテン語 *inventorium*（文字通り「発見品の目録」を意味する後期ラテン語 *inventarium* の変形）から英語に入ったもの。

inverse ［後期中英語］形逆の、正反対の、反比例の；名逆、反対：

ラテン語 *inversus*（文字通り「裏返しにする、ひっくり返す」を意味する *invertere* の過去分詞）から英語に入ったもの。16世紀半ばの invert動「さかさまにする、前後ろにする、ひっくり返す、裏返しにする」も *invertere* に由来する。同じく16世紀半ばの inversion名「さか

さま、逆、反対」も *invertere* に由来する語で、ラテン語 *inversion(n-)* から英語に入った語。修辞法における「倒置、戻換、逆換」を指す語として初出した。

invest ［16世紀半ば］動投資する、運用する、授ける、賦与する：

当初の意味は「衣服を着る」、「職務を示す記章などを着用させる」、「権力を授ける」であった。フランス語 *investir* またはラテン語 *investire* (*in-*「中に」と、*vestis*「衣類」の派生語 *vestire*「衣類を着る」より）から英語に入ったもの。「投資する」という意味はイタリア語の動詞 *investire* の影響によるもので、17世紀初頭に初出。

investigation ［後期中英語］名調査、取り調べ、研究、調査報告：

ラテン語 *investigatio(n-)* (*investigare*「足跡をたどる」から派生）から入ったもの。**investigate** ［16世紀初頭］動「調べる、調査する、取り調べる」も *investigare* に由来する。

investiture ［後期中英語］名（官職・聖職などの）授与、叙任（式）、（資格・性質の）付与：

中世ラテン語 *investitura* (*investire*「衣服をあてがう」より）から英語に入ったもの。
→ INVEST

inveterate ［後期中英語］形（病気、習慣、感情などが）根深い、頑固な、慢性の、常習的な：

当初の意味は「慢性の（病気）」であった。ラテン語 *inveteratus*「古くなった」から英語に入ったもの。*inveteratus* は *inveterare* (*vetus, veter-*「古い」から）の過去分詞。

invidious ［17世紀初頭］形しゃくにさわる、不公平な、他人のねたみを買うような、いまいましい：

ラテン語 *invidere*「悪意をもって見る」に由来する語。*invidia*「悪意、妬み」から派生した *invidiosus* から英語に入ったもの。
→ ENVY

invigilate ［17世紀半ば］動試験監督をする、監督する：

当初の意味は「見張る、監視する」であった。ラテン語 *vigil*「用心深い」に由来する語でラテン語 *invigilat-* (*in-*「…に対して」と *vigilare*「注意して見る」からなる *invigilare*「見張る」の過去分詞語幹）から英語に入った。

invigorate ［17世紀半ば］動元気づける、活気づける、爽快にする、鼓舞する：

ラテン語 *vigor*「活力」に由来する語で中世ラテン語 *invigorat-* から英語に入った。*invigorat-* は *invigorare*「強くする」(*in-*「…に対して」とラテン語 *vigorare*「強くする」からなる）の過去分詞語幹である。

invincible ［後期中英語］形征服できない、無敵の、不屈の、克服できない：

反意語の vincible「打ち勝てる、征服できる」より先に現われた。ラテン語 *invincibilis* (否定を表す *in-* と、*vincere*「打ち勝つ」より派生した *vincibilis*「打ち勝てる」からなる）が古フランス語を経て英語に入ったもの。

invitation ［後期中英語］名誘い、招待（状）、勧誘、誘惑、挑発：

フランス語またはラテン語の *invitatio(n-)* (*invitare* から派生）から英語に入ったもの。**invite** ［16世紀半ば］動「招く、招待する、促す」も *invitare* に由来する語で、古フランス語 *inviter* を経て英語に入ったもの。

invoice ［16世紀半ば］名送り状、明細記入請求書、インボイス；動送り状を作成する、送り状を送付する：

元は廃語 *invoy* (文字通り「送られたもの」の意）の複数形 (*invoyes* と綴られた）。フランス語で廃語の *envoy* (*envoyer*「送る」より派生）から英語に入った。

→ ENVOY

invoke [15世紀後半]動祈願する、呼びかける、嘆願する、(法の力などに)訴える:

ラテン語 invocare「証人となることを求めて呼びかける、救いを求めて呼びかける」(in-「…に対して」と vocare「呼ぶ」から)がフランス語 invoquer を経て英語に入ったもの。invocation [後期中英語]名「祈り」はラテン語 invocatio(n-) (invocare から派生)が古フランス語を経て英語に入ったもの。

involve [後期中英語]動含む、巻き込む、関係させる、包む:

当初は「包む」や「絡ませる」という意味もあり、envolve と綴られることもあった。ラテン語 involvere (in-「中へ」とvolvere「回転する」より)から英語に入ったもの。

invulnerable [16世紀後半]形傷つくことのない、不死身の、難攻不落の、安全な、(議論などが)反駁できない:

反意語の vulnerable「傷つきやすい」より先に現われた。ラテン語 invulnerabilis (否定を表す in- と vulnerabilis「負傷する可能性のある」より)から英語に入った。
→ VULNERABLE

ire [中英語]名《文語》怒り、憤怒;動怒らせる:

ラテン語 ira「怒り」が古フランス語を経て英語に入ったもの。irascible [後期中英語]形「怒りっぽい、短気な、怒った」も ira に由来する語で、後期ラテン語 irascibilis (ラテン語 irasci「怒りを覚える」から派生)がフランス語を経て英語に入ったもの。irate [19世紀半ば]形「怒った」はラテン語 iratus (ira から派生)から英語に入った。

iridescent [18世紀後半]形虹色の、玉虫色の、真珠光沢の:

ラテン語 iris, irid-「虹」から英語に入った語。

irk [中英語]動うんざりさせる、いらだたせる、退屈させる:

当初の意味は「うんざりする、いやになる」であった。古ノルド語 yrkja「働く、効果を生じる」から英語に入ったとされる。

iron [後期中英語]名鉄、鉄器、足枷、手枷、アイロン、固く強いもの;形鉄の、強靭な;動アイロンをかける:

古英語 īren, īsen, īsern はゲルマン語起源でオランダ語 ijzer やドイツ語 Eisen「鉄」と同系語。おそらくケルト語に由来する。典型的な多くの用法は鉄でできているという事実から生じている。例えば iron(s) が「枷」や「(衣類のしわを伸ばす)アイロン」など具体物を指す理由はそれらが鉄製であるため。「アイロン」という意味は17世紀初頭に現われた。調合剤の「鉄剤」という意味は18世紀半ばに現われた。

irony [16世紀初頭]名皮肉、当てこすり、(修辞)反語法:

ギリシア語 eirōneia「偽りの無知」(eirōn「偽善者、猫かぶり」より)がラテン語を経て英語に入ったもの。ironic [17世紀半ば]形「皮肉な、反語的な、矛盾する、(人が)皮肉好きの」はギリシア語 eirōnikos「偽りの、無知を装った」(eirōneia から)がフランス語 ironique または後期ラテン語 ironicus を経て英語に入ったもの。

irradiate [16世紀後半]動照らす、明らかにする、啓蒙する、放射線治療をする;形キラキラ輝く:

当初の意味は「光を放出する、照らす」であった。ラテン語 irradiare (in-「…に対し」と radius「光線」から派生した radiare「輝く」より)から英語に入ったもの。

irregular [後期中英語]形不規則な、変則的な、異常な、不定の、不均整の;名不規則な人・もの:

当初の意味は「（教会などの）規則に従わない」であった。中世ラテン語 *irregularis*（否定を表す *in-* と *regularis* から）が古フランス語を経て英語に入ったもの。**irregularity**［中英語］图「不規則（な事・もの）、変則、不法（行為）」は後期ラテン語 *irregularitas*（*irregularite* から派生）が古フランス語 *irregularite* を経て英語に入ったもの。

irrigate［17世紀初頭］動灌漑（かんがい）する、（土地に）水を引く：
ラテン語 *irrigat-*（*in-*「…の中に」と *rigare*「湿らせる」からなる *irrigare*「湿らせる、湿った」の過去分詞語幹）から英語に入ったもの。

irritation［後期中英語］图激昂、立腹、【医学】刺激（状態）、炎症：
ラテン語 *irritatio(n-)*（動詞 *irritare* から派生）から英語に入ったもの。16世紀半ばの **irritate**動「刺激する、怒らせる」も *irritare* に由来する。17世紀半ばの **irritable**形「怒りっぽい」はラテン語 *irritabilis*（同じく動詞 *irritare* から派生）から英語に入った語。

island［古英語］图島：
古英語 *īegland* は *īeg*「島」（原義は「水に囲まれた」）と *land* からなる。16世紀に第1音節が変形するが、これは **isle**图「小島」の影響による。isle はラテン語 *insula* が古フランス語を経て入ったもので、中英語の綴りは *ile*。isle への変化（15世紀フランスで起こった）はラテン語の影響による。

isolate［19世紀初頭］動孤立させる：
18世紀半ばの isolated「孤立した」の接尾辞消滅による逆成。isolated は後期ラテン語 *insulatus*「島にされる」がイタリア語 *isolato*、フランス語 *isolé* を経て英語に入った語。語源はラテン語 *insula*「島」である。**isolation**［19世紀半ば］图「隔離、孤立」は isolate の派生語、またはフランス語 *isolation* から入ったとされる。*isolation* wards「隔離病棟」は19世紀後半に現われた。

isometric［19世紀半ば］形等大・等長・等面積・等体積・等角の：
ギリシア語 *isometria*「同寸法」（*isos*「等しい」と *-metria*「測る」より）から英語に入った。

isotonic［19世紀初頭］形【化学・生理学】（溶液が）等しい浸透圧の、等張（性）の、【生理学】（筋肉の収縮が）等張性の、【音楽】等音の、同調の、同音の：
「（音階を等分的平均に分割した）平均律」を意味する音楽用語として初出。現在は生理学用語として使われることが多い。ギリシア語 *isotonos*（*isos*「等しい」と *tonos*「音」より）から英語に入った。

issue［中英語］图発行（物）、流出、出口、論争点、結果、号、子孫；動出す、発行する、出る：
ラテン語 *exitus*（*exire*「出ていく」の過去分詞）が古フランス語を経て英語に入ったもの。当初の意味は「流出」であるが、後に以下の意味が派生された。「出口」（サッカレー『ヴァージニア人』*The Virginians*：my Lord Castiewood departed by another *issue*「キャッスルウッド卿は別の出口を使って出発した」）、「子、子孫」（例：die without male *issue*「男の子なしに死ぬ」）、「結末、結論」（デフォー『ロビンソン・クルーソー』*Robinson Crusoe*：They … said they would much rather venture to stay there than to be carried to England to be hanged: so I left it on that *issue*「彼らはイギリスに連れて行かれて絞首刑になるよりは、あえてここにとどまりたいと言った。それで私はその結論に委ねた」）、法律用語の「論争点」（例：…directed an *issue* to be tried「論争を裁判にもっていく」）、「発行」（*issue* of bank notes「紙幣の発行」）など。

it［古英語］代それ：
古英語 *hit* は *he* の中性形。ゲルマン語起源でオランダ語 *het* と同系である。
→ **HE**

italic ［後期中英語］形イタリック体の、斜体の、古代イタリア（人・語）の、イタリア語派の；名イタリック体、イタリア語派：

当初の意味は「イタリア式の」であった。ギリシア語 *Italikos* (*Italia*「イタリア」から派生) がラテン語を経て英語に入ったもの。「イタリック体」という意味での初出は17世紀初頭。

itch ［古英語］名かゆみ、欲望、渇望；動かゆい、むずむずする：

古英語 *gycce*（名詞）、*gyccan*（動詞）、は西ゲルマン語起源で、オランダ語 *jeuk*（名詞）およびオランダ語 *jeuken*（動詞）、ドイツ語 *jucken*「かゆい」（動詞）と同系である。「欲望」という比喩的な意味は16世紀初頭に初出。ロバート・ブラウニング『フィリッポ・バルデヌッチ』*Filippo Baladinucchi*：We fret and fume and have an *itch* To strangle folk「我々はいらいらのぷりぷりで人を絞め殺してやりたいと思っている」。

item ［後期中英語］名品目、箇条、(新聞記事などの) 項目、新聞記事：

ラテン語で、当初は「同様に」、「さらにまた」という意味の副詞であった。16世紀後半に初出の名詞用法は副詞からの転用。リストの各品目を披露する際に用いられたことによる。

itinerary ［後期中英語］形旅行の、旅程の；名旅程 (表)、旅行計画、旅行記：

後期ラテン語 *itinerarium* から英語に入ったもの。*itinerarium* は *itinerarius*「旅行の、停泊地の」(ラテン語 *iter*、*itiner-*「旅行、道路」から派生) の中性形。**itinerant**［16世紀後半］形名「巡回する、遍歴中の、遍歴者」は当初「巡回裁判の」という意味であった。後期ラテン語 *itinerant-* から英語に入ったもの。*itinerant-* は *itinerari*「旅行する」(ラテン語 *iter* から派生) の現在分詞語幹である。

J j

jab［19世紀初頭］動突き刺す；名激しい突き、予防接種、ワクチン：
元はスコットランド語で、後期中英語 job「刺す、突く」の異形。短時間の、力の入った動作を象徴する。予防接種という意味は1920年代から。

jabber［15世紀後半］動早口で喋る：
早口で興奮したおしゃべりを表す擬音語。jabberwocky名「意味のない言葉」は、ルイス・キャロル『鏡の国のアリス』Through the Looking Glass（1871年）の中で使われたナンセンス詩のタイトルに由来する。

jack［後期中英語］名ジャッキ、【トランプ】ジャック、男、奴、雄、ロバ、雄ウサギ、道具、労働者：
Johnの愛称であるJackに由来する。元は一般的な男性を指した。16世紀半ばからは若者を指すようになり、トランプのジャックにまで拡大した（ディケンズ『大いなる遺産』Great Expectations：He calls the knaves, Jacks, this boy !「彼はその連中をジャックと呼ぶんだ、まったく」）。さらに、(jackass「雄のロバ」に見られるように）「雄の動物」を指すようにもなった。この語は、car jack「ジャッキ」や複合語 jackhammer「削岩機」、jackknife「ジャックナイフ」に見られるように、労働力の助けとなるような様々な道具を指す用語としても使われた。「労働者」という一般的意味は18世紀初頭に生じ、lumberjack「木こり」、steeplejack「煙突職人」などに残っている。16世紀半ばから、ボウリングで使われるjack「標的を示す白い小玉」が示すように、「小さい」という意味が発生した。複合語に以下がある。

■ **jackpot**［19世紀後半］名「【トランプ】ポーカーの積立、賭金、大当たり」。トランプのジャックに由来する。元々はポーカー用語で、競技者が2枚のジャックかそれ以上のカードでビッドを開くまでに蓄積された賭金を指す。

jacket［後期中英語］名上着、ジャケット、（本の）カバー：
古フランス語 jaque の指小辞語 jaquet に由来する。このフランス語の語源は不詳であるが、男性名の Jacques と同一であった可能性がある。また、郊外や農作業用の着衣との関連も考えられる。本のカバーという意味は19世紀後半から。

jade¹［16世紀後半］名翡翠、玉：
装飾用に使われる、固い緑色の石を指す。フランス語 le jade（古い形は l'ejade）に由来する。語源はスペイン語 piedra de ijade「腎臓の石」である。この石は腎臓病に効くと信じられた。

jade²［後期中英語］名こき使われたやせ馬：
語源不詳。16世紀後半に登場する jaded形「疲れ切った」の語幹となる。この語は、当初「不評の、みすぼらしい」という意味で使用されていた。

jagged［後期中英語］形ぎざぎざのある、とがった、（声などが）不快な：
jag［後期中英語］動「突き刺す」の派生語。おそらく、突然の動きを象徴している。

jail［中英語］名刑務所：
ラテン語 cavea に由来する。このラテン語は2つの形で英語に借用された。（古フランス語からの）jaiole と（アングロノルマンフランス語 gayole からの）gaole である。後者は gaol という綴りで現存している。gaole は、goat に見られるように、当初は硬音である g が発音されていた。jail はアメリカにおける正式な綴り。

jam［18世紀初頭］動詰め込む、詰まる、

ふさぐ；**名**混雑、機械の故障、(ラップやロックの)曲、ジャム：
おそらく「押し込む、詰め込む」という動作を象徴している。語尾の同じ cram「ぎっしり詰める」と類似している。ジャムを指す用法 (18世紀半ばに記録あり) は、おそらく動詞に由来する。ジャズ用語としての使用 (「即興演奏をする」) は1920年代から。

jamb [中英語]**名**(ドア・窓の) 脇柱_{わきばしら}：
古フランス語 *jambe*「脚、まっすぐな支え」に由来する。元はギリシア語 *kampe*「関節」。

jangle [中英語]**動**ジャンジャン鳴る、いらいらさせる；**名**耳障りな音：
当初は「うるさく喋る、口論する」を意味した。古フランス語 *jangler* に由来する。それ以前の語源は不詳。擬音語 jingle「チリンチリン」の影響を受けている。

janitor [16世紀半ば]**名**門衛、管理人：
ラテン語 *janua*「ドア」を英語に取り入れたもの。*Janus*「ヤヌス」は古代イタリアにおける神の名で、天国の門番、入口の門衛と考えられていた。January **名**「1月」は「*Janus* の月」であり、1年の始まりを司る。

jape [中英語]**動**冗談を言う、騙す：
japer と *gaber* の融合である。つまり、形は古フランス語 *japer*「キャンキャン鳴く、ぺちゃくちゃ喋る」で、意味は古フランス語 *gaber*「嘲る」に由来する。

jar^1 [16世紀後半]**名**かめ、瓶、壺、《英略式》一杯のビール：
フランス語 *jarre* に由来する。語源はアラビア語 *jarra*「陶器の水がめ」。口語では、1920年代から「一杯のビール」を指す。

jar^2 [15世紀後半]**動**神経に障る、不快感を与える；**名**耳障りな音、震動：
「ショック、驚き」と結びつき、当初は「不一致、口論」を意味する名詞として使われた。おそらく激しい振動を伴う音を描写する擬音語であろう。

jargon [後期中英語]**名**戯言、わけのわからない言語、(特定の職業・グループの) 特殊用語、専門語：
原義は「つぶやき、おしゃべり」で、後に「早口でわけのわからないおしゃべり」を意味するようになった。古フランス語 *jargount*「鳥のさえずり」に由来する。語源不詳。(legal *jargon*「法律用語」や computer *jargon*「コンピュータ用語」のような) 現在使われている主要な意味は17世紀半ばから。

jaundice [中英語]**名**黄疸：
中英語時代の綴りは *jaunes* であった。古フランス語 *jaune*「黄色の」から派生した *jaunice*「黄色」に由来する。比喩的意味を持つ jaundiced **形**「嫉妬により顔を赤らめる」は17世紀半ばから使われはじめた。その語は、明らかに jaundice **動**「嫉妬にかられる」(18世紀後半から) の基の語である。

jaunt [16世紀後半]**名**短い気晴らし旅行：
語源不詳。元は否定的含意味であり、「馬を乗り回して疲れさせる」、「目的もなくぶらつく、だらだら歩く」、そして (名詞として)「厄介な旅」を意味していた。「気晴らしのための小旅行」という現在の肯定的な意味は17世紀半ばから。

jaunty [17世紀半ば]**形**陽気な、軽快な：
当初の意味は「育ちのよい、上流階級の」であった。フランス語 *gentil* に由来する。
→ GENTLE；GENTEEL

jaw [後期中英語]**名**あご、(サメなどの) 口：
古フランス語 *joe*「あご」に由来する。語源不詳。当初は *jowe* という綴りも見られたが、*jaw(e)* に間もなく取って代わられた。

jaywalk [20世紀初頭]**動**信号無視をする：
jay「かけす」という名のカラス科の鳥と

walk との複合語。この鳥は、口語で時折「愚か者」を指す。

jazz [20世紀初頭]名 ジャズ、《米俗》大嘘:
語源不詳。一説によると、Jasbo Brown という黒人の放浪ミュージシャンの名前に由来する。彼はミシシッピ川流域の町で、後にシカゴのナイトクラブで演奏した。また、アフリカの一方言から英語に入ったという説もある。その方言では「興奮させる」や「急ぐ」を意味する語であった。

jealous [中英語]形 嫉妬して、(人が) 嫉妬深い:
古フランス語 gelos に由来。語源は中世ラテン語 zelosus。同じく中英語の jealousy 名「ジェラシー」は、古フランス語 gelos から派生した gelosie に由来する。
→ ZEAL

jean [15世紀後半]名 ジーンズ:
当初は形容詞として使われた。古フランス語 Janne (現在の Génes) に由来する。語源は中世ラテン語 Janua「ジェノヴァ」で、原産地の地名である。「ジーンズ」という意味は jean fustian「ジェノヴァ産のファスチャン織り」に由来する。この語は、16世紀に、厚手の綾織りされた綿生地を指す語として使われた。jeans 名「ジーンズ」は、jean の複数形として19世紀半ばから登場する。

jeep [第2次世界大戦]名 ジープ:
頭文字語の GP に由来する。GP は general purpose「一般的目的」を意味する。この表現は 'Eugene the Jeep' に影響を受けている。ユージーンは、1936年3月16日に漫画『ポパイ』Popeye に初登場した、機知に富む偉大な力を持つ架空の生き物である (ジープという奇声を発するのが特徴)。

jelly [後期中英語]名 (フルーツ) ゼリー:
古フランス語 gelee「霜、ゼリー」に由来する。語源はラテン語 gelare「凍る」から派生した gelata「凍った」で、その語幹はラテン語 gelu「霜」である。当初は、肉や魚の味・香りのよいゼリー状の固まりを指した。フルーツ風味のゼリーを指す用法は18世紀後半から。

jemmy [19世紀初頭]名 組立式かなてこ:
James の愛称が起源。jack「ジャッキ」の成立過程と似ている。
→ JACK

jeopardy [中英語]名 危険:
当初の綴りは iuparti であった。古フランス語 ieu parti「引き分け試合」に由来。元はチェス用語で、勝敗の決着がつかない膠着状態を指し、「危機的状況」へと拡張した。

jerk [16世紀半ば]動 急に動かす、心的衝撃を与える;名 急にぐいと引くこと、けいれん、《主に米略式》いやな奴:
当初は「ムチで打つこと」を意味した。おそらく擬音語である。「いやな奴」という意味の俗語用法はアメリカ生まれで、1930年代から使われている。

jerry-built [19世紀半ば]形 安普請の、にわか造りの:
語源不詳。一説によると、リヴァプールの建設会社の名前に由来する。また、エリコ (パレスチナの古都) の壁に由来するという説もある。その壁はヨシュアのトランペットの音により崩落したとされる (旧約聖書『ヨシュア記』6章20節:… and it came to pass, when the people heard the sound of the trumpet, and the people shouted with a great shout, that the wall fell down flat「…そこでみ民は叫び、ラッパは鳴り響いた。み民がラッパが鳴り渡るのを耳にして大声で叫んだとき、城壁は崩れ落ちた」)。

jerrycan [第2次世界大戦]名 ジェリカン (液体用の金属容器):
「ドイツ」を指す口語の Jerry に由来する。この種の容器が最初にドイツで使われたことから。

jest [後期中英語]名 冗談、しゃれ:

この語よりも先に英語に入った gest の異形である。gest は古フランス語 geste に由来する。語源はラテン語 gesta「行動、偉業」で、語幹はラテン語 gerere「行う」である。原義は「偉業、英雄的行い」であり、そこから「功績の物語」(元は韻文において使用された) を意味するようになった。後に「根拠のない話」を指すようになり、そこから16世紀半ばには「冗談」にまで拡張された。

jet ［16世紀後半］動噴射する、吹き出す; 名ジェット機:

当初は動詞として使われた。フランス語の jeter「投げる」に由来する。語源はラテン語 jacer「投げる」の反復動詞 jactare である。ジェット機の意味は1940年代から。

jetsam ［16世紀後半］名漂流物:

当初は jetson と綴られた。動詞 jettison「捨てる」の短縮形で、中心的意味は「捨てられた物」である。

jettison ［後期中英語］名(遭難船による)投げ荷; 動(積荷などを)投げ捨てる:

当初は名詞として使われ、遭難の際に船の重量を減らすために積み荷を捨てることを意味した。古フランス語 getaison に由来する。語源はラテン語 jacer「投げる」から派生した jactatio(n-) である。動詞用法は19世紀半ばから。
→ JET

jetty ［後期中英語］名防波堤、波止場:

文字通りの意味は「投げ出された場所」で、古フランス語 jeter「投げる」の女性形過去分詞 jetee に由来する。
→ JET

jewel ［中英語］名宝石:

古フランス語 jeu「ゲーム、試合」から派生した joel に由来する。語源はおそらくラテン語 jest「戯れ」である。当初は個人用の装飾用備品として身につけられるものの全般を指した (シェイクスピア『十二夜』Twelfth Night, III.iv. 208: Here, wear this Jewel for me, tis my picture「この飾りを身につけて、私の肖像画です」)。後に、宝石を使用した飾り、あるいは宝石そのものを指すようになった。jeweller 名「宝石職人」(古フランス語 joel から派生した juelier に由来) も同時期から使われている。jewellery 名「宝石類」は少し後になってから登場する。古フランス語 juelier「宝石職人」から派生した juelerie に由来する。

jib ［19世紀初頭］名ジブ、船首三角帆:

おそらくフランス語 regimber (古い綴りでは regiber)「(馬が) 抵抗する、立ちあがる」と同系である。gibbet「絞首台」の短縮形で、船首からの宙づり状態を指したという可能性もある。慣用句の the cut of one's jib「身なり、風采」は元々、水夫の比喩であり、ジブに立つ姿が際立ち、特徴的であったことから生まれた。
→ JIBE

jibe ［16世紀半ば］動あざけり笑う; 名嘲笑:

当初は動詞として使われた。おそらく古フランス語 giber「乱暴に扱う」(現代の方言では「蹴る」を意味する) に由来する。

jiggery-pokeryt ［19世紀後半］名ごまかし、策略:

おそらくスコットランド語 joukery-pawkery の異形である。この複合語の前半は jouk「ごまかす」に由来する。語源不詳。

jilt ［17世紀半ば］動恋人を捨てる:

1674年に「新しい俗語」として登場した。意味は「騙す、ごまかす」で、語源不詳。

jingo ［17世紀半ば］名好戦的愛国主義者:

元は隠語。熱狂的な戦争支持派を指す用法は、by jingo という表現から生まれた。それは、1878年、ロシアに対抗するためにトルコ湾に英国艦隊を派遣するというベーコンズフィールド卿の政策を支持する人たちによって酒場でよく歌われた歌詞の一節である。その歌とは、'We don't want to fight, yet by Jingo! if we do, We've got the ships, we've got the men, and got the money too'「我々は戦いたくない。しかし、誓って言うぞ。もし戦うなら、船も兵も金もあるぞ」というものである。jingoism名「盲目的愛国主義」は19世紀後半から。

jink [17世紀後半]動さっと身をかわす;名陽気な騒ぎ:
スコットランド語 high jinks「酒宴での悪ふざけ」が起源。通常、サイコロを投げて仲、宴会芸をする者、もしくは一気飲みをする者を決めた。有り金を没収される場合もあった。おそらく、この語は素早い動きを描写する擬態語である。「さっと身をかわすこと」という現在の意味は18世紀から。

jive [1920年代]名戯言、【ジャズ】(スイングに合わせて踊る)ジャイブ:
元はアメリカ語法で、「意味のない、あるいは誤解を招く話」を指した。語源不詳。1940年代になると、この語が持つ「ジャズ」の意味から「ジャズに合わせたダンス」を指すようになった。

job [16世紀半ば]名仕事、任務、義務:
原義は「ひと仕事」。語源不詳。

jockey [16世紀後半]名騎手;動うまく操る、激しく競う、騎手として乗る、騙す:
Jockの指小辞語で、元は一般的な男性、若者、下っ端を指す呼び名であった。そこから「馬に乗った運搬人」を意味するようになり、17世紀後半に現在の意味が生まれた。当初は「馬の業者」という別の意味もあった。この語は不誠実さを表す決まり文句でもあった。「騙す」という意味が発生したのはこの意味の影響であろう。一方、「うまく操る」という主要な意味は、レースの際に有利な位置を得るために騎手が行う巧みな動きとの関連が考えられる。

jocund [後期中英語]形陽気な、明るい:
ラテン語 jocundus「戯れ」が古フランス語を経由して英語に入ったもの。このラ

テン語は、juvare「楽しむ」から派生したjucundus「楽しい、愛想のよい」の異形である (jocus「冗談」の影響が見られる)。
→ JOKE

jodhpurs [19世紀後半]名乗馬用ズボン:
西インドの地方都市 Jodhpur「ジョードプル」に由来。類似のズボンを当地では普段着として現地の男性が履いている。

jog [16世紀初頭]動ジョギングする、よたよた進む、ゆっくりとした駆け足をする;名揺れ、軽い突き:
語源不詳。明らかに擬音語である。最近の用法は、ゆっくりした乗馬速度から拡張し、適度な運動 (ジョギング) と結びついている。この意味は1960年代から。
→ JAGGED

join[中英語]動つなぐ、つきあう、加わる、合流する:
古フランス語 joindre に由来する。語源はラテン語 jungere「つなぐ」である。このラテン語動詞はいくつかの英単語の語源にもなっている。**joint** [中英語]名「関節」(古フランス語の動詞 joindre「つなぐ」の過去分詞形) は、16世紀後半から精肉業界の用語として使われた。**juncture** [後期中英語]名「接続」の原義は「つなぐこと」である (ラテン語 junctura「接合」に由来)。**junction**名「連絡」(18世紀にラテン語 junctio(n-)ura から英語に入る) も「つなぐこと」から始まった。「交差点」という意味では18世紀後半から。

joist [17世紀後半]名梁、根太:
当初の綴りは giste であった。古フランス語で「橋を支える梁」を意味する語に由来する。語源はラテン語 jacere「横になる」である。

joke [1920年代]名冗談;動冗説を言う:
元は俗語。おそらくラテン語 jocus「冗談、言葉遊び」に由来する。**jocular**形「こっけいな、おどけた」はjokeよりも早くから使われた。この形容詞はラテン語 joc-

jolly ［中英語］形 陽気な、楽しい、愉快な：
古フランス語 *jolif*「陽気な、人に恋をしている、見事な、活発な、お祭り気分の」に由来する。*joli*「美しい」の古い形。おそらく古ノルウェー語 *jól* に由来する。*jolity*［中英語］名「愉快、陽気」は古フランス語 *joli* から派生した *jolite* に由来する。
→ YULE

jostle ［後期中英語］動 突く、押す、押しのける：
当初の綴りは *justle* であった。*joust* の古い形である *just* に由来する。原義は「性交する」であった。現在の意味は16世紀半ばから。
→ JOUST

jot ［15世紀後半］名 少し、わずか；動 簡単に書き留める：
ギリシア語アルファベットの最小文字である *iōta* がラテン語経由で英語に入ったもの。名詞用法では、「わずか」の意味が際立つ（シェイクスピア『ベニスの商人』*Merchant of Venice*, VI. i. 306：This bond doth give thee here no *jot* of blood「この証文によれば、血は一滴たりともおまえには与えてはならぬ」）。動詞用法は18世紀初頭に記録が残されており、短時間の素早い動作を強調する（*jotted* notes down in the meeting「会議で簡単にメモをとる」）。

journal ［後期中英語］名 新聞、雑誌、日誌、日刊紙、日程：
当初は1日の祈りの時間を記した書を指した。古フランス語 *jurnal* に由来し、語源は後期ラテン語 *diurnalis*「1日に属するもの」である。「日誌」という意味は17世紀初頭から。「日刊紙」という意味は18世紀半ばから。

journey ［中英語］名（陸上の長い）旅：
古フランス語 *jornee*「1日、1日の旅、1日分の仕事」に由来する。英語での最初の意味も同じであった。語源は、ラテン語 *dies*「日」の派生語 *diurnus*「1日の」から派生した *diurnum*「1日分」である。複合語に以下がある：
■ **journeyman** ［後期中英語］名「一人前の職人」。*journey* の廃れた意味「1日分の仕事」に由来する。もはや年季奉公契約書に縛られない日雇い職人を指した。

joust ［中英語］名 馬上槍試合；動（ディベートなどで）論争する：
当初は「参戦する、敵と交戦する」を意味した。古フランス語 *jouster*「呼び集める」に由来し、語源はラテン語 *juxta*「近くに」である。13世紀の文献に見られる綴りは *just* である。フランス語の影響により綴りが *joust* に変化した。変化した綴りは、スペンサーやミルトンによって時折用いられ、ジョンソンは好んで使った。また、スコットランドでも使われた。発音は、比較的最近になるまで（現在の）綴りを反映しなかった。

jovial ［16世紀後半］形 陽気な、気持のよい：
フランス語に由来し、語源は後期ラテン語 *jovialis*「木星の」である。木星の下に生まれた人に対する、想定される木星の影響に言及している。Jove は Jupiter「木星」の詩形。Jupiter「ユピテル（ジュピター）」は古代ローマの最高神で快活とされた。

jowl ［古英語］名（太った人の）あごのたるみ：
古英語 *ceole*「あごの骨」（ドイツ語 *Kehle*「のど、食道」と同系）が、古英語 *ceafl*「あご」（オランダ語 *kevels*「頬骨」と同系）と部分的に融合した。

joy ［中英語］名 喜び、歓喜：
古フランス語 *joie* に由来する。語源はラテン語 *gaudere*「おおいに喜ぶ」から派生した *gaudium* である。複合語に以下がある：
■ **joypad** ［20世紀後半］名「ジョイパッド（コンピュータで用いる入力装置）」。joystick（操縦桿）と keypad（小型のキーボード）からなる。

jubilant ［17世紀半ば］形歓喜に満ちた:
当初は「歓声をあげること」を意味した。ラテン語の動詞 jubilare「叫ぶ、注意を喚起する」の現在分詞形の語幹 jubilant- に由来する。このラテン語の動詞はキリスト教作家によって「喜びの叫び声をあげる」という意味で使われた。

jubilee ［後期中英語］名(特に25周年、50周年などの) 記念祭、祝祭:
古フランス語 jubile に由来する。語源は後期ラテン語 jubilaeus (annus)「記念の年」であるが、その基はヘブライ語の yōbēl (ユダヤ史において5年毎に行われる解放と復活の年、「ヨベルの年」を指す) である。ヘブライ語の原義は「羊の角笛」である。その合図で記念祭の年が始まったとされる。

judge ［中英語］名判事、審判；動判断する、裁く、審判する:
古フランス語 juge に由来する。語源はラテン語 judex で、jus「法」と dicere「言う」の混成語である。as grave (or sober) as a judge「ひじょうにまじめな」という慣用句は17世紀半ばから使われはじめた。**judgement** ［中英語］名「判断」は、古フランス語 juger「判断する」から派生した judgment に由来する。ラテン語 judex を語源に持つ後期中英語には **judical** 形「判断力のある」も挙げられる。この語は、ラテン語 judicium「判断」から派生した judicials に由来する。ラテン語 judicium から、16世紀後半には judicious「判断力の確かな」が、そして19世紀初頭には **judiciary** 名「司法権」がそれぞれ生まれた。

jug ［16世紀半ば］名水入れ、壺、ジョッキ、水差し1杯の量、刑務所:
人名の Joan, Joanna, Jenny の愛称として使われる Jug を拡張して使用したものと考えられる。おそらく、この種の容器の口が狭いことから、(stone jug「完全な容器」という比喩に見られるように)「刑務所」を示す俗語として使われてきた。19世紀初頭にアメリカで生まれた用法。

juggernaut ［19世紀半ば］名クリシュナ神像、巨大な破壊力、大型トラック:
現在は「大型車両」を指すが、Juggernaut「ジャガノート(絶対的な力を表す)」という名前の、東インド、オリッサのプリー地方で崇拝されているクリシュナ神の拡張形である (サンスクリット語 Jagannātha「神」がヒンディー語を経由して英語に入った)。当地では、年に1度の祭典の際、クリシュナ神像を巨大な2輪馬車に乗せて通りを行進する習わしがある。

juggle ［後期中英語］動曲芸をする、ジャグリングする、ごまかす:
当初は「冗談や手品などでもてなす」を意味した。古フランス語 jogler に由来する。語源はラテン語 joculus (jocus「冗談」の指小辞) から派生した joculari「冗談を言う」である。現在の意味「ごまかす」は19世紀後半から。**juggler** 名「手品師、詐欺師」はそれより以前から使われていた (古英語に iugelere「手品師、魔術師」という語が記録されている)。その語は、古フランス語 jouglere に由来する。語源はラテン語の動詞 joculari から派生した joculator である。現在の意味は19世紀初頭から。
→ JOKE

juice ［中英語］名果汁、エネルギー:
ラテン語 jus「(肉・野菜などの) うすい澄んだスープ」が古フランス語を経由して英語に入ったもの。「電気」や「ガソリン」のようなエネルギーを意味する拡大用法は19世紀後半から。

jukebox ［1930年代］名ジュークボックス:
クレオールで使われている語 (ガラ〈サウスカロライナ州、ジョージア州の沿岸、または近海の島に住む黒人〉の juke「混乱している」) に由来する。

jumble ［16世紀初頭］動ごたまぜにする:
おそらくは散らかった状態を描写する擬音語。同じ語尾を持つ bumble, fumble,

mumble, tumbleも同じ意味を持つ。慈善活動で売られる中古品という意味での用法は19世紀後半から。

jumbo [19世紀初頭]名 ジャンボジェット機;形 特大の:
当初は「うどの大木」のような人物を指した。おそらく mumbo-jumbo（アフリカ黒人の守護神）の後半部分に由来する。ロンドン動物園の象の名前として広く知られたが、その象は1882年、アメリカのバーナム＆ベイリーサーカスに売却された。

jump [16世紀初頭]動 跳ぶ、はねる、飛びかかる、飛び乗る;名 跳躍、ジャンプ、急上昇、びっくりすること:
原義は「急に動かされること、投げられること」である。足が地面につく際の擬音語と考えられる。複合語に以下がある:
■ **jumpsuit** [1940年代]名「落下傘降下服（に似た作業着）、（女性用の）ズボンワンピース」。アメリカ起源で、元は落下傘降下服を指した。

jumper [19世紀半ば] ジャンパースカート、婦人用セーター:
当初は水夫が着用する、ゆったりとした外出用上着を指した。おそらく、方言の jump「短いコート」に由来する。その語源はスコットランド語 jupe、つまり男性用（後には女性用も含む）の「ゆったりしたジャケット、またはチュニック」である。その語は、実はアラビア語 jubba が古フランス語を経由したものである。

jungle [18世紀後半]名 密林、ジャングル、ごたまぜ:
サンスクリット語 jāngala「荒れた不毛の（土地）」がヒンディー語を経由して英語に入ったもの。

junior [中英語]名 年少者:
当初は形容詞として使われ、姓の後ろに付けられた。ラテン語 juvenis「若い」の比較級をそのまま英語として使用したもの。

junk [後期中英語]名 がらくた、くず:
当初は古くて劣化したロープを指した。語源不詳。「廃品」という意味は19世紀半ばから。アメリカで1920年代から使われている **junkie** 名「麻薬常習犯」はこの語に基づく。船の種類（平底帆船）を指す用法と関連性はない。16世紀半ばから使われはじめ、廃語となったフランス語 juncque、あるいはポルトガル語 junco に由来する。語源はマレー語 jong で、オランダ語 jonk によって広く使われるようになった。中国語起源とする説もあるが、ポルトガル人とオランダ人が中国を訪れる前に、マレー諸島において、この語はすでにポルトガル語とオランダ語に入っていた。中国船の他にも、すべての現地の大型船を指すのに、このジャワ語とマレー語が使われていたのである。

junket [後期中英語]名 魚を入れるイグサかご:
料理用語の1つで、古フランス語 jonk「イグサ」から派生した jonquette「イグサのかご」に由来する。語源はラテン語 juncus。元はイグサのかご（主に魚用で、今でも方言では使われている）を指す用語であったが、クリームチーズを指すこともあった。それがかつてイグサのかごで製造されたか、もしくはイグサのむしろにのせて提供されたことに由来する。

jury [後期中英語]名 陪審:
古フランス語 juree「誓い、質問」に由来する。語源はラテン語の動詞 jurare「誓う」の女性形過去分詞 jurata である。当初の陪審は男性のみで構成され、質問は、彼らが目撃したり、経験した出来事に対する個人的な知識に関連することに限定された。同じラテン語から後期中英語の **juror** 名「陪審員」が生まれた。古フランス語 jureor に由来する。語源はラテン語の動詞 jurator で、その語幹はラテン語 jus, jur-「法」となる。

just [後期中英語]形 公正な、適切な、正当な;副 ちょうど、たった今、ほんの、

ちょっと、実に、おそらく、いかにも：
ラテン語 jus「法、正義」から派生した justus が、古フランス語を経由して英語に入ったもの。元のラテン語は justice [後期古英語]名「公正」(最初は「法の執行」という意味で使われた)の語源にもなっている。この語は、ラテン語 justitia が古フランス語を経由して英語に入ったものである。That is *just* what I need「これこそちょうど必要だったものだ」における副詞的用法は、「正確に」という意味から生じた。

justify [中英語]動正当化する：
当初の意味は「裁判を行う」と「司法的刑罰を与える」であった。古フランス語 *justifier* に由来する。語源はラテン語 *justus* から派生した *justificare*「裁判を行う」である。「正当化する」という意味は17世紀初頭から。
→ JUST

jut [16世紀半ば]動突き出る：
jetの異形。当初は「…から突き出る、張り出す」という意味で使われた。
→ JET

juvenile [17世紀初頭]形若い、年少者の、未熟な ;名未成年、若者：
ラテン語 *jubilare*「若い、若者」から派生した *juvenilis* に由来する。

juxtapose [19世紀半ば]動並置する：
フランス語 *juxtapose* に由来する。ラテン語 *juxta*「隣りに」と、フランス語 *poser*「置く」の複合語である。

K k

kaleidoscope［19世紀初頭］名万華鏡、絶えず変化するもの：

発明者のデイヴィッド・ブリュースター卿によって、1817年に作られた造語。ギリシア語の *kalos*「美しい」と *eidos*「形」、そして接尾辞 *-scope*（ギリシア語 *skopein*「じっと見る」）からなる。この装置は筒状で、回転させると、色づけされたガラスの形が絶えず変化し、それが中にある鏡に映し出される。比喩的に使用された最初の例がバイロン『ドン・ジュアン』*Don Juan* の中に見られる (This rainbow look'd like hope—Quite a celestial *kaleidoscope*「この虹は希望のようだ——まさに空に映る万華鏡だ」)。

kangaroo［18世紀後半］名カンガルー：

ある草食有袋類の名前。北クィーンズランドの絶滅したアボリジニー語が起源。この語は、はじめ「分からない」を意味すると考えられており、オーストラリアへの移民に対する原住民の答だと言われる（「あれは何？」に対して「知らない〈カンガルー〉」と答えたところ、それを名前と認識した）が、根拠に欠ける。ヨーロッパで最初に知られたカンガルーの種類はグレートカンガルー（*Macropus giganteus*）であり、1770年にクック船長によって発見された。

kaput［19世紀後半］形おしまいで、もはやだめになって：

ドイツ語 *kaputt*「壊れた」、もしくはフランス語 (*être*) *capot*「ピケットと呼ばれるトランプゲームの中でトリックなしの状態で」が起源。

karaoke［1970年代］名カラオケ：

日本語起源で、文字通りの意味は「空のオーケストラ」。

kayak［18世紀半ば］名カヤック：

イヌイット語 *qayaq* が起源。グリーンランドからアラスカにかけてのあらゆる方言で共通して使われる語。

kecks［1960年代］名ズボン：

イギリス英語の口語体で、「ズボン」、「婦人用・女児用下着」、「ズボン下」を意味する。廃語となった *kicks*「ズボン」の発音綴り。

keel［中英語］名竜骨（船底の中央部を船首から船尾まで貫通して船を支える材）、船：

ゲルマン語起源。船底に沿った構造を意味し、古ノルウェー語 *kjolr* に由来する。*kjolr* と中オランダ語 *kiel*「ボート」とは無関係である。*kjolr* と *kiel* は、どちらもイギリス英語 *keel* と同系であり、かつて石炭を運ぶためにタイン川、ウェア川で使われた底の平たいボートを指すのに使われた。

keen［古英語］形感覚や知力などが鋭い、鋭敏な：

古英語の形は *cēne* で、主な意味は「勇気がある、大胆な」であった。ゲルマン語起源で、オランダ語 *koen* やドイツ語 *kühn*「大胆な、勇気がある」と同系。この古英語は「賢明な、賢い」という意味でも使われた。現代の意味の「鋭い」は中英語に遡る。この意味は英語に特有であるが、その発達過程はよくわかっていない。

keep［後期古英語］動持っている、保持する、保存する：

古英語の形は *cēpan* で、「捕まえる、つかむ」と「世話をする、付き添う」を意味した。語源不詳。最初は口語的な俗語であったが、1000年頃から文語でも使用された記録が残っている。したがって、それ以前から大幅に意味を拡張していたと考えられる。「両手で持ちつづける」か

ら「じっと見張る (= 視線を保ちつづける)」に拡張した可能性がある。「維持」という概念は後に発達した意味である。

keg［17世紀初頭］名小樽：
スコットランド語とアメリカ英語の方言 *cag* の異形。古ノルウェー語 *kaggi* に由来する。

ken［古英語］名理解、知力の範囲、視界：
古英語 *cennan*「言う、知らせる」は、ゲルマン語起源で、オランダ語やドイツ語の *kennen*「知っている、精通している」と同系である。can と know に共通するインド＝ヨーロッパ語の語根に由来する。動詞の「知っている」、「認識する」という現代の意味は中英語に遡る。名詞の (beyond our *ken*「理解を越えた」に見られるような)「知力の範囲」という意味は16世紀半ばから。
→ CAN¹; KNOW

kennel［中英語］名犬小屋：
古フランス語 *chenil* の古北フランス語の異形。起源はラテン語 *canis*「犬」である。

kerb［17世紀半ば］名車道と歩道の境に設けた石：
当初は、高くした境界線、あるいは枠を指した。curb の異形である。*kerb* は、通常、特に歩道の境の石を表す語として使われた。
→ CURB

kerchief［中英語］名スカーフ：
初期の綴りは *kerchef* であった。古フランス語 *cuevrechief* に由来する。*couvrir*「覆うこと」と *chief*「頭」の複合語である。以前は女性の頭飾り、つまり、髪を覆う布を表現するのに使われた。16世紀半ばからは、**hankerchief**名「ハンカチーフ」の後半部分が示すように、「布」の意味で使われた。

kerfuffle［19世紀初頭］名騒動、言い争い：
おそらくスコットランド語 *curfuffle* に由来する (スコットランド・ゲール語 *car*「ねじる、曲げる」とスコットランド語 *fuffle*「乱すこと」の複合語であろう)。あるいは、アイルランド語 *cior thual*「混乱、無秩序」と同系の可能性もある。

kernel［古英語］名仁 (果実の核の中の部分)、中核：
古英語の形は *cyrnel* で、corn「種、穀粒」の指小辞語である。
→ CORN¹

kerosene［19世紀半ば］名灯油：
起源はギリシア語 *kēros*「蠟」である。固形の灯油が蠟に似ていることに由来する。

ketchup［17世紀後半］名ケチャップ：
おそらく中国語 (広東語) *k'ēchap*「トマトジュース」が起源。

kettle［古英語］名やかん：
ゲルマン語起源。古英語 *cetel, cietel*「壺、大鍋」は、ラテン語 *catillus* を基にしている。*catillus* は *catinus*「食べ物を料理したり、配膳するための深い器」の指小辞語である。中英語になると、古ノルウェー語 *ketill* の影響を受けて綴りが変化した。

key［古英語］名鍵、手がかり、(楽器の) 鍵；形重要な；動(データを)入力する：
古英語の形は *cǣg, cǣge*。語源不詳。他のゲルマン語族の中には該当する語が見当たらない。現代の発音は明らかに北部に起源があるが、これがどのように一般化されたかを知るのは困難である。しばしば、詩の中で day, way, say, play などと脚韻を踏むのに使われた。この特別な発音は17世紀後半までに標準化されたようである。

kick［後期中英語］動ける、けとばす：
語源不詳。中英語の綴りには *kike* と *kyke* もあった。*kick over the traces*「日常の拘束に反抗する」という表現は、18世紀後半から記録がある。この慣用句は、馬が荷車に結びつけた脇のロープを巧みにまたいで、より自由を獲得したイメー

kinetic 539

ジに由来する。

kid¹ [中英語]**名**子ヤギ、子ヤギの皮、子供：

当初は幼いヤギを意味した。ゲルマン語起源で、古ノルウェー語 *kith* に由来する。ドイツ語 *Kitze*「子ヤギ」と同系である。*kid* は元々、17世紀後半には幼い子供を指すのに使われた下品な俗語であった。その後、19世紀までには、しばしば日常的な場面でも使われるようになった。*kid* を基にした kidnap**動**「誘拐する」は、17世紀後半に遡る。元来は、アメリカの農園で働く使用人や労働者を提供するために子供をさらう習慣を意味した。

kid² [19世紀初頭]**動**冗談を言う、からかう：

誰かを「からかうこと」という意味を持つ名詞 *kid* に由来する。

kill [中英語]**動**殺す、ひどい苦痛を与える：

当初は、「殴る、たたく」と「死に至らしめる」の両方を意味していた。おそらくゲルマン語起源である。*quell*「鎮める」と関連する可能性がある。名詞は元々、「一撃、あるいは殴打」を意味した。

kiln [古英語]**名**陶器・レンガなどを焼く窯<small>かま</small>：

古英語の形は *cylene* である。ラテン語 *culina*「台所、かまど」に由来する。

Kilroy [第2次世界大戦]**名**キルロイ：

アメリカの軍人に人気があった架空の人物の名前。この名前の由来は不確かであるが、マサチューセッツ州ハリファックスの造船所で働いていた James・J・*Kilroy* に因むという説がある。彼は、軍艦を点検した後、いたるところに「キルロイここにあり」と記した。この一節は、入隊した造船所労働者によって、繰り返し使われてきたという。

kilt [中英語]**名**キルト；**動**キルトのようにひだをつける：

当初は動詞として使われ、「身体の周りに巻きつける」を意味した。明らかにスカンジナビア語起源であり、デンマーク語 *kilte (op)*「まくりあげる」と古ノルウェー語 *kilting*「スカート」との類似も認められる。名詞は18世紀半ばから。

kin [古英語]**名**親類、同類：

古英語の形は *cynn* で、ゲルマン語起源。オランダ語 *kunne* と同系。それは、「産む」という意味のインド＝ヨーロッパ語の語根に由来する。その語根はギリシア語 *genos* とラテン語 *genus*「種族」にも共通する。*kin* は kindred [中英語]**名**「親類、一族、血縁」の前半要素である。接尾辞 *-red* は古英語 *ræden*「状態」が起源。現代綴りにおける *-d-* の挿入は、（thunder と同様）発音上の変化を反映している。kinship**名**「親類関係、血族関係」は比較的最近の語で、19世紀初頭に遡る。

kind¹ [古英語]**名**種類：

古英語 *cynd(e), gecynd(e)* はゲルマン語起源で、*kin* と結びつく。元々は、「生来の性質、形、状態」に加えて「自然、自然の秩序」を意味した。そこから「生来の性質によって区別される種類、種族」という使い方が生まれた。
→ KIN

kind² [古英語]**形**思いやりがある、親切な、優しい：

古英語の形は *gecynde* である。「生来の、生まれつきの」を意味した。中英語の最初の意味は、「生まれの良い、育ちの良い」であり、「生まれつき気だてがよい、礼儀正しく思いやりがある、優しい、情け深い」の基になっている。kindly**副**「親切に」は、古英語では *gecyndelīce* であり、「本来、特徴的に」を意味した。

kindle [中英語]**動**燃やす、火をつける：

古ノルウェー語 *kynda* に由来する。古ノルウェー語 *kindill*「蠟燭、松明」から影響を受けている。

kinetic [19世紀半ば]**形**運動に関する、運動によって生じる：

ギリシア語 *kinein*「動かす」から派生し

た *kinētikos* に由来する。

king［古英語］**名**国王：
古英語 *cyning, cyng* はゲルマン語起源で、オランダ語 *koning* やドイツ語 *König*「国王」と同系。この称号は当初、古英語時代には、ブリテン島を侵略したサクソン人とアングル人、そして彼らが築いた小さな王国の長の名前として用いられた。それはまた、彼らが戦ったブリテン島の先住民族の長の称号でもあった。9世紀と10世紀におけるウェセックスの征服にともない、西サクソンの王がイングランドの王となり、他の種族の王は終焉を迎えた。古英語から使われている **kingdom名**「王国」の当初の綴りは *cyningdōm* で、「王権」を意味した。
→ KIN

kink［17世紀後半］**名**糸、綱、毛髪、鎖などのもつれ、ねじれ：
元は綱のねじれを指す海事用語であった。中低地ドイツ語 *kinke* に由来する。語源は、おそらくオランダ語 *kinken*「よじれる」であろう。*kink* の派生語である **kinky形**「ねじれのある」は19世紀半ばに現れた。「誤った、歪んだ」という意味は1950年代から。

kiosk［17世紀初頭］**名**駅などの売店：
当初は「あずまや」を指す語として使われた。フランス語 *kiosque* に由来する。語源は、ペルシア語 *kuš*、トルコ語 *köşk* である。

kip［18世紀半ば］**名**睡眠：
当初は「売春宿」を指す語として使われた。おそらくデンマーク語 *kippe*「物置、宿屋」と同系。

kipper［古英語］**名**産卵期における雄鮭：
古英語の形は *cypera* で、ゲルマン語起源。古サクソン語 *kupiro* と同系。また、copper「銅」とも同系かもしれない。

kiss［古英語］**動**キスする：
古英語の形は *cyssan* で、ゲルマン語起源。オランダ語 *kussen* とドイツ語 *küs-sen*「キスする」も同系。

kit［中英語］**名**用具一式：
中オランダ語 *kitte*「木製の器」に由来する。語源不詳。原義の「木製のおけ」は、後に他の器にまで拡張された。「兵士の装具」(18世紀後半) という意味は、おそらく入れ物の中に詰められた物品に由来する。

kitchen［古英語］**名**台所：
古英語の形は *cycene* で、西ゲルマン語起源。語源は、ラテン語 *coquere*「料理をする」である。オランダ語 *keuken* やドイツ語 *Küche*「台所」と同系。

kite［古英語］**名**鳶、凧：
古英語 *cȳta* は当初、猛禽類の鳥を指す語として使われた。おそらく擬音語が起源で、ドイツ語 *Kauz*「フクロウの叫び声」と同系。玩具 (凧) は、それが鳥のように空中に停止することから名づけられた。

kith［古英語］**名**知識、故郷、友人：
古英語 *cȳthth* はゲルマン語起源で、*couth*「よく知られた」と同系。原義は「知識」、「故郷」、「友人、隣人」である。成句の *kith and kin*「親族」は元は、その人の国、親類を意味し、後に友人と知人までに拡張された。

kitten［後期中英語］**名**子猫：
中英語の綴りには *kitoun* と *ketoun* もあった。古フランス語 *chitoun* のアングロノルマンフランス語の異形に由来する。*chitoun* は *chat*「猫」の指小辞である。

kitty［19世紀初頭］**名**刑務所、共同積立金：
当初は、「刑務所」という意味で使われた。語源不詳。「共同積立金」という意味での使用は19世紀後半から。

knack［後期中英語］**名**策略、ごまかし、巧みなわざ：
当初は、巧妙な、あるいは偽りの策略を意味した。おそらく擬音語の廃語 *knack*

「鋭い一撃、音」と同系。オランダ語 *knak*「鋭い一撃、パチンと閉まる音」も同系。

knacker［16世紀後半］**動**疲れさせる；**名**廃馬処理業者：

当初は、馬具の製造業者を指したが、後に廃馬処理業者を指すようになった。この語は、廃語となった *knack*「小さな装身具」に由来する。馬具の中には小物も含まれていたからである。「疲れさせる」という動詞の意味が、「家畜を処理する」あるいは「去勢する」という比喩的な意味と関係しているかどうかは定かではない。後者の「去勢する」は、俗語で「睾丸」という意味の *knackers*（方言の *knacker*「カスタネット」の派生語で、おそらく、鋭い不意の物音を描写する擬音語の *kanck* に由来する）を連想させる。

knapsack［17世紀初頭］**名**ナップサック：

中低地ドイツ語とオランダ語の *knapsack* に由来する。おそらくドイツ語の *knappen*「（食べ物）を噛む」と *zak*「大袋」からなる複合語であろう。当初は、食料品のような必需品の運搬用として兵士が使っていた袋を指した。

knave［古英語］**名**悪党：

古英語 *cnafa* は「少年」あるいは「召使」であった。西ゲルマン語起源で、ドイツ語 *Knabe*「少年」と同系。「悪党」という意味は初期の段階で現れ、おそらく「下劣な性質の人」を示す用法から発展した。

knead［古英語］**動**粉や粘土などをこねる、練る：

古英語 *cnedan* はゲルマン語起源。オランダ語 *kneden* とドイツ語 *kneten*「練る」と同系。

knee［古英語］**名**膝：

古英語 *cnēow, cnēo* はゲルマン語起源で、オランダ語 *knie* やドイツ語 *Knie*「膝」と同系。ラテン語 *genu* とギリシア語 *gonu* に共通するインド＝ヨーロッパ語の語根を起源としている。古英語 *cnēowlian*（現在の knee l[動]「ひざまずく」）は *cnēow* の派生語である。

knell［古英語］**名**鐘の音：

古英語の名詞 *cnyll*、動詞 *cnyllan* は、西ゲルマン語起源であり、オランダ語の名詞 *knal* と動詞 *knallen*「ドンと鳴る」と同系。現代の綴りは16世紀からで、おそらく bell「ベル」の影響を受けている。

knickerbockers［19世紀半ば］**名**ニューヨーカー、昔の膝下でくくるゆったりした半ズボン、ニッカボッカー：

当初は、ニューヨーカー（アメリカのニューネーデルランドに移住した初代オランダ人の子孫）を指す語であった。W・アーヴィング『ニューヨークの歴史』*History of New York*（1809年）に登場する Diedrich *Knickerbocker*（アーヴィングの筆名）にちなんで名づけられた。「半ズボン」という複数形での使い方は、アーヴィングの本の中で、クルックシャンクが描いた挿絵に出てくるオランダ人男性が着用している膝上で留める半ズボンに由来すると考えられている（現在のニッカボッカーと形が似ているため）。*knickerbockers* の省略形 knickers［19世紀後半］は当初「短いズボン」を指した。

knife［後期古英語］**名**小刀、ナイフ：

古英語 *cnīf* はゲルマン語起源で、古ノルウェー語 *knífr* に由来する。

knight［古英語］**名**騎士、ナイト：

古英語 *cniht* は「少年、若者あるいは召使い」を意味した。西ゲルマン語起源で、オランダ語 *knecht* とドイツ語 *Knecht*「召使い」と関係している。世襲ではない（一代限りの）称号を与えられた男性を指す用法は16世紀半ばから。

knit［古英語］**動**編む：

古英語 *cnyttan* は西ゲルマン語起源。ドイツ語の方言 *knütten* と同系である。原義は「結びつく、結び目を作る」であり、そこから（a closely-*knit* family「密接に結びついた家族」が示すように）「結合する、合体させる」へと発展した。廃語と

なった中英語の意味「網をつくるための節のあるひも」から「手細工」という意味が生まれた。
→ KNOT

knob ［後期中英語］名 こぶ、ノブ：
中低地ドイツ語 knobbe「結び目、節、芽」が起源。knobble ［後期中英語］名「小さな節、こぶ」は knob の指小辞語である。knobbly 形「節の多い、こぶ状の」は19世紀半ばから。

knock ［古英語］名 ノック；動 ノックする、叩く
古英語の形は cnocian で、明らかに擬音語である。口語の意味「…をこきおろす」は、19世紀後半からアメリカで使用された記録がある。

knoll ［古英語］名 小山：
古英語 cnoll は「丘のてっぺん」を意味した。ゲルマン語起源で、ドイツ語 Knolle「土のかたまり、かたまり、塊茎」やオランダ語 knol「塊茎、かぶ」と同系。

knot ［古英語］名 結び目、木の節：
古英語 cnotta は西ゲルマン語起源。オランダ語 knot と同系。慣用句の tie the knot「結婚する」は18世紀初頭から見られる。

know ［古英語］動 知っている、理解している：
古英語 cnāwan（初期は gecnāwan）「認める、確認する」はゲルマン語起源。ラテン語 (g)noscere とギリシア語 gignōskein「（感覚によって）知る」に共通するインド＝ヨーロッパ語の語根に由来する。英語の動詞は、「（考えた結果）知る、事実として知る」という意味も含む。(具体的な)「捕まえる」と(抽象的な)「理解する」という2つの意味は、しばしば他のヨーロッパの言語では別々の動詞（例えば、フランス語の savoir と connaître、ドイツ語の kennen と wissen）で表現される。
→ CAN¹; KEN

knowledge ［中英語］名 知識、学識：
元々は「認める、認識する」という意味の動詞であった。起源は cnāwan から派生した古英語の複合語である。
→ KNOW

knuckle ［中英語］名 指関節、こぶし：
当初は、肘や膝が曲げられたときにできる関節の丸い形を示していた。中低地ドイツ語、中オランダ語の knökel に由来している。knökel は knoke「骨」の指小辞語である。18世紀半ばになると、knuckle (down) という形で、「ビー玉遊びでビー玉をはじく」という動詞になった。ここから集中して仕事などに精を出すという概念が生まれた。

kook ［1960年代］形 頭のいかれた：
常軌を逸した人を表す口語。おそらく cuckoo「まぬけ」に由来する。

kowtow ［19世紀前半］名 叩頭の礼：
中国語 kētóu に由来する。kē「打ち当てる」と tóu「頭」の複合語である。（文字通りの動作から）礼拝や服従のためにひざまずいたり、地面に額をつけることを意味する。

L l

label［中英語］名商標、ラベル、レッテル、荷札；動ラベルを貼る：

当初の意味は「細長い布やひも」であった。古フランス語の「りぼん」を意味する語に由来し、ゲルマン語起源と考えられている。15世紀後半の頃は、記録文書に付けられた標章を運ぶための細長い帯を指していた。名前または説明を記載した紙、金属、布などを指す現在の意味は17世紀後半に遡る。20世紀に入ると、ある企業と関連するブランド名として使われるようになった。
→ LAP[1]

laboratory［17世紀初頭］名実験室、実習室：

本来は仕事を引き受ける場所を指す。ラテン語 laborare「働く」を基にする中世ラテン語 laboratorium「仕事場」に由来する。

labour［中英語］名労働、労力、陣痛；形労働党の；動労働する、精を出す、分娩中である：

名詞用法は古フランス語 labour に、動詞用法は古フランス語 labourer に由来する。どちらもラテン語 labor「苦しい仕事、困難」が源である。出産用語としての使用は16世紀後半に遡り、「骨の折れる仕事」という中心的な意味に由来する。社会へ商品を生産する取り組みに関連する意味は、18世紀後半に生じ、それから労働力という意味に変化した。この意味変化は、Labour Party「労働党」を表す用法に影響を及ぼした。労働党は経営に反対する従業員の代理を務めるために、1906年に労働組合連盟と政治団体によって結成された。関連語に、未熟な肉体労働者を意味する **labourer**［中英語］名（『ルカによる福音書』10章 7 節：the labourer is worthy of his hire「働くものが報酬を受けるのは当然だからである」）や、**laborious**［後期中英語］形がある。この形容詞には「勤勉な、よく働く」という肯定的な意味と、否定的な概念を表す「骨の折れる」というどちらの意味もある。この語は、labor を基にするラテン語 laboriosus「骨の折れる、勤勉な」から、古フランス語 laborieux を経由して英語に入った。

labyrinth［後期中英語］名迷宮、迷路：

初出は神話で、ギリシアの職人ダイダロスの造った迷宮を指していた。その迷宮はクレタ島のミノス王が、ミノタウロスという人身牛頭の生き物を収容するためのものだった。物語には、ダイダロスとその息子イカロスが王によって幽閉された後、ダイダロスの技術で翼を作り、蠟で 2 人の身体に付けて脱出した様子が描かれている。ギリシア語 laburinthos に基づいている。フランス語 labyrinthe かラテン語 labyrinthus から入った。

lace［中英語］名（靴・コルセットなどの）（締め）ひも、レース；動（靴など）をひもで締める・結ぶ、（コーヒーなどに）少量の酒を加える：

古フランス語の名詞 laz または las「ひも」と動詞の lacier が lace に由来する。元はラテン語 laqueus「なわ」で、英語の当初の意味でもあった。細い糸を輪にしたり編んだりして作る細かい透かし細工の織物は16世紀半ばから lace と呼ばれるようになった。動詞 lace はよく比喩的に使われていた。lace with は16世紀後半の用法で「色で縞をつける」を意味する。1 世紀後には（laced with gin「ジンで濃くした」、laced with honey「蜂蜜入りの」のように）、「アルコール度を高める」や「風味をつける」という拡張された意味でも使われはじめた。
→ LASSO

lacerate［後期中英語］動（筋肉・手足

などを）切り裂く、（感情などを）深く傷つける：

痛んだ肌や傷ついた肌を表す状況でよく使われる。lacer「ずたずたにされた、引き裂かれた」を基にするラテン語 lacerare「ずたずたに切る」の過去分詞語幹 lacerat- に由来する。

lack ［中英語］名欠乏；動欠く、不足している：

おそらく中オランダ語と中低地ドイツ語の lak「欠乏」の一部と中オランダ語 laken「欠如、責め」と同系である。英語の当初の用法では「欠点、弱点、気分を害すもの」を示していた。動詞の意味「欠けている」が次のような複合語を作った：

■ **lackland** 形「土地のない人、失地王（ジョン王のあだ名）、土地のない」。イングランドのジョン王（1165～1216年）のあだ名（John Lackland）として16世紀後半から使われている。ジョン王はノルマンディーをはじめとするフランス内のイギリス領土の大半をフランスのフィリップ2世によって奪われた。

lackadaisical ［18世紀半ば］形活気のない、ものうげな：

当初の意味は「かすかに感傷をそそる」であった。古風な感嘆詞 lackaday とその拡張形 lackadaisy に由来する。これらは感傷ぶって言われた。（フィールディング『トム・ジョーンズ』Tom Jones: Good lack-a-day! Why there now, who... would have thought it!「ああ、悲しい。なぜ、そこで、今、誰がそう考えたんだろう」）。

lackey ［16世紀初頭］名取り巻き、小間使い、おべっか使い；動へつらう：

フランス語 laquais に由来する。おそらくアラビア語 al-kā'id「組織の長」がカタロニア語 alacay「歩兵」になったと考えられる。当初は特に伝言係の下男を指していた。16世紀後半にこびへつらう態度を表す語となった。政治の世界では1930年代から、軽蔑用語として「取り

巻き」を指すようになった。

lacquer ［16世紀後半］名ラッカー、漆；動ラッカーを塗る：

ポルトガル語 laca「ラック」を基にする廃語となったフランス語 lacre「封ろう」に由来する。18世紀初頭までは lac「ラック」と同じ意味であった。ラックとはある同翅類の昆虫から出される赤黒い樹脂の分泌物を指し、ニスを作るのに使われた。ヘアスプレースタイリング剤の名前として使われるようになったのは1940年代から。

lad ［中英語］名若者、少年、《英略式》奴：

当初は「身分の低い人」、「召使い」、「従者」を意味していた。15世紀になって「若者」や、時に田園詩の中で「若い羊飼い」という意味で使われるようになった。語源不詳。1990年代に **ladette** 名「女権拡張を推進する（若い）女性」が無鉄砲な若い女性を表すようになった。

ladder ［古英語］名はしご、（靴下などの）伝線、手段、階段；動《英》（靴下が）伝線する、（靴下を）伝線させる：

古英語 hlæd(d)er は西ゲルマン語起源で、オランダ語 leer やドイツ語 Leiter「伝線」と同系である。19世紀初頭に女性の裁縫師らが、靴下または編まれた衣類の糸がほどかれた部分を指して使ったのが始まり。

lade ［古英語］動（船・車などが）荷物を積んでいる、（人が）苦しんでいる、（空気などが）よどんだ：

古英語 hladan「汲みだす」は西ゲルマン語起源で、オランダ語とドイツ語の laden「積む」と同系である。おそらく英語 lathe「旋盤」とも同系であると考えられる。英語には「積荷」と「汲み出す」という2つの意味があった。2つ目の意味は英語に特有である。
→ LADLE

ladle ［古英語］名ひしゃく、お玉；動ひしゃくですくう：

古英語 *hlædel* は *hladan*「汲み出す」(= 液体を汲み出す) に由来する。
→ LADE

lady [古英語] 名 女の人、婦人、女性、貴婦人；形 婦人の、女性の：

古英語 *hlǣfdīge* は権力者の妻や女領主など敬意を払ったり服従したりするべき女性を意味していた。また特に聖母マリアを指していた。この語は古英語 *hlāf*「ひと塊」と「練る」(*dough*「練り粉」と同系) という意味のゲルマン語基が結合したものである。*Lady* Day「受胎告知の祭」や他の複合語内で、*lady* は所有の概念を伝える。それは「(我々の) 聖母マリアのもの」という意味の古英語の所有格 *hlǣfdīgan* のなごりを示している。
→ LORD

lag¹ [16世紀初頭] 動 遅れる、のろのろ歩く、(ビー玉・コインなどを) 投げる；名 遅延、時間の隔たり：

当初の用法は「1番びりの人 (ゲームや競争などにおいて)」という名詞であった。また「かす」を意味する語でもあった。語源に関しては「最後」を意味する方言の形容詞 *lag* と同系ではないかという説がある。子供がゲームをするとき、順番を決めるのに「1番、2番、最後」の意で気まぐれに変化させて、fog, seg, *lag* と数えていたこと (つまり last の代わりに *lag* と言った) によるものと思われる。また、スカンジナビア語が語源ではないかという説もある (ノルウェー語の方言 *lagga*「ゆっくり行く」に類似している)。*lag* は 18 世紀初頭から使われている *laggard* 形「のろい、遅い」の語基でもある。

lag² [19世紀後半] 動 断熱材で覆う：

当初の「一切れの絶縁材カバー」という意味の *lag* に由来する。

lager [19世紀半ば] 名 ラガービール：

ドイツ語 *Lagerbier*「保存用に醸造されたビール」に由来する。最初の要素は *Lager*「倉庫」である。

lagoon [17世紀初頭] 名 潟、川・湖につながる沼：

ラテン語 *lacuna*「水たまり」を基にするイタリア語とスペイン語の *laguna*「沼地、湿地」に由来する。

lair [古英語] 名 ねぐら、隠れ家：

古英語では *leger* と綴られ「埋葬地」または「寝床」を意味していた。古英語の形は墓場を意味する語としてスコットランド語に残っている。ゲルマン語起源でオランダ語 *leger*「ベッド、野営地」やドイツ語 *Lager*「倉庫」と同系である。「ねぐら」の意味で使われるようになったのは中英語から。
→ LIE¹

lake [後期古英語] 名 湖、湖水、(溶岩、石油、ピッチなどの) たまり、貯蔵池：

かつて池や水たまりを意味していた。ラテン語 *lacus*「水ばち、水たまり、湖」を基にする古フランス語 *lac*「流れ、水たまり」に由来する。たいていの場合、アメリカとカナダとの境にある五大湖の1つや、イギリスの北西にある湖水地方のような広範囲の水域を指す。the *Lake* Poets「湖畔詩人」は湖水地方に住んでいたコールリッジ、サウジー、ワーズワースを表す。

lama [17世紀半ば] 名 ラマ僧：

この敬称は、チベット仏教の宗教指導者に使われる。チベット語 *bla-ma* (最初の *b* は発音されない) に由来し、文字通りの意味は「秀でた者」である。

lamb [古英語] 名 子羊、子羊の肉、無邪気な子供；動 (子羊を) 産む：

ゲルマン語起源で、オランダ語 *lam* やドイツ語 *Lamm*「子羊」と同系である。従順や無邪気をはじめとする比喩的用法との連想から、愛情を表す用語の使用へとつながっていった (シェリー『フィヨルドスピナ』*Fiordispina*: And say, sweet *lamb*, would you not learn...?「ねえ、あなた、…は学ばないの？」)。『ヨハネによる福音書』1章29節: Behold the

Lamb of God, which taken away the sin of the world「見よ、世の罪を取り除く神の小羊だ」で使われているように、特に *Lamb* of God「神の小羊」という句は、宗教用語として使用される場合、その意味は共通している。

lambaste ［17世紀半ば］動ひどくしかる、酷評する：

当初は「打つ、たたく」という意味で使われていた。この語は16世紀後半「ひどく打つ」の意であった *lam* と16世紀半ば「たたく」の意であった *baste* を組み合わせたものである。現在の「酷評する」という意味は19世紀後半から。

lame ［古英語］形身体・足の不自由な、(議論などが) 不十分な、へたな：

古英語 *lama* はゲルマン語起源である。オランダ語 *lam* やドイツ語 *lahm*「麻痺した」と同系である。「へたな」(例：*lame* excuse「へたな弁解」) といった比喩的使用も当初から発生した。

lament ［後期中英語］動悲しむ、嘆く；名悲嘆、嘆き：

当初は動詞として使用されていた。*lamenta*（複数）「涙ぐんだ」を基にする「嘆く」という意味のフランス語 *lamenter* またはラテン語 *lamentntari* に由来する。*lamentable* 形は「悲痛な」、「哀れ、遺憾」といった意味で後期中英語から使われはじめた。古フランス語またはラテン語の動詞 *lamentari*「嘆き悲しむ」を基にする *lamentabilis* に由来する。

lamp ［中期英語］名ランプ、灯、明かり：

ギリシア語に由来し、ラテン語 *lampas*「たいまつ、ランプ」、*lampad-*「たいまつ」、後期ラテン語 *lampada*、そして古フランス語を経て英語に入った。シェイクスピアはこの複数形を、目を指すのに詩的に使った (『間違いの喜劇』*The comedy of Errors*, V. i. 316 : My wasting *lampes* some fading glimmer left「このランプにもかすかな光は残っている」)。この用法は現在、俗語である。

lampoon ［17世紀半ば］名風刺、風刺文学；動(風刺文学で) あざける：

フランス語 *lampon*「酒歌」に由来する。*laper*「ぴちゃぴちゃ飲む」が鼻音化された形 *lamper*「ごくごく飲む」から派生した *lampons*「さぁ飲もう！」という繰り返し語句に由来すると考えられている。

land ［古英語］名陸地、土地、地帯、国、国土；動上陸させる、着陸させる、乗物から降ろす、陥らせる：

ゲルマン語起源で、オランダ語 *land* やドイツ語 *Land*「国」と同系である。慣用句の see how the *land* lies「(行動する前に) 形勢を調べる」は本来、航海用語で18世紀初頭から使われている。19世紀半ばからは、*land* a job「仕事にありつく」に見られるように「確保」の概念で使われている。これはおそらく魚を水揚げするという状況で使用したことに由来する (例：*land* a large fish「大魚を釣り上げる」)。

landscape ［16世紀後半］名風景、景色、風景画；動(地域) を (木を植えたりして) 美化する：

当初は自然風景の絵を指す用語として使われた。*land*「土地」と -scap (英語の接尾辞 -ship に相当する) からなる中オランダ語 *lantscap* に由来する。

lane ［古英語］名小道、路地、通路、車線、(汽船・飛行機などの) 航路：

オランダ語 *laan*「小道」と同系である。語源不詳。1920年代からは道路または高速道路の車線を指すようになった。

language ［中英語］名言語、言葉、専門(用)語、言葉づかい：

古フランス語 *langage* に由来する。ラテン語 *lingua*「舌」に基づいている。

languish ［中英語］動弱まる、衰える、(草木が) しおれる、みじめな生活を送る：

当初は「弱くなる、元気がなくなる、病気になる」を意味していた。18世紀初頭に

「やつれる」という意味になった。この意味は1775年1月17日に初演されたシェリダン『恋敵』The Rivals という喜劇の中に登場するリディア・ラングイッシュという登場人物にうまくあてはまる。古フランス語 languiss- 「元気がなくなること、弱くなること」が英語の形を生んだ。languiss- は languir 「衰弱する」の語幹の延長形である。laxus 「緩み、ゆるい」と同系のラテン語の動詞 languere 「疲れた」の異形に由来している。同じ語基を持ち、同時期から使われている語に **languor**图「けだるさ、倦怠」がある。この語は古フランス語を経由して英語に入った。本来の意味は「病気、疾病」および「苦痛」であったが、その後「弱さ、倦慢」という意味に拡張された。現在の意味は、そのようなだるさが、ロマンチックでしばしば勝手ままなあこがれと関連すると考えられた18世紀からである。16世紀後半の **languid**形「ゆったりとした、無気力な」もまたラテン語 languere に由来し、「みじめな生活を強いられる」という意味で使われはじめた（例：*languishing in a Mexican jail*「メキシコの刑務所でみじめに暮らす」）。フランス語 languide またはラテン語 languidus に由来する。

lank ［古英語］形ひょろ長い、(草木などが) ひょろっとした：
古英語 hlanc は「やせた、膨らんでいない」を意味していた。この語は他のゲルマン語派には見当たらないが、高地ドイツ語 lenken「曲げる、脇へよける」と同系である。
→ FLANK; LINK

lantern ［中英語］图手提げランプ、ランタン、(灯台の) 灯火室：
lampein「輝く」を基にするギリシア語 lamptēr「トーチ、ランプ」からラテン語を経由し、古フランス語 lanterne から英語に入った。

lap¹ ［古英語］图膝、環境：
古英語 læppa「裾、スカート」はゲルマン語起源で、オランダ語 lap「ぼろ布、あて布」やドイツ語 Lappen「一切れの布」と同系である。当初は衣類の折り目やポケットの垂れぶたを意味していたが (17世紀半ば lapel は lap の指小辞語であった)、後に意味が限定され、ポケットや小袋として使うことのできる垂れぶたのみを指すようになった。この語は中英語でも使われ、その意味は裾を持ち上げて何かを捕ったり運んだりするときに使うスカートの前部分を指した。このことから、子供の授乳や物を抱えることのできる場所として腰から膝までの部分を指すようになった。
→ LAPEL

lap² ［中英語］動巻く、くるむ、折り重なる、1周する；图(競技の) ラップ、(走路の) 1周、(競泳路の) 1往復、(競技の) 1ラウンド：
当初は動詞として使用され、「ぐるぐる巻く、折りたたむ、包む」という意味であった。「一周する」という動詞と「一周」という名詞の意味は19世紀半ばからである。
→ LAP¹

lap³ ［古英語］動(波が) ひたひたと打ち寄せる、ぴちゃぴちゃとなめる；图ぴちゃぴちゃなめること、(岸を打つ) 小波の音：
古英語 lapian「舌で液体をすくい上げる」はゲルマン語起源で、中低地ドイツ語と中オランダ語の lapen と同系である。

lapel ［17世紀半ば］图襟の折り返し、折り襟：
→ LAP¹

lapse ［後期中英語］图小さな間違い、(一時的な) 堕落、つまずき、(時の) 経過、推移、【法律】(権利などの) 消滅、失効；動(免許などが) 失効・消滅する：
labi「滑る、滑るように動くまたは落ちる」を基にするラテン語 lapsus「滑ること、落下」に由来する。動詞はラテン語 lapsare「滑る、よろめく」によって一般

に広まった。*lapse of a hundred years*「100年の経過」のように、時間と関連する用法は18世紀半ばからである。

larceny [15世紀後半] 名 窃盗罪：

古フランス語 *larcin* に由来する。*larcin* はラテン語 *latrocinium*「追いはぎ」に由来する。語基はラテン語 *latro(n-)*「強盗」である。その意味はかつて「傭い兵」であった。ギリシア語 *latreus*「金目当ての」が基になっている。法律用語としては grand *larceny*「重窃盗罪」と petty *larceny*「軽窃盗罪」は区別されていた。grand *larceny* は12ペンス以上の価値のある財産の窃盗で、12ペンス未満の場合は petty *larceny* であった。

larder [中英語] 名 食品置場：

当初は「肉部屋」を指した。古フランス語 *lardier*「ベーコンの貯蔵所」に由来する。その基は中世ラテン語 *lardarium* である。*lardarium* は *lar(i)dum*「ベーコン、ラード」に由来する。*lar(i)dum* は **lard** [中英語] 名「豚脂、ラード」を生じさせた（古フランス語経由で）。ギリシア語 *larinos*「脂肪」と同系である。

large [中英語] 形 大きな、広い、多い：

当初は「寛大な、気前のよい」を意味した。綴りは、*largus*「豊富な」の女性形であるラテン語 *larga* が古フランス語を経由して英語に入ったもの。*largus* は古フランス語由来の **largesse** [中英語] 名「寛大、気前のよさ」の語基である。

lark [19世紀初頭] 名 ふざけ、戯れ；動 ふざける、うかれる：

「ふざけ、戯れ」という意味はおそらく古ノルド語 *leika* に由来する *lake*「ふざける」という方言が基になっている。しかし動詞 skylark に英語 lark と同じ「ふざける、はねまわる」という意味があり、skylark の初出のほうが早いことは注目に価する。

larva [17世紀半ば] 名 幼生、昆虫の幼虫；形 幼虫の：

「肉体から離れた魂または霊」はかつてこのラテン語の単語を使って表された。その意味は「幽霊、マスク」であった。現在は、昆虫の幼虫を示す一般的な用語として使われている。専門語としての用法はスウェーデンの植物学者リンネによる。

lash [中英語] 名 鞭、ひも、鞭打つこと；動 鞭で打つ：

当初は「急な動きをする」という意味で、使われた。おそらく短く急な動きの擬態語である。*lashings of* という表現は、アングロアイリッシュ起源で、「大量の」を意味する。19世紀初頭から使われはじめた。

lass [中英語] 名 若い女、小娘：

古ノルド語の女性形形容詞 *laskura*「未婚の」に基づいている。北部と北中部方言でよく見られる。時に「（女性の）恋人」の意味で使用されてきた（スペンサー『妖精の女王』*Faerie Queene*:And eke that Lady, his faire lovely *lasse*「その上あの淑女、彼の美しき愛しい恋人」）。

lasso [18世紀半ば] 名 （家畜などを捕えるための）投げ縄；動 投げ縄で捕える：

スペイン語 *lazo* をアメリカ人のスペイン語発音で表したものである。元のスペイン語はラテン語 *laqueus*「しめ縄」に基づいている。
→ LACE

last¹ [古英語] 形 最終の、終わりの、すぐ前の、昨…；副 一番終わりに、前回に；名 最後のもの・人：

古英語の副詞 *latost* は「連続したものの最後に」という意味であった。ゲルマン語起源で、オランダ語 *laatst*, *lest* やドイツ語 *letzt*「最後の」と同系である。
→ LATE

last² [古英語] 動 続く、持ちこたえる：

動詞は「持続」を含意する。古英語 *læstan* は「後に続く」、「持続する、ある期間保つ」という意味であった。ゲルマン語起源で、ドイツ語 *leisten*「与える、もたらす」と同系である。

→ LAST³

last³ ［古英語］名靴型；動靴型に合わせる：
古英語 *læste* は「靴屋が靴を修理する際に靴を載せる靴型」、「足跡」を意味し、ゲルマン語起源である。語基は「追うこと」を意味する。オランダ語 *leest*「跡」やドイツ語 *Leisten*「靴型」と同系である。

latch ［古英語］名掛け金、（ばね式の）錠（前）；動（ドアに）掛け金をかける、（戸が）掛け金のかかる：
古英語 *læccan* は「つかむ（肉体的または精神的に）」の意であった。ゲルマン語起源である。名詞用法は中英語からで、ある種のドアのしめ具を意味していた。「（物理的にも概念的にも）つかむ」を意味する *latch* on to「強い関心を持つ」という表現は1930年代から。

late ［古英語］形遅い、遅れた、近頃の、故…；副遅れて、遅く：
古英語 *læt* は「遅い、のろい」を意味する形容詞であった。ゲルマン語起源である。ドイツ語 *lass*「不精」と同系で、ラテン語 *lassus*「疲れた」と同じインド＝ヨーロッパ語の語根を持つ。his *late* wife のような例で使われる「故…」という意味は中英語で発生した。*lately* 副「最近、近頃」の当初の意味は「ゆっくりと、遅れて」であった（古英語の形は *lætlīce*）。**latter** ［古英語］形「後者の、後の」は、元は *lætra*「より遅い」で、*læt* の比較級であった。
→ LET

latent ［後期中英語］形隠れている、表に出ない、【医学】潜伏性の：
latere「隠されている」の現在分詞の語幹であるラテン語 *latent-* に由来する。

lateral ［後期中英語］形横の；名側部：
latus, later-「側」を基にするラテン語 *lateralis* に由来する。

lathe ［中英語］名旋盤：
木を削るための機械を指す語で、おそらく古ノルド語 *hlath*「積もる、積み上げる」から古デンマーク語 *lad*「構造、骨組み」を経由して英語に入った。
→ LADE

lather ［古英語］名石鹸の泡、（馬の）泡のような汗、あせり；動（ひげそりのために）石鹸の泡を塗る、（泡立てて）洗う、ぶんなぐる：
古英語 *læthor* は「洗濯ソーダ」あるいはその泡の意であった。動詞の綴りは *lēthran* であった。ゲルマン語起源で、古ノルド語の名詞 *lauthr* と同系である。ギリシア語 *loutron*「風呂」とインド＝ヨーロッパ語の語根を有している。比喩的意味の「大あわて」（例：got into a *lather* over his mistake「彼の間違いにひどくあわてた」）は19世紀初頭から。

latitude ［後期中英語］名緯度、地方、（解釈・思想などの）自由：
ラテン語 *latitudo*「幅」に由来する。元々は *latus*「広い」である。一般的な概念である「自由」（例：Too much *latitude* was given to them in their choice of reading matter「彼らには読み物の選択において、自由が与えられすぎた」）との関連は17世紀初頭から見られる。

latrine ［中英語］名（掘込み）便所（特に兵舎・病院・工場など）：
中英語では使われていたが、19世紀半ば以前には、まれにしか使われてなかった。ラテン語 *latrina*「簡易便所」がフランス語を経由して英語に入った。*latrina* は *lavare*「洗う」に基づく *lavatrina*「浴槽」の短縮形である。

lattice ［中英語］名（組）格子、ラチス：
ゲルマン語起源の *latte*「木摺（きずり）」を基にする古フランス語 *lattis* に由来する。規則正しい十字模様が、特に植物学、動物学、物理学といった多くの分野で応用されるようになった。

laud ［後期中英語］動ほめたたえる、賛美する；名賞賛、賛美、（修道院などで行

う）早暁祈禱：

名詞用法は古フランス語 *laude*、動詞用法はラテン語 *laudare*「賛美する」に由来する。両方とも、ラテン語 *laus, laud-*「賛美」に基づいている。複数形 *lauds* は中英語からで、西洋のキリスト教教会の聖務日課の早禱式を意味する。賛美歌148〜150番においての、ラテン語の命令形 *laudate!*「なんじら、神をたたえよ」の頻繁な使用に由来する。伝統的には夜明けに言われるか、詠唱されるが、過去においてはしばしば前夜の早朝礼拝でなされていた。

laugh ［古英語］動 笑う、あざ笑う：

古英語 *hlæhhan, hliehhan* はゲルマン語起源である。**laughter** 名「笑い」（古英語では *hleahtor* で、ドイツ語 *Gelächter*「高笑い」と同系である）と同様、オランダ語とドイツ語の *lachen*「笑う」と同系である。「とても恵まれた立場にある」という意の慣用句 be *laughing* (you'll be *laughing* if you land that job「もしその仕事に就けたなら、あなたはとても恵まれるでしょう」）は1930年代に生まれた。

launch[1] ［中英語］動 進水させる、（ボートなどを）水面におろす、（ミサイルなどを）発射する、（社交界に）送り出す、（商品を）市場に出す；名（新事業の）開始：

当初の意味は「ミサイルを浴びせる」と「力を使って放つ」であった。古フランス語 *lancier* の異形であるアングロノルマンフランス語 *launcher* に由来する。

launch[2] ［17世紀後半］名 ランチ、大型ボート：

当初は、軍艦を指した。おそらく *lanchar*「速い、敏活」を基にするマレー語 *lancharan*「ボートの一種」がスペイン語 *lancha*「ピンネース」（＝軍艦設備の一部を組織する小型ボート）となって英語に入ったもの。

launder ［中英語］動 洗濯する、（不正な金を）出所を隠すために転々と移動させる、マネーロンダリングをする：

当初は「リンネルを洗う人」という名詞で使われた。古フランス語 *lavandier* から派生した *lavender* の短縮形である。ラテン語 *lavanda*「洗濯されるべきもの」（*lavane*「洗う」の派生語）に基づいている。マネーロンダリングは1970年代が初出である。この用法は1973〜74年、米国のウォーターゲート事件の審問から発生した。**laundry** 名「洗濯場（室）、洗濯屋、クリーニング屋、不正に得た金を合法的に見せるための偽装の場」は中英語 *lavendry* の短縮形として16世紀初頭を端緒とする。*lavandier* に基づく古フランス語 *lavanderie*「洗濯場」に由来する。

laureate ［後期中英語］形 月桂樹をいただいた、優秀な、認められた；名 桂冠詩人、受賞者：

laurus「月桂樹」の派生語である *laurea*「月桂冠」を基にしたラテン語 *laureatus* に由来する。時に王室の一員として任命されたすぐれた詩人 Poet Laureate「桂冠詩人」の短縮形。初めてこの称号を受けたのは、英国の戯曲作者でもあり詩人でもあるベン・ジョンソン（1572〜1637年）である。しかし、1668年にジョン・ドライデンの任命をもってこの称号が確立されるようになった。指名された人は国事の際に詩を書くことを要求された。しかし、ヴィクトリア時代以来、桂冠詩人には特定の職務はない。

lava ［18世紀半ば］名 溶岩：

ヴェスヴィオ山（ナポリ近くにある活火山）からの溶岩の流れを表したナポリの方言に由来するイタリア語の借用である。元は突然の雨によって引き起こされる流れを指した。ラテン語に基づく *lavare*「洗う」に由来する。

lavatory ［後期中英語］名 洗面所、手洗所、便所：

ラテン語 *lavare*「洗う」を基にする後期ラテン語 *lavatorium*「洗い場」に由来する。元は風呂、あるいは古代ローマの浴泉のように洗う場所を示していた。しかし、その後17世紀半ばに洗う設備を備え

た部屋を示すようになった。現代の意味での「トイレ」は19世紀からである。

lavish ［後期中英語］形物惜しみない、気前のよい；動気前よく与える：
当初は、「豊富」を表す名詞であった。古フランス語 *lavasse*「土砂降り」に由来する。*lavasse* はラテン語 *lavare* から派生した *laver*「洗う」に由来する。現在の動詞用法は16世紀半ばから。

law ［古英語］名法、法律、行動の原則、法則：
古英語 *lagu* はゲルマン語起源の古ノルド語 *lag*「下に置かれたもの」に由来する。*law and order*「法と秩序」という定型句は16世紀後半から見られる。
→ LAY¹

lawn¹ ［16世紀半ば］名芝生、芝地：
方言 *laund*「林間の空地、牧場」の異形である。その方言はケルト語起源の古フランス語 *launde*「森林地帯、ヒース」に由来する。現在の意味は18世紀半ばから。

lawn² ［中期英語］名ローン、きわめて薄地の上等綿またはリンネル布：
上等なリンネルあるいは綿織物を指し、おそらく *Laon*「ラン」に由来する。ランはリンネルの製造にとって重要な、フランスの都市の名前である。

laxative ［後期中英語］形通じに効く；名下剤、通じ薬：
古フランス語 *laxatif, -ive* または後期ラテン語 *laxativus*「ゆるめること」を経由して英語に入った。ラテン語 *laxare*「解き放された、リラックスした」の派生語で、語基はラテン語 *laxus*「ゆるい」である。

lay¹ ［古英語］動置く、横たえる、（卵を）産む、（金などを）賭ける、敷く、積む、並べる：
古英語 *lecgan*「横たえる」はゲルマン語起源で、オランダ語 *leggen* やドイツ語 *legen*「置く」と同系である。主な意味は「倒す、横たえる」（例：*lay low*「身を低くする」）、「手付金として払う」（例：*lay a wager*「賭け金を賭ける」）、「設置する、設定する」（例：*laid* traps in the undergrowth「下生えの中に仕掛けられた罠」）、「意見・案などを出す」（例：*lay before the count*「法定に出廷する」）「層に置く、広げる」（例：*lay* the table「食卓に料理を並べる」）である。
→ LIE¹

lay² ［中英語］形（聖職者に対して）平信徒の、俗人の、（特に法律、医学について）素人の：
「聖職者でない」と「専門知識を持たない」という意味は、古フランス語 *lai* に由来する。その *lai* は *laos*「人々」の派生語であるギリシア語 *laikos* が後期ラテン語を経て入った。

layer ［中英語］名層、地層；動層状に（積み）重ねる、層を成す：
中英語には *lay*「下に置く」に基づいた *layer* という語があり、それは「石を積む」石工の名称であった。「層」という意味は17世紀初頭から。土壌の質を表す廃れた農業用語 *lair* の綴りが変わったものと考えられる。
→ LAIR; LAY¹

lazy ［16世紀半ば］形怠惰な、のんびりした、ゆるい：
おそらく低地ドイツ語 *lasich*「不活発、怠ける」と同系である。*laze*動「のらくらする、のらくら暮らす」は *lazy* からの逆成（接尾辞の削除）として16世紀後半から見られるようになった。

lead¹ ［古英語］動導く、案内する、先導する、結論に導く；名先導、率先、優勢：
古英語 *lædan*「道を示す、先導する」は、ゲルマン語起源である。オランダ語 *leiden* やドイツ語 *leiten*「導く」と同系である。*lædan* はラテン語 *ducere* の訳として一般的に使用された。このことがかなり意味の発展に影響を及ぼした。**leaderene**名「《口語》（独裁者のような）

「女性リーダー」は女性初の英国首相、マーガレット・サッチャーを指すユーモラスな、もしくは皮肉混じりの名称として1980年代に造られた語である。その形成は Marlene（マーリーン）のように ene（イーン）で終わる女性名にならったもの。
→ LOAD

lead² ［古英語］名鉛、鉛製品；形鉛の、鉛製の：
古英語 lēad は西ゲルマン語起源である。オランダ語 lood「鉛」やドイツ語 Lot「おもり、はんだ」と同系である。

leaf ［古英語］名葉、花びら、（書物の）紙葉：
古英語 lēaf はゲルマン語起源である。オランダ語 loof やドイツ語 Laub「葉」と同系である。「はがれている」という中核的意味があると考える学者もいる。その語の持つ本質的な「薄い」という特徴は、すでに初期の頃に紙（本のページ）へ移転した。それから turn over a new leaf「心を入れ替える」（16世紀後半）や、take a leaf out of someone's book「（人）の行動を手本にする」（19世紀初頭）のような多くの成句が生まれた。

league ［後期中英語］名同盟、連盟；動同盟する：
当初は「相互的な保護または利点のための、拘束力のある契約」という意であった。イタリア語 lega からフランス語を経由して英語に入った。ラテン語 ligare から派生した legare「縛る」に由来する。

leak ［後期中英語］名漏れ口、漏れ、（秘密などの）漏洩；動漏る、漏れる：
おそらく低地ドイツ語かオランダ語に由来し、lack と同系である。噂、または申し立てに関する leak out「漏れる」という句は19世紀初頭から見られる。

lean¹ ［古英語］動もたれる、寄りかかる、たよる、すがる、上体を曲げる、（意見などに）傾く；名傾き、偏り：
古英語 hleonian, hlinian「傾斜する、傾斜する位置へ移動する」はゲルマン語起源であり、オランダ語 leunen およびドイツ語 lehnen「立てかける」と同系である。ラテン語 inclinare と、ギリシア語 klinein「傾斜させること、傾斜」に共通するインド＝ヨーロッパ語の語基を有する。動名詞の leaning「傾き、傾向」は16世紀後半から「傾向、好み」という比喩的な用法で用いられるようになった。

lean² ［古英語］形痩せた、中身のない、貧弱な；名脂肪の少ない肉、赤身：
古英語 hlæne「太っていない」はゲルマン語起源である。名詞用法は、lean meat「脂肪がない肉」の代わりに lean を使うといった省略用法である。次の童謡「マザーグース」はその有名な例である。
Jack Sprat would eat no fat,
His wife would eat no lean,
And so betwixt them both, you see,
They licked the platter clean.
（ジャック・スプラットは脂肪がダメで
彼の奥さんは赤身がダメで
2人してお皿をきれいになめた）

leap ［古英語］動跳ぶ、（話題・状態などが）飛躍する、（数量などが）はね上がる、（胸、心が）おどる；名跳躍、ひと跳びの距離・高さ、（話題・状態・想像などの）飛躍：
古英語 hlēapan（動詞）と hlȳp（名詞）はゲルマン語起源である。同系語として、オランダ語 lopen、ドイツ語 laufen「走る」があり、名詞はオランダ語 loop、ドイツ語 Lauf「走ること」があり、すべて「走る」を意味する。ゲルマン語以外では同系の語は見当たらない。複合語に以下がある：
■ **leap year** ［後期中英語］「うるう年」はおそらく、2月の後の祭日の曜日が例年のように1日ずれるのではなく、2日ずれる年であることによると思われる。そこで、「1日跳んだ」になったと考えられる。
→ LOPE

learn ［古英語］動（習い）覚える、知る、身につける、：

西ゲルマン語起源であり、ドイツ語 lernen「学ぶ」と同系である。中英語において、古英語 leornian「習う」に「教える」という意味が付加された。これは、この時代からの learned 形「教育を受けた、学問のある、博学な」の用法によって例証される。a learned person「学識のある人」は文字通りには「教えられた人」である。現代英語 learn には、「知識を得る」と「教える」の両方の意味がある。しかし現在、後者は正しくないばかりでなく、「無学の」用法と見なされる。
→ LORE

lease ［後期中英語］名賃貸契約（書）：
lesser, laisslier「まかせる」を基にする古フランス語 lais, leis「貸家」に由来する。語源はラテン語 laxare「緩くする」で、その基は laxus「緩い、たるんだ」である。この語のほとんどが財産契約に関係しているが、16世紀後半から比喩的な用法も見受けられる（シェイクスピア『マクベス』Macbeth, IV. i. 99：our high plac'd Macbeth Shall live the lease of nature「この王座にマクベスは天寿をまっとうし」）。この意味の広がりは、余生の自由を示す (new) lease of life「より長く（幸せに）生きられること」といった言い回しの中に残っている。

leash ［中英語］名（犬などをつなぐ）革ひも、綱：
古フランス語 lesse, laisse に由来する。「ひもを緩めて行かせる」という特定の意味を持つ laissier が基になっている。この語は、狩猟または鷹狩りのような状況でよく使用されてきた。
→ LEASE

least ［古英語］形最も小さい；名最小：
→ LESS

leather ［古英語］名革、なめし革、革ひも：
ゲルマン語起源である。古英語 lether はオランダ語 leer やドイツ語 Leder「革」と同系である。アイルランド語 leathar とウェールズ語 lledr にも共通するイン ド＝ヨーロッパ語の語基に由来する。複数形 leathers は現在、オートバイライダーの着用する革衣類を連想させる。かつてはもっと広く使われており、そのような衣服を着ている人々まで指した。（ディケンズ『ピクウィック・クラブ』Picwick Papers：Out of the way, young leathers「常軌を逸した、革服の若者たち」）。

leave¹ ［古英語］動去る、出る、退会する、卒業・退学する、置いていく、残す、…の状態にしておく、任せる：
古英語 lǽfan には「遺言で譲る」と「(ある状態に) しておく」という2つの意味があった。ゲルマン語起源で、ドイツ語 bleiben「残る」と同系である。ゲルマン語の語根には「残る、継続する」という意味があり、英語の life「生きていること」と live「生きる」に見られる。この意味は主要な意味である「付着する、粘質である」から発展したと考えられる。

leave² ［古英語］名許可、休暇：
古英語 lēaf「許可」は西ゲルマン語起源で、love「愛」と古語の lief 副と同系である。lief は as lief「…と同じくらい喜んで」という意味の句で使われる。（例：he would just as lief eat a pincushion as eat bran「彼ならもみ殻を食べるのと同じくらい喜んで針刺しを食べるだろう」）。古英語 lēof は「いとしい、楽しい」という意味であった。
→ LOVE

leaven ［中英語］名酵母、パン種、感化・影響を与えるもの：
発酵させるために使用するイースト菌のような物質で、ラテン語 levamen「軽減」に基づいた古フランス語 levain に由来する。levare「上げる」に由来する、文字通りの意味「持ち上げる手段」から拡張された。

lecher ［中英語］名好色家：
lechier「放蕩生活、または暴飲暴食生活をする」を基にする古フランス語 lichiere, lecheor「放蕩者」に由来する。西ゲ

ルマン語起源で、*lick*「なめる」と同系である。**lecherous**[形]「みだらな、好色な」と**lechery**[名]「好色」も *lecheor* 由来の古フランス語を経由した中英語である。**lech**[名]「好色、好色な人」は、*lecher* からの逆成語（接尾辞の除去）で18世紀後半に現れた。
→ LICK

lectern ［中英語］[名]（教会の）聖書（朗読）台：

講演者が本やメモを置く、台上が斜めになった背の高い講演台。古フランス語 *letrun* に由来する。この古フランス語は、ラテン語 *legere*「読む」に基づく中世ラテン語 *lectrum*「書見台」に由来する。このラテン語の動詞は **lecture** ［後期中英語］[名]「講義」の語基でもある。この語は当初は、「読書」あるいは「読むテキスト」の意であり、古フランス語、あるいは *legere*「選ぶ」の過去分詞の語幹を基にする中世ラテン語 *lectura* に由来する。

ledge ［中英語］[名]（壁面から突き出ている）出っ張り、棚：

初当はドアや門などに横切って固定された木または他の資材の一片を指した。おそらく *lay*「場所」の当初の形に由来する。現在の意味は16世紀半ばから。
→ LAY¹

ledger ［後期中英語］[名]（会計）原簿、元帳、（墓の上に置く）平石、【建築】（足場の）布丸太：

当初の綴り字 *legger* と *ligger* は、大型の聖書あるいは聖務日課書を指した。おそらくオランダ語の *legger* と *ligger* に影響を受けた *lay*「下に置く」と *lie*「下へ置かれる」の異形に由来する。現在の意味は16世紀に遡る。
→ LAY¹; LIE¹

lee ［古英語］[名]物陰、（船の）風下：

古英語 *hlēo, hlēow* は「物陰」の意であった。ゲルマン語起源で、おそらく *lukewarm*「生ぬるい」の *luke-* と同系である。保護された船の側面、保護された土地など、海事場面でよく使われる。オランダ語 *lij*「風の当たらないところ・側」の海事用法が英語 *lee* とその歴史を共有しているかどうかは不明である。

leer ［16世紀半ば］[名]いやらしい目つき；[動]いやらしい目つきで見る：

当初は「横目で見る」という一般的な意味を持っていた。おそらく古英語 *hlēor* を基にする廃語となった *leer*「頬」に由来する。その意味は「頬ごしに視線を浴びせる」のようなものであった。

left ［古英語］[形]左の、左側の、（政治的・思想的に）左派の；[副]左に、左方・左側に・へ；[名]左、左側：

古英語 *lyft, left*（西ゲルマン起源）は当初「弱い」を意味した。当時は身体の左側の方が弱いと考えられていた。この否定的な意味はラテン語 *sinister*「左手」に由来する *sinister*「邪悪な」という語にも見られる。*left*「左翼」は政治的文脈でよく使われる。欧州のシステムでは、伝統的に立法会議の左側に座っているメンバーが占める場所という意味であった（議長の椅子から見て）。慣例上、自由主義か民主主義の見解を持つ者の座席であった。

leg ［中英語］[名]（人・動物の）脚、（家具の）脚、（衣服の）脚部、一区間；[動]（急いで）歩く：

当初の語 *shank* にとってかわった。古ノルド語 *leggr*「脚、手足の含気骨（がんきこつ）」に由来する。ゲルマン語起源のデンマーク語 *læg*「ふくらはぎ」と同系である。「区間」という意味（例：*leg* of a journey「旅の行程」、*leg* of a competition「競争の区間」）は1920年代から見られる。その用法は17世紀初頭に「2つ以上の部分に分かれる短いロープ」という意味で海事用語に適用されて発展したものである。
→ SHANK

legacy ［後期中英語］[名]遺産、受け継いだもの：

当初は特にローマ法王のローマ教皇特使

における「代表者の働き、または任務」という意味で使われていた。中世ラテン語 *legatia*「教皇特使」から古フランス語を経由して英語に入った。語基はラテン語 *legatus*「委任された人」(*legare*「代理人、委任する、残す」に由来) である。そのラテン語は古フランス語 *legat* 経由で古英語に入った legate名「教皇特使」の語源でもある。

legal [後期中英語]形適法の、法律の；名合法的に行動する人：

当初の意味は「モーセの律法」であった。*lex, leg-*「法」を基にするフランス語、あるいはラテン語 *legalis* に由来する。名詞として使われる形容詞 *legal* の特別用法は1920年代から「(チップを含まない)法定料金」という意味でタクシー運転手の俗語に見られる。

→ ROYAL

legend [中英語]名伝説、伝説化した話、伝説的人物、銘、(絵などの)題、説明文；形伝説的な：

当初は「聖人物語」という意味で使われていた。中世ラテン語 *legere*「読む」から古フランス語 *legende* を経て入った。現在の主な意味は17世紀初頭からで「一般的に歴史上存在したと見なされる伝説」である。これは *legend* が特定の文脈において「銘」という意味で初めて見られるようになった時期である。legendary名形「伝説集、伝説上の、伝説のような」は16世紀初頭から使われている。当初は、特に聖人の人生を詳述した伝説集を表す名詞として使用された。*legenda*「読み物」を基にする中世ラテン語 *legendarius* に由来する。

legible [後期中英語]形読みやすい：

legere「読む」を基にする、後期ラテン語 *legibilis* に由来する。

legion [中英語]名軍団、(古代ローマの)レギオン、軍隊；形無数の：

legere「選ぶ、徴収」を基にするラテン語 *legio(n-)* から古フランス語を経由して英語に入った。当初はローマの軍隊を指していたが、19世紀に初めてフランス軍において組織された外国人志願兵の集まりである the Foreign *Legion*「外人部隊」のような、より現代的な軍の組織を指して用いられるようになった。「無数の」という形容詞的な使用は17世紀後半に遡る。当初は「同じような人は大勢いる」という意味の Their name is *legion* のような句でよく見られた。次は聖書からの引用である。『マルコによる福音書』5章9節: My name is *Legion*; for we are many (「名はレギオン。大勢だから」)。悪魔に取りつかれ、イエスにより奇跡的に救済された男の言葉である。

legislator [15世紀後半]名立法者、立法府議員：

ラテン語 *legis lator* (*lex*「法」と *lator*「発起人」からなる) に由来する。文字通りの意味は「法の提案者」である。legislation名「立法、法律」は17世紀半ばから使われはじめ、初出は「法の制定」という意味であった。後期ラテン語 *legislatio(n-)* に由来し、文字通り「法の提案」と訳される。17世紀の終わり頃にかけて用いられていた legislature名「立法府、議会」は *legislation* に由来し、*judicature*「司法」と同様の語形成プロセスを経たものである。legislate動「法律を制定する」は *legislation* からの逆成 (接尾辞の除去) で18世紀初頭に遡る。

legitimate [後期中英語]形合法の、正当な、合理的な、論理的な、正統の：

当初の意味は「嫡出の」であった。動詞 *legitimare* を基にする中世ラテン語 *legitimatus*「合法化された」に由来する。語源は *lex, leg-*「法」を基にするラテン語 *legitimus*「合法の」である。20世紀初頭に省略形の legit が口語表現で使われるようになった。

leisure [中英語]名暇、余暇；形暇な、手すきの：

ラテン語 *licere*「許された」を基にする古フランス語 *leisir* に由来する。時間をもて余している女性という意味の句 a lady of *leisure*「有閑夫人」は1940年代からである。すべての意味の中に「個人の選択による自由」という概念がある。例えば at *leisure*「時間的余裕があって」、at one's *leisure*「暇な時に」などである。

lend ［古英語］動貸す、貸し付ける、(援助などを)与える、(手を)貸す、(金を)貸す：

古英語 *lænan* はゲルマン語起源で、オランダ語 *lenen* と同系である。後期中英語で添加された語尾の -*d* が bend や send のような動詞の影響を受けている。*lend* の「一時的な」という意味合いが *lend* an ear「耳を傾ける」のような表現を生んだ。さらに、「柔軟性」という概念もある (例: this approach *lends* itself to many different applications「このやり方は色々な用途に役立つ」)。
→ LOAN

length ［古英語］名長さ、期間、距離：

ゲルマン語起源で、オランダ語 *lengte* と同系である。競争 (17世紀半ば) や水泳 (20世紀初頭) のような距離の測定手段として、あらゆるスポーツでよく使われる。
→ LONG

lenient ［17世紀半ば］形寛容な、情け深い：

当初は「皮膚軟化剤」という意味で使われていた。*lenis*「やさしい、親切な」を基にする *lenire*「なだめる」の現在分詞の語幹であるラテン語 *lenient*- に由来する。この語は、18世紀後半から法的判断における寛大さを表すようになっている。

lens ［17世紀後半］名レンズ、(目の)水晶体：

ラテン語からの借用語で、文字通りの意味は「レンズマメ」である。形が似ていることから、そう名づけられた。写真機の用語としては19世紀半ばから使われている。

Lent ［中英語］名【キリスト教】四旬節
しじゅんせつ:

古英語 *lenten* 形「四旬節の、肉抜きの(食事)、質素な、悲しげな」の省略形である。元々の綴りは *lencten* で「春、四旬節」という意味である。ゲルマン語起源で long「長い」と同系である。おそらく春に日中が長くなることに関連しているからであろう。*lent* lily は初春の花として栽培される doffodil「ラッパズイセン」の別の呼び名である。
→ LONG

leotard ［20世紀初頭］名レオタード：

フランスのブランコ曲芸師ジュール・レオタール (1839~70年) の名前に由来する。

leper ［後期中英語］名ハンセン病患者、のけ者：

おそらく古フランス語 *lepre* を基にする *leper*「ハンセン病」の限定用法に由来する。*leper* は *lepros*「うろこ状の」の女性形であるギリシア語 *lepra* を基にするラテン語を経由している。*lepros* は *lepos*, *lepis*「うろこ」に由来する。**leprosy** ［16世紀半ば］名「ハンセン病」は中英語 *lepry* に取って代わった。これは **leprous** 形「ハンセン病の」の派生語である。

leprechaun ［17世紀初頭］名【アイルランド伝説】レプラコーン (いつも靴の片方だけを作っており、捕まえると宝のありかを教えてくれるという小さな老人の姿の妖精)：

古アイルランド語 *luchorpán* を基にするアイルランド語 *leipreachán* に由来する。*luchorpán* は *lu*「小さい」と *corp*「身体」からなる。

lesbian ［19世紀後半］形女性間の同性愛の；名レズビアン：

Lesbos を基にするギリシア語 *Lesbios* がラテン語を経由して英語に入った。レスボスとは女性詩人サッフォーの故郷の島 (エーゲ海の東部) の名前である。サッフォーは詩の中で女性への愛を告白したため、故郷のレスボスからレズビアンという言葉が生まれた。

less [古英語]形より少ない・小さい、劣っている；名より少ない数・量・額；副より少なく、まして…でない：
古英語 *læssa*「より小さい」はゲルマン語起源である。ギリシア語 *loisthos*「最後の」とも共通するインド＝ヨーロッパ語の語根に由来する。古フリジア語 *lēssa* と同系である。less に関する語はゲルマン語起源 least（古英語 *læst, læsest*）である。中英語 *lesser*「より小さい・少ない、劣った」は less に基づいた二重比較形である。

lesson [中英語]名学課、授業、（教科書中の）課、【教会】日課、教訓；動訓戒する、授業をする：
ラテン語 *lectio*「朗読」を基にする古フランス語 *leçon* に由来する。当初の意味は「朗読会」または「教師に復唱するのに生徒が学習しておかなければならない本の割り当て」であった。16世紀後半から「授業」という意味で使われはじめた。

let [古英語]動…させる、（ある状態に）させておく、貸す；名貸すこと、貸付け、賃貸：
古英語 *lætan*「置き去りにする、除外する」はゲルマン語に由来し、オランダ語 *laten* やドイツ語 *lassen* と同系である。この動詞には「じゃまをしない」という基本的な意味がある。
→ LATE

lethal [16世紀後半]形致死の、致命的な：
当初の意味はラテン語 *lethalis* 由来の「精神的な死を引き起こす」であった。語幹は *lethum*「死」の異形（ギリシア語 *lēthē*「健忘症」の影響を受けた）である。ギリシア神話のレーテ川（*Lethe*）の水を飲んだ者は誰しもが過去のことを忘れてしまった（シェイクスピア『リチャード三世』*Richard III*, IV. iv. 251：In the Lethe of thy angry soul, Thou drown the sad remembrance「もしもあなたがその怒れる心を流れる忘却の川に、悲しい記憶のいっさいを流してしまわれるならば」）。

lethargy [後期中英語]名【病理】昏睡状態、無気力、倦怠、脱力感：
lēthargos「忘れっぽい」に由来するギリシア語 *lēthargia* から古フランス語と後期ラテン語を経由し英語に入った。le-thargic形「無気力の」は同じ時期に *lēthargos* 由来のギリシア語 *lēthargikos* からラテン語を経由して入った。*lanthanesthai*「忘れる」の語幹に由来する。

letter [中英語]名手紙、書簡、文字、学問；動文字を記入する、標題を入れる：
ラテン語 *lit(t)era* に由来する古フランス語から英語に入った。単数形の意味は「アルファベットの文字」で複数形の意味は「文学、学問」である。学位号（名前の後に入れる）を示す複数形 *letters* の用法は19世紀後半から見られる。

lettuce [中英語]名レタス：
ラテン語 *lactuca* が由来で *laitue* の複数形である古フランス語 *letues, laitues* を経由して英語に入った。レタスから出る汁が白いことからこの語幹はラテン語 *lac, lact-*「牛乳」である。

level [中期英語]名水平、水準、高さ、レベル；形水平の、平らな、同水準の；副水平に、平らに；動平らにする、ならす、平均にする：
当初は表面が平らであるかどうかを判断する道具を表す用語であった。古フランス語 *livel* が由来である。*libra*「量り、天秤」の指小辞語であるラテン語 *libella* が語幹である。イングランド内戦（1642～49年）の *levellers*「水平派」は、地位や階級を打破することを目指し、農業改革、社会改革、宗教の自由のために君主主義の廃止を要求した。成句 *one's level best*「最大限」という表現は19世紀半ばからである。アメリカ英語には類句 one's *level* best「最大限」やその反対の one's *level* worst「最悪の状況」というのがある。

lever [中英語]名てこ、レバー；動てこを使う、こじあける：

lever「持ち上げる」に由来する古フランス語 levier, leveor から英語に入った。動詞用法は19世紀半ばからである。

levity [16世紀半ば]图軽率、気まぐれ：

levis「軽い」に由来するラテン語 levitas に由来する。元は、物質的な質「軽さ」を表していたが、16世紀半ばに比喩的な観念「軽率」が加わった（シェイクスピア『アントニーとクレオパトラ』 Antony and Cleopatra, II. vii. 121：Our graver business, Frowns at this levity「重大な任務をもつ身にとってこの乱痴気騒ぎは見苦しい」）。

levy [中英語]图徴収、【法律】差し押さえ；動(税を) 徴収する、(兵士・軍隊を)徴募する、【法律】差し押さえる：

lery は lever「持ち上げること」の女性形の過去分詞である古フランス語 levee に由来し、当初は名詞として使われていた。levee は levis「軽い」に由来するラテン語 levare から英語に入った。一般に税金や関税の徴収に関係している。

lewd [古英語]形みだらな、わいせつな：

古英語 læwede は語源不詳である。元の意味は「俗人である」であった。中英語になって「一般庶民である、下品な」という意味になり、後に現在の「みだらな、わいせつな」という意味につながった。

lexicon [17世紀初頭]图(特にギリシア語・ヘブライ語・アラビア語などの)辞書、語彙、語彙目録：

ギリシア語 lexikon (biblion)「単語(本)」に由来する近代ラテン語である。lexikon は legein「話す」に由来する lexis「語」から英語に入った。lexical 形「語彙の」は19世紀半ばから見られる。ギリシア語 lexikos「言葉の」が基となっている。

liable [後期中英語]形…しがちな、…しやすい、責任のある、差し押えの対象となる：

おそらくアングロノルマンフランス語に由来し、ラテン語 ligare「縛ること」由来のフランス語 lier「縛ること」である。当時の意味は「結びつけることが可能な」であった。奇妙なことに、この語はアングロフランス語またはラテン語の公式文書には見られない。

liaison [17世紀半ば]图【軍事】連絡、接触、【音声】連続発音、不倫：

元は料理用語であった。liaison は lier「縛ること」に由来するフランス語から英語に入った。より一般的な用法としての「親密なつながり」、または、「性的な関係」という意味は19世紀初頭からである。liaise動「連絡をつける、連携する」は1920年代に軍隊俗語として使われている。liaison からの逆成（接尾辞の削除）である。

libel [中英語]图【法律】名誉毀損(罪)、中傷；動誹毀文書で名誉を傷つける、中傷する、訴訟する：

当初は「公文書、供述書」という意味であった。liber「本」の指小辞語であるラテン語 libellus に由来し、古フランス語を経由して英語に入った。ある人の評判に損害を与えるような公の虚偽申し立てを意味する法律用語としての使用は、17世紀前半からである。

liberal [中英語]形寛大な、度量の大きい、開放的な、【政治】自由主義の、気まえのよい、教養的な；图自由主義者、自由党員：

liber「自由な(人)」に由来するラテン語 liberalis「自由人に関する」から来ており、古フランス語を経由して英語に入った。元の意味は「自由人にふさわしい」であったのが「紳士にふさわしい(貿易に携わっていない人)」に発展した。mechanical arts (機械的科目) が仕事だけに関連していたので、それと異なって、「自由人による学習に値する」と考えられた文科系と理科系の混合である一般教養科目 (liberal arts) はこの名残である。もう1つの当初の意味「気前のよい」(成句 liberal amounts of wine「無制限のワイン」) は廃語「制限がない」を生んだ。

18世紀になって現在の主な意味である「度量の広い」となった。19世紀初頭からは *liberal* は政治学の用語となっている。the *Liberal* Party「自由党」は昔のホイッグ党から1860年代に現れ、第1次世界大戦まで英国2大政党の1つであった。

liberty ［後期中英語］图自由、(出入りの) 自由、勝手、きまま：

ラテン語 *liber*「自由な」は *liberty*（ラテン語 *libertas* が由来の古フランス語 *liberte* 由来）と16世紀後半の **liberate**動「解放する」(ラテン語 *liberare*「自由にすること」が由来) の両方の語基である。take *liberties* は「(女性と) なれなれしくする」という意味で19世紀半ばから使われるようになった。

library ［後期中英語］图図書館、蔵書、書斎：

ラテン語 *libraria*「本屋」が由来で、古フランス語を経由して英語に入った。*liber*「本」に由来する *librarius*「本に関連する」の女性形（かつては名詞であった）である。このラテン語の語幹はラテン語 *liber*「木の皮」を使っていると考えられている。ローマ様式では、昔、文書による伝達手段の用具であった。17世紀の **librarian**图「司書、図書館員」は「書記官または筆耕者」を指した。この語幹はラテン語 *librarius* で、名詞として使う場合は「書籍販売人、書記官」という意味である。

licence ［後期中英語］图承諾、許可、認可証、気まま：

ラテン語 *licere*「合法である、または認められている」が語幹である。ラテン語 *licentia*「自由、放縦」に由来し、古フランス語を経由して英語に入った。中世ラテン語では「許可、認可」という意味になった。芸術的効果用に認められている破格という意味の成句 poetic *licence* は16世紀初頭から見られる。license ［後記中英語］動「認可する」は綴りに -se が加えられたもので、*practice*「実践」と *practise*「実践する」のような名詞／動詞ペア

の類推である。

lick ［古英語］動なめる、(火災が) めらめらと走る、(波が) なめるように洗う、(罰として) 殴る；图なめること、ひとなめ、(ペンキなどの) 一塗り (分)、一仕事、速さ：

古英語 *liccian*「なめる」は西ゲルマン語源で、オランダ語 *likken* やドイツ語 *lecken*「なめる」と同系である。ギリシア語 *leikhein* とラテン語 *lingere* とは同じインド＝ヨーロッパ語に属する。成句 *lick* someone into shape「人を訓練して一人前にする」は、子熊の毛繕いのイメージから、後期中英語に生まれた。昔の動物寓話集には子熊というものは形なしで生まれ、親熊がなめて形を作ると描かれていた。俗語「殴る」の意味は16世紀初頭から見られる。

lid ［古英語］图ふた、帽子；動ふたをする、覆う：

古英語 *hlid* は元の意味は「覆い」が由来で、ゲルマン語源である。オランダ語 *lid* と同系である。「覆い」の意味は複合語 *eyelid* に例証される。また、俗語「帽子」という意味で使われている（ウッドハウス『ジーヴスの帰還』*Jeeves in the offing*:It is almost as foul as Uncle Tom's Sherlock Holmes deerstalker, which has frightened more crows than any other *lid* in Worcestershire「それはトムおじさんのシャーロック・ホームズ鳥打ち帽とほとんど同じくらいそまつな代物だが、この帽子はウスタージャーのどんな帽子よりもカラスのおどしになってきた」）。

lido ［17世紀後半］图(公共の) 屋外プール、海岸の保養地：

公共の屋外プールや海岸の保養地という意味はヴェネツィアの近くにある有名な海水浴場のイタリア語 *Lido* が由来である。イタリア語 *lido*「海岸」はラテン語 *litus*「海岸」が由来である。

lie¹ ［古英語］動横たわる、横になる、位置

する、存在する、見いだされる、…の状態にある、置かれている：

古英語では「(ある状態に)ある、静止している」という意味で *licgan* と綴られた。ゲルマン語が由来で、オランダ語 *liggen* やドイツ語 *liegen*「横になっている」と同系である。その由来はインド＝ヨーロッパ語でギリシア語の *lektron*「ベッド、ソファー」、*lekhos* やラテン語 *lectus*「ベッド」と同系である。

lie² [古英語] 名 嘘；動 嘘をつく、嘘を言って・欺いて…の状態にする、欺く：

古英語 *lyge*（名詞）「嘘」、*lēogan*（動詞）「嘘をつく」はゲルマン語由来であり、オランダ語 *liegen* やドイツ語 *lügen*「嘘をつく」と同系である。liar 名「嘘つき」もまた古英語 *lēogere* である。

life [古英語] 名 生命、生涯、寿命、生活、くらし、伝記、元気：

古英語 *līf*「生命」はゲルマン語に由来し、オランダ語 *lijf* やドイツ語 *Leib*「身体」と同系である。語基には「続く、存続する、持ちこたえる」という意味がある。古英語では、動物や植物の生死やその期間を指した。重罪に対して課せられる「終身刑」という意味は20世紀初頭からである。
→ LIVE

lift [中英語] 動 持ち上げる、上げる、挙げる、高める；名 持ち上げること、車に乗せてやること、エレベーター：

ゲルマン語由来の古ノルド語 *lypta* から英語に入った。エレベーターを表す用法は19世紀半ばに遡る。これと同時期に it gave me quite a *lift* to receive such good news「そんなよい知らせを聞いて、とても元気になった」で見られるような「上昇効果または作用」を意味する比喩的用法の例が見られる。
→ LOFT

light¹ [古英語] 名 光、光線、明るさ、信号灯、見方；動 火をつける、照らす、点灯する；形 明るい：

古英語 *lēoht, līht*「光る、輝く」（名詞と形容詞）、*līhtan*（動詞）はゲルマン語由来である。オランダ語の名詞 *licht* やドイツ語 *Licht*「光」と同系である。インド＝ヨーロッパ語が由来で、ギリシア語 *leukos*「白」やラテン語 *lux*「光」と同根である。成句 out like a *light*「突然気を失って」は1930年代から。

light² [古英語] 形 軽い、小さい、軽装（備）の、少量の、軽快な：

古英語 *lēoht, līht*「少しの重さ」、*lēohte*（副詞）はゲルマン語由来で、オランダ語 *licht*「軽い」やドイツ語 *leicht*「軽い」と同系である。インド＝ヨーロッパ語由来で、*lung* と同根である。肺を意味する *lights* は形容詞の名詞的用法である。他の内臓と比較して軽いためである。
→ LUNG

light³ [古英語] 動 （馬・乗り物などから）降り立つ：

古英語 *līhtan* は「降りる（乗っている馬から降りる）」という意味であった。また、「重量を軽くする」という意味もあった。形容詞 *light*「軽い」に由来する。現在の一般的な用法は、He lit upon a possible solution「彼は可能な解決策を見つけた」といった例の *light* upon「偶然見つける」である。
→ ALIGHT¹; LIGHT²

lightning [中英語] 名 稲妻、稲光：

lighten [中英語] 動「光を放つ」に由来する動名詞 *lightening* の特別用法である。

like¹ [中英語] 形 同様な、類似の；前 …に似て、…と同様の；副 なにやら、あの、その：

古ノルド語 *líkr* に由来する。その語幹となる likely [中英語] 形副「ありそうな、たぶん」もそうである。like に基づく liken 動「たとえる」と端緒は同時期である。
→ ALIKE

like² [古英語] 動 好む、好きである；名 好み、嗜好、好きなもの：

古英語 *līcian*「…の気に入る、喜ぶ」はゲルマン語由来であり、オランダ語 *lijken* と同系である。動詞 *like* は *love* よりも弱い。通例、食べ物に関する文脈での I *like* it but it doesn't *like* me「好きだけど、身体に合わない」という表現は19世紀の後半からである。

lilo [1930年代]名【商標】ライロ（プラスチック〈ゴム〉製のエアマットレス）：
lie low「伏せる」が変化した。

lilt [後期中英語]名陽気で快活な調子：
当初は *lulte* と綴られ、「警報を鳴らす」、「大声を出す」であった。語源不詳。ノルウェー語 *lilla*「歌う」と関連している可能性がある。

limb [古英語]名(四肢の)肢、手足、翼、大枝、；動…の手足を断つ、…の枝を切る：
古英語 *lim* には「器官」、「身体の一部」という意味があった。ゲルマン語起源であり、「大枝」という意味は16世紀後半からである。

limber [16世紀半ば]動しなやかにする・なる、柔軟体操をする：
当初の用法は「曲げやすい」という形容詞であった。現在は *limber* up「準備運動で身体をほぐす」という動詞句として一般的に使われる。おそらく、往復運動の隠喩を伴った「荷車のシャフト」という意味の方言 *limber* に由来する。中英語では *lymour* と綴られ「砲架の取り外し可能な前の部分」という意であった。おそらく *limo, limon-*「シャフト」由来の中世ラテン語 *limonarius*「シャフトの」と同系である。

limbo¹ [後期中英語]名【カトリック】リンボ（地獄と天国の中間にあり、キリスト教誕生以前の善人や洗礼を受けなかった幼児の霊魂が住むところ）：
普通、in *limbo*「不確実な状態で」という表現で使われる。*limbus*「へり、縁、リンボ」由来の中世ラテン語の句である。

limbo² [1950年代]名リンボー（西インド諸島起源の曲芸ダンスで、踊りながら身体を反らしすり足で1回ごとに下がっていく横木の下をくぐる）：
西インドのダンスの一種。踊り手は身体を反らしてだんだん低くなる水平の棒の下をくぐる。動詞 *limber* に由来する。
→ LIMBER

limerick [19世紀後半]名【詩学】リメリック、五行俗謡：
パーティーで、即興でやる詩と詩の間に歌われた唱歌「リメリック（*Limerick*）に来ないか？」に由来する。現在は *aabba* と押韻するユニークな五行詩を表す。

limit [後期中英語]名限度、限界；動限る、限定する、制限する：
ラテン語 *limes, limit-*「境界、国境」に由来する。飲酒運転に用いられる表現 over the *limit*「法定許容アルコール量を超える」は1960年代に始まる。動詞用法の *limit* は *limes* が由来のラテン語 *limitare* である。その語幹もラテン語 *limitatio(n-)* に由来する limitation [後期中英語]名「制限」である。

limousine [20世紀初頭]名リムジン、空港の駅の送迎用などの小型バス、（おかかえ運転手付きの）大型高級セダン：
「リムジンの」という意味のフランス語の女性形形容詞に由来し、元は中央フランスの一地方であった *Limousin* 地域ではおったマントを指した。このタイプは、当初は外側の運転席を守る屋根がついていた。

limp¹ [後期中英語]動片足を引きずって歩く、(船・飛行機などが)(故障で)のろのろ・よたよた進む：
元は「足りない」という意であった。廃語 *limphalt*「足の不自由な」と同系であり、おそらくゲルマン語由来である。海事、航空学や運輸の文脈での *limp* into port「のろのろと入港する」*limped* over

the airfield「ふらつきながら飛行場に飛んでくる」などは1920年代から見られる。

limp² ［18世紀初頭］形ぐにゃぐにゃした、弱々しい：
語源不詳である。根本的な意味「だらりとぶら下がっている」から動詞limpと関連している可能性がある。
→ LIMP¹

limpid ［後期中英語］形澄んだ、透明な、明快な：
ラテン語 limpidus「澄んだ」に由来し、おそらく lymph と同系である。

linchpin ［後期中英語］名（車輪がはずれぬよう車軸の端に通す）輪止めくさび、要_{かなめ}：
車軸を固定するために車軸を貫通させた留め具の用語である。「輪止めくさび」を指す古英語 lynis と pin「留め具」からなる。

linctus ［17世紀後半］名せき止め薬：
lingere「なめること」に由来するラテン語から英語に入った。文字通り舌を使って飲む薬を意味する。

line¹ ［古英語］名網、ひも、糸、線、電話線、境界線、行、方向、方法：
古英語では「網」または「連続」という意味であった。おそらくラテン語 linum「亜麻」からのラテン語 linea (fibra)「亜麻（繊維）」から来たゲルマン語由来であろう。中英語でラテン語 linea に基づいた古フランス語 ligne の影響を強くうけた。**lineage** ［中英語］名「血統」もまたラテン語 linea「線」に由来する。**linear** ［17世紀半ば］形「直線の」もラテン語 linearis「線に関する」に由来する。

line² ［後期中英語］動（衣服に）裏打ちする、内側を覆う：
「（カーテン、容器などの）内側を覆う」という意であった。廃語 line「亜麻」が由来である。一般的に（衣服などの）裏張りに使用される亜麻布と同系である。

linen ［古英語］名リネン、亜麻布、リンネル、亜麻糸、リンネル製品；形亜麻の、リンネル（製）の：
古英語 lien は「亜麻・リンネル（製）の」という意味の形容詞であった。西ゲルマン語由来である。オランダ語 linnen やドイツ語 Leinen「リンネル」と同系で、廃語となった英単語 line「亜麻」とも同系である。
→ LINE²

linger ［中英語］動ぐずぐずする、手間取る、なかなか消えない、(病気が) 長引く：
当初の意味は、廃義となった leng「長くする」の反復動詞 linger「住む、とどまる」であった。ゲルマン語由来でドイツ語 längen「長くする」と同系である。
→ LONG¹

lingo ［17世紀半ば］名奇異で耳慣れない言語、外国語：
おそらくラテン語 lingua「舌」に由来し、ポルトガル語 lingoa を経由して英語に入った。

linguist ［16世紀後半］名諸外国語に通じた人、言語学者：
ラテン語 lingua「言語」が linguist「言語の」と linguistic ［19世紀初頭］形「言葉の、言語の、言語学上の」の語基となっている。

liniment ［後期中英語］名塗布剤：
ラテン語 linire「塗りつけること」から来た後期ラテン語 linimentum に由来する。

link ［後期中英語］名（鎖の）環_か、輪、結合させるもの、；動連結する、つなぐ、結びつける：
元は「輪」という意であった。「つながっている」という意味はゲルマン語が由来の古ノルド語 hlekkr から来ている。ドイツ語 Gelenk「関節」と同系である。

links ［古英語］名ゴルフ場：
当初は「土地を懸ける」という意味の

hlinc であった。おそらく lean と同系である。スコットランド語では、芝生、またはきめの粗い草に覆われ、緩やかに起伏した海岸近くの砂地であり、ゴルフの意味につながった。
→ LEAN¹

lint [後期中英語]名リント（紡績糸の原料）、リント布（リンネルや綿布等を起毛加工した柔らかい切れ地で包帯用）:

当初の綴りは *lynnet*「紡ぎ用に加工された亜麻」であった。スコットランド語にはこの意味が残っている。おそらく *lin*「亜麻」が由来の古フランス語 *linette*「亜麻の種子」から来ている。

lintel [中英語]名【建築】楣まぐ（入口・窓・暖炉などの上の横木）、楣石:

ドアや窓の上部にある横向きの支柱を指し、ラテン語 *limen*「敷居」に由来する後期ラテン語 *liminare* が基礎の古フランス語から来ている。

lion [中英語]名ライオン、実力者、勇敢な人、獅子座、（イギリスの象徴としての）獅子:

ギリシア語 *leōn, leont-*「ライオン」由来のラテン語 *leo, leon-* からのアングロノルマンフランス語 *liun* が由来である。*liun* は外国語から入ったのかもしれない。アングロノルマンフランス語の単語が英語に入る前、ラテン語の形の表現が使われていた。このラテン語はすべてのゲルマン語派の言語に入った。

lip [古英語]名唇、口、生意気な言葉；動波が打ち寄せる:

ゲルマン語起源の古英語 *lippa* は、オランダ語 *lip* やドイツ語 *Lippe*「唇」と同系であり、ラテン語 *labia, labra*「唇」とインド＝ヨーロッパ語の語基を共有している。この語は態度や反応を表現する句で使われる。bite one's *lip*「悔しがる」(中英語)、keep a stjff upper *lip*「くじけない」(19世紀初頭)、smack one's *lips*「舌鼓を打つ」(19世紀初頭)。

liquid [後期中英語]名液体；形液体の、液状の:

liquere「液体であること」に由来するラテン語 *liquidus*「流れる、液体の、澄んだ」から来ている。liquere「液体であること」が liquefy 動「液化する」の基になっている。後者はラテン語 *liquefacere*「液体を作る」由来のフランス語 *liquéfier* から来ている。「清算する」という意味で経済用語として使われる liquidate 動「（負債など）を弁済する、清算する、（倒産会社・商社など）を整理・解散する、（証券など）を現金にする」は16世紀半ばに生じた。これはラテン語 *liquidus* 由来の中世ラテン語 *liquidare*「明らかにする」から来ている。「会社を（破産によって）閉鎖する」という意味はイタリア語 *liquidare* とフランス語 *liquider* の影響である。「粛清する」という意味はロシア語 *likvidirovat* の影響である。

liquor [中英語]名蒸留酒；動油を塗る、水につける:

当初の用法は液体または飲み物に関係している。その形はラテン語 *liquor* 由来の古フランス語 *lic(o)ur* から来ており *liquare*「溶ける」、*liquere*「液体であること」と同系である。

liquorice [中英語]名甘草:

噛みごたえのあり、芳りのよいこの黒い物質は、甘味としてや、薬の中に入れて使われる。古フランス語 *licoresse* に由来する。*glukus*「甘い」と *rhiza*「根」からなる。

lisp [古英語]動舌足らずで発音する；名舌足らずの発音:

形容詞 *wlisp*「舌足らずの」由来の古英語 *wlispian* (*āwlyspian* と記されている) は擬音語起源である。オランダ語 *lispen* やドイツ語 *lispeln*「ささやく」と同系である。

lissom [18世紀後半]形柔軟な、しなやかな:

lithesome「柔軟な、しなやかな」の短縮

形である。

list¹ [17世紀初頭]名一覧表、リスト；動一覧表を作る：

おそらくゲルマン語由来の古英語 list「一片（の紙）」と同じである。当初の用法は特に陸軍兵士の名簿を指した。

list² [17世紀初頭]動(船が)傾く：

海事用語として使われたのが始まりである。「片側に身を寄せる」という意味で、普通、釣り合いのとれていない積み荷を運ぶ船、または片側に水が流れこんでいる状態を表すが、曖昧である。「あこがれ、好み」という意味の古英語 list の転用とも考えられる。当初は lust とも綴られていた。

listen [古英語]動聞く、耳を貸す；名聞くこと：

古英語 hlysnan は「注意を払う」という意味のゲルマン語が由来である。ラジオ放送関連の listener 名「傾聴者」との関連は 1920 年代からである。しかし一般的な用法は 17 世紀初頭から。

listless [中英語]形気乗りのしない、大儀そうな：

廃義となった list「食欲、願望」に由来する。文字通りの意味は「無欲」である。

litany [中英語]名連禱(れんとう)、くどい話：

古フランス語 letanie に由来する。ギリシア語 litaneia「祈り」に由来するキリスト教に関するラテン語を経由している。語基はギリシア語 litē「嘆願」である。19世紀初頭から (a litany of complaints「うんざりするほど多くの苦情」のような) 例が見られる。

literal [後期中英語]形文字通りの、想像力のない：

古フランス語、またはラテン語 littera「文字」に由来する。後期ラテン語 litteralis「文字に関係のある」が基である。当初の用法はアルファベットの文字に関連していた（例：literal characters「アルファベット」）。「文字通りの」という意味は 16 世紀後半から。
→ LETTER

literate [後期中英語]形読み書きができる；名読み書きができる人：

ラテン語 littera「文字」はいくつかの英単語の基礎となっている。literate はラテン語 litteratus「学問のある、教養のある」に由来する。ラテン語 litteratura に由来し、フランス語を経由して入ってきた literature 名「文学、文献」という意味の始まりは後期中英語からである。17世紀半ばの「アルファベット文字に関する」という意での形 literary「文学の、文語の」はラテン語 litterarius「読み書きに関係のある」に由来する。名 literacy「読み書き能力」は 19 世紀後半に現れた。illiteracy の基礎は literate にある。読み書きの知識という意味に加えて、computer literacy「コンピュータ操作能力」に見られるような「ノウハウ」という意味も持つようになった。

lithe [古英語]形柔軟な、しなやかな：

古英語 lithe は「優しい、おとなしい、温暖な」という意味があった。ゲルマン語由来で、ドイツ語 lind「柔らかい、優しい」と同系である。現在の「細い、柔軟な、優美な」の意味は、ジョンソン博士の英語辞典の中の一例のみ。

litigious [後期中英語]形訴訟の、訴訟好きな：

litigium「訴訟」由来の古フランス語 litigieux またはラテン語 litigiosus から来ている。基になったラテン語 lis, lit-「訴訟」から litigate 動「訴訟を起こす、法廷で争う」が生じ、17 世紀初頭から記録されている (ラテン語 litigare「訴訟で議論する」から)。

litter [中英語]名ゴミ、くず；動散らかす：

当初は、肩で担いで運ばれるか、動物の支えによって運ばれるベッド、または座席付きのカーテンで囲まれている乗り物を指していた。元は古フランス語 litiere

で、ラテン語 lectus「ベッド」に由来する中世ラテン語 lectaria から来ている。現在の主な意味「公共の場に散らかったゴミ」は18世紀半ばからである。おそらく当初の意味に見られる寝藁（ねわら）として使う藁やイグサから生じたのであろう。

little [古英語][形]小さな、短い、取るに足らない；[副]少しは；[名]少し、わずか

ゲルマン語由来の古英語 lȳtel「小さい、少量」はオランダ語 luttel、ドイツ語方言 liltzel と同系である。主な用法は great と much と対立する語義である。little by little「少しずつ」という句は後期中英語から用いられはじめた。Little did he know it, but …「彼は知るよしもなかったが…」といったような慣用句で使われる little の副詞としての使用は初期に生じた。動詞 know, think, care とその同義語に制限されている。

liturgy [16世紀中頃][名]キリスト教の聖餐式

leitourgos「大臣」に由来するギリシア語 leitourgia「公職、神への崇拝」から来た。liturgy は、フランス語または古ラテン語を経由して英語に入った。ギリシア語 lēitos「公の」と -ergos「労働」からなる。

live¹ [古英語][動]生きる、住む、暮らす、存続する

古英語の動詞 libban, lifian「生きる」はゲルマン語に由来し、オランダ語 leven やドイツ語 leben「生きる」と同系である。慣用句の live with「甘んじる」(He had to learn to live with his decision「彼は自分の決断に甘んじなければばらなかった」) は1930年代からである。「放蕩する」という意味の live it up は1950年代から見られる (Will he ever be able to live with himself ?「彼は自尊心を保つことができるだろうか？」) で使われるような live with oneself は1960年代に生じた。
→ LIFE; LEAVE¹

live² [16世紀半ば][形]生きている、生の

この live (hive と韻を踏む) は alive の短縮形である。
→ ALIVE

livelihood [古英語][名]生計

「暮らし方」という意味の古英語 līfād は līf「生命」と lād からなっている。16世紀に起こった語形変化は、lively と接尾辞 -hood との結び付きによる。

livelong [後期中英語][形]《詩語》まる…じゅう

この詩語は、(all) the livelong day「終日」、the livelong night「一晩中」といった句の中に見られる。元は leve longe「本当に長い」という意であった。ドイツ語にこの語に相当する句がある。die liebe lange Nacht「本当に長い夜」。綴りの変化は、16世紀後半の live という動詞との結び付きによる。
→ LIVE¹

lively [古英語][形]活発な、鮮やかな

古英語 līflic は「生きている、生命力のある」という意味であった。「元気のよい」という意味は初期に発生した。lively fear「強い恐れ」、lively impression「鮮やかな印象」に見られるような感情について用いる用法は16世紀に出現した。lively が「気のある」という意味で初めて記録されたのは17世紀後半である。(ディケンズ『バーナビー・ラッジ』Barnaby Rudge: It was the liveliest room in the building「そこはその建物の中で最も活気のある部屋だった」)。
→ LIFE

livery [中英語][名]お仕着せ

livery の女性形過去分詞である「引き渡された」という意味の古フランス語 livree に由来する。livree はラテン語 liberare に由来し、当初の用法では「開放する」という意味であったが、中世ラテン語になり「手渡す」という意になった。livery の元々の意味は「召使いのための食物、食糧、または衣料品の分配量」であった。また「馬にあてがわれる飼葉の量」という意味は at livery「（馬が）飼料をもらって飼養されて」や (livery stable「有料で馬（馬車）を貸す厩舎」といった

句に残っている。「お仕着せ」という意味は、中世の貴族が自分の召使いと人の召使いを区別をするために、おそろいの服を与えたことから生じた。

livid [後期中英語][形] (打ち身・充血などで) 鉛色の、青黒い、激怒した:
当初の意味は「青っぽい鉛色の」であった。livid はフランス語 livide もしくは livere「青みがかっている」に由来するラテン語 lividus から来ている。「激怒した」という意味は20世紀初頭から。

load [古英語][名] 積荷、負担;[動] 荷を積む、…を持たせる、…が多く含まれている:
古英語 lād には「道、旅行、運搬」という意味があった。ゲルマン語由来でドイツ語 Leite と同系である。動詞用法は15世紀後半から。意味の発達は lade に影響を受けており、ある北部方言ではこれらの語に区別はない。
→ LADE; LEAD[1]

loaf [古英語][名] (パンの) ひとかたまり、(キャベツなどの) 玉:
古英語 hlāf はゲルマン語に由来し、ドイツ語 Laib「パンのひとかたまり」と同系である。当初は「パン」という意で使われていたが、一般的な意味が先か、「ひとかたまり」という意味が先かは不明である。俗語 loaf「頭」(1930年代から使われる) はおそらく押韻俗語の loaf of bread「頭」からであろう。

loafer [19世紀半ば][名] のらくら者、なまけ者:
おそらく Land「土地」と laufen (方言では lofen「綴る」)「走ること」に由来するドイツ語 Landläufer「放浪する」から来ている。loaf [19世紀半ば][動]「のらくらして暮らす、遊んで日を送る」は、おそらく loafer からの逆成である。

loan [中英語][名] 貸付・融資金:
当初は「上役からのおくり物」を意味していた。ゲルマン語由来の古ノルド語 lán から来ている。同系語にオランダ語 leen とドイツ語 Lehn「領地」がある。
→ LEND

loath [古英語][形] 気が進まない:
古英語 lāth は「敵意を持った、悪意のある」という意味であった。ゲルマン語由来で、オランダ語 leed「後悔している」やドイツ語 Leid「悲しみ」と同系である。この語は一般的に loath to「…するのに乗り気ではない」という句で使われる。この用法は当初からあった。

loathe [古英語][動] ひどく嫌う:
古英語 lāthian はゲルマン語に由来する。当初の用法は It loathes me「それは大嫌いだ」という構文で用いられた。その意味は現代の用法で広められた。おそらく特定の食物をひどく嫌うことを含む文脈と、吐き気をもよおすこととの関連による。
→ LOATH

loathsome [中英語][形] いまわしい、いやでたまらない:
接尾辞 -some を付けた古語 loath「むかつかせる、いやなこと」から来ている。

lob [16世紀後半][名] ロブ、山なりに弧を描くゆるい球;[動] 空中に打ち上げる:
当初は「重くぶら下がらさせる」と「無骨者のようにふるまう」の両方の意味を包括していた。「無骨者」と「ぶら下がっている物」という意味の古語名詞 lob が由来で、おそらく低地ドイツ語、またはオランダ語に由来する。現代オランダ語には「ぶら下がった唇」という意の lubbe という語がある。ゲルマン語の似たような発音をする語では「重さ」や「不器用さ」を発想させるものがある。英語ではおそらく擬音語的なもの。現在の「高くゆっくり弧を描くように投げる (ボールまたは物)」という意味は19世紀半ばからである。

lobby [16世紀半ば][名] 回廊、ロビー;[動] 議員に働きかける:
当初の lobby は「修道院の回廊」であった。語の由来は中世ラテン語 lobia, lobi-

um「屋根のついた歩道、屋根のある玄関」である。それは間もなく建物内の部屋間の通路部分を意味するようになった（シェイクスピア『ヘンリー六世 第2部』*Henry VI*, IV. i. 61: How in our voiding *lobby* hast thou stood And duly waited for my coming forth?「いつも控えの間で、突っ立ったまま、おれが出てくるのを型どおり忠実に待っていたきさまだというのに」）政治上の文脈（元はアメリカ）での動詞の意味は、党の党員が運動を支援するように動かすため、議事堂のロビーに通う慣わしから派生している。
→ LODGE

lobe [16世紀半ば] 名 耳たぶ、丸い突出部：
ギリシア語 *lobos*「耳たぶ、鞘（さや）」に由来し、後期ラテン語を経由して英語に入った。*lobe* of the brain「脳葉」という用法は17世紀後半に遡る。

lobster [古英語] 名 ロブスター、ウミザリガニ、イセエビ：
古英語 *lopustre* はラテン語 *locusta*「甲殻（こうかく）類の動物、バッタ科の昆虫」の異形である。ラテン語でバッタ科の昆虫を表す語に使われたのは、その形が似ているためである。*lobster* は17世紀から英国兵士を軽蔑した呼び名として使われている。元々は完全武装の鎧を着た、円頂党員の胸甲騎兵の連隊を指した。後に、その用語は独特な赤い軍用コートと結合した。アメリカの俗語では、19世紀後半から「頭の悪い、または、のろまな人」を指している。

local [後期中英語] 形 局所的な、その土地・地域の；名 地域住民：
ラテン語 *locus*「場所」由来の古ラテン語 *localis*「場所に関する」から英語に入った。英語での一般的な用法は「場所または位置に関する」であった。17世紀後半からある地域に関して使われるようになった（例：*local* laws「地域法」、*local* government「地方自治体」）。*locals* が住民そのものを意味するようになったのは、19世紀半ばである。**locality** [17世紀初頭] 名「場所」はフランス語 *localité* または *localis*「場所に関する」由来の *localitas* から英語に入った。

locale [18世紀後半] 名 現場、(小説・劇などの) 場面・舞台：
最後の音節に強勢があることを示すためにフランス語の名詞 *local*「場所」の綴りが変えられた。*morale*「やる気」という語も同じような変化をしている。

locate [16世紀初頭] 動 場所を特定する、設ける：
locus「場所」に由来するラテン語 *locare*「置くこと」から来ている。元々の意味は16世紀後半の法律用語で「賃貸しする」であったが「特定の場所を割り当てる」という意味になり、それから (特にアメリカの語法において)「ある場所に設ける」という意味になった。現代の主な意味「場所を特定する」は19世紀後半から。**location** [16世紀後半] 名「場所、位置」は動詞 *locare* から来たラテン語 *locatio*(n-) に由来する。

lock¹ [古英語] 名 錠、ロック、水門；動 鍵をかける、固定する：
古英語 *loc*「(棒・ボルト・掛け金などを) 固定する道具」の起源はゲルマン語である。ドイツ語 *Loch*「穴」と同系である。よく知られた組み合わせ under *lock* and key「厳重に保管されて」は当初からよく用いられた表現である。「水門」という意味は中英語から見られる。水門のある運河や水路を示すようになったのは、16世紀後半からである。

lock² [古英語] 名 髪の房、《文語》頭髪、(羊毛・綿花などの) 房：
lock of hair「髪の房」のように用いられる古英語 *locc* はゲルマン語由来であり、オランダ語 *lok* やドイツ語 *Locke*、そしておそらく *lock*「錠前」と同系である。ゲルマン語以前の源はおそらく「曲げる」という意味であった。
→ LOCK¹

locket [後期中英語] 名 ロケット (通例

写真などを入れて首飾りの鎖に下げるペンダント）：

当初は、さやの上の金属板を示した。*loc*「掛け金、留め金」の指小辞語である古フランス語 *locquet* に由来する。ゲルマン語に由来し、lock「錠前」と同系である。*locket* がペンダントを指すようになったのは17世紀後半からである。
→ LOCK¹

locomotive ［17世紀初頭］名機関車；
形機関車の：

当初は形容詞であった。近代ラテン語 *locomotivus* に由来する。それはラテン語 *loco*（*locus*「場所」の奪格）と後期ラテン語 *motivus*「動機」から来ている。これは中世ラテン語 in loco moveri「位置の変化によって動く」からの連想である。17世紀半ばからの locomotion 名「運動（力）、移動（力）」は、ラテン語の *loco*「ある場所から」と *motio*「動き」に由来する。

lodge ［中英語］名番小屋、山荘；動泊まる、とどまる、撃ち込む、寄託する：

当初の綴りは *loge* である。中世ラテン語 *laubia, lobia*「屋根のある歩道」に由来し、古フランス語 *loge*「木陰、小屋」を経由して英語に入った。ゲルマン語由来でドイツ語 *Laube*「木陰」と同系である。動詞の当初の用法は「テント、もしくは他の一時的な避難所に兵士を泊まらせる」という意味であった。18世紀初頭から裁判所にお金を「預ける、寄託する」という法律用語で使われるようになった。それが *lodge* a complaint「告発する」といった成句が一般に用いられるようになったきっかけである。
→ LOBBY

loft ［後期古英語］名屋根裏部屋、ロフト：

ゲルマン語由来の古英語 *loft*「空気、空」は古ノルド語 *lopt*「空気、空、上階の部屋」から来ており、オランダ語 *lucht*「空気」やドイツ語 *Luft*「空気」と同系である。当初から「屋根裏」という意味があった。16世紀になって「干草置き場」という意味になった。中英語に遡る

lofty 形「そびえ立つ」は *loft*「空、空気、上方階の部屋、バルコニー」に基づいているが、*aloft* の影響を受けている。

log ［中英語］名丸太、航海日誌；動（航海日誌に）記録する：

当初は「大きな木のかたまり」を指した。語源不詳であるが、おそらく重さの概念を象徴している。航海用語で船速をはかる装置を意味し、元々は海中に直立に浮かぶ積み上げられた薄い四分円形の木材を意味していた。その木材からの情報が記録されたものが「航海日誌」となった。

loggerheads ［16世紀後半］名鉄球棒、（捕鯨船尾の）もり網柱、《古語》まぬけ：

元々「愚かな人」という意味で、方言の *logger* が土台である。at *loggerheads*「言い争って、論争して」という成句で用いられる。この成句は17世紀後半に生じたが、ピッチを溶かしたり液体を熱したりするのに使われた取手の先端に球体のついた長い鉄の器具を指す loggerhead と関連があるかもしれない。これと何か似たようなものが武器として使用されていた可能性もある。

logic ［後期中英語］名論理、論理学：

ギリシア語 *logikē (tekhnē)*「（芸術）論法」に由来し、古フランス語 *logique* と後期ラテン語 *logica* を経由している。基はギリシア語 *logos*「語、理由」である。logical 形「論理的な」は後期ラテン語 *logica* に由来する。中世ラテン語 *logicalis* に基づいており、同じ時期にはじまった。

logistics ［後期中英語］名物流：

当初は「軍隊や装備の機動と補充」を意味した。*loger*「泊まる」に由来するフランス語 *logistique*「兵站（へいたん）術」から来ている。

loin ［中英語］名腰肉：

ラテン語 *lumbus*「腰」に基づき、古フランス語 *loigne* に由来する。16世紀初頭から、特に gird up one's *loins*「(腰帯を締めて) 身構える」といった成句の中で、聖

書や詩の語法として使われた。意味が拡張されて、the fruit of one's *loins*「【聖書】子供」といった句で「子、子孫」を表すようになった。

loiter ［後期中英語］動（あてもなく）ぶらつく、うろつく：
おそらく中オランダ語 *loteren*「方々に揺れ動く（抜けそうな歯のように）」と「仕事をしながらぐずぐず過ごす」に由来する。外国人ののらくら者、または浮浪者によってイギリスに導入されたのかもしれない。

loll ［後期中英語］名リラックスして立つ・座る・もたれる：
この語の意味「垂れる」はおそらく懸垂の象徴である。18世紀半ばの lollop「のろのろ、ぎこちなく動く」はおそらく擬音語としての *loll* に基づいている。

lollipop ［18世紀後半］名棒付きキャンデー、お金：
方言の *lolly*「舌」と動詞の *pop*「すばやく置く」に由来するかもしれない。省略形の lolly は19世紀半ばから見られる。俗語での「お金」という意味は1940年代に生じた。
→ POP¹

lone ［後期中英語］形連れのいない、独り身の：
この形容詞は alone の短縮形である。
→ ALONE

long¹ ［古英語］形長い；副長く、ずっと；名長時間：
古英語の 形容詞 *lang*, *long* と副詞 *lange*, *longe* はゲルマン語由来でオランダ語とドイツ語の *lang* と同系である。the *long* and the short of it「言いたいことはいろいろあるが、一言で言えば」という表現は、初めのうちは the short and the *long* of it であった。初例は16世紀初頭に遡る。before *long* (ere *long*)「間もなく」という表現は18世紀半ばから。

long² ［古英語］動あこがれる、待ち望む：
古英語の動詞 *langian* には「長く伸ばす、引き延ばす」と「考えにふける」の両方の意味があった。ゲルマン語関連では、オランダ語 *langen*「提供する」やドイツ語 *langen*「伸ばす」と同系である。*long* for「…を待ちこがれる」という言い回しは中英語では *long* after と表現されることがある。

longevity ［17世紀初頭］名寿命：
ラテン語の *longus*「長い」と *aevum*「年齢」からなる後期ラテン語 *longaevitas*「年とった」に由来する。

longitude ［後期中英語］名経度、経線：
当初は長さと高さの両方の意味があった。*longus*「長い」から来たラテン語 *longitudo*「長さ」に由来する。

loo ［1940年代］名《口語》便所：
この語の語源については諸説ある。一説によると、19世紀初頭の鉄タンクの取引上の名称である Waterloo とされているが、確証はない。

look ［古英語］動見る、探す、面する、向いている、…のようだ；名見ること、目つき、外観：
古英語の動詞 *lōcian*「じっと見つめる、ひそかに見張る」は西ゲルマン語由来で、ドイツ語の方言である *lugen* に関連している。「外見」を意味する *looks* は16世紀半ばから。ファッションなどの流行との関連は1930年代からである。

loom¹ ［古英語］名織機、はた：
古英語では *gelōma*「道具」を指した。中英語で *gelōma* から *lome* へと短縮された。

loom² ［16世紀半ば］動ぼんやり現れる：
おそらく低地ドイツ語またはオランダ語に由来する。東フリジア語 *lōmen*「ゆっくりと動く」と中高地ドイツ語 *lüemen*「疲れた」は同形である。英語の当初の用法は、船もしくは海が「上下にゆっくり動く」様子を表現する描写であった。

loon ［19世紀後半］图まぬけ、アビ：
この語の「愚か者」という意は17世紀半ばのアメリカ英語 loon 图「アビ（水中に潜る大きな鳥）」に由来する。これは鳥が危険から逃れる際の動きに関係している。おそらく19世紀半ばの lunatic の省略形である **loony** 图「狂人」の影響を受けている。

loop ［後期中英語］图ループ、輪：
語源不詳。スコットランド・ゲール語 lùb「環、曲がり」と同系かもしれない。現代の成句 in the loop「中枢グループの一員である」は、1970年代にアメリカで生じた。複合語に以下がある：
■ **loophole** 图「抜け道」は16世紀に生まれ、廃語 loop「鋭眼」に基づいており、城壁の弓矢のための狭間ﾊﾞを指していた。loophole in the law という17世紀当初からの言い回しに見られるように、比喩的な用法での意味は「抜け道」である。

loose ［中英語］形緩い、緩んだ、解放された、だらしのない；動解放する：
中英語 loos「束縛から解き放たれて」はドイツ語由来の古ノルウェー語 lauss「ゆるい、結んでない」から。オランダ語やドイツ語の los と同系である。「道徳的でない」（例：loose woman「ふしだらな女」）は後期中英語から。loose change「小銭」に見られるようなお金との関連は19世紀初頭に生じた（ジェーン・オースティン『分別と感』Sense and Sensinlity: My loose cash would ... be employed in improving my collection of music and books「私の小銭は音楽や書物をさらに充実させるのに使うことになろう」）。「平静を保つ」を意味する俗語の言い回し hang loose は、1960年代にアメリカ英語で生じた。

loot ［19世紀初頭］動略奪する；图略奪品、お金：
当初は動詞として用いられた。サンスクリット語 lunth-「奪う」由来のヒンディー語 lūt「戦利品」から来ている。名詞の「お金」という意味は1940年代からである。

lop¹ ［後期中英語］動枝を切り落とす：
当初は「木の枝や小枝」を示す名詞として使われた。語源は不詳である。他のゲルマン語派の中に例がない。ノルウェー語の方言には「（木の皮が）湿気でばらばらになる」という意味の lopa がある。

lop² ［16世紀後半］動（ウサギの耳などが）だらりと垂れる：
おそらく軟弱さを連想させるような象徴語である。lob という語と類似している。**lopsided** ［18世紀初頭］形「傾いた」は lop が基礎となっている。

lope ［中英語］動跳ぶ、はねる、大またで歩く：
古ノルド語 hlaupa「跳ぶ」からのスコットランド語 loup の異形である。

loquacious ［17世紀半ば］形（うるさいほど）おしゃべりな、多弁な、（小鳥・水などが）騒々しい：
ラテン語 loqui「話す」から来た loquax, loquac- が基になっている。

lord ［古英語］图主人、君主、支配者、主・神、貴族；動偉そうにする：
古英語 hlāfweard「召使いやメイドのいる家の稼ぎ手」から来た hlāford はゲルマン語の語基に由来する。**laird** 图「地主」は後期中英語からで、lord のスコットランド語の形である。主な意味（他のゲルマン語には見られない）は世帯主を意味する。古英語の時代以前にすでに広い用法があった。ラテン語 dominus の訳語として入り、意味の発達の上でその影響を大きく受けている。成句 load it (over)「偉そうな顔をする」は16世紀後半から見られる。イギリス、スコットランド、アイルランド立法府（元々は別々）の2つの高等な組織を構成する貴族院議員、上院議員を意味する the Lords という表現は1400年代半ばに現れた。この立法府の部門は現在、イギリスの貴族で男爵の地位にあるもの、イギリスの主教（まれに例外あり）、スコットランドとアイルランドから選出された貴族代表からな

る。
→ LADY; LOAF

lore ［古英語］图知識、言い伝え：
古英語 *lār*「教えること、指導」は、ゲルマン語に由来し、オランダ語 *leer* やドイツ語 *Lehre*「見習い」と同系である。当初の意味はミルトン『失楽園』*Paradise Lost* に出ている (She finlsh'd, and the subtle Fiend his *lore* Soon learn'd「彼女は終えた。するとずるいサタンはすぐにその知識を身に付けた」)。間もなく「事実または信念」の意味を含むようになった（例：トマス・ヒューズ『トム・ブラウンの学校生活』*Tom Brown's School Days*: Arthur was initiated into the *lore* of bird's eggs「アーサーは鳥の卵の知識を教え込まれた」）。同様の意味に folk *lore*「民間伝承」といった表現がある。
→ LEARN

lorry ［19世紀半ば］图トラック、貨車：
語源不詳。「引っ張る、引きずる」という意味の方言 *lurry* は存在するが、関連性については明らかでない。

lose ［古英語］動失う、負ける、取り除く、損をする：
古英語では「死ぬ、滅びる」だけではなく、「見られなくなる」という意味もあった。現代の成句として、*lose it*「突然叫び出す、自制を失う」は1970年代からであり、*lost* the plot「状況を判断できなくなる」は1990年代からである。*lose* は現代英語 loss「喪失」にあたる古英語 *los*「破壊」が基となっている。ゲルマン語由来の *loss* は古ノルド語 *los*「軍隊の列を解体する」と同系であり、後の用法はおそらく *lost* から逆成されたものである。成句に以下がある：
■ lost generation 图「失われた世代（第１次世界大戦下の「戦争の世代」）」はアメリカの作家ガートルード・スタイン（1874～1946年）によってつけられた。1920年代、パリに移住したアーネスト・ヘミングウェイ、スコット・フィッツジェラルド、エズラ・パウンドのような幻滅した若いアメリカ人の作家たちを指す。スタインのパリの家は、1920～30年代、革新的な芸術活動を行うグループがつどう場となった。
→ LOOSE

lot ［古英語］图たくさん、一組、一山、一区画、運、運命、くじ、分け前：
古英語 *hlot* はゲルマン語由来である。オランダ語 *lot* やドイツ語 *Los*「くじ」と同系である。元の意味は「くじによって決めること」(Officers were selected by *lot*「委員は抽選で決まった」のように）であった。その後、意味が拡張され、「割り当て」となった。後者からは purchase a *lot* of land「土地を一区画購入する」のような意味が生じた。a *lot* of「たくさん」のような「大量」の概念は16世紀後半から見られる。「全部」を意味する the *lot* という語法は19世紀後半に現れた。

lotion ［後期中英語］图化粧品、ローション、洗い薬：
動詞 *lavare*「洗う」から *lot-*「洗われた」になり、古フランス語かラテン語の *lotio*(n)「洗濯」を経て英語に入った。当初の用法は「洗濯、身体・手を洗い清めること」という意を含んでいたが、洗い薬の意味も当初からあった。

lottery ［16世紀半ば］图富くじ、宝くじ：
おそらく *lot*「くじ」由来のオランダ語 *loterij* から英語に入った。

lotus ［15世紀後半］图【ギリシア神話】ロトス、ロトスの実（その実を食べると夢心地になるという）、【植物】（アジア・アフリカ産の）ハス、スイレン：
当初はクローバーやシャジクソウ属の三出複葉の草木の種類を指した。ホメロスが馬の餌と記述した。セム語派に由来し、ギリシア語 *lōtos*「ハス」からラテン語を経由して英語に入った。古代ギリシア・ローマの作家が様々な木や植物を表すのにこの用語を使った。その実を食べると夢心地になるという伝説上の植物についてホメロスが語っている。後のギリシア

人作家はその植物はナツメの近縁植物である地中海の低木落葉樹と考えた。「世事に無関心な夢想家」を意味する lotus-eater という語は19世紀初頭から使われている。

loud [古英語][形](声・音が)大きい、騒々しい、(衣類・模様・色などが)派手な、けばけばしい、厚かましい：

西ゲルマン語に由来する。古英語 hlūd「(声・音が)大きい」はオランダ語 luid やドイツ語 laut「ざわついた、声をだして」と同系である。根源的意味は「聞く」というインド＝ヨーロッパ語が基になっている。根源はギリシア語 kluein「聞く」、klutos「有名な」と、ラテン語 cluere「有名である」と共通する。服装の色や態度への転用は19世紀半ばからである。

lounge [16世紀初頭][動]ぶらつく、もたれかかる；[名]寝いす、ラウンジ、待合室：

当初は「怠惰に動く」という意味で、おそらく、遅い動きを象徴する造語であった。居間を意味するようになったのは19世紀後半からである。lounge lizard という句は20世紀初頭のアメリカのスラングで、上流社会でふらつく男(通常、裕福な女のパトロン目当て)を意味する。快い音楽を意味する lounge music は1980年代のアメリカ英語が始まりである。

lousy [中英語][形]不潔な、さもしい、ひどい、いやな：

ゲルマン語由来の louse [古英語][名]「シラミ」に由来する。当初は「シラミだらけの」と「不潔な、卑劣な」の両方を意味していた。lousy with tourists「観光客でうじゃうじゃした」、lousy with money「お金をしこたま持った」といった用法に見られる「群がること、充満して、十二分に満たした」の意味は19世紀半ば、アメリカ英語に生じた。

lout [16世紀半ば][動]お辞儀をする、腰をかがめる、屈服する：

ゲルマン語由来の古語 lout「腰をかがめる」からの方言であると考えられている。この動詞の意味は「潜む」、「だます」、「小さくなる」など、すべて否定的な含意がある。

louvre [中英語][名]よろい張り、ルーバ：

当初は、横に換気用の隙間のある、屋根の上の丸天井の構造を意味した。古フランス語 lover, lovier「天井光」に由来する。おそらくゲルマン語起源で lodge と同系である。
→ LODGE

love [古英語][名]愛情、愛着、恋人；[動]愛している、…が大好きだ、…したい：

古英語 lufu はゲルマン語起源である。語源はインド＝ヨーロッパ語でサンスクリット語 lubhyati「強く望む」、ラテン語 libet「喜び・希望である」、libido「欲望、欲求」と同根である。中英語より親愛を示す語として用いられた。love's young dream という表現はゴールズワージー『スキン・ゲーム』Skin Game (1920年)で初めて使用された (I don't mean any tosh about love's young dream; but I do like being friends「私は愛の若い夢についてたわごとを言っているのではなく、友だちでいることがとても好きなんです」)。複合語に以下がある：
■ **love-in** [名]「《米略式》ラブ＝イン」。1960年代に生じた。元々カリフォルニアのヒッピーの集会に関連する。

lovely [古英語][形]うるわしい、美しい；[名]美女：

古英語の綴りは「愛する」と「愛らしい、愛すべき」の両方の意を持つ luflic であった。17世紀初頭より「優秀な」を表していた。
→ LOVE

low[1] [中英語][形]低い、不十分な、元気がない、小さい：

古ノルド語 lágr に由来する。ゲルマン語に属するオランダ語 laag と同系である。「元気がない」という意味は18世紀半ばからである。複合語に以下がある：
■ **lower case** は元々印刷用語で、植字工の使う角度のついた台に取り付けられ

た、活字を入れる 2 つの入れ物のうちの、下の入れ物をそう呼んでいた。
→ LIE²

low² ［古英語］動(牛が) モーと鳴く：
牛の柔らかな鳴き声（古英語では*hlōwan*）を意味する。ゲルマン語由来で、インド＝ヨーロッパ語の根源を持つオランダ語*loeien*から来ている。ラテン語*clamare*「叫ぶ」と同系である。

loyal ［16世紀初頭］形忠実な、誠実な、義理堅い：
lex, leg-「法」からなるラテン語*legalis*「合法の、正当な」を経由して古フランス語*loial*から英語に入ったフランス語由来の語である。当初は君主への忠誠を指して使われていた。後に一般化され、「責務に忠実である」となった（シェイクスピア『オセロ』*Othello*, IV. ii. 34: Your wife, my lord; your true And *loyal* wife「あなたの妻ですわ。貞淑で忠実な妻です」）。ラテン語に基づく「法」という意味との関連は、今は廃義となった。シェイクスピア『リア王』*King Lear*, II. i. 86 にその実例がある (*Loyal* and natural boy「嫡出子であるおまえ」)。この場合の*loyal*は「嫡出の」という意味である。
→ LEGAL

lozenge ［中英語］名菱形、【紋章】菱形紋、薬用ドロップ（元は菱形であった）：
古フランス語*losenge*に由来する。おそらくスペイン語*losa*、ポルトガル語*lousa*「平板」、後期ラテン語*lausiae* (*lapides*)「平板、墓石」からの派生であろう。かつては16世紀に生じた「薬用ドロップ」を指した。これらの形が元々菱形であったことに由来する。

lubricate ［17世紀初頭］動（クリームなどで）滑らかにする、（機械などに）油を差す：
lubicus「滑りやすい」から来たラテン語*lubricare*「滑りやすくなる」に由来する。lubricant名「潤滑油」は19世紀初頭から。

lucid ［16世紀後半］形輝く、明るい、澄んでいる、明快な、わかりやすい：
当初の意味は「明るい、光を発する」で詩や文学作品の中に見られる（ミルトン『失楽園』*Paradise Lost*: Over his *lucid* Arms A Military Vest of purple flowed「彼の輝く両腕の上に紫色のよろいが載っていた」)。この語は*lucere*「輝く」由来のラテン語*lucidus*「澄んでいる、明るい」（おそらくフランス語*lucide*「明敏な、明快な」か、イタリア語*lucido*経由）が源である。*lux, luc-*「光」に基づいている。*lucid* interval「【医学】意識清明期」という表現は17世紀初頭から普及している。初めは、病気による発作の合い間の見かけの健康状態の期間を指していたが、後に精神錯乱発作間の一時的な正気の期間を指すようになった。ラテン語の表現*non est compos mentis, sed gaudet luddis intervallis*「彼は正気ではないが、正気に戻ることがある」は13〜15世紀、イギリスの法律文書で一般的であった。これが後の意味の発達に影響を及ぼした。

Lucifer ［古英語］名魔王、サタン、夜明けの明星：
元々は*lex, luc-*「光」と*-fer*「運ぶこと」に由来する「光、運ぶこと、夜明けの星」という意味のラテン語である。詩に出典が見られるように、日が昇る前に金星が空に現れることを表すこともある。また、聖書からの引用に関連し、反逆天使（サタン）の名前としても使われる。How art thou fallen from heaven, O *Lucifer*, son of the morning「ああ、お前は天から落ちた夜明けの明星、曙の子よ」(『イザヤ書』14章12節)。

luck ［後期中英語］名運、幸運；動幸運に恵まれる：
おそらく中低地ドイツ語、または中オランダ語*lucken*に由来する。動詞用法は英語が最初である。名詞用法（15世紀後半）はオランダ語*geluk*、西ゲルマン語派のドイツ語*Glück*「運」と同系の中低地ドイツ語*lucke*に由来する。lockに関係があるかもしれない。英語にはギャンブル用語として入ってきた可能性もある。
→ LOCK¹

lucre ［後期中英語］名 利得、銭もうけ：

この語の「銭」という意味はフランス語 *lucre*「金儲け」またはラテン語 *lucrum*「利益、収益」からの借用である。聖書の『テトスへの手紙』1 章11節にある filthy *lucre* という表現は「恥ずべき利得」という意味である (Teaching things which they ought not, because of filthy *lucre*「恥ずべき利得を得るために、教えてはならないことを教え」)。**lucrative** 形「有利な、もうかる、金になる」も同時期に使われはじめたが、動詞 *lucrari*「利益を得る」から来たラテン語 *lucrativus* に由来する。

ludicrous ［17世紀前半］形 ばかげた、こっけいな：

当初の意味は「ふざけた」であった。ラテン語 *ludicrus*「ふざけた」が基でおそらく *ludicrum*「舞台演技」に由来する。

lug ［中英語後半］動 力まかせに引く、引っ張る；名 つまみ：

おそらくスカンジナビア語に由来する。スウェーデン語 *lugga*「髪を引っ張る」(*lugg*「前髪」に由来) と比較のこと。*lug*「つまみ」という意味は16世紀初頭に生じた。一般的な意味「何か引っ張れるもの」に関連するかもしれない。

luggage ［16世紀後半］名 旅行荷物、スーツケース、手荷物：

luggage が最初に使われた時は不便さの含みがあった。たいてい大きく、扱いにくかったことから。動詞 lug に由来する。
→ LUG

lukewarm ［後期中英語］形 なまぬるい、気乗りしない、不熱心な、いいかげんな：

第 1 要素は方言 *luke*「ぬるい」が源である。おそらく方言 *lew*「生ぬるい」に由来し、lee「物陰」と同系である。聖書に次の例がある：So then because thou art *lukewarm*, and neither cold nor hot, I will spew thee out of my mouth「熱くも冷たくもなく、なまぬるいので、わたしはあなたを口から吐き出そうとしている」(『ヨハネの黙示録』3 章16節)。感情や態度を表すようになったのは16世紀初頭である。
→ LEE

lull ［中英語］動 (小児を) なだめる、あやす、寝かしつける；名 なぎ：

ラテン語 *lullare*「寝かしつける」、スウェーデン語 *lulla*「子守歌を鼻歌で歌う」、オランダ語 *lullen*「くだらない話をする」と比較のこと。名詞の当初の意味は「鎮静飲料」で、17世紀半ばからである。

lullaby ［16世紀半ば］名 子守歌；動 子守歌を歌って寝つかせる：

lullaby の第 1 要素は lull「なだめる」で、第 2 要素は子守歌の反復句として使われる音 bye-bye「さよなら」である。子供の言葉で「眠り」を意味する bye-byes が有力である。当初は実際の反復句を意味していた。「子守歌」を指す用法は16世紀後半から。

lumber ［後期中英語］名 材木、がらくた、古道具；動 材木を切り出す、(面倒なことを) 押しつける：

当初の綴りは *lomere* で、ぎこちない動きの象徴であったかもしれない。16世紀半ば「倉庫に放り込んである家具類」という意味が生じた。この意味はかつての動詞用法からもたらされた可能性もあるが、後に廃義となった lumber「質屋」と結びついていた。「(面倒なことを) 押しつける」という意味は19世紀半ばから。

luminous ［後期中英語］形 光を発する、けばけばしい、明快な、派手な：

lumen, lumen-「光」から来た古フランス語 *lumineux* またはラテン語 *luminosus* に由来する。

lump ［中英語］名 かたまり、角砂糖、こぶ、はれもの、鈍重な人；形 かたまりの、ひとまとめの；動 ひとまとまりにする：

「不定形のかたまり」を指すゲルマン語が基礎となっている。デンマーク語 *lump*「かたまり」、ノルウェー語とス

ウェーデン語の方言 lump「角材、丸太」、オランダ語 lomp「ぼろ」が同形である。16世紀の終わりから「にぶい人」という悪い意味に用いられはじめた。感情に関連する慣用句 lump in one's throat「(感動・悲しみで)のどを詰まらせる」は19世紀初頭から。

lunar [中英語][形]月の、月に関わる：

luna「月」から派生したラテン語 lunaris「月の、三日月形」を経由し、英語に入った。

lunatic [中英語][形]精神に異常のある、狂気の；[名]精神異常者、狂人：

ラテン語 luna「月」に由来し、後期ラテン語 lunaticus「月の影響を受ける」を経由し古フランス語 lunatique から英語に入った。月の変化が周期性の精神障害を引き起こすと信じられていた。lunacy [16世紀半ば][名]「精神異常」という語は lunatic に基づいている。

lunch [19世紀初頭][名]昼食、ランチ：

16世紀後半から使われていた「厚い一片、大きな塊」を指す luncheon の省略形である。スペイン語 lonja「(パン・ハムなどの)1枚」由来の lunch「厚い1片、大きなかたまり」という廃語からの拡張かもしれない。luncheon は元々通常の食事時間、特に朝食と昼食の間にとる食事を指す。

lung [古英語][名]肺：

古英語 lungen「肺」はゲルマン語を経由して英語に入った。オランダ語 long、ドイツ語 Lunge「肺」と同系である両語もインド＝ヨーロッパ語の語根を共有し、その語根は light とも共通している。
→ LIGHT²

lunge¹ [18世紀半ば][名](フェンシングなどでの)急な突き刺し；[動]突く：

フランス語 allonger「長くする」から来た allonge「長期化」が基になったフランス語 longe に由来する。

lunge² [18世紀初頭][名](調教師が馬を円形に駆けさせるための)調馬索：

allonge「長期化」が基になったフランス語 longe に由来する。

lurch [17世紀後半][名]突然の揺れ、(船などの)急な傾き；[動]急に傾く、ぐらぐらする：

初めは船が急に傾くことを意味する名詞として使われた。語源不詳。leave in the lurch「困っている人を見捨てる」という表現の中にあるものとは異なる。lurch「ラーチ」として知られる16世紀に使われたボードゲームの一種に関連する。その用語が「大敗」(ゲームスコアの大差に関連して)という意味へと拡張した。

lure [中英語][名]誘惑するもの、魅力、おとり、(魚釣りの)疑似餌；[動]誘惑する：

ゲルマン語から来た古フランス語 luere に由来する。おそらくドイツ語 Luder「(釣りや狩り罠の)餌」と同系である。当初は鷹を訓練する際に使われていた。

lurgy [20世紀半ば][名]病気：

語源不詳であるが、1950〜60年代の The Goon Show というイギリスの連続ラジオ番組で頻繁に使われていた。たいてい the dreaded lurgy「いやな病気」という句で使われるが、この句は作り話としてのいやな感染性の高い病気を意味する。

lurid [17世紀半ば][形](空や雲などが)赤い、どぎつい、(顔色などが)青ざめた：

当初は「青ざめた暗い色」を指した。ラテン語 luridus「淡黄色、青白い」に由来し luror「青白い、または黄色の」と同系である。

lurk [中英語][動]潜在する、潜む：

lour [中英語][動]「渋面を作る、または顔をしかめる」(語源不詳)と反復動詞の接尾辞 -k (talkのような)からなっている可能性がある。この接尾辞は、繰り返しの概念を表す。1990年代「(インターネットのチャットで)自分は書き込まず人の会話を盗み読む」というコンピュータ関係の俗語となった。

luscious［後期中英語］形おいしい、香り・味が良い、魅力的な、官能的な：

おそらく delicious の短縮形である。廃義 licious の交替形である。当初は食べ物、または香水を表現するのに使われていた。1990年代に口語用法として短縮形 lush が生じた。

lush［後期中英語］形(草などが)青々とした、水々しく茂った；名大酒飲み、酔っぱらい：

おそらく luscious との関係による古フランス語 lasche「ゆるい」由来の廃語 lash「柔らかい、ゆるい」の交替形であろう。18世紀後半に「酔っ払い」という意味が生じた。

lust［古英語］名欲望、情欲；動欲情する、渇望する：

当初の意味は「楽しみ」、「大きな喜び」であった。オランダ語 lust「大きな喜び」、ドイツ語 Lust「意欲」と同系である。lusty［中英語］形「陽気な、(後に)健康な」は lust の当初の意味である「活力」から生じた。

lustre［16世紀初頭］名つや、光沢：

ラテン語 lustrare「光が広がる、照射する」に基づく動詞 lustrare「輝く」を経由しイタリア語 lustro「光沢」に入りフランス語を経由して英語に入った。陶芸との関連は19世紀に生じた。シェイクスピアの使った lack-lustre という表現は「輝きが欠けている」という意で主に目の描写に使われ、間もなく一般に広まった (例: lacklustre performance in goal「ゴールでのゴールキーパーのパッとしないプレイ」)。

luxury［中英語］名ぜいたく、おごり、ぜいたく品、くつろぎ：

かつては「好色、色欲」を示す言葉であった。luxus「過多」由来のラテン語 luxuria「豪華さ、過剰」を経由して古フランス語 luxurie, luxure から英語に入った。「心地よさ」、「贅沢品」の意味は17世紀半ばからである。複数形 luxuries は18世紀後半からである。同じラテン語由来の luxurious［中英語］形「ぜいたくな、快適な」はかつては「好色な」を意味していた。ラテン語 luxuriosus に由来する古フランス語 luxurios を経由して英語に入った。

lychgate［15世紀後半］名(教会の墓地の)屋根付き門：

この語の第1要素は古英語 lic「身体」である。この種の門は当時埋葬の際に聖職者が到着するまで棺桶を収容しておく場所として使われた。

lynch［19世紀半ば］動私刑・リンチによって殺す：

かつて暴徒が勝手に即決の処刑をする状況において使われた。lynch law 名「リンチ」は当初は Lynch's law という表現であった。後者は米国ヴァージニア州の治安刑事ウィリアム・リンチ (1742～1820年) に由来する。リンチは違法に罰金を科したり、トーリー党員を拘禁したと言われているが、彼がそのようなことに関与していたという証拠はない。

lyre［中英語］名リラ、古代の竪琴：

この語 (古フランス語 lyre とラテン語 lyra を経由している) の語源はギリシア語 lura である。さらに、フランス語 lyrique もしくはラテン語 lyricus から来た16世紀の lyric 形「叙情的な」も同様である。lyrical 形「大げさな、熱心な」も当初は lyric と同義であったが、wax lyrical「熱弁をふるう」におけるように、意味が変化した。

M m

macabre ［19世紀後半］形不気味な、ぞっとする、(詩・踊りなどが) 死の：

フランス語 macabre から入ったもので、古フランス語 Danse Macabre「死の踊り」に由来する。おそらく Macabé「マカベ一族の人」から来ている。その典拠は、ユダヤ人のリーダーであったユダ・マカベウス一族の大量殺戮(さつりく)を描いた奇跡劇であろう。彼は167年頃アンティオコス4世エピファネスに対しユダヤで反乱を起こした。彼は聖書外伝におけるマカベ一族に関する2巻本の中のヒーローである。

mace ［中英語］名鎚矛(つちほこ)、職杖 (英国の市長・大学総長などの職責の象徴)、メース (催涙性神経ガス)；動メースで攻撃する：

古フランス語 masse「大きなハンマー」に由来する。古典ラテン語 mateola「農業用具」と同系であろう。装飾的な職杖としての用法は中英語からである。下院では演説者の前の演壇に置かれている。

macerate ［16世紀半ば］動柔らかくする、浸す、痩せ衰える：

ラテン語 macerare「柔らかくする、浸す」に由来する。「(ワインなどの) 液体で柔らかくする」という意味に加え、当初の用法では「だんだん痩せるようにする、もしくは (通常断食することで) 痩せ衰える」という意味もあった。後者は現在は古風な意味である。

machete ［16世紀後半］名(特に中南米で用いられる) マチェーテ、長刀のなた：

スペイン語からもたらされたもので、おそらく macho「ハンマー」に由来する。19世紀半ばからポルトガルやマデイラで弾かれる通常4本の弦からなる小さなギターを意味するようになった。ウクレレの基になった弦楽器で、ポルトガルの水夫によってハワイ諸島に伝えられたと言われている。
→ MACE

machine ［16世紀半ば］名機械、機械装置；名機械で作る：

元々いかなる種類の構造をも意味していた。ドーリア方言のギリシア語 makhana からラテン語を通じてフランス語から英語に入った。アッティカ方言の形は mēkhanē で、mēkhos「不自然さ」に由来する。主な用法として、the machine of society「社会機構」、war machine「戦闘機械」、bathing machine「更衣車」、vending machine「自販機」などがある。**machinate**動は machine よりもやや早く記録されており、machinate treason「反逆を企む」、machinate destruction「破壊を企む」というように、(悪事を) 企むという意味で他動詞的に使われた。この語はラテン語 machinat- に由来する。machinat- はラテン語 machina から派生した machinari「企む」の過去分詞語幹である。

macho ［1920年代］形男らしい；名男らしい人：

メキシコ系スペイン語で「男らしい、精力的な」を意味している。アメリカ英語に取り入れられ、「己の男らしさを誇示する」という軽蔑的な意味で使われはじめた。**machismo**名「男らしさ」もメキシコ系スペイン語に由来し、macho に基づいており、1940年代から使われはじめた。

mackintosh ［19世紀半ば］名マッキントッシュ：

「防水服」という意味で、Charles Macintosh (1766～1843年) の名前にちなんでいた。彼はスコットランドの発明家で元々 (ナフサで溶かしたインドゴムで接着した2つの層の布で作られた) 服の特

許を取った人である。略語 mac は20世紀初頭から。

mad ［古英語］形怒り狂った、無謀な；名怒り

古英語 gemǽd(e)d「怒り狂った」に由来し、ゲルマン語起源の gemād「怒り狂った」と同系。当初の意味は「正気でない」であった。古英語 wōd とこの意味において共通しているが、北部を除いて、16世紀までにこの意味は見られなくなった。like mad という表現は17世紀半ばに見つかり、元は「狂人のような」という意味を持っていたが、しだいに「とても」という意味に薄まっていった。**madding** 形は16世紀後半に、スペンサーにより「気が狂う」という意味で初めて詩の中で使われた。グレー『エレジー』 Gray's Elegy（1751年）の中で見られる、Far from the madding Crowd's ignoble Strife というフレーズの中での madding は「狂ったような」という意味である。トーマス・ハーディは Far from the Madding Crowd（『狂乱の群れを離れて』〈1874年〉）というフレーズを彼の小説のタイトルとして使っている。mad が使われた一般的な複合語は以下の通りである。

■ **mad scientist** 名。1940年代から SF（小説・映画）などに登場する科学を悪用する科学者。

■ **mad cow disease** 名「狂牛病」。1980年代後半から牛海綿状脳症（BSE）を指す一般的な表現として使われている。牛の異常な行動や不規則な足取りが特徴となっている。

madrigal 名【音楽】マドリガル：

とりわけルネサンス時代からのいくつかの発声による無伴奏合唱曲を表している。イタリア語 madrigale（中世ラテン語 carmen matricale「簡単な歌」）、そして、後期ラテン語 matricalis（「母らしい」、もしくは「原始的な」）に由来する。元はラテン語 matrix「子宮」である。

maelstrom ［17世紀後半］名大渦巻き、大混乱：

初期現代オランダ語の固有名で、ノルウェーの西の北極海に存在するとされる神話上の渦を意味している。その名前はオランダの地図で使われた。構成要素は、maalen「すりつぶす、回る」と stroom「流れ」である。比喩的な使い方である「大混乱」は19世紀初頭から見られる。

magazine ［16世紀後半］名雑誌、弾倉、倉庫：

アラビア語 makzin, makzan「倉庫」、kazana「築造」が基になっており、イタリア語経由のフランス語 magasin に由来する。元は「店」を意味し、17世紀半ばからある特定の人々のグループに有益となる情報の「蓄積」を提供する本のタイトルの中で使われた。「軍需品倉庫」という意味は18世紀半ばにおける「火薬の供給のための薬室」という意味と関係している。

magenta ［19世紀半ば］形深紅色の、赤紫の；名赤紫：

北部イタリアの Magenta という地名に由来する。そこは染め色（血のような色）が発見される少し前の1859年に戦いが起こった場所である。

magic ［後期中英語］名魔法、魔術、手品：

当初は「魔法の手続き」も意味していた。起源は、古フランス語 magique、後期ラテン語 magica、ギリシア語 magikē (tekhnē)「魔法使いの芸術」である。magic touch「（画家・ピアニストなどの）魔法のタッチ」（19世紀半ば）におけるように、「驚くべき、注目すべき」を意味することもある。1950年代からは「すばらしい」を意味する口語表現として使われている。フットボールの怪我のための万能薬（海綿、水）を意味する複合語 magic sponge は1960年代に遡る。**magician** 名「魔術師」という語は古フランス語 magicien、後期ラテン語 magica から来た後期中英語である。

magistrate ［後期中英語］名行政官、治安判事：

ラテン語 magistratus「行政官」に由来

する。この語はmagister「支配者、親方」に由来する。masistrateは検死官などの法律の行政を任された市の役人を指すこともある。しかしながら、イギリスにおいては、だんだんと地方の裁判官を意味するようになった。

magnanimous [16世紀半ば]形度量の大きい、寛大な、高潔な：

magnus「大きな」とanimus「魂」からなるラテン語magnanimusに由来する。

magnate [後期中英語]名有力者、…王：

後期ラテン語magnas, magnat-「偉大な人」、ラテン語magnus「偉大な」に由来する。しばしばビジネスの場で使われる（例：sugar magnate「砂糖王」、oil magnate「石油王」）。

magnet [後期中英語]名磁石、魅力のあるもの・人：

元は天然磁石の名前であった。ラテン語magnes, magnet-、ギリシア語magnēs lithos「天然磁石」から来ている。おそらくアングロノルマンフランス語magneteから影響を受けている。magnetic形「磁石の」は17世紀初頭から記録され、後期ラテン語magneticus、そしてラテン語magnetaに由来する。magnetism名「磁性」の語幹もまた現代ラテン語magnetismusに由来する。

magnificent [後期中英語]形壮大な、華麗な：

ラテン語magnificent-「すばらしくする、拡大するために勤める」に由来し、古フランス語を経由して英語に入った。18世紀初頭から偉大な人物の称号として名前に付加されるようになった（例：Suleiman the Magnificent「偉大なるスレイマン」）。

magnify [後期中英語]動拡大する、音量を上げる、誇張する：

当初は「（神に）敬意を表す」（例えば『ルカによる福音書』1章46節：My soul doth magnify the Lord「わたしの魂は主

を崇めめる」参照。Magnificat〈聖母アリアの聖歌〉、つまり、これは、キリスト教礼拝式で歌われる賛美歌「聖母マリア賛歌」の一部である）や「大きさ・重要性が増す」（『ヨブ記』20章6節：Though he be magnified up to the heaven「たとえ、その高さが天に達しても」参照）という意味があった。古フランス語magnifier、あるいはフランス語magnificareに由来する。ラテン語magnus「遠大な」に基づく。「レンズによって拡大する」という意味は17世紀半ばから。

magnitude [後期中英語]名大きさ、多量、マグニチュード：

magnus「大きな」から来たラテン語magnitudoに由来する。「人格の偉大さ」が当初の意味であり現在はあまり使われていない（トーマス・ハーディ『遥か群衆を離れて』Far from the Madding Crowd 'What fun it would be to send it to the stupid old Boldwood...！' said the irrepressible Liddy... indulging in an awful mirth... as she thought of the moral and social magnitude of the man contemplated「『それをおろかなボールドウッドじいさんに送ったらどんなにか面白いことでしょう。…』たまりかねたリディは、頭に浮かんだその男の道徳的・社会的な偉大さを思ってすさまじい楽しさに浸りながら言った」）。天文学では、magnitudeは星などの物体が明るさによって並べられるクラスを意味していた。このことは、16世紀になるとstar of the first magnitude「一等星」のような表現につながった。等級の違いは元々は主観的であったが、今や高度計の尺度の問題となっている。この表現の修辞的用法は17世紀から見られる（例：a commercial city of the first magnitude「第1級の商業都市」）。

maiden [古英語]名乙女、少女；形未婚の、処女の：

古英語mægdenはゲルマン語の未婚の女性、処女を意味する指小辞語に由来する。ドイツ語Magd「未婚女性」の指小

辞語 *Mädchen* と同系である。それは、インド＝ヨーロッパ語の語根に由来するが、その語源は古アイルランド語 *mug*「男子、召使い」に見てとれる。maid [中英語]名は *maiden* の略語である。当初から maid と *maiden* は「若い女性」と「(年齢に限らず)処女」の意味を共有していた。この曖昧性のため girl や young lady が「若い女性」の意味で *maiden* の代わりとして使われる傾向にあり、その結果 *maiden* の意味が「処女」に限定されるようになった。housemaid, nursemaid, chambermaid などが、「召使い」という一般的な意味を導き、その意味は *maiden* でなく、maid と結びつくようになった。

mail¹ [中英語]名郵便；動郵送する、メールを送る：

当初は「旅行鞄ホネ」を意味していた。古フランス語 *male*「財布」に由来する。元々は西ゲルマン語である。後に、複数形 *mails* が「手荷物」の意味でアメリカ語法として見られる。(R・L・スティーヴンソン『カトリオーナ』*Catriona*: He... emptied out his *mails* upon the floor that I might have a change of clothes「彼は、私が着替えを取り出せるようにと、床の上で手荷物をほどいた」)。郵便の中での概念は17世紀半ばから mail of letters といった表現で使われはじめた。letters and packages「郵便物」という使い方はアメリカで当初見られた。最近は配達の速度における区別がされるようになった(snail *mail* 対 e-*mail* など)。

mail² [中英語]名鎖ば゚かたびら、鎧ょの総称：

当初は鎖かたびらの個々の金属部分をも指していた。古フランス語 *maille* が起源で、ラテン語 *macula*「まだら、または、網」に由来する。

maim [中英語]動肢体不自由にする、(身体の一部を)役に立たなくする：

古フランス語 *mahaignier* に由来する。語源は不詳である。

main [中英語]形主要な、主な；名(水道・ガスなどの配管で)本管：

古英語 *mægen*「物理的な力」(with might and *main* のように)に由来し、古ノルウェー語 *meginn, megn*「強い、強力な」によって強化された。どちらもゲルマン言語の基本的な意味である「力を持つ」に由来する。本管を指す用法は17世紀初頭に遡る。turn on the *main* という表現はときおり「とめどなく涙を流しはじめる」というようにユーモラスに使われる(ディケンズ『ピクウィック・ペーパーズ』*Pickwick Papers*: Blessed if I don't think he's got a *main* in his head as is always turned on「彼はきっと頭の中にいつも開いている涙の元栓を持っているんだ」)。形容詞 *main* は物理的な力(例：by *main* force)や卓越(例：*main* points of an argument)という意味を表わす。

maintain [中英語]動維持する、保つ、養う、持ちこたえる：

当初は「(よいこと、悪いことを)常習的に実行する」という意味であった。起源は古フランス語 *maintenir*「同じ状態で保護する、保存する」で、ラテン語 *manu tenere*「手に持つ」に由来する。*maintain* の意味的な発達として「協力する、手助けする」がある(マロリー『アーサー王の死』*Morte d'Arthur*: To *maintain* his nephew against the mighty earl「有力な伯爵に対抗して自分の甥を援助するため」)、「継続させる」(例：*maintain* military discipline「軍隊の規律を維持する」)。**maintenance** [中英語]名は支援の概念を有しており、法律用語の「訴訟幇助」は古フランス語 *maintenir* に由来する。それはまた、物資を提供することによる家族への支援という意味も持っていた。17世紀後半からは法律用語として、慰謝料という意味になった。

majesty [中英語]名威厳、威風堂々たる風格、王・女王・皇帝・天皇・皇后などに対する敬称：

当初は「神の偉大さ」、また「君主の偉大

さ」を意味した。古フランス語 majeste が起源で majus, major- の変形であるラテン語 maestas に由来する。Your majesty といった敬語的な使い方は当初から見られる。Your Grace や Your Highness などの呼称表現の形はヘンリー8世やエリザベス1世などを呼ぶ際に使われたが、これらの表現は17世紀にYour Majesty に取って代わられた。
→ MAJOR

major ［中英語］[形]重要な大きい方の、ものすごい；[動]専攻する；[名]少佐、専攻科目；[動]【米・カナダ・豪】専攻する：
ラテン語 magnus「偉大な、すばらしい」の比較級である。major はおそらくフランス語 majeur から影響を受けている。2人のうちより年上の方を指す名詞に付け加えられた用法（例：Brown major「年上の方のブラウン」）は16世紀半ばから見られる。(major sucking-up「極端なごますり」のような)「重大な、極端な」を意味する口語用法は1950年代からアメリカで始まった。「大学で主専攻として科目を勉強する」というアメリカ英語における動詞用法は20世紀初頭に遡る。ラテン語 major が **majority**[名]「大多数、得票差」の基になっている。それは16世紀半ばから記録されている。majority はフランス語 majorité に由来し、中世ラテン語 majoritas が基になっている。「得票差」という意味は18世紀半ばに遡る。

make ［古英語］[動]作る、得る、構成する、用意する、…させる：
古英語 macian は西ゲルマン語起源。ゲルマン語の「調整」を意味する語根、あるいはインド＝ヨーロッパ語の「こねる、手で仕事する」の語幹に由来する。そこからより一般的な意味である「作る」が発達した可能性がある。その意味の分化として、「生産する」(例：make a sketch)、「…にする」(例：make someone a scapegoat)、「…させる」(例：make someone laugh)、「成し遂げる」(例：make one's getaway「逃げ出す」)、「振る舞う」(例：If I may make so bold)、「整える」(例：make the bed)。make は

イディオムとしてもよく現れる。最近のよく使われる表現として make my day「(命令文で)やれるものならやってみろ」というイディオムがあるが、これは1980年代から使われるようになり、映画『ダーティハリー4』(1983年)の主人公の決め台詞として人気となった。
→ MATCH¹

malady ［中英語］[名]病気、悪癖：
古フランス語 maladie が起源であり、malade「病気である」に由来する。ラテン語 male「病気」と habitus「状態として持っている」に基づいている。

malaria ［18世紀半ば］[名]【医学】マラリア：
イタリア語 mala aria「悪い空気」の簡略形 mal'arla から採られたものである。低湿地からの蒸気が生み出す健康に悪い空気を指していた。

male ［後期中英語］[形]男の；[名]男性、男：
古フランス語 masle、ラテン語 masculus, mas「男」に由来する。

malevolent ［16世紀初頭］[形]悪意のある、憎しみをもった：
ラテン語 malevolent-「悪いことを願う」が語源である。male「病気」と velle「望む」に由来する volent- からなる。

malice ［中英語］[名]悪意、敵意：
ラテン語 malitia に由来し、古フランス語を経由して英語に入った。malitia は **malicious** ［中英語］[形]（古フランス語 malicios から）の語源でもある。語根はラテン語 malus「悪」である。malice aforethought「犯意」は現代の法律用語としてよく使われるが、元々はアングロノルマン語 malice prepense「計画的な悪意」を意味していた。

malign ［中英語］[動]悪口を言う；[形]有害な：
古フランス語 maligne に由来する。ラテン語 malus「悪い」から来た malignus「悪に向かっている」に基づいている。ma-

lignant形「悪性の」、「悪質の」は16世紀半ばから使われ、当時は「神や権力者に対して戦う傾向がある」という意味を持っていた。後期ラテン語malignare「たくらむ」に由来する。当初はイギリス市民戦争の時、王党派の理想に共感を持った人たちを指して使われた。(チャールズ1世〈1642年〉: How I have been dealt with by a Powerful malignant Party in this Kingdom, whose Designs are no less than to destroy my Person and Crown「この王国でいかに私が強大かつ悪質な党派によってひどい仕打ちを受けたことか。奴らの企みは余の人民と王座を滅ぼすこと以外ないのだ」)。

malinger［19世紀初頭］動(特に兵士などが)仮病を使う：
18世紀後半の malingerer からの逆成語(接尾辞を取ることによる)である。フランス語 malingre に由来する。おそらく mal「悪く、不適当に」と haingre「弱い」の合成である。ゲルマン語起源。

mall［17世紀半ば］名モール、商店街、歩行者天国：
当初は pall mall というゲーム名の短縮形であった。このゲームは16世紀と17世紀に人気があり、ツゲの木のボールが大きな路地の隅でぶら下げられた鉄のリングに飛ばされるような遊びだった(ロンドンの Pall Mall「ポール・モール」は pall-mall「小道」にあった)。「守られた歩道」という意味での mall の用法はロンドンのセント・ジェームズ・パークにおける並木道 The Mall「ザ・マル」に由来する。現在の「ショッピング街」という意味は1960年代に生まれた。

malleable［後期中英語］形(金属などが)柔軟で変形しやすい、(性格などが)柔軟な：
「打ち込まれることができる」というのが malleable の意味である。「柔軟な」という一般的な意味は17世紀初頭から登場した。中世ラテン語 malleabilis、そしてラテン語 malleus「ハンマー」に由来し、古フランス語を経由して英語に入った。malleus は、mallet［後期中英語］名「木づち」(古フランス語 mail「ハンマー」からの maillet に由来する)の語根でもある。

malt［古英語］名モルト、麦芽；動麦芽にする：
古英語 m(e)alt はゲルマン語起源である。おそらく melt と同系である。「モルトウイスキー」という意味として使われるのは18世紀初頭に遡る。
→ MELT

mammal［19世紀初頭］名哺乳動物：
当初は近代ラテン語 mammalia の英語化された形で、複数形として使われた。また、ラテン語 mammalis の中性複数形として、そして mamma「乳房」の形容詞として使われた。

mammoth［18世紀初頭］名マンモス；形巨大な：
ロシア語 mamo(n)t に由来し、おそらくシベリア語の「大地の牙」を意味する基語が起源である。th の綴りはつねに発音されたままで、おそらくオランダ語やドイツ語を経由して英語に入ってきた。「巨大な」という意味は19世紀初頭にアメリカ英語で始まった。

man［古英語］名男、人、人類、信奉者、従業員、家来；動要員を配置する：
古英語 man(n)、複数形の名詞 menn、動詞 mannian はゲルマン語起源である。同系語としてオランダ語 man、ドイツ語 Mann、サンスクリット語 manu「人類」が挙げられる。すべてのゲルマン語の中で、この語には「成人男性」と「人類」の2種類の意味があるが、英語以外の言語では後者はその派生語に取って代わられた(例：ドイツ語 Mann「成人男性」、Mensch「人類」)。

manacle［中英語］名手錠、拘束、束縛；動手かせ・手錠・足かせをかける：
古フランス語 manicle「手錠」、ラテン語 manicula (manus「手」の指小辞語)に由

来する。「拘束、束縛」という意味での比喩的な用法は17世紀初頭から始まった（シェイクスピア『シンベリン』*Cymbelene*, I. i .94: For my sake, wear this, It is a *Manacle* of Love「私のためにこれを身につけて。これは愛の手かせだから」）。

manage ［16世紀半ば］動なんとか…する、処理する、経営する、管理する：

当初の意味は「（馬を）*manège*（＝囲まれた場所でのトレーニング）の速度に保つ」であった。ラテン語 *maneggiare* に由来し、それはラテン語 *manus*「手」に基づいている。監督や統制という概念はまもなく *manage* financial affairs「金融業務を管理する」などの用法に発達した。I don't know how I'll ever *manage*「どのように対処すべきかわからない」のような、困難にも関わらず対処し、統制を保つという意味は18世紀半ばに登場した。医療の分野では19世紀半ばから「注意深く（病気や患者のケアを）コントロールする」という意味で使われた。

mandate ［16世紀初頭］動義務づける、強制する；名権限、支持：

ラテン語 *mandatum*「命令された何か」に由来する（それは *mandatory*形「命令の」の語源でもあり、後期ラテン語 *mandatorius* よりもやや早い時期に記録されている）。基本要素は *manus*「手」と *dare*「与える」である。「権限」という意味はフランス語 *mandat* からもたらされており、18世紀後半から見られる。

mandible ［後期中英語］名（哺乳動物・魚の）あご：

古フランス語に由来し、それは後期ラテン語 *mandere*「噛む」から来た *mandibula* に由来する。

mane ［古英語］名（馬・ライオンなどの）たてがみ、ふさふさした頭髪：

古英語 *manu* はゲルマン語起源で、オランダ語 *manen* と同系である。インド＝ヨーロッパ語において「首のうなじ」を

意味する語基に由来する。

manger ［中英語］名飼葉桶：

古フランス語 *mangeure* に由来し、ラテン語 *manducare*「噛む」に基づいている。

mangle¹ ［17世紀後半］名（旧式の洗濯機の）絞り機；動しわを伸ばす：

オランダ語 *mangel* から来ており、*mangelen*「絞る」に由来する。中世ラテン語 *mango* や *manga*、ギリシア語 *manganon*「軸、原動力」に由来する。当初は、石でいっぱいになった横長の長方形の木製の箱を指し、車輪のメカニズムで前後に動いた。織物はその下で、つやの出た表面の上で伸ばされた。

mangle² ［後期中英語］動身体を傷つける、ずたずたに切る、（文章・演奏などを下手に読んだり演奏したりすることで）台無しにする：

アングロノルマンフランス語 *mahangler* から来ており、明らかに *mahaignier*「役に立たなくする」の継続的行為を示した形である。

mangy ［16世紀初頭］形疥癬にかかった、見苦しい：

mange［後期中英語］名（寄生虫のダニによる皮膚病）に基づいており、古フランス語 *mangier*「食べる」から派生した *mangeue* に由来する。元はラテン語 *manducare*「噛む」である。「見苦しい」という比喩的な使い方は16世紀半ばに見られる。

mania ［後期中英語］名異常な執着心、躁病：

後期ラテン語から。「狂気」（興奮したあるいは攻撃的なふるまいによって特徴づけられた）という意味を持ったギリシア語 *mainesthai*「怒り狂っている」に由来する。この語はしばしば *melancholia*「抑鬱病」と対比される。(*mania* for buying antiques「古物収集マニア」のような)「…マニア」という意味は17世紀後半に生まれた。-*mania* という接尾辞がつ

いた複合語も17世紀後半から使われた。persecution mania「被害妄想」のような2番目にmaniaを伴った名詞の複合語は18世紀後半から広まった。同系語のmaniac形「狂気の」は16世紀初頭から使われた。後期ギリシア語から来た後期ラテン語maniakosに由来する。19世紀初頭のmanic形「熱狂的な」の基となっている（例：completely manic about collecting memorabilia「記録収集に関して異常に熱心な」）。この意味は1950年代に遡る。

manicure ［19世紀後半］名マニキュア；動マニキュアをする：
フランス語に由来し、ラテン語manus「手」とcura「保護」からなる。

manifest ［後期中英語］動明らかにする、考えを表明する、（症状・幽霊などが）現れる；形明らかな；名積荷目録、乗客名簿：
ラテン語manifestusが古フランス語を経て英語に入った。The ghost manifested during the trance「夢うつつの中で幽霊が現れた」といった霊的な意味を持つ動詞用法は19世紀半ばに遡る。manifestation名「現れ、出現」も後期中英語である。後期ラテン語manifestatio(n-)（manifestare「公にする」の動詞形に基づく）から来ている。

manifesto ［17世紀半ば］名宣言書、声明文、政策綱領：
ラテン語の動詞manifestare「公にする」に由来するイタリア語からの借用語。ラテン語manifestus「明らかな」に基づいている。
→ MANIFEST

manikin ［16世紀半ば］名人体解剖模型、小人：
オランダ語mannekin「小さい男性」に由来し、manの指小辞語である。フランス語に由来し、一時期服を客に見せるために雇われた若い女性あるいは男性を意味していた。

manipulate ［19世紀初頭］動操作する、（情報・資料などを）改竄する：
名詞manipulation「上手な扱い」から接尾辞を取ることによってできた逆成語である。ラテン語manipulus「一握り」に由来する。「不正に操作する」という意味は19世紀半ばから見られる。

manky ［1950年代］形劣った、価値のない：
廃語のmank「手足を切断された、欠陥のある」に由来する。mankはフランス語manque、さらにはラテン語mancus「肢体が不自由になった」に由来する。

manner ［中英語］名やり方、方法、礼儀、作法、風習、習慣：
古フランス語maniereに由来し、それはラテン語manuarius「手の」（manus「手」）に基づいている。そこから次のような意味が発達した。「種類」（例：What manner of man is he?「彼はどんな人ですか？」）、「振る舞い方」（例：after the manner of young animals「動物の振る舞いにならって」）、「仕方」（例：in a forthright manner率直なやり方で）。「特徴・習慣」という意味のmannerism名は、19世紀初頭に登場した。Mannerismという大文字で表された語は16世紀のイタリア起源の美術様式で、表現の誇張、ゆがんだ尺度や視点、色やライトなどの異常な効果を意味する。

manoeuvre ［18世紀半ば］名操作、策略、作戦行動、大演習；動軍隊・軍艦を動かす、策略で動かす：
「（軍の）作戦行動」という意味が名詞manoeuvreの当初の意味である。中世ラテン語manuoperareに由来し、フランス語を経由して英語に入った。基本要素はラテン語manus「手」とoperari「仕事する」である。room for manoeuvre「変更の余地」という表現は1950年代に登場した。

manor ［中英語］名大邸宅、屋敷、縄張り、母屋：

ラテン語 manere「…のままである」から来たアングロノルマンフランス語 maner「住居」が英語 manor と関係があった。The manor born「上流生まれの」という表現は、to the manner born「生まれながらの」の間違い、あるいは語呂に由来する。警察の担当区域という意味の口語用法 (例：the snouts on my manor「私の担当区域の密告者〈＝犬〉」) は1920年代から見られる。

mansion［後期中英語］名大邸宅、アパート：

当初は貴族の主な邸宅を意味していた。ラテン語の mansio(n-)「人が滞在する場所」が古フランス語を経由して入った。同じラテン語の動詞は manse［15世紀後半］名「屋敷・館」の基となっている。これは中世ラテン語 mansus「家、住宅」に由来する。

mantle［古英語］名マント、外套、覆い：

古英語 mantel はラテン語 mantellum「マント」に由来し、古フランス語 mantel により中英語時代に入って来た。当初は男性、女性、子供のいかなる外套も表していたが、時がたつにつれ、しだいに女性用の長い外套、もしくは位の高い人用の礼服を意味するようになった。この語は当初から比喩的な形で使われた。mantelpiece の mantel［16世紀半ば］名「炉棚」は元々は mantle の異形である。

manual［後期中英語］形手を使う、手製の；名小冊子、案内書：

形容詞用法は古フランス語 manuel、ラテン語 manus「手」に由来する manualis「手で持たれた」に由来する (manualis は英語の綴りに影響を与えた)。名詞用法はアングロノルマンフランス語 manuel, manual「取っ手、ハンドブック」に由来する。

manufacture［16世紀半ば］名工場制手工業、製造、制作；動製造する、話・口実をこしらえる：

当初は手によって作られたものを意味していた。(ラテン語 manu factum「手で作られた」がくっついてできた) フランス語およびイタリア語の manifattura に由来する。機械的作業による製造という意味は17世紀初頭に遡る。

manure［後期中英語］名有機肥料；動肥料を施す：

当初は動詞として「(土地) を耕す」という意味で使われた。語源はアングロノルマンフランス語 mainoverer、古フランス語 manouvrer である。名詞用法の意味は16世紀半ばに遡る。
→ MANOEUVRE

manuscript［16世紀後半］名原稿、草稿、写本：

文字通りには「手で書かれたもの」を意味する。中世ラテン語 manuscriptus に由来する。manu は「手によって」、scriptus は scribere「書く」の過去分詞である。

many［古英語］形多くの；名多数のもの、大多数：

古英語 manig はゲルマン語起源で、オランダ語 menig やドイツ語 manch「かなり」と同系である。

map［16世紀初頭］名地図、星座図；動地図を作る、写像する：

後期ラテン語 mappa、もしくは「世界の紙」を意味する中世ラテン語 mappa mundi に由来する。

mar［古英語］動傷つける、台無しにする：

シェイクスピア『リア王』King Lear, I.i.122: Mend your speech..., lest it may mar your fortunes「ことばを改めぬと財産を台無しにすることになるぞ」における意味はすでに古英語 merran「妨げる、傷つける」に見られる。ゲルマン語起源でおそらくオランダ語 marren「ぶらつく」と同系である。スコットランド語では「当惑させる、苦しめる、困らせる」の意味も含む。

marathon［19世紀後半］名マラソ

ン；形会議などがひじょうに長い：

ギリシアの Marathōn という地名に由来する。紀元前490年にペルシア人を破った場所である。現代のマラソン競技（通常42.195キロ）はギリシアの勝利を知らせるために、フィディピディスがマラトンからアテナイまでの約40キロを走ったことから。

maraud ［17世紀後半］動略奪のために襲う：

フランス語 maraud「いたずらっ子」から来た marauder が基になっている。さらなる語源は不詳である。フランス語の方は Count Mérode という帝国主義的な将軍に語呂合わせとして結びつけられ、17世紀にドイツ語で使われるようになった。この将軍の軍隊は30年戦争の際に行儀が悪いことで有名であった。

marble ［中英語］名大理石、おはじき、正気；形大理石の：

ラテン語 marmor、ギリシア語 marmaros「輝く石」(marmairein「輝く」と同系) から来た古フランス語の異形である。「おはじき」という意味は17世紀後半から始まった。それらは元々大理石からできていた。俗語の「正気」（例：lose one's marbles「頭がおかしくなる」）は20世紀初頭にアメリカ英語で使われはじめた。

march ［後期中英語］動行進する、行進させる；名行進、行軍、行程：

フランス語 marcher「歩く」（当初は「踏みつける」を意味していた）に由来する。語源不詳。「…より勝る、…を追い越す」を意味する get a march on「行軍行程」に由来する。

mardy ［20世紀初頭］形甘えん坊の、すねて：

子供を描写する際に使われた mard「甘やかされた」という北部方言 (marred が変化したもの) に由来する。
→ MAR

mare ［古英語］名雌ロバ、雌馬：

古英語 mearh「馬」、mere「ロバ」はゲルマン系の語幹に由来し、ケルト系言語において「種馬」を意味していた同族語と同系である。

margarine ［19世紀後半］名マーガリン：

フランス語に由来し、マルガリン酸の結晶の輝きと結びついたギリシア語 margaron「真珠」に基づいている。この用法は、margarine の科学的な性質からの勘違いから起きた。marge 名という略語は1920年代から使われている。

margin ［後期中英語］名余白、ゆとり、岸、へり：

ラテン語 margo, margin-「へり、支えとなる壁、本の余白」に由来する。margin of「…の限界」あるいは margin for error「誤ってもよいゆとり」という表現は19世紀半ばに始まる。同一のラテン語の語根 (16世紀後半) を持つ marginal 形「へりの、限界に近い」は中世ラテン語 marginalis に由来する。

marina ［19世紀初頭］名マリーナ、モーターボート・ヨットなど小船舶用の港：

イタリア語 marina「沿岸地域」に由来し、後期ラテン語 marina が起源である。元々は沿岸リゾートもしくは港の地域を意味していた。現在のヨット遊びと結びついた「ヨットを停泊させるための港」もしくは「レジャーの複合施設」という意味は1930年代から見られ、アメリカ英語で使われはじめた。

marinate ［17世紀半ば］動（魚・肉などを) マリネにする、マリネードに漬ける：

イタリア語 marinare「塩水に入ったピクルス」、あるいはフランス語 mariner (marine「塩水」) に由来する。marinade 名「マリネード、マリネ」は17世紀後半に始まったが、スペイン語 marinada から来たフランス語に由来する。marino「塩水」からの marinar「塩水に漬けて洗浄する」に基づく。

marine ［中英語］形海の、海産の、海運の；名海兵、船舶：

当初は「海岸」を意味した。古フランス語 marin「海」、「船乗り」、marine「海（岸）」に由来する。名詞用法はラテン語 marinus に、形容詞用法は mare「海」に由来する（16世紀半ばに始まった maritime形「海に関する、海事の」の語根でもある）。mariner名「水夫」は中英語であり、古フランス語 marinier、中世ラテン語 marinarius、ラテン語 marinus に由来する。12世紀後半から姓としての用例が見られる。

marital [16世紀初頭]形結婚の、夫婦の：
ラテン語 maritalis「結婚の、結婚式の」、maritus「夫」に由来する。

mark [古英語]名目印、痕跡、記号；動印をつける、位置を示す、特徴づける：
古英語の名詞 mearc, gemerce、動詞 mearcian はゲルマン語起源である。それらはラテン語 margo「空白」と同系で、インド=ヨーロッパ語の語根に由来する。名詞の意味的な派生としては以下の用法が挙げられる。「境界線、限界」（現在では古風）、「境界の標識」(R・L・スティーヴンソン『宝島』 Treasure Island: A tall tree was thus the principal mark「1本の高い木が主たる境界標識だ」)、「しるし」(R・グレーブズ『この私、クラウディウス』I Claudius: the broad-headed halberd and the long sword are marks of high rank「大きな頭部を持つ矛槍と長い剣は位の高いしるしだ」)、「紋章」（例：the Davil's mark, Mark of Cain）、「マーク」（例：zebra-like marks「しまうま模様のマーク」）、「標的」（例：hit the mark「的に当たる」）、「点数」（例：up to the 300 mark「300点まで」）、「注目」（例：a statement worthy of mark「注目に値する声明」）。God bless the mark「これは失礼」は謝る時に使われるが、それは元々は悪い前兆を回避するための決まり文句（式文）で、斑点を持つ赤ちゃんの出産の時、助産婦によって使われた。

market [中英語]名マーケット、市場、取引、需要；動市場で取引する：
直接の起源は明らかではない。他のゲルマン語における後期ラテン語からの借用語かもしれない。あるいは、ラテン語 mercari「買う」に基づく古フランス語方言かもしれない。
→ MERCHANT

marmalade [15世紀後半]名マーマレード；動マーマレードを塗る；形（描が）オレンジ色の：
ポルトガル語 marmelada「マルメロのジャム」(marmelo「マルメロ」に由来する) が基となっており、ギリシア語 melimēlon が基である。meli「はちみつ」と mēlon「りんご」からなる。色を表す用法は1920年代から始まった。

maroon[1] [17世紀後半]名えび茶色、栗色；形えび茶色の、栗色の：
当初は栗を意味していた。フランス語 marron「栗」からで、中世ギリシア語 maraon に由来する。色彩と関係した意味は18世紀後半から使われた。

maroon[2] [18世紀初頭]動孤立させる、孤島に置き去りにする：
Maroon というスリナムおよび西インド諸島の森林や山に住んでいる黒人の名前（フランス語 marron「野蛮な」）に由来する。彼らは奴隷の逃亡者の子孫である。元々は marrooned「野生で取り残された」という語形であった。

marriage [中英語]名結婚、結婚生活：
marier「結婚する」に由来する古フランス語 mariage に由来し（ラテン語 maritare, maritus「結婚した」に基づく）、marry [中英語]動「結婚する、混ぜる」の語源でもある。marry はチョーサーの作品においては、wed に比べて比較的まれな語であるが、16世紀の終わりまでにはより日常的な用法になった。「混ぜる」という意味は（例：marry two flavours「2つの風味を混ぜ合わす」）、当初から見られる。

marrow [古英語]名髄、心髄、活力、西洋カボチャの一種：

古英語 *mearg* は「狭い骨」を意味する語であった。ゲルマン語起源で、オランダ語 *merg* やドイツ語 *Mark* と同系であり、「髄」を意味するいくつかのインド＝ヨーロッパ語の語と同系である。西洋カボチャという意味の発達過程は不明である。*marrowfat*「大粒のエンドウ」という複合語が最も早く、その後 vegetable marrow (元々はアボガド、後にかぼちゃを意味する) が登場した。それは「内側の果実」あるいは「中身が詰まっている」という意味から発達したのかもしれない。

marsh ［古英語］图低湿地、沼地：

古英語 *mer(i)sc* はおそらく後期ラテン語 *mariscus*「低湿地」から来ている。起源は西ゲルマン語で、現在では湖や池を詩的に意味する mere が共通の語幹である。

marshal ［中英語］图陸軍元帥、連邦執行官；動整頓する、案内する、(軍隊などを) 配列させる：

当初はたんに「馬を世話する人」の意であった。これが徐々に発展し、最終的に、高貴な役人という意味になった (馬は中世の戦争において重要であったので馬の世話も重要であった)。古フランス語 *mareschal*「蹄鉄工、司令官」に由来し、後期ラテン語 *mariscalcus* が基になっている。後期ラテン語 *mariscalcus* は「馬」や「召使い」を意味するゲルマン語の要素が基になっている。判事付きの法律の役人という意味を持ったアメリカ英語での用法は18世紀後半に遡る。
→ MARE

marsupial ［17世紀後半］形有袋類の；名有袋動物、コアラ：

marsupial muscle という表現の中で「子袋のようである」というまれな意味が当初の意味であった。現代ラテン語 *marsupialis* に由来し、それは、ギリシア語 *marsupion*「子袋」がラテン語 *marsupialis* を経由したものである。

martial ［後期中英語］形戦争の、軍隊の、好戦的な：

古フランス語、もしくはラテン語の *martialis* に由来する。それは、ローマ神話の軍神 Mars「マルス」に基づいている。

martyr ［古英語］图殉教者；動殉教者にする、迫害する、苦しめる：

古英語 *martir* はギリシア語 *martur* に由来する教会ラテン語を経て入った。それは「証人」を意味していたが、キリスト教では「殉教者」を意味した。「苦しむ人、苦しんでいるふりをする人」という一般的な意味はしばしばユーモアとして使われるが (例：a *martyr* to dyspepsia「消化不良に苦しんでいる人」)、こうした使い方は16世紀後半から始まった。

marvel ［中英語］图驚くべきこと、驚嘆；動驚く、驚嘆する：

当初は「奇跡」、「素晴らしい物」を意味する名詞として使われた。古フランス語 *merveille*、後期ラテン語 *mirabillia*、中性複数のラテン語 *mirabilis*「すばらしい」、*mirari*「不思議に思う」に由来する。中英語 marvellous 形「不思議な」は古フランス語 *merveillus, merveille* に由来する。

mascara ［19世紀後半］图マスカラ；動マスカラをつける：

「仮面」を意味していたイタリア語に由来する。アラビア語 *maskara*「おどけ者」に由来する。

mascot ［19世紀後半］图マスコット：

フランス語 *mascotte*、現代プロヴァンス語 *mascotto* (*masco*「魔女」の女性指小辞語) に由来する。フランス語の方はエドモンド・オードランによって書かれたオペラ『マスコット』*Mascotte* によって有名になった。その初公演は1880年の12月29日であった。

masculine ［後期中英語］形男性の、男らしい；名男性、男性形

古フランス語経由でラテン語 *masculinus* に由来し、それは *masculus*「男性」から来ている。

mash ［古英語］图どろどろのもの、飼料、

マッシュポテト；[動](ジャガイモなどを)つぶす：

古英語 *māsc* は当初は醸造語として使われた。西ゲルマン語起源で最終的には mix と同系である。
→ MIX

mask [16世紀半ば][名]仮面、マスク；[動]仮面をつける、隠す：

フランス語 *msque*、イタリア語 *maschera, mascara* に由来し、おそらく中世ラテン語 *masca*「魔女、お化け」から来ており、アラビア語 *maskara*「おどけ者」の影響を受けている。

masochism [19世紀後半][名]マゾヒズム、自虐的傾向：

マゾヒズムの傾向について述べたオーストリア人のノーベル賞受賞者レオポルト・フォン・ザッヘル＝マゾッホ(1835～95年)の名前 *Masoch* に基づいている。

mason [中世英語][名]石工、タイル工：

古フランス語に由来し、ゲルマン語起源である。おそらく make と同系である。Freemason、すなわち、「自由かつ承認された石工」のメンバーを意味する際にも使われた。17世紀の初頭、フリーメーソンの社会(すなわち、職を探すために旅し、また、重要な建物が建築される際に秘密のサインと合言葉を持った石職人たち)は名誉会員も認めはじめた。彼らは accepted *masons* と呼ばれ、建築もしくは古物収集に卓越していることになっていた。彼らは秘密のサインの知識の手ほどきを受けた。このステータスは引っ張りだことなり、現代風にもなって、17世紀の終わりには、組織の目的は主に社会的なものとなった。この組織の会則は支部の強力なネットワークとともに世界中で相互扶助や友愛精神を信奉するようになる(本部はロンドンにある)。
→ MAKE

masquerade [16世紀後半][名]仮面舞踏会、見せかけ、偽り：

フランス語 *mascarade*、イタリア語 *maschera*「仮面」に由来する *mascherata* から来ている。「見せかけ」という意味は17世紀後半に遡る。

Mass [古英語][名]儀式、ミサ、ミサ曲：

古英語 *mæsse* は教会ラテン語 *missa*、ラテン語 *mittere*「送る」の過去分詞 *miss-* に由来し、おそらく *Ite, missa est* 'Go, it is the dismissal'「立ち去れ。放免だ」に由来する。

mass [後期中英語][名]塊、かさ、大きさ；[形]大量の、多数の：

古フランス語に由来する。基はラテン語 *massa*、ギリシア語 *maza*「大麦のケーキ」(おそらく *massein*「こねる」と同系である。**massive**[形]「大きな塊からなる、大きい」は同時期にフランス語 *massif, -ive* から来ており、ラテン語 *massa* に基づいた古フランス語 *massis* に由来する。

massacre [16世紀後半][名]大虐殺、大敗；[動]無差別に殺す、散々やっつける：

古フランス語 *macecre*「食肉処理場、肉屋」に由来する。語源不詳。

massage [19世紀後半][名]マッサージ、もみ治療；[動]マッサージをする、もみ治療をする：

フランス語 *masser*「こねる、マッサージを施す」に由来する。おそらくポルトガルの *amassar*「こねる」、*massa*「生地」から来ている。

mast [古英語][名]マスト、帆柱；[動]マストを立てる：

古英語 *mæst*「まっすぐな柱」は西ゲルマン語起源でオランダ語 *mast*、ドイツ語 *Mast*「マスト」と同系である。

master [古英語][名]大家、名人、熟達者；[形]卓越した、中心の；[動]征服する、身につける：

古英語 *mæg(i)ster* はラテン語 *magister* に由来する。後に古フランス語 *maistre*「名人」によって強められた。おそらくラテン語 *magis*「より」(すなわち「より

重要な」)と同系であろう。**mastery**［中英語］图「熟達」は古フランス語 *maistrie* に由来する。

masticate［17世紀半ば］動噛む、咀嚼（そしゃく）する：
後期ラテン語 *masticare*「噛む」、ギリシア語 *mastikhan*「歯ぎしりをする」に由来する (*masasthai*「噛む」と同系)。

mastiff［中英語］图マスチフ (犬の一品種)：
おそらく、ラテン語 *mansuetus*「飼いならす」に基づいた古フランス語 *mastin* に由来する。

mat［古英語］图マット、敷物、靴ぬぐい：
古英語 *m(e)att(e)* は西ゲルマン語起源で、後期ラテン語 *matta*「イグサのマット、ベッドカバー」、フィニキア語由来のオランダ語 *mat* やドイツ語 *Matte*「マット」と同系である。「レスリング・体操・サーカスなどのマット」という用法は20世紀前半から見られる。On the *mat*「罰せられて、呼び出されて」(20世紀初頭) という句は、非難される人が指揮官の前で立った規則正しく並べられたマットを指している。「もつれさせる」という意味の動詞用法 (例：The cat's fur was *matted* through neglect「ほっておかれたため、猫の毛はもつれていた」) は18世紀半ばに遡る。

match¹［古英語］图試合、(対の) 一方、よくつり合うもの、配偶者；動調和する、競争させる：
古英語 *gemæcca* は「仲間、つれ」を意味していた。西ゲルマン語起源で、make の語根と同系である。「競争、試合」を意味する用法は16世紀初頭に遡る。
→ MAKE

match²［後期中英語］图マッチ (棒)
「ろうそくの芯」が当初の意味である。古フランス語 *meche* に由来し、おそらく「ランプの口」を意味するラテン語 *myxa* (後に「ランプの芯」を意味する) に由来する。「マッチ」の意味は19世紀初頭から。

mate¹［後期中英語］图《口語》つがい、仲間、連れ；動つがわせる、仲間にする、釣り合う：
西ゲルマン語起源の中低地ドイツ語 *māt(e)*「仲間」に由来する。meat と同系であり、いっしょに食べるということとつながっている。16世紀初頭から親しい男性どうしのあいさつ言葉 (例：Good day, mate!「やあ、こんにちは」) として使われてきた。この時期に動詞用法がはじめて記録されている。元々は「匹敵する、釣り合う」を意味していた (A・ポープ『イリアス』*Iliad* の英訳：In standing Fight he *mates* Achilles' Force「闘いとなれば、彼はアキレスの力に勝るとも劣らない」)。「仲間になる、結婚する」という意味は16世紀から。
→ MEAT

mate²［中英語］图【チェス】图チェックメイト、詰み、敗北；動チェックメイトする、王手、詰みにする：
アングロノルマンフランス語 *mat* に由来し、*eschec mat*「王手」という句が基になっている。動詞用法はアングロノルマンフランス語 *mater*「(相手のキングを) 詰める」に由来する。
→ CHECK¹

material［後期中英語］图材料、原料、布地；形物質の、肉体的な、本質的な：
当初は「物質に関係した」という意味であった。語源は後期ラテン語 *materialis*「物質的」であり、*materia*「物質」の形容詞である。法律では (*material* witness「重要な証人」におけるように) 16世紀の終わりに「判決を左右する」という意味となった。「布地」という意味は19世紀半ばに登場した。

maternal［15世紀後半］形母の、母系の、母らしい：
フランス語 *maternel*, *mater*「母」から。ラテン語 *maternus* に由来する。**maternity** 图「母性、産院」も17世紀にフランス

語を経由して英語に入ってきた。

mathematical ［後期中英語］形数学的な、数学の、（証拠・分析などが）ひじょうに正確な：

mathematican（ラテン語 *mathematicalis* から）と mathematian（古フランス語経由でラテン語 *mathematicus*「数学的」から）はギリシア語 *mathēmatikos* から来ている。それは、*manthanein*「学ぶ」の語根 *mathēma*「科学」から来た。**mathematics**名「数学」は（以前は mathematic のように単数で使われていた）、16世紀に生じ、古フランス語 *mathematique*、ラテン語 (ars) *mathematica*「数学的な（術）」、そしてギリシア語 *mathēmatikē* (*tekhnē*) に由来する。**maths**名「数学」は20世紀の省略形である。

matinee ［19世紀半ば］名昼間興行、マチネー：

フランス語 *matinée*「朝、午前中」に由来する。かつて公演は朝にも行われた。

matriarch ［17世紀初頭］名家母長：

ラテン語 *mater*「母」から。patriarch「家父長」の間違った類推に基づいている。

matriculate ［16世紀後半］動入学・入会を許可する、入学・入会する：

中世ラテン語 *matriculare*「登録する」、ラテン語 *matrix* の指小辞である後期ラテン語 *matricula*「登録する」に由来する。

matrimony ［後期中英語］名結婚、夫婦関係：

matrimonium に由来し、古フランス語を経由して英語に入った。*mater, matr-*「母」に基づいている。**matrimonial**形「結婚の」は後期中英語であり、ラテン語 *matrimonialis, matrimonium* に由来し、古フランス語を経由して英語に入った。

matrix ［後期中英語］名母体、母岩、行列、マトリックス、母型：

当初の意味は「子宮」であった。元はラテン語で、当初は「子供を産む女性」という意味で、後に「子宮」を意味するようになった。*mater, matr-*「母」に由来する。

matron ［後期中英語］名寮母、女性看守、既婚女性、婦長：

当初の意味は「晩婚女性」であった。古フランス語 *matrone*、ラテン語 *matrona, mater, matr-*「母」に由来する。「病院の婦長」という意味は16世紀半ばに遡る。

matt ［17世紀初頭］形光沢のない、くすんだ、つや消しの：

時々 *mat* と綴られ、またしばしば色彩後の前に来るが（例：*matt* blue「くすんだ青」）、当初は動詞として使われた。語源はフランス語 *mat* である。

matter ［中英語］名物資、事柄、問題、主題、事態、重大事、困難、内容；動重大である：

ラテン語 *materia* に由来し、古フランス語を経由して英語に入った。元は *mater*「母」である。派生的な意味として「問題」（例：That's another *matter*「それは別問題だ」）、「考えの基盤」（例：subject *matter*「主題」）、「内容」（哲学、論理学での form〈形式〉と対比して）などが挙げられる。

mattress ［中英語］名マットレス、敷布団：

アラビア語 *maṭraḥ*「カーペット、クッション」、*taraḥa*「投げる」に由来し、古フランス語、イタリア語を経由して英語に入った。

mature ［後期中英語］形分別のある、円熟した、中年の；動熟する、成熟する、熟成させる：

ラテン語 *maturus*「時宜を得た、熟した」が起源である。**maturity**名「成熟、円熟」（ラテン語の *maturitas* に由来する）も同時期に生まれた。ラテン語 *maturus* も **maturation** ［後期中英語］名「円熟」と同系である（その起源はラテン語

*maturare*から来た中世ラテン語*maturatio(n-)*)。当初、膿の形成を意味していた。**maturate**〘動〙「化膿する、円熟する」は16世紀半ばに遡り、ラテン語*maturare*「熟させる」に由来する。

maudlin [後期中英語]〘形〙涙もろい、センチな:
当初は名詞としてマグダラのマリアを指していた。古フランス語*Madeleine*、教会ラテン語*Magdalena*に由来する。形容詞の「涙もろい」という意味はマグダラのマリアが涙を流している絵が基となっている。

maul [中英語]〘動〙…を傷つける;〘名〙大槌、騒がしいけんか、【ラグビー】モール(敵・味方が立ったままボールを奪い合う状態);〘動〙手荒く扱う、傷つける:
当初は、名詞用法は「ハンマー、もしくは木槌」を意味していた。動詞用法は「重い武器で打つ」を意味していた。その起源は古フランス語*mail*で、ラテン語*malleus*「ハンマー」に由来する。ラグビー用語の「モール」は、19世紀半ばから始まった。「傷つける」という動詞の意味は動物からの攻撃を表現する際に使われ、19世紀半ばに遡る。

mausoleum [15世紀後半]〘名〙壮大な墓、御陵:
ギリシア語*Mausōleion*に由来し、ラテン語を経由して英語に入った。紀元前4世紀の小アジアのカリア王*Mausōlos*「マウソロス」にちなむ。元々はハリカルナッソスにある彼の墓を指していた。

maverick [19世紀半ば]〘名〙所有者を示す焼き印のない牛、異端者、自立独立活動家、一匹オオカミ:
テキサスのエンジニア兼牧場主のサミュエル・A・マーヴェリック(1803〜70年)の名Maverickにちなむ。彼は自分の牛に焼き印を押さなかったことで知られる。

maxim [後期中英語]〘名〙格言、金言、処訓、格率、公理:

当初は「原理」を意味した。フランス語*maxime*、中世ラテン語(*propositio*) *maxima*「最も大きい、または最も重要な(命題)」に由来する。

maximum [17世紀半ば]〘名〙最高、最大;〘形〙最大限の、最高の:
当初は名詞として使われた。ラテン語の形容詞*maximus* (*magnus*「大きな」の最上級形)に基づく現代ラテン語中性名詞に由来する。形容詞用法は19世紀初頭から始まった。その時期にラテン語*maximus*に基づく**maximize**〘動〙「最大化する」も登場した。

may [古英語]〘助〙…してもよい、…かもしれない、…でありますように:
古英語*mæg*はゲルマン語起源で「力を持つ」を意味していた。オランダ語*mogen*、ドイツ語*mögen*「…を好む」と同系である。**maybe** [後期中英語]〘副〙「ことによると」は it *may* be (that)に由来する。
→ MAIN;MIGHT

Mayday [1920年代]〘名〙メーデー、船舶・航空機が発する無線電話による救難信号:
フランス語*m'aider*という発音に由来し、*venez m'aider*「私を助けに来て!」という表現に由来する。

mayhem [16世紀初頭]〘名〙【法律】身体傷害、破壊行為、騒乱状態:
古フランス語*mayhem*に由来する。「騒乱状態」という意味は19世紀のアメリカ英語で使われた。
→ MAIM

mayor [中世英語]〘名〙市長、町長、村長:
古フランス語*maire*、ラテン語の形容詞*major*「より大きな」(後期ラテン語では名詞として用法される)に由来する。
→ MAJOR

maze [中英語]〘名〙迷宮、迷路、困惑、混乱:
元々は、熱狂、妄想を意味していた。おそらく amaze の語根に由来する。その

動詞用法は方言の中で、She was still mazed with the drug she had taken「彼女は自分が使用した薬物のせいでまだ混乱していた」のように使われた amazed の短縮形である。「迷宮」の意味は後期中英語から始まった。大規模な娯楽のための迷路は生垣で作られることが多かった。20世紀初頭に入ると、迷路は人間・動物の学習と知能を研究するために心理学の実験の中で使われはじめた。

me ［古英語］代 を、私に：
古英語 mē は代名詞 I の対格および与格である。ゲルマン語起源でオランダ語 mij やドイツ語 mir (与格) と同系で、ラテン語 me、ギリシア語 (e)me、サンスクリット語 mā が共有するインド＝ヨーロッパ語の語根に由来する。myself代「私自身」という語は古英語 me self に対応している。me から my への変化は中英語で起きた。me と同系の所有格 mine代「私のもの」(古英語では mīn) もゲルマン語起源である。

mead ［古英語］名 蜂蜜酒、牧草地：
古英語 me(o)du はゲルマン語起源で、オランダ語 mee とドイツ語 Met「蜜酒」と同系である。サンスクリット語 madhu「甘い飲み物、蜂蜜」、ギリシア語 methu「ワイン」と共有するインド＝ヨーロッパ語の語根に由来する。

meadow ［古英語］名 牧草地、採草地、(永年) 牧草地、草刈地：
古英語 mǣdwe は mǣd「牧草地」(現在の、詩語や文語として使われる mead に相当する) の斜格 (主格・呼格以外の格の総称) である。maed は mow「刈る」というゲルマン語の語基に由来する。
→ MOW

meagre ［中英語］形 やせた、(食事などが) 貧弱な、乏しい、不十分な、(作品・考えなどが) 無味乾燥な：
当初の意味は「やせた」であった。古フランス語 maigre に由来し、maigre はラテン語 macer に由来する。当初、meagre が姓として記録されている例がイングランドに見られるが、それらが中英語なのかアングロノルマンフランス語なのかは不詳である。「乏しい」の意 (例：meagre rations「乏しい糧食」) は17世紀半ば以降に見られる。金銭に言及した「極少の」という意味 (例：meagre profits「少ない利益」) は19世紀初頭に見られる。

meal¹ ［古英語］名 (定時の1回の) 食事 (時)、食事の時間、(1回の食事にとる) 食事の量：
ゲルマン語起源の古英語 mǣl には「寸法」という意味があり、piecemeal「少しずつ」はその名残である。meal の当初には「決まった時間、定時」という意味があり、その意味はオランダ語 maal「食事、(一定の) 時間」や、ドイツ語 Mal「時間」および Mahl「食事」にもうかがえる。maal, Mal, Mahl は「測る」を意味するインド＝ヨーロッパ語の語根に由来する。make a meal of「…を食事として食べる」の「利用する」という意味は17世紀初頭に遡る。「(仕事などを) ご大層に扱う、大げさに扱う」という意味は1960年代に遡る。

meal² ［古英語］名 (麦・豆などを挽いた) 粉：
ゲルマン語起源で、古英語では melu, meolo であった。同系語にオランダ語 meel やドイツ語 Mehl「粉」があり、これらはラテン語 molere「砕く」と同じくインド＝ヨーロッパ語の語根に由来する。

mean¹ ［古英語］動 意味する、本気で言う、意図する：
古英語 mænan「意図的に伝える」は西ゲルマン語起源である。同系語にオランダ語 meenen やドイツ語 meinen「考える」があり、これらは mind「気にする、注意する」と同じくインド＝ヨーロッパ語の語根に由来する。meaning名「意味」は後期中英語である。
→ MIND

mean² ［中英語］形 卑劣な、けちな、見劣

りのする、意地の悪い：

古英語 *gemǣne* の短縮形である。*gemaene* はゲルマン語起源で、ラテン語 *communis*「共有の」と同じくインド＝ヨーロッパ語の語根に由来する。元は「複数の人に共有の」という意味であったが、後に「身分が低い」という意味になり、そこから「品質において劣った」（例：Her home was *mean* and small「かの女の家はみすぼらしくて狭い」）や「下品な、卑劣な」という意味が生まれ、さらに「けちな、意地の悪い」（19世紀に一般的になる）という意味が生まれた。20世紀初頭の口語表現 **mingy**形「けちな、ひどく少ない」は *mean*「けちな」と *stingy*「しみったれた、わずかな」の混成語であろう。

mean³ [中英語] 名中間、平均；形平均の、中間の、中位の、普通の、並の：

古フランス語 *meien* から入った。*meien* はラテン語 *medianus*「中間にあるもの」に由来する。resolving disputes by peaceful *means*「平和的手段による和解」のように用いられる複数形 **means**［後期中英語］名「方法、手段」は、*mean* の当初の意味「中間の」から生まれた。「中間の」という意味は、[中英語] **meantime**副「その間に」や［後期中英語］**meanwhile**副「その間に」の基になった。
→ MEDIAN

meander ［16世紀後半］名込み入った複雑さ、(川・道の)曲折；動曲がりくねる、(人が)さまよう：

ラテン語 *maeander* に由来し、*maeander* はギリシア語 *Maiandros*「マイアンドロス」に由来する。マイアンドロスは古代フリギアの蛇行の多い川の名で、現在のメンデレス川の古称である。メンデレス川はトルコ南西部を流れ、ギリシア領の島である *Samos*「サモス島」の南でエーゲ海に注ぐ。

measles [中英語] 名はしか、麻疹、嚢虫症：

中英語の綴りは *maseles* で、中オランダ語 *masel*「吹き出物」の「はしか」に相当する現代オランダ語は *mazelen* である。綴りの変化 *masel* → *mesel* → *measles* は中英語 *mesel*「ハンセン病」の影響によるものである。**measly**形「はしかの、(牛・羊・豚が)嚢虫症にかかった、取るに足りない、わずかな」は16世紀後半に遡り、嚢虫症に感染した豚に言及したのが始まりである。「取るに足りない、わずかな」という意味は19世紀半ばに遡る。

measure [中英語] 動計る、測定する；名寸法、測定、基準、尺度：

当初は名詞用法で「適度」、「はかり、物差し」、「容量の単位」という意味であった。古フランス語 *mesure* に由来し、基はラテン語 *mensura*「測量方法、測量器具」である。*mensura* はラテン語の動詞 *metiri*「測定する」から派生した語である。後に生まれた意味に以下がある。「限度、限界」(例：to know no *measure*「限界を知らない」)、「計量法、測定された寸法」(例：a *measure* two yards long「2ヤードの長さ」)、「韻律、律動」(例：pastoral *measure*「牧歌的な韻律」)、「対策、措置」(例：took *measures* to stop the protest「抗議を阻止する措置をした」)。

meat [古英語] 名肉、食用獣肉：

ゲルマン語起源の古英語 *mete* は「食物」、「食事」(例：sweetmeat「砂糖菓子」) を意味した。*meat* の語源となったインド＝ヨーロッパ語の語幹は「湿った、汁気の多い、脂肪の多い」を意味していた。

mechanic [後期中英語] 名機械工、職工：

当初は「手仕事の」という意味の形容詞であった。ギリシア語 *mēkhanē*「機械」より派生した *mēkhanikos*「機械の」が、古フランス語またはラテン語を経由して英語に入った。*mēkhanē* に由来する同時代の(ラテン語経由の)語に **mechanical**形「機械の」(当初の意味は「手仕事の」)がある。**mechanism**名「機械装置」は17世紀半ば以降の語で、ラテン語 *mechanismus* に由来する。*mechanismus* はギリシア語 *mēkhanē* から派生し

た。
→ MACHINE

medal [16世紀後半]图メダル、勲章、記章：

フランス語 *médaille* から入った語で、*medaille* はイタリア語 *medaglia* に、*medaglia* は中世ラテン語 *medalia*「古代ローマの銀貨デナリウスの半額のコイン」に由来する。*medalia* の基になったのはラテン語 *medialis*「中間の」である。**medallion** 图「大メダル、円形浮彫り、円形模様」は17世紀半ば以降の語で、フランス語 *médaillon* に由来する。*medaillon* はイタリア語 *medaglia* の指大辞形（大きいことを表す）である *medaglione* に由来する。

meddle [中英語]動干渉する：

当初の意味は「混ぜる」で、古フランス語 *medler* に由来する。*medler* は *mesler* の異形で、基になったのはラテン語 *miscere*「混ぜる」である。

median [後期中英語]形中央の、中間の：

元は「正中静脈」や「正中神経」を指していた。中世ラテン語 *medianus* から入った語で、ラテン語 *medius*「中間の」に由来する。**mediate** [後期中英語]動「仲裁する、仲介の」もラテン語 *medius* に由来する。当初は「中間にある」という意味の形容詞で、後期ラテン語 *mediatus* に由来する。*mediatus* は *mediare*「中間にいる」というラテン語動詞の過去分詞である。

medicine [中英語]图医学、内科（治療）、薬：

ラテン語 *medicina* が古フランス語を経由して入った語で、*medicus*「内科医」が基になっている。*medicus* に由来する語は他にもある。**medicinal** [後期中英語]形「薬効のある」（ラテン語 *medicina* から派生した *medicinalis* に由来する）、**medicate** [17世紀半ば]動「投薬する」（ラテン語 *medicari*「…を治療する」に由来する）、**medical** [17世紀半ば]形「医学の、医療の」（中世ラテン語 *medicalis*

がフランス語を経由して入った）や俗語の **medic** 图「医者、医学生」など。

medieval [19世紀初頭]形中世の、古めかしい、旧式の：

ラテン語 *medium aevum*「中年」に由来する。

mediocre [16世紀後半]形良くも悪くもない、並みの、2流の：

フランス語 *médiocre* から入った語で、*médiocre* は「中くらいの高さの、中程度の」を意味するラテン語 *mediocris* に由来する（*mediocris* は *medius*「中間の、中位の」と *ocris*「岩だらけの山」からなり、文字通り「やや岩の多い、あるいは山のような」という意味であった）。

meditation [中英語]图沈思黙考、黙想、瞑想：

基になったのはラテン語の動詞 *meditari*「沈思黙考する」で、ラテン語 *meditatio(n-)* が古フランス語を経由して英語に入ったものである。ラテン語の動詞 *meditari* が基になった語に **meditate** [16世紀半ば]動「黙想する」、「考える」があり、*meditari* の「（適切に）測る、判断する」という意味に由来する。

medium [16世紀後半]图中間、中庸、媒介物：

当初は性質や度合いにおける「中庸」を意味した。文字通り「中間の」を意味するラテン語 *medius* の中性名詞形である。

medley [中英語]图寄せ集め、ごったまぜ、雑多な人の寄り集まり、接続曲：

概して複雑に絡み合ったものを指す。当初は「接線、戦い」や「先染めの羊毛織物」という意味であった。古フランス語 *medlee* に由来する。*medlee* は *meslee*「乱闘、混戦、雑踏」の異形である。語源は中世ラテン語 *misculare*「混ぜる」である。
→ MEDDLE

meek [中英語]形従順な、屈従的な、いくじのない：

当初の綴りは me(o)c であった。me(o)c には「礼儀正しい、寛大な」という意味もあった。古ノルド語 mjúkr「柔軟な、優しい」に由来する。

meet¹ ［古英語］［動］出会う：
古英語 mētan は「出会う、出くわす」という意味であった。ゲルマン語起源でオランダ語 moeten と同系である。
→ MOOT

meet² ［中英語］［形］《古語》適当な、ふさわしい：
この語は it was not meet for us to see the king's dishonour「王様の不面目を目の当たりにするのは我々にふさわしくない」のように用いられ、当初は「寸法を合わせて作られた」という意味であった。古英語 gemǣte の短縮形で、ゲルマン語起源である。

melancholy ［中英語］［名］憂鬱、哀愁、鬱病、《古語》黒胆汁(こくたんじゅう)、不機嫌：
古フランス語 melancolie から入った語で、melancolie は後期ラテン語から来ており、ギリシア語 melankholia に由来する。melankholia は melas, melan-「黒い」と khole「胆汁」からなる語で、black bile「黒胆汁」が多いと憂鬱になると考えられていた。black bile の別称は black humour「ブラック・ユーモア」。black humour は四体液 (cardinal humours「四体液：blood「血液」、phlegm「粘液」、yellow bile「黄胆汁」、black bile の 4 液)」の 1 つで、肉体的・精神的な性質を決定すると考えられていた。

mellifluous ［15世紀後半］［形］(言語・声・音楽などが) 甘美な、流暢な：
ラテン語 mel, mell(i)-「蜂蜜」と動詞 fluere「流れる」が、mellifluous および17世紀初頭に現れた同義語の mellifluent［名］「甘美な、流暢な」の構成要素である。mellifluous は後期ラテン語 mellifluus に由来する。

mellow ［後期中英語］［形］(果物が) 熟している、やわらかな、甘い、(酒が) 芳醇な、(音・光・色などが) 柔らかい：
果物にのみ使われた古英語 melu, melw-「挽いた穀物」の限定的 (修飾的) 用法に由来する。動詞用法は16世紀後半に遡る。
→ MEAL²

melodrama ［19世紀初頭］［名］メロドラマ、(音楽の伴奏を伴う) ロマンチックな通俗劇：
フランス語 mélodrame に由来し、ギリシア語 melos「音楽」とフランス語 drame「劇」からなる。

melody ［中英語］［名］メロディー、旋律、調べ、歌曲：
「美しい調べ」が当初の意味で、古フランス語 melodie に由来する。ギリシア語 melōidia「メロディー」が後期ラテン語を経由して入った語である。ギリシア語 melōidia の基になったのは melos「歌」という語である。同じく melos を語源とする語に melodious ［後期中英語］［形］「旋律的な、旋律の美しい、音楽的な」(古フランス語 melodie が基になった melodieus に由来する) や melodic［形］「旋律の、旋律の美しい」(19世紀初頭に遡り、フランス語 melodique に由来する。mélodique はギリシア語 meloidia が基になった melōidikos が後期ラテン語経由でフランス語に入った語) がある。

melt ［古英語］［動］溶ける、溶かす、(感情など) 和らげる、しだいに消散する：
古英語 meltan, mieltan「火で溶かす、液体になる」はゲルマン語起源で、古ノルド語 melta「溶ける、消化する」と同系である。ギリシア語 meldein「溶ける」やラテン語 mollis「柔らかい」と同じインド＝ヨーロッパ語の語根に由来する。
→ MALT

member ［中英語］［名］(団体の) 一員、構成員、(組織体の) 一部分：
「手」、「足」、「身体の一部」、「組織体の一部」、「集団・組織などの一員」を意味するラテン語 membrum が古フランス語を経由して入った語である。

membrane［後期中英語］名膜、羊皮紙：
ラテン語 *membrana* に由来する。*membrana* の基になったのは *membrum*「手、足」である。

memento［後期中英語］名（小さな）記念物、形見、みやげ、警告となるもの：
当初は「記念唱（ミサ典文中 *memento* で始まる祈り）」の意味で用いられた。*memento* はラテン語 *meminisse*「思い出す」の命令法（すなわち「思い出せ！」の意）である。

memoir［15世紀後半］名回顧録、回想録、自叙伝：
フランス語 *mémoire*（男性名詞）「回想、思い出」に由来する。*mémoire* は「回想、思い出」を意味する *mémoire*（女性名詞）の特殊な用法である。当初の意味は「覚え書き、メモ」、「記録」であった。

memorable［15世紀］形記憶すべき、顕著な、忘れられない、覚えやすい：
ラテン語 *memorabilis* に由来する。*memorare*「思い出させる」が基になっており、語源は *memor*「心に留める、忘れない、注意する」である。

memorandum［後期中英語］名覚書、備忘録、メモ、（組合の）規約、（会社の）定款：
「記憶しておくべき事」を意味するラテン語 *memorandum* は、*memorare*「思い出させる」の動名詞である。元は「忘るべからず」という意味の形容詞で、覚書や参照用の記録の冒頭に記された。*memorandum* の省略形である **memo** 名「覚書、備忘録、メモ」は18世紀初頭に遡る。

memory［中英語］名思い出すこと、記憶、記憶力、思い出、記念：
古フランス語 *memorie*（現代のフランス語では *mémoire*）に由来する。ラテン語 *memoria* に由来し、*memoria* の基となったのは *memor*「心に留める、忘れない」である。ラテン語 *memor* から生まれた

語に **memorial**［後期中英語］名形「記念物、記念館、記念碑、思い出の品、記念の、思い出の」がある。後期ラテン語 *memoriale*「記録、記憶、記念碑」に由来する語で、基になったのはラテン語 *memorialis*「覚書」である。

menace［中英語］名脅迫、威嚇、危険な人（物）；動威嚇する、危険にさらす：
後期ラテン語 *minacia* が古フランス語を経由して入った語である。ラテン語 *minax, minac-*「威嚇的な、脅迫的な」に由来し、*minae*「脅威」が基になっている。*menace* は法律用語でもある。1861年の窃盗法において demand money with menaces「脅迫して金をまきあげる」という表現が用いられたのを機に法律用語として定着した。

menagerie［17世紀後半］名（サーカスなどの）見世物用に集められた動物・動物園、風変わりな人々：
フランス語 *ménagerie*「家事、農場の管理」に由来する *ménage*「家庭、家事」から派生した語である。*ménage* は、古フランス語 *mainer*「とどまる」が古フランス語 *mesnie*「家庭」の影響を受けて生まれた語である。*mainer* と *mesnie* はいずれもラテン語 *manere*「残る、とどまる」に由来する。

mend［中英語］動修理する、繕う、改める、直す：
amend「修正する」の頭音消失と見られ、語源は不詳である。
→ AMEND

mendicant［後期中英語］名乞食、托鉢修道士：
ラテン語 *mendicare*「乞う」の現在分詞語幹 *mendicant-* が基になった。ラテン語 *mendum*「欠陥」から派生した *mendicus*「乞食」に由来する。

menial［後期中英語］名使用人；形使用人の、（仕事などが）つまらない、卑屈な、みすぼらしい：

古フランス語に由来し、当初の意味は「家庭の、家事の」であった。基になったのは mesnee「家庭」である。

mental ［後期中英語］形精神の、心の、知的な、観念的な：

後期ラテン語 mentalis に由来し、ラテン語 mens, ment-「心」が基になった語である。精神障害や知的障害の意味で使われるようになったのは18世紀後半である。mental hospital「精神病院」や mental patient「精神病者」のような複合語の用例は19世紀終わりに現れ、20世紀初頭に定着した。しかし今や mental のこうした用例はほぼ形容詞 psychiatric「精神医学の」に取って代わられている。mental から派生した mentality 名「知力、知性、精神的状態、ものの見方」は17世紀後半に遡り、当初は「心の状態」を意味した。現在の意味で使われるようになったのは19世紀半ばである。

mention ［中英語］名言及、陳述；動…に言及する：

元は make mention of「…のことに言及する」という成句として用いられた。ラテン語 mentio(n-) が古フランス語を経由して入った語で mind「心、精神、知性、注意」と同系である。
→ MIND

mentor ［18世紀半ば］名良き指導者、良き師；動助言する、指導する：

ギリシア神話の Mentor「メントル」がフランス語やラテン語を経由して入った語である。メントルはオデュッセウスが息子テーレマコスの教育を託した助言者の名で、ホメロスの大叙事詩『オデュッセイア』Odyssey およびフェヌロンの散文物語『テレマック』Télémaque に登場する。

menu ［19世紀半ば］名メニュー、献立（表）、料理、プログラム、計画：

「詳細な表」を意味するフランス語で、「小さな、詳細な」を意味する形容詞 menu から来ている。基になったのはラテン語 minutus「微小な」である。

mercenary ［後期中英語］名金銭ずくで働く人、(外国軍隊に)金でやとわれた、傭兵；形金銭ずくの：

当初は名詞として用いられた。ラテン語 mercenarius「雇い人、金で働く者」に由来する。基になったのは merces, merced-「報酬」という語である。

merchant ［中英語］名(特に貿易)商人、卸売商；形商業の：

古フランス語 marchant に由来する。基になったのはラテン語 mercari「商売する」で、merx, merc-「商品」から来た語である。同系語に merchandise ［後期中英語］名「商品」（古フランス語 marchandise に由来する。marchandise は marchand「商人」より派生）、mercantile ［17世紀半ば］形「商業の、商人の、商売好きな」（イタリア語 mercante「商人」より派生した mercantile がフランス語を経由して入った語）がある。

mercurial ［後期中英語］名水銀剤；形水銀の、快活な、機敏な、気まぐれな：

当初は「メルクリウス(水星)の」という意味で使われていた。これは基になったラテン語 mercurialis の意味を受け継いだものである。形容詞用法のうち「気の変わりやすい、移り気の」という意味は17世紀半ばに遡る。

mercy ［中英語］名慈悲、憐れみ、情け、慈愛：

古フランス語 merci「憐れみ」、「感謝」に由来する。基になったのはラテン語 merces, merced-「報酬」である。merces, merced- は教会ラテン語において「憐れみ、愛顧、天国の報酬」を意味するようになった。

mere ［後期中英語］形ほんの、単なる、純粋の：

当初の意味は「純粋な」、「混ざり物のない、全くの、紛れもない」であった。基になったのはラテン語 merus「薄めていな

い、純粋な」である。

merge [17世紀半ば]動溶け込ませる、溶け込む、合流する、(会社など) 合併させる、合併する:

当初は「没入させる」という意味で用いられていた。ラテン語 mergere「もぐる、飛び込む、沈む、」に由来する。merge は「合併する、合併させる」を意味する法律用語としても用いられるが、これはアングロノルマンフランス語 merger の語義の影響による。merger 名「合併」は18世紀初頭に法律用語として用いられたのが始まりで、アングロノルマンフランス語 merger (動詞の名詞的用法) に由来する。特に「(会社の) 合併」を意味するようになったのは19世紀半ばである。

meridian [後期中英語]名子午線、経線、盛り; 形子午線の:

古フランス語 meridien に由来する。基になったのはラテン語 medius「中間の」と dies「日」からなる meridianum「正午」である。天文学用語「子午線」として用いられるようになったのは、ちょうど正午に太陽が子午線を横切るためである。

meridional [後期中英語]形子午線の、南部 (人) の、南欧の; 名南欧人、(特に) 南部フランス人:

後期ラテン語 meridionalis が古フランス語を経て入った。meridionalis はラテン語 meridies「正午、南」に由来する。

merit [中英語]名優秀さ、価値、長所、美点; 名…に値する:

元の意味は「相応の報酬・罰」であった。ラテン語 meritum「当然の報い」が古フランス語を経て入った語で、mereri「得る、…に値する」から派生した。**meritorious** 形「価値のある、称賛に値する」は後期中英語に遡り、当初は「(人) に報酬を受ける権利を与える」という意味であった。後期ラテン語 meritorius (mereri が基にあった) に由来する。

mermaid [中英語]名(女の) 人魚:

mer- は mere の廃義「海」から来ている。海を意味する mere は Hornsea Mere「ホーンシー・ミア湖」のような地名に見られる。

merry [古英語]形陽気な、ほろ酔いの、:

古英語 myrige は「楽しい、愉快な」という意味であった。中英語になると「ほろ酔い機嫌の」という意味が加わった。ゲルマン語起源で、mirth「陽気、歓喜、浮かれ騒ぎ」と同系である。「短い」を意味する、ゲルマン語の同系語やインド＝ヨーロッパ語の同系語から判断すると、この語の語基も「短い」であったに違いない (例: 古高地ドイツ語 murg「短い」)。「楽しく過ごして時間を短く感じる」ことを表す「短くする」という意味の古英語動詞があったと考えられる。
→ MIRTH

mesh [後期中英語]名網の目、網目状の織物; 動網の目にかかる・かける:

ゲルマン語起源の中オランダ語 maesche と同系の古英語に遡ると考えられる (mesh の中英語の段階で maesche の影響を強く受けたようである)。英語の漁業用語にはオランダ語の影響を受けたものが多く、とりわけ中英語に多く見られる。

mess [中英語]名乱雑、へま、収拾のつかない状態:

古フランス語 mes「1回分の食事」に由来する。mes は後期ラテン語 missum「食卓に置かれたもの」(mittere「出す、置く」より派生) に由来する。当初は「1皿分の料理」、「流動性の食物の1杯」という意味があり、後に「(猟犬などに与える) 流動混合飼料」という意味になった。19世紀初頭になると「食欲のわかない混合飲食物」、「窮地、困難な状況」を意味するようになり、ここから現在の「乱雑、雑然とした状態」という意味が生まれた。後期中英語になると、mess は (同じテーブルにつく) 会食グループをも意味するようになる。「(軍隊などで) 定期的に食事を共にする仲間」という16世紀半ばの意味はここから来ている。

message [中英語]名伝言、通信（文）、お告げ；動(…に) 通信する：

古フランス語に由来する。基になったのはラテン語 *mittere*「送る」の過去分詞 *missus* である。**messenger** [中英語]名「使者、郵便配達人、使い走り」は古北部フランス語 *messanger* に由来する。古フランス語 *messager* が基になっており、*messager* の基になったのもラテン語 *missus* である。

metal [中英語]名金属、合金、金属製品、活力、気骨；動金属をかぶせる：

古フランス語 *metal* またはラテン語 *metallum* に由来する。基になったのはギリシア語 *metallon*「炭鉱、採石場、金属」である。**metallic**[後期中英語]形「金属性の」は、*metallon* から派生した *metallikos* がラテン語を経て入った語である。

metamorphosis [後期中英語]名変形、変質、変身、大変貌：

ギリシア語 *metamorphōsis* がラテン語を経て英語に入った語で、基になったのは *metamorphoun*「変化、変質、変形」である。ラテン語で *metamorphosis* といえば古代ローマの詩人オウィディウスによる『変身物語』*Metamorphoses* であるが、このラテン文学の名作は、ギリシア・ローマ神話の神々が動物、植物など様々なものに変身する逸話を集めたものである。**metamorphose**動「変形させる、変身させる、変態・変形する、変成する」は16世紀後半に遡る語で、フランス語 *métamorphoser* に由来する。**metamorphic**形「変化の、変成の、変態の」は19世紀初頭に生まれた語で、前記の関連語の影響を受け、接頭辞 meta-（状態・位置の変化を意味する）とギリシア語 *morphé*「形」からなる。
→ MORPH

metaphor [15世紀後半]名隠喩、比喩：

フランス語 *métaphore* に由来する。ギリシア語 *metapherein*「変形させる」から派生した *metaphora* がラテン語を経て入った語である。ちなみに、隠喩とは、たとえる言葉とたとえられる言葉をじかに結びつける表現法のことである（例：He fell through a trapdoor of depression「彼は憂鬱という落とし戸からどこまでも沈んでいった」）。

mete [古英語]動《文語》（刑罰・報酬などを）割り当てる、考量して与える、物を計り分ける：

mete out「割り当てる」として使われる *mete* の古英語は *metan*「（大きさ・量・寸法などを）決める、計る」であった。ゲルマン語起源で、オランダ語 *meten* やドイツ語 *messen* と同系である。これらの語源となったインド＝ヨーロッパ語は、ラテン語 *meditari*「考える、熟考する」やギリシア語 *medesthai*「気にかける」の語根と同じである。

meteor [16世紀半ば]名流星、大気現象、メテオール（虹、稲妻、雪など）：

当初は大気現象を指した。現代ラテン語 *meteorum* に由来し、*meteorum* はギリシア語 *meteōros*「ひじょうに高い」の中性形（名詞用法）*meteōron*「空中高く上げられた」に遡る。*meteōros* を語源とする語に **meteorology** [17世紀初頭]名「気象学」があるが、こちらはギリシア語 *meteōrologia* に由来する。

meter [中英語]名計量器、計器、メーター：

当初は「測る人」を意味した。基になったのは *mete*「測定する」で、現在の「計量器、計器、メーター」という意味は19世紀に遡る。
→ METE

methinks [古英語]動《古語》私には…と思われる、思うに：

mē「私には」と *thyncth*「…と思える」（原形は *thyncan*「…のように思われる」）からなる。-thinks に関しては think と同系ではあるが、両者は別物である。

method [後期中英語]名方法、手段、秩

序、計画性：

元は「特定の病気に対する適切で系統だった治療法」のことであった。ギリシア語 methodos「知識の追求」がラテン語を経て入った語で、基になったのは hodos「道」である。16世紀後半より methodical 形「秩序立った、整然とした、規律正しい、方法論的な（ギリシア語 methodikos がラテン語を経て入った）」の用例が見られる。Methodist 名「メソジスト派の教徒（18世紀のチャールズ・ウェスリーとジョン・ウェスリー兄弟、およびジョージ・ホイットフィールドによる信仰覚醒運動に始まる宗派）」について遡れば、聖書の教えに対するある特定の「方法」を追求する、という概念に辿り着く。methodology 名「方法論」は19世紀初頭以降に見られ、現代ラテン語 methodologia またはフランス語 méthodologie に由来する。

meticulous [16世紀半ば] 形 小心な、ひじょうに注意深い、細心な、几帳面な、正確な：

当初「怖がりの、臆病な」を意味した meticulous は、ラテン語 meticulosus に由来する。meticulosus はラテン語 metus「恐怖」から派生した語である。その後「細かいことを気にしすぎる」という意味で使われたが、やがて否定的な含意がなくなった。19世紀初頭に「細心な、几帳面な」という意味になり、現在に至っている。

metre [古英語] 名 (詩の) 韻律、格調、拍子、(音楽の) 拍子：

中英語において古フランス語 metre の影響を受けた。ラテン語 metrum に由来し、さらに遡ればギリシア語 metron「測定、韻律」に辿り着く。長さの単位として用いられる metre（18世紀後半）「メートル」はフランス語 mètre から入った語で、同じギリシア語 metron に由来する。metric 形「メートル法の」は19世紀半ばに遡る語で、フランス語 mètre から派生した metrique に由来する。

metronome [19世紀初頭] 名【音楽】メトロノーム、拍節器：

ギリシア語 metron「度量衡」と nomos「規則、規定」に由来する。1815年当初この器具は、目盛りつきの振り子を逆さにしたものに、自在に位置を調節できるおもりをつけたものであった。

metropolis [後期中英語] 名 中心都市、主要都市、大都市、首都、(古代ギリシアで植民地に対して) 本国：

同時代語の metropolitan 形 名「大都市の、大都会の市民」とともに、元はキリスト教の大司教管区に関係した語であった。双方ともギリシア語 mētropolis「母なる都市」が後期ラテン語を経て入った語で、mētēr, mētr-「母」と polis「都市」からなる。

mettle [16世紀半ば] 名 気性、気質：

今でも比喩的に使われる metal「金属、金属製品、活力、気骨、気性、本質」の変異形であった。mettle は17世紀頃に主として「活力、勇気」を意味するようになり、当初は馬に対して使われていたが、やがて人間に対しても使われるようになった。17世紀以前の metal と mettle は、どの意味においても交換可能であったが、18世紀半ばまでには metal「金属」、mettle「気質」の使い分けが定着した（スコット『パースの美女／美しきパースの娘』Fair Maid of Perth：Thou ken'st not the mettle that women are made of「汝は女を女たらしめる気質というものを知らないのだ」。
→ METAL

mews [後期中英語] 名 (中庭の) 馬屋、(馬屋を改造した) アパート、小路：

mew「飼育用の鷹かご、鷹小屋」の複数形で、元はロンドンのチャリング・クロスにある王の鷹かごの跡地にできた馬屋を指していた。「改築された家」という意味は19世紀初頭に遡る。古フランス語 mue「羽毛の生え変わり」、「羽毛が生え変わる間の鳥かご」、「家禽を太らせるための鳥かご」に由来する。mue は muer「生え変わる」より派生した語で、

ラテン語 mutare「変わる」に由来する。

mezzanine [18世紀初頭]**名**(バルコニー風の)中2階、天井の低い2階、劇場の最も低いバルコニー、《英》舞台下、《米》特等席（中2階の最前数列）:
フランス語 mezzanine から入った語で、イタリア語 mezzano「真ん中の、中間の」の指小辞語 mezzanino に由来する。mezzano はラテン語 medianus「中間の」に由来する。アメリカで mezzanine は劇場2階正面の特等席を指す。

microbe [19世紀後半]**名**微生物、細菌:
フランス語 microbe から入った語で、基になったのはギリシア語 mikros「微小な」と bios「生物」である。microbe はフランスの外科医 C・セディヨが、微生物を指す当時の様々な別称を統一すべく、1878年3月に造った語である。

microcosm [中英語]**名**小宇宙、小世界、ミクロコスモス（池などの小さな生態系）、（宇宙の縮図としての）人間（社会）、縮図、【生態】微小生態系、ミクロスム:
古フランス語 microcosme またはラテン語 micrososmus に由来する。基になったのはギリシア語 mikros kosmos「小世界」である。microcosm は1930年代より生態学の分野で、それ自体が1つのまとまった機能系をなす生態系を指す語として使われるようになった。

middle [古英語]**形**真ん中の、中央の、中間の、真ん中、中心、中間:
古英語 middle は西ゲルマン語起源で、同系語にオランダ語 middel やドイツ語 Mittel「手段」のほか、mid [古英語]**前**「…の真ん中に、…の最中に」がある（amid の短縮形）。midst [後期中英語]**名副**「真ん中（に）、最中（に）」は in middes「…の最中、…の中央」という成句に由来する。

midge [古英語]**名**(蚊、ブヨなどの)小昆虫、ちび:
古英語 mycg(e) はゲルマン語起源である。同系語にオランダ語 mug やドイツ語 Mücke があり、その語源となったインド＝ヨーロッパ語はラテン語 musca やギリシア語 muia「ハエ」と同じ語根である。19世紀半ばの **midget 名形**「極小型のもの、小型競争用自動車・ボート、小型潜水艦、極小型の」は midge から派生した語で、1930年代になると標準小型の乗り物を指すようになった。

midriff [古英語]**名**横隔膜、胴の中間部、婦人服の胴部、ミッドリフ（胴の中央部を露出する婦人服）:
古英語 midhrif は mid「中間」と hrif「腹部」からなる。hrif の語源となったインド＝ヨーロッパ祖語はラテン語 corpus「身体」の語源でもある。

midwife [中英語]**名**助産婦、産婆、産婆役；**動**…の産婆役をする:
廃語の前置詞 mid「…とともに」と wife の古い意味である「女」からなり、「（母親になる人）の傍にいる女性」のことである。

miff [17世紀初頭]**名**いさかい、むかっ腹、憤慨；**動**むっとする、むっとさせる:
苛立ちを表す擬音語で、よく似た語に初期の現代ドイツ語 muff がある。muff は嫌悪感を表す間投詞である。

might [古英語]**名**(強大な)力、勢力、権力、実力、腕力、優勢:
古英語 miht, mieht「強大な力、勢力」はゲルマン語起源の語である。**mighty 形**「強力な」の古英語の綴りは mihtig であった。
→ MAY

migraine [後期中英語]**名**偏頭痛:
フランス語から入った語で、ギリシア語 hēmikrania が後期ラテン語を経てフランス語に入ったものである。hēmikrania は hēmi-「半分の」と kranion「頭蓋骨、頭」からなる。

migrate [17世紀初頭]動移住する・させる、移動する・させる、拡散する、【コンピュータ】(データ)を移し変える：

当初は「場所を変える、移動する」という意味の一般的な語であった。ラテン語 *migrare*「移動する、位置を変える」に由来する。コンピュータ用語の「(データを)移し変える」という意味は1980年代に遡る。

milch [中英語]形搾乳用の、酪農用の、乳の出る：

古英語 *thrimilce*「5月」の *-milce* に由来する(5月は乳牛が1日に3度搾乳できる時期であった)。語源となったゲルマン語は milk の語源でもある。
→ MILK

mild [古英語]形温厚な、優しい、おとなしい、柔和な、まろやかな、口当たりのよい：

古英語 *milde* は元は「優しい、厳しくない、慈悲深い」という意味であった。ゲルマン語起源で、オランダ語およびドイツ語 *mild*「穏やかな」と同系である。ラテン語 *mollis* やギリシア語 *malthakos*「柔らかな」と同一のインド＝ヨーロッパ語の語根を持つ。中英語において mild は食べ物の味に対しても使われるようになる。16世紀半ばになるとビールの味も表現するようになり、当初は「酸味のない」という意味であったが、後に「ホップの苦味の少ない」種類を指すようになった。

mildew [古英語]名白カビ、うどん粉病、べと病；動…にカビを生やす、カビが生える：

ゲルマン語起源の古英語 *mildēaw* は「蜜、糖液」という意味であった。*mil-* はラテン語 *mel* およびラテン語 *meli*「糖蜜」と同系である。当初、アブラムシによって植物から吸い出され葉や茎などに付着した粘着性の糖液を指していた。後にうどん粉病やべと病などの植物病を指すようになり、さらには紙や衣類などに生ずる白カビも指すようになった。

mile [古英語]名マイル：

古英語 *mīl* はラテン語 *mille*「1000」の複数形 *mil(l)ia* に由来する。古代ローマで1マイルは *mille passus*「1000歩」(約1.48キロメートル)であった。to be miles away「忘我の境にある、思いに耽る」という表現は20世紀初頭に遡る。to go the extra *mile*「求められる以上の善行をする、いっそうの努力をする」という表現は聖書の『マタイによる福音書』5章41節：And whosoever shall compel thee to go a *mile*, go with him twain「だれかが、一ミリオン行くように強いるなら、一緒に二ミリオン行きなさい」から来ている。

militant [後期中英語]形好戦的な、闘争的な、交戦状態の；名戦闘的な人、(特に政治活動の)活動家、戦闘員：

当初の意味は「戦闘中の、闘争中の」であった。古フランス語またはラテン語から入ったもので、ラテン語 *militare*「兵役につく」に由来する。「(政治的・社会的活動において)戦闘的な」という意味は20世紀初頭に遡る。*militant* の基になったラテン語 *miles, milit-*「兵士」に由来するその他の語に以下がある。**military** [後期中英語]形名「軍の、軍隊的な、軍事の、軍人の、軍、軍隊(フランス語 *militaire* に由来し、*militaire* はラテン語 *militaris* に由来する)」。**militate** [16世紀後半]動「参戦する、戦う、奮闘する、作用する、影響する(ラテン語 *militare* に由来する)。**militia** [16世紀後半]名「市民軍、民兵(文字通り「兵役」を意味するラテン語に由来する)」。

milk [古英語]名乳、母乳、牛乳、樹液；動乳を出す、乳をしぼる：

古英語 *milc, milcian* はゲルマン語起源の語で、オランダ語 *melk* やドイツ語 *Milch*「乳」と同系である。語源となったインド＝ヨーロッパ語は、ラテン語 *mulgere* やギリシア語 *amelgein*「乳をしぼる」と同じ語根でもある。It's no use crying over spilt *milk*「覆水盆に帰らず」は17世紀半ばに遡る。the *milk* of human kindness「生まれながらの人情、思いやり」はシェイクスピアの『マクベス』Macbeth, I.V.18から来ている：Yet do I fear thy nature, It is too full o' th' Milk of human kindness「されど私はあなたの性格が心配なのだ。あなたには人間の優しさというミルクが溢れている」。

mill [古英語]名製粉機、製粉所、水車場、粉砕機、製造工場；動製材所、製粉する：
古英語 *mylen* は後期ラテン語 *molinum* の異形が基になっており、*molinum* はラテン語 *mola*「碾き臼、石臼」に由来する。*mola* は *molere*「挽く、砕く」から派生した語である。成句の to put through the *mill*「試練を受けさせる、しごく」は19世紀初頭に遡る。

milliner [後期中英語]名婦人帽製造（販売）業者：
地名の Milan「ミラノ」に由来する。元は「ミラノの住民」という意味であったが、後に「ミラノ製の（気のきいた）小間物を売る商人」を意味するようになった。

mimic [16世紀後半]名物まねの、模倣者、物まね師；動…をまねる：
ギリシア語 *mimikos* がラテン語を経て入った語である。*mimikos* は *mimos*「物まね師」から派生した語である。**mime** 名動「無言劇、無言の身振りで表す」（ギリシア語 *mimos* がラテン語を経て入った）は17世紀初頭以降に見られ、当初は「物まね師、物まね道化役者」を意味した。

minaret [17世紀後半]名ミナレット（イスラム教寺院の尖塔）、光塔：
フランス語 *minaret*、スペイン語 *minarete*、またはイタリア語 *minaretto* に由来する。それらは語源のアラビア語 *nār*「火、光」から派生した *manār(a)*「灯台、光塔」がトルコ語を経て入ったものである。

mince [後期中英語]動細かく切り刻む、気取って話す、気取って小股で歩く；名ミンス、千切り、みじん切り：
古フランス語 *mincier* に由来し、語源はラテン語 *minutia*「微小」である。「気取って小股に歩く」という意味は16世紀半ばに遡り、not *mince* one's words「歯に衣を着せないでずばりと言う」という慣用表現は17世紀以降に見られる。「ひき肉」を意味する名詞用法は19世紀初頭より見られる。

mind [古英語]名心、精神、知性、記憶（力）、考え；動注意する、…に従う：
古英語 *gemynd* は「記憶、考え」という意味であった。起源はゲルマン語で、語源となった「思い巡らす、考える」を意味するインド＝ヨーロッパ語はサンスクリット語 *manas* やラテン語 *mens*「心」と同じ語根である。

mine [後期中英語]名鉱山、宝庫；動採掘する、掘る：
古フランス語 *mine* から入ったもので、ケルト語起源であろう（ウェールズ語 *mwyn*「鉱石」の当初の意味は「鉱山」であった）。**miner** [中英語]名「鉱夫、坑夫、地雷工兵」は古フランス語 *miner*「採掘する」から派生した *minour* に由来する。

mineral [後期中英語]名鉱物、鉱石、無機（化合）物、ミネラル；形鉱物性の、無機物の：
中世ラテン語 *minerale* に由来する。*minerale* は *minera*「鉱石」から派生した *mineralis* の中性名詞形である。

mingle [後期中英語]動混ぜる、混ざる、混和する、つきあう：
廃語 *meng*「混ぜる、混合する」(among と同系である) の反復動詞（動作の反復を表す）で、中オランダ語 *mengelen* の影響を受けたものであろう。
→ AMONG

miniature [18世紀初頭]名（そっくりに）小さく作ったもの、小型模型、細密画、小画像；形小規模の、小型の：

イタリア語 *miniatura* に由来する。*miniatura* はラテン語 *miniare*「写本の文字に赤い色をつける、彩飾する」が中世ラテン語を経て入ったものである。ラテン語 *miniare* は *minium*「鉛丹(えんたん)、朱色」の派生語で、当時は写本の特に際立たせたい文字を鉛丹などで彩飾していた。mini「ミニ、小型のもの」や minimum「最小限」などは綴りも意味も似ているが、語源的なつながりはない。

minimum [17世紀半ば][名]最低限、最小限、最低量；[形]最低限の、最小限の：

ラテン語 *minimus*「最小の、最少の」の中性形 *minimum* が英語に入ったものである。同じく17世紀半ばに遡る。**minimal**[形]「最小(限)の、極小の」もラテン語 *minimus* に由来する。20世紀初頭の **minimalist**[名]「ミニマリスト(小さい政府・簡素な生活様式・単純な技術などをよしとする人々)」が最初に使われたのは、ロシアのメンシェヴィキ(革命期のロシア社会民主労働党の少数派)についてであった。芸術の分野で使われるようになったのは1960年代である。

minion [15世紀後半][名]お気に入り(寵児、寵臣など)、手先、子分、部下；[形]かわいくて繊細な：

フランス語 *mignon, mignonne* に由来する。

minister [中英語][名]大臣、公使、聖職者、教師、召使；[動]仕える、聖職者の務めを果たす：

当初には *minister* of religion「聖職者、牧師」や、何かを伝える手段一般を指していた(例：angels as *ministers* of the divine will「神の思し召しを伝える天使」)。名詞 *minister* は古フランス語 *ministre* に由来する。*ministre* は古フランス語 *ministrer* から派生した動詞である。基はラテン語 *minister*「使用人、召使い」で、*minus*「より少ない、身分の低い」より派生した。複合語に以下がある：
■ **ministering angel** [17世紀初頭][名]「親切な人、救いの天使(親切な看護婦などにいう)」は『マルコによる福音書』1章13節に由来する (And he was there in the wilderness forty days, tempted of Satan; and was with the wild beasts; and the *angels ministered* unto him「イエスは四十日間そこにとどまり、サタンから誘惑を受けられた。その間、野獣と一緒におられたが、天使たちが仕えていた」。この語はシェイクスピアの『ハムレット』*Hamlet*, V. i .263 にも現れる：A *ministering* Angel shall my sister be「おれの妹は天国で天使になっているだろう」。

minor [中英語][形]小さい方の、少ない方の、比較的重要出ない、副専攻の：

ラテン語 *minor*「より小さい、より少ない」から入った語で、*minor* は *minuere*「小さくする、減らす」と同系である。*minor* という語の始まりは、フランシスコ修道会の修道士に関連している。すなわち、フランシスコ修道会の創始者である聖フランチェスコがへりくだった姿勢を示して名づけたラテン語名 *Fratres Minores* ('Lesser Brethren'「より劣った信者仲間」) の影響を受けたものである。ラテン語 *minor* が基になった語に **minority**[名]「少数派」がある。これは15世紀後半に現れた、より小さい状態を表す語で、フランス語 *minorité* または中世ラテン語 *minoritas* に由来する。

minster [古英語][名](修道院付属の) 教会堂、大会堂、大聖堂：

古英語 *mynster* はギリシア語 *monastērion* が教会ラテン語を経て入った語である。

→ MONASTERY

minstrel [中英語][名](中世の) 吟遊詩人、《古語》詩人、音楽家：

古フランス語 *menestrel*「人を楽しませる人、芸人、従者」に由来する。*menestral* は、ラテン語 *ministerium*「奉仕」から派生した後期ラテン語 *ministerialis*「召使い」がプロヴァンス語を経て入ったものである。

→ MINISTER

mint¹ ［古英語］图ハッカ、ミント：

芳香植物の名称である古英語 minte は西ゲルマン語に由来し、ドイツ語 Minze「ハッカ属」と同系である。この語を遡れば（ラテン語を経て）ギリシア語 minthē に辿り着く。

mint² ［古英語］图造幣局、製造元、宝庫、源泉；動（貨幣を）鋳造する、（新語などを）造り出す：

古英語 mynet は「貨幣、硬貨」を意味した。西ゲルマン語起源であり、オランダ語 munt やドイツ語 Münze「硬貨」と同系で、ラテン語 moneta「貨幣、硬貨」に由来する。

minuet ［17世紀後半］图メヌエット（17世紀フランスで始まった3拍子のゆるやかで優雅な舞踏、およびその舞曲）：

フランス語 menuet に由来する。menuet は文字通り「ごく小さな、繊細な、優美な」という意味で、menu「小さい」の指小辞語（名詞用法）である。

minus ［15世紀後半］形マイナスの、陰の、有害な、不利な；图マイナス、不足、《口語》欠点：

ラテン語 minor「より少ない」の中性形 minus から入った。

minuscule ［18世紀初頭］图小文字（書体）；形小文字（書体）の、きわめて小さい・少ない、取るに足らぬ：

フランス語 minuscule から入った語で、ラテン語 minuscula (littera)「やや小さめの（文字）」に由来する。miniscule は英語にありがちな誤綴りから生まれた変異形で、mini- で始まる「きわめて小さい」を意味する類義語との類推による。

minute¹ ［後期中英語］图（時間単位としての）分、瞬間、（角度の単位としての）分（＝1/60度）：

後期ラテン語 minuta が古フランス語を経て入った語で、minuta は「小さくされた」を意味する minutus の女性形（名詞用法）である。「60秒」や「（角度の）1度の1/60（60分）」という意味は中世ラテン語 pars minuta prima「最初の60分の1」に由来する。

minute² ［後期中英語］形微小な、精密な、細心な、些細な：

当初の意味は「（教区税など）小額の」であった。こうした用例は10分の1税（収穫物・収益の10分の1を教会に納めた税）や税金に言及したものである。ラテン語 minuere「少なくする、小さくする、減らす」の過去分詞 minutus に由来する。

minute³ ［後期中英語］图覚書、控え、（文書の）簡単な草案、議事録；動書き留める、控えに取る、草案を作成する：

現在は通例複数形 minutes（「議事録」の意）で使われるが、当初は単数形 minute（「覚書、メモ」の意）で使われていた。フランス語 minute から入ったもので、清書（完成原稿）が写本書体（印刷技術発明以前の写本作成に用いられた大きな字体）で書かれていたのに対し、草案は「小さな文字」（ラテン語で scriptura minuta）で書かれていたことに由来する。動詞用法は16世紀半ばに遡る。

miracle ［中英語］图奇跡、驚異、不思議な事物や人、奇跡劇：

ラテン語 miraculum「不思議な物・事」が古フランス語を経て入った語である。miraculum は mirari「不思議に思う」が基になっており、mirari は mirus「不思議な」が基になっている。**miraculous** ［後期中英語］形「奇跡的な、不思議な、驚異的な」はフランス語 miraculeux または中世ラテン語 miraculosus に由来するが、それらの基になった語もまたラテン語 miraculum である。

mirage ［19世紀初頭］图蜃気楼、妄想、厳格：

フランス語 mirage から入った語で、mirage は se mirer「鏡に映っている」に、se mirer はラテン語 mirare「見る」にそれぞれ由来する。

mire ［中英語］图ぬかるみ、泥沼、泥、窮地、汚辱：
古ノルド語 *mýrr* に由来する語で、起源はゲルマン語である。
→ MOSS

mirror ［中英語］图鏡、映し出すもの、模範；動映す、反映する：
古フランス語 *mirour* に由来する。*mirour* の基になったのはラテン語 *mirare*「見る」である。当初には「占い・魔法などで用いる水晶」や「模範となるべき人」という意味もあった。

mirth ［古英語］图陽気、歓喜、浮かれ騒ぎ：
古英語 *myrgth* はゲルマン語起源で、merry と同系である。
→ MERRY

misadventure ［中英語］图不運な出来事、不運、災難、【法律】事故死、偶発事故：
当初の意味は「不運な出来事」で、後に法律用語として用いられるようになった。古フランス語 *mesavenir*「悪い結果に終わる、ひどいことになる」より派生した *mesaventure* に由来する。

misanthropy ［17世紀半ば］图人間嫌い、人間不信、厭世：
ギリシア語の *miso-*「忌み嫌う」と *anthropos*「人間」からなる *misanthrōpia* に由来する。

miscellany ［16世紀後半］图寄せ集め、文集、雑録：
フランス語 *miscellanées*（女性形、複数）から入った語で、ラテン語 *miscellanea* に由来する（「種々雑多なもの」という意味で英語に入った）。17世紀初頭に遡る。**miscellaneous** 形「種々雑多なものからなる、多方面にわたる」はラテン語 *miscellaneus* (*miscere*「混ぜる」から派生した *miscellus*「混合した、雑多な」から）に由来する。当初は「様々な資質を備えた、多才な」という意味で人物に対して用いられることもあった。

mischief ［後期中英語］图害、損害、災害、危害、悪影響、いたずら、わるさ、茶目っ気、いたずらっこ：
当初は「不運」や「困窮」という意味で使われていた。古フランス語の動詞 *meschever*「不幸な結果に終わる」から派生した *meschief* (*chef*「頭」が基になった）に由来する。**mischievous** ［中英語］形「有害な、悪ふざけの、いたずら好きな」はアングロノルマンフランス語 *meschevous* に由来する。*meschevous* の基になったのは古フランス語 *meschever* である。当初の意味は「不幸な、痛ましい、悲惨な」で、後に「有害な」という意味が生まれた。「悪ふざけの」という意味は17世紀後半に遡る。

miser ［15世紀後半］图守銭奴、欲張り、《古語》みじめな人：
当初は「けちな、欲深い」という意味の形容詞として使われていた。文字通り「みじめな、哀れな」を意味するラテン語 *miser* から入った語である。

misery ［後期中英語］图みじめさ、悲惨さ、不幸（な状態）、苦痛、苦悩：
古フランス語 *miserie* に由来する。*miserie* はラテン語 *miser*「みじめな、哀れな」より派生した *miseria* に由来する。*miser* が基になった語に、**miserable** ［後期中英語］形「みじめな、みすぼらしい」がある。ラテン語 *miserari*「あわれむ」より派生した *miserabilis*「あわれな、不憫な」がフランス語を経て入ったものである。

misnomer ［後期中英語］图誤った名称、（法律文書中の）人名や地名の誤記：
古フランス語の動詞 *mesnommer* に由来するアングロノルマンフランス語が入ったものである。*mes-*「誤って」と *nommer*「命名する」（ラテン語 *nomen*「名前」に由来する）からなる。

misogyny ［17世紀半ば］图女性嫌悪

（症）、女嫌い：
ギリシア語 misos「嫌悪」と gunē「女性」からなる。

miss ［古英語］名 はずす、見逃す、欠席する、省略する、…がいないので寂しく思う、失敗する：

missan「的を当てそこなう」はゲルマン語起源で、オランダ語およびドイツ語の missen「欠く」と同系である。意味を大きく分けると以下のようになる。「はずす」(例：missed the target「的をはずした」)「失敗する」(例：the engine keeps missing「さっきからずっとエンジンがかからない」)。「…がいないので寂しく思う」(例：She's missing her mother「彼女は母親がいないので寂しがっている」)。「欠席する」(例：He's missed the rehearsal「彼はリハーサルを欠席した」)。

missile ［17世紀初頭］名 ミサイル、誘導弾、飛び道具：

当初は「(的に向かって) 投げやすい」という意味の形容詞であった。ラテン語 missile に由来する。missile は missilis の中性形 (名詞用法) で、missilis は mittere「送る、放つ、投げる」の過去分詞語幹 miss- が基になった語である。

mission ［16世紀半ば］名 (外国へ派遣される) 使節団、(特別任務の) 派遣団、伝道、布教、使命、任務、…を派遣する、…に布教を行う：

当初は聖霊をこの世に送ることを意味した。ラテン語 missio(n-)「送ること、派遣」に由来する。missio(n-) の基になったのは mittere「送る」である。**missionary** ［17世紀半ば］形名「伝道の、布教の、伝道師、宣教師」は現代ラテン語 missionarius に由来する。missionarius の基になったのはラテン語 missio である。

missive ［後期中英語］名 信書、書状、公文書簡、(おどけた言い方で) 手紙：

元は letter missive（君主から主席司祭などにあてた司教候補指名の手紙）の中で使われた形容詞であった。中世ラテン語 missivus に由来し、missivus の基になったのはラテン語 mittere「送る」である。現在の「手紙」という意味は16世紀初頭に遡る。

mist ［古英語］名 霧、かすみ、もや、曇り、意味をぼんやりさせる (理解を困難にする) もの：

古英語 mist はゲルマン語起源で、語源となったインド＝ヨーロッパ語はギリシア語 omikhlē「霧、もや」と同じ語根である。**misty** ［古英語］形「霧のかかった、もやのたちこめた」の当初の綴りは mistig であった。

mistake ［後期中英語］名 誤り、思い違い、勘違い；動 誤解する、間違える、取り違える：

当初は動詞用法であったこの語は、古ノルド語 mistaka「誤って取る」に由来する。意味においては古フランス語 mesprendre「思い違いをする」の影響を受けた。

mister ［16世紀半ば］名 …氏、…さん：

敬称の mister は master の弱形である。master は男子の敬称として姓（あるいは名前）の前に冠して Master Willian のように用いられていたが、強勢を受けずに後の姓名に密接して発音されるところから弱形が生じた。
→ MASTER

mistletoe ［古英語］名 ヤドリギ；形 ヤドリギ科の：

古英語 misteltān は mistel「ヤドリギ」(mistle はゲルマン語起源で、オランダ語 mistel やドイツ語 Mistel と同系である) と tān「小枝」からなる。**mistle thrush**［17世紀初頭］名「ヤドリギツグミ」の mistle もまた古英語 mistel「ヤドリギ」が基になっている。ヤドリギツグミという鳥はヤドリギの実を好んで食べることで知られる。

mistress ［中英語］名 女主人、女流大家、

情婦、女教師：
古フランス語 maistresse に由来する。maistresse の基になったのは maistre「主人」である。miss 名「独身女性、…嬢」は 17 世紀半ば以降のもので、mistress の省略形である。

mite [古英語] 名 ダニ：
ゲルマン語起源である。現在 poor little mite「(同情の対象としての) 子供」のように使われる後期中英語 mite「小銭、半ファージング銅貨、少量、ごく小さいもの、子供」も同じゲルマン語を起源に持つと考えられており、後期中英語の段階でフランドルの小額銅貨を指すようになった (中オランダ語 mīte に由来する)。mite が内包する「微小」という意味は the widow's mite という表現に表れている。これは『マルコによる福音書』12 章 42 節に由来する表現である (And there came a certain poor widow, and she threw in two mites「ところが一人の貧しいやもめが来て、レプトン銅貨 2 枚、すなわち 1 クァドランスを入れた」)。「貧者の一灯」としても知られるこの the widow's mite は、たとえわずかなお金であっても貧しい者の心のこもった寄進は限りなく尊いことを例えたものである。

mither [17世紀後半] 動 ぼやく、うるさく小言を言う、思い悩む、言葉を濁す：
ウェールズ語 moedrodd「思い悩む」と同系と考えられるが、語源不詳である。

mitigate [後期中英語] 動 軽減する、なだめる、和らげる：
後期中英語の mitigation 名「緩和、沈静」(古フランス語またはラテン語 mitigatio(n-) に由来する) と同系語で、ラテン語 mitis「穏やかな」から派生した mitigare「和らげる、緩和する」に由来する。

mitre [後期中英語] 名 司教・主教冠 (司教や主教が典礼の際に被る縦長の冠)、ミトラ、司教の職：
古フランス語 mitre から入った語である。mitre はギリシア語 mitra「ターバン」、「ベルト」がラテン語を経て入った語である。

mitten [中英語] 名 ミトン (親指だけ離れたふたまた手袋)：
古フランス語 mitaine に由来する。おそらくネコの愛称 mite から派生した語であろう。ミトンの多くは動物の柔毛でできている。mitt [18世紀半ば] 名「(指先が露出し手首から肘までを覆う) 婦人用長手袋」は mitten の尾音消失語である。

mix [後期中英語] 動 混ぜる、混合する、調合する、混ざる、交わる；名 混合 (物)：
後期中英語 mixt (=mixed 形「混合した」) の逆成語 (接尾辞の欠落) である。過去分詞として使われていた mixt は、古フランス語 mixte から入った語で、mixte はラテン語 miscere「混ぜる」の過去分詞 mixtus に由来する。mixture [後期中英語] 名「混合 (物)」はフランス語 mixture またはラテン語 mixtura に由来する。

moan [中英語] 動 うめく、うなる、嘆く、不平をいう；名 うめき、不平、嘆き：
当初の意味は「不平、嘆き」であった。語源は不詳である。

moat [後期中英語] 名 (都市、城壁、動物園の飼育場の周囲の) 堀、濠；動 …を堀で囲む、…に堀をめぐらす：
古フランス語 mote「塚、盛土」に由来する。

mob [17世紀後半] 名 暴徒、やじ馬、大衆：
古語 mobile の省略形で、mobile はラテン語 mobile vulgus「移り気な・激しやすい群衆」の略である。

mob cap [18世紀半ば] 名 モブキャップ：
mob は廃語 mab「あばずれ、売春婦」の変異形である。当初は「売春婦」という意味であったが (17世紀半ば～後半)、後に「部屋着」を意味するようになった (17

世紀半ば〜18世紀半ば）。今では耳までかぶさるフリルつきの柔らかな布製の婦人用室内帽を指すのが一般的である。女性が日常的に使うこの種の帽子は、18〜19世紀初頭には朝に室内で被っていたものと見られる。

mobile ［15世紀後半］形可動性の、動きやすい、移動可能な、気まぐれな；名モビール細工：
ラテン語 mobilis がフランス語を経て入った語である。mobilis は movere「動く」より派生した語である。名詞用法は1940年代に遡る。**mobilize** ［19世紀半ば］動「動員する、流通・流動させる」はフランス語 mobiliser に由来するが、mobile の派生語である。

mock ［後期中英語］動あざける、ばかにする、嘲笑する：
古フランス語 mocquer「嘲笑する」に由来する。**mockery** ［後期中英語］名「あざけり、嘲笑の的」は古フランス語 moquerie「あざけり」に由来する。

mode ［後期中英語］名方法、様式、流行：
当初は音楽用語（音階・旋法を指していた）であったほか、文法用語 mood「法」の変異形として使われていた。ラテン語 modus「尺度」に由来し、語源となったインド＝ヨーロッパ語は mete「割り当てる」と同じ語根である。**modal** 形「法性の、様式の、様相の」（ラテン語 modus より派生した中世ラテン語 modalis に由来する）」は16世紀半ばに論理学用語として使われはじめた。
→ MOOD²

model ［16世紀後半］名模型、設計図、模範、モデル、方法、型；動模型を作る、設計する：
当初は「建物の設計図」を意味していた。フランス語 modelle から入った語で、イタリア語 modello に由来する。modello はラテン語 modulus「小さな尺度」が変化したものである。model がファッションショーで衣服を身につけて披露する人

を意味するようになるのは20世紀初頭以降である。

modem ［20世紀半ば］名変復調装置（電話回線を通じてインターネットに接続する装置）、モデム；動モデムで送る：
modulator「変調器」と demodulator「復調器」の混成語である。

moderate ［後期中英語］形節度のある、穏やかな、適度の；動和らげる、和らぐ、穏やかになる：
ラテン語 moderare「加減する、低減する」が moderate および **moderation** ［後期中英語］名「適度、適切」の基になった語である。moderation はラテン語 moderatio(n) が古フランス語を経て入った語である。
→ MODEST

modern ［後期中英語］形現代の、最新式の、当世風の：
後期ラテン語 modernus に由来する。ラテン語 modo「ちょうど今」より派生した語である。**mod** 形「最新流行の、前衛的な、モッズ族」は modern および modernist「現代主義者、現代主義の」の短縮形である。1960年代初頭に mods はしゃれた服を着てスクーターを乗り回す若者に象徴される1つのサブカルチャーを形成した。

modest ［16世紀半ば］形謙虚な、控えめな、地味な、適度の、ささやかな：
フランス語 modeste から入った語で、ラテン語 modestus「節度のある」に由来する。modestus は modus「尺度」と同系である。

modicum ［15世紀後半］名少量、僅少：
ラテン語 modicus「節度のある、穏やかな」の中性形 modicum が英語に入ったものである。modicus は modus「尺度」より派生した語である。

modify ［後期中英語］動修正する、変更する、緩和する、加減する、【言語】修飾

する：
古フランス語 modifier に由来する。modifier はラテン語 modus「尺度」より派生した modificare に由来する。**modification**[名]「修正、変更、下限、緩和」は 15 世紀後半のスコットランド語で「支払いの見積もり」を意味する法律用語であった。フランス語またはラテン語 modificatio(n-) に由来するが、基になった語は modificare である。
→ MODE

modulate [16世紀半ば][動]調節する、調整する、調子を合わせる、調子を変える、【音楽】転調する：
「(歌を)吟唱する」が当初の意味で、ラテン語 modulari「測る、奏でる」に由来する。基になったのは modulus「(modus の指小辞語で)基準寸法」である。

module [16世紀後半][名]測定基準・単位、規格化された構成単位、【建築】モジュール (設計の基準寸法)：
「割り当てられた尺度」や「計画、模型」が当初の意味であった。フランス語 module、あるいはラテン語 modulus「標準、寸法」から入った語である。「明確な単位」という意味は 1950 年代に遡る。18 世紀後半に遡る **modular**[形]「モジュール方式の、規格ユニットで組み立てられた」は現代ラテン語 modularis に由来する。modularis はラテン語 modulus より派生した語である。

moggie [17世紀後半][名]《俗語》ネコ：
Maggie の異形で、Margaret の愛称である。

mohair [16世紀後半][名]モヘア (アンゴラヤギの毛)、モヘア織り、モヘア織りの衣服；[形]モヘア織りの：
アラビア語 mukayyar「ヤギの毛でできた織物」に由来する。mukayyar の形容詞用法の文字通りの意味は「選び抜かれた、精選した」である。語尾の変異は hair との類推による。

moist [後期中英語][形]湿った、湿気の多い、湿っぽい、雨の多い、涙にぬれた：
古フランス語 moiste に由来する。基になったのはラテン語 mucidus「かび臭い」(mustum より派生した musteus「新しいワインのような」に由来する) である。**moisture** [後期中英語][名]「湿気、水分」は古フランス語 moiste から派生した moistour に由来する。

molar [後期中英語][名]大臼歯、奥歯；[形]大臼歯の、かみ砕く：
ラテン語 molaris に由来する。molaris は mola「石臼」から派生した語である。

mole[1] [後期中英語][名]モグラ、トンネル掘削機、スパイ、たれこみ屋：
ゲルマン語起源の中オランダ語および中低地ドイツ語 mol に由来する。1970 年代になると、mole は冷戦時のスパイ活動に関する著述の中で「一定期間組織に潜伏して自らを信頼させ、機密情報を入手する諜報員」を意味する語としてさかんに用いられるようになった。

mole[2] [古英語][名]ほくろ、あざ：
ゲルマン語起源で、古英語 māl は「変色した斑点」という意味であった。

molest [後期中英語][動]悩ます、邪魔する：
「問題を起こす、悩ます」が molest の当初の意味であった。古フランス語 molester またはラテン語 molestare「悩ます」に由来する。molestare は molestus「厄介な」から派生した語である。

moll [17世紀初頭][名]売春婦、(ギャングなどの)情婦、女の犯罪者：
a gangster's moll「ギャングの情婦」の中で使われる moll は Mary の愛称である。

mollify [後期中英語][動]和らげる、柔らかくする、鎮める、軽減する：
当初「柔らかくする」を意味していたフランス語 mollifier またはラテン語 mollificare に由来する。mollificare は mollis「柔

らかい」から派生した語である。

mollusc ［18世紀後半］图軟体動物、貝類・甲殻類の動物：
現代ラテン語 mollusca に由来する。mollusca はラテン語 mollis「柔らかい」から派生した molluscus の中性複数形である。

mollycoddle ［19世紀半ば］图めめしい男、弱虫；動甘やかす：
molly「若い女、売春婦」(moll「情婦」と同義語) と coddle「弱虫」からなる。
→ MOLL

molten ［中英語］形融解した、溶解した、熟した、ギラギラした：
melt の古英語の形 meltan の過去分詞が形容詞として残ったものである。
→ MELT

moment ［後期中英語］图瞬間、(特定の) 時、時期、好機、重要性、【物理】モーメント、運動率：
ラテン語 momentum「動き、重要性、瞬間」に由来する。momentum は momentary ［後期中英語］形「瞬間的な、つかの間の、一時的な」(ラテン語 momentarius に由来する) の語源でもある。ラテン語 momentum「運動量、勢い」が物理学用語として英語に採用されたのは17世紀後半である (例：angular momentum「角運動量〈位置ベクトルと運動量のベクトル積〉」)。momentum は movimentum から来ており、その movimentum は movere「動く」から派生した語である。

monarch ［後期中英語］图君主、独裁的支配者、王：
後期ラテン語 monarcha に由来する。monarcha はギリシア語 monos「単独で」と arkhein「支配する」からなる monarkhēs に由来する。**monarchy** 图「君主制、君主政体、君主国」もまた後期中英語に遡る語で、古フランス語 monarchie に由来する。ギリシア語 monarkhia「独裁」が後期ラテン語を経て入った語である。

monastery ［後期中英語］图(主に男子の) 修道院、僧院、(集合的に) 修道僧：
ギリシア語 monos「1人で」が基になった語である (教会ギリシア語 monazein「1人で暮らす」から派生した monastērion が教会ラテン語を経て英語に入ったもの)。**monastic** ［後期中英語］形「修道院の、修道士・修道女の、隠遁的な、禁欲的な、修道士」もギリシア語 monos が基になった語である (ギリシア語 monazein から派生した monastikos が後期ラテン語を経て英語に入ったもの)。

money ［中英語］图金銭、富、貨幣、賃金：
古フランス語 moneie に由来し、ラテン語 moneta「造幣所、お金」に基づく。moneta は女神ユノ (Juno) に由来し、この女神を祭る神殿にローマで最初の貨幣造幣所が併設された。19世紀初頭の **monetary** 形「貨幣の、通貨の、金融の、財政の」(フランス語 monétaire または後期ラテン語 monetarius に由来する)、および19世紀後半の **monetize** 動「(金属を) 貨幣に鋳造する」(フランス語 monétiser に由来する) も moneta が基になった語である。
→ MINT²

mongrel ［後期中英語］图(動・植物の) 雑種、雑種犬、混交語、混血児；形雑種の：
ゲルマン語起源で、「混合」を意味する語から派生したものと考えられる。
→ AMONG; MINGLE

monitor ［16世紀初頭］图監督生、(コンピュータなどの) 表示装置、モニター；動監視する：
当初、学校で下級生を監督する上級生を指す語として使われていた。ラテン語の動詞 monere「警告する」より派生した monitor が英語に入ったものである。「観察・記録する装置」という意味は1930年代に遡る (例；heart monitor「ハートモ

ニター〈心臓機能の継続的な観察のための電子装置〉」)。

monk [古英語]图(「清貧、貞潔、従順」を誓った)修道士、僧：
古英語 munuc はギリシア語 monos「1人で」から派生した monakhos「1人(暮らし)の」に由来する。
→ MONASTERY

monochrome 图[17世紀半ば]単色、白黒描写、白黒写真、単色画法；形単色の、白黒の：
語源はギリシア語 monokhrōmatos「単色」である。

monocle [19世紀半ば]图単眼鏡、片めがね：
元は「片目の」という意味のフランス語 monocle から入った語で、後期ラテン語 monoculus「片目の」に由来する。

monogamy [17世紀初頭]图一夫一婦婚制、単婚：
フランス語 monogamie に由来する。monogamie はギリシア語 monogamia (monos「単一の」と gamos「結婚」からなる)が教会ラテン語を経て入った語である。

monolith [19世紀半ば]图モノリス(建築・彫刻用の一枚岩)、石柱、記念碑、特徴のない大きな建物、(比喩的に)一枚岩、一枚岩的存在：
フランス語 monolithe に由来する。基はギリシア語 monolithos (monos「単一の」と lithos「石、岩」からなる)である。

monologue [17世紀半ば]图独白、一人芝居、独白形式の作品、ひとりの長広舌：
フランス語 monologue から入った語で、ギリシア語 monologos「独白、1人でしゃべること」に由来する。

monopoly [16世紀半ば]图専売(権)、独占(権)、専売品：
ギリシア語 monopōlion (monos「単一の」と pōlein「販売」からなる)がラテン語を経て入った語である。

monotone [17世紀半ば]图単調、一本調子の話し方・書き方、単調音；形単調な、単色の：
現代ラテン語 monotonus から入った語で、後期ギリシア語 monotonos に由来する。

monsoon [16世紀後半]图モンスーン、(インド洋・南アジアの)季節風、雨期：
ポルトガル語 monção から入った語で、アラビア語 mawsim「一定の季節」に由来する。この mawsim の基になったのは wasama「印をつける」である。monsoon は特に長期間の豪雨を伴う夏の季節風を指すこともある。

monster [後期中英語]图怪物、残忍な人、大ベストセラー；形モンスターのような、巨大な、強力な：
ラテン語 monstrum「驚異的なもの、あるいは怪物」から生じた古フランス語 monstre に由来する。monstrum は後期中英語に、「奇妙な、あるいは不自然な」(古フランス語 monstreux、あるいはラテン語 monstrosus から)を意味していた **monstrous** 形『奇怪な』の語源でもある。現在の意味が生じたのは16世紀から。**monstrosity** 图『奇怪さ』は16世紀半ばに生じ、当時は成長の異常を示していた。この monstrosity は、ラテン語 monstrosus から生じた後期ラテン語 monstrositas に由来する。ラテン語 monere「警告する」が語基となる動詞である。

month [古英語]图(暦の)月
古英語 mōnath はゲルマン語起源で、オランダ語 maand やドイツ語 Monat「月」と同系である。
→ MOON

monty [20世紀後半]图モンティ(男性

の名）：
the full *monty* という表現で20世紀の終わり頃に使われるようになったこの語は、起源不詳である。（根拠のない）様々な理論があるが、その中に the full Montague Burton という表現が基になっているとするものがある。この表現は Sunday-best three-piece suit「よそ行きの三つ揃いのスーツ」（20世紀初頭の、誂(あつら)え服の仕立屋の名前より）という意味だと思われる。また、軍隊で使われていたという説もある。軍隊では、the full *monty* はモントゴメリー英陸軍元帥が要求した the full cooked English breakfast「完全に調理した英国式朝食」を指す。

monument ［中英語］名記念建造物、記念碑、遺跡、墓石：
かつては「埋葬地」を意味していた。*monere*「思い出させる」から生じたラテン語 *monumentum* が、フランス語経由で入ってきたものである。

mooch ［後期中英語］動こそこそする、せびる、…をねだる；名こそこそ歩く、たかり屋：
当初は「ため込む」を意味していた。その起源は、アングロノルマンフランス語 *muscher*「隠れる、こっそり隠れる」だと思われる。方言の「ずる休みする」という意味は、16世紀初頭に生じた。現在の意味が生じたのは、19世紀半ばのことである。

mood¹ ［古英語］名気分、雰囲気、意向、不機嫌：
古英語 *mōd* には、「心」や「壮絶な勇気」という意味も含まれていた。ゲルマン語起源で、オランダ語 *moed* やドイツ語 *Mut*「勇気」と同系である。**moody**形「不機嫌な」は古英語では *mōdig* で、「勇敢な、あるいは頑固な」という意味だった。

mood² ［16世紀半ば］名【言語学】（叙）法：
文法（例：subjunctive *mood*「仮定法」）や論理学で使われ、*mode* の異形である。
→ MODE

moon ［古英語］名（地球の衛星の）月、衛星、（ある月相の）月、月光；動うろつく、ぼんやりと過ごす：
古英語 *mōna* はゲルマン語起源で、オランダ語 *maan* やドイツ語 *Mond*「月」と同系である。ラテン語 *mensis* やギリシア語 *mēn*「（暦の）月」、さらにラテン語 *metiri*「測る」（月は時間の測定に使われた）と同様、インド＝ヨーロッパ語が語根である。
→ MONTH

moor¹ ［古英語］名荒れ地、湿原地：
未開の高地が広がる様子を表す古英語 *mōr* は、ゲルマン語起源である。

moor² ［15世紀後半］名（船などを）係留すること；動係留する、…を停泊させる：
航海用語で「しっかり結ぶ」の意で用いられ、オランダ語 *meren* の語基であるゲルマン語に由来すると思われる。

moot ［古英語］形議論の余地がある、非現実的な；動…を議題に載せる、…の現実的意味をなくす：
古英語 *mōt* は「集会や会議」、*mōtian* は「意見を交わす」という意味だった。ゲルマン語起源のこの語は、meet と同系である。形容詞（元は *moot* court「模擬法廷」のように、限定名詞として使われた）は、16世紀半ばに生じた。現在の動詞の意味「議論のために（話題を）取り上げる」は、17世紀半ばから用いられている。
→ MEET¹

mop ［15世紀後半］名モップ、髪の毛の塊；動モップで掃除する、…をモップでふく、（顔などを）ふく：
ラテン語 *mappa*「ナプキン」と同系である。17世紀後半には、「秋に行われる市」を指して使われるようになった。これは、仕事を探している女性のお手伝いが、市にモップを持参した習慣が基になっている。

mope ［16世紀半ば］名塞ぎ込んでいる

人、意気消沈；[動]塞ぎ込む、(人を)無気力にする：
名詞は当初、「ばか者、愚か者」という意味だった。スカンジナビア語起源で、スウェーデン語方言 mopa「すねる」と同系である。

moped [1950年代][名]モペット、モペッド(原動機付き自転車)：
スウェーデン語 (trampcykel med) mo(toroch) ped(aler)「モーターとペダルのついた自転車」の音節からなる。

moppet [17世紀初頭][名]女の子、めめしい男：
廃語となった moppe「赤ん坊、あるいはぬいぐるみ人形」の語尾に指小辞語 -et がつき、「小さな人形」の意が加わった。

moral [後期中英語][名]教訓、格言、品行；[動]道徳上の、良心の：
mos, mor-「習慣」や複数形 mores「道徳」から生じた、ラテン語 moralis に由来する。当初はラテン語 Moralia を訳した名詞として使われていた。Moralia とは、グレゴリオ大教皇が『ヨブ記』の道徳解説をした著作の書名で、後に、様々な古典作家の作品で使用されるようになった。
morality [後期中英語][名]「道徳的であること」は、ラテン語 moralis から生じた、古フランス語 moralite もしくは後期ラテン語 moralitas に由来する。当初は「道理にかなった分別」、「道徳的資質」、「道徳的寓話」、「道徳規範」も意味していた。同時期に生じた動詞に moralize[動]「道徳を説く」があり、当初は「…の道徳的意味を説明する」の意で用いられていた。この動詞は後期ラテン語 moralis から派生した、フランス語 moraliser、あるいは中世ラテン語 moralizare に由来する。

morale [18世紀半ば][名](同じチーム・組織に属する人たちの)やる気、気力：
「自信や熱意」を意味し、フランス語 moral に由来する。フランス語で発音したときに生じる最後のアクセントを反映した綴りに変化した。

morass [15世紀後半][名]沼地、泥沼、難局：
中オランダ語 marasch (moer「沼地」への同化による) の変形である、オランダ語 moeras に由来する。その marasch は、中世ラテン語 mariscus から派生した、古フランス語 marais「沼地」が基になっている。

moratorium [19世紀後半][名]モラトリアム、支払猶予、一時停止：
後期ラテン語 moratrius「遅延」の中性形 (名詞として使われる) である、現代ラテン語。moratrius は、mora「遅らせること」から生じたラテン語 morari「先送りにする」に由来する。

morbid [17世紀半ば][形]病的な、恐ろしい、病気の：
当初は「病気の兆候」という、医学的な意味で使われた。morbus「病気」から派生した、ラテン語 morbidus に由来する。これが拡張した「病的な」、「憂鬱な」(例：*morbid* fear, *morbid* visions「病的な幻覚」) の意味は、18世紀後半から。

more [古英語][名]追加のもの；[形]もっと多くの、追加の；[副]より大きな程度に：
古英語 mara はゲルマン語起源で、オランダ語 meer やドイツ語 mehr「より多くの」と同系である。

morgue [19世紀初頭][名]死体安置所、参考資料館：
元々、身元が判明するまで遺体を安置していたパリにある建物の名前で、そのフランス語を借用したものである。

morning [中英語][名]午前、夜明け、初期；[形]朝の：
evening にならい、古英語 morn から生じた。morn はゲルマン語起源で、古英語では morgen だった。**morrow** [中英語][名]「明日、朝」(当初は morwe と綴られた) も古英語 morgen から派生した。現在では、詩や文語でのみ用いられている。

moron [20世紀初頭][名]脳たりん、能な

し：
当初は、精神年齢が8歳から12歳くらいの大人を指す医学用語だった。mōros「愚かな」の中性形であるギリシア語mōronから生じた。

morose [16世紀半ば][形]不機嫌な、気難しい：
mos, mor-「態度」から生じた、ラテン語morosus「不機嫌そうな」に由来する。

morph [1990年代][動]モーフィングする、変形させる；[名]モルヒネ：
「コンピュータのアニメーション技術を使って、ある画像を別の画像にスムーズに変える」という意味のこの動詞は、metamorphosisの一部を取ったものである。
→ METAMORPHOSIS

morsel [中英語][動]…を少量ずつ分配する；[名]一口（分）、少量：
mors「ひとかじり」の古フランス語の指小辞語に由来する。morsは、mordere「噛みつく」の過去分詞語幹であるラテン語morsから生じた。

mortal [後期中英語][名](死ぬ運命にある)人間；[形]死を免れない、人間の致命的な、死の：
古フランス語、あるいはmors, mort-「死」から派生したラテン語mortalisに由来する。**mortality**[名]「死すべき運命」も同じ時期に生じたが、こちらはmortalisから生じたラテン語mortalitasが古フランス語経由で入ってきたものである。

mortar¹ [後期古英語][名]すり鉢、乳鉢：
当初は「料理の材料、あるいは医薬化合物をすりつぶすためのボール」という意味で使われた。ラテン語mortarium（後に、英語はこの綴りに同化した）から生じた古フランス語mortierに由来する。

mortar² [中英語][動]…をモルタルで塗る：
建物に使われる圧着剤を意味する。ラテン語mortariumから生じた古フラ

ンス語mortierに由来する。化合物を粉砕するためのボールを意味するmortarの意味が転移したもの。
→ MORTAR¹

mortgage [後期中英語][動]…を抵当に入れる；[名]抵当、租保：
文字通りには「効力のない約束」という意味の古フランス語に由来する。mort（ラテン語mortuus「死」から）とgage「約束」から派生した。

mortify [後期中英語][動]禁欲する、（人に）恥をかかせる、自制する：
当初は「殺す」、「和らげる」、「抑制する」という意味も表していた。教会ラテン語mortificare「殺す、征服する」から派生した、古フランス語mortifierに由来する。mortificareは、mors, mort-「死」から生じた。

mortuary [後期中英語][名]遺体安置所[形]埋葬の、死の
元々は亡くなった人の遺産から教区司祭への贈り物を意味した。mortuus「死」から生じたラテン語mortuariusに由来する。現在の「埋葬前に死体が安置される場所」という意味は、19世紀半ばから使われるようになった。

mosaic [後期中英語][動]…をモザイクで作る；[名]モザイク、モザイク画法：
フランス語mosaïqueから派生した英語mosaicは、ラテン語musi(v)um「小さな四角い石の飾り付け」が基になっている。元々はギリシア語mousa「詩神」から生じた。

moss [古英語][動]…を苔で覆う；[名]苔：
古英語mos「沼地、苔」の起源はゲルマン語で、オランダ語mosやドイツ語Moos「苔」と同系である。

most [古英語][形]最も多くの、たいていの；[副]最も、一番：
古英語māstはゲルマン語が起源で、オランダ語meestやドイツ語meist「最も多くの」と同系である。

mother［古英語］動…の母になる、…を生み出す；名母、お母さん：
ゲルマン語起源の古英語 mōdor は、オランダ語 moeder やドイツ語 Mutter「母」と同系である。ラテン語 mater やギリシア語 mētēr と同様、インド＝ヨーロッパ語が基になっている。motherly 形「母の」も古英語で mōdorlic だった。

motion［後期中英語］動（身ぶりで）…に合図する；名動き、動作：
movere「動く」から生じたラテン語 motio(n-) が、古フランス語経由で入ってきた。
→ MOVE

motive［後期中英語］名動機、真意；形原動力となる、動機となる：
古フランス語 motif（名詞として使われる形容詞）に由来する。motif は、movere「動く」から生じた後期ラテン語 motivus から派生した。「動機づけ」motivation 名は19世紀後半から用いられている。motive が基になったこの名詞は、motivate 動「動機となる」によって強められた。

motley［後期中英語］名寄せ集め；形種々雑多の：
起源は不詳だが、元々は古英語 mote「小さなかけら」（オランダ語 mot「おがくず」と同系）と同系である。

motor［後期中英語］名モーター：
当初は動きを伝える人を意味していた。「動くもの」という意味のラテン語から派生し、movere「動く」が基になっている。現在の名詞の意味が生じたのは19世紀半ばから。

mottle［18世紀後半］動…をまだらにする；名まだら：
motley からの逆成（接尾辞を取り除く）だと思われる。
→ MOTLEY

motto［16世紀後半］名標語、モットー、題辞：
イタリア語 motto「言葉」からの借用語である。

mould¹［中英語］動…を形作る；名モールド、型：
ラテン語 modulus「寸法」から生じた古フランス語 modle に由来すると思われる。

mould²［後期中英語］動かびが生える；名かび、菌：
廃語となった mould に由来すると考えられる。mould はスカンジナビア語起源で moul「カビが生える」の過去分詞である。古ノルド語 mygla「カビが生える」と同系である。

mould³［古英語］動…に耕土をかける；名肥土、耕土：
古英語 molde（例：leaf mould「腐葉土ど」）はゲルマン語起源で、「細かく砕く、すりつぶす」を意味する。
→ MEAL²

moult［中英語］動生え変わる、脱皮する；名生え変わり、脱皮：
当初は moute と綴られ、ラテン語 mutare「変化する」が基になった古英語動詞に由来する。挿入された -l- は、fault のような語にも見られる。

mound［16世紀初頭］動…を積み上げる；名盛り土、土手：
当初は「塀や生け垣で囲む」という意味の動詞として使われていた。語源不詳。名詞の当初の意味は「境界となる塀や生け垣」だった。

mount¹［中英語］動上がる、登る；名上がること、登ること：
ラテン語 mons, mont-「山」が基になった古フランス語 munter に由来する。名詞用法は動詞から生じたが、フランス語 monte の影響を受けている可能性がある。18世紀半ば以降は何かを載せるものの「支え」、そして写真などを台紙に貼ることを意味することがある。

mount²［古英語］名山、丘：
古英語 munt「丘」はラテン語 mons,

mont- 「山」に由来する。中英語で古フランス語 mont によって広まった。中英語 mountain は、ラテン語 mons が基になった古フランス語 montaigne に由来する。

mourn [古英語][動]嘆く、悲しむ：
古英語 murnan はゲルマン語起源である。一般的に、memory のインド＝ヨーロッパ語の語幹が基であると言われているが、研究者の中には、古ノルド語 morna「やせ衰える」が最初で、インド＝ヨーロッパ語の語幹は「死ぬ、枯れる」だとする者もいる。

mouse [古英語][動]ネズミを捕まえる；[名]ネズミ、臆病者：
古英語 mūs, mȳs（複数形）はゲルマン語起源で、オランダ語 muis やドイツ語 Maus「ネズミ」と同系である。ラテン語やギリシア語の mus と同様、インド＝ヨーロッパ語の語根に由来する。複合語に以下がある：
■ mouse potato は 1990 年代からコンピュータ用語として使われており、couch potato にならって造られた。

moustache [16世紀後半][名]口ひげ：
イタリア語 mostaccio から生じたフランス語に由来する。mostaccio は、ギリシア語 mustax, mustak- から派生した。当初のイギリスの英語辞書や一部のアメリカの辞書では、mustache（半英国風の綴り）が主な形だった。

mouth [古英語][動]口元で伝える、…を言う；[名]口、口状のもの：
古英語 mūth はゲルマン語起源で、オランダ語 mond やドイツ語 Mund「口」と同系である。ラテン語 mentum「あご」と同様、インド＝ヨーロッパ語の語基に由来する。

move [中英語][動]移動する、引っ越す、転職する；[名]動くこと、動き：
ラテン語 movere から生じた、古フランス語 moveir に由来する。主な意味は次の通りである。「進む」（例：He moved awkwardly along the narrow passageway「彼は狭い通路を不器用に進んだ」）、「感動させる」（例：moved me to tears「感動して涙が流れた」）、そして「行動を起こさせる」（例：W・ゴールディング『通過儀礼』Rites of Passage：What would move Captain Anderson to do as I wished「なぜアンダーソン船長は私が望むような行動を起こしたのか」）。**movement** [後期中英語][名]「運動」は、中世ラテン語 movimentum が古フランス語経由で入ってきた。movimentum はラテン語 movere に由来する。

mow [古英語][名]干し草；[動]草の刈り取りをする：
古英語 māwan はゲルマン語起源で、オランダ語 maaien とドイツ語 mähen「草を刈る」と同系である。

much [中英語][名]多量、たくさん；[形]多い、多量の[副]ずっと、ひじょうに：
古英語 micel「多数の、ひじょうに多くの」から派生した muchel の短縮形である。mickle は「少量」を意味するとしばしば誤解されてきた。これは、元のことわざ Many a little makes a mickle「チリも積もれば山となる」が 1793 年のジョージ・ワシントンの文書に Many a mickle makes a muckle と誤って書かれたことが原因である。mickle も muckle も同じ語の異形で、今でも方言で使われている。

muck [中英語][動]…に肥やしをやる、泥で汚す；[名]汚水、ふん、腐葉土：
元々、muk と綴られ、スカンジナビア語起源だと思われる。古ノルド語 myki「糞」と同系の可能性がある。英語 meek と同様、「柔らかい」を意味するゲルマン語に由来する。Where there's muck, there's brass「汚物のあるところ金がある」という表現は、19 世紀半ばに生じた。偉ぶった人を意味する Lady Muck や Lord Muck は、1930 年代に現れた。

mucus [17世紀半ば][名]粘液：
ラテン語がそのまま使用されている。同じく 17 世紀半ばに生じた **mucous** [形]「粘液の」は、ラテン語 mucosus に由

来する。

mud [後期中英語]名泥、ぬかるみ、悪口：
中低地ドイツ語 *mudde* に由来する。*mud* を使った成句の中で、as clear as *mud*「ちっともわからない」は19世紀初頭に生じた。drag through the *mud*「名前を汚す」は19世紀半ばから、*Mud* sticks「泥はこびりつく、《ことわざ》悪い評判はなかなか消えない」は19世紀後半から使われるようになった。酒を飲む前の Here's *mud* in your eye「乾杯！」という愉快な表現は、1920年代に生じた。

muddle [後期中英語]動もたもたする、ごちゃ混ぜにする；名混乱、ゴタゴタ：
「泥の中で転げまわる」というのが当初の意味で、中オランダ語 *moddelen* に由来すると思われる。*moddelen* は、*modden*「泥を跳ねかける」の反復動詞（繰り返される行為を表す動詞）である。「混乱させる」の意味は当初、お酒に関連しており（17世紀後半の「酔って、スピーチが支離滅裂になる」）、そこから19世紀半ば頃に「混乱してあくせくする」と「混同する」の意味が生じた。
→ MUD

muff [16世紀半ば]名マフ（婦人用の円筒状の手袋）：
オランダ語 *mof*、中オランダ語 *muffel* に由来する。*muffel* は中世ラテン語 *muff(u)la* から派生した。起源は不詳。19世紀初頭に生じた muff動「しくじる」と同系である。

muffle [後期中英語]動覆う、弱める、包む；名消された音：
muffle「覆う、隠す」は古フランス語 *enmoufler* の短縮形だと思われる。

mug [16世紀初頭]動大げさな表情をする、…の顔写真を作る；名マグ、ジョッキ、（人間の）顔：
スコットランドや北イングランドで生じ、土器の器を指していた。起源はおそらくスカンジナビア語で、ノルウェー語 *mugge* やスウェーデン語 *mugg*「取っ手付きの水差し」と同系である。*mug* が「顔」の意味で使われるようになったのは18世紀初頭で、この時期に、グロテスクな人間の顔を描いたマグカップが普及した。動詞用法（例：*mug* up on Greek mythology「ギリシャ神話を詰め込み勉強する」）が生じたのは19世紀半ばのことだが、その起源は不詳である。17世紀のスラング *mug*「酒を飲む、酔う」から派生したと思われる。軽蔑的な語 **muggins** [19世紀半ば] は、Muggins という姓を使い、「騙されやすい人」という意味の *mug* をほのめかしたものだと考えられる。

muggy [18世紀半ば]形（気候が）蒸し暑い：
一部の地域で使われていた *mug*「霧、霧雨」（スコットランド語や東アングル、シュロップシャー州の方言に見られる）から生じた。古ノルド語 *mugga*「霧雨」に由来する。

mulch [17世紀半ば]名根覆い；動根覆いをする：
ガーデニング用語で、方言の形容詞 *mulch*「柔らかい」が名詞として使われたものと考えられる。古英語 *melsc, mylsc* に由来する。湿った藁と葉を混ぜたもので、土壌を豊かにしたり、植えたばかりの木の根を守ったりするために地面に撒く。

mule¹ [古英語]名ラバ、頑固な奴、（麻薬などの）運び屋：
ロバや馬の子を意味する古英語 *mūl* は、ラテン語 *mulus, mula* から生じたゲルマン語起源だと考えられる。中英語で古フランス語によって広まった。アメリカのスラングで「非合法ドラッグの密売人」を意味するようになったのは、1920年代のことである。

mule² [16世紀半ば]名（履物の）ミュール：
「スリッパ」という意味のフランス語の借用語である。ローマ人司令官が履いていた赤みがかった靴を意味する、後期ラテン語 *mulla*、ラテン語 *mulleus (calceus)*

に由来する。

mull¹ ［19世紀半ば］［動］じっくり考える、検討する：
mull over「熟考する」の mull は語源不詳である。mull「温ワイン」から派生した可能性もある。
→ MULL²

mull² ［17世紀初頭］［動］（ワインなどに）砂糖や香料を加えて温める：
mulled wine「温ワイン」の mull の起源は不詳で、いくつかの説が考えられる。可能性は低いが、mulled ale は moldale「葬式後の宴会」が転訛した、というものがある。他にも、mull はワインなどを温めるときに使われる粉末状のスパイスを指す、という説もある。さらに、元々の意味は「柔らかくする、まろやかにする」だとする説もある。しかし、当初の例を見ると、当時は「熱くする」を意味していたようである。

mull³ ［中英語］［名］岬：
「岬、突端」という意味で、場所の名前に使われることが多い（例：Mull of Kintyre「キンタイア岬」）。スコットランド・ゲール語 maol、アイスランド語 múli と同系である。

multiple ［17世紀半ば］［名］倍数、【美術】マルティプル、多重；［形］多数の、多角的な：
後期ラテン語 multiplus から生じたフランス語に由来する。multiplus は、ラテン語 multiplex が変化したものである。当初は数学量として使われた。

multiply ［中英語］［動］かけ算をする、…にかける：
ラテン語 multiplicare から生じた古フランス語 multiplier に由来する。multiplicare は、後期中英語 multiplication［名］「増加、かけ算」（古フランス語、あるいはラテン語 multiplicatio(n-) から）の語基でもある。同じく後期中英語に生じた multiplicity も、ラテン語 multiplex から生じた後期ラテン語 multiplicitas に由来する。
→ MULTIPLE

multitude ［中英語］［名］多数、群衆：
multus「たくさんの」から生じたラテン語 multitudo が、古フランス語経由で入ってきたものである。

mum¹ ［後期中英語］［名］無言：
mum's the word (16世紀初頭)「他言は無用」の mum は、唇が閉じているときの音をまねたもので、口が重いことを示している。

mum² ［後期中英語］［形］無言の、黙っている：
中低地ドイツ語 mummen「つぶやく、変装する」と同系であると思われる。mumming の関連語は、古フランス語で早くから用いられ、それが他のヨーロッパ諸言語に広がっていったようである。元々の意味は、無言劇の役者 (mummers) の、くぐもったような、歪められた声を真似たものと思われる。mummer［名］「無言劇の役者」も、後期中英語に、momer「パントマイムを演じる」から生じた古フランス語 momeur から生じた。

mumble ［中英語］［動］つぶやく、ボソボソ言う：
mum!「しっ！」が基になった反復動詞（繰り返される行為を示す動詞）である。

mummy¹ ［18世紀後半］［名］《幼児語》ママ：
当初の mammy が変形したものと考えられる。

mummy² ［後期中英語］［名］ミイラ、干からびたもの：
古代エジプトでよく用いられたこの語は、当初は、防腐処置を施した遺体から抽出し、薬として用いられた物質を指していた。フランス語 momie に由来する。momie は、ペルシア語 mum「蠟」から生じたと思われるラテン語 mumia とアラビア語 mūmiyā「防腐処置を施した身体」から派生した。防腐処置を施して保

存された遺体を意味するようになったのは、17世紀初頭のことである。

munch　[後期中英語][動]ムシャムシャ食べる：
munchは、音をたてて食べるときの音をまねた語である。crunchも同じようにして生じた。

mundane　[後期中英語][形]この世の、現世の、平凡な：
当初は「この世の」という意味だった。語源は古フランス語mondainで、ラテン語mundus「世界」から生じた後期ラテン語mundanusに由来する。現在よく用いられている「退屈な、関心がない」という意味は、19世紀後半に生じた。

municipal　[16世紀半ば][形]地方自治体の、国内の：
元々、外交問題ではなく、国内問題に関して用いられた。ラテン語municipalis（muniaから生じたmuniceps, municip-「特権を持つ市民」が基になったmunicipium「自由都市」より）とcapere「取り込む」に由来する。municipality[名]「地方自治体」は18世紀後半に生じ、municipalから生じたフランス語municipalitéに由来する。

mural　[後期中英語][名]壁画；[形]壁画の：
ラテン語muralisから生じたフランス語に由来する。muralisはmurus「壁」から派生した。形容詞は当初紋章学で、mural crown「城壁冠」という表現で使われた。城壁冠とは、城壁を型どった王冠のことである。後に、16世紀半ばになって「壁に置く、創作する」という意味が生じ、これが現在の名詞用法「壁に描かれた芸術作品」（20世紀初頭に生じた）に反映されている。extra-muralという、文字通り「壁の外」という表現は、19世紀後半から学外の人に対して開かれる講座を指して教育の場で用いられるようになった。

murder　[古英語][動]殺人を犯す、殺す；[名]殺人：
古英語morthorはゲルマン語起源である。オランダ語moordやドイツ語Mord「殺人」と同系であり、サンスクリット語mará「死」やラテン語morsと同様、インド＝ヨーロッパ語が語基である。中英語で、古フランス語murdreによって広められた。

murk　[古英語][名]（露などによる陰気な）暗さ、暗がり、露：
ゲルマン語から生じた古英語mirceは、中英語で古ノルド語myrkrによって広められた。

murmur　[後期中英語][動]つぶやく、ささやく；[名]ざわめさ、つぶやき声：
murmurer「つぶやく」から生じた古フランス語murmureに由来する。murmurerは、murmur「つぶやき声」から派生したラテン語murmurareから生じた。

muscle　[後期中英語][動]強引に押し進む；[名]筋肉：
mus「ネズミ」の指小辞語であるラテン語musculusから生じたフランス語に由来する。これは一部の筋肉がネズミのような形をしていると思われていたためである。muscular[形]「筋肉の」は、17世紀後半に、これ以前に同じ意味で用いられていたmusculousが変形して生じた。

muse　[中英語][動]熟考する、考えにふける；[名]瞑想：
動詞muse「じっと考え込む」は、古フランス語muser「瞑想する、時間を無駄にする」に由来する。muserは、中世ラテン語musum「銃口」から派生したものと思われる。

museum　[17世紀初頭][名]博物館、美術館：
かつては大学の校舎、特にプトレマイオス１世ソテルがアレクサンドリアに建てた建物を指していた（紀元前280年頃）。mousa「瞑想」が基になったギリシア語mouseion「ムーサ（智の神）の椅子」が、ラテン語経由で入ってきたものである。

mush[1]　[17世紀後半][名]（柔らかい）グチャ

グチャのもの、(ユーンミールの) 粥：
当初は「濃厚なトウモロコシ粥」を意味していた。mashの異形だと思われる。
→ MASH

mush² ［19世紀半ば］［間］(そりを引く犬にかける言葉で) 走れ：
雪の上でそりを引く犬を励ます際に使われるこの語は、フランス語 *marchez!* あるいは *marchonsl* が変形したものだと思われる。これらは *marcher*「前進する」の命令形である。

mushroom ［後期中英語］［動］キノコ狩りをする；［名］キノコ、マッシュルーム；［形］キノコの：
元々は肉厚の子実体を持つキノコを指していた。後期ラテン語 *mussirio(n-)* から生じた、古フランス語 *mousseron* に由来する。

music ［中英語］［名］音楽、楽曲：
古フランス語 *musique* に由来する。*musique* は、*mousa*「瞑想」から生じたギリシア語の *mousikē (tekhnē)*「ムーサの(技)」が、ラテン語経由で入ってきたものである。1930年代に生じた *muzak* は、*music* の変形である。ラテン語 *musica*「音楽」は、後期中英語の *musical*［形］［名］「音楽の、ミュージカル」(中世ラテン語 *musicalis* から生じた古フランス語より) と *musician*［名］「音楽家」(古フランス語 *musicien* から) が基になっている。

musket ［16世紀後半］［名］マスケット銃：
イタリア語 *moschetto*「石弓の矢」から生じたフランス語 *mousquet* に由来する。*moschetto* は、*mosca*「ハエ」から派生した。

muslin ［17世紀初頭］［名］綿モスリン：
イラクで製造業が盛んな「モスル」という場所の名前が *muslin* の基になっている。イタリア語で *Mussolo* と呼ばれ、ここで作られた布は *mussolina* と呼ばれた。これが *mousseline* としてフランス語に取り入れられ、やがて英語 *muslin* という形になった。

must¹ ［古英語］［助］ねばならない、に違いない：
古英語 *mōste* は *mōt*「may (かもしれない)」の過去形だった。ゲルマン語起源で、オランダ語 *moeten* やドイツ語 *müssen*「…しなければならない」と同系である。

must² ［古英語］［名］新ゴドウ酒、果汁液：
mustus「新しい」の中性形 (名詞として使われる) であるラテン語 *mustum* に由来する。

muster ［後期中英語］［動］集まる、集める；［名］招集、集合：
動詞用法は古フランス語 *moustrer* から、名詞用法は古フランス語 *moustre* から生じた。語源はラテン語 *monstrare*「見せる」である。

musty ［16世紀初頭］［形］かび臭い：
moisty「湿った」の変形だと思われる。

mutation ［後期中英語］［名］変化、変形：
mutare「変化する」から生じたラテン語 *mutatio(n-)* に由来する。*mutate*［動］「変化させる」は19世紀初頭に、*mutation* からの逆成 (接尾辞の削除) で生じた。*mutant*［名］「突然変異種」は、20世紀初頭にラテン語 *mutare* から生じた。

mute ［中英語］［動］音を弱める；［名］口の利けない；［形］沈黙した、無言の：
ラテン語 *mutus* から生じた *mu* の指小辞語である古フランス語 *muet* に由来する。

mutilate ［16世紀初頭］［動］(手足を) 切断する：
ラテン語 *mutilus*「重傷を負った」(ラテン語 *mutilare*「重傷を負わせる、切断する、切り落とす」から) である。

mutiny ［16世紀半ば］［動］反抗する；［名］反抗：
廃語となった「反逆」を意味する *mutine* に由来する。*mutine* はフランス語 *mutin*「反逆者」から派生した。語基はラテン語 *movere*「移動する」である。16世紀後半に生じた *mutinous*［形］「反抗的

な」も、廃語となった*mutine*が基になっている。*mutineer*名「暴徒」は17世紀初頭に現れ、*mutin*「反抗的な」から生じたフランス語*mutinier*に由来する。*mutin*は、*muete*「動き」(ラテン語*movere*が基になっている) から派生した。

mutt [19世紀後半]名雑種犬、馬鹿：
「犬」あるいは馬鹿と見なされている人を指す。muttonheadの省略形である。

mutter [後期中英語]動ボソボソ言う、つぶやく；名ボソボソ言う声：
擬音語で、ドイツ語方言*muttern*に相当する。

mutton [中英語]名ヒツジの肉：
中世ラテン語*multo(n-)*から生じた古フランス語*moton*に由来する。ケルト語が起源だと思われる。スコットランド・ゲール語*mult*、ウェールズ語*mollt*、そしてブルトン語*maout*が同系である。

mutual [15世紀後半]形相互の、分け合う、共通の：
ラテン語*mutuus*「共通の、借りた」から生じた、古フランス語*mutuel*に由来する。*mutare*「変化する」と同系である。

muzz [18世紀半ば]動猛勉強する、混乱させる：
「混乱」を意味するこの語は、当初、「熱心に勉強する」を意味する動詞として用いられていた。起源は不詳だが、*muse*が変化したものが、一部、基になっていると考えられる。
→ MUSE

muzzle [後期中英語]動…に口輪をはめる、口止めする；名鼻口部、口輪：
中世ラテン語*musum*の指小辞語である古フランス語*musel*に由来する。語源不詳である。

muzzy [18世紀初頭]形頭がすっきりしない：
語源不詳。

my [中英語]代私の：
当初は*mi*と綴られ、*h*- 以外の子音で始まるすべての語の前に置かれた。古英語*mīn*「私のもの」から派生した*min*の短縮形である。
→ ME

myriad [16世紀半ば]名無数、1万；形無数の、多種多様な：
元々、1万を意味する単位として使われた。*murioi*「1万」から生じたギリシア語*murias, muriad-*が、後期ラテン語経由で入ってきたものである。

mystery [中英語]名不可解なこと、不思議さ、推理小説、神秘：
当初の意味は、「神秘的な存在、秘密の宗教の象徴」だった。ギリシア語*mustērion*から生じた、古フランス語*mistere*あるいはラテン語*mysterium*に由来する。宗教的な要素があるが、これは、聖書の話や聖人の人生を描いた中世の人気演劇、宗教劇に反映されている。こうした劇は、13世紀からヨーロッパで、職人ギルドが演じるようになった。**mysterious**形「神秘的な」は16世紀後半に、*mystère*「神秘」から生じたフランス語*mystérieux*から派生した。**mystify**動「当惑させる」は、19世紀初頭にフランス語*mystifier* (*mystique*「神秘的な」あるいは*mystere*「神秘」から不規則に形成された) から生じた。
→ MYSTIC

mystic [中英語]名神秘論主義者；形秘密の、神秘的な：
「神秘的な意味」が当初の意味である。古フランス語*mystique*から、もしくはギリシア語*mustikos*がラテン語経由で入ってきた語で、*mustikos*は*mustēs*「創始者」から派生した。基になった動詞はギリシア語*muein*で、「目や口を閉じる」と「始める」の両方を意味していた。現在の名詞の意味 (知識を超えた真実を宗教的な認識によって信じる人) は17世紀後半に生じた。

mythology [後期中英語]名神話、伝承：

ギリシア語 *muthos*「神話」は、*mythology*（フランス語 *mythologie* から、もしくはギリシア語 *muthologia* が後期ラテン語経由で入ってきた語）の最初の要素と、19世紀半ばに生じた **myth**（現代ラテン語 *mythus* から）の語源である。

N n

nab [17世紀後半][動]《口語》つかまえる、つかむ ; [名]おまわり、逮捕:
語源不詳。かつては napp と綴られていたこともあり、kidnap「誘拐」の nap が関連している可能性もある。

nag¹ [19世紀初頭][動]かじる、絶えず悩ます、しつこく小言を言う:
元々は「かじる」を意味する方言であった。スカンジナビア語や低地ドイツ語が語源で、ノルウェー語やスウェーデン語 nagga「かじる、いらいらさせる」、低地ドイツ語 (g)naggagen「怒らせる」と同系である。

nag² [中英語][名](乗馬用の) 子馬:
口語で、年老いた、または病的な状態にある馬を軽蔑的に表現したもの。語源不詳。「子馬」を意味するオランダ語 negge と同系の可能性がある。

nail [古英語][名]指の爪、釘、鋲びょう ; [動]釘で打ちつける、釘づけになる:
古英語 nægel はドイツ語が語源である。オランダ語 nagel やドイツ語 Nagel「釘」と同系で、いずれもラテン語 unguis「爪、かぎつめ」やギリシア語 onux「爪」と同じインド=ヨーロッパ語が語根になっている。動詞は18世紀初頭には「つかまえる、束縛する」(例: It was her evidence that nailed him「彼女の証言で彼が捕らえられた」) という拡張された意味として用いられた。

naive [17世紀半ば][形]純真な、あどけない:
元々、「自然でわざとらしさがない」の意だった。naïf の女性形であるフランス語 naïve に由来する。naïf はラテン語 nativus「土着の、自然の」が基になっている。1950年代以降 naïve は子供が描いたような、大胆で単純化された技法で描かれた絵を指す。

naked [古英語][形]裸の、衣類をつけていない、欠けている、飾らない:
ゲルマン語起源。古英語 nacod は、オランダ語 naakt やドイツ語 nackt「裸の」と同系である。いずれもラテン語 nudus やサンスクリット語 nagna と同じインド=ヨーロッパ語の語根に由来する。The naked truth「ありのままの事実」という成句は、後期中英語に用いられるようになった比喩表現である。

namby-pamby [18世紀半ば][形]いやに感傷的な、弱々しい:
18世紀初頭の英国人作家、アンブローズ・フィリップの名前をもじって作られた。彼の牧歌がヘンリー・ケアリーとポープに嘲笑されたことによる。

name [古英語][名]名前 ; [動]命名する:
シェイクスピアは物の本質をとらえる際に name の正確性を問題にした (『ロミオとジュリエット』Romeo and Juliet, II. ii. 43-44: What's in a name? That which we call a rose? By any other name would smell as sweet ;「名前って何? バラと呼んでいる花を別の名前にしてみても美しい香りはそのまま」)。ゲルマン語が起源で、古英語の名詞 nama, noma と動詞 (ge)namian は、オランダ語 naam やドイツ語 Name「名前」と同系である。いずれもラテン語 nomen やギリシア語 onoma と同じ語根に由来する。この語を含んだ成句には次のようなものがある: you name it「何 (誰) でも」は1960年代から用いられる。Name and shame は「公然と非難する」の意で、1990年代から記録されている。複合語に以下がある:

■ **namesake**「(ある人の) 名をもらった人、同名の人 (もの)」は for the name's sake に由来する。

nanny［18世紀初頭］名《幼児語》乳母、おばあちゃん：
幼い子供の世話をする人、または *nanny-goat*「雌ヤギ」という成句で別称として使われ、アンの愛称である。*nanny state*「過保護国家」という意味は1960年代から見られ、過保護・過干渉する体制を指す。この **nan**［1940年代］名「おばあちゃん、乳母、子守」は *nanny* の短縮形、あるいは子供が発音する *gran*「おばあちゃん」のいずれかだと思われる。

nap¹［古英語］動うたたねする：
古英語で *hnappian* だった。語源はゲルマン語である。19世紀初頭に、*catnap* という語が使われるようになった。これは *a cat's nap*「猫のうたたね」、つまり座りながらちょっと眠ることに由来する。

nap²［後期中英語］名けば（立たせた面）：
後期中英語では *noppe* と綴られた。*noppe* は中オランダ語、中低地ドイツ語の *noppe*「けば」、*noppen*「…からけばを切り取る」に由来する。

nap³［1950年代］名勝ち馬の予想：
当初は形容詞として使われ、後期中英語では強いビールの意で用いられた *nappy* からの逆成（接尾辞の除去）である。18世紀初頭に *nappy* は「飲んで酔っ払う」という意味で使われた。

nape［中英語］名首筋、うなじ、襟首：
語源不詳。

napkin［後期中英語］ナプキン：
古フランス語 *nap(p)e*「テーブルクロス」（ラテン語 *mappa* に由来）と指小辞語 *-kin* が組み合わさったもので、「小さな布切れ」の意で用いられる。「家庭用リネン」を表す古語の **napery**［中英語］名と同じ古フランス語が語源である。

nappy［20世紀初頭］名おしめ：
napkin の短縮形である。

narcotic［後期中英語］名麻酔薬、催眠性の薬；形麻酔性の、催眠性の：
古フランス語 *narcotique* に由来する。*narcotique* は *naroun*「麻痺させる」から生じたギリシア語 *narkōtikos* が中世ラテン語経由で入ってきた語である。**narcoterrorism**名「麻薬テロリズム」は1980年代に造られた。接頭辞の *narco-* は「違法麻薬に関係している」を意味する。

nark［19世紀半ば］名興ざめな・不愉快なやつ、（警察の）手先、いぬ；動密告する：
copper's nark「警察の手先」のように使われる。ロマーニー語 *nāk*「鼻」に由来する。

narrative［後期中英語］名（証書などで当事者名や作成理由などを記した）説明部、物語；形物語（体）の：
当初は形容詞として用いられた。後期ラテン語 *narrativus*「物語を語る」から生じたフランス語 *narratif(ive)* に由来する。*narrativus* は動詞 *narrare* が基になっている。このラテン語の動詞 *narrare*（「関係する、話す」を意味し、*gnarus*「知っていること」に由来）は17世紀半ばから用いられている **narrate** 動「述べる、物語る」の語源でもある。

narrow［古英語］形幅の狭い、ケチな、細心な；動狭くなる・する：
古英語 *nearu* はゲルマン語が語源で、オランダ語 *naar*「陰鬱な、不快な」やドイツ語 *Narbe*「傷跡」と同系である。当初は「締めつけられた」、「ケチな」という意味であった。「縮小された範囲に限る」という意味は、複合語動詞 **narrowcast**「限られた聴衆に放送する」に見られ、1930年代から記録されている。この複合語は *narrow casting* からの逆成であり、*broadcasting* の形式の影響を受けている。因襲的な道徳の行い、法を守った行動を意味する *the straight and narrow*「実直な」という成句は19世紀半ばから用いられている。これは『マタイによる福音書』7章14節を間違って解釈したものである：Because strait is the gate, and

narrow is the way, which leadeth unto life, and few there be that find it「命に通じる門はなんと狭く、その道も細いことか。それを見いだす者は少ない」。

nasal［中英語］形鼻の ;名（かぶとの）鼻当て、鼻の薬、（くしゃみを起こさせる）薬剤、鼻音：

中世ラテン語 *nasalis* に由来する。*nasalis* はラテン語 *nasus*「鼻」から。「鼻音」という意味を表すようになったのは17世紀半ばからである。

nasty［後期中英語］形ひどく不潔な、むかつくような、（天気が）荒れ模様の、いやな、意地の悪い：

語源不詳。当初の用法には「不潔であるがためにいやな」という意味があった。「意地の悪い」という意味で人に対して使われるようになったのは19世紀初頭から。「ホラービデオ映画」を指す video *nasty* という用語は20世紀後半から用いられている。

nation［中英語］名国民、国家、外国に居住する同国人、同胞：

古フランス語を経由して英語に入った。元はラテン語 *natio*(n-)「出生、人種」である。*natio*(n-) は *nat-*, *nasci*「生まれる」の過去分詞の語幹に由来する。ラテン語の動詞 *nasci* は **nativity**［中英語］名「キリストの誕生、出生」（後期ラテン語 *nativitas* から生じた古フランス語 *nativite* に由来する）と **native**［後期中英語］形名「生得の、出生地の、奴隷の身分に生まれた人、ある星の下に生まれた人、…生まれの人、土地の人、先住民、現地人」（ラテン語 *nativus*「生得の」に由来）の語源でもある。The *natives* are restless「先住民は休めない」という成句は、1950年代以降ハリウッド映画で頻繁に用いられ、起こりつつあるあらゆる問題や不安を指すようになった。**national** 形名「国（民）の、ある国の国民、外国に居住する同国人、同胞」は16世紀後半から用いられ、フランス語に由来する。基はラテン語 *natio*(n-) である。

natter［19世紀初頭］動ぶつぶつ言う、ぺちゃくちゃおしゃべりする ;名おしゃべり、不平：

初めて用いられたのは「不平を言う、じらす」という方言の意味においてである。この語は早口を模倣したものである。

natty［18世紀後半］形こぎれいな：

元々は俗語（例：*natty* dresser「こざっぱりした服を着た人」）で、neat と同系だと思われる。

nature［中英語］名活力、本質、生理的・本能的要求、本性、造化、自然の神、自然、自然界：

中英語では、「活力」を指していた。ラテン語 *natura*「出生、自然、質」から生じた古フランス語に由来する。*natura* は *nasci*「生まれること」が基になっている。**natural**［中英語］形「自然（界）の、生まれつきの、（人情・人倫として）当然の」は、当初は「生まれながらにある地位を持つこと」を意味していた。ラテン語 *naturalis* から生じた古フランス語が直接の語源である。*naturaris* は *natura* が基になっている。

naught［古英語］名無、悪 ;形無価値の、よこしまな、崩壊した：

古英語 *nāwiht, nāwuht* は、*nā*「ゼロ」と *wiht*「もの」に由来する。

naughty［後期中英語］形貧しい、（人が）邪悪な、（行為・場所が）いかがわしい、下品な、質の悪い、（子供が）いたずら好きな、手に負えない：

naught が基になっている。当初は「何も持っていない」意味であった。「邪悪な」の意味も後期中英語から用いられるようになり、そこから現在の意味が生じた。*naughty* but nice「少し困るがすばらしい」という表現は少し不適切ではあるが楽しめることを指し、19世紀後半から用いられている。この表現は20世紀後半、広告の表現で新たな息吹を吹き込まれた。

nausea [後期中英語][名]吐き気、嫌悪、船酔い:

ギリシア語 nausea (naus「船」より)からラテン語 nausea「船酔い」が生じ、これが nauseous[形]「吐き気を起こしやすい、吐き気を起こさせるような、ひどくいやな」(17世紀初頭にラテン語 nauseosus に由来)、nauseate[動]「吐き気を催す、吐き気で食べ物を拒否する、吐き気を起こさせる、ひどくいやな感じを与える」(17世紀半ばにラテン語 nauseare「気分を悪くさせる」に由来) の語源である。

nautical [16世紀半ば][形]海員の、航海の:

フランス語 nautique あるいは、nautès「海員」から生じたギリシア語 nautikos がラテン語経由入ってきた。nautēs は naus「船」が基になっている。

nave [17世紀後半][名]身廊(しんろう):

ラテン語 navis「船」が基になっている。

navel [古英語][名]へそ、中心点、軸頭(じくとう):

古英語 nafela はゲルマン語が起源で、オランダ語 navel やドイツ語 Nabel「へそ」と同系である。いずれも、ラテン語 umbo「盾の突起部」や umbilicus「中心点」、ギリシア語 omphalos「突起、中心点」と同じインド=ヨーロッパ語が語根である。

navigation [16世紀初頭][名]航行、船旅、航海・航空学、船団、(天然の) 水路、運河:

当初は「水上を進む行為」を表していた。フランス語、あるいはラテン語 natigatio(n-) に由来する。ラテン語 navigare「航行する」が基で、navigate [16世紀後半][動]「航行する、操縦する」の語源でもある。当初、「船で旅をする」という意味だった。ラテン語の要素は navis「船」と agere「運転する」である。

navvy [19世紀初頭][名]土木工事に従事する非熟練労働者:

道路や線路、運河建設に雇われる労働者を指し、navigator[名]「航海者、運河建設に雇われた人夫、非熟練労働者、航空士」の短縮形である。

navy [後期中英語][名]海軍 (力)、船、船積み、船団、艦隊:

古フランス語 navie「船、艦隊」に由来する。navie はラテン語「船」から生じた俗ラテン語 navia「船」が基になっている。当初の navy は「船一般」を指していた。naval[形]「船の、海軍に関する」も後期中英語で、navis から生じたラテン語 navialis に由来する。

near [中英語][形][副]ほとんど、接近して、…の近くに・の、近い、近親の、親しい、左側の、けちな:

ná の比較級である古ノルド語 nær「より近くに」に由来し、古英語 nēah「近くに」に相当する。

neat [15世紀後半][形]清潔な、明るい、身だしなみのよい、上品な、さっぱりとした、きちんとした、正味の、すてきな、すばらしい:

当初は「きれい、汚れていない」を意味した。語源はフランス語 net である。net はラテン語 nítidus「輝いている」に由来する。「透明な」(今では廃語) という意味は16世紀後半に「水と混ざっていない」(例:neat gin「ストレートのジン」) の意で英語で用いられた。

neb [古英語][名]くちばし、顔、ペン先、尖端:

古英語 nebb「鼻、くちばし、尖端」はゲルマン語起源で、オランダ語 neb(be) と同系である。

nebulous [後期中英語][形]雲・霧の多い、ぼんやりした、雲に似た:

当初は「雲」の意で用いられ、フランス語 nébuleux やラテン語 nebulosus に由来する。nebulosus とは nebula「霧」のことである。「雲のような、ぼんやりした」という意味は19世紀初頭から用いられている。nebulizer[名]「噴霧器」は細かい

霧を出す装置で、19世紀の終わりから使われるようになった。ラテン語 nebula が基になっている。

necessary ［後期中英語］形必然の、必要な；名必要品、(屋外)便所：

ラテン語 necessarius から。necessarius は necesse「必要な」に由来し、necesse は necessity名「必要性、必要、必要なもの、必需品、窮状」（古フランス語 necessite に由来、necessite はラテン語 necessitas に由来）、necessitate動「必要にする、（結果を）もたらす」の基にもなっている。

neck ［古英語］名首、生意気：

古英語 hnecca は「首の後ろ」を意味した。ゲルマン語起源で、オランダ語 nek「首」やドイツ語 Nacken「首筋」と同系である。口語で使われる「生意気」（例：barefaced neck「ずうずうしさ」）という意味は19世紀後半に生じた。

nectar ［16世紀半ば］名ネクタール（神々の飲む不老不死の酒）、甘美な飲料：

当初は、ギリシア・ローマ神話の中で「神々の飲み物」を指した。ギリシア語 nektar がラテン語経由で入ってきた語である。nectarine［17世紀初頭］名「ズバイモモ」も nectar が基になっている。nectarine は「ネクタールのような」という意味があり、表皮がなめらかな桃を指して使われることもある。

need ［古英語］名強制（力）、必要、欠乏；動必要性がある、…を要する：

古英語の動詞 nēodian、名詞 nēod, nēd はゲルマン語起源である。オランダ語 nood やドイツ語 Not「危険」と同系である。

needle［古英語］名縫い針、磁針、方尖塔；動いらいらさせる：

古英語 nǣdl はゲルマン語起源で、オランダ語 naald やドイツ語 Nadel「針」と同系である。いずれもラテン語 nere「紡ぐこと」やギリシア語 nēma「糸」と同じ

インド＝ヨーロッパ語の語根に由来する。動詞の「いらいらさせる、いらだたせる」という口語的用法は19世紀後半に現れた。

nefarious ［17世紀初頭］形極悪な：

ラテン語 nefarius に由来する。nefarius は nefas, nefar-「悪い」（ne-「…でない」と fas「神のおきて」からなる）から生じた。

negation ［後期中英語］名否定：

ラテン語 negatio(n-) から。negatio(n-) は negare「否定する」に由来する。negative「否定的な」は後期ラテン語 nagatívus に由来する。nagatívus は negare から来ている。「ネガ」という写真用語 negative は19世紀半ばから。negate動「否定する」も同じくラテン語の動詞に由来し、17世紀初頭から用いられている。当初は「無効にする」、「何かの存在を否定する」を意味していた。

negligee ［18世紀半ば］名女性用のゆったりとした室内着、ネグリジェ：

18世紀に女性が着用していたゆったりしたガウンを指していた。フランス語に由来し、文字通り「ほとんど思考または注意を払わない」（négliger「無視すること」の女性形過去分詞）を意味する。

negligence ［中英語］名怠慢、不注意：

古フランス語経由でラテン語 negligentia から入ってきた。negligentia は動詞 negligere（neglegere「無視すること、軽んずる」の異形であり、neglegere は neg-「…ではない」と legere「選ぶ」からなる）が基になっている。negligent形「怠慢な」は後期中英語から用いられ、neglegere の現在分詞に由来する。16世紀初頭から neglect動「おろそかにする」（ラテン語 neglegere に由来）が使われるようになった。negligible形「無視してよい」（フランス語 négliger「無視する」に由来）は19世紀初頭に現れた。

negotiation ［15世紀後半］名交渉、協商、克服すること：

当初は別の人と取引する行為を意味していた。この語はラテン語 negotiatio(n-) から来ている。negotiatio(n-) は negotiari「商売する」に由来する。**negotiate**[動]「交渉する、(商談などを) 取り扱う、換金する、乗り越える」は17世紀初頭の語であり、negotium「商売」を基にしたラテン語の動詞に由来する。negotium は neg-「…でない」と otium「余暇」からなる。その拡張用法に、19世紀半ばに生じた negotiate a bend safely「カーブを安全に通り抜ける」という成句がある。

neigh [古英語][動]馬がいななく：
古英語の動詞 hnægan は擬音語が語源である。オランダ語の方言 neijen と同系である。

neighbor [古英語][名]隣人、近隣の人；[動]隣接する、近くにいる：
古英語 nēahgebūr は nēah「近い、近くの」と gebūr「住民、小百姓、農民」に由来する。

neither [中英語][副]…でもなく・また…でもない、…もまた…しない、どちら(の)…でもない：
古英語 nawther の変形 (either と関連している) である。nāhwæther は nā「…でない」と hwæther「…かどうか」からなる nāhwæther の縮約形である。

nelly [20世紀半ば][名]ばかな奴：
Helen または Eleanor といったよく見られる名前に由来する。not on your nelly「とんでもない、そんなばかな (ことを)」という成句は押韻俗語 Nelly Duff for puff (=生命の息吹) に由来し、「とんでもない」という意味が生じた。

nemesis [16世紀後半][名]ネメシス (応報天罰の女神)、因果応報：
誰かまたは何かの「失墜」を表すギリシア語である。文字通りの意味は「応報」であり、nemein「優れた点を評価する」に由来する。

neon [19世紀後半][名]ネオン：
neon (例：neon light「ネオンの光」) は文字通りには「何かあたらしいもの」を意味するギリシア語に由来する。形容詞 neos の中性形である。

nephew [中英語][名]甥：
古フランス語 neveu に由来する。neveu はラテン語 nepos「(男の) 孫、甥」に由来し、nepos はオランダ語 neef やドイツ語 Neffe「甥」と共通のインド=ヨーロッパ語の語根が基になっている。nephew の婉曲用法の「非嫡出の息子」という意味は、16世紀後半から用いられている。

nepotism [17世紀半ば][名]ローマ教皇の甥としての利点、縁故採用：
フランス語 népotisme に由来する。népotisme はイタリア語 nepotismo から来ており、nepotismo は nepote「甥」が基になっている。この語が指しているのはローマ教皇の「甥」に授けられる恩恵である。というのもローマ教皇は非嫡出の息子を持っていることが多かったからである。縁故採用・昇進という意味は1950年代から用いられている。

nerve [後期中英語][名]神経、いらだち、勇気、ずぶとさ：
当初は「腱、筋肉」という意味であった。ラテン語 nervus「筋肉」に由来し、ギリシア語 neuron「神経」と同系である。「大胆」を意味するようになった (例：have the nerve to「勇気がある」) のは19世紀後半からである。**nervous**[形]「神経の、筋骨たくましい、神経質な」も後期中英語から用いられ、「神経の」、「神経に関する」を意味していた。nervous はラテン語 nervus から生じたラテン語 nervosus「腱質の、強健な」に由来する。nerve を使った成句には、have the nerve (19世紀後半)「勇気がある」そして、第2次世界大戦から用いられている、war of nerves「神経戦」がある。

nesh [古英語][形]身体が弱い、臆病な：
方言 nesh「弱々しい、寒さに敏感な」は古英語では hnesce だった。ゲルマン語起源であり、オランダ語 nes「柔らかい

または愚かな」と同系である。

nest ［古英語］图巣、一組 ;動巣を作る、入れ子にする :

古英語 nest はゲルマン語起源である。nether （「下に」を意味する）や sit のインド＝ヨーロッパ語の語幹から生じたラテン語 nidus と同系である。そのため、「座るための場所」の意味がある。

nestle ［古英語］動巣ごもる、気持ちよく横たわる :

古英語 nestlian は nest に由来し、オランダ語 nestelen と同系である。当初は巣作りする鳥について用いられた。この意味が転化し 16 世紀半ばから「気持ちよく横たわる」の意味を表すようになった。

net¹ ［古英語］图網 ;動網で捕まえる :

古英語 net(t) はゲルマン語起源である。オランダ語 net やドイツ語 Netz「網」と同系で、「より合わせる」という意味のインド＝ヨーロッパ語の語幹に由来すると思われる。**network**图「網細工、網状組織、放送網」は 16 世紀半ばから用いられている。20 世紀初頭に放送関連で使われるようになり、BBC English のアメリカ英語版として network English という表現が生まれた。短縮形 Net は Internet「インターネット」というコンピュータ・ネットワークを指し、20 世紀終わりごろからよく使用れるようになった。例えば 1990 年代に作られた Netizen （= ネットワーク市民）がそれである。

net² ［中英語］形（価格などが）正味の、掛け値のない、基本的な、最終的な ;動《主に米》（企業などが）純益を上げる、利益を得る :

「差し引きなしの」を意味する net は当初、後期中英語の商業書類で用いられていた。フランス語 net「きちんとした」に由来し、当初は「きれいな」、「明敏な」という意味があった。

nether ［古英語］形低い :

nether （古英語 nithera, neothera ）はゲルマン語起源で、オランダ語 neder - （複合語で見られる）, neer やドイツ語 nieder と同系である。いずれも「下へ」を意味するインド＝ヨーロッパ語の語根に由来する。

nettle ［古英語］图イラクサ ;動いらいらさせる、イラクサで刺す :

ゲルマン語起源で、古英語 netle, netele は、オランダ語 netel やドイツ語 Nessel「イラクサ」と同系である。動詞は後期中英語に現れ、当時は「イラクサで刺す」、「うるさがらせる、いらいらさせる」の両方を意味した。

neurosis ［18 世紀半ば］图ノイローゼ :

近代ラテン語で、neuro-「神経の」と接尾辞 -osis （「…の作用」、「…の条件」を意味するラテン語とギリシア語の語尾）からなる。

neuter ［後期中英語］形中性の、中立の、自動詞の、無性の、生殖不能の ; 動去勢する :

ラテン語 neuter「どちらの…でもない」が古フランス語経由で入ってきた。neuter は ne-「…でない」と uter「どちらの…でも」からなる。動詞は「去勢する」の意味で、20 世紀初頭から使われている。同時期に生じた **netural**形「中間の、中和した、中立の、中性の」は、当初は名詞として使われていた。この netural はラテン語 neutralis「中性の」に由来し、neutralis は neuter から生じた。争いの場面で「味方する」の意味で使われるようになったのは 16 世紀半ばからである。

never ［古英語］副決して…ない :

古英語 næfre は ne-「…でない」と æfre「これまでに」からなる。複合語には以下がある。
■ **never-never land**「人里離れた」は J・M・バリーの『ピーターパン』Peter Pan （1904 年）に出てくる理想の国を指すことが多い。

new ［古英語］形新しい ;副新しく ;動新しくなる・する :

古英語 nīwe, nēowe はゲルマン語起源で、オランダ語 nieuw やドイツ語 neu「新しい」と同系である。いずれもサンスクリット語 nava、ラテン語 novus、ギリシア語 neos「新しい」と同じインド＝ヨーロッパ語の語根に由来する。news［後期中英語］**名**「新奇な事物、(新) 情報、ニュース」は new の複数形で、古フランス語 noveles または中世ラテン語 nova「新しいもの」を訳したものである。news の成句には次のようなものがある: No news is good news「便りのないのはよい便り」は16世紀後半から使われている。また、That's news to me「これは初耳だ」は18世紀後半から用いられている。次に、in the news「ニュースに出ている」は1930年代から、be good news「耳寄りである」(例: This new employee is good news for the company「この新従業員はこの会社にとって耳寄りである」) は1980年代から使用されている。複合語に以下がある:

■ **newfangled**［中英語］**形**は newfangle (今では方言に限られている) に由来し、「新しいものが好き」の意で用いられている。newfangle は副詞 new に由来し、第2要素は「取ること」を意味する古英語と同系である。

newt［後期中英語］**名**イモリ:
an ewt という成句 (ewt は古英語 efeta に由来し、この efeta から「イモリ」を意味する方言 eft が生じた) に由来する。誤って a newt と区切って解釈された。adder「クサリヘビ」も同じ形成過程を経ている。

next［古英語］**形**一番近くの・に、(血縁関係が) 一番近い、次位の・に、この次の、今度:
古英語 nēhsta「一番近い」は nēah の最上級である。オランダ語 naast やドイツ語 nächste「一番近い」と同系である。

nib［16世紀後半］**名**くちばし、ペンの先端、(鎌の) にぎり手、先端、とがった部分、砕いたカカオ豆:

当初は「くちばし、鼻」を意味していた。「くちばし」の異形である中オランダ語 nib または中低地ドイツ語 nibbe に由来する。ペン先 (元々は羽ペン) を指すようになったのは17世紀初頭から。

nibble［15世紀後半］**動**少しずつかみ取る、あら探しをする:
低地ドイツ語またはオランダ語起源だと思われる。低地ドイツ語 nibbeln「かじる」と同系の可能性もある。複数形 nebbles は食事の前の軽食を表し、20世紀初頭から始まる。

nibs［19世紀初頭］**名**偉い人、親分:
his nibs「彼の親分」のような表現で使われ、語源不詳。これ以前に使われていた nobs も同じように用いられ、his nobs「彼の上流人」のように所有形容詞とともに使われていた。また、his lordship「彼の君主」のような貴族社会を指す表現の影響を受けている。

nice［中英語］**形**恥ずかしがりやの、愚かな、気ままな、趣味のこった、やかましい、難しい、微妙な、結構な:
「愚かな」が当初の意味だった。ラテン語 nescius「無知の」から生じた古フランス語に由来。nescius は nesdre「知らない」が基になっている。当初の他の意味に (その多くに「奔放な」や「これみよがしの」の意味が含まれる)、「はにかみ屋の、控えめの」があった。ここから「好みの難しい、厳正な」が生じ、そこから、「細かい、微妙な」(これが「正しい」意味と見なす人もいる) と現在の核となる意味へと至った。**nicety**［中英語］**名**は「愚かさ、愚かな行為」という意味があった。ラテン語 nescius「無知の」が基となっている古フランス語 necete に由来する。

niche［17世紀初頭］**名**壁龕(へきがん)、適所:
文字通りの意味が「休み」という nicher「巣を作る」が基になったフランス語からの借用である。ラテン語の語幹は nidus「巣」。ここから「誰かの能力にふさわしい地位」(例: find one's niche「適所を見つける」) の意味が18世紀初頭か

ら用いられている。「企業家が隙間を開拓できる場所」(例：new market niche「新たな市場の間隙」) の意で商業の場で用いられるようになったのは1960年代からのことである。

nick [後期中英語][名]刻み目、状態、刑務所、警察署；[動]刻み目をつける、盗む、だまし取る、ずばり言いあてる：

「小さな切片」を意味し、語源は不詳である。「刑務所」という俗語用法は19世紀初頭から用いられている。「刑務所に入る」、「盗む」という動詞の意味も同時期に生じた。

nickname [後期中英語][名]あだな、愛称；[動]正しくない呼び名で呼ぶ：

an eke-name「付け加えられた名前」という成句に由来する。この eke は「追加」の意である。これが a neke name と間違ったところで区切って解釈された。

niece [中英語][名]姪、孫娘：

nepos「甥、孫息子」の女性形であるラテン語 neptis「孫娘」が基になった古フランス語に由来する。nepos はオランダ語 nicht やドイツ語 Nichite「姪」と同じインド＝ヨーロッパ語の語根に由来する。1600年頃まで、niece は「孫娘」の意味で使われるのが一般的であった。

niggle [17世紀初頭][動]つまらないことに時間を浪費する：

当初は「ぶらぶらとまたは無駄な方法で何かをする」の意味があった。スカンジナビア語起源だと思われ、ノルウェー語 nigla と同系である。「いらいらさせる」(例：niggling pain「厄介な痛み」) の意味は18世紀後半に生じた。

nigh [古英語][形][副]近くに、近い：

古英語 nē(a)h はゲルマン語起源で、オランダ語 na やドイツ語 nah「近い」と同系である。

night [古英語][名]夜：

古英語 neaht, niht はゲルマン語起源で、オランダ語 nacht やドイツ語 Nacht「夜」と同系である。いずれもラテン語 nox やギリシア語 nux と同じインド＝ヨーロッパ語の語根に由来する。複合語に以下がある。

■ **nightmare** [中英語][名]「夢魔、悪夢」は当初、女性の悪霊で、寝ている人の上に横たわり窒息させると考えられていた。night「夜」と古英語 mære「夢魔」が基になっている。

nil [19世紀半ば][名]無：

ラテン語 nihil「何もない」の縮約形である。

nimble [古英語][形]利口な、素早い、敏捷な：

古英語 næmel は「素早く握るまたは理解する」という意味であった。この語は niman「取る」と同系であり、niman はゲルマン語起源である。この語がより一般的になりつつあったのは、「素早く敏捷な」という意味で使われるようになったためである。-b- が付け加えられて発音しやすくなった。

nincompoop [17世紀後半][名]間抜け：

この語には様々な語源がある。Nicholas という名に由来するかもしれないし純真にキリストに質問を投げかけるニコデモというパリサイ人との関係から、Nicodemus が基になっている可能性もある (フランス語 nicodème は「ばか者」を意味する)。しかし、この語形成はおそらく架空の話にすぎない。別に考えられる語源はフランス語 nic à poux で、16世紀後半、愚弄を表す語だった。

ninny [16世紀後半][名]ばか者、まぬけ：

「ばか者」の意で、男性名の Innocent「インノケンティウス」に由来すると思われる。愛称の形で ninny に短縮されている。

nip[1] [後期中英語][動]つねる、はさむ、ひったくる、さっと動く；[名]痛烈な批評、はさむこと、厳しい寒気：

低地ドイツ語やオランダ語起源だと思われる。これが転化して「厳しい寒気で痛

みを起こす」(例:nipped by the cold「寒さで枯れる」)という意味になるのは16世紀半ばから。Nip in the bud「つぼみのうちに摘み取る、未然に防ぐ」は17世紀初頭から用いられている。「素早く動く」(例:He nipped off to the bookie's「彼は飲み屋へさっと行った」という俗語用法は19世紀初頭から見られる。動詞 nip から、nippy「噛む、身を切るような、すばしこい」(16世紀後半から用いられ、「噛みつきたくなる」の意)や nipper [16世紀初頭]名「つねる人、やっとこ、盗人、呼売商人の小僧、子供」が生じた。nipper は19世紀半ばから、呼び売り商人または荷馬車屋の手伝いとして働く少年を指して用いられた。また、職人集団の中の最年少の一員を指すこともあった。また、少年を指す俗語でもあった。

nip² [18世紀後半]名ビール半パイント、アルコール飲料の一口:

元々は半パイントのエールを表していた(例:a quick *nip* of brandy from a hip flask「ヒップフラスクからブランデーをぐいっと飲む」。nipperkin「少量」というあまり使われない語の省略形である。低地ドイツ語とオランダ語 *nippen*「すすること」が同系の可能性がある。アメリカでは1930年代、*nip* joint は少量の酒を違法に売る酒場を指していた。

nipple [16世紀半ば]名乳首:

当初は *neble, nible* と綴ることもあった。*neb* の指小辞語の可能性がある。

nit [古英語]名シラミ・寄生虫などの卵、(冗談または軽蔑的に)奴:

古英語 *hnitu*「シラミの卵」は西ゲルマン語起源で、オランダ語 *neet* やドイツ語 *Nisse*「シラミの卵」と同系である。「愚かな人」を意味するようになったのは16世紀後半から(シェイクスピア『恋の骨折り損』*Love's Labour's Lost,* IV. i. 152: Ah ! heavens, it is a most pathetical *nit*「あんなにあわれをさそうチビッ子がいるなんて神様もあんまりだ!」)。nitwit [20世紀初頭]名「あほう」は *nit* が基になっていると思われる。

no [古英語]形決して…でない、1つ・1人もない;副(少しも…)ない、いいえ:

古英語の副詞 *nō, nā* は *ne*「…でない」と *ō, ā*「これまでに」からなる。この限定詞は中英語で生じた。この語は non の短縮形であり、non は古英語 *nān* に由来する。*no* は様々な口語の成句で使われている。例えば、*no* strings (20世紀初頭)「条件を付けずに」、*no* bother (1920年代)「おやすいことです」、*no* kidding (1940年代)「ほんとうだよ」、*no* sweat (1950年代)、*no* worries「心配無用」、*no* probs (1980年代)「かまいませんよ」がある。複合語に以下がある:

■ **no-man's land**名「無人地帯」は中英語に生じ、元々はロンドンの北壁の外側にある一区画を指していた、そこは処刑場だった。第1次世界大戦中は、対峙する軍隊の間にある土地を指すようになった。

→ NONE

nob [17世紀後半]名上流人:

「裕福なまたは社会的に高名な人」を表す俗語で、*noble*「高貴の、堂々たる、高潔な」に由来すると言われることもあったが、元の語形(スコットランド語)が *knab* であるため、この説は受け入れにくい。語源は今もって不詳である。

nobble [19世紀半ば]動競走馬に工作する、盗む:

nobble「打つ、たたきのめす」は、方言 *knobble, knubble*「打つ、げんこつで打つ」の異形だと思われる。「馬の足を傷つける、または、競争馬に薬を飲ませて工作する」という意味も同時期に生じた。

noble [中英語]形高貴の、堂々たる、高潔な;名ノーブル金貨:

ラテン語 (*g*)*nobilis*「有名な、高貴な生まれの」から生じた。古フランス語に由来する。(*g*)*nobilis* は *know* と同じインド=ヨーロッパ語の語根に由来する。*noble* はかつてイギリスの金貨を指していた。エドワード3世が君臨していた時に作られた語で、6シリング8ペンスの価値が

あった。**nobility**形「高潔、生まれの高貴さ、(物の) 尊さ」は後期中英語に生じ、*nobilis*から生じた古フランス語*nobilite*やラテン語*nobilitas*に由来する。

nocturnal [15世紀後半]形夜の:

後期ラテン語*nocturnalis*「夜の」に由来する。*nocturnalis*はラテン語*nox, noct*「夜」が基となっている。このラテン語の語根は**nocturn**[中英語]名「宵課」にもあり、元々は夜に読まれていた朝課の一部を指してローマ・カトリック教会で使われていた。また、**nocturne**[19世紀半ば]名「夜(想)曲、夜景画」は夜の景色の絵を指して絵画で使われた。音楽では通常、ピアノ用で短い曲を指し、夜そして瞑想を連想させる。nocturneはフランス語の借用であり、この語はラテン語*nocturunus*「夜の」に由来する。

nocuous [17世紀半ば]形有害な、有毒な:

ラテン語*nocuus* (*nocere*「傷つけること」に由来) が基となっている。

nod [後期中英語]動こっくりする、うなずく、なびかせる；名うなずき、こっくり:

当初は動詞として使われていた。低地ドイツ語起源で、中高地ドイツ語*notten*「転々と住居・職場を変える、振る」と同系の可能性がある。名詞が現れたのは16世紀半ば。nod off「眠りに落ちる」という表現が初めて現れたのはディケンズ『鐘の音』*The Chimes*である: This cosy couple ... sat looking at the glowing sparks that dropped into the grate; now *nodding* off into a doze; now waking up again「この和気あいあいとしたカップルは火床に落ちていく真っ赤な火の粉を座って見つめた。眠りにおちようとしては、また目を覚ましている」。nod through「採決において、暗黙の了解で、手続抜きで承認・可決する」という意味の政治的な成句は1970年代から始まる。

node [後期中英語]名結節、もつれ、こぶ、結び目、交点:

当初は、「節のあるはれもの、またはこぶ」を意味していた。ラテン語*nodus*「結び目」に由来する。同じく後期中英語に生じた**nodule**名「結び目、袋に入れた少量の薬、(鉱物の) 小さなかたまり」は*nodus*「結節」の指小辞語であるラテン語*nodulus*に由来する。

noise [中英語]名騒音、雑談、ノイズ:

当初は「言い争うこと」という意味であった。古フランス語に由来し、この古フランス語はラテン語*nausea*「船酔い」から来ている。「船酔い」という意味から「不安」へ、そして「口論する」、「やかましく言う」へと意味が発達していった。専門の分野で使われると、*noise*は「妨害(情報伝達を妨害すること)」の意の総称となる。例えば、写真で素粒子が原因で生じる visual *noise*「視覚妨害」、video *noise*「スノー現象」がある。

noisome [後期中英語]形有害な、不快な:

文字通りの意味は「有害な、不愉快な、不快なにおいを持っている」。廃語となった*noy, annoy*の短縮形が基になっている。

nomad [16世紀後半]名遊牧民:

フランス語*nomade*に由来する。*nomade*はギリシア語*nomas, nomad-*「牧草地を求めて漂浪する」がラテン語経由で入ってきたもの。*nomas, nomad-*は*nemein*「放牧すること」の語幹から生じた。

nomenclature [17世紀初頭]名名称、組織的命名法:

ラテン語*nomenclatura*から生じたフランス語に由来する。*nomen*「名前」、*clatura*「呼ぶこと、召喚すること」(*calare*「呼ぶこと」に由来) からなる。

nominate [後期中英語]動称する、任命する、指定する:

ラテン語*nominat-* (*nominare*「称する」の過去分詞の語幹) が語源で、*nomen, nomin-*「名称」に由来する。元々は分詞として使われ、「呼ばれた」を意味した。

動詞の意味が生じたのは16世紀から。
nominee［17世紀半ば］名「指名された者」は *nominate* が基となっている。
nomination 名「名前を呼ぶこと、指定すること、任命(権)」は後期中英語に、動詞 *nominare* から生じたラテン語 *nominatio*(*n*-) に由来する。文法用語の
nominative［後期中英語］形「主格の」はギリシア語 *onomastikē* (*ptōsis*)「主(格)」を訳したラテン語 *nominativus*「名称に関係すること」に由来する。

語形成

接頭辞 non- (ラテン語 *non*「…でない」に由来)は以下のような意味を付加する。

■「関わりのない」[non-aggression]「不侵略」
■「そのような人ではない」[non-believer]「非信者」
■「示されている重要性はない」[non-issue]「どうでもいい問題」
■「欠けている」[non-aggression]「不侵略」
■「そのような方法ではない」[non-uniformity]「不統一」
■「起こさない」[non-skid]「滑らない」
■「要求しない」[non-iron]「アイロンがけ不要」

non- は接頭辞 un- または in- のつく語と区別する必要があるときにも使われる [non-human/inhuman]「人間以外の」「不人情な」

---

nonce［中英語］名臨時、当分：

nonce（例：*nonce* word「臨時語」、for the *nonce*「さしあたって」）は then anes「1つの(目的)」に由来し、区切るところを間違った結果生じた形である。newt, nickname と同じように形成された。*nonce* は1970年代から性犯罪で有罪判決を受けた人物を指して俗語として使われているが、その起源は不詳である。

nonchalant［18世紀半ば］形無頓着な、平然とした：

フランス語が英語に入ってきたもので、文字通りには「無関心である」を意味する。動詞 *nonchaloir* に由来し、*chaloir* は

ラテン語 *calere*「あたたかい、熱意で奮起する」から生じた。

nondescript［17世紀後半］形（植物・鉱物などで）今まで記述・描写されたことのない、たやすく分類できない、何とも言いのようない：

当初は科学や医学の場面で「これまでに記述あるいは確認されていない」という意味であった。*non*- と廃語となった *descript*「記述された、彫り刻まれた」(ラテン語 *descriptus* 由来)からなる。「鈍い、さえない、特徴のない」という意味は19世紀半ばに現れた。

none［古英語］代だれも…ない、少しも…ない：

古英語 *nān* は *ne*「…でない」と *ān*「1つ」からなり、ゲルマン語起源である。ドイツ語 *nein*!「ノー!」に相当する。

nonentity［16世紀後半］名非実在物、非実在、取るに足らない人・物］：

この語は中世ラテン語 *nonentitas*「非実在」に由来する。

nonplus［16世紀後半］名途方に暮れること；動途方に暮れさせる：

ラテン語 *non plus*「これ以上…ない」に由来する。名詞は元々、「これ以上言われない、または、されない状態」を意味した。動詞(例：completely *nonplussed*「完全に途方に暮れる」)は、これ以上、合理的に考えることができないと言ってもよいほど途方に暮れるという意味を表す。

nook［中英語］名隅、角：

当初は角または破片を指した。語源不詳。**nooky** 名「性行、性行為」の語幹の可能性もあり、20世紀初頭には口語で「性行為」を意味した。

noon［古英語］名日の出から数えて9時間目（午後3時）、（聖務日課の）9時課、真昼の食事、正午：

古英語 *nōn* はラテン語 *nona* (*hora*)「9時

間目」に由来し、「日の出から9時間目、つまりおよそ午後3時」を意味した。英語では、14世紀までにはこの時間が3時から正午に変わっていたと見られる。nones「9時課」が行われていた時間と関連があるかもしれない。9時課とは、聖務日課の一部として1日の9時間目に読まれるお祈りだった。概して午後3時に行われていたと考えられるが、最近の研究によると、イタリアのベネディクト修導会の慣例では正午近くに行っていたと考えられており、これが最終的に他の慣例にも広がっていった。

noose [後期中英語] 名 輪なわ：
ラテン語 *nodus*「結節」が古フランス語 *no(u)s* 経由で入ってきたと思われる。一般的に用いられるようになったのは1600年から。

nor [中英語] 接 …もまた…ない：
古英語 *nother*「どちらの…でもない」の縮約形である。

normal [17世紀半ば] 形 規格通りの、標準的な、直角の、垂直な：
ラテン語 *normalis* に由来する。*normalis* は *norma*「大工の直角定規」から来ている。当初の意味は「直角をなす」であった。現代の意味は19世紀初頭に生じた。*norm* 名「標準」もラテン語 *nonna*「指針、規則、大工の直角定規」に由来し、19世紀初頭に現れた。

north [古英語] 形 副 北の、北に ; 名 北、北風：
ゲルマン語起源でオランダ語 *noord* やドイツ語 *Nord*「北」と同系である。*northern* 形「北の」は古英語で *northerne* の形で使われていた。

nose [古英語] 名 鼻 ; 動 かぐ、探し回る：
古英語 *nosu* は西ゲルマン語起源で、オランダ語 *neus* と同系である。少し離れてはいるが、ドイツ語 *Nase*「鼻」、ラテン語 *nasus*、そしてサンスクリット語 *nāsā* とも同系である。慣用句に以下がある。follow one's *nose*「まっすぐに行く、勘・直感を頼りに行動する、嗅覚に従う」は16世紀後半から用いられている。poke one's *nose* into「人のことに干渉・口出しする、ちょっかいを出す、詮索する」は17世紀初頭に生じた。pay through the *nose*「法外の金を払う、ぼられる」は17世紀後半、turn one's *nose* up at「…を軽蔑する、鼻先であしらう」は18世紀後半から使われている。keep one's *nose* clean「品行を慎む、トラブルに巻き込まれないようにする」は19世紀後半、thumb one's *nose* at「鼻先に親指を当てて親指を扇形に広げて振って人をばかにする」は20世紀初頭に現れた。get up one's *nose*「人をいらいらさせる」は1950年代に生じた。複合語に以下がある：

■ **nosegay** [後期中英語] 名「花束」は甘い香りのする小さな花束を表し、*nose* が基となっている。第2要素 *gay* には、今では廃れてしまっているが、「飾り」の意味があった。

■ **nosy parker** [20世紀初頭] 名「(他人のプライバシーをほじりたがる) 詮索好きな人」は絵葉書に書かれた 'The adventure of Nosey Parker' というキャプションが基になっている。「ノージー・パーカー物語」はハイドパークにいるのぞき見する人のことである。

nosh [20世紀初頭] 動 軽食を取る、食べる ; 名 軽食堂、食事、軽食：
このイディッシュ語は当初、軽食堂を指していた。「食事」という意味は1960年代から。

nostalgia [18世紀後半] 名 郷愁病、郷愁：
英語の当初の意味は「深刻な郷愁」であった。ギリシア語 *nostos*「家に戻る」と *algos*「痛み」から生じた近代ラテン語 (ドイツ語 *Heimweh*「郷愁」を訳している) である。

nostril [古英語] 名 鼻孔：
古英語 *nosterl, nosthyrl* は *nosu*「鼻」と *thȳr(e)l*「穴」からなる。

not [中英語] 副 …でない、…しない：
副詞 nought の縮約形である。nought は

notable ［中英語］形注目に値する；名著名人：

古フランス語に由来するこのフランス語はラテン語 *notabilis*「注目に値する」から生じた。*notabilis* は動詞 *notare*「注目すること、しるしをつける」が基になっている。**notability**［後期中英語］名「注目に値する事(実)、注目するだけの価値、名士」は古フランス語 *notabilité* またはラテン語 *notabilitas* に由来し、*notabilitas* は *notabilis* から生じた。

notary［中英語］名書記、公証人：

当初は「事務員または秘書」の意だった。この語はラテン語 *notarius*「秘書」に由来し、*notarius* は *nota*「しるしをつける」から生じた。

notch［16世紀半ば］名V字型の切れ込み；動（髪の毛を）ふぞろいに切る、刻み目をつける：

アングロノルマンフランス語 *noche*、つまり、古フランス語 *osche* の異形に由来すると思われる。*osche* の語源は不詳。

note［中英語］名覚書、注、手紙、説明書、紙幣；動書き留める、注意する：

当初の意味は「1つの旋律」であった。動詞は「特別の注意を払う」の意で用いられた。この語は古フランス語経由で英語に入った。ラテン語 *nota*「しるし」と *notare*「しるしをつける」からなる。これらの語形は **notation** 名「表記」(16世紀後半の語で、ラテン語 *notatio(n-)* に由来)の語幹でもある。**notate** 動「記録する、書き留める、楽譜にしるす」は20世紀初頭に *notation* からの逆成（接尾辞の除去による）で生じた。

notice［後期中英語］名知識、(公式の)通知、注意、認識、観念、(新刊書などの)短評；動知らせる、言及する、気づく：

当初の意味は「何かの警告」であった。古フランス語から英語に入った。ラテン語 *notitia*「知られている」に由来する。*notitia* は *notus*「知られる」が基になっている。

notify［後期中英語］動観察する、（正式に）通知する：

古フランス語 *notifier* から英語に入った。ラテン語 *notificare*「知らせる」に由来し、*notificare* は *notus*「知られる」と *facere*「…させる」が基になっている。

notion［後期中英語］名観念：

noscere「知る」の過去分詞である *notus* から生じたラテン語 *notio(n-)*「認識」(＝何かの知識) に由来する。**notional**［後期中英語］形「観念上の」はこの語源、つまり、*notio(n-)* から生じた中世ラテン語 *notionalis*「認識に関係している」と同じ意味を表していた。

notorious［15世紀後半］形悪名高い：

当初の意味は「一般的に知られている」であった。*notorious* は中世ラテン語 *notorius* が基となっており、*notorius* はラテン語 *notus*「知られている」に由来する。

noun［後期中英語］名名詞：

ラテン語 *nomen*「名前」に由来する、アングロノルマンフランス語から入った。

nourish［中英語］動育てる、助長する、滋養物を与える、授乳する：

古フランス語 *noriss-*, *norir* の延長語幹から英語に入った。*norir* はラテン語 *nutrire*「与える、大事に育てる」に由来する。

nous［17世紀後半］名【哲学】ヌース、世才、常識：

口語で「常識」を意味し、当初は「知識人」を表す哲学用語として用いられた。ギリシア語に由来し、「知性、知能、直観的な理解力」を意味する。

novel[1]［16世紀半ば］名新奇なもの、ニュース、知らせ、短篇物語、長篇小説：

文学で使われる *novel* は、*novello*「新たな」の女性形であるイタリア語 *novella*

(storia)「新たな(物語)」に由来する。語幹は novus「新たな」から生じたラテン語 novellus である。この語はボカッチョの『デカメロン』Decameron のようなシリーズものの一部を成す「短篇」を指した。17世紀半ばに現代の意味「長篇小説 散文の物語」となった。文学以外では、novel は「目新しさ、ニュース」という意味で古くから用いられ、古フランス語 novelle に由来する。

novel² [後期中英語]形最近の、新鮮な、新奇な：
当初は「最近の」という意味で用いられた。古フランス語から英語に入った。ラテン語 novellus に由来する。novellus は novus「新たな」から来ている。「最初の、新奇な」という意味は15世紀後半から用いられている。novelty [後期中英語]名「新しいもの、目新しさ、珍奇な商品」は novel「新たな、新鮮な」から生じた古フランス語 novelte に由来する。

novice [中英語]名初心者、修練士：
古フランス語から英語に入った。この古フランス語は後期ラテン語 novicius に由来する novitate [17世紀初頭]名「修練士の期間、修練士であること、修練士」と語幹（ラテン語 novus「新たな」に由来）が同じである。novitate は教会ラテン語 noviciatus から生じた。

now [古英語]名今；接今…であるからには：
古英語 nū はゲルマン語起源で、オランダ語 nu やドイツ語 nun「今」と同系である。ラテン語 nunc やギリシア語 nun と同じくインド=ヨーロッパ語の語根に由来する。

noxious [15世紀後半]形有害な、不健全な：
「有害な」を意味し、noxa「害」から生じたラテン語 noxius が基となっている。

nozzle [17世紀初頭]名(蠟燭立ての) 受け口、(ホースなどの) 筒口：

nose が基となっている。18世紀後半から「鼻」を表す俗語として使われるようになった。

nuance [18世紀後半]名(感情・意味などの) 微妙な差異、(色彩の) 微妙な濃淡：
フランス語 nuance「陰、微妙」から英語に入った。nuance は nuer「陰にすること」に由来し、nuer はラテン語 nubes「雲」が基となっている。

nub [17世紀後半]名こぶ、塊、要点：
方言 knub「突起したもの」の異形である。knub は中低地ドイツ語 knubbe, knobbe「こぶ」に由来する。19世紀半ばにこの当初の意味が「要点、最重要点」(例：nub of the matter「最重要事項」) へと拡張した。

nubile [17世紀半ば]形(女性が) 婚期の：
ラテン語 nubilis「結婚適齢期の」に由来する。nubilis は nubere「花婿のために覆う、または、ベールで自身をまとう」から生じた。語幹はラテン語 nubes「雲」である。

nucleus [18世紀初頭]名堅果けんの仁じん、彗星や銀河系外星雲などの核、中心、(細胞の) 核、原子核：
ラテン語に由来し、nux, nuc-「堅果」の指小辞語である。この語は nuclear形「核を成す、核エネルギーの」の語幹でもある。19世紀半ばから用いられている。口語の省略形 nuke名動「核兵器、核爆弾、核攻撃する、核爆弾で破壊する」は1950年代に生じ、「核爆弾」と「核兵器で攻撃する」の両方を意味してる。

nude [後期中英語]形約因のない、無効の、単なる、裸体の；名裸像、裸体、裸体の状態、裸：
当初は「明白な、明確な」を意味していた。ラテン語 nudus に由来する。現在の「裸の」という意味は、18世紀初頭に名詞として用いられた。nuddy名「裸体」は nude をユーモア交えて変形したもので、1950年代に現れた。

nudge [17世紀後半]動肘でそっと突く：
ノルウェー語の方言で *nugga, nyggja* が「押すこと、こする」を意味することと関係があるかもしれない。

nugget [19世紀半ば]名(堅い) かたまり、ずんぐりした動物・人：
nugget は方言 *nug*「かたまり」に由来すると思われる。*nug* の語源は不詳。

nuisance [後期中英語]名迷惑な事、不法妨害、損害、不快の種：
古フランスの名詞 *nuisance*「傷」に由来し、当初は「害、傷」を意味していた。語源は動詞 *nuire* である。*nuire* はラテン語 *nocere*「害すること」から生じた。「いらいら」を意味するようになったのは17世紀半ばから。

null [後期中英語]形(法律上) 無効の、存在しない、無価値の：
フランス語 *nul, nulle* が語源である。*ne*「…でない」と *ullus*「何も」からなるラテン語 *nullus*「誰も…ない」に由来する。

numb [後期中英語]形感覚を失った；動感覚をなくす：
当初の綴りは廃語となった *nim*「取る」の過去分詞である *nome(n)* だった。「感覚や能力を失った」を意味していた。

number [中英語]名(物や人の) 数、計数、多数、数字、番号、総数、楽句、詩句、韻文；動数える、詩の中で歌い上げる：
名詞用法は古フランス語 *nombre* から、動詞用法は古フランス語 *nombrer* から生じた。語幹はラテン語 *numerus*「数字」で、**numerous** [後期中英語]形「多数の、韻律的な」(ラテン語 *numerosus* に由来) と、同時代に生じた **numeral** 形「数の、数・数字からなる、数詞、数字」(後期ラテン語 *numeralis* に由来) も同様である。また、**numerable** 形「数えられる、計算できる」(16世紀半ばの語で *numerare*「数を数えること」から生じたラテン語 *numerabilis* に由来) や **numerical** 形「個別の、同一の、数の」(17世紀初頭の語で中世ラテン語 *numericus* に由来) も同じ語幹を有している。**numerate** 動形「数える、数え上げられた、理数系の知識のある」は1950年代に生じ、ラテン語 *numerus* に由来し、*literate* の形式にならっている。

nun [古英語]名修道女、アオガラ：
古英語 *nonne* は教会ラテン語 *nonna* (*nonnus*「修道士」の女性形) に由来し、古フランス語 *nonne* によって広められた。

nuptial [15世紀後半]形結婚(式)の；名婚礼：
nuptiae「結婚の」から生じた古フランス語またはラテン語 *nuptialis* に由来する。*nuptiae* は *nubere*「結婚すること」が基になっている。

nurse [後期中英語]名乳母、育て親、看護婦；動育てる、看護する：
nourice の縮約形である。*nourice* は古フランス語に由来し、この古フランス語は後期ラテン語 *nutricia* から生じた。*nouricia* はラテン語 *nutricius*「育てる(人)」の女性形である。*noutricius* は *nutrix, nutric-*「育てる」(*nutrire*「育てる」に由来) から来ている。*nurse* は英語では元々、「乳母」を指していた。動詞は元は、*nourish* の縮約形で、名詞の影響を受けて変化した。**nursery** [後期中英語]名「保育室、育児、苗床」は古フランス語 *nourice*「看護する」が基となっている。また、園芸でこの語を使い「若い苗が栽培される場所」を表すようになったのは16世紀半ばからである。

nurture [中英語]名養育、滋養物、訓育、世話；動養育する、教育する：
古フランス語 *noureture*「養育」に由来し、ラテン語 *nutrire*「食べ物を与える、育てる」が基となっている。この語は *nature* という語とともによく使われ、人格の発育に決定的な要因とされている。

nut [古英語]名木の実：
古英語 *hnutu* はゲルマン語起源である。オランダ語 *noot* やドイツ語 *Nuss*「木の

実」と同系である。nutが「頭」を表す俗語として使われるようになったのは19世紀半ばから。nuts形は口語で「頭が変になった」の意で用いられている。nutty形「堅果の多い、気が変な」も同じ意味で使われ、19世紀の終わり頃に現れた。

nutmeg [後期中英語]名ナツメグ、ニクズク：

当初の綴りはnotemugeであった。古フランス語 nois muguedeの一部を訳したものである。notemugeはラテン語nux「堅果」と後期ラテン語muscus「ムスク」が基となっている。

nutrition [後期中英語]名栄養物を与えること、栄養作用、滋養物、栄養学：

後期ラテン語nutritio(n-)に由来し、語源はラテン語nutrire「食べ物を与える、育てる」である。同時期に同じ語源から生じた語にnutritive形名「栄養(作用)の、滋養物」(中世ラテン語nutritivusに由来)そしてnutriment名「栄養素(分)、滋養分、食べ物」(ラテン語nutrimentumに由来)がある。nutrient形名「栄養になる、滋養物」とnutritious形「滋養分の多い」はともに17世紀半ばに現れた。nutrientはラテン語nutrient-、つまり、nutrireの現在分詞の語根に由来し、nutritiousはラテン語nutritious「育てるも

の」(nutrex「看護師」に由来)が基となっている。

nuzzle [後期中英語]動はう、鼻で穴を掘る、鼻をすりつける：

当初の意味は「腹ばう」であった。noseからの反復動詞(繰り返し行われる行為の動詞)で、オランダ語nuezelen「鼻で突きだす」から強い影響を受けている。

nylon [1930年代]名ナイロン(製品)：

cottonやrayonの形式にならった造語である。複数形でナイロン製の「ストッキング」を表すようになったのは1940年代から。

nymph [後期中英語]名ニンフ、さなぎ、美少女、乙女：

古フランス語nimpheから英語に入ってきた。ラテン語経由でギリシア語numphē「乙女、花嫁」に由来する。ラテン語nubere「…の妻である」も同系である。元々は古典神話の半神の魂を表しており、海、川、丘、そして木といった乙女が住む場所の形をしていると考えられていた。「若く美しい女性」という意味は16世紀後半から用いられている。nymphet名「ニンフェット」はnymphが基となっており、1950年代から魅力的な若い少女を表すようになった。

O o

oaf ［17世紀初頭］名うすのろ：

廃語となった*auf*の異形で、古ノルド語*álfr*「小妖精」に由来する。元の意味は「妖精の子供、取換え子」であり、後に「間抜けな子」そして「うすらばか」へと発達した。そこから現代の意味「とても不器用な人」で一般化されるようになった。（ラドヤード・キプリング『島国の人々』*Islanders*：Then ye contented your souls With the flanelled fools at the wicket or the muddied *oafs* at the goals「汝らは自らの魂に安んじる。くぐり門でごまをする愚人、または目的地で泥だらけになった間抜けとともに」）。

oak ［古英語］名【植物】オーク、オーク材：

古英語*āc*はゲルマン語起源である。オランダ語*eik*、ドイツ語*Eiche*「オーク」と同系である。またラテン語*aesculus*「ユピテル（ジュピター）を祭ったオークの正貨、山のオーク」とも同系である。The *Oaks*「オークス競馬」として知られる競馬があり、1779年に設立された、第12代ダービー卿の領地にちなむ。ダービー卿は年1回行われる3歳馬のオークスでの勝ち馬を所有していた。このオークスはダービー競馬後の金曜日にエプサムで行われた。

oar ［古英語］名オール、櫂、漕ぎ手：

デンマーク語とノルウェー語の*åre*と同系であり、ゲルマン語起源である。成句put one's *oar* in「干渉する」は16世紀半ばから始まる。

oasis ［17世紀初頭］名オアシス、（一般に）肥沃地、憩いの場：

ギリシア語から後期ラテン語を経て入った。元はエジプト語に由来する。とりわけリビア砂漠にある肥えた土地を指した。比喩的な意味「憩いの場」は19世紀初頭から始まる。

oast ［古英語］名（ホップ、麦芽、たばこなどの）乾燥がま：

古英語*āst*は、元はあらゆるかまを指したが、後に、とりわけ麦芽そしてホップを乾燥させるためのかまに使われた。ゲルマン語起源で、オランダ語*eest*と同系である。*eest*は「焼く」という意味のインド＝ヨーロッパ語の語根を持つ。

oat ［古英語］名【植物】エンバク、カラスムギ、オート麦：

古英語*āte*（複数形*ātan*）は語源不詳である。穀粒（例えば、小麦、オオムギなど）の他の名称と異なり、*oat*は質量名詞ではなく、元は個体の穀物を表していたと考えられる。つまり、*oat*は穀粒で食べられ、粗挽き粉としては食べられていなかったと考えられる。複数形*oats*を俗語的に使い「性的満足」（例：have one's *oats*「セックスする」、sow one's wild *oats*「大胆なことをする」）を意味するのは1920年代から。

oath ［古英語］名誓い、誓約、ののしり：

古英語*āth*「誓言」はゲルマン語起源で、オランダ語*eed*やドイツ語*Eid*「宣誓」と同系である。「罵り言葉、呪いの言葉」という意味は中英語から始まる。

語形成
接頭辞 ob-（［ラテン語*ob*「…に向かって、…に反対して、…の邪魔になって」）は次のような意味を付け加える。
- ■ 「さらすこと」［obverse］「表面」
- ■ 「会うこと」［occasion］「時」
- ■ 「反対すること」［opponent］「対抗者」
- ■ 「妨害」［obviate］「除去する」
- ■ 「完了」［obsolete］「廃れた」
- ■ 「逆に」［obconical］「倒円錐形の」

---

obdurate ［後期中英語］形頑固な、強情な：

元の意味は「罪に無感覚になる、悔い改めない」であった。*obdurare* の過去分詞であるラテン語 *obduratus*「心に無感覚になる」に由来する。*ob-*「…に反対して」と *durare*「頑固になる」(*durus*「固い」に由来)からなる。

obelisk ［16世紀半ば］名オベリスク、方尖柱、(後に印刷本の)ダガーマーク、オベリスク状の山・岩：

ギリシア語 *obelos*「先のとがった支柱」の指小辞語である *obeliskos* がラテン語を経て入った。16世紀後半から印刷の用語としても使われ、辞書によっては廃れた用法を示すダガーの形をした印として使われた。

obese ［17世紀半ば］形でぶでぶに太った、太りすぎの：

ラテン語 *obesus*「それ自体が太るまで食べること」に由来する。*obesus* は *ob-*「離れて、完全に」と *esus* (*edere*「食べる」の過去分詞)からなる。

obey ［中英語］動(命令・指示・規則などに)従う、守る、(命令などを)果たす：

古フランス語 *obeir* に由来する。*obeir* はラテン語 *oboedire*「聞く、…に注意を払う」に由来し、*ob-*「…の方向に」と *audire*「聞く」からなる。この同じラテン語の動詞がその同時期に **obedience** 名「従順」(古フランス語を経て、ラテン語 *oboedientia* に由来)と、**obedient** 形「従順な」(この語も古フランス語経由)を生み出した。

obfuscate ［後期中英語］動(問題などを)あいまいにする、(知力・判断力を)くもらせる、惑わせる：

後期ラテン語 *obfuscare*「暗くする」に由来し、ラテン語 *fuscus*「暗い」が基となっている。

obituary ［18世紀初頭］名死亡広告・記事、故人の略歴：

中世ラテン語 *obituarius* に由来する。*obituarius* はラテン語 *obitus*「死」を基にする。*obitus* はラテン語 *obire*「死ぬ」を基にする。**obit** 名「死亡、追善会、回忌法会、葬式、死亡告示・記事・記録」は後期中英語からすでに長い間使われていた。obit は今では *obituary* の省略形とされているが、元は「死」、「葬式」という意味でも使われていた。*obituary* はラテン語 *obitus*「倒れること、死」を基にする。

object ［後期中英語］名事物、対象(物)、目的、目標、対象、客体、《文法》目的語；動抗議する：

ラテン語 *obicere* の中性過去分詞(名詞として使われる)である中世ラテン語 *objectum*「頭に浮かぶもの」に由来する。*ob-*「…の邪魔になって」と *jacere*「投げること」からなる。成句 no *object* は「目的としていない、または、重要視していない」を意味し、例えば、money is no *object*「金の問題ではない」がある。この成句は18世紀後半から始まる。動詞 *object*「反対する」もラテン語の反復動詞(繰り返し行われる行為の動詞) *objectare* を部分的に表しているかもしれない。*objectare* は文字通り、「…に対して投げつづけること」である。この同系語である **objection** ［後期中英語］名「異議申し立て、異論」は古フランス語、または後期ラテン語 *objectio(n-)* に由来する。*objectio(n-)* は *obicere* を基にする。**objective** 形名「客観的な、目的」は17世紀初頭から使われており、中世ラテン語 *objectivus* に由来する。*objectivus* は *objectum* を基にする。

oblige ［中英語］動強いる、義務を負わせる、…に恩恵を施す、(受動態で)感謝する：

当初は「誓いで束縛する」を意味した。古フランス語 *obliger* に由来し、*obliger* はラテン語 *obligare* に由来する。*obligare* は *ob-*「…の方へ」と *ligare*「束縛すること」からなる。感謝の表現である much *obliged*「大いに感謝する」は19世紀初頭から。初めて使われたのはジェーン・オースティン『手紙』*Letters* である：

Sackree is pretty well again, only weak;—much *obliged* to you for your message「サクリーは再び元気になってはいますが、弱々しいです；あなたのメッセージに大変感謝しています」。ラテン語の動詞 *obligare* は **obligation** 图「義務、責務」の基にもなっている。obligation は中英語において「公約」という意味があった。ラテン語 *obligatio(n-)* から古フランス語を経て入った。

oblique [後期中英語]形斜めの、遠回しの、不正な；图【数学】斜格形、《文法》斜格、【解剖】斜筋、斜線：

ラテン語 *obliquus* に由来する。おそらくラテン語 *limus*「(斜めに) 横切る」とつながりがある。比喩的な用法に「斜行する、間接の」があり、中英語初頭に使われている。

obliterate [16世紀半ば]動(記憶などを) 消し去る、(文字などを) 消す、抹消する：

ラテン語 *obliterare*「激しく打つ、消す」に由来し、*littera*「文字、書かれたもの」が基となっている。比喩的な用法に「記憶から消す」があり、16世紀後半から見られる。

oblivion [後期中英語]图忘却、忘れられている状態：

ラテン語 *oblivio(n-)* が古フランス語を経て入った。*oblivisci*「忘れる」を基にする。法律用法において成句 Act of (Indemnity and) Oblivion「(損害賠償そして) 大赦条例」で使われ、「恩赦」を指している。イギリスの歴史上、この恩赦は特に、1660年と1690年の条例で施行された。イングランド王チャールズ2世とイングランド・スコットランド・アイルランド王ウィリアム3世に刃向った人々の行為に対してその罪を免除した。**oblivious** 形「忘れっぽい、気がつかない」は、同じく後期中英語であり、ラテン語 *oblivio(n-)* を基にする *obliviosus* に由来する。当初の意味は「忘れっぽい」であった。19世紀初頭に「気がつかない」とい

う意味が生まれた。

oblong [後期中英語]形横長の、長方形の；图長方形：

ラテン語 *oblongus*「やや長い」に由来する。名詞用法は17世紀初頭から始まる。

obnoxious [16世紀後半]形いやな、不快な：

当初の意味は何かに「冒されやすい」(例：*obnoxious* to criticism「非難を受けやすい」) であった。ラテン語 *obnoxiosus* に由来し、*obnoxius*「傷つきやすい」を基にする。*ob-*「…に向かって」と *noxa*「傷つける」からなる。現在の意味「まったく不快でいやな」は、noxious「有害な」の影響を受けており、17世紀後半から始まる。

obscene [16世紀後半]形猥褻な、卑猥な、胸くその悪い：

フランス語 *obscène* またはラテン語 *obscaenus*「不吉なまたは嫌悪感を引き起こすような」に由来し、転換により、「気分の悪くなるような、みだらな」となった。(シェイクスピア『リチャード二世』*Richard* II, IV. i. 130-131: That in a Christian climate souls refin'd, Should show so heinous, black, *obscene* a deed「キリスト教国において、清められた魂の持ち主がそのような不正、非道、邪悪な行為をなすことを！」)。**obscenity** 图「猥褻」も同時期の語であり、フランス語 *obscénité* または *obscaenus* を基にするラテン語 *obscaenitas* に由来する。

obscure [後期中英語]形あいまいな、人目につかない、どんよりした、【音声】(母音が) あいまいな；動あいまいにする：

古フランス語 *obscur* に由来し、ラテン語 *obscurus*「暗い」を基にする。*obscurus* は「覆う」を意味するインド=ヨーロッパ語根を有する。「取るに足らない、有名ではない」という意味は人を描写するときに使われ、16世紀半ばから始まる。**obscurity** [後期中英語] 图「蒙昧、無名」は古フランス語 *obscurite* に由来する。

obscurite はラテン語 *obscuritas* を、そして *obscuritas* は *obscurus* を基にする。

obsequious ［15世紀後半］形媚びへつらいの、追従的な：

現在は「奴隷状態」という意味であるが、当初は「てきぱきと従事する、そして喜ばせる」を表し、侮辱的な意味ではなかった。ラテン語 *obsequiosus* に由来し、*obsequiosus* は *obsequium*「追従」、*obsequium* は *obsequi*「従う、応じる」をそれぞれ基にする。

observe ［後期中英語］動気づく、観察する、述べる、守る、祝う：

当初は「従う」という意味であった。(例: All must *observe* the rules「全員がこの規則に従わなければならない」)。古フランス語 *observer* に由来し、*observer* はラテン語 *observare*「見る、…に注意を払う」を基にする。*ob-*「…に向かって」と *servare*「注意して聞く」からなる。「論評を加える」という意味 (例: 'Curious!', he *observed*「興味深い！」と彼は言った) は17世紀初頭から始まる。**observation** 名「観察(力)、意見」は後期中英語であり、「(規則や儀式など) の必要条件に遵守する」という意味があり、ラテン語 *observatio(n-)* に由来する。*observatio(n-)* は動詞 *observare* を基にする。**observance** 名「遵守」は後期中英語よりわずかに以前から使われており、ラテン語 *observantia* から古フランス語を経て入った。*observantia* は *observare* を基にする。後期中英語 **observant** 形「気をつける」はフランス語 *observer* の現在分詞である *observant* に由来し、文字通り「見る」を意味する。「鋭敏な、細部に注意深い」という意味は16世紀後半から始まる。**observatory** 名「観測所、(とくに) 天文台、気象台、観候所」は17世紀後半から始まり、近代ラテン語 *observatorium* に由来する。*observatorium* はラテン語 *observare* の過去分詞語幹 *observat-* を基にする。

obsess ［後期中英語］動(悪魔・妄想などが人に) とりつく：

当初は「出没する、とりつく」という意味があり、悪霊を指した。ラテン語 *obsidere*「包囲する」の過去分詞語幹 *obsess-* に由来する。*ob-*「反対の」と *sedere*「座る」からなる。現代の意味「とりつく」は19世紀後半から始まる。**obsession** 名「とりつかれた状態、【精神医学】強迫 (観念)」(16世紀初頭は「包囲する」という意味) はラテン語 *obsessio(n-)* に由来する。*obsidere* を基にする。「とりつかれた状態」を表すのは17世紀後半から見られる。心理学用語 (強迫観念) としては20世紀初頭から見られる。

obsolete ［16世紀後半］形廃れた；動新しいものに取り替える：

ラテン語 *obsolescere*「使われなくなる」の過去分詞 *obsoletus* に由来する。**obsolescence** 名「すたれ (かけ) ていること、【生物】(器官の) 退行、委縮」は18世紀半ばから使われ、文字通り「使われなくなる (という過程)」を意味する。ラテン語の動詞 *obsolescere* に由来する。

obstacle ［中英語］名障害(物)、邪魔 (もの)：

ラテン語 *obstaculum* が古フランス語を経て入った。*obstaculum* は *obstare*「邪魔する」を基にする。*ob-*「…に反対して」と *stare*「立つ」からなる。

obstetric ［18世紀半ば］形分娩の産科 (学) の：

ラテン語 *obstetricius* (*obstetrix*「助産師」が基となっている) を表す近代ラテン語 *obstetricus* に由来する。ラテン語の動詞 *obstare*「存在する」が語幹である。

obstinate ［中英語］形頑固な、強情な、(病気など) 難治の：

ラテン語 *obstinare*「固執する」の過去分詞 *obstinatus* に由来する。16世紀後半から、*obstinate* は特別な意味で使われ、「ただちに治療効果が現れない」病気を指した。

obstreperous ［16世紀後半］形騒が

しい、(子供など)うるさくて手におえない：

当初は「騒々しい、大声で叫ぶ」という意味であった。ラテン語 obstreperus (obstrepere に由来)を基にしている。ob-「…に反対する」と strepere「騒音を立てる」からなる。

obstruct ［16世紀後半］動妨げる、妨害する、さえぎる：

ラテン語 obstruere「ふさぐ」の過去分詞語幹 obstruct- に由来する。ob-「…に反対する」と struere「積み重なる」からなる。**obstruction** 名「妨害、じゃまもの」は16世紀後半よりわずかに後に使われている。ラテン語 obstruere に由来する obstructio(n-) を基にする。

obtain ［後期中英語］動得る、獲得する、広く行き渡っている：

古フランス語 obtenir に由来する。obtenir はラテン語 obtinere「獲得する、得る」に由来する。この動詞を自動詞として使い、「普及している」を意味するのは17世紀初頭からである（例：The price of silver fell to that obtaining elsewhere in the ancient world「銀の値段が古代世界の各地で広まっていた値段まで下がった」）。

obtrude ［16世紀半ば］動押しつける、干渉する、出しゃばる：

ラテン語 obtrudere (ob-「…に向かって」と trudere「押す」からなる) が「目立つようになる」を意味する obtrude と、**obtrusive** ［17世紀半ば］形「出しゃばりな」の語源である。

obtuse ［後期中英語］形鈍角の、(感覚・苦痛・音など)鈍い：

当初は「鈍い」という意味であった。ラテン語 obtundere「…に対して打つ」の過去分詞 obtusus に由来する。「愚鈍な」という意味は16世紀初頭からである。

obvious ［16世紀後半］形明らかな、わかりきった：

当初の意味は「頻繁に出くわした」であった。ラテン語 obvius に基づく。obvius は成句 ob viam「邪魔になる」に由来する。obvious を使って「明白で、すぐにわかる」を意味する事例は17世紀半ばに初めて見られる。

occasion ［後期中英語］名時、場合、行事、機会、チャンス、理由：

ラテン語 occasio(n-)「時点、理由」を基にする。occasio(n-) は occidere「下りる、配置する」を基にする。ラテン語 ob-「…に向かって」と cadere「落ちる」からなり、ある行事に集まり導かれていく状況という意味を生み出している。

occult ［15世紀後半］形秘密の、神秘的な；名秘密の事象、オカルト(現象)、秘術；動覆い隠す、【天文】掩蔽する、星食する：

当初は動詞として「視界から断ち切る」という意味であった。ラテン語 occulere「隠す」の反復動詞 (繰り返し行われる行為の動詞) occultare「こっそりと隠す」に由来する。occulere は celare「覆い隠す」が基となっている。この形容詞と名詞は occulere「すっかり覆う」の過去分詞語幹 occult- に由来する。The occult「秘学」は「未知の分野」を意味し、1900年代から始まる成句である。

occupy ［中英語］動占める、従事させる、手がふさがっている：

古フランス語 occuper から不規則に形成されている。ラテン語 occupare「つかみ取る」に由来する。今では廃れた低俗な意味に「…と肉体関係を持つ」があり、17世紀と18世紀のほとんどの間一般的に使われることが避けられるようになった。**occupation** ［中英語］名「職業、娯楽」はラテン語 occupatio(n-) が古フランス語を経て入った。occupatio(n-) は occupare を基にする。「頭がいっぱいになる」という意味は16世紀半ばからである。**occupant** 名「占有者、売春婦」は16世紀後半から「権利を制定する人」を表す用語として法律の文脈で見られる。フランス

語またはラテン語 *occupare*「つかみ取る」の現在分詞語幹 *occupant-* に由来する。

occur [15世紀後半] 動 起こる、発生する、心・記憶に浮かぶ：

ラテン語 *occurrere*「会いに行く、現われる」に由来する。*ob-*「…に反対して」と *currere*「走ること」からなる。「心に浮かぶ」を意味するのは17世紀初頭から見られる。16世紀半ばの **occurrence** 名「出来事、事件、発生」はおそらく同じ意味で使われた古語の *occurrent* の複数形に由来する。ラテン語 *occurrere*「起こる」の現在分詞語幹がフランス語を経て入った。

ocean [中英語] 名 大洋、大海、(五大洋の)…洋：

古フランス語 *occean* に由来する。ギリシア語 *ōkeanos*「地球を取り巻く強大な流れ」がラテン語を経て入った。The *ocean* は、元は地球の広大な土地を取り巻く海全体(「大海洋」)を表した。The *ocean* は島々のある東半球であり、当時の世界は東半球のみであった。

ocular [16世紀後半] 形 視覚上の、目による：

後期ラテン語 *ocularis* に由来する。ラテン語 *oculus*「目」を基にする。**oculist** 名「眼科医、検眼医」も共通の語幹を有する。oculist はフランス語 *oculiste* に由来し、ocular と同じ16世紀後半に使われている。

odd [中英語] 形 奇妙な、…余りの、片方の、半端な、奇数の：

当初は数字用語であった。古ノルド語 *odda-* に由来し、*odda-mathr*「第三者または奇数の人」などの組み合わせで見られる。*odda-* は *oddi*「角」を基にする。「奇妙な、独特の」という意味は16世紀半ばから始まる。(シェイクスピア『尺には尺を』*Measure for Measure*, V.i.60-61: If she be mad... Her madness hath the *oddest* frame of sense「この女は気が狂っているとしても…その狂気にはどこ

か筋の通ったところがある」)。**odds** 名「勝ち目、見込み」は16世紀初頭から使われ、明らかに廃語となった名詞 odd「奇数または変人」の複数形である。odds は賭け事の文脈で16世紀後半から使われるようになった。成句 against all the odds「強い抵抗にもかかわらず」は18世紀半ばに遡る。**oddment** 名「残り物」は odd が基となっており、18世紀後半から見られる。

ode [16世紀後半] 名 オード、賦、頌歌：

フランス語に由来し、後期ラテン語 *oda* を経て、ギリシア語 *ōidē* から入った。*ōidē* はアッティカ方言 *aoidē*「歌」に由来し、元は *aeidein*「歌う」である。当初の用法では古典文学と歌唱用の詩歌を指す語であった(例：*Odes* of Pindar「ピンドラスの歌曲」)。

odious [後期中英語] 形 憎まれる、憎らしい、嫌な：

ラテン語 *odium*「憎しみ」から来た *odiosus* を基にした古フランス語 *odieus* に由来する。

odour [中英語] 名 臭い、芳香：

ラテン語 *odor*「臭い、香り」から来たアングロノルマンフランス語に由来する。中英語では *odor* という綴りも存在したが、14世紀には使われなくなった。ラテン語の影響により、この綴りは16世紀に復活し、17世紀に広がって、アメリカ英語ではこれが一般的になっている。**odorous** [後期中英語] 形 「香り・くさみのある」は、ラテン語 *odorus*「香り」(*odor*「芳香」に由来する)が基になっている。

odyssey [19世紀後半] 名 オデュッセイア、長い冒険の旅、遍歴：

超大な旅路を表し、ギリシア語 *Odusseia* からラテン語を経て入ってきた。ホメロス(紀元前8世紀)によって編まれたとされるギリシアの六歩格の叙事詩のタイトルであり、この中では、トロイの略奪後の、オデュッセウスの10年に渡る

放浪の旅が描かれている。

of ［古英語］前…の、…という、…の量の、…が、…の性質を持つ、…から離れて：
ゲルマン語起源であり、ラテン語 *ab* やギリシア語 *apo* と共通するインド＝ヨーロッパ語の語根からなる、オランダ語 *af* やドイツ語 *ab* と同系である。当初の意味は「…から離れて」である。ここから分離や解放、剥奪、由来、起源、原因などの意味を表すようになった。
→ OFF

off ［古英語］副 前 形…から離れて・離れた、外れて、隔たって
元は、前置詞 of の異形であり、「…の」と「…から離れて」の意味を合わせたものであった。この 2 つの語形は1600年以前は分化していなかった。成句としては、競馬の場面で They're *off*「各馬、いっせいにスタート」が19世紀初頭に記されており、It's a bit *off*「それはおかしい」という意味も20世紀初頭に見られる。

offal ［後期中英語］名クズ肉、臓物、がらくた、くだらぬ輩：
当初は粉ひきの際に出る穀物の殻や、大工作業の時の木くずなど、「製造過程に出るごみ」を指した。おそらく *af*「…から離れて」や *vallen*「落ちる」からなる中オランダ語 *afval* が発端となっている。「食用にする動物の内臓」という意味は一般に複数形で用いられる。

offence ［後期中英語］名悪事、罪、違反、立腹、損害：
ラテン語 *offensus*「腹立ち」から来た古フランス語 *offens*「悪事」に由来する。ラテン語 *offensa*「衝突、悪意、不満」から来たフランス語 *offense* の影響を強くうけた。その語基はラテン語 *offendere*「衝突」であり、(古フランス語 *offendre* を経由して) **offend** ［後期中英語］動「人の感情を害する」になった。offendは、「つまずく」、「道徳的につまずく（＝罪）」、「法を犯す」、「攻撃する」、「傷つける」などの意味を含んでいる。関連語 **offen-** sive形「いやな」、「不快な」は16世紀半ばから見られ、フランス語 *offensif, -ive* か、あるいはラテン語 *offendere* から来た中世ラテン語 *offensivus* に由来する。名詞としての使用 (on the *offensive*「攻撃に出ている」) は18世紀初頭から。

offer ［古英語］動提供する、申し出る、差し出す、提案する；名申し出
古英語 *offrian* は「神に生け贄を捧げる」を意味していた。ゲルマン語起源であり、ラテン語 *offerre*「授ける、与える」に由来する。これは教会ラテン語で「神へ捧げ物をする」となった、この主要な語義を持ち続けたフランス語 *offrir* の影響を強く受けた。名詞の *offer* (後期中英語) はフランス語 *offre* に由来する。キリスト教会の用語 **offertory**名「献金」は礼拝中に行われるパンとワインの奉納や献金を表すもので、教会ラテン語 *offertorium*「捧げ物」に由来し、後期中英語から始まっている。*offertorium* は後期ラテン語 *offert-* (*offerre*「捧げ物をする」の過去分詞語幹 *oblat-* に置き換わったもの) に由来する。

office ［中英語］名官職、公職、（特定の）儀式、奉仕、事務所：
ラテン語 *officium*「作業能力」が古フランス語を経由して入った。中世ラテン語では「礼拝式」も意味した。その構成要素は *opus*「働く」と *facere*「行う」である。「義務」や「親切」と同様に (W・S・モーム『人間の絆』*Of Human Bondage*: He got her slippers and took off her boots. It delighted him to perform menial *offices*「彼は彼女のスリッパを取り、ブーツを脱がせた。使用人の職務を全うすることが、彼の喜びであった」)、「義務を伴う役職」(例: *office* of parish priest「教区司祭の職務」) や、「職務が行われる場所」(例: an *office* on the third floor「3 階での職務」) の意味に変化した。**officer** ［中英語］名「将校」はラテン語 *officium* から来た中世ラテン語 *officiarius* に由来し、アングロノルマンフランス語経由から入り、**official** ［中英語］形「職務上の」(ラテン語 *officialis* に由

来し、古フランス語を経由して英語に入った）と語基を共有する。**officiate**動「公的な資格で務める」は *officium* から来た中世ラテン語 *officiare*「礼拝を行う」に由来し、17世紀半ばから始まっている。

officious [15世紀後半] 形忠実な、お節介な：

officium から来たラテン語 *officiosus*「好意的な」に由来する。元の意味は「役割を果たす」、「効果がある」で、16世紀半ばには「助けたり楽しませたりできる」の意味になった。16世紀後半には侮蔑的な用法で使われるようになった。
→ OFFICE

often [中英語] 副しばしば、度々：

oft の拡張形であり、おそらく *selden*「めったに…ない」の影響を受けている。当初は北部英語で使われ、16世紀に一般的になった。成句 as *often* as not「たいてい」は20世紀初頭から使われはじめ、more *often* than not「たいてい」は1970年代に始まっている。

ogle [17世紀後半] 動色目を使う、嫌らしい目つきをする：

おそらく低地ドイツ語かオランダ語に由来する。*oegen*「見る」の反復動詞（繰り返し行う行為の動詞）である低地ドイツ語 *oegeln* が同系であると思われる。英語では当初、隠語であった。

ogre [18世紀初頭] 名人食い鬼、オーガ、恐ろしく残酷な人：

フランス語からの借用語であり、当初はフランスの作家、ペローが1697年に身の上話の中で使った。語基は古典ラテン語 *Orcus*、すなわち冥界の神ハデスである。

oil [中英語] 名オリーブ油、香油、油；動油をさす：

ラテン語 *oleum*「（オリーブ）油」から来た古北部フランス語 *olie* や古フランス語 *oile* に由来する。オイルランプの明かりで遅くまで勉強することを表す隠喩の midnight *oil* は17世紀半ばから始まる（例：burn the midnight *oil*「深夜の油を燃やす〈夜遅くまで勉強する〉」）。「ことを円滑に進める」という意味の *oil* the wheels は19世紀後半から。

ointment [中英語] 名化粧用の油、軟膏、塗油：

ラテン語 *unguentum* から来た古フランス語 *oignement* が変化したもの。語形が変化したのは、古フランス語 *oindre*「油を塗る」の過去分詞形から来た廃語 *oint*「油を塗る」の影響である。
→ UNCTION

OK [19世紀半ば] 副形動名間違いない、了解、オーライ、オーケーする：

元はアメリカ英語の用法であり、おそらく all correct「万事問題なし」のおどけた言い回し orl korrect の省略形である。1840年にアメリカで行われたヴァン・ビューレン大統領の再選運動のスローガンとして有名になった。彼の生まれた場所に由来するニックネーム Old Kinderhook から頭文字をとっている。

old [古英語] 形年取った、古い、昔からの：

古英語 *ald* は西ゲルマン語を起源としており、「大人に成長する」の意味を持つインド＝ヨーロッパ語の語根のオランダ語 *oud* とドイツ語 *alt*「老年の」と同系で、ラテン語 *alere*「育てる」と同系である。**oldster**名「老人」は19世紀初頭に現れ、youngster「子供」と同じパターンである。

olive [中英語] 名オリーブの木、オリーブのは、オリーブの実：

elaion「油」から来たギリシア語 *elaia* に由来するラテン語 *oliva* から古フランス語を経由して入ってきた。beef *olive* のような調理用語は16世紀後半に始まった。

ombudsman [1950年代] 名オンブズマン：

悪政に対する個人の不平不満を調査する

omen ［16世紀後半］名前兆、兆し；動前触れとなる、前兆である：
　ラテン語の英語用法である。*ominous*形「不吉な」も同じ時期に使われており、*omen*から来たラテン語*ominosus*に由来する。

omit ［後期中英語］動省略する、抜かす、怠る：
　ob-「下げる」と*mittere*「行かせる」からなるラテン語*omittere*に由来する。同時代から使われた*omission*名「省くこと」は同じラテン語の動詞を語源とする後期ラテン語*omissio(n-)*に由来する。

omnibus ［19世紀初頭］名乗合馬車、バス、普及版作品：
　ラテン語*omnis*「すべて」の複数形与格で、文字通り「すべてのための」を意味する語がフランス語を経て入ってきた。元は馬車のことである。

omnipotent ［中英語］形全能の：
　元は神の名を指した（例：O God *omnipotent!*「全能なる神よ！」）。ラテン語*omnipotent-*「全能の」から、古フランス語を経て入ってきた。

omniscient ［17世紀初頭］形全知の、無限知の：
　中世ラテン語*omniscient-*「全能の」に由来し、ラテン語*scire*「知ること」に基づいている。

omnivorous ［17世紀半ば］形何でも食べる、雑食性の、手当たりしだい取り入れる：
　ラテン語*omnivorus*「何でも食べる」が基となっている。19世紀後半には、*omnivore*名「貧食な人」が同じラテン語の形容詞からフランス語経由で入ってきた。

on ［古英語］前副…の上に、…の中に、…に向かって：
　古英語*on*と*an*はゲルマン語起源であり、ギリシア語*ana*「…の上に」と共通のインド＝ヨーロッパ語の語根に由来するオランダ語*aan*やドイツ語*an*「…に」と同系である。

once ［中英語］副もう1度、1回、かつて；接…したとたん：
　元の綴りは*ones*で、*one*の所有格であった。綴りが16世紀に変わったのは、語末子音の無声音（声帯振動を伴わない発音）を保持するためであった。
　→ ONE

one ［古英語］形1つの、単1の；名1人、人：
　古英語*ān*はゲルマン語起源であり、ラテン語*unus*と共有するインド＝ヨーロッパ語根に由来するオランダ語*een*やドイツ語*ein*「1つの」と同系である。語頭の*w*音は15世紀以前に発生し、時折綴りにも表された。これは、17世紀後半まで標準的な英語とは認められなかった。

onerous ［後期中英語］形やっかいな、骨の折れる、有償の：
　onus, oner-「負担」から来たラテン語*onerosus*に由来する古フランス語*onereus*から来ている。17世紀半ばには*onus*名「重荷」がラテン語からの借用語として英語で用いられはじめた。

only ［古英語］形孤独な、きわめて優れた、唯一の；副…だけ：
　古英語の形容詞*ānlic*は接尾辞*-ly*がついた*one*に基づいている。
　→ ONE

onslaught ［17世紀初頭］名猛攻撃、猛襲：
　当初は*anslaight*という綴りもあった。*aen*「…の上に」と*slag*「襲撃」からなる中オランダ語*aenslag*から来ている。この語尾変化は、廃語の*slaught*「虐殺」と関係があると考えられる。

ooze¹ [古英語]名樹液、にじみ出ること；動にじみ出る：

古英語 wōs は「分泌物や樹液」を意味した。「にじみ出る」という動詞用法は中英語から。

ooze² [古英語]名軟泥、沼地、湿地：

古英語 wāse は古ノルド語 veisa「淀み」と同系である。中英語時代や16世紀頃には綴りは wose (repose「休息、平穏さ」と韻を踏む)であったが、1550年からの綴りは発音が変化したこと、そして ooze「わき出す」の影響を受けたことを示してしている。
→ OOZE¹

opaque [後期中英語]形どんよりした、不透明な、不明瞭な：

当初の綴りは opake であり、ラテン語 opacus「暗い」に由来する。現在の綴り(19世紀以前にはほとんど見られなかった)は、フランス語 opaque の影響を受けたものである。opacity [16世紀半ば]名「不透明」は、opacus から来たラテン語 opacitas を基にしたフランス語 opacité に由来する。

open [古英語]形開いた、公然の、率直な；動開く、あける：

古英語では形容詞が open、動詞が openian である。ゲルマン語起源であり、語根 up に基づくオランダ語 open やドイツ語 offen「開いている」と同系である。
→ UP

opera [17世紀半ば]名オペラ、歌劇：

「労働、仕事」を意味するラテン語に由来するイタリア語 opera の借用語である。最も古い英語の例は、意識的にイタリア語を使っている。operatic形「歌劇の」は18世紀半ばに記録されており、これは dramatic などと同じ語形成である。operetta名「オペレッタ」は18世紀後半の語形で、opera のイタリア語の指小辞語である。

operation [後期中英語]名作用、行為、効力、効果、手術：

動詞 operari「労力を費やす」から来たラテン語 operatio(n-) が古フランス語経由で入ってきた。「手術」という意味は当初からあった。17世紀初頭にはラテン語 operari が operate動「作動する」を生み出した。その語基はラテン語 opus「仕事」であり、oper- は「働く」を意味する。同系語としては、operable [17世紀半ば]形「操作可能な」(後期ラテン語 operabilis から)や operative [後期中英語]形「適切に作用する」(ラテン語 operarativus から)などがある。後者を使って「熟練した」という意味 (例: factory operatives「熟練工」)は19世紀初頭から。

ophthalmic [17世紀初頭]形目の、眼科の：

ophthalmos「目」に由来するギリシア語 ophthalmikos がラテン語経由で入ってきた。

opiate [後期中英語]名アヘン剤、麻酔剤；形アヘンを混ぜた、催眠の：

ラテン語 opium を基にした中世ラテン語 opiatus に由来する。opium名は、「水」を意味するインド＝ヨーロッパ語の語根から来た opos「樹液」に由来するギリシア語 opion「ケシの樹液」がラテン語経由で入ってきた。

opinion [中英語]名判断、意見、鑑定、評価、評判：

opinari「考える、信じる」の語幹に由来するラテン語 opinio(n-) が古フランス語経由で入ってきた。opinionated形「自説に固執する」は17世紀初頭に始まり、(まれに使われる)動詞 opinionate「…という見解である」に由来する。

opportune [後期中英語]形好都合の、折よい、適切な：

ob-「…の方向に」と portus「港」からなるラテン語 opportunus から来た古フランス語 opportun(e) に由来する。ラテン語では元は、港に吹く風を意味し、そのため英語では「時宜を得た」という意味

に理解された。**opportunity**［後期中英語］名「機会」は共通の語基を持ち、ラテン語 opportunitas から来た古フランス語 opportunite に由来する。19世紀後半の **opportunist** 名「日和見主義者」は opportune に基づいている。

oppose［後期中英語］動尋問する、反駁する、妨害する：

ラテン語 opponere (ob-「…の方向に」と ponere「置くこと」からなる) から来た古フランス語 opposer に由来し、ラテン語 oppositus「対立する」や古フランス語 poser「置くこと」の影響を受けている。中英語での主な用法は「難題に直面する」(後期ラテン語 opponere から) であった。「対置する」という最近の用法は主に古典ラテン語 opponere を反映している。16世紀後半の **opponent** 名「相手」は元々、哲学や宗教上の仮説に異議を申し立てて学問的な議論を行う人々を指した。起源はラテン語 opponent- であり、opponere「対立する」の現在分詞語幹である。

opposite［後期中英語］形前副名向かい側の、敵対する、正反対の、逆の、反対のもの人：

ラテン語 opponere「対立する」の現在分詞形 oppositus が古フランス語を経由して入ってきた。同時代にある **opposition** 名「抵抗」は opponere から来たラテン語 oppositio(n-) に由来する。与党に対立する政治団体を指す成句 the Opposition「野党」は18世紀初頭に始まる。
→ OPPOSE

oppress［後期中英語］動圧迫する、圧倒する、暴行する、悩ます：

ラテン語 opprimere「圧迫する、圧倒する」を由来とし、中世ラテン語 oppressare から来た古フランス語 oppresser から入ってきた。古典ラテン語の意味が当初の英語で使われていた。同じラテン語の動詞が中英語に **oppression** 名「抑圧」(ラテン語 oppressio(n-) から来た古フランス語に由来) や **oppressive** 形「圧制的な」(16世紀後半、中世ラテン語 oppressivus から) を生み出した。

opprobrious［後期中英語］形口汚い、侮辱的な、無礼な：

ラテン語 opprobrium「不名誉」(最終的に17世紀半ばに英語に入った) から来た後期ラテン語 opprobriosus に由来する。基となる要素は ob-「反対して」と probrum「恥ずべき行い」である。

optic［後期中英語］形名眼の、視覚の、《古語》工学の、計量器：

optos「見られる」を語源とし、ギリシア語 optikos から来た中世ラテン語 opticus か、あるいはフランス語 optique に由来する。瓶の首につけて酒の量をはかる optic「イギリスなどで用いられる酒の量の計量器」は商標名として1920年代に始まった。**optician** 名「眼鏡商」は中世ラテン語 optica「光学、視覚の学問」から来たフランス語 opticien に由来し、17世紀後半から始まった。

optimism［18世紀半ば］名楽天主義、楽観論：

ラテン語 optimum「最良のこと」(19世紀後半に英語に入った) から来たフランス語 optimisme に由来する。元は哲学用語で「最良を期待する傾向」を意味し、19世紀初頭に始まった (シェリー『エッセイ』Essays: Let us believe in a kind of optimism, in which we are our own gods「最適を信じよう。そうすれば神にもなれる」)。**optimize** 動「楽観する」は19世紀初頭に始まり、ラテン語 optimus「最良」(ひいては「最良を行う」) に基づいている。

option［16世紀半ば］名動選択、選択の自由、オプションを得る：

フランス語か、もしくは optare「選択」の語幹から来たラテン語 optio(n-) に由来する。成句 keep one's options open「態度の決定を保留する」は1960年代に初めて使われている。**opt** 動「選ぶ」は19世紀後半の語で、ラテン語 optare「選択、願望」から来たフランス語 opter に由来

する。成句 opt out of「…から身を引く」は1920年代に使われている。

opulent [16世紀半ば] 形 富裕な、十分な、ぜいたくな：

当初の意味は「裕福な、金持ちの」であった。ラテン語の現在分詞語幹 opulent- が起源であり、opes「富」に由来する。

or [中英語] 接 …かまたは、あるいは、すなわち

廃語の接続詞 other の短縮形であり、古英語 oththe「…かまたは」に取って代わった。語源不詳である。

oracle [後期中英語] 名 神のお告げ、至聖所、巫女、賢人：

orare「話す」から来たラテン語 oraculum に由来し、古フランス語を経由して入ってきた。ギリシアやローマ史において、預言の力を持つ「神の代弁者」であった（例：Delphic oracle「デルフィの巫女」）。後に、大いなる知恵を持つ人間も意味するようになった（シェイクスピア『ベニスの商人』Merchant of Venice, I. i. 94: I am sir Oracle, And when I ope my lips, let no dog bark「われこそは世界一の賢者なるぞ、わが神託を犬どもは黙ってきくべし」）。

oral [17世紀初頭] 形 名 口を使う、経口の、口頭の；名 口頭試問：

後期ラテン語 oralis（ラテン語 os, or-「口」から）が起源である。「口頭試問」という用法は19世紀後半から。

orange [後期中英語] 名 オレンジ：

古フランス語 orenge（成句 pomme d'orenge で用いられる）に由来し、ペルシア語から来たアラビア語 nāranj に基づいている。オレンジの原産地は東南アジアとされており、その名称の起源とされている。中世にアラブ人によってセビリアオレンジ（ダイダイ）がもたらされ、そこからヨーロッパ全土に取り入れられていった。スイートオレンジはポルトガル人によって16世紀に中国から持ち込まれ、その名称が使われつつあるうちに苦いオレンジがなくなった。

oration [後期中英語] 名 祈り、（公式の）演説、式辞：

現在は一般的に「公式の演説」という意味だが、元は「神に祈る」という意味だった。orare「話す、祈る」から来たラテン語 oratio(n-)「演説、祈り」に由来する。orator [後期中英語] 名「演説者」はラテン語 orator「話者、嘆願者」から来たアングロノルマンフランス語 oratour に由来する。

orb [後期中英語] 名（天体の）軌道、天球、円、天体、球体：

かつては「円」を意味したが、現在は「球体」を意味する。ラテン語 orbis「輪」から来ている。詩的、修辞学的な用法としては、時折、星や天体を意味する。（シェイクスピア『ベニスの商人』Merchant of Venice, V. i. 60-61: There's not the smallest orb which thou beholdest but in his motion like an Angel sings「どんな小さな星でも、天空を回りながら、天使のように歌っているのだ」）。

orbit [16世紀半ば] 名 動 眼窩_{がん}、（天体の）軌道、眼；動 動を描いて回る：

当初の用法は、解剖学用語で「眼窩」という意味であった。元は「経路、軌道」を意味するラテン語 orbita から来たが、中世ラテン語では「眼窩」を意味するようになった。これは orbis「輪」から来た orbitus「円形の」に由来する。天文学の文脈で17世紀後半から使われはじめた。成句 go into orbit「軌道に乗る」は1970年代に現れた。

orchard [古英語] 名 果樹園：

古英語での綴りは ortgeard である。第1要素はラテン語 hortus「菜園」に由来し、第2要素は「庭園」を表している。かつては一般的な菜園を指していた。
→ YARD²

orchestra [17世紀初頭] 名 オーケストラ、管弦楽団：

orkheisthai「踊ること」から来たギリシア語 orkhēstra に由来し、ラテン語経由で入ってきた。古代ギリシアの劇場の一部として、コーラス団が歌ったり踊ったりするステージ前の巨大な円形、もしくは半円形の場所である。「オーケストラ」という意味は18世紀初頭に始まった。
orchestrate[動]「オーケストラ用に作曲する」は19世紀後半に現れるが、おそらくフランス語 orchestrer が発端となっている。当初は文字通り「オーケストラ用に作曲する」の意味で用いられ、後になって（1950年代）「接合させる、体系化する」という意味になった（例：*orchestrated* pandemonium「画策された大混乱」）。

ordain [中英語][動]命令する、整列させる、任命する：

当初の意味は「整理する」だった。*ordo*「順序」から来たラテン語 *ordinare*「整理する」に由来するアングロノルマンフランス語 *ordeiner* から来ている。さらに、「法令、任命」の意味があり、キリスト教の教会において、誰かを司祭や聖職などの要職に任命する際の「聖職叙任の授与」という特殊な動詞用法として見られる。**ordination** [後期中英語][名]「（聖職者の）任命」は「順番に並べる」という一般的な意味を持ち、ラテン語 *ordinare* から来た *ordtnatio(n-)* に由来する。
→ ORDER

ordeal [古英語][名]厳しい試練、苦しい体験：

古英語 *ordāl, ordēl* はゲルマン語起源であり、「分配する」を意味する語幹から来たドイツ語 *urteilen*「裁きを下す」と同系である。中英語には見あたらない（チョーサー『トロイルスとクリセイデ』*Traylus* の例を除く）。「神聖な評決を引き出すため、誰かを苦しめて有罪無罪を確かめるある種の試練」を指す用法が、第1語義「苦しくて困難な経験」を生み出した（17世紀半ば）。

order[中英語][名]順序、体系、整頓、秩序、規則、宗教的儀式；[動]命じる、注文する：

ラテン語 *ordo, ordin-*「列、系、階層」から来た古フランス語 *ordre* に由来する。以下のような意味がある。「階層、集団」（例：*orders* of society「社会的序列」、Franciscan *order*「フランシスコ修道会」）、「規則、命令」（例：give *orders*「命令を下す」）、「順序」（例：the right *order*「正しい順序」）。out of *order*「乱れて」（16世紀半ば）は当初は「適切な順序からはずれる」という意味だったが、次第に「安定した状態ではない」（18世紀には一般に「乗り気でない、体調が良くない」）や「うまくいかない」という意味に拡張した。

ordinal [中英語][形]順序の；[名]序数：

当初は叙階式で使われる礼拝の形式が収められた祈禱書を指した。中世ラテン語 *ordinale*（中性語）に由来する。形容詞（例：*ordinal* number「序数」）については、ラテン語 *ordo, ordin-* から来た後期ラテン語 *ordinalis*「一連の順序と関係する」に由来する。
→ ORDER

ordinary [後期中英語][形]普通の、並の、《古語》管轄権を持つ、正規の：

ordo, ordin-「順序」から来たラテン語 *ordinarius*「規則正しい」（フランス語 *ordinaire* の影響を強く受けた）に由来する。当初の用法には「普通の」という意味と「規則正しい、正規の」もあった。

ore [古英語][名]鉱石、金属：

古英語 *ōra* は「加工していない金属」を意味した。西ゲルマン語起源であり、古英語 *ār*「青銅」（ラテン語 *aes*「粗金属、青銅」と同系）の影響を受けている。

organ [後期古英語][名]器官、臓器、オルガン、機関：

ギリシア語 *organon*「道具、楽器、感覚器官」からラテン語を経由して入り、中英語では古フランス語 *organe* の影響を強くうけた。当初「楽器」の意味で入ってきたが、一般的に「道具、機能的な部位」の意味になった。（シェイクスピア『ベニスの商人』*Merchant of Venice*, III. i. 62: Hath not a Jew hands, *organs*, dementions, senses, affections, passions「ユダヤ人には手もなければ臓器も感覚も、好き嫌いも情欲も無いのか」）。こうした比喩的な用法が、行動や伝達手段の意味になった（例：a newspaper thought to be the *organ* of the government「政府の機関誌と見なされた新聞」）。**organic**形「有機体の」は後期中英語から現れ、ギリシア語 *organikos*「器官や道具に関わる」がラテン語経由で入った。農業の文脈（例：*organic* food）では、「化学物質を含まない」を意味し、19世紀半ばから用いられるようになった。

organize ［後期中英語］動…を有機化する、統合する、組織化する：

ラテン語 *organum*「器具、用具」から来た中世ラテン語 *organizare* に由来する。「組織」という意味での **organism** ［18世紀初頭］名は *organize* からであり、現在の意味（「有機体」、「生命体」）はフランス語 *organisme* に由来する。
→ ORGAN

orgy ［16世紀初頭］名秘密祭、大騒ぎ、過度の熱中：

元は複数形で使われ、語源はギリシア語 *orgia*「秘密の儀式、お祭り騒ぎ」からラテン語を経由して入ってきたフランス語 *orgies* である。祭りというのは、例えばバッコスやディオニュソスを賛美するために行われた祭りのような、ギリシア・ローマ神話の中で開かれたものを指している。「過度の熱中」という意味は19世紀後半から。

orient ［後期中英語］名東洋、日の出、東；動東に向く、ある方向に向く：

昇る太陽を指すラテン語 *oriri* の現在分詞語幹 *orient-* から古フランス語を経て入ってきた。**oriental**形「東洋人の」も後期中英語で、古フランス語、またはラテン語 *orientalis* に由来する。
→ ORIGINAL

orientate ［19世紀半ば］動東を向く、東面する：

おそらく **orientation**名「方向性、志向」からの逆成語（接尾辞を除去したもの）である。orientation も同じ時期の語で、明らかに orient に由来する。**orienteering**名「オリエンテーリング」は地図やコンパスを持って起伏の多い地形を歩き回って道を探す競技スポーツのことで、1940年代にスウェーデン語 *orientering* から始まった。
→ ORIENT

orifice ［後期中英語］名穴、開口部：

os, or-「口」と *facere*「作る」を基にした後期ラテン語 *orificium* から来たフランス語に由来する。

original ［中英語］形最初の、根源の、原文の、実物、目新しい；名原型、原物：

当初の用例は成句 *original* sin「原罪」に見られ、古フランス語、または *origo, origin-*「起源」から来たラテン語 *originalis* に由来する。「独創的な、新鮮な、創造的な」は18世紀半ばに生まれた。また、ラテン語 *origo* はフランス語 *origine* から来た **origin**名「始まり」を16世紀初頭に生み出した。基となった動詞は *oriri*「昇る」である。**originate**動「始める」は17世紀半ばにでき、ラテン語 *origo* から来た中世ラテン語 *originare*「始まる原因」に由来する。
→ ORIENT

ornament ［中英語］名装飾品、付属品；動飾る：

当初の意味は「アクセサリー」であった。*ornare*「飾る」を基にするラテン語 *ornamentum*「装備品、装飾品」から来た古フランス語 *ournement* に由来する。動詞用法は18世紀初頭から始まった。

ornate ［後期中英語］形上品な、飾り立てた、凝った：

ornare の過去分詞であるラテン語 *ornatus*「装飾した」に由来する。

ornithology ［17世紀後半］名鳥類学：

「鳥を扱う」を表すギリシア語 *ornithologos* から来た近代ラテン語 *ornithologia*

に由来する。

orphan ［後期中英語］图孤児；形孤児の；動孤児にする：
ギリシア語 orphanos「欠乏した者」が後期ラテン語を経由して入ってきた。

orthodontics ［20世紀初頭］图歯列矯正術：
「まっすぐな」を意味する接頭辞 ortho-（ギリシア語 orthos「まっすぐな、正しい」に由来）とギリシア語 odous, odont-「歯」から構成される。

orthodox ［後期中英語］形正統な、東方正教会の、月並みな：
orthos「まっすぐな、正しい」と doxa「評価」からなるギリシア語 orthodoxos（おそらくは教会ラテン語経由）に由来する。

orthography ［後期中英語］图正書法、綴り：
orthos「正しい」と -graphia「書き文字」からなるギリシア語 orthographia が、古フランス語やラテン語を経由して入ってきた。

oscillate ［18世紀初頭］動振動する・させる、揺れ動く、動揺する：
oscillare「揺れる」の過去分詞語幹であるラテン語 oscillat- に由来する。語基はラテン語 oscillum「小さな顔」で、そよ風に揺れているバッコス神の札を指していた。

osmosis ［19世紀半ば］图【化学】浸透、同化：
当初の形である osmose がラテン語風になったもので、ギリシア語 ōsmos「押すこと」に由来する。この「押すこと」が、化学用語としては半透膜を通して濃度の低い溶液がより高い濃度の溶液へ通過する溶剤の微粒子の性質を指している。19世紀の終わり頃にはしだいに意見が同化していくという比喩としても使われている。

osseous ［後期中英語］形骨の、骨からなる：
ラテン語 osseus「骨になる」に基づいている。語基はラテン語 os「骨」であり、同じ語は17世紀半ばの **ossuary**图「死者の骨が埋葬される場所」（ラテン語 os の不規則変化からの後期ラテン語 ossuarium に由来）や18世紀初頭の **ossify**動「骨になる」（フランス語 ossifier から）にも共通する。

ostentation ［後期中英語］图虚栄、見栄：
動詞 ostentare に由来するラテン語 ostentatio(n-) から古フランス語を経由して入った。ostentare は ostendere「見るために背のびする」の反復動詞（動作の繰り返しを表す動詞）である。

ostler ［後期中英語］图馬丁（馬の世話をする人）：
hostel から来た古フランス語 hostelier「宿の主人」に由来する。
→ HOTEL

ostracize ［17世紀半ば］動追放する、のけ者にする：
ostrakon「貝殻（陶片）」から来たギリシア語 ostrakizein に由来する。この貝殻や陶片に、追放すべき嫌われた市民の名前が書かれた。

other ［古英語］形他の、残りの、第2の、異なった；代もう片方：
ゲルマン語起源であり、古英語 ōther はインド＝ヨーロッパ語の語根「異なる」から来たオランダ語とドイツ語の ander「もう一方の」と同系である。本来の古英語の意味はゲルマン語の「片方」であった。成句 the *other* day「先日」は元は「2日目」を意味した（スコットランド語や北アイルランド語に残っている）。every *other* day「1日おきに」などの every *other*... の用法は16世紀後半から始まっている。配偶者やパートナーを指す one's *other* half の用法は17世紀後半からで、起源はミルトン『失楽園』*Paradise Lost* である（Return fair Eve ... Part

of my soul I seek thee, and thee claim My *other* half「戻ってくれ、美しきイブよ。私の魂は汝を求め、汝も我が半身であると訴えている」）。

otter［古英語］名カワウソ、カワウソの毛皮：

古英語 *otr, ot(t)or* はゲルマン語起源である。ギリシア語 *hudros*「水蛇」が同系である。

ought¹［古英語］助…すべきである、…のはずである：

古英語 *āhte* は *āgan*「義務を負っている」の過去時制である。
→ OWE

ought²［19世紀半ば］名ゼロ、無価値：

おそらく a nought を誤って an *ought* に区切ってしまった異分析による。

ounce［中英語］名オンス（重量の単位）、少量：

ラテン語 *uncia*「（ポンドやフィートの）12分の1」から来た古フランス語 *unce* に由来する。
→ INCH

our［古英語］代我々の：

古英語 *ūre* はゲルマン語起源であり、ドイツ語 *unser* と同系である。
→ US

oust［後期中英語］動奪う、剥奪する、【法律】立ちのかせる：

当初の用法は法律用語であり、ラテン語 *obstare*「妨害する、邪魔する」から来たアングロノルマンフランス語 *ouster*「取り上げる」に由来する。

out［古英語］副外へ、外に、出て、最後まで；形外の、離れた、終わって、無くなって；動出る、追い出す：

古英語 *ūt*（副詞）と *ūtian*（動詞）はゲルマン語起源で、オランダ語 *uit* とドイツ語 *aus*「…から」と同系である。**outer**［後期中英語］形「外の」は *out* を基にしており「極致」を意味するようになった当初の同義語 *utter* に取って代わった。
→ UTTER¹

outlaw［後期古英語］名無法者、法喪失者、追放された者；動非合法化する；形非合法の：

当初の語形は *ūtlaga*（名詞の場合）や *ūtlagian*（動詞の場合）であり、動詞は古ノルド語 *útlagi*、名詞は *útlagr*「法の恩恵を剥奪される、追放される」に由来する。

outrage［中英語］名乱暴、暴行、侮辱行為、激怒；動憤慨させる：

当初の意味は「不摂生」や「暴力的な振る舞い」であり、ラテン語 *ultra*「…を超えて」を基にした古フランス語 *ou(l)trage*「過剰」に由来する。こうした意味は、out と rage が組み合わさってできたと思われたがゆえに形成された。**outrageous**［後期中英語］形「常軌を逸した」は *outrage* から来た古フランス語 *outrageus* に由来する。

oval［16世紀半ば］名形卵形（の）、長円形（の）：

元は「卵形」を意味し、フランス語、もしくはラテン語 *ovum*「卵」から来た近代ラテン語 *ovalis* に由来する。

ovary［17世紀半ば］名卵巣、（植物の）子房：

ラテン語 *ovum*「卵」から来た近代ラテン語 *ovarium* に由来する。

ovation［16世紀初頭］名熱烈な歓迎、盛大な拍手：

当初の意味は「勝利した軍が行列してローマへ入国する」である。起源は *ovare*「勝ち誇る」から来たラテン語 *ovatio(n-)* である。17世紀半ばから19世紀初頭までは「歓喜」を意味した。「熱烈な歓迎」や「盛大な拍手」の意味は19世紀半ばから。

oven［古英語］名炉、オーブン：

古英語 ofen はゲルマン語起源であり、ギリシア語 ipnos と共通のインド＝ヨーロッパ語の語根を持つオランダ語 oven やドイツ語 Ofen「炉」と同系である。

over ［古英語］副上に；前…の上方に、…を越えて、…以上：

古英語 ofer はゲルマン語起源である。オランダ語 over とインド＝ヨーロッパ語（元は above の -ove によって表される要素の比較級）から来たドイツ語 über「…の上に」と同系であり、このインド＝ヨーロッパ語はラテン語 super やギリシア語 huper の基にもなっている。

overhaul ［17世紀初頭］動分解修理する、オーバーホールする、追いつく、追い越す；名分解点検：

動詞 haul「引っ張る」に基づく。元は船舶に関する語で、「（ロープと滑車の装置を）緩めて解放する」という意味だった。「修理する」との関連は18世紀初頭から。

overt ［中英語］形公然の、明白な、覆いの無い：

ラテン語 aperire から来た古フランス語 ovrir「開けること」の過去分詞として使われている。

overture ［後期中英語］名序曲、提案、申し出、動議；動申し出る：

ラテン語 apertura「開口部」から来た古フランス語に由来する。当初の意味は「開口部」だった。「最初の交渉」という意味で使われる複数形（例：made overtures to them about the possibility of funding「財政支援の可能性についての申し出を行う」）も後期中英語に見られる。「序曲」の意味は17世紀半ばから。

overwrought ［後期中英語］形張りつめた、過度に興奮した：

overwork「こき使う」の古めかしい過去分詞形である。

ovulate ［19世紀後半］動排卵する：

19世紀半ばに ovulation 名「排卵」の逆成（接尾辞に欠落）が起こったもの、もしくは ovum「卵」の指小辞である中世ラテン語 ovulum「小さな卵」に基づいている。

owe ［古英語］動借りがある、義務を負っている、恩恵を被っている：

古英語 āgan は「所有する、義務的に持つ」を意味した。ゲルマン語起源であり、サンスクリット語 īs「保有する、所有する」とも共通するインド＝ヨーロッパ語の語根に由来する。
→ OUGHT¹

own ［古英語］形自分自身の、自分のもの、特有の；動所有する：

古英語 āgen（形容詞にも代名詞にも用いられる）は「所有される、保持される」を意味し、āgan「義務を負っている」の過去分詞形である。動詞（「所有する」と「…を自分自身のものにする」の両方を意味する古英語 āgnian）は元は形容詞に由来していたが、おそらく後になって owner「所有者」から再導入された。

oyez ［後期中英語］間聞け、静粛に：

公の廷吏や宮内官の呼びかけ語で、古フランス語 oiez!, oyez!「聞け！」に由来する。ラテン語 audire「聞く」から来た oir の命令法複数形である。

ozone ［19世紀半ば］名オゾン、新鮮な空気：

ギリシア語 ozein「臭いがする」から来たドイツ語 Ozon「オゾン」に由来する。オゾンガスの特徴の1つは、刺激臭を持つことである。

P p

pace［中英語］名歩調、速度、一歩、歩き方；動落ち着きなく歩く、ペースを守る：

古フランス語 pas に由来する。pas は、ラテン語 pandere「伸ばす」から生じた passus「（足の）ストレッチ」が基になっている。その pandere は stepping「足踏み」の同系語としてだけでなく、当初は「旅、道」という意味でも使われていた。put through one's paces という表現は、18世紀半ばに乗馬の文脈で使われるようになり、それが100年後には「人の能力を試す」という比喩的な用法に変化した。小説や物語、楽曲では change of pace「ペースの変化」という形で「テンポ」の意味で使われているが、この意味が生じたのは、1950年以降のことである。「過度の疲労を避けるためにペースを守る」という意味の pace oneself は、1970年代から使われている。

pachyderm［19世紀半ば］名厚皮動物（ゾウ・カバ・サイなど）、面の皮の厚い人、鈍感な人：

ゾウやサイ、カバなどの大型哺乳類を指すフランス語 pachyderme に由来する。pachyderme は元々、ギリシア語 pakhudermos から生じた語で、動物を肌質で分類したものである。pakhudermos は pakhus「厚い」と derma「皮膚」からなる。

pacific［16世紀半ば］形平和的な、穏やかな：

法律の文書では、現在でも当初の「争いのない」という意味で用いられている。フランス語 pacifique あるいはラテン語 pacificus「仲裁」に由来し、pax, pac-「平和」が基になっている。Pacific Ocean「太平洋」を指すようになったのは、17世紀初頭から。太平洋に隣接するアジア諸国をひとまとめにした Pacific Rim「環太平洋」は、1970年代の造語である。環太平洋地域に属する国は、政治、経済、環境上の利益を共有することになっている。

pacify［15世紀後半］…を和らげる、静める、平和な状態に戻す、（暴徒など）を制圧する：

古フランス語 pacefier に由来する。pacefier はラテン語 pacificare から生じ、pax, pac-「平和」が基になっている。**pacifism**「平和主義」(pacifier「なだめる」から派生したフランス語 pacifisme に由来する) は、20世紀初頭から使われている。

pack［中英語］（かばんなど）に衣類・物を詰める、荷造りする、押し込む、包む；箱、パック、群れ、集団：

「包み」（例：pack of cigarettes「タバコ1箱」）あるいは「一群、多数」（例：pack of reporters「大勢のレポーター」、wolf pack「オオカミの群れ」など）を意味し、中オランダ語、中低地ドイツ語の名詞 pak と動詞 pakken に由来する。pakken は、英国中世ラテン語とアングロノルマンフランス語の初期の頃に、毛織物貿易の場面で使われはじめた。イギリス羊毛の取引は、主に低地帯との間で行われていた。名詞としては当初、行商人の商品の束を指して使われていたが、19世紀になってリュックサックが普及し一般的に使われるようになった（back pack）。トランプを意味するようになったのは16世紀後半のこと。当初の用法にちなんだ使い方に、「移動に備えて荷物をまとめる」(pack one's bags「荷物をまとめる」、packed him off to work「彼を仕事に送り出した」)、「圧縮する」(pack down)、「覆う、保護する」(packed with snow「雪で覆われた」) などがある。

package［16世紀半ば］パッケージ、包装、小包；…を梱包する、見栄えを

よくする：

当初は、荷造りをする行為や方法を意味する名詞として使われ、動詞 pack が基になっている。英国中世ラテン語 *paccagium* と同系である。「分類」を意味する用法（例：*package* of philosophical and theological ideas「一連の哲学的・神学的見解」）は、1930年代にアメリカで生じた。これが後に（大抵の場合、購入者によって）商品のまとまりの1つを指すようになった（例：with theatre tickets thrown in as part of the *package*「商品のおまけで映画のチケットがついてくる」）。*package* holiday「パッケージホリデー」は1960年代から用いられている。

packet [16世紀半ば]名パッケージ、小さな袋、多額の金：

pack（「小さな包み」）に由来し、アングロノルマンフランス語から派生したと考えられる。英国中世ラテン語 *paccettum* と同系の可能性もある。口語で「多額のお金」を意味するようになった（つまり、小さなサイズと意味が逆になった）のは1920年代のことである。
→ PACK

pact [後期中英語]名契約、約束、条約、協定：

ラテン語 *pactum*「承認されたもの」から生じた、古フランス語に由来する。*pactum* は *paciscere*「同意する」の中性過去分詞形（名詞として使われる）である。

pad¹ [16世紀半ば]名当て物、メモ用紙、肉趾、発着場；動詰め物をする、水増しする、引き伸ばす：

当初は、「（寝床用の）藁の束」の意で使われていた。その後、「厚手の生地」(gauze *pad*「ガーゼ」)、「動物の足の裏」(soft *pad*「肉球」)、「メモをとるためにまとめた紙」(*notepad*「ノートパッド」)、「離陸する場所」(helicopter *pad*「ヘリポート」)、「人の家」(a small *pad* in Peckham「ペッカムにある小さな家」) など、様々な用法で用いられるが、これらの語源は同じではないと考えられる。例えば、「動物の足の裏」は低地ドイツ語 *pad*「足の裏」と同系であると思われるが、歴史的にははっきりしない。口語で用いられる「家」の意味は元々アメリカのスラング (1930年代) で「薬物使用者が頻繁に出入りする部屋」や「売春婦が使用する部屋」を指していた。

pad² [16世紀半ば]動てくてく歩く、そっと歩く；名重い足音：

「そっとゆっくりと歩く」という意味の動詞は、低地ドイツ語 *padden*「歩く、道に沿っていく」から派生した。歩く際に生じる音を一部まねている。

paddle¹ [後期中英語]名パドル、(卓球などの) ラケット、しゃもじ、外輪船の外車 (輪)；動漕ぐ、犬かきする：

当初は小さいスペード形の道具を指していた。語源不詳。現在の意味（「櫂」、「外輪の一部」、「平らな道具」）が現れたのは17世紀のことである。

paddle² [16世紀半ば]動ぱちゃぱちゃ歩く、よちよち歩く；名水遊び、ぱちゃぱちゃ歩くこと：

浅瀬を歩く行為を意味するが、語源は不詳である。低地ドイツ語 *paddeln*「ズカズカと歩き回る」と同系の可能性もあるが、水との関連性は不明である。

paddock [17世紀初頭]名小牧場、パドック：

parrock という方言の異形であることは明らかであるが、語源は不詳。

paddy¹ [17世紀初頭]名稲、もみ：

paddy field「水田」の *paddy* は、「もみ殻の中の米」という意味のマレー語 *pādī* に由来する。

paddy² [19世紀後半]名かんしゃく、立腹：

「短気」の意味は、今では廃語となった、*paddywhack*「(口論好きな) アイルランド人」と同系の *Paddy* という名前に由来

する。Paddyという名前は、PadraigやPatrickのアイルランドのペットフォーム（愛称）で、アイルランド人の呼称として口語で使われているが、無礼な表現だと見なされている。

padlock ［15世紀後半］名南京錠；動…に南京錠をかける：

pad-の部分は語源不詳。「バスケット、食べ物かご」という意味のpad（16世紀後半のpedの異形）に由来すると思われるが、当初、そのような入れ物を留めるのに南京錠が使われていたという証拠はない。

pagan ［後期中英語］形異教徒の、無宗教の；名異教徒、不信心者：

pagus「田舎の地方」に由来するラテン語paganus「村人、田舎者」から生じた。ラテン語paganusには「民間人」という意味もあり、それがキリスト教ラテン語で「異教徒」（つまり、兵籍に入っていない非キリスト教徒）の意に変化した。

page[1] ［16世紀後半］名ページ、画面分、重要な出来事；動（パラパラと）めくる：

page of a book「本のページ」の意のpageは、ラテン語paginaから派生したフランス語に由来する。paginaの基になっているのはpangere「留める」である。pagination名「ページづけ、ページ数」はpaginate動「（本に）ページづけをする」という行為の名詞形として、19世紀半ばに現れた。paginateは、ラテン語pagina「ページ」から派生したフランス語paginerに由来する。

page[2] ［中英語］名花嫁の付き添い役の少年、ボーイ、国会議員のアシスタント；動（放送で）呼び出す、アナウンスする、ポケットベルで呼び出す：

古フランス語を経由して英語に入った。当初の意味は「若者、粗野な態度の男性」であった。ギリシア語pais, paid-「少年」から生じ、イタリア語paggioに由来する。結婚式での給仕を指す語として使われるようになったのは、19世紀後半のこと。動詞として使われるようになった当時（16世紀半ば）は、「給仕として、あるいは、給仕のように振る舞う」の意味で使われた。現在の「放送で呼び出す」という意味は、20世紀初頭から。

pageant ［後期中英語］名野外劇、壮麗な行列、美人コンテスト、虚飾：

元はpagynと綴られていたが、語源は不詳。pagynと同時代に中世ラテン語paginaが存在していた。当初は、「舞台上の場面」と「劇が演じられた舞台」という主に2つの意味で使われていた。「場面」の意味のほうが先に使われていたと見られる。

pagoda ［16世紀後半］名パゴダ：

ポルトガル語pagodeに由来する。プラークリット語bhagodi「神」の影響を受けたペルシア語butkada「偶像の神殿」が基になっている。

pail ［中英語］名手おけ、バケツ：

語源は不詳。古英語pægel「ジル、小さな量」と古フランス語paelle「平鍋、液量、火鉢」と同系。近い同義語にbucketがあるが、milkと組み合わせてmilk pailの形でよく使われることから、液体の容器を意味するようになった。

pain ［中英語］名痛み、苦しみ、骨折り；動痛ませる、悲しくさせる：

当初の意味は、「犯罪に対する罰として課された苦しみ」であった。ラテン語poenaから派生した、古フランス語peineが語源である。poenaは元は「刑罰」という意味だったが、後に「痛み」を意味するようになった。pains and penalties「刑罰」という表現（16世紀半ば）は、法律の分野でいまだに使われている。pain in the neck「目の上のこぶ」という口語表現は1920年代に現れ、1930年代にはa painが「うっとうしい人」を指すようになった。

paint ［中英語］名ペンキ、絵の具；動ペンキを塗る、…を描く、色をつける：

古フランス語peindreの過去分詞形

peint「描かれた」に由来する。*peindre* はラテン語 *pingere*「描く」から生じた。*paint the town red*「豪勢に飲み歩く」は19世紀後半から使われている。*paint oneself into a corner*「自分の落ち度で困った状態に陥る」は、床を塗る際、塗りたてのペンキを踏まないように入り口付近から塗りはじめなければならないのに、それを忘れてしまった人のイメージから生じたもので、1970年代から使用されている。*painter*名「画家」は中英語で、アングロノルマンフランス語 *peintour* に由来し、ラテン語 *pingere* という動詞から派生した *pictor* が基になっている。

pair［中英語］名1対、1本、2人1組のチーム、2人組；動2人1組になる、…を結婚させる：

ラテン語 *paria*「等しいもの」から生じた古フランス語 *paire* に由来する。*paria* は *par*「同等のもの」の中性複数形である。当初、a *pair* of gloves「1組の手袋」のような言い回しは、*of* をつけず a *pair* gloves と表現された（ドイツ語 *ein Paar Handschuhe* と比較されたい）。the *pair* of us という会話表現は19世紀後半に現れた。

pal［17世紀後半］名友人、親友、おい、君；動遊びまわる、友達になる：

元は「兄弟、仲間」という意味のイギリスに住むロマの言葉であった。トルコのロマの言葉 *pral, plal* と同系で、サンスクリット語 *bhrātr*「兄弟」が基になっている。**palsy-walsy**名という口語表現は、名詞 *pal* の反復表現で「友達」を意味する名詞として1930年代に現れた。

palace［中英語］名宮殿、王室、大邸宅：

ラテン語 *Palatium* に由来する古フランス語 *paleis* が語基である。*Palatium* とは、皇帝の館が建てられていたローマにあるパラティーノの丘の名前である。**palatial**形「すばらしい」は18世紀半ばから使われており、ラテン語 *palatium*「宮殿」が基になっている。

palate［後期中英語］名口蓋、味覚：

ラテン語 *palatum* に由来する。ワインのテイスティングでこの語が使われるようになったのは、1970年代から。

palaver［18世紀半ば］名おしゃべり、おべっか、わずらわしさ；動ペラペラ話す、おだてる：

当初は「先住民と貿易者との商談」の意で用いられた。ラテン語 *parabola*「比較」から派生したポルトガル語 *palavra*「言葉」に由来する。「騒動、無駄な手続き」の意味（例：What a *palaver*!「なんたる無駄話か！」）は19世紀後半に現れた。
→ PARABLE

pale¹［中英語］形青白い、（色が）薄い、淡い；動真っ青になる、色あせる：

「色の明るさ」の意は、ラテン語 *pallidus* から派生した古フランス語 *pale* に由来する。動詞は古フランス語 *palir* が基になっている。*pale into insignificance*「重要性が薄らぐ」という表現が現れたのは、19世紀半ばのことである。

pale²［中英語］名杭、境界、縦帯：

ラテン語 *palus*「杭」から生じた古フランス語 *pal* に由来する。比喩的に「境界」の意味があり、*beyond the pale*「（容認できる振る舞いの）範囲外」の形で、19世紀半ばから使用されている（C・ブロンテ『ジェイン・エア』*Jane Eyre*: Without one overt act of hostility.... he contrived to impress me momently with the conviction that I was put beyond. the *pale* of his favour「あからさまな絶対的な行為は何一つもせず、嫌な言葉は一言も発することなく、それでいて、私がもはや彼の好意の埒外にいるということを、彼は私に確信させようと絶えず試みた」）。**palisade**［17世紀初頭］名「とがり杭の柵」は *pale* と同じラテン語が基になっており、*palissa*「とがり杭」から生じたプロヴァンス語 *palissada* が、フランス語を経て入ってきたものである。

palfrey［中英語］名乗用馬：

古フランス語 *palefrei* に由来する。*palefrei* は中世ラテン語 *palefredus* から生じ

たが、これはギリシア語 para「余分な」とラテン語 veredus「軽騎兵隊」が組み合わさった、後期ラテン語 paraveredus が変化したものである。palfrey は、軍馬に対して乗用馬を指して使用されている。

pall[1] ［古英語］名棺衣、パリウム、覆いかぶさるもの：

古英語 pæll は「上等な（紫の）布」、「杯を覆う布」を意味し、ラテン語 pallium「覆い、マント」から派生した。中英語以降は、主に「棺の覆い」の意で使われている。

pall[2] ［後期中英語］動(力などが) 弱くなる、駄目になる：

The initial enthusiasm began to pall「当初の意気込みが衰えはじめた」の pall は、appal「愕然とした」の短縮形である。
→ APPAL

pallet[1] ［中英語］名藁ぶとん、簡素なベッド：

アングロノルマンフランス語 paillete に由来する。paillete はラテン語 palea から派生した paille「藁」が基になっている。

pallet[2] ［後期中英語］名(陶土などに用いる) へら、パレット、歯止め：

当初は、粘土や石膏の成形に使われる「柄がついた平たい木製の刃」を意味していた。ラテン語 pala「鋤」(palus「杭」と同系である) に由来する。フランス語 palette「小さな刃」から派生した。20世紀初頭に、「フォークリフトを使って商品を動かしたり積み重ねたりするための小さな台」を指すようになった。
→ PALE[2]

palliasse ［16世紀初頭］名藁ぶとん：

当初は、スコットランド語で使われていた。フランス語 paillasse から生じ、ラテン語 palea「藁」が基になっている。

pall-mall ［16世紀半ば］名ペルメル球戯：

廃語となったフランス語 pallemaille に由来する。pallemaille は、palla「ボール」と maglio「木槌」が組み合わさったイタリア語 pallamaglio から派生した。ペルメル球戯は16世紀に行われ、長い道の端につるされた鉄環に、ツゲの木でできたボールを通す競技である。ロンドン中心部にある（セント・ジェームズ・ストリートとヘイマーケットの間に広がる）ペルメル通りは、元々こうした道の1つで、後にロンドンのクラブライフの中心として有名になった。

pallor ［後期中英語］名青白さ、蒼白：

ラテン語の英語用法で、pallere「青白くなる」に由来する。ラテン語 pallidus「青ざめた」から生じた pallid ［16世紀後半］形「青白い」と同系である。

palm[1] ［古英語］名ヤシ、ヤシの枝葉、勝利：

植物の palm は、古英語では palm(a) だった。ゲルマン語派を起源に持ち、オランダ語 palm とドイツ語 Palme「ヤシ類」と同系で、語源はラテン語 palma である。palma は文字通りには「手のひら」の意で、その葉が手を広げた形に似ていることによる。

palm[2] ［中英語］名手のひら、手のひら状のもの、手尺、あて革；動…を掌中に隠す、…をこっそり拾う、…を手でなでる、…にわいろを贈る：

ラテン語 palma から生じた古フランス語 paume に由来する。「(カードを)隠す」という意味の動詞として使われるようになったのは17世紀後半から。palm が基になった **palmistry** 名「手相占い」は後期中英語に現れた。当初の接尾辞は -estry（語源は不詳）だったが、後に -istry に変化した。sophistry「詭弁」にならったと思われる。

palpable ［後期中英語］形明白な、触診できる：

ラテン語 palpare「さわる、やさしく触れる」から派生した、後期ラテン語 palpabilis に由来する。palpare は、19世紀半ばに現れた医学用語の **palpate** 動「触診す

palpitation [後期中英語] 名 すばやい動き、動悸、震え:

ラテン語 palpitatio(n-) が語源である。palpitatio(n-) は、palpare「やさしく触れる」の反復動詞（繰り返される動作を表す動詞）のラテン語 palpitare に由来する。

palsy [中英語] 名 麻痺、中風；動 …を麻痺させる

ラテン語 paralysis が変化した、古フランス語 paralisie に由来する。麻痺の種類は最初の要素で識別される（例：Bell's Palsy「ベル麻痺（顔面麻痺）」、cerebral palsy「脳性麻痺」）。当初はキリストの奇跡の話にあるように、the palsy と表現するのが一般的だった『マタイによる福音書』9章6節: (then saith he to the sick of the palsy), Arise, take up thy bed, and go into thine house「そして、中風の人に、『起き上がって床を担ぎ、家に帰りなさい』と言われた」）。
→ PARALYSIS

paltry [16世紀半ば] 形 つまらない、卑劣な:

おそらく「がらくた、ぼろ」という意味の方言 pelt が基になっている。低地ドイツ語 paltrig「ぼろぼろの」が同系だと思われる。

pamper [後期中英語] 動 （人などを）甘やかす:

「お腹いっぱい食べる」が当初の意味である。低地ドイツ語あるいはオランダ語が起源と見られ、ドイツ方言 pampfen「ガツガツ食う、貪り食う」と同系である。これは、味が薄い、やわらかい、あるいは半液体の食べ物を意味する後期中英語 pap（おそらくラテン語 pappare「食べる」が基になっている）と同系であると見られる。

pamphlet [後期中英語] 名 パンフレット、（時事問題の）小論文:

12世紀にラテン語で書かれた通俗恋愛詩 Pamphilus, seu de Amore の登場人物の名前 Pamphilet に由来する。

pan¹ [古英語] 名 平鍋、平鍋状のもの、天秤の皿:

「食べものを温めるための器具」という意味の古英語 panne「平鍋」は、西ゲルマン語が起源である。オランダ語 pan とドイツ語 Pfanne「平鍋」が同系で、ラテン語 patina「皿」が基になっている。

pan² [1920年代] 名 カメラの左右・上下への移動；動 （カメラが）パンする:

撮影の場面（例：a slow pan over London「カメラをゆっくり回してロンドンを撮影する」）で使われる pan は、panorama や panoramic の省略形である。
→ PANORAMA

panacea [16世紀半ば] 名 万能薬、あらゆる問題の解決策:

ギリシア語 panakeia がラテン語を経て入ってきたものである。panakeia は panakēs「万能薬」に由来する。ギリシア語 pan「すべて」と akos「治療薬」が基本要素である。「すべての問題の解決策」と比喩的に用いられるようになったのは、17世紀初頭から。

panache [16世紀半ば] 名 （兜・帽子の）羽飾り、堂々とした態度:

イタリア語 pennacchio から派生した、フランス語を借用したものである。後期ラテン語 pinnaculum が起源で、pinna「羽」と同系である。歴史的に、panache は頭飾りやヘルメットのような羽の房や羽根飾りを指していたが、それが見かけだおしという意味に一般化された。

pander [後期中英語] 名 売春の仲介者、人の弱みにつけこむ人；動 （…に）売春の取持ちをする、（人の欲望に）つけこむ:

当初は名詞として使われ、チョーサーの『トロイルスとクリセイデ』Troilus and Criseyde の Pandare「パンダラス」という登場人物の名前に由来する。パンダラスは恋人の仲介役として登場するが、こ

の役は14世紀のイタリア人作家ボッカチオが考案したものである。動詞として使われるようになったのは17世紀初頭から。(シェイクスピア『ハムレット』Hamlet, III. iv. 87-88：Since frost itself as actively doth burn, And reason *panders* will「冷たいはずの霜まで燃え、理性が欲情の取り持ち役をつとめるのだから」)

pane [後期中英語][名]窓ガラス、(戸などの) 鏡板、市松模様の一目：

当初はフェンスや布切れなど、何かの一部を意味していた。ラテン語 *pannus*「布切れ」から派生した、古フランス語 *pan* に由来する。「窓枠」の意味は15世紀半ばから。

panel [中英語][名]鏡板、画板、(スカートなどの飾り用の) 細長い布、計器盤；[動](…で) 鏡板を張る：

古フランス語に由来し、文字通りには「布切れ」を意味する。ラテン語 *pannus*「布切れ」が基になっており、当初の意味は「1枚の羊皮紙」であり、「リスト」の意味に拡張した。これにより、「顧問団」(例：interview *panel*「選考委員会」) という意味が生じた。「ドアや壁、天井に取り付けられた長方形の部分」という意味は、中期古英語の「表面の目立った (たいていの場合、囲まれた) 部分」の意に由来する。

pang [15世紀後半][名]激痛、心の痛み；[動](腹などが)(空腹などで) 痛む：

prong が変化したものと考えられ、当初は主に *pangs* of death「死の苦しみ」という表現で使われていた。
→ PRONG

panic [17世紀初頭][名]恐慌、パニック、こっけいな人；[動](人などを) うろたえさせる、(観客などを) 大喜びさせる：

フランス語 *panique* に由来する。*panique* は、ギリシア語 *panikos* から生じた現代ラテン語 *panicus* が基になっている。*panikos* は、羊と牛のギリシア神である *Pan*「パン」に由来する。森林で聞こえる奇妙で薄気味悪い音は、この *Pan* が引き起こす恐怖が原因とされた。

pannier [中英語][名]荷かご、パニエ：

大きな荷かご (当初は食料品を運ぶためのかご) を意味するこの語は、ラテン語 *panarium*「パンかご」から派生した、古フランス語 *panier* に由来する。語源はラテン語 *panis*「パン」である。

panoply [16世紀後半][名]よろい、完全装備：

当初は、聖書の『エフェソの信徒への手紙』6章11〜13節 (神の完全武装) を暗にほのめかし、「霊的な戦いに対する完全防備」の意で用いられた。フランス語 *panoplie* や現代ラテン語 *panoplia*「完全武装」から、英語 *panoply* が生じた。ギリシア語 *pan*「すべて」と *hopla*「武装」からなる。

panorama [18世紀後半][名]全景、概観、パノラマ、連続して移り変わる光景：

接頭辞 *pan*-「すべて」(ギリシア語より) とギリシア語 *horama*「景色」(ギリシア語 *horan*「見る」より) からなる語で、1789年頃にロバート・バーカーによって作られた。この語は、真ん中にいる観客を囲むようにして立てられた円柱面の内側に配置した風景の絵や、あるいは徐々に広げて、様々な部分を連続して見せる絵を意味している。最初のパノラマには、エジンバラの景色が描かれた。

pant [中英語][動]あえぐ、熱望する、(心臓が) どきどきする、あえぎながら言う；[名]あえぎ、息切れ：

古フランス語 *pantaisier*「興奮した、ハッと息を飲む」と同系である。*pantaisier* は、*phantasia* から生じたギリシア語 *phantasioun*「想像させる」が基になっている。
→ FANTASY

pantaloon [16世紀後半][名]パンタロン、(無言劇の) 愚かな老いぼれ役：

当初は、*commedia dell'arte*「コメディ

ア・デラルテ」に登場するヴェネツィア人、Pantaloon を指して使われた。Pantaloon は pantaloons「パンタロン」をはいた愚かな老人として描かれているイタリア人の名前 Pantalone が、フランス語を経て入ってきたものである。pants［19世紀半ば］名「ズボン」は pantaloons の省略形。1990年代に、「がらくた、役立たずなもの」を指すスラング表現となった。

panther［中英語］名ヒョウ、獰猛な人：

古フランス語 pantere に由来する。これは、ギリシア語 panthēr から生じたラテン語 panthera が基になっている。ラテン語では pardus「ヒョウ」が panthera と同時期に存在していた。この2つの語は混乱を来し、19世紀半ばまで、多くの分類学者が panther と leopard は別の種だと考えていた。

pantomime［16世紀後半］名パントマイム、身ぶり、おとぎ芝居；動身ぶりで表現する：

ギリシア語 pantomimos「すべてを真似る人」を語源とする、フランス語 pantomime、あるいはラテン語 pantomimus に由来する。当初はラテン語形が用いられ、パントマイムを使う役者を指していた。英語 pantomime は、現在では、クリスマスに演じられる芝居を指すが、元々は無言の芝居のことであった。これが後にピエロやパンタロンが出演するコメディや、ハーレクインとコロンバインの踊りといった、早変わりの場面で終わる劇の話に発展した。20世紀までには、パンタロンやハーレクインの呼び物はなくなった。
→ MIMIC

pantry［中英語］名食料品室、食器室：

ラテン語 panis「パン」が語源である。元々、パンを保管する部屋だった。直接の語源は、paneter「パン職人」から生じたアングロノルマンフランス語 panterie で、後期ラテン語 panarius「パンを売る人」が基になっている。

papacy［後期中英語］名ローマ教皇の職、教皇の任期、教皇制度、歴代の教皇：

papa「（ローマの）法王、司教」に由来する、中世ラテン語 papatia から派生した。papatia は papal［後期中英語］形「ローマ教皇の」（中世ラテン語 papalis から派生した古フランス語から）、papist［16世紀半ば］名「教皇制礼賛者」（フランス語 papiste あるいはラテン語 papista から）の語源でもある。
→ POPE

paparazzi［1960年代］名有名人を追いかけ回すフリーランスのカメラマン：

イタリア語が基になっている。フェリーニの映画『甘い生活』La Dolce Vita (1960年) の登場人物の名前に由来する。

paper［中英語］名紙、新聞、研究論文、書類；形紙の、書類事務に関する；動壁紙を貼る：

アングロノルマンフランス語 papir が基になっている。papir は、ギリシア語 papuros に由来する、ラテン語 apyrus「葦」から生じた。ギリシア語 papuros は元々、筆記用の薄くて細長いパピルスを指していた。それがやがて綿でできた紙を指すようになり、後にリネンなどの繊維で作られた紙を指すようになった。こうした意味はすべて、英語に入ってくる前に発達した。「新聞」の意の paper は17世紀半ばから。身元を認証するのに使われる書類の意の papers は17世紀後半に生じた。examination papers「試験問題」は、19世紀半ばから用いられている。

par［16世紀後半］名同等、標準、額面・価格、【ゴルフ】パー：

当初、「価値や立場の平等」という意味で使われていたが、19世紀後半からゴルフ用語として用いられるようになった。これは「同等のもの」と「平等」の両方の意味を保持するラテン語が基になっている。parity名「同額、同量、同等」も、16世紀後半に生じた par から派生した後期ラテン語 paritas に由来する。

語形成

接頭辞の **para-**[1]（ギリシア語 *para*「そばで」に由来。*para* が付くと、「間違った、不規則な」を意味し、変化や修正を示すことが多い）が付くと、次のような意味が加わる。

■「そばで、隣接した」[parataxis]「並列」、[parathyroid]「副甲状腺の」
■「…を越えて、異なるが類似している」[paramilitary]「民兵組織」、[paramedic]「救急医療隊員」

接頭辞 **para-**[2]（イタリア語 *parare*「防御する、保護する」の命令形単数から派生したフランス語から）は次の意味を加える。

■「…から守る」[parachute]「パラシュート」、[parasol]「日傘」

parable [中英語]名 たとえ話、寓話：

ラテン語 *parabola*「比較」の、教会ラテン語の意味「談話、寓話」から派生した古フランス語 *parabole* に由来する。*para*「そばで」と *bole*「投げること」（動詞 *ballein* より）から生じた、ギリシア語 *parabole*「併置する」が語源である。*parable* は、簡単な物語と道徳を並記し、比較したものである。

parachute [18世紀後半]名 落下傘、パラシュート；動 パラシュートで降下する：

フランス語の *para-*「…から守る」と *chute*「落下」が基になっている。

parade [17世紀半ば]名 行列、見せびらかし、閲兵式；動（通りなど）を行進する、（富・知識など）を見せびらかす

「誇示」や「表示」と関係があるこの語は、文字通りには「見せること」を意味するフランス語であった。スペイン語 *parada* とイタリア語 *parata* に由来し、ラテン語 *parare*「準備する、提供する」が基になっている。

paradise [中英語]名 天国、エデンの園、地上の楽園、至福：

古フランス語 *paradis* に由来する。*paradis* は、ギリシア語 *paradeisos*「王立の（囲まれた）公園」が教会ラテン語を経て入ってきたもので、*paradeisos* はアヴェスター語 *pairidaēza*「囲い地、公園」から生じた。英語の当初の意味は「祝福された者の住まい」だった。

paradox [16世紀半ば]名 逆説、矛盾（した言葉・行為）：

元々は「一般に認められた意見に反した発言」を意味していた。ギリシア語 *paradoxon*「反対の（意見）」（名詞として使われる中性形容詞）が後期ラテン語を経て入ってきたものである。*para-*「…と異なる」と *doxa*「意見」からなる。

paragon [16世紀半ば]名 模範、100カラット以上の無傷のダイヤ、完全円形の特大真珠；動 …を（…と）比較する：

イタリア語 *paragone*「（金の）良し悪しを見分ける試金石」に由来する、廃語となったフランス語から派生した。中世ギリシア語 *paralkonē*「砥石」が基になっている。

parallel [16世紀半ば]形 平行の、類似した、【電気】並列の；名 平行線、類似物、【地理】緯線；動 平行する：

para-「平行して」と *allelos*「お互い」からなるギリシア語 *parallêlos* が、ラテン語を経て入ってきたフランス語 *parallèle* に由来する。

paralysis [後期古英語]名 麻痺、中風：

paraluesthai「片側が機能しなくなる」に由来するギリシア語 *paralusis* が、ラテン語を経て入ってきたものである。ギリシア語 *para*「そばで」と *luein*「緩む」からなる。**paralytic** 形「手足が麻痺した」は後期中英語で、古フランス語 *paralytique* に由来する。ギリシア語 *paralutikos*「麻痺に関連した」がラテン語を経て入ってきた。「泥酔」という意味で使われるようになったのは19世紀後半から。**paralyse** 動「麻痺させる」は19世紀初頭から使われており、*paralysie*「麻痺」から派

生したフランス語 *paralyser* に由来する。

paramount [16世紀半ば] 形最高の、最高位の; 名(主にアフリカの)最高権力者:

lord *paramount*「最高権力者」や *paramount* chief「大首長」といった表現に見られるように、当初は「最高権威」を意味していた。古フランス語 *par*「そばに」と *amont*「上に」から生じた、アングロノルマンフランス語 *paramont* に由来する。

paranoia [19世紀初頭] 名偏執症、被害妄想:

ギリシア語由来の現代ラテン語で、*para*「むらがある」と *noos*「心情」からなる *paranoos*「注意散漫で」から生じた。

parapet [16世紀後半] 名(バルコニー・屋上の)手すり、(城の)胸壁:

para-「保護する」と *petto*「胸」(ラテン語の *pectus* より)からなるフランス語あるいはイタリア語の *parapetto*「胸壁」に由来する。元々は軍隊を敵から見えないようにして守るためのものだった。

paraplegia [17世紀半ば] 名対麻痺:

現代ラテン語で、ギリシア語 *paraplēgia* に由来する。*paraplēgia* は *para*「そば」と *plēssein*「たたく」からなる *paraplēssein*「そばをたたく」から生じた。

parasite [16世紀半ば] 名(…への)寄生動物、寄生虫、居候:

para-「そばで」と *sitos*「食べ物」からなるギリシア語 *parasitos*「他人のテーブルで食べている(人)」が、ラテン語を経て入ってきた。生物学用語として用いられるようになったのは、18世紀初頭のこと。**parasitic** 形「寄生性の」(ギリシア語 *parasitikos* がラテン語経由で入ってきた語)も語源は同じで、17世紀初頭から用いられるようになった。

parasol [17世紀初頭] 名日傘、パラソル:

イタリア語 *parasole* から派生したフランス語に由来する。*para*-「…から守る」と *sole*「太陽」(ラテン語 *sol* より)からなる。

parboil [後期中英語] 動…を半ゆでにする:

この料理用語は、後期ラテン語 *perbunllire*「完全に煮る」から生じた古フランス語 *parbouillir* に由来する。「完全に」という意味のラテン語 *per*-(後に *part* と混同される)と *bullire*「煮ること」が中核的な要素である。

parcel [後期中英語] 名包み、1区画、一群; 動(土地・物などを)分ける、…を小包みにする:

当初は主に「少ない量」という意味で使われた。ラテン語 *particula*「小さな部分」から生じた古フランス語 *parcelle* に由来する。郵便関係で用いられるようになったのは17世紀半ばから。

parch [後期中英語] 動(穀物・土地などを)からからに乾かす、(豆などを)いる、(人・のどが)からからになる:

語源は不詳。当初は「多量の熱にさらして乾かす」という意味だった。喉の乾きに関連して用いられるようになったのは16世紀後半から。

parchment [中英語] 名羊皮紙、羊皮紙文書:

古フランス語 *parchemin* に由来する。*parchemin* は、後期ラテン語 *pergamina*「ペルガモンで作られた文房具」と *Parthica pellis*「パルティアの皮革」(赤色に染めた皮革)が混ざったものである。

pardon [中英語] 名許し、恩赦、免罪符; 動許す、(人・罪を)赦免する:

名詞は古フランス語 *pardun*、動詞は古フランス語 *pardoner* に由来する。中世ラテン語 *perdonare*「敗北を認める、弱まる」が語源で、*per*-「完全に」と *donare*「与える」からなる。I beg your *pardon*「ごめんなさい、もう一度おっしゃってください、失礼ですが」の形で用いられ

るようになったのは17世紀後半から。「失礼します」という意味の短縮形 pardon は、19世紀後半から使われるようになった。

pare [中英語][動](果物など)の皮をむく、(つめ)を切る、…を少しずつ減らす：

古フランス語 parer に由来する。parer には「装飾する、準備する」と「皮をむく、切り取る」という2つの意味があり、ラテン語 parare「準備する、備える」が基になっている。

parent [後期中英語][名]親、親同様の人、(事態などの)始まり、起源：

ラテン語 parent- が語源の古フランス語に由来する。動詞 parere「生み出す」の現在分詞の語幹である。16世紀には、フランス語や近代ロマンス諸語の用法を反映し、たんに「親族」を意味するのが普通だった。parenting[名]「育児、親業」は1950年代から使用されている。

parenthesis [16世紀半ば][名]挿入語句、丸かっこ、余談：

parentithenai「傍らに置く」から派生したギリシア語が、後期ラテン語を経て入ってきた語である。

pariah [17世紀初頭][名]パリア(インドなどの下層民)、(社会の)のけ者：

タミル語 paraiyar に由来する。paraiyar は paraiyan の複数形で、文字通りには「(世襲の)太鼓の奏者」を意味する(parai「〈祭り用の〉大太鼓」より)が、インド南部では、大多数を占める下層民を指して使われている。パリア階層の人たちは、宗教の行進に参加することを許されなかった。一般的に「社会ののけ者」を意味するようになったのは19世紀初頭から。

parish [中英語][名]教区、教区民、行政教区：

アングロノルマンフランス語と古フランス語の paroche に由来する。paroche は、ギリシア語 paroikia「滞在している」が後期ラテン語を経て入ってきた語で、para-「そばに、補助の」と oikos「住居」が基になっている。近代の教会区は、聖職者の階級によって設けられた地理的境界を基に13世紀までに区分けされた。12世紀には崩壊しはじめていた昔の大聖堂システム minster parochia (7世紀と8世紀) に代表され、教区司祭は広大な周辺地域にパストラルケアを施した。その後2世紀にわたって、地方教会が主要な地主によって数多く設置、建設、所有された。1050年から1150年にかけて石の建物が多く再建され、この時期に建てられた教会の多くは、その耐久性が裏づけられた。parochial[形]「小教区の」という語が用いられるようになったのは後期中英語で、教会ラテン語 parochialls「教区に関連した」に由来する古フランス語から生じた。parochialis は parochia が基になっている。

park [中英語][名]公園、遊園地、駐車場；[動]駐車する：

中世ラテン語 parricus から派生した、古フランス語 parc に由来する。ゲルマン語が語源で、ドイツ語 Pferch「檻、囲い」と同系である。Pferch は元々、狩猟用の動物を飼うために王族に許可された者が管理していた禁猟区を指す法律用語だった。その禁猟区は周囲を囲まれ、forest「森」や chase「狩猟場」とは違って特別な法もなく、役人もいなかった。「野営地にある、大砲や貨車、倉庫などで占領された場所」(17世紀後半) という軍事的な意味から、動詞の意味 (19世紀半ば) が生じた。
→ PADDOCK

parley [後期中英語][名]討議、談判；[動]交渉する、話し合う：

当初は「スピーチ」あるいは「討論」という意味だった。古フランス語 parlee「話された (もの)」の動詞 parler の女性過去分詞形に由来する。parler は16世紀後半の parlance[名]「口調」の語源でもあり、parlance も当初、「スピーチ」あるいは「討論」という意味だった。語基はラテン語 parabola「比較」で、後期ラテン語

で「スピーチ」を意味するようになった。

parliament ［中英語］图議会、国会：
動詞 *parler* から派生した、古フランス語 *parlement*「話すこと」に由来する。元は「正式な会議」という意味で、特に「一般的な重要事項を議論するために、君主が召喚した有力者の集会」を指していた。行政単位の市から代表者を集めて行われた最初の *parliament*「国会」は、エドワード1世の統治期間（1272～1307年）に確立した。

parlour ［中英語］图（客間風の）…店、居間、（ホテル、クラブなどの）休憩室、（列車の）乗務員車：
ラテン語 *parlare*「話す」から派生した、アングロノルマンフランス語 *parlur*「話をするための場所」が語源である。

parody ［16世紀後半］图（…の）パロディ、（…の）下手な模倣；動…をもじる、…を下手にまねる：
ギリシア語 *parōidia*「風刺の詩」が後期ラテン語を経て入ってきた。*parōidia* は、*para-*「偽物の」と *ōidē*「オード（抒情詩）」からなる。「下手な物まね」の意味は、19世紀初頭から使われるようになった。

parole ［15世紀後半］图仮出所、【言語学】パロール；動仮出所させる：
現在は、主に法律で用いられる。この語は、文字通りには「言葉」および「正式な約束」を意味する古フランス語に由来する。教会ラテン語 *parabola*「スピーチ」から派生した語で、当初は軍事的な文脈で使われた。

paroxysm ［後期中英語］图（病気の一過性の）発作、（笑い怒りなどの）激発：
フランス語 *paroxysme* が語源である。*paroxysme* は、*paroxunein*「悪化させる」から派生したギリシア語 *paroxusmos* が、中世ラテン語を経て入ってきた。*paroxunein* は、ギリシア語 *para-*「…を越えて」と *oxunein*「激しくする」（*oxus*「激しい」より）からなる。

parrot ［16世紀初頭］图オウム、人の受け売りをする人；動…をオウムのように繰り返す：
男性名 *Pierre*「ピエール」と同系の方言フランス語 *perrot* に由来する。**parakeet** ［16世紀半ば］图「インコ」は本来、スペイン語の名前 *Pedro* の指小辞語から、同じように派生したと考えられる。あるいは、鳥の頭の羽を指す「小さなかつら」の指小辞語の意味が基になったイタリア語から入ってきた可能性もある。

parry ［17世紀後半］動（突き、質問など）をかわす；图【フェンシング、ボクシング】受け流し、言いのがれ：
フェンシングの練習でたえず耳にする「受け流せ！」という意味のフランス語の命令形 *parez!* に相当すると思われる。イタリア語 *parare*「受け流す」から派生した *parer* に由来する。

parse ［16世紀半ば］動（文を）構成要素に分析する：
古フランス語 *pars*「部分」（ラテン語 *pars*「部分」の影響を受けた）から派生した中英語 *pars*「品詞」に由来する。

parsimony ［後期中英語］图極度の倹約：
parcere「倹約する」から派生したラテン語 *parsimonia, parcimonia* に由来する。

parsnip ［後期中英語］图パースニップ（セリ科の草）：
ラテン語 *pastinaca* から派生した古フランス語 *pasnaie* に由来する。*pastinaca* は *pastinare*「地面を掘る」と同系である。スコットランド語や北部英語の「カブ(turnip)」（ラテン語 *napus* から派生した古英語）に該当する *neep* との関係で、語尾が変化した。

parson ［中英語］图教区牧師、聖職者：
ラテン語 *persona*「人」から派生した、古フランス語 *persone* に由来する。*persone* は中世ラテン語では「教区司祭」を

意味していた。
→ PERSON

part [古英語]名 部分、役目、部品、側、地方；動 (物を) 分ける、(人・物) を引き離す；形 一部分の；副 いくぶん：

古英語では、品詞を指していた。ラテン語 *pars, part-* に由来する。動詞 (元は中英語で「分割する」の意) はラテン語 *partire, partiri*「分ける、共有する」から派生した古フランス語 *partir* に由来する。

partake [16世紀半ば]動 (活動などに) 参加する、性質がいくぶんある：

当初の partaker 名「分解する人」からの逆成 (接尾辞がとれた) である。

partial [後期中英語]形 一部 (分) の、(…に) えこひいきをする、(…が) とても好きな：

「ある理由から1つのグループをひいきする」というのが、当初の意味である。「先入観にとらわれた」という意味は、古フランス語 *parcial* に由来するが、「不完全な」という意味はフランス語 *partiel* に由来する。*partiel* は *pars, part-*「部分」から派生したラテン語 *partialts* が基になっている。同じラテン語の語幹から、partiality [後期中英語]名「えこひいき」が生じた。*partiality* は、中世ラテン語 *partialitas* から派生した、古フランス語 *parcialite* に由来する。

participant [後期中英語]名 (…の) 参加者、関係者；形 (企画などに) たずさわる、関与する：

ラテン語 *partidpare*「…を分かち合う」の現在分詞の語幹、*participant-* に由来する。participate 動「参加する」は、*pars, part-*「部分」と *capere*「取る」が基になった同じラテン語の動詞に由来し、16世紀初頭から使われるようになった。文法用語の participle 名 [後期中英語]「分詞」も語幹が同じで、ラテン語 *partldpium*「分かち合うもの」(つまり、名詞の機能を共有する動詞形) から派生した、古フランス語 *participe* の異形に由来する。

particle [後期中英語]名 小さな粒、微量、【文法】不変化詞：

ラテン語 *pars, part-* の指小辞語である、*particula*「小さな部分」に由来する。

particular [後期中英語]形 特定の、格別の、詳しい；名 (個々の) 項目、詳細、特色、特殊：

ラテン語 *particula*「小さな部分」に由来する、*partlcularls*「小さな部分に関する」から派生した古フランス語 *particuler* に由来する。「詳細に気を配る」の意味 (例：very *particular* about cleanliness「清潔に細心の注意を払う」) は17世紀初頭に現れた。19世紀半ばにロンドンの濃い霧を指して London *particular*「ロンドン特有の黄色の濃霧」という表現が使われるようになった (ディケンズ『荒涼館』 *Bleak House*：This is a London *particular* … A fog, miss「これはロンドンの特色だよ。…霧はね」)。particularity 名「特定性、独自性」は、16世紀初頭に、複数形 *particularities* が「詳細」の意味で使われるようになったのが始まりである。これは、ラテン語 *particularls* から派生した古フランス語 *particularite*、あるいは後期ラテン語 *partlcularitas* に由来する。

partisan [16世紀半ば]名 (主義・党派の) 熱心な支持者、パルチザン；形 党派心の強い、パルチザンの：

parte「部分」(ラテン語 *pars, part-* より) から派生したイタリア語 *partigiano* が、イタリア方言を経て入ってきたフランス語に由来する。*partigiano* は、理不尽あるいは偏見を伴う支持、もしくは、ある主義に対する狂信的執着に関連すると、好ましくない意味で用いられることが多い。軍事的な場面では、単独で運営している小さな非正規軍のメンバーを意味する。この特別な用法は、第2次世界大戦中、イタリアや東欧のレジスタンス戦士や、ユーゴスラビアの共産党主導の兵士を指して使われた。

partition [後期中英語]名 分配、区分、仕切り；動 …を分配する、…を仕切る：

ラテン語 *partiri*「部分に分ける」から派生した *partitio(n-)* に由来する。

partner [中英語] 名相手、つれあい、共同経営者；動(人と)組む：

ラテン語 *partitio(n-)*「分配」から派生したアングロノルマンフランス語 *parcener* に由来する *parcener*「共同出資者、共同相続人」が変化したものである。*part* との関連から最初の音節が変化した。*partner* が配偶者の意味で使われるようになったのは17世紀初頭のこと。20世紀の終わりには、未婚で同棲しているカップルに対しても普通に使われるようになった。*partner* in crime「共犯者」という表現が使われるようになったのは、19世紀初頭のことである。

party [中英語] 名パーティー、政党、一行、当事者：

当初は他のグループに対抗して団結した人々の集団、特に政治団体を指していた。ラテン語 *partiri*「部分に分ける」を基にした、古フランス語 *partie* に由来する。「親睦会」の意味で用いられるようになったのは、18世紀初頭のことである。

pass¹ [中英語] 動(人・車などが)通り過ぎる、(時が)過ぎる、(出来事などが)消える、合格する、渡る：

「そばを通る、通過する」の意味は、ラテン語 *passus*「行きつ戻りつする」を基にした、古フランス語 *passer* に由来する。*passable* 形「通行できる」は古フランス語 *passer*「そばを通る」から派生し、後期中英語から使われるようになった。*passable* は当初、「通過することができる」を意味していたが、15世紀の終わりにかけて、「まあまあの、耐えられる」を意味するようになった。

pass² [中英語] 名通行証、峠越えの道、(困った)形勢：

mountain *pass*「山道」の *pass* は当初、「一節、通過」の意味で使われた。動詞 *pass* とフランス語 *pas* に影響を受けた *pace* の異形である。「許可、許可を与える書類」を意味するようになったのは、16世紀後半のこと。reach a pretty *pass*「困難に直面する」という表現は19世紀半ばに現れた。make a *pass* at「…に言い寄る」が使われるようになったのは1920年代のことである。
→ PACE

passage [中英語] 名通行、道路、旅行、(文の)一節；動進む、なぐりあう：

古英語に由来し、ラテン語 *passus*「歩幅」が基になっている。「通過する、あちこち移動する」を意味する of *passage* という表現は、17世紀後半から用いられるようになった。bird of *passage*「渡り鳥」は18世紀初頭から使われている。

passenger [中英語] 名乗客、(集団の)足でまとい：

passage から派生した古フランス語の形容詞 *passager*「一過性の、一時的な」が、名詞として使われたものに由来する。harbinger「先駆者」、messenger「電報配達人」、porringer「浅いボール」などと同様、後期中英語に *-n-* が付加された。
→ PASSAGE

passion [中英語] 名感情、熱、激情、愛情、キリストの受難：

古ラテン語 *passio(n-)*（主にキリスト教神学の用語として使用）に由来する、古フランス語から生じた語である。*passio(n-)* は、ラテン語 *pati*「苦しむ」から派生した。イエス・キリストの受難をも意味する。「熱中」の意味（例：*passion* for baroque music「バロック音楽への熱い思い」）でこの語が使われるようになったのは、17世紀初頭のこと。**passionate** [後期中英語] 形「情熱的な」には「すぐに感情的になる」や「激怒した」という意味が含まれ、*passio* から派生した中世ラテン語 *passionatus*「情熱に満ちた」に由来する。

passive [後期中英語] 形受動的な、無抵抗の、受身の；名受動態、受動的な人：

当初は文法用語としてだけでなく、「苦

難（にさらされる）、外部の機関に影響される」という意味を表すのに使われていた。語源は動詞 *patio* から派生した *pass-*「苦しんだ」に由来するラテン語 *passivus*「服従的な」の意（例：*passive* obedience「絶対服従」）は、17世紀初頭から用いられている。

passport［15世紀後半］名旅券、手段：
当初は港から出発するための許可を指していた。*passer*「通過すること」と *port*「海港」から派生したフランス語 *passeport* に由来する。

past［中英語］形過去の、過ぎたばかりの；名過去、過去の歴史、過去時制；前…を過ぎて；副過ぎて、通り過ぎて：
pass の過去分詞形 *passed* の異形である。
→ PASS

paste［後期中英語］名生地、（接着用の）のり、練り粉、ペースト；動のりではる：
古ラテン語 *pasta*「小さい四角の医薬製剤」に由来する古フランス語が基になっている。ギリシア語 *pastē* に由来すると思われ、*paste* の複数形の *pasta*「大麦粥」は、*pastos*「振り掛ける」から派生した。*pasty* 形は「糊に似た」という意味で、17世紀半ばから用いられている。「パン生地の色、青白い」（例：*pasty* complexion「青白い顔」）の意味は、19世紀半ばから使われている。

pastel［17世紀半ば］名パステル、パステル画、柔らかな淡い色調；形パステル調の、淡い：
pasta「糊」と同系のイタリア語 *pastello* が、フランス語を経て入ってきたものである。

pasteurize［19世紀後半］動（牛乳・ビールなどを）低温殺菌する：
フランスの化学者であり細菌学者であるルイ・パスツール（1822～95年）の名前が基になっている。パスツールは低温殺菌（たいてい熱処理や照射殺菌による部分殺菌）を導入し、予防接種技術で先駆的な研究を行った。

pastiche［19世紀後半］名寄せ集め、模倣（作品）：
イタリア語 *pasticcio* から派生したフランス語に由来する。*pasticcio* は、ラテン語 *pasta*「糊」が基になっている。

pastille［17世紀半ば］名錠剤、練香、パステル：
フランス語からの借用語で、*panis*「ひとかたまりのパン」から派生したラテン語 *pastillus*「小さい塊のパン、トローチ剤」に由来する。

pastime［15世紀後半］名気晴らし、娯楽：
フランス語 *passe-temps* を訳した語で、動詞 pass と名詞 time からなる。
→ PASS

pastor［後期中英語］名牧師、精神・宗教的指導者：
アングロノルマンフランス語 *pastour* に由来する。*pastour* は、*pascere*「飼う、放牧する」の過去分詞の語幹 *past-* から派生した、ラテン語 *pastor*「羊飼い、飼育者」に由来する。**pastoral**［後期中英語］形「田園の」は、*pastor*「羊飼い」から生じたラテン語 *pastoralis*「羊飼いに関して」が基になっている。文学、芸術、音楽の場面で使われるようになったのは16世紀後半のことである。

pastry［後期中英語］名ペーストリー：
元々総称として使われた。古フランス語 *pastaierie* の影響を受け、*paste*「練り物」が基になっている。

pasture［中英語］名牧草地、牧草、牧場；動放牧する、（牧草を）食う：
古ラテン語 *pastura*「放牧」から派生した古フランス語に由来する。*pastura* は、動詞 *pascere*「放牧する」から生じた。
→ PASTOR

pasty［中英語］⃝名パスティー：
パイの一種を指し、後期ラテン語 pasta「練り物」が基になった古フランス語 paste(e) に由来する。元々は鹿などの肉を、皿ではなくペーストリーに入れて焼いたパイだったが、後に肉と野菜の両方を詰めたパイを指すようになった。

pat［後期中英語］⃝動軽くたたく、(物を)たたいて、(…の形に) 作る；⃝名軽くたたくこと、軽くたたく音：
当初は平らなものでたたくことを意味する名詞として使われた。これは擬音語だと思われる。動詞として使われるようになったのは、16世紀半ばのことである。He learnt his speech off pat「彼はスピーチを丸暗記した」のような言い回しに見られる同系の pat は16世紀後半から用いられるようになった。元々はあまり意味を持たなかった。当初は hit pat (つまり、平手で打つようにぴしゃりとたたく) という形でよく用いられていた。

patch［後期中英語］⃝名継ぎ、傷あて、(色彩などが他と異なって見える部分；⃝動(物に) 継ぎを当てる、…をまとめあげる、(けんかなど) を収める：
piece「断片」の方言異形である古フランス語 pieche の異形と思われる。「小さな場所」(例：patch of blue sky「雲間にのぞく青空」) という意味で使われるようになったのは、16世紀半ばから。

pate［中英語］⃝名頭、脳天：
起源は不詳。聖職者の剃髪式を表す中世ラテン語 platta を、「坊主頭」を意味するオランダ語とドイツ語の Platte「平らな」になぞらえ、plate の異形だと考える者もいるが、確証はない。

patent［後期中英語］⃝名特許 (権)、公有地譲渡証書；⃝動…の特許権をとる、(公有地を) 譲渡証書で譲る；⃝形(専売) 特許の、明白な、(土地が) 解放されている：
ラテン語の動詞 patere「広げて置く」の現在分詞の語幹 patent- から派生した、古フランス語に由来する。当初は、契約を記録したり特権を協議したりするために、皇帝が公布した文書である。letters patent「特許証」という表現で用いられていた。また、「見ることが可能な」の意味で一般的に用いられていた。商品を製造、販売、取り引きする許可を示す語として使われるようになったのは16世紀後半のことである。

paternal［後期中英語］⃝形父の、父方の、父親譲りの、家父長的な：
pater「父親」から派生したラテン語 paternus「父親らしい、父親に帰属する」が、paternal (後期ラテン語 paternalis より) と **paternity**［後期中英語］⃝名「父性」(後期ラテン語 paternitas から派生した古フランス語 paternité より) の語源である。

path［古英語］⃝名小道、(庭、公園などの) 散歩道、進路、方針：
西ゲルマン語に由来し、オランダ語 pad とドイツ語 Pfad「小道」が同系であるが、元々の起源はわかっていない。当初は踏み固められてできた道を表していた。

pathetic［16世紀後半］⃝形哀れな、取るに足りない：
「感情に影響を与えている」が pathetic の当初の意味である。pathos「苦しみ」が基になったギリシア語 pathētikos「傷つきやすい」が、後期ラテン語を経て入ってきた語である。

pathos［17世紀半ば］⃝名ペーソス、パトス：
ギリシア語 pathos「苦しみ」に由来する paskhein「苦しむ」や penthos「悲しみ」と同系である。
→ PATHETIC

patience［中英語］⃝名忍耐力、1人トランプ：
古フランス語に由来し、ラテン語の動詞 pati「苦しむこと」から派生した patientia が基になっている。同じ時期に現れた **patient**⃝名「病人・患者」は、ラテン語

pati から派生した古フランス語に由来する。医療手当を受ける人を意味する名詞 *patient* は、後期中英語に現れた。

patio [19世紀初頭]名中庭、(食事用の)テラス:
中庭を意味するスペイン語の借用語である。

patriarch [中英語]名家長、イスラエル民族の祖先、長老創始者:
ギリシア語 *patriarkhēs* が教会ラテン語を経て入ってきた古フランス語 *patriarche* に由来する。*patria*「家族」と *arkhēs*「支配」からなる。

patrimony [中英語]名世襲財産、(教会の)財産:
古フランス語 *patrimoine* に由来する。*patrimoine* は、*pater, patr-*「父親」から派生したラテン語 *patrimonium* から生じた。

patriot [16世紀後半]名愛国者、パトリオット(ミサイル):
後期ラテン語 *patriota*「同胞」から生じたフランス語 *patriote* に由来し、英語でも当初はこの意味で使われていた。*patriota* は、*patrls*「祖国」から派生した *patrios*「父祖の」に由来する、ギリシア語 *patriōtēs* から生じた。**patriotic** 形「愛国者の」は17世紀半ばから使われ、ギリシア語 *patriōtikos*「同胞に関連して」が後期ラテン語を経て入ってきた。

patrol [17世紀半ば]名巡回、パトロール、巡回者;動(地域・建物を)巡回する:
patrouiller「ぬかるみで手足をバタバタさせる」から生じたフランス語 *patrouille* がドイツ語を経て入ってきた。*patte*「足」と方言の (gad) *rouille*「汚水」からなる。

patron [中英語]名ひいき客、後援者:
pater, patr-「父親」から派生したラテン語 *patronus*「依頼人、擁護者の後援者」に由来する古フランス語が基になっている。**patronage** 名「ひいき、引き立て」(*patron* から派生した古フランス語より)

は後期中英語に生じた。

patter¹ [17世紀初頭]動パタパタと音を立てる、パタパタと走る;名パタパタという音:
pat の反復動詞で、繰り返し軽くたたく音を意味する。
→ PAT

patter² [後期中英語]名早口のおしゃべり、隠語:
早口のおしゃべり(例:sales *patter*「セールストーク」)を意味し、当初は「(祈りや呪いなどを)すばやく唱える」の意だった。文字通りにはラテン語の主の祈り「父なる神」を意味する *paternoster* に由来する。名詞は18世紀半ばから使われるようになった。**pitter-patter** [後期中英語]名「パタパタという音」は、動詞 *patter* の反復(リズミカルな繰り返しを表す)である。

pattern [中英語]名模範、原型、模様、傾向;動…を作る、…に模様をつける:
古フランス語から派生した *patron*「手本の役目を果たしているもの」に由来する。現在の意味に変化したのは、後援者は人に真似されるような例を示している、という考えからである。第2音節の音位転換が16世紀に起こり、1700年までには *patron* は物事に対しては使われなくなると、この *pattern* と *patron* は意味的に区別されるようになった。
→ PATRON

patty [17世紀半ば]名パーティー:
pasty と同系で、フランス語 *pâté* が変化したものである。
→ PASTY

paucity [後期中英語]名少数、不足:
paucus「少数」から派生した古フランス語 *paucite*、あるいは、ラテン語 *paucitas* に由来する。

paunch [後期中英語]名腹、胃:
ラテン語 *pantex, pantic-* が基になってお

り、たいてい複数形で「腸」の意味で使われるアングロノルマンフランス語 *pa(u)nche* に由来する。

pauper [15世紀後半]⒝貧民、乞食：
文字通りには「貧しい」を意味するラテン語に由来する。この語が英語で使われるようになったのは、一部には、ラテン語の法律用語 *forma pauperis*「貧しい人という名目で」(これにより、費用の不払いが認められた) に起源がある。

pause [後期中英語]⒝休止、躊躇、区切り；⒟休止する、ためらう：
ラテン語 *pausa* から派生した古フランス語に由来する。その *pausa* は、*pausein*「止まること」から派生したギリシア語 *pausis* が基になっている。

pave [中英語]⒟舗装する：
古フランス語 *paver*「舗装」に由来する。*pave the way*「道を開く」という言い回しが使われるようになったのは、16世紀後半のことである。**pavement** [中英語]⒝「舗道」は古フランス語に由来し、その古フランス語は *pavire*「打つ、踏みならす」から派生したラテン語 *pavimentum*「床を踏みならす」が基になっている。

pavilion [中英語]⒝大型テント、展示館、(クリケット競技場などの) 観覧席：
元々は装飾が施された大きいテントを意味していた。ラテン語 *papilio(n-)*「蝶、あるいは、テント」から派生した、古フランス語 *pavillon* に由来する。

paw [中英語]⒝(イヌ・ネコなどの) 足、手、(人の大きな、不器用な) 手；⒟(物・人を) 前足でたたく、(物などを) 手荒く扱う：
古フランス語 *poue* に由来する。おそらくゲルマン語が起源で、オランダ語 *poot* と同系である。「手」を意味する *paw* がユーモラスにあるいは軽蔑的に (例：Take your *paws* off me「手をどけて」) 用いられるようになったのは、17世紀初

頭のことである。

pawn¹ [後期中英語]⒝【チェス】ポーン (将棋の歩にあたる駒)、(他人の) 手先：
チェス用語の *pawn* は、アングロノルマンフランス語 *poun* に由来する。*poun* は、ラテン語 *pes, ped-*「足」から派生した、中世ラテン語 *pedo, pedon-*「歩兵」から生じた。「他人が自分たちの目的のために操る人」という比喩的な表現は、16世紀後半から見られる。

pawn² [15世紀後半]⒟…を質に入れる、(生命・名誉を) 賭ける：⒝入質、担保、人質：
「抵当としての保証金」を意味する *pawn* は、古フランス語 *pan*「抵当、担保」に由来する。西ゲルマン語が語源で、オランダ語 *pand* やドイツ語 *Pfand*「担保」と同系である。

pay [中英語]⒟(借金・代金などを) 支払う、(注意・敬意を) 払う、報いる；⒝支払い、給料、報い、雇用：
当初の意味は「欲求を満たす」だった。名詞は古フランス語 *paie*、動詞は古フランス語 *payer* に由来し、双方ともラテン語 *pacare*「欲求を満たす」から派生した。基語はラテン語 *pax, pac-*「平和」である。「支払い」の概念は、債権者の「欲求を満たす」意味から生じた。**payment** [後期中英語]⒝「支払い」は、*payer*「支払うこと」から生じた古フランス語 *paiement* に由来する。

pea [17世紀半ば]⒝エンドウ、エンドウに似た植物豆粒大のもの：
複数形として解釈された *pease* からの逆成である。古英語では *pise*「エンドウ」、(複数形) *pisan* であり、ラテン語を経てギリシア語 *pison* から入ってきた。*as like as two peas (in a pod)*「(エンドウの鞘の中の) 2つの豆のようによく似ている」(日本語では「ウリふたつ」)という言い回しは、18世紀半ばに生じた。

peace [中英語]⒝平和、和解、平穏、静

けさ：
ラテン語 pax, pac-「平和」に由来する、古フランス語 pais から生じた。no peace for the wicked「悪人に安らかなときはない」という表現は、『イザヤ書』48章22節：This is no peace to the wicked, saith the Lord「神に逆らう者に平和はない、と主は言われる」が基になっている。

peaceable [中英語]形平和を好む、平穏な：
古フランス語 plaisible の変形、peisible に由来する。plaislble は、ラテン語 placere「楽しませる」から派生した、後期ラテン語 placibilis「楽しい」が基になっている。

peach [後期中英語]名桃、桃色、すてきな人；動密告する：
古フランス語 pesihe に由来する。pesche は元々、文字通りには「ペルシアのリンゴ」という意味のラテン語 persicum (malum) から生じた中ラテン語 persica から派生した。peachy-keen 形「すばらしい」という口語表現は、20世紀半ばからアメリカ英語でよく使われるようになった。これは「魅力的な、傑出した」という意味で、「優れた」という意味の peachy と「素晴らしい」という意味の keen からなる。

peacock [中英語]名クジャク、虚栄をはる人：
古英語 pēa (ラテン語 pavo から)「クジャク」と cock「おんどり」に由来する。

peak [16世紀半ば]名峰、最高点、先端；動(オールを)垂直に上げる、…を最高にする：
「尖った」を意味する方言 picked の異形である peaked の逆成 (接尾辞を取り除いたもの) と考えられる。

peal [中期古英語]名大きな響き、(鐘の)響き；動(鐘などを)鳴り響かせる：
appeal の短縮形で、鐘を鳴らして祈りを呼びかけることが由来である。

pear [古英語]名セイヨウナシ：
古英語 pere, peru は西ゲルマン語が起源で、ラテン語 pirum から派生したオランダ語 peer と同系である。perry [中英語]名「ペリー」はナシの果汁を発酵させて作ったアルコール飲料で、ラテン語 pirum が変化した。

pearl [後期中英語]名真珠、真珠に似たもの、貴重なもの；動(…を) 真珠で飾る；形真珠をちりばめた：
古フランス語 perle に由来し、ラテン語 perna「足」が基になっている。ヒツジの脚の形をした二枚貝（プリニウスの言葉）という意味に拡張した。『マタイによる福音書』7章6節：Neither cast ye your pearls before swine「真珠を豚に投げてはならない」という慣用表現はよく使われる。

peasant [後期中英語]名小作農、田舎者：
古フランス語 paisent「田舎の住人」に由来する。paisent は pais「田舎」から派生した語で、ラテン語 pagus「田舎」が基になっている。

peat [中英語]名泥炭、ピート：
英国中世ラテン語 peta に由来し、ケルト語が起源だと思われる。1200年頃にスコットランド・ラテン語の文書で使われている。

pebble [後期古英語]名小石、水晶、石目皮、瑪瑙；動…を小石で舗装する：
当初は papel-stān「小石」や pyppelrīpig「小石の小川」といった表現の、第1要素に使われていた。語源は不詳。12世紀初頭以降、地名に用いられるようになった。

peck [後期中英語]動(くちばしで)つつく、つついて (穴を) あける、…に軽く急いでキスをする；名コツコツつつく音、つつくこと：

語源不詳だが、中低地ドイツ語 *pekken*「(くちばしで)つつく」と同系の可能性がある。*pick* の異形と思われ、かつては通例、置き換えが可能であった。複合語に以下がある：
■ **pecking order**名「つつきの序列」は、ドイツ語 *Hackliste*（動物心理学の文脈より）を訳したもので、ニワトリのあいだで最初に観察された社会的階級を表す言葉である。これは階級の高いニワトリが階級の低いニワトリを脅しても、仕返しされることがないという現象である。人間社会の序列についても用いられる。

pectoral [後期中英語]形胸の、肺病の；名胸当て、肺病の薬：

pectus, pector-「胸、胸部」から派生したラテン語 *pectorale*「胸当て」、*pectoralis*「胸の」に由来し、かつては「胸当て」を意味していた。*pectoral* muscle「胸筋」を意味するようになったのは、18世紀半ばからである。

peculiar [後期中英語]形独特の、変な、特別の；名私有財産：

「特殊な、特別な」が、ラテン語 *peculiaris*「私有財産の」に由来する *peculiar* の当初の意味である。語源はラテン語 *peculium*「財産」で、*peculium* は *pecu*「畜牛」に由来する。これは、畜牛が私有財産だったことによる。「奇妙な」の意味で使われるようになったのは、17世紀初頭である。

pecuniary [16世紀初頭]形金銭(上)の、罰金に相当する：

pecu「畜牛、お金」から派生した *pecunia*「お金」が基になった。ラテン語 *pecuniarius* に由来する。

pedagogue [後期中英語]名規律にうるさい教師、学者ぶる人：

ギリシア語 *paidagōgos* がラテン語を経て入ってきた。*paidagōgos* は就学児童をつれた奴隷（*pais, paid-*「少年」と *agōgos*「案内人」から）を意味していた。**pedagogy**名「教育学、教授法」は16世紀後半から使われるようになり、*paidagogos* から派生したギリシア語 *paidagōgia*「教員室」、フランス語 *pédagogie* を経て入ってきた。**pedagogic**形「教育学の、教授法の」（フランス語 *pédagogique*、ギリシア語 *paidagōgikos* から）は18世紀後半に生じた。

pedal [17世紀初頭]名ペダル、踏み板；動(自転車の)ペダルを踏む：

当初はオルガンを足で操作するレバーを指していた。イタリア語 *pedale* がフランス語を経て入ってきたもので、ラテン語 *pedalis*「長さ1フィート」に由来する。ラテン語 *pes, ped-*「足」が基になっている。

pedant [16世紀後半]名学者ぶる人、教師：

フランス語 *pédant* に由来する。イタリア語 *pedante*「教師」に由来し、ラテン語 *paedogogus*「少年の教師」の第1要素から派生した。
→ PEDAGOGUE

pedestal [16世紀半ば]名台座、基礎：

イタリア語 *piedestallo* に由来するフランス語 *piédestal* から派生した。*piedestallo* は *pié*「足」（ラテン語 *pes, ped-* に由来し、後に綴りに影響を与えた）、*di*「の」と *stallo*「区画」からなる。

pedestrian [18世紀初頭]名歩行者；形歩行の、散文調の：

フランス語 *pédestre*、もしくはラテン語 *pedester* から派生した。*pedester* には「歩く」と「散文で書かれた」という2つの意味がある。英語では当初、「散文的な」という意味で使用されていた。

pedicure [19世紀半ば]名足の治療、足の指や爪の手入れ：

ラテン語 *pes, ped-*「足」と *curare*「関心を向ける」に由来する。フランス語 *pédicure* が語源である。

pedigree [後期中英語]名系図、血統、

家系、起源：
アングロノルマンフランス語 *pé de grue*「ツルの足」に由来する。*pé de grue* は系図を示す印（鳥の爪のような3本の曲線）だった。*pedigree* が動物の文脈で使われるようになったのは17世紀初頭のことである。

pediment [16世紀後半] 名 ペディメント、山麓緩斜面：

建物正面の上部にある三角形の部分を指すこの語は、以前は *periment* と表記された。*pyramid* が変化したものと思われる。

pedlar [中英語] 名 行商人、受け売りする人：

同義語の方言 *pedder* が変化したもので、（主に東の地方）方言の *ped*「荷かご」に由来すると思われる。その中に商品でも入れていたのだろう。**peddle**［16世紀初頭］動「行商する」は *pedlar* の逆成（接尾辞を取ったもの）である。

peek [中期古英語] 動 そっとのぞく；名 のぞき見、かいま見：

当初の綴りには *pike*（チョーサーの作品で使われていたり、現在でもヨークシャー方言で聞かれる）や *pyke* があった。起源は不詳。

peel [中英語] 動 皮をむく、はがす；名 （果物などの）皮：

動詞（例：*peel* fruit「果物の皮をむく」）は当初、「略奪する」という意味だった。方言 *pill* の異形で、*pilus*「毛」から派生したラテン語 *pilare*「…から毛をはぐ」に由来する。*peel* と *pill* は、フランス語の動詞 *peler*「じっと見る」と *piller*「略奪する」との関連から区別されるようになったと思われる。「編隊から離脱する」の意味で *peel* off (The bombers *peeled* off one by one「爆撃機が1機ずつ抜け出していった」) という表現が使われるようになったのは、1940年代のことである。

peep [15世紀後半] 動 のぞき見する、（しだいに）出てくる；名 のぞき見、出現：

peep という語は（*peek* 同様）、すばやくこっそりと見る行為の象徴である：
■ **peeping Tom** 名「性的好奇心からのぞき見する男」という表現は、高貴な生まれのゴダイヴァ夫人（マーシア伯レオフリック夫人）が、裸で馬に乗ってコヴェントリーを通るのを目撃したと言われている人物である。13世紀の伝説によると、ゴダイヴァ夫人は、裸で馬に乗って市場を通過すれば、評判の悪い税金を減らすという夫の提案に同意したという。後の話では、トムだけがのぞき見をしたため、罰として叩かれて目がつぶれたとされる。

peer¹ [16世紀後半] 動 じっと見る、（しだいに）現れる：

She *peered* through the gloom「彼女は暗闇からのぞいた」の *peer* は、方言 *pire*（中英語）の異形と思われる。*pire* は *appear* の短縮形であろう。

peer² [中英語] 名 貴族、上院議員、同僚：

judged by his *peers*「仲間によって判断される」の *peer* は、ラテン語 *par*「平等」から派生した、古フランス語 *peer* に由来する。「高貴な人」や「貴族階級に属する人（例：*peers* of the realm「世襲貴族」）の意味は、当初から使われていた。*peer* group【社会】仲間集団」という表現が用いられるようになったのは、1940年代のことである。イギリスの貴族階級の **peerage** [後期中英語] 名「貴族」では、伯爵、准男爵という爵位がもっとも早くから授与され、公爵が1337年から、公爵が14世紀終わりから、子爵が1440年から授与されている。

peevish [後期中英語] 形 気難しい、怒りっぽい：

当初は「愚かな、気が狂った、悪意のある」を意味していた。語源は不詳。**peeve** 動「いらだたせる」は *peevish* の逆成（接尾辞を取る）として、20世紀初頭から使われている。

peg ［後期中英語］图留め釘、ねじ、洗濯ばさみ：

低地ドイツ語が起源だと思われるがオランダ方言 peg「栓、釘」と同系の可能性もある。動詞として使われるようになったのは16世紀半ばのことで、「釘を使って修理する」という意味が、比喩的な「釘付けにする、固定したカテゴリーに置く」の意味（例：I had him pegged as a chancer「私は彼の本性は利にさとい人だと思った」）に拡張した。19世紀初頭に、a round peg in a square hole「不適任者」という表現が生じ、19世紀の終わりに off the peg「既成の」が現れた。

pejorative ［19世紀後半］图形軽蔑（的な）：

ラテン語 pejor「悪化する」から派生した、後期ラテン語 pejorare「悪化させる」に由来するフランス語 péjoratif, -ive から生じた。

pelican ［後期古英語］图ペリカン：

当初は pellicane と綴られ、ギリシャ語 pelekan が後期ラテン語を経て入ってきた。pelekan は鳥のくちばしの形から、pelekus「斧」が基になっていると思われる。くちばしが武器として描かれているものに、ひなに血を与えようと、自分の胸を傷つけるペリカンを図示した pelican in her piety「慈しみのペリカン」という紋章がある：
■ **pelican crossing**图《英》押しボタン式横断歩道」という表現が現れたのは、1960年代のこと。pe(destrian) li(ght) con(trolled)「歩行者信号制御式」が基になっている。鳥のペリカンと関連付けるために、最後の音節を -con から -can に変化させた。

pellet ［後期中英語］图（紙・パンなどを丸めた）小球、小弾丸：

ラテン語 pila「球」と同系の古フランス語 pelote「金属球」に由来する。射撃の場面では、元々英語で球という意味で用いられ、13世紀と14世紀には、一般的に飛び道具で使う小さな石を表していたが後に、さらに小さな弾を指すようになった。

pell-mell ［16世紀後半］副あたふたと：

混乱 (mesler「混ぜること」から）を意味する反復表現 pesle mesle, mesle pesle に由来するフランス語 pêle-mêle から派生した。pesle は pelle「シャベル」（「すべてをシャベルで混ぜた」の意味）から来たとされてきたが、古フランス語の形から見ると、これは典型的な押韻結合である。押韻結合は英語 namby-pamby「女々しい人」やフランス語 tirelire「貯金箱」のような形で見られる。

pelmet ［20世紀初頭］图（カーテンの）金具隠し：

文字通りには「小さなヤシ」という意味で、窓のコーニスに慣習的に飾られていたフランス語 palmette の変形と思われる。

pelt[1] ［15世紀後半］動（人に）投げつける、(雨などが）…を強く打つ；图投げつけること、どしゃ降り：

語源不詳。中英語 pilt「押し付ける」も pelt と綴られることがあったため、この2つは同じ語であると考える人もいるが、この説は疑わしい。pelt with rain「雨が激しく降る」のような表現で用いられるようになったのは、19世紀初頭のことである。

pelt[2] ［中英語］图生皮、なめしていない毛皮：

animal's pelt「動物の毛皮」の pelt は、廃語となった pellet「皮」(ラテン語 pellis「皮」に由来する pel「皮」の古フランス語の指小辞語）、あるいは動物の皮を集合的に意味する peltry からの逆成（接頭辞を取り除く）である。

pelvis ［17世紀初頭］图骨盤：

文字通りには「洗面器」という意味のラテン語を使ったもので、空洞の形を表している。

pen[1] ［中英語］图ペン、文筆（業）、文体、

作家；[動](手紙など)を書く：

当初は、「尖った羽軸のついた羽」の意だった。ラテン語 penna「羽」(後期ラテン語で「ペン」を意味するようになった)から派生した古フランス語 penne が語源である。

pen² [古英語][名]檻、小さな囲い；[動]囲いに入れる：

語源不詳。動詞 pen「閉じ込める」(例：securely penned in「しっかりと閉じ込められた」) は、中英語では pennen で、古英語の名詞 penn から形成されたと見られる。

penal [後期中英語][形]刑罰の、ひじょうに厳しい：

poena「痛み、刑罰」から生じたラテン語 poenalis に由来する古フランス語 penal が基になっている。penal colony「流刑地」のように「刑罰の場所として指定される」を意味するようになったのは、19世紀半ばのことである。

penalty [16世紀初頭][名]刑罰、罰金、罰；【スポーツ】ペナルティ：

アングロノルマンフランス語を経て入ってきたと思われるが、それは語尾 -ity が -ty に縮小されたことからわかる。最終的には poena「痛み」に基づく中世ラテン語 poenalitas から生じた。フットボールなどのスポーツでこの語が使われるようになったのは、19世紀後半のことである。

penance [中英語][名]懺悔、告解しなければならないこと：

ラテン語の動詞 paenitere「謝る」から、英単語がいくつか生じた。penance は、ラテン語 paenitentia「良心の呵責」から生じた古フランス語に由来する。paenitentia は当初、do penance「難行苦行をする」という表現でよく用いられていた。さらに、penitent [中英語][形]「悔い改めた、後悔している」は、教会用法の学問的な形として、古フランス語を経て入ってきた。これが中英語の類義語 penant

より優勢となり、penant に代わって用いられるようになった。penitentiary [後期中英語][名]「聴罪師」は、告解の秘跡を施すのに任命された司祭を表す教会法の用語として用いられたのが最初である。penitentiary は、ラテン語 paenitentia から派生した中世ラテン語 paenitentiarius に由来する。アメリカで、「刑務所」の意で使われるようになったのは、19世紀初頭から。

penchant [17世紀後半][名]強い好み、趣味：

「好み、傾向」(例：penchant for fast cars「高速車好き」) を意味するフランス語の借入語である。動詞 pencher の現在分詞に由来する。

pencil [中英語][名]鉛筆、鉛筆形のもの、【光学】光の束；[動]鉛筆で書く：

かつては質の良い絵筆を意味しており、ラテン語 peniculus「筆」の指小辞語から派生した古フランス語 pincel に由来する。peniculus 自体は penis「尾」と同系である。動詞は「上質の絵筆で描く」という意味で、16世紀初頭から使われはじめた。

pendant [中英語][名]ペンダント、釣束、つりランプ、つり輪：

当初は下向きに突き出た建築装飾を意味する用語だった。ラテン語 pendere から派生した動詞 pendre の現在分詞で、文字通りには「ぶら下がった」という意味の古フランス語に由来する。後期中英語から服についた宝石を指して用いられていたが、後にネックレスに取り付けられたものを指すようになった。天井からぶら下がった照明器具を意味するようになったのは、19世紀半ばのことである。

pending [17世紀半ば][形]未解決の、懸案の；[前]…まで：

フランス語 pendant「ぶら下がった」の綴りが、イギリス風に変化したもの。例えば pending tray「未決済書類入れ」のように、「決定を待つ」意味で用いられ

るようになったのは、18世紀後半のことである。

pendulum [17世紀半ば] 名 振り子、趨勢：

ラテン語 pendulus「ぶら下がっている」を中性形（名詞として機能している）として用いた語である。pendulus と pendulous [17世紀初頭] 形「ぶら下がっている」の語基は同じ。語源となったラテン語の動詞は pendere「垂れ下がる」である。

penetration [後期中英語] 名 貫通（力）、洞察力：

ラテン語の動詞 penetrare「中に置く、入る」から派生した penetratio(n-) に由来する。同じく penetrare から派生した penetrate 動「貫通する」は16世紀半ばから用いられており、penitus「内部の」と同系である。

peninsular [16世紀半ば] 名 半島（状）の：

paene「ほとんど」と insula「島」からなるラテン語 paeninsula に由来する。

pennant [17世紀初頭] 名 三角旗、校旗、優勝旗：

pendant と pennon [後期中英語] 名「（三角形の）槍旗」が混ざったもの。pennon が「旗」を意味することはあまりなく、ラテン語 penna「羽」の派生語から生じた古フランス語に由来する。

penny [古英語] 名《英》ペニー、ペニー貨、《米・カナダ》1セント貨、小銭：

古英語 penig, penning はゲルマン語が起源で、オランダ語 penning、ドイツ語 Pfennig「ペニヒ」、そしておそらく英語の pawn と pan (pan は丸く平らな形から) と同系である。何世紀もの間、penny は銀で作られていたが、後に銅で作られるようになり（そのため口語では coppers という）、1860年以降は青銅で作られている。1971年2月15日以前は、denarius（古代ローマの銀貨を意味するラテン語）は d. と表記された：

■ penny plain 形「単純明白な」は、19世紀半ばに現れた。これは、トイ・シアターで遊ぶために販売されていた、登場人物を印刷したものを指しており、白黒のものは1ペニー、カラーのものは2ペニーだった。

→ PAN¹; PAWN²

pension [後期中英語] 名 年金；動（人に）年金を与える：

当初は「忠誠を保つために支払われる、料金や税金、定期的な額」を意味していた。pendere「払う」から派生したラテン語 pensio(n-)「支払い」が基になった、古フランス語に由来する。退職者に支払われる年金を意味するようになったのは、16世紀初頭以降である。当初、退職した役人や元軍人に pensions を支払っていたのは国王だった。著名人も功績の見返りとして、こうしたお金を受け取っていた。しだいに、一部の会社が元従業員に pensions「年金」を与えるようになり、このことが、ひいては定年を迎えるすべての人を含むまでに広がっていった。現在の動詞の意味（例：pension somebody off「年金を与えて（人を）退職させる」）は19世紀半ばに生じた。

pensive [後期中英語] 形 物思いに沈んだ、悲しげな：

penser「考える」から派生した古フランス語 pensif, -ive に由来する。penser は pendere「熟考する」の反復動詞であるラテン語 pensare「じっくり考える」から生じた。これは、様々な選択肢の利益を「品定めする」という概念である。

pentathlon [17世紀初頭] 名 五種競技：

現在ではオリンピックの呼び物となっているが、かつては古代ギリシアやローマで行われていた、跳躍、ランニング、円盤投げ、槍投げ、レスリングの5種目を指していた。語源はギリシア語で、pente「5」と athlon「競争」からなる。

pentecost [古英語] 名【キリスト教】五旬節、【ユダヤ教】ペンテコステ：

古英語では pentecosten で、ギリシア語 pentēkostē (hēmera)「50番目の（日）」が教会ラテン語を経て入ってきた。ユダヤ教の祝祭は過越の祭りの2日目から50日目に行われ、キリスト教の祝祭はイースターから7番目の日曜日に行われる。キリスト教のペンテコステは、『使徒言行録』2章に記されているように、信者に精霊が降臨することを祝う祭りである。

penthouse ［中英語］名ペントハウス、差掛け小屋：

中英語では pentis で、「建物の側面に建てられた離れ家」を意味していた。pentis は古フランス語 apentis の縮約形で、ラテン語 appendere「しがみつく」から生じた後期ラテン語 appendicium「付属品」に由来する。フランス語 pente「傾斜」（第1音節）と英語 house（第2音節）との関連により、16世紀に形が変化した。

penultimate ［17世紀後半］形最後から2番目の、語尾から2番目の音節の：

ラテン語 paenultimus が語源で、paene「ほとんど」と ultimus「最後」に由来し、ultimate にならったものである。

penury ［後期中英語］名貧乏、貧窮：

ラテン語 penuria「不足、欠乏」に由来する。paene「ほとんど」と同系の可能性もある。

people ［中英語］名人々、世間の人々、国民；動…に人を住まわせる、植民する：

ラテン語 populus「大衆」から派生したアングロノルマンフランス語 poeple に由来する。誰かに対する不信（例：he of all people should know「誰よりもまず、彼が知っておくべきだ」）を意味する of all people「ほかの誰よりも」は1700年代に現れた。アメリカの法的な場面で、検察側を指す大文字表記の the People「検察側」（例：the People versus「検察対…」）が使われるようになったのは、19世紀初頭のことである。

pep ［20世紀初頭］名元気、活力；動…を元気づける：

pepper「コショウ」の省略形。元々アメリカ英語の用法だった。
→ PEPPER

pepper ［古英語］名コショウ、トウガラシ；動…にコショウをかける、（人に）（弾丸・非難などを）浴びせる：

古英語 piper, pipor は西ゲルマン語に由来し、オランダ語 peper とドイツ語 Pfeffer「コショウ」と同系である。サンスクリット語 pippali「ベリー、コショウの実」から生じたギリシア語 peperi が、ラテン語を経て入ってきた。peppercorn rent「名目だけのほんのわずかな家賃」という表現は、かつてわずかな地代をコショウで支払うことを求めた慣習に由来する。

peptic ［17世紀半ば］形消化の、ペプシンの：

ギリシア語 peptikos「消化できる」に由来する。

語形成
接頭辞 per-（ラテン語の「…を通じて、…を用いて」を意味する語に由来する）がつくと、次のような意味が加わる。
■「…の至るところに、全体にわたって」[perforation]「ミシン目」、[pervade]「充満する」
■「完全に」[perfect]「完全な」、[perturb]「動揺させる」
化学では、接頭辞 per-がつくと、組み合わせたある要素の割合が最大であることを示す[peroxide]過酸化物」。

---

perambulate ［後期中英語］動巡回する、歩き回る：

per-「全体にわたって」と ambulare「歩く」からなるラテン語 perambulare「歩き回る」に由来する。pram の完全な形である perambulator 名「乳母車」は、19世紀半ばから用いられるようになった。

perceive ［中英語］動…を知覚する、理解する：

ラテン語 percipere「理解する」から派生した古フランス語 perçoivre の異形に由

来し、ラテン語 per-「完全に」と capere「理解する」からなる。同じ語基を持つ関連語に、perception名[後期中英語]「知覚」(ラテン語 perceptio (n-) から)、perceptible形[後期中英語]「知覚できる」(後期ラテン語 perceptibilis から)、そして perceptive形[17世紀半ば]「知覚の」(中世ラテン語 perceptivus から)がある。

perch [後期中英語]名とまり木、高い安全な場所、(高い)座席、長い棒、パーチ：

名詞(例：perch for a bird's cage「鳥かご用の止まり木」)は、「棒、小枝」を意味する中英語 perch (古フランス語 perche から)に由来する。以前は長さの測定単位としても使われていた。動詞は古フランス語 percher から生じた。

percolate [17世紀初頭]動(液体などを)(…で)濾過する、(コーヒーを)パーコレーターで入れる：

ラテン語 percolare「…に通して濾す」に由来し、ラテン語 per-「…を通り抜けて」と colare「…を濾す」(colum「濾し器」より)からなる。コーヒー沸かし器の percolator名「パーコレーター」という語が生じたのは19世紀半ばである。

percussion [後期中英語]名衝突、打楽器の演奏、打診(法)：

ラテン語 per-「…を介して」と quatere「振る、打つ」からなる動詞 percutere「むりやり打つ」から派生した、ラテン語 percussio(n-) に由来する。音楽の世界で使われるようになったのは、18世紀後半以降である。

peremptory [後期中英語]形有無を言わさぬ、横柄な：

当初は命令や判決で「拒否を認めない」を意味する法律用語として使われた。ラテン語 peremptorius「致命的な、決定的な」がアングロノルマンフランス語を経て入ってきた。peremptorius は per-「完全に」と emere「取る」からなる。perimere「破壊する、切り取る」に由来。

perennial [17世紀半ば]形多年生の、絶え間ない；名多年生植物：

当初の意味は「1年中葉が茂っている、常緑の」で、ラテン語 perennis「1年を通じて残っている」が基になっている。「多年生植物」を意味するようになったのは、18世紀半ばのことである。

perfect [中英語]形完全な、全部そろってる、最適の、正確な；名完了形、完了時制；動…を完成する：

動詞 perficere「完成する」から派生した、ラテン語 perfectus「完成した」から生じた古フランス語 perfet に由来する。ラテン語 per-「…を通り抜けて、完全に」と facere「する」からなり、perfection [中英語]名「完全、完璧」(ラテン語 perfectio(n-) が古フランス語を経て入ってきたもの)の語基でもある。perfection の当初の意味は「完全性」だった。

perfidy [16世紀後半]名裏切り、背信：

文字通りには「不正直さ」を意味するこの語は、ラテン語 perfidia「不信行為」がフランス語を経て入ってきた。perfidia は、per-「悪影響」と fides「信条」が基になった perfidus「不誠実な」に由来する。perfidious形「不誠実な」(ラテン語 perfidiosus から)も、同じ時代に現れた。

perforation [後期中英語]名穴をあけること、ミシン目：

動詞 perforare (per-「…を通じて」と forare「穴をあける」より)から生じた中世ラテン語 perforatio(n-) に由来する。同じ時期に、perforare から perforate動「穴をあける」が派生した。

perform [中英語]動…を行う、…を演じる：

アングロノルマンフランス語 parfourmer に由来する。parfourmer は古フランス語 parfournir が (forme「形」の影響によって)変化したもので、parfournir は par「最後まで」と fournir「与える、供給する」からなる。音楽の演奏や演劇などで用いられるようになったのは、17世紀

初頭から。

perfume［16世紀半ば］图かおり、香水；動…に香水をつける、…を芳香で満たす：

元々は物を燃やしたとき、特に燻蒸（くんじょう）の過程で生じる香りのよい煙を意味していた。名詞はフランス語 *parfum*、動詞は *parfumer* に由来する。*parfumer* は、文字通りには「…中に煙が至る」という意味の、廃語になったイタリア語 *parfumare* が基になっている。

perfunctory［16世紀後半］形（言動が）おざなりの、（人が）熱意のない：

「最小限の努力でなされた」を意味するこの語は、ラテン語 *perfungi*「遂行」の過去分詞の語幹 *perfunct-* に由来する後期ラテン語 *perfunctorius*「不注意な」から生じた。

pergola［17世紀半ば］图パーゴラ、つる棚：

イタリア語を英語にしたもので、*pergere*「前進する」から派生したラテン語 *pergula*「突出した屋根」に由来する。

perhaps［15世紀後半］副ことによると、おそらくそうでしょう、…のようだ：

ラテン語 *per*「…を用いて」と中英語 *hap*「チャンス、運」（古ノルド語）からなる。

peril［中英語］图危険、危険を招くもの：

experiri「やってみる」の語基であるラテン語 *peric(u)lum*「危険」から生じた古フランス語に由来する。at one's peril「危険を覚悟で」という表現は、後期中英語から使われている。*peril* と同じ時期に生じた **perilous** 形「危険な」は、古フランス語 *perillous* に由来する。*perillous* は、ラテン語 *periculum* から派生した *periculosus* が基になっている。

perimeter［後期中英語］图周囲・周辺の長さ、視野計、【軍事】防御線：

peri-「周囲に」と *metron*「測定する」からなるギリシア語 *perimetros* がラテン語を経て入ってきた。*perimeter fence*「境界の壁」のような限定用法が生じたのは、1970年代である。

period［後期中英語］图期間、時代、時間、終止符、周期；形時代物の；間以上終り：

古フランス語 *periode* に由来し、当初は病気などが自然な経過をたどる期間を指していた。*periode* は、*peri-*「周囲の」と *hodos*「道」からなるギリシア語 *periodos*「軌道、再発、成り行き」が、ラテン語を経て入ってきた。「少しの時間」の意味が生じたのは17世紀初頭で、「終止符」の意味も同じ時期に生じた。この意味は、現在ではアメリカ英語で使われている。17世紀半ばから使われるようになった **periodic** 形「周期的な」は、フランス語 *périodique*、あるいは、*periodos* から生じたギリシア語 *periodikos*「周期的にやってくる」が、ラテン語を経て入ってきた。

peripatetic［後期中英語］形【哲学】逍遙学派の、歩き回る；图逍遙学派の人、歩き回る人

当初はアリストテレス（紀元前384〜322年）学派の哲学者を指していた。アリストテレスには、講義中に歩き回る癖があったからである。古フランス語 *peripatetique* に由来し、その *peripatetique* は、動詞 *peripatein* から派生したギリシア語 *peripatētikos*「行ったり来たりする」が、ラテン語を経て入ってきた。

periphery［16世紀後半］图周囲、外周、【解剖】末梢：

当初は、何かの境界線を表していた。ギリシア語 *peripheria*「境界線」が、後期ラテン語を経て入ってきた語である。*peripheria* は、ギリシア語 *peri-*「周囲の」と *pherein*「支える」からなる *peripherēs*「周りを回転している」に由来する。

perish［中英語］動死ぬ、（物が）悪くなる、（人が）腐敗する：

ラテン語 *per-*「完全に」と *ire*「行く」か

らなる perire「なくなる」から派生した古フランス語 periss- から生じた perir の延長語幹である。perish はかつて、「（何かが）消えてしまえ！」という意味の呪い言葉としてよく用いられていた。この用法は、19世紀後半から用いられるようになった Perish the thought!「縁起でもない！」という表現に残っている。

perjury ［後期中英語］名偽証、誓約を破ること：

文字通りには「悪影響を引き起こすと誓うこと」を意味する動詞 perjurare から派生した、ラテン語 perjurium「偽誓」に由来するアングロノルマンフランス語 perjurie から生じた。perjure［後期中英語］動「偽証する」もこの perjurare から生じた語で、元々 perjured の形で「偽証の罪を犯す」を意味していた。

perk¹ ［後期中英語］動（耳・尾などが）ぴんと立つ、きびきびとふるまう、元気を取り戻す：

perk up「元気になる」の perk は当初、「位置する、輝いて」や「元気いっぱいの」の意味で使われていた。percher「止まる」の古フランス語方言の異形に由来すると思われる。

perk² ［19世紀初頭］名給料外の給付、特典：

お金や物品の恩恵（例：perks of the job「仕事の役得」）を意味する perk は、ラテン語 perquisitum「獲得」から派生した、perquisite［後期中英語］名「給料外の給付」の省略形である。

permanent ［後期中英語］形永続する、常設の：

per-「…を通じて」と manere「とどまる」からなるラテン語 permanent-「終わりまでとどまる」に由来する。理髪業で用いられる短縮形の perm が現れたのは1920年代のこと。permanence 名「永久不変」も中英語で、動詞 permanere から派生した中世ラテン語 pennanentia（おそらくフランス語経由で）に由来する。

permeable ［後期中英語］形（液体などを）通すことができる：

permeare「通過する」から派生した、ラテン語 permeabilis に由来する。permeate 動「浸透する」は17世紀半ばには使われていたが、これも per-「…を通り過ぎて」と meare「行く」からなる permeare「通過する」から派生した。

permit ［後期中英語］動許す、可能にする；名許可、免許証：

元々は「委ねる、引き渡す」という意味で使われていた。per-「…を通じて」と mittere「送る、手放す」からなるラテン語 permittere に由来する。「許可を与える書面の指令」という意味の名詞は、18世紀初頭からその使用が見られる。permission［後期中英語］名「許可」も permittere（ラテン語 pennissio(n)- 経由で）に由来し、permissive［15世紀後半］形「任意の、随意の」も同様であるが、当初は「委ねられた、許された」という意味で使われていた。（シェイクスピア『尺には尺を』(Measure for Measure, I. iii. 38：When evil deeds have their permissive pass「悪事を働いても大目に見て」) この permissive は、古フランス語、あるいは中世ラテン語 permissivus に由来する。現代では permissive society「寛容社会」(1970年代) のように、「自由を認める」という意味で使われている。

permutation ［後期中英語］名【数学】順列、並べ替え：

「交換、物々交換」が permutatian の当初の意味で、動詞 permutare「完全に変化する」から派生したラテン語 permutatio(n)- が古フランス語を経て入ってきた。省略形の perm は、1950年代からサッカー賭博で用いられるようになった。サッカー賭博では、より多くの勝利チームを当てた者が配当金を手にすることができた。

pernicious ［後期中英語］形ひどく有害な：

「悪影響を与える」を意味するこの語は、

nex, nec-「死」が基になったラテン語 *perniciosus*「有害な」に由来する.

pernickety [19世紀初頭]形気にしすぎる、注意深い扱いを要する:

元々はスコットランド語、そして北部英語方言だったと見られる。語源不詳。アメリカ英語でよく見られるが、ごく最近になって、スコットランド国籍の作家が英文学に取り入れるようになった。*pernickety* を縮めたスコットランド語 *pernicky* は particular の転訛と思われる。*pernickety* は擬音拡張の可能性がある。

perpendicular [後期中英語]形垂直の、直角をなす、垂直様式の；名垂線、垂直:

当初は「直角に」という意味の副詞として使われた。*perpendiculum*「測鉛線」から派生したラテン語 *perpendicularis* が、古フランス語を経て入ってきた。ラテン語 *per-*「…を通じて」と *pendere*「つるす」からなる。

perpetrate [16世紀半ば]動(犯罪など)を犯す:

per-「最後まで」と *patrore*「もたらす」からなるラテン語 *perpetrare*「遂行する」に由来する。ラテン語では良い行為も悪い行為も *perpetrare* で表されたが、英語では犯罪に関する法律でこの動詞が初めて使われたため、マイナスのイメージがある。

perpetual [中英語]形永久の、絶え間ない、終身の、四季咲きの；名四季咲きのバラ:

perpetuus「初めから終わりまで続いている」(*perpes, perpet-*「連続的な」より)から派生したラテン語 *perpetualis* が、古フランス語を経て入ってきた。ラテン語の *perpetuus* は、**perpetuity** [後期中英語]名「永続、不朽」(ラテン語 *perpetuitas* が古フランス語を経て入ってきた)と **perpetuate** [16世紀初頭]動「永続させる」(ラテン語 *perpetuare*「永続化させる」から)の語基でもある。

perplexity [中英語]名当惑、当惑させるもの:

ラテン語 *perplexus*「もつれた、混乱した」から派生した、古フランス語 *perplexite*、もしくは、後期ラテン語 *perplexitas* に由来する。*perplexus* は、廃語となった *perplex*「混乱した」から生じた過去分詞形容詞 *perplexed* (15世紀後半) の影響を受けて生じた **perplex** 動「当惑させる」の語基でもある。ラテン語 *plexus*「織り合わされた」が語源で、動詞 *plectere* に由来する (シェイクスピア『ジョン王』*King John*, III. i. 221-222: —I am perplex'd, and know not what to say—What canst thou say but will perplex thee more「まったく困った。どう答えていいかわからぬ。もっとお困りになることだけはおわかりだろう」).

persecute [後期中英語]動迫害する、(人を)悩ます:

per-「…の間中、完全に」と *sequi*「続く、追跡する」からなるラテン語 *persequi*「敵対心が生じる」から派生した古フランス語 *persecuter* に由来する。

perseverance [中英語]名忍耐、究極の救い:

perseverus「とても厳しい」から派生したラテン語 *perseverare*「厳密に守る」が、**perseverance**「忍耐力(ラテン語 *perseverantia* から派生した古英語)と **persevere** [後期中英語]動「辛抱する」(古フランス語 *perseverer* から)の語源である。

persist [16世紀半ば]動固執する、持続する、主張する:

per-「…を通して、断固として」と *sistere*「立つ」からなるラテン語 *persistere* に由来する。同じ時期に生じた **persistence** 名「固執」は動詞 *persister* から派生したフランス語 *persistance* に由来する。綴りはラテン語 *persistent-*「断固として続ける」の影響を受けている。

person [中英語]名人、身体、登場人物、人格、人称:

ラテン語 *persona*「俳優の仮面、演劇の登場人物」(後に「人間」という意味に一般化された) から派生した古フランス語 *persone* に由来する。*parson* も同じく *persona* の異形である。in *person*「本人が」という表現は16世紀半ばから見られ、in the *person*「…の名で」は16世紀終わりから使用されている。同じラテン語 *persona* が語基になった語に形**personal**「個人的な」がある。これは後期中英語で、ラテン語 *personalis*「人の」から派生した古フランス語に由来する。**personality**名(「人である事実や資質」を表す後期中英語) は、ラテン語 *personalis* から派生した、中世ラテン語 *personalitas* に由来する古フランス語 *personalite* から生じた。人の性質における資質や特徴を表す現在の意味は、18世紀後半に現れた。
→ PARSON

personage [後期中英語]名名士、人、登場人物：

古フランス語に由来し、中世ラテン語 *personagium*「肖像」によって強められた。当初は *honourable*「高貴な」や *eminent*「著名な」といった語とともに用いられたが、19世紀以降、この語自体に「重要な、有名な」といった意味が含まれるようになった。

personnel [19世紀初頭]名全職員、人事課：

matériel「組織や事業で使われる設備や機材」と対比して、名詞として使われるフランス語の形容詞に由来する。スタッフの問題を処理する会社の部署を指すようになったのは、1960年代から。現在は通例、Human Resources「人材」を意味している。

perspective [後期中英語]名【美術】遠近(画)法、遠近感；形遠近法の：

当初は「光学」の科学用語だった。*perspicere*「念入りに見る」から派生した、中世ラテン語 *perspectiva* (*ars*)「光学」に由来し、*per-*「綿密な」と *specere*「見る」からなる。スケッチで使われる *perspective* の意味は、16世紀の終わりに生じた。

perspicacious [17世紀初頭]形洞察、力のある：

ラテン語 *perspicax, perspicac-*「はっきりと見る」に由来する。

perspiration [17世紀初頭]名発汗、汗：

フランス語が語源で、動詞 *perspirer* に由来する。**perspire** [17世紀半ば]動「汗をかく」も *perspirer* から生じた。ラテン語 *perspirare* は *per-*「…を通して」と *spirare*「呼吸する」からなる。

persuasion [後期中英語]名説得、確信、信仰、種類：

動詞 *persuadere* から派生したラテン語 *persuasio(n-)* に由来する。*persuadere* は **persuade** [15世紀後半]動「説得する」の語源でもある。基本要素はラテン語の *per-*「…を通して、完成に向けて」と *suadere*「アドバイスする」から。**persuasive**形「説得力のある」(これも15世紀後半) も同じラテン語の動詞 *persuadere* から派生し、フランス語 *persuasif, -ive*、もしくは、中世ラテン語 *persuasivus* に由来する。

pert [中英語]形生意気な、無遠慮な、元気のよい：

当初は「明白な」を意味し、*privy*「私的な」と対比して使われることが多かった。同じく廃れてしまった意味に「すぐに見て行動する、明敏な」があり、古フランス語 *apert* に由来する。*apert* は、古フランス語 *aspert* (ラテン語 *expertus* から) に強められたラテン語 *aperire* の過去分詞形 *apertus*「開かれた」から派生した。現在、一般的に用いられている「魅力的で粋な」という意味も、当初から用いられていた。
→ EXPERT

pertain [後期中英語]動…に付属する、…に関係のある：

per-「…を通して」と *tenere*「持ちこたえる」からなる、ラテン語 *pertinere*「…に

まで及ぶ、…に関係がある」から派生した古フランス語 partenir に由来する。同じラテン語の動詞 pertinere は、同じ時期に現れた **pertinent**形「適切な、要を得た」(古フランス語から) の語基でもある。

perturb [後期中英語]動(人の) 心をひどくかき乱す、(物事を) 混乱させる:
  per-「完全に」と turbare「動揺させる」からなるラテン語 perturbare から派生した古フランス語 pertourber に由来する。**perturbation**名「動揺」も後期中英語に生じ、ラテン語の動詞 perturbare から派生した perturbatio(n-) が基になっている。

peruke [16世紀半ば]名(17〜18世紀にはやった男性用の) かつら:
  イタリア語 perrucca から派生したフランス語 perruque に由来するが、語源は不詳である。当初は自然な頭髪を意味していたが、false peruke「偽の頭髪」や artificial peruke「人工頭髪」といった表現で用いられるようになり、その結果、「かつら」の意味が生じた。

peruse [15世紀後半]動…を丹念に読み通す、…をよく調べる:
  当初は「使い果たす、使い切る」という意味で使われていた。これは、「完全に」を意味する接頭辞 per- が、動詞 use「使う」に付け加えられたためと思われる。例えば「詳しく考える」といった後に発達した意味は、動詞が違う形で形成されたと思われる。アングロノルマンフランス語 peruser「観察する」が関係している可能性もある。

pervade [17世紀半ば]動(場所に) 一面に広がる、充満する:
  当初は「横断」という意味が含まれていた。pervadere は per-「完全に」と vadere「行く」からなるラテン語 pervadere に由来する。**pervasive**形「浸透性の」は18世紀半ばに生じ、同じラテン語の動詞 pervadere が基になっている。

perverse [後期中英語]形(人・言動な

どが)(故意に) 道理に反する、非を認めない:
  当初は「正しい、あるいは、良いことから目を背ける」を意味していた。ラテン語の動詞 pervertere「害に目を向ける」から派生した perversus「向きを変える」に由来する古フランス語 pervers(e) が語源である。同じく pervertere が基になった語に、ラテン語 perversio(n-) から派生した **perversion**[後期中英語]名「逸脱、悪用」と、古フランス語 pervertir から派生した **pervert** [後期中英語]動「正道からそらす」、「性的倒錯者」がある。現在の「性的倒錯者」という意味は19世紀後半に生じ、短縮形の **perv** は1940年代から使われている。

pervious [17世紀初頭]形(水・光などを)通す、(影響・道理などを)受けやすい:
  ラテン語 pervius「通過する (via「道」に基づいている)」に由来する。

pessimism [18世紀後半]名悲観:
  optimism にならい、ラテン語 pessimus「最悪の」に由来する。19世紀後半は、ショーペンハウアーやハートマン、その他の哲学者の、「この世界は最悪の状態である、あるいは悪が必然的に善に勝る」とする主義を指していた。

pest [15世紀後半]名有害な (小) 動物、悪疫:
  フランス語 peste、あるいはラテン語 pestis「伝染病」に由来し、当初は腺ペストを指していた。「気に障る」という口語表現の **pesky** [18世紀後半] が、pest に関係している可能性がある。

pester [16世紀半ば]動(人を) しつこく悩ます:
  当初は「(場所を) 混雑させる」と「(人の) 邪魔をする」の 2 つの意味で使われていた。pest の影響を受けたフランス語 empestrer「苦しめる」が語源である。現在の「度重なる要求で人をイライラさせる」という意味は、害虫が「はびこる」という当初の用法が拡張したものである。

pestilence [中英語]⒜伝染病、腺ペスト：

pestis「疫病」が基になったラテン語 *pestilentia* から派生した古フランス語に由来する。当初は病気だけでなく、「道徳的に堕落したもの」も意味していた。

pestle [中英語]⒜乳棒、すりこぎ：

古フランス語 *pestel* に由来する。*pestel* はラテン語の動詞 *pinsere*「何度も強打する」から派生した *pistillum* から生じた。*pestle* and mortar「すり鉢とすりこぎ」という表現は、薬剤師が薬を調合するときに、これらを使っていたことに由来する。すり鉢とすりこぎは薬剤師の象徴となった。

pet [16世紀初頭]⒜愛玩動物、お気に入り；⒝ペットの、お気に入りの；⒞(動物を)ペットにする：

家族の一員として飼いならされた動物を指すこの語は、元々スコットランド語と北部英語だった。起源は不詳。19世紀半ばから、愛情を示す言葉として使われるようになる。teacher's pet「先生のお気に入りの学生」という表現が現れたのは20世紀になってから。「愛情を込めて撫でる」という動詞の意味は17世紀初頭から記録に残っている。性的な含意をもつようになったのは、1920年代のアメリカ英語からである。

petal [18世紀初頭]⒜花弁、花びら：

petalum は、*petalos*「広がった」の中性形（名詞として使われる）であるギリシア語 *petalon*「葉」から派生した現代ラテン語 *petalum* に由来する。

petard [16世紀半ば]⒜【歴史】爆破火具：

歴史的に、ドアを吹き倒したり、壁に穴をあけたりするのに使われた火薬が詰まった金属、あるいは木製の箱でできた小さな爆弾を意味している。*péter*「おならをする」から派生したフランス語 *pétard* から生じた。「自分の計画が裏目に出て妨害される」という意味の hoist with one's own *petard*「自らの罠に陥って」は、シェイクスピア『ハムレット』 *Hamlet* に由来する。*hoist* は「持ち上げて取り除く」（方言の *hoise* から）の意。

petition [中英語]⒜請願(書)、申立(書)；⒞…を請求する：

petere「狙いを定める、追求する、…に対する権利を主張する」の過去分詞語幹 *petit-* から派生したラテン語 *petitio(n-)* に由来する。*petition* が生じたのは17世紀初頭のこと（シェイクスピア『コリオレーナス』 *Coriolanus*, II. i. 189：You have, I know, *petition'd* All the gods For my prosperity「あなたが神々に祈ってくださったおかげです。私が勝利を収めることができたのは」）。

petrify [後期中英語]⒞石化する、堅くする：

フランス語 *pétrifier* に由来する。*pétrifier* は、ギリシア語由来のラテン語 *petra*「岩」から派生した中世ラテン語 *petrificare* に由来する。当初の英語は「石に変わる」を意味していた。「恐怖で凍りつく」という比喩的な用法が現れたのは18世紀後半のことである。

petticoat [後期中英語]⒜ペティコート：

文字通りには「小さなコート」を意味する petty coat に由来する。これは元々、男性がダブレットの下に身につけていた小さなコートだった。それが一般的に使われるようになると、女性がはくチュニックのようなものを指すようになり、後に、スカート状の下着を意味するようになった。

pettifogger [16世紀半ば]⒜屁理屈を並べたてる人：

二流の弁護士を意味するこの語は、*petty* と廃語の *fogger*「不正な業者」に由来する。*fogger* は、15世紀と16世紀にバイエルンのアウグスブルクにいた商人の *Fugger* に由来すると思われる。**pettifog** [17世紀初頭]⒞「屁理屈を並べたてる」は *pettifogger* からの逆成（接尾辞を

petty [後期中英語]形些細(ささい)な、けちな、下級の：
当初は「小さなサイズ」を意味していた。フランス語 petit「小さい」の発音から類推される綴りに由来する。「些細な」の意味は16世紀後半に現れた。

petulant [16世紀後半]形(些細(ささい)な事に)いらいらした、すねた：
フランス語 pétulant から派生し、当初は「うぬぼれた」を意味していた。petere「狙いを定める、追求する」と同系のラテン語 petulant-「厚かましい」に由来する。現在の「子供のようにすねた」(18世紀半ば)の意は、「機嫌の悪い」(in a pet「すねて」という表現と同義)という意味の pettish の影響を受けている。

pew [後期中英語]名(教会のベンチ形の)座席、信者席：
元々は特定の礼拝者向けに用意された、教会内の周囲を高く囲まれた場所を指していた。ラテン語 podium「高台になっている場所」の複数形 podia から派生した、古フランス語 puye「バルコニー」に由来する。pulpit「説教壇」に対して信徒の自由座席を意味する pew が使われるようになったのは、17世紀初頭のことである。

pH [20世紀初頭]名【化学】ペーハー：
pH factor のような省略形の pH は、ドイツ語 Potenz「指数」を表す p と水素記号 H に由来する。

phantom [中英語]名幻、幻像、実体のない物・人、偽名で働く人；形幽霊の(ような)、幻覚の：
当初は「錯覚」や「妄想」を意味していた。ギリシア語 phantasma「単なる外見」が基になった古フランス語 fantosme に由来する。
→ FANTASTIC

pharaoh [中英語]名ファラオ、パロ(古代エジプト王の称号)：
ギリシア語 Pharaō が教会のラテン語を経て入ってきた。Pharaō は、エジプト語 pr-ō「王宮」から派生した、ヘブライ語 par ōh に由来する。当初は英語では Pharaon や Pharaoe と綴られていたが、ヘブライ語の影響により、後に語尾に h が付け加えられた。

pharmacy [後期中英語]名調剤、薬屋：
元々は「投薬」の意で、古フランス語 farmacie に由来する。farmacie は、pharmakon「薬」に基づくギリシア語 pharmakeia「薬剤師の実践」が、中世ラテン語を経て入ってきた。pharmakon は **pharmaceutical** [17世紀半ば]形「調剤の、薬剤の」の基にもなっている。pharmaceutical は、pharmakeutēs「薬剤師」から派生したギリシア語 pharmakeutikos が、後期ラテン語を経て入ってきた語である。

phase [19世紀初頭]名段階、(問題などの)面、(月、惑星などの)相；動…を段階的に計画する、…を同調させる：
当初は月の位相を表していた。フランス語 phase に由来し、phainein「見せる」の語基に由来するギリシア語 phasis「外見」が基になっている。ラテン語 phasis は、元々英語で使われていた。

pheasant [中英語]名キジ、キジの肉：
古フランス語 fesan に由来し、ギリシア語 phasianos「パーシスの(鳥)」がラテン語を経て入ってきた。「パーシス」はカフカスにあった川の名前で、そこで鳥が誕生し、西へ広がっていったと言われている。

phenomenon [16世紀後半]名現象、驚くべきもの・こと：
phainein「見せる」から生じたギリシア語 phainomenon「見えるようになってきたこと」が、後期ラテン語を経て入ってきた。18世紀初頭から「優れたものあるいは人、驚くべきこと」の意味でも使われるようになった(ディケンズ『ニコラ

ス・ニクルビー』*Nicholas Nickleby*: 'This Sir', said Mr Vincent Crummles, bringing the maiden forward, 'this is the infant phenomenon-Miss Ninetta Crummles'「「こちらは優れた娘、ニネッタ・クルムズさんです」とヴィンセント・クルムズ氏はその少女を前につれ出しつつ言った」）。

phial ［中英語］图薬瓶、ガラスの小瓶：

古フランス語 *fiole* に由来する。*fiole* は、幅の広い平らな容器を意味するギリシア語 *phialē* が、ラテン語を経て入ってきた。

philander ［18世紀半ば］動(男が) 戯れに恋をする、女に言い寄る：

名詞 *philander*「男性、夫」に由来し、文学では恋人の名としてよく用いられていた（女性のキャラクター Phillis と結ばれることが多かった）。*philein*「愛する」と *anēr*「男性」からなるギリシア語 *philandros*「男性好き」に由来する。

philanthropy ［17世紀初頭］图人類愛、博愛：

ギリシア語 *philanthrōpia* がラテン語を経て入ってきた。*philanthrōpia* は、*philein*「愛する」と *anthrōpos*「人間」からなる *philanthrōpos*「男好きの」に由来する。同じ語幹を持つ同系語に、**philanthrope**［18世紀半ば］图「博愛主義」と **philanthropic**［18世紀後半］形「博愛(主義)の」（フランス語 *philanthropique* から）がある。

philately ［19世紀半ば］图切手収集（研究）：

切手収集を意味するこの語は、*philo-*「愛する」とギリシア語 *ateleia*「支払い免除」（*a-*「…でない」と *telos*「使用料、税金」より）からなるフランス語 *philatélie* に由来する。フランス語 *philatelie* は、*Le collectionneur de Timbres-poste* 誌（1864年11月15日）で切手収集家のエルパン氏が造った語である。切手が使用される前は、手紙に *franco* や *free* といったスタンプ（「料金なしで（料金は支払い済み）」の意）が押された。

philistine ［後期中英語］图【聖書】ペリシテ人、凡俗な人；形ペリシテ人の、俗物の：

ヘブライ語 *pělištī* から派生したギリシア語 *Philistinos* が、後期ラテン語を経て入ってきたフランス語 *Philistin* に由来する。古代史において、*Philistine* は非セム人（クレタ島出身と言われている）で、聖書の時代にパレスチナの南海岸を占領し、紀元前12～11世紀の間、イスラエル人と対峙していた。「文化に反発する人」という比喩的表現は、17世紀後半にドイツのイェナで起こった、一般住人と大学関係者との対立から生じた。この衝突の説教で、The Philistines are upon you「ペリシテ人があなたに向かって来ています。」（『士師記』16章20節）が引用されたことから、町の住民は文化に敵意を抱くようになった。

philosopher ［中英語］图哲学者、哲人、錬金術師：

philospher は古フランス語 *philosophe* の異形であり、ラテン語 *philein*「愛する」と *sophos*「賢い」からなる。元はギリシア語 *philosophos*「知恵を愛する者」で、ラテン語を経て入ってきた。**philosophy**［中英語］图「哲学」は、古フランス語 *philosophie* に由来し、元々ギリシア語 *philosophia*「知恵への愛」がラテン語を経て入ってきた。

phlegm ［中英語］图痰、粘液、粘液的性質：

当初は *fleem* とも *fleume* とも綴られ、後期ラテン語 *phlegma*「じとじとした（身体）」から派生した古フランス語 *fleume* に由来する。ギリシア語 *phlegein*「燃やす」から生じた *phlegma*「燃焼」が語源である。16世紀に綴りが変化したが、これはラテン語やギリシア語の形との関連による。**phlegmatic**［中英語］形「粘液質の」は当初、「粘液に関連した」という意味で使われていた。これは、ギリシア語 *phlegma* から派生した *phlegmatikos* がラテン語を経て入ってきた、古フランス語 *fleumatique* に由来する。「落ち着

いていて冷静な」という意味が用いられるようになったのは、16世紀後半のことである。

phobia ［18世紀後半］名恐怖症：
「恐怖」という意味の接尾辞 -phobia（ラテン語経由でギリシア語から）を独立して用いたものである。

phonetic ［19世紀初頭］形音声（学）の：
ギリシア語 phōnein「話す」から派生した phōnētikos が基になった現代ラテン語 phoneticus に由来する。

photography ［19世紀初頭］名写真撮影（業）、写真をとること：
ギリシア語の phōs, phōt-「光」と -graphia「書くこと」からなる。(**photographic** 形「写真の」や **photograph** 名「写真」と同様で) 1839年4月14日に、ジョン・ハーシェルが英国王立協会に提出した論文で取り入れたといわれている。

phrase ［16世紀半ば］名《文法》句、言葉遣い、成句；動…を言葉で表す、（曲を）楽句に区切る：
「スタイル、表現方法」が当初の意味である。ギリシア語 phrazein「宣言する、伝える」から派生した phrasis が、後期ラテン語を経て入ってきた。**phraseology** ［17世紀半ば］名「語法、表現法」はギリシア語 phraseōn（phrasis「表現」の属格複数形）と -logia「話すこと」からなる現代ラテン語 phraseologia に由来する。

physical ［後期中英語］形身体の、物理学の、物質の：
当初は「薬の、医療に関係した」の意で、ラテン語 physica「自然に関する物事」から派生した中世ラテン語 physicalis に由来する。「有形の」（例: physical assets「物的資産」）の意味は16世紀後半から、「身体に関する」（例: physical exercise「体操」）は18世紀後半から用いられている。

physician ［中英語］名内科医、医者：
古フランス語 fisicien に由来し、ギリシア語から派生したラテン語 physica「自然に関する物事」が基になっている。

physics ［15世紀後半］名物理学：
元々は自然科学一般、特にアリストテレスの大系を指し、廃語となった physic「物質的な（もの）」の複数形である。physic は、ギリシア語 phusis「自然」から派生した phusika「自然物質」という意味のラテン語 physica が基になっている。

physiognomy ［後期中英語］名人相、人相学、（一地方の）地形：
古フランス語 phisonomie に由来する。phisonomie は、中世ラテン語を経てギリシア語 phusiognōmonia「（特徴で）人の本質を判断する」から生じた。ギリシア語 gnōmōn「判定者、解釈者」が基になっている。

physiology ［17世紀初頭］名生理学、生理（機能）：
ギリシア語 phusiologia「自然哲学」から生じたラテン語 physiologia（フランス語経由と思われる）に由来する。

physique ［19世紀初頭］名（男の）体格：
文字通りには「物質の」を意味するフランス語の形容詞の借用語が、名詞として使われたものである。

pianoforte ［18世紀半ば］名（楽器の）ピアノ：
イタリア語に由来する piano の形式的な語で、当初は piano e forte「やさしくそして大きく」と書かれ、音調の変化を表していた。省略形の **piano** 名は19世紀初頭から使われ、その後すぐにピアニストの例（フランス語 pianiste から）が見られる。

pick¹ ［中英語］動入念に選ぶ、…を摘み取る、（地面など）をつつく、（肉を）取る；名選択、収穫量、選り抜き：
「選ぶ、取り上げる」を意味するこの語は当初は pike と綴られ、この形は今でも方

言で使われている。語源は不詳だが、オランダ語 *pikken*「つつく、ついばむ」、ドイツ語 *picken*「ついばむ、穴を開ける」、そしてフランス語 *piquer*「穴を開ける」と同系であると思われる。意味の拡張として、「穴を開ける」(*pick* a hole in「穴を開ける」)、「断片を取り除く、取り除く」(*pick* a bone「骨を取り除く」)、「引き離して取る」(*pick* a flower「花を摘む」)、(*pick* a candidate「候補者を選ぶ」)、「略奪する、盗む」(*pick* a pocket「すりを働く」)、「摘み取って引き離す」(*pick* cotton「綿を摘む」) がある。

pick² [中英語]名つるはし、先のとがった小道具：

pike の異形である。
→ PIKE

pickaxe [中英語]名つるはし；動つるはしで掘る：

当初は *pikoys* と綴られ、古フランス語 *picois* に由来する。*pike* と同系で、*axe* とのつながりにより第2音節が変化した。
→ PIKE

picket [17世紀後半]名杭、小哨、ピケ(隊)；動…にさくをめぐらす、(馬などを)杭につなぐ、…に見張りを置く：

当初は「尖った杭」を指していた。17世紀と18世紀によく行われていた軍の刑罰で、兵士はこの杭の上に片足で立つように迫られた。*pic*「やり」から派生した *piquer*「穴を開ける」が基になった。フランス語 *piquet*「尖った杭」に由来する。労働争議でこの語が使われるようになったのは、19世紀半ばから。これは、敵を見張るために出動した兵士を引き離す、という意味が拡張したものである (18世紀半ば)。

pickle [後期中英語]名ピクルス、(ピクルス用)漬け汁、キュウリ、困った立場；動…をピクルスにする：

当初は肉と一緒に出される辛いソースを指して使われた。中オランダ語、中低地ドイツ語の *pekel* に由来するが、語源は不詳である。「苦境」という意味 (例：in a right old *pickle*「苦境にある」) は16世紀半ばから使われている。

picnic [18世紀半ば]名戸外での食事、楽な仕事、持ち寄り宴会；動ピクニックをする：

フランス語 *pique-nique* に由来するが、語源は不詳である。元々 *pique-nique* は、上流階級の社交の場で、出席者それぞれが食べ物を持ち寄った。

picture [後期中英語]名絵、写真、映画、像、画面；動心に描く、写真に撮る、絵に描く、ありありと描写する：

pingere「描く」の過去分詞語幹の *pict-* から派生したラテン語 *pictura* に由来する。複数形の *pictures* は映画のフィルムを意味しており、20世紀初頭から使われている。Every *picture* tells a story「どの絵にもそれぞれ物語がある」という表現は、20世紀前半に Doan's Backache Kidney pills (腰痛緩和薬) の広告キャンペーンで社会に広まった。ラテン語の動詞 *pingere* は17世紀半ばに生じた **pictorial**形「絵画の、絵のような」の語基でもあり、後期ラテン語 *pictorius* (ラテン語 *pictor*「画家」から) が基になっている。

picturesque [18世紀初頭]形絵のように美しい、(人・ふるまいなどが) 人目を引く、表現力に富んだ：

イタリア語 *pittore*「画家」(ラテン語 *pictor* より) から派生した *pittoresco* が基になったフランス語 *pittoresque* に由来する。綴りが *-tt-* から *-ct-* に変化したのは、*picture* との関連による。

pie [中英語]名パイ、クリームなどをはさんだケーキ、(分配する前の) 総額、朝めし前のこと：

magpie といった鳥の名前に見られる *pie* (ラテン語 *pica*「カササギ」から派生した古フランス語による) と同じ語と思われる。様々な材料の組み合わせは、カササギが手当たりしだいに集めたものに匹敵

piebald [16世紀後半]形(馬などが)白黒のまだらの；名まだら馬：

ある馬の模様を表すこの語は、*magpie* の *pie*(カササギの羽が白黒のため)と、*bald* の廃れた意味「白髪交じりの」に由来する。

piece [中英語]名 1 つ、部品、構成員、作品、記事；動…に継ぎを当てる、…をつなぎ合わせる：

古フランス語 *piece* に由来する。中世ラテン語 *pecia, petium* も同系の可能性があるが、語源は不詳である：
■ **piecemeal** [中英語]名「少量」の -meal は、「量、一度に取る量」という意味の古英語 *mælum* に起因する。

pier [中英語]名桟橋、橋脚：

中世ラテン語 *pera* に由来するが、語源は不詳。「防波堤」もしくは「積み重ねた障害物」という意味の古フランス語 *pire* が英語の意味となった可能性もあるが、両者の語形のつながりは明らかでない。

pierce [中英語]動…を刺す、突き通す、穴をあける、(音が)つんざく：

古フランス語 *percer* が *pierce* の語源で、ラテン語 *pertus-* が基になっている。*pertus-* は、*per*「…を通って」と *tundere*「つっこむ」からなる *pertundere*「通り過ぎて進む」の過去分詞語幹である。**body piercing** 名「身体にピアス用の穴をあけること」という表現が現れたのは、1970年代のことである。

pig [中英語]名豚、豚肉、豚のような奴；動(豚が)子を産む、豚のようにふるまう：

古英語 *picbrēd*「どんぐり」の第 1 要素に該当すると思われる。*picbrēd* とは、文字通りには「豚のパン」(つまり、豚の餌)の意である。それ以上の語源は不詳。

pigeon [中期古英語]名ハト、若い娘、間抜け；動(物を)だまし取る、…をだます：

ヒナ鳥、特にハトのヒナを意味する古フランス語 *pijon* に由来する。*pijon* は後期ラテン語 *pipio*(*n*-)「ピヨピヨ鳴いているヒナ鳥」が変化したもので、擬音語である。

piggyback [16世紀半ば]副背・肩に乗って；形背・肩に乗った、ピギーバッグ輸送の：

当初は副詞として使われていた。早期から通俗語源によって様々な方法で分析されてきたが、語源は曖昧なまま。当初は pickback や pick-a-pack という形で用いられていた。肩や背中に向かって投げられた包みを指していた可能性がある。

pigment [中英語]名顔料、色素；動…を着色する：

pingere「描く」から派生したラテン語 *pigmentum* から生じた。動詞として使われるようになったのは20世紀初頭から。

pike [16世紀初頭]名槍、矛、《米》有料高速道路、カワカマス：

フランス語 *piquer*「槍」からの(接尾辞を取り除くことによる)逆成語である *pique* に由来する。フランス語 *pie*「突くこと、槍」が基になっており、古英語 *pie*「針、刺すこと」(起源不詳)と同系の可能性がある。ここから、尖ったあごとの関連によ、pike [中英語]名に大きな淡水魚の一種の意が生じた。

pile¹ [後期中英語]名積み重ね、多量、大金；動…を積み上げる、…に(物を)積む：

ラテン語 *pila*「柱、埠頭」から派生した古フランス語に由来する。お金に関して用いられるようになったのは(例：make one's *pile*「富を築く」)、*pile* of wealth という表現から(シェイクスピア『ヘンリー八世』*King Henry VIII*, III. ii. 108：What *piles* of wealth hath he accumulated To his own portion!「これほど莫大な財産をあの男は自分の蔵にためこんでおったのか！」)。

pile² [古英語] 图基礎杭、楔形紋章；動…に杭を打ち込む：

上部構造物を支えるために地面に打ち込む「重い柱」を意味するこの語は、古英語では *pīl*「ダート、矢」や「尖った杭」だった。ゲルマン語が起源で、ラテン語 *pilum*「(重い) 投げやり」から派生したオランダ語 *pijl* やドイツ語 *Pfeil*「矢」と同系である。

pile³ [中英語] 图柔らかい細い毛：

carpet pile「じゅうたんの立ち毛」の *pile* は当初、「柔らかい羽」という意味だった。これはラテン語 *pilus*「髪」に由来する。現在の意味で用いられるようになったのは、16世紀半ばのことである

pilfer [後期中英語] 動(…を)こそ泥する、くすねる：

古フランス語 *pelfrer*「略奪する」に由来するが、語源は不詳。英語では当初、「略奪品」という意味で名詞として用いられた。1950年代以降、梱包との関連から、複合語の *pilfer-proof*「開封よけの」の形で使われている。

pilgrim [中英語] 图巡礼者、旅人；動巡礼する、流浪する：

ラテン語 *peregrinus*「海外生まれの」から生じたプロヴァンス語 *pelegrin* に由来する。アメリカ史に登場する大文字表記の *Pilgrim* は、1620年にマサチューセッツ州にプリマスの植民地を築いてアメリカ建国の父と見なされた、イギリス清教徒集団を指している。**pilgrimage** [中英語] 图「巡礼 (の旅)」は、プロヴァンス語 *pelegrin* から派生した *pelegrinatge* が基になっている。

pill [後期中英語] 图丸薬、ピル、不愉快な人、(ゴルフなどの) 球：

医薬製剤のような、小さな丸い塊を指す *pill* は、元々ラテン語 *pilula*「小さいボール」に由来する。その *pilula* は *pila* と同系で、中オランダ語、中低地ドイツ語の *pille* と関係がある。避妊薬の名前の the Pill は1950年代に生じた。

pillage [後期中英語] 動(…を)略奪する；图略奪、戦利品：

当初は名詞として使われていた。*piller*「略奪する」から派生した古フランス語に由来する。

pillar [中英語] 图支柱、柱状のもの、中心的存在；動…に支柱をつける：

アングロノルマンフランス語 *piler* に由来し、ラテン語 *pila*「柱」が基になっている。「一番の支持者」の意味は初期の頃に生じた。*pillar of society*「社会の柱石」という表現は1960年代から使われている。

pillion [15世紀後半] 图(オートバイなどの) 後部座席：

当初は「軽い鞍」を意味していた。スコットランド・ゲール語 *pillean*、アイルランド語 *pillín*「小さいクッション」に由来する。*pillín* は、ラテン語 *pellis*「肌」が基になった *pell* と同系である。

pillory [中英語] 图さらし台、汚名；動(人を) さらし台にさらす：

古フランス語 *pilori* に由来する。*pilori* はプロヴァンス語 *espilori* から派生したと思われ、「のぞき穴」という意味のカタロニア語にいくぶん関連しているが、語源は不詳。頭と手を通す穴のあいた2枚の板を合わせたもので、イギリスでは、この刑罰は1815年の偽証罪を除いて廃止され、1837年には完全に廃止された。アメリカでは1905年まで使われていた。

pillow [古英語] 图まくら、軸受け、手編みのレースのクッション台；動(頭を) (…に)のせる：

古英語 *pyle, pylu* は西ゲルマン語が起源で、ラテン語 *pulvinus*「クッション」が基になった、オランダ語 *peluw* やドイツ語 *Pfühl*「羽枕」と同系である。「親密な会話」を意味する *pillow talk*「ピロートーク」という成句は1930年代に生じた (ジェイムズ・ジョイス『フィネガンズ・ウェイク』*Finnegans Wake*：Mid pillow talk and chithouse chat, on Marlborough Green as through Molesworth Fields「枕語りや雪隠語りのなか、マールバラ・グリーンからモルズワース・フィールドを抜け」）。

pilot［16世紀初頭］名パイロット、水先案内人、指導者；動（船の）水先案内をする、…を導く、（法案など）を通す：

当初は船の舵を取る人を指していた。ギリシア語 pēdon「オール」、（複数形で）「舵」が基になった pedota が変化した中世ラテン語 pilotus から派生したフランス語 pilote に由来する。航空学で使われるようになったのは19世紀半ばのこと。

pimple［中英語］名吹き出物、小さいもの：

古英語 piplian「急に膿胞ができる」と同系である。

pin［後期古英語］名ピン、細い留め具、かぎの先端の部分；動ピンで留める、…に押しつけておく、…を（約束・仕事に）しばりつける：

古英語 pinn は西ゲルマン語が語源で、ラテン語 pinna「先端、先、端」から派生したドイツ語 pin「ピン、杭」と同系である。英語の当初の意味は「杭」だった。（ナインピンズのように）「スキットルズ（九柱戯）」を意味するようになったのは、16世紀後半のこと。pin が基になった語には以下がある：
■ **pinafore**［18世紀後半］「（胸当てのついた）エプロン」。afore の部分は、この語が元々、ドレスの前部に胸当てをピンで留めたエプロンを指していたことによる。
■ **pin money**［17世紀後半］「生活必需品を購入するための少額のお金」。「髪や衣服につける装飾用の金具」という意味の pin が基になっている。

pincers［中英語］名くぎ抜き、（カニ・エビなどの）はさみ：

古フランス語 pincier「挟む」から派生したアングロノルマンフランス語に由来する。軍隊用語の pincer movement「挟み撃ち作戦」は1930年代に生じた。

pinch［中英語］動（人・物を）はさんで締めつける、（植物などが）傷められる、…を抑制する；名はさむこと、1つまみ、試練、窃盗：

古フランス語 pincier「挟む」の異形である古北フランス語に由来する。「困難」という意味でこの語が使われるようになったのは、17世紀初頭のことである（シェイクスピア『リア王』 King Lear, II. iv. 214：Necessity's sharp pinch!「貧困のつらさにさいなまれるわ！」）。この意味は、現在では主に、feel the pinch「金欠病にかかる」という表現に反映されている。「盗む」という意味のスラングが現れたのは、17世紀半ばのことである。

pine¹［古英語］名松の木、松材：

常緑針葉樹の一種の名前であるこの pine は、中英語で古フランス語 pin によって一般に広められた、ラテン語 pinus に由来する。pine が基になった語に、**pineapple**名「パイナップル」がある。後期中英語には「松ぼっくり」の意だったが、松ぼっくりと形が似ているため、17世紀になって、フルーツのパイナップルを指すようになった。

pine²［古英語］動（…を）思いこがれる、やつれる、悲嘆する：

古英語 pīnian は「苦しむ」や「苦しむ原因」という意味だった。ゲルマン語が起源で、オランダ語 pijnen、ドイツ語 peinen「痛みを経験する」、そして廃語となった英語 pine「刑罰」と同系である。元々はラテン語 poena「刑罰」が基になっている。

ping［19世紀半ば］名ピューン・ピシッ；動ピューンと音がする：

この語は擬音語である。スポーツ競技の **ping-pong**名「卓球」は、20世紀初頭にラケットで球を打つときの音から生じた。

pink¹［17世紀半ば］名桃色、極致、ナデシコ；形桃色の、左翼がかった、興奮した：

色のピンクは当初、*pink* という名前の花の色を表す形容詞として使われていた。この *pink*（16世紀後半から使われている）は、*pink eye*「伝染性結膜炎」の短縮形と思われる。*pink eye* は文字通りには、「小さい、もしくは半分閉じた目」である。同義のフランス語の植物名 *oeillet* は、文字通りには「小さい目」の意。口語の pinkie[名]「小指」は19世紀初頭から使われている。これは、同じ意味で使われているオランダ語 *pink* に一部由来し、英語の色を表す *pink* によって一般に広められた。

pink[2]［20世紀初頭］[動]（エンジンが）ガタガタ音をたてる：

The engine *pinked*「エンジンがポンといった」の *pink* は擬音語である。

pinnacle［中英語］[名]（教会などの）小尖塔、尖峰、（権力などの）頂点；[動]…に小尖塔を付ける、…を高い所に置く：

pinna「翼、突端」と同系の後期ラテン語 *pinnaculum* から派生した古フランス語に由来する。「頂点」という意味の比喩的用法は後期中英語に発展した。

pint［後期中英語］[名]パイント、1パイント容器、（1パイントの）ビール：

測定単位である *pint* は古フランス語 *pinte* に由来するが、語源は不詳。*pint* の発音を表した pinta[名]「パイント」は1950年代から使われはじめた。

pioneer［16世紀初頭］[名]開拓者、先駆者、工兵；[動]…を開拓する、…の開発の先導となる；[形]初期の、開拓者の：

当初は歩兵隊員を指す軍隊用語として使われた。ラテン語 *pedo, pedon-*「歩兵」から派生した古フランス語 *paon* に由来する。フランス語 *pionnier*「歩兵、戦闘工兵」が語源である。
→ PAWN[1]

pious［後期中英語］[形]信心深い、宗教にかこつけた、宗教的な：

ラテン語 *pius*「忠実な、信心深い」が基

になっている。piety［16世紀初頭］[名]「敬虔、信心」も同様で、ラテン語 *pietas*「忠実」から派生した古フランス語 *piete* に由来する。

pip[1]［18世紀後半］[名]（リンゴ・ナシなどの）種；[動]…の種を除く：

apple *pip*「りんごの種」の *pip* は、pippin［中英語］[名]「リンゴなどの種」（古英語 *pepin* に由来するが、語源は不詳）の省略形である。19世紀後半に現れた動詞は He was *pipped* at the post「土壇場で負かされる」のような表現で用いられ、名詞の拡張用法と思われる。

pip[2]［20世紀初頭］[名]ピッという音：

Telephone *pips*「電話が鳴っている」の *pip* は、出る音をまねた擬音語である。

pip[3]［16世紀後半］[名]花冠、小区切り、一株、（サイコロ、トランプの）目、点、（陸軍将校の）肩章：

トランプや軍服の *pip* は、元は *peep* と綴られた。語源は不詳。

pipe［古英語］[名]導管、パイプ、管楽器、かん高い声；[動]（液体を）（導管で）（…に）導く、（管楽器を）吹く、かん高い声で言う：

古英語の *pīpe*「楽器の管」と *pīpian*「単管楽器を演奏する」はゲルマン語が起源である。オランダ語 *pijp* とドイツ語 *Pfeife*「笛」と同系で、ラテン語 *pipare*「のぞき見する、さえずる」が基になっている。中英語で古フランス語の *piper*「さえずる、キーキー鳴る」によって一般に広められた：
■ pipe dream は「非現実的な希望」という意味で、19世紀後半に生じた。これはアヘンパイプを吸ったときに体験する夢を指している。
■ piping hot［後期中英語］は、ひじょうに熱い液体や食べ物が出す、シューシューという音との関連から作られた。

pique［16世紀半ば］[名]ピケ：

当初は2人あるいはそれ以上の人の間

で生じた憎しみを指して使われた。フランス語 piquer「嫌なやつ、苛立たせる」に由来する。

pirate [中英語]名海賊、海賊船、著作権侵害者；動…に海賊行為を働く、…の著作権を侵害する：

ギリシア語 peirein「企てる、攻撃する」(peira「企て」より）から生じた peiratēs に由来するラテン語 pirata が基になっている。piracy [16世紀半ば]名「海賊行為、著作権侵害」は、ギリシア語 peiratēs から生じた pirateia が、中世ラテン語を経て入ってきた。

pistol [16世紀半ば]名ピストル、拳銃；動…をピストルで撃つ：

ドイツ語 Pistole から派生した、廃語となったフランス語 pistole に由来する。チェコ語 pišt'ala が基になっており、元の意味は「笛」だった。形が似ていることから、これが「鉄砲」の意味に発展した。

piston [18世紀初頭]名ピストン：

イタリア語 pistone から派生した、フランス語の借入語に由来する。pistone は、pestello「すりこ木」の大きさを強調した pestone「大きなすりこ木」の異形である。

pit[1] [古英語]名穴、採掘場、落し穴、くぼみ；動…に穴を作る、（犬・ニワトリなどを）闘わせる：

古英語 pytt「大きな穴」は西ゲルマン語が起源である。同系語にオランダ語 put とドイツ語 Pfütze「たまり水」がある。両者とも、ラテン語 puteus「泉、柄」が基になっている。

pit[2] [19世紀半ば]名（桃などの）核；動…の核（種）を取り除く：

オランダ語に由来すると思われ、英語 pith と同系である。
→ PITH

pitch[1] [中英語]動投げる、（テント・キャンプを）張る、（音の調子・楽器などを）調律する、…の投手を務める；名投げる

こと、(音の) 調子、程度、(船の) 縦揺れ：

この動詞は当初「(尖っているものを) 強く押す」と「真っ逆さまに落ちる」を意味していた。古英語 picung「汚名」と同系の可能性があるが、語源は不詳。この意味がどのように発展していったのかは曖昧である。意味の拡張にはには次のようなものがある。「中へ押し込む、設置する」(pitch a tent「テントを張る」)、「正しい位置に置く」(pitched battle「論戦」)、「投げる」(pitch hay「干草を放る」)、そして「前方と下向きに傾斜する」(pitched roof「勾配屋根」)。複合語に以下がある：
■ pitchfork 名「熊手、三つ叉」は後期中英語に現れ、それ以前に用いられていた pickfork に由来する。pitchfork は稲束を積む際、束を放るのに使われることから、動詞 pitch の影響を受けた。

pitch[2] [古英語]名ピッチ、松やに；動…にピッチを塗る：

「粘り気のある樹脂物質」を意味する古英語 pic は、ゲルマン語が起源である。同系語にオランダ語 pek とドイツ語 Pech「ピッチ」があり、ラテン語 pix, pic- が基になっている。

pitcher [中英語]名水差し、水差し1杯分：

大きな陶器の入れ物を意味するこの語は、古フランス語 pichier「ポット」に由来し、後期ラテン語 picarium が基になっている。

piteous [中英語]形哀れみを誘う、(人が) 哀れみを抱いてくる：

ラテン語 pietas「信心深さ、哀れみ」から派生した古フランス語 piteus に由来する。
→ PIETY

pith [古英語]名【植物】木髄、【解剖】髄、要点、元気；動（植物の茎の）髄を取り去る、…の脊髄を切断する：

古英語 pitha は、西ゲルマン語が起源である。

pittance [中英語]名スズメの涙ほどの

手当:
ラテン語 *pietas*「哀れみ」から派生した中世ラテン語 *pitantia* から生じた古フランス語 *pitance* に由来する。

pity [中英語][名]哀れみ、残念な事；[動](人・事などを) かわいそうに思う:
当初は「慈悲、温厚」の意味が含まれていた。ラテン語 *pietas*「信心深さ」から生じた古フランス語 *pite*「慈悲」に由来する。*pitiable*[形]「哀れな」も後期中英語に生じ、*piteer*「哀れむ」から派生した古フランス語 *piteable* が基になっている。
→ PIOUS

pivot [後期中英語][名]ピボット、要点、軸兵、旋回 (運動)；[動]…を枢軸の上に置く、…を回転させる:
フランス語が基になっており、方言 *pue*「櫛の目」とスペイン語 *pu(y)a*「先端」の語根に由来する。動詞は19世紀半ばに生じた。

placard [15世紀後半][名]はり紙、掲示；[動]…のはり紙をはる、…の掲示を出す:
当初は正式印が押された「許可状や免許証」を意味していた。中オランダ語 *placken* から派生した *plaquier*「漆喰を塗る、平らにする」から生じた古フランス語 *placquart* に由来する。「ポスター」の意味が生じたのは、16世紀半ばのことである。

placate [17世紀後半][動](人を) なだめる、慰める:
ラテン語 *placare*「なだめる」に由来する。

place [古英語][名]場所、地域、土地、家、箇所、席；[動]置く、…を思い出す、(信用・希望などを) (…に) 置く:
ギリシア語 *plateia (hodos)*「広い (道)」から派生したラテン語 *platea*「広場」の異形から生じた古フランス語に由来する。英語 *place* は当初、市場のような街の中の空間を表していた。この用法が、小さな広場を指したり、道路の名前 (例：Marlborough *Place*「モールバラ・プレイス」) に使われるようになった。「立場」という意味 (例：I know my *place*「自分の立場はわきまえている」) は、中英語で生じた。

placebo [18世紀後半][名]死者のための晩課、気休めの薬、気休め:
生理的ではなくむしろ心理的利益を与える薬を意味するこの語は、ラテン語に由来する。文字通りには「私は満足し、楽しくなるだろう」という意味で、*placere*「喜ばせる」に由来する。

placid [17世紀初頭][形](人・動物が) おとなしい、(物事が) 穏やかな:
placere「喜ばせる」から生じたラテン語 *placidus* に由来するフランス語 *placide* が基になっている。

plagiarism [17世紀初頭][名]盗用、盗用したもの:
ラテン語 *plagiarius*「誘拐犯」に由来する。*plagiarius* は *plagium*「誘拐」(ギリシア語 *plagion* より) から生じた。

plague [後期中英語][名]疫病、災い、突然の侵入、厄介な物；[動]…を疫病にかからせる、(人を) 悩ます:
ラテン語 *plaga*「発作、傷」に由来する。語源はおそらくギリシア語 (ドリス方言) *plaga* で、基語は「打つ」の意である。

plaid [16世紀初頭][名]格子じまの肩掛け、格子じま:
スコットランド・ゲール語 *plaide*「毛布」に由来するが、語源は不詳。細長い格子縞のあや織りの毛織物を表すこの種の織物は、以前はスコットランド全土とイギリス北部で、マント代わりに着られていた。これはハイランドの服装と関係がある。スコットランド低地の「シェパードチェック」(白黒のチェック模様) は、一般に *maud* と呼ばれている。

plain [中英語][形]明白な、わかりやすい、質素な、率直な；[副]明瞭に、まった

く；名平原、表編み：

形容詞 plain はかつては「平らな」という意味で、この意味が名詞用法（Salisbury Plain「ソールズベリー平野」）にも反映している。古フランス語 plain に由来するが、その plain はラテン語 planus から生じ、その基語は「平らな」の意である。「意味が明確な」という意味が、中英語に用いられた記録がある。これと同じ時期に「鎧を身につけないで」という意味が生じ、これが後に「外部の印なしで」(under plain cover「宛名だけを書いた封筒で」) という意味に発展した。中期古英語には、「率直な行動」(to be plain with you「率直に言えば」) と「傑出していない」(a plain face「不器量な顔」) という意味で使われている：

■ plain sailing ［18世紀半ば］「平穏な航海」は、plane sailing「平面航法」の通俗的用法で、平面を航海しているという理論のもと、船の位置を定める方法を意味している。

plaintiff ［後期中英語］名原告、起訴人：
古フランス語 plaintif「悲しげな」が名詞として使われたものに由来する。男性名詞の語尾 -f がフランス語の法律用語で使われるようになった。元々は plaintive と同じだったが分化し、悲嘆の意味がなくなった。
→ PLAINTIVE

plaintive ［後期中英語］形悲しげな、哀れな：
ラテン語 planctus「胸をたたくこと」が基になった plainte「悲嘆」から派生した古フランス語 plaintif, -ive に由来する。plaintive とは対照的に、-if, -ive で終わる形容詞と同じ歴史を担っている。
→ PLAINTIFF

plait ［後期中英語］名（髪・麦藁などの）編んだもの、(布の)ひだ；動（髪・麦藁などを）編む：
古フランス語 pleit「折り目」に由来し、ラテン語 plicare「折ること」が基になっている。以前は plate のような発音だったが、中期英語以降、綴りが plat に変わったため、現在の発音はこれに合わせている。

plan ［17世紀後半］名計画、図面；動…の計画を立てる、（人が）…するつもりである、…を設計する：
plant「平面図、平面」から派生したフランス語に由来する。意味はイタリア語 pianta「建物の設計図」の影響を受けている。「平面に描く」、「紙に計画を立てる」と、「行動の計画を練る」といった意味すべてを兼ね備えている。
→ PLANT

plane¹ ［17世紀初頭］名面、平面；形平らな、滑らかな：
「平面」の意味は、ラテン語の形容詞 planus「明白な」の中性形 planum「平面」に由来する。形容詞用法はフランス語 plan(e)「平らな」からの連想による。幾何学的な意味「平らな」は、以前は plain の語義の1つであったが、palne を用いてこの意味をよりはっきりさせた。

plane² ［20世紀初頭］名飛行機：
plane crash「飛行機墜落事故」のような表現で使われる plane は、aeroplane の縮約形である。

plane³ ［中英語］名かんな、ならしごて；動…をかんなで滑らかにする：
廃語となったフランス語 plaine「平削りの道具」の異形である。planus「滑らかな、平らな」から派生したラテン語 planare「平らにする」から生じた後期ラテン語 plana（同じ意味で使われる）に由来する。

plane⁴ ［後期中英語］名プラタナス：
背が高く広がった木を意味するこの語は、platus「広い」から生じたギリシア語 platanos から派生した古フランス語に由来する。

planet ［中英語］名惑星、遊星
ギリシア語 planetes「放浪者、惑星」から生じた後期ラテン語 planeta, planetes に由来する古フランス語 planete が基に

なっている。ギリシア語 *planan*「歩き回る」という動詞が基になっている。星や惑星、星座を映し出す近代ラテン語の **planetarium** 图「プラネタリウム」が使われるようになったのは18世紀半ばのことで、ラテン語 *planetarius*「惑星に関連した」に由来する。

plank [中英語]图厚板、頼みとなるもの、綱領の項目；動…を板張りする、(肉・魚を)板の上で料理して食卓に出す：

古フランス語 *planke* に由来する。*planke* は、*plancus*「足を引きずるようにして歩く」の女性形(名詞として使われる)から派生した後期ラテン語 *planca*「広い」に由来する。walk the *plank*「役職から降ろされる」という表現は、海賊が捕虜に課したと言われている処刑方法で、19世紀初頭から用いられている。

plankton [19世紀後半]图プランクトン、浮遊生物：

ギリシア語 *plazein*「ぶらつく」が基になった *planktos*「ぶらついている」から生じたドイツ語に由来する。

plant [古英語]图植物、作物、装置、工場；動…を植える、…を置く、…を見張りに立たせる、(教会などを)創設する、吹き込む：

古英語 *plante* は「苗木」という意味でラテン語 *planta*「芽、挿し木」(後にフランス語 *plante* の影響を受ける)に由来する。動詞はラテン語 *plantare*「植える、ある場所に固定する」から派生した。*plant oneself somewhere*「あるところに陣取る」という表現が現れたのは18世紀初頭のことである。18世紀後半に、「設置されたもの」、つまり機械、大きな装置(例：*plant hire*「機械賃貸」)を意味するようになった。同系語である **plantation** [後期中英語]图「大農園」は、種を植える行為を表し、動詞 *plantare* から派生したラテン語 *plantatio(n-)* に由来する。また、「コーヒーやタバコなどの作物を栽培する土地」(18世紀初頭)や「征服あるいは支配された国に人々が定住すること」も指す。19世紀後半には、アイルランドにいるイギリス人地主の支配者集団を意味していた。

plaque [19世紀半ば]图飾り板、ブローチ、【解剖】斑点：

オランダ語 *plakken*「突き刺す」から派生した *plak*「タブレット」に由来するフランス語からの借入語である。「粘着」の意味が中核を成し、壁に取り付けられた ornamental *plaque*「飾り額」(19世紀半ば)、歯についた歯垢(19世紀後半)、あるいは、医療では、動脈壁についた脂肪蓄積物(19世紀後半)を意味している。語源となったオランダ語 *plak* が、賭博カウンター(20世紀初頭)や管楽器のダブルリードに挿入された薄い金属板を意味する音楽用語(20世紀半ば)を意味する英語表現に反映されている。

plasma [18世紀初頭]图乳漿(にゅうしょう)、原形質、【物理】プラズマ：

当初は「形作る、成形する」を意味していた。ギリシア語 *plassein*「成形する」から派生した *plasma* から生じた「成形する」という意味の後期ラテン語に由来する。医療の場面で使われるようになったのは、19世紀半ばのことである。

plaster [古英語]图漆喰(しっくい)、石膏(せっこう)、硬膏(こうこう)；動(顔・壁などの)全体に塗る・貼る、べっとりと貼り付ける：

当初は、体温で粘着性が出る治療薬を塗った包帯を指していた。ギリシア語 *emplastron*「塗ること、軟膏」から派生したラテン語 *emplastrum* の縮約形である中世ラテン語 *plastrum* に由来する。これが後に、古フランス語の名詞 *plastre* によって一般に広められた。砂あるいはセメントと水を混ぜた、石灰のやわらかい混合物を意味するようになったのは、後期中英語からである。

plastic [17世紀半ば]形プラスチック(製)の、塑性の、(性格などが)柔軟な；图プラスチック、クレジットカード、プラスチック化学：

当初は「鋳造に典型的な」を意味していた。フランス語 plastique さらにはラテン語 plasticus が、英語 plastic の基になっている。語基は plassein「形作る」から生じたギリシア語 plastikos である。
plasticine [19世紀後半]名「プラスチレン（工作用粘土）」は plastic が基になっている。

plate [中英語]名皿、（金属製の）食器類、金属板、表札；動…を（金・銀などで）めっきする、（船などに）板金(ばんきん)を張る：
当初は通例、金属でできた平らな薄い板を表していた。ギリシア語 platus「平らな」が基になった中世ラテン語 plato「板金甲冑(かっちゅう)」から派生した古フランス語に由来する。例えば dinner plate「ディナープレート」の plate は、「大皿、大きな皿」と「肉の皿」を意味する古フランス語 plat に相当する。この plat は、古フランス語 plat「平らな」の名詞用法である。

plateau [18世紀後半]名高原、飾り皿、プラトー、高原状態；動停滞する：
plat「平らな」と同系の古フランス語 platel に由来するフランス語から来ている。動詞（例：The figures rose and then plateaued「複数の人影が立ち上がり、その後降りた」）は1950年代に現れた。

platform [16世紀半ば]名プラットフォーム、壇、乗降口、綱領；動…を演壇に上がらせる：
フランス語 plateforme「平面図」（文字通りには「平らな形」）に由来する。英語では当初、「平面図形」を意味する幾何学用語として、さらに「隆起した表面」を意味して使われていた。

platitude [19世紀初頭]名決まり文句、平凡な言葉：
口語や書き言葉で、味気ない表現を指す。「平らな」という意味の形容詞 plat から生じたフランス語に由来する。

platonic [16世紀半ば]形プラトン（哲学）の、純精神的恋愛の、純理論的な：
ラテン語を経て、ラテン語 Platon「プラトン」から生じた Platonikos に由来するこの語は当初、ギリシアの哲学者プラトン（紀元前429～347年頃）の教えを指していた。17世紀半ばから、精神的な恋愛を指すようになった。

platoon [17世紀半ば]名【軍事】小隊、小集団、【アメフト】プラトーン：
文字通りには「小さなボール」という意味で、pelote と同系のフランス語 peloton「小隊」に由来する。密接に組織された部隊として行動する歩兵の小集団を表している。

platter [中英語]名大皿、レコード盤：
plat「大皿」から生じたアングロノルマンフランス語 plater に由来する。後に、一般に木製の皿を指すようになった。

plaudits [17世紀初頭]名拍手、熱烈な賞賛：
複数形で「称賛」を意味するこの語は、ラテン語 plaudite「拍手喝采！」を短縮した plaudit に由来する。plaudere「称賛する」の命令形で、ローマ人俳優が演劇の終わりに述べる言葉だった。

plausible [16世紀半ば]形妥当な、（人が）口先のうまい：
当初は「称賛や承認に値する」という意味でも使われていた。plaudere「拍手喝采する」の過去分詞語幹 plaus- から派生したラテン語 plausibilis「称賛に値する」に由来する。

play [古英語]動遊ぶ、（人が）競技する、演奏する、芝居をする；名劇、遊び、競技すること、（競技の）順番：
古英語 pleg(i)an は「運動する」という意味だった。中オランダ語 pleien「うれしくて飛び跳ねる」と同系である。古英語の名詞 plega は、「キビキビした動き」という意味だった。舞台上の演技を表す用法も、当初から用いられていた。

plea [中英語]名嘆願、弁解、抗弁：

元々は「訴訟」の意だった。ラテン語 *placitum*「法令」(*placere*「喜ばせる」の中性過去分詞) から派生したフランス語 *plait, plaid*「合意、議論」に由来する。plead [中英語][動] には「口論する」の意味があり、法的場面で使われた。*plaid* から生じた古フランス語 *plaidier*「告訴する」が基になっている。

pleasant [中英語][形] 楽しませる、楽しい、好ましい、晴れて心地よい:

当初は「楽しい」を意味していた。動詞 *plaisir* から派生した、古フランス語 *plaisant*「楽しい」に由来する。**pleasantry**[名]「からかい、ひやかし」は16世紀後半から使われはじめ、古フランス語 *plaisant* から生じたフランス語 *plaisanterie* に由来する。複数形では「軽いあるいはユーモアのある発言」を意味し、18世紀初頭から使用されている。
→ PLEASE

please [中英語][動] (人などを) 喜ばせる、(…を) 喜ぶ、(人の) 意にかなう; [間] どうぞ、すみません:

ラテン語 *placere* から派生した、古フランス語 *plaisir*「喜ばせる」に由来する。Yes, *please* や Please, sir のような用法は元々, may it *please* you や let it *please* you の短縮形と思われる。シェイクスピアの時代には *please* を単独で使うことはなかったようで、シェイクスピアは *please* you (『お気に召すまま』*As You Like It*, IV. iii. 37-38: Will you hear the letter?-So *please* you, for I never heard it yet「手紙を読んで聞かせようか? お願いします。まだ聞いちゃあいねえんで」) という形で使用している。同系語に、古フランス語の名詞 *plaisir* から派生した、**pleasure** [後期中英語][名]「喜び」がある。第 2 音節は *measure* と同じように、英語抽象名詞の語尾 -ure の影響を受けて変化した。16世紀後半に生じた **pleasurable**[形]「楽しい」は、*comfortable* にならい、*pleasure* が基になっている。

pleat [後期中英語][名] (スカートなどの) ひだ; [動] …にひだを取る:

plait の異形で、*pleat* の綴りは1700年頃から19世紀の終わりにかけてしだいに使われなくなった。
→ PLAIT

plebeian [16世紀半ば][形] 庶民の、(古代ローマの) 平民の; [名] 庶民、(古代ローマの) 平民:

「社会階級の低い、洗練さに欠ける」という意味のこの語は、*plebs, pleb-*「一般人」から派生したラテン語 *plebeius* に由来する。同じ語基を持ち、同時期に生じた **plebiscite**[名]「国民投票、【ローマ史】平民会で制定する法」は、ラテン語 *plebiscitum* がフランス語を経て入ってきた。*plebiscitum* は *plebs* と *scitum*「法令」(*sciscere*「…に投票する」より) から派生した。「全有権者の直接投票」の意味が現れたのは、19世紀半ばのことである。

plectrum [後期中英語][名] (ギターなどの) つめ、ばち:

plēssein「たたくこと」から生じたギリシア語 *plēktron*「たたくもの (特に、古代ギリシアの堅琴、リラをたたくためのもの)」がラテン語を経て入ってきたものである。

pledge [中英語][名] 堅い約束、抵当、(友情の) 証、入金誓約者; [動] 誓う、誓約させる、…を抵当に入れる:

元々は他人の保証人の役目を果たす人を指していた。*plight* のゲルマン語の語基と同系と思われる中世ラテン語 *plebium* から生じた、古フランス語 *plege* に由来する。廃れてしまった意味に「健康あるいは祝杯のために乾杯する」がある。(チャールズ・キングズリー『ギリシア神話英雄物語』*Heroes*: In his hand a sculptured goblet, as he *pledged* the merchant kings「商人の王たちと乾杯した際、後の手には彫刻の付いたグラスがあった」)。
→ PLIGHT

plenary [後期中英語][形] 完全な、全員出席のもとに開かれる:

plenary session「全体会議」の *plenary* は、*plenus*「いっぱいの」から派生した後期ラテン語 *plenarius*「全部の」に由来する。

plenty [中英語] 名 たくさん、豊富さ；形 多くの、豊富な；副 十分に：

当初は「十分」と「完全」という意味だった。ラテン語 *plenitas* から生じた古フランス語 *plente* に由来する。語基はラテン語 *plenus*「いっぱいの」である。

plethora [16世紀半ば] 名 過多、多血(症)：

当初は英語では医療用語として使われ、体液過剰を意味していた。ギリシア語 *plēthein*「いっぱいになる」から生じた *plēthōrē* が、ラテン語を経て入ってきたものである。「過剰」の意味が生じたのは、18世紀初頭のことである。

pliant [中英語] 形 曲げやすい、順応性のある：

文字通りには「曲がっている」という意味の古フランス語に由来し、*plier* の現在分詞である。この動詞はフランス語 *pliable* をそのまま取り入れた語で、pliable [後期中英語] 形「曲げやすい」の基にもなっている。
→ PLY¹

pliers [16世紀半ば] 名 ペンチ、やっとこ：

ラテン語 *plicare*「折る」から生じたフランス語 *plier*「曲げる」が基になった方言の *ply*「曲げる」に由来する。

plight [中英語] 名 (悪い) 状態、苦境：

アングロノルマンフランス語 *plit*「くぼみ」(複雑な状況や苦境の意味を指す) に由来する。綴りが -gh- となっているのは、古英語 *plight*「約束する」(例：I *plight* thee my troth「あなたへの忠誠を誓います」) との関連による。

plimsoll [19世紀後半] 名 ゴム底ズック運動靴：

靴底の側面と船の横のプリムソル・ライン (満載喫水線) が似ていることに由来する：

■ Plimsoll line「プリムソルライン」という名前は、イギリスの政治家サミュエル・プリムソルに由来する。彼が扇動した1870年代の運動により、1876年に商船法が制定された。その結果、最大積載量を超過したり、古い船に多額の保険をかけて、船が沈んだときに持ち主が利益を得る慣習に終止符が打たれた。

plinth [16世紀後半] 名 (方形) 台座、幅木：

ギリシア語 *plinthos*「タイル、レンガ、四角い石」から生じた、ラテン語 *plinthus* に由来する。英語では当初、ラテン語の形を用いていた。

plod [16世紀半ば] 動 とぼとぼ歩く、こつこつ取り組む：

重い足取りの意を示す擬音語。

plonk¹ [19世紀後半] 動 (弦楽器を) ポロンとかき鳴らす、ドスンと投げ出す；名 ポロンと鳴る音、ドスンという音：

重さと突然の動きの擬音語である。動詞 *plonk* が基になっているのが、19世紀半ばに生じた **plonker** 名 である。「大ばか者、無骨者」を意味する口語表現だが、当初は「その部類では大きいもの」という意味の方言だった。

plonk² [1930年代] 名 安ブドウ酒：

イギリス英語の日常語で「安いワイン」を意味する *plonk* は、当初オーストラリア用法だった。例えばフランス語 *vin blanc*「白ワイン」の *blanc* が変化したものと思われる。

plot [後期古英語] 名 陰謀、(小説などの) 筋、小土地；動 …をたくらむ (小説などの)、筋を組み立てる、(土地を) 区画する：

当初は「土地の一部」という意味だった。語源は不詳。「秘密の計画」という意味は16世紀後半に生じ、古フランス語 *complot*「密集した群集、秘密のプロジェクト」と同系である。*complot* は、英語で

も16世紀半ばから時々使われていた。

plough［古英語後半］名鋤、耕作地、おおぐま座；動…を鋤で耕す、(うねなどを)鋤で作る、…を骨折って進む：

ゲルマン語が起源で、当初は *plōh* と綴られた。*plōh* はオランダ語 *ploeg* とドイツ語 *Pflug*「鋤」と同系である。*plough* という綴りが定着したのは、18世紀のイギリスでのこと。それ以前の16～17世紀、名詞は *plough* と綴られ、動詞は *plow* と表記された。複合語に以下がある：
■ **ploughshare**［後期中英語］「鋤の刃」という語の第2要素は、古英語の *scær, scear*「鋤の刃」(*shear* と同系である) に起因するものである。

ploy［17世紀後半］名 (人をだます) 策略：

当初は「気晴らし」の意で、スコットランドや北部の方言だった。語源は不詳。「計算された計画」の意味が生じたのは1950年代のことである。

pluck［後期古英語］動…を(指先でぐいと) 引き抜く、ぐいと引っ張る：

当初は *ploccian* や *pluccian* と綴られた。ゲルマン語が起源で、古フランス語 (es)-*peluchier*「引っ張る」が基になったフランドル語 *plokken* と同系である。名詞「勇気」(such *pluck* in a difficult situation「困難な状況下での大きな勇気」) という意味は、元々ボクサーが用いていたスラングだった。

plug［17世紀初頭］名栓、プラグ、点火栓、；動ふさぐ、差し込む、宣伝する、殴る：

中オランダ語と低地ドイツ語の *plugge* に由来するが、その語源は不詳。
■ **plug-ugly**「ごろつき、ならず者」は19世紀半ばにアメリカで生じ、主にアメリカ英語で見られる。口語で「こぶしでたたく」を意味する動詞 *plug* と同系だと思われる。

plum［古英語］名セイヨウスモモ、スモモの木：

古英語 *plūme* は、ラテン語 *prunum* から派生した、中世ラテン語 *pruna* に由来する。
■ **plum pudding**「干しぶどう入りプディング」が登場したのは、18世紀初頭のこと。当初はプラムを使って作られており、後にプラムの代わりにレーズンを入れるようになったものの、*plum* という語自体はレーズンを指して、料理名に残った。
→ PRUNE¹

plumb［中英語］名鉛錘;形垂直な；副垂直の；動 (海などの) 深さを測る、…を垂直かどうか調べる、(心などを) 測り知る：

当初 (例：*plumb* the depths「どん底に落ちる」) は「測鉛」を意味していた。ラテン語 *plumbum*「鉛」が、古フランス語を経て入ってきたものである。同じラテン語が基になった語に、**plumber**［後期中英語］名「配管工」があり、元々は鉛を取り引きしたり、鉛を使った仕事をする人を指していた。直接の語源は、ラテン語 *plumbarius* から派生した古フランス語 *plommier* である。「配管工として働く」という意味の動詞 *plumb* は、19世紀後半に plumber からの逆成 (接尾辞を取り除いたもの) として生じた。

plume［後期中英語］名大きな羽、羽状のもの；動羽毛をつける：

ラテン語 *pluma*「柔らかい鳥の綿毛」から派生した、古フランス語に由来する。16世紀後半から、羽に似た様な物 (例：*plume* of smoke「ふわっとした煙」) を表すようになった。**plumage**［後期中英語］名「羽毛」は、*plume*「羽根」から生じた古フランス語に由来する。

plummet［後期中英語］名測鉛 (線)；動 (…に) まっすぐに落ちる：

当初は垂直線を決める線に取り付けられた、小さな鉛の玉を意味する名詞として使われていた。*plomb*「鉛」と同系の古フランス語 *plommet*「小さな測深鉛」に由来する。現在の動詞の「速いスピー

でまっすぐに落とす」の意味は、1930年代に生じた。

plump¹ [15世紀後半] 形 丸々と太った、(食用肉が) 肉付きのよい、たくさんの；動 (人などを) 太らせる、(クッションなど) をふくらませる：

「鈍い、率直な」が当初の意味で、17世紀初頭まで使われていた。これは中オランダ語 plomp、中低地ドイツ語 plump, plomp「無愛想な、鈍い、愚鈍な」に由来する。plum との関連から、この意味で理解されるようになった。

plump² [後期中英語] 動 ドスンと落ちる；名 ドスンと落ちること；副 ドスンと：

動詞 plump は、中低地ドイツ語 plumpen、中オランダ語 plompen「水の中に落ちる」と同系である。落ちるときの重そうな音の擬音語が起源だと思われる。plump for「決める」という表現が用いられるようになったのは、17世紀初頭のこと。元々は政治的用法で、1人の候補者に投票する際に用いられた。

plunder [17世紀半ば] 動 (場所など) を略奪して荒らす、(こっそり) 盗む；名 略奪、略奪品、利益：

文字通りには「家財道具を盗む」を意味する、中高地ドイツ語 plunder「家財道具」から生じたドイツ語 plündern に由来する。この動詞は当初、30年戦争 (ドイツ語の用法を反映している) に関連していた。1642年にイングランド内戦の戦端が開かれたときは、この語とこの語が表す行動は、(ラインの) プリンス・ルパートが率いる軍隊と関連して用いられていた。

plunge [後期中英語] 動 (人が)(物を) 突っ込む、陥れる；名 飛び込み、(船の) 縦揺れ：

ラテン語 plumbum「急落」が基になった古フランス語 plungier「押し込む」に由来する。take the plunge「思い切ってや る」(make the plunge もある) という表現は、19世紀半ばから用いられている。(サッカレー『ペンデニス』Pendennis：The poor boy had taken the plunge. Trembling with passionate emotion ... poor Pen had said those words which he could withhold no more「かわいそうに、その少年は突然しゃべりはじめた。彼は激情にかられて迎え難いこうした言葉をふるえつつしゃべった」)。

plural [後期中英語] 形 複数の；名 複数 (形)：

古フランス語 plurel、もしくは plus, plur-「もっと」から生じたラテン語 pluralis「2つ以上と関連している」に由来する。同時期に生じた **plurality** 名「複数 (であること)」は、ラテン語 pluralis から派生した、後期ラテン語 pluralitas が基になった古フランス語 pluralite に由来する。

plus [16世紀半ば] 前 …を加えて、…に加えて；副 その上、しかも；形 プラスの、以上の、余分の；名 プラス記号、正数：

文字通りには「もっと」という意味のラテン語の英語用法である。
■ **plus fours** [1920年代]「ゴルフ用半ズボン」はゴルフと関連があり、膝の突き出た部分が普通のものより4インチ長いことから、この名がついた。

plush [16世紀後半] 名 フラシ天；形 フラシ天の、派手で豪華な：

peluche の縮約形である、廃語となったフランス語 pluche に由来する。peluche は、古フランス語 peluchier「引き抜く」に由来し、ラテン語 pilus「髪」が基になっている。「豪華な」という意味が生じたのは、1920年代のことである。

ply¹ [後期中英語] 名 …層、重、傾向：

「厚さ」を意味するこの ply (例：two-ply wool「2枚重ねのウール」) は当初、「折ること」という意味だった。ラテン語 plicare「折り重ねる」から生じた動詞

plierから派生したフランス語 pli「折り目」に由来する。

ply² ［後期中英語］動…をせっせと使う、精を出す、…を（しつこく）勧める、…を定期運航する：

plied them with drink「（人に）酒をしつこく勧める」の ply は apply の縮約形である。「安定した忙しい仕事」の意があり、様々な文脈で用いられる。16世紀半ばには「…を懸命に続ける」という意味だったが、それが「しつこくせがむ」という意味になった（シェイクスピア『ベニスの商人』Merchant of Venice, IV. iii. 278：He plies the duke at morning and at night「なんでも朝となく夜となく公爵をせっついて」）。さらに、目的地の間を定期的に行き来する船にも使われる。
→ APPLY

pneumatic ［17世紀半ば］形空気の、気腔がある、霊的な；名空気の入ったタイヤ：

フランス語 pneumatique、もしくはラテン語 pneumaticus に由来する。これらは pneuma「風」から生じた、ギリシア語 pneumatikos から派生した。ギリシア語「息をする」が基になっている。

poach¹ ［後期中英語］動（卵など）を（崩さないように短時間）ゆでる：

この料理用語は、古フランス語 pochier に由来する。pochier は当初、「バッグに入れる」という意味で用いられ、poche「バッグ、ポケット」が基になっている。

poach² ［16世紀初頭］動（他人の土地に）侵入する、（踏み荒らされて）ぬかるむ：

違法に何かを取る場面で用いられ、当初は「大雑把にくっつける」という意味だった。これは、poke（当初の英語に存在していた意味）と同系のようである。「他人の土地から（獲物を）奪い取る」の意味は、フランス語 pocher「カバンに入れる」に一部由来する。
→ POKE

pock ［古英語］名（天然痘などの跡の）あばた：

古英語 poc「膿疱」はゲルマン語が起源で、オランダ語 pok とドイツ語 Pocke「天然痘」と同系である。pox ［後期中英語］名「膿疱性疾患」は、pock の複数形 pocks が変化したものである。

pocket ［中英語］名ポケット、資力、ポケットに似たもの、袋、ハンドバッグ；動ポケットに入れる、（金などを）自分のものにする、（侮辱など）を我慢する：

当初は「カバン、袋」を意味し、量の測定単位としても使われていた poke「小袋」と同系（ここから、pig in a poke「袋の中の豚」のように、スコットランド語 poke「小さい袋」が生じた）のアングロノルマンフランス語 poket(e) に由来する。動詞は16世紀後半に生じた。

pod¹ ［17世紀後半］名さや、さや状のもの：

種を入れる器（peapod）を意味する。方言の podware, podder「畑の作物」からの逆成（接尾辞を取り除いたもの）である。語源は不詳。

pod² ［19世紀半ば］名（クジラなどの）群れ：

pod of whales「クジラの群れ」の pod は、元々アメリカ英語だった。語源は不詳。

podium ［18世紀半ば］名指揮台、土台壁、（棘皮動物の）足：

ギリシア語 podion がラテン語を経て入ってきた。podion は pous, pod-「足」と同系で、「支持」の意を含んでいる。

poet ［中英語］名詩人：

ギリシア語 poiein「創り出す」が、この語群の基になっている。ギリシア語 poiētēs「作る人、詩人」の異形 poētēs が、ラテン語を経て入ってきた古フランス語 poete に由来する。poetry ［後期中英語］名「詩、詩歌」は当初、独創的な文学全般を指すこともあった。これは、ラテン

語poeta「詩人」から派生した中世ラテン語poetriaに由来する。15世紀後半に生じたpoem名「詩」は、フランス語poëme、もしくはラテン語poemaに由来する。これらはギリシア語poiēma「フィクション、詩」の異形であるpoēmaから生じた。ようやく16世紀半ばになってラテン語poeticus「詩的な、詩に関連した」が、フランス語を経て入ってきたpoetic形「詩の」が生じた。poeticusは、ギリシア語po(i)ētēsから生じたpo(i)ē-tikosに由来する。

po-faced [1930年代]形 まじめくさった顔の:

最初のpo-の部分は「尿瓶」を意味するpoに由来すると思われ、poker-faced「ポーカーフェイスの」の影響を受けている。

poignant [後期中英語]形 (悲しみなどが) 身を切るような、心に強く訴える、辛辣な、(においが) 鼻をつく:

文字通りには「ちくりと刺すこと」という意味の古フランス語に由来する。poindreの現在分詞で、ラテン語の「刺す」が基になっている。当初は「先が尖っている」点で武器を表し、「鋭敏な、鼻にツンとくる」ことから、臭いや食べ物を表すのに使われた。「悲惨な、感動的な」という意味も、早くから使われていた。

point [中英語]名 先端、岬、点、点数、要点;動…を指し示す、指摘する、…を尖らせる、…に点をつける:

名詞用法は古フランス語pointに一部由来する。pointはラテン語punctum「印をつけたもの」から生じ、そこから「構成単位、印、空間のある位置や時間のある時点」の意味が派生した。これも、ラテン語puncta「ちくりと刺すこと」から派生し、ここから「先端、岬」といった意味が生じた (16世紀半ば) 古フランス語pointeに、部分的に由来する。動詞用法は「…に目的を与える」という意味の拡張を表し、「位置や方向を示す」は古フランス語pointer、あるいは英語の名詞

から直接入ってきたものである。複合語に以下がある:

■ point-blank [16世紀後半]形「直射の」という語は、動詞point「穴を開ける」と、例えば「(的の中心にある) 白い点」のblankに由来すると思われる。

poise [後期中英語]名 平衡、(威厳のある) 落着き;動…の平衡を保つ、宙に浮いている、…を (ある姿勢に) 保つ:

当初は「重さ (の尺度)」を意味していた。名詞用法は古フランス語pois, peisに、動詞用法は古フランス語peserに由来する。peserは、ラテン語pensum「重さ」が変化したもので、ラテン語pendere「重さを量る」が基になっている。当初の意味から「同 (重) 量、バランス」の意味が生じ、「落ち着き」(17世紀半ば) や「優雅な立ち居振舞い」(18世紀後半) という意味に拡張した。

poison [中英語]名 毒、毒薬、害を与える物・人;動…に毒を盛る、…を毒する:

当初は有害な薬を指していた。ラテン語potio(n-)「薬」から生じ、potare「飲む」同系の古フランス語poison「魔法の薬」に由来する。

poke [中英語]動…を (棒・指などで) 突く、つつく、…を突っ込む、(穴を) 突き開ける;名 (指・棒などで) 突くこと、(こぶしで) なぐること:

語源は不詳。中オランダ語と中低地ドイツ語のpokenと同系の可能性がある。「捜索や詮索」の意味 (例:poked around among the debris「がらくたの中を引っかき回した」) は、18世紀初頭に生じた。名詞として使われるようになったのは、18世紀後半。

poker [19世紀半ば]名【トランプ】ポーカー:

アメリカ英語が起源で、ドイツ語pochen「自慢する」やPochspiel「自慢ゲーム」と同系の可能性がある。

pokey [20世紀初頭]名 ブタ箱、留置場:

「刑務所」の口語表現で、主にアメリカ英語で使われており、19世紀初頭の pogey（当初は「貧困者のためのホステル」の意）が変化したものである。poky「窮屈で小さい」の影響を受けた可能性がある。
→ POKY

poky ［19世紀半ば］形だらだらした、狭苦しい、みすぼらしい:
当初は「些細なことを気にする」を意味していた。同時期に生じた poke の意味「制限する」が基になっている。

pole[1] ［後期古英語］名棒、棒状のもの、ロッド、内側のコース; 動…を棒で支える、…を棒で押す; 形棒の:
古英語 pāl「杭」は当初、厚みや長さには言及していなかった。ゲルマン語が起源で、オランダ語 paal やドイツ語 Pfahl「杭」と同系。ラテン語 palus「杭」が基になっている。成句 up the pole「苦境に陥って」が生じたのは19世紀後半である。複合語に以下がある:
■ **pole position** ［1950年代］「有利な位置」という語は、19世紀に使われていた競馬の pole に由来する。これは、最前列の最も内側にあるスタート位置を指している。

pole[2] ［後期中英語］名極、正反対、興味の的:
North Pole「北極」や South Pole「南極」の pole は、ギリシア語 polos「旋回軸、軸、空」から派生した、ラテン語 polus「軸線の端」に由来する。polar 形「極の」は16世紀半ばに生じ、ラテン語 polus から派生した中世ラテン語 polaris「天の」に由来する。

poleaxe ［中英語］名戦闘などの斧; 動気絶させる:
中オランダ語 pol(l)aex、中低地ドイツ語 pol(l)exe と同系である。第1音節は中英語 pon「頭」で、斧の特別な先端や敵のリーダーを意味していた可能性がある。綴りが変化したのは、「杭、柄」という意味の pole との関連による。

→ POLL

polecat ［中英語］名ニオイネコ、ふしだらな女:
最初の部分は、ヨーロッパケナガイタチの餌を意味する古フランス語 pole「ニワトリ」に由来すると思われる。

polemic ［17世紀半ば］名論争、論争術、論争をしている人; 形論争の:
ギリシア語 polemos「戦争」から派生した polemikos が、中世ラテン語を経て入ってきた。

police ［15世紀後半］名警察、治安; 動…の治安を維持する、見張る:
「公安」が当初の意味で、フランス語に由来する。語源は中世ラテン語 politia「市民権、政治」。現在の意味になったのは、19世紀初頭のこと。
→ POLICY[1]

policy[1] ［後期中英語］名政策、方針、深慮:
古フランス語 policie「民政」に由来する。policie は、polites「市民」から生じたギリシア語 politeia「市民権」が、ラテン語を経て入ってきた。ギリシア語 polis「都市」が語基である。

policy[2] ［16世紀半ば］名保険証券、数当てばくち:
insurance policy「保険証券」のような policy は、プロヴァンス語 poliss(i)a から生じた、フランス語 police「船荷証券、保険契約」に由来する。poliss(i)a は中世ラテン語 apodissa, apodixa に由来すると思われる。apodeiknunai「実演する、見せる」から生じたギリシア語 apodeixis「証言、証拠」が基になっている。

polish ［中英語］動…を磨く、(物を)磨いて…にする、磨きをかける; 名つや出し、磨き粉、光沢、磨くこと:
ラテン語 polire から生じた polir「磨く」の延長語幹古フランス語 poliss- に由来する。「洗練」という意味で使われるようになったのは、16世紀後半。

polite ［後期中英語］形丁寧な、礼儀正しい、洗練された、上品な：

ラテン語 *politus*「磨き上げた、滑らかにする」(*polire* の過去分詞) に由来する。当初は「平滑化した、光沢仕上げの」の意味で、ラテン語の用法を反映している。

politic ［後期中英語］形思慮深い、政治上の：

ギリシア語 *politikos* がラテン語を経て入ってきた古フランス語 *politique*「政治の」に由来する。*politikos* は、ギリシア語 *polis*「都市」から生じた *politēs*「市民」から派生した。政治学や政略を意味する *politics* が生じたのは、16世紀初頭のことである。

poll ［中英語］名投票、投票数、選挙人名簿；動(一定数の票) を得る、(人々の) 世論調査をする：

低地ドイツが起源だと思われる。当初の意味は「頭」で、そこから「大勢の中の1人」の意味が生じた。これが「頭数を数えて確定した人数」に、そして17世紀には、「頭数あるいは投票数を数える」に発展した。複合語に以下がある：
■ poll tax「人頭税」という、各人から徴収した税金を意味する語が生じたのは、17世紀後半。

pollen ［18世紀半ば］名花粉；動(花などに) 受粉する：

文字通りには「細かい粉末」を意味する、ラテン語の英語用法である。**pollinate**動「受粉する」は19世紀後半に生じた、ラテン語 *pollen* が基になっている。

pollute ［後期中英語］動…を汚す、汚染する、堕落させる、(聖地を) 汚す：

ラテン語 *polluere*「泥」に由来し、*lutum*「汚す、美観を損なう」の語幹が基になっている。**pollution**名「汚染」は、後期中英語に動詞 *polluere* から生じたラテン語 *pollutio(n-)* から派生した。

polo ［19世紀後半］名ポロ、ウォーターポロ：

2つのチームが、馬の背中に乗って相手のゴールに木槌でボールを打つ (元々東洋で行われていた) この競技の名前は、「ボール」を意味するバルティ語に由来する。

poltergeist ［19世紀半ば］名ポルターガイスト：

poltern「騒動を引き起こす」と *Geist*「幽霊」に由来するドイツ語 *Poltergeist* が語源である。

polygamy ［16世紀後半］名複婚制、多婚制：

ギリシア語 *polu-*「たくさん、頻繁に」と *-gamos*「結婚」からなる形容詞 *polugamos*「頻繁に結婚する」が、*polygamy* (ギリシア語 *polugamia* が後期ラテン語を経て入ってきた、フランス語 *polygamie* に由来する) と17世紀初頭に生じた **polygamous**形「複婚制の」の語基である。

polyglot ［17世紀半ば］形多言語に通じた；名多言語で記した対訳書：

polu-「たくさんの」と *glōtta*「舌」に由来するギリシア語 *poluglōttos* が、フランス語を経て入ってきたものである。

polytechnic ［19世紀初頭］形諸工芸の；名工芸学校、ポリテクニク：

フランス語 *polytechnique* が語源である。*polytechnique* は、*polu-*「たくさん」と *tekhnē*「芸術」から生じた、ギリシア語 *polutekhnos* に由来する。

pomander ［15世紀後半］名におい玉、におい玉入れ：

中世ラテン語 *pomum de ambra*「竜涎香(りゅうぜんこう)」から生じた古フランス語 *pame d'embre* に由来する。

pomegranate ［中英語］名ザクロ、イギリス人移住者：

pome「りんご」と *grenate*「ザクロ」から生じた、古フランス語 *pome grenate* に由来する。「種の多い (りんご)」を意味するラテン語 *(malum) granatum* が語源

で、ラテン語 granum「種」が基になっている。

pommel ［中英語］图鞍頭<ruby>くらがしら</ruby>、柄頭<ruby>つかがしら</ruby>；動…をげんこつで打つ：

かつてはボール、あるいはタワーのてっぺんにある頂華<ruby>ちょうげ</ruby>、祭壇の角などを指していた。ラテン語 pomum「果物、りんご」と同系の古フランス語 pomel に由来する。

pomp ［中英語］图壮観、（威厳などの）誇示：

pempein「送る」から生じたギリシア語 pompē「前進、壮観」が、ラテン語経由で入ってきた古フランス語 pompe に由来する。**pompous** ［後期中英語］形「尊大な」は、古フランス語 pompeux「威厳に満ちた」が基になっている。pompeux は、pompa「壮観」から生じた後期ラテン語 pomposus に由来する。

pond ［中英語］图池、沼、海；動（流れを）せき止める：

pound が変化したもので、現在では「囲い」の意味で使われているが、方言では pond と同じ意味で使われることが多い。

ponder ［中英語］動…を熟考する、あれこれ考える：

当初は「評価する、価値を判断する」の意味で用いられ、古フランス語 ponderer「よく考える」に由来する。pondus, ponder-「重さ」から派生した、ラテン語 ponderare「比較検討する、熟考する」が語源である。

ponderous ［後期中英語］形大きくて重い、重苦しい：

pondus, ponder-「重さ」に由来するラテン語 ponderosus がフランス語を経て入ってきたものである。

pontiff ［17世紀後半］图ローマ教皇、（ユダヤの）大祭司：

フランス語 pontife に由来する。pontife は、文字通りには「橋渡しをする人」という意味のラテン語 pontifex に由来するが、

（古代ローマでは）主たる司祭集団の一員を指して使われていた。後期中英語に生じた **pontificate** 图「司教の職」と同じ語基である。語源は pontifex から生じたラテン語 pontificatus。動詞用法「大げさに意見を表現する」は19世紀初頭に現れた。

pontoon ［17世紀後半］图平底ボード、浮船、浮箱；動浮船で渡る：

フランス語 ponton に由来する。これは pons, pont-「橋」から生じたラテン語 ponto, ponton- が基になっている。

pony ［17世紀半ば］图ポニー、小型の馬、小型自動車；動…を精算する：

後期ラテン語 pullanus から派生した poulain と同系のフランス語 poulenet「子馬」に由来すると思われる。ラテン語 pullus「動物の子供」が基になっている。25ポンドを指す pony のスラング用法が生じたのは、18世紀後半のこと。

poodle ［19世紀初頭］图プードル；動（犬の）毛を刈る：

低地ドイツ語 pud(d)eln「水に飛び込む」から派生した、ドイツ語 Pudel(hund) に由来する。プードルはウォーター・ドッグを意味する。これは「おべっか使い」という比喩的な意味で使われることがある。口語で「のんびりと歩き回る」という意味の動詞 poodle が使われるようになったのは、1930年代からである。

pool¹ ［古英語］图水たまり、（液体の）たまり、深み、プール；動（水を）ためる：

古英語 pōl「貯留水の小さな場所」は西ゲルマン語が起源で、オランダ語 poel とドイツ語 Pfuhl「濁った水たまり」と同系である。「水泳プール」を意味するようになったのは、1920年代から。

pool² ［17世紀後半］图企業連合、共同基金、共同利用の施設；動…を共同出資する、(人を) 巻き込む、密告する：

キティ（手札を配った後に、場に裏返しに置かれたカード）を使ったトランプ

poop ［後期中英語］名船尾楼せんびろう、情報、まぬけ；動(人が)疲れ果てる：
この航海用語は、ラテン語 puppis「船尾」の異形から派生した、古フランス語 pupe に由来する。

poor ［中英語］形貧しい、貧乏な人々、みすぼらしい、へたな、哀れな：
ラテン語 pauper から生じた古フランス語 poure に由来する。当初から「不運な、不幸な」（例：poor thing「かわいそうなこと」）の意で用いられてきた。ラテン語 pauper も、同時期に生じた **poverty**名「貧困」と語基が同じである。poverty は、ラテン語 paupertas から生じた古フランス語 poverte に由来する。

pop[1] ［後期中英語］動(物が)ポンと鳴る、ひょいと動く、ポンと発砲する；名ポンという音、炭酸水、質入れ；副ポンと、急に：
急にたたく音の擬音語である。当初は「一撃、殴打」と「打つ」という意味で使われた。「突然の爆発音」の意味が生じたのは、16世紀後半である。pop the question「結婚を申し込む」という成句表現は、18世紀初頭から使われはじめた。

pop[2] ［19世紀後半］形ポピュラーな、通俗的な：
pop music の pop は、popular の省略形である。
→ POPULAR

pope ［古英語］名ローマ教皇、教祖、(初期キリスト教会の)監督：
ギリシア語 pappas「父親」の異形である教会ギリシア語 papas「司教、家長」が、教会ラテン語を経て入ってきた。

poppet ［後期中英語］名(子供やペットなどへの呼びかけとして)かわい子ちゃん：
ラテン語 pup(p)a「女の子、人形」が基になっている。19世紀半ばに、poppet が変化した **popsy**名「魅力的な若い女性」が生じた。

poppycock ［19世紀半ば］名たわごと、ばかな話、ナンセンス：
オランダ語方言 pappekak に由来する。pappekak は pap「柔らかい」と kak「糞」からなる。

populace ［16世紀後半］名大衆、全住民：
イタリア語 popolaccio「一般人」から生じたフランス語に由来する。popolaccio は popolo「人々」が基になっている。接尾辞の accio は軽蔑語である。

popular ［後期中英語］形人気のある、大衆的な、一般民衆の；名大衆新聞：
当初の意味は「大衆の間で流行している」だった。この語は、ラテン語 populus「人々」から生じた popularis に由来する。「人気のある」という意味は、17世紀初頭に生じた。

populous ［後期中英語］形人口の多い、人で混雑している：
ラテン語 populus「人々」が populous（後期ラテン語 populosus より）の語基である。また、中世ラテン語 populare「人々を提供する」から生じた **populate**動［16世紀後半］は、動詞 populare から派生した後期ラテン語 populatio(n-) が基になり、当初は居住地域を指していた。**population** ［16世紀後半］名「人口」、そして **populist** ［19世紀後半］名「《米》人民党」も、ラテン語 populus から派生している。

porcelain ［16世紀半ば］名磁器、磁器製品：
イタリア語 porcellana「コヤスガイ」か

ら生じたフランス語 *porcelaine* に由来する。緻密でつやのある貝殻と似ていることから、「磁器」の意味が生じた。

porch ［中英語］名ポーチ、ベランダ、柱廊：

古フランス語 *porche* に由来する。*porche* はラテン語 *porta*「通路」から生じた *porticus*「列柱」が基になっている。アメリカ英語では「ベランダ」の意味があるが、この意味は19世紀初頭から使われている。

porcupine ［中英語］名ヤマアラシ、麻すき機：

中英語ではいくつかの形があったが、その1つに *porke despyne* があった。これは「棘だらけのブタ」を意味するラテン語形式の *porcus spinosus* から派生したと思われる。語尾の部分は「ペン」や「先端」を意味し、例えば *porkepyn* や *porkpen* といった綴りになった。*Porpentine* という語はシェイクスピアも作品の中で7回使っており、そのうちの4回は宿屋の名前にしている。*porcupine* は、17世紀の終わり頃には「厄介な人や物」という意味で、比喩的に使われた。また、この語を含む複合語に、*porcupine fish*「ハリセンボン」、*porcupine* grass「ススキ」、*porcupine* roller「（紡績機の）ポーキュパインローラー」、*porcupine* wood「ココヤシ（ココヤシの斑模様より）」などがある。

pore¹ ［後期中英語］名毛穴、（葉の）気孔：

pores of the skin「毛穴」の *pore* は、ギリシア語 *poros*「通路、毛穴」がラテン語経由で入ってきた古フランス語に由来する。**porous**［後期中英語］形「（小）穴の多い」は古フランス語 *poreux* に由来する、ラテン語 *porus* が語基である。

pore² ［中英語］動じっくり見る、じっくり考える：

pore over the book「本で詳細に調べる」の *pore* は、*peer*「じっと見る」と同系であると思われる。
→ PEER¹

pork ［中英語］名豚肉、援助金：

ラテン語 *porcus*「豚」から生じた古フランス語 *pore* に由来する。当初は「豚」や「イノシシ」を指す用語だった。

porridge ［16世紀半ば］名ポリッジ（オートミールなどを水や牛乳で煮たかゆ）：

元々、大麦でとろみをつけたスープだった。これは *pottage*（古フランス語 *potage*「深鍋に入れられるもの」に由来する）が変化したものである。口語で「刑務所」を指すようになったのは、1950年代のことである。

port¹ ［古英語］名港、港町、避難港、空港、左舷：

ラテン語 *portus*「港、港湾」に由来し、中英語で古フランス語によって強められた。左舷を指す *port*（16世紀半ば）は、元々港に向いていた側を指していた。

port² ［古英語］名荷役口、船窓、蒸気孔：

「ソケット、穴」を意味する *port*（例：gun *port*「銃眼」や computer *port*「コンピュータのポート」）は、当初、「出入り口」の意で使われた。これはラテン語 *porta*「門」に由来し、古フランス語 *parte* によって、中英語で一般に広められた。後の「船側の開口部」という意味から、「開口部」という一般的な意味が生じた。

port³ ［中英語］名控え銃の姿勢；動（銃を）控え銃にする：

軍事的な場面（at the *port*「控え銃に構えて」）で使われ、最近では、ソフトウェアの転送（文字通りには「移動」）との関連から、コンピュータの文脈でも使われるようになってきた。これは、古フランス語 *port*「運ぶこと」に由来するが、この *port* は、ラテン語 *portare*「持ち運ぶ」から生じた動詞 *porter* から派生した。動詞（フランス語 *porter* から）は、16世紀半ばに、軍事用法（例：*port* arms「控え銃」）となった。

portable ［後期中英語］形持ち運びがで

きる、移動可能な；**名**携帯用機器、移動可能な建築物：

古フランス語 portable に由来する。portable は、ラテン語 portare「運ぶ」から生じた、後期ラテン語 portabfiis から派生した。1960年代の **Portakabin名**「ポーターキャビン」は、小さな一時的な建物を指して使われていたが、これは portable と cabin の混成語である。

portal ［後期中英語］**名**門、入口、橋門、正門；**形**肝門(部)の：

中世ラテン語 portale から生じた古フランス語に由来する。portale は、portalis「門のような」の中性形（名詞として使われる）で、ラテン語 porta「ドア、門」が語基である。コンピュータ用語（例：Net portal「ネットポータル」）で使われるようになったのは、1990年代のことである。

portcullis ［中英語］**名**落し格子門、つるし門：

古フランス語 parte coleice「引き戸」に由来する。parte coleice は、porte「戸」（ラテン語 porta より）と coleice「滑る」（ラテン語 colare「フィルターを通る」から生じた couleis の女性形）からなる。

portend ［後期中英語］**動**…の前兆になる、…を予示する：

ラテン語 portendere に由来する。基本要素はラテン語 pro-「前へ」と tendere「伸びる」である。これらは16世紀後半にラテン語 portentum「前兆、兆候」から生じた **portent名**「兆候」の基になっている。

porter[1] ［中英語］**名**荷物運搬人、ボーイ、雑役夫；**動**…をポーターとして運ぶ：

物を運ぶ人（station porter「駅の荷物運搬人」）や患者を運ぶ人（hospital porter「病院の運搬人」）を表していた。これは、ラテン語 portare「運ぶ」から派生した中世ラテン語 portator に由来する。黒ビールの一種に porter が使われるようになったのは、元々ポーター（荷役労働者）のために作られた飲み物だったためである。

porter[2] ［中英語］**名**門番、守衛：

守衛（hotel porter「ホテルのポーター」）の意味で使われる porter は、古フランス語 portier に由来する。portier は、porta「門、ドア」から生じた後期ラテン語 portarius に由来する。

portfolio ［18世紀初頭］**名**書類ばさみ、大臣の地位、有価証券一覧表：

イタリア語 portafogli が語源であり、portare「運ぶ」と foglio「葉、1枚の紙」（ラテン語 folium より）からなる。

portico ［17世紀初頭］**名**柱廊玄関、ポルチコ：

ラテン語 porticus「ポーチ」から生じたイタリア語に由来する。

portion ［中英語］**名**一部、分け前、1人分、相続分；**動**…を分ける、（人に）財産を分け与える：

古フランス語 parcion に由来する。parcion は、ラテン語表現の pro portione「釣り合いが取れて」から生じた portio(n-) に由来する。この語はかつて「花嫁持参金」の意味で、16世紀初頭から使われていた。

portly ［15世紀後半］**形**（年配の人が）太った：

「かっぷくのいい」という意味のこの形容詞は、「身のこなし」という意味の名詞 port が基になっている。当初は「風格のある、威厳のある」という意味だった。
→ PORT[3]

portmanteau ［16世紀半ば］**名**旅行かばん：

porter「運ぶ」と manteau「仕事」からなるフランス語 portemanteau に由来する。複合語に以下がある：
■ **portmanteau word**「かばん語（2語の1部ずつが合わさってできた語）」（例：motel）のことで、ルイス・キャロルが『鏡の国のアリス』*Through the Looking Glass*（1872年）で用いた造語である。

portray [中英語][動]…を（絵画・写真で）表現する、…を言葉で描く、…の役を演じる：

ラテン語 *trahere* の変形から生じた *traire*「描く」が基になっている古フランス語 *portraire* に由来する。**portraiture**[名]「人物描写」は、中英語の少し後に古フランス語 *portrait* から生じた。**portrait**［16世紀半ば］[名]「肖像画」は、古フランス語 *portraire* の過去分詞（名詞として使われる）が基になっている。

pose [中英語][名]（絵・写真のためにとる）ポーズ、気構え、気取った態度；[動]（モデルとして）ポーズをとる、（…の）ふりをする：

動詞（例：*pose a problem*「問題を引き起こす」や *pose for a photograph*「写真撮影のためのポーズを取る」）は、古フランス語 *poser* に由来する。*poser* は、ラテン語 *ponere*「置く」に取って代わった後期ラテン語 *pausare*「中止する」から派生した。名詞が生じたのは19世紀初頭のことである。19世紀の終わり頃、フランス語から社会的に態度に影響を与える人を表す **poseur**[名]「気取り屋」を借用した。

posh ［20世紀前半］[形]しゃれた、お上品な；[副]お上品に：

「しゃれ男」を意味するスラング *posh* に由来する。*posh* が port out starboard home「往路は左舷、復路は右舷」のイニシャルに由来するという通俗語源を支持する証拠はない。これはイギリス-インド間を航海する際、強い日差しを避けるために快適な設備を使う習慣であると説明する者もいた。

position [後期中英語][名]位置、情勢、地位、順位、姿勢、職；[動]…を（適当な場所に）置く：

ラテン語 *positio(n-)*, *ponere*「置く」から派生した古フランス語に由来する。動詞が現在の意味で使われるようになったのは、19世紀初頭から。

positive [後期中英語][形]明確な、自信のある、まったくの、積極的な；[名]ポジティブなもの、ポジ、《文法》原級：

古フランス語 *positif, -ive*、あるいはラテン語 *positivus, posit-* に由来する。*posit-* は、*ponere*「置く」の過去分詞語幹である。当初は、形式的に「記された」法律を指しており、ここから「明確に記され、質問を認めない」という意味が生じ、最終的に「確信のある」の意となった。

posse ［17世紀半ば］[名]民兵隊、警察隊、群衆：

基になった中世ラテン語は文字通りには「力」を意味し、ラテン語 *posse*「できる」に由来する。英語で使われるようになったのは、法を施行するために保安官によって召集されたときに、集団が行使する力の意味が初めてである。

possess [後期中英語][動]所有している、（才能・富などを）持つ、（悪霊・感情などが）とりつく：

古フランス語 *possesser* に由来する。*possesser* は、ラテン語 *possidere*「占領する、保持する」の過去分詞語幹 *possess-* が基になっており、ラテン語の *potis*「できる、有能な」と *sedere*「座る」からなる。悪魔がとりつくという意味は、16世紀後半から。同系の **possession**［中英語］[名]「所有」は、ラテン語 *possessio(n-)* から派生した古フランス語に由来する。

possible [後期中英語][形]可能な、起こりうる、できるがぎりの、かなりの；[名]可能性、全力、ふさわしい人：

古フランス語、あるいはラテン語の *posse*「できる」から生じた *possibilis*「成されることができる」に由来する。同じ時期に同じ語基から生じた **possibility**[名]「可能性」は、後期ラテン語 *possibilitas* から生じた、古フランス語 *possibilite* が基になっている。

post¹ ［古英語］[名]柱、杭；[動]（ビラなどを）貼る、公示される：

ラテン語 *postis* に由来する。当初 *postis* は「側柱」という意味だったが、後に「竿、はり」を意味するようになった。古フランス語 *post*「柱、はり」、そして中オランダ語、中低地ドイツ語 *post*「門柱」によって中英語時代に一般に広まったと思われる。

post² [16世紀初頭] 名 郵便、郵便物、郵便ポスト、…紙；動 (手紙などを) ポストに入れる、(記載事項を) 元帳に転記する：

当初、「馬の背中に乗って舞台間を移動する配達人」を指していた。これは、ラテン語 *ponere*「置く」の女性過去分詞形 *posita* の縮約形から生じたイタリア語 *posta* が、フランス語を経て入ってきたものである。**postal** [19世紀半ば] 形「郵便の」は、*poste*「郵便業務」から派生したフランス語に由来する。

■ **post-haste**「大急ぎで」という表現は16世紀半ばに現れた。これは手紙に "haste, post, haste" と指示していたことに由来する。

post³ [16世紀半ば] 名 地位、部署、交易所；動 …を部署につける、司令官に任命される：

例えば *post* as a software engineer「ソフトウェア・エンジニアとしての職」の *post* は、フランス語 *poste* に由来する。ラテン語 *ponere*「置く」の中性過去分詞である *positum* の縮約形に由来する。*poste* はイタリア語 *posto* から生じた。当初は、軍隊が駐在していた場所を指していた。軍隊用語の the last *post*「消灯ラッパ」はこれに関係していると見られ、駐屯地へあるいは駐屯地から呼び集めるために集合ラッパで合図していた。

posterior [16世紀初頭] 形 後ろの、(…より) 後の：

複数形の *posteriors* はかつて、子孫 (=後に続く人々) を指していた。語源はラテン語 *post*「後で」から派生した *posterus*「続く」の比較級である。複数形で「臀部」を指すようになったのは17世紀初頭のことである。

posterity [後期中英語] 名 後世、後代 (の人々)：

ラテン語 *posterus*「次に来る」から生じた *posteritas* が基になった古フランス語 *posterite* に由来する。16世紀半ばから17世紀半ばにかけて、複数形 *posterities* は「後世代」を意味していたが、今ではその意味は廃れている。

posthumous [17世紀初頭] 形 死後の、(子が) 父の死後生まれた、(作品が) 著者の死後出版された：

ラテン語 *postumus*「最後の」(*post*「後で」の最上級) が基になっている。後期ラテン語では、*humus*「地面」との関連で *posth-* と綴られた。

postilion [16世紀半ば] 名 先頭左馬御者：

当初は「郵便馬車の御者の案内役の役割を果たしていた先人」だった。イタリア語 *postiglione*「郵便配達人」から派生したフランス語 *postillon* に由来する。*postiglione* は、*posta* が基になっている。現在では、特に御者がいないときに、集団あるいはペアの馬のうち、先頭の左側の馬に乗っている人を指すのに使われるようになった。
→ POST²

postpone [15世紀後半] 動 延期する：

post「後で」と *ponere*「置く」からなる、ラテン語 *postponere* に由来する。

postscript [16世紀半ば] 名 追伸、あとがき、解説：

ラテン語 *postscribere*「…で寄稿する、加える」の中性過去分詞形 (名詞として使われる)、*postscriptum* が基になっている。*postscribere* は、ラテン語 *post*「後に、後で」と *scribere*「書く」からなる。「続き」の意味が生じたのは19世紀後半のことである (例：As a *postscript* to this, Paul did finally many「この事以外にも、ポールは最終的にたくさんのことをした」)。

postulate ［後期中英語］動…を仮定する、…を要求する；名仮定、基礎条件：

動詞 postulate は当初、「聖職に任命する」という意味で使われた。ラテン語 postulare「尋ねる」が語源である。「推論の根拠として示す」という意味は、17世紀半ばから使われていた。「修道会に入会を求める志願者」を意味する postulant 名「志願者」は18世紀半ばから使われている。フランス語 postulant、あるいはラテン語 postulare の現在分詞の語幹である postulant- に由来する。

posture ［16世紀後半］名姿勢、ポーズ、状態；動姿勢をとる、ポーズをとる：

かつてはあるものに対する相対位置を意味していた。ラテン語 positura「位置」から派生したイタリア語 postura から生じたフランス語に由来する。ラテン語 ponere「置く」が基である。

posy ［後期中英語］名花、花束、（指輪に刻んだ）銘：

当初は指輪の内側に刻み込まれた座右の銘や詩の一行を指していた。これは poesy 名「《古語》詩（ギリシア語の poēsis「創作、詩」が基になっている）」の縮約形である。「小さな花束」の意味が現れたのは15世紀後半のことである。

pot ［後期古英語］名壺、ポット1杯（合）、おまる、（大会の賞品としての）銀杯；動鉢に植える、（食品を）壺に入れて保存する、狩猟する：

古英語は pott で、円筒状の容器を指していた。これは中英語の時期に、古フランス語 pot によって一般に広められたと考えられる。語源は不詳。後期ラテン語 potus「コップ」が同系だと思われる。動詞の現在の意味が生じたのは、17世紀初頭から。potted a pigeon off the tree「ハトを木から撃ち落とした」のように、口語で用いられる「撃つ」（=…を狙い撃ちする）の意味は、19世紀半ばから使われている。**potshot** 動「獲物目当ての発砲、乱射」はポット（深鍋）用の動物を撃つ、という意味から生じた。**potter** 名「陶器職人」は（pot と同じく）後期古英語で、**pottery**（potier「陶芸家」から派生した古フランス語 poterie より）は中英語である。

potash ［17世紀初頭］名【化学】カリ、苛性カリ、ポタシウム：

廃語となったオランダ語 potasschen から生じた pot-ashes「カリ」という表現に由来する。これらは元々、野菜の灰を濾過し、その溶液を鉄鍋で蒸発させて作られた。

potato ［16世紀半ば］名ジャガイモ：

タイノー語（絶滅したカリブ言語）の batata「サツマイモ」の異形であるスペイン語 potata に由来する。英語 potato は、元々サツマイモを指していたが、16世紀後半に現在のジャガイモとなった。

potent ［後期中英語］形力強い、（薬などが）効力がある、（男が）性的能力がある：

ラテン語 posse「力強くなる、できる」の現在分詞語幹 potent- に由来する。

potentate ［後期中英語］名有力者、主権者：

ラテン語 potentatus「支配力」に由来する。potentatus は、posse「力強くなる」から生じた potent- が基になっている。
→ POTENT

potential ［後期中英語］形可能な、潜在的な、起りうる；名（…の）可能性、潜在力：

posse「できる」から生じた potentia「力」から派生したラテン語 potentialis に由来する。名詞として使われるようになったのは19世紀初頭から。
→ POTENT

pothole ［19世紀初頭］名甌穴、洞窟、くぼみ；動洞窟を探検する：

この複合語の最初の語は、中英語 pot「穴」に由来する。これはスカンジナビア語が起源だと思われる。

potion ［中英語］名（毒などの）一服：
ラテン語 *potio(n-)*「飲み物、有毒なビール」から派生した古フランス語に由来し、*potare*「飲む」と同系である。

potter ［16世紀半ば］動だらだらする、ぶらつく：
当初は「繰り返しつつく」という意味で使われ、今でも方言に残っている。方言の *pote*「押す、蹴る、あるいは、つつく」の反復動詞である。*pote* の語源は不詳。「漫然とではあるが、楽しく時間を過ごす」の意味は、18世紀半ばの例に見られる。

pouch ［中英語］名小袋、弾薬入れ；動…を袋に入れる、袋状にする：
古フランス語 *poche*「バッグ」の異形である古北部フランス語 *pouche* に由来する。

poultice ［後期中英語］名湿布（薬）：
ラテン語 *puls, pult-*「ポタージュ、流動食」から派生した、複数形 *pultes* に由来する。柔らかくて湿り気のある熱い物質を肌に局所塗布し、痛みを和らげたり血行を促したりする方法である。

poultry ［中英語］名家禽、家禽の肉：
poulet「雌鶏」から派生した古フランス語 *pouletrie* に由来する。

pounce ［後期中英語］動急に襲いかかる、急に飛ぶ；名急につかみかかること：
当初はスタンプを押したり穴を開けたりする道具を指す名詞として使われた。語源不詳である。*puncheon*「ピアスの穴を開ける道具」（古フランス語 *poinson* より）から生じた可能性がある。「爪、かぎ爪」という名詞の意味が生じたのは、15世紀後半のこと。17世紀後半に、動詞「奇襲する、あるいは急襲する」が生じた。

pound¹ ［古英語］名ポンド、英国の貨幣制度；動（ポンドで）貨幣の重量を検査する：
古英語 *pund* はゲルマン語が起源で、オランダ語 *pond* とドイツ語 *Pfund*「ポンド」と同系である。ローマのポンド重（12オンス）を意味するラテン語 (*libra*) *pondo* が基になっている。重さの単位としても、通貨の単位としても使われている。元々の計算貨幣では、銀1ポンドの重さは20シリングに等しかった。

pound² ［古英語］動すりつぶす、何度も強く打ちつける、（ピアノなどを）たたく、爆撃する：
「重そうに打つ」という意味の古英語 *pūnian* は、オランダ語 *puin* と低地ドイツ語 *pün*「がらくた（を建てる）」と同系である。警察活動の場面で用いられる *pound the beat*「（警官が）受け持ちの区域を巡回する」という口語表現は、元々アメリカ用法で、20世紀初頭から用いられている。

pound³ ［後期中英語］名（迷い犬や違法駐車の車などの）収容所、囲い：
この語は後期古英語から複合語の中で用いられ、当初は野良犬や不法侵入した蓄牛を拘留するための「囲い地」を意味していた。語源は不詳。

pour ［中英語］動注ぐ（飲み物など）をついでやる、（…に）浴びせかける；名注ぐこと、注がれるもの：
語源は不詳。古フランス語 *purer*（ラテン語 *purare*「宗教儀式で清める」から）との関係を示唆する説もあるが、英語には元々「清める」という意味があった形跡がなく、音韻上の関係も明らかでない。

pout ［中英語］動（ふくれて）口をとがらせる、突き出る；名ふくれっつら：
当初は動詞として使われていた。スウェーデン語方言 *puta*「膨張した」が基になっていると思われる。

powder ［中英語］名粉、粉末剤、粉薬、火薬；動…を粉にする、…に振りかける：
ラテン語 *pulvis, pulver-*「ほこり」から派生した、古フランス語 *poudre* に由来す

る。化粧品を指す用法は当初からある。以前は髪やかつらに振り掛けられていたが、後に肌に塗られるようになった。「火薬」の意味は後期中英語になって現れた。

power ［中英語］名力、体力、力強さ、権力、強国；動（機械などが）動力を供給される：

ラテン語 *posse*「できる」の変形である、アングロノルマンフランス語 *poeir* に由来する。電気などの「エネルギー源」の意味が現れたのは、18世紀初頭である。

pox ［後期中英語］名膿疱性疾患（のうほうせいしっかん）、梅毒（ばいどく）：
→ POCK

practise ［後期中英語］名実行、慣例、練習、熟練、実務；動…を実行する、…を練習する、訓練する、…に（職業的に）従事する：

古フランス語 *practiser*、あるいは *practicare*「遂行する、実行する」が変化した、中世ラテン語 *practizare* が基になっている。語源はラテン語 *practica*「練習する」で、これはギリシア語 *praktikos*「行動に関連している」の女性形（名詞として使われる）*praktikos* に由来する。**practice** ［後期中英語］名「練習、習慣」は動詞 *practise* から生じた。この名詞と動詞は、advise と advice などの対にならっている。同系語に、**practician**名「経験者、熟練者」（15世紀後半、*practique*「実際の」から生じた古フランス語 *practicien* より）と **practitioner**名「開業者、専門家」（16世紀ば、*practician* の異形で、廃語 *practitian* の拡張）がある。**practical**形「実用に関する、役に立つ」は16世紀後半に生じ、古フランス語 *practique* に由来する「実際の」という意味の古語 *practic* が基になっている。*practique* は、ギリシア語 *praktikos*「行動に関連した」が、後期ラテン語を経て入ってきたものである。ギリシア語の動詞 *prattein*「する、行動する」が基である。

pragmatic ［16世紀後半］形実用的な、【哲学】実用主義の、【言語】語用論の、おせっかいな：

当初は「忙しい、干渉する」という意味だった。ギリシア語 *pragma*「行為」（*prattein*「する」の語幹より）から生じた *progmatikos*「事実に関連した」が、ラテン語を経て入ってきたものである。現在の「実際的な配慮に基づいて、物事を分別よく対処する」という意味が生じたのは、19世紀半ばである。このときに、ギリシア語 *progma* が基になった **pragmatism**名「実用主義」が現れた。

prairie ［18世紀後半］名大草原、プレーリー：

ラテン語 *pratum*「牧草地」から生じた古フランス語 *proerie* に由来するフランス語を借用したものである。

praise ［中英語］名ほめること、（神を）たたえること；動…をほめる、…を賛美する：

当初は「値をつける、評価する」という意味が含まれていた。語源は古フランス語 *preisier*「尊重する、称賛する」で、ラテン語 *pretium*「値段」から生じた後期ラテン語 *pretiare* に由来する。
→ PRIZE

pram ［19世紀後半］名乳母車：
→ PERAMBULATE

prance ［後期中英語］動（馬が）前脚をあげて跳びはねる、陽気に歩く；名（馬の）跳躍、躍動：

当初は、乗馬の場面で動詞として使われていた。語源は不詳。当初の綴り（*praunse, pranse*）からフランス語が起源だと思われるが、フランス語に対応する語はない。

prank ［16世紀初頭］名（悪意のない）いたずら：

18世紀半ばまで *prank* は、「悪ふざけの」もしくは「悪意のある行為」を意味した。語源は不詳。

prattle ［16世紀半ば］動(大人が) 子供のようにしゃべる、むだ話をする：
中低地ドイツ語 pratelen に由来する。pratelen は praten から生じた語で、prate［後期中英語］動「ばかみたいに話す」と語基が同じである。語源は、発せられる音の擬音語であろう。

pray［中英語］動祈る、懇願する：
当初の意味は、古フランス語 preier「熱心に尋ねる」であった。preier は、ラテン語 precari「懇願する」が変化した後期ラテン語 precare に由来する。自動詞用法（例：pray to God「神に祈る」）も早くから使われていた。**prayer**［中英語］名「祈り」は、古フランス語 preiere に由来する。preiere は、prex, prec-「祈り」から生じたラテン語 precarius「懇願して手に入れる」が基になっている。

preach［中英語］動説教する、説諭する；名説教：
ラテン語 praedicare「宣言する」（教会ラテン語で「説教する」という意味を発達させた）から生じた、古フランス語 prechier に由来する。praedicare は、prae「前に」と dicare「宣言する」からなる。同じラテン語が基になっている語に、教会ラテン語 praedicator から生じた古フランス語 precheor に由来する **preacher**［中英語］名「説教師」がある。

preamble［後期中英語］名(演説などの) 前置き、序言；動序言を述べる：
後期ラテン語 praeambulus「前に行く」から生じた中世ラテン語 praeambulum が基になった古フランス語 preambule に由来する。

precarious［17世紀半ば］形運しだいの、危険な、根拠のあやふやな：
prex, prec-「祈り」から生じたラテン語 precarius「懇願して手に入れる」が基になっている。この意味は、第三者の好意に左右されるため、不確定である。

precaution［16世紀後半］名用心、予防策、避妊具の使用：
「賢明な洞察力」というのが当初の意味。後期ラテン語 praecautio(n-) から生じたフランス語 precaution に由来する。prae「前に」と cavere「注意する、気をつける」からなるラテン語 praecavere が語源である。

precede［後期中英語］動…に先立つ、…に優先する、…の前に置く：
prae「前に」と cedere「行く」からなるラテン語 praecedere から生じた古フランス語 preceder に由来する。**precedent**［後期中英語］名「先例、慣例」は、文字通りには「先行する」を意味する古フランス語に由来する。

precept［後期中英語］名指針、道徳的な教え、令状：
ラテン語 praeceptum に由来する。praeceptum は、prae「前に」と capere「取る」からなる praecipere「警告する、指示する」の中性過去分詞である。

precinct［後期中英語］名構内、付近、投票区、専用区域：
当初は行政区域を表していた。ラテン語 prae「前に」と cingere「取り囲む」からなる praecingere「取り囲む」の中性過去分詞形（名詞として使われる）である、中世ラテン語 praecinctum に由来する。当初はアメリカ英語を反映し、警察管区や投票区を指していた。shopping precinct「ショッピングエリア」の意味を表すようになったのは20世紀半ばのことである。

precious［中英語］形高価な、大切な、気取った；副とても、ひどく；名かわいい人：
pretium「値段」から生じた、ラテン語 pretiosus「大きな価値のある」から派生した古フランス語 precios に由来する。芸術や音楽、言語で用いられる **preciosity** 名「凝りすぎ、気取り」が現れたのは、19世紀半ばのことである。これはモリエールの『滑稽な才女たち』Les Pre-

cieuses Ridicules (1659年) から派生した、フランス語 préciosité から示唆された語である。『滑稽な才女たち』は、パリの文芸サロンに足しげく通う女性を皮肉ったコメディーである。

precipice [16世紀後半]名絶壁、危機：

当初は「真っ逆さまの墜落」の意味で用いられた。フランス語 précipice、あるいはラテン語 praecipitium「急勾配の下り坂」が語源である。praecipitium は、praeceps, praecip(it)「急な、真っ逆さまの」に由来する。

precipitation [後期中英語]名急落下、大あわて、【化学】沈殿物：

当初は、落ちたり投げ捨てたりする行為を表していた。ラテン語 praecipitare「下あるいは真っ逆さまに落とす」から生じた、ラテン語 praecipitatio(n-) に由来する。ラテン語 praeceps, praecip(it)「真っ逆さまの」が基になっている (prae「前に」と caput「頭」から)。16世紀初頭の precipitate もラテン語 praecipitare が基になっている。動詞の元々の意味は「強く投げつける、手荒に送る」で、そこから「すばやく動かす原因となる」となり、ここから17世紀初頭に「突然起こる原因となる」という意味が生じた。precipitous [17世紀半ば]形「崖のような」は、ラテン語 praeceps から生じた、フランス語 précipiteux に由来するが、précipiteux は廃語となった。

precise [後期中英語]形正確な、はっきりした、まさにその、きちょうめんな：

ラテン語 praecis- から生じた古フランス語 prescis に由来する。その praecis- は praecidere「切り上げる」の過去分詞語幹で、prae「前もって」と caedere「切る」からなる。precision名「的確さ」は18世紀半ばに現れ、praecidere から生じたフランス語 précision あるいはラテン語 praecisio(n-) に由来する。

preclude [15世紀後半]動…を不可能にする、(人が)(…するの)を妨げる：

当初は、「(道や通路)を塞ぐ」を意味していた。prae「前に」と claudere「閉める」からなる、ラテン語 praecludere に由来する。

precocious [17世紀半ば]形発達の早い、早咲きの：

prae「前に」と coquere「料理する」からなる。praecoquere「完熟した」から派生した、ラテン語 praecox, praecoc- が基になっている。

precursor [後期中英語]名先駆者、前兆：

prae「あらかじめ」と currere「走る」からなる。praecurrere「…に先行する」から生じた、ラテン語 praecursor に由来する。

predatory [16世紀後半]形補食性の、略奪の、他人を利用する：

当初は「略奪に関する」という意味で用いられた。ラテン語 praedator「略奪者」から派生した、praedatorius に由来する。praedator から、1920年代に predator名「略奪者」が生じた。ラテン語 praedari「略奪品として手に入れる」が基の動詞で、これは praeda「略奪品」に由来する。

predecessor [後期中英語]名前任者、以前あったもの：

prae「前もって」と decessor「退職した役人」(decedere「離れる」より) から派生した後期ラテン語 praedecessor から、英語のこの語が生じた。

predestination [中英語]名予定、宿命：

praedestinare「前もって固く決意する」から生じた、教会ラテン語 praedestinatio(n-) に由来する。ラテン語 prae「前もって」と destinare「定める」からなる。predestine動「宿命を負わせる」は後期中英語に現れ、古フランス語 predestiner、あるいは教会ラテン語 praedestinare に由来する。

predicament [後期中英語]图困難な状況、(特定の)状態、範疇:

当初はアリストテレス論理学の用語で、10ある範疇（はんちゅう）(実態、性質、量、関係、場所、時間、姿勢、所有、能動、受動)の1つを指していた。ラテン語 praedicare から派生した、後期ラテン語 praedicamentum「前提となるもの」(ギリシア語 katēgoria「範疇」に)に由来する。「範疇」の意味から「存在状態、状況」の意味が生じ、そこから「嫌な状況」の意味が現れた。
→ PREDICATE

predicate [後期中英語]图述語；動…を属性であると断定する、…の根拠を置く、含意する:

当初は名詞として使われていた。ラテン語 praedicatum「宣言されたこと」が語基で、praedicatus「宣言された、公表された」(prae「前もって」と dicare「知らせる」からなる動詞 praedicare より)の中性である。19世紀半ばに生じた predicative 形「叙述的な、断定的な」ラテン語 praedicare から派生した praedicativus に由来する。

prediction [16世紀半ば]图(…という)予言、予測:

ラテン語 praedicere「前もって知らせる」から派生した praedictio(n-) に由来する。praedicere は predict 動「予言する」の語源で17世紀初頭から使われ、ラテン語 prae-「前もって」と dicere「言う」からなる。

predilection [18世紀半ば]图(…への)特別な好み:

フランス語 predilection が語源である。praediligere「好む」の過去分詞語幹である、ラテン語 praedilect- に由来する。prae「前もって」と diligere「選ぶ」からなる。

predominant [16世紀半ば]形卓越した、有効な:

中世ラテン語 predominari から生じた古フランス語に由来する。動 predominate「優性である」も predominari から生じた (16世紀後半)。

pre-eminent [後期中英語]形きわめて優秀な:

prae「前に」と eminere「傑出する」からなる。praeeminere「はるかに抜きん出る、優れている」の現在分詞語幹であるラテン語 praeeminent- が、英語 pre-eminent の語源である。

pre-empt [19世紀半ば]動…を先買権によって取得する、…を先取りする:

中世ラテン語 praeemptio(n-) から生じた、pre-emption [17世紀初頭]图「先買権」の逆成 (接尾辞を取り除いたもの) である。基の動詞 praeemere は、prae「前もって」と emere「買う」からなる。

preen [後期中英語]動(羽を)くちばしで整える、身繕（みづくろ）いをする

同じ意味で用いられた廃語 prune (ラテン語 ungere「塗る」が基になっている) の異形だと思われる。prune は、スコットランド語と北部英語の方言 preen「穴を開ける、ピンで留める」と同系である。羽繕いをする際、鳥がくちばしでつつく行為に関連している。

preface [後期中英語]图序文、前置き；動(本に) 序文をつける:

中世ラテン語 praefatia が古フランス語を経て入ってきた語である。praefatia は、ラテン語 praefatio(n-)「前もって話された言葉」が変化したものである。prae「前に」と fari「話す」からなるラテン語 praefari が、基の動詞である。

prefect [後期中英語]图風紀委員、(古代ローマの)長官、学部長:

元々は役人や知事や判事を意味していた。praeficere「…に対する権力に固執する」の過去分詞形である。ラテン語 praefectus から派生した古フランス語に由来する。praeficere は、ラテン語 prae「前に」と facere「作る」からなる。「後輩をしつける権威のある先輩」という意味で教育

の場で用いられるようになったのは、19世紀初頭のことである。

prefer［後期中英語］動…が好きである、…を提出する、昇進させる：

prae「前に」と ferre「運ぶ」からなるラテン語 praeferre から生じた古フランス語 priferer に由来する。**preference**［後期中英語］名「好み、優先」は当初は「促進」という意味で、これも中世ラテン語 praeferentia から派生した古フランス語に由来する。praeferentia はラテン語 praeferre から生じたものである。**preferential**形「優先の」は preference が基になっており、19世紀半ばに differential にならって形成された。

prefix［16世紀半ば］名接頭辞、敬称；動…に接頭辞をつける、…を前につける：

当初は動詞として使われた。ラテン語 praefixus「前につけられた」から派生した、古フランス語 prefixer に由来する。prefixer は、ラテン語の prae「前に」と figere「固定する」からなる動詞 praefigere が基になっている。名詞は17世紀半ばに、praefixus の中性形（名詞として使われる）である中世ラテン語 praefixum から生じた。

pregnable［後期中英語］形占領されやすい、弱みのある：

文字通りには「取ることができる」という意味で、ラテン語 prehendere「手に入れる」から生じた古フランス語 prenable に由来する。英語の g はフランス語でも書かれることがあるが、フランス語の場合は口蓋前 n (/ny/と発音される）を指していると思われ、英語では独立した音で発音されるようになった。

pregnant［後期中英語］形妊娠している、含蓄のある、（…で）満ちた：

prae「前に」と gnasci「生まれる」から生じたと思われるラテン語 praegnant- に由来する。

prejudice［中英語］名偏見、損害；動偏見をもたせる、…に損害を与える：

当初は「訴訟や判決の結果生じた損害や被害」を意味する法律用語として使われた。prae「前もって」と judicium「判決」からなるラテン語 praejudicium から生じた古フランス語に由来する。**prejudicial**形「不利となる、有害な」は後期中英語で、prejudice から生じた古フランス語 prejudiciel に由来する。

prelate［中英語］名高位聖職者、宗教儀式の執行者：

「司教」の文語表現で、中世ラテン語 praelatus「民間の要人」から生じた、古フランス語 prelat に由来する。praelatus は、「前に持っていく」と「敬意をもって前に置く」を意味するラテン語 praeferre の過去分詞形（名詞として使われる）である。

prelimininary［17世紀半ば］形予備の、準備の；名予備行為、予備試験、（本の）前付け：

現代ラテン語 praeliminaris、あるいはラテン語の prae「前に」と limen, limin-「入り口」から生じたフランス語 préliminaire に由来する。出版業界で、本の前付けのことを preliminaries と言うようになったのは、19世紀後半のことである。

prelude［16世紀半ば］名前置き、前奏曲；動…の前兆となる、…を前奏曲として演奏する：

フランス語 prélude に由来する。元はラテン語 praeludere「事前に演じる」であり、中世ラテン語の形は praeludium であった。ラテン語の prae「前に」と ludere「演じる」からなる。prelude が音楽用語として使われるようになったのは、17世紀半ばからである。

premature［後期中英語］形普通より早い、早産の：

「熟した、成熟した」が premature の当初の意味で、ラテン語 praematurus「とて

も早い」に由来する。prae「前に」と maturus「熟した」からなる。産科用語として使われるようになったのは、18世紀半ばから。

premeditate [16世紀半ば][動]…を前もって計画する：

語源はラテン語 praemeditat- である。prae「前に」と meditari「熟考する」からなる praemeditari「先に考え抜く」の過去分詞語幹である。

premier [15世紀後半][名]首相、州知事、勝利者側；[形]首位の、最初の：

ラテン語 primarius「主要な」から生じた、「第１の」という意味の古フランス語に由来する。18世紀初頭から premier minister「英国首相」を意味する名詞として使われてきた。premiere[名]「初日、初演」(premier「第１の」の女性形であるフランス語の première から) はミュージカルや劇場での最初の演技を指して使われているが、この用法が生じたのは19世紀後半のことである。

premise [後期中英語][名](…という) 前提、前述の物件、(証書の) 頭書；[動](…を) 前提とする：

中世ラテン語 praemissa (propositio)「前に置かれた (提案)」から生じた古フランス語 premisse に由来する。prae「前に」と mittere「送る」からなるラテン語 praemittere が基になっている。

premium [17世紀初頭][名]賞金、割増し金、保険料、謝礼：

当初は「褒賞、賞」という意味で使われていた。prae「前に」と emere「買う、取る」からなる、ラテン語 praemium「戦利品、褒賞」に由来する。17世紀半ば頃、premium という語が保険業界で使われるようになった。at a premium「プレミア付きで」という表現は、19世紀初頭から使用されている。

premonition [16世紀半ば][名]予感、虫の知らせ、予告：

「事前の警告」がフランス語 prémoni-tion から生じた premonition の当初の意味だった。premonition は、ラテン語 praemonere から生じた、後期ラテン語 praemonitio(n-) に由来する。praemonere は、ラテン語の prae「前に」と monere「警告する」からなる。

preoccupy [16世紀半ば][動](…で) 夢中にさせる、…を先に占領する：

ラテン語 praeoccupare「あらかじめ手に入れる」に由来する。praeoccupare は、16世紀後半の preoccupation[名]「夢中」の基でもある (ラテン語 praeoccupatio(n-) 経由で)。preoccupation は当初、「あらかじめ反対意見を予測して対抗する」の意味で比喩的に用いられた。

prepare [後期中英語][動]用意する、…の覚悟をさせる：

prae「前に」と parare「準備する」からなるラテン語 praeparare が、prepare (フランス語経由)、preparation[名]「用意」(古フランス語を経てラテン語 praeparatio(n-) から)、そして preparatory[形]「準備の」(後期ラテン語 praeparatorius から) の語源である。これらの語はすべて同時期に生じた。省略形の prep が現れたのは19世紀半ばで、元々、課外学習の「予習」を指す学校俗語として使われた。

preponderate [17世紀初頭][動]…より重い、一方に傾く：

当初の意味は「もっとよく考える」と「さらなる知的な重みがある」だった。prae「前に」と ponderare「重さを量る、よく考える」からなるラテン語 praeponderare に由来する。17世紀半ばから使われるようになった preponderant[形]「優勢な、圧倒的な」も同じ語基である。preponderance[名]「優勢」は preponderant より少し遅れて生じた。

preposition [中期古英語][名]前置詞：

in, with, from といった語の品詞を表すこの文法用語はラテン語 praepositio(n-) に由来する。praepositio(n-) は、prae「前に」と ponere「置く」からなる、動詞

*praeponere*から生じた。この「前に置く」語はたいてい名詞や代名詞の前に置かれる（例：with a jolt「驚いて」、after her「彼女の後で」）。

preposterous [16世紀半ば]形 不合理な、本末転倒の：

prae「前に」と*posterus*「後から来る」からなるラテン語*praeposterus*「逆になった、ばかげた」が基になっている。

presage [後期中英語]名 予感、兆候；動 …を予測する：

prae「前に」と*sagire*「抜け目なく見抜く」からなる*praesagire*「予言する」から生じたラテン語*praesagium*がフランス語を経て入ってきたものである。

presbytery [後期中英語]名（初期キリスト教会の）長老派、中会：

当初は聖歌隊の奥にある内陣の東側の部分を指す建築用語として使われた。これは聖職者の席で、元は3つの席（*sedilia*「司祭席」）からなっていた。古フランス語*presbiterie*に由来し、*presbiterie*は、ギリシア語*presbuterion*が教会ラテン語を経て入ってきたものである。語基は「年とった」という意味のギリシア語*presbuteros*（*presbus*「年とった〈人〉」の比較級）で、新約聖書では教会の長老を意味して使われた。**presbyterian**形「長老制の」（教会ラテン語*presbyterium*から）は17世紀半ばから使われている。**presbyterianism**名「長老制」は原始教会のやり方を一番良く表していたという考えから、ジャン・カルヴァンのもと、1541年にジュネーヴにもたらされた。

prescribe [後期中英語]動 指示する、規定する、処方する、…を無効にする：

当初は「境界の中に制限する」という意味が含まれていた。「規定によって証明する」という意味の法律用語でもあった。*prae*「前に」と*scribere*「書く」からなるラテン語*praescribere*「書面で命令する」が語源である。**prescription**名「処方箋、規定」も、後期中英語で法律用語として使われた。動詞*praescribere*から生じたラテン語*praescriptio(n-)*が、古フランス語を経て入ってきたものである。医療現場で使われるようになったのは、16世紀後半のこと。**prescriptive**形「規範的な」（後期ラテン語*praescriptivus*「法律上の特例に関して」より）が生じたのは18世紀半ばである。

present¹ [中英語]形 出席している、現在の、現在時制の、即座の；名 現在、現在時制：

場所（例：persons here *present*「ここにいる人たち」）と時間（例：the *present* and future「現在と未来」）を意味するこの語は、*praeesse*「手元にある」の現在分詞であるラテン語*praesent-*が古フランス語を経て入ってきたものである。**presence** [中英語]名「存在、現存」も同様、ラテン語*prae*「前に」と*esse*「ある」からなる。*presence*は、ラテン語*praesentia*「手元にある」が古フランス語を経て入ってきた語である。

present² [中英語]動 …を贈呈する、…に提出する、…に紹介する、…を上演する、出頭する、…を示す：

presented at court「法定に出廷して」の*present*は、古フランス語*presenter*に由来する。語源はラテン語*praesentare*「前に置く」で、*praeesse*「手元にある」に由来し、中世ラテン語で「贈り物として進呈する」を意味するようになった。放送業界で使われるようになったのは、1930年以降のことである。同系名詞の**presentation**「提出、贈呈」が生じたのは後期中英語である。*presentation*は、ラテン語*praesentare*から生じた後期ラテン語*praesentatio(n-)*が、古フランス語を経て入ってきたものである。
→ PRESENT¹

present³ [中英語]名 贈り物：

Christmas *present*の*present*は、古フランス語に由来する。元々は*mettre une chose en present a quelqu'un*「人前で物

を中に入れる」という表現で使われた。休暇の土産に present from ...「…土産」という表現が刻まれるようになったのは、19世紀半ばのことである（チャールズ・ディケンズ『荒涼館』Bleak House：We found a mug with 'A present from Tunbridge Wells' on it「私たちは「タンブリッジウェルズ土産」と刻まれたマグカップを見つけた」）。

preserve[後期中英語]動…を保つ、守る、…を保存する、…を禁猟区にする；動砂糖煮、防塵眼鏡、禁猟区、領分：

当初の意味は「危害から安全を確保する」だった。preserve は、ラテン語 prae-「前に、まえもって」と servare「保持する」からなる後期ラテン語 praeservare から生じた、古フランス語 preserver に由来する。「ジャム」という意味で preserve が使われるようになったのは17世紀初頭のことである。同じ基本構造を持つ後期中英語の同系語に、**preservation**名「保存」（中世ラテン語の praeservatio(n-) が古フランス語を経て入ってきたもの）と **preservative**形「保存力のある」（中世ラテン語 praeservativus が古フランス語を経て入ってきたもの）がある。

president［後期中英語］名大統領、学長、社長、会長：

praesidere「前に座る」の現在分詞語幹で、prae「前に」と sedere「座る」からなるラテン語 praesident- が古フランス語経由で入ってきたものである。政府の代表の肩書きとして使われるようになったのは、1780年代のアメリカでのことである。これは地方自治体の議会の president「議長」や presiding officer「議長」の名前がと思われる。同系語の名詞に praesidere から生じた中世ラテン語 praesidentia に由来する **presidency**「（大統領などの）地位、職務、任期」があるが、これが生じたのは16世紀後半のことである。フランス語 presider から生じた **preside**［17世紀初頭］動「議長を務める」とも語源が同じである。

press¹[中英語]動押す、押しつぶす、アイロンを当てる、抱きしめる、圧力をかける；名出版物、新聞、雑誌、報道陣、論評、印刷機：

古フランス語 presser に由来する。presser はラテン語 pressare「押しつづける」に由来する。「群衆、プレスしたもの」を意味する名詞も同じ時期に生じた。印刷機を表すようになったのは16世紀初頭のことで、18世紀後半に the Press「新聞」という表現が現れた。後期中英語の **pressure** は、premere「押す」の過去分詞語幹 press- が基になったラテン語 pressura から生じた古フランス語に由来する。「ストレス」という意味で使われるようになったのは17世紀半ばのことである。

press²[16世紀後半]動徴兵・徴用する：

例えば pressed into service「徴兵された」の press は、廃語 prest「入隊時に支払われる給料」や「支払いによる入隊」が変化したもの（「圧力を与える」という意味の press に関連して）である。ラテン語 praestare「供給する」が基になった、古フランス語 prest「ローン、前払い」に由来する。

prestige［17世紀半ば］名名声、威信、名のある、一流の：

当初は「錯覚、手品」の意味で使われていた。語源は、文字通りには「錯覚、魔法」という意味のフランス語で、後期ラテン語 praestigium「錯覚」（ラテン語の複数形 praestigiae「手品」から）に由来する。「目がくらむような作用、魔法」という意味を経て、意味が変化した。**prestigious**形「高級の」は prestige より100年前から使われており、当初は「手品をする」という意味だった。これは、praestigiae から生じた後期ラテン語 praestigiosus に由来する。現在の「称賛を引き起こす」という意味が現れたのは、20世紀初頭のことである。

presumption［中英語］名推定、信念、推定の根拠：

ラテン語 *praesumere*「予想する」(後期ラテン語では「当然と思い込む」)は *prae*「前に」と *sumere*「取る」からなり、様々な英語の語源となった。*presumption* は、ラテン語 *praesumptio(n)*「予想」から生じた古フランス語 *presumpcion* に由来し、**presumptuous**［中英語］形「生意気な」は、後期ラテン語 *praesumptuosus* (*praesumptio* から生じた *praesumptiosus*「ひじょうに大胆な」の異形) から生じた古フランス語 *presumptueux* に由来する。**presume**［後期中英語］動「推定する」は、古フランス語 *presumer* から生じた。

pretend ［後期中英語］動…のふりをする、まねをして遊ぶ、あえて…しようとする；形偽りの：

prae「前に」と *tendere*「広がる」から生じたラテン語 *praetendere*「主張する」に由来する。**pretence**［後期中英語］名「見せかけ」、「口実」も語源が同じで、*pretence* は中世ラテン語 *pretensus*「うわべだけの」(*praetendere* から生じたラテン語 *praetentus* が変化したもの) が、アングロノルマンフランス語を経て入ってきたものである。同じ時期に生じた語に、中世ラテン語 *praetensio(n-)* から派生した **pretension** 名「主張、要求」、「自負」がある。**pretentious**［19世紀半ば］形「うぬぼれた」は、*prétention* から生じたフランス語 *prétentieux* に由来する。

pretext ［16世紀初頭］名言い訳、弁解；動…を言い訳として使う：

ラテン語 *praetextus*「表面的に示すこと」に由来し、*prae*「前に」と *texere*「作る」からなるラテン語の動詞 *praetexere*「偽る」が基になっている。

pretty ［古英語］形かわいらしい、(事・物・場所などが) 美しい；副かなり：

古英語 *prættig* は、中オランダ語 *pertich*「元気の良い、気が利いた」と、廃語となったオランダ語 *prettig*「ユーモアのある、スポーツに適した」と同系である。「いたずら」という意味の西ゲルマン語が基になっている。「詐欺の、ずるい、賢い、熟練した、称賛に値する、感じの良い、すてきな」といった意味は、*canny, fine, nice* といった形容詞と同じように発展した。「相当に」(例：*pretty* difficult「かなり難しい」) という意味の副詞用法は、16世紀半ばから使われている。

prevail ［後期中英語］動打ち勝つ、普及する、説得する：

prae「前に」と *valere*「力を持つ」からなるラテン語 *praevalere*「より大きな力を持つ」に由来する。語源が同じ **prevalent** 動「普及している」は、16世紀後半に生じた。

prevaricate ［16世紀半ば］動言葉を濁す、あいまいな事を言う、嘘をつく：

当初は「堕落する、罪を犯す」という意味だったが、現在は「言い逃れる」という意味で使われている。これは、*prae*「前に」と *varicari*「またぐ」からなるラテン語 *praevaricari*「曲がって歩く、道から逸れる」に由来する。語基はラテン語 *varus*「曲がった、X脚の」である。

prevent ［後期中英語］動(人・事が) …するのを妨げる、…を防ぐ、(事を) 見越して行動する：

当初の意味は「予想して行動する」というものだった。これは、*prae*「前に」と *venire*「来る」からなるラテン語 *praevenire*「先行する、妨げる」に由来する。

previous ［17世紀初頭］形前の、早まった：

prae「前に」と *via*「道」からなるラテン語 *praevius*「前を行く」が基になっている。*previous* to「…先立って」という表現が生じたのは、18世紀初頭のことである。

prey ［中英語］名餌食（えじ）、犠牲 (者)、肉食性、戦利品：

当初の名詞用法には「戦争で取られた略奪品」(=差し押さえられたもの) という

意味があった。これは、ラテン語 *praeda*「略奪品」から生じた、古フランス語 *preie* に由来する。動詞は古フランス語 *preier* に由来し、*praeda* から生じたラテン語 *praedari*「略奪品として差し押さえる」が基になっている。prey (up)on「…を犠牲にする」という表現は昔から使われている。

price [中英語] 名 価格、値段、代価、買収金；動 …に値段をつける、法外な値をつけて（…から）締め出される：

名詞は、ラテン語 *pretium*「価値、褒賞」から生じた古フランス語 *pris* に由来する。中英語 *pris* は、古フランス語のすべての意味「値段、価値、名誉、賞、称賛」を含んでいた。15世紀に名詞 *preise* (= praise「称賛」) が生じ、この意味は *price* から失われた。過去300年間に、「賞」の意味も消滅した。動詞は以前の *prise*「…の価値を見積もる」の異形（名詞への同化）である。
→ PRAISE; PRIZE

prick [古英語] 動 (人・物を) ちくりと刺す、苦しめる：

古英語では、名詞は *pricca* で動詞は *prician* だった。西ゲルマン語が起源と思われ、低地ドイツ語とオランダ語の *prik* (名詞)、*prikken* (動詞) と同系である。意味の拡張には、次のようなものがある。「穴を開ける」(*pricked* herself with the needle「針で自分を刺した」)、「促す、拍車をかける」(*pricked* his horse on「馬に拍車をかけた」)、「印をつける」(Each person is to *prick* only one of the nominees「各人は1人の候補者にだけ印をつけること」)、「適切な位置に固定する」(*prick* the onions on sticks「玉ねぎを棒に刺す」、*prick* out the seedlings「苗木を植え付ける」)、「入れる」(*prick* it with cloves「その中に香料を入れる」)そして「やや持ち上げる」(*pricked* up his ears「彼は聞き耳をたてた」)。

prickle [古英語] 名 とげ、針、ちくちくする痛み；動 …をちくりと刺す：

古英語 *pricel* は、「穴を開けるための道具」、「刺されている感じ」という意味だった。中オランダ語 *prickel* と同系で、*prickel* はゲルマン語が語基の *prick* に由来する。動詞は部分的に、動詞 *prick* と同系である。
→ PRICK

pride [後期古英語] 名 誇り、自尊心、うぬぼれ、自慢の種；動 誇る、自慢する：

当初の綴りは *prȳde*「過度の自尊心」で、*prūd*「誇りに思う」から生じた *prȳtu*, *prȳte* の異形である。take a *pride* in「…に誇りを持つ」という表現が初めて使われたのはシェイクスピア『ヘンリー四世 第2部』*King Henty IV* part II, I. ii. 6 で、take a *pride* to (do) という形で用いられた (Men of all sorts take a *pride* to gird at me:「どいつもこいつもおれをばかにするのを名誉だとおもってやがる」)。
→ PROUD

priest [古英語] 名 司祭、聖職者：

古英語 *prēost* はゲルマン語が起源で、教会ラテン語 *presbyter*「長老」が基になった。オランダ語 *priester* やドイツ語 *Priester*「司祭」と同系である。古英語では、ラテン語 *sacerdos* を訳した *sacerd* という語が、異教徒やユダヤ人司祭にあてがわれた。一方、*prēost* は普通、キリスト教の司祭を意味し、*sacerd* は古英語時代の終わりにはもはや使われなくなった。
→ PRESBYTERY

prig [16世紀半ば] 名 堅苦しい人、こそどろ；動 …をちょろまかす、…を値切る：

語源は不詳。当初の意味は「何でも屋」や「けちな泥棒」であった。これが「嫌われた人」に発展し、17世紀後半に「上品ぶり、人目を気にして堅苦しい」という意味が生じたと思われる。しかし、このように後から生じた意味は、他の語を意味していると思われる。

prim [17世紀後半] 形 しかつめらしい、型にはまった；動 とりすます：

当初は動詞として使われていた。元々は、ラテン語 primus「第一の」から生じた、古フランス語 prin、プロヴァンス語 prim「優れた、繊細な」に由来すると思われる。prissy [19世紀後半] 形 「上品ぶった、めめしい」は prim と sissy が混ぜ合わさったものと思われる。

primate¹ [中英語] 名 大主教、首座大司教：

キリスト教教会で用いられ、primus「第一の」から生じた、ラテン語 primas, primat-「一流の」に由来する古フランス語 primat から生じた。州の司祭の中で「一番」を意味している。

primate² [19世紀後半] 名 霊長類の動物：

この動物学用語は、ラテン語 primas, primat-「第一級の」に由来し、霊長類として知られている目に属している哺乳類を指す。これには人間や類人猿、サル、キツネザル、ガラゴ、メガネザル、マーモセットが含まれる。
→ PRIMATE¹

prime¹ [古英語] 形 最も重要な、主要な、すばらしい、最初の；名 最高の状態、最初の段階、最良部：

古英語 prīm は聖務日課の儀式の一部で、その日の一時課に行われたと言われている。ラテン語 prima (hora)「最初の（時間）」に由来し、中英語の時代に古フランス語 prime によって一般に広められた。英語 prime は「始まり」の意味を伝えることが多く、それがときに「最高の局面」（例：prime of life「人生の最盛期」）に拡張される。形容詞（例：prime concern「最大の関心事」）が生じたのは後期中英語で、ラテン語 primus「第一の」が古フランス語を経て入ってきたものである。primary [後期中英語] 形 は「オリジナルの、派生的でない」という意味で、primus から生じたラテン語 primarius に由来する。名詞の用法が現れたのは18世紀である。小学校の教科書を意味する primer [後期中英語] 名「初期の、主要な」は、中世ラテン語 primarius (liber)「初級の（本）」と primarium (manuale)「初級の（入門

書）」に由来する。「基礎的な」を意味する primal [17世紀初頭] 形 の基になったのもラテン語 primus であり、中世ラテン語の形は primalis であった。

prime² [16世紀初頭] 動 用意をさせる、…に火薬をつめる、ガソリンを入れる：

primed his gun「銃に火薬を詰めた」、primed him before the interview「インタビューの前に彼と打ち合わせをした」の prime の当初の意味は「いっぱい満たす、荷積みする」だった。語源は不詳。おそらくラテン語 primus「第一の」が基になっていると思われる。というのも、これが表していたのは、何か他のことをする前の「最初の」活動だったからである。

primeval [17世紀半ば] 形 原始（時代）の、太古の：

primus「第一の」と aevum「年」からなるラテン語 primaevus が基になっている。

primitive [後期中英語] 形 原始（時代）の、原始的な；名 【美術】プリミティブ（文芸復興以前の画家・彫刻家、素朴な作風の画家）：

「オリジナルの、派生的でない」が当初の意味である。primus「第一の」から生じたラテン語 primitivus「その種で最初の」から派生した古フランス語 primitif, -ive に由来する。

primordial [後期中英語] 形 原始（時代）の、根源的な；名 基本原理：

primordius「オリジナル」から生じた後期ラテン語 primordialis「まず第一に」に由来する。

prince [中英語] 名 王子、(公国・小国の)公、(ある分野の)第一人者：

primus「第一の」と capere「取る」からなるラテン語 princeps, princip-「第一の、最高位の、最高の位にある」が、古フランス語を経て入ってきた。当初は小さな国の支配者を指していたが、これは Prince of Wales「英国皇太子」の称号を反映し

ている。この称号は、エドワード3世の治世から、イギリスの王や王女の長男に慣習的に与えられるようになった。Prince of Walesは当初、イギリスの唯一の「王子」を意味していたが、ジェームズ1世の治世には、国王の息子すべてにまで、その意味が拡張し、そしてヴィクトリア女王の時代には皇孫にまで拡張し、princess名「王女」の称号も現れた。
princessは後期中英語の語で、princeから生じた古フランス語princesseに由来する。

principal [中英語]形主な、主要な、元金の；名頭、主役、独奏者、大臣より下位の役人：

princeps, princip-「第一の、最重要の」から生じたラテン語principalis「第一の、オリジナルの」が、古フランス語を経て入ってきたものである。王子のランクを意味するprincipality名「公国君主の地位」も同じ時期に生じている。ラテン語principalisから派生した後期ラテン語principalitasから生じた古フランス語principaliteに由来する。

principle [後期中英語]名原理、原則、主義、信念、本質：

ラテン語prindpium「起源」から生じた古フランス語に由来する。prindpiumの複数形 (principia) は「基礎」という意味だった。語基はラテン語princeps, princip-「第一の、最も重要な」である。

print [中英語]動印刷する、出版する、…を活字体で書く、(足跡など)をつける；名印刷、出版物、版画、跡：

当初はスタンプを押し付けてできた印やシールを意味していた。ラテン語premere「押し付ける」から生じたpreindreの女性過去分詞である古フランス語preinte「圧力をかけられた」に由来する。the printsという表現は (17世紀半ば以降) 印刷物を意味することがあるが、この意味は現在では主にアメリカ語法。写真でprintが使われるようになったのは、19世紀半ばのことである。

prior¹ [18世紀初頭]形(時間・順序が)前の、(…に) 優先する：

「前に行く」という意味のpriorは、文字通りには「前の、年上の」という意味のラテン語の英語用法である。priority名「優位」は後期中英語から使われはじめ、時間や身分の優位性を示している。ラテン語priorから生じた中世ラテン語prioritasから派生した古フランス語prioriteに由来する。

prior² [後期古英語]名修道院長、修道会会長：

男性の修道院長を指すこの肩書きは、ラテン語prior「年上の、前の」の中世ラテン語名詞用法に由来する。priory [中英語]形「小修道院」は、ラテン語priorから派生した中世ラテン語prioriaから生じたアングロノルマンフランス語priorieに由来する。
→ PRIOR¹

prise [17世紀後半]動…をてこで上げる、(…で) こじあける：

prise open「こじあける」のpriseは、古フランス語prise「握る、つかむ」から生じた、方言のprise「てこで動かす」に由来する。
→ PRY

prism [16世紀後半]名プリズム、【数学】角柱、【結晶】柱：

幾何学や光学でよく使われ、ギリシア語prizein「のこぎりで切る」から生じたprisma「のこぎりで切られたもの」が、後期ラテン語を経て入ってきたものである。

prison [後期古英語]名刑務所、刑務所に入れること；動…を刑務所に入れる：

ラテン語prensio(n-), prehensio(n-)「…をつかむ」(動詞prehendereより) の異形から生じた古フランス語prisunに由来する。prisoner名「囚人」は後期中英語に生じ、古フランス語prisonから派生したprisonierが基になっている。

pristine [16世紀半ば]形初期の、新品の、汚れのない：

当初は「オリジナル」、「前の」、「初期の」そして「未発達の」という意味があった。ラテン語 *pristinus*「前の」が基である。「新品の」や「汚れのない」の意味は、1920年代に生じた。

private [後期中英語]形個人の属する、私営の、秘密の；名【英軍】兵卒：

元々は公式の（公的な）立場で行動していない人を指していた。*privus*「単独の、個人の」から生じた *privare*「奪う、取り上げる」の過去分詞用法であるラテン語 *privatus*「公人としての生活から身を引いた」に由来する。

privation [中英語]名奪われること、不足：

動詞 *privare*「取り上げる」から生じたラテン語 *privatio(n-)* に由来する。
→ PRIVATE

privilege [中英語]名特権、特典、恩恵；動(人に)(…する)特権を与える：

ラテン語 *privilegium* が古フランス語を経て入ってきたものである。*privilegium* は *privus*「個人の」と *lex, leg-*「法」からなり、ローマ法で「個人に作用する法案や法」を意味する。「個性」の意味から「特典」という意味が生じた。

privy [中英語]形内々に関与している、私用の；名当事者、簡易便所：

当初は「私的な集団に属している」という意味だった。ラテン語 *privatus*「公人としての生活から身を引いた」から派生した、古フランス語 *prive*「私的な」(「私的な場所」や「親しい友達」という意味の名詞としても使われる) に由来する。*Privy* Council「枢密院」は支配者に対する助言者の集団として、「内輪の」という意味を表している。この語が「トイレ」(後期中英語) を意味するようになったのは、「私的な場所」の意味に由来する。*privy to* 「…に内々に関与している」という表現は当初、「密かに気づいている」

という意味だった。
→ PRIVATE

prize [中英語]名賞、努力に価するもの；形賞品として与えられる、受賞した；動…を(…より)高く評価する：

名詞は *price* の異形である。動詞は元々「…の価値を見積もる」という意味で、*preisier*「称賛する、評価する」の語幹である古フランス語 *pris-* に由来する。
→ PRAISE; PRICE

語形成
接頭辞 **pro-** (ラテン語 *pro*「…の前に、…に代わって、…の代わりに、…の理由で」) がつくと次のような意味が加わる。
■「好都合な」[pro-choice]「中絶賛成」
■「代理を務める」[proconsul]「地方総督」
■「前に進む、立ち退く、立ち去る」[proceed]「前進する」、[propel]「駆り立てる」、[prostrate]「ひれ伏す」
接頭辞 **pro-²** (ギリシア語 *pro*「前に」から) がつくと次の意味が加わる。
■「前に」[proactive]「先を見越した」

---

probable [後期中英語]形ありそうな、起こりそうな；名起こりそうなこと：

当初は「信じる価値がある」という意味だった。*probare*「テストする、論証する」から生じた *probabilis*「証明可能な、信用できる」が、古フランス語を経て入ってきたものである。現在、一般的に用いられている「ありうる」の意味は、17世紀初頭に生じた (シェイクスピア『アントニーとクレオパトラ』*Antony and Cleopatra*, V. ii. 354-355：Most *probable* That so she died「おそらくそれを用いて死んだのであろう」) 同系語の **probability**名「見込み」も後期中英語に生じ、*probabilis* から生じたラテン語 *probabilitas* に由来する。

probate [後期中英語]名遺言の検認；動(遺言書を)検認する、…を保護観察処分にする：

probate「テストする、証明する」の中性

過去分詞である、ラテン語 *probatum*「証明されたもの」に由来する。法律では意志の「証明」を意味する。

probation [後期中英語] 图試すこと、試験期間、保護観察：

当初はあらゆる「検査」、「調査」あるいは「試験」を意味していた。*probate*「テストする、証明する」から生じた、ラテン語 *probatio(n-)* に由来する古フランス語 *probacion* が基になっている。法律で使われるようになったのは、19世紀後半からである。
→ PROVE

probe [中英語後半] 图調べるための用具、電極プローブ、無人観測宇宙船；動 (傷など) を調べる、…を徹底的に調査する：

当初は、後期ラテン語 *proba*「証拠」から生じた名詞として使われていた。*proba* は中世ラテン語では「テスト」という意味だった。ラテン語 *probare*「テストする」が語源である。環境の情報を伝えるのに使われる、小さな無人の宇宙船を指して使われるようになったのは、1950年代のことである。動詞 *probe* は17世紀半ばから使用されている。

probity [後期中英語] 图正直、誠実：

probus「良い」から生じたラテン語 *probitas* が語源である。

problem [後期中英語] 图問題、体調の悪さ、(計算・思考が必要な) 問題：

元々は学問的に討議するための難問や論題だった。ギリシア語 *problēma* がラテン語を経て入ってきた古フランス語 *probleme* に由来する。*pro*「前に」と *ballein*「投げる」からなる、ギリシア語の動詞 *proballein*「(アイディアを) 出す」が基になっている。*problematic* 動が生じたのは17世紀初頭のことで、後期ラテン語 *problematicus* がフランス語を経て入ってきたものである。*problematic* は、*problēma* から生じたギリシア語 *problēmatikos* に由来する。

proceed [後期中英語] 動進む、続ける、実施される、手続きする；图売上げ高、収入：

pro-「前に」と *cedere*「行く」からなるラテン語 *procedere* から派生した古フランス語 *proceder* に由来する。**proceeds** 图「結果、成果」(=何かから発生する) は、17世紀初頭から使われている。これは同じ意味で使われ、廃語となった名詞 *proceed* の複数形であるが、以前は「手順」を意味していた。**procedure** 图は16世紀後半に生じ、*procéder* から生じたフランス語 *procédure* に由来する。

process [中英語] 图過程、経過、(一連の) 作用；動 (食品を) 加工する、…を現像する、…を処理する；形 (食品などが) 加工された、特殊撮影の：

ラテン語 *processus*「進行、成り行き」から派生した、古フランス語 *proces* を経て生じた語である。*processus* は、動詞 *procedere* が基になっている。動詞の現在の意味「一連の操作を行う (*processed* the wool「ウールを加工した」)」と「行政上処理する」(*processed* the application「申し込みを処理した」)」が生じたのは、19世紀後半のことである。
→ PROCEED

procession [後期古英語] 图行列、聖霊の発生、順位が変化しないレース；動行列して行く：

procedere「前に進む」から生じたラテン語 *proeessfo(n-)* が古フランス語を経て入ってきた語である。動詞 process (例：*processed* along the aisle「通路沿いに進んだ」) は、19世紀初頭に *procession* からの逆成 (接尾辞の削除) として生じた。
→ PROCEED

proclaim [後期中英語] 動…を宣言する、…だと (はっきり) 示す：

当初の綴りは *proclame* で、これは *pro-*「前へ」と *clamare*「叫ぶ」からなる、ラテン語 *proclamare*「大声を上げる」に由来する。第2音節が変化したのは、動詞

claim との関連による。**proclamation** 名「宣言、交付」(ラテン語 *proclamatio(n-)* が古フランス語を経て入ってきたもの) も同時期に生じ、同じラテン語の動詞が語源である。

proclivity [16世紀後半] 名(悪い)傾向、性向:

proclivis「傾いた」から生じたラテン語 *proclivitas* に由来する。*pro-*「前方へ、下に」と *clivus*「坂」からなる。

procrastinate [16世紀後半] 動(できるだけ)引き延ばす、(…に)手間どる:

ラテン語 *procrastinare*「朝まで延期する」の過去分詞語幹 *procrastinat-* に由来する。*pro-*「前へ」と *crastinus*「明日に属する」(*cras*「明日」より)からなる。

procreate [後期中英語] 動(子を)産む、(子孫を)作り出す:

pro-「前へ」と *creare*「作る」からなる、ラテン語 *procreare*「…を生む、作り出す」に由来する。

procurator [中英語] 名(皇帝の)代官、(宗教裁判所の)事務弁護士、代理人:

元々は「管財人」を意味していた。*procurare*「世話をする、応対する」から生じた古フランス語 *procuratour*、さらにラテン語 *procurator*「管理者、財政調査官」に由来する。**proctor** [後期中英語] 名《英》(大学の)学生監、《米》(大学の)試験監督」は *procurator* の短縮形である。ラテン語 *procurare* (*pro-*「…に代わって」と *curare*「気をつける」から)は **procure** [中英語] 動「手に入れる」の基になっている。**procuration** 名「入手、調査」、「代理人の職務」は後期中英語で、ラテン語 *procuratio(n-)* が古フランス語を経て入ってきたものである。

prod [16世紀半ば] 名突くこと、突き棒、刺激; 動…を突き刺す、…を駆り立てる:

当初は動詞として使われた。短くつつく動きを象徴しているか、*poke* と方言の *brod*「つき棒で突く、つつく」を混ぜ合わせたものである。名詞は18世紀半ばに生じた。

prodigal [後期中英語] 形乱費する、気前よく与える; 名乱費家、放蕩(ほうとう)息子:

ラテン語 *prodigus*「贅沢な」から生じた後期ラテン語 *prodigalis* に由来する。*prodigal son*「放蕩息子」という表現は、聖書『ルカによる福音書』15章11〜32節の寓話を暗に指している。これはある息子の話で、放蕩の限りを尽くして財産を無駄遣いしてしまったにもかかわらず、父親は両手を広げて彼を家に迎え入れてくれた。

prodigious [15世紀後半] 形すばらしい、けたはずれの:

「前兆の」が当初の意味である。*prodigious* は「前兆」から生じたラテン語 *prodigiosus* に由来する。「ひじょうに大きな」(桁外れの)の意味は17世紀初頭に生じた。
→ PRODIGY

prodigy [15世紀後半] 名不思議なもの、驚異、神童:

当初は神のお告げだと考えられた驚くべきことを意味していた。ラテン語 *prodigium*「前兆」に由来する。17世紀になって、天才や神童を指すようになった。

produce [後期中英語] 動生産する、作り出す、取り出す、(作品などを)製造する; 名産物:

当初は「検討してもらうために(何かを)与える」(例: *produced* a contract「契約を結んだ」) を意味していた。*pro-*「前方へ」と *ducere*「先導する」からなる、ラテン語 *producere* に由来する。現在の名詞の意味 (例: farm *produce*「農産物」、*produce* of their joint efforts「共同協力の生産物」) は17世紀後半に生じた。後期中英語で、ラテン語の動詞 *producere* から生じた語に、ラテン語の中世過去分詞 *productum*「作られた(もの)」に由来する **product** 名【数学】積」、ラテン語

productio(n-) が古フランス語を経て入ってきた production【名】「生産」、そしてフランス語 *productif, -ive* あるいは後期ラテン語 *productivus* から生じた、productive［17世紀初頭］【形】「生産的な」がある。

profane ［後期中英語］【形】不敬な、世俗的な、異教の：

当初は「異教徒」という意味だった。これはラテン語 *profanus*「神殿の外、神聖でない」から生じた古フランス語 *prophane* に由来する。ラテン語 *pro-*（ラテン語 *pro*「前に」）と *fanum*「神殿」が基本構造である。profanity［16世紀半ば］【名】「冒瀆、不敬」は、ラテン語 *profanus* から生じた、後期ラテン語 *profanitas* に由来する。

profess ［中英語］【動】…を公言する、（無知などを）装う、（宗教・神を）信仰する、…を職業とする：

ラテン語 *profiteri*「公表する」(*pro-*「前に」と「告白する」から) に由来する。当初は be *professed*「修道会のメンバーとして迎えられる」の形で使われていた。同じ語源を持つ profession［中英語］【名】「職業、専門職」は、修道会に入る時の誓いを意味していた。これは、ラテン語 *professio(n-)* が古フランス語を経て入ってきたものである。一般的に用いられている現在の「(専門)職」と言う意味は、熟練していると公言している仕事、という意味から生じた。ラテン語 *professor* から生じた professor【名】「教授」は、後期中英語に由来する。

proffer ［中英語］【動】…を申し出る：

ラテン語 *pro-*「前に」と *offerre*「申し出る」からなる、アングロノルマンフランス語 *proffrir* に由来する。

proficient ［16世紀後半］【形】(…に)熟達した：

pro-「…の代わりに」と *facere*「する、作る」からなるラテン語 *proficere*「前進する、進歩する」に由来する。英語 *proficient* が伝える主な意味は「熟練した」である（マーロウ『ファウスト』*Faustus*：Who would not be proficient in this art?「その術に熟達していない者は誰がおろうか」）。

profile ［17世紀半ば］【名】横顔、輪郭、縦断面、人物素描；【動】…の輪郭を描く、(…を背景に)浮かび上がる：

動詞 *profilare* から生じ、廃語となったイタリア語 *profilo* に由来する。*profilare* の基本要素は *pro-*「前へ」と *filare* である。*filare* は当初は「線を引く」を、後に「回転する」(ラテン語 *filum*「糸を通す」から生じた *filare* より) を意味するようになった。

profit ［中英語］【名】利益、得；【動】利益を得る、得をする、役に立つ：

ラテン語 *profectus*「進展、利益」から生じた古フランス語に由来する。*profectus* は、*pro-*「…に代わって」と *facere*「する」からなる、*proficere*「前進する」が基になっている。動詞は古フランス語 *profiter* から派生した。

profligate ［16世紀半ば］【形】乱費する、金づかいの荒い：

当初は「倒される、敗走する」を意味した。ラテン語 *profligare*「倒す、破壊する」の過去分詞 *profligatus*「放蕩な」に由来する。接頭辞 *pro-*「前方に、下に」と *fligere*「打ち倒す」が基本形である。

profound ［中英語］【形】深い、難解な、完全な、頭を深く下げた：

pro「前に」と *fundus*「底」からなるラテン語 *profundus* から生じた古フランス語 *profund* に由来する。当初は「高い見識を示す」という意味で使われていた。

profuse ［後期中英語］【形】豊富な、(…を)物惜しみしない：

「浪費する」が当初の意味で、*profundere* (*pro-*「前へ」と *fundere*「注ぐ」から) の過去分詞であるラテン語 *profusus*「浪費する、展開する」に由来する。profusion**名**「豊富」は16世紀半ばに生じ、*profundere*「どっと出てくる」から生じたラテン語 *profusio(n-)* がフランス語を経て入ってきたものである。以前は「浪費」「無駄遣い」そして「無駄」を意味していた。

progeny ［中英語］**名**子供たち、結果：
progignere「引き起こす」から生じたラテン語 *progenies* が基になった古フランス語 *progenie* に由来する。

prognosticate ［後期中英語］**動**…を予言する、…の前兆となる：
prognostication名「予知、予言」(古フランス語と中世ラテン語の *prognosticatio(n-)* 経由で) と同様、動詞 *prognosticare*「予測する」に由来する。**prognosis** ［17世紀半ば］**名**「予知、予測」は、*pro-*「前に」と *gignōskein*「知る」からなるギリシア語 *prognōsis* が、ラテン語を経て入ってきたものである。

programme ［17世紀初頭］**名**プログラム、番組、計画、予定、カリキュラム、学習計画；**動**…のプログラムを作る、計画をする、…をプログラムする：
当初の意味は「文書による通知」だった。ギリシア語 *programma* が後期ラテン語を経て入ってきたものである。*programma* は、*pro*「前に」と *graphein*「書く」からなる *prographein*「公然と書く」に由来する。放送業界で使われるようになったのは、1920年代から。1940年代にコンピュータ用語として採用され、現在では *program* という綴りが主に用いられている。

progress ［後期中英語］**名**進行、進歩、経過；**動**(人が) 前進する、進歩する：
当初の名詞用法は、*pro-*「前方へ」と *gradi*「歩く」からなる、動詞 *progredi* が基になったラテン語 *progressus*「進歩」に由来する。動詞用法は17世紀の終わりにイギリス英語では廃れたが、19世紀初頭にアメリカ英語で再び用いられるようになった。**progression名**「進行」も、同じラテン語の動詞から生じたラテン語 *progressio(n-)* が基になった古フランス語に由来する後期中英語である。**progressive形**「進歩的な」は17世紀初頭から使われ、フランス語 *progressif, -ive*、あるいは中ラテン語 *progressivus* に由来する。

prohibit ［後期中英語］**動**…を禁止する、妨げる：
pro-「前に」と *habere*「持つ」からなるラテン語 *prohibere*「…を抑制する」に由来する。19世紀半ばのアメリカでは、**prohibition名**「禁止」はアルコール飲料の製造・販売の中止を指し、1920年から1933年のヴォルステッド法による制約を指す語として、特に有名になった。

project ［後期中英語］**名**計画、事業、研究計画；**動**…を計画する、表明する、…を投影する：
当初は「予備のデザイン、一覧にした明細書」を意味していた。これは、*proicere*「前に投げる」(*pro-*「前に」と *jacere*「投げる」より) の中性過去分詞である、ラテン語 *projectum*「人目を引くもの」に由来する。**projection名**「投射」は16世紀半ばに生じ、当初は地表の平らな部分を指して使われた。*proicere*「前に投げる」から生じたラテン語 *projectio(n-)* に由来する。**projectile名**「投射物」は同じラテン語の動詞が基になった現代ラテン語で、17世紀半ばから使われている。

proletarian ［17世紀半ば］**名形**プロレタリア (の)、無産階級者 (の)：
ラテン語 *proletarius* (*proles*「子孫」から) が基になっていて、財産がなく、子孫を生むことのみによって国に奉仕する人を表していた。同じ語基を持つ語に、フランス語 *prolétariat* を経て生じた **proletariat** ［19世紀半ば］**名**「プロレタリア階級、賃金労働者」がある。

proliferation ［19世紀半ば］**名**激増、【生物】分裂増殖：
フランス語 *prolifération* が基になってい

て、proliféré「繁殖する」に由来する。**proliferate**動「激増する」は19世紀後半に生じたもので、proliferation からの逆成（接尾辞を削除することによる）である。

prolific [17世紀半ば]形多産の、多作の、…に富む：
ラテン語 proles「子孫」から生じた、中世ラテン語 prolificus に由来する。

prologue [中英語]名序幕、序文、発端：
pro-「前に」と logos「言う」からなるギリシア語 prologos が、ラテン語を経て入ってきた古フランス語に由来する。

prolong [後期中英語]動（時間などを）延長する、（母音などを）長く延ばして発音する：
pro-「前に、前方に」と longus「長い」からなる、後期ラテン語 prolongare に由来する古フランス語 prolonguer が基になっている。

promenade [16世紀半ば]名遊歩、散歩、休憩、遊歩廊下、舞踏会；動…を散歩する、…を見せびらかしに連れて歩く：
当初は人前でのんびり歩くという意味だった。フランス語 promener「散歩する」の再帰動詞 se promener「歩く」の借入語である。

prominent [後期中英語]形突き出た、目立った、卓越した：
ラテンの動詞 prominere「突出する」から、当初の「突き出た」の意味が生じた。これは、prominere「突き出た」の現在分詞語幹である、ラテン語 prominent- に由来する。同系語に **prominence**名「卓越」があるが、これはラテン語 prominentia「突き出た」から生じ、後に廃語となったフランス語に由来する。英語の当初の意味は、「突き出たもの」だった。
→ EMINENCE

promiscuous [17世紀初頭]形乱交の、ごたまぜの、乱雑な：
ラテン語 promiscuus「差別しない」(miscere「混ぜる」に由来する) が基になっている。当初の意味は「混ざり合った要素からなる」で、そこから「差別しない」や「識別しない」を示すようになり、最終的に「無関心な」の意味が生じた。

promise [後期中英語]名約束、約束したこと、有望；動…を約束する、（…する）見込みがある、…を期待する：
promittere「（考えを）出す、約束する」(pro-「前に」と mittere「送る」から) の中性過去分詞であるラテン語 promissum「約束したこと」に由来する。
promissory [後期中英語]動「約束をほのめかす」は、同じラテン語が基になった動詞 promittere から生じた中世ラテン語 promissorius に由来する。

promontory [16世紀半ば]名岬、岬角
こう
かく：
ラテン語 promunturium の異形 (mons, mont-「山」の影響を受けている) である promontorium に由来する。
→ PROMINENT

promote [後期中英語]動…を促進する、増進する、…を昇進させる、（法案の）通過に努める：
pro-「前に、前方へ」と movere「動く」からなるラテン語 promovere「前へ進む」に由来する。同じ時期に生じた **promotion**名「昇進」は、ラテン語 promovere から生じた promotio(n-) が古フランス語を経て入ってきた。

prompt [中英語]形機敏な、即時（払い）の、せりふ付け役の；名刺激するもの、支払期限；副ちょうど、きっかけ；動…を刺激する、…を引き起こす：
ラテン語 promptus は、promere「作り出す」(pro-「外に出て、前へ」と emere「取る」から) の過去分詞が基になっている。当初は「行動を起こすように扇動する」という意味の動詞として使われた。この用法は、暗唱を思い出せずにできずに途

方に暮れている人を手助けする場面で用いられ、後期中英語に記録されている。形容詞は、古フランス語 *prompt* あるいはラテン語 *promptus* に由来し、これらは両方とも「明るみに出る」、「準備ができて、用意ができている、手元に」という意味だった。当初は「迅速に行動する」や「やる気満々だ」といった意味が見られた。

promulgate [16世紀半ば]働…を公布する、…を広める：

pro-「公になって、公的に」と *mulgere*「出てくるようにする」（文字通りには「引き出す」）からなるラテン語 *promulgare*「世間の目にさらす」に由来する。

prone [後期中英語]形…の傾向がある、うつ伏せの：

pro「前方へ」から生じたラテン語 *pronus*「前かがみになる」に由来する。「前方や下方へ傾く」の意味は、この語が表す様々な意味の核に反映されている。「うつ伏せの」(*prone* and supine「うつ伏せと仰向け」)、「下方に」(C・ブロンテ『ヴィレット』*Villette*：The storm seemed to have burst at the zenith; It rushed down *prone*「嵐は頂点に達したように思われた。突風は下に向かって突進した」)、「…しがちだ、…の傾向がある」(シェイクスピア『冬物語』*Winter's Tale*, II. i. 107：I am not *prone*, to weeping, as our sex Commonly are「女というものは、こういう場合泣くのがふつうでしょうが、私は泣きません」)。英語では最後の意味が、古くから最もよく使われている。

prong [15世紀後半]名先のとがった部分；働…を（とがった物で）突く：

かつてはフォーク型の道具を意味していた。中低地ドイツ語 *prange*「挟む道具」、あるいは中英語 *prag*「ピンで留める、釘で打ちつける」と同系であると思われる。17世紀初頭に *prag* の異形 *prog*「穴をあける道具」が現れた。動詞 *prong* が生じたのは19世紀半ばのことである。

pronoun [後期中英語]名代名詞：

pro-「…の代わりに」と *noun*「名詞」からなる。*noun* は、フランス語 *pronom*、ラテン語 *pronomen* (*pro-*「…のために、…の代わりに」と *nomen*「名前」より) から生じた。

pronounce [後期中英語]働…を発音する、…を(人に)申し渡す：

pronounce (古フランス語 *pronuncier* から) と **pronunciation**名「発音」(ラテン語 *pronuntiatio*(n-) から) は、両方ともラテン語 *pronuntiare* から同じ時期に生じた。基本要素は *pro-*「外に、外部へ」と *nuntiare*「知らせる」(*nuntius*「使者」から) である。動詞は主に、「権威をもって公表する」と「はっきりと発音する」を意味する。

proof [中英語]名証拠、証明、試験；形耐えられる、試験ずみの；働…を検査する、…に防水加工する：

当初の綴りは *preve* で、後期ラテン語 *proba* から派生した古フランス語 *proeve* に由来する。ラテン語 *probare*「テストする、証明する」が語源である。*prove* の影響から、後期中英語に母音が変化した。現在の動詞の意味（「防水にする」、「(印刷物の) 校正をする」）とアメリカ英語の「軽くなるまで（パン生地を）こねる」は19世紀後半に生じ、すべてに「テストをする」という意味が何らかの形で含まれている。

prop¹ [後期中英語]名支柱、支持者、【ラグビー】プロップ；働…を支える：

本当の由来はわかっていないが、中オランダ語 *proppe*「(ツルのための) 支柱」に由来すると思われる。ラグビー用語として使われるようになったのは、1950年代のこと。

prop² [19世紀半ば]名【演劇】小道具、小道具方：

property「所有物」の縮約形で、演劇の場面で使われる。
→ PROPERTY

propaganda［後期中英語］名宣伝、プロパガンダ、宣教：

近代ラテン語 *congregatio de propaganda fide*「信仰を伝播するための集会」がイタリア語を経て入ってきたもので、ローマ・カトリック教会の枢機卿(すうきけい)の委員会を指している。この委員会は外国伝道団に関与しており、1622年に教皇グレゴリウス15世によって設立された。「見方の偏った情報」という意味でこの語が使われるようになったのは、20世紀初頭のことである。

propagate［後期中英語］動(動植物を)繁殖させる、(報道・主義・思想などを)伝える：

ラテン語 *propagare*「取り木や若枝から繁殖する」が語源である。*propago*「若い茎」(語基の意味の「固定する」から)と同系である。

propel［後期中英語］動…を前進させる、(人を)駆り立てる：

当初は「追い出す、追い払う」を意味していた。これは *pro-*「前方に」と *pellere*「追いやる」からなる、ラテン語 *propellere* に由来する。*propel* から生じた *propeller* は18世紀後半に生じ、20世紀初頭から **prop** と省略されることがある。**propulsion** 名「推進力」(中世ラテン語 *propulsio(n-)* 経由で)は17世紀初頭は「排除、追い払うこと」を意味し、これもラテン語 *propellere*「…の前を走行する」に由来する。

propensity［16世紀後半］名(生まれつきの)傾向、性癖：

ラテン語 *propensus*「…の傾向がある」から生じた古語 *propense* が基になっている。*pro-*「前に、下に」と *pendere*「垂れ下がる」からなる *propendere* の過去分詞である。

proper［中英語］形適切な、適した、正式の、固有である；副完全に、礼儀正しく：

ラテン語 *proprius*「自分の、特別な」から生じた、古フランス語 *propre* に由来する。この語は英語に入る前に、ラテン語、ロマンス諸語、そしてフランス語で、すでに多くの意味に発展していた。主要な意味としては、次のようなものがある。「個別に適用される、特有の」(シェイクスピア『テンペスト』*Tempest*, III. iii. 59-60：even with such-like valour men hang and drown Their *proper* selves「そのような狂暴さから人間は首吊りや身投げに追いこまれるのだぞ」)。「規則に従う、正確な、完全に適用できる」(that is not, in a *proper* sense, true「それは厳密の意味では本当ではない」、「適切な、適した」(only right and *proper*「まさしく正当である」)。

property［中英語］名財産、所有物、所有(権)、特性：

古フランス語 *propriete* のアングロノルマンフランス語の異形に由来する。語源は *proprius*「自分の、特別な」から生じたラテン語 *proprietas* である。*property* は属性として、人 (personal *property*「個人財産」) あるいは物 (*properties* of a triangle「三角形の性質」) に存在するものを指す。
→ PROPER

prophet［中英語］名預言者、代弁者、物事を予想する人：

ギリシア語 *prophētēs*「スポークスマン」がラテン語を経て入ってきた古フランス語 *prophete* に由来する。*prophētēs* は、*pro-*「前に」と *phētēs*「話す人」(*phenai*「話す」より) からなる。**prophecy**［中英語］名「預言」もこのギリシア語の語基から派生した。*prophecy* は、ギリシア語 *prophēteia* が後期ラテン語を経て入ってきた、古フランス語 *profecier* に由来する。**prophesy**［中英語］動「預言する」は、*profecie* から生じた古フランス語 *profecier* に由来する。動詞 *prophesy* と名詞 *prophecy* の綴りの違いは、1700年までは見られなかった。**prophetic** 形「預言的な」は15世紀後半に生じ、ギリシア語 *prophētikos*「予測」から生じた、フラン

ス語 *prophétique*、あるいは後期ラテン語 *propheticus* に由来する。

propitious ［後期中英語］形幸運な、(…に) 好意的な：

古フランス語 *propicieus* に由来するか、あるいはラテン語 *propitius*「好意的な、親切な」が基になっている。

proportion ［後期中英語］名割合、つり合い、大きさ、部分；動…をつり合わせる、…を割り当てる：

pro portione「(それの、あるいは人の) 割り当てについては」というラテン語表現が語源である。*proportion* は、ラテン語 *proportio(n-)* が古フランス語を経て入ってきた。out of *proportion*「不釣合いな」という表現は18世紀初頭に生じた。同系語の **proportional** 形「つり合った」は後期中英語に生じ、*proportio(n-)* から派生した後期ラテン語 *proportionalis* に由来する。

propose ［中英語］動提案する、企てる、推薦する、(結婚を) 申し込む：

ラテン語 *proponere*「(考えを) 出す」から生じた古フランス語 *proposer* に由来するが、ラテン語 *propositus*「(考えを) 出す、あるいは説明する」と古フランス語 *poser*「置く」の影響を受けている。ラテン語 *proponere* は、**proposition**［中英語］名「提案、命題」(ラテン語 *propositio(n-)* から生じた古フランス語より) の基にもなっている。動詞が生じたのは1920年代のこと。**propound**［16世紀半ば］動「(理論などを) 提出する」は古語 *propone* が変化したもので、ラテン語 *proponere*「(考えを) 出す」に由来する。語尾に *-d* がついたのは、*expound* や *compound* にならったものと思われる。**proponent**［16世紀後半］名「提案者、擁護者」は *proponere* の現在分詞語幹であるラテン語 *proponent-* に由来する。

proprietary ［後期中英語］形所有者の (ような)、私有財産として所有される；名所有者、所有権：

元々は資産を持った修道会のメンバーを指していた。*proprietas* から生じた後期ラテン語 *proprietarius*「所有者」に由来する。16世紀後半から使われるようになった形容詞は「所有者に属している」を意味し、現代では、特許をとった製造物 (*proprietary* brand「自社ブランド」) を指して使われている。
→ PROPERTY

propriety ［後期中英語］名作法、適当さ、礼儀作法：

当初は「特性、本質」を意味していた。ラテン語 *proprietas* から生じた古フランス語 *propriete* に由来する。「一区画の土地、個人の所有物」という意味はすでに廃れているが、アメリカの歴史的文献に見られる。現在の用法は、*proper*「固有の」、「適切な」の様々な意味に関連している。
→ PROPER; PROPERTY

proscribe ［後期中英語］動…を法律で禁止する、追放する：

「追放する」が当初の意味である。*proscribe* は、*pro-*「前に」と *scribere*「書く」からなるラテン語 *proscribere* に由来する。

prose ［中英語］名散文 (体)、単調、翻訳練習問題；動平凡に書く：

ラテン語 *prosa (oratio)*「率直な (会話)」が古フランス語を経て入ってきた語である。*prosa* は *prosus* の女性形で、当初は *prorsus*「率直な」であった。16世紀後半に生じた **prosaic** 形「散文体の」は当初、「散文家」という意味の名詞として使われた。これは、ラテン語 *prosa*「率直な (会話)」から生じた、後期ラテン語 *prosaicus* に由来する。形容詞の現在の「詩的美に欠けた」、「ありきたりな言葉」という意味は18世紀半ばに生じた。

prosecute ［後期中英語］動…を遂行する、(人を) 起訴する：

当初の意味は「(行動を) 続ける」だった。*pro-*「前方へ」と *sequi*「続く」からなるラテン語 *prosequi*「続ける、付随して起

こる」に由来する。prosecution图「起訴」は16世紀半ばに生じ、当初は「行動の連続」を意味していた。後期ラテン語 prosecutio(n-) から生じた、古フランス語あるいは prosequi に由来する。

proselyte ［後期中英語］图新しく帰依した人、改宗者；動改宗する：
ギリシア語 prosēluthos「見知らぬ人、改宗者」が後期ラテン語を経て入ってきたものである。prosēluthos は、proserkhesthai「近づく」の過去形語幹 prosēluth- に由来する。

prospect ［後期中英語］图見込み、ながめ、有望な人；動（金などを）探し求める、（鉱山が）見込みがある：
当初は遠くのものを見る行為を表す名詞として使われた。prospicere「前方を見る」(pro-「前方へ」と specere「見る」より）から生じたラテン語 prospectus「光景」に由来する。当初の景色という意味から、16世紀半ばに「心象」の意味が生じた。ここからさらに、「予期された出来事」（例：The prospect is daunting「見通しは困難だ」）という意味に発展した。prospective形「予想される」は、16世紀後半に「将来に目を向ける、先見の明がある」という意味で生じた。ラテン語 prospectus から生じた、廃語となったフランス語 prospectif, -ive、あるいは後期ラテン語 prospectivus に由来する。

prospectus ［18世紀半ば］图内容見本、趣意書、案内書：
文字通り「見解、見通し」を意味するラテン語の英語用法である。pro-「前方へ」と specere「見る」からなる、動詞 prospicere に由来する。
→ PROSPECT

prosperity ［中英語］图繁栄、順境：
古フランス語 prosperite が語源で、prosperus「うまくいく」から生じたラテン語 prosperitas に由来する。prosper ［後期中英語］動「栄える」と同じ語基である。prosper は、ラテン語 prosperare から生じた、古フランス語 prosperer に由来する。prosperous形「繁栄している」も後期中英語で、ラテン語 prosperus から生じた、古フランス語 prospereus に由来する。

prostitute ［16世紀半ば］图売春婦；動売春する、（名誉を）売る：
当初は動詞として使われた。pro-「前に」と statuere「設置する、置く」からなる、ラテン語 prostituere「公にさらす、売り物として出す」に由来する。

prostrate ［中英語］形ひれ伏した、敗北した；動…を倒す、衰弱する：
pro-「前に」と sternere「（殴り）倒す」からなる、prosternere「投げ捨てる」の過去分詞であるラテン語 prostratus に由来する。

protagonist ［17世紀後半］图（主義などの）主唱者、（運動などの）指導者、主人公：
劇の「主人公」を意味するこの語は、prōtos「一番重要な」と agōnistēs「俳優」からなるギリシア語 prōtagōnistēs に由来する。

protection ［中英語］图保護、保護する物、保護貿易制度、旅券：
古フランス語から、後期ラテン語 protectio(n-) に由来する英語 protection が生じた。語源はラテン語 protegere「表紙」で、ここから protect ［後期中英語］動「保護する」も生じた。基本要素は pro-「前に」と tegere「覆う」である。protector ［後期中英語］图「保護者」は、後期ラテン語 protector から生じた古フランス語 protectour に由来する。

protein ［19世紀半ば］图蛋白質：
フランス語 protéine、ドイツ語 Protein に由来する。protos「第一の」から生じた、ギリシア語 prōteios「主要な」が基になっている。proteins は絶対に必要なもの、つまり「主要な」ものであり、すべての生体の一部である。

protest ［後期中英語］名抗議、不本意；動抗議する、異議を申し立てる：

当初は「厳粛に宣言する」という意味の動詞として使われた。pro-「前に」とtestari「主張する」からなるラテン語protestariに由来する古フランス語protesterから派生した。protestation［中英語］名「明言、断言」と同様、ラテン語testis「証言する」が語基である。protestationは、ラテン語protestatio(n-)（protestariから）が古フランス語を経て入ってきたものである。宗教用語のProtestant名「プロテスタント」は、ドイツ語あるいはフランス語を経て英語に入ってきた。宗教改革の提唱者マルティン・ルターに共鳴するドイツ国内の諸侯や都市が神聖ローマ帝国皇帝カール5世に対して宗教改革を求める抗議書を送った。そのためプロテスタント（抗議者）と称されることになった。複合語に以下がある：
■ **Protestant ethic**「プロテスタント流の労働倫理（勤労第一主義）」は、人の責任は重労働を通して成功を勝ち取ること、という考え方のことで、ドイツ語 *die protestantische Ethik* を訳したものである。これは1904年に、カルヴァンの教義と資本主義の台頭との関係を論じた論文の中で、経済学者マックス・ウェーバーが造った語である。

語形成

接頭辞の **proto-**（ギリシア語 protos「第一の」から）がつくと、次の意味が加わる。
■「最初の、初期の」［prototype］「原形」
■「第一の、前の」［protozoon］「原生動物」

---

protocol ［後期中英語］名外交儀礼、条約原案：

元々契約の覚書を指し、それに関する取引の法的権限を形作った。古フランス語 *prothocole* に由来し、*prothocole* は *prōtos*「第一の」と *kolla*「接着剤」からなるギリシア語 *prōtokollon*「先頭ページ、見返しの白紙のページ」が、中世ラテン語を経て入ってきたものである。国政などを管理する「正式な手続き」の意味は、フランス語 *protocole* から派生した。これは、フランスの国家元首が守るべきしきたりを集約したもので、これに関与している政府の省の名前として使われた（19世紀）。

protract ［16世紀半ば］動長引かせる：

pro-「外に」と *trahere*「引き出す」からなるラテン語 *protrahere*「引き延ばす」に由来する。以前は *protract time* という表現が使われていたが、現在は廃れている。同じ時期に生じた **protraction**名「長引かすこと、延長」は、フランス語、もしくは *protrahere* から生じた後期ラテン語 *protractio(n-)* に由来する。

protrude ［17世紀初頭］動…を突き出す：

「（何かを）前方へ強く押す」が当初の意味である。*pro-*「前に」と *trudere*「強く押す」からなるラテン語 *protrudere* に由来する。

protuberant ［17世紀半ば］形隆起した：

pro-「前に、外に」と *tuber*「隆起」からなる *protuberare*「ふくらむ」の現在分詞語幹である、後期ラテン語 *protuberant-* に由来する。同じ時期に生じた **protuberance**名「突起物、こぶ」の語基でもある。

proud ［後期古英語］形誇りを持っている、いばる、誇れる、増水した；副増水して：

後期古英語 *prūt, prūd* は、「自分自身の価値を高く評価する」を意味していた。古フランス語 *prud*「勇敢な」に由来し、ラテン語 *prodesse*「価値がある」が基になっている。「わずかに突出した」という意味（stood *proud* of the surrounding surface「周囲の表面から盛り上がった」）が、19世紀の英語方言で特殊な意味として記録されているが、後期中英語では、*proud* flesh「肉芽組織」（回復期創傷の端に沿って隆起した肉）という表現で使われている。

prove ［中英語］動…を証明する、…と

いうことを立証する、…をためす、(事の) 真偽を示す：

ラテン語 probus「良い」から生じた probare「テストする、良いと考える、実演する」が基になった古フランス語 prover に由来する。パンを焼く場面で使われるようになったのは、19世紀半ばのことである。

provenance ［18世紀後半］名（芸術作品などの）起源、出所：

フランス語の動詞 provenir「由来する、起因する」に由来する。ラテン語 provenire が基になっており、pro-「前に」と venire「来る」からなる。

proverb ［中英語］名ことわざ、評判になっている人：

pro-「前に（置く）」と verbum「言葉」からなる、ラテン語 proverbium から生じた古フランス語 proverbe に由来する。格言とは、みんなに親しみのある真実として「提示された」言葉を指すからである。proverbial ［後期中英語］形「ことわざの」は、proverbium から派生した、ラテン語 proverbialis に由来する。

provide ［後期中英語］動…を与える、供給する、(…と) 規定する：

当初は「準備をする、用意をする」という意味であった。これは、pro-「前に」と videre「見る」からなる、ラテン語 providere「予見する、世話をする」に由来する。後期中英語の provision も「先見の明」の意味があった。provision は、providere から生じたラテン語 provisio(n-) が、古フランス語を経て入ってきたものである。「食糧供給」という意味の複数形 provisions は、17世紀初頭から用いられている。動詞は19世紀初頭に現れた。

providence ［後期中英語］名（神の）摂理、神、先見の明：

providere「予見する、世話をする」から生じたラテン語 providentia が基になった古フランス語に由来する。**provident** ［後期中英語］形「先見の明のある」も同じ動詞が語源である。providential ［17世紀半ば］形「神の」は evidential にならい、providence から派生した。
→ PROVIDE

province ［後期中英語］名州、地方、領域、領土：

ラテン語 provincia「教区、州」から生じた古フランス語に由来するが、最終的な起源は不詳。provincial 形「州の、地方の」は後期中英語で、ラテン語 provincialis「州に属している」から生じた古フランス語に由来する。18世紀半ばから、「狭量、視野の狭さ」の意味を表すようになった。

proviso ［後期中英語］名（条約などの）但し書き：

ラテン語 providere「予測する、提供する、世話をする」から生じた、中世ラテン語の成句 proviso (quod)「…という条件で」に由来する。provisory ［17世紀初頭］形「但し書きの」は、同じラテン語の動詞が、フランス語 provisoire あるいは中世ラテン語 provisorius を経て入ってきたものである。

provoke ［後期中英語］動…を怒らせる、引き起こす、刺激して…させる：

当初は「引き起こす、召集する」という意味であった。ラテン語 provocare「…を引き起こす、挑戦する」(pro-「前へ」と vocare「呼ぶ」より) から生じた、古フランス語 provoquer に由来する。語基のラテン語は provocation ［後期中英語］名「挑発」と同じ。provocation はラテン語 provocatio(n-) から生じた古フランス語に由来し、同じ時期に生じた provocation は、後期ラテン語 provocativus から生じた古フランス語 provocatif, -ive に由来する。

provost ［後期古英語］名学長、監督者、市長、司祭長：

当初の綴りは profost「章の頭、先の」だった。中英語の時期にアングロノルマンフランス語 provost によって一般に広まった。provost は、ラテン語 praeposi-

tus「リーダー、長」と同義語の、中世ラテン語 *propositus* に由来する。

prow［16世紀半ば］名船首、へさき、船：
プロヴァンス語 *proa* から生じた、古フランス語 *proue* に由来する。*proa* は、ギリシア語 *prōira* がラテン語を経て入ってきたものである。*prōira* は、ラテン語 *pro*「前に」が基になっている。

prowess［中英語］名(特に戦場での)勇気、すぐれた能力：
当初の意味は「戦闘での勇敢さ」であった。これは、*prou*「勇敢な人」から生じた古フランス語 *proesce* が基になっている。「特定の活動における技能」という意味は、20世紀初頭に生じた。

prowl［後期中英語］動こそこそうろつく、ぶらぶらと見て回る；名うろつく：
語源不詳。英語以外の同系語はないと思われる。当初は「何かを探して動き回る」という意味であった。

proximity［15世紀後半］名(…に)近いこと、近接：
proximus「最も近い」から生じたラテン語 *proximitas* が基になった、フランス語 *proximité* に由来する。*proximus* と、16世紀後半に生じた **proximate** 形「最も近い」(ラテン語 *proximare*「だんだんと近づく」の過去分詞 *proximatus*) は同じ語基である。

proxy［後期中英語］名代理、代理人：
procuracy の縮約形で、「代理人の部屋」を意味している。
→ PROCURATOR

prude［18世紀初頭］名(性的に度を超えて)お堅い人：
フランス語 *prudefemme* からの(接尾辞の削除による)逆成語である。*prou*「立派な人」から生じた *prud'homme*「善良で誠実な人」の女性形である。古フランス語 *prude* は称賛の意だったが、英語は当初から逆の意味を表していた。

prudent［後期中英語］形用心深い、打算的な、倹約する：
provident-「予測する、世話をする」の縮約形である古フランス語あるいはラテン語の *prudent-* に由来する。**prudential**［後期中英語］形「慎重な」は evidential にならい、*prudent* から派生した。
→ PROVIDENCE

prune¹［中英語］名干しスモモ、まぬけ：
古フランス語に由来する。ギリシア語 *prou(m)non*「プラム」がラテン語を経て入ってきたものである。

prune²［15世紀後半］動(余分の枝などを)切り取る、(余分なものを)取り除く：
当初は「簡潔にする、なくてもよいものを受け入れないことで減らす」の意だった。語源は古フランス語 *pro(o)ignier* で、ラテン語 *rotundus*「大体の」が基になっていると思われる。ガーデニングで使われるようになったのは16世紀後半のことである。

prurient［16世紀後半］形(病的なほど)好色な、わいせつな：
当初の意味は「精神的にむずがゆい」だった。動詞 *prurire*「かゆい、切望する」と「好色にふける」の現在分詞語幹であるラテン語 *prurient-* が語源である。

pry［中英語］動(…を)のぞき込む、詮索する:
「物見高くじっと見る」が当初の意味である。語源は不詳。動詞 *peer*「じっと見る」は、形は似ているが、*pry* より後に生じた。

psalm［古英語］名賛美歌、詩篇；動…を賛美歌で祝う：
古英語 (*p*)*sealm* は、*psallein*「引っ張る」から派生したギリシア語 *psalmos*「ハープの音楽で歌う歌」が、教会ラテン語を経て入ってきたものである。15世紀後半に表れた **psalmist** 名「聖歌(賛美歌)の詩作者」は後期ラテン語 *psalmista* に由来し、ギリシア語 *psalmos* が基になっ

pseud ［1960年代］名 気取り屋、ペテン師：
pseudo ［後期中英語］名「いかさま師」の省略形であり、接頭辞語の pseudo- とは関係がない。ギリシア語 pseudēs「虚偽の」、pseudos「嘘」に由来する。

pseudonym ［19世紀半ば］名 偽名、ペンネーム：
フランス語 pseudonyme に由来する。pseudonyme は、pseudēs「嘘の」と onoma「名前」からなるギリシア語 pseudōnymos から派生した。

psyche ［17世紀半ば］名 プシュケー、精神【精神分析】プシケ、サイキ：
ラテン語を経て入った。元は、ギリシア語 psukhē「呼吸、命、魂」である。psychic ［19世紀初頭］形「精神の」は、ギリシア語 psukhē から生じた psukhikos に由来する。この語基は、科学用語の psychology 名「心理学」(17世紀後半に近代ラテン語 psychologia から生じた）と psychiatry 名「精神医学」(19世紀半ばに、iatros「治療者」から生じたギリシア語 psukhē と iatreia「治療」より）の第1要素に含まれている。

psychedelic ［1950年代］形 幻覚を起させる、幻覚的な、幻覚剤の：
この語は薬による幻覚作用を指し、不規則な語形成である。すなわち、psyche とギリシア語 dēlos「明らかな、明白な」が結合し、それに接尾辞 -ic がついている。psychedelia「サイケデリックなもの」名 は、1960年代に psychedelic からの逆成（接尾辞の除去）で生じた。

pub ［19世紀半ば］名 パブ、酒場：
public house の省略形である。

puberty ［後期中英語］名 思春期、【法律】成熟期：
pubes「性器」と同系の puber「大人」から生じた、ラテン語 pubertas に由来する。

ギリシア語 pubes「股間」が pubescent ［17世紀半ば］形「思春期に達した」の基になっている。これはフランス語あるいはラテン語の pubescent- に由来する。pubescent- は pubescere「思春期に入る」の現在分詞語幹である。

public ［後期中英語］形 公の、公開の、公的な、公然の；名 一般の人々、…階層：
poplicus「人々の」(populus「人々」から）と pubes「大人」が混ざったラテン語 publicus から生じた古フランス語に由来する。複合語に以下がある：
■ **public school** ［16世紀後半］「パブリックスクール」は、公費で維持されている学校を指すラテン語 publica schola に由来する。イギリスの public school (1580年から使われている）は、元々公的管理で運営されるグラマー・スクールを指していた。グラマー・スクールは（領主の利益のために運営されているプライベート・スクールと比較して）公衆の利益のために設立された。19世紀以降、昔の寄贈されたイギリスのグラマー・スクールと、それらをモデルとした新しい学校に適用されるようになり、それが授業料を払う寄宿制の学校に発展した。
→ PUBLISH

publican ［中英語］名 パブの主人、収税吏：
当初は「税の集金人」(例：聖書に記されている publicans and sinners「収税吏と罪人」）という意味だった。ラテン語 publicanus から生じた、古フランス語 publicain に由来する。publicanus は、publicus「人の」の中性形（名詞として使われる）である publicum「公的な収入」に由来する。「パブを経営する人」の意味は18世紀初頭に生じた。

publish ［中英語］動 …を出版する、…を発表する：
当初は「一般に知らせる」の意で用いられ、古フランス語 puplier の語幹に由来する。puplier は、publicus から生じたラテン語 publicare「公表する」が基になっている。publication ［後期中英語］名 は、

「公表、あるいは、宣言」を意味する。*publicare*から生じたラテン語*publicatio*(*n*-)が、古フランス語を経て入ってきた。*public*「公の」から生じたフランス語*publicité*から派生した**publicity**名「評判、広告」は、18世紀後半から用いられている。

→ PUBLIC

puce [18世紀後半]名形暗褐色 (の)：

「ノミ」を意味するフランス語に由来し、そこから「暗褐色」の意味が生じた。ラテン語 *pulex, pulic-* から派生した。

pucker [16世紀後半]動…にひだをつける、しわを寄せる；名ひだ、しわ：

pocket「ポケット、袋」の語基からの反復動詞と思われる。小さな財布のようなギャザーを意味している。

pudding [中英語]名プディング、肉の腸詰め、プディング状のもの：

元々は black *pudding*「ブラックプディング」のようなソーセージを意味していた。ラテン語 *botellus*「ソーセージ、小腸」から生じた、古フランス語 *boudin*「ブラックプディング」に由来すると思われる。当初、材料を袋 (*pudding* cloth) に入れてゆでていたが、調理法がしだいに変化し、ゆでる、蒸す、そして後に焼くが加わった。

puddle [中英語]名水たまり、小さな液体のたまり；動(水)を濁す、…をこね土にする：

古英語 *pudd*「溝、わだち」の指小辞語である。ドイツ語方言 *Pfudel*「プール」と同系である。

puerile [16世紀後半]形子供の、子供っぽい：

「少年のような」が当初の意味である。*puer*「少年」から生じたフランス語 *puéril*、あるいはラテン語 *puerilis* に由来する。軽視的な意味は17世紀後半に生じた。

puff [中英語]名ぷっと吹くこと、(タバコなどの) 一服、(クリームなどを詰めた) パイ皮；動(風などが) ぴゅうっと吹く、(人が) 息を切らす：

息の音を表す擬音語で、古英語 *pyf* (名詞)、*pyffan* (動詞) に由来すると思われる。「息を吹くこと」という意味のほかに、「膨らんだ形」(*puff* sleeves「ギャザーをつけてふくらませた袖」)、「自慢する人」(現在では廃れた意味) そして「優柔不断」という意味がある。

pugnacious [17世紀半ば]形けんか早い、けんか好きな：

ラテン語 *pugnax, pugnac-* が基になっている。*pugnus*「握り拳」から生じた *pugnare*「戦う」に由来する。

puke [16世紀後半]動吐く、もどす；名へど (を催させる人)：

擬音語と思われる。シェイクスピアの『お気に召すまま』*As You Like It*, II. vii. 143-144で、初めて動詞として使われた：At first the infant, mewling and *puking* in the nurse's arms「まず第一幕は赤ん坊、乳母に抱かれて泣いたりもどしたり」。

pull [古英語]動引く、引き抜く、牽引する、引きちぎる；名引くこと、ひと飲み：

語源不詳。短く鋭い動きから持続的な力の一種を表すようになり、この意味が発展した。*pull* と pluck「引き抜く」はゲルマン語初期につながりがあった可能性はあるが、歴史的証拠に欠ける。

pullet [後期中英語]名(卵を生みはじめた) 若いめんどり：

古フランス語 *poule* の指小辞語 *poulet* に由来する。*poulet* はラテン語 *pullus*「ニワトリ、動物の子」の女性形から生じた。

pulley [中英語]名滑車、ベルト車：

polos「中心、軸」の中世ギリシア語の指小辞語から生じたと思われる古フランス語 *polie* に由来する。

pulp [後期中英語]图(柔らかい)果肉、柔らかい状態、パルプ、低俗雑誌:
　当初は果物の柔らかい多肉質の部分を指していた。その起源はラテン語 *pulpa* である。動詞は17世紀半ばに生じた。*pulp* fiction「安物の、低級の小説」という表現は、元々「質の悪い短命の文学」(1930年代)という意味の *pulp* がアメリカで用いられるようになったもの。

pulpit [中英語]图説教壇、高い台、説教師、説教:
　ラテン語 *pulpitum*「足場、壇」に由来する。英語でも当初、この意味で用いられていたが、現在では廃れている。こうした壇は公の表明や討論のためのものだった。中ラテン語の時期に *pulpitum* は「説教壇」を意味するようになった。英語で説教との関連で使用されるようになったのは、17世紀初頭のことである。

pulse¹ [後期中英語]图脈拍、律動(音)、(人の)意向、(光・音の)波動; 動脈打つ、脈動する:
　フランス語 *pellere*「駆り立てる、鼓動する」に由来する。**pulsate**動「脈を打つ」は18世紀後半から用いられ、ラテン語 *pulsare*「鼓動する」が基になっている。*pulsare* は *pellere*「駆り立てる、鼓動する」の反復動詞である。

pulse² [中英語]图豆類:
　ラテン語 *puls*「粗びき粉あるいは豆のポリッジ」から生じた古フランス語 *pols* に由来する。
　→ POLLEN

pulverize [後期中英語]動…をひいて粉末にする、(議論などを)粉砕する:
　pulvis, pulver-「粉末」から生じた後期ラテン語 *pulverizare* に由来する。

pummel [16世紀半ば]图鞍頭(くらがしら)、柄頭(つかがしら):
　pommel の異形である。
　→ POMMEL

pump¹ [後期中英語]图ポンプ、ポンプでくみ上げること; 動…をポンプでくむ、ポンプで注入する、水をくみ出す、…を上下に動かす:
　オランダ語 *pomp*「船のポンプ」と同系である。当初は「木製あるいは金属製の導管」という意味だった。一部は擬音語が起源だと思われる。水をくみ上げるための機械は古代と中世の用法だが、15世紀以前に英語で *pump* が使われた証拠は見られない。当初は船底の水をくみ出すことを意味する航海用語だった。

pump² [16世紀半ば]图パンプス、舞踏用の靴:
　tennis *pumps*「《英俗》テニスシューズ」の *pump* の語源は不詳。他の言語で、形や意味が似ている語は見つかっていない。

pun [17世紀半ば]图だじゃれ; 動(…を)もじる、しゃれを言う:
　廃語となった *pundigrion* の省略形と思われる。*punctilio*「些細な点」(イタリア語 *puntiglio*「小さな点」から)が一風変わった変形をしたものである。

punch¹ [後期中英語]動…をげんこつでなぐる、…を棒でつつく; 图げんこつのひと打ち、力:
　当初、「パンクさせる、突く」という意味で動詞として使われた。*pounce*「襲いかかる」の異形である。
　→ POUNCE

punch² [16世紀初頭]图(切符用の)穴あけばさみ、穿孔器、型抜き器; 動(パンチで)穴をあける、圧印する:
　中英語 *puncheon* (ラテン語 *pungere*「刺す」が古フランス語を経て入ってきたもの)の省略形、あるいは動詞 *punch* に由来すると思われる。
　→ PUNCH¹

punch³ [17世紀半ば]图パンチ、ポンチ:
　サンスクリット語 *pañca*「5、5種類の」に由来すると思われる。元々はこの飲料

が5つの材料で作られていたことによる。

punch⁴ [17世紀半ば][名]パンチ（かぎ鼻で猫背の人形）：

as pleased as Punch「大喜びで」の punch は、Punch and Judy Show「パンチとジュディの人形劇」の主人公で、グロテスクな鉤鼻の男性キャラクターに関係している。これはストック・キャラクターの英語形で、元々はイタリア語 commedia dell'arte に由来する。この表現は当初、背が低くて太った人（そこから、足が短くてずんぐりした種類の馬 Suffolk punch に用法が拡張した）を意味する方言として使われた。元々は Punchinello の省略形で、ナポリ方言の Polecenella (pollecena「かぎ状のくちばしを持った子供の七面鳥の雄」と同系だと思われる)の異形である。

punctilious [17世紀半ば][形]細心の、きちょうめんな：

イタリア語 puntiglio「小さな点」に由来するフランス語 pointille から生じた pointilleux が基になっている。この語は、細かいところに気を配ることを意味している。

punctual [後期中英語][形]時間を守る、きちょうめんな：

ラテン語 punctum「点」から生じた中世ラテン語 punctualis に由来する。この語には主に4つの意味の分枝がある。廃語となった「先の尖った」(punctual instrument「穿刺器具」)、「点で作られた」(punctual mark「点の印」)、「要領を得た」(a punctual story「要領を得た話」)、「正確な、的確な、適時の」(punctual time「定時」、punctual revolt「時宜を得た反乱」)そして「約束の時間を厳守する」(always punctual for his appointment「いつも約束の時間を守る」)。

punctuate [17世紀半ば][動]…に句読点をつける、何度も中断する、…を強調する：

当初は「指摘する」という意味だった。punctum「点」から生じた中世ラテン語 punctuare「点をつける」に由来する。She punctuated her speech with giggles「彼女は笑ってスピーチを中断した」のような例で使われるようになったのは、19世紀初頭のことである。punctuation[名]「句読法」は同じ動詞から中世ラテン語 punctuatio(n-) を経て生じた。

puncture [後期中英語][動]…を刺す、…を台なしにする；[名]刺すこと、穴：

元々は「尖った道具で目打ちする、刺す」という一般的な意味を持っていた。pungere「刺す」から生じたラテン語 punctura に由来する。動詞は17世紀後半に生じた。19世紀後半から、puncture wound「刺し傷」、puncture proof「証明を否定する」のように組み合わせて使うようになった。

pundit [17世紀後半][名](インドの)賢者、博学者：

サンスクリット語 pandita「博学な」が語源である。「学者」という意味に変わったのは、19世紀初頭のこと。

pungent [16世紀後半][形](味覚を)強く刺激する、辛辣な、刺激する：

当初は「とてもつらい、悲惨な」という意味だった。ラテン語 pungere「刺す」が語源である。現在では廃れてしまった「心に残る」の意味は、17世紀初頭に使われていた（ピープス『日記』Diary：A very good and pungent sermon ... discoursing the necessity of restitution「補償についてのとても良い心に残る説教」)。

punish [中英語][動]罰する、(人を)ひどいめにあわせる、…をどんどん飲み食いする：

ラテン語 punire から生じた punir「罰する」の語基が延びた、古フランス語 puniss- に由来する。語基はラテン語 poena「刑罰」。「困難や苦難を引き起こす」(例：punishing work schedule「耐え難い仕事のスケジュール」）という意味

に変化したのは、19世紀初頭のことである。同じラテン語が基になった語に、**punishment**［後期中英語］图「罰」（動詞 punir から生じた古フランス語 punissement より）、そして **punitive**［17世紀初頭］图「罰の」がある。punitive は、punire から生じたフランス語 punitif, -ive、もしくは中世ラテン語 punitivus に由来する。

punk［17世紀後半］图くだらない人間、くだらないもの、売春婦、パンク調；图低俗な、気分がさえない、パンク調の：

元々アメリカの語で、かびが生えて柔らかくもろくなった、火口として使われた木の意である。この語はいくつかの点で、古語 punk「売春婦」と spunk「朽ち木、火口」と同系であると思われる。20世紀初頭から、アメリカ英語で軽蔑的に使われるようになった（例：Stop right there, punk!「そこまでだ、青二才！」。1970年代以降、（攻撃的な歌詞が特徴的な ロック・ミュージックに関心がある）「パンクロック・ミュージシャン」を意味するようになった。

punnet［19世紀初頭］图（果物を売るための）小さな木製のかご：

重さの単位「ポンド」を意味する方言の pun と同系だと思われる。

punt［古英語］图平底小舟；動（平底小舟を）さおで進める：

ラテン語 ponto に由来し、平底のフェリーボートを意味している。16世紀初頭に、同じ起源の中低地ドイツ語 punte、あるいは中オランダ語 ponte「フェリーボート」を再び採り入れたものである。

punter［18世紀初頭］图（競馬で）賭けをする人、消費者、売春婦の客：

元々はあるトランプゲームで、胴元に対抗して賭けるプレイヤーを意味していた。19世紀後半には競馬で小さな額を賭ける人を指す語となった。「依頼人」あるいは単に「人」を意味する口語の一般的用法は、1960年代に生じた（例：The bootsale went well, with most punters satisfied with their bargains「ほとんどの人がバーゲン品に満足し、そのトランクセールはうまくいった」)。「胴元に対して掛け金をかける」という意味の **punt**［18世紀初頭］動「賭ける」に由来する。punt は同じ意味のフランス語 ponter から生じた。

puny［16世紀半ば］图小さくて弱い、取るに足りない：

当初はより若いあるいは年下の人を指す名詞として使われた。文字通りには「後に生まれる」を意味する、古フランス語に由来する puisne（若手の判事を意味する法律用語）の発音から類推される綴りである。

pupil¹［後期中英語］图生徒、弟子：

「児童・生徒」を指す pupil は、当初は「孤児、保護される者」を指していた。ラテン語 pupillus (pupus「少年」の指小辞語）と pupilla (pupa「少女」の指小辞語）から生じた、古フランス語 pupille に由来する。

pupil²［後期中英語］图瞳、瞳孔：

pupa「人形」と同系の古フランス語 pupille、あるいはラテン語 pupilla「女の子」に由来する。これは目に映った小さな反射像が基になっている。

puppet［16世紀半ば］图操り人形、指人形、手先；图操り人形の、操られる：

当初は単に「人形」を意味していた。これは poppet のより新しい形だが、一般的に好ましくない意味を持っている。政治の場面で「他人にコントロールされる人や国」を意味するようになったのは、16世紀後半のことである。
→ POPPET

puppy［15世紀後半］图子犬、キツネ、オットセイなどの子、(生意気な)青二才：

当初は女性のペットとして飼われた「小さなペット犬」だった。古フランス語 poupee「人形、おもちゃ」に由来し、方言

の puppy (puppy-show「人形芝居」のような) と同義の puppet に関係があると思われる。「生意気な若者」という軽蔑的な意味 (例：young, shallow-brained puppy「若いばかな青二才」) で使われるようになったのは、16世紀後半のことである。これと同じ時期に、pup 名 が「横柄な若者」という意味で使われるようになった。これは指小辞語と誤解された puppy からの逆成 (接尾辞を削除したもの) である。
→ PUPPET

purchase [中英語] 動 購入する、買える；名 購入、買い物、購入品：

古フランス語 pourchacier「手に入れたり引き起こしたりしようとする」に由来する。英語でも当初は、この意味で使われたが、まもなく「獲得する」の意味が生じた。これは航海用法で、碇を引き上げるときに、ロープを (両手でたぐって) 次々に「獲得する」意である。「獲得する」から「買う」の意味が生じた。

pure [中英語] 形 純粋な、清い、純潔な、まったくの：

ラテン語 purus から生じた古フランス語 pur「純粋な」に由来する。この語は意味的に「他のものと (物理的に) 混ざっていない」(例：pure gold「純金」)、「(一般に) 混ざっていない」(例：pure lineage「純粋な血統、純血」)、そして「転訛や汚染のない」(例：pure French「純粋なフランス語」、a maiden pure「純な少女」) に拡張している。**purify** [中英語] 動 「浄化する」(ラテン語 purificare から生じた古フランス語 purifier より)、**purity** [中英語] 名 「清らかさ」(古フランス語 purete から。後に後期ラテン語 puritas に同化された)、そして **purist** [18世紀初頭] 名 「純粋主義者」(pur「純粋な」から生じたフランス語 puriste より) は、ラテン語 purus が基になっている。16世紀と17世紀におけるイギリスのプロテスタントの諸派の総称 **Puritan** 名 「ピューリタン」という語は、後期ラテン語 puritas「清らかさ」が基になっている。ピューリタンは崇拝の形式を単純なものにしようとした。

purgatory [中英語] 名 煉獄、苦難；形 浄罪の、清める：

精神的な浄化と清めの場を意味し、アングロノルマンフランス語 purgatorie、あるいは中世ラテン語 purgatorium に由来する。purgatorium は、後期ラテン語 purgatorius「浄化すること」の中性形 (名詞として使われる) である。purge の基になった動詞は、ラテン語 purgare「清らかさ」である。
→ PURGE

purge [中英語] 動 (不純なものを) 取り除く、追放する；名 追放、下剤：

purus「純粋な」から生じたラテン語 purgare「浄化する」に由来する古フランス語 purgier が基になっている。同じラテン語の動詞から **purgative** [後期中英語] 形 「下剤の」が生じ、医療の場面で使われている。この purgative は、後期ラテン語 purgativus から生じた、古フランス語 purgatif, -ive に由来する。

purloin [中英語] 動 (…を) 盗む、盗み取る：

当初は文語体で「少し離れて置く」という意味で使われていた。これは、pur-「前へ」と loign「遠くに」からなる、アングロノルマンフランス語 purloigner「片付ける」に由来する。

purple [古英語] 形 紫色の、皇帝の、華麗な；名 紫色、紫色の服：

当初は皇帝の服に使われる独特な色合い (元々は深紅色) を表していた。これは、ラテン語 purpura「紫色」から生じた purpre が変化したものである。その purpura は、深紅色の染料を生み出す軟体動物や、それで染めた布を指していたギリシア語 porphura から派生した。「素晴らしい、見事な」の意味は、purple patch「きらびやかな章句」、purple prose「修飾過剰な文体」といった表現で、16世紀後半から文芸創作の中で用いられている。

purport ［後期中英語］名趣旨、意図；動(…であると)称する、…を意味する：
当初は「表現する、示す」という意味だった。これは古フランス語 *purporter* に由来する。*purporter* は、ラテン語の *pro-* 「前に」と *portare* 「運ぶ、持っていく」からなる、中ラテン語 *proportare* に由来する。「…のように見える、…と思われる」という意味 (It *purported* to have been written by the same author「これは同じ著者によって書かれたようである」) が現れたのは、18世紀後半のこと。

purpose ［中英語］名目的、決心、結集；動…を企てる、(…しようと) 思う：
proposer の異形である、動詞 *porposer* から生じた古フランス語 *porpos* に由来する。「視界に入るもの」（例：served my *purpose* well「ひじょうに役に立った」）のほかに、「決意、意図」も意味していたと思われる（シェイクスピア『マクベス』*Macbeth*, II. ii. 53-54：Infirm of *purpose*! Give me the daggers「意気地のない！ 短剣をおよこしなさい」)「意図的に」を意味する on *purpose* という表現は、16世紀後半から使われている（シェイクスピア『間違いの喜劇』*Comedy of Errors*, IV. iii. 91-92：Belike his wife ... On *purpose* shut the doors against his way「きっと奥さんは…わざと門を閉め、家には入れなかったんだわ」)。
→ PROPOSE

purse ［後期古英語］名財布、ハンドバッグ、財布状のもの、金銭；動(唇を)すぼめる、(まゆを)ひそめる：
ギリシア語 *bursa*「皮革、革」から生じた、後期ラテン語 *bursa*「財布」の変形である。現在の動詞の意味は、財布の紐を引っ張るという意味から派生し、17世紀初頭から用いられている（シェイクスピア『オセロー』*Othello*, III. iii. 113：Thou ... did'st contract and *purse* thy brow together「眉をひそめたな」)。

pursue ［中英語］動(人・動物を)追う、追い求める、…に従事する、(人に)つきまとう：
元々は「憎しみをさらに付け加える」という意味で使われていた。ラテン語 *prosequi*「起訴する」の変形から生じた、アングロノルマンフランス語 *pursuer* に由来する。スコットランドでは法律用語として、法廷で「起訴する」という意味で使われた。同じラテン語が語源の語に **pursuit** 名「追求」がある。この *pursuit* は、*pursuer* から生じたアングロノルマンフランス語 *purseute*「…を追求する」が基になっている。当初は、「迫害、苛立たしさ」の意味や、法律の分野で「請願、起訴」の意でも用いられていた。

purulent ［後期中英語］形化膿(性)の：
pus, pur-「膿」（同じ時期に英語に借用された）から生じた、ラテン語 *purulentus*「化膿する」に由来する。

purvey ［中英語］動…を調達する、…を提供する：
ラテン語 *providere*「予見する、注意を払う」から生じた、アングロノルマンフランス語 *purveier* に由来する。当初は、「予見する」、「前もって注意を払う」、「備える」という意味があった。「提供する」という意味が優位を占めるようになり、**purveyor** ［中英語］名「調達人」が、商業や軍事補給の場面で、普通に見られるようになり、例えば *purveyors* of fine food「美味しい料理の調達人」のような形で、用いられている。
→ PROVIDE

push ［中英語］動押す、かき分ける、激励する、説得する；名押すこと、ねばり、根性：
ラテン語 *pulsare*「押す、打つ、鼓動する」から生じた、古フランス語 *pousser* に由来する。当初は「…に力を及ぼす」という意味で用いられ、ここから後に「健闘する、努める」の意味が生じた。*push* off「出発する」という口語表現 (18世紀初頭) は、海岸から海の方へボートを漕いで去っていく人のイメージが基になって

いる。when *push* comes to shove「いざとなったら」という成句は、1950年代に現れた。
→ PULSE¹

pusillanimous ［後期中英語］形気の弱い、臆病な：

ギリシア語 *olugopsukhos* を訳した、教会ラテン語 *pusillanimis* に由来する。*pusillus*「ひじょうに小さい」と *animus*「心」からなり、「薄弱な精神を持った」という意味を示す。

puss ［16世紀初頭］名ネコ、ネコちゃん、茶目な女の子：

口語で用いられ、中低地ドイツ語 *pūs* (*pūskatte* とも)、あるいはオランダ語 *poes* に由来すると思われるが、語源は不詳。一部のゲルマン諸語では、猫の呼び名として一般的に用いられている。複合語に以下がある：
■ **pussy willow**「ネコヤナギ」は19世紀半ばに生じた表現で、元々は幼児語だった。ふわふわした柔らかい尾状花序が猫の毛に似ていたため、この名がつけられた。

put ［古英語］動置く、(仕事などを)させる、(ボールなどを)打ち込む、表現する、分類する、評価する：

古英語では、動名詞 *putung* という形でのみ用いられていた。語源は不詳。方言の *pote*「押す、強く押す」(動詞 put の当初の意味)が関係していると思われる。主な意味の拡張には以下のようなものがある。「強く押す」(シェイクスピア『オセロ』*Othello*, V. i. 2：Wear thy good rapier bare, and *put* it home「剣を抜いておけ、そいつをグサッとやるんだぞ」)、「他の位置に動かす」(*put* on the table「テーブルの上に置く」)、そして「ある状況や状態に至らせる」(*put* to bed「一段落する」、*put* in prison「投獄する」)。

putrefy ［後期中英語］動腐敗させる、化膿させる：

ラテン語 *puter, putr-*「腐った」が基にな

り、同時期にいくつかの語が生じている。例えば、*putrefy* (ラテン語 *putrefacere*「腐らせる」がフランス語を経て入ってきたもの)、**putrefaction**名「腐敗」(古フランス語、あるいは *putrefacere* から生じた後期ラテン語 *putrefactio(n-)* より)、そして**putrid**形「腐敗した」(*putrere*「腐る」から生じたラテン語 *putridus* より)がある。

putt ［17世紀半ば］名【ゴルフ】パット；動パットする：

元々スコットランド語である。*t* が重なったのは、動詞 put と区別するため。

putty ［17世紀半ば］名パテ、パテ粉、人の言いなりになる人：

pot「鍋」から生じた、文字通りには「鍋1杯の量」を意味するフランス語 *potée* に由来する。to be like *putty* in someone's hands「(人の)言いなりになっている」という表現は、1920年代に生じた。

puzzle ［16世紀後半］動てこずらせる、困っている、(頭を)悩ます；名難問、困惑、なぞ：

当初は動詞として使われていた。起源は不確かで、名詞はいくぶん遅れて (1612年頃) 現れた。*puzzle* と pose (例：pose a problem「問題を引き起こす」) は同系であると示唆されたが、これら2つは異なる語である。いくつか類似点があることから、後になってお互いに引きつけ合ったと考えられる。

pygmy ［後期中英語］名ピグミー、小さい人、小さな物：

元々は複数形で使われ、神話上の小人族を指していた。*pugmé*「肘から指関節までの長さ」に由来するギリシア語 *pugmaios*「小人」がラテン語を経て入ってきたものである。*pygmy* goat「ひじょうに小さなヤギ」のような組み合わせで「とても小さい」を意味する描写表現が現れたのは、16世紀後半のことである。

pyjamas ［19世紀初頭］名パジャマ、(イ

ンド・ペルシアの）ゆるいズボン：

ウルドゥー語とペルシア語に由来し、*pāy*「足」と *jāma*「衣類」からなる。これは、トルコやイラン、インドなどで男女が履く、通例、絹や綿からできたゆったりしたズボンである。これらの国で暮らすヨーロッパ人が、この衣服を寝間着に用い、しだいにアジア以外でも使われるようになった。

pylon ［19世紀半ば］图目標塔、橋塔：

pulē「門」から生じたギリシア語 *pulōn* に由来する。

pyramid ［後期中英語］图ピラミッド、角錐、ピラミッド型の物；動…をピラミッド型に建てる、（費用などを）しだいに上げる、（株式を）利乗せする：

当初は幾何学的な意味で使われた。これは、ギリシア語 *puramis, puramid-* がラテン語を経て入ってきたもので、パンの一種も指していた。パンが当初の意味で、幾何学的意味はその形の類似から生じたという説もある。エジプト起源説は、現在では一般的には受け入れられていない。

pyre ［17世紀半ば］图積み薪まき、薪の山：

pur「火」から生じたギリシア語 *pura*「暖炉」が、ラテン語を経て入ってきた語である。

Q q

quack¹ [16世紀半ば]動(アヒルなどが)ガーガー鳴く、大声でがやがやしゃべる;名(アヒルなどの)ガーガーいう鳴き声:

アヒルの鳴き声を表す耳障りな音の擬音である。当初は動詞として使われていた。

quack² [17世紀半ば]名《略式》にせ医者:

それ以前にあったオランダ語 *quacksalver* の省略語である。おそらく廃語となった *quacken*「ぺちゃくちゃしゃべる」と *salf, zalf*(英語 salve「軟膏、癒すもの」と同系である)に由来する。故にこの語は患者になりそうな人に自分の治療についてぺちゃくちゃしゃべる人という印象を与える。

→ SALVE

quadrangle [後期中英語]名四角形、四辺形、方庭、中庭:

ラテン語の *quatter*「4」と *angulus*「かど、角度」からなる。元は古フランス語もしくは後期ラテン語 *quadrangulum*「四角(いもの)」である。接頭辞の *quadr-* には *quandri-* や *quandru-*(*quattuor* に由来する)という形もあり、多くの英単語に使われている。**quadrant** [後期中英語]名「四分円弧」、(ラテン語 *quadrans*「4番目の部分」、*quadrant-*「4分の1」に由来する)は、現在では1つの円を4等分したときの1つ1つを表す専門用語である。当初は天文学の器具を表す学術用語であった。17世紀半ばには同じ接頭辞を持った語がいくつか生まれた。**quadratic** 形「正方形の」(フランス語経由、もしくは現代ラテン語 *quadraticus* に由来する。元はラテン語 *quadrare*「四角くする」である)、**quadrilateral** 形(後期ラテン語 *quadrilaterus*「4つの面を持つ」に基づく)、**quadruped** 形「4足のある」(フランス語 *quadrupède*、もしくはラテン語 *quadrupes, quadruped-*「4足の」による)がある。18世紀後半には **quadruplet** 名「4つ組」という語もこの接頭辞に関連する語類の1つとなった。*triplet*「三つ子、三連音符」の語形変遷に影響を受けた後期中英語の動詞 *quadruple*「4倍にする」(ラテン語 *quadruples* に由来し、フランス語を経た)に由来する。

quaff [16世紀初頭]動(酒などを)がぶ飲みする、一息に飲み干す:

おそらくは飲み物を飲む音の擬音であろう。

quagmire [16世紀後半]名沼地、湿地、苦境、窮地:

第1音節の *quag* は「湿った場所」を意味する古語であろう。おそらく方言の動詞 *quag*「揺れる、震える」と同語源である。語頭の *qu-* はおそらく quake に見られるように震える動作を表す。

→ MIRE

quail [後期中英語]動おじけづく、ひるむ、気落ちする:

She *quailed* at his heartless words「彼女は彼の残酷な言葉におじけづいた」のように使われるが、当初は「無駄になる、何の役にも立たない」の意味で用いられていた。語源不詳である。鳥の名称の *quail*「ウズラ」とは関連がない。こちらの語は古フランス語 *quaille*(おそらくウズラの鳴き声の擬音語であるラテン語 *coacula* に由来する)がその語源である。

quaint [中英語]形古風で趣のある、奇妙な、異彩な、不合理な、巧みな、優雅な:

元の意味は「賢い、利口な」、「工夫に富む、巧妙に発明された」であった。「優れた技術を発揮する」というのが中心的な意味である。後に「普通ではない」の意味へと変わった。ラテン語 *cognoscere*「確

かめる」の過去分詞である*cognitus*「知られた」に由来する古フランス語*cointe*「賢い、楽しい」がその語源である。現在用いられている意味は18世紀後半に初例が見られる。

quake ［古英語］動(寒さ・弱気・恐怖・怒りなどで）震える、おののく、(衝突・振動で）揺れる：

古英語においては*cwacian*「振る、震える」であった。**quaker**名「キリスト友会の会員」はこの語に由来する。これはクエーカー教の開祖である伝道者ジョージ・フォックス (1624～91年) によって示された教えや「主の御名に震える」彼の信奉者を示す。またこの語は神の崇拝者（クエーカー教徒）が聖霊に突き動かされたときに経験する発作も想起させる。

qualify ［後期中英語］動資格を与える、適任とする、修正する、弱める：

qualify「資格を与える」(フランス語*qualifier*「名付ける」に由来する。元は中世ラテン語*qualificare*「資格を与える」）で、「特定の方法で（何かを）描写する」という意味であった。その語幹はラテン語*quails*「何らかの資格の」である。16世紀半ばから見られる**qualification**名「資格を得ること」も起源は同じであり、中世ラテン語の動詞*qualificare*の派生語*qualificatio(n-)*「資格を与えること」による。

quality ［中英語］名特性、特質、資質、性質、品質、高級、性格、生来の美点：

当初の意味は「性格、気質」そして「個々の特性もしくは特徴」であった。古フランス語*qualite*に由来する。元はラテン語*qualitas*（ギリシア語*poiotës*を訳したもの）であり、*qualis*「どういう種類の」に由来する。

qualm ［16世紀初頭］名不安な気持ち、ためらい、良心の呵責、不安、懸念：

当初は「一瞬の気持ち悪さ」の意味であった。おそらく古英語*cw(e)alm*「苦痛」と同語源であり、ゲルマン語起源である。

quandary ［16世紀後半］名困惑、当惑、板ばさみ、窮地：

部分的にラテン語*quando*「いつ」に由来するのではないかと思われる。

quango ［1970年代］名《米》特殊法人、準独立政府機関：

quasi (quasi-autonomous) non-government(al) organization「準非政府組織」の頭文字語である。

quantity ［中英語］名量、分量、大量、多数：

古フランス語*quantite*に由来する。元はラテン語*quantitas*（ギリシア語*posotes*の訳）である。語幹はラテン語*quantus*「どれだけ多くの、なんらかの量」である。**quantify**動「…の量を定める」は16世紀半ばに使われはじめたもので、中世ラテン語*quantificare*に由来する。元はラテン語*quantus*「どれだけ多くの」である。

quarantine ［17世紀半ば］名病気の蔓延を防ぐための隔離、隔離所、隔離期間、隔離地域：

イタリア語*quaranta*「40」の派生語*quarantina*「40日」に由来する。この語は病気を検査するために課す隔離の日数を表していた。しかしその期間は現在では40日間に定まっているわけではない。

quarrel ［中英語］名口論、苦情；動口論する、苦情を言う：

当初は「誰かとの口論の理由」という意味であった。古フランス語*querele*「喧嘩、言い争い」が語源である。元はラテン語*queri*「不平を言う」の派生語*querel(l)a*「不平」である。
→ QUERULOUS

quarry¹ ［中英語］名採石場、石切り場、源泉、出所；動採石する：

中世ラテン語*quareria*の異形で、古フランス語*quarriere*「石が四角にされる場

所」に由来する。ラテン語 quadrum「四角」が語幹である。動詞用法は18世紀後半に遡る。

quarry² [中英語] 名 獲物、ねらわれているもの・人、攻撃の的：

古フランス語 cuiree「獲物」に由来し、couree (cuir「皮、皮革」と curer「臓物を除く、はらわたを抜き出す」に影響を受けた) の変化した形である。ラテン語の語源は cor「心臓」である。元は狩猟のための隠れ場所に置かれ、猟犬にほうびとして与えられたシカの一部を示す語であった。

quarry³ [16世紀半ば] 名 四角い・ダイヤモンド型の窓ガラス・タイル、四角の矢じりのついた弓、四角、菱形：

当初の意味は「滑らかでない床のタイル」であった。中英語 quarrel「四角の矢じりのついた弓」(後期ラテン語 quadrus「四角」に基づく古フランス語を経由した) の派生語で、後期中英語においては格子のついた窓ガラスを意味していた。

quart [中英語] 名 クォート (液量の単位)、2パイント、4分の1ガロン：

古フランス語 quarte に由来する。元はラテン語 quarta「4番目の (部分)」である。その起源はラテン語 quattuor「4」の派生語 quartus「4番目の」である。同様の語幹は quarter [中英語] 名「4分の1」(ラテン語 quartarius「単位の4番目のもの」から古フランス語 quartier「4番目のもの」を経由した) と quartet [17世紀初頭] 名「4番目のもの」(フランス語 quartette、イタリア語 quartetto、そして quarto「4番目に由来する) にも見られる。

quartz [18世紀半ば] 名 石英、クォーツ：

ドイツ語 Quartz「石英」に由来する。元はチェコ語 tvrdý「硬い」に当たるポーランド語の方言 kwadly である。

quash [中英語] 動 (反乱など) を鎮圧する、(噂・推測) を鎮める、取り消す、無効にする：

古フランス語 quasser「1年間の」に由来する。元は後期ラテン語 cassus「空の、無益な」の派生語 cassare「無効にする」(中世ラテン語においては quassare という綴りの派生語がある) である。法律用語としての用法も早くから見つかっている。squash「押しつぶす」という動詞は16世紀半ばの quash の異形である。

quasi [15世紀後半] 形 …のような、類似の、擬似…; 副 いわば、すなわち：

「あたかも、ほぼ」を表すラテン語である。

quaver [後期中英語] 動 震える、震え声で歌う; 名 震え声、震音

当初は「震える」という一般的な意味の動詞として使われた。その由来は方言の quave「震える、揺れる」であり、おそらくは quake「震える」と同語源の古英語に由来する。名詞用法は16世紀半ばに音楽の用語として初めて記録されている。

quay [後期中英語] 名 埠頭、波止場、河岸：

初期の綴りは key であり、ケルト語にその起源を持つ古フランス語 kay「城壁で囲まれた場所」に由来する。綴りの変化は現代フランス語 quai「プラットフォーム、波止場」の綴りの影響を受けて、17世紀後半に起こったものである。

queasy [後期中英語] 形 吐き気を感じる、むかつく、不安な、気難しい：

当初の綴りには queisy や coisy「吐き気をもよおす」もあるが、語源不詳である。おそらく古フランス語 coiser「傷つける」と同語源である。英語における初期の用例では「不安定な、乱れた」の意味であるが、それは胃の状態だけでなく出来事の状況をも表す。

queen [古英語] 名 女帝、女王、王妃、皇后、重要な女性：

古英語 cwēn「女性、妻、女王」はゲルマン語起源であり、古英語 cwene「女性」(現在では廃れた quean 名「行儀の悪い少女」) と同語源である。ギリシア語

gunē「女性」と同じインド=ヨーロッパ語の語根を持つオランダ語 kween「不妊の雌牛」は同系語である。最も初期の英語の意味は「高貴な女性、主権を有する女性」であった。

queer [16世紀初頭]形同性愛の、変な：
ドイツ語 quer「斜めの、逆の」に由来すると考えられているが、語源不詳である。当初の意味に「異常な」や「変な」があったが、「怪しげな人物」も指した。この語は18世紀後半からは病気と関連づけられて使われていた（feel queer「気分が悪い」）など。同性愛と関連づけられた侮蔑的な意味は19世紀後半から俗語として記録されている。
→ THWART

quell [古英語]動鎮める、鎮圧する、終わらせる、征服する、負かす、和らげる：
古英語 cwellan は「殺す」を意味していた。ゲルマン語起源であり、オランダ語 kwellwn やドイツ語 quälen「悩ます」と同系である。「征服する」の用例は16世紀初頭から見られる。

quench [古英語]動いやす、和らげる、消す、失わせる、さます、抑制する、鎮圧する、消滅させる：
古英語の -cwencan「消えている」は ac-wencan「消す、失わせる」の形で記録されている。「満たす（渇きもしくは欲望を）」の意味は中英語期に生まれた。ゲルマン語起源である。

querulous [15世紀後半]形不満の多い、文句を言う、不平たらたらの、ぐちっぽい、気難しい、怒りっぽい：
後期ラテン語 querulosus「文句を言う」に由来する。元はラテン語 queri「不平を言う」の派生語 querulus「文句を言う」である。

query [17世紀半ば]名質問、疑問、疑い、疑惑、疑念：
ラテン語動詞の命令形 quarre! が英語に入った。16世紀には「尋ねる」を意味する

動詞、そして「質問」を意味する名詞で使われた。語源はラテン語 quaerere「尋ねる、探し求める」である。

quest [後期中英語]名探索、探求、追求、探し物、冒険の旅；動探し求める、獲物を追跡する：
名詞用法は古フランス語 queste「質問すること」が語源で、当初は「査問」と「探索」の両方の意味を持ち合わせていた。動詞用法の語源は古フランス語 quester「質問する」であり、当初はしばしば猟犬が獲物を追跡する動作を描写していた。語幹はラテン語 quaerere「尋ねる、探し求める」である。
→ QUERY；QUESTION；INQUEST

question [後期中英語]名問い、質問、質疑、詮議、探求、審問、尋問、問題、議論、論点、採決；動…に質問する、疑問に思う、探求する：
名詞用法は古フランス語 question「探求」に由来し、動詞用法は古フランス語 questionner「探求する」に由来する。元はラテン語 quaestio(n-)「探求」である。ラテン語 quaerere「尋ねる、探し求める」からの派生である。「異議を申し立てる（道徳観を問う）」の意味は17世紀半ばから。**questionnaire** [19世紀後半]名「質問表」はフランス語から入った語であり、questioner「質問する」に由来する。

queue [16世紀後半]名弁髪、お下げ、列、（待つ）一群の人々；動列を作る：
当初は、動物の尾を表す紋章学の用語として使われていた。ラテン語 cauda「尾」に基づくフランス語に由来する。また18世紀半ばには「弁髪、お下げ」の意味が生じた。「整列する」という意味は19世紀半ばから加えられた。

quibble [17世紀初頭]名ごまかし、言い逃れ、へ理屈、あら捜し、難癖、けち；動ごまかす、無益な口論をする：
当初の意味は「しゃれを言う」であった。廃語となった quib「あざける」の指小辞

語である。ラテン語 quibus が語源であり、それは qui, quae, quod「誰、何、どちら」の与格と奪格の形である。頻繁に法的公文書に用いられ、微妙な相違や言葉の細かな差異を表す。

quick [古英語][形] 敏速な、即座の、急速な、素早い、機敏な、一瞬の間の、せっかちな、鋭い、すぐ気がつく、利口な、当座の：

古英語 cwic, cwicu は「生きている、生き生きとした、機敏な」(例：the quick and the dead「生物と死者」)を意味していた。ゲルマン語起源であり、オランダ語 kwiek「活発な」やドイツ語 keck「生き生きとした」と同系語である。ラテン語 vivus「生きている」、ギリシア語 bios, zōē「生命」と同じインド゠ヨーロッパ語族の語根に由来する。「知力が鋭敏な」(例：quick at maths「計算の速い」)の意味は古英語期にはすでにあった。

quid [17世紀後半][名] 1ポンド、1ポンド紙幣：

口語で1ポンド銀貨を表す。そもそも統治者を意味していたが、語源不詳である。

quiet [中英語][形] 穏やかな、控えめな、落ち着いた：

元は戦争に対する平和の意味の名詞。ラテン語 quies, quiet-「静けさ、静かな」に基づく古フランス語を経由してできた。同じ語幹は17世紀半ばのラテン語 quiescere「静止した」による quiescent[形]「静止している」にも見られる。

quiff [19世紀後半][名] (男性の)額に垂らした巻き毛：

元は額の上になでつけられた一房の垂れ髪の意味であり、特に兵隊たちに好まれた髪型だった。語源不詳である。現在では額から上の方にブラシをかけられた一房の髪のことを示す。

quill [後期中英語][名] 大羽根、(アザラシなどの)針：

おそらく中低地ドイツ語 quiele「羽柄」に由来する。当初は「(アシの)中空の茎」や「鳥の羽の矢柄」を指した。

quilt [中英語][名] キルト(2枚の布地の間に綿・羊毛・羽などを入れて刺し子に縫った掛け布団)：

古フランス語 cuilte に由来する。元はラテン語 culcita「敷き布団、座布団」である。ラテン語の方は横になるためのやわらかいものを表していたが、他の言語に借用されると、その意味は覆うものの一種になった。17世紀後半までキルトのベッドカバーは counterpoint (後に counterpane) という語としても知られていた。この語は中世ラテン語 culcita puncta「小さな穴のあいた(＝針仕事で)敷き布団」から変化したものである。

quintessence [後期中英語][名] 濃縮された物質の純粋な形、本質、真髄、化身、典型、第5元素：

当初は哲学用語として用いられた。中世ラテン語 quinta essentia「第5番目の本質」に由来し、フランス語を経て入った。古代ギリシアもしくは中世の哲学においては宇宙を構成する4元素(気、地、火、水)に加え第5の元素があり、それらはあらゆるものに潜み完璧な肉体を構成していると考えられていた。「最も典型的なもしくは完璧な例」という意味は16世紀後半から見られる。

quintet [18世紀後半][名] 5人組、5個組、5つぞろい、五重奏：

フランス語 quintette、もしくはイタリア語の quinto「第5番目」の派生語 quintetto「第5番目の」に由来する。元はラテン語 quintus である。

quip [16世紀半ば][名] 気の利いた言葉、警句、辛辣な言葉、言い逃れ、ごまかし；[動] 皮肉を言う、あざける：

ラテン語 quippe「本当に、実際」がその由来であるかもしれない。元は「鋭いもしくは皮肉な意見」という意味であった。「気の利いた」の概念は後に結び付けられたものである。

quire ［中英語］名 1 帖（通例24枚1組の紙）、未製本折丁（おりちょう）、4枚1組の紙：
古フランス語 quaier「帳面」に由来する。元はラテン語 quaterni「4つで1組のもの」である。このラテン語の語幹は quattuor「4」である。
→ QUART

quirk ［16世紀初頭］名奇癖、気まぐれ、言い逃れ、急転回、溝彫り；動深い溝をつける、痙攣させる、急に曲がる：
当初は「急に動く」を意味する動詞として使われていたが、語源不詳である。名詞としての当初（16世紀半ば）の意味は「巧妙な言葉の曲解、言い逃れ」だったが、「奇癖」という意味に変化した。

quisling ［第2次世界大戦期］名売国奴、第五列員：
Vidkun Quisling 少佐（1887〜1945年）の名前に由来する。彼は第2次世界大戦期にドイツ占領軍に代わってノルウェーを統治したノルウェー人将校であり外交官であった。無抵抗主義を国民に促したが、大戦末に反逆罪で処刑された。

quit ［中英語］動やめる、中止する、立ち去る、断念する；形免除された、自由な；名退職、あきらめ：
当初の意味は「自由にする、解放する」である。古フランス語 quiter「静かにさせる」（動詞）、quite「静かな、内気な」（形容詞）に由来する。元はラテン語 quiescere「静止する」の過去分詞 quietus「静かな」である。ラテン語 quies「穏やかな、静かな」が語幹である。「仕事をやめる」という意味は17世紀半ばに生じた。
→ QUIET ; QUITE ; QUITS

quite ［中英語］形完全に、すっかり、全く、実際に、かなり、まあまあ：
quit の異形の1つで、廃語となった形容詞 quite「解放された、自由な」に由来する。「まあまあ」（例：quite nice「まあまあ素敵」）のような意味は19世紀半ばから。

quits ［15世紀後半］形貸し借りのない、五分五分の：
当初の意味は（call it quits「切り上げる」のように）「責任や負債のない」であった。領収書の意味で用いられる中世ラテン語 quittus（ラテン語 quietus「静かな」に由来）の口語体の略語かもしれない。

quiver¹ ［中英語］動ぶるぶる震える、揺れる、…を震わせる、振動させる；名震え、振動：
古英語の形容詞 cwifer「素早い、機敏な」に由来する。この古英語は現在では廃語だが方言ではまだ時折見られる。語頭の qu- は（quaver やと quick 同様に）おそらく素早い動きの象徴であろう。

quiver² ［中英語］名箙（えびら）、うつぼ、矢筒、矢筒の中の矢：
アングロノルマンフランス語 quiveir に由来する。西部ゲルマン語起源であり、オランダ語 koker、ドイツ語 köcher「矢筒」と同系語である。語形は古英語、中英語の時期に quiver の類義語である cocker の影響を受けた。

quixotic ［18世紀後半］形ドン・キホーテ式の、騎士気取りの、きわめてロマンティックな、実際的ではない、突拍子もない：
セルバンテス作の中世騎士物語『ドン・キホーテ』Don Quixote（前編1605年、後編1615年）の同名の主人公の名前に基づいている。この作品は騎士道の行為を風刺的に描いたものである。ドン・キホーテが巨人に見立てた風車に対し、馬にまたがり突撃するという挿話から生まれた成句 titling at windmills「仮想の敵と戦う、無駄な努力をする」に見られるように、彼の名は単純で浮世離れした理想主義を自身の英雄的行為をもって表現している。

quiz¹ ［19世紀半ば］名簡単な口頭のテスト、尋問、質問、取り調べ、クイズ：
当初は「質問をする」という動詞として

アメリカ英語で用いられた。おそらくは inquisitive「質問好きの」に影響を受けた quiz「珍しげにじろじろ見る」に由来する。
→ QUIZ²

quiz² [18世紀後半] 動 からかう、じろじろ見る：

この意味は「からかい、悪ふざけ」や「(誰かを)珍しげにじろじろ見る」であり(例：deep-set eyes *quizzed* her in the moonlight「月明かりの下で深くくぼんだ目は彼女をじっと見つめていた」)、ダブリンの劇場経営者によって生み出されたとも言われる。ある意味のない語が48時間以内に街中に広まり、そして大衆がその語に意味を与えることができるか否かの賭けをした後に、その経営者はその語を街中の壁に書きつけるのだとされているが、その説を裏づける証拠はない。

quorum [後期中英語] 名 定足数、過半数、選抜団体、治安判事、定会員：

元は、その存在が決定的な事項を制定するのに必要とされている治安判事を意味していた。これは委員会に参加すべき会員のために使われていた語である。ラテン語の成句に *quorum vos... unum* (*duos, etc.*) *esse volumes*「我々が…になって欲しい人の1人(2人、など)」という表現がある。

quota [17世紀初頭] 名 割り前、分け前、割当量、取り分、割り当て人数：

語源は中世ラテン語 *quota* (*pars*)「どのくらい大きな(部分)」であり、*quotus* の女性形の語である。元は *quot*「どのくらい多い」である。この語は援助、支払い、供給される限られた数もしくは量の意味を持っている。

quote [後期中英語] 動 引用する、一部を抜粋する、引き合いにする、引用符で囲む、見積額を言う；名 引用語句、相場：

quot「いくつ」、あるいは中世ラテン語 *quota* から派生した中世ラテン語 *quotare* に由来する。元の意味は「数字もしくは余白の参照事項を本につける」だった。後に「ページもしくは章ごとに参照事項をつける」という意味を表すようになり、それが16世紀後半には「出典もしくは人物に言及する」という意味に変遷した。*quote... unquote*「…は言った…と」という表現は他の人の意見に関して言及する場合に演説者によって1930年代から口語として使われてきた。この表現は時として演説している人間が引用した意見とは相容れないことを示す。

quotation 名「引用語句、相場」(中英語において「数字」を表す稀な用例を除いて)という語は「文章の一節への言及」の意味では16世紀半ばから使われている。この語は動詞 *quotare* から派生した中世ラテン語 *quotation*(*n*-) に由来する。

quoth [中英語] 動 言った《古語》(…と)のたまった(一人称・三人称直説法過去形で主語の前に置かれる)：

16世紀半ばまでは使われていたが、現在では廃語となった動詞 *quethe*「言う、宣言する」の過去形である。ゲルマン語起源である。*quoth* という語自体は現在では旧式もしくは一部方言で使用されている。

quotient [後期中英語] 名 商、指数、比率、度合、程度、分け前：

数学用語である数を別の数で割った結果の数を表す。ラテン語 *quotiens*「何回」(*quot*「何回」からの派生語)に由来する。末尾の綴り *-ent* は *-ens, -ent* で終わる分詞の語形と混同されたためである。

R r

rabbit［後期中英語］名ウサギ：
現在では古語である英語の同義語 cony「アナウサギ」が rabbit の当初の用法であった。古フランス語に由来し、「子ウサギ」を意味するフランス語方言 rabotte と同系である。rabotte はおそらくオランダ語起源であり、フラマン語 robbe とのつながりがある。rabbit の動詞の意味「絶え間なく話す」は20世紀半ばからである。

rabble［後期中英語］名（動物の）群れ、群集、暴徒の群れ：
当初は「動物の群れ」と同時に、「無意味な語の連なり」という意味もあった。当初の意味は「連なり、一続き」であった。おそらく方言 rabble「早口でしゃべりまくる」と関係がある。低地ドイツ語に由来し、ガアガアという鳴き声の擬音語である。

rabies［16世紀後半］名狂犬病：
ラテン語に由来する。元は rabere「うわごとを言う」であり、rabid［17世紀初頭］形「凶暴な、激しい 狂犬病にかかった」の語源（ラテン語 rabidus 経由）でもある。rabid の当初の意味は「怒り狂った、激しい」である。（ディケンズ『ドンビー父子』Dombey and Son：He was made so rabid by the gout「彼は痛風にかかり激しくのたうちまわった」）。「狂犬病」という意味は19世紀初頭に生まれた。

race¹［後期古英語］名進行、時の流れ、競争、レース；動競争する、走る：
推進と進歩という意味が含まれている。同系語の古ノルド語 rás は「（水の）流れ」という意味であった。元は、北部英語であり、16世紀半ばに一般に広まった。当初の意味は「急な前方移動」であった。この意味が16世紀初頭に「スピード競争」、そして16世紀半ばに「水路、小道」（mill race「水車用の導水路」）を指すようになった。この後者の意味は古フランス語 rase「水流」とのつながりがある。動詞用法は15世紀後半から。

race²［16世紀初頭］名同類、仲間、（動物の）品種、（馬の）群れ、子孫、民族、気質：
この語は (of every race and creed「あらゆる人種や信条の」と言った場合) は、元来は、「集団」あるいは「まとまり」を意味しており、共通した特徴を持つ集団を指して用いられた。成句 the human race「人類」は16世紀後半からである。race はフランス語を経てイタリア語 razza から入った。語源不詳である。「仲間」という意味は比喩的用法において「典型的な特徴」の1つとなり（例：race and flavour of the conversation「会話の特性と特色」）、racy形「（ワインなどが）こくのある、本場独特の風味のある、きびきびした、きわどい」（例：racy stories「きわどい話」）という形容詞で例証される「快活、小気味のよさ」という意味に広まった。

rack¹［中英語］名（物を掛けたり、支えたるための）棒、（囚人を縛りつける）鉄の棒、拷問台、棚；動（手足を引っ張って）拷問にかける、苦しめる：
中オランダ語 rec、中低地ドイツ語 rek「水平な柵、または、棚」に由来する。元は、recken「伸ばす、達する」である。この動詞は、「極度の痛みを起こす、または、ストレスを与える」という英語の意味がその語源である。この意味はかつての拷問台である the rack（15世紀に使われている）を連想させる。

rack²［15世紀後半］動（樽の中のぶどう酒などの）澄んだ液を取り出す：
「樽にある沈殿物から注ぎだす」を意味するこのワイン用語はプロヴァンス語 arracar に由来する。元は、raca「ぶどう

の茎そして皮、かす」である。

racket¹ ［16世紀初頭］名(テニスなどの)ラケット、【スポーツ】ラケットボール：

フランス語 *raquette* に由来する。後期中英語に使われている複数形 *rackets* はラケット球技を指した。この球技は四方を壁で囲まれた平らなコートで行われた。しかし、スカッシュという現代の競技で使用されている種類のボールより硬いものが使われた。*racket* はアラビア語 *rāha, rāhat*-「手のひら」からフランス語そしてイタリア語を経て入った。

racket² ［16世紀半ば］名大騒ぎ、怒号、ばか騒ぎ、不正な策略：

ガチャガチャという音の擬音語からできている。ゲール語 *racaid* をその語源とする説もあるが、このゲール語自体は英語由来である。

radiant ［後期中英語］形光を放つ、明るい：

ラテン語 *radiare*「光を放つ」(*radius*「光線、スポーク」に由来) にはその語源となる語がいくつかある。当初、ラテン語の意味を表す「光を放つ」を意味した。しかし、17世紀初頭には歓喜または美の状態を表す人の容姿へと拡張された。また、この同時期には radiation 名「放射」(ラテン語 *radiatio(n)*- 経由) が *radiant* として生まれ、当初は、光線を放散するという意味であった。radiate 動「光を放つ、放射状に伸びる」は17世紀初頭からである。後に、この意味は自信や幸福といったオーラを発するという意味に拡張された。この拡張は19世紀初頭に始まった。

radical ［後期中英語］形根本的な、基本的な、徹底的な、過激な；名語根、急進的改革派：

当初の意味には「根を張る」そして「生来の」があった。後期ラテン語 *radicalis* がこの語源である。元は、ラテン語 *radix, radic*-「根源」である。「基本的な」という意味は17世紀半ばから *radical* と結びつくようになった。この時代の用法は活動というコンテクストで見られた。そして19世紀初頭に、特に「急進的な」を意味する政治用語として使われることが増えた。成句に以下がある：

■ **radical chic** 名「急進的な言辞をもてあそぶ有閑階級の人」。急進的な左翼的見解を持っているふりをすることが流行ったことを表しており、アメリカ人作家、トム・ウォルフにより1970年代に造られた。

radio ［20世紀初頭］名ラジオ：

radio-telephony「無線電話通信」の短縮形である (ラテン語 *radius*「光」に由来)。1920年代から特定ラジオ局の名前をつけるために使われた (例：*Radio* Holland「オランダ放送」)。その後、BBC (*Radio* 1,2,3,4) という４つの国営ラジオ放送網が1967年9月30日に開局された。*radio* は1940年代の用語 radar 名「電波探知(法)、レーダー」を構成する４要素のうちの１つである。元は *ra(dio) d(etection) a(nd) r(anging)*「ラジオ探知範囲」という成句である。

radish ［古英語］名ラディッシュ、ハツカダイコン：

古英語 *rædic* はラテン語 *radix, radic*-「根」に由来する。同系語に radicle ［17世紀後半］名「胚軸」がある。ラテン語 *radicula*「小さな根」、つまり、*radix* の指小辞語に由来する。また、*radix* は一次根の中で成長していく食物の胎芽部分と同じである。

radius ［16世紀後半］名直角器、半径：

解剖学において前腕にある骨を表す英語として、当初使われた。そして文字通り「杖、スポーク、放射部分」を意味するラテン語を使っている。数学で使われるのは17世紀半ばである。radial ［16世紀後半］形「放射状の」(中世ラテン語 *radialis* に由来) の語幹でもある。また、radium 名「ラジウム」そして19世紀後半からの radian 名「ラジアン」の両方とも *radius* が起源である。

raffish ［19世紀初頭］形粗野な、下品な：

riff-raff「下層民」が基となっている。
→ RIFF-RAFF

raffle [後期中英語] 名 富くじ；動 …を富くじの賞品として出す：

元は、3つのさいころを使ったさいころ遊びの一種であった。この遊びではさいころを振って3つぞろ目が勝利、その次に高いのが2つぞろ目などである。古フランス語に由来する。しかし、それ以前の詳細は不明である。現在の意味は18世紀半ばからである。

raft¹ [後期中英語] 名（遊泳場などの）浮き台、救命ボート；動 いかだで輸送する、いかだで渡る：

浮き台を作るために丸太をくくりつけてできたこの種の raft は当初、「梁、いかだ乗り師」という意味で使われた。古ノルド語 raptr「いかだ乗り師」がその語源である。この動詞（例：rafted ashore「いかだに乗って岸へ行った」）は17世紀後半からである。**rafter** 名「たるき」（古英語では ræfter であり、ゲルマン語起源）は raft と同系である。

raft² [19世紀半ば] 名 多数、多量：

「多数の」（例：raft of government initiatives「多くの政治主導権」）を意味し、方言 raff「たくさん」の変形であり、raft「浮遊している塊り」との連想から来ている。スカンジナビア語起源である。

rag [中英語] 名 ぼろ、ぼろぎれ：

raggy [後期古英語] または ragged [中英語] からの逆成（接辞を除去すること）による形成である。両方ともスカンジナビア語起源である。古ノルド語 rogvathr「ふさのついた」、そしてノルウェー語 ragget「毛深い」が同種の語形である。ジャズ用語 rag 名「ラグ」も、19世紀後半の語であるが、おそらく切分（音）を表した ragged「（声・音などが）耳障りな」に由来する。しかしながら、生徒による扇情的な行為そして仮装パレードを連想させる rag そして動詞としての「からかう」（ragged him mercilessly「彼を容赦なくからかう」）は rag は語源不詳である。しかし、18世紀半ばに初めて登場する。この複合語は以下の通りである：

■ **raggle-taggle** 形「雑多なそしてだらしのない」。19世紀初頭の **ragtag** 形「ごちゃごちゃに」が20世紀初頭に戯言的な異形となっている。この語はより古い tag-rag そして tag and rag に取って代わった。

■ **ragamuffin** [中英語] 名「ぼろを着た汚い人」。rag が基となっており、戯言的な接尾辞が付いている。ダンスミュージックのスタイルを表す1990年代の用語 **ragga** 名「ラッガ」は raggamuffin から来ている。raggaを熱愛する人々が着ている服装スタイルによる。

rage [中英語] 名 激怒、激烈、熱情、感動；動 激しく行動する、激怒させる、（苦痛が）激しい：

当初は「激怒」という意味でも使われた。この名詞は古フランス語 rage、動詞は古フランス語 rager に由来する。元はラテン語 rabies の異形である。成句 all the rage「大流行」は the rage「人気」として当初、使われ、18世紀後半から見られる。
→ RABIES

raid [後期中英語] 名（略奪を目的とする騎馬隊の）侵入、急襲、襲撃；動 侵入する、急襲する：

スコットランド語 road の異形である。当初の意味には「騎馬隊の遠征」、「敵陣急襲」がある。こういった意味はイングランド内へ境界線を越えて侵入することを指した。この名詞は16世紀後半からまれになったが、サー・ウォルター・スコットにより再び使われるようになった。その後、この意味は19世紀後半に奪取または鎮圧（警察の raid「手入れ」）するというあらゆる急襲に拡張された。また、動詞用法は19世紀半ばからである。

rail¹ [中英語] 名 横木、船側手すり、鉄道線路；動 横木で囲む：

古フランス語 reille「鉄の棒」に由来する。元はラテン語 regula「まっすぐな棒の切

れ端、ものさし」である。後期中英語の動詞 rail から railing「名」「柵」が生まれた。このいずれの語も当初の例においてぶどうの木を整枝する横木を備え付けることと関連がある。railway「名」「(鉄道) 線路」は18世紀後半からである。そして同じ頻度で railroad「(鉄道) 線路」と一緒に使われた。また、こういった道路建設 (元は、木材のレールで敷き詰められた) は重量積載貨車用であった。17世紀初頭にニューカースルで使われたのが最初である。鋳鉄製のレールは18世紀半ばに導入された。一方、錬鉄製のレールは1820年頃から導入された。乗客の旅行用に鉄道線路が幅広く利用されるように拡張されたのは1825年のストックトンとダーリントン間、そして1830年のリヴァプールとマンチェスター間の開通であった。

rail²［後期中英語］「動」ののしる、悪口をいう：
「猛烈に文句を言うこと」(He *railed* at human fickleness「彼は人間の移り気をののしった」) を意味し、フランス語 *railler* に由来する。元はプロヴァンス語 *ralhar*「からかうこと」である。*ralhar* はラテン語 *rugire*「どなる」の変形が基となっている。

rain［古英語］「名」雨；「動」雨が降る、(涙が) 滝のように流れる、(涙を) さめざめと流す：
rain (古英語では名詞 *regn*、動詞 *regnian*) はゲルマン語起源である。同系語はオランダ語 *regen* そしてドイツ語 *regen*「雨が降る」である。成句 It never *rains* but it pours「雨降れば必ずどしゃ降り (二度あることは三度ある)」は18世紀初頭から見られる。複合語 rainbow「名」「虹」や raindrop「名」「雨滴」も古英語で使われている (それぞれ *regnboga* そして *regndropa* として使われている)。

raise［中英語］「動」立てる、目覚めさせる、甦らせる、(持ち) 上げる、生み出す、始める：

古ノルド語 *reisa* に由来する。また、動詞 rear「育てる」も同系である。「給料が上がる」を意味する用法は元は、19世紀後半のアメリカ英語用法であった。raise は当初の例において up という語により強変化されることがよくあった。しかし、これは今ではあまり一般的ではない。
→ REAR

rake¹［古英語］「名」熊手、草かき、とてもやせた人；「動」熊手でかき寄せる、くまなく探す：
古英語 *raca*, *racu* はゲルマン語起源であり、オランダ語 *raak* そしてドイツ語 *Rechen*「熊手」と同系である。元は「積もる」を意味する語幹である。*rake* の動詞は古ノルド語「こすること、ひげをそる」に由来する。

rake²［17世紀半ば］「名」放蕩者、道楽者：
rakehell の短縮形である (スペンサー『妖精の女王』*Faerie Queene*: Amid their *rakehell* bands, They spied a Lady「放蕩な集団の中で、彼らはある婦人を見張った」)。

rally［17世紀初頭］「動」再び呼び集める、(体力・気力を) 回復させる；「名」再挙、(病気からの) 回復、大会、(自動車の) ラリー：
当初の意味は「再び集める」であった。この語源はフランス語 *rallier* であり、*re-*「再び」そして *allier*「連合すること」からなる。健康に関して「回復しはじめる」を意味する用法は19世紀半ばから見られる。この同時期に、この名詞がアメリカ英語で使われており、ある運動の支持者集めを表している。20世紀半ばから長距離に及ぶまたは荒れ地にわたって開催される自動車レースという意味でも使われている。

ram［古英語］「名」(去勢しない) 雄羊、おひつじ座、ラム、分銅つち；「動」打ち込む、(土を) つき固める、塞ぐ：
この古英語はゲルマン語に由来し、オランダ語 *ram* と同系である。*ram(m)* はお

そらく「強い」を意味する古ノルド語 ramm-r と同系である。ram の動詞はおそらく ramm-r の名詞から由来している。しかし、英語における当初の用法（「重い道具で地面を突き固める」）を見ると名詞由来であるとする確証がない。

ramble ［後期中英語］動 ぶらつく、漫歩する；名 ぶらつき、散歩：

当初は動詞として使われ、「支離滅裂な口振りで話す」という意味であった。また、ramble は、中オランダ語 rammelen と同系であり、「発情して歩き回る」という意味で動物に使われる。また ram という英語の名詞とも同系である。ぶらつくという意味は17世紀半ばからである。
→ RAM

ramekin ［17世紀半ば］名 ラミキン（小さい皿で焼いたチーズケーキ）：

フランス語 ramequin に由来する。元は低地ドイツ語またはオランダ語起源である。また、廃語となったフラマン語 rameken と同系であり、この語は「焼かれたパン」を意味する。

ramify ［後期中英語］動 （木・草などが）枝を出す、枝状に広がる：

古フランス語 ramifier に由来する。中世ラテン語 ramificare を経て、ラテン語 ramus「枝」から入った。ramification 名「分枝、分岐」という名詞（17世紀半ば）はフランス語に由来する。元は ramifier「枝分かれする」である。

ramp ［中英語］名 斜面、坂道、段差：

当初の用法は動詞として「後足で立つ」という意味であった。また、紋章学の用語としても使われた。古フランス語 ramper「登る」に由来する。しかし、語源不詳である。「段差」という意味は18世紀後半からである。

rampage ［17世紀後半］名 狂暴な行動；動 暴れまわる：

中英語の動詞 ramp「脅迫的な姿勢をと

る、荒々しく急ぐ」（古フランス語 ramper「はうこと、登る」に由来）そして名詞 rage「激怒」が基となっている。元は、スコットランド語の動詞であった。名詞用法は rampage が基となっている。（ディケンズ『大いなる遺産』 Great Expectations：She's been on the Ram-page this last spell, about five minutes「彼女はこの最後の呪文で、5分ほど暴れまわった」）。

rampant ［中英語］形 （病気・暴力などが）はびこる、野放しの：

当初、紋章学の用語として使われ、「後ろ足で立った」を意味する。「はうこと」という文字通りの意味を持つ古フランス語、つまり、ramper の現在分詞に由来する。元来の用法は野生動物を描くことであった。それから「獰猛な」という意味が生まれ、「はびこる」という現代の意味に至っている。
→ RAMPAGE

rampart ［16世紀後半］名 城壁、防御物：

フランス語 rempart に由来する。元は remparer「要塞化する、再び占有する」である。このラテン語を基にした語形は ante「前に」そして parare「準備する」からなる。

ramshackle ［19世紀初頭］形 ぐらぐらする、がたがたの：

元は方言であり、「不規則な、散らかった」という意味であった。より古い語 ramshackled の変形である。この ramshackled は「くまなく探した」を意味する廃語となった ransackled の変化形である。

ranch ［19世紀初頭］名 放牧場、牧畜場、農場、農園：

スペイン語 rancho「食を共にする人々の集団」の英語化された語である。成句 Meanwhile, back at the ranch「ところで、牧場のほうでは」は元は、西部劇で使われ、脇筋を導入する時に使われた。

rancid ［17世紀初頭］形 （油性食品など

が腐敗しかけて）臭い、悪臭を放つ：

「臭い」を意味するラテン語 *rancidus* から来ている。

→ RANCOUR

rancour ［中英語］名遺恨、恨み：

古フランス語を経て入った。後期ラテン語 *rancor*「悪臭」に由来する、ウルガタ聖書では「激しい恨み」という意味で使われた。ラテン語 *rancidus*「臭い」と同系である。

random ［中英語］形むやみ、手当たりしだいの、行き当たりばったりの：

当初の用法においては「大急ぎ」を指した。古フランス語 *randon*「猛スピード」に由来する。ゲルマン語根を持つ。当初、*randon* は主に、with great *randon*「かなり無作為に」または成句 in great *randon*「かなり無作為に」で見られ、古フランス語の綴りを反映していたことがわかる。at *random*「無作為に」という表現がよく知られるようになったのは run at *random*「行き当たりばったりに走る」（16世紀半ば）という成句が広まったことにある。

range ［中英語］名多様性、幅、（力などの及ぶ）範囲、品ぞろえ、列、続き；動立場をとる、及ぶ、延びる：

元は「人または動物の列」であった。この語源は古フランス語 *range*「列、並び」である。*rangier*「順番に置く」に由来し、元は *rang*「並び」である。当初の用途には「ある領域を超えての移動」という意味もあった。アメリカ英語には「広大な範囲の牧草地」という意味があり、20世紀初頭に始まる。

rank¹ ［中英語］名地位、階級、（人・ものの）序列、番付；動列に並べる、位置づける、位置にある、隊伍を組んで進む：

階層制度（例：*rank* of captain「大尉という階級」）における地位と関係があり古フランス語 *ranc* に由来する。元はゲルマン語起源であり、*ring* と同系である。当初の意味「列」は現代用法において taxi *rank*「タクシー乗り場」で残っている。成句 rank and file 名「一般人」は16世紀後半から見られる。元は兵士と下士官が観兵式の隊形で作る「横列」そして「縦列」を指したが、後に、あらゆる集団の一般人にまで拡張された。

rank² ［古英語］形悪臭を放つ、腐敗した、生い茂った：

古英語 *ranc* は「頑強な」や「十分に成育した」を意味した。この語源はゲルマン語である。「繁茂している」という当初の意味は「繁茂しすぎた」を生みだした。そこから現代用法にあるいやになるほどのおびただしさというマイナスの意味となった。（例：*rank* with cigar smoke「葉巻の煙で充満する」）

rankle ［中英語］動心にうずく、痛む、不愉快にさせる：

古フランス語 *rancler* に由来する。元は *rancle, draoncle*「傷を膿ませること」である。当初の英語の意味は「化膿する」であった。この語源は中世ラテン語 *dracunulus* の変形、つまり、*draco*「蛇、龍」の指小辞語である。

ransack ［中英語］動くまなく捜す、荒らし回る：

古ノルド語 *rannsaka* に由来する。元は *rann*「家」と *sœkja*「探す」である。この古ノルド語の意味は法律用語であり、盗品がないかと家を捜し回ることを意味していた。当初の英語の意味は「人を盗品検査する」であった。

ransom ［中英語］名身代金；動身代金を払って見受けする：

名詞用法は古フランス語 *ransoun*、動詞用法は *ransoune* に由来する。ラテン語 *redemptio(n-)*「受け戻すこと、解放すること」が基になっている。当初の用法には「悪魔祓い」や「償い」を表す神学の意味もあった。

→ REDEEM

rant ［16世紀後半］動わめき散らす：

「騒々しく振舞う」は rant の当初の意味であり、オランダ語 ranten「たわごとを話す、うわごとを言う」に由来する。rant は「大げさにしゃべる」ことも表した。(シェイクスピア『ハムレット』Hamlet, V. i. 284: Nay, and thou'it mouth, I'll rant as well as thou「いや、そなたがそれを気取って言い、私はそなたと同じように大言壮語しよう」)。

rap [中英語] 图 軽くたたくこと・音、非難、おしゃべり；動 (注意をひくために) 軽くたたく、大声で言う：

元は、名詞の意味は「武器を使った強打」であり、動詞の意味は「強打する」であった。擬音語であり、スカンジナビア語起源である。特に、同系語はスウェーデン語 rappa「叩く、強く打つ」、英語 clap「(パチンと) 叩く」、flap「(ピシャッと) 打つ」である。
→ CLAP; FLAP

rapacious [17世紀半ば] 形 貪欲な：
ラテン語 rapax, rapac- (rapere「強奪すること」に由来) から来ている。

rape¹ [後期中英語] 動 レイプする、強姦する；图 レイプ、強姦：
元は、所有物を暴力的に奪い取ることを指した。後に力ずくで女性をさらっていくことを指した。アングロノルマンフランス語経由で英語に入った。ラテン語 rapere「奪い取る」に由来する。

rape² [後期中英語] 图 カブ、セイヨウアブラナ：
ラテン語 rapum, rapa「カブ」に由来する。

rapid [17世紀半ば] 形 速い、急な；图 急流：
ラテン語 rapidus に由来する。元は rapere「力ずくで奪い取る」である。名詞用法は普通、複数形の rapids「急流」(18世紀半ば) として使われる。また、この名詞用法はアメリカ英語であった。
→ RAPE¹

rapier [16世紀初頭] 图 細身の剣：
フランス語 rapiere に由来する。元は râpe「あらやすり、おろし金」である。穴のあいた柄が荒やすりに似ているためである。

rapport [17世紀半ば] 图 関係、関連：
フランス語を英語として使っている。元は rapporter「返す」である。「返す」という意味は「人々との間にある調和の取れたコミュニケーションそして理解」という意味で表される。

rapscallion [17世紀後半] 图 (戯言的に) 悪漢、無頼漢：
より古い rascallion の変形である。元は、rascal である。
→ RASCAL

rapt [後期中英語] 形 うっとりした：
当初、「宗教的感覚で有頂天になった」という意味で使われた。ラテン語 raptus「奪い取られた」、つまり rapere の過去分詞に由来する。rapt in thought「もの思いにふけって」にあるように「没頭している」という意味は16世紀初頭である。

rapture [16世紀後半] 图 大喜び：
当初の意味は「奪い取ること、さらうこと」であった。廃語となったフランス語、または中世ラテン語 raptura「奪い取ること」に由来する。rapt の影響を受けている。
→ RAPT

rare¹ [後期中英語] 形 希薄な、まばらな、まれな、珍しい：
当初は「離れた、薄い」という意味で使われた。ラテン語 rarus は、rare、rarity [後期中英語] 图「珍しいこと・もの、珍事」(ラテン語 raritas に由来) の語源である。また rarus は rarefy [後期中英語] 動「希薄にする、練る」の第1要素の語幹でもある。rarefy は古フランス語 rarefier、または中世ラテン語 rareficare に由来する。rarefaction 图「希薄化」は17世紀初頭の語で中世ラテン語 rarefactio(n-) に由

来する。元は *rarefacere*「やせる、まれになる」である。

rare² ［18世紀後半］形(卵が) 半熟の、(ステーキ・肉などの) 生焼けの:
rear「生焼けの」の異形である。17世紀半ばから19世紀半ばにかけて半熟卵を指すのに使われた。

raring ［1920年代］形…したがる:
raring to go「勇んで」にあるように、この語は *rare* の現在分詞、つまり *roar* または *rear* の方言の異形である。
→ REAR²; ROAR

rascal ［中英語］名ごろつき、やくざ者:
当初は「やじ馬」を指した。古フランス語 *rascaille*「やじ馬」に由来する。*rascaille* の語源は不詳である。「ごろつき、ならず者」という意味は16世紀後半からである。

rash¹ ［後期中英語］形性急な、向こう見ずの、考えのない:
スコットランド語や北部英語において「明敏な、熱心な」という意味でも見られた。ゲルマン語起源である。特に、ドイツ語 *rasch*「すばやい」と同系である。

rash² ［18世紀初頭］名発疹、吹出物:
医学の分野で使われ、古フランス語 *rasche*「発疹性のただれ、表皮がうろこ状になる病気」と同系である。また、イタリア語 *raschia*「かゆみ」も同系語である。この比喩的用法「突発・激増」(例: *rash of burglaries*「不法侵入の激増」) は19世紀初頭から見られる。

rasher ［16世紀後半］名ベーコン・ハムの薄切り:
廃語となった動詞 *rash*、つまり *rase*「何か鋭利なもので引き裂く」(ラテン語 *radere*「こする」に由来) の変形に由来する。*rasher* にはおそらく即席料理のために用意された食べ物という意味もある。この由来に関しては多くの説が出されているが、いまだに語源不詳である。

rasp ［中英語］名石目やすり; 動…に石目やすりをかける:
初期の用法は動詞の意味として「こする、すりへらす」であった。古フランス語 *rasper* が語源であり、ゲルマン語に由来する。「耳障りな音」という意味は19世紀半ばからである。

raspberry ［17世紀初頭］名キイチゴ、キイチゴの実:
この語の第1要素は方言 *rasp*、つまり廃語 *raspis*「キイチゴ」の短縮形に由来する。*raspis* は集合名詞としても使われた。*raspis* は語源不詳である。あざけりの音 (19世紀後半) を表すこの語法は *raspberry* tart「放屁」の短縮語、つまり「屁」を表す押韻俗語である。

rat ［古英語］名ネズミ; 動裏切る:
古英語 *ræt* は中英語において古語 *rat* の影響を強く受けた。*rat* はおそらく、ゲルマン諸語で当初使われた。そこからこの動物が西ヨーロッパで知られるようになった。また、*rat* はロマンス諸語にも現れている。語源不詳である。動詞用法は19世紀初頭からである。

ratchet ［17世紀半ば］名歯止め、つめ車:
角のある歯が一対となっている棒または輪を表し、フランス語 *rochet* に由来する。元は先端の丸い槍を表す。後に「ボビンまたはのこぎり歯車」を表すために使われた。古語 *rock*「糸を紡ぐための糸巻棒に巻かれた羊毛の量」の語幹と同系である。

rate ［後期中英語］名速度、割合、料金、等級; 動見積もる、見なす、評価される:
元は、「見積価値」という意味であった。古フランス語に由来し、元は中世ラテン語 *rata* である。*rata* はラテン語の成句 *pro rata parte* (または *portione*)「均整割合によると」の一部であった。ラテン語 *ratus*、すなわち *reri*「計算する」の過去分詞は *rate* の語幹である。成句 at any *rate*「いずれにしても」は17世紀初頭からの用例に見られる。また、「速度」

(例：at a cracking *rate*「猛烈な速度で」、at the *rate of* knots「数ノットという速度で」)という意味は17世紀半ばから始まる。

rather［古英語］副どちらかと言えば、いくぶん、むしろ：
古英語 *hrathor*「より速く、より早く」は *hræthe*「遅れることなく」の比較級である。元は *hræth*「迅速な」である。

ratify［後期中英語］動批准する、承認する：
古フランス語 *ratifier* に由来する。元は中世ラテン語 *ratificare* である。ラテン語 *ratus*「固定した」が語幹である。
→ RATE

ratio［17世紀半ば］名比率：
ラテン語から入り、文字通り「計算すること」を意味する。*rat*-、つまり *reri*「計算する」の過去分詞の語幹に由来する。数学においても *raio* が使われており、17世紀半ばに見られる。

ration［18世紀初頭］名（食料・衣料・燃料などの）一定の割当量、1日の食物の配給（量）；動（人に）食料を供給する：
フランス語に由来する。元はラテン語 *ratio(n-)*「計算すること、比率」である。英語 *ration* には「一定の割当量」という意味がある。また物資不足期間の食料配給管理を思いおこさせる **rationing**「配給」という動名詞は、第1次世界大戦から始まる。

rational［後期中英語］形理にかなった、合理的な：
当初の意味は「推論する能力があること」であった。ラテン語 *rationalis* に由来する。元は *ratio(n-)*「計算すること、理性」である。「合理的な」を意味する意味は16世紀初頭から始まる。

rationale［17世紀半ば］名基本原理：
近代ラテン語、つまりラテン語 *rationalis*「生まれながらに理性を持つ」の中性語

（名詞として使用）である。

rattle［中英語］動がらがら・がたがたいう、がたがたいわせる；名がらがらいう音、（おもちゃの）がらがら：
当初は動詞として使われた。中オランダ語そして低地ドイツ語 *ratelen* と同系であり、擬音語である。16世紀後半から「早口で話す」という意味を、19世紀半ばから「悩ます、いらいらさせる」(例：*rattled* by the insult「侮辱されいらいらした」)という意味を持ちはじめた。名詞用法には当初、「短くかん高い音」があった。すぐにこの用法はおもちゃのがらがらにおけるような音を立てる道具にも使われるようになった。

raucous［18世紀半ば］形しゃがれた、しわがれ声の：
ラテン語 *raucus*「しわがれた」に由来する。

ravage［17世紀初頭］名荒廃；動荒廃させる：
フランス語 *ravager* に由来する。元はより古い *ravage*、つまり *ravine*「激しい水の流れ」の変形である。複数形の用法として「破壊の跡、荒廃」(例：*ravages* of time「時の経過による荒廃」)は17世紀後半から始まる。
→ RAVINE

rave［中英語］動（狂ったように）わめく、ののしる、（風・水などが）荒れ狂う；名（風雨の）荒れ狂う音、怒号：
当初は「狂いの兆しがある」を意味した。この語源はおそらく、古北部フランス語 *raver* である。（中）低地ドイツ語 *reven*「無分別になる、うわごとを言う」とおそらく同系である。「べたぼめの」(*rave* reviews「べたぼめの評論」)は1920年代から始まり、当初はアメリカ英語用法であった。「陽気なパーティ」という意味は1960年代から始まる。

ravel［後期中英語］動（もつれを）ほどく、もつれる、混乱する、解明する、解く、も

つれさせる、混乱させる；(名)もつれ、紛糾：

当初の意味は「もつれさせる、混乱させる」であった。オランダ語 ravelen「ほつれる、もつれる」に由来する。通常の用法において unravel と同義語である。時に out の影響を強く受けることがある（シェイクスピア『リチャード二世』 Richard Ⅱ, Ⅳ. i .288：Must I ravel out My weav'd up folies?「私のまとめ上げられた狂気を解きほぐさなければならないのか」）。当初見られた「もつれること」の逆の意味はスコットランド語そして方言的用法で残っている。

raven [古英語](名)ワタリガラス：

古英語 hræfn はゲルマン語に由来し、オランダ語 raaf そしてドイツ語 Rabe「カラス」と同系である。raven は黒色に関係のある複合語、例えば raven-haired「黒髪の」などでよく見られる。特にこの複合語は19世紀半ばに使われている。

ravenous [後期中英語](形)がつがつ食う、貪欲な：

古フランス語 ravineus は、元は raviner「略奪する」であるが、英語 ravenous「がつがつ食う」を生みだした。当初の用法に「略奪にふける」があった（ダニエル・デフォー『世界航海記』Voyage round the World：Nations who were ravenous and mischievous, treacherous and fierce「貪欲で一癖があり、油断のならないそして荒々しい国民」）、しかし、飢えを連想させることも当初からあった。
→ RAVAGE ; RAVINE

ravine [18世紀後半](名)渓谷：

「激しい（水の）流れ」を意味するフランス語に由来する。古フランス語において ravine は「略奪行為、暴力的な略取」を意味した。
→ RAVENOUS

ravish [中英語](動)有頂天にさせる、凌辱する：

古フランス語 raviss-、つまり ravir の延長語幹に由来する。元はラテン語 rapere「略取する」の変形である。ravishing(形)「（女性が）魅惑的な」は後期中英語からである。また「連れ去る」という意味は有頂天と結びつくようになった。

raw [古英語](形)生の、未加工の、皮膚がむけた、ひりひり痛む、仕上げのしていない、生硬な、未熟な、未経験の：

古英語 hreaw「生の」はゲルマン語に由来する。特に hreaw はオランダ語 rauw そしてドイツ語 roh「生の」と同系である。元はギリシア語 kreas「生肉」にも見られるインド＝ヨーロッパ語根である。raw は中英語から「保護されていない」という意味もあった（例：raw wounds「生傷」）そして16世紀半ばから天気との意味合いを持っている（例：raw evening air「湿って冷たい夕方の空気」）。20世紀初頭には「まだある処理にかけていない、または、未加工の」という意味で raw data「生の資料」などの情報に使われるようになった。

ray [中英語](名)光線、ひらめき、熱線、光；(動)光を発する：

古フランス語 rai に由来する。ラテン語 radius「車輪のスポーク、光線」が基となっている。一般的に beam と区別され、より少量の光を表すという点で beam とは異なる。また、科学用語としての beam は ray が束になったものである。ray は太陽の光ではなくむしろ太陽の熱と結びつくことが多い。
→ RADIUS

raze [中英語](動)（家・町などを）完全に破壊する、（文字などを）削って消す：

razed to the ground「壊滅する」にあるように「引っかく、切れ込みを入れる」という意味があった。この語源は古フランス語 raser「念入りに削る」である。元は動詞 radere「こする」である。この動詞はかつて（16世紀半ば）英語において「こすって取り除く、切り取る」を意味した（サー・ウォルター・スコット『島々の領主』Lord of the Isles：An axe has *razed* his crest「斧が彼の首筋を切り取った」）。**razor**［中英語］图「かみそり」は古フランス語 *raser* が基になった *rasor* から来ている。

razzle ［20世紀初頭］图乱痴気騒ぎ：

成向 be on the *razzle*「ばか騒ぎをする」の一部を形成し、**razzle-dazzle**［19世紀後半］图「乱痴気騒ぎ」の短縮形である。razzle-dazzle 自体は dazzle「目がくらむこと」の重複形である。この複合語 razzle-dazzle の変形はおそらく、口語体の *razzmatazz*「派手な活動」（19世紀後半）である。
→ DAZZLE

語形成
接頭辞 re-（ラテン語 re- または *red-*「再び、もとへ」に由来）は以下の意味を付け加える。
■「再び、新たに」[reaccustom]「再び慣らす」、[reactivate]「再開する」
■「以前の状態に戻って」[restore]「戻す」、[revert]「戻る」
■「応えて、相互に」[react]「反応する」、[resemble]「似ている」
■「反対」[resistauce]「抵抗」
■「後の、後に」[relic]「遺物」、[remain]「残存する」
■「離れた状態で」[recluse]「隠遁した」、[reticent]「無口な」
この接頭辞 re- は語に強意を付け加えたり（[refine]「精練する」、[resound]「鳴り響く」）、語の真意を否定する[recant]「取り消す」こともある。

---

reach ［古英語］動着く、達する、届く、至る、差し出す；图手の届く範囲、手近なこと、勢力範囲：

古英語の動詞 *rǣcan* は西ゲルマン語に由来し、オランダ語 *reiken* そしてドイツ語 *reichen*「足りる」と同系である。この意味の1つに広がるそして身体を伸ばすがある。一方、この名詞は、後期中英語において入江を指した。しかし今ではカナダ方言を除き、廃語となって久しい意味である。

react ［17世紀半ば］動反応する、反発する：

接頭辞 re-（強意または反対を表す）と *act*「行動する」からなる。元は、中世ラテン語 react-、つまり *reagere*「もう一度する」の過去分詞形が発端となっている。**reaction**图「反抗、反応」もまた17世紀半ばの語であり、react が基になっている。中世ラテン語 *reagere* に由来する *reactio(n-)* からできた。化学における reaction 图「反応」の用法は19世紀初頭からである。

read ［古英語］動読む、読んで聞かせる、読解する。読み取る、解釈する、講義する：

古英語 *rǣdan* はゲルマン語に由来し、オランダ語 *raden* そしてドイツ語 *raten*「忠告する、推測する」と同系である。当初の意味には「信じる、考える、思う」、「助言する」そして「（謎または夢を）解釈する」があった。She *read* French at Manchester「彼女はマンチェスターでフランス語を専攻した」にあるように「研究する」を意味する用法は19世紀後半から見られる。この同系語である古英語 *rǣdere*（=**reader** 图「読者」）は「夢の解釈者、読師」を意味した。

ready ［中英語］形用意ができた、喜んで…する、迅速な、利発な、すぐ換金できる、今にも…しそうだ：

古英語 *rǣde* に由来する。元は「整える、準備する」を意味するゲルマン語の語幹である。オランダ語 *gereed* と同系である。

ream ［後期中英語］图連、多量：

かつては480枚の紙を表し、今では500枚（損耗に備えているため）を表す用語となっているが、古フランス語 *raime* に由来する。*raime* はアラビア語 *rizma*「束」が基となっている。「多量」を意味する成句 *reams* of「多量の」は20世紀初頭に起こった。

reap ［古英語］動刈り取る、（利益などを）得る：

古英語 ripan, reopan は語源不詳である。同属言語には現れていない。しかし、当初の用法は鎌で穀類または同類のあらゆる穀物を刈り取るという動作と関係があった。比喩的用法の「(結果として)受ける、獲得する」は中英語である。

rear[1] ［中英語］图後方、後部、後方(部隊)；形一番後ろの：

当初、軍用語として使われた。語源は成句 th'arrear である。古フランス語 rere に由来し、ラテン語 retro「後の」が基となっている。18世紀後半から口語的に「尻」という意味で使われた。複合語には以下がある：

■ **rearguard** 图「後衛、後方部隊」。後期中英語において軍隊の後方部を指した。また、古フランス語 rereguarde に由来する。

rear[2] ［古英語］動(人を)起こす、築く、建てる、立つ、建つ、飼う、育てる：

古英語 rǽran「まっすぐに立てる、建てる、上げる」はゲルマン語起源であり、raise「上げる」(raise が多用されることで rear「後部」に取って代わった) そして rise「上がる」と同系である。中英語から rearing cattle「飼育牛」のように、家畜の飼育という意味を表すために使われた。また、16世紀後半から児童教育の意味に使われた。(シェイクスピア『夏の夜の夢』A Midsummer Night's Dream, II. i .136：For her sake I do rear up her boy「彼女のために私は彼女の子を育てよう」)
→ RAISE, RISE

reason ［中英語］图原因、理由；動尋ねる、論じる、推論する、論証する、納得させる：

名詞用法は古フランス語 reisun、動詞用法は古フランス語 raisoner に由来する。ラテン語 ratio(n-)の異形で、元は reri「考慮する」という動詞に由来する。この成句には以下のようなものがある：(with) in reason「道理にかなった」は古くからあった。it stands to reason「理にかなっている」は16世紀初頭から見られる。to see reason「道理をわきまえる」は16世紀後半から見られる。for reasons best known to oneself「自分しか分からない理由で」は17世紀初頭から始まる。Age of reason「理性の時代」は西ヨーロッパの17世紀後半と18世紀の時代をとらえている。この時代は文化的生活が人の理性にある信念で表される時代であった。

reasonable ［後期中英語］形「理性のある、思慮分別のある、手ごろな」は古フランス語 raisonable に由来する。ラテン語 rationabilis「理性的な」が発端となり、元は ratio である。
→ RATIO

rebate[1] ［後期中英語］图割引；動割引する：

経済・商業用語で、当初は動詞として使われた。アングロノルマンフランス語 rabatre に由来する。rebatre は「撃退する」と「差し引く」の両方の意味があった。名詞用法は17世紀半ばから始まる。

rebate[2] ［17世紀後半］图払い戻し：

建具職の分野で見られ、rabbet［後期中英語］图「さねはぎの溝」の変形である。元は古フランス語 rabbat「減額、休み」である。

rebel ［中英語］動謀反をおこす、背く；图反逆者：

名詞用法は古フランス語 rebelle、動詞用法は古フランス語 rebeller に由来する。ラテン語 rebellis が語源である。元々、敗北後に新たな宣戦布告をする敵に関して使われる語である。rebellis はラテン語 bellum「戦争」が基となっている。rebel without a cause「理由なき反抗」は1955年にアメリカで上映された映画のタイトルに由来する。この映画の中で描かれる若者は失望感を抱いており、その失望感が暴力的な行動へとつながっている。**rebellion**图「謀反、反逆」も中英語である。rebellion は古フランス語から入った。元はラテン語 rabbelio(n-), rebbelis である。

rebound [後期中英語]動(物が)はね返る、こだまする；名応答、音、響き、強い打撃：

古フランス語 *rebondir* から来ており、*re-*「戻って」と *bondir*「はねる」からなる。心情的な感情を指す成句 on the *rebound*「(…から)立ち直って」は19世紀半ばに in the *rebound*「立ち直り」という言いまわしで当初、使われた。

rebuff [16世紀後半]動拒絶する、はねつける；名拒絶：

廃語となったフランス語の動詞 *rebuffe*、名詞 *rebuffe* に由来する。イタリア語 *ri-* (反対を表す)と *buffo*「突風、プッと吹くこと」(擬音語起源)からなる。突風によって追い払うという意味を生んでいる。

rebuke [中英語]動叱る。非難する；名叱責：

当初の意味は「ぐっとこらえる、抑える」であった。アングロノルマンフランス語、古北部フランス語 *rebuker* に由来する。*re-*「再び」と *bukier*「打つ」からなる。また、この動詞は元は、「木を切り倒す」(古フランス語 *busche*「丸太」に由来)を意味していた。

rebut [中英語]動反駁(はんばく)する、反証を上げる：

当初の意味には「叱る」そして「撃退する」があった。アングロノルマンフランス語 *rebuter* から入った。古フランス語 *re-* (反対を表す接頭辞)と *boter*「接合すること」からなる。「(告発は)事実に反するものであると主張する」という意味は19世紀初頭の法律用法から来ている。

recalcitrant [19世紀半ば]形(権力・指示に)従わない：

ラテン語 *recalcitrare*「かかとで蹴飛ばす」に由来する。*recalcitrare* は *calx*, *calc-*「かかと」が基となっている。

recall [16世紀後半]動呼び戻す、取り戻す、思い出す；名呼び戻し、取り消し、撤回：

当初は動詞として使われた。接頭辞 *re-*「再び」と動詞 *call* からなる。ラテン語 *revocare* またはフランス語 *rappeler*「呼び戻す」に由来する。「思い出す」という意味は17世紀半ばに心理について用いられたのがはじまりである。

recant [16世紀半ば]動撤回する、誤りを認める：

ラテン語 *recantare*「取り消す」に由来する。*recantare* は *cantare*「歌う、賛美する」が基となっている。ここでの接頭辞 *re-* は否定・反対を表す。

recapitulation [後期中英語]名要約：

古フランス語 *recapitulation* または後期ラテン語 *recapitulatio(n-)* に由来する。元は動詞 *recapitulare*「項目ごとに調べる」、つまり **recapitulate** [16世紀後半]動「要点を繰り返して述べる」と同じ語源である。この語幹は後期ラテン語 *capitulum*「章」(*caput*「項目」の指小辞語)である。この短縮形 **recap** 動「要約する」は1950年代からである。

recede [15世紀後半]動去る、逸脱する、後ろへ退く：

当初「(通常の状態または標準)から逸れる」という意味があった。17世紀後半では一般的な用法であったが今では廃語である。ラテン語 *recedere* に由来し、*re-*「後ろに」と *cedere*「行く」からなる。**recess** 名「引き下がること、撤退」は「隠退、逸脱」という意味で16世紀半ばから始まり、ラテン語 *recessus* に由来する。元は *recedere*「退却する」である。また、「壁龕(へきがん)」という意味は18世紀後半からである。**recession** 名「退去」は17世紀半ばの語であり、ラテン語 *recessio(n-)* に由来する。元はこの同起源の動詞である。また、経済学の用語として「景気後退」という意味で使われるのは1920年代であった。

receive [中英語]動受け取る、泊める、認める、信じる、聞く：

アングロノルマンフランス語 receivre に由来する。ラテン語 recipere が基となっている。re-「後に」と capare「取る」からなる。ラテン語 recipere は、中世ラテン語では「認められた」を意味する recepta の女性形過去分詞形であるが、receipt [後期中英語]名「受領」(アングロノルマンフランス語 receite 経由) の語源である。この -p- はラテン語の綴りをまねて挿入された。当初の用法には医療の複合語において「処方」そして「成分の説明書」という意味があった。また後期中英語でラテン語 recipre 由来の語は以下の通り。receptive 形「受け入れやすい」(中世ラテン語 receptivus に由来)。reception 名「受領、理解、応対、歓迎会」(古フランス語、またはラテン語 receptio(n-) に由来)。「歓迎会」を意味する用法は19世紀半ばから見られる。receptor 名「受容体」は20世紀初頭に入った。ドイツ語で造りだされ、ラテン語 receptor に由来する。元は recipere という動詞である。
→ RECIPE

recent [後期中英語]形、最近の：

ラテン語 recens, recent- またはフランス語 récent に由来する。17世紀初頭から使われ、「新鮮な」を意味し、詩においては時に「新たに来た」という意味で使われることもあった。(ポープ『イリアス』Iliad: All heaven beholds me recent from thy arms「すべての神が汝の腕から新たに来た私を見守っている」)。

receptacle [後期中英語]名入れ物、コンセント：

ラテン語 receptaculum に由来する。元は receptare「もう一度受け取る」、つまり recipere の反復動詞（繰り返し行うという動詞）である。科学用語としての用法は16世紀半ばから始まる。
→ RECIVE

recipe [後期中英語]名料理法；動秘訣：

ラテン語の用法で文字通り「受け取れ！」を意味する。当初、医療処置の方法として使われた。recipere の命令形である。料理法という意味は18世紀初頭からである。
→ RECEIVE

recipient [16世紀半ば]名受取人、受領者：

文字通り「受け取る人」を意味し、ラテン語の現在分詞語幹 recipient- に由来する。元は recipere「受け取る」である。
→ RECEIVE

reciprocal [16世紀後半]形相互の、互恵的な、代償の、返礼の、対等の、逆比例の：

ラテン語 reciprocus (接頭辞 re-「相互に」と pro-「前へ」が基となっている) は英語 reciprocal の語幹である。当初の用法には reciprocal tides「逆流」などがあった。この同時期の reciprocate 動「交換する」はラテン語 reciprocare「前後に移動する」に由来する。元は reciprocus である。

recite [後期中英語]動暗唱する、朗唱する、(詳細に) 話す：

当初、法律用語として使われ、「文書で(事実を) 説明する」という意味があった。しかし、すぐに「暗唱する」という意味になった。recite は古フランス語 reciter またはラテン語 recitare「読み上げる」に由来する。いずれも re-（ここでは強意の意味）そして citare「呼び寄せる」からなる。

reckless [古英語]形向こう見ずな、むちゃな：

古英語 recceleās は古英語 reck「管理、注意、配慮」というゲルマン語の語幹に由来する。19世紀の修辞学や詩的な言葉でよく見られる。

reckon [古英語]動思う、数える、計算する、勘定に入れる、考える、見なす：

古英語 (ge)recenian は、西ゲルマン語であり、オランダ語やドイツ語 rechnen「数え上げる」と同系である。当初の意味には「受け取った品の説明をする」や

「順に述べる」があった。こういった意味が「計算」、そして後に「結論に行き着く」という意味に至った。挿入的に使われる成句 I reckon「思うに」(R・L・スティーヴンソン『宝島』Treasure Island: You would just as soon save your lives, I reckon「思うに、君はむしろ自分の命を守りたいのだろう」)は17世紀初頭から始まる。この成句はかつて文語的な英語でよく使われていた。今でも方言に残っている。他にも、アメリカ南部の州ではこの成句は北部の州の I guess「思うに」と同じくらいよく使われている。

reclaim ［中英語］動(…の返還を)求める、開墾する、埋め立てる：

当初は鷹狩り用語として使われ、「呼び戻す」という意味であった。古フランス語 reclamer が語源であり、ラテン語 reclamare「…にやかましく反対する」に由来する。re-「再び」と clamare「叫ぶ」からなる。「(荒廃した土地または水浸しの土地を)耕作用に使えるようにする」という意味は18世紀半ばから使われている。

recline ［後期中英語］動もたれる、寄り掛かる：

当初の意味は「後にそらせる」であった。古フランス語 recliner、ラテン語 reclinare「反り返らせる、もたれる」に由来する。re-「後へ」と clinare「曲がる」からなる。

recluse ［中英語］名隠者、世捨人；形世を捨てた：

古フランス語 reclus、つまり reclure の過去分詞に由来する。元はラテン語 recludere「囲む」である。接頭辞 re- は「再び」を意味し、ラテン語 claudere「閉める」が語幹である。人を世界から遠ざけることを指すと同時に、昔から recluse は形容詞として、特に成句 to be recluse「社会から隠遁した」で使われた。

recognizance ［中英語］名誓約書：

古フランス語 reconnissance から由来する。元は reconnaistre「認める」である。この同系語 recognition 名「承認、認識、表彰、見覚え」は15世紀から「認定、評価」の意味で用いられてきた。recognition はラテン語 recognitio(n-)に由来する。元は動詞 recognoscere「再び知る」である。recognize 動「認識する」の語源もスコットランドの法律用語として当初、使われていることが実証されている。古フランス語 reconniss-、つまり reconnaistre の語幹がこの recognize の語源である。元はラテン語 recognoscere である。「識別する、見分ける」という意味は18世紀初頭から始まる。

recoil ［中英語］動はね返る、退却する、撤退する、後戻りする；名後退、反動：

当初、退却という行為を示していた。古フランス語 reculer「後戻りする」に由来し、ラテン語 culus「尻」が基となっている。「ぞっとして跳ね上がる」という意味は16世紀初頭からである。

recollect ［16世紀初頭］動思い出す、心を落ちつかせる：

当初の意味は「集める」であった。ラテン語 recolligere に由来し、re-「再び」と colligere「集める」からなる。記憶との結びつきは16世紀半ばから始まる。recollection ［16世紀後半］名「回想」は再び物を集めることを表し、フランス語、中世ラテン語 recollectio(n-)に由来する。元は recolligere という動詞である。

recommend ［後期中英語］動推奨する：

中世ラテン語 recommendare に由来し、ラテン語 re-「ここでは強意」と commendare「…の世話を約束する」からなる。当初の用法には人の魂または精神を神に託すという意味もあった。「推奨する」(例：highly recommended「強く推薦する」)という意味は16世紀後半からである。

recompense ［後期中英語］動報いる、補償する；名お礼、補償：

古フランス語に由来する。元は *recompenser*「補償する」という動詞である。後期ラテン語 *recompensare* に由来し、ラテン語 *re-*「再び」と *compensare*「ある事を別の事と比較する」からなる。

reconcile [後期中英語][動]和解させる、調和させる：

古フランス語 *reconcilier*、ラテン語 *reconciliare* に由来し、ラテン語 *re-*（「戻る」を意味する接頭辞。また、この意味に強意も加える）と *conciliare*「和解させる」からなる。

reconnaissance [19世紀初頭][名]検査、偵察、踏査：

フランス語を（軍用語として）英語で使っている。元は *reconnaître*「認める」である。
→ RECONNOITRE

reconnoitre [18世紀初頭][動]偵察する、踏査する：

主に軍用語として用いられ、廃語となったフランス語 *reconnoître* に由来する。元はラテン語 *recognoscere*「再び知る」である。この短縮形 recce [名]「偵察」は1940年代から始まる。
→ RECOGNIZANCE

record [中英語][動]記録する、録音する；[名]記録、登記、成績、記憶、証言、レコード、円盤：

古フランス語 *record*「記憶」に由来する。元は *recorder*「思い出させる」である。ラテン語 *recordari*「思い出す」から来ている。つまり *cor, cord-*「心」が基となっている。名詞用法は法律で使われているものが最も古く、「証拠として書き留められている何らかの事実」を意味した。録音された音に関して使われるようになったのは19世紀後半であった。当初はシリンダー上に、そして後にディスク上に記録された。成句 off the *record*「非公式に」（元はアメリカ英語用法）1930年代に始まる。動詞用法には元々、「口頭もしくは文書で語る」、「記憶するために繰り返して言う」という意味があった。recorder [名]「記録者、リコーダー」は後期中英語である。当時はある種の裁判官を指した。この語はアングロノルマンフランス語 *recordour* に由来する。元は古フランス語 *recorder* である。今では廃語となった「曲を練習する」という意味の動詞 *record* の影響があった。これにより楽器を表す意味（「リコーダー」）が生じた）。

recount [後期中英語][動]物語る、詳説する：

古北部フランス語 *reconter*「再び語る」に由来する。古フランス語 *counter* が基となっている。
→ COUNT¹

recoup [17世紀初頭][動]償う、取り戻す、控除する：

当初、法律用語として使われ、「削除する、控除する」を意味した。フランス語 *recouper*「節約する、切り下げる」に由来し、*re-*「再び」と *couper*「切ること」からなる。

recourse [後期中英語][名]頼みとする人・もの、接近（する手段）、償還請求：

当初の用法には「遡る、または、逆流する」という意味があった。古フランス語 *recours* は *recourse* を生み出し、ラテン語 *recursus* に由来する。*recursus* は *re-*「戻る、再び」と *cursus*「コース、走る」からなる。「頼る、助けを求める」という意味を表す成句 have *recourse* to は古くからあった。

recover [中英語][動]取り戻す、回復する・させる、（意識を）取り戻す；[名]援助、回復、元に戻すこと：

当初は健康に関する語であった。この起源はアングロノルマンフランス語 *recoverer* であり、ラテン語 *recuperare*「再び得る」に由来する。recovery [名]「回復、回収」は後期中英語で「復活の手段」を表す。アングロノルマンフランス語 *recoverie* に由来する。元は *recovrer*「戻る」である。

recreation [後期中英語]名飲食による元気回復、気晴らし、レクリエーション：

当初の意味は「心的または精神的慰め」という意味であった。古フランス語を経て、ラテン語 *recreatio(n-)* から入った。元は *recreare*「再び作る、再び新しくする」である。この概念が「元気回復」という意味を生んだ。

recriminate [17世紀初頭]動しっぺ返しする、非難し返す：

中世ラテン語 *recriminari*「互いに非難する」(反対を意味する *re-* と *criminare*「非難する」からなる)はラテン語 *crimen*「犯罪」が基となっている。そして *recriminate*「非難し返す」という動詞や *recrimination*「非難のし返し」という名詞を同時期に生み出した。recrimination はフランス語 *récrimination* または中世ラテン語 *recriminatio(n-)* を経て英語に入ってきた。

recruit [17世紀半ば]動募集する、(新兵を)入隊させる、(新しいものを)補給する；名新会員、新入社員、新兵：

当初の名詞は「新兵部隊」を意味した。また、廃語となったフランス語方言 *recrute* に由来し、ラテン語 *recrescere*「再び成長する」が基となっている。*recruit* の当初の動詞は「(ある集団)に数を補う」を意味し、フランス語 *recruter* に由来する。この動詞の意味が文語的用法で最初に現れたのはオランダで出版された官報であった。そして17世紀後半においてはこの意味はフランスの評論家には受け入れられなかった。人員を補充するという意味は運動選手が補充された20世紀初頭のアメリカ英語用法に由来する。大学の格を上げようとして、運動選手を入学させることを意味した。19世紀後半から始まる「新人選手」を表す *rookie* 名「新人選手」はおそらく *recruit* の変形である。

rectify [後期中英語]動修正する、矯正する：

ラテン語 *rectus*「正しい、まっすぐな」にはこの語幹を持つ語がいくつかある。まず、*rectify* は古フランス語 *rectifier* に由来する。元は中世ラテン語 *rectificare* である。次に、**rectitude** [後期中英語]名「まっすぐなこと、公正」は当初、「まっすぐなこと」という意味で使われており、古フランス語から由来した。元は後期ラテン語 *rectitudo* である。**rectangle** [16世紀後半]名「長方形」は中世ラテン語 *rectangulum* に由来する。元は後期ラテン語 *rectiangulum* である(ここでの他の語幹となる要素は *angulus*「角度」である)。

rector [後期中英語]名(地区・町の)長、司祭・牧師、学長：

ラテン語 *rector*「支配者」に由来する。元は *rec-*、つまり *regere*「支配すること」の過去分詞の語幹である。このラテン語の意味は当初、英語にも見られた。**rectory** 名「牧師館」は16世紀半ばからである。古フランス語 *rectorie*、中世ラテン語 *rectoria* に由来する。元は同じ語幹である。

recumbent [17世紀半ば]形横たわっている、もたれかかった：

ラテン語 *recumbent*、つまり *recumbere*「もたれる」の現在分詞の語幹に由来し、*re-*「後に」と *cubare*「横たわる」と同系の動詞からなる。

recuperate [16世紀半ば]動取り戻す、回復する：

ラテン語 *recuperare*「取り戻す」は、元は *re-*「元のように」と *capere*「取る」からなり、英語においては *recuperate*「回復する、取り戻す」の語源である。**recuperation** 名「回復」は、元は同じラテン語の語幹であるが、やや古くから (15世紀後半) 使われている。つまり、ラテン語 *recuperatio(n-)* が直接の語源である。

recur [中英語]動戻る、繰り返される：

当初の用例には「…に戻る」という意味があった。ラテン語 *recurrere* に由来する。元は *re-*「再び、戻る」と *currere*「走

る」からなる。このラテン語の動詞は16世紀後半に解剖学で recurrent 形「(神経・動脈などが) 回帰性の」を生み出した。recursive 形「繰り返し用いられる、【数学】帰納・再帰的な」も元は同じ語幹であるが、18世紀後半から見られる。コンピュータ、数学そして言語学などの用語におけるこの特殊用法は20世紀に起こった。recursion 名「【数学】再帰」は1930年代以前には使われていない。後期ラテン語 recursio(n-) に由来する。元は recurrere である。

red [古英語] 形赤い、紅の：

古英語 rēad はゲルマン語に由来し、オランダ語 rood やドイツ語 rot「赤い」と同系である。ラテン語 rufus, ruber、ギリシア語 eruthros、サンスクリット語 rudhira「赤」と共通しているインド＝ヨーロッパ語根に由来する。英語 red にある当初の長母音が Reid, Reed などの姓に残されている。政治用語で「共産主義者」を意味するのは19世紀半ばからである。党バッジの色がきっかけとなっている。複合語に以下がある：

■ **red book** 名「赤書」。経済または政治の意義の本を指す。この由来は red「赤」が公的書物の表紙にある伝統的な色であったという事実にある。

■ **red cent** [19世紀初頭] 名「1セント銅化」。この硬化がかつて銅製であったことから来ている。

■ **red-letter day** [18世紀初頭] 名「祝祭日」。教会での祝祭または聖人の祝日をカレンダー上に赤文字で強調することから来ている。

■ **red tape** [18世紀初頭] 名「官僚的形式主義」。公文書を縛るため、あるいは、しっかり閉じておくために使われる赤またはピンクの紐から来ている。

redeem [後期中英語] 動償う、補う、回復する、履行する：

「買い戻す」が redeem の当初の意味であった。古フランス語 redemer またはラテン語 redimere に由来する。re-「後に」と emere「買う」からなる。「(名誉を) 挽回する」(His bravery that day redeemed his former reputation「あの日の彼の勇気によって彼自身の評判が戻った」にあるように) 16世紀後半から見られる。redemption 名「買戻し、身請け、(キリスト教による) 罪の贖ない」も古フランス語に由来する後期中英語である。ラテン語 redemptio(n-) に由来し、元は redimere「買い戻す」である。

redoubtable [後期中英語] 形恐るべき：

古フランス語 redoutable に由来する。元は redouter「恐れること」である。この意味を強化するために使われる re- と douter「疑うこと」からなる。

redress [中英語] 動矯正する、救済する、修復する、(不安、不満を) 取り除く；

名矯正、補償、除去：

古フランス語 redresser に由来する。また、名詞用法はアングロノルマンフランス語 redresse を経て入ってきた。この語はかつて beyond redress, past redress, without redress といった成句で使われた。しかし、今では廃語となった。(シェイクスピア『リチャード二世』Richard II, II.iii.171：Things past redress, are now with me past care「私にとって直すことのできないものは心配しても仕方がない」)。

reduce [後期中英語] 動減らす、むりやり変える、降伏させる、還元する：

ラテン語 reducere に由来し、re-「後へ」と ducere「導く」からなる。当初の意味は「戻す」である。これが「(脱臼した部分を) 手技または手術でその適切な場所に戻す」という医学の意味で「整復する」になった。「異なった状態に至らせる」から、「より単純なまたはより低い状態にする」(それゆえ「(ある物質を) より基本的な形に変える」)となり、最後には18世紀後半から「(大きさまたは量を) 減らす」(現代の主な語義) という意味変化を遂げた。reduction [後期中英語] 名「縮小、減少」は「戻すという行為」を表した。古フランス語経由で入ってきたラテン語

recuctio(*n*-)に由来する。reduction も *reducere* に由来する。

redundant [16世紀後半][形]余分な、冗長な、多すぎる：
「豊富な」が当初の意味であった。ラテン語 *redundare*「湧き上がる」に由来する。16世紀半ばにおいて、この意味は「余分な要素を持っている」に変化し、1920年代には雇用の場面で労働者が余剰であるという意味へと拡張された。

reed [古英語][名]葦、(楽器の)リード：
古英語 *hrēod* は西ゲルマン語由来である。特に *hrēod* はオランダ語 *riet* やドイツ語 *Ried*「葦」と同系である。音楽の用語でマウスピースの一部分を表す用法は16世紀初頭からである。

reef [16世紀後半][名]礁、浅瀬：
coral reef「珊瑚礁」に見られる *reef* のより古い綴りは *riff* であった。文字通りには「肋骨」を意味し、かつこの意味で用いられた古ノルド語 *rif* が基になっており、中低地ドイツ語や中オランダ語 *rif, ref* から来ている。

reek [古英語][名]異臭、蒸気、煙、[動]強い悪臭を放つ：
古英語 *rēocan, rēc*「煙」はゲルマン語に由来し、オランダ語 *rieken*「においをかぐこと」、*rook*「煙」そしてドイツ語 *riechen*「においをかぐ」、*Rauch*「煙」と同系である。「オールドスモーキー」を意味する *Auld Reekie*（オールドルーキー）はかつて、エディンバラのあだ名であった。

reel [古英語][名]リール、巻き枠、糸巻き；[動]糸巻きに巻き取る：
古英語 *hrēol* は紡いだ糸が巻かれた回転装置であった。語源不詳である。おそらくスコットランドまたはアイルランドの軽快なフォークダンスを表す *reel*「リール」を生み出している。しかし、よく引き合いに出される別の語源はゲール語 *righil* である。低地スコットランド語に由来する。*reel*「揺れる、ぐるぐる回る」

という中英語の動詞はおそらくこの名詞と同系である。

refectory [後期中英語][名](修道院、大学などの) 食堂：
後期ラテン語 *refectorium* に由来する。元はラテン語 *reficere*「飲食して休憩する、回復する」である。*re-*「元のように」と *facere*「…にする」からなる。

refer [後期中英語][動]言及する、参照する、差し向ける、委託する：
古フランス語 *referer* またはラテン語 *referre*「元の所へ返す」に由来する。*re-*「元に戻って」と *ferre*「持ってくる」からなる。**referee**[名]「審判員、仲裁者」は、*refer* から形成されており、17世紀初頭からである。しかしスポーツ用語として現れたのは19世紀半ばである。このラテン語の動詞 *referre* は **referendum**[19世紀半ば][名]「国民投票」の元になっている。この語は *referre* の動名詞、もしくはその中性受動分詞に由来する。

refine [16世紀後半][動]精製する、除く、(言語・文体を) 洗練する、上品・優雅にする：
接頭辞 *re-*「再び」と動詞 *fine*「浄化する」からなる（古フランス語 *fin* に由来し、ラテン語 *finire*「終える」が基となっている）。フランス語 *raffiner* の影響を受けている。当初の意味には異質物からの金属の精錬または分離があった。**refinement** [17世紀初頭][名]「洗練、上品、高雅」は *refine* が基となっており、フランス語 *raffinement* の影響を受けている。

reflect [後期中英語][動]反射する、反映する、示す、熟考する：
古フランス語 *reflecter* またはラテン語 *reflectere* に由来する。*re-*「後に」と *flectere*「曲げる」からなる。「熟考する」という意味は17世紀初頭からの用例に見られる。**reflection** [後期中英語][名]「反射、映像、熟考」は古フランス語 *reflexion* または後期ラテン語 *relfexio*(*n*-) に由来する。元はラテン語 *reflectere* で

ある。反射とreflectionの関係は当初から見られる。reflex［16世紀初頭］名「反射」は当初反射を表す名詞として使われた。reflex動「反射作用」はラテン語 reflexus「曲げる」に由来する。元は reflectere である。

reform［中英語］動改善する、作り直す、矯正する；名改善、改革：

当初は動詞として使われ、「(平和を) 取り戻す」、「元の状態に返す」という意味があった。この語源は古フランス語 reformer またはラテン語 reformare である。re-「元のように」と formare「形作る」からなる。名詞用法は17世紀半ばからである。reformation［後期中英語］名「復旧、回復、改善、改良、宗教改革」はラテン語 reformatio(n-) に由来する。元は refomare である。宗教改革運動はローマ教会における悪習を改革するために起こり、結果的に改革派教会とプロテスタント教会を創立することとなった。16世紀のことである。反宗教改革運動も続いて起こり、プロテスタント宗教改革に背いた。

refrain[1]［中英語］動差し控える：

当初、「(ある考えまたは感情を) 抑制する」という意味で使われていた。古フランス語 refrener に由来する。元はラテン語 refrenare である。制御（ここでは自制）という意味はラテン語の語幹 frenum「手綱」に由来する。

refrain[2]［後期中英語］名(詩・歌の)リフレイン、折り返し (句)：

古フランス語に由来する。元は refraindre「壊れる」である。ラテン語 refringere「ばらばらにする」が基となっている。この折り返しがその連を「ばらした」ためである。

refresh［後期中英語］動さわやかにする、元気づける、(記憶などを) 新たにする：

古フランス語 refreschier に由来し、re-「元のように」と fres(che)「新しくする」からなる。「記憶を新たにする」という意味は16世紀半ばから始まる。refreshment名「元気回復」は refresh と同時期に始まる。また、「食べ物」、(そして今ではこれより一般的になっている)「飲み物」を表す refreshments という複数形は17世紀半ばからである。

refrigerate［後期中英語］動冷やす：

ラテン語の動詞 refrigerare に由来し、re-「再び」と frigus, frigor-「冷たい」からなる。refrigerant形は16世紀後半の語で冷却物質または熱さましを表し、フランス語 réfrigérant またはラテン語 refrigerant-、つまり refrigerare の現在分詞の語幹に由来する。食べ物を保存するための refrigerator名「冷蔵庫」は19世紀半ばからである。

refuge［後期中英語］名避難、避難所、保護者：

古フランス語に由来する。ラテン語 refugium を経て入った。re-「後へ」と fugere「逃げる」からなる。成句 take refuge「避難する」は18世紀半ばの用例に使われている。refugee名「難民」は17世紀後半からである。フランス語 réfugié「避難所を探しに行った」に由来する。

refund［後期中英語］動払い戻す；名払い戻し金：

当初の意味は「注ぎ戻す」、「戻す」であった。古フランス語 refonder またはラテン語 refundere に由来し、re-「戻す」と fundere「注ぐ」からなる。「払い戻す」という意味は16世紀半ばからである。この名詞(「払い戻し金」)は19世紀半ばから始まる。

refuse[1]［中英語］動拒否する、きっぱり断る：

古フランス語 refuser に由来する。refuser はおそらく、ラテン語 recusare「断る」の変形であり、refutare「論駁する」の影響を受けている。当初の用法に「避ける」(例：refused evil to do good「悪を避け善をなす」、「放棄する」(例：refused the world to become a monk「世

を捨てて修道士になる」)といった用法があったが、今では両方とも廃語である。

refuse² [後期中英語] 名 廃棄物：
おそらく古フランス語「ゴミ捨て場」を意味する refusé、つまり refuser の過去分詞に由来する。英語の当初の用法は形容詞として使われた。
→ REFUSE¹

refute [16世紀半ば] 反駁ばくする、論破する：
ラテン語 refutare「追い払う、反駁する」に由来する。refute の本義は「(ある理論が)間違っていることを証明する」である。また、ここから変化したより一般的な意味は「論破する」(refute the allegations「その主張を論破する」にあるように)であるが、中には意味の悪化と感じとった人もいる。しかし、標準英語で幅広く認められるようになった。

regal [後期中英語] 形 堂々とした、王の、王者らしい：
古フランス語、またはラテン語 regalis に由来する。元は rex, reg-「王」である。「王の象徴」を表す regalia 名「王権の標章」は、16世紀半ばにおいて、「王権」を意味した。この語は文字通り「王権」を意味する中世ラテン語の語形である。元は regalis「王の」というラテン語の中性形複数形である。

regale [17世紀半ば] 動 大いにもてなす：
フランス語 régaler に由来する。強意を表す re- と古フランス語 gale「喜び」からなる。当初の用法には食べ物を用意して人を大喜びさせる、娯楽で人の心を楽しませるという両方の意味があった。

regard [中英語] 名 考慮、評判、尊敬、注意、好意、意図；動 考慮する、考える、見る、敬う、見なす：
古フランス語 regarder「注視する」に由来し、re-「後に」(ここでも強意としての意味がある)と garder「見守る」からなる。名詞用法はかつて、「外見」(ミルト

ン『失楽園』*Paradise Lost*: To whom with stern *regard* thus Gabriel spake「こわい顔つきをした人にガブリエルはこのように話しかけた」)や「重要性、価値、評価」(シェイクスピア『トロイラスとクレシダ』*Troilus and Cressida*, III.iii.127-129: What things there are Most abject in *regard*, and dear in use「この世には無視されながらも、とても役に立つものがある」)を意味した。

regatta [17世紀初頭] 名 ゴンドラ競漕、競漕、レガッタ：
イタリア語(ベネツィア方言)を英語として使っており、文字通り「戦い、競争」を意味する。Grand Canal「大運河」で催されたいくつかのボートレースを表す名称として使われた。また、イングランドでの第1回目の *regatta* はテムズ川で1775年6月23日に催された。

regeneration [中英語] 名 改心、再生、更生、刷新：
ラテン語 regeneratio(n-) に由来する。元は regenerare「再び作る」である。regenerare は regenerate [後期中英語] 動「再び生じる、再生させる、生まれ変わらせる」にも見られる語源であり、ラテン語の過去分詞 regeneratus を経ている。regenerate は当初、形容詞的用法として見られた。一方、この動詞は16世紀半ばからである。

regent [後期中英語] 名 (大学の)理事、評議員、摂政、統治者：
古フランス語またはラテン語 regere「支配する」に由来する。この一般的な意味である「支配者」は当初、「王権を与えられた人」の意味と並行して存在していた。regency 名「執権職、統治権、摂政団、摂政時代」も後期中英語であり、中世ラテン語 regentia に由来する。元は同じラテン語起源の動詞である。この用法の1つに1811〜20年の摂政時代の特徴が見られる建築様式や調度品を示すことがある。この時代はジョージ英国皇太子妃が統治者であった。

reggae ［1960年代］名【音楽】レゲエ（西インド諸島ジャマイカ起源のロックミュージック）：

人気のある音楽スタイルを表し、強いアクセントのかかった副次的なビートを持っている。おそらくジャマイカ英語 *regerege*「口論する、けんかする」と関係がある。

regime ［15世紀後半］政治制度、政体、政権、体制、【医学】養生法：

当初は医学用語として使われた。「養生法」つまり、「治療の所定手順」を指している。フランス語 *régime* に由来する。元はラテン語 *regimen*「規則」である。政治形態と関係のある現在の主要な意味は18世紀後半からである。元はアンシャンレジーム（1789年の革命前のフランスにおける政治社会体制）と関連がある。

regiment ［後期中英語］名連隊；動連隊に編制する、厳しく訓練する：

当初、「国民や国を支配・統治する」という意味で使われ、1550年から1680年の間でひじょうによく使われた語である。古フランス語を経て後期ラテン語 *regimentum*「支配」から入った。元は *regere*「支配する」である。軍隊用語は16世紀後半からである。しかし、イギリス陸軍においてこの語法は1881年に起こった変化により大きく変わった。この時代は昔からあった歩兵連隊が新国防義勇連隊という大隊に編制された年であった。この動詞用法は17世紀初頭から発展している。

region ［中英語］名地方、地域、身体の部位、行政区、部分：

古フランス語に由来する。ラテン語 *regio(n-)*「支配、地方」を経て入った。元はラテン語 *regere*「支配する、指揮する」である。このラテン語の動詞の意味は英語で使われていた当初の用法に影響を与えた（「王国」、「王土」）。成句 in the *region* of「およそ」は1960年代からである。

register ［後期中英語］名登録簿、目録、通風装置、見当；動記録する、登録する：

古フランス語 *regestre* または中世ラテン語 *regestrum, registrum*、つまり *regestum* の変形に由来する（後期ラテン語 *regesta*「記録されたこと」の単数形）。この語源はラテン語 *regerere*「記入する、記録する」である。**registration** 名「登録」は16世紀から始まる。中世ラテン語 *registratio(n-)* に由来する。ラテン語 *regerere* が基となっている。また、**registrar** 名「記録係、（学校の）学務係」は17世紀後半であり、中世ラテン語 *registrarius* に由来する。元は *registrum* である。

regress ［後期中英語］動退化する、後戻りする：

ラテン語 *regressus* に由来する。*regredi*「帰る、戻る」であり、re-「後に」と *gradi*「歩く」からなる。**regression** 名「逆行、後戻り」はこの同時期から始まる。ラテン語 *regressio(n-)* に由来する。元は *regredi* である。また、心理学の用語としての用法「（催眠術や精神病で）退行する」は20世紀初頭から見られる。

regret ［後期中英語］動後悔する、嘆く；名苦情、悲しみ、残念：

古フランス語 *regreter*「（その死を）嘆き悲しむ」に由来する。おそらく、元はスコットランド語 *greet*「泣く」（古英語で使われている）にあるゲルマン語の語幹である。この名詞は16世紀初頭からである。

regular ［後期中英語］形定期的な、普通の、まったくの、普通サイズの、規則的な、正規の：

古フランス語 *reguler* に由来する。ラテン語 *regularis* を経て、*regula*「支配する」から入った。「まったくの」を意味するこの口語的用法（例：a *regular* goody-two-shoes「ぶりっ子そのもの」）は19世紀初頭からである。普通サイズの（例：*regular* fries「普通サイズのフライドポテト」）という意味は、元は1950年代のアメリカ英語用法であった。

regulate [16世紀後半]動規制する、調節する：
当初の用例にある意味は「規則による支配」であった。後期ラテン語 *regulare*「指揮する、規制する」（ラテン語 *regula*「支配する」に由来）がこの語源である。

regurgitate [16世紀後半]動吐き出す、（食物を）吐き戻す：
中世ラテン語 *regurgitare* に由来し、ラテン語 *re-*「再び」と *gurges, gurgit-*「渦」からなる。流体または気体に使われる語であり、意味は「噴出する、再び逆流する」であった。「（食物を）吐き戻す」という意味で使われたのは18世紀半ばであった。

rehabilitate [16世紀後半]動（薬物中毒者などを）社会復帰させる、復元する：
当初の用法には「（条例または宣言により）かつての権利を復活させる」（例：He was *rehabilitated* on payment of the fine「彼は罰金を払って社会復帰した」）という意味があった。中世ラテン語 *rehabilitare* が語源である。*rehabilitate* の一般的な用法は「訓練によって社会復帰させる」という意味であり、1940年代に始まった。また、この短縮形 **rehab** 名もこの年代からである。

rehearse [中英語]動（詳しく）物語る、復唱する、（劇・音楽・演説を）稽古する、練習する：
当初の意味は「大きな声で繰り返す」であった。古フランス語 *rehercier* に由来する。*rehearse* はおそらく *re-*「再び」と *hercer*「耕す」からなる。元は *herse*「馬鍬」である。16世紀後半から演劇において使われている。
→ HEARSE

reign [中英語]動君臨する、支配する；名君臨、治世、統治、統治期間：
動詞用法は古フランス語 *reignier*「君臨する」、名詞用法は古フランス語 *reigne*「王国」に由来する。ラテン語 *regnum* が語幹であり、*rex, reg-*「王」と関係がある。

reimburse [17世紀初頭]動償還する：
re-「再び」と廃語となった動詞 *imburse*「寄付金を出す」からなる。元は中世ラテン語 *imbursare* である。*in-*「…の中に」と後期ラテン語 *bursa*「財布」からなる。

rein [中英語]名手綱、統御；動手綱でつなぐ、制御する：
古フランス語 *rene* に由来する。ラテン語 *retinere*「保つ」が基となっている。成句 give *rein* to「自由に行かせる」は16世紀後半からである。

reindeer [後期中英語]名トナカイ：
古ノルド語 *hreindýri* に由来する。*hreinn*「トナカイ」と *dýr*「動物」からなる。

reinforce [後期中英語]動（部隊を）増援する、増援を受ける、補強する、【心理】（褒美ほうびを与えて）（望ましい反応を）引き出す：
フランス語 *renforcer* に由来する。*in-force*、つまり *enforce* の廃語となった綴りの影響を受けている。また、軍隊などを増強するという意味はイタリア語 *rinforzare* に由来する。心理学用語としての用法は20世紀初頭から見られる。

reiterate [後期中英語]動（命令などを）繰り返して言う：
当初、「繰り返し行う」という意味で使われた。ラテン語 *reiterare*「繰り返す」に由来し、*re-*「再び」と *iterare*「2度行う」からなる。

reject [後期中英語]動拒絶する、捨てる；名拒絶、不合格品・者：
ラテン語 *reject-*、つまり *reicere*「投げ返す」の過去分詞の語幹に由来し、*jacere*「投げること」が基となっている。名詞としては1920年代から不合格者を指して使われた。元は軍事について用いられた。

rejoice [中英語]動喜ぶ、喜ばせる：
「喜ばせる」が当初の意味であった。古フランス語 *rejoiss-*、つまり *rejoir* の延長

語幹に由来する。接頭辞 re- は強意を示す。joir は「喜ぶ」を意味する。

rejoinder ［後期中英語］名答弁：
アングロノルマンフランス語の不定詞 rejoindre（文字通り「再び接合すること」）に由来し、名詞として使われた。

rejuvenate ［19世紀初頭］動若返らせる：
ラテン語の形容詞 juvenis「若い」が基となっている。フランス語 rajeunir から来ている。

relapse ［後期中英語］動(悪い状態に)逆戻りする、(病気などが) ぶり返す：
ラテン語 relaps-、つまり relabi「すべり戻る」の過去分詞の語幹が語源である。当初の意味は異端または悪事に逆戻りすることであった。また、病気についての用法は16世紀後半からである。

relation ［後期中英語］名関係、話、親戚：
古フランス語またはラテン語 relatio(n-) に由来する。元は referre「返す」である。成句 no relation「一切関係がない」は同姓でありながらあらゆる血のつながりを否定することに使われる。この成句は1930年代からある。この同じ語幹からの語に relative［後期中英語］名形親類、比較的」(古フランス語 relatif, -ive に由来。元は後期ラテン語 relativus「関係がある、親類がいる」)、そして16世紀半ばから relate動「関わる、関係づける」がある。
→ REFER

relax ［後期中英語］動くつろがせる、弛緩させる、(刑罰などを) 軽減する、免除する、緩和する：
ラテン語 relaxare に由来し、laxus「ゆるい、解き放たれた」が基となっている。接頭辞 re- は意味を強めている。「くつろぐ」という意味は1930年代からの用法である。**relaxation** ［後期中英語］名「くつろぎ、軽減、免除」は「刑罰の一部免除」を指すことから生じた。ラテン語 relaxatio(n-) に由来する。元は relaxare という動詞である。

relay ［後期中英語］名交替、供給、替え馬、リレー競走；動中継する、伝達する：
かつて、鹿を追跡する際に新たな猟犬を放つことを指した。古フランス語の名詞 relai そしてその動詞 relayer から来ている。いずれもラテン語 laxare「ゆるむ」が基となっている。「中継する」という意味は19世紀後半からである。

release ［中英語］動解放する、免除する、軽減する、放棄する、発売する、封切る；名解放、免除、譲渡：
名詞用法は古フランス語 reles、動詞用法は古フランス語 relesser に由来する。元はラテン語 relaxare「再び差し出す、ゆるむ」である。当初の意味には「譲与免除」があった。今でも法律用法 (例：released the debt「負債を免除した」) に残されている。「発売する」という意味は20世紀初頭からである。
→ RELAX

relegate ［後期中英語］動追放する、左遷する、付託する：
当初の意味は「追放する」であった。ラテン語 relegare「追い払う、委託する」に由来し、re-「再び」と legare「送る」からなる。スポーツとしての用法は20世紀初頭からである。

relent ［後期中英語］動溶ける、優しくなる：
「溶ける、融ける」が当初の意味であった (ポープ『春』Spring：All nature mourns, the Skies relent in show'rs「あらゆる自然が悲しみ、大空は雨で融ける」)。ラテン語 re-「以前の状態に戻って」と lentare「曲げること」が基となっている (lentus「曲げやすい」に由来)。

relevant ［16世紀初頭］形関連のある：
当初はスコットランドの法律用語として使われ、「法律的に関連のある」という意味であった。中世ラテン語 relevare「持

ち上げる」に由来する。

relic [中英語]图遺物、遺跡、聖遺物、遺骸：

古フランス語 *relique* に由来する。当初はラテン語 *reliquiae*「残りもの」の複数形であった。当初の用法は宗教の用語に見られ、「亡くなった神聖な人の思い出の品として残っているもの、尊敬の念が抱かれているもの」を表した。さらに、*relics* として、遺骨、遺体という意味でも使われた。口語的用法である「人」は19世紀半ばからである。

relieve [中英語]動緩和する、解放する、交代させる：

古フランス語 *relever* に由来する。元はラテン語 *relevare*「再び持ち上げる」である。*levare*「持ち上げる」(*levis*「軽い」に由来) が基となっている。この接頭辞 *re-* は意味を強めている。relief [後期中英語]图「(苦痛などの) 軽減、救済 (金)、息抜き、交代」は古フランス語に由来する。元は *relever*「持ち上げる、軽減する」である。また、reliefは当初からお金そしてお金による援助とのつながりがあった。「交代兵」の意味は16世紀初頭に始まる。

religion [中英語]图宗教、宗派、信仰：

当初、「修道院の誓いのもとでの生活」という意味で使われた。この語源は古フランス語またはラテン語 *religio*(*n*-)「義務、結束、尊敬」である。おそらく、ラテン語 *religare*「結びつける」が基となっている。religious [中英語]形「宗教の、信心深い、厳格な」は古フランス語に由来する。ラテン語 *religiosus* を経て、*religio* から入った。

relinquish [後期中英語]動(権利、財産などを) 放棄する：

古フランス語 *relinquiss-*、つまり *relinquir* の延長語幹に由来する。元はラテン語 *relinquere* であり、*re-* (ここでは強意) と *linquere*「離れる」からなる。

relish [中英語]图味わい、薬味；動楽しむ、好む：

廃語となった *reles* の変形である。*reles* は古フランス語 *reles*「思い出させるもの」(元は *relaisser*「解き放つこと」) に由来する。当初の名詞の意味は「香り、味」である。この意味が17世紀半ばに「食欲をそそる味、面白味」を生みだした。やがて *relish* は18世紀後半に「薬味」を表す語として使われることになった。「愛好する」(例：*relished* the prospect「その眺めを楽しんだ」) を意味する動詞用法は16世紀後半から見られる。

reluctant [17世紀半ば]形気の進まない、いやいやながらの：

当初の意味は「身もだえする、異を唱える」であった (ミルトン『失楽園』*Paradise Lost*：Down he fell A Monstrous Serpent on his Bellu prone, *Reluctant*, but in vain「彼は倒れた。そこには一匹の巨大な蛇が腹這いになって空しくもがいていた」)。ラテン語 *reluctari*「…と闘う」に由来し、*re-*「強意を表す」と *luctari*「もがくこと」からなる。

rely [中英語]動頼る、当てにする：

古フランス語 *relier*「結び付ける」に由来する。元はラテン語 *religare* である。当初の意味は「強く縛る」であった。後に「集まる、交際する」となった。この意味は「当てにする」となった。

remain [後期中英語]動残る、残存する、とどまる、依然…である；图残り、遺物、遺骸：

古フランス語 *remain-*、つまり *remanoir* の強勢語幹に由来する。元はラテン語 *remanere* である (*re-*〈強意を表す〉と *manere*「滞在する」からなる)。re-mains [後期中英語]图「残り、遺物」は当初の用例において、時折、単数形としても扱われることもあった。古フランス語 *remain* に由来する。*remaindre* を経て、ラテン語 *remanere* の口語体の語形から入った。同時期の **remainder**图「残余権、残留者、余り」はアングロノルマンフランス語に由来する。元はラテン語 *remanere* である。

remand [後期中英語][動]【法律】再拘留する；[名]返送、再拘留：

当初、動詞として「再び送り返す」という意味で使われた。後期ラテン語 remandare に由来し、re-「再び」と mandare「送る」からなる。法律用語としての用法は16世紀初頭からである。また、名詞用法は、法律であり、18世紀後半からである。

remark [16世紀後半][動]言う、指摘する、注目する、所見を述べる；[名]注目、所見：

当初、「注目する」という意味で使われた。フランス語 remarquer「再び注目する」がこの語源である。re-（強意を表す）と marquer「印をつけること、注目する」からなる。名詞用法「注視、論評」は17世紀後半に生まれた。remarkable[形]「注目すべき」は17世紀初頭からである。フランス語 remarquable に由来する。元は remarquer である。

remedy [中英語][名]治療、矯正法、救済方法：

アングロノルマンフランス語 remedie に由来する。元はラテン語 remedium であり、re-「再び」と mederi「治す」からなる。派生語 remedial [17世紀半ば][形]「治療のための、（授業が）補習の」は後期ラテン語 remedialis に由来する。元はラテン語 remedium「治療、薬」である。教育と結びつくのは1920年代からである。

remember [中英語][動]覚えている、思い出す、忘れずに…する、（功績などを讃えて）…の名を挙げる、記念する：

古フランス語 remembrer に由来する。元は後期ラテン語 rememorari「思い出させる」である。re-（強意を表す）とラテン語 memor「心に留めて忘れない」からなる。remembrance[名]「回想、記念、記憶力」は中英語であり、古フランス語に由来する。元は remembrer である。また、よく知られた用法として成句 Remembrance Day「英霊記念日」がある。第1次・第2次世界大戦での戦死者を造花のポピーを付けて追悼する日である。

remind [17世紀半ば][動]思い出させる、念を押す：

接頭辞 re-「再び」と動詞 mind からなる。元は同じ意味の廃語 rememorate が発端となっている。

reminisce [19世紀初頭][動]思い出にふける：

「思い出すという行為」を指した16世紀後半の reminiscence[名]「回想、追憶」からの逆成（この接尾辞の除去による）である。reminiscence の語源は後期ラテン語 reminiscentia である。ラテン語 reminisci「思い出す」に由来する。reminiscent[形]「追憶する」は18世紀半ばに現れた。元はラテン語 reminisci である。

remit [後期中英語][動]（お金を）送る、免じる、委ねる、差し戻す；[名]仕事：

ラテン語 remittere「送り返す」に由来し、re-「元に」と mittere「送る」からなる。この名詞は20世紀初頭からである。remiss[形]「だらしない」は後期中英語であり、ラテン語 remissus「ゆるめられた」、つまり remittere の過去分詞に由来する。この語の当初の意味は「色または硬さが弱められた」、「音がかすかな」であった。remission[名]「赦免、（負債の）免除、（病気の）一時的小康状態」は中英語の時代に使われ、古フランス語またはラテン語 remissio(n-) に由来する。元は remittere である。また、医学で用いられる用法は17世紀後半から見られる。

remnant [中英語][名]（わずかな）残り、端切れ：

廃語となった remenant の短縮形である。古フランス語 remenant に由来し、元は remenoir, remanoir「残っている」である。反物について用いる用法は当初からあった。

remonstrate [16世紀後半]反対する、異議を唱える、抗議する：

当初、「明らかにする」という意味で使われた。中世ラテン語 remonstrare「論証する、見せる」に由来する。re-（強意

を表す）と monstrare「見せる」からなる。remonstrance 名「抗議、抗弁」はこの同時期からあり、「証拠」という意味があった。この語は古フランス語または中世ラテン語 remonstrantia に由来する。元は remonstrare である。Grand Remonstrance「大諫議書(だいかんぎしょ)」は公式の反対表明を指し、1641年に国王へ下院により提出された。

remorse [後期中英語] 名 悔恨、自責の念：
古フランス語 remors に由来する。中世ラテン語 remorsus から入った。元はラテン語 remordere「怒る」で、re-（強意を表す）modere「噛む」からなる。

remote [後期中英語] 形 遠く離れた：
「遠くに離れた」が当初の意味であった。ラテン語 remotus、つまり removere「移す」の過去分詞に由来する。remote control「リモコン」にあるような「遠隔操作の」という意味は20世紀初頭からである。

remove [中英語] 動 取り去る、脱ぐ、解任する、転居する；名 距離、隔たり：
古フランス語の語幹 remov- に由来する。ラテン語 removere から入った。re-「再び」と movere「移動する」からなる。「転居する」という意味は後期中英語から見られた。

remunerate [16世紀初頭] 動 報いる：
ラテン語 remunerari「報いる、償いをする」が語源であり、munus, muner-「贈る」が基となっている。接頭辞 re- は強意を表す。

renal [17世紀半ば] 形 腎臓の：
フランス語 renal に由来する。ラテン語 renalis から入った。元はラテン語 renes「腎臓」である。

rend [古英語] 動 引き裂く、(音が) 空気をつんざく：
古英語 rendan は中低地ドイツ語 rende と同系である。また rendan は他のゲルマン諸語には見られない。rendan は「引き裂く」を表す。また、音との関係は17世紀初頭からである（シェイクスピア『ハムレット』Hamlet, II.ii.486-487：Anon the dreadful Thunder Doth rend the region「再び恐ろしい雷がこの地域にとどろく」)。

render [後期中英語] 動 …にする、提供する、表現する、翻訳する、変える：
古フランス語 rendre に由来する。ラテン語 reddere「返す」の変形に由来し、経て、re-「もとに」と dare「与える」からなる。当初の意味は「暗唱する」、「翻訳する」、「返す」(これが「表す」、「演じる」となった)であった。さらに、「手渡す」(したがって「手助けする」、「支払う」)、「…となる」もあった。他にも「溶かす」（例：rendered fat「精製脂肪」）があった。派生語 rendition [17世紀初頭] 名「支えること、翻訳、演奏、演技」は廃語となったフランス語に由来する。元は rendre「返す、…にする」である。

rendezvous [16世紀後半] 名 待ち合わせ、集合、ランデブー、集合場所；動 会う、待ち合わせる
フランス語の命令形 rendez-vous!「出頭せよ！」に由来する。元は se rendre である。

renegade [15世紀後半] 名 背教者、変節者：
スペイン語 renegado に由来する。元は中世ラテン語 renegatus、つまり renegare「放棄する」の過去分詞（名詞として使われた）である。語幹はラテン語 negare「否定する」である。

renege [16世紀半ば] 動 （約束を）破る、反故(ほご)にする、【トランプ】わざと別の札を出す：
当初の意味は「(特に信頼または人を) 捨てる」であった。中世ラテン語 renegare に由来し、元は re-（強意を表す）と negare「否定する」からなる。

rennet [15世紀後半] 名 レンネット膜

（チーズ製造用に調整した子牛の第4胃の内膜）、レンネット剤（牛乳を凝固させる材料）：

乳離れしない子牛の胃中の凝結乳を表す。チーズ用に凝乳にするミルクで使われる。run「流れる」と同系である。
→ RUN

renounce ［後期中英語］動放棄する、断念する、…への忠誠を捨てる：

古フランス語 renoncer に由来する。ラテン語 renuntiare「…に対して抗議する」から来ており、re-（反対を表す）と nuntiare「公表する」からなる。**renunciation**名「放棄、否認」も後期中英語であり、後期ラテン語 renuntiatio(n-) に由来する。元はラテン語 renuntiare である。

renovate ［16世紀初頭］動改築する、刷新する：

ラテン語 renovare「再び新しくする」に由来し、元は re-「再び」と novus「新しい」からなる。

renown ［中英語］名名声：

アングロノルマンフランス語 renoun に由来する。元は古フランス語 renomer「有名にする」である。接頭辞 re-（強意を表す）と nomer「名前をつける」（元はラテン語 nominare）からなる。

rent¹ ［中英語］名家賃、使用料、地代、賃貸料；動賃貸する：

「地代」の意味での用法は古フランス語 rente に由来する。render にも見られる語根を持つ。**rental**名形「地代帳、賃貸料、賃貸の」は後期中英語からである。この語はアングロノルマンフランス語、または英国中世ラテン語 rentale に由来する。元は古フランス語 rente である。
→ RENDER

rent² ［16世紀半ば］名ほころび：

廃語となった rent「ずたずたに破る、荒々しく引き裂く」、つまり rend の異形に由来する。

repair¹ ［後期中英語］動修復する、（原状に）復帰させる、矯正する；名修復、回復、（良い）維持状態：

古フランス語 reparer に由来する。元はラテン語 reparare である。re-「再び」と parare「用意する」からなる。**reparation** ［後期中英語］名「和解、修繕、補償」は古フランス語に由来する。後期ラテン語 reparatio(n-) を経ており、元は reparare である。

repair² ［中英語］動行く、通う：

この語は（We repaired to the nearest café「私たちは最寄りのカフェへ足繁く通った」のように用いる）古フランス語 repairer に由来する。元は後期ラテン語 repatriare「自分の国に戻る」である。
→ REPATRIATE

repartee ［17世紀半ば］名巧妙な即答（の才）：

フランス語 repartie「即答」、つまり repartir「再び仕切る」の女性形過去分詞に由来する。

repast ［後期中英語］名（1回の）食事の量：

古フランス語に由来する。後期ラテン語 repascere が基となっており、元は pascere「食事を与える」である。接頭辞 re- は強意を表す。

repatriate ［17世紀初頭］動本国に送還する：

後期ラテン語 repatriare「自分の国に戻る」は、re-「再び」とラテン語 patria「本国」からなる。patria が英語 repatriate の語源である。この短縮形 **repat**名は1940年代に使われるようになった。

repeal ［後期中英語］動無効にする、廃止する；名無効、廃止：

アングロノルマンフランス語 repeler に由来する。re-「反対」と apeler「呼び出す、懇願する」からなる。当初の動詞用法は「（追放から）呼び戻す」であった。

repeat［後期中英語］⬛繰り返して言う、繰り返し行う、復唱する、(食べ物の味が) 口に残る；⬛反復 (楽節)、(詩歌の) 折り返し、繰り返し：

古フランス語 *repeter* に由来する。ラテン語 *repetere*「再び取りかかる、再びするまたは言う」に由来し、*re-*「再び」と *petere*「求める」からなる。食べ物についての用法 (例：Onions tend to *repeat*「たまねぎは味が口の中に残りやすい」) は19世紀後半からである。後期中英語 **repetition**⬛「繰り返し (の言葉)、物語、(過ぎた事への) 言及」は古フランス語 *repeticion* またはラテン語 *repetio(n-)* に由来する。元は *repetere* である。

repel［後期中英語］⬛追い払う、抵抗する、拒絶する：

ラテン語 *repellere* に由来し、*re-*「後へ」と *pellere*「追うこと」からなる。**repellent**［17世紀半ば］⬛「不快感を抱かせる」は同語源に由来する。普通は「追い払う」を意味するが、18世紀後半から「不快感を抱かせる」も意味する。

repent［中英語］⬛悔やむ、後悔する：

古フランス語 *repentir* に由来する。接頭辞 *re-* (強意を表す) とラテン語 *pentir* からなる。*pentir* は *paenitere*「後悔させる」が基となっている。

repercussion［後期中英語］⬛はね返り、反響：

当初、医学用語として使われ、「感染を抑えること」を意味した。古フランス語またはラテン語 *repercussio(n-)* から由来する。元は *repercutere*「はね返らせる、押し戻す」である (*re-*「再び」と *percutere*「打つこと」からなる)。16世紀半ばの当初の意味 (「追い返す、はね返る」) は後に「反動」を生みだした。つまり、ある出来事が起こってからしばらくして生じる思わぬ結果を表す (20世紀初頭)。

repertoire［19世紀半ば］⬛上演目録：

フランス語 *répertoire* が基となっている。後期ラテン語 *repertorium* に由来する。

→ REPERTORY

repertory［16世紀半ば］⬛レパートリー制上演方式、(知識の) 宝庫：

当初は、索引または目録であった。後期ラテン語 *repertorium* に由来する。元はラテン語 *reperire*「見つける、発見する」である。レパートリー制上演方式という意味は19世紀後半からである。

replenish［後期中英語］⬛いっぱいにする、満たす、再び満たす：

当初の意味は「多量に供給する」であった。古フランス語 *repleniss-*、つまり *replenir* の延長語幹に由来する。*re-*「再び」(強意も表す) とラテン語 *plenir*「満たす」からなる。*plenir* は *plenus*「いっぱいの」に由来する。

replete［後期中英語］⬛充満した、完全な：

古フランス語 *replet(e)* またはラテン語 *repletus*、つまり *replere*「いっぱいになる」の過去分詞に由来し、*re-*「再び」と *plere*「満たす」からなる。

replicate［後期中英語］⬛繰り返す、返答する、模写する、複製する：

当初の意味は「繰り返す」であった。ラテン語 *replicare* に由来し、*re-*「再び」と *plicare*「折りたたむ」からなる。現在の「模写する、複製する」は19世紀後半からである。**replica**⬛「複製」(18世紀半ばにイタリア語から借用) も *replicare* に由来する。音楽用語として「繰り返し」という意味で当初、使われた。

reply［後期中英語］⬛答える、応酬する；⬛応答：

古フランス語 *replier* に由来する。元はラテン語 *replicare*「繰り返す」であり、後に、「返答する」となる。*reply* の名詞は16世紀半ばからである。
→ REPLICATE

report［後期中英語］⬛噂、報告 (書)、報道、評判、爆音；⬛報道する、伝える、報

告する：

古フランス語 reporter（動詞）、report（名詞）に由来する。元はラテン語 reportare「返す」である。re-「後へ」と portare「運ぶ」からなる。「報告をする」という意味が「公式報告書を提出する」を生み出し、「ある人の存在を当局に通報する」(19世紀半ば)そして「(上司に) 報告する責任がある」(19世紀後半) となった。「砲声」という名詞の意味 (例：report of a distant gun「遠くから聞こえる銃の爆音」) は16世紀後半から見られる。

repose [後期中英語]動横たえる、休ませる、休息する；名休憩：

名詞用法は古フランス語 repos、動詞用法は古フランス語 reposer に由来する。元は後期ラテン語 repausare である。ラテン語 pausare「休止する」は repose の語幹で、この接頭辞 re- は強意を表す。

repository [15世紀後半]名(貯蔵用) 容器、貯蔵室、(知識などの) 宝庫、倉庫：

古フランス語 repositoire またはラテン語 repositorium に由来する。元は reposit-、つまり reponere「元の場所へ戻す」の過去分詞の語幹である。

reprehensible [後期中英語]形とがめられるべき：

後期ラテン語 reprehensibilis に由来する。元は reprehendere「強く非難する」である。

represent [後期中英語]動思い浮かべせる、象徴する、代表する、参加する、表出する、(絵画などで) 描く、出頭させる：

古フランス語 representer またはラテン語 repraesentare「展示する」に由来する。元は re-（ここでは強意を表す）と praesentare「提出する」である。representation 名「代表、表象」も後期中英語の語であり、元々、「象徴、肖像画」を意味した。また、この語は古フランス語 representation またはラテン語 repraesentatio(n-) に由来する。元は repraesentare である。

この同じラテン語起源の動詞はこの同時期に representative 形 名「典型的な、代表者」を生みだした。古フランス語 representatif, -ive または中世ラテン語 repraesentativus に由来する。元は repraesentare という動詞である。

repress [中英語]動(感情を) 抑える：

元々、「(不快なものを) 遠ざけておく」という意味があった。この語はラテン語 repress-、つまり reprimere「押し戻す、止める」という動詞の過去分詞の語幹に由来する。re-「後に」と premere「押す」からなる。

reprieve [15世紀後半]動刑の執行を猶予する；名刑執行の猶予：

当初は、過去分詞 repryed であった。起源はアングノルマンロフランス語 repris、つまり reprendre の過去分詞である。ラテン語 re-「再び」と prehendere「つかむ」からなる。16世紀に -v- が挿入されたがいまだに説明がつかない意味の発達としては、古い意味の「再拘留する」から「(法的手続きを) 延期する」を経て、現在の意味の「刑執行を猶予する」となった。

reprimand [17世紀半ば]名叱責、非難；動叱責する、非難する：

フランス語 réprimande に由来する。スペイン語経由で、元は「抑えるべき事項」を意味するラテン語 reprimenda、つまり reprimere の中性複数形の動詞的形容詞である。
→ REPRESS

reprisal [後期中英語]名(戦争で敵に対する) 報復：

アングロノルマンフランス語 reprisaille に由来する。元々は中世ラテン語の中性複数形 reprisalia である。語幹はラテン語 repraehens-、つまり repraehendere「つかむ」の過去分詞の語幹である。この古い意味は「力ずくで (所有物を) 奪い取ること」であった。現在の意味「報復」は18世紀初頭から始まる。
→ REPREHENSIBLE

reproach ［中英語］動咎める、非難する；名非難：
古フランス語の動詞 *reprochier* に由来する。元々は「近くに戻す」を意味する。ラテン語 *prope*「近くに」またはラテン語 *reprobare*「非とする」のいずれかが基となっているが、後者の可能性が高い。この意味の方がフランス語 *reprouver*「非難すること」という意味に近いためである。

reprobate ［後期中英語］名無頼漢、悪い漢、神に見捨てられた人；形堕落した：
当初は、動詞として使われ、「非とする」を意味した。この語はラテン語 *reprobare*「非とする」に由来する。*re-*（反対を意味する）と *probare*「是認する」からなる。

reproof ［中英語］名非難、叱責：
古フランス語 *reprove* に由来する。元は *reprover*「叱る」である。古い意味には「屈辱、個人的な恥」そして「軽蔑」があった。**reprove** ［中英語］動「非難する、叱責する、退ける、反証する」には、古い用法として、「拒絶する」、「非難する」という意味があった。この語は古フランス語 *reprover* に由来する。元は後期ラテン語 *reprobare*「非とする」である。
→ REPROACH ; REPROBATE

reptile ［後期中英語］名爬虫類動物：
後期ラテン語 *reptilis* の中性形に由来する。元々はラテン語 *repere*「這う」である。当初は、這い回るあらゆる動物を指していた。

republic ［16世紀後半］名共和国：
フランス語 *république* に由来する。ラテン語 *respublica* を経た。*res-*「関心事」と *publicus*「国民の、一般の人々」からなる。*republic* of letters「文学界」という成句は「文学研究に従事した人々の文集または文学界」を指す。18世紀初頭から始まる。

repudiate ［後期中英語］動（妻子）と離縁する、拒絶する：
当初は「離婚した」という意味の形容詞であった。ラテン語 *repudiatus*「離婚した、見捨てられた」に由来する。元は *repudium*「離婚する」である。

repugnance ［後期中英語］名嫌悪、反感：
当初は「反対」を意味した。古フランス語 *repugnance* またはラテン語 *repugnantia* に由来する。ラテン語 *repugnare*「反対する」が語源である。*re-*（反対を意味する）と *pugnare*「戦うこと」からなる。**repugnant** ［後期中英語］形「矛盾した、気に食わない」には「抵抗すること」という意味があった。古フランス語 *repugnant* またはラテン語 *repugnant-*、つまり *repugnare* の現在分詞の語幹に由来する。

repulse ［後期中英語］動撃退する、追い払う；名撃退、拒絶：
ラテン語 *repuls-*、つまり動詞 *repellere*「追い返す」の過去分詞の語幹に由来する。この同じラテン語の動詞は同時代に存在した語 **repulsion** 名「撃退」（後期ラテン語 *repulsio(n-)* に由来）と **repulsive** 形「ぞっとする」（フランス語 *répulsif, -ive* に由来）の語幹である。

reputation ［中英語］名名声、評判：
当初は、「意見」という意味であった。ラテン語 *reputaio(n-)* に由来する。元は *reputare*「熟考する」である。この意味は **repute** ［後期中英語］動「見なす、信ずる、評価する」にも共通している。*repute* は古フランス語 *reputer* またはラテン語 *reputare* に由来する。**reputable** 形「評判のよい」は17世紀初頭に記録されたのが最初である。この語は廃語となったフランス語、または中世ラテン語 *reputabilis* に由来する。元はラテン語 *reputare* である。

request ［中英語］名要請、依頼；動依頼する、求める、要請する：
古フランス語の名詞 *requeste* に由来す

る。元々はラテン語*requirere*「要求する」である。ラジオなどで音楽・曲をリクエストするという用法は1920年代からである。
→ REQUIRE

requiem [中英語] [名] 死者のためのミサ、鎮魂ミサ曲、挽歌：

ラテン語*requies*「休息」の対格形である。死者のためのミサの冒頭に出てくる語である。これは彼らの魂の安息のために唱えられ、歌われる。その入祭文には次のように書いてある：*Requiem* aeternam dona eis, Domine「主よ、永遠の安息を彼らに与えたまえ」。

require [後期中英語] [動] 頼む、求める、必要とする、要求する：

re-（強意）と*quaerere*「捜し求める」からなるラテン語*requirere*「捜す、必要だと考える」が基になっており、古フランス語*requere*から来ている。当初の用法は「頼む、尋ねる」そして「問う」であった。またこの同じ語幹からは**requisition** [後期中英語] [名] [動]「要求、要請、徴発する」（古フランス語またはラテン語*requisitio(n-)*に由来する）がある。当初は、名詞として使われ「要請、要求」という意味であった。動詞用法は19世紀半ばから始まる。この時期に軍隊用語として使われはじめ、「（人・物資などを）…用に徴発する」を意味するようになった。ラテン語*requirere*からは**requisite** [後期中英語] [形] [名]「必要な、必要物」（ラテン語*requisitus*、つまり*requirere*の過去分詞に由来）も生み出された。当初は、形容詞として用いられ、「必要な、不可欠な」を意味した。一方、名詞用法は17世紀初頭からである。

rescind [16世紀半ば] [動] （法律を）廃止する、取り消す：

ラテン語*rescindere*に由来する。*re-*（強意）と*scindere*「分ける、裂く」からなる。

rescue [中英語] [動] 救助する、（城などを）包囲から解放する；[名] 救出、救助：

古フランス語*rescoure*に由来する。ラテン語*excutere*「振り払う、捨てる」が基となっている。接頭辞*re-*は強意を意味する。ここでの概念は敵から捕虜を「振り払う」である。

research [16世紀後半] [名] 探索、研究；[動] 研究する、調査する：

名詞用法は廃語となったフランス語の語形*recerche*に、動詞用法は*recercher*に由来する。*cerchier*「捜すこと」が基となっている。接頭辞*re-*は強意を意味する。

resemble [中英語] [動] 似ている：

古フランス語*resembler*に由来する。ラテン語*similare*（*similis*「似ている」に由来）が基となっている。**resemblance** [中英語] [名]「類似（物）」はアングロノルマンフランス語に由来する。元は*resembler*という動詞である。

resent [16世紀後半] [動] 怒る、憤慨する：

廃語となったフランス語*resentir*に由来する。*re-*（強意）と*sentir*「感ずる」（元はラテン語*sentire*）からなる。当初の意味は「（ある感情または感覚を）体験する」であった。この意味が後に「強く感じる」へと発展し、「不当な扱いと感ずる」を生み出した。**resentment** [名]「憤り」という名詞は17世紀初頭から始まった。イタリア語*risentimento*またはフランス語*ressentiment*に由来する。元は廃語となったフランス語*resentir*である。

reserve [中英語] [動] 保留する、取っておく、予約する；[名] 保留（物）、蓄え、積立金：

古フランス語*reserver*に由来する。ラテン語*reservare*「取っておく」を経て、*servare*「保つこと」が基となっている。**reservation** [名]「予約、保留、制限、不安」という語は後期中英語に現れた。この時代は聖職禄へのローマ法王の指名権を指した。起源は古フランス語、または後期ラテン語*reservatio(n-)*に由来する。元は*reservare*「取っておく」である。部屋または場所の予約をするという意味は米語で20世紀初頭に始まった。

reservoir［17世紀半ば］名貯水地、蓄積：
フランス語 *réservoir* に由来する。元は *réserver*「取っておく」である。

resident［中英語］動居住する；名居住者：
ラテン語 *residere*「とどまる」(*re-*「後に」と *sedere*「座る」からなる) に由来する。**reside**［後期中英語］動「居住する、(物が) 備わっている」の起源も *residere* である。reside は当初は、「役人として駐在する」を意味した。resident からの逆成 (この接尾辞の除去) により形成され、フランス語 *résider* またはラテン語 *residere*「とどまる」のいずれかの影響を受けていると思われる。**residence**［後期中英語］名「住宅、居住」は古フランス語、または中世ラテン語 *residentia* に由来する。元々は *residere* である。

residue［後期中英語］名残り、残余物：
古フランス語 *residu* に由来する。元々はラテン語 *residuum*「残り」である。

resign［後期中英語］動辞職する、辞める：
古フランス語 *resigner* に由来する。ラテン語 *resignare*「開封する、取り消す」を経た *re-*「否定」と *signare*「署名する、印を押す」からなる。**resignation**名「辞職、辞任」も後期中英語であり、古フランス語経由で中世ラテン語 *resignatio(n-)* に由来する。元々は *resignare* である。

resilient［17世紀半ば］形はね返る、弾力がある：
ラテン語 *resilire*「後ろに飛ぶ」に由来する。当初の意味は「元の位置に戻る」、「振り返る」であった。現在の「すぐに立ち直れる、快活な」という意味は19世紀初頭から始まる。

resisit［後期中英語］動抵抗する、反抗する、耐える、こらえる：
古フランス語 *resister* またはラテン語 *resistere* に由来する。元々は *re-*「反対」と *sistere*「やめる」(*stare*「立つ」から) である。ラテン語 *resistere* は **resistance**［後期中英語］名「抵抗」の語幹でもある。この語はフランス語 *résistance* に由来する。元は後期ラテン語 *resistentia* である。この語は第 2 次世界大戦中の1940年 6 月に結成されたフランスでの地下活動を表す名称 (the Resisitance「レジスタンス」) として使われた。ドイツ占領軍の権力に抵抗するためであった。

resolve［後期中英語］動決議する、決める、解決する；名決意：
当初の意味は「溶ける、分解する (問題を) 解決する」であった。ラテン語 *resolvere*「緩める、解き放つ」に由来する。*re-* (強意) と *solvere*「緩める」からなる。**resolution**名「決意、決議、断固、分析」(ラテン語 *resolutio(n-)* に由来) は同時期に始まり、動詞 *resolue* に由来する。また、**resolute**形「決意の堅い」も同様である。ただし、resolute は「支払済み」という意味で使われたのが最初である。resolute はラテン語 *resolutus*、つまり *resolvere* の過去分詞に由来する。「堅く決心している」という意味は16世紀初頭から始まる。

resonance［後期中英語］名反響：
古フランス語に由来する。ラテン語 *resonantia*「反響」を経て、元は *resonare*「鳴り響く」である。接頭辞 *re-* は強意で、*sonare*「鳴ること」が語幹動詞である。**resonant**［16世紀後半］形「反響する」はフランス語 *résonnant* またはラテン語 *resonant-*、つまり、*resonare* の現在分詞の語幹に由来する。**resonate**動「共鳴する」は19世紀後半から始まる。元々はラテン語 *resonare* である。

resort［後期中英語］動 (最後の手段として) 訴える、頼る；名行楽地：
当初は、「援助のためになる何か」であった。古フランス語 *resortir* が *resort* の起源である。*re-*「再び」と *sortir*「来る、または出て行く」からなる。「行楽地」(holiday *resort*「休日の保養地」) という意味は18世紀半ばから始まる。

resound [後期中英語][動](楽器などが)鳴り響く、(場所が)反響する、とどろく:
接頭辞 re-「再び」と sound「鳴る」という動詞からなる。古フランス語 resoner またはラテン語 resonare「再び鳴る」に由来する。

resource [17世紀初頭][名]資源、資質、教材:
廃語となったフランス語 ressourse、つまり古フランス語方言 resourdre「再び上がる、回復する」(ラテン語 surgere「上がる」が基となっている)の女性形過去分詞(名詞として使われる)に由来する。

respect [後期中英語][名]尊敬、敬意、尊重、点、事項、関係、関連;[動]尊敬する、尊重する:
ラテン語 respectus に由来する。respicere「振り返る、…と見なす」を経て、re-「振り返って」と specere「見る」からなる。「点」という意味(in all respects「すべての点で」、in some respects「いくつかの点で」、in this respect「この点で」)は16世紀後半から始まる。**respective** [後期中英語][形]「それぞれの」には当初は「関係のある、比較の」という意味があった。この語は中世ラテン語 respectivus に由来する。元は respicere であり、フランス語 respectif, -ive で一般に広まった。

respire [後期中英語][動]呼吸する、奮い立つ:
古フランス語 respirer またはラテン語 respirare「息を吐く」に由来する。re-「再び」と spirare「呼吸する」からなる。**respiration**[名]「呼吸」もこの同時期から始まり、ラテン語 respiratio(n-)に由来する。元は respirare である。**respirate**[動]「人工呼吸をさせる」は17世紀半ばに生まれた。**respirate**[動] は resipiration からの逆成である。

respite [中英語][名]一時的中止、息抜き、延期:
古フランス語 respit に由来する。元はラテン語 respectus「避難、考慮」である。

resplendent [後期中英語][形]きらきら輝く:
ラテン語 resplendere「光っている」に由来する。re-(強意)と splendere「ぴかぴか光ること」からなる。

response [中英語][名]応答、反応、応唱、唱和:
古フランス語 respons またはラテン語 responsum「お返しに差し出されるもの」、つまり respondere「答える、お返しに差し出す」の中性形過去分詞に由来する。respondere は **respond** [後期中英語][動]「返事をする、反応する」(古フランス語経由)の起源である。この語は re-「再び」と spondare「堅く約束する」からなり、16世紀半ばから始まる。**respondent**[名]「被上訴人」は16世紀初頭から始まり、「何かに答える人」を意味した。元はラテン語 respondere である。**responsive**[形]「敏感な、好意的な」も後期中英語の語である。フランス語 responsif, -ive または後期ラテン語 responsivus に由来する。元々は respondere という動詞である。**responsible**[形]「責任がある」は16世紀後半から始まる(「責任を負う、対応する」という意味で)。この語は廃語となったフランス語 responsible に由来する。元は同じラテン語起源の動詞である。

rest¹ [古英語][名]休息、休養、解放、支え、停止;[動]休む、休息する、安心する、静止する、頼る:
ゲルマン語に由来し、ræst、rest (名詞)、ræstan、restan (動詞)という古英語の語形は「リーグ」または「マイル」を意味する語根に由来する。休憩を取ってからの間隔を指す。短期間ではあるが、古英語の時代にのみ、rest という語は「ベッド」を意味した。睡眠中に得られる「休息」と結びついたためである。16世紀後半からこの語は「支え」も表すようになった。つまり「他のものが支えられているもの」である。Give it a rest !「静か

にしろ」(itはyour mouthを指す)という慣用句は1920年代から見られる。

rest² [後期中英語][名]残り、その他（もの）；[動]…のままである：

古フランス語 reste（名詞）、rester（動詞）に由来する。ラテン語 restare「とどまる」がこの起源である。re-「後に」と stare「立つ」からなる。

restaurateur [18世紀後半][名]料理店主：

フランス語からの借入である。元はこの語の動詞 restaurer「食事を供給する」（文字どおりに「元の状態に戻す」）である。**restaurant** [19世紀初頭][名]「料理店」もフランス語に由来する。元は restaurer である。

restitution [中英語][名]損害賠償、補償、復旧：

古フランス語、またはラテン語 restitutio(n-) に由来する。restituere「戻す」を経て、re-「再び」と statuere「設置する」からなる。

restive [16世紀後半][形]強情な、（馬が）動こうとしない、そわそわした：

古フランス語 restif, -ive に由来する。元々は restare「とどまる」である。元来の意味は、「動こうとしない、活気のない」であるが、手に負えない馬の動きとの連想により「落ち着きのない、不安な」という意味が生じた。

restore [中英語][動]回復する、返す、修復する、復帰させる：

古フランス語 restorer に由来する。元はラテン語 restaurare「再建する、回復する」である。**restoration**[名]「回復、返還、王政復古」は前の状態に戻すという行為を意味する15世紀後半の語である。この語は部分的に古フランス語、つまり廃語となった restauration の変形（後期ラテン語 restauratio(n-)を経て、元は restaurare という動詞）に由来する部分がある。restore が基となっている。

restrain [中英語][動]抑制する、制限する、抱束する：

ラテン語 restringere に由来する。re-「後に」と stringere「結ぶ、しっかりと引く」からなり、古フランス語 resreign-、つまり restreindre「抑える」の語幹に由来する。**restraint**[名]「制止、拘束、抑制、遠慮」は古フランス語 restreinte、つまり restreindre の女性形過去分詞の名詞用法に由来する。**restriction**[名]「制限」は古フランス語、またはラテン語 restrictio(n-) に由来する。**restrictive**[形]「制限的な」は古フランス語 restrictif, -ive に由来する。元は中世ラテン語 restrictivus である。**restrict**[16世紀半ば][動]「制限する」という動詞は後に生まれた。しかし、同じラテン語起源の動詞に由来する。

result [後期中英語][名]結果、成績；[動]結果として生じる：

中世ラテン語 resultare「結果として生ずる」に由来する。また、より古い時期に動詞用法として「はね返る」という意味があった。saltare、つまり salire「跳びはねること」の反復動詞（繰り返し行われるという動詞）が基となっている。名詞用法は17世紀初頭から始まる。**resultant**[形]「結果として生じる」は17世紀半ばから始まった。この語はラテン語 resultant-、つまり resultare の現在分詞の語幹に由来する。

resume [後期中英語][動]再び始める、取り戻す：

resume は古フランス語 resumer またはラテン語 resumere に由来する。re-「再び」と sumere「取る」からなる。一般的に「再び強く表す」を意味する（ディケンズ『ピクウィック・クラブ』*Pickwick Papers* : Mr Pickwick's countenance *resumed* its customary benign expression「ピクウィックさんの顔つきはいつもの優しい表情になった」。「再び話しはじめる」という意味は19世紀初頭から始まる（ディケンズ『ピクウィック・クラブ』*Pickwick Papers*: Mr Weller smoked for some minutes in silence, and then resumed「ウェラーさんは黙ってしばらくの間タバコを吸い、それから再び話しはじめた」)。

resurrection [中英語]图キリストの復活、復活(祭):

古フランス語に由来する。後期ラテン語 *resurrectio(n-)* を経て、元は *resurgere*「再び起き上がる」という動詞である。*resurrection* はキリスト復活を指す。resurrect動「復活させる」は18世紀後半に *resurrection* からの逆成として現れた。19世紀初頭には、resurgent形「生き返る」が使われるようになった。この語もラテン語 *resurgere* に由来する。

resuscitate [16世紀初頭]動生き返らせる、復活させる:

ラテン語 *resuscitare*「再び上げる」に由来する。re-「再び」と *susitare*「上げる」からなる。

retail [後期中英語]图小売り;副小売り(値)で;動小売りする、言い触らす:

古フランス語 *retaille*「切り離された部分」のアングロノルマンフランス語の用法に由来する。*retaillier* を経た。re-(強意)と *tailler* からなる。「切り離すこと」は小売することと関係がある。

retain [後期中英語]動保つ、保持する、忘れないでいる:

アングロノルマンフランス語経由で古フランス語 *retenir* に由来する。ラテン語 *retinere* を経た。re-「後に」と *tenere*「保管する」からなる。同時代に存在した語 retention图「保有、保存、記憶(力)」は当初、何かを保持する力を表した。この語は古フランス語に由来する。ラテン語 *retentio(n-)* を経た。元は *retinere* である。retentive [後期中英語]形「保持力のある、記憶力の良い」は古フランス語 *retentif, -ive* または中世ラテン語 *retentivus* に由来する。元は同じ語源の動詞であった。

retaliate [17世紀初頭]動(相手と同じ手段で)報復する、仕返しする:

ラテン語 *retaliare*「同種のもので返す」に由来する。re-「後に」と *talis*「そのような」からなる。冷遇だけでなく親切な行為にも報いることを指した。

retch [19世紀半ば]動吐き気を催す:

方言 *reach* の異形である。「つば」を意味するゲルマン語の語幹に由来する。

reticent [19世紀半ば]形無口な:

ラテン語 *reticent-*、つまり *reticere*「黙ったままでいる」の現在分詞の語幹に由来する。re-(強意)と *tacere*「無口でいる」からなる。

retinue [後期中英語]图(王侯などの)従者、随行団:

古フランス語、*retenir*「取っておく、保つ」の女性形過去分詞(名詞として使われる)*retenue* から来ている。個人的援助のために「確保された」助言者たちという意味である。
→ RETAIN

retire [16世紀半ば]動退く、戻る、退職・引退する:

当初は「(安全または隔離された場所に)引き下がる」という意味で使われた。フランス語 *retirer* が語源であり、re-「再び」と *tirer*「引く」からなる。*retire* oneself「引き下がる」という成句は16世紀と17世紀においてごく一般的に見られた。「ある地位から引き下がる」という意味(例:*retired* after thirty years' service「30年の勤務を終えて退職した」)は17世紀後半から始まる。

retort [15世紀後半]動返報する、(非難などを)そのまま返す、しっぺい返しをする、やり込める;图反転施法、鋭い返答、蒸留器:

当初の意味は「(非難または侮辱を)あびせかえす」であった。ラテン語の動詞 *retorquere*「巻き返す、投げ返す」の過去分詞語幹 *retort-* に由来し、*retorquere* は re-「お返しに」と *torquere*「巻くこと」

からなる。科学用語 retort 名「蒸留器」は「容器」または「炉」を表し、17世紀初頭から見られる。フランス語 retorte に由来する。元は中世ラテン語 retorquere「巻き返す」の女性形過去分詞 retorta であり、実験容器の後方に反った長いくびを指す。

retract [後期中英語] 動 引っ込ませる、制止する、撤回する：

ラテン語 retrahere「取り消す」の過去分詞語幹 retract- に由来する。「(声明を)撤回する」、「取り消す」という意味は古フランス語経由で retractare「再考する」(trahere「引きずる」が基となっている)から入って来た。

retreat [後期中英語] 名 退却、隠退、隠居所、追撃軍を呼び戻すこと；動 後退する、退却する、撤回する：

名詞用法は古フランス語 retret、動詞用法は古フランス語 retraiter に由来する。元はラテン語 retrahere「撤退する」である。宗教の場面では、日常生活から身を引き、自身を隠遁して沈思（ちん）と祈りに一身を捧げることを表している。この用法は18世紀半ばから始まる。
→ RETRACT

retrench [16世紀後半] 動 削減する、抑える、縮小する：

廃語となったフランス語 retrencher, retrancher の異形に由来する。retrancher は re-（ここでは反対を意味する接頭辞）と trancher「切ること、切り込む」からなる。当初の意味は、今では廃義となったが、「短く切る、抑える」であった。「費用を抑える」という意味は17世紀半ばからである（ピープス『日記』Diary：For his family expenses and others, he would labour, however, to *retrench* in many things convenient「しかしながら、家の経費とその他もろもろのために、彼は、便利なものの多くを節約しようと努力するだろう」）。

retribution [後期中英語] 名 報い、(来世での) 応報：

当初は「手柄または勤務への返礼」という意味があった。後期ラテン語 retributio(n-) に由来し、動詞 retribuere「再び割り当てる」(re-「再び」と tribuere「割り当てる」からなる) に基づく。「悪魔に対する償い」という意味は16世紀後半からこの語法に表れている。

retrieve [後期中英語] 動 (猟犬が) 見失った獲物を再び見つける、取り戻す、埋め合わせる：

当初の意味は猟犬の話をしている時に出てくる「見失った獲物探し遊び」であった。古フランス語 retrover「再び見つける」の強勢が置かれる語幹 retroeve- に由来する。

retrograde [後期中英語] 動 (惑星などが) 逆行運動する、逆行する：

元は天文学用語であり、東から西の方向に移動しているように見える惑星を指した。ラテン語 retrogradus に由来し、retro「逆の」と gradus「歩く」(gradi「歩くこと」に由来) からなる。1960年代の **retro** 名「昔のファッションを復活させた、レトロ調のもの」はフランス語 rétrograde「後退する」の短縮形 rétro に由来する。

retrospect [17世紀初頭] 名 回顧、回想：

ラテン語 retrospicere「振り返る」に由来し、prospect「見込み」にならって形成されている。**retrospective** 形「回顧的な」は17世紀半ばに現れた。おそらく、動詞として使われる retrospect に由来する。

return [中英語] 動 帰る、戻す、振り向く、答える、感謝する、返済する；名 復帰、返すこと、答え：

動詞用法は古フランス語 returner に由来し、ラテン語 re-「元に戻って」と tornare「返す」からなる。この名詞はアングロノルマンフランス語経由で入ってきた。many happy returns「幾久しく、ご長寿を祈る」の名詞用法が発端となって

おり、1779年1月2日にジョンソン博士からアストンへ送られた手紙の中で見られる。Now the new year is come, of which I wish you and dear Mrs Gastrel many and many *returns*「さて、新年となりました、あなたと親愛なるギャストレルさんに幾久しく、ご長寿をお祈りしいます」。

reunion [17世紀初頭]图再結成：

フランス語 *réunion* またはアングロラテン語 *reunio(n-)* に由来する。元はラテン語 *reunire*「結合する」である。

reveal [後期中英語]動明るみに出す、暴露する、現わす：

古フランス語 *reveler*、またはラテン語 *revelare*「むき出しにする」に由来し、*velum*「かぶり布」が基となっている。この接頭辞 *re-* は反対を表し、「かぶり布を取りはずす」となる。**revelation**图「(神の)啓示、暴露」は動詞 *reveal* が現れる少し前に神学用語として使われた (1739年8月16日、ジョゼフ・バトラーからジョン・ウェスリーへ：Sir, the pretending to extraordinary *revelations* and gifts of the Holy Ghost is a horrid thing—a very horrid thing「ウェスリー様、聖霊の特別な啓示への偽りはひどいことであります——大変ひどいことです」)。古フランス語、または後期ラテン語 *revelatio(n-)* に由来する。元は *revelare* である。

reveille [17世紀半ば]图起床ラッパ・太鼓：

この軍隊用語は古フランス語 *réveillez!*「起床！」、つまり、*réveiller* の複数命令形に由来する。ラテン語 *vigilare*「見張る」が基となっている。

revel [後期中英語]動お祭り騒ぎをする、喜ぶ、耽る；图どんちゃん騒ぎ：

古フランス語 *reveler*「暴動を起こす、騒ぐ」に由来する。元はラテン語 *rebellare*「反逆する」である。

revenge [後期中英語]動復讐する；图復讐：

古フランス語 *revencher* に由来する。元は後期ラテン語 *revindicare* であり、*re-*（ここでは強意を表している）と *vindicare*「主張する、復讐する」からなる。

revenue [後期中英語]图歳入、総所得：

「戻された」を意味する古フランス語 *revenu(e)* に由来する。それは *revenir* の過去分詞形（名詞として使われた）である。ラテン語 *revenire*「戻る」が語源であり、*revenire* は *re-*「戻って」と *venire*「来る」からなる。廃義であり、稀な用法に「ある場所に戻る」があった。しかし、「土地と財産からの収益」のほうがより一般的であった。

reverberate [15世紀後半]動追い払う、反響する：

当初の意味は「追い返す、または、撃退する」であった。ラテン語 *reverberare*「再び打つ」が語源であり、*re-*「後に」と *verberare*「打つ」からなる。語幹はラテン語複数名詞 *verbera*「鞭」である。

reverence [中英語]图崇敬、会釈、威厳、尊師：

古フランス語に由来する。ラテン語 *reverentia* を経て *revereri*「畏れ敬う」から入った。この接頭辞 *re-* はラテン語 *vereri*「恐れる」の意味を強化している。この同じ語幹からなる同系の後期中英語は **reverend**形「尊い、…師、聖職者の」(古フランス語、またはラテン語 *reverendus*「崇敬される人」に由来）そして **reverent**形「尊い、敬虔な」(ラテン語 *revereri* の現在分詞語幹である *reverent-* から来ている) である。**revere**動「崇める」は17世紀半ばからである。元はフランス語 *révérer* またはラテン語 *revereri* である。

reverie [17世紀初頭]图空想、沈思：

廃語となったフランス語 *resverie* に由来する。元は「喜び、お祭り騒ぎ」を意味する古フランス語 *reverie* である。この語源である動詞は *rever*「ひどく興奮している」である。語源は不詳である。

reverse ［中英語］形 反対の；動 元に戻す、転倒させる、逆転させる。；名 逆、逆手打ち、不運、裏面：

ラテン語 *revertere*「折り返す」由来の中英語には *reverse*（ラテン語 *revertere* の過去分詞 *reversus* が古フランス語を経て入ったもの）、そして **revert** 動「意識を回復する、戻る、戻らせる」（古フランス語 *revertir* 経由）がある。revertの当初の意味は「意識を回復する」、「ある位置に戻る」そして「（仲たがい後に）ある人のところへ戻る」であった。**reversion** 名「復帰財産、相続権、財産の復帰、復帰権」は後期中英語である。この時代、「ある場所に、または、ある場所から戻るという行動」を指した。そして古フランス語、またはラテン語 *reversio(n-)* のいずれかに由来する。元は *revertere* である。**reversal** 名「破棄、逆転」（動詞 *reverse* が基となっている）は15世紀後半から法律用語として使われている。

review ［後期中英語］名 再吟味、改訂、閲兵、概観、（文学作品の）批評；動 再調査する、再び見る、概観する、批評を書く：

当初は名詞として使われ、陸軍または海軍の公式査察を表した。廃語となったフランス語 *reveue* に由来し、元は *revoir*「再び見る」である。ジャーナリズムにおいて「定期刊行出版」を表すのは18世紀初頭から。

revile ［中英語］動 ののしる：

古フランス語 *reviler* に由来し、*vil*「下劣な」が基となっている。当初の用法に、まれではあるが「品位を落とす、地位を下げる」という意味があった。

revise ［16世紀半ば］動 改める、変える、改訂する：

当初の意味は「再び、または、繰り返し見る」であった。この語形はフランス語 *réviser*「見る」、またはラテン語 *revisere*「再び見る」に由来する。*revisere* は *videre*「見る」の強意形 *visere* が基となっている。**revision** 名「改訂、改訂版、復習」は17世紀初頭に使われるようになった。

フランス語 *révision* または後期ラテン語 *revisio(n-)* に由来する。元は動詞 *revisere* である。何かをざっと目を通して再度、改善するという意味は17世紀初頭から見られる（ボズウェル『サミュエル・ジョンソン伝 1771年8月29日』*The Life of Samuel Johnson*：I am engaging in a very great work, the *revision* of my Dictionary「私はひじょうに偉大な仕事に従事している。つまり、私の辞書の改訂である」）。また、revisionは20世紀初頭に「復習」を意味するようになった。動詞 *revise* は1940年代以降にこの意味を表した。

revive ［後期中英語］動 生き返る、生き返らせる、生気を取り戻す：

古フランス語 *revivre* または後期ラテン語 *revivere* に由来し、re-「再び」と *vivere*「生きる」からなる。

revoke ［後期中英語］動 取り消す、無効にする：

古フランス語 *revoquer* またはラテン語 *revocare* に由来し、re-「後に」と *vocare*「呼ぶこと」からなる。「思い出す、返す」は英語で使われていた当初の意味であったが、今では廃義となった。「無効にする、廃止する」という意味も当初からあった。

revolve ［後期中英語］動 回転させる、回転する：

当初は「（目を）転ずる」、「戻す」、「熟慮する」という意味であった。ラテン語 *revolvere* に由来し、re-「後に」（ここでもこの意味を強化している）と *volvere*「転がる」からなる。**revolution** 名「（天体の）公転、一公転時間、大変革、運命の変転、革命」も後期中英語であり、古フランス語、または後期ラテン語 *revolutio(n-)* に由来する。元は *revolvere* である。revolutionの意味には次のようなものがある。「動き回る」（例：revolution of the heavens「空の公転」）、「（意見を）変える」（今では廃義）、そして「変更、変化」（例：the green revolution「緑の革命」）。20世紀初頭に現れた **rev** 名「《口語》回転数」は自動車運転の場における revolution の短

revolt

revolt [16世紀半ば][動]反乱を起こす、(相手側に)つく；[名]反逆、心変わり、謀反人、反感：

名詞はフランス語 *révolte*、動詞はフランス語 *révolter* に由来する。元はイタリア語 *rivoltare* であり、ラテン語 *revolvere*「巻き戻す」が基となっている。当初は忠誠を捨てるという意味があった（例：*revolt* against the king「国王に反乱を起こす」）。「嫌悪感に襲われる」という意味が生まれたのは18世紀半ばであった。
→ REVOLVE

revulsion [16世紀半ば][名]嫌悪、反感：

当初、医学用語として使われ「身体の一部分から別の部分へと病気または鬱血を吸い出す」を意味した。フランス語またはラテン語 *revulsio(n-)* に由来する。元は *revellere* という動詞の過去分詞語幹 *revuls-* である。この語形成に用いる要素は *re-*「後に」と *vellere*「引く」である。現在の主な意味は「嫌悪」であり、19世紀初頭から始まる。

reward [中英語][動]報酬を与える、報いる；[名]報酬、報酬金、応報：

古フランス語 *reguard*「注視する、注意を払う」に対するアングロノルマンフランス語の異形に由来する。また英語の当初の意味でもある。報酬という意味も古くからあり、16世紀後半から犯人または行方不明者の捕獲または消失物の返還に対して出される「報酬」として使われた。（シェイクスピア『ヘンリー六世 第3部』*Henry VI* Part iii, V. v. 9-10：Is Proclamation made, That who finds Edward, Shall have a high *reward*, and he his Life「もう布告したか、皇太子を見つけたものには十分な報酬を、皇太子エドワードには命を与えると？」）。

rhapsody [16世紀半ば][名]熱狂的で突飛な言辞、狂詩曲：

当初は朗誦に適した「叙事詩」を指した。ラテン語経由でギリシア語 *rhapsōidia* から入った。*rhapsōidia* は *rhaptein*「縫う」と *ōidē*「歌、オード」からなる。16世紀後半から「収集、寄せ集め」を意味することに使われた。しかし、この用法は廃義となった。19世紀後半から音楽用語として使われている（Lizt's Hungarian *Rhapsodies*「リストのハンガリー狂詩曲」）。

rhetoric [中英語][名]雄弁術、修辞学：

古フランス語 *rethorique* に由来する。ラテン語経由でギリシア語 *rhētorikē* (*tekhnē*)「雄弁(術)」から入り、元は *rhētōr*「雄弁家」である。**rhetorical**[形]「修辞学の」は後期中英語からである。この時代は「雄弁に表現された」という意味で使われた。ラテン語経由でギリシア語 *rhetorikos* から入った *rhētor*「雄弁家」に由来する。

rheumatic [後期中英語][形]リューマチの：

当初は粘膜分泌物、つまり、両目または鼻に溜まる水のような液体が特徴である感染症を指した。語源は古フランス語 *reumatique*、または（ラテン語経由の）ギリシア語 *rheumatikos* のいずれかである。元は *rheuma*「体液、流れ」である。**rheumatism**[名]「粘膜の分泌、リューマチ」は17世紀後半から始まり、フランス語 *rhumatisme*、またはラテン語経由でギリシア語 *rheumatismos* から入った。語源はギリシア語 *rheumatizein*「うるさく鼻を鳴らして呼吸すること」である。元は *rheuma*「流れ」である。この病気は元は、「水のような」分泌物が内側に流れることで引き起こされると考えられていた。

rhyme [中英語][名]押韻、韻文、韻；[動]韻を踏ませる：

中英語の綴りは *rime* であった。古フランス語に由来し、元は中世ラテン語 *rithmus* である。ラテン語経由でギリシア語 *rhuthmos* から入った。現在の綴りは17世紀初頭から使われた。**rhythm**[名]「リズム、韻律」（この語もギリシア語 *rhuthmos* に由来し、元は「韻」という意味）の

影響を受けている。*rhime*は18世紀後半まで一般的な綴りで、19世紀の作家たちがよく使っていた。

rib ［古英語］图肋骨ろっこつ、（料理用の）肋骨付きの肉、バラ、（船の）助材じょざい、肋骨上の増強材；動肋骨（助材）をつける、からかう：

古英語の名詞*rib(b)*はゲルマン語起源である。オランダ語*rib(be)*やドイツ語*Rippe*「肋骨」と同系である。「棟をつける」を意味する動詞は16世紀半ばのことである。「からかう」という意味は元々アメリカ英語の俗語用法であり、「ふざけること、間抜け」を意味した。この用法は1930年代に現れた。

ribald ［中英語］图生まれの賤いやしい召使い、ならず者；形（言葉・人が）下卑た：

当初は名詞として使われ、「みすぼらしい召使い」または「不道徳な、または、非礼な人」を表した。古フランス語*ribauld*に由来し、*riber*「放蕩三昧にふける」を経て「売春婦」を意味するゲルマン語の語幹から入った。

ribbon ［16世紀初頭］图リボン：

中英語*riband*の異形である（古フランス語*riban*に由来する。おそらく名詞*band*を含むゲルマン語の複合語である）。フランス語の綴り*ruban*も16世紀から18世紀によく見られた。
→ BAND¹

rich ［古英語］形豊かな、金持ちの、高価な、豪華な、；動豊かにする、豊かになる：

古英語*rīce*は「強力な」そして「裕福な」の両方を意味した。ゲルマン語に由来し、オランダ語*rijk*やドイツ語*reich*「金持ちの」と同系である。語源はケルト語である。中英語で古フランス語*riche*「裕福な、強力な」により一般に広まった。「とても面白い、ばかげた」（例：that's *rich* coming from him「そりゃばかげている」）という意味は18世紀半ばからである（「制限されていない」という意味に由来）。*riches*［中英語］图「富」は古語となった*richesse*の異形であり（後に複数形として解釈される）、元は古フランス語*richeise* (*riche*「裕福な」から) である。

rick¹ ［古英語］图（干し草の）大きな山：

古英語*hrēac*「干し草、とうもろこし、エンドウなどの山」はゲルマン語に由来し、オランダ語*rook*と同系である。

rick² ［18世紀後半］動くじく；图くじき：

ricked his neck「首の筋を違えた」にあるような動詞用法はイギリス南部の方言に由来する。おそらくwrick「くじく、ねんざする」の異形である。

rickety ［17世紀後半］形くる病の、ぐらぐらする：

17世紀半ばの*rickets*「くる病」（ビタミンD不足のため子供に起こる病気で、足が弓なりになってしまう）が基となっている。おそらくギリシア語*rhakhitis*の異形であり、*rhakhis*「背骨」に由来する。

rid ［中英語］動（土地などを）切り開く、解放する、救う、免れさせる、厄介払いをする、進む：

古ノルド語*rythja*に由来する。元々の意味である「片づける」は木々や下草からなる土地を切り開くことを表した。この意味が「がらくた、または、邪魔なものから解き放たれる」を生みだした。

riddle¹ ［古英語］图なぞなぞ；動謎をかける、謎めいた話し方をする、謎を解く：

古英語*rædels, rædelse*は「意見、推測、謎」を意味した。オランダ語*raadsel*、ドイツ語*Rätsel*「なぞなぞ」、そして英語*read*「読む」と同系である。
→ READ

riddle² ［後期古英語］图粗目のふるい；動ふるいにかける、穴だらけにする、（好ましくないもので）満たす：

ふるいの種類を表し、当初の綴りは*hriddel*であった。ゲルマン語に由来し、ラ

テン語 cribrum「ふるい」、cernere「分ける」そしてギリシア語 krinein「決意する」と共通のインド＝ヨーロッパ語の語根に由来する。

ride ［古英語］動（馬などに）乗る、停泊する；名乗っていくこと：

古英語 rīdan はゲルマン語に由来し、オランダ語 rijden やドイツ語 reiten「乗る」と同系である。元々の意味である馬の背に座る、または、運ばれていくという意味がさらに、一般的な意味になり（例：ride a bike「バイクに乗る」）、単に「移動する」という意味になった（例：riding high「上昇する」）。成句 to have a rough ride「ひどい扱いを受ける、困難な目にあう、反対にあう」は19世紀初頭からである。take for a ride「だます」は元は1920年代からのアメリカ英語であった。for the ride「戯れに」は1960年代に現れた。rider 名「騎士、（馬などに）乗る人、馬の調教師、連結帯材、補足条項」は古英語 rīdere であり、「馬に乗った戦士、騎士」を意味した。中英語では馬に乗る人すべてを指すようになった。

ridge ［古英語］名背（骨）、（屋根の）棟、尾根、（耕地の）うね、細長い隆起：

古英語 hrycg は「背骨、山頂」を意味した。ゲルマン語に由来し、オランダ語 rug やドイツ語 Rücken「背」と同系である。「屋根の棟」、「高く狭い場所」という意味も当初からあった。

ridiculous ［16世紀半ば］形 ばかげた：

ラテン語 ridiculosus に由来し、ridiculus「ばかげた」を経て ridere「笑う」から入った。ridicule 名 動「あざけりの的、ばかばかしさ、あざけり、笑いものにする、冷やかす」は17世紀後半から始まる。フランス語、またはラテン語 ridiculus の中性形（名詞として使用）ridiculum に由来する。

riding ［古英語］名 ライディング：

古英語 trithing は行政区画を表し、古ノルド語 thrithjungr「第三地方」に由来する。語源は thrithi「第三の地方」である。

語頭の th- は消失した。East、West の先行する -t、または North の先行する -th と同化したためである（East Riding「東区」、West Riding「西区」、North Riding of Yorkshire「ヨークシャー北区」）。

rife ［後期古英語］形（悪疫、噂などが）はびこって：

後期古英語 rȳfe はおそらく古ノルド語 rīfr「受諾しうる」に由来する。しかしながら、初期のイギリス南部の文献にはよく使われていた。そのことからスカンジナビア語から入ったのではなく、英語の本来語であると考えられる。

riff-raff ［15世紀後半］名 下層民：

かつて riff and raff と書かれた。古フランス語 rif et raf「みんな、すべての」に由来し、ゲルマン語起源である。

rifle¹ ［17世紀半ば］名 施条（せんじょう）、ライフル銃；動 施条する：

フランス語 rifler「かすめる、ひっかく」に由来し、ゲルマン語起源である。最も古い名詞用法は rifle gun「ライフル銃」である。この銃には「螺旋（らせん）溝」、つまり、銃身の内側に螺旋状の溝が切り込まれていた。

rifle² ［中英語］動 くまなく捜して物を奪う、盗む：

古フランス語 rifler「かすめる、略奪する」に由来する。起源はゲルマン語である。当初の意味は「略奪する」であった。

rift ［中英語］名 切り裂くこと、裂け目；動 裂ける、裂く：

スカンジナビア語起源である。ノルウェー語やデンマーク語 rift「裂け目、割れ目」と同系である。

rig¹ ［15世紀後半］動 出航の用意をする、装備する；名 帆装（はんそう）：

当初は「出港準備をする」という意味の航海語であった。おそらくスカンジナビア語起源であり、ノルウェー語 rigga「巻く、または、包む」と同系である。名詞（帆

柱やや帆の整備）は19世紀初頭からである。

rig²［18世紀後半］图計略、詐欺；動不正操作する：
当初は「いたずら」を指す名詞用法であり、後からそれと関係する意味の動詞用法が生じた。

right［古英語］图権利、正当性、公平さ；形正しい、適切な、健康な、申し分のない；副正確に、正しく、まっすぐに、ちょうど；動まっすぐにする、是正する：
古英語の形容詞・名詞 *riht*、動詞 *rihtan*、副詞 *rihte* はゲルマン語に由来し、ラテン語 *rectus*「支配された」と同系である。元はインド＝ヨーロッパ語の語根であり、一直線に移動することを表す。**rightful**形「正しい、公平な、合法の」（古英語では *rihtful*「直立した、正しい」）は *right* が基となっている。「正当性」という意味は中英語からである。**righteous**形「正義の」も古英語からである（*riht*「正しい」と *wīs*「方法、状態、状況」からなる *rihtwīs* として）。16世紀に起こったこの屈折語尾変化は bounteous「気前のよい」などの語との関連性による。

rigid［後期中英語］形堅い、厳格な、堅苦しい：
ラテン語 *rigidus* に由来する。元は *rigere*「堅くなる」である。

rigmarole［18世紀半ば］图くだらない長話、煩雑でくだらない手続き：
ragman roll「ラグマン誓約状」の異形である。元は犯罪一覧を記録している法律文書である。この成句は1600年頃に文語用法としては使われなくなったようである。

rigour［後期中英語］图悪寒、硬直、厳格、（気候などの）厳しさ、厳密：
古フランス語 *rigour* に由来する。元はラテン語 *rigor*「堅苦しさ」である。この語幹は **rigorous**［後期中英語］形「厳しい」にも含まれている。*rigour* は古フランス語 *rigorous* または後期ラテン語 *rigorosus* から来ている。

rile［19世紀初頭］動怒らせる：
16世紀後半の *roil*「濁らせる」の異形である。おそらく古フランス語 *ruiler*「モルタルを混ぜる」に由来する。元は後期ラテン語 *regulare*「規制する」である。

rim［古英語］图縁、（車輪の）枠；動…に枠をつける：
古英語 *rima* は「縁、沿岸」を意味した。古ノルド語 *rimi*「山の背、細長い土地」が唯一知られている同系語である。17世紀初頭から円形の物の縁として使われ、19世紀半ばからは複数形 *rims* でめがねの縁を表している。

rind［古英語］图樹皮、（果物・野菜などの）皮：
古英語 *rind(e)*「樹皮」はオランダ語 *run* やドイツ語 *Rinde*「樹皮」と同系である。語源は不詳である。中英語から果物や野菜の外皮を指している。

ring¹［古英語］图輪、（円形の）競技場；動（円形に）取り巻く、輪にする：
古英語 *hring*「小さな丸いひも」はゲルマン語に由来し、オランダ語 *ring* やドイツ語 *Ring*「輪」そして英語 rank と同系である。*ring* には次のような意味がある。「へり、縁」（中英語）、「人の輪」（古英語）そして「丸くかこまれた空間」（中英語）。動詞用法は後期中英語からである。注意を引くように月日など何かのまわりに丸をつけるという文脈での用法は1970年代から見られる。
→ RANK¹

ring²［古英語］動鳴る、鳴らす、電話をかける、繰り返し言う；图響き、鳴らすこと、電話をかけること：
古英語 *hringan*「明瞭な音を出す」はゲルマン語に由来する。おそらく擬音語である。

rink［後期中英語］名闘技場、競技場、カーリング競技、リンク：

当初はスコットランド語で馬上槍試合場を表した。元は古フランス語 *renc*「列」に由来し、18世紀後半からカーリングというスポーツ用に区画された氷一面を表すことに使われた。19世紀後半までスコットランドでしか使われていなかった。

rinse［中英語］動(聖体拝領の後、水やワインで) 聖杯と指を洗う、(水で) ゆすぐ、すすぐ；名すすぎ：

古フランス語 *rincer* に由来する。語源は不詳である。当初の意味は「除去することできれいにする、または、清潔にする」であった。

riot［中英語］名暴動、騒動、激発；動放埒な生活をする、暴動に加わる：

元は「放埒な生活」という意味で使われた。古フランス語 *riote*「討論」に由来する。元は *rioter*「口論する」である。語源不詳である。read the *riot* act「騒擾取締令を読み上げて解散を命じる」という成句は1715年の *Riot* Act「騒擾取締令」から拡張されている。この条令の詳細部が法律当局により読み上げられた際に、12人以上からなるあらゆる集会は解散するか重罪宣告を受けなければならなかった。しかし、この条例は1973年に廃止された。**riotous**形「放埒な、暴動を起こして騒ぐ、騒々しい」(古フランス語経由で *riote* に由来) も中英語である。当時は「やっかいな」を意味した。

rip［後期中英語］動はぎ取る、抜き取る、引き裂く、切り裂く；名裂け目、切り口：

語源不詳である。おそらく reap「刈る」、とのつながりがある。成句 let it *rip*「最高速度で動かす」はアメリカ英語であり、19世紀半ばから使われている。俗語用法で「盗む」を意味する *rip* off も元は1960年代のアメリカ英語で使われていた。20世紀初頭には *rip* だけでこの意味を表した。名詞用法は18世紀初頭からである。*rip* tide「激流」(18世紀後半) の

rip はおそらく同系語である。
→ REAP

ripe［古英語］形熟した、円熟した、準備の整った、(肉体的に) 成熟した；動熟する、(成) 熟させる：

古英語 *rīpe* は西ゲルマン語に由来し、オランダ語 *rijp* やドイツ語 *reif*「熟した」と同系である。語幹はおそらく動詞 reap「収穫する」の語幹と同系である。

riposte［18世紀初頭］名【フェンシング】突き返し、当意即妙の答；動素早く突き返す：

イタリア語 *riposta*「返答」がフランス語を経て英語に入った。

rise［古英語］動昇る、増加する、立ち上がる、起こる、飛び立たせる；名上昇、増大、向上：

古英語 *rīsan* は「攻撃する」、「目を覚ます、ベッドから出る」を意味した。ゲルマン語起源であり、オランダ語 *rijzen* やドイツ語 *reisen*「旅行する」と同系である。*rise* and shine!「起床！」という成句は元は、20世紀初頭の軍隊で使われ、ベッドから出る呼び声であった。

risk［17世紀半ば］名危険；動危険を冒す、危険にさらす：

名詞用法はフランス語 *risque*、動詞用法はフランス語 *risquer* に由来する。元はイタリア語 *risco*「危険」、*rischiare*「危険な目にあう」である。run the *risk*「危険を冒す」という成句は17世紀半ばからである。at *risk*「危険に頻している」は20世紀初頭から使われている。

rite［中英語］名儀式：

ラテン語 *ritus*「(宗教的) しきたり」に由来する。**ritual**［16世紀後半］名「儀式、祭式、しきたり」は当初、形容詞として使われ、ラテン語 *ritualis* に由来する。元は *ritus* である。「儀式」を意味する rituals は17世紀半ばからである。この意味はより一般的になった (ローリー・リー『長くは居られない』*I Can't Stay Long*

: The *ritual* of bargaining was long and elaborate「交渉という儀式は長くそして入念であった」).

rival [16世紀後半][名]対抗者、競争相手；[動]競争しあう、競争する：

ラテン語 *rivalis* に由来する。元は「対岸に住み同じ川を利用する 2 人の人間」を指した。語源は *rivus*「小川」である。

river [中英語][名]河川、川、流れ：

アングロノルマンフランス語に由来し、ラテン語 *riparius* が基となっている。元は *ripa*「河岸」である。成句 sell down the *river*「裏切る、見捨てる」はアメリカ英語の用法（19世紀半ば）であり、ミシシッピ川下流域にあるサトウキビ農園の所有者に面倒な奴隷を売るという場面で用いられた。

rivet [中英語][名]（釘の先の）曲げつけ、リベット、鋲；[動]リベット（鋲）で留める、動かなくする、（目・注意などを）じっと向ける：

古フランス語に由来する。元は *river*「しっかり固定する、釘を打ち曲げる」である。語源不詳である。

rivulet [16世紀後半][名]小川：

廃語 *riveret* の変形である（文字通り「小川」を意味するフランス語に由来）。おそらくイタリア語 *rivoletto, rivolo* の指小辞語に基づいており、ラテン語 *rivus*「小川」が基となっている。

road [古英語][名]馬による旅、侵入、（沖合の）停泊地、公道、普段のやり方：

古英語 *rād* は「馬に乗っての旅」、「敵陣急襲」を意味した。ゲルマン語に由来し、動詞 ride と同系である。今では street「通り」とほぼ同じ意味で使われるが、それは16世紀後半になってからのことである。成句 one for the *road*「一杯の酒」は1950年代からである。複合語に以下がある：

■ **roadstead** [16世紀半ば][名]「停泊地、錨地」は road と「場所」を意味する廃語 stead からなる。
→ RIDE

roar [古英語][動]（人が）どなる、（動物が）ほえる、（大砲・雷などが）とどろく；[名]うなり声

古英語 *rārian* は低く伸ばされた鳴き声の擬音語である。西ゲルマン語起源であり、ドイツ語 *röhren*「鈴をつける」と同系である。名詞は後期中英語からである。

roast [中英語][動]焼く、火あぶりにする、容赦なく笑いものにする；[名]焼肉；[形]焼いた：

古フランス語 *rostir* に由来し、西ゲルマン語起源である。現代用法において *roast* は「オーブンで料理する」を意味することが多いが、この意味は元々 bake で表され、*roast* の方は火にかけることを意味していた。「嘲笑する、批判する」という口語の意味（例：*roasted* in the press「新聞で批判した」）は18世紀初頭からである。

rob [中英語][動]奪う、盗む：

古フランス語 *rober* に由来する。ゲルマン語起源である。古語の動詞 reave「強盗をする」と同系である。**robber** [名]「強盗、盗賊、強奪者、略奪者」は中英語であり、アングロノルマンフランス語そして古フランス語 *robere* に由来する。元は古フランス語の動詞である。**robbery** [中英語][名]「強盗、略奪」も同様である（アングロノルマンフランス語および古フランス語 *roberie* に由来）。

robe [中英語][名]ローブ、礼服、衣服；[動]着せる：

古フランス語に由来する。*rob* というゲルマン語の語幹（「戦利品」という意味）に由来する。衣服は戦利品の中の重要な品であった。
→ ROB

robot [1920年代][名]ロボット：

チェコ語 *robota*「農奴」に由来する。*robota* はカレル・チャペックの作品『ロ

ボット』*R.U.R*（1920年）の中で造りだされた。

robust ［16世紀半ば］形強健な、丈夫な：
ラテン語 *robustus*「堅いそしてしっかりした」に由来する。元は *robus*、つまり、*robur*「オークの木、強さ」の当初の語形である。

rock¹ ［中英語］名岩、岩石、堅固な支え、金銭、ダイヤモンド：
巨大な石の固まりであり、古フランス語 *rocque* に由来する。元は中世ラテン語 *rocca* である。語源は不詳である。成句 between a *rock* and a hard place「進退きわまって」は1920年代からである。また、俗語用法で、高価な石、特にダイアモンドを表すのも1920年代からである。on the *rocks*「オンザロックの」は、飲み物の中の氷を指しており、1940年代から使われている。

rock² ［後期古英語］動揺れる、揺らす；名強いアクセントを持つリズム、ロック：
「たえず前後に動く」（元は *roccian*）はおそらく「除去する、移動する」を意味するゲルマン語の語幹に由来する。オランダ語 *rukken*「急にぐいと引く、引っ張る」やドイツ語 *rücken*「動く」と同系である。名詞用法は19世紀初頭からである。

rocket ［17世紀初頭］名（花火・信号・救命索などを打ち出す）火矢、ロケット；動火矢・ロケット弾で攻撃する：
フランス語 *roquette* に由来する。元はイタリア語 *rocchetto, rocca*「（紡績用の）糸巻き棒」の指小辞であり、この糸巻き棒の形が円筒形になっていることによる。「厳しい叱責」という意味（例：gave him a *rocket* for being late「遅刻に対して彼を厳しく叱責した」）は元は1940年代の軍隊用語であった。

rod ［後期古英語］名棒、鞭、杖、ロッド、（権威を示す）錫杖：
古英語 *rodd* は「木から伸びている、また

は、切り取られた細長い枝」、「罰を与えるためのまっすぐな枝、または、細枝の束」の両方を指した。おそらく古ノルド語 *rudda*「棍棒」と同系である。

rodent ［19世紀半ば］形齧歯類の；名齧歯動物：
ラテン語 *rodere*「かじること」に由来する。

rogue ［16世紀半ば］名腕白、浮浪者、ならず者、いたずら者；形はみ出し者の：
当初は「怠惰な浮浪者」を指した。ラテン語 *rogare*「請う、求める」に由来し、廃語となった俗語 *roger*「浮浪者」と同系である。似たような乞食を表す隠語が16世紀半ばにかけて多く取り入れられた。

role ［17世紀初頭］名（役者の）役割：
廃語となったフランス語 *roule*「転がる」に由来する。元は、紙の巻物を指し、そこに役者の役が書かれていた。

roll ［中英語］名巻物、書冊、（巻物状の）公文書、出席簿、点呼名簿、太鼓の連打、回転；動転がす、転がる：
名詞用法は古フランス語 *rolle*、動詞用法は古フランス語 *roller* に由来する。元はラテン語 *rotulus*「巻物」である。*rotulus* は *rotula*「小さな輪」の異形であり、*rota* の指小辞である。**roly-poly** ［17世紀初頭］形「丸々した、ずんぐりむっくりの」は動詞 *roll* からの戯言的な語形成である。

rollick ［19世紀初頭］動はしゃぎ回る：
おそらく方言で、*romp*「ふざけ回る」と *frolic*「はしゃぐ」の混成語である。

Romance ［中英語］名ロマンス諸語：
元はラテン語ではなくフランスの自国語を表した。古フランス語 *romanz* に由来し、ラテン語 *Romanicus*「ローマ人」が基となっている。小文字で綴られる **romance** 名「中世騎士物語、ロマンス語、

伝奇物語、冒険・空想物語、愛物語、恋愛」は同語源であり、元は「自国語で書かれた作品」を指し、ラテン語で書かれた作品を指していない。当初の用法は騎士道のテーマに関して自国語で書かれた韻文と関係があった。「恋愛を中心としたジャンル」という意味は17世紀半ばからである。romantic ［17世紀半ば］形「愛情のこもった、空想的な」は恋愛物語に特有のものを指した。古語となったromaumt「騎士道物語」に由来する。元は古フランス語romanzの異形である。「感情に訴える」という文脈での使用は18世紀初頭からである。

romp ［18世紀初頭］名お転婆娘；動はね回る、ふざけ回る：
おそらくramp「暴れ回る」の異形である。「ある距離を素早く行く」という意味は19世紀後半から主にレースの俗語として見られる（例：romped home「楽勝した」）。
→ RAMP

roof ［古英語］名屋根、天空、上あご；動屋根を付ける：
古英語hrófはゲルマン語に由来し、古ノルド語hróf「船小屋」、そしてオランダ語roef「甲板室」と同系である。英語にだけ「家の覆い」という一般的な意味がある。また、他のゲルマン諸語はthatch「草ぶき、藁ぶき」と同系の語を使う。

room ［古英語］名空間、余地、場所、身分、地位、部屋：
古英語rūmはゲルマン語に由来し、オランダ語ruim、そしてドイツ語Raum「部屋」と同系である。

roost ［古英語］名（鳥の）止まり木；動止まり木に止まる：
古英語hrōstはオランダ語roestと同系である。語源は不詳である。成句rule the roost「牛耳る」（時に rule the roast）は18世紀後半からである。動詞は16世紀初頭からである。**rooster** 名《米》雄鶏おんどりは18世紀後半から始まり、主にアメリカ英語と方言に見られる。

root¹ ［後期古英語］名（植物の）根、根源、（根本的）原因、始祖、確信、根；動定着させる、根を抜く、根づかせる、根づく：
古英語rōt（例：tree root「木の根」）は古ノルド語rótに由来する。ラテン語radixや英語wort「植物、草」と同系である。take root「根づく、定着する、根を下ろす」は16世紀初頭から。

root² ［古英語］動（豚などが）鼻で地を掘る、ほじくり出す：
古英語wrōtan「土壌を掘り起こす」はゲルマン語に由来し、古英語wrōt「鼻」、ドイツ語Rüssel「鼻」、そしておそらくラテン語rodere「かじる」と同系である。成句root for「応援する」は19世紀後半からアメリカ英語用法として使われはじめた。

rope ［古英語］名縄、絞首索こうしゅさく；動縛る、くくる：
古英語rāpはゲルマン語に由来する。オランダ語reepやドイツ語Reif「輪」と同系である。the ropes（複数形）としてボクシングのリングを囲むロープを指す用法は19世紀初頭からである。on the ropes「追いつめられて」は1950年代から。

rosary ［後期中英語］名ロザリオの祈り：
当初の用法では「バラ花壇」を指した。ラテン語rosarium「バラ花壇」に由来し、rosa「バラ」が基となっている。16世紀半ばから。

rose ［古英語］名バラ、バラ色、比類のない人：
古英語rōseはゲルマン語に由来し、ラテン語rosaに基づく。中英語で古フランス語roseにより一般に広まった。子供の遊びであるring-a-roses「バラの輪遊び」は赤く腫はれた（「バラ色の」）横根よこねの輪、つまり、ペストの症状を指す。**rosette** ［18世紀半ば］名「バラ飾り、ロゼット」はroseのフランス語の指小辞語に由来する。

roster [18世紀初頭][名]勤務当番表、名簿：
元は軍職員の「勤務表」、「休暇」という意味であった。オランダ語 *rooster*「表」、より古くは「焼き網」に由来する。*roosten*「焼く」に由来し、その焼き網の平行に並んだ網目を指している。

rostrum [16世紀半ば][名]演壇、演壇：
文字通り「くちばし」(*rodere*「かじる」に由来) を意味するラテン語に基づく。元は、(当初は複数形 *rostra*) ローマにある公共広場を指すために使われた。そこでは奪った船尾展望台の船嘴^{せん}が飾られ、演壇として使われた。

rot [古英語][動]腐る、堕落する、腐らせる、やつれる；[名]腐朽、腐敗病、たわごと：
古英語の動詞 *rotian* はゲルマン語に由来し、オランダ語 *rotten* と同系である。名詞用法 (中英語) はおそらくスカンジナビア語経由で入ってきた。「たわごと」を意味する俗語用法 (例：He was speaking complete *rot*「彼の話はまったくの戯言だ」) は19世紀半ばから。

rotation [16世紀半ば][名]回転：
ラテン語 *rotatio(n-)* に由来する。元は *rotare* という動詞である。**rotate** [17世紀後半][動]「回転する」の語源もラテン語 *rota*「車輪」が基となっている。**rotary**[形][名]「回転式の、環状交差点」は18世紀半ばから始まり、中世ラテン語 *rotarius* に由来する。元は *rota* である。実業家や女性実業家が集まった世界的な慈善団体が1905年に結成され、Rotary International「国際ロータリー」として知られている。この団体では会員が交替で行事を主催したことからその名前がついた。**rote** [中英語][名]「機械的な手順」(例：learn by *rote*「暗記する」) はおそらくラテン語 *rota*「車輪」が基とされているが、これを立証する証拠はない。

rotor [20世紀初頭][名]発電機の回転子^{かいてんし}、ヘリコプターなどの回転翼：
17世紀後半の *rotator* (ラテン語 *rotare* に由来する。*rota*「車輪」が基となっている) に基づいている。

rotten [中英語][形]腐った、臭い、(道徳的・社会的・政治的に) 腐敗した、弱々しい、不健康な：
古ノルド語 *rotinn* に由来する。複合語に以下がある：
■ **rotten borough**「腐敗選挙区」は歴史的に言及した事柄である。有権者がほとんどいないにもかかわらず議員を選出することができた選挙区を指す。その選挙区にはもはや有権者がいない段階にまで「朽ちて」いることからこの名称がついた。

rotund [15世紀後半][形]円形の、朗々とした：
ラテン語 *rotundus* に由来する。元は *rotare*「回転する」である。**rotunda**[名]「(丸屋根のある) 円形建物」は円形の建物または部屋を表し、17世紀初頭からである。*rotunda* はイタリア語 *rotondo*「円形の」の女性形の異形 *rotonda* (*camera*)「円形の (部屋)」である。

rough [古英語][形]ざらざらした、でこぼこの、手荒な、粗野な、荒れている、(味が) きつい；[動]粗くする；[名]自然のままのもの、未加工品；[副]手荒く、乱暴に：
古英語 *rūh* は西ゲルマン語起源であり、オランダ語 *ruw* やドイツ語 *rauh*「ざらざらした」と同系である。表面、水面して天気、気性、音、手入れのされていない材料 (*rough* timber「粗い材木」)、そして全般的に仕上げの欠けているもの (例：*rough* copy「第一稿」) を指す。成句 *rough* and ready「粗雑な、荒っぽい、元気な、熱心な」は19世紀初頭からであり、元はボクシングの俗語であった。

round [中英語][形]丸い、湾曲した、端数のない、ちょうどの、遠慮のない[名]円、球、周囲、(仕事の) 一区切り；[動]巡回する；[副]…を回って、…のまわりに：

古フランス語語幹 *round-* に由来する。元はラテン語 *rotundus*「丸い」の異形である。

■ Roundhead「円頂党員」は頭を短く刈った清教徒の髪型から由来する。彼らはイングランド内戦中、この議会派において重要な党員であった。

rouse [後期中英語][動](眠り、無気力などから)目覚めさせる、目覚める:

元はタカ狩り・狩猟用語であった。おそらく、アングロノルマンフランス語由来である。語源不詳である。一般的用法は1585年頃から知られるようになった。よく up と一緒に使われる。

rout [中英語][名]壊滅的敗走、総くずれ、群衆;[動]…に圧勝する:

「大敗北」を表し、ラテン語 *ruptus*「こわされた」が基となっている。*ruptus* は動詞 *rumpere* に由来する。動詞(16世紀後半)は廃語となったフランス語 *route* に由来する。*route* はおそらくイタリア語 *rotta*「軍の分裂」に由来する。「無法な群衆」という意味はアングロノルマンフランス語 *rute* 経由で入った。

route [中英語][名]道、手段、配達順路;[動]発送する:

古フランス語 *rute*「道路」に由来する。元はラテン語 *rumpere* の女性形過去分詞 *rupta(via)*「でこぼこの(道)」である。*route* は中英語および16世紀終わり頃に見られたが、18世紀初頭になって綴りは *rout* が普通となり、19世紀初頭まで残った。

routine [17世紀後半][名]決まりきった日常の仕事、日課:

フランス語に由来する。元は *route*「道路」である。演劇用語は1920年代からである(例: learned the same *routine*「その同じお決まりの演技を覚えた」)。1940年代からはコンピュータ用語としても使われている。
→ ROUTE

rover [中英語][名]流浪者、遊び人、年長ボーイスカウト:

中低地ドイツ語と中オランダ語 *rōver* に由来する。元は *rōven*「強奪する」である。rob「強奪する」や古語の動詞 reave「襲撃する」と同系である。**rove**[動]「さまよう」は15世紀後半の語である。元は洋弓術の用語であり、「距離の定まらない思いつきの的をめがけて射る」を意味した。おそらく方言 *rave*「はぐれる」に由来し、スカンジナビア語起源である。

row[1] [古英語][名]列、(家の並んでいる)通り:

古英語 *rāw*「整然とした列」はゲルマン語起源である。オランダ語 *rij* やドイツ語 *Reihe*「列」と同系である。成句 in rows「軒続きになっている」は後期中英語から始まる。両側に家が並んだ狭い通りを表すようになったのもこの時期である。スコットランド語および北部英語において、しばしば町名で使われる。

row[2] [古英語][動](船を)漕ぐ;[名]漕ぐこと:

古英語 *rōwan*「オールを使って進ませる」はゲルマン語起源であり、rudder「船のかじ」と同系である。ラテン語 *remus*「オール」そしてギリシア語 *eretmon*「オール」と同じく、インド=ヨーロッパ語の語根に由来する。
→ RUDDER

row[3] [18世紀半ば][名](騒々しい)口論;[動]口論する:

語源不詳である。1800年頃からよく使われるようになり、不作法な話し方とされた。

rowdy [19世紀初頭][形]乱暴な;[名]乱暴者:

元はアメリカ英語の名詞用法であり、「無法な開拓民」を指した。語源不詳である。

royal [後期中英語][形]国王の、女王の、王家の血を引く、堂々とした;[名]王室の一員:

古フランス語 *roial* に由来する。元はラ

テン語 *regalis*「王の」である。フランス語起源とするのは、名詞の後に *royal* を置くことが一般的であった当初の用法のためである（例：blood *royal*「皇族」）。**royalty**［後期中英語］名「王位、王族」は古フランス語 *roialte* に由来する。元は *roial* である。「印税」（特に鉱石の所有権に関して）という意味は15世紀後半に使われているが、19世紀半ばには「鉱石生産者による用地所有者への支払い」という意味へと発達した。それから、特許および出版物の印税へと変化した。

rub［中英語］動こする、すれる、いらいらさせる、さまたげる；名こすること、障害、でこぼこ、欠点：

当初は動詞として使われた。おそらく低地ドイツ語 *rubben* に由来する。語源不詳である。名詞用法は16世紀後半からである。**rubber**名「こするもの・ひと、ゴム、消しゴム」は、16世紀半ばから使われており、動詞 *rub* が基となっている。当初の意味は「こする、そしてきれいにするために使われる道具（硬いブラシなど）」であった。かつて *caoutchouc*「天然ゴム」という名の弾性のある物質は鉛筆の跡を消すのに使われたため、18世紀後半に「消しゴム」という意味となった。この意味は19世紀半ばに一般化された。当初は India *rubber*「弾性ゴム」と称されることがよくあった。16世紀後半から見られるスポーツ用語 rubber「ゴム製オーバーシューズ」は語源不詳である。当初はボウリング用語として使われた。

rubbish［後期中英語］名がらくた、無価値の物：

アングロノルマンフランス語 *rubbous* に由来する。おそらく古フランス語 *robe*「砕石」と同系である。語尾に起こった変化は、-ish で終わる語との関連性によるものである。「汚辱する」を意味する動詞は1950年代から見られる。元はオーストラリアおよびニュージーランドの俗語であった。
→ RUBBLE

rubble［後期中英語］名粗石、砕石：

おそらく古フランス語 *robe*「砕石」のアングロノルマンフランス語の異形に由来する。
→ RUBBISH

rubric［後期中英語］名（ミサなどの）礼拝規定、朱書き、（法令・規程などの）題目：

当初の綴り *rubrish* は題目、または、目立つように赤で書かれた聖句の節を指した。古フランス語 *rubriche* に由来する。ラテン語 *rubrica* (*terra*)「赤い（筆記素材としての）土、または、黄土」に基づく。綴りはこのラテン語に影響を受けている。

ruby［中英語］名紅玉、ルビー、赤ワイン；形ルビーの（ような）、ルビー色の：

古フランス語 *rubi* に由来する。中世ラテン語 *rubinus* を経てラテン語 *rubeus*「赤」から入った。

ruck[1]［中英語］名積み重ね、多数、多量、凡人の群れ、【ラグビー】ラック：

ルーススクラムを表すラグビー用語で、「燃料の山、積み重ね」という意味から発達した。スカンジナビア語起源のようである。ノルウェー語 *ruke*「干し草の山」と同系である。

ruck[2]［18世紀後半］名しわ、折り目；動しわになる・する：

古ノルド語 *hrukka* に由来する。

ruck[3]［1950年代］名騒ぎ：

この口語はおそらく19世紀初頭の **ruction**名「騒ぎ」（語源不詳）、または19世紀後半の「大騒ぎ」を意味する ruckus（おそらく rumpus「騒音」と同系）の短縮形である。

rucksack［19世紀半ば］名リュック（サック）：

ドイツ語からの借用語。*rucken* (*Rücken*「背」の方言の異形) と sack「バッグ、大袋」からなる。

rudder ［古英語］图(舟の)櫂か、舵か：
古英語 *rōther* は「櫂、オール」であった。西ゲルマン語に由来し、オランダ語 *roer*、ドイツ語 *Ruder*「櫂」、そして英語 row「ボートをオールでこぐ」と同系である。
→ ROW²

ruddy ［後期古英語］形(顔色が)血色の良い、赤い、いまいましい：
後期古英語 *rudig* は古語 *rud*「赤色」の語幹に由来する。*rud* は red「赤」と同系である。婉曲語法は20世紀初頭から。
→ RED

rude ［中英語］形粗い、乱暴な、荒々しい、野生の、無礼な、不完全な、未熟な：
当初は「雑に作られた」、「教養のない」を意味した。語源は古フランス語である。元はラテン語 *rudis*「不完全な」で、手工芸を指す形容詞に由来する。後に比喩的に使われて「洗練されていない」を意味するようになった。ラテン語 *rudus*「でこぼこの石」と同系である。成句 rude awakening「突然の激しいショック」は19世紀終わり頃に現れた。

rudiment ［16世紀半ば］图根本、基礎：
フランス語、あるいはラテン語 *rudimentum*「始め、第一原理」に由来する。元は *rudis*「荒削りの」であり、*elementum*「元素」にならっている。

rue ［古英語］動悔い改めさせる、懺悔さんげさせる、…を悔い改める、後悔する；图悲しみ、後悔：
古英語の名詞 *hrēow* は「後悔」を、動詞 *hrēowan* は「後悔する」を意味した。ゲルマン語に由来し、同系語にはオランダ語 *rouw*「悲しみ」とドイツ語 *Reue*「後悔」がある。成句 rue the day「…したことを後悔する」は16世紀後半から。(シェイクスピア『ジョン王』*King John*, III. i. 323：France, thou shalt rue this hour within this hour「フランス王、この一時を後悔しようぞ、この一時のうちに」)。

ruff ［16世紀初頭］图(服の袖口につける)ひだ飾り、ひだ襟えり：
今では襟まわりに付けられるフリルの一種を指すが、当初は、袖まわりのフリルを表すために使われた。おそらく rough「ざらざらした」の異形に由来する。
→ ROUGH

ruffian ［15世紀後半］图悪党、ごろつき；形悪党の、乱暴な：
古フランス語 *ruffian* に由来する。イタリア語 *ruffiano* を経て、おそらく方言 *rofia*「かさぶた、ふけ」から入った。*rofia* はゲルマン語に由来する。

ruffle ［中英語］動(水面などを)波立たせる、…にしわを寄せる、(頭髪などを)くしゃくしゃにする、激怒させる；图さざ波、名声の失墜、ひだ飾り、フリル：
当初は動詞として使われた。語源不詳である。現在の名詞の意味は17世紀後半から。

rug ［16世紀半ば］图絨毯じゅうたん、ひざ掛け：
当初はきめの粗い羊毛の一種を指した。語源はおそらくスカンジナビア語である。ノルウェー語方言 *rugga*「上掛け」、およびスウェーデン語 *rugg*「かき乱れた髪」と同系である。「小型の敷物」という意味は19世紀初頭からである。
→ RAG; RUGGED

rugby ［19世紀半ば］图ラグビー：
ウォーウィックシャーにある *Rugby*「ラグビー」校にちなんで名づけられている。この試合が初めて行われた私立学校である。

rugged ［中英語］形でこぼこの、ざらざらの、いかつい、きびしい：
当初は「毛深い」、「(馬が)毛がふさふさした」を意味した。おそらくスカンジナビア語に由来する。また、スウェーデン語 *rugga*「ざらざらにする」と同系である。
→ RUG

ruin ［中英語］图（建物などの）倒壊、破壊・荒廃した状態、落ちぶれた人；動破壊する、荒廃させる：
当初は「建物の倒壊」を意味した。古フランス語経由でラテン語 *ruina* に由来する。元は *ruere*「落ちる」である。**ruinous** 形「荒廃した」は、後期中英語であり「崩れかけている」という意味があった。ラテン語 *ruinosus* に由来し、元は *ruina* である。**ruination** 图「破滅」は17世紀半ばに初めて使われており、廃語の *ruinate* という動詞が基となっている。*ruinate* は1550年から1700年の間、「荒廃させる」という意味でよく使われていた。

rule ［中英語］图規則、（修道会などの）宗規、物差し、支配；動統制する、支配する、線を引く、決定する：
名詞用法は古フランス語 *reule*、動詞用法は古フランス語 *reuler* に由来する。ラテン語 *regula*「まっすぐな棒切れ」が後期ラテン語 *regulare* を経て入った。

rumble ［後期中英語］動がらがら音を立てながら進む、ごろごろ音がする、(不正行為を)見つける；图ごろごろという音：
おそらく中オランダ語 *rommelen, rummelen* に由来し、低音の連続的な騒音からの擬音語である。19世紀後半から見られる「(不正行為を)見つける」という意味（例：You've been *rumbled*「君は見抜かれている」）の *rumble* はおそらく別の語である。

rumbustious ［18世紀後半］形にぎやかな、騒々しい：
おそらく古語 *robustious* の異形である。17世紀の間、*robustious* の方が「騒々しい、粗野な」という意味でよく使われていた。

ruminate ［16世紀半ば］動…を思い巡らす、熟考する：
ラテン語 *ruminari*「反芻する」に由来する。すぐに比喩的用法「思い巡らす」が発達した。**ruminant** ［17世紀半ば］图「反芻する動物」は同じラテン語の動詞に由来する。元は *rumen*「のど」である。

rummage ［15世紀後半］图くまなく捜す、捜し出す；图種々雑多なもの、がらくた、(税関吏の)臨検：
古フランス語 *arrumage* に由来する。中オランダ語 *ruim*「部屋」から *arrumer*「(船倉に)詰め込む」を経て入った。当初は、船倉に貯蔵樽などの代物を配列することを指した。この用法が17世紀初頭に「くまなく捜す」を意味する動詞を生みだした。

rumour ［後期中英語］图噂、風説、風評、騒動；動大反対する、噂で広める：
古フランス語 *rumur* に由来する。元はラテン語 *rumor*「騒音」である。当初は「広く行きわたった評判」を意味していた。

rump ［後期中英語］图（動物の）尻、臀部、（牛肉の）尻肉、尾、ランプ、残余：
おそらくスカンジナビア語起源である。デンマーク語やノルウェー語の *rumpe*「後部」と同系である。いくつかの成句の起源は以下の通りである：
■ Rump Parliament「【英史】残部議会」は確証がないが、The Bloody *Rump*「血の議会」に由来すると言われている。The Bloody *Rump* とはチャールズ1世の処刑で幕を閉じる裁判の前に書かれた文書の名称である（残部議会は長老派を追放した1648年以降の長期議会を指す）。この語はブラウン少将による公共集会での演説で広まった。また、クレム・ウォーカーの『独立の歴史』*History of Independency*（1648年）の中で、王に頑強に反対する人々を表す語として造り出されたとも言われている。

rumple ［16世紀初頭］图しわ；動しわくちゃにする：
当初は名詞として使われ、「しわ」を意味した。中オランダ語 *rompel* に由来する。

rumpus ［18世紀半ば］图騒動、大騒ぎ：

おそらく戯言的な語である。

run ［古英語］動走る、急ぐ、逃げる、流れる、走らせる；名走ること、走程そてい、運行、旅行、連続：

古英語の動詞 rinnan, irnan はゲルマン語起源であり、おそらく、中英語において古ノルド語 rinna, renna により一般に広まった。現在時制において -u- が現れる現在の語形は 16 世紀に初めて使われている。rennet「レンネット膜」という名詞はおそらく renne、つまり、run の廃語となった語形に由来する。
→ RENNET

rune ［古英語］名ルーン文字（古代北欧文字）：

古英語 rūn は「秘密、謎」を意味した。中英語と 17 世紀後半の間には使われていなかった。その後、古ノルド語 rúnir, rúnar「魔法の記号、隠された知識」の影響を受け再び使われはじめた。

rung ［古英語］名（はしごの）横桟、踏みこ、（枠組などの）丈夫な棒：

古英語 hrung は「頑丈な棒切れ、スポーク、横木」を意味し、オランダ語 rong やドイツ語 Runge「杭」と同系である。

runt ［16 世紀初頭］名（同種中の）発育不全の動物、小人、ちび：

当初の意味は「古い、または、腐敗した木の切り株」であった。語源不詳である。成句 runt of the litter「一腹の一番小さい動物」における用法は 19 世紀半ばから見られる。

rupture ［後期中英語］名（血管などの）破裂、ヘルニア、（契約などの）違反、絶交；動破る、裂く、切る：

当初の用法は名詞であった。古フランス語 rupture、またはラテン語 ruptura に由来する。元は rumpere「こわす」である。「ヘルニア」を意味するのは 16 世紀初頭からである。動詞用法は 18 世紀半ばに現れた。

rural ［後期中英語］形田園の、農業の：

古フランス語、または後期ラテン語 ruralis に由来する。ruralis は rus, rur-「田舎」に基づく。当初は rural と rustic「田舎の、質素な」の差はほとんどなかった。しかし、後には rural は土地と田舎の光景とつながり、rustic は田舎生活の素朴さとつながるようになった。

ruse ［後期中英語］名たくらみ、計略：

当初は狩猟用語であった。「遠回り」、または追われる動物がその猟犬を避けるために「方向転換すること」を表した。古フランス語に由来する。元は ruser「策略を使う」である。この意味より前は「避ける」という意味で使われていた。おそらくラテン語 rursus「後へ」が基となっている。

rush[1] ［後期中英語］動早く走る、急ぐ、突進する、襲いかかる；名突進；形大急ぎの：

古フランス語 ruser「追い返す」のアングロノルマンフランス語の異形に由来する。この意味が英語での当初の意味であり、時折、down, up, aside などの強意語と結合した。（シェイクスピア『ロミオとジュリエット』Romeo and Juliet, III. iii. 26：The kind Prince Taking thy part, hath rushed aside the Law「寛大な大公はお前に味方し、法を曲げ、死といういまわしい言葉を追放に変えられた」）。
→ RUSE

rush[2] ［古英語］名イグサ、無価値なもの：

古英語 risc, rysc はイグサ科の植物を表した名称であり、ゲルマン語に由来する。「イグサ製の」という意味（例：rush-matting「イグサのマット」）は 19 世紀終わりからである。

russet ［中英語］名黄褐色、黄褐色の手織りラシャ；形手織りラシャで作られた、あずき色の、ひなびた、素朴な：

古フランス語 rousset のアングロノルマンフランス語の異形に由来する。rous「赤」の指小辞語であり、ラテン語 russus

「赤」からプロヴァンス語 ros を経て入った。元はきめの粗い手織りの布を表す名称であった。この布は赤茶色、灰色、またはくすんだ色であった。かつては農場労働者用の衣類を作るために使われた。形容詞的用法が15世紀に始まると、布そのものを指すことが一般的となった。この用法は16世紀を通して使われ続けた。（クロムウェル『手紙』Letters：A russet-coated Captain who knows what he fights for「ひなびた上着を着た大尉、彼は何のために戦うかをわきまえている」）。

rust［古英語］名さび、堕落；動さびる、さびつかせる：

古英語 rūst はゲルマン語に由来し、オランダ語 roest、ドイツ語 Rost「さび」、英語 red「赤」と同系である。**rusty**形「さびた、不活発になった」も古英語 (rūstig として) である。
→ RED

rustic［後期中英語］形田舎の、ひなびた；名田舎の人、百姓：

当初の意味は「田舎の」であった。ラテン語 rusticus に由来する。元は rus「田舎」である。「うぶな、質素な、簡素な」という意味は17世紀初頭からである。（シェイクスピア『お気に召すまま』As You Like It, V. iv. 174：Meantime, forget this new falne dignity, And fall into our Rustic Revelry「それまでは、突然身に降りかかった権勢も忘れ、ひなびた祝宴の楽しみにふけろうではないか」）。名詞用法は16世紀半ばからである。

rustle［後期中英語］動さらさら音がする、活発に動く、(牛などを) 盗む；名さらさらという音：

擬音語であり、当初は動詞用法であった。フラマン語 rijsselen やオランダ語 ritselen と同系である。名詞用法は18世紀半ばからである。成句 rustle up「かき集める」は19世紀半ばから。牛などを盗むという意味は20世紀初頭から使われはじめた。

rut¹［16世紀後半］名わだち、常例、慣例：

「深いわだち」を意味し、おそらく古フランス語 rute に由来する。route の異形と見なされることが多いが、route は16世紀には稀であり、両者の母音が違うことからもこの可能性は考えにくい。

rut²［後期中英語］名（シカ・ヤギなどの）発情（期）：

雄ジカが発情期にあることを指す。古フランス語に由来する。ラテン語 rugire「ほえる」の派生語 rugitus に基づいている。

ruthless［中英語］形無情な、残酷な：

中英語 ruth「思いやり」が基となっており、rue「悔やむ」という動詞に由来する。おそらく古ノルド語 hrygth の影響を受けている。
→ RUE

S s

sabbath ［古英語］名安息日：
　ヘブライ語 *šābbāb*「休む」が基になっており、この語は、ギリシア語を経て、ラテン語 *sabbatum* に由来する。元は、週の7日目（＝宗教上の休日）の土曜日を表す語であった。「日曜日」を表す英語 *Sabbath* は、17世紀までは一般的に使用されることはなかった。

sable ［後期中英語］名クロテン、クロテンの毛皮 ; 形クロテンの毛（皮）で作った、《詩語》黒い、暗黒の：
　スラブ語起源の中世ラテン語 *sabelum*、古フランス語で「テンの毛皮」を指す語に由来する。「黒」を表す語としての使用は、古フランス語の紋章用語に由来する。

sabotage ［20世紀初頭］名サボタージュ、妨害・破壊行為 ; 動故意に妨害・破壊する：
　フランス語 *saboter*「木靴で蹴る、故意に壊す」からの借用語。*savate*「靴」と *botte*「ブーツ」の混成語名*sabot*「木靴」は、17世紀初頭以降英語で用いられていた。フランス語の動詞 *saboter* に由来する **saboteur** 名「【軍事】破壊工作員」は20世紀初頭から。

sabre ［17世紀後半］名サーベル、軍刀：
　ドイツ語 *Säbel*「サーベル」から来た廃語 *sable* のフランス語の変形に由来する。後者は、ハンガリー語 *szablya* に由来する *Säbel* の異形である。

sack¹ ［古英語］名大袋、ひと袋分、（婦人・子供用の）ゆるやかな上着、《口語》解雇、《米俗》寝床、【野球】塁、ベース ; 動（…を）（大）袋に入れる、《口語》（雇用者を）解雇する：
　古英語*sacc*は、ラテン語 *saccus*「袋、袋地、バッグ」に由来する。*saccus* は、セム語に起源を持ち、ギリシア語 *sakkos* に由来する。「解雇する」という動詞の意味は、19世紀半ば以降に用いられるようになった。またラテン語 *saccus*（当初は生物学の術語として用いられた）は、18世紀半ばから使用されはじめた sac「囊」と 19世紀半ばから使用されはじめた **sachet**名「匂い袋」（「小さな袋」を文字通りの意味とするフランス語で *sac* の指小辞語）の起源となった語でもある。当初は衣服に香水をつけるための香りつきの袋を指した。

sack² ［16世紀半ば］動（占領軍が）（都市を）略奪する、（場所から）貴重品を盗む ; 名（占領地の）略奪：
　フランス語 *mettre à sac*「略奪する」（イタリア語 *fare il sacco, mettere a sacco*「袋を略奪物で満たすこと」から）における *sac* に由来する。

sacrament ［中英語］名【キリスト教】サクラメント、聖餐（式）、聖晩餐（式）、聖体、（特に）聖餐用パン：
　古フランス語を経由して英語に入った。ラテン語 *sacer*「神聖な」に由来する *sacrare*「神聖にする」が基になった *sacramentum*「厳粛な宣言」から来ている。*sacramentum* という語はキリスト教ラテン語において、ギリシア語 *mustērion*「神秘」の翻訳語として用いられた。

sacred ［後期中英語］形おびえた、こわがって、びくびくして：
　古語 *sacre*「神聖にする」の過去分詞である。ラテン語 *sacr-, sacrare*「神聖な」から来る *sacer* に由来する古フランス語 *sacrer* が基である。当初は「神聖にされた」を表していたが、現在の意味は、ラテン語 *sacer* の意味に近い。

sacrifice ［中英語］名生贄（を捧げるこ

と）、【神学】キリストの磔刑、十字架のキリスト、犠牲：
ラテン語 sacrificium が古フランス語を経て入った。sacer「神聖な」に由来する sacrificus「犠牲」と同系である。

sacrilege [中英語]图神聖冒瀆：
ラテン語 sacrilegium（sacrilegus「神聖なものの盗人」に由来）から古フランス語経由で用いられるようになった。sacer, sacr-「神聖な」と legere「手に入れる」からなる。

sacristy [後期中英語]图（教会・修道院の）聖器、（聖物）保管室：
ラテン語 sacer, sacr- が基となっている中世ラテン語 sacristia とフランス語 sacristie に由来する。sacer, sacr- は、ラテン語 sacrosanctus「神聖な儀式による神聖なもの」に由来し、15世紀後半に用いられた **sacrosan**形「きわめて神聖な」の奪格における第1要素となっている。sanctus「神聖なもの・場所」が第2要素である。

sad [古英語]形悲しい、残念な、ひどい、みじめな：
古英語 sæd は「飽かせられた、嫌気のさす」と「重要な、密度の濃い」を表していた。ラテン語 satis「十分な」と共通するインド＝ヨーロッパ語の語根を有するオランダ語 zat やドイツ語 satt と同系である。中英語では、「しっかりしている、安定した」（ミルトン『失楽園』*Paradise Lost*: Settl'd in his face, I see Sad resolution and secure「その面構えには，断乎として戦おうとする不敵な決意がありありと見える」）、「まじめな、（まったく）しらふの」（『薔薇物語』*Romance of the Rose*: She, demurely sad of chere「彼女は，とりすましているけど愛にまじめな女性」）を表し、後に「心配そうな」という意味で使用された。「野暮ったい」という口語表現での意味は、1980年代に普及した（What a sad dress she's wearing!「彼女はなんてださいドレスを着ているのでしょう」）。

saddle [古英語]图（馬などの）鞍：
古英語 sadol, sadul は、ゲルマン語起源で、おそらく、ラテン語 sella「座席」、sit と共通するインド＝ヨーロッパ語の語根を有する、オランダ語 zadel やドイツ語 Sattel「鞍」と同系である。「権力を握って」を意味する修辞表現 be in the *saddle* の使用は、16世紀半ばから続いている。18世紀半ばには、「（ロースト用骨付きの）大きな肉の塊」を表す料理用語として用いられた。
→ SIT

sadism [19世紀後半]图【精神医学】サディズム、加虐（性）愛：
フランスの軍人・作家のサド侯爵（1740～1814年）を表すフランス語 sadisme に由来する。騎兵隊将校としての彼の経歴は（虐待と放蕩による）懲役によって阻まれた。服役中、多くの性的に露骨な作品を執筆し、そこで描かれた残酷な性的行いは、sadism という語が生まれるきっかけとなった。

safe [中英語]形（罪から）救われた、危険のない、安全な、健全な、人に危害を加えない：
当初は形容詞として用いられた。ラテン語 salvus「無傷の」を基にする古フランス語 sauf に由来する。名詞としての用法は動詞 save「救う」に由来し、後に safe という形に変わった。元は「虫から食物を保護する箱」を表していたが、19世紀初頭には、貴重品用の防犯用入れ物を指すようになった。**safety** [中英語]图「安全」もまた、ラテン語 salvus「安全な」に基づいている。safety は、中世ラテン語 salvitas に由来する古フランス語 sauvete から来ている。後期中英語の複合語 **safeguard**（sauve「安全な」と garde「監視」からなる古フランス語 sauve garde に由来）は当初「保護」や「安全通行権」という意味で用いられていた。
→ SAVE¹

sag [後期中英語]動たるむ、たわむ、沈下する、（力が）なくなる：

中低地ドイツ語 *sacken* やオランダ語 *zakken*「沈む」と同系、詳細は不明である。

saga [18世紀初頭][名]英雄物語、大河小説、北欧伝説：
古ノルド語の「物語」を意味する語に由来する。英語で「格言」を表す *saw*（古英語 *sagu*「話し」と同系）と同系である。「長編物語」としての使用は、19世紀半ばに遡る。1990年代、*Aga-saga* という句が中流階級の人々の平凡かつ情緒的な生活を描いた小説で使用された。この語は中流階級の人々が使用するアーガ（＝台所用大型コンロ・レンジ）との組み合わせである。

sail [古英語][名]帆、帆船、船；[動]航海する：
ゲルマン語起源である。古英語 *segel* は名詞として、古英語 *seglian* は動詞として使われていた。オランダ語 *zeil*（名詞）、ドイツ *Segel*「帆」（名詞）と同系である。「滑ること、滑らかに移動すること」という意味が様々な文脈に拡張された (She *sailed* along singing happily; clouds *sailed* over「彼女は幸せそうに歌いながら通りすぎていった。雲は泳ぐように流れていった」)。17世紀半ばに登場した **sailor**[名]「船員」は廃語 *sailer* の異形である。

saint [中英語][名]聖人、聖徒、聖者：
古フランス語 *seint*（ラテン語 *sancire*「神聖にする」の過去分詞形 *sanctus*「神聖な」から）に由来する。聖人が病気を防ぐであろうという考えから、多くの病名（例えば St Vitus' dance「舞踏病」）を表す際に用いられた。ラテン語 *sanctus* に由来する *sanct* の使用は後期中英語に広まった。例えば、**sanctify**[動]「神聖にする」(教会ラテン語 *sanctificare* 由来で古フランス語を経た)、**sanctity**[名]「神聖さ」(ラテン語 *sanctitas*、古フランス語 *sainctite* に由来し、「聖人」を表す)、**sanctimonious**[形]「信心深げな」(ラテン語 *sanctimonia*「神聖に基づく」、「聖人らしく」を元は意味していた)。「教会内の神聖な場所」を表す16世紀後半に用いられた **sanctum**[名]「聖所」は、ラテン語 *sanctus*「神化された場所」の中性形式である。

sake [古英語][名]争い、訴訟、罪、あやまち、(…の) ため：
古英語 *sacu*「論争、犯罪」はゲルマン語起源である。「事件、訴訟、出来事」を基本的な意味とするオランダ語 *zaak* やドイツ語 *Sache*「事件」と同系である。for the *sake* of「…のために」という成句は、古英語では用いられていないため、古ノルド語に由来する可能性がある。19世紀半ばまで、(例えば、for conscience's *sake*「気休めに」のように) アポストロフィーが抽象名詞と普通名詞とともに用いられていたが、おそらく最後の s 音が原因でしばしば省略された。for goodness *sake*「お願いだから」、for conscience *sake*「平和のために」といった成句は、アポストロフィーなしで書かれつづけている。

salacious [17世紀半ば][形]好色な、猥褻な：
salire「跳ぶ (ように動く)」に基づくラテン語 *salax, salac-* に由来する。

salad [後期中英語][名]サラダ：
ラテン語 *sal*「塩」が基になったプロヴァンス語 *salada* に由来する古フランス語 *salade* から来ている。ミックスサラダの「調味料」を表す語として元は使用されていた。*salad* days「無経験の期間」という表現は、シェイクスピア『アントニーとクレオパトラ』*Antony and Cleopatra*, I. v. 73 において初出である (My *salad* days when I was green in judgement, cold in blood「たいした分別もなく、情熱もなかったあのころの若き日々」)。

salary [中英語][名]給料、報酬：
ラテン語 *salarium* に基づくアングロノルマンフランス語 *salarie* に由来する。元はローマ人兵士が *sal*「塩」を買うための給与金を指していたが、1390〜1520年あたりから、聖職者の俸給を一般的に表すようになった。*salary* は wage「賃金」

とは対照的に、現代の用法ではしばしば肉体労働以外の報酬に限定される。

sale［後期古英語］名販売：
後期古英語の *sala* はゲルマン語起源で、古ノルド語 *sala* に由来し、sell と同系である。「在庫一掃セール」（例：end-of-season *sale*）を表す用法は、19世紀に遡る。
→ SELL

salient［16世紀半ば］形顕著な、目立つ：
当初は「飛ぶこと」を意味する紋章用語として使われた。動詞 *salire*「跳ねる」の現在分詞語幹のラテン語 *salient-* に由来する。「顕著な、重要な」の意味での使用（例：*salient* point）は、19世紀半ばからである。

saliva［後期中英語］名唾液：
ラテン語を直接使用したもの。17世紀半ばに使用された **salivate** 動「唾液を分泌させる」は、*saliva* から派生したラテン語 *salivare*「よだれを出す」に由来する。*salivate* at「わくわくする」といった拡大用法は1970年代に生まれた。

sallow［古英語］形（顔・肌などが病的に）黄ばんだ；動（顔色を）黄ばんだ色にする：
salo「うす暗い」に由来する。ゲルマン語起源で、古ノルド語 *sǫlr*「黄色」（「汚れた」が本来の意味）と同系である。

sally［後期中英語］名突撃、反撃；動出撃する、打って出る：
フランス語 *saillir*「来る、突出する」（ラテン語 *salire* を基にする古フランス語 *salir*「跳ぶ」に由来）の女性過去分詞形式である。名詞 *saillie* に由来する。

saloon［18世紀初頭］名大広間、ホール、（娯楽や飲食などに当てられる）大部屋：
当初は「客間」を表していた。イタリア語 *sala*「広間」の増大辞 *salone*「大広間」、フランス語 *salon* に由来する。19世紀初頭から客船の広い場所を指すようになり、19世紀半ばから鉄道旅行の文脈（例：dining *saloon*「食堂車」）や酒場の文脈（例：*saloon* bar「パブの上室」）で用いられるようになり、20世紀初頭からは、車の車種を指すようになった。

salt［古英語］名塩、機知；形塩気のある；動塩漬けにして保存する、塩を加える：
ゲルマン語起源。古英語 *sealt* は名詞として、*sealtan* は動詞として使用された。オランダ語 *zout* とドイツ語 *Salz*「塩」が同系であり、「塩」を表すラテン語 *sal* とギリシア語 *hals* に共通するインド＝ヨーロッパ語の語根を持つ。古フランス語 *sous*「ピクルス」に由来する **souse**［後期中英語］名「塩漬け」は *salt* と同系である。後期中英語の複合語に以下がある：
■ **salt cellar**［後期中英語］の cellar は、ラテン語 *salarium* を基にする古フランス語 *salier*「塩入れ」に由来する廃語 *saler* である。綴り方の変化は cellar「地下貯蔵庫」の意味と関連する。
→ SALARY

salutary［後期中英語］形有益な、健全な：
当初は「治療」を意味する名詞として用いられた。*salus, salut-*「健康」を基にするフランス語 *salutaire*、ラテン語 *salutalis* に由来する。英語の意味「健康の助けになる」は、16世紀半ばに用いられた **salubrious** 形「健康によい」（ラテン語 *salubris* 由来で語基 *salus*「健康」を共有）の表していた意味と類似している。

salute［後期中英語］動挨拶する、敬礼する；名挨拶、敬礼：
salus, salut-「健康、福祉、挨拶」を基にするラテン語 *salutare*「挨拶する、酌量する」に由来する。名詞としての使用は古フランス語 *salut* に一部由来する。
→ SALUTARY

salvage［17世紀半ば］名海難救助（料）；動救助する：
当初は海難救助の際の報酬を意味していた。ラテン語 *salvare*「救う」を基にする中世ラテン語 *salvagium* から来たフラン

salvation [中英語]名救済：
古フランス語 *salvacion*、教会ラテン語 *salvation-*（ギリシア語 *sōtēria* を翻訳した語であり *salvare*「救う」を基にする）に由来する。「救済と解放」を意味するが、宗教用語では「魂を救うこと」という意味で最もよく用いられる。

salve [古英語]名軟膏：
古英語の名詞 *sealfe* と動詞 *sealfian* はゲルマン語起源である。「澄ましバター、油脂」という意味の語基を有するオランダ語 *zalf* やドイツ語 *Salbe*「軟膏」が同系である。

salver [17世紀半ば]名（召使いが食物・飲物・手紙などを載せて出す）盆：
スペイン語 *salvar*「危険のないようにする」から派生した *salva*「試食すること」に由来するフランス語 *slave*「王に食物を差し出す際の盆」から来ている。これらの意味から知られるように、盆は味見済みの聖杯を覆い隠すことなく運び、聖杯の中身の安全性を証明するものであった。

salvo [16世紀後半]名一斉射撃、拍手喝采：
「連射」の意味として格式体では *salve* と書かれた。フランス語 *salve*、イタリア語 *salva*「挨拶」に由来する。

same [中英語]形名同じ（もの）：
サンスクリット語 *sama* とギリシア語 *homos* に共通するインド＝ヨーロッパ語の語根を持つ、古ノルド語 *sami* に由来する。俗語 **samey** 形「単調な」は1920年代から使用されていた。

sample [中英語]名模範、見本、サンプル；動見本を取る、テストする：
古フランス語 *essample*「例」のアングロノルマンフランス語異形に由来する。当初は、具体例を意味していた。19世紀後半に、「標本」の意味で学術用語として使用された。現在の動詞の意味は18世紀半ばからである。**sampler** [中英語]名「模倣される例」は、古フランス語 *essamplaire*「手本」に由来し、16世紀初頭には刺繍初心者用の練習見本を指した。

sanction [後期中英語]名制裁、（議会などの）承認・同意；動認可する：
当初は「教令」を表していた。*sancire*「批准する」を基にするラテン語 *sanctio(n-)* が、フランス語を経て英語に入った。「制裁」を表す法律用語としては、17世紀初頭から使用されている。動詞としては、18世紀後半初頭から。

sanctuary [中英語]名聖域、避難所、神聖な場所（教会・寺院など）：
ラテン語 *sanctus*「神聖な」が基になった *sanctuarium* に由来する古フランス語 *sanctuaire* から来ている。初出段階においては「教会あるいは逃亡者が捕縛を受ける恐れのない（中世の教会戒律によって決められた）神聖な場所」を表していた。

sand [古英語]名砂；動砂で磨く：
ゲルマン語起源である。オランダ語 *zand* やドイツ語 *Sand*「砂」と同系である。19世紀初頭に使用された慣用句 happy as a *sand* boy「とてもうれしい」は、「砂を呼び売りしていた少年」に言及していたようである。bury one's head in the *sand*「（困難などに）目をつぶる」という成句は19世紀半ばから使用されるようになった。

sandal [後期中英語]名サンダル：
sandalon「木ぐつ」の指小辞語のギリシア語 *sandalion* がラテン語を経由して入った。アジアの言語に由来し、ペルシア語 *sandal* と同系のようである。

sandwich [18世紀半ば]名サンドイッチ；動板狭みになっている：
イギリス貴族の4代目サンドイッチ伯爵（1718〜92年）に由来する。賭け勝負を続けられるよう、2枚のトーストの間に肉を挟んだパンを食べたとされる。

sanguine [中英語]形 楽観的な：

ラテン語 *sanguis, sanguin-*「血」が基になった *sanguineus*「血の」に由来する古フランス語 *sanguin(e)*「血のように赤い」から来ている。中世生理学において、*sanguine* は4つの体質のうちの1つで、血色が良く快活とされた。血色の良い顔つきは、この気質や体質による。

sanitary [19世紀半ば]形 衛生の、衛生的な：

ラテン語 *sanus*「健康な」が基になった *sanitas*「健康」に由来するフランス語 *sanitaire* から来ている。19世紀半ばに、**sanitation**名「公衆衛生」は *sanitary* から不規則に変形した。

sanity [後期中英語]名 正気：

当初の意味は「健康」である。*sanus*「健康な」を基にするラテン語 *sanitas* に由来する。精神的健康に関連する現在の意味での使用は、**sane**形「正気の」(ラテン語 *sanus*「健康な」に由来) の使用が最初に記録された17世紀初頭に遡る。「精神的に健全」を表す語として、insane「精神障害」との対比の目的で用いられた。

sap [古英語]名 樹液、活力、愚か者；動 (人の) 気力を奪う：

古英語 *sæp*「生気・活力・生命力を与える流体」は、おそらくゲルマン語起源である。18世紀半ばから始まった動詞としての使用においては (例：*sapped* his energy「彼の精力を奪った」)、「樹液をとる」の比喩的使用がみられる。しかし、元来は16世紀後半に、「トンネルや掩壕を掘る」、「…の下を掘る」を表していた。おそらくアラビア語の *sarab*「地下道」もしくは *sabora*「探索する」が基になったイタリア語 *zappa*「下準備」の派生語 *zappare* を経て、フランス語 *saper* から来ている。

sarcasm [16世紀半ば]名 いやみ、ひやかし：

フランス語 *sarcasme* に由来するか、あるいは、*sarkazein*「歯を食いしばる、皮肉っぽく話す」(*sarx, sark-*「肉」を基にして「肉を引き裂く」が当初の意味である) から派生した、後期ギリシア語 *sarkasmos* が後期ラテン語を経て英語に入った。17世紀後半から使用された **sarcastic**形「皮肉な」は、*sarcasme* から派生したフランス語 *sarcastique* に由来する。これは *enthousiasm* と *enthousiastique* の関係と同じである。

sarcophagus [後期中英語]名 (彫刻などを施した) 石棺：

「石の棺」の意味は、ギリシア語 *sarkophagos*「肉を消滅させる」(*sarx, sark-*「肉」と *-phagos*「食べること」からなる) がラテン語を経由して英語に入った。死体の肉を分解するとギリシア人が考えていた石の一種を表す話として初出。

sash¹ [16世紀後半]名 サッシュ、飾り帯、(軍人の) 肩帯：

shash と当初は綴られていた。アラビア語 *šāš*「モスリン、ターバン」に由来する。

sash² [17世紀後半]名 窓枠、サッシ：

sash window「上げ下げ窓」の意の *sash* は、chassis「シャシー、車台」の複数形および短縮形である。

Satan [古英語]名 悪魔：

ヘブライ語 *śāṭan*「(…に対し) 陰謀をたくらむ」を基にする *śāṭān*「敵」が後期ラテン語、ギリシア語を経て英語に入った。

satchel [中英語]名 小さな (肩掛け) かばん、学生かばん：

ラテン語 *saccellus*「小さな袋」が古フランス語 *sachel* を経て入った。

sate [17世紀初頭]動 十分に満足させる、飽き飽きさせる：

古英語 *sadian*「疲れる、飽きる」(sad と同系) から派生した方言 *sade*「飽きさせる」の変形であろう。最終子音の変化は *satiate* の影響を受けている。
→ SAD; SATIATE

satellite [16世紀半ば]名 衛星；人工衛星：

当初は「従者、手下」を表していた。フランス語 *satellite* か、あるいはラテン語 *satelles, satellit-*「付添人」に由来する。「衛星」の意味は、19世紀終わりから。

satiate [後期中英語]動十分に満足させる、飽き飽きさせる：

satis「十分な」を基にする *satiare*「飽き飽きさせる」の過去分詞形のラテン語 *satiatus* に由来する。

satin [後期中英語]名繻子<small>しゅす</small>、サテン；形繻子で作った：

古フランス語に由来する。アラビア語 *zaytūnī* は、正確な場所は不明であるが中国にある町の名前を表すようである。19世紀後半に用いられた **sateen** 名「綿繻子」は、*satin* の変形である。これは、*velveteen*「べっちん、唐天<small>とうてん</small>」の語形成と同様である。

satire [16世紀初頭]名諷刺、諷刺文学：

フランス語、あるいは *satura*「詩の寄せ集め」の後の形である、ラテン語 *satira* に由来する。*satira* から派生した後期ラテン語 *satiricus* に由来する **satirical** 形「諷刺の」も同時期に用いられている。

satisfaction [中英語]名満足、謝罪：

古フランス語、あるいは *satis*「十分な」と *facere*「作る」からなる。複合語 *satisfacere*「満たす、内容」からできた、ラテン語 *satisfactio(n-)* に由来する。当初は「痛悔」および「懺悔」の後の宗教的な苦行を表した。告白者が求め、予期した苦行の習慣を実行することは現在の「期待を満足させること」という意味と対照的である。関連語の **satisfactory** 形は「罪の償いに結びつく」を表し、後期中英語に用いられた。この語は、ラテン語 *satisfacere* が基になった古フランス語 *satisfactoire* あるいは中世ラテン語 *satisfactorius* から来ている。17世紀半ばから現在の「満足な」の意味で用いられている。後期中英語に用いられた **satisfy** 動「満足させる」は、ラテン語 *satisfacere* から不規則に形成された古フランス語 *satis-*

fier に由来する。

saturate [後期中英語]動飽和状態にする、十分にしみ込ませる：

当初は「満たされた」を表す形容詞として使われた。*satur*「十分な」を基にするラテン語 *saturare*「いっぱいにする、満たす」に由来する。16世紀半ばの動詞としての初出の意味は、「満足させる」だった。名詞としては、1950年代から用いられている。16世紀半ばから用いられている **saturation** [16世紀半ば]名「飽和状態」は、同じラテン語動詞から派生した後期ラテン語 *saturatio(n-)* に由来する。

sauce [中英語]名ソース、肉のつけ合わせとして用いる野菜や果物のサラダ：

sal「塩」から派生した *salere*「塩を加える」の過去分詞形のラテン語 *salsus* に基づく古フランス語に由来する。16世紀初頭に *sauce* に由来する **saucy** 形という語が、「風味のよい、ソースで風味をつけた」という意味で初出。16世紀初頭に「横柄な」という意味を表し、後に「生意気な」という意味に変化した。**sassy** 形《米略》生意気な」は、19世紀半ばに用いられた *saucy* の異形である。
→ SALAD

saucer [中英語]名（塩・ソースなどの）調味料入れ、受け皿：

当初は「調味料皿」を表していた。おそらく後期ラテン語 *salsarium* に由来する古フランス語 *saussier(e)*「舟形ソース入れ」が英語に入った。18世紀初頭から「受け皿」の意味を表しはじめた。

saunter [後期中英語]動空想にふける、散歩する、ぶらつく；名ぶらぶら歩き：

当初は、「思いにふける、不思議に思う」を表していた。語源不詳。17世紀半ばから現在の意味で用いられている。

sausage [後期中英語]名ソーセージ：

ラテン語 *salsus*「塩づけにした」が基になった中世ラテン語 *salsicia* に由来する古北フランス語 *saussiche* から来ている。

口語表現 silly old *sausage*「おばかさん」は20世紀初頭に初出である。not a *sausage*「少しも…ない」の使用は、1930年代に初出。
→ SAUCE

savage ［中英語］形《古語》（動物が）獰猛な、荒涼とした、野蛮な；動猛烈に攻撃する；名野蛮人、無作法者：

ラテン語 *silva*「樹林」が基になった *silvaticus*「樹林の」に由来する古フランス語 *sauvage*「野生の」から来ている。名詞（「未開の人、原始的生活を送る人」）としては、16世紀後半から使われている（シェイクスピア『恋の骨折り損』*Love's Labour's Lost*, V. ii. 201-202：Vouchsafe to show the sunshine of your face, That we (like *savages*) may worship it「私たちが（野蛮人のように）拝めるように太陽のように光り輝くお顔を見せてくださいませんでしょうか」）。noble *savage* は、飾り気のないありさまの美徳を賞賛する句として使用されるようになった。（ドライデン『グラナダの征服』*Conquest of Granada*: I am as free as Nature first made man 'Ere the base Laws of Servitude began When wild in woods the noble *savage* ran「私は自然の神が始めて人間を作られた時と同じように自由だ。それは、臣下の隷属という下劣な法が始まる以前で、高貴な未開人が自由奔放に森の中を駆け廻っていた時のことだ」）。フランスの作家ルソー（1712〜78年）は、noble *savage*「高貴な未開人」を文明人より道徳的に優れていると解釈した。

save¹ ［中英語］動救う、蓄える、取っておく、省く：

ラテン語 *salvus*「安全な」が基になった後期ラテン語 *salvare* に由来する古フランス語 *sauver* から来ている。名詞としては、スポーツ用語で19世紀後半から使われている。お金に言及する *savings*名「預・貯金」の使用は18世紀初頭に見られる。*saviour* ［中英語］名「救済者」は、後期ラテン語 *salvare*「救う」が基になった教会ラテン語 *salvator*（ギリシア語 *sōtēr* の訳）に由来する古フランス語 *sauveour* から来ている。

save² ［中英語］接 前…を除いて：

ラテン語 *salvo, salva* に由来する古フランス語 *sauf, sauve* が英語に入った。*salvus*「安全」の奪格単数形であり、*salvo jure, salva innocentia*「権利の侵害・違反や身の潔白をおびやかすことがなければ」といった表現において用いられた。

savour ［中英語］名 香味、風味、特性；動楽しませる、喜ばせる；動楽しむ、味わう、…の気味がある：

ラテン語 *sapere*「味わう」に基づく *sapor* に由来する古フランス語から来ている。*sapere* と中英語 *savoury* ［中英語］形「風味のある」の語基は同じであり、古フランス語 *savoure*「味のよい、芳しい」に由来する。当初は「五感に心地よい」という意味で用いられていた。

saw ［古英語］名のこぎり；動のこぎりでひく

古英語 *saga* はゲルマン語起源であり、オランダ語 *zaag* と同系である。*sawyer* ［中英語］名「木挽き」は、当初 *sawer* と綴られていた。複合語 see-saw「シーソー」（動詞 saw の重複形）の使用は、17世紀半ばに遡り、当初、木挽人が前後に動くリズミカルな動作を指した。

say ［古英語］動言う；名言いたいこと：

古英語 *secgan* はゲルマン語に由来する、オランダ語 *zeggen* やドイツ語 *sagen*「言う」と同系である。*say*, speak, tell は、ほぼ同義語であるが、*say* は通例、実際に言われた語や陳述を後に続けて「発する、宣言する」を意味する。慣用句 when all is *said* and done「結局」の使用は、16世紀からである。to *say* it with flowers「花束で愛を伝えよう」は、20世紀初頭、アメリカ花屋協会の広告スローガンとして用いられた。You can say that again「いかにもその通り」は、元来1940年代に用いられたアメリカ英語としての表現であった。冗談を導入する句 I *say*, I *say*, I *say*「あのね」は、1960年代から使用されている。

scab ［中英語］名かさぶた、労働組合不参加者、スト破り：

古ノルド語 *skabb* に由来し、方言 *shab* と同系である。16世紀後半に「卑しむべき人」という意味で用いられたが、18世紀半ばからは、アメリカで「スト破り」を意味する語として用いられるようになった。この意味は中オランダ語 *schabbe*「だらしない女」に影響を受けたものであろう。
→ SHABBY

scabbard ［中英語］名（刀剣などの）さや；動さやに入れる：

アングロノルマンフランス語 *escalberc* に由来する。「切る」を表す語 (*shear* と同系) と「保護する」を表す語 (*hauberk* の第2要素と同系) からなるゲルマン語の合成語である。

scaffold ［中英語］名（建築現場などの）足場、《古語》野外舞台、処刑台；動足場を設ける、さじきを設ける：

当初は建築用の一時的な足場を表していた。*catafalque* を基にする古フランス語 *(e)schaffaut*、アングロノルマンフランス語に由来する。「処刑台」としては、16世紀半ばから用いられるようになった。

scald ［中英語］動やけどさせる、熱湯処理する；名やけど：

当初は動詞として用いられていた。後期ラテン語 *excaldare*「熱湯での洗濯」（ラテン語 *ex-*「完全に」と *calidus*「熱い」からなる）を基にするアングロノルマンフランス語 *escalder* に由来する。名詞としては17世紀初頭から用いられている。

scale¹ ［中英語］名はかり、天秤；動（天秤で）重さをはかる、比較する、秤ではかる：

当初は「酒杯」を表していた。今でも南アフリカ英語ではその意味で用いられる。ゲルマン語起源で古ノルド語 *skál*「大杯」に由来する。オランダ語 *schaal*、ドイツ語 *Schale*「大杯」、英語方言 *shale*「皿」(18世紀半ばに用いられた *shale* 名「頁岩」と同系) と同系である。
fish *scales*「魚のうろこ」の *scale*（中英語における古フランス語 *escale* の短縮形）と語基をともにする。

scale² ［中英語］名段階、目盛り、率、音階；動登る：

ラテン語 *scala*「梯子」に由来する。動詞としては (例：*scaled* the cliff face「がけをよじ登った」)、ラテン語語基 *scandere*「登る」から古フランス語 *escaler*、あるいは中世ラテン語 *scalare*「登る」を経て入った。

scalp ［中英語］名頭皮（とくにアメリカ先住民の間で戦利品とされた）；動頭皮をはぐ：

当初は、頭骨や頭蓋を表していた。おそらくスカンジナビア語に由来する。現代の意味は17世紀初頭に遡る。

scamp ［18世紀半ば］名ならず者；動（仕事を）いい加減にする：

廃語 *scamp* に由来し、当初は「追いはぎ」を表していた。おそらく古フランス語 *eschamper* から中オランダ語 *schampen*「こっそり去る」を経由して入った。当初は軽蔑的な意味合いを伴っていたが、現在では冗談じみた意味を伴う。西部先住民族の英語では今なお軽蔑的に用いられる。

scamper ［17世紀後半］動逃亡する、かけ回る；名逃走、急ぎの旅行：

当初の意味は、「逃げる」である。1687年から1700年にかけてよく用いられた。オランダ語の廃語 *schampen*「逃げる、立ち去れ」、あるいはイタリア語 *scampare*「逃亡する」に由来し、軍人の俗語として用いられたかもしれない。

scan ［後期中英語］動細かく調べる、(詩の) 韻律を調べる、走査する；名韻律を調べること：

当初は「(詩の) 韻律を調べる」を表していた。ラテン語 *scandere*「登る」(後期ラ

テン語では、「詩の韻律を調べる」の意味）に由来する。韻律の印をつける際、足を上げ下げする動きと類似していることから「詩の韻律を調べる」という意味が生まれた。そこから「正確さを評価する」、「精密に検査する」という意味へと変化し、18世紀後半には、「厳しく見る」を表すようになった。scandere を基にするラテン語 scansio(n-) に由来する同系の **scansion**名「韻律分析」は、17世紀半ばから使用されている。

scandal [中英語]名スキャンダル、醜聞、不面目、悪口：

当初は聖職者の不届きな振る舞いによる「宗教のつらよごし」を意味した。ギリシア語 skandalon「罠、つまずき石」から教会ラテン語 scandalum「攻撃の原因」、古フランス語 scandale を経て入った。「醜聞」という意味では、シェイクスピア『間違いの悲劇』Comedy of Errors, V. i. 13-17 において初出である（I wonder much That you would put me to this shame and trouble, And not without some scandal to your self, With circumstance and oaths, so to deny this chain, which now you wear so openly「なぜ私をこのような不面目と困惑に追い込んだのですか。あなた自身にも悪い噂が立たないとも言えません。首飾りなど受け取っていないと堂々と誓っておきながら、今公然とそれを身に着けておられる」）。ギリシア語 skandalizein からフランス語 scandaliser あるいは教会ラテン語 scandalizare を経て入った **scandalize**動「憤慨する」は、15世紀後半には「侮辱する」を表していた。

scant [中英語]形乏しい、けちけちする：

古ノルド語 skamt に由来し、skammr「短い」の中性形である。16世紀後半の **scanty**形「不十分な」は、scant に由来する。

scapegoat [16世紀半ば]名【聖書】贖罪のヤギ、身代わり、スケープゴート：

古語 scape「回避」と goat の合成語。「贖罪(あがな)いの日」（『レビ記』16章）において、1頭のヤギが生贄となり、もう一頭のヤギが死を逃れたヤギとして選ばれたことに由来する。「贖罪のヤギ」を表す語としては19世紀初頭から一般的に使用されるようになった。

scar [後期中英語]名傷跡；動傷跡を残す：

ギリシア語 eskhara「やけどによってできたかさぶた」（文字通りには「炉床」）から後期ラテン語を経た古フランス語 escharre の省略形である。

scarce [中英語]形乏しい、まれな：

当初は「残り少なかった」、「極度に倹約する」という意味で用いられていた。「外に引き抜いた、選択された」という意味のロマンス語を基にするアングロノルマン語 escars の短縮形である。

scare [中英語]動おどかす、こわがらせる：

skjarr「臆病な」を基にする古ノルド語 skirra「こわがらせる」に由来する。

scarf [16世紀半ば]名スカーフ、結びネクタイ：

ウエストに巻いたり肩からかける「飾帯」（主に将校が着用した）をかつて表していた。古フランス語 escharpe「巡礼者の(子)袋」同様、おそらく古北フランス語 escarpe に由来する。

scarlet [中英語]名緋色；形緋の、深紅色の：

当初は明るく色づけされた布を表していたが、とりわけ明るい赤色を表した。中世ラテン語 scarlata に由来する古フランス語 escarlate の省略語である。この語は sigillum「小さな絵」を基にする後期ラテン語 sigillatus「小さな絵で装飾された」がアラビア語と中世ギリシア語を経たものである。「恥ずかしさや怒りで顔が赤い」の意味は、19世紀半ばに現れた。scarlet woman「ふしだらな女」は19世紀初頭に登場した。元はローマ・カトリック教会のことを人目をひく儀式にすぎないと見なした人びとがローマ・カトリック教会をけなして言う際に、「ヨハ

ネの黙示録』17章を暗にほのめかしつつ（*scarlet* lady「ふしだらな女性」のように）用いた表現である。

scarper [19世紀半ば] 動《俗語》逃げ出す：

おそらくイタリア語 *scappare*「回避する」に由来する。第1次大戦後、押韻俗語 Scapa Flow「行く」として再び用いられるようになった。

scathe [中英語] 名人に害をなす者；動《古語・方言》傷つける：

古ノルド語 *skathi*（名詞）と *skatha*（動詞）に由来し、オランダ語とドイツ語において動詞として使用された *schaden* と同系である。当初は「害する、傷つける」の意味であり、この意味は古語とスコットランド語において現存している。19世紀半ばから「皮肉で傷つける」という意味で用いられはじめている。この意味は **scathing** 形「容赦のない」に反映されている。

scatter [中英語] 動（…を）まく、まき散らす、分散する；名まき散らすこと：

当初は動詞用法であり、shatter の異形である。19世紀半ばから用いられた **scat** 動「急いで立ち去れ」は、*scatter* の省略語と考えることができる。あるいは（動物を追い払う際に用いられる）シッシッという音を表す語に *-cat* が結合した可能性もある。

scatty [20世紀初頭] 形《英口語》まぬけな：

18世紀後半に使われていた **scatter-brained** 形「注意散漫な」の省略語である。
→ SCATTER

scavenge [16世紀半ば] 動（利用できるものを）ごみ箱の中から集める、あさる：

古北フランス語 *escauwer*「調べる」に基づくアングロノルマンフランス語 *scawager* に由来する *scavager* の変形である。フラマン語 *scauwen*「見せる」が

語根である。元来はロンドン市内在住の外国人商人が支払う税金（*scavage*）を収集していた将校を指すものであったが、後に通りの清掃人を表すようになった。**scavenge** [17世紀半ば] 動「掃除する」（*scavenger* の〈接尾辞の除去による〉逆成語）は、「清掃する」の意味で初出。

scenario [19世紀後半] 名（映画の）脚本、シナリオ：

ラテン語 *scena*「場面」に由来する、イタリア語を借用した。

scene [16世紀半ば] 名現場、場面、光景：

劇における「場」や「舞台面」の意味で初出。ギリシア語 *skēnē*「天幕、舞台」に由来するラテン語 *scena* が入った。17世紀初頭に使われはじめた **scenic** 形「劇場の」は、*skēnē* を基にするギリシア語 *skēnikos*「舞台の」に由来し、ラテン語経由で使用されるようになった。18世紀半ばに用いられはじめた **scenery** 名「風景、背景、舞台装置」は、イタリア語 *scenario* に由来する。当初は *scenary* と綴られていたが、これは *-ery* の語尾を持つ語に共通する特徴である。
→ SCENARIO

scent [後期中英語] 名におい、香り、香気；動（…の）においをかぐ、かぎつける：

狩猟の場で嗅覚を指す語として初出。ラテン語 *sentire* に基づく古フランス語 *sentir*「知覚する、においをかぐ」に由来する。17世紀に、*-c-* が綴りにおいて追加されたが、この由来は説明されるに到っていない。「におい」を表す語としての使用は18世紀半ばからである。

sceptic [16世紀後半] 名懐疑論者：

「懐疑主義哲学者」の意味で初出。ピュロンが懐疑主義哲学者の代表的人物である。ピュロンの信仰者のアカデメイア学派の学徒は、ストア哲学に対して活発な反論を行った。フランス語 *sceptique* に由来するか、あるいは *skepsis*「質疑、懐疑」に基づくギリシア語 *skeptikos* がラテン語経由で入った。

sceptre ［中英語］名王笏；動王笏を与える：

skēptesthai「頼る」の変形 skēptein に基づくギリシア語 skēptron に由来し、ラテン語経由で使用されるようになった古フランス語 ceptre に由来する。

schedule ［後期中英語］名予定(表)、スケジュール；動予定する：

「巻物、解説的な注、付録」の意味で初出。ギリシア語 skhedē「パピルスの葉」を基にする scheda の指小辞語である後期ラテン語 schedula「細長い紙片」に由来し、古フランス語経由で使用されるようになった。19世紀半ばから動詞として使用されはじめたのと時を同じくして、アメリカ英語において「予定表」の意味で用いられるようになった。

scheme ［16世紀半ば］名(注意深く練られ組織だった)計画、陰謀；動たくらむ、計画する：

当初は修辞学用語として、「比喩」の意味であった。ギリシア語に由来するラテン語 schema から入った。当初、「天の物体の位置の図」を表し、この意味が「図形」や「外形」を表す現代の意味の起源である。好ましくない意味の「陰謀」は、18世紀半ばから用いられるようになった。18世紀後半、**schema**名「概要、図式」(ギリシア語 skhēma「形」、「図」に由来)は、哲学用語として初出である。**schematic**形「図式の」は、skhēma に基づくギリシア語 skhēmatismos「ある形式の想定」から、近代ラテン語 schematismus を経たもので、17世紀初頭には既に用いられていた。

schism ［後期中英語］名(団体の)分離、分裂：

skhizein「裂く」に基づくギリシア語 skhisma「裂け目」がキリスト教ラテン語を経由して古フランス語 scisme となり、英語に入った。

school¹ ［古英語］名学校、授業、学業、学部、大学院、学派；形大学の；動(大学で)学ぶ：

古英語 scōl, scolu「教育のための場所」は、ギリシア語 skholē「余暇、哲学、講義室」がラテン語を経由して入ったもの。中英語において古フランス語 escole によって一般に広まった。ラテン語 schola を基にした後期ラテン語 scholaris に由来する **scholar**名「学者」は、古英語時代には scol(i)ere「学童」、「学生」と綴られていた。

school² ［後期中英語］名(魚の)群；動群をなして泳ぐ：

a school of whales「クジラの群」におけるような school は、西ゲルマン語群の中低地ドイツ語、中オランダ語 schōle に由来し、古英語 scolu「群れ」と同系である。
→ SHOAL¹

science ［中英語］名科学、技術：

単に「知識」という意味で初出。scire「知る」を基にするラテン語 scientia から古フランス語を経て入った。18世紀初頭から、生物学や物理学のような研究分野を指す限定的な用語として用いられていた。中世では、the seven liberal sciences と the seven liberal arts「7つの人文科学」は同義であり、三科(＝文法、論理、修辞)および四科(＝算術、音楽、幾何、天文学)を指していた。**scientific**形「科学の」は、フランス語 scientifique あるいは scientia を基にする後期ラテン語 scientificus「知識を生むこと」に由来し、16世紀後半から用いられている。当初の用法においては、自由技芸(もしくは科学)と機械的技術(人力の技能を必要とする)との違いを表す機能を持っていた。

scintillate ［17世紀初頭］動火花を発する：

scintilla「火花」を基にするラテン語 scintillare「火の粉」に由来する。

scissors ［後期中英語］名はさみ：

後期ラテン語 cisoria (cisorium「切断器」の複数形)が古フランス語 cisoires を経て入った。接頭辞 cis- は caes- の異形であり、caedere「切る」の語基にもなって

いる。語頭の sc- は、ラテン語語基 sciss-「切る」に合わせて、16世紀から用いられるようになった。

scoff[1] [中英語] 動 あざ笑う、冷やかす ; 名 あざけり：

当初は名詞「あざけり、軽蔑」という意味、make scoff「あざ笑う」という表現において頻繁に用いられた。スカンジナビア語に由来する可能性がある。

scoff[2] [18世紀後半] 動《英口語》むさぼり食う、急いで食う、がつがつ食う ; 名 食べ物：

元々はスコットランド語と方言 scaff の異形であった。「食料」という名詞の意味は、オランダ語 schoft「一日の4分の1」（意味の拡張を経て「一日における4回の食事」の意）と同じ意味のアフリカーンス語 schoff に由来する。

scold [中英語] 動 しかる ; 名 口やかましい人：

古ノルド語 skáld「詩人」におそらく由来する。「諷刺作家」という中間的な意味で使われていた可能性がある。英語では、しばしば下劣な言葉づかいをする女性を指していた。動詞としては、当初は「口やかましくふるまう」という意味で使われ、18世紀初頭に「しかる」を表すようになった。

scoop [中英語] 名 ひしゃく、シャベル、大さじ、特ダネ ; 動 すくう：

当初は「液体を注ぐための器具」を指した。西ゲルマン語の語基「水を汲み上げる」を持つ、中オランダ語、中低地ドイツ語 schōpe「水車、バケツ」に由来する。アメリカ英語においては、19世紀後半から「独占記事」の意味でジャーナリズム用語として用いられはじめた。
→ SHAPE

scope [16世紀半ば] 名 (能力・活動などの) 範囲、スコープ：

当初は「狙って撃つ標的」の意味であった。skeptesthai「外を見る」を基にするギリシア語 skopos「標的」がイタリア語 scopo「狙う」を経て入った。 limited in scope「範囲が限定されている」におけるような「届く距離、範囲」の意味としては、17世紀初頭から用いられている。

scorch [中英語] 動 焦がす、焦げる ; 名 焼け焦げ：

当初は動詞として使われた。おそらく古ノルド語 skorpna「しわがよる」と同系である。scorched earth policy「焦土戦術」（中国語に由来する）という表現は、1930年代から使用されはじめた。国の維持手段をすべて破壊する政策を表し、侵略軍にとって有効な政策を意味することがある。

score [後期古英語] 名 (競技の) 得点、総譜、20人、多数 ; 動 (競技・試合で) 得点する：

後期古英語 scoru は、「20」を表した。ゲルマン語起源で古ノルド語 skor「得点、記録、20」に由来する。英語 shear「刈る」と同系である。後期中英語からの動詞としての使用は、古ノルド語 skora「切り込みを入れる」に由来する。
→ SHEAR

scorn [中英語] 名 軽蔑 ; 動 軽蔑する：

ゲルマン語起源の古フランス語 escarn（名詞）、escharnir（動詞）の省略形である。hell hath no fury like a woman scorned という表現は、1697年に次の表現において初出した (Heav'n has no Rage, like Love to Hatred torn'd, Nor Hell a Fory like a Woman scorn'd「天に怒りはない、憎しみに変わった愛ほどの。地獄にも怒りはない、捨てられた女ほどの」(ウィリアム・コングリーブ『追悼の花嫁』Mourning Bride)。

scotch [17世紀初頭] 形 スコットランド (産) の、スコットランド人の ; 名 スコットランド人、スコッチ (ウイスキー)、スコットランド英語・方言：

scotched the rumours「噂を消した」におけるような scotch は、「車輪止め」と

いう名詞の意味を表した。「…を終わらせる」の意味を表すようになったのは、19世紀初頭からであり、「何かを効力のないものにするために固定する」、「閉鎖する」という意味に由来する。語源不詳であるが、skateと同系である可能性がある。「傷つけて一時的に無害にする」という意味(例：feudal power was *scotched*, though far from killed「封建的な権力は根絶はされないが、弱められた」)はシェイクスピアの文句 (We have *scotch'd* the snake, not kill'd it「その蛇を無害にしはしたが、殺すまではしなかった」『マクベス』*Macbeth*, III. ii. 13)に由来する。元々は、後期中英語*scotch*「刻み目をつける」から来ている。

scour[1] [中英語][動](床などを) ごしごし磨く；[名]ごしごし磨くこと、洗い・押し流し：

「強い摩擦によって洗う」を意味する。*ex-*「(消え)去って」と*curare*「洗う」からなる後期ラテン語*excurare*「付着物を取り除く」が基になった古フランス語*escurer*、中低ドイツ語*schüren*、中オランダ語から来ている。

scour[2] [後期中英語][動]探し回る、急いで走る：

scoured the country「国中を探し回った」のように使われ、「急いで探し回る」を意味する。廃語*scour*「迅速に移動すること」と同系である。語源不詳。

scourge [中英語][名](昔、罰を与える時に使った) むち、天罰；[動]祟る、むち打つ：

古フランス語*escorge* (名詞)、*escorgier* (動詞)の省略形である。ラテン語*ex-*「徹底的な」と*corrigia*「ひも、むち」からなる。*Scourage* of God「神のむち」(= 罰を与えるときに使った道具〈歴史家はこの語で5世紀におけるフン族の王アッティラ大王を指した〉)のように、しばしば比喩的に使用された。

scout [後期中英語][名]ボーイスカウトの一員、斥候、偵察兵；[動]斥候をする、偵察する：

当初の用法は動詞で、ラテン語*auscultare*に基づく古フランス語*escouter*「聞く」に由来する。より古い形は*ascolter*であった。名詞では古フランス語*escoute*「聞く行為」に由来する。on the *scout*と in *scout*のような表現中に用いられ、「見張り」を意味していた。軍事用語としては16世紀半ばから用いられている。*Scout*「偵察兵」(*Boy Scout*「ボーイスカウト」に由来)は、1908年にベーデン・パウエル長官が設立した軍事組織のメンバーを指した。

scowl [後期中英語][動](…に)(怒って、または不機嫌で)顔をしかめる、しかめっつらをする；[名]しかめっつら、怖い顔：

おそらくスカンジナビア語に由来し、デンマーク語*skule*「顔をしかめる」と同系である。名詞としては16世紀初頭から使われている。

scrabble [16世紀半ば][動](…を)(手または足で)かき回して探す；[名]争奪：

当初は「任意にしるしをつける、走り書きする」という意味であった。中オランダ語*schrabbelen* (=*schrabben*「こする」の反復動詞〈繰り返された行為を表す動詞〉) に由来する。「争奪」(例：the *scrabble* for the dropped coins「落ちたコインの争いあい」)という名詞的意味では、18世紀後半からアメリカで用いられている。

scramble [16世紀後半][動]はって進む、はい回る、奪い合う、(ページ・トランプの札などを) ごちゃまぜにする；[名]はい登り、よじ登り：

擬態語であり、方言*scramble*「つまずく」と*cramble*「腹ばって行く」に似たところがある。20世紀初頭から用いられている scram[動]《俗語》逃げる」は、動詞*scramble*におそらく由来する。

scrap[1] [後期中英語][名]切れ端、小

量；形小片の、断片からなる；動くずとして捨てる：

当初は複数名詞で「食べ残し」を表していた。古ノルド語 *skrap*「一片」に由来し、*skrapa*「こする」と同系である。19世紀後半に「ばらばらにする」といった意味を表す動詞として使用されはじめた。

scrap² [17世紀後半]名《口語》いさかい、けんか；動けんかをする：

当初は「邪悪な構想、陰謀」の意味であった。名詞 *scrape*「こすること」に由来する可能性がある。

scrape [古英語]動こする、引っかく、堀る；名こする・きしること：

古英語 *scrapian* は、「爪でひっかく」を表した。ゲルマン語起源である。古ノルド語 *skrapa*、もしくは、中オランダ語 *schrapen*「ひっかく」の使用がきっかけで中英語期に頻繁に用いられるようになった。「不愉快な状況」（例： got himself into *a scrape*「窮地に陥った」）の意味を表す語としては、18世紀初頭から用いられはじめた。この意味は、「狭い抜け道を苦労して進む中で服がこすれてざらざらになる」という意味に由来する。

scratch [後期中英語]動ひっかく、(かゆいところを) かく；名かき跡；形寄せ集めの：

方言として用いられていた同義語 *scrat* と *cratch*（語源不詳）が融合したもの。中低地ドイツ語 *kratsen*、古高地ドイツ語 *krazzōn* と同系の可能性がある。慣用句 *scratch the surface of*「表面的に扱う」は20世紀初頭から使われはじめた。スポーツ用語として用いられる *scratch from (a race or competition)* は、競技者のリストから人の名前を消すことに由来する。元々は記述試験の後、口頭試問の前になって受験を取りやめたオックスフォード大学の学生の行動にちなむ。

scrawl [17世紀初頭]動殴り・走り書きする、殴り書きで消す；名殴り・走り書き (の手紙)：

廃語 *scrawl*「手足を伸ばす」の影響を受けた動詞 *crawl*「はう」の変形であろう。

scrawny [19世紀半ば]形やせこけた、骨ばった：

方言 *scranny* の異形。「音が弱い、かすか」を表す古語の *scrannel* と同系である（ミルトン『リシダス』*Lycidas*: Their lean and flashy songs Grate on their scrannel Pipes of wretched straw「そのひからびた歌はかすれて卑しい麦笛にきしむ」）。

scream [中英語]動悲鳴をあげる：

語源不詳。中オランダ語に由来する可能性がある。「金切声を出す」という意味での使用（例： *screamed* at her for breaking the glass「コップを割るように彼女に向かって叫んだ」）は、19世紀後半に遡る。

screech [16世紀半ば]動鋭い叫び声をあげる、かん高い声で叫ぶ；名かん高い声、金切り声：

「大きな叫び声をあげる」を表す擬音語の古語 *scritch* の変形。

screed [中英語]名長たらしい話・レポート：

名詞 *shred*「破片」の異形であろう。元々は「主たる部分から切り取られた断片」という意味であった。「裂かれた一片・ぼろ」という意味を表す語として後に用いられるようになった。「長い目録・リスト」という意味を経て18世紀には「長い退屈なスピーチ」となった。「壁、天井にしっくいを塗ること」の意味を表す語としての使用は19世紀からである。

screen [中英語]名スクリーン、ついたて、屏風；形 (虫よけの) 金網の張った；動かくまう、隠す、選別する、さえぎる：

ゲルマン語起源の古北フランス語 *escren* の短縮形である。「選別する」を表

す動詞としての使用（例：*screened* applicants before shortlisting them「最終候補者名簿に入れる前に候補者をふるいにかけた」）は、1940年代からである。

screw ［後期中英語］名 ねじ、ねじ釘 ; 動 (…を) ねじで締める、ねじれる：
古フランス語 *escroue*「めねじ、ナット」に由来する。元の語は「蒔く」を表すラテン語 *scrofa* で、後に「ねじ」を表すようになった。俗語で「看守」という意味は19世紀初頭から。動詞としては、16世紀後半に「歪める、歪曲する」という意味で初出。「騙す、詐取する」を表す俗語用法は、アメリカ英語で生まれ、20世紀初頭から。

scribble ［後期中英語］動 走り・殴り書きする ; 名 走り書き、乱筆、走り書きしたもの：
ラテン語 *scribere*「書く」の指小辞語である中世ラテン語 *scribillare* に由来する。

scribe ［中英語］名 (印刷術発明以前に写本を筆写した) 写本筆写者、《米口語》作家、ジャーナリスト、法律学者 ; 動 (木・金属に) 罫書き 針で線を刻みつける：
scribere「書く」を基にするラテン語 *scriba* に由来する。動詞の当初の意味は「書き留める」であった。「画線器で線を刻みつける」を意味する術語としての使用は、おそらく動詞の describe「描写する」の短縮形に由来する。

scrimp ［18世紀半ば］動《口語》けちけちする、倹約する：
当初は「(食べ物を) 切り詰める」という意味であった。スコットランド語 *scrimp*「乏しい」に由来する。中英語 *shrimp* と同系である可能性がある（おそらく、中低地ドイツ語 *schrempen*「しわを寄せる」、中高地ドイツ語 *schrimpfen*「縮ませる」とつながりがある）。*scrimp and save*「けちけちして金をためる」では「倹約する」の意味で用いられているが、この用法は19世紀半ばから。

script ［後期中英語］名 (演劇・映画・ラジオ・テレビ放送などの) 台本、脚本、手書き、筆跡、【印刷】筆記体 (活字)、《英》答案 ; 動 (映画などの) 台本を書く：
元々は「書かれたもの」を意味した。ラテン語 *scriptum* を基にする。古フランス語 *escript* の縮約形である。*scriptum* は *scribere*「書く」の中性過去分詞形で名詞として使用された。film *script*「映画の台本」といった表現は1930年代から。

scripture ［中英語］名 聖書、聖書の中の言葉、(キリスト教以外の) 聖典、経典：
動詞 *scribere*「書く」の過去分詞語幹 *script-* から派生したラテン語 *scriptura*「文書」に由来する。聖書とキリスト教の研究をする学科名としての *Scripture* の使用は、1920年代に遡る。

scroll ［後期中英語］名 巻き物、(イオニア式柱頭・いす・テーブルの脚などに見られる) 渦巻き形の装飾：
(*shred* と同系の) *escrow*「結束、行為」の短縮語である廃語 *scrow*「巻いて作ったもの」の変形。
→ SHRED

scrounge ［20世紀初頭］動《口語》甘言で手に入れる、あさる、あちこちあさる：
方言 *scrunge*「盗む」の異形である。

scrub¹ ［16世紀後半］動 (床・よごれたものなどを) (ブラシ・モップなどで) ごしごしすって洗う ; 名 ごしごしこすって洗う・磨くこと：
おそらく中低地ドイツ語、中オランダ語 *schrobben, schrubben* に由来する。

scrub² ［後期中英語］名 (密集した低木の) やぶ：
当初は「発育を阻害された植物」を表す語であった。*shrub*「低木」の異形である。
→ SHRUB

scruff¹ ［18世紀後半］名 襟首、首筋：

scruff of the neck「首筋」のような表現において用いられる。語源不詳で同義の方言 *scuff* の変形である。

scruff² [16世紀初頭]名《英口語》うす汚い・だらしのない人：

「うすぎたない奴」の意味で用いられる *scurf*「ふけ、あか」の異形である。*scruff* も元々は「ふけ、あか」を表していた。その後、「無益なもの」を表すようになり、19世紀半ばに現在の意味を表すようになった。

scrunch [18世紀後半]動くしゃくしゃに丸める、すぼめる：

当初の意味は「音をたてて食べる、噛む」で、おそらく *crunch*「ポリポリ噛む」と同様、擬音語である。

scruple [後期中英語]名良心のとがめ、良心の呵責 {かしゃく}；動(…するのを)(良心のとがめを感じて) ためらう：

文字通りの意味で「荒い小石」および比喩的意味 (キケロによって使用された)「不安または心配の原因」を表す *scrupus* を基にするフランス語 *scrupule* またはラテン語 *scrupulus* に由来する。*scrupulus* を基にするフランス語 *scrupuleux* もしくはラテン語 *scrupulosus* に由来し、後期中英語に用いられた **scrupulous** 名「良心的な」という語は、「疑惑にさいなまれて」という意味で初出。

scrutiny [後期中英語]名精密な調査・検査：

scrutari「探索する」を基にする、ラテン語 *scrutinium* に由来する。ただし、「くずを分別する」という当初の意味は *scruta*「くず」に由来する。元は投票手続きによって採決を行うことを表していた。

scuffle [16世紀後半]動(…と) 取っ組み合う；名取っ組み合い：

スカンジナビア語に由来し、スウェーデン語 *skuffa*「押す」と同系である可能性がある。英語 shove「押す」と shuffle「め

ちゃくちゃに混ぜる」とも同系の可能性がある。

scullery [後期中英語]名(大邸宅や旧家の調理室に接する) 食器洗い場：

当初は、「台所用具に関連する家財」を指していた。*scutra*「木製の大皿」の指小辞語のラテン語 *scutella*「盆」を基にする *escuele*「皿」が古フランス語 *escuelerie* を経て入った。

sculpture [後期中英語]名彫刻；動彫刻をする：

sculpere「刻む、彫る」を基にするラテン語 *sculptura* に由来する。17世紀半ばに使用された *sculpere* に由来する **sculptor** 名「彫刻家」は、ラテン語からの借用語である。**sculpt** 動「彫刻する」は *sculpteur*「彫刻家」を基にするフランス語 *sculpter* に由来し、19世紀半ばに用いられるようになった。ただし、この語は、*sculptor*, *sculpture* からの逆成の可能性もある (接尾辞の除去)。

scum [中英語]名(煮沸または発酵の際に生じる) 浮きかす・泡；動浮きかす・泡ができる：

ゲルマン語に起源を持ち、中低地ドイツ語、中オランダ語 *schūm* に由来する。*scum* of the earth「世間のくずども」に見られるような中傷語としての使用は、16世紀後半に遡る。

scupper [19世紀後半]名【航海・海事】甲板排水口；動《英俗》(船を) 意図的に沈める、(計画などを) ぶち壊す、ためにする：

軍隊の俗語において「(特に待ち伏せをして)、殺害する」を表す語として初出。語源不詳。1970年代から「沈める」という意味で用いられるようになった。

scurf [後期古英語]名(身体の) あか；(頭の) ふけ：

後期古英語 *sceorf* は、*sceorfan*「かじる」、*sceorfian*「断片に切る」の語基に由来す

scurrilous [16世紀後半]形(人・言葉などが)下品な、口汚い、口の悪い：
scurra「道化」を基にするフランス語 scurrile またはラテン語 scurrilus に由来する。

scurry [19世紀初頭]動あわてて(ちょこちょこ)走る；名(あわてた)急ぎ足、疾走：
hurry「急ぐこと、大あわて」の反復動詞 hurry-scurry「あわてふためいて」の(前半部分の)省略語である。

scuttle[1] [後期古英語]名(室内用)石炭入れ：
coal scuttle「《英》石炭バケツ」のように用いられる。この語は、ラテン語 scutella「皿」から、古ノルド語 skutill を経て、後期古英語 scutele「皿、大皿」になった。

scuttle[2] [15世紀後半]動急いで行く、あわてて走る：
scuttled along the corridor「通路を急ぎ足で行った」のように用いられるこの語は、おそらくは名詞 scut「野ウサギ」(「野ウサギのように走る」に拡張)に由来する scud動「素早く動く」の反復動詞用法における方言 scuddle の変形である。

scuttle [15世紀後半]動【航海・海事】(甲板や舷側のふた付きの)小窓；動(船底または船側に)穴をあけて(船を)沈める：
航海の分野において用いられるこの語は、スペイン語の指小辞語 escotilla「昇降口」からおそらく古フランス語 escoutille を経て入った。動詞用法は、17世紀半ばからる。

scythe [古英語]名(長柄の)大鎌；動(穀物・草などを)大鎌で刈る：
古英語 sīthe は、ゲルマン語起源で、オランダ語 zeis とドイツ語 Sense「大鎌」と同系である。語源上正確な綴りである sithe をジョンソン博士が採用した。しかしながら、ラテン語 scindere「切る」が scissors「はさみ」と綴られ用いられていた影響もあり、語頭の綴り sc- が広まった。

sea [古英語]名海；形海の：
古英語 sǣ はゲルマン語起源で、オランダ語 zee とドイツ語 See「海」と同系である。high sea、後に high seas「公海」は、この語の当初の段階から用いられていた表現である。「著しい様変わり」を表す sea change は、シェイクスピア『テンペスト』Tempest (1610年), I. ii. 400-402 において初出し、文字通りには溺れた人物を指していた (Nothing of him that doth fade, But doth suffer a Sea-change Into something rich and strange「あの方はどこも衰えることなく、著しい変化によって何か豊かで珍しいものに変わっていく」)。all at sea「途方に暮れる」という表現は18世紀半ばから用いられはじめた。worse things happen at sea「海ではもっと悪いことが起こる(だからこれくらいのことはなんだ)」という表現は、19世紀初頭から用いられはじめた。

seal [中英語]名判、封印；動(文書などに)判を押す、捺印する、封をする：
当初は「認証印として刻印された蠟」を指した。signum「サイン」の短縮形のラテン語 sigillum「小さな絵」から古フランス語 seel (名詞)、seeler (動詞) を経て入った。
→ SCARLET

seam [古英語]名(布・毛皮・服などの)縫い目、継ぎ目、薄層；動(2枚の布などを)縫い・継ぎ合わせる：
古英語 sēam は、ゲルマン語起源で、オランダ語 zoom、ドイツ語 Saum「縫い目」と同系である。地質学におけるこの語の使用(例：coal seam「薄層」)は、16世紀後半にはじまった。同様に16世紀後半から使用されている **seamstress**名「お針子」は、古語 seamster, sempster「裁縫師、女裁縫師」に由来する。この語は、当初「女性裁縫師」に言及していたが、古英語においてはすでに「男性裁縫師」も指しはじめた。

sear
[古英語]動焼く、焦がす：

古英語 *sēarian* はゲルマン語起源である。語基は「乾いた」を意味する。当初は「乾かす」を表していた。16世紀初頭には、医療の文脈で「焼きごてで傷口を焼灼する」を表していたことが記録されている。16世紀の終わりには、「焼く」という一般的な意味で用いられるようになった。

search
[中英語]動捜す、捜索する、調べる；名（…の）捜索、追求：

ラテン語 *circus*「円」が基になった後期ラテン語 *circare*「あちこち歩き回る」に由来する古フランス語の動詞 *cerchier* から来ている。「徹底的に調査する」（例：*search* the premises「前提を吟味する」）や「見つけようとする」（例：*search* out the truth「真実を探求する」）が主たる意味である。

season
[中英語]名季節、時期；動（食物・料理などに）味をつける、（材木を）乾燥させる：

serere「種をまく」という語基を持つラテン語 *satio(n-)*（「種まき」から「種をまく時期」へと拡張した）が古フランス語 *seson* を経て入った。古フランス語における「熟成させる、出盛り時を見極めることによって（果物を）口に合うようにする」の意味から当初より「調味料を（料理に）加える」という意味を表していた。

seat
[中英語]名腰かけ、座席、議席；動（人を）着席させる：

当初は名詞であった。*sit* のゲルマン語語基を有する、古ノルド語 *sæti* に由来する。動詞としては16世紀後半から使用されている。country *seat*「《英》田舎の大邸宅・土地」に見られるような「所在地」を意味するこの語の使用は、17世紀初頭にはじまった。
→ SIT

seclude
[後期中英語]動隔離する、引退させる：

当初は「遮断する」を表し、しばしば *exclude*「除外する」の同意語としておおざっぱに用いられた。*se-*「距離を隔てて」と *claudere*「閉じる」からなるラテン語 *secludere* に由来する。17世紀初頭に用いられはじめた seclusion 名「脱退、隔離」は *secludere*「止める」を基にする中世ラテン語 *seclusio(n-)* に由来する。

second¹
[中英語]形第2（番目）の、もう1つの；名第2；副2番目に：

sequi「後続する」（16世紀後半からの使用）の語基を持つラテン語 *secundus*「次に続く、第2の」に由来し、古フランス語としての使用を経た。secondary 形「第2の」は、*secundus* を基にするラテン語 *secundarius*「2番目の質・階級に属する」に由来し、後期中英語に使用された。

second²
[後期中英語]名秒、瞬間：

（名詞として用いられた）*secundus* の女性形である、中世ラテン語 *secunda* (*minuta*)「分」から来ている。1時間を60に分ける操作の「2回目」を指している。

second³
[19世紀初頭]動（軍人・従業員を）一時的に他の職場に移動させる、（動議・決議に）賛成する：

フランス語 *en second*「（将校の）2番目の地位」に由来する。軍隊で元々は用いられ、特別な任務のため連隊から一時的に将校を解任することを表していた。

secret
[後期中英語]形秘密の、内密の、内緒の；名秘密、秘訣：

secernere (*se-*「離れて」と *cernere*「移す」からなる）を基にするラテン語の形容詞 *secretus*「別れた」、「引き分ける」が古フランス語を経て入った。secrecy [後期中英語]名「秘密であること」は、*secret* から派生した。おそらく privacy と同様の語形変化を経たものである。フランス語 *secret* から *secrétivité* が派生したことから示唆されるように、19世紀半ばに使用された secretive 形「隠し立てをしている」は、*secretiveness* から逆成（接尾辞の除去による）によってできた

ものである。

secretary [後期中英語][名]秘書、書記官：

当初は「秘密を託された人」を表していた。secretusの中性名詞であるラテン語secretum「秘密」を基にする後期ラテン語secretarius「機密の役人」に由来する。19世紀初頭に用いられたsecretariat[名]「事務局」は、secretariusを基にする中世ラテン語secretariatusからフランス語を経て入った。
→ SECRET

secrete [18世紀半ば][動]こっそり隠す：

「隠す」という意味は、廃語の動詞secret「秘密にしておく」の変形である。

secretion [17世紀半ば][名]隠すこと、【生理】分泌（作用）、分泌物・液：

secernere「離れ離れに動く」を基にするフランス語sécrétionまたはラテン語secretio(n-)に由来する。secretionの接尾辞の除去による逆成を経た後、secrete[18世紀初頭][動]「産出し排出する」（例：secreting insulin「インシュリンの分泌」）が使われはじめた。

sect [中英語][名]（宗教・哲学・政治などの）分派、宗派、学派：

sequiの語基を持つ古フランス語secte-、あるいはラテン語sectaに由来する。sectaの文字通りの意味は「後に続く」で、そこから「分派、党」が生まれた。17世紀半ばに使用されたsectarian[名]「宗徒、教徒」は、sectが使用されることで使用頻度が増えたsectary「分派のメンバー」に由来する。

section [後期中英語][名]（ものの）部門、地区、欄、節；[動]区分・区画する：

secare「切り離す」を基にするフランス語sectionもしくはラテン語sectio(n-)に由来する。動詞としては19世紀初頭から用いられている。1980年代に「(精神病患者を)精神病院に強制収容する」という意味を表すようになった。数学の分野で16世紀後半から使用された同系のsector[名]「扇形、関数尺」は、secareを基にするラテン語sector「切る人・もの」を専門的に使用した後期ラテン語に由来する。

secular [中英語][形]世俗の：

ラテン語saecularisを基にする古フランス語seculerに由来する。ラテン語saeculum「世代、年齢」が語基であり、キリスト教ラテン語においては、教会に対立する「俗世界」を意味していた。19世紀初頭からの天文学あるいは経済学（secullar acceleration「永年加速」、secullar trend「永続趨勢」を表す）におけるこの語の使用は、ラテン語saecularis「年数・期間に関する」に由来する。

security [後期中英語][名]安全、無事、防衛；[形]安全・保安の（ための）：

securus「心配事から解き放たれた」を基にする古フランス語securiteもしくはラテン語securitasに由来する。16世紀半ばからのsecure[形]「安全な」も同語源である。当初は、「不安を感じない」を表していた。ラテン語語基、se-「…なしに」とcura「心配」からなる。ラテン語securitasは、初出では「誰かがある義務を遂行する約束を支援するために与えられるもの」を表したsurety[中英語][名]「保証物・金」（古フランス語での使用を経由した）の語源でもある。

sedate [後期中英語][形]（人・態度などが）平静な、落ち着いた；[動]（鎮静剤を与えて）鎮静させる：

「平静な」という意味は、元々医学用語の「ひりひりしない、痛くない」の意味に由来する。sedere「座る」を基にするsedare「置く」の過去分詞のラテン語sedatusに由来する。

sedative [後期中英語][形]鎮静（作用）の；[名]【医学】鎮静剤：

ラテン語sedare「置く」を基にする古フランス語sedatifもしくは中世ラテン語sédativusに由来する。sedation[名]「鎮

静作用」は16世紀半ばに初出。*sedare* を基にするフランス語 *sédation* もしくはラテン語 *sedatio(n-)* に由来する。（接尾辞の除去による）逆成を経て、1960年代から **sedate**形「平静な」が用いられるようになった。
→ SEDATE

sedentary [16世紀後半]形座っている、座った姿勢の、(鳥などが)定住性の：

当初の「定住性の」という意味は、*sedere*「座る」を基にするフランス語 *sédentaire* もしくはラテン語 *sedentarius* に由来する。

sediment [16世紀半ば]名沈殿物、おり、【地質】流送土砂：

sedere「座る」を基にするフランス語 *sédiment* またはラテン語 *sedimentum*「置くこと」に由来する。

seduce [15世紀後半]動そそのかす、誘惑する、たらし込む：

「本分をなげうつように(誰かを)説得する」という意味で初出。ラテン語 *seducere* (*se-*「離れて、別個に」と *ducere*「導く」からなる) に由来する。16世紀初頭から登場する、フランス語 *séduction* もしくはラテン語 *seductio(n-)* に由来する **seduction**名「誘惑」にも同じラテン語語基が用いられている。18世紀半ばからは、induction から inductive が派生したのと並行して、seduction から **seductive**形「魅力的な」が派生した。19世紀初頭から使われはじめた **seductress**名「誘惑する人」は廃語 *seductor*「(男を)誘惑する女」、*seducere* に由来する。

see¹ [古英語]動見る、見える、理解する、会う、世話をする：

古英語 *sēon*「見る」は、ゲルマン語起源である。オランダ語 *zien* およびドイツ語 *sehen*「見る」と同系であり、おそらく、ラテン語 *sequi*「続いて起こる」とも共通するインド＝ヨーロッパ語の語基に由来する。*See!* I told you he would come「ほら、彼は来るって言ったでしょ」や Now *see* here「おい、こら」に見られる命令法の *see!* は、当初から一般的に用いられていた。*see!* は、しばしば人称代名詞とともに用いられ、現在でも方言 *sithee*「いいかい」において使用されている。*see* fit「…するのが適当と思う」の表現の中では *see* は「思う」を表しているが、この意味は中英語で初出。*See* them to the door, please「あの人たちを玄関まで送ってあげて下さい」におけるような「付き添う」という意味は、17世紀前半のシェイクスピア『コリオレイナス』*Coriolanus*, Ⅲ. ⅲ. 138-140において初出 (Go *see* him out at Gates…Give him deserv'd vexation「奴が城門を出るのを見張れ、…当然味わうべき苦しみを与えてやるんだ」)。

see² [中英語]名司教・主教区、司教・主教座：

bishop's *see*「主教の座」のように用いられるこの語は、*sedere*「座る」を基にするラテン語 *sedes*「座席」からアングロノルマンフランス語 *sed* を経て入った。

seed [古英語]名種；動(土地に)種をまく：

古英語 *sǽd* は、ゲルマン語起源で、オランダ語 *zaad*、ドイツ語 *Saat*「種」、英語 *sow*「種をまく」と同系である。go to *seed*「種ができる、《略式》人が衰える、盛りをすぎる」という成句は、1920年代から用いられるようになった。
→ SOW¹

seek [古英語]動捜し求める、得ようとする：

古英語 *sēcan* はゲルマン語起源で、オランダ語 *zieken* およびドイツ語 *suchen*「捜す」と同系である。ラテン語 *sagire*「香りによって知覚する」にも共通するインド＝ヨーロッパ語を基にする。

seem [中英語]動見える、思われる：

ill it *seemed* me them to censure「彼らが非難するのは私には合点がいかなかった」のように用いられ「合う、適する、適切である」の意味で初出。*sœmr*「ぴった

りの」を基にする古ノルド語 *sœma*「尊敬する」に由来する。**seemly**［中英語］形副「ふさわしい、ふさわしく」は、*sœmr*「ぴったりの」を基にする古ノルド語 *sœmiligr* に由来する。

seep ［18世紀後半］動しみ出る；名《米》石油などがしみ出てたまった所：

おそらく古英語 *sīpian*「浸す」の方言形式である。

seethe ［古英語］動煮え立つ：

古英語 *sēothan* は「沸騰させる、あるいは、維持する」という意味を表した。ゲルマン語に由来し、オランダ語 *zieden* と同系である。*seething* with anger「怒りで騒然としている」におけるような精神的な混乱の意を表す語としては17世紀初頭から用いられている（シェイクスピア『トロイラスとクレシダ』、*Troilus and Cressida*, III. i. 43: I will make a complemental assuaft upon him, for my business *seethes*「さっそく彼にごあいさつしよう。なにしろ湯気があがるほどの緊急の用事だ」）。

segment ［16世紀後半］名区切り、切片、分節；動分割する、分かれる：

当初は幾何学用語であった。ラテン語 *secare*「切る」から派生した *segmentum* に由来する。動詞としては19世紀半ばから用いられている。

segregate ［16世紀半ば］動分離する、隔離する：

se-「わきの方に」と *grex, greg-*「群」からなるラテン語 *segregate*「群と離れている」に由来する。**segregation**名「分離」は、同じラテン語語基に由来し、後期ラテン語 *segregatio(n-)* を経由して英語に入った。

seize ［中英語］動つかむ、握る、把握する、奪う：

ad proprium sacire「自身のものと主張する」に見られるような中世ラテン語 *sacire* を基にする古フランス語 *seizir*「占

有権を与える」に由来する。それらは「手順」を意味するゲルマン語語基が基になっている。「物が詰まって動かなくなる、機能が停止する」といった機械に関する意味は、19世紀後半に初出。

seldom ［古英語］副めったに…ない：

古英語 *seldan* はゲルマン語起源であり、「奇妙な、不思議な」を意味する語基を持つオランダ語 *zelden* やドイツ語 *selten*「めったに…ない」と同系である。

select ［16世紀半ば］動選ぶ、選り抜く；形選び抜かれた：

se-「離れて」と *legere*「選ぶ」からなる *seligere*「切り離して選び出す」の過去分詞語幹であるラテン語 *select-* に由来する。*select* group, carefully chosen「選び抜かれた精鋭」に見られる「特別に優れた」という意味の形容詞用法は16世紀後半から始まった。**selection**名「選択」は17世紀初頭の語であり、*seligere* から派生したラテン語 *selectio(n-)* に由来する。

self ［古英語］名自己、自我、個性：

ゲルマン語起源であり、オランダ語 *zelf* やドイツ語 *selbe*「同じ」と同系である。当初の用法は「私自身」、「彼自身」などを強調して表すものだった。動詞用法（例：Pollination is usually by *selfing*「受粉は一般的に自殖によって行われる」）は20世紀初頭に始まった。

sell ［古英語］動売る、商う、売り渡す：

古英語の動詞 *sellan* はゲルマン語起源であり、古ノルド語 *selja*「引き渡す、売る」と同系である。当初は「与える、要求に応じて何かを自発的に引き渡す」という意味を含んでいたが、現在の主な意味である「金銭と引き替えに何かを引き渡す」という意味も当初からあり、「（誰かを）裏切る」という意味も同様である。*sell* oneself「自分を売り込む」は18世紀後半に生じた。合成語は一般的ではないが、*sell*-by-date「有効（賞味）期限」という語が1970年代から一般的に使われている。

semblance［中英語］名 外観、見せかけ、類似:
ラテン語 similare, simulare「…を装う」から派生した sembler を基にした古フランス語に由来する。

senate［中英語］名 上院、議会、元老院:
古フランス語 senat に由来する。元は senex「老人」を語幹とするラテン語 senatus である。**senator**［中英語］名「議員、上院議員」は、当初古代ローマの元老院を指すのに用いられたが、これはラテン語 senator から来た古フランス語 senateur に由来する。

send［古英語］動 送る、届ける、行かせる、伝える:
古英語 sendan はゲルマン語起源であり、オランダ語 zenden やドイツ語 senden「送る」と同系である。この語は意味的に「差し向ける」(send a messenger「使者を送る」) と「行かせる」(send him flying「彼を飛ばせる」) に分化した。「投獄する」を意味する慣用句 send down はアメリカ英語で19世紀半ばに始まり、「からかう」という意味の send up は1930年代に始まった。

senior［後期中英語］形 年上の、年老いた、;名（大学の）4年生:
senex, sen-「老人、年老いた」の比較級であり、文字通り「年上の、年長者」を意味するラテン語の借用である。同じ語基を senile 形「もうろくした」(フランス語 sénile かラテン語 senilis に由来) も共有しており、これは17世紀半ばから使われている。

sense［後期中英語］名 感覚、感じ、意味、分別 ;動 感じる、分かる:
ラテン語 sensus「感覚、思考、意味の能力」(sentire「感じる」に由来) は、多くの英語の語源となっている。後期中英語では、sense（直接借用）、**sensible** 形「分別のある」(古フランス語か、ラテン語 sensibilis「感覚で受け取ることができる」に由来)、**sensibility** 名「感覚（能力）」(sensibilis から派生した後期ラテン語 sensibilitas に由来)、**sensitive** 形「敏感な」(古フランス語経由、もしくはラテン語 senitire から不規則に変化した中世ラテン語 sensitivus に由来)、**sensual** 形「官能的な」(後期ラテン語 sensualis に由来) があり、これらよりもいくらか先に記録されたものでは **sensuality** 名「官能性」(後期ラテン語 sensualitas を基にする古フランス語 sensualite に由来) がある。より最近の例としては **sensation** 名「感覚」(中世ラテン語 sensatio(n-) に由来し、17世紀初頭に記録される)、**sensuous** 形「感覚的な」(17世紀半ば、ラテン語 sensus「感覚」を基盤とする)、**sensory** 形「知覚の」(18世紀半ば、sentire の過去分詞語幹であるラテン語 sens- 由来か、名詞 sense を基にする) がある。**sensor** 名「感覚装置、センサー」は、motor にならって sensory から派生したもので1950年代に始まっている。

sentence［中英語］名 文、判決、《廃語》意見、要点 ;動 判決を下す:
「判決」、「意見」、「要点」などが当初の意味である。これらは sentire「感じる」から派生したラテン語 sententia「意見」が古フランス語経由でもたらされたもの。**sententious** 形「歯切れのよい、説教口調の」は sententia「意見」から派生したラテン語 sententiosus に由来し、中英語から始まっている。元々の「見識の高い」という意味は、軽蔑的なものになった。

sentiment［後期中英語］名 情感、所感、感傷、意見:
古フランス語 sentement が英語に入った。これはラテン語 sentire「感じる」から派生した中世ラテン語 sentimentum に由来する。

sentinel［16世紀後半］名 見張り、歩哨（ほしょう）;動 見張りに立つ:
イタリア語 sentinella に由来するフランス語 sentinelle が英語に入った。語源は不詳。sentinel の異形である廃語となった centrinel が、17世紀初頭に始まった **sentry** 名「見張り番」という語を生み出

したのかもしれない。

separate［後期中英語］動分離する、引き離す、区分する、離れる；形離れた、別個の：

ラテン語 *separare*「分離させる、分ける」（*se-*「離れて」と *parare*「用意する」からなる）は、separate と **separation**［後期中英語］名「分離」（ラテン語 *separatio(n-)* から古フランス語経由でもたらされた）の語源である。

septic［17世紀初頭］形腐敗性の、敗血性の；名汚水処理システム：

sēpein「腐らせる」から派生したギリシア語 *sēptikos* がラテン語経由で英語に入ったもの。

sepulchre［中英語］名墓；動埋葬する：

sepelire「埋葬する」から派生したラテン語 *sepulcrum*「埋葬場所」が古フランス語経由でもたらされたもの。

sequel［後期中英語］名結果、成り行き、続編、後編：

当初は「従者の一隊」、「子孫」、「結果」などの意味を含んでいた。これは古フランス語 *sequelle*、あるいは *sequi*「後を追う」から派生したラテン語 *sequella* に由来する。このラテン語の動詞はラテン語 *sequentia* から派生した **sequence**［後期中英語］名「連続」の起源ともなっている。「続発的に起こる」という意味の医学用語 **sequential** 形「連続して起こる」は19世紀初頭以前には見られなかった。これは consequential「重大な」にならって sequence から派生したもの。

sequester［後期中英語］動隠退させる、隔離する、一時差し押える：

古フランス語 *sequestrer* か、ラテン語 *sequester*「管理者」から派生した後期ラテン語 *sequestrare*「安全を約束する」に由来する。同時期の語である **sequestrate** 動「差し押える」も後期ラテン語 *sequestrare* に由来しており、「隔離された」という意味から始まっている。

serenade［17世紀半ば］名セレナーデ、小夜曲：

sereno「静かな」を基にしたイタリア語 *serenate* からフランス語 *serenade* を経由して英語に入った。

serene［後期中英語］形静かな、穏やかな、晴れた；名静けさ、平穏：

当初は「澄み渡った、晴れた、穏やかな」といった天気や空の様子を記述するのに使われたもので、ラテン語 *serenus* に由来する。**serenity** 名「晴朗、うららかさ」（*serenus* を基にしたラテン語 *serenitas* から来た古フランス語 *serenite* に由来）は同じ時代に記録されている。

sergeant［中英語］名下士官、巡査部長、従士、弁護士：

ラテン語 *serivire*「仕える」の現在分詞語幹である *servient-* から来た古フランス語 *sergent* に由来する。当初は「従者、使用人」や「兵卒」を意味する一般的な語であったが、後になって特定の公的な役職に適用されるようになった。**serjeant**［中英語］は法的な文脈において、一般的に用いられた異形である。

series［17世紀初頭］形一続きの；名一連のもの、一組、級数：

serere「加わる、つながる」から派生した、文字通り「列、つながり」を意味するラテン語の英語用法である。**serial** 形「連続的な」は19世紀半ばに始まり、series を基にしたもので、おそらくフランス語 *serial* に影響を受けたものである。20世紀初頭より、この語が映画の作品やラジオ、テレビ放送での番組シリーズの意味に適用された。

serious［後期中英語］形まじめな、重大な、本格的な：

古フランス語 *serieux* か、もしくはラテン語 *serius*「真面目な、真剣な」から派生した後期ラテン語 *seriosus* に由来する。「重要な、大切な」という意味（例：making *serious* progress「大きく進展させること」）は16世紀後半から始まった。

sermon［中英語］名(教会の)説教、小言、訓話：

当初は「話、談話、発話されたこと」などの一般的な意味を含んでいた。これはラテン語 senno(n)「談話、会話」から来た古フランス語に由来する。この語が、説教師が行う教訓的な宗教上の話の意味に適用されたのは、キリスト教的な文脈の中でイエスが行った演説に起因する。一例としては、『マタイの福音書』に記録された The *Sermon* on the Mount「山上の垂訓」が挙げられる。この説教は以下の文言で始まる。He went up into a mountain ... and taught them, saying ...「彼は山を登り…彼らに説いていった…」。

serpent［中英語］名大蛇、毒蛇、陰険な人：

ラテン語の動詞 sepere「這い寄る」の現在分詞語幹 serpent- が古フランス語経由でもたらされたもの。この語は時折聖書の「イブの誘惑」に登場する悪魔を指すのに用いられることもあり、The Old *Serpent*《古》悪魔」という定型句(『ヨハネの黙示録』より)でもよく使われる(テニスン『国王牧歌』(*Geraint and Enid*: Some, whose souls the old *serpent* long had drawn Down「悪魔が魂を長らく引き寄せた者たち」)。

serrated［18世紀初頭］形のこぎり状の、ぎざぎざの：

ラテン語 serra「のこぎり」から派生した後期ラテン語 serratus に基づいている。

serried［17世紀半ば］形密集した、林立した：

サー・ウォルター・スコットが自身の小説の中で用いたことで広まったと考えられており、どうやら serry「ぴったりと押しつける」の過去分詞形であるようだ。おそらくラテン語 sera「錠」を基にしたフランス語 serré「密集した」に由来する。serried は同じラテン語の語基を持つ廃語 serr「一緒に押しつける」から派生したもので、serred (2音節語として発音

る)という形でも使われる。

service［古英語］名奉仕、給仕、尽力、務め、軍務、礼拝、事業；動修理する、補助する：

当初は、信仰心や礼拝の一形態を指していた。古フランス語 servise か、servus「奴隷」から派生したラテン語 servitium「隷属」に由来する。名詞 service の意味的な分化は、「従者としての状態」(in *service*「雇われている」)、「従者としての職務」(my share of the *service* was the pantry-work「私の役割は食料庫での仕事です」)、「礼拝」(church *service*「礼拝」)、「支援」(*services* rendered「与えられた援助」)、「必需品」(silver *service*「銀食器一式」)、「専門的文脈における行為」(*service* in tennis「テニスのサービス」)などがある。複数形 *services* は1960年代から、高速道路で食べ物やガソリンを提供する駅の意味で使われるようになった。19世紀半ばに見られる、動詞の当初の意味は「手助けになる、サービスを提供する」であった。同じくラテン語 servus「奴隷」を基にした関連語としては、**serve**［中英語］動「仕える」(古フランス語 servir に由来)、**servant**［中英語］名「召使い」(servir「仕えること」の現在分詞形の名詞用法で文字通り「〈人に〉仕えること」を意味する古フランス語の借用)、そして元々は「奴隷や労働者階級にふさわしい」を意味した **servile**［後期中英語］形「奴隷の、卑屈な」(ラテン語 servilis に由来)などがある。

session［後期中英語］名開会、会期、会議、特定の期間：

古フランス語か、ラテン語 sedere「座る」の過去分詞語幹 sess- から派生した sessio(n-) に由来する。転移したいくつかの意味は、「座る」という意味によるものではなく、むしろ recording *session*「録音ためのスタジオ演奏」に見られるように、活動のために確保した一定の時間という意味を反映したものである。

set¹［古英語］動置く、配置する、つける、はめ込む、決める、向ける、課する、…を

…の状態にする；形所定の、断固とした、準備ができている：

古英語 settan はゲルマン語起源であり、オランダ語 zetten やドイツ語 setzen「置く」、英語 sit と同系である。set と sit の混乱は早くも14世紀には始まっており、過去形や意味の類似による。意味は分化して、「置く」(set them upon the camel's back「らくだの背中に置く」)、「沈む」(The sun has set「太陽が沈んだ」)、「決まった場所に配置する」(sleeves set into the shirt「シャツに袖をつける」)、「設ける」(set a boundary「境界を設ける」)、「配する」(set a snare「罠をしかける」)、「心に留める」(set at naught「無視する」)、「固定した状態にする」(her face set in a sulky stare「不機嫌そうにじっと凝視した彼女の顔」)、「特定の方向に合わせる」(set our course at northeast「北北東に進路をとる」) などになった。後期古英語の形容詞 set (例：at set times「決められた時間に」) は動詞 set の過去分詞形である。
→ SIT

set² ［後期中英語］名ひとそろい、一組、一対：

古フランス語 sette から英語に入ったもので、ラテン語 secta に由来する。set「据える、置く」に由来するとの説もある。
→ SET¹

sett ［中英語］名アナグマの穴、巣穴：

set の異形。-tt の綴りは set の意味の発達過程で現れたもの。
→ SET²

settle¹ ［古英語］動置く、座らせる、落ち着かせる、解決する：

古英語 setlan は setl「座席、座る場所」より派生。setlan の意味の中には、発音の近い中英語 saytle「なだめる、一致する」と同義になったものもあり、settle の意味に影響を与えている (例：settle an argument「論争を解決する」)。
→ SETTLE²

settle² ［古英語］名背もたれが高く肘掛けのある木製の長椅子：

古英語 setl は「座る場所」を意味した。16世紀半ばに「肘掛付きで背部が高く座席の下が箱になった長椅子」を指すようになった。ゲルマン語起源で同系語にドイツ語 Sessel「肘掛け椅子」、ラテン語 sella「座席」、英語 sit がある。settee[18世紀初頭]名「肘掛付きの長いす」は settle の異形とみられる。
→ SIT

sever ［中英語］動切断する、引き離す、切れる：

ラテン語 separare「引き離す」がアングロノルマンフランス語 severer を経て英語に入ったもの。severance名「切断、分離、断絶」もまたラテン語 separare に由来する語で、同じくアングロノルマンフランス語を経て英語に入った。1940年代に「契約雇用の解雇」という文脈で使われるようになった。

several ［後期中英語］形いくつかの、それぞれの：

ラテン語 separ「分割された、別個の、異なった」に由来する語で、中世ラテン語 separalis を経てアングロノルマンフランス語から英語に入った。当初は「別々の、異なった」という意味で用いられることもあった。「離れて存在している、別々の」という意味が含まれていた (ドライデン『寓話 (序文)』Fables: The Reeve, the Miller, the Cook are several men「かのリーヴ、かのミラー、かのクックは三者三様である」)。

severe ［16世紀半ば］形厳格な、辛辣な、厳しい：

「容赦のない、険しい」が当初の意味。(例：severe reprimand「容赦のない叱責」)。フランス語 severe、またはラテン語 severus から英語に入った。「簡素な、地味な、渋い」という意味は17世紀半ば以降 (例：severe dress「地味なドレス」)。気象に関して用いられはじめるのは17世紀後半である。

sew ［古英語］動縫う、針仕事をする、ミ

シンをかける：

古英語 *siwan* はゲルマン語起源で、語源のインド＝ヨーロッパ語はラテン語 *suere* やギリシア語 *suein* の語源でもある。「上手くまとめる、決着をつける」を意味する口語表現 *sew* up は 20 世紀初頭に遡る（例：The deal was *sewn* up within seconds「取引は数秒でまとまった」）。

sewer ［中英語］名下水道、下水管（溝）；動…に下水設備を施す：

当初は「（地表を通る）排水路」を意味した。「魚の棲む池からあふれ出た水を排水するための水路」を意味する古北部フランス語 *seuwiere*（ラテン語 *ex*-「外に」と *aqua*「水」からなる）から英語に入ったもの。**sewage** ［19 世紀半ば］名「下水、汚水」は *sewer* の接尾辞が -*age* に取って代わられたものである。

sex ［後期中英語］名性、性別、性交：

当初は男性・女性のいずれか一方のみを指した。古フランス語 *sexe*、またはラテン語 *sexus* から英語に入った。「性交」を意味するようになったのは 1920 年代である。**sexual** 形「性の、性的な」は 17 世紀半ばに遡る語で、同じくラテン語 *sexus* に由来し、後期ラテン語 *sexualis* を経て英語に入った。

shabby ［17 世紀半ば］形使い古した、着古した、ぼろぼろの、みすぼらしい、卑しい：

shabby の *shab*- は「かさぶた」を意味する方言 *shab* から来ている。この *shab* は「かゆみ」を意味するゲルマン語に由来する。ジョンソン博士は次のように述べている：A word that has crept into conversation and low writing, but ought not to be admitted into the language「この語は会話や低級な文書によく見られるが、英語として認められるべき語ではない」。

shack ［19 世紀後半］名掘っ立て小屋、丸太小屋；動同棲する、住む、一夜を共にする：

「木製の小屋」を意味するメキシコ語 *jacal*、ナワトル語 *xacatli* から英語に入ったもの。当初の動詞用法は「丸太小屋に住む」という意味のアメリカ英語であった。

shackle ［古英語］名手かせ、足かせ；動手かせ・足かせをはめる：

古英語 *sc(e)acul* はゲルマン語起源の語でオランダ語 *schakel*「鎖の輪、連結」と同系である。*shake*「振動」と同根とする説もあるが認めがたく、語源は「締めるもの、付加物」とみられる。

shade ［古英語］名陰、物陰、日蔭、日よけ；動陰にする、さえぎる、覆う：

古英語 *sc(e)adu* はゲルマン語起源の語で、「気味、濃淡の色合い、色の明暗の度合い」を表すようになるのは 17 世紀後半である（*shades* of blue「青みがかった色合い」）。「光や熱をさえぎるもの、日よけ」という意味は 18 世紀後半以降に見られる（light *shade*「ランプや電灯のかさ」）。**shady** ［16 世紀後半］形「陰になった、陰を成す、胡散(うさん)臭い」は *shade* から派生した語で、19 世紀半ば以降の「疑わしい、胡散臭い」という意味は学生俗語に端を発したとみられる。関連語の **shadow** 名「影、陰、暗がり、気配、幽霊、陰にする、暗くする」の古英語の形は *scead(u)we*（*sceadu* の斜格）。その動詞形 *sceadwian* は「攻撃から覆い隠す、さえぎる」という意味であった。*shadow* はゲルマン語起源の語で、オランダ語 *schaduw* やドイツ語 *Schatten*（名詞）と同系である。その語源となったインド＝ヨーロッパ語はギリシア語 *skotos*「暗闇」の語源でもある。慣用句の be afraid of one's own *shadow*「ひどくびくびくしている」は 16 世紀半ばに遡る。政治に言及した *shadow* cabinet「影の内閣」は 20 世紀初頭から。

shaft ［古英語］名矢がら、槍の柄、取っ手、光線、立て杭、軸：

古英語 *scæft, sceaft* は「取っ手、棒」という意味であった。動詞用法（後期中英語）の当初の意味は「取っ手にぴたりと合

う」、「光線を放つ」であった。ゲルマン語起源の語で、オランダ語 schaft、ドイツ語 Schaft「矢がら」、そしておそらく sceptre「王の持つ笏 (尺)、王位」とも同系である。「立て杭」を意味する shaft (mine shaft「鉱山の坑道」) の登場は15世紀で、これは shaft が「細長い棒、円筒形のもの」を指したことによる類推とみられる。

shag [後期古英語]图あら毛、(織物の) 毛羽、けば織り、けばの荒い敷物、鵜;形けば織りの:

shag (shagpile carpet「シャギーパイルのカーペット」) の古英語の形は sceacga で「もじゃもじゃの毛、粗毛」を指した。ゲルマン語起源の語で、古ノルド語 skegg「顎髭」と同系である。shag「鵜」は16世紀半ばに遡る語であるが、この鳥のけばだった毛冠に由来するとみられる。

shake [古英語]動揺り動かす、動揺させる、揺れる、振動する、握手する、震える;图振動、握手:

古英語の動詞 sc(e)acan は、ゲルマン語起源の語で、当初は「揺れる、震わせる」という意味以外に《詩語》出発する、逃げる」という意味があった。shake hands「握手をする」という表現は16世紀初頭に遡る。「心をかき乱す、動揺させる」という意味は16世紀半ばに遡る (例: shaken by the news「ニュースに動揺する」)。

shallow [後期中英語]形浅い、皮相な、浅薄な;图浅瀬;動浅くする:

shoal「浅瀬」との関連は定かではない。「(見解・見方が) 皮相な」、「(性格・人が) 浅薄な」という意味は16世紀後半に遡る (シェイクスピア『ルークリース凌辱』 The Rape of Lucrece, 1016: Out, idle words! servants to shallow fools「消えよ、言っても詮ない言葉、浅はかな愚者どもの従僕よ」)。
→ SHOAL²

sham [17世紀後半]图偽物、まがい物、詐欺師;動見せかける、ふりをする:

shame の北部方言の異形との説がある。1677年頃に俗語として登場し、たちまち広まった。
→ SHAME

shamble [16世紀後半]動よろよろ歩く;图よろよろ歩き:

shamble along「よろよろ歩く」の shamble は、「見苦しい、ぶざまな」を意味する方言 shamble から来たものとみられ、肉卸売市場の売り台の脚に言及した shamble legs に由来するものとみられる。
→ SHAMBLES

shambles [後期中英語]图混乱状態、修羅場、《古語》畜殺場:

当初は「肉屋」を指した。shamble「腰掛け、踏み台、陳列台、露店」の複数形。西ゲルマン語起源の語で、ラテン語 scamellum (「腰掛け、足台」という意味の scamnum の指小辞語) に由来する。16世紀後半から「大虐殺の場」という意味に移行し、1920年代になって「修羅場、ごった返し、乱雑な所」という意味が定着した。shambolic [1970年代]形「乱雑な」は shambles から派生した語で、語形成は symbolic にならったものとみられる。

shame [古英語]图恥、恥辱、羞恥心、残念なこと;動…の面目をつぶす、侮辱する:

古英語 sc(e)amu「恥ずかしさ」(名詞)、および sc(e)amian「恥じ入る」(動詞) はゲルマン語起源の語で、同系語にオランダ語の動詞 schamen、ドイツ語の名詞 Scham「恥」、ドイツ語の動詞 schämen「恥ずかしがる」がある。複合語に **shameful** [古英語]形「恥ずべき」(古英語では sc(e)amful「謙虚な、恥じ入った」)、および **shameless** 形「恥知らずの、羞恥心のない」(古英語では sc(e)amleas) がある。**shamefaced** [16世紀半ば]形「内気な、慎ましい、恥じている」の元の形は shamefast で、当初は「謙虚な、内気な」という意味であった。綴りの変

化は face との類推による。「恥じている」という意味は19世紀後半に生じた。

shampoo [18世紀半ば]|名|洗髪、洗浄、シャンプー液;|動|シャンプーで洗う:
当初はトルコ風の風呂の一過程である「マッサージ」という意味であった。ヒンディー語 cāmpnā の命令形 cāmpo!「押せ!」から英語に入ったもの。

shank [古英語]|名|すね(肉)、脚、柄;|動|【ゴルフ】シャンクする:
古英語 sceanca は西ゲルマン語起源の語で、オランダ語 schenk「下肢骨」および高地ドイツ語 Schenkel「大腿部」と同系である。ゴルフ用語としての動詞用法は1920年代に遡る。Shanks's [Shanks'(s) pony「《略式》徒歩で」は1785年のR・ファーガソン『詩集』Poems に shanksnag「徒歩で移動する」として初出。And auld shanks-naig wad tire, I dread, To pace to Berwick「年をとった私の足は疲れ切ったのかな、ベリックまでゆったり歩くことにしよう」。

shanty¹ [19世紀初頭]|名|掘っ立て小屋、木こり小屋、木の切り出し現場;|動|掘っ立て小屋に住む:
shanty town「貧民街」の shanty は、元はアメリカ英語で、カナダフランス語 chantier「掘っ立て小屋、木こり小屋、伐採人の宿泊所」から英語に入ったものとみられる。

shanty² [19世紀半ば]|名|(水夫たちが作業に合わせて歌う)はやし歌、労働歌、舟歌:
sea shanty の shanty はおそらくフランス語 chanter の命令形複数の chantezl「歌え!」に由来するものとみられる。

shape [古英語]|名|形、姿、様子、状態;|動|形作る、具体化する:
ゲルマン語起源の古英語 gesceap は「外形」、「創造(物)」、動詞 sceppan は「創造する」という意味であった。定型句の in the shape of「…の形で、…としての」(Femininity, in the shape of the token woman, was represented「女性の象徴としての女性性が表されていた」は18世紀半ばに遡る。19世紀半ばになるとアメリカ英語で「調子、状態」を意味するようになる (in pretty good shape「体調がすこぶる良い」)。in all shapes and sizes「様々で」という表現は1950年代に初出。

shard [古英語]|名|(陶器などの)破片・かけら:
古英語 sceard は「隙間、V字型の刻み目、陶器の破片」という意味であった。ゲルマン語起源の語で同系語にオランダ語 schaarde「V字型の刻み目」、英語の shear「大ばさみ」がある。
→ SHEAR

share [古英語]|名|分け前、分担、役割、株;|動|共有する、共にする、分担する、分配する:
古英語 scearu は「区分、分割」という意味であった。ゲルマン語起源の語で、「隊」、「群衆」を意味するオランダ語 schare やドイツ語 Schar「隊」、また英語 shear と同系である。略奪品を山分けする場面に由来する go share and share alike「平等に分ける、山分けする」という慣用句は16世紀半ばに遡る。金融関連用語の stocks and shares「株と株式」は17世初頭以降に見られる。動詞用法は16世紀後半に遡る。
→ SHEAR

shark [16世紀後半]|名|高利貸し、強欲な人、詐欺師;|動|…を搾取する、《古語》詐欺をはたらく:
loan shark「高利貸し」の shark はドイツ語 Schurke「悪党、悪漢」から英語に入ったものとみられる。一説によれば shark「サメ類」(後期中英語で語源不詳)の影響を受けている。

sharp [古英語]|形|鋭い、鋭利な、聡明な、険しい、はっきりした、激しい、きつい、粋な:
古英語 sc(e)arp「鋭い」はゲルマン語起

源の語で、同系語にオランダ語 *scherp* やドイツ語 *scharf*「鋭い」がある。一説によれば英語 scrape も同系語。「頭の切れる、聡明な」という意味は早くも古英語に見られる。You're so *sharp* you'll cut yourself「あなたは頭が良すぎて今に大怪我をする」という用例は20世紀初頭に現れたもの。「当世風の、粋な」の意味 (*sharp* dresser「着こなし上手、おしゃれな人」など) は1940年代に登場した。
→ SCRAPE

shatter [中英語][動]粉砕する、破壊する、くじく、粉々になる ;[名]破片:

「まき散らす」が当初の意味。擬音語として生まれた語、もしくは scatter「まき散らす」との類推による。

shave [古英語][動]髭をそる、剃刀を使う、そる、削り取る ;[名]髭をそること、ひげそり:

古英語 *sc(e)afan*「表面をこすりとる」はゲルマン語起源の語で、オランダ語 *schaven* およびドイツ語の *schaben*「こする」と同系である。a close *shave* (a near *shave* とも言う)「間一髪」という慣用句は19世紀初頭に初出。

shawl [17世紀半ば][名]ショール、肩掛け ;[動]…にショールをかける:

ウルドゥー語とペルシア語 *šāl* から英語に入った語。ショールが初めて作られたインドの町 *Shāliāt* に因む。最初のショールが作られたのはカシミール地方で、素材は *shawl*-goat「ショール・ゴート」(チベット産のカンミヤヤギ) の毛であった。

she [中英語][代]彼女:

古英語の女性人称代名詞 *hēo, hīe* が音声的に変化したものとみられる。

sheaf [古英語][名](穀物などの) 束 ;[動]束ねる:

古英語 *scēaf* はゲルマン語起源の語で、同系語にオランダ語 *schoof*「束」、ドイツ語 *Schaub*「(藁などの) 小束」、英語の動詞 *shove*「押す、突く」がある。**sheave** [16世紀後半][動]「(穀物などを) 束ねる」は、*sheaf* の複数形 *sheaves* から来た語。
→ SHOVE

shear [古英語][動]…を刈る、切る、摘む、はさみを入れる ;[名]大ばさみ:

古英語 *sceran* の当初の意味は「武器を用いて切る」であった。ゲルマン語起源の語で同系語にオランダ語とドイツ語 *scheren*「刈り込む」があり、「分ける」、「刈る」、「剃る」という原義に由来する。**shears**[名](古英語 *scēara*「大はさみ、刃物」) はオランダ語 *schaar*、ドイツ語 *Schere*「はさみ」、英語の動詞 shear と同系である。

sheath [古英語][名](刀などの) 鞘、(道具の) 覆い、鞘型ケース:

古英語 *scæth, scēath*「鞘」はゲルマン語起源の語で、同系語にオランダ語 *schede*、ドイツ語 *Scheide*「鞘」、英語の動詞 shed がある。その形状および「覆う」という機能から「コンドーム」(19世紀半ばに初出) という意味が派生した。また *sheath* dress「シース (ぴったり身体に密着したベルトなしの婦人服)」という用例は20世紀初頭に登場した。**sheathe** [後期中英語][動]「鞘に納める、覆う、包む」は *sheath* から派生した語。
→ SHED²

shed¹ [15世紀後半][名]小屋、物置、倉庫 ;[動]…を流す、こぼす、落ちる:

garden *shed*「庭の小屋」の *shed* は名詞 shade「日よけ」の異形とみられる。*shed* tears「涙を流す」、*shed* light「光を放つ」に見られる「発する」という意味は中英語で生じたもの。*shed* bark「樹皮が剥がれ落ちる」に見られる「(古くなった皮など) を落とす」という意味は16世紀後半以降から。
→ SHADE

shed² [古英語][動]分ける、より分ける

古英語の動詞 *sc(e)ādan* は「選別する、(羊などを) 群れから分ける」という意味の他、「発する、放つ」という意味を持っていた。ゲルマン語起源の語で、同系語に

オランダ語およびドイツ語 scheiden「分ける」がある。
→ SHEATH

sheen ［17世紀初頭］名輝き、光沢、つや；動光る、輝く：
廃語の sheen「美しい、きらびやかな」から来ており、動詞 shine「輝く」と同系とみられる。
→ SHINE

sheep ［古英語］名羊、羊皮、気の弱い人；
古英語 scēp, scæp, scēap は西ゲルマン語起源であり、オランダ語 schaap やドイツ語 Schaf「羊」と同系である。sheep から連想される語義の多く（「臆病」、「おとなしい人」、「温厚な人」）は聖書に由来する。ことわざの There is a black sheep in every flock「どの群れにも黒羊が一頭はいる、どこの家にも困り者はいるものだ」で知られる black sheep（18世紀後半）は、「もてあまし者、（一家の）厄介者」という意味を持つに至った。shepherd［古英語］名「羊飼い、牧師」（当初の綴りは scēaphierde）は、shep-「羊」と -herd「番人、家畜所有者」(herd は今や廃語である）からなる。

sheer ［中英語］形全くの、混ぜ物のない、切り立った、垂直の、ごく薄い、透き通った；副垂直に、まっすぐに；名薄く透き通る織物、その服：
「(罪から) 逃れた、清い」が当初の意味。19世紀初頭以降は「切り立った、垂直の」という意味で用いられる (sheer cliff「絶壁」など)。ゲルマン語起源の動詞 shine「輝く、光る」に由来する方言 shire「純粋な、澄んだ」の変形とみられる。16世紀半ばに水に関する「混ぜ物のない」という意味が生じ、「薄く透き通った、またその服」を指すようになった。
→ SHINE

sheet[1] ［古英語］名シーツ、敷布、1枚の紙、1枚、一面；動敷布で覆う：
古英語 scēte, scīete「包帯用の亜麻布（リネン）」はゲルマン語起源の語で、「突き出る」という原義において動詞 shoot「撃つ、放つ」と同系である。sheet of paper「1枚の紙」という用例は16世紀初頭に遡る。「薄い広がり、一面（の）」(sheet of water「一面の海」)という意味は16世紀後半以降のもの。
→ SHOOT

sheet[2] ［古英語］名帆脚索（ほあしづな）；動帆が一面に広がる：
「風向きに対する帆の角度を調節するロープ」を指す sheet の古英語の形は scēata「帆の下方の角」で、古ノルド語 skauti「スカーフ、ネッカチーフ」と同系である。成句 three sheets to the wind「ひどく酔っている」は19世紀初頭に遡る。この海事用語 sheet の影響を受けた語に sheet anchor［15世紀後半］名【海事】予備主錨、非常用大錨、最後の頼り、頼みの綱」がある。当初は非常用の予備の錨を指した。一説によれば、sheet anchor の sheet は廃語の shot「つなぎ合わされた2本のケーブル」と同系である。
→ SHEET[1]

shelf ［中英語］名棚、棚板：
中低地ドイツ語 schelf に由来し、同系語に古英語 scylfe「仕切り」、scylf「ごつごつした岩」がある。shelve［16世紀後半］動「棚のように突き出る、張り出す」は、シェイクスピアにその用例がある。『ヴェローナの二紳士』*Two Gentlemen of Verona*, III. i. 115: Her chamber is aloft, far from the ground, And built so *shelving* that one cannot climb it「その女の部屋は地上はるか高いところにあり、塔の上に突き出ているので登ることができない」。動詞 shelve は shelf の複数形 shelves から来ている。shelve［後期中英語］動「傾斜する」(The land *shelved* gently downwards「その土地はなだらかに傾斜していた」)は語源不詳だが、おそらく shelf と関連した語であろう。

shell ［古英語］名殻、堅い外皮、砲弾、破裂弾、(人の心の) 殻、(感情・考えなどを包む) 殻；動殻から取り出す、殻で覆う：

古英語の名詞 *scell* はゲルマン語起源の語で、オランダ語 *schel*「うろこ、殻」および英語 scale「うろこ」と同系である。動詞用法は16世紀半ばに遡り、当初は「…の殻を取る」という意味であった。17世紀半ばに現れた「砲弾、破裂弾」(mortar *shell*「追撃砲の砲弾」) という意味は、金属製の火薬を詰める容器との類似性からきたもの。第1次世界大戦における *shell* shock「砲弾ショック、戦争神経症」という表現は、戦時下で砲撃 (shellfire) にさらされるために発症する精神障害をいう。go into one's *shell*「自分の殻に閉じこもる」に見られるような「心の殻」という比喩的な意味は19世紀初頭から。
→ SCALE¹

shelter ［16世紀後半］名避難所、隠れ場、防護するもの、遮蔽物、保護、擁護 ; 動保護する、避難する、隠れる：

一説によれば、*shelter* は廃語の sheltron「密集軍、(人、動物、物の) 集団」の変形とされる (sheltron は文字通り「防御部隊 (shield troop)」を意味する古英語 *scieldtruma* に由来する)。一方、sheltron は15世紀に消滅しており、*shelter* の初出は1585年であることから、これを異説とする向きもある。

shield ［古英語］名盾、防御物、保護物 ; 動保護する、守る、盾となる：

ゲルマン語起源の語で、古英語の名詞 *scild* と動詞 *scildan* は (原義は「分ける、分離する」) オランダ語 *schild* およびドイツ語 *Schild*「盾」と同系である。同じく古英語の動詞用法においても「守ること、保護すること」が意味の中核をなしていた。

shift ［古英語］動移す、変える、転嫁する ; 名変化、変更、交替：

古英語 *sciftan* はゲルマン語起源の語で、「順に並べる、分離する、割り当てる」という意味であった。同系語にドイツ語 *schichten*「層 (状) にする」がある。中英語での「変える、取り替える」という意味から派生した名詞用法における意味に night *shift*「夜勤」(勤務者が労働時間を交替することから) に見られるような「勤務時間」、および「女性用肌着 (直線的に裁断された、ゆったりしたドレス型肌着)」(「着替える」から) がある。肌着の *shift* は、17世紀より smock「スモック、《古語》女性用肌着」の婉曲語として用いられたものであるが、19世紀に新たな婉曲語 chemise「シュミーズ、スリップ」に取って代わられた。

shilly-shally ［18世紀半ば］動ためらう、ぐずぐずする ; 名ためらい、優柔不断 ; 形ぐずぐずする ; 副ぐずぐずして：

当初は *shill I, shall I* と書かれていた。疑念やためらいを表す *shall I?* の重複形。

shimmer ［後期古英語］動ちらちら光る、かすかに光る、揺らめく ; 名きらめき、微光、(光の) 揺らめき：

古英語 *scymrian* はゲルマン語起源で、ドイツ語 *schimmern*「明るく光る」や英語 shine と同系である。名詞用法は19世紀初頭から。
→ SHINE

shin ［古英語］名むこうずね、脛骨、牛のすね肉 ; 動 (手足を使って) よじ登る、むこうずねをける：

古英語 *scinu* はゲルマン語起源の語で「薄い (細長い) もの」が原義。ドイツ語 *Schiene*「薄板」およびオランダ語 *scheen* と同系である。*shin* of beef「牛のすね肉」のような「すね肉」という意味は18世紀初頭に遡る。動詞用法は19世紀初頭に海事用語として初出。

shine ［古英語］動輝く、光る、…を磨く ; 名光、輝き、光沢：

古英語 *scinan* はゲルマン語起源の語で、同系語にオランダ語 *schijnen* およびドイツ語 *scheinen*「輝く」がある。*shine* through「はっきりと見てとれる、はっきり理解される」という表現は16世紀後半に、シェイクスピア『ヴェローナの二紳士』*Two Gentlemen of Verona*, II. i. 42 に見られる。these follies are within you and *shine* through you like the water in an urinall」「ばかなまねがからっぽになった旦那様の内部に入りこんで、尿器（しびん）の内部の小便のように旦那様を通して光っているんですよ」．

shingle¹ ［後期中英語］图（海岸・河岸の）小石、砂利、砂利浜、小石の河原：

語源不詳だが、chink「チャリンと鳴る音」同様、擬音語起源とみられる。一説によればノルウェー語 *singl*「粗い砂」と同系。

shingle² ［中英語］图屋根板、こけら板；動…を屋根板でふく：

shingle roof「板ぶき屋根」の *shingle* はラテン語 *scindula* (*scandula*「木片、木のかけら」から）を通して英語に入ったもの。

ship ［古英語］图船；動輸送する、発送する、船で運ぶ：

古英語の名詞 *scip* と後期古英語の動詞 *scipian* は、オランダ語 *schip* およびドイツ語 *Schiff*「船」と同系である。*ships that pass in the night*「行きずりの人々」はロングフェローに由来する（1873年）。*Ships that pass in the night, and speak each other in passing ... So on the ocean of life we pass and speak one another, Only a look and a voice, then darkness again*「行きずりの人々、そして行きかう時お互いに話す人々…だから、人生という海で我々は行きかい、そしてお互い話し、ただ見つめ、声を出し、そしてまた暗闇」．関連語の **shipper** 图後期古英語の形 *schipere* は「船員」という意味で、現在の「船荷主、荷送り人、船積人（会社）」を意味するようになるのは18世紀半ば。

shire ［古英語］图《英古語》州：

古英語 *scir*「管理職、行政管理、行政区」はゲルマン語起源の語。The *Shires*「イングランド中部諸州」は、特に中部地方など伝統的な要塞のある地方を指す。**sheriff** (*scīrgerēfa*) ［古英語］图「州長官、州知事」の sher- は *shire*「州」から、-riff は reeve「長官」から来ている。reeve と

は中世に国王・領主の代理として行政などの権利を行使した地方官、特にアングロサクソン時代のイングランドの州の長官をいう。

shirk ［17世紀半ば］動（責任を）回避する、逃れる、忌避する、怠ける：

廃語 *shirk*「ごろつき、他人にたかる人」から来た語で、当初は「騙す、騙して手に入れる」という意味であった。ドイツ語 *Schurke*「悪党」から英語に入った。「怠ける、責任を回避する」という意味は18世紀後半から。

shirt ［古英語］图ワイシャツ、シャツ、下着；動…にシャツを着せる：

古英語 *scyrte* はゲルマン語起源の語で、古ノルド語 *skyrta*、オランダ語 *schort*、ドイツ語 *Schürze*「エプロン」、および英語 *short* と同系である。*shirt* はおそらく原義の「短い衣服」の転用である。シャツと金銭に関連した表現としてチョーサー『バースの女房の話』*Wife of Bath's Tale* に最初の用例があり（*I holde him rich al hadde he nat a sherte*「たとえシャツ1枚お持ちでなくても私はその人をお金持ちだと思います」)、以降、17世紀半ばの *the shirt off one's back*「自分の物を何もかも」、19世紀半ばの *lose one's shirt*「（ギャンブルなどで）無一文になる」（同様の表現が19世紀半ば以降に見られる）などが続く。
→ SHORT; SKIRT

shiver¹ ［中英語］動震える、震わせる、身震いする；图震え、悪寒、寒気：

中英語の綴りは *chivere* で、方言 *chavele*「しゃべる」の変形とみられる。古英語 *ceafl*「顎」に由来する語で、動詞用法の原義は「寒さで歯がガチガチいう」である。

shiver² ［中英語］图粉みじん、破片；動粉々にする：

shiver of glass「ガラスの破片」の *shiver* は「割れる、割る」という意味のゲルマン語起源の語。同系語にドイツ語 *Schiefer*「粘板岩、スレート」がある。

shoal¹ [16世紀後半] 名 群れ、魚群、多数、多量；動 (魚が) 群れをなす：
shoal of fish「魚群」の shoal は中オランダ語 schōle「群れ」に由来するとみられる。
→ SCHOOL²

shoal² [古英語] 名 浅瀬、砂州；形 浅い；動 浅くなる、浅瀬になる、浅くする：
ゲルマン語起源の語で、古英語の形容詞 sceald から派生。同系語に shallow「浅い」がある。
→ SHALLOW

shock¹ [16世紀半ば] 名 衝突、衝撃、地震、動揺；形 衝突的な；動 衝撃を与える：
名詞用法はフランス語 choc から、動詞用法はフランス語 choquer から英語に入った語で、語源不詳。原義の「突撃により衝撃を与える」ならびに「突撃による衝突、衝撃」から明らかなように、当初は軍事用語であった。そして後者の名詞用法から「打撃、衝撃」という意味が派生した。医学用語の「(出血・火傷などによっておこる) ショック症」という意味は19世紀初頭に初出。culture shock「カルチャーショック」という表現は1940年代以降から。

shock² [中英語] 名 (乾かすために立てかけた穀物の) 刈り束の山、トウモロコシの刈り束の山；動 刈り束の山にする：
中オランダ語および中低地ドイツ語 schok「束数、60単位の山・塊り」から英語に入ったもので、語源不詳。

shock³ [17世紀半ば] 名 もじゃもじゃの毛髪、もじゃもじゃ毛の犬：
a shock of hair「もじゃもじゃの髪」の shock は語源不詳。廃語の shough「(アイスランド原産と考えられていた) 毛むくじゃらの小型愛玩犬の一種」は同系語とみられる。当初はもじゃもじゃの毛の犬を指したが、そこから「もじゃもじゃの、くしゃくしゃの」を意味する形容詞用法が派生。現在の「もじゃもじゃの、もじゃもじゃの頭髪」という意味は19世紀初頭から。

shoddy [19世紀半ば] 形 見かけ倒しの、安物の、軽蔑すべき；名 再生毛系、見かけ倒しの安物：
語源不詳。方言に「採石場の小石」、「質の悪い石炭」という意味があるため、shoad「(地表付近のスズ、鉛、銅鉱石などの) あらい破片」の派生語と考えられる。

shoe [古英語] 名 靴、蹄鉄；動 靴を履かせる、蹄鉄をつける：
古英語の名詞 scōh および動詞 scōg(e)an はゲルマン語起源の語で、同系語にオランダ語 schoen とドイツ語 Schuh「靴」がある。原義は「散歩をする」ならびに「カバー、覆い」。shoe a horse「馬に蹄鉄を打つ」という表現は中英語に遡る。

shoot [古英語] 動 撃つ、射る、発射する；名 射撃、発射：
古英語 scēotan はオランダ語 scieten、ドイツ語 schiessen「撃つ」、英語 sheet, shut, shot と同系である。主な意味に「勢いよく飛び出る」(例：shot off to call his mother「母親を呼びに飛び出た」)、「素早く外に出す」(例：shot flames out「炎を外に出した」)、「飛び道具 (矢、弾丸、石など) を撃つ、射る」(例：shot an arrow「矢を射た」) がある。「(映画を) 撮影する」(例：shoot a film「映画を撮る」) という意味は19世紀後半に遡る。
→ SHEET¹; SHOT; SHUT

shop [中英語] 名 店、小売店；動 買い物をする、買いに行く、密告する；形 店で買った：
古フランス語 eschoppe「差し掛けの部屋、仮小屋」の短縮形。西ゲルマン語起源の語で、同系語にドイツ語 Schopf「(建物本体とは別の屋根のついた) 張出玄関」ならびに英語の方言 shippon「牛小屋」がある。shop の動詞用法の初出は16世紀半ば。当初の意味は「刑務所に入れる」(名詞 shop が俗語で「刑務所」〈廃義〉を指したことに由来) で、そこから「密

する、たれこむ」という意味が派生した (shopped him to the police「彼を警察に売った」).

shore¹ [中英語]图岸、海岸、湖畔、河岸;動陸揚げする、上陸させる:

sea shore「海岸」の shore は中オランダ語、および中低地ドイツ語 schōre に由来する。動詞 shear「刈る、切る」の語根から来ている可能性もあるが不詳。原義は「海と陸の境」とみられる。
→ SHEAR

shore² [中英語]图(船体、建物などの)支柱;動…で支える、…のつっかいをする、補強する:

「支柱を施す (shore up「…で支える」の shore は中オランダ語、ならびに中低地ドイツ語 schōre「支える」から英語に入った。語源不詳。

short [古英語]形短い、背の低い、基準に達しない、不足した;副簡潔に、急に;動十分に与えない、不足させる、(電気)ショートする・させる:

ゲルマン語起源の語。古英語 sceort は shirt や skirt と同系である。主な意味に以下のものがある:「(長さ・距離・時間などが) 短い」、「標準・一定量に達しない、不足な」(short change「小銭不足」)、そして15世紀以降の「(ショートニングを含むため) 砕けやすい、サクサクする」という意味はおそらく「食物繊維としての長さが足りない」ところから来たものであろう (short pastry「サクサクしたペストリー」。short and sweet「短くて愉快な、簡潔な、ぶっきらぼうな」という表現は16世紀初頭に遡る。「金銭的に苦しい、金欠の」(short of cash「現金不足」) という意味は18世紀半ば以降のもの。電気について用いる動詞 short「ショートする」は short-circuit の短縮形。
→ SHIRT; SKIRT

shot [古英語]图発砲、発射、銃声、ねらい、試み;動…に弾丸を込める:

「突進、(後に) 射撃、発射」を意味する古英語 sc(e)ot, gesc(e)ot (動詞 shoot の語源から派生した名詞) はゲルマン語起源の語で、ドイツ語 Geschoss「発射体」と同系である。
→ SHOOT

shoulder [古英語]图肩;動肩で押す、背負う、(責任・負担など) を引き受ける:

古英語 sculdor は西ゲルマン語起源の語で、同系語にオランダ語 schouder およびドイツ語 Schulter「肩」がある。動詞用法は中英語に遡り、「責任を負う」(shoulder a responsibility) という意味は16世紀後半から。

shout [後期中英語]動叫ぶ、大声で言う;图叫び声、大声:

おそらく shoot と同じ語根。古ノルド語 skúta「あざけり」、ならびに英語 scout「(申し出・意見などを) はねつける、ばかにする」と同系とみられる。
→ SHOOT

shove [古英語]動押す、突く;图ひと押し、突き:

古英語 scufan はゲルマン語起源の語でオランダ語 schuiven、ドイツ語 schieben「押す」、英語 schuffle「足を引きずって歩く」と同系とみられる。
→ SHOVEL: SHUFFLE

shovel [古英語]图シャベル、スコップ;動シャベルですくう:

古英語 scoft はゲルマン語起源の語で、同系語にオランダ語 schoffel、ドイツ語 Schaufel「シャベル」、英語 shove「ひと押し、押す、突く」がある。
→ SHOVE

show [古英語]動見せる、示す、案内する;图見せること、誇示、ショー、番組、展覧会:

古英語 scēawian「…を見る、調べる」は西ゲルマン語の原義「見る」に由来する。同系語にオランダ語 schowen、ドイツ語 schauen「見る」がある。1200年頃に起こった「見る」から「見せる」への意味変

化の原因はよくわからない。名詞用法は動詞用法より派生。「娯楽用の見世物」という意味は16世紀半ば以降、「(規模の大きな)展覧会、展示会」(flower show「フラワーショー」など)という意味は19世紀初頭以降。

shower [古英語]图にわか雨、短期間の雨、シャワー、嫌な連中;動にわか雨が降る、シャワーを浴びる:
古英語 scūr「にわか雨、ひょう」はゲルマン語起源の語で、同系語にオランダ語 schoer とドイツ語 Schauer「にわか雨」がある。軽蔑的に用いる「嫌な奴、連中」という意味は1940年代から(such a shower of idiots「あんなばかな連中」など)。

shred [後期古英語]图一片、断片、破片、僅少、ほんの少し:
後期古英語 scrēad は「切れ端」という意味、動詞 screadian は「切り取る、刈り込む」という意味であった。西ゲルマン語起源の語で同系語に英語 shroud がある。
→ SHROUD

shrew [古英語]图トガリネズミ、口やかましい女:
古英語 screawa, scrǽwa はゲルマン語起源の語で「(魔力を持つ醜い)こびと」、「悪魔」などの意味を持つ語と同系である。「がみがみ女、口やかましい女」という意味は中英語以降。

shrewd [中英語]形賢い、洞察力のある、如才ない、鋭い、抜け目のない、鋭敏な:
「(性格が)邪悪な、意地悪な」が当初の意味。shrew の「邪悪な人・もの」という意味から来たとする説、また shrew の廃義「呪う」の過去分詞とみる説がある。17世紀に「ずるい、狡猾な」から「賢い、如才ない」へと意味が良化。
→ SHREW

shriek [15世紀後半]動悲鳴をあげる、金切り声を出す;图悲鳴、金切り声:
方言 screak、古ノルド語 skrǽkja や screech と同様、擬音語である。
→ SCREECH

shrill [後期中英語]形鋭い、甲高い;副金切り声で;動金切り声で言う;图金切り声:
ゲルマン語起源の語で、低地ドイツ語 schrell「(調子や味が)鋭い」と同系。

shrine [古英語]图(聖人の遺骨・遺物を納めた)聖堂、廟びょう、神殿、神社:
ラテン語 scrinium「本箱」に由来。古英語 scrin は「棚、収納箱、聖骨箱、遺宝箱」を指した。ゲルマン語起源の語で同系語にオランダ語 schrijn、ドイツ語 Schrein「聖堂」がある。

shrink [古英語]動縮む、縮ませる、ひるむ;图収縮、精神科医:
古英語 scrincan はゲルマン語起源の語で、同系語にスウェーデン語 skrynka「しわが寄る」がある。「(恐ろしい物・事から)しりごみする、ひるむ、嫌に思う」などの意味は16世紀初頭に遡る。1960年代アメリカに俗語として現れた「精神科医」という意味は headshrinker「(切り取った頭を縮ませる)首狩り部族民」に由来する。

shrivel [16世紀半ば]動しわが寄る、しなびる、しぼむ、縮む:
スカンジナビア語起源の語。スウェーデン語の方言 skryvla「しわが寄る」と同系とみられる。

shroud [後期古英語]图死体を包む布、経かたびら;動経かたびらを着せる、覆う、包む:
後期古英語 scrūd「衣服、衣類」はゲルマン語起源の語で、「切ること」が原義の語に由来する。英語 shred は同系語。中英語における動詞の用例は「保護するために覆う」という意味であった。名詞用法の「埋葬用の白布」という意味は16世紀後半に遡る。
→ SHRED

shrub [古英語] 名 低木、灌木：
古英語 scrubb, scrybb は「低木」という意味。同系語に西フラマン語 schrobbe「カラスノエンドウ、ヤハズエンドウ」、ノルウェー語 skrubba「ゴゼンタチバナ」、英語 scrub がある。
→ SCRUB²

shrug [後期中英語] 動 肩をすくめる；名 肩をすくめること：
「そわそわする、寒さで震える」が当初の意味で語源不詳。shrug off「無視する、受け流す」という表現は20世紀初頭から。

shudder [中英語] 動 身震いする、震える；名 身震い、戦慄、震え：
中オランダ語 schūderen から入った語で、「揺れる」を意味するゲルマン語起源。I shudder to think「…を考えるとぞっとする」という表現は1872年のジョージ・エリオット『手紙』Letters で初出。I shudder a little to think what a long book it will be「なんと長い本になるのかを考えただけでもぞっとする」。

shuffle [16世紀半ば] 動 足を引きずって歩く、トランプ札を混ぜる、ごまかず；名 足を引きずって歩くこと、トランプ札の切り混ぜ、混合：
ゲルマン語起源の語で shove「押す」および scuffle「足を引きずって歩く」と同系。「ぎこちなく歩く」、「トランプ札をごまかして配る、カードを切り混ぜる」を意味する低地ドイツ語 schuffeln に由来する。
→ SCUFFLE; SHOVE

shun [古英語] 動 …を避ける、遠ざける：
古英語 scunian は「逃げる、恐れて避ける、潜伏する」という意味であった。語源不詳。原義が「…から隠れる」と仮定すれば、shun は「覆う、隠す」を意味するゲルマン語の語根 (sku-) から派生した語と考えられる。**shunt** [中英語] 動「そらす、入れ替える、変える」の当初の意味は「飛びのく」で、shun の派生語とみられる。

shut [古英語] 動 閉める、閉じる、閉まる；形 閉じた；名 閉鎖：
古英語 scyttan「（戸を閉じるため）門貫をさす」は西ゲルマン語起源の語で、同系語にオランダ語 schutten「閉じる、ふさぐ」や英語 shoot「射る、勢いよく動かす」がある。get shut of「縁が切れる、関係がない」という表現は1500年頃に初出。口語の Shut up!「黙れ！」は19世紀半ばから。
→ SHOOT

shuttle [古英語] 名（ミシンの）下糸入れ、折り返し運転、定期往復便、スペースシャトル；動 往復する、左右に動く、往復運転で運ぶ：
古英語 scytel「矢、飛び道具」はゲルマン語起源の語。古ノルド語 skutill「銛」は同系。2か所を行ったり来たりする動きを指す動詞用法および名詞用法は、ミシンのボビン（筒型の糸巻き）の動きから来ている。「スペースシャトル」を指すようになるのは1960年代以降。
→ SHOOT

shy [古英語] 形 内気な、臆病な、用心深い；動 飛び退く、よける：
古英語 scēoh は馬について「すぐに怖気づく」という意味で用いられた。ゲルマン語起源の語でドイツ語 scheum「避ける」および scheuchen「怖がらせる」と同系である。人について用いられるのは17世紀以降で、動詞用法は17世紀半ばに遡る。coconut shy「ヤシの実落とし（市などでココナッツの実にボールを投げて倒す余興をさせる露店）」に見られる「投げつける」という意味は18世紀後半のもので、語源不詳。

shyster [19世紀半ば] 名 悪徳弁護士・政治家、いかさま師：
19世紀のニューヨークに実在したいかさま弁護士 Scheuster（この弁護士の悪徳ぶりは「scheuster 訴訟」にまで発展した）に由来するとされる。「役立たず」を意味するドイツ語 Scheisser との混成とする説もある。

sibling ［古英語］名兄弟姉妹；形兄弟姉妹の：

「親類、親族」が当初の意味。現在の「同じ親から生まれた兄弟姉妹」という意味は20世紀初頭以降のもの。

sick ［古英語］形病気の、(顔などが)青白い、吐き気がする、うんざりして：

古英語 *sēoc*「病気の」はゲルマン語起源の語で、同系語にオランダ語 *ziek*、ドイツ語 *siech*「虚弱な」がある。「吐き気がする」という意味は17世紀初頭以降。*sick* as a dog「ひどく体調が悪くて、ひどくむかついて」という表現は18世紀初頭に遡る。1970年代以降は *sick* as a parrot とする言い換え表現も見られる。「悪趣味の、たちの悪い」(*sick* joke「たちの悪い冗談」など) という意味は1950年代以降。**sickly**［後期中英語］形「病弱な、病的な」は *sick* から派生した語であるが、古ノルド語 *sjúkligr* の影響も見られる。

sickle ［古英語］名鎌、手鎌；動鎌で刈る：

古英語 *sicol, sicel* はゲルマン語起源の語で、同系語にオランダ語 *sikkel*、ドイツ語 *Sichel*「円形鎌」がある。ラテン語 *secula* (*care*「切る」の派生語) に由来する。

side ［古英語］名側面、面、横腹、脇腹；脇の、側面の；形側部の、脇の；動…に同調する、支持する：

古英語 *side*「身体の側面」はゲルマン語起源の語で、同系語にオランダ語 *zijde*、ドイツ語 *Seite*「側面」があり、おそらく「縦長に伸びている」が原義。*side* には「(内外・表裏などの) 面、立体的な面」という意味の他、「(問題などの) 面、局面、(人の) 性質」(the bright *side*「明るい面」) や、相反する見解 (on his *side* in the argument「議論における彼の言い分」) という意味がある。on the *side*「本題とは別に、ひそかに」に見られるような「不正」の意味は、19世紀後半のアメリカ英語に遡る。複合語に以下がある：
■**sideburn**［19世紀後半］名「頰」。burn-side の前後を入れ替えたもの。実在したバーンサイド将軍 (1824〜81年) がたくわえていた独特の頰髯にちなむ。

sidle ［17世紀後半］動横(向き)に動く、斜めに進む；名横歩き：

sideling「横に、斜めに、横に向いた」の接尾辞欠落による逆成。**sidelong**［後期中英語］副形「横に、横の」は sideling から派生。

siege ［中英語］名包囲攻撃；動…を包囲する：

古フランス語 *sege* (*asegier*「包囲する」より) から英語に入った語。

sieve ［古英語］名ふるい、濾こし器、秘密を守れない人、口の軽い人；動…をふるいにかける、詳細に調べる：

古英語の名詞 *sife* は西ゲルマン語起源の語で、同系語にオランダ語 *zeef*、ドイツ語 *Sieb*「ふるい」がある。17世紀初頭以降は「秘密を守れない人」という意味でも用いられている。シェイクスピア『終わりよければすべてよし』*All's Well That Ends Well*, I. iii. 210に以下がある：Yet, in this captious and intenable *sieve* I still pour in the waters of my love「でも、そのいくら注いでももってしまう篩のなかに、私は愛の水を注ぎ続けているのです」)。**sift**動「ふるいにかける、精選する、厳密に調べる、ふるい分けをする、取捨選択を行う」(古英語の形は *siftan*) も西ゲルマン語起源の語で、同系語にオランダ語 *ziften* がある。

sigh ［中英語］動ため息をつく、吐息をつく、ため息まじりに言う；名ため息、嘆息：

当初は動詞用法。sighte の接尾辞消失による逆成とみられる。sighte は廃語 siche (古英語の形は *sīcan*「ため息をつく」) の過去形。

sight ［古英語］名見ること、見えること、観察、視力、司会；動見つける、認める、ねらいをつける；形初見で行われる、即

興で行われる:

古英語 (ge)sihth は「光景」という意味であった。西ゲルマン語起源の語で、同系語にオランダ語 zicht、ドイツ語 Gesicht「視力、顔、外見」がある。「視力」という意味は中英語。all the sights of Brussels「ブリュッセルの名所すべて」の「名所」を意味する sights は16世紀後半に遡る。16世紀後半と言えば、この語が sights of gun「銃の照準器」のように「銃の照星(銃口近くの銃身に固着させた小突起。手前の照門からこれをみて照準を定める)」という意味で用いられた時期でもある。動詞用法は16世紀半ばに「銃の照準器を調整して照準を…に合わせる」という意味で初出。成句 a sight for sore eyes「目を楽しませる物・人、見たいと思っていた物・人、珍品、珍客」は18世紀初頭に初出。アメリカ英語の口語表現 not by a long sight「決して…でない」は19世紀初頭から。

sign [中英語]名身振り、記号、徴候、しるし、看板、様子、兆し、気配;動署名する、しるしをつける、徴候を示す、身振りで知らせる、合図する:

ラテン語 signum「しるし、記号」が古フランス語を経て英語に入ったもの。**signet** [後期中英語]名動「小さな印鑑、(指輪につける)認め印、捺印、…に捺印する」は古フランス語、もしくは中世ラテン語 signetum (signum の指小辞語) に由来する。Writer to the Signet「印章のための書記」とはスコットランドの法律用語で、王の承認を得るため文書を用意する、国務大臣の書記を指す。**signature** [16世紀半ば]名「署名」も同系語で、王室会計局への提出書類を指すスコットランドの法律用語として初出。ラテン語 signare「署名する、しるしをつける」が中世ラテン語 signatura「(特に国王の)親署、独特の署名、特長」を経て英語に入ったもの。

signal [後期中英語]名信号、シグナル、合図;動合図する、信号を送る:

中世ラテン語 signale が古フランス語を経て英語に入ったもの。signale は後期ラテン語 signalis (ラテン語 signum「しるし、記号」より派生) の中性形。動詞用法は19世紀初頭から。
→ SIGN

signify [中英語]動意味する、示す、表わす、…の前兆となる:

ラテン語 significare「示す、前兆になる」(signum「しるし」より派生) が古フランス語 signjfier を経て英語に入ったもの。同語源の語に **significance** [後期中英語]名「意義、意味、重要性」(古フランス語、またはラテン語の signjficantia から)、ならびに **significant** [16世紀後半]形「重大な、意味のある」(ラテン語の現在分詞の語幹 signjficant- から) がある。
→ SIGNAL

silence [中英語]名静けさ、沈黙、無言、静寂、無視;動沈黙させる;間静かに、静粛に:

ラテン語 silentium (silere「静かである」より派生) が古フランス語を経て英語に入ったもの。silence is golden「沈黙は金」ということわざは19世紀初頭から。同じく silere を語源とする **silent** 形「静かな、無言の、沈黙した」は15世紀後半に「黙っている」という意味で初出。

silhouette [18世紀後半]名シルエット、影絵、輪郭;動シルエットで描く:

フランスの作家・政治家エティエンヌ・ド・シルエット (1709~67年) にちなむ。由来には諸説ある:1759年における蔵相としての短い在職期間、あるいは、ブリ=シュル=マルヌの自分の城壁を影絵で飾ったとされることから。

silk [古英語]名絹、絹糸、生糸、絹織物:

古英語 sioloc, seolec は後期ラテン語 sericum に由来する。sericum はラテン語 sericus の中性形で、ギリシア語 Sēres に由来する。Sēres はシルク発祥の地である極東諸国の住民の呼称。シルクが最初に陸路でヨーロッパに運びこまれたのはこの地から。**silken** 形「絹の、絹のよ

sill [古英語]图敷居、窓敷居、土台：
古英語 *syll, sylle* は「壁の土台を成す横梁」という意味であった。ゲルマン語起源の語で、同系語にドイツ語 *Schwelle*「敷居」がある。「窓敷居」という意味は後期中英語以降。

silly [後期中英語]形ばかな、愚かな、思慮のない、ばかげた、おめでたい：
「幸運、幸福」を意味する西ゲルマン語起源の語。「哀れな、同情を誘う」が当初の意味で、「幸福な」から「無知な、弱い、弱々しい」という意味に転じた方言 *seely* に取って代わったもの。意味は段階的に変化しており（「弱い」→「単純な、無知な」→「愚かな」）、意味の下落の好例といえよう。

silt [後期中英語]图沈泥、シルト（砂より細かく粘土より粗い沈積土）；動沈泥でふさぐ、ふさがる：
当初はおそらく、塩を含んだ堆積物を指した。スカンジナビア語に由来し、オランダ語およびノルウェー語 *sylt*「塩水性湿地（塩分を含んだ沼地）」と同系とみられる。
→ SALT

silver [古英語]图銀、銀器、銀色、銀貨、硬貨；形銀の、銀製の、銀色の：
古英語 *seolfor* はゲルマン語起源の語で、同系語にオランダ語 *zilver*、ドイツ語 *Silber*「銀」がある。銀の食器類（*silverware*「銀器」など）という意味は当初よりみられる。「硬貨、銀貨、小銭」を指す用例は主にスコットランド語。

similar [16世紀後半]形似ている、類似した、同様の、同類の：
当初は「同種の、相同の」を意味する解剖学用語であった。フランス語 *similaire*、または中世ラテン語 *similaris* から英語入った語で、ラテン語の形容詞 *similis*「似ている、類似した」に由来する。*simile* [後期中英語]图直喩、直喩法」は *similis* の中性形。**simulate** [17世紀半ば]動「…をまねる、…のふりをする、模擬実験する」もまた *similis* に由来し、ラテン語 *simulare*「模写する、表す」を経て英語に入ったもの。

simmer [17世紀半ば]動ぐつぐつ煮える、（怒りで）煮えたぎる；图煮え立つ寸前の状態、（感情の）爆発寸前の状態：
同義の方言 *simper* の変形。沸騰しかけた状態の擬音語とみられる。

simper [16世紀半ば]動にたにた笑う、にたにた笑いながら言う；图にたにた笑い、つくり笑い：
語源不詳。ドイツ語 *zimpfer*「上品な、優雅な」と同系か。

simple [中英語]形単純な、簡単な、質素な、簡素な、純真な；图単純物、ばか者：
ラテン語 *simplus* が古フランス語を経て英語に入ったもの。意味は次の 4 つに大別される；「非難の余地のない、まっすぐな」、「（身分が）低い、卑しい」、「無知な、無学な」、「純粋は、まじりっけのない」。pure and simple「まったくの、純然たる、単なる」という成句は19世紀後半に遡る。**simplicity** [後期中英語]图「簡単、平易、明解、単純、純真、簡素」は古フランス語 *simplicite*、またはラテン語 *simplicitas* から英語に入った語で、ラテン語 *simplex*「単一」に由来する。**simpleton** [17世紀半ば]图「ばか者、まぬけ」は *simple* と *-ton* からなる語。**simplify** [17世紀半ば]動「単純化する、平易にする」はラテン語 *simplus* が中世ラテン語 *simplificare*、フランス語 *simplifier* を経て英語に入ったもの。

simultaneous [17世紀半ば]形同時の、同時に起こる、同時に存在する：
ラテン語 *simul*「同時に」に由来する。後期ラテン語 *momentaneus* にならった造語とみられる。

sin［古英語］**名**罪、最悪、過失、違反；**動**罪を犯す、悪事を働く：
　古英語 synn（名詞）、syngian（動詞）はラテン語 sons, sont-「罪を犯した、有罪の」と同系とみられる。sinful**形**「罪深い、ばちあたりの」もまた古英語（synfull）由来の語で、意味の弱化（「ばちあたりの」）がみられるのは19世紀半ば以降（sinful waste of money「もったいない浪費」）。

since［後期中英語］**接**…以来、…だから、…なので；**前**…以来；**副**それ以来ずっと：
　廃語 sithence の縮約形か、もしくは方言 sin から英語に入った語。sithence, sin ともに方言 sithen「そのすぐ後で、後で、その後、…以来ずっと」に由来する。

sincere［16世紀半ば］**形**誠実な、まじめな、偽りのない：
　当初は「偽造されていない」、「純粋な」という意味で使われることもあった。ラテン語 sincerus「きれいな、純粋な」から英語に入った語。「混ぜ物のない」という意味も当初から見られる。

sing［古英語］**動**歌う：
　古英語の動詞 singan はゲルマン語起源の語で、オランダ語 zingen やドイツ語 singen「歌う」と同系である。「（洗いざらい）白状する、自白する」という意味の俗語は17世紀初頭に遡る。

singe［古英語］**動**…の表面を焼く、焦がす、焦げる；**名**焼け焦げ、焦げ跡：
　古英語 sencgan は西ゲルマン語起源の語で、オランダ語 zengen と同系である。singe（何かを勢いよく焼くときの音）の語幹と動詞 sing は関連があるとみられる。

single［中英語］**形**たった1つの、各々の、独身の、単一の：
　ラテン語 singulus（simplus「単純な」と同系）が古フランス語を経て英語に入った語。singlet［18世紀半ば］**名**「（袖なしの）アンダーシャツ、ジャージ」は single の派生語。当初は裏地のない男性用の短い上着を指した。doublet「ダブレット（15〜17世紀の男性用上衣）」の語形成にならったもの。

singular［中英語］**形**並外れた、非凡な、珍しい、奇妙な、1つだけの、《文法》単数の；**名**《文法》単数：
　当初は「単独の、単一の、単独の」および「抜きんでた」という意味であった。ラテン語 singularis「（その種の中で）唯一の」（singulus「たった1つの」から）が古フランス語 singuler を経て英語に入ったもの。文法用語の「単数（の）」という意味も当初から現れている。同じく中英語の singularity**名**「特異、稀有、単独、単一」は後期ラテン語 singulalitas（singularis から）が古フランス語を経て英語に入ったもの。
→ SINGLE

sinister［後期中英語］**形**悪意のある、邪悪な、不吉な：
　古フランス語 sinistre、またはラテン語 sinister「左側の」から英語に入った語で「騙すつもりの、不正な」が当初の意味。ベン・ジョンソン『三文詩人』Poetaster にこうある。The sinister application Of the malicious, ignorant, and base interpreter「悪意があって無学で卑しい通訳者のいい加減な教訓」）。ラテン語の「左側の」という意味も当初からあった。bend sinister「盾形の右上から左下にかけて斜めに配した帯」のような紋章用語に見られる。sinister token, sinister presage（「不吉なしるし」、「不吉な前兆」）に見られるような「不吉な」という意味は16世紀後半に遡る。当時は「左」が不吉な方向と考えられ、不運の前兆とされていた。

sink［古英語］**動**沈む、沈める、落ち込む、染み込む、打ち込む、堕落する：
　古英語 sincan はゲルマン語起源の語で、同系語にオランダ語 zinken、ドイツ語 sinken「沈む」がある。「下方への動き」のみならず、「下落」や「堕落、零落、破滅」といった比喩的な意味も併せ持つ。sink

or swim「一か八か、のるかそるか」という成句は中英語に遡る。動詞 sink から派生した sink [中英語] 名「(台所などの)流し、下水溝」は、当初「水盤、汚水溜め」という意味で、kitchen sink「台所の流し」は16世紀半ばに遡る。

sinuous [16世紀後半] 形 曲がりくねった、波状の、しなやかな、遠回しの、ひねくれた：

フランス語 sinueux、またはラテン語 sinuosus (sinus「曲げること、曲ること」より) から英語に入った語。

sip [後期中英語] 動 ちびちび飲む；名 ちびちび飲むこと、(酒などの) 一口 (の量)：

sup [古英語] 動「少しずつ食べる、少しずつ飲む」(今ではほぼ廃語、もしくは北部英語のみ) の母音変異とみられる。控えめに飲食するという点で同義。

siphon [後期中英語] 名 サイフォン、吸い上げ管、サイフォン瓶；動 (液体) を (サイフォンで) 吸い上げる、流用する：

ギリシア語 siphōn「管、チューブ」がフランス語、またはラテン語を経て英語に入った語。動詞用法は19世紀半ばから。

sir [中英語] 名 (男性への呼びかけ・敬称で) あなた様、旦那、(手紙の書き出しで) 拝啓：

sire [中英語] 名 (王への呼びかけとして陛下、殿が当初の意味) の短縮形。sire はラテン語 senior の変形が古フランス語を経て英語に入ったもの。
→ SENIOR

siren [中英語] 名 サイレン、警笛、号笛；形 サイレンの、魅惑的な：

当初は、空想上の蛇、および、ギリシア神話のセイレーン (美しい歌声で船乗りを誘い寄せ、船を難破させた半人半鳥の海の精) を指していた。ギリシア語 Seirēn が後期ラテン語 Sirena (ラテン語 Siren の女性形)、古フランス語 sirene を経て英語に入ったもの。siren は19世紀初頭になると、ある楽器を指すようになった。この楽器は1819年にフランスの物理学者カニャール・ド・ラ・トゥールによって発明された。19世紀後半には、汽船が煙を出すなどして注意を喚起する「警報装置、警報機」を指すようになる。siren suit「身体の前面にチャックのついた上下つなぎの作業服」は1930年代に見られ、元は女性用の防空服であった。

sister [古英語] 名 姉、妹、親しい女性、【カトリック】修道女：

ゲルマン語起源でオランダ語 zuster やドイツ語 Schwester「姉、妹」と同系である。インド＝ヨーロッパ語の語根を持ち、ラテン語 soror も同じ語根である。
sissy [19世紀半ば] 名 形「女々しい男子、弱虫、女々しい、いくじなしの」は sister の sis- から来ており、当初は sister と同義の「女のきょうだい」という意味で用いられたが、ほどなく「女々しい、いくじなしの」という意味になった。

sit [古英語] 動 座る、腰を掛ける、着席する、座らせる；名 座ること、着席：

古英語 sittan はゲルマン語起源の語で、オランダ語 zitten とドイツ語 sitzen「座る」と同系。インド＝ヨーロッパ語の語根を持ち、ラテン語 sedere、ギリシア語 hezesthai も同じ語根である。意味を3つに大別すると「座っている」、「位置する、存在する」、「着席する」である。また sit を含む熟語 (動詞句) は多い (sit back「ゆったり座る、くつろぐ、傍観する」、sit around「これといって何もしない、傍観する」など)。

site [後期中英語] 名 場所、位置、敷地、遺跡、(事件などの) 現場；動 位置を与える、位置させる、設置する：

当初は名詞用法のみ。アングロノルマンフランス語、またはラテン語 situs「位置、場所」から英語に入ったもの。動詞用法は16世紀後半以降。

situate [後期中英語] 動 …に位置を与え

る、位置づける、…を（ある場所に）置く、場所を定める：

ラテン語 *situs*「場所」が中世ラテン語 *situare*「置く」を経て英語に入ったもの。同じく後期中英語の situation 图「位置、場所、立場、境遇、状態」はフランス語、または中世ラテン語 *situatio(n-)* (*situare* より) から英語に入ったもの。「(人が置かれた) 立場」(my *situation* as a soldier「兵士としての立場」) という意味は18世紀初頭に遡る。situation が「勤め口、職」を意味するようになるのは19世紀初頭以降。

size [中英語] 图大きさ、寸法、サイズ；動寸法に合わせて分ける・作る；形…サイズの：

当初は assize「法率、条例」(*size* は assize の頭音消失) と同義、または「税金額などの規定、支払い率を定める条例」という意味で用いられた。古フランス語 *assise*「法令、条令」の派生語 *sise* から英語に入ったもの。「量を定めること」という意味から「大きさや容積」という意味に発達した。動詞句 *size* up「(人物などを)(一目で) 評価する、判断する」は19世紀後半に初出。size [中英語] 图「サイズ (紙などの滲み止めなどに用いる)」は装飾の下地に用いる糊状のものを指すが同じ語である可能性がある。語源不詳。
→ ASSIZE

skate [17世紀半ば] 图スケート靴；動スケートで滑る、滑らかに動く：

ice *skates*「アイススケート」にあるような *skate* は、元々 *scates* と複数形で表記された。この語はオランダ語 *schaats* (単数形だが、複数形として解釈された) に由来し、*schaats* は古フランス語 *eschasse*「竹馬」から派生した。get one's *skates* on「急ぐ」という表現は、19世紀後半に軍隊スラングとして使われていたもの。

skeleton [16世紀後半] 图骨格、骨組み、(文芸作品などの) 概要、本質；形骨格の、概要の、最小限の：

現代ラテン語から英語に入った。*skellein*「干上がらせる」から生じた *skeletos*「干上がる」というギリシア語の中性形に由来する。一般的に用いられている「骨組」の意味は、17世紀半ばから。

sketch [17世紀半ば] 图スケッチ、略図、寸劇；形スケッチの、概略の；動スケッチする：

イタリア語 *schizzo* から派生したオランダ語 *schets* やドイツ語 *Skizze*「スケッチ」に由来する。*schizzo* は、ギリシア語 *skhedios*「即興でなされる」が基になった *schizzare*「スケッチする」から生じた。この語が喜劇の寸劇を指して用いられるようになったのは、18世紀後半のことである。

skew [後期中英語] 图斜め、傾斜；形斜めの、ねじれの；動斜めに進む、歪曲する：

当初は動詞として使われ、「斜めに進む」という意味だった。古ノルマン語 *eskiuwer* の短縮形で、*eskiuwer* は古フランス語 *eschiver*「控える」の異形である。17世紀初頭に生じた形容詞 (*skew* mouth「歪んだ口」) や名詞 (the *skew* of the trajectory「軌道の歪み」) は、この動詞から派生したものである。ポニーを意味する *skewbald* [17世紀初頭] 图「白と茶ぶちの馬」の *skew* とは関係がない。*skewbald* は、*piebald* と同じように、廃語となった *skewed*「茶と白のまだらの」(語源不詳) から生じた。

skewer [後期中英語] 图串、焼き串；動串に刺す：

語源不詳だが、同じ意味で使われる方言 *skiver* の異形だと思われる。

skid [17世紀後半] 图横滑り、枕木、車輪止め；動横滑りする：

当初は名詞として使われ、「支える梁」を意味した。古ノルド語 *skith*「ビレット、雪靴」(これから、ノルウェー語経由で、18世紀半ばに英語 ski 图「スキー」も生じ

ている）とおそらく同系である。当初、動詞は「その動きを遅くするために（車輪に）車輪止めをつける」という意味で用いられていたが、後に「滑る」を意味するようになった。複合語に以下がある：
■ skid row［1930年代］「ドヤ街」。元々、木こりがたむろするドヤ街を意味するアメリカ英語の skid road が変化したものである。

skill［後期古英語］名技能、腕前、熟練仕事：
古英語 scele は「知識・区別」を意味し、古ノルド語 skil「優れた判断力・知識」に由来する。

skim［中英語］動かすめる、すくい取る、ざっと読む：
当初は「（液体から）あくを取り除く」を意味した。上澄みをすくい取る器具である skimmer からの逆成語（接尾辞を取り除いたもの）か、escume「あく、泡」から生じた古フランス語 escumer から派生した。「ざっと読む」は「（何かの）表面上をすばやく動く」の意味と同様、18世紀後半に生じた。

skin［後期古英語］名皮膚、表皮；形皮膚の、皮の；動皮を剥ぐ、皮で覆う、擦りむく：
後期古英語 scinn は、古ノルド語 skinn から派生した。オランダ語 schinden「皮を剥ぐ、皮をむく」やドイツ語 schinden「皮を剥ぐ」と同系である。一致団結して手をたたく前に発せられる俗語 gimme some skin「お手を拝借」は、1940年代に生じた。1920年代から見られるようになった口語表現 skint 形「（一時的に）一文なしの」は、同じ意味で使われる口語表現 skinned（skin の過去分詞）の異形である。

skip¹［中英語］名軽く跳ぶこと、（一部を）抜かすこと；動跳ね回る、跳びながら進む、飛ばして進む、省く、夜逃げする：
スカンジナビア語起源だと思われる。「夜逃げする」の意味も早くからある。「飛ばし読みをする」の意味で用いられるようになったのは、16世紀初頭のことである。

skip²［19世紀初頭］名廃棄物入れコンテナー、大きなゴミ容器：
古ノルド語 skeppa「かご」から派生した skep の異形である。

skipper［後期中英語］名船長、艦長、チームの主将：
中オランダ語、中低地ドイツ語の schipper に由来し、元は schip「船」である。

skirmish［中英語］名小衝突、小競り合い；動小競り合いをする：
当初は古フランス語 eskirmiss- から生じた動詞として使われていた。eskirmiss- は、「防御する」という意味のゲルマン語の動詞から生じた eskirmir の延長語幹である。名詞は、16世紀後半から「争い、衝突」を意味するようになった。

skirt［中英語］名スカート、囲い、郊外；動周辺を通る、避けて通る：
古ノルド語 skyrta「シャツ」に由来する。同義語の古英語 scyrte や short と同系である。17世紀初頭から動詞用法が見られる。
→ SHORT

skit［18世紀初頭］名寸劇、風刺作品、小喜劇：
当初は「風刺的なコメントや攻撃」を意味する語として使われた。希な動詞 skit「軽快にすばやく動く」と同系である。skit は古ノルド語から生じ、skjota「撃つ」と同系である。**skittish**［後期中英語］形「（特に馬が）ものに驚きやすい」も、これと同じ希な英語の動詞 skit から生じた可能性がある。

skulk［中英語］名こそこそ動き回る人、こっそり隠れる人；動（こそこそ）隠れる、動き回る：
スカンジナビア語起源だと思われる。ノ

ルウェー語 *skulka*「こそこそ動く」やオランダ語 *skulke*、スウェーデン語 *skolka*「義務を怠る」と同系である可能性が高い。

skull［中英語］图頭蓋骨、頭：
当初は *scolle* と綴られた。語源不詳だが、古ノルド語 *skoltr* と同系であると思われる。*skull* and crossbones「どくろマーク」という表現が海賊の旗の徽章に用いられるようになったのは、19世紀初頭のことである。out of one's *skull*「狂って」という表現は、1960年代に生じた。

sky［中英語］图空、空模様、天国：
当初は複数形で用いられることが多く、雲を意味した。古ノルド語 *sky*「雲」に由来する。青色を指したのは17世紀半ばのことである。out of a clear (blue) *sky*「突然の」という表現が登場したのは、19世紀の終わり頃のことである。The *sky's* the limit「(特に金が) 際限がない」という表現は、1920年代に生じた。

slack［古英語］图（ロープなどの）たるみ、不景気；形緩い、たるんだ、不注意な；動緩む、緩やかにする：
古英語 *slæc* は「怠ける傾向がある、ゆっくりとした」を意味した。ゲルマン語起源であり、ラテン語 *laxus*「ゆるい」と同系である。この意味が拡張し、「怠慢な、無関心な」(*slack* parenting「育児放棄」)、「エネルギーが欠けている、鈍い、時間がかかる」(*slack* digestion「消化不良」)、「締まっていない」(*slack* rope (「緩んだロープ」) という意味が生まれた。

slag［16世紀半ば］图スラグ、くだらない人；動スラグになる、スラグを除去する、批判する：
中低地ドイツ語 *slagge* に由来し、元は *slagen*「打つ」である。鍛造の際にできた破片を指している。「つまらない人」という意味の俗語が登場したのは18世紀後半のことである。「批判する」という動詞の意味は (*slagged* them off mercilessly「彼らを無慈悲にこき下ろす」) は

1970年代に生じた。

slake［古英語］動（のどの渇き、欲望を）満たす、癒やす、（怒りを）和らげる、（石灰が）消和する：
「だんだん熱意がなくなる」や「緩む」という意味の古英語 *slacian* は、形容詞 *slæc*「緩い」に由来する。オランダ語 *slaken*「小さくする、緩和する」と同系である。渇きなどを「鎮める」の意味は、中英語から用いられている。

slam［17世紀後半］動バタンと閉まる、強く打つ、こきおろす、急ブレーキを踏む；图（戸などをバタンと）閉めること、（戸などの）バタンという音：
slammed the door「ドアをピシャリと閉めた」は、元々「勢いよくたたく」を意味する方言だった。スカンジナビア語起源で、古ノルド語 *slam(b)ra* と同系である。「こきおろす」の意味は、元々20世紀初頭からアメリカで用いられていた。*slam* on the brakes「急ブレーキをかける」という表現は、1950年代から用いられている。

slander［中英語］图名誉棄損、中傷；動中傷する：
古フランス語 *esclandre, escande* の異形に由来し、元は古ラテン語 *scandalum*「スキャンダル」である。
→ SCANDAL

slant［後期中英語］動傾く、傾斜する、歪ゆがめる；图傾斜、斜面、傾向、見解：
方言 *slent* の異形である。スカンジナビア語起源で、*aslant*「傾斜した方向に」の影響を受けていると考えられる。「見解」という意味 (new *slant* on the issue「その問題の新しい見解」) は、元々アメリカ英語で、20世紀初頭から用いられている。

slap［後期中英語］图平手打ち、手ひどい侮辱；動ピシャリと打つ、ひっぱたく；副ピシャリと、まっすぐに：
擬音語だと思われる。名詞は17世紀半

ばに生じた。*slap* in the face「顔への平手打ち、侮辱」という表現は、元々は *slap* on the face (19世紀半ば) だった。「好色な行為」に対して使われる *slap* and tickle「いちゃつき」という表現は、1920年代から用いられている。

slash ［後期中英語］動切りつける、大幅に削減する；名サッと切りつけること、斜線、削減：

擬音語、あるいは、古フランス語 *esclachier*「粉々に壊す」から生じたと思われる。*slash* prices「大幅に価格を下げる」のように「大幅に減少する」を意味するようになったのは、20世紀初頭からである。

slat ［後期中英語］名羽根板はね；動…に羽根板をつける：

当初は「屋根用スレート」を指した。*esclater*「分かれる」から生じた古フランス語 *esclat*「裂片」の短縮形である。現在の意味は18世紀半ばから。

slate ［中英語］名粘板岩ねんばんがん、スレート、石板；動スレートでふく、候補に立てる、酷評する：

中英語 *sclate, sklate* は、古フランス語 *esclate* の短縮形である。*esclat*「粉々になった一片」と同義の女性形である。clean *slate*「一点の曇りもない経歴」という表現は、19世紀後半に生じた。「酷評する」という動詞の意味が登場したのは、19世紀半ば頃である。
→ SLAT

slaughter ［中英語］名大虐殺、食肉処理、完敗；動虐殺する、食肉解体する：

古ノルド語 *slatr*「獣肉」に由来し、*slay* と同系である。動詞は16世紀半ばに生じた。
→ SLAY

slave ［中英語］名奴隷どれい、虜とりこ；動奴隷のようにあくせく働く：

古フランス語 *esclave* の短縮形である。中世ラテン語 *sclava* (女性形)「スラブ人(捕虜)」に相当する。スラブ人は9世紀に征服され、奴隷とされていた。動詞は16世紀後半に生じ、「奴隷のようにせっせと働く」の意味は18世紀初頭に登場した。

slay ［古英語］動殺す、消滅させる、圧倒する、抱腹絶倒させる：

古英語 *slean*「攻撃する、殺す」はゲルマン語起源で、オランダ語 *slaan* やドイツ語 *schlagen*「打つ」と同系である。「喜びを与える、笑い転げさせる」(He *slays* me with his comments「彼のコメントに抱腹絶倒する」) の意味は、すでに中英語で用いられていた。
→ SLAUGHTER

sled ［中英語］名そり；動そりに乗る、そりで運ぶ：

中低地ドイツ語 *sledde* から派生し、英語 *slide* という動詞と同系である。*sled* との同系語に、16世紀後半の **sledge** (中オランダ語 *sleedse* 由来) と17世紀初頭の **sleigh**名「そり」(元々はアメリカ英語で、オランダ語 *slee* から生じた) がある。
→ SLIDE

sledge ［古英語］名大ハンマー；動そりに乗る、大ハンマーで打つ、大きな打撃を与える：

古英語 *slecg*「ハンマー」は「打つ」を意味するゲルマン語の語基から生じ、*slay* と同系である。複合語 sledge-hammer が登場したのは15世紀後半のことで、鍛冶か じ屋が使っていた大きくて重いハンマーを表していた。(take) a *sledgehammer* to crack a nut「ささいなことに無駄な労力を使う (木の実を割るのに大型のハンマーを使う)」という成句は小さな問題を解決するために大げさな手段を取る場合に使われた。1970年代のことである。
→ SLAY

sleek ［後期中英語］形つやつやした、流線形の、物腰が柔らかい；動滑らかにする、光沢を出す：

slick（形容詞と動詞）が変形したものである。「へつらう、口先のうまい」を意味することもある。（シェリー『ヘラス』 *Hellas*：After the war is fought, yield the *slick* Russian That which thou canst not keep「戦争が終わった後に、そのへつらいのロシア人にあなたが保持できないものを与えなさい」）。
→ SLICK

sleep［古英語］動眠る、休眠状態にある；名睡眠、休眠状態；形眠っている、寝ている：

古英語 *slep, slæp*（名詞）と *slepan, slæpan*（動詞）はゲルマン語起源で、オランダ語 *slapen* やドイツ語 *schlafen*「眠る」と同系である。*sleep* like a top「ぐっすり眠る」という表現が生じたのは17世紀後半のことである。

sleet［中英語］名みぞれ、雨氷；動みぞれが降る：

ゲルマン語起源であり、中低地ドイツ語 *sloten*（複数形）「霰ぁられ、雹ひょう」とドイツ語 *Schlosse*「霰、雹」と同系である。

sleeve［古英語］名たもと、袖、（レコードの）ジャケット：

古英語 *slefe, slief*(e), *slyf* は、中オランダ語 *sloove*「覆い」と同系である。have something up one's *sleeve*「秘策を用意している」という成句は、16世紀初頭に、袖の上部に隠されているトランプという意味から生じた。

sleight［中英語］名手練てれ、策略：

古英語 *sleghth* は、*slægr*「狡猾な」から生じた古ノルド語 *slægth* に由来する。

slender［後期中英語］形スマートな、か細い、わずかな、薄弱な：

語源不詳である。アングロノルマンフランス語を起源とする説がもっとも有力である。

sleuth［中英語］名探偵、刑事；動探偵のように行動する、捜索する：

当初は「足跡」という意味で、複合語 sleuth-hound の一部だった。sleuth-hound とは、逃亡者の追跡や獲物の捕獲のために、以前スコットランドで用いられていたブラッドハウンドの一種である。古ノルド語 *sloth* が語源である。現在の意味は、19世紀後半に生じた。

slice［中英語］名薄片、一切れ；動スライスする、薄く切る：

当初は「断片、裂片」という意味で用いられていた。古フランス語 *esclice*「裂片」の短縮形である。*esclice* は動詞 *esclicier* から生じたもので、ドイツ語 *schleissen*「薄く切る」や英語 *slit* と同系である。
→ SLIT

slick［中英語］形滑らかな、口先だけの、洗練された；動滑らかにする；名滑らかな部分：

「光沢のある」や「滑らかにする、つやを出す」が当初の意味だった。古英語から派生した語で、古ノルド語 *slíkr*「滑らかな」と同系である。「口先だけの」の意味は16世紀後半に、「熟練した、巧みな」の意味は19世紀初頭に登場した。
→ SLEEK

slide［古英語］動滑らかに動く、滑る；名滑ること、滑り台、スライド：

古英語 *slīdan* という動詞は、*sled* と *sledge* と同系である。名詞は、当初「滑る行為」という意味で使われ、16世紀後半から使われている。遊具を意味するようになったのは、19世紀後半からである。
→ SLED

slight［中英語］形ひじょうに小さい、か弱い、取るに足らない；動（人を）無視する、軽視する：

形容詞は古ノルド語 *slettr*「滑らかな」（英語の当初の意味で、今でも方言に残っている）に由来する。ゲルマン語起源で、オランダ語 *slechts*「単に」とドイツ語 *schlicht*「簡素な」、*schlecht*「悪い」と同系である。動詞は元々「滑らかにする、平らにする」の意味を反映しており、

古ノルド語 *slétta* から派生した。「軽視する」という意味は16世紀後半から。

slim [17世紀半ば] [形] 細い、ほっそりした、(可能性などが) 低い; [動] 痩゚せる、スリム化する:

低地ドイツ語もしくはオランダ語(「傾いた、斜めの、悪い」という基本的な意味より) から生じ、ゲルマン語起源である。オランダ語やドイツ語に見られる軽蔑的な意味は、元々、英語の名詞 *slim*「怠け者、もしくは、価値のない人」にあった。南アフリカ用法では、いまだに「ずる賢い、狡猾な」の意味が残っている。これは、17世紀後半の「乏しい、わずかな」(*slim chance*「望み薄」) の意味を反映したものである。

slime [古英語] [名] ドロドロしたもの、粘液ねん えき; [動] …を泥 (ドロドロしたもの) で覆う:

古英語 *slīm* はゲルマン語起源で、オランダ語 *slijm* やドイツ語 *Schleim*「粘液」、ラテン語 *limus*「泥」、そしてギリシア語 *limnē*「沼地」と同系である。

sling [中英語] [名] 投石具、パチンコ、つり包帯、スリング; [動] 投石器で石を飛ばす、投げつける:

おそらく、低地ドイツ語に由来し、元は象徴的なものである。例えば、ドイツ語 *Schlinge*「締めなわ、輪なわ」がある。ケガをした腕を支える布を表すようになったのは、18世紀初頭のことである。「投げる」という動詞の意味 (*sling a few things into your bag*「いくつかのものをバッグの中に投げ入れる」) は、古ノルド語 *slyngva* から派生した。

slink [古英語] [動] こそこそ動く、腰をくねらせて歩く:

古英語 *slincan* は、「はう、忍び寄る」という意味だった。中オランダ語と中低地ドイツ語 *slinken*「低下する、沈む」は同系であると思われる。

slip¹ [中英語] [動] 滑る、(こっそりと) 動く、(記憶が) 抜け落ちる、失われる; [名] 滑ること、転ぶこと、誤り、(女性用の) スリップ:

「すばやくそっと動く」というのが当初の意味で、中低地ドイツ語 *slippen* という動詞から生じたと思われる。*slip someone's memory*「うっかり忘れる」という表現は17世紀半ばに、*slip through the net*「法の目をくぐり抜ける」という表現は20世紀初頭に登場した。名詞の *slip* は、その動詞から派生したか、あるいはその動詞と同系である。女性のスリップの意味は20世紀の用法で、それ以前 (18世紀半ば以降) は外衣を意味していた。**slippery** [15世紀後半] [形]「つるつるした」は「滑りやすい」という意味の方言に由来する。ドイツ語方言 *schlipfferig* の影響を受けていると思われる。**slipper** [名]「上靴、スリッパ」(*slip* が基になっている) は15世紀後半に生じ、**slipshod** [16世紀後半] [形]「かかとのつぶれたスリッパをはいた」の第1要素が関連している。

slip² [後期中英語] [名] 細長い一片、紙片、伝票、ほっそりした若者:

slip of paper の形で使われ、中オランダ語、中低地ドイツ語 *slippe*「切り取り、細長い一片」から生じたと思われる。当初の意味は「枝状のもの、小枝」で、ここから「若者」という意味や *slip of a girl*「細身の女の子」(17世紀半ば) という表現が生まれた。

slit [後期古英語] [名] 切り込み、スリット; [動] 切り込みを入れる、細長く切る:

古英語 *slite* という名詞は、古英語 *slītan*「裂く、引き裂く」(ゲルマン語起源) と同系である。

slither [中英語] [動] ずるずる滑る、滑るように進む:

方言 *slidder* という動詞の異形で、*slide* の語基の反復動詞 (繰り返される行為を表す動詞) である。綴りが -dd- から -th-

に変化したのは、gatherやhitherでも見られる。
→ SLIDE

sliver [後期中英語]名細い破片、ほんの一部 ;動…を細長い小片に切る、細長く裂く：

長くて薄いものを指し、方言slive「裂く」に由来する。

slobber [後期中英語]動よだれを垂らす、泣き言をいう：

「沼地を歩く」や「音を立てて(餌を)食べる」を意味する擬音語で、中オランダ語slobberenに由来すると思われる。

slogan [16世紀初頭]名スローガン、標語：

sluagh「軍隊」やgairm「大声」から生じた、スコットランド・ゲール語sluagh-ghairmに由来する。元々は「鬨の声」を意味していた。

slop [16世紀半ば]動こぼれる、まき散らす ;名こぼした液体、ぬかるみ、水っぽい食べ物：

当初は「こぼす、まき散らす」を意味し、「ぬかるみ」を意味する廃語となった名詞slopから生じ、古英語slip「反流動体の塊」と同系である。名詞は当初「ぬかるんだ泥」の意味で用いられ、現在の意味(「食べる気の起こらない食べ物」)が登場したのは、17世紀半ばからである。

slope [16世紀後半]動傾斜する、勾配をつける、ぶらぶらと動き回る ;名坂、傾斜地、傾き ;形傾斜した：

当初は動詞として用いられ、廃語となった副詞slope, aslope「傾斜した様態で」の短縮形に由来する。「目的もなくさまよう(sloped off unheard「誰にも知られずに逃げた」)を意味する動詞として使われるようになったのは、lopeとの関連によると思われる。
→ LOPE

slot [後期中英語]名細長い小さな穴、溝、くぼみ、地位、時間枠 ;動差し込む、入れる、時間枠に組み入れる：

元は「胸の中央を走るわずかなくぼみ」を指した。この意味はスコットランド語に残っている。これは古フランス語es-clotに由来するが、その起源は不詳である。

slouch [16世紀初頭]名前かがみ(の姿勢)、だらしない人、怠け者 ;動前かがみになる、だらけた姿勢をする：

当初は「怠惰でだらしない人」を指しており、語源不詳である。slouchingは17世紀から、「ぶら下がっている、垂れさがっている」(特に、顔の上に張り出した帽子のつばの描写)や「ぎこちない姿勢でいる」の意味で使われていた。

slough¹ [古英語]名泥沼、ぬかるみ、窮地：

「沼地」を意味する古英語sloh, slo(g)は、起源不詳である。「誰かが陥った状態」という意味は中英語で登場した。Slough of Despond「絶望の泥沼」は、バニヤンの『天路歴程』Pilgrim's Progressに登場した表現である：They drew near to a very Miry Slough ... The name of the Slough was Despond「彼らは泥沼に近づいた。その名も絶望の泥沼である」。

slough² [中英語]名抜け殻、かさぶた、脱ぎ捨てたもの ;動脱皮する、かさぶたがとれる：

'sluff'と発音し、当初は皮、特に、ヘビの抜け殻を意味する名詞として使われた。低地ドイツ語slu(we)「トウモロコシの皮、皮」と同系であると思われる。動詞は18世紀初頭に生じた。

sloven [15世紀後半]名(身なりの)だらしない人：

元々の意味は「自分勝手な振る舞いをする人」だった。フラマン語sloef「汚れた」、もしくはオランダ語slof「不注意な、怠惰な」から生じたと思われる。slovenが基になったslovenly形「身なりのだらし

ない、不精な」は16世紀後半に生じ、当初は「卑猥な、卑劣な」を意味していた。

slow ［古英語］形遅い、のろい、テンポがゆっくりした、時間がかかる；動遅くなる、減速する、副遅く、ゆっくり：
古英語 *slaw* は「機転の効かない、怠惰な」を意味し、ゲルマン語起源である。他の意味として「時間がかかる」、「ゆっくりとした」がある。他の語と組み合わさると（slow-witted「呑み込みの遅い」、slow-motion「スローモーションの」）となり、先に述べた意味を強めている。

sludge ［17世紀初頭］名泥、ぬかるみ、ヘドロ、汚泥：
同じ意味を持つ *slutch* という方言の異形であるが、語源不詳である。*slush* と同じように、柔らかいやや液状のものの上を歩くときに出る音の擬音語だと考えられる。
→ SLUSH

slug ［後期中英語］名ナメクジ、のろのろした人、怠け者；動一気飲みする：
当初、「怠け者」を意味していた。スカンジナビア語起源で、ノルウェー語方言 *slugg*「大きくて重たい身体」と同系である。「ナメクジ」を指すようになったのは18世紀初頭のことである。

sluggard ［中英語］名怠け者；形怠惰な：
希な動詞 *slug*「怠ける、遅い」が基になっている。スカンジナビア語起源だと思われる。**sluggish**［後期中英語］形「のろい、ゆるい（流れなど）、（機能の）鈍い」も、同じ動詞が基になっていると思われる。

sluice ［中英語］名せき、水路、水門、排水路；動流す、放流する、洗い流す：
古フランス語 *escluse*「水門」に由来する。*escluse* は、ラテン語 *excludere*「排除する」が基になっている。動詞は16世紀後半に生じ、「洗い流す」の意味は18世紀半ばに生じた。

slum ［19世紀初頭］名スラム街、汚い部屋；動スラム街を訪ねる、（いかがわしいところに）出入りする：
元々、「部屋」という意味の隠語だった。語源不詳である。動詞表現の *slum* it「とても質素な生活をする」が登場したのは、19世紀後半である。

slumber ［中英語］名眠り、うたた寝、沈滞、停滞；動寝ている、休止している：
同じ意味を持つスコットランド語とイギリス北部方言の *sloom* が変化したものである。-*b*- は発音しやすくするために加えられた。

slump ［17世紀後半］名減退、不景気、前かがみの姿勢、下落、スランプ；動（急に）沈み込む、前かがみになる、下落する：
動詞は、当初、「沼にはまる」という場面で用いられた。水がはねる鈍い音をまねた擬音語で、ノルウェー語 *slumpe*「落ちる」と同系であると思われる。価格の下落という意味の名詞が用いられるようになったのは、19世紀後半のことである。

slur ［17世紀初頭］動中傷する、不明瞭に発音する；名中傷、不明瞭な発音：
語源不詳である。「薄い液状の沼」を意味する中英語 *slur* という名詞から、当初の動詞の意味「汚す」と「（人を）過小評価する」が生じた。その後、「（間違いを）ごまかす」の意味が生じ、現在の「不明瞭に話す」（19世紀後半）という意味が生じた。

slurry ［後期中英語］名スラリー、懸濁液；形スラリーの；動スラリー状にする：
方言 *slur*「薄い泥の」と同系である。語源不詳である。
→ SLUR

slush ［17世紀半ば］名半解けの雪、泥、スラッシュ；動ぬかるみを歩く、吹き出る音を出す：
擬音語だと思われる。複合語に以下がある。
■ **slush fund**［19世紀半ば］「贈賄資金」

は元々、航海の隠語で、スラッシュ (slush) と呼ばれる水っぽい食べ物を売って集めた、贅沢品を買うためのお金を意味していた。

sly [中英語][形]ずるがしこい、意味ありげな、いたずらな：

当初は「器用な、熟練した」という意味があった。古ノルド語 slœgr「抜け目のない」から派生した。slœgr は動詞の slá から生じ、元々は「打つことができる」を意味していた。on the sly「ひそかに」という表現は、19世紀初頭から用いられている。

→ SLEIGHT

smack¹ [16世紀半ば][動]ピシャリと打つ、強打する、舌鼓(したつづみ)を打つ；[名]ピシャリと打つこと、舌鼓：

当初の意味は「音を立てて(唇を)わずかに開く」だった。中オランダ語 smacken から生じた。smacken は、ドイツ語 schmatzen「舌鼓を打って食べる、音高にキスをする」と同様、擬音語である。「(人を)たたく」の意味で使われるようになったのは、19世紀初頭のことである。(ディケンズ『セブン・ダイアルズ』 Seven Dials：Mrs. A. smacks Mrs. B.'s child for 'making faces'「A さんは B さんの子がからかった顔をしたのでたたいた」)。

smack² [古英語][名]風味、味、香り；[動]…の味がする、…の気味がある：

風味 (古英語 smæc「風味、匂い」) について、It smacks of fish「それは魚の味がする」のように用いられる。ゲルマン語起源である。オランダ語 smaak やドイツ語 Geschmack「味」と同系である。

small [古英語][形]小さい、少ない、ささいな；[名]小さなもの、スモール；[副]小さく、こじんまりと：

古英語 smæl はゲルマン語起源で、オランダ語 smal やドイツ語 schmal「狭い」と同系である。この意味が枝分かれして、「比較的小さい胴周りの」(small waist「引きしまった腰のくびれ」)、「限られた大きさの」(small piece「小片」)、そして「弱い」(small beer「スモール・ビール」) といった意味を発達させた。

smart [古英語][形]利口な、高性能の、おしゃれな、きびきびした；[名]苦痛、苦悩：

古英語 smeortan という動詞は、西ゲルマン語起源で、ドイツ語 schmerzen「痛む」と同系である。この形容詞は動詞と関係があり、後期古英語の元々の意味は「鋭い痛みを引き起こす」というものだった。ここから「鋭い、きびきびした」の意味が生じ、さらにここから「精神的に鋭い」(smart at maths「数学の頭が切れる」) そして「おしゃれな」(smart dresser「おしゃれな人」) という現在の意味が生じた。

smash [18世紀初頭][動]打ち砕く、打ち破る、衝突する；[名]粉砕すること、強打、破壊；[形]大成功の、大当たりの：

当初は名詞として使われた。smack や smite といった語が bash や mash などの語と入り混じったもので、擬音語だと思われる。

smattering [16世紀半ば][名]生かじり (の知識)、少し；[形]表面的な、聞きかじりの：

「無知のまま話す、無駄話する」という意味の smatter から派生したもので、この意味はスコットランド語に残っている。語源不詳である。

smear [古英語][動]染みがつく、汚す、中傷する；[名]油性のもの、汚れ、染み：

古英語 smeoru「軟膏(なんこう)、潤滑油」と動詞 smierwan は、ゲルマン語起源である。ドイツ語 schmieren「脂肪を塗る」という動詞と名詞 Schmer「脂肪」は同系である。比喩的に、誰かの評判を落とす意味で用いられるようになったのは、16世紀半ばからである。

smell [中英語][動]においを嗅ぐ、においがする；[名]におい、嗅覚：

どの同系言語にも当てはまるようなものがなく、語源不詳である。「不快臭を放つ」の意味は古くから用いられている。「疑いを募らせる」(This extortion case smells「この恐喝事件はくさい」)という意味は1930年代から使われている。

smile [中英語] 動 微笑する、ほほえむ ; 名 ほほえみ、笑顔：

スカンジナビア語起源で、smirk 名 「にやにや笑い」(古英語では sme(a)rcian) と同系であると思われる。smirk は smile と語基が同じである。smirk の当初の意味は「ほほえむ」だったが、後にうぬぼれや愚かさの意味が加わった。

smock [古英語] 名 スモック、作業服 ; 動 刺繍しゅうで飾る：

古英語 smoc は「女性のゆったりした下着」を意味しており、古英語 smūgan「忍び寄る」と古ノルド語 smúga「服を着る、忍び込む」と同系であると思われる。裁縫用語として動詞が用いられるようになったのは、19世紀後半から。

smoke [古英語] 名 煙、喫煙、たばこ、煙色 ; 動 タバコを吸う、煙を出す、燻製くんせいにする：

古英語 smoca（名詞）と smocian（動詞）は、smēocan「発煙する」のゲルマン語の語基から生じた。オランダ語 smook とドイツ語 Schmauch「煙」が同系である。20世紀初頭から用いられるようになった smog 名 「スモッグ」は、smoke「煙」と fog「霧」が混ざったものである。

smooth [古英語] 形 滑らかな、平らな、順調な、流暢りゅうちょうな、口先のうまい、洗練された ; 動 平らになる、滑らかになる：

古英語 smōth はゲルマン語起源だと思われるが、同語源の語はほかに見つかっていない。「口先のうまい」を意味するようになったのは、後期中英語からである。「洗練された」の意味は、1920年代に登場した。動詞は中英語からである。

smother [中英語] 名 濃い霧 ; 動 息が詰まる、覆う、息苦しくさせる、もみ消す：

当初は名詞として使われ、「息苦しい煙」を意味していた。古英語 smorian「息苦しくなる」の語基から生じた。「抑える」(smothered his ambition「彼の野心を抑えた」) と「（火を）消す」の意味は、16世紀後半に登場した。

smoulder [後期中英語] 動 くすぶる、（炎を出さずに）燃える ; 名 くすぶり、くすぶる火：

オランダ語 smeulen と同系である。17世紀と18世紀の間に、詩で smouldering という形で用いられている場合を除き、名詞も動詞も使われなくなった。1755年にジョンソン博士が (smouldering について) こう述べている。「この語は分詞のように見える。しかし、動詞 smoulder が今、使われているかどうかわからない」。19世紀にサー・ウォルター・スコットが小説でこの語を用いたことで復活したとみられる。

smug [16世紀半ば] 形 独りよがりの、うぬぼれた：

低地ドイツ語 smuk「かわいらしい」に由来し、元々は「こざっぱりとした、きちんとした」の意味があり、男性の描写に用いられた。1590年頃から1650年の間に、この元々の意味で、女性や少女を描写するのによく用いられた。自己満足の意味が生じたのは後になってからのことである。

smuggle [17世紀後半] 動 密航する、密輸する、こっそり持ち込む：

低地ドイツ語 smuggelen から派生したとみられるが、語源不詳である。

snack [中英語] 名 間食、軽食、おやつ ; 動 軽食を取る：

当初の意味は「嚙み切る」であった。中オランダ語 snac(k) に由来し、snac(k) は、snappen の異形である snacken「嚙みつく」から生じた。食べ物関連で用いられるようになったのは17世紀後半である。「軽食」の意味で用いられるようになっ

たのは、18世紀半ばのことである。

snag [16世紀後半] 名障害、妨害、裂け穴、沈み木、立木、虫歯、切り株；動破る、裂く、サッと捕らえる、妨げる：

スカンジナビア語起源だと思われる。「木から突き出た幹」という当初の意味から、アメリカ英語の「航行を妨害する沈み木」という意味が生じた。ここから、比喩的用法として現在もっともよく用いられている「障害」の意味（例：The snag is I've no money「問題は、お金がないということだ」）が派生した。現在の動詞の意味が生じたのは、19世紀のことである。

snap [15世紀後半] 動パチンと閉まる、きつく言う、（チャンスなどに）飛びつく、パチンと鳴らす、パチンと閉める；名パチンという音、荒々しい口調、スナップ写真；形ばね仕掛けの：

当初は「せっかちに音を立ててかじる」を意味していた。中オランダ語あるいは中低地ドイツ語 snappen「つかむ」から生じ、擬音語的な部分があると思われる。「厳しい言葉を口にする」（snapped at him angrily「怒って彼につらく当たった」）の意味は16世紀後半に生じた。「急に壊れる」（The rubber band snapped「輪ゴムがパチンと切れた」）の意味は、17世紀初頭から用いられている。スナップ写真で用いられるようになったのは（snapped him as he played「彼が遊んでいる写真を撮った」）、素早い動きをするという意味から派生したもので、19世紀後半に生じた。

snare [後期古英語] 名罠、誘惑；動罠をかける、誘惑してだます：

古英語 sneare は、古ノルド語 snara に由来する。中英語に生じた動詞は、名詞から派生したものである。

snarl[1] [16世紀後半] 動うなる、ガミガミ言う、怒鳴り声で言う；名うなり声、ガミガミ言うこと：

この語（例：The dog snarled「犬がうなった」）は、ゲルマン語起源で廃語となった snar が拡張したものである。これはドイツ語 schnarren「ガラガラ鳴る」と同系である。schnarren は、擬音語。

snarl[2] [後期中英語] 名もつれ、からまり、混乱；動もつれさせる、からませる、混乱させる：

この語（例：snarled up in the netting「網を使ってもつれさせた」）は当初、「輪なわ」、「締めなわ」、「輪なわで捕まえる」という意味で、snare に由来する。
→ SNARE

snatch [中英語] 動ひったくる、急いで取る、（機会を）手に入れる；名（人や物を急に）つかむこと、少し、一部分：

当初は sna(c)che と綴られ、「突然つらく当たる」、「輪なわ」という意味であった。snack と同系であると思われる。
→ SNACK

sneak [16世紀後半] 動コソコソする、卑劣な振る舞いをする、こっそり持ち出す；名コソコソする人、コソコソすること；形予告なしの、内密の：

おそらく方言で、廃語となった snike「忍び寄る」と同系である。「密告する」の意味は19世紀後半に生じた学校の隠語である。その同じ時期に、動詞には「こっそりやる」（They would sneak a smoke behind the sheds「彼らは納屋の裏に隠れてよくタバコを吸っていた」）という意味もあった。

sneer [後期中英語] 動あざ笑う、冷笑する；名嘲り、冷笑、軽蔑：

擬音語起源で、16世紀半ばから、馬の「荒い鼻息」を意味して用いられている。「冷笑する」という意味は、17世紀後半から使われている。

sneeze [中英語] 動くしゃみをする；名くしゃみ：

中英語 fnese の変形（誤読もしくは誤植

が原因）だと思われる。なぜなら、語頭の fn- が稀な並びになったからである。sn- という並びは後に採用された。というのも、この方が音と行為に適していると思われたからである。

snip［16世紀半ば］名（はさみなどで）チョキンと切ること、切れ目、手ばさみ、特売品、無礼者；動（はさみなどで…を）チョキンと切り取る：

当初の名詞は「断片」という意味だった。「小さいかけら」を意味する低地ドイツ語 snip に由来し、元々は擬音語である。「特売品」を意味するようになったのは1920年代からである。動詞は当初、「突然何かを取る」を意味していたが、現在では廃れてしまった。「ハサミで切り取る」を意味するようになったのは、16世紀後半のことである。

snivel［後期古英語］動鼻水を垂らす、すすり泣く、すすり泣きながら話す；名鼻水、すすり泣き：

当初は動名詞 snyflung「粘液」でのみ用法された。同じ意味の snofl から派生したものである。動詞の「動揺して涙ぐんでいる」(stop snivelling boy「めそめそ泣くことを止めなさい」）という意味は17世紀後半に生じた。16世紀後半に登場した **snuffle** 動「鼻を詰まらせる」（低地ドイツ語とオランダ語の snuffelen から派生したと思われる）と同系である。

snob［18世紀後半］名俗物、お高くとまったもの、嫌なやつ：

元々、方言で、「不器用な人」という意味だった。語源不詳である。当初の意味は「低い地位や身分」という意味であったが、後になって、社会的地位や富において秀でていると見なした人の真似事をする俗物を指すようになった。通俗語源では、この語をラテン語 sine nobilitate「気高さがない」と関連づけようとしているが、当初の意味はこれとは関連しない。

snoop［19世紀半ば］動嗅ぎ回る、コソコソ詮索する；名嗅ぎ回る人、詮索好きな人：

「詮索する」(snooping around hoping to find proof「証拠を探そうとコソコソ嗅ぎまわる」）を意味し、オランダ語 snœpen「こっそり食べる」から派生した。元々、アメリカ英語である。

snooty［20世紀初頭］形高慢な、横柄な、排他的な：

snout の異形である snoot［19世紀半ば］名「鼻」が基になっている。snot［後期中英語］名「鼻汁」や snotty［16世紀後半］形「鼻をたらした」も snout［中英語］名「(豚などの）鼻」（中オランダ語、中低ドイツ語の snūt より）と同系である。

snore［中英語］名いびき；動いびきをかく：

当初の意味は「荒い鼻息、鼻を鳴らす」であった。snort［後期中英語］動「(馬が）鼻を鳴らす」と同じように、擬音語だと思われる。当初は動詞として、「いびきをかく」という意味でも用いられていた。

snow［古英語］名雪、降雪、雪のようなもの；動雪が降る、殺到する、…を雪のように降らせる：

古英語 snāw はゲルマン語起源で、オランダ語 sneeuw やドイツ語 Schnee「雪」と同系である。ラテン語 nix, niv- やギリシア語 nipha と同じ、インド＝ヨーロッパ語の語根に由来する。

snub［中英語］動（人を）鼻であしらう、（人の）期待を裏切る；名（人を）鼻であしらうこと、（ロープなどを）急に止めること；形（鼻が）低くて上向きの：

当初は動詞として用いられ、元々「厳しい言葉で叱責する」という意味であった。古ノルド語 snubba「たしなめる、成長を確認する」が語源である。形容詞は18世紀初頭から用いられ、主に snub nose「団子鼻」という表現で用いられていた。

snuff¹［後期中英語］動…の芯を切る、（蠟

燭などを）消す、殺す；图芯が焦げて黒くなった部分、残りかす：

「抑える、消す」を意味し、語源不詳である。この名詞は元々、火がついて光を発したときに、途中まで燃えてしまった蠟燭の芯の一部を表していた。「死ぬ、くたばる」という意味の俗語 snuff it が生じたのは、19世紀後半のことである。

snuff² ［後期中英語］图クンクン嗅ぐこと、嗅ぎタバコ、嗅ぎ薬；動嗅ぎたばこを嗅ぐ、…をクンクン嗅ぐ：

当初は動詞として用いられ、「鼻孔を通して吸い込む」という意味であった。中オランダ語 snuffen「鼻をフンフン言わせる」に由来する。嗅ぎたばこを意味する名詞が生まれたのは、17世紀後半のことである。オランダ語 snuftabak の省略形だと思われる。

snug ［16世紀後半］形暖かくて気持のよい、こぢんまりした、身体にぴったりの；图（パブの）個室：

元々、航海用語で、「整然とした、ぎっしり詰まった、悪天候に備えた」を意味していた。低地ドイツ語、もしくはオランダ語起源だと思われる。名詞として、「宿屋のバー」を意味する方言や俗語で用いられるようになったのは、19世紀初頭のことである。17世紀後半の **snuggle**動「すり寄る、すり寄せる」は、「身体をすり寄せる」という意味の動詞 snug の反復動詞（繰り返される行為を表す動詞）である。

soak ［古英語］動浸る、染み込む、ずぶぬれにする；图浸すこと、（物を）浸すための液体、大酒飲み：

古英語 socian は「液体に浸した結果、それが染み込む」という意味であった。sūcan「吸い込む」と同系である。「大酒飲み」(old soak「老いた酔っぱらい」）という意味の名詞として使われるようになったのは、19世紀初頭のことである。

soap ［古英語］图石鹸、ソープオペラ；動石鹸で洗う、お世辞を言う：

古英語 sāpe は西ゲルマン語起源で、オランダ語 zeep やドイツ語 Seife「石鹸」と同系である。動詞は16世紀半ばに生じた。名詞 soap がラジオやテレビの連続番組 (soap opera「メロドラマ」) を意味するようになったのは1930年代のことである。これは、こうした番組の当時のスポンサーが石鹸会社だったことによる。

soar ［後期中英語］動上昇する、滑空する、急増する；图飛翔すること、上昇した高さ：

古フランス語 essorer の短縮形で、ラテン語の要素である ex-「…がなくなって」と aura「そよ風」が基になっている。

sob ［中英語］動すすり泣く、むせび泣く、むせび泣きながら話す；图すすり泣き、むせび泣き：

オランダ語か低地ドイツ語起源だと思われる。オランダ語の方言 sabben「吸い込む」が同系であると思われる。複合語 sob story「涙をそそる話」は20世紀初頭に生じた。

sober ［中英語］形酔っていない、禁酒している、冷静な、穏健な；動酔いがさめる、酔いをさます：

ラテン語 sobrius が、sober（古フランス語経由で）と **sobriety** ［後期中英語］图「しらふ、まじめ」（古フランス語 sobriete、あるいはラテン語 sobrietas から）の語基である。スコットランド語では、かつて「重要でない、小さい、取るに足らない」という意味で使われていた。

social ［後期中英語］形社会的な、社交の、社交界の；图親睦会：

ラテン語 socius「仲間」が基になり、いくつかの英語が派生している。social は、古フランス語もしくはラテン語 socialis「協同の」から、16世紀半ばに登場した **sociable**形「社交的な」は、フランス語もしくは sociare「結合する」から生じたラテン語 sociabilis に由来する。society**名**「社会」(これも16世紀半ばに「親交、他人との親しい付き合い」の意味で生じた)は、フランス語*société*に由来し、元はラテン語*societas*である。19世紀初頭に登場した**socialism**名「社会主義」は、*social*から生じたフランス語*socialisme*由来と思われる。*socialism*のそれ以前の由来は明らかになっていない。フランス語由来の*socialism*は1832年に*personnarité*との対比から現れ、3〜4年後に、ルルーかレボーが文書に使用したことで、現在の政治的な意味が加わった。しかし、1835年に、ロバート・オーウェンが設立した協会の議論の中でこの*socialism*が使われたことも、英語で使われるようになった要因である。

sock [古英語]**名**靴下、靴下の形をしたもの、強打、大当たり；**形**大当たりの、大成功の；**動**…に靴下をはかせる、強く打つ；**副**まともに、ズバッと：

古英語*socc*は「軽い靴」だった。ゲルマン語起源で、ラテン語*soccus*「喜劇俳優の靴、軽くヒールの低いスリッパ」に由来し、元はギリシア語*sukkhos*である。knock the *socks* off「人をとても驚かせる」は、19世紀初頭にアメリカ英語で生じた。pull one's *socks* up「奮起する」は19世紀後半、Put a *sock* in it「黙れ！」は20世紀初頭に登場した。

socket [中英語]**名**受け口、ソケット、コンセント、関節部のへこみ；**動**受け口に入れる、穴をつける、ソケットにはめ込む：

当初は「やりの先端、鋤(すき)の刃に似たもの」を指した。古フランス語*soc*「すきの刃」のアングロノルマンフランス語の指小辞語に由来する。*soc*は、ケルト語起源と思われる。受け口という意味は、15世紀に生じた。

soft [古英語]**名**柔らかいもの；**形**柔らかい、へこみやすい、穏やかな、滑らかな：

古英語*sōfte*は「愛想のよい、落ち着いた、優しい」を意味した。西ゲルマン語起源で、オランダ語*zacht*やドイツ語*sanft*「柔らかい」と同系である。この意味が広がり、「落ち着いた、感じのよい」(シェイクスピア『アントニーとクレオパトラ』*Antony and Cleopatra*, II. vii. 107-108：Till that the conquering Winehilth steep't our sense, In *soft* and delicate Lethe「こころよい酒に酔いしれて、すべてを甘い忘却の淵に流むまで踊るのだ」)、「優しい、穏やかな」(a *softer* approach「より穏やかなアプローチ」)、そして「譲歩しがちな」(*soft* heart「優しい気持ち」)の意味が生じた。17世紀後半に登場した have a *soft* spot for「…が大好きである」という成句は、優しさを表している。

soggy [18世紀初頭]**形**ずぶぬれの、湿っぽい、つまらない：

かつては「沼地の、水浸しになった」を意味した。方言*sog*「沼地」が基になっている。

soil¹ [後期中英語]**名**土、土壌、国、農業：

アングロノルマンフランス語に由来し、ラテン語*solium*「座席」を表している*solum*「地面」と同系である。かつては土地や国土を指し、今でも「生まれ故郷」の意味がある。

soil² [中英語]**動**汚す、傷つける、しみをつける；**名**老廃物：

古フランス語*soiller*に由来する。*soiller*は、ラテン語*sucula*が基であり、*sus*「豚」の指小辞語である。名詞(後期中英語)は当初、「イノシシが泥遊びをする沼田場(ぬた)」を示す語であった。「老廃物」を指す現在の名詞用法は、16世紀初頭に生じた。

solace [中英語]**名**慰め、癒し；**動**慰める、和らげる：

古フランス語*solas*(名詞)と*solacier*(動詞)に由来する。ラテン語*solari*「慰める」が基になっている。

solar [後期中英語]**名**日光浴室、太陽エネルギー、太陽光発電；**形**太陽の、太陽光

線を利用した：

sol「太陽」から生じたラテン語 *solaris* に由来する。語基は19世紀半ばに生じた **solarium** 名「日光浴室」と同じである。文字通り「日時計、日なたぼっこをする場所」という意味のラテン語を使用したものである。

solder [中英語] 名はんだ、絆；動…をはんだづけする、…を固く結合する：

古フランス語 *soudure* から派生した。*soudure* は、ラテン語 *solidare*「しっかり固定する」から生じた動詞 *souder* に由来する。語基はラテン語 *solidus*「固形の」である。

soldier [中英語] 名軍人、下士官、闘士、兵隊；動軍人になる、仕事をしているふりをする：

古フランス語 *soldier* から派生した。*soldier* は、ラテン語 *solidus*（ローマ帝国後期の金貨）から生じた *soulde*「（兵士の）報酬」に由来する。当初は比喩的にも用いられ、「崇高な勤め」(*soldiers* of Christ「キリスト教布教者」)を意味していた。動詞は「軍人になる」という意味で、17世紀初頭に生じた。比喩的な *soldier* on「最後までやり抜く」という表現は1950年代に登場した。

sole¹ [中英語] 名足底、足の裏、靴底；動靴底をつける、(クラブを) 地面につける：

古フランス語に由来し、元はラテン語 *solea*「サンダル、敷居」である。*solea* は、*solum*「底面、敷石、足底」から派生した。オランダ語 *zool* とドイツ語 *Sohle*「足の裏」と同系である。海に住む平たい魚を指すようになった（古フランス語経由で中英語に入った、元は、プロヴァンス語 *sola*）のは、その形からの連想による。

sole² [後期中英語] 形唯一の、単独の、(特に女性が) 未婚の：

当初は「隔離された」や「無類の」という意味もあった。古フランス語 *soule* に由来し、元は *solus*「孤立した」の女性形で

あるラテン語 *sola* である。

solemn [中英語] 形厳粛な、儀式ばった、真面目な、重苦しい：

当初は「荘厳な」(*solemn* Mass「荘厳なミサ」、Solemn Requiem「荘厳なレクイエム」) を意味した。古フランス語 *solemne* に由来し、元は、*sollus*「全体の」であり、ラテン語 *sollemnis*「習慣の、一定の期日に執り行われる」から派生した。 **solemnity** [中英語] 名「厳粛」は、in *solemnity*「真面目に」や with *solemnity*「厳粛に」といった表現でよく用いられた。古フランス語 *solemnite* から派生したもので、*sollemnis* から生じたラテン語 *sollemnitas* に由来する。

solicit [後期中英語] 動懇願する、勧誘する、嘆願する：

古フランス語 *solliciter* に由来する。*solliciter* は、*sollicitus*「心配な」から生じたラテン語 *sollicitare*「扇動する」から派生した。*sollicitus* は、*sollus*「全体の」と *citus* (*ciere*「発動する」の過去分詞) からなる語である。同じく中英語に生じた **solicitor** 名《米》(市、町などの) 法務官」は、仲介者、代理人、あるいは、「(何かを) けしかける人」を指すことが一般的であった。その語源は、*solliciter* から生じた古フランス語 *solliciteur* である。*solicitors* が弁護士を指すようになったのは、16世紀後半からである。16世紀半ばに登場した **solicitous** 形「案ずるような」も、ラテン語 *sollicitus*「心配した」が基になっている。

solid [後期中英語] 名固体、立体；形固体の、中身の詰まった、硬い、真面目な：

ラテン語 *solidus* に由来し、*salvus*「安全な」や *sollus*「全体の」と同系である。しっかりした原理に基づき、道理にかなった判断 (*solid* argument「しっかりした論拠」) を指して使われるようになったのは、17世紀初頭のことである。 **solidarity** 名「結束」は19世紀半ばから使われはじめ、*solidaire*「連帯の」から生じたフランス語 *solidarité* に由来する。英語でよく使われるようになったのは、20世紀後

半のことで、特に1980年の9月に始まり1982年の10月に正式に禁止された、ポーランドの労働組合運動を指すことに用いられた。

soliloquy ［中英語］［名］(演劇の) 独白、独り言：

後期ラテン語 *soliloquium*（聖アウグスティヌスが取り入れた語）に由来する。ラテン語 *solus*「独りで」と *loqui*「話す」からなる。

solitary ［中英語］［形］唯一の、孤独な、人里離れた ;［名］世捨て人、独房監禁：

ラテン語 *solus*「孤立した」を語基として、いくつかの語が誕生した。*solitary*（ラテン語 *solitarius* 由来）、中英語 **solitude**［名］「独居」（古フランス語、もしくはラテン語 *solitudo* 由来）、そしてイタリア語からの借用語で、当初は音楽用語として用いられていた17世紀後半の **solo**［名］「【音楽】独唱」である。

solstice ［中英語］［名］至、(夏至・冬至の) 至点：

ラテン語 *solstitium* から派生した古フランス語に由来する。*solstitium* は、*sol*「太陽」と *stit-*（*sistere*「やめる」の過去分詞語幹）からなる。

solve ［後期中英語］［動］解く、解決する、溶解する、負債を支払う：

当初の意味は「緩める、解く、ほどく」だった。語源はラテン語 *solvere*「緩める、ほどく」である。同じ語基を持つ語に、**soluble** ［後期中英語］［形］「溶ける」（後期ラテン語 *solubilis* から）と、同じ時期に生じた **solution**［名］「解釈、解決」（ラテン語 *solutio(n-)* から派生した古フランス語より）がある。**solvent**［形］「【法律】支払い能力のある」は、*solvere* の過去分詞語幹であるラテン語 *solvent-* から17世紀半ばに生じた。

sombre ［18世紀半ば］［形］地味な、くすんだ、陰気な、厳粛な：

ラテン語 *sub*「下に」と *umbra*「陰」が基になったフランス語に由来する。物体や人が暗く陰気であることを表す。

some ［古英語］［名］いくらか、一部 ;［形］いくらかの、たいした、なかなかの ;［副］およそ、いくぶん、ずいぶん：

ゲルマン語起源である古英語 *sum* は、インド＝ヨーロッパ語の語根から生じた。ギリシア語 *hamōs*「どういうわけか」やサンスクリット語 *sama*「どれでも、すべての」と同じである。

somersault ［16世紀半ば］［名］前転、でんぐり返し ;［動］でんぐり返しをする：

当初は名詞として使われ、古フランス語 *sombresault* に由来する。*sombresault* は、*sobre*「上に」と *saut*「飛び跳ねる」から生じたプロヴァンス語 *sobresaut* から派生した。

somnolent ［後期中英語］［形］眠い、眠気を誘う：

当初の意味は「眠気の原因となる」であった。古フランス語 *sompnolent*、あるいはラテン語 *somnolentus* に由来する。ラテン語 *somnus*「眠り」が基になっており、**somnambulist**［名］「夢遊症患者」(18世紀後半、フランス語 *somnambulisme* から) の第1要素にもなっている。ラテン語 *ambulare*「歩く」が、第2要素の基になっている。

son ［古英語］［名］息子、子孫、義理の息子、子、産物、国民：

古英語 *sunu* はゲルマン語起源で、オランダ語 *zoon* やドイツ語 *Sohn*「息子」と同系である。ギリシア語 *huios* と同じインド＝ヨーロッパ語の語根に由来する。早くから、愛情のこもった表現として使われている。*son and heir*「跡取り息子」という表現は、中英語で登場した。

song ［古英語］［名］歌、歌うこと、さえずり、鳴き声、詩：

古英語 *sang* はゲルマン語起源で、*sing* と同様、オランダ語 *zang* やドイツ語 *Sang*「歌」と同系である。*song* and

dance「歌と踊り」という表現は、元はアメリカ用法 (17世紀初頭) で、娯楽の一種を指していたが、後に喜劇に用いられるようになった。a song and dance という成句で用いられる「訳のわからない話」という意味は19世紀後半に生じた (made a song and dance about it「そのことで大騒ぎした」)。
→ SING

sonorous [17世紀初頭]形鳴り響く、堂々とした：

sonor「音」から生じたラテン語 sonorus が基になっている。

soon [古英語]名もうすぐ、まもなく、早く：

古英語 sōna は西ゲルマン語起源で、当初は「すぐに」という意味だった。sooner you than me「それはよかったね」という成句は、15世紀から用いられている。「どちらかと言えば」という意味 (W・B・イェイツ『砂時計』Hour-Glass：I'd as soon listen to dried peas in a bladder as listen to your thoughts「君の考えを聞くよりもむしろ袋の中の乾いた豆の音を聞きたいものだ」) の as soon は、16世紀後半にシェイクスピア用法として生じた。

soot [古英語]名すす；動すすだらけにする：

古英語 sōt はゲルマン語起源で、ドイツ語方言の Sott と同系である。これ動詞の sit と同じ、インド＝ヨーロッパ語の語基を有している。
→ SIT

soothe [古英語]動なだめる、落ち着かせる、静める、(痛みなど) を和らげる：

古英語 sōthian「実証する」は古英語 sōth「真実の、本物の」(soothsayer [中英語]名「占い師」は、この第1要素として soothe を使っている。元々は、「他人に真実を話す人」を指す) に由来する。16世紀、動詞 soothe は「(主張) を裏づける」、「同意することで人の機嫌をとる、おだてる」という意味が加わり、17世紀後半に「なだめる」という意味が生まれた。

sop [古英語]名ソップ、パン切れ、賄賂；動(パン切れなどを)(牛乳などに) 浸す：

古英語 soppian「(パンを) 液体に浸す」、古英語 sūpan「少しずつ食べる」に由来する。「人をなだめるために提供するもの」という意味は入口を守る巨大な番犬ケルベロスをなだめるために地獄へ訪れるアイネイアースが使う餌を指している。**sopping**形「ずぶぬれの」(sop の現在分詞) は19世紀半ばに遡る。19世紀初頭に生まれた当初の **soppy**形「びしょぬれの」は「水浸しにする」という意味で sop が基になっている。

sorcerer [後期中英語]名魔法使い、魔術師、妖術師：

当初の綴りは sorser であり、ラテン語 sors, sort-「めぐり合わせ」が基になっている古フランス語 sorcier に由来する。

sordid [後期中英語]形不潔な、むさ苦しい、浅ましい、みすぼらしい、下劣な、卑しむべき：

当初は「化膿した」という意味の医学用語として使われた。フランス語 sordide あるいはラテン語 sordidus に由来し、元は sordere「汚い」である。現在の意味は17世紀初頭に遡る。

sore [古英語]形痛い、悲しんだ、触れると痛い、感情を害した、いらだった；名傷：

古英語 sār (名詞と形容詞) sāre (副詞) はゲルマン語起源で、オランダ語 zeer、ドイツ語 sehr「とても」と同系である。元来の意味は「激しい痛み、悲痛の原因」であり、副詞的用法 (sore troubled) となった。**sorely**副「痛んで」も古英語である (sarlice として)。強調の意味として使用される傾向がある。

sorrow [古英語]名悲しみ、悲痛、(…に対する) 後悔、残念；動嘆く：

古英語 sorh, sorg（名詞）、sorgian（動詞）はゲルマン語起源であり、オランダ語 zorg、ドイツ語 Sorge「心配」と同系である。ゲルマン語以外との関係は不明である。

sorry ［古英語］形気の毒な、かわいそうな、後悔して：
古英語 sārig の意味は「傷んだ、悩んでいる」だった。この意味は後に弱まり、I'm sorry「ごめんなさい」という用法が一般的となった。西ゲルマン語起源で、名詞 sore の基に由来する。母音の短縮により sorrow との結びつきがあるように感じられるが、実は同系ではない。
→ SORE

sort ［後期中英語］名種類、タイプ、性格、一種の、【コンピュータ】ソート、整列（データの順番に並べ替えること）；動分類する、区分する、選り分ける：
古フランス語 sorte に由来し、ラテン語 sors, sort-「めぐり合わせ、条件」の異形による。of sorts「いいかげんな」は16世紀後半に現れ、「様々な種類」を意味していた。20世紀初頭に、口語として軽蔑用法が加わった（He's an artist of sorts「彼はへぼ画家だ」）。他の句で、out of sorts「気分がすぐれない、元気がない」は17世紀初頭に記録され、something of the sort「そういったこと」と nothing of the sort「そんなことは全くない」は19世紀初頭に遡る。

soul ［古英語］名精神、霊魂、魂：
古英語 sāwol, sāw(e)l はゲルマン語起源であり、オランダ語 ziel やドイツ語 Seele「魂」と同系である。人間の精神的・感情的な部分（His soul isn't in it「彼の心はその中にはない」）、「魂」(his departed soul「彼の魂」)、「核心」(the very soul of history「歴史の精髄」) を表している。また、中英語の時代から、「人」を指すためにも用いられている (not a soul stirred「誰も感動していない」)。

sound¹ ［中英語］名音、響き、音楽；動鳴る、響く、聞こえる、思われる、鳴らす、知らせる、調べる：
当初の綴りは soun でアングロノルマンフランス語の名詞としての soun、ラテン語 sonus に由来する動詞としての suner に由来する。-d が伴う形は16世紀である。成句 I like the sound of「調子、感じが気に入る」はギャスケル夫人の手紙で初めて用いられた。I like the 'sound' of him extremely, and I hope he will like me when we come to know each other「私は彼の『感じ』がとても好きです。だからお互い知るようになって彼が私のことを好きになればうれしいです」。

sound² ［中英語］形適切な、健全な、傷んでいない、安定した：
西ゲルマン語起源の古英語 gesund に由来し、「健康な」を意味するオランダ語 gezond やドイツ語 gesund「健康な」と同系である。中英語での主な意味は「傷んでいない、負傷しない」だった。「適切な」という意味は16世紀初頭に遡る。as sound as bell「きわめて健康な」という句は16世紀後半に現れた。

sound³ ［後期中英語］動（水深を）測る、調べる：
古フランス語 sonder に由来し、ラテン語「下に」sub- と「波」unda が基になっている。

sound⁴ ［中英語］名海峡：
狭い水の伸長という用語の sound は古ノルド語 sund「泳ぎ、海峡」に由来し、swim と同系である。
→ SWIM

sour ［古英語］形酸っぱい、不機嫌な；動酸っぱくなる、酸っぱくする：
古英語 sūr の起源はゲルマン語であり、オランダ語 zuur やドイツ語 sauer「酸っぱい」と同系である。

source ［後期中英語］名源、根源、水源、出所、出典：
ラテン語 surgere が起源である古フラン

ス語 sourdre「上がる」の過去分詞 sours(e) に由来する。18世紀後半から出典 (authentic source「権威のある出典」) を指すために使用されている。

south ［古英語］名南、南方、南部;形南の、南からの ;副南へ：
古英語 sūth はゲルマン語起源で、低地ドイツ語 sud「南」と同系である。**southern**形「南の」は古英語では sūtherne であった。

souvenir ［18世紀後半］名(旅・出来事などの) 記念品、みやげ：
フランス語 souvenir「思い出す」の借用語で、ラテン語 subvenire「胸に浮かぶ」に由来する。

sovereign ［中英語］名君主、ソブリン金貨 ;形主権を持った：
ラテン語 super「上に」が基となっている。古フランス語 soverain に由来する。語末の変化は reign との結びつきのため。ソブリン金貨はヘンリー7世からチャールズ1世の時代までイングランドで埋葬された金貨であった。22シリング6ペンスの価値があった。**sovereignty**名「主権」も古フランス語 sovereinete に由来する中英語で、同じ語幹を持つ。

sow¹ ［古英語］動(種) をまく：
古英語 sāwan「植える」はゲルマン語起源である。オランダ語 zaaien やドイツ語 säen「種をまく」と同系である。当初から比喩的に「広める」という意味でも使用されていた。

sow² ［古英語］名雌豚、(クマなどの) 雌：
古英語 sugu「雌豚」はオランダ語 zeug、ドイツ語 Sau「雌豚」と同系であり、ラテン語 sus とギリシア語「豚」hus に共通するインド＝ヨーロッパ語の語根に由来する。

sozzled ［19世紀後半］形《英俗》泥酔した：
方言 sozzle「いろいろな物をごた混ぜに

飲食する」の過去分詞で、おそらくは擬音語である。

space ［中英語］名空間広がり、座席、紙面、宇宙、宇宙空間 ;動間をあける：
古フランス語 espace の短縮語で、ラテン語 spatium に由来する。「時間・期間」(in the space of seven days「7日間」) や「空間」(a large enough space「十分な空間」) を指している。「宇宙」という意味は17世紀後半に遡り、現在の動詞の意味も同じである。またラテン語 spatium が基となっているのは **spacious** ［後期中英語］形「広々とした」(古フランス語 spacios あるいはラテン語 spatiosus に由来) と19世紀半ばの **spatial**形「空間的な」である。

spade ［古英語］名踏鋤、踏・手鍬：
古英語 spadu, spada はゲルマン語起源であり、オランダ語 spade、ドイツ語 Spaten「鋤」、ギリシア語 spathē「刃身、櫂」と同系である。成句 to call a spade a spade「ありのまま言う」は16世紀の半ばにプルタルコスの『スパルタ警句集』Apophthegmata（紀元前178年）に言及したことにはじまる。

span ［古英語］名(ある一定の) 期間、(時間の) 長さ、(力の及ぶ) 範囲、全長;動(橋などが) 架かる、及ぶ、わたる：
a span of three feet「3フィートの長さ」におけるような span は元来「親指と小指との間の長さ」であった。ゲルマン語起源で、古英語では珍しかったが、1300年から古フランス語 espan に影響を受けた。「期間」という意味は16世紀後半に遡る。19世紀初頭から「橋の径間」を指すようになった。

spanner ［18世紀後半］名《英》スパナ、レンチ：
ドイツ語 spannen「ピンと張る」が基になっている。

spar¹ ［中英語］名円材、スパー：
古フランス語 esparre、あるいは古ノル

ド語 sperra に由来する。オランダ語 spar、ドイツ語 Sparren「垂木」と同系である。

spar² ［古英語］動【ボクシング】スパーリングする、口論する：

sparring partner「スパーリング相手」という意味の *spar* は古英語 *sperran, spyrran*「素早く激しく打つ」だった。語源不詳である。古ノルド語 *sperrask*「蹴りつける」と同系かもしれない。

spare ［古英語］動（時間・金・物などを）割く、なしで済ませる、使い借しみする ;形予備の ;名予備のもの：

古英語 *spær* の意味は「豊富でない、不十分な」だった。動詞 *sparian* は「怪我をしないようにする」、「使用を控える」を意味した。ゲルマン語起源であり、オランダ語とドイツ語 *sparen*「倹約する」と同系である。複合語に以下がある：
■ spare rib [16世紀後半]「スペアリブ」はおそらく中低地ドイツ語 *ribbesper*（音節の移動による）に由来し、形容詞 *spare* と関係している。

spark ［古英語］名火花、火の粉、燃えさし ;動火花を出す、スパークする：

古英語 *spærca, spearca* の語源は不詳である。他のゲルマン諸語にはない。sparkle [中英語]動「火花を発する」は反復動詞あるいは *spark* の指小辞語である。

sparse ［18世紀初頭］形まばらな、（人口が）少ない、（植物が）点在する、貧弱な、乏しい：

当初は、書き物で語と語の間が広くあいていることを意味した。ラテン語 *sparsus* に由来し、*spargere*「ばらまく」の過去分詞である。人口が少ないことについて使われるのは、元々、アメリカ英語であった。

spasm ［後期中英語］名（筋肉の）けいれん、ひきつけ：

古フランス語 *spasme* あるいはラテン語 *spasma* に由来する。ギリシア語 *spasmos, spasma* が基になっている。元は、*span*「引く」である。spasmodic [17世紀後半]形【医学】けいれん性の」は *spasmodicus* に由来し、ギリシア語 *spasmōdēs* から入り、元は *spasma* である。

spate ［後期中英語］名大量、大雨、豪雨、洪水、感情のほとばしり：

元々スコットランド語や北部英語だった。語源不詳である。比喩的な用法は17世紀初頭から見られる。

spatter ［16世紀半ば］動はねかける、まき散らす：

当初は「話しながら唾を飛ばす」という意味であった。語形として、オランダ語や低地ドイツ語 *spatter*「破裂する」と共通する語基を持つ反復動詞である。

spawn ［後期中英語］名（魚・カエル・カキなどの）卵 ;動放卵する、生む、原因となる：

アングロノルマンフランス語 *espaundre*「産卵する」の短縮形であり、古フランス語 *espandre*「流出する」の異形である。ラテン語 expander「広げる」に由来する。「生む」の意味はシェイクスピアの劇『尺には尺を』Measure for Measure, III. ii. 108-109で初めて使用された。Some, that he was begot between two Stockfishes「人魚が彼を産んだという人もおれば、彼は二匹の鱈から産まれたという人もいる」。

spay ［後期中英語］動（動物が）卵巣を除去する：

古フランス語 *espeer*「刃物で切る」の短縮形で、ラテン語 *spatha* に由来する *espee*「剣」から。

speak ［古英語］動話す、しゃべる、物を言う、口をきく、演説をする、講演をする：

西ゲルマン語に由来し、古英語 *sprecan*、後の *specan* はオランダ語 *spreken* やドイツ語 *sprechen*「話す」と同系である。

成句 Speak for yourself「勝手なことを言わないでくれ」は中英語から使われ、speak for itself「自明である」は18世紀後半に現れた。**speech**图「言語、話」(古英語では*sprǣc, sprēc*)はオランダ語*spraak*やドイツ語*Sprache*「話すこと」と同系である。

special [中英語]形特別の、特殊な:

古フランス語*especial*「特別な」あるいはラテン語*specialis*の短縮形であり、元は、*species*「外観」である。この語基(ラテン語*specere*「見る」に由来)は、後期中英語において、そのままの形で英語に入った(例:various species「様々な種類」)。**speciality**图「専門、特別品」は特別なものや特質的なものを指している。古フランス語*especialite*あるいは後期ラテン語*specialitas*に由来し、元は*spécial*「特別な」である。**specialize**動「特殊化する」は17世紀初頭の古フランス語*spécialiser*に由来し、元は*special*である。

specify [中英語]動指定する、明記する、明言する:

古フランス語*specifier*あるいはラテン語*specificare*に由来する。この語基は、16世紀後半の**specification**图「詳述」(中世ラテン語*specificatio(n-)*に由来)そして17世紀半ばの**specific**形「特定の」(後期ラテン語*specificus*に由来し、元はラテン語*species*)でもあり、元々は「確固たる特質を持つ」という意味だった。

specimen [17世紀初頭]图見本、実例、標本:

当初は「模倣、模範」を意味した。*specere*「見る」に由来し、ラテン語から入った。ラテン語の複数形*specimina*は17世紀後半にはかなりよく使われた。

speck [古英語]图小さなしみ、斑点、汚点、欠点:

古英語*specca*は小さな点やしみだった。同系語では発見されていない。**speckle** [後期中英語]图「小斑点」は同じ意味で、中オランダ語*spekkel*に由来する。動詞(16世紀後半)は名詞由来、または*specked*からの逆成(接尾辞の除去)である。

spectacle [中英語]图見世物、ショー、スペクタクル、壮観、見もの:

古フランス語を経て入った。ラテン語*spectaculum*「見世物」に由来する。元は*spectare*である。*specere*「見ること」の反復動詞(繰り返される行為の動詞)である。成句 make a *spectacle* of「恥をさらす」も古くからあった。「めがね」(当初は単数形)は後期中英語だった。**spectacular**图「見もの」(*oracular*のような語の形式にならって*spectacle*に由来)は17世紀後半から。

spectator [16世紀後半]图見物人、目撃者:

フランス語*spectateur*あるいはラテン語*spectator*から入った。*spectare*「見る、観察する」に由来する。**spectate**動「傍観する」は*spectator*の逆成語(接尾辞の除去)として18世紀初頭から使われている。

spectre [17世紀初頭]图《文語》幽霊、亡霊、妖怪、恐ろしいもの;(将来への)不安材料:

フランス語*spectre*あるいはラテン語*spectrum*に由来し、文字通り「心像、亡霊」を意味する。元は*specere*「見ること」である。**spectrum**图「スペクトラム」は17世紀初頭に英語に入り、その当時「亡霊」であった(「スペクトル」は17世紀後半に遡る)。

speculation [後期中英語]图思索、熟考、推測、憶測、投機:

specula「監視塔」に由来するラテン語*speculari*「偵察する、見張る」は、*speculation*(古フランス語を経て、あるいは後期ラテン語*speculatio(n-)*に由来)、同時代には**speculative**形「推論的な」(古フランス語*speculatif, -ive*あるいは後期ラテン語*speculativus*に由来)そして16世紀後半の**speculate**動「推測する」の基になっている。*speculate*は18世紀後半から「投機」の意味で使用されている。

speed [古英語]图(動作の)速度、速さ、スピード;動急がせる：

古英語の名詞 *spēd*、動詞 *spēdan* は古英語 *spōwan*「繁栄させる、成功する」のゲルマン語幹に由来する。動詞の意味は God *speed*!「神に栄光あれ！」といった表現に見られる。名詞の意味は、「多さ」（現在は廃語）、「スピード」(more haste less *speed*（スピードを出さずにもっと急げ）に分かれた。

spell¹ [中英語]图呪文、まじない、魅力、綴り：

(*spell* correctly「正しく綴る」におけるような) *spell* は古フランス語 *espeller* の短縮語で、「談話」や、後に「呪文」を意味する spell [古英語]图「祝文」のゲルマン語幹に由来する。

spell² [16世紀後半]图ひと続き、一時、（仕事・活動の）期間：

spell of activity「活動期間」は語源不詳である。方言 *spele*「代わりをする」の変形である。名詞の当初の意味は「失業対策、労働者の交替」だった。

spend [古英語]動使う、過す、消費する：

古英語 *spendan* はラテン語 *expendere*「支払う」に、廃語 *dispend* の短縮語に由来し、元は、ラテン語 *dispendere*「支払う」である。

sphere [中英語]图球、球体、球面、天体、惑星：

古フランス語 *espere* に由来する。後期ラテン語 *sphera*, *sphaera* から入り、元はギリシア語 *sphaira*「球体」である。**spherical**形「球形の」は後期ラテン語を経てギリシア語 *sphairikos* から入った。元は *sphaira* である。15世紀後半から使われている。

spick and span [16世紀後半]形こざっぱりした：

当初の意味は「真新しい」であり、成句 *spick and span* new として使われていた。方言 span new の拡張から生まれた。古ノルド語 *spán-nýr* が語源であり、*spánn*「（木の）切れ端」と *nýr*「新しい」からなる。*spick* が付いたのはオランダ語 *spiksplinternieuw* による影響であり、文字通り「最先端」を意味する。

spike [中英語]图大釘、靴底の釘、スパイクシューズ、（バレーボールの）スパイク;動大釘で留める、大釘で刺す、スパイクする：

おそらく中低地ドイツ語、中オランダ語 *spiker* に由来し、*spoke* と同系である。動詞用法は17世紀初頭から。18世紀後半の *spike* someone's drink「強い酒にする」は酒の味をきつくするという意味に由来する。

spill [古英語]動こぼす、ばらす、（血を）流す、こぼれる、あふれる：

古英語 *spillan* は、「殺す、破壊する」（一般には約1300年から1600年まで）、そして「（血を）流す」という意味だった。語源不詳である。「こぼす」は後期中英語に現れた。

spin [古英語]動紡ぐ、吐く、回す、くるくる回る、くらくらする;图回転、スピン、下落、短いドライブ：

古英語 *spinnan* は「（繊維）を抜き出しねじる」という意味だった。ドイツ語 *spinnen*「紡ぐ」と同系である。名詞は19世紀半ばから。20世紀後半に米国政府の会議で「解釈」(put a *spin* on something「何かを解釈する」）という意味が加わり、1980年代には政治の会見で大衆に望ましい解釈を伝える人物を指す **spin doctor**「報道対策アドバイザー」で使用された。関連語に、**spider**图「クモ、謀略をめぐらす人」（後期中英語 *spīthra* は *spinnan* に由来)、**spindle** [古英語]图「つむ、軸」（当初 *spinel*）は動詞 *spin* の語幹に由来する。

spine [後期中英語]图脊柱せきちゅう、脊椎せきつい、背骨：

古フランス語 *espine* の短縮語、あるいはラテン語 *spina*「とげ、いが、脊椎」に由

来する。1920年代から本の背を示すためにも使用されている。

spinney［16世紀後半］图雑木林、木立、やぶ、茂み：

古フランス語 *espinei* の短縮語であり、ラテン語 *spinetum*「低木の茂み」の異形から入り、元は *spina*「（草木の）とげ」である。

spinster［後期中英語］图未婚女性（英国の官方・法律用語）、《古語》（中高年の）独身女性：

かつては「紡ぐ女」を指した。「未婚女性」の意味は18世紀初頭から。

spire［古英語］图尖頂：（教会等の）尖塔

古英語 *spīr* は「植物の高くて細い幹」で、ドイツ語 *Spier*「草の葉身」と同系である。16世紀後半には、*spire* of rock「石の突起」や a church *spire*「教会の尖塔」（マシュー・アーノルド『サーシス』*Thyrsis*：And that sweet city with her dreaming *spires*... Lovely all times she lies, lovely tonight「夢見る尖塔を持つ甘美な街。それはいつも美しい。今夜もまた」）といった使われ方をするようになった。

spiral［16世紀半ば］图螺旋、悪循環；圈螺旋（状）の、渦巻き形の：

当初は形容詞として使われていた。ラテン語 *spira*「回路」に由来する中世ラテン語 *spiralis* から来ている。*spire*［16世紀半ば］も同様である。*spire* は今は巻き貝を指すが、当初は「螺旋」を指していた。

spirit［中英語］图《文語》精神、心、酒：

アングロノルマンフランス語に由来、元はラテン語 *spiritus*「息、魂」から入り、元は *spitare*「息」である。「酒」を指す用法は複数形で、起源は17世紀後半に遡る（バニヤン『天路歴程』*Pilgrim's Progress*：He gave me also a piece of an Honey-comb, and a little Bottle of *Spirits*「彼は私にハチの巣もくれ、さらに小さな酒ビンをくれた」）。「元気、快活」という意味の起源は18世紀初頭に遡る。low *spirits*「意気消沈」、high *spirits*「上機嫌」のような成句も同時期である。関連語 spiritual圈「精神上の」は古フランス語 *spirituel* に由来する中英語で、ラテン語 *spititualis* から入り、元は、*spiritus* である。

spit¹［古英語］動つばを吐く、つばを吐きかける：

古英語 *spittan*「つばを吐く」はその行為、音の擬態語である。関連語 spittle［15世紀後半］图「つば」は、同じ意味で使われる方言 *spittle* の異形となった。

spit²［古英語］图焼き串、（海に細長く突き出た）岬：

古英語 *spitu*「先が尖った細い棒」は西ゲルマン語起源であり、オランダ語 *spit* やドイツ語 *Spiess*「槍」と同系である。

spite［中英語］图悪意、意地悪、恨み、遺恨：

古フランス語 *despit*「さげすみ」、*despiter*「軽蔑する」の短縮語である。-ght で終わる他の英単語によって影響を受けた *spight* という綴りは1575年頃から1700年まで一般的だった。成句 in *spite* of「…にもかかわらず」の起源は16世紀初頭に遡る。

splay［中英語］動（窓など）に斜角をつける、隅切りにする、（手足など）を広げる、（ひじなど）を伸ばす：

当初の意味は「旗を掲げる」で、動詞 *display* の短縮語だった。

splendid［17世紀初頭］圈豪華な、華麗な、ぜいたくな、立派な、光輝ある：

フランス語 *splendide* あるいは *splendidus* に由来し、元は *splendere*「輝く、明るい」である。「壮大な」という意味が主たる意味である。「素晴らしい」を意味する用法は17世紀半ばに始まった。成句 in *splendid* isolation「栄光ある孤立

に」は互いに異なる意味合いを持つ語を組み合わせている。この表現は19世紀後半に、イギリスがヨーロッパにおいて政治・商業的に独自性を有することを示すのに用いられた。

splice [16世紀初頭][動](縄を)組み継ぎする;[名](縄の)組み継ぎ:

おそらく中オランダ語 *splissen* に由来する。語源不詳であるが split「割る」と同系と思われる。当初の用法は主に航海関連であった。20世紀初頭からフィルムや磁石、そして紙テープに関する意味が加わった。

splint [中英語][名](接骨用の)副木ゞえ:

当初は甲冑の一部分を指した。中オランダ語、中低地ドイツ語 *splinte*「金属板」に由来し、splinterと同系である。「副木」という意味は中英語で現れた。中英語 splinter [中英語][名][動]「破片、裂く」は splint と同系である（中オランダ語 *splinter, splenter* に由来する）。

split [16世紀後半][動]裂く、割る、分配する、割れる、分かれる;[名]裂け目、分裂:

元は、「(船を)解体する」という意味で、嵐や岩の力を描写していた。中オランダ語 *splitten* に由来するが、語源不詳である。成句 split hairs「(くだらぬことを)とやかく論じる」の起源は17世紀後半に遡る。split the difference「妥協する、折り合う」は18世紀初頭に現れた。split the atom「細かく分割する」は20世紀初頭から使われている。

spoil [中英語][動]台無しにする、だめにする、損なう、悪くなる:

当初の意味は「略奪」で、古フランス語 *espoille*（名詞）、*espoillier*（動詞）の短縮語だった。ラテン語 *spoliare* を語源とする意味もいくつかあるが、元は、*spolium*「略奪、動物から剥ぎ取られた皮」である。*despoil* の短縮語を反映しているものもある。「台無しにする」は16世紀半ばに遡る。

spoke [古英語][名](車輪の)スポーク、輪止め:

古英語 *spāca* の起源は西ゲルマン語で、オランダ語 *speek* やドイツ語 *Speiche*「スポーク」と同系であり、*spike* の語幹に由来している。成句 put a *spoke* in one's wheels「計画のじゃまをする」(17世紀初頭)は妨害するという文脈において、おそらくオランダ語 *een spaak in 'twiel steeken*「車輪に棒をおく」の誤訳である。この句は set a *spoke* in one's cog「ある歯車の中に歯をとり付ける」や set a *spoke* in one's cart「荷場車に輪止めを置く」のような異形があった。

sponge [古英語][名]スポンジ、海綿;[動]スポンジや布で洗う、(人に)たかる:

ラテン語から入った。ギリシア語 *spongia* は *spongos* の後の語形であり中英語で古フランス語 *esponge* の影響を強く受けた。動詞の意味「たかる」(利益を吸い取る意味から)の起源は17世紀後半に遡る。

sponsor [17世紀半ば][名]引受人、保証人、名付け親、番組提供者、スポンサー;[動]後援する、スポンサーになる、出資する:

当初は名詞として使用された。ラテン語の借用語で、*spondere*「正式に約束する」に由来する。動詞の起源は一般的な意味「強く支持する」で19世紀後半に遡る。「出資する」という意味は1930年代から。

spontaneous [17世紀半ば][形]自発的な、任意の、自然に起こる、無意識の:

後期ラテン語 *spontaneus* が基となっており、成句「自発的に」(*sua*) *sponte* に由来する。

spool [中英語][名](釣糸・フィルムなどの)巻き枠、スプール、一巻きの量:

古フランス語 *espole* あるいは中低地ドイツ語 *spóle* に由来する。オランダ語 *spoel* やドイツ語 *Spule*「巻き枠」は同系語である。動詞の起源は17世紀初頭に遡る。

spoon［古英語］名スプーン、さじ；動スプーンですくう：

古英語 *spōn* は「（木の）そぎの切れ端」を意味していた。ゲルマン語起源であり、ドイツ語 *Span*「切りくず」と同系である。「スプーン」(後期中英語) はスカンジナビア語起源である。動詞の起源は18世紀初頭に遡る。後に「いちゃつく」という意味が口語的に使用された。これは密に接する（スプーンのように近づく）ことに由来する。19世紀に、「抱き合う」という意味で使用された。

sporadic［17世紀後半］形散発的な、点在する、ばらばらの：

中世ラテン語から入った。*sporas, sporad-*「点在している」に基づくギリシア語 *sporadikos* から来ている。この語は *speirein*「種をまく」と関係しているが、**spore**［19世紀半ば］名「胞子」の語源でもある（ギリシア語 *spora*「種まき」に由来する近代ラテン語 *spora* から）。

sport［後期中英語］名スポーツ、運動競技、娯楽、たわむれ；動見せびらかす：

当初は「娯楽、楽しさ」を意味していた。名詞 *disport* の短縮語である。成句 in *sport*「ふざけて」は15世紀に現れた。the *sport* of kings（17世紀半ば）はかつてはいくさを指していたが、後に、狩猟や競馬に使われた。現在の「スポーツ」という意味は16世紀初頭に始まった。動詞の意味「見せびらかす」(*sporting* a dapper tie「流行のネクタイを着こなす」) は18世紀初頭に現れ、1770年から1830年までは特によく使われた。

spot［中英語］名地点、場所、現場、箇所、名所、観光地；動見つける、見抜く、認める、汚す、置く、突きとめる、しみになる；形即座の：

おそらく中オランダ語 *spotte* に由来する。当初は「小さな点」と同様に、一般的に「道徳上の汚点」という意味があった。また場所にも使われた。成句 put on the *spot*「困らせる」は元は、1920年代のアメリカ英語用法だった。動詞の意味「気づく、気がつく」(*spotted* him at once「すぐに彼を見抜いた」) は19世紀初頭から「容疑者または犯人を見抜く」というスラングの意味で現れた。

spouse［中英語］名配偶者：

古フランス語 *spous(e)* に由来し、*espous(e)*「婚約者」の異形で、元は、ラテン語 *sponsus*（男性形）、*sponsa*（女性形）、*spondere*「婚約する」の過去分詞である。

spout［中英語］動噴き出す、噴出する；名噴出口：

中オランダ語 *spouten* に由来し、元は古ノルド語 *spýta*「つばを吐く」と共通する擬音語の語幹に由来する。当初、動詞は「勢いのある小川に液体を流す」であった。名詞は屋根から水が流れることを指し、その後一般的になった。拡張された意味「多弁に」(constantly *spouting* about his achievements「彼の業績についてしゃべってばかりいる」) は17世紀初頭に遡る。

sprawl［古英語］動（ぶざまに）手足を伸ばす、大の字に寝そべる；名大の字に寝そべること：

古英語 *spreawlian* は「腕を急激に動かす」という意味だった。デンマーク語 *sprælle*「のたくる」と同系である。名詞用法は18世紀初頭から。

spray¹［17世紀初頭］名しぶき、水煙：

当初の綴りは *spry* だった。中オランダ語 *spra(e)yen*「（一面に）まく」と同系である。

spray²［中英語］名（葉・花・実のついた）小枝：

spray of flower「花のついた小枝」などで見られ、後期古英語 (e)*sprei* を表して、人物や場所の名前で使われた。語源不詳である。

spread［古英語］動広げる、伸ばす、広める、拡大する、まき散らす：

古英語 *-sprædan* は当初は他語と結合し

て用いられた。西ゲルマン語起源で、オランダ語 *spreiden* やドイツ語 *spreizen*「広げる」と同系である。この意味が「展示したり、覆ったりするために広げる」と「大きく、長く伸びる」に分かれた。

sprig [中英語]名小枝、子孫：
低地ドイツ語 *sprick*「乾いた枝」と同系である。

sprightly [16世紀後半]形(特に老人が)
活発な、陽気な、威勢のよい：
spright に基づく。*spright* は中英語 *sprit* (*spirit* の短縮)名「妖精」が変化した **sprite** の異形である。
→ SPIRIT

spring [古英語]名春、泉、バネ、跳躍；動跳ねる、行動を起こす、生じる：
古英語 *spring* (名詞)、*springan* (動詞)はゲルマン語が起源であり、オランダ語、ドイツ語の *springen*「跳ぶ」と同系である。当初は「泉の源泉」や「湧き出る」の意で用いられ、比喩的な用法として「生じる」ができた。

sprint [18世紀後半]名短距離走、(ゴール直前の)全力疾走、大奮闘：
当初は「跳ねること」という意味の方言的用法であった。スウェーデン語 *spritta*「ぴくりと動く、跳ねる」と同系であると考えられる。19世紀後半からは「全力疾走」という意味で用いられている。

sprout [中英語]動発芽する；名発芽：
西ゲルマン語起源であり、オランダ語 *spruiten*、ドイツ語 *spriessen*「芽を吹く」と同系である。Brussels *sprouts*「芽キャベツ」を略して使うのは19世紀半ばからである。

spruce [16世紀後半]形整った、きちんとした、こぎれいな：
今は廃語となった、「プロイセンの」を意味する別語の *spruce* に由来するかもしれない。この語は、成句 *spruce* (leather) jerkin「プロイセン (革の) 胴着」という表現で用いられている。当初の *spruce* は (最終的には17世紀初頭から木の名称として使用) は廃語 *Pruce*「プロシア」の異形であった。

spur [古英語]名拍車、刺激；動拍車をかける、駆り立てる：
古英語 *spora, spura* は、ゲルマン語起源であり、オランダ語 *spoor* やドイツ語 *Sporn*「拍車」、英語 *spurn* と同系である。「突出物」という意味は成句 *spur* of land「大地の突出部」、*spurs* from a branch「突き出た枝」などに見られる用法につながっている。「鋭さ」という意味は成句 on the *spur* of the moment「突然」に見られる用法につながった (19世紀初頭)。

spurious [16世紀後半]形偽の、嘘の：
当初は「私生児の」を意味した。ラテン語 *spurius*「偽りの」に基づく。その意味が「偽りの」という意味へと一般化された。

spurn [古英語]動拒絶する、断る：
古英語 *spurnan, spornan*「転ぶ、よろめく、何かにぶつかる」、「拒絶する」はラテン語 *spernere*「軽蔑する」と同系である。

spy [中英語]名スパイ；動見張る、見分ける：
古フランス語 *espie*「見つけること」、*espier*「発見する」の短縮語であり、ゲルマン語を起源とする。インド＝ヨーロッパ語に属するラテン語 *specere*「見る」と語源が同じである。

squad [17世紀半ば]名分隊、班：
フランス語 *escouade* の短縮語である。*escouade* は *escadre* の異形であり、イタリア語 *squadra*「広場、公園」から来ている。*squadra* は **squadron** 名「【陸軍】騎兵大隊」(イタリア語 *squadrone* から) を基にしており、元は16世紀半ばに四角形に並んだ兵士を表す語であった。

squalid [16世紀後半]形むさくるしい、

荒れ果てた：

ラテン語「粗い、あるいは、汚い」を意味する *squalere* が *squalid*（ラテン語 *squalidus* から）と 17世紀初頭の *squalor* 名「汚なさ」（ラテン語からの借用）の起源となっている。

squall ［17世紀半ば］名スコール、（雨を伴う）突風：

squeal「悲鳴」の変形で、*bawl*「叫び声」から影響を受けていると考えられる。

square ［中英語］名正方形、四角、広場；副直角に、まっすぐに；動2乗する、一致する；形四角い：

古フランス語において、（形容詞としての過去分詞）*esquarre*、名詞 *esquare*、そして動詞 *esquarrer* の短縮語である。元はラテン語 *quadra*「正方形」である。複合語に以下がある：
■ square meal 名「まともな食事」。大きな船で振る舞われる四角い皿に盛られた料理を表す、航海用語から派生したと言われている。

squat ［中英語］動しゃがむ、かがむ、うずくまる；形ずんぐりした；名しゃがんだ姿勢：

当初は古フランス語 *esquatir*「平らにする」から由来し「力づくで押しつける」の意味で使用された。ラテン語 *cogere*「強要する」の過去分詞である *coactus* が基になっている。17世紀半ばから現在まで、形容詞は「ずんぐりした」の意味で、動詞は、19世紀後半から「不法に建物を占拠する」の意味で使用されている。
→ COGENT

squeak ［後期中英語］名（赤ん坊の）キャーキャー泣く声、間一髪；動キーキーと音をたてる：

この擬音語は、当初は動詞として使用されていた。スウェーデン語 *skväka*「ガーガー鳴く音」、squeal ［中英語］動「キーキー泣く」、そして 15世紀後半の *shriek* などが類形語である。

squeamish ［後期中英語］形吐き気をもよおす、びくびくする：

方言 *squeamous* の異形である。元はアングロノルマンフランス語 *escoymos* であるが語源不詳である。

squeeze ［16世紀半ば］動握る、抱きしめる、搾取する、押し込める；名圧搾、少量、すし詰め：

語源不詳であるが、初期の *squise* に由来する、元は、廃語 *queise* から派生したと考えられる。「押し合いへし合い」という意味は 19世紀初頭から、口語的用法の「財政的引き締め」は 19世紀後半からである。

squire ［中英語］名郷士、騎士の従者：

元々、騎士になる前に弟子入りしている若い貴族を表す語であった。そして古フランス語 *esquier*「郷士」の短縮語である。

squirm ［17世紀後半］動のたくる；名身をよじる動き、もじもじする動作：

身もだえするような動きの象徴であり、おそらく worm「芋虫」と同系である。

stab ［後期中英語］動刺す；名突き刺すこと：

語源不詳であるが、スコットランド語の方言用法の動詞 *stob* および「切り株」を意味する名詞 *stob* と同系である。

stability ［中英語］名安定性、持続性：

古フランス語 *stablete* に由来するラテン語 *stabilitas* から入り、元は「安定した」を意味する *stabilis* である。*stabilis* は「立つ」を意味する *stare* が基になっている。
stable ［中英語］形「安定した」はアングロノルマンフランス語に由来し、元はラテン語 *stabilis* から派生している。そして stabile 形「安定した」は 1940年代から現在まで使用されており、同様にラテン語 *stabilis* から、もしくは *mobile* の影響を受けている。

stable ［中英語］名馬小屋、馬屋；動馬屋に入れる：

古フランス語 *estable*「馬小屋、豚小屋」、ラテン語 *stabulum* (*stare*「立つ」から) の短縮語である。

stack [中英語] 名 堆積、積み重ね語；動 積み重ねる：

ゲルマン語起源であり、古ノルド語 *stakkr*「干し草の山」から派生している。19世紀後半から「大金」という意味で使用されている。

stadium [後期中英語] 名 スタジアム、競技場：

ギリシア語 *stadion* がラテン語を経由して英語へと変化した。元は古代ギリシア、古代ローマにおける長さの単位だった。(欽定訳聖書では「ハロン」と訳されている) 競技場という意味は19世紀半ばからである。

staff [古英語] 名 職員、部員、(権威の象徴として) 職杖、譜表；動 (職員を) 配置する：

当初は杖を指していた。ゲルマン語を起源とし、オランダ語 *staf* とドイツ語 *Stab*「スタッフ、棒、杖」と同系である。音楽の用法では、音程を表す五線譜を意味し、17世紀半ばから現在まで使用されている。軍隊での「役職」の意味での使用は18世紀初頭に起こった。その意味が一般化され、19世紀半ばからは、「社員」の意味でも使用されるようになった。

stage [中英語] 名 舞台、ステージ、演劇、段階、局面；動 上演する、行う：

当初は建物の階、雛段を指した。古フランス語 *estage*「住む」の短縮語として用いられ、ラテン語 *stare*「立つ」が基になっている。「推移、または、過程の一部」(*stage* coach「駅馬車」、*stage* in her life「彼女の人生のステージ」) という意味での使用は17世紀初頭に起こり、同時期に動詞としての使用も始まった。

stagger [後期中英語] 動 よろめく、ふらつく：

古ノルド語 *stakra* を起源とする方言 *stacker* の異形であり、*staka*「押す、よろめかせる」の反復動詞である。「互い違いに配置する」という意味は19世紀半ばから見られる。

stagnate [17世紀半ば] 動 (水などが) よどむ、沈滞する：

ラテン語 *stagnum*「水溜り」から派生した *stagnare*「水溜りになる」に由来する。同時期に現れた **stagnant** 形「流れない」も同じ語源である。

staid [16世紀半ば] 形 くそまじめな：

stay の古い過去分詞で、人の性格が変わらないという意味から来ている。
→ STAY

stain [後期中英語] 名 しみ、汚れ；動 しみをつける：

古フランス語 *desteindre*「不自然な色」から派生した古語 *distain* の短縮語である。当初は「色あせるという」意味で使用された。名詞としては、16世紀半ば「汚れ、不名誉、恥辱」という意味で使われた。

stair [古英語] 名 階段：

古英語 *stæger* はゲルマン語起源であり、元は「登る」の意味のオランダ語 *steiger*「足場、付着物」と同系である。

stake [古英語] 名 (競争の) 賭け金、出資、賞金：

古英語 *staca*「丈夫な棒」は西ゲルマン語起源であり、オランダ語 *staak* や英語 stick と同系である。「賭け金」という意味は特殊な意味であり、地位や賭けに際して賭け金として出されたものという概念に由来する。have a *stake* in「…に関わりがある」という成句は18世紀後半から使用されている。

stale [中英語] 形 (飲食物などが) 新鮮でない、古い、陳腐な：

当初はビールを表す語として使用され「長期熟成から解放された、強い」の意であった。これはおそらく、*estaler*「停止する、置かれる」などのアングロノルマ

ンフランス語や古英語から来ており、16世紀初頭からは食べ物を表す語として使用された。複合語 stalemate 名「【チェス】ステイルメイト」(18世紀半ばからのチェス用語) の第1要素、アングロノルマンフランス語 estaler が基になった estale「地位」に由来する廃語 stale から来ている。
→ STALL

stalk [中英語] 名 茎、柄:
flower stalk などに見られ、おそらく stale「ハシゴの段、長い取っ手」という方言的用法の指小辞語である。

stalk [後期古英語] 動 獲物を追い詰める、忍び寄る、こっそり追跡する:
後期古英語である -stealcian は、当初は bistealcian「注意深く、または、こっそりと歩く」という表現の中に見られた。ゲルマン語源であり、steal と同系である。後期中英語の中で、追跡ゲームの文中に使用された。20世紀後半には、内密そして獲物を追い詰めようとする意味は、しつこく追うという文脈で使われるようになった。

stall [古英語] 名 区画、個室、(教会の) 会衆席:
古英語 steall「家畜小屋」はゲルマン語起源であり、オランダ語 stal や stand と同系である。この名詞には「隔離された場所」や、「分割、境界」という意味が多く、教会の席に固定される、という意味は、後期中英語から使用されており、劇場での使用は19世紀初頭からのものである。動詞用法には、当初「住む」、「止まる」などの意味があった。
→ STAND

stallion [中英語] 名 種馬、雄馬:
この語は、古フランス語 estalon のアングロノルマンフランス語の異形に由来する。estalon は stall と関連のあるゲルマン語語幹の派生語に基づく。当初の用法は、「強い」、「たくましい」といった概念を表していた。

stalwart [後期中英語] 形 がっしりして丈夫な、熱心な; 名 (主義主張や政党などの) 熱烈な支持者:
現在は廃用のスコットランド語 stalworth の変化であり、これは古英語 stael「場所」や weorth「価値」から派生した。

stamina [17世紀後半] 名 スタミナ、体力、持久力:
当初は「元になるもの」の意で使用された。これはラテン語の「運命の女神によって紡がれた生命の糸」を表す stamen の複数形である。「糸」の概念は、18世紀初頭に「生命力」や「精力」など、人を支えるための用法として広まった。

stammer [後期古英語] 動 どもる、どもりながら話す:
古英語 stamerian は西ゲルマン語が起源であり、中英語 stumble (古ノルド語由来) も同じ起源を持つ。

stamp [中英語] 名 切手、印紙; 動 踏みつける:
「押しつぶす」を意味した当初はゲルマン語が起源で、古フランス語 estamper「踏む」と同義であるドイツ語 stampfen「足で踏みつける」と同系である。19世紀初頭に動詞 stamp が stomp へ変形した。(元はアメリカの方言である) 政府が用いる「型押し印」、また後の「切手」などの名詞としての用法は17世紀後半から現在まで続いている。例えば、postage stamp の短縮形は19世紀初頭の用例に見られる。

stampede [19世紀初頭] 名 驚いてどっと逃げ出すこと; 動 暴走する、殺到する:
スペイン語 estampida「衝突、騒ぎ」のメキシコ系の用法である。ゲルマン語起源で、動詞 stamp と同系である。
→ STAMP

stance [中英語] 名 立場、足の位置:
当初は、立ち位置を表していた。イタリア語 stanza が由来のフランス語が基になっている。

stand［古英語］動立っている、立ち上がる、姿勢を取る、(主張が)ゆらがない、(立場を)取る、(効力を)保つ：

古英語の動詞 standan や名詞 stand はゲルマン語起源であり、インド＝ヨーロッパ語に由来し、ラテン語 stare、ギリシア語 histanai、そして英語の名詞 stead と同系である。
→ STEAD

standard［中英語］名基準、標準、旗；形標準の：

かつては、集合地点を指すための垂直に立てられた棒を指していた。当初は standard-general のように、1138年の「旗の戦い」(Battle of the Standard) を指して用いられた。同時代のヘクサムのリチャードはその戦いについて、戦場に旗のついた1本のマストが立てられていたと述べている。さらに、初期の用法では、「計測の基準」や「立っている木材」をも表した。この語は古フランス語 estendart の短縮語である。元は、estendre「立つ」である。

staple［古英語］名ホッチキスの針、股釘：

古英語 stapol はゲルマン語起源であり、オランダ語 stapel「杭」と同系である。また、元の意味は「支えるもの」である。「ホッチキスの針」という意味は19世紀から。

staple［中英語］名(ある国や地域の)主要産物、基本食糧、穀物；形主に輸出される：

古フランス語 estaple「市場」、中低地ドイツ語、中オランダ語の stapel「杭」に由来する「基本食品」という意味で限定的に使用される。この語は一時、王権によって認められていた輸出向きの製品を生産する特権を持つ商業の中心部を表すために使われていた。形容詞的用法は、元は「主要産物」の意で使用されていた。

star［古英語］名(恒)星、星；動主演させる、星印をつける、主演する：

ゲルマン語起源である古英語 steorra は、ラテン語 stella やギリシア語 aster などのインド＝ヨーロッパ語が基になっているオランダ語 ster やドイツ語 Stern「星」と同系である。占星術での stars への言及は中英語の時代から続いている。thank one's lucky stars「自分の幸運に感謝する」の異形は16世紀後半に見られる。「(芸能界などの)スター」の意味は18世紀から。

starboard［古英語］名右舷：

古英語 steorbord は「右舷」を意味し、これは初期のチュートン語において、船舶のパドルが右側へそれたことから来ている。
→ STEER; BOARD

starch［古英語］名でんぷん、洗濯用のり；動のりをつける：

古英語では過去分詞 sterced「堅くなった」という意味しかなかった。ゲルマン語起源であり、オランダ語 sterken、ドイツ語 starken「強くする」、英語 stark と同系である。名詞としてのぎこちなさを取り除くことを意味する take the starch out of という比喩的用法は、18世紀初頭に始まった。
→ STARK

stare［古英語］動じっと見つめる；名じっと見ること、凝視：

古英語 stariam はゲルマン語起源であり、元の意味は「厳密である」から来ている。stare (somebody) out「にらみ倒す」という成句は、最初は17世紀後半に見られた stare out of countenance「人を見つめてどぎまぎさせる」から来ている。

starling［後期古英語］名ムクドリ：

この語の第1要素 star は、廃語もしくは方言形 stare (古英語では staer) であり、それだけで「ムクドリ」を意味している。

stark［古英語］形全くの、荒涼とした、飾り気のない、ありのままの：

ゲルマン語が起源である古英語 stearc は「曲がらない、厳しい」を意味し、オランダ語 sterk やドイツ語 stark「強い」と

同系である。ゲルマン語起源である鳥の名前の stork「コウノトリ」（古英語 storc）はその直立した姿勢から、おそらく stark と同系である。

start [古英語] 名 開始、着手；動 出発する、歩き出す、始める、開始する：

古英語 stytan は「飛び回る、跳ねる」を意味していた。ゲルマン語起源であり、オランダ語 storten「押す」やドイツ語 stürzen「転落する、突き落とす」と同系である。名詞用法は動詞用法に由来する。「急に動くこと」から「開始、出発」の意味が生じ、さらに「始まり」の意味になった。

startle [古英語] 動 びっくりさせる：

古英語 steartlian は、語幹の start により、「蹴る、もがく」を意味していた。当初は「（牛などについて）すばやく動く」を表したが、後に16世紀になると「びっくりさせる」の意味が生まれた。

starve [古英語] 動 餓死する、切望する：

古英語 steorfan は「死ぬ」を意味していた。ゲルマン語起源で、この語はおそらく「厳しい」が基の意味であり、オランダ語 sterven やドイツ語 sterben「死ぬ」の形態と同系である。
→ STARE

state [中英語] 名 状態、国家、州；動 述べる：

ラテン語 status「状態」に由来する estate の短縮形である。動詞用法は17世紀の半ばから。
→ STATUS

static [16世紀後半] 形 静的な；名 空電：

以前は重さとその影響を表す科学用語だった。この語はギリシア語 statike (tekhnē) から近代ラテン語を経て入ってきた。形容詞用法は、ギリシア語 statikos「立たせる」（動詞 histanai に由来する）が基になった近代ラテン語 staticus から派生している。

station [中英語] 名 駅、局、場所、身分；動 配属する：

ラテン語 statio(n-) (stare「立つ」より) から古フランス語へ入った。当初は一般的に「場所」を表し、特に「地位」を意味したが、より具体的には「巡礼の聖なる宿場」を指した。Stations of the Cross「十字架の道の留り」という成句は16世紀半ばから、瞑想や祈りのために次々と訪問される教会にある、キリスト受難中の諸事件を順次に14の絵で表したものである。動詞用法は16世紀後半から。

stationary [後期中英語] 形 動かない：

statio(n-)「立っている」が起源のラテン語 stationarius（元は「駐屯地にいる」の意）が基になっている。英語では「静止した衛星」（動かない星）を指す天文学用語として最初に使用された。
→ STATION

stationery [18世紀初頭] 名 文房具、筆記具：

中英語 stationer に由来し、元は「本屋」を表す用語であった。中世ラテン語 stationarius「（店を構えている）商人」に基づく。この語からは stationary もできた。

statistic [18世紀後半] 名 統計、統計学、数値：

ドイツ語の形容詞 statistisch や名詞 Statistik「統計」から来ている。このドイツ語の名詞は1748年にアッシェンバールという作家によって用いられた。その意味は世界各国の構成や資源を扱う科学であった。18世紀のフランス人作家はアッシェンバールについて、統計学を普及させた人物であると述べている。statistic は後にフランス語 statistique の基になった。英語ではこの語は statistic science「統計科学」の中に見られる。

statue [中英語] 名 (彫) 像：

古フランス語、ラテン語 statua, stare「立つ」が基になっている。statuary [16世紀半ば] 名 彫像（ラテン語 statuarius）や18世紀後半の statue から派生した statuesque 形「彫像のような」なども同様である。statuette [19世紀半

ば」🈠「小彫像」はフランス語 statue の省略形である。

stature [中英語]🈠身長、背丈、度合い：
ラテン語 statura や stare「立つ」が基になった古フランス語に由来する。当初の意味は「立った時の背の高さ」を指していた。「重要さ」の意味での使用は19世紀半ばから。

status [18世紀後半]🈠地位、立場：
当初「法的地位」という法律用語として使用された。これは stare「立つ」に由来する「地位」を文字通りの意味とするラテン語の用法に由来する。

statute [中英語]🈠法、法律、規則：
後期ラテン語 statutum から派生した、古フランス語 statut に由来する。後期ラテン語 statuere「立てる」の過去分詞が基になっており、status「地位」から来ている。
→ STATUS

staunch [後期中英語]🈝忠実な、信頼できる：
当初は「水を通さない」を意味した。起源はロマンス語で「干からびた、疲れた」が基になった古フランス語 estanche（女性形は estanc）である。現在の意味（staunch supporter「忠実な支持者」）は17世紀から。中英語 staunch「（流れを）止める」も同じ起源を持っており、古フランス語 estanchier に由来する。

stave [中英語]🈠おけ板、棒、さお；🈔穴をあける、…を傷める：
staff の複数形である staves から接尾辞が脱落した語である。「譜表」を表す用法は19世紀初頭から現在まで続いている。現代の動詞用法に関しては17世紀初頭から使われはじめ、stave off などの形で17世紀半ばから現れた。

stay¹ [後期中英語]🈔とどまる、滞在する、もちこたえる、延期する、いやす；🈠滞在：
「とどまっている」を表す stay はアングロノルマンフランス語 estai- から来ており、これは古フランス語 ester の語幹である。ラテン語 stare「立つ」が基となっている。「支える」(stayed with bolts「ボルトで支えた」) は古フランス語の名詞 estaye からであり、この語はゲルマン語起源の動詞 estayer に由来する。女性のコルセットを表す名詞 stays（17世紀初頭）は衣服を補正するもので、2つの部分をひもで締め上げた。

stay² [古英語]🈔支える；🈠ステー：
マストを支える巨大なロープや、後のマストを支える人間、ワイヤー、ケーブルを表す海事用語である古英語 stæg は、オランダ語 stag に関連しており、「しっかりした」が元の意味となっている。

stead [古英語]🈠代わり、代理：
古英語 stede は「場所」を意味していた。ゲルマン語起源であり、オランダ語 stad「町」、ドイツ語 Statt「場所」、Stadt「町」と同系である。これらは動詞 stand とともにインド=ヨーロッパ語の語幹を共有している。成句 Stand somebody in good stead「大いに誰かの役に立つ」は元々 stand someone in stead であった（後期中英語）。steadfast🈝（古英語 stedefaest）は文字通り「しっかり立つ」という意味である。
→ STAND

steady [中英語]🈝固定した、動かない；🈠決まった恋人；🈔固定させる：
当初は「ぐらつかない」という意味であった。動詞としての意味は16世紀半ばから。
→ STEAD

steal [古英語]🈔盗む、こっそり動く；🈠盗み、格安品：
古英語の動詞 stelan はゲルマン語起源で、オランダ語 stelen とドイツ語 stehlen「盗む」と同系である。主な意味として、「盗む」(stole his watch「彼の時計を盗んだ」)、「こっそり動く」(stole into her room「こっそり彼女の部屋に入った」)、「不当な行為をする」(stole a kiss「すき

をついてさっとキスをした」、stole a look「盗み見をした」）などがある。「格安品」を意味する口語的表現 (It's a steal at that price) は1940年代にアメリカで始まった。

stealth［中英語］名 ひそかなやり方、内密：

当初の意味は「盗み」であった。おそらく、steal と関連する古英語である。by stealth「人目をしのんで」という成句は元は後期中英語の「盗みによって」を意味していた。
→ STEAL

steam［古英語］名 水蒸気、蒸気、力；動 蒸気を出す、蒸気の力で動く：

ゲルマン語起源の古英語の名詞 stēam は「蒸気」を、動詞 stēman は「臭いを発散する」を意味していた。オランダ語 stoom「蒸気」も同系である。成句 let off steam「うっぷんを晴らす」は、元は19世紀初頭の蒸気機関について用いられていた。

steed［古英語］名《古語》元気な馬：

古英語 steda「種馬」は stud と同系である。16世紀からこの語は詩の中で trusty steed という評価的形容詞として一般的になった。
→ STUP

steel［古英語］名 鋼鉄、鋼；動 心を堅固にする：

古英語の stȳle や stēli はゲルマン語起源であり、オランダ語 staal やドイツ語 Stahl「鋼鉄」と同系である。当初から「信頼のおける」といった人物評価の意味も有していた。動詞用法は16世紀後半から「（心を）堅固にする」(steeled himself to face the ordeal「心を強く持って苦難に立ち向かう」）の意味で用いられている。
→ STAY²

steep¹［古英語］形 急な、険しい、法外な：

古英語 stēap は「急な」を意味していた。西ゲルマン語起源であり、steeple や stoop と同系である。この語は19世紀半ばから、口語で価格について使用されている (a bit steep at that price「それは不当に高い値段だ」）。
→ STEEPLE; STOOP

steep²［中英語］動 浸す、つける、夢中になる：

「水に浸す」を意味する steep はゲルマン語起源であり、スコットランド語 stoup「桶」と同系である。

steeple［古英語］名 尖塔：

古英語 stepel はゲルマン語起源であり、形容詞 steep と同系である。18世紀後半から用いられている steeplechase「障害物競走」は最初に steeple が来ているが、それは、steeple「尖塔」が競走の終点を示していたからである。

steer［古英語］動 操縦する、（一定の方向へ）向ける、（進路を）とる、向かう；名 助言、忠告：

古英語の「進路を導く」を意味する動詞 stieran はゲルマン語起源であり、オランダ語 sturen やドイツ語 steuern「操縦する」と同系である。成句 steer clear of「…に近づかない」は18世紀初頭に派生した。

stem¹［中英語］名 茎；動 …から生じる：

古英語の stemn や stefn はゲルマン語起源であり、オランダ語 stam やドイツ語 Stamm「幹」と同系である。動詞は元は「上に上る」を意味し（16世紀後半）、現代の「…から生じる」(It stems from his childhood「それは彼の幼児期に由来する」は1930年代にアメリカで使われはじめた。

stem²［中英語］動 阻止する、食い止める、流れに逆らって進む：

当初は「せき止める」を意味した (stemmed the flow「流れをせき止めた」）。ゲルマン語起源で古ノルド語 stemma から入った。スキー用語の「ターン直前に減速する」はドイツ語 stemmen「突っ張る」に由来する (20世紀初頭)。

stench［古英語］名 悪臭：

古英語 stenc「臭い」はゲルマン語起源であり、オランダ語 stank、ドイツ語 Gestank「悪臭」、そして動詞 stink などと同系である。
→ STINK

step［古英語］名一歩、歩み、歩調：
ゲルマン語が起源であり、古英語 stæpe, stepe（名詞）と stæppan, steppan（動詞）などはオランダ語 steppen やドイツ語 stapfen と同系である。「行動を起こす」という意味での to take a step や take steps などの成句は17世紀初頭に始まった。「脚立」を意味する複数形での使用は17世紀後半に起こった。成句 watch [mind] one's step「足もとに注意」は1930年代から。

stereotype［18世紀後半］名定型、典型、決まり文句：
フランス語の形容詞 stéréotype に由来する。

sterile［後期中英語］形（人、動物が）不妊の、（土地が）不毛の、やせた、殺菌した、無菌の：
古フランス語もしくはラテン語 sterilis と同系である。また、ギリシア語 steira「子を産まない雌牛」とも同系である。「殺菌した、無菌の」を意味するようになったのは、19世紀後半から。

sterling［中英語］形英貨の、法定純度の、正真正銘の ；名英国の貨幣、真正、最高品質：
かつてノルマン民族が使用した通貨が小さな星に似ていたことから、pound sterling としての sterling は steorra「星」が基となっていると考えられる。「最高品質」という意味で使われるようになったのは17世紀半ばからである。

stern¹［古英語］形厳格な、断固たる：
古英語 styrne「厳しい、変更できない」は西ゲルマン語派の動詞 stare に由来する。
→ STARE

stern²［中英語］名船尾：
海事を意味し、古ノルド語 stjórn「舵取り」(stýra「舵を取る」から派生）に由来する。

stethoscope［19世紀初頭］名聴診器：
ギリシア語 stēthos「胸部」と skopein「検査する」からなるフランス語 stéthoscope に由来する。

stew［中英語］動とろ火で煮る、（暑さに）うだる ；名シチュー：
語源は大釜、熱い風呂であり、古フランス語 estuve (estuver「蒸気の熱」と同系) に由来する。estuve はギリシア語 tuphos「煙、蒸気」が基になっていると考えられる。18世紀半ばに使用されるようになった食べ物のシチューは、後期中英語の動詞「とろ火で煮る」から。

steward［古英語］名世話役、執事 ；動(世話役、執事等を) 務める：
古英語 stīweard は stig「家、小屋、事務所」と weard「かわす、防ぐ」からなる。当初、英語では家族の世話役、もしくは皇室の執事の意味として用いられた。動詞として使用されはじめたのは17世紀初頭から。

stick¹［古英語］名棒切れ、さお、杖：
古英語 sticca「止め釘、棒、スプーン」は西ゲルマン語に由来する。オランダ語 stek「植物を切り取る」、ドイツ語 Stecken「杖、棒」は同系語である。慣用句 get hold of the wrong end of the stick「誤解する、勘違いをする」は19世紀半ばからである。同時期に、「罰として（棒等で）打ちのめす」という意味から give somebody some stick「罰する、批判する」という慣用句が生まれた。「ど田舎、僻地」という意味で使われる the sticks という成句は20世紀初頭にアメリカで使用されるようになった。

stick²［古英語］動刺す、突き刺す：
古英語の動詞 stician「（尖ったもので）突き刺す」はゲルマン語に由来する。ドイツ語 sticken「刺繍する、縫い込む」

が同系であり、元はギリシア語 *stizein*「ちくりと刺す、穴をあける」、*stigma*「傷跡」、そしてラテン語 *instigare*「駆り立てる、むち打つ」に見られるインド＝ヨーロッパ語の語根に由来する。当初、「突き刺さったままの状態である」という意味があった。このような意味は後期中英語に「くっつく」という意味となった。中英語期に一般的な意味であった「適切な位置に取りつける」は、その意味が弱まって「置く」(*stick* the kettle on「やかんに火をかける」) となった。

stickler ［16世紀半ば］名 こだわる人、神経質な人：
当初は「こだわる人」という意味で使われた。*stickler* は廃語 *stickle*「こだわる人を演じる」、廃語 *stightle*「制御する」の異形で、古英語 *stiht(i)an*「整頓する、片づける」という反復動詞に由来する。

stiff ［古英語］形 硬直した、堅い；名 死体：
古英語の *stīf* はゲルマン語に由来する。オランダ語 *stijf* と同系である。主な用法は「こわばった」(*stiff* muscles「こわばった筋肉」)、「強い」(*stiff* drink「強い酒」)、「困難な」(*stiff* competition「厳しい競争」) などである。「死体」を指す俗語の名詞用法は19世紀半ばからである。

stifle ［後期中英語］動 息を止める、窒息させる：
古フランス語の反復動詞 *estouffer*「息を止める、窒息させる」に由来する。比喩的表現 *stifled* ambition「抑えた野心」は17世紀初頭から。

stigma ［16世紀後半］名 汚名、恥辱：
刺針、もしくは烙印によってつけられた刻印であった。*stigma* はラテン語を経てギリシア語 *stigma*「とがった器具によりつけられた印、小点」から入った。*stick*「刺す、突き刺す」は同系語である。*stigmata*「斑痕、斑点」は聖書 (17世紀初頭) の中で、磔にされたキリストの身体の傷跡に似た印との説があり、聖人もしくは信仰深いキリスト教徒の身体に神秘的に再現された斑点だとされている。

stigmatize 動「烙印を押す」は、同時期にフランス語、もしくは中世ラテン語を経てギリシア語 *stigmatizein* から入った。元は、この語幹 *stigma* である。
→ STICK¹

stile ［古英語］名 踏み段：
古英語 *stigel* はゲルマン語に由来し、「登ること」を意味する。

stiletto ［17世紀初頭］名 短剣、錐刀：
イタリア語の指小辞語、*stilo*「短剣」の英語版である。

still¹ ［古英語］形 静かな、静止した；副 まだ、なおいっそう、それでもなお：
古英語の *stille*「動かない」と *stillan*「静める」は西ゲルマン語が起源であり、「直す、立つ」を意味する語幹に由来する。

still² ［16世紀半ば］名 蒸留機、蒸留所：
whisky *still* などで使われ、希少な動詞 *still*「蒸留して取り出す」(*distil* の短縮形) に由来している。
→ DISTIL

stilt ［中英語］名 竹馬：
ゲルマン語が起源であり、「堅苦しく歩く」が基本的な意味である。オランダ語 *stelt* とドイツ語 *Stelze*「竹馬」は同系語である。言葉づかいを表す *stilted* は20世紀初頭から (バイロン『マレーへ』*To Murray*: You are taken in by that false, *stilted*, trashy style「あなた方はあの間違った、大げさな、つまらない文体につられている」)。ここで取りあげられているのは、わざとらしく高ぶった文体を使っている。

stimulate ［16世紀半ば］動 刺激する、活気づける：
当初は「刺す、苦しめる」の意であった。ラテン語 *stimulare*「駆り立てる、突く」に由来する。*stimulus* 名 は17世紀後半にラテン語の意味で「突く、刺激、動機」として使われた。同系語の stimulant 名「興奮剤、刺激物」は18世紀初頭の語であり、*stimulare* に由来する。

sting [古英語]⟨動⟩刺す、刺すような痛みを感じさせる、法外な代金を請求する;⟨名⟩刺し傷、刺すような痛み、詐欺:

古英語の *sting*（名詞）と *stingan*（動詞）はゲルマン語に由来する。俗語 *sting somebody for money*「（人からお金を）だまし取る」の意味は20世紀初頭からである。17世紀半ばから見られる「あさましい」を表す **stingy**⟨形⟩「けちな」は名詞 *sting* の異形方言である。

stink [古英語]⟨動⟩悪臭を放つ;⟨名⟩悪臭:

古英語 *stincan* は西ゲルマン語に由来する。同系語にオランダ語とドイツ語の *stinken*「悪臭を放つ」、*stench* がある。
→ STENCH

stint [古英語]⟨動⟩（金、食料などを）切り詰める、（ものを）出し惜しむ;⟨名⟩制限、限定:

「鈍くする」を意味する古英語 *styntan* は、ゲルマン語に由来する。*stunt*「（植物、知能などの）発育を鈍くする」は同系語である。中英語では「終わる、停止する」の意味を表すことがよくあった。現在最も頻繁に使われる「切りつめる (Don't *stint* on the wine「ワインをけちけちするな」)」の意味は18世紀初頭から。
→ STUNT¹

stipulate [17世紀初頭]⟨動⟩規定する、明記する:

ラテン語 *stipulari*「公式の契約として要求する」に由来する。

stir [古英語]⟨動⟩かき回す、かき混ぜる、（かすかに）動く;⟨名⟩（かすかに）動くこと、大騒ぎ:

古英語 *styrian* はゲルマン語に由来する。ドイツ語 *stören*「乱す、妨げる」は同系語である。「心をかき立てる」という意味は中英語に起こった (His poetry *stirred* my soul「彼の詩は私の心をかき立てた」)。19世紀初頭以降、口語的用法でキリスト降臨前の最後の日曜日を意味する成句 *Stir-up* Sunday がある。これは冒頭文言（*Stir* up …「目覚めよ…」）に端を発している。また、クリスマスミンスミートを作ることにちなんだユーモアのある言葉でもある。クリスマスミンスミートの準備はキリスト降臨前の最後の週に準備することが伝統であった。「服役」を意味する *stir* は俗語の名詞であり、「かき乱す、妨げる」という意味とは関係ない。19世紀半ばから使われはじめた。この意味はロマーニー語 *sturbin*「刑務所」に由来する。

stirrup [古英語]⟨名⟩あぶみ:

古英語 *stigrāp* は2つの要素からなる。1つは廃語 *sty*「登る」、そして *rope*「縄」である。この語源は輪になった縄である。

stitch [古英語]⟨名⟩ひと針、ひと縫い、針目（はり）、縫い目;⟨動⟩縫う:

古英語 *stice* は「パンク、刺痛（しつう）」を意味した。ゲルマン語に由来し、ドイツ語 *Stich*「刺し傷」と英語 *stick*「棒」は同系語である。（裁縫などの）「輪穴」の意味は中英語に起こった。容疑者が他人に罪をなすりつけるような場面で使用される成句 *stitch someone up*「人を罪に陥れる」は1970年代以降である。
→ STICK

stock [古英語]⟨名⟩在庫品、貯蔵、蓄え、株、評価、家系:

古英語 *stoc(c)*「幹、切り株」はゲルマン語源である。オランダ語 *stok* とドイツ語 *Stock*「棒」は同系語である。蓄え、株の意味（食料の蓄え、会社の株）は後期中英語に起こったが、語源不詳である。幹の中心の発育、もしくは企業の設立金を表していると考えられる。

stockade [17世紀初頭]⟨名⟩（杭を並べて作った）防柵:

廃語となったフランス語 *estocade*, *estacade* の変形の短縮語であり、元はスペイン語 *estacada* である。名詞 *stake* のゲルマン語幹に由来する。
→ STAKE

stocking [16世紀後半]⟨名⟩ストッキング、

靴下：
方言の意味「放牧」に由来する。
→ STOCK

stodge [17世紀後半][動]がつがつ食う；[名]こってりした食べ物：
当初は「先まで詰め込む」を意味する動詞として使用された。*stuff*「材料、原料」と *podge*「ずんぐりした、ぽっちゃりした」に端を発する象徴的な語である。

stoical [後期中英語][形]禁欲的な：
ギリシア語 *stōïkos* からラテン語を経由して英語に入った。元は *stoa* である。アテネの *stoa Poikilē* または「塗られたポーチ」での哲学者ゼノンの教えを指している。キプロスのゼノンは紀元前300年頃に最高の徳は知識を基とするというストア哲学を提唱した。

stoke [17世紀後半][動]火をかき立てる、燃料をくべる：
stoker[名]「かまたき」からの逆成語である。*stoker* はオランダ語 *stoken*「かまど」に由来し、元は、中オランダ語 *stoken*「押す、突く」である。
→ STICK¹

stole [古英語][名]ストール：
当初は「長い衣服」か「聖職者の祭服」を意味した。ラテン語を経て英語に入った。元は、ギリシア語 *stolē*「洋服」、*stellein*「盛装する」である。

stolid [16世紀後半][形]無感動な、鈍感な、無神経な：
廃語となったフランス語 *stolide* もしくはラテン語 *stolidus* (*stuitus*「馬鹿な」の同系語である) に由来する。

stomach [中英語][名]胃、腹部：
ラテン語を経て英語に入った。ギリシア語 *stomakhos*「食道」(*stoma*「口」から) に由来する古フランス語 *estomac, stomaque* に由来する。16世紀初頭には当初「気を悪くする、腹を立てる」という意味があった。

stone [古英語][名]石、石材：
古英語の名詞 *stān* はゲルマン語源である。オランダ語 *steen* とドイツ語 *Stein*「石」は同系語である。「石を投げる」を意味する動詞は中英語期である。酒に酔う、麻薬に溺れるという文脈に用いられる *stoned* は1950年代以降見られるようになった。

stool [古英語][名]腰掛け、大便：
ゲルマン語源である。オランダ語 *stoel*、ドイツ語 *Stuhl*「椅子」、英語 stand「立つ」と同系である。「大便」を指すようになったのは、「腰掛式便器」からである：
■ **stool pigeon** [19世紀後半]「警察のスパイ」は野禽を誘き寄せるために椅子に鳩を固定したところから来ている。
→ STAND

stoop [古英語][動]かがむ、[名]前かがみ、猫背：
ゲルマン語源の古英語の動詞 *stūpian* は形容詞 *steep* の同系語である。
→ STEEP¹

stop [古英語][動]やめる、抑える、止まる、泊まる、止む；[名]中止、休止、滞在、停車場：
西ゲルマン語源で古英語 (*for*)*stoppian* は「(隙間を) 防ぐ」を意味する。ドイツ語 *stopfen*「止める」は同系語であり、後期ラテン語 *stuppare*「詰める」に由来する。*stop* at nothing「どんなことでもやりかねない」、*stop* short「急に止まる・やめる」といった成句は17世紀後半から。

store [中英語][名]店、商店、蓄え、多量、備品；[動]蓄える：
ラテン語 *instautare*「更新する」を語源とする古フランス語 *estore* (名詞) と *estorer* (動詞) に由来する。「店」を意味する名詞として使用された当初は大量の商品を扱う大規模店を指していた。この意味はイギリス以外の国で広く使用された。イギリス国内では chain *store*「チェーン店」、department *store*「デパート」、*store* detective「万引き防止人」といった表現

に見られる。

storey［後期中英語］名階層、階：
ラテン語 *historia*「歴史、物語」の短縮形であり、英国中世ラテン語でのみ使用された。元々は一列の窓、もしくは建物の前面部に装飾された歴史的な話題を表していたと考えられる。

storm［古英語］名嵐、暴雨；動猛然と出ていく・入ってくる、猛攻する、嵐になる：
ゲルマン語に由来する。オランダ語 *storm*、ドイツ語 *Sturm*「嵐」、そしておそらく英語の動詞 stir「かき混ぜる」も同系語である。天気を指す動詞用法が使用されるようになったのは後期中英語からである。「突然襲う」(*stormed* the building「建物を襲った」) の意味は17世紀から見られる。「猛然と入る・出る」(*stormed* off in anger「怒って出ていった」) の意味は19世紀初頭から見られる。
→ STIR

story［中英語］名物語、話：
当初は歴史的な説明・描写を指した。例えば、聖書の一部や聖者の伝説で使われていた。ラテン語 *historia*「歴史」に由来するアングロノルマンフランス語 *estorie* が語源である。1500年代以降、聴衆や読者を楽しませるための架空の出来事と結びつくようになった。
→ HISTORY

stout［中英語］形丈夫な、頑丈な、太った；名スタウト（強い黒ビールの一種）：
アングロノルマンフランス語と古フランス語の方言に由来し、西ゲルマン語が語源であり、stilt と同系である。17世紀後半から、名詞はアルコールの強いビールを意味するようになった。*stout* ale の省略であると考えられる。
→ STILT

stove［中英語］名ストーブ、温室、コンロ：
元は「発汗部屋」の意味であった。中オランダ語、もしくは中低地ドイツ語の *stove*、そして名詞 *stew* と同系である。cooking *stove*「コンロ」、oil *stove*「石油ストーブ」のような句で使われるようになったのは16世紀後半から。
→ STEW

stow［後期中英語］動（船などに）ぎっしり、詰め込む、しまい込む：
bestow「与える」の短縮形である。
→ BESTOW

straddle［16世紀半ば］動大またで歩く、両足を広げる、またがる：
方言 *striddle* の逆成語であり、*stride* から派生した *striddling*「またがる」の方言である。
→ STRIDE

strafe［20世紀初頭］動機銃掃射する、叱る、非難する：
ドイツにおける第1次世界大戦のキャッチフレーズ Gott *strafe* England「イギリスに神からの罰がありますように」から入った。

straight［中英語］形まっすぐな、一直線の、正直な、連続した；副まっすぐに；名直線コース：
stretch の古語となった過去分詞形である。the *straight* and narrow (19世紀半ば) という成句は「正直な暮らし」を意味する。この意味は聖書の『マタイによる福音書』7章14節にある：Because *strait* is the gate, and narrow is the way which leadeth unto life, and few there be that find it「しかし、命に通じる門はなんと狭く、その道も細いことか。それを見出す者は少ない」の誤解である。口語表現 think *straight*「理路整然と考える」は、20世紀初頭から。
→ STRETCH

strain¹［中英語］動懸命に（…しようと）する、悪化させる、痛める、身体を酷使する、引っ張る；名心配、圧力：
ラテン語 *stringere*「きつく引っ張る」(当

初の英語の意味)に由来する古フランス語 estreindre が語源である。「括る」、「圧縮する」、「契約を結ぶ」、「(手足を)伸ばす」等の意味としては現在使われていない。

strain[2] [古英語] 名種族、家系、特徴:
古英語 strīon「獲得」はゲルマン語に由来する。ラテン語 struere「増進する、鍛え上げる」は同系語である。strain には「家系」という意味もある。「繁殖」の意味から発展した。

strait [中英語] 名海峡:
ラテン語 strictus「きつく引っ張る」に由来する古フランス語 estreit「きつい、狭い、細い」の短縮形である。
→ STRICT

strand[1] [古英語] 動座礁させる、行き詰まらせる、立ち往生させる:
当初は「岸辺」を意味する名詞として用いられた。動詞用法は17世紀初頭からである。オランダ語 strand やドイツ語 Strand「ビーチ」と同系語である。

strand[2] [15世紀後半] 名撚り糸、要素:
語源不詳である。今は使われていない意味の strain「線」、もしくは古フランス語 estran「ロープ」との関連性が指摘されているが、証拠はない。

strange [中英語] 形奇妙な、不思議な、未知の:
ラテン語 extraneus「外の、奇妙な」を語源とする古フランス語 estrange の短縮語である。**stranger**[後期中英語] 名「他人、見知らぬ人、不幸な人」は同じラテン語 extraneus を語源とした古フランス語 estrangier の短縮語である。

strangle [中英語] 動絞め殺す、握りつぶす:
ラテン語 strangulare に由来する古フランス語 estrangler の短縮語である。ギリシア語の動詞 strangalan が語源であり、元は strangalē「絞首刑」である。また strangos「ねじれた」と同系である。

strangulation 名「絞殺」はラテン語 strangulare「窒息させる」の派生語 strangulatio(n-)「絞殺」を語源とし、16世紀半ばに遡る。

strap [16世紀後半] 名革ひも、つり革；動ひもで縛る、鞭打つ:
当初は鳥を捕える罠、あるいは、2つのものを留める木を指した。後期中英語 strop「カミソリを研ぐための革ひも」の方言である。

stratagem [15世紀後半] 名策略、計略:
当初は「軍事上の策略」という意味で使われていた。ラテン語、フランス語を経て、ギリシア語 stratēgēma から入った。元は stratēgein「大将になる」であり、stratos「軍隊」に基づいている。
strategy 名「戦略」は19世紀初頭から使われるようになった。ギリシア語 stratēgos の派生語である stratēgia「戦略手腕」を語源とするフランス語 stratégia「戦略」に由来する。stratēgos の語源は同時期に見られる **strategic** 形「戦略的な」と同じである (フランス語 stratégique、ギリシア語 stratēgikos に由来)。

stratum [16世紀後半] 名地層、層、階級:
当初は「積み、重ね、塗り、(塵等の物質の)層」という意味であった。近代ラテン語であり、ラテン語の文字通りの意味「何かを広げる、横たえる」に由来する、stratum は sternere「まき散らす、ばらまく」の中性過去分詞である。

straw [古英語] 名藁、麦藁:
古英語 strēaw は、ゲルマン語に由来する。オランダ語 stroo、ドイツ語 Stroh「藁」、英語の **strew** 動「まき散らす、ばらまく」は同系語である (古英語では stre(o)wian。インド=ヨーロッパ語の語根を有しており、この語根は、ラテン語 sternere「平らに置く」にも見られる。

stray [中英語] 動それる、はぐれる、迷い込む；形はぐれた；名迷い出た家畜、迷子:
名詞用法の stray はアングロノルマンフ

ランス語の名詞 strey に由来し、動詞用法の stray はアングロノルマンフランス語と古フランス語の動詞 estrayer の短縮語である。形容詞用法 (stray animals「迷い出た家畜」) は astray に由来する。

streak [古英語]📖筋、線、傾向;📖筋をつける、筋になる、疾走する、ストリーキングをする:

古英語 strica はゲルマン語に由来する。オランダ語 streek、ドイツ語 Strich「打つこと、一撃」、英語 strike「打つ」は同系語である。「疾走する」という意味は本来アメリカ英語の俗語である。「髪の毛を部分染めにする」という意味は1940年代から使われはじめた。
→ STRIKE

stream [古英語]📖川、流れ;📖流れる、流す:

古英語の名詞としての strēam は、ゲルマン語に由来する。オランダ語 stroom、ドイツ語 Strom「川」はインド＝ヨーロッパ語を語源とする同系語である。ギリシア語 rhein「流れる」も同じ語源である。当初から比喩的な意味で使われていた。成句 stream of consciousness「意識の流れ」は19世紀半ばから使用された。(心理学において)「連続する流れとして経験を持つ個々の思考」という意味から「制御できない思考のつながり」として一般化した。

street [古英語]📖道路、通り:

西ゲルマン語に由来する古英語 strǣt は後期ラテン語である strāta (via)「舗装された(道)」である。sternere「横たえる」の女性過去分詞に由来する。「(専門家ではない) 普通の人」を意味する成句 the man on the street は19世紀初頭から使われるようになった。複合語 streetwise「都会の生活勘がある」は1960年以降アメリカ英語で使われるようになった。

strenuous [17世紀初頭]📖骨の折れる、熱心な、奮闘的な:

ラテン語 strenuus「活発な、元気のよい」が語源である。

stress [中英語]📖圧力、重圧、ストレス、強勢、アクセント;📖強調する:

当初は、「困難、難儀」、「権力を行使する」、「強要、ゆすり」を意味した。distress「苦悩、苦痛」の短縮語である。またはラテン語 strictus「きつく引っ張る」を語源とする古フランス語 estresse「狭さ、圧迫」に部分的に由来する。
→ STRICT

stretch [古英語]📖引き延ばす;引っ張る、📖伸ばすこと、広がり、伸張:

西ゲルマン語に由来する古英語 streccan は動詞であり、オランダ語 strekken、ドイツ語 strecken「伸ばす」と同系である。名詞用法は16世紀後半以降である。成句 at full stretch「全力を尽くして、精いっぱい」は17世紀後半、精神的苦痛を指す on the full stretch「緊張して」に由来する。俗語として「刑期」を意味するのは、19世紀初頭の「重労働」の意味に由来する。この意味は、それ以前、「拷問」(中英語) や「絞首刑」(16世紀後半) と結びついていた。

strict [後期中英語]📖厳しい、厳格な:

当初は、例えば strict passage「狭い通路」のように「区域や地域の制限」を意味していた。ラテン語 stringere「しっかり締める、きつく引っ張る」の過去分詞 strictus が語源である。stricture📖「非難、酷評」は同時期に stringere から来たラテン語 strictura に由来する。当初の意味は「付随的な意見」であった。これは stringere の別の意味「軽く触れる」に由来する。この意味が「厳しい意見」に発展した。

stride [古英語]📖大股で歩く、またぐ;📖大またの一歩、進歩:

古英語 stride は「歩幅の長い一歩」を意味していた。動詞 strīdan は「立つ、立ち上がる、足を開いて歩く」を意味していた。「努力する、抗争する」を意味するゲルマン語と同系である。オランダ語 strijden「戦い」とドイツ語 streiten「喧嘩す

る」は同系語である。成句 take something in one's *stride*「動じない、平然と受け止める」は19世紀初頭から使用されるようになった。

strident [17世紀半ば]形しつような、かん高い、耳障りな：
ラテン語 *stridere*「きしむ」が語幹の現在分詞、*strident-* に由来する。

strife [中英語]名争い、闘争、紛争：
古フランス語 *estriver*「努力する、励む」の同系語、*estrif* の短縮語である。当初は、「戦い」のみならず「一緒に取り組む」という意味もあった。**strive** 動「戦う、努力する」も中英語であり、古フランス語 *estrif* と関連する、*estriver* の短縮語である。

strike [古英語]動打つ、たたく、ぶつかる、加える、不意に襲う、ストライキをする；名打撃、ストライキ、ストライク：
古英語 *strīcan* は「行く、流れる」と「軽くこする」を意味した。西ゲルマン語に由来する。ドイツ語 *streichen*「打つ、たたく」と英語 *stroke*「打つこと、打撃」は同系語である。「打撃を与える」を意味するようになったのは中英語以降である。労働争議について使われるようになったのは19世紀初頭からである。
→ STROKE

string [古英語]名ひも、糸；動一列に並べる、糸に通す、緊張させる：
名詞としての古英語 *streng* はゲルマン語に由来する。ドイツ語 *strang*「網」、英語 strong「強い、丈夫な」は同系語である。後期中英語の動詞は、当初「一列に並べる」、「糸に通す」であった。成句 have on a *string*「意のままに操る」は16世紀後半に使用されるようになった。「(操りのように)支配する」を意味する pull the *strings* は19世紀半ば以降である。1950年代に使われるようになった no *strings* attached「ひもつきでない援助」は1950年代に現れ、アメリカ英語で19世紀後半に使用された「制限、条件」の意味から来ている。

→ STRONG

stringent [17世紀半ば]形厳格な、切迫した：
「強制的な、説得力のある」が当初の意味であり、ラテン語 *stringere*「きつく引っ張る」に由来する。

strip¹ [中英語]動むく、はぐ、奪う、分解する、衣服を脱ぐ：
ゲルマン語に由来する。オランダ語 *stropen*「密猟」は同系語である。名誉、肩書き、権利を奪うことを比喩的に表す文脈で当初から使われた。*stripped down the engine*「エンジンを解体した」のように「解体した、取り壊す」を意味するようになったのは17世紀後半以降である。

strip² [後期中英語]名長細いきれ、細長い土地：
中低地ドイツ語 *strippe*「革ひも」、そして恐らく英語 stripe「たて縞」に由来する、もしくは同系語である。**stripling** [中英語]名「青二才、若者」は「窮屈、華奢」という意味に基づいて、strip に由来する。
→ STRIPE

stripe [後期中英語]名たて縞：
オランダ語、もしくは低地ドイツ語の *striped*「縞模様の」の逆成語であると考えられる。中オランダ語と中低地ドイツ語の *strīpe* は同系語であろう。織物と関連する名詞としての使用は17世紀まで見られなかった。19世紀初頭、軍隊の階級を表す袖に縫い付けられた記章を指すようになった。

stroke [古英語]名打つこと、打撃、1回の動き、一打ち、一筆、努力、幸運：
古英語 *strācian* は「軽くなでる、愛撫する」を意味する。ゲルマン語に由来し、オランダ語 *streek*「一撃」、ドイツ語 *streichen*「打つ」、英語 strike「打つ」は同系語である。当初の名詞の意味、「強打、暴打」は中英語にある(ジョージ・エリ

オット『ロモラ』*Romola*：[He] remained obstinately silent under all *storokes* from the knotted cord「(彼は)縄によるあらゆる暴打の下、かたくなに黙秘した」)。成句 *stroke* of luck「思いがけない幸運」は19世紀半ばに使用されるようになった。pull a *stroke*「不正行為を行う」は1970年代にスポーツ界から来ていると考えられる。
→ STRIKE

stroll [17世紀初頭][動]ぶらつく、散歩する、[名]散歩：

「浮浪者のように歩き回る」が当初の意味であり、17世紀後半にかけて、余暇という意味を持つようになった。恐らくドイツ語 *Strolch*「放浪者」の派生語 *strollen, strolchen* に由来すると考えられるが、根本的な語源は不詳である。

strong [古英語][形]強い、丈夫な、強固な、熱心な、有能な、影響力のある、説得力がある：

ゲルマン語に由来する。オランダ語とドイツ語の *streng*「厳密に」、英語 string「糸、一列に並べる」は同系語である。17世紀後半以降、「(言葉が)きつい」という意味で使用されている。19世紀初頭以降、come on *strong*「積極的にふるまう」、going *strong*「うまくいっている」等のように、*strong* は副詞として口語表現で用いられるようになった。strength[名](古英語では *strengthu*)「強さ、力、体力」は *strong* を基にしたゲルマン語に由来する。
→ STRING

structure [後期中英語][名]構造、組織、組み立て、建築物；[動]体系化する：

当初は「建物の建設過程」という意味であった。古フランス語、ラテン語の *struere*「建設する」に由来する *structura*「構造、組み立て」が語源である。20世紀以前に動詞として使用される例はほとんどない。

struggle [後期中英語][動]もがく、あがく、奮闘する；[名]苦闘、もがき：

反復動詞(繰り返しの行為を表す動詞)、擬音語に由来する。名詞として使用されはじめたのは17世紀後半以降である。語頭の (str-) は strive「努力する」、strong「体力のある」に見られるように、「努力」を表す可能性がある。

strut [古英語][動]気取って歩く、誇示する：

古英語 *strūtian* はゲルマン語に由来し、「ぎこちなく突き出る」を意味する。チョーサーは『粉屋の話』*Miller's Tale* の中で「突き出ている髪」を指す語として使用している。「気取って歩く」のような現代の意味は16世紀後半以降からである。

stub [古英語][名]短い使い残し、控え、半券；[動]引き抜く、打ちつける：

ゲルマン語に由来する古英語 *stub(b)* は「木の切り株」を意味していた。取り除かれた後の一部という意味からは、「半券」の意味となった(19世紀後半)。「根っこから引き抜く」を意味する動詞用法は後期中英語からである。「意図せずぶつける」(*stubbed* his toe「つま先をぶつけた」)は元は、19世紀半ば、アメリカ英語であった。

stubble [中英語][名]刈かり株^{かぶ}、無精髭^{ぶしょうひげ}：

当初は地面に残った切り株を意味していた。ラテン語 *stipula*「藁^{わら}」の派生語 *stupla, stupula* に由来するアングロノルマンフランス語 *stuble*「刈り株」が語源である。16世紀後半以降、無精髭を表すようになった。

stubborn [中英語][形](生まれつき)頑固な、強情な、片意地な、断固とした：

当初は飼い慣らせない、扱いにくいという意味であった。語源不詳である。一般的に言われているのは stub からの由来である。というのもこの意味(動かしにくい切り株)が考えられるからである。しかし語形からは断定できない。

stud¹ [古英語]*名*鋲、飾り鋲・釘、飾りボタン、カフス・カラーボタン、ピアス式の鋲型のイヤリング;*動*飾り鋲を打つ:

古英語 *studu, stuthu* は「支柱、直立した支柱」、ドイツ語 *stützen*「立てる」と同系である。「飾り鋲」という意味は後期中期英語から生じた。

stud² [古英語]*名*(繁殖・狩猟・競馬用などに飼育される)馬、馬の飼育場、種馬:

古英語 stōd はゲルマン語に由来する。同系語はドイツ語 *Stute*「雌馬」と英語 stand である。
→ STAND

study [中英語]*名*勉強、勉学、学習、研究、学問;*動*勉強する、研究する、調べる、観察する:

名詞の場合、古フランス語 *estudie* の短縮語で、動詞の場合、*estudier* の短縮語である。双方ともラテン語 *studium*「熱意、労を惜しまない努力」が基になっている。同じ派生過程を経た語として、(ラテン語 *studiosus* から来た) **studious** [中英語]*形*「勉学好きな」、(*studere* から来た) **student** [後期中英語]*名*「学生」、(19世紀初頭のイタリア語経由の) **studio**「仕事場」*名* などがある。

stuff [中英語]*名*材料、原料、資料、物、本質;*動*詰める、詰め込む、ふさぐ、腹いっぱい食べさせる:

当初は衣服を作るための素材を指していた。古フランス語 *estoffe*「素材、家具」や *estoffer*「(要塞)を備える、供給する」の短縮語であり、ギリシア語 *stuphein*「計画する」に由来する。成句 do one's *stuff*「(期待通り)腕前を示す」は17世紀半ばから使用されており、That's the *stuff*「よくやった」は1920年代から使用されている。

stump [中英語]*名**動*切り株、刈り込む、選挙演説する、困らせる:

当初は切り株を指した。中低地ドイツ語 *stump(e)* や中オランダ語 *stomp* から来ている。当初の動詞はつまずくという意味で19世紀初頭のアメリカ英語では困らせる(the problem has completely *stumped* me「私はこの問題にはすっかり参った」)であった。耕している時に出てきた株により作業が進まないという意味から来ている。

stun [中英語]*動*気絶させる、失神させる、打ち負かす:

古フランス語 *estoner*「驚かす」の短縮語である。

stunt¹ [16世紀後半]*動*発育を妨げる:

当初は「不意に停止させる」を意味した。方言で「愚かな、頑固な」に由来する。ゲルマン語源であり *stump* と同系である。
→ STUMP

stunt² [16世紀後半]*名*スタント、曲芸、離れ業、妙技:

stunt man「スタントマン」や film *stunt*「フィルムスタント」は元は、アメリカの大学で使われていた俗語であった。しかし、どのように現れたのかは不明である。大学での運動競技内で、ある難題に応じたイベントであった。この意味が20世紀初頭に拡張され、イギリス英語では、当初、兵士が使う語とされた。アメリカ英語の口語 stump「あえて…する」との関係は語源的に不明である。

stupefy [後期中英語]*動*麻痺させる、ぼーっとさせる:

フランス語 *stupéfier* に由来する。ラテン語 *stupefacere* から入り、元は「意識を失う」という意味の *stupere* である、17世紀半ばの **stupefaction**「呆然とする、意識不詳」の語幹でもある。

stupendous [16世紀半ば]*形*びっくりさせるような、並はずれた、とてつもない:

ラテン語 *stupendus*「驚くべき」(*stupere* の動名詞である)がこの語の基である。

stupid [16世紀半ば][形]ばかな、愚かな、ばかげた、くだらない：

フランス語 *stupide* またはラテン語 *stupidus* に由来する。元は *stupere*「驚くべき、気絶させる」である。**stupor**[後期中英語][名]「無感覚」の語源でもある。ショックを受けてぼんやりするという意味から来ている。ドライデンはしばしばあぜんとしたという意味で使った。(『アエネイス』(Men, Boys, and Women *stupid* with Surprise, Where ere She passes, fix their word'ring Eyes「びっくりして頭がぼうっとした男たち、子供たち、そして女たちは、彼女が通り過ぎる前に、目をこすった」)。「のみ込みの遅い」という意味は16世紀初頭にできた。

sturdy [中英語][形](人・動物が)たくましい、屈強な、(物が)丈夫な、頑丈な、(考えなどが)しっかりした、(反対などが)断固とした：

当初は「向こう見ずな、激しい」や「手に負えない、頑固な」という意味があった。古フランス語 *esturdi*「あぜんとした、呆然とした」の短縮語である。ラテン語 *turdus*「ツグミ類」が語幹であるという説もある。さらに、この特定の鳥と呆然とするという意味の関連性は、フランス語の成句 *soûl comme une grive*「ツグミのように酔う」にある。英語におけるこの派生語は、いまだに不詳である。「たくましい」、「強固な」の意味は古くからあった。

stutter [16世紀後半][動]つまる、どもる；[名]どもること：

ゲルマン語由来の方言 *stut* の反復動詞(反復行動の動詞)であり、ドイツ語 *stossen*「打つ」は同系語である。

sty¹ [古英語][名]豚小屋、うすぎたない所、売春宿：

古英語 *stī-* (*stīfearh*「豚小屋の豚」で見られる)はおそらく *stig*「ホール」と同義で、*steward* の第1要素である。
→ STEWARD

sty² [17世紀初頭][名]麦粒腫、ものもらい、めぼ：

styan (古英語 *stīgend*「上昇するもの」に由来)と eye からなる方言 *styany* に由来する。

style [中英語][名](行動・生活などの)様式、方法、(服・髪型などの)型、スタイル：

当初は *stylus*「針」であった。古フランス語 *stile* から英語に入った。元はラテン語 *stilus* である。動詞は16世紀初頭から。

suave [後期中英語][形](人が)温厚な、物腰の柔らかい、(酒などが)口あたりの良い、まろやかな：

当初の意味は「やさしい、感じの良い」であり、古フランス語ラテン語 *suavis*「感じの良い」から来ている。現在の意味は19世紀半ばである。

語構成

接頭辞 sub- には以下のような意味がある。

■「…で、…に、または、低いレベルから」[subalpine]「山麓の」

■「階級では低目の」[subaltern]「准大尉」

■「規模としては小さ目の」[subculture]「下位文化」

■「いくぶん、かろうじて」[subantarctic]「南極圏に接する」

■「別人がとる行動を示す」[sublet]「転貸する」

■「支援を示す」[subvention]「助成金」

---

subdue [後期中英語][動]征服する、支配する、抑える：

アングロノルマンフランス語 *suduire* に由来し、ラテン語 *subducere* から来ており、文字通り「下から引っ張る」という意味である。

subject [中英語][名]題目、科目、主題、臣下；[動]服従させる；[形]支配下にある、受けやすい：

当初は、「臣下」という名詞として使われた。古フランス語 *suget* から入った。元はラテン語 *subjectus*「下へ持ってきた」で、*subicere* (*sub-*「下へ」と *jacere*「投げる」からなる) の過去分詞である。「主題」という意味は16世紀後半から、「芸術のテーマ」の意味は17世紀初頭から、「科目」という意味は19世紀半ばから、動詞で「さらす」という意味 (*subjected hin to hours of questioning*「彼を何時間も尋問した」) は19世紀半ばからである。

subjugate [後期中英語]動 支配する、手なずける、従わせる:

後期ラテン語 *subjugare*「くびきのもとに持ってくる」から来ており *jugum*「くびき」に基づいている。

sublimate [後期中英語]名 昇華物; 形 昇華された; 動 昇華させる、純化する:

当初は「より高い地位へ上げる」という意味であった。ラテン語 *sublimare*「持ち上げる」から来ている。

sublime [16世紀後半]形 壮厳な、雄大な、卓越した、高慢な; 名 壮厳、極み:

元は「威厳のある、冷淡な」という意味で *aloof* はラテン語 *sublimis* から来ており、*sub-*「…まで」と *limen*「敷居」や *limus*「傾いた」と同系である第2要素からなる。成句には18世紀初頭から *sublime view*「雄大な景色」、*sublime beauty*「卓越した美」などがあり、圧倒されるような感情という心情を表している。

submerse [後期中英語]形【植物】水中で育つ:

ラテン語 *submergere* (*sub-*「下へ」と *mergere*「さっとつける」からなる) は同義語 *submerse* と17世紀初頭の **submerge** 動「水浸しにする」の語源である。

submit [後期中英語]動 服従させる、屈服させる、提出する、依託する、判断に委ねる:

ラテン語 *submittere* (*sub-*「下へ」と *mittere*「送る」からなる) から来ている。

「判断に委ねる」という意味は16世紀半ばから始まる。**submission** [後期中英語]名「服従、提出」は古フランス語を経て同じ語源の動詞から来ている、もしくはラテン語 *submissio(n-)* から来ている。**submissive** 形「従順な、素直な」は16世紀後半に現れ、submission から来ており、remission「赦免」や remissive「赦免する」にならっている。

subordinate [後期中英語]形 副次的な、付随する、下位の; 動 従属する; 名 部下、従業員:

中世ラテン語 *subordinatus*「下級の地位に置かれる」から来ており、ラテン語 *sub-*「下に」と *ordinare*「定める」からなる。

subscribe [後期中英語]動 寄付する、出資する、署名する、同意する、参加申し込みする:

当初の意味は「文書の末筆に署名する」であり、ラテン語 *subscribere* に由来し、*sub-*「下へ」と *scribere*「書く」からなる。関連する名詞 subscription「申し込み」(これも後期中英語) はラテン語 *subscriptio(n-)* に由来し、元は *subscribere* である。定期刊行物の定期購入の支払いや慈悲基金へ何度も送金するの意味は17世紀後半から見られる。

subsequent [後期中英語]形 後の、次の、続いて起こる:

古フランス語もしくはラテン語 *subsequent* (*subsequi*「後から追う」の現在分詞語幹) に由来する。

subservient [17世紀半ば]形 従属する、盲従する:

奴隷状態という意味があり、ラテン語 *subservient-*「従事する」(動詞 *subservire* の現在分詞の語 (幹)) に由来する。

subside [17世紀後半]動 腫れがひく、痛みがおさまる、身を沈める、黙る、静まる、沈む、沈殿する:

ラテン語 *subsidere* から来ており、*sub*-「下へ」と *sidere*「置く」(*sedere*「座る」と関連する) からなる。**subsidence**名「沈下」はラテン語 *subsidentia*「沈殿物」から来ている。

subsidy[後期中英語]名交付金、助成金、子会社：

アングロノルマンフランス語 *subsidie* から来ており、元はラテン語 *subsidium*「援助、手助け」である。**subsidiary**形「補助の」が16世紀半ばに初めて使われた時、「手助けや補うために仕える」という意味があった (ラテン語 *subsidiarius* に由来し、元は *subsidium*)。「子会社」という意味は19世紀後半からである。

subsist[16世紀半ば]動生存する、生計を立てる、残存する、生き残る、内在する：

当初の意味は「存在し続ける」であった。ラテン語 *subsistere*「しっかり立つ」に由来し、*sub*-「下へ」と、*sistere*「立つ」からなる。

substance[中英語]名物質、実質、内容、中身、要旨、趣旨：

当初は、何かの本質を表した。古フランス語もしくはラテン語 *substantia*「いること、あること、本質」に由来し、動詞 *substare*「しっかり立つ」から来ている。16世紀後半から「固形物」を指す際に使用している (シェイクスピア『タイタス・アンドロニカス』*Titus Andronicus*, III. ii. 80：So He takes false shadows, for true *substances*「偽りの影をまことの実体と思いこんでおられる」)。**substantial**[中英語]形「実のある」は古フランス語 *substantiel* または教会ラテン語 *substantialis* に由来し、元は、*substantia* である。**substantiate**[17世紀半ば]動「実体化する」は中世ラテン語 *substantiare*「真実味を与える」から来ている。

substitute[後期中英語]動…の代わりに用いる、代理をさせる、置換する；名代わりをする人・物、代用品、身代わり：

以前は代理人や代行者を意味していた。ラテン語 *substitutus*「…に置き換える」から来ている。この語は、*substituere*「代わりに置く」の過去分詞であるが、基は *statuere*「立てる」である。

subterfuge[16世紀後半]名逃げ口上、口実、ごまかし、ぺてん：

フランス語、または後期ラテン語 *subterfugium* からの由来で、元はラテン語 *subterfugere*「内緒で逃げる」である。*subter*-「…の下に」と *fugere*「逃げる」からなる。

subterranean[17世紀初頭]形地下の、表面下の、隠された、秘密の、地下活動の：

ラテン語 *subterraneus* (*sub*-「下へ」と *terra*「大地」からなる) に由来する。

subtle[中英語]形かすかな、ほのかな、薄い、希薄な、微妙な：

「簡単に理解されない」が当初の意味で、古フランス語 *sotil* に由来し、元はラテン語「細かい、デリケート」といった意味の *subtilis* から来ている。**subtlety**[中英語]名「微妙」(古英語 *soutilte* から由来し、元はラテン語 *subtilitas*) もラテン語 *subtilis* が基となっている。

subtract[16世紀半ば]動差し引く、減じる、控除する：

ラテン語 *subtract*- から来ており、*subtrahere*「下から引き離す」の過去分詞が基となっている。

suburb[中英語]名(大都市の) 郊外、郊外の一地区、周辺部、近郊住宅地域：

古フランス語 *suburbe* から入った。元はラテン語 *suburbium* から来ており、*sub*-「…の近くに」と *urb*-「都市」からなる。**suburban**形「郊外の」もまた中英語でラテン語 *suburbanus* から由来し、元は *subrbium* である。

subvert[後期中英語]動(体制・政府を)

転覆させる、倒す、墜落する、破壊する：
古フランス語 subvertir から入った。元はラテン語 subvertere から来ており、sub-「下から」と vertere「回す」からなる。subversive形「反体制の」は17世紀半ばに中世ラテン語 subversivus や subvertere から来ている。

successor [中英語]名 後継者、後任者、相続者、取って代わるもの：
古フランス語 successour に由来し、元はラテン語 successor から来ている。ラテン語の動詞 succedere「後ろに近づいてくる」に由来し、以下の語も同じ語源である。succession[中英語]名「継起」(古フランス語またはラテン語 successio(n) に由来) は、当初、土地または王座を法的に他人へ譲渡することを意味し、「相続人」と同じ意味であった。他にも、後期中英語 succeed (古フランス語 succeder 経由)、後期中英語 successive (中世ラテン語 successivius 由来) そして、16世紀半ば success (ラテン語 successus 由来) がある。後者は元々、良いか悪いかの結果を指した。

succinct [後期中英語]形 簡潔な：
当初の意味は「囲まれた」であった。ラテン語 succinctus「抱えられた」に由来し、これは succingere の過去分詞である。sub「下から」と cingere「締める」からなる。

succulent [17世紀初頭]形 汁の多い、ジューシーな、多肉多汁の：
ラテン語 succulentus から来ており、元は succus「ジュース」である。

succumb [15世紀後半]動 負ける、屈する、服従する、死ぬ、倒れる：
「衰弱させる、力で圧倒する」が当初の意味であった。古フランス語 succomber から入り、元はラテン語 succumbere である。sub-「下」と cubare「横たわる」と同系の動詞からなる。

such [古英語]形 そのような、そんな、とても…な、ひじょうに…な：
古英語の動詞 swilc, swylc はオランダ語 zulk やドイツ語 solch「そのような」と同系であり、so「そんなに」と alike「同様に」のゲルマン語根に由来する。16世紀半ばに such and such「これこれの」が現れた。

suck [古英語]動 (液体)を吸う、すする、なめる、吸いこむ、巻き込まれる、吸収する：
古英語の動詞 sūcan はインド＝ヨーロッパ語族の擬音語が基となっている。英語 soak は同系語である。suck up to「ごまをする」という成句は元々、19世紀半ばの男子生徒の俗語であった。suckle [後期中英語]動「乳をのませる」はおそらく動詞 suck に由来する suckling の (接尾辞の除去による) 逆成語である。suction名「吸引」は17世紀初頭にでき、後期ラテン語 suctio(n-) から由来し、元はラテン語 sugere「吸う」である。

sudden [中英語]形 突然の、思いがけない、急な：
アングロノルマンフランス語 sudein から来ており、ラテン語 subitaneus の異形で、subitus「突然の」が基である。

suds [19世紀半ば]名 石鹸の泡、石鹸水、ビール：
どのような意味変化を遂げてきたかは不明であるが、元は沼地の水を意味していた。中低地ドイツ語 sudde や中オランダ語 sudse「沼地、湿地」や英語 seethe「泡立つ」はおそらく関係している。
→ SEETHE

sue [中英語]動 告訴する、請願する、求愛する：
アングロノマンフランス語 suer から来ており、ラテン語 sequi「後について行く」が基になっている。当初の意味はこの動詞の意味とよく似ていた。

suffer [中英語]動 苦しむ、こうむる、受ける、我慢する、耐え忍ぶ：

アングロノルマンフランス語 *suffrir* に由来し、元はラテン語 *sufferre* である。*sub-*「下から」と *ferre*「耐える」からなる。**sufferance**[名]「黙認」も中英語であり、アングロノルマンフランス語 *suffraunce* から由来し、元は後期ラテン語 *sufferentia* であり、*sufferre* が基である。

suffice [中英語][動]十分である、満足させる：

古フランス語 *suffis-* から来ており、*suffire* の語幹である。元は、ラテン語 *sufficere*「必要に応える」から来ている。ラテン語 *sub-*「下」と *facere*「満たす」からなる。

sufficient [中英語][形]十分な、足りる、十分な能力がある：

当初は「法的に満足のいく」という意味であった。語源は古フランス語かラテン語 *sufficient-* であり、*sufficere*「…の要求に即応する」という現在分詞の語幹である。これと同様の語幹は15世紀後半の **sufficiency**[名]「十分な状態」(後期ラテン語 *sufficientia*) にも見られ、当初は「十分な手段または富」を指した。

suffocate [15世紀後半][動]窒息させる、抑圧する、阻害する、押しつぶす：

ラテン語 *suffocare*「窒息させる」から来ており、*sub-*「下に」と *fauces*「のど」からなる。

suffrage [後期中英語][名]選挙権：

当初は「とりなしを求めるさけび」を指した。元はラテン語 *suffragium* であり、フランス語 *suffrage* により一般に広められた。「選挙権」という意味は18世紀のアメリカ英語によるもの。

suffuse [16世紀後半][形]覆われる、いっぱいになる、満ちる：

ラテン語 *suffus-* から来ており、*sub-*「下、下から」そして *fundere*「注ぐ」からなる。

sugar [中英語][名]砂糖、糖分；[動]砂糖を加える、受け入れやすくする：

古フランス語 *sukere* に由来し、元はイタリア語 *zucchero* である。おそらく中世ラテン語を経てアラビア語 *sukkar* から来ている。比喩的意味「口に合う」は後期中英語に起こった。*sugar* the pill「いやなことを受け入れやすくする」という成句は18世紀後半からである。砂糖は1930年代に愛情という意味になった。

suggestion [中英語][名]暗示、ほのめかし、示唆、提案、提唱：

元々、「悪への誘因」であったが、すぐに「提案、推薦する」という意味に変わった。ラテン語 *suggestio(n-)* から古フランス語を経て入り、ラテン語の動詞 *suggerere*「提案する、刺激する」から来ている。**suggest** [16世紀初頭][動]「提案する」の源である。

suicide [17世紀半ば][名]自殺、自殺者：

近代ラテン語 *suicida*「自殺行為」、*suicidium*「自殺を犯す人」から来ている。ラテン語の *sui*「自分自身の」と *caedere*「殺す」からなる。

suit [中英語][名]スーツ、服、訴訟、求婚；重役、組札；[動]適する、似合う、好都合である、気に入る：

アングロノルマンフランス語 *siwte* に由来し、元はラテン語 *sequi*「後についていく」を基とするロマンス語動詞の女性過去分詞である。当初の意味は「法廷の参加者」や「法の執行」であった。揃いの服やトランプの組札として使われるのは「一組の何かが使われる」という古い意味から来ている。比較的最近 (1970年代) 加わった意味は「企業の重役」であり、アメリカ英語での俗語として使われはじめた。動詞の意味「適応させる、適切にする」は16世紀後半から使われている。(シェイクスピア『お気に召すまま』*As You Like It*, II. vii. 81-82：He ... therein *suits* His folly to the mettle of my speech「私の筋書きどおりおのれの阿呆ぶりを示すことになる」)。**suitable**[形]「適当な」は16世紀後半であり、agreeable にならって動詞 *suit* から来た。

suitor [後期中英語]名《古語》(女性への)求婚者，会社の買収に乗り気な会社：

当初の意味は「従者の一員」であった。ラテン語 *sequi*「追いかける」が基になった *secutor* に由来し、アングロノルマンフランス語 *secutor* から来ている。女性への求婚者を表すようになったのは16世紀後半である。

sulk [18世紀後半]名むっつりすること、不機嫌、すねること：

sulky [18世紀半ば]形「むっつりした」からの逆成（接尾辞の除去）によるものと考えられる *sulky* は廃語 *sulke*「その気がない」に由来する。それ以前の詳細は不明である。

sullen [中英語]形むっつりした、すねた、不機嫌な、にぶい、重々しい：

「孤独な、会社をきらって、普通じゃない」が当初の意味で、アングロノルマンフランス語 *sulein* に由来し、元は *sol*「唯一の」であった。

sully [16世紀後半]動汚す、(名声などを)傷つける：

おそらくフランス語 *souiller*「汚す」から来ている。

sultry [16世紀後半]形蒸し暑い、うだるような、焼けつくような、情熱的な、官能的な：

廃語 *sulter*「うだるような蒸し暑さ」から来ている。

sum [中英語]名(数量の)合計、総計、総額、和;動合計する、合計すると…になる：

ラテン語 *summa*「主要な部分、合計総計」(*summus*「最も高い」の女性形)が語源で古フランス語を経て英語に入った。**summary** [後期中英語]名「要約」はラテン語 *summarius* に由来する。

summer [古英語]名夏、夏季：

古英語 *sumor* の起源はゲルマン語である。同系語はサンスクリット語 *sama*「年」、オランダ語 *zomer* やドイツ語 *Sommer*「夏」である。

summit [後期中英語]名頂上、いただき、極点、首脳、会談：

当初の意味は「頂点」であった。古フランス語 *somete* から由来し、元は *som*「頂上」である。*som* はラテン語 *summum*, *summus*「最上の」に由来する。「主脳会談」は1950年代である。

summon [中英語]動呼び出す、召喚する、召集する、奮い起こす：

古フランス語 *somondre* に由来し、元は、ラテン語 *summonere* である。当初の意味は「ヒントを与える」であったが、後々「呼ぶ、召喚する」という意味で使われるようになった。ラテン語 *sub-*「内密に」と *monere*「警告する」からなる。**summons** [中英語]名「召集命令」は、ラテン語 *summonere* の女性形過去分詞の変形である *summonita* に由来し、古フランス語 *sumunse* から来ている。

sump [中英語]名汚水だめ、油だめ：

当初は「沼地」を指した。中オランダ語または低地ドイツ語 *sump*、または (採掘の意味で) ドイツ語 *Sumpf*「沼地」から来ている。*swamp* と同系である。
→ SWAMP

sumptuous [後期中英語]形高価な、贅沢な：

当初の意味は「巨費を投じて作られる、または、製造された」である。ラテン語 *sumptus*「支出」が基になった *sumptuosus* に由来し、古フランス語 *sumptueux* から来ている。

sun [古英語]名太陽、日、日光;動日干しにする、日にさらす：

古英語 *sunne* はゲルマン語を起源としている。同系語はおそらくオランダ語 *zon* やドイツ語 *Sonne*「太陽」であり、ギリシア語 *hēlios*、ラテン語 *sol* に見られるインド＝ヨーロッパ語の語根から来ている。

sundae［19世紀後半］图サンデー（果物・ナッツなどをのせシロップをかけたアイスクリーム）：

アイスクリームデザートを表し、元々はアメリカ英語で Sunday 图「日曜日」の異形と考えられる。日曜日から残っているアイスクリームで作られ、月曜日に安く売っていたことから、もしくは、毎週日曜日にしか売れなかったことからである。つまり、日曜法令をごまかすために（諸説あり）行われていた。Sunday は古英語で *Sunnandæg*「太陽の日」であり、ラテン語 *dies solis* の翻訳である。

sundry［古英語］圈雑多な、種々様々な：

古英語 *syndrig*「全く異なった、別個の、特別な」を意味した。現在の用法「様々な」は後期中英語にできた。

語形成

接頭辞 super-（ラテン語 *super-* に由来し、元は *super*「上の、…を越えて」）は以下のような意味を付け加える。

- ■「上の、…の上に、…を越えて」[superstructure]「上部構造」
- ■「極度に」[superabundant]「過剰な」
- ■「強力な影響力または能力を持つ」[superbike]「高性能バイク」、[superpower]「超大な力」
- ■「より高度な種類の」[superfamily]「【生物】超科」

---

superb［16世紀半ば］圈すばらしい、見事な、極上の、豪華な：

当初はビルや記念碑を表現することに使われていた。ラテン語 *superbus*「誇り高き、壮大な」から来ている。

supercilious［16世紀初頭］圈ばかげた、尊大な：

ラテン語 *superciliosus*「傲慢な」に由来し、元は *supercilium*「眉毛」である。眉毛をあげて軽蔑する顔を見せることから侮りという意味合いが生まれた。

superficial［後期中英語］圈表面の、上皮の、浅い、取るに足らない、つまらない：

後期ラテン語 *superficialis* に由来し、元はラテン語 *superficies*「表面」から来ている。17世紀初頭に「考えが浅はかな」人に使われるようになった（シェイクスピア『尺には尺を』*Measuce for Measuce*, III. ii 139-140：A very *superficial, ignorant, unweighing fellow*「薄ぺらな物知らずな軽はずみな奴なんだ」）。

superfluous［後期中英語］圈過分な、無用の、不必要な：

ラテン語 *superfluus* から来ており、*super-*「…の上に」と *fluere*「流れる」からなる。

superintendent［16世紀半ば］图監督者、指揮者、管理人、最高責任者：

教会ラテン語 *superintendere*「見渡す」に由来し、superintend［17世紀初頭］動「監督する」（ギリシア語 *episkopein* の訳）はこの同じ動詞が起源である。

superior［後期中英語］圈優秀な、上級の、多数の；图上役、優れた人：

ラテン語 *super*「上に」が基になった *superus*「上にあるもの」の比較級である *superior* に由来し、古フランス語 *superiour* から来ている。名詞ではより上位の人という意味で15世紀後半から使われている。

supersede［15世紀後半］動（古いものなどに）取って代わる、後任となる、入れ替える：

当初の意味は「延期する、延ばす」である。古フランス語 *superseder* に由来し、元はラテン語 *supersedere*「より優れている」であり、*super-*「上に」と *sedere*「座る」からなる。現在の意味は17世紀半ばから「取って代わる」である。

superstitious［中英語］圈迷信の、迷信的な：

古フランス語またはラテン語 *superstitio(n-)* から来ており、*super-*「…の上から」と *stare*「立つ」からなる。何かしら

畏れるものを見下ろすように立つという意味から来ている。

supervise [15世紀後半] [動] 監督する、指揮をとる：

当初の意味は「見晴らす」であった。中世ラテン語 supervis-, supervidere「見晴らす、監督する」の過去分詞形に由来する。ラテン語 super-「…の上に」と videre「見る」からなる。

supper [中英語] [名] 夕食、晩御飯、(簡単な) 夜食、夕食会：

古フランス語 super「夕食をとる」(名詞として使われる動詞の語形) から来ている。かつて1日の3度の食事の最後であり、その他は朝食と夕食であった。今は夕食より軽い食事に使われることが大半である。

supplant [中英語] [動] 取って代わる、後釜に座る：

古フランス語 supplanter またはラテン語 supplantare「やっつける、倒す」から来ており、sub-「下から」と planta「足の裏」からなる。

supple [中英語] [形] (心が) 素直な、柔順な、融通のきく：

元々「一貫性をもたらす」という意味であり、古フランス語 souple に由来する。元はラテン語 supplex, supplic「服従的な」であり、sub-「下の」と plicare「折りたたむ」の語根からなる。

supplement [後期中英語] [名] 補足、補充、補遺、[動] 補遺をつける、不足を補う：

ラテン語 supplementum から由来し、元は supplere「満たす、成し遂げる」である。16世紀後半から出版物について用いられるようになった。

supply [後期中英語] [動] 供給する、配達する、補充する；[名] 供給、支給、必需品：

古フランス語 soupleer に由来し、元はラテン語 supplere「満たす」である。sub-「下から」と plere「占める」からなる。名詞の当初の意味は「援助、救済」であり、主にスコットランドで使われていた。複数形 supplies は17世紀初頭から「必需品」という意味で使われている。教育の現場での supply teacher「臨時教員」は20世紀初頭から使われている。

support [中英語] [名] [動] 支える、扶養する、支持する、援助する；[名] 支え、支援、援助：

当初の例に「容認する、我慢する」という意味があった。古フランス語 supporter に由来し、元はラテン語 supportare である。(sub-「下から」と portare「運ぶ」からなる)。「誰かを支える」(supported him openly「公然と彼を支えた」) という意味は、戦闘中に支援部隊が援護するという軍隊の場面で使われはじめた。これと同じ意味は1950年代にスポーツチームを激励するとなった (supporting Sheffield Wednesday)。

suppose [中英語] [動] 思う、仮定する：

古フランス語 supposer から由来し、元はラテン語 supponere (sub-「下に」と ponere「場所」からなる) である。ラテン語 suppositus「下に設置する」と古フランス語 poser「置く」の影響を受けている。**supposition** [後期中英語] [名]「推測」は当初、スコラ論理学での用語として使われた。古フランス語から入り、元は後期ラテン語 suppositio(n-) (ギリシア語 hupothesis「仮説」の訳) である。

suppress [後期中英語] [動] 抑圧する、鎮圧する、抑制する：

ラテン語 suppress- に由来する。suppress- は sub「下へ」と premere「押す」で構成される supprimere「押し下げる」の過去分詞語幹である。

supreme [15世紀後半] [形] 最高の、最大の、極度の：

当初の意味は「最高」であった。文字通りの意味で使われていたが、しだいに詩に限られるようになった。ラテン語 supremus に由来し、super「上へ」からな

るsuperus「上の」の最上級である。「最高の」と「高尚な」という意味は、支配者や神に使われている（シェイクスピア『リチャード三世』Richard III, II. i. 12-15：Take heed you dally not before your King. Lest he that is the supreme King of Kings Confound your hidden falsehood「王の前でいいかげんなごまかしは許されぬぞ、王の王たる至高の神はすべてをみそなわしたまい、かくされた虚偽には破滅を、誓いを破るものたちにはおたがいに殺しあいさせるという罰をくだされよう」）。

sure ［中英語］形確信している、確かな、確実な：

古フランス語surに由来しており、元はラテン語securus「心配がない」である。主な意味は以下の通りである。「不安のない」（シェイクスピア『ヴェローナの二紳士』Two Gentlemen of Verona, V. i. 11-12：The Forest is not three leagues off, If we recover that, we are sure enough「ご心配はいりません、森までは12,3キロ、そこに着きさえすればもう大丈夫です」）。「しっかりした」、「断固とした」（sure of foot「歩みの確かさ」）。主観的確信（I am absolutely sure「私は完全に確信している」）と客観的確信（a sure thing「確かなこと」）がある。

surf ［17世紀後半］名打ち寄せる波；動サーフィンをする、（進行中の列車に）飛び乗って進む、ネットサーフィンをする：

廃語suffに由来するようだが、語源不詳である。surge「大波」に影響を受けているかもしれない。

surface ［17世紀初頭］名表面、外見、陸上・水上輸送；形表面の；動表面を仕上げる、水面に浮上する：

フランス語からの借用語であり、ラテン語superficies「上部、表面」が源である。現代における大きな意味変化の1つは、surface-to-air missiles「地・艦対空ミサイル」やsurface mail「海上・地上輸送便」

のような句における、「陸上」を表すことである。

surge ［15世紀後半］名（感情・群衆などの）高まり、うねり、大波；動押し寄せる、こみ上げる：

当初の例（古フランス語sourgeonから）は、「噴水」や「小川」を指していた。動詞はラテン語surgere「上がる」に基づく古フランス語の語幹sourge-に由来している。当初の意味には「波の満ち引き」と「大きな力であふれる」があった。

surgery ［中英語］名外科：

古フランス語surgerieに由来している。surgerieはserurgerieの短縮形であり、serurgienに由来する。その短縮形から**surgeon** ［中英語］名「外科医」が生じた。ラテン語の語基はchirurgia「外科医術」である。そのchirurgiaは、kheeir「手」とergon「仕事」からなるギリシア語kheirourgia「手仕事」、「手術」に由来している。ラテン語の綴りは、18世紀後半にsurgical 形「外科手術の」の当初の綴りであるchirurgical（古フランス語sirurgieに由来するフランス語cirurgicalから）で表されている。

surly ［16世紀半ば］形無愛想な、不機嫌な、荒れ模様の：

当初は「立派な」、「高慢な」、「傲慢な」を表していた。これは、廃語sirly「貴族のような」の変形である。「無愛想で不機嫌な」という意味は17世紀半ばに出現した。

surmise ［後期中英語］動推量・推測する；名推量、推測：

当初、名詞の意味は「公式の主張」で、動詞の意味は「正式に主張する」であった（どちらも今では廃語）。アングロノルマンフランス語と古フランス語のsurmiseに由来する。surmiseは後期ラテン語supermittere「後ろにつける」を起源に持つ、surmettre「告発する」の女性過去分詞である。ラテン語super-「上方に」とmittere「送る」からなる。現在の「推

測する」という意味（I *surmised* that he was to be her successor「彼が彼女の後継者になるだろうと推測した」）は、18世紀初頭から。

surmount ［後期中英語］動（山・丘などを）登る、乗り越える、克服する、…の上にある：

当初の意味には「…より勝る」と「…より優位な」があった。古フランス語 *surmonter*「乗り越える」に由来する。

surname ［中英語］名姓、氏、名字、《古語》あだ名、異名、通称；動名字を与える：

中世ラテン語 *supernomen* に端を発し、アングロノルマンフランス語 *surnoun*「異名、あだ名」の一部を訳したものである。当初の用法は名称や、人の名前に付けられる出生地を基にしたあだ名（Jesus of Nazareth「ナザレのイエス」）や、何らかの偉業や団体にちなんだあだ名（Edward the Confessor「エドワード懺悔王」）であった。

surpass ［16世紀半ば］動勝る、優れる、越える：

sur-「上へ」と *passer*「通過する」からなるフランス語 *surpasser*「超越する、上に出る」に由来する。

surplice ［中英語］名サープリス：

修道服にはおる聖職者の衣服のことで、中世ラテン語 *superpellicium*「毛皮で覆われた」に由来する古フランス語 *sourpelis* から来ている。ラテン語は *super-*「上へ」と *pellicia*「毛皮の衣類」からなる。とても寒い教会において、着用者を暖かく保つのに必要とされる毛皮の衣類の上にサープリスを身につけるというかつてのしきたりを指している。

surplus ［後期中英語］名残り、余り、余剰金：

古フランス語 *sourplus* に由来している。*sourplus* は *super-*「加えて」と *plus*「もっと」からなる中世ラテン語 *superplus*「過剰」から来ている。

surprise ［後期中英語］動驚かす、不意打ちをかける、奇襲する；名驚き、思いがけない贈り物、不意打ち；間これはこれは：

当初は「不意打ちの占領、または、軍隊への攻撃」であった。中世ラテン語 *superprehendere*「つかむ」を起源とし、古フランス語 *surprendre*「驚かす、乗っ取る」の女性過去分詞に由来する。成句 take by *surprise*「不意打ちをかける」の起源は、17世紀後半である。冗談または皮肉ぽく言う *Surprise, surprise!*「びっくりしたよ」は、1950年代から始まる。

surrender ［後期中英語］動（要塞などを）明け渡す、降伏する、放棄する；名降服、明け渡し：

当初は、主に法律で使われていた。*render*「与える」に基づくアングロノルマンフランス語から来ている。
→ RENDER

surreptitious ［後期中英語］形こっそりなされた、内密の：

当初は「不正に得られた」という意味であった。ラテン語 *surreptitius* に基づいており、*sub-*「秘密に」と *rapere*「つかむ」からなる動詞 *surripere*「内密にひったくる」に由来する。「こっそりなされた」という意味は、17世紀半ばから始まる。

surrogate ［17世紀初頭］名代理、代用物、代わり；形代行する：

ラテン語 *surrogatus* に由来しており、*super-*「上方に」と *rogare*「尋ねる」からなる *surrogare*「代わりに選ぶ」の過去分詞である。

surround ［後期中英語］動取り囲む、取り巻く、包囲する；名外枠：

当初の意味は「洪水」であった。後期ラテン語 *superundare*「あふれる」に起源を持つ古フランス語 *souronder* に由来している。ラテン語 *super-*「上方に」と *undare*「流れる」（*unda*「波」より）からなる。後に *round*「円形、丸くする」と同

surveillance [19世紀初頭]图(特に被疑者・囚人などの)監視、見張り、監督：

sur-「上方に」と veiller「じっと見ている」からなる（ラテン語 vigilare「見続ける」より）フランス語から入った。

survey [後期中英語]動質問する、見渡す、調べる、概観する、品定めする；图概観、調査：

当初の意味は「…の条件を調査し確かめる」であった。アングロノルマンフランス語 surveier「見渡す」から英語に入った。super-「上方に」と videre「見る」からなる中世ラテン語 supervidere に由来する。当初（15世紀後半）の名詞の意味は、「監督」であった。**surveyor** [後期中英語]图「測量師」（動詞 surveier に由来するアングロノルマンフランス語 surveiour から）の意味は「監督者」だった。

survive [後期中英語]動生き延びる、生存する、しのいでやっていく：

super-「加えるに」と vivere「生きる」からなる、ラテン語 supervivere「生き残る」に起源を持つ古フランス語 sourvivre に由来する。

susceptive [後期中英語]形感受性に富んだ、敏感な、(…を)受けやすい：

後期ラテン語 susceptivus に起源を持つ。susceptivus は、suscipere「やりはじめる」の過去分詞語幹である suscept- に由来する。suscept- は **susceptible** [17世紀初頭]形「影響しやすい」（後期ラテン語 susceptibilis「取り上げる、支える」から）の語源でもある。

suspect [中英語]動怪しいと思う、嫌疑をかける、思う、图容疑者：

中英語の3つの語が、ラテン語 suspicere「不信」に由来する。この suspicere は sub-「下から」と specere「見る」からなる。当初、ラテン語 suspectus「疑われた」(suspicere の過去分詞)由来の形容詞として使われた。**suspicion**图「容疑」は、中世ラテン語 suspectio(n-) に起源を持つアングロノルマンフランス語 suspecium に由来する。第2音節で起きた変化は、古フランス語 suspicion（ラテン語 suspicio(n-)「疑念」から）と同名のためであった。**suspicious**形「疑い深い」は、suspicio(n-) からなるラテン語 suspiciosus に起源を持つ古フランス語 suspicious に由来する。

suspend [中英語]動保留する、一時停止・中止する、停学・停職にする：

古フランス語 suspendre「掛ける、中断する」から入った。ラテン語 suspendere「掛ける、中断する」に由来する。suspendere は sub-「下から」と pendere「つるす」からなる。文字通り「ひもでつるす」の意味もあれば (a light shade suspended from the ceiling「天井からつるされた電灯のかさ」)、「一時停止」という比喩的な意味もある (suspended from his post pending enquiries「調査の間彼は一時職を解かれた」)。ラテン語 suspendere から、**suspension** [後期中英語]图「つるすこと」（フランス語、またはラテン語 suspensio(n-)から）ができた。その過去分詞（「つるされた」、「とどまっている」、「疑っている」を意味する suspensus）は、**suspense**图「未決」の語基である。後者も、後期中英語であり、古フランス語 suspens「休止」から入ってきた。

sustain [中英語]動続ける、保つ、持ちこたえる、維持する：

古フランス語 soustenir に由来し、元はラテン語 sustinere「持続する、耐える、支える」である。このラテン語は sub-「下から」と tenere「つかむ」からなる。**sustenance** [中英語]图「生計」は、動詞 soustenir からなる古フランス語 soustenance に由来している。核となる意味は、「生きる手段」と「支える手段」である。

swab [17世紀半ば]图(甲板用)棒ぞうきん、モップ、綿棒；動モップなどで掃除

する:

当初は「デッキを掃除するモップ」を指した。swabber「デッキを掃除するため選抜された船乗り」からの(接尾辞の除去による)逆成語である。「はねかける」または「揺らぐ」を意味するゲルマン語語基を起源に持つ、近代オランダ語 zwabber に由来する。

swagger [16世紀初頭] 動威張って歩く、威張り散らす;名これ見よがしの態度:

「揺らす、たわませる」を意味する swag [中英語] 動「揺れ動き」の反復動詞(繰り返される行為の動詞)である。元は「膨らんでいるバッグ」(おそらくスカンジナビア語起源)を指す中英語の名詞 swag である。18世紀後半に、泥棒の強奪品を表した (escaped with the swag「盗品を持って逃げた」)。

swallow [古英語] 動飲み込む、消耗する、消費する、鵜呑みにする、ぐっと抑える;名飲み込むこと:

ゲルマン語起源の古英語 swelgan「飲み込む」に由来する。同系語形はオランダ語 zwelgen とドイツ語 schwelgen「耽溺する」である。鳥の名前 swallow「ツバメ」(古英語における swealwe)とは何のつながりもない。「ツバメ」を指す swallow はゲルマン語起源であり、オランダ語 zwaluw やドイツ語 Schwalbe「ツバメ」と同系である。

swamp [17世紀初頭] 名湿地、沼地;動水浸しにする、洪水のように押し寄せる:

おそらくは「スポンジ」や「菌類」を意味するゲルマン語基に由来している。

swan [古英語] 名白鳥;動気ままに暮らす、ぶらぶら歩く:

ゲルマン語起源であり、オランダ語 zwaan やドイツ語 Schwan「白鳥」と同系である。現在の動詞の意味 (swanned around while others slaved away「他の人が奴隷のようにあくせく働く間気ままに暮らした」) は、装甲車の自由な動きを表す、軍隊の俗語として生じた。swan-song名「白鳥の歌、最後の作品」は、通説では、瀕死の白鳥が鳴くような歌を表すドイツ語 Schwanengesang が発端とされている。

swap [中英語] 動(物を)(物と)交換する、取り換える:

当初は「力ずくで投げる」という意味で使われていた。おそらく鳴り響く風の擬音である。現在の意味は「同意のしるしとして手を握り合う」を意味する当初の用法から生じている。

swarm [古英語] 名ミツバチの一群、群れ、大群、群らがる、いっぱいになる:

古英語の名詞 swearm「ハチ、昆虫などの群れ」の起源はゲルマン語である。ドイツ語 Schwarm「群れ」と同系であり、またおそらく、サンスクリット語 svarati「鳴る、鳴り響く」の語基でもある。しかしながら、意味的基盤は、swerve「急にそれる」におけるような「かき乱された」であるかもしれない。

swarthy [16世紀後半] 形日に焼けた、浅黒い:

ゲルマン語起源の swart「黒い」、「薄暗い」(古英語では sweart) に起源を持つ、廃語 swarty の異形である。オランダ語 zwart とドイツ語 schwarz「黒い」と同系である。

sway [中英語] 動前後・左右に動く、動揺する、揺れる、傾く、権力を振るう、支配する;名揺れること、支配力:

低地ドイツ語 swājen「風に吹かれている」とオランダ語 zwaaien「揺れる、よろめき歩く」にいくぶん相応する。誰かに意見を変えるよう圧力をかけるといった場合は、16世紀後半の用法である。

swear [古英語] 動誓う、宣誓する、ののしる:

古英語 swerian「厳粛に発表する」の語源はゲルマン語である。オランダ語 zweren、ドイツ語 schwören「誓う」、英語 answer は同系語である。「ののしる」

という意味は後期中英語に生じた。
→ ANSWER

sweat ［古英語］動(多量に)汗をかく、発汗する、結露する、汗水をたらして働く、不安になる；名発汗、汗：

古英語の名詞 *swāt*「汗、生き血」と動詞 *swætan*「汗をかく」は、ゲルマン語起源である。オランダ語 *zweet* とドイツ語 *Schweiss*「汗」は同系語である。それらはインド＝ヨーロッパ語起源で、ラテン語 *sudor* と共通している。**swot** 動「ガリ勉する」は、19世紀半ばの *sweat* の方言の異形である。

sweep ［古英語］動(ちり・ほこりなどを)(ほうきなどで)払う、掃き取る、掃除する、押し流す、一掃する；名掃除、一振り、広がり：

古英語 *swāpan*「掃除する」はゲルマン語起源である。ドイツ語 *schweifen*「湾曲させる」と同系である。*sweep* は、意味的には「ほうきで払いのける」(*swept* the leaves「葉っぱを掃いた」)、「ほうきできれいにする」(*swept* the carpet「カーペットをきれいにした」)、そして「すばやく去る」(She *swept* down the staircase「彼女は階段をすばやくおりた」) に分かれる。**swipe**［18世紀半ば］名「強打」は *sweep* の異形かもしれない。

sweet ［古英語］形甘い、おいしい、気持ちのよい、快い、喜ばしい、美しい、かわいらしい、好感のもてる；名甘い菓子、楽しみ：

古英語 *swēte*「甘い、気持ちよい」はゲルマン語起源であり、オランダ語 *zoet*、ドイツ語 *süss*「甘い」と同系である。それらはインド＝ヨーロッパ語起源で、ラテン語 *suavis*「心地よい」とギリシア語 *hēdus*「おいしい」と共通している。「好感の持てる」(Isn't it *sweet!*「いいね！」) は、18世紀後半からである。「プディング」、「デザート」を意味する名詞 *sweet* は、19世紀初頭から、菓子類を表すその用法 (bags of *sweets*「たくさんのお菓子」) は19世紀半ばからである。

swell ［古英語］動膨らむ、増える、むくむ、(海などが)うねる、(泉・涙などが)あふれ出る、増加する；名膨らみ、うねり、高まり；形すばらしい：

古英語の動詞 *swellan*「膨らむ」は、ゲルマン語起源であり、ドイツ語 *schwellen*「膨れる」と同系である。現在の名詞の意味は16世紀初頭に始まる。口語としての形容詞的用法「すばらしい」(a *swell* time they had「彼らが過ごしたすばらしい時間」) は、「流行の、または目立った人」を表す18世紀後半から。

swelter ［中英語］動蒸し暑さで苦しむ：
ゲルマン語起源の方言 *swelt*「滅ぼす」の語基に由来する。

swerve ［古英語］動急にそれる、逸脱する；名脱線：

ゲルマン語起源で、古英語 *sweorfan* は、「出発する」、「去る」、「道をそれる」を意味した。中オランダ語 *swerven*「歩き回る」と同系である。

swift ［古英語］形速い、快速の、たちまちの；名アマツバメ：

古英語 *swīfan*「ある方に動く、掃く」のゲルマン語基に由来する。「アマツバメ」は、17世紀半ばからである。

swill ［古英語］名台所くず、残飯、がぶ飲み；動がぶ飲みする、すすぎ洗いする：

古英語 *swillan, swilian*「すすぐ」、「入浴する」、「ずぶぬれにする」は起源不詳である。確かな同語源の語はない。「液状の台所の生ごみ」を意味する名詞は、16世紀半ばからである。

swim ［古英語］動泳ぐ、浮かぶ、なめらかに動く、浸る；名水泳、大勢：

古英語の動詞 *swimman*「泳ぐ、浮く」はゲルマン語起源。同系語は、オランダ語 *zwemmen* とドイツ語 *schwimmen*「泳ぐ」である。成句 sink or *swim*「のるか

そるか」は、魔女裁判の場で、女性を水に突っ込むような場合に用いられた、後期中英語に起源を持つ。「時流に案っている」を意味する in the *swim* は19世紀後半から。

swindle ［18世紀後半］動だまし取る、だます、搾取する、詐欺を働く：

ドイツ語 *Schwindler*「詐欺師」に起源を持つ。*swindler* からの逆成語である。「めまいがする」と「いかさまをく動く」の両方を意味するドイツ語 *schwindeln* に由来する。20世紀初頭の語 **swizzle** 名「スウィズル」はおそらく、*swindle* の異形である。

swing ［古英語］動揺する、開閉させる、振り回す、向きを変える、揺れる、変わる；名揺れ、ぶらんこ：

ゲルマン語起源で、古英語 *swingan* は、「たたく、鞭で打つ」と「速く走る、激しく動かす」の両方を意味した。名詞 *geswing* は「武器による一撃」を意味した。ドイツ語 *schwingen*「振り回す」と同系である。特殊な用法としての「絞首刑」は、16世紀半ばから。playground *swings*「公園のブランコ」にあるような名詞 *swing* は、17世紀後半から。

swirl ［後期中英語］動ぐるぐる回る、渦を巻く、ふらふら・くらくらする；名回転：

当初は *whirlpool*「渦巻き」を意味し、スコットランド語だった。起源としてオランダ語 *zwirrelen*「渦を巻く」と同系である。低地ドイツ語かオランダ語に由来するかもしれない。

swish ［18世紀半ば］動（棒・むちなどが）ヒューッと音をたてる、（小波などが）サーッと音をたてる、（絹・衣類などが）サラサラと音をたてる；名ビューッという音：

擬音語である。「上品な」、「流行の」という意味は、19世紀後半からの口語的用法である。

switch ［16世紀後半］名スイッチ、転換、変更；動変える、交換する：

当初は、先の細い乗馬の鞭を指した。その起源はおそらく低地ドイツ語である。17世紀初頭から、何かの方向を変えるための機械の装置 (railway *switch*「線路の切替装置」) や接触をはかったり絶ったりするための様々な機械の装置 (light *switch*「電気のスイッチ」) を指すようになった。「こっそりと取り替える」という動詞の意味 (*switched* briefcase「取り替えられた書類かばん」) は、19世紀後半から。

swivel ［中英語］名猿環、回し継ぎ手、スイベル；動旋回させる：

古英語 *swīfan*「(道に沿って)「動く」、「掃きとる」の語基に由来する。

swoon ［中英語］動気が遠くなる、恍惚となる、だんだん弱くなる、名気絶、卒倒：

動詞は、廃語 *swown*「気を失っている」であり、名詞は *aswoon*「気を失って」に由来している。どちらも古英語 *geswōgen*「圧倒する」から来ている。

swoop ［16世紀半ば］動（鳥・コウモリが）さっと舞い降りる、突然襲う、急降下する；名不意の襲撃、急降下：

当初は古英語 *swāpan* の方言の異形であるかもしれない。「さっと舞い降りる」という意味は、18世紀後半から。名詞の当初の意味は、「一撃」であった。
→ SWEEP

sword ［古英語］名剣、刀、武力：

古英語 *sw(e)ord* はゲルマン語起源であり、オランダ語 *zwaard* やドイツ語 *Schwert*「刀」と同系である。put to the *sword*「刺し殺す」という表現は後期中英語から。

sycophant ［16世紀半ば］名へつらい物：

当初の意味は、「通報者」であった。フランス語 *sycophante* から入った。元はギリシア語 *sukophantēs*「通報者」から

ラテン語を経由して来たものである。*sukophantēs* は *sukon*「いちじく」と *phainein*「見せる」からなる。古代アテネからいちじくの不法輸出を密告することと関連があった（プルタルコスによる記録）という説明は立証されていない。猥褻な身振りを表していたのかもしれない。

syllable［後期中英語］名音節、シラブル：
古フランス語 *sillabe* のアングロノルマンフランス語の変形に由来する。*sun-*「一緒に」と *lambanein*「取る」からなるギリシア語 *sullabē* からラテン語を経由している。音節とは基本的に、「ひとまとめにされた」音の集まりであり、一息に発せられる。

syllabus［17世紀半ば］名（講演・講義などの）概要、教授細目：
当初は「講義題目の簡潔な表」であった。元は、ギリシア語 *sittuba*「タイトルを記した紙片、ラベル」が基になったラテン語 *sittyba* の対格複数形 *sittybas* の読み違えである。「授業予定表」の意味は19世紀後半から記録されている。

symbol［後期中英語］名象徴、記号、信条：
ラテン語 *symbolum*「象徴」、「信条」（キリスト教徒のしるしとして）に由来する。当初は、使徒信条を指した。語源は *sun-*「ともに」と *ballein*「投げる」からなるギリシア語 *sumbolon*「しるし、証拠」である。*symolic* 形「象徴的な」は17世紀半ばから使用されており、ギリシア語 *sumbolikos* に起源を持つフランス語 *symbolique* または後期ラテン語 *symbolicus* に由来する。形容詞 *symbolical*「象徴的な」は17世紀初頭から。

symmetry［16世紀半ば］名対称、釣り合い、均整、調和：
当初は「割合」を表していた。フランス語 *symétrie* またはラテン語 *symmetria*「釣り合いの取れていること」に由来し、元は、ギリシア語である。*sun-*「ともに」と *metrom*「尺度」からなる。

sympathy［16世紀後半］名共感、共鳴、相性、同情、思いやり、好感、賛成、調和：
当初は「人と人との理解」を表すのに使われた。*sumpathēs*（*sun-*「ともに」と *pathos*「感情」からなる）に由来するギリシア語 *sumpatheia* からラテン語を経由して英語に入った。「同情する」という意味を持つ、同時期の **sympathise** 動「同情する」は、*sympathie*「共感」に基づくフランス語 *sympathiser* に由来する。17世紀半ばには、**sympathetic** 形「思いやりのある」（*pathetic* にならって）が、関連語のグループに加わり、「超常的な影響に関連した」をも意味した。成句 *sympatheitic magic*「共感呪術」は、ある事象が非物理的な結びつきによって離れた他の事象に影響を及ぼすという信仰による呪術である。

symphony［中英語］名交響曲、シンフォニー、調和：
かつてはダルシマーやバージナルなどを含むあらゆる種類の楽器を表していた。古フランス語 *symphonie* に由来する。*sumphōnos*「調和の取れた」から来ており、ギリシア語 *sumphōnia*「調和」からラテン語を経由して英語に入った。*sun-*「ともに」と *phōnē*「音」からなる。

symptom［後期中英語］名徴候、しるし、兆し：
当初の綴りは、*synthoma* であった。ギリシア語 *sumptōma*「偶然」、「徴候」を基とし、中世ラテン語に起源を持つ。*sumpiptein*「起こる」に由来する。後にフランス語 *symptome* の綴りの影響を受けた。

synagogue［中英語］名シナゴーグ、ユダヤ教徒の礼拝堂、ユダヤ教徒の集会：
sun-「ともに」と *agein*「もたらす」からなるギリシア語 *sunagōgē*「集合」から、古フランス語と後期ラテン語を経由して入った。

synchronous［17世紀半ば］形同時に起こる、同時代の：

sun-「ともに」と *khronos*「時」からなるギリシア語 *sunkhronos* に起源を持つ後期ラテン語 *synchronus* に基づいている。

syncopate ［17世紀初頭］動 シンコペートする、切分音を置く、(語中音を)消失させる：

後期ラテン語 *syncopat-* に由来する。*syncopat-* は *syncopate*「夢中になる、気絶する」の過去分詞語幹である。失神という概念から音楽のビートを弱くしたり強くしたりすることや (*syncopated rhythm*「シンコペーションのリズム」) や音の省略という意味につながった。

syndicate ［17世紀初頭］名 シンジケート、企業組合・連合、(特に大学の)理事会、評議員会；動 シンジケートに組織する、(記事を)同時発表する：

当初は、文官（役人）の委員会を指した。フランス語 *syndicat* に由来する。*syndicat* は、後期ラテン語 *syndicus*「組合の代理人」に起源を持つ中世ラテン語 *syndicatus* に由来している。例えば「シンジケートに組織する」のような現在の動詞用法は19世紀後半から。

syndrome ［16世紀半ば］名 症候群、行動様式：

sun-「ともに」と *dramein*「走る」からなるギリシア語 *sundromē*「同時発生、結合」に由来する近代ラテン語である。

synergy ［19世紀半ば］名 共働作用、相乗作用：

sun-「ともに」と *ergon*「働く」からなるギリシア語 *sunergos*「一緒に働く」に由来する。

synod ［後期中英語］名 教会会議：

聖職者、時には教区の平信徒の集会を指し、sun-「ともに」と *hodos*「方法」からなるギリシア語 *sunodos*「集会」から後期ラテン語を経由して入った。

synopsis ［17世紀初頭］名 要約、概要、内容目録：

簡潔な要約を表し、sun-「ともに」と *opsis*「見る」からなるギリシア語から、後期ラテン語を経由して入った。

synthesis ［17世紀初頭］名 総合、統合、総合体：

suntithenai「合わせる」由来のギリシア語 *sunthesis* から、ラテン語を経由して入った。**synthetic** 形「統合的な」はギリシア語 *sunthetikos*（*suntithenai*「合わせる」に基づく）に由来するフランス語 *synthétique*、または近代ラテン語 *syntheticus* から17世紀後半に英語に入ってきた。

system ［17世紀初頭］名 制席、系統、組織、仕組み、体系的な方法：

フランス語 *système* または後期ラテン語 *systema* に由来する。それらはギリシア語 *sustēma* に起源を持ち、sun-「ともに」と *histanai*「起こす」からなる。関連語 **systematic** 形「組織的な」は、18世紀初頭から見られ、フランス語 *systématique* に由来する。*systématique* は *sustēma* に起源を持ち、後期ギリシア語 *sustēmatikos* から後期ラテン語を経由して英語に入った。**systemic**［19世紀初頭］形「組織の」は、*system* から不規則に形成された。

T t

tab [後期中英語]名 つまみ、蓋、缶のタブ、勘定(かんじょう)(書):

おそらく tag「荷札、タグ」と同系である。この語は当初、方言で使われた。19世紀後半のアメリカ英語では、「勘定」を意味した。このことは keep tabs on「…の勘定をする、…を監視する」という熟語によく表れている。この tab「勘定」はレストランでの「勘定書」を意味するのに使われる語と同じ語である (pick up the tab「勘定を払う」)。
→ TAG

tabby [16世紀後半]名 絹製の波紋模様のタビー織、(しま模様のある)虎猫、ぶち猫、噂・詮索好きな年配の未婚婦人:

猫の縞模様に由来する。絹タフタ(元来、縞のある絹織物であった)を意味する当初用法がこのことを反映している。後にこの語は波紋柄仕上げの絹を指すようになった。由来はフランス語 tabis であり、これはアラビア語 al-'Attābiyya「バグダッドの町の一画の名前(波紋絹が製造された場所)」に基づいている。18世紀半ばから、しばしば、猫のような特徴をほのめかすユーモラスな含みを伴って、年配の未婚婦人を指す語としても使われている。

table [古英語]名 平板、テーブル、一覧表:

古英語 tabule は「平板」もしくは「銘文などを記した書き板」を指していた。ラテン語 tabula「厚板、書き板、リスト」が起源であり、古フランス語 table によって中英語において現在の綴りに改められた。turn the tables on someone「(誰か)と形勢を逆転する」という熟語は17世紀初頭の比喩である。これはプレーヤーの位置(立場)と財産を逆転させるために、ゲーム盤を回転させるという考えに由来する。

■ **table d'hôte** 名「(ホテル・レストランなどの)定食」。17世紀初頭のフランス語から借用された。字義的には「ホスト(主人)のテーブル」である。本来はすべての客が一緒に食事をするようなホテルもしくはレストラン内のテーブルを表していた。これが決まった時間・価格で供される食事を指す用法に変わった。

tablet [中英語]名 (石・鉄の)平板、画板、錠剤、タブレット、メモ帳:

ラテン語 tabula の指小辞語から派生した古フランス語 tablete に由来する。当初は、碑文に文字を刻印するための小さい石製もしくは鉄製の平板を指した。後に、カードのような堅いシートを指した。(シェイクスピア『シンベリン』 Cymbeline, V. iv. 109-110: This Tablet lay upon his Brest, wherein Our pleasure, his full Fortune, doth confine「将来彼に与うべき幸運のすべてをしたため、この書を彼の胸にのせ、汝らいそぎあの世へ去れ」。菱形の圧縮された薬もしくは糖剤という考えは16世紀にまで遡る。**tabloid** [19世紀後半]名「錠剤、タブロイド版新聞」(tablet に基づく) という語は本来、錠剤で売られていた薬の商標名であった。後にこの語は銘柄に関係なく、小さな錠剤状の薬を指すようになった。新聞を指すようになった(20世紀初期)のは、普通の新聞の大きさの半分ぐらいの大きさに簡単に要約できる記事という考えに由来する。
→ TABLE

taboo [18世紀後半]名 タブー、禁忌、禁制、禁止;形 タブーの、禁制の:

トンガ語 tabu「離す、分離する」に由来する。この語は1777年に航海の物語の中で探検家キャプテン・クックによって英語に取り入れられた。Not one of them would sit down, or eat a bit of any thing ... On expressing my surprize at this, they were all taboo, as they said; which word has a very comprehensive meaning; but in general signifies that a thing is forbidden「誰も座ろうとせず、何も食べようともしない…このことに対する私の驚きを表現するとなると、彼らが言うようにそれらの行為はすべてタブーだったのだ。その語は、かなり広範囲の意味をもっているが、一般的に禁止されている事柄を意味する」）。発音する際の第2音節の強勢が英語の特徴である。このため、この語を特徴づける母語では、強勢は第1音節に置かれ、この語は形容詞としてのみ使用される。禁句を意味する用法は1930年代に遡る。

tacit [17世紀初頭]形 暗黙の、無言の：

当初の意味は「無言の、音のしない」であった。ラテン語 tacere「沈黙している、静かである」の過去分詞 tacitus に由来する。**taciturn**形「口数の少ない、無口な」は、18世紀後半に現れた。ラテン語 tacitus から派生した taciturnus に由来する。

tack¹ [中英語]名 鋲びょう、(帆の位置によって決まる船の) 進路；動 船を風上に向ける、進路を変える：

当初は、バックルもしくは留め金のように「あるものを別のものに留めるもの」を意味し、一般的に使用されていた (tin tack「スズめっきの画鋲」、"tacks along the hem「縁に沿った鋲」)。おそらく古フランス語 tache「留め金、大きい釘」と同系である。船舶の文脈でも使用されている。元は、ロープ、ワイヤーもしくは帆船の横帆の下隅 (の綱索こうさく) をつなぐためのフックを意味する用語であった。針路変更の意味は、帆桁ほげたを引き締めるために鋲を変え、船の先頭を風上へ向けることに由来する。

tack² [18世紀後半]名 器具、装具、馬具：

乗馬に関連する tack は元々、一般的な意味で「器具、装具」を表す方言であった。tackle「器具、装具」の縮約形である。現在の意味 (tack room「馬具収納室」) は1920年代に遡る。

tack³ [1980年代]名 安物、くず：

tacky [19世紀初頭]形「趣味のよくない、みすぼらしい、安っぽい」からの逆成 (接尾辞の除去) である。tacky の由来は不詳だが、当初は駄馬 (名詞) として使用された。その後、アメリカ南部のいくつかの州の下層の白人に適用され、19世紀半ばに「ぼろぼろの、趣味のよくない」という拡張した意味へと至った。

tackle [中英語]名 (釣りや登山の) 用具、道具；動 船に装具をつける、馬具をつける、(問題などに) 取り組む、(相手の選手に) タックルする：

当初は、ある特定の仕事のための備品もしくは用具を指していた。おそらく、taken「つかむ、握る」から派生した中低地ドイツ語 takel に由来する。後期中英語に見られる動詞の当初の意味は、船の備品を提供したり、取り扱ったりする際の用法であった。その後、馬をつなぐということに関連して使われるようになった。「つかむ、握る」(tackled his opponent「対戦相手をつかんだ」) を意味する語としての用法が、19世紀初頭に口語で現れた。これが19世紀後半にはラグビー用語として導入された。

tact [17世紀半ば]名 触角、機転、如才なさ、世渡りのうまさ、気配り：

当初は触覚を指していた。この語はラテン語 tangere「触る」から派生した tactus「触ること、触覚」に由来し、フランス語を経て英語に入った。この語は「感受性、感度」の意味を発達させ、18世紀後半に「他者と付き合う際の思いやり、デリカシー」という現在の意味を獲得した。ラテン語由来の動詞 tangere は (ラテン語 tactilis を経て) **tactile**形「触知できる、触覚の」という英単語も生み出した。17世紀初頭に tactile は「触って分かる、触知できる」を意味していた。

tactical [16世紀後半]名 戦術、方策；形 戦術 (上) の：

当初は「陸軍や海軍の戦略に関連する」という意味で使われていた。ギリシア語 tassein「配置する」から派生した taktos

「命令された、配置された」を経てできたギリシア語 taktikos に由来する。**tactics** 名「戦術」は18世紀半ばに遡る。ギリシア語 taktikos の女性形 taktikē (tekhnē)「戦術の(技)」から派生した近代ラテン語 tactica に由来する。

tag ［後期中英語］名(服・リボンなどの)垂れさがり、付け札、タグ、ラベル；動下げ札をつける、あだ名をつける：

当初は、装飾の特徴として切れ目入りのスカートの細いぶら下がった部分を指していた。由来は不詳だが、後期中英語 dag と同系であるかもしれない。dag も同様に衣類における飾りのある縁の先のとがった部分を指している。所有権を表示するラベルとしての用法は19世紀半ばのアメリカ英語から始まった。例えば、刑務所外の行動を許可された有罪人の監視に使われる electronic *tagging*「電子標識装置」という考えは20世紀後半から始まった。

tail ［古英語］名尾、尻尾、裾；動…の後にくっつく・くっつける、…を尾行する：

古英語 tæg(e)l はおそらく、「髪、毛で覆われた尻尾」を意味するゲルマン語が起源である。tæg(e)l は中低地ドイツ語 tagel「ねじれた鞭、縄の端」と同系である。16世紀初頭から使用されていた動詞の当初の意味は「…の後にくっつく」であった。「尾行する」という意味は20世紀初頭に現れた (*tailed* by a detective she'd hired「彼女が雇った探偵に尾行される」)。

tailor ［中英語］名仕立て屋、テーラー；動服を仕立てる、…をあつらえる：

後期ラテン語「切る」に基づくアングロノルマンフランス語 taillour「(字義的には)裁断機、カッター」に由来する。動詞用法は17世紀半ばに遡る。

taint ［中英語］名色、色合い、染め色、汚点、染み；動有罪を宣言する、汚れる、…を汚す、(名誉などを)傷つける：

当初は「…に有罪判決を出す、有罪を証明する」という動詞用法として使用された。この意味において、この語は attaint「病気にかかる」(古フランス語に由来)の頭音消失である。後期中英語において taint は「色合い、染め色」も意味した。ラテン語 tingere「染める、染まる」に基づく古フランス語 teint「…に薄く色をつける」に由来する。この語は時々、名誉・評判の侵害に適用される (シェイクスピア『ヘンリー八世』Henry VIII, III. i. 53：We come not by the way of Accusation, To *taint* that honour every good Tongue blesses「私どもが参りましたのは、いらぬおとがめ立てをして万民に祝福されておられるご名誉を傷つけるためでもあなた様をなんらかの悲しみにおとしいれるためでもありません」)。

take ［後期古英語］動触れる、捕える、(物を)持っていく、取る、握る、つかむ；名取ること、取得、獲得：

後期古英語 tacan は「(特に力によって)手に入れる、捕える」を意味していた。tacan は「触る、…に手を当てる」という本来の概念からおそらく派生した古ノルド語 taka「握る、つかむ」に由来する。本来、「つかむ」や「受け取る」という動作を伴う「移動する、運ぶ」の意味を持っている。主要な意味には次のようなものがあり、多くは熟語として使われる。「触る」(古くに廃れた)、「握る」(*took* me in his arms「彼の腕に私を抱き寄せた」)、「選ぶ」(*took* the opportunity「機会を得た」)、「受ける」(*took* the call「電話に出た」)、「理解する」(couldn't *take* in the news「そのニュースを理解できなかった」)、「企てる、行う」(I'll *take* a look「見てみます」)、「運ぶ、届ける」(*take* it by courier「それを国際宅配便で届ける」)。

tale ［古英語］名計算、勘定、話、物語、噂、悪口、陰口：

古英語 talu は「言われた何かを話すこと」であった。ゲルマン語起源であり、オランダ語 taal「スピーチ」とドイツ語 Zahl「数」、英語 tell「言う」と同系である。tell *tales*「秘密を漏らす」のような「秘密」や「悪口」を意味する複数形 *tales* は、後期

中英語から使用されている。
→ TELL

talent [古英語] 名 タレント・タラント（古代ギリシア・ローマ・ヘブライなどの衡量および通貨の単位）、才能、素質：

古英語 *talente, talentan* はバビロニアやアッシリア、ローマ、ギリシアのような古代国家で使用された重量の単位を指していた。*talente, talentan* はラテン語 *talenta* に由来し、*talenta* は *talentum* の複数形「重さ、金額の合計」（*talentum* はギリシア語 *talanton* に由来）である。「天性の才能や技能」を意味する用法は比喩的な用法である。この比喩的な用法はタレントのたとえ話（『マタイによる福音書』25章14〜30節）にまつわる聖書からの引用に由来する。ある主人が3人の使用人それぞれに1、2、10タレント（新約聖書時代の通貨単位）の銀貨を与えた。そのうち2人の使用人が自分たちのタレントをうまく使って、金額を倍にした。ところが、1タレントをもらった使用人はその銀貨を埋めてしまったため、増やし損なった。

talisman [17世紀半ば] 名 お守り、魔除け：

おそらく後期ギリシア語 *telesma*「完成、宗教行事」の変形から派生したアラビア語 *tilsam* に由来する。*telesma* は *telos*「結果、終わり」から派生した *telein*「成し遂げる、儀式を行う」に由来する。

talk [中英語] 動 しゃべる、話す；名 話、会話：

tale もしくは *tell* というゲルマン語起源を持つ反復動詞（繰り返される動作の動詞）である。批判する立場でないことを話し手に対して指摘する場合の口語的な表現（You can *talk!*「君も大きなことは言えないぞ！」、Hark who's *talking*「しゃあしゃあとよく言うよ」）は19世紀半ばに現れた（サッカレー『虚栄の市』*Vanity Fair*：A person can't help their birth... I am sure Aunt Bute need not *talk*: she wants to marry Kate to young Hooper. the wine-merchant「人は自分の誕生を手助けすることはできない。叔母のビュートが話す必要がないのは分かっている。叔母はケイトにワイン売りの若いフーパーと結婚してもらいたいのだ」）。*talk* の別の口語的な表現は20世紀初頭のアメリカ英語で現れた。the *talkies*「トーキー、発声映画」という表現（movie という語によって影響された）はサウンドトラック（映画のフィルムにおける音声部分）のある映画を指すようになった。
→ TALE; TELL

tall [後期中英語] 形 すばやい、優美な、品のよい、勇敢な、背が高い

著しく意味が発達した語であり、pretty「かわいい」、clean「清潔な」、handsome「ハンサムな」、elegant「優雅な」のような主観的に「評価」する形容詞として使用された。おそらく古英語 *getæl*「すばやい、迅速な」がその語源である。当初は「素晴らしい、ハンサムな」や「大胆な、強い、戦いに長けている」などの意味も含まれていた。「身長が高い」の意味は16世紀初頭の例の中に見られる。この意味はすぐに木や山、船、特に横帆艤装船（おうはんぎそうせん）などそびえるように高いもの全般に適用されるようになった。（ジョン・メイスフィールド『海水のバラード』*Salt-water Ballads*〈1902年〉：All I ask is a *tall* ship and a star to steer her by「私が求めているものは、操縦するための大きい船と星だけである」）。*tall, dark, and handsome*「長身で色黒でハンサムな」という表現は、20世紀初頭頃から記録されている。

tallow [中英語] 名 獣脂（じゅうし）（蠟燭（ろうそく）・石鹸の材料）；動 に獣脂を塗る：

おそらく中低地ドイツ語に由来し、オランダ語 *talk* やドイツ語 *Talg*「脂肪」と同系である。共通の起源を持ち、多くの比較できるゲルマン語の形が表れているにもかかわらず、13世紀以前の用例が見つかっていない。

tally [後期中英語] 名 割符、合札、勘定、計

算、(負債などの) 記録 ; **動**(割符などに) 刻む、一致する：

当初は刻みのある合札を意味した。その刻みは負債の金額を示した。両当事者が契約にしたという記録がわかるように、その合札は縦に引き裂かれていた。この語はラテン語 *talea*「小枝、切り取ったもの」から派生したアングロノルマンフランス語 *tallie* に由来する。

tame [古英語]**形**飼いならされた、なついた、従順な、退屈な、無気力な、精彩を欠いた ; **動**(動物などを) 飼いならす、(人を) 従順にさせる：

古英語の形容詞 *tam* と動詞 *temmian* は、ゲルマン語起源であり、これらの語はオランダ語 *tam*、ドイツ語 *zahm*「飼いならされた」と同系である。オランダ語 *tam* とドイツ語 *zahm* は、ラテン語 *domare* とギリシア語 *daman*「てなずける、征服する」に共通するインド=ヨーロッパ語の語根に由来する。17世紀初頭に、「気力もしくは効果を欠く」という価値が下がるような解釈を発達させた (シェイクスピア『ハムレット』*Hamlet*, III. ii. 19 : Be not too *tame* neyther: but let your owne Discretion be your Tutor:suit the action to the word「あまりにおとなしすぎるのも困る。かと言って、大人しすぎてもいけない。自分の分別を信じ、それを師として進みなさい。つまり、それを実行しなさい」)。

tamper [16世紀半ば]**動**いじくる、干渉する、不正な交渉をする：

当初は「ある目的に向かってあくせくする」、(陰謀などを) たくらむ」を意味した。(サー・ウォルター・スコット『ピークのペヴァリル』*Peveril*,〈1823年〉,: You shall... [not] *tamper*... amongst my servants, with impunity「何のおとがめもなく、あなたは私の使用人に対して不正な交渉をするだろう」)。この形は動詞 *temper* の変形である。「いじくる」の意味は16世紀半ばに現れた。

tan [後期古英語]**動**(獣皮を) なめす、(顔などを) 日焼けさせる、…をひっぱたく ; **名**タン皮、日焼け (の色)：

後期古英語 *tannian*「なめし皮に変える」はおそらく中世ラテン語 *tannare* に由来し、ケルト語の起源を持つ。中英語において古フランス語 *tanner* によって綴りが改められた。破砕されたオーク樹皮はなめし皮にするための滲出液(しんしゅつえき)にされた。*tan* に関連する語は、**tawny**「中英語」**形**「黄褐色の」である。古フランス語 *tan*「タン皮」から派生した *tane* に由来する。

tandem [18世紀後半]**名**タンデム (馬を2頭つないだ馬車、2人用自転車)：

字義的には「ついに」を意味するラテン語の言葉遊び的な用法である。ラテン語 *tandem* を「ついに」ではなく「長々と、縦に長く」の意味に解釈した。

tang [中英語]**名**蛇の舌、刀根、中子(なかご)(柄に差すための細くなっている金属部分)、舌を刺激する味、風味：

この語は2つの主要な意味に分かれている。1つは、「突き出た鋭い部分」(本来は蛇の舌と昆虫のとげを指し、かつては、突き刺すための器官を指していたとされている) という意味である。もう1つは、「突き刺すような味」(fruity *tang*「フルーツ風味」) という意味である。古ノルド語 *tangi*「ナイフの尖った先端、中子」に由来する。

tangent [16世紀後半]**形**(…に一点において) 接する ; **名**(三角関数の) 正接(せいせつ)、タンジェント：

当初は幾何学で使用され、「接触している」を意味していた。「接触している」という意味はラテン語の動詞 *tangere*「触れる」の現在分詞 *tangent*「接触している」に由来する。このラテン語の動詞は同時期に現れた語 **tangible 形**「触れられる、触って分かる」も生み出した。この語はフランス語を経たか、もしくは後期ラテン語 *tangibilis* に由来する。off at a *tangent*「(話などが) 脇道にそれる」という比喩的な用法は、18世紀後半に遡る。

tangle ［中英語］働（人を混乱などに）巻き込む、紛糾する、もつれる；名もつれ、紛糾：
　当初の意味は「巻き込む、ごたごたになる」である。おそらくスカンジナビア語に由来し、スウェーデン語の方言 *taggla*「乱す」と同系である。

tank ［17世紀初頭］名水槽、タンク、戦車、（インドで）貯水池：
　おそらくサンスクリット語 *tadāga*「池」から派生したグジャラート語 *tānkū* もしくはマラーティー語 *tānkē*「地下水槽」に由来する。「水槽」の意味はおそらく、ラテン語 *stagnum* から派生したポルトガル語 *tangue*「池」に影響された。*tank* は装甲した乗り物にも適用されるようになった。これは1915年にこの乗り物を製造する際の秘密の暗号に由来する。

tankard ［中英語］名大きな水桶、タンカード、大型ジョッキ：
　当初、液体を運ぶための大きい桶を指していた。その後15世紀後半に、輪で固定された木製のおけ板で作られたコップを指すようになった。この語はおそらくオランダ語 *tanckaert* と同系である。

tannoy ［1920年代］名スピーカー、タンノイ：
　tantalum alloy の縮約である。tantalum alloy は音声再生増幅システム整流器として使用された。元は Tannoy という商標名であった。

tantalize ［16世紀後半］働…をじらして苦しめる、じらす：
　ギリシア神話におけるリュディア国王の名詞 *Tantalus*「タンタロス」に基づいている。この神話では、タンタロスは息子のペロプスを殺したため、果実と水を永遠に手に入れられない罰を受けることになった。

tantamount ［17世紀半ば］形（…と）同じくらい悪い：
　イタリア語 *tanto montare* から派生した初期の動詞 *tantamount*「同等になる」に由来する。

tap¹ ［古英語］名（樽の）飲み口、栓、蛇口、盗聴器：
　古英語 *tæppa* は樽の通気孔用の杭であり、動詞 *tæppian* は「（樽）に栓をする」を意味した。on tap「（酒樽などに）飲み口がつけられて」という表現は、15世紀後半から記録されている。tap はゲルマン語起源であり、オランダ語 tap、ドイツ語 *Zapfen*「飲み口」（両方とも名詞）と同系である。電話に取り付ける盗聴器としての用法は1920年代に遡る。これは情報を「吸い取る」という考えに由来する。19世紀後半に電信を傍受するために電流が迂回されていた際にこの動詞用法が現れた。

tap² ［中英語］働軽く打つこと、軽くたたく、…を軽くたたく・打つ：
　擬音語が基になっている古フランス語 *taper* に由来する。clap「（物と物が）急激にぶつかる」や rap「軽く・コツンとたたく」も同様に形成された。

tape ［古英語］名ひも、磁気テープ：
　古英語 *tæppa, tæppe* はおそらく中低地ドイツ語 *teppen*「引っ張ること、裂け目」と同系である。当初は、丈夫な亜麻糸の細く織られたひもを指していた。このひもは衣類をくくるため、もしくは測地線として使用されていた。この語が録音の文脈 (magnetic tape「磁気テープ」) に適用されるようになったのは1940年代からである。

taper ［古英語］名細い蠟燭ろうそく、先細り；働炎のように勢いよく立ちのぼる、先細りになる、…を先細りにする：
　当初は蠟性の蠟燭であった。ラテン語 *papyrus* が異化された形 (*p*- から *t*- への交替) である。*papyrus*「パピルス」は蠟燭の芯として使われていた。16世紀後半、炎のように上昇する動作を表すために最初に動詞が使用された。先が細くなると

tapestry [後期中英語] [名] タペストリー、つづれ織り；[動] つづれ織りで飾る：

古フランス語 *tapisserie* に由来する。*tapisserie* は *tapissier*「タペストリー職人」もしくは *tapis*「カーペット」から派生した動詞 *tapisser*「カーペットを敷く」に由来する。

tar [古英語] [名] タール（木材・石炭などを乾留（かんりゅう）して得る黒色の液体）、（たばこの）やに；[動] …にタールを塗る、…に汚名を着せる：

古英語 *teru, teoru* はゲルマン語に由来し、オランダ語 *teer*、ドイツ語 *Teer*「タール」、そして、最終的にはおそらく tree「木」とも同系である。*tar* with the same brush「同じ刷毛はけでタールを塗る（他人と同様の欠点がある、同類である）」という表現は、羊飼いがすべての羊を保護する行動に関連している。これは、羊飼いが羊の肌にできた腫れ物を治すために、刷毛でタールを塗ったことに由来する。*tar* は **tarpaulin** [名]「防水布、防水シート」（17世紀初頭に現れた語）の第1要素である。第2要素はおそらく funeral pall「葬式用の外套」の pall である。これはタールが塗られたキャンバスの黒さを連想させる。最後の接尾辞 *-in* は *-ing* を表している。
→ TREE

tardy [16世紀半ば] [形] のろい、もたもたした、遅刻した：

ラテン語 *tardus*「遅い」から派生したフランス語 *tardif, -ive* に由来する。

target [後期中英語] [名]（矢の目標とされた）小型の円盾、標的、ターゲット；[動] 守る、…を標的にする：

targe という古風な同義語の指小辞語である。元は軽くて丸い盾を意味した。名詞用法は後に、様々な丸い物体を指すようになり、一般的に目的が向けられるもののすべてを指すようになった（テニスン『ロックスリー・ホール』*Locksley Hall*：They to whom my foolish passion were a *target* for their scorn「私のおろかな情熱をあざけった彼ら」）。動詞用法は17世紀初頭に遡る。

tariff [16世紀後半] [名] 計算表、関税表、（レストランの料理やホテルの部屋などの）料金表、障害等級、最低服役期間：

当初は計算表を指していた。アラビア語 *'arrafa*「通知する」に基づくイタリア語 *tariffa* から派生し、フランス語を得て英語に入った。税関について述べる際にこの語はより抽象的になった。およそ1890年になってようやくホテルや他のビジネスにおける「料金一覧表」という意味が英語の一般的用法に加わった（より頻繁に使用されるようになったのはヨーロッパとアメリカの初期であるが）。1950年代以降、この語は法律の文脈でも使用された。この場合、刑の等級を指し、犯罪の種類と障害の大きさに応じた標準最低刑罰を判定する評価基準として使用される。

tarnish [後期中英語] [動]（金属などの表面の）…を曇らせる、…を汚す、さびさせる、（人の名誉などに）汚点をつける：

terne「暗い、どんよりした」から派生したフランス語 *terniss-* に由来する。*terniss-* は *ternir* の延長語幹である。比喩的用法（*tarnished* her reputation「彼女の評判を傷つけた」）は17世紀後半より記録されている。

tart[1] [後期中英語] [名] タルト（果実入りの薄いパイ）、《俗語》身持ちの悪い娘、売春婦、ふしだらな女：

料理用語での *tart* は元はおいしいパイであった。古フランス語 *tarte* もしくは中世ラテン語 *tarta* に由来し、その起源は不詳である。ふしだらな女を指す俗語用法は、元々19世紀半ばには親愛の気持ちで用いられていた。おそらく sweetheart「恋人」の略称であった。その後、

19世紀後半において軽蔑的に適用された。

tart² ［古英語］形（苦痛・苦難が）ひどい、（刑罰・訓練・法律などが）厳しい、（味が）酸っぱい、ピリッとした、（人や言葉が）辛辣な、痛烈な、手厳しい：

古英語 *teart* は「厳しい、厳格な」を意味し、処罰に関して使用された。起源は不詳だが、tear「裂け目」と共通の起源があることが示唆されている。「味が鋭い」の意味は後期中英語に発達した。話や語（*tart* comments「辛辣な意見」）に関する用法は17世紀初頭に発達した。

task ［中英語］名税金、（与えられた）任務、課題、（特に不快な）仕事；動…に仕事を課する、…に税を課する：

中世ラテン語 *tasca* から派生した古フランス語の古北フランス語の変種 *tasche* に由来する。ラテン語 *taxare*「…を厳しく批判する、とがめる」に由来する *tasche* は *taxa* の変形である。当初の名詞用法は領主や封建的な上位者に対する定額の支払いを指していた。当初の動詞用法は「…に税を課する」であった。「すべきこと」という一般的な用法は16世紀後半から見られる。（シェイクスピア『リチャード二世』*Richard II*, II. ii. 145：Alas poore Duke, the *taske* he undertakes is numbring sands, and Drinking Oceans drie「かわいそうに！　ヨーク公がなさるお仕事は、浜の真砂を数え、大海の水を飲みほすようなものだろう」）。

tassel ［中英語］名（マントの）留め金、（カーテン・衣服などの）房、飾り房：

当初はマントの留め金を指していた。古フランス語 *tassel*「留め金」に由来する。より初期の詳細な起源は不詳である。

taste ［中英語］名触角、触ること、味見、試し、試験、味、味覚、（個人の）好み、審美眼、センス；動とる、味わう、…の味を感じる

当初は「触ること」の意味もあった。名詞用法は古フランス語 *tast* に由来し、動詞用法は古フランス語 *taster*「触れる、試す、味見する」に由来する。この意味はおそらくラテン語 *tangere*「触る」と *gustare*「味わう」の混交に基づいている。「審美眼」の考え（such *taste* in his use of colours「彼の色使いにおけるそのようなセンス」）は17世紀後半に遡るが、「判断、識別力」の意味は中英語においてすでにあった。

tat ［19世紀半ば］名ぼろ切れ、みすぼらしい人、安っぽいもの、くだらぬもの：

価値のない品物を指し、当初は「ぼろ切れ」と「擦り切れた服を着ている人」という意味であった。おそらく16世紀初頭の語 **tatty**形「くたびれた、ぼろの」からの逆生（接尾辞の除去）である。元は、スコットランド語で「絡んだ、もつれた、もじゃもじゃの」の意味である。おそらく、この語は最終的にゲルマン語に由来する古英語 *tættec*「ぼろ切れ」と同系である。

tattered ［中英語］形ボロボロの、ずたずたの、ぼろを着た：

元は「切れ込み、もしくはギザギザのある服で着飾った」を意味した。おそらく名詞 *tatter*「服の切れ端」に由来する。その後、過去分詞として扱われるようになった。**tatters** ［後期中英語］名「（服などの）ぼろ、ぼろ服」（複数形）にも「服のぼろ」という単数形の意味があった。この語は古ノルド語 *tǫtrar*「ぼろ切れ」に由来する。

tattoo¹ ［17世紀半ば］名（警告に）太鼓をたたくこと、軍隊の帰営らっぱ：

軍隊用語では元は *tap-too* と書かれオランダ語 *taptoe*!「栓を閉めろ」に由来する。字義的に「(酒樽)の栓を閉めろ」を意味する。これは兵舎に帰るよう指示された兵士たちが酒樽の栓を閉めるよう言われたことに由来する。日常語における *tattoo* は元々ドラムの音もしくは、集合のためのラッパの音による合図であった。

tattoo² ［18世紀半ば］名入れ墨をするこ

と、入れ墨；[動]…に入れ墨をする：

肌に挿入した色素による消せないデザインの *tatoo* はタヒチ語、トンガ語、サモア語の *ta-tau* もしくは、マルケサス語（先住民のポリネシア語）*ta-tu* に由来する。

taunt [16世紀初頭][動]言い返す、なじる、侮辱する：

フランス語 *tant pour tant*「仕返し」に由来すると思われる。ラテン語 *tantus*「同量」の中性形 *tantum* が基であり、「やりとり」や「応答」の意味が生まれた。この動詞の初期用法は「からかい合う、冗談を交えて返答する」であった。

taut [中英語][形]（綱などが）ピンと張った、緊張した：

初期の綴りは *tought* であり、「膨れた」を意味した。おそらく元は *tough*「逞しい、タフな」の変種である。
→ TOUGH

tavern [中英語][名]居酒屋：

ラテン語 *taberna*「板で組み立てられた小屋、居酒屋」から派生した古フランス語 *taverne* に由来する。

tawdry [17世紀初頭][名]安ぴかのレース、安ぴか物；[形]安ぴかの、けばけばしい：

tawdry lace「安ぴかのレース」の短縮形である。*tawdry* lace は16〜17世紀における首飾りとして身につけられた上質な絹のレースもしくはリボンであり、St Audrey's lace「聖オードリーのレース」の縮約である。Audrey はエセルドレーダという名前の後世の形（愛称形）であった。エセルドレーダ（679年没）はイーリーの守護聖人であり、そこでは安ぴかのレースが安い模造品や他の装飾品と同様に、聖エセルドレーダの市で伝統的に売られていた。聖オードリーは喉の腫瘍で死んだとされ、その腫瘍は彼女が若い頃に身に着けていた多くの派手な首飾りに対する罰であったとされる。

tax [中英語][動]（罰金などの）額を査定する、課税する、重荷を負わす、非難する；[名]税（金）、重荷、負担：

元は、「刑罰もしくは損害の程度を評価もしくは決定する」という意味としても使われていた。これが「事件の費用を調査・査定する」という法的な用法に残っている。起源は古フランス語 *taxer* である。*taxer* はおそらくギリシア語 *tassein*「決める」から派生したラテン語 *taxare*「非難する、負わせる、算出する」に由来する。*taxed* his brain「…に荷を負わせる、…に重い要求をする」という動詞用法は、17世紀後半に遡る。**taxation** [中英語][名]「課税」はかつて「刑罰もしくは損害の査定」を指していた。この語はラテン語 *taxare* から派生した *taxatio(n-)* に由来し、古フランス語を経由して英語に入った。

tea [17世紀半ば][名]茶の葉、（飲用の）茶、（植物の）茶の木：

おそらく中国語（明時代の方言）*te* に由来し、マレー語を経て英語に入った。標準中国語 *chá*「茶」に関連する。not for all the *tea* in China「何をもらっても絶対に（…しない）」という熟語は、1890年代のオーストラリア英語に由来する。*tea* and sympathy「困っている人への好意的行動」という熟語は、1956年に上映された同名のタイトル（『お茶と同情』）が一般に広まったものである。

teach [古英語][動]指し示す、教える、教授する：

古英語 *tæcan* は「見ることを提案する、見せる、指摘する」を意味した。ゲルマン語に由来し、token と同系である。token はギリシア語 *deiknunai*「見せる」、*deigma*「サンプル、見本」に共通するインド＝ヨーロッパ語の語根に由来する。「（懲らしめて）思い知らせる」の意味（That will *teach* you!「これでわかったか！ ざまあ見ろ！」）は、中英語に生じた。
→ TOKEN

team [古英語][名]（車・すきなどを引く2頭以上の）一連の馬・牛・犬など、（野球

などの)チーム、組、仲間:

古英語 tēam は荷車用動物の一組であった。同系語にはドイツ語 Zaum「(馬に車を引かせるための)馬勒、頭絡」、英語 teem「(動物などある場所に)満ちる」や tow「牽引」である。これらの語はラテン語 ducere「先導する」に共通するインド＝ヨーロッパ語の語根に由来する。16世紀初頭から「共同の目的を持つ人たち」という意味に変わった。

→ TEEM¹; TOW

tear¹ [古英語][動]引き裂く、破る;[名]裂け目、ほころび:

古英語 teran「引き離す、ちぎる」はゲルマン語に由来し、オランダ語 teren、ドイツ語 zehren「弱くする」と同系である。これらはギリシア語 derein「剝がす」に共通するインド＝ヨーロッパ語の語根に由来する。名詞用法は17世紀初頭に遡る。16世紀後半以降、動詞はあたかも障害物を突き破るように急ぐことやそのような急な速度と関連がある(tore off down the street「通りを突っ走る」)。tear apart「心を引き裂く、苦しめる」という意味は、1950年代に遡る。

tear² [古英語][名]涙、滴、水滴:

tears of joy「喜びの涙」などの古英語 tēar は、ゲルマン語起源である。ドイツ語 Zähre「涙」と同系である。Zähre は古ラテン語 dacruma (ラテン語 Lacrima)とギリシア語 dakru に共通するインド＝ヨーロッパ語の語根に由来する。without tears「涙を流すことなく、容易に」という表現は、1857年の Reading without Tears (F・L・モーティマー『涙なしの読解』)という作品のタイトルが初出である。

tease [古英語][動](羊毛・麻などを)すく、(じらして)いじめる、からかう;[名](羊毛の)すき器、(じらして)悩ます人:

西ゲルマン語起源の古英語 tǣsan は、最初「紡績のための (羊毛をすく) くし」を意味する語として記録されている。この語はオランダ語 teezen、ドイツ語方言 zeisen (古英語では tǣsl, tǣsel) と同系である。「からかう」の意味は、それ以前にあったより真面目な意味を持つ「気に障る行動でじらす」(17世紀初頭)から発達した。「気に障る行動でじらす」は、原義の比喩的用法である

technical [17世紀初頭][形]技術上の、工業の、専門の:

当初は「芸術もしくは技に関連する」を意味する形容詞として用いられた technic [名]「技法、手法」に基づいている。この語の起源は technic と同じ時期に遡る。ギリシア語 tekhnē「技術」から派生した tekhnikos を経てできたラテン語 technicus に由来する。同じ時期の **technology** [名]「科学技術」は、tekhnē「技術、工芸」と -logia「話すこと、会話」からなるギリシア語 tekhnologia「体系立てられた処理」に由来する。technical と同様、19世紀初頭に使用された **technique**「(専門)技巧、テクニック」は、ラテン語に由来する(その後、フランス語を経由して英語に入ってきた)。

teddy [19世紀初頭][名]テディーベア(くまのぬいぐるみ):

セオドア (Theodore) の愛称 Teddy に由来する。これはくま狩りに熱心だった第26代大統領セオドア・ルーズベルトの愛称 Teddy にちなむ。

edious [後期中英語][形]退屈な、飽き飽きする:

ラテン語 taedium から派生した後期ラテン語 taediosus もしくは古フランス語 tedieus に由来する。taediosus は17世紀半ばから記録されている英語 tedium [名]「退屈」の起源である。この語はラテン語 taedere「…にうんざりしている」が語源である。

teem¹ [古英語][動]妊娠する、(子を)産む、生じる、…に満ちる;[形]豊富な、たくさんある:

古英語 tēman, tīeman「生み出す」はゲルマン語起源であり、team「チーム」に関

連する。原義は「産む」、「妊娠する」であった。これらの意味から16世紀後半に「豊富な」という意味が生じた（*teeming* with insects「虫たちで満ちあふれている」）。

teem[2] [中英語][動](水が)どっと注ぐ、(雨が)激しく降る、どっと流れる:

古ノルド語 *tómr*「空の」から派生した *tœma*「空にする・なる」に由来する。原義は厳密には「…から液体を流し出す、注ぎ出す」であった。現在の意味である「どっと流れる」は元は方言であり、19世紀初頭に遡る。

teeter [19世紀半ば][動]シーソーに乗る、よろめく、(シーソーように)上下に動かす:

方言の変種 *titter* であり、古ノルド語 *titra*「揺れる、震える」に由来する。

teetotal [19世紀半ば][形]絶対禁酒(主義)の:

この語の最初の要素はしばしば tea「お茶」だと見なされるが、実際は total「全部(の)」の強調的拡張（語頭の文字 t(=tee)を重ねた）である。イギリスはプレストンの労働者リチャード・ターナーが1833年に行った講演で初めて使われたと言われている。彼は初期の禁酒改革論者たちによる単なるアルコール禁酒ではなく、あらゆるアルコールの禁酒（絶対禁酒）を主張した。

語形成
接頭辞 tele- (ギリシア語 *tēle*-「遠い」に由来する) は、次の意味を加える。
■「離れて」[telekinesis]「念力」、[telecommunication]「遠隔通信」
■「遠距離操作」[telemeter]「遠隔計測器」
tele- は *television*「テレビ」([telecine]「テレシネ」)、あるいは *telephone*「電話」([telemarketing]「電話による勧誘販売」)の省略形でもある。

---

telescope [17世紀半ば][名]望遠鏡

イタリア語 *telescopio* もしくは tele-「離れて」と -scopium「見ること」から派生した近代ラテン語 *telescopium* に由来する。

television [20世紀初頭][名]テレビジョン

「離れて」を意味する接頭辞 tele- (ギリシア語 *tēle*-に由来する)と名詞 vision「視覚、見ること」で構成されている。tele-vise[動]「テレビ画面に映し出す」は *television* の逆成（接尾辞の除去）として1920年代に遡る。

tell [古英語][動]話す、物語る、評価する、数える、告げる、知らせる、言う、伝える:

古英語 *tellan* は「物語る、数える、評価する」を意味した。数えるという考えは、銀行の係員という名詞 teller「出納係」の中に見られる。tell はゲルマン語起源であり、ドイツ語 *zählen*「数える、計算する」、*erzählen*「数え直す、物語る」と英語 tale「話、物語」と同系である。「暴露する、明らかにする (You mustn't *tell!*「誰にも言うなよ！」)」の意味は、中英語に遡る。
→ TALE

temerity [後期中英語][名]向こう見ず:

ラテン語 *temere*「軽率に」から派生した *temeritas* に由来する。

temper [古英語][動]混ぜる、抑制する、調和する、(鋼鉄などを)焼き戻す、静める；[名]四体液(血液、粘液、黄胆汁、黒胆汁)の適切な混合、気分、機嫌、気質、気性:

古英語 *temprian* は「何かと別の何かを混ぜて必要・適度な状態にする」を意味した。ラテン語 *temperare*「一緒になる、自制する」が起源である。意味の発達はおそらく古フランス語 *temprer*「和らげる、穏やかにする」に影響された。名詞は元々、要素もしくは性質の釣り合った混合物と同様に、中世で信じられていた気質の基である4つの体液の組み合わせを指していた。これが *temper* の共通の意味である「気質」(in a good *temper*「機

嫌がよい」)になった。temperament［後期中英語］名「気質、気性」は、ラテン語 temperare から派生した temperamentum「適度な調合」に由来する。このため、初期用法では、temperament と名詞 temper は同義語であった。

temperature ［後期中英語］名温度、気温、体温：

フランス語 température もしくはラテン語 temperare「…を抑える」から派生した temperatura に由来する。この語は元々「和らげられた、混ぜられた状態」を指していたが、後に4つの体液すなわち気質の組み合わせである temperament「気質」と同義になった。熱強度（温度）の文脈における現代の意味は、17世紀後半に遡る。

→ TEMPER

tempest ［中英語］名大嵐、暴風雨、大騒ぎ：

ラテン語 tempus「時間、季節」は、tempest と **tempestuous**［後期中英語］形「大嵐の」の基である。tempest はラテン語 tempestas「季節、天候、嵐」から派生した古フランス語 tempeste に由来する。**tempestuous** 形「大嵐の吹き荒れる」はラテン語 tempestas から派生した後期ラテン語 tempestuosus に由来する。

template ［17世紀後半］名梁受け、(形を正確にとるための) 型板、【コンピュータ】テンプレート：

当初の綴りは templet であった。これは衣服を伸張する道具を指す後期中英語 temple「伸子しんし」(古フランス語に由来する) におそらく基づく。19世紀に語尾が変化したが、それは、plate「平皿」からの連想によるものであった。

temple¹ ［古英語］名神殿、寺院、礼拝堂：
礼拝堂を表していた古英語 templ, tempel は、中英語期に古フランス語 temple によって綴りを改められた。両方ともラテン語 templum「広場、神聖な空間」に由来する。

temple² ［中英語］名こめかみ：
額の一部としての temple は、ラテン語 tempus「頭のこめかみ」の複数形 tempora の変形から派生した古フランス語に由来する。

tempo ［17世紀半ば］名【フェンシング】テンポ、(楽曲演奏の) 曲の速さ、(ダンスや進行の) 歩調：

当初は、攻撃のタイミングを表すフェンシング用語として使用された。ラテン語 tempus「時間」から派生したイタリア語の借用である。

temporal ［中英語］形世俗の、俗界の、現世の、浮世の、一時的な、束の間の、時間の：

temporal「現世・世俗の事柄に関連する」は、古フランス語 temporel もしくは tempus, tempor-「時間」から派生したラテン語 temporalis に由来する。当初は「わずかな時間だけ続いている」を意味した。**temporary** ［16世紀半ば］形「一時的な、暫定的な」(ラテン語 tempus から派生した temporarius に由来する) と同義であった。

tempt ［中英語］動誘惑する、試みる、試す、…するように…に勧める、そそのかす：

ラテン語 temptare「行う、試す、試みる」から派生した古フランス語 tempter「試す」に由来する。**temptation** ［中英語］名「試みること、誘惑、(キリストが悪魔から受けた) 荒野の試み」(ラテン語 temptatio(n-) から派生した古フランス語 temptacion に由来する) と同源である。temptation の当初の用法は、聖書 (『マタイによる福音書』4章) に関するものであった。それは、荒野で悪魔がイエスを誘惑した話と悪霊が中世の聖人たちを誘惑した話であった。

tenant ［中英語］名(封建制度下の、土地を保有した) 領民、小作人、借地人、借家人、住人：

古フランス語 *tenir* の現在分詞形 *tenant*「持っている」に由来する。古フランス語 *tenir* はラテン語 *tenere* から派生した。このラテン語の動詞 *tenere* は次の語も生み出した。**tenable**［16世紀後半］形「持ちこたえられる、維持できる」(フランス語 *tenir*「持つ」に由来する)。**tenacious**［17世紀初頭］形「しっかりつかんで離さない、固執している」(ラテン語 *tenax, tenac-* に由来する)。

tend¹ ［中英語］動 …の方へ進む、行く、…の傾向がある、伸びる、広がる:

He *tends* to make mistakes「彼は間違いを犯しがちだ」の *tend* の記録されている当初の用法は、「移動する、移動するために傾けられる」であった。ラテン語 *tendere* から派生した古フランス語 *tendre*「伸ばす、…に向かって進む」に由来する。*tendere* から派生した中世ラテン語 *tendentia* に由来する **tendency** 名「傾向」は、17世紀初頭から使われはじめた。

tend² ［中英語］動 心を配る、仕える、面倒を見る、世話をする、看護する:

tending his flock「彼が飼っている動物の世話をしている」の *tend* は、attend「出席する、世話をする、看護する」の頭音消失である。
→ **ATTEND**

tender¹ ［中英語］形 未熟な、年端のいかない、感じやすい、柔らかい、優しい、親切な:

tender thoughts「柔軟な考え」や *tender* area「(感じやすく傷つきやすい) 圧痛部位」の *tender* は、ラテン語 *tener*「柔らかい、繊細な」から派生した古フランス語 *tendre* に由来する。感情に関連する用法は早くから生じた。*tender* mercies「深い慈悲」という表現は、聖書の『詩篇』の一節にある。Call to remembrance, O Lorde, thy tender mercies and thy loving kindnesses「主よ、御心にお留め下さい、主の深い慈悲、慈愛を」。*tender* loving care「優しく思いやりのある世話」とその省形の TLC は、1960年代に遡る。これは看護師たちによる介護にちなむ。

tender² ［16世紀半ば］動 (文書などにより正式に契約・辞表などを) 提出する、差し出す、申し出る:

invitation to *tender*「入札案内」の *tender* は、当初は法律用語であり、「答弁、証拠、債務免除金を正式に提出すること」を意味した。ラテン語 *tendere*「伸ばす、差し出す」から派生した古フランス語 *tendre* から来ている。

tender³ ［後期中英語］名 世話する人、看護師、番人、監督:

fire *tender*「消防隊」の *tender* は、当初「係員、看護師」を意味した。tend「世話する」に由来するか、もしくは attender の頭音消失である。
→ **TEND2**

tenet ［16世紀後半］名 (思想、政治、宗教などの集団が唱える) 教義、信条:

当初の綴りは *tenent* であった。この語は字義的には「彼が持つ」を意味するラテン語の動詞 *tenere* に由来する。

tennis ［後期中英語］名 コートテニス (壁面を利用した昔の屋内テニス)、テニス、庭球:

当初の綴りは *tenetz* と *tenes* であり、これらは「コートテニス」を意味する用語であった。古フランス語 *tenir* の命令形 *tenez!*「受け取れ!」に由来すると思われる。これは試合開始時にサーバーがレシーバーに対して叫ぶ言葉であった。

tenor ［中英語］名 主旨 (趣旨)、大意、絶え間ない進展、(人生などの) 進路、方針、テナー、テノール:

the general *tenor* of the debate「討論の大体の趣旨」における「内容、趣旨」を意味する *tenor* は、ラテン語 *tenor*「方向、大要、法律の趣旨」から派生した古フランス語 *tenour* に由来する。ラテン語 *tenere*「持つ」は *tenor*「大意」と音楽用語である *tenor*「テナー (男声高音域)、テ

ノール、テノール歌手」の起源であり、中英語まで遡る（中世ラテン語から古フランス語を経由して中英語に入ってきた）。これは、テナーのパートは旋律を割り当てられ、その旋律を「持った」ことにちなむ。

tension ［16世紀半ば］名緊張、伸張、張力、(精神的な) 緊張：

当初は、身体的に緊張した状態、もしくは感情に対する医学用語として使用された。ラテン語 *tendere*「伸ばす」から派生したフランス語、もしくはラテン語 *tensio(n-)* から来ている。*tense atmosphere*「緊張した雰囲気」のような **tense**形「(ひも・ロープ・筋肉などが) ピンと張った、(神経などが) 張り詰めた、(人が) 緊張した」は、17世紀後半に現れた。これはラテン語の動詞 *tendere* の過去分詞形 *tensus*「伸ばされた」に由来する。

tense ［中英語］名時間、《文法》(動詞の) 時制、テンス：

present tense, past tense「現在時制、過去時制」のような文法の文脈における *tense* は、当初は「時間」という一般的な意味で使用された。ラテン語 *tempus*「時間」から派生した古フランス語 *tens* から来ている。

tent ［中英語］名天幕、テント；動(テントを) 張る：

ラテン語 *tendere*「張る、伸ばす」の過去分詞語幹 *tent-* に基づく古フランス語 *tente* に由来する。当初のテントはポールにかけて張った皮もしくは布で作られた。動詞は16世紀半ばに遡る。

tentacle ［18世紀半ば］名触手、触角、【植物】線毛、触毛：

ラテン語 *tentare, temptare*「感じる、試す」から派生した近代ラテン語 *tentaculum* が英語化された。

tentative ［16世紀後半］形仮の、試験的な：

temptare「手で触れる、試す」の変種である *tentare* から派生した中世ラテン語 *tentativus* に由来する。

tenuous ［16世紀後半］形(糸などが) 細長い、薄くきゃしゃな、(関係・根拠・説得力が) 希薄な、薄っぺらな：

ラテン語 *tenuis*「薄い」に由来し、不規則的に形成された (本来なら *tenuious*)。「脆弱な、事実に基づかない、あまり重要ではない」(*tenuous* link between his presence there and the crime「彼がそこにいたこととその犯罪との弱い関連性」) などの比喩的用法は、19世紀初頭に見られる。

tenure ［後期中英語］名(不動産などの) 保有 (権)、保有条件、保持、(大学教授などの定年までの) 在職権、終身地位保証：

ラテン語 *tenere* から派生した *tenir*「持つ」が古フランス語を経由して英語に入ってきた。この同じ動詞 *tenere* から中英語に **tenement**名「保有、保有地、貸室」が生じた。これは中世ラテン語 *tenementum* が基になった古フランス語から入ってきた。

tepid ［後期中英語］形(液体の温度が) 生ぬるい、(感情・反応などが) 熱意に欠ける、気のない：

tepere「温かい」から派生したラテン語 *tepidus* に由来する。

term ［中英語］名期間、期限、条件、境界、限界、言葉遣い、術語、(学校の) 学期、【数学】(数式や数列の) 項、【論理学】名辞：

当初は時間もしくは空間の境界を指していた (ギボン『ローマ帝国衰亡史』*Decline and Fall*：He had now reached the *term* of his prosperity「彼は今、繁栄の限界に到達した」)。複数形としての当初の意味は、「条件を制限すること」であった。起源はラテン語 *terminus*「終わり、境界、限度」から派生した古フランス語 *terme* である。「期限」と「特定化」の意味は、様々な分野で使われはじめた。

法律の分野では、例：term of years「一定期間存続する権利」(=特定・限定された期間における土地の権利)。言語学の分野では、例：scientific term「科学用語」(=科学的使用に特有の語)。論理学の分野では、例：terms of the proposition「命題の名辞」(=命題における主語と述語)。数学の分野では、例：reduced to its lowest terms「約分する」(=分子・分母ともに最小で、つまり、分子・分母に共通でない因数で)。term の起源であるラテン語 terminus 名「空間もしくは時間の終点、(電車・バスなどの)終着駅」は、16世紀半ばに英語として借用された。19世紀初頭からこの語は乗り物の中継地として使用された。最初は電車に対してだったが、その後は路面電車やバスに対しても使用されるようになった。terminus と同じ語幹の terminal 名「終着駅、ターミナル、終点」は、19世紀初頭に遡る。これはラテン語 terminalis に由来する。

termination ［後期中英語］名決定、終了、終結、限界：
当初の意味は「決定、決断」であった。terminare「限定する、終える」から派生した古フランス語もしくはラテン語 terminatio(n-) に由来する。16世紀後半、terminate は「終わる、終結させる・する」という意味を持つようになった。この話もラテン語 terminus「終わり、境界」が基になった terminare から入ってきた。
→ TERM

terrace ［16世紀初頭］名柱廊、テラス、段庭、(庭園・道路などの)土壇、台町、テラスハウス、テラス式住宅街：
当初は(建物の外の)バルコニーであった。後に、劇場の演壇や桟敷を指すようになった。字義通りには「(基礎工事などに使う割った石塊の)荒石、盛り上がった土」を意味する古フランス語が起源である。ラテン語 terra「大地」に基づく。terrace はしばしば歩行のための高くなった平らな場所を指す。例えば、川の土手、ウェストミンスター宮殿のテラスがこれに該当する。terrace of houses「テラスハウス」は、当初、車道の高さよりも高くなった集合住宅を表していた。1950年代以降 the Terraces「(サッカー競技場などの)立ち見席」は、競技場で立っている観客用の座席を指す。

terrain ［18世紀初頭］名馬術訓練場、立場、(軍事上の観点からの)地勢、地形、土地：
当初は乗馬学校において馬が訓練される訓練場の一部を指していた。この語はラテン語 terrenus「大地の」の中性形 terrenum の俗ラテン語の変種から派生し、フランス語を経由し英語に入った。この語はすぐに国土の広がり全般を指すように一般化した。

terrestrial ［後期中英語］形現世の、俗世の、地球(上)の、【生物】陸上に住む：
当初の用法が「この世の、現世の、俗世の」という意味に反映されている。これらの意味は terra「大地」から派生したラテン語 terrestris に基づく。
→ TERRITORY

terrible ［後期中英語］形恐ろしい、つらい、ひどい、大変な；副《口語》恐ろしく、ひどく：
当初は「恐怖を引き起こす」を意味していた (ロシアの皇帝である Ivan the Terrible「イワン雷帝」(1533～84年) の名にも反映されている)。terrere「怖がらせる」から派生したラテン語 terribilis に由来し、フランス語を経由して英語に入った。この語は「恐怖」の意味を発達させ、否定的な意味合いは強意語として口語用法へ至っている (It's a terrible shame「ひどく恥ずかしい」)。この語には「ひどい」の意味もある (a terrible man to tease me like that!「そんなふうに私をいじめるひどい男！」)。次の the terrible twins「厄介な双子」という表現の中にも表われている (Evening Advertiser, Swindon, 31 December 1976:The 'Terrible Twins' of yesteryear, Mr Jack Jones, general secretary of the Transport and General Workers, and Mr Hugh Scanlon, president of the Engi-

neering Workers, have mellowed「英国スウィンドンの新聞『イブニング・アドバタイザー』1976年12月31日付：昨年の『厄介な双子』である運輸一般労働組合のジャック・ジョーンズ総書記とエンジニアリング労働組合のヒュー・スキャンロン委員長は上機嫌になった」）．

territory［後期中英語］名 領地、領土、市街地周辺の土地、広大な地域、地方、（学問などの）分野、領域：

ラテン語 terra「陸地」から派生した territorium に由来する．元々は町もしくは市を取り囲む区域、特にローマもしくは地方都市の管轄区域を指していた．**territorial**［17世紀初頭］形「領地の、土地の、（動物などが）縄張りを持つ」は、ラテン語 territorium から派生した後期ラテン語 territorialis に由来する．「自分の領土を守ること（管轄地域）」という意味は、20世紀初頭に生じた．

terror［後期中英語］名（極度の）恐怖、テロ（行為）：

ラテン語 terrere「怖がる、怖がらせる」はいくつかの英語を生み出した．terror はラテン語 terror から派生した古フランス語 terrour に由来する．この語の語幹はフランス語 terroriste が基になった **terrorist**［18世紀後半］名「テロリスト」の語幹と同じである．terrorist は元々、フランス革命におけるジャコバン派支持者（フランス革命の過激共和主義者）たちに適用された．これは彼らが民主主義と平等を求めて、抑圧と暴力のような恐怖政治を主張したことにちなむ．同系の **terrify**［16世紀後半］動「怖がらせる」は、ラテン語 terrificus「恐ろしい」から派生した terrificare に由来する．この語の語幹は、当初このラテン語の意味を保持していた **terrific**［17世紀半ば］形「恐ろしい、ものすごい」の語幹と同じである（ミルトン『失楽園』*Paradise Lost*：The Serpent ... with brazen eyes And hairie Main terrific「真鍮のような目をして、逆毛立った恐ろしい蛇」）．terrific は1930年代から「すごい、素晴らしい」のような熱狂を表すようになった．

terse［17世紀初頭］形 磨きをかけた、（文体などが）簡単明瞭な、簡潔な：

ラテン語の動詞 tergere から派生した tersus「拭いた、磨いた」に由来する．原義は「磨いた、手入れする、きちんとした」である．（ベン・ジョンソン『へぼ詩人』*Poetaster*：I am enamour'd of this street ... 'tis so polite and terse「私はこの道に魅了された、…この道は洗練され、整っている」）．「磨かれた、洗練された」を意味する言葉の文脈には、次のものがある．（ウォートン『イギリス詩史』*English Poetry*：a terse and polite Latin poet of this period「この時期における洗練され、整ったラテン語の詩」）．この意味が18世紀後半に「要点を押さえて明確な」の意味へと発展した（terse explanation of the facts「その事実に対する簡潔な説明」）．

test［後期中英語］名【冶金】骨灰坩堝（こっかいるつぼ）、試験；動【冶金】精錬する、試験する：

当初は銀もしくは金の合金、鉱石を扱うために使用された灰吹皿を指していた．これが put to the test「真価が問われる」や stand the test「検査に合格する」などの表現の起源である．ラテン語 testu, testum「土器の壺」の変種 testa「水入れ、貝殻」に由来し、古フランス語を経由し英語に入ってきた．動詞用法は17世紀初頭に現れた．学術的な試験の意味は、20世紀初頭に遡る．

testament［中英語］名 遺言（書）、聖書、神との人との契約、新約聖書

ラテン語 testamentum「遺言」(testari「証言する」から派生) に由来する．testamentum はギリシア語 diathēkē「（神と人との）契約」を翻訳したキリスト教ラテン語としても使われている（例：*Novum Testamentum Graece*「ギリシア語新約聖書」）．**testate**［後期中英語］動「遺言を残す」は、testis「目撃者」から派生した testari の過去分詞であるラテン語 testatus「証言された」に由来する．testis はラテン語 testificari に由来する **testify**

[後期中英語]⑩「証言する」の起源でもある。

testimony [中英語]⑧【聖書】十戒、証明、立証、証拠：

この語(ラテン語 *testimonium* に由来)と testimonial [後期中英語]⑧「証明書、表彰状、記念品」は、ラテン語 *testis*「目撃者」に基く。testimonial は後期ラテン語 *testimonialis* から派生した古フランス語 *testimonial*「証言となる、証拠として役に立つ」に由来する。19世紀半ばより testimonial は、「表彰状」(testimonial football match「サッカーの表彰試合」)を意味する語として使用されている。
→ TESTAMENT

tetchy [16世紀後半]⑯怒りっぽい：

おそらく古フランス語 *teche* から派生したスコットランド語 *tache* の異形「染み、汚点、欠点」に由来する。

tether [後期中英語]⑧つなぎ縄・鎖、(知識などの)範囲；⑩(家畜などを)つなぎ留める、(人などを)拘束する：

ゲルマン語起源の古ノルド語 *tjóthr*「留める」に由来する。at the end of one's tether「万策が尽きて」のような比喩的な意味は、16世紀初頭に遡る。

text [後期中英語]⑧(注釈・付録などに対して)本文、(翻訳などに対して)原文、主題、題目：

text は元来「織られたもの」である。ラテン語 *textus*「薄い織物、文語体」から派生した古北部フランス語 *texte* に由来する。後に *textus* は中世ラテン語で「福音書」を意味するようになった。この形の起源は *text*- であり、これは動詞 *texere*「織る」の過去分詞の語幹である。

texture [後期中英語]⑧織ること、本質、性質、組織、構造、織り方：

かつては織った布もしくはそれに類似するものを指していた。*texere*「織る」から派生したラテン語 *textura*「織物」に由来する。関連語 **textile**⑧「織物」(ラテン語 *textilis* に由来する17世紀初頭の語)も *texere* に由来する。

thanks [古英語]⑧考え、善意、恩寵おんちょう、感謝、謝意、謝辞：

thanc「(優しい)考え、感謝」の複数である古英語 *thancas* はゲルマン語起源であり、オランダ語 *dank* やドイツ語 *Dank*「感謝」、英語 think と同系である。thank⑩「感謝する」(古英語では *thancian*) は、オランダ語とドイツ語 *danken*「感謝する」と同系である。thankful⑯「感謝して、ありがたく思って」(古英語では *thancful*) と thankfully「感謝して、ありがたいことに」(古英語では *thancfullīce*) も初期の同時期に遡る。
→ THINK

that [古英語]⑭あれ、(…する、…である)ところの；㊥…ということ；⑯その、あの；⑳そんなに、あまり(…でない)：

古英語 *thæt* は *se* 'the' の主格形と対格形(ともに単数・中性)である。ゲルマン語に由来し、オランダ語 *dat* とドイツ語 *das*「その」と同系である。*thes* の中性形である古英語⑭this「これ、この」は同系語である。this は西ゲルマン諸語に由来し、the とも同系である。

thatch [古英語]⑩覆う、(茅かや・藁わらなどで屋根を)ふく；⑧屋根ふき材料、《口語》頭髪、茅ぶき屋根：

古英語 *theccan* は「覆う」を意味した。ゲルマン語に由来し、オランダ語 *dekken* とドイツ語 *decken*「覆う」と同系である。この語は17世紀半ばから髪の覆いという俗語として使用されている。

thaw [古英語]⑩溶かす、溶ける、和らぐ、次第に打ち解ける；⑧雪・霜解け、(人や国家の関係の)改善、打ち解けること、緩和：

古英語の動詞 *thawian* は西ゲルマン語起源であり、オランダ語 *dooien* と同系である。名詞は最初、中英語に記録され、比喩的用法が19世紀半ばに発展した。

the [古英語]囲その、例の ;副それだけ（いっそう）、…すればするほどますます：
古英語 *se, sēo, thæt* は、ゲルマン語起源であるノーサンブリア方言と北マーシア方言の *thē* に最終的に取って代わられた。オランダ語 *de, dat* とドイツ語 *der, die, das* は同系である。
→ THAT

theatre [後期中英語]名(古代ギリシア・ローマの) 野外劇場、劇場：
ギリシア語 *theasthai*「見守る、注視する」から派生した *theatron* を経てできた古フランス語もしくはラテン語 *theatrum* に由来する。アメリカ英語の綴りである theater は、1550年から1750年頃にイングランドで広まったが、1720年から1750年の間に使われなくなった。**theatrical**形「演劇の、芝居じみた」は16世紀半ばに遡り、この語はギリシア語 *theatrikos* (*theatron*「劇場」に由来) に基づく。「不適切に芝居じみた」を意味する用法 (such a *theatrical* reactionto something so trivial「そのような些細なことに対する芝居じみた反応」) は、18世紀初頭から見られる。

theme [中英語]名主題、テーマ、小論文、作文：
字義的に「提案、提議」を意味するギリシア語から派生したラテン語 *thema* に由来し、古フランス語を経由して英語に入ってきた。この語はギリシア語 *tithenai*「…を定める、設置する」と同系である。この語を用いた比較的最近の組み合わせには、次のようなものがある。*theme* are *theme* music「テーマとテーマ音楽」(1950年代)、*theme* park「テーマパーク」(1960年代)、*theme* pub「テーマパブ」、*theme* restaurant「テーマレストラン」(1980年代)。これらはすべて、同じ概念で繰り返し用いられている。ギリシア語 *thema* から派生した *thematikos* に由来する **thematic**形「主題の」は、17世紀後半に遡る。

then [古英語]副その時、次には、それなら、したがって、その上 ;名その時 ;形その時の：
ゲルマン語起源である。関連する形はオランダ語 *dan*、ドイツ語 *dann*、英語 that と the である。**than** [古英語]接「…よりも、よりほかの」は、元々 then と同じ語であった。
→ THAT; THE

theology [後期中英語]名神学：
元はキリスト教にのみ適用された。ギリシア語から派生したラテン語 *theologia* を経由してできたフランス語 *théologie* に由来する。ギリシア語 *theos*「神」は語基であり、*-logia*「会話、講演」は接尾辞である。**theological**「聖書に基づく、神学の」も同じ時期まで遡り、「神もしくは聖書の言葉に関連する」という意味を表す。この語はギリシア語 *theologikos* (*theologia* に由来) から派生した中世ラテン語 *theologicalis* に由来し、後期ラテン語を経由して英語に入ってきた。**theologian**名「神学者」は15世紀後半から記録されている。フランス語 *théologie* から派生した *théologien* もしくは、ラテン語 *theologia* に由来する。

theory [16世紀後半]名理論、推測：
当初は「何かをやろうとする意図」という意味を表していた。ギリシア語 *theōros*「観客」から派生した *theōria*「熟考、推測」に由来し、後期ラテン語を経て英語に入った。17世紀初頭の語 **theoretical**形「思索的な、理論上の」は、元々「憶測上の」という意味を反映していた。この語はギリシア語 *theōrein* から派生した *theōrētos*「それは見られるかもしれない」に由来する *theōrētikos* が起源であり、後期ラテン語を経由して英語に入った。数学用語の **theorem**名「定理」は、ギリシア語から派生した後期ラテン語を経由して英語に入った。この語も theoretical と同じ語幹の動詞である *theōrein* に由来する。

therapeutic [17世紀半ば]形治療法(上)の：
ギリシア語 *therapeuein*「医学的に治療

を施す」が派生した *therapeutikos* に由来し、近代ラテン語を経由して英語に入ってきた。この語の起源であるギリシア語 *therapeuein* は、19世紀半ばに登場した **therapy**图「治療、療法」と同じ語幹である（ギリシア語 *therapeia*「治療、治癒」から派生した近代ラテン語 *therapia* に由来する）。

there [古英語]副そこに・で・へ、あそこに・で・へ：

古英語 *thǣr, thēr* はゲルマン語に由来し、オランダ語 *daar* やドイツ語 *da*「そこに・で・へ」、英語 *that, the* と同系である。多くの熟語がある中で、*there,there*「まあまあ、よしよし」という熟語は、誰かを慰めるために言われた成句で、16世紀初頭に遡る。*not all there*「うわの空で」という成句は、19世紀半ばから見られる。
→ THAT; THE

thermal [18世紀半ば]形温泉の、熱の：

原義は「温泉の」である。この語はギリシア語 *thermē*「熱」から派生したフランス語から来ている。

thesaurus [16世紀後半]图(寺院などの）宝物庫、知識の宝庫、宝庫、類義語辞典、シソーラス：

ギリシア語 *thēsauros*「倉庫、宝」に由来し、フランスを経由して英語に入った。「辞書、百科事典」という原義は、Roget's *Thesaurus of Engiish Words and Phrases*『ロジェ類義語辞典』(1852年)の出版によって現在の意味に制限された。

thesis [後期中英語]图【哲学】命題、論題、論文：

元々、拍をとる際に足を下ろすこと、もしくは手を下げることに由来する。この語はギリシア語 *tithenai*「置く」の語根から派生したギリシア語「置くこと、命題」に由来し、後期ラテン語を経由して英語に入ってきた。証明のために据えられた「命題」を意味する用法は、16世紀後半から使われた。大学の学位志願者によって提出される論文という意味は、17世紀半ばから始まった。

thespian [17世紀後半]形(ギリシア悲劇の祖である）テスピスの、俳優の、演劇の、戯曲の：

ギリシア悲劇の祖とされている *Thespis*「テスピス」というギリシアの劇詩人（紀元前6世紀）の人名に由来する。

they [中英語]代彼ら（彼女ら、それら）、人々：

人称代名詞 *they* は、古ノルド語 *sá* の主格・複数・男性形 *their* に由来する。この語は that, the とともに、次の語とも同系である。中英語 **them**代「彼ら・彼女ら・それら・を・に・へ」(古ノルド語 *sá* の与格・複数形 *theim*「それらに、それらに対して」に由来する）。**their**代「彼ら・彼女ら・それら）の」(古ノルド語の指示詞 *sá* の属格・複数形 *their(r)a*「それらの」に由来する)。
→ THAT; THE

thick [古英語]形厚い、濃い、霧深い、（頭が）鈍い、悪い：

古英語 *thicce* はゲルマン語起源であり、オランダ語 *dik* やドイツ語 *dick*「厚い」と同系である。「愚かな、頭の悪い」という転移した意味は、16世紀後半に遡る（以下のシェイクスピア『ヘンリー四世第2部』*Henry IV* part ii, II. iv. 262と比較されたい。：Hang him Baboone, his Wit is as *thicke* as Tewksburie Mustard「奴を縛り首にしろ、ヒヒ野郎！ 彼の知恵はテュークスベリーマスタード（西洋辛子）のように濃い」)。*thick and fast*「次々と、どんどん」という熟語は、18世紀初頭に遡る。*lay it on thick*「べた褒めする、大げさに言う」という熟語は、18世紀半ば頃に現れた。*thick* に関連する古英語の名詞は、**thickness**图「厚いこと、深さ、濃さ」(*thicnes*) と **thicket**图「(密生した）やぶ、茂み、下生え」(*thiccet*) である。

thief [古英語]图泥棒：

古英語 *thīof, thēof* はゲルマン語起源で

あり、オランダ語 *dief* とドイツ語 *Dieb*「泥棒」と同系である。**thieve**[動]「盗みを働く」(古英語では *thēofian*) は、*thēof* に由来する。他動詞用法は17世紀後半に始まった。*thief* は **theft**[名]「窃盗、盗み」(古英語では *thīefth, thēofth*) とも同系である。

thigh [古英語][名]太もも：

ゲルマン語に由来し、古英語 *thēh, thēoh* はオランダ語 *dij* と同系である。*thee* という形が現在もスコットランド語と北部方言に残っている。

thin [古英語][形](厚さが) 薄い、希薄な、やせた、実態のない、浅薄な、(色などが) 薄い、淡い：

古英語 *thynne* はゲルマン語に起源を持ち、オランダ語 *dun* とドイツ語 *dünn*「やせた」と同系である。*thynne* はラテン語 *tenuis* に共通するインド＝ヨーロッパ語の語根に由来する。主な意味は「厚みが少ない」と「濃くない、密集していない」である。a *thin* time「つらい時期」という成句は、1920年に遡る。*thin* on the ground「まばらである、珍しい」は、1950年代に遡る (ウィンストン・チャーチル『第二次世界大戦』*2nd World War*：the Australians were *thin* on the ground and enemy parties go ashore at many points「オーストラリア兵はまばらであり、敵側は多くの地点で上陸する」)。

thing [古英語][名]審議会、法廷、訴訟、告訴、物、事：

ゲルマン語起源であり、当初は「審議会」(この意味は古英語期を過ぎても拡張しなかった) と「事柄、関心事」、「無生物」という意味を持っていた。この語はドイツ語 *Ding*「物、事」と同系である。do one's (own) *thing*「自分の好き勝手に行動する」という熟語は、19世紀半ばから記録されているが、ヒッピー文化の期間である1960年代まで広まることはなかった。have a *thing* with (somebody)「(人) と親密な関係を持つ」は、同時代に遡る。

think [古英語][動]考える、思う、思い出す、想像する：

古英語 *thencan* はゲルマン語起源であり、オランダ語とドイツ語 *denken*「考える」と同系である。熟語の *think* twice「熟考する」と *think* nothing of「…を何とも思わない」は、19世紀後半に遡る。*think* again「考え直す」と I should *think* not「そんなことはないでしょう」は、20世紀初頭に現れた。複合語には以下がある：■ **think-tank**[名]「シンクタンク (国家の問題に助言をする研究機関)」は、1950年代に遡る。

thirst [古英語][動]飲みたいと思う、渇望する ;[名]のどの渇き、渇望

古英語の名詞 *thurst* と動詞 *thyrstan* は、ゲルマン語起源であり、オランダ語 *dorst*（名詞）、*dorst*、*dorsten*（動詞）とドイツ語 *Durst*「渇望する」(名詞)、*dürsten*「のどの渇き」(動詞) と同系である。

thong [古英語][名]革ひも、ゴムぞうり、トング (女性用下着)：

古英語の綴りは *thwang* と *thwong* であった。ゲルマン語に由来し、ドイツ語 *Zwang*「衝動」と英語 *twinge*「うずき、苦痛」と同系である。当初は「靴ひも」であった。その後、革の細いひもを指すようになり、最終的に細長いもの全般を指すようになった。これにより、衣服の分野にも適用され、サンダルの一種 (1960年代) や女性用下着の一種 (1990年代) を指すようになった。

thorn [古英語][名](植物の) とげ、【植物】イバラ、苦痛の種：

ゲルマン語起源であり、オランダ語 *doorn* とドイツ語 *Dorn*「とげ」と同系である。a *thorn* in one's side「目の上のこぶ」という成句は、聖書の一節に由来する。(『民数記』35章55節：Those which ye let remain of them, shall be ... thorns in your sides「あなたがたが残しておく者たちは、あなたがたの目のとげとなり、…あなたがたを悩ますようになる」)。次

の例は *thorn* が連続する困難もしくは悲しみの原因を表す比喩的用法である（シェイクスピア『ハムレット』*Hamlet*, I. v. 85-87:Those Thornes that in her bosome lodge「みずからの胸に宿る良心のとげに身をさいなませるがいい」）。

thorough [古英語][前]…を通って；[副]通り抜けて、貫いて、初めから終わりまで；[形]完全な、徹底的な：

古英語 *thuruh* は *thurh*「…を通って」の変形だった。元々の用法は副詞と前置詞であり、これらの意味は through の副詞と前置詞の意味と同じであった。形容詞「徹底的な」は、15世紀後半に遡る。この頃、この語は「何かの中を通って行く・広がる」を意味しており、この意味が後期中英語 *thoroughfare*「街道、通行」（文字通りには「通る道」）の中に残っている。

though [古英語][副]もっとも[接]…だけれども、たとえ…でも：

古英語 *thēah* はゲルマン語起源であり、オランダ語とドイツ語 *doch*「しかし」と同系である。*thēah* は中英語において古ノルド語 *thó, thau* に由来する形に取って代わられた。

thought [古英語][名]考えること、考え、心配、配慮：

ゲルマン語起源であり、古英語 *thōht* はオランダ語 *gedachte* と英語 think と同系である。(on) second *thoughts*「考え直して」という成句は、17世紀半ばに遡る。lost in *thought*「じっと考え込む」は、19世紀初頭に遡る。It's the *thought* that counts「大事なのは思いやりだ」は、1930年代から記録されている。
→ THINK

thrall [古英語][名]奴隷、とりこ、奴隷の身分；[動]…を奴隷にする：

古英語 *thrǣl* は「奴隷」を意味し、おそらく「走る」を意味する語幹から派生した古ノルド語 *thrǣll* に由来する。

thrash [古英語][動]脱穀する、（決定的に）打ち負かす、打ちすえる、；[名]脱穀する道具、打つこと：

thresh「打って脱穀する」の異形である。thresh の意味は、*thrash* の初期用法の意味に反映されている。ゲルマン語の原義はおそらく「足で強く踏みつける」であった。その後、この語は英語において男性もしくは雄牛の足によるトウモロコシの脱穀に適用されるようになった。しかし、脱穀の方法が徐々に変化し、一般的には殻竿によって打つ脱穀になった。これが「叩くこと、打つこと」に拡張し、より一般化された意味になった（穀物の生産という文脈で、thresh「打って脱穀する」の意味が残っている）。
→ THRESH

thread [古英語][名]糸；[動]（針に）糸を通す：

古英語の名詞 *thrǣd* はゲルマン語に由来し、オランダ語 *draad* とドイツ語 *Draht*「針金」、英語の動詞 throw と同系である。動詞用法は後期中英語に遡る。hang by a *thread*「危険に瀕している」という熟語は、16世紀初頭に現れた。このことはダモクレスの剣というギリシアの故事が示している。ダモクレスという廷臣はシラクサ（現在のイタリアのシチリア島南部）の僭主ディオニュシオスのご機嫌とりに熱心だった。ある日、ディオニュシオスは宴の席で、ダモクレスの頭上に一本の毛で剣を吊るした。僭主はこれをもってダモクレスに僭主という地位がどれほど不安定で危険であるかを示した。pick up the *thread*「再び続ける」という別の熟語は、17世紀半ばに始まり、lose the *thread*「話の筋が分からなくなる」は1980年代に現れた。
→ THROW

threat [古英語][名]群衆、抑圧、脅迫：

古英語 *thrēat* は「抑圧」を意味していた。ゲルマン語起源であり、オランダ語 *verdrieten*「深く悲しむ」やドイツ語 *verdriessen*「苛立たせる」と同系である。**threaten**[動]「無理強いする、脅迫する」

（古英語では *thrēatnian*）は *thrēat* に基づく。当初は、特に脅しによって「駆り立てる、誘導する」を意味した。

thresh [古英語]動脱穀する、打つ、たたく：

古英語 *therscan* は後に *threscan* に変化した。ゲルマン語起源の語であり、オランダ語 *dorsen* やドイツ語 *dreschen*「脱穀する」と同系である。複合語に以下がある。

■ **threshold** 名「敷居、戸口、閾値」（古英語では *therscold, threscold*）は、ドイツ語の方言 *Drischaufel* と同系である。この語の第1要素はゲルマン語 *thresh*「踏みつける」と同系である。しかし、第2要素の起源は不詳である。
→ THRASH

thrift [中英語]名繁栄、成功、貯え、儲け、倹約：

当初は、「繁栄、手に入れた富、成功」であった。この語は *thrífa*「つかむ、手に入れる」から派生した古ノルド語に由来する。16世紀半ば、この語は最終的に節約の結果や節約による恩恵よりも、お金の節約や倹約の用法に結びついた。関連する **thrive** 動「繁栄する、成功する」は、肯定的な意味合いを保持している。
→ THRIVE

thrill [中英語]動貫く、興奮させる、震える；名身震い、スリル：

当初は「…に穴を開ける、…を貫通する」という意味の動詞として使われた。この動詞は方言 *thirl*「…に穴を開ける、…を突き通す」の交替形である。「感情の突然の高まりに影響される」という意味は、17世紀初頭に遡る（シェイクスピア『リア王』*King Lear*, IV. ii. 73-74：A servant that he bred, *thrill*'d with remorse, Oppos'd against the act「伯爵がおられた召使いですが、その行為に反して自責の念で震えた」）。*thrilled*「ワクワクした」という口語用法は、20世紀初頭に現れた。

thrive [中英語]動成長・発達する、繁栄する、成功する：

元は「成長する、増える」を意味した。古ノルド語 *thrífa*「つかむ、手に入れる」の再帰動詞である *thrífask* に由来する。「栄える、成功する」という当初の意味には、*thrift* に見られるような倹約との結びつきはなかった。
→ THRIFT

throat [古英語]名のど：

古英語 *throte, throtu* はゲルマン語起源であり、ドイツ語 *Drossel*「のど」と同系である。**throttle** [後期中英語]動名「窒息させる、《方言》のど、スロットル（エンジンの絞り弁）」はおそらく、*throat* に由来する反復動詞（反復する行為を表す動詞）である。16世紀半ばに遡るこの名詞は、おそらく *throat* の指小辞語であるが（これがこの語の初期の意味である）、この語の歴史は明らかでない。燃料の流れを制御するバルブを指す用法は、19世紀初頭に遡る。

throb [後期中英語]動（心臓が）激しく鼓動する、ドキドキする、震動する；名（激しい）動悸：

おそらく拍動運動の擬音語である。

throes [中英語]名陣痛、死の苦しみ、(生み出す) 苦しみ：

当初の語形は単数形 *throwe*「激しいけいれん、発作」であった。この語はおそらく古英語 *thrōwian*「苦しむ」に影響された *thrēa, thrawu*「災難」と同系である。

throne [中英語]名玉座、【神学】座天使：

ギリシア語 *thronos*「高貴な台座」から派生したラテン語を経由してできた古フランス語 *trone* に由来する。

throng [古英語]名群衆、雑踏、圧迫、困窮；動押し込む、殺到する：

古英語 (*ge*)*thrang*「群衆、暴動」は、ゲルマン語起源の語から来ている。中英語における動詞の初期の意味は、「乱暴に押す、押し入る」であった。

through ［古英語］前…を通り抜けて、…によって、…のために　副通り抜けて、すっかり、ずっと：
　古英語 *thurh* は前置詞と副詞として機能していた。ゲルマン語に由来し、オランダ語 *door* やドイツ語 *durch*「…を通り抜けて」と同系である。*thr-* への綴りの変化は1300年頃に現れ、イギリス東部の町カクストンから広まり、標準になった。

throw［古英語］動撚り合わせる、投げる；名投げること、撚り合わせること、カバー（掛け布）：
　古英語 *thrāwan* は「ひねる、回転させる」を意味していた。西ゲルマン語起源であり、オランダ語 *draaien* やドイツ語 *drehen*「回す」と同系である。これらの語はラテン語 *terere*「…をこする、磨く」とギリシア語 *teirein*「…を使い古す」に共通するインド゠ヨーロッパ語の語根に由来する。推進力や急な動きを表す現在の中心的な意味は、中英語に遡る。家具に掛けられた装飾織物としての名詞用法は、19世紀後半に遡る。この用法は元々アメリカ英語であった。

thrust［中英語］動ぐいと押す、突っ込む、刺す、無理に通る；名危機、刺すこと、要旨、趣旨：
　当初の用法は動詞であった。古ノルド語 *thrýsta* に由来し、おそらくラテン語 *trudere*「…を強く押す」と同系である。名詞用法は当初「押す動作」の意味であった（16世紀初頭）。20世紀半ばにアメリカ英語で「要点、主題」を意味するために使われるようになった（the main *thrust* of his argument「彼の議論の主な要旨」）。

thud［後期中英語］動ドンと当たる；名ドン（という音）：
　元々スコットランド語であった。おそらく古英語 *thyddan*「…を強く押す、押す」に由来し、*thoden*「強烈な風」と同系である。名詞は当初、急な突風を意味する語として、後に雷鳴の音を意味する語として記録されている。これが後に、鈍く重い音全般になった。動詞は16世紀初頭に遡る。

thug［19世紀初頭］名殺し屋、凶悪犯、（インドの）盗賊団：
　当初は、インドにおける、被害者を絞め殺すプロの強盗・殺人集団の一員を意味する語として使われた。インドでこの組織は、被害者を絞め殺した。この語はヒンディー語 *thag*「詐欺師、泥棒」から来ており、*thag* はサンスクリット語 *sthagati*「彼が覆う、もしくは、彼が隠す」に基づく。この語はすぐに凶暴な殺し屋を意味する語として一般化した。

thumb［古英語］名親指；動（仕事などを）不器用にやる、親指を使って（楽器を）弾く、（本または他の書面された資料を）通して見る、ヒッチハイクする：
　古英語 *thūma* は西ゲルマン語に由来し、オランダ語 *duim* やドイツ語 *Daumen*「親指」と同系である。これらの語はラテン語 *tumere*「膨れる、膨らませる」に共通するインド゠ヨーロッパ語の語根に由来する。動詞は16世紀後半に遡る。この頃、この語は「親指を使って（楽器を）弾く」という意味を持っていた。**thimble**名「指サック、指ぬき」（古英語では *thȳmel*）は、「指サック」を意味する語として始まる。thimble は thumb に基づく。

thump［16世紀半ば］動ゴツンと打つ、大敗させる；名ゴツンと打つ：
　重い打撃の音を表す擬音語である。

thunder［古英語］名雷；動雷が鳴る：
　古英語 *thunor*（名詞）と *thunrian*（動詞）は、ゲルマン語起源である。オランダ語 *donder* やドイツ語 *Donner*「雷」（ともに名詞）と同系である。これらの語はラテン語 *tonare*「雷が鳴る」に共通するインド゠ヨーロッパ語の語根に由来する。動詞は中英語から怒りを表す語と結びついた。後期中英語において、**thunderer**名「（雷が落ちるように）怒鳴る人、大声を出す人、雄弁家」は、創造主もしくはユピテルやトール（雷神）のような神に

適用された。16世紀後半から、この語は「説得力のある雄弁家」を意味する語であった。19世紀初頭から the Thunderer は、ロンドンの『タイムズ』紙に対するニックネームであった。

thwart ［中英語］副横に、横切って ; 前…を横切って ; 形(人が) 意地の悪い、横切っている ; 動邪魔する、横切る、妨げる ; 名【海事】（ボートなどの）漕ぎ手座：

初期の綴りは thwerte であり、形容詞 thwert「ひねくれた、頑固な、意に沿わない」に由来する。古ノルド語 thverr の中性形 thvert「横断する」が起源である。thverr はラテン語 torquere「ひねる」に共通するインド=ヨーロッパ語の語根に由来する。

tiara ［16世紀半ば］名古代ペルシア人などが用いた冠、【カトリック】ローマ教皇の三重冠、ティアラ（宝石を散りばめた婦人用の冠）：

当初はペルシア王室の頭飾り、特に古代ペルシアの王たちが被ったターバンの一種を指していた。この語はギリシア語に由来し、ラテン語、一部はイタリア語を経由して英語に入ってきた。宝石が散りばめられた頭飾り、もしくはヘッドバンドを意味する語の使用は、18世紀初頭に遡る。

tick ［中英語］名軽く触れること、(時計の) カチカチという音、照合印（✓）; 動軽く触れる、(時計の) カチカチという音がする、チェックする：

ticked every box of the questionnaire「アンケートのすべての欄にチェックマークをつけた」の *tick* は当初、「軽く叩く、…に触れる」を意味する動詞として使われた。この語はおそらくゲルマン語起源であり、オランダ語の名詞 *tik* や動詞 *tikken*「軽く叩く、触れる」と同系である。名詞は「軽く叩くこと」の意味として、後期中英語から記録されている。現在の意味（時計のカチカチという音）は、17世紀後半に遡る。

ticket ［16世紀初頭］名覚え書き、資格証書、貼紙、切符、名刺、【政治】公認候補者名簿：

当初は「書かれたメモ」と「免許、許可証」という一般的な意味で使われていた（古フランス語に由来する廃れたフランス語 *étiquet* の頭音消失）。起源は中オランダ語 *steken* に由来する古フランス語 *estiquier*「固定する」である。支払いを先延ばしにする文脈における on *tick*「つけで」（17世紀半ば）という表現は、おそらく on the *ticket*「借用書もしくは支払約束（の候補者）として」に由来する。
→ ETIQUETTE

tickle ［中英語］動うれしくて興奮する、喜ばせる、軽く触る、くすぐる ; 名くすぐり、(人を) 満足させる・喜ばせること：

当初の意味は「喜んでいる、興奮している」であった。おそらく tick の反復動詞（反復する行為を表す動詞）、もしくはスコットランド語と方言 *kittle*「くすぐる」の変形である。「楽しませる」の意味は、後期中英語に遡る。
→ TICK

tiddly ［19世紀半ば］名《俗語》酒 ; 形．ほろ酔い気分の：

当初は、この語はアルコール飲料、特に蒸留酒に対する名詞であった。起源はおそらく、無認可のパブに対する俗語 *tiddlywink*「小さな酒場、潜り酒場」である。現在の意味である「ほろ酔いの」は、20世紀初頭に遡る。

tide ［古英語］名時、潮時、潮 ; 動潮のように流れる：

古英語 *tīd* は「時間、期間、時代（例：*Eastertide*「復活節」）であった。ゲルマン語起源であり、オランダ語 *tijd* とドイツ語 *Zeit*「時」、英語 *time*「時間」と同系である。海との関連におけるこの語の使用は、後期中英語に遡る。
→ TIME

tidings ［後期古英語］名便り、消息：

後期古英語 *tīdung* は「知らせ、消息」を

意味した。おそらく、古ノルド語 *títhr*「起こっている」から派生した *títhindi*「出来事の知らせ」に由来する。

tidy ［中英語］形《方言》器量良しの、健康な、折よい、すばらしい、さっぱりした、こぎれいな：

名詞 tide に基づく。原義は「タイムリーな、好都合の」であった。その後、評価の認定に関連する様々な意味、通常は「魅力のある」、「健康な」、「熟練した」など人の評価に関連する意味を持つようになった。「秩序のある、整った」の意味は、18世紀初頭に遡る。**titivate**動「めかしこむ、着飾る」はおそらく *tidy* に基づき、19世紀初頭に tidivate とも綴られた。

tie ［古英語］動結ぶ；名結び（目）、絆、（競技・試合などの）同点、ネクタイ：

古英語の動詞 *tīgan*、名詞 *tēah* はともにゲルマン語起源である。「ネクタイ」を表す名詞の用法は18世紀半ばに遡る。

tier ［15世紀後半］名列、段：

フランス語 *tirer*「長くする、引く」から派生した *tire*「並び、順序」に由来する。

tight ［中英語］形密集した、（きめが）密な、漏れない、堅い、ぴんと張った、有能な、こぎれいな、窮屈な、けちな：

当初は「健康な、活発な」という意味であった。後に、「堅い、頑丈な」を意味するようになった。この語はおそらく、「堅い、頑丈な」を、後に「ギュウギュウに詰まった、密集した」を意味するようになった thight の変形である。この語はゲルマン語起源であり、ドイツ語 *dicht*「密集した、近い」と同系である。「けちな」（*tight* with his money「自分の金をけちけち使う」）という口語的な意味は、19世紀初頭に遡る。

tile ［古英語］名（化粧）タイル、瓦、《俗語》シルクハット；動タイルでふく：

古英語 *tigele* は「覆う」を意味するインド=ヨーロッパ語の語根から派生したラテン語 *tegula* に由来する。19世紀初頭から、この語は「帽子」を意味する俗語として使われた。

till¹ ［古英語］前…へ、（時間的に）…まで；接…する時まで：

古英語 *til*「…まで」はゲルマン語起源であり、古ノルド語 *til*「…へ」、最終的には農業の文脈における *till*「耕す」にも関連する。
→ TILL³

till² ［後期中英語］名（より大きな箱の中の）小箱、現金箱：

商取引で使われる現金の登録に関連する *till* は最初、「引き出し、貴重品の入れるスペース」という一般的な意味で使われた。語源は不詳である。

till³ ［古英語］動努力する、求める、獲得する、耕作する：

古英語 *tillan* は「奮闘する、努力で手に入れる」を意味した。*tillan* はゲルマン語起源であり、オランダ語 *telen*「生産する、耕す」とドイツ語 *zielen*「…を狙う、努める」、最終的には「…まで」を意味する *till* とも同系である。農業用語としての現在の意味は、中英語に遡る。
→ TILL¹

tiller ［後期中英語］名（石弓の）台座、【海事】舵柄（舵を操作するレバー）：

この海事用語はアングロノルマンフランス語 *telier*「織工の横木、石弓の台座」に由来する。*telier* はラテン語 *tela*「クモの巣」から派生した中世ラテン語 *telarium* に由来する。

tilt ［後期中英語］動ひっくり返す、上下に動かす、傾ける、馬上槍試合をする；名馬上槍試合の場所、馬上槍試合、傾き、試合、論争：

当初は、「落ちる、落とす、倒す」を意味した。この語は古英語 *tealt*「不安的な」と同系であるかもしれない。もしくは、スカンジナビア語起源であり、ノルウェー語 *tylten*「不安定な」とスウェーデン語 *tulta*「倒す」と同系であるかもし

timber ［古英語］名建物、立木、材木、梁、対格、人柄：
当初は「建物」や「建築材料」を指していた。ゲルマン語起源であり、ドイツ語 *Zimmer*「部屋」と同系で、「建てる」を意味するインド゠ヨーロッパ語の語根に由来する。

time ［古英語］名時間、時、時刻、時代、…回、時間、…倍 ;動(…のために) 時刻を定める、拍子を合わせる、時間を計る：
古英語 *tīma* はゲルマン語に由来し、*tide* と同系である。*tīma* は時間の意味において *tide* に取って代わり、海の運きを指す *tide* が残った。現在の動詞用法の意味の最も早いもの (後期中英語に遡る) は、「特定の時点に (何かを) する」である。→ TIDE

timid ［16世紀半ば］形臆病な、内気な：
ラテン語 *timere*「恐れる」から派生した *timidus* に由来する。**timorous** ［後期中英語］形「恐怖を感じる、臆病な」の由来も同様である (timorousはラテン語 *timor*「恐れ、心配」から派生した中世ラテン語 *timorosus* を経由してできた古フランス語 *temoreus* に由来する)。

tin ［古英語］名錫す、錫製容器、缶詰 ;動錫で覆う、缶詰にする：
ゲルマン語に由来し、オランダ語 *tin* やドイツ語 *Zinn*「錫」と同系である。鮮度を保つために密封した食べ物もしくは飲み物の容器に対する語の使用は、18世紀後期に遡る。

tincture ［後期中英語］名チンキ剤：
かつて染料もしくは顔料を指していた。ラテン語 *tingere*「染めるもしくは色をつける」から派生した *tinctura*「染色、染め物」に由来する。*tincture* of irony in her voice「彼女の声に皮肉じみたものがある」のような「少々…なところ・特徴」という意味は、「与えられた性質」という廃れた意味に由来する。これが染料によってつけられた色合いに関連するようになった。この語の薬剤的な用法は17世紀後半に始まった。

tinder ［古英語］名火口ほ、燃えやすい物：
古英語 *tynder, tyndre* はゲルマン語起源であり、オランダ語 *tonder* やドイツ語 *Zunder*「火口」と同系である。

tinge ［15世紀後半］動…に…の色合いをつける ;名色合い、(…) じみたところ、気味：
ラテン語 *tingere*「浸す、色づける」に由来する。名詞は18世紀半ばに遡り、その後すぐに「(ある性質の) 形跡」という比喩的な意味 (*tinge* of sadness「一抹の悲しさ」) が発達した。

tingle ［後期中英語］動耳鳴りがする、チリンチリン鳴る、きりきり・ずきずき痛む：
おそらく *tinkle* の異形である。原義は「騒音に応じるベルの音」であった可能性がある。しかし、この語はかなり初期に、刺すような感覚を残す不快なものを聞いた結果に適用されるようになった。

tinker ［中英語］名(通例回って歩く) 鋳掛け屋、ジプシー、旅商人：
当初、名字として英国の中世ラテン語で記録された。由来は不詳である。

tinkle ［後期中英語］動耳鳴りがする、リンリンと鳴る：
「チリンチリンと鳴る」という意味は、当初から含まれていた。この語は擬音語由来で、すでに廃れた *tink*「(硬貨などの) チャリンという音もしくは (金属・ガラスなどの接触による) チリンという音」の反復動詞 (反復する動作を表す動詞) である。

tinsel ［後期中英語］名ピカピカ光る金属の糸、金銀系の織物、(クリスマスツリーの飾りに使う) ティンセル、安ぴか物：
元は、金属製もしくはぴかぴか光る糸が

編み込まれた織物であった。ラテン語 *scintilla*「火花」に基づく古フランス語 *estincele*「火花」もしくは *estinceler*「きらめく」に由来する。クリスマスツリーの装飾のような「金属製の糸」を意味する用法は16世紀後半に遡る。「華やかさ、魅力」のような比喩的な概念は、Tinseltown「金ピカの町（ハリウッドの愛称）」(1970年代) という用語において用いられ、ハリウッド映画とその魅力にまで拡張された。

tint [18世紀初頭][名]色合い；[動]…に色合いをつける：

ラテン語 *tinctus*「染色」に由来する廃語 *tinct*「…に色をつける、…に色合いをつける」の変形（おそらくイタリア語 *tinta* による影響）である。元の動詞はラテン語 *tingere*「…に染める、…に色をつける」である。
→ TINGE

tiny [16世紀後半][形]とても小さい；[名]ごくわずかの量、赤ちゃん：

廃語 *tine*「小さい、ちっぽけな」の拡張であり、語源は不詳である。**teeny** [19世紀初頭][形]「ちっちゃな」は *tiny* の異形であり、**teensy**[形]「ごく小さい」(19世紀の語で、元々はアメリカ英語の方言) は、おそらく teeny の拡張である。

tip[1] [後期中英語][名]先端；[動]…に先をつける：

「先端」を意味する *tip* は、古ノルド語の名詞 *typpi* とその動詞 *typpa, typptr*「…を先端につけた」に由来する。top と同系である。
→ TOP

tip[2] [後期中英語][動]ひっくり返す、傾ける、かしげて中味をあける；[名]傾き：

「傾く、ひっくり返る」を意味する *tip* は、おそらくスカンジナビア語起源であり、その後「頂点もしくは先端が触れる」という意味の動詞 *tip* に影響された。現在の名詞の意味は19世紀半ばに遡る。「転倒」の意味は、16世紀後半に **tipsy**[形]「ほ

ろ酔いの」という語へ転移された。

tip[3] [17世紀初頭][動]手渡す・与える、《口語》チップをやる；[名]チップ、心付け、ヒント、助言：

例えば、レストランもしくはホテルにおける報酬という用法における *tip* は、元々「与える、手渡す、渡す」を意味していた。おそらく「頂点」を意味する *tip* に由来する。
→ TIP[1]

tipple [15世紀後半][動]（アルコール飲料を）小売りする、酒を飲みすぎる：

元は「（アルコール飲料を）小売りする」であった。後期中英語 *tippler*「酒類の小売業者」からの逆成（接尾辞の除去）であり、由来は不詳である。おそらくノルウェー語の方言 *tipla*「ゆっくり滴らせる」と同系である。

tire [古英語][動]尽きる、疲れる、疲れさせる、飽きる・飽きさせる：

古英語 *tēorian* は「機能しなくなる、終わる」や「身体的に消耗する」を意味していた。由来は不明である。

tissue [後期中英語][名]上等の帯、金銀紗（きんぎんしゃ）、薄い組織、薄葉紙（うすようし）、ティッシュペーパー、【生物】組織：

ラテン語 *texere*「織る」から派生した古フランス語 *tistre* の過去分詞 *tissu*「織られた」に由来する。この語は元々、高価な生地、つまり、たいていは金もしくは銀の糸で織り込んだ生地を指していた。16世紀半ばの後半には、織物全般を指すようになり、これが「織り混ぜ」(*tissue of lies*「嘘八百」) の意味になった。

titbit [17世紀半ば][名]うまいものの一口、（ニュース・情報などの）一片、断片、触り：

当初の綴りは *tyd bit, tid-bit* であった。この語は起源が不詳の方言 *tid*「優しい」に基づく。

titillate [17世紀初頭][動]快く刺激する、

くすぐる：
ラテン語 titillare「くすぐる」に由来する。

title [古英語] 名 【法律】権利証書、説明文、銘（文）、（正当な）権利、表題、【教会】聖職資格、肩書：

古英語 titul は古フランス語 title によって現在の綴りに改められた。両語ともラテン語 titulus「銘、題名」に由来する。この語は元々、ある物に情報を付与するためにつけられた名札もしくは題辞を指していた。それが、本もしくは本以外の作品における説明の見出しとしての title になった。titular [16世紀後半] 形 は、「名義上の、肩書の」という意味を持っていた。この語はフランス語 titulaire もしくは近代ラテン語 titulus から派生した titularis に由来する。

to [古英語] 前 …の方に・へ、…するために、…にとって、…に至るまで、…まで、…と比べて；副 ある場所へ、閉じた状態へ、活動を始めて：

古英語 tō は副詞と前置詞の両方として機能していた。西ゲルマン語起源であり、オランダ語 toe やドイツ語 zu「…の方に・へ」と同系である。to の複合語としては、**toward** 前（古英語では tōweard）と **towards** 前（古英語では tōweardes）がある。

toad [古英語] 名 ヒキガエル、嫌なやつ・もの：

古英語 tādde, tāda は由来不詳の語 tādige の省略である。**toady** 名「おべっか使い、ゴマすり」は19世紀初頭に遡り、toad-eater「ヒキガエルを食べた偽医者の助手」の縮約形であると言われている。これは次のできごとに由来する。当時、ヒキガエルは毒があるとされており、それを食べた助手の奇跡的な生存は偽医者の治療の効果によるものだと思われていた。複合語に以下がある。
■ **toadstool** [後期中英語] 名「キノコ、（傘がある）毒キノコ」は、空想に基づいた名前である。これは腰かけのような丸いキノコの傘に座っているヒキガエルのイメージに由来する。

toast [後期中英語] 動 焦がす、（パンなどを）きつね色に焼く、（…の健康を）祝して乾杯をする；（パンの）トースト、祝杯・乾杯：

当初は「太陽のように焼く、あぶる」という意味の動詞として使われた。ラテン語 torrere「あぶる」から派生した古フランス語 toster「あぶり焼きにする」に由来する。乾杯という意味は、17世紀後半に遡る。これは次のできごとに由来する。当時、宴会で女性を指名する際に、同伴者はその女性の健康を祝して飲むよう頼まれた。これは、ワインのような飲み物の中に以前入っていたスパイスの効いたトーストのかけらのように、女性の名前は飲み物に風味をつけるという考えに基づいている。

tobacco [16世紀半ば] 名 【植物】たばこ、たばこ（の葉）：

スペイン語 tabaco に由来する。たばこ用のパイプを指すカリブ語の単語もしくは、原始的な葉巻を指すタイノ語の単語に由来すると言われている。この他に、アラビア語起源も考えられる。

toboggan [19世紀初頭] 名 トボガン（小型のそり）：

この語の由来は、ミクマク語 topaĝan「そり」から派生したカナダフランス語 tabaganne である。

today [古英語] 副 今日、当今；名 今日、当世：

古英語 tō dæg は「その・この日に」を意味していた。**tonight** (tō niht「その・この夜に」) は同じ時期に遡る。**tomorrow** 名 は中英語であり、当時は2語として書かれていた (to morewe)。

toddle [16世紀後半] 動 …と戯れる、ちょこちょこ歩く：

当初の綴りは todle であった。todle はスコットランド語および北部英語の語であり、由来ははっきりとしていない。

toddy [17世紀初頭]㊁(クジャクヤシの樹液を発酵させた)ヤシ酒、トディ(ウイスキー・ブランデー・ラムに水・湯・砂糖・シナモン・レモンなどを加えたもの):

サンスクリット語 *tādī*「パルミラヤシ」から派生したマラーティー語 *tādī* とヒンディー語 *tāṛī* に由来する。元々、パルミラヤシや他のヤシから採取する樹液を指していた。その樹液は熱帯諸国で飲み物(しばしば発酵したアルコールの形で)として利用されていた。18世紀後半からは、湯と砂糖を混ぜ合わせたウイスキーのような酒を指すようになった。

toe [古英語]㊁足指、つま先;㊂(靴・靴下などに)つま先をつける、つま先で触れる:

古英語 *tā* はゲルマン語起源であり、オランダ語 *tee* やドイツ語 *Zeh, Zehe*「つま先」と同系である。現在の動詞の意味は、19世紀半ばに遡る。陸上競技の類推に由来する *toe* the line「規則に従う、スタートラインに手・足を置く」という熟語は、19世紀初頭から始まった。次のような軽蔑の言葉がある。

■ **toerag** [19世紀半ば]㊁「乞食、路上生活者」は元々、靴下のような脚を覆うぼろ切れを指していた。やがて意味が拡張して、そのぼろ切れを身につける人、例えば、路上生活者を指すようになった。

toff [19世紀半ば]㊁しゃれ者、好漢、快男子:

おそらく tuft「房、茂み、やぶ」の変形である。この語は(特別自費学生という)肩書きのあるオックスフォードやケンブリッジの学部生に着用される帽子についている金のタッセル(房飾り)に対して使われた。
→ TUFT

toffee [19世紀初期]㊁タフィー(キャラメルやキャンディーなどを煮詰めたあめ菓子):

元は、方言の語であったと思われる。現在もアメリカ英語の用法において保持されている19世紀初頭の語 taffy「タフィー(砂糖とバター、牛乳を使って作った柔らかめのお菓子)」の変形である。当初の綴りには *tuffy* と *toughie* があり、これらの綴りはこの菓子の固さ(tough)によってインスピレーションを受けたと思われる。

tog [18世紀初頭]㊂服を着せる;㊁《俗語》外衣、毛布・キルトの断熱・熱抵抗特性を示す単位:

「当初はコートつまり外衣(上に着る服)に対する俗語として使われていた。この語は廃語の犯罪関連の俗語 *togeman*(s)「軽いコート」の省略であると思われる。*togeman*(s) はフランス語 *toge* もしくはラテン語 *toga* に由来する。熱抵抗の単位(例:12 *tog* duvet rating「12トグの羽毛布団の評価」)としての *tog* は、1940年代に遡る。*tog* は clo (clothes の初期の要素)と呼ばれる初期の単位を参考にして提案された。

together [古英語]㊄一緒に(なるように)、同時に、ともに、連れ立って、連続して、協力して;㊆落ち着いた:

古英語 *tōgædere* は前置詞 to と gather と同系の西ゲルマン語に基づく。形容詞は1960年代に遡る。
→ GATHER

toggle [18世紀半ば]㊁トグル(衣服の合わせ目を留める棒状の木製などのボタン):

元は船舶分野で使用され、縄の環を通して定位置に固定するための短いピンを意味する語であった。由来は不詳だが、おそらく tangle「絡まる」と関連がある。革ひももしくは衣類の留め具(締め具)への一般化は、19世紀後半に遡る。1980年代以来、継続している出来事の切り替えを意味するコンピュータ用語として使われている。この切り替えの概念は、トグルの90度の回転の1つである。

toil [中英語][動]訴訟事件で争う、骨を折って働く、…に骨を折って働かせる；[名]論争、骨折り（仕事）：

当初の意味は「口で争う」、名詞としては「争い」であった。この語はラテン語 *tudiculare*「かき混ぜる」から派生したアングロノルマンフランス語 *toiler*「競う、議論する」と *toil*「混乱」に由来する。起源はラテン語 *tudicula*「オリーブを押しつぶす機械」であり、*tundere*「押しつぶす」と同系である。

toilet [16世紀半ば][名]衣服を包むもの・袋、化粧道具・用品、化粧、化粧台掛け、化粧台、化粧室、御手洗い、トイレ：

フランス語 *toile* の指小辞語である *toilette*「衣類、包む物」に由来する。元は衣類用の包む物を意味する語であった。17世紀に化粧台のカバーや着付けに使われる物、身支度の過程、やがて身体を洗う過程を指すようになった。19世紀に、この語は試着室も指すようになり、アメリカでは、洗面設備を備えた部屋を指すようになった。これが20世紀初頭に「洗面所、手洗い場」を意味する語の使用につながった。

token [古英語][名]しるし、形見、トークン：

古英語 *tāc(e)n* はゲルマン語起源であり、オランダ語 *teken* とドイツ語 *Zeichen*「しるし」、英語 *teach* と同系である。初期用法では「象徴、しるし」という意味であった。16世紀後半からは、貨幣の形をした金属片を指すようになった。当時は、エリザベス1世の統治期間から1813年まで小額硬貨の不足が起こり、商人が商品もしくは現金と交換するための代用硬貨を発行した。「引換券」(book *token*「図書券」)を意味する語の使用は20世紀初頭に遡る。

→ TEACH

tolerance [後期中英語][名]耐えること、寛大：

ラテン語 *tolerare*「耐える、持ちこたえる」は次の語の起源である。*tolerance*（ラテン語 *tolerantia* から派生し古フランス語を経由して英語に入ってきた）は元々、困難を耐える動作もしくは苦痛や困難を耐える能力であった。**tolerable**[形]「耐えられる、かなり良い」は、*tolerance* と同じ時期に遡り、ラテン語 *tolerabilis* が古フランス語を経由して英語に入ってきた。**toleration**[名]「認可、耐えること、堪忍、異教の認容」(ラテン語 *toleratio(n-)* から派生したフランス語 *tolération* に由来)は当初、権力による許容・容認を指していた。**tolerate**[動]「大目に見る、耐える」(16世紀初頭は「(苦痛に)耐える」の意味)は、*tolerare* の過去分詞の語幹に由来する。**tolerant**[18世紀後半][形]「寛大な」は、ラテン語 *tolerare* から派生したフランス語 *tolérer* の現在分詞の語幹 *tolérant* に由来する。

toll¹ [古英語][名]使用料金、犠牲：

toll gate「料金徴収所」の *toll* は、元は、料金や税金、もしくは義務であった。ギリシア語 *telos*「税金」に由来する *telōnion*「料金徴収所」から派生した中世ラテン語 *toloneum* に由来する。*toloneum* は後期ラテン語 *teloneum* の変形である。「数」(death *toll*「死亡者数」)を意味する語の使用は、19世紀後半に現れた。これは人命に対して料金を支払う、つまり、(敵もしくは死を)称えるという考えに由来する。

toll² [後期中英語][動](鐘などを長い間をおいて)鳴らす、(鐘などが)鳴る：

鐘を鳴らすことに関する *toll* は、おそらく方言 *toll*「引っ張る、引く」の特別な用法である。

tomb [中英語][名]墓、墓標：

ギリシア語 *tumbos* から派生した後期ラテン語 *tumba* を経由してできた古フランス語 *tombe* に由来する。

tome [16世紀初頭][名](大著の)1冊、大冊：

元は大著の1冊を意味する語であった。ギリシア語 *tomos*「節、パピルスの1巻、冊」から派生したラテン語を経由してで

ton［中英語］名トン（船の大きさ・積載能力の単位）、トン（貨物の重量単位）：

ton は tun の変種であり、両綴りとも容器や重さに対して使われる。この2つの意味は17世紀後半に差別化され、tun は「大樽、1樽の量」の意味に特化した。

tone［中英語］名音調、楽音の高低、大全音、口調、思考形式、正常な緊張状態、【音声】声調、色調；動抑揚をつける、特定の調子で言う、…に調子をつける、…の色調を変える：

ギリシア語 tonos「張力、調子」から派生したラテン語を経由してできた古フランス語 ton に由来する。ギリシア語 tein-ein「伸ばす」が起源である。主な意味として次のものがある。「質の観点から考えられた音」(sweet tone of the instrument「楽器の甘い調べ」)、「体内組織における堅さの度合い」(improved muscle tone「改善した筋緊張」)、「明暗の度合い」(darker tone「原色調」)。tone のギリシア語起源は、tonic［17世紀半ば］形「強直性の、力を増す、主音の、強壮剤」(ギリシア語 tonikos「伸張の」から派生したフランス語 tonique に由来) とも共通している。tonic の字義的な意味「緊張を生むこと」は次のような文脈における名詞用法に拡張される。nerve tonic「神経強壮薬」(強める薬)、gin and tonic「ジントニック」(この場合の tonic は刺激物)。

tongs［古英語］名（挟む道具の）トング：
古英語での綴りは tang(e)（単数形）であった。「噛む」を意味する語から派生したゲルマン語に由来する。オランダ語 tang やドイツ語 Zange「トング」と同系である。

tongue［古英語］名舌、言語、舌状物・部、【聖書】異言；動叱る、《方言》発音する、べらべらしゃべる、(フルートなどの管楽器を) 舌を使って吹奏する：

古英語 tunge はゲルマン語に由来する。オランダ語 tong とドイツ語 Zunge「舌」、ラテン語 lingua と同系である。当初から、この語は身体の一部と発語に関わる器官を指していた。hold one's tongue「口をつぐむ (黙っている)」という熟語も初期の用例に見られる。音楽の文脈における動詞 tongue「舌を使って吹奏する」は、1930年代に遡る。

too［古英語］副そのうえ、また、(形容詞・副詞に先立って) あまりに、《口語》ひじょうに：

この語は to の強勢形である。16世紀から too と綴られるようになった。

tool［古英語］名道具、剣、(他人の) 手先、お先棒；動 (革などを) 道具で細工する、(車を) 走行する、製本機で本を装飾する：

古英語 tōl は「準備する」を意味するゲルマン語起源である。「道具で形作る」を意味する動詞は、19世紀初頭に遡る。装飾デザインが本に施される製本分野における動詞用法は、19世紀後半に遡る。

tooth［古英語］名歯、歯状のもの；動歯が生える、…に歯をつける、噛みつく：

古英語での形は tōth（単数）と tēth（複数）であった。ゲルマン語起源であり、オランダ語 tand とドイツ語 Zahn「歯」と同系である。古英語 tōth はラテン語 dent-、ギリシア語 odont- に共通するインド＝ヨーロッパ語の語根に由来する。teethe 動「歯が生える」は後期中英語であり、teeth に基づく。

top［後期古英語］名頂上、表面、最高位、最高度；動勝る：

球形の回転する子供のおもちゃ (こま) の top は、後期古英語に遡るが、由来は不詳である。top shelf「一番上の棚」、top executive「トップ管理職」の top は、ゲルマン語起源 (後期古英語では topp と綴られた) であり、オランダ語 top「頂上、頂点」と同系である。主な意味として次のものがある。「頂上、房」(現在は

廃れたか、もしくは方言)、「最上部」(top of the hill「丘の頂上」)、「覆い」(gold top milk「金の蓋の牛乳〈英国の牛乳のブランド名〉」)、「時間の最初の位置」(top of the morning「朝一番」)。複合語に以下がある：

■ **topsy-turvy** [16世紀初頭]形「逆さま(の)、めちゃくちゃ(な)」は、単調な音の繰り返しであり、おそらく top と現在は廃れた terve「ひっくり返る、転覆する」に基づく。

topiary [16世紀後半]形(庭木が)装飾的に刈り込んだ；名装飾刈り込み法(の庭園)：

ラテン語 topia opera「装飾的な園芸」から派生した topiarius「装飾園芸家」を経由してできたフランス語 topiaire に由来する。ギリシア語 topos「場所」の指小辞語が起源である。

topic [15世紀後半]名話題：

元は、一般法則もしくは概論を意味する語であった。ギリシア語 topos「場所」から派生した ta topika (文字通りには)「平凡な事柄に関する諸問題」(アリストテレスの著作の題名)を経由してできたラテン語 topica に由来する。**topical** [16世紀後半]形「総論的な、話題の、時事的な」は、ギリシア語 topikos に基づく。初期用法は論理と修辞学の用語(大体論)としてであった。

topple [16世紀半ば]動転がる、倒れる、倒す、倒れそうに前に傾く：

当初の意味は「倒れる」であった。これは top の反復動詞(反復する行為を表す動詞)である。
→ TOP

torch [中英語]名たいまつ、トーチ；動たいまつで火を点ける、《俗語》放火する：

ラテン語 torquere「より合わせる、ねじる」から派生した torqua (torques「首飾り、花輪」の異形)に由来し、古フランス語を経由して英語に入ってきた。現在の動詞の意味「放火する」は元々アメリカの俗語であり、1930年代に遡る。

torment [中英語]名激しい嵐、苦痛、拷問(台)、苦労の種；動拷問にかける、苦しめる：

当初は「拷問の苦しみ」を意味する名詞(古フランス語 torment に由来)と「拷問にかける」を意味する動詞(古フランス語 tormenter に由来)の両方として使われていた。ラテン語 torquere「ねじる」から派生した tormentum「拷問の道具」が起源である。

tornado [16世紀半ば]名大西洋熱帯の激しい雷雨、トルネード(大竜巻)：

当初は、大西洋熱帯の激しい雷雨を指すために使われていた。この語はおそらくスペイン語 tronada「雷雨」(tronar「雷が鳴る」に由来)がスペイン語 tornar「回転する」からの連想によって変形した。

torpedo [16世紀初頭]名シビレエイ、魚雷：

「堅さ、無感覚」という字義的な意味を持つラテン語の単語を使用したものである。拡張によって「シビレエイ(魚)」(無感覚を引き起こす電気ショックを与える)の意味になった。ラテン語 torpere「無感覚である、反応が鈍い」に由来する。軍事用語としての torpedo は18世紀後半に遡り、最初は水中での時限爆弾を指していた。

torrent [16世紀後半]名急流、(感情などの)ほとばしり：

ラテン語 torrere「干上がらせる、焦がす、泡立つ」が起源である (torrent がイタリア語 torrente になり、フランス語を経由して英語に入ってきた)。同時期の語 **torrid** 形「乾き切った、熱烈な」も torrere に由来する。torrent が沸騰の連想から「沸き立ってあふれる」の意味を得たのに対し、torrid は強烈な熱さに注目している。これらは基になったラテン語における意味の両側面である。

torso [18世紀後半]名(人体の)胴、未完

成の作、(頭や手足のない) 彫像:
ラテン語 thyrsus「植物の茎」から派生したイタリア語の単語 (字義的には「茎、幹」を意味する) に由来する。

torture [後期中英語]名苦悶、拷問、拷問台;動拷問にかける、ひどく苦しめる:
当初は「歪み、ねじること」という意味を持っていた。また、この語はねじることによって特徴づけられる身体の不調を指していた。この語はラテン語 torquere「ねじる」から派生したラテン語 tortura「ねじること、苦痛」に由来し、フランス語を経て英語に入った。同時期に現れた語 tortuous 形「曲がりくねった、ひねくれた」と共通の起源を持つ。この語はラテン語 tortus「ねじること、ねじれ」から派生したラテン語 tortuosus に由来し、フランス語を経て英語に入った。

Tory [17世紀半ば]名トーリー党員:
おそらくアイルランド語 tóir「追いかける」から派生した toraidhe「無法者、追いはぎ」に由来する。この語はイギリス人入植者たちによって立ち退きや生きるために強盗を強いられたアイルランドの農民によって使われた。さらには別の略奪者、特にスコットランド高地の現地人に対しても使われた。その後、カトリック信徒であるヨーク公ジェームズの即位に反対する者たちに対する口汚いあだ名としても1679年頃に適用された。後に彼が英国王ジェームズ2世になった1830年代に保守党が現れるまで、この語は確立された宗教的、政治的秩序を支持するイングランド、つまり、後の英国議会の党 (トーリー党) のメンバーの名前として残っていた。

toss [16世紀初頭]動放り投げる、動揺させる、何度もひっくり返す、(本などの) ページをめくる、揺れる、ぽいと投げる:
1500年以降に使われるようになった。そして1550年までには、現在のほとんどすべての意味が見られるようになった。由来は不詳で、唯一同じ語源の語はノルウェー語およびスウェーデン語の方言 tossa「ばらまく、まき散らす」であると思われる。何かを決めるためにコインを投げ上げる際に使われる複合語 toss-up「コイン投げ」は、18世紀初頭に遡る。結果に関する疑いを表す比喩的用法 (It's a toss-up whether he'll come「彼が来るかどうかは、五分五分だ」) は、この約100年後に現れた。

tot[1] [18世紀初頭]名小さい子供、《方言》小さいグラス、少し、特に酒の一口:
とても小さい子を意味するこの語は由来が不詳であり、元は方言であった。1725年に初めて記録された。Tommel-tot「(童話の) 親指トム」はデンマーク語で記録され、Tottr は小人のような人物に対するアイスランド語のあだ名である。しかし、この英単語との関連は明らかにされていない。

tot[2] [18世紀半ば]名加算;動加える:
totted up all the winnings「すべての賞金を加算する」の tot は、古形 tot「加算された一連の数字」に由来する。total もしくはラテン語 totum「全部」の省略である。

tot[3] [19世紀後半]動ごみから売り物になる商品を取り出す:
「ごみから売り物になる商品を取り出す」を意味する tot は、由来が不詳の俗語 tot「骨」に由来する。おそらく tat「安っぽいもの、くだらぬもの」と同系である。

total[後期中英語]形全体の、完全な;名全体;動合計で・総計して…になる、《米俗》(自動車などが) 全壊・全損する:
ラテン語 totum「全部」(ラテン語 totus「すべてを含んだ、全体の」の中性形) から派生した中世ラテン語 totalis に由来し、古フランス語を経由して英語に入ってきた。動詞は当初「計算が合う」の意味で使われ、これは16世紀後半に遡る。「修理がきかないほどの損傷を与える」(totalled his car in the colliston「衝突で彼の車を全壊にした」) の意味は、19世紀後半に獲得した。

tote¹ ［19世紀後半］[名]賭け率表示・計算装置：

賭け事の用法における tote は、totalizator「賭け率表示装置」の省略形である。この装置は、最終ステージの勝者に賭ける人の合計を容易にする。

tote² ［17世紀後半］[動]（かかえたり背負ったりして）運ぶ：

tote bag「トートバッグ」や hoodlums toting revolvers「チンピラが持っている拳銃」のような表現における tote は、おそらく元は方言である。この語は元はアメリカ英語である。

totter ［中英語］[動]揺れる、ためらう、ぐらつく、よろめき歩く：

中オランダ語 touteren「前後に揺れる」（この英語の原義）に由来する。「よろめく、ふらつく」という意味は17世紀初頭に遡る。

touch ［中英語］[動]触れる、匹敵する、感動させる、手をつける；[名]触れること、手ざわり、一筆、手法、わずか：

古フランス語 tochier に由来し、おそらくロマンス語の擬音語が起源である。名詞は元々古フランス語 touche に由来し、（いくつかの名詞の意味は）後に動詞から直接派生した。感情的意味は、物理的意味と並行して当初から存在した。次のような熟語がある。touched in the head「頭がおかしい」は、18世紀初頭の用法に由来する。in touch with「…と連絡を取って」は、19世紀半ばに遡る。lose one's touch「下手になる」は、1920年代から記録されている。soft touch「だまされやすい人、カモ」は、1940年代に遡る。

touchy ［17世紀初頭］[形]怒りっぽい、（問題などが）扱いにくい、（薬品などが）点火しやすい：

おそらく、touchによって影響を受けた tetchy の変形である。
→ TETCHY

tough ［古英語］[形]難しい、困難な、頑丈な、厳格な、扱いにくい、堅い：

古英語 tōh はオランダ語 taai やドイツ語 zäh「困難な」と同系である。「つらい」の意味は17世紀初頭から記録されている。tough it out「耐え抜く」という熟語は、19世紀初頭に記録されている。tough as old boots「頑丈な」という熟語は、これよりも少し後に現れた。

toupee ［18世紀初頭］[名]しゃれ男、毛の房、（特にかつらの頂上の）飾り毛：

当初、この語は巻き毛もしくは人工の毛の房であった。古フランス語 toup「房」に由来するフランス語 toupet「髪の毛の房」の変形である。ゲルマン語起源であり、top と語源が同じである。
→ TOP

tour ［中英語］[名]交代、回転、旅行；[動]（ある場所を車などで）旋回する、旅行する、（劇などの）巡回公演をする：

当初は「回転」もしくは「ひと仕事」を意味する語であった（tour of duty「服務期間」）。この語はギリシア語 tornos「旋盤」から派生したラテン語を経由してできた古フランス語「回転」に由来する。いくつかの場所を訪問するという考えは、17世紀半ばから tour の意味として関連づけられた。

tournament ［中英語］[名]（中世騎士の）馬上武術試合、トーナメント（勝ち抜き式の選手権争奪戦）：

古フランス語 torneier「馬上武術試合に参加する」が派生した torneiement のアングロノルマンフランス語の異形に由来する。ラテン語 tornus「回転」に基づく **tourney** ［中英語］[名]「馬上武術試合」が起源である。
→ TOUR

tousle ［後期中英語］[動]（髪・衣服などを）乱す、雑に扱う：

当初は「雑に扱う」という意味を持っていた。方言 touse「雑に扱う」の反復動詞（反復する行為を表す動詞）である。ゲルマン語に由来し、ドイツ語 zausen「波

立たせる」と同系である。
→ TUSSLE

tout［中英語］動のぞき見する、《俗語》…の様子を探る、うるさく勧誘する；名《俗語》泥棒の見張り役、客引き：

当初の綴りは tute「のぞき見する」であった。ゲルマン語起源であり、オランダ語 tuit「噴出口、ノズル」と同系である（突き出る、頭を突き出すという考えに由来）。その後、「見張る、のぞき見する」（17世紀後半）や「勧誘する」（18世紀半ば）の意味が現れた。名詞は「泥棒の見張り役」という18世紀後半の俗語の用法が最初に記録されている。

tow［古英語］動引く、（船を）綱で引く；名牽引、引くこと：

古英語 togian はゲルマン語起源であり、「引く、引っ張る」を意味した。tug「強く引く」と同系である。名詞は17世紀初頭に遡る。in tow「牽引されて、後ろに従えて」という表現は、18世紀初頭に遡る。
→ TUG

towel［中英語］名タオル、手ぬぐい：

ゲルマン語起源であり、古フランス語 toaille に由来する。かつては食卓用ナプキンを意味する語として使われた。ボクシングの類推に由来する to throw in the towel「（ボクシングで敗北を認めて）タオルを投げ入れる」という熟語は、20世紀初頭に遡る。

tower［古英語］名塔、砦；動そびえ立つ、鷹などがまっすぐに飛びあがる：

古英語 torr は、中英語期に古フランス語 tour によって綴りを改められた。古フランス語 tour はギリシア語から派生したラテン語 turris に由来する。tower of strength「頼りになる人」という表現は、祈祷書の次の一節に由来する：O Lord ... be unto them a tower of strength「主よ、力の砦をかれらに対し築きたまえ」。頭韻を踏んだ tower and town「人家のある所、町」は、中英語に遡る。

town［古英語］名町、自治町村、都会生活、市・町民：

古英語 tūn は「囲い地、家産、村」であった。ゲルマン語に由来し、オランダ語 tuin「庭」やドイツ語 Zaun「フェンス」と同系である。town and gown「一般の住人と大学関係者」という熟語は、オックスフォードとケンブリッジに関連し、市民社会と学生全体を対比させている。go to town「上京する」という熟語は、1930年代に遡る。**township**名「（行政区の）タウンシップ」は、古英語では tūnscipe「村民」を指していた。

toxic［17世紀半ば］形有毒な、中毒性の：

ラテン語 toxicum「毒」から派生した中世ラテン語 toxicus「毒入りの」に由来する。ラテン語 toxicum は、ギリシア語 toxon「弓矢」から派生したギリシア語の表現 toxikon (pharmakon)「（毒を塗った）矢」に由来する。

toy［後期中英語］名いちゃつき、おどけたしぐさ、くだらない物、おもちゃ；動いちゃつく、おもちゃにする：

語源不詳である。元は、おかしな話もしくは意見を指していたが、後に道化師、いたずら、もしくはつまらない娯楽を指すようになった。動詞用法は16世紀初頭に遡る (toyed with the idea「漠然と考えていた」)。複合語に以下がある：
■ **toyboy**名「（年上の女性と性的関係を持つ）若いツバメ」(1980年代) を意味する口語である。

trace¹［中英語］名（人がたどる）道、（動物の）足跡、痕跡、影響、線、図形；動たどる、（…の輪郭を）描く、…に印をつける、…の跡をたどる：

当初は「誰かもしくは何かが通る道筋」という意味の名詞であった。名詞は古フランス語 trace に由来する。動詞はラテン語 tractus に基づく古フランス語 tracier に由来する。主な意味として次のものがある。「たどる」(trace back)、「マーク、印」(テニスン『芸術の宮殿』Palace of Art：The deep-set windows, stain'd and traced, Would seem slow-flaming

crimson fires From shadow'd grots of arches interlaced「深くはめ込んだ窓に染みと印が付いていた。影からゆっくりと燃え立つ深紅の炎は交わるのだろう」。「トレースする（敷き写す）」(traced the outline)「輪郭をトレースした」。
→ TRACT¹

trace²［中英語］名（馬具の）引き革・綱：
元は（中英語は trays）縄や鎖、荷車用動物を横棒につなげるための革ひもなどに対する総称であった。古フランス語 trait の複数形 trais に由来する。
→ TRAIT

track［15世紀後半］名（車などの）通った跡、進路、軌道；動追跡する：
当初の意味は「跡、取り残された印」であった。名詞はおそらく低地ドイツ語もしくはオランダ語 trek「牽引、引くこと」から派生した古フランス語 trac に由来する。当初は、何かを引っ張る際に地面にできる線もしくは跡であったと思われる。その後、trace の意味の発達と同じになったと思われる。動詞はフランス語 traquer に由来するか、もしくはこの語の名詞に直接由来する。
→ TRACE¹

tract¹［後期中英語］名詠誦、時の経過、足跡、地域、通過：
tract of forest「森の広がり」の tract は、「（時間の）持続もしくは進行」という当初の意味を持っていた。その後、地域や領域（16世紀半ば）に適用されるようになった。ラテン語 trahere「引く、引っ張る」から派生した tractus「引くこと、牽引」に由来する。多くの場合、trace と track の用法は互いに置き換えができる。
→ TRACE¹; TRACK

tract²［後期中英語］名（宗教・政治上の）小冊子、論文、小論文：
当初は、特定の話題について論じている文書を指していた。おそらくラテン語 tractatus「処理、論文、論考」の省略形である。現在の「小論文」という意味は、19世紀初頭に遡る。

traction［後期中英語］名（筋肉などの）収縮、（車などを）牽引すること：
当初は、筋肉の収縮のような「収縮」であった。ラテン語 trahere「引く、引っ張る」から派生したフランス語もしくは中世ラテン語 tractio(n-) に由来する。「牽引すること」という現在の意味は、19世紀初頭に遡る。**tractor**［18世紀後半］名「トラクター、牽引トラック」という語は、同じラテン語由来の動詞であり、最初は「牽引者・物」を指すために使われた。

trade［後期中英語］名貿易、交換、職業；動交換する、貿易する、売買する：
当初は名詞として使われた。この語は、字義的には「跡」を意味する中低地ドイツ語に由来する。西ゲルマン語起源であり、tread「歩く」と同系である。当初の意味には「（人が進むべき）道、生活様式」があり、この意味が16世紀に「職業、手工業」の意味をもたらした。「交渉する、貿易する」という現在の動詞の意味は、16世紀後半に遡る。複合語に以下がある：■ **trade wind**［17世紀半ば］名「貿易風」は、blow trade「同じ方向に安定して風が吹く」という表現に由来する。航海におけるこの風の重要性から、18世紀の語源研究家たちは、誤って trade という語に「貿易」を関連づけてしまった。
→ TREAD

tradition［後期中英語］名口頭で伝えられた規則、言い伝え、伝統：
古フランス語 tradicion もしくはラテン語 tradere「伝える、密告する」から派生した traditio(n-) に由来する。基本要素は trans-「（時間・空間）を越えて」と dare「与える」である。省略形 trad 名「トラッド（なジャズ）」は1950年代に遡り、通常はジャズの文脈で使われる。

traffic［16世紀初頭］名交易、交渉、仕事、交通；動貿易する、交易する：
かつては、商品もしくは乗客の商業的運搬を指していた。フランス語 traffique、スペイン語 tráfico、もしくはイタリア語 traffico に由来するが、これらの語より古

い由来は不詳である。「交通」という意味の使用は、19世紀初頭に遡る。ドイツ語 Verkehrsberuhigung を翻訳した traffic calming「交通静穏化（路面に凹凸をつけたりして、車の速度を制限する方策）」という表現は、1980年代に現れた。

tragedy ［後期中英語］名（一編の）悲劇、（文学ジャンルとしての）悲劇、悲劇的事件：

おそらくギリシア語 tragos「ヤギ」（この語にヤギが関連する理由は不明）と ōidē「歌、頌歌」から派生した tragōidia に由来する。ギリシア語 tragōidia がラテン語を経由して古フランス語 tragedie になり、英語に入ってきた。**tragic** 形「悲劇の、悲惨な」は16世紀半ばに使われるようになった。この語はギリシア語 tragos から派生した tragikos に由来し、ラテン語を経由してフランス語 tragique になり、英語に入ってきた。tragic は tragōidia と関連している。

trail ［中英語］動垂れる、引きずって行く；名衣服の裾、通った跡：

当初は動詞であり、古フランス語 traillier「牽引する」もしくは中低地ドイツ語 treilen「（船を）引っ張る」に由来する。ラテン語 trahere「引く」から派生した tragula「底引き網」が起源である。名詞は元々「ローブ（衣服）の長く引きずる部分」に対する語であった。その後、引きずるものすべてを指すのが一般的になった。
→ TRAWL

train ［中英語］名遅れること、長く後に引きずったもの、随行員、軍団、列、（動物の）尾、（彗星の）尾、列車；動そそのかす、引きずる、訓練・教育する：

ラテン語 trahere「引く、引っ張る」から派生した古フランス語の動詞 trahiner に由来する。古フランス語 trahiner が train（男性形）、traine（女性形）になって英語に入ってきた。当初の用法は「遅れ」（「のろのろ進む」という考えから）という意味の名詞としてであった。他の当初の意味には「ローブ（衣服）の長く引きずる部分」と「随行員」があった。「随行員」の意味が「旅客もしくは乗り物の列」となり、その後「一連の物事」（train of events「一連の出来事」）となった。train of thought「一連の考え、思考の脈略」という表現は、「一連」という考えに由来し、18世紀後半に遡る。「（植物を）望む形に育つようにする」という当初の動詞の意味は、「教育する、指導する、教える」という用法の基になった。

traipse ［16世紀後半］動ほっつき歩く；名だらしない女、だらしなく歩くこと：

この語の由来は不詳である。17世紀後半、名詞は「だらしない女」という意味で最初に記録されている。

trait ［16世紀半ば］名飛び道具、一筆、特徴、目鼻立ち：

ラテン語 tractus「引くこと、牽引」から派生したフランス語に由来する。当初の意味は「絵の一筆」であった。この意味から18世紀半ばに心もしくは性格の「特徴」が生じた。
→ TRACT¹

traitor ［中英語］名裏切り者、国賊：

ラテン語 tradere「手渡す」から派生した traditor を経由してできた古フランス語 traitour に由来する。

trajectory ［17世紀後半］形名弾道・軌道（の）：

ラテン語 traject- から派生した近代ラテン語 trajectoria に由来する。trans-「…を横切って」と jacere「投げる」からなるラテン語 traject- は、traicere「投げる」の過去分詞語幹である。

tram ［16世紀初頭］名路面電車、トロッコ：

当初は、手押し車の長柄の片方を意味した。中低地ドイツ語と中オランダ語 trame「梁、手押し車の長柄」に由来する。19世紀初頭に、この語は鉱山内の車輪が

平行な軌道に対して使われた。この軌道は公営路面軌道の手本にされた。そのため、この軌道が車両自体に対しても使われるようになった。

trammel［後期中英語］名(魚・鳥用の)網、拘束物；動拘束する：

当初の意味は、「底引き網」であった。中世ラテン語 *trimaculum* の異形から派生した古フランス語 *tramail* に由来する。*trimaculum* はおそらくラテン語 *tri*-「3」と *macula*「網」からなる。「拘束物」という比喩的用法（通常は複数形）は、17世紀半ばに見られる。

tramp［後期中英語］動踏みつける、どしんどしんと歩く；名浮浪者、徒歩旅行、足踏み：

当初は動詞として使われた。おそらく低地ドイツ語に由来する。「踏みつけること、重い足取り」を意味する名詞は、17世紀半ばに遡る。浮浪者を表す用法は、その1世紀後に記録されている。**trample**動「強く踏みつける」は中英語に遡り、これは tramp の反復動詞（反復する行為を表す動詞）である。

trampoline［18世紀後半］名トランポリン：

イタリア語 *trampoli*「竹馬」から派生した *trampolino* に由来する。

trance［中英語］名夢うつつ、忘我状態、恍惚；動死ぬ、気絶する、恍惚状態にさせる：

元は「うっとりしている、トランス状態にである」という動詞として使われた。ラテン語 *transire*「越す」から派生した古フランス語 *transir*「出発する、トランス状態に陥る」に由来する。

tranquil［後期中英語］形(心が)落ち着いた、(天候など)穏やかな：

フランス語 *tranquille* もしくはラテン語 *tranquillus* に由来する。

> **語構成**
> **trans-**（ラテン語 *trans*「横切って、…の向こう側に・へ・で、…を越えて」に由来する）は、次の意味を加える。
> ■「…を横切って、越えて」[transcontinental]「大陸横断の」、[transgress]「制限を越える」
> ■「反対側に」[transalpine]「（イタリア側から見て）アルプスの向こう側の（人）」
> ■「…を通って」[transonic]「遷音速の、音速に近い」
> ■「別の状態へ」[transform]「変形・変換する」

transaction［後期中英語］名示談、業務、処理：

当初はローマ法の用語として使われた。後期ラテン語 *transigere*「推進する」から派生した *transactio(n-)* から来ている。*transigere* は **transact**［16世紀後半］動「取引する、執行・実行する」の由来でもある。transact の基本要素は *trans*-「…を通って」と *agere*「する、し向ける」である。

transcend［中英語］動(限界・範囲を)越える、凌ぐ、てっぺんに登る：

trans-「…を越えて」と *scandere*「登る、上がる」からなる古フランス語 *transcendre* もしくはラテン語 *transcendere* に由来する。**transcendent**名形「並はずれた人・物、超越的な」は後期中英語であり、同じ動詞 *transcendere* の現在分詞語幹に由来する。中世ラテン語 *transcendentalis* から派生した関連語 **transcendental**形「超越的な、卓絶した」は、17世紀初頭から記録されている。

transcript［中英語］名写し、複写物：

ラテン語 *transcribere* の中性過去分詞 *transcriptum* から派生した古フランス語 *transcrit* に由来する。15世紀における綴りの変化は、ラテン語との関連が原因である。**transcribe**動「複写する、(他国語の文字などに)字訳する」(ラテン語 *transcribere* に由来)は、16世紀半ばか

ら使用例が見られる。当初の意味は「文書を複写する」であった。**transcription**名「写すこと、写し、編曲」は、ラテン語の動詞 *transcribere* から派生したフランス語もしくはラテン語 *transcriptio(n-)* に由来し、16世紀後半に遡る。

transfer [後期中英語]動 移す、譲渡する、(図版などを)転写する;名 譲渡、移転:

当初は動詞として使われた。*trans-*「…を越えて」と *ferre*「運ぶ」からなるフランス語 *transferer* もしくはラテン語 *transferre* から来ている。最も早い名詞の使用 (17世紀後半) は、「財産の譲渡」という意味の法律用語としてであった。

transfigure [中英語]動 変形する、神々しくする:

「より美しく高貴な物へ変わる」という意味を持つ。*trans-*「…を越えて」と *figura*「形、姿」からなる古フランス語 *transfigurer* もしくはラテン語 *transfigurare* に由来する。**transfiguration** [後期中英語]名「変容、変貌、(キリストの)山上の変貌」は、聖書の中でより霊的な状態で光り輝くキリストの姿に関して最初に使われた。この語はラテン語の動詞 *transfigurare* から派生した古フランス語もしくはラテン語 *transfiguratio(n-)* に由来する。

transfix [16世紀後半]動 突き刺す、立ちすくませる:

当初は「鋭い道具で突き刺す」という意味で使われた。*trans-*「…を横切って」と *figere*「固定する、留める」からなるラテン語 *transfigere*「貫通する」から来ている。「驚きもしくは恐怖によって動けなくなる」という比喩的用法は、17世紀半ばに遡る。

transform [中英語]動 変形させる、変形する:

古フランス語 *transformer* もしくはラテン語 *transformare* に由来する。**transformation**名「変化、変形」は、後期中英語に遡る。この語は古フランス語もしくは後期ラテン語の動詞 *transformare* から派生した *transformatio(n-)* に由来する。

transfuse [後期中英語]動 (比喩的に)吹き込む、(液体を他の容器へ)注ぎ移す、(血液などを)注入する:

当初は、「人から人へと(思想などを)吹き込む」という意味を持っていた。*transfundere*「ある容器から別の容器に注ぎ込む」の過去分詞語幹 *transfus-* から来ている。*transfundere* は *trans-*「…を越えて」と *fundere*「注ぐ」からなる。**transfusion** [16世紀後半]名「注入、輸血」はラテン語 *transfundere* から派生した *transfusio(n-)* に由来する。

transgress [15世紀後半]動 侵犯する、罪を犯す、逸脱する:

古フランス語 *transgresser* もしくはラテン語 *transgredi*「踏み外す」の過去分詞語幹 *transgress-* に由来する。*transgredi-* は *trans-*「…を越えて」と *gradi*「行く」からなる。

transient [16世紀後半]形 一時の;名 一時の事物・人:

trans-「…を横切って」と *ire*「行く」からなるラテン語 *transire*「横断する」の過去分詞語幹 *transient-* に由来する。

transistor [1940年代]名 トランジスタ、トランジスタラジオ:

transfer「伝達」と *resistor*「抵抗」の混成語である。*varistor* (= varying resistor)「バリスタ」(印加電圧に応じて抵抗が変わる半導体ダイオード)のような語にならって作られた。

transit [後期中英語]名 通過、(天体の)子午線通過;動 通過する、子午線を通過する:

当初は「ある場所から別の場所への通過」を意味していた。ラテン語 *transire*「横断する」から派生した *transitus* に由来する。*transire* は同時期に現れた **transitory**形「はかない、一時的な」の起

源でもある（キリスト教ラテン語 *transitorius* から派生した古フランス語 *transitoire* に由来する）。16世紀半ばに、**transition** 名「（形や状態などの）移り変わり」（フランス語もしくはラテン語 *transitio*(n-) に由来する）と **transitive** 形「変わりやすい、他動詞の」（後期ラテン語 *transitivus* に由来する）の例が見られるようになりはじめた。両語とも同じラテン語起源の動詞 *transitus* に由来する。

translate ［中英語］動 移す、翻訳する、変える、解釈する：

ラテン語 *transferre*「持ち越す」の過去分詞形 *translatus* に由来する。この意味は当初からこの語にも反映されている。**translation** ［中英語］名「翻訳、移転、解釈」は、古フランス語もしくはラテン語 *translatio*(n-) に由来し、同じ語源の動詞 *transferre* からできた。
→ TRANSFER

translucent ［16世紀後半］形 貫通する光線を放つ、透明な：

「（光が）透過している」が、当初の意味であった。この意味は、ラテン語 *translucere* の現在分詞語幹 *translucent-* の意味を反映している。基本要素は *trans-*「…を通って」と *lucere*「光る」である。「透明な」という意味は、18世紀後半に遡る。

transmit ［後期中英語］動 送達する、遺伝させる、（光などを）伝導する：

trans-「…を横切って」と *mittere*「送る」からなるラテン語 *transmittere* に由来する。

transparent ［後期中英語］形 透明な、突き抜ける、開けっぴろげな、明白な：

中世ラテン語 *transparere*「（光が）透過する」の現在分詞語幹 *transparent-* から派生した古フランス語に由来する。同じ語源である **transparency** 名「透明、透かし、スライド」は、16世紀後半に遡る。当初は透明な物の総称として使われた。透明な物質の上に表示された写真（光を透過させることで見えるようにする）を指す用法は19世紀半ばに遡る。中世ラテン語 *transparentia* から来ている。

transpire ［後期中英語］動 排出する、発散する、（秘密などが）漏れる、（事件などが）起こる、発生する：

当初は「表面から蒸気として出す」という意味を持っていた。ラテン語 *trans-*「…を通って」と *spirare*「呼吸する」からなるフランス語 *transpirer* もしくは中世ラテン語 *transpirare* から来ている。「起こる、生じる」の意味は、「（秘密が）漏れる、知られる、表面化する」という概念からの比喩的な用法である（ディケンズ『ドンビー父子』*Dombey and Son*：Few changes — hardly any — have transpired among his ship's company「彼の船会社の中では、あまり変化がない」）。

transplant ［後期中英語］動 移植する、移転させる；名 移植された苗木、（培養のための）細菌の移植、【医学】人体の組織の移植：

当初は「植物の植え替えをする」という動詞として使われた。ラテン語 *trans-*「…を横切って」と *plantare*「植える」からなる後期ラテン語 *transplantare* が起源である。最初に「新しい場所へ移った人・物」の意味で使われた名詞は、18世紀半ばに遡る。人・動物からの臓器移植のような手術の場での使用は、技術の進展に伴って1950年代に現れた。

transport ［後期中英語］動 運送する、有頂天にする、あの世へ送る；名 財産譲渡、運送、有頂天：

ラテン語 *trans-*「…を横切って」と *portare*「運ぶ」からなる古フランス語 *transporter* もしくはラテン語 *transportare* に由来する。「輸送手段」を指す用法は、*transport* ships「（兵士、受刑者、後に軍の物資用の）輸送船」の使用に伴って現れた。

transpose ［後期中英語］動 変形する、翻訳する、移す、置き換える：

当初の用法には「変形する、変換する」という意味があった。*trans-*「…を横切って」と *poser*「置く」からなる古フランス語 *transposer* から来ている。**transposition**图「移すこと、置き換え」という語は16世紀半ばに遡り、後期ラテン語 *transpositio(n-)* に由来する。

transvestite [1920年代]图服装倒錯者（異性の衣類を身に着けたがる人）：

ラテン語 *trans-*「…を越えて」と *vestire*「…に衣服を着せる」からなるドイツ語 *Transvestit*「服装倒錯者」に由来する。

trap [古英語]图わな、落とし穴、球飛ばし、《口語》（二輪・ばね付きの）軽馬車；動わなにかける、わなをかける：

古英語 *træppe*「（小さい動物を捕らえるわなの）輪なわ」は、複合語 *coltetræppe*「【植物】キリストノイバラ（とげのある木）」において最も早く確認される。中オランダ語 *trappe* と中世ラテン語 *trappa* と同系であるが、由来は不詳である。keep one's *trap* shut「（秘密などを漏らさないように）口止めをする」という熟語は、18世紀後半から始まった。動詞用法は後期中英語に遡る。

trapeze [19世紀半ば]图（曲芸用・体操用）空中ぶらんこ、不等辺四辺形、台形、【医学】大菱形骨：

後期ラテン語 *trapezium* から派生したフランス語 *trapèze* に由来する。16世紀後半に、幾何学用語として英語に借用された（ギリシア語 *trapeza*「テーブル」から派生した *trapezion* を経由してできた後期ラテン語に由来する）。解剖学において、手首の骨を表す語は19世紀半ばから使われている。

trappings [後期中英語]图馬飾り、装飾：

後期中英語の動詞 *trap*「（馬を）馬具で装飾する」の派生語である。*trap* は古フランス語 *drap*「掛け布」から派生した廃れた名詞 *trap*「馬具」に由来する。「表面の飾り」という拡張された意味は、16世紀後半に遡る（シェイクスピア『ハムレット』*Hamlet*, I. ii. 86：These, but the Trappings, and the Suites of woe「目に見えるのは悲しみの飾り、お仕着せにすぎません」）。

trash [17世紀初頭]图くず、つまらぬもの、能なし；動（サトウキビの）外葉を取る、めちゃくちゃに壊す、中傷する：

語源不詳である。当初は、生け垣の切りくず、もしくは搾りったサトウキビのくずなどの意味であった。17世紀初頭から、人に対して使われるようになった（シェイクスピア『オセロー』*Othello*, V. i. 85-86：I do suspect this Trash To be a party In this Injurie「この件の一味ではないかと思われます」）。より最近の用例（19世紀後半）には、white *trash*「下層（貧乏）白人」がある。動詞は当初「早く熟成させるために（サトウキビの）外葉を取る」という意味で18世紀半ばに使われはじめた。他の意味（「破壊する」、「物の質を悪くする」）は20世紀に現れた。

trauma [17世紀後半]图外傷、心的外傷：

字義的には「外傷」を意味するギリシア語の英語用法である。19世紀後半にこの意味が「心的外傷」の意味へと転移した。精神医学における **traumatic** 形「外傷(性)の、心的外傷の」（ギリシア語 *trauma* から派生した *traumatikos* が後期ラテン語を経由して英語に入ってきた）は同じ時期に遡る。これよりもより自由な一般的用法は1960年代から見られる。

travel [中英語]動旅行する、進む；图旅行：

中世ラテン語 *trepalium* (*tres*「3」と *palus*「賞金」に由来する）が古フランス語を経由してできた **travil** [中英語]「苦労、骨折り、苦労する」の異形である。元は「大変な取り組みに携わる」と同じ意味で使われた。「旅をする」という意味は当初からあった。複合語 **travelator** 图「動く歩道」は1950年代に遡る。これは *travel* に基づき、*escalator*「エスカレーター」からの造語である。

traverse [中英語][動]否認する、横断する、反対する、山や河を越えて旅する;[名]横切ること、横、横切っているもの:
当初は「弁論で(申し立てを)否認する」という動詞の意味の法律用語として使われた。これは否認する際に「議論を横切って投げる」という考えに由来する。起源は後期ラテン語 *traversare* から派生した古フランス語 *traverser*「横断する、妨げる」である。名詞は古フランス語 *travers*（男性形）、*traverse*（女性形）に由来し、部分的に *traverser* に基づいている。

travesty [17世紀半ば] [形]茶化した;[動]茶化す、…の服装を変える、変装させる;[名]狂文、仮装:
当初は「おかしく見える服装をした」という意味の形容詞として使われた。イタリア語 *travestire* から派生したフランス語 *travestir* の過去分詞 *travesti* から来ている。基本要素はラテン語 *trans-*「…を越えて」と *vestire*「…に衣服を着せる」からなる。

trawl [18世紀半ば][動]うたせ網で漁をする、(…に)引き網をかける;[名]うたせ網、トロール網、トロール漁、《米》はえなわ:
当初は動詞として使われた。おそらくラテン語 *tragula*「底引き網」から派生した中オランダ語 *traghelen*「引く」に由来する(*traghel*「底引き網」と同系である)。

tray [後期古英語][名](入れ物としての)盆:
後期古英語 *trīg* は tree の基になったゲルマン語が起源である。主な意味は「木製の容器」であった。
→ TREE

treachery [中英語][名]裏切り:
古フランス語 *trechier*「だます、欺く」は、*treachery* と **treacherous** [中英語][形]「裏切りの、不安定な」に共通する起源である。*treacherous* は古フランス語 *trecheor*「いかさま(をする人)」から派生した *trecherous* に由来する。

treacle [中英語][名]毒消し、糖蜜:
元々、多くの原料から作られた(当初は軟膏状の)毒消しを意味する語であった。ギリシア語 *thēriakē*「毒消し」から派生したラテン語を経由してできた古フランス語 *triacle* に由来する(*thēriakē* は *thērion*「野獣」から派生した形容詞 *thēriakos* の女性形である)。現在の「糖蜜」という意味は、17世紀後半に遡る。複合語に以下がある:
■ **Treacle Bible** という語は、19世紀後半に聖書収集家によって使われはじめた。この聖書は balm「香油」の代わりに treacle「糖蜜」が当てられた英語版もしくは各国語版の聖書を指す。

tread [古英語][動]踏む、歩を進める;[名]踏み跡、踏むこと、行動様式:
古英語の動詞 *tredan* は、西ゲルマン語起源であり、オランダ語 *treden* やドイツ語 *treten*「歩を進める」と同系である。*tread on air*「天にも昇る心地である、足が地に着かない」という熟語は、18世紀後半に遡る。**treadle**[名]「(階段の)一段、(機械などの)踏み子(ペダル)」(古英語では、*tredel*「段」)は、動詞 *tread* に由来する。

treason [中英語][名]裏切り、大逆:
ラテン語の動詞 *tradere* から派生したラテン語 *traditio(n-)*「引き渡し」を経由してできたアングロノルマンフランス語 *treisoun* に由来する。古英語期の法律では、*treason* は high *treason*「大逆罪」(王や国家の安全に対する犯罪行為)もしくは petty *treason*「小逆罪」(王や国会以外の臣民に対する犯罪行為)であった。petty *treason* は現在「殺人」の罪として罰せられ、high *treason* は現在、(国家への)反逆の罪として罰せられれる。

treasure [中英語][名]富、宝物、財産、かけがえのない物・人;[動]取っておく、貯える、心に留める、珍重する:
ギリシア語 *thēsauros* に基づく古フランス語 *tresor* に由来する。次のような中

英語もある。**treasurer**名「会計係、宝物保管係」(後期ラテン語 thesaurarius に影響された古フランス語 tresor から派生した tresorier に由来する)、**treasury**名「宝庫、宝物」。

■ **Treasure trove** [後期中英語]【法律】埋蔵物、宝庫」は、字義的には「掘り出し物」を意味するアングロノルマンフランス語 tresor trové に由来する。
→ THESAURUS

treat [中英語]動取引する、論じる、扱う、歓待する、治療する；名交渉、ごちそう、満足：

当初は「交渉する」と「(ある主題を)議論する」という意味で記録されている。ラテン語 tractare「扱う」から派生した古フランス語 traitier に由来する。tractare はラテン語 trahere「引く、引っ張る」の反復動詞(反復する行為を表す動詞)である。「ごちそう」という現在の名詞の意味は、17世紀半ばに遡る。**treatise** [中英語]名「論文、(1つの主題について論じた)書物」は、アングロノルマンフランス語 tretis に由来し、古フランス語 traitier にも由来する。

treaty [後期中英語]名議論、協議、条約、嘆願：

ラテン語 tractatus「論文、書物」から派生した古フランス語 traite に由来する。

treble [中英語]形3倍の、最高声部の、音高い；動3倍にする・なる；名3倍のもの；【音楽】最高声部、甲高い声：

ラテン語 triplus に由来し、古フランス語を経由して英語に入ってきた。音楽用語 treble (後期中英語)は、この語が3声対位法の構成における最高音部であったという事実から生じた。
→ TRIPLE

tree [古英語]名木、木材、系図：

古英語 trēow, trēo はインド=ヨーロッパ語の語根を持つゲルマン語の変種に由来する。ギリシア語 doru「木、槍」、drus「(植物の)オーク」も共通するインド=ヨーロッパ語の語根を持つ。

trek [19世紀半ば]名アフリカ南部の牛車旅行；動のろのろ進む：

名詞はアフリカーンス語の動詞 trekken「引く、旅行する」から派生した trek に由来する。日常語 Trekkie名「アメリカのSF番組 Star Trek『スター・トレック』のファン」は、1970年代から一般に普及した。

trellis [後期中英語]名(幹や枝を支えるための)格子、(つる植物を上にはわせるための四角またはダイヤ状の縦の)格子垣：

かつて格子型の間仕切り全般を指していた。ラテン語 trelis は tri-「3」と licium「縦糸」からなる。trilix「3本よりの毛糸」から派生した古フランス語 thelis に由来する。ガーデニングについて用いる現在の意味は、16世紀初頭に遡る。

tremble [中英語]動震える；名震え：

ラテン語 tremulus (tremere「震える」に由来) から派生した中世ラテン語 tremulare を経由してできたフランス語 trembler に由来する。**tremulous** [17世紀初頭]形「震えた、震えおののく、ビクビクしている、臆病な」も tremulus に由来する。ラテン語 tremere は、ラテン語形の借用である **tremor**名「身震い、震動」の語源でもある。

tremendous [17世紀半ば]形恐るべき、《口語》途方もなく大きい：

ラテン語 tremere「震える」の動詞状形容詞 tremendus に基づいている。

trench [後期中英語]名小道、(深い)溝、塹壕ごう；動切る、切り刻む、…に溝を掘る、塹壕で囲む：

当初は「森を切り開いた小道」や「断ち切る」という意味を持っていた。名詞はラテン語 truncare に基づく古フランス語の動詞 trenchier から派生した古フランス語 trenche に由来する。軍事におけるこの語の使用は、the trenches「(第1

次世界大戦中の北フランスとベルギーでの）塹壕」という表現において見られる。

trenchant ［中英語］形「（言葉などが）鋭い、切れの良い、辛辣な」は、当初「鋭利な」の意味で使用された。字義的には「切ること、切断」を意味する古フランス語 *trenchier* の現在分詞に由来する。

trend ［古英語］動回転する、（ある方向へ）向かう；名《方言》川の曲がった所、傾向：

古英語 *trendan* は「回る、回転する」という意味を持っていた。ゲルマン語に由来し、trundle「ゴロゴロ動く、転がす」と同系である。「特定の方向へ向く」という動詞の意味は、16世紀後半に遡る。19世紀半ばに、この意味が「一般的な傾向を示す」という比喩的用法を生み、名詞と並行して発達した。

→ TRUNDLE

trepidation ［15世紀後半］名震え、狼狽：

ラテン語 *trepidus*「恐れて、心配して」から派生した *trepidare*「動揺した、震える」を経由してできた *trepidatio*(*n*-)に由来する。

trespass ［中英語］名罪、不法侵入；動罪を犯す、不法侵入する：

当初は「…に違反する、罪を犯す」を意味した動詞 *trespass* は、古フランス語 *trespasser*「通り越す、不法侵入する」に由来する。名詞は中世ラテン語 *transpassare* から派生した古フランス語 *trespas*「通過する」に由来する。

tress ［中英語］名（女の束ねていない）ふさふさした頭髪、（女の）編んだ髪：

おそらくギリシア語 *trikha*「3倍の、3重の」に基づいており、古フランス語 *tresse* に由来する。

trestle ［中英語］名（2つ並べて板を載せテーブルなどにする）架台：

ラテン語 *transtrum*「梁」に基づく古フランス語 *trestel* に由来する。

triad ［16世紀半ば］3つ組：

フランス語 *triade* に由来する。もしくは、ギリシア語 *treis*「3」から派生した *trias*, *triad-* に由来し、後期ラテン語を経て英語に入った。

triage ［18世紀初頭］名質によって分けること、（戦場や緊急治療室などにおける）トリアージ、重症度判定検査：

フランス語 *trier*「（2つのものを）区別する」の英語への借用である。医療用語の意味は1930年代に遡り、これは戦場の負傷者を評価する軍事システムに由来する。

trial ［後期中英語］名試し、裁判、決闘裁判、企て、苦難、試練、試験；動試しに使う：

アングロノルマンフランス語もしくは中世ラテン語 *triallum* に由来する。法律用語としての意味は早かった。*trial* by combat (*trial* by the sword)「決闘裁判」のような表現は、有罪・無罪の決定の際に使われ、この表現は16世紀後半に遡る。能力もしくは達成度の試験という意味は、17世紀後半から見られる。*trial* and error「試行錯誤」は、元々、19世紀初頭の数学の表現であった。動詞用法は1980年代に遡る。

triangle ［後期中英語］名三角形：

古フランス語 *triangle* もしくはラテン語 *triangulus*「三角の」の中性形 *triangulum* に由来する。**triangular** 形「三角形の」は、16世紀半ばに遡り、ラテン語 *triangulum* から派生した後期ラテン語 *triangularis* に由来する。eternal *triangle*「（男女の）三角関係」という用法は、20世紀初頭に遡る。

tribe ［中英語］名種族、部族、（戯言的に）連中、【生物】族、類：

古フランス語 *tribu* もしくはラテン語 *tribus*（単数もしくは複数）に由来する。おそらく *tri-*「3」に関連し、初期のローマ人の3つの区分（部族ラムネス Ramnes、ティティエス Tities、ルケレス Luceres）

tribulation [中英語]图艱難(かんなん)、トラブルメーカー：

この語の起源はラテン語 terere「こする、磨く」から派生した tribulum「(とがった先のある)脱穀台」である。ラテン語 tribulare「押す、圧迫する」から派生した教会ラテン語 tribulatio(n-) に由来し、古フランス語を経由して英語に入ってきた。

tribunal [後期中英語]图法廷、高座、審判：

元々、裁判官席を意味する語であった。古フランス語もしくはラテン語 tribunal「裁判官の高座」に由来する。語源はラテン語 tribus「部族」から派生した tribunus である。tribunus は古代ローマの役人の役職名であり、字義的には「部族長」である。この tribunus が **tribune**图「(古代ローマの) 護民官、人権の擁護者」という英語をもたらした。この語は当初古代ローマの護民官を指し、20世紀に急進左翼的な政策と関連するようになった。その後、1937年に創刊されたイギリスの週刊誌の題名になり、急進左翼的な考えを持つ労働党下院議員の集団名の一部になった (Tribune group「トリビューン・グループ」)。

tribute [後期中英語]图貢ぎ物、(比喩的に)贈り物、賞賛・推薦の辞：

当初は、国もしくは統治者が他国の君主に定期的に納める貢ぎ物を指していた。ラテン語 tribuere の中性過去分詞 tributum (名詞として使用される) から来ている。ラテン語 tribus に由来する tribuere は当初「部族間で分ける」を意味し、後に「割り当てる」を意味するようになった。**tributary** [後期中英語]動形「貢を納める、属国の、支流の」(ラテン語 tributum から派生した tributarius に由来する) は、当初「貢納、他国へ貢納が義務づけられている」という意味で記録されている。地理学における「大きな川に送り込む小川」という語の使用は、19世紀初頭に遡る。

trice [後期中英語]動ぐいっと引っ張る、【海事】索で吊り上げる；图瞬間：

この語は字義的には「強く引くこと」であり、比喩的には「瞬間」(in a trice) である。中オランダ語 trīsen「急に引く」に由来し、trīse「滑車 (装置)」と同系である。

trick [後期中英語]图いたずら、策略、幻覚、トリック、こつ、；動【紋章】線画で書く、だます：

古フランス語 trichler「だます」から派生した古フランス語方言の異形 triche に由来する。語源不詳である。up to one's old tricks「また昔の悪い癖を出す」という熟語は、19世紀初頭に遡る。この熟語は16世紀後半の用法である「癖」に由来する。現在の動詞の意味「だます」は、16世紀に遡る。trick or treat (元々はアメリカ)「お菓子をくれないと、いたずらするよ」という表現は、1940年代から記録されている。これは、ハロウィーンの時に子供たちはお菓子もしくはお金をくれないと、家主にいたずらすると脅すことに由来する。

trickle [中英語]動したたる：

語源不詳である。おそらく音と動作の擬音語である。最初はポツポツ垂れる涙を指すために使用された。

trident [後期中英語]形三叉の；图三叉の道具・武器：

三叉の槍を意味するこの語は、ラテン語 tri-「3」と dens, dent-「歯」からなる trident- に由来する。

trifle [中英語]图つまらないもの、少量、トライフル (スポンジケーキの一種)；動もてあそぶ：

当初は「だますか楽しませるための意味のない話」という意味があった。trufe「だますこと、詐欺」の異形である古フランス語 trufle に由来する。語源不詳である。その後すぐに「ささいなもしくは取るに足らないこと」全般を表すようになった。トライフルを指す用法は、16世紀後半に遡る。動詞は古フランス語 truffler「ば

かにする、だます」に由来する。

trigger ［17世紀初頭］名（銃砲の）引き金：
オランダ語 trekken「引く」から派生し、trekker を経てできた方言 tricker に由来する。

trill ［17世紀半ば］動震え声で歌う、震え音で発音する；名（装飾音の）トリル、（鳥の）さえずり、震え音：
名詞はイタリア語の動詞 trillare から派生した trillo に由来する。

trim ［古英語］形こぎれいな；動（出帆のために）艤装する、仕度する、刈り込む、切り取る；名装飾、服装、（出帆の準備が）整っていること、整頓：
古英語 trymman, trymian は「頑丈にする、整える」を意味した。形容詞はおそらく派生語である。語源不詳である。「刈り込む」という意味は、16世紀初頭に遡る。

trinity ［中英語］名【キリスト教】三位一体説、三つ組：
ラテン語 trinus「3倍の、3重の」から派生した trinitas「三つ組、3人組」を経由してできた古フランス語 trinite に由来する。

trinket ［16世紀半ば］名小さな飾り物、道具：
語尾の -et は指小辞語を意味するが、語源不詳である。trenket「小さな（靴屋の）ナイフ」(trencher「切る」から派生した古フランス語に由来する）との関連も示唆されるが、証拠が不足している。

trio ［18世紀初頭］名三重奏唱曲、三重唱曲、3人組、三つ組：
ラテン語 tres「3」から派生したイタリア語に由来する。duo「二重唱、二重奏、二重曲、2人組、デュオ」にならって作られた。

trip ［中英語］動つまずく、つまずかせる；名旅行：

中オランダ語 trippen「スキップする、（片足で）軽く跳ぶ」から派生した古フランス語 triper に由来する。

tripe ［中英語］名トライプ（ウシなどの反芻動物の食用としての胃袋）、くだらない・つまらない話：
「動物の内臓」に対する古フランス語に由来するが、起語源不詳である。「くだらないこと」という転義は、17世紀後半に遡る。

triple ［中英語］形3重の、3倍の；動3倍・3重にする；名3倍の数量：
ギリシア語 triplous から派生した古フランス語もしくはラテン語 triplus に由来する。**triplicate** ［中英語］形「3幅対の、3通作成された」は、ラテン語 triplicare「3つ作る、…を3倍・3重にする」に由来する。動詞は17世紀初頭に遡る。**triplet** ［17世紀半ば］名「3つ子の1人、三つ揃い、3連音符」は triple に基づいている。doublet「ダブレット（上着）、（スペクトルの）2重線」にならって作られた。

tripod ［17世紀初頭］名三脚台、（古代ギリシアの）デルポイ神殿の青銅の祭壇：
tri-「3」と pous, pod-「足」からなるギリシア語 tripous がラテン語を経由して英語に入ってきた。

trite ［16世紀半ば］形（考えなどが）陳腐な、使い古された：
ラテン語 terere「磨く、こする」の過去分詞 tritus「使い古された、ありふれた」に由来する。（研磨の）繰り返しによる苛立ちから「使い古された、ありふれた」の意味が生じた。

triumph ［後期中英語］名（古代ローマの）凱旋式、大勝利；動勝利を得る、勝ち誇る、凱旋式を行う：
おそらくギリシア語 thriambos「酒の神バッコスへの讃美歌」に由来する。thriambos はラテン語 triump(h)us を経由してできた古フランス語 triumphe に由来する。現在の「喜び勇む」という意味は、

16世紀初頭に遡る。**triumphal**形「凱旋の、勝利の」は古フランス語 *triumphal* もしくはラテン語 *triump(h)us* から派生した *triumphalis* に由来する。**triumphant**形「勝利を収めた、勝ち誇った」は、古フランス語もしくはラテン語 *triumphare*「勝利を祝う」に由来する。triumphal も triumphant も同時期に遡る。

trivet［後期中英語］名三脚台、トライベット、五徳（短い三脚がついた輪形の鉄製器具）：

おそらくラテン語 *tri-*「3」と *pes, ped-*「足」からなる *triped-*「三脚の、3本足の」に由来する。

trivia［20世紀初頭］名小事、ささいなこと：

近代ラテン語 *trivium*「3つの道が交差する場所」の複数形である。trivial「ささいな、取るに足りない」の影響を受けている。
→ TRIVIAL

trivial［後期中英語］形（中世の大学の）三学の、平凡な、取るに足りない、【生物】種に関する：

当初の用法は「（中世の大学の）三学の」という意味を反映していた。三学とは、中世の大学における自由七科の下位科目（修辞、文法、論理）を指す。ラテン語 *trivium*「3つの道が交差する場所」から派生した中世ラテン語 *trivialis* から来ている。16世紀後半では、上記以外の主な意味には「平凡な」と「取るに足りない」がある（シェイクスピア『ヘンリー六世 第2部』*Henry VI part ii*, III. i. 241-242：We have but *trivial* argument, More then mistrust, that shewes him worthy death「しかも、われわれには彼を当然死刑にしていいだけの確証がないのです。ただ謀反の嫌疑があるというだけで」）。

troll¹［17世紀初頭］名【北欧伝説】トロール（山や地中に住むという巨人や小人）：
「洞穴に住む醜い姿をした神話上の巨人もしくは小人」の *troll* は、古ノルド語とスウェーデン語 *troll* とデンマーク語 *trold* に由来する。

troll²［後期中英語］動ぶらぶら歩く、朗々と歌う、流し釣りをする、（挑発的な電子メールを）（挑発に乗ってくる者を探す目的で）送りつける：

動詞 troll は「そぞろ歩く、ふらつきながら歩く」という当初の意味を持っていた。由来は不詳である。古フランス語 *troller*「（気晴らしのために）あちこちぶらつく」と中高地ドイツ語 *trollen*「そぞろ歩く」と同系かもしれない。1990年代に、「釣り、煽り（ニュースグループに対してフレームメール〈口汚い言葉を含んだ反応〉を煽るつもりで投稿されたメッセージ）」というコンピュータ関係の俗語の一部になった。これは「流し釣り」の意味の1つである。19世紀初頭から記録されている **trolley**名「手押し車、ショッピングカート、路面電車」は、方言が起源であり、おそらく *troll* に由来する。

troop［16世紀半ば］名兵の1隊、軍隊、大勢、【軍事】軍勢；動群集する、付き合う、列を作って進む、《口語》行く、軍旗分列行進をする：

フランス語 *troupe* に由来する。中世ラテン語 *troppus*「群れ、群衆」の指小辞語 *troupeau* の逆生（接尾辞の除去）であり、おそらくゲルマン語に由来する。troop off「（大勢が）いっせいに立ち去る」のような一般的な意味における動詞用法は、16世紀半ばに遡る。

trophy［15世紀後半］名戦利品、（古代ギリシア・ローマの）戦勝記念碑、記念物：

当初は、倒した軍隊から得た武器の展示を指していた。ギリシア語 *trepein*「曲がる、方向を変える」から派生した *tropē*「敗走、大敗北」が *tropaion* になり、ラテン語、フランス語 *trophée* を経て英語に入ってきた。

tropic［後期中英語］名【天文】【地理】回帰線、熱帯地方；形熱帯（地方）の：

元々、「方向転換」の地点（天の至点すなわち、太陽が黄道上で夏・冬至点と重なる分岐点）を意味する語として使われた。ギリシア語 trepein「曲がる、方向を変える」から派生した tropē「分岐点」が tropikos になり、ラテン語を経由して英語に入ってきた。熱帯の境界線としての2つの緯（度）線（tropic of Cancer「かに座の回帰線〈北回帰線〉」と tropic of Capricorn「やぎ座の回帰線〈南回帰線〉」）という地理学用語としての用法は、16世紀初頭に遡る。「北回帰線」と「南回帰線」という用語は、2つの円周（天球上では赤道と平行し、黄道上ではそれぞれ異なる至点を通る）に与えた同じ名前を対応させるために使われた。

trot［中英語］图（馬などの）速足、老婆；動速歩で駆ける、（人が）小走りする：
名詞は中世ラテン語 trottare から派生した古フランス語の動詞 troter を経由してできた古フランス語 trot に由来する。ゲルマン語起源である。trot out「（話・提案・冗談などを）持ち出す」という熟語は、19世紀初頭に現れた（サッカレー『いぎりす俗物誌』Book of Snobs：She began to trot out scraps of French「彼女はフランス語をひけらかしはじめた」）。この熟語は馬の足並みを見せびらかすために、外へ連れ出すという考えに由来する。

trouble［中英語］動悩ます、迷惑・手数・厄介をかける、妨害する、乱す、骨を折る；图悩み（の種）、騒動、警察ざた、骨折り：
名詞用法は、古フランス語 truble に由来する。動詞用法は、ラテン語 turbidus「濁った、見通しが悪い、混乱した」に基づく古フランス語 trubler に由来する。get into trouble「面倒を起こす」や be in trouble「困っている」のような表現は、16世紀半ばから見られる。look for trouble「自ら災難を招く」は1920年代に現れた。the Troubles「北アイルランド問題」という表現は、様々な反乱、内戦や混乱の時期などに適用された。例えば、アイルランド（1919～23年）や北アイルランド（1970年代）などの問題である。

trough［古英語］图飼葉桶、（2つの波の間などの）細長いくぼみ、（気圧・グラフの）谷、景気の谷、底値：
古英語 trog はゲルマン語起源であり、オランダ語 trog やドイツ語 Trog「飼葉桶」と同系であり、英語 tree も同系である。原義は「木製の容器」である。気象学におけるグラフや類似の表現での（気圧の）谷という意味は、19世紀後半に遡る。20世紀初頭の経済学その他での使用（peaks and troughs「山と谷、浮き沈み」）は、1930年代に遡る。
→ TREE

trousers［17世紀初頭］图ズボン：
アイルランド語 triús とスコットランド・ゲール語 triubhas から派生した古語（単数）trouse に由来する。（triubhas は **trews**［16世紀半ば］图「細身のズボン、トルーズ」も生じさせた）。trousers の綴りは、drawers「ズボン下、ズロース」の綴りに影響された。

trout［後期古英語］图鱒_{ます}：
後期古英語 truht はギリシア語 trōgein「かじる、かみ切る」に基づく後期ラテン語 tructa に由来する。old trout「愚かな醜い（不機嫌な）老女」という軽蔑的な表現の使用は、19世紀後半から見られる。

trove［19世紀後半］图発見（物）、収集品
treasure trove「宝の山、宝庫」に由来する。
→ TREASURE

trowel［中英語］图（左官の）こて：
中世ラテン語 truella から派生した古フランス語 truele に由来する。truella はラテン語 trua「（液体の表面に浮いたものを）すくい取る人・器具・装置」の指小辞である trulla「小さなシャベル（スコップ）」の変形である。

truant［中英語］图浮浪者、ずる休みする者；形ずる休みする；動ずる休みをする：かつては物乞いする人を指していた。古

フランス語に由来し、最終的にはおそらくケルト語起源である。ウェールズ語 truan とスコットランド・ゲール語 truaghan「不幸な、惨めな」とおそらく同系である。15世紀中に、怠け者、特に不登校の児童へ適用されるようになった。play truant「(学校を) ずる休みする、サボる」という熟語は、16世紀半ばに遡る。

truce [中英語] 名 休戦：
ゲルマン語であるこの語の当初の用法は、通常 trewes や trues のような複数形であった。古英語 trēow「信念、信頼」の複数形 trēowa から来ている。同系語にオランダ語 trouw、ドイツ語 Treue「誠実」、英語 true がある。
→ TRUE

truck[1] [中英語] 名 (砲架用などの) 木製の小車輪、手押し車、《米》トラック：
当初は「堅い木製の車輪」であった。おそらく truckle「小車輪、滑車」の短縮である。「車輪のついた乗り物」の意味は、18世紀後半に遡る。

truck[2] [中英語] 動 交換する、安く手放す、金銭以外のもので支払う；名 物々交換、《口語》交渉、物品支給：
have no truck with「…とは何の交渉もない、…と取引しない」という熟語の truck は、おそらく古フランス語 troquer「物々交換する、交換する」に由来する。中世ラテン語 trocare「物々交換する」におそらく関連する。当初は、商品の交換による取引を指していた。

truculent [16世紀半ば] 形 獰猛な、(語気・論評など) 痛烈な、辛辣(しんらつ)な：
ラテン語 trux, truc-「獰猛な、荒々しい」から派生した truculentus に由来する。

trudge [16世紀半ば] 動 とぼとぼ・てくてく歩く；名 重い足どり：
当初は動詞として使われた。語源不詳である。1つの可能性として、フランス語 trucher「怠惰が原因で物乞いする」から来ているかもしれないが、意味的なつな

がりは証明されていない。

true [古英語] 形 忠実な、正直な、真実の、本物の：
古英語 trēowe, trȳwe は「忠実な、誠実な」を意味した。オランダ語 getrouw、ドイツ語 treu「忠実な」、英語 truce と同系である。truth 名「真実性、迫真性、現実、事実、真相、真理」は、古英語では、trīewth, trēowth「忠実 (性)、貞節、不変、忠誠」であった。異形である troth 名「(配偶者や婚約者同士の) 貞節の誓い、忠実」には、plight one's troth「誓約する、婚約をする」という成句が中英語から見られる。truly 副「真実に、本当に」も古英語 (trēowlīce「忠実に、誠実に」) に遡り、well and truly「完全に」(15世紀) という成句がある。手紙を書く際の言葉としての Yours truly「敬具」は、18世紀後半に遡る。その後、「私自身、小生」(You did it? —Yes, yours truly!「君がやったの?——そう、私さ」) というユーモラスな意味が発達した。
→ TRUCE

truffle [16世紀後半] 名 トリュフ、トラッフル (柔らかく甘い菓子)：
キノコの一種に対するこの語は、おそらくラテン語 tubera に基づく廃語のフランス語 truffle に由来し、オランダ語を経由して英語に入ってきた。ラテン語 tubera は tuber「こぶ、膨れ」の複数形である。菓子におけるこの語の使用は、1920年代に遡る。

trump [16世紀初頭] 名【トランプ】切札、《口語》頼もしい人；動 邪魔をする、切札で切る、捏造(ねつぞう)する、申し立てる：
(トランプの) ブリッジやホイストのようなゲームの trump は、triumph「勝利」の変形である。かつて、カードゲームでは、「勝利」の意味で使われていた。come up trumps「(事が) 思ったよりうまくいく」という熟語は、16世紀後半の turn up trumps「(事が) 意外とうまくいく」に由来する。

trumpet [中英語] 名 トランペット；動 ト

ランペットを吹く、声高に布告する：

古フランス語 trompe「トランペット」の指小辞語 trompette に由来する。one's own trumpet「自画自賛する、自分のことを吹聴する」という熟語は、15世紀半ばに現れた。これは大衆の勝利を自分のものとして言明するという考えに由来する。動詞は16世紀半ばに遡り、比喩的用法は17世紀初頭に遡る（シェイクスピア『オセロー』Othello, I. iii. 250-252：That I love the Moor,... My ... storm of Fortunes, May trumpet to the world「私がオセローを愛し、ともに暮らしたいと望むことは、このたびのむこう見ずな運を天にまかせた行動から、世間にしれ渡ったことでしょう」）。

truncate ［15世紀後半］動先（端）を切る：

ラテン語 truncare「（人の身体の一部に）重傷を負わせる」に由来する。

truncheon ［中英語］名槍の柄、（棍）棒、破片、職杖；動細かく砕く、棍棒で打つ：

当初は槍などが折れてできた破片を指していた。棍棒を意味する語でもあった。ラテン語 truncus「（木の）幹」に基づく古フランス語 tronchon「切り株、幹」に由来する。この語が祈禱の象徴としてもつ物（職杖）を指すようになったのは、16世紀後半からである。最終的には（19世紀後半）警官が持つ短い棒（警棒）を指すようになった。

trundle ［16世紀半ば］名（寝台などの）脚車、小車輪；動転がす、転がるような足取りで歩く・行く・進む・立ち去る：

当初は「小さい車輪」であった。この語は廃れた、もしくは方言の動詞 trendle, trindle「回転させる」と同時期に作られた語であり、trend「（風などがある方向に）向く、流れる」と同系である。「行く」という一般的な用法（trundled off happily「喜んで行った」）は、17世紀後半に生じた。

→ **TREND**

trunk¹ ［後期中英語］名（生きた魚を入れておく）穴の空いた浮き箱、トランク（荷物入れ）、幹、胴体、管、象の鼻、トランクス、半ズボン：

trunk of a tree「幹」、trunk full of old clothes「古着でいっぱいのトランク」のような trunk は、ラテン語 truncus「木の幹」から派生した古フランス語 tronc に由来する。15世紀後半以来、胴体を指すために使われるようになった。この語は、例えば、電話通信における「中継回線」の意味を持つことがある。当初は trunks「浮き箱」は木の幹から作られたため、「胸部、箱」の意味が生じた。別の意味としては「中空の管」(elephant's trunk「象の鼻」) がある。これは爆薬筒や豆鉄砲のような円筒形の物を指す用法（16世紀半ば）と形の関連があることに由来する。19世紀後半のアメリカ英語において、複数形 trunks は「男性の下着」を指すために使われるようになった。これは当初の演劇用語（trunk-hose「トランク・ホーズ〈太股の半ばくらいまでの短い男性用半ズボン。薄手の生地でタイツの上に履く〉」に由来する。単数形 trunk は胴体もしくは衣服の脚部の円筒形を指すようになった。

truss ［中英語］名【医学】脱腸帯、【建築】トラス（構造）、桁構え：

当初の意味は「束」であった。名詞は古フランス語 trusse に由来する。動詞は後期ラテン語 torquere「より合わせる」の過去分詞語幹 tors- に基づく古フランス語 trusser「荷物をまとめる、縛る」に由来する。医学用語としての用法は、16世紀半ばに遡る。建築の分野における「骨組み」の意味は、その1世紀後に見られる。

trust ［中英語］名信頼、信頼性、委託物、【経済】企業合同；動信用する、信頼する：

traustr「強い」から派生した古ノルド語 traust に由来する。動詞は古ノルド語 treysta に由来し、名詞の綴りと同化した。in trust「委託されて」という表現は16世紀半ばから見られる。on trust「信用して、

（支払いが）つけで」は、16世紀後半において of trust や upon trust と表現されていた。trust Sarah to pipe up!「キーキー声で話すのは、いかにもサラらしい！」のような皮肉な表現における口語用法は、19世紀初頭に遡る。**trustee**名「理事、役員、受託者、被信託人」は、17世紀半ばに遡る。

try [中英語]動【法律】審理する、努める、分離する、試す、【海事】ほとんど停船状態になる；名試み、篩ふるい、試練：

古フランス語 trier「…をふるいにかける」に由来する。語源不詳である。当初の用法では「（ある物と）別のものを分ける」もしくは try out のように「検査によって解明する」という意味であった。この語の法律的な使用も当初からである。「努める」という現在の一般的な意味は、17世紀初頭から見られる。この当時、「試み」という意味の名詞が現れた。try anything once「何でも一度はやってみる」という決まり文句は、1920年代から記録されている。

tryst [後期中英語]名《文語》会合の約束：

当初はスコットランド語の用法であった。この語は廃語の trist「狩猟の際の指定された場所」の異形であり、フランス語 triste もしくは中世ラテン語 trista に由来する。

tub [中英語]名桶、浴槽、《米口語》太った人、でぶ：

おそらく低地ドイツ語もしくはオランダ語起源である。中低地ドイツ語および中オランダ語 tubbe とおそらく同系である。この語は16世紀後半から浴槽に適用され、17世紀初頭からはのろく出来の悪い船に適用された。また、形との関連で19世紀後半から、太った人に適用されるようになった。

tube [17世紀半ば]名管、望遠鏡、《口語》地下鉄：

フランス語 tube もしくはラテン語 tubus に由来する。pipe「パイプ、管」よりも最近の語であり、より一般的である。電子工学の用語としての tube「ブラウン管」の使用により、the tube「テレビ（セット）」という表現は、1960年代から使われはじめた。couch potato「カウチポテト（ソファに座ってテレビばかり見る怠け者）」という表現を tube（= tuber「ポテト〈塊茎〉に由来）と関連づける者もいる。次のような表現もある。down the tube「水の泡になって、駄目になって」は、1960年代に現れた。医学の分野における have one's tubes tied「女性が卵管結紮らんかんけっさつによる避妊手術を受ける」は、1970年代から記録されている。関連語の **tubular**形「チューブ・管状の」は17世紀後半に遡り、これはラテン語 tubulus「小さい管」に基づく。

tuber [17世紀半ば]名（ジャガイモなどの）塊茎、【解剖】隆起：

文字通りには「こぶ、膨れ、隆起」を意味するラテン語から入った。

tuck [古英語]動ぐいと引っ張る、まくり上げる、詰め込む、《俗語》たらふく食う；名織物のひだ、縫い上げ、【海事】船尾突出部下方（両側の外板が出合う所）、《俗語》ごちそう：

古英語 tūcian は「罰する、虐待する」を意味した。中英語期に中オランダ語 tucken「ぐいと引っ張る」によって影響された。中英語では「引っ張る、（香草もしくは果物を）摘み取る」という意味で使われていた。西ゲルマン語起源で、tug「強く引く」と同系である。「ひだ、折り目のしわ」を意味する用法は、15世紀半ばに遡る。
→ TUG

tuft [後期中英語]名（毛髪などの）ふさ；動ふさを付ける：

おそらく古フランス語 tofe に由来するが、語源不詳である。語尾の -t は、-f と -ft の音声の混同の典型である。graft「接ぎ木」の場合も同様である。**tuffet**名「（草などの）ひと塊、ふさ、小山」という語は、16世紀半ばに遡る。これは tuft の変形であ

tug ［中英語］動いちゃつく、強く引っ張る；名弾き具、引き皮、引くこと、争い、《方言》木製馬車、引き船：

tow「牽引、牽引する」の起源に由来する。後期中英語において、名詞は引き具（長柄を支えるために馬の鞍につないだ輪）を指した。tug of war「綱引き」という表現は、17世紀後半から見られる。子供の親権争いの文脈おける tug of love「親権者争い」は、1970年代に現れた。引き船（他の船を引く小型の蒸気船）を意味する用法は、19世紀初頭に遡る。
→ TOW

tuition ［後期中英語］名保護、(個人)授業、《米》授業料、(教える行為としての)教授：

当初は「保管、保護」の意味であった。この語はラテン語 tueri「見る、監視する」から派生した tuitio(n-) を経由してできた古フランス語に由来する。「教授」という現在の意味は、16世紀後半に遡る。

tumble ［中英語］動転ぶ、転げ回る、ひっくり返す；名転倒：

当初の意味は「身体をねじりながら踊る」であった。この語は中低地ドイツ語 tummelen に由来する。古英語 tumbian「踊る」とおそらく同系である。「踊る」の意味はおそらく古フランス語 tomber「落ちる、倒れる」に影響された。名詞は当初「混乱した集団」という意味で使われた。この用法は17世紀半ばに遡る。

tumult ［後期中英語］名騒動、暴動：

ラテン語 tumere「膨らませる、膨れる」から派生した古フランス語 tumulte あるいはラテン語 tumultus に由来する。tumultuous形「騒然とした、動乱の、無秩序の」は16世紀半ばに遡る。これは古フランス語 tumultuous あるいはラテン語 tumultus から派生した tumultuosus に由来する。

tune ［後期中英語］名音声、楽音、曲、調子、気分；動楽音を出す、歌う、調音する：

tune という語は tone「調子、音色、色調」の変形であるが、変化の理由は説明できない。in tune「調和している」や out of tune「調和しない」という比喩的な表現は、15世紀半ばから見られる。他の熟語には、change one's tune「言葉づかい(態度・見解・調子)を変える」(16世紀初頭)、to the tune of「…という多大な額で、…の音楽に合わせて」(17世紀初頭)がある。「音楽で祝う、歌う」という意味の動詞は、15世紀後半においてはじめて使われた。
→ TONE

tunic ［古英語］名チュニック（古代ギリシア・ローマの首から被る衣服、短上着、婦人用上着など)：

古フランス語 tunique もしくはラテン語 tunica に由来する。

tunnel ［後期中英語］名(鳥を捕まえるため)口が広く裾が細くなった網、(煙突の)煙道、トンネル：

「(水鳥を捕まえるための)袋網」および「煙突の煙道」という当初の意味を持っていた。tonne「酒樽」の指小辞語である古フランス語 tonel から来ている。土木の分野における「人工の地下道」という名詞の意味は、だいたい18世紀半ばに遡る。

turban ［16世紀半ば］名ターバン：

ペルシア語 dulband から派生したトルコ語 tülbent に由来し、フランス語を経由して英語に入ってきた。

turbine ［19世紀半ば］名タービン：

ラテン語 turbo, turbin-「こま、回転」から派生したフランス語から来ている。

turbulence ［後期中英語］名騒乱、大荒れ：

古フランス語もしくは後期ラテン語 turbulentus「大興奮、大騒動」から派生した turbulentia に由来する。turbulentus から同時期に turbulent形「騒動を起こす、(波風などが)荒れ狂う」が生じた。元はラテン語 turba「群衆」である。

tureen [18世紀半ば]**名**蓋付きの深皿・壺：

当初の語 *terrine* の変形であり、フランス語 *terrine* に由来する。*terrine* はラテン語 *terra*「大地、地球」に基づく古フランス語 *terrin*「土で作った、陶製の」(ゆえに「陶製の容器」) の女性形である。

turf [古英語]**名**芝土、芝生、(燃料用の) 泥炭_{でんたん}の塊、競馬場、《口語》競馬、《米俗》(ギャングなど) 縄張り：

ゲルマン語起源で、オランダ語 *turf* やドイツ語 *Torf*「泥炭」と同系である。これらはサンスクリット語 *darbha*「草むら」に共通するインド=ヨーロッパ語の語根に由来する。18世紀半ばから口語で競馬を指すようになった。次の表現がある。■ turf war**名**「縄張り争い」は1970年代に遡る。これは turf「(くだけた意味で) 縄張り」の war「争い」という考えに由来する。元々は例えば、街のチンピラや犯罪者によって支配されていた地域を指していた。

turgid [17世紀初頭]**形**腫れ上がった、(文体などが) 誇張した：

turgid river「増水した川」の *turgid* は、ラテン語 *turgere*「膨れる」から派生した *turgidus* に由来する。

turkey [16世紀半ば]**名**シチメンチョウ (七面鳥)：

turkeycock「七面鳥の雄」もしくは *turkeyhen*「七面鳥の雌」の略である。元々は (トルコを通じてヨーロッパに輸入された) ホロホロチョウを指し、その後誤って七面鳥を指すようになった。

turmoil [16世紀初頭]**動**騒がす、悩ます、《方言》あくせく働く；**名**騒ぎ、苦難：

語源不詳である。フランス語に対応する語はないが、古フランス語 *tremouille* や現代フランス語 *trémie (de moulin)*「粉ひき器」とのつながりを示唆する者もいる。

turn [古英語]**動**回転する・させる、変わる・変える、向ける、向きを変える；**名**回転、順番、転換、変化：

古英語の動詞 *tyrnan, turnian* はギリシア語 *tornos*「旋盤、円運動」に基づくラテン語 *tornare* に由来する。おそらく中英語において、古フランス語 *turner* によって綴りを改められた。中英語に記録されている名詞は、アングロノルマンフランス語 *tourn* とその動詞に部分的に由来する。「順番」という演劇用語としての用法は、18世紀初頭から見られる。次のような表現は16世紀後半で現れる。in *turn*(s)「順番に」、in one's *turn*「自分の番になって」、at every *turn*「いたる所で・に、事あるごとに、いつも」(シェイクスピア『夏の夜の夢』*A Midsummer Night's Dream*, III. i. 112-117：I'll lead you about a Round, *Through* bogge, through bush, through brake, ... And neigh, and barke, and grunt, ... Like horse, hound, hog ... at every turn「てんてこまいをさせてやろう、沼地を通り抜け、藪を通り抜け、茂みを通り抜け、…馬、犬、豚のように、それぞれ順番に、いななき、ほえ、うなってやろう」)。*turn and turn about*「代わる代わる、交代で」は、17世紀半ばに現れた。on the *turn*「変わり目で、転機になって」は、19世紀半ばに現れた。*speak out of turn*「順番を無視して話す」は、19世紀後半に現れた。

turret [中英語]**名**(建物に付属した) 小塔：

古フランス語 *tour*「塔」の指小辞語 *tourete* に由来する。

tusk [古英語]**名**(ゾウ・イノシシなどの) 牙：

古英語 *tux* は同時期に用いられた古英語 *tusc* の異形である。*tusc* の綴りは *tush* となった。*tush* は今では古語であり、方言にだけ見られる。

tussle [後期中英語]**動**荒っぽく引く・伸ばす、互いに組み合って争う；**名**互いに組み合って争うこと：

当初はスコットランド語と北部英語 (方

言）であった。tussle はおそらくその方言の指小辞語 touse「乱暴に扱う」である。

tutor [後期中英語] 名 (未成年の) 後見人、家庭教師、(オックスフォード、ケンブリッジおよびダブリン大学の) チューター；動 指導する、抑制する：

tueri「見守る、監視する」から派生した古フランス語 tutour もしくはラテン語 tutor に由来する。**tutorial** 形「後見人の、家庭・個人教師の、(大学の指導教官による) 個別指導期間」(ラテン語 tutorius に基づく) という語は、18世紀初頭に遡る。この当時は法定後見人の責任との関連で使われた。「(大学の指導教官による) 個別指導期間」という名詞用法は、1920年代から見られる。

twaddle [18世紀後半] 名 無駄口；動 無駄口をたたく：

「ばかげたこと」を意味するこの語は、当初の語形 twattle の変形である。動詞形は1573年から、名詞形は1639年から知られているが、語源不詳である。

tweak [17世紀初頭] 動 ぐいと引く：

おそらく方言 twick「ぐいと引っ張る」の変形である。
→ TWITCH

twee [20世紀初頭] 形 とても小さい、きゃしゃな、おいしい：

この語は子供による sweet の発音を表している。

tweezers [17世紀半ば] 名 毛抜き：

廃語 tweeze「外科用器具の入れ物」の拡張形である。tweeze は etui「小箱」(フランス語) の複数形 etweese の頭音消失である。**tweeze** 動「…をピンセットで抜く」は、1930年代に遡る。これは tweezer からの逆成 (接尾辞の除去) である。

twiddle [16世紀半ば] 動 もてあそぶ、(指などを) ひねり回す：

当初の意味は「いじくりまわす」であった。fiddle「いじくる」によって表される些細な動作のイメージと twirl「クルクル回る」もしくは twist「ねじる」のイメージを組み合わせた擬態語と思われる。twiddle one's thumbs「両手の指を組んで親指同士をくるくる回す、(暇なので) のんびりしている」という熟語は、19世紀半ばに遡る。

twig [古英語] 名 小枝；動《俗語》理解する：

古英語 twigge はゲルマン語起源であり、オランダ語 twijg やドイツ語 Zweig「枝」と同系である。また、twain「2つ (の)」(古英語 twegen) と two「2」(古英語 twā) とも同系である。俗語の動詞 twig「…を理解する」(18世紀半ば) の由来は不詳である。

twilight [後期中英語] 名 (日没後の) 薄暮はく、(日出前・日没後の) 薄明かり、薄明期：

twilight の最初の要素は、古英語 twi-「2つの」に由来する。この要素は twilight のぼんやりした意味を表すものとして使われている。中高地ドイツ語 zwischenliecht「(日光と月光の) 2つの光が交錯する」も同じ意味で使われている。

twill [中英語] 名 あや織：

スコットランド語と北部英語の異形 twilly に由来する。twilly は英語 twi-「2つの」に由来し、ラテン語 bilix「2つの糸で織った」との関連も示唆されている。**tweed** [19世紀半ば] 名「ツイード、ツイード服地、ツイードの服」は、元々 tweel の読み誤りである。tweel は twill のスコットランド語の形で、Tweed「ツイード川」という語形に影響された。

twin [後期古英語] 形 2倍・2重の、対を成す (片方の)；名 双子、【天文・占星】双子座、双子の1人；動 (2つのものを) 結びつける、双子を産む、双子として生まれる：

twi-「2つの」に由来する後期古英語 twinn は、「2倍・2重の」を意味した。古ノルド語 tvinnr と同系である。現在の動詞の意味は、後期中英語に遡る。

twine ［古英語］图撚より糸；動糸を撚る、巻き付く、絡ませる：

古英語 *twīn* は「糸、亜麻糸」であった。ゲルマン語起源の *twi-*「2つの」に由来し、オランダ語 *twijn* と同系である。

twinge ［古英語］動《方言》つねる、ずきずき痛ませる；图つねること、刺すような痛み、(心の) 苦痛：

ゲルマン語起源で、古英語 *twengan* は「つねる、絞る」を意味した。名詞は16世紀半ばに遡る。

twinkle ［古英語］動ぴかぴか光る、瞬きする；图瞬き、ぴかぴか光ること：

古英語の動詞 *twinclian* はゲルマン語起源である。in a *twinkle*「あっという間に、瞬く間に」と in the *twinkle* of an eye「瞬く間に、瞬間に」は、16世紀後半に遡る (マーロウ『マルタ島のユダヤ人』*Jew of Malta*: Vanish, and return in a *twinkle*「すぐに失せろ」)。

twirl ［16世紀後半］動クルクル回る、クルクル回す、(指などを) いじり回す：

おそらく古形 *trill*「クルクル回す、回転する」の異形 *tirl* の変形 (*whirl*「回転、渦」との関連による) である。

twist ［古英語］動分岐する、ねじる、撚り合わせる、紡いで (糸を) 引き出す；图分かれたもの・部分、撚り糸、(軸を中心にした) 回転：

ゲルマン語起源で、おそらく twin「双子」と twine「撚り糸」と同系である。現在の動詞の意味は、後期中英語に遡る。**twizzle**動「クルクル回す」は18世紀後半に遡る。twizzle はおそらく *twist* によって影響された擬音語である。
→ TWIN; TWINE

twitch ［中英語］動ぐいと引く、《俗語》執拗に珍しい鳥を見つける：

ゲルマン語起源であり、古英語 *twiccian*「引き寄せる、急に引っ張る」に関連する。20世紀後半から、この語は「執拗に珍しい鳥を見つける」という意味の俗語として使われている。

tycoon ［19世紀半ば］图大君〈たいくん〉、将軍、《口語》大立物：

日本語「大君」に由来する。

type ［15世紀後半］图活字、典型、型；動タイプライターで打つ：

当初の意味は「象徴」であった。ギリシア語 *tuptein*「打つ、ぶつける」から派生した *tupos*「(押し付けてできる) 跡・形・型」を経由してできたフランス語もしくはラテン語 *typus* に由来する。印刷におけるこの語の使用は、18世紀初頭に遡る。「典型」という一般的な意味は、18世紀半ばに生じた。関連語の **typical** ［17世紀初頭］形「特徴的な、典型的な」は、中世ラテン語 *typicalis* から。*typicalis* はギリシア語 *tupos* から派生した *tupikos* がラテン語を経由してできた。**typify** ［17世紀半ば］動「…の象徴となる、…典型となる」は、ラテン語 *typus* に基づく。

typhoon ［16世紀後半］图台風：

アラビア語 *tūfān* (おそらくギリシア語 *tuphōn*「旋風、つむじ風」に由来) に由来し、一時ポルトガル語を経由して英語に入った。中国語の方言 *tai fung*「大風」によって綴りを改められた。

tyrant ［中英語］图専制君主・暴君、(ギリシアの) 僭主〈せんしゅ〉：

tyrant はギリシア語 *turannos* が基になったラテン語に由来し、古フランス語から入った。この語幹は、ラテン語 *turannus* が基になった後期ラテン語 *tyrannia* に由来する古フランス語 *tyrannie* から入った。**tyranny** ［後期中英語］图「専制」の語幹と同じである。

tyre ［15世紀後半］图タイヤ、(車の) 輪金：

当初は、車輪を覆っていた鉄の輪を指す語だった。この語はおそらく古語 *tire* の異形である。*tire* は attire「(人) に衣装を着ける」の頭音消失である。これはタイヤが車輪につける「衣装」であることを表している。

U u

ubiquitous [19世紀半ば]形(同時に)至るところにある、偏在する、ユビキタス(いつでもどこでも必要な情報をネットワークを通してひきだせる環境):
　ubi「場所」に由来するラテン語 *ubique*「至るところ」が基になった近代ラテン語 *ubiquitas*「至るところに」から入った語である。

udder [古英語]名(牛、羊、山羊などの垂れた)乳房、乳首:
　古英語 *uder*「垂れた乳房」は西ゲルマン語起源の言葉で、オランダ語 *uier* およびドイツ語 *Euter*「乳房」と同系である。

ugly [中英語]形おそろしい、邪悪な、醜い、見苦しい、いやな、物騒な:
　ugga「恐れる」に由来する古ノルド語 *uggligr*「恐れられている」から入った語で、元の意味は、人や物体など見られる側の外観ではなく、見る側の主観的な印象に基づいていた。*ugly* duckling とは、醜いと思われていた人物が後に突如美しくなることを意味する表現で、ハンス・クリスチャン・アンデルセンによる童話のタイトルに由来する。醜いアヒルの子が美しい白鳥になるというこの話は、1846年に英語に翻訳された。

ukulele [19世紀後半]名ウクレレ(ハワイの小型の四弦楽器):
　文字通り「飛び跳ねるノミ」を意味するハワイ語がそのまま英語に入った。ウクレレは、1879年頃にポルトガルからハワイに持ち込まれた楽器から発達した。

ulcer [後期中英語]名潰瘍、弊害:
　ラテン語 *ulcus, ulcer-* から入った語である。「病根、弊害、(道徳的)汚点」を意味する比喩的用法は16世紀後半になってから使われはじめた。**ulcerate** [後期中英語]動「潰瘍になる、(道徳的に)腐敗させる」は、ラテン語 *ulcerare*「潰瘍になる」に由来する。

ulterior [17世紀半ば]形隠された:
　「さらに遠い」を意味するラテン語から入った語である。「隠された」(例:*ulterior* motive「隠された動機」など)という意味は18世紀初頭に遡る。

ultimate [17世紀半ば]形究極の、根本的な:
　後期ラテン語 *ultimare*「終わる」の過去分詞 *ultimatus* から入った語である。「究極」を意味する成句的用法 the *ultimate*(例:the *ultimate* in fashion「流行の極み」)は17世紀後半に遡る。**ultimatum**名「最後通告、最後通牒」の初出は18世紀半ばで、後期ラテン語の中性名詞形 *ultimatus* が、中世ラテン語の「最後の」、「完成した」という意味で英語に入った。

umbilical [16世紀半ば]形へその、臍帯の:
　フランス語 *ombilical*、およびラテン語 *umbilicus* に由来する。宇宙航行学の分野における「(宇宙船と宇宙飛行士とを結ぶ)命綱」という意味 (*umbilical* pipe, *umbilical* connection) は1940年代から使われはじめた。

umbrage [後期中英語]名不快感、立腹、ひがみ:
　ラテン語 *umbra*「影」が古フランス語 *ombrage* を経て英語に入った(17世紀初頭にイタリア語から入った umbrella「雨傘」も *umbra* に由来する)。当初の意味は「おぼろげな姿」で、ここから「疑惑」という意味が生じ、さらに She took *umbrage* at the comment「彼女はその論評に立腹した」に見られるような「立腹」という現在の意味が生じた。

umpire [後期中英語]名仲裁者、裁定人、

審判員：

当初の綴りはnoumpere「仲裁者」で、古フランス語nonper「対等でない人」から入った語である（ミルトン『失楽園』Paradise Lost：Chaos umpire sits And by decision more embroils the fray By which he reigns; next him high arbiter Chance governs all「無秩序な仲裁者が座り、決定によってさらに争いが紛糾し、それによって彼は支配する。その次は彼を上回る仲裁人がすべてを支配する」）。初期の綴りに見られるnは、a noumpereの異分析（誤って区切られること）によって失われた。ちなみに、ある種のヘビを指すnadderも a nadderが an adderと誤解されたため現在のadderに至っている。18世紀初頭になるとumpireはテニスなどのスポーツ用語として用いられるようになった。

umpteen [20世紀初頭]形《俗語》数え切れないほどの、無数の：

-teenで終わる数の戯言的造語である。19世紀後半には、umpty「しかじかの」という語がtwenty, thirtyなどにならい不特定の数を表していた。

語形成

1. 接頭辞un-（古英語。ゲルマン語から発達。語源は、ラテン語in-およびギリシア語aと同じくインド＝ヨーロッパ語）は次のような意味を加える。
■「否定」を表す [unacademic]「学問的でない」、[unrepeatable]「繰り返せない」
■「逆」（肯定的または否定的な概念を伴う）を表す [unselfish]「没我的な、利他的な」、[unprepossessing]「印象のよくない」
■「欠如」を表す [unrest]「不安、不穏」
2. 接頭辞un-（古英語un-, on-。ゲルマン語から発達。同系語にオランダ語ont-およびドイツ語ent-がある）は次のような意味を加える。
■「取り消し」、「逆転、反転」を表す [untie]「（結んだものなどを）ほどく」
■「分離」、「削減」を表す [unmask]「仮面をはぐ、暴露する」、[unman]「女々しくする、去勢する」
■「解放、解除」を表す [unburden]「荷を降ろす」

---

unanimous [17世紀初頭]形満場一致の：

unus「1つ」とanimus「心」からなるラテン語unanimusが、「同意見の」という意味で英語に入った語である。

unbeknown [17世紀半ば]形《口語》未知の：

「周知の」を意味する古語beknownに「否定」を表す接頭辞un-が付されて生まれた語である。

uncanny [16世紀後半]形うす気味悪い、不思議な：

元は「神秘的な，悪意のある」を意味するスコットランド語である。接頭辞un-「否定」と、16世紀後半の（元はスコットランド語の）形容詞canny「理解できる」からなる。
→ CAN¹

uncle [中英語]名おじ：

ラテン語avunculus「母方の兄弟」の変形の後期ラテン語aunculusが、古フランス語oncleを経て入った。方言のnuncleは16世紀後半のuncleの異形である（ドライデン『野生の色男』Wild Gallant：Alas, alas poor Nuncle!「ああ、なんと哀れなおじ上！」）。uncleは1920年代に、BBCラジオにおいて男性のアナウンサーや子供向け番組の講談師を指す語として用いられた。

uncouth [古英語]形洗練されていない、粗野な：

古英語uncuthは「知られていない」という意味で、接頭辞un-「…でない」とcuth（cunnan「知っている、…できる」の過去分詞）からなる。言葉などが「ぎこちない、洗練されていない」という意味は17世紀後半に遡る。また、「礼儀を知らない、粗野な」という意味は18世紀半ばに遡る。

unction [後期中英語][名]塗油(式)、膏薬、宗教的熱情:

ラテン語 unguere「聖油で清める」に由来する語 unctio(n-) を経て入った語である。ローマ・カトリック教会でいうところの extreme unction は、終油の秘跡(臨終の時に聖油を塗ること)をいう。unction は、宗教的熱情と、精霊を「すり込む」との類推から「宗教的熱情の顕示」(例:clerical unction「〈うわべだけの〉牧師の熱情」)という意味で使われることもある。この用法は自己満足を連想させ、軽蔑的な含みを持つようになった。後期中英語 unctuous「油質の、油の多い、お世辞たらたらの」(ラテン語 unctus「塗油」から派生した中世ラテン語 unctuosus から入った語)もラテン語の動詞 unguere に由来し、当初は「油ぎった、軟膏のような」という意味であった。これと同時期の語で同じくラテン語の動詞 unguere に由来するものに、ラテン語 unguentum を経て入った unguent「軟膏」がある。

under [古英語][前]…の下に、…の支配のもとに;[形]下の、劣った;[副]下に、下へ:

ゲルマン語起源の under は、オランダ語 onder およびドイツ語 unter「下に」と同系で、多くの語を生んだ。古英語に遡る語に、「下を掘る」という意味で初出の undergan (=undergo)、「支配下にある」という意味で初出の underhand「下手投げの、秘密の、目立たない」、underlecgan (=underlay「下に置いて支える」)、「従属する」という意味で初出の underlicgan (=underlie「従属する、下にある」)、underneothan (=underneath「下に」)、understandan (=understand「理解する」)がある。

undermine [中英語][動](権威・立場などを)危うくする、おびやかす、くじく、下から掘り起こす、土台を削り取る:

おそらく中オランダ語 ondermineren に由来する。後期中英語には「ひそかに傷つける」という意味の比喩的用法が現れ (undermine him with their carefully-worded arguments「言葉を練った議論によって彼の権威を危うくする」、16世紀半ばには「おびやかす、くじく」という意味で用いられるようになった (undermined their faith「彼らの信頼を失墜させた」)。

underwhelm [1950年代][動]…の興味を引き起こさない、失望させる:

underwhelm (under と whelm からなる) は overwhelm「圧倒する、くじく」の影響により生じた語である。

undulate [17世紀半ば][動](水面・草原などが)波のように動く:

ラテン語 unda「波」に由来する後期ラテン語 undulatus から入った語である。

ungainly [17世紀半ば][形]不格好な、見苦しい、ぎこちない、扱いにくい:

古ノルド語 gegn「まっすぐな」に由来し、接頭辞 un-「…でない」と、廃語の方言 gainly「優美な」からなる。

uniformity [後期中英語][名]一様、同様、均一性:

ラテン語 uniformis「同一形」が、古フランス語 uniformite または後期ラテン語 uniformitas を経て入った語である。uniform [16世紀半ば][名]「制服」はフランス語 uniforme またはラテン語 uniformis から入った語である。uniform が「制服」を指すようになるのは、18世紀半ばである。

unique [17世紀初頭][形]唯一の、無比の、独自の、《口語》珍しい、すばらしい:

unus「1」から派生したラテン語 unicus が、フランス語 unique を経て入った語である。厳密には really, quite, very などの副詞による修飾は許されないが、「すばらしい、珍しい」という意味で使われる場合は、許される(例:a really unique opportunity「またとない機会」)。

unison [後期中英語][名]【音楽】斉唱、一

致、調和：

ラテン語 uni-「単一の」と sonus「音」から派生したこの語は、古フランス語 unison または後期ラテン語 unisonus を経て入った語である。元は音楽や音響学の専門用語（「同音」、「同度」）であった。成句 in union「いっせいに、斉唱で、斉奏で」は17世紀初頭に遡る。

unity ［中英語］名 単一（性）、統一（性）、まとまり、調和：

ラテン語 unus「1」を語源とする語がいくつかある。unity は、ラテン語 unitas「単一であること」が古フランス語 unite を経て入った語である。unite ［後期中英語］動「一体にする、1つになる」は、ラテン語 unit-（unire「合同する」の過去分詞の語幹部分）に由来する。17世紀後半に現れた three unities「（時、場所、行動の）三一致」は、アリストテレスの『詩学』に由来しフランス古典派が提唱した、「戯曲を創作する上での法則（1つの劇においては、1つの行為が1つの場所で、1日のうちに完結しなければならない）」をいう。union ［後期中英語］名「結合、連合、結婚、連盟」は、古フランス語または教会ラテン語 unio(n-)「単一性、一致」から入った語で、「組合」という意味（例：trade union「労働組合」）は17世紀半ばに遡る。unify ［16世紀初頭］動「1つにする」は、フランス語 unifier または後期ラテン語 unificare「統一体にする」から入った語である。16世紀後半に数学用語として初出した unit 名「（数の）1、単位」も unus に由来する語で、un(ity) と (dig)it からなる混成語であるという説がある。

university ［中英語］名（単科大学特別して）総合大学：

ラテン語 universitas（「全体」という意味で、後期ラテン語で「共同体」という意味が生じた）が古フランス語 universite を経て入った語である。当初は「高等教育における専門的知識を教授することを目的とした、教師と学生が一体となった組織」を指していた。語源は uni-「1つ」と versus「向けられた」（vertere の過去分詞）からなるラテン語 universus「1つに統合された」である。同語源語に後期中英語の universe 名「普遍、宇宙、（人間の住む）世界」（ラテン語 universus の中性形 universum から入った語）、および同じく後期中英語の universal 形「普遍的な、万人の、全世界の、万能の」（古フランス語、またはラテン語 universalis から入った語）がある。「宇宙」を意味する the universe は、16世紀後半に初出した。

unkempt ［後期中英語］形 だらしない、（髪が）櫛を入れていない：

古体 kemb の過去分詞 kempt「櫛でとかした」より派生した語で、comb と同系（kemben に由来する）である。接頭辞 un- は「…でない」という意味である。
→ COMB

unless ［後期中英語］接 …でない限り、もし…でなければ；前 …を除いては：

元は in less または on less であったが、前置詞には強勢がないことから unless に同化した。

unlike ［中英語］形 似ていない；形 似てない；前 …と違って：

元は古ノルド語 ulikr の変形で、古英語 ungelic「似ていない」とは同系と見られる。

unruly ［後期中英語］形 手に負えない、荒々しい、（物が）場所に収まりにくい：

接頭辞 un-「…でない」と、「規則を守る、従順な」を意味する古語 ruly（rule の形容詞）からなる。
→ RULE

until ［中英語］前 …まで；接 …するまで：

古ノルド語 und「…まで」と till「…まで」から派生している。それゆえ英語 until は類義の重複である。中英語 unto《古語》…の方へ、…まで」は、until の til（北部方言で 'to' と同義）が to に置き換わった語である。

untold ［古英語］形 語られない、明かさ

れていない、数え切れない、口で言い表せないほどの、測り知れない：

古英語 unteald は「数えられていない、明らかにされていない」という意味であった。後期中英語期に「数えられない、測り知れない」(例：untold suffering「言葉にならない、言いようのない苦しみ」) を意味するようになった。

untrue [古英語]形真実でない、不正な、不実な：

古英語 untreowe は「不実な」という意味であった。「真実でない」という意味は中英語に見られる。**untruth**名「不誠実、虚偽、嘘（古英語では untreowth)」は、当初は「不誠実」という意味であった。

unwieldy [後期中英語]形不恰好な、扱いにくい、見苦しい：

当初の意味は「弱い」であった。接頭辞 un-「…でない」と、wieldy「敏捷な（今は廃語)」からなり、16世紀後半から「不恰好な」を意味するようになった。

up [古英語]副（低い位置から) 上の方へ・に、向かって、近づいて；形上方への；前…の上へ、…の上に：

ゲルマン語起源の古英語 up(p), uppe はオランダ語 op やドイツ語 auf「…の上に」と同系である。up の連結形に以下がある **upward**副形「上の方へ、上方への」（古英語は upweard(es))、**upon** [中英語]前「= on (古ノルド語 uppa の影響を受けた)」、**upper** [中英語]形「(場所・位置など) 上の方の」、**uppity** [19世紀後半]形「思い上がった（妙な成り立ちである)」。また、複合語に以下がある：
■ **upper case**「大文字、大文字活字ケース」は、**lower case**「小文字活字、小文字活字ケース」とともに元は印刷用語で、植字工から離れた上段の方に大文字活字が、手近な下段の方に小文字活字が収められていたことに由来する。

upbraid [後期古英語]動あら探しをする、咎める：

後期古英語 upbredan は「証拠として挙げる」という意味であった。up-（強意) と braid「振りかざす、露骨に、無遠慮に（今では廃語)」からなるこの語は、何かを高く掲げ公然と非難する様を思わせる。現在の「咎める」という意味は中英語に遡る。

upbringing [15世紀後半]名教育、(子供の) しつけ：

（今では廃語の) 中英語の動詞 upbring「養育する」が基になっている。

upholsterer [17世紀初頭]名室内装飾師・業者：

uphold「修理する（今では廃語)」に由来し、廃語の名詞 upholster「競売人、小売商人」を経て生まれた語である。upholsterer から逆成された（接尾辞 -er の欠落による) **upholster**動「室内装飾を施す、覆いを付ける」は19世紀半ばに遡る。

upright [古英語]形直立した、まっすぐな、高潔な；名直立状態；副まっすぐに、直立して：

古英語 upriht はオランダ語 oprecht やドイツ語 aufrecht「まっすぐな」と同系である。「高潔な」（例：upright citizen「高潔な市民」) という意味は16世紀半ばに遡る。

uproar [16世紀初頭]名騒動、喧噪、騒音：

中オランダ語の、op「上」と、英語 roar と同系の roer「混乱」からなる uproer から入った語である。当初は「反乱、暴動」を意味し、やがて「喧噪」の意が生じた。

upside down [中英語]副さかさまに、ひっくり返って：

元は up so down で、「下向きであるかのように上向きに」という意味であった。

urbane [16世紀半ば]形あか抜けした、都会風の：

当初は「都市の」という意味で、フランス語 urbain またはラテン語 urbanus「都会の」から入った語である。17世紀初頭の

urban「都市の」もラテン語 urbanus から入った語である。urbanus は「都市」を意味するラテン語 urbs, urg- から派生した語である。

urchin ［中英語］图いたずら小僧、わんぱく、(ハリネズミに化けるという)小鬼：

当初の hirchon, urchon「ハリネズミ」は、ラテン語 hericius「ハリネズミ」から派生した北部古フランス語 herichon から入った語である。urchin は中英語で「ハリネズミ」を指したが、現在は廃語である。16世紀半ばに浮浪児を指すようになった。複合語 sea urchin は「ウニ属」の総称である。この語はギリシア語 ekhinos「ハリネズミ」に由来するが、これは体表に棘をもつ動物の類推による。

urgent ［15世紀後半］形さし迫った、緊急の、しつこい：

古フランス語から入った語で、ラテン語 urgere「迫る」の現在分詞の語幹 urgent- に由来する。16世紀半ばの動詞 urge「強く主張する、しきりに促す、駆り立てる、刺激する」は、urgere に基づく。

urn ［後期中英語］图壺、骨壺、コーヒー・紅茶沸かし：

ラテン語 urna「水をくみ上げるかめ」から入った語で、urna とラテン語 urceus「水差し」は同系である。当初は「骨壺」を指したが、18世紀後半になってコーヒー・紅茶沸かしを指すようになった。

us ［古英語］代私たちを、私たちに：

古英語 us は we の対格および与格で、オランダ語 ons やドイツ語 uns「私たちを・に」と同系である。一般人と権力者を対比していう us and them「我々（庶民）と（社会・組織の）上の人たち、私たち庶民と金持ち（有力者）」は1940年代に遡る。

usage ［中英語］图(言語の)慣用法・語法、慣習：

ラテン語 usus「使用」(ラテン語 uti「使う」から派生)は、usage、および動詞 use「使用する」、形容詞 usual「いつもの、普通の」の基になった語である。usage は古フランス語 us「使用」と age「過程・結果」からなる usage が英語に直接入った語で、当初の意味は「慣習」であった。中英語の名詞 use「使用」は古フランス語 us から、動詞 use は古フランス語 user から入った語で、ともにラテン語 uti に由来する。後に（後期中英語）肯定的な「活用する、雇用する」という意味や否定的な「利用・悪用する、操る」という意味が生じた。後期中英語 usual は古フランス語 usual、または後期ラテン語 usualis から入った語である。

usher ［後期中英語］图案内係、新郎付き添いの男性；動…の案内役を勤める：

元は「門衛」を意味した。ラテン語 ostium「ドア、門口」から派生した ostiarius「門衛」が、中世ラテン語 ustiarius、アングロノルマンフランス語 usser を経て入った語である。広義には法廷などの「座席案内係」を指すこともあったが、16世紀初頭から「助教師」を指すようになり、またアメリカ英語では19世紀後半より「新郎付添いの男性」を指すようになった。動詞 usher は16世紀後半に遡る。

usurp ［中英語］動(権利・特権などを)不法に用いる、横領する、侵害する：

当初は「(権利・特権などを)不法に用いる」という意味であった。ラテン語 usurpare「不法に占有する」が、古フランス語 usurper を経て入った語である。

usury ［中英語］图高利(貸)、利息：

ラテン語 usura「使用、利益」が、アングロノルマンフランス語 usurie、または中世ラテン語 usuria を経て入った語である。語源はラテン語 usus「利用法」である。中英語 usurer「高利貸し」は、ラテン語 usura が、古フランス語 usure、さらにアングロノルマンフランス語を経て入った語である。
→ USAGE

utensil ［後期中英語］图(集合的に)家庭

用品、道具：

元は家庭用品全般を指す語であった。語源のラテン語 *uti*「用いる」から派生した *utensilis*「使用に適した」の中性形にあたる中世ラテン語 *utensile* が古フランス語 *utensile* を経て入った語である。

utility ［中英語後期］图有用性、役に立つこと、役に立つもの：

ラテン語 *utilis*「役に立つ」から派生した *utilitas* が古フランス語 *utilite* を経て入った語である。1540〜1650年にかけて、また1755年頃から「役に立つこと」という意味で用いられるのが一般的になった。**utilize** ［19世紀初頭］動「利用する」は、ラテン語 *utilem* に由来する *utile*「役に立つ」が基になったイタリア語 *utilizzare* がフランス語 *utiliser* を経て入った語である。

utmost ［古英語］形最大の、最高の、最後の；图最大限、極限、最高、最大；

古英語 *ut(e)mest* は「最も遠くにある」という意味であった（スペンサー『妖精の女王』*Faerie Queene*：Corineus had that Province utmost west To him assigned「コリネウスは彼に割り当てられた最も遠く離れた西の地方を得た」）。「最大限」を意味する one's *utmost* は17世紀初頭に遡る。

Utopia ［16世紀半ば］ユートピア、理想郷：

サー・トマス・モアの『ユートピア』*Utopia*（1516年）に描かれた空想の島の名で、そこに描かれているのは申し分のない社会・法・政治の制度を享受する理想郷である。ギリシア語 *ou*「…ない」と *topos*「場所」からなる語で「どこにもない場所」が原義。

utter¹ ［古英語］形まったくの、徹底的な、無条件の：

「外の」を意味する古英語 *utera, uttra* は *ut*「外の」の比較級で、この意味は1400〜1620年に多用されている（ミルトン『失楽園』*Paradise Lost*：Drive them out From all Heav'ns bounds into the *utter* Deep「彼らを天国から外の海原へ追放せよ」）。「徹底的な、まったくの」という意味は1515年頃から一般化した（シェイクスピア『ヘンリー六世 第1部』*Henry VI* Part 1, V. iv. 112：The *utter* loss of all the realme「王国のすべてを完全に失った」）。
→ OUT

utter² ［後期中英語］発言する、（音を）発する、口をきく、話す：

uttered a whispered sound の *utter* は中オランダ語 *uteren*「話す、知らせる」、「(貨幣などを) 流通させる」に由来する。当初は「(品物を) 市場に出す、売る」（今では廃語）を意味し、後に「法貨（法定通貨）を流通させる」や「(本などを) 出版する」という意味になった。原義は「外に出す」で、ここから「発言する」という意味が生じた。

V v

vacant ［中英語］形 空の、空いている、空席の、うつろな、ぼんやりした：

古フランス語またはラテン語 vacant- に由来し、vacare「空である、空いている、空ける」の現在分詞の語幹である。「うつろな、ぼんやりした」という意味は18世紀初頭から見られる。ラテン語 vacare は vacation［後期中英語］名「仕事がないこと」(古フランス語またはラテン語 vacatio(n-) に由来) や vacate ［17世紀半ば］動「空にする」の起源にもなった。vacate は当初「無効にする、取り消す」(vacating all grants of property「総資産の譲与を無効にする」) を意味する法律用語や「効果をなくす」という意味でも用いられたが、後者の意味は現在では廃れている。

vaccine ［18世紀後半］名 痘苗とうびょう、ワクチン：

ラテン語 vaccinus に由来し、元は vacca「雌牛」である。天然痘てんねんとうに対する牛痘ぎゅうとうウイルスの意で用いられたのはこのためである。

vacillate ［16世紀半ば］動 (物が) ぐらぐらする、(心・考えなどが) ぐらつく、揺れ動く：

当初の意味は「不安定に揺れる」で、ラテン語 vacillare「揺れる」に由来する。「(心・考えなどが) ぐらつく」という意味は17世紀初頭から。

vacuum ［16世紀半ば］名 真空、空虚、空白；動 (電気掃除機で) 掃除をする：

ラテン語 vacuus「空の」の中性形であり、17世紀半ばに生じた vacuus 形「空虚な、間の抜けた」も同じ派生である。この語は当初「意味がない」を意味した。知性の欠如に関わる意味は19世紀半ばから (サッカレー『俗物の書』Book of Snobs: A vacuous, solemn ... Snob「愚かしい、しかつめらしい…俗物」)。

vagabond ［中英語］名 浮浪者、放浪者；形 放浪する、さすらいの：

当初は「浮浪者、住所不定の者」の意味であった。古フランス語またはラテン語 vagabundus に由来し、元は vagari「歩き回る」である。「悪漢、ごろつき」という意味が加わったのは17世紀後半から (ディケンズ『ドンビー父子』Dombey and Son: No young vagabond could be brought to bear its contemplation for one moment「若いならず者などに、それについて一瞬でも考えさせることなどは不可能だった」)。

vagary ［16世紀後半］名 とっぴな考え、気まぐれ、予想のつかない変転：

当初は「放浪する」という意味であった。ラテン語 vagari「歩き回る」に由来する。名詞用法で「歩き回ること、散歩」を意味し、後に言葉に対して使われたり (wordy vagary「話の脱線」)、変化に対して使われたりした (vagaries of the weather「気まぐれな天気」)。

vagrant ［後期中英語］名 浮浪者；形 放浪の：

アングロノルマンフランス語 vagarant「歩き回ること」に由来する。元々は動詞 vagrer であり、ラテン語 vagari「歩き回る」と同系である。
→ VAGABOND

vague ［16世紀半ば］形 はっきりしない、ぼんやりした、あいまいな：

フランス語またはラテン語 vagus「取りとめのない、はっきりしない」に由来する。「明確に考える、または、伝達することができない」の意味 (He's so vague in his responses「彼は返答があいまい」) は19世紀初頭に遡る。

vain［中英語］形 むだな、むなしい、価値のないうぬぼれの強い：
当初は「つまらない」を意味した古フランス語を経て、ラテン語 *vanus*「空の、実質のない」に由来する。ラテン語 in *vanum* や古フランス語 *en vein*（後に *en vain*）に対応する成句 in *vain* は古くから見られた。「虚栄心の強い」という意味は17世紀後半から。これは **vainglorious**［15世紀後半］形「うぬぼれの強い」と関連があり、古フランス語 *vaine gloire* やラテン語 *vana gloria* に由来する。**vanity**［中英語］名「うぬぼれ」は古フランス語 *vanite* に由来し、これはラテン語 *vanitas* から来ており、元々は *vanus* である。

valance［後期中英語］名 たれ布、掛け布：
おそらくアングロノルマンフランス語で、古フランス語 *avaler*「下る」の短縮形に由来する。

valediction［17世紀半ば］名 告別、別れの言葉：
benediction「祈禱(きとう)」にならい、ラテン語 *vale*「さようなら」や *dicere*「言うこと」に基づく。

valency［17世紀初頭］名 原始価、結合価：
元は辞書用語で、「力、強さ」を意味し、19世紀半ばから化学の分野で用いられた。後期ラテン語 *valentia*「活力、能力」に由来し、元々は *valere*「丈夫なまたは力強い」である。

valentine［後期中英語］名 バレンタインデーのカード、(聖バレンタインデーの) 恋人：
かつては、恋人または特別な友として選ばれる人を指し、くじで選ばれることもあった。古フランス語 *Valentin*、ラテン語 *Valentinus*、つまり2月14日の祝祭日に関わるイタリアの聖人2人の名前に由来する。

valet［15世紀後半］名 従者、付き人、召使い：
当初は騎手に仕える従僕(じゅうぼく)であった。フランス語に由来し、**vassal**［後期中英語］名「家士、封臣」(中世ラテン語 *vassallus*「召使い」を経てフランス語に由来し、ケルト語起源である) と同系である。**valet**動「従者として仕える」は19世紀半ばに遡り、1930年代に洗濯について (19世紀半ばからは動名詞 valeting が用いられる)、1970年代には洗車について用いられるようになる。関連語として、古フランス語に由来する **varlet**［後期中英語］名「従者」があり、これは valet の異形である。「悪漢」の意味は16世紀半ばに遡る。

valiant［中英語］形 勇敢な、剛勇の、英雄的な；名 勇敢な人：
当初の意味は「頑固な、頑丈な」であった。語源は古フランス語 *vailant* であり、ラテン語 *valere*「丈夫である」に由来する。「勇気」という意味は後期中英語に生まれた。ラテン語の動詞 *valere* は、**valour**［中英語］名「勇気」(古フランス語から来ており、後期ラテン語 *valor* に由来) の語源となり、当初は「人格や地位に基づく価値」を指し、後に (16世紀終わりにかけて)「勇気」を指すようになった。

valid［16世紀後半］形 妥当な、正当な、有効な：
フランス語 *valide* またはラテン語 *validus*「丈夫な」に由来し、元は *valere*「丈夫」である。当初は、法律について用いられ、議論や主張が「確かである」とする意味は17世紀半ばに生まれた。**validate**動「法的に有効にする」は中世ラテン語の動詞 *validare*「法的に有効にする」に由来し、17世紀半ばからこの意味で使われはじめた。

valley［中英語］名 低地、谷 (間)、平地：
古フランス語 *valee* に由来し、ラテン語 *vallis, valles* さらには **vale**［中英語］名「谷」(古フランス語 *val* を経由) に基づいている。

value［中英語］名 価値、価格、値段、評価、

値；[動]評価する：

古フランス語 *valoir*「価値がある」の女性過去分詞形に由来し、元々はラテン語 *valere*「丈夫である」。数学の分野での使用 (*values of x and y*「x と y の値」) は16世紀半ばに遡り、音楽の分野での使用 (*value or length of the breve*「2全音符の歴時、長さ」) は17世紀半ばに遡る。

valve [後期中英語][名]弁、バルブ；[動]弁をつける：

ラテン語 *valva*「ドアの可動部分」に由来し、当初は折戸(おりど)、両開戸(りょうびらきど)の可動部分を表す語であったが、後に (18世紀終わりにかけて) 液体の流れを調節する扉や (バルブの) 弁を表すようになった。解剖学に関する使用 (*heart valve*「心臓弁」) は17世紀初頭から。

vamoose [19世紀半ば][動](…から) 姿をくらます、立ち去る：

「出発する」に関する話し言葉で用いられる、スペイン語 *vamos*「さあ行こう」に由来する。

vamp [中英語][名]つま皮、つぎ、はぎ；[動](靴に) 新しいつま皮をつける、(…を) 繕う、つぎを当てる；

当初「靴下の足の部分」を表す語であったが、最近では (長) 靴の上前部分を言う。*avant*「前に」と *pie*「足」に由来する古フランス語 *avantpie* の短縮形である。ジャズやポップミュージックでは「短い導入的な楽節」を表す語である。動詞として現在使われている音楽の意味「短い一節を繰り返す」は「即興で歌う」(18世紀後半) という一般的な意味から発達した。それ自体、元は「継ぎを当てる」という意味から発達した。

vampire [18世紀半ば][名]吸血鬼、人を食い物にする者：

フランス語、ハンガリー語 *vampir* に由来し、元はおそらくトルコ語 *uber*「魔女」である **vamp**[名]という語は「性的な魅力を使って男を食い物にしようとする女」を指し、20世紀初頭から見られ、*vam-pire* の省略形である。

van [19世紀初頭][名]トラック、バン、手荷物車；[動](…を) バンで運ぶ：

配達、運輸関係の乗り物に関する語で、*caravan*「荷物運搬車」の短縮形であり、時に *caravan* のことを言う。

vandal [16世紀半ば][名](私有財産などの) 心ない破壊者；[動](私有財産などを) 破壊する：

ラテン語 *Vandalus* に由来し、ゲルマン語起源の語である。現代の意味である「私有財産に故意に損害を与える」は17世紀半ばに遡る。当初は (*Vandal* として)、紀元前455年にローマを徹底的に略奪し、4、5世紀には、ガリア、スペイン、北アフリカを破壊した多くのゲルマン民族のことを表す。

vane [後期中英語][名]風見、風向計、翼、羽：

「(風で動く) 幅広の羽根」を表し、現代では廃れた *fane*「旗」の方言の異形であり、ゲルマン語起源である。

vanguard [後期中英語][名]先鋒、先頭、前衛、先陣：

当初軍隊の前衛を表し、古フランス語 *avan(t)garde* の短縮形であり、*avant*「前」と *garde*「守る」からなる。*in the van of*「…の先頭に立って」の成句の一部である17世紀初頭の **van**[名]「先頭」は *vanguard* の省略形である。

vanilla [17世紀半ば][名]バニラ；[形]バニラ風味の、普通の、平凡な：

香りを表し、スペイン語 *vainilla, vaina*「さや」の指小辞語に由来し、元はラテン語 *vagina*「さや」である。綴りの変化はフランス語 *vanille* との関係によるものである。1970年代から「あっさりした、基礎の、平凡な」を意味することに使われている。というのも、*vanilla* はアイスクリームの基本的な味として見られることが一般的であったためである。

vanish ［中英語］動消える、なくなる、見えなくなる：

古フランス語 e(s)vaniss- の短縮形で、e(s)vanir の延長語幹であり、元はラテン語 evanescere「消え去る」である。

vanquish ［中英語］動(敵などを)征服する、打ち負かす、打ち勝つ：

語源は古フランス語 vencus, venquis (veintre の過去分詞形と過去時制)であり、後に vainquir の延長語幹である vainquiss- の影響を受ける。元はラテン語 vincere「征服する」である。

vantage ［中英語］名有利、強み、優位：

アングロノルマンフランス語に由来し、古フランス語 avantage「有利」の短縮形である。

vapid ［17世紀半ば］形味のない、気の抜けた、退屈な：

当初は飲み物に「味のない」ことを表すのに用いられた。ラテン語 vapidus「味のない」に由来する。「生気のない」という意味は18世紀半ばに遡る。

vapour ［後期中英語］名蒸気、気体、とりとめのないもの；動蒸気を発する、ほらをふく：

古フランス語またはラテン語 vapor「蒸気、熱」に由来する。現在の動詞の意味「間の抜けたことを言う」(vapoured on about his youth「青年期についてほらを吹いた」)は17世紀初頭に遡る。17世紀半ばや1750年までよく見られたが、vapours は神経障害による憂鬱な状態のことを表し、18世紀の間は一般的に the vapours と呼ばれ、鬱病や気分がすぐれない状態のことを表した。

variegated ［17世紀半ば］形多彩な、多様な：

ラテン語 variegare「多様にする」に由来し、元は varius「多様な」である。

various ［後期中英語］形様々な、それぞれ異なる、多彩な：

ラテン語 varius「変わりつつある、多様な」が語源であり、variety ［15世紀後半］名「変化、多様(性)」(フランス語 variété またはラテン語 varietas に由来)の語源でもある。「種類、タイプ」という意味 (many varieties of confectionery「様々な種類のお菓子」) は17世紀初頭に遡る。娯楽の分野の例 (variety show「バラエティショー」)は20世紀初頭から。

varnish ［中英語］名ニス、ワニス、上塗り；動ニスを塗る、取り繕う：

古フランス語 vernis に由来し、元は中世ラテン語 veronix「芳香性の樹脂、ワニス」または中世ギリシア語 berenikē (おそらく Berenice〈リビアの一地方のキレナイカの町の名前〉に由来)である。

varsity ［17世紀半ば］名(大学の)代表チーム、大学：

university「大学」の短縮形であり、当初の発音を表している。

vary ［中英語］動変わる、異なる、様々である：

英語の中にはラテン語 variare に源を発している語のグループがある。例えば中英語における vary や variance 名「相違」(古フランス語を経てラテン語 variantia「違い」に由来)があてはまる。後期中英語では variable 形「変わりやすい」(古フランス語を経てラテン語 variabilis に由来) や当初は「変わりやすい」という意味で用いられた variant 形「違った」(文字通り「変化している」を意味する古フランス語の現在分詞に由来)、さらに当初「相違、衝突」の意味で用いられた variation 名「変化」(古フランス語またはラテン語 variatio(n-)に由来) が該当する。

vase ［後期中英語］名花瓶、つぼ：

フランス語からの借用であり、元はラテン語 vas「容器」に由来する。古い発音 (mace と maize のように韻を踏んでいる) はアメリカ英語で現在も使われている。

→ VESSEL

vast［後期中英語］形広大な、巨大な、莫大な；名広漠たる広がり：
ラテン語 *vastus*「空の、巨大な」に由来する。

vat［中英語］名大桶；動大桶に入れる：
現在では廃れている *fat*「容器」の南部・西部方言で見られる異形であり、起源はゲルマン語で、オランダ語 *vat* やドイツ語 *Fass*「樽」と同系である。

vaudeville［18世紀半ば］名ボードビル（歌と踊りなどを組み合わせた軽喜劇）：
娯楽の一種を表すこの語はフランス語に由来し、昔は *vau de ville* または *vau de vire* と綴られていた。どうやら元はノルマンディーの *Vau de Vire* に生まれた15世紀の縮絨工（しゅくじゅう）であるオリヴィエ・バスランに作曲された歌につけられた名称である。

vault¹［中英語］名アーチ形天井、地下納骨所；動アーチ形屋根をつける：
アーチ形の屋根を意味し、古フランス語 *voute* に由来する。元はラテン語 *volvere*「転がる」である。16世紀半ばから「埋葬室（まいそうしつ）」を表す語として用いられ、元はアーチ形の屋根を持つ建物を指した。

vault²［16世紀半ば］動跳ぶ、（…を）跳び越す：
「(手を支えにして) 跳ぶ、はねる」を意味し、古フランス語 *volter*「(馬を) 回転する、飛び回る」に由来する。元はラテン語 *volvere*「回転する」に基づく。

vaunt［後期中英語］動（…を）自慢する、誇示する；名自慢、ほら：
名詞用法は今では廃れている *avaunt*「鼻にかけること、自慢」の短縮形である。動詞用法 (元は「傲慢（ごうまん）な言葉を使う」の意味) は古フランス語 *vanter* に由来する。元は後期ラテン語 *vantare* であり、ラテン語 *vanus*「むだな、空の」である。

veal［中英語］名食肉用子牛（の肉）：
アングロノルマンフランス語 *ve(e)l* に由来する。元はラテン語 *vitellus* であり、*vitulus*「子牛」の指小辞語である。

veer［16世紀後半］動向きを変える、転換する、進路を変える；名転換：
フランス語 *virer* に由来し、おそらくラテン語 *gyrare* の変形に基づく。英語における当初の用法は風を受けて航海することであり、「しだいに変わる」を意味した。17世紀初頭から「進路を変える」を意味するようになった。
→ GYRATE

vegetable［後期中英語］名野菜、植物、無気力な人：
当初「植物として成長する」という意味で形容詞的に使われ、古フランス語または後期ラテン語 *vegetabilis*「活力を与えている」に由来する。*vegetabilis* ラテン語 *vegetare*「活気づける」に由来し、*vegetare* は *vegetus*「活発な」に由来し、元は *vegere*「活発である」である。名詞用法は16世紀後半に遡る。同系語は以下の通りである。**vegetative**［後期中英語］形「植物の、成長能力のある」(古フランス語 *vegetatif, -ive* または中世ラテン語 *vegetativus* に由来) には「生長できる」という古い意味がある。**vegetation**［16世紀半ば］名(中世ラテン語 *vegetatio(n-)*「生長能力」に由来し、元は動詞 *vegetare*) や **vegetate**［17世紀初頭］動「植物のように生長する」(ラテン語 *vegetare* に由来) もある。「無為に時間を過ごす」を意味する俗語 *veg out* は1980年代に起こった。名 **vegetarian**「菜食主義者」は *vegetable* に基づいて18世紀半ばに不規則変化として派生した語である。**veggie**名「野菜」という略語は1970年代に遡る。

vehement［後期中英語］形激しい、強烈な：
当初は「強烈な、高度の」という意味で痛みや温度を示した。フランス語 *véhément* またはラテン語 *vehement-*「激しい、猛烈な」が英語に入った。ラテン語はおそらく「正気を失っている」という意の記録に残っていない形容詞に由来し、元

はラテン語 *vehere*「運ぶ」の影響を受けている。

vehicle［17世紀初頭］图乗物、伝達するもの・手段：

フランス語 *véhicule* またはラテン語 *vehiculum* に由来し、元は *vehere*「運ぶ」である。

veil［中英語］图ベール、かぶりもの、覆い隠すもの；動（…を）ベールで覆う：

アングロノルマンフランス語 *veil(e)* に由来し、元はラテン語 *vela* であり、*velum* の複数形である。「修道女になる」という成句 take the *veil* は当初からある。draw a *veil* over (something)…「…を隠す」は18世紀初頭から使用されるようになった。

vein［中英語］图静脈、血管、気分、調子、木目；動（…に）筋をつける：

古フランス語 *veine* に由来し、元はラテン語 *vena* である。当初の意味には「血管」や「地下の小さな水脈」がある。他には金属鉱石で満ちた割れ目や裂け目を掘る際に用いられた。16世紀半ばには比喩的な連想から性質との「混合」(*vein* of sarcasm「皮肉気味」、*vein* of humour「ユーモアの味」) が起こり、時には「一時的な心的状態、気分」(carried on in the same *vein*「同じ調子でなされる」) へと拡張された。

vellum［後期中英語］图上質皮紙（に記された文章）形上質皮紙でできた：

上質皮紙を表し、古フランス語 *velin* に由来する。元は *veel* である。
→ VEAL

velocity［後期中英語］图速度、速さ、速力：

フランス語 *vélocité* またはラテン語 *velocitas* に由来し、元は *velox, veloc-*「速い」である。

velvet［中英語］图ビロード、柔らかさ、；形ビロードの、柔らかな、なめらかな：

古フランス語 *veluotte* に由来し、*velu*「ビロードのような」の派生で、元は中世ラテン語 *villutus* である。velvet revolution「ビロード革命」は暴力を用いない政治革命にあてはめられた語である。特に1989年の末にチェコスロヴァキアでの共産主義から西側の自由主義へと平和的に達成された革命のことを言う。ラテン語 *villus*「ふさ、綿毛」が、*velvet* とフランス語 *velours*「ビロード」に由来する **velour**［18世紀初頭］图「ベロア」の両方に共通する語幹となっている。*velours* は古フランス語 *velour* に由来し、元はラテン語 *villosus*「毛むくじゃらの」である。

venal［17世紀半ば］形金で動かされる、金銭ずくの：

「贈収賄の影響を受けやすい」というこの形容詞は当初「買うことができる」という意味で使用され、売買や贈物のことを指した。ラテン語 *venalis* が語源であり *venum*「売り物」に由来する。

vendor［16世紀後半］图物売り、売り子、行商人：

vend［17世紀初頭］動「売る」と共通の語幹に由来するアングロノルマンフランス語 *vendour* に由来する。vend は当初「売れる」という意味を表した。この語源はフランス語 *vendre* またはラテン語 *vendere*「売る」(ラテン語 *venum*「売り物」と *dare*「与える」の異形からなる) である。

vendetta［19世紀半ば］图復讐、仇討ち：

元はイタリア語であり、ラテン語 *vindicta*「復讐」に由来する。

veneer［18世紀初頭］图薄板、（ベニヤ）単板、見せかけ、うわべの飾り；動（木・石などに）化粧張りをする：

当初の綴りは *fineer* であった。ドイツ語 *furni(e)ren*「薄板張りで仕上げる」が語源であり、古フランス語 *fournir*「必要なものを備える」に由来することから、家具に薄い面を「取りつける」という意味

となる。比喩的な使用（veneer of courtesy「うわべだけの親切」）は19世紀半ばに始まった。

venerable [後期中英語][形]尊敬すべき、尊い、尊重すべき：

古フランス語またはラテン語 venerabilis に由来する。元は動詞 venerari であり、**venerate** [17世紀初頭][動]「崇拝する、崇敬する」と共通の語源である。

vengeance [中英語][名]復讐、仇討ち、敵討ち：

古フランス語に由来し、元は venger「復讐する」である。**vengeful** [16世紀後半][形]《文語》復讐心のある、復讐の」は廃語 venge「復讐する」に由来し、revengeful「復讐心に燃えた」にならって造られた。

venison [中英語][名]シカの肉、猟獣の肉：

古フランス語 veneso(u)n に由来し、ラテン語の venatio(n-)「狩猟」から来ている。元は venari「狩る」である。

venom [中英語][名]毒液、毒、悪意：

古フランス語 venim は venin の異形であり、英語 venom の語源である。venin はラテン語 venenum「毒」の変形に由来する。venom は **venomous** [中英語][形]「毒液を分泌する」の語基であり、古フランス語 venimeux に由来する。

vent¹ [後期中英語][名]（気体、液体などの）穴・口、はけ口、；[動]（怒りなどを）ぶちまける、（煙・蒸気・液体を）出す：

「穴（口）」または「…に穴をあける」を意味し、部分的にフランス語 vent「風」に由来し、vent はラテン語 ventus に由来する。ventus は、フランス語 évent の影響を強く受けた。évent は éventer「空気にさらす」に由来し、ラテン語 ventus「風」に基づく。動詞の意味「表に出す」（vented his anger「怒りをぶちまける」）は16世紀後半から見られる。

vent² [後期中英語][名]ベント、スリット；[動]（…に）切れ込みをつける：

方言 fent の変形である。古フランス語 fente「細長い切り口」に由来し、ラテン語 findere「切り裂く」に基づく。

ventilate [後期中英語][動]（部屋の）換気を行う、（…に）風を通す、穴をつける、世論に問う：

当初は「吹きつける、散らす」の意味があった。ラテン語 ventilare「吹く、吹きつける」が語源で、ventus「風」に由来する。「空気を入れる」の意味は18世紀半ばに遡る。**ventilation**[名]「風通し、換気」は後期中英語に遡り、「空気の流れ」を意味した。古フランス語またはラテン語 ventilatio(n-) に由来し、元は動詞 ventilare である。

ventriloquist [17世紀半ば][名]腹話術師：

近代ラテン語 ventriloquium（ラテン語 venter「腹」と loqui「話す」に由来）に基づく。

venture [後期中英語][名]冒険、冒険的事業；[動]（命などを）危険にさらす、あえて…する、危険を冒して進む：

adventure の短縮形で、当初は「冒険」という名詞用法や「損失の危険を冒す」という動詞用法で用いられた。「あえて進む」（ventured out「乗り出した」）の意味は16世紀半ばに、「あえて出す」（ventured his opinion「意見を出した」）17世紀半ばに遡る。

venue [16世紀後半][名]犯行地、裁判地、開催地、会場：

古フランス語に由来し、文字通り「到着」である。この語形はラテン語 venire に由来する venir「来る」の女性形過去分詞である。当初はフェンシングでの「ひと突き、ひと勝負」という語として、また「刑事（事件）あるいは民事が審理される特定の地方や地域」を意味する法律用語として用いられた。

veracity [17世紀初頭][名]誠実さ、正直

さ、真実(性):

フランス語 *véracité* あるいは中世ラテン語 *veracitas* に由来し、元は *verax*「偽りなく話す」である。

veranda [18世紀初頭]名 ベランダ、縁側:

ヒンディー語 *varandā* に由来し、元はポルトガル語 *varanda*「柵さく、手すり」である。

verb [後期中英語]名 動詞、動詞相当句:

古フランス語 *verbe* またはラテン語 *verbum*「語、動詞」に由来する。ラテン語 *verbum* は同様に以下の語源にもなっている。フランス語または後期ラテン語 *verbalis* に由来する **verbal** [15世紀後半]形「言葉の」、中世ラテン語由来の **verbatim** 形「逐語的な」や、ラテン語 *verbosus* に由来する **verbose** [17世紀後半]形「言葉数が多い」がある。

verdant [16世紀後半]名 青々とした、若葉色の、未熟な:

verdoier「緑になる」の現在分詞形である。古フランス語 *verdeant* に由来し、ラテン語 *viridis*「緑」に基づく。フランス語経由で古フランス語 *verd*「緑」に由来する **verdure** [後期中英語]名「緑」と共通の語幹である。

verdict [中英語]名 (陪審員) の評決、判断、意見:

アングロノルマンフランス語 *verdit* に由来し、元は古フランス語 *veir*「真実の」(ラテン語 *verus* 由来) と *dit* (ラテン語 *dictum*「発言」由来) から来ている。

verge^1 [後期中英語]名 縁、端、へり、境界、特別管轄区、権標；動 隣接・近接している:

古フランス語経由でラテン語 *virga*「棒」に由来する。この語は以下の意味に分かれる。「棒」(*verge* carried in procession before the bishop「列を作って聖職者の前に奉持される棒」)、今では廃れた「長さの尺度」(*verge* of land「土地の広さ」)、「権限区域」(the *verge* of the court「司法権限区域」)、「縁、へり、端」(grass *verge*「道路べりの草地」)。「…に近い」(*verge*s on rudeness「ほとんど無礼である」) という現在の動詞の意味は18世紀後半から発達した。**verger** [中英語]名《英》権標捧持者けんぴょうほうじしゃ という聖職者に関する語はアングロノルマンフランス語と同系であり由来している。

verge^2 [17世紀初頭]動 (太陽が) 沈む、傾く:

his style *verged* into the art nouveau school「アール・ヌーヴォー派に近い様式」のように「…に近い」を意味する *verge* には当初「(地平線に) 沈む」の意味があった。(サー・ウォルター・スコット『護符』*Talisman*: The light was now *verging* low, yet served the knight still to discern that they two were no longer alone in the forest「太陽の光はもう低いところまで沈みかけていたが、それでも彼ら2人が森の中でもはや孤独ではないことに騎士が気づくのには十分であった」)。語源はラテン語 *vergere*「傾く、向かう」である。

verify [中英語]動 …を実証・立証する、…の真実性を証明する:

当初、法律用語として見られ、古フランス語 *verifier* に由来し、中世ラテン語 *verificare* から来ている。*verifier* は元は *verus*「真実の」である。16世紀初頭から見られる **verification**名「証明、実証、立証、検証、確認」は古フランス語または中世ラテン語 *verificatio*(n-) に由来し、元は *verificare* である。

verisimilitude [17世紀初頭]名 本当・真実らしさ、迫真性:

「真実・本当らしいこと」を意味し、ラテン語 *verisimilitudo* に由来し、元は *verisimilis*「ありそうな」である。*veri* (*verus*「真実の」の属格) と *similis*「…のような」からなる。

veritable [後期中英語]形 本当の、真実の:

veritable（当初は「真実の」や「真実を話す」を意味したが、後に「真の、実際の」の意味になった）も、同時代の *verity* 图「真理、真実性」（元はラテン語 *verus* 「真実の」であり、*veritas* に由来する）も古フランス語 *verite* 「真実」からもたらされた。

vermin ［中英語］图害獣、寄生虫：
元は、爬虫類やヘビといった好ましくないような動物を表す集合名詞であった。古フランス語に由来し、ラテン語 *vermis* 「虫」に基づいている。**varmint** 图「いたずらな動物」（16世紀半ばには *vermin* の同義語）は *vermin* の変形である。

vernacular ［17世紀初頭］形その土地に固有の、自国の；图現地語、自国語：
ラテン語 *vernaculus* 「自国の、出生地の」（*verna* 「土着の奴隷」に由来）が語幹である。ある地方の土着の人々が話す「言語または方言」のことを表す。

versatile ［17世紀初頭］形多才の、多芸な、多目的な：
「気まぐれな、変動する」が当初の意味であった。語源はフランス語の語形かラテン語 *versatilis* である。*versatilis* は *versare* 「向きを変える、回転する」に由来し、*vertere* 「回る」の反復動詞である。

verse ［古英語］图韻文、詩、詩の1行、詩形；動詩で表す：
古英語 *fers* はラテン語 *versus* 「鋤・畦溝・文章の行を変えること」に由来し、元は *vertere* 「回る」である。*vertere* は中英語期に古フランス語 *vers* の影響を強く受けた。*vers* はラテン語 *versus* に由来する。

version ［後期中英語］图翻訳、…版、説明、意見：
元は「翻訳」である。フランス語または中世ラテン語 *versio(n-)* に由来し、ラテン語 *vertere* 「回る」から来ている。「異形」や「特定の見地からの説明」（his *version* of events「事件についての彼側の見解」）を指して使われるようになったのは18世紀後半である。

verso ［19世紀半ば］图裏面、左ページ：
当初は開いた本の左側（つまり裏ページ）や、貨幣・メダルのような物の裏面を指して使われた。ラテン語 *verso (folio)* 「折り返されている（ページ）」に由来する。

versus ［後期中英語］前…対、…に対して：
ラテン語 *versus* 「…の方へ」の中世ラテン語での用法に由来する。

vertical ［16世紀半ば］形垂直の、縦の、頂点の；图垂直線：
当初「真上」を意味する語として記録されている。フランス語または後期ラテン語の *verticalis* に由来し、元はラテン語 *vertex* 「渦、頭のてっぺん、頂点」（*vertere* 「回る」に由来）である。
→ VORTEX

vertigo ［後期中英語］图めまい：
「回転する」を意味するラテン語から英語に入ったもので、元は *vertere* 「回る」である。**vertiginous** 形「ぐるぐる回る」は17世紀初頭に遡り、ラテン語 *vertiginosus* に由来し、元は *vertigo* である。

verve ［17世紀後半］图気迫、活気、気力：
当初「文才」を指した。「活力」その前には「表現形式」を意味するフランス語に由来し、元はラテン語 *verba* 「言葉」である。19世紀半ばに「活力、精力」という一般的な意味で使われるようになった。

very ［中英語］副ひじょうに、とても、まったく；形まさにその、まさしく：
当初「本当の、本物の」という意味の形容詞として用いられた。古フランス語 *verai* に由来し、ラテン語 *verus* 「真実の」に基づいている。**verily** ［中英語］副「本当に」は *very* に基づき、古フランス語 *verrai(e)ment* にならった語である。

vespers [15世紀後半]名 夕べの祈り、夕拝：

「夕べの礼拝」を意味し、古フランス語 *vespres*「夕べの歌」に由来する。元はラテン語 *vesperas*（対格複数形）から来ており、*matutinas*「朝の祈り」にならった語である。

vessel [中英語]名 容器、器、船、飛行機、導管：

アングロノルマンフランス語 *vessel(e)* が語源であり、後期ラテン語 *vascellum*, *vas*「器」の指小辞語から来ている。1300年から1600年まで、一般に家庭用品を表す集合名詞として用いられた。後に主な意味は、液体（glass *vessel* of water「水を入れるコップ」）、人々（see-going *vessel*「遠洋航海用の船」）、精神（*vessel* of the soul「魂を入れる器」）、「包み込むもの」のどれか1つとなった。この語は後期中英語から解剖学の用語としても用いられている。
→ VASE

vest [後期中英語]名 チョッキ、ベスト、肌着；動 (…に) 衣服を着せる、(権利・財産を) 授ける：

動詞用法（the power *vested* in me「私に与えられた権限」のような）は古フランス語 *vestu*「着る」、*vestir* の過去分詞形に由来し、ラテン語 *vestire* から来ている。名詞用法（フランス語 *veste* に由来し、イタリア語を経てラテン語 *vestis*「衣服」から入った）は、17世紀初頭に遡り、ゆったりとした外衣を指した。19世紀初頭には上体用の下着を表すようになり、20世紀終わり頃、運動競技用の服装という特定の文脈で用いられた。

vestibule [17世紀初頭]名 玄関、入り口ホール、ロビー：

当初ローマやギリシア建築の正門の前の空間を指した。フランス語またはラテン語 *vestibulum*「玄関前の庭」に由来する。

vestige [後期中英語]名 あと、痕跡、形跡、名残：

フランス語に由来し、元はラテン語 *vestigium*「足跡」である。

vestry [後期中英語]名 祭服室、聖具室、礼拝堂：

おそらく古フランス語 *vestiarie* のアングロノルマンフランス語期における変形に由来する。元はラテン語 *vestiarium* であり、中英語期の類義語 *vestiary* 名「衣装部屋、祭服室」と共通の語源である。

veteran [16世紀初頭]名 老練家、ベテラン、古参兵；形 老練の、歴戦の：

フランス語 *vétéran* またはラテン語 *veteranus* に由来し、元は *vetus*「古い」である。*vet* 名「古参兵、ベテラン」という略語は19世紀半ばから使用されている。

veterinary [18世紀後半]形 獣医 (学) の；名 獣医：

語源はラテン語 *veterinarius* であり、*veterinae*「牛」である。獣医に関する用語としての名詞用法が19世紀半ばから記録され、*vet* 名「獣医」という省略形もある。

veto [17世紀初頭]名 拒否権、拒否；動 (…を) 拒否・否認する：

ラテン語で文字通り「禁止する」を意味する用法であり、元老院の法案に反対する際にローマの護民官が使った。動詞用法は18世紀初頭から見られる。

vex [後期中英語]動 (人を) いらだたせる、怒らせる、苦しめる：

古フランス語 *vexer* に由来し、元はラテン語 *vexare*「揺さぶる、かき乱す」である。同時代の **vexation** 名「いらだたせること、いらだたしさ」は古フランス語経由の同じ語源に、またはラテン語 *vexatio(n-)* に由来する。

via [18世紀後半]前 …を通って、…経由で、…によって：

via「道」のラテン語奪格を英語において使用している。文字通りの意味は「…を

経由して」である。当初は道や場所に関わる文脈であったが、後に (1930年代から)「…によって」という意味 (communication *via* satellite「衛星通信」) を持つ。

viable [19世紀初頭]形生存能力のある、存続できる、実行可能な:
フランス語 *vie*「生命」に基づいた語源となっており、元はラテン語 *vita* である。文字通りの意味は「生きることができる」である。「実行可能な」を表す比喩的用法は19世紀半ばに起こった。

viaduct [19世紀初頭]名陸橋、高架橋:
谷や低地の上に鉄道や道路があるアーチ形の橋を表し、ラテン語 *via*「道」に基づき、*aqueduct*「導水管」にならっている。文字通りの意味は「道を運ぶもの」である。

vial [中英語]名小瓶、ガラス瓶; 動(…を) 小瓶に入れる:
phial の変形語である。
→ PHIAL

vibrate [後期中英語]動振動する、揺れる、震える、(…を) 振動させる、震えさせる:
当初の意味はまるで「振動によるかのように (光や音を) 発する」(テニスン『エイルマの畑』*Aylmer's Field*: Star to star *vibrates* light「星々が光を発する」) であった。ラテン語 *vibrat-* が語源であり、*vibrare* の過去分詞の語幹に由来する。同系語 vibrant形「振動する、震える、鋭く反応する」は「素早く動く、振動する」を意味した17世紀初頭から記録されている。この語形はラテン語 *vibrare* の現在分詞の語幹に由来する。vibration名「振動すること」は17世紀半ばに遡り、ラテン語 *vibratio(n-)* に由来し、元は同じラテン語動詞の語源に基づく。

vicar [中英語]名代理者、教皇、教区司祭、代行者:
アングロノルマンフランス語を経由し、古フランス語 *vicaire* に由来する。元はラテン語 *vicarius*「代理になる」であり、*vic-*「変わる、回す、置く」から来ている。成句 the *Vicar* of Christ「キリストの代理者」は時に、地上における神の代理者であることから、教皇に当てられている。

vicarious [17世紀半ば]形身代わりの、代理の:
ラテン語 *vicarius*「代理になる」に基づく。
→ VICAR

vice¹ [中英語]名悪、不道徳、非行、悪習、欠陥、(馬などの) 悪癖:
古フランス語を経て、ラテン語 *vitium*「悪」から入ってきた。「欠点、欠陥」という一般的な意味は後期中英語に遡る (チョーサー『カンタベリー物語〈騎士の従者の話〉』*Squire's Tale*: He with a manly voys sith this message ... Withouten *vice* of silable or of lettre「一語も一文字も欠けることなく…彼はこの伝達を男らしい声で言った」)。vicious [中英語]形「意地の悪い、邪悪な、不道徳な」には「不道徳である」という当初の意味があった。古フランス語 *vicious* またはラテン語 *vitiosus* に由来し、元は *vitium* である。「獰猛な」という意味の拡張は機嫌が悪い馬を描写する際に初めて見られた (18世紀初頭)。後に (19世紀初頭)「意地の悪い」(*vicious* tongue「とげのある言葉」) を意味するようになった。

vice² [中英語]名万力; 動(…を) 万力で締める・つかむ:
一種の道具を表し、元は「ねじくぎ」や「ウインチ」を表す語であった。古フランス語 *vis* に由来し、元はラテン語 *vitis*「ブドウの木」である (ブドウの木の蔓が螺旋状に伸びていくことによる)。

viceroy [16世紀初頭]名副王、総督、太守:
君主のために植民地で権力を行使する支配者を表す。フランスの古語に由来し、元は *vice-*「…の代わりに (地位を占めている)」と *roi*「王」からなる。

vice versa [17世紀初頭]副逆に、反対

に：
文字通り「位置が逆になっている」を意味するラテン語の成句が英語において使用されたものである。

vicinity [16世紀半ば][名]近所、付近、近接：
当初の意味は「近いこと」であった。ラテン語 vicinitas に由来し、元は vicinus「近所の人」である。

vicissitude [17世紀初頭][名]移り変わり、変化、栄枯盛衰：
当初の意味は「交替」であった。フランス語またはラテン語 vicissitudo に由来し、元は vicissim「順番に」であり、vic-「変わる」から来ている。現代では「環境の変化」という意味で用いられ、不愉快な状況になることを意味することが多い。

victim [15世紀後半][名]犠牲者、被害者、犠牲：
ラテン語 victima に由来し、元は「宗教儀式のために生贄となる生き物」を指した。成句 fall a victim to「…の犠牲となる」は18世紀半ばに使用されはじめた。

victor [中英語][名]勝利者、勝者；[形]勝利者の：
アングロノルマンフランス語 victo(u)r またはラテン語 victor に由来し、元は vincere「征服する」である。victory [中英語][名]「勝利」はアングロノルマンフランス語 victorie に由来する。元はラテン語 victoria であり、victorious [後期中英語][形]「勝利を得た」と共通の語幹である。victorious はアングロノルマンフランス語 victorious に由来し、元はラテン語 victoriosus である。

video [1930年代][形]テレビの、ビデオの、映像の；[名]テレビ映像、ビデオ（テープ）：
ラテン語 videre「見ること」に由来し、audio「音の」にならっている。

vie [16世紀半ば][動]競う、競争する、張り合う：

今では廃れた envy「ねたむ」の短縮形であろう。envy は「熱心に競う」を意味し、古フランス語経由でラテン語 invitare「挑戦する」に由来する。

view [中英語][名]光景、風景、景色、視界、視力、見方、見解、概観、見通し；[動]（…を）見る、眺める、考察する
アングロノルマンフランス語 vieue, veoir「見る」の女性形過去分詞に由来し、元はラテン語 videre である。この語は17世紀後半から「ある場面を絵で表すこと」を説明するのに用いられている。動詞用法は16世紀初頭に遡る。

vigil [中英語][名]徹夜、寝ずの番：
当初、祝祭や祝日の前夜を表すのに用いられた。古フランス語を経て、ラテン語 vigilia「眠れないこと」から入り、元は vigil「目が覚める」である。教会祝祭日の前日に夜の礼拝を行うという文脈での成句 keep vigil は16世紀半ばに遡る。睡眠中に見張りつづけるというより一般的な文脈でのこの成句は17世紀後半に遡る。同系語として **vigilant** [15世紀後半][動]「絶えず警戒している」（ラテン語 vigilant- に由来し、vigilare「眠らずにいる」の現在分詞の語幹である）、**vigilance** [16世紀後半][名]「警戒」（フランス語またはラテン語 vigilantia に由来し、元は vigilare である）、**vigilante** [19世紀半ば][名]「自警団員」（文字通り「絶えず警戒している」を意味するスペイン語から入った）がある。

vignette [中英語][名]（ブドウの葉などの）小さな飾り模様、ビネット、スケッチ；[動]（人の）ビネットを作る：
元は vyn(n)ett として、かつてはぶどうの蔓を表す建築用語として用いられた。フランス語 vigne「ぶどうの蔓」の指小辞語が用いられたものである。後に（18世紀半ば）、印刷物の中の装飾模様を表すようになり、また写真の肖像画（19世紀半ば）、さらには、人や場面を描写する短評さえも指すようになった（19世紀後半）。

vigour［中英語］名活力、精力、活気、勢い、力強さ：
　古フランス語に由来し、元はラテン語 *vigor* であり、*vigere*「元気である」から来ている。**vigorous**形「精力的な」（同じく中英語）は古フランス語を経て中世ラテン語 *vigorosus* から入り、元はラテン語 *vigor* である。

vile［中英語］形下劣な、恥ずべき、いやらしい、ひどく悪い、つたない、卑しい：
　古フランス語を経て、ラテン語 *vilis*「安い、品質・価格の低い」から入る。**vilify**［後期中英語］動「悪く言う」には当初「価値が低い」という意味があった。vilify は後期ラテン語 *vilificare* に由来し、元はラテン語 *vilis* である。

village［後期中英語］名村、村落、村民：
　古フランス語に由来し、元はラテン語 *villa*「田舎の邸宅」である。**villa**［17世紀初頭］名「別荘」という英語になった（イタリア語経由）語幹である。

villain［中英語］名悪人、悪党、悪役、いたずら者：
　古フランス語 *vilein* に由来し、ラテン語 *villa* に基づく。当初の意味は「田舎者、粗野な人」である。**villein**［中英語］名「農奴」は中世イギリスにおいて荘園領主に税を支払うため、その土地で働く封建時代の小作農を指す異形の綴りである。**villainy**［中英語］名「極悪」は古フランス語 *vilenie* に由来し、元は *vilein* である。
　→ VILLAGE

vim［19世紀半ば］名力、精力、活気、情熱：
　元はアメリカ英語の語彙であり、一般的にラテン語 *vis*「活力」の対格に由来すると考えられている。しかし、昔の引用の中には、単なる模倣が語源であるとするものもある。

vindicate［16世紀半ば］動擁護する、弁護する、（主張などの）正しさを証明する、（…に対する）権利を主張する：
　当初の意味は「運ぶ、救助する」であった。ラテン語 *vindicare*「要求する、仕返しをする」に由来し、元は *vindex, vindic-*「請求者、復讐者」である。

vindictive［17世紀初頭］形復讐心のある、報復的な、悪意に満ちた：
　ラテン語 *vindicta*「復讐」に基づいている。

vine［中英語］名ブドウ（の木）、つる（植物）；動つる状に延びる：
　ラテン語 *vinum*「ブドウ酒」は英語の語幹となっている語がいくつかある。*vine* は古フランス語に由来し、元はラテン語 *vinea*「ブドウ園、ブドウの木」である。**vintage**［後期中英語］名「ブドウ収穫」は、より古い語である *vendage* の変形（*vintner* の影響）である。*vendage* は古フランス語 *vendange* に由来し、元はラテン語 *vindemia*（文字通り「ブドウ酒を取り出すこと」）である。**vintner**［後期中英語］名「ワイン商人」は英国中世ラテン語を経て、古フランス語 *vinetier* から入っている。元は中世ラテン語 *vinetarius* であり、ラテン語 *vinetum*「ブドウ園」から来ている。**viniculture**［19世紀後半］名「ブドウ栽培」はラテン語の *vinum* と *culture* からなり、*agriculture*「農業」などの語にならっている。

vinegar［中英語］名酢、気難しさ、不機嫌；動（…に）酢を加える：
　古フランス語 *vyn egre* に由来し、ラテン語の *vinum*「ブドウ酒」と *acer*「すっぱい」に基づいている。

violent［中英語］形激しい、乱暴な、暴力による、不正な：
　当初「顕著なまたは強烈な効果をもたらしている」を意味する語として用いられた。この語源はラテン語 *violent-*「激しい、猛烈な」に由来する古フランス語である。*violent-* は **violence**［後期中英語］名「猛烈さ」（古フランス語を経てラテン語 *violentia* から入った）と共通の語幹である。**violate**［後期中英語］動「違反する」はラテン語 *violare*「乱暴に扱う」に由来する。

violin［16世紀後半］名バイオリン、バイ

オリン奏者：

イタリア語 violino に由来し、元は viola（イタリア語とスペイン語に由来する viola [18世紀初頭]名「ヴィオラ」も生みだした）の指小辞語である。viol [15世紀後半]名「ヴィオル」が同系語であり、元はバイオリンのような楽器を指した。古フランス語 viele に由来し、元はプロヴァンス語 viola であり、おそらく fiddle「バイオリン」と同系である。

→ FIDDLE

viper [16世紀初頭]名クサリヘビ、たちの悪い人間：

フランス語 vipère またはラテン語 vipera に由来し、元は vivus「生きている」と parere「産む」（その蛇が胎生であることから）である。

virgin [中英語]名処女、未婚女性；形処女の、清純な、初めての：

古フランス語 virgine に由来し、元はラテン語 virgo, virgin- であり、中英語 verginity の語幹にもなっている。virginity 名「処女」は古フランス語 virginite に由来し、元はラテン語 virginitas である。

virile [15世紀後半]形男らしい、男性的な、力強い：

当初の意味は「男性に特徴的な」であった。フランス語 viril またはラテン語 virilis に由来し、元は vir「男性」である。

virtue [中英語]名徳、美徳、徳目、長所、効力：

フランス語 vertu に由来し、元はラテン語 virtus「勇気、長所、道徳上の完全さ」（vir「男性」に由来）である。seven deadly sins「7つの大罪」と対比するものとして、昔から seven virtues「7つの徳」を指していた。ラテン語 virtus は virtuous [中英語]形「有徳の」の語源でもある。virtuous は古フランス語 vertuous に由来し、元は後期ラテン語 virtuosus である。virtuoso [17世紀初頭]名「名人」（文字通り「学識のある、熟練した」を意味するイタリア語に由来し、元は後期

ラテン語 virtuosus である）が同系語である。後期中英語（とラテン語 virtus「美徳」にも由来）に遡る virtual 形「事実上の」には「何らかの徳を有している」という意味が当初はあった。virtual は中世ラテン語 virtualis に由来し、後期ラテン語 virtuosus に端を発している。「(現実ではないが)事実上、本質的には」という意味は17世紀半ばに遡る。この意味は「物理的に存在していない」という意味（virtual memory「仮想メモリ」）で1950年代からコンピュータ関係の分野に拡張された。

virus [後期中英語]名ウイルス、害毒、菌：

元は「蛇の毒」を表す語であった。文字通り「ぬるぬるした液体、毒」を意味するラテン語を使用したものである。当初の医学の意味（科学的な解明が進んだことによって現在使用されている意味と入れ替わった）は「病気の結果として体内に生じる物質、特に他人に同じ病気をうつすことのできる物質」であった。virulent [後期中英語]形「有毒な」は元は、毒による傷を表した。この語はラテン語 virulentus に由来し、元は virus「毒」である。

visa [19世紀半ば]名ビザ、査証、裏書：

フランス語を経てラテン語 visa, videre「見る」の女性過去分詞形から入っている。

viscount [後期中英語]名子爵、伯爵代理：

古フランス語 visconte に由来し、元は中世ラテン語 vicecomes, vicecomit- である。歴史的に viscount は地方行政における伯爵や太守の代理を務めている人のことであった。後にこの語はイギリスの貴族の爵位において伯爵と男爵の間に位置する4番目の貴族を指して使われた。この使用はヘンリー6世の治世に遡り、その時代に男爵であったジョンが1440年2月12日の専売特許証により子爵に任命された。

viscous [後期中英語]形粘りけのある、

粘っこい：
アングロノルマンフランス語 viscous または後期ラテン語 viscosus に由来し、元はラテン語 viscum「鳥もち」である。

vision ［中英語］名視力、視覚、視界、見通す力、洞察（力）、空想、未来像、幻影、見えるもの、見ること；動(…を)幻に見る、夢に見る：
当初「超自然的な幻影」のことを指した。古フランス語を経て、ラテン語 visio(n-) から入った。語源となる動詞はラテン語 videre「見る」であり、visible［中英語］形「目に見える」(古フランス語またはラテン語 visibilis に由来) そして visibility［後期中英語］名「視界」(フランス語 visibilite または後期ラテン語 visibilitas に由来し、元はラテン語 visibilis である) の語幹にもなっている。

visit ［中英語］動(人を)訪問する、見舞う、(場所へ) 行く、訪れる、視察に行く 名訪問、見舞い、観光：
古フランス語 visiter またはラテン語 visitare「見に行く、検査しに行く」に由来し、visare「検査する」の反復動詞 (動作の反復を表す動詞) であり、元は videre「見る」である。当初の用法には傷や罰を負わせる (visited with the Plague「ペストに襲われる」) という意味と打ちとけて誰かと一緒に出かけるという意味もあった。visitor［後期中英語］名「訪問者」はアングロノルマンフランス語 visitour に由来し、元は古フランス語 visiter である。

visor ［中英語］名面頬、まびさし、日よけ、仮面；名(…を)面頬で覆う、覆面で隠す：
アングロノルマンフランス語 viser に由来し、元は古フランス語 vis「顔」であり、ラテン語 visus「顔」から来ている。

vista ［17世紀半ば］名眺め、景色、眺望：
イタリア語から英語に入った語であり、文字通り「眺め」を意味する。visto「見られる」に由来し、vedere「見る」の過去分詞形で、元はラテン語 videre である。

visual ［後期中英語］形視覚の、視覚による、目に見える；名ラフレイアウト、視覚教材、映像：
元は視覚を可能にしている目から発しているとされた光線のことを表した。後期ラテン語 visualis に由来し、ラテン語 visus「見ること」から来ており、元は videre「見る」である。現代の名詞用法は説明に用いられる「絵」を指し、1950年代に遡る。

vital ［後期中英語］形生命の、生き生きとした、きわめて重大な、不可欠の；名生命維持に必要な器官、核心：
古フランス語を経てラテン語 vitalis から入った。元は vita「生命」である。「きわめて重要な」という意味は17世紀初頭に遡る。「人体における不可欠な器官」を意味する複数形 vitals も同時期に遡る。vitality 名「生命力」は16世紀後半に初出し、ラテン語 vitalitas に由来し、元は vitalis である。

vitamin ［20世紀初頭］名ビタミン：
元はアミノ酸を含むものと考えられていたため、ラテン語 vita「生命」と amine という語が組み合わさっている。

vitreous ［後期中英語］形ガラスの、ガラス質の：
ラテン語 vitreus (vitrum「ガラス」に由来) に基づいている。

vitriol ［後期中英語］名硫酸(りゅうさん)、辛辣(しんらつ)な言葉；動(…を) 硫酸処理する：
当初、冷酷で辛辣な批評は「硫酸」を意味した用法からの連想による。古フランス語または中世ラテン語 vitriolum に由来し、元はラテン語 vitrum「ガラス」である。

vivacious ［17世紀半ば］形快活な、活発な：
ラテン語 vivax, vivac-「元気な、活発な」(vivere「生きる」に由来) に基づいている。

vivid ［17世紀半ば］形鮮やかな、生き生きとした、活発な：

ラテン語 *vividus* (*vivere*「生きる」に由来) が語源である。当初の意味は「元気いっぱいで、元気はつらつな」であった。後にこの語は「鮮明な、濃い」という意味で色に使われ、さらに19世紀半ばには感情に使われた (シャーロット・ブロンテ『ヴィレット』*Villette*: His passions were strong, his aversions and attachments alike *vivid*「彼の情熱は激しく、嫌悪の情や愛情もはつらつたるものであった」)。

vivisect ［19世紀半ば］動 (動物を) 生体解剖する：

vivisection［18世紀初頭］名「生体解剖」からの逆成語 (接尾辞を取り除くことによる) である。*vivisection* はラテン語 *vivus*「生きている」に由来し、*dissection*「解剖」にならっている。

vixen ［後期中英語］名雌ギツネ、口やかましい女：

当初の綴りは *fixen* であり、おそらく古英語の形容詞 *fyxen*「キツネの」に由来する。*v*- はイングランド南部方言の語形に由来する。16世紀後半から不機嫌で怒りっぽい女性に使われた。

vocabulary ［16世紀半ば］名語彙、用語範囲、用語数、語彙集：

当初、定義あるいは訳の付いた単語リストを表すのに用いられた。中世ラテン語 *vocabularius* に由来し、ラテン語 *vocabulum* から来ており、元は *vocare*「名づける、呼ぶ」である。

vocation ［後期中英語］名天職意識、神のお召し、天職、職業：

古フランス語またはラテン語 *vocatio(n*-) に由来し、元は *vocare*「呼ぶ」である。当初、ある役目を果たすために神が誰かをお召しになることについて用いられた。16世紀半ばから一般化して「人の通常の職業」を意味するようになった。

vogue ［16世紀後半］名流行、はやり、人気；形流行の：

the *vogue* は当初「世論の最も重要な部分」を指して用いられた成句である。フランス語に由来し、イタリア語 *voga*「漕艇、流行」から来ており、元は *vogare*「ボートを漕ぐ、うまくいく」である。「大流行」の意味は17世紀半ばから見られる。

voice ［中英語］名声、音、声を出す力、意見、発言権、表現；動 (…を) 声に出す、言葉に表す：

古フランス語 *vois* に由来し、元はラテン語 *vox, voc*- であり、**vocal**［後期中英語］形「声の」(ラテン語 *vocalis* を経た) と共通の語源である。名詞用法の現代の意味は1920年代に遡る。**vociferate**［16世紀後半］動「大声で叫ぶ」(ラテン語 *vox* にも基づいている) はラテン語の動詞 *vociferari*「叫ぶ」に由来する。ラテン語 *ferre*「運ぶ」が語形成に関わるもう1つの要素である。

void ［中英語］形空の、欠いている、無効の；名空所、欠如、むなしさ；動 (…を) 無効にする、空にする：

当初、現職のいない司教座、聖職、世俗の官職または居住者のいない場所に関して「空いている」を意味した。古フランス語 *vuide* の方言の異形に由来し、ラテン語 *vacare*「あける」と同系である。動詞用法の意味には、(「無効にする」の場合のように) avoid の短縮形と見なせるものもあり、avoid は古フランス語 *voider* の影響を強く受けている。「むなしい気持ち、満たされない欲望という感情」(テニスン『イン・メモリアム』 *In Memoriam:* [Tears] Which weep a loss for ever new, A *void* where heart on heart reposed「常に新しいものがないこと、すなわち空虚な気持で流す涙」) を表す名詞の比喩的な用法は17世紀後半に初めて記録されている。

volatile ［中英語］形揮発性の、気まぐれな、一時的な；名揮発性物質：

当初「飛ぶ生き物」を意味する名詞とし

て用いられ、「鳥」を表す集合名詞にもなった。古フランス語 volatil またはラテン語 volatilis に由来し、元は volare「飛ぶ」である。この語が気質と結びついたのは17世紀半ばからである (volatile temper「気まぐれな気性」)。

volcano [17世紀初頭] 名 火山、噴火口、爆発しそうな状態:

ラテン語 Volcanus、ローマ神話における火と鍛冶の神である「ウルカヌス（ヴァルカン）」に由来するイタリア語から入っている。**volcanic** 形「火山の」は18世紀後半から見られ、フランス語 volcanique に由来し、元は volcan である。

volition [17世紀初頭] 名 意思決定、意思作用、決意:

成句 of one's own volition「自らの意志で」でよく見られる。「熟考の末の決断、選択」を指した。語源はフランス語または中世ラテン語 volitio(n-) であり、volo「願う」に由来する。

volley [16世紀後半] 名 一斉射撃、連発、ボレー；動 (銃弾などを) いっせいに射撃する、(悪口を) 連発する、ボレーをする:

フランス語 volée に由来し、ラテン語 volare「飛ぶ」に基づいている。当初は一斉射撃を行う小火器または飛び道具の意味が含まれていた（ミルトン『失楽園』Paradise Lost: Over head the dismal hiss Of fiery Darts in flaming volies flew「いっせいに放たれた火矢の恐ろしい音が頭上を通り過ぎた」）。早くから言葉や悪口 (volley of abuse「悪口を浴びせること」) に比喩的にも拡張された。テニスにおける volley「ボレー」というスポーツ用語もまた16世紀後半に出てきている。

voluble [16世紀後半] 形 多弁な、舌のよくまわる、流暢な:

フランス語またはラテン語 volubilis に由来し、元は volvere「回転する」である。後期中英語においては「軸を中心に回転している」（ミルトン『失楽園』Paradise Lost: Or this less volubil Earth By shorter flight to th' East had left him there「この地球の回転が少ないと、東方へあまり進まなくても彼はそこにいたままとなった」）や「変化する傾向を有している」といった意味があった。これらはラテン語の意味でもあった。

volume [後期中英語] 名 本、巻物、巻、冊、容量:

元は、文書が入っている羊皮紙の巻物であった。古フランス語 volum(e) に由来し、ラテン語 volumen「巻物」から来ており、元は volvere「回転する」である。別の意味に「量」がある。これは「（本の）大きさまたはかさ」(16世紀初頭に遡る) という今では廃れた意味に源を発している。**voluminous** [17世紀初頭] 形「多量の」は後期ラテン語 voluminosus「うず巻形の多い」とラテン語 volumen, volumin- に由来している。

voluntary [後期中英語] 形 自発的な、随意の、任意の寄付で運営される、自由意思を持った:

古フランス語 volontaire またはラテン語 voluntarius に由来し、元は voluntas「意志」である。**volunteer** 名「志願者」は、名詞用法としては16世紀後半に遡り、動詞用法としては18世紀半ばに遡り、軍隊を指す。フランス語 volontaire「自発的な」に由来する。

voluptuous [後期中英語] 形 なまめかしい、官能的な、官能的快楽におぼれる:

古フランス語 voluptueux またはラテン語 voluptuosus に由来し、元は voluptas「楽しさ」の意味である。19世紀初頭から肉欲的な快楽を表す言い回しとなった。

vomit [後期中英語] 動 (食物などを) 吐く、(溶岩などを) 噴出する；名 吐くこと、嘔吐物:

古フランス語の名詞 vomite またはラテン語 vomitus に由来し、元は vomere「吐く」である。

voracious ［17世紀半ば］形大食の、貪欲な：

ラテン語 *vorax, vorac-* (*vorare*「むさぼり食う」に由来) に基づいている。

vortex ［17世紀半ば］名渦、旋風、竜巻：

vertex の異形であるラテン語 *vortex, vortic-* を英語において用いている。
→ VERTICAL

vote ［後期中英語］名投票、票決、投票権、得票、投票方法、決議；動投票をする、可決する、(…を) 投票で決める、(…に) 投票する：

ラテン語 *votum*「誓い、願い」に由来し、元は *vovere*「誓う」である。動詞用法は16世紀半ばに遡る。「誓願を込めて奉納した」という意味の votive ［16世紀後半］形はラテン語 *votivus* に由来し、元は *votum* である。「願望を表す」という元の意味は特定の機会にローマ・カトリック教会において捧げられるミサである *votive* Mass「随意ミサ」の中に残っている。

vouch ［中英語］動保証する、…の保証人になる：

当初「ある土地の権利を立証するために法廷に (人を) 出廷させる」という意味の法律用語として用いられた。古フランス語 *voucher*「召喚する」に由来し、ラテン語 *vocare*「呼ぶ」に基づいている。**voucher** ［16世紀初頭］名「保証人」は *vouch* に由来している。voucher は法律用語として見られるのが最も古く、「法廷に召喚すること」であった。17世紀初頭には「1つの証拠」を、17世紀後半には「譲渡の証明としての、または報告の訂正を証明する文書 (証書)」を意味するようになった。1940年代には商品やサービスと交換できる証書を表す用語として用いられはじめた。**vouchsafe** ［中英語］動「与える、許す」は元は *vouch* something safe on someone「誰かに何らかの安全を保証する」で表された。すなわち「(誰かに何らかの) 確実な授与を保証する」となる。

vow ［中英語］名誓い、誓約；動誓う、誓約する：

古フランス語 *vou* に由来し、元はラテン語 *votum* である。「神に忠実な信仰生活を守る誓い」という聖職者に関する文脈は後期中英語に遡る。16世紀後半からは「貞節の真剣な約束」という意味で用いられた (シェイクスピア『夏の夜の夢』*Midsummer Night's Dream*, I. i. 175 : By all the *vowes* that ever men have broke, ⟨In number more than ever women spoke⟩「かつて男性が破った約束のすべてにより ⟨数では女性が話したのよりも多い⟩」)。動詞用法は古フランス語 *vouer* に由来する。
→ VOTE

vowel ［中英語］名母音、母音字：

古フランス語 *vouel* に由来し、元はラテン語 *vocalis* (*littera*)「母音 (字)」である。

voyage ［中英語］名航海、空の旅、宇宙の旅；動 (…を) 航海する：

当初、海または陸の「旅」を表す名詞として用いられた。古フランス語 *voiage* に由来し、元はラテン語 *viaticum* であり、当初は「旅の食糧」を意味し、後期ラテン語期においては「旅」を意味した。15世紀後半から *boon voyage* という成句が一般的となり「順調な旅」を意味した。1600年以後、*boon* はフランス語と意識された結果、落とされた。*bon voyage*「道中ご無事に！」は17世紀後半から記録されている。

vulgar ［後期中英語］形下品な、卑しい、俗悪な、民衆の、通俗の：

ラテン語 *vulgaris* に由来し、元は *vulgus*「庶民」である。元の意味は「普通の計算で使われる」(*vulgar* fraction「常分数」で残っている) や「普段の用法で、人々に使われている」(*vulgar* tongue「民衆の言語」で残っている) であった。「粗雑な、品のない、教養のない」という意味は17世紀半ばに遡る。

vulnerable ［17世紀初頭］形傷つきや

すい、攻撃されやすい、弱い：

後期ラテン語 *vulnerabilis* に由来し、ラテン語 *vulnerare*「傷つける」から来ており、元は *vulnus*「傷」である。

vulture［後期中英語］名ハゲワシ、コンドル、強欲な人：

アングロノルマンフランス語 *vultur* に由来し、元はラテン語 *vulturius* である。比喩的な用法で強欲な人々に使われるのは17世紀初頭から。

W w

wacky [19世紀半ば][形]いかれた、風変りな;[名]変人、奇人:
名詞 whack「強打、バシッ」を基にした方言に由来する。
→ WHACK

wad [16世紀半ば][名]小さな塊、詰め物、詰め綿、(紙などの)束、札束;[動](綿・紙を)丸める、…を詰める:
当初は「詰め物、塊り」を指した。オランダ語 watten、フランス語 ouate「詰め物、生綿」と同系である。16世紀後半には「干し草や藁の束」、または栓として使われる曲げやすい素材の「小さな束」を意味する語として使われた。アメリカでは18世紀後半から札束を指すようになった。

waddle [16世紀後半][動](アヒルのように)よたよた歩く;[名]よたよた歩き:
wade「(水中を歩く)」の反復動詞(動作の反復を表す動詞)である。18世紀後半から、株式取引所の俗語では、waddle out は株式投機家が「決済不能」になること、または不履行になることを指して用いられている。
→ WADE

wade [古英語][動](水の中を)歩く、骨を折って進む;[名](水の中を)歩くこと:
古英語 wadan は「前に進む、貫通する」を意味した。「(…を通って)行く」を意味するゲルマン語起源で、元はラテン語 vadere「行く」にも見られるインド=ヨーロッパ語の語根である。「(水中または泥といった)ぬかるんだところを踏み渡る」という意味も当初からあった。

wafer [後期中英語][名]ウェハース(薄焼き菓子の一種)、封緘紙;[動]…を封緘紙で封をする:
当初は wafre で、古フランス語 gaufre の異形であるアングロノルマンフランス語に由来し、元は中低地ドイツ語 wāfel「ワッフル」である。当初は「軽くて薄いパリパリしたケーキ」の意味で用いられたが、18世紀初頭から、濡らして手紙に封ができるよう、小麦粉にゴムを混ぜて小さな円形にしたものも指した。

waffle¹ [17世紀後半][動]むだ口をたたく、戯言を並べる;[名]むだ口、戯言:
元は「(小型)犬の鳴き声」の意味で用いられた方言であった。語源は擬音語であり、方言 waff「(キャンキャンいう)鳴き声」の反復動詞(動作の反復を表す動詞)である。

waffle² [18世紀半ば][名]ワッフル、ゴーフル;[形]格子模様の:
オランダ語 wafel に由来する。
→ WAFER

waft [16世紀初頭][動]漂わせる、ふわりと運ぶ、漂う;[名]漂う香り、浮動:
「(船を)護送する」が当初の意味で、廃語 wafter「武装した護送艦隊」に由来する逆成語(接尾辞を取ることによって作られた)である。低地ドイツ語とオランダ語 wachter が語源であり、wachten「守る」から来ている。「水上輸送する、移る」の意味から現在の「ふわりと運ぶ」の意味が生まれた。

wag¹ [中英語][動](動物が尾などを)振る、揺り動かす、(舌を)しきりに動かす、ぺらぺらしゃべる:
当初は動詞として用いられた。ゲルマン語が基となる古英語 wagian「揺れる」に由来する。当初の一般的な意味は「動いている」で、「揺れている」船に用いられることもあり、また、つまらない噂話をペラペラすることや(set tongues wagging「噂の種になる」)、単に「(苦労して)

進む」ことを意味する場合もあった（バニヤン『天路歴程』*Pilgrim Progress*: They made a pretty good shift to *wagg* along「彼らは前進するために最善の努力をした」）。waggle[16世紀後半]動「振る、揺する」は動詞 *wag* の反復動詞（動作の反復を表す動詞）である。

wag² [16世紀半ば]名ひょうきん者、おどけ者：

ひょうきん者を指す古語である。元は青年やいたずらな男の子を指し、同時に幼児に対する愛情表現としても用いられた。廃語 *waghalter*（halter はここでは「縄、輪」の意味）に由来し、「絞首刑に処される人」を指した。

wage [中英語]名賃金、労賃、給料；動（戦争、闘争を）遂行する：

ゲルマン語を起源とするアングロノルマンフランス語と古北フランス語に由来する。当初の意味は「担保」で、中英語 *gage* と同義語であった。*gage* は「誓約」を意味するスコットランド語 *wed* と同系である。また当初は「奉仕されたことに対する支払い」を表す語としても使われていた（しばしば複数形 *wages* で）。（後期中英語の）成句 *wage* war「闘う」は「何かを成し遂げる約束をする」という意味から発達した。
→ WED

wager [中英語]名賭け、賭け金、賭けたもの；動（金を）賭ける：

当初は「正式な誓約」という意味があった。起源となったのはアングロノルマンフランス語 *wageure* で、*wager*「誓う」に由来する。「掛け金として差し出したいくばくかのお金」を指す用法も当初から見られる。

wagon [15世紀後半]名荷馬車、四輪荷車、四輪車、ワゴン、《英》（鉄道の）無蓋貨車：

オランダ語 *wagen* に由来する。ゲルマン語起源である古語の同義語 *wain*（古英語では *wæg(e)n*）と同系で、また way、

weigh と同様にオランダ語 *wagen*、そしてドイツ語 *Wagen*「荷車」と同系である。
→ WAY, WEIGH

waif [後期中英語]名浮浪児、放浪者、持ち主不明の拾得物、【法律】遺棄盗品：

スカンジナビア語起源の古北フランス語 *gaif* の異形であるアングロノルマンフランス語に由来する。（請求者がいなければ）荘園領主のものとなる所有地の一部のことを指す法律用語として使われ、*waif* and stray「持主不明の取得物」という形で現れた。「浮浪児」という意味は18世紀後半に遡る。飢えによる「細さ」という意味から、1990年代からファッションの分野において、ひじょうに痩身のモデルを指すようになった。

wail [中英語]動嘆き叫ぶ、声をあげて泣く、むせぶ、【ジャズ】絶妙に演奏する；名嘆き悲しみ、泣き叫び：

古ノルド語に由来し、woe「悲哀、苦悩」と同系である。wailing がひじょうにうまく感情を表現することを指すとき（1950年代）は、ジャズの文脈において、アメリカの俗語として良い意味で使われる。
→ WOE

wainscot [中英語]名羽目板、板張り、腰板；動（部屋・壁に）羽目板を張る：

中低地ドイツ語 *wagenschot* に由来し、*wagen*「四輪車」と「仕切り、分割」を意味する *schot* からなる。

waist [後期中英語]名ウエスト、胴のくびれ：

ゲルマン語語幹の *wax*「増大する」に由来する古英語から変化したと考えられている。
→ WAX²

wait [中英語]動待つ、待ち受ける、用意されている、給仕する；名待つこと、幕間、（クリスマスの）聖歌隊、楽団：

ゲルマン語に起源を持つ古北フランス語 *waitier* に由来し、wake「起きる」の同系

語である。当初の意味には「寝て(…を)待つ」、「注意深く観察する」および「用心深くする」があった。当初から「見張り人」という意味の名詞用法があった。複数形 waits は後期中英語から見られ、市営の楽団として公費で雇われ、議会議員や市民を楽しませる管弦楽の小集団を指した。waits は特に18世紀後半から、クリスマスに向かう時期に季節の曲を演奏してチップをもらう演奏家や歌手の集団に用いられることが多くなった。
→ WAKE¹

waive [中英語]動放棄する、撤回する、適用するのを控える、見送る：

法的保護を解除するという法律用語に由来する。古フランス語 gaiver「持ち主不明の拾得物にしてしまう、捨てる」の異形であるアングロノルマンフランス語から。「適用・施行を差し控える」という意味は17世紀半ばに遡る。

wake¹ [古英語]動目を覚ます、目が覚める、寝ずにいる、起こす、目覚めさせる：

古英語では強変化過去形の wōc の形でのみ使われている。この強変化動詞は「目覚める」の意味を持つが、中英語では弱変化動詞の wacian「目覚めたままでいる、徹夜する」の意味から、2つの動詞は区別なく用いられた。オランダ語 waken とドイツ語 wachen「目を覚ましている」は同系語である。他にゲルマン語起源の同系語としては古英語 waken(wæcnan)動「目が覚める」がある。
→ WATCH

wake² [15世紀後半]名船の通った跡、(物が)通った跡：

元は人か物が通った跡を指していた。古ノルド語 vǫk, vaka「氷に開けた穴や通路」に由来し、中低地ドイツ語を経て英語に入って来たと見られる。

walk [古英語]動歩く、歩いて行く、ぶらぶら歩く；名歩行、散歩、(活動などの)分野：

古英語 wealcan はゲルマン語起源で、「転がる、放る」と「さまよう」を意味した。「動き回る」、特に「歩き回る」の意味は中英語に生じた。「活動の支流」(various walks of science「科学の様々な分野」) という特定の名詞用法は18世紀半ばから始まり、その頃から成句 walk of life「職業、身分」で残っている。

wall [古英語]名壁、塀、城壁；動…を壁で囲う、仕切る：

ラテン語 vallum「城壁」に由来し、元は vallus「杭」である。成句 go to the wall「屈する」は16世紀後半から、go over the wall「脱獄する」は1930年代から、up the wall「怒る」は1950年代から、off the wall「突飛な」は1960年代から現れる。

wallet [後期中英語]名札入れ、紙入れ、小道具袋：

当初は「食糧用の袋」を意味した。アングロノルマンフランス語を経て、well「井戸」と同系のゲルマン語から英語に入った。「紙幣用の平たい容れ物」という現在の用法はアメリカ起源で、19世紀半ばから始まった。
→ WELL²

wallop [中英語]動…をひどく打つ、強打する、沸騰する；名強打：

当初は「馬の速駆け」を意味する名詞で用いられた。古北フランス語 walop (名詞)と waloper (動詞)に由来し、well と leap「跳ぶ」からなり、「よく走る」を意味したゲルマン語の成句である。「速駆け」から変化して「沸騰する液体の煮えたぎる音」を、さらに「ぎこちない動きの音」を意味するようになり、現在の「打つ」の意味が生まれた。
→ GALLOP; WELL¹

wallow [古英語]動転げ回る、のたうつ、(快楽に)ふける、おぼれる、押し寄せる；名転げ回ること、ふけること：

古英語 walwian は「転がる」を意味した。ゲルマン語起源で、ラテン語 volvere「転がる」と共通のインド＝ヨーロッパ語の語幹から派生している。比喩的用法も早

くから見られた（*wallow* in self-pity「自己憐憫に溺れる」）。

wally ［1960年代］名ばか者、（コンサートで唱和する）叫び声：
この俗語は Walter という名の短縮形である。起源には様々な説があるが、1つに、1960年代のポップミュージックの祭りで仲間と分かれてしまった人だという話がある。その名前は大音量のスピーカーで何度も呼ばれて、群衆に大声で連呼されたと言われている。

waltz ［18世紀後半］名ワルツ；形ワルツの；動軽やかに動く、素早く動く、（人と）ワルツを踊る：
walzen「回転する」から派生したドイツ語 *Walzer*「ワルツ」に由来する。19世紀半ばに、その意味から転じた動詞用法「素早く動く」(turned and *waltzed* off down the corridor「素早く廊下へ入っていった」) が生じた。

wan ［古英語］形青ざめた、病弱な、青白い：
古英語 *wann* は語源不詳である。「暗い、黒い」の意味で主に詩で使われた。また「病気で色が変わった顔」も指した。「青ざめた」は中英語で、後期中英語から成句 pale and *wan*「青ざめて血の気がない」に見られるようになった。

wand ［中英語］名しなやかな杖、指揮棒、魔法の杖、バーコードリーダー：
古ノルド語 *vǫndr* に由来し、ゲルマン語起源で wend「行く」と動詞 wind「曲がる」と同系である。基本的な意味は「柔軟さ」である。後期中英語に魔術と関連するようになった。変形という意味が再び出はじめるのは1970年代であった。この頃、*wand* はバーコードを通してデータを読みとったり、コンピュータ互換の形式に変える手のひらサイズの電気機器を表す用語として使われた。
→ WEND; WIND²

wander ［古英語］動歩き回る、さまよう、（考えが）とりとめがなくなる、（話が）横道へそれる；名さすらい、散歩：
古英語 *wandrian* は西ゲルマン語起源で、wend と wind の同系語である。後期中英語以来、集中力を欠きつつある精神状態を、そして16世紀後半からは他のものに興味が目移りすることを指している。
→ WEND; WIND²

wane ［古英語］動（月が）欠ける、弱くなる、衰える；名（月の）欠け、減少、衰微：
古英語 *wanian*「少なくする」(wax and *wane*「(月が) 満ち欠けする」) はゲルマン語起源で、ラテン語 *vanus*「無益な」と同系である。

wangle ［19世紀後半］動まんまとせしめる、ごまかす：
当初、印刷工の俗語として使われた。語源不詳だが、動詞 waggle「振る、揺する」に基づいている。
→ WAG¹

want ［中英語］動…が欲しい、…したい、（…することを）望む、…が必要である、…が欠けている；名欠乏、不足、必要：
名詞用法は古ノルド語 *vant,vanr*「…に乏しい」の中性語に由来する。動詞用法は古ノルド語 *vanta*「欠いている」に由来する。「欠乏」という元の意味が当初「必要」に拡大され、ここから「欲求」の意味に発達した。1980年代の **wannabe** 名《口語》芸能人・金持ちなどになりたい人」は want to be の発音を表している。

wanton ［中英語］形奔放な、理不尽な、（植物が）伸び放題の、（女性が）ふしだらな：
中英語での綴りは *wantowen*「反抗的な、規律を欠いた」であり、wan-「ひどく」と古英語 *togen*「しつけられた」(team「協力する」と tow「引っ張る」の同系語) からなる。
→ TEAM; TOW

war ［古英語後半］名戦争、戦い、争い、軍

事；[動]戦争する、戦う；[形]戦争の：

後期古英語 *werre* は古フランス語 *guerre* のアングロノルマンフランス語の異形で、*guerre* は worse「より悪い」と共有されるゲルマン語語幹に由来する。興味深いことに、当初はゲルマン諸国に「戦争」を意味する適切な語はなかったが、詩的な言葉はあり、ことわざやその意味を表す人名に用いられていた。ロマンス語を話す人々はゲルマン語 *werra*「混乱、不和」を最も近い意味としていた。ゲルマン大陸の諸言語は、後に別々の語を発達させた（例：ドイツ語 *Krieg*「戦争」）。**warrior**［中英語］[名]「戦士」は古フランス語 *guerreior* の異形である古北フランス語 *werreior* に由来し、*guerreior* は *guerre*「戦争」から来た *guerreier*「戦争する」に由来する。
→ WORSE

warble［後期中英語］[動]（鳥が）さえずる、（人が）声を震わせて歌う；[名]さえずり、震え声：

古フランス語 *werble* に由来し、当初は「トリルで歌う」という基本的な意味があり、「旋律、メロディ」を指した。後に動詞の影響を受け、やさしい鳥の歌声のようなさえずりという行為を意味するようになった。

ward［古英語］[名]病棟、区、【法律】被後見人、保護（下にあるもの）、監視；[動]病棟に収容する：

古英語の名詞 *weard* の意味に「見張り」があり、動詞 *weardian* は「守りつづける」を意味した。ゲルマン語起源であり、中英語期に古北フランス語の名詞 *warde* と動詞 *warder*「守る」による影響を強く受けた。この時期に、法的に自立できない子供や未成年者に対しての後見という意味で使われた。後には、未成年者自身にも使われた（15世紀）。他の意味には「行政地域」(*wards* in this borough「この自治都市の行政地域」) がある。これは古英語期の意味「保護組織・保護団体」から発達したもので、ここから「保護のための場所」、「要塞」、「指定された持ち場」の意味に至る。

warden［中英語］[名]管理者、監視員、番人、（学校、病院、福祉施設などの）長、（各種官公署の）長官：

当初は「守護者・保護者」の意味であった。古フランス語 *guarden*「守護者」の異形であるアングロノルマンフランス語と古北フランス語 *wardein* に由来する。

warder［後期中英語］[名]刑務官、看守：

当初は見張りや番人を意味した。古北フランス語 *warder*「守る」から来たアングロノルマンフランス語 *wardere* に由来する。現在の「看守」という意味は19世紀半ばに遡る。

wardrobe［中英語］[名]洋服だんす、衣裳部屋、持ち衣裳、衣類：

当初の意味は「私室」だった。その私室は衣服、時に甲冑をしまっておく「寝室」を併設していることがよくあった。16世紀と18世紀に、一般的に高価な品物をしまっておく部屋を指すようになった。古フランス語 *garderobe* (*garder*「しまう」と *robe*「衣装」からなる) の異形、古北フランス語 *warderobe* に由来する。

ware［古英語］[名]品物、商品、製品：

古英語 *waru* はゲルマン語起源で、「商品」を意味し、スコットランド語 *ware*「用心深さ」と同じ語。第一義は「用心深く保存されたもの」であった。

warlock［古英語］[名]黒魔術師、魔法使い、手品師、占い師：

古英語 *wǣrloga* は「悪魔」の他、「裏切り者、悪党、怪物」などを意味した。*wǣr*「契約」と *lēogan*「背く、拒む」と同系の要素からなる。悪魔に使われたことから、中英語期に悪魔と結託した人物、それゆえ魔術師の意味へと変わった。サー・ウォルター・スコットの小説が売れて広く知れわたるまでは、主にスコットランド語だった。

warm［古英語］[形]暖かい、温かい、温情

のある、熱心な；**動**(…を)暖める、熱中させる、暖まる、熱心になる；**名**《主に英》暖かい場所、暖まること：

古英語 *wearm*（形容詞）と *werman*, *wearmian*（動詞）はゲルマン語起源である。オランダ語とドイツ語 *warm*「暖かい」が同系語で、ラテン語 *formus*「温かい」とギリシア語 *thermos*「熱い」が共有するインド＝ヨーロッパ語の語幹に由来する。

warn ［古英語］**動**警告する、注意する、通告する、予告する：

「注意深い」を意味する西ゲルマン語の語基が古英語 *war(e)nian*, *wearnian*「注意する」を生み出した。**warning 名**「警告」も古英語 (*war(e)nung* として) である。

warp ［古英語］**動**曲げる、ゆがめる、それる；**名**そり、曲がり：

古英語の語形は動詞 *weorpan* と名詞 *wearp* であった。ゲルマン語起源で、オランダ語 *werpen* とドイツ語 *werfen*「投げる」と同系である。当初の動詞の意味には「投げる」、「勢いよく開ける」、「(飛び道具を)ぶつける」があった。「曲げる」の意味は後期中英語に遡る。名詞は元は織物に関する語であった。

warrant ［中英語］**名**正当な理由、保証、令状；**動**正当化する、保証する：

当初の名詞の意味は「保護者、保護手段」であった。動詞は「危険から安全を保証する」を意味した。古フランス語の名詞 *guarant*、動詞 *guarantir* の異形に由来し、元はゲルマン語起源である。**warranty** ［中英語］**名**「保証、正当な理由」はアングロノルマンフランス語 *warantie*, *garantie* の異形に由来する。当初は売り主が権利の保証を確約するための財産の譲渡証書に付ける契約を表す法律用語として用いられた。
→ GUARANTEE

warren ［後期中英語］**名**ウサギの飼育場、繁殖地、過密地域：

古北フランス語の異形であるアングロノルマンフランス語と古フランス語 *garenne*「猟区」に由来し、ゴール語起源である。英語では当初、猟の獲物を飼育するために囲まれた一区画の土地に使われた。後にアナウサギやノウサギを飼育するための一区画の土地に使われた。

wart ［古英語］**名**いぼ、こぶ、欠点、汚点：

古英語 *wearte* はゲルマン語起源で、オランダ語 *wrat* とドイツ語 *Warze*「いぼ」と同系である。成句 *warts* and all「欠点も隠さずに」は1930年代に遡る（W・S・モーム『お菓子と麦酒』*Cakes and Ale*: Don't you think it would be more interesting if you went the whole hog and drew him *warts* and all?「徹底的にやって彼をありのままに描いたらより面白くなるとは思わないの？」）。下の出典は1763年にクロムウェルが宮廷画家リリーに出した有名な指示の一節である。I desire you would use all your skill to paint my picture truly like me and not flatter me at all; but remark all these roughnesses, pimples, *warts*, and everything as you see me「本物の私のように描くのに手腕をふるってもらい、決して私を良く描くのではなく、荒れているところや吹き出物、欠点等、すべて見たままに注意してほしい」。

wary ［15世紀後半］**形**用心深い、油断のない、慎重な：

古英語 (今では古語) *ware*「気をつける」に基づいている。

wash ［古英語］**動**洗う、洗濯する、洗い流す、さらっていく、ぬらす；**名**洗い、洗浄、湿地：

古英語の動詞 *wæscan* はゲルマン語起源であり、オランダ語 *wassen*、ドイツ語 *waschen*「洗う」、英語 water と同系である。名詞での主な意味は以下のように分かれる。「きれいにする行為」(a quick *wash* and brush-up「速い身づくろい」)、「水の流れる動き」(the *wash* of the waves「波が打ち寄せること」)、「液状のごみ」(hogwash「くだらないもの、ばか話」)、「沖積土」(left its *wash* on the

plateau「台地に沖積土が残った」）や、ビール醸造における「水の注入」がある。
→ WATER

wasp ［古英語］图スズメバチ、ジガバチ、怒りっぽい人：

古英語 *wæfs, wæps, wæsp* は西ゲルマン語起源であり、ラテン語 *vespa* と共通のインド＝ヨーロッパ語の語根に由来する。weave「縮む」（クモの巣のような形に由来）と同系かもしれない。
→ WEAVE¹

waste ［中英語］動浪費する、むだにする、すり減らす、消耗する；图浪費、荒地、消耗；形廃棄された、荒れた、不用の：

名詞は古北フランス語 *wast(e)*、動詞は古北フランス語 *waster* に由来し、ラテン語 *vastus*「空いている、開墾されていない」に基づいている。成句 lay *waste*「荒廃させる」は16世紀初頭に遡る。「ごみ」という意味は17世紀後半から見られる。

watch ［古英語］動注意して見る、観察する、気をつける、監視する；图腕時計、見守ること、警戒、監視：

古英語 *wæcce* は「用心深いこと」を意味し、*wæccende* は「眠らずにいる」という意味があったことから wake「目を覚ます」と同系である。「小さな時計」の意味は「時計についている目覚まし装置」の意を経て発達した。
→ WAKE¹

water ［古英語］图水、水中、領海、水量；動…に水をかける、ぬらす、水を飲む：

古英語の名詞 *wæter* と動詞 *wæterian* はゲルマン語起源であり、オランダ語 *water* とドイツ語 *Wasser*「水」と同系である。元はロシア語 *voda*、ラテン語 *unda*「波」、ギリシア語 *hudōr*「水」に共通するインド＝ヨーロッパ語の語根に由来する。複合語には以下がある：
■ **waterlogged** ［18世紀半ば］形浸水した、水浸しの」。動詞 waterlog「氾濫で（船を）収拾不可能にする」の過去分詞である。logの部分の意味は不明であるが、おそらく「（船を）丸太のような状態にする」を意味する。
■ **watershed** ［19世紀初頭］图「分水界、分岐点、重大な時機」。当初「高地の隆起部」を意味し、ドイツ語 *Wasserscheide*「分水界」に端を発している。

wave ［古英語］图波、波動、振って合図すること、変動、高まり；動揺れる、振って合図する、波打つ：

古英語の動詞 *wafian* は waver「ゆらめく」のゲルマン語の語幹に由来する。名詞用法は中英語 *wawe*「（海の）波」の異形によるもので、動詞の影響を受けている。理髪に関して用いられるようになったのは19世紀半ばからである（ディケンズ『互いの友』*Our Mutual Friend*: Bella ... employed both her hands in giving her hair an additional *wave*「ベラは…髪にウェーブをさらにかける際に両手を使った」）。同時期に、感情または意見の高まりを表すことにも使われはじめた（ディケンズ『幽霊屋敷』*Haunted House*: What flood of thought came, *wave* upon *wave*, across my mind!「堰を切ったように次から次へと考えが心に浮かんだ」）。成句 make *waves*「波風を立てる」は1960年代に遡る。観客がたくさん集まっている中で観客が立ち上がり腕を上げ再び座る時に生じる波のような光景を表す Mexican *wave*「ウェーブ」は1986年にメキシコシティで開催されたサッカーのワールドカップで始まった。
→ WAVER

waver ［中英語］動揺れる、迷う、よろめく、動揺する；图揺れ、迷い：

古ノルド語 *vafra*「揺れる、不安定に動く」に由来し、元はゲルマン語起源である。当初は「優柔不断の気配を示す」と「決まった目的地なしに歩き回る、うろつく」の両方の意味があった。
→ WAVE

wax¹ ［古英語］動蠟ろう、蜜蠟みつろう、ワックス；動…に蠟を塗る、ワックスで磨く：

古英語 wæx, weax「蜜蠟」はゲルマン語起源であり、オランダ語 was とドイツ語 Wachs「ワックス」と同系である。動詞用法は後期中英語に遡る。語根は「増大する」を意味する wax の語根と同じ可能性がある。「成長する」には語源的に「ハチの巣の中で成長するもの」という意味がある。

wax² ［古英語］動増大する、成長する、(月が)満ちる；名満ち、増大：

古英語 weaxan「大きくなる、増える」はゲルマン語起源で、オランダ語 wassen とドイツ語 wachsen「育つ」と同系である。ギリシア語 auxanein とラテン語 augere「増える」と共通のインド＝ヨーロッパ語根に由来する。当初、月の満ち欠けと結びつけて用いられた。増えるという意味を持たない「…になる」も表した (waxed lyrical「うっとりとなった」)。蠟細工を表す複合語 waxwork は17世紀後半に遡る。

way ［古英語］名道、方向、道のり、仕方、点、習慣・風習：

古英語 weg はゲルマン語起源で、オランダ語 weg とドイツ語 Weg「道」と同系で、「移動させる、運ぶ」を意味する語幹に由来する。主な意味として、「道、小道」(parting of the ways「道路の分岐点」)、「行路」(knew his way around「地理に明るい」、the food went down the wrong way「それを食べてむせた」)、「行動方針」(グレイ『エレジー』Elegy: They kept the noiseless tenor of their way「平穏な行路を進みつづけた」) がある。成句には以下のものが含まれる。by way of「…を通って」は後期中英語に初出で、out of the way「邪魔にならないように」は15世紀後半から使われている。way of thinking「考え方」、have a way with one「…に慣れている」、have everything one's own way「何でも思い通りにする」は18世紀初頭に遡る。in a small way「小規模に」は18世紀半ばから見られ、in a big way「大規模に」は1920年代に遡る。

wayward ［後期中英語］形わがままな、気まぐれの：

古語 awayward「顔をそむけた」の短縮形である。

we ［古英語］名私たちは・が、人は、あなた(たち)、余は：

ゲルマン語起源で、オランダ語 wij とドイツ語 wir「私たちは」と同系である。「自ら」を意味するのに君主が we を用いる (royal we) 用法は古くから見られる。

weak ［古英語］形弱い、乏しい、もろい、下手な、薄い：

古英語 wāc は「影響されやすい」、「ほとんど価値のない」、「変わりやすい」を意味した。古ノルド語 veikr の影響を中英語期に強く受けた。元は「放棄する、退く」を意味するゲルマン語の語幹に由来する。「薄めすぎた」(weak tea「薄いお茶」) という意味は16世紀後半から見られ、また「効力のない」も同時期から見られる (シェイクスピア『ヘンリー六世 第1部』Henry VI part1, V. iii. 27: My ancient Incantations are too weak「古くからの私の呪文は効力が弱すぎる」)。成句 weakest link「弁慶の泣き所、弱点」は19世紀半ばに遡る。

weal ［19世紀初頭］名はれ、ぶつぶつ、みみずばれ：

織物のうねを表している wale の異形で、「化膿する」を意味する廃語の動詞 wheal の影響を受けている。

wealth ［中英語］名富、財産、裕福、豊富；形豊富な：

当初の綴りは welthe であった。well か、もしくは「富、幸福」を意味する古英語 wela (西ゲルマン語起源で well と同系である) に由来する。語形は health にならっている。
→ WELL¹

wean ［古英語］動離乳させる、…から引き離す、…に慣れさせる：

古英語 wenian「(子供に) 乳離れを慣れ

させる」はゲルマン語起源で、オランダ語 wennen とドイツ語 entwöhnen「離乳させる」と同系である。

weapon［古英語］名武器、兵器；動武装する・させる：
古英語 wǣp(e)n はゲルマン語起源で、オランダ語 wapen とドイツ語 Waffe「武器」と同系である。

wear［古英語］動身につけている、示している、(ひげを) 生やしている、すりへらす、疲れさせる、すりきれる；名着用、すりきれ：
古英語 werian はゲルマン語起源で、ラテン語 vestis「衣類」と共通のインド＝ヨーロッパ語の語根に由来する。主な意味は以下の通りである。当初は主に衣類に関して用いられた「着ている」や「(使うことで) 消耗する、または、だめになる」(worn shoes「すり減った靴」)、「悪化する、徐々に破壊される」(His patience wore out「彼は我慢できなくなった」)、「持ちこたえる」(He's wearing well「彼はまだ若々しい」)、詩における時間の文脈で「過ぎる」(テニスン『愛と義務』Love and Duty: Till now the dark was worn, and overhead The lights of sunset and of sunrise mix'd in that brief night「夜が明けるまで、短い夜の間は日の入りと日の出の光が頭上で混ざっていた」)、スコットランド語の用法に「進む」(wore westward out of sight「西へ向かい見えなくなった」) がある。成句 the worse for wear「使い古されて」は18世紀後半に遡る。

weary［古英語］形疲れた、うんざりした；動疲れさせる、飽きさせる、疲れる、飽きる；名疲労：
wērig, wǣrig は西ゲルマン語起源である。主な意味は「当惑した、意識がにぶった」であった。

weasel［古英語］名イタチ、ずるい人；動ことばを濁す、とぼける：
古英語 wesle, wesule は西ゲルマン語起源で、オランダ語 wezel とドイツ語 Wiesel「イタチ」と同系である。16世紀後半から軽蔑的表現として使われるようになった (シェイクスピア『ヘンリー五世』Henry V, I. ii. 315: For once the Eagle (England) being in prey, To her unguarded Nest, the Weazell (Scot) Comes sneaking, and so sucks her Princely Eggs「一度だけでもワシ (イングランド) が守られていない巣にとらわれると、イタチ (スコットランド) がこっそり入ってきて王侯の卵を吸い取る」)。アメリカ英語の成句 weasel word「イタチ語法」(20世紀初頭) は表されている意味をぼかすために用いられるあいまいな語を指した (卵の中身を吸い取るイタチの類推から)。より一般的な動詞の意味である「逃れる」(weaseled his way out of doing the chores「雑用の義務をすっぽかした」) は1950年代に起こった。

weather［古英語］名天気、天候、荒れ模様、移り変わり；形天候の；動…を風雨にさらす、切り抜ける：
古英語 weder はゲルマン語起源で、オランダ語 weer とドイツ語 Wetter「天気」と同系である。「吹く」を意味する語根に由来する英語の名詞 wind とも同系である。成句 weather permitting「もし天気がよければ」は18世紀初頭に遡る。「気分が良くない」を意味する under the weather は19世紀初頭から使われている。「無事に切り抜ける」という意味の動詞用法は17世紀半ばに遡り、weather the storm「嵐を乗り切る」は17世紀後半に使われている。
→ WIND¹

weave¹［古英語］動…を織る、編む、織物を織る、(クモが)(巣を)張る；名織り・編み方、織った・編んだもの：
古英語 wefan はゲルマン語起源で、ギリシア語 huphē「クモの巣」とサンスクリット語 ūrnavābhi「クモ、文字通り「糸を織るもの」と共通のインド＝ヨーロッパ語の語根に由来する。比喩的な用法は16世紀半ばに遡る (シェイクスピア

『ヘンリー六世 第 2 部』*Henry VI part2*, III. i. 340: My Brayne, more busie than the laboring spider, *Weaves* tedious Snares to trap mine Enemies「私の脳は働くクモよりも忙しく、自分の敵を捕えるためにうんざりするような罠を作り上げる」)。*weave* と同系語に *weft(weft(a))* [古英語] 名「横糸」がある。

weave² [16世紀後半] 動 縫うように進む:
古ノルド語 *veifa*「振る、振り回す」に由来する。

web [古英語] 名クモの巣、織布、編物; 動網・クモの巣を張る:
古英語 *web(b)* は「織物」を表す用語であった。ゲルマン語起源で、オランダ語 *web* と英語 *weave* と同系である。当初、動詞で用いられた意味は「織機で(布を)織る」であった。*webbed feet*「水かきのある足」のような過去分詞の形容詞用法は17世紀半ばに遡る。
→ **WEAVE**¹

wed [古英語] 動 …と結婚する、…を結びつける:
古英語 *weddian* はスコットランド語 *wed*「誓約」のゲルマン語の語幹に由来する。*wed* はラテン語 *vas*「保証」と同系である。**wedding** 名「結婚式」も古英語(*weddung*)である。**wedlock** 名「結婚生活」は「結婚の誓い」を意味する *wedlāc* として後期古英語に遡り、*wed*「誓い」と動作を表す接尾辞 *-lāc* からなる。

wedge [古英語] 名くさび、くさび形のもの; 動くさびで留める、くさびで割る:
古英語の名詞 *wecg* はゲルマン語に起源で、オランダ語 *wig* と同系である。くさびの形と用法から様々な使われ方をしている。*wedge* of cheese「三角形に切ったチーズ」(16世紀後半)、a *wedge* of troops「くさび形隊形」(17世紀初頭)、*wedge* of high pressure「くさび形の高気圧圏」(19世紀後半)、*wedge* heel「くさび形のかかと」(1950年代)、*wedge* hairstyle「ウェッジという髪型」がある。成句 the thin end of the *wedge*「重大なことになる小さな糸口」は19世紀半ばに遡る。

wee [中英語] 形 ちっぽけな、ちっちゃい:
「ごく小さい」を意味し、元はスコットランド語の名詞である。a little *wee*「ほんの少し」として使われることが多かった。*wee* は古英語 *wēg(e)* に由来し、1721年以前はスコットランド人の作家の中で形容詞として使われることはまれであった。しかしながら、15世紀初頭には使用されており、また17世紀初頭には英語用法として知られ、シェイクスピアにも用いられている。成句 the *wee* small hours「朝の早い時間」という成句はバーンズの『詩と歌』*Poems and Songs* (1787年) の詩「死とホーンブック博士」*Death and Dr.Hornbook* の詩行を(シャーロット・ブロンテが『シャーリー』*Shirley* の中で)改作したことによるようである。**weeny** 形「ちっぽけな」は *wee* を基にし、18世紀後半に遡る。語形は *tiny*「ごく小さい」にならっている。

weed [古英語] 名 雑草、草、じゃまなもの、ひょろ長い人; 動 雑草を除く、…を取り除く:
古英語の名詞 *wēod* と *wēodian* は語源不詳である。オランダ語の動詞 *wieden* と同系である。複数形 *weeds* は16世紀後半から「喪服」を指して用いられ、成句 widow's *weeds*「未亡人」に残っている。筋肉または根気のない痩せた人を軽蔑する語として名詞で使われるのは19世紀半ばからである。比喩的に動詞で用いる(*weeded* out the less qualified applicants「有能でない応募者をふるい落とした」)用法は16世紀初頭に見られる。

week [古英語] 名 週、1週間、平日:
古英語 *wice* はゲルマン語起源で、オランダ語 *week* とドイツ語 *Woche*「週」と同系で、「連続、一続き」を意味する語幹に由来する。ゲルマン民族がローマ人に接触する前に、*week* が 7 日という特定の期間を指したと考える根拠はない。

weep ［古英語］⃞動しくしく泣く、嘆き悲しむ、しずくをたらす；⃞名泣くこと：

ゲルマン語起源である古英語 *wēpan* はうめき声やむせび泣きを表す擬音語である。現代の用法ではこの動詞は静かに涙を流すことを表している。今では文学での使用に限られることが普通である。というのは後に一般的に用いられるようになった cry が涙と同様に泣き声も意味するからである。

weigh ［古英語］⃞動…の重さを量る、…をよく考える、重さがある、重要である、苦しめる；⃞名計量：

古英語 *wegan* はゲルマン語起源で、オランダ語 *wegen*「重さを量る」とドイツ語 *bewegen*「動く」と同系で、ラテン語 *vehere*「運ぶ」と共通のインド＝ヨーロッパ語の語根に由来する。当初の意味には「ある場所から別の場所へ運ぶ」と「上げる」があった。

weight ［古英語］⃞名重さ、重い物、重荷、重要さ；⃞動重くする、重さを計る：

古英語 *(ge)wiht* はゲルマン語起源で、オランダ語 *wicht* とドイツ語 *Gewicht*「重さ」と同系である。語形は weigh の影響を受けている。
→ WEIGH

weir ［古英語］⃞名堰せき、ダム：

古英語 *wer* は *werian*「ダムを造る」に由来する。

weird ［古英語］⃞形不可思議な、奇妙な；⃞名運命；⃞動運命づける：

古英語 *wyrd* はゲルマン語起源で、「運命」を意味した。この形容詞は元は「運命を定める力を持っている」(後期中英語) を意味した。特に the *Weird* Sisters「魔女たち」の中で用いられ、当初は運命の三女神を指し、後にシェイクスピアの『マクベス』*Macbeth* の中の魔女を指した。さらに後には「神秘的な」の意味が生じた (19世紀初頭)。

welcome ［古英語］⃞間ようこそ；⃞動人を歓迎する；⃞形歓迎される、うれしい；⃞名歓迎：

古英語 *wilcuma* は「来訪が喜ばれる人」を意味した。動詞の語形は *wilcumian* で、*wil-*「願望、喜び」と *cuman*「来る」からなる。第1要素は後に *wel-*「よく」へと変化し、古フランス語 *bien venu* または古ノルド語 *velkominn* の影響を受けた。

weld ［16世紀後半］⃞動溶接する、結合させる；⃞名溶接：

当初の意味は「結合する」で、「融かす、(熱せられた金属を) 溶接する」という廃れた意味の well の異形 (おそらく過去分詞の影響による) である。
→ WELL²

well¹ ［古英語］⃞副よく、うまく、十分に、かなり、正当に；⃞形健康な、丈夫な、満足な、適当で；⃞間まあ、まさか、ええと：

古英語 *wel(l)*「幸福な、幸運な状態で」はゲルマン語起源で、オランダ語 *wel* とドイツ語 *wohl*「健康に」と同系で、おそらく動詞 will「成し遂げる」とも同系である。中英語期に母音が長くなり、現代のスコットランド語の語形である *weel* が生じた。**welfare** ［中英語］⃞名「幸福」は副詞 well「よく」と動詞 fare「行う」からなる。
→ WILL¹

well² ［古英語］⃞名井戸、鉱泉、くぼみ；⃞動湧き出る、沸き出させる：

古英語 *wella*「水の泉」は「沸かす、沸く」を意味するゲルマン語の語幹が起源であり、オランダ語 *wel* とドイツ語 *Welle*「波」と同系である。

Welsh ［古英語］⃞形ウェールズ (人・語) の；⃞名ウェールズ人・語：

古英語の名詞 *Welisc, Wælisc* は「外国人」を意味するゲルマン語に由来し、元はラテン語 *Volcae* (ケルト人の名称) である。

wench ［中英語］⃞名娘、女の子：

廃語 *wenchel*「子供、召使い、売春婦」の省略形である。古英語 *wancol*「不安定な、

変わりやすい」と同系である。

wend [古英語]動進む、向かう：
古英語 wendan は「回る、出発する」を意味した。ゲルマン語起源で、オランダ語とドイツ語 wenden「裏返す」と同系で、動詞 wind「曲がる」とも同系である。
→ WIND²

werewolf [後期古英語]名狼人間：
第1要素は古英語 wer「人間」とされる。現代の用法では、民俗学の研究を通して再び使われている。

west [古英語]名西、西方；西の、西部の；副西へ、西方へ：
ゲルマン語起源で、オランダ語とドイツ語 West「西」と同系で、ギリシア語 hesperos とラテン語 vesper「夕方」と共通のインド＝ヨーロッパ語の語根に由来する。western形「西方の」もまた（westerne として）古英語で、westerly形「西の」は15世紀後半で、古語 wester「西方の」に基づいている。

wet [古英語]形濡れた、湿った、雨の、液体につけた、《英》弱々しい；名湿気、しめり；動濡らす、湿らす、濡れる、湿る：
古英語の形容詞と名詞の語形 wæt と動詞 wætan は water と同系である。「無能な、弱々しい」という意味は20世紀初頭に遡る。1930年代から論点について自由主義あるいは中道的な見解を持つ政治家を表す用語として用いられている。マーガレット・サッチャーの通貨管理経済政策に反対する保守党の議員に対してよく使われた。
→ WATER

whack [18世紀初頭]動強く打つ、バシッと打つ；名強打、バシッ、ビシッ：
擬音語または thwack「バシッという音」の異形である。

whale [古英語]名鯨;動捕鯨する：
古英語 hwæl はゲルマン語起源である。

wham [1920年代]名バーン、ドカン（という音）、強い衝撃、強打：
強い打撃の擬音語である。whammy名《口語》悪魔の目」という語（wham に基づいている）は1940年代から「邪悪な力」に使われている。1950年代には『リル・アブナー』Li'l Abner と呼ばれる連続漫画の中で使われ、この語の意味を示すことが多かった。また「魔女」が十分に威力を発揮することを指す成句 double whammy「二重の打撃」の一部であった時もある。

wharf [後期古英語]名波止場、埠頭：
古英語 hwearf はゲルマン語起源である。当初は「海岸」を意味する merehwearf として用いられた。17世紀初頭から川の土手を表すために用いられたが、現在では廃れている（シェイクスピア『ハムレット』Hamlet, I. v. 33 : The fat weede That rots it selfe in ease, on Lethe Wharfe「そのものはやすやすと腐るが、忘却の川に生い茂る雑草」）。

what [古英語]代何、いくら、（…する）もの、こと；形何の、どんな、なんという；副どれほど、いかに：
古英語 hwæt はゲルマン語起源で、オランダ語 wat、ドイツ語 was「何」と同系であり、ラテン語 quod と共通のインド＝ヨーロッパ語根に由来する。why副「なぜ」は古英語では hwī, hwȳ で「いかなる理由によって」を意味した。hwæt「何」の具格で、ゲルマン語起源である。

wheat [古英語]名小麦：
古英語の語形は、hwǣte であった。ゲルマン語起源で、オランダ語 weit、ドイツ語 Weizen「小麦」、英語 white と同系である。時に良いものと悪いものに分けることを指して、chaff「もみがら」（悪いもの）と対比して良いものを指すのに用いられる。
→ WHITE

wheedle [17世紀半ば]動甘言で誘う、だます：
語源不詳であるが、ドイツ語 wedeln「す

くむ、甘える」に由来し、元は *Wedel*「尾、扇」である。

wheel [古英語]图車輪、輪、ハンドル、回転；動動かす、運ぶ、回転させる、回る、向きを変える：
古英語の名詞 *hwēol* はゲルマン語起源で、サンスクリット語 *cakra*「車輪、円」とギリシア語 *kuklos*「円」と共通のインド＝ヨーロッパ語の語根に由来する。

wheeze [後期中英語]動ゼイゼイ言う；图ゼイゼイいう音：
古ノルド語 *hvæsa*「シーっと言う」に由来する。

whelp [古英語]图子犬、犬ころ：
古英語の名詞 *hwelp* はゲルマン語起源で、オランダ語 *welp* とドイツ語 *Welf*「世界」と同系である。

when [古英語]副いつ、どんな場合に；接(…する) 時、…ならば：
古英語 *hwanne, hwenne* はゲルマン語起源で、ドイツ語 *wenn*「もし…なら」、*wann*「…する時」と同系である。**whence**(*whennes*として) [中英語]副接「どこから」は *whenne* に由来し、元は古英語 *hwanon* である。*whenne* は後に無声音を表す語尾の *-ce* を用いて綴りなおされた。

where [古英語]副どこで・に・へ、…するところの；接…するところに・へ：
古英語 *hwær* はゲルマン語起源で、オランダ語 *waar*、ドイツ語 *wo*「どこで・に」と同系である。

whet [古英語]動研ぐ、磨く、(食欲を) 刺激する：
古英語 *hwettan* はゲルマン語起源で、ドイツ語 *wetzen*「研ぐ」と同系であり、「鋭い」を意味する形容詞に基づいている。

whether [古英語]接…かどうか、…であろうとなかろうと：
古英語 *hwæther, hwether* はゲルマン語起源で、ドイツ語 *weder*「どちらも…ない」と同系である。

which [古英語]代どちら、どれ、…するもの・こと；形どちらの、どの：
古英語 *hwilc* は who や alike のゲルマン語の語幹に由来している。

whicker [17世紀半ば]動クスクス笑う、いななく；图クスクス笑い、いななき：
「忍び笑いする、クスクス笑う」の擬音語である。

whiff [16世紀後半]图一吹き、プンとくる匂い、一服のタバコの煙；動軽く吹く、タバコをふかす、ぷっと吹く、(タバコを) ふかす：
元は「わずかな風が吹く」を意味する動詞だけでなく、「突風」、「タバコの一服」を表す名詞でもあった。擬音語である。

while [古英語]图時間、間；接…している間に、…だけれども、だが一方：
古英語 *hwīl* は「期間」であった。ゲルマン語起源で、オランダ語 *wijl* やドイツ語 *Weile*「時間」と同系である。接続詞は古英語 *thā hwīle the*「…する間」の省略形である。

whim [17世紀後半]图気まぐれ、むら気、移り気：
語源不詳だが、flim-flam「たわごと」や jim-jam「にぎやかにする」のように、おそらく浮ついたものを象徴する戯言的な重複形である16世紀初頭の *whim-wham*「奇抜なもの、くだらないもの」と同系である。**whimsy**[17世紀初頭]图には、「気まぐれ」の意味があり、(flimsy「軽くて薄い」と flim-flam の関係のように) *whim-wham* に基づいている。

whimper [16世紀初頭]動しくしく泣く、ぶつぶつ不平を言う、泣き声で言う；图すすり泣き、泣きごと：
方言 *whimp*「しくしく泣く」に由来する、擬音語である。

whine ［古英語］動(子供が)哀れっぽく泣く、(犬が)くんくん泣く、泣きごとを言う、哀れっぽく言う；名哀れっぽい声、泣きごと：

古英語 hwīnan は「口笛を吹く」を意味した。whinge (hwinsian)［後期古英語］名《英・豪》泣きごとを言う」、ドイツ語 winseln「くんくん泣く」と同系である。

whinny［後期中英語］動(馬が)嬉しげにいななく；名(馬の)いななき：

当初、動詞として使われた。擬音語である。名詞は19世紀初頭に遡る。

whip［中英語］動鞭打つ、(雨・風が)激しく打つ、打ち負かす、急に動く；名鞭(打ち)：

中低地ドイツ語と中オランダ語 wippen「動く、跳ぶ、踊る」に由来し、元は「素早く動く」を意味するゲルマン語の語幹である。名詞は部分的に動詞に由来し、中低地ドイツ語 wippe「素早い動き」の影響を強く受けた。複合語に以下がある：
■ **whipping boy**「(身代わりに鞭打たれた)王子の学友、身代わり」。王子(または貴公子)と一緒に教育を受けた男子を表す17世紀半ばの語を拡張した用法であり、王子(または貴公子)の代わりに罰を受けた。

whirl［中英語］動ぐるぐる回る、急に向きを変える、急いで行く、ぐるぐる回す、ぐいと引っ張る；名回転、旋風、ひとっ走り、乱れ：

動詞用法は古ノルド語 hvirfla「向きを変える」に由来する。名詞用法は部分的に中低地ドイツ語、中オランダ語 wervel「錘」、または古ノルド語 hvirfill「円」に由来し、元は「回転する」を意味するゲルマン語の語幹から来ている。**whirligig**［後期中英語］名「回転するおもちゃ」は whirl と「むちごま」を意味する廃語の名詞 gig からなる。

whirr［後期中英語］動(鳥が)ブーンと飛ぶ、(機械が)ブンブン音を立てて回る；名ブンブンいう音：

当初の意味は「ブンブン(という)音を立てて動く」であった。whirl と同じく、起源はスカンジナビア語である。
→ **WHIRL**

whisk［後期中英語］名はたくこと、一払い、泡立て器、小ぼうき；動さっと払う、はらいのける、さっと運ぶ、泡立てる：

スカンジナビア語起源である。whist名「ホイスト」というカードゲームは17世紀半ばには whisk「さっと動く」と綴られ、動詞 whisk に由来する(札をさっと片づけることに関連して)。

whisker［後期中英語］名ほおひげ、ひげ、羽毛：

元は羽、または小枝のようなものの束で、さっと払うために使用された。whisker は動詞 whisk「さっと払う」に基づいている。男のほおひげを指す用法は17世紀初頭に遡る。

whisper［古英語］動(…に)ささやく、こっそり話す；名ささやき、ひそひそ話：

古英語 hwisprian はゲルマン語起源で、ドイツ語 wispeln「ささやく」と同系であり、whistle「口笛を吹く」という擬音語の語幹に由来している。
→ **WHISTLE**

whistle［古英語］動口笛を吹く、(口)笛で合図する、笛を鳴らす；名口笛、(口笛による)合図、ヒューという音：

この擬音語(古英語では動詞が (h)wistlian、名詞が (h)wistle)はスウェーデン語 vissla「口笛を吹く」と同系である。

whit［後期中英語］名微少、微塵：

廃語 wight「少量」の異形である。

white［後期古英語］形白い、青白い、白人の、白髪の、空白の；名名白、潔白、白いもの；動【印刷】空白にする：

後期古英語 hwīt はゲルマン語起源で、オ

ランダ語 *wit* やドイツ語 *weiss*「白い」、さらには wheat「小麦」と同系である。後期古英語では、Whit Sunday は *Hwīta Sunnandæg* で、文字通り「聖霊降臨祭」であった。おそらく王旬祭で新たに洗礼を施された人々の白衣と関わりがある。white からなる多くの複合語には以下がある。

■ **white feather** [18世紀後半]「白い羽」。臆病という文脈で用いられ、闘鶏の尾の白い羽と関係がある。血統が良くないという現れである。

■ **white-knuckle ride** [1970年代]「恐怖を引き起こす乗り物」。身体のバランスを安定させるために移動遊園地の乗り物（ジェットコースターなど）の手すりをしっかりつかむことで引き起こされる影響（こぶしを強く握りしめると指関節の皮膚が白く見える）と関係がある。
→ WHEAT

whittle [16世紀半ば]動少しずつ削る：
「ナイフ」を意味する方言の名詞 whittle に由来する。

who [古英語]代誰が、誰を・に、…する(人)：
古英語 *hwā* はゲルマン語起源で、オランダ語 *wie*、ドイツ語 *wer*「誰」と同系である。whose代「誰の」は古英語では *hwæs* で、*hwā*「誰」と *hwæt*「何」の属格である。

whole [古英語]形全体の、すべての、完全な、両親が同じの；名全部、全体；副完全に、まったく：
古英語 *hāl* はゲルマン語起源で、オランダ語 *heel*、ドイツ語 *heil*、さらに *hail*「歓迎する」と同系である。wh- の綴り（*w-* については方言の発音を示している）は15世紀に初めて現れた。wholesome形「有益な、健康によい、健全な」や wholly副「全体的に、すっかり、まったく」は中英語まで使われていないが、古英語ですでに存在していた。wholesale [後期中英語]名形「卸売り(の)、大規模な」は「多量に」を表す by *whole sale* という成句の一部であった。

→ HAIL²

whoops [1920年代]間しまった、おっと、あらっ：
upsy-daisy「ほらほら」の異形である。

whore [後期古英語]名売春婦、みだらな女；動売春する：
後期古英語 *hōre* はゲルマン語起源で、オランダ語 *hoer* やドイツ語 *Hure*「売春婦」と同系であり、ラテン語 *carus*「親愛な」と共通のインド＝ヨーロッパ語の語根に由来する。

whorl [後期中英語]名輪生(体)、(貝・指紋などの)渦巻、小はずみ車：
当初は小さなはずみ車を指した。whirl「回転する」の異形で、古英語 *wharve*「スピンドルのはずみ車」の影響を受けている。
→ WHIRL

wick [古英語]名灯心、芯：
古英語 *wēoce*「蠟燭の芯」は西ゲルマン語起源で、オランダ語 *wiek*、ドイツ語 *Wieche*「灯心の綿糸」と同系である。1940年代に遡り、「人をいらだたせる」を意味する成句 get on someone's *wick* の *wick* は時に prick「ペニス」と韻を踏む俗語の Hampton *Wick*「おちんちん」に由来すると言われる。

wicked [中英語]形悪い、邪悪な、悪意のある：
古英語 *wicca*「魔女」に基づいている。

wicker [中英語]名小枝、枝編み細工；形枝編み細工の：
スカンジナビア語起源で、スウェーデン語 *viker*「ヤナギ細工」と同系で、*vika*「曲げる」とつながりがある。

wicket [中英語]名小門(扉)、格子窓、【クリケット】三柱門：
当初は「小さな門、または、格子」であった。アングロノルマンフランス語と古北フランス語 *wiket* に由来する。古ノルド

語 *vīkja*「回る、動く」のゲルマン語の語根と見なされている。クリケットにおける意味は17世紀後半に遡る。

wide ［古英語］形広い、広範囲にわたる、幅が…の；副広く、広範囲に、大きく開いて：

古英語 *wīd* はゲルマン語起源で、「広々とした、広大な」を意味し、*wide* は「広範囲にわたって」を意味した。width ［17世紀初頭］名「広さ、幅」は wide に由来し、breadth にならっている（wideness にとって代わる）。

widget ［1930年代］名小型機械、部品、仕掛け：

元はアメリカ英語で、gadget「ちょっとした機械装置」の異形である。
→ GADGET

widow ［古英語］名未亡人、後家；動未亡人になる：

古英語 *widewe* は「空である」を意味するインド＝ヨーロッパ語の語根に由来する。サンスクリット語 *vidh*「貧窮している」、ラテン語 *viduus*「死なれた、後家となった」やギリシア語 *ēitheos*「未婚の男性」と同系である。複合語に以下がある：
■ **widow's cruse**「寡婦の壺」。『列王記上』17章10〜16節の引喩で、わずかだが尽きることのない食糧を指している。この引喩は、干魃や飢饉にもかかわらず、自分の残りわずかな食糧を分け合う際にその親切心から、尽きることのない油の入った未亡人の壺の物語である。
■ **widow's mite**「寡婦の賽銭」。貧しい人からの少額の寄付を表し、『マルコによる福音書』12章43節にある引喩である。この引喩では未亡人が基金に2銭、つまり全財産を寄付している。
■ **widow's walk**「屋根上の露台」(1930年代のアメリカの語法)。元は初期のニューイングランドにおいて家の屋根に造られ、海の景色が抜群な柵で囲まれたバルコニーを表す語である。この複合語は船乗りの夫の待ちに待った帰港を眺める場所を指すことと関係がある。
■ **widow's weeds**「寡婦服」。18世紀初頭に遡り、かつては mourning *weeds*「哀悼の衣服」として表されていた。ここでの weeds は今では使われていない「衣服」という一般的な意味で、古英語 *wǣd(e)* に由来し、ゲルマン語起源である。

wield ［古英語］動(権力を)行使する、(剣を)ふるう、(影響を)及ぼす：

古英語 *wealdan, wieldan*「支配する、征服する、管理する」はゲルマン語起源で、ドイツ語 *walten*「管理する」と同系である。

wife ［古英語］名妻、女房、夫人、奥さん：

古英語 *wīf* は「女性」を表す語であった。ゲルマン語起源で、オランダ語 *wijf*、ドイツ語 *Weib*「妻」と同系である。

wig ［17世紀後半］名かつら、高位の人、裁判官；動かつらをつける：

periwig「かつら」の短縮形である。「しかる」を意味する動詞 *wig* は19世紀初頭に遡り、譴責を行う裁判官 (bigwig「お偉方」) のような地位の高い人という意味に由来している。

wiggle ［中英語］動振り動かす、小刻みに揺れる；名小刻みな動き、くねる線：

中低地ドイツ語や中オランダ語の反復動詞 (動作の反復を表す)*wiggelen* に由来する。

wigwam ［17世紀初頭］名テント小屋：

「彼らの家」を表すオジブエ語 *wigwaum*、アルゴンキン語 *wikiwam* に由来する。

wild ［古英語］形野生の、荒れ果てた、激しい、野蛮な、荒っぽい；副乱暴に；名未開地、荒野：

古英語 *wilde* はゲルマン語起源で、オランダ語やドイツ語 *wild*「野生の」と同系である。

wilderness ［古英語］名荒野、荒地、未開地：

古英語 *wildēornes* は「野生の動物のみが

生息する土地」を意味し、wild dēor「野生動物」に接尾辞 -ness が付いたもの。

wile [中英語][名]たくらみ、策略；[動]おびき出す、たぶらかす：

vél「巧妙な手口」と同系の古ノルド語に由来する。

will¹ [古英語][助]…しよう、…でしょう・だろう、…するものだ、どうしても…したがる：

古英語 wyllan（will の未来時制の語形）はゲルマン語起源であり、オランダ語 willen、ドイツ語 wollen「…するつもり」と同系である。ラテン語 velle「望む、願う」と共通のインド＝ヨーロッパ語の語根に由来する。would[助]は古英語では wolde で、wyllan の過去形である。

will² [古英語][名]意志、決意、意向；[動]…を意図する、望む、…を遺言して与える：

free will「自由意志」の中の will はゲルマン語に由来し、古英語では名詞 willa、動詞 willian であった。オランダ語 wil やドイツ語 Wille「意志」、さらに英語の副詞 well と同系である。wilful [中英語][形]「わがままな」は will に基づいている。
→ WILL¹

will-o'-the-wisp [17世紀初頭][名]鬼火、人を惑わすもの・人、手に入れられないもの：

元は Will with the wisp「藁で望む」であり、この wisp は「ひと握りの（火をつけられた）干し草」の意である。

willy-nilly [17世紀初頭][副]いやおうなしに、手当りしだいに：

will I, nill I「私は望んでいる、私は気が進まない」の短縮された綴りである。

wilt [17世紀後半][動]しおれる、弱る、しおれさす、弱らせる：

元は方言で、「新鮮味を失う」という意味の方言 welk の異形で、低地ドイツ語に由来する。

wimp [1920年代][名]弱虫、いくじなし：

語源不詳であるが、おそらく whimper「しくしく泣く」に由来する。
→ WHIMPER

win [古英語][動]…に勝つ、獲得する、得る、…に達する；[名]勝利：

古英語 winnan は「征服する、占有する、獲得する」だけでなく、「戦う、争う」も意味した。語源はゲルマン語である。

wince [中英語][動]ひるむ、たじろぐ；[名]たじろぎ、ひるみ：

元は「痛みやいら立ちのため蹴りつづける」の意味で用いられた。古フランス語 guenchir「わきへよける」のアングロノルマンフランス語の異形に由来する。

winch [後期古英語][名]巻揚げ機、ウインチ、釣り用のリール；[動]ウインチで巻き揚げる：

後期古英語 wince は「リール、滑車」を指した。ゲルマン語起源で、動詞 wink「まばたきする」と同系である。動詞用法は16世紀初頭に遡る。
→ WINK

wind¹ [古英語][名]風、強風、息、香り、風向き、傾向；[動]風にさらす、呼吸困難にする：

ゲルマン語起源であり、（wind and rain「風雨」にあるように）wind はオランダ語 wind やドイツ語 Wind「風」と同系で、ラテン語 ventus と共通のインド＝ヨーロッパ語の語根に由来する。

wind² [古英語][動]曲がる、そる、巻きつく、巻く、巻きつける；[名]曲がり、巻くこと：

古英語 windan は「速く進む」、「巻きつく」を意味した。ゲルマン語起源であり、wander「歩き回る」や wend「進む」と同系である。
→ WANDER; WEND

window［中英語］名窓、飾り窓、窓口；動…に窓をつける：
古ノルド語 *vindauga* に由来し、*vindr*「風」と *auga*「目」からなる。成句 *window of opportunity*「好機」は1970年代に遡る。

wine［古英語］名ワイン、ブドウ酒、果実酒；動ワインでもてなす、ワインを飲む：
古英語 *wīn* はゲルマン語起源で、オランダ語 *wijn*、ドイツ語 *Wein*「ワイン」と同系で、ラテン語 *vinum* に基づいている。

wing［中英語］名翼、羽、羽根、飛行、支部；動…に羽をつける、飛ばす、飛んでいく：
元は複数形で使われ、古ノルド語 *vængr* の複数形 *vængir* に由来する。

wink［古英語］動ウインクする、目をまばたきする、明滅する、まばたきさせる、点滅させる；名目くばせ、ウインク：
「目を閉じる」という意味の古英語 *wincian* はゲルマン語起源で、ドイツ語 *winken*「手を振って合図する」や *wince*「一瞬びくっとする」と同系である。成句 *not to sleep a wink*「一睡もしない」は中英語に遡る。*A nod's as good as a wink to a blind horse*「盲馬にはうなずいても目くばせしても同じこと（馬の耳に念仏）」ということわざを見ると、*wink* が「見る」の意味であることがわかる（16世紀初頭に遡る）。
→ WINCE

winnow［古英語］動ふるい分ける、簸る、吹き乱す；名唐箕、箕：
古英語 *windwian* は wind「風」に由来する。
→ WIND¹

winsome［古英語］形魅力のある、愛嬌のある、快活な：
古英語 *wynsum* は *wyn*「喜び」に基づいている。

winter［古英語］名冬、冬季；形冬の、冬季の；動冬を過ごす、（家畜を）冬の間飼育する：
ゲルマン語起源で、オランダ語 *winter* やドイツ語 *Winter*「冬」と同系で、おそらく *wet*「濡れた」とも同系である。**wintry**形「冬の」も古英語である（*wintrig*）。
→ WET

wipe［古英語］動ふく、ぬぐう、ふき取る、ぬぐい去る；名ふくこと、さっと打つこと、ワイプ（使い捨てのウェットタオル）：
古英語 *wīpian* は whip「鞭打つ」と同系で、ゲルマン語起源である。「そっとふく」と「消す」の両方を意味する。成句 *wipe the floor with*「人を完全に打ち負かす」は19世紀後半に遡る。名詞用法は「容赦のない一撃、強打」を意味し（a *wipe over the shins*「むこうずねを打つこと」）、16世紀半ばから使われている。1970年代からは柔らかい吸水性のウェットタオルを指す名詞として使われている。
→ WHIP

wire［古英語］名針金、ワイヤー、電線、電報；動電報を打つ、針金で結ぶ：
古英語 *wīr* はゲルマン語起源で、おそらくラテン語 *viere*「編んだもの、織ったもの」の語幹に由来する。成句 *by wire*「電信で」は電信機による通信を指し、19世紀半ばに遡る。20世紀初頭には、*over the wire(s)*「電話で」が電話網を通しての通信を表した。電線としての *wire* は同時期（19世紀後半／20世紀初頭）から使われ、*live wire*「電線」も早くから比喩的な意味「精力的な人」へと拡張した。

wise［古英語］形賢い、賢明な、学識豊かな、…に通じた：
古英語 *wīs* はゲルマン語起源で、オランダ語 *wijs* やドイツ語 *weise*「賢い」、さらには英語 wit「知力」と同系である。**wisdom**名「英知」（古英語では *wīsdōm*）は *wise*「賢明な」に基づいている。
→ WIT²

wish ［古英語］動願う、望む、…であれば良いのにと思う；名願い、願望、祈り：
古英語 *wȳscan* はゲルマン語起源で、ドイツ語 *wünschen*「願う」や英語 wont「慣れる」と同系である。
→ WONT

wishy-washy ［18世紀初頭］形水っぽい、優柔不断の、弱々しい：
wash「洗う」に由来する *washy*「水っぽい」の重複形である。
→ WASH

wisp ［中英語］名小束、はしきれ、小片：
語源不詳である。おそらく whisk「小束」と同系である。
→ WHISK

wistful ［17世紀初頭］形思いこがれた、(哀しい) 思いに沈む：
廃語 *wistly*「熱心に」に由来し、*wishful*「望んでいる」の影響を受けている。

wit¹ ［古英語］名知力、機知、才人、正気：
古英語 *wit(t), gewit(t)* は意識の中枢としての知性を表した。ゲルマン語起源であり、オランダ語 *weet* やドイツ語 *Witz*「機知」、さらには英語 wit「知る」と同系である。*witty* 形「機知のある」(古英語では *wit(t)ig*) は元は「英知がある」を意味した。*witless* 形「知恵のない」(古英語では *witlēas*) は当初「正気でない、茫然とした」の意味として使われている。*witticism* 名「警句」は witty に由来し、ドライデンによって1677年に造られた。語形は criticism にならっている。
→ WIT²

wit² ［古英語］動知る：
古英語 *witan*「知っている」は to *wit*「すなわち」の *wit* である。ゲルマン語起源で、オランダ語 *weten* やドイツ語 *wissen*「知っている」と同系で、サンスクリット語 *veda*「知識」やラテン語 *videre*「見る」と共通のインド=ヨーロッパ語の語根に由来する。

witch ［古英語］名魔女、魔法使い、意地悪な老女；動魔法をかける：
古英語では *wicca*（男性形）、*wicce*（女性形）、*wiccian*（動詞）である。動詞の現代の意味はおそらく中英語 *bewitch*「魔法をかける」の短縮形であり、接頭辞 *be-* は「徹底的に」を意味している。

with ［古英語］前…と一緒に、…を持って、…を用いて、…に対して、…したまま：
おそらくゲルマン語の前置詞の短縮形である。「反対の、逆の」を意味する今では廃れた英語 *wither* と同系である。

withdraw ［中英語］動引っ込める、取り下げる、撤退させる、引き出す、立ち去る：
「離れて」を意味する古英語の接頭辞 *with-* と動詞 draw「引く」からなる。

wither ［後期中英語］動(植物が) しぼむ、しおれる、(色が) あせる、しおれさせる、衰えさせる：
語源としてはいくつかの意味に分類されるが、weather「天気」の異形である。元は植物に使われ、後に「新鮮さを失う、元気・活気がなくなる」(16世紀初頭) という比喩的意味へと拡張された。成句 *wither away*「徐々になくなる」はマルクス主義の哲学に関する小冊子が起源であり、そこには国家による支配がもはや必要でなくなるほど独裁政権が社会に変化を及ぼした結果、国家が衰退していくことが述べられている。
→ WEATHER

withers ［16世紀初頭］名鬐甲（きこう）：
馬の背中の一番高い部分を表す *widersome* の短縮形である。第1要素は廃語 *wither-*「…に反対して、反対の」(首あてに耐える部分として) に由来するが、第2要素 *-some* は語源不詳である。

withhold ［中英語］動保留する、抑える、差し引く：
動詞 hold「持っている」に「離れて」を意味する接頭辞 *with-* が付いたもの。
→ HOLD¹

without ［古英語］前 …なしに、…せずに、…がなければ；前 (それ) なしで：
古英語 *withūtan* は「外部に」を意味した。**within** 前「…の内部に」は後期古英語では *withinnan* という語形で、「内部に」を意味した。

withstand ［古英語］動 よく耐える、持ちこたえる、抵抗する：
古英語 *withstandan* は、接頭辞 *with-*「…に反対して」(前置詞 with は当初の用法では一般に「反対」を表した) と動詞 stand「立つ」からなる。
→ STAND

witness ［古英語］名 目撃者、証人、証拠；動 目撃する、署名する、証言する：
古英語 *witnes* は古英語 *wit*「理解」に基づいている。当初の用法には「理解、知識、証拠」という意味があった (シェイクスピア『ベニスの商人』*Merchant of Venice,* I. iii. 96：An evil soule producing holy *witnesse,* Is like a villaine with a smiling cheeke「神聖な証言をする悪の魂は笑みを浮かべる悪者のようである」)。成句 bear *witness*「証言する」は中英語にできた。後期中英語に、*witness* は殉教者として「イエス・キリストのために証をする人」を指すようになった。
→ WIT¹

witter ［19世紀初頭］動 とりとめのない話をする、くどくど話す：
元はスコットランド語で、おしゃべりの擬音語である。

wizard ［後期中英語］名 魔法使い、魔術師、天才、鬼才：
当初は「哲人あるいは賢人」を表す語であり、wise「賢明な」に基づいている。16世紀半ばには魔法を使う人を表す語となり、後に (17世紀初頭) 才人 (financial *wizard*「金儲けの天才」) を指すようになった。
→ WISE

wizened ［16世紀初頭］形 しなびた、しわくちゃな：
古語 *wizen*「しなびる」の過去分詞形で、ゲルマン語起源である。

wobble ［17世紀半ば］動 よろめく、ふらつく、ぐらつかせる；名 よろめき、ぐらつき：
当初の綴りは *wabble* であった。ゲルマン語起源で、古ノルド語 *vafla*「揺れる」や動詞 wave「揺れる」と同系である。
→ WAVE

wodge ［19世紀半ば］名 束、塊り：
wedge「くさび」の異形である。
→ WEDGE

woe ［古英語］名 悲哀、苦悩、苦痛；間 ああ！：
古英語では *wā* であった。ゲルマン系統の諸言語に見られる。**woebegone** ［中英語］形 には「悲嘆にくれた」という意味があり、第 2 要素 *begone* は「囲まれている」(廃語 *bego*「周りを回る、取り囲む」の過去分詞形) を意味する (下記の語形成を参照)。

wold ［古英語］名 広い原野、高原：
古英語 *wald* は「森のある高地」を意味した。**weald** 名「森林地帯」は以前はケント、サリー、サセックス東部を含んだ森の多い地方のことで、古英語 *wald* の異形である。ゲルマン語起源で、wild「荒野」と同系である。
→ WILD

wolf ［古英語］名 オオカミ、強欲な人、残忍な人；動 がつがつ食う、オオカミ狩りをする：
古英語 *wulf* はゲルマン語起源であり、オランダ語 *wolf* やドイツ語 *Wolf*「オオカミ」と同系で、元はラテン語 *lupus*、ギリシア語 *lukos* と共通のインド＝ヨーロッパ語の語根に由来する。動詞用法は19世紀半ばから。

woman ［古英語］名 女、女性、婦人、女らしさ：

古英語 *wīfmon, -man*（*wif*「女性」と *man* または *mon*「人」からなる）は英語に特有の語形成で、当初は *wife* であった。この語も当初から冠詞をつけずに用いられ女性を指した（ドライデン『アエネイス』*Aeneis*: *Woman*'s a various and a changeful Thing「女性とは多様で変わりやすいものだ」）。「自立した女性」を意味する成句 one's own *woman* は17世紀初頭に遡る。
→ WIFE

womb［古英語］名子宮：
古英語 *wamb, womb* はゲルマン語起源である。当初は「腹部」あるいは「腹」を表す語としても用いられた。「発端と発育」を指す比喩的な用法は16世紀後半に遡る（シェイクスピア『リチャード二世』*Richard II*, II. i. 51: This England, This Nurse, this teeming *wombe* of Royall Kings「この英国、この育成所、王たちが多く成長するこの場所」）。

wonder［古英語］動不思議に思う、驚く、…かしらと思う；名驚き、不思議（な物）：
古英語の名詞 *wundor*、動詞 *wundrian* はオランダ語 *wonder* やドイツ語 *Wunder*「不思議なこと」と同系であり、ゲルマン語起源であるが、最も古い語源は不詳である。**wonderful**［後期古英語］形「すばらしい」と **wondrous**［15世紀後半］形「《詩語》《文語》驚くべき」は *wonder* に基づいている。wondrous は廃語の形容詞・副詞 *wonders* の異形であり、元は *wonder* の属格形である。語形は mar-velous「驚くべき」にならっている。

語形成

感嘆詞・間投詞
woe は英語において自然に出る、数ある感嘆詞の1つである。下の年代は使われはじめた年代を表している。

■ **aw**［アメリカ英語で19世紀半ば］軽い抗議を表す。
■ **faugh**［16世紀半ば］嫌悪を表す。
■ **hey**［中英語］注意を引く際に発せられる。
■ **hi**［後期中英語］挨拶の際に発せられる。
■ **ho**［中英語］驚きやあざけりを表す。
■ **hoots**［19世紀初頭、hoot は16世紀半ば］いらだちを表す。
■ **hoy**［後期中英語］注意を引くために発せられる。
■ **lo**［古英語では *lā* として］驚くような事を指すのに発せられる。
■ **oh**［中英語］懇願や軽い驚きを表す。
■ **oof**［19世紀半ば］懸念やいら立ちを表す。
■ **ooh**［20世紀初頭］大喜びや苦痛を表す。
■ **oops**［1930年代］間違いをしたときに発せられる。
■ **ouch**［17世紀半ば］苦痛を表す。
■ **ow**［19世紀半ば］苦痛を表す。
■ **pooh**［16世紀後半］嫌悪を表す。
■ **pshaw**［17世紀後半］いら立ちやさげすみを表す。
■ **shoo**［後期中英語］聞き手をおどして追い払うために発せられる。
■ **whee**［1920年代］大喜びを表す。
■ **whisht**［16世紀半ば］聞き手を黙らせるために発せられる。
■ **whoo**［17世紀初頭］驚きや大喜びを表す。
■ **wow**［16世紀初頭］感嘆を表す。
■ **yah**［17世紀初頭］あざけりを表す。
■ **yahoo**［1970年代］興奮を表す。
■ **yeehaw**［アメリカ英語で1970年代］喜びを表す。
■ **yeehaw**［アメリカ英語で1970年代］喜びを表す。
■ **yeow**［アメリカ英語で1920年代］精神的な打撃を表す。
■ **yippee**［アメリカ英語で1920年代］すさまじい興奮を表す。
■ **yo**［後期中英語］挨拶の際に発せられる。
■ **yoo-hoo**［1920年代］注意を引くために発せられる。
■ **zowie**［アメリカ英語で20世紀初頭］驚きを表す。

wont［古英語］前…し慣れた、…を常とする；名習慣、習い：

成句 as is his *wont*「いつものように」で用いられる。古英語では *gewunod* で、*wunian*「住む、慣れている」の過去分詞形でゲルマン語起源。**wonted**［後期中英語］形「習慣的な」は *wont* から派生した。

woo［後期古英語］動求婚する、口説く、求める、懇願する：

後期古英語 *wōgian*「性交する」は自動詞で、*āwōgian*「…に求愛する」は他動詞として用いられた。語源不詳である。後に文学的な分野でのみ見られるようになった。

wood［古英語］名木材、まき、森；形木製の、木材用の；動薪を供給する：

古英語 *wudu* はウェールズ語 *gwŷdd*「木々」と同系であるゲルマン語起源である。当初は木質や「木の集まり」だけでなく、「木」という意味もあった。成句 not to see the *wood* for the trees「木を見て森を見ず」は16世紀半ばに遡り、「困難から逃れている」を意味する be out of the *wood* は18世紀後半に遡る。

wool［古英語］名羊毛、ウール、毛織物：

古英語 *wull* はゲルマン語起源で、オランダ語 *wol* やドイツ語 *Wolle*「羊毛」と同系で、ラテン語 *lana*「羊毛」、*vellus*「羊毛」と共通のインド＝ヨーロッパ語の語根に由来する。成句 pull the *wool* over someone's eyes（元は spread the *wool* over someone's eyes）「人をだます」は19世紀初頭から使われている。**woollen**形「羊毛の」は後期古英語に遡る（*wullen* として）。

word［古英語］名語、単語、ことば、約束、知らせ；動言葉に表す：

ゲルマン語起源で、オランダ語 *woord* やドイツ語 *Wort*「語」と同系であり、ラテン語 *verbum*「語」と共通のインド＝ヨーロッパ語の語根に由来している。成句には以下のものがある。*word* for *word*「一語一語そのまま」は後期中英語で、of few *words*「口数の少ない」は15世紀半ばから。by *word* of mouth「口頭で」は16世紀半ばで、in a *word*「一言で言えば」や upon one's *word*「誓って」は16世紀後半からである。

work［古英語］名仕事、労働、職業、製作、作品；動働く、勉強する、機能する、うまくいく、…を動かす：

古英語の名詞 *weorc* や動詞 *wyrcan* はゲルマン語起源で、オランダ語 *werk* やドイツ語 *Werk*「仕事」と同系であり、ギリシア語 *ergon* と共通のインド＝ヨーロッパ語の語根に由来する。「車輪製造人」を意味する wheelwright などの複合語で見られる **wright** 名「…製作者」（古英語では *wryhta, wyrhta*）は西ゲルマン語起源で、*work* と同系である。

world［古英語］名世界、地球、世界の人々、世の中、…の世界：

古英語 *w(e)oruld* は「人間の時代」を意味するゲルマン語の複合語に由来する。オランダ語 *wereld* やドイツ語 *Welt*「世界」と同系である。**worldly** 形「現世の」は古英語では *woruldlic* であった。

worm［古英語］名虫、虫けら、苦痛；動徐々に進む、徐々に（信頼・好意を）得る、うまく取り入る：

古英語 *wyrm* はゲルマン語起源でラテン語 *vermis*「虫」やギリシア語 *rhomox*「木食い虫」と同系である。古くから軽蔑の対象とされている人に使われている。成句 can of *worms*「解決困難な問題」は1960年代に始まった。動詞用法には16世紀後半から「ほじくる」という意味がある。これによって17世紀初頭には「（人の信頼の中へ）狡猾に進む」という意味が生じ、19世紀初頭から成句 *worm* one's way「徐々に（信頼を）得る」となった。

worry［古英語］動心配する、悩む、心配させる、苦しめる；名心配、心配事：

古英語 *wyrgan* は西ゲルマン語起源で、「絞め殺す」を意味した。中英語には、動詞の元の意味として「首を締める」が生じ、後に比喩的に「困らせる」、「悩ませる」となった。これは19世紀初頭のこと

worse［古英語］形より悪い、さらにひどい；副なお悪く；名いっそう悪いこと：
古英語では形容詞の語形が wyrsa、または wiersa で、副詞の語形が wiers である。両者ともゲルマン語起源である。war「戦争」が同系語であり、worst 形「最も悪い」もまた同系語である（古英語では形容詞が wierresta, wyrresta、副詞が wierst, wyrst で、ゲルマン語起源である）。
→ WAR

worship［古英語］名崇拝、礼拝；動崇拝する、礼拝する：
古英語 weorthscipe（worth「価値がある」に基づいている）には「価値のあること、価値を認めること」の意味があった。16世紀半ばからは敬称（your worship「閣下」）として用いられはじめ、後にとりわけ行政官に対して使われるようになった。
→ WORTH

worth［古英語］前…に値する、…の値打ちがある；名価値：
古英語 w(e)orth はゲルマン語起源で、オランダ語 waard やドイツ語 wert「価値のある」と同系である。成句 of worth「価値がおおいにある」、of little worth「価値のほとんどない」、of great worth「価値がおおいにある」は16世紀後半に遡る。worthy 形「価値がある」は worth に由来し、中英語である。

wotcha［19世紀後半］間やあ、こんちは：
このくだけた挨拶は what cheer?「ご機嫌いかが」の転訛である。

wound［古英語］名傷、怪我、痛手；動傷つける：
古英語の名詞 wund と動詞 wundian はゲルマン語起源で、オランダ語 wond やドイツ語 Wunde「傷」と同系である。語源不詳である。

wrangle［後期中英語］動口論する、論争する；名口論、論争：
低地ドイツ語 wrangeln と同系で、wrangen「奮闘する」の反復動詞（動作の反復を表す動詞）である。
→ WRING

wrap［中英語］動包む、くるむ、巻きつける、夢中になる、撮影を終える；名包み、おおい、ラップ、終了：
語源不詳であるが、かつては異形である方言の wrap の方がよく使われていた。成句「終わらせる」を意味する wrap up は1920年代から、「録画が完了した」を意味する It's a wrap は映画製作の場面で1970年代から使われている。

wrath［古英語］名激怒、憤り、復讐：
古英語 wræththu は wrāth「怒り」に由来する。

wreak［古英語］動（かたきを）討つ、（罰を）与える、（怒り・恨みを）ぶちまける：
古英語 wrecan は「追い出す」（今では廃義）、「（怒りなどを）表に出す」シェリー『チェンチ家』*Cenci*: 'Tis my hate and the deferred desire To *wreak* it, which extinguishes their blood「それは私の憎悪であり、前からそれをぶちまけたくてたまらないのであり、そうすると彼らの血を流すことになる」。そして「…のかたきを討つ」（テニスン『ガレスとリネット』*Gareth and Lynette*: Grant me some knight to ... Kill the foul thief, and *wreak* me for my son「汚れた泥棒を抹殺し、息子の仇を討つ…ように騎士を与えてください」）を意味した。ゲルマン語起源で、オランダ語 wreken やドイツ語 rächen「かたきを討つ」と同系である。
→ WRECK; WRETCH

wreath［古英語］名花輪、花の冠、リース、輪状のもの：
古英語 writha は writhe「ねじる」と同系である。
→ WRITHE

wreck［中英語］名難破船、漂着物；動（船

を）難破させる、海岸に打ち上げる、難破する：

当初は法律用語で「浜に打ち寄せた漂着物」を指した。アングロノルマンフランス語 wrec に由来し、元は古ノルド語 reka「追いたてる」の語幹であり、wreak「かたきを討つ」と同系である。
→ WREAK

wrench [後期古英語][動]（ぐいと）ねじる、曲げる、ねんざする、くじく；[名]ねじり、ねんざ、レンチ、スパナ：

後期古英語 wrencan は「ねじる」を意味し、語源不詳である。16世紀初頭には「くじく、ひねる」を意味するようになった。18世紀後半からは道具の名称（レンチ）として使われた。

wrestle [古英語][動]レスリングをする、組み打ちをする、格闘する；[名]組み打ち、奮闘：

古英語 wræstan「ねじる、ひねる、きつくする」の反復動詞（動作の反復を表す動詞）で、ゲルマン語起源である。オランダ語 vriste、英語 wrist「手首」と同系である。
→ WRIST

wretch [古英語][名]気の毒な人、みじめな人、恥知らず：

古英語 wrecca には「追放された人」という意味もあった。西ゲルマン語起源でドイツ語 Recke「戦士、勇士」や英語の動詞 wreak「（罪を）与える」と同系である。wretched [中英語][形]「悲惨な」は wretch からの不規則変化として派生した。
→ WREAK

wriggle [15世紀後半][動]（身体を）くねらせる、くねくねする、（なんとかして）すり抜ける；[名]のたうち：

中低地ドイツ語 wriggelen, wriggen「ねじる、ひねる」の反復動詞（動作の反復を表す動詞）に由来する。比喩的に使われる成句 wriggle out of「逃れる、回避する」は17世紀半ばに遡る。

wring [古英語][動]絞る、絞り出す、苦しめる；[名]しぼること：

古英語の動詞 wringan は西ゲルマン語起源で、オランダ語 wringen や英語 wrong「悪い、間違っている」と同系である。成句 wring out「絞り出す」や wring one's hands「両手を握りしめる」は後期中英語である。
→ WRONG

wrinkle [後期中英語][名]しわ、ちょっとした欠陥、うまい考え；[動]しわを寄せる、しわが寄る：

語源不詳であるが、おそらく古英語の過去分詞 gewrinclod「曲りくねった」からの逆成語（接尾辞の除去）である。gewrinclod の不定詞はない。

wrist [古英語][名]手首：

ゲルマン語起源で、おそらく writhe「身もだえする」の語幹に由来する
→ WRITHE

write [古英語][動]…を書く、刻み込む、手紙で知らせる、執筆する：

古英語の動詞 wrītan には「刻む、彫ることで（手紙を）作る、書く」という意味があった。ゲルマン語起源で、ドイツ語 reissen「写生する、引きずる」と同系である。当初、書かれた物を表す一般的な語として用いられた writ [古英語][名]は write のゲルマン語語幹に由来する。

writhe [古英語][動]身もだえする、のたくる、ねじる；[名]身もだえ、あがき：

古英語 wrīthan「ぐるぐる巻きにする、編む、ひもで固定する」は wreathe「輪を作る」と同系で、ゲルマン語起源である。

wrong [後期古英語][形]悪い、誤った、故障した、具合が悪い；[名]悪、不当な行為；[副]悪く、誤って；[動]不当に扱う、傷つける：

後期古英語 wrang は古ノルド語 rangr

「曲がった、不当な」に由来し、wring「絞る」と同系である。形容詞用法は大きく以下の意味に分けられる。「ひねくれた、曲がった」(廃義)、「不当な、邪悪な」(morally *wrong*「道徳的に悪い」) や「不法な」(*wrong* title「不法な権利」) がある。
→ WRING

wrought [中英語]形 念入りに仕上げられた、細工された、手の込んだ：

work「作る」の古風な過去形・過去分詞形である。
→ WORK

wry [16世紀初頭]形 (顔を) しかめた、ゆがんだ；動 ひねる、ねじる：

当初の意味は「よじれた」であった。中英語に「それる、はずれる、ねじる」を意味するようになった古英語 *wrīgian*「傾向がある、しがちである」が語源である。

X x

Xerox ［1950年代］名ゼロックス；動ゼロックスでコピーする：

商標名であり、xerographyが基となっている。ギリシア語 *xero-*「乾燥した」と *-graphia*「書法」からなる。

Xmas ［18世紀半ば］名《口語》クリスマス：

頭文字Xはギリシア語 *Khristos*「キリスト」の頭文字であるキー（*chi*）を表している。

X-ray ［19世紀後半］名X線、レントゲン線、X線写真；動…のX線検査をする：

ドイツ語 *X-Strahlen*（*Strahl* の複数形）を翻訳したものである。文字 *X-*（この文字が選ばれた理由は、1895年に発見された際、この光線の性質が未知のものであったためである）と *Strahl*「光線」からなる。

yacht ［16世紀半ば］名ヨット；動ヨットで帆走する：

初期近代オランダ語 *jaghte* に由来する。*jaghtschip*「高速の海賊船」に由来し、*jag(h)t*「狩り」と *schip*「船」からなる。

yahoo ［18世紀半ば］名ヤフー、獣のような粗野な人：

この口語はスウィフトが1726年に出版した『ガリバー旅行記』*Gulliver's Travels* に出てくる人間の姿をした獣に由来する。

yammer ［後期中英語］動だだをこねる、不平を言う、大声でしゃべる：

元は「嘆く、叫ぶ」を意味する動詞として使われた。当初の *yomer* の異形である。古英語 *gēomrian*「嘆く」に由来し、中オランダ語 *jammeren* に端を発している。

yank ［18世紀後半］動ぐいっと引く、ぐいっと引っ張る；名ぐいと引くこと：

当初、スコットランド語において「突然の強烈な一撃」という意味で使われている。語源は不詳である。

Yankee ［18世紀半ば］名ヤンキー、アメリカ人、ヤンキー英語；形ヤンキーの：

語源不詳である。17世紀後半から愛称として使われており、おそらくオランダ語 *Janke*、つまり *Jan*「ヤン」の指小辞語に由来する。

yap ［17世紀初頭］名けたたましい吠え声、かん高いおしゃべり；動キャンキャン吠える、《口語》ぺちゃくちゃしゃべる：

当初は吠えている犬を指した。短く、耳をつんざくような音の擬音語である。動詞用法の意味「ぺちゃくちゃしゃべる」は19世紀後半から。

yard¹ ［古英語］名小枝、杖、さお、(長さの単位としての) ヤード、帆桁：

古英語 *gerd*「小枝、棒切れ、棒」は西ゲルマン語に由来し、オランダ語 *gard*「小枝、棒」、ドイツ語 *Gerte*「若枝」と同系である。昔から長さを図る際に使われ、イギリスの標準尺度単位として後期中英語から3フィートにあたる長さとして使われた。当初の標準単位は *ell*「45インチ」であり、イングランド王エドワード3世が君臨している間に *yard* と同系の *verge*「境界」に代わった。

yard² ［古英語］名囲い場、中庭、構内、家畜場、【鉄道】操車場：

古英語 *geard* は「建築物、家、家の敷地内にある囲い」を意味した。ゲルマン語の語源に由来し、ロシア語 *gorod*「町」と同系である。名詞 garden「庭、庭園」、orchard「(堀で囲われた) 庭、庭園、薬草園、果樹園」は同系である。
→ GARDEN; ORCHARD

yarn ［古英語］名紡ぎ糸、(ロープなどの) もとこ、物語、ほら話；動物語・ほら話をする：

古英語 *gearn* はゲルマン語起源である。オランダ語 *garen* と同系であり、「内臓」を意味する語幹に由来するようである。また、ゲルマン語以外にラテン語 *hariolous*「占い師」、*hariuspex*「内臓を調べることによって未来を予測する人物」と同系である。成句 spin a *yarn*「ほら話をする」は、元は航海俗語で、19世紀初頭から。

yawn ［古英語］動 (口・割れ目などが) 大きく開く、あくびをする；名あくび：

ゲルマン語に由来する。古英語 *geonian* はラテン語 *hiare* やギリシア語 *khainein* が共有するインド＝ヨーロッパ語の語根に由来する。当初は「大きく口をあける、あくびをする」という意味があった。現

在の名詞用法は18世紀初頭から。

year［古英語］名年、歳、1年、年齢、老年、（長い）時；副年に一度、毎年：

古英語 gē(a)r は、ゲルマン語に由来し、オランダ語 jaar やドイツ語 Jahr「年」と同系である。いずれもギリシア語 hōra「季節」に見られるインド＝ヨーロッパ語の語根に由来する。

yearn［古英語］動あこがれる、懐かしく思う、切に…したがる、同情する：

古英語 giernan は「切望する」を意味するゲルマン語の語幹に由来する。当初は他動詞的に（「願望する」）使われた。

yeast［古英語］名イースト、パン種、酵母（菌）、（発酵した）刺激：

ゲルマン語に由来し、オランダ語 gist やドイツ語 Gischt「泡、イースト」と同系である。いずれもギリシア語 zein「沸かす」に見られるインド＝ヨーロッパ語の語根に由来する。

yell［古英語］動（大声で）叫ぶ、（物が）きしむような音を立てる；名（高く鋭い）叫び声：

古英語の動詞 g(i)ellan はゲルマン語に由来し、オランダ語 gillen やドイツ語 gellen「鋭く響く」と同系である。

yellow［古英語］形黄色の、皮膚が黄色い、《口語》臆病な、（新聞記事などが）扇情的な；名黄色；動黄色にする：

古英語 geolu, geolo は西ゲルマン語に由来し、オランダ語 geel やドイツ語 gelb「黄色の」と同系である。英語 gold も同系である。比喩的意味の「臆病な」はアメリカ英語において19世紀半ばから。
→ GOLD

yelp［古英語］動（犬などが）キャンと鳴く、キャンキャンほえる、鋭く叫ぶ：

古英語の動詞 g(i)elpan は「自慢する」を意味し、ゲルマン語の擬音語が基となっている。後期中英語から「大声で泣く、

または、歌う」であった。現在の意味は「金切り声を発する」で、16世紀に現われた。

yen［19世紀後半］名《口語》熱望、切望：

元は「（薬物常習者が）薬物を切望する」という意味であった。中国語 yǎn に由来する。

yeoman［中英語］名（王室・貴族の）従者、【英史】自由農民、【米海軍】事務担当下士官：

yeo はおそらく形容詞 young「若い」に由来する。youngman 自体はかつて「召使い」、または「従者」を指した。

yes［古英語］副（質問に答えて）はい、そうです；名イエスという返事、肯定の言葉：

古英語 gēse, gīse はおそらく今は残っていない「そうかもしれない」という意味の成句に由来する。複合語 yes-man は身分の高い人の意見に常に賛同して喜ばす人を表し、アメリカ英語において20世紀初頭から見られる。

yesterday［古英語］名副昨日、昨今、近頃：

古英語 giestran dæg の第1要素はゲルマン語起源の geostran「昨日の」に由来する。オランダ語 gisteren やドイツ語 gestern「昨日」と同系である。いずれもラテン語 heri とギリシア語 khthes が共有するインド＝ヨーロッパ語の語根に由来する。

yet［古英語］副まだ（…ない）、まだ、今も（なお）、まだその上に、さらに、やがては、いずれ、もう、それにもかかわらず：

古英語 gīet(a) は語源不詳である。

yield［古英語］動生じる、産出する、与える；名産出、利益：

古英語 g(i)eldan はゲルマン語に由来し、「支払う、与える」を意味した。「生産する、産出する」(yeilding honey「蜂蜜を作る

こと」)、「明け渡す」(*yield* to the enemy「敵に負ける」)という意味は中英語に現れた。

yob ［19世紀半ば］图《俗語》奴、無骨者：
名詞 boy「男の子」を逆綴りにした俗語である。

yoke ［古英語］图(一対の牛馬をつなぐ)くびき、くびき状のもの、服従の印、隷属、支配；動くびきをかける、結びつける：
古英語の名詞 *geoc*、そして動詞 *geocian* はゲルマン語に由来し、オランダ語 *juk*、ドイツ語 *Joch*「くびき」と同系である。いずれもラテン語 *jugum*、ギリシア語 *zugon*、ラテン語 *jungere*「つなぐ」が共有するインド＝ヨーロッパ語の語根に由来する。

yokel ［19世紀初頭］图田舎者：
方言 *yokel*「ヨーロッパアオゲラ」の比喩的用法かもしれない。

yolk ［古英語］图卵黄、核心、中心：
古英語 *geol(o)ca* は *geolu*「黄色」に由来する。

yon ［古英語］形《古語・方言》あそこの；副あそこに：
古英語 *geon* はゲルマン語に由来し、ドイツ語 *jener*「あの人・物」と同系である。**yonder**［中英語］副「あそこに」やオランダ語 *ginder*「向こうの」も同系である。

yonks ［1960年代］图《口語》長期間：
語源不詳であるが、*donekey's years*「実に長い間」と同系であると考えられる。

you ［古英語］代あなた、あなた方は、あなた(方)を・に：
古英語 *ēow* は *gē* (=ye)の対格そして属格であり、西ゲルマン語に由来する。*ēow* はオランダ語 *u* やドイツ語 *euch*「君たちに・を」と同系である。14世紀の間に you が古英語 ye代《古語・方言》(なんじ(ら)は、(なんじ(ら)を、なんじ(ら)に)(オランダ語 *gij* やドイツ語 *ihr*「彼女に」と同系)、*thou* や *thee* に取って代わりはじめた。その後、17世紀までには *you* があらゆる数と格に対して通常の二人称代名詞となった。**your**代「あなた(方)の、例の、人の」(古英語 *ēower* は *gē* の属格形)はドイツ語 *euer*「君たちの」と同系である。

young ［古英語］形若い、若々しい、未熟な、歴史の浅い；图(集合的に) 若い人たち、(動物の)子：
ゲルマン語に由来する。古英語 *g(e)ong* はオランダ語 *jong*、ドイツ語 *jung*「若い」、そして **youth**图「若さ、青年時代」(古英語では *geoguth*)と同系であり、いずれもラテン語 *juvenis* に見られるインド＝ヨーロッパ語の語根に由来する。中英語から youth は少年期と成熟期の間にいる若者を指した。

Yule ［古英語］图クリスマスの季節：
古英語 *gēol(a)* は「クリスマス祭日」を表す語であった。古ノルウェー語 *jól* と同系であり、元は12日間続く異教徒祭に使われ、後にキリスト教に使われた。

yummy ［19世紀後半］形《口語》おいしい、うまい、気持ちよい、魅力的な、とても素敵な：
yum-yum「《略式》おいしい」という擬音語が基となっている。

yuppie ［1980年代］图《米》ヤッピー：
young urban professional「ヤッピー」の頭文字 yup から作った語である。

Z z

zany [16世紀後半]形おどけた、ひょうきんな、ばかな：

フランス語 *zani*、またはイタリア語 *zan(n)i*、つまり、*Gianni, Giovanni*「ジャンニ、ジョバンニ」のベネツィア方言の形に由来する。*commedia dell'arte*「コメディア・デッラルテ（イタリアの仮面即興劇）」の中で道化師役をする脇役のお決まりの役名であった。

zap [1920年代]動（特に銃で）殺す、（言葉で）やっつける、（ある方向に）急に動かす、（テレビのチャンネルを）リモコンで急に変える、《米》（電子レンジで）温める：

元はアメリカ英語の用法であり、光線銃の擬音であった。動詞用法は「殺す」を意味し、1940年代から見られる。*zap* の用法がビデオまたはテレビチャンネルを素早く変えることにつながっていくのは1980年代からである。

zeal [後期中英語]名熱心、熱意、熱情：

ギリシア語 *zēlos* が教会ラテン語を経由して英語に入った。**zealous** [16世紀初頭]形「熱心な」はラテン語 *zelus*「熱意、嫉妬」を基にする中世ラテン語の派生語に由来する。**zealot**名「（ユダヤの）熱心党の人々、熱中する人々、熱狂者」は16世紀半ばから使われており、当時はユダヤ教の教派の一員を指す用語であった。この教派は西暦70年のエルサレム滅亡までカトリック教徒に激しく抵抗した。zealot はギリシア語 *zēlōtēs* が教会ラテン語を経由して英語に入った語である。*zēlōtēs* は *zēloun*「ねたむ」に由来し、*zēloun* は *zēlos* に由来する。この語が「熱狂する人」へと拡張していくのは17世紀初頭からである。

zebra [17世紀初頭]名シマウマ、《口語》（アメリカンフットボールの）審判：

イタリア語、スペイン語、またはポルトガル語に由来する。元は「野生のロバ」という意味であった。最終的にはおそらくラテン語 *equiferus* に行きつく。*equus*「馬」と *ferus*「野生の」からなる。成句 *zebra* crossing は黒と白のストライプで分けられた横断歩道を表し、1950年代から。

zenith [後期中英語]名【天文】天頂、（太陽など天体が昇る）地・水平線の一点、頂点、絶頂：

古フランス語、または中世ラテン語 *cenit* に由来し、アラビア語 *samt (ar-ra's)*「（その先を超えた）道」が基となっている。

zero [17世紀初頭]名（アラビア数字の）0、零、ゼロ、無：

フランス語 *zéro*、またはイタリア語 *zero* に由来する。いずれもアラビア語 *ṣifr*「0」が古スペイン語を経由したもの。

zest [15世紀後半]名熱意、興趣、風味を添えるもの（レモン・オレンジなどの小片など）：

フランス語 *zeste*「オレンジ、または、レモンの皮」に由来するが、語源不詳である。「大喜び」（*zest* for life「生きる気力」）という比喩的用法は18世紀後半から始まる。

zigzag [18世紀初頭]名Z字形、ジグザグ形（のもの）；副ジグザグに；形Z字形の、ジグザグ形の；動ジグザグ形にする・進む：

フランス語に由来する。このフランス語はドイツ語 *Zickzack*、つまり方向変換を表した記号に由来する。当初は軍事施設の塹壕陣地に引かれる線に使われた。

zillion [1940年代]名《口語》無数、数えきれないほどの多数：

zという文字（おそらく未知の量を表す記号として）とmillionから作られた。

zip［19世紀半ば］⟦動⟧ぴゅーっと音たてて進む、ジッパーを締める・開ける；⟦名⟧ぴゅー、ぶーん、元気、活力、(衣服などの)ジッパー：

軽く鋭い音の擬音語である。当初は素早い動きという意味もあった。口語としてアメリカ英語では20世紀初頭から「何もなし、ゼロ」という意味で使われている。衣服のファスナーを指す用語としては1920年代から。

zip code［1960年代］⟦名⟧《米》郵便番号：
Zip、つまりzoning improvement plan「市街地区別改善計画」の頭文字が基となっている。

zodiac［後期中英語］⟦名⟧【天文】黄道帯、獣帯、【占星】(黄道)十二宮、十二宮図；(時などの)一周：

古フランス語 zodiaque に由来し、ラテン語を経てギリシア語 zōidiakos に遡る。zōidiakos は zōidion「彫刻で表現された動物の姿」に由来する。zōidion は zōion「動物」の指小辞語である。

zombie［19世紀初頭］⟦名⟧ゾンビ(超自然の力によって生き返った死体)、《俗語》のろま：

西アフリカに起源がある。コンゴ語 zumbi「物神」と同系である。「頭の鈍い、飲み込みの悪い人」を意味する比喩的用法は1930年代から。

zone［後期中英語］⟦名⟧(寒帯・温帯・熱帯など地球をとりまく5つの)帯、(天空の)帯、地帯、地域、区域、ひも、【生態】(同種の動植物の生存する)帯：

フランス語、またはラテン語 zona「ベルト」に由来する。zona はギリシア語 zōnē に由来する。zone は当初、5つある帯のそれぞれ、または地表が熱帯地方で分けられている地域(気候により区別されている)を指す際に使われた。当初の用法から zone は様々な領域を指すことに使われるようになった。例えば、何本かの境界線または区域(building zone「建築区域」、Soviet Zone「ソビエト領」)などである。

zoology［17世紀半ば］⟦名⟧動物学：

近代ラテン語 zoologia に由来する。ギリシア語 zōion「動物」と -logia「論説、論文」からなる。元は医学の一分野を指す際に使われ、この分野では動物から採取可能な薬剤や医薬品を扱っていた。**zoo**［19世紀半ば］⟦名⟧「動物園」は zoological garden の省略形であり、特にロンドンにあるリージェント・パークの動物園に対して使われた。

zoom［19世紀後期］⟦動⟧ぶーんという音を立てて急に動く、爆音を立てて急上昇する、【写真】ズームレンズで拡大・縮小する；⟦名⟧急上昇、ぶーんという音：

擬音語で、当初低い調子で連続的なブーンという音を表した。まもなく動きと関連するようになり、20世紀初頭から航空俗語として、危険極まりない角度を上昇する動作を表す際に使われた。1970年代から価格高騰(costs started to zoom「値段が急上昇しはじめた」)という文脈で見られる。映画撮影と写真撮影においては1940年代から見られる。

監訳者あとがき

澤田治美

　私たちが日常使っていることばには、すべて由来があります。語の由来を知ることによって、背後にある文化や社会、あるいはものの考え方を理解することができます。
　例えば、language「言語」という語があります。この語は中英語の時代にフランス語からもたらされた語ですが、元はといえばラテン語 lingua です。さらに起源を辿ると、遠くインド＝ヨーロッパ語にまで遡ります。原義は「舌」でした。language と tongue「舌」が実は同じ語だったとは、驚きです。
　英語の由来を知ることは言語学習に革命的と言えるほどの効果をもたらします。例えば、次の語を見てみましょう。

- circle「円」
- circuit「回路、周航、巡回」
- circulate「流通する、循環する」
- circular「円形の、循環的な」
- circumstance「状況、環境、境遇」
- circus「サーカス、円形劇場」

　これらの語に共通しているのは、「輪」であることは一目瞭然です。高校生であれば、まず、circle を覚え、次に circus に進んではどうでしょうか。これらの語は基はラテン語であり、古い時代のフランス語から英語にもたらされたことを知るのです（フランス語はラテン語が幾つかに分裂した諸言語の中の１つです）。circus はローマの円形競技場を指していた歴史豊かな語です。
　次に、circulate、circular、circumstance の段階に入ります。この３語の中で最も重要度が高いのがおそらく、circumstance でしょう。この語はラテン語 circum「周囲」と stare「立つ」からなっています。「環境」とは「周りに立っているもの」なのです。「環境」の「環」が「輪」と通じていることは、ラテン語、英語、中国語、日本語に共通する発想があるという点で、とても興味深いことです。次に、circular は circle の形容詞形です。さらに、circulate は「円形の経路を動く」から「循環する」という意味が生まれたのですが、ここでも、「循環」の「環」は「輪」です。
　さらにレベルが上がると、以下のような語がありますが、これらも基はと言えば、circle「輪、円、周り」です。

- circumference「円周」（circum-「周りに」＋ -ference「運ぶ」）
- circumscribe「外接円を書く」（circum-「周りに」＋ -scribe「書く」）
- circumspect「油断なく気を配る、慎重な」（circum-「周りを」＋ -spect「見られた」）

以上挙げた例は、英語の莫大な語彙のうちのわずかにすぎませんが、浅い丸暗記では到底つかめない語構成の仕組みや深い歴史的由来がわかります。
　こうした点をさらに考えさせてくれる語に、次のような語があります。すべてが、ラテン語 hospes「主人」に関係しています。客と客を歓待する主人との関係が反映しており、古代・中世のヨーロッパ社会の旅行の風習が垣間見えます。読者の方々が本書を読んで自分の目で確かめ、研究していただければとてもうれしいことです。

■ hotel「ホテル」(原義は、客を接待する所)
■ host「(客を接待する) 主人」(原義は、「客」)
■ hostel「ユースホステル」(原義は、客を接待する所)
■ hospital「病院」(原義は、客を接待する所)
■ hospitality「歓待」

　本書は英語の語の由来に関する書物ですが、私たちの母語である日本語についてもあらためて考えるきっかけを与えてくれます。例えば、以下の『万葉集』の有名な、山上憶良の歌をご覧ください。

　銀も金も玉もなにせむに優れる宝子に如かめやも
　　しろかね　くがね　たま　　　　　　　　　　まさ　　たからこ　し

(巻五・803)

　「銀」、「金」をそれぞれ「しろかね」、「くがね」(こがねの古形。「く」は「き」〈黄色〉の交代形) と発音されています。この時代には、まだ漢語の「銀」、「金」はまだ中国から日本語に入ってきてはいなかったか、まだ一般的な語ではなかった可能性があります。こうしたことを考えることは、言葉に関する私たちの文化的・歴史的理解を深め、想像力や研究心を刺激して、私たちの英語の学びを高めてくれる「伝家の宝刀」となり得ます。
　本書は、英単語の由来についての興味深い話の宝庫です。本書によって、深く楽しく英語を学んでほしいと願ってやみません。
　末筆ながら、本書の翻訳・校閲にご尽力していただいた訳者・校閲者の方々、ならびに、世界最高の辞書出版社であるオックスフォード大学出版局刊行の本書の価値をいち早く認めて、日本語版の出版に力を惜しまれなかった柊風舎の伊藤甫律社長と、寝食を忘れて本書の編集に全力を尽くしていただいた同社編集部の飯浜利之氏に心から感謝いたします。

◆校閲者

赤羽美鳥　内田真弓　杉山正二　長友俊一郎　中村愛理　山本晃司

◆翻訳者

赤羽美鳥　赤嶺奈津子　新井永修　内田真弓　大塚智詩　岡本芳和　奥田芳和　片岡宏仁
眞田敬介　澤田　治　澤田　淳　汐﨑　悠　杉山正二　鈴木大介　谷　千歌　寺崎知之
鴇﨑敏彦　長友俊一郎　中村愛理　堀内夕子　眞部　厳　山本晃司　山本康裕

(五十音順)

【編者】グリニス・チャントレル（Glynnis Chantrell）
オックスフォード大学出版局英語教育（ELT）部シニアエディター。数年間、*Concise Oxford Dictionary*（第9版）、*New Oxford Dictionary of English*（語史担当）をはじめとする辞書の作成に携わった。様々なレベルの学習者を対象に、長年、様々な言語を教えてきた。マルチリンガルである。

【監訳者】澤田治美（さわだ・はるみ）
関西外国語大学教授。博士（英語学）。『視点と主観性』（ひつじ書房）、『モダリティ』（開拓社）、『現代意味解釈講義』（開拓社）、『ひつじ意味論講座1～7』（編、ひつじ書房）、『ビジュアル版 世界言語百科』（日本語版監修、柊風舎）、『ビジュアル版 世界の文字の歴史文化図鑑』（日本語版監修、柊風舎）。

オックスフォード
英単語由来大辞典

2015年12月25日　第1刷
2022年 1 月20日　第3刷

編　　者　グリニス・チャントレル

監訳者　澤田治美

装　　丁　古村奈々

発行者　伊藤甫律

発行所　株式会社　柊風舎

〒161-0034 東京都新宿区上落合1-29-7 ムサシヤビル5F
TEL 03-5337-3299／FAX 03-5337-3290

印刷・製本／文唱堂印刷株式会社
ISBN978-4-86498-000-5

Japanese Text © Harumi Sawada